日本人物レファレンス事典

江戸時代の武士篇

日外アソシエーツ

BIOGRAPHY INDEX

21,166 Japanese Samurai in the Edo Period
Appearing in 373 Volumes of
245 Biographical Dictionaries and Encyclopedias

Compiled by

Nichigai Associates, Inc.

©2016 by Nichigai Associates, Inc.

Printed in Japan

本書はディジタルデータでご利用いただくことが
できます。詳細はお問い合わせください。

●編集担当● 尾崎 稔

刊行にあたって

　本書は、江戸時代の武士が、どの事典にどんな名前で掲載されているかが一覧できる総索引である。

　人物について調べようとするとき、事典類が調査の基本資料となる。しかし、人名事典、百科事典、歴史事典、テーマごとの専門事典、都道府県別・国別の事典など、数多くの事典類の中から、特定の人物がどの事典のどこに掲載されているかを把握することは容易ではない。そうした人物調査に役立つ総索引ツールとして、小社では「人物レファレンス事典」シリーズを刊行してきた。1983年から最初のシリーズを刊行開始し、1996年から2013年には、その後に出版された事典類を索引対象に追加、時代別に再構成した新訂増補版として、「古代・中世・近世編」「古代・中世・近世編 Ⅱ（1996-2006）」「明治・大正・昭和（戦前）編」「明治・大正・昭和（戦前）編 Ⅱ（2000-2009）」「昭和（戦後）・平成編」「昭和（戦後）・平成編 Ⅱ（2003-2013）」の6種を刊行、さらにそこでは索引対象に入っていなかった地方人物事典、県別百科事典を対象とした「郷土人物編」を2008年に刊行した。また、外国人を対象とした「外国人物レファレンス事典」シリーズでは、1999年から2011年に、時代別に「古代－19世紀」「古代－19世紀 第Ⅱ期（1999-2009）」「20世紀」「20世紀 第Ⅱ期（2002-2010）」の4種を刊行した。これらのシリーズは、人物調査の第一段階の基本ツールとして、時代や地域に応じてご活用いただいているが、特定分野の人物を広範に調べるためには、日本人は7種、外国人は4種すべてを検索する必要があった。

　本書では、分野別の事典総索引として、既刊の「文芸篇」「美術篇」「科学技術篇」「音楽篇」「思想・哲学・歴史篇」「芸能篇」「政治・外交篇（近現代）」「軍事篇（近現代）」「皇族・貴族篇」「女性篇」「武将篇」に続き、245種373冊の事典から江戸時代の武士をピックアップ。主に大坂の陣

が終わり天下泰平となってから幕末動乱期までの将軍、幕臣、藩主、藩士、剣客など 21,166 人を収録した。人名見出しには、人物同定に役立つよう、人名表記・読み・生没年、事典類に使われた異表記・異読み・別名を示し、加えて活動時期や身分、肩書、係累などを簡潔に示して人物の概要がわかるようにした。その上で、どの事典にその人物が載っているか、どんな見出し（表記・読み・生没年）で掲載されているかを一覧することができ、江戸時代の武士を網羅的に収録した最大級の人名ツールとして使える。さらに、大坂の陣までの武将を収録している「日本人物レファレンス事典 武将篇」、幕末以降の軍人を収録している「日本人物レファレンス事典 軍事篇（近現代）」、および外国の騎士・軍人なども収録対象としている「西洋人物レファレンス事典 政治・外交・軍事篇」「東洋人物レファレンス事典 政治・外交・軍事篇」と併せれば、世界の武人・軍人を幅広く調べることができる。

　ただし誤解のないように改めて付言するが、本書はあくまでも既存の事典類の総索引である。そのため、索引対象とした事典類（収録事典一覧を参照）に掲載されていない人物は本書にも掲載されない。したがって従来の事典に全く掲載されていない武将は収録されていない。

　編集にあたっては、誤りのないよう調査・確認に努めたが、人物確認や記述に不十分な点もあるかと思われる。お気づきの点はご教示いただければ幸いである。本書が、既刊の「人物レファレンス事典」シリーズと同様に、人物調査の基本ツールとして図書館・研究機関等で広く利用されることを期待したい。

　2016 年 9 月

　　　　　　　　　　　　　　　　日外アソシエーツ

凡　　例

1．本書の内容

　　本書は、国内で刊行された人物事典、百科事典、歴史事典、地域別人名事典などに掲載されている、江戸時代の武士の総索引である。但しプロフィール記載のない"職歴名簿"の類いは索引対象外とした。見出しとしての人名表記・読みのほか、異表記・異読み・別名、生没年、その人物の活動時期、身分・肩書・職業、係累・業績など人物の特定に最低限必要なプロフィールを補記するとともに、その人物がどの事典にどのような表記・読みで掲載されているかを明らかにしたものである。

2．収録範囲と人数

　(1)　別表「収録事典一覧」に示した245種373冊の事典類に掲載されている、江戸時代の武士を収録した。

　(2)　いわゆる"武人"としての武士だけでなく、幕府や藩の"行政官僚"として仕えた家臣・学者も一部収録した。また藩主の子弟で夭折した人物も一部含めたものがある。

　(3)　ただし、上記(2)の家臣でも、僧籍にあって行政顧問として仕えた人物や、侍医・商人・豪農などは原則収録対象外とした。

　(4)　一般的には武士とは見なされない人物であっても、例えば幕末期に"志士"として軍事的な活動をした人物などは一部例外的に収録した。

　(5)　大坂の陣以前に没したことが明らかな人物、1850年以降に生まれた人物は原則収録対象外とした。ただし藩主の世継ぎなどは一部例外的に収録した。

　(6)　上記の結果として21,166人、事典項目のべ80,739件を収録した。

3．記載事項

　(1)　人名見出し

　　　1)　同一人物は、各事典での表記・読みに関わらず1項目にまとめた。その際、最も一般的と思われるものを代表表記・代表読みとし、太字で見出しとした。

2) 代表表記に対し同読みの異表記がある場合は、代表表記の後に（　）で囲んで示した。

　　例：恩田木工（恩田杢）

3) 代表読みに対し部分的に清濁音・拗促音の差のある読みが存在する場合は、代表読みの後に「，」で区切って表示した。

　　例：あきやまぎょくざん，あきやまぎょくさん

4) 事典によっては読みの「ぢ」「づ」を「じ」「ず」に置き換えているものと、両者を区別しているものとがある。本書は、代表読みでは区別する方式を採った。その上で、事典によって「ぢ」「じ」、「づ」「ず」の違いがある場合は、代表読みの後に「，」で区切って表示した。

　　例：しまづしげひで，しまずしげひで

(2) 人物説明

1) 生没年表示

①対象事典に掲載されている生没年（月日）を代表生没年として示した。

②生没年に諸説ある場合、過半数の事典で一致する年（月日）があればそれを採用した。過半数の一致がない場合は＊で示した（比較は生年、没年それぞれで行った）。

③年表示は和暦と西暦の併記とした。和暦・西暦のいずれか一方だけが掲載されている場合は編集部で換算して記載した。事典類に掲載されている年単位の対応を採用、または一律に換算したため、月日によっては誤差の生じる可能性がある。およその目安としてご利用いただきたい。

④生年のみ不詳、没年は判明の場合、生年の部分には「？」を用いた。没年のみ不詳の場合も同様とした。

⑤生年・没年とも不詳の場合は、「生没年不詳」とした。

2) 異表記・異読み・別名

　本書の見出しと異なる表記・読みを採用している事典がある場合は、それらをまとめて㊙として掲載した。

3) プロフィール

　人物を同定するための最低限の情報として、その人物の活動時期と身分・肩書・職業、係累、業績を記載した。

①本書の活動時期は概ね以下の目安で区分した。
　・安土桃山時代　17 世紀初頭（江戸幕府成立、元和偃武）まで
　・江戸時代前期　17 世紀末（綱吉将軍就任、元禄時代開始）まで
　・江戸時代中期　18 世紀末（田沼時代終焉、家斉将軍就任）まで
　・江戸時代後期　19 世紀半ば（黒船来航、開国）まで
　・江戸時代末期　1867 〜 68 年（王政復古、明治改元）まで
　・明治期　上記以降
②人物の身分・肩書、係累・業績を簡潔に記載した。

（3）掲載事典
　1）その人物が掲載されている事典を ¶ の後に略号で示した。（略号は別表「収録事典一覧」を参照）
　2）事典における記載が、見出しの代表表記、代表読み、生没年表示と異なるときは略号の後に（　）で囲んでその内容を示した。その際、生年は㊤、没年は㊤で表した。
　3）事典が西暦・和暦のいずれかしか記載していない場合はそれを示し、西暦・和暦の両方を記載していれば両方を示した。

（4）共通事項
　1）漢字は原則新字体・常用漢字に統一した。また正字・俗字などの異体字も一部統一した。
　2）和暦における「元年」は「1 年」と表示した。

4．参照項目

　見出しの代表表記、代表読みと異なる別表記・別読みからは、必要に応じて参照項目を立てた。

5．排　　列

（1）人名見出しの読みの五十音順に排列した。
（2）「ぢ」「づ」と「じ」「ず」は排列上も区別した。
（3）同読みの場合は同じ表記のものをまとめた。
（4）読み、表記とも同一の人物は、おおむね活動時期の古い順番に並べた。
（5）掲載事典は略号の五十音順に記載した。

６．収録事典一覧

(1) 本書で索引対象にした事典類の一覧を次ページ以降（9 ～ 15 ページ）に掲げた。

(2) 略号は本書において掲載事典名の表示に用いたものである。

(3) 掲載は略号の五十音順とした。

収録事典一覧

略　号	書　　　名	出版社	刊行年
愛知百	愛知百科事典	中日新聞本社	1976.1
会　津	会津大事典	国書刊行会	1985.12
青森人	青森県人名事典	東奥日報社	2002.8
青森百	青森県百科事典	東奥日報社	1981.3
秋田百	秋田大百科事典	秋田魁新報社	1981.9
朝　日	朝日日本歴史人物事典	朝日新聞社	1994.11
アナ	日本アナキズム運動人名事典	ぱる出版	2004.4
石川百	書府太郎―石川県大百科事典 改訂版	北国新聞社	2004.11
維　新	明治維新人名辞典	吉川弘文館	1981.9
茨城百	茨城県大百科事典	茨城新聞社	1981.1
岩　史	岩波日本史辞典	岩波書店	1999.1
岩手百	岩手百科事典 新版	岩手放送	1988.1
海　越	海を越えた日本人名事典	日外アソシエーツ	1985.12
海越新	海を越えた日本人名事典 新訂増補版	日外アソシエーツ	2005.7
江　戸	江戸市井人物事典	新人物往来社	1974.11
江戸東	江戸東京市井人物事典	新人物往来社	1976.1
愛媛百	愛媛県百科大事典 上・下	愛媛新聞社	1985.6
江　文	江戸文人辞典	東京堂出版	1996.9
黄　檗	黄檗文化人名辞典	思文閣出版	1988.12
大分百	大分百科事典	大分放送	1980.12
大分歴	大分県歴史人物事典	大分合同新聞社	1996.8
大阪人	大阪人物辞典	清文堂出版	2000.11
大阪文	大阪近代文学事典	和泉書院	2005.5
大阪墓	大阪墓碑人物事典	東方出版	1995.11
岡山人	岡山人名事典	日本文教出版	1978.2
岡山百	岡山県大百科事典 上・下	山陽新聞社	1980.1
岡山歴	岡山県歴史人物事典	山陽新聞社	1994.1
沖縄百	沖縄大百科事典 上・中・下	沖縄タイムス社	1983.5
織　田	織田信長家臣人名辞典	吉川弘文館	1995.1
音　楽	新音楽辞典 人名	音楽之友社	1982.1
香川人	香川県人物・人名事典	四国新聞社	1985.6
香川百	香川県大百科事典	四国新聞社	1984.4
鹿児島百	鹿児島大百科事典	南日本新聞社	1981.9

(9)

略 号	書　　名	出版社	刊行年
学 校	学校創立者人名事典	日外アソシエーツ	2007.7
角 史	角川日本史辞典 新版	角川書店	1996.11
神奈川人	神奈川県史 別編1 人物 神奈川歴史人名事典	神奈川県	1983.3
神奈川百	神奈川県百科事典	大和書房	1983.7
鎌 倉	鎌倉事典 新装普及版	東京堂出版	1992.1
岐阜百	岐阜県百科事典 上・下	岐阜日日新聞社	1968.2〜4
弓 道	弓道人名大事典	日本図書センター	2003.5
教 育	教育人名辞典	理想社	1962.2
京 都	京都事典 新装版	東京堂出版	1993.1
郷 土	郷土史家人名事典	日外アソシエーツ	2007.12
郷土茨城	郷土歴史人物事典 茨城	第一法規出版	1978.1
郷土愛媛	郷土歴史人物事典 愛媛	第一法規出版	1978.7
郷土香川	郷土歴史人物事典 香川	第一法規出版	1978.6
郷土神奈川	郷土歴史人物事典 神奈川	第一法規出版	1980.6
郷土岐阜	郷土歴史人物事典 岐阜	第一法規出版	1980.12
郷土群馬	郷土歴史人物事典 群馬	第一法規出版	1978.1
郷土滋賀	郷土歴史人物事典 滋賀	第一法規出版	1979.7
京都大	京都大事典	淡交社	1984.11
郷土千葉	郷土歴史人物事典 千葉	第一法規出版	1980.1
郷土栃木	郷土歴史人物事典 栃木	第一法規出版	1977.2
郷土長崎	郷土歴史人物事典 長崎	第一法規出版	1979.4
郷土長野	郷土歴史人物事典 長野	第一法規出版	1978.2
郷土奈良	郷土歴史人物事典 奈良	第一法規出版	1981.1
京都府	京都大事典 府域編	淡交社	1994.3
郷土福井	郷土歴史人物事典 福井	第一法規出版	1985.6
郷土和歌山	郷土歴史人物事典 和歌山	第一法規出版	1979.1
キ リ	キリスト教人名辞典	日本基督教出版局	1986.2
近 現	日本近現代人名辞典	吉川弘文館	2001.7
近 世	日本近世人名辞典	吉川弘文館	2005.12
近 美	近代日本美術事典	講談社	1989.9
近 文	日本近代文学大事典 1〜3（人名）	講談社	1977.11
公 卿	公卿人名大事典	日外アソシエーツ	1994.7
熊本百	熊本県大百科事典	熊本日日新聞社	1982.4
群馬人	群馬県人名大事典	上毛新聞社	1982.11
群馬百	群馬県百科事典	上毛新聞社	1979.2
系 西	戦国大名系譜人名事典 西国編	新人物往来社	1985.11
系 東	戦国大名系譜人名事典 東国編	新人物往来社	1985.11
芸 能	日本芸能人名事典	三省堂	1995.7

略　号	書　　　名	出版社	刊行年
現　朝	現代日本朝日人物事典	朝日新聞社	1990.12
剣　豪	全国諸藩剣豪人名事典	新人物往来社	1996.3
現　詩	現代詩大事典	三省堂	2008.1
幻　想	日本幻想作家事典	国書刊行会	2009.1
現　日	現代日本人物事典	旺文社	1986.11
考　古	日本考古学人物事典	学生社	2006.2
高知人	高知県人名事典 新版	高知新聞社	1999.9
高知百	高知県百科事典	高知新聞社	1976.6
国　際	国際人事典 幕末・維新	毎日コミュニケーションズ	1991.6
国　史	国史大辞典 1〜15	吉川弘文館	1979.3〜1997.4
国　書	国書人名辞典 1〜4（本文）	岩波書店	1993.11〜1998.11
国書5	国書人名辞典 5（補遺）	岩波書店	1999.6
古　史	日本古代史大辞典	大和書房	2006.1
古　中	日本古代中世人名辞典	吉川弘文館	2006.11
コン改	コンサイス日本人名事典 改訂版	三省堂	1990.4
コン4	コンサイス日本人名事典 第4版	三省堂	2001.9
コン5	コンサイス日本人名事典 第5版	三省堂	2009.1
埼玉人	埼玉人物事典	埼玉県	1998.2
埼玉百	埼玉大百科事典	埼玉新聞社	1974.3〜1975.5
佐賀百	佐賀県大百科事典	佐賀新聞社	1983.8
札　幌	札幌人名事典	北海道新聞社	1993.9
茶　道	茶道人物辞典	柏書房	1981.9
詩　歌	和漢詩歌作家辞典	みづほ出版	1972.11
視　覚	視覚障害人名事典	名古屋ライトハウス愛育報恩会	2007.1
史　学	歴史学事典 5 歴史家とその作品	弘文堂	1997.1
滋賀百	滋賀県百科事典	大和書房	1984.7
滋賀文	滋賀近代文学事典	和泉書院	2008.11
史　研	日本史研究者辞典	吉川弘文館	1999.6
四国文	四国近代文学事典	和泉書院	2006.12
史　人	日本史人物辞典	山川出版社	2000.5
静岡百	静岡大百科事典	静岡新聞社	1978.3
静岡歴	静岡県歴史人物事典	静岡新聞社	1991.12
思　想	日本の思想家	日外アソシエーツ	2005.11
実　業	日本の実業家	日外アソシエーツ	2003.7
児　文	児童文学事典	東京書籍	1988.4
島根人	島根県人名事典	伊藤菊之輔	1970.9
島根百	島根県大百科事典 上・下	山陰中央新報社	1982.7
島根歴	島根県歴史人物事典	山陰中央新報社	1997.11

(11)

略号	書名	出版社	刊行年
社運	日本社会運動人名辞典	青木書店	1979.3
写家	日本の写真家	日外アソシエーツ	2005.11
社史	近代日本社会運動史人物大事典	日外アソシエーツ	1997.1
写真	日本写真家事典	淡交社	2000.3
重要	日本重要人物辞典 新訂版	教育社	1988.12
出版	出版人物事典	出版ニュース社	1996.1
小説	日本現代小説大事典 増補縮刷版	明治書院	2009.4
庄内	庄内人名辞典 新編	庄内人名辞典刊行会	1986.11
植物	植物文化人物事典	日外アソシエーツ	2007.4
食文	日本食文化人物事典	筑波書房	2005.4
諸系	日本史諸家系図人名辞典	講談社	2003.11
神史	神道史大辞典	吉川弘文館	2004.7
真宗	真宗人名辞典	法藏館	1999.7
人書79	人物書誌索引	日外アソシエーツ	1979.3
人書94	人物書誌索引 78/91	日外アソシエーツ	1994.6
人情	年刊人物情報事典 81 上・下	日外アソシエーツ	1981.6
人情1	年刊人物情報事典 82（1）	日外アソシエーツ	1982.1
人情2	年刊人物情報事典 82（2）	日外アソシエーツ	1982.1
人情3	年刊人物情報事典 82（3）	日外アソシエーツ	1982.1
人情4	年刊人物情報事典 82（4）	日外アソシエーツ	1982.1
人情5	年刊人物情報事典 82（5）	日外アソシエーツ	1982.1
神人	神道人名辞典	神社新報社	1986.7
新撰	「新撰組」全隊士録	講談社	2003.11
新潮	新潮日本人名辞典	新潮社	1991.3
新文	新潮日本文学辞典 増補改訂	新潮社	1988.1
人名	日本人名大事典〔覆刻版〕1〜6	平凡社	1979.7
人名7	日本人名大事典 現代	平凡社	1979.7
心理	日本心理学者事典	クレス出版	2003.2
数学	日本数学者人名事典	現代数学社	2009.6
世紀	20世紀日本人名事典 1・2	日外アソシエーツ	2004.7
姓氏愛知	角川日本姓氏歴史人物大辞典 23（愛知県）	角川書店	1991.1
姓氏石川	角川日本姓氏歴史人物大辞典 17（石川県）	角川書店	1998.12
姓氏岩手	角川日本姓氏歴史人物大辞典 3（岩手県）	角川書店	1998.5
姓氏沖縄	角川日本姓氏歴史人物大辞典 47（沖縄県）	角川書店	1992.1
姓氏鹿児島	角川日本姓氏歴史人物大辞典 46（鹿児島県）	角川書店	1994.11
姓氏神奈川	角川日本姓氏歴史人物大辞典 14（神奈川県）	角川書店	1993.4
姓氏京都	角川日本姓氏歴史人物大辞典 26（京都市）	角川書店	1997.9
姓氏群馬	角川日本姓氏歴史人物大辞典 10（群馬県）	角川書店	1994.12

略 号	書 名	出版社	刊行年
姓氏静岡	角川日本姓氏歴史人物大辞典 22（静岡県）	角川書店	1995.12
姓氏富山	角川日本姓氏歴史人物大辞典 16（富山県）	角川書店	1992.7
姓氏長野	角川日本姓氏歴史人物大辞典 20（長野県）	角川書店	1996.11
姓氏宮城	角川日本姓氏歴史人物大辞典 4（宮城県）	角川書店	1994.7
姓氏山口	角川日本姓氏歴史人物大辞典 35（山口県）	角川書店	1991.12
姓氏山梨	角川日本姓氏歴史人物大辞典 19（山梨県）	角川書店	1989.6
世 人	世界人名辞典 新版 日本編 増補版	東京堂出版	1990.7
世 百	世界大百科事典 1～23	平凡社	1964.7～1967.11
先 駆	事典近代日本の先駆者	日外アソシエーツ	1995.6
戦 合	戦国武将・合戦事典	吉川弘文館	2005.3
戦 国	戦国人名辞典 増訂版	吉川弘文館	1973.7
戦 辞	戦国人名辞典	吉川弘文館	2006.1
全 書	日本大百科全書 1～24	小学館	1984.11～1988.11
戦 人	戦国人名事典	新人物往来社	1987.3
戦 西	戦国大名家臣団事典 西国編	新人物往来社	1981.8
戦 東	戦国大名家臣団事典 東国編	新人物往来社	1981.8
戦 補	戦国人名辞典 増訂版（補遺）	吉川弘文館	1973.7
体 育	体育人名辞典	逍遥書院	1970.3
大 百	大日本百科事典 1～23	小学館	1967.11～1971.9
多 摩	多摩の人物史	武蔵野郷土史刊行会	1977.6
短歌普	現代短歌大事典 普及版	三省堂	2004.7
千葉百	千葉大百科事典	千葉日報社	1982.3
哲 学	近代日本哲学思想家辞典	東京書籍	1982.9
伝 記	世界伝記大事典 日本・朝鮮・中国編	ほるぷ出版	1978.7
陶 工	現代陶工事典	北辰堂	1998.1
徳島百	徳島県百科事典	徳島新聞社	1981.1
徳島歴	徳島県歴史人名鑑（徳島県人名事典 別冊）	徳島新聞社	1994.6
渡 航	幕末・明治 海外渡航者総覧	柏書房	1992.3
栃木百	栃木県大百科事典	栃木県大百科事典刊行会	1980.6
栃木歴	栃木県歴史人物事典	下野新聞社	1995.7
鳥取百	鳥取県大百科事典	新日本海新聞社	1984.11
土 木	土木人物事典	アテネ書房	2004.12
富山百	富山大百科事典	北日本新聞社	1994.8
富山文	富山県文学事典	桂書房	1992.9
長崎百	長崎県大百科事典	長崎新聞社	1984.8
長崎歴	長崎事典 歴史編 1988 年版	長崎文献社	1988.9
長野百	長野県百科事典 補訂版	信濃毎日新聞社	1981.3
長野歴	長野県歴史人物大事典	郷土出版社	1989.7

略 号	書　名	出版社	刊行年
新潟百	新潟県大百科事典 上・下	新潟日報事業社	1977.1
新潟百別	新潟県大百科事典 別巻	新潟日報事業社	1977.9
日 音	日本音楽大事典	平凡社	1989.3
日 画	20世紀物故日本画家事典	美術年鑑社	1998.9
日 史	日本史大事典 1～6	平凡社	1992.11～1994.2
日 児	日本児童文学大事典 1・2	大日本図書	1993.1
日 人	講談社日本人名大辞典	講談社	2001.12
日 本	日本人名事典	むさし書房	1996.7
俳 諧	俳諧人名辞典	巌南堂	1960.6
俳 句	俳句人名辞典	金園社	1997.2
俳 文	俳文学大辞典 普及版	角川学芸出版	2008.1
幕 末	幕末維新人名事典	新人物往来社	1994.2
藩主1	三百藩藩主人名事典 1	新人物往来社	1986.7
藩主2	三百藩藩主人名事典 2	新人物往来社	1986.9
藩主3	三百藩藩主人名事典 3	新人物往来社	1987.4
藩主4	三百藩藩主人名事典 4	新人物往来社	1986.6
藩臣1	三百藩家臣人名事典 1	新人物往来社	1987.12
藩臣2	三百藩家臣人名事典 2	新人物往来社	1988.2
藩臣3	三百藩家臣人名事典 3	新人物往来社	1988.4
藩臣4	三百藩家臣人名事典 4	新人物往来社	1988.7
藩臣5	三百藩家臣人名事典 5	新人物往来社	1988.12
藩臣6	三百藩家臣人名事典 6	新人物往来社	1989.1
藩臣7	三百藩家臣人名事典 7	新人物往来社	1989.5
美 家	美術家人名事典―古今・日本の物故画家3500人	日外アソシエーツ	2009.2
美 術	日本美術史事典	平凡社	1987.5
百 科	大百科事典 1～15	平凡社	1984.11～1985.6
兵庫人	兵庫県人物事典 上・中・下	のじぎく文庫	1966.12～1968.6
兵庫百	兵庫県大百科事典 上・下	神戸新聞出版センター	1983.1
広島百	広島県大百科事典 上・下	中国新聞社	1982.11
福井百	福井県大百科事典	福井新聞社	1991.6
福岡百	福岡県百科事典 上・下	西日本新聞社	1982.11
福島百	福島大百科事典	福島民報社	1980.11
仏 教	日本仏教人名辞典	法蔵館	1992.1
仏 史	日本仏教史辞典	吉川弘文館	1999.11
仏 人	日本仏教人名辞典	新人物往来社	1986.5
文 学	日本文学小辞典	新潮社	1968.1
平 史	平安時代史事典	角川書店	1994.4
平 和	平和人物大事典	日本図書センター	2006.6

略 号	書　　名	出版社	刊行年
北海道百	北海道大百科事典 上・下	北海道新聞社	1981.8
北海道文	北海道文学大事典	北海道新聞社	1985.1
北海道歴	北海道歴史人物事典	北海道新聞社	1993.7
三 重	三重先賢伝	玄玄荘	1931.7
三重続	續三重先賢伝	別所書店	1933.7
宮城百	宮城県百科事典	河北新報社	1982.4
宮崎百	宮崎県大百科事典	宮崎日日新聞社	1983.1
民 学	民間学事典 人名編	三省堂	1997.6
名 画	日本名画家伝	青蛙房	1967.11
明治1	図説明治人物事典―政治家・軍人・言論人	日外アソシエーツ	2000.2
明治2	図説明治人物事典―文化人・学者・実業家	日外アソシエーツ	2000.11
山形百	山形県大百科事典	山形放送	1983.6
山形百新	山形県大百科事典 新版	山形放送	1993.1
山口百	山口県百科事典	大和書房	1982.4
山梨百	山梨百科事典 増補改訂版	山梨日日新聞社	1989.7
洋 学	日本洋学人名事典	柏書房	1994.7
落 語	古今東西落語家事典	平凡社	1989.4
陸 海	日本陸海軍総合事典 第2版	東京大学出版会	2005.8
履 歴	日本近現代人物履歴事典	東京大学出版会	2002.5
歴 大	日本歴史大事典 1～3	小学館	2000.7
和歌山人	和歌山県史 人物	和歌山県	1989.3
和 俳	和歌・俳諧史人名事典	日外アソシエーツ	2003.1

日本人物レファレンス事典

江戸時代の武士篇

【あ】

相浦紀道 あいうらのりみち
→相浦紀道（あいのうらのりみち）

相浦秀興 あいうらひでおき
生没年不詳
江戸時代末期の米沢藩士。
¶国書

相川景見 あいかわかげみ
文化8（1811）年〜明治8（1875）年
江戸時代末期の幕臣、国学者。
¶江文，国書（没明治8（1875）年2月17日），人名，
日人

相坂則武 あいさかのりたけ
生没年不詳
江戸時代中期の津軽藩士。
¶国書

鮎沢伊太夫 あいざわいだゆう
→鮎沢伊太夫（あゆざわいだゆう）

相沢永長斎 あいざわえいちょうさい
寛政3（1791）年〜慶応2（1866）年
江戸時代末期の剣術家。
¶剣豪（生寛政4（1792）年　没慶応3（1867）年），
人名，日人

相沢儀伝太 あいざわぎでんだ
文化3（1806）年〜明治12（1879）年
江戸時代末期〜明治期の武士、林政家。
¶人名，日人

藍沢重次郎 あいざわしげじろう
天保10（1839）年〜？
江戸時代末期の駿河沼津藩士、柔術家。
¶藩臣4

合沢助太夫 あいざわすけだゆう
江戸時代前期の茶人、三河吉田藩大名小笠原氏
家臣。
¶茶道

会沢正志斎 あいざわせいしさい
天明2（1782）年〜文久3（1863）年　別会沢安《あ
いざわやすし》
江戸時代後期の儒学者、水戸藩士。水戸斉昭の藩
政改革の中心的人物。尊皇攘夷論を唱え、彰考館
総裁、藩校弘道館の初代総教となる。著作に「新
論」「言志篇」など。
¶朝日（生天明2年5月25日（1782年7月5日）
没文久3年7月14日（1863年8月27日）），維新，
茨城百，岩史（会沢安　あいざわやすし　生天
明2（1782）年5月25日　没文久3（1863）年7月14
日），角史（会沢安　あいざわやすし　生天明1
（1781）年），教育，郷土茨城（会沢安　あいざ
わやすし），キリ（生天明2（1782）年5月25日
没文久3年7月14日（1863年8月27日）），近世，
国史，国書（生天明2（1782）年5月25日　没文久
3（1863）年7月14日），コン改（生天明1（1781）
年），コン4（生天明1（1781）年），詩歌，史人
（生1782年5月25日　没1863年7月14日），重要

（生天明2（1782）年5月25日　没文久3（1863）年
7月14日），神史，人書94，神人（生天明2
（1782）年5月　没文久3（1863）年7月），新潮
（生天明2（1782）年5月25日　没文久3（1863）年
7月14日），人名，世人（会沢安　あいざわやす
し　生天明1（1781）年5月25日　没文久3
（1863）年7月14日），世百，全書，大百，日史
（生天明2（1782）年5月25日　没文久3（1863）年
7月14日），日人，幕末（没1863年8月27日），藩
臣2，百科，歴大

会沢元輔 あいざわもとすけ
？　〜慶応3（1867）年
江戸時代末期の薩摩藩士。
¶新潮（没慶応3（1867）年12月13日），人名，日
人（没1868年）

会沢安 あいざわやすし
→会沢正志斎（あいざわせいしさい）

愛須丈左衛門 あいすじょうざえもん
生没年不詳
江戸時代中期〜後期の紀伊和歌山藩士。
¶和歌山人

間角弥 あいだかくや
文政1（1818）年〜明治4（1871）年
江戸時代末期〜明治期の筑前秋月藩士、槍術師範。
¶藩臣7

相田橘右衛門 あいだきつえもん
宝暦4（1754）年〜天保1（1830）年
江戸時代中期〜後期の剣術家。神道流・夢想真流
（無楽流、居合）。
¶剣豪

間小四郎 あいだこしろう
→間小四郎（はざまこしろう）

会田七左衛門 あいだしちざえもん
？　〜寛永19（1642）年11月
安土桃山時代〜江戸時代前期の江戸幕府代官伊奈
氏の家臣。
¶埼玉人

会田素山 あいたそざん
→素山（そざん）

相田信也 あいだのぶなり
→相田信也（あいだのぶや）

相田信也 あいだのぶや
寛永18（1641）年〜正徳3（1713）年3月18日　別相
田信也《あいだのぶなり》
江戸時代の水戸藩士。
¶国書（あいだのぶなり），人名，日人（生没年不
詳）

相浦紀道 あいのうらのりみち
天保12（1841）年〜明治44（1911）年4月1日　別相
浦紀道《あいうらのりみち》
江戸時代末期〜明治期の肥前佐賀藩士、海軍軍
人。男爵、中将。
¶朝日（生天保12年6月23日（1841年8月9日）），
人名，日人，幕末（あいうらのりみち），陸海
（生天保12年6月23日）

相場好善 あいばこうぜん
文化8（1811）年〜明治10（1877）年

江戸時代後期～明治期の武士。足利藩最後の家老職。
¶栃木歴

相場助右衛門 あいばすけうえもん
文政6(1823)年～明治1(1868)年
江戸時代末期の上総佐貫藩家老。
¶藩臣3

相庭丈右衛門 あいばたけうえもん
生没年不詳
江戸時代中期の備後三次藩士。
¶藩臣6

相場朋厚 あいばともあつ
天保5(1834)年～明治44(1911)年
江戸時代末期～明治期の志士、画家、足利藩剣術世話役。
¶人名，栃木歴，日人，美家([没]明治44(1911)年6月22日)

合原猪三郎 あいはらいさぶろう
→合原猪三郎(ごうはらいさぶろう)

合原窓南 あいはらそうなん
寛文3(1663)年～元文2(1737)年　[別]合原窓南《ごうはらそうなん》，草野権八《くさのごんぱち》
江戸時代中期の筑後久留米藩士、儒学者。
¶国書(ごうはらそうなん　[没]元文2(1737)年8月20日)，人名，日人，藩臣7，福岡百(ごうはらそうなん　[没]元文2(1737)年8月20日)

相原友直 あいはらともなお，あいばらともなお
元禄16(1703)年～天明2(1782)年
江戸時代中期の陸奥仙台藩士。
¶岩手百，国書([没]天明2(1782)年1月21日)，人名，姓氏岩手，姓氏宮城，日人，平史，宮城百(あいばらともなお)

藍原宗正 あいはらむねまさ
生没年不詳
江戸時代の剣術家。
¶日人

合原義訓 あいはらよしのり
→合原義訓(ごうはらよしのり)

秋元安民 あいもとやすたみ
→秋元安民(あきもとやすたみ)

粟生氏利 あおうじとし
寛永7(1630)年～正徳3(1713)年
江戸時代前期の武士。
¶和歌山人

青江秀 あおえひいず
天保5(1834)年1月3日～明治23(1890)年　[別]青江秀《あおえひで》
江戸時代後期～明治期の阿波徳島藩士、北海道庁理事官、地方史研究家。北海道史を研究。
¶国書([没]明治23(1890)年8月5日)，史研(あおえひで　[没]明治23(1890)年8月27日)

青江秀 あおえひで
→青江秀(あおえひいず)

青岡弥左衛門 あおおかやざえもん
生没年不詳
江戸時代前期の槍術家。
¶日人

青方簡斎 あおかたかんさい
文政3(1820)年～安政6(1859)年
江戸時代末期の肥前福江藩家老。
¶国書([生]文政3(1820)年6月6日　[没]安政6(1859)年5月29日)，幕末([没]1859年6月29日)，藩臣7，洋学

青方繁治 あおかたしげはる
明和4(1767)年～天保12(1841)年
江戸時代中期～後期の肥前福江藩家老。
¶国書([没]天保12(1841)年7月21日)，藩臣7

青方峻精 あおかたたかきよ
享保11(1726)年～寛政7(1795)年
江戸時代中期の肥前福江藩家老。
¶藩臣7

青方玄種 あおかたはるたね
永禄8(1565)年～元和5(1619)年
安土桃山時代～江戸時代前期の肥前福江藩士。
¶藩臣7

青方雅盛 あおかたまさもり
天正13(1585)年～慶安4(1651)年
江戸時代前期の肥前福江藩士。
¶藩臣7

青方運善 あおかたゆきよし
寛政5(1793)年～嘉永3(1850)年8月7日
江戸時代末期の肥前福江藩家老。
¶国書，幕末，藩臣7

青木一郎太夫 あおきいちろうだゆう
天明6(1786)年～安政6(1859)年
江戸時代中期～末期の剣術家。念首座流。
¶剣豪，三重(青木翠樹)

青木梅蔵 あおきうめぞう
生没年不詳
江戸時代末期の幕臣。1864年遣仏使節に随行しフランスに渡る。
¶海越新

青木興勝 あおきおきかつ
宝暦12(1762)年～文化9(1812)年
江戸時代中期～後期の蘭学者、筑前福岡藩士。筑前福岡藩蘭学の祖。
¶朝日([没]文化9(1812)年6月)，近世，国史，国書([没]文化9(1812)年6月)，コン改，コン4，新潮([没]文化9(1812)年6月)，人名，世人，日人，藩臣7，福岡百([没]文化9(1812)年6月)，洋学，歴大

青木海棠 あおきかいどう
生没年不詳
江戸時代中期の摂津麻田藩士、俳人。
¶藩臣5

青木一興 あおきかずおき
文政5(1822)年～嘉永2(1849)年
江戸時代後期の大名。摂津麻田藩主。
¶諸系，日人，藩主3([没]嘉永2(1849)年8月10日)

青木一都 あおきかずくに
享保6(1721)年～寛延3(1750)年
江戸時代中期の大名。摂津麻田藩主。
¶諸系，日人，藩主3([没]寛延2(1749)年10月26

日）

青木一貞 あおきかずさだ
安永5（1776）年～天保2（1831）年
江戸時代後期の大名。摂津麻田藩主。
¶諸系，日人，藩主3（[没]天保2（1831）年8月6日）

青木一重 あおきかずしげ
天文20（1551）年～寛永5（1628）年
安土桃山時代～江戸時代前期の武将、大名。摂津麻田藩主。大坂城七手組頭の一人。
¶朝日（[没]寛永5年8月9日（1628年9月6日）），大阪人（[没]寛永5（1628）年8月），近世，国史，諸系，新潮（[没]寛永5（1628）年8月9日），人名，戦合，戦国，戦人，戦西，日人，藩主3（[没]寛永5（1628）年8月9日），歴大

青木一典 あおきかずつね
元禄10（1697）年～元文1（1736）年
江戸時代中期の大名。摂津麻田藩主。
¶諸系，日人，藩主3（[没]元文1（1736）年1月27日）

青木一貫 あおきかずつら
享保18（1733）年～天明6（1786）年
江戸時代中期の大名。摂津麻田藩主。
¶国書（[没]天明6（1786）年6月28日），諸系，日人，藩主3（[没]天明6（1786）年6月28日）

青木一咸 あおきかずひろ
文政11（1828）年～安政3（1856）年
江戸時代末期の大名。摂津麻田藩主。
¶諸系，日人，藩主3（[没]安政3（1856）年8月20日）

青木一新 あおきかずよし
享保13（1728）年～天明1（1781）年
江戸時代中期の大名。摂津麻田藩主。
¶諸系，日人，藩主3（[没]天明1（1781）年5月20日）

青木葵園 あおききえん
＊～安永7（1778）年
江戸時代中期の周防徳山藩士。
¶国書（[生]寛延1（1748）年　[没]安永7（1778）年7月2日），藩臣6（[生]延享4（1747）年）

青木彊斎 あおききょうさい
→青木理蔵（あおきりぞう）

青木清列 あおききよつら
生没年不詳
江戸時代前期の仙台藩士。
¶国書

青木浩斎 あおきこうさい
→伊王野坦（いおうのひろし）

青木左京〔1代〕 あおきさきょう
元禄16（1703）年～宝暦1（1751）年
江戸時代中期の旗本、茶人。
¶茶道（──〔代数なし〕），日人

青木貞兵衛 あおきさだへえ
天保5（1834）年～明治1（1868）年
江戸時代末期の近江彦根藩士。
¶藩臣4

青木重兼 あおきしげかね
慶長11（1606）年～天和2（1682）年
江戸時代前期の大名。摂津麻田藩主。
¶黄檗（[生]慶長11（1606）年12月29日　[没]天和2（1682）年9月14日），諸系，日人，藩主3（[没]天和2（1682）年9月14日）

青木重竜 あおきしげたつ
寛政12（1800）年～安政5（1858）年
江戸時代末期の大名。摂津麻田藩主。
¶諸系，日人，藩主3（[没]安政5（1858）年8月6日）

青木重成 あおきしげなり
寛永2（1625）年～元禄6（1693）年
江戸時代前期の大名。摂津麻田藩主。
¶諸系，日人，藩主3（[没]元禄6（1693）年8月15日）

青木重矩 あおきしげのり
寛文5（1665）年～享保14（1729）年
江戸時代中期の大名。摂津麻田藩主。
¶諸系，日人，藩主3（[没]享保14（1729）年3月27日）

青木重義 あおきしげよし
嘉永6（1853）年～明治17（1884）年
江戸時代末期～明治期の大名。摂津麻田藩主。
¶諸系，日人，藩主3（[没]明治17（1884）年10月）

青木七兵衛 あおきしちべえ
江戸時代前期の剣術家。
¶三重続

青木周蔵 あおきしゅうぞう
弘化1（1844）年～大正3（1914）年　[別]三浦玄明
江戸時代末期～明治期の長州藩士、外交官、政治家。子爵、貴族院議員。日英通商航海条約を締結。外相、駐米大使などを歴任。
¶朝日（[生]弘化1年1月15日（1844年3月3日）[没]大正3（1914）年2月16日），岩史（[生]天保15（1844）年1月5日　[没]大正3（1914）年2月16日），海越（[生]弘化1（1844）年1月15日　[没]大正3（1914）年2月16日），海越新（[生]弘化1（1844）年1月15日　[没]大正3（1914）年2月16日），角史，郷土栃木，近現，国際，国史，コン改，コン5，史人（[生]1844年1月15日　[没]1914年2月16日），重要（[生]弘化1（1844）年1月15日　[没]大正3（1914）年2月16日），新潮（[生]弘化1（1844）年1月15日　[没]大正3（1914）年2月16日），世紀（[生]天保15（1844）年1月15日　[没]大正3（1914）年2月16日），姓氏山口，世人（[生]弘化1（1844）年1月　[没]大正3（1914）年2月16日），全書，伝記，渡航（[生]1844年1月15日　[没]1914年2月16日），栃木歴，日史（[生]弘化1（1844）年1月15日　[没]大正3（1914）年2月16日），日人，日本，幕末（[没]1914年2月16日），藩臣6，百科，明治1，山口百，履歴（[生]弘化1（1844）年1月15日　[没]大正3（1914）年2月16日），歴大

青木錠一郎 あおきじょういちろう
生没年不詳
江戸時代末期の駿河駿府藩士。
¶藩臣4

青木城右衛門 あおきじょうえもん
生没年不詳
江戸時代前期の剣術家。
¶日人

青木四郎左衛門 あおきしろうざえもん
？～貞享4（1687）年
江戸時代前期の武士。

¶和歌山人

青木新兵衛 あおきしんべえ
＊～寛永9（1632）年　[別]青木正玄《あおきまさはる》
安土桃山時代～江戸時代前期の武士。上杉氏家臣、のち加賀藩士。
¶人名，姓氏石川（青木正玄　あおきまさはる　[生]？），戦国（[生]1562年），戦人（[生]永禄4（1561）年），日人（[生]1561年），藩臣3（[生]？）

青木瑞翁 あおきずいおう
生没年不詳
江戸時代前期～中期の水戸藩士。
¶国書

青木輔清 あおきすけきよ
？～明治42（1909）年11月6日
江戸時代末期～明治期の旧忍藩士、啓蒙家。
¶埼玉人，埼玉百（生没年不詳）

青木盛卿 あおきせいきょう
生没年不詳
江戸時代後期の尾張藩士。
¶国書

青木晟次郎 あおきせいじろう
？～明治31（1898）年
江戸時代末期～明治期の対馬藩士。
¶維新

青木猛比古 あおきたけひこ
天保2（1831）年～＊
江戸時代末期の志士。
¶維新（[没]1867年），大分百（[没]1864年），大分歴（[没]慶応2（1866）年），幕末（[没]1867年10月29日）

青木忠裕 あおきただやす
→青山忠裕（あおやまただやす）

青木達右衛門 あおきたつえもん
江戸時代末期の対馬藩士。
¶維新

青木千枝 あおきちえだ
文政3（1820）年～明治30（1897）年　[別]青木平輔《あおきへいすけ》
江戸時代末期～明治期の近江彦根藩士。
¶国書（[生]文政3（1820）年8月24日　[没]明治30（1897）年5月6日），人名，日人，藩臣4（青木平輔　あおきへいすけ），和俳（青木平輔　あおきへいすけ）

青木見典 あおきちかつね
享保8（1723）年～宝暦4（1754）年
江戸時代中期の大名。摂津麻田藩主。
¶諸系，日人，藩主3（[没]宝暦4（1754）年8月14日）

青木近義 あおきちかよし
宝暦12（1762）年～文化10（1813）年
江戸時代後期の武士。
¶和歌山人

青木桃渓 あおきとうけい
元禄15（1702）年～安永8（1779）年　[別]桃渓《とうけい》
江戸時代中期の伊勢久居藩士。
¶国書（桃渓　とうけい　[没]安永8（1779）年8月7日），藩臣4，三重続

青木戸太夫 あおきとだゆう
？～宝暦1（1751）年
江戸時代中期の剣術家。以心流。
¶剣豪

青木直影 あおきなおかげ
元和5（1619）年～延宝7（1679）年2月10日
江戸時代前期の武士。
¶黄檗

青木信敬 あおきのぶよし
文政12（1829）年～明治30（1897）年
江戸時代末期～明治期の牛久藩士。
¶幕末（[没]1897年5月19日），藩臣2

青木彦四郎 あおきひこしろう
天保8（1837）年～文久3（1863）年
江戸時代末期の播磨赤穂藩士。
¶維新，幕末（[没]1863年3月18日），藩臣5

青木兵左衛門 あおきへいざえもん
？～正保4（1647）年
江戸時代前期の弘前藩士。
¶青森人

青木平輔 あおきへいすけ
→青木千枝（あおきちえだ）

青木北海 あおきほくかい
→青木北海（あおきほっかい）

青木北海 あおきほっかい
天明3（1783）年～慶応1（1865）年　[別]青木北海《あおきほくかい》，青木又一郎《あおきまたいちろう》，青木又市《あおきまたいち》，殿岡北海《とのおかほっかい》
江戸時代後期の国学者。越中富山藩士。
¶国書（[生]天明2（1782）年1月30日　[没]慶応1（1865）年6月11日），コン改（あおきほくかい　[生]天明2（1782）年），コン4（あおきほくかい　[生]天明2（1782）年），神人（[生]天明2（1782）年1月31日　[没]慶応1（1865）年6月11日），新潮（あおきほくかい　[生]天明3（1783）年1月30日　[没]慶応1（1865）年6月11日），人名（[生]1782年），人名（殿岡北海　とのおかほっかい），姓氏富山，富山百（青木又一郎　あおきまたいちろう　[生]天明3（1783）年1月31日　[没]慶応1（1865）年6月11日），富山文，日人（あおきほくかい　[生]1782年，（異説）1783年），幕末（[生]1783年3月　[没]1865年8月2日），藩臣3（青木又市　あおきまたいち）

青木正徳 あおきまさのり
天保8（1837）年～明治29（1896）年
江戸時代末期～明治期の肥前蓮池藩士。
¶藩臣7

青木正玄 あおきまさはる
→青木新兵衛（あおきしんべえ）

青木政美 あおきまさよし
？～明治7（1874）年
江戸時代末期～明治期の豊前小倉藩士。
¶人名，日人，藩臣7

青木又市 あおきまたいち
→青木北海（あおきほっかい）

青木又一郎 あおきまたいちろう
→青木北海（あおきほっかい）

青木守法 あおきもりつね
生没年不詳
江戸時代末期の紀伊和歌山藩士。
¶幕末，和歌山人

青木安清 あおきやすきよ
江戸時代中期の第12代美濃国代官。
¶岐阜百

青木弥惣右衛門 あおきやそううえもん
生没年不詳
江戸時代の藩士。現諫早市小野島町に在郷。諫早干拓地の用水を確保。
¶長崎百

青木与五兵衛 あおきよごべえ
生没年不詳
江戸時代前期の武士。
¶和歌山人

青木与三郎 あおきよさぶろう
天保7（1836）年～元治1（1864）年
江戸時代末期の志士、対馬藩士。
¶維新，人名，日人，幕末（[没]1864年8月20日）

青木与兵衛 あおきよへえ
宝永3（1706）年～宝暦13（1763）年
江戸時代中期の剣術家。陰流。
¶剣豪

青木理蔵 あおきりぞう
天保5（1834）年～明治13（1880）年7月 [別]青木彊斎《あおききょうさい》
江戸時代末期～明治期の出羽秋田藩士。
¶国書（青木彊斎 あおききょうさい），幕末，藩臣1

青木竜峰 あおきりゅうほう
天保1（1830）年～明治42（1909）年
江戸時代末期～明治期の書家、越前福井藩士。
¶人名，日人

青木六右衛門 あおきろくえもん
？ ～享保6（1721）年
江戸時代中期の武士、幕臣。
¶和歌山人

粟生茂宅 あおしげいえ
？ ～寛永2（1625）年
江戸時代前期の武士。
¶和歌山人

粟生重義 あおしげよし
？ ～寛文7（1667）年
江戸時代前期の武士。
¶和歌山人

青地高豊 あおじたかとよ
→青地高豊（あおぢたかとよ）

青地等定 あおじともさだ
→青地等定（あおぢともさだ）

青地斉賢 あおじなりかた
→青地兼山（あおちけんざん）

青地礼幹 あおじのりもと
→青地礼幹（あおぢのりもと）

青島俊蔵 あおしましゅんぞう
宝暦1（1751）年～寛政2（1790）年8月17日
江戸時代中期～後期の武士。蝦夷地を調査。
¶国書

青地守高 あおじもりたか
→青地守高（あおぢもりたか）

青地林宗 あおじりんそう
→青地林宗（あおちりんそう）

青田依定 あおたよりさだ
元文1（1736）年～寛政2（1790）年
江戸時代中期の暦数家、陸奥仙台藩士。
¶人名，日人

青地兼山 あおちけんざん
寛文12（1672）年～享保13（1728）年 [別]青地斉賢《あおじなりかた》
江戸時代前期～中期の儒者、加賀藩士。
¶国書（[生]寛文12（1672）年2月2日 [没]享保13（1728）年12月25日），姓氏石川（青地斉賢 あおじなりかた），日人（[没]1729年）

青地斎賢 あおちせいけん
江戸時代中期の儒者、加賀藩士。
¶人名

青地高豊 あおぢたかとよ，あおじたかとよ
江戸時代前期の弓術家。
¶岡山人（あおじたかとよ [生]慶長17（1612）年 [没]延宝4（1676）年），岡山歴（あおじたかとよ [生]寛永10（1633）年 [没]元禄10（1697）年閏2月13日）

青地忠愛 あおちただよし
享保17（1732）年10月17日～文化3（1806）年3月14日
江戸時代中期～後期の加賀藩士。
¶国書

青地等定 あおぢともさだ，あおじともさだ
？ ～寛文5（1665）年
江戸時代前期の加賀藩士。
¶姓氏石川（あおじともさだ）

青地礼幹 あおぢのりもと，あおじのりもと；あおちのりもと
延宝3（1675）年～延享1（1744）年 [別]青地礼幹《あおじのりもと，あおちのりもと，あおちれいかん》
江戸時代中期の加賀藩士。
¶石川百（あおじのりもと [生]1674年），国書（あおちのりもと [没]延享1（1744）年4月25日），人名（あおちれいかん），姓氏石川（あおじのりもと [生]1674年），日人（あおちれいかん），藩臣3（あおじのりもと）

青地元珍 あおぢもとよし
？ ～寛永10（1633）年9月
安土桃山時代～江戸時代前期の織田信長の家臣。
¶織田

青地守高 あおぢもりたか，あおじもりたか
元禄3（1690）年～宝暦9（1759）年12月17日
江戸時代中期の岡山藩士。
¶岡山歴（あおじもりたか）

あ

青地林宗 あおちりんそう
安永4(1775)年～天保4(1833)年 [別]青地林宗《あおじりんそう》
江戸時代後期の蘭学者、伊予松山藩士。蛮書和解御用。
¶朝日([没]天保4年2月22日(1833年4月11日)), 江戸(あおじりんそう), 愛媛百([生]安永3(1774)年 [没]天保4(1833)年2月22日), 江文, 角史, 教育, 郷土愛媛, 近世, 国史, 国書([没]天保4(1833)年2月22日), コン改, コン4, 史人([没]1833年2月22日), 新潮([没]天保4(1833)年2月22日), 人名([生]1784年), 世人([没]天保4(1833)年2月22日), 世百, 全書, 大百, 日史([没]天保4(1833)年2月21日), 日人, 藩臣6, 百科, 洋学, 歴大

青地礼幹 あおちれいかん
→青地礼幹(あおぢのりもと)

粟生利敬 あおとしたか
寛延2(1749)年～文化11(1814)年
江戸時代後期の武士。
¶和歌山人

青砥綱義 あおとつなよし
正徳3(1713)年～天明8(1788)年 [別]青砥武平次《あおとぶへいじ》, 青砥武平治《あおとぶへいじ》
江戸時代中期の越後村上藩士。越後三面川の種川制度の創設者。
¶朝日, 岩史([没]天明8(1788)年4月26日), 近世(生没年不詳), 国史(生没年不詳), コン改(生没年不詳), コン4(生没年不詳), 史人(生没年不詳), 食文(青砥武平治 あおとぶへいじ [没]天明8年4月26日(1788年5月31日)), 新潮(生没年不詳), 人名(青砥武平次 あおとぶへいじ), 世人(生没年不詳), 日人, 藩臣4(青砥武平次 あおとぶへいじ), 歴大

青砥武平次(青砥武平治) あおとぶへいじ
→青砥綱義(あおとつなよし)

青沼勘右衛門 あおぬまかんえもん
? ～元禄14(1701)年 [別]青沼勘左衛門《あおぬまかんざえもん》
江戸時代前期～中期の馬術家。
¶人名(青沼勘左衛門 あおぬまかんざえもん), 日人

青沼勘左衛門 あおぬまかんざえもん
→青沼勘右衛門(あおぬまかんえもん)

青野正峯 あおのまさみね
延宝1(1673)年～享保17(1732)年
江戸時代中期の武士、幕臣。
¶和歌山人

青葉士弘 あおばしこう
元禄16(1703)年～安永1(1772)年 [別]青葉南洲《あおばなんしゅう》
江戸時代中期の讃岐高松藩士。
¶香川人, 香川百, 国書(青葉南洲 あおばなんしゅう [生]元禄16(1703)年7月 [没]明和9(1772)年3月16日), 人書94([生]1693年), 人名([生]1693年), 日人, 藩臣6

青葉新左衛門 あおばしんざえもん
安土桃山時代～江戸時代前期の武士。里見氏家臣。
¶戦人(生没年不詳), 戦東

青葉帯刀 あおばたてわき
安土桃山時代～江戸時代前期の武士。里見氏家臣。
¶戦人(生没年不詳), 戦東

青葉南洲 あおばなんしゅう
→青葉士弘(あおばしこう)

粟生弥右衛門 あおやえもん
生没年不詳
江戸時代前期の筑後久留米藩士。
¶藩臣7

青柳一円斎 あおやぎいちえんさい
→青柳真武(あおやぎさねたけ)

青柳健之介(青柳健之助) あおやぎけんのすけ
→青柳高鞆(あおやぎたかとも)

青柳監物 あおやぎけんもつ
天和2(1682)年1月15日～元文4(1739)年12月26日
江戸時代前期～中期の武道家。
¶国書

青柳真武 あおやぎさねたけ
享和2(1802)年～文久2(1862)年 [別]青柳一円斎《あおやぎいちえんさい》
江戸時代末期の剣術家、奇兵隊長。
¶剣豪(青柳一円斎 あおやぎいちえんさい), 人名, 日人

青柳蔀 あおやぎしとみ
天保5(1834)年～元治1(1864)年
江戸時代末期の対馬藩士。
¶維新

青柳高鞆 あおやぎたかとも
天保11(1840)年～明治25(1892)年 [別]青柳健之介《あおやぎけんのすけ》, 青柳健之助《あおやぎけんのすけ》
江戸時代末期～明治期の岩村田藩士。
¶維新(青柳健之介 あおやぎけんのすけ), 江文, 国書([生]天保11(1840)年1月10日 [没]明治25(1892)年10月8日), 神人([生]天保11(1840)年1月10日 [没]明治25(1892)年10月8日), 人名, 日人, 幕末(青柳健之助 あおやぎけんのすけ [没]1892年10月8日)

青柳種信 あおやぎたねのぶ
明和3(1766)年～天保6(1835)年
江戸時代中期～後期の国学者、筑前福岡藩士。
¶朝日([生]明和3年2月20日(1766年3月30日) [没]天保6年12月17日(1836年2月3日)), 考古([没]天保6年(1835年12月17日)), 国書([生]明和3(1766)年2月20日 [没]天保6(1835)年12月6日), 古史, コン改, コン4, 神史, 人書94, 神人, 新潮([生]明和3(1766)年2月20日 [没]天保6(1835)年12月6日), 人名, 世人([没]文政8(1825)年), 日人([没]1836年), 藩臣7, 福岡百([生]明和3(1766)年2月20日 [没]天保6(1835)年12月17日), 歴大

青柳彦十郎 あおやぎひこじゅうろう
天保4(1833)年～明治25(1892)年
江戸時代末期～明治期の豊前小倉藩士。
¶藩臣7

青柳牧太夫 あおやぎまきだゆう
　天保9(1838)年〜慶応4(1868)年1月
　江戸時代後期〜末期の新撰組隊士。
　¶新撰

青柳柳塘 あおやぎりゅうとう
　文政1(1818)年〜明治11(1878)年
　江戸時代末期〜明治期の越前鯖江藩士。
　藩臣3

青山延寿 あおやまえんじゅ
　→青山鉄槍(あおやまてっそう)

青山景通 あおやまかげみち
　文政2(1819)年〜明治24(1891)年
　江戸時代末期〜明治期の国学者、美濃苗木藩士。平田篤胤の門下。
　¶朝日(㋜明治24(1891)年12月11日)、江文、近現、近世、国史、史人(㋜1891年12月11日)、神史、神人、新潮(㋜明治24(1891)年12月11日)、人名、日人、藩臣3

青山愚痴 あおやまぐち
　＊〜明治2(1869)年
　江戸時代末期の出水郷士、砲術師範。
　¶姓氏鹿児島(㋞1806年)、幕末(㋞1803年)

青山宮内 あおやまくない
　寛永2(1625)年〜延宝4(1676)年
　江戸時代前期の若狭小浜藩士。
　¶藩臣3

青山国太郎 あおやまくにたろう
　生没年不詳
　江戸時代末期の剣術家。時中流。
　¶剣豪

青山小三郎 あおやまこさぶろう
　→青山貞(あおやまてい)

青山貞 あおやまさだ
　→青山貞(あおやまてい)

青山七蔵 あおやましちぞう
　天明1(1781)年〜安政1(1854)年
　江戸時代後期の信濃高遠藩士、俳人。
　¶藩臣3、和俳

青山次郎 あおやまじろう
　江戸時代末期の新撰組隊士。
　¶新撰

青山新右衛門 あおやましんうえもん
　慶長9(1604)年〜寛文12(1672)年　㋚青山新右衛門《あおやましんえもん》
　江戸時代前期の加賀大聖寺藩士。
　¶姓氏石川(あおやましんえもん)、藩臣3

青山新右衛門 あおやましんえもん
　→青山新右衛門(あおやましんうえもん)

青山憨次 あおやましんじ
　→青山憨次(あおやまのりつぐ)

青山助左衛門 あおやますけざえもん
　天明2(1782)年〜？
　江戸時代後期の摂津三田藩士。
　¶藩臣5

青山助之丞 あおやますけのじょう
　嘉永1(1848)年〜明治1(1868)年9月15日
　江戸時代末期の陸奥二本松藩士。
　¶幕末

青山拙斎 あおやませっさい
　→青山延于(あおやまのぶゆき)

青山大学 あおやまだいがく
　元禄10(1697)年〜明和7(1770)年
　江戸時代中期の剣術家。埴原卜伝流。
　¶剣豪

青山忠雄 あおやまただお
　慶安4(1651)年〜貞享2(1685)年
　江戸時代前期の大名。遠江浜松藩主。
　¶国書(㋜貞享2(1685)年8月8日)、諸系、日人、藩主2(㋜貞享2(1685)年8月8日)

青山貞 あおやまただし
　→青山貞(あおやまてい)

青山忠重 あおやまただしげ
　承応3(1654)年〜享保7(1722)年
　江戸時代前期〜中期の大名。遠江浜松藩主、丹波亀山藩主。
　¶京都府、諸系、日人、藩主2、藩主3(㋜享保7(1722)年10月28日)

青山貞 あおやまただす
　→青山貞(あおやまてい)

青山忠高 あおやまただたか
　享保19(1734)年〜文化13(1816)年
　江戸時代中期〜後期の大名。丹波篠山藩主。
　¶国書(㋜享保19(1734)年11月5日　㋜文化13(1816)年8月14日)、諸系、日人、藩主3(㋜享保19(1734)年11月5日　㋜文化13(1816)年8月14日)

青山忠講 あおやまただつぐ
　明和2(1765)年〜天明5(1785)年
　江戸時代中期の大名。丹波篠山藩主。
　¶諸系、日人、藩主3(㋜明和2(1765)年10月17日　㋜天明5(1785)年7月18日)

青山忠俊 あおやまただとし
　天正6(1578)年〜寛永20(1643)年　㋚青山伯耆守《あおやまほうきのかみ》
　安土桃山時代〜江戸時代前期の大名。武蔵岩槻藩主、上総大多喜藩主、幕府老職。
　¶朝日、岩史(㋜天正6(1578)年2月10日　㋜寛永20(1643)年4月15日)、角史、近世、国史、コン改、コン4、埼玉人(㋜寛永20(1643)年4月15日)、史人(㋜1643年4月15日)、諸系、新潮(㋜天正6(1578)年2月10日　㋜寛永20(1643)年4月15日)、人名、姓氏神奈川、世人(㋜寛永20(1643)年4月15日)、戦合、戦人、大百、日史(㋜天正6(1578)年2月10日　㋜寛永20(1643)年4月15日)、日人、藩主1、藩主2(㋜天正6(1578)年2月10日　㋜寛永20(1643)年4月15日)、百科、兵庫人(㋜天正6(1578)年2月10日　㋜寛永20(1643)年4月15日)、歴大

青山忠朝 あおやまただとも
　宝永5(1708)年〜宝暦10(1760)年
　江戸時代中期の大名。丹波亀山藩主、丹波篠山藩主。
　¶京都府、近世、国史、諸系、人名(㋜1758年)、

日人，藩主3，藩主3（[生]宝永5（1708）年7月16日 [没]宝暦10（1760）年7月15日）

青山忠良 あおやまただなが
文化4（1807）年〜元治1（1864）年
江戸時代末期の大名。丹波篠山藩主。
¶維新，諸系，人名，日人，幕末（[没]1864年11月15日），藩主3（[生]文化4（1807）年4月10日 [没]元治1（1864）年11月15日）

青山忠裕 あおやまただひろ
→青山忠裕（あおやまただやす）

青山忠雅 あおやまただまさ
生没年不詳
江戸時代中期〜後期の武士。
¶和歌山人

青山忠裕 あおやまただみち
→青山忠裕（あおやまただやす）

青山忠裕 あおやまただやす
明和5（1768）年〜天保7（1836）年 [別]青山忠裕《あおやまただひろ，あおやまただみち》，青木忠裕《あおきただやす》
江戸時代後期の大名。丹波篠山藩主。
¶京都大（青木忠裕 あおきただやす），近世，国史，国書（[生]明和5（1768）年5月8日 [没]天保7（1836）年3月20日），コン改，コン4，史人（[生]1768年5月8日 [没]1836年3月27日），諸系，新潮（[生]明和5（1768）年5月8日 [没]天保7（1836）年3月27日），人名，姓氏京都，世人（あおやまただみち），日人，藩主3（あおやまただひろ [生]明和5（1768）年5月8日 [没]天保7（1836）年3月20日），兵庫人（[没]天保7（1836）年3月26日）

青山忠敏 あおやまただゆき
天保5（1834）年〜明治6（1873）年
江戸時代末期〜明治期の大名。丹波篠山藩主。
¶維新（[没]1872年），諸系，人名，姓氏京都，日人，幕末（[没]1873年3月21日），藩主3（[生]天保5（1834）年2月21日 [没]明治6（1873）年3月21日），兵庫人（[生]天保5（1834）年2月21日 [没]明治6（1873）年3月21日）

青山貞 あおやまてい
文政9（1826）年〜明治31（1898）年 [別]青山小三郎《あおやまこさぶろう》，青山貞《あおやまさだ，あおやまただし，あおやまただす》
江戸時代末期〜明治期の越前福井藩士。
¶維新（青山小三郎 あおやまこさぶろう），郷土群馬（あおやまただし），郷土福井，群馬人（あおやまただし），群馬百（あおやまさだ），新潮（あおやまただす [生]文政9（1826）年9月3日 [没]明治31（1898）年10月22日），人名（あおやまさだ），姓氏群馬（あおやまただし），日人，幕末（青山小三郎 あおやまこさぶろう [没]1898年11月21日），藩臣3，福井百（青山小三郎 あおやまこさぶろう）

青山鉄槍 あおやまてっそう
文政3（1820）年〜明治39（1906）年 [別]青山延寿《あおやまえんじゅ，あおやまのぶひさ》
江戸時代末期〜明治期の水戸藩士、儒学者。
¶維新（青山延寿 あおやまのぶひさ），国書（青山延寿 あおやまのぶひさ [没]明治39（1906）年11月），コン改，コン4，コン5，詩歌（青山延寿 あおやまのぶひさ [生]1819年），人名（青山延寿 あおやまえんじゅ），全書，大百，日人（青山延寿 あおやまのぶひさ），幕末（青山延寿 あおやまのぶひさ [没]1906年11月），和俳

青山鉄之進 あおやまてつのしん
江戸時代中期の武士。
¶江戸東

青山伝右衛門 あおやまでんえもん
生没年不詳
江戸時代末期の下総結城藩家老。
¶幕末，藩臣3

青山俊春 あおやまとしはる
元禄13（1700）年〜享保15（1730）年
江戸時代中期の大名。丹波亀山藩主。
¶京都府，諸系，日人，藩主3（[没]享保15（1730）年7月18日）

青山知親 あおやまともちか
？ 〜享和2（1802）年1月
江戸時代中期〜後期の加賀藩士・歌人。
¶国書

青山知次 あおやまともつぐ
？ 〜嘉永1（1848）年
江戸時代末期の加賀藩家老。
¶石川百，国書（[没]嘉永1（1848）年2月28日），姓氏石川（[没]1855年），幕末（[没]1855年5月9日），藩臣3

青山直道（青山直通） あおやまなおみち
弘化3（1846）年〜明治39（1906）年
江戸時代末期〜明治期の美濃苗木藩大参事。
¶維新，岐阜百（[没]？），神人（[生]弘化3（1864）年4月6日 [没]明治39（1906）年2月21日），藩臣3（青山直通）

青山長以 あおやまながもち
宝暦4（1754）年〜文化2（1805）年
江戸時代中期〜後期の幕臣。
¶国書

青山延寿 あおやまのぶひさ
→青山鉄槍（あおやまてっそう）

青山延光 あおやまのぶみつ
文化4（1807）年〜明治4（1871）年 [別]青山佩弦斎《あおやまはいげんさい》
江戸時代末期〜明治期の儒学者、水戸藩士。青山延于の長子。「大日本史」を編纂。
¶朝日（[生]文化4年10月23日（1807年11月22日） [没]明治4年9月29日（1871年11月11日）），維新（[没]1870年），茨城百，近世，国史，国書（[生]文化4（1807）年10月23日 [没]明治3（1870）年9月29日），コン改（[没]明治3（1870）年），コン4（[没]明治3（1870）年），コン5（[没]明治3（1870）年），詩歌（[生]1806年），史人（[生]1807年10月23日 [没]1871年9月29日），新潮（[生]文化4（1807）年10月23日 [没]明治4（1871）年9月29日），人名（[没]1870年），全書（青山佩弦斎 あおやまはいげんさい），大百（青山佩弦斎 あおやまはいげんさい [生]1808年），哲学（[没]1870年），日人，日本（[生]文政4（1821）年），幕末（[没]1870年

9月)，藩臣2([没]明治3(1870)年)，歴大，和俳([没]明治3(1870)年)

青山延于(青山延干)　**あおやまのぶゆき**
安永5(1776)年～天保14(1843)年　[別]青山拙斎《あおやませっさい》
江戸時代後期の儒学者、水戸藩士。影考館総裁、弘道館の教授頭取。
¶朝日([没]天保14年9月6日(1843年9月29日))，茨城百，岩史([没]天保14(1843)年9月6日)，角史，近世，国史，国書([没]天保14(1843)年9月6日)，コン改，コン4，詩歌(青山延干)，史人([没]1843年9月6日)，神人([没]天保14(1843)年9月6日)，新潮([没]天保14(1843)年9月6日)，人名(青山延干)，世人([没]天保14(1843)年9月6日)，全書(青山拙斎　あおやませっさい)，大百(青山拙斎　あおやませっさい　[生]1775年)，日史([没]天保14(1843)年9月6日)，日人，藩臣2，百科，歴大，和俳([没]天保14(1843)年9月6日)

青山悳次　**あおやまのりつぐ**
天保3(1832)年～明治26(1893)年　[別]青山悳次《あおやましんじ》
江戸時代末期～明治期の加賀藩家老。
¶神人(あおやましんじ　生没年不詳)，人名，日人，幕末([没]1893年4月27日)

青山佩弦斎　**あおやまはいげんさい**
→青山延光(あおやまのぶみつ)

青山白峯　**あおやまはくほう**
生没年不詳
江戸時代中期～後期の幕臣。
¶国書

青山秀堅　**あおやまひでかた**
生没年不詳
江戸時代末期の幕臣。
¶国書

青山通直　**あおやまみちなお**
～寛永7(1630)年
江戸時代前期の旗本。
¶神奈川人

青山宗俊　**あおやまむねとし**
慶長9(1604)年～延宝7(1679)年
江戸時代前期の大名。遠江浜松藩主、信濃小諸藩主。
¶大阪人([没]延宝7(1679)年2月)，諸系，人名，長野歴，日人，藩主2([没]延宝7(1679)年2月15日)

青山宗長　**あおやまむねなが**
慶長17(1612)年～延宝3(1675)年
江戸時代前期の加賀藩士。
¶人名，日人，藩臣3([生]？)

青山幸完　**あおやまゆきさだ**
宝暦2(1752)年～文化5(1808)年　[別]青山幸完《あおやまよしさだ》
江戸時代中期～後期の大名。美濃郡上藩主。
¶岐阜百(あおやまよしさだ)，諸系，日人，藩主2(あおやまよしさだ　[生]宝暦2(1752)年5月28日　[没]文化5(1808)年11月8日)

青山幸哉　**あおやまゆきしげ**
文化12(1815)年～文久3(1863)年　[別]青山幸哉《あおやまゆきちか》
江戸時代末期の大名。美濃郡上藩主。
¶岐阜百，国書(あおやまゆきちか　[没]文久3(1863)年7月16日)，諸系，日人，藩主2([没]文久3(1863)年7月16日)

青山幸孝　**あおやまゆきたか**
安永7(1778)年～文化12(1815)年　[別]青山幸孝《あおやまよしたか》
江戸時代後期の大名。美濃郡上藩主。
¶岐阜百(あおやまよしたか)，諸系，日人，藩主2(あおやまよしたか　[没]文化12(1815)年11月25日)

青山幸哉　**あおやまゆきちか**
→青山幸哉(あおやまゆきしげ)

青山幸豊　**あおやまゆきとよ**
明暦2(1656)年～享保5(1720)年
江戸時代前期～中期の第5代伏見奉行。
¶京都大，姓氏京都

青山幸成　**あおやまゆきなり**
→青山幸成(あおやまよしなり)

青山幸宜　**あおやまゆきのぶ**
→青山幸宜(あおやまゆきよし)

青山幸礼　**あおやまゆきのり**
文化5(1808)年～天保9(1838)年
江戸時代後期の大名。美濃郡上藩主。
¶岐阜百，諸系，日人，藩主2([没]天保9(1838)年8月25日，(異説)4月25日)

青山幸寛　**あおやまゆきひろ**
文化3(1806)年～天保3(1832)年
江戸時代後期の大名。美濃郡上藩主。
¶岐阜百，諸系，日人，藩主2([生]文化3(1806)年8月15日　[没]天保3(1832)年6月26日)

青山幸宜　**あおやまゆきよし**
＊～昭和5(1930)年　[別]青山幸宜《あおやまゆきのぶ》
江戸時代末期～明治期の大名。美濃郡上藩主。
¶岐阜百(あおやまゆきのぶ　[生]安政1(1854)年)，諸系([生]1855年)，人名([生]1854年)，世紀([生]嘉永7(1855)年11月20日　[没]昭和5(1930)年2月6日)，日人([生]1855年)，藩主2(あおやまゆきのぶ　[生]安政1(1854)年10月20日　[没]昭和5(1930)年2月5日)

青山幸完　**あおやまよしさだ**
→青山幸完(あおやまゆきさだ)

青山幸督　**あおやまよしすけ**
→青山幸督(あおやまよしまさ)

青山幸孝　**あおやまよしたか**
→青山幸孝(あおやまゆきたか)

青山幸利　**あおやまよしとし**
元和2(1616)年～貞享1(1684)年
江戸時代前期の大名。摂津尼ケ崎藩主。
¶諸系，日人，藩主3([没]貞享1(1684)年8月2日)，兵庫人([没]貞享1(1684)年8月2日)，兵庫百

青山幸侶 あおやまよしとも
→青山幸秀（あおやまよしひで）

青山幸成 あおやまよしなり
天正14（1586）年～寛永20（1643）年　[別]青山幸成《あおやまゆきなり》
江戸時代前期の大名。遠江掛川藩主、摂津尼ケ崎藩主。
¶国書（あおやまゆきなり　[没]寛永20（1643）年2月16日），諸系，人名（[生]？），日人，藩主2（あおやまゆきなり），藩主3（[没]寛永20（1643）年2月16日）

青山幸秀 あおやまよしひで
元禄9（1696）年～延享1（1744）年　[別]青山幸侶《あおやまよしとも》
江戸時代中期の大名。摂津尼ケ崎藩主、信濃飯山藩主、丹後宮津藩主。
¶京都府，諸系，長野歴（青山幸侶　あおやまよしとも），日人，藩主2，藩主3（[没]延享1（1744）年9月8日），藩主3

青山幸督 あおやまよしまさ
寛文5（1665）年～宝永7（1710）年　[別]青山幸督《あおやまよしすけ》
江戸時代中期の大名。摂津尼ケ崎藩主。
¶諸系，人名（あおやまよしすけ），日人，藩主3（[没]宝永7（1710）年8月18日），兵庫人（あおやまよしすけ　[没]宝永7（1710）年8月18日）

青山幸道 あおやまよしみち
享保10（1725）年～安永8（1779）年
江戸時代中期の大名。丹後宮津藩主、美濃郡上藩主。
¶岐阜百，諸系，日人，藩主2（[生]享保10（1725）年8月5日　[没]安永8（1779）年10月晦日），藩主3

赤石愛太郎 あかいしあいたろう
*～安政1（1854）年
江戸時代末期の陸奥弘前藩士。
¶青森人（[生]天保5（1834）年），人名（[生]1829年），日人（[生]？）

赤石行三 あかいしこうぞう
天保1（1830）年～明治29（1896）年　[別]赤石礼次郎《あかいしれいじろう》
江戸時代末期～明治期の陸奥弘前藩士。
¶青森人，維新（赤石礼次郎　あかいしれいじろう），人名，日人，幕末（[没]1896年9月5日），藩臣1（赤石礼次郎　あかいしれいじろう）

赤石蒲池 あかいしほち
宝永3（1706）年9月24日～明和1（1764）年11月2日
江戸時代中期の秋田藩士。
¶国書

赤石安右衛門 あかいしやすえもん
延享2（1745）年～文化10（1813）年
江戸時代中期～後期の陸奥弘前藩士、勘定奉行。
¶青森人，人名，日人，藩臣1

赤石礼次郎 あかいしれいじろう
→赤石行三（あかいしこうぞう）

赤井忠晶 あかいただあきら
享保12（1727）年～寛政2（1790）年
江戸時代中期の勘定奉行。田沼意次政権の経済政策を担当。
¶朝日（[没]寛政2年4月25日（1790年6月7日）），岩史（[没]寛政2（1790）年4月25日），コン4，姓氏京都，日史（[没]寛政2（1790）年4月25日），日人

赤井恒宅 あかいつねいえ
～寛文11（1671）年
江戸時代前期の旗本。
¶神奈川人

赤井直喜 あかいなおひろ
→赤井直喜（あかいなおよし）

赤井直喜 あかいなおよし
文化7（1810）年～？　[別]赤井直喜《あかいなおひろ》
江戸時代後期の加賀藩士。
¶国書，姓氏石川（あかいなおひろ）

赤尾伊豆 あかおいず
江戸時代前期の武将。
¶人名，日人（生没年不詳）

赤岡大助 あかおかだいすけ
文政7（1824）年～明治11（1878）年9月28日
江戸時代末期～明治期の陸奥会津藩士。
¶幕末

赤尾清郷 あかおきよさと
？～元禄4（1691）年
江戸時代前期の武士。
¶和歌山人

赤尾津左衛門尉 あかおつさえもんのじょう
安土桃山時代～江戸時代前期の国人。
¶戦国，戦人（生没年不詳）

赤尾政吉 あかおまさよし
安永9（1780）年～弘化1（1844）年
江戸時代後期の武士。
¶和歌山人

赤垣源蔵 あかがきげんぞう
→赤埴源蔵（あかばねげんぞう）

赤垣修理 あかがきしゅり
江戸時代前期の武将。里見氏家臣。
¶戦人（生没年不詳），戦東

赤川敬三 あかがわけいぞう
天保14（1843）年～大正10（1921）年
江戸時代末期～明治期の長州（萩）藩士。
¶幕末（[没]1921年1月20日），藩臣6，山口百（[生]1863年）

赤川宗太夫 あかがわそうだゆう
生没年不詳
江戸時代末期の武芸家。
¶姓氏岩手

赤川太郎左衛門 あかがわたろうざえもん
生没年不詳
江戸時代末期の長州藩士。
¶国書

赤川晩翠 あかがわばんすい
文政11（1828）年～明治7（1874）年　[別]赤川又太郎《あかがわまたたろう》
江戸時代末期～明治期の長州（萩）藩士。
¶維新（赤川又太郎　あかがわまたたろう），姓

氏山口，幕末（[没]1874年12月12日），藩臣6

赤川又太郎　あかがわまたたろう
→赤川晩翠（あかがわばんすい）

赤木内蔵　あかぎないぞう
？　～安永4（1775）年
江戸時代中期の出雲松江藩士。
¶藩臣5

赤木孫右衛門　あかぎまごえもん
明和3（1766）年～天保5（1834）年
江戸時代中期～後期の剣術家。東軍流。
¶剣豪

赤坂下総守　あかさかしもうさのかみ
安土桃山時代～江戸時代前期の武士。佐竹氏家臣。
¶戦人（生没年不詳），戦東

赤坂四郎太夫　あかさかしろうたゆう
安永7（1778）年～天保13（1842）年
江戸時代後期の日向延岡藩士。
¶藩臣7

赤坂忠徳　あかさかただのり
宝暦10（1760）年～天保3（1832）年
江戸時代中期～後期の三河挙母藩家老。
¶藩臣4

赤崎海門　あかざきかいもん，あかさきかいもん
寛保2（1742）年～享和2（1802）年　[別]赤崎源助《あかざきげんすけ》，赤崎貞幹《あかさきていかん》
江戸時代中期～後期の漢学者。薩摩藩校造士館教授・側役格。
¶朝日（あかさきかいもん　[生]元文4（1739）年　[没]享和2年8月29日（1802年9月25日）），江文（[没]文化2（1805）年），国書（[没]文化2（1805）年8月29日），コン改（赤崎源助　あかざきげんすけ），コン4（赤崎源助　あかざきげんすけ），詩歌（あかさきかいもん　[生]1739年），新潮（赤崎源助　あかざきげんすけ　[没]文化2（1805）年8月29日，（異説）享和2（1802）年8月29日），人名（あかさきかいもん　[生]1739年），姓氏鹿児島（赤崎貞幹　あかさきていかん　[没]1805年），日人（[生]1739年，（異説）1742年　[没]1802年，（異説）1805年），藩臣7（[没]文化2（1805）年），和俳（あかさきかいもん　[生]元文4（1739）年）

赤崎源助　あかざきげんすけ
→赤崎海門（あかざきかいもん）

赤崎貞幹　あかさきていかん
→赤崎海門（あかざきかいもん）

赤座孝治　あかざたかはる
→永原孝治（ながはらたかはる）

赤座弥太郎　あかざやたろう
文政13（1830）年～明治35（1902）年
江戸時代末期～明治期の豊後岡藩士。
¶大分歴，人名，日人（[生]1831年），幕末（[没]1902年5月1日），藩臣7

赤沢隼之助　あかざわはやのすけ
天保10（1839）年～慶応3（1867）年7月2日
江戸時代後期～末期の出羽庄内藩士。
¶庄内

赤沢吉徳　あかざわよしのり
～明治18（1885）年5月30日
江戸時代後期～明治期の弓道家、盛岡藩士。
¶弓道

赤沢吉英　あかざわよしひで
～明治16（1883）年11月13日
江戸時代後期～明治期の弓道家、盛岡藩士。
¶弓道

明石覚四郎　あかしかくしろう
江戸時代末期の新撰組隊士。
¶新撰

明石景直　あかしかげなお
天明5（1785）年～天保6（1835）年
江戸時代後期の播磨姫路藩士。
¶藩臣5

明石掃部　あかしかもん
？　～元和4（1618）年　[別]赤石全登《あかしたけのり》，明石守重《あかしもりしげ》，明石全登《あかしぜんとう，あかしてるずみ》，明石掃部守重《あかしかもんもりしげ》，ジュスト，ジョバンニ
安土桃山時代～江戸時代前期の武将、キリシタン。宇喜多家に仕え、大坂の陣で豊臣方につく。
¶朝日（生没年不詳），大阪人（赤石全登　あかしたけのり　生没年不詳），岡山人（明石全登　あかしてるずみ），岡山歴（明石全登　あかしてるずみ），角史（明石守重　あかしもりしげ　生没年不詳），近世，高知人（明石掃部守重　あかしかもんもりしげ），高知百（明石掃部守重　あかしかもんもりしげ），国史，コン改（生没年不詳），コン4（生没年不詳），史人（[没]1617年），新潮（[没]元和4（1618）年？），人名（明石守重　あかしもりしげ），世人（明石守重　あかしもりしげ　生没年不詳），戦合，戦国（明石全登　あかしぜんとう），戦人（明石全登　あかしてるずみ　生没年不詳），戦西（明石全登　あかしてるずみ），日史（生没年不詳），日人（生没年不詳），百科（生没年不詳），歴大（明石守重　あかしもりしげ　生没年不詳）

明石掃部守重　あかしかもんもりしげ
→明石掃部（あかしかもん）

赤石郡次兵衛　あかしぐんじべえ
寛延2（1749）年～文政8（1825）年
江戸時代中期～後期の剣術家。直心影流。
¶剣豪

明石軦　あかしげい
天明8（1788）年～明治4（1871）年
江戸時代後期の因幡鳥取藩士、書家。
¶人名，鳥取百，日人，藩臣5

明石作左衛門　あかしさくざえもん
慶長14（1609）年～寛文9（1669）年　[別]明石貞興《あかしさだおき》
江戸時代前期の会津藩士、剣術家。今井景流。保科正之に仕えて兵器方勤。
¶会津（明石貞興　あかしさだおき），剣豪

明石貞興　あかしさだおき
→明石作左衛門（あかしさくざえもん）

あ

明石重貞 あかししげさだ
寛永16(1639)年～元禄11(1698)年
江戸時代前期の陸奥会津藩の武術家。稲留流鉄砲術・今井景流居合術開祖。
¶藩臣2

明石秋室 あかししゅうしつ
寛政5(1793)年～慶応1(1865)年
江戸時代末期の豊後佐伯藩士、教育家。
¶大分百，大分歴，藩臣7

明石全登 あかしぜんとう
→明石掃部(あかしかもん)

赤石全登 あかしたけのり
→明石掃部(あかしかもん)

明石全登 あかしてるずみ
→明石掃部(あかしかもん)

明石内記 あかしないき
？ ～寛永15(1638)年
安土桃山時代～江戸時代前期の武将。宇喜多秀家の重臣。
¶姓氏岩手

明石守重 あかしもりしげ
→明石掃部(あかしかもん)

明石酉軒(1) あかしゆうけん
江戸時代中期の漢学者、筑前福岡藩士。
¶人名

明石酉軒(2) あかしゆうけん
→明石行憲(あかしゆきのり)

明石行憲 あかしゆきのり
安永2(1773)年～天保4(1833)年 ㊙明石酉軒《あかしゆうけん》
江戸時代後期の筑前福岡藩士。
¶国書(㊤安永2(1773)年3月21日 ㊦天保4(1833)年6月21日)，日人(明石酉軒 あかしゆうけん)，藩臣7

明石慶弘 あかしよしひろ
宝永1(1704)年～明和5(1768)年
江戸時代中期の越前福井藩士、兵法家。
¶国書(㊦明和5(1768)年10月8日)，藩臣3，福井百

県藤七郎 あがたとうしちろう
文化6(1809)年～明治29(1896)年
江戸時代末期～明治期の遠江浜松藩士。
¶藩臣4

県信緝 あがたのぶつぐ
文政6(1823)年～明治14(1881)年 ㊙県勇記《あがたゆうき》,県六石《あがたりくせき》
江戸時代末期～明治期の宇都宮藩家老。
¶維新，国書(㊤文政6(1823)年12月1日 ㊦明治14(1881)年12月12日)，コン改，コン4，コン5，新潮(㊤文政6(1823)年12月1日 ㊦明治14(1881)年12月12日)，人名，日人(㊤1824年)，幕末(県六石 あがたりくせき ㊦1881年12月12日)，藩臣2(県勇記 あがたゆうき)

県勇記 あがたゆうき
→県信緝(あがたのぶつぐ)

県六石(1) あがたりくせき
文政6(1823)年～明治14(1881)年
江戸時代後期～末期の宇都宮藩家老。
¶郷土栃木，栃木百，栃木歴

県六石(2) あがたりくせき
→県信緝(あがたのぶつぐ)

県緑香 あがたりょくこう
寛政6(1794)年～安政4(1857)年 ㊙県緑香《あがたりょっこう》
江戸時代末期の肥前平戸藩士。
¶人名(あがたりょっこう)，日人

県緑香 あがたりょっこう
→県緑香(あがたりょくこう)

赤塚源六 あかつかげんろく,あかづかげんろく
天保5(1834)年～明治6(1873)年 ㊙赤塚真成《あかつかまさしげ》
江戸時代末期～明治期の薩摩藩士。
¶維新，鹿児島百(あかづかげんろく)，新潮(㊤天保5(1834)年10月 ㊦明治6(1873)年6月11日)，人名(赤塚真成 あかつかまさしげ)，姓氏鹿児島，日人，幕末(㊦1873年6月11日)，藩臣7，陸海(㊤天保5年10月 ㊦明治6年6月12日)

赤塚真賢 あかつかまさかた
天文11(1542)年～寛永10(1633)年
戦国時代～江戸時代前期の島津義弘の重臣。
¶姓氏鹿児島

赤塚真成 あかつかまさしげ
→赤塚源六(あかつかげんろく)

吾妻謙 あがつまけん
弘化1(1844)年～明治22(1889)年 ㊙吾妻謙《あずまけん,あづまけん》
江戸時代末期～明治期の岩出山藩家老、北海道拓殖功労者。当別村初代戸長。
¶朝日(㊤弘化1(1844)年11月 ㊦明治22(1889)年5月18日)，維新，コン改(あずまけん)，コン5(あづまけん)，人名(あづまけん)，日人(あづまけん)，北海道百(㊤天保14(1843)年)，北海道歴(㊤天保14(1843)年)

茜部相嘉 あかなべすけよし
*～慶応2(1866)年 ㊙茜部相嘉《あかねべすけよし》
江戸時代末期の尾張藩士。
¶国書(㊤寛政7(1795)年11月23日 ㊦慶応2(1866)年12月30日)，神人(あかねべすけよし ㊤寛政8(1796)年 ㊦慶応3(1867)年12月30日)，姓氏愛知(㊤？)，藩臣4(㊤寛政7(1795)年)

赤根武人(赤禰武人) あかねたけと
天保9(1838)年～慶応2(1866)年 ㊙赤根武人《あかねたけんど》
江戸時代末期の志士、長州(萩)藩士。奇兵隊総督。
¶朝日(㊤天保9年1月15日(1838年2月9日) ㊦慶応2年1月25日(1866年3月11日))，維新，近世，国史，国書(㊤天保9(1838)年1月15日 ㊦慶応2(1866)年1月25日)，コン改(㊤天保10(1839)年)，コン4(赤禰武人)，史人(㊤1838

年1月15日　[没]1866年1月25日)，新潮([生]天保9(1838)年1月15日　[没]慶応2(1866)年1月25日)，人名([生]1839年)，姓氏山口([生]1839年)，世人(あかねたけんど　[生]天保10(1839)年)，日人，幕末([没]1866年3月12日)，藩臣6，歴大

赤根武人 あかねたけんど
→赤根武人(あかねたけと)

茜部相嘉 あかねべすけよし
→茜部相嘉(あかなべすけよし)

赤禰雅平 あかねまさへい
文政9(1826)年～明治25(1892)年
江戸時代末期～明治期の長州(萩)藩士。
¶幕末([没]1892年2月24日)，藩臣6

茜屋雪斎 あかねやせっさい
？　～享保15(1730)年
江戸時代中期の加賀藩士。
¶姓氏石川

赤埴源三(赤埴源蔵) あかはにげんぞう
→赤埴源蔵(あかばねげんぞう)

赤羽音吉 あかばねおときち
天保14(1843)年～明治1(1868)年11月5日
江戸時代後期～末期の新撰組隊士。
¶新撰

赤埴源蔵(赤埴源三) あかばねげんぞう
寛文9(1669)年～元禄16(1703)年　[別]赤垣源蔵《あかがきげんぞう》,赤埴源三《あかはにげんぞう》,赤埴源蔵《あかはにげんぞう》
江戸時代前期～中期の播磨赤穂藩士。赤穂義士の一人。
¶朝日([没]元禄16年2月4日(1703年3月20日))，江戸(あかはにげんぞう)，コン改(赤垣源蔵　あかがきげんぞう)，コン4(赤垣源蔵　あかがきげんぞう)，コン4，史人(赤埴源三　[没]1703年2月4日)，新潮([没]元禄16(1703)年2月4日)，人名(赤埴源三　あかはにげんぞう)，世百(赤垣源蔵　あかがきげんぞう)，大百，日人(あかはにげんぞう)

赤埴所左衛門 あかばねしょざえもん
寛永18(1641)年～享保2(1717)年
江戸時代前期～中期の近江膳所藩士、儒学者。
¶藩臣4

赤羽俊房 あかばねとしふさ
生没年不詳
江戸時代前期の会津藩士。
¶国書

赤羽又兵衛 あかはねまたべえ
天文18(1549)年～元和5(1619)年
戦国時代～江戸時代前期の高遠領主保科氏の家臣。
¶長野歴

赤林新助 あかばやししんすけ
生没年不詳
江戸時代中期の尾張藩士。
¶国書

赤星実武 あかぼしさねたけ
寛永11(1634)年～貞享4(1687)年
江戸時代前期の三河岡崎藩士。
¶藩臣4

赤星内膳 あかぼしないぜん
生没年不詳
安土桃山時代～江戸時代前期の武士。
¶日人

赤星統家 あかほしむねいえ
享禄3(1530)年～元和5(1619)年
安土桃山時代～江戸時代前期の国人。
¶戦人

赤堀良亮 あかほりよしすけ
？　～寛政10(1798)年9月1日　[別]赤堀良亮《あかほりりょうすけ》
江戸時代中期～後期の阿波徳島藩士。
¶国書，徳島百(あかほりりょうすけ)，徳島歴

赤堀良亮 あかほりりょうすけ
→赤堀良亮(あかぼりよしすけ)

赤間勝治 あかまかつじ
安永7(1778)年～嘉永5(1852)年
江戸時代中期～後期の剣術家。影山流。
¶剣豪

赤松氏照 あかまつうじてる
～寛文10(1670)年
江戸時代前期の旗本。
¶神奈川人

赤松久米之助 あかまつくめのすけ
寛政11(1799)年～明治3(1870)年
江戸時代末期～明治期の陸奥弘前藩士。
¶幕末

赤松小三郎 あかまつこさぶろう
天保2(1831)年～慶応3(1867)年
江戸時代末期の洋学者、兵法家、信濃上田藩士。
¶朝日([生]天保2年4月4日(1831年5月15日)　[没]慶応3年9月3日(1867年9月30日))，維新，江文，郷土長野，近世，国史，国書([生]天保2(1831)年4月4日　[没]慶応3(1867)年9月3日)，コン改，コン4，新潮([生]天保2(1831)年4月4日　[没]慶応3(1867)年9月3日)，人名，姓氏長野，世人，大百，長野百，長野歴，日人，幕末([没]1867年9月30日)，藩臣3，洋学

赤松左衛門 あかまつさえもん
生没年不詳
江戸時代後期の武士。
¶国書

赤松次郎 あかまつじろう
？　～安政6(1859)年
江戸時代後期～末期の武芸者。
¶国書

赤松滄洲 あかまつそうしゅう
享保6(1721)年～享和1(1801)年　[別]大川良平《おおかわりょうへい》
江戸時代中期～後期の儒学者、播磨赤穂藩家老。
¶朝日([没]享和1年1月8日(1801年2月20日))，角史，近世，国史，国書([没]寛政13(1801)年1月8日)，コン改，コン4，詩歌，史人([没]1801年1月8日)，新潮([没]享和1(1801)年1月8日)，人名，姓氏京都，世人([没]享和1(1801)年1月8日)，日人，藩臣5，兵庫人([生]享保6(1721)年8月5日)，歴大

赤松大三郎 あかまつだいざぶろう
→赤松則良（あかまつのりよし）

赤松範静 あかまつのりきよ
天保3（1832）年〜明治37（1904）年11月5日
江戸時代末期〜明治期の幕臣。
¶幕末

赤松則茂 あかまつのりしげ
生没年不詳
江戸時代末期の陸奥三春藩士。
¶藩臣2

赤松範忠 あかまつのりただ
江戸時代末期の幕臣。講武所奉行・側衆。
¶維新

赤松則良 あかまつのりなが
→赤松則良（あかまつのりよし）

赤松則雅 あかまつのりまさ
文化10（1813）年〜？
江戸時代後期の陸奥三春藩用人。
¶藩臣2

赤松則良 あかまつのりよし
天保12（1841）年〜大正9（1920）年　**別**赤松則良
《あかまつのりなが》, 赤松大三郎・赤松則良《あか
まつだいざぶろう・あかまつのりよし》, 赤松大
三郎《あかまつだいざぶろう》
江戸時代末期〜明治期の幕臣、海軍中将。造船学
の先駆者。
¶朝日（⊕天保12年11月1日（1841年12月13日）
⊗大正9（1920）年9月23日）, 維新（赤松大三郎
あかまつだいざぶろう）, 岩史（⊕天保12
（1841）年11月1日　⊗大正9（1920）年9月23
日）, 海越（赤松大三郎　あかまつだいざぶろう）
⊕天保12（1841）年11月1日　⊗大正9（1920）年
9月23日）, 海越新（赤松大三郎　あかまつだい
ざぶろう⊕天保12（1841）年11月1日　⊗大正
9（1920）年9月23日）, 江文, 近現, 国史, 国書
（赤松大三郎　あかまつだいざぶろう）⊕天保
12（1841）年11月1日　⊗大正9（1920）年9月23
日）, コン改, コン5, 史人（⊕1841年11月1日
⊗1920年9月23日）, 静岡歴, 新潮（⊕天保12
（1841）年11月1日　⊗大正9（1920）年9月23
日）, 人名, 数学（⊕天保12（1841）年11月1日
⊗大正9（1920）年9月23日）, 世紀（⊕天保12
（1841）年11月1日　⊗大正9（1920）年9月23
日）, 姓氏静岡, 世百, 全書, 大百（あかまつの
りなが）, 渡航（赤松大三郎・赤松則良　あかま
つだいざぶろう・あかまつのりよし　⊕1841年
11月1日　⊗1920年9月23日）, 日史（⊕天保12
（1841）年11月1日　⊗大正9（1920）年9月23
日）, 日人, 幕末（赤松大三郎　あかまつだいざ
ぶろう　⊕1841年12月13日　⊗1920年9月23
日）, 百科, 洋学, 陸海（⊕天保12年11月1日
⊗大正9年9月23日）, 歴大

赤松蘭室 あかまつらんしつ
寛保3（1743）年〜寛政9（1797）年
江戸時代中期の播磨赤穂藩士、儒学者。
¶国書（⊗寛政9（1797）年3月26日）, 詩歌, 人名,
日人, 藩臣5, 和俳

赤見五郎左衛門 あかみごろうざえもん
文政12（1829）年〜明治6（1873）年
江戸時代後期〜明治期の武士。
¶和歌山人

赤見俊平 あかみしゅんぺい
宝暦2（1752）年〜文化1（1804）年
江戸時代中期〜後期の剣術家。二天流。
¶剣豪

赤見多門 あかみたもん
天明8（1788）年〜？
江戸時代後期の下総古河藩士。
¶藩臣3

赤見政房 あかみまさふさ
？　〜寛永20（1643）年
江戸時代前期の武士。
¶和歌山人

赤見政寧 あかみまさやす
？　〜貞享2（1685）年
江戸時代前期の武士。
¶和歌山人

赤見山城守 あかみやましろのかみ
？　〜寛永2（1625）年7月9日
安土桃山時代〜江戸時代前期の武士。もと後北条
氏家臣。
¶戦辞, 戦人（生没年不詳）, 戦東

赤山靫負（赤山靫負）　あかやまゆきえ
文政6（1823）年〜嘉永3（1850）年
江戸時代末期の薩摩藩士。
¶維新, 鹿児島百, 姓氏鹿児島, 幕末（赤山靫負
⊗1850年4月15日）, 藩臣7（赤山靫負）

阿川四郎 あがわしろう
天保13（1842）年〜慶応2（1866）年　**別**阿川延実
《あかわのぶざね》
江戸時代末期の長州（萩）藩足軽。
¶維新, 人名（阿川延実　あかわのぶざね）, 日
人, 幕末（⊗1866年8月12日）

阿川延実 あかわのぶざね
→阿川四郎（あがわしろう）

阿川光裕 あがわみつひろ, あかわみつひろ
弘化2（1845）年〜明治39（1906）年
江戸時代末期〜明治期の志士、官吏。
¶人名（あかわみつひろ）, 日人, 三重続

秋保頼重 あきうよりしげ
生没年不詳
江戸時代前期の陸奥仙台藩士。
¶姓氏宮城, 藩臣1

秋尾善兵衛 あきおぜんべえ
享保12（1727）年〜寛永12（1800）年　**別**秋尾利恭
《あきおとしやす》
江戸時代中期〜後期の上野沼田藩士。
¶剣豪, 藩臣2（秋尾利恭　あきおとしやす）

秋尾利重 あきおとししげ
明和2（1765）年〜寛政3（1791）年
江戸時代中期〜後期の上野沼田藩士。
¶国書

秋尾利恭 あきおとしやす
→秋尾善兵衛（あきおぜんべえ）

安喜権七 あきごんしち
生没年不詳
江戸時代中期の土佐藩士。
¶国書

秋沢貞之 あきざわさだゆき，あきさわさだゆき
？　～＊
江戸時代末期～明治期の志士。
¶高知人（[没]1884年），人名（あきさわさだゆき　[没]1879年），日人（[没]1884年），幕末（[生]1839年　[没]1879年7月16日）

安芸思温 あきしおん
→安芸田面（あきたのも）

秋月韋軒 あきずきいけん
→秋月悌次郎（あきづきていじろう）

秋月橘門 あきずききつもん
→秋月橘門（あきづききつもん）

秋月種樹 あきずきたねたつ
→秋月種樹（あきづきたねたつ）

秋月悌次郎 あきずきていじろう
→秋月悌次郎（あきづきていじろう）

秋田映季 あきたあきすえ
安政5（1858）年～明治40（1907）年
江戸時代末期～明治期の大名。陸奥三春藩主。
¶維新，諸系，日人，藩主1（[生]安政5（1858）年2月1日　[没]明治40（1907）年2月19日）

秋田右近 あきたうこん
生没年不詳
江戸時代末期の陸奥三春藩用人。
¶藩臣2

秋田主計 あきたかずえ
生没年不詳
江戸時代末期の陸奥三春藩士。
¶藩臣2

秋田勝徴 あきたかつとも
生没年不詳
江戸時代中期の福井藩士。
¶国書

秋田定季 あきたさだすえ
享保11（1726）年～宝暦7（1757）年
江戸時代中期の大名。陸奥三春藩主。
¶諸系，日人，藩主1（[没]宝暦7（1757）年6月14日）

秋田実季 あきたさねすえ
天正4（1576）年～万治2（1659）年　[別]安東実季《あんどうさねすえ》，安東太郎《あんどうたろう》
安土桃山時代～江戸時代前期の大名。常陸宍戸藩主。
¶秋田百（安東実季　あんどうさねすえ），朝日（[没]万治2年11月29日（1660年1月11日）），近世，系東，国史，国書（[没]万治2（1659）年11月29日），コン改（[生]？），コン4（[生]？），史人（[没]1659年11月29日），諸系（[没]1660年），新潮（[没]万治2（1659）年11月29日），人名，世人（[没]万治2（1659）年12月14日），戦合，戦国（[生]？），戦人，日史（[没]万治2（1659）年11月29日），日人（[没]1660年），藩主2（[没]？），百科，歴大

秋田実当 あきたさねまさ
万治3（1660）年～？
江戸時代中期の陸奥三春藩士。
¶藩臣2

秋田季春 あきたすえはる
→秋田静臥（あきたせいが）

秋田季行 あきたすえゆき
？　～寛永14（1637）年
江戸時代前期の陸奥三春藩士。
¶藩臣2

秋田助太夫 あきたすけだゆう
生没年不詳
江戸時代末期の谷田部藩家老。
¶幕末，藩臣2

秋田静臥 あきたせいが
文政1（1818）年～明治33（1900）年　[別]秋田季春《あきたすえはる》
江戸時代末期～明治期の陸奥三春藩士。三春藩大参事。幼少の藩主の後見役として藩政をとり、藩の存続に尽力。
¶維新，近世，国史，コン改，コン4，コン5，新潮（[生]文政1（1818）年10月11日　[没]明治33（1900）年3月14日），人名，日人，幕末（[没]1900年3月14日），藩臣2（秋田季春　あきたすえはる）

秋田泰一郎 あきたたいいちろう
文政4（1821）年～明治17（1884）年
江戸時代後期～明治期の剣術家。円明流。
¶剣豪

秋田次行 あきたつぎゆき
？　～寛文9（1669）年
江戸時代前期の陸奥三春藩士。
¶藩臣2

秋田輝季 あきたてるすえ
慶安2（1649）年～享保5（1720）年
江戸時代前期～中期の大名。陸奥三春藩主。
¶諸系，日人，藩主1（[没]享保5（1720）年9月）

秋田俊季 あきたとしすえ
慶長3（1598）年～慶安2（1649）年
江戸時代前期の大名。常陸宍戸藩主、陸奥三春藩主。
¶諸系，人名（[生]？），日人，藩主1（[没]慶安2（1649）年1月3日），藩主2，福島百

秋田肥季 あきたともすえ
文化7（1810）年～慶応1（1865）年
江戸時代末期の大名。陸奥三春藩主。
¶諸系，日人，藩主1（[生]文化10（1813）年　[没]慶応1（1865）年5月4日）

秋田長季 あきたながすえ
安永5（1776）年～文化8（1811）年
江戸時代後期の大名。陸奥三春藩主。
¶諸系，日人，藩主1（[生]安永7（1778）年　[没]文化8（1811）年7月）

秋田延季 あきたのぶすえ
享保3（1718）年～安永2（1773）年
江戸時代中期の大名。陸奥三春藩主。

¶諸系，日人，藩主1

安芸田面 あきたのも
文化12（1815）年〜文久3（1863）年　[別]安芸恭雅《あきやすまさ》，安芸思温《あきしおん》
江戸時代末期の儒学者、徳島藩士。
¶維新，人名（安芸思温　あきしおん），徳島百（[生]文化12（1815）年8月1日　[没]文久3（1863）年6月26日），徳島歴（[生]文化12（1815）年8月1日　[没]文久3（1863）年6月26日），日人，幕末（安芸恭雅　あきやすまさ　[没]1863年8月2日）

秋田孝季 あきたのりすえ
天明6（1786）年〜弘化2（1845）年
江戸時代後期の大名。陸奥三春藩主。
¶諸系，日人，藩主1（[没]弘化1（1844）年11月）

秋田広記 あきたひろき
生没年不詳
江戸時代後期の陸奥三春藩士。
¶藩臣2

秋田文雄（秋田文男） あきたふみお
文政12（1829）年〜＊
江戸時代末期〜明治期の上野館林藩士。
¶維新（[没]1889年），コン改（[生]文政10（1827）年　[没]明治20（1887）年），コン4（[没]明治23（1890）年），コン5（[没]明治23（1890）年），新潮（秋田文男　[生]文政10（1827）年　[没]明治20（1887）年3月28日），人名（[生]1827年　[没]1887年），日人（[没]1890年），幕末（[没]1889年3月28日），藩臣2（[没]明治23（1890）年）

秋田盛季 あきたもりすえ
元和6（1620）年〜延宝4（1676）年
江戸時代前期の大名。陸奥三春藩主。
¶諸系，日人，藩主1（[没]延宝4（1676）年1月13日）

秋田倩季 あきたよしすえ
宝暦1（1751）年〜文化10（1813）年
江戸時代中期〜後期の大名。陸奥三春藩主。
¶国書（[没]文化10（1813）年8月10日），諸系，日人，藩主1（[没]文化10（1813）年8月）

秋田頼季 あきたよりすえ
元禄9（1696）年〜寛保3（1743）年
江戸時代中期の大名。陸奥三春藩主。
¶諸系，日人，藩主1（[没]寛保3（1743）年6月）

秋田和二郎 あきたわじろう
生没年不詳
江戸時代末期の武士。
¶和歌山人

秋月韋軒 あきづきいけん
→秋月悌次郎（あきづきていじろう）

秋月胤永 あきづきかずひさ
→秋月悌次郎（あきづきていじろう）

秋月橘門 あきづききつもん，あきずききつもん
文化6（1809）年〜明治13（1880）年　[別]秋月竜《あきづきりょう》，水筑竜《みずきりゅう》
江戸時代末期〜明治期の豊後佐伯藩の儒学者、医師。
¶維新，大分百，大分歴，国書（[没]明治13（1880）年4月26日），詩歌，人名（秋月竜　あきづきりょう），千葉百（水筑竜　みずきりゅう　[没]明治13（1880）年4月），日人，幕末（[没]1880年4月26日），藩臣7，和俳（あきずききつもん）

秋月重貴 あきづきしげたか
生没年不詳
江戸時代中期の武士。
¶和歌山人

秋月種節 あきづきしゅせつ
→秋月種節（あきづきたねよ）

秋月新太郎 あきづきしんたろう
＊〜大正2（1913）年
江戸時代末期〜明治期の豊後日出藩士、教育家、官吏。貴族院議員。東京女子高等師範学校長、文部参事官などを歴任。
¶人名（[生]1839年），日人（[生]1841年）

秋月種事 あきづきたねこと
弘化1（1844）年〜明治10（1877）年
江戸時代末期〜明治期の高鍋藩分知木脇領主。西南の役で西郷軍の部将を務めた。
¶諸系，人名，日人，宮崎百（[生]天保15（1844）年3月28日　[没]明治10（1877）年9月24日）

秋月種茂 あきづきたねしげ
寛保3（1743）年〜文政2（1819）年　[別]秋月種穎《あきづきたねひで》
江戸時代中期〜後期の大名。日向高鍋藩主。
¶国書（秋月種穎　あきづきたねひで　[生]寛保3（1743）年11月30日　[没]文政2（1819）年11月6日），諸系（[生]1744年），人名，日人（[生]1744年），藩主4（[生]寛保3（1743）年11月晦日　[没]文政2（1819）年11月6日），宮崎百（[生]寛保3（1743）年11月30日　[没]文政2（1819）年11月6日）

秋月種任 あきづきたねただ
寛政3（1791）年〜安政3（1856）年
江戸時代末期の大名。日向高鍋藩主。
¶諸系，日人，藩主4（[生]寛政3（1791）年9月15日　[没]安政3（1856）年6月10日）

秋月種樹 あきづきたねたつ，あきずきたねたつ
天保4（1833）年〜明治37（1904）年
江戸時代末期〜明治期の日向高鍋藩士、若年寄。
¶朝日（[生]天保4年10月17日（1833年11月28日）　[没]明治37（1904）年10月17日），維新，海越新（[生]天保4（1833）年10月17日　[没]明治37（1904）年10月17日），近現，近世，国際，国史，コン改，コン4，コン5，史人（[生]1833年10月　[没]1904年10月17日），諸系，人書94（あきずきたねたつ），新潮（[没]明治37（1904）年10月17日），人名，渡航（[生]1833年10月　[没]1904年10月17日），日人，幕末（[没]1904年10月17日），藩臣7，宮崎百（[生]天保4（1833）年1月17日　[没]明治37（1904）年10月17日）

秋月種殷 あきづきたねとみ
文化14（1817）年〜明治7（1874）年
江戸時代末期〜明治期の大名。日向高鍋藩主。
¶朝日（[生]文化14年6月9日（1817年7月22日）　[没]明治7（1874）年3月18日），維新，近現，近世，国史，コン改（[生]文政1（1818）年），コン4（[生]文政1（1818）年），コン5（[生]文政1（1818）年），諸系，新潮（[生]文政1（1818）年　[没]明治7

(1874)年3月18日), 人名([生]1818年), 日人, 幕末([没]1874年3月18日), 藩主4([生]文化14(1817)年6月9日　[没]明治7(1874)年3月18日), 宮崎百([生]文化14(1817)年6月13日　[没]明治7(1874)年3月18日)

秋月胤永 あきづきたねなが
→秋月悌次郎(あきづきていじろう)

秋月種信 あきづきたねのぶ
*〜元禄12(1699)年
江戸時代前期の大名。日向高鍋藩主。
¶諸系([生]1632年), 日人([生]1632年), 藩主4([生]寛永8(1631)年12月14日　[没]元禄12(1699)年7月27日), 宮崎百([生]寛永8(1631)年12月14日　[没]元禄12(1699)年7月27日)

秋月種徳 あきづきたねのり
宝暦13(1763)年〜*
江戸時代中期〜後期の大名。日向高鍋藩主。
¶諸系([没]1808年), 日人([没]1808年), 藩主4([生]宝暦13(1763)年8月18日　[没]文化4(1807)年12月21日), 宮崎百([生]宝暦13(1763)年8月19日　[没]文化4(1807)年12月18日)

秋月種春 あきづきたねはる
慶長15(1610)年〜万治2(1659)年
江戸時代前期の大名。日向高鍋藩主。
¶諸系, 日人, 藩主4([生]慶長15(1610)年5月11日　[没]万治2(1659)年10月15日)

秋月種穎 あきづきたねひで
→秋月種茂(あきづきたねしげ)

秋月種弘 あきづきたねひろ
貞享4(1687)年〜宝暦3(1753)年
江戸時代中期の大名。日向高鍋藩主。
¶諸系, 日人, 藩主4([生]貞享4(1687)年11月16日　[没]宝暦3(1753)年7月21日)

秋月種政 あきづきたねまさ
万治1(1658)年〜享保1(1716)年
江戸時代前期〜中期の大名。日向高鍋藩主。
¶諸系, 日人, 藩主4([生]万治1(1658)年5月15日　[没]享保1(1716)年2月26日), 宮崎百([生]明暦4(1658)年5月15日　[没]正徳6(1716)年3月1日)

秋月種美 あきづきたねみ
享保3(1718)年〜天明7(1787)年　[別]秋月種美《あきづきたねみつ》
江戸時代中期の大名。日向高鍋藩主。
¶諸系, 日人, 藩主4([生]享保3(1718)年5月15日　[没]天明7(1787)年9月25日)

秋月種節 あきづきたねよ
文化11(1814)年〜明治10(1877)年　[別]秋月種節《あきづきしゅせつ》
江戸時代末期〜明治期の日向高鍋藩家老。
¶維新(あきづきしゅせつ　[生]?), 幕末([没]1877年6月23日), 藩臣7, 宮崎百([没]明治10(1877)年6月23日)

秋月悌次郎(秋月悌二郎) あきづきていじろう, あきずきていじろう
文政7(1824)年〜明治33(1900)年　[別]秋月韋軒《あきずきいけん, あきづきいけん》, 秋月胤永《あきづきかずひさ, あきづきたねなが》
江戸時代末期〜明治期の陸奥会津藩士、漢学者。
¶会津(秋月胤永　あきづきかずひさ), 朝日([生]文政7年7月2日(1824年7月27日)　[没]明治33(1900)年1月5日), 維新, 京都大, 国書(秋月韋軒　あきづきいけん　[生]文政7(1824)年7月2日　[没]明治33(1900)年1月5日), コン改(秋月韋軒　あきづきいけん), コン4(秋月韋軒　あきづきいけん), コン5(秋月韋軒　あきづきいけん), 詩歌(秋月韋軒　あきづきいけん), 人書94(秋月韋軒　あきずきいけん), 新潮([生]文政7(1824)年7月2日　[没]明治33(1900)年1月5日), 人名(秋月悌二郎), 姓氏京都, 全書(秋月韋軒　あきづきいけん), 大百(秋月韋軒　あきづきいけん), 日人(秋月韋軒　あきづきいけん), 幕末([没]1900年1月5日), 藩臣2, 福島百(秋月胤永　あきづきたねなが), 履歴([生]文政7(1824)年7月2日　[没]明治33(1900)年1月3日), 和俳(あきずきていじろう)

秋月登之助 あきづきのぼりのすけ
生没年不詳
江戸時代末期の陸奥会津藩士。
¶幕末

秋月雅則 あきづきまさのり
生没年不詳
江戸時代後期の武士。
¶和歌山人

秋月竜 あきづきりょう
→秋月橘門(あきづききつもん)

安芸恒実 あきつねざね
寛文2(1662)年〜貞享1(1684)年
江戸時代前期の土佐藩儒者。
¶高知人, 人名, 日人

秋葉東叢 あきばとうそう
明和2(1765)年〜天保8(1837)年
江戸時代後期の水戸郷士、民間地理学者。
¶国書, 人名, 日人

秋保出雲 あきほいずも
生没年不詳
江戸時代前期の最上氏遺臣。
¶庄内

秋保政右衛門 あきほまさえもん
寛政12(1800)年12月17日〜明治4(1871)年2月7日
江戸時代末期〜明治期の出羽庄内藩士、兵学者。
¶国書, 庄内, 藩臣1

秋元与 あきもとあたい
→秋元梅園(あきもとばいえん)

秋元長朝 あきもとおさとも
→秋元長朝(あきもとながとも)

秋元吉右衛門 あきもときちえもん
文政7(1824)年〜慶応4(1868)年
江戸時代末期の上総鶴牧藩士。
¶藩臣3

秋本嵎夷 あきもとぐうい
元禄1(1688)年〜宝暦1(1751)年
江戸時代中期の三河岡崎藩士、儒学者。
¶姓氏愛知, 藩臣4

あ

秋元三左衛門 あきもとさんざえもん
江戸時代中期の剣術家。今枝流。
¶岡山歴，剣豪（生没年不詳）

秋元浚郊 あきもとしゅんこう
→秋元良（あきもとりょう）

秋元正一郎 あきもとしょういちろう
→秋元安民（あきもとやすたみ）

秋元涼朝（秋元凉朝） あきもとすけとも
享保2（1717）年～安永4（1775）年　[別]秋元但馬守凉朝《あきもとたじまのかみすけとも》
江戸時代中期の大名、老中。出羽山形藩主、武蔵川越藩主。
¶朝日（秋元凉朝　[没]安永4年5月25日（1775年6月22日）），埼玉人（[没]安永4（1775）年5月25日），埼玉百（秋元但馬守凉朝　あきもとたじまのかみすけとも），茶道，諸系，人名（秋元凉朝），日人，藩主1（[没]安永4（1775）年5月25日），藩主1，山形百（秋元凉朝）

秋元喬知 あきもとたかとも
慶安2（1649）年～正徳4（1714）年　[別]秋元但馬守喬知《あきもとたじまのかみたかとも》
江戸時代前期～中期の大名。武蔵川越藩主、甲斐谷村藩主。
¶朝日（[没]正徳4年8月14日（1714年9月22日）），コン改，コン4，埼玉人（[没]正徳4（1714）年8月14日），埼玉百（秋元但馬守喬知　あきもとたじまのかみたかとも），諸系，新潮（[没]正徳4（1714）年8月14日），人名，日史（[没]正徳4（1714）年8月14日），日人，藩主1（[没]正徳4（1714）年8月14日），藩主2，百科，山梨百（[没]正徳4（1714）年8月11日）

秋元喬房 あきもとたかふさ
天和3（1683）年～元文3（1738）年　[別]秋元但馬守喬房《あきもとたじまのかみたかふさ》
江戸時代中期の大名。武蔵川越藩主。
¶埼玉人（[没]元文3（1738）年9月5日），埼玉百（秋元但馬守喬房　あきもとたじまのかみたかふさ），諸系，日人，藩主1（[没]元文3（1738）年9月5日）

秋元喬求 あきもとたかもと
享保1（1716）年～延享1（1744）年　[別]秋元但馬守喬求《あきもとたじまのかみたかもと》
江戸時代中期の大名。武蔵川越藩主。
¶埼玉人（[没]延享1（1744）年2月26日），埼玉百（秋元但馬守喬求　あきもとたじまのかみたかもと　[生]1717年），諸系，日人，藩主1（[没]延享1（1744）年2月26日）

秋元但馬守凉朝 あきもとたじまのかみすけとも
→秋元凉朝（あきもとすけとも）

秋元但馬守喬知 あきもとたじまのかみたかとも
→秋元喬知（あきもとたかとも）

秋元但馬守喬房 あきもとたじまのかみたかふさ
→秋元喬房（あきもとたかふさ）

秋元但馬守喬求 あきもとたじまのかみたかもと
→秋元喬求（あきもとたかもと）

秋元忠朝 あきもとただとも
～慶安3（1650）年
江戸時代前期の旗本。
¶神奈川人

秋元永朝 あきもとつねとも
元文3（1738）年～文化7（1810）年
江戸時代中期～後期の大名。出羽山形藩主。
¶諸系，日人，藩主1（[没]文化7（1810）年7月9日）

秋元富朝 あきもととみとも
慶長15（1610）年～明暦3（1657）年
江戸時代前期の大名。甲斐谷村藩主。
¶諸系，日人，藩主2（[没]明暦3（1657）年6月17日），山梨百（[没]明暦3（1657）年6月17日）

秋元長朝 あきもとながとも
天文15（1546）年～寛永5（1628）年　[別]秋元長朝《あきもとおさとも》
安土桃山時代～江戸時代前期の大名。上野総社藩主。
¶郷土群馬（あきもとおさとも），近世，群馬人，群馬百（あきもとおさとも），国史，埼玉人（[没]寛永5（1628）年8月29日），史人（[没]1628年8月29日），諸系，新潮（[没]寛永5（1628）年8月29日），人名，姓氏群馬（あきもとおさとも），戦合，戦国，戦辞（[没]寛永5年8月29日（1628年9月26日）），戦人，日人，藩主1（[没]寛永5（1628）年8月29日）

秋本成朝（秋元成朝） あきもとなりとも
慶安3（1650）年～享保14（1729）年
江戸時代前期の旗本。
¶神奈川人，姓氏神奈川（秋元成朝）

秋元梅園 あきもとばいえん
享和1（1801）年～明治18（1885）年　[別]秋元与《あきもとあたい》，秋元与助《あきもとよすけ》
江戸時代末期～明治期の下野喜連川藩士、儒学者。
¶国書（[生]享和1（1801）年9月9日　[没]明治18（1885）年3月16日），栃木歴（秋元与　あきもとあたい），藩臣2（秋元与助　あきもとよすけ）

秋元久朝 あきもとひさとも
寛政4（1792）年～弘化4（1847）年
江戸時代後期の大名。出羽山形藩主。
¶諸系，日人，藩主1（[没]弘化4（1847）年10月19日）

秋元礼朝 あきもとひろとも
嘉永1（1848）年～明治16（1883）年
江戸時代末期～明治期の大名。上野館林藩主。
¶維新，群馬人，群馬百，コン改，コン4，コン5，諸系（[生]1847年），新潮（[生]嘉永1（1848）年5月16日　[没]明治16（1883）年6月13日），人名，姓氏群馬，日人（[生]1847年），幕末（[没]1883年6月13日），藩主1（[生]嘉永1（1848）年5月16日　[没]明治16（1883）年6月13日），歴大

秋元安民 あきもとやすたみ
文政6（1823）年～文久2（1862）年　[別]秋元安民《あいもとやすたみ》，秋元正一郎《あきもとしょういちろう》
江戸時代末期の播磨姫路藩の国学者、洋学家。
¶朝日（秋元正一郎　あきもとしょういちろう　[生]文政6年1月1日（1823年2月11日）　[没]文久2年8月29日（1862年9月22日）），維新，近世，国史，国書（[生]文政6（1823）年1月1日　[没]文久2

（1862）年8月29日），コン改（秋元正一郎　あきもとしょういちろう），コン4（秋元正一郎　あきもとしょういちろう），神史，神人（あいもとやすたみ　㉓文政6（1823）年1月1日　㉓文久2（1862）年8月29日），新潮（秋元正一郎　あきもとしょういちろう　㉔文政6（1823）年1月1日　㉓文久2（1862）年8月29日），人名（秋元正一郎　あきもとしょういちろう），世人（秋元正一郎　あきもとしょういちろう　㉓文久2（1862）年8月29日），日人（秋元正一郎　あきもとしょういちろう），幕末（㉓1862年8月29日），藩臣5，兵庫人（㉔文政6（1823）年1月1日　㉓文久2（1862）年8月29日），兵庫百，洋学，和俳（秋元正一郎　あきもとしょういちろう）

秋元泰朝 あきもとやすとも
天正8（1580）年〜寛永19（1642）年
江戸時代前期の大名。上野総社藩主、甲斐谷村藩主。
¶朝日，江戸東，角史，群馬人，国書（㉓寛永19（1642）年10月23日），史人（㉓1642年10月23日），諸系，人名，姓氏群馬，戦人，栃木歴，日史（㉓寛永19（1642）年10月23日），日人，藩主1（㉓寛永19（1642）年10月23日），藩主2（㉓寛永19（1642）年10月23日），百科，山梨百（㉓寛永19（1642）年10月23日），歴大

秋元志朝 あきもとゆきとも
文政3（1820）年〜明治9（1876）年
江戸時代末期〜明治期の大名。上野館林藩主、出羽山形藩主。
¶朝日（㉔文政3年3月8日（1820年4月20日）㉓明治9（1876）年7月26日），近現，近世，群馬人，国際，国史，コン改，コン4，コン5，史人（㉔1820年3月8日　㉓1876年7月26日），諸系，新潮（㉔文政3（1820）年3月8日　㉓明治9（1876）年7月26日），人名，姓氏群馬，日人，幕末（㉓1876年7月26日），藩主1（㉔1818年　㉓1874年），藩主1（㉔文政3（1820）年3月8日　㉓明治9（1876）年7月26日）

秋元与助 あきもとよすけ
→秋元梅園（あきもとばいえん）

秋元良 あきもとりょう
安永2（1773）年〜文政7（1824）年　㊞秋元浚郊《あきもとしゅんこう》
江戸時代後期の常陸笠間藩士。
¶国書（㉓文政7（1824）年10月19日），藩臣2（秋元浚郊　あきもとしゅんこう）

安芸恭雅 あきやすまさ
→安芸田面（あきたのも）

秋山章 あきやまあきら
享保8（1723）年〜文化5（1808）年　㊞秋山富南《あきやまふなん》
江戸時代中期〜後期の国学者。
¶考古（秋山富南　あきやまふなん　㉔享保8年（1723年7月3日）），国書（秋山富南　あきやまふなん　㉔享保8（1723）年7月3日　㉓文化5（1808）年11月5日），コン改，コン4，静岡歴（秋山富南　あきやまふなん），新潮（㉔享保8（1723）年7月3日　㉓文化5（1808）年11月5日），人名，姓氏静岡（秋山富南　あきやまふな

ん），日人

秋山色樹 あきやまいろき
江戸時代中期の国学者。
¶人名，日人（生没年不詳）

秋山勝鳴 あきやまかつなり
→秋山白賁堂（あきやまはくひどう）

秋山貫道斎 あきやまかんどうさい
寛延2（1749）年〜天保4（1833）年
江戸時代中期〜後期の剣術家。山本流。
¶剣豪，三重

秋山義三郎 あきやまぎさぶろう
江戸時代末期の新撰組隊士。
¶新撰

秋山儀太夫 あきやまぎだゆう
？〜文化14（1817）年
江戸時代後期の駿河沼津藩士。
¶藩臣4

秋山玉山 あきやまぎょくざん，あきやまぎょくさん
元禄15（1702）年〜宝暦13（1763）年
江戸時代中期の肥後熊本藩の漢学者。
¶朝日（㉔元禄15年6月29日（1702年7月23日）㉓宝暦13年12月12日（1764年1月14日）），江文，大分歴，教育，近世（あきやまぎょくさん），熊本百（㉓宝暦13（1763）年12月11日），国史，国書（㉔元禄15（1702）年6月29日　㉓宝暦13（1763）年12月12日），コン改，コン4，詩歌，史人（㉔1702年6月29日　㉓1763年12月11日），新潮（㉔元禄15（1702）年6月29日　㉓宝暦13（1763）年12月12日），人名，世人（㉔宝永5（1708）年　㉓宝暦13（1763）年12月11日），世百，全書（㉔?），日人（㉓1764年），藩臣7（あきやまぎょくさん），百科，歴大，和俳

秋山御風 あきやまぎょふう
寛政7（1795）年〜慶応2（1866）年　㊞御風《ぎょふう》
江戸時代後期〜末期の武士、俳人。
¶国書（御風　ぎょふう　㉓慶応2（1866）年1月26日），日人

秋山景山 あきやまけいざん
宝暦8（1758）年〜天保10（1839）年
江戸時代中期〜後期の越後長岡藩士、儒学者。
¶国書（㉓天保10（1839）年8月26日），新潟百，藩臣4（㉔宝暦7（1757）年）

秋山光彪 あきやまこうひょう
安永4（1775）年〜天保3（1832）年　㊞秋山光彪《あきやまてるたけ，あきやまみつたけ》
江戸時代後期の豊前小倉藩の国学者。
¶朝日（あきやまみつたけ　㉓天保3年2月6日（1832年3月8日）），近世（あきやまみつたけ），国史（あきやまみつたけ），国書（あきやまてるたけ　㉓天保3（1832）年2月6日），コン4，新潮（㉓天保3（1832）年2月6日），人名，日人，藩臣7，福岡百（㉓天保3（1832）年2月6日），和俳

秋山維祺 あきやまこれよし
宝暦2（1752）年〜文化15（1818）年1月23日
江戸時代中期〜後期の幕臣。

¶国書

秋山五郎左衛門 あきやまごろうざえもん
江戸時代前期の武士。里見氏家臣。
¶戦人(生没年不詳), 戦東

秋山五郎治 あきやまごろうじ
→秋山白賁堂(あきやまはくひどう)

秋山清風 あきやませいふう
→秋山白賁堂(あきやまはくひどう)

秋山宗右衛門 あきやまそううえもん
→秋山宗右衛門(あきやまそうえもん)

秋山宗右衛門 あきやまそうえもん
[別]秋山宗右衛門《あきやまそううえもん》
江戸時代前期の武士。里見氏家臣。
¶戦人(生没年不詳), 戦東(あきやまそううえもん)

秋山峻 あきやまたかし
天保9(1838)年～大正6(1917)年
江戸時代末期～大正期の登米伊達氏の家老、のち政治家。
¶姓氏宮城, 宮城百

秋山多吉郎 あきやまたきちろう
弘化2(1845)年～昭和9(1934)年
江戸時代末期～大正期の剣道家。徳島藩剣道助教軍事係。大阪で道場を開き、門下を養成。剣道教士。
¶人名, 日人

秋山断 あきやまたけし
嘉永2(1849)年～昭和4(1929)年 [別]秋山断《あきやまだん》, 秋山罷斎《あきやまひさい》
江戸時代末期～明治期の伊勢桑名藩士。
¶人名, 世紀([没]昭和4(1929)年11月13日), 日人(秋山罷斎 あきやまひさい), 藩臣4(あきやまだん)

秋山断 あきやまだん
→秋山断(あきやまたけし)

秋山光条 あきやまてるえ
天保14(1843)年～明治35(1902)年
江戸時代後期～明治期の幕臣、国学者。
¶江文, 神人

秋山光彪 あきやまてるたけ
→秋山光彪(あきやまこうひょう)

秋山恬堂 あきやまてんどう
文政9(1826)年～明治19(1886)年
江戸時代末期～明治期の三河西尾藩士。
¶姓氏愛知, 幕末, 藩臣4

秋山白賁堂 あきやまはくひどう
寛政10(1798)年～明治7(1874)年 [別]秋山五郎治《あきやまごろうじ》, 秋山勝鳴《あきやまかつなり》, 秋山清風《あきやませいふう》
江戸時代末期～明治期の桑名藩士。
¶維新(秋山五郎治 あきやまごろうじ), 国書(秋山勝鳴 あきやまかつなり [生]寛政10(1798)年4月28日 [没]明治7(1874)年3月1日), 人名(秋山清風 あきやませいふう), 日人, 幕末(秋山五郎治 あきやまごろうじ [没]1874年7月11日), 藩臣4, 三重([生]寛政11年4月28日)

秋山罷斎 あきやまひさい
→秋山断(あきやまたけし)

秋山富南 あきやまふなん
→秋山章(あきやまあきら)

秋山正俊 あきやままさとし
元和9(1623)年～元禄5(1692)年
江戸時代前期～中期の武士。
¶日人

秋山又三郎 あきやままたさぶろう
弘化3(1846)年～慶応1(1865)年
江戸時代末期の水戸藩士。
¶維新, 人名, 日人, 幕末([没]1865年3月12日)

秋山光彪 あきやまみつたけ
→秋山光彪(あきやまこうひょう)

秋山要助 あきやまようすけ
安永1(1772)年～天保4(1833)年 [別]秋山要助正武《あきやまようすけまさたけ》
江戸時代後期の剣術家。
¶剣豪, 埼玉人([生]安永1(1772)年11月25日 [没]天保4(1833)年8月25日), 埼玉百(秋山要助正武 あきやまようすけまさたけ), 全書, 栃木歴, 日人

秋山要助正武 あきやまようすけまさたけ
→秋山要助(あきやまようすけ)

秋山義時 あきやまよしとき
元和1(1615)年～正保1(1644)年
江戸時代前期の柔術家。楊心流の祖。
¶人名, 全書, 大百, 日人(生没年不詳)

秋山林策 あきやまりんさく
天保2(1831)年～明治40(1907)年
江戸時代後期～明治期の旗本佐野家用人。
¶栃木歴

秋良敦之助 あきらあつのすけ
→秋良貞温(あきらさだあつ)

秋良貞温 あきらさだあつ
文化8(1811)年～明治23(1890)年 [別]秋良貞温《あきらさだよし》, 秋良敦之助《あきらあつのすけ》
江戸時代末期～明治期の長州藩の志士。
¶維新, 角史, 近現, 近世, 国史, 国書([生]文化8(1811)年9月4日 [没]明治23(1890)年10月16日), コン改(あきらさだよし), コン4(あきらさだよし), コン5(あきらさだよし), 神人, 新潮([生]文化8(1811)年9月4日 [没]明治23(1890)年10月16日), 人名(あきらさだよし), 姓氏山口(秋良敦之助 あきらあつのすけ), 世人(あきらさだよし), 日人, 幕末(秋良敦之助 あきらあつのすけ [没]1890年10月16日), 藩臣6(秋良敦之助 あきらあつのすけ), 山口百

秋良貞臣 あきらさだおみ
天保12(1841)年～明治38(1905)年 [別]秋良雄太郎《あきらゆうたろう》
江戸時代末期～明治期の長州(萩)藩士、実業家。
¶朝日([生]天保12年4月1日(1841年5月21日) [没]明治38(1905)年4月20日), 維新, 姓氏山口, 日人, 幕末(秋良雄太郎 あきらゆうたろう

[没]1905年4月20日)，山口百

秋良貞温　あきらさだよし
→秋良貞温(あきらさだあつ)

秋良雄太郎　あきらゆうたろう
→秋良貞臣(あきらさだおみ)

阿久沢能登守　あくざわのとのかみ
？～寛永14(1637)年
安土桃山時代～江戸時代前期の国人。
¶姓氏群馬，戦辞(生没年不詳)，戦人(生没年不詳)，戦東

芥川玉潭　あくたがわぎょくたん
安永6(1777)年～天保3(1832)年　[別]芥川轍《あくたがわてつ》
江戸時代後期の越前鯖江藩士。
¶国書([没]天保3(1832)年2月20日)，人名([生]1787年　[没]1842年)，人名(芥川轍　あくたがわてつ)，日人，藩臣3

芥川三九郎　あくたがわさんくろう
天保4(1833)年～明治14(1881)年4月7日
江戸時代末期～明治期の剣士、靫負臣。
¶幕末

芥川思堂　あくたがわしどう
延享1(1744)年～文化4(1807)年
江戸時代中期～後期の越前鯖江藩士、儒学者。
¶国書([生]延享1(1744)年10月21日　[没]文化4(1807)年1月6日)，藩臣3

芥川寸艸　あくたがわすんそう
→芥川元風(あくたがわもとかぜ)

芥川轍　あくたがわてつ
→芥川玉潭(あくたがわぎょくたん)

芥川元風　あくたがわもとかぜ
延宝4(1676)年～寛保1(1741)年　[別]芥川寸艸《あくたがわすんそう》
江戸時代中期の歌人、幕臣。
¶江文，国書(芥川寸艸　あくたがわすんそう)，人名，日人，和俳

芥川義矩　あくたがわよしのり
享保17(1732)年～文化7(1810)年
江戸時代中期～後期の信濃松本藩士。
¶人名，日人，藩臣3

阿久津右近　あくつうこん
生没年不詳
江戸時代前期の武士。
¶庄内

阿久津小太郎　あくつこたろう
天保14(1843)年～元治1(1864)年
江戸時代末期の水戸藩士。
¶維新，幕末([没]1864年3月30日)

阿久津敏衛門　あくつとしえもん
文化3(1806)年～慶応3(1867)年
江戸時代末期の水戸藩士。
¶維新，幕末([没]1867年8月23日)

阿久津政房　あくつまさふさ
？～天明4(1784)年8月14日
江戸時代中期の秋田藩士。
¶国書

揚弘斎　あげこうさい
文化5(1808)年～文久2(1862)年7月
江戸時代後期～末期の讃岐高松藩士。
¶国書

明楽茂正　あけらしげまさ
？～嘉永6(1853)年
江戸時代末期の幕臣。普請奉行。
¶維新，京都大，姓氏京都

浅井一毫　あさいいちごう
→浅井一毫(あさいいちもう)

浅井一毫　あさいいちもう
天保7(1836)年～大正5(1916)年　[別]浅井一毫《あさいいちごう》，浅井幸八《あさいこうはち》
江戸時代末期～明治期の加賀大聖寺藩士。のち九谷焼の陶工。
¶朝日(あさいいちごう)，石川百，茶道(浅井幸八　あさいこうはち)，新潮，人名(あさいいちごう)，姓氏石川，陶工(あさいいちごう)，日人(あさいいちごう)，幕末([没]1916年12月)，藩臣3

浅井一政　あさいかずまさ
？～正保2(1645)年
江戸時代前期の武士。前田家に仕えた浅井長政一族。
¶姓氏石川

浅井洌　あさいきよし
文政9(1826)年～明治36(1903)年
江戸時代末期～明治期の播磨姫路藩士。
¶藩臣5

浅井清成　あさいきよなり
万治2(1659)年～延享4(1747)年
江戸時代中期の武士。
¶和歌山人

浅井玄香　あさいげんこう
正保4(1647)年～元禄7(1694)年　[別]浅井駒之助《あさいこまのすけ》，浅井善成《あさいよしなり》
江戸時代前期～中期の紀伊和歌山藩士。
¶国書，藩臣5(浅井駒之助　あさいこまのすけ　[生]？)，和歌山人(浅井善成　あさいよしなり)

浅井弘五郎　あさいこうごろう
*～明治5(1872)年
江戸時代末期～明治期の加賀藩老本多氏臣。
¶姓氏石川([生]？)，幕末([生]1848年　[没]1872年12月4日)

浅井幸八　あさいこうはち
→浅井一毫(あさいいちもう)

浅井駒之助　あさいこまのすけ
→浅井玄香(あさいげんこう)

浅井作右衛門　あさいさくえもん
元禄16(1703)年～明和7(1770)年
江戸時代中期の備中倉敷代官。
¶岡山歴

浅井定利　あさいさだとし
文政10(1827)年～大正2(1913)年
江戸時代後期～大正期の弓道家、高崎藩吉田流弓術師範。

¶弓道

浅井定昌 あさいさだまさ
　寛文1（1661）年～正徳4（1714）年
　江戸時代中期の武士。
　¶和歌山人

浅井定仍 あさいさだよし
　天正18（1590）年～寛永16（1639）年
　江戸時代前期の武士。
　¶和歌山人

浅井士徳 あさいしとく
　→浅井奉政（あさいともまさ）

浅井新右衛門 あさいしんえもん
　明和3（1766）年～天保10（1839）年
　江戸時代中期～後期の剣術家。二天一流。
　¶剣豪

浅井新九郎 あさいしんくろう
　文政9（1826）年～明治31（1898）年
　江戸時代末期～明治期の肥後熊本藩士。
　¶維新，幕末（㊦1898年7月7日）

浅井常次郎 あさいつねじろう
　天保11（1840）年～元治1（1864）年
　江戸時代後期～末期の武士。
　¶日人

浅井奉政 あさいともまさ
　元禄10（1697）年～享保19（1734）年　㊛浅井士徳
　《あさいしとく》
　江戸時代中期の学者、書物奉行。
　¶江文，国書（㊦享保19（1734）年6月5日），人名
　（浅井士徳　あさいしとく），日人

朝夷厚生 あさいなあつなり
　寛延1（1748）年～＊
　江戸時代中期～後期の武士。
　¶国書（㊦文政11（1828）年12月7日），日人
　（㊦1829年）

朝比奈源介 あさいなげんすけ
　→朝比奈源介（あさひなげんすけ）

朝比奈十左衛門 あさいなじゅうざえもん
　～寛永14（1637）年
　安土桃山時代～江戸時代前期の酒井氏家臣、出羽
　庄内藩士。
　¶庄内

朝比奈忠三郎 あさいなちゅうざぶろう
　生没年不詳
　江戸時代の庄内藩士。
　¶庄内

朝夷平右衛門 あさいなへいうえもん
　→朝夷平右衛門（あさいなへいえもん）

朝夷平右衛門 あさいなへいえもん
　㊛朝夷平右衛門《あさいなへいうえもん》
　江戸時代前期の武士。里見氏家臣。
　¶戦人（生没年不詳），戦東（あさいなへいうえも
　ん）

朝比奈泰吉(1) あさいなやすよし
　→朝比奈豊日子（あさひなとよひこ）

朝比奈泰吉(2) あさいなやすよし
　→朝比奈泰吉（あさひなやすきち）

朝比奈可長 あさいなよしなが
　→朝比奈可長（あさひなよしなが）

浅井宣清 あさいのぶきよ
　？　～元禄2（1689）年
　江戸時代前期の武士。
　¶和歌山人

浅井礼政 あさいのりまさ
　生没年不詳
　江戸時代後期の伊勢桑名藩士。
　¶国書5

朝比秀景 あさいひでかげ
　生没年不詳
　江戸時代後期の武士。
　¶和歌山人

浅井政昭 あさいまさあき
　→浅井八百里（あさいやおり）

浅井政右 あさいまさすけ
　＊～元禄4（1691）年
　江戸時代前期の加賀藩士。
　¶国書（㊥寛永1（1624）年　㊦元禄4（1691）年8月
　4日），藩臣3（㊥（？））

浅井政次 あさいまさつぐ
　？　～貞享1（1684）年
　江戸時代前期の武士。
　¶和歌山人

浅井政辰 あさいまさとき
　明和2（1765）年11月21日～天保7（1836）年8月
　11日
　江戸時代中期～後期の越前福井藩士。
　¶国書

浅井正利 あさいまさとし
　寛永11（1634）年～宝永3（1706）年
　江戸時代前期の武士。
　¶和歌山人

浅井正致 あさいまさよし
　享保5（1720）年～安永1（1772）年
　江戸時代中期の武士。
　¶和歌山人

浅井道多 あさいみちあま
　天文22（1553）年～寛永11（1634）年7月18日
　戦国時代～江戸時代前期の徳川家奉行人。
　¶戦辞

浅井道博 あさいみちひろ
　天保14（1843）年～明治18（1885）年
　江戸時代後期～明治期の静岡藩士、数学者。
　¶静岡歴，数学（㊦明治18（1885）年10月12日）

朝井至直 あさいむねなお
　元禄9（1696）年～寛延3（1750）年
　江戸時代中期の武士。
　¶和歌山人

浅井元秋 あさいもとあき
　正保2（1645）年～享保10（1725）年
　江戸時代前期～中期の陸奥仙台藩士、兵学者。
　¶人名，日人，藩臣1

浅井元忠 あさいもとただ
　～正保2（1645）年

江戸時代前期の旗本。
¶神奈川人

浅井元成 あさいもとなり
～寛永11（1634）年
江戸時代前期の旗本。
¶神奈川人

浅井八百里 あさいやおり
文化10（1813）年～嘉永2（1849）年　[別]浅井政昭《あさいまさあき》
江戸時代後期の越前福井藩士、経世家。
¶国書（浅井政昭　あさいまさあき　[生]文化10（1813）年9月24日　[没]嘉永2（1849）年11月2日），人名（[生]1811年），日人，藩臣3，福井百

浅井安国 あさいやすくに
文化2（1805）年～慶応3（1867）年
江戸時代末期の兵学家、陸奥仙台藩士。
¶人名，日人

浅井善成 あさいよしなり
→浅井玄香（あさいげんこう）

浅井佳春 あさいよしはる
？　～宝暦11（1761）年
江戸時代中期の武士。
¶和歌山人

朝枝毅斎 あさえだきさい
→朝枝玖珂（あさえだきゅうか）

朝枝玖珂 あさえだきゅうか
元禄10（1697）年～延享2（1745）年　[別]朝枝毅斎《あさえだきさい》，朝枝玖珂《あさえだくか》
江戸時代中期の周防岩国藩士。
¶国書（[生]元禄10（1697）年5月2日　[没]延享2（1745）年11月10日），姓氏京都，日人（あさえだくか），藩臣6（朝枝毅斎　あさえだきさい）

朝枝玖珂 あさえだくか
→朝枝玖珂（あさえだきゅうか）

朝岡勝宗 あさおかかつむね
～明暦1（1655）年
江戸時代前期の旗本。
¶神奈川人

朝岡重政 あさおかしげまさ
生没年不詳
江戸時代前期の弓道家。
¶姓氏京都

朝岡助九郎(1) あさおかすけくろう
享保14（1729）年～享和1（1801）年
江戸時代中期～後期の出羽庄内藩家老。
¶庄内（[没]享和1（1801）年1月23日），藩臣1

朝岡助九郎(2) あさおかすけくろう
文政5（1822）年～明治15（1882）年
江戸時代末期～明治期の出羽庄内藩中老。
¶庄内（[生]文政5（1822）年3月5日　[没]明治15（1882）年6月18日），藩臣1

浅尾数馬介 あさおかずまのすけ
？　～承応2（1653）年
江戸時代前期の陸奥二本松藩家老。
¶藩臣5

浅岡平兵衛 あさおかへいべえ
天正8（1580）年～寛文3（1663）年
江戸時代前期の弓術家。
¶人名，体育，大百，日人（生没年不詳）

朝岡正章 あさおかまさあき
寛政6（1794）年～天保11（1840）年
江戸時代後期の歌人、尾張藩士。
¶国書（[没]天保11（1840）年1月28日），人名，日人，和俳

朝岡泰勝 あさおかやすかつ
天正2（1574）年～寛永7（1630）年
江戸時代前期の旗本。
¶神奈川人，姓氏神奈川

朝岡泰直 あさおかやすなお
～承応1（1652）年
江戸時代前期の旗本。
¶神奈川人

浅生敷栄 あさおしきえい
文政8（1825）年9月～
江戸時代後期～末期の津藩士、教育者。
¶三重

浅香篤之 あさかあつゆき
生没年不詳
江戸時代後期の武士。
¶和歌山人

浅香市作 あさかいちさく
天保5（1834）年～明治23（1890）年
江戸時代末期～明治期の筑前福岡藩士。
¶維新，幕末（[没]1890年5月13日），藩臣7

浅加久敬 あさかきゅうけい
→浅加通郷（あさかみちさと）

安積五郎 あさかごろう
文政11（1828）年～元治1（1864）年
江戸時代末期の易者、志士。
¶維新，コン改，コン4，詩歌，新潮（[没]文久4（1864）年2月16日），人名，日人，和俳

安積艮斎 あさかごんさい
寛政3（1791）年～万延1（1860）年
江戸時代末期の儒学者、陸奥二本松藩士。昌平坂学問所儒官。
¶朝日（[生]寛政3年3月2日（1791年4月4日）　[没]万延1年11月21日（1861年1月1日）），維新（[没]1861年），岩史（[生]寛政2（1790）年3月2日　[没]万延1（1860）年11月21日），江戸，江文（[生]寛政2（1790）年），角史，教育，近世（[没]1861年），国史（[没]1861年），国書（[生]寛政2（1790）年3月2日　[没]万延1（1860）年11月21日），コン改，コン4，詩歌（[生]1790年），史人（[没]1861年3月30日），新潮（[生]寛政2（1790）年3月2日　[没]万延1（1860）年11月21日），人名，世人（[生]寛政3（1791）年3月2日　[没]万延1（1860）年11月21日），世百，全書，大百（[生]1791年？），日史（[生]寛政3（1791）年3月2日　[没]万延1（1860）年11月21日），日人（[没]1861年），幕末（[生]1790年　[没]1861年1月1日），藩臣5（[生]寛政2（1790）年），百科，福島百（[生]寛政2（1790）年），歴大（[生]1790年），和俳（[生]寛政3（1791）年3月2日　[没]万延1（1860）年11月21日）

浅香青洲 あさかせいしゅう
生没年不詳
江戸時代後期の幕臣・本草家・歌人。
¶国書

安積澹泊 あさかたんぱく
明暦2(1656)年～元文2(1737)年　[別]安積澹泊斎《あさかたんぱくさい》，安積覚《あさかかく》
江戸時代前期～中期の水戸藩の儒学者。
¶朝日([生]明暦2年11月13日(1656年12月28日)　[没]元文2年12月10日(1738年1月29日))，茨城百，岩史([生]明暦2(1656)年11月13日　[没]元文2(1737)年12月10日)，江戸東，江文(安積澹泊斎　あさかたんぱくさい)，黄檗([生]明暦2(1656)年11月　[没]元文2(1737)年12月10日)，角史，郷土茨城([生]1656年？)，近世，国史，国書([没]元文2(1737)年12月10日)，コン改([生]明暦1(1655)年)，コン4([生]明暦1(1655)年)，詩歌，史人([生]1656年11月13日　[没]1737年12月10日)，神人([生]明暦2(1656)年11月　[没]元文2(1737)年12月)，新潮([没]元文2(1737)年12月10日)，人名，世人([没]元文2(1737)年12月10日)，世百，全書，大百，日史([生]明暦2(1656)年11月13日　[没]元文2(1737)年12月10日)，日人([没]1738年)，藩臣2，百科，歴大

安積澹泊斎 あさかたんぱくさい
→安積澹泊(あさかたんぱく)

浅香伝四郎 あさかでんしろう
安永3(1774)年～元治1(1864)年1月10日
江戸時代後期の幕臣。
¶幕末

浅加友郷 あさかともさと
→浅加通郷(あさかみちさと)

浅香久敬(浅加久敬) あさかひさたか
明暦3(1657)年～享保12(1727)年
江戸時代前期～中期の国学者、加賀藩士。
¶朝日([没]享保12年2月5日(1727年3月27日))，国書(浅加久敬　[没]享保12(1727)年2月5日)，コン改，コン4，新潮，日人(浅加久敬)，和俳

浅加久敬 あさかひさのり
→浅加通郷(あさかみちさと)

阿座上庄蔵(阿坐上正蔵) あざがみしょうぞう，あざかみしょうぞう
弘化3(1846)年～元治1(1864)年
江戸時代末期の長州(萩)藩士。
¶維新，人名(阿坐上正蔵　あざかみしょうぞう)，日人，幕末([没]1864年8月20日)，藩臣6

浅加通郷(浅加道郷) あさかみちさと
？～享保12(1727)年　[別]浅加久敬《あさかきゅうけい，あさかひさのり》，浅加友郷《あさかともさと》
江戸時代中期の加賀藩士。
¶石川百(浅加久敬　あさかひさのり　[生]1657年)，国書(浅加友郷　あさかともさと　[没]享保12(1727)年5月4日)，人名(浅加久敬　あさかきゅうけい)，姓氏石川(浅加道郷)，藩臣3

浅香宗模 あさかむねのり
弘化3(1846)年～？
江戸時代後期～明治期の教育者、政治家。葛巻村村長。旧八戸藩士。
¶姓氏岩手

浅賀弥左衛門 あさかやざえもん
寛永20(1643)年～正徳1(1711)年
江戸時代前期～中期の剣術家。浅賀流祖。
¶剣豪

朝倉在重 あさくらありしげ
天正11(1583)年～*
江戸時代前期の江戸町奉行。
¶人名([没]1650年)，日人([没]1651年)

朝倉景員 あさくらかげかず
享保9(1724)年～明和5(1768)年
江戸時代中期の尾張藩士、国学者。
¶姓氏愛知

朝倉景衡 あさくらかげひら
万治3(1660)年～？
江戸時代中期の国学者、幕臣。
¶江文(生没年不詳)，国書([生]万治3(1660)年4月25日)，コン改(生没年不詳)，コン4，新潮(生没年不詳)，人名，日人

朝倉景行 あさくらかげゆき
→朝倉源太郎(あさくらげんたろう)

朝倉貫考 あさくらかんこう
生没年不詳
江戸時代中期の武士、俳人。
¶和歌山人

朝倉源太郎 あさくらげんたろう
天保7(1836)年～慶応1(1865)年　[別]朝倉景行《あさくらかげゆき》
江戸時代末期の水戸藩の志士。
¶維新，コン改(朝倉景行　あさくらかげゆき)，コン4(朝倉景行　あさくらかげゆき)，新潮(朝倉景行　あさくらかげゆき　[没]慶応1(1865)年2月4日)，人名，日人，幕末([没]1865年3月1日)，藩臣2

朝倉三四郎 あさくらさんしろう
弘化4(1847)年～慶応1(1865)年
江戸時代末期の志士。
¶維新，人名，日人，幕末([没]1865年3月20日)

朝倉集義 あさくらしゅうぎ
→朝倉集義(あさくらちかよし)

朝倉省吾 あさくらしょうご
→田中静洲(たなかせいしゅう)

朝倉太吉(浅倉太吉) あさくらたきち
文政1(1818)年～明治19(1886)年
江戸時代後期～明治期の剣術家。関口玉心流。
¶岡山人，岡山歴(浅倉太吉　[生]文政2(1819)年)，剣豪

朝倉頼母 あさくらたのも
？～寛政2(1790)年
江戸時代中期の下総古河藩家老。
¶藩臣3

朝倉集義 あさくらためよし
→朝倉集義(あさくらちかよし)

朝倉弾蔵 あさくらだんぞう
→朝倉尚武(あさくらなおたけ)

朝倉集義 あさくらちかよし
文政12(1829)年～明治12(1879)年　[別]朝倉集義《あさくらしゅうぎ,あさくらためよし》，福岡文平《ふくおかぶんぺい》
江戸時代末期～明治期の加賀藩士。
¶維新，人名(あさくらためよし)，日人，幕末(あさくらしゅうぎ　[没]1879年8月6日)

朝倉忠兵衛 あさくらちゅうべい
→朝倉忠兵衛(あさくらちゅうべえ)

朝倉忠兵衛 あさくらちゅうべえ
？ ～正徳2(1712)年　[別]朝倉忠兵衛《あさくらちゅうべい》
江戸時代中期の尾張藩士。
¶姓氏愛知(あさくらちゅうべい)，藩臣4

朝倉藤右衛門 あさくらとううえもん
寛政10(1798)年～？
江戸時代後期の下総古河藩用人。
¶藩臣3

朝倉東軒 あさくらとうけん
延宝8(1680)年～延享4(1747)年
江戸時代前期～中期の加賀藩士。
¶国書

朝倉豊明 あさくらとよあきら
慶長14(1609)年～元禄10(1697)年
江戸時代前期～中期の幕臣。
¶神奈川人，国書([没]元禄10(1697)年9月30日)

朝倉豊陳 あさくらとよのぶ
宝暦12(1762)年～安永7(1778)年3月23日
江戸時代中期の幕臣。
¶国書

朝倉尚武 あさくらなおたけ
天保13(1842)年～明治7(1874)年　[別]朝倉弾蔵《あさくらだんぞう》
江戸時代末期～明治期の志士、肥前佐賀藩士。
¶人名，日人，幕末(朝倉弾蔵　あさくらだんぞう　[生]1841年)

朝倉宣正(朝倉宣政) あさくらのぶまさ
天正1(1573)年～寛永14(1637)年
安土桃山時代～江戸時代前期の武将、大名。駿河駿府藩士、遠江掛川藩主。
¶神奈川人，人名(朝倉宣政)，姓氏静岡，日人，藩主2([没]寛永14(1637)年2月6日)，藩臣4

朝倉政元 あさくらまさもと
天文15(1546)年～寛永6(1629)年
安土桃山時代～江戸時代前期の武士。豊臣氏家臣、徳川氏家臣。
¶戦国，戦辞(生没年不詳)，戦人

朝倉元教 あさくらもとのり
文化4(1807)年～安政6(1859)年
江戸時代後期～末期の武士。
¶和歌山人

浅島正樹 あさじままさき
文政5(1822)年～文久3(1863)年
江戸時代後期～末期の国学者、彦根藩士。
¶江文

浅田主計 あさだかずえ
文化8(1811)年～明治6(1873)年　[別]浅田為保《あさだためやす》
江戸時代末期～明治期の因幡鳥取藩士。
¶剣豪，藩臣5(浅田為保　あさだためやす)

麻田楠馬 あさだくすま
？ ～明治1(1868)年
江戸時代末期の土佐藩士。
¶維新

浅田九郎兵衛 あさだくろべえ
生没年不詳
江戸時代前期の剣術家。宝山流。
¶剣豪

麻田権兵衛 あさだごんべえ
？ ～天和1(1681)年
江戸時代前期の上野沼田藩士。
¶藩臣2

浅田左門 あさださもん
天正6(1578)年～？
安土桃山時代～江戸時代前期の肥前大村藩家老。
¶藩臣7

浅田為保 あさだためやす
→浅田主計(あさだかずえ)

浅田忠之進 あさだちゅうのしん
天保12(1841)年～慶応2(1866)年
江戸時代末期の志士。水戸藩士の子。
¶維新，幕末([没]1866年4月21日)

浅田鉄蔵 あさだてつぞう
寛政12(1800)年～元治1(1864)年
江戸時代末期の相模小田原藩士。
¶維新，神奈川人，幕末([没]1864年1月2日)，藩臣3(生没年不詳)

麻田時太郎 あさだときたろう
？ ～元治1(1864)年
江戸時代末期の土佐藩士。
¶維新

浅田俊長 あさだとしなが
？ ～寛文8(1668)年
江戸時代前期の武士。
¶和歌山人

麻田梅陰 あさだばいいん
文政4(1821)年～明治19(1886)年
江戸時代末期～明治期の高知藩士。
¶高知人，幕末([没]1886年1月16日)

麻田久住 あさだひさずみ
天明2(1782)年～安政4(1857)年
江戸時代中期～末期の土佐藩士・歌人。
¶高知人，国書([没]安政4(1857)年1月22日)

浅田門次郎 あさだもんじろう
文化6(1809)年～明治12(1879)年
江戸時代末期～明治期の相模小田原藩足軽。幕府公認の最後の仇討ちを行う。
¶朝日([没]明治12(1879)年8月17日)，維新，神奈川人，日人

浅田弥次右衛門 あさだやじえもん
生没年不詳
江戸時代末期の肥前大村藩家老。
¶幕末，藩臣7

安里安恒 あさとあんこう
尚育4（1838）年〜？
江戸時代後期〜明治期の武道家。
¶沖縄百（⊕尚育4（1838）年ごろ）

朝長熊平 あさながくまへい
？ 〜明治2（1869）年 ㊙朝長熊平《ともながくまへい》
江戸時代末期の肥前大村藩士。
¶維新（ともながくまへい），人名，日人

浅沼郷左衛門 あさぬまごうざえもん
→浅沼安慶（あさぬまやすのり）

浅沼安慶 あさぬまやすのり
？ 〜文久2（1862）年 ㊙浅沼郷左衛門《あさぬまごうざえもん》
江戸時代末期の武芸家。
¶剣豪（浅沼郷左衛門　あさぬまごうざえもん），人名，日人

浅野伊勢守 あさのいせのかみ
生没年不詳
安土桃山時代〜江戸時代前期の武士。浅野家の家臣。
¶和歌山人

浅野氏祐 あさのうじすけ
？ 〜明治33（1900）年
江戸時代末期〜明治期の幕臣，若年寄並兼陸軍奉行。
¶朝日（⊕弘化3（1846）年？ ㊙明治33（1900）年1月8日），維新，神奈川人（生没年不詳），新潮（㊙明治33（1900）年1月8日），日人

浅野氏綏 あさのうじやす
？ 〜安政3（1856）年
江戸時代末期の幕臣。目付。
¶維新

浅野越後守 あさのえちごのかみ
生没年不詳
安土桃山時代〜江戸時代前期の武士。浅野家の家臣。
¶和歌山人

浅野薫 あさのかおる
？ 〜慶応3（1867）年
江戸時代末期の新撰組隊士。
¶幕末

浅野学 あさのがく
文政5（1822）年3月20日〜明治17（1884）年5月19日
江戸時代後期〜明治期の備前藩士・医学館督事。
¶岡山歴

浅野五助 あさのごすけ
？ 〜文政10（1827）年
江戸時代後期の武術家。
¶剣豪，人名（㊙1812年），日人

浅野五兵衛 あさのごへえ
文化13（1816）年〜明治3（1870）年
江戸時代末期〜明治期の越中富山藩士，剣法教授。
¶剣豪，人名，日人，幕末，藩臣3

浅野左衛門佐 あさのさえもんのすけ
→浅野知近（あさのともちか）

浅野式部 あさのしきぶ
江戸時代末期の安芸広島藩士。
¶維新，幕末（生没年不詳）

浅野重晟 あさのしげあきら
寛保3（1743）年〜文化10（1813）年
江戸時代中期〜後期の大名。安芸広島藩主。
¶朝日，コン改，コン4，諸系（㊙1814年），新潮（㊙文化10（1813）年1月13日），人名，日人（㊙1814年），藩主4（⊕寛保3（1743）年10月17日 ㊙文化10（1813）年閏11月13日），広島百（⊕寛保3（1743）年10月17日 ㊙文化10（1813）年閏11月11日）

浅野勝左衛門 あさのしょうざえもん
天正18（1590）年〜
安土桃山時代〜江戸時代前期の浅野長政の一族。
¶青森人（⊕天正18（1590）年ころ）

浅野新五郎 あさのしんごろう
寛政3（1791）年〜嘉永2（1849）年
江戸時代後期の肥前平戸藩士。
¶藩臣7

浅野摂津守 あさのせっつのかみ
生没年不詳
安土桃山時代〜江戸時代前期の武士。浅野家の家臣。
¶和歌山人

浅野内匠頭 あさのたくみのかみ
→浅野長矩（あさのながのり）

浅野武経 あさのたけつね
文政7（1824）年〜明治32（1899）年
江戸時代末期〜明治期の尾張藩士，歌人。
¶人名，日人，和俳（㊙明治32（1899）年12月30日）

浅野忠 あさのただし
文政2（1819）年〜明治25（1892）年 ㊙浅野忠《あさのただす，あさのちゅう》
江戸時代末期〜明治期の安芸広島藩家老。
¶維新（あさのちゅう ⊕1817年），国書（あさのただす ⊕文政2（1819）年10月18日 ㊙明治25（1892）年12月14日），コン改，コン4，コン5，新潮（⊕文政5（1822）年 ㊙明治25（1892）年11月14日），人名（あさのちゅう），日人，幕末（あさのただす ㊙1892年11月14日），藩臣6（あさのただす）

浅野忠 あさのただす
→浅野忠（あさのただし）

浅野忠長 あさのただなが
文禄1（1592）年〜万治3（1660）年
安土桃山時代〜江戸時代前期の武士。
¶日人

浅野忠英 あさのただひで
文政12（1829）年〜明治30（1897）年
江戸時代末期〜明治期の安芸広島藩家老。
¶藩臣6

浅野忠敬 あさのただひろ
享和1（1801）年〜万延1（1860）年
江戸時代末期の安芸広島藩家老。
¶人名，日人（⊕1802年），幕末（㊙1860年2月14

日）

浅野忠吉 あさのただよし
天文16（1547）年～元和7（1621）年
安土桃山時代～江戸時代前期の安芸広島藩の武士。織田氏家臣、浅野氏家臣。
¶コン改，コン4，人名，戦国，戦人（㊤天文15（1546）年），日人，藩臣6，和歌山人

浅野忠 あさのちゅう
→浅野忠（あさのただし）

浅野綱晟 あさのつなあきら
寛永14（1637）年～寛文13（1673）年
江戸時代前期の大名。安芸広島藩主。
¶国書（㊤寛永14（1637）年4月29日　㊦寛文13（1673）年1月2日），諸系，日人，藩主4（㊤寛永14（1637）年4月29日　㊦延宝1（1673）年1月2日）

浅野綱長 あさのつななが
万治2（1659）年～宝永5（1708）年
江戸時代前期～中期の大名。安芸広島藩主。
¶諸系，日人，藩主4（㊤万治2（1659）年5月29日　㊦宝永5（1708）年2月11日）

浅野出羽 あさのでわ
？　～元治1（1864）年
江戸時代末期の安芸広島藩家老。
¶人名

浅野藤太郎 あさのとうたろう
生没年不詳
江戸時代末期の新撰組隊士。
¶新撰

浅野知近 あさのともちか
？　～元和5（1619）年　㊕浅野左衛門佐《あさのさえもんのすけ》
安土桃山時代～江戸時代前期の安芸広島藩家老。
¶藩臣6，和歌山人（浅野左衛門佐　あさのさえもんのすけ）

浅野長晟 あさのながあきら
天正14（1586）年～寛永9（1632）年
江戸時代前期の大名。紀伊和歌山藩主、備中足守藩主、安芸広島藩主。
¶朝日（㊦寛永9年9月3日（1632年10月16日）），岡山歴（㊦寛永9（1632）年9月3日），郷土和歌山（㊤1585年），近世，国史，コン改（㊦元和3（1617）年），コン4，茶道，史人（㊦1632年9月3日），諸系，新潮（㊦寛永9（1632）年9月3日），人名，世人（㊦寛永9（1632）年9月3日），戦合，戦国（㊤1580年　㊦1617年），戦人，日人，藩主3，藩主4，藩主4（㊤天正11（1586）年1月28日　㊦寛永9（1632）年9月3日），広島百（㊤天正14（1586）年1月13日　㊦寛永9（1632）年9月3日），和歌山人

浅野長厚 あさのながあつ
天保14（1843）年～明治6（1873）年
江戸時代末期～明治期の大名。安芸広島新田藩主。
¶維新，諸系，日人，幕末（㊦1873年8月28日），藩主3（㊤天保14（1843）年2月26日　㊦明治6（1873）年8月28日）

浅野長興 あさのながおき
→浅野長勲（あさのながこと）

浅野長員 あさのながかず
延享2（1745）年～文化5（1808）年
江戸時代中期～後期の大名。安芸広島新田藩主。
¶諸系，日人，藩主3

浅野長賢 あさのながかた
元禄6（1693）年～延享1（1744）年
江戸時代中期の大名。安芸広島新田藩主。
¶諸系，日人，藩主3（㊦延享1（1744）年9月25日）

浅野長容 あさのながかね
明和8（1771）年～文政7（1824）年
江戸時代後期の大名。安芸広島新田藩主。
¶諸系，日人，藩主3（㊤明和7（1770）年）

浅野長勲 あさのながこと
天保13（1842）年～昭和12（1937）年　㊕浅野長興《あさのながおき》，喜代槌，茂勲
江戸時代末期～明治期の大名、侯爵。安芸広島新田藩主、安芸広島藩主。
¶朝日（㊤天保13年7月23日（1842年8月28日）　㊦昭和12（1937）年2月1日），維新，岩史（㊤天保13（1842）年7月23日　㊦昭和12（1937）年2月1日），海越（㊤天保13（1842）年7月23日　㊦昭和12（1937）年2月1日），海越新（㊤天保13（1842）年7月23日　㊦昭和12（1937）年2月1日），学校（㊤天保13（1842）年7月23日　㊦昭和12（1937）年2月1日），角史，近現，近世，国際，国史，コン改，コン4，コン5，史人（㊤1842年7月23日　㊦1937年2月1日），諸系，新潮（㊤天保13（1842）年7月23日　㊦昭和12（1937）年2月1日），人名，全書，大百，日史（㊤天保13（1842）年7月23日　㊦昭和12（1937）年2月1日），日人，幕末（㊦1937年2月1日），藩主3（浅野長興　あさのながおき），藩主4（㊤天保13（1842）年7月23日　㊦昭和12（1937）年2月1日），百科，広島百（㊤天保13（1842）年7月23日　㊦昭和12（1937）年2月1日），履歴（㊤天保13（1842）年7月23日　㊦昭和12（1937）年2月1日），歴大

浅野長寔 あさのながざね
正徳3（1713）年～享保5（1720）年
江戸時代中期の大名。備後三次藩主。
¶諸系，日人，藩主4（㊤正徳3（1713）年6月8日　㊦享保5（1720）年5月21日）

浅野長重 あさのながしげ
天正16（1588）年～寛永9（1632）年
江戸時代前期の大名。下野真岡藩主、常陸真壁藩主、常陸笠間藩主。
¶茨城百，茶道，諸系，人名，戦国，戦人，栃木歴，日人，藩主1，藩主2（㊦寛永9（1632）年9月3日），藩主2

浅野長澄 あさのながずみ
寛文11（1671）年～享保3（1718）年
江戸時代中期の大名。備後三次藩主。
¶諸系，日人，藩主4（㊤寛文11（1671）年12月1日　㊦享保3（1718）年8月4日）

浅野長喬 あさのながたか
享保17（1732）年～明和7（1770）年

あ

江戸時代中期の大名。安芸広島新田藩主。
¶諸系，日人，藩主3（㊀明和6（1769）年12月12日）

浅野長経　あさのながつね
宝永6（1709）年～享保4（1719）年
江戸時代中期の大名。備後三次藩主。
¶諸系，日人，藩主4（㊀宝永6（1709）年11月14日 ㊀享保4（1719）年4月23日）

浅野長恒（浅野長経）　あさのながつね
万治1（1658）年～享保17（1732）年
江戸時代中期の堺奉行。
¶諸系，人名（浅野長経），日人

浅野長照　あさのながてる
承応1（1652）年～宝永2（1705）年
江戸時代前期～中期の大名。備後三次藩主。
¶諸系，日人，藩主4（㊀承応1（1652）年1月17日 ㊀宝永2（1705）年11月15日）

浅野長友　あさのながとも
寛永20（1643）年～延宝3（1675）年
江戸時代前期の大名。播磨赤穂藩主。
¶諸系，日人，藩主3（㊀延宝3（1675）年1月26日）

浅野長直　あさのながなお
慶長15（1610）年～寛文12（1672）年
江戸時代前期の大名。常陸笠間藩主、播磨赤穂藩主。
¶朝日（㊀寛文12年7月24日（1672年9月15日）），コン改，コン4，諸系，新潮（㊀寛文12（1672）年7月24日），人名，日人，藩主2，藩主3（㊀寛文12（1672）年7月24日），兵庫人（㊀寛文12（1672）年7月24日），兵庫百

浅野長矩　あさのながのり
寛文7（1667）年～元禄14（1701）年　㊀浅野内匠頭《あさのたくみのかみ》
江戸時代前期～中期の大名。播磨赤穂藩主。
¶朝日（㊀元禄14年3月14日（1701年4月21日）），岩史（㊀元禄14（1701）年3月14日），江戸（浅野内匠頭　あさのたくみのかみ），大阪墓（㊀寛文5（1665）年　㊀元禄14（1701）年3月14日），角史，近世，国史，コン改（㊀寛文5（1665）年），コン4（㊀寛文5（1665）年），詩歌，史人（㊀1701年3月14日），重要（㊀寛文5（1665）年 ㊀元禄14（1701）年3月14日），諸系，新潮（㊀元禄14（1701）年3月14日），人名，世人（㊀寛文5（1665）年　㊀元禄14（1701）年3月14日），世百，全書，大百，日史（㊀元禄14（1701）年3月14日），日人，藩主3（㊀元禄14（1701）年3月14日），百科，兵庫人，兵庫百，歴大，和俳（㊀元禄14（1701）年3月14日）

浅野長治　あさのながはる
慶長19（1614）年3月26日～延宝3（1675）年
江戸時代前期の大名。備後三次藩主。
¶国書（㊀延宝3（1675）年1月19日），諸系，人名（㊀1613年），日人，藩主4（㊀延宝3（1675）年1月19日），広島百（㊀延宝3（1675）年1月19日）

浅野永久　あさのながひさ
慶長15（1610）年～寛文9（1669）年
江戸時代前期の浅野家臣。
¶和歌山人

浅野長広　あさのながひろ
寛文10（1670）年～享保19（1734）年
江戸時代中期の幕府寄合衆。
¶諸系，人名（㊀1726年），日人

浅野長訓　あさのながみち
文化9（1812）年～明治5（1872）年　㊀浅野長訓《あさのながくに》
江戸時代末期～明治期の大名。安芸広島新田藩主、安芸広島藩主。
¶維新，近世，国史，コン改，コン4，コン5，史人（㊀1812年7月29日　㊀1872年7月26日），諸系，新潮（㊀文化9（1812）年7月29日　㊀明治5（1872）年7月26日），人名，日史（㊀明治5（1872）年7月26日），日人，幕末（㊀1872年8月29日），藩主3，藩主4（㊀文化9（1812）年7月29日　㊀明治5（1872）年7月26日），百科，広島百（㊀文化9（1812）年7月29日　㊀明治5（1872）年7月25日）

浅野長祚　あさのながむら
→浅野梅堂（あさのばいどう）

浅野長祚　あさのながよし
→浅野梅堂（あさのばいどう）

浅野斉賢　あさのなりかた
安永2（1773）年～天保2（1831）年
江戸時代後期の大名。安芸広島藩主。
¶諸系，日人，藩主4（㊀安永2（1773）年9月21日 ㊀文政13（1830）年11月21日）

浅野斉粛　あさのなりたか
文化14（1817）年～明治1（1868）年
江戸時代末期の大名。安芸広島藩主。
¶維新，諸系，日人，幕末（㊀1868年2月5日），藩主4（㊀文化14（1817）年9月28日　㊀慶応4（1868）年1月12日）

浅野梅堂　あさのばいどう
文化13（1816）年～明治13（1880）年　㊀浅野長祚《あさのながむら，あさのながよし》
江戸時代末期～明治期の書画家、京都町奉行。
¶朝日（㊀文化13年6月9日（1816年7月3日） ㊀明治13（1880）年2月17日），維新（浅野長祚 あさのながよし），江戸，江文，京都大（浅野長祚　あさのながよし），国書（㊀文化13（1816）年6月9日　㊀明治13（1880）年2月17日），コン改，コン4，コン5，新潮（浅野長祚　あさのながよし　㊀文化13（1816）年6月9日　㊀明治13（1880）年2月17日），人名，姓氏京都（浅野長祚　あさのながよし），世人，日人（浅野長祚 あさのながよし），幕末（浅野長祚　あさのながよし　㊀1816年7月3日　㊀1880年2月17日），美家（㊀文化13（1816）年6月9日　㊀明治13（1880）年2月17日），名画，山梨百（浅野長祚 あさのながむら　㊀明治13（1880）年2月17日）

浅野日向守　あさのひゅうがのかみ
生没年不詳
安土桃山時代～江戸時代前期の武士。浅野家の家臣。
¶和歌山人

浅野豊後　あさのぶんご
江戸時代末期の安芸広島藩家老。

¶維新，幕末（生没年不詳）

朝野北水 あさのほくすい
生没年不詳
江戸時代後期の幕臣・天文家。
¶国書5

浅野政周 あさのまさちか
文化1（1804）年～明治22（1889）年4月　[別]浅野栗斎《あさのりっさい》
江戸時代末期～明治期の加賀藩士。
¶国書（浅野栗斎　あさのりっさい），姓氏石川（[生]？），幕末

浅野光晟 あさのみつあきら
元和3（1617）年～元禄6（1693）年
江戸時代前期の大名。安芸広島藩主。
¶諸系，人名，日人，藩主4（[生]元和3（1617）年8月12日　[没]元禄6（1693）年4月23日），広島百（[生]元和3（1617）年8月13日　[没]元禄6（1693）年4月23日）

浅野光武 あさのみつたけ
生没年不詳
江戸時代後期の越中富山藩士・歌人。
¶国書

浅野宗恒 あさのむねつね
享保2（1717）年～*
江戸時代中期の大名。安芸広島藩主。
¶国書（[生]享保2（1717）年8月23日　[没]天明7（1787）年11月24日），諸系（[没]1788年），日人（[没]1788年），藩主4（[生]享保2（1717）年8月23日　[没]天明7（1787）年11月24日）

浅野安左衛門 あさのやすざえもん
江戸時代中期の生坂藩士。弟の仇討ちをした。
¶岡山歴

浅野良重 あさのよししげ
江戸時代前期の武士。浅野氏家臣。
¶戦国，戦人（生没年不詳）

浅野由隆 あさのよしたか
江戸時代中期の岡山藩士・歌人。
¶岡山人，国書（生没年不詳）

浅野慶熾 あさのよしてる
天保7（1836）年～安政5（1858）年
江戸時代末期の大名。安芸広島藩主。
¶維新，諸系，日人，幕末（[没]1858年10月16日），藩主4（[生]天保7（1836）年11月12日　[没]安政5（1858）年9月10日）

浅野吉時 あさのよしとき
？　～元和5（1619）年
安土桃山時代～江戸時代前期の浅野家臣。
¶和歌山人

浅野吉長 あさのよしなが
天和1（1681）年～宝暦2（1752）年
江戸時代中期の大名。安芸広島藩主。
¶近世，国史，国書（[生]延宝9（1681）年7月1日　[没]宝暦2（1752）年1月13日），史人（[生]1681年7月1日　[没]1752年1月13日），諸系，新潮（[生]天和1（1681）年7月1日　[没]宝暦2（1752）年1月13日），人名，日人，藩主4（[生]天和1（1681）年7月1日　[没]宝暦2（1752）年5月13日），広島百（[生]延宝9（1681）年7月1日　[没]宝暦2（1752）年5月13日）

浅野栗斎 あさのりっさい
→浅野政周（あさのまさちか）

浅羽忠之助 あさばちゅうのすけ
天保2（1831）年～明治30（1897）年
江戸時代末期～明治期の陸奥会津藩士。
¶幕末（[没]1897年11月9日），藩臣2

浅葉仁三郎 あさばにさぶろう
文化13（1816）年～明治25（1892）年
江戸時代末期～明治期の御神所見廻り。
¶神奈川人，姓氏神奈川，幕末

浅羽昌儀 あさばまさのり
明暦2（1656）年～享保13（1728）年
江戸時代中期の系譜学者、水戸藩に仕えた。
¶国書，人名，日人

朝原重栄 あさはらしげひで
生没年不詳
江戸時代前期の武士。浅野長武の家臣。
¶国書

旭形亀太郎 あさひがたかめたろう
天保13（1842）年3月25日～明治34（1901）年3月11日
江戸時代後期～明治期の新撰組隊士。
¶新撰

朝日郷保 あさひさとやす
→朝日丹波(2)（あさひたんば）

朝日重章 あさひしげあき
延宝2（1674）年～享保3（1718）年　[別]朝日文左衛門《あさひぶんざえもん》
江戸時代中期の尾張藩士。
¶愛知百，角史（朝日文左衛門　あさひぶんざえもん），国書（[没]享保3（1718）年9月），人書94，姓氏愛知，日人，藩臣4

朝日重村 あさひしげむら
寛永11（1634）年～正徳4（1714）年10月19日
江戸時代前期～中期の尾張藩士。
¶国書

朝日千助(1) あさひせんすけ
天保6（1835）年～明治18（1885）年
江戸時代末期～明治期の出雲松江藩家老。
¶維新，幕末（[没]1885年3月13日），藩臣5

朝日千助(2) あさひせんすけ
寛保2（1742）年～文化12（1815）年
江戸時代末期～明治期の出雲松江藩家老。
¶島根人（[没]文化11（1814）年），島根百，島根歴

朝日千助(3) あさひせんすけ
→朝日丹波(1)（あさひたんば）

朝日丹波(1) あさひたんば
弘治2（1556）年～寛永18（1641）年　[別]朝日千助《あさひせんすけ》，朝日丹波重政《あさひたんばしげまさ》
安土桃山時代～江戸時代前期の信濃松本藩士、出雲松江藩家老。
¶島根百（朝日丹波重政　あさひたんばしげまさ　生没年不詳），島根歴（朝日丹波重政　あさひ

たんばしげまさ)，姓氏長野(生没年不詳)，長野歴(朝日千助　あさひせんすけ　[生]永禄6(1563)年)，藩臣3(生没年不詳)，藩臣5

朝日丹波(2)　あさひたんば
宝永2(1705)年～天明3(1783)年　[別]朝日郷保《あさひさとやす》,朝日丹波郷保《あさひたんばさとやす》,朝日丹波茂保《あさひたんばしげやす》
江戸時代中期の出雲松江藩家老。
¶朝日([生]宝永2年2月17日(1705年3月12日)　[没]天明3年4月10日(1783年5月10日))，近世，国史，国書([生]宝永2(1705)年2月17日　[没]天明3(1783)年4月10日)，コン改，コン4，茶道，島根人(朝日郷保　あさひさとやす)，島根百(朝日丹波茂保　あさひたんばしげやす　[生]宝永2(1705)年2月17日　[没]天明3(1783)年4月10日)，島根歴(朝日丹波郷保　あさひたんばさとやす)，新潮([生]宝永2(1705)年2月17日　[没]天明3(1783)年4月10日)，人名，日人，藩臣5，歴大

朝日丹波郷保　あさひたんばさとやす
→朝日丹波(2)(あさひたんば)

朝日丹波重政　あさひたんばしげまさ
→朝日丹波(1)(あさひたんば)

朝日丹波茂保　あさひたんばしげやす
→朝日丹波(2)(あさひたんば)

朝比奈甲斐守昌寿　あさひなかいのかみまさひさ
→朝比奈昌寿(あさひなまさひさ)

朝比奈甲斐守昌広　あさひなかいのかみまさひろ
→朝比奈昌広(あさひなまさひろ)

朝比奈勝照　あさひなかつてる
～寛永17(1640)年
江戸時代前期の旗本。
¶神奈川人

朝比奈河内守昌始　あさひなかわちのかみまさもと
→朝比奈昌始(あさひなまさもと)

朝比奈清久　あさひなきよひさ
正保2(1645)年～宝永6(1709)年
江戸時代前期の武士。
¶和歌山人

朝比奈源介　あさひなげんすけ
[別]朝比奈源介《あさいなげんすけ》
江戸時代前期の武士。里見氏家臣。
¶戦人(生没年不詳)，戦東(あさいなげんすけ)

朝比奈真直　あさひなさねなお
*～元和7(1621)年
安土桃山時代～江戸時代前期の徳川家の家臣。
¶神奈川人，姓氏神奈川([生]1552年)，姓氏山梨([生]?)，戦辞(生没年不詳)

朝比奈水軒　あさひなすいけん
？～寛文4(1664)年　[別]朝比奈段右衛門《あさひなだんえもん》
江戸時代前期の武士。
¶日人，和歌山人(朝比奈段右衛門　あさひなだんえもん)

朝比奈水之助　あさひなすいのすけ
？～天保8(1837)年
江戸時代後期の遠江掛川藩士。
¶藩臣4

朝比奈惣左衛門　あさひなそうざえもん
→朝比奈泰勝(あさひなやすかつ)

朝比奈泰継　あさひなたいけい
生没年不詳
江戸時代中期の河内狭山藩士。
¶藩臣5

朝比奈頼母　あさひなたのも
元禄11(1698)年～明和9(1772)年
江戸時代中期の河内狭山藩家老。
¶藩臣5

朝比奈丹右衛門　あさひなたんえもん
→朝比奈可長(あさひなよしなが)

朝比奈段右衛門　あさひなだんえもん
→朝比奈水軒(あさひなすいけん)

朝比奈丹左衛門　あさひなたんざえもん
→朝比奈可長(あさひなよしなが)

朝比奈照馬　あさひなてるま
～嘉永3(1850)年
江戸時代末期の弓術家。
¶高知人

朝比奈藤兵衛　あさひなとうべえ
？～明治21(1888)年
江戸時代末期～明治期の美濃郡上藩家老。
¶藩臣3

朝比奈豊日子　あさひなとよひこ
文政3(1820)年～明治17(1884)年　[別]朝比奈泰吉《あさいなやすよし》
江戸時代後期～明治期の水戸藩士、歌人。「類題明治和歌集」の撰者。
¶茨城百，国書(朝比奈泰吉　あさいなやすよし　[生]文政4(1821)年)，幕末

朝比奈正重　あさひなまさしげ
～承応2(1653)年
江戸時代前期の旗本。
¶神奈川人

朝比奈昌寿　あさひなまさひさ
文化10(1813)年～文久2(1862)年　[別]朝比奈甲斐守昌寿《あさひなかいのかみまさひさ》
江戸時代後期～末期の113代長崎奉行。
¶長崎歴(朝比奈甲斐守昌寿　あさひなかいのかみまさひさ)

朝比奈昌広　あさひなまさひろ
？～明治38(1905)年　[別]朝比奈甲斐守昌広《あさひなかいのかみまさひろ》
江戸時代末期～明治期の江戸南町奉行。
¶維新，長崎歴(朝比奈甲斐守昌広　あさひなかいのかみまさひろ)，幕末([生]1829年　[没]1905年8月21日)

朝比奈昌始　あさひなまさもと
寛保3(1743)年～文政10(1827)年　[別]朝比奈河内守昌始《あさひなかわちのかみまさもと》
江戸時代中期～後期の77代長崎奉行。
¶長崎歴(朝比奈河内守昌始　あさひなかわちのかみまさもと)

朝比奈万之助 あさひなまんのすけ
江戸時代中期の旗本。
¶江戸東

朝比奈宗利 あさひなむねとし
？ ～正保4(1647)年
江戸時代前期の武田家臣。清三郎・左近。信置の三男。
¶姓氏山梨

朝比奈元孝 あさひなもとたか
寛永20(1643)年～正徳5(1715)年
江戸時代前期～中期の土佐藩家老。
¶高知人

朝比奈泰雄 あさひなやすお
天文11(1542)年～元和3(1617)年
安土桃山時代～江戸時代前期の水戸藩士。
¶藩臣2

朝比奈泰勝 あさひなやすかつ
天文16(1547)年～寛永10(1633)年　[別]朝比奈惣左衛門《あさひなそうざえもん》,朝比奈泰倫《あさひなやすつぐ》
安土桃山時代～江戸時代前期の武士。今川氏家臣、徳川氏家臣、紀伊和歌山藩家老。
¶戦辞，戦人（生没年不詳），戦東，藩臣5（朝比奈惣左衛門　あさひなそうざえもん），和歌山人（朝比奈泰倫　あさひなやすつぐ）

朝比奈泰吉 あさひなやすきち
天保3(1832)年12月26日～明治37(1904)年4月11日　[別]朝比奈泰吉《あさいなやすよし》
江戸時代末期～明治期の元庄内藩士、神職。
¶庄内（あさいなやすよし），神人

朝比奈泰定 あさひなやすさだ
生没年不詳
江戸時代末期の武士。
¶和歌山人

朝比奈泰澄 あさひなやすずみ
天正7(1579)年～元和3(1617)年
安土桃山時代～江戸時代前期の武士。
¶人名，日人

朝比奈泰倫 あさひなやすつぐ
→朝比奈泰勝（あさひなやすかつ）

朝比奈弥太郎 あさひなやたろう
？ ～明治1(1868)年
江戸時代末期の水戸藩士。
¶維新，新潮（[没]明治1(1868)年10月6日），日人，幕末（[没]1868年11月19日），藩臣2

朝比奈可長（朝比奈可良） あさひなよしなが
寛永2(1625)年～天和2(1682)年　[別]朝比奈可長《あさいなよしなが》,朝比奈丹右衛門《あさひなたんえもん》,朝比奈丹左衛門《あさひなたんざえもん》
江戸時代前期の武術家。
¶剣豪（朝比奈丹左衛門　あさひなたんざえもん），高知人（朝比奈丹右衛門　あさひなたんえもん），国書（あさいなよしなが　[没]天和2(1682)年11月10日），人名（朝比奈可良），日人

朝日文左衛門 あさひぶんざえもん
→朝日重章（あさひしげあき）

浅間厚斎（浅間厚斉） あさまこうさい
文化2(1805)年～明治9(1876)年
江戸時代末期～明治期の出羽米沢藩士、砲術家。
¶藩臣1，山形百（浅間厚斉）

浅見栄三郎 あさみえいざぶろう
寛政10(1798)年～明治15(1882)年
江戸時代末期～明治期の周防徳山藩士。
¶剣豪，幕末（[没]1882年12月15日），藩臣6

浅見貞忠 あさみさだただ
寛政12(1800)年～明治5(1872)年
江戸時代後期～明治期の武士、歌人。
¶日人

浅見修次 あさみしゅうじ
文政6(1823)年～明治17(1884)年1月18日
江戸時代末期～明治期の興譲館学長。
¶幕末

阿佐美次郎左衛門 あさみじろうざえもん
？ ～天保10(1839)年
江戸時代後期の信濃高遠藩士、槍術師範。
¶藩臣3

浅見巣雲 あさみそううん
天明4(1784)年～安政5(1858)年　[別]浅見正敏《あさみまさとし》
江戸時代後期の儒者、周防徳山藩士。
¶国書（[生]天明5(1785)年　[没]安政5(1858)年2月29日），人名（浅見正敏　あさみまさとし），日人

浅見藤右衛門 あさみとうえもん
安土桃山時代～江戸時代前期の武士。京極氏家臣、豊臣氏家臣。
¶戦国，戦人（生没年不詳）

浅見正敏 あさみまさとし
→浅見巣雲（あさみそううん）

浅見安之丞 あさみやすのじょう
天保4(1833)年～慶応1(1865)年
江戸時代末期の周防徳山藩士。
¶維新，人名，日人，幕末（[没]1865年2月9日），藩臣6，山口百

浅山一伝斎 あさやまいちでんさい
生没年不詳
江戸時代前期の剣術家。
¶剣豪，国書，日人（[生]1610年　[没]1687年）

浅山嘉右衛門 あさやまかえもん
？ ～宝暦7(1757)年
江戸時代中期の八戸藩士、「真法弟算記」の編者。
¶青森人

浅山九郎左衛門 あさやまくろうざえもん
→浅山純尹（あさやますみただ）

浅山三五郎 あさやまさんごろう
江戸時代前期の剣術家、浅山一伝流の祖。
¶人名

浅山三左衛門 あさやまさんざえもん
天正14(1586)年～承応1(1652)年
江戸時代前期の肥前平戸藩家老。
¶藩臣7

浅山次兵衛 あさやまじへえ
？～寛永14(1637)年
江戸時代前期の武士。
¶和歌山人

浅山荘三郎 あさやましょうざぶろう
天保3(1832)年～明治1(1868)年9月26日
江戸時代末期の一番大番士。
¶幕末

浅山純尹 あさやますみただ
文政9(1826)年～明治27(1894)年 [別]浅山九郎左衛門《あさやまくろうざえもん》
江戸時代末期～明治期の肥前平戸藩士。
¶国書([生]文政9(1826)年1月24日 [没]明治27(1894)年6月15日)，神人([没]明治27(1894)年6月15日)，人名，日人，幕末(浅山九郎左衛門 あさやまくろうざえもん [没]1894年6月15日)，藩臣7(浅山九郎左衛門 あさやまくろうざえもん)

浅利伊兵衛 あさりいへえ
明暦2(1656)年～享保3(1718)年
江戸時代前期～中期の剣術家。当田流、林崎新夢想流居合術。
¶剣豪

浅利粂右衛門 あさりくめえもん
？～寛延3(1750)年
江戸時代中期の信濃高遠藩用人。
¶藩臣3

浅利七次郎 あさりしちじろう
天保10(1839)年～慶応2(1866)年
江戸時代末期の水戸藩士。
¶維新，幕末([没]1866年11月30日)

浅利伝兵衛 あさりでんべえ
生没年不詳
安土桃山時代～江戸時代前期の武士。浅利氏家臣。
¶戦人

浅利平太夫 あさりへいだゆう
生没年不詳
江戸時代後期の信濃高遠藩士。
¶藩臣3

浅利又七郎 あさりまたしちろう
安永7(1778)年～嘉永6(1853)年 [別]浅利義信《あさりよしのぶ》
江戸時代後期の小野派一刀等流の剣術家。
¶剣豪(浅利義信 あさりよしのぶ)，新潮([生]？ [没]嘉永6(1853)年2月20日)，全書，日人，幕末(浅利義信 あさりよしのぶ [没]1853年3月30日)

浅利義明 あさりよしあき
文政5(1822)年～明治27(1894)年
江戸時代末期～明治期の小浜藩士。
¶剣豪，幕末([没]1894年4月16日)

浅利義信 あさりよしのぶ
→浅利又七郎(あさりまたしちろう)

足利聡氏 あしかがさとうじ
安政4(1857)年～？
江戸時代末期の大名。下野喜連川藩主。
¶諸系，日人，藩主1([生]安政4(1857)年4月13日)

足利(平島)義量 あしかが(ひらしま)よしかず
元和2(1616)年～元禄10(1697)年8月26日 [別]平島義量《ひらしまよしかず》
江戸時代前期～中期の阿波徳島藩士。平島公方第5代当主。
¶徳島歴(足利義量)

足利(平島)義次 あしかが(ひらしま)よしつぐ
慶長1(1596)年9月23日～延宝8(1680)年1月28日 [別]平島義次《ひらしまよしつぐ》
安土桃山時代～江戸時代前期の平島公方第4代当主。義種の長男。
¶徳島歴(足利義次)

足利頼氏 あしかがよりうじ
→喜連川頼氏(きつれがわよりうじ)

芦川公武 あしかわきみたけ
？～元禄16(1703)年
江戸時代前期の武士。
¶和歌山人

芦川公吉 あしかわきみよし
？～寛文8(1668)年
江戸時代前期の武士。
¶和歌山人

芦川権大夫 あしかわごんだゆう
？～寛永13(1636)年 [別]芦川正吉《あしかわまさよし》
江戸時代前期の紀伊和歌山藩士。
¶藩臣5，和歌山人(芦川正吉 あしかわまさよし)

芦川権之丞 あしかわごんのじょう
寛永12(1635)年～享保8(1723)年
江戸時代前期～中期の伊勢亀山藩士。
¶藩臣4

蘆川重周 あしかわしげちか
寛政8(1796)年～文久2(1862)年
江戸時代末期の因幡鳥取藩士、儒学者。
¶藩臣5

芦川備助 あしかわともひろ
享保19(1734)年～文化1(1804)年
江戸時代後期の武士。
¶和歌山人

芦川正吉 あしかわまさよし
→芦川権大夫(あしかわごんだゆう)

安食光信 あじきみつのぶ
安土桃山時代～江戸時代前期の武将。最上氏家臣。
¶戦人(生没年不詳)，戦東

味木立軒 あじきりっけん
慶安3(1650)年～享保10(1725)年 [別]味木立軒《あまぎりっけん》
江戸時代前期～中期の安芸広島藩士、儒学者。
¶国書([没]享保10(1725)年4月20日)，人名([生]1655年)，姓氏京都，日人，藩臣6(あまぎりっけん)，広島百(あまぎりっけん [没]享保10(1725)年4月20日)

蘆沢一閑 あしざわいっかん
天明4(1784)年～安政6(1859)年
江戸時代中期～末期の水戸藩士。
¶国書

足沢定右衛門　あしざわさだえもん
＊～文化9（1812）年　[別]足沢定右衛門《たるざわさだえもん》
江戸時代中期～後期の剣術家。戸卜一心流。
¶剣豪（[生]延享2（1745）年），姓氏岩手（たるざわさだえもん　[生]1748年）

蘆沢清右衛門　あしざわせいうえもん
生没年不詳
江戸時代後期の常陸土浦藩士。
¶藩臣2

蘆沢信重（芦沢信重）　あしざわのぶしげ
天正5（1577）年～正保4（1647）年
安土桃山時代～江戸時代前期の水戸藩士。
¶人名（芦沢信重），日人，藩臣2

蘆沢弥兵衛　あしざわやへえ
？　～万治3（1660）年
江戸時代前期の剣術家。無楽流。
¶剣豪

蘆塚忠右衛門　あしずかちゅうえもん
→蘆塚忠右衛門（あしづかちゅうえもん）

蘆田右馬允　あしだうまのじょう
生没年不詳
安土桃山時代～江戸時代前期の武士。宇喜多氏家臣。
¶戦人

芦田君徳　あしだきみのり
享保7（1722）年～寛政11（1799）年
江戸時代中期の武士。
¶岡山人，岡山歴

芦田作内（蘆田作内）　あしださくない
？　～寛永3（1626）年8月26日
戦国時代～江戸時代前期の美作国の武士。
¶岡山歴，戦人（蘆田作内　生没年不詳），戦西

盧田北溟　あしだほくめい
享保7（1722）年～寛政11（1799）年
江戸時代中期の備中松山藩士。
¶藩臣6

蘆塚忠右衛門（芦塚忠右衛門）　あしづかちゅうえもん，あしずかちゅうえもん
？　～寛永15（1638）年
江戸時代前期の島原の乱の指導者。軍師。
¶近世，国史，新潮（[生]天正16（1588）年？　[没]寛永15（1638）年2月27日），人名（芦塚忠右衛門　[生]1578年），世人（あしずかちゅうえもん　生没年不詳），戦合，日人（[没]1638年？）

蘆東山（芦東山）　あしとうざん
元禄9（1696）年～安永5（1776）年　[別]蘆野東山《あしのとうざん》，芦野東山《あしのとうざん》，蘆東山《ろとうざん》
江戸時代中期の陸奥仙台藩の儒学者。
¶岩史（蘆野東山　あしのとうざん　[生]元禄9（1696）年11月23日　[没]安永5（1776）年6月2日），岩手百（芦東山　[生]1697年），角史（蘆野東山　あしのとうざん），近世（蘆野東山　あしのとうざん），国史（蘆野東山　あしのとうざん），国書（蘆野東山　あしのとうざん　[生]元禄9（1696）年11月23日　[没]安永5（1776）年6月2日），コン改，コン4，人書94（芦東山），新潮（[生]元禄9（1696）年11月23日　[没]安永5（1776）年6月2日），人名（芦東山），姓氏岩手（芦東山），姓氏宮城（芦東山），世人（[生]元禄9（1696）年11月23日　[没]安永5（1776）年6月2日），日人，藩臣1（蘆野東山　あしのとうざん），宮城百，歴大

葦名盛景（芦名盛景）　あしなもりかげ
天保10（1839）年～明治29（1896）年
江戸時代末期～明治期の陸奥仙台藩士。
¶維新（芦名盛景），姓氏宮城，幕末（[生]1838年　[没]1896年3月15日）

蘆名盛重（芦名盛重）　あしなもりしげ
天正3（1575）年～寛永8（1631）年　[別]芦名義広《あしなよしひろ》，芦名義勝《あしなよしかつ》，蘆名義広《あしなよしひろ》，佐竹義広《さたけよしひろ》，白川義広《しらかわよしひろ》
安土桃山時代～江戸時代前期の大名。常陸江戸崎藩主。
¶会津（芦名義広　あしなよしひろ），秋田百（芦名義勝　あしなよしかつ），朝日（[没]寛永8年6月7日（1631年7月6日）），近世，系東（蘆名義広　あしなよしひろ　[生]1576年），国史，コン改（[生]天正4（1576）年），コン4（[生]天正4（1576）年），史人（[没]1631年6月7日），諸系，新潮（[生]天正4（1576）年　[没]寛永8（1631）年6月7日），人名（芦名盛重　[生]1576年），世人（[生]天正5（1576）年　[没]寛永8（1631）年6月），戦合，戦国（芦名義広　あしなよしひろ　[生]1576年），戦辞（芦名盛重　[没]寛永8年6月7日（1631年7月6日）），戦人，日史（[没]寛永8（1631）年6月7日），日人，藩主2（芦名盛重　[生]天正4（1576）年　[没]寛永8（1631）年6月7日），福島百（芦名義広　あしなよしひろ），歴大

葦名盛信　あしなもりのぶ
天文22（1553）年～寛永2（1625）年
安土桃山時代～江戸時代前期の陸奥仙台藩士。
¶藩臣1

芦名義勝　あしなよしかつ
→蘆名盛重（あしなもりしげ）

芦名義広（蘆名義広）　あしなよしひろ
→蘆名盛重（あしなもりしげ）

芦野資俊　あしのすけとし
寛永14（1637）年～元禄5（1692）年
江戸時代中期の那須郡芦野第19代領主、俳人。
¶栃木歴

蘆野東山　あしのとうざん
→蘆東山（あしとうざん）

安島帯刀　あじまたてわき
文化9（1812）年～安政6（1859）年　[別]安島信立《あじまのぶたつ》
江戸時代末期の水戸藩家老。安政の大獄で刑死。
¶朝日（[没]安政6年8月27日（1859年9月23日）），維新，茨城百，岩史（[没]安政6（1859）年8月27日），角史（[生]文化8（1811）年），京都大，近世（[生]1811年），国史（[生]1811年），国書（安島信立　あじまのぶたつ　[没]安政6（1859）年8月27日），コン改，コン4，史人（[没]1859年8月27

日），新潮（⊕文化8（1811）年 ㉞安政6（1859）年8月27日），人名，姓氏京都，世人（㉞安政6（1859）年8月27日），日史（⊕文化8（1811）年 ㉞安政6（1859）年8月27日），日人，幕末（㉞1859年9月23日），藩臣2，百科，歴大

安島直円 あじまなおのぶ
享保17（1732）年～寛政10（1798）年
江戸時代中期の出羽新庄藩の和算家。
¶朝日（㉞寛政10年4月5日（1798年5月20日）），江文，近世，国史，国書（⊕元文4（1739）年 ㉞寛政10（1798）年4月5日），コン改（⊕元文4（1739）年），コン4（⊕元文4（1739）年），史人（㉞1798年4月5日），新潮（⊕元文4（1739）年 ㉞寛政10（1798）年4月5日），人名（⊕？），世人（⊕元文4（1739）年 ㉞寛政11（1789）年4月5日），世百（⊕？），全書，大百，日史（㉞寛政10（1798）年4月5日），日人（⊕1732年，（異説）1739年），藩臣1，百科，山形百，洋学，歴大

安島信立 あじまのぶたつ
→安島帯刀（あじまたてわき）

芦村十郎左衛門 あしむらじゅうろうざえもん
？ ～万治1（1658）年
江戸時代前期の肥後熊本藩士。
¶藩臣7

蘆谷昇 あしやのぼる
江戸時代末期の新撰組隊士。
¶新撰

網代久兵衛 あじろきゅうべえ
江戸時代前期の武士。里見氏家臣。
¶戦人（生没年不詳），戦東

飛鳥井清 あすかいきよし
天保14（1843）年～明治17（1884）年 ㉛飛鳥井清《あすかいせい》
江戸時代末期～明治期の加賀大聖寺藩の実業家。
¶人名，姓氏石川，渡航，日人，幕末（あすかいせい）（㉞1843年10月 ㉞1884年11月），藩臣3

飛鳥井清 あすかいせい
→飛鳥井清（あすかいきよし）

吾妻謙 あずまけん
→吾妻謙（あがつまけん）

東祇通 あずまただみち
生没年不詳
江戸時代中期の槍術家。
¶国書

東梅竜軒 あずまばいりゅうけん
㉛東梅竜軒《とうばいりゅうけん》
江戸時代中期の槍術家，本心鏡智流一中派槍術の祖。
¶人名（とうばいりゅうけん），日人（生没年不詳）

東正英 あずままさひで
生没年不詳
江戸時代中期の槍術家。
¶国書

麻生貞樹 あそうさだき
天保8（1837）年～大正8（1919）年
江戸時代末期～明治期の日出藩士。
¶大分歴，幕末（㉞1919年5月1日），藩臣7

麻生直温 あそうなおはる
弘化4（1847）年～大正7（1918）年3月2日
江戸時代末期～明治期の郷士。
¶幕末

阿蘇玄与 あそげんよ
生没年不詳
江戸時代前期の武将・歌人。
¶国書

阿蘇鉄矢 あそてつや
享和2（1802）年～明治19（1886）年
江戸時代後期～明治期の平佐北郷家の家臣。
¶姓氏鹿児島

阿曽沼庄左衛門 あそぬましょうざえもん
延享4（1747）年～文化13（1816）年
江戸時代中期～後期の剣術家。田宮流。
¶剣豪

阿曽沼広長 あそぬまひろなが
生没年不詳
安土桃山時代～江戸時代前期の武将。伊達氏家臣。
¶戦人

直円之輔 あたいえんのすけ
宝暦3（1753）年～弘化4（1847）年
江戸時代中期～後期の豊前小倉藩士。
¶剣豪，藩臣7

安宅正路 あたかまさみち
生没年不詳
江戸時代の盛岡藩主南部利剛の代の家老。
¶青森人

阿多実吾 あたじつご
弘化1（1844）年～明治10（1877）年12月23日
江戸時代末期～明治期の薩摩藩士。
¶幕末

阿多壮五郎 あたそうごろう
天保14（1843）年～明治10（1877）年9月1日
江戸時代末期～明治期の薩摩藩士。
¶幕末

安達雨窓 あだちうそう
→安達舒長（あだちのぶなが）

足立隠岐 あだちおき
安土桃山時代～江戸時代前期の武士。里見氏家臣。
¶戦人（生没年不詳），戦東

安立織右衛門 あだちおりうえもん
文化6（1809）年～？
江戸時代後期の下総古河藩代官。
¶藩臣3

足立小右衛門 あだちこうえもん
→足立小右衛門（あだちこえもん）

安達幸太郎 あだちこうたろう
文政8（1825）年～慶応3（1867）年 ㉛松崎常五郎《まつざきつねごろう》
江戸時代末期の志士。
¶維新

安達幸之助 あだちこうのすけ
文政7（1824）年～明治2（1869）年 ㉛安達寛栗《あだちひろかた》
江戸時代末期～明治期の加賀藩の蘭学者。

¶石川百（㊞？），維新，近現，近世，国史，コン改（㊞文政7（1824）年，（異説）1821年），コン4（㊞文政7（1824）年，（異説）1821年），コン5，新潮（㊟明治2（1869）年9月4日），人名（㊞1821年），姓氏石川（安達寛栗　あだちひろかた㊞？）　日人，幕末（㊟1869年10月8日），藩臣3（㊞？）

足立小右衛門 あだちこえもん
㊛足立小右衛門《あだちこうえもん》
安土桃山時代〜江戸時代前期の武士。里見氏家臣。
¶戦人（生没年不詳），戦東（あだちこうえもん）

足立左内 あだちさない
→足立信頭（あだちしんとう）

足立重信（安達重信）あだちしげのぶ
？　〜寛永2（1625）年
安土桃山時代〜江戸時代前期の伊予松山藩の武将。
¶愛媛百，郷土愛媛（㊞1563年？），近世（安達重信），国史，コン改，コン4，新潮（㊞永禄3（1560）年？　㊟寛永2（1625）年11月17日），人名，世人（㊞永禄3（1560）年？），戦合，戦人，日人（㊞1560年？），藩臣6，歴大

足立秋英 あだちしゅうえい
文政8（1825）年〜明治28（1895）年
江戸時代後期〜明治期の杵築藩士。
¶大分歴

足立十兵衛 あだちじゅうべえ
江戸時代前期の武将。里見氏家臣。
¶戦東

足立庄三郎 あだちしょうざぶろう
江戸時代前期の武士。里見氏家臣。
¶戦人（生没年不詳），戦東

足立信頭 あだちしんとう
明和6（1769）年〜弘化2（1845）年　㊛足立左内《あだちさない》，足立信頭《あだちのぶあきら，あだちのぶあき》
江戸時代後期の幕臣、天文方。
¶朝日（足立左内　あだちさない　㊟弘化2年7月23日（1845年8月25日）），江文（あだちのぶあき），大阪人（㊞明治1（1764）年　㊟弘化2（1845）年7月），近世，国史，国書（あだちのぶあきら　㊟弘化2（1845）年7月1日），コン改，コン4，史人（㊟1845年7月1日），新潮（足立左内　あだちさない　㊟弘化2（1845）年7月1日），人名，世人（㊟弘化2（1845）年7月1日），全書，大百，日人，洋学（足立左内　あだちさない）

安達清風 あだちせいふう
天保6（1835）年〜明治17（1884）年
江戸時代末期〜明治期の因幡鳥取藩士。
¶維新，岡山人，岡山百（㊞天保6（1835）年3月23日　㊟明治17（1884）年9月15日），岡山歴（㊞天保6（1835）年3月23日　㊟明治17（1884）年9月15日），学校（㊞天保6（1835）年3月23日㊟明治17（1884）年9月15日），京都大，近世，国史，国書（㊞天保6（1835）年3月23日　㊟明治17（1884）年9月15日），コン改，コン4，コン5，詩歌，新潮（㊞天保6（1835）年3月23日　㊟明治17（1884）年9月15日），人名，姓氏京都，鳥取百，日人，幕末（㊟1884年9月15日），藩臣5，

和俳

足立忠持 あだちただもち
生没年不詳
江戸時代後期の彦根藩士・歌人。
¶国書

安達辰三郎 あだちたつさぶろう
？　〜文久2（1862）年
江戸時代後期〜末期の鳥取藩士。
¶鳥取百

安達藤三郎 あだちとうざぶろう
嘉永5（1852）年〜明治1（1868）年
江戸時代末期の陸奥会津藩士。
¶幕末（㊟1868年10月8日），藩臣2

安立利綱 あだちとしつな
天保3（1832）年〜明治25（1892）年9月20日
江戸時代末期〜明治期の薩摩藩士。
¶幕末

足立信頭 あだちのぶあき
→足立信頭（あだちしんとう）

足立信頭 あだちのぶあきら
→足立信頭（あだちしんとう）

安達舒長 あだちのぶなが
文化5（1808）年〜明治19（1886）年5月23日　㊛安達雨窓《あだちうそう》
江戸時代末期〜明治期の周防岩国藩士。
¶国書，幕末（安達雨窓　あだちうそう）

足立八蔵 あだちはちぞう
→足立正声（あだちまさな）

足立八郎 あだちはちろう
安永6（1777）年〜文政4（1821）年
江戸時代後期の筑後柳河藩士。
¶剣豪，人名，日人，藩臣7

安達弥亮 あだちひつりょう
生没年不詳
江戸時代中期の越中富山藩士、兵法家。
¶藩臣3

安達寛栗 あだちひろかた
→安達幸之助（あだちこうのすけ）

足立正声 あだちまさな
天保12（1841）年〜明治40（1907）年　㊛足立八蔵《あだちはちぞう》
江戸時代末期〜明治期の因幡鳥取藩士。
¶維新，コン改，コン4，コン5，新潮（足立八蔵　あだちはちぞう　㊞天保12（1841）年9月20日　㊟明治40（1907）年4月19日），人名，鳥取百，日人，幕末（㊟1907年4月19日），藩臣5

安達政道 あだちまさみち
享保1（1716）年〜天明4（1784）年
江戸時代中期の武士。
¶和歌山人

足達正達 あだちまさみち
天保3（1832）年〜明治41（1908）年
江戸時代後期〜明治期の剣術家。
¶高知人

足立茂兵衛 あだちもへえ
天和3（1683）年〜明治3（1766）年

江戸時代前期～中期の剣術家。小栗流。
¶剣豪

足立林太郎 あだちりんたろう
弘化4（1847）年11月～大正8（1919）年8月16日
江戸時代後期～明治期の新撰組隊士。
¶新撰

新欽吾 あたらしきんご
文政5（1822）年～明治25（1892）年
江戸時代末期～明治期の常陸土浦藩士。
¶剣豪，藩臣2

新貞老 あたらしさだお
文政10（1827）年～明治32（1899）年　㊙新貞老
《あたらしさだおい，あたらしていろう，しんさだ
おい》
江戸時代末期～明治期の因幡鳥取藩の国学者，
神官。
¶維新（㊟1900年），国書（㊐文政10（1827）年9月
18日　㊟明治32（1899）年3月9日），人名（しん
さだおい），鳥取百（あたらしさだおい），新潟
百（あたらしていろう　生没年不詳），日人，藩
臣5（あたらしさだおい）

新貞老 あたらしさだおい
→新貞老（あたらしさだお）

新貞老 あたらしていろう
→新貞老（あたらしさだお）

日人 あつじん
宝暦8（1758）年～天保7（1836）年　㊙遠藤日人
《えんどうあつじん，えんどうえつじん》，日人《わ
つじん》
江戸時代中期～後期の陸奥仙台藩士，俳人。
¶国書（わつじん　㊟天保7（1836）年4月20日），
詩歌（㊐1760年），人名（遠藤日人　えんどうえ
つじん），姓氏宮城（遠藤日人　えんどうあつ
じん），日人（遠藤日人　えんどうあつじん），
俳諧（㊟？年），俳句（㊟天保7（1836）年4月20
日），藩臣百（遠藤日人　えんどうあつ
じん），和俳

吾妻謙 あづまけん
→吾妻謙（あがつまけん）

渥美赫州 あつみかくしゅう
寛政4（1792）年～？
江戸時代後期の下野宇都宮藩士。
¶国書

渥美格之進 あつみかくのしん
江戸時代の「水戸黄門漫遊記」に登場する武士。
¶日人

渥美勝都 あつみかつくに
寛政1（1789）年～嘉永6（1853）年
江戸時代後期の武士。
¶和歌山人

渥美勝之 あつみかつゆき
？　～宝永6（1709）年
江戸時代中期の西条藩家臣。
¶和歌山人

渥美加六 あつみかろく
文政12（1829）年～明治44（1911）年
江戸時代末期～明治期の上野前橋藩士。

¶藩臣2

渥美源五郎(1) あつみげんごろう
弘治3（1557）年～元和2（1616）年
安土桃山時代～江戸時代前期の紀伊和歌山藩士。
¶藩臣5

渥美源五郎(2) あつみげんごろう
元和4（1618）年～延宝7（1679）年
江戸時代前期の紀伊和歌山藩士。
¶藩臣5

渥美忠篤 あつみただあつ
文政5（1822）年～明治20（1887）年9月14日
江戸時代後期～明治期の幕臣。
¶国書

渥美友真 あつみともさね
天正1（1573）年～寛永18（1641）年
江戸時代前期の武士。
¶和歌山人

渥美友延 あつみとものぶ
寛文1（1661）年～享保8（1723）年
江戸時代中期の旗本。
¶神奈川人

渥美友行 あつみともゆき
元和2（1616）年～元禄1（1688）年
江戸時代前期の武士。
¶和歌山人

渥美友吉 あつみともよし
江戸時代前期の徳川家康の臣。
¶人名，日人（生没年不詳）

渥美久忠 あつみひさただ
生没年不詳
江戸時代中期の武士。
¶和歌山人

渥美平八郎 あつみへいはちろう
？　～安政6（1859）年
江戸時代後期～末期の剣術家。渥美念流。
¶剣豪

渥美正勝 あつみまさかつ
天正12（1584）年～寛永20（1643）年
江戸時代前期の武士。
¶和歌山人

渥美吉住 あつみよしずみ
生没年不詳
江戸時代末期の武士。
¶和歌山人（㊐1882年）

厚母源四郎 あつもげんしろう
生没年不詳
江戸時代後期の萩藩士。
¶神奈川人

厚谷貞政 あつやさだまさ
？　～寛永14（1637）年
江戸時代前期の蝦夷松前藩士。
¶藩臣1

阿閉権之丞 あとじごんのじょう
→阿閉権之丞（あべごんのじょう）

跡部小藤太 あとべことうだ
天保9（1838）年～元治1（1864）年

江戸時代末期の水戸藩士。
¶維新，幕末（[没]1864年10月12日）

跡部弥次右衛門　あとべやじえもん
生没年不詳
江戸時代前期の最上氏遺臣。
¶庄内

跡部良顕　あとべよしあき
→跡部良顕（あとべよしあきら）

跡部良顕　あとべよしあきら
万治1（1658）年～享保14（1729）年　[別]跡部良顕《あとべよしあき》
江戸時代中期の垂加神道家、旗本。
¶朝日（[没]享保14年1月27日（1729年2月24日）），江文，角史，近世，国史，国書（[没]享保14（1729）年1月27日），コン改（あとべよしあき　[生]万治2（1659）年），コン4（あとべよしあき　[生]万治2（1659）年），史人（[没]1729年1月27日），神史，神人（あとべよしあき　[生]万治2（1659）年），新潮（あとべよしあき　[生]万治1（1658）年2月12日　[没]享保14（1729）年1月27日），人名（あとべよしあき　[生]1659年），世人（あとべよしあき　[生]万治2（1659）年　[没]享保14（1729）年1月27日），世百（あとべよしあき　[生]1659年），全書，大百（あとべよしあき　[生]1659年），日史（あとべよしあき　[没]享保14（1729）年1月27日），日人，百科（[生]万治2（1659）年），歴大

跡部良弼　あとべよしすけ
？～明治1（1868）年
江戸時代末期の旗本、若年寄。
¶朝日（[没]明治1年12月20日（1869年2月1日）），維新，岩史（[没]明治1（1868）年12月20日），大阪人（生没年不詳），近世，国史，コン改（生没年不詳），コン4（生没年不詳），史人（[没]1868年12月20日），新潮（[没]明治1（1868）年12月20日），日史（[没]明治1（1868）年12月20日），日人（[没]1869年），幕末（[没]1869年2月1日），歴大

跡部良隆　あとべよしたか
寛永8（1631）年～貞享2（1685）年
江戸時代前期の武士。
¶国書（[没]貞享2（1685）年7月27日），日人

跡部臨谷　あとべりんこく
安永3（1774）年～天保1（1830）年
江戸時代中期～後期の水戸藩士。
¶国書

穴沢杏斎　あなざわようさい
元禄14（1701）年～天明4（1784）年
江戸時代中期の出羽米沢藩士、暦学者。
¶国書（[没]天明4（1784）年1月11日），藩臣1，山形百

姉川栄蔵　あねかわえいぞう
天保5（1834）年～明治33（1900）年
江戸時代末期～明治期の筑後久留米藩士。
¶維新，日人，幕末（[没]1900年8月19日）

姉川行道　あねがわゆきみち，あねかわゆきみち
＊～明治23（1890）年
江戸時代末期～明治期の志士、筑後久留米藩士。
¶コン改（[生]文政7（1824）年），コン4（[生]天保5（1834）年），コン5（[生]天保5（1834）年），神人（あねかわゆきみち　生没年不詳），人名（[生]1824年）

阿野蒼崖　あのそうがい
明和6（1769）年～文政5（1822）年
江戸時代中期～後期の肥前福江藩士、儒学者。
¶国書（[没]文政5（1822）年12月21日），藩臣7

阿埜則胤　あののりたね
元禄5（1692）年～宝暦12（1762）年5月
江戸時代中期の南部藩士。
¶国書

安孫子静逸　あびこせいいつ
→林左門（はやしさもん）

安孫子徳兵衛　あびことくべえ
元和6（1620）年～明暦3（1657）年
江戸時代前期の陸奥黒石藩士。
¶藩臣1

安彦武右衛門　あびこぶえもん
？～享保20（1735）年
江戸時代中期の出羽松山藩士。
¶庄内（[没]享保20（1735）年12月12日），藩臣1

阿比野安太郎　あびのやすたろう
文化10（1813）年～文久1（1861）年
江戸時代末期の志士。
¶人名，日人

阿比留鋭三郎　あびるえいざぶろう
天保13（1842）年～文久3（1863）年
江戸時代末期の浪人。壬生浪士隊創設。
¶新撰（[没]文久3年4月6日），幕末（[没]1863年5月23日）

油川信近　あぶらがわのぶちか
→油川錬三郎（ゆかわれんざぶろう）

安部井磐根　あべいいわね
天保3（1832）年～大正5（1916）年　[別]安部井磐根《あんべいいわね》
江戸時代末期～明治期の陸奥二本松藩士、政治家。
¶朝日（[生]天保3年3月17日（1832年4月17日）　[没]大正5（1916）年11月9日），維新，近現，国史，コン改，コン4，史人（[生]1832年3月17日　[没]1916年11月19日），新潮（[生]天保3（1832）年3月17日　[没]大正5（1916）年11月19日），人名，世人（[生]天保3（1832）年3月17日　[没]大正5（1916）年11月9日），日人，幕末（[没]1916年11月19日），藩臣5（あんべいいわね　[生]天保4（1833）年），福島百，明治1

安部井政治　あべいせいじ
弘化2（1845）年～明治2（1869）年　[別]阿部井政治《あべいまさじ》，安部井政治《あべいまさじ》
江戸時代末期の陸奥会津藩士。
¶会津，人名（阿部井政治　あべいまさじ　[生]1825年），日人（あべいまさじ），幕末（[生]1836年　[没]1869年6月9日），藩臣2

安部井半之丞　あべいはんのじょう
慶長9（1604）年～慶安1（1648）年
江戸時代前期の出羽新庄藩士。
¶藩臣1

安部井帽山　あべいぼうざん，あべいぼうさん
安永7（1778）年～弘化2（1845）年

江戸時代後期の陸奥会津藩士、儒学者。
¶会津，国書（[没]弘化2（1845）年1月26日），人名，日人，藩臣2（あべいぼうさん），福島百

阿部井政治（安部井政治）　あべいまさじ
→安部井政治（あべいせいじ）

阿部伊予守正春　あべいよのかみまさはる
→阿部正春（あべまさはる）

阿部右源次　あべうげんじ
文政2（1819）年～明治30（1897）年
江戸時代後期～明治期の剣術家。直心影流。
¶岡山人，岡山歴（[没]明治30（1897）年4月1日），剣豪

安部右馬助　あべうまのすけ
？　～正保3（1646）年
江戸時代前期の出羽米沢藩士。
¶藩臣1，山形百

安倍越中　あべえっちゅう
生没年不詳
江戸時代前期の奉行。
¶庄内

阿部碧海　あべおうみ
天保13（1842）年～明治43（1910）年　[別]阿部碧海《あべへきかい》
江戸時代末期～明治期の加賀藩士、実業家。九谷焼の功労者。国の内外の販路拡張に尽力。
¶石川百，人名，姓氏石川（あべへきかい　[生]1849年），日人

阿部伯孝　あべおさたか
→阿部清兵衛（あべせいべえ）

阿部景器　あべかげき
天保11（1840）年～明治9（1876）年
江戸時代末期の肥後熊本藩世臣、敬神党の幹部。
¶熊本百（[没]明治9（1876）年10月30日），人名，日人

安部主計頭一信　あべかずえのかみかずのぶ
→安部一信（あべかずのぶ）

安部一信　あべかずのぶ
元禄8（1695）年～明和8（1771）年　[別]安部一信《あんべかずのぶ》，安部主計頭一信《あべかずえのかみかずのぶ》
江戸時代中期の長崎奉行。
¶諸系，人名（あんべかずのぶ），長崎歴（安部主計頭一信　あべかずえのかみかずのぶ），日人

阿部邦之介　あべくにのすけ
→阿部潜（あべせん）

阿部邦之助　あべくにのすけ
天保10（1839）年～？
江戸時代末期～明治期の幕臣。目付。
¶維新

阿閉権之丞　あべごんのじょう
文政10（1827）年～慶応1（1865）年　[別]阿閉権之丞《あとじごんのじょう》
江戸時代末期の志士、近江膳所藩士。
¶朝日（[没]慶応1年10月21日（1865年12月8日）），維新，新潮（あとじごんのじょう　[没]慶応1（1865）年11月21日），人名，日人，幕末（あとじごんのじょう　[没]1867年11月16日）

安倍才兵衛　あべさいべえ
享保9（1724）年～文化6（1809）年
江戸時代中期～後期の剣術家。真景流。
¶剣豪，庄内（[没]文化6（1809）年11月20日）

阿部定高　あべさだたか
寛永12（1635）年～万治2（1659）年　[別]阿部備中守定高《あべびっちゅうのかみさだたか》
江戸時代前期の大名。武蔵岩槻藩主。
¶埼玉人（[没]万治2（1659）年1月23日），埼玉百（阿部備中守定高　あべびっちゅうのかみさだたか），諸系，日人，藩主1（[没]万治2（1659）年1月23日）

阿部三郎兵衛　あべさぶろうべい
元和2（1616）年～正保4（1647）年9月12日
江戸時代前期の庄内藩士。
¶庄内

阿部重次　あべしげつぐ
慶長3（1598）年～慶安4（1651）年　[別]阿部対馬守重次《あべつしまのかみしげつぐ》
江戸時代前期の大名。下野鹿沼藩主、武蔵岩槻藩主。
¶朝日（[没]慶安4年4月20日（1651年6月8日）），近世，国史，コン改，コン4，埼玉人（[没]慶安4（1651）年4月20日），埼玉百（阿部対馬守重次　あべつしまのかみしげつぐ），史人（[没]1651年4月20日），諸系，新潮（[没]慶安4（1651）年4月20日），人名，世人，日史（[没]慶安4（1651）年4月20日），日人，藩主1（[没]慶安4（1651）年4月20日），百科，歴大

阿部重旧　あべしげひさ
？　～宝永7（1710）年1月16日
江戸時代前期～中期の幕臣。
¶国書

阿部秋風　あべしゅうふう
享和2（1802）年～明治10（1877）年
江戸時代末期～明治期の陸奥白河藩士。
¶藩臣2

阿部十郎　あべじゅうろう
→阿部信次郎（あべしんじろう）

阿部正蔵　あべしょうぞう
？　～嘉永1（1848）年
江戸時代後期の江戸北町奉行。
¶角史，幕末（[没]1848年9月4日）

阿部四郎五郎　あべしろうごろう
江戸時代前期の旗本。
¶人名

阿部信次郎　あべしんじろう
天保8（1837）年～明治40（1907）年1月6日　[別]阿部十郎《あべじゅうろう》，阿部隆明《あべたかあきら，あべたかあき》
江戸時代末期～明治期の壬生浪士組入隊者。のち脱退し、高台寺党を結成。
¶札幌（阿部隆明　あべたかあきら　[生]天保8年7月22日），新撰（[生]天保8年8月22日），幕末（阿部十郎　あべじゅうろう　[生]1837年9月20日），幕末（阿部隆明　あべたかあき）

阿部清兵衛 あべせいべえ
享和1(1801)年～慶応2(1866)年　[別]阿部伯孝《あべおさたか,あべはくこう》
江戸時代末期の尾張藩の儒学者。
¶コン改，コン4，新潮([生]享和1(1801)年?)，人名(阿部伯孝　あべおさたか　[没]1867年)，日人，藩臣4(阿部伯孝　あべはくこう　[生]文化1(1804)年)，和歌山人(生没年不詳)

安部摂津守信発 あべせっつのかみのぶおき
→安部信発(あんべのぶおき)

安部摂津守信賢 あべせっつのかみのぶかた
→安部信賢(あべのぶかた)

安部摂津守信宝 あべせっつのかみのぶたか
→安部信宝(あべのぶたか)

安部摂津守信允 あべせっつのかみのぶちか
→安部信允(あべのぶちか)

安部摂津守信友 あべせっつのかみのぶとも
→安部信友(あべのぶとも)

安部摂津守信古 あべせっつのかみのぶひさ
→安部信古(あべのぶひさ)

安部摂津守信平 あべせっつのかみのぶひら
→安部信平(あべのぶひら)

安部摂津守信亨 あべせっつのかみのぶみち
→安部信亨(あべのぶみち)

安部摂津守信操 あべせっつのかみのぶもち
→安部信操(あべのぶもち)

安部摂津守信盛 あべせっつのかみのぶもり
→安部信盛(あべのぶもり)

阿部潜 あべせん
天保10(1839)年1月2日～明治28(1895)年9月1日
[別]阿部潜・阿部邦之介《あべせん・あべくにのすけ》
江戸時代末期～明治期の幕臣、静岡藩士。岩倉使節団に随行しアメリカに渡る。
¶海越(生没年不詳)，海越新，静岡歴，渡航(阿部潜・阿部邦之介　あべせん・あべくにのすけ)

阿部専右衛門 あべせんえもん
?　～文化11(1814)年
江戸時代後期の出羽松山藩士。
¶藩臣1

阿部善蔵 あべぜんぞう
文化7(1810)年～慶応3(1867)年
江戸時代末期の出羽庄内藩右筆。
¶庄内([没]慶応3(1867)年4月)，藩臣1

阿部専八 あべせんぱち
～文化11(1814)年1月18日
江戸時代中期～後期の郡代。
¶庄内

阿部椋軒 あべそうけん
→阿部正精(あべまさきよ)

安部宗左衛門(1) あべそうざえもん
?　～寛永15(1638)年
江戸時代前期の武術家。
¶人名

安部宗左衛門(2) あべそうざえもん
→安倍頼任(あべよりとう)

安倍宗蔵 あべそうぞう
元禄10(1697)年3月27日～明和4(1767)年9月4日
江戸時代中期の出羽庄内藩士。
¶庄内

阿部宗兵衛(安部宗兵衛) あべそうべえ
天保2(1831)年～慶応2(1866)年　[別]阿部吉道《あべよしみち》
江戸時代末期の長州(萩)藩士。
¶維新，人名(阿部吉道　あべよしみち)，人名，日人，幕末(安部宗兵衛　[没]1866年9月6日)

阿部隆明 あべたかあき
→阿部信次郎(あべしんじろう)

阿部隆明 あべたかあきら
→阿部信次郎(あべしんじろう)

阿部忠秋 あべただあき
慶長7(1602)年～延宝3(1675)年　[別]阿部豊後守忠秋《あべぶんごのかみただあき》
江戸時代前期の大名。下野壬生藩主、武蔵忍藩主。
¶朝日([生]慶長7年7月19日(1602年9月4日)　[没]延宝3年5月3日(1675年6月25日))，岩史([没]延宝3(1675)年5月3日)，江戸，角史，近世，国史，国書([生]慶長7(1602)年7月19日　[没]延宝3(1675)年5月3日)，コン改，コン4，埼玉人([生]慶長7(1602)年7月19日　[没]延宝3(1675)年5月3日)，埼玉百(阿部豊後守忠秋　あべぶんごのかみただあき)，茶道，史人([生]1602年7月19日　[没]1675年5月3日)，重要，諸系，新潮([没]延宝3(1675)年5月3日)，人名，姓氏神奈川，世人([没]延宝3(1675)年5月3日)，世百，全書，大百，栃木歴，日史([没]延宝3(1675)年5月3日)，日人，藩主1，藩主1([生]慶長7(1602)年7月19日　[没]延宝3(1675)年5月3日)，百科，歴大

阿部忠吉 あべただよし
元亀1(1570)年～寛永1(1624)年
江戸時代前期の武将。徳川家康の家臣。
¶諸系，人名，日人

安部丹波守信峯 あべたんばのかみのぶみね
→安部信峯(あべのぶみね)

安部丹波守信之 あべたんばのかみのぶゆき
→安部信之(1)(あべのぶゆき)

安部丹波守信任 あべたんばのかみのぶより
→安部信任(あべのぶより)

安倍親任(安部親任) あべちかとう
文化9(1812)年～明治11(1878)年6月24日
江戸時代末期～明治期の庄内藩士。
¶国書([生]文化9(1812)年5月12日)，庄内([生]文化9(1812)年5月12日)，幕末(安部親任　[生]1812年6月19日)，藩臣1，山形百([生]文化8(1811)年)

阿部千万多(阿部千万太) あべちまた
文政4(1821)年～慶応4(1868)年
江戸時代末期の志士。
¶庄内(阿部千万太　[没]慶応4(1868)年8月14日)，人名，日人

阿部忠吉 あべちゅうきち
天保10（1839）年〜明治4（1871）年
江戸時代末期〜明治期の筑前福岡藩士。
¶藩臣7

阿部対馬守重次 あべつしまのかみしげつぐ
→阿部重次（あべしげつぐ）

阿部鉄丸正権 あべてつまるまさよ
→阿部正権（あべまさのり）

阿部内膳 あべないぜん
？〜明治1（1868）年
江戸時代末期の陸奥棚倉藩士。
¶人名，日人，藩臣2

阿部直輔 あべなおすけ
天保8（1837）年〜明治41（1908）年
江戸時代末期〜明治期の尾張藩士，地方行政官，
文筆家。
¶国書（生没年不詳），国書5，姓氏愛知，幕末，
藩臣4

阿部能登守正敏 あべのとのかみまさとし
→阿部正敏（あべまさとし）

安部信発 あべのぶおき
→安部信発（あんべのぶおき）

安部信賢 あべのぶかた
貞享2（1685）年〜享保8（1723）年　別安部摂津守
信賢《あべせっつのかみのぶかた》
江戸時代中期の大名。武蔵岡部藩主。
¶埼玉人（没享保8（1723）年2月7日），埼玉百（安
部摂津守信賢　あべせっつのかみのぶかた），
諸系，日人，藩主1（没享保8（1723）年2月7日）

安部信宝 あべのぶたか
天保10（1839）年〜文久3（1863）年　別安部摂津
守信宝《あべせっつのかみのぶたか》
江戸時代末期の大名。武蔵岡部藩主。
¶埼玉人（没文久3（1863）年4月10日），埼玉百
（安部摂津守信宝　あべせっつのかみのぶた
か），諸系，日人，藩主1（没文久3（1863）年4月
10日）

安部信允 あべのぶちか
享保13（1728）年〜寛政10（1798）年12月12日
別安部摂津守信允《あべせっつのかみのぶちか》
江戸時代中期の大名。武蔵岡部藩主。
¶埼玉人，埼玉百（安部摂津守信允　あべせっつ
のかみのぶちか），諸系（没1799年），日人
（没1799年），藩主1

安部信富 あべのぶとみ
享保15（1730）年？〜？
江戸時代中期の武士。
¶諸系，日人

安部信友 あべのぶとも
寛永15（1638）年〜元禄14（1701）年　別安部信友
《あんべのぶとも》，安部摂津守信友《あべせっつ
のかみのぶとも》
江戸時代前期〜中期の大名。武蔵岡部藩主。
¶埼玉百（安部摂津守信友　あべせっつのかみの
ぶとも），諸系，人名（あんべのぶとも），日
人，藩主1（没元禄14（1701）年3月18日）

安部信古 あべのぶひさ
＊〜天保13（1842）年　別安部摂津守信古《あべ
せっつのかみのぶひさ》
江戸時代後期の大名。武蔵岡部藩主。
¶埼玉人（生文化12（1815）年　没天保13（1842）
年10月7日），埼玉百（安部摂津守信古　あべ
せっつのかみのぶひさ），日人（生1816年），日
人（生1816年），藩主1（生文化12（1815）年
没天保13（1842）年10月7日）

安部信平 あべのぶひら
宝永7（1710）年〜寛延3（1750）年　別安部摂津守
信平《あべせっつのかみのぶひら》
江戸時代中期の大名。武蔵岡部藩主。
¶埼玉人（没寛延3（1750）年4月5日），埼玉百（安
部摂津守信平　あべせっつのかみのぶひら），
諸系，日人，藩主1（没寛延3（1750）年4月5日）

安部信亨 あべのぶみち
宝暦8（1758）年〜文政5（1822）年　別安部摂津守
信亨《あべせっつのかみのぶみち》
江戸時代中期〜後期の大名。武蔵岡部藩主。
¶埼玉人（没文政5（1822）年6月17日），埼玉百
（安部摂津守信亨　あべせっつのかみのぶみち
生1759年），茶道，諸系，日人，藩主1（生文政5
（1822）年6月）

安部信峯 あべのぶみね
万治2（1659）年〜宝永3（1706）年　別安部信峯
《あんべのぶみね》，安部丹波守信峯《あべたんば
のかみのぶみね》
江戸時代前期〜中期の大名。武蔵岡部藩主。
¶埼玉人（没宝永3（1706）年5月21日），埼玉百
（安部丹波守信峯　あべたんばのかみのぶみ
ね），諸系，人名（あんべのぶみね），日人，藩
主1（没宝永3（1706）年5月21日）

安部信操 あべのぶもち
寛政2（1790）年〜文政8（1825）年　別安部摂津守
信操《あべせっつのかみのぶもち》
江戸時代後期の大名。武蔵岡部藩主。
¶埼玉人，埼玉百（安部摂津守信操　あべせっつ
のかみのぶもち），諸系，日人，藩主1（没文政8
（1825）年4月29日，（異説）5月14日）

安部信盛 あべのぶもり
天正12（1584）年〜延宝1（1673）年　別安部信盛
《あんべのぶもり》，安部摂津守信盛《あべせっつ
のかみのぶもり》
江戸時代前期の大名。武蔵岡部藩主。
¶黄檗（没延宝1（1673）年11月27日），埼玉人
（没延宝1（1673）年12月27日），埼玉百（安部摂
津守信盛　あべせっつのかみのぶもり），諸系
（没1674年），人名（あんべのぶもり），日人
（没1674年），藩主1（没延宝1（1673）年11月27
日）

安部信之(1) あべのぶゆき
慶長9（1604）年〜天和3（1683）年　別安部信之
《あんべのぶゆき》，安部丹波守信之《あべたんば
のかみのぶゆき》
江戸時代前期の大名。武蔵岡部藩主。
¶埼玉人（没天和3（1683）年7月），埼玉百（安部
丹波守信之　あべたんばのかみのぶゆき），諸
系，人名（あんべのぶゆき），日人，藩主1

（[没]天和3（1683）年7月28日）

安部信之(2)　**あべのぶゆき**
貞享3（1686）年～宝暦5（1755）年　[別]安部信之《あんべのぶゆき》
江戸時代中期の佐渡奉行。
¶人名（あんべのぶゆき），日人

安部信任　**あべのぶより**
文化6（1809）年～文政11（1828）年　[別]安部丹波守信任《あべたんばのかみのぶより》
江戸時代後期の大名。武蔵岡部藩主。
¶埼玉人（[没]文政11（1828）年4月10日），埼玉百（安部丹波守信任　あべたんばのかみのぶより），諸系，日人，藩主1（[没]文政11（1828）年4月10日）

阿部則胤　**あべのりたね**
元禄4（1691）年～宝暦12（1762）年
江戸時代中期の代官。
¶姓氏岩手

阿部伯孝　**あべはくこう**
→阿部清兵衛（あべせいべえ）

阿部播磨守正能　**あべはりまのかみまさよし**
→阿部正能（あべまさよし）

阿部播磨守正由　**あべはりまのかみまさより**
→阿部正由（あべまさより）

阿部備中守定高　**あべびっちゅうのかみさだたか**
→阿部定高（あべさだたか）

阿部備中守正邦　**あべびっちゅうのかみまさくに**
→阿部正邦（あべまさくに）

阿部備中守正次　**あべびっちゅうのかみまさつぐ**
→阿部正次（あべまさつぐ）

阿部囚獄　**あべひとや**
生没年不詳
江戸時代前期の普請奉行。
¶庄内

阿部寛厚　**あべひろあつ**
文政2（1819）年～明治12（1879）年4月22日
江戸時代後期～明治期の庄内松山藩士。
¶庄内

阿部豊後守忠秋　**あべぶんごのかみただあき**
→阿部忠秋（あべただあき）

阿部豊後守正喬　**あべぶんごのかみまさたか**
→阿部正喬（あべまさたか）

阿部豊後守正武　**あべぶんごのかみまさたけ**
→阿部正武（あべまさたけ）

阿部豊後守正允　**あべぶんごのかみまさちか**
→阿部正允（あべまさちか）

阿部豊後守正識　**あべぶんごのかみまさつね**
→阿部正識（あべまさつね）

阿部碧海　**あべへきかい**
→阿部碧海（あべおうみ）

阿部孫太夫(1)　**あべまごだゆう**
～貞享2（1685）年6月17日
江戸時代前期の庄内藩家老。
¶庄内

阿部孫太夫(2)　**あべまごだゆう**
～享保11（1726）年6月19日
江戸時代前期～中期の出羽庄内藩士。
¶庄内

阿部正暠　**あべまさあき**
文化3（1806）年～嘉永6（1853）年　[別]阿部正暠《あべまさたか》
江戸時代末期の大名。上総佐貫藩主。
¶諸系，日人，藩主2（[生]文化3（1806）年3月9日　[没]嘉永6（1853）年5月10日）

阿部正瞭（阿部正瞭）　**あべまさあきら**
文化10（1813）年～天保9（1838）年
江戸時代後期の大名。陸奥白河藩主。
¶諸系，日人，藩主1（阿部正瞭　[没]天保9（1838）年5月12日）

阿部正篤　**あべまさあつ**
文化4（1807）年～天保14（1843）年
江戸時代後期の大名。陸奥白河藩主。
¶諸系，日人，藩主1（[没]天保14（1843）年3月17日）

阿部正興(1)　**あべまさおき**
天正3（1575）年～寛永17（1640）年
江戸時代前期の尾張藩執政。
¶人名，日人

阿部正興(2)　**あべまさおき**
享保19（1734）年～明和1（1764）年
江戸時代中期の大名。上総佐貫藩主。
¶諸系，日人，藩主2（[生]享保18（1733）年　[没]明和1（1764）年3月11日）

阿部正備　**あべまさかた**
文政6（1823）年～明治7（1874）年
江戸時代末期～明治期の大名。陸奥白河藩主。
¶諸系，日人，藩主1

阿部正方　**あべまさかた**
嘉永1（1848）年～慶応3（1867）年　[別]阿部正方《あべまさたか》
江戸時代末期の大名。備後福山藩主。
¶国書（あべまさたか　[生]嘉永1（1848）年8月21日　[没]慶応3（1867）年11月21日），諸系，日人，幕末（[没]1867年12月16日），藩主4（あべまさたか　[生]嘉永1（1848）年8月21日　[没]慶応3（1867）年11月21日）

阿部正精　**あべまさきよ**
＊～文政9（1826）年　[別]阿部棕軒《あべそうけん》
江戸時代後期の大名。備後福山藩主。
¶諸系（[生]1775年），人名（阿部棕軒　あべそうけん　[生]1774年），日人（[生]1775年），藩主4（[生]安永3（1774）年12月24日　[没]文政9（1826）年6月20日）

阿部正静　**あべまさきよ**
嘉永2（1849）年～明治11（1878）年
江戸時代末期～明治期の大名。陸奥棚倉藩主、陸奥白河藩主。
¶維新，諸系（[生]1850年），日人（[生]1850年），幕末（[没]1878年1月23日），藩主1，藩主1（[生]嘉永2（1849）年11月28日　[没]明治11（1878）年1月23日）

あ

あ

阿部正邦 あべまさくに
万治1(1658)年～正徳5(1715)年 [別]阿部備中守正邦《あべびっちゅうのかみまさくに》
江戸時代前期～中期の大名。武蔵岩槻藩主、丹後宮津藩主、下野宇都宮藩主、備後福山藩主。
¶京都府，埼玉人([没]正徳5(1715)年1月27日)，埼玉百(阿部備中守正邦　あべびっちゅうのかみまさくに　[没]1710年)，茶道，諸系，人名，日人，藩主1，藩主3，藩主4([生]万治1(1658)年4月19日　[没]正徳5(1715)年1月27日)，広島百([生]明暦4(1658)年4月19日　[没]正徳5(1715)年1月27日)

阿部正功 あべまさこと
万延1(1860)年～大正14(1925)年
江戸時代末期～明治期の棚倉藩主、棚倉藩知事、子爵。
¶諸系，世紀([生]安政7(1860)年1月23日　[没]大正14(1925)年9月11日)，日人，藩主1

阿部正定 あべまささだ
文政6(1823)年～嘉永1(1848)年
江戸時代後期の大名。陸奥白河藩主。
¶諸系，日人，藩主1([没]嘉永1(1848)年10月20日)

阿部正実 あべまささね
明和1(1764)年～天保3(1832)年
江戸時代中期～後期の大名。上総佐貫藩主。
¶諸系，日人，藩主2([生]明和1(1764)年2月8日　[没]天保2(1831)年12月8日)

阿部正右 あべまさすけ
享保8(1723)年～明和6(1769)年
江戸時代中期の大名。備後福山藩主。
¶京都大，近世，国史，諸系([生]1725年)，新潮([生]享保8(1723)年11月29日　[没]明和6(1769)年7月12日)，人名([生]1724年)，姓氏京都，日人([生]1725年)，藩主4([生]享保9(1724)年11月29日　[没]明和6(1769)年7月12日)

阿部正澄 あべまさずみ
文禄2(1593)年～寛永5(1628)年
江戸時代前期の大名。上総大多喜藩主。
¶諸系，人名，日人

阿部正喬 あべまさたか
寛文12(1672)年～寛延3(1750)年 [別]阿部豊後守正喬《あべぶんごのかみまさたか》
江戸時代中期の大名。武蔵忍藩主。
¶埼玉人([生]寛文12(1672)年4月28日　[没]寛延3(1750)年7月26日)，埼玉百(阿部豊後守正喬　あべぶんごのかみまさたか)，諸系，人名，日人，藩主1([生]寛文12(1672)年4月28日　[没]寛延3(1750)年7月26日)

阿部正方 あべまさたか
→阿部正方(あべまさかた)

阿部正桓 あべまさたけ
*～大正3(1914)年
江戸時代末期～明治期の大名。備後福山藩主。
¶国書([生]嘉永4(1851)年12月29日　[没]大正3(1914)年8月19日)，諸系([生]1852年)，日人([生]1852年)，藩主4([生]嘉永4(1851)年12月29日　[没]大正3(1914)年8月19日)

阿部正武 あべまさたけ
慶安2(1649)年～宝永1(1704)年 [別]阿部豊後守正武《あべぶんごのかみまさたけ》
江戸時代前期～中期の大名。武蔵忍藩主、老中。
¶朝日([生]慶安2年6月15日(1649年7月24日)　[没]宝永1年9月17日(1704年10月15日))，近世，国史，国書([生]慶安2(1649)年6月15日　[没]宝永1(1704)年9月17日)，埼玉人([生]慶安2(1649)年6月15日　[没]宝永1(1704)年9月17日)，埼玉百(阿部豊後守正武　あべぶんごのかみまさたけ)，茶道，諸系，人名，日人，藩主1([生]慶安2(1649)年6月15日　[没]宝永1(1704)年9月17日)

阿部正鎮 あべまさたね
元禄12(1699)年～宝暦1(1751)年
江戸時代中期の大名。三河刈谷藩主、上総佐貫藩主。
¶諸系([生]1700年)，人名，日人([生]1700年)，藩主2([生]元禄12(1699)年11月18日　[没]宝暦1(1751)年11月4日)，藩主2

阿部正允 あべまさちか
*～安永9(1780)年 [別]阿部豊後守正允《あべぶんごのかみまさちか》
江戸時代中期の大名。武蔵忍藩主。
¶京都大([生]享保1(1716)年)，埼玉人([生]享保7(1722)年3月11日　[没]安永9(1780)年11月24日)，埼玉百(阿部豊後守正允　あべぶんごのかみまさちか　[生]1716年)，諸系([生]1722年)，人名([生]1716年)，姓氏京都([生]1716年)，日人([生]1722年)，藩主1([生]享保7(1722)年3月11日　[没]安永9(1780)年11月24日)

阿部正身 あべまさちか
文政1(1818)年～明治1(1868)年
江戸時代末期の大名。上総佐貫藩主。
¶諸系，人名，日人，藩主2([生]文政1(1818)年11月23日　[没]慶応4(1868)年7月11日)

阿部正次 あべまさつぐ
永禄12(1569)年～正保4(1647)年 [別]阿部備中守正次《あべびっちゅうのかみまさつぐ》
安土桃山時代～江戸時代前期の大名、大坂城代。下野鹿沼藩主、武蔵岩槻藩主、武蔵鳩谷藩主、相模小田原藩主、上総大多喜藩主。
¶朝日([没]正保4年11月14日(1647年12月10日))，岩史([没]正保4(1647)年11月14日)，大阪人，神奈川人，近世，国史，コン改，コン4，埼玉人([没]正保4(1647)年11月14日)，埼玉百(阿部備中守正次　あべびっちゅうのかみまさつぐ)，史人([没]1647年11月14日)，諸系，新潮([没]正保4(1647)年11月14日)，人名，姓氏神奈川([没]1674年)，世人([没]正保4(1647)年12月14日)，戦合，戦人，日人，藩主1([没]正保4(1647)年11月14日)，藩主1，藩主2，歴大

阿部正恒 あべまさつね
天保10(1839)年～明治32(1899)年
江戸時代末期～明治期の大名。上総佐貫藩主。
¶国際，諸系，日人，藩主2([生]天保10(1839)年9月29日　[没]明治32(1899)年11月)

阿部正識 あべまさつね
明和1(1764)年～享和3(1803)年 [別]阿部豊後守

正識《あべぶんごのかみまさつね》
江戸時代中期～後期の大名。武蔵忍藩主。
¶国書（[生]明和1（1764）年11月28日　[没]享和3（1803）年2月7日），埼玉人（[生]明和1（1764）年11月28日　[没]享和3（1803）年2月7日），埼玉百（阿部豊後守正識　あべぶんごのかみまさつね），諸系，日人，藩主1（[生]明和1（1764）年11月28日　[没]享和3（1803）年2月7日）

阿部正外 あべまさと
文政11（1828）年～明治20（1887）年
江戸時代末期～明治期の大名。陸奥白河藩主、老中。
¶朝日（[生]文政11年1月1日（1828年2月15日）[没]明治20（1887）年4月20日），維新，近現，近世，国史，コン改，コン4，コン5，諸系，新潮（[生]文政11（1828）年1月1日　[没]明治20（1887）年4月20日），人名，世人（[生]文政11（1828）年1月1日　[没]明治20（1887）年4月20日），日人，幕末（[生]1828年2月15日　[没]1887年4月20日），藩主1（[生]文政11（1828）年1月1日　[没]明治20（1887）年4月20日），福島百

阿部正敏 あべまさとし
享保17（1732）年～天明7（1787）年　[別]阿部能登守正敏《あべのとのかみまさとし》
江戸時代中期の大名。武蔵忍藩主。
¶埼玉人（[生]享保17（1732）年4月18日　[没]天明7（1787）年4月2日），埼玉百（阿部能登守正敏　あべのとのかみまさとし　[生]1730年），諸系，人名（[生]1730年），日人，藩主1（[生]享保17（1732）年4月28日　[没]天明7（1787）年4月2日）

阿部正福 あべまさとみ
元禄13（1700）年～明和6（1769）年
江戸時代中期の大名。備後福山藩主。
¶大阪人（[没]明和6（1769）年11月），諸系，人名，日人，藩主4（[生]元禄13（1700）年6月6日　[没]明和6（1769）年10月10日）

阿部正倫 あべまさとも
延享2（1745）年2月9日～文化2（1805）年8月21日
江戸時代中期～後期の大名。備後福山藩主。
¶国書，諸系，日人，藩主4，広島百

阿部正脩 あべまさなが
？～元治1（1864）年
江戸時代末期の播磨三日月藩用人。
¶藩臣5

安部正成 あべまさなり
天正16（1588）年～寛文9（1669）年
江戸時代前期の旗本、三崎奉行。
¶神奈川人

阿部正信 あべまさのぶ
生没年不詳
江戸時代中期の駿府城加番、「駿国雑志」の著者。
¶考古，国書，人名，姓氏静岡，日人

阿部正教 あべまさのり
天保10（1839）年～文久1（1861）年
江戸時代末期の大名。備後福山藩主。
¶維新，諸系（[生]1840年），日人（[生]1840年），幕末（[没]1861年7月4日），藩主4（[生]天保10（1839）年12月17日　[没]文久1（1861）年5月27日）

阿部正権 あべまさのり
文化3（1806）年～文政6（1823）年　[別]阿部鉄丸正権《あべてつまるまさよ》
江戸時代後期の大名。武蔵忍藩主、陸奥白河藩主。
¶埼玉人（[生]文化3（1806）年1月9日　[没]文政6（1823）年10月6日），埼玉百（阿部鉄丸正権　あべてつまるまさよ），諸系，日人，藩主1（[没]文政6（1823）年10月6日）

阿部正春 あべまさはる
寛永14（1637）年～享保1（1716）年　[別]阿部伊予守正春《あべいよのかみまさはる》
江戸時代前期～中期の大名。上総大多喜新田藩主、武蔵岩槻藩主、上総大多喜藩主、三河刈谷藩主。
¶埼玉人（[没]享保1（1716）年6月8日），埼玉百（阿部伊予守正春　あべいよのかみまさはる），諸系，日人，藩主1，藩主2，藩主2（[没]享保1（1716）年6月8日）

阿部正耆 あべまさひさ
*～元治1（1864）年
江戸時代末期の大名。陸奥白河藩主。
¶諸系（[生]1829年），日人（[生]1829年），幕末（[生]1827年　[没]1864年1月28日），藩主1（[生]文政12（1827）年10月24日　[没]元治1（1864）年3月2日）

阿部正簡 あべまさひろ
安永1（1772）年～文政8（1825）年
江戸時代後期の大名。上総佐貫藩主。
¶諸系，日人，藩主2（[生]安永1（1772）年5月4日　[没]文政8（1825）年2月29日）

阿部正弘 あべまさひろ
文政2（1819）年～安政4（1857）年
江戸時代末期の大名。備後福山藩主、老中。
¶朝日（[生]文政2年10月16日（1819年12月3日）[没]安政4年6月17日（1857年8月6日）），維新，岩史（[生]文政2（1819）年10月16日　[没]安政4（1857）年6月17日），角史，近世，国史，国書（[生]文政2（1819）年10月16日　[没]安政4（1857）年6月17日），コン改，コン4，史人（[生]1819年10月16日　[没]1857年6月17日），重要（[没]安政4（1857）年6月17日），諸系，人書94，新潮（[生]文政2（1819）年10月16日　[没]安政4（1857）年6月17日），人名，世人（[生]文政2（1819）年10月16日　[没]安政4（1857）年6月17日），世百，全書，大百，伝記，日史（[生]文政2（1819）年10月16日　[没]安政4（1857）年6月17日），日人，幕末（[没]1857年8月6日），藩主4（[生]文政2（1819）年10月16日　[没]安政4（1857）年6月17日），百科，広島百（[生]文政2（1819）年10月16日　[没]安政4（1857）年6月17日），歴大

阿部正寧 あべまさやす
文化6（1809）年～明治3（1870）年
江戸時代末期～明治期の大名。備後福山藩主。
¶諸系，日人，幕末（[没]1870年7月28日），藩主4（[生]文化6（1809）年10月24日　[没]明治3（1870）年7月1日）

阿倍正之（阿部正之）　あべまさゆき
天正12（1584）年～慶安4（1651）年
江戸時代前期の旗本、使番。
¶朝日，近世，国史，コン改（阿部正之），コン4

（阿部正之），史人（[没]1651年3月12日），新潮（阿部正之　[没]慶安4（1651）年3月12日），人名（阿部正之），世人（阿部正之），戦合，日人

阿部正賀　あべまさよし
延享3（1746）年～安永9（1780）年
江戸時代中期の大名。上総佐貫藩主。
¶諸系，日人，藩主2（[生]延享3（1746）年4月24日　[没]安永9（1780）年10月24日）

阿部正能（阿部正令）　あべまさよし
寛永4（1627）年～貞享2（1685）年　[別]阿部播磨守正能《あべはりまのかみまさよし》
江戸時代前期の大名。上総大多喜藩主、武蔵忍藩主。
¶埼玉人（[没]貞享2（1685）年4月13日），埼玉百（阿部播磨守正能　あべはりまのかみまさよし），諸系，人名，日人，藩主1（[没]貞享2（1685）年4月13日），藩主2（阿部正令）

阿部正由　あべまさより
明和1（1764）年～文化5（1808）年　[別]阿部播磨守正由《あべはりまのかみまさより》
江戸時代中期～後期の大名。武蔵忍藩主。
¶京都大，埼玉人（[生]明和1（1764）年11月22日　[没]文化5（1808）年11月22日），埼玉百（阿部播磨守正由　あべはりまのかみまさより　[生]1769年），諸系（[没]1809年），姓氏京都，日人（[没]1809年），藩主1（[生]明和1（1764）年11月22日　[没]文化5（1808）年11月22日）

阿部亦右衛門　あべまたえもん
？～
江戸時代の弘前藩飯詰組・広田組の代官。
¶青森人

阿部元五郎　あべもとごろう
安永4（1775）年～天保9（1838）年
江戸時代後期の武術家。
¶人名，徳島歴（[没]天保9（1838）年9月22日），日人

阿部守衛　あべもりえ
弘化2（1845）年～明治40（1907）年
江戸時代末期の剣客。
¶岡山人，岡山歴（[没]明治40（1907）年8月16日）

阿部弥一右衛門　あべやいちうえもん
？～寛永18（1641）年
江戸時代前期の肥後熊本藩士。
¶藩臣7

阿部吉道　あべよしみち
→阿部宗兵衛（あべそうべえ）

安倍頼任（安陪頼任）　あべよりとう
寛永1（1624）年～元禄6（1693）年　[別]安部宗左衛門《あべそうざえもん》
江戸時代前期～中期の剣術家。
¶剣豪（安部宗左衛門　あべそうざえもん），国書（安陪頼任），日人

阿部李渓　あべりけい
明和7（1770）年～天保12（1841）年10月2日
江戸時代中期～後期の庄内松山藩士。
¶庄内

安部竜平（阿部竜平）　あべりゅうへい
天明4（1784）年～嘉永3（1850）年
江戸時代後期の筑前福岡藩の蘭学者。
¶朝日（[没]嘉永3年3月25日（1850年5月6日）），近世，国史，国書（[没]嘉永3（1850）年3月25日），日人，藩臣7（阿部竜平），洋学

阿部了翁　あべりょうおう
延宝8（1680）年～寛延3（1750）年
江戸時代中期の備後福山藩士。
¶藩臣6

安保清康　あぼきよやす
天保14（1843）年～明治42（1909）年　[別]林謙三《はやしけんぞう》
江戸時代末期～明治期の安芸広島藩士、薩摩藩士、海軍軍人。
¶朝日（[生]天保14年1月1日（1843年1月30日）　[没]明治42（1909）年10月27日），維新（林謙三　はやしけんぞう），国際（林謙三　はやしけんぞう），人名，日人，幕末（林謙三　はやしけんぞう　[没]1909年10月27日），広島百（[生]天保14（1843）年1月1日　[没]明治42（1909）年10月27日），陸海（[生]天保14年1月1日　[没]明治42年10月27日）

阿保内蔵之助　あほくらのすけ
→森山弥七郎（もりやまやしちろう）

天笠次郎右衛門　あまがさじろううえもん
→天笠次郎右衛門（あまがさじろうえもん）

天笠次郎右衛門　あまがさじろうえもん
？～寛永10（1633）年　[別]天笠次郎右衛門《あまがさじろううえもん》
安土桃山時代～江戸時代前期の武士、社会事業家。
¶群馬人，姓氏群馬（あまがさじろううえもん）

甘糟右衛門　あまかすうえもん
？～寛永5（1628）年
江戸時代前期の出羽米沢藩士、キリシタン。
¶藩臣1

甘糟継成（甘粕継成）　あまかすつぐしげ
天保3（1832）年～明治2（1869）年　[別]甘糟備後《あまかすびんご》
江戸時代末期の出羽米沢藩士。
¶維新（甘糟備後　あまかすびんご），国書（甘粕継成　[生]天保3（1832）年3月13日　[没]明治2（1869）年11月29日），コン改，コン4，コン5，日人，藩臣1，山形百新

甘糟信綱　あまかすのぶつな
？～*
江戸時代前期のキリシタン、出羽米沢藩士。
¶人名（[没]1628年），日人（[没]1629年）

甘糟備後　あまかすびんご
→甘糟継成（あまかすつぐしげ）

天春度　あまかすわたる，あまがすわたる
安永6（1777）年～安政6（1859）年
江戸時代後期の歌人、伊勢の代官。
¶国書（[没]安政6（1859）年9月2日），人名，日人（あまがすわたる），三重，和俳

天方道綱（天方通綱）　あまがたみちつな
？～寛永1（1624）年

安土桃山時代〜江戸時代前期の武将、遠州天方城主。
¶静岡歴，姓氏静岡（天方通綱）

天方通清 あまかたゆききよ
慶長12（1607）年〜寛文4（1664）年
江戸時代前期の武士。
¶和歌山人

天川深右衛門 あまかわふかえもん
天保7（1836）年11月〜明治10（1877）年6月25日
江戸時代末期〜明治期の陸奥会津藩士。
¶幕末

味木立軒 あまぎりっけん
→味木立軒（あじきりっけん）

天草甚兵衛 あまくさじんべえ
江戸時代前期の島原の乱の叛将。
¶人名

尼子久次郎 あまこきゅうじろう
弘化3（1846）年〜元治1（1864）年
江戸時代末期の水戸藩の志士。
¶維新，コン改，コン4，人名，日人（㊚1865年），幕末（㊚1865年1月14日），藩臣2

尼子大造 あまこたいぞう
江戸時代中期の馬術家。
¶岡山人

尼子長三郎 あまこちょうざぶろう
文政1（1818）年〜文久3（1863）年　㊛尼子久恒
《あまこひさつね》
江戸時代末期の水戸藩士。
¶維新，国書（尼子久恒　あまこひさつね　㊚文久3（1863）年11月25日），コン改（㊐文政2（1819）年），コン4（㊐文政2（1819）年），新潮，幕末（㊚1864年1月4日），人名，日人，藩臣2

尼子倫久 あまこのぶひさ
？　〜元和9（1623）年
安土桃山時代〜江戸時代前期の武将。
¶姓氏山口

尼子久恒 あまこひさつね
→尼子長三郎（あまこちょうざぶろう）

甘地一撰 あまじいっせん
→甘地一撰（あまぢいっせん）

甘地一撰 あまぢいっせん，あまじいっせん
天保14（1843）年頃〜？
江戸時代後期〜末期の新撰組隊士。
¶新撰（あまぢいっせん）

天津小源太 あまつこげんだ
江戸時代前期の天津流手裏剣の祖。
¶人名，日人（生没年不詳）

天野景忠 あまのかげただ
→天野藤次衛門（あまのとうじえもん）

天野儀太夫 あまのぎだゆう
文化1（1804）年〜明治10（1877）年
江戸時代末期〜明治期の伊勢亀山藩士、剣道師範。
¶藩臣4，三重（天野墨山）

天野金太夫 あまのきんだゆう
生没年不詳

江戸時代前期の小田原藩家老。
¶姓氏神奈川

天野久米進 あまのくめのしん
生没年不詳
江戸時代後期の加賀藩士。
¶国書

天野謙吉 あまのけんきち
文化13（1816）年〜明治4（1871）年
江戸時代末期〜明治期の長州（萩）藩士。
¶維新，国書（㊐文化13（1816）年1月1日　㊚明治4（1871）年3月8日），幕末（㊚1871年4月27日），藩臣6

天野信景 あまのさだかげ
寛文3（1663）年〜享保18（1733）年　㊛天野信景
《あまののぶかげ》
江戸時代中期の尾張藩の国学者。
¶愛知百（㊐1661年），朝日（㊐寛文3年9月25日（1663年10月25日）　㊚享保18年9月8日（1733年10月15日）），近世，考古（㊐寛文3年9月29日）　㊚享保18年（1733年9月8日）），国史，国書（㊐寛文3（1663）年9月25日　㊚享保18（1733）年9月8日），コン改，コン4，史人（㊚1733年9月8日），神史，神人（㊐寛文1（1661）年　㊚享保18（1733）年9月8日），新潮（㊐享保18（1733）年9月8日），人名（あまののぶかげ　㊐1661年），姓氏愛知（㊐1661年），世人（㊐寛文1（1661）年　㊚享保18（1723）年9月8日），日史（㊐寛文3（1663）年9月25日　㊚享保18（1733）年9月8日），日人（㊐1661年，（異説）1663年），藩臣4（㊐寛文1（1661）年），百科（㊐寛文1（1661）年），歴大

天野重房 あまのしげふさ
〜万治1（1658）年
江戸時代前期の旗本。
¶神奈川人

天野松斎 あまのしょうさい
生没年不詳
江戸時代末期の武蔵川越藩士。
¶国書

天野静一郎 あまのせいいちろう
天保1（1830）年〜明治4（1871）年3月
江戸時代後期〜明治期の新徴組士。
¶庄内

天野清三郎 あまのせいざぶろう
→渡辺蒿蔵（わたなべこうぞう）

天野政徳 あまのせいとく
→天野政徳（あまのまさのり）

天野拙斎 あまのせっさい
→矢野拙斎（やのせっさい）

天野貞省 あまのていしょう
天保6（1835）年〜明治39（1906）年
江戸時代後期〜明治期の静岡藩士、陸軍軍人。
¶静岡歴

天野伝七郎 あまのでんしちろう
江戸時代の剣術家、真陰流の祖。
¶人名，日人（生没年不詳）

天野藤次衛門 あまのとうじえもん
文政12(1829)年～慶応3(1867)年　[別]天野景忠《あまのかげただ》
江戸時代末期の水戸藩士。
¶維新，人名(天野景忠　あまのかげただ)，日人(天野景忠　あまのかげただ)，幕末([没]1867年12月12日)，藩臣2

天野豊次郎 あまのとよじろう
天保10(1839)年～明治2(1869)年4月21日
江戸時代後期～明治期の烈士。
¶庄内

天野長重 あまのながしげ
元和7(1621)年～宝永2(1705)年12月12日
江戸時代前期～中期の幕臣。
¶国書

天野長信 あまのながのぶ
？～正保2(1645)年
江戸時代前期の旗本。
¶姓氏京都

天野信景 あまののぶかげ
→天野信景(あまのさだかげ)

天野八郎 あまのはちろう
天保2(1831)年～明治1(1868)年
江戸時代末期の佐幕派志士、彰義隊士。
¶朝日([没]明治1年11月8日(1868年12月21日))，維新，江戸，角史，郷土群馬，近世，群馬人，群馬百([生]1830年)，国史，コン改([生]天保1(1830)年　[没]慶応3(1867)年)，コン4([生]天保1(1830)年)，史人([没]1868年11月8日)，新潮([没]明治1(1868)年11月8日)，人名，姓氏群馬，全書，大百，日史([没]明治1(1868)年11月8日)，日人，幕末([没]1868年9月24日)，百科，歴大

天野半酔 あまのはんすい
延宝1(1673)年～延享3(1746)年
江戸時代前期～中期の水戸藩士。
¶国書

天野半之助 あまのはんのすけ
天正16(1588)年～寛文7(1667)年
江戸時代前期の武士。
¶人名，日人

天野久次 あまのひさつぐ
天文17(1548)年～元和7(1621)年
江戸時代前期の武士。
¶和歌山人

天野正景 あまのまさかげ
元禄16(1703)年～天明8(1788)年
江戸時代中期～後期の中野、坂木陣屋の幕府代官。
¶長野歴

天野正識 あまのまさつね
？～安政1(1854)年12月
江戸時代後期～末期の幕臣。
¶国書

天野政徳 あまのまさのり
天明4(1784)年～文久1(1861)年　[別]天野政徳《あまのせいとく》
江戸時代後期の歌人、旗本。
¶朝日([没]文久1年8月19日(1861年9月23日))，維新，江文，考古(あまのせいとく)，国書([没]文久1(1861)年8月19日)，コン改，コン4，新潮([没]文久1(1861)年8月19日)，人名(あまのせいとく)，日人，和俳([没]文久1(1861)年8月19日)

天野政久 あまのまさひさ
？～万治1(1658)年
江戸時代前期の紀伊和歌山藩士。
¶和歌山人

天野御民 あまのみたみ
天保12(1841)年～＊　[別]冷泉雅次郎《れいぜんがじろう》
江戸時代末期～明治期の長州(萩)藩士。
¶国書([生]天保12(1841)年1月　[没]明治35(1902)年9月4日)，渡航([生]1841年1月　[没]1902年9月4日)，幕末([没]1903年)，藩臣6([没]明治36(1903)年)

天野康勝 あまのやすかつ
～慶安3(1650)年
江戸時代前期の旗本。
¶神奈川人

天野康能 あまのやすよし
生没年不詳
江戸時代前期の旗本。
¶神奈川人

天野祐治 あまのゆうじ
天保14(1843)年～明治41(1908)年
江戸時代末期～明治期の因幡鳥取藩士。
¶鳥取百，藩臣5

天海勝之助 あまみかつのすけ
江戸時代末期の新撰組隊士。
¶新撰

天宮慎太郎 あまみやしんたろう
文政10(1827)年～慶応1(1865)年　[別]天宮慎太郎《あめのみやしんたろう》
江戸時代末期の長州(萩)藩士、奇兵隊陣馬奉行。
¶維新(あめのみやしんたろう)，コン改([生]文政11(1828)年　[没]慶応2(1866)年)，コン4([生]文政11(1828)年　[没]慶応2(1866)年)，人名([生]1828年　[没]1866年)，日人，幕末([没]1865年2月1日)，藩臣6

雨森芳洲 あまもりほうしゅう
→雨森芳洲(あめのもりほうしゅう)

雨夜平六 あまよへいろく
江戸時代中期の加賀大聖寺藩士。
¶姓氏石川

甘利八右衛門 あまりはちうえもん
→甘利八右衛門(あまりはちえもん)

甘利八右衛門 あまりはちえもん
生没年不詳　[別]甘利八右衛門《あまりはちうえもん》
江戸時代後期の中之条、御影陣屋の幕府代官。
¶姓氏長野，長野歴(あまりはちうえもん)

天利秀直 あまりひでなお
生没年不詳
江戸時代末期の人。旧庄内藩士。
¶庄内

甘利弥右衛門 あまりやえもん
生没年不詳
江戸時代前期の甲州浪人。
¶姓氏長野

阿万鉄崖 あまんてつがい
→阿万豊蔵（あまんとよぞう）

阿万豊蔵 あまんとよぞう
文化7（1810）年〜明治9（1876）年　別阿万鉄崖
《あまんてつがい》
江戸時代末期の日向飫肥藩士。
¶維新，国書（阿万鉄崖　あまんてつがい　⊕文
化7（1810）年6月18日　㊣明治9（1876）年6月3
日），人名（阿万鉄崖　あまんてつがい
⊕?），日人（阿万鉄崖　あまんてつがい），幕
末（㊣1876年6月3日），藩臣7，宮崎百（⊕文化7
（1810）年6月　㊣明治9（1876）年6月3日）

網野光林 あみのみつしげ
?　〜元文1（1736）年
江戸時代中期の武士。
¶和歌山人

天宮慎太郎 あまのみやしんたろう
→天宮慎太郎（あまみやしんたろう）

雨宮端亭 あめのみやたんてい
宝暦9（1759）年〜天保3（1832）年
江戸時代中期〜後期の水戸藩士、郡奉行。
¶国書

雨宮正種 あめのみやまさたね
慶長17（1612）年〜寛文11（1671）年
江戸時代前期の京都町奉行。
¶京都大，人名，姓氏京都（⊕1575年），日人

雨宮政長 あめのみやまさなが
慶安3（1650）年〜宝永5（1708）年
江戸時代前期〜中期の武家。
¶人名，日人

雨森氏康 あめのもりうじやす
永禄3（1560）年〜寛永15（1638）年
江戸時代前期の土佐藩士。
¶高知人

雨森精翁 あめのもりせいおう
文政5（1822）年〜明治15（1882）年　別雨森精斎
《あめのもりせいさい》
江戸時代末期〜明治期の出雲松江藩士。
¶維新，大阪人（雨森精斎　あめのもりせいさい
㊣明治15（1882）年9月），国書（雨森精斎　あ
めのもりせいさい　⊕文政5（1822）年5月22日
㊣明治15（1882）年9月15日），島根人，島根百，
島根歴，人名（雨森精斎　あめのもりせいさ
い），日人（雨森精斎　あめのもりせいさい），
幕末（㊣1882年9月16日），藩臣5

雨森精斎 あめのもりせいさい
→雨森精翁（あめのもりせいおう）

雨森東五郎 あめのもりとうごろう
→雨森芳洲（あめのもりほうしゅう）

雨森芳洲 あめのもりほうしゅう
寛文8（1668）年〜宝暦5（1755）年　別雨森東五郎
《あめのもりとうごろう》，雨森芳洲《あまもりほ
うしゅう》

江戸時代中期の対馬藩の儒学者。
¶朝日（⊕寛文8年5月17日（1668年6月26日）
㊣宝暦5年1月6日（1755年2月16日）），岩史
（⊕寛文8（1668）年5月17日　㊣宝暦5（1755）年
1月6日），江文，角史，教育（⊕1621年
㊣1708年），郷土滋賀，郷土長崎，近世，国史，
国書（⊕寛文8（1668）年5月17日　㊣宝暦5
（1755）年1月6日），コン改，コン4，詩歌
（⊕1621年　㊣1708年），史人（⊕1668年5月17
日　㊣宝暦5（1755）年1月6日），人書（⊕寛文8
（1668）年5月17日　㊣宝暦5（1755）年1月6
日），人名，姓氏京都，世人（⊕寛文8（1668）年
1月17日　㊣宝暦5（1755）年1月6日），世百，
全書，大百，長崎百，日史
（⊕宝暦5（1755）年1月6日），日人，藩臣5（雨
森東五郎　あめのもりとうごろう），百科，歴
大（あまもりほうしゅう），和俳

天羽勘解由 あもうかげゆ
生没年不詳
江戸時代の剣術家。天羽流の祖。
¶剣豪

綾久五郎 あやきゅうごろう
江戸時代末期の日向飫肥藩士。
¶維新

綾野義賢 あやのよしかた
文政3（1820）年〜明治24（1891）年
江戸時代末期〜明治期の讃岐高松藩士。
¶国書（㊣明治24（1891）年5月27日），人名，日人

綾部絅斎 あやべけいさい
延宝4（1676）年〜寛延3（1750）年
江戸時代中期の豊後杵築藩の儒学者。
¶国書（⊕延宝4（1676）年1月27日　㊣寛延3
（1750）年9月19日），コン改，コン4，新潮，人
名，全書，大百，日人，藩臣7

綾部新五郎 あやべしんごろう
生没年不詳　別幸佐
江戸時代末期の蓮池藩士。1860年遣米使節に随行
しアメリカに渡る。
¶海越，海越新

綾部融 あやべとおる
天明6（1786）年〜天保8（1837）年
江戸時代後期の儒者、日向高鍋藩士。
¶人名，日人

綾部富阪 あやべふはん
享保5（1720）年〜天明2（1782）年
江戸時代中期の豊後杵築藩士。
¶人名，日人

鮎貝宗重 あゆかいむねしげ，あゆがいむねしげ
弘治1（1555）年〜寛永1（1624）年
安土桃山時代〜江戸時代前期の武将。伊達氏家臣。
¶人名（あゆかいむねしげ），戦人，戦東（あゆが
いむねしげ），日人

鮎貝盛次(1) あゆかいもりつぐ
生没年不詳
安土桃山時代〜江戸時代前期の陸奥仙台藩の武将。
¶藩臣1

鮎貝盛次(2) あゆかいもりつぐ
?　〜延享2（1745）年

江戸時代中期の武士。仙台藩一家の筆頭。
¶姓氏宮城

鮎貝盛房 あゆかいもりふさ
天保6(1835)年～明治27(1894)年7月16日
江戸時代末期～明治期の陸奥仙台藩士。
¶幕末

鮎川一雄 あゆかわいちゆう
文化10(1813)年～明治2(1869)年
江戸時代末期の讃岐丸亀藩の火薬・鉄砲製造者。
¶維新，国書([没]明治2(1869)年10月28日)，幕末，藩臣6

鮎沢伊太夫 あゆざわいだゆう
文政7(1824)年～明治1(1868)年　[別]鮎沢伊太夫《あいざわいだゆう》,鮎沢国維《あゆざわくにつな》
江戸時代末期の水戸藩の志士。
¶朝日([没]明治1年10月1日(1868年11月14日))，維新，国書(鮎沢国維　あゆざわくにつな　[没]明治1(1868)年10月1日)，コン改，コン4，新潮([没]明治1(1868)年10月1日)，人名(あいざわいだゆう)，日人，幕末([没]1868年11月14日)，藩臣2

鮎沢清往 あゆさわきよゆき
寛文2(1662)年～享保15(1730)年
江戸時代中期の武士。
¶和歌山人

鮎沢国維 あゆざわくにつな
→鮎沢伊太夫(あゆざわいだゆう)

鮎田如牛 あゆたじょぎゅう
→鮎田如中(あゆたにょちゅう)

鮎田如牛 あゆたにょぎょう
→鮎田如中(あゆたにょちゅう)

鮎田如中 あゆたにょちゅう
文政6(1823)年～明治20(1887)年　[別]鮎田如牛《あゆたじょぎゅう,あゆたにょぎょう》
江戸時代後期～明治期の岩出山家老、教育者、漢学者、歌人。
¶姓氏宮城，北海道文(鮎田如牛　あゆたじょぎゅう　[没]明治20(1887)年4月14日)，北海道歴(鮎田如牛　あゆたにょぎょう)

荒井顕道 あらいあきみち
文化11(1814)年～文久2(1862)年　[別]荒井清兵衛《あらいせいべえ》,新井清兵衛《あらいせいべえ》
江戸時代末期の代官。
¶朝日([生]文化11年2月21日(1814年4月11日)　[没]文久2年8月11日(1862年9月4日))，国書([生]文化11(1814)年2月21日　[没]文久2(1862)年8月11日)，国書(新井清兵衛　あらいせいべえ　生没年不詳)，コン改，コン4，日人，山梨百(荒井清兵衛　あらいせいべえ　[没]文久2(1862)年8月12日)

荒井郁之助 あらいいくのすけ
天保6(1835)年～明治42(1909)年
江戸時代末期～明治期の幕臣、海軍奉行。
¶朝日([生]天保6年4月29日(1835年5月26日)　[没]明治42(1909)年7月19日)，維新，江文([生]天保7(1836)年)，角史，神奈川人，近現，近世，国際，国史，コン改，コン4，コン5，史人([没]1909年7月19日)，新潮([没]明治42(1909)年7月19日)，人名，世百，先駆([生]天保6(1835)年4月29日　[没]明治42(1909)年7月19日)，全書，大百，土木([生]1836年4月29日　[没]1909年7月19日)，新潟百，日史([生]天保7(1836)年4月29日　[没]明治42(1909)年7月19日)，日人，日本，幕末([生]1836年6月11日　[没]1909年7月19日)，北海道百，北海道歴，洋学([生]天保7(1836)年)，履歴([生]天保7(1836)年4月29日　[没]明治42(1909)年7月19日)

新井奥邃(荒井奥邃) あらいおうすい
弘化3(1846)年～大正11(1922)年　[別]新井奥邃・新井常之進《あらいおうすい・あらいつねのしん》,新井常之進《あらいつねのしん》，荒井常之進《あらいつねのしん》
江戸時代末期～大正期の仙台藩士、宗教家。キリスト教徒。講和舎を起こす。著書に「奥邃広録」など。
¶アナ([生]弘化3(1846)年5月5日　[没]大正11(1922)年6月16日)，海越(荒井奥邃　[没]大正11(1922)年6月16日)，海越新([没]大正11(1922)年6月16日)，キリ([生]弘化3年5月5日(1846年5月29日)　[没]大正11(1922)年6月16日)，近文，コン改，コン5，社史(新井常之進　あらいつねのしん　[生]1846年5月29日　[没]1922年6月16日)，人名，世紀([生]弘化3(1846)年5月5日　[没]大正11(1922)年6月16日)，姓氏宮城，渡航(新井奥邃・新井常之進　あらいおうすい・あらいつねのしん　[没]1922年6月16日)，日人，平和，宮城百，民学，歴大

荒井加右衛門 あらいかえもん
享保8(1723)年～寛政2(1790)年
江戸時代中期の陸奥仙台藩士。
¶藩臣1

荒井金助 あらいかねすけ
→荒井金助(あらいきんすけ)

新井抱義 あらいかねよし
明和8(1771)年～？
江戸時代中期～後期の幕臣。
¶国書

新井勘四郎 あらいかんしろう
文政8(1825)年～明治45(1912)年　[別]新井勘四郎智昭《あらいかんしろうともあき》
江戸時代後期～明治期の甲源一刀流剣術家。
¶埼玉人，埼玉百(新井勘四郎智昭　あらいかんしろうともあき)

新井勘四郎智昭 あらいかんしろうともあき
→新井勘四郎(あらいかんしろう)

荒井金助 あらいきんすけ
文化5(1808)年～慶応2(1866)年　[別]荒井金助《あらいかねすけ》
江戸時代末期の箱館奉行支配調役。
¶維新(あらいかねすけ　[生]？)，国書(あらいかねすけ　[生]？　[没]慶応2(1866)年11月26日)，札幌，北海道百，北海道歴

新井邦孝 あらいくにたか
享保5(1720)年～安永4(1775)年8月18日
江戸時代中期の幕臣・故実家。
¶国書

新井源八郎 あらいげんぱちろう
文政7(1824)年～慶応1(1865)年
江戸時代末期の水戸藩士。
¶維新，新潮([没]慶応1(1865)年4月3日)，人名，日人，幕末([没]1865年4月27日)

荒井悟 あらいさとる
文政12(1829)年～明治39(1906)年6月29日
江戸時代末期～明治期の陸奥仙台藩士。
¶幕末

新井雀里 あらいじゃくり
*～明治33(1900)年
江戸時代末期～明治期の上野伊勢崎藩士。
¶群馬人([生]文化11(1814)年)，群馬百([生]1813年)，姓氏群馬([生]1813年)，藩臣2([生]文化11(1814)年)

荒井十内 あらいじゅうない
寛政4(1792)年～嘉永5(1852)年
江戸時代末期の志摩鳥羽藩士、柔術師範。
¶藩臣4，三重

荒井助市 あらいすけいち
？　～安永7(1778)年
江戸時代中期の出雲松江藩士。
¶島根歴(生没年不詳)，藩臣5

新井祐登 あらいすけたか
→新井白蛾(あらいはくが)

新井世傑 あらいせいけつ
→新井文山(あらいぶんざん)

荒井清兵衛(新井清兵衛) あらいせいべえ
→荒井顕道(あらいあきみち)

荒井全哉 あらいぜんさい
元禄3(1690)年～宝暦4(1754)年
江戸時代中期の陸奥仙台藩の執政。
¶人名，日人

新井荘司 あらいそうじ
文政12(1829)年～明治45(1912)年　[別]新井荘司年信《あらいそうじとしのぶ》
江戸時代後期～明治期の甲源一刀流剣術家。
¶埼玉人([没]明治45(1912)年3月27日)，埼玉百(新井荘司年信　あらいそうじとしのぶ)

新井荘司年信 あらいそうじとしのぶ
→新井荘司(あらいそうじ)

新井滄洲 あらいそうしゅう
正徳4(1714)年～寛政4(1792)年
江戸時代中期の儒者、陸奥仙台藩士。
¶国書([没]寛政4(1792)年4月16日)，人名，日人，宮城百

新井竹次郎 あらいたけじろう
天保10(1839)年～元治1(1864)年　[別]新井竹次郎《にいたけじろう》
江戸時代末期の志士。
¶維新，高知人(にいたけじろう)，人名，日人，幕末([没]1864年10月5日)

新井忠雄 あらいただお
天保6(1835)年～明治24(1891)年2月15日
江戸時代末期～明治期の新撰組隊士。
¶新撰([生]天保6年2月7日)，幕末([生]1835年3月5日)

新井常之進 あらいつねのしん
→新井奥邃(あらいおうすい)

荒井鉄之助 あらいてつのすけ
生没年不詳
江戸時代末期～明治期の下総佐倉藩士。
¶国書

荒井宣昭 あらいのぶあき
寛政8(1796)年～慶応1(1865)年5月18日
江戸時代後期～末期の仙台藩士。
¶国書

新井白蛾(新井白峨) あらいはくが
正徳5(1715)年～寛政4(1792)年　[別]新井祐登《あらいすけたか》
江戸時代中期の加賀藩士、儒学者、易家。
¶朝日([没]寛政4年5月14日(1792年7月2日))，石川百([生]1725年)，近世，国史，国書([没]寛政4(1792)年5月14日)，コン改([生]正徳4(1714)年)，コン4，新潮([没]寛政4(1792)年5月14日)，人名([生]1725年)，姓氏石川(新井白峨　[生]1725年)，姓氏石川(新井祐登　あらいすけたか　[生]？)，世人([生]正徳4(1714)年　[没]寛政4(1792)年5月15日)，全書，大百，日人

新井白石 あらいはくせき
明暦3(1657)年～享保10(1725)年　[別]新井君美《あらいきみよし》
江戸時代前期～中期の学者、政治家。甲府藩主徳川綱豊の侍講から綱豊が6代将軍家宣となると白石も幕臣として政治に参画、正徳の治を主導した。吉宗が8代将軍になると失脚。主な著書に「読史余論」「古史通」「采覧異言」「折りたく柴の記」など。
¶朝日([生]明暦3年2月10日(1657年3月24日)　[没]享保10年5月19日(1725年6月29日))，岩史([生]明暦3(1657)年2月10日　[没]享保10(1725)年5月19日)，江戸，江文，沖縄百([生]明暦3(1657)年2月10日　[没]享保10(1725)年5月19日)，角史，神奈川人，鎌倉，教育，キリ([生]明暦3(1657)年2月10日　[没]享保10(1725)年5月19日)，近世，群馬人，群馬百，考古([生]明暦3年(1657年2月1日)　[没]享保10年(1725年5月9日))，国史，国書([生]明暦3(1657)年2月10日　[没]享保10(1725)年5月19日)，古史，コン改，コン4，詩歌，史人([生]1657年2月10日　[没]1725年5月19日)，重要([生]明暦3(1657)年2月11日　[没]享保10(1725)年5月19日)，神史，人書79，人書94，神人([生]明暦3(1657)年2月　[没]享保10(1725)年5月)，新潮([生]明暦3(1657)年2月10日　[没]享保10(1725)年5月19日)，新文([生]明暦3(1657)年2月11日　[没]享保10(1725)年5月19日)，人名，姓氏神奈川，世人([生]明暦3(1657)年2月10日　[没]享保10(1725)年5月19日)，世百，全書，大百，千葉百，伝記，日音([生]明暦3(1657)年2月10日　[没]享保10(1725)年5月19日)，日史([生]明暦3(1657)年2月10日

[没]享保10（1725）年5月19日），日人，人情3，藩臣3，百科，文学，平史，北海道百，北海道歴，山梨百（[生]明暦3（1657）年2月10日　[没]享保10（1725）年5月9日），洋学，歴大，和俳（[生]明暦3（1657）年2月10日　[没]享保10（1725）年5月19日）

新井破魔男　あらいはまお
天保14（1843）年～慶応4（1868）年9月5日？
江戸時代後期～末期の新撰組隊士。
¶新撰

新井彦左衛門　あらいひこざえもん
生没年不詳
江戸時代中期の三河吉田藩士、剣術師範。
¶剣豪，藩臣4

新井文山　あらいぶんざん
安永8（1779）年～嘉永4（1851）年　[別]新井世傑《あらいせいけつ》
江戸時代後期の安房館山藩の儒学者。
¶江文，国書（[没]嘉永4（1851）年7月24日），人名（新井世傑　あらいせいけつ），千葉百，日人，幕末（[没]1851年8月20日），藩臣3

新井正済（新井正斉）　あらいまさなり
慶長2（1597）年～延宝6（1678）年
江戸時代前期の武士。
¶人名（新井正斉），日人

荒井盛従　あらいもりつぐ
生没年不詳
江戸時代中期の仙台藩士。
¶国書

荒尾石見守成允　あらおいわみのかみしげみつ
→荒尾成允（あらおしげまさ）

荒岡敏十郎　あらおかとしじゅうろう
弘化1（1844）年1月18日～明治39（1906）年12月5日
江戸時代後期～明治期の勤王志士。
¶徳島歴

荒尾成章　あらおしげあき
宝暦13（1763）年～文政4（1821）年7月20日
江戸時代中期～後期の幕臣。
¶国書

荒尾成章　あらおしげあきら
文政9（1826）年～明治36（1903）年　[別]荒尾成章《あらおなりあき》
江戸時代末期～明治期の因幡鳥取藩士。
¶維新，近現，近世，国史，新潮（[没]明治36（1903）年9月21日），人名，鳥取百（あらおなりあき），日人，幕末（[没]1903年9月21日），藩臣5（あらおなりあき）

荒尾成裕　あらおしげひろ
→荒尾清心斎（あらおせいしんさい）

荒尾成允　あらおしげまさ
＊～文久1（1861）年　[別]荒尾石見守成允《あらおいわみのかみしげみつ》
江戸時代末期の幕臣。
¶維新（[生]？），国書（[生]享和1（1801）年　[没]文久1（1861）年8月25日），長崎歴（荒尾石見守成允　あらおいわみのかみしげみつ　[生]享和1（1801）年），幕末（[生]？　[没]1861年9月29日）

荒尾清心斎　あらおせいしんさい
文化11（1814）年～＊　[別]荒尾成裕《あらおしげひろ，あらおなりひろ》
江戸時代末期～明治期の因幡鳥取藩家老。
¶維新（荒尾成裕　あらおしげひろ　[生]1818年　[没]1878年），コン改（[没]明治12（1879）年），コン4（[没]明治12（1879）年），コン5（[没]明治12（1879）年），新潮（[生]文政1（1818）年　[没]明治11（1878）年11月9日），人名（[没]1879年），鳥取百（荒尾成裕　あらおなりひろ　[没]明治12（1879）年），日人（[生]1815年　[没]1878年），幕末（荒尾成裕　あらおしげひろ　[生]1818年　[没]1878年11月9日），藩臣5（荒尾成裕　あらおなりひろ　[没]明治11（1878）年）

荒尾祖閑　あらおそかん
天正9（1581）年～慶安2（1649）年
江戸時代前期の武士。
¶岡山人，岡山歴（[没]慶安2（1649）年7月27日）

荒尾嵩就　あらおたかなり
文禄1（1592）年～寛文9（1669）年
江戸時代前期の因幡鳥取藩家老。
¶藩臣5

荒尾恒就　あらおつねなり
文政1（1818）年～明治31（1898）年
江戸時代末期～明治期の因幡鳥取藩家老。
¶鳥取百，藩臣5

荒音吉　あらおときち
生没年不詳
江戸時代後期の武士。
¶日人

荒尾成章　あらおなりあき
→荒尾成章（あらおしげあきら）

荒尾成紹　あらおなりあき
明暦3（1657）年～享保8（1723）年
江戸時代前期～中期の因幡鳥取藩家老。
¶藩臣5

荒尾成利　あらおなりとし
天正17（1589）年～明暦1（1655）年
江戸時代前期の因幡鳥取藩家老。
¶鳥取百，藩臣5

荒尾成裕　あらおなりひろ
→荒尾清心斎（あらおせいしんさい）

荒尾成房　あらおなりふさ
弘治2（1556）年～寛永7（1630）年
安土桃山時代～江戸時代前期の播磨姫路藩家老。
¶藩臣5，兵庫百

荒川伊織　あらかわいおり
生没年不詳
江戸時代後期の幕臣。
¶国書

荒川梅二　あらかわうめじ
→荒川梅二（あらかわばいじ）

荒川久太郎　あらかわきゅうたろう
→荒川秀種（あらかわひでたね）

荒川定昭 あらかわさだあき
～正徳4(1714)年
江戸時代前期の旗本。
¶神奈川人

荒川重政 あらかわしげまさ
～享保20(1735)年
江戸時代中期の旗本。
¶神奈川人

荒川重世 あらかわしげよ
江戸時代前期の旗本。
¶神奈川人([生]1566年　[没]1620年)，姓氏神奈川([生]1547年　[没]1601年)

荒川十右衛門 あらかわじゅうえもん
？～天保12(1841)年
江戸時代後期の越前福井藩士・俳人。
¶国書

荒川長兵衛 あらかわちょうべえ
？～元和4(1618)年
安土桃山時代～江戸時代前期の馬術家。
¶日人

荒川梅二 あらかわばいじ
*～慶応3(1867)年　[別]荒川梅二《あらかわうめじ》
江戸時代末期の陸奥会津藩家老北原采女の臣。
¶会津(あらかわうめじ　[生]？)，幕末([生]1804年　[没]1867年8月20日)

荒川彦太夫 あらかわひこだゆう
生没年不詳
江戸時代前期の槍術家。
¶日人

荒川秀種 あらかわひでたね
文政10(1827)年～明治15(1882)年　[別]荒川久太郎《あらかわきゅうたろう》
江戸時代末期～明治期の出羽秋田藩士。
¶秋田百，維新(荒川久太郎　あらかわきゅうたろう)，国書([生]文政10(1827)年4月16日　[没]明治15(1882)年1月17日)，コン改(荒川久太郎　あらかわきゅうたろう)，コン4(荒川久太郎　あらかわきゅうたろう)，コン5(荒川久太郎　あらかわきゅうたろう)，新潮(荒川久太郎　あらかわきゅうたろう　[生]文政10(1827)年4月16日　[没]明治15(1882)年2月17日)，人名，日人，幕末([没]1882年2月17日)，藩臣1

荒川某 あらかわぼう
～宝暦11(1761)年
江戸時代中期の旗本。
¶神奈川人

荒川又左衛門 あらかわまたざえもん
文化14(1817)年～明治29(1896)年
江戸時代後期～明治期の剣術家。天流。
¶剣豪

荒川類右衛門 あらかわるいえもん
天保4(1833)年～明治42(1909)年2月5日
江戸時代末期～明治期の陸奥会津藩士。
¶幕末

荒川類右衛門勝茂 あらかわるいえもんかつしげ
天保6(1835)年～？
江戸時代後期～明治期の会津藩筆頭家老北原采女の家臣。
¶会津

荒木荒次郎 あらきあらじろう
？～明治2(1869)年
江戸時代末期の志士。
¶姓氏山口

荒木栄懐 あらきえいかい
文化6(1809)年～明治23(1890)年　[別]荒木隼太《あらきはやた》
江戸時代末期～明治期の上総久留里藩家老。
¶維新，幕末([没]1890年1月5日)，藩臣3(荒木隼太　あらきはやた)

荒木数右衛門 あらきかずえもん
生没年不詳　[別]義勝
江戸時代末期の熊本藩士。1860年遣米使節に随行しアメリカに渡る。
¶海越，海越新

荒木計之助 あらきけいのすけ
？～慶応2(1866)年
江戸時代末期の剣客。
¶岡山人，岡山歴([没]慶応2(1866)年4月13日)

荒木騫之進 あらきけんのしん
生没年不詳
江戸時代後期の伊勢津藩士。
¶国書

荒木玄蕃 あらきげんば
享和2(1802)年～文久2(1862)年
江戸時代末期の但馬出石藩家老。
¶藩臣5

荒木信三郎 あらきしんざぶろう
？～慶応4(1868)年
江戸時代後期～末期の新撰組隊士。
¶新撰

荒木西巌 あらきせいがん
～大正14(1925)年
江戸時代末期～大正期の伊勢津藩士。
¶三重

荒木代右衛門(1) あらきだいえもん
正徳3(1713)年～天明6(1786)年
江戸時代中期の上総久留里藩士。
¶藩臣3

荒木代右衛門(2) あらきだいえもん
元文5(1740)年～文化4(1807)年
江戸時代中期～後期の上総久留里藩士。
¶藩臣3

荒木大八 あらきだいはち
享保19(1734)年～文化2(1805)年
江戸時代中期～後期の常陸土浦藩士。
¶藩臣2

荒木高綱 あらきたかつな
生没年不詳
江戸時代中期の陸奥三春藩士。
¶藩臣2

荒木高尚 あらきたかなお
？～享保13(1728)年

江戸時代中期の武士、幕臣。
¶和歌山人

荒木高村 あらきたかむら
生没年不詳
江戸時代中期の陸奥三春藩士。
¶藩臣2

荒木田左馬之輔 あらきださまのすけ
天保10（1839）年頃～文久3（1863）年10月
江戸時代後期～末期の新撰組隊士。
¶新撰

荒木帯刀 あらきたてわき
元禄8（1695）年～明和7（1770）年
江戸時代中期の但馬出石藩家老。
¶藩臣5

荒木団蔵 あらきだんぞう
？　～安永2（1773）年
江戸時代中期の剣客。
¶岡山人，岡山歴（[没]安永2（1773）年7月8日）

荒木忠栄 あらきちゅうえい
宝暦11（1761）年～嘉永6（1853）年5月3日
江戸時代中期～後期の馬術家。
¶国書

荒木隼太(1) あらきはやた
安永2（1773）年～弘化3（1846）年
江戸時代後期の上総久留里藩士。
¶藩臣3

荒木隼太(2) あらきはやた
→荒木栄懐（あらきえいかい）

荒木兵蔵 あらきへいぞう
生没年不詳
江戸時代後期の信濃高遠藩用人。
¶藩臣3

荒木又右衛門 あらきまたえもん
慶長4（1599）年～寛永15（1638）年
江戸時代前期の播磨姫路藩士、因幡鳥取藩士、剣術家。
¶朝日（[生]慶長3（1598）年　[没]寛永15年8月28日（1638年10月5日）），岩史（[没]寛永15（1638）年8月28日），岡山人，岡山百（[没]寛永15（1638）年8月28日），岡山歴，角史（[生]慶長3（1598）年），郷土奈良（[生]1597年　[没]1637年），近世（[生]1598年），剣豪，コン改（[没]寛永14（1637）年），コン4，史人（[没]1638年8月28日），新潮（[没]寛永15（1638）年8月28日），人名（[生]1601年），世人（[没]寛永15（1637）年8月28日），世百，全書（[生]1598年），大百，鳥取百，日史（[没]寛永15（1638）年8月25日），日人，藩臣5，百科，三重（[没]寛永14年8月24日），歴大

荒木無人斎 あらきむにんさい
生没年不詳
安土桃山時代～江戸時代前期の武術家。
¶日人

荒木元政 あらきもとまさ
慶長4（1599）年～寛文11（1671）年10月16日
安土桃山時代～江戸時代前期の幕臣。
¶国書

荒木要平 あらきようへい
文化12（1815）年～明治8（1875）年
江戸時代後期～明治期の剣術家。神道無念流。
¶岡山人，岡山歴（[生]？　[没]明治8（1875）年2月18日），剣豪

荒至重 あらししじゅう
→荒至重（あらしじゅう）

荒至重 あらしじゅう
文政9（1826）年～明治42（1909）年5月7日　[別]荒至重《あらししじゅう，あらむねしげ》
江戸時代末期～明治期の北郷代官。
¶国書（[生]文政9（1826）年9月13日），人名（あらししじゅう），数学（[生]文政9（1826）年9月13日），日人，幕末（あらむねしげ）

荒瀬弥五左衛門 あらせやござえもん
？　～享保20（1735）年
江戸時代中期の伊予西条藩士。
¶藩臣6

新田目道茂 あらためみちしげ
寛政12（1800）年～安政2（1855）年11月17日
江戸時代後期～末期の秋田藩士。
¶国書

荒砥武伴 あらとたけとも
生没年不詳
江戸時代後期の仙台藩士。
¶国書

荒巻左源太 あらまきさげんた
？　～文久3（1863）年10月15日
江戸時代末期の紀伊和歌山藩士。
¶幕末

荒巻利蔭 あらまきとしかげ
天保7（1836）年～大正2（1913）年
江戸時代末期～大正期の歌人、紀伊和歌山藩士。能楽、茶、花、俗曲などの諸芸に達し、歌道に長じた。
¶人名，日人

荒巻秀道 あらまきひでみち
安土桃山時代～江戸時代前期の武士。佐竹氏家臣。
¶戦人（生没年不詳），戦東

荒巻羊三郎 あらまきようざぶろう
天保12（1841）年～元治1（1864）年
江戸時代末期の筑後久留米藩士。
¶維新，コン改，コン4，人名，日人，幕末（[没]1864年3月23日）

荒至重 あらむねしげ
→荒至重（あらしじゅう）

新谷帯刀 あらやたてわき
？　～天和1（1681）年
江戸時代前期の遠野南部氏家臣。
¶姓氏岩手

有賀長呂 ありがおさとも
？　～寛永5（1628）年
江戸時代前期の武士。
¶和歌山人

有賀織之助 ありがおりのすけ
嘉永6（1853）年～明治1（1868）年

江戸時代末期の陸奥会津藩士。
¶幕末（[没]1868年10月8日），藩臣2

有賀嘉藤治 ありがかとうじ
？ 〜文政3（1820）年
江戸時代中期〜後期の剣術家。林崎夢想流。
¶剣豪

有賀左京 ありがさきょう
江戸時代前期の初代高岡町奉行。
¶姓氏富山

有賀半弥 ありがはんや
天保10（1839）年〜文久1（1861）年
江戸時代末期の水戸藩士。
¶維新（[生]1830年），コン改（[生]天保1（1830）年），コン4，新潮（[没]文久1（1861）年5月28日），人名（[生]1830年），日人，幕末（[没]1861年7月5日），藩臣2

有賀満包 ありがみつかね
元禄14（1701）年4月15日〜明和5（1768）年2月9日
江戸時代中期の会津藩士。
¶国書

有川七之助 ありかわしちのすけ
江戸時代末期の薩摩藩士。
¶姓氏鹿児島，幕末（生没年不詳）

有川恒槌 ありかわつねづち，ありかわつねつち
弘化3（1846）年〜元治1（1864）年
江戸時代末期の長門長府藩士。
¶維新，コン改（ありかわつねつち），コン4（ありかわつねつち），人名（ありかわつねつち），日人，幕末（[没]1864年8月20日），藩臣6

有川夢宅 ありかわむたく
江戸時代前期の鹿籠郷士。
¶姓氏鹿児島

有川矢九郎 ありかわやくろう
天保2（1831）年〜？
江戸時代末期の薩摩藩士。
¶姓氏鹿児島，日人（[没]1908年），幕末

蟻川与一右衛門 ありかわよいちえもん
生没年不詳
江戸時代の川越藩家老。
¶埼玉人

有阪長為 ありさかちょうい
→有坂長為（ありさかながため）

有坂長為（有阪長為） ありさかながため
*〜安政2（1855）年 [別]有阪長為《ありさかちょうい》
江戸時代後期の武士。吉川の家臣。
¶人名（有阪長為　ありさかちょうい　[生]1784年），姓氏山口（[生]？），日人（[生]1784年），幕末（有阪長為　[生]1786年　[没]1855年2月18日）

有沢弌善 ありさわいちぜん
？ 〜文化7（1810）年 [別]有沢宗意弌善《ありざわそういかずよし》，有沢弌善《ありざわかずよし》
江戸時代後期の茶匠、松江藩家老。
¶茶道，島根人（ありざわかずよし），島根歴（有沢宗意弌善　ありざわそういかずよし）

有沢采女 ありさわうねめ
永禄4（1561）年〜寛永8（1631）年6月23日
安土桃山時代〜江戸時代前期の武将。
¶庄内

有沢織部 ありざわおりべ
？ 〜延宝2（1674）年
江戸時代前期の雲藩家老。有澤家初代、菅田山荘創建。
¶島根歴

有沢弌通 ありざわかずみち
？ 〜*
江戸時代中期の茶匠、出雲松江藩家老職。
¶島根人（[没]安政5（1858）年），島根歴（[没]安永5（1776）年）

有沢弌善 ありざわかずよし
→有沢弌善（ありさわいちぜん）

有沢貞庸 ありさわさだつね
？ 〜天保8（1837）年
江戸時代後期の加賀藩士。
¶国書（[没]天保8（1837）年7月8日），姓氏石川

有沢貞幹 ありさわさだもと
？ 〜*
江戸時代中期〜後期の加賀藩士・軍学者。
¶国書（[没]寛政2（1790）年5月26日），姓氏石川（[没]1789年）

有沢宗意弌善 ありざわそういかずよし
→有沢弌善（ありさわいちぜん）

有沢武貞 ありさわたけさだ
天和2（1682）年〜元文4（1739）年
江戸時代前期〜中期の加賀藩士・軍学者。
¶石川百，国書（[没]元文4（1739）年9月25日），姓氏石川（[生]？）

有沢永貞 ありさわながさだ
*〜正徳5（1715）年
江戸時代前期〜中期の加賀藩士。
¶石川百（[生]1638年），国書（[生]寛永16（1639）年 [没]正徳5（1715）年11月7日），人名（[生]1639年），姓氏石川（[生]1638年），日人（[生]1639年），藩臣3（[生]？）

有沢命貞 ありさわのりさだ
宝暦7（1757）年〜寛政6（1794）年12月6日
江戸時代中期〜後期の加賀藩士・軍学者。
¶国書

有沢致貞 ありさわむねさだ
*〜宝暦2（1752）年
江戸時代中期の加賀藩士・軍学者。
¶国書（[生]元禄2（1689）年 [没]宝暦2（1752）年12月4日），姓氏石川（[生]？）

有沢盛貞 ありさわもりさだ
？ 〜宝暦9（1759）年7月24日
江戸時代中期の加賀藩士。
¶国書

有沢師貞 ありさわもろさだ
生没年不詳
江戸時代後期の加賀藩士・軍学者。
¶国書

有沢倚貞 ありさわよりさだ
延享4（1747）年〜明和7（1770）年7月10日
江戸時代中期の加賀藩士。
¶国書

有田貞勝 ありたさだかつ
元文2（1737）年〜？
江戸時代中期の武士。
¶日人

有田常蔵 ありたつねぞう
天保11（1840）年〜慶応2（1866）年6月11日
江戸時代末期の奇兵隊士。
¶幕末

有地内蔵允 ありちくらのじょう
？　〜明治18（1885）年
江戸時代後期〜明治期の剣術家。新陰流。
¶剣豪

蟻通勘吾 ありどおしかんご
天保10（1839）年〜明治2（1869）年
江戸時代末期の志士。
¶新撰（㊦明治2年5月11日），幕末（㊦1869年6月20日）

蟻通七五三之進 ありどおししめのしん
江戸時代末期の新撰組隊士。
¶新撰

有原小六 ありはらころく
安土桃山時代〜江戸時代前期の武士。里見氏家臣。
¶戦人（生没年不詳），戦東

有福恂允 ありふくじゅんいん
→有福恂允（ありふくじゅんすけ）

有福恂允 ありふくじゅんすけ
天保2（1831）年〜明治9（1876）年　㊙有福恂允《ありふくじゅんいん》
江戸時代末期〜明治期の周防岩国藩士。
¶人名（ありふくじゅんいん），日人，幕末（㊦1876年12月3日）

有馬一郎 ありまいちろう
安永9（1780）年〜安政1（1854）年　㊙有馬義成《ありよしなり》
江戸時代後期の薩摩藩士。
¶維新，鹿児島百，国書（有馬義成　ありまよしなり），姓氏鹿児島，幕末，藩臣7

有馬石見 ありまいわみ
？　〜宝暦6（1756）年
江戸時代中期の筑後久留米藩家老。
¶藩臣7

有馬氏貞 ありまうじさだ
文化9（1812）年〜天保4（1833）年
江戸時代後期の大名。上総五井藩主。
¶諸系，日人，藩主2（㊦天保4（1833）年1月28日）

有馬氏郁 ありまうじしげ
天保2（1831）年〜文久2（1862）年
江戸時代末期の大名。上総五井藩主、下野吹上藩主。
¶諸系，栃木歴，日人，藩主1（㊦文久2（1862）年10月17日），藩主2

有馬氏恒 ありまうじつね
元文4（1739）年〜宝暦10（1760）年
江戸時代中期の大名。伊勢南崎藩主。
¶諸系，人名，日人，藩主3（㊦宝暦10（1760）年2月24日）

有馬氏倫 ありまうじのり
寛文8（1668）年〜享保20（1735）年12月12日
江戸時代中期の大名。伊予西条藩主、徳川吉宗の側近。
¶朝日（㊦享保20年12月12日（1736年1月24日）），岩史，コン4（㊦享保20（1736）年），史人，諸系（㊦1736年），人名，日史，日人（㊦1736年），藩主3，和歌山人

有馬氏久 ありまうじひさ
元禄12（1699）年〜明和8（1771）年
江戸時代中期の大名。伊予西条藩主。
¶諸系，人名，日人，藩主3（㊦明和8（1771）年2月26日）

有馬氏弘 ありまうじひろ
嘉永3（1850）年〜？
江戸時代末期の大名。下野吹上藩主。
¶諸系，栃木歴，日人，藩主1

有馬氏房 ありまうじふさ
宝暦7（1757）年〜安永2（1773）年
江戸時代中期の大名。伊勢南林崎藩主。
¶諸系，人名，日人，藩主3（㊦安永2（1773）年閏3月20日）

有馬氏保 ありまうじやす
宝暦12（1762）年〜寛政2（1790）年
江戸時代中期の大名。上総五井藩主。
¶諸系，人名，日人，藩主2（㊦寛政2（1790）年7月29日）

有馬氏恕 ありまうじよし
宝暦11（1761）年〜天明3（1783）年
江戸時代中期の大名。伊勢南林崎藩主、上総五井藩主。
¶諸系，人名，日人，藩主2（㊦天明3（1783）年9月26日），藩主3（㊦天明3（1783）年9月26日）

有馬一準 ありまかずのり
＊〜宝暦7（1757）年　㊙有馬寿純《ありまとしすみ》
江戸時代中期の大名。越前丸岡藩主。
¶諸系（㊤1698年），人名（有馬寿純　ありまとしすみ　㊤1697年），日人（㊤1698年），藩主3（㊤禄10（1697）年12月2日，〔異説〕12月4日　㊦宝暦7（1757）年8月20日）

有馬河内 ありまかわち
→有馬監物⑵（ありまけんもつ）

有馬喜三太（有馬喜惣太）ありまきそうた，ありまきそうだ
＊〜明和6（1769）年
江戸時代中期の長州（萩）藩士、絵師。
¶国書（ありまきそうだ　㊤宝永6（1709）年㊦明和6（1769）年10月14日），姓氏山口（㊤？），藩臣6（有馬喜惣太　㊤宝永6（1709）年），山口百（㊤？）

有馬清純　ありまきよずみ,ありまきよすみ
正保1(1644)年～元禄15(1702)年
江戸時代前期～中期の大名。日向延岡藩主、越後糸魚川藩主、越前丸岡藩主。
¶郷土福井，諸系([没]1703年)，人名(ありまきよすみ)，新潟百(生没年不詳)，日人([没]1703年)，藩主3([生]1643年)，藩主3(ありまきよすみ　[生]正保1(1644)年1月7日　[没]元禄15(1702)年12月10日)，藩主4(ありまきよすみ　[生]正保1(1644)年1月7日　[没]元禄15(1702)年12月10日)，福井百(ありまきよすみ)，宮崎百(ありまきよすみ　[生]寛永21(1644)年1月7日　[没]元禄15(1702)年12月10日)

有馬元晁　ありまげんちょう
？～寛政2(1790)年　[別]有馬文仲《ありまぶんちゅう》
江戸時代中期の丹波福知山藩士。
¶国書，藩臣5(有馬文仲　ありまぶんちゅう)

有馬監物(1)　ありまけんもつ
寛永6(1629)年頃～元禄7(1694)年
江戸時代前期の筑後久留米藩家老。
¶藩臣7

有馬監物(2)　ありまけんもつ
文政5(1822)年～明治1(1868)年　[別]有馬河内《ありまかわち》，有馬昌長《ありままさなが》
江戸時代末期の筑後久留米藩家老。
¶維新，新潮([生]文政5(1822)年4月1日　[没]慶応4(1868)年4月11日)，日人，幕末([没]1868年5月3日)，藩臣7(有馬河内　ありまかわち)，福岡百(有馬昌長　ありままさなが　[生]文政5(1822)年4月1日　[没]慶応4(1868)年4月11日)

有馬幸次　ありまこうじ
→有馬幸次(ありまゆきじ)

有馬誉純　ありましげすみ,ありましげずみ
明和6(1769)年～天保7(1836)年
江戸時代中期～後期の大名。越前丸岡藩主。
¶国書([生]明和6(1769)年4月17日　[没]天保7(1836)年10月27日)，諸系(ありましげずみ)，人名([生]1766年)，日人(ありましげずみ)，藩主3([生]明和6(1769)年4月17日　[没]天保7(1836)年10月27日)

有村次左衛門　ありまじざえもん
→有村次左衛門(ありむらじざえもん)

有馬新七　ありましんしち
文政8(1825)年～文久2(1862)年　[別]有馬正義《ありままさよし》
江戸時代末期の薩摩藩の志士。
¶朝日([生]文政8年11月4日(1825年12月13日)　[没]文久2年4月23日(1862年5月21日))，維新，岩史([生]文政8(1825)年11月4日　[没]文久2(1862)年4月23日)，鹿児島百，角史，京都大，近世，国史，国書(有馬正義　ありままさよし　[生]文政8(1825)年11月4日　[没]文久2(1862)年4月23日)，コン改，コン4，史人([生]1825年11月4日　[没]1862年4月23日)，重要([生]文政8(1825)年11月4日　[没]文久2(1862)年4月23日)，新潮([生]文政8(1825)年11月4日　[没]文久2(1862)年4月23日)，人名，姓氏鹿児島，姓氏京都，世人([生]文政8(1825)年11月4日　[没]文久2(1862)年4月23日)，全書，日史([生]文政8(1825)年11月4日　[没]文久2(1862)年4月23日)，日人，幕末([没]1862年5月21日)，藩臣7，百科，歴大

有馬純堯　ありますみたか
弘化2(1845)年～明治25(1892)年1月22日
江戸時代末期～明治期の薩摩藩士。
¶幕末

有馬純息　ありますみやす
～享保14(1729)年
江戸時代中期の旗本。
¶神奈川人

有馬純珍　ありますみよし
寛文9(1669)年～元文3(1738)年12月11日
江戸時代前期～中期の幕臣。
¶国書

有馬荘十郎　ありまそうじゅうろう
？～明治10(1877)年
江戸時代末期～明治期の志士。
¶人名(生没年不詳)，日人

有馬孝純　ありまたかずみ,ありまたかすみ
正徳5(1715)年～宝暦7(1757)年
江戸時代中期の大名。越前丸岡藩主。
¶諸系，人名(ありまたかすみ)，日人，藩主3(ありまたかすみ　[生]享保2(1717)年12月24日　[没]宝暦7(1757)年2月8日)

有馬武右衛門　ありまたけえもん
生没年不詳
江戸時代末期の武士。
¶和歌山人

有馬忠頼　ありまただより
慶長8(1603)年～明暦1(1655)年
江戸時代前期の大名。筑後久留米藩主。
¶諸系，人名，日人，藩主4([没]承応4(1655)年3月20日)，福岡百([没]承応4(1655)年3月20日)

有馬照長　ありまてるなが
天明1(1781)年～嘉永4(1851)年　[別]有馬照長《ありまてるひさ》
江戸時代後期の筑後久留米藩家老。
¶幕末([没]1851年8月9日)，藩臣7(ありまてるひさ)，福岡百([生]天明1(1781)年4月18日　[没]嘉永4(1851)年7月13日)

有馬照長　ありまてるひさ
→有馬照長(ありまてるなが)

有馬藤太　ありまとうた
天保8(1837)年～大正13(1924)年
江戸時代末期～明治期の薩摩藩士。
¶維新，鹿児島百，人名，姓氏鹿児島，日人，幕末([没]1927年7月)，藩臣7

有馬寿純　ありまとしすみ
→有馬一準(ありまかずのり)

有馬豊氏　ありまとようじ
永禄12(1569)年～寛永19(1642)年　[別]有馬玄蕃頭《ありまげんばのかみ》
安土桃山時代～江戸時代前期の大名。遠江横須賀藩主、丹波福知山藩主、筑後久留米藩主、利休七哲。

¶朝日（[没]寛永19年閏9月29日（1642年11月21日）），岩史（[没]寛永19（1642）年9月30日），京都府，近世，国史，国書（[没]寛永19（1642）年9月30日），コン改，コン4，茶道，史人（[没]1642年閏9月29日），重要（[没]寛永19（1642）年閏9月30日），諸系，新潮（[没]寛永19（1642）年9月30日），人名，戦合，戦国（[生]1542年　[没]1614年），戦人，日人，藩主2，藩主3，藩主4（[生]永禄12（1569）年，（異説）永禄10年5月3日　[没]寛永19（1642）年9月30日），兵庫百（[生]？），福岡百（[没]寛永19（1642）年9月30日），歴大

有馬豊祐　ありまとよすけ
正保3（1646）年～＊
江戸時代前期～中期の大名。筑後松崎藩主。
¶諸系（[没]1701年），人名（[没]1700年），日人（[没]1701年），藩主4（[没]元禄13（1700）年12月28日）

有馬内記　ありまないき
生没年不詳
江戸時代中期の筑後久留米藩家老。
¶藩臣7

有馬直純　ありまなおずみ，ありまなおすみ
天正14（1586）年～寛永18（1641）年　[別]サンセズ
江戸時代前期の大名。肥前日之江藩主、日向延岡藩主。
¶朝日（[没]寛永18年4月25日（1641年6月3日）），岩史（[没]寛永18（1641）年4月25日），キリ（[没]寛永18年4月25日（1641年6月3日）），近世，国史，コン4，史人（[没]1641年4月25日），諸系，新潮（[没]寛永18（1641）年4月25日），人名（ありまなおすみ），戦合，戦人，戦補（[生]1587年　[没]1642年），日史（[没]寛永18（1641）年4月25日），日人，藩主4（[没]寛永18（1641）年4月25日），百科，宮崎百（[没]寛永18（1641）年4月25日），歴大

有馬則篤　ありまのりあつ
文政9（1826）年～明治30（1897）年10月3日
江戸時代末期～明治期の江戸北町奉行。
¶維新，幕末

有馬徳純　ありまのりずみ，ありまのりすみ
文化1（1804）年～天保8（1837）年
江戸時代後期の大名。越前丸岡藩主。
¶諸系，日人，藩主3（ありまのりすみ　[生]文化1（1804）年5月1日　[没]天保8（1837）年9月22日）

有馬則維　ありまのりつぐ
→有馬則維（ありまのりふさ）

有馬則維　ありまのりふさ
延宝2（1674）年～元文3（1738）年　[別]有馬則維《ありまのりつぐ》
江戸時代中期の大名。筑後久留米藩主。
¶江戸東（ありまのりつぐ），近世，諸系，人名，日人，藩主4（[生]延宝2（1674）年3月3日　[没]元文3（1738）年4月1日），福岡百（[没]元文3（1738）年4月1日）

有馬播磨　ありまはりま
寛政3（1791）年～嘉永3（1850）年
江戸時代末期の筑後久留米藩家老。
¶藩臣7

有馬温純　ありまはるずみ，ありまはるすみ
文政12（1829）年～安政2（1855）年
江戸時代末期の大名。越前丸岡藩主。
¶諸系，日人，藩主3（ありまはるすみ　[生]文政12（1829）年？　[没]安政2（1855）年4月25日）

有馬久保　ありまひさやす
安永8（1779）年～文化11（1814）年
江戸時代後期の大名。上総五井藩主。
¶諸系，日人，藩主2（[没]文化11（1814）年7月）

有馬百鞭　ありまひゃくべん
天保6（1835）年～明治39（1906）年
江戸時代末期～明治期の鳥羽藩士。
¶維新，人名（[生]？），日人，幕末（[没]1906年5月30日），藩臣4，美家（[生]天保6（1835）年10月25日　[没]明治39（1906）年5月30日），三重（[生]天保6年10月25日）

有馬豊前　ありまぶぜん
→有馬豊前守（ありまぶぜんのかみ）

有馬豊前守　ありまぶぜんのかみ
？　～＊　[別]有馬豊前《ありまぶぜん》
江戸時代前期の剣術家。
¶剣豪（有馬豊前　ありまぶぜん　[没]寛文12（1672）年），日人（[没]1673年）

有馬文仲　ありまぶんちゅう
→有馬元晁（ありまげんちょう）

有馬允純　ありままさずみ，ありままさすみ
延享4（1747）年～安永1（1772）年
江戸時代中期の大名。越前丸岡藩主。
¶諸系，人名（ありままさすみ），日人，藩主3（ありままさすみ　[生]延享4（1747）年3月15日　[没]安永1（1772）年9月2日）

有馬昌長　ありままさなが
→有馬監物(2)（ありまけんもつ）

有馬正義　ありままさよし
→有馬新七（ありましんしち）

有馬道純　ありまみちずみ，ありまみちすみ
天保8（1837）年～明治36（1903）年
江戸時代末期～明治期の大名。越前丸岡藩主。
¶維新，諸系，人名（ありまみちすみ），日人，幕末（[没]1903年5月24日），藩主3（ありまみちすみ　[生]天保8（1837）年9月9日　[没]明治36（1903）年5月24日）

有馬康純　ありまやすずみ，ありまやすすみ
慶長18（1613）年～元禄5（1692）年
江戸時代前期の大名。日向延岡藩主。
¶諸系，人名（ありまやすすみ），日人，藩主4（[生]慶長18（1613）年8月1日　[没]元禄5（1692）年4月12日）

有馬幸次　ありまゆきじ
天保14（1843）年～明治3（1870）年　[別]有馬幸次《ありまこうじ》，大濤緩《おおなみかん》
江戸時代末期～明治期の志士。
¶姓氏山口（ありまこうじ），幕末（[没]1870年4月5日）

有馬義成　ありまよしなり
→有馬一郎（ありまいちろう）

有馬慶頼 ありまよしより
→有馬頼咸(ありまよりしげ)

有馬頼咸(有馬頼咸) ありまよりしげ
文政11(1828)年～明治14(1881)年 [別]有馬慶頼《ありまよしより》，有馬頼成《ありまよりしげ》
江戸時代末期～明治期の大名。筑後久留米藩主。
¶維新(有馬慶頼 ありまよしより)，諸系，人名(有馬頼成)，日人，幕末(有馬慶頼 ありまよしより [没]1881年5月21日)，藩主4([生]文政11(1828)年7月17日 [没]明治14(1881)年5月21日)

有馬頼貴 ありまよりたか
延享3(1746)年～文化9(1812)年
江戸時代中期～後期の大名。筑後久留米藩主。
¶諸系，人名([生]1745年)，日人，藩主4([生]延享3(1746)年4月2日 [没]文化9(1812)年2月3日)

有馬頼永 ありまよりとう
→有馬頼永(ありまよりとお)

有馬頼永 ありまよりとお
文政5(1822)年～弘化3(1846)年 [別]有馬頼永《ありまよりとう，ありまよりなが》
江戸時代後期の大名。筑後久留米藩主。
¶近世，国史，国書(ありまよりなが [生]文政5(1822)年3月23日 [没]弘化3(1846)年7月3日)，コン改(ありまよりとう)，コン4(ありまよりとう)，諸系，新潮([生]文政5(1822)年3月23日 [没]弘化3(1846)年7月3日)，人名(ありまよりとう)，日人，藩主4([生]文政5(1822)年3月3日 [没]弘化3(1846)年6月20日)，福岡百([生]文政5(1822)年3月23日 [没]弘化3(1846)年7月3日)，和俳

有馬頼利 ありまよりとし
承応1(1652)年～寛文8(1668)年
江戸時代前期の大名。筑後久留米藩主。
¶諸系，人名，日人，藩主4([没]寛文8(1668)年6月24日)

有馬頼永 ありまよりなが
→有馬頼永(ありまよりとお)

有馬頼徳 ありまよりのり
寛政9(1797)年～弘化1(1844)年
江戸時代後期の大名。筑後久留米藩主。
¶諸系，人名，日人，藩主4([生]寛政9(1797)年6月22日 [没]天保15(1844)年4月3日)

有馬頼旨 ありまよりむね
貞享2(1685)年～宝永3(1706)年
江戸時代中期の大名。筑後久留米藩主。
¶諸系，人名([生]1686年)，日人，藩主4([生]貞享2(1685)年6月3日 [没]宝永3(1706)年4月8日)

有馬頼元 ありまよりもと
承応3(1654)年～宝永2(1705)年
江戸時代前期～中期の大名。筑後久留米藩主。
¶諸系，人名，日人，藩主4([生]承応3(1654)年2月25日 [没]宝永2(1705)年7月20日)

有馬頼徸 ありまよりゆき
正徳4(1714)年～天明3(1783)年
江戸時代中期の和算家、大名。筑後久留米藩主。
¶朝日([生]正徳4年11月25日(1714年12月31日) [没]天明3年11月23日(1783年12月16日))，江戸東，近世，国史，国書([生]正徳4(1714)年11月25日 [没]天明3(1783)年11月23日)，コン改，コン4，史人([生]1714年11月25日 [没]1783年11月23日)，諸系，新潮([生]正徳4(1714)年11月25日 [没]天明3(1783)年11月23日)，人名([生]1712年)，世人([没]天明3(1783)年10月23日)，全書，大百，日史([没]天明3(1783)年11月23日)，日人，藩主4([生]正徳4(1714)年11月24日 [没]天明3(1783)年11月23日)，百科，福岡百([生]正徳2(1712)年 [没]天明3(1783)年11月23日)，歴大

有村国彦 ありむらくにひこ
江戸時代末期の薩摩藩士。
¶維新，姓氏鹿児島，幕末(生没年不詳)

有村次左衛門(有村治左衛門) ありむらじざえもん
天保9(1838)年～万延1(1860)年 [別]有村次左衛門《ありまじざえもん》
江戸時代末期の志士、薩摩藩士。井伊直弼を暗殺。
¶朝日([生]天保9年12月28日(1839年2月11日) [没]万延1年3月3日(1860年3月24日))，維新，江戸(有村治左衛門)，鹿児島百，近世，国史，コン改，コン4，史人([生]1838年12月28日 [没]1860年3月3日)，新潮([生]天保9(1838)年12月28日 [没]万延1(1860)年3月3日)，人名，姓氏鹿児島，世人([没]万延1(1860)年3月3日)，世百，日史([生]天保9(1838)年12月28日 [没]万延1(1860)年3月3日)，日人([生]1839年)，幕末([生]1839年 [没]1860年3月24日)，藩臣7，百科，歴大(ありまじざえもん)

有村雄助 ありむらゆうすけ
天保4(1833)年～万延1(1860)年
江戸時代末期の薩摩藩士。
¶維新，鹿児島百，コン改([生]天保6(1835)年)，コン4([生]天保6(1835)年)，新潮([没]万延1(1860)年3月23日)，人名([生]1835年)，姓氏鹿児島，日人，幕末([没]1860年4月13日)

有元佐政 ありもとすけまさ
～寛永9(1632)年
江戸時代前期の武士。
¶岡山人

有本応虎 ありもとまさとら
生没年不詳 [別]有本楽山《ありもとらくざん》
江戸時代末期の紀伊和歌山藩士。
¶国書(有本楽山 ありもとらくざん)，幕末，和歌山人

有本楽山 ありもとらくざん
→有本応虎(ありもとまさとら)

有吉熊次郎 ありよしくまじろう
天保13(1842)年～元治1(1864)年
江戸時代末期の長州(萩)藩士。
¶維新，コン改，コン4，新潮([生]天保14(1843)年 [没]元治1(1864)年7月19日)，人名([生]1843年)，日人，幕末([没]1864年8月20日)，藩臣6

有吉公甫 ありよしこうほ
寛保1(1741)年～天明7(1787)年 [別]有吉高陽《ありよしこうよう》
江戸時代中期の漢学者、長州(萩)藩士。

¶国書（有吉高陽　ありよしこうよう　[没]天明7（1787）年9月21日），人名，日人

有吉高陽　ありよしこうよう
→有吉公甫（ありよしこうほ）

有吉将監　ありよししょうげん
江戸時代末期の肥後熊本藩家老。
¶維新

有吉蔵器　ありよしぞうき
享保19（1734）年～寛政12（1800）年
江戸時代中期～後期の備前岡山藩士。
¶岡山人（[生]享保18（1733）年　[没]寛政11（1799）年），岡山百（[没]寛政12（1800）年9月13日），岡山歴（[没]寛政12（1800）年9月13日），国書（[生]享保18（1733）年　[没]寛政11（1799）年9月26日），人名，日人，藩臣6（[生]享保18（1733）年）

有吉大蔵　ありよしたいぞう
慶長18（1613）年～延宝7（1679）年
江戸時代前期の肥後熊本藩家老。
¶藩臣7

有賀左司馬　あるがさじま
安永6（1777）年～？
江戸時代中期～後期の剣術家。安光流。
¶剣豪

有賀新作　あるがしんさく
弘化3（1846）年～明治39（1906）年
江戸時代末期～明治期の上野吉井藩士。
¶藩臣2

有賀与惣右衛門　あるがよそうえもん
安永1（1772）年～文政2（1819）年
江戸時代後期の信濃高遠藩祐筆。
¶藩臣3

粟阪守煕　あわさかもりひろ
生没年不詳
江戸時代中期の肥後熊本藩士。
¶国書5

粟沢汶右衛門　あわざわぶんえもん
享和3（1803）年～明治13（1880）年
江戸時代末期～明治期の千人同心、組頭。
¶維新

粟津高明　あわづこうめい
→粟津高明（あわづたかあきら）

粟津高明　あわづたかあき
→粟津高明（あわづたかあきら）

粟津高明　あわづたかあきら
天保9（1838）年～明治13（1880）年　[別]粟津高明《あわづこうめい，あわづたかあき》
江戸時代末期～明治期の近江膳所藩士、キリシタン。
¶朝日（あわづたかあき　[生]天保9年4月29日（1838年5月22日）　[没]明治13（1880）年10月29日），キリ（あわづこうめい　[生]天保9年4月29日（1838年5月22日）　[没]明治13（1880）年10月29日），近現，国史，史人（[生]1838年4月29日　[没]1880年10月29日），新潮（[生]天保9（1838）年4月29日　[没]明治13（1880）年10月29日），日人，洋学

粟野又平　あわのまたへい
生没年不詳
江戸時代末期の伊予宇和島藩士。
¶幕末，藩臣6

粟屋帯刀(1)　あわやたてわき
？～慶応1（1865）年
江戸時代末期の長州（萩）藩士。
¶人名，日人

粟屋帯刀(2)　あわやたてわき
文政10（1827）年～明治21（1888）年
江戸時代末期の長州（萩）藩士。
¶姓氏山口

粟屋正論　あわやまさとき
延享4（1747）年～文化10（1813）年
江戸時代後期の弓術家、長州（萩）藩士。
¶国書（[没]文化10（1813）年2月14日），人名，日人

粟屋正憲　あわやまさのり
享保3（1718）年～寛政4（1792）年
江戸時代中期の弓術家、長州（萩）藩士。
¶人名，日人

粟屋亦助　あわやまたすけ
天保6（1835）年～元治1（1864）年
江戸時代末期の長州（萩）藩士。
¶維新，大阪人（[没]元治1（1864）年11月），人名，日人，幕末（[没]1864年12月1日）

粟屋元吉　あわやもときち
弘化1（1844）年～明治9（1876）年11月7日
江戸時代末期～明治期の長州（萩）藩士。
¶幕末

粟屋元吉　あわやもとよし
永禄8（1565）年～寛永5（1628）年
江戸時代末期～明治期の萩藩士。前原一族と親交があり萩の乱の準幹部。
¶姓氏山口

粟屋良之助（粟谷良之助）　あわやよしのすけ
天保12（1841）年～元治1（1864）年　[別]粟屋良之助《あわやりょうのすけ》
江戸時代末期の近江膳所藩士。
¶維新（あわやりょうのすけ），コン改，コン4，新潮（[没]元治1（1864）年7月19日），人名（あわやりょうのすけ），日人（あわやりょうのすけ），幕末（粟谷良之助　[没]1864年8月20日）

粟屋良之助　あわやりょうのすけ
→粟屋良之助（あわやよしのすけ）

安西七郎次郎　あんざいしちろうじろう
→安西七郎次郎（あんざいしちろじろう）

安西七郎次郎　あんざいしちろじろう
[別]安西七郎次郎《あんざいしちろうじろう》
安土桃山時代～江戸時代前期の武士。里見氏家臣。
¶戦人（生没年不詳），戦東（あんざいしちろうじろう）

安西庄左衛門　あんざいしょうざえもん
安土桃山時代～江戸時代前期の武士。里見氏家臣。
¶戦人（生没年不詳），戦東

安西中務　あんざいなかつかさ
安土桃山時代～江戸時代前期の武士。里見氏家臣。

¶戦人（生没年不詳），戦東

安西政慶 あんざいまさよし
慶長19（1614）年〜明暦1（1655）年
江戸時代前期の陸奥会津藩士。
¶人名，日人

安西又助 あんざいまたすけ
安土桃山時代〜江戸時代前期の武士。里見氏家臣。
¶戦人（生没年不詳），戦東

安西弥三郎 あんざいやさぶろう
安土桃山時代〜江戸時代前期の武士。里見氏家臣。
¶戦人（生没年不詳），戦東

安藤有益 あんどうあります
→安藤有益（あんどうゆうえき）

安藤幾平 あんどういくへい
享和1（1801）年〜明治7（1874）年10月13日
江戸時代末期〜明治期の水戸藩郷士。
¶幕末

安藤霞園 あんどうかえん
文政4（1821）年〜明治8（1875）年
江戸時代末期〜明治期の伊予宇和島藩士、儒学者。
¶藩臣6

安東勝七 あんどうかつしち
〜明暦2（1656）年
江戸時代前期の武士。
¶岡山人

安藤鎌次 あんどうかまじ
天保13（1842）年〜慶応2（1866）年　[別]安藤鎌次《あんどうけんじ》
江戸時代末期の土佐藩士。
¶維新，高知人，人名（あんどうけんじ　[生]1843年　[没]1867年），日人，幕末（[生]1843年　[没]1867年10月10日），藩臣6

安東間庵（安東間菴）　あんどうかんあん
享保7（1722）年〜享和3（1803）年
江戸時代中期〜後期の筑後柳河藩士、儒学者。
¶国書（[没]享和3（1803）年2月13日），藩臣7（安東間菴）

安藤観生 あんどうかんせい
寛政1（1789）年〜嘉永7（1854）年
江戸時代後期の伊予宇和島藩士、儒学者。
¶藩臣6

安藤毅軒 あんどうきけん
宝暦9（1759）年〜文化8（1811）年
江戸時代中期〜後期の伊予宇和島藩士、儒学者。
¶藩臣6

安藤箕山 あんどうきざん
元文3（1738）年〜天明1（1781）年
江戸時代中期の因幡鳥取藩士、儒学者。
¶国書（[没]天明1（1781）年4月12日），人名，鳥取百，日人，藩臣5

安藤儀太夫 あんどうぎだゆう
→安藤継明（あんどうつぐあき）

安藤喜八郎 あんどうきはちろう
？　〜正徳5（1715）年
江戸時代中期の大和郡山藩士。
¶人名，日人

安藤九左衛門 あんどうきゅうざえもん
生没年不詳
江戸時代末期の常陸土浦藩士。
¶藩臣2

安藤源五兵衛 あんどうげんごべえ
？　〜正徳5（1715）年
江戸時代前期〜中期の土佐藩士・弓術家。
¶高知人，国書（[没]正徳5（1715）年11月13日）

安藤鎌次 あんどうけんじ
→安藤鎌次（あんどうかまじ）

安藤五琴 あんどうごきん
文化3（1806）年〜明治4（1871）年
江戸時代末期〜明治期の伊勢久居藩士。
¶藩臣4，三重続（[生]文化3年6月）

安藤惟泰 あんどうこれやす
元禄7（1694）年〜享保6（1721）年
江戸時代中期の武士、幕臣。
¶和歌山人

安藤権兵衛 あんどうごんべえ
寛政8（1796）年〜明治10（1877）年
江戸時代末期〜明治期の常陸土浦藩士。
¶幕末（[没]1877年1月15日），藩臣2

安藤定知 あんどうさだとも
〜享保9（1724）年
江戸時代中期の旗本。
¶神奈川人

安藤定智 あんどうさだとも
天正14（1586）年〜寛永13（1636）年
安土桃山時代〜江戸時代前期の幕臣、持弓頭。
¶日人

安藤定房 あんどうさだふさ
寛文12（1672）年〜寛保3（1743）年
江戸時代中期の旗本、茶人。
¶茶道，日人

安東実季 あんどうさねすえ
→秋田実季（あきたさねすえ）

安東仕学斎 あんどうしがくさい
元禄2（1689）年〜宝暦10（1760）年　[別]安東守経《あんどうもりつね》
江戸時代中期の筑後柳河藩士、儒学者。
¶国書（[没]宝暦10（1760）年12月），人名（安東守経　あんどうもりつね），日人（[没]1761年），藩臣7（安東守経　あんどうもりつね）

安藤織馬 あんどうしきま
生没年不詳
江戸時代末期の備後福山藩士。
¶日人，幕末，藩臣6

安藤重勝 あんどうしげかつ
慶長2（1597）年〜元和9（1623）年
江戸時代前期の近江彦根藩士。
¶藩臣4

安藤重長 あんどうしげなが
慶長5（1600）年〜明暦3（1657）年
江戸時代前期の大名。上野高崎藩主。
¶郷土群馬，群馬人，コン改，コン4，諸系，新潮（[没]明暦3（1657）年9月29日），人名，姓氏群馬，

日人，藩主1（[生]慶長5（1615）年　[没]明暦3（1650）年9月29日）

安藤重信　あんどうしげのぶ
弘治3（1557）年～元和7（1621）年　[別]安藤対馬守《あんどうつしまのかみ》
安土桃山時代～江戸時代前期の大名。上野高崎藩主、下総小見川藩主。
¶朝日（[没]元和7年6月29日（1621年8月16日）），郷土群馬，近世，群馬人（[生]弘治2（1556）年），国史，コン改，コン4，史人（[没]1621年6月29日），諸系，新潮（[没]元和7（1621）年6月29日），人名，姓氏群馬，戦合，戦国，戦人，日史（[没]元和7（1621）年6月29日），日人，藩主1（[没]元和7（1621）年6月29日），藩主2，百科，歴大

安藤重玄　あんどうしげはる
～享保4（1719）年
江戸時代中期の旗本。
¶神奈川人

安藤重博　あんどうしげひろ
寛永17（1640）年～元禄11（1698）年　[別]重博《しげひろ》
江戸時代前期の大名。上野高崎藩主、備中松山藩主。
¶岡山人，岡山歴（[没]元禄11（1698）年8月9日），国書（[没]元禄11（1698）年8月9日），諸系，人名，日人，俳句（重博　しげひろ），藩主1（[没]元禄11（1698）年8月9日），藩主4（[没]元禄11（1698）年8月9日）

安藤重行　あんどうしげゆき
→安藤信友（あんどうのぶとも）

安藤松斎　あんどうしょうさい
安土桃山時代～江戸時代前期の武士。里見氏家臣。
¶戦人（生没年不詳），戦東

安藤庄兵衛　あんどうしょうべえ
生没年不詳
江戸時代後期の肥前平戸藩士。
¶藩臣7

安藤甚五左衛門　あんどうじんござえもん
？　～明暦2（1656）年
江戸時代前期の駿府城代老職。
¶人名，日人

安藤真之助（安東真之助）　あんどうしんのすけ
天保14（1843）年～元治1（1864）年
江戸時代末期の土佐藩士。
¶維新，高知人（安東真之助），日人，幕末（[没]1864年8月22日），藩臣6

安東省庵（安東省菴，安藤省庵）　あんどうせいあん
元和8（1622）年～元禄14（1701）年
江戸時代前期～中期の筑後柳河藩の儒学者。
¶朝日（[生]元和8年1月18日（1622年2月28日）　[没]元禄14年10月20日（1701年11月19日）），岩史（[生]元和8（1622）年1月18日　[没]元禄14（1701）年10月20日），角史，京都大（安藤省庵），近世（安藤省庵），国史，国書（[生]元和8（1622）年1月18日　[没]元禄14（1701）年10月20日），コン改，コン4，詩歌，史人（[生]1622年1月18日　[没]1701年10月20日），人書94，新潮（[生]元和8（1622）年1月18日　[没]元禄14（1701）年10月20日），人名，姓氏京都，世人（[没]元禄14（1701）年10月12日），全書（安藤省庵），大百（安藤省庵），日史（[生]元和8（1622）年1月18日　[没]元禄14（1701）年10月20日），日人，藩臣7（安東省菴），百科，福岡百（安東省菴　[生]元和8（1622）年1月18日　[没]元禄14（1701）年10月20日），歴大

安東節庵（安東節菴）　あんどうせつあん
天明5（1785）年～天保6（1835）年
江戸時代後期の筑後柳河藩士、儒学者。
¶国書（[没]天保6（1835）年3月5日），人名，日人，藩臣7（安東節菴），福岡百（安東節菴　[没]天保6（1835）年3月）

安藤瀬兵衛　あんどうせへえ
？　～寛永6（1629）年
江戸時代前期の武蔵岩槻藩士。
¶藩臣5

安藤素軒　あんどうそけん
→安藤抱琴（あんどうほうきん）

安藤大蔵　あんどうだいぞう
？　～宝暦10（1760）年
江戸時代中期の備後福山藩用人。
¶藩臣6

安藤忠経　あんどうただつね
→安藤太郎（あんどうたろう）

安東楯男　あんどうたてお
天保4（1833）年～明治32（1899）年
江戸時代末期～明治期の剣士、勤王家。
¶岡山人，岡山百（[没]明治32（1899）年12月4日），幕末（[生]1835年　[没]1901年12月4日）

安藤為章　あんどうためあき
→安藤為章（あんどうためあきら）

安藤為章　あんどうためあきら
万治2（1659）年～享保1（1716）年　[別]安藤為章《あんどうためあき》，安藤年山《あんどうねんざん》
江戸時代前期～中期の水戸藩の国学者。
¶朝日（安藤年山　あんどうねんざん　[生]万治2年5月23日（1659年7月12日）　[没]享保1年10月12日（1716年11月25日）），江文（あんどうためあき），大阪人（[没]享保1（1716）年10月），角史，京都大（安藤年山　あんどうねんざん），京都府（安藤年山　あんどうねんざん），近世，国史，国書（あんどうためあき　[没]享保1（1716）年10月13日），コン改（安藤年山　あんどうねんざん），コン4（安藤年山　あんどうねんざん），詩歌，史人（[生]1659年5月23日　[没]1716年10月13日），新潮（安藤年山　あんどうねんざん　[生]万治2（1659）年5月23日　[没]享保1（1716）年10月13日），人名，姓氏京都（安藤年山　あんどうねんざん），世人（[生]万治2（1659）年5月23日　[没]享保1（1716）年10月12日），全書，大百，日史（[生]万治2（1659）年5月23日　[没]享保1（1716）年10月12日），日人（安藤年山　あんどうねんざん），藩臣2（安藤年山　あんどうねんざん　[生]寛文1（1661）年），百科，平史，歴大，和俳（[生]万治2（1659）年5月23日）

安藤為実　あんどうためさね，あんどうためざね
→安藤抱琴（あんどうほうきん）

安藤太郎　あんどうたろう
弘化3（1846）年～大正13（1924）年　[別]安藤忠経・安藤太郎《あんどうただつね・あんどうたろう》，安藤忠経《あんどうただつね》
江戸時代末期～明治期の幕臣、外交官、禁酒運動家。岩倉具視の遣外使節に随行、香港領事等を歴任。日本禁酒同盟を組織。
¶朝日（[生]弘化3年4月8日（1846年5月3日）　[没]大正13（1924）年10月27日），海越（安藤忠経　あんどうただつね　生没年不詳），海越新（安藤忠経　あんどうただつね　[生]弘化3（1846）年4月8日　[没]大正13（1924）年10月27日），キリ（[生]弘化3（1846）年6月　[没]大正13（1924）年10月29日），近現，国際，国史，コン改，コン5，新潮（[生]弘化3（1846）年4月　[没]大正13（1924）年10月27日），人名，先駆（[生]弘化3（1846）年5月3日　[没]大正13（1924）年10月27日），渡航（安藤忠経・安藤太郎　あんどうただつね・あんどうたろう　[生]1846年4月　[没]1924年10月29日），日人，幕末（[生]1846年5月3日　[没]1924年10月27日），三重続（[生]弘化3年4月7日）

安藤太郎兵衛　あんどうたろうべえ
？　～宝暦2（1752）年
江戸時代中期の信濃高遠藩士。
¶藩臣3

安藤忠兵衛　あんどうちゅうべえ
？　～寛文7（1667）年　[別]安藤正綱《あんどうまさつな》
江戸時代前期の紀伊和歌山藩士。
¶藩臣5，和歌山人（安藤正綱　あんどうまさつな）

安藤継明　あんどうつぐあき
延享4（1747）年～寛政5（1793）年　[別]安藤儀太夫《あんどうぎだゆう》
江戸時代中期の伊予三河吉田藩家老。
¶愛媛百（[生]延享4（1747）年2月14日　[没]寛政5（1793）年2月14日），人名（安藤儀太夫　あんどうぎだゆう），日人，藩臣6

安藤次行　あんどうつぐつら
寛文3（1663）年～正徳2（1712）年
江戸時代前期～中期の第5代京都東町奉行。
¶京都大，姓氏京都

安藤次吉　あんどうつぐよし
～承応3（1654）年
江戸時代前期の旗本。
¶神奈川人

安藤適斎　あんどうてきさい
安永8（1779）年～嘉永2（1849）年
江戸時代後期の日向延岡藩士。
¶国書（[没]嘉永2（1849）年7月18日），人名，日人，藩臣7

安藤鉄之助　あんどうてつのすけ
文政8（1825）年～明治12（1879）年
江戸時代末期～明治期の常陸土浦藩士。
¶藩臣2

安東鉄馬（安藤鉄馬）　あんどうてつま
天保14（1843）年～元治1（1864）年
江戸時代末期の志士。
¶維新，岡山人（安藤鉄馬），岡山百（[没]元治1（1864）年7月19日），岡山歴（[没]元治1（1864）年7月15日），コン改，コン4，新潮（[没]元治1（1864）年7月19日），人名（安藤鉄馬），日人，幕末（[没]1864年8月20日）

安藤藤斎　あんどうとうさい
江戸時代末期の兵学者、備後福山藩士。
¶人名

安藤藤二　あんどうとうじ
文政5（1822）年～明治21（1888）年
江戸時代末期～明治期の肥前平戸藩家老。
¶維新，人名，日人，幕末（[没]1888年7月2日）

安藤知冬　あんどうともふゆ
→安藤陽州（あんどうようしゅう）

安藤直紀　あんどうなおき
天保8（1837）年～大正1（1912）年
江戸時代末期～明治期の丹波篠山藩士。
¶藩臣5，兵庫人（[生]天保8（1837）年10月3日）

安藤直次　あんどうなおつぐ
天文23（1554）年～寛永12（1635）年　[別]安藤帯刀《あんどうたてわき》
安土桃山時代～江戸時代前期の紀伊和歌山藩付家老。
¶朝日（[没]寛永12年5月13日（1635年6月27日）），郷土和歌山（[生]1553年），近世（[生]1544年），国史（[生]1544年），コン改（[生]天文13（1544）年），コン4（[生]天文13（1544）年），埼玉人（[生]天文13（1544）年　[没]寛永12（1635）年5月13日），史人（[没]1635年5月13日），諸系，新潮（[没]寛永12（1635）年5月13日），人名，戦合（[生]1544年），戦国（[生]1555年），戦人（[生]弘治1（1555）年），日史（[没]寛永12（1635）年5月13日），日人，藩主2，藩臣4（[生]弘治1（1555）年），藩臣5，百科，和歌山人

安藤直治　あんどうなおはる
慶長12（1607）年～寛永13（1636）年
江戸時代前期の紀伊和歌山藩家老。
¶藩臣5

安藤直裕　あんどうなおひろ
文政4（1821）年～明治18（1885）年
江戸時代末期～明治期の大名。紀伊和歌山藩士、紀伊田辺藩主。
¶維新（[生]？），諸系，日人，幕末（[没]1885年4月5日），藩主3（[生]文政4（1821）年11月8日　[没]明治18（1885）年4月5日），藩臣5，和歌山人

安藤直道　あんどうなおみち
寛政5（1793）年～明治13（1880）年
江戸時代後期の武士。
¶岡山人，岡山歴（[没]明治13（1880）年2月1日）

安藤就高　あんどうなりたか
天保1（1830）年～明治19（1886）年
江戸時代末期～明治期の美濃大垣藩士。
¶維新，岐阜百，人名，日人，幕末（[没]1886年1月10日），藩臣3

安藤年山　あんどうねんざん
→安藤為章（あんどうためあきら）

安藤信明　あんどうのぶあき
江戸時代中期の加納城主。
¶岐阜百

安藤信馨　あんどうのぶきよ
明和5（1768）年～文化9（1812）年
江戸時代中期～後期の大名。陸奥磐城平藩主。
¶諸系，日人，藩主1（[生]明和5（1768）年10月27日　[没]文化9（1812）年10月22日）

安藤信勇　あんどうのぶたけ
嘉永2（1849）年～明治41（1908）年
江戸時代末期～明治期の大名。陸奥磐城平藩主。
¶維新，諸系，日人，幕末（[没]1908年5月24日），藩主1（[生]嘉永2（1849）年10月10日　[没]明治41（1908）年5月24日）

安藤信尹　あんどうのぶただ
享保2（1717）年～明和7（1770）年
江戸時代中期の大名。美濃加納藩主。
¶岐阜百，諸系（[没]1771年），人名，日人（[没]1771年），藩主2（[生]享保2（1717）年2月　[没]明和7（1770）年12月晦日）

安藤信民　あんどうのぶたみ
安政6（1859）年～文久3（1863）年
江戸時代末期の大名。陸奥磐城平藩主。
¶諸系，日人，藩主1（[没]文久3（1863）年3月14日）

安藤信富　あんどうのぶとみ
生没年不詳
江戸時代前期の総社5000石の領主。
¶群馬人

安藤信友　あんどうのぶとも
寛文11（1671）年～享保17（1732）年　[別]安藤重行《あんどうしげゆき》，冠里《かんり》，安藤冠里《あんどうかんり》
江戸時代中期の大名、俳人。美濃加納藩主、備中松山藩主。
¶岡山人，岡山百（安藤重行　あんどうしげゆき　[没]享保17（1732）年5月25日），岡山歴（[没]享保17（1732）年7月25日），岐阜百，近世，国史，国書（[没]享保17（1732）年7月25日），茶道，諸系，人名，日人，俳諧（冠里　かんり　[生]？），俳句（冠里　かんり　[没]享保17（1732）年7月25日），藩主2（[没]享保17（1732）年7月25日），藩主4，和俳（冠里　かんり　[生]？）

安藤信成　あんどうのぶなり
寛保3（1743）年～文化7（1810）年　[別]安藤信成《あんどうのぶひら》
江戸時代中期～後期の大名。美濃加納藩主、陸奥磐城平藩主。
¶岐阜百（[生]寛延1（1748）年），諸系，人名（[没]？），日人，藩主1（[生]寛延1（1748）年　[没]文化7（1810）年5月14日），藩主2（あんどうのぶひら），福島百（[生]寛延1（1748）年）

安藤信成　あんどうのぶひら
→安藤信成（あんどうのぶなり）

安藤信正　あんどうのぶまさ
文政2（1819）年～明治4（1871）年
江戸時代末期～明治期の大名。陸奥磐城平藩主、老中。
¶朝日（[生]文政2年11月25日（1820年1月10日）　[没]明治4年10月8日（1871年11月20日）），維新，岩史（[生]文政2（1819）年11月25日　[没]明治4（1871）年10月8日），江戸，角史，近現，近世，国史，コン改，コン4，コン5，史人（[生]1819年11月25日　[没]1871年10月8日），重要（[生]文政2（1819）年11月25日　[没]明治4（1871）年10月8日），諸系（[生]1820年），人書94，新潮（[生]文政2（1819）年11月25日　[没]明治4（1871）年10月8日），人名，世人（[生]文政2（1819）年11月25日　[没]明治4（1871）年10月8日），世百，全書，大百，伝記，日史（[生]文政2（1819）年11月25日　[没]明治4（1871）年10月8日），日人（[生]1820年），日本，幕末（[没]1871年11月20日），藩主1（[生]文政2（1819）年11月25日　[没]明治4（1871）年10月8日），百科，福島百，歴大

安藤信義　あんどうのぶよし
天明7（1787）年～弘化1（1844）年
江戸時代後期の大名。陸奥磐城平藩主。
¶諸系，日人，藩主1（[没]天保14（1843）年12月）

安藤信由　あんどうのぶよし
→安藤信由（あんどうのぶより）

安藤信由　あんどうのぶより
享和1（1801）年～弘化4（1847）年　[別]安藤信由《あんどうのぶよし》
江戸時代後期の大名。陸奥磐城平藩主。
¶国書（あんどうのぶよし　[没]弘化4（1847）年6月12日），諸系，日人，藩主1（[没]弘化4（1847）年6月5日）

安藤則命　あんどうのりなが
→安藤則命（あんどうのりみち）

安藤則命　あんどうのりみち
文政11（1828）年～明治42（1909）年　[別]安藤則命《あんどうのりなが》
江戸時代末期～明治期の武士、鹿児島県士族。
¶維新，人名（あんどうのりなが），姓氏鹿児島，日人（あんどうのりなが），幕末（[没]1909年11月23日）

安藤早太郎　あんどうはやたろう
？～元治1（1864）年
江戸時代末期の三河挙母藩の新撰組隊士。
¶新撰（[生]文政4年　[没]元治1年7月22日），姓氏愛知，幕末（[没]1864年8月23日），藩臣4

安藤彦之進　あんどうひこのしん
天保10（1839）年～慶応1（1865）年
江戸時代末期の水戸藩属吏。
¶維新，人名，日人，幕末（[没]1865年3月12日）

安藤抱琴　あんどうほうきん
承応3（1654）年～享保2（1717）年　[別]安藤為実《あんどうためさね，あんどうためざね》，安藤素軒《あんどうそけん》
江戸時代前期～中期の国学者、有職故実家、水戸藩に仕えた。
¶朝日（[没]享保2年3月25日（1717年5月6日）），江文（安藤為実　あんどうためざね），国書（安藤為実　あんどうためさね　[生]承応3（1654）年12

月30日　[没]享保2(1717)年3月25日)，コン改，コン4，新潮([生]承応3(1654)年2月30日　[没]享保2(1717)年3月25日)，人名(安藤素軒　あんどうそけん)，日人([生]1655年)，和俳([没]享保2(1717)年3月25日)

安藤真鉄 あんどうまがね
宝暦3(1753)年～文政10(1827)年
江戸時代後期の館林藩士。禊教教祖井上正鉄の父。
¶人名，日人

安藤雅次郎 あんどうまさじろう
江戸時代末期の新撰組隊士。
¶新撰

安藤正綱 あんどうまさつな
→安藤忠兵衛(あんどうちゅうべえ)

安藤正珍 あんどうまさよし
慶長9(1604)年～寛文6(1666)年
江戸時代前期の旗本。
¶姓氏神奈川

安藤通故 あんどうみちふる
天保4(1833)年～明治31(1898)年
江戸時代末期～明治期の日向延岡藩士、国学者。
¶維新，国書([生]天保4(1833)年2月30日　[没]明治31(1898)年7月16日)，幕末([没]1898年7月6日)，宮崎百([生]天保4(1833)年2月　[没]明治31(1898)年7月16日)

安藤杢之進 あんどうもくのしん
天保2(1831)年～慶応1(1865)年
江戸時代後期～末期の武士。
¶日人

安東守経 あんどうもりつね
→安東仕学斎(あんどうしがくさい)

安藤保之進 あんどうやすのしん
？～慶応1(1865)年
江戸時代末期の安芸広島藩士、槍術家。
¶維新，人名，日人

安藤有益 あんどうゆうえき
寛永1(1624)年～宝永5(1708)年　[別]安藤有益《あんどうあります》
江戸時代前期～中期の陸奥会津藩の歴算家、和算家。
¶会津，朝日([没]宝永5年6月25日(1708年8月11日))，江文，近世，国史，国書([没]宝永5(1708)年6月25日)，コン改(あんどうあります)，コン4(あんどうあります)，史人(あんどうあります　[没]1708年6月25日)，人書94，新潮([没]宝永5(1708)年6月25日)，人名，世人([没]宝永5(1708)年6月25日)，全書，日人，藩臣2，福島百

安藤勇次郎 あんどうゆうじろう
？～慶応4(1868)年
江戸時代後期～末期の新撰組隊士。
¶新撰

安藤陽州(安藤陽洲) あんどうようしゅう
享保3(1718)年～天明3(1783)年　[別]安藤知冬《あんどうともふゆ》
江戸時代中期の伊予宇和島藩士、儒学者。
¶愛媛百([生]享保3(1718)年10月　[没]天明3(1783)年4月12日)，郷土愛媛，国書(安藤陽洲　[生]享保3(1718)年10月　[没]天明3(1783)年4月12日)，人名(安藤知冬　あんどうともふゆ)，日人(安藤陽洲)，藩臣6

安東可氏 あんどうよしうじ
？～寛永6(1629)年
江戸時代前期の土佐藩家老。
¶高知人([生]1571年)，高知百，人名，日人，藩臣6

安藤義門 あんどうよしかど
寛永13(1636)年～承応3(1654)年
江戸時代前期の紀伊和歌山藩家老。
¶藩臣5

安部井磐根 あんべいいわね
→安部井磐根(あべいいわね)

安部一信 あんべかずのぶ
→安部一信(あべかずのぶ)

安部信発 あんべのぶおき
？～明治28(1895)年　[別]安部信発《あべのぶおき》，安部摂津守信発《あべせっつのかみのぶおき》
江戸時代末期～明治期の大名。武蔵岡部藩主、三河半原藩主。
¶維新，埼玉百(安部摂津守信発　あべせっつのかみのぶおき)，諸系(あべのぶおき　[生]1846年)，姓氏愛知，日人(あべのぶおき　[生]1846年)，幕末([没]1895年9月6日)，藩主1(あべのぶおき　[没]明治28(1895)年9月)，藩主2([没]明治28(1895)年9月6日)

安部信友 あんべのぶとも
→安部信友(あべのぶとも)

安部信峯 あんべのぶみね
→安部信峯(あべのぶみね)

安部信盛 あんべのぶもり
→安部信盛(あべのぶもり)

安部信之(1) あんべのぶゆき
→安部信之(1)(あべのぶゆき)

安部信之(2) あんべのぶゆき
→安部信之(2)(あべのぶゆき)

安間敬長 あんまけいちょう
享和3(1803)年～明治12(1879)年3月12日
江戸時代後期～明治期の三河吉田藩士。
¶国書

安間純之進 あんまじゅんのしん
生没年不詳
江戸時代末期の幕臣。
¶国書

安間又左衛門 あんままたざえもん
生没年不詳
江戸時代末期の遠江堀江藩家老。
¶藩臣4

安楽兼道 あんらくかねみち
嘉永3(1851)年～昭和7(1932)年
江戸時代末期～明治期の薩摩藩士。
¶岐阜百，人名([生]1850年)，世紀([生]嘉永3(1851)年12月12日　[没]昭和7(1932)年4月12日)，日人，幕末([没]1932年4月)，履歴([生]嘉永3(1850)年12月12日　[没]昭和7(1932)年4月12

いいおい　　　　　　　　　66　　　　　　　日本人物レファレンス事典

【 い 】

飯尾市兵衛　いいおいちべえ
　江戸時代前期の浪士。
　¶人名，日人（生没年不詳）

飯尾兼晴　いいおかねはる
　江戸時代前期の武士。
　¶島根歴（⊕？　　⊗正保1（1644）年），日人
　（⊕1611年　⊗1646年）

飯岡八平　いいおかはちへい
　？　～宝暦13（1763）年
　江戸時代中期の八戸藩士。
　¶青森人

飯尾精之進　いいおせいのしん
　文化13（1816）年～安政4（1857）年
　江戸時代末期の播磨赤穂藩士。
　¶藩臣5

飯尾安信　いいおやすのぶ
　永禄11（1568）年～寛永15（1638）年
　安土桃山時代～江戸時代前期の武士。宇喜多氏
　家臣。
　¶戦人，戦補

飯河小膳　いいかわこぜん
　＊～明治17（1884）年
　江戸時代末期～明治期の陸奥会津藩士。
　¶会津（⊕？），幕末（⊕1825年　⊗1884年10月21
　日）

飯川平八郎（飯河平八郎）　いいかわへいはちろう
　江戸時代の備中鴨方藩士・剣術家。
　¶岡山人，岡山歴（飯河平八郎）

飯河盛政　いいかわもりまさ
　天正14（1586）年～万治1（1658）年
　江戸時代前期の旗本。
　¶神奈川人

飯島義角　いいじまぎかく
　文化1（1804）年～明治3（1870）年
　江戸時代末期～明治期の肥前島原藩士。
　¶幕末，藩臣7

飯島新三郎　いいじましんざぶろう
　生没年不詳
　江戸時代末期の遠江浜松藩士。
　¶藩臣4

飯島為房　いいじまためふさ
　生没年不詳
　江戸時代前期の武士。「飯島為房遺言状」の著者。
　¶国書

飯島武右衛門　いいじまぶえもん
　江戸時代の同心。つつじ作りの名人として知ら
　れた。
　¶江戸

井伊仁山　いいじんさん
　生没年不詳
　江戸時代後期の武蔵忍藩士・漢詩人。

¶国書

飯塚納　いいずかおさむ
　→飯塚納（いいづかおさむ）

飯塚薈瓶　いいずかさんへい
　→飯塚薈瓶（いいづかさんぺい）

飯泉喜内　いいずみきない
　文化2（1805）年～安政6（1859）年　㉞渡辺六蔵
　《わたなべろくぞう》
　江戸時代末期の常陸土浦藩の志士。
　¶朝日（⊗安政6年10月7日（1859年11月1日）），
　維新，国書（⊗安政6（1859）年10月7日），新潮
　（⊗安政6（1859）年10月7日），人名，日人，幕
　末（⊗1859年11月1日），藩臣2（渡辺六蔵　わた
　なべろくぞう）

飯田有定　いいだありさだ
　生没年不詳
　江戸時代後期の旗本。
　¶神奈川人

飯田有重　いいだありしげ
　～天和1（1681）年
　江戸時代前期の旗本。
　¶神奈川人

飯田梅之允　いいだうめのじょう
　→飯田梅之進（いいだうめのしん）

飯田梅之進　いいだうめのしん
　天保12（1841）年～慶応2（1866）年　㉞飯田梅之
　允《いいだうめのじょう》
　江戸時代末期の奇兵隊士。
　¶維新，幕末（飯田梅之允　いいだうめのじょう
　⊗1866年7月28日）

飯田覚兵衛　いいだかくべえ
　？　～寛永9（1632）年
　江戸時代前期の武士。加藤氏家臣。
　¶熊本百（⊗寛永9（1632）年9月18日），人名，戦
　国，戦人，日人

飯田幸十郎　いいだこうじゅうろう
　天保8（1837）年～慶応2（1866）年9月28日
　江戸時代末期の奇兵隊士。
　¶幕末

飯田厚蔵　いいだこうぞう
　文政12（1829）年～明治13（1880）年
　江戸時代末期～明治期の周防徳山藩士。
　¶幕末（⊗1880年6月27日），藩臣6

飯田左門　いいださもん
　文化1（1804）年～元治1（1864）年7月12日
　江戸時代末期の長州（萩）藩士。
　¶幕末

飯田庄蔵　いいだしょうぞう
　文政2（1819）年？　～？
　江戸時代後期の幕臣。
　¶幕末

飯田正伯　いいだしょうはく
　文政8（1825）年～文久2（1862）年
　江戸時代末期の長州（萩）藩士。
　¶維新，幕末（⊗1862年6月27日），藩臣6

飯田甚三郎 いいだじんざぶろう
慶長3(1598)年～寛文7(1667)年
江戸時代前期の紀伊和歌山藩士。
¶藩臣5

飯田節 いいだせつ
天保8(1837)年～慶応3(1867)年 [別]飯田節《いいだみさお》
江戸時代末期の丹波福知山藩家老。
¶維新，京都府(いいだみさお [生]天保7(1836)年)，人名([生]1796年)，日人，幕末([没]1867年11月17日)，藩臣5(いいだみさお)

飯田総蔵 いいだそうぞう
文政7(1824)年～慶応1(1865)年
江戸時代末期の水戸藩士。
¶維新，人名([生]1825年)，日人，幕末([没]1865年10月29日)，藩臣2

飯田武郷 いいだたけさと
文政10(1827)年～明治33(1900)年
江戸時代末期～明治期の信濃高島藩の国学者、志士。
¶朝日([生]文政10年12月6日(1828年1月22日) [没]明治33(1900)年8月26日)，維新，江文，郷土長野，近現，近世，近文([生]1829年 [没]1901年)，国史，コン改，コン4，コン5，詩歌，史研([生]文政10(1827)年12月6日 [没]明治33(1900)年8月26日)，史人([生]1827年12月6日 [没]1900年8月26日)，神史，神人([生]文政10(1827)年12月6日 [没]明治33(1900)年8月27日)，新潮([生]文政10(1827)年12月6日 [没]明治33(1900)年8月26日)，人名，姓氏長野，世百([生]1828年 [没]1901年)，長野百，長野歴，日史([生]文政10(1827)年12月6日 [没]明治33(1900)年8月26日)，日人([生]1828年)，幕末([没]1900年8月26日)，藩臣3，百科，歴大，和俳

飯田忠彦 いいだただひこ
*～万延1(1860)年
江戸時代末期の有栖川宮家士、史家。
¶朝日([生]寛政10年12月18日(1799年1月23日) [没]万延1年5月27日(1860年7月15日))，維新([生]1798年)，角史([生]寛政11(1799)年 [没]文久1(1861)年)，京都大([生]寛政11(1799)年)，近世([生]1799年 [没]1861年)，国史([生]1799年 [没]1861年)，国書([生]寛政11(1799)年12月18日 [没]万延1(1860)年5月27日)，コン改([生]寛政10(1798)年)，コン4([生]寛政10(1798)年)，史人([生]1798年12月18日 [没]1860年5月27日)，新潮([生]寛政10(1798)年12月18日 [没]万延1(1860)年5月27日)，人名([生]1798年)，姓氏京都([生]1799年)，姓氏山口([生]1798年)，世人([生]寛政10(1798)年12月18日 [没]万延1(1860)年5月23日)，全書([生]1798年)，日史([生]寛政11(1799)年12月8日 [没]文久1(1861)年5月27日)，日人([生]1800年)，幕末([生]1799年 [没]1860年7月15日)，藩臣6([生]寛政11(1799)年)，百科([生]寛政10(1798)年)，平史([生]1799年 [没]1861年)，山口百([生]1798年)，歴大([生]1798年，(異説)1799年)

飯田篤老 いいだとくろう
安永7(1778)年～文政9(1826)年 [別]篤老《とくろう》
江戸時代後期の安芸広島藩士。
¶大阪人([没]文政9(1826)年4月)，国書(篤老 とくろう [没]文政9(1826)年4月23日)，人名，日人，俳諧(篤老 とくろう [生]?)，俳句(篤老 とくろう [没]文政9(1826)年4月23日)，藩臣6，広島百([没]文政9(1826)年4月23日)，和俳

飯田年平 いいだとしひら
文政3(1820)年～明治19(1886)年 [別]飯田石園《いいだせきえん》
江戸時代末期～明治期の因幡鳥取藩の歌人。
¶朝日([没]明治19(1886)年6月26日)，維新，近文，国書([生]文政3(1820)年8月 [没]明治19(1886)年6月26日)，コン改，コン4，コン5，神人([生]文政3(1820)年8月6日 [没]明治19(1886)年6月26日)，新潮([生]文政3(1820)年8月 [没]明治19(1886)年6月26日)，人名，鳥取百，日人，幕末([没]1886年6月26日)，藩臣5，百科，和俳

飯田範正 いいだのりまさ
寛保3(1743)年～享和2(1802)年9月18日
江戸時代中期～後期の周防徳山藩士・連歌作者。
¶国書5

飯田八三郎 いいだはちさぶろう
江戸時代後期の尾張藩士。
¶人名，日人(生没年不詳)

飯田隼人 いいだはやと
生没年不詳
江戸時代後期の蝦夷松前藩士、剣術家。
¶藩臣1

飯田孫六 いいだまごろく
天保7(1836)年～元治1(1864)年
江戸時代末期の対馬藩士。
¶維新

飯田節 いいだみさお
→飯田節(いいだせつ)

飯塚伊兵衛 いいづかいへえ
享保11(1726)年～寛政6(1794)年3月10日
江戸時代中期の美作国倉敷代官。
¶岡山歴

飯塚納 いいづかおさむ，いいずかおさむ
弘化2(1845)年～昭和4(1929)年 [別]脩平
江戸時代末期～明治期の漢詩人、ジャーナリスト。東洋自由新聞副社長。松江藩の徴士としてフランスに留学、法制を学ぶ。自由民権思想の啓蒙。
¶海越(いいずかおさむ [没]昭和4(1929)年12月6日)，海越新([没]昭和4(1929)年12月6日)，人名，渡航([没]1929年12月6日)，日人，民学

飯塚臥竜斎 いいづかがりょうさい
安永9(1780)年～天保11(1840)年
江戸時代中期～後期の剣術家。気楽流。
¶剣豪

飯塚盞瓶 いいづかさんぺい，いいづかさんへい
宝暦1(1751)年～文化13(1816)年 [別]飯塚恰《いいづかゆたか》，飯塚盞瓶《いいずかさんへい》
江戸時代後期の出羽秋田藩士、狂歌師。
¶国書(飯塚恰 いいづかゆたか [生]宝暦1

い

(1751)年12月1日　[没]文化13(1816)年5月24日), 人名(いいづかさんへい), 日人([生]1752年), 和俳(いいずかさんへい)

飯塚兵部少輔 いいづかひょうぶしょうゆう
生没年不詳
安土桃山時代～江戸時代前期の武士。佐竹氏家臣。
¶戦人

飯塚平亮 いいづかへいりょう
宝暦5(1755)年～文政9(1826)年
江戸時代後期の佐野代官所役人、剣術家。
¶栃木歴

飯塚政長 いいづかまさなが
江戸時代後期の第14代飛驒国代官。
¶岐阜百

飯塚恰 いいづかゆたか
→飯塚盞瓶(いいづかさんぺい)

井伊直亮 いいなおあき
寛政6(1794)年～嘉永3(1850)年
江戸時代末期の大名、大老。近江彦根藩主。
¶神奈川人, 諸系, 人名, 日人, 藩主3([生]寛政6(1794)年6月11日　[没]嘉永3(1850)年10月1日)

井伊直朗 いいなおあきら
寛延3(1750)年～*
江戸時代中期～後期の大名。越後与板藩主。
¶諸系([没]1820年), 新潟百([生]1747年　[没]1819年), 日人([没]1820年), 藩主3([生]寛延3(1750)年5月4日　[没]文政2(1819)年12月20日)

井伊直充 いいなおあつ
天保9(1838)年～文久2(1862)年　[別]井伊直光《いいなおみつ》
江戸時代末期の大名。越後与板藩主。
¶諸系, 新潟百(井伊直光　いいなおみつ), 日人, 藩主3([生]天保9(1838)年3月1日　[没]文久2(1862)年9月24日)

井伊直存 いいなおあり
享保4(1719)年～宝暦10(1760)年
江戸時代中期の大名。越後与板藩主。
¶諸系, 新潟百([生]1718年), 日人, 藩主3([生]享保4(1719)年4月1日　[没]宝暦10(1760)年9月20日)

井伊直興 いいなおおき
明暦2(1656)年～天和1(1717)年　[別]井伊直該《いいなおもり》
江戸時代前期～中期の大名、大老。近江彦根藩主。
¶黄檗(井伊直該　いいなおもり　[没]天和1(1717)年1月8日), 近世, 国史, 諸系, 新潮([生]明暦2(1656)年3月6日　[没]享保2(1717)年4月20日), 人名, 日人, 藩主3([生]明暦2(1656)年3月6日　[没]享保2(1717)年4月20日)

井伊直員 いいなおかず
享保1(1716)年～享保20(1735)年
江戸時代中期の大名。越後与板藩主。
¶諸系, 新潟百([生]1715年), 日人, 藩主3([生]享保1(1716)年5月11日　[没]享保20(1735)年4月5日)

井伊直勝 いいなおかつ
天正18(1590)年～寛文2(1662)年　[別]井伊直継《いいなおつぐ》
江戸時代前期の大名。近江彦根藩主、上野安中藩主。
¶群馬人, 群馬百, 諸系, 人名([生]1591年), 姓氏群馬, 新潟百, 日人, 藩主1([没]寛文2(1662)年7月11日), 藩主3(井伊直継　いいなおつぐ　[没]寛文2(1662)年7月11日)

井伊直郡 いいなおくに
寛保3(1743)年～*
江戸時代中期の大名。越後与板藩主。
¶諸系([没]1761年), 新潟百([生]1740年　[没]1760年), 日人([没]1761年), 藩主3([生]寛保3(1743)年10月8日　[没]宝暦10(1760)年12月26日)

井伊直定 いいなおさだ
元禄15(1702)年～宝暦10(1760)年
江戸時代中期の大名。近江彦根新田藩主、近江彦根藩主。
¶諸系, 人名, 日人, 藩主3([生]元禄15(1702)年2月13日　[没]宝暦10(1760)年2月8日)

井伊直滋 いいなおしげ
慶長17(1612)年～寛文1(1661)年6月9日
江戸時代前期の幕臣・歌人。
¶国書

井伊直弼 いいなおすけ
文化12(1815)年～万延1(1860)年
江戸時代末期の大名、大老。近江彦根藩主。勅許のないまま日米修好通商条約に調印。将軍継嗣問題では徳川慶福を推挙し、尊王攘夷派や水戸藩の反感を買う。反対派を安政の大獄で弾圧したが、桜田門外の変で横死。
¶朝日([生]文化12年10月29日(1815年11月29日)　[没]万延1年3月3日(1860年3月24日)), 維新, 岩史([生]文化12(1815)年10月29日　[没]安政7/万延1(1860)年3月3日), 角史, 神奈川人, 神奈川百, 郷土滋賀, 京都大, 近世, 国史, 国書([生]文化12(1815)年10月29日　[没]安政7(1860)年3月3日), コン改, コン4, 茶道, 滋賀百, 史人([生]1815年10月29日　[没]1860年3月3日), 重要([生]文化12(1815)年10月29日　[没]万延1(1860)年3月3日), 諸系, 人書94, 新潮([生]文化12(1815)年10月29日　[没]万延1(1860)年3月3日), 人名, 姓氏京都, 世人([生]文化12(1815)年10月29日　[没]万延1(1860)年3月3日), 世百, 全書, 大百, 伝記, 日史([生]文化12(1815)年10月29日　[没]万延1(1860)年3月3日), 日人, 幕末([没]1860年3月24日), 藩主3([生]文化12(1815)年11月1日　[没]万延1(1860)年3月3日), 百科, 歴大

井伊直澄 いいなおずみ, いいなおすみ
寛永2(1625)年～元禄6(1676)年
江戸時代前期の大名、大老。近江彦根藩主。
¶黄檗(いいなおすみ　[生]寛文2(1661)年　[没]元禄6(1676)年5月18日), 諸系, 人名, 日人, 藩主3([没]延宝4(1676)年1月3日)

井伊直孝 いいなおたか
天正18(1590)年～万治2(1659)年
江戸時代前期の大名。近江彦根藩主。

¶朝日（[没]万治2年6月28日（1659年8月16日）），岩史（[没]万治2（1659）年6月28日），江戸，角史，郷土群馬，郷土滋賀（[生]1589年），近世，群馬人，国史，国書（[生]天正18（1590）年2月11日 [没]万治2（1659）年6月28日），コン改，コン4，滋賀百，史人（[没]1659年6月28日），諸系，新潮（[没]万治2（1659）年6月28日），人名，世人（[没]万治2（1659）年6月28日），世百（[生]1589年），戦合，全書，戦人，戦補，大百，栃木歴，日史（[没]万治2（1659）年6月28日），日人，藩主3（[生]天正18（1590）年2月11日，（異説）9月9日 [没]万治2（1659）年6月28日），百科，歴大

井伊直武 いいなおたけ
慶安3（1650）年～元禄10（1697）年
江戸時代前期～中期の大名。遠江掛川藩主。
¶諸系，新潟百，日人，藩主2（[没]元禄10（1697）年6月8日）

井伊直継 いいなおつぐ
→井伊直勝（いいなおかつ）

井伊直経 いいなおつね
寛政11（1799）年～安政3（1856）年
江戸時代末期の大名。越後与板藩主。
¶諸系，新潟百，日人，藩主3（[生]寛政11（1799）年2月25日 [没]安政3（1856）年6月30日）

井伊直恒 いいなおつね
元禄6（1693）年～宝永7（1710）年
江戸時代中期の大名。近江彦根藩主。
¶諸系，日人，藩主3（[生]元禄6（1693）年3月16日 [没]宝永7（1710）年10月5日）

井伊直暉 いいなおてる
寛政3（1791）年～文政9（1826）年
江戸時代後期の大名。越後与板藩主。
¶諸系，新潟百，日人，藩主3（[生]寛政3（1791）年11月5日 [没]文政9（1826）年5月24日）

井伊直人 いいなおと
天正15（1587）年～？
江戸時代前期の柳生流の剣術家。
¶人名，日人

井伊直朝 いいなおとも
延宝8（1680）年～正徳5（1715）年
江戸時代中期の大名。遠江掛川藩主。
¶諸系，新潟百，日人，藩主2（[没]正徳5（1715）年7月15日）

井伊直中 いいなおなか
明和3（1766）年～天保2（1831）年
江戸時代中期～後期の大名。近江彦根藩主。
¶国書（[生]明和3（1766）年6月11日 [没]天保2（1831）年5月25日），諸系，人名，日人，藩主3（[生]明和3（1766）年6月11日 [没]天保2（1831）年5月25日）

井伊直惟 いいなおのぶ
元禄13（1700）年～元文1（1736）年
江戸時代中期の大名。近江彦根藩主。
¶諸系，日人，藩主3（[生]元禄13（1700）年5月1日 [没]元文1（1736）年6月4日）

井伊直矩 いいなおのり
元禄6（1693）年～寛保2（1742）年
江戸時代中期の大名。遠江掛川藩主、越後与板藩主。
¶諸系，新潟百，日人，藩主2，藩主3（[生]元禄7（1694）年1月8日 [没]寛保2（1742）年3月19日）

井伊直憲 いいなおのり
嘉永1（1848）年～明治37（1904）年
江戸時代末期～明治期の大名。近江彦根藩主。
¶維新，国際，諸系，渡航（[生]1848年1月9日 [没]1904年1月9日），日人，幕末（[没]1904年1月9日），藩主3（[生]嘉永1（1848）年4月20日 [没]明治37（1904）年1月9日）

井伊直陽 いいなおはる
享保4（1719）年～享保17（1732）年
江戸時代中期の大名。越後与板藩主。
¶諸系，新潟百（[生]1714年），日人，藩主3（[生]享保4（1719）年3月6日 [没]享保17（1732）年10月14日）

井伊直幸 いいなおひで
享保16（1731）年～寛政1（1789）年
江戸時代中期の大名、大老。近江彦根藩主。
¶コン改（[生]享保14（1729）年），コン4，諸系，新潮（[生]享保14（1729）年 [没]寛政1（1789）年2月30日），人名（[生]1729年），日人，藩主3（[生]享保16（1731）年7月21日 [没]寛政1（1789）年2月26日）

井伊直通 いいなおみち
元禄2（1689）年～宝永7（1710）年
江戸時代中期の大名。近江彦根藩主。
¶諸系，日人，藩主3（[生]元禄2（1689）年8月15日 [没]宝永7（1710）年7月26日）

井伊直光 いいなおみつ
→井伊直充（いいなおあつ）

井伊直該 いいなおもり
→井伊直興（いいなおおき）

井伊直安 いいなおやす
嘉永4（1851）年2月11日～昭和10（1935）年8月25日 [別]重麻呂
江戸時代末期～明治期の大名、政治家。越後与板藩主。
¶維新，海越，海越新，諸系，世紀，渡航，新潟百（[生]1862年 [没]1934年），日人，幕末（[生]1851年3月13日），藩主3

井伊直禔 いいなおよし
享保12（1727）年～宝暦4（1754）年
江戸時代中期の大名。近江彦根藩主。
¶諸系，日人，藩主3（[生]享保12（1727）年9月8日 [没]宝暦4（1754）年8月29日）

井伊直好 いいなおよし
元和4（1618）年～寛文12（1672）年
江戸時代前期の大名。上野安中藩主、三河西尾藩主、遠江掛川藩主。
¶諸系，新潟百（[生]1620年），日人，藩主1（[没]寛文12（1672）年1月6日），藩主2（[生]1619年 [没]1655年），藩主2（[没]寛文12（1672）年1月6日）

飯沼勝五郎 いいぬまかつごろう
江戸時代の陸奥仙台藩士。
¶人名，日人（生没年不詳）

い

飯沼守儀 いいぬまもりよし
生没年不詳
江戸時代前期の尾張藩士。
¶国書

飯尾重宗 いいのおしげむね
天文9(1540)年～元和2(1616)年7月4日
戦国時代～江戸時代前期の織田信長の家臣。
¶織田

飯野加右衛門 いいのかえもん
江戸時代の念流の剣術家。
¶人名

飯野柏山 いいのはくざん
享保2(1717)年～寛政7(1795)年
江戸時代中期の三河吉田藩士、儒学者。
¶藩臣4

飯箸鷹之輔 いいはしたかのすけ
文政12(1829)年～明治25(1892)年
江戸時代後期～明治期の剣術家。柳剛流飯箸派祖。
¶剣豪

飯淵貞幹 いいぶちさだもと
天保5(1834)年～明治35(1902)年7月4日　㊞飯淵櫟堂《いいぶちれきどう》
江戸時代末期～明治期の三河吉田藩家老。
¶国書(飯淵櫟堂　いいぶちれきどう　㊐天保5(1834)年10月1日)，幕末，藩臣6(㉂明治34(1901)年)

飯淵櫟堂 いいぶちれきどう
→飯淵貞幹(いいぶちさだもと)

飯村誠介 いいむらせいすけ
*～慶応2(1866)年
江戸時代末期の水戸藩属吏。
¶維新(㊐1838年)，人名(㊐1839年)，日人(㊐1839年)，幕末(㊐1838年　㉂1866年8月1日)

飯室昌符 いいむろまさあき
宝暦3(1753)年～？
江戸時代中期～後期の幕臣・漢学者。
¶国書

飯室昌恒 いいむろまさつね
～元和4(1618)年
江戸時代前期の旗本。
¶神奈川人

井伊弥右衛門 いいやうえもん
安永2(1773)年～？
江戸時代後期の下総古河藩士。
¶藩臣3

井内南涯 いうちなんがい
天明4(1784)年～弘化3(1846)年
江戸時代後期の大名。漢学者、肥前佐賀藩主。
¶人名，日人

家木将監 いえきしょうげん
江戸時代末期の新撰組隊士。
¶新撰

家里松嶹 いえさとしょうとう
文政10(1827)年～文久3(1863)年
江戸時代末期の志士。尊王攘夷運動に邁進。
¶維新，国書(㉂文久3(1863)年5月19日)，人名，日人，幕末(㉂1863年7月5日)，三重

家里次郎 いえさとじろう
→家里次郎(いえさとつぐお)

家里次郎 いえさとつぐお
天保10(1839)年～文久3(1863)年　㊞家里次郎《いえさとじろう》
江戸時代末期の志士。
¶新撰(㉂文久3年4月24日)，幕末(いえさとじろう　㉂1863年6月12日)

家村住義 いえむらすみよし
天保9(1838)年～明治43(1910)年1月15日
江戸時代末期～明治期の薩摩藩士、鹿児島県士族。
¶維新(生没年不詳)，姓氏鹿児島，幕末

伊王野資信 いおうのすけのぶ
→伊王野資信(いおのすけのぶ)

伊王野坦 いおうのひろし
文化11(1814)年～明治16(1883)年　㊞伊王野坦《いおのたいら》，伊王野担《いおのたいら》，青木浩斎《あおきこうさい》
江戸時代末期～明治期の因幡鳥取藩士、蘭学者。
¶維新，国書(青木浩斎　あおきこうさい　㉂明治16(1883)年11月12日)，コン改，コン4，コン5，新潮(㉂明治16(1883)年11月12日)，人名，鳥取百(いおのたいら)，日人，幕末(伊王野担　いおのたいら　㊐1813年)，藩臣5(いおのたいら)，洋学(青木浩斎　あおきこうさい)

伊尾喜鶴山 いおきかくざん
安永5(1776)年～弘化1(1844)年
江戸時代後期の伊予三河吉田藩士。
¶藩臣6

伊王野資友 いおのすけとも
安土桃山時代～江戸時代前期の武士。
¶戦国，戦人(生没年不詳)

伊王野資信 いおのすけのぶ
生没年不詳　㊞伊王野資信《いおうのすけのぶ》
安土桃山時代～江戸時代前期の武士。
¶戦国，戦辞(いおうのすけのぶ)，戦人

伊王野坦(伊王野担) いおのたいら
→伊王野坦(いおうのひろし)

伊王野彦左衛門 いおのひこざえもん
？～寛永19(1642)年
安土桃山時代～江戸時代前期の総社藩主秋元泰朝の重臣。
¶姓氏群馬

庵原助右衛門 いおばらすけえもん
→庵原助左衛門(いはらすけざえもん)

庵原助左衛門 いおはらすけざえもん
→庵原助左衛門(いはらすけざえもん)

庵原朝成 いおはらともなり
宝暦5(1755)年～天保12(1841)年　㊞庵原朝成《いはらあさなり》
江戸時代中期～後期の近江彦根藩家老。
¶人名，日人，藩臣4(いはらあさなり)

庵原朝儀 いおはらともよし
→庵原助左衛門(いはらすけざえもん)

庵原守富 いおはらもりとみ
享保11(1726)年？～寛政12(1800)年7月19日
江戸時代中期～後期の尾張藩士。
¶国書

猪飼敬所 いかいけいしょ,いがいけいしょ
宝暦11(1761)年～弘化2(1845)年
江戸時代中期～後期の伊勢津藩の儒学者。
¶朝日(㊥宝暦11(1761)年4月26日)
㊦弘化2年11月10日(1845年12月8日)), 岩史
(いがいけいしょ) ㊥宝暦11(1761)年3月22日
㊦弘化2(1845)年11月10日), 角史(いがいけ
いしょ), 京都(いがいけいしょ), 近世(いが
いけいしょ), 国史(いがいけいしょ), 国書
(㊥宝暦11(1761)年3月22日 ㊦弘化2(1845)
年11月10日), コン改, コン4, 史人(㊥1761年
3月22日 ㊦1845年11月10日), 新潮(いがいけ
いしょ ㊥宝暦11(1761)年3月22日 ㊦弘化2
(1845)年11月10日), 人名, 姓氏京都, 世人
(いがいけいしょ ㊥宝暦11(1761)年3月22日
㊦弘化2(1845)年11月10日), 世百, 全書(い
がいけいしょ), 大百(いがいけいしょ), 日
人,藩臣5, 三重(㊥宝暦11年3月), 歴大(い
がいけいしょ)

猪谷只四郎 いがいただしろう
延宝3(1675)年～元文1(1736)年
江戸時代前期～中期の剣術家。猪谷流。
¶剣豪

五十川訒堂 いかがわじんどう
→五十川訒堂(いそがわじんどう)

五十川基 いかがわもとい
天保15(1844)年～明治6(1873)年 ㊨五十川基
《いそかわもとい》
江戸時代末期～明治期の備後福山藩士。
¶海越(いそかわもとい ㊦明治
6(1873)年1月21日), 国際(いそかわもとい
㊦？), 国書5(㊦明治6(1873)年2月22日), 渡
航(㊦？), 日人, 幕末(㊦1873年1月21日), 藩
臣6, 広島百(㊥天保15(1844)年9月6日 ㊦明
治6(1873)年2月22日)

伊形霊雨 いがたれいう
延享2(1745)年～天明7(1787)年
江戸時代中期の肥後熊本藩士、国学者。
¶国書(㊦天明7(1787)年6月6日), 詩歌, 日人,
藩臣7, 和俳

五十嵐伊織 いがらしいおり,いからしいおり
？ ～明治3(1870)年1月29日
江戸時代末期～明治期の越後村松藩士。
¶新撰, 幕末(いからしいおり)

五十嵐于拙 いがらしうせつ
天明8(1788)年～明治1(1868)年
江戸時代後期の出羽上山藩士。
¶藩臣1, 山形百

五十嵐関八 いがらしかんぱち,いからしかんぱち
文政6(1823)年～明治1(1868)年 ㊨五十嵐関八
《いがらしせきはち》
江戸時代末期の越後村松藩士。
¶維新(いがらしせきはち), 人名, 日人, 幕末
(いからしかんぱち) ㊥1827年 ㊦1868年7月
21日)

い

五十嵐儀一 いがらしぎいち
文化2(1819)年～明治7(1874)年
江戸時代末期～明治期の常陸土浦藩士。
¶日人, 幕末(㊦1874年7月27日), 藩臣2

五十嵐熊平 いからしくまへい
文政9(1826)年～明治31(1898)年
江戸時代末期～明治期の出羽松山藩右筆、歌人。
¶庄内(㊦明治31(1898)年2月20日), 藩臣1

五十嵐十右衛門 いがらしじゅうえもん
？ ～天保13(1842)年
江戸時代後期の上総久留里藩士。
¶藩臣3

五十嵐所吉 いがらししょきち
文化11(1814)年～明治20(1887)年
江戸時代末期～明治期の陸奥弘前藩士。
¶幕末(㊦1887年3月4日), 藩臣1

五十嵐甚五左衛門 いからしじんござえもん
天正4(1576)年～
安土桃山時代～江戸時代前期の武士。
¶庄内

五十嵐関八 いがらしせきはち
→五十嵐関八(いがらしかんぱち)

五十嵐敬之 いがらしたかゆき
天保8(1837)年～大正6(1917)年
江戸時代末期～明治期の志士。土佐勤王党に参加。
¶高知人, 幕末(㊦1917年7月10日)

五十嵐忠俶 いがらしただよし
享保2(1717)年～宝暦6(1756)年
江戸時代中期の上野沼田藩士。
¶藩臣2

五十嵐文吉 いがらしぶんきち
文化2(1805)年～明治14(1881)年
江戸時代末期～明治期の土佐藩の志士。
¶維新, 高知人, 人名, 日人, 幕末(㊦1881年10
月8日), 藩臣6

五十嵐匡里 いがらしまささと
天保10(1839)年～明治40(1907)年
江戸時代末期～明治期の上野伊勢崎藩士。
¶藩臣2

五十嵐意成 いがらしもとなり
享保14(1729)年～*
江戸時代中期～後期の砲術家、陸奥仙台藩士。
¶人名(㊦1808年), 日人(㊦1809年)

五十嵐安右衛門 いがらしやすうえもん
文化6(1809)年～明治10(1877)年
江戸時代末期～明治期の常陸土浦藩士。
¶藩臣2

五十嵐恭周 いがらしやすちか
寛保3(1743)年～文化12(1815)年
江戸時代中期～後期の上野沼田藩士。
¶藩臣2

碇山将曹 いかりやましょうそう
江戸時代後期の薩摩藩士。
¶姓氏鹿児島

井川千之助 いがわせんのすけ,いかわせんのすけ
天保12(1841)年～明治3(1870)年　別井上千之助《いのうえせんのすけ》
江戸時代末期～明治期の長州(萩)藩士。
¶維新，人名(井上千之助　いのうえせんのすけ)，人名(いかわせんのすけ　⊕?)，日人，幕末(歿1870年8月26日)

伊木伊織 いきいおり
?　～寛永17(1640)年
江戸時代前期の播磨山崎藩士家老。
¶藩臣5

伊岐真利 いきさねとし
安土桃山時代～江戸時代前期の槍術家。
¶人名，日人(生没年不詳)

伊木三猿斎 いきさんえんさい,いぎさんえんさい;いぎさんえんさい
→伊木忠澄(いぎただずみ)

伊木庄次郎 いきしょうじろう
別伊木三郎右衛門《いきさぶろうえもん》
安土桃山時代～江戸時代前期の武士。豊臣氏家臣、真田氏家臣。
¶戦国，戦人(生没年不詳)

伊木清兵衛 いきせいひょうえ
安土桃山時代～江戸時代前期の播磨姫路藩主池田家老。
¶茶道

伊木忠貞 いきたださだ,いきたださだ
慶長17(1612)年～寛文12(1672)年
江戸時代前期の武士。備前池田氏の家臣。
¶岡山人，岡山百(歿寛文12(1672)年6月28日)，岡山歴(歿寛文12(1672)年閏6月28日)，人名(いきたださだ)，鳥取百，日人

伊木忠澄 いぎただずみ,いきただすみ
文政1(1818)年～明治19(1886)年　別伊木三猿斎《いきさんえんさい,いぎさんえんさい,いぎさんえんさい》,伊木長門《いぎながと》
江戸時代末期～明治期の武士。備前岡山藩首席家老。
¶維新，岡山人(伊木長門　いぎながと)，岡山百(伊木三猿斎　いぎさんえんさい　⊕文政1(1818)年8月23日　歿明治19(1886)年3月23日)，岡山歴(いぎただずみ　⊕文政1(1818)年8月23日　歿明治19(1886)年3月23日)，近現(伊木三猿斎　いぎさんえんさい)，近世(伊木三猿斎　いぎさんえんさい)，国史(伊木三猿斎　いぎさんえんさい)，国書(いぎただすみ　歿明治19(1886)年3月23日)，コン改，コン4，コン5，茶道(伊木三猿斎　いきさんえんさい)，新潮(歿明治19(1886)年3月20日)，人名，全書(伊木三猿斎　いきさんえんさい)，日人，幕末(歿1886年3月23日)，藩臣6，歴大(伊木三猿斎　いきさんえんさい)

伊木忠親 いぎただちか
承応1(1652)年～宝永1(1704)年8月22日
江戸時代前期～中期の岡山藩家老。
¶岡山歴

伊木忠義 いぎただよし
寛文9(1669)年～享保5(1720)年
江戸時代中期の武士。
¶岡山人，岡山歴(歿享保5(1720)年8月1日)

伊木遠雄 いきとおお
→伊木遠雄(いきとおかつ)

伊木遠雄 いきとおたけ
→伊木遠雄(いきとおかつ)

伊木長門 いぎながと
→伊木忠澄(いぎただずみ)

伊木八郎 いぎはちろう
江戸時代末期の新撰組隊士。
¶新撰

伊木均 いぎひとし,いきひとし
文政9(1826)年～明治9(1876)年　別渡辺与三左衛門《わたなべよさざえもん,わたなべよそうざえもん》
江戸時代末期～明治期の長門清末藩士。
¶維新，人名(いきひとし)，日人，幕末(歿1876年9月27日)，藩臣6

幾阪烟崖 いくさかえんがい
江戸時代後期の伊勢津藩士。
¶三重続

生島大炊 いくしまおおい
天保5(1834)年～慶応2(1866)年
江戸時代末期の彦山座主氏家臣、志士。
¶維新，人名(⊕1835年)，日人(⊕1834年，(異説)1835年)

生島孫太郎 いくしままごたろう
生没年不詳
江戸時代末期の幕臣・外国奉行支配並出役。1867年遣仏使節に随行しフランスに渡る。
¶海越新

幾田伊載 いくたいさい
→幾田伊載(いくたこれのり)

幾田右門 いくたうもん
→幾田伊俊(いくたこれとし)

生田国秀 いくたくにひで
→生田万(いくたよろず)

生田精 いくたくわし
天保1(1830)年～明治14(1881)年
江戸時代末期～明治期の浜田藩士。
¶維新，国書(⊕天保1(1830)年12月21日　歿明治14(1881)年10月8日)，島根人，島根百(⊕天保1(1830)年12月21日　歿明治14(1881)年10月8日)，島根歴，神人(⊕天保1(1830)年12月21日　歿明治14(1881)年10月8日)，幕末(歿1881年10月8日)，藩臣5

生田玄蕃 いくたげんば
生没年不詳
江戸時代前期の美濃加納藩士。
¶藩臣3

生田古麦 いくたこばく
文政5(1822)年～明治30(1897)年1月17日
江戸時代末期～明治期の越前福井藩士。
¶幕末

幾田伊俊 いくたこれとし
寛政9(1797)年～安政5(1858)年　[別]幾田右門《いくたうもん》
江戸時代末期の因幡鳥取藩士、武術家。
¶剣豪(幾田右門　いくたうもん)，人名(幾田右門　いくたうもん　[生]?)，日人，藩臣5

生田維直 いくたこれなお
生没年不詳
江戸時代後期の播磨林田藩士、儒学者。
¶藩臣5

幾田伊載 いくたこれのり
*～明治18(1885)年　[別]幾田伊載《いくたいさい》,幾田武之進《いくたたけのしん》
江戸時代末期～明治期の因幡鳥取藩士、武術家。
¶剣豪(幾田武之進　いくたたけのしん　[生]天保1(1830)年)，人名(いくたいさい　[生]1828年)，日人([生]1828年,(異説)1830年)，藩臣5([生]天保1(1830)年)

生田十兵衛無咎 いくたじゅうべえむきゅう
明和8(1771)年～天保14(1843)年　[別]生田永貞《いくたながさだ》,生田無咎《いくたむきゅう》
江戸時代後期の出雲松江藩士。
¶国書(生田永貞　いくたながさだ　[生]明和8(1771)年2月14日　[没]天保14(1843)年11月8日)，島根百([生]明和8(1771)年2月14日　[没]天保14(1843)年11月9日)，島根歴，藩臣5(生田無咎　いくたむきゅう)

生田四郎兵衛 いくたしろべえ
永禄8(1565)年～正保2(1645)年
安土桃山時代～江戸時代前期の越中富山藩士。
¶藩臣3

幾田武之進 いくたたけのしん
→幾田伊載(いくたこれのり)

生田伝八郎 いくたでんぱちろう
?　～正徳5(1715)年
江戸時代中期の大和郡山藩士。
¶藩臣4

生田永貞 いくたながさだ
→生田十兵衛無咎(いくたじゅうべえむきゅう)

幾度八郎 いくたびはちろう
文化8(1811)年～元治1(1864)年　[別]幾度八郎《きどはちろう》
江戸時代末期の対馬藩家老。
¶維新(きどはちろう)，人名，日人，幕末(きどはちろう　[没]1864年11月22日)

幾度六右衛門 いくたびろくえもん
慶長16(1611)年～万治1(1658)年
江戸時代前期の剣術家。
¶人名，日人

生田放 いくたほう
生没年不詳
江戸時代末期の播磨林田藩士、儒学者。
¶藩臣5

生田又助 いくたまたすけ
宝永7(1710)年～天明4(1784)年
江戸時代中期の肥後熊本藩士。
¶藩臣7

生田万 いくたまん
→生田万(いくたよろず)

生田無咎 いくたむきゅう
→生田十兵衛無咎(いくたじゅうべえむきゅう)

生田万 いくたよろず
享和1(1801)年～天保8(1837)年　[別]生田国秀《いくたくにひで》,生田万《いくたまん》
江戸時代後期の石見浜田藩士、上野館林藩士、国学者。
¶朝日，岩史([没]天保8(1837)年6月1日)，角史，郷土群馬，近世，群馬人([生]享和2(1802)年)，国史，国書([没]天保8(1837)年6月1日)，コン改，コン4，史人([没]1837年6月1日)，重要([没]天保8(1837)年6月1日)，神史，人書94，新潮([没]天保8(1837)年6月1日)，人名(いくたまん)，姓氏群馬，世人([没]天保8(1837)年6月1日)，世百，全書，大百，新潟百，日史([没]天保8(1837)年6月1日)，日人，幕末([没]1837年6月1日)，藩臣2，藩臣5(生田国秀　いくたくにひで)，百科，歴大

生田理左衛門 いくたりざえもん
*～天明5(1785)年
江戸時代中期の伊勢亀山藩士。
¶藩臣4([生]正徳2(1712)年)，三重続([生]正徳3年)

生田良佐 いくたりょうすけ
天保8(1837)年～文久1(1861)年
江戸時代末期の長州藩の志士。
¶維新，人名([生]1836年)，姓氏山口([没]1860年)，日人，幕末([没]1862年12月14日)，藩臣6

井口照苗 いぐちあきなり
宝永1(1704)年～宝暦13(1763)年
江戸時代中期の武士。
¶和歌山人

井口伊明 いぐちこれあき
?　～寛政8(1796)年
江戸時代中期～後期の弓術家。
¶静岡歴，姓氏静岡

井口糺(井口糾) いぐちただす
天保14(1843)年～明治38(1905)年　[別]井口糺《いのくちただす,いのぐちただす》，井口糾《いぐちただす》
江戸時代末期～明治期の出羽秋田藩士。
¶維新，人名(井口糾　[生]1835年　[没]1897年)，世紀(いのくちただす　[生]天保14(1843)年8月13日　[没]明治38(1905)年1月16日)，日人，幕末(いのぐちただす　[没]1905年1月16日)，藩臣1(いのぐちただす)

井口徳四郎 いぐちとくしろう
?　～明治1(1868)年
江戸時代末期の薩摩藩士。
¶幕末

猪口春造 いぐちはるぞう
天保13(1842)年～?
江戸時代末期の上総飯野藩士。
¶藩臣3

い

生熊平作 いぐまへいさく
生没年不詳
江戸時代後期の加賀藩士。
¶国書

井汲唯一 いくみただいち
文政12(1829)年～慶応2(1866)年
江戸時代末期の美作津山藩士、勤王家、剣術家。
¶維新，岡山人，岡山百(生文政12(1829)年11月25日　没慶応2(1866)年4月24日)，岡山歴(生文政12(1829)年11月25日　没慶応2(1866)年4月24日)，剣豪，人名，日人，幕末(没1866年6月7日)，藩臣6

伊黒喜右衛門 いぐろきえもん
生没年不詳
江戸時代の庄内藩士。
¶庄内

伊黒定十郎 いぐろていじゅうろう
文政8(1825)年～安政5(1858)年12月7日
江戸時代後期～末期の出羽庄内藩士。
¶庄内

池内進六 いけうちしんろく
天保8(1837)年～大正2(1913)年
江戸時代末期～明治期の武士、司法官。根室裁判所予審判事。群馬県警部から警察署長、判事補を経て判事となり、前橋、沼田などの裁判所判事を歴任。
¶人名，日人

池内安定 いけうちやすさだ
文政10(1827)年～明治2(1869)年
江戸時代末期の播磨姫路藩士。
¶藩臣5

池上隼之助 いけがみじゅんのすけ
→池上隼之助(いけがみはやのすけ)

池上丈左衛門 いけがみじょうざえもん
→池上安通(いけがみやすみち)

池上四郎 いけがみしろう
天保13(1842)年～明治10(1877)年　別池上四郎《いけのうえしろう》
江戸時代末期～明治期の薩摩藩士。
¶維新(いけのうえしろう)，鹿児島百，国際(いけのうえしろう)，人名，姓氏鹿児島，日人(いけのうえしろう)，幕末(没1877年9月24日)，陸海(没明治10年9月24日)

池上秦川 いけがみしんせん
天保4(1833)年～明治44(1911)年
江戸時代末期～明治期の備中浅尾藩士。
¶岡山人，岡山歴(没明治44(1911)年8月21日)，藩臣6

池上新太郎 いけがみしんたろう
嘉永6(1853)年～明治1(1868)年
江戸時代末期の陸奥会津藩士、白虎士中二番隊士。
¶人名，日人，幕末(没1868年10月8日)，藩臣2

池上陳暁 いけがみちんぎょう
寛政9(1797)年～明治2(1869)年
江戸時代末期の日向佐土原藩士。
¶維新，人名，日人，藩臣7

池上隼之助 いけがみはやのすけ
文政12(1829)年～元治1(1864)年　別池上隼之助《いけがみじゅんのすけ》
江戸時代末期の佐渡原藩士。
¶維新，国書(いけがみじゅんのすけ　生文政12(1829)年8月17日　没元治1(1864)年8月11日)，コン改，コン4，人名，日人，幕末(没1864年9月11日)

池上光則 いけがみみつのり
天保2(1831)年～明治1(1868)年　別池上弥三吉《いけがみやさきち》
江戸時代末期の堺事件烈士。
¶高知人(池上弥三吉　いけがみやさきち)，人名，日人

池上弥三吉 いけがみやさきち
→池上光則(いけがみみつのり)

池上安通(池上安道) いけがみやすみち
元禄1(1688)年～明和4(1767)年　別池上丈左衛門《いけがみじょうざえもん》
江戸時代中期の陸奥会津藩士、剣士。
¶会津(池上安道)，剣豪(池上丈左衛門　いけがみじょうざえもん)，藩臣2

池内蔵太 いけくらた
天保12(1841)年～慶応2(1866)年　別細井徳太郎《ほそいとくたろう》，細川左馬之助《ほそかわさまのすけ》
江戸時代末期の志士、土佐藩士。海援隊士。
¶朝日(没慶応2年5月2日(1866年6月14日))，維新，高知人，高知百，コン改，コン4，新潮(生天保12(1841)年5月　没慶応2(1866)年5月2日)，日人，幕末(没1866年6月14日)，藩臣6

池定勝 いけさだかつ
天保12(1841)年～慶応2(1866)年
江戸時代末期の土佐藩士、志士。
¶人名

池知退蔵 いけじたいぞう
→池知退蔵(いけちたいぞう)

池島多門 いけじまたもん
生没年不詳
江戸時代中期の遠江相良藩士。
¶藩臣4

池尻岳五郎 いけじりたけごろう
弘化1(1844)年～元治1(1864)年
江戸時代末期の筑後久留米藩士。
¶維新，人名(生1843年)，日人，幕末

池尻懋 いけじりつとむ
→池尻茂四郎(いけじりもしろう)

池尻始 いけじりはじめ
享和2(1802)年～明治11(1878)年　別池尻茂左衛門《いけじりもざえもん》
江戸時代末期～明治期の筑後久留米藩士。
¶維新(池尻茂左衛門　いけじりもざえもん　没1877年)，国書(没明治11(1878)年11月13日)，コン改，コン4，コン5，新潮(没明治10(1877)年11月13日)，人名，日人(池尻茂左衛門　いけじりもざえもん)，幕末(池尻茂左衛門　いけじりもざえもん　没1877年11月13

日），藩臣7（池尻茂左衛門　いけじりもざえもん　㊐享和2（1802）年頃），福岡百（㊐文政5（1822）年　㊆明治11（1878）年11月11日）

池尻茂左衛門 いけじりもざえもん
→池尻始（いけじりはじめ）

池尻茂四郎 いけじりもしろう
天保11（1840）年～元治1（1864）年　㊿池尻懋《いけじりつとむ》
江戸時代末期の筑後久留米藩士。
¶維新，国書（池尻懋　いけじりつとむ　㊆元治1（1864）年7月21日），人名，日人，幕末（㊆1864年8月22日）

池田章政（池田詮政） いけだあきまさ
天保7（1836）年～明治36（1903）年
江戸時代末期～明治期の大名。備前岡山藩主。
¶維新，岡山人，岡山百（㊆明治36（1903）年6月5日），岡山歴（㊐天保7（1836）年5月3日　㊆明治36（1903）年6月5日），茶道（池田詮政），諸系，人名，日人，幕末（㊆1903年6月5日），藩主4（㊐天保7（1836）年5月3日　㊆明治36（1903）年6月5日）

池田亜喃 いけだあなん
文政12（1829）年～明治35（1902）年
江戸時代末期～明治期の蝦夷松前藩士、俳人。
¶藩臣1，和俳

池田安正 いけだあんせい
→池田安正（いけだやすまさ）

池田一心斎 いけだいっしんさい
→池田治政（いけだはるまさ）

池大六 いけだいろく
文政10（1827）年～明治12（1879）年　㊿山中安敬《やまなかやすたか》
江戸時代末期～明治期の志士。
¶高知人，幕末（㊆1879年9月9日）

池田大隅守 いけだおおすみのかみ
天保11（1840）年？　～？
江戸時代末期の幕臣。
¶幕末

池田興竜 いけだおきたつ
生没年不詳
江戸時代前期の徳島藩家老。
¶徳島歴

池田勝家 いけだかついえ
元和8（1622）年～貞享3（1686）年
江戸時代前期の三河中島藩家老。
¶藩臣4

池田克信 いけだかつのぶ
→池田梁蔵（いけだりょうぞう）

池田要人 いけだかなめ
宝永6（1709）年～天明7（1787）年9月16日
江戸時代中期の備前岡山藩士。
¶国書，国書5

池田冠山 いけだかんざん
→池田定常（いけださだつね）

池田喜八郎 いけだきはちろう
延宝6（1678）年～宝暦4（1754）年12月18日
江戸時代中期の美作国倉敷代官。
¶岡山歴

池田清定 いけだきよさだ
天和3（1683）年～享保3（1718）年
江戸時代中期の大名。因幡鳥取西館藩主。
¶諸系，日人，藩主4（㊐天和3（1683）年7月1日　㊆享保3（1718）年9月9日）

池田清緝 いけだきよつぐ
天保14（1843）年～文久2（1862）年
江戸時代末期の大名。因幡鳥取西館藩主。
¶諸系，日人，藩主4（㊐天保14（1843）年9月11日　㊆文久2（1862）年8月24日）

池田清直 いけだきよなお
文化9（1812）年～安政5（1858）年
江戸時代末期の大名。因幡鳥取西館藩主。
¶諸系，神人（生没年不詳），日人，藩主4（㊐文化9（1812）年8月15日　㊆安政5（1858）年8月6日）

池田金時 いけだきんとき
江戸時代中期の京都町奉行。
¶人名

池田駒城 いけだくじょう
文政1（1818）年～明治6（1873）年
江戸時代末期～明治期の出羽庄内藩士。
¶庄内（㊆明治6（1873）年8月17日），藩臣1

池田邦照 いけだくにてる
万治1（1658）年～寛文10（1670）年
江戸時代前期の大名。播磨新宮藩主。
¶諸系，日人，藩主3（㊆寛文10（1670）年1月28日）

池田玄斎 いけだげんさい
安永4（1775）年～嘉永5（1852）年
江戸時代後期の出羽庄内藩の国学者。
¶国書（㊐安永4（1775）年10月15日　㊆嘉永5（1852）年閏2月17日），庄内（㊐安永4（1775）年10月15日　㊆嘉永5（1852）年閏2月17日），藩臣1，山形百

池田謙蔵 いけだけんぞう
天保15（1844）年～大正11（1922）年2月20日
江戸時代末期～明治期の松山藩士。
¶愛媛百（生没年不詳），植物（㊐天保15（1844）年11月29日），食文（㊐天保15年11月20日（1844年12月29日）），渡航（㊐1844年11月20日），日人

池田源兵衛 いけだげんべえ
江戸時代中期の津軽塗の祖、津軽藩士。
¶青森人（㊐延宝3（1675）年　㊆？），人名（㊐？　㊆1722年），日人（生没年不詳）

池田小三郎 いけだこさぶろう
天保13（1842）年～慶応4（1868）年3月
江戸時代後期～末期の新撰組隊士。
¶新撰

池田梧鳴 いけだごめい
文政1（1818）年～明治12（1879）年
江戸時代末期～明治期の陸奥福島藩士、書家。
¶藩臣2

池田貞雄 いけださだお
慶長18（1613）年～貞享4（1687）年6月10日
江戸時代前期の幕臣。
¶国書

池田定興 いけださだおき
寛政3（1791）年～文化4（1807）年
江戸時代後期の大名。因幡鳥取西館藩主。
¶諸系，日人，藩主4（㊍寛政3（1791）年8月26日 ㊋文化4（1807）年11月3日）

池田貞一 いけださだかず
生没年不詳　㉟池田貞一《いけだていいち》
江戸時代後期の幕臣、数学者。
¶国書，人名（いけだていいち），日人

池田定常 いけださだつね
明和4（1767）年～天保4（1833）年　㉟松平冠山《まつだいらかんざん》，池田冠山《いけだかんざん》
江戸時代中期～後期の大名。因幡鳥取西館藩主。
¶江戸（松平冠山　まつだいらかんざん），江文（松平冠山　まつだいらかんざん），黄檗（㊍明和5（1768）年），国書（池田冠山　いけだかんざん　㊍明和4（1767）年10月3日　㊋天保4（1833）年7月9日），コン改，コン4，詩歌，諸系，人書94，新潮（松平冠山　まつだいらかんざん　㊍明和4（1767）年10月3日　㊋天保4（1833）年7月9日），人名，鳥取百（池田冠山　いけだかんざん），日人，藩主4（㊍明和4（1767）年10月3日　㊋天保4（1833）年7月13日），歴大，和俳（㊍明和4（1767）年10月3日）

池田定得 いけださだのり
宝暦4（1754）年～安永2（1773）年
江戸時代中期の大名。因幡鳥取西館藩主。
¶諸系，日人，藩主4（㊍宝暦4（1754）年8月19日 ㊋安永2（1773）年7月9日）

池田貞秀 いけださだひで
永禄1（1558）年～元和5（1619）年
戦国時代～江戸時代前期の始羅郡蒲生郷の士。
¶姓氏鹿児島

池田定賢 いけださだまさ
元禄13（1700）年～元文1（1736）年
江戸時代中期の大名。因幡鳥取西館藩主。
¶諸系，日人，藩主4（㊍元禄13（1700）年7月16日 ㊋元文1（1736）年9月7日）

池田定保 いけださだやす
文化2（1805）年～弘化4（1847）年
江戸時代後期の大名。因幡鳥取西館藩主。
¶諸系，日人，藩主4（㊍文化2（1805）年7月29日 ㊋弘化4（1847）年7月17日）

池田定就 いけださだより
享保9（1724）年～寛政2（1790）年
江戸時代中期の大名。因幡鳥取西館藩主。
¶諸系，日人，藩主4（㊍享保9（1724）年4月27日 ㊋寛政2（1790）年2月5日）

池田讃岐守 いけださぬきのかみ
生没年不詳
安土桃山時代～江戸時代前期の武将。
¶戦人

池田重顕 いけだしげあき
江戸時代前期の武士。
¶人名，日人（生没年不詳）

池田重利 いけだしげとし
天正14（1586）年～寛永9（1632）年
江戸時代前期の大名。播磨姫路藩主、播磨新宮藩主。
¶諸系，日人，藩主3（㊋寛永8（1631）年1月10日），藩臣5（㊋寛永8（1631）年）

池田重寛 いけだしげのぶ
延享3（1746）年～天明3（1783）年　㉟池田重寛《いけだしげのぶ》
江戸時代中期の大名。因幡鳥取藩主。
¶諸系，人名，鳥取百（いけだしげひろ），日人，藩主4（㊍延享3（1746）年7月11日　㊋天明3（1783）年10月12日）

池田重信 いけだしげのぶ
？～寛永5（1628）年
江戸時代前期の武士。豊臣氏家臣、徳川氏家臣。
¶戦国，戦人

池田重寛 いけだしげひろ
→池田重寛（いけだしげのぶ）

池田重政 いけだしげまさ
慶長8（1603）年～慶安4（1651）年
江戸時代前期の大名。播磨新宮藩主。
¶諸系，日人，藩主3（㊋慶安4（1651）年6月20日）

池田七三郎 いけだしちさぶろう
嘉永2（1849）年11月23日～昭和13（1938）年1月16日
江戸時代後期～明治期の新撰組隊士。
¶新撰

池田庄司 いけだしょうじ
江戸時代末期の新撰組隊士。
¶新撰

池田森臻 いけだしんしん
元禄9（1696）年～明和7（1770）年3月9日
江戸時代中期の武士。
¶岡山人，岡山歴

池田澄時 いけだすみとき
明和6（1769）年～天明5（1785）年
江戸時代中期の大名。因幡鳥取東館藩主。
¶諸系，日人，藩主4（㊍明和6（1769）年3月22日　㊋天明5（1785）年7月21日）

池田澄延 いけだすみのぶ
寛延3（1750）年～明和6（1769）年
江戸時代中期の大名。因幡鳥取東館藩主。
¶諸系，日人，藩主4（㊍寛延3（1750）年11月15日　㊋明和6（1769）年9月3日）

池田勘一郎 いけだせいいちろう
→池田勘一郎（いけだせきいちろう）

池田静心斎 いけだせいしんさい
→池田昌豊（いけだまさとよ）

池田勘一郎 いけだせきいちろう
＊～明治15（1882）年　㉟池田勘一郎《いけだせいいちろう》
江戸時代末期～明治期の但馬村岡藩家老。

¶藩臣5（[生]文化13（1816）年），兵庫人（いけだせいいちろう　[生]文化3（1806）年　[没]明治15（1882）年10月10日）

池田太寅 いけだたいしん
天和2（1682）年～享保8（1723）年
江戸時代前期の武士。
¶岡山人，岡山歴（[没]享保8（1723）年10月9日）

池田多左衛門 いけだたざえもん
？～明和3（1766）年
江戸時代中期の下総古河藩家老。
¶藩臣3

池田忠雄 いけだただお
→池田忠雄（いけだただかつ）

池田忠雄 いけだただかつ
慶長7（1602）年～寛永9（1632）年　[別]池田忠雄《いけだただお》
江戸時代前期の大名。淡路洲本藩主、備前岡山藩主。
¶岡山人，岡山百，岡山歴（[没]寛永9（1632）年4月3日），諸系，人名，日人，藩主3（いけだただお），藩主4（[没]寛永9（1632）年4月3日），兵庫百（いけだただお）

池田種徳 いけだたねのり
天保2（1831）年～明治7（1874）年　[別]池田徳太郎《いけだとくたろう》
江戸時代末期～明治期の志士。安芸広島藩士。
¶青森人，維新（池田徳太郎　いけだとくたろう），近現，近世，国史，コン改（[没]明治6（1873）年），コン4（[没]明治6（1873）年），新潮（[生]天保2（1831）年10月　[没]明治7（1874）年9月12日），人名（池田徳太郎　いけだとくたろう），千葉百，日人，幕末（[没]1874年9月12日），藩臣6，広島百（池田徳太郎　いけだとくたろう　[生]天保2（1831）年10月　[没]明治7（1874）年9月12日）

池田弾正 いけだだんじょう
天保1（1830）年？～？
江戸時代末期の幕臣。
¶幕末

池田長発 いけだちょうはつ
→池田長発（いけだながおき）

池田継政 いけだつぐまさ
元禄15（1702）年～安永5（1776）年
江戸時代中期の大名。備前岡山藩主。
¶岡山人，岡山百（[没]安永5（1776）年2月6日），岡山歴（[生]元禄15（1702）年8月17日　[没]安永5（1776）年2月8日），国書（[生]元禄15（1702）年8月17日　[没]安永5（1776）年2月6日），諸系，日人，藩主4（[生]元禄15（1702）年8月17日　[没]安永5（1776）年2月8日）

池田綱清 いけだつなきよ
慶安1（1648）年～正徳1（1711）年
江戸時代前期～中期の大名。因幡鳥取藩主。
¶諸系，日人，藩主4（[生]正保4（1647）年12月24日　[没]正徳1（1711）年7月4日）

池田綱政 いけだつなまさ
寛永15（1638）年～正徳4（1714）年
江戸時代前期～中期の大名。備前岡山藩主。
¶岡山人，岡山百（[没]正徳4（1714）年10月29日），岡山歴（[生]寛永15（1638）年1月5日　[没]正徳4（1714）年10月29日），国書（[生]寛永15（1638）年1月5日　[没]正徳4（1714）年10月29日），諸系，人名，日人，藩主4（[生]寛永15（1638）年1月5日　[没]正徳4（1714）年10月29日）

池田恒元 いけだつねもと
慶長16（1611）年～寛文11（1671）年
江戸時代前期の大名。備前児島藩主、播磨山崎藩主。
¶岡山人，岡山歴（[没]寛文11（1671）年9月4日），諸系，人名，日人，藩主3（[没]寛文11（1671）年9月4日），藩主4

池田恒行 いけだつねゆき
寛文12（1672）年～延宝7（1679）年
江戸時代前期の大名。播磨山崎藩主。
¶諸系，日人，藩主3（[没]延宝6（1678）年12月27日）

池田貞一 いけだていいち
→池田貞一（いけださだかず）

池田定礼 いけだていれい
～文久1（1861）年
江戸時代後期～末期の伊勢津藩士。
¶三重続

池田薫彰 いけだてるあき
寛永10（1633）年～寛文3（1663）年
江戸時代前期の大名。播磨新宮藩主。
¶諸系，日人，藩主3（[没]寛文3（1663）年1月30日）

池田輝興 いけだてるおき
慶長16（1611）年～正保4（1647）年
江戸時代前期の大名。播磨佐用藩主、播磨赤穂藩主。
¶岡山人，岡山百，岡山歴（[生]慶長16（1611）年1月16日　[没]正保4（1647）年5月17日），諸系，人名，日人，藩主3（[生]慶長16（1611）年1月15日　[没]正保4（1647）年5月17日），藩主3，兵庫百

池田輝澄 いけだてるずみ，いけだてるすみ
慶長9（1604）年～寛文2（1662）年
江戸時代前期の大名。播磨山崎藩主、因幡鹿野藩主。
¶岡山百，岡山歴（[生]慶長9（1604）年4月29日　[没]寛文2（1662）年4月18日），国書（[生]慶長9（1604）年4月29日　[没]寛文2（1662）年4月18日），諸系，人名，鳥取百（いけだてるすみ），日人，藩主3，藩主4（[生]慶長9（1604）年4月29日　[没]寛文2（1662）年4月18日），兵庫百

池田輝録 いけだてるとし
慶安2（1649）年～正徳3（1713）年
江戸時代前期～中期の大名。備中生坂藩主。
¶岡山人，岡山歴（[没]正徳3（1713）年11月26日），諸系（[没]1714年），人名，日人（[没]1714年），藩主4（[生]慶安2（1649）年11月11日　[没]正徳3（1713）年11月26日）

池田徳太郎 いけだとくたろう
→池田種徳（いけだたねのり）

池田俊清 いけだとしきよ
宝永4(1707)年～明和2(1765)年6月9日
江戸時代中期の武士。
¶岡山人，岡山歴

池田利隆 いけだとしたか
天正12(1584)年～元和2(1616)年
安土桃山時代～江戸時代前期の武将、大名。播磨姫路藩主。
¶岡山人，岡山百，岡山歴(没元和2(1616)年6月)，諸系，人名，日人，藩主3(生天正12(1584)年9月7日　没元和2(1616)年6月13日)，兵庫百

池田利寿 いけだとしひさ
文政11(1828)年～明治1(1868)年
江戸時代末期の因幡鳥取藩家老。
¶藩臣5

池田利政 いけだとしまさ
＊～寛永16(1639)年
江戸時代前期の武士。
¶岡山人(生文禄2(1593)年)，岡山歴(生文禄3(1594)年　没寛永16(1639)年8月11日)

池田留吉 いけだとめきち
天保10(1839)年～文久2(1862)年
江戸時代末期の水戸藩属吏。
¶維新，人名，日人，幕末(没1862年9月7日)

池田内膳 いけだないぜん
江戸時代前期の備前岡山藩士。
¶徳島歴(生慶長11(1606)年　没延宝1(1673)年10月10日)，藩臣6(生正保2(1645)年　没元禄8(1695)年)

池田直長 いけだなおなが
寛永7(1630)年～貞享3(1686)年
江戸時代前期の武士。
¶岡山人，岡山歴(没貞享3(1686)年5月18日)

池田長顕 いけだながあき
?　～文久2(1862)年
江戸時代末期の幕臣、講武所総裁。
¶人名，日人

池田長発 いけだながおき
天保8(1837)年～明治12(1879)年　別池田長発《いけだちょうはつ，いけだながのぶ》
江戸時代末期～明治期の幕臣。1863年遣欧使節正使としてフランスに渡航。
¶朝日(生天保8年7月23日(1837年8月23日)　没明治12(1879)年9月12日)，維新，海越(いけだながのぶ　生天保8(1837)年7月23日　没明治12(1879)年9月12日)，海越新(生天保8(1837)年7月23日　没明治12(1879)年9月12日)，岡山人，岡山百(生天保8(1837)年7月23日　没明治12(1879)年9月12日)，岡山歴(生天保8(1837)年7月23日　没明治12(1879)年9月12日)，京都大(いけだながのぶ　生天保9(1838)年　没明治2(1869)年)，近現，近世，国史，国書(生天保8(1837)年7月23日　没明治12(1879)年9月12日)，コン改(いけだちょうはつ)，コン4(いけだちょうはつ)，コン5(いけだちょうはつ)，史人(生1837年7月23日　没1879年9月12日)，新潮(生天保8(1837)年7月23日　没明治12(1879)年9月12日)，人名(いけだちょうはつ)，姓氏京都(生1838年　没1869年)，世人(生天保8(1837)年7月23日　没明治12(1879)年9月12日)，日人，幕末(没1879年9月12日)，歴大

池田長恵 いけだながしげ
→池田長恵(いけだながよし)

池田仲澄 いけだなかずみ，いけだなかすみ
慶安3(1650)年～享保7(1722)年
江戸時代前期～中期の大名。因幡鳥取東館藩主。
¶諸系，人名，日人，藩主4(いけだなかすみ　生慶安3(1650)年10月11日　没享保7(1722)年6月2日)

池田長喬 いけだながたか
延宝4(1676)年～享保8(1723)年
江戸時代前期の武士。
¶岡山人，岡山歴(没享保8(1723)年4月18日)

池田仲建(池田仲立) いけだなかたつ
天保12(1841)年～元治1(1864)年
江戸時代末期の大名。因幡鳥取東館藩主。
¶維新，諸系，日人，藩主4(池田仲立　生天保12(1841)年10月18日　没元治1(1864)年6月27日)

池田仲庸 いけだなかつね
享保6(1721)年～宝暦8(1758)年
江戸時代中期の大名。因幡鳥取東館藩主。
¶諸系，日人，藩主4(生享保6(1721)年7月6日　没宝暦8(1758)年6月12日)

池田長常 いけだながつね
慶長14(1609)年～寛永18(1641)年
江戸時代前期の大名。備中松山藩主。
¶岡山人，岡山百(没寛永18(1641)年9月6日)，岡山歴(没寛永18(1641)年9月6日)，諸系，人名，日人，藩主4(没寛永18(1641)年9月6日)

池田仲央 いけだなかてる
元禄5(1692)年～宝暦3(1753)年
江戸時代中期の大名。因幡鳥取東館藩主。
¶諸系，日人，藩主4(生元禄5(1692)年11月1日　没宝暦3(1753)年1月11日)

池田長信 いけだながのぶ
元和8(1622)年～明暦2(1656)年8月24日
江戸時代前期の旗本・井原知行所池田氏の祖。
¶岡山歴

池田長発 いけだながのぶ
→池田長発(いけだながおき)

池田仲律 いけだなかのり
文化2(1805)年～嘉永3(1850)年
江戸時代末期の大名。因幡鳥取東館藩主。
¶諸系，日人，藩主4(生文化2(1805)年6月26日　没嘉永3(1850)年3月11日)

池田長溥 いけだながひろ
享和3(1803)年～嘉永6(1853)年
江戸時代末期の幕府大目付。
¶国書(生享和3(1803)年5月28日　没嘉永6(1853)年10月10日)，人名，日人

池田仲雅 いけだなかまさ
安永9(1780)年～天保12(1841)年

江戸時代後期の大名。因幡鳥取東館藩主。
¶諸系，日人，藩主4（㊤安永9（1780）年4月22日
㊦天保12（1841）年6月24日）

池田長政 いけだながまさ
天正17（1589）年～寛永11（1634）年
安土桃山時代～江戸時代前期の武将。
¶岡山人

池田長泰 いけだながやす
寛永3（1626）年～明暦3（1657）年
江戸時代前期の武将。
¶岡山人，岡山歴

池田長幸 いけだながゆき
→池田長幸（いけだながよし）

池田長恵 いけだながよし
延享2（1745）年～寛政12（1800）年　㊥池田長恵
《いけだながしげ》
江戸時代中期の江戸町奉行。
¶京都大（いけだながしげ），国書5（いけだなが
しげ　㊦寛政12（1800）年3月13日），諸系，人
名（㊦？），姓氏京都（いけだながしげ　㊦1796
年），日人

池田長幸 いけだながよし
天正15（1587）年～寛永9（1632）年　㊥池田長幸
《いけだながゆき》
江戸時代前期の大名。因幡鳥取藩主、備中松山
藩主。
¶岡山人，岡山百（いけだながゆき），岡山歴
（㊦寛永9（1632）年4月7日），諸系，人名
（㊤1593年），日人，藩主4（いけだながゆき
㊦寛永9（1632）年4月7日），藩主4（㊦寛永9
（1632）年4月7日）

池田長頼 いけだながより
？～寛永9（1632）年
江戸時代前期の書院番士。
¶岡山人，岡山歴，諸系，人名，日人

池田斉邦 いけだなりくに
天明7（1787）年～文化4（1807）年
江戸時代後期の大名。因幡鳥取藩主。
¶諸系，日人，藩主4（㊤天明7（1787）年2月18日
㊦文化4（1807）年7月9日）

池田斉輝 いけだなりてる
寛政9（1797）年～文政2（1819）年3月18日
江戸時代後期の武士。池田斉政の長男。
¶岡山人，岡山百，岡山歴（㊤寛政9（1797）年11
月5日），国書（㊤寛政9（1797）年11月））

池田斉敏 いけだなりとし
文化8（1811）年～天保13（1842）年
江戸時代後期の大名。備前岡山藩主。
¶岡山人，岡山歴（㊤文化8（1811）年4月8日
㊦天保13（1842）年1月30日），㊥池田斉敏
（1811）年4月8日　㊦天保13（1842）年1月30
日），諸系，日人，藩主4（㊤文化8（1811）年4月
8日　㊦天保13（1842）年1月晦日）

池田斉稷 いけだなりとし
天明8（1788）年～天保1（1830）年
江戸時代後期の大名。因幡鳥取藩主。
¶諸系，日人，藩主4（㊤天明8（1788）年7月10日

㊦天保1（1830）年5月2日）

池田斉政 いけだなりまさ
安永2（1773）年～天保4（1833）年
江戸時代後期の大名。備前岡山藩主。
¶岡山人，岡山歴（㊤安永2（1773）年4月8日
㊦天保4（1833）年6月26日），国書（㊤安永2
（1773）年4月8日　㊦天保4（1833）年6月26
日），諸系，日人，藩主4（㊤安永2（1773）年4月
8日　㊦天保4（1833）年6月26日）

池田斉訓 いけだなりみち
文政3（1820）年～天保12（1841）年
江戸時代後期の大名。因幡鳥取藩主。
¶諸系，日人，藩主4（㊤文政3（1820）年7月25日
㊦天保12（1841）年5月16日）

池田延俊 いけだのぶとし
宝暦4（1754）年～明和8（1771）年
江戸時代中期の大名。因幡鳥取東館藩主。
¶諸系，日人，藩主4（㊤宝暦4（1754）年2月17日
㊦明和8（1771）年3月7日）

池田教国 いけだのりくに
永禄1（1558）年～寛永15（1638）年
江戸時代前期の武士。
¶和歌山人

池田徳定 いけだのりさだ
嘉永1（1848）年～明治43（1910）年
江戸時代末期～明治期の大名。因幡鳥取西館藩主。
¶諸系，日人，藩主4（㊤嘉永1（1848）年11月25日
㊦明治43（1910）年6月19日）

池田徳澄 いけだのりずみ
安政1（1854）年～明治9（1876）年
江戸時代末期～明治期の大名。因幡鳥取東館藩主。
¶維新，諸系，日人，幕末（㊦1876年12月13日），
藩主4（㊤安政1（1854）年10月16日　㊦明治9
（1876）年12月13日）

池田徳潤 いけだのります
弘化4（1847）年～昭和4（1929）年
江戸時代末期～明治期の大名。播磨福本藩主。
¶諸系，渡航（㊤1847年11月　㊦1929年5月），日
人，藩主3（㊤弘化4（1847）年11月11日　㊦昭和
4（1929）年5月13日）

池田八右衛門 いけだはちえもん
江戸時代末期の陸奥中村藩家老。
¶人名（㊤1790年　㊦1855年），日人（㊤1791年
㊦1856年）

池田八左衛門 いけだはちざえもん
寛永18（1641）年～享保7（1722）年
江戸時代前期～中期の剣術家。平常無敵流。
¶剣豪

池田治政 いけだはるまさ
寛延3（1750）年～文政1（1818）年12月19日　㊥池
田一心斎《いけだいっしんさい》
江戸時代中期～後期の大名。備前岡山藩主。
¶江戸東（池田一心斎　いけだいっしんさい），
岡山人，岡山百（㊤寛延3（1750）年1月10日），
岡山歴（㊤寛延3（1750）年1月9日），国書（㊤寛
延3（1750）年1月10日），茶道，諸系（㊤1819
年），人名，日人（㊤1819年），藩主4（㊤寛延3

(1750)年1月9日)

池田治道 いけだはるみち
明和5(1768)年〜寛政10(1798)年
江戸時代中期の大名。因幡鳥取藩主。
¶諸系，日人，藩主4([生]明和5(1768)年3月10日 [没]寛政10(1798)年5月6日)

池田秀氏 いけだひでうじ
安土桃山時代〜江戸時代前期の武将。
¶戦国，戦人(生没年不詳)

池田寛親 いけだひろちか
*〜天保4(1833)年
江戸時代中期〜後期の武士。
¶国書(生没年不詳)，姓氏愛知([生]?)，日人([生]1779年?)

池田政香 いけだまさか
寛保1(1741)年〜明和5(1768)年
江戸時代中期の大名。備中鴨方藩主。
¶岡山人，岡山歴([生]元文6(1741)年2月14日 [没]明和5(1768)年8月25日)，諸系，人名([生]1744年)，日人，藩主4([生]寛保1(1741)年2月14日 [没]明和5(1768)年8月25日)

池田政員 いけだまさかず
元文2(1737)年〜明和4(1767)年
江戸時代中期の大名。備中生坂藩主。
¶岡山歴([生]元文2(1737)年10月23日 [没]明和4(1767)年1月29日)，諸系，日人，藩主4([生]元文2(1737)年10月23日 [没]明和4(1767)年1月29日)

池田政和 いけだまさかず
文政4(1821)年〜安政5(1858)年
江戸時代末期の大名。備中生坂藩主。
¶岡山歴([生]文政4(1821)年9月11日 [没]安政5(1858)年2月4日)，諸系，日人，藩主4([生]文政4(1821)年9月11日 [没]安政5(1858)年2月4日)

池田政礼 いけだまさかた
嘉永2(1849)年〜明治40(1907)年 [別]池田政礼《いけだまさのり》
江戸時代末期〜明治期の大名。備中生坂藩主。
¶維新，岡山人，岡山歴([生]嘉永2(1849)年12月17日 [没]?)，諸系([生]1850年)，人名，日人([生]1850年)，幕末([没]1907年10月7日)，藩主4(いけだまさのり [生]嘉永2(1849)年12月17日 [没]?)

池田正樹 いけだまさき
生没年不詳
江戸時代中期の下総関宿藩士。
¶国書

池田政言 いけだまさこと
正保2(1645)年〜元禄13(1700)年 [別]池田政言《いけだまさつぐ》
江戸時代前期〜中期の大名。備中鴨方藩主。
¶岡山人，岡山百([生]正保2(1645)年7月10日 [没]元禄13(1700)年8月19日)，岡山歴(いけだまさつぐ [生]正保2(1645)年7月10日 [没]元禄13(1700)年8月19日)，諸系，人名，日人，藩主4([生]正保2(1645)年7月10日 [没]元禄13(1700)年8月19日)

池田政弼 いけだまさすけ
寛保2(1742)年〜安永5(1776)年
江戸時代中期の大名。備中生坂藩主。
¶岡山歴([生]寛保2(1742)年7月27日 [没]安永5(1776)年7月29日)，諸系，日人，藩主4([生]寛保2(1742)年7月27日 [没]安永5(1776)年7月29日)

池田政純 いけだまさずみ
宝永3(1706)年〜
江戸時代中期の武士。
¶岡山人

池田正任 いけだまさたか
→井上正任(いのうえまさとう)

池田政武 いけだまさたけ
慶安2(1649)年〜貞享4(1687)年
江戸時代前期の大名。播磨福本藩主。
¶諸系，日人，藩主3([没]貞享4(1687)年5月7日)

池田政周 いけだまさちか
明暦2(1656)年〜延宝5(1677)年
江戸時代前期の大名。播磨山崎藩主。
¶諸系，日人，藩主3([没]延宝5(1677)年1月8日)

池田政言 いけだまさつぐ
→池田政言(いけだまさこと)

池田政綱 いけだまさつな
*〜寛永8(1631)年
江戸時代前期の大名。播磨赤穂藩主。
¶岡山百([生]慶長11(1606)年)，岡山歴([生]慶長11(1606)年 [没]寛永8(1631)年7月29日)，諸系([生]1605年)，人名([生]1603年)，日人([生]1605年)，藩主3([生]慶長10(1605)年 [没]寛永8(1631)年7月29日)，兵庫百([生]?)

池田政共 いけだまさとも
文化3(1806)年〜文政7(1824)年
江戸時代後期の大名。備中鴨方藩主。
¶岡山歴([生]文化3(1806)年11月2日 [没]文政7(1824)年6月28日)，諸系，日人，藩主4([生]文化3(1806)年11月3日 [没]文政7(1824)年6月28日)

池田政倫 いけだまさとも
享保1(1716)年〜安永4(1775)年
江戸時代中期の大目付。
¶人名，日人

池田昌豊 いけだまさとよ
文政5(1822)年〜明治31(1898)年7月18日 [別]池田静心斎《いけだせいしんさい》
江戸時代末期〜明治期の阿波徳島藩家老。
¶徳島歴(池田静心斎 いけだせいしんさい)，幕末

池田政直(1) いけだまさなお
寛永11(1634)年〜*
江戸時代前期の大名。因幡鹿野藩主、播磨福本藩主。
¶諸系([没]1666年)，日人([没]1666年)，藩主3([没]寛文5(1665)年12月6日)，藩主4([没]寛文5(1665)年12月6日)

池田政直(2) いけだまさなお
延享3(1746)年〜文政1(1818)年

江戸時代中期～後期の大名。備中鴨方藩主。
¶岡山人（[没]寛政12（1800）年），岡山歴（[生]延享3（1746）年1月27日　[没]文政1（1818）年8月16日），諸系，日人，藩主4（[生]延享3（1746）年1月27日　[没]文政1（1818）年8月16日）

池田正信 いけだまさのぶ
享保9（1724）年～天明7（1787）年
江戸時代中期の加賀藩の「天明の御改法」担当者。
¶石川百，姓氏石川

池田政範 いけだまさのり
寛政8（1796）年～天保15（1844）年
江戸時代後期の大名。備中生坂藩主。
¶岡山歴（[生]寛政8（1796）年2月7日　[没]天保15（1844）年3月27日），諸系，日人，藩主4（[生]寛政8（1796）年2月7日　[没]弘化1（1844）年3月27日）

池田政礼 いけだまさのり
→池田政礼（いけだまさかた）

池田正式 いけだまさのり
生没年不詳　[別]正式《まさのり》
江戸時代中期の大和郡山藩士。
¶郷土奈良，国書（[没]寛文12（1672）年頃？），人名，全書，大百，日人，俳諧（正式　まさのり），俳句（正式　まさのり），藩臣4，百科，和俳

池田政晴 いけだまさはる
宝永1（1704）年～寛延1（1748）年
江戸時代中期の大名。備中生坂藩主。
¶岡山人（[生]宝永2（1705）年），岡山歴（[没]寛延1（1748）年9月11日），諸系，日人，藩主4（[没]寛延1（1748）年9月11日）

池田政広 いけだまさひろ
？　～元禄4（1691）年
江戸時代前期の因幡鳥取藩家老。
¶藩臣5

池田政方 いけだまさみち
正徳3（1713）年12月2日～寛政3（1791）年
江戸時代中期の大名。備中鴨方藩主。
¶岡山人，岡山歴（[没]寛政3（1791）年12月19日），諸系（[生]1714年　[没]1792年），日人（[生]1714年　[没]1792年），藩主4（[没]寛政3（1791）年12月20日）

池田正森 いけだまさもり
天和2（1682）年～享保4（1719）年1月21日
江戸時代前期～中期の旗本。旧福本藩の遺領を継ぐ。
¶兵庫人

池田政保 いけだまさやす
慶応1（1865）年～昭和14（1939）年
江戸時代末期～明治期の大名、華族。
¶岡山歴（[生]元治1（1864）年12月10日　[没]昭和14（1939）年2月），諸系，世紀（[生]元治1（1865）年12月10日　[没]昭和14（1939）年2月10日），日人，藩主4（[生]元治1（1864）年12月10日　[没]昭和14（1939）年2月）

池田政養 いけだまさやす
→池田政養（いけだまさよし）

池田政恭 いけだまさゆき
安永4（1775）年～文政10（1827）年
江戸時代後期の大名。備中生坂藩主。
¶岡山歴（[生]安永4（1775）年7月8日　[没]文政10（1827）年7月30日），諸系，日人，藩主4（[生]安永4（1775）年7月8日　[没]文政10（1827）年7月晦日）

池田政善 いけだまさよし
＊～弘化4（1847）年
江戸時代後期の大名。備中鴨方藩主。
¶岡山歴（[生]文化7（1810）年12月9日　[没]弘化4（1847）年4月27日），諸系（[生]1811年），日人（[生]1811年），藩主4（[生]文化7（1810）年12月9日　[没]弘化4（1847）年4月27日）

池田政養 いけだまさよし
安永1（1772）年～文政2（1819）年　[別]池田政養《いけだまさやす》
江戸時代後期の大名。備中鴨方藩主。
¶岡山歴（いけだまさやす　[生]安永1（1772）年12月8日　[没]文政2（1819）年7月3日），諸系，日人，藩主4（[生]安永1（1772）年12月8日　[没]文政2（1819）年7月3日）

池田政倚 いけだまさより
寛文9（1669）年～延享4（1747）年
江戸時代中期の大名。備中鴨方藩主。
¶岡山人，岡山歴（[生]寛文9（1669）年1月27日　[没]延享4（1747）年7月4日），諸系，日人，藩主4（[生]寛文9（1669）年1月27日　[没]延享4（1747）年7月4日）

池田造酒之進 いけだみきのしん
天保4（1833）年～慶応2（1866）年9月5日
江戸時代末期の忠告隊士。
¶幕末

池田光仲 いけだみつなか
寛永7（1630）年～元禄6（1693）年
江戸時代前期の大名。因幡鳥取藩主、備前岡山藩主。
¶朝日（[生]寛永7年6月18日（1630年7月27日）　[没]元禄6年7月7日（1693年8月8日）），岡山人，岡山百，近世，国史，コン改，コン4，史人（[生]1630年6月18日　[没]1693年7月7日），諸系，人書94，新潮（[生]寛永7（1630）年6月18日　[没]元禄6（1693）年7月7日），人名（[生]1631年），鳥取百，日人，藩主4（[生]寛永7（1630）年6月18日　[没]元禄6（1693）年7月7日），藩主4，歴大

池田光政 いけだみつまさ
慶長14（1609）年～天和2（1682）年　[別]池田新太郎《いけだしんたろう》
江戸時代前期の大名。播磨姫路藩主、因幡鳥取藩主、備前岡山藩主。
¶朝日（[生]慶長14年4月4日（1609年5月7日）　[没]天和2年5月22日（1682年6月27日）），岩史（[生]慶長14（1609）年4月4日　[没]天和2（1682）年5月22日），岡山人，岡山百（[生]慶長14（1609）年4月4日　[没]天和2（1682）年4月22日），岡山歴（[没]天和2（1682）年5月22日），角史，教育，近世，国史，国書（[生]慶長14（1609）年4月4日　[没]天和2（1682）年5月22日），コン改，コン4，史人（[生]1609年4月4日　[没]1682年5月22日），重

要（[生]慶長14（1609）年4月4日　[没]天和2（1682）年5月22日），諸系，神史，人書94，神人，新潮（[生]慶長14（1609）年4月4日　[没]天和2（1682）年5月22日），人名，世人（[生]慶長14（1609）年4月[没]天和2（1682）年5月22日），世百，全書，戦人，大百，伝記，鳥取百，日史（[生]慶長14（1609）年4月4日　[没]天和2（1682）年5月22日），日人，藩主3（[生]慶長14（1609）年4月4日　[没]天和2（1682）年5月22日），藩主4（[生]慶長14（1609）年4月4日　[没]天和2（1682）年5月22日），藩主4（[没]天和2（1682）年5月22日），百科，歴大

池田宗春 いけだむねはる
承応2（1653）年～貞享2（1685）年
江戸時代前期の武士。
¶岡山人，岡山歴（[没]貞享2（1685）年9月14日）

池田宗政 いけだむねまさ
享保12（1727）年～明和1（1764）年
江戸時代中期の大名。備前岡山藩主。
¶岡山人，岡山百（[没]宝暦14（1764）年3月10日），岡山歴（[生]享保12（1727）年6月24日　[没]宝暦14（1764）年3月14日），国書（[生]享保10（1725）年[没]宝暦14（1764）年3月14日），諸系，日人，藩主4（[生]享保12（1727）年6月24日　[没]明和1（1764）年3月14日）

池田宗泰 いけだむねやす
享保2（1717）年～延享4（1747）年
江戸時代中期の大名。因幡鳥取藩主。
¶諸系，日人，藩主4（[生]享保2（1717）年2月13日[没]延享4（1747）年8月21日）

池田茂政 いけだもちまさ
天保10（1839）年～明治32（1899）年
江戸時代末期～明治期の大名。備前岡山藩主。
¶朝日（[生]天保10年10月11日（1839年11月16日）[没]明治32（1899）年12月12日），維新，岡山人（[没]明治30（1897）年），岡山百（[生]天保10（1839）年10月11日　[没]明治32（1899）年12月12日），岡山歴（[生]天保10（1839）年10月11日[没]明治32（1899）年2月12日），近現，近世，国史，国書（[生]天保10（1839）年10月11日　[没]明治32（1899）年12月12日），コン改，コン4，コン5，史人（[生]1839年10月11日　[没]1899年12月12日），諸系，新潮（[生]天保10（1839）年10月11日[没]明治32（1899）年12月12日），日人，幕末（[没]1899年12月12日），藩主4（[生]天保10（1839）年10月11日　[没]明治32（1899）年2月12日）

池田安正（池田安政）いけだやすまさ
天保4（1833）年～明治12（1879）年　[別]池田安正《いけだあんせい》
江戸時代末期～明治期の河内狭山藩の洋学者。藩を尊攘討幕に導き、維新後は兵部・陸軍省歩兵中佐。
¶新潮（池田安政　[没]明治12（1879）年5月），人名（池田安政），日人，幕末（[没]1879年5月），藩臣5（いけだあんせい）

池田之政 いけだゆきまさ
元和3（1617）年～寛文9（1669）年
江戸時代前期の因幡鳥取藩家老。
¶藩臣5

池田慶栄 いけだよしたか
天保5（1834）年～嘉永3（1850）年
江戸時代末期の大名。因幡鳥取藩主。
¶諸系，日人，藩主4（[生]天保5（1834）年3月23日[没]嘉永3（1850）年5月23日）

池田由孝 いけだよしたか
寛永18（1641）年～元禄9（1696）年
江戸時代前期の備前岡山藩家老。
¶岡山人，岡山歴（[没]元禄9（1696）年11月14日），藩臣6

池田由成 いけだよしなり
慶長10（1605）年～延宝4（1676）年
江戸時代前期の備前岡山藩家老。
¶岡山人，岡山歴（[没]延宝4（1676）年1月8日），藩臣6

池田慶徳 いけだよしのり
天保8（1837）年～明治10（1877）年
江戸時代末期～明治期の大名。因幡鳥取藩主。
¶朝日（[生]天保8年7月13日（1837年8月13日）[没]明治10（1877）年8月2日），維新，近現，近世，国際，国史，国書（[生]天保8（1837）年7月13日　[没]明治10（1877）年8月2日），コン改，コン4，コン5，史人（[生]1837年7月13日　[没]1877年8月2日），諸系，新潮（[生]天保8（1837）年7月13日[没]明治10（1877）年8月2日），人名，鳥取百，鳥取百，日史（[生]天保8（1837）年7月13日　[没]明治10（1877）年8月2日），日人，幕末（[没]1877年8月2日），藩主4（[生]天保8（1837）年7月13日[没]明治10（1877）年8月2日），百科，歴大

池田由英 いけだよしひで
慶長11（1606）年～延宝1（1673）年10月10日
江戸時代前期の徳島藩家老。
¶徳島歴

池田慶政 いけだよしまさ
文政6（1823）年～明治26（1893）年
江戸時代末期～明治期の大名。備前岡山藩主。
¶維新，岡山人，岡山百（[生]文政6（1823）年7月5日　[没]明治26（1893）年3月4日），岡山歴（[没]明治26（1893）年3月4日），諸系，日人，幕末（[没]1893年3月4日），藩主4（[生]文政6（1822）年[没]明治26（1893）年3月4日）

池田喜通 いけだよしみち
文政11（1828）年～明治1（1868）年
江戸時代末期の大名。播磨福本藩主。
¶維新，諸系，日人，幕末（[生]？　[没]1868年7月10日），藩主3（[生]文政11（1828）年6月　[没]明治1（1868）年7月10日）

池田吉泰 いけだよしやす
貞享4（1687）年～元文4（1739）年
江戸時代中期の大名。因幡鳥取藩主。
¶諸系，鳥取百，日人，藩主4（[生]貞享4（1687）年6月24日　[没]元文4（1739）年7月23日）

池田慶行 いけだよしゆき
天保3（1832）年～嘉永1（1848）年
江戸時代後期の大名。因幡鳥取藩主。
¶国書（[生]天保3（1832）年4月24日　[没]嘉永1（1848）年6月13日），諸系，日人，藩主4（[生]天保3（1832）年4月24日　[没]嘉永1（1848）年6月13

日）

池田由之 いけだよしゆき
天正5（1577）年～元和4（1618）年
安土桃山時代～江戸時代前期の備前岡山藩家老。
¶岡山人，鳥取百（[生]？），藩臣6

池田頼方 いけだよりかた
江戸時代末期の幕臣、隼人、将監、播磨守。
¶維新，幕末（生没年不詳）

池田良輔 いけだりょうすけ
文政1（1818）年～明治27（1894）年
江戸時代末期～明治期の紀伊和歌山藩士。
¶幕末（[没]1894年5月27日），洋学（[生]文化13（1816）年），和歌山人

池田梁蔵 いけだりょうぞう
＊～明治3（1870）年11月6日 [別]池田克信《いけだかつのぶ》，克信，青波
江戸時代末期～明治期の周防徳山藩士。藩主に同行して1869年イギリスに渡る。
¶海越（[生]？），海越新（[生]？），人名（池田克信 いけだかつのぶ [生]1833年），姓氏山口（[生]1837年），渡航（[生]1832年）

池知重利 いけちしげとし，いけぢしげとし
→池知退蔵（いけちたいぞう）

池知退蔵 いけちたいぞう，いけぢたいぞう
天保2（1831）年～明治23（1890）年 [別]池知重利《いけちしげとし，いけぢしげとし，いけともしげとし》，池知退蔵《いけじたいぞう》
江戸時代末期～明治期の土佐藩の志士。土佐勤王党に参加。
¶維新，高知人（池知重利 いけぢしげとし），高知百（いけじたいぞう），コン改（池知重利 いけともしげとし），コン4（池知重利 いけともしげとし），コン5（池知重利 いけともしげとし），新潮（池知重利 いけちしげとし [没]明治23（1890）年7月20日），人名（池知重利 いけともしげとし），日人（いけぢたいぞう），幕末（[没]1890年7月23日），藩臣6

池知重利 いけともしげとし
→池知退蔵（いけちたいぞう）

池永碧於亭 いけながへきおてい
天明6（1786）年～文久1（1861）年
江戸時代中期～末期の武士、儒者。
¶国書（生没年不詳），日人

池上四郎 いけのうえしろう
→池上四郎（いけがみしろう）

池内信夫 いけのうちのぶお
文政9（1826）年～明治24（1891）年
江戸時代末期～明治期の武芸家。
¶日人，幕末（[没]1891年3月25日）

池野藤兵衛 いけのとうべえ
寛政6（1794）年～万延1（1860）年8月21日
江戸時代末期の陸奥盛岡藩士。
¶幕末

池原五左衛門 いけはらござえもん
慶長13（1608）年～貞享3（1686）年
江戸時代中期の剣道家。
¶剣豪，人名，日人

池辺鶴林 いけべかくりん
？ ～寛延1（1748）年10月12日
江戸時代中期の肥後熊本藩士・漢学者。
¶国書

池辺吉十郎 いけべきちじゅうろう
天保9（1838）年～明治10（1877）年10月26日
江戸時代末期～明治期の志士、肥後熊本藩士。
¶朝日，近現，近世，熊本百（[生]天保9（1838）年1月11日），国史，史人，新潮，人名，日人，幕末，履歴（[生]天保9（1838）年1月11日）

池部啓太（池辺啓太） いけべけいた
寛政10（1798）年～明治1（1868）年 [別]池部如泉《いけべじょせん》
江戸時代末期の洋式兵学者、砲術家、肥後熊本藩士。
¶朝日（[生]寛政9（1797）年 [没]明治1年8月13日（1868年9月28日）），熊本百（[没]明治1（1868）年8月13日），国書（池部如泉 いけべじょせん [生]寛政10（1798）年1月15日 [没]慶応4（1868）年8月13日），新潮（[没]慶応4（1868）年8月13日），人名（池辺啓太），日人，幕末（[没]1868年8月13日），洋学

池部汝玉 いけべじょぎょく
→池辺璞（いけべはく）

池部如泉 いけべじょせん
→池部啓太（いけべけいた）

池辺丹陵 いけべたんりょう
明和7（1770）年～弘化3（1846）年
江戸時代後期の肥後熊本藩士。
¶藩臣7

池辺藤左衛門 いけべとうざえもん
文政2（1819）年～明治27（1894）年
江戸時代末期～明治期の筑後柳河藩士。
¶維新，幕末（[没]1894年2月12日），藩臣7

池辺璞 いけべはく
享保17（1732）年～安永7（1778）年 [別]池部汝玉《いけべじょぎょく》
江戸時代中期の暦数家、水泳家、肥後熊本藩士。
¶人名（池部汝玉 いけべじょぎょく），日人

池辺真榛 いけべまはり
天保1（1830）年～文久3（1863）年 [別]池辺真榛《いけべまはる》
江戸時代末期の阿波徳島藩の国学者、勤王家。
¶維新（いけべまはる），国書（[生]文政13（1830）年6月6日 [没]文久3（1863）年9月8日），神人（[生]天保1（1830）年6月6日 [没]文久3（1863）年9月8日），徳島百（[生]天保1（1830）年6月6日 [没]文久3（1863）年9月8日），徳島歴，幕末（[没]1863年10月20日），藩臣6

池辺真榛 いけべまはる
→池辺真榛（いけべまはり）

池辺蘭陵 いけべらんりょう
享保11（1726）年～天明2（1782）年
江戸時代中期の肥後熊本藩の文学者。
¶国書（[没]天明2（1782）年9月2日），詩歌，人名，日人，和俳

池道之助 いけみちのすけ
文政4（1821）年〜明治5（1872）年
江戸時代末期〜明治期の土佐藩士。
¶高知人，幕末（㉓1872年8月19日）

渭虹 いこう
→土肥秋窓（どひしゅうそう）

井後哲五郎 いごてつごろう
天保8（1837）年〜明治40（1907）年
江戸時代後期〜明治期の剣術家。心形刀流。
¶剣豪

生駒重信 いこましげのぶ
→生駒万子（いこままんし）

生駒甚右衛門 いこまじんうえもん
？〜延享2（1745）年
江戸時代中期の常陸土浦藩士。
¶藩臣2

生駒新太郎 いこましんたろう
文政11（1828）年3月1日〜明治38（1905）年12月3
日
江戸時代後期〜明治期の弓道家、弓道範士、熊本
藩士。
¶弓道

生駒高俊 いこまたかとし
慶長16（1611）年〜万治2（1659）年
江戸時代前期の大名。讃岐丸亀藩主、出羽矢島
藩主。
¶秋田百，香川人，香川百，諸系，人名，日人，
藩主1（㉓万治2（1659）年6月16日），藩主4
（㉓万治2（1659）年6月16日）

生駒頼母 いこまたのも
天保11（1840）年〜明治38（1905）年
江戸時代末期〜明治期の尾張藩家老。
¶幕末（㉓1905年4月27日），藩臣4

生駒親敬 いこまちかゆき
嘉永2（1849）年〜明治13（1880）年
江戸時代末期〜明治期の大名。出羽矢島藩主。
¶秋田百，朝日（㉔嘉永2（1849）年11月　㉓明治
13（1880）年9月9日），コン改，コン5，
諸系，新潮（㉓明治13（1880）年9月9日），人
名，日人，幕末（㉓1880年9月9日），藩主1
（㉔嘉永2（1849）年11月7日　㉓明治13（1880）
年9月9日）

生駒主税 いこまちから
文政10（1827）年〜明治33（1900）年
江戸時代末期〜明治期の豊前小倉藩士。
¶維新，人名，日人

生駒利勝 いこまとしかつ
生没年不詳
江戸時代前期の武士。
¶日人

生駒利豊 いこまとしとよ
天正3（1575）年〜寛文10（1670）年
江戸時代前期の尾張藩士。
¶人名，日人

生駒直方 いこまなおかた
→生駒流水（いこまりゅうすい）

生駒直武 いこまなおたけ
元禄8（1695）年〜宝暦12（1762）年　㉝生駒柳亭
《いこまりゅうてい》
江戸時代中期の加賀藩の寺社奉行。
¶国書（生駒柳亭　いこまりゅうてい　㉓宝暦12
（1762）年9月15日），人名（㉔1694年），日人

生駒直義 いこまなおよし
？〜寛永15（1638）年
江戸時代前期の加賀藩執政。
¶人名，日人

生駒永言 いこまながこと
天和3（1683）年〜延享3（1746）年11月7日
江戸時代前期〜中期の歌人・徳島藩士。
¶徳島百，徳島歴

生駒則正 いこまのりまさ
寛文4（1664）年〜元禄7（1694）年
江戸時代前期〜中期の大和松山藩家老。
¶藩臣4

生駒半右衛門 いこまはんうえもん
→生駒半右衛門（いこまはんえもん）

生駒半右衛門 いこまはんえもん
慶長8（1603）年〜延宝5（1677）年　㉝生駒半右衛
門《いこまはんうえもん》
江戸時代前期の岡山藩士、槍術家。
¶岡山人（いこまはんうえもん），岡山歴（㉔元和
7（1621）年　㉓元禄11（1698）年），国書

生駒宏綱 いこまひろつな
？〜天保9（1838）年
江戸時代後期の丹波柏原藩士。
¶藩臣5

生駒平兵衛 いこまへいべえ
生没年不詳
安土桃山時代〜江戸時代前期の武士。浅野家の
家臣。
¶和歌山人

生駒正純 いこままさずみ
生没年不詳
江戸時代前期〜中期の丹波柏原藩家老。
¶藩臣5

生駒正俊 いこままさとし
天正14（1586）年〜元和7（1621）年
江戸時代前期の大名。讃岐丸亀藩主。
¶香川人，香川百，諸系，人名，日人，藩主4
（㉓元和7（1621）年6月5日）

生駒正直 いこままさなお
安永7（1778）年〜文政8（1825）年
江戸時代中期〜後期の岡山藩士。
¶岡山人，岡山歴（㉓文政8（1825）年6月17日）

生駒正光 いこままさみつ
寛永6（1629）年〜貞享2（1685）年
江戸時代前期の土佐藩家老。
¶高知人

生駒万子 いこままんし
承応3（1654）年〜享保4（1719）年　㉝生駒重信
《いこましげのぶ》，万子《まんし》
江戸時代前期〜中期の加賀藩士、蕉門俳人。

¶石川百（生駒重信　いこましげのぶ），国書（万子　まんし　[没]享保4（1719）年4月27日），人名，姓氏石川（生駒重信　いこましげのぶ），日人，俳諧（万子　まんし　[生]？），俳句（万子　まんし　[没]享保4（1719）年4月27日），藩臣3，和俳

生駒宗勝　いこまむねかつ
？　～元禄13（1700）年
江戸時代前期～中期の武士。
¶日人

生駒頼寛　いこまよりひろ
→生駒魯斎（いこまろさい）

生駒流水　いこまりゅうすい
寛延2（1749）年～文政1（1818）年　[別]生駒直方《いこまなおかた》
江戸時代中期～後期の陸奥会津藩士。
¶会津（生駒直方　いこまなおかた），藩臣2

生駒柳亭　いこまりゅうてい
→生駒直武（いこまなおたけ）

生駒魯斎　いこまろさい
享保14（1729）年～天明3（1783）年　[別]生駒頼寛《いこまよりひろ》
江戸時代中期の丹波柏原藩家老。
¶国書（[没]天明3（1783）年7月），藩臣5（生駒頼寛　いこまよりひろ）

井坂泉太郎　いさかせんたろう
天保6（1835）年～明治30（1897）年1月10日　[別]泉
江戸時代末期～明治期の水戸藩士。遣仏使節に警護役として随行する。
¶海越，海越新

石作駒石　いさこくせき
→石作駒石（いしづくりくせき）

砂金実常　いさごさねつね
生没年不詳
安土桃山時代～江戸時代前期の武将。伊達氏家臣。
¶戦人

伊佐新次郎　いさしんじろう
*～明治24（1891）年　[別]伊佐岑満《いさみねみつ》
江戸時代後期～明治期の幕臣。米国商船ピアス号の下田入港の際に接待役。
¶維新，国書（伊佐岑満　いさみねみつ　[生]文化8（1811）年　[没]明治24（1891）年11月1日），静岡歴（[生]文化6（1809）年），姓氏静岡（伊佐岑満　いさみねみつ　[生]1809年），幕末（[生]1810年7月）

諫早一学　いさはやいちがく
文政10（1827）年～明治28（1895）年
江戸時代末期～明治期の肥前佐賀藩諫早領第16代領主。
¶人名，日人，幕末（[没]1895年12月17日）

諫早作次郎　いさはやさくじろう
天保13（1842）年～大正8（1919）年4月8日
江戸時代末期～明治期の長州（萩）藩士。
¶幕末

諫早茂図　いさはやしげつぐ
*～文化12（1815）年　[別]諫早茂図《いさはやしげと》
江戸時代中期～後期の武士。
¶人名（いさはやしげと　[生]1746年），日人（[生]1747年）

諫早茂図　いさはやしげと
→諫早茂図（いさはやしげつぐ）

諫早茂敬　いさはやしげよし
慶長13（1608）年～承応1（1652）年
江戸時代前期の肥前諫早城主。
¶人名，日人

諫早生二　いさはやせいじ
天保4（1833）年～大正4（1915）年11月15日
江戸時代末期～明治期の長州（萩）藩士。
¶国書，幕末

伊佐岑満　いさみねみつ
→伊佐新次郎（いさしんじろう）

井沢織之助　いざわおりのすけ
生没年不詳
江戸時代後期の駿河沼津藩士。
¶藩臣4

伊沢源太左衛門　いざわげんたざえもん
生没年不詳
江戸時代前期の剣術家。伊沢流の祖。
¶剣豪

井沢十郎左衛門　いざわじゅうろうざえもん
→井沢蟠竜（いざわばんりゅう）

井沢為永　いざわためなが
→井沢弥惣兵衛（いざわやそべえ）

井沢長秀　いざわながひで
→井沢蟠竜（いざわばんりゅう）

井沢蟠竜　いざわばんりゅう
寛文8（1668）年～享保15（1730）年　[別]井沢十郎左衛門《いざわじゅうろうざえもん》，井沢長秀《いざわながひで》，井沢蟠竜《いざわばんりょう》
江戸時代中期の神道家。肥後熊本藩士。
¶朝日（井沢長秀　いざわながひで　[没]享保15年12月3日（1731年1月10日）），教育，近世，熊本百（[没]享保15（1730）年12月3日），剣豪（井沢十郎左衛門　いざわじゅうろうざえもん），考古（井沢長秀　いざわながひで），国史，国書（いざわばんりょう　[没]享保15（1730）年12月30日），史人（[没]1730年12月3日），神史，人書94（いざわばんりょう），神人（[没]享保15（1730）年12月3日），新潮（[没]享保15（1730）年12月3日），人名（いざわばんりょう），日人（いざわばんりょう　[没]1731年），藩臣7

井沢蟠竜　いざわばんりょう
→井沢蟠竜（いざわばんりゅう）

伊沢文谷　いさわぶんこく
文政1（1818）年～明治11（1878）年
江戸時代後期～明治期の信濃高遠藩士・画家。
¶国書

伊沢政義　いざわまさよし
？　～元治1（1864）年　[別]伊沢美作守政義《いざわみまさかのかみまさよし》
江戸時代末期の幕臣、大目付。
¶朝日（[没]元治1年7月16日（1864年8月17日）），

維新，神奈川人，新潮（[没]元治1（1864）年7月16日），人名，長崎歴（伊沢美作守政義　いざわみまさかのかみまさよし），日人，幕末

伊沢美作守政義 いざわみまさかのかみまさよし
→伊沢政義（いざわまさよし）

井沢弥惣兵衛 いざわやそうべい
→井沢弥惣兵衛（いざわやそべえ）

井沢弥惣兵衛為永 いざわやそうべえためなが
→井沢弥惣兵衛（いざわやそべえ）

井沢弥惣兵衛 いざわやそべえ
承応3（1654）年～元文3（1738）年　[別]井沢為永《いざわためなが》，井沢弥惣兵衛《いざわやそうべい》，井沢弥惣兵衛為永《いざわやそうべえためなが》
江戸時代前期～中期の紀伊和歌山藩の美濃郡代。農政家、治水家。
¶朝日（井沢為永　いざわためなが　[没]元文3年3月1日（1738年4月19日）），岩史（井沢為永　いざわためなが　[生]寛文3（1663）年　[没]元文3（1738）年3月1日），角史，岐阜百（井沢為永　いざわためなが），郷土和歌山（[生]1663年），近世，国史，コン改（井沢為永　いざわためなが），コン4（井沢為永　いざわためなが），埼玉人（[没]元文3（1738）年3月1日），埼玉百（井沢弥惣兵衛為永　いざわやそうべえためなが　[生]1663年），史人（[没]1738年3月1日），重要（[生]承応3（1654）年？　[没]元文3（1738）年3月1日），新潮（井沢為永　いざわためなが　[没]元文3（1738）年3月1日），人名（井沢為永　いざわためなが　[生]1663年），世人（[生]寛文10（1670）年　[没]元文3（1738）年3月），全書（[生]1663年），大百（いざわやそうべい　[生]1670年），日史（[没]元文3（1738）年3月1日），日人，藩臣5（[生]寛文3（1663）年），百科，歴大，和歌山人（[生]？）

石井昭香 いしいあきたか
正徳3（1713）年～享和3（1803）年
江戸時代中期の武士。
¶和歌山人

石井伊之助 いしいいのすけ
江戸時代末期の新撰組隊士。
¶新撰

石井宇右衛門(1) いしいうえもん
～宝暦4（1754）年
安土桃山時代～江戸時代前期の武士。
¶三重続

石井宇右衛門(2) いしいうえもん
慶長18（1613）年～延宝1（1673）年
江戸時代前期の信濃小諸藩士、武道の達人。
¶大阪人（[没]延宝1（1673）年10月），大阪墓（[没]延宝1（1673）年10月18日），人名，長野歴（[生]元和5（1619）年），日人

石井鶴山 いしいかくざん
延享1（1744）年～寛政2（1790）年
江戸時代中期の漢学者、肥前佐賀藩士。
¶国書（[没]寛政2（1790）年4月9日），人名，日人

石井寛次 いしいかんじ
？～明治3（1870）年
江戸時代末期の長州（萩）藩士。
¶人名，日人

石井金四郎 いしいきんしろう
天保2（1831）年～文久1（1861）年
江戸時代末期の水戸藩属吏。
¶維新，人名，日人，幕末（[没]1862年1月24日）

石井邦猷 いしいくにみち
天保8（1837）年～明治26（1893）年
江戸時代末期～明治期の豊後日出藩士。
¶大分歴，佐賀百（[生]天保8（1837）年6月　[没]明治26（1893）年2月3日），人名，日人，藩臣7

石井熊太 いしいくまた
天明1（1781）年～安政4（1857）年8月24日
江戸時代中期～末期の盛岡藩士。
¶国書

石井熊之丞 いしいくまのじょう
→石井源蔵（いしいげんぞう）

石井謙次郎 いしいけんじろう
天保9（1838）年～明治21（1888）年
江戸時代後期～明治期の岡部の朝比奈山開墾者、旧幕臣。
¶静岡歴，姓氏静岡

石井源蔵 いしいげんぞう
寛文8（1668）年～享保6（1721）年　[別]石井熊之丞《いしいくまのじょう》
江戸時代中期の丹波亀山藩士。伊勢亀山敵討の当事者。
¶人名，日人，藩臣5（石井熊之丞　いしいくまのじょう　[生]寛文9（1669）年）

石井砕石 いしいさいせき
生没年不詳
江戸時代後期の館林藩士。
¶国書

石井定右衛門 いしいさだえもん
～正保4（1647）年11月13日
江戸時代前期の出羽庄内藩士。
¶庄内

石井貞興 いしいさだおき
＊～明治10（1877）年
江戸時代末期～明治期の武士、西南の役の志士。
¶人名（[生]？），日人（[生]1840年）

石井定勝 いしいさだかつ
明和1（1764）年～？
江戸時代中期～後期の幕臣。
¶国書

石井三之丞 いしいさんのじょう
？～天和1（1681）年
江戸時代前期の武士。伊勢亀山仇討関係者。
¶人名，日人

石井治右衛門 いしいじえもん
生没年不詳
安土桃山時代～江戸時代前期の武士。
¶庄内

石井修理 いしいしゅり
＊～明治25（1892）年　[別]石井正敏《いしいまさとし》，石井櫟堂《いしいれきどう》

江戸時代末期～明治期の安芸広島藩士。
¶維新（[生]？），人名（石井櫟堂　いしいれきどう　[生]？），日人（[生]1820年），幕末（[生]？　[没]1892年3月25日），幕末（石井正敏　いしいまさとし　[生]1820年　[没]1892年3月25日），藩臣6（石井正敏　いしいまさとし　[生]文政3（1820）年）

石井省一郎　いしいしょういちろう
天保12（1841）年～昭和5（1930）年
江戸時代末期～明治期の豊前小倉藩士。
¶維新，岩手百，姓氏岩手，土木（[生]1841年12月28日　[没]1930年10月20日），日人（[生]1842年），藩臣7

石井縄斎　いしいじょうさい
天明6（1786）年～天保11（1840）年
江戸時代後期の駿河田中藩士、漢学者。
¶江文，国書（[没]天保11（1840）年11月4日），静岡歴（[生]天明5（1785）年），姓氏静岡（[生]1785年），藩臣4

石井子竜　いしいしりゅう
安永7（1778）年～天保14（1843）年
江戸時代後期の出羽庄内藩士、画家。
¶庄内（[没]天保14（1843）年10月23日），藩臣1，山形百（[生]天明2（1782）年）

石井次郎右衛門　いしいじろううえもん
→石井次郎右衛門（いしいじろうえもん）

石井次郎右衛門　いしいじろうえもん
[別]石井次郎右衛門《いしいじろううえもん》
安土桃山時代～江戸時代前期の武士。里見氏家臣。
¶戦人（生没年不詳），戦東（いしいじろううえもん）

石井駿河守　いしいするがのかみ
生没年不詳
安土桃山時代～江戸時代前期の武士。里見氏家臣。
¶戦辞，戦人，戦東

石井宗大夫　いしいそうだゆう
江戸時代前期の武将。里見氏家臣。
¶戦東

石井忠亮　いしいただあきら
天保11（1840）年～明治34（1901）年　[別]石井忠亮《いしいただすけ》
江戸時代末期～明治期の佐賀藩士。五稜郭攻略の際は陽春丸艦長として活躍。
¶国際（いしいただすけ　[生]？），渡航（[生]1840年7月　[没]1901年1月1日），幕末（[没]1901年1月3日），和歌山人

石井忠亮　いしいただすけ
→石井忠亮（いしいただあきら）

石井忠行　いしいただつら
文政1（1818）年8月26日～明治27（1894）年8月6日
江戸時代後期～明治期の秋田藩士、奉行。
¶国書

石井忠躬　いしいただみ
天保9（1838）年～明治16（1883）年
江戸時代末期～明治期の肥前蓮池藩家老。
¶藩臣7

石井忠運　いしいただゆき
享保2（1717）年～？
江戸時代中期の秋田藩士、奉行。
¶国書

石井垂穂　いしいたりほ
明和6（1769）年～天保11（1840）年
江戸時代中期～後期の尾張藩士。
¶国書（[没]天保11（1840）年5月14日），日人

石井潭香　いしいたんこう
文化3（1806）年～明治3（1870）年
江戸時代末期～明治期の書家、蝦夷松前藩士。
¶国書（[没]明治3（1870）年5月6日），人名，日人，幕末，藩臣1，北海道百（[生]文化1（1804）年），北海道歴（[生]文化1（1804）年）

石井綱方　いしいつなかた
～明治10（1877）年3月28日
江戸時代後期～明治期の弓道家、印西派盛岡藩弓術師範。
¶弓道

石井恒右衛門　いしいつねえもん
寛保3（1743）年～？
江戸時代中期の陸奥白河藩士、オランダ語通詞。
¶藩臣2，福島百（生没年不詳）

石井常英　いしいつねひで
文久4（1864）年～大正6（1917）年
江戸時代末期～明治期の佐賀藩士、官吏。判事試補を経て横浜地方裁判所判事、台湾覆審法院長を歴任。
¶人名（[生]？），世紀（[生]文久4（1864）年1月20日　[没]大正6（1917）年7月13日），日人

石井利貞　いしいとしさだ
～明治4（1871）年11月9日
江戸時代後期～明治期の川越藩士、弓道家。
¶弓道

石井友之進　いしいとものしん
貞享3（1686）年～？
江戸時代中期の石見浜田藩士。
¶藩臣5

石井如自　いしいにょじ
寛永12（1635）年～元禄14（1701）年12月24日
江戸時代前期の佐賀藩士。
¶佐賀百

石井縫之介　いしいぬいのすけ
江戸時代前期の武将。里見氏家臣。
¶戦東

石井半蔵　いしいはんぞう
寛文11（1671）年～宝暦4（1754）年
江戸時代中期の武士。伊勢亀山仇討当事者。
¶人名，日人

石井久忠　いしいひさただ
元亀1（1570）年～元和9（1623）年9月19日
安土桃山時代～江戸時代前期の佐竹氏の家臣。
¶戦辞

石井武膳　いしいぶぜん
文政2（1819）年7月5日～明治14（1881）年10月17日
江戸時代後期～明治期の旧藩士。
¶庄内

石井豊前 いしいぶぜん
江戸時代前期の武将。里見氏家臣。
¶戦東

石井豊洲 いしいほうしゅう
安永5(1776)年～文久2(1862)年
江戸時代後期の安芸広島藩の儒学者。
¶国書([没]文久2(1862)年8月10日)，人名，日人，幕末([没]1862年9月3日)，藩臣6

石井正敏 いしいまさとし
→石井修理(いしいしゅり)

石井又左衛門 いしいまたざえもん
正徳1(1711)年～明和3(1766)年
江戸時代中期の肥前蓮池藩家老。
¶藩臣7

石井三千井 いしいみちい
弘化3(1846)年～慶応2(1866)年
江戸時代末期の志士、長州(萩)藩士。
¶人名

石井盛時 いしいもりとき
安永7(1778)年8月3日～安政6(1859)年4月17日
江戸時代中期～末期の幕臣。
¶国書

石井大和 いしいやまと
安土桃山時代～江戸時代前期の武士。里見氏家臣。
¶戦人(生没年不詳)，戦東

石井勇次郎 いしいゆうじろう
弘化3(1846)年1月5日～明治36(1903)年6月17日
江戸時代後期～明治期の新撰組隊士。
¶新撰

石井義郷 いしいよしさと
文化9(1812)年～安政6(1859)年
江戸時代後期～末期の松山藩士、歌人。
¶愛媛百，郷土愛媛，国書([生]文化9(1812)年5月17日　[没]安政6(1859)年7月16日)

石井蠡 いしいれい
元文3(1738)年～文化9(1812)年
江戸時代中期～後期の上野館林藩の本草学者。
¶国書([生]元文3(1738)年6月　[没]文化9(1812)年8月29日)，人名，日人，藩臣2，洋学

石井櫟堂 いしいれきどう
→石井修理(いしいしゅり)

石尾阿波守 いしおあわのかみ
延宝5(1677)年～延享1(1744)年
江戸時代前期～中期の武士、茶人。
¶日人

石尾阿波守氏信 いしおあわのかみうじのぶ
→石尾氏信(いしおうじのぶ)

石尾氏信 いしおうじのぶ
寛文9(1669)年～宝永5(1708)年　[別]石尾阿波守氏信《いしおあわのかみうじのぶ》
江戸時代前期～中期の37代長崎奉行。
¶長崎歴(石尾阿波守氏信　いしおあわのかみうじのぶ)

石尾健吉 いしおけんきち
？～明治1(1868)年11月5日
江戸時代後期～末期の新撰組隊士。
¶新撰

石尾乾介 いしおけんすけ
*～安政6(1859)年
江戸時代後期の岡山藩士、黒住教の篤信者。
¶岡山百([生]安永5(1776)年)，岡山歴([生]安永4(1775)年4月25日　[没]安政6(1859)年11月17日)

石尾治一 いしおはるかず
弘治3(1557)年～寛永8(1631)年
安土桃山時代～江戸時代前期の武将。秀吉馬廻。
¶戦国，戦人

石谷清昌 いしがいきよまさ
正徳5(1715)年～天明2(1782)年　[別]石谷清昌《いしがやきよまさ》，石谷備後守清昌《いしがやびんごのかみきよまさ》
江戸時代中期の旗本、長崎奉行。
¶朝日([没]天明2年11月10日(1782年12月14日))，岩史([没]天明2(1782)年11月10日)，近世，国史，国書(いしがやきよまさ　[没]天明2(1782)年11月10日)，コン4，史人(いしがやきよまさ　[没]1782年11月10日)，長崎歴(石谷備後守清昌　いしがやびんごのかみきよまさ)，日人

石谷貞清 いしがいさだきよ
→石谷貞清(いしがやさだきよ)

石谷十蔵貞清 いしがいじゅうぞうさだきよ
→石谷貞清(いしがやさだきよ)

石垣鋭之助 いしがきえいのすけ
→新納中三(にいろなかぞう)

石垣柯山 いしがきかざん
文政11(1828)年～明治31(1898)年
江戸時代末期～明治期の出羽秋田藩士、漢学者。
¶藩臣1

石城東山 いしがきとうざん
天保5(1834)年～慶応3(1867)年　[別]石城一作《いしきいっさく，いわきいっさく》，石城義臣《いしがきよしおみ》
江戸時代末期の信濃高島藩士、国学者。
¶コン改(石城一作　いしきいっさく)，コン4(石城一作　いしきいっさく)，人名(石城一作　いわきいっさく　[生]1832年　[没]1865年)，姓氏長野(石城義臣　いしがきよしおみ)，長野百，長野歴，日人，藩臣3

石城義臣 いしがきよしおみ
→石城東山(いしがきとうざん)

石神豊民 いしがみほうみん
→石神良策(いしがみりょうさく)

石神良策 いしがみりょうさく
文政4(1821)年～明治8(1875)年　[別]石神豊民《いしがみほうみん》
江戸時代末期～明治期の薩摩藩士、海軍軍医。
¶新潮([没]明治8(1875)年4月1日)，日人，幕末(石神豊民　いしがみほうみん　[生]1820年　[没]1875年4月1日)，洋学

石亀左司馬 いしがめさじま
天保3(1832)年～明治14(1881)年2月7日
江戸時代末期～明治期の志士、大目付。
¶幕末

石谷穆清 いしがやあつきよ
江戸時代末期の幕臣。
¶維新，幕末（生没年不詳）

石谷清昌 いしがやきよまさ
→石谷清昌（いしがいきよまさ）

石谷貞清 いしがやさだきよ
文禄3（1594）年～寛文12（1672）年　[別]石谷十蔵貞清《いしがいじゅうぞうさだきよ》，石谷貞清《いしがいさだきよ》
江戸時代前期の旗本、江戸の町奉行。
¶朝日（いしがいさだきよ），岩史（いしがいさだきよ　[没]寛文12（1672）年9月12日），角史（いしがいさだきよ），神奈川人，近世（いしがいさだきよ），国史（いしがいさだきよ），国書（[生]文禄3（1594）年11月3日　[没]寛文12（1672）年9月12日），コン改，コン4，史人（[没]1672年9月12日），新潮（[没]寛文12（1672）年9月12日），人名，世人（[没]延宝1（1673）年），戦合（いしがいさだきよ），全書，多摩（石谷十蔵貞清　いしがいじゅうぞうさだきよ　[没]延宝1（1673）年），日史（いしがいさだきよ　[没]寛文12（1672）年9月12日），日人（いしがいさだきよ），百科（いしがいさだきよ），歴大

石谷備後守清昌 いしがやびんごのかみきよまさ
→石谷清昌（いしがいきよまさ）

石川章長 いしかわあきなが
？～宝永5（1708）年　[別]石川章長《いしこあきなが》
江戸時代の尾張藩家老。
¶諸系（いしこあきなが），人名，日人

石川昭光 いしかわあきみつ
天文17（1548）年～元和8（1622）年　[別]石川昭光《いしこあきみつ》
安土桃山時代～江戸時代前期の陸奥仙台藩の武将。伊達氏家臣。
¶諸系（いしこあきみつ），諸系，人名，姓氏宮城，戦国（[生]？），戦人（[生]？），日人，藩臣1（[生]天文19（1550）年），福島百（[生]天文19（1550）年），宮城百

石川厚狭介 いしかわあさすけ
→石川厚狭介（いしかわあさのすけ）

石川厚狭介 いしかわあさのすけ
天保14（1843）年～明治1（1868）年　[別]石川厚狭介《いしかわあさすけ》
江戸時代末期の長州（萩）藩足軽。
¶維新（いしかわあさすけ），人名，日人，幕末（いしかわあさすけ　[没]1868年1月29日）

石川安貞 いしかわあんてい
→石川香山（いしかわこうざん）

石川猪太夫 いしかわいだゆう
文政8（1825）年4月23日～明治27（1894）年4月23日
江戸時代後期～明治期の剣士。
¶庄内

石川伊太郎 いしかわいたろう
江戸時代末期の新撰組隊士。
¶新撰

石川市郎右衛門 いしかわいちろうえもん
～元禄9（1696）年8月
江戸時代前期～中期の庄内松山藩士。
¶庄内

石川維徳 いしかわいとく
→石川子温（いしかわしおん）

石川疇之丞 いしかわうねのじょう
江戸時代末期の幕吏。
¶人名，日人（生没年不詳）

石川於兎次郎 いしかわおとじろう
弘化1（1844）年～元治1（1864）年
江戸時代末期の相模小田原藩士。
¶神奈川人，幕末

石川勝吉 いしかわかつよし
江戸時代前期の黒田孝高の家人。
¶人名

石河幹二郎 いしかわかんじろう
文政4（1821）年～明治3（1870）年
江戸時代末期～明治期の水戸藩士。
¶維新，幕末（[没]1870年7月17日），藩臣2

石川喜四郎 いしかわきしろう
天保5（1834）年～明治1（1868）年
江戸時代末期の上野館林藩士。
¶維新，幕末（[没]1868年5月9日），藩臣2（[生]？）

石川吉次郎 いしかわきちじろう
→石川清賞（いしかわせいしょう）

石川邦光 いしかわくにみつ
天保3（1832）年～大正12（1923）年
江戸時代末期～明治期の陸奥仙台藩角田領主。
¶朝日（[没]大正12（1923）年8月26日），姓氏宮城（[生]1844年），日人，北海道百（生没年不詳），北海道歴（生没年不詳）

石川内蔵允 いしかわくらのすけ
文政10（1827）年～明治1（1868）年
江戸時代末期の尾張藩士。佐幕派の指導者。
¶朝日（[没]明治1年1月20日（1868年2月13日）），日人

石川軍刀斎 いしかわぐんとうさい
生没年不詳
江戸時代前期の剣術家。
¶剣豪

石川彦岳 いしかわげんがく
延享3（1746）年～文化12（1815）年　[別]石川剛《いしかわごう》
江戸時代中期～後期の豊前小倉藩士、儒学者。
¶江文（[没]文化13（1816）年），国書（[没]文化12（1815）年2月2日），人名，日人，藩臣7（石川剛　いしかわごう）

石川剛 いしかわごう
→石川彦岳（いしかわげんがく）

石川香山 いしかわこうざん
元文1（1736）年～文化7（1810）年　[別]石川安貞《いしかわあんてい，いしかわやすさだ》
江戸時代中期の尾張藩に仕えた儒学者。
¶国書（[生]元文1（1736）年8月8日　[没]文化7（1810）年12月2日），コン改（石川安貞　いし

かわあんてい），コン4（石川安貞　いしかわあんてい），新潮（石川安貞　いしかわあんてい　[没]文化7（1810）年12月），人名（[生]1730年），姓氏愛知（石川安貞　いしかわやすさだ　[生]？），世人（[没]文化7（1810）年12月2日），日人，藩臣4

石川梧堂 いしかわごどう
安永7（1778）年～嘉永5（1852）年
江戸時代後期の武士、書家。
¶人名，日人，三重

石川維徳 いしかわこれのり
→石川子温（いしかわしおん）

石川権五郎 いしかわごんごろう
天保13（1842）年～？
江戸時代後期～明治期の阿波徳島藩士。
¶徳島歴

石川作右衛門 いしかわさくうえもん
→石川作右衛門（いしかわさくえもん）

石川作右衛門 いしかわさくえもん
？～明治2（1869）年　[別]石川作右衛門《いしかわさくうえもん》
江戸時代末期の三河吉田藩士、槍術師範。
¶幕末，藩臣4（いしかわさくうえもん）

石川貞清 いしかわさだきよ
？～寛永3（1626）年　[別]石川光吉《いしかわみつよし》，石川貞清《いしこさだきよ》，石川宗林《いしかわそうりん》
江戸時代前期の大名、尾張国犬山城主。
¶朝日（[没]寛永2年4月8日（1625年5月14日）），諸系（いしこさだきよ），戦国，戦人（[没]寛永2（1625）年），長野歴（石川光吉　いしかわみつよし　[没]慶長5（1600）年），日人，藩主2（石川光吉　いしかわみつよし　[没]寛永3（1626）年閏4月8日）

石川貞政 いしかわさだまさ
天正3（1575）年～明暦3（1657）年　[別]石河貞政《いしこさだまさ》，石川貞政《いしこさだまさ》
安土桃山時代～江戸時代前期の武将。秀吉馬廻から幕臣に。
¶諸系（いしこさだまさ），人名（石河貞政　いしこさだまさ），戦国，戦人，日人

石川貞幹 いしかわさだもと
→石川一（いしかわはじめ）

石川総弘 いしかわさとひろ
天保2（1831）年～明治28（1895）年
江戸時代末期～明治期の豊後日出藩士。
¶藩臣7

石川三郎 いしかわさぶろう
弘化2（1845）年～慶応1（1865）年6月21日
江戸時代後期～末期の新撰組隊士。
¶新撰

石川左文太 いしかわさぶんた
？～天保8（1837）年6月24日
江戸時代後期の津山藩士・武術家。
¶岡山歴

石川子温 いしかわしおん
安永5（1776）年～安政3（1856）年　[別]石川維徳《いしかわいとく，いしかわこれのり》，石川重左衛門《いしかわじゅうざえもん》
江戸時代後期の信濃高遠藩代官。
¶国書（[没]安政3（1856）年8月30日），人名（石川維徳　いしかわいとく），長野歴，日人（石川維徳　いしかわこれのり），藩臣3（石川重左衛門　いしかわじゅうざえもん）

石川式部少輔 いしかわしきぶしょうゆう
生没年不詳　[別]石川式部少輔《いしかわしきぶのしょう》
安土桃山時代～江戸時代前期の武士。結城氏家臣。
¶戦辞（いしかわしきぶのしょう），戦人，戦東

石川式部少輔 いしかわしきぶのしょう
→石川式部少輔（いしかわしきぶしょうゆう）

石川成章 いしかわしげあき
生没年不詳
江戸時代末期の幕臣。
¶国書

石川之圭 いしかわしけい
文政9（1826）年～慶応3（1867）年
江戸時代末期の伊勢津藩士。
¶維新，幕末（[没]1867年7月29日），三重（石川靖斎）

石川重勝 いしかわしげかつ
～寛永14（1637）年
江戸時代前期の旗本。
¶神奈川人

石川重俊 いしかわしげとし
～元禄10（1697）年
江戸時代前期の旗本。
¶神奈川人

石川成之 いしかわしげゆき
安政2（1855）年～明治11（1878）年
江戸時代末期～明治期の大名。伊勢亀山藩主。
¶諸系，日人，幕末，藩主3（[生]安政2（1855）年6月　[没]明治11（1878）年6月）

石川七財 いしかわしちざい
文政11（1828）年～明治15（1882）年
江戸時代末期～明治期の土佐藩士、実業家。
¶朝日（[生]文政11年4月8日（1828年5月21日）　[没]明治15（1882）年7月30日），高知人，高知百，コン改，コン5，実業（[生]文政11（1828）年4月8日　[没]明治15（1882）年7月31日），新潮（[生]文政11（1828）年4月8日　[没]明治15（1882）年7月31日），人名，日人，幕末（[没]1882年7月30日）

石川重左衛門 いしかわじゅうざえもん
→石川子温（いしかわしおん）

石川潤次郎 いしかわじゅんじろう
天保7（1836）年～元治1（1864）年　[別]石川真義《いしかわまさよし》
江戸時代末期の志士。
¶維新，高知人，コン改，コン4，人名（石川真義　いしかわまさよし），日人，幕末（[没]1864年7月4日）

石川嶂 いしかわしょう
天保10（1839）年～＊　[別]石川嶂《いしかわたかし》
江戸時代末期の加賀大聖寺藩士。
¶姓氏石川（いしかわたかし　[没]1914年），藩臣3

（[没]？）

石川正西 いしかわしょうさい
天正2（1574）年～寛文5（1665）年　[別]石川正西《いしかわせいざい》
安土桃山時代～江戸時代前期の石見浜田藩家老。
¶国書，埼玉人（いしかわせいざい）

石川丈山 いしかわじょうざん
天正11（1583）年～寛文12（1672）年
江戸時代前期の安芸広島藩の漢詩人、蘭学者、書家。
¶愛知百，朝日（[生]天正11（1583）年10月　[没]寛文12年5月23日（1672年6月18日）），岩史（[生]天正11（1583）年10月　[没]寛文12（1672）年5月23日），角史，京都，京都大，近世，国史，国書（[生]天正11（1583）年10月　[没]寛文12（1672）年5月23日），コン改，コン4，茶道，詩歌，史人（[生]1583年10月　[没]1672年5月23日），人書94，新潮（[生]天正11（1583）年10月　[没]寛文12（1672）年5月23日），新文（[没]寛文12（1672）年5月23日），人名，姓氏愛知，姓氏京都，世人（[生]天正11（1583）年10月　[没]寛文12（1672）年5月23日），世百，戦合，全書，戦人，大百，日史（[生]天正11（1583）年10月　[没]寛文12（1672）年5月23日），日人，人情3，藩臣6，美術，百科，広島百（[生]天正11（1583）年8月　[没]寛文12（1672）年5月23日），仏教（[生]天正11（1583）年10月　[没]寛文12（1672）年5月23日），仏史，文学，三重続，歴大，和俳（[没]寛文12（1672）年5月23日）

石川畳翠 いしかわじょうすい
文化4（1807）年～天保12（1841）年6月15日
江戸時代後期の伊勢亀山藩士。
¶国書

石川慎斎 いしかわしんさい
安永2（1773）年～嘉永4（1851）年
江戸時代後期の水戸藩士。
¶国書，人名，日人

石川甚四郎 いしかわじんしろう
江戸時代後期の武士。京都二条の城番。
¶人名，日人（生没年不詳）

石川優 いしかわすぐる
生没年不詳
江戸時代末期の武士・幕臣。
¶和歌山人

石川正西 いしかわせいざい
→石川正西（いしかわしょうさい）

石川清賞 いしかわせいしょう
寛政12（1800）年～慶応3（1867）年　[別]石川吉次郎《いしかわきちじろう》
江戸時代末期の水戸藩士。
¶維新（石川吉次郎　いしかわきちじろう），国書（[没]慶応3（1867）年4月5日），人名，日人，幕末（石川吉次郎　いしかわきちじろう　[没]1867年5月8日），藩臣2（石川吉次郎　いしかわきちじろう）

石川善右衛門 いしかわぜんえもん
慶長12（1607）年～寛文9（1669）年　[別]石川成一《いしかわなりかず》
江戸時代前期の備前岡山藩の水利土木家。
¶朝日（[没]寛文9年12月1日（1670年1月22日）），岡山人（石川成一　いしかわなりかず），岡山歴（[没]寛文9（1669）年12月1日），近世，国史，人名（石川成一　いしかわなりかず），日人（[没]1670年），藩臣6

石川専弥 いしかわせんや
生没年不詳
江戸時代後期の常陸土浦藩士。
¶藩臣2

石川総慶 いしかわそうけい
→石川総慶（いしかわふさよし）

石川退休 いしかわたいきゅう
生没年不詳
江戸時代中期の三河岡崎藩士。
¶国書

石川太右衛門 いしかわたえもん
～明和2（1765）年11月1日
江戸時代中期の庄内松山藩士。
¶庄内

石川嶂 いしかわたかし
→石川嶂（いしかわしょう）

石川武貞 いしかわたけさだ
→石川豊太郎（いしかわとよたろう）

石川忠重 いしかわただしげ
～承応3（1654）年
江戸時代前期の旗本。
¶神奈川人

石川忠総 いしかわただふさ
天正10（1582）年～慶安3（1650）年
江戸時代前期の大名。下総佐倉藩主、美濃大垣藩主、近江膳所藩主、豊後日田藩主。
¶朝日（[没]慶安3年12月24日（1651年2月14日）），大分歴，岐阜百（[生]？），近世，国史，国書（[没]慶安3（1650）年12月24日），茶道，史人（[没]1650年12月24日），諸系（[没]1651年），新潮（[没]慶安3（1650）年12月24日），人名，戦合，日人（[没]1651年），藩主2，藩主3（[没]慶安3（1650）年12月24日），藩主4（[没]慶安3（1650）年12月24日）

石川忠房 いしかわただふさ
宝暦5（1755）年～天保7（1836）年
江戸時代後期の幕臣。勘定奉行。
¶岩史（[没]天保7（1836）年1月18日），近世，群馬人，群馬百（[生]1754年），国史，国書（[没]天保7（1836）年1月18日），コン改（[生]宝暦4（1754）年），コン4（[生]宝暦4（1754）年），史人（[没]1836年1月18日），人書94（[生]1754年），新潮（[生]宝暦4（1754）年　[没]天保7（1836）年1月18日），人名，世人（[生]宝暦4（1754）年　[没]天保6（1835）年），日人（[生]1754年，（異説）1755年），歴大

石川垂穂 いしかわたりほ
？～天保11（1840）年
江戸時代後期の尾張藩士。
¶人名

石川丹治 いしかわたんじ
文政9（1826）年～慶応1（1865）年6月16日
江戸時代末期の長州（萩）藩士。

¶幕末

石川主税 いしかわちから
文政7(1824)年〜明治8(1875)年
江戸時代末期〜明治期の志士。
¶維新，剣豪(生没年不詳)

石川朝陽 いしかわちょうよう
宝暦12(1762)年〜天保6(1835)年
江戸時代中期〜後期の出羽庄内藩士、儒学者。
¶庄内([生]宝暦12(1762)年11月23日　[没]天保6(1835)年7月17日)，藩臣1，山形百新

石川強 いしかわつとむ
天保14(1843)年〜明治22(1889)年　[別]石川強《いしかわつよし》
江戸時代末期〜明治期の水戸藩士、酪農家。
¶茨城百，郷土茨城(いしかわつよし)，日人([生]1844年)，幕末([没]1889年4月11日)

石川強 いしかわつよし
→石川強(いしかわつとむ)

石川伝蔵 いしかわでんぞう
江戸時代末期の水戸藩士。
¶維新，幕末(生没年不詳)

石川桃蹊 いしかわとうけい
宝暦6(1756)年〜天保8(1837)年　[別]石川久徴《いしかわひさもと》
江戸時代後期の儒学者、水戸藩士。
¶近世，国史，国書(石川久徴　いしかわひさもと　[生]宝暦6(1756)年5月13日　[没]天保8(1837)年7月6日)，コン改，コン4，新潮([没]天保8(1837)年7月6日)，人名，日人，藩臣2

石河徳五郎 いしかわとくごろう
寛政8(1796)年〜安政4(1857)年　[別]石河幹忠《いしかわもとただ》，平沢又七郎《ひらさわまたしちろう》
江戸時代末期の水戸藩士。
¶維新，人名(石河幹忠　いしかわもとただ)，日人，幕末([没]1857年9月4日)，藩臣2

石川利政 いしかわとしまさ
*〜明治1(1868)年
江戸時代末期の幕臣。1866年ロシアに渡り樺太国境画定を交渉。
¶海越([生]?)，海越新([生]天保2(1831)年頃)，国書(生没年不詳)，日人([生]?)，幕末([生]1831年?　[没]1868年7月)

石川舎人 いしかわとねり
?〜明治1(1868)年
江戸時代末期の笠間藩士。
¶人名，日人

石川豊太郎 いしかわとよたろう
天保11(1840)年〜明治6(1873)年　[別]石川武貞《いしかわたけさだ》
江戸時代末期〜明治期の志士、因幡鳥取藩医。
¶人名，日人，藩臣5(石川武貞　いしかわたけさだ)

石川直幹 いしかわなおもと
文化1(1804)年〜明治9(1876)年
江戸時代末期〜明治期の上野館林藩士、国学者。
¶藩臣2

石川永正 いしかわながまさ
*〜元和3(1617)年
江戸時代前期の旗本。
¶神奈川人([生]1561年)，姓氏神奈川([生]1562年)

石川成一 いしかわなりかず
→石川善右衛門(いしかわぜんえもん)

石川乗紀 いしかわのりただ
→松平乗紀(まつだいらのりただ)

石川乗政 いしかわのりまさ
→松平乗政(まつだいらのりまさ)

石川憲之 いしかわのりゆき
寛永11(1634)年〜宝永4(1707)年
江戸時代前期〜中期の大名。近江膳所藩主、伊勢亀山藩主、山城淀藩主。
¶国書([生]寛永11(1634)年4月1日　[没]宝永4(1707)年7月11日)，諸系，姓氏京都，日人，藩主3([生]寛永11(1634)年4月1日　[没]宝永4(1707)年7月11日)，藩主3，藩主3([没]宝永4(1707)年7月11日)

石川一 いしかわはじめ
天保14(1843)年〜元治1(1864)年　[別]石川貞幹《いしかわさだもと》
江戸時代末期の因幡鳥取藩士。
¶維新，神人([没]元治1(1864)年7月19日)，新潮([没]元治1(1864)年7月19日)，人名(石川貞幹　いしかわさだもと)，日人(石川貞幹　いしかわさだもと)

石川八左衛門 いしかわはちざえもん
江戸時代前期の幕臣。
¶人名，日人(生没年不詳)

石川駿 いしかわはやし
天保6(1835)年〜明治20(1887)年8月20日
江戸時代末期〜明治期の日向飫肥藩士。
¶幕末

石川久徴 いしかわひさもと
→石川桃蹊(いしかわとうけい)

石川総氏 いしかわふさうじ
寛永3(1626)年〜元禄15(1702)年
江戸時代前期〜中期の旗本。
¶姓氏愛知

石川総管 いしかわふさかね
天保12(1841)年〜明治32(1899)年
江戸時代末期〜明治期の大名。常陸下館藩主。
¶朝日([生]天保12年8月9日(1841年9月23日)　[没]明治32(1899)年6月23日)，維新，近現，近世，国史，諸系，神人([生]天保12(1841)年8月9日　[没]明治32(1899)年6月23日)，日人，幕末([没]1899年6月23日)，藩主3([生]天保12(1841)年8月9日　[没]明治32(1899)年6月23日)

石川総茂 いしかわふさしげ
寛文11(1671)年〜享保18(1733)年
江戸時代中期の大名。伊勢神戸藩主、常陸下館藩主。
¶大阪墓([没]享保18(1733)年9月16日)，国書([没]享保18(1733)年9月16日)，諸系，人名，日人，藩主3，藩主3([没]享保18(1733)年9月16日)

石川総佐 いしかわふさすけ
　寛政7（1795）年〜文政3（1820）年
　江戸時代後期の大名。伊勢亀山藩主。
　　¶諸系，日人，藩主3（㊀寛政7（1795）年3月10日
　　㊁文政3（1820）年6月14日）
石川総純 いしかわふさずみ
　宝暦8（1758）年〜安永5（1776）年
　江戸時代中期の大名。伊勢亀山藩主。
　　¶諸系，日人，藩主3（㊀宝暦8（1758）年10月25日
　　㊁安永5（1776）年5月13日）
石川総堯 いしかわふさたか
　延享1（1744）年〜明和1（1764）年
　江戸時代中期の大名。伊勢亀山藩主。
　　¶諸系，日人，藩主3（㊀延享1（1744）年7月16日
　　㊁明和1（1764）年11月14日）
石川総弾 いしかわふさただ
　宝暦5（1755）年〜寛政7（1795）年
　江戸時代中期の大名。常陸下館藩主。
　　¶諸系，日人，藩主3（㊁寛政7（1795）年6月14日）
石川総親 いしかわふさちか
　天明8（1788）年〜文化5（1808）年
　江戸時代後期の大名。常陸下館藩主。
　　¶諸系，日人，藩主3（㊀天明8（1788）年9月10日
　　㊁文化5（1808）年9月25日）
石川総承 いしかわふさつぐ
　寛政9（1797）年〜慶応1（1865）年
　江戸時代末期の大名。常陸下館藩主。
　　¶諸系，日人，藩主3（㊀寛政8（1796）年　㊁慶応
　　1（1865）年5月26日）
石川総般 いしかわふさつら
　宝暦7（1757）年〜享和2（1802）年
　江戸時代中期〜後期の大名。常陸下館藩主。
　　¶諸系，日人，藩主3（㊁享和2（1802）年11月17
　　日）
石川総候 いしかわふさとき
　享保3（1718）年〜明和7（1770）年
　江戸時代中期の大名。常陸下館藩主。
　　¶諸系，日人，藩主3（㊁明和7（1770）年8月17日）
石川総貨 いしかわふさとみ
　文政2（1819）年〜嘉永2（1849）年
　江戸時代後期の大名。常陸下館藩主。
　　¶諸系，日人，藩主3（㊁嘉永2（1849）年9月12日）
石川総長 いしかわふさなが
　慶長10（1605）年〜寛文1（1661）年
　江戸時代前期の大名。伊勢神戸藩主。
　　¶大阪墓（㊁寛文1（1661）年10月22日），諸系，人
　　名，藩主3（㊁寛文1（1661）年10月22日）
石川総脩 いしかわふさなが
　嘉永5（1852）年〜慶応1（1865）年
　江戸時代末期の大名。伊勢亀山藩主。
　　¶諸系，日人，藩主3（㊁慶応1（1865）年閏5月6
　　日），三重
石川総紀 いしかわふさのり
　文化12（1815）年〜明治19（1886）年
　江戸時代末期〜明治期の大名。伊勢亀山藩主。
　　¶諸系，日人，藩主3（㊀文化12（1815）年11月
　　㊁明治19（1886）年11月1日）

石川総師 いしかわふさのり
　安永5（1776）年〜享和3（1803）年
　江戸時代中期〜後期の大名。伊勢亀山藩主。
　　¶諸系，日人，藩主3（㊀安永5（1776）年1月2日
　　㊁享和3（1803）年6月13日），三重続（㊀安永6
　　年1月2日）
石川総乗 いしかわふさのり
　寛文3（1663）年〜享保5（1720）年
　江戸時代前期〜中期の第7代伏見奉行。
　　¶京都大，姓氏京都
石川総陽 いしかわふさはる
　元禄6（1693）年〜延享1（1744）年
　江戸時代中期の大名。常陸下館藩主。
　　¶諸系，日人，藩主3（㊁延享1（1744）年4月10日）
石川総博 いしかわふさひろ
　宝暦9（1759）年〜文政2（1819）年
　江戸時代中期〜後期の大名。伊勢亀山藩主。
　　¶諸系，日人，藩主3（㊀宝暦9（1759）年2月15日
　　㊁文政2（1819）年6月5日）
石川総昌 いしかわふさまさ
　生没年不詳
　江戸時代中期の旗本領主。
　　¶姓氏愛知
石川総安 いしかわふさやす
　？　〜天保4（1833）年
　江戸時代後期の大名。伊勢亀山藩主。
　　¶諸系，日人，藩主3（㊁天保4（1833）年1月8日），
　　三重続（㊁寛政10年）
石川総慶 いしかわふさよし
　宝永1（1704）年〜明和1（1764）年　㊟石川総慶
　《いしかわそうけい》
　江戸時代中期の大名。山城淀藩主、備中松山藩
　主、伊勢亀山藩主。
　　¶岡山人（いしかわそうけい），岡山百（㊁明和1
　　（1764）年6月30日），岡山歴（㊁明和1（1764）
　　年6月30日），諸系，姓氏京都，藩主3
　　（㊀宝永1（1704）年12月5日　㊁明和1（1764）年
　　6月30日），藩主3，藩主4
石川総良 いしかわふさよし
　寛永19（1642）年〜貞享2（1685）年
　江戸時代前期の大名。伊勢神戸藩主。
　　¶諸系，日人，藩主3（㊁貞享2（1685）年6月29日）
石川総禄 いしかわふさよし
　文政12（1829）年〜文久2（1862）年
　江戸時代末期の大名。伊勢亀山藩主。
　　¶諸系，日人，藩主3（㊁文久2（1862）年9月17
　　日），三重
石川平次郎 いしかわへいじろう
　江戸時代末期の新撰組隊士。
　　¶新撰
石川平太郎 いしかわへいたろう
　生没年不詳
　江戸時代末期の伊勢津藩士。
　　¶国書
石川鳳台 いしかわほうだい
　明和4（1767）年5月16日〜天保9（1838）年5月2日
　江戸時代中期〜後期の秋田藩士。

¶国書

石川政勝(1)　**いしかわまさかつ**
生没年不詳
江戸時代末期の幕臣。
¶国書

石川政勝(2)　**いしかわまさかつ**
→石河勝政（いしこかつまさ）

石川正武　**いしかわまさたけ**
江戸時代中期の京都町奉行。
¶大阪人（生没年不詳），人名

石川正恒　**いしかわまさつね**
→石川麟洲（いしかわりんしゅう）

石河政平　**いしかわまさひら**
→石河政平（いしこまさひら）

石川政平　**いしかわまさひら**
生没年不詳
江戸時代後期の旗本。
¶神奈川人

石川真義　**いしかわまさよし**
→石川潤次郎（いしかわじゅんじろう）

石川光忠　**いしかわみつただ**
文禄3（1594）年～寛永5（1628）年　[別]石川光忠《いしこみつただ》
江戸時代前期の尾張藩士。
¶諸系（いしこみつただ），人名（[生]？），日人，藩臣4

石川三長　**いしかわみつなが**
？～寛永19（1642）年　[別]石川康長《いしかわやすなが》
安土桃山時代～江戸時代前期の大名。信濃松本藩主。
¶近世，国史，諸系（[生]1554年　[没]1643年），新潮（[没]寛永19（1642）年12月11日），姓氏長野（石川康長　いしかわやすなが），戦合，戦国，戦人，長野歴（石川康長　いしかわやすなが），日人（[生]1554年　[没]1643年），藩主2（石川康長　いしかわやすなが　[生]天文23（1554）年　[没]寛永19（1642）年12月11日）

石川光吉　**いしかわみつよし**
→石川貞清（いしかわさだきよ）

石川宗弘　**いしかわむねひろ**
寛永7（1630）年～元禄4（1691）年
江戸時代前期～中期の藩士、角田邑主。
¶国書（[没]元禄4（1691）年1月18日），姓氏宮城

石川村文　**いしかわむらぶみ**
延享3（1746）年～寛政12（1800）年7月28日
江戸時代中期～後期の藩士、角田邑主。
¶国書

石河幹忠　**いしかわもとただ**
→石河徳五郎（いしかわとくごろう）

石川盛行　**いしかわもりゆき**
～享保15（1730）年
江戸時代中期の旗本。
¶神奈川人

石川安貞　**いしかわやすさだ**
→石川香山（いしかわこうざん）

石川安重　**いしかわやすしげ**
～元和7（1621）年
江戸時代前期の旗本。
¶神奈川人

石川康長　**いしかわやすなが**
→石川三長（いしかわみつなが）

石川義孝　**いしかわよしたか**
万治2（1659）年～宝永7（1710）年
江戸時代前期～中期の大名。山城淀藩主。
¶諸系，姓氏京都，日人，藩主3（[没]宝永7（1710）年9月2日）

石川理兵衛　**いしかわりへえ**
*～寛保1（1741）年
江戸時代前期～中期の仙台藩士、勘定奉行。
¶国書（[生]寛文8（1668）年　[没]寛保1（1741）年4月28日），宮城百（[生]寛文9（1669）年）

石川竜太郎　**いしかわりゅうたろう**
生没年不詳
江戸時代末期の常陸土浦藩士。
¶藩臣2

石川麟洲　**いしかわりんしゅう**
宝永4（1707）年～宝暦9（1759）年　[別]石川正恒《いしかわまさつね》
江戸時代中期の豊前小倉藩儒。
¶国書（[生]宝永4（1707）年8月15日　[没]宝暦9（1759）年閏7月13日），詩歌（[没]1757年），人名（[没]1757年），姓氏京都，日人，藩臣7（石川正恒　いしかわまさつね），福岡百（石川正恒　いしかわまさつね　[没]宝暦9（1759）年7月13日），和俳（[没]宝暦7（1757）年）

石川魯庵　**いしかわろあん**
安永2（1773）年～天保12（1841）年
江戸時代後期の尾張藩の儒学者。
¶国書（[没]天保12（1841）年4月3日），コン改，コン4，新潮（[没]天保12（1841）年4月3日），日人，藩臣4

石川和助　**いしかわわすけ**
→関藤藤陰（せきとうとういん）

石城一作　**いしきいっさく**
→石城東山（いしがきとうざん）

市来四郎　**いしきしろう**
→市来四郎（いちきしろう）

石倉十郎右衛門　**いしくらじゅうろうえもん**
生没年不詳
江戸時代中期の剣術家。東軍流。
¶剣豪

石黒市郎右衛門　**いしぐろいちろううえもん**
？～宝永7（1710）年
江戸時代中期の加賀大聖寺藩士。
¶藩臣3

石黒寛次（石黒寛二）　**いしぐろかんじ**
文政7（1824）年～明治19（1886）年　[別]石黒寛次《いしぐろひろつぐ》
江戸時代末期の技術者、肥前佐賀藩精練方。
¶海越新（いしぐろひろつぐ　生没年不詳），佐賀百（生没年不詳），人名，大百（石黒寛二），日人

石黒圭三郎 いしぐろけいざぶろう
→桂正直（かつらまさなお）

石黒小右衛門 いしぐろこうえもん
元禄3（1690）年～宝暦6（1756）年　[別]石黒小右衛門《いしぐろこえもん》
江戸時代中期の武士。
¶岡山人，岡山歴（いしぐろこえもん　[没]宝暦6（1756）年5月16日）

石黒小右衛門 いしぐろこえもん
→石黒小右衛門（いしぐろこうえもん）

石黒惟清 いしぐろこれきよ
安永4（1775）年～？
江戸時代中期～後期の幕臣。
¶国書

石黒貞雄 いしぐろさだお
明暦1（1655）年～享保3（1718）年　[別]石黒貞義《いしぐろさだよし》
江戸時代前期の備前岡山藩士。
¶岡山人（石黒貞義　いしぐろさだよし），岡山歴（[没]享保3（1718）年11月5日），人名，日人

石黒貞度 いしぐろさだのり
*～安政4（1857）年　[別]石黒南門《いしぐろなんもん》
江戸時代末期の漢学者、備前岡山藩士。
¶岡山人（石黒南門　いしぐろなんもん　[生]寛政4（1792）年　[没]安政6（1859）年），岡山百（[生]天明8（1788）年　[没]万延1（1860）年7月7日），岡山歴（石黒南門　いしぐろなんもん　[生]寛政2（1790）年　[没]安政4（1857）年7月），国書（石黒南門　いしぐろなんもん　[生]寛政2（1790）年　[没]安政4（1857）年7月），人名（[生]？），日人（[生]1790年）

石黒貞義 いしぐろさだよし
→石黒貞雄（いしぐろさだお）

石黒十左衛門 いしぐろじゅうざえもん
享保2（1717）年～？
江戸時代中期の美濃郡上藩士。
¶藩臣3

石黒甚右衛門 いしぐろじんうえもん
→石黒甚右衛門（いしぐろじんえもん）

石黒甚右衛門 いしぐろじんえもん
[別]石黒甚右衛門《いしぐろじんうえもん》
江戸時代前期の武士。池田利隆の臣。
¶岡山人（いしぐろじんうえもん），人名，日人（生没年不詳）

石黒千尋 いしぐろちひろ
文化1（1804）年～明治5（1872）年
江戸時代末期～明治期の加賀藩の国学者。
¶国書（[生]文化1（1804）年9月16日　[没]明治5（1872）年8月5日），神人（[没]明治5（1872）年8月），人名，姓氏石川，日人，幕末（[没]1872年9月7日），藩臣3（[生]文化9（1812）年）

石黒務 いしぐろつとむ
天保11（1840）年～明治39（1906）年　[別]石黒伝右衛門《いしぐろでんえもん》
江戸時代末期～明治期の近江彦根藩士。
¶維新（石黒伝右衛門　いしぐろでんえもん），人名（[生]1833年），日人（[生]1841年），幕末（石黒伝右衛門　いしぐろでんえもん　[没]1906年3月19日），藩臣4，福井百

石黒伝右衛門 いしぐろでんえもん
→石黒務（いしぐろつとむ）

石黒藤兵衛 いしぐろとうべえ
？～寛永16（1639）年　[別]石黒光増《いしぐろみつしげ》
江戸時代前期の紀伊和歌山藩士。
¶藩臣5，和歌山人（石黒光増　いしぐろみつしげ）

石黒魚淵 いしぐろなぶち
*～明治23（1890）年
江戸時代後期～明治期の国学者、加賀藩士。
¶国書（[生]文化14（1817）年　[没]明治23（1890）年4月2日），姓氏石川（[生]？）

石黒南門 いしぐろなんもん
→石黒貞度（いしぐろさだのり）

石黒寛次 いしぐろひろつぐ
→石黒寛次（いしぐろかんじ）

石黒又右衛門 いしぐろまたえもん
文化9（1812）年～明治24（1891）年
江戸時代末期～明治期の越後村上藩士。
¶剣豪，幕末（[没]1891年2月）

石黒光増 いしぐろみつしげ
→石黒藤兵衛（いしぐろとうべえ）

石川章長 いしこあきなが
→石川章長（いしかわあきなが）

石川昭光 いしこあきみつ
→石川昭光（いしかわあきみつ）

石河勝政 いしこかつまさ
天正5（1577）年～万治2（1659）年　[別]石河政勝《いしこまさかつ》，石川政勝《いしかわまさかつ》
江戸時代前期の武士。泉州堺政所職。
¶岡山人（石川政勝　いしかわまさかつ），諸系，人名（石河政勝　いしこまさかつ），日人

石川貞清 いしこさだきよ
→石川貞清（いしかわさだきよ）

石河貞政（石川貞政） いしこさだまさ
→石川貞政（いしかわさだまさ）

石河積翠 いしこせきすい
元文3（1738）年～享和3（1803）年　[別]積翠《せきすい》
江戸時代中期～後期の俳人、幕臣。
¶国書（積翠　せきすい　[没]享和3（1803）年7月4日），人名，日人，俳諧（積翠　せきすい　[生]？），俳句（積翠　せきすい　[没]享和3（1803）年7月4日），和俳

石河土佐守政郷 いしことさのかみまささと
→石河政郷（いしこまささと）

石河利政 いしことしまさ
慶長2（1597）年～寛文6（1666）年
江戸時代前期の武士、泉州堺政所職。
¶諸系，人名，日人

石河正章 いしこまさあき
貞享1（1684）年～宝暦3（1753）年

い

江戸時代前期～中期の武士。
¶諸系

石河正養 いしこまさかい
文政4(1821)年～明治24(1891)年
江戸時代末期～明治期の石見津和野藩の国学者。
¶朝日([生]文政4年8月2日(1821年8月29日) [没]明治24(1891)年11月17日)，国書([生]文政4(1821)年8月2日 [没]明治24(1891)年11月17日)，コン改，コン4，コン5，神人([生]文政4(1821)年8月2日 [没]明治24(1891)年11月17日)，新潮([生]文政4(1821)年8月2日 [没]明治24(1891)年11月17日)，人名，日人，幕末，藩臣5

石河政勝 いしこまさかつ
→石河勝政(いしこかつまさ)

石河政郷 いしこまささと
万治3(1660)年～寛保3(1743)年 [別]石河土佐守政郷《いしことさのかみまささと》
江戸時代中期の幕臣。長崎奉行。
¶諸系，人名，長崎歴(石河土佐守政郷 いしことさのかみまささと [生]万治2(1659)年)，日人

石河政武 いしこまさたけ
享保9(1724)年～天明7(1787)年
江戸時代中期の京都町奉行。
¶京都大，諸系，人名，姓氏京都，日人

石河正次 いしこまさつぐ
→石河四方左衛門(いしこよもざえもん)

石河政朝 いしこまさとも
貞享3(1686)年～明和2(1765)年
江戸時代中期の江戸町奉行。
¶諸系，人名，日人

石河政平 いしこまさひら
? ～安政5(1858)年12月20日 [別]石河政平《いしかわまさひら》
江戸時代末期の幕臣。
¶維新(いしかわまさひら)，姓氏京都(生没年不詳)，幕末

石川光忠 いしこみつただ
→石川光忠(いしかわみつただ)

石河四方左衛門 いしこよもざえもん
? ～元禄12(1699)年 [別]石河正次《いしこまさつぐ》
江戸時代前期の因幡鳥取藩士、武術家。
¶剣豪，藩臣5(石河正次 いしこまさつぐ)

石坂勘兵衛森通 いしざかかんべえもりみち
安土桃山時代～江戸時代前期の千人同心。
¶多摩

石坂周造 いしざかしゅうぞう
天保3(1832)年～明治36(1903)年
江戸時代末期～明治期の志士、実業家。
¶朝日([生]天保3年1月1日(1832年2月2日) [没]明治36(1903)年5月22日)，近現，国史，史人([生]1832年1月1日 [没]1903年5月22日)，静岡百，静岡歴，新潮([生]天保3(1832)年1月1日 [没]明治36(1903)年5月22日)，姓氏静岡([没]1902年)，姓氏長野，先駆([生]天保3(1832)年1月1日 [没]明治36(1903)年5月22日)，長野百，長野歴，日人，幕末([没]1903年5月22日)

石坂常堅 いしざかじょうけん
→石坂常堅(いしざかつねかた)

石坂常堅 いしざかつねかた
生没年不詳 [別]石坂常堅《いしざかじょうけん》
江戸時代後期の天文学者、備後福山藩士。
¶国史，国書，コン改，コン4，新潮，人名(いしざかじょうけん)，世人，日人，歴大([生]1783年 [没]1844年)

石坂武兵衛 いしざかぶへえ
安永2(1773)年～
江戸時代中期～後期の幕臣・千人同心。
¶多摩

石坂政宣 いしざかまさのぶ
～寛政4(1792)年
江戸時代中期の小田原の武道家。
¶神奈川人

石坂弥次右衛門 いしざかやじえもん
文化6(1809)年～明治1(1868)年
江戸時代末期の八王子千人同心頭。
¶維新，幕末([没]1868年5月2日)

石崎長久 いしざきながひさ
文政2(1819)年～明治19(1886)年
江戸時代末期～明治期の射術家。
¶弓道([生]文政2(1819)年2月11日 [没]明治19(1886)年12月23日)，人名，日人

石沢謹吾 いしざわきんご
天保1(1830)年～大正6(1917)年
江戸時代末期～明治期の信濃飯田藩の典獄。
¶人名，長野歴，日人，幕末，藩臣3

石沢作左衛門 いしざわさくざえもん
天正6(1578)年～
安土桃山時代～江戸時代前期の武士。
¶庄内

石沢次郎 いしざわじろう
安土桃山時代～江戸時代前期の武士。最上氏家臣。
¶戦国，戦人(生没年不詳)

石島三郎兵衛 いしじまさぶろうひょうえ
安永5(1776)年～天保8(1837)年
江戸時代後期の常陸土浦藩士。
¶藩臣2

石田一鼎 いしだいってい
寛永6(1629)年～元禄6(1693)年 [別]石田安左衛門《いしだやすざえもん》，石田宣之《いしだのぶゆき》
江戸時代前期の肥前佐賀藩士。
¶国書([没]元禄6(1693)年12月)，佐賀百([生]寛永6(1629)年4月12日 [没]元禄6(1693)年12月21日)，新潮(石田安左衛門 いしだやすざえもん [没]元禄6(1693)年12月21日)，人名(石田宣之 いしだのぶゆき)，日人([没]1694年)，藩臣7

石田英吉 いしだえいきち
天保10(1839)年～明治34(1901)年 [別]伊吹周吉《いぶきしゅうきち》
江戸時代末期～明治期の志士、土佐藩士。
¶秋田百([生]天保11(1840)年)，朝日([生]天保10年11月8日(1839年12月13日) [没]明治34

(1901)年4月8日)，維新，高知人，高知百，国際，人名，日人，幕末([没]1901年4月8日)，藩臣6，履歴([生]天保10(1839)年11月8日　[没]明治34(1901)年4月8日)

石田久蔵 いしだきゅうぞう
安土桃山時代～江戸時代前期の武士。里見氏家臣。
¶戦人(生没年不詳)，戦東

石田重家 いしだしげいえ
？～貞享3(1686)年　[別]宗享《そうきょう》
江戸時代前期の武士。
¶人名([没]1600年)，戦人，日人

石田将監 いしだしょうげん
天正17(1589)年～寛永13(1636)年
江戸時代前期の陸奥仙台藩の武将。伊達氏家臣。
¶戦人(生没年不詳)，藩臣1

石田新兵衛 いしだしんべえ
生没年不詳
安土桃山時代～江戸時代前期の武士。里見氏家臣。
¶戦辞，戦人，戦東

石田石叟 いしだせきそう
文化12(1815)年～明治1(1868)年9月13日
江戸時代末期の陸奥二本松藩士。
¶幕末

石田維国 いしだつなくに
～安永5(1776)年
江戸時代中期の武士。
¶岡山人

石田鶴右衛門 いしだつるえもん
元和7(1621)年～天和1(1681)年
江戸時代前期の岡山藩士・町奉行。
¶岡山歴

石田天州 いしだてんしゅう
元文2(1737)年～文化11(1814)年
江戸時代中期～後期の伊勢桑名藩士、儒学者。
¶藩臣4

石田入道 いしだにゅうどう
江戸時代末期の新撰組隊士。
¶新撰

石田能登 いしだのと
？～文久3(1863)年
江戸時代末期の安芸広島藩士。
¶幕末([没]1863年4月7日)，藩臣6

石田宣之 いしだのぶゆき
→石田一鼎(いしだいってい)

石田正利 いしだまさとし
天文1(1532)年～元和4(1618)年7月26日
戦国時代～江戸時代前期の三河国の今川氏被官。
¶戦辞

石田元直 いしだもとなお
正徳5(1715)年～寛政11(1799)年
江戸時代中期の陸奥仙台藩士。
¶藩臣1

石田安左衛門 いしだやすざえもん
→石田一鼎(いしだいってい)

石田和助 いしだわすけ
嘉永6(1853)年～明治1(1868)年
江戸時代末期の白虎士中二番隊士。
¶人名，日人，幕末([没]1868年10月8日)

伊地知季安 いじちきあん
→伊地知季安(いぢちすえやす)

伊地知季通 いじちきつう
→伊地知季通(いぢちすえみち)

伊地知貞馨 いじちさだか
→伊地知貞馨(いぢちさだか)

伊地知重張 いじちしげはる
→伊地知重張(いぢちしげはる)

伊地知正治 いじちしょうじ
→伊地知正治(いぢちまさはる)

伊地知季通 いじちすえみち
→伊地知季通(いぢちすえみち)

伊地知季安 いじちすえやす
→伊地知季安(いぢちすえやす)

伊地知季安 いじちすえよし
→伊地知季安(いぢちすえやす)

伊地知正治 いじちまさはる，いじちまさはる
→伊地知正治(いぢちまさはる)

石束源五右衛門 いしづかげんごえもん
元禄13(1700)年～宝暦2(1752)年
江戸時代中期の但馬豊岡藩家老。
¶藩臣5

石塚雄吾 いしづかゆうご
江戸時代末期の新撰組隊士。
¶新撰

石作駒石 いしづくりくせき
寛保1(1741)年～寛政9(1797)年　[別]石作駒石《いさこくせき》
江戸時代中期の儒者、木曽代官の勘定役・家老。
¶国書([生]元文5(1740)年　[没]寛政8(1796)年1月14日)，人名(いさこくせき)，姓氏長野，長野百，長野歴，日人([生]1740年　[没]1796年)

石出常軒 いしでじょうけん
元和1(1615)年～元禄2(1689)年　[別]石出吉深《いしでよしふか》
江戸時代前期の歌人、国学者、牢屋奉行。
¶朝日([没]元禄2年3月2日(1689年4月21日))，江戸，江文(石出吉深　いしでよしふか)，国書([没]元禄2(1689)年3月2日)，コン改，コン4，新潮([没]元禄2(1689)年3月2日)，人名(石出吉深　いしでよしふか)，日人，和俳([没]元禄2(1689)年3月2日)

石出吉深 いしでよしふか
→石出常軒(いしでじょうけん)

石堂休右衛門 いしどうきゅううえもん
江戸時代の種子島の郷士。
¶姓氏鹿児島

石堂竹林 いしどうちくりん
→石堂竹林坊(いしどうちくりんぼう)

石堂竹林坊 いしどうちくりんぼう
生没年不詳　[別]石堂竹林《いしどうちくりん》，北村如成《きたむらゆきなり》
安土桃山時代～江戸時代前期の弓術家。竹林派の

い

い

開祖。
¶朝日([没]慶長10(1605)年?), 近世, 国史, 古中, 史人, 新潮, 人名(石堂竹林　いしどうちくりん), 姓氏愛知(石堂竹林　いしどうちくりん　[没]1649年), 戦合, 全書(石堂竹林　いしどうちくりん), 戦人, 大百(石堂竹林　いしどうちくりん), 日人

石堂原加右衛門 いしどうばらかうえもん
→石堂原加右衛門(いしどうはらかえもん)

石堂原加右衛門 いしどうはらかえもん
[別]石堂原加右衛門《いしどうばらかうえもん》
安土桃山時代〜江戸時代前期の武士。里見氏家臣。
¶戦人(生没年不詳), 戦東(いしどうばらかうえもん)

石堂原加助 いしどうばらかすけ
江戸時代前期の武将。里見氏家臣。
¶戦東

石堂原八兵衛 いしどうはらはちべえ,いしどうばらはちべえ
安土桃山時代〜江戸時代前期の武士。里見氏家臣。
¶戦人(生没年不詳), 戦東(いしどうばらはちべえ)

石戸藤左衛門 いしどとうざえもん
生没年不詳
安土桃山時代〜江戸時代前期の弓術家。
¶日人

石那田実右衛門 いしなだじつうえもん
→石那田実右衛門(いしなだじつえもん)

石那田実右衛門 いしなだじつえもん
寛延3(1750)年〜寛政4(1792)年　[別]石那田実右衛門《いしなだじつうえもん》
江戸時代中期の日向飫肥藩士。
¶日人, 藩臣7(いしなだじつうえもん), 宮崎百

石野氏利 いしのうじとし
元和7(1621)年〜元禄6(1693)年　[別]石野伝一《いしのでんいち》
江戸時代前期の槍術の離相流の祖。
¶人名, 全書(石野伝一　いしのでんいち), 日人

石野樵水 いしのしょうすい
文化11(1814)年〜明治9(1876)年
江戸時代末期〜明治期の播磨林田藩士、儒学者。
¶江文, 国書, 人名([生]?), 日人, 藩臣5

石野伝一 いしのでんいち
→石野氏利(いしのうじとし)

石野東陵 いしのとうりょう
生没年不詳
江戸時代中期の播磨林田藩士、儒学者。
¶国書, 人名, 日人, 藩臣5, 兵庫人([生]天明4(1784)年　[没]文政1(1818)年10月19日)

石野則員 いしののりかず
〜延宝5(1677)年
江戸時代前期の旗本。
¶神奈川人

石野八兵衛 いしのはちべえ
?　〜*
江戸時代前期の第3代下田奉行。
¶静岡歴([没]寛文8(1668)年), 姓氏静岡([没]1667年)

石野英氏 いしのひでうじ
天明6(1786)年〜天保6(1835)年6月8日
江戸時代中期〜後期の加賀藩士、奉行。
¶国書

石野寛氏 いしのひろうじ
?　〜文化5(1808)年7月
江戸時代中期〜後期の加賀藩士。
¶国書

石野広高 いしのひろたか
明暦2(1656)年〜享保7(1722)年
江戸時代中期の旗本。
¶神奈川人

石野広温 いしのひろはる
延享3(1746)年〜?
江戸時代中期の幕臣・歌人。
¶国書

石野広英 いしのひろひで
天正5(1577)年〜寛永20(1643)年
江戸時代前期の武士。
¶和歌山人

石野広通(石野広道) いしのひろみち
享保3(1718)年〜寛政12(1800)年　[別]中原広通《なかはらひろみち》
江戸時代中期〜後期の歌人、幕臣。
¶朝日([生]享保3年5月9日(1718年6月7日)　[没]寛政12年5月21日(1800年7月12日)), 江文, 国書([生]享保3(1718)年5月9日　[没]寛政12(1800)年5月21日), コン改(石野広道), コン4(石野広道), 新潮([生]享保3(1718)年5月9日　[没]寛政12(1800)年5月21日), 人名(石野広道), 人名(中原広通　なかはらひろみち), 世人(中原広通　なかはらひろみち　[没]寛政12(1800)年5月21日), 日人, 和俳([没]寛政12(1800)年5月21日)

石野道衛 いしのみちえ
天保8(1837)年〜明治2(1869)年
江戸時代末期の筑後久留米藩士。
¶藩臣7

石橋宇右衛門 いしばしうえもん
?　〜明治4(1871)年
江戸時代末期〜明治期の駿河沼津藩士。
¶藩臣4

石橋左馬助 いしばしさまのすけ
生没年不詳
安土桃山時代〜江戸時代前期の番匠。
¶戦辞, 戦人, 戦東

石橋重朝 いしばししげとも
弘化2(1845)年〜大正8(1919)年
江戸時代末期〜大正期の佐賀藩士。初代統計局局長。米国留学後、佐賀藩権大属。
¶渡航([生]1845年12月13日　[没]1919年11月24日), 幕末

石原倉右衛門 いしはらくらえもん
?　〜明治1(1868)年　[別]石原倉右衛門《いしわらくらえもん》

江戸時代末期の庄内藩中老。
¶維新，庄内（いしわらくらえもん　[没]慶応4（1868）年7月25日），人名，日人（[生]1827年），幕末（[没]1868年9月11日），藩臣1（いしわらくらえもん　[生]文政10（1827）年）

石原重賢 いしはらしげかた
元禄12（1699）年～天明2（1782）年
江戸時代中期の上野伊勢崎藩士。
¶藩臣2

石原重固 いしはらしげかた
天保8（1837）年～？
江戸時代末期～明治期の教育者・小田原藩士。
¶神奈川人，姓氏神奈川

石原重好 いしはらしげよし
寛永9（1632）年～貞享3（1686）年
江戸時代前期の三河岡崎藩士。
¶藩臣4

石原次郎 いしはらじろう
天保12（1841）年～明治14（1881）年
江戸時代末期～明治期の下野宇都宮藩士、教育家。
¶藩臣2

石原新十郎 いしはらしんじゅうろう
延宝7（1679）年～延享4（1747）年4月23日
江戸時代中期の美作国倉敷代官。
¶岡山歴

石原清左衛門(1) いしはらせいざえもん
享保15（1730）年～寛政6（1794）年12月22日
江戸時代中期～後期の武士。美作国久世代官。
¶岡山歴

石原清左衛門(2) いしはらせいざえもん
生没年不詳
江戸時代後期の武士。陸奥国伊達・信夫二郡の代官。
¶国書

石原種正 いしはらたねまさ
～安永6（1777）年
江戸時代中期の旗本。
¶神奈川人

石原団之進 いしはらだんのしん
江戸時代末期の剣士。
¶岡山人，岡山歴

石原鉄次 いしはらてつじ
江戸時代前期の浪士。
¶姓氏石川

石原富俶 いしはらとみよし
生没年不詳　[別]石原富俶《いしわらとみよし》
江戸時代後期の近江膳所藩士。もと庄内藩主に仕えた。
¶国書，庄内（いしわらとみよし）

石原信由 いしはらのぶただ
→石原信由（いしはらのぶよし）

石原信由 いしはらのぶよし
*～元禄4（1691）年　[別]石原信由《いしはらのぶただ》
江戸時代前期の若狭小浜藩士。
¶埼玉人（[生]不詳），人名（[生]1622年），日人（[生]1622年），藩臣3（いしはらのぶただ　[生]元和5（1619）年）

石原兵衛 いしはらひょうえ
生没年不詳
江戸時代後期の遠江浜松藩士。
¶藩臣4

石原寛信 いしはらひろのぶ
享保12（1727）年～安永4（1775）年
江戸時代中期の越後新発田藩士。
¶国書（[生]享保11（1726）年　[没]安永4（1775）年10月25日），人名，日人

石原正利 いしはらまさとし
？～元文3（1738）年
江戸時代中期の旗本。
¶姓氏京都

石原汀 いしはらみぎわ
文化14（1817）年～明治38（1905）年　[別]石原汀《いしわらみぎわ》
江戸時代末期～明治期の陸奥南部藩側用人。
¶岩手百，姓氏岩手（いしわらみぎわ），藩臣1

石原安種 いしはらやすたね
～寛保3（1743）年
江戸時代前期～中期の旗本。
¶神奈川人

石原吉孝 いしはらよしたか
生没年不詳
江戸時代の尾張藩士。
¶姓氏愛知

石原竜助 いしはらりゅうすけ
江戸時代末期の薩摩藩士。
¶維新，姓氏鹿児島，幕末（生没年不詳）

石部誠中 いしべせいちゅう
？～明治12（1879）年11月27日
江戸時代末期の志士、長州（萩）藩士。
¶岡山百，岡山歴，人名，日人

石丸有定 いしまるありさだ
天文16（1547）年～寛永8（1631）年
戦国時代～江戸時代前期の旗本。
¶織田（[没]寛永8（1631）年11月6日），姓氏神奈川

石丸定次 いしまるさだつぐ
慶長8（1603）年～延宝7（1679）年
江戸時代前期の幕臣、大坂東町奉行。
¶朝日（[没]延宝7年5月11日（1679年6月19日）），大阪人（[生]慶長10（1605）年），大阪墓（[没]延宝7（1679）年5月11日），角史，近世，国史，コン改，コン4，史人（[没]1679年5月11日），新潮（[没]延宝7（1679）年5月11日），人名（[生]1605年），世人（[生]慶長8（1603）年？　[没]延宝7（1679）年？），日史（[没]延宝7（1679）年5月11日），日人，百科，歴大

石丸定政 いしまるさだまさ
～正保2（1645）年
江戸時代前期の旗本。
¶神奈川人

石丸定盛 いしまるさだもり
元和3（1617）年～貞享1（1684）年
江戸時代前期の駿河清水奉行。

¶人名，日人

石丸定静 いしまるさだやす
明和3（1766）年～享和3（1803）年
江戸時代中期～後期の幕臣。
¶国書

石丸定良 いしまるさだよし
万治2（1659）年～寛延1（1748）年　[別]石丸定良《いしまるていりょう》
江戸時代中期の岡山藩士。
¶岡山人（いしまるていりょう），国書（生没年不詳）

石丸定良 いしまるていりょう
→石丸定良（いしまるさだよし）

石丸輝徳 いしまるてるのり
～明治44（1911）年5月8日
江戸時代末期～明治期の弓道家、幕臣、吉田流弓術家。
¶弓道

石母田景頼 いしもだかげより
永禄2（1559）年～寛永2（1625）年　[別]桑折景頼《こおりかげより》
安土桃山時代～江戸時代前期の武士。伊達氏家臣。
¶戦人（生没年不詳），戦東，宮城百

石母田但馬 いしもだたじま
文政11（1828）年～明治39（1906）年
江戸時代末期～明治期の陸奥仙台藩士。
¶維新，幕末

石母田永頼 いしもだながより
寛永17（1640）年～元禄13（1700）年
江戸時代前期～中期の加美郡宮崎領主。
¶姓氏宮城

石母田宗頼 いしもだむねより
天正12（1584）年～正保4（1647）年
江戸時代前期の陸奥仙台藩士。
¶姓氏宮城，藩臣1，宮城百

石山勘兵衛 いしやまかんべえ
天正4（1576）年～
安土桃山時代～江戸時代前期の武士。
¶庄内

石山権兵衛 いしやまごんべえ
享和1（1801）年～明治3（1870）年
江戸時代後期～明治期の剣術家。忠也派一刀流。
¶剣豪

石山虎之助 いしやまとらのすけ
嘉永5（1852）年～明治1（1868）年
江戸時代末期の白虎士中二番隊士。
¶人名，日人，幕末（[没]1868年10月8日）

石山仁右衛門 いしやまにえもん
生没年不詳
江戸時代前期の最上氏遺臣。
¶庄内

石山孫六 いしやままごろく
文政11（1828）年～明治37（1904）年
江戸時代末期～明治期の武術家。
¶高知人，高知百，人名，日人，幕末（[生]1837年 [没]1904年7月10日）

伊集院兼丘 いじゅういんかねおか
？　～安永3（1774）年11月11日
江戸時代中期の薩摩藩士・歌人。
¶国書

伊集院兼寛 いじゅういんかねひろ
天保9（1838）年～明治31（1898）年
江戸時代末期～明治期の薩摩藩の海軍軍人。元老院議官を経て、貴族院議員となる。
¶維新，鹿児島百，姓氏鹿児島，幕末（[没]1898年4月20日），藩臣7，陸海（[生]天保9年1月2日 [没]明治31年4月20日）

伊集院兼愷 いじゅういんかねやす
天明6（1786）年～安政2（1855）年
江戸時代中期～末期の歌人、垂水島津家の家老。
¶国書5（[没]安政2（1855）年1月12日），姓氏鹿児島

伊集院元巣 いじゅういんげんそう
天文13（1544）年～元和2（1616）年9月4日
戦国時代～江戸時代前期の武将。
¶国書

伊集院俊矩 いじゅういんしゅんきょ
寛文11（1671）年～寛保2（1742）年
江戸時代前期～中期の薩摩藩士、島津宗信の守役・侍読。
¶姓氏鹿児島

伊集院藤九郎 いじゅういんとうくろう
江戸時代末期の薩摩藩士。
¶維新，姓氏鹿児島，幕末（生没年不詳），藩臣7（生没年不詳）

伊集院久東 いじゅういんひさはる
？　～宝暦6（1756）年
江戸時代中期の薩摩藩士。
¶姓氏鹿児島

伊集院盛昌 いじゅういんもりまさ
弘化3（1846）年～明治10（1877）年
江戸時代末期～明治期の二番大隊九番小隊長。
¶幕末

伊集院主水 いじゅういんもんど
寛永9（1632）年～正徳3（1713）年
江戸時代前期～中期の剣術家。示現流。
¶剣豪

伊集院与一 いじゅういんよいち
天保3（1832）年～明治1（1868）年
江戸時代末期の薩摩藩士。
¶維新，人名（[生]？），姓氏鹿児島，日人，幕末（[没]1868年1月29日），藩臣7

石原伊右衛門 いしわらいえもん
元禄16（1703）年～安永5（1776）年4月26日
江戸時代中期の出羽庄内藩士。
¶庄内

石原倉右衛門 いしわらくらえもん
→石原倉右衛門（いしはらくらえもん）

石原源左衛門 いしわらげんざえもん
生没年不詳
江戸時代前期の庄内藩家老。
¶庄内

石原源内 いしわらげんない
　元禄5（1692）年〜享保7（1722）年2月7日
　江戸時代中期の出羽庄内藩士。
　¶庄内

石原成美 いしわらしげよし
　宝暦9（1759）年〜文政1（1818）年10月23日
　江戸時代中期〜後期の庄内藩家老。
　¶庄内

石原七郎右衛門(1) いしわらしちろうえもん
　〜寛永15（1638）年10月15日
　安土桃山時代〜江戸時代前期の功臣。
　¶庄内

石原七郎右衛門(2) いしわらしちろうえもん
　〜寛文9（1669）年1月14日
　江戸時代前期の出羽庄内藩士。
　¶庄内

石原百度右衛門 いしわらずんどえもん
　生没年不詳
　江戸時代の庄内藩士。
　¶庄内

石原藤助 いしわらとうすけ
　天保12（1841）年〜明治1（1868）年10月4日
　江戸時代後期〜末期の出羽庄内藩士。
　¶庄内

石原富俶 いしわらとみよし
　→石原富俶（いしはらとみよし）

石原友右衛門 いしわらともえもん
　文政12（1829）年〜明治3（1870）年6月29日
　江戸時代後期〜明治期の出羽庄内藩士。
　¶庄内

石原百太夫 いしわらひゃくだゆう
　生没年不詳
　江戸時代の庄内藩士。
　¶庄内

石原平右衛門(1) いしわらへいえもん
　慶長12（1607）年〜元禄3（1690）年
　江戸時代前期の出羽庄内藩家老。
　¶庄内（㊥元禄3（1690）年12月10日），藩臣1

石原平右衛門(2) いしわらへいえもん
　〜寛永8（1631）年6月5日
　江戸時代前期の出羽庄内藩家老。
　¶庄内

石原平右衛門(3) いしわらへいえもん
　〜寛永9（1632）年2月24日
　江戸時代前期の出羽庄内藩家老。
　¶庄内

石原平右衛門(4) いしわらへいえもん
　〜慶安2（1649）年6月26日
　江戸時代前期の出羽庄内藩家老。
　¶庄内

石原平右衛門(5) いしわらへいえもん
　延宝6（1678）年〜享保17（1732）年12月10日
　江戸時代中期の出羽庄内藩家老。
　¶庄内

石原平右衛門(6) いしわらへいえもん
　元禄11（1698）年〜宝暦7（1757）年9月1日
　江戸時代中期の出羽庄内藩家老。
　¶庄内

石原平右衛門(7) いしわらへいえもん
　享保8（1723）年〜天明3（1783）年11月21日
　江戸時代中期の出羽庄内藩家老。
　¶庄内

石原平右衛門(8) いしわらへいえもん
　宝暦7（1757）年〜文化14（1817）年4月8日
　江戸時代後期の出羽庄内藩家老。
　¶庄内

石原平右衛門(9) いしわらへいえもん
　文政2（1819）年6月7日〜明治14（1881）年7月8日
　江戸時代末期の出羽庄内藩家老。
　¶庄内

石原孫右衛門 いしわらまごえもん
　〜慶安3（1650）年1月16日
　江戸時代前期の出羽庄内藩士。
　¶庄内

石原汀 いしわらみぎわ
　→石原汀（いしはらみぎわ）

井介右近（伊介右近） いすけうこん
　安土桃山時代〜江戸時代前期の武士。里見氏家臣。
　¶戦人（生没年不詳），戦東（伊介右近）

出石利房 いずしとしふさ
　江戸時代前期の槍術者。
　¶岡山人

出淵新吾 いずぶちしんご
　天保11（1840）年〜文久3（1863）年
　江戸時代末期の播磨姫路藩士。
　¶幕末（㊥1863年12月13日），藩臣5

出淵平兵衛 いずぶちへいべえ
　生没年不詳
　江戸時代中期の越前福井藩士、剣術師範。
　¶剣豪（㊥天和2（1682）年），日人，藩臣3，福井百

泉沢履斎 いずみさわりさい、いずみさわりさい
　安永8（1779）年〜安政2（1855）年
　江戸時代後期の伊勢亀山藩士、儒学者。
　¶江文，人名，日人，藩臣4（いずみざわりさい），三重続

泉十郎 いずみじゅうろう
　天保10（1839）年〜慶応1（1865）年　㊋野々村勘九郎《ののむらかんくろう》
　江戸時代末期の長門長府藩士。
　¶維新，コン改，コン4，新潮（㊥天保10（1839）年9月9日　㊥慶応1（1865）年11月27日），人名（㊥？），日人，㊥1866年），幕末（㊥1866年1月3日），藩臣6

泉仙介（泉仙助） いずみせんすけ
　文政10（1827）年〜慶応3（1867）年
　江戸時代末期の越後村松藩士。
　¶維新，人名（泉仙助），日人，幕末（㊥1867年6月21日）

泉仲愛 いずみちゅうあい
　元和9（1623）年〜元禄15（1702）年

江戸時代前期～中期の備前岡山藩士。
¶岡山人，岡山百（[没]元禄15（1702）年3月20日），岡山歴（[没]元禄15（1702）年3月20日），人名，日人，藩臣6

出雲屋和助 いずもやわすけ
→植松自謙（うえまつじけん）

伊勢煥 いせあきら
天保2（1831）年～明治16（1883）年　[別]伊勢竹潭《いせちくたん》，北条源蔵《ほうじょうげんぞう》，北条竹潭《ほうじょうちくたん》
江戸時代末期～明治期の蘭学者、鋳砲家。長州（萩）藩士。1862年頃欧米に渡航、航海術を学ぶ。
¶海越（北条源蔵　ほうじょうげんぞう　生没年不詳），海越新（北条源蔵　ほうじょうげんぞう），国書（北条竹潭　ほうじょうちくたん　[没]明治16（1883）年1月25日），人名（伊勢竹潭　いせちくたん），日人，幕末（[没]1883年1月25日），藩臣6

井関英助 いぜきえいすけ
→井関英太郎（いせきえいたろう）

井関英太郎 いせきえいたろう，いぜきえいたろう
*～文久3（1863）年　[別]井関英助《いぜきえいすけ》
江戸時代末期の長州（萩）藩士。
¶維新（[生]1846年），人名（井関英助　いぜきえいすけ　[生]1831年），日人（[生]1846年），幕末（いぜきえいたろう　[生]1845年　[没]1863年11月24日）

井関灌園 いせきかんえん
宝暦5（1755）年～文政6（1823）年
江戸時代中期～後期の伊予宇和島藩士。
¶藩臣6

井関輝定 いせきてるさだ
生没年不詳
江戸時代前期の武士。
¶和歌山人

井関徳左衛門 いせきとくざえもん
？～文政5（1822）年
江戸時代後期の伊予宇和島藩士。
¶藩臣6

井関盛艮 いせきもりとめ，いぜきもりとめ
天保4（1833）年～明治23（1890）年
江戸時代末期～明治期の伊予宇和島藩の政治家。外務大丞、神奈川県知事。
¶朝日（[生]天保4年4月21日（1833年6月8日）[没]明治23（1890）年2月11日），維新（いぜきもりとめ），愛媛百（[生]天保4（1833）年4月21日　[没]明治23（1890）年2月13日），神奈川人（いぜきもりとめ），郷土愛媛，近現，国史，島根歴（いぜきもりとめ　[生]天保6（1835）年），姓氏愛知，姓氏神奈川（いぜきもりとめ），先駆（いぜきもりとめ　[生]天保4（1833）年4月21日　[没]明治23（1890）年2月11日），日人，幕末（いぜきもりとめ　[没]1890年2月12日），藩臣6（[生]文政8（1825）年）

井関盛英 いせきもりひで，いぜきもりひで
生没年不詳
江戸時代前期の伊予宇和島藩士。
¶愛媛百，国書（いぜきもりひで　[没]元禄9（1696）年），藩臣6

井関弥五助 いせきやごすけ
生没年不詳
江戸時代末期の武士。
¶和歌山人

井関美清 いぜきよしずみ
天保1（1830）年～大正13（1924）年2月21日
江戸時代後期～明治期の長州萩藩士・歌人。
¶国書

伊勢華 いせさかえ
文政5（1822）年～明治19（1886）年　[別]伊勢小淞《いせしょうしょう》，北条新左衛門《ほうじょうしんざえもん》，北条瀬兵衛《ほうじょうせべえ》
江戸時代末期～明治期の長州（萩）藩士。
¶維新，詩歌（伊勢小淞　いせしょうしょう　[生]1820年），人名（伊勢小淞　いせしょうしょう），日人，幕末（[没]1886年2月1日），藩臣6，和俳

伊勢貞丈 いせさだたけ
享保2（1717）年～天明4（1784）年　[別]伊勢貞丈《いせていじょう》
江戸時代中期の幕臣、和学者。有職故実に精通した。
¶朝日（[生]享保2年12月28日（1718年1月29日）[没]天明4年5月28日（1784年7月15日）），岩史（[生]享保2（1717）年12月28日　[没]天明4（1784）年5月28日），江戸東，江文，角史，教育，近世，考古（[生]享保2年（1717年12月28日）　[没]天明4年（1784年6月5日）），国史，国書（[生]享保2（1717）年12月28日　[没]天明4（1784）年5月28日），コン改，コン4，史人（[生]1717年12月28日　[没]1784年5月28日，（異説）6月5日），諸系（[生]1718年），神史，神人（[没]天明4（1784）年6月5日），新潮（[生]享保2（1717）年12月28日　[没]天明4（1784）年5月28日），人名，姓氏神奈川，世人（[生]天徳5（1715）年　[没]天明4（1784）年6月5日），世百，全書，大百，日史（[生]享保2（1717）年12月28日　[没]天明4（1784）年5月28日），日人（[生]1718年），百科，平史，歴大

伊勢貞常 いせさだつね
？～寛永4（1627）年12月9日　[別]伊勢貞知《いせさだとも》
安土桃山時代～江戸時代前期の武士、故実家。
¶織田（伊勢貞知　いせさだとも），国書

伊勢貞知 いせさだとも
→伊勢貞常（いせさだつね）

伊勢貞春 いせさだはる
宝暦10（1760）年～文化9（1812）年
江戸時代後期の幕臣、有職故実家。
¶朝日（[没]文化9年12月24日（1813年1月26日）），江文，近世，国史，国書（[生]宝暦10（1760）年8月9日　[没]文化9（1812）年12月24日），コン改，コン4，史人（[没]1812年12月24日），諸系（[没]1813年），新潮（[没]文化9（1812）年12月24日），人名，日人（[没]1813年）

伊勢貞昌 いせさだまさ
元亀1（1570）年～寛永18（1641）年　[別]伊勢貞昌

《いせていしょう》
安土桃山時代～江戸時代前期の薩摩藩士。
¶沖縄百（[没]寛永18（1641）年4月3日），鹿児島百，国書（[没]寛永18（1641）年4月13日），姓氏鹿児島（いせていしょう），藩臣7

伊勢貞守 いせさだもり
～宝永2（1705）年
江戸時代中期の旗本。
¶神奈川人

伊勢佐太郎 いせさたろう
→横井左平太（よこいさへいた）

伊勢小菘 いせしょうしゅう
江戸時代末期の武士。
¶岡山人

伊勢小淞 いせしょうしょう
→伊勢華（いせさかえ）

伊勢竹潭 いせちくたん
→伊勢煥（いせあきら）

伊瀬知善太夫 いせちぜんだゆう
江戸時代中期の河辺郡坊津の郷士。
¶姓氏鹿児島

伊勢貞昌 いせていしょう
→伊勢貞昌（いせさだまさ）

伊勢松浦介 いせまつらのすけ
？　～宝永5（1708）年
江戸時代前期～中期の剣術家。松浦流祖。
¶剣豪

磯淳 いそあつし
文政10（1827）年～明治9（1876）年　[別]磯淳《いそじゅん》
江戸時代末期～明治期の筑前秋月藩の漢学者。藩校教授。
¶朝日（[没]明治9（1876）年10月28日），人名，日人，藩臣7（いそじゅん）

磯一峰 いそいっぽう
生没年不詳
江戸時代前期～中期の播磨姫路藩士、越後村上藩士。
¶国書

磯谷十助 いそがいじゅうすけ
→磯谷久英（いそがいひさひで）

磯貝十郎左衛門 いそがいじゅうろうざえもん
延宝7（1679）年～元禄16（1703）年　[別]磯貝正久《いそがいまさひさ》
江戸時代中期の播磨赤穂藩士。赤穂義士の一人。
¶人名（磯貝正久　いそがいまさひさ），日人

磯谷滄洲 いそがいそうしゅう
→磯谷滄洲（いそがやそうしゅう）

磯谷宗庸 いそがいそうよう
*～明治27（1894）年　[別]磯矢宗庸《いそやそうよう，いそやむねつね》
江戸時代末期～明治期の幕臣、茶人。大坂東町奉行所与力。
¶大阪人（磯矢宗庸　いそやむねつね　[生]天保8（1837）年　[没]明治27（1894）年9月），茶道（[生]？），幕末（磯矢宗庸　いそやそうよう　[生]1836年　[没]1894年9月8日）

磯谷久英 いそがいひさひで
明暦3（1657）年～享保3（1718）年　[別]磯谷十助《いそがいじゅうすけ》
江戸時代前期～中期の弘前藩士・兵法家。
¶青森人（磯谷十助　いそがいじゅうすけ），国書

磯貝正久 いそがいまさひさ
→磯貝十郎左衛門（いそがいじゅうろうざえもん）

礒谷謙蔵 いそがやけんぞう
→礒谷謙蔵（いそたにけんぞう）

磯谷滄洲 いそがやそうしゅう
元文2（1737）年～享和2（1802）年　[別]磯谷滄洲《いそがいそうしゅう，いそたにそうしゅう》
江戸時代中期～後期の尾張藩士、儒学者。
¶国書（いそがいそうしゅう　[没]享和2（1802）年12月2日），詩歌，人名，日人（いそがいそうしゅう），藩臣4（いそたにそうしゅう），和俳

五十川左司馬 いそかわさじま
生没年不詳
江戸時代末期の駿河沼津藩士。
¶藩臣4

五十川左次馬(1) いそかわさじま
生没年不詳
江戸時代中期の駿河沼津藩用人。
¶藩臣4

五十川左次馬(2) いそかわさじま
？　～寛政11（1799）年
江戸時代中期の駿河沼津藩用人。
¶藩臣4

五十川訒堂（五十川訊堂） いそがわじんどう，いそかわじんどう
天保6（1835）年～明治35（1902）年　[別]五十川訒堂《いかがわじんどう，いそかわじんどう》
江戸時代末期～明治期の備後福山藩の教育者。
¶大阪文（五十川訊堂　いそかわじんどう），国書（いそかわじんどう　[没]明治35（1902）年2月），人名，日人，幕末（いかがわじんどう　[没]1902年2月19日），藩臣6（いかがわじんどう）

五十川武左衛門(1) いそかわぶざえもん
？　～文化5（1808）年
江戸時代中期～後期の駿河沼津藩士。
¶藩臣4

五十川武左衛門(2) いそかわぶざえもん
生没年不詳
江戸時代後期の駿河沼津藩用人。
¶藩臣4

五十川基 いそかわもとい
→五十川基（いかがわもとい）

磯淳 いそじゅん
→磯淳（いそあつし）

磯田邦信 いそだくにのぶ
？　～享保17（1732）年
江戸時代中期の上野伊勢崎藩士。
¶藩臣2

礒谷謙蔵（磯谷謙蔵） いそたにけんぞう
天保1（1830）年～明治26（1893）年　[別]礒谷謙蔵

《いそがやけんぞう》
江戸時代末期～明治期の長門長府藩士。
¶維新（いそがやけんぞう　[生]1842年　[没]1867年），幕末（[没]1893年8月25日），藩臣6（磯谷謙蔵）

磯谷滄洲 いそたにそうしゅう
→磯谷滄洲（いそがやそうしゅう）

磯永周経 いそながちかつね
生没年不詳
江戸時代後期の薩摩藩士。
¶国書

磯永次 いそながつぐ
生没年不詳
江戸時代中期の武蔵岩槻藩士。
¶藩臣5

磯永孫四郎 いそながまごしろう
生没年不詳
江戸時代末期の薩摩藩士。
¶幕末

磯野逸騎 いそのいつき
享和2（1802）年～？
江戸時代後期の但馬出石藩家老。
¶藩臣5

磯野織部 いそのおりべ
生没年不詳
江戸時代中期の越中富山藩士。
¶藩臣3

石上宣続 いそのかみのぶつぐ
安永9（1780）年～文化7（1810）年
江戸時代中期～後期の越後与板藩士。
¶国書

磯野渙斎 いそのかんさい
？　～安永3（1774）年1月14日
江戸時代中期の尾張藩士・漢学者。
¶国書

礒野熊蔵 いそのくまぞう
弘化1（1844）年～明治2（1869）年12月2日
江戸時代末期の奇兵隊士。
¶幕末

磯野治左衛門（磯野次左衛門） いそのじざえもん
江戸時代末期の越後清崎藩士。
¶人名（磯野次左衛門　[生]？　[没]1869年），日人（[生]1809年　[没]1870年）

礒野虎蔵 いそのとらぞう
弘化2（1845）年～慶応2（1866）年
江戸時代末期の奇兵隊士。
¶維新，幕末（[没]1866年11月5日）

磯野政武 いそのまさたけ
享保2（1717）年～安永5（1776）年6月18日
江戸時代中期の幕臣・歌人。
¶国書

磯野道一 いそのみちかず
文化9（1812）年～明治4（1871）年
江戸時代末期～明治期の出羽秋田藩士、漢学者。
¶藩臣1

磯野本孝 いそのもとたか
生没年不詳
江戸時代中期の尾張藩士。
¶国書

磯野義隆 いそのよしたか
江戸時代中期の近江大溝藩士。
¶人名

磯端伴蔵 いそばたばんぞう
江戸時代前期の刀術家、磯端流の祖。
¶剣豪（生没年不詳），人名，日人

磯部勝文 いそべかつふみ
→磯部勘平（いそべかんぺい）

磯部勘平 いそべかんぺい
寛永6（1629）年～元禄6（1693）年　[別]磯部勝文《いそべかつふみ》
江戸時代前期の筑後久留米藩士。
¶藩臣7（[生]寛永6（1629）年頃），福岡百（磯部勝文　いそべかつふみ）

磯部昌言 いそべしょうげん
→磯辺昌言（いそべまさのぶ）

磯辺泰 いそべたい
天保7（1836）年～大正1（1912）年　[別]磯部泰《いそべやすし》
江戸時代末期～明治期の遠州掛川藩士、数学者。藩校算学所長。廃藩後には小学教育に従事し、のち数学測量を教授した。
¶人名，数学（磯部泰　いそべやすし　[没]大正1（1912）年10月24日），日人

磯辺昌言 いそべまさこと
→磯辺昌言（いそべまさのぶ）

磯辺昌言 いそべまさのぶ
寛文9（1669）年～元文3（1738）年　[別]磯部昌言《いそべしょうげん》，磯辺昌言《いそべまさこと》
江戸時代中期の下総佐倉藩士、儒学者、史家。
¶国書（[没]元文3（1738）年5月10日），人名（いそべまさこと），千葉百（磯部昌言　いそべしょうげん），日人，藩臣3（磯部昌言　いそべしょうげん）

磯部泰 いそべやすし
→磯辺泰（いそべたい）

磯又右衛門（礒又右衛門） いそまたえもん
天明6（1786）年～文久3（1863）年
江戸時代後期の柔術家。天神真揚流柔術の開祖。
¶朝日（礒又右衛門　[没]文久3年7月15日（1863年8月28日）），近世，国史（礒又右衛門），人名，全書（[生]1804年？），大百，日人

礒村吉徳 いそむらきちとく
→礒村吉徳（いそむらよしのり）

礒村文蔵 いそむらぶんぞう
→礒村吉徳（いそむらよしのり）

礒村吉徳（磯村吉徳） いそむらよしのり
？　～宝永7（1710）年　[別]礒村文蔵《いそむらぶんぞう》，礒村吉徳《いそむらきちとく》
江戸時代中期の陸奥二本松藩の和算家。
¶朝日（[没]宝永7年12月24日（1711年2月11日）），近世，国史，国書（[没]宝永7（1710）年12月24

日)，コン改(磯村吉徳)，コン4(磯村吉徳)，史人(磯村吉徳　[没]1710年12月24日)，新潮([没]宝永7(1710)年12月24日)，人名(いそむらきちとく)，世人(磯村吉徳)，全書，大百，日史([没]宝永7(1710)年12月24日)，日人([没]1711年)，藩臣5(磯村文蔵　いそむらぶんぞう)，百科，福島百(磯村文蔵　いそむらぶんぞう)，歴大(磯村吉徳　[没]1711年)

礒矢助右衛門 いそやすけうえもん
寛延1(1748)年～文政3(1820)年
江戸時代中期～後期の常陸土浦藩家老。
¶藩臣2

磯矢宗庸 いそやそうよう
→磯谷宗庸(いそがいそうよう)

磯山天香 いそやまてんこう
江戸時代末期～明治期の書家・勝山藩士。
¶岡山人，岡山歴

磯矢宗庸 いそやむねつね
→磯谷宗庸(いそがいそうよう)

礒矢弧之進 いそやゆみのしん
文政7(1824)年～？
江戸時代末期の常陸土浦藩士。
¶藩臣2

磯矢可信 いそやよしのぶ
文化3(1806)年～安政4(1857)年4月
江戸時代後期～末期の東町奉行所与力。
¶大阪人

磯流水 いそりゅうすい
正保2(1645)年～享保17(1732)年
江戸時代前期～中期の筑前秋月藩士。
¶藩臣7

猪多伊織佐 いだいおりのすけ
？　～寛永10(1633)年　[別]猪多重良《いだしげよし》
江戸時代前期の因幡鳥取藩士、武術家。
¶剣豪，藩臣5(猪多重良　いだしげよし)

板垣桑蔭 いたがきそういん
文化14(1817)年～明治27(1894)年
江戸時代後期～明治期の盛岡藩士。
¶姓氏岩手

板垣宗憺 いたがきそうたん
寛永15(1638)年～元禄11(1698)年　[別]板垣聊爾《いたがきりょうじ》,板垣聊爾斎《いたがきりょうじさい》
江戸時代前期の水戸藩の国学者。
¶江文，国書([生]寛永16(1639)年7月3日　[没]元禄11(1698)年6月9日)，コン改(板垣聊爾斎　いたがきりょうじさい)，コン4(板垣聊爾斎　いたがきりょうじさい)，新潮(板垣聊爾斎　いたがきりょうじさい　[没]元禄11(1698)年6月9日)，人名(板垣聊爾　いたがきりょうじ)，日人，藩臣2，和俳(板垣聊爾斎　いたがきりょうじさい)

板垣退助 いたがきたいすけ
天保8(1837)年～大正8(1919)年　[別]乾退助《いぬいたいすけ》,正形,猪之助,無形
江戸時代末期～明治期の政治家、もと土佐藩士。維新前は山内容堂の側用人から藩の上士の中心的存在となる。戊辰戦争では会津攻略を指揮。のち自由民権運動に邁進。
¶朝日([生]天保8年4月17日(1837年5月21日)　[没]大正8(1919)年7月16日)，維新，岩史([生]天保8(1837)年4月17日　[没]大正8(1919)年7月16日)，海越([生]天保8(1837)年4月17日　[没]大正8(1919)年7月16日)，海越新([生]天保8(1837)年4月17日　[没]大正8(1919)年7月16日)，江戸東，角史，郷土栃木，近現，高知人，高知百，国際，国史，コン改，コン4，コン5，史人([生]1837年4月17日　[没]1919年7月16日)，社史([生]天保8(1837)年4月17日　[没]1919年7月16日)，重要([生]天保8(1837)年4月17日　[没]大正8(1919)年7月16日)，人書94，新潮([生]天保8(1837)年4月17日　[没]大正8(1919)年7月16日)，人名，世人([生]天保8(1837)年4月17日　[没]大正8(1919)年7月16日)，世百，先駆([生]天保8(1837)年4月17日　[没]大正8(1919)年7月16日)，全書，大百，哲学，伝記，渡航([生]1837年4月17日　[没]1919年7月16日)，栃木歴，日史([生]天保8(1837)年4月17日　[没]大正8(1919)年7月16日)，日人，日本，人情，人情1，幕末([没]1919年7月16日)，藩臣6，百科，明治1，山梨百([生]天保8(1837)年4月17日　[没]大正8(1919)年8月16日)，履歴([生]天保8(1837)年4月17日　[没]大正8(1919)年7月16日)，歴大

板垣信精 いたがきのぶあき
？　～元文5(1740)年12月12日
江戸時代中期の加賀藩士。
¶国書

板垣胖 いたがきゆたか
生没年不詳
江戸時代末期～明治期の蝦夷松前藩士、儒学者。
¶藩臣1

板垣聊爾 いたがきりょうじ
→板垣宗憺(いたがきそうたん)

板垣聊爾斎 いたがきりょうじさい
→板垣宗憺(いたがきそうたん)

井田亀之助 いだかめのすけ
宝暦4(1754)年～寛政7(1795)年
江戸時代中期の紀伊和歌山藩士。
¶藩臣5

板倉一作 いたくらいっさく
生没年不詳
江戸時代後期の駿河沼津藩士。
¶藩臣4

板倉大炊頭 いたくらおおいのかみ
→板倉大炊介(いたくらおおいのすけ)

板倉大炊介 いたくらおおいのすけ
[別]板倉大炊頭《いたくらおおいのかみ》
江戸時代前期の武将。里見氏家臣。
¶戦人(生没年不詳)，戦東(板倉大炊頭　いたくらおおいのかみ)

板倉槐堂 いたくらかいどう
→淡海槐堂(おうみかいどう)

板倉勝晙 いたくらかつあき
天明4(1784)年～文化1(1804)年

江戸時代後期の大名。備中松山藩主。
¶岡山人，岡山歴（[生]天明4（1784）年8月10日 [没]文化1（1804）年7月8日），諸系，日人，藩主4（[生]天明4（1784）年8月10日 [没]文化1（1804）年7月8日）

板倉勝明 いたくらかつあき
文化6（1809）年～安政4（1857）年 [別]板倉勝明《いたくらかつあきら》，板倉節山《いたくらせつざん》
江戸時代後期の大名。上野安中藩主。
¶維新，江文（板倉節山 いたくらせつざん），郷土群馬，近世，群馬人（いたくらかつあきら），群馬百（いたくらかつあきら），国史，国書（[生]文化6（1809）年11月11日 [没]安政4（1857）年4月10日），詩歌（板倉節山 いたくらせつざん），史人（[生]1809年11月11日 [没]1857年4月10日），諸系，新潮（いたくらかつあきら [生]文化6（1809）年11月11日 [没]安政4（1857）年4月10日），人名，姓氏群馬（いたくらかつあきら），世人（[生]文化6（1809）年11月11日 [没]安政4（1857）年4月10日），全書（いたくらかつあきら），大百，日人，幕末（いたくらかつあきら [没]1857年3月16日），藩主1（いたくらかつあきら [生]文化6（1809）年11月11日 [没]安政4（1857）年4月10日），歴大，和俳（[生]文化6（1809）年11月11日 [没]安政4（1857）年4月10日）

板倉勝明 いたくらかつあきら
→板倉勝明（いたくらかつあき）

板倉勝意 いたくらかつおき
宝暦5（1755）年～文化2（1805）年
江戸時代中期～後期の大名。上野安中藩主。
¶諸系，日人，藩主1（[没]文化2（1805）年10月10日）

板倉勝興 いたくらかつおき
享保7（1722）年～寛政8（1796）年
江戸時代中期の大名。備中庭瀬藩主。
¶岡山人（[没]天明4（1784）年），岡山歴（[生]享保7（1722）年7月14日 [没]寛政8（1796）年7月4日），諸系，日人，藩主4（[生]享保7（1722）年7月14日 [没]寛政8（1796）年7月4日）

板倉勝清 いたくらかつきよ
宝永3（1706）年～安永9（1780）年
江戸時代中期の大名、老中。
¶朝日（[没]安永9年6月28日（1780年7月29日）），国書（[没]安永9（1780）年6月28日），静岡歴，諸系，人名，姓氏静岡，日人，藩主1，藩主1（[没]安永9（1780）年6月28日），藩主2

板倉勝静 いたくらかつきよ
文政6（1823）年～明治22（1889）年 [別]徳山四郎左衛門《とくやましろうざえもん》
江戸時代末期～明治期の大名、老中。備中松山藩主。
¶朝日（[生]文政6年1月4日（1823年2月14日） [没]明治22（1889）年4月6日），維新，岡山人，岡山百（[生]文政6（1823）年1月4日 [没]明治22（1889）年4月6日），岡山歴（[生]文政6（1823）年1月4日 [没]明治22（1889）年4月6日），京都，京都大，近現，近世，国史，コン改，コン4，コン5，史人（[生]1823年1月4日 [没]1889年4月6日），諸系，新潮（[生]文政6（1823）年1月4日 [没]明治22（1889）年4月6日），人名，姓氏京都，世人（[生]文政6（1823）年1月4日 [没]明治22（1889）年4月6日），日史（[生]文政6（1823）年1月4日 [没]明治22（1889）年4月6日），日人，幕末（[生]1822年 [没]1889年4月6日），藩主4（[生]文政6（1823）年1月4日 [没]明治22（1889）年4月6日），歴大

板倉勝貞 いたくらかつさだ
享和1（1801）年～嘉永2（1849）年
江戸時代後期の大名。備中庭瀬藩主。
¶国書（[没]嘉永2（1849）年3月16日），諸系，日人，藩主4（[没]嘉永2（1849）年3月16日）

板倉勝里 いたくらかつさと
宝永3（1706）年～寛保3（1743）年
江戸時代中期の大名。陸奥福島藩主。
¶諸系，日人，藩主1（[生]宝永3（1706）年9月28日 [没]寛保3（1743）年7月21日）

板倉勝重 いたくらかつしげ
天文14（1545）年～寛永1（1624）年
安土桃山時代～江戸時代前期の初代京都所司代。
¶朝日（[没]寛永1年4月29日（1624年6月14日）），岩史（[没]寛永1（1624）年4月29日），江戸東，角史，京都，京都大，京都府，近世，国史，国書（[没]寛永1（1624）年4月29日），コン改，コン4，茶道，史人（[没]1624年4月29日），諸系，新潮（[没]寛永1（1624）年4月29日），人名，姓氏京都，世人（[没]寛永1（1624）年4月29日），世百，戦合，戦国（[生]1546年），全書，戦人，大百，伝記，日史（[没]寛永1（1624）年4月29日），日人，百科，歴大

板倉勝成 いたくらかつしげ
文政4（1821）年～嘉永1（1848）年
江戸時代後期の大名。備中庭瀬藩主。
¶諸系，日人，藩主4（[没]嘉永1（1848）年6月25日）

板倉勝資 いたくらかつすけ
寛政1（1789）年～嘉永1（1848）年
江戸時代後期の大名。備中庭瀬藩主。
¶諸系，日人，藩主4（[没]嘉永1（1848）年8月17日）

板倉勝弼 いたくらかつすけ
弘化3（1846）年～明治29（1896）年
江戸時代末期～明治期の大名。備中松山藩主。
¶諸系，日人，藩主4（[生]弘化3（1846）年5月6日 [没]明治29（1896）年10月21日）

板倉勝澄 いたくらかつずみ
享保4（1719）年～明和6（1769）年
江戸時代中期の大名。伊勢亀山藩主、備中松山藩主。
¶岡山人（[生]享保1（1716）年），岡山歴（[生]享保4（1719）年6月28日 [没]明和6（1769）年5月3日），諸系，日人，藩主3（[生]享保1（1716）年 [没]明和6（1769）年5月4日），藩主4（[生]享保4（1719）年6月28日 [没]明和6（1769）年5月3日）

板倉勝彪 いたくらかつたけ
→板倉八右衛門（いたくらはちえもん）

板倉勝武 いたくらかつたけ
享保20（1735）年12月20日～明和6（1769）年
江戸時代中期の大名。備中松山藩主。

¶岡山人，岡山歴（[没]明和6（1769）年5月27日），諸系（[生]1736年），日人（[生]1736年），藩主4（[没]明和6（1769）年5月27日）

板倉勝達 いたくらかつたつ
→板倉勝達（いたくらかつみち）

板倉勝承 いたくらかつつぐ
享保20（1735）年～明和2（1765）年
江戸時代中期の大名。陸奥福島藩主。
¶諸系，日人，藩主1（[生]享保20（1735）年7月1日　[没]明和2（1765）年3月26日）

板倉勝職 いたくらかつつね
享和3（1803）年～嘉永2（1849）年
江戸時代後期の大名。備中松山藩主。
¶岡山人，岡山歴（[生]享和3（1803）年7月1日　[没]嘉永2（1849）年8月23日），諸系，日人，藩主4（[生]享和3（1803）年7月1日　[没]嘉永2（1849）年8月23日）

板倉勝顕 いたくらかつてる
文化11（1814）年～明治10（1877）年
江戸時代末期～明治期の大名。陸奥福島藩主。
¶諸系，日人，藩主1（[生]文化11（1814）年5月3日）

板倉勝任 いたくらかつとう
＊～明和3（1766）年
江戸時代中期の大名。陸奥福島藩主。
¶国書（[生]元文1（1736）年12月16日　[没]明和3（1766）年7月7日），諸系（[生]1737年），日人（[生]1737年），藩主1（[生]元文1（1736）年12月16日　[没]明和3（1766）年7月7日）

板倉勝暁 いたくらかつとし
享保12（1727）年～寛政4（1792）年
江戸時代中期の大名。上野安中藩主。
¶諸系，日人，藩主1（[没]寛政4（1792）年7月28日，（異説）8月12日）

板倉勝俊 いたくらかつとし
天明8（1788）年～天保12（1841）年
江戸時代後期の大名。陸奥福島藩主。
¶諸系，日人，藩主1（[生]天明8（1788）年9月8日　[没]天保12（1841）年9月）

板倉勝尚 いたくらかつなお
＊～文政3（1820）年
江戸時代後期の大名。上野安中藩主。
¶国書（[生]？　[没]文政3（1820）年8月26日），諸系（[生]1785年），日人（[生]1785年），藩主1（[生]？　[没]文政3（1820）年8月26日）

板倉勝長 いたくらかつなが
宝暦11（1761）年～文化12（1815）年
江戸時代中期～後期の大名。陸奥福島藩主。
¶諸系，日人，藩主1（[生]宝暦11（1761）年7月25日　[没]文化12（1815）年4月12日）

板倉勝矩 いたくらかつのり
寛保2（1742）年～安永5（1776）年
江戸時代中期の大名。陸奥福島藩主。
¶諸系，日人，藩主1（[生]寛保2（1742）年5月14日　[没]安永4（1775）年12月26日）

板倉勝尚 いたくらかつひさ
嘉永4（1851）年～大正13（1924）年
江戸時代末期～明治期の大名。陸奥福島藩主。
¶維新，諸系，日人，藩主1（[生]嘉永4（1851）年3月21日　[没]大正13（1924）年11月）

板倉勝弘 いたくらかつひろ
天保9（1838）年～明治42（1909）年
江戸時代末期～明治期の大名。備中庭瀬藩主。
¶諸系，日人，藩主4（[生]天保8（1837）年　[没]明治42（1909）年5月7日）

板倉勝政 いたくらかつまさ
宝暦9（1759）年～文政4（1821）年
江戸時代中期～後期の大名。備中松山藩主。
¶岡山人（[生]宝暦7（1757）年），岡山歴（[生]宝暦9（1759）年3月20日　[没]文政4（1821）年3月2日），諸系，日人，藩主4（[生]宝暦9（1759）年3月20日　[没]文政4（1821）年3月2日）

板倉勝殷 いたくらかつまさ
文政3（1820）年～明治6（1873）年
江戸時代末期～明治期の大名。上野安中藩主。
¶群馬人，諸系，日人，藩主1

板倉勝全 いたくらかつまた
天保1（1830）年～安政5（1858）年
江戸時代末期の大名。備中庭瀬藩主。
¶諸系，日人，藩主4（[生]天保1（1830）年11月6日　[没]安政5（1858）年8月22日）

板倉勝達 いたくらかつみち
天保10（1839）年～大正2（1913）年　[別]板倉勝達《いたくらかつたつ》，渋川教之助《しぶかわきょうのすけ》
江戸時代末期～明治期の大名。三河重原藩主。
¶維新（いたくらかつたつ），諸系，日人，幕末（[没]1913年7月1日），藩主1，藩主2（[生]天保10（1839）年5月　[没]大正2（1913）年7月）

板倉勝氏 いたくらかつもと
天明8（1788）年～文化2（1805）年
江戸時代後期の大名。備中庭瀬藩主。
¶諸系，日人，藩主4（[生]天明8（1788）年3月6日　[没]文化2（1805）年12月8日）

板倉勝喜 いたくらかつやす
→板倉勝喜（いたくらかつよし）

板倉勝行 いたくらかつゆき
宝暦2（1752）年～安永2（1773）年
江戸時代中期の大名。陸奥福島藩主。
¶諸系，日人，藩主1（[生]宝暦2（1752）年9月3日　[没]安永2（1773）年8月16日）

板倉勝志 いたくらかつゆき
延享2（1745）年～天明5（1785）年
江戸時代中期の大名。備中庭瀬藩主。
¶岡山人，岡山歴（[生]延享2（1745）年11月10日　[没]天明5（1785）年2月29日），諸系，日人，藩主4（[生]延享2（1745）年11月10日　[没]天明5（1785）年2月29日）

板倉勝喜 いたくらかつよし
明和2（1765）年～天保13（1842）年　[別]板倉勝喜《いたくらかつやす》
江戸時代中期～後期の大名。備中庭瀬藩主。
¶国書（[生]明和2（1765）年10月17日　[没]天保13（1842）年2月17日），諸系，日人，藩主4（いたくらかつやす　[生]明和2（1765）年10月17日

い

[没]天保13（1842）年2月17日）

板倉勝従 いたくらかつより
寛延3（1750）年～安永7（1778）年
江戸時代中期の大名。備中松山藩主。
¶岡山人，岡山歴（[生]寛延3（1750）年3月23日　[没]安永7（1778）年2月9日），諸系，日人，藩主4（[生]寛延3（1750）年3月23日　[没]安永7（1778）年2月9日）

板倉三次郎 いたくらさんじろう
→板倉良顕（いたくらよしあき）

板倉重同 いたくらしげあつ
延宝7（1679）年～享保2（1717）年
江戸時代中期の大名。上野安中藩主、陸奥泉藩主。
¶諸系，日人，藩主1（[生]1678年），藩主1（[没]享保2（1717）年6月9日），福島百

板倉重形 いたくらしげかた
元和9（1623）年～貞享3（1686）年
江戸時代前期の大名。上野安中藩主。
¶群馬人，諸系，人名，姓氏群馬，日人，藩主1（[生]元和6（1620）年　[没]貞享1（1684）年7月26日）

板倉重郷 いたくらしげさと
元和5（1619）年～寛文1（1661）年
江戸時代前期の大名。下総関宿藩主。
¶諸系，人名，日人，藩主2（[没]寛文1（1661）年12月17日）

板倉重高 いたくらしげたか
寛文6（1666）年～正徳3（1713）年
江戸時代中期の大名。上総高滝藩主、備中庭瀬藩主。
¶岡山人，岡山歴（[生]寛文6（1666）年12月11日　[没]正徳3（1713）年2月10日），諸系（[生]1667年），日人（[生]1667年），藩主2（[没]1712年），藩主4（[生]寛文6（1666）年12月11日　[没]正徳3（1713）年2月10日）

板倉重種 いたくらしげたね
寛永18（1641）年～宝永2（1705）年　[別]板倉重道《いたくらしげみち》，板倉内膳正重種《いたくらないぜんのしょうしげたね》
江戸時代前期～中期の大名。下野烏山藩主、武蔵岩槻藩主、信濃坂木藩主。
¶国書（板倉重道　いたくらしげみち　[生]寛永18（1641）年1月5日　[没]宝永2（1705）年9月19日），埼玉人（[没]宝永2（1705）年9月19日），埼玉百（板倉内膳正重種　いたくらないぜんのしょうしげたね），諸系，人名（[生]1560年　[没]1625年），長野歴，日人，藩主1，藩主2（[没]宝永2（1705）年9月19日）

板倉重常 いたくらしげつね
寛永20（1643）年～元禄1（1688）年
江戸時代前期の大名。下総関宿藩主、伊勢亀山藩主。
¶埼玉人（[没]元禄1（1688）年8月7日），諸系，日人，藩主2，藩主3（[生]寛永20（1643）年10月22日　[没]元禄1（1688）年8月7日）

板倉重宣 いたくらしげのぶ
寛文4（1664）年～貞享1（1684）年
江戸時代前期の大名。上総高滝藩主。
¶諸系，日人，藩主2（[没]貞享1（1684）年8月21日）

板倉昌信 いたくらしげのぶ
元禄13（1700）年～享保15（1730）年　[別]板倉昌信《いたくらまさのぶ》
江戸時代中期の大名。備中庭瀬藩主。
¶岡山人（いたくらまさのぶ），岡山歴（[生]元禄13（1700）年8月4日　[没]享保15（1730）年4月27日），諸系，日人，藩主4（[生]元禄13（1700）年8月4日　[没]享保15（1730）年4月27日）

板倉重矩 いたくらしげのり
元和3（1617）年～延宝1（1673）年
江戸時代前期の大名、老中。三河中島藩主、下野烏山藩主、三河深溝藩主。
¶朝日（[没]延宝1年5月29日（1673年7月13日）），岩史（[没]寛文13（1673）年5月29日），京都大，近世，国史，国書（[生]元和3（1617）年10月24日　[没]寛文13（1673）年5月29日），コン改，コン4，史人（[没]1673年5月29日），諸系，新潮（[没]延宝1（1673）年5月29日），人名，姓氏愛知，姓氏京都，世人（[没]延宝1（1673）年5月20日），栃木歴，日人，藩主1（[没]延宝1（1673）年5月29日），藩主2，藩主2（[没]1677年）

板倉重治 いたくらしげはる
元禄10（1697）年～享保9（1724）年
江戸時代中期の大名。伊勢亀山藩主、志摩鳥羽藩主。
¶諸系，日人，藩主3（[没]享保9（1724）年3月25日），藩主3

板倉重寛 いたくらしげひろ
寛文9（1669）年～享保6（1721）年
江戸時代中期の大名。信濃坂木藩主、陸奥福島藩主。
¶諸系，長野歴，日人，藩主1（[生]寛文9（1669）年1月1日　[没]享保6（1721）年7月），藩主2，福島百

板倉重冬 いたくらしげふゆ
寛文12（1672）年～宝永6（1709）年
江戸時代中期の大名。伊勢亀山藩主。
¶諸系，日人，藩主3（[没]宝永6（1709）年3月23日）

板倉重昌 いたくらしげまさ
天正16（1588）年～寛永15（1638）年　[別]板倉内膳正《いたくらないぜんのしょう》
江戸時代前期の大名。三河深溝藩主。
¶朝日（[没]寛永15年1月1日（1638年2月14日）），岩史（[没]寛永15（1638）年1月1日），角史，郷土長崎，近世，国史，コン改，コン4，史人（[没]1638年1月1日），重要（[没]寛永15（1638）年1月1日），諸系，新潮（[没]寛永15（1638）年1月1日），人名，世人（[没]寛永15（1638）年1月1日），世百，戦合，戦国，全書，戦人，大百，日史（[没]寛永15（1638）年1月1日），日人，藩主2（[没]寛永15（1638）年1月1日），百科，歴大

板倉重道 いたくらしげみち
→板倉重種（いたくらしげたね）

板倉重宗 いたくらしげむね
天正14（1586）年～明暦2（1656）年　[別]板倉周防守重宗《いたくらすほうのかみしげむね》
江戸時代前期の大名、京都所司代。下総関宿藩主。
¶朝日（[没]明暦2年12月1日（1657年1月15日）），

岩史（[没]明暦2（1654）年12月1日），黄檗（[没]明暦2（1656）年12月1日），角史，京都，京都大，京都府，近世，国史，国書（[没]明暦2（1656）年12月1日），コン改，コン4，埼玉百（板倉周防守重宗　いたくらすほうのかみしげむね），茶道，史人（[没]1656年12月1日），諸系（[没]1657年），新潮（[没]明暦2（1656）年12月1日），人名（[生]1587年），姓氏京都，世人（[没]明暦2（1656）年12月1日），世百，戦合，戦国（[生]1587年），全書（[生]1587年），戦人，大百（[没]1657年），日史（[没]明暦2（1656）年12月1日），日人（[没]1657年），藩主2（[没]明暦2（1656）年12月1日），百科，歴大

板倉重泰　いたくらしげやす
元禄4（1691）年～享保3（1718）年
江戸時代中期の大名。陸奥福島藩主。
¶諸系，日人，藩主1（[生]元禄4（1691）年5月24日　[没]享保3（1718）年閏10月24日）

板倉志摩之助　いたくらしまのすけ
？　～嘉永6（1853）年
江戸時代末期の伊予宇和島藩士。
¶藩臣6

板倉昌察　いたくらしょうさい
→板倉昌察（いたくらまさあき）

板倉周防守重宗　いたくらすほうのかみしげむね
→板倉重宗（いたくらしげむね）

板倉節山　いたくらせつざん
→板倉勝明（いたくらかつあき）

板倉忠重　いたくらただしげ
安土桃山時代～江戸時代前期の三河深溝藩家老。
¶人名（[生]1544年　[没]1626年），日人（[生]1544年？　[没]1626年？），藩臣4（[生]？　[没]寛永6（1629）年）

板倉内膳正重種　いたくらないぜんのしょうしげたね
→板倉重種（いたくらしげたね）

板倉八右衛門　いたくらはちえもん
安永8（1779）年～嘉永3（1850）年　[別]板倉勝彪《いたくらかつたけ》
江戸時代後期の肥前島原藩家老。
¶国書（板倉勝彪　いたくらかつたけ　[没]嘉永3（1850）年12月9日），人名（[生]1778年），日人（[没]1851年），藩臣7

板倉復軒　いたくらふくけん
寛文5（1665）年～享保13（1728）年　[別]板倉復軒《いたくらふっけん》
江戸時代中期の漢学者、幕臣。
¶朝日（いたくらふっけん　[没]享保13年4月23日（1728年5月31日）），江文，国書（いたくらふっけん　[没]享保13（1728）年4月23日），コン改，コン4，新潮（[没]享保13（1728）年4月23日），人名，世人（[没]享保13（1728）年4月23日），日人

板倉復軒　いたくらふっけん
→板倉復軒（いたくらふくけん）

板倉昌察　いたくらまさあき
生没年不詳　[別]板倉昌察《いたくらしょうさい》
安土桃山時代～江戸時代前期の武士。里見氏家臣。
¶戦辞（いたくらしょうさい），戦人，戦東

板倉昌信　いたくらまさのぶ
→板倉昌信（いたくらしげのぶ）

板倉良顕　いたくらよしあき
天保8（1837）年～明治13（1880）年　[別]板倉三次郎《いたくらさんじろう》
江戸時代末期～明治期の上野館林藩士。
¶維新（板倉三次郎　いたくらさんじろう），人名，日人，幕末（板倉三次郎　いたくらさんじろう　[没]1880年6月28日）

板坂利正　いたさかとしまさ
～寛永15（1638）年
安土桃山時代～江戸時代前期の武士。土佐藩初代藩主山内一豊の臣。
¶高知人

板坂卜斎（板阪卜斎）　いたさかぼくさい，いたざかぼくさい
天正6（1578）年～明暦1（1655）年
安土桃山時代～江戸時代前期の紀伊和歌山藩の侍医。徳川氏家臣。
¶江戸東，郷土和歌山（板阪卜斎），国書（[没]明暦1（1655）年11月12日），人名（いたざかぼくさい），姓氏山梨，戦人，戦補（いたざかぼくさい），日人（いたざかぼくさい），藩臣5，和歌山人

井田三太郎　いださんたろう
元亀2（1571）年～寛永16（1639）年
江戸時代前期の武士。
¶和歌山人

猪多重良　いだしげよし
→猪多伊織佐（いだいおりのすけ）

井田治大夫　いだじだゆう
？　～正保3（1646）年
江戸時代前期の水戸藩士。
¶藩臣2

依田新七　いだしんしち
→依田新七（よだしんしち）

井田政一郎　いだせいいちろう
生没年不詳
江戸時代末期の紀伊和歌山藩士。
¶幕末

井田知碩　いだちせき
江戸時代中期の棋客、松平主殿頭の家臣。
¶人名，日人（生没年不詳）

板津作左衛門　いたづさくざえもん
生没年不詳
江戸時代前期の加賀藩士。
¶国書

板津吉蔭　いたつよしかげ
文政3（1820）年12月20日～明治29（1896）年4月29日
江戸時代後期～明治期の岡山藩家老日置家の家臣。
¶岡山歴

井田平三郎　いだへいざぶろう
天保9（1838）年～慶応1（1865）年
江戸時代末期の水戸藩士。
¶維新，人名，日人，幕末（[没]1865年3月1日），藩臣2

いたみか　　　　　　　　　110　　　　　　日本人物レファレンス事典

い

伊丹勝重 いたみかつしげ
　寛永14（1637）年～享保2（1717）年　㋑岡部勝重
　《おかべかつしげ》
　江戸時代前期～中期の山田奉行。
　¶国書（岡部勝重　おかべかつしげ　㋐享保2
　（1717）年7月15日），諸系，人名（㋑1636年），
　日人

伊丹勝長 いたみかつなが
　慶長8（1603）年～寛文2（1662）年
　江戸時代前期の大名。甲斐徳美藩主。
　¶朝日（㋐寛文2年3月27日（1662年5月15日）），
　近世，国史，諸系，人名，日人，藩主2（㋐寛文
　2（1662）年3月27日），歴大

伊丹勝信 いたみかつのぶ
　～寛永19（1642）年
　江戸時代前期の旗本。
　¶神奈川人

伊丹勝政 いたみかつまさ
　寛永2（1625）年～元禄4（1691）年
　江戸時代前期の大名。甲斐徳美藩主。
　¶諸系，日人，藩主2（㋑寛永2（1626）年　㋐元禄
　4（1691）年7月15日）

伊丹勝守 いたみかつもり
　延宝1（1673）年～元禄11（1698）年
　江戸時代前期～中期の大名。甲斐徳美藩主。
　¶諸系，日人，藩主2（㋐元禄11（1698）年9月15
　日）

伊丹蔵人 いたみくらんど
　→伊丹蔵人（いたみくろうど）

伊丹九郎左衛門 いたみくろうざえもん
　延宝1（1673）年～宝暦3（1753）年
　江戸時代中期の筑前直方藩家老。
　¶藩臣7

伊丹蔵人 いたみくろうど
　天保1（1830）年～明治33（1900）年　㋑伊丹蔵人
　《いたみくらんど》
　江戸時代末期～明治期の武士。青蓮院宮家臣。
　¶維新，国書（いたみくらんど　㋑文政13（1830）
　年10月7日　㋐明治33（1900）年7月15日），姓
　氏京都，幕末（㋐1900年7月15日）

伊丹真一郎 いたみしんいちろう
　天保4（1833）年～慶応1（1865）年
　江戸時代末期の筑前福岡藩士。
　¶維新，人名，日人，幕末（㋐1865年12月10日），
　藩臣7

伊丹甚太夫 いたみじんだゆう
　安土桃山時代～江戸時代前期の武士。豊臣氏家臣。
　¶戦国，戦人（生没年不詳）

伊丹宗味 いたみそうみ
　生没年不詳　㋑伊丹屋宗味《いたみやそうみ》，ペ
　ドロ
　江戸時代前期の武士。伊達氏家臣。慶長遣欧使節
　随員。
　¶近世，国史，茶道（伊丹屋宗味　いたみやそう
　み），新潮，戦人，日人

伊丹直方 いたみなおかた
　元禄9（1696）年～明和3（1766）年

　江戸時代中期の武士、幕臣。
　¶和歌山人

伊丹直奉 いたみなおつね
　元文2（1737）年～安永3（1774）年4月29日
　江戸時代中期の幕臣。
　¶国書

伊丹直政 いたみなおまさ
　生没年不詳
　江戸時代前期の弓術家。
　¶日人

伊丹平左衛門 いたみへいざえもん
　生没年不詳
　江戸時代後期の遠江掛川藩士。
　¶藩臣4

伊丹政由 いたみまさよし
　生没年不詳
　江戸時代末期の越後長岡藩士。
　¶藩臣4

伊丹造酒之助 いたみみきのすけ
　文政4（1821）年～明治4（1871）年
　江戸時代末期～明治期の因幡鳥取藩士。
　¶維新，新潮（㋐明治4（1871）年6月5日），人名，
　日人

伊丹康勝 いたみやすかつ
　天正3（1575）年～承応2（1653）年
　安土桃山時代～江戸時代前期の大名。甲斐徳美
　藩主。
　¶朝日（㋐承応2年6月3日（1653年6月27日）），岩
　史（㋐承応2（1653）年6月3日），神奈川人，近
　世，国史，国書（㋐承応2（1653）年6月3日），コ
　ン4，史人（㋐1653年6月3日），諸系，人名
　（㋑1565年），姓氏神奈川，戦合，日史，日人，
　藩主2（㋐承応2（1653）年6月3日），歴大

伊丹屋宗味 いたみやそうみ
　→伊丹宗味（いたみそうみ）

伊丹之信 いたみゆきのぶ
　～寛文3（1663）年
　江戸時代前期の旗本。
　¶神奈川人

板谷桂舟〔板谷家5代〕 いたやけいしゅう
　文政3（1820）年～安永6（1859）年　㋑板谷弘延
　《いたやひろのぶ》
　江戸時代末期の丹波篠山藩士、絵師。
　¶人名，日人（板谷弘延　いたやひろのぶ），藩臣
　5（――〔代数なし〕）

板谷弘延 いたやひろのぶ
　→板谷桂舟〔板谷家5代〕（いたやけいしゅう）

井田譲 いだゆずる
　天保9（1838）年～明治22（1889）年　㋑井田雷堂
　《いだらいどう》
　江戸時代末期～明治期の美濃大垣藩士、軍人。
　¶朝日（㋑天保9年9月22日（1838年11月8日）
　㋐明治22（1889）年11月29日），維新，岐阜百，
　郷土岐阜，国際，人名（㋑1842年），日人，幕末
　（㋐1889年11月29日），藩臣3（井田雷堂　いだ
　らいどう），兵庫百，三重（㋑天保9年9月），陸
　海（㋑天保9年9月22日　㋐明治22年11月29日）

井田雷堂 いだらいどう
→井田譲（いだゆずる）

市浦管窺 いちうらかんき
→市浦管窺（いちうらかんきゅう）

市浦管窺 いちうらかんきゅう
天和2（1682）年～延享5（1748）年1月17日　[別]市浦管窺《いちうらかんき》
江戸時代中期の漢学者、岡山藩学校奉行。
¶岡山人，岡山歴（いちうらかんき）

市浦毅斎 いちうらきさい
寛永19（1642）年～正徳2（1712）年
江戸時代前期～中期の備前岡山藩士。
¶岡山人，岡山百，岡山歴（[没]正徳2（1712）年9月6日），国書（[没]正徳2（1712）年9月6日），人名，日人，藩臣6

市江鳳造 いちえほうぞう
明和5（1768）年～嘉永5（1852）年
江戸時代後期の尾張藩士。
¶人名，日人

一尾伊織 いちおいおり
＊～元禄2（1689）年
江戸時代前期の幕臣、茶人（三斎流一尾派の開祖）。
¶国書（[生]慶長4（1599）年　[没]元禄2（1689）年3月13日），茶道（[生]1602年），人名（[生]1601年），日人（[生]1599年）

一桜井亀文 いちおうせいきぶん
→松平忠告（まつだいらただつぐ）

市岡定次 いちおかさだつぐ
～寛文1（1661）年
江戸時代前期の旗本。
¶神奈川人

市岡猛彦 いちおかたけひこ
＊～文政10（1827）年
江戸時代後期の国学者、尾張藩士。
¶朝日（[生]天明1（1781）年　[没]文政10年2月21日（1827年3月18日）），国書（[生]天明1（1781）年　[没]文政10（1827）年2月21日），コン改（[生]寛延2（1749）年），コン4（[生]天明1（1781）年），神人（[生]天明1（1781）年），新潮（[生]天明1（1781）年　[没]文政10（1827）年2月21日），人名（[生]？），日人（[生]1778年，（異説）1781年），藩臣4（[生]安永7（1778）年？），和俳（[生]寛延2（1749）年）

市兼静風 いちかねせいふう
？～万延1（1860）年9月24日
江戸時代後期～末期の石見津和野藩士・歌人。
¶国書5

市川一学 いちかわいちがく
安永7（1778）年～＊
江戸時代後期の上野高崎藩士、兵学者。
¶群馬人（[生]安永3（1774）年　[没]安政1（1854）年），国書（[没]安政5（1858）年12月23日），庄内（[没]安政5（1858）年12月23日），姓氏群馬（[生]1774年　[没]1854年），日人（[没]1859年），藩臣2（[生]安永3（1774）年　[没]安政1（1854）年），北海道百（[没]安政5（1858）年），北海道歴（[没]安政5（1858）年）

市川鶴鳴 いちかわかくめい
元文5（1740）年～寛政7（1795）年　[別]市川匡麻呂《いちかわたずまろ》
江戸時代中期の漢学者、上野高崎藩士。寛政異学の禁に反対した五鬼の一人。
¶朝日（[没]寛政7年7月8日（1795年8月22日）），江文，近世，国史，国書（[没]寛政7（1795）年7月8日），コン改，コン4，新潮（[没]寛政7（1795）年7月8日），人名，世百（市川匡麻呂　いちかわたずまろ），全書，日人，藩臣2（[生]？），歴大

市川方静 いちかわかたきよ
→市川方静（いちかわほうせい）

市河寛斎（市川寛斎） いちかわかんさい
寛延2（1749）年～文政3（1820）年　[別]市河米庵《いちかわべいあん》
江戸時代中期～後期の漢詩人、儒者、越中富山藩士。
¶朝日（[生]寛延2年6月16日（1749年7月29日）　[没]文政3年7月10日（1820年8月18日）），岩史（[生]寛延2（1749）年6月16日　[没]文政3（1820）年7月10日），江文，角史，郷土群馬，近世，群馬人（[生]寛延2（1749）年6月16日　[没]文政3（1820）年7月10日），群馬百，考古（[没]文政3年（1820年7月10日）），国史，国書（[生]寛延2（1749）年6月16日　[没]文政3（1820）年7月10日），コン改，コン4，詩歌，史人（[生]1749年6月16日？　[没]1820年7月10日），人書94，新潮（[生]寛延2（1749）年6月16日　[没]文政3（1820）年7月10日），人名，姓氏群馬，姓氏富山，世人（[没]文政3（1820）年7月10日），世百，全書，大百（[生]1748年），富山百（市川寛斎　[生]寛延2（1749）年6月16日　[没]文政3（1820）年7月10日），富山文（[生]寛延2（1749）年6月16日　[没]文政3（1820）年7月10日），日史（[生]寛延2（1749）年6月16日？　[没]文政3（1820）年7月10日），日人，藩臣3（市川寛斎），百科，平史，歴大，和俳（[没]文政3（1820）年7月10日）

市川儀右衛門 いちかわぎえもん
？～文久1（1861）年
江戸時代末期の丹波福知山藩士。
¶維新，幕末（[没]1861年4月）

市川儀平太 いちかわぎへいた
生没年不詳
江戸時代中期の三河西大平藩家老。
¶藩臣4

市川清比 いちかわきよちか
正保4（1647）年～享保3（1718）年
江戸時代中期の武士、幕臣。
¶和歌山人

市川清長 いちかわきよなが
→市川甚右衛門（いちかわじんうえもん）

市川郡治 いちかわぐんじ
宝暦8（1758）年～文政8（1825）年
江戸時代中期～後期の剣術家。大太刀流祖。
¶剣豪

市川源七 いちかわげんしち
生没年不詳
江戸時代前期～中期の上野前橋藩士、儒学者。

¶藩臣2

市川玄伯 いちかわげんぱく
寛政8(1796)年～嘉永5(1852)年
江戸時代末期の長州藩の儒臣。
¶人名，姓氏山口，日人，幕末(㊱1852年2月13日)，藩臣6，洋学(㊐寛政6(1794)年)

市川困斎 いちかわこんさい
天明7(1787)年～弘化3(1846)年
江戸時代後期の石見津和野藩士、儒学者。
¶藩臣5

市川左近 いちかわさこん
？ ～明治23(1890)年
江戸時代末期～明治期の上野高崎藩士、漢学者。
¶群馬人，藩臣2

市川左文次 いちかわさぶんじ
生没年不詳
江戸時代中期の駿河沼津藩代官。
¶藩臣4

市川三左衛門 いちかわさんざえもん
文化13(1816)年～明治2(1869)年　㊑市川弘美《いちかわひろみ》
江戸時代末期の水戸藩士、諸生党の指導者。
¶朝日(㊐文化13(1816)年4月　㊱明治2年4月3日(1869年5月14日))，維新，茨城百，弓道(市川弘美　いちかわひろみ　㊱明治2(1869)年4月3日)，郷土茨城，近現，近世，国史，コン改(㊐？)，コン4(㊐？)，コン5(㊐？)，新潮(㊐文化13(1816)年4月　㊱明治2(1869)年4月3日)，人名(㊐？)，日人，幕末(㊱1869年5月14日)，藩臣2

市川甚右衛門 いちかわじんうえもん
天正16(1588)年～寛文4(1664)年　㊑市川清長《いちかわきよなが》
江戸時代前期の紀伊和歌山藩士。
¶藩臣5，和歌山人(市川清長　いちかわきよなが)

市川甚左衛門 いちかわじんざえもん
→市川正好(いちかわまさよし)

市川助衛門 いちかわすけえもん
？ ～元和6(1620)年
江戸時代前期の土肥金山奉行。
¶静岡歴，姓氏静岡

市川清之助 いちかわせいのすけ
～明治7(1874)年
江戸時代後期～明治期の伊勢津藩士。
¶三重

市川清流 いちかわせいりゅう
文政7(1824)年～？　㊑市川渡《いちかわわたる》,皡,央坡,買山
江戸時代末期の武士、辞書編纂者。1862年幕府遣欧使節としてヨーロッパに渡る。
¶海越，海越(市川渡　いちかわわたる)，海越新，江文，国書，人書94，先駆(市川渡　いちかわわたる)，日人

市川惣兵衛 いちかわそうべえ
生没年不詳
江戸時代末期の武士。
¶和歌山人

市川大八 いちかわだいはち
生没年不詳
江戸時代末期の丹波亀山藩士。
¶京都府，藩臣5

市川匡麻呂 いちかわたずまろ
→市川鶴鳴(いちかわかくめい)

市川忠篤 いちかわただあつ
生没年不詳
江戸時代後期の広島藩士。
¶国書

市川豊次(市川豊治，市川豊二) いちかわとよじ
天保12(1841)年～元治1(1864)年
江戸時代末期の播磨姫路藩士。
¶維新，人名(市川豊治　㊐1840年)，日人(㊱1865年)，幕末(㊱1865年1月23日)，藩臣5(市川豊二)，兵庫人(㊱元治1(1864)年12月26日)

市川虎四郎 いちかわとらしろう
弘化3(1846)年～大正14(1925)年　㊑市川信光《いちかわのぶみつ》
江戸時代末期～大正期の島原藩士、弓道家。長崎鎮西学館教授。大和流の弓術を免許を受け、門弟を教授し弓道範士の称号を受けた。
¶弓道(市川信光　いちかわのぶみつ　㊐弘化3(1846)年3月15日　㊱大正14(1925)年10月31日)，人名，世紀(㊱大正14(1925)年10月31日)，日人

市川信光 いちかわのぶみつ
→市川虎四郎(いちかわとらしろう)

市河万庵 いちかわばんあん
→市河万庵(いちかわまんあん)

市川晩斎 いちかわばんさい
明和3(1766)年～天保2(1831)年　㊑市川寧《いちかわやすし》
江戸時代中期～後期の安芸広島藩士、儒学者。
¶国書(㊱天保2(1831)年7月23日)，藩臣6(市川寧　いちかわやすし)

市川弘美 いちかわひろみ
→市川三左衛門(いちかわさんざえもん)

市川復斎 いちかわふくさい
文政11(1828)年～文久2(1862)年
江戸時代末期の石見津和野藩の儒学者。
¶島根人，島根歴，人名，日人(㊱1863年)，幕末(㊱1863年1月3日)，藩臣5

市河米庵(市河米菴，市川米庵) いちかわべいあん
安永8(1779)年～安政5(1858)年
江戸時代後期の書家、前田家家臣。三筆の一人。
¶朝日(㊐安永8年9月6日(1779年10月15日)　㊱安政5年7月18日(1858年8月26日))，石川百，維新，岩史(㊐安永8(1779)年9月6日　㊱安政5(1858)年7月18日)，江文，角史，郷土群馬(市河米菴　㊱1857年)，近世，群馬人(㊐安永8(1779)年9月6日　㊱安政5(1858)年7月18日)，群馬百(㊱1857年)，国史，国書(㊐安永8(1779)年9月16日　㊱安政5(1858)年7月18日)，コン改，コン4，詩歌，史人(㊐1779年9月

6日　[没]1858年7月18日)，人書79，新潮([生]安永8(1779)年9月6日　[没]安政5(1858)年7月18日)，人名(市川米庵)，姓氏石川，姓氏群馬([没]1857年)，世人([没]安政5(1858)年7月18日)，世百，全書，日史([生]安永8(1779)年9月6日　[没]安政5(1858)年7月18日)，日人，幕末([没]1858年8月26日)，美術，百科，歴大

市川方静 いちかわほうせい
天保5(1834)年～明治36(1903)年　[別]市川方静《いちかわかたきよ》，運八郎
江戸時代末期～明治期の陸奥白河藩の天文学者、数学者。
¶維新，国際，国書([生]天保5(1834)年10月24日　[没]明治36(1903)年11月28日)，人名，数学(いちかわかたきよ　[生]天保5(1834)年10月24日　[没]明治36(1903)年11月28日)，先駆([生]天保5(1834)年10月24日　[没]明治36(1903)年11月28日)，日人，幕末([没]1903年11月28日)，藩臣2，福島百，洋学

市川真風 いちかわまかぜ
寛政4(1792)年～弘化4(1847)年
江戸時代後期の幕臣、国学者。
¶江文，国書([没]弘化4(1847)年12月15日)

市川正寧 いちかわまさやす
天保14(1843)年～明治18(1885)年
江戸時代末期～明治期の官吏、松本藩士。大蔵省に入り、租税局長、一等主税官を歴任。
¶人名，姓氏長野，長野歴，日人

市川正好 いちかわまさよし
*～宝暦7(1757)年　[別]市川甚左衛門《いちかわじんざえもん》
江戸時代中期の尾張藩の林政家。
¶朝日([生]延宝7年8月27日(1679年10月1日)　[没]宝暦7(1757)年4月)，近世([生]1678年)，国史([生]1678年)，国書(市川甚左衛門　いちかわじんざえもん　[生]延宝3(1675)年　[没]宝暦7(1757)年4月)，コン改([生]延宝3(1675)年)，コン4([生]延宝6(1678)年)，新潮([生]延宝6(1678)年　[没]宝暦7(1757)年4月)，人名([生]1675年)，姓氏長野(市川甚左衛門　いちかわじんざえもん　[生]1675年)，世人([生]延宝3(1675)年)，長野歴(市川甚左衛門　いちかわじんざえもん　[生]延宝3(1675)年)，日人([生]1679年)，藩臣4(市川甚左衛門　いちかわじんざえもん　[生]延宝7(1679)年)，歴大([生]1678年)

市河万庵(市川万庵) いちかわまんあん
天保9(1838)年～明治40(1907)年　[別]市河万庵《いちかわばんあん，いちかわまんなん》
江戸時代末期～明治期の先手鉄砲方。
¶維新(いちかわまんなん)，群馬百(いちかわばんあん)，コン5，人名(市川万庵)，先駆(市川万庵　[生]天保9(1838)年3月21日　[没]明治40(1907)年11月10日)，日人，幕末([没]1907年11月10日)

市河万庵 いちかわまんなん
→市河万庵(いちかわまんあん)

市川満友 いちかわみつとも
元亀3(1572)年～寛永14(1637)年1月20日
江戸時代前期の旗本。
¶埼玉人

市川守雄 いちかわもりお
文政12(1829)年～元治1(1864)年8月20日
江戸時代末期の長州(萩)藩士。
¶幕末

市川盛武 いちかわもりたけ
～明治2(1869)年2月10日
江戸時代後期～明治期の弓道家、仙台藩士。
¶弓道

市川門太夫 いちかわもんだゆう
江戸時代の紀伊和歌山藩士。
¶人名，日人(生没年不詳)

市川寧 いちかわやすし
→市川晩斎(いちかわばんさい)

市川六郎左衛門 いちかわろくろうざえもん
？～文化8(1811)年
江戸時代中期～後期の剣術家。円明流。
¶剣豪

市川渡 いちかわわたる
→市川清流(いちかわせいりゅう)

市来勘十郎 いちきかんじゅうろう
→松村淳蔵(まつむらじゅんぞう)

市来勘兵衛 いちきかんべえ
天保10(1839)年～明治1(1868)年
江戸時代末期の薩摩藩士。
¶維新，人名，姓氏鹿児島，日人，幕末([没]1868年1月29日)

一木権兵衛 いちきごんべい
→一木権兵衛(いちきごんべえ)

一木権兵衛 いちきごんべえ
寛永5(1628)年～延宝7(1679)年　[別]一木権兵衛《いちきごんべい》，一木政利《いちきまさとし》
江戸時代前期の土佐藩普請奉行。
¶朝日([没]延宝7年6月18日(1679年7月25日))，近世(一木政利　いちきまさとし)，高知人(いちきごんべい　[生]1617年)，高知百，国史(一木政利　いちきまさとし)，コン改([生]？)，コン4([生]？)，新潮，人名(一木政利　いちきまさとし)，全書([生]？)，日人，歴大([生]？)

市来次十郎 いちきじじゅうろう
生没年不詳
江戸時代末期の琉球在番奉行。
¶沖縄百

市来正之丞 いちきしょうのじょう
江戸時代末期の薩摩藩士。
¶姓氏鹿児島

市来四郎 いちきしろう
文政11(1828)年～明治36(1903)年　[別]市来四郎《いしきしろう》，市来広貫《いちきひろつら》
江戸時代末期～明治期の薩摩藩の砲術家。
¶朝日([生]文政11年12月24日(1829年1月29日)　[没]明治36(1903)年2月21日)，維新，沖縄百([生]文政11(1828)年12月24日　[没]明治36(1903)年2月21日)，国書(市来広貫　いちきひろつら　[生]文政11(1828)年12月24日　[没]明

い

治36(1903)年2月21日), コン改, コン4, コン5, 史研([生]文政11(1828)年12月24日 [没]明治36(1903)年2月21日), 写家([生]文政11年12月24日 [没]明治36年2月12日), 写真(いしきしろう), 新潮([生]文政11(1828)年12月24日 [没]明治36(1903)年2月21日), 人名, 姓氏鹿児島([生]1829年), 大百([生]1829年), 日人([生]1829年), 幕末([生]1829年 [没]1903年2月21日), 藩臣7

市来宗介 いちきそうすけ
嘉永2(1849)年〜明治10(1877)年 [別]市来宗介《いちきむねすけ》, 市木宗助
江戸時代末期〜明治期の薩摩藩士。
¶海越([生]?), 海越新([没]明治10(1877)年9月24日), 姓氏鹿児島, 渡航(いちきむねすけ), 幕末([没]1877年9月24日)

市来広貫 いちきひろつら
→市来四郎(いちきしろう)

市来政清 いちきまさきよ
生没年不詳
江戸時代末期の薩摩藩士。
¶幕末

一木政利 いちきまさとし
→一木権兵衛(いちきごんべえ)

市来正之丞 いちきまさのじょう
文化10(1813)年〜文久1(1861)年
江戸時代末期の薩摩藩士。
¶維新, 剣豪, 姓氏鹿児島, 幕末

市来宗介 いちきむねすけ
→市来宗介(いちきそうすけ)

市毛孝之介 いちげこうのすけ
弘化4(1847)年〜慶応1(1865)年
江戸時代末期の水戸藩属吏。
¶維新, 人名([生]1846年), 日人, 幕末([没]1865年3月13日)

市毛高矩 いちげたかのり
〜明治30(1897)年4月8日
江戸時代末期〜明治期の弓道家、水戸藩士。
¶弓道

市毛幹規 いちげみきのり
? 〜嘉永1(1848)年
江戸時代の水戸の史学者。
¶国書(生没年不詳), 人名, 日人

市三郎兵衛 いちさぶろうべえ
? 〜明暦3(1657)年8月4日 [別]市三郎兵衛《いちさぶろびょうえ, いちさぶろべえ》
安土桃山時代〜江戸時代前期の武将。宇喜多氏家臣。
¶岡山人(いちさぶろべえ), 岡山歴(いちさぶろびょうえ), 戦西

市三郎兵衛 いちさぶろびょうえ
→市三郎兵衛(いちさぶろうべえ)

市三郎兵衛 いちさぶろべえ
→市三郎兵衛(いちさぶろうべえ)

一条左馬之介 いちじょうさまのすけ
生没年不詳
江戸時代後期の剣士。
¶姓氏宮城

一条正直 いちじょうまなお
文化2(1805)年〜明治21(1888)年8月31日
江戸時代後期〜明治期の仙台藩士、勘定奉行。
¶国書

市田出雲 いちだいずも
江戸時代の薩摩藩の江戸家老。
¶姓氏鹿児島

市田五右衛門 いちだごえもん
永禄9(1566)年〜
安土桃山時代〜江戸時代前期の武士。
¶庄内

市田祐定 いちだすけさだ
生没年不詳
安土桃山時代〜江戸時代前期の武将。織田氏家臣。
¶戦人

伊地知貞馨(伊地知貞香) いぢちさだか, いじちさだか
文政9(1826)年〜明治20(1887)年 [別]伊地知貞馨《いじちさだか》, 伊地知貞香《いじちさだか》, 堀仲左衛門《ほりちゅうざえもん》
江戸時代末期〜明治期の薩摩藩の志士。
¶朝日([没]明治20(1887)年4月15日), 維新, 沖縄百(いじちさだか [没]明治20(1887)年4月15日), 鹿児島百(いじちさだか), 国書(伊地知貞香 いじちさだか [没]明治20(1887)年4月15日), コン改, コン4, コン5, 史研(いじちさだか [没]明治20(1887)年4月15日), 新潮(いじちさだか [没]明治20(1887)年4月15日), 人名, 姓氏沖縄(いじちさだか), 姓氏鹿児島(いじちさだか), 日人(いじちさだか), 幕末(いじちさだか [没]1887年4月15日), 藩臣7(いじちさだか)

伊地知重張 いぢちしげはる, いじちしげはる
明暦2(1656)年〜元禄15(1702)年9月3日
江戸時代前期〜中期の薩摩藩士。
¶国書(いじちしげはる)

伊地知季彬 いぢちすえひで
江戸時代の薩摩藩士、記録奉行。
¶人名

伊地知季通 いぢちすえみち, いじちすえみち
文政1(1818)年〜明治34(1901)年3月19日 [別]伊地知季通《いじちきつう, いじちすえみち》
江戸時代末期〜明治期の歴史学者、薩摩藩士。
¶国書5(いじちすえみち), 姓氏鹿児島(いじちすえみち), 幕末(いじちきつう)

伊地知季安 いぢちすえやす, いじちすえやす
天明2(1782)年〜慶応3(1867)年 [別]伊地知季安《いじちきあん, いじちすえやす, いじちすえよし》
江戸時代末期の武士、歴史家。薩摩藩士。
¶維新, 岩史(いじちすえやす [生]天明2(1782)年4月11日 [没]慶応3(1867)年8月3日), 沖縄百(いじちきあん [生]天明2(1782)年4月11日 [没]慶応3(1867)年8月3日), 鹿児島百(いじちすえやす), 近世(いじちすえやす), 国史(いじちすえやす), 国書(いじちすえやす [生]天明2(1782)年4月11日 [没]慶応3(1867)年8月3

日)，コン改，コン4，史人(いじちすえやす [生]1782年4月11日 [没]1867年8月3日)，新潮(いじちすえやす [生]天明2(1782)年4月 [没]慶応3(1867)年8月3日)，姓氏鹿児島(いじちすえやす)，日史(いじちすえよし [生]天明2(1782)年4月 [没]慶応3(1867)年8月3日)，日人(いじちすえやす)，幕末(いじちすえやす [没]1867年8月3日)，藩臣7(いじちすえやす)，百科(いじちすえやす)，歴大(いじちすえやす)

伊地知正治 いぢちまさはる,いじちまさはる
文政11(1828)年～明治19(1886)年 [別]伊地知正治《いじちしょうじ,いじちまさはる》
江戸時代末期～明治期の薩摩藩の志士。
¶朝日([生]文政11年6月1日(1828年7月12日) [没]明治19(1886)年5月23日)，維新，鹿児島百(いじちまさはる)，角史(いじちまさはる)，近現(いじちまさはる)，国際(いじちまさはる)，国史(いじちまさはる)，国書(いじちまさはる [生]文政11(1828)年6月1日 [没]明治19(1886)年5月23日)，コン改，コン4，コン5，史研(いじちまさはる [生]文政11(1828)年6月1日 [没]明治19(1886)年5月23日)，史人(いじちまさはる [生]1828年6月1日 [没]1886年5月23日)，神人(いじちまさはる [生]文政11(1828)年6月1日 [没]明治19(1886)年5月23日)，新潮(いじちまさはる [生]文政11(1828)年6月1日 [没]明治19(1886)年5月23日)，人名，姓氏鹿児島(いじちまさはる)，世人(いじちまさはる [生]文政11(1828)年6月 [没]明治19(1886)年5月23日)，全書(いじちまさはる)，日史(いじちまさはる [生]文政11(1828)年6月1日 [没]明治19(1886)年5月23日)，日人(いじちしょうじ)，幕末(いじちまさはる [没]1886年5月23日)，藩臣7(いじちまさはる)，履歴(いじちまさはる [生]文政11(1828)年6月1日 [没]明治19(1886)年5月23日)，歴大(いじちまさはる)

市野真徳 いちのしんとく
生没年不詳
江戸時代末期の丹波篠山藩士、武術家、歴史家。
¶藩臣5

一ノ瀬要人 いちのせかなめ
天保2(1831)年～明治1(1868)年11月6日
江戸時代末期の陸奥会津藩家老。
¶幕末

一瀬勘三郎 いちのせかんざぶろう
天明4(1784)年～慶応2(1866)年
江戸時代中期～末期の林大学頭勤番詰、勘定吟味役。
¶埼玉百

一瀬寛治 いちのせかんじ
江戸時代末期の新撰組隊士。
¶新撰

一瀬勘兵衛 いちのせかんべえ
天正6(1578)年～寛永17(1640)年
安土桃山時代～江戸時代前期の出羽山形藩家老。
¶藩臣1

一戸三之助 いちのへさんのすけ
延宝9(1681)年～宝暦3(1753)年
江戸時代中期の陸奥弘前藩士、武道家。
¶青森百，剣豪([没]宝暦2(1752)年)，人名，日人，藩臣1

一戸政親 いちのへまさちか
生没年不詳
安土桃山時代～江戸時代前期の武将。
¶戦人

一宮五郎 いちのみやごろう
文政5(1822)年～元治1(1864)年
江戸時代末期の対馬藩士。
¶維新

一宮左太夫 いちのみやさだゆう
元和6(1620)年～延宝3(1675)年
江戸時代前期の剣術家。一宮流祖。
¶剣豪

一場右京進 いちばうきょうのしん
生没年不詳
江戸時代の沼田藩士。
¶姓氏群馬

市橋鎌吉 いちはしかまきち
？～慶応2(1866)年10月7日
江戸時代後期～末期の新撰組隊士。
¶新撰

市橋新内 いちはししんない
？～安永3(1774)年
江戸時代中期の剣術家。新関口流祖。
¶剣豪

市橋直方 いちはしなおかた
元禄2(1689)年～寛延3(1750)年
江戸時代中期の大名。近江仁正寺藩主。
¶諸系，日人，藩主3([没]寛延3(1750)年9月11日)

市橋直挙 いちはしなおたか
正徳2(1712)年～享和2(1802)年
江戸時代中期～後期の大名。近江仁正寺藩主。
¶諸系，日人，藩主3([没]享和2(1802)年4月7日)

市橋長昭 いちはしながあき
安永2(1773)年～文化11(1814)年 [別]市橋長昭《いちはしながあきら》
江戸時代後期の大名。近江仁正寺藩主。
¶江文，国書(いちはしながあきら [生]安永2(1773)年4月7日 [没]文化11(1814)年10月8日)，諸系，新潮([没]文化11(1814)年10月8日)，人名，日人，藩主3([生]安永2(1773)年4月7日 [没]文化11(1814)年9月27日)

市橋長昭 いちはしながあきら
→市橋長昭(いちはしながあき)

市橋長和 いちはしながかず
→市橋長義(いちはしながよし)

市橋長勝 いちはしながかつ,いちばしながかつ
弘治3(1557)年～元和6(1620)年
安土桃山時代～江戸時代前期の武将、大名。美濃今尾城主、伯耆矢橋城主、越後三条藩主。
¶岐阜百，史人([没]1620年3月17日)，諸系，人名，戦国(いちばしながかつ)，戦人，鳥取百，新潟百，日人，藩主2，藩主3([没]元和6(1620)年3月17日)，藩主4([没]元和6(1620)年3月17日)

い

市橋長璉 いちはしながてる
享保18(1733)年～天明5(1785)年
江戸時代中期の大名。近江仁正寺藩主。
¶国書([没]天明5(1785)年10月6日),諸系,日人,藩主3([没]天明5(1785)年10月6日)

市橋長富 いちはしながとみ
文化2(1805)年～安政6(1859)年
江戸時代末期の大名。近江仁正寺藩主。
¶庄内([生]寛政9(1797)年9月3日),諸系,日人,藩主3([生]文化2(1805)年2月22日 [没]安政6(1859)年11月20日)

市橋長発 いちはしながはる
文化2(1805)年～文政5(1822)年
江戸時代後期の大名。近江仁正寺藩主。
¶諸系,日人,藩主3([生]文化2(1805)年4月5日 [没]文政5(1822)年1月晦日)

市橋長政 いちはしながまさ,いちばしながまさ
天正3(1575)年～慶安1(1648)年
安土桃山時代～江戸時代前期の武将、大名。近江仁正寺藩主。
¶岐阜百,史人([没]1648年2月11日),諸系,人名(いちばしながまさ),日人,藩主3([没]慶安1(1648)年2月11日)

市橋長義 いちはしながよし
文政4(1821)年～明治15(1882)年 [別]市橋長和《いちはしながかず》
江戸時代末期～明治期の大名。近江仁正寺藩主。
¶維新,コン改,コン4,コン5,滋賀百,庄内(市橋長和 いちはしながかず [生]文政4(1821)年5月8日),諸系,新潮([没]明治15(1882)年1月17日),人名,日人,幕末([没]1882年1月17日),藩主3(市橋長和 いちはしながかず [没]明治15(1882)年1月17日)

市橋波江 いちはしなみえ
文化10(1813)年～明治2(1869)年
江戸時代末期の加賀大聖寺藩士。
¶姓氏石川,藩臣3

市橋信直 いちはしのぶなお
明暦2(1656)年～享保5(1720)年
江戸時代前期～中期の大名。近江仁正寺藩主。
¶諸系,日人,藩主3([生]明暦2(1656)年10月20日 [没]享保5(1720)年2月26日)

市橋秀松 いちはしひでまつ
嘉永2(1849)年～?
江戸時代後期～末期の新撰組隊士。
¶新撰

市橋政信 いちはしまさのぶ
元和9(1623)年～宝永1(1704)年
江戸時代前期～中期の大名。近江仁正寺藩主。
¶諸系,日人,藩主3([生]元和9(1623)年10月5日 [没]宝永1(1704)年1月1日)

一場吉知 いちばよしとも
? ～貞享4(1687)年
江戸時代前期の沼田藩士。
¶姓氏群馬

市原正義 いちはらまさよし
生没年不詳
江戸時代後期の下総生実藩家老。
¶藩臣3

市辺正好 いちべまさよし
江戸時代前期の大番頭。
¶人名

市村県 いちむらあがた
安永1(1772)年～弘化2(1845)年
江戸時代後期の江戸幕府勘定奉行付奉行。
¶長野歴

市村謙一郎 いちむらけんいちろう
→市村水香(いちむらすいこう)

市村水香 いちむらすいこう
天保13(1842)年～明治32(1899)年 [別]市村謙一郎《いちむらけんいちろう》
江戸時代末期～明治期の摂津高槻藩士。
¶詩歌,人名,日人,藩臣5(市村謙一郎 いちむらけんいちろう)

市村辰之助 いちむらたつのすけ
? ～明治5(1872)年2月7日
江戸時代後期～明治期の新撰組隊士。
¶新撰

市村敏麿 いちむらとしまろ
天保10(1839)年～大正7(1918)年
江戸時代末期～明治期の伊予宇和島藩士。
¶維新,幕末([没]1918年5月29日),藩臣6

市村友次郎 いちむらともじろう
嘉永1(1848)年～大正10(1921)年2月15日
江戸時代末期～明治期の美作津山藩士、勤王家。
¶幕末

市森彦三郎 いちもりひこさぶろう
～享保18(1733)年
江戸時代前期の弓・馬術家。
¶岡山人

一簗又七 いちやなぎまたしち
→簗又七(やなまたしち)

佚斎樗山 いっさいちょざん
万治2(1659)年～寛保1(1741)年 [別]樗山《ちょざん》
江戸時代前期～中期の談義本作者、下総関宿藩士。
¶朝日([生]万治2年3月27日(1659年5月18日) [没]寛保1年4月9日(1741年5月23日)),国書([生]万治2(1659)年3月27日 [没]寛保1(1741)年4月9日),人名(樗山 ちょざん),日人,歴大

一色沖之丞 いっしきおきのじょう
文政12(1829)年～明治34(1901)年
江戸時代末期～明治期の常陸土浦藩士。
¶幕末([没]1901年7月27日),藩臣2

一色宮内義直 いっしきくないよしなお
→一色義直(いっしきよしなお)

一色五左衛門 いっしきござえもん
安永7(1778)年～文政12(1829)年
江戸時代後期の加賀大聖寺藩家老。
¶藩臣3

一色重熙 いっしきしげひろ
文政6(1823)年? ～明治25(1892)年10月21日
江戸時代後期～明治期の尾張藩士。

¶国書

一色善之助 いっしきぜんのすけ
江戸時代末期の新撰組隊士。
¶新撰

一色丹後守直休 いっしきたんごのかみなおやす
→一色直休（いっしきなおよし）

一色舎人 いっしきとねり
宝暦4（1754）年〜文化8（1811）年
江戸時代中期〜後期の常陸土浦藩士。
¶藩臣2

一色直温 いっしきなおあつ
文化14（1817）年？〜？　劒一色直温《いっしきなおはる》
江戸時代後期の幕臣。
¶維新，神奈川人（一色直温なおはる　生没年不詳），国書（生没年不詳），幕末

一色直温 いっしきなおはる
→一色直温（いっしきなおあつ）

一色直休 いっしきなおよし
？　〜安政2（1855）年　劒一色丹後守直休《いっしきたんごのかみなおやす》
江戸時代末期の幕臣。
¶維新，長崎歴（一色丹後守直休　いっしきたんごのかみなおやす），幕末（没1855年10月7日）

一色範勝 いっしきのりかつ
生没年不詳
江戸時代前期の武士。
¶諸系，日人

一色半左衛門 いっしきはんざえもん
文政1（1818）年？〜？
江戸時代後期の幕臣。
¶幕末

一色範序 いっしきはんじょ
寛政8（1796）年〜文久3（1863）年4月1日
江戸時代後期〜末期の伊予小松藩士。
¶国書

一色民部大輔 いっしきみんぶたいふ
→一色民部大輔（いっしきみんぶのたゆう）

一色民部大輔 いっしきみんぶのたゆう
劒一色民部大輔《いっしきみんぶたいふ》
安土桃山時代〜江戸時代前期の武士。豊臣氏家臣。
¶戦国，戦人（一色みんぶたいふ　生没年不詳）

一色義直 いっしきよしなお
？　〜寛永20（1643）年　劒一色宮内義直《いっしきくないよしなお》
安土桃山時代〜江戸時代前期の古河公方足利義氏の家臣。
¶埼玉人（没寛永20（1643）年10月11日），埼玉百（一色宮内義直　いっしきくないよしなお），戦辞（没寛永20年10月11日（1643年11月22日））

一町田大江 いっちょうだおおえ
天保10（1839）年〜明治42（1909）年
江戸時代末期〜明治期の陸奥弘前藩士。
¶青森人，幕末（没1909年8月2日）

一瓢庵関里〔6代〕 いっぴょうあんかんり
生没年不詳
江戸時代末期の華道師範、石州流生花の祖、幕臣。
¶国書（――〔代数なし〕），人名，日人

逸見勝三郎 いつみかつさぶろう
文政13（1830）年〜慶応4（1868）年1月5日
江戸時代後期〜末期の新撰組隊士。
¶新撰

出雲勝和助 いづもやわすけ
→植松自謙（うえまつじけん）

井出勘七（井手勘七） いでかんしち
宝暦8（1758）年〜文政11（1828）年　劒井手伊明《いでこれあき》
江戸時代中期〜後期の筑前福岡藩士。
¶国書（井手伊明　いでこれあき　没文政11（1828）年12月20日），人名（井手勘七），日人（没1829年），藩臣7

井出源次郎 いでげんじろう
生没年不詳
江戸時代中期の駿河沼津藩士、槍術家。
¶藩臣4

井手伊明 いでこれあき
→井出勘七（いでかんしち）

井手惣左衛門 いでそうざえもん
？　〜慶安2（1649）年
江戸時代前期の下総古河藩士。
¶藩臣3

出田左衛兵 いでたさへえ
生没年不詳
江戸時代中期の肥後熊本藩士。
¶藩臣7

井出則政 いでのりまさ
生没年不詳
江戸時代の馬術家。
¶国書

井出兵作 いでへいさく
生没年不詳
江戸時代前期の武士。
¶和歌山人

井手孫太郎 いでまごたろう
天保9（1838）年〜慶応2（1866）年　劒松宮相良《まつみやさがら》
江戸時代末期の奇兵隊士。
¶維新，人名（没？），姓氏山口（松宮相良　まつみやさがら），日人，幕末（松宮相良　まつみやさがら　没1866年11月29日）

井出正則 いでまさのり
寛永20（1643）年〜享保4（1719）年
江戸時代前期の武士。
¶和歌山人

出水平学 いでみずへいがく
生没年不詳
江戸時代中期の上総久留里藩家老。
¶藩臣3

井戸覚弘 いどあきひろ
弘治2（1556）年〜寛永15（1638）年　劒井戸覚弘

《いどさとひろ》
安土桃山時代～江戸時代前期の武士。豊臣氏家臣、織田氏家臣。
¶茶道，戦人（いどさとひろ）

糸井駿河守　いといするがのかみ
生没年不詳
安土桃山時代～江戸時代前期の武士。佐竹氏家臣。
¶戦辞，戦人，戦東

井樋政之允　いといまさのじょう
享和2（1802）年～元治1（1864）年
江戸時代末期の水戸藩郷士。
¶維新，幕末（[没]1864年9月1日）

糸井茂作　いといもさく
→糸井茂助（いといもすけ）

糸井茂助　いといもすけ
文政7（1824）年～明治16（1883）年　[別]糸井茂作《いといもさく》
江戸時代末期～明治期の秋田藩士、農事改良家。
¶人名（糸井茂作　いといもさく），日人

伊藤梓　いとうあずさ
天保11（1840）年～明治1（1868）年
江戸時代末期の浜田藩士。
¶幕末（[没]1868年1月30日），藩臣5

伊藤敬　いとうあつむ
→伊藤驥斎（いとうきさい）

伊藤市之丞　いとういちのじょう
生没年不詳
江戸時代中期の上野前橋藩士、儒学者。
¶藩臣2

伊藤一蓑　いとういっさ
生没年不詳
安土桃山時代～江戸時代前期の武将。
¶国書

伊藤一刀斎（伊東一刀斎）　いとういっとうさい
[別]伊藤一刀斎景久《いとういっとうさいかげひさ》，伊東景久《いとうかげひさ》，伊東弥五郎《いとうやごろう》，伊東友景《いとうともかげ》
安土桃山時代～江戸時代前期の剣術家。一刀流の開祖。
¶朝日（[生]永禄3（1560）年　[没]承応2（1653）年），江戸，角史（生没年不詳），剣豪（[生]天文19（1550）年　[没]？），コン改（伊東一刀斎　生没年不詳），コン4（伊東一刀斎　生没年不詳），静岡百（伊東一刀斎　生没年不詳），静岡歴（伊東一刀斎　生没年不詳），新潮（[生]永禄3（1560）年？　[没]承応2（1653）年？），人名（伊東一刀斎），姓氏静岡（伊東一刀斎），世人（伊藤一刀斎景久　いとういっとうさいかげひさ　[生]永禄3（1560）年　[没]？），世百（伊東一刀斎），戦国（伊東一刀斎），全書（生没年不詳），戦人（伊東一刀斎　生没年不詳），大百（伊藤一刀斎景久　いとういっとうさいかげひさ　[生]1560年　[没]？），日史（[生]永禄3（1560）年？　[没]承応2（1653）年？），日人（生没年不詳），百科（[生]永禄3（1560）年？　[没]承応2（1653）年？），歴大（[生]1550年？　[没]1653年？）

伊藤一刀斎景久　いとういっとうさいかげひさ
→伊藤一刀斎（いとういっとうさい）

伊藤石見守　いとういわみのかみ
江戸時代前期の武将。豊臣秀頼の臣。
¶戦国

伊東采女　いとううねめ
江戸時代末期の陸奥仙台藩士。
¶人名

伊藤栄治　いとうえいじ
→伊藤栄治（いとうひではる）

伊藤格佐　いとうかくさ
文化2（1805）年～文久2（1862）年1月29日
江戸時代末期の備後福山藩士。
¶幕末

伊東覚次郎　いとうかくじろう
弘化1（1844）年～明治1（1868）年2月
江戸時代末期の陸奥会津藩士。
¶幕末

伊東甲子太郎　いとうかしたろう
→伊東甲子太郎（いとうきねたろう）

伊東主計　いとうかずえ
天保12（1841）年～？
江戸時代後期～末期の新撰組隊士。
¶新撰

伊藤和兌　いとうかずさわ
→伊藤和兌（いとうかずみち）

伊藤和兌　いとうかずみち
文化12（1815）年～明治11（1878）年　[別]伊藤和兌《いとうかずさわ，いとうわたい》
江戸時代末期～明治期の土佐藩の郷士。
¶維新，高知人（いとうかずさわ），人名（いとうわたい　[生]1806年　[没]1869年），幕末（いとうわたい　[没]1878年12月26日），藩臣6

伊藤和義　いとうかずよし
→伊藤甲之助（いとうこうのすけ）

伊藤霞台　いとうかだい
享保9（1724）年～宝暦3（1753）年
江戸時代中期の備後福山藩士、儒学者。
¶国書（[没]宝暦3（1753）年9月2日），人名，日人，藩臣6

伊藤克孝　いとうかつたか
*～文化6（1809）年
江戸時代中期～後期の加賀大聖寺藩士。
¶姓氏石川（[生]？），藩臣3（[生]宝暦8（1758）年）

伊藤驥斎　いとうきさい
文化14（1817）年～明治22（1889）年　[別]伊藤敬《いとうあつむ，いとうたかし》
江戸時代後期～明治期の陸奥一関藩士、兵学者。
¶国書（[没]明治21（1888）年12月26日），姓氏岩手（伊藤敬　いとうあつむ），藩臣1（伊藤敬　いとうたかし）

伊東吉左衛門　いとうきちざえもん
寛政10（1798）年～安政3（1856）年
江戸時代末期の堺奉行所吏。
¶人名，日人

伊藤吉左衛門 いとうきちざえもん
生没年不詳
江戸時代後期の筑前秋月藩家老。
¶藩臣7

伊東甲子太郎 いとうきねたろう
天保6(1835)年～慶応3(1867)年　[別]伊東甲子太郎《いとうかしたろう》,伊東武明《いとうたけあき》,宇田兵衛《うだひょうえ》,藤原武明《ふじわらたけあき》
江戸時代末期の新撰組参謀。
¶朝日(いとうかしたろう　[没]慶応3年11月18日(1867年12月13日)),維新,京都大(いとうかしたろう),剣豪(いとうかしたろう),国書(伊東武明　いとうたけあき　[生]天保5(1834)年　[没]慶応3(1867)年11月18日),コン改([生]?),コン4([生]?),新撰(いとうかしたろう　[没]慶応3年11月18日),新潮([没]慶応3(1867)年11月18日),人名([生]?),姓氏京都,日人,幕末(いとうかしたろう　[没]1867年12月13日)

伊藤鏡河(伊藤鏡花) いとうきょうか,いとうきょうが
宝暦2(1752)年～文政12(1829)年　[別]伊藤作内左衛門《いとうさくないざえもん》
江戸時代中期～後期の豊後岡藩士。
¶大分百,大分歴(伊藤鏡花),剣豪(伊藤作内左衛門　いとうさくないざえもん),国書([没]文政12(1829)年3月6日),人名,世人,日人,藩臣7(いとうきょうが)

伊藤清澄 いとうきよずみ
→伊藤定太(いとうさだた)

伊藤清長 いとうきよなが
寛永5(1628)年～元禄10(1697)年　[別]伊藤十郎左衛門《いとうじゅうろうざえもん》
江戸時代前期の三和流の刀術家。
¶剣豪(伊藤十郎左衛門　いとうじゅうろうざえもん),人名,日人

伊藤軍兵衛 いとうぐんべえ
天保11(1840)年～文久2(1862)年
江戸時代末期の信濃松本藩の尊攘派志士。
¶朝日([生]天保11(1840)年11月　[没]文久2年6月1日(1862年6月27日)),維新,人名,姓氏長野,長野百,長野歴,日人,幕末([没]1862年6月27日),藩臣3

伊藤敬蔵 いとうけいぞう
*～元治1(1864)年
江戸時代末期の長州(萩)藩士。
¶維新([生]?),人名([生]?),日人([生]1817年),幕末([生]1817年　[没]1864年8月20日)

伊藤源助 いとうげんすけ
天保13(1842)年～明治2(1869)年12月29日
江戸時代後期～明治期の新撰組隊士。
¶新撰

伊東玄伯 いとうげんぱく
生没年不詳
江戸時代前期の美濃郡上藩士。
¶国書,藩臣3

伊藤甲之助 いとうこうのすけ
弘化1(1844)年～元治1(1864)年　[別]伊藤和義《いとうかずよし》
江戸時代末期の志士、土佐藩士。土佐勤王党に参加。
¶維新([生]1845年),高知人,国書(伊藤和義　いとうかずよし　[没]元治1(1864)年7月19日),人名([生]1845年),日人,幕末([生]1845年　[没]1864年8月20日),藩臣6

伊東西帰 いとうさいき
文化6(1809)年～?
江戸時代後期の加賀藩士。
¶国書

伊藤作右衛門 いとうさくえもん
生没年不詳
江戸時代前期の越前福井藩士。
¶国書5

伊藤作内左衛門 いとうさくないざえもん
→伊藤鏡河(いとうきょうか)

伊藤定太 いとうさだた
天保13(1842)年～明治44(1911)年　[別]伊藤清澄《いとうきよずみ》,伊藤定太《いとうていた》
江戸時代末期～明治期の信濃高島藩士、算学者。
¶国書(伊藤清澄　いとうきよずみ),人名(いとうていた),数学(伊藤清澄　いとうきよずみ　[没]明治44(1911)年8月13日),姓氏長野,長野百,長野歴,日人(伊藤清澄　いとうきよずみ),藩臣3

伊藤定敬 いとうさだたか
文化6(1809)年8月～明治28(1895)年2月24日
江戸時代後期～明治期の伊勢桑名藩士、武蔵忍藩士。和算家。
¶国書,数学

伊藤貞利 いとうさだとし
生没年不詳
江戸時代前期の筑後三池藩家老。
¶藩臣7

伊東左太夫(伊東左大夫) いとうさだゆう
文政9(1826)年～明治4(1871)年
江戸時代末期～明治期の陸奥会津藩士。
¶会津,維新,幕末([没]1871年4月15日),藩臣2(伊東左大夫)

伊藤山平 いとうさんぺい
?　～安政4(1857)年
江戸時代末期の近江膳所藩士。
¶藩臣4

伊東重門 いとうしげかど
慶安3(1650)年～寛文9(1669)年
江戸時代前期の武士。
¶日人

伊藤重枝 いとうしげき
江戸時代末期の豊後玖珠郷士。
¶人名,日人(生没年不詳)

伊藤重澄 いとうしげすみ,いとうしげずみ
*～享保8(1723)年
江戸時代中期の加賀藩士。
¶国書([生]慶安3(1650)年　[没]享保8(1723)年6月),藩臣3(いとうしげずみ　[生]?)

伊東重孝 いとうしげたか
*～寛文8(1668)年

江戸時代前期の陸奥仙台藩士。
¶姓氏宮城（⊕1632年），日人（⊕1633年），藩臣1
（⊕寛永10（1633）年），宮城百（⊕寛永9
（1632）年）

伊東重義　いとうしげよし
寛永8（1631）年～寛文3（1663）年
江戸時代中期の陸奥仙台藩執政。
¶人名，日人

伊藤十蔵　いとうじゅうぞう
＊～明治29（1896）年
江戸時代末期～明治期の長州（萩）藩足軽。伊藤
博文の父。
¶人名（⊕1816年），日人（⊕1817年），幕末
（⊕1817年　⊗1896年3月19日），藩臣6（⊕文化
13（1816）年）

伊藤重之進　いとうじゅうのしん
寛文9（1669）年～延享3（1746）年
江戸時代中期の伊勢久居藩士。
¶藩臣4

伊藤十郎左衛門　いとうじゅうろうざえもん
→伊藤清長（いとうきよなが）

伊東主膳　いとうしゅぜん
江戸時代後期の旗本。
¶江戸東

伊藤雋吉　いとうしゅんきち
→伊藤雋吉（いとうとしよし）

伊藤俊蔵　いとうしゅんぞう
文政3（1820）年～明治1（1868）年8月3日
江戸時代末期の奇兵隊士。
¶幕末

伊藤春畝　いとうしゅんぽ
→伊藤博文（いとうひろぶみ）

伊藤樵渓　いとうしょうけい
寛政3（1791）年～万延1（1860）年
江戸時代末期の豊後岡藩士。
¶人名，日人，藩臣7

伊藤子礼　いとうしれい
貞享2（1685）年～宝暦11（1761）年1月4日
江戸時代前期～中期の松山藩士・能書家。
¶愛媛百

伊東新五左衛門　いとうしんござえもん
生没年不詳
安土桃山時代～江戸時代前期の武士。
¶日人

伊東祐鐘　いとうすけあつ
安永1（1772）年～寛政10（1798）年
江戸時代中期～後期の大名。日向飫肥藩主。
¶諸系，日人，藩主4（⊕安永1（1772）年4月9日
⊗寛政10（1798）年2月14日）

伊東祐雄　いとうすけお
？　～安政5（1858）年
江戸時代後期～末期の松山藩士・武芸家。
¶国書

伊東祐隆　いとうすけおき
享保1（1716）年～宝暦7（1757）年
江戸時代中期の大名。日向飫肥藩主。

¶諸系，日人，藩主4（⊕正徳6（1716）年1月13日
⊗宝暦7（1757）年8月18日）

伊東祐賢[1]　いとうすけかた
寛文6（1666）年～宝永5（1708）年3月8日
江戸時代前期～中期の幕臣。
¶国書

伊東祐賢[2]（伊藤祐賢）　いとうすけかた
天保7（1836）年～明治35（1902）年
江戸時代末期～明治期の伊勢津藩士。
¶維新（伊藤祐賢），日人，藩臣5

伊東祐清　いとうすけきよ
江戸時代前期～中期の南部藩士。
¶国書（⊕天和3（1683）年　⊗寛延2（1749）年2
月），姓氏岩手（⊕1678年　⊗1745年）

伊東祐命　いとうすけこと
→伊東祐命（いとうすけのぶ）

伊東祐実　いとうすけざね
正保1（1644）年～享保8（1723）年
江戸時代前期～中期の大名。日向飫肥藩主。
¶諸系，人名，日人，藩主4（⊕寛永21（1644）年1
月28日　⊗享保8（1723）年9月18日），宮崎百
（⊕？　⊗享保8（1723）年9月18日）

伊藤祐胤　いとうすけたね
→伊藤千里（いとうせんり）

伊東祐民　いとうすけたみ
寛政4（1792）年～文化9（1812）年
江戸時代後期の大名。日向飫肥藩主。
¶諸系，日人，藩主4（⊕寛政4（1792）年2月22日
⊗文化9（1812）年6月29日）

伊東祐相　いとうすけとも
文化9（1812）年～明治7（1874）年
江戸時代末期～明治期の大名。日向飫肥藩主。
¶維新，国書（⊕文化9（1812）年8月12日　⊗明治
7（1874）年10月21日），諸系，人名（⊕1808
年），日人，幕末（⊗1874年10月21日），藩主4
（⊕文化9（1812）年8月12日　⊗明治7（1874）年
10月21日）

伊東祐永　いとうすけなが
元禄2（1689）年～元文4（1739）年
江戸時代中期の大名。日向飫肥藩主。
¶諸系，日人，藩主4（⊕元禄2（1689）年，〔異説〕
元禄4年6月11日　⊗元文4（1739）年1月14日）

伊東祐根　いとうすけね
宝暦12（1762）年～天保5（1834）年8月25日
江戸時代中期～後期の伊予松山藩士。
¶国書

伊東祐命　いとうすけのぶ
天保5（1834）年～明治22（1889）年　別伊東祐命
《いとうすけこと》
江戸時代末期～明治期の石見浜田藩士。
¶岡山人，岡山歴（⊗明治22（1889）年10月），近
文（いとうすけこと），島根人，島根歴，人名，
日人，藩臣5，和俳

伊東祐慶　いとうすけのり
天正17（1589）年～寛永13（1636）年
江戸時代前期の大名。日向飫肥藩主。
¶諸系，人名（⊕1579年　⊗1626年），戦国，戦

人，日人，藩主4（[生]天正17（1589）年6月13日　[没]寛永13（1636）年4月4日），宮崎百（[生]？　[没]寛永13（1636）年4月4日）

伊東祐則 いとうすけのり
生没年不詳
江戸時代中期の津軽藩士。
¶国書

伊東祐久 いとうすけひさ
慶長14（1609）年～明暦3（1657）年
江戸時代前期の大名。日向飫肥藩主。
¶諸系，日人，藩主4（[生]慶長14（1609）年7月10日　[没]明暦3（1657）年10月27日）

伊東祐丕 いとうすけひろ
寛政9（1797）年～文化11（1814）年
江戸時代後期の大名。日向飫肥藩主。
¶諸系，日人，藩主4（[生]寛政9（1797）年閏7月15日　[没]文化11（1814）年8月14日）

伊東祐麿 いとうすけまろ
＊～明治39（1906）年
江戸時代末期～明治期の薩摩藩士、海軍軍人。
¶朝日（[生]天保5年8月25日（1834年9月27日）　[没]明治39（1906）年2月26日），維新（[生]1832年），鹿児島百（[生]天保3（1832）年），コン5（[生]天保5（1834）年），茶道（[生]1834年），人名（[生]1834年），姓氏鹿児島（[生]1832年），日人（[生]1834年），幕末（[生]1832年　[没]1906年2月26日），藩臣7（[生]天保3（1832）年），明治1（[生]1834年），陸海（[生]天保3年8月25日　[没]明治39年2月26日）

伊東祐由 いとうすけみち
寛永8（1631）年～寛文1（1661）年　[別]伊東祐次《いとうすけつぐ》
江戸時代前期の大名。日向飫肥藩主。
¶諸系，日人，藩主4（[生]寛永8（1631）年1月18日　[没]寛文1（1661）年6月13日）

伊東祐亨（伊東祐享） いとうすけゆき
天保14（1843）年～大正3（1914）年　[別]伊東祐亨《いとうゆうこう》，金次郎，四郎，四郎右衛門
江戸時代末期～明治期の薩摩藩士、海軍軍人。
¶朝日（いとうゆうこう　[生]天保14年5月12日（1843年6月9日）　[没]大正3（1914）年1月16日），維新，海越（[生]天保14（1843）年5月　[没]大正3（1914）年1月16日），海越新（[生]天保14（1843）年5月　[没]大正3（1914）年1月16日），鹿児島百，近現，国史，コン改（いとうゆうこう），コン4（いとうゆうこう），コン5（伊東祐享），史人（[生]1843年5月12日　[没]1914年1月16日），新潮（[生]天保14（1843）年5月12日　[没]大正3（1914）年1月16日），人名，世紀（[生]天保14（1843）年5月12日　[没]大正3（1914）年1月16日），姓氏鹿児島，渡航（[生]1843年5月12日　[没]1914年1月16日），日史（[生]天保14（1843）年5月12日　[没]大正3（1914）年1月16日），日人，幕末（[没]1914年1月16日），藩臣7，百科（いとうゆうこう），陸海（いとうゆうこう　[生]天保14年5月20日　[没]大正3年1月16日），歴大

伊東祐之(1) いとうすけゆき
享保12（1727）年～延享1（1744）年
江戸時代中期の大名。日向飫肥藩主。
¶諸系，日人，藩主4（[生]享保12（1727）年5月8日　[没]延享1（1744）年9月2日）

伊東祐之(2) いとうすけゆき
→伊東梅軒（いとうばいけん）

伊東祐休 いとうすけよし
生没年不詳
江戸時代末期の仙台藩士・歌人。
¶国書

伊東祐福 いとうすけよし
寛保1（1741）年～天明1（1781）年
江戸時代中期の大名。日向飫肥藩主。
¶諸系，日人，藩主4（[生]元文5（1740）年12月5日　[没]天明1（1781）年7月20日）

伊藤祐祥 いとうすけよし
→伊藤万年（いとうまんねん）

伊東祐帰（伊藤祐帰） いとうすけより
安政2（1855）年～明治27（1894）年
江戸時代末期～明治期の大名。日向飫肥藩主。
¶諸系，神人（伊藤祐帰），日人，藩主4（[生]安政2（1855）年11月3日　[没]明治27（1894）年4月25日），宮崎百

伊藤政右衛門 いとうせいえもん
？　～明和9（1772）年
江戸時代中期の出雲松江藩士。
¶藩臣5

伊藤清八(1) いとうせいはち
生没年不詳
江戸時代後期の駿河沼津藩士。
¶藩臣4

伊藤清八(2) いとうせいはち
？　～文政10（1827）年
江戸時代後期の駿河沼津藩士。
¶藩臣4

伊藤清兵衛 いとうせいべえ
天保2（1831）年～慶応1（1865）年
江戸時代末期の筑前福岡藩士。
¶維新，人名，日人，幕末（[没]1865年12月10日），藩臣7

伊藤善八郎 いとうぜんぱちろう
寛政8（1796）年11月25日～安政5（1858）年4月20日
江戸時代後期～末期の津山松平藩士。
¶岡山歴

伊藤千里 いとうせんり
元文2（1737）年～享和2（1802）年　[別]伊藤祐胤《いとうすけたね》
江戸時代中期～後期の因幡鳥取藩士。
¶国書（伊藤祐胤　いとうすけたね　[没]享和2（1802）年1月），日人，藩臣5

伊藤湊 いとうたい
→矢島作郎（やじまさくろう）

伊藤敬 いとうたかし
→伊藤驥斎（いとうきさい）

伊東武明 いとうたけあき
→伊東甲子太郎（いとうきねたろう）

い

伊藤忠雄 いとうただお
慶長6（1601）年～元禄4（1691）年
江戸時代前期の一刀流の刀術家。
¶人名，日人

伊藤忠一 いとうただかず
慶長9（1604）年～寛文12（1672）年　[別]伊藤孫兵衛《いとうまごべえ》
江戸時代前期の水戸藩士。
¶剣豪（伊藤孫兵衛　いとうまごべえ），人名，日人，藩臣2（伊藤孫兵衛　いとうまごべえ）

伊藤忠勝 いとうただかつ
？　～元文5（1740）年
江戸時代中期の加賀藩士。
¶藩臣3

伊藤忠也 いとうただなり
慶長7（1602）年～慶安2（1649）年　[別]伊藤典膳《いとうてんぜん》
安土桃山時代～江戸時代前期の剣術家。
¶剣豪（伊藤典膳　いとうてんぜん），日人

伊藤竜太郎 いとうたつたろう
天保6（1835）年～慶応3（1867）年　[別]伊藤竜太郎《いとうりゅうたろう，いとうりょうたろう》
江戸時代末期の剣術家。
¶維新（いとうりょうたろう），剣豪（いとうりょうたろう），コン改，コン4，新潮（いとうりゅうたろう　[没]慶応3（1867）年11月18日），人名，日人，幕末（いとうりゅうたろう　[没]1867年11月18日），兵庫人（[生]天保6（1835）年1月1日　[没]慶応3（1867）年11月8日），兵庫百（いとうりゅうたろう）

伊藤田宮 いとうたみや
天保10（1839）年～慶応3（1867）年
江戸時代末期の水戸藩士。
¶維新，幕末（[没]1867年4月18日）

伊藤坦庵（伊藤坦菴） いとうたんあん
元和9（1623）年～宝永5（1708）年
江戸時代前期～中期の漢学者、越前福井藩儒。
¶朝日（[生]元和9年9月29日（1623年11月21日）　[没]宝永5年8月24日（1708年10月7日）），郷土福井（伊藤坦菴），国書（[生]元和9（1623）年9月29日　[没]宝永5（1708）年8月24日），コン改，コン4，詩歌，新潮（[生]元和9（1623）年9月29日　[没]宝永5（1708）年8月24日），人名，姓氏京都，世人（[生]元和9（1623）年9月29日　[没]宝永5（1708）年8月24日），日人，藩臣3，福井百，和俳（[生]元和9（1623）年9月29日　[没]宝永5（1708）年8月24日）

伊藤淡蔵 いとうたんぞう
文化5（1808）年～明治6（1873）年9月16日
江戸時代末期～明治期の常陸土浦藩士。
¶幕末，藩臣2（生没年不詳）

伊藤竹塘 いとうちくとう
天保7（1836）年～明治13（1880）年3月28日
江戸時代末期～明治期の備後福山藩士。
¶幕末

伊藤竹堂 いとうちくどう
文化4（1807）年～明治9（1876）年
江戸時代末期～明治期の伊予西条藩士。
¶幕末（[没]1876年3月19日），藩臣6

伊藤竹坡 いとうちくは
宝暦10（1760）年～文政11（1828）年
江戸時代中期～後期の備後福山藩士。
¶国書（[没]文政11（1828）年7月17日），人名，日人（[生]1761年），藩臣6

伊藤忠兵衛 いとうちゅうべえ
万治1（1658）年～享保9（1724）年
江戸時代前期～中期の越後高田藩士・弓術家。
¶国書

伊東長三郎 いとうちょうざぶろう
天保13（1842）年～慶応4（1868）年
江戸時代末期の上野吉井藩士。
¶藩臣2

伊藤長太夫不伝 いとうちょうだゆうふでん
？　～貞享4（1687）年
江戸時代前期の松江藩お抱え武術家、不伝流居合術を興す。
¶島根歴

伊藤長文 いとうちょうぶん
＊～文政11（1828）年
江戸時代後期の備後福山藩士。
¶国書（[生]文化1（1804）年　[没]文政11（1828）年1月14日），藩臣6（[生]文化2（1805）年）

伊藤聴秋 いとうていしう
→伊藤聴秋（いとうていしゅう）

伊藤聴秋 いとうていしゅう
文政3（1820）年～明治28（1895）年　[別]伊藤聴秋《いとうていしう》
江戸時代末期～明治期の勤王家、阿波徳島藩士。
¶詩歌，人名，徳島百（[生]文政5（1822）年6月　[没]明治28（1895）年4月1日），徳島歴（[生]文政5（1822）年6月　[没]明治28（1895）年4月1日），日人，幕末（[生]1822年　[没]1895年4月），兵庫人（いとうていしう　[生]文政5（1822）年6月　[没]明治28（1895）年4月），兵庫百，和俳

伊東悌次郎 いとうていじろう
安政1（1854）年～明治1（1868）年
江戸時代末期の白虎士中二番隊士。
¶人名（[生]1852年），日人，幕末（[没]1868年10月8日）

伊東禎蔵（伊藤禎蔵） いとうていぞう
天保7（1836）年～慶応2（1866）年
江戸時代末期の長州（萩）藩八組士、奇兵隊騎馬斥候。
¶維新，人名（伊藤禎蔵），日人，幕末（伊藤禎蔵　[没]1866年9月29日）

伊藤定太 いとうていた
→伊藤定太（いとうさだた）

伊藤鉄五郎 いとうてつごろう
天保11（1840）年～慶応4（1868）年5月1日
江戸時代後期～末期の新撰組隊士。
¶新撰

伊藤伝右衛門 いとうでんえもん
寛保1（1741）年～天明5（1785）年
江戸時代中期の美濃大垣藩士、治水技術者。
¶朝日（[没]天明5年5月23日（1785年6月29日）），

岐阜百，近世，国史，コン改，コン4，史人（[没]1785年5月23日），新潮（[没]天明5（1785）年5月23日），人名，世人，日人，藩臣3，歴大

伊藤典膳　いとうてんぜん
→伊藤忠也（いとうただなり）

伊藤伝之輔　いとうでんのすけ
生没年不詳
江戸時代末期の人。長州（萩）藩中間倅。
¶幕末，藩臣6

伊東道右衛門　いとうどううえもん
文化3（1806）年～慶応4（1868）年　[別]伊東道右衛門《いとうどうえもん》
江戸時代末期の越後長岡藩士。
¶国書（いとうどうえもん　[生]文化4（1807）年　[没]慶応4（1868）年5月19日），幕末（[没]1868年7月8日），藩臣4

伊東道右衛門　いとうどうえもん
→伊東道右衛門（いとうどううえもん）

伊東東壑　いとうとうがく
宝暦13（1763）年8月8日～天保14（1843）年9月1日
江戸時代中期～後期の詩人・勝山藩士。
¶岡山歴

伊藤東岳　いとうとうがく
文政3（1820）年～明治2（1869）年
江戸時代末期の越後長岡藩士。
¶新潟百（[生]1819年），幕末，藩臣4

伊藤東岸　いとうとうがん
*～元治1（1864）年
江戸時代後期の越後長岡藩士、儒学者。
¶国書（[生]寛政3（1791）年　[没]元治1（1864）年10月11日），藩臣4（[生]天明1（1781）年）

伊藤東所　いとうとうしょ
享保15（1730）年～文化1（1804）年
江戸時代中期～後期の儒学者、三河挙母藩士。古義堂第3代塾主。
¶朝日（[生]享保15年8月24日（1730年10月5日）　[没]文化1年7月29日（1804年9月3日）），京都大，国書（[生]享保15（1730）年8月24日　[没]文化1（1804）年7月29日），新潮（[生]享保15（1730）年8月24日　[没]文化1（1804）年7月29日），人名（[生]1742年），姓氏京都，世人（[生]寛保2（1742）年），日人，藩臣4

伊藤俊彦　いとうとしひこ
嘉永5（1852）年～明治1（1868）年
江戸時代末期の白虎隊士。
¶人名，日人，幕末（[生]1853年　[没]1868年10月8日）

伊藤雋吉　いとうとしよし
天保11（1840）年～大正10（1921）年4月10日
[別]伊藤雋吉《いとうしゅんきち》
江戸時代末期～明治期の丹後田辺藩士、海軍軍人。
¶朝日（[生]天保11年3月28日（1840年4月30日）），海越新（[生]天保11（1840）年3月28日），京都府，近現，国史，国書（[生]天保11（1840）年3月28日），史人（[生]1840年3月28日），新潮（[生]天保11（1840）年3月28日），数学（いとうしゅんきち　[生]天保11（1840）年3月28日），渡航（[生]？），日人，藩臣5，陸海（いとうしゅんきち　[生]天保11年3月28日）

伊藤友和　いとうともかず
～明治15（1882）年8月6日
江戸時代後期～明治期の弓道家、水戸藩士。
¶弓道

伊藤虎松　いとうとらまつ
弘化4（1847）年～慶応2（1866）年8月13日
江戸時代末期の奇兵隊士。
¶幕末

伊東直記　いとうなおき
天保6（1835）年～明治36（1903）年
江戸時代末期～明治期の日向飫肥藩老臣。
¶人名，日人

伊藤直記　いとうなおき
文政9（1826）年～大正4（1915）年
江戸時代末期～明治期の陸奥三春藩の算術教育者。安積疎水事業に関わり不朽の業績を残す。私塾（伊藤春左右衛門社）を開き数学、測量術の大衆化を進めた。
¶数学，藩臣2

伊藤直之進　いとうなおのしん
元文3（1738）年～文化8（1811）年　[別]伊藤藤景《いとうふじかげ》
江戸時代中期～後期の尾張藩士、兵学者。
¶国書（伊藤藤景　いとうふじかげ　[没]文化8（1811）年3月25日），人名，日人，藩臣4

伊東長丘　いとうながおか
元禄10（1697）年～天明2（1782）年
江戸時代中期の大名。備中岡田藩主。
¶岡山人，岡山歴（[没]天明2（1782）年10月10日），諸系，日人，藩主4（[生]元禄10（1697）年1月28日　[没]天明2（1782）年10月10日）

伊東長貞　いとうながさだ
寛永20（1643）年～元禄6（1693）年
江戸時代前期の大名。備中岡田藩主。
¶岡山人，岡山歴（[没]元禄6（1693）年9月1日），諸系，日人，藩主4（[没]元禄6（1693）年9月1日）

伊東長実　いとうながざね
永禄3（1560）年～寛永6（1629）年　[別]伊東長次《いとうながつぐ》
安土桃山時代～江戸時代前期の武将、大名。備中岡田藩主。
¶岡山人，岡山歴（[没]寛永6（1629）年2月17日），諸系，戦国（伊東長次　いとうながつぐ），戦人（伊東長次　いとうながつぐ），戦西（伊東長次　いとうながつぐ），日人，藩主4（[生]永禄3（1560）年，（異説）弘治3年　[没]寛永6（1629）年2月17日）

伊東長次　いとうながつぐ
→伊東長実（いとうながざね）

伊東長辭　いとうながとし
天保15（1844）年～明治33（1900）年
江戸時代末期～明治期の大名。備中岡田藩主。
¶岡山歴（[生]天保15（1844）年4月13日　[没]明治33（1900）年12月21日），諸系，日人，藩主4（[生]弘化1（1844）年4月13日　[没]明治33（1900）年12月

いとうな 124 日本人物レファレンス事典

21日)

伊東長詮 いとうながとし
元文1(1736)年～安永7(1778)年
江戸時代中期の大名。備中岡田藩主。
¶岡山人，岡山歴（㊀安永7(1778)年6月29日），
諸系，人名，日人，藩主4（㊀元文1(1736)年5
月19日　㊁安永7(1778)年6月23日）

伊東長寛 いとうながとも
明和1(1764)年～嘉永3(1850)年
江戸時代中期～後期の大名。備中岡田藩主。
¶岡山人，岡山歴（㊀明和1(1764)年7月24日
㊁嘉永3(1850)年6月11日），諸系，日人，藩主
4（㊀明和1(1764)年7月24日　㊁嘉永3(1850)
年6月11日）

伊東長治 いとうながはる
寛永5(1628)年～万治1(1658)年
江戸時代前期の大名。備中岡田藩主。
¶岡山歴（㊁万治1(1658)年10月18日），諸系，
日人，藩主4（㊁万治1(1658)年10月8日）

伊東長救 いとうながひら
寛文2(1662)年～延享2(1745)年
江戸時代中期の大名。備中岡田藩主。
¶岡山人，岡山歴（㊁延享2(1745)年9月20日），
諸系，日人，藩主4（㊀寛文2(1662)年4月11日
㊁延享2(1745)年9月20日）

伊東長昌 いとうながまさ
文禄2(1593)年～寛永17(1640)年
江戸時代前期の大名。備中岡田藩主。
¶岡山人，岡山歴（㊁寛永17(1640)年8月18日），
諸系，日人，藩主4（㊁寛永17(1640)年9月18
日）

伊東長裕 いとうながやす
文化13(1816)年～万延1(1860)年
江戸時代末期の大名。備中岡田藩主。
¶岡山歴（㊀文化13(1816)年5月19日　㊁万延1
(1860)年8月14日），諸系，日人，藩主4（㊀文
化13(1816)年5月19日　㊁万延1(1860)年8月
14日）

伊藤浪之介 いとうなみのすけ
弘化3(1846)年～明治4(1871)年2月8日
江戸時代後期～明治期の新撰組隊士。
¶新撰

伊藤仁右衛門 いとうにえもん
生没年不詳
安土桃山時代～江戸時代の武士。最上氏遺臣。
¶庄内

伊東信直 いとうのぶなお
安土桃山時代～江戸時代前期の武士。豊臣氏家
臣，徳川氏家臣。
¶戦国，戦人（生没年不詳）

伊藤徳敦 いとうのりあつ
天保11(1840)年～明治43(1910)年
江戸時代末期～明治期の土佐藩志士。
¶高知人，幕末（㊁1910年2月21日）

伊藤梅宇 いとうばいう
天和3(1683)年～延享2(1745)年
江戸時代中期の備後福山藩の儒学者（古義学派）。

朝日（㊀天和3年8月19日（1683年10月9日）
㊁延享2年10月28日（1745年11月21日）），京都
大，近世，国史，国書（㊀天和3(1683)年8月19
日　㊁延享2(1745)年10月28日），詩歌，史人
（㊀1683年8月19日　㊁1745年10月28日），新潮
（㊀天和3(1683)年8月19日　㊁延享2(1745)年
10月28日），人名，姓氏京都，日人，藩臣6，広
島百（㊀天和3(1683)年8月19日　㊁延享2
(1745)年10月28日），和俳（㊀天和3(1683)年
8月19日　㊁延享2(1745)年10月28日）

伊東梅軒 いとうばいけん
文化12(1815)年～明治10(1877)年　㊗伊東祐之
《いとうすけゆき》
江戸時代末期～明治期の陸奥弘前藩の志士。
¶青森人，人名（伊東祐之　いとうすけゆき），幕
末（㊁1877年6月14日），藩臣1

伊東隼之助 いとうはやのすけ
天保14(1843)年～？
江戸時代後期～末期の新撰組隊士。
¶新撰

伊東治明 いとうはるあき
？　～＊
安土桃山時代～江戸時代前期の武士。徳川氏家臣。
¶人名（㊁1617年），戦国（㊁1616年），戦人
（㊁元和2(1616)年），日人（㊁1617年）

伊藤栄治 いとうひではる
？　～貞享2(1685)年　㊗伊藤栄治《いとうえい
じ》
江戸時代前期の肥前島原藩士。
¶国書（㊁貞享2(1685)年8月28日），藩臣7（いと
うえいじ）

伊東広孝 いとうひろたか
江戸時代前期の陸奥仙台藩士。
¶人名

伊藤博文 いとうひろぶみ
天保12(1841)年～明治42(1909)年　㊗伊藤春畝
《いとうしゅんぽ》，伊藤俊輔《いとうしゅんす
け》，利助
江戸時代末期～明治期の志士，政治家。もと長州
（萩）藩士。のち初代総理大臣。
¶朝日（㊀天保12年9月2日（1841年10月16日）
㊁明治42(1909)年10月26日），維新，岩史
（㊀天保12(1841)年9月2日　㊁明治42(1909)
年10月26日），海越（㊀天保12(1841)年9月2日
㊁明治42(1909)年10月26日），海越新（㊀天保
12(1841)年9月2日　㊁明治42(1909)年10月26
日），愛媛百（㊀天保12(1841)年9月2日　㊁明
治42(1909)年10月26日），沖縄百（㊀天保12
(1841)年9月2日　㊁明治42(1909)年10月26
日），学校（㊀天保12(1841)年9月2日　㊁明治
42(1909)年10月26日），角史，神奈川人，神奈
川百，近現，近文（伊藤春畝　いとうしゅん
ぽ），現日（㊀1841年9月2日　㊁1909年10月26
日），国際，国史，コン改，コン4，コン5，詩
歌，史人（㊀1841年9月2日　㊁1909年10月26
日），重要（㊀天保12(1841)年9月2日　㊁明治
42(1909)年10月26日），人書94，新潮（㊀天保
12(1841)年9月2日　㊁明治42(1909)年10月26
日），人名，世紀（㊀天保12(1841)年9月2日

[没]明治42（1909）年10月26日），姓氏山口，世人（[生]天保12（1841）年9月2日　[没]明治42（1909）年10月26日），世百，先駆（[生]天保12（1841）年9月2日　[没]明治42（1909）年10月26日），全書，大百，伝記，渡航（[生]1841年9月2日　[没]1909年10月26日），日史（[生]天保12（1841）年9月2日　[没]明治42（1909）年10月26日），日人，日本，人情，人情1，幕末（[没]1909年10月26日），藩臣6，百科，兵庫人（[生]天保12（1841）年9月2日　[没]明治42（1909）年10月26日），兵庫百，明治1，山口百，履歴（[生]天保12（1841）年9月2日　[没]明治42（1909）年10月26日），歴大

伊藤藤景 いとうふじかげ
→伊藤直之進（いとうなおのしん）

伊藤不伝 いとうふでん
生没年不詳
江戸時代前期の武芸家。
¶国書

伊藤文左衛門(1) いとうぶんざえもん
安永2（1773）年～天保11（1840）年
江戸時代後期の信濃高遠藩士、兵法師範。
¶藩臣3

伊藤文左衛門(2) いとうぶんざえもん
文化3（1806）年～明治4（1871）年
江戸時代末期～明治期の信濃高遠藩士、兵法師範。
¶藩臣3

伊藤鳳山 いとうほうざん
文化3（1806）年～明治3（1870）年
江戸時代末期～明治期の三河田原藩校成章館教授。
¶江文，国書（[没]明治3（1870）年1月23日），庄内（[没]明治3（1870）年1月23日），人名，姓氏愛知，日人，幕末（[没]1870年2月23日），藩臣4，山形百

伊藤孫兵衛 いとうまごべえ
→伊藤忠一（いとうただかず）

伊藤孫六 いとうまごろく
明和2（1765）年～天保12（1841）年
江戸時代中期～後期の剣術家。円明流。
¶剣豪

伊藤正俊 いとうまさとし
文化14（1817）年～明治27（1894）年
江戸時代末期～明治期の筑前秋月藩士。
¶藩臣7

伊藤正直（伊東正直） いとうまさなお
文化12（1815）年～明治18（1885）年　[別]伊東有涯《いとうゆうがい》
江戸時代後期～明治期の志士。備前岡山藩士。
¶岡山人（伊東有涯　いとうゆうがい），岡山人，岡山歴（伊東正直　[生]？）

伊藤政房 いとうまさふさ
？　～元文3（1738）年
江戸時代中期の武士、幕臣。
¶和歌山人

伊東政世（伊藤政世） いとうまさよ
弘治3（1557）年～寛永5（1628）年
安土桃山時代～江戸時代前期の武士。後北条氏家臣、徳川氏家臣。
¶人名（伊藤政世），姓氏神奈川（[生]1556年），戦辞（生没年不詳），戦人，戦東，日人

伊藤益荒 いとうますら
弘化1（1844）年～元治1（1864）年　[別]伊藤嘉融《いとうよしなが》
江戸時代末期の肥前島原藩士。
¶新潮（伊藤嘉融　いとうよしなが　[生]弘化1（1844）年4月4日　[没]元治1（1864）年9月8日），人名，日人（伊藤嘉融　いとうよしなが），幕末（[没]1864年10月8日），藩臣7

伊藤又兵衛 いとうまたべえ
慶長3（1598）年～延宝3（1675）年
江戸時代前期の紀伊和歌山藩士。
¶藩臣5

伊藤松太郎 いとうまつたろう
文化14（1817）年～明治8（1875）年
江戸時代末期～明治期の豊後日出藩士。
¶藩臣7

伊藤万年 いとうまんねん
安永3（1774）年～文政12（1829）年　[別]伊藤祐祥《いとうすけよし》
江戸時代後期の出羽秋田藩士。
¶国書（伊藤祐祥　いとうすけよし　[生]安永3（1774）年3月26日　[没]文政12（1829）年5月5日），人名，日人

伊藤湊 いとうみなと
→矢島作郎（やじまさくろう）

伊藤茂右衛門 いとうもうえもん
→伊藤茂右衛門（いとうもえもん）

伊藤茂右衛門 いとうもえもん
文化13（1816）年～？　[別]伊藤茂右衛門《いとうもうえもん》
江戸時代後期の薩摩藩士、陽明学者。
¶維新，鹿児島百，姓氏鹿児島，幕末，藩臣7（いとうもうえもん）

伊藤守賢 いとうもりかた
～弘化4（1847）年
江戸時代末期の武士。
¶岡山人

伊藤盛正 いとうもりまさ
？　～元和9（1623）年
江戸時代前期の武士。前田氏家臣。
¶戦国，戦人

伊東弥五郎 いとうやごろう
江戸時代前期の剣術家。
¶人名

伊藤弥惣 いとうやそう
？　～明治10（1877）年4月16日
江戸時代末期～明治期の高田藩士。
¶日人（生没年不詳），幕末

伊藤弥藤治 いとうやとうじ
文政8（1825）年～明治18（1885）年2月20日
江戸時代後期～明治期の武芸者。
¶庄内

伊東有涯 いとうゆうがい
→伊藤正直（いとうまさなお）

伊東祐亨 いとうゆうこう
→伊東祐亨（いとうすけゆき）

伊藤祐徳 いとうゆうとく
文政9（1826）年～明治39（1906）年
江戸時代後期～明治期の出水郡出水郷の郷士。
¶姓氏鹿児島

伊藤百合五郎 いとうゆりごろう
弘化2（1845）年～文久3（1863）年
江戸時代末期の奇兵隊士。
¶維新，人名，日人，幕末（[没]1863年11月24日）

伊藤嘉融 いとうよしなが
→伊藤益荒（いとうますら）

伊藤与八郎 いとうよはちろう
江戸時代末期の新撰組隊士。
¶新撰

伊藤頼長 いとうよりなが
元禄1（1688）年～明和2（1765）年11月25日
江戸時代中期の仙台藩士。
¶国書

伊藤蘭畹 いとうらんえん
享保12（1727）年～天明8（1788）年
江戸時代中期の備後福山藩士。
¶国書（[没]天明8（1788）年8月30日），人名，日人，藩臣6

伊藤蘭斎(1) いとうらんさい
享保13（1728）年～安永5（1776）年
江戸時代中期の播磨姫路藩士。
¶国書（[没]安永5（1776）年6月27日），日人，藩臣5

伊藤蘭斎(2) いとうらんさい
宝暦12（1762）年～天保4（1833）年
江戸時代中期の播磨姫路藩士。
¶兵庫百

伊藤蘭林 いとうらんりん
文化12（1815）年～明治28（1895）年
江戸時代末期～明治期の書家、土佐佐川藩士。
¶高知人，人名，日人，幕末（[没]1895年3月14日）

伊藤竜洲（伊藤竜州） いとうりゅうしゅう
天和3（1683）年～宝暦5（1755）年 [別]伊藤竜洲《いとうりょうしゅう》，伊藤竜州《いとうりゅうしゅう》
江戸時代中期の越前福井藩の漢学者。
¶朝日（[生]天和3年4月14日（1683年5月10日）[没]宝暦5年2月11日（1755年3月23日）），国書（[生]天和3（1683）年4月14日　[没]宝暦5（1755）年2月11日），コン改（いとうりょうしゅう），コン4（いとうりょうしゅう），新潮（いとうりょうしゅう　[没]宝暦5（1755）年3月11日），人名（いとうりょうしゅう），世人（伊藤竜州　[生]？），日人，藩臣3

伊藤竜太郎 いとうりゅうたろう
→伊藤竜太郎（いとうたつたろう）

伊藤竜洲 いとうりょうしゅう
→伊藤竜洲（いとうりゅうしゅう）

伊藤竜太郎 いとうりょうたろう
→伊藤竜太郎（いとうたつたろう）

伊藤蘆汀 いとうろてい
*～文政4（1821）年
江戸時代後期の備後福山藩士、儒学者。
¶国書（[生]安永5（1776）年　[没]文政4（1821）年10月1日），人名（[生]？），日人（[生]1776年），藩臣6（[生]安永3（1774）年）

伊藤和兌 いとうわたい
→伊藤和兌（いとうかずみち）

井戸亀右衛門 いどかめえもん
江戸時代前期の武士。細川忠興の臣。
¶人名

井戸覚弘(1) いどさとひろ
？～安政5（1858）年 [別]井戸対馬守覚弘《いどつしまのかみさだひろ》
江戸時代末期の幕臣、長崎奉行、大目付。
¶朝日（[没]安政5年4月7日（1858年5月19日）），維新，近世，国史，史人（[没]1858年4月），新潮（[没]安政5（1858）年4月7日），人名，世人，長崎歴（井戸対馬守覚弘　いどつしまのかみさだひろ），日人，幕末（[生]1824年　[没]1858年5月19日）

井戸覚弘(2) いどさとひろ
→井戸覚弘（いどあきひろ）

井戸重弘 いどしげひろ
～寛文12（1672）年
江戸時代前期の旗本。
¶神奈川人

井戸対馬守覚弘 いどつしまのかみさだひろ
→井戸覚弘(1)（いどさとひろ）

井戸弘道 いどひろみち
？～安政2（1855）年
江戸時代末期の幕臣、浦賀奉行。
¶朝日（[没]安政2年7月26日（1855年9月7日）），維新，神奈川人，近世，国史，国書（[没]安政2（1855）年7月26日），史人（[没]1855年7月26日），新潮（[没]安政2（1855）年7月26日），人名，世人（[没]安政2（1855）年7月26日），日人，幕末（[没]1855年9月7日）

井戸平左衛門 いどへいざえもん
寛文12（1672）年～享保18（1733）年 [別]井戸正朋《いどまさとも》，井戸正明《いどまさあきら》，井戸平左衛門正明《いどへいざえもんまさあきら，いどへいざえもんまさあき》，芋代官《いもだいかん》
江戸時代中期の民政家、石見国大森代官。
¶朝日（[没]享保18年5月26日（1733年7月7日）），岩史（[没]享保18（1733）年5月27日），岡山人，岡山百（[没]享保18（1733）年5月27日），岡山歴（[没]享保18（1733）年5月27日），近世，国史，コン改（[生]寛文11（1671）年），コン4（[生]寛文11（1671）年），史人（[没]1733年5月27日），島根人（井戸正朋　いどまさとも），島根百（井戸平左衛門正明　いどへいざえもんまさあきら），島根歴（井戸平左衛門正明　いどへいざえもんまさあきら），食文（井戸平左衛門正明　いどへいざえもんまさあき　[没]享保18年5月27日（1733年7月8日）），人書94（[生]1671年），新潮（[没]享保18（1733）年5月27日），人名（井戸正朋

いどまさとも），世人（㊼享保18（1733）年5月
26日），全書（井戸正明　いどまさあきら），
大百（井戸正明　いどまさとも），日史（㊼享保18
（1733）年5月27日），日人，百科，歴大

井戸平左衛門正明　いどへいざえもんまさあき
　→井戸平左衛門（いどへいざえもん）

井戸平左衛門正明　いどへいざえもんまさあきら
　→井戸平左衛門（いどへいざえもん）

井戸正明　いどまさあきら
　→井戸平左衛門（いどへいざえもん）

井戸正明　いどまさとも
　→井戸平左衛門（いどへいざえもん）

井戸良弘　いどよしひろ
　寛永12（1635）年〜享保2（1717）年
　江戸時代前期〜中期の幕臣。勘定奉行。
　¶近世，国史，新潮（㊼享保2（1717）年11月21
　　日），日人

井鳥巨雲　いとりきょうん
　慶安3（1650）年〜享保6（1721）年　㊞井鳥巨雲
　《いとりこうん》
　江戸時代前期〜中期の剣術家。
　¶剣豪（いとりこうん），日人

井鳥景雲　いとりけいうん
　元禄14（1701）年〜天明2（1782）年　㊞影法師《か
　げぼうし》，道島調心《みちしまちょうしん》
　江戸時代中期の武術家。
　¶剣豪，人名，日人

井鳥巨雲　いとりこうん
　→井鳥巨雲（いとりきょうん）

井鳥為信　いとりためのぶ
　江戸時代の剣術家、弘流剣法の祖。
　¶人名

稲井甚太左衛門　いないじんたざえもん
　？　〜文政9（1826）年
　江戸時代後期の伊予宇和島藩家老。
　¶藩臣6

稲生七郎右衛門正倫　いなうしちろうえもんまさとも
　→稲生正倫（いなうまさとも）

稲生正倫　いなうまさとも
　寛永3（1626）年〜寛文6（1666）年　㊞稲生七郎右
　衛門正倫《いなうしちろうえもんまさとも》
　江戸時代前期の20代長崎奉行。
　¶長崎歴（稲生七郎右衛門正倫　いなうしちろう
　　えもんまさとも）

稲垣昭賢　いながきあきかた
　元禄11（1698）年〜宝暦2（1752）年
　江戸時代中期の大名。下野烏山藩主、志摩鳥羽
　藩主。
　¶諸系（㊼1753年），人名，日人（㊼1753年），藩
　　主1，藩主3（㊥元禄11（1698）年4月10日　㊼宝
　　暦2（1752）年12月29日）

稲垣昭友　いながきあきとも
　〜享保13（1728）年
　江戸時代中期の旗本。
　¶神奈川人

稲垣昭央　いながきあきなか
　享保16（1731）年〜寛政2（1790）年
　江戸時代中期の大名。志摩鳥羽藩主。
　¶諸系，日人，藩主3（㊤享保16（1731）年11月29
　　日　㊼寛政2（1790）年5月17日）

稲垣一学　いながきいちがく
　？　〜寛政5（1793）年
　江戸時代中期の駿河沼津藩代官。
　¶藩臣4

稲垣覚之丞　いながきかくのじょう
　天保1（1830）年〜慶応3（1867）年
　江戸時代末期の越後村松藩士。
　¶維新，人名，日人，幕末（㊼1867年6月21日）

稲垣寒翠　いながきかんすい
　享和3（1803）年〜天保14（1843）年　㊞稲垣武十
　郎《いながきぶじゅうろう》
　江戸時代後期の美作津山藩士、儒学者。
　¶国書（㊤享和3（1803）年4月5日　㊥天保14
　　（1843）年10月18日），日人，藩臣6（稲垣武十
　　郎　いながきぶじゅうろう）

稲垣軍兵衛　いながきぐんべえ
　文政5（1822）年〜明治4（1871）年3月29日
　江戸時代後期〜明治期の阿波徳島藩士。
　¶徳島歴

稲垣定淳　いながきさだあつ
　宝暦12（1762）年〜天保3（1832）年
　江戸時代中期〜後期の大名。近江山上藩主。
　¶諸系，日人，藩主3

稲垣定計　いながきさだかず
　享保13（1728）年〜文化1（1804）年
　江戸時代中期〜後期の大名。近江山上藩主。
　¶諸系，日人，藩主3（㊼享保4（1804）年1月）

稲垣定成　いながきさだなり
　天明5（1785）年〜天保14（1843）年
　江戸時代後期の大名。近江山上藩主。
　¶諸系，日人，藩主3（㊤天明4（1784）年）

稲垣定享　いながきさだみち
　宝永7（1710）年〜元文5（1740）年
　江戸時代中期の大名。近江山上藩主。
　¶諸系，日人，藩主3（㊼元文5（1740）年4月25日）

稲垣子華　いながきしか
　→稲垣隆秀（いながきたかひで）

稲垣重昭　いながきしげあき
　寛永13（1636）年〜元禄16（1703）年
　江戸時代前期〜中期の大名。三河刈谷藩主。
　¶諸系，日人，藩主2（㊼元禄16（1703）年6月19
　　日）

稲垣重氏　いながきしげうじ
　寛永18（1641）年〜正徳1（1711）年
　江戸時代前期〜中期の幕臣、堺奉行。
　¶国書（㊤正徳1（1711）年12月6日），人名，日人
　　（㊼1712年）

稲垣重定　いながきしげさだ
　慶安1（1648）年〜宝永4（1707）年
　江戸時代前期〜中期の大名。近江山上藩主。
　¶諸系，人名，日人，藩主3（㊼宝永4（1707）年11

月10日）

稲垣重綱 いながきしげつな
天正11（1583）年～承応3（1654）年
江戸時代前期の大名。上野伊勢崎藩主、越後藤井藩主、越後三条藩主、三河刈谷藩主。
¶諸系，人名，新潟百（[生]1582年），日人，藩主1（[没]承応3（1654）年1月8日），藩主2（[没]承応3（1654）年1月8日），藩主3，藩主3（[生]天正11（1583）年3月　[没]承応3（1654）年1月8日）

稲垣重富 いながきしげとみ
延宝1（1673）年～宝永7（1710）年
江戸時代中期の大名。下野烏山藩主、上総大多喜藩主、三河刈谷藩主。
¶諸系，栃木歴，日人，藩主1（[没]宝永7（1710）年4月17日），藩主2

稲垣重房 いながきしげふさ
寛文10（1670）年～享保5（1720）年
江戸時代中期の大名。近江山上藩主。
¶諸系，日人，藩主3（[没]享保5（1720）年3月4日）

稲垣重太 いながきしげもと
文禄3（1594）年～万治1（1658）年
江戸時代前期の武士、大番頭。
¶諸系，人名，日人

稲垣子直 いながきしちょく
寛政11（1799）年～安政2（1855）年
江戸時代末期の志摩鳥羽藩士。
¶藩臣4，三重続

稲垣素平 いながきそへい
？～天保8（1837）年
江戸時代後期の駿河沼津藩士。
¶藩臣4

稲垣隆秀 いながきたかひで
享保8（1723）年～寛政9（1797）年　[別]稲垣子華《いながきしか》
江戸時代中期の播磨安志藩士。
¶大阪人（稲垣子華　いながきしか　[生]享保4（1719）年　[没]寛政5（1793）年1月），岡山百（[没]寛政9（1797）年1月6日），岡山歴（[没]寛政9（1797）年1月6日），人名，日人，藩臣5（稲垣子華　いながきしか），兵庫人（稲垣子華　いながきしか）

稲垣種信 いながきたねのぶ
元禄7（1694）年～＊
江戸時代中期の大坂町奉行。
¶人名（[没]1763年），日人（[没]1764年）

稲垣田竜 いながきでんりゅう
享保17（1732）年～文化1（1804）年
江戸時代後期の小野派一刀流剣術家。
¶埼玉人，埼玉百

稲垣鐙斎 いながきとうさい
～？
江戸時代後期の季秋和歌山藩士、勢州白子領最後の代官。
¶三重続

稲垣藤左衛門 いながきとうざえもん
正徳5（1715）年～天明2（1782）年11月8日
江戸時代中期の備中倉敷代官。
¶岡山歴

稲垣長章 いながきながあき
→稲垣白嵓（いながきはくがん）

稲垣長明 いながきながあき
天保1（1830）年～慶応2（1866）年　[別]稲垣長明《いながきながあきら》
江戸時代末期の大名。志摩鳥羽藩主。
¶諸系，日人，藩主3（いながきながあきら　[生]天保1（1830）年5月12日　[没]慶応2（1866）年9月29日）

稲垣長明 いながきながあきら
→稲垣長明（いながきながあき）

稲垣長剛 いながきながかた
文化4（1807）年～弘化4（1847）年
江戸時代後期の大名。志摩鳥羽藩主。
¶諸系，日人，藩主3（[生]文化4（1807）年8月18日　[没]弘化4（1847）年2月14日）

稲垣長続 いながきながつぐ
安永1（1772）年～文政2（1819）年
江戸時代後期の大名。志摩鳥羽藩主。
¶諸系，日人，藩主3（[生]明和8（1771）年8月15日　[没]文政1（1818）年12月29日）

稲垣長敬 いながきながひろ
安政1（1854）年～大正9（1920）年
江戸時代末期～明治期の大名。志摩鳥羽藩主。
¶諸系，人名，日人，藩主3（[没]大正9（1920）年8月30日）

稲垣長以 いながきながもち
宝暦2（1752）年～文政6（1823）年
江戸時代中期～後期の大名。志摩鳥羽藩主。
¶諸系，日人，藩主3（[生]寛延2（1749）年1月14日　[没]文政6（1823）年5月14日）

稲垣長行 いながきながゆき
嘉永4（1851）年～明治1（1868）年
江戸時代末期の大名。志摩鳥羽藩主。
¶維新，諸系，日人，幕末（[没]1868年9月29日），藩主3（[生]嘉永4（1851）年8月24日　[没]明治1（1868）年8月14日）

稲垣名兵衛 いながきなへえ
文政8（1825）年～？
江戸時代末期の駿河沼津藩士。
¶藩臣4

稲垣則茂 いながきのりしげ
＊～寛文5（1665）年
江戸時代前期の上野大胡藩家老。
¶藩臣2（[生]？），藩臣4（[生]天正13（1585）年）

稲垣白嵓（稲垣白巌） いながきはくがん
元禄8（1695）年～安永6（1777）年　[別]稲垣長章《いながきながあき》，稲垣白巌《いながきはくがん》
江戸時代中期の越前大野藩老職。
¶江文（稲垣白巌），国書（[生]元禄8（1695）年4月28日　[没]安永6（1777）年6月11日），人名（稲垣長章　いながきながあき），日人

稲垣武十郎 いながきぶじゅうろう
→稲垣寒翠（いながきかんすい）

稲垣平助 いながきへいすけ
 天保8(1837)年〜明治19(1886)年
 江戸時代末期〜明治期の越後長岡藩家老。
 ¶幕末(㊤1886年5月)，藩臣4

稲垣正武 いながきまさたけ
 元禄11(1698)年〜明和8(1771)年
 江戸時代中期の大目付。
 ¶京都大，人名，姓氏京都(㊤1699年)，日人

稲垣太篤 いながきもとあつ
 文化7(1810)年〜文久3(1863)年
 江戸時代末期の大名。近江山上藩主。
 ¶諸系，日人，藩主3(㊤文久2(1862)年)

稲垣太清 いながきもときよ
 天保11(1840)年〜明治21(1888)年
 江戸時代末期〜明治期の大名。近江山上藩主。
 ¶諸系，日人，藩主3

稲垣義方 いながきよしかた
 天保12(1841)年〜明治40(1907)年
 江戸時代末期〜明治期の加賀藩士。
 ¶石川百，人名(㊤1908年)，姓氏石川，日人，幕末(㊤1908年7月)

稲川清記 いながわせいき
 天明5(1785)年〜天保11(1840)年
 江戸時代後期の豊後臼杵藩士。
 ¶藩臣7

稲熊三右衛門 いなくまさんうえもん
 ？〜寛文3(1663)年
 江戸時代前期の備後福山藩家老。
 ¶藩臣6

稲毛惣左衛門 いなげそうざえもん
 生没年不詳
 江戸時代後期の肥前大村藩士。
 ¶藩臣7

伊奈小三郎忠盈 いなこさぶろうただみつ
 安永4(1775)年〜文政6(1823)年
 江戸時代中期〜後期の代官。
 ¶埼玉百

伊奈摂津守忠尊 いなせっつのかみただたか
 →伊奈忠尊

稲田貫之丞 いなだかんのじょう
 →稲田楯成(いなだたてなり)

稲田九郎兵衛 いなだくろべえ
 江戸時代前期の武士。蜂須賀氏の臣。
 ¶人名

稲田佐太郎 いなださたろう
 江戸時代末期の新撰組隊士。
 ¶新撰

稲田示稙 いなだしげたね
 天正5(1577)年〜慶安3(1650)年3月12日
 安त桃山時代〜江戸時代前期の徳島藩家老。
 ¶徳島歴

稲田重蔵 いなだじゅうぞう
 文化11(1814)年〜万延1(1860)年
 江戸時代末期の水戸藩属吏。
 ¶維新，人名，日人，幕末(㊤1860年3月24日)，藩臣2

稲田芸稙 いなだすけたね
 享和3(1803)年〜弘化4(1847)年9月8日
 江戸時代後期の徳島藩家老。
 ¶徳島歴

伊奈忠篤 いなだあつ
 ＊〜元禄10(1697)年　㊛伊奈半十郎忠篤《いなはんじゅうろうただあつ》
 江戸時代前期〜中期の関東郡代。忠常の長子。
 ¶岐阜百(㊤？)，埼玉百(伊奈半十郎忠篤　いなはんじゅうろうただあつ　㊤1669年)

伊奈忠宥 いなだおき
 享保14(1729)年〜安永1(1772)年　㊛伊奈半左衛門忠宥《いなはんざえもんただあつ》
 江戸時代中期の関東郡代。勘定奉行。
 ¶朝日(㊤安永1年8月25日(1772年9月22日))，神奈川人，近世，国史，埼玉百(伊奈半左衛門忠宥　いなはんざえもんただあつ)，史人(㊤1772年8月25日)，諸系，新潮(㊤安永1(1772)年8月25日)，日人

伊奈忠賢 いなだかた
 享保11(1726)年〜寛政7(1795)年5月21日
 江戸時代中期〜後期の幕臣。
 ¶国書

伊奈忠克(いなだ忠勝) いなだかつ
 ？〜寛文5(1665)年　㊛伊奈半左衛門忠克《いなはんざえもんただかつ》
 江戸時代前期の関東郡代。水道奉行として玉川上水を完成。
 ¶朝日(㊤寛文5年8月14日(1665年9月22日))，近世，国史，コン改，埼玉人，コン4，埼玉百(㊤寛文5(1665)年8月14日)，埼玉百(伊奈半左衛門忠克　いなはんざえもんただかつ　㊤1617年)，諸系，新潮(㊤寛文5(1665)年8月14日)，人名，日史(㊤元和3(1617)年？)　㊤寛文5(1665)年8月14日)，日人，福島百(伊奈忠勝)(㊤元和3(1617)年)，歴大

伊奈忠勝 いなだかつ
 慶長16(1611)年〜元和5(1619)年
 江戸時代前期の大名。武蔵小室藩主。
 ¶諸系，日人，藩主1(㊤元和5(1619)年8月16日)

伊奈忠達 いなだただと
 →伊奈忠遠(いなだみち)

伊奈忠尊 いなだたか
 明和1(1764)年〜寛政6(1794)年　㊛伊奈摂津守忠尊《いなせっつのかみただたか》
 江戸時代後期の関東郡代。
 ¶朝日(㊤寛政6年8月19日(1794年9月12日))，岩史(㊤寛政6(1794)年8月19日)，角史(生没年不詳)，近世，国史(生没年不詳)，コン4，埼玉人(㊤寛政6(1794)年8月19日)，埼玉百(伊奈摂津守忠尊　いなせっつのかみただたか　㊤？)，史人(㊤1794年8月19日)，諸系，新潮(生没年不詳)，人名，日史(㊤寛政6(1794)年8月)，日人

稲田楯成 いなだたてなり
 天保12(1841)年〜明治1(1868)年　㊛稲田貫之丞《いなだかんのじょう》
 江戸時代末期の堺事件烈士。

¶高知人（稲田貫之丞　いなだかんのじょう
⊕1839,（異説）1841年），人名，日人

伊奈忠告 いなただとき
？　〜嘉永3（1850）年
江戸時代後期の第33代京都東町奉行。
¶京都大，姓氏京都

稲田稙晟 いなだたねあき
寛延3（1750）年〜安永2（1773）年5月7日
江戸時代中期の徳島藩家老。
¶徳島歴

稲田稙封 いなだたねあつ
寛政5（1793）年〜文政8（1825）年1月19日
江戸時代後期の徳島藩家老。
¶徳島歴

稲田稙樹 いなだたねき
宝暦2（1752）年〜安永6（1777）年5月12日
江戸時代中期の徳島藩家老。
¶徳島歴

稲田稙次 いなだたねつぐ
慶長5（1600）年〜承応1（1652）年
安土桃山時代〜江戸時代前期の武士。
¶徳島歴，日人

稲田稙誠（稲田植誠）いなだたねのぶ
弘化1（1844）年〜慶応1（1865）年
江戸時代末期の阿波徳島藩洲本城代。
¶維新（稲田植誠），人名（⊕1845年），徳島百
（⊕弘化1（1844）年11月4日　⊕慶応1（1865）年
7月29日），徳島歴（⊕弘化3（1846）年　⊗慶応
1（1865）年7月19日），日人，幕末（稲田植誠
⊗1865年9月8日），藩臣6（稲田植誠　⊕弘化3
（1846）年）

稲田稙乗 いなだたねのり
文政8（1825）年〜弘化4（1847）年8月14日
江戸時代後期の徳島藩家老。
¶徳島歴

稲田稙治 いなだたねはる
元禄7（1694）年〜享保7（1722）年9月14日
江戸時代中期の徳島藩家老。
¶徳島歴

稲田稙久 いなだたねひさ
享保9（1724）年〜明和7（1770）年9月6日
江戸時代中期の徳島藩家老。
¶徳島歴

稲田稙栄 いなだたねひで
寛永19（1642）年〜享保15（1730）年12月2日
江戸時代前期〜中期の徳島藩家老。
¶徳島歴

稲田稙政 いなだたねまさ
元禄11（1698）年〜元文4（1739）年9月25日
江戸時代中期の徳島藩家老。
¶徳島歴

稲田稙幹 いなだたねもと
正保3（1646）年〜享保5（1720）年9月14日
江戸時代前期〜中期の徳島藩家老。
¶徳島歴

稲田稙元（稲田植元）いなだたねもと
？　〜寛永6（1629）年
江戸時代前期の武将、徳島藩家老。
¶戦人（生没年不詳），徳島百（⊕天文14（1545）年
⊗寛永5（1628）年8月18日），徳島歴（稲田植元
⊗寛永6（1629）年8月18日），藩臣6（稲田植元）

伊奈忠順 いなただのぶ
？　〜正徳2（1712）年　㊙伊奈半左衛門忠順《いな
はんざえもんただゆき》
江戸時代中期の関東郡代。江戸の拡張工事を推進。
¶朝日（⊗正徳2年2月29日（1712年4月4日）），神
奈川人，岐阜百，近世，国史，コン改，コン4，
埼玉百（伊奈半左衛門忠順　いなはんざえもん
ただゆき），静岡百（⊗寛文12（1672）年　⊗正
徳1（1711）年），静岡歴（⊗寛文12（1672）年
⊗正徳1（1711）年），諸系，新潮（⊗正徳2
（1712）年2月29日），人名，姓氏静岡，日史
（⊗正徳2（1712）年2月29日），日人

伊奈忠治 いなただはる
文禄1（1592）年〜承応2（1653）年　㊙伊奈半十郎
忠治《いなはんじゅうろうただはる》
江戸時代前期の関東郡代。玉川上水の開削工事に
当たる。
¶朝日（⊗承応2年6月27日（1653年7月21日）），
岩史（⊗承応2（1653）年6月27日），角史，郷土
茨城，近世，国史，コン改，コン4，埼玉人
（⊗承応2（1653）年6月27日），埼玉百（伊奈半
十郎忠治　いなはんじゅうろうただはる），史
人（1653年6月27日），諸系，新潮（⊗承応2
（1653）年6月27日），人名，全書，大日，日史
（⊗承応2（1653）年6月27日），日人，百科，
歴大

伊奈忠政 いなただまさ
天正13（1585）年〜元和4（1618）年　㊙伊奈筑後
守忠政《いなちくごのかみただまさ》
安土桃山時代〜江戸時代前期の武将、大名。武蔵
小室藩主。
¶コン改，コン4，埼玉人（⊗元和4（1618）年3月
10日），埼玉百（伊奈筑後守忠政　いなちくご
のかみただまさ），諸系，人名，日人，藩主1
（⊗元和4（1618）年3月10日）

伊奈忠達 いなただみち
？　〜宝暦6（1756）年　㊙伊奈忠達《いなたださ
と》，伊奈半左衛門忠達《いなはんざえもんただみ
ち》
江戸時代中期の関東郡代、東伊奈家6代の主。
¶岐阜百，埼玉百（伊奈半左衛門忠達　いなはん
ざえもんただみち），諸系，人名（伊奈忠達　い
なたださと），日人

稲田敏稙 いなだとしたね
明和4（1767）年〜文化8（1811）年6月29日
江戸時代中期〜後期の徳島藩家老。
¶徳島歴

稲田八郎 いなだはちろう
→稲田八郎（いねだはちろう）

稲田隼之助 いなだはやのすけ
天保10（1839）年〜明治5（1872）年7月26日
江戸時代後期〜明治期の新徴組士。

¶庄内

稲田又左衛門(1) いなだまたざえもん
生没年不詳
江戸時代後期の肥前大村藩家老。
¶藩臣7

稲田又左衛門(2) いなだまたざえもん
天保5(1834)年～明治43(1910)年
江戸時代末期～明治期の肥前大村藩士。
¶維新，人名，日人，幕末([没]1910年3月3日)，藩臣7

伊奈筑後守忠政 いなちくごのかみただまさ
→伊奈忠政(いなただまさ)

稲津掃部助 いなづかもんのすけ
生没年不詳
安土桃山時代～江戸時代前期の武将。
¶戦人

稲塚和右衛門 いなつかわえもん，いなづかわえもん
元禄5(1692)年～安永4(1775)年
江戸時代中期の出雲松江藩士。
¶島根百，島根歴，藩臣5(いなづかわえもん [生]元禄5(1692)年？)

稲次右近 いなつぎうこん
永禄2(1559)年～寛永15(1638)年　[別]稲次壱岐《いなつぐいき》，稲次宗雄《いなつぐむねお》，稲次重知《いなつぐしげとも》
江戸時代前期の筑後久留米藩家老。有馬豊氏の臣。
¶国書(稲次宗雄　いなつぐむねお　[没]寛永15(1638)年1月22日)，人名，戦国(稲次宗雄　いなつぐむねお)，日人([生]1574年)，藩臣7(稲次壱岐　いなつぐいき)，福岡百(稲次重知　いなつぐしげとも　[没]寛永15(1638)年1月22日)

稲次春之助 いなつぎはるのすけ
天保9(1838)年～？
江戸時代後期～末期の新撰組隊士。
¶新撰

稲次壱岐 いなつぐいき
→稲次右近(いなつぎうこん)

稲次因幡 いなつぐいなば
元禄15(1702)年～元文1(1736)年　[別]稲次正誠《いなつぐまささね》
江戸時代中期の筑後久留米藩家老。
¶藩臣7，福岡百(稲次正誠　いなつぐまささね　[没]享保21(1736)年4月17日)

稲継右近 いなつぐうこん
永禄2(1559)年～寛永14(1637)年
安土桃山時代～江戸時代前期の丹波福知山藩家老。
¶藩臣5

稲次重知 いなつぐしげとも
→稲次右近(いなつぎうこん)

稲次正礼 いなつぐせいれい
享保15(1730)年～寛政10(1798)年5月15日
江戸時代中期～後期の筑後久留米藩士。
¶国書

稲次正誠 いなつぐまささね
→稲次因幡(いなつぐいなば)

稲次宗雄 いなつぐむねお
→稲次右近(いなつぎうこん)

稲津次郎兵衛 いなづじろうべえ
寛永6(1629)年～元禄2(1689)年12月12日
江戸時代前期～中期の武芸家。
¶国書

稲津弥右衛門 いなつやえもん，いなづやえもん
宝永2(1705)年～天明6(1786)年
江戸時代中期の肥後熊本藩士。
¶熊本百([没]天明6(1786)年4月19日)，人名(いなづやえもん)，日人，藩臣7

稲富宮内 いなとみくない
→稲富重次(いなとみしげつぐ)

稲富重次 いなとみしげつぐ
？～寛永10(1633)年　[別]稲富宮内《いなとみくない》
江戸時代前期の旗本。
¶神奈川人，埼玉人(稲富宮内　いなとみくない　[没]寛永10(1633)年12月22日)

伊奈友太夫 いなともだゆう
？～宝暦8(1758)年
江戸時代中期の剣術家。円明流。
¶剣豪

稲葉観通 いなばあきみち
*～文久2(1862)年
江戸時代末期の大名。豊後臼杵藩主。
¶諸系([生]1837年)，日人([生]1837年)，幕末([生]1839年　[没]1862年9月24日)，藩主4([生]天保10(1839)年8月5日　[没]文久2(1862)年閏8月4日)

稲葉幾通 いなばいくみち
文化12(1815)年～*　[別]稲葉幾通《いなばちかみち》
江戸時代後期の大名。豊後臼杵藩主。
¶国書(いなばちかみち　[生]文化12(1815)年3月29日　[没]天保14(1843)年12月17日)，諸系([没]1844年)，日人([没]1844年)，藩主4(いなばちかみち　[生]文化12(1815)年3月29日　[没]天保14(1843)年12月17日)

稲葉迂斎 いなばうさい
貞享1(1684)年～宝暦10(1760)年
江戸時代中期の儒学者、肥前唐津藩士。闇斎学派の大家。
¶朝日([生]貞享1年9月17日(1684年10月25日)　[没]宝暦10年11月10日(1760年12月16日))，江文，近世，国史，国書([生]貞享1(1684)年9月17日　[没]宝暦10(1760)年11月10日)，コン改，コン4，詩歌，新潮([生]貞享1(1684)年9月17日　[没]宝暦10(1760)年11月11日)，人名，世人([生]貞享1(1684)年9月17日　[没]宝暦10(1760)年11月10日)，日人，藩臣7

稲葉采女 いなばうねめ
→稲葉正純(いなばまさずみ)

稲葉景通 いなばかげみち
寛永16(1639)年～元禄7(1694)年
江戸時代前期の大名。豊後臼杵藩主。
¶大分百，諸系，日人，藩主4([生]寛永16(1639)

年4月 [没]元禄7(1694)年閏5月20日)

稲葉勘解由左衛門 いなばかげゆざえもん
生没年不詳
江戸時代前期の最上氏遺臣。
¶庄内

稲葉一通 いなばかずみち
天正15(1587)年～寛永18(1641)年
江戸時代前期の大名。豊後臼杵藩主。
¶大分百，諸系，日人，藩主4([没]寛永18(1641)年8月16日)

稲葉方通 いなばかたみち
*～寛永17(1640)年 [別]稲葉方通《いなばまさみち》
安土桃山時代～江戸時代前期の武士。豊臣氏家臣、徳川氏家臣。
¶戦国([生]1567年)，戦人(いなばまさみち [生]永禄9(1566)年)

稲葉左近 いなばさこん
→稲葉直富(いなばなおとみ)

稲葉重左衛門 いなばじゅうざえもん
生没年不詳
江戸時代中期の安房勝山藩士。
¶藩臣3

稲葉清太夫 いなばせいだいゆう
→稲葉清太夫(いなばせいだゆう)

稲葉清太夫 いなばせいだゆう
文化5(1808)年～嘉永5(1852)年 [別]稲葉清太夫《いなばせいだいゆう》
江戸時代末期の下総結城藩家老。
¶幕末([没]1852年5月6日)，藩臣3(いなばせいだいゆう)

稲葉大壑 いなばたいがく,いなばだいがく
文化4(1807)年～安政4(1857)年
江戸時代末期の儒者、寺社奉行。
¶国書([没]安政4(1857)年6月6日)，人名(いなばだいがく)，日人

稲葉尊通 いなばたかみち
→稲葉尊通(いなばもとみち)

稲葉幾通 いなばちかみち
→稲葉幾通(いなばいくみち)

稲葉雍通 いなばちかみち
→稲葉雍通(いなばてるみち)

稲葉恒通 いなばつねみち
元禄3(1690)年～享保5(1720)年
江戸時代中期の大名。豊後臼杵藩主。
¶国書([没]享保5(1720)年6月25日)，諸系，日人，藩主4([生]元禄3(1690)年2月 [没]享保5(1720)年6月25日)

稲葉雍通 いなばてるみち
安永5(1776)年～弘化4(1847)年 [別]稲葉雍通《いなばちかみち》
江戸時代後期の大名。豊後臼杵藩主。
¶大分百，大分歴，近世，国史，国書([生]安永5(1776)年5月8日 [没]弘化4(1847)年9月18日)，コン改([生]安永3(1774)年)，コン4([生]安永3(1774)年)，諸系，新潮([生]安永3(1774)年 [没]弘化4(1847)年9月18日)，人名(いなばちかみち)，日人，藩主4([生]安永5(1776)年5月8日 [没]弘化4(1847)年9月18日)，和俳([生]安永5(1776)年5月8日 [没]弘化4(1847)年9月18日)

稲葉出羽守正申 いなばでわのかみまさのぶ
→稲葉正申(いなばまさのぶ)

稲葉知通 いなばともみち
承応1(1652)年～宝永3(1706)年
江戸時代前期～中期の大名。豊後臼杵藩主。
¶国書([生]承応1(1652)年9月 [没]宝永3(1706)年4月15日)，諸系，日人，藩主4([生]承応1(1652)年9月 [没]宝永3(1706)年4月15日)

稲葉直富 いなばなおとみ
？～寛永17(1640)年 [別]稲葉左近《いなばさこん》
江戸時代前期の加賀藩士。
¶石川百，姓氏石川，藩臣3(稲葉左近 いなばさこん)

稲葉直政 いなばなおまさ
弘治1(1555)年～寛永5(1628)年6月8日
安土桃山時代～江戸時代前期の武将。秀吉馬廻。
¶織田，戦国，戦人(生没年不詳)

稲葉名兵衛 いなばなへえ
永禄10(1567)年～寛永12(1635)年
安土桃山時代～江戸時代前期の武士。
¶庄内

稲葉信通 いなばのぶみち
慶長13(1608)年～延宝1(1673)年
江戸時代前期の大名。豊後臼杵藩主。
¶大分百，諸系，日人，藩主4([没]延宝1(1673)年6月24日)

稲葉紀通 いなばのりみち
慶長8(1603)年～慶安1(1648)年
江戸時代前期の大名。伊勢田丸藩主、摂津中島藩主、丹波福知山藩主。
¶京都府，諸系([没]1643年)，人名([生]？)，日人，藩主3([没]慶安1(1648)年8月20日)，藩主3

稲葉典通 いなばのりみち
永禄9(1566)年～寛永3(1626)年 [別]彦六侍従《ひころくじじゅう》
安土桃山時代～江戸時代前期の武将、大名。豊後臼杵藩主。
¶大分歴，諸系([没]1627年)，人名，戦国([生]1567年)，戦人，日人([没]1627年)，藩主4([没]寛永3(1626)年11月19日)

稲葉隼人 いなばはやと
？～慶応1(1865)年
江戸時代末期の武蔵川越藩士。
¶藩臣3

稲葉久通 いなばひさみち
天保14(1843)年～明治26(1893)年
江戸時代末期～明治期の大名。豊後臼杵藩主。
¶諸系，日人，幕末([没]1893年7月23日)，藩主4([没]明治26(1893)年6月23日)

稲葉弘通 いなばひろみち
宝暦2(1752)年～文政1(1818)年
江戸時代中期～後期の大名。豊後臼杵藩主。

¶諸系，日人，藩主4（[生]宝暦3（1753）年10月 [没]文政1（1818）年10月28日）

稲葉正発 いなばまさあき
→稲葉正発（いなばまさはる）

稲葉正明 いなばまさあき
享保8（1723）年～寛政5（1793）年 [別]稲葉正明《いなばまさあきら》
江戸時代中期の大名、御用取次。安房館山藩主。
¶朝日（[没]寛政5年8月5日（1793年9月9日）），諸系，人名，日人，藩主2（いなばまさあきら [没]寛政5（1793）年8月5日）

稲葉正明 いなばまさあきら
→稲葉正明（いなばまさあき）

稲葉正員 いなばまさかず
慶安2（1649）年～享保13（1728）年
江戸時代前期～中期の武士。
¶諸系，日人

稲葉正勝 いなばまさかつ
慶長2（1597）年～寛永11（1634）年
江戸時代前期の大名。下野真岡藩主、相模小田原藩主、常陸柿岡藩主。
¶朝日（[没]寛永11年1月25日（1634年2月22日）），岩史（[没]寛永11（1634）年1月25日），神奈川人（[生]1594年），近世，国史，コン改，コン4，茶道，史人（[没]1634年1月25日），諸系，新潮（[没]寛永11（1634）年1月25日），人名，姓氏神奈川，日史（[没]寛永11（1634）年1月25日），日人，藩主1，藩主1（[没]寛永11（1634）年1月25日），藩主2（[没]寛永11（1634）年1月25日），百科，歴大

稲葉正邦 いなばまさくに
天保5（1834）年～明治31（1898）年
江戸時代末期～明治期の大名、老中。山城淀藩主。
¶朝日（[生]天保5年5月26日（1834年7月2日） [没]明治31（1898）年7月15日），維新，江文，京都大，近現，近世，国史，国書（[生]天保5（1834）年5月26日 [没]明治31（1898）年7月15日），コン改，コン4，コン5，史人（[生]1834年5月26日 [没]1898年7月15日），諸系，神史，神人（[生]天保5（1834）年5月26日 [没]明治31（1898）年7月），新潮（[生]天保5（1834）年5月26日 [没]明治31（1898）年7月15日），姓氏京都，世人（[生]天保5（1834）年5月26日 [没]明治31（1898）年7月15日），日人，幕末（[没]1898年7月15日），藩主3（[生]天保5（1834）年5月26日 [没]明治31（1898）年7月15日），歴大

稲葉正邑 いなばまさくに
～天明3（1783）年
江戸時代中期の旗本。
¶神奈川人

稲葉正成 いなばまさしげ
→稲葉正成（いなばまさなり）

稲葉正純 いなばまさずみ
寛文7（1667）年～寛保1（1741）年 [別]稲葉采女《いなばうねめ》
江戸時代中期の越前福井藩士。
¶人名（稲葉采女 いなばうねめ），日人

稲葉正喬 いなばまさたか
→稲葉正倚（いなばまさより）

稲葉正武 いなばまさたけ
明和6（1769）年～天保11（1840）年
江戸時代中期～後期の大名。安房館山藩主。
¶諸系，人名，日人，藩主2（[生]明和6（1769）年4月 [没]天保11（1840）年7月6日）

稲葉正親 いなばまさちか
元禄5（1692）年～享保19（1734）年
江戸時代中期の大名。山城淀藩主。
¶国書（[没]享保19（1734）年9月14日），諸系，姓氏京都，日人，藩主3（[没]享保19（1734）年9月14日）

稲葉正恒 いなばまさつね
宝永3（1706）年～享保15（1730）年
江戸時代中期の大名。山城淀藩主。
¶諸系，姓氏京都，日人，藩主3（[没]享保15（1730）年3月24日）

稲葉正任 いなばまさとう
正徳4（1714）年～享保15（1730）年
江戸時代中期の大名。山城淀藩主。
¶諸系，姓氏京都，日人，藩主3（[没]享保15（1730）年1月12日）

稲葉正知 いなばまさとも
貞享2（1685）年～享保14（1729）年
江戸時代中期の大名。下総佐倉藩主、山城淀藩主。
¶諸系，姓氏京都，日人，藩主2，藩主3（[没]享保14（1729）年5月29日）

稲葉正直 いなばまさなお
→稲葉正能（いなばまさよし）

稲葉正成 いなばまさなり
元亀2（1571）年～寛永5（1628）年 [別]稲葉正成《いなばまさしげ》
安土桃山時代～江戸時代前期の武将、大名。美濃十七条城主、越後糸魚川藩主、下野真岡藩主。
¶岡山人（いなばまさしげ），岡山歴（[没]寛永5（1628）年9月17日），コン改，コン4，諸系，人名（[生]？），戦国，戦人，栃木歴（[生]元亀1（1570）年），新潟百，日人，藩主1（[没]寛永5（1628）年9月17日），藩主2，藩主3

稲葉正備 いなばまさなり
*～文化12（1815）年
江戸時代後期の大名。山城淀藩主。
¶諸系（[生]1779年），姓氏京都（[生]1775年），日人（[生]1779年），藩主3（[生]安永4（1775）年 [没]文化12（1815）年3月8日）

稲葉正諶 いなばまさのぶ
寛延2（1749）年～文化3（1806）年
江戸時代中期～後期の大名。山城淀藩主。
¶京都大，国書（[没]文化3（1806）年8月24日），諸系，姓氏京都，日人，藩主3（[没]文化3（1806）年8月24日）

稲葉正申 いなばまさのぶ
寛政6（1794）年～嘉永1（1848）年 [別]稲葉出羽守正申《いなばでわのかみまさのぶ》
江戸時代後期の101代長崎奉行。
¶長崎歴（稲葉出羽守正申 いなばでわのかみまさのぶ）

い

い

稲葉正則 いなばまさのり
元和9(1623)年～元禄9(1696)年 [別]稲葉正通《いなばまさみち》
江戸時代前期の大名、老中。相模小田原藩主。
¶朝日([没]元禄9年9月6日(1696年10月1日)), 黄檗([生]元和9(1623)年6月2日 [没]元禄9(1696)年9月6日), 神奈川人, 国書([生]元和9(1623)年6月2日 [没]元禄9(1696)年9月6日), 茶道, 茶道(稲葉正通 いなばまさみち), 諸系, 人名, 人名(稲葉正通 いなばまさみち), 姓氏神奈川, 日人, 藩主1([生]元和9(1623)年6月2日 [没]元禄9(1696)年9月6日)

稲葉正発 いなばまさのり
→稲葉正発(いなばまさはる)

稲葉正発 いなばまさはる
享和1(1801)年～文政6(1823)年 [別]稲葉正発《いなばまさあき, いなばまさのり》
江戸時代後期の大名。山城淀藩主。
¶諸系, 姓氏京都(いなばまさあき [生]?), 日人, 藩主3(いなばまさのり [没]文政6(1823)年6月21日)

稲葉正弘 いなばまさひろ
延享4(1747)年～安永2(1773)年
江戸時代中期の大名。山城淀藩主。
¶諸系, 姓氏京都, 日人, 藩主3([没]安永2(1773)年9月12日)

稲葉正博 いなばまさひろ
天保4(1833)年～安政1(1854)年
江戸時代末期の越前福井藩士。
¶人名, 日人, 藩臣3

稲葉正巳 いなばまさみ
文化12(1815)年～明治12(1879)年
江戸時代末期～明治期の大名、老中。安房館山藩主。
¶朝日([生]文化12年10月15日(1815年11月15日) [没]明治12(1879)年9月), 維新([没]1878年), 近現, 近世, 国史([没]?), コン5([没]明治11(1878)年), 諸系, 新潮([生]文化12(1815)年10月15日 [没]明治11(1878)年), 人名([没]1878年), 日人, 藩主2([生]文化12(1815)年10月15日 [没]明治12(1879)年9月16日)

稲葉正通(1) いなばまさみち
→稲葉正則(いなばまさのり)

稲葉正通(2) いなばまさみち
→稲葉正往(いなばまさゆき)

稲葉董通 いなばまさみち
宝永6(1709)年～元文2(1737)年
江戸時代中期の大名。豊後臼杵藩主。
¶諸系, 日人, 藩主4([生]宝永3(1706)年 [没]元文2(1737)年1月17日)

稲葉方通 いなばまさみち
→稲葉方通(いなばかたみち)

稲葉正守 いなばまさもり
文化1(1804)年～?
江戸時代後期の大名。山城淀藩主。
¶諸系, 姓氏京都, 日人, 藩主3([生]文化1(1804)年1月)

稲葉正盛 いなばまさもり
寛政3(1791)年～*
江戸時代後期の大名。安房館山藩主。
¶諸系([没]1820年), 人名([没]1819年), 日人([没]1820年), 藩主2([生]寛政3(1791)年10月9日 [没]文政2(1819)年12月6日)

稲葉正休 いなばまさやす
寛永17(1640)年～貞享1(1684)年
江戸時代前期の大名。美濃青野藩主。
¶朝日([没]貞享1年8月28日(1684年10月7日)), 岩史([没]貞享1(1684)年8月28日), 角史, 近世, 国史, コン改, コン4, 史人([没]1684年8月28日), 諸系, 新潮([没]貞享1(1684)年8月28日), 人名([生]?), 世人([没]貞享1(1684)年8月28日), 世百, 全書, 大百, 日史([没]貞享1(1684)年8月28日), 日人, 藩主2([没]貞享1(1684)年8月28日), 百科, 歴大

稲葉正往 いなばまさゆき
寛永17(1640)年～享保1(1716)年 [別]稲葉正通《いなばまさみち》
江戸時代前期～中期の大名。相模小田原藩主、越後高田藩主、下総佐倉藩主。
¶神奈川人(稲葉正通 いなばまさみち), 京都大, 諸系, 人名, 姓氏京都, 新潟百(稲葉正通 いなばまさみち), 日人, 藩主1, 藩主2([没]享保1(1716)年10月9日), 藩主3(稲葉正通 いなばまさみち [生]1641年)

稲葉正益 いなばまさよし
享保3(1718)年～明和8(1771)年
江戸時代中期の大名。山城淀藩主。
¶諸系, 姓氏京都, 日人, 藩主3([没]明和8(1771)年9月28日)

稲葉正誼 いなばまさよし
文政10(1827)年～嘉永1(1848)年
江戸時代後期の大名。山城淀藩主。
¶諸系, 日人, 藩主3([生]文政10(1827)年3月 [没]嘉永1(1848)年10月22日)

稲葉正善 いなばまさよし
嘉永1(1848)年～明治35(1902)年
江戸時代末期～明治期の大名。安房館山藩主。
¶諸系, 人名([生]?), 日人, 藩主2([生]嘉永1(1848)年6月28日 [没]明治35(1902)年3月)

稲葉正能 いなばまさよし
承応3(1654)年～享保10(1725)年 [別]稲葉正直《いなばまさなお》
江戸時代前期～中期の武士。
¶神奈川人(稲葉正直 いなばまさなお), 栃木歴, 日人

稲葉正倚 いなばまさより
*～正徳4(1714)年 [別]稲葉正喬《いなばまさたか》
江戸時代前期～中期の武士、歌人。小田原藩主稲葉正則の次男。
¶国書([生]正保4(1647)年 [没]正徳4(1714)年8月27日), 茶道(稲葉正喬 いなばまさたか [生]1647年?), 諸系([生]1647年), 人名([生]1641年), 日人([生]1647年), 和俳([生]寛永18(1641)年)

稲葉通邦 いなばみちくに
延享1(1744)年～享和1(1801)年
江戸時代中期～後期の尾張藩の有職故実家。
¶朝日([没]享和1年4月25日(1801年6月6日)), 近世, 国史, 国書([没]享和1(1801)年4月25日), 史人([没]1801年4月25日), 神人, 新潮([没]享和1(1801)年4月25日), 人名([生]1659年 [没]1716年), 日人, 藩臣4, 歴大

稲葉通重 いなばみちしげ
? ～元和4(1618)年
安土桃山時代～江戸時代前期の武将、大名。美濃清水藩主。
¶諸系, 戦国, 戦人, 日人, 藩主2([没]元和4(1618)年6月)

稲葉通倫 いなばみちとも
～宝永5(1708)年
江戸時代中期の旗本。
¶神奈川人

稲葉通故 いなばみちひさ
生没年不詳
江戸時代中期の尾張藩士・兵法家。
¶国書

稲葉三鶴 いなばみつる
天保4(1833)年～?
江戸時代末期の下総結城藩番頭役。
¶幕末, 藩臣3

稲葉尊通 いなばもとみち
享和1(1801)年～文政4(1821)年 [別]稲葉尊通《いなばたかみち》
江戸時代後期の大名。豊後臼杵藩主。
¶諸系, 日人, 藩主4(いなばたかみち [生]享和1(1801)年2月12日 [没]文政4(1821)年10月17日)

稲葉弥左衛門 いなばやざえもん
生没年不詳
江戸時代末期の武士。
¶和歌山人

稲葉泰通 いなばやすみち
享保15(1730)年～明和5(1768)年
江戸時代中期の大名。豊後臼杵藩主。
¶諸系, 日人, 藩主4([没]明和5(1768)年7月2日)

伊奈半左衛門忠宥 いなはんざえもんただあつ
→伊奈忠宥(いなただおき)

伊奈半左衛門忠克 いなはんざえもんただかつ
→伊奈忠克(いなただかつ)

伊奈半左衛門忠辰 いなはんざえもんただとき
～明和4(1767)年
江戸時代中期の関東郡代。
¶埼玉百

伊奈半左衛門忠敬 いなはんざえもんただひろ
元文3(1738)年～安永6(1777)年
江戸時代中期の関東郡代。
¶埼玉百

伊奈半左衛門忠逵 いなはんざえもんただみち
→伊奈忠逵(いなただみち)

伊奈半左衛門忠順 いなはんざえもんただゆき
→伊奈忠順(いなただのぶ)

伊奈半十郎忠篤 いなはんじゅうろうただあつ
→伊奈忠篤(いなただあつ)

伊奈半十郎忠常 いなはんじゅうろうただつね
慶安2(1649)年～延宝8(1680)年
江戸時代前期の関東郡代。忠克の長子。
¶埼玉百

伊奈半十郎忠治 いなはんじゅうろうただはる
→伊奈忠治(いなただはる)

伊南図書 いなみずしょ
生没年不詳
江戸時代の庄内藩士。
¶庄内

伊南芳通 いなみよしみち
寛永4(1627)年～享保2(1717)年 [別]伊南芳通《いなよしみち》
江戸時代前期～中期の陸奥会津藩士、軍学者。
¶会津, 国書([生]寛永4(1627)年7月 [没]享保2(1717)年5月11日), 藩臣2(いなよしみち)

稲村久兵衛 いなむらきゅうべえ
文政5(1822)年～明治22(1889)年
江戸時代末期～明治期の信濃松本藩士。
¶姓氏長野, 藩臣3

稲村獅山 いなむらしざん
寛延1(1748)年～文化7(1810)年
江戸時代中期～後期の上総飯野藩医、儒学者。
¶藩臣3

稲村新八 いなむらしんぱち
安土桃山時代～江戸時代前期の武士。里見氏家臣。
¶戦人(生没年不詳), 戦東

稲村三羽 いなむらみつは
寛政9(1797)年～弘化3(1846)年
江戸時代末期の幕臣、歌人。
¶人名, 日人

伊奈義芳 いなよしまさ
宝暦1(1751)年～文政8(1825)年
江戸時代中期～後期の土呂陣屋代官。
¶姓氏愛知

伊南芳通 いなよしみち
→伊南芳通(いなみよしみち)

稲芳雄三郎 いなよしゆうざぶろう
弘化2(1845)年～?
江戸時代後期～末期の新撰組隊士。
¶新撰

稲吉竜馬 いなよしりょうま
弘化3(1846)年～明治9(1876)年1月26日
江戸時代後期～明治期の新撰組隊士。
¶新撰

乾朗昌 いぬいあきまさ
? ～慶安3(1650)年
江戸時代前期の武士。
¶和歌山人

乾市郎平 いぬいいちろべい
江戸時代末期の土佐藩士。
¶維新

乾和成 いぬいかずなり
？ ～寛文10（1670）年
江戸時代前期の土佐藩家老。
¶藩臣6

乾和三 いぬいかずみつ
？ ～寛永10（1633）年
江戸時代前期の土佐藩家老。
¶藩臣6

乾健一郎 いぬいけんいちろう
嘉永1（1848）年12月26日～明治36（1903）年11月9日
江戸時代後期～明治期の対馬藩士、弓道家。
¶弓道

乾作七 いぬいさくしち
文政7（1824）年～明治22（1889）年
江戸時代末期～明治期の土佐藩士。
¶維新

乾十郎 いぬいじゅうろう
*～元治1（1864）年　[別]楠本橙庵《くすもととうあん》
江戸時代末期の志士。天誅組挙兵に参加。
¶朝日（[生]文政11（1828）年　[没]元治1年7月20日（1864年8月21日）），維新（[生]1828年），大阪人（[生]文政11（1828）年　[没]元治1（1864）年7月），郷土奈良（[生]1827年），近世（[生]1827年），国史（[生]1827年），新潮（[生]文政11（1828）年　[没]元治1（1864）年7月20日），人名（[生]1828年），日人（[生]1827年,（異説）1828年），幕末（[生]1827年 [没]1864年8月20日）

乾四郎兵衛 いぬいしろべい
→乾四郎兵衛（いぬいしろべえ）

乾四郎兵衛 いぬいしろべえ
生没年不詳　[別]乾四郎兵衛《いぬいしろべい》
江戸時代前期の陸奥弘前藩家老。
¶青森人（いぬいしろべい　[生]慶長　[没]寛永ころ），藩臣1

乾忠元 いぬいただもと
天正4（1576）年～明暦1（1655）年
安土桃山時代～江戸時代前期の鷹師。豊臣氏家臣。
¶戦国，戦人

乾長孝 いぬいちょうこう
→乾長孝（いぬいながたか）

乾虎蔵 いぬいとらぞう
天保7（1836）年～文久3（1863）年
江戸時代末期の大和十津川郷士。
¶維新

乾直幾 いぬいなおちか
？ ～慶安1（1648）年
江戸時代前期の因幡鳥取藩家老。
¶藩臣5

乾長孝 いぬいながたか
寛保1（1741）年～寛政10（1798）年　[別]乾長孝《いぬいちょうこう》
江戸時代中期の因幡鳥取藩家老。
¶国書（[没]寛政10（1798）年4月），鳥取百（いぬいちょうこう　[生]元文年間），藩臣5

犬飼清兵衛 いぬかいせいべえ
文化8（1811）年～*
江戸時代末期の信濃上田藩士。
¶姓氏長野（[没]1857年），藩臣3（[没]安政3（1856）年）

犬甘知寛 いぬかいともひろ
宝暦3（1753）年～享和3（1803）年　[別]犬甘兵庫《いぬかいひょうご》
江戸時代中期～後期の豊前小倉藩家老。
¶国書（[没]享和3（1803）年11月），日人，藩臣7（犬甘兵庫　いぬかいひょうご），福岡百（犬甘兵庫　いぬかいひょうご）

犬甘兵庫 いぬかいひょうご
→犬甘知寛（いぬかいともひろ）

犬甘政知 いぬかいまさとも
？ ～貞享1（1684）年
江戸時代前期の豊前中津藩家老。
¶藩臣7

犬上郡兵衛 いぬがみぐんべえ
*～安永1（1772）年
江戸時代中期の筑後久留米藩士、柔術家。
¶全書（[生]1705年　[没]1780年），日人（[生]1706年？），藩臣7（[生]宝永3（1706）年頃）

犬塚重世 いぬづかしげよ
～明暦1（1655）年
江戸時代前期の旗本。
¶神奈川人

犬塚男右衛門(1) いぬづかだんえもん
寛保1（1741）年～天明1（1781）年8月20日
江戸時代中期の出羽庄内藩士。
¶庄内

犬塚男右衛門(2) いぬづかだんえもん
→犬塚盛伝（いぬづかもりただ）

犬塚男内 いぬづかだんない
明和8（1771）年～文政5（1822）年
江戸時代後期の出羽庄内藩士、学者。
¶庄内（[没]文政5（1822）年5月24日），藩臣1，山形百（[生]明和7（1770）年）

犬塚又内 いぬづかまたない
→犬塚又内（いぬづかゆうない）

犬塚盛巍 いぬづかもりたか
？ ～明治29（1896）年
江戸時代末期～明治期の庄内藩士、司法官。宮城控訴院検事長。
¶庄内（[生]天保14（1843）年8月30日　[没]明治29（1896）年12月1日），人名，日人

犬塚盛伝 いぬづかもりただ
享保4（1719）年～寛保3（1743）年2月6日　[別]犬塚男右衛門《いぬづかだんえもん》
江戸時代中期の庄内藩士。
¶国書，庄内（犬塚男右衛門　いぬづかだんえもん）

犬塚祐市郎（犬塚祐一郎） いぬづかゆういちろう
生没年不詳
江戸時代末期の幕府普請方役人。
¶静岡歴，姓氏静岡，幕末（犬塚祐一郎）

犬塚祐吉 いぬづかゆうきち
明和6(1769)年～文政6(1823)年2月20日
江戸時代中期～後期の出羽庄内藩士。
¶庄内

犬塚又内 いぬづかゆうない
？ ～宝暦1(1751)年　[別]犬塚又内《いぬづかまたない》
江戸時代中期の播磨姫路藩士。
¶姓氏群馬(いぬづかまたない)，藩臣5

犬童治成 いぬどうはるなり
文化6(1809)年～明治14(1881)年3月28日
江戸時代末期～明治期の肥後人吉藩士。
¶幕末

犬丸石雄 いぬまるいしお
→犬丸石雄(いぬまるいわお)

犬丸石雄 いぬまるいわお
弘化1(1844)年～明治32(1899)年　[別]犬丸石雄《いぬまるいしお》
江戸時代末期～明治期の槍術家。山陽、吉備両鉄道の新設、育英に貢献。
¶岡山人，岡山歴(いぬまるいしお　[没]明治32(1899)年9月19日)，人名，日人

稲若水 いねじゃくすい
寛文7(1667)年～正徳5(1715)年
江戸時代中期の丹後宮津藩士、本草学者。
¶石川百，姓氏石川

稲田八郎 いねだはちろう
[別]稲田八郎《いなだはちろう》
江戸時代末期～明治期の柳剛流剣術家。
¶埼玉人([生]天保13(1842)年1月8日　[没]大正2(1913)年5月14日)，埼玉百(いなだはちろう　[生]1832年　[没]1914年)

伊能一雲 いのういちうん
安永6(1777)年～嘉永7(1854)年
江戸時代中期～後期の上総請西藩士、槍術家。
¶国書([没]嘉永7(1854)年3月5日)，人名，日人，藩臣3([生]宝暦7(1757)年)

井上伊織 いのうえいおり
享保16(1731)年～文化4(1807)年
江戸時代中期～後期の遠江相良藩家老。
¶藩臣4

井上伊三太 いのうえいさんた
生没年不詳
江戸時代の徳島藩士。
¶徳島歴

井上市兵衛 いのうえいちべえ
寛文5(1665)年～元禄10(1697)年
江戸時代前期～中期の讃岐丸亀藩士。
¶藩臣6

井上逸斎 いのうえいつさい
享保3(1718)年～天明1(1781)年　[別]井上左太夫《いのうえさだゆう》
江戸時代中期の加賀大聖寺藩士。
¶国書([没]天明1(1781)年6月)，藩臣3(井上左太夫　いのうえさだゆう)

井上石見 いのうえいわみ
？ ～明治1(1868)年　[別]井上長秋《いのうえながあき》
江戸時代末期の薩摩藩の志士。
¶朝日([生]天保2(1831)年　[没]明治1(1868)年8月)，維新，鹿児島百，神人(生没年不詳)，人名(井上長秋　いのうえながあき)，姓氏鹿児島，日人([生]1831年)，幕末，藩臣7

井上延陵 いのうええんりょう
→井上八郎(いのうえはちろう)

井上丘隅 いのうえおかずみ
文化12(1815)年～明治1(1868)年
江戸時代末期の陸奥会津藩士。
¶幕末([没]1868年10月8日)，藩臣2

井上修 いのうえおさむ
天保12(1841)年～明治41(1908)年
江戸時代末期～明治期の備前岡山藩士、勤王家。
¶維新，岡山人，人名，日人，幕末([没]1908年1月3日)

井上織江 いのうえおりえ
生没年不詳
江戸時代の萩藩大組の藩士。
¶姓氏山口

井上織之丞 いのうえおりのじょう
→井上翼章(いのうえよくしょう)

井上織部 いのうえおりべ
生没年不詳
江戸時代末期の遠江浜松藩家老。
¶藩臣4

井上快雪 いのうえかいせつ
文化8(1811)年～明治18(1885)年
江戸時代末期～明治期の周防徳山藩士。
¶幕末([没]1885年8月)，藩臣6

井上馨 いのうえかおる
天保6(1835)年～大正4(1915)年　[別]井上馨・井上聞多《いのうえかおる・いのうえもんた》，井上世外《いのうえせがい》，井上聞多《いのうえもんた》，三猿，山田新助，志道聞多《しじもんた》，春山花輔，勇吉
江戸時代末期～明治期の志士、政治家。もと長州(萩)藩士。のち外務卿、外務大臣。
¶朝日([生]天保6年11月28日(1836年1月16日)　[没]大正4(1915)年9月1日)，維新，岩史([生]天保6(1835)年11月28日　[没]大正4(1915)年9月1日)，海越([生]天保6(1835)年11月28日　[没]大正4(1915)年9月4日)，海越新([生]天保6(1836)年11月28日　[没]大正4(1915)年9月4日)，江戸東，大分歴(井上聞多　いのうえもんた)，沖縄百([生]天保6(1835)年11月28日　[没]大正4(1915)年9月1日)，角史，近現，芸能([生]天保6(1835)年11月28日　[没]大正4(1915)年9月1日)，現日([生]1835年11月23日　[没]1915年9月1日)，国際，国史，コン改，コン4，コン5，茶道(井上世外　いのうえせがい)，史人([生]1835年11月28日　[没]1915年9月1日)，重要([生]天保6(1835)年11月28日　[没]大正4(1915)年9月1日)，新潮([生]天保6(1835)年11月28日　[没]大正4(1915)年9月1日)，人名，姓氏山口([没]1914年)，世人([生]天保6(1835)年11月28日　[没]大正4(1915)年9月1日)，世百，先駆([生]天保

6 (1836) 年11月28日　[没]大正4 (1915) 年9月1日), 全書, 大百, 伝記, 渡航 (井上馨・井上聞多　いのうえかおる・いのうえもんた　[生]1835年11月28日　[没]1915年9月1日), 日史 ([生]天保6 (1835) 年11月28日　[没]大正4 (1915) 年9月1日), 日人 ([生]1836年), 日本, 人情1, 幕末 ([生]1836年　[没]1915年9月1日), 藩臣6, 百科, 明治1 ([生]1836年), 山口百, 履歴 ([生]天保6 (1835) 年11月28日　[没]大正4 (1915) 年9月1日), 歴大 ([生]1836年)

井上格摩 いのうえかくま
文政12 (1829) 年～明治18 (1885) 年
江戸時代末期～明治期の筑後久留米藩士。
¶藩臣7

井上河内守 いのうえかわちのかみ
江戸時代後期の幕府の奏者番。
¶江戸

井上寛司 いのうえかんじ
？～慶応2 (1866) 年
江戸時代末期の遠江相良藩家老。
¶藩臣4

井上毅斎 いのうえきさい
寛政3 (1791) 年～弘化2 (1845) 年
江戸時代後期の儒者、岡山藩士。
¶江文, 岡山歴 ([没]弘化2 (1845) 年9月4日), 人名 ([生]1792年　[没]1846年), 日人

井上儀左衛門 いのうえぎざえもん
元和9 (1623) 年～元禄9 (1696) 年
江戸時代前期の讃岐丸亀藩士。
¶藩臣6

井上久助 いのうえきゅうすけ
江戸時代前期の越後新発田藩士。
¶人名 ([生]？　[没]1658年), 日人 ([生]1611年　[没]1660年)

井上清章 いのうえきよあき
生没年不詳
江戸時代後期の播磨三日月藩士、槍術家。
¶藩臣5

井上清人 いのうえきよと
天保7 (1836) 年～明治22 (1889) 年
江戸時代後期～明治期の剣術家。兗山流。
¶剣豪

井上清直 いのうえきよなお
文化6 (1809) 年～慶応3 (1867) 年
江戸時代末期の幕府官僚、町奉行。
¶朝日 ([没]慶応3年12月25日 (1868年1月19日)), 維新, 角史, 近世, 国史, 国書 ([没]慶応3 (1867) 年12月25日), コン改, コン4, 史人 ([没]1867年12月28日), 新潮 ([没]慶応3 (1867) 年12月25日), 人名 ([生]？), 世人 ([没]慶応3 (1867) 年12月), 全書, 大百 ([没]1863年), 日史 ([没]慶応3 (1867) 年12月28日), 日人 ([没]1868年), 幕末 ([没]1868年1月19日), 百科

井上清尚 いのうえきよひさ
生没年不詳
江戸時代後期の播磨三日月藩士、槍術家。
¶藩臣5

井上矩慶 いのうえくけい
享保9 (1724) 年～文化4 (1807) 年
江戸時代中期～後期の数学者、肥後熊本藩士。
¶人名, 日人

井上九郎右衛門 いのうえくろうえもん
生没年不詳
江戸時代の稲田家家老。
¶徳島歴

井上源三郎(1) いのうえげんざぶろう
文政12 (1829) 年～慶応4 (1868) 年
江戸時代末期の幕臣。
¶新撰 ([生]文政12年3月1日　[没]慶応4年1月5日), 幕末 ([生]1829年4月4日　[没]1868年2月22日)

井上源三郎(2) いのうえげんざぶろう
天保7 (1836) 年～大正9 (1920) 年1月20日
江戸時代末期～明治期の幕臣。
¶幕末

井上玄桐 いのうえげんとう
？～元禄15 (1702) 年　[別]井上挹翠《いのうえゆうすい》, 寺井玄東《てらいげんとう》
江戸時代前期～中期の水戸藩の儒学者、医師。
¶国書, コン改 (井上挹翠　いのうえゆうすい), コン4 (井上挹翠　いのうえゆうすい), 人名 (井上挹翠　いのうえゆうすい), 日人, 藩臣2

井上孝祐 いのうえこうゆう
文化14 (1817) 年1月2日～明治11 (1878) 年10月12日
江戸時代後期～明治期の旧庄内藩士。
¶庄内

井上小豊後 いのうえこぶんご
→井上与四郎 (いのうえよしろう)

井上佐一郎 (井上佐市郎) いのうえさいちろう
？～文久2 (1862) 年
江戸時代末期の志士、土佐藩士。
¶朝日 ([没]文久2年8月2日 (1862年8月26日)), 維新, 高知人 (井上佐市郎　[生]1834年), 高知百 ([生]1841年), 人名, 日人, 幕末 (井上佐市郎　[生]1834年　[没]1862年6月28日), 藩臣6 (井上佐市郎)

井上左太夫 いのうえさだゆう
→井上逸斎 (いのうえいつさい)

井上残夢 いのうえざんむ
天明4 (1784) 年～嘉永2 (1849) 年8月5日
江戸時代中期～後期の伊勢桑名藩士。
¶国書, 三重続

井上子休 いのうえしきゅう
享保4 (1719) 年11月22日～宝暦5 (1755) 年11月26日
江戸時代中期の岡山藩士・漢学者。
¶国書

井上重次 いのうえしげつぐ
→井上正貞 (いのうえまささだ)

井上重成 いのうえしげなり
？～正保3 (1646) 年5月9日
江戸時代前期の幕臣。
¶国書

井上秀栄 いのうえしゅうえい
生没年不詳
江戸時代後期の幕臣。
¶国書

井上周助 いのうえしゅうすけ
明和3(1766)年～文政12(1829)年
江戸時代中期～後期の豊後日出藩士。
¶藩臣7

井上松香 いのうえしょうこう
天保3(1832)年～明治25(1892)年
江戸時代末期～明治期の播磨姫路藩士。
¶藩臣5

井上尚志 いのうえしょうし
文化14(1817)年～明治20(1887)年2月7日
江戸時代末期～明治期の周防岩国藩士。
¶幕末

井上奨輔 いのうえしょうすけ
天保14(1843)年～明治1(1868)年
江戸時代末期の長州(萩)藩足軽。
¶維新，人名([生]1844年)，日人，幕末([没]1868年9月27日)

井上甚右衛門 いのうえじんえもん
天文22(1553)年～寛永8(1631)年
安土桃山時代～江戸時代前期の紀伊和歌山藩士。
¶藩臣5

井上新左衛門 いのうえしんざえもん
? ～慶応3(1867)年12月18日
江戸時代後期～末期の新撰組隊士。
¶新撰

井上周防 いのうえすおう
→井上之房(いのうえゆきふさ)

井上翼章 いのうえすけあき
→井上翼章(いのうえよくしょう)

井上井月 いのうえせいげつ
文政5(1822)年～明治20(1887)年 [別]井月《せいげつ》,乞食井月《こじきせいげつ,こつじきせいげつ》
江戸時代末期～明治期の俳人。もと長岡藩士。
¶近文，国書(井月　せいげつ　[没]明治20(1887)年3月10日)，詩歌(乞食井月　こつじきせいげつ　[生]1823年)，人書94，新潮(井月　せいげつ　[没]明治20(1887)年3月10日)，新文([生]文政5(1822)年?　[没]明治20(1887)年3月10日)，人名，姓氏長野，長野百，長野歴，新潟百(井月　せいげつ)，日人，俳諧(井月　せいげつ　[生]?)，俳句(井月　せいげつ　[没]明治25(1892)年3月10日)，俳文(井月　せいげつ　[没]明治20(1887)年3月10日)，文学(乞食井月　こじきせいげつ　[生]1823年)

井上世外 いのうえせがい
→井上馨(いのうえかおる)

井上僊智 いのうえせんち
? ～明治1(1868)年
江戸時代末期の古代塗考案者、仙台藩士。
¶静岡歴，姓氏静岡，幕末

井上千之助 いのうえせんのすけ
→井川千之助(いがわせんのすけ)

井上壮太郎 いのうえそうたろう
天保2(1831)年～明治19(1886)年12月9日
江戸時代末期～明治期の長州(萩)藩士。
¶幕末

井上退甫 いのうえたいほ
? ～寛政12(1800)年
江戸時代中期～後期の尾張藩士。
¶茶道

井上高格 いのうえたかのり
天保2(1831)年～明治26(1893)年
江戸時代末期～明治期の阿波徳島藩の政治家。
¶維新，新潮([没]明治26(1893)年4月24日)，徳島百([生]天保2(1831)年6月11日　[没]明治26(1893)年4月24日)，徳島歴([生]天保2(1831)年6月11日　[没]明治26(1893)年4月24日)，日人，幕末([没]1893年4月26日)，藩臣6

井上唯一 いのうえただいち
天保13(1842)年～元治1(1864)年
江戸時代末期の周防徳山藩士。
¶維新，人名，日人，幕末([没]1864年11月23日)，藩臣6

井上親明 いのうえちかあき
江戸時代中期の長州(萩)藩士、画家。
¶人名

井上知愚 いのうえちぐ
→井上直次郎(いのうえなおじろう)

井上忠右衛門 いのうえちゅうえもん
生没年不詳
江戸時代前期の土木技術者、土佐藩井奉行。
¶朝日，日人

井上仲八 いのうえちゅうはち
江戸時代の武士。竹腰氏の臣。
¶人名

井上利恭 いのうえとしやす
寛延2(1749)年～?
江戸時代中期～後期の幕臣。
¶京都大，国書，姓氏京都([没]1798年)

井上直記 いのうえなおき
宝暦4(1754)年～文政3(1820)年
江戸時代中期～後期の遠江相良藩用人。
¶藩臣4

井上直次郎 いのうえなおじろう
文化3(1806)年～万延1(1860)年 [別]井上知愚《いのうえちぐ》
江戸時代末期の筑後久留米藩士。
¶剣豪，藩臣7(井上知愚　いのうえちぐ　[生]文化3(1806)年頃)

井上直元 いのうえなおもと
延宝5(1677)年～寛保1(1741)年
江戸時代中期の信濃上田藩士、儒学者。
¶長野歴，藩臣3

井上長秋 いのうえながあき
→井上石見(いのうえいわみ)

井上長政 いのうえながまさ
? ～寛永2(1625)年
江戸時代前期の加賀藩士。

い

¶人名，日人

井上信喬 いのうえのぶたか
? ～寛永3（1626）年
安土桃山時代～江戸時代前期の浅野家臣。
¶和歌山人

井上信元 いのうえのぶもと
生没年不詳
江戸時代末期の筑前福岡藩士。
¶国書

井上八郎 いのうえはちろう
文化13（1816）年～明治30（1897）年　圀井上延陵
《いのうええんりょう，いのええんりょう》
江戸時代末期～明治期の剣術家。
¶維新，剣豪，静岡百（井上延陵　いのうええん
りょう），静岡歴（井上延陵　いのうええん
りょう），人名（井上延陵　いのうええんりょ
う），姓氏静岡（井上延陵　いのうええんりょ
う），日人，幕末（井上延陵　いのうええんりょ
う　㉗1897年4月2日），藩臣4

井上八郎右衛門 いのうえはちろうえもん
生没年不詳
江戸時代後期の上総鶴牧藩家老。
¶藩臣3

井上半次郎 いのうえはんじろう
江戸時代後期の御家人。
¶江戸

井上半平 いのうえはんべい
? ～宝永6（1709）年
江戸時代前期～中期の八戸藩家老。
¶青森人

井上尚賢 いのうえひさかた
生没年不詳
江戸時代後期の加賀藩士。
¶国書

井上博教 いのうえひろたか
元禄1（1688）年～延享3（1746）年
江戸時代中期の上野沼田藩士。
¶藩臣2

井上並古 いのうえへいこ
? ～寛政10（1798）年
江戸時代中期の豊後岡藩家老。
¶大分歴（㊀享保18（1733）年），人名，日人，
藩臣7

井上兵次郎 いのうえへいじろう
? ～天保10（1839）年
江戸時代末期の武士。
¶和歌山人

井上平太 いのうえへいた
嘉永1（1848）年9月17日～昭和8（1933）年2月7日
江戸時代末期～昭和期の弓道家、弓道範士、熊本
藩士。
¶弓道

井上政章 いのうえまさあき
延宝4（1676）年～宝暦9（1759）年
江戸時代中期の豊後日出藩家老。
¶藩臣7

井上政蔵 いのうえまさあきら
寛文1（1661）年～享保1（1716）年
江戸時代中期の大名。下総高岡藩主。
¶諸系，日人，藩主2（㉗享保1（1716）年3月1日）

井上正敦 いのうえまさあつ
宝永4（1707）年～宝暦3（1753）年
江戸時代中期の大名。常陸下妻藩主。
¶諸系，日人，藩主2（㉗宝暦3（1753）年6月20日）

井上正巳（井上正己）いのうえまさおと
安政3（1856）年～大正10（1921）年
江戸時代末期～明治期の大名。常陸下妻藩主。
¶茨城百（井上正己），諸系，日人，幕末（井上正
己），藩主2（㊀安政3（1856）年1月　㉗大正10
（1921）年9月）

井上正香 いのうえまさか
文政2（1819）年～明治33（1900）年
江戸時代末期～明治期の上野前橋藩の国学者、医
師、神官。
¶郷土群馬，群馬人，姓氏群馬，日人，幕末
（㉗1900年11月20日），藩臣2

井上正景 いのうえまさかげ
～天和3（1683）年
江戸時代前期の旗本。
¶神奈川人

井上正和 いのうえまさかず
? ～明治5（1872）年
江戸時代末期～明治期の大名。下総高岡藩主。
¶諸系，日人，藩主2（㉗明治4（1871）年11月）

井上正健 いのうえまさかた
→井上正健（いのうえまさたけ）

井上正兼 いのうえまさかね
文政6（1823）年～明治11（1878）年
江戸時代末期～明治期の大名。常陸下妻藩主。
¶諸系，日人，幕末（㉗1878年8月），藩主2（㊀文
政6（1823）年8月　㉗明治11（1878）年8月）

井上正鉄 いのうえまさかね，いのうえまさがね
寛政2（1790）年～嘉永2（1849）年
江戸時代後期の館林藩士、神道家。禊教の教祖。
¶朝日（㊀寛政2年8月4日（1790年9月12日）
㉗嘉永2年2月18日（1849年3月12日）），江戸
東，角史，近世，国史，国書（㊀寛政2（1790）
年8月4日　㉗嘉永2（1849）年2月18日），コン
改，コン4，埼玉人（寛政2（1790）年8月4日
㉗嘉永2（1849）年2月18日），史人（㊀1790年8
月4日　㉗1849年2月18日），神史，神人（㊀寛
政2（1790）年8月4日　㉗嘉永2（1849）年2月18
日），新潮（㊀寛政2（1790）年8月4日　㉗嘉永2
（1849）年2月18日），人名，世人（いのうえま
さがね）㉗嘉永2（1849）年2月18日），世百，全
書，大百，日史（㊀寛政2（1790）年8月4日
㉗嘉永2（1849）年2月18日），日人，百科

井上正棠 いのうえまさき
宝暦3（1753）年～文化11（1814）年
江戸時代中期～後期の大名。常陸下妻藩主。
¶諸系，日人，藩主2（㉗寛政12（1800）年7月4日）

井上政清 いのうえまさきよ
寛永5（1628）年～延宝3（1675）年

江戸時代前期の大名。下総高岡藩主。
¶諸系，日人，藩主2((没)延宝3(1675)年5月28日)

井上正清(1) いのうえまさきよ
万治3(1660)年～宝永4(1707)年
江戸時代中期の日光奉行。
¶人名，栃木歴，日人

井上正清(2) いのうえまさきよ
安永5(1776)年～？
江戸時代中期～後期の幕臣・砲術家。
¶国書

井上正国 いのうえまさくに
元文4(1739)年～寛政3(1791)年
江戸時代中期の大名。下総高岡藩主。
¶諸系，日人，藩主2((生)元文4(1739)年9月 (没)寛政3(1791)年8月13日)

井上正貞 いのうえまささだ
寛永7(1630)年～元禄2(1689)年 (別)井上重次《いのうえしげつぐ》
江戸時代前期～中期の武士。
¶京都大，人名(井上重次　いのうえしげつぐ)，姓氏京都，日人((没)1690年)

井上正定 いのうえまささだ
宝暦4(1754)年～天明6(1786)年
江戸時代中期の大名。遠江浜松藩主。
¶諸系，人名，日人，藩主2((没)天明6(1786)年3月20日)

井上政重 いのうえまさしげ
天正13(1585)年～寛文1(1661)年
江戸時代前期の大名、大目付。下総高岡藩主。
¶朝日((没)寛文1年2月27日(1661年3月27日))，岩史((没)万治4(1661)年2月27日)，キリ，近世，国史，国書((没)万治4(1661)年2月27日)，コン改，コン4，史人((没)1661年2月27日)，諸系，新潮((没)寛文1(1661)年2月27日)，人名，世人，戦合，日史((没)寛文1(1661)年2月27日)，日人，藩主2((没)寛文1(1661)年2月27日)，百科，歴大

井上正滝 いのうえまさたき
？～文久2(1862)年
江戸時代末期の大名。下総高岡藩主。
¶諸系，日人，藩主2((没)文久2(1862)年1月24日)

井上正健 いのうえまさたけ
文化14(1817)年～弘化2(1845)年 (別)井上正健《いのうえまさかた》
江戸時代後期の大名。常陸下妻藩主。
¶諸系，日人，藩主2(いのうえまさかた　(没)弘化2(1845)年7月29日)

井上正民 いのうえまさたみ
文化4(1807)年～文政11(1828)年
江戸時代後期の大名。常陸下妻藩主。
¶諸系，日人，藩主2((没)文政11(1828)年3月4日)

井上正鄰(井上政鄰) いのうえまさちか
元禄6(1693)年～寛保3(1743)年
江戸時代中期の大名。下総高岡藩主。
¶諸系，日人，藩主2(井上政鄰　(没)寛保3(1743)年閏4月8日)

井上正継 いのうえまさつぐ
？～正保3(1646)年 (別)井上外記《いのうえげき》
江戸時代前期の旗本、砲術家。井上流(外記流)の流祖。
¶朝日((没)正保3年9月13日(1646年10月21日))，神奈川人，近世，国史，国書((没)正保3(1646)年9月13日)，史人((没)1646年9月13日)，新潮((没)正保3(1646)年9月13日)，人名，戦合，戦人，大百，日人

井上正経 いのうえまさつね
享保10(1725)年～明和3(1766)年
江戸時代中期の大名。常陸笠間藩主、陸奥磐城平藩主、遠江浜松藩主。
¶京都大，コン改，コン4，諸系，新潮((没)明和3(1766)年5月30日)，姓氏京都，日人，藩主1，藩主2，藩主2((没)明和3(1766)年5月30日)，福島百

井上方照 いのうえまさてる
生没年不詳
江戸時代中期の加賀大聖寺藩士。
¶藩臣3

井上正任 いのうえまさとう
寛永7(1630)年～元禄13(1700)年 (別)池田正任《いけだまさたか》
江戸時代前期～中期の大名。常陸笠間藩主、美濃郡上藩主。
¶岐阜百((生)？)，諸系((没)1701年)，人名(池田正任　いけだまさたか)，日人((没)1701年)，藩主2，藩主2((没)元禄13(1700)年12月16日)

井上正辰 いのうえまさとき
元文1(1736)年～宝暦10(1760)年
江戸時代中期の大名。常陸下妻藩主。
¶諸系，日人，藩主2((没)宝暦10(1760)年5月27日)

井上正利 いのうえまさとし
慶長11(1606)年～延宝3(1675)年
江戸時代前期の大名。遠江横須賀藩主、常陸笠間藩主。
¶江戸東，諸系，人名，日人，藩主2((没)延宝3(1675)年11月8日)，藩主2

井上正廬 いのうえまさとも
寛政4(1792)年～文政3(1820)年
江戸時代後期の大名。常陸下妻藩主。
¶諸系，日人，藩主2((没)文政2(1819)年12月20日)

井上正直 いのうえまさなお
天保8(1837)年～明治37(1904)年
江戸時代末期～明治期の大名。遠江浜松藩主、上総鶴舞藩主。
¶維新((生)1825年)，静岡百，静岡歴，諸系，新潮((生)文政8(1825)年 (没)明治37(1904)年3月9日)，人名((生)1825年)，姓氏静岡，日人，幕末，藩主2((生)天保8(1837)年10月 (没)明治37(1904)年3月9日)，藩主2((生)天保8(1837)年10月29日 (没)明治37(1904)年3月10日)

井上方直 いのうえまさなお
文政9(1826)年～明治11(1878)年11月11日
江戸時代末期～明治期の志士。
¶幕末

井上正長 いのうえまさなが
承応3（1654）年～享保5（1720）年
江戸時代前期～中期の大名。常陸下妻藩主。
¶茨城百，神奈川人，国書（[没]享保5（1720）年12月4日），埼玉人（[没]享保5（1720）年12月4日），諸系（[没]1721年），人名，日人（[没]1721年），藩主2（[没]享保5（1720）年12月4日）

井上正就 いのうえまさなり
天正5（1577）年～寛永5（1628）年
江戸時代前期の大名、老中。遠江横須賀藩主。
¶朝日（[没]寛永5年8月10日（1628年9月7日）），岩史（[没]寛永5（1628）年8月10日），近世，国史，コン4，史人（[没]1628年8月10日），静岡歴，諸系，新潮（[没]寛永5（1628）年8月10日），人名，姓氏静岡，戦合，戦人，日人，藩主2（[没]寛永5（1628）年8月10日），歴大

井上正信 いのうえまさのぶ
天保11（1840）年～安政3（1856）年
江戸時代末期の大名。常陸下妻藩主。
¶諸系，日人，藩主2（[没]安政3（1856）年9月4日）

井上正紀 いのうえまさのり
明和7（1770）年～文化3（1806）年
江戸時代中期～後期の大名。下総高岡藩主。
¶諸系，日人，藩主2（[没]文化3（1806）年10月13日）

井上正建 いのうえまさのり
安永5（1776）年～文化14（1817）年
江戸時代後期の大名。常陸下妻藩主。
¶諸系，日人，藩主2（[没]文化14（1817）年8月6日）

井上正春 いのうえまさはる
文化3（1806）年～弘化4（1847）年
江戸時代後期の大名。陸奥棚倉藩主、上野館林藩主、遠江浜松藩主。
¶諸系，人名，姓氏群馬，日人，藩主1，藩主1（[生]文化3（1806）年10月　[没]弘化4（1847）年2月），藩主2（[没]弘化4（1847）年2月12日）

井上正英 いのうえまさひで
明和7（1770）年～文政8（1825）年
江戸時代後期の安芸広島藩士。
¶人名，日人（[没]1826年），藩臣6

井上正広 いのうえまさひろ
安永1（1772）年～寛政12（1800）年
江戸時代後期の大名。常陸下妻藩主。
¶諸系，日人，藩主2（[没]文化11（1814）年8月8日）

井上正路 いのうえまさみち
？　～安政2（1855）年7月
江戸時代後期～末期の幕臣・砲術家。
¶国書

井上正岑 いのうえまさみね
承応2（1653）年～享保7（1722）年
江戸時代前期～中期の大名、老中。美濃郡上藩主、常陸下館藩主、常陸笠間藩主、丹波亀山藩主。
¶朝日（[没]享保7年5月17日（1722年6月30日）），岡山人，岡山歴（[没]享保7（1722）年5月27日），岐阜百，京都府，近世，国史，国書（[没]享保7（1722）年5月17日），史人（[没]1722年5月17日），諸系，新潮（[没]享保7（1722）年5月17日），人名，日人，藩主2（[没]享保7（1722）年5月17日），藩主2（[没]享保12（1727）年1月25日），藩主3，藩主3（[没]1727年）

井上正意 いのうえまさむね
宝暦9（1759）年～天明4（1784）年
江戸時代中期の大名。常陸下妻藩主。
¶諸系，日人，藩主2（[没]天明4（1784）年2月17日）

井上正域 いのうえまさむら
？　～弘化3（1846）年
江戸時代後期の大名。下総高岡藩主。
¶諸系，日人，藩主2（[没]弘化3（1846）年9月13日）

井上正甫 いのうえまさもと
安永4（1775）年～安政5（1858）年
江戸時代後期の大名。遠江浜松藩主、陸奥棚倉藩主。
¶諸系（[生]1778年），日人（[生]1778年），藩主1，藩主2，福島百（[没]？）

井上正森 いのうえまさもり
宝永7（1710）年～寛政12（1800）年
江戸時代中期～後期の大名。下総高岡藩主。
¶諸系，日人，藩主2（[没]寛政12（1800）年5月13日）

井上正之 いのうえまさゆき
元禄9（1696）年～元文2（1737）年
江戸時代中期の大名。常陸笠間藩主。
¶諸系，人名，日人，藩主2（[没]元文2（1737）年9月17日）

井上正誠 いのうえまさよし
天保5（1834）年～嘉永5（1852）年
江戸時代末期の大名。常陸下妻藩主。
¶諸系，日人，藩主2（[没]嘉永5（1852）年6月28日）

井上正順 いのうえまさより
安政1（1854）年～明治37（1904）年
江戸時代末期～明治期の大名。下総高岡藩主。
¶諸系，日人，藩主2（[生]安政1（1854）年7月21日　[没]明治37（1904）年1月6日）

井上松五郎 いのうえまつごろう
文政9（1826）年～明治4（1871）年
江戸時代後期～明治期の千人同心。
¶多摩

井上瑞枝 いのうえみずえ
→井上隆蔵（いのうえりゅうぞう）

井上庸名 いのうえもちな
文禄2（1593）年～寛永19（1642）年
江戸時代前期の旗本。
¶長野歴

井上聞多 いのうえもんた
→井上馨（いのうえかおる）

井上弥左衛門 いのうえやざえもん
文化8（1811）年～明治14（1881）年
江戸時代末期～明治期の筑後久留米藩士、槍術師範。
¶藩臣7

井上挹翠 いのうえゆうすい
→井上玄桐（いのうえげんとう）

井上之房 いのうえゆきふさ
天文23（1554）年～寛永11（1634）年　[別]井上周防

《いのうえすおう》
安土桃山時代～江戸時代前期の筑前福岡藩の武士。
¶新潮，戦人，戦補，日人，藩臣7（井上周防　いのうえすおう）

井上要左衛門　いのうえようざえもん
安永3（1774）年頃～文政11（1828）年
江戸時代後期の筑後久留米藩士。
¶藩臣7

井上翼章　いのうえよくしょう
宝暦3（1753）年～文政3（1820）年　㊙井上織之丞
《いのうえおりのじょう》，井上翼章《いのうえすけあき》
江戸時代中期～後期の越前福井藩右筆、学者。
¶国書（㊤宝暦3（1753）年3月4日　㊦文政3（1820）年11月6日），人名（井上織之丞　いのうえおりのじょう），日人，藩臣3，福井百（いのうえすけあき）

井上義斐　いのうえよしあや
文化13（1816）年～？
江戸時代末期の幕臣、大坂町奉行。
¶朝日（生没年不詳），維新，大阪人（生没年不詳），日人，幕末

井上良馨　いのうえよしか
弘化2（1845）年～昭和4（1929）年
江戸時代末期～明治期の薩摩藩士、海軍軍人。
¶朝日（㊤弘化2（1845）年11月2日　㊦昭和4（1929）年3月22日），維新，海越新（㊤弘化2（1845）年11月2日　㊦昭和4（1929）年3月22日），鹿児島百，近現，現朝（㊤弘化2（1845）年11月2日　㊦1929年3月22日），国際，国史，コン改，コン4，コン5，史人（㊤1845年11月2日　㊦1929年3月22日），新潮（㊤弘化2（1845）年11月2日　㊦昭和4（1929）年3月22日），人名，世紀（㊤弘化2（1845）年11月2日　㊦昭和4（1929）年3月22日），姓氏鹿児島，渡航（㊤1845年11月3日　㊦1929年3月22日），日史（㊤弘化2（1845）年11月2日　㊦昭和4（1929）年3月22日），日人，幕末（㊦1929年3月22日），藩臣7，陸海（㊤弘化2年11月2日　㊦昭和4年3月22日），歴大

井上義方　いのうえよしかた
寛延1（1748）年～文化14（1817）年
江戸時代中期～後期の播磨姫路藩士。
¶藩臣5，兵庫人（㊦文化14（1817）年4月29日）

井上可安　いのうえよしやす
慶長18（1613）年～元禄11（1698）年
江戸時代前期の陸奥仙台藩士、砲術家。
¶人名，姓氏宮城，日人，藩臣1

井上与四郎　いのうえよしろう
文化4（1807）年～明治26（1893）年　㊙井上小豊後《いのうえこぶんご》
江戸時代末期～明治期の長州（萩）藩士。
¶維新（井上小豊後　いのうえこぶんご），幕末（㊤1808年　㊦1893年10月14日），藩臣6

井上蘭台　いのうえらんだい
宝暦2（1705）年～宝暦11（1761）年
江戸時代中期の漢学者、備前岡山藩士。折衷学派。
¶朝日（㊤宝永2年1月1日（1705年1月25日）

㊦宝暦11年10月27日（1761年11月23日）），江文，岡山人，岡山百（㊤宝永2（1705）年4月20日　㊦宝暦11（1761）年11月27日），岡山歴（㊤宝永2（1705）年4月20日　㊦宝暦11（1761）年11月27日），近世，国史，国書（㊤宝永2（1705）年1月1日　㊦宝暦11（1761）年11月27日），コン改，コン4，詩歌，新潮（㊤宝永2（1705）年1月1日　㊦宝暦11（1761）年11月27日），人名，世人（㊤宝永2（1705）年4月20日　㊦宝暦11（1761）年11月27日），藩臣6，和俳

井上隆蔵　いのうえりゅうぞう
天保10（1839）年～明治38（1905）年　㊙井上瑞枝《いのうえみずえ》
江戸時代末期～明治期の津和野藩士。
¶維新，神人（井上瑞枝　いのうえみずえ　㊦明治38（1905）年9月12日），人名（井上瑞枝　いのうえみずえ　㊤1840年　㊦1906年），日人，幕末（㊦1905年9月12日）

稲生伝七　いのうでんしち
寛政8（1796）年～文久2（1862）年
江戸時代末期の常陸土浦藩士。
¶藩臣2

稲生武太夫　いのうぶだゆう
享保20（1735）年～享和3（1803）年
江戸時代中期～後期の備後三次藩士の子。
¶藩臣6

稲生正延　いのうまさのぶ
元禄14（1701）年～安永6（1777）年
江戸時代中期の旗本、日光奉行。
¶栃木歴

稲生正信　いのうまさのぶ
？　～正保2（1645）年1月17日
江戸時代前期の旗本、下田波目村等の領主。
¶埼玉人

伊能矢柄　いのうやがら
天保8（1837）年～大正6（1917）年
江戸時代末期～明治期の上総請西藩士、槍術家。
¶藩臣3

伊能友鷗（伊能友欧）　いのうゆうおう
文化14（1817）年～明治8（1875）年　㊙吉見長左衛門《よしみちょうざえもん》，吉見左膳《よしみさぜん》
江戸時代末期～明治期の伊予宇和島藩家老。
¶維新，郷土愛媛（伊能友欧），コン改，コン4，コン5，新潮（文化14（1817）年11月17日　㊦明治8（1875）年4月30日），人名（㊤？），日人，幕末（㊦1875年4月30日），藩臣6

井上延陵　いのええんりょう
→井上八郎（いのうえはちろう）

井口嘉一郎　いのくちかいちろう
文化9（1812）年12月～明治17（1884）年5月
江戸時代後期～明治期の加賀藩士。
¶国書

井口義平　いのくちぎへい
＊～明治4（1871）年
江戸時代末期～明治期の加賀藩士。
¶姓氏石川（㊤？），幕末（㊤1849年　㊦1871年4

月3日）

井野口権九郎 いのくちごんくろう
宝永6（1709）年～明和8（1771）年
江戸時代中期の正継流棒術剣士。
¶長野歴

井口卓右衛門 いのぐちたくえもん
宝暦4（1754）年～文化3（1806）年
江戸時代中期～後期の剣術家。直心影流、太子流。
¶剣豪

井口糺 いのくちただす、いのぐちただす
→井口糺（いぐちただす）

猪子一日 いのこかずてる
元亀1（1570）年～元和3（1617）年
安土桃山時代～江戸時代前期の武士。豊臣氏家
臣、前田氏家臣、徳川氏家臣。
¶戦国、戦人

猪子一時 いのこかずとき
天文11（1542）年～寛永3（1626）年
安土桃山時代～江戸時代前期の武士。織田氏家
臣、豊臣氏家臣。
¶織田（没寛永3（1626）年2月28日）、茶道
（生1537年）、戦国、戦人

猪子清 いのこきよし
天保4（1833）年～明治27（1894）年
江戸時代末期～明治期の但馬豊岡藩家老。
¶藩臣5

猪子与右衛門 いのこよえもん
～元禄2（1689）年1月30日
江戸時代前期～中期の代官。
¶庄内

猪瀬虎之助 いのせとらのすけ
文政1（1818）年～明治23（1890）年
江戸時代後期～明治期の剣術家。唯心一刀流。
¶剣豪

猪野中行 いのちゅうこう
？ ～明治21（1888）年
江戸時代末期～明治期の幕臣、国学者。幕府学問
所の吏として「明史紀事本末」を校正出版。のち
大学少助教となる。
¶人名

井野部厳水 いのべげんすい
天保7（1836）年～明治35（1902）年2月12日
江戸時代末期～明治期の土佐国家老福岡氏の家臣。
¶幕末

井野辺広門 いのべひろかど
寛政11（1799）年～嘉永2（1849）年
江戸時代後期の歌人、土佐藩家老・福岡家の家臣。
¶高知人

伊庭軍兵衛(1) いばぐんべえ
＊～安政5（1858）年 **別**伊庭秀業《いばひでなり》
江戸時代後期の剣術の心形刀流宗家八代。
¶人名、全書（生1807年）、大百、日人（生1811
年）、幕末（伊庭秀業 いばひでなり 生1810
年）、歴大（生1810年）

伊庭軍兵衛(2) いばぐんべえ
文政5（1822）年～明治19（1886）年2月13日

江戸時代末期～明治期の幕臣。9代目。
¶幕末

伊波七郎左衛門 いばしちろうざえもん
元和5（1619）年～元禄2（1689）年
江戸時代前期～中期の剣術家。真天流。
¶剣豪

伊庭如水軒 いばじょすいけん
？ ～元禄15（1702）年
江戸時代前期～中期の剣術家。
¶人名

伊庭是水軒 いばぜすいけん
慶安2（1649）年～正徳3（1713）年
江戸時代前期～中期の剣術家。心形刀流の開祖。
¶朝日（没正徳3年閏5月11日（1713年7月3日））、
近世、剣豪、国史、新潮（没正徳3（1713）年閏5
月11日）、人名、体育、大百、日人、歴大

伊庭時言 いばときのぶ
江戸時代後期の幕臣、国学者。
¶江文（生寛政6（1794）年 没嘉永6（1853）年）、
国書（生寛政7（1795）年 没嘉永7（1854）年5月
29日）

伊庭八郎 いばはちろう
天保14（1843）年～明治2（1869）年
江戸時代末期の幕臣、剣術家、遊撃隊士。
¶朝日（没明治2年5月12日（1869年6月21日））、
維新、近世、国際、国史、国書（没明治2
（1869）年5月12日）、コン改、コン4、コン5、
史人（没1869年5月12日）、新潮（没明治2
（1869）年5月12日）、人名、日史（没明治2
（1869）年5月12日）、日人、幕末（没1869年6月
21日）、百科、歴大

伊庭秀賢 いばひでかた
寛政12（1800）年～明治5（1872）年
江戸時代末期の幕臣、国学者。
¶江文、国書（没明治5（1872）年6月28日）、コン
改、コン4、コン5、新潮（没明治5（1872）年6月
28日）、人名、日人

伊庭秀業 いばひでなり
→伊庭軍兵衛(1)（いばぐんべえ）

庵原朝成 いはらあさなり
→庵原朝成（いおはらともなり）

庵原朝昌 いはらあさまさ
弘治2（1556）年～寛永17（1640）年
安土桃山時代～江戸時代前期の近江彦根藩士。
¶藩臣4

井原応輔 いはらおうすけ
天保13（1842）年～慶応1（1865）年
江戸時代末期の土佐藩の志士。
¶維新、岡山歴（没元治2（1865）年2月22日）、高
知人、コン改（没文政6（1823）年 没慶応2
（1866）年）、コン4、新潮（生天保13（1842）年2
月20日 没慶応1（1865）年2月22日）、人名、日
人、幕末（没1865年3月19日）、藩臣6

井原主計 いばらかずえ、いはらかずえ
文化13（1816）年～慶応2（1866）年
江戸時代末期の長州（萩）藩寄組。
¶維新、新潮（生文化13（1816）年4月15日 没慶

応2（1866）年12月19日），姓氏山口（[生]1842年），日人（[没]1867年），幕末（いはらかずえ　[没]1867年1月24日），藩臣6（いはらかずえ）

菴原菡斎　いばらかんさい
寛政6（1794）年～安政5（1858）年　[別]菴原道麿《いはらみちまろ》
江戸時代末期の幕臣、蝦夷地開拓者。
¶朝日（[没]安政5年6月14日（1858年7月24日）），維新，国書（菴原道麿　いはらみちまろ　[没]安政5（1858）年6月14日），日人，幕末（[没]1858年7月24日），北海道百，北海道歴

伊舟城源一郎　いばらきげんいちろう，いばらぎげんいちろう
天保1（1830）年～元治1（1864）年
江戸時代末期の志士、播磨姫路藩士。賀川肇暗殺事件に関与。
¶朝日（いばらぎげんいちろう　[没]元治1年12月26日（1865年1月23日）），維新，人名（いばらぎげんいちろう），日人（[没]1865年），幕末（[没]1864年12月26日），藩臣5

茨木佐太夫　いばらぎさだいふ
→茨木佐太夫（いばらぎさだゆう）

茨木佐太夫　いばらぎさだゆう
寛文7（1667）年～寛保1（1741）年　[別]茨木佐太夫《いばらぎさだいふ》
江戸時代中期の剣客。
¶岡山人，岡山歴（いばらぎさだいふ）

茨木重謙　いばらきしげかね，いばらぎしげかね
明和4（1767）年～文化13（1816）年　[別]茨木重謙《いばらきじゅうけん》
江戸時代後期の伊勢津藩郡奉行。
¶コン改（いばらきじゅうけん），コン4（いばらきじゅうけん），全書（いばらぎしげかね），日人

茨木重謙　いばらきじゅうけん
→茨木重謙（いばらきしげかね）

茨木春朔　いばらきしゅんさく，いばらぎしゅんさく
慶長19（1614）年～寛文11（1671）年　[別]地黄坊樽次《じおうぼうたるつぐ》
江戸時代前期の武士。酒井家の臣。
¶江戸（いばらぎしゅんさく），国書（[生]？　[没]寛文11（1671）年4月7日），人名，日人

茨木司　いばらきつかさ
？～慶応3（1867）年6月14日
江戸時代後期～末期の新撰組隊士。
¶新撰

茨木安太夫　いばらぎやすだいふ
→茨木安太夫（いばらぎやすだゆう）

茨木安太夫　いばらぎやすだゆう
寛永15（1638）年～宝永6（1709）年　[別]茨木安太夫《いばらぎやすだいふ》
江戸時代前期～中期の剣術家。新影流。
¶岡山人（[生]寛永20（1643）年），岡山歴（いばらぎやすだいふ　[没]宝永6（1709）年11月），剣豪

井原昂　いはらこう
→井原昂（いはらのぼる）

井原小七郎　いばらこしちろう
江戸時代末期の長州（萩）藩士。
¶維新

庵原助左衛門　いはらすけざえもん
天保5（1834）年～明治4（1871）年　[別]庵原助右衛門《いおばらすけえもん》，庵原助左衛門《いおはらすけざえもん》，庵原朝儀《いおはらともよし》
江戸時代末期～明治期の近江彦根藩家老。
¶維新，新潮（いおはらすけざえもん），人名（庵原助右衛門　いおばらすけえもん），日人（庵原朝儀　いおはらともよし），幕末（生没年不詳）

庵原宣方　いはらのぶかた
？～天明6（1786）年3月16日
江戸時代中期の幕臣。
¶国書

井原昂　いはらのぼる
天保11（1840）年～＊　[別]井原昂《いはらこう》，岩神圭一郎《いわがみけいいちろう》
江戸時代末期～明治期の志士。土佐勤王党に参加。
¶高知人（[没]1923年），人名（いはらこう　[没]1924年），世紀（[生]天保11（1840）年10月13日　[没]大正12（1923）年1月15日），日人（[没]1926年），幕末（[生]1841年　[没]1926年5月13日）

井原番右衛門　いはらばんうえもん
→井原番右衛門（いはらばんえもん）

井原番右衛門　いはらばんえもん
慶長16（1611）年～貞享3（1686）年　[別]井原番右衛門《いはらばんうえもん》
江戸時代前期の越前福井藩士、兵法家。
¶剣豪，藩臣3（いはらばんうえもん），福井百

菴原道麿　いはらみちまろ
→菴原菡斎（いばらかんさい）

庵原康成　いはらやすなり
生没年不詳
江戸時代末期の筑後三池藩執政。
¶幕末，藩臣7

庵原亮平　いはらりょうへい
生没年不詳
江戸時代後期の幕臣。
¶国書

揖斐章　いびあきら
生没年不詳
江戸時代末期～明治期の静岡藩士族。
¶維新，静岡歴（[生]弘化1（1844）年　[没]明治14（1881）年），幕末

衣非茂記　いびしげき
天保2（1831）年～慶応1（1865）年　[別]衣斐茂記《えびしげき》，衣非茂記《えびしげき》
江戸時代末期の筑前福岡藩士。
¶維新，人名（衣斐茂記　えびしげき　[生]1832年），日人，幕末（[没]1865年12月12日），藩臣7（えびしげき）

揖斐十太夫　いびじゅうだゆう
享保16（1731）年～安永1（1772）年　[別]揖斐政俊《いびまさとし》
江戸時代中期の西国筋郡代。
¶大分百，大分歴（揖斐政俊　いびまさとし）

揖斐政景　いひまさかげ
？～寛永18（1641）年

江戸時代前期の旗本。
¶神奈川人，姓氏神奈川

揖斐政俊 いびまさとし
→揖斐十太夫（いびじゅうだゆう）

揖斐政軌 いびまさのり
～万治3（1660）年
江戸時代前期の旗本。
¶神奈川人

揖斐政吉 いびまさよし
江戸時代前期の幕臣。
¶人名，日人（生没年不詳）

井深蔵人 いぶかくらんど
？～嘉永3（1850）年
江戸時代後期の剣術家。神道精武流。
¶剣豪

井深監物 いぶかけんもつ
天正18（1590）年～慶安4（1651）年
江戸時代前期の出羽山形藩士。
¶藩臣1

井深茂太郎 いぶかしげたろう
嘉永6（1853）年～明治1（1868）年10月8日
江戸時代末期の白虎士中二番隊士。
¶幕末

井深重光 いぶかしげみつ
元和3（1617）年～元禄12（1699）年
江戸時代前期の陸奥会津藩家老。
¶会津，藩臣2

井深宅右衛門 いぶかたくうえもん
→井深宅右衛門（いぶかたくえもん）

井深宅右衛門 いぶかたくえもん
天保1（1830）年～＊　[別]井深宅右衛門《いぶかたくうえもん》
江戸時代末期～明治期の陸奥会津藩士。
¶幕末（[生]1830年1月26日　[没]1897年3月19日），藩臣2（いぶかたくうえもん　[没]明治29（1896）年）

井深元治 いぶかもとはる
嘉永2（1849）年～明治6（1873）年2月5日
江戸時代末期～明治期の陸奥会津藩士。
¶幕末

伊吹勘右衛門 いぶきかんうえもん
→伊吹正健（いぶきまさよし）

伊吹勘右衛門 いぶきかんえもん
→伊吹正健（いぶきまさよし）

伊吹正健 いぶきまさよし
天保8（1837）年～明治23（1890）年　[別]伊吹勘右衛門《いぶきかんうえもん，いぶきかんえもん》
江戸時代末期～明治期の因幡鳥取藩士。
¶維新，国書（[没]明治23（1890）年8月21日），神人（伊吹勘右衛門　いぶきかんうえもん　[生]天保7（1836）年），人名（伊吹勘右衛門　いぶきかんえもん），日人

揖宿忠政 いぶすきただまさ
？～寛永2（1625）年
江戸時代前期の武士。
¶姓氏鹿児島，戦人，戦西

伊部義成 いべよしなり
？～元治1（1864）年5月13日
江戸時代後期～末期の尾張藩士・歌人。
¶国書

今井興之丞 いまいおきのじょう
天保3（1832）年～明治1（1868）年
江戸時代末期の蝦夷松前藩の武士。松前氏家臣。
¶幕末，藩臣1

今井晦堂 いまいかいどう
天保1（1830）年～明治10（1877）年　[別]今井潛《いまいせん，いまいひそむ》
江戸時代末期～明治期の儒者、足利藩士。
¶国書（[没]明治10（1877）年11月2日），人名（今井潛　いまいひそむ），栃木歴（今井潛　いまいせん），日人

今井数馬 いまいかずま
寛保3（1743）年～文化8（1811）年
江戸時代中期～後期の西尾藩松平氏の家老職。
¶姓氏愛知

今井兼隆 いまいかねたか
慶長7（1602）年～寛永10（1633）年
江戸時代前期の堺の茶人、武士。
¶茶道，人名，日人

今井兼途 いまいかねみち
延宝4（1676）年～寛延3（1750）年
江戸時代中期の伊勢亀山藩士、馬術師範。
¶藩臣4

今井金衛門（今井金右衛門） いまいきんえもん
寛政12（1800）年～弘化4（1847）年　[別]今井惟典《いまいこれすけ》，今井紐蘭《いまいちゅうらん》
江戸時代後期の水戸藩士。
¶維新，国書（今井紐蘭　いまいちゅうらん　[没]弘化4（1847）年10月13日），コン改（今井金右衛門），コン4（今井金右衛門），新潮（[没]弘化4（1847）年10月13日），人名（今井惟典　いまいこれすけ　[生]1799年），日人，幕末（[没]1847年11月20日），藩臣2

今井九郎右衛門(1) いまいくろうえもん
？～文政5（1822）年
江戸時代後期の丹波園部藩士。
¶藩臣5

今井九郎右衛門(2) いまいくろうえもん
→今井師聖（いまいしせい）

今城峴山 いまいけんざん
→今城峴山（いまきけんざん）

今井郷平 いまいごうへい
？～天保3（1832）年
江戸時代後期の駿河沼津藩士、柔術師範。
¶藩臣4

今井惟典 いまいこれすけ
→今井金衛門（いまいきんえもん）

今井五郎左衛門 いまいごろうざえもん
天明8（1788）年～？
江戸時代後期の丹波園部藩士。
¶藩臣5

今井栄 いまいさかえ
＊～明治2(1869)年
江戸時代末期の筑後久留米藩士。
¶人名([生]？)，日人([生]1822年)，藩臣7([生]文政5(1822)年？)，福岡百([生]文政5(1822)年 [没]明治2(1869)年1月24日)

今井貞吉 いまいさだきち
天保2(1831)年～明治36(1903)年 [別]今井貞吉《いまいていきち》
江戸時代末期～明治期の土佐藩士、博物学者。
¶朝日([没]明治36(1903)年3月27日)，維新，高知人，高知百(いまいていきち)，国書([生]天保2(1831)年9月21日 [没]明治36(1903)年3月27日)，写家([生]天保2年9月21日 [没]明治36年3月27日)，植物([生]天保2(1831)年9月21日 [没]明治36(1903)年3月27日)，人書94，日人，幕末([没]1903年3月27日)，藩臣6

今井三郎右衛門 いまいさぶろうえもん
文政2(1819)年～元治1(1864)年
江戸時代末期の豊岡藩士。
¶維新，人名，日人，幕末([没]1864年7月18日)

今井三十郎 いまいさんじゅうろう
安永1(1772)年～弘化3(1846)年
江戸時代後期の三河西尾藩士。
¶藩臣4

今井静摩 いまいしずま
明和6(1769)年～天保11(1840)年 [別]今井湛斎《いまいたんさい》
江戸時代中期～後期の筑後久留米藩士、剣術師範。
¶剣豪，藩臣7(今井湛斎　いまいたんさい)

今井師聖 いまいしせい
享和3(1803)年～慶応3(1867)年 [別]今井九郎右衛門《いまいくろうえもん》
江戸時代末期の儒者。
¶剣豪(今井九郎右衛門　いまいくろうえもん)，人名，長野歴，日人

今井順蔵 いまいじゅんぞう
弘化3(1846)年3月28日～大正7(1918)年
江戸時代後期～大正期の伊賀上野藩士。
¶三重続

今泉蟹守 いまいずみかにもり
文政1(1818)年～明治31(1898)年
江戸時代末期～明治期の歌人、国学者、肥前小城藩士。
¶維新，国書([没]明治31(1898)年2月7日)，佐賀百([生]文化15(1818)年3月1日 [没]明治31(1898)年2月7日)，人名，日人，幕末([没]1898年2月7日)，和俳

今泉三郎助 いまいずみさぶろすけ
文政4(1821)年～明治26(1893)年
江戸時代後期～明治期の剣術家。新陰流。
¶剣豪

今泉繁八 いまいずみしげはち
享保5(1720)年～文化3(1806)年
江戸時代中期～後期の剣術家。一宮流。
¶剣豪

今泉岫雲 いまいずみしゅううん
天保5(1834)年～明治29(1896)年
江戸時代末期～明治期の陸奥会津藩士。
¶会津，幕末([生]1834年5月 [没]1896年4月17日)，藩臣2

今泉武太郎 いまいずみたけたろう
嘉永5(1852)年～明治1(1868)年6月20日
江戸時代末期の陸奥会津藩士。
¶幕末

今泉衷之 いまいずみなかゆき
天明6(1786)年～慶応1(1865)年
江戸時代後期の陸奥三春藩士。
¶藩臣2

今泉正耀 いまいずみまさあき
？～延享4(1747)年
江戸時代中期の上野沼田藩士。
¶藩臣2

今泉又兵衛 いまいずみまたべえ
？～明暦2(1656)年
江戸時代前期の剣術家。山口流祖。
¶剣豪

今井潜 いまいせん
→今井晦堂(いまいかいどう)

今井為忠 いまいためただ
→今井信郎(いまいのぶお)

今井太郎左衛門 いまいたろうざえもん
享保16(1731)年～寛政8(1796)年
江戸時代中期の上総久留里藩士。
¶剣豪，藩臣3

今井湛斎 いまいたんさい
→今井静摩(いまいしずま)

今井紐蘭 いまいちゅうらん
→今井金衛門(いまいきんえもん)

今井貞吉 いまいていきち
→今井貞吉(いまいさだきち)

今井鉄太郎 いまいてつたろう
弘化3(1846)年～明治37(1904)年
江戸時代後期～明治期の因幡鳥取藩士、自由民権運動家。
¶鳥取百

今井信郎 いまいのぶお
天保12(1841)年～大正7(1918)年 [別]今井為忠《いまいためただ》
江戸時代末期～明治期の京都見廻組。のち衝鉾隊副長。
¶朝日([生]天保12年10月2日(1841年11月14日) [没]大正7(1918)年6月25日)，静岡歴，新潮([没]大正7(1918)年6月25日)，姓氏静岡(今井為忠　いまいためただ)，日人，幕末([没]1918年6月25日)

今井八九郎 いまいはちくろう
寛政2(1790)年～文久2(1862)年
江戸時代末期の蝦夷松前藩士、測量家。
¶国書([没]文久2(1862)年9月9日)，史人，藩臣1，北海道百，北海道歴

い

今井八郎 いまいはちろう
江戸時代の川越藩儒、述古塾開設者、江戸住の浪人。
¶埼玉百

今井潜 いまいひそむ
→今井晦堂(いまいかいどう)

今井弘 いまいひろし
天保2(1831)年～明治4(1871)年
江戸時代末期～明治期の三河西尾藩家老。
¶幕末，藩臣4

今井光隆 いまいみつたか
文化7(1810)年～明治10(1877)年
江戸時代末期～明治期の陸奥矢島藩士。
¶幕末([没]1877年8月1日)，藩臣1

今井祐次郎 いまいゆうじろう
天保15(1844)年～慶応4(1868)年1月
江戸時代後期～末期の新撰組隊士。
¶新撰

今井柳荘 いまいりゅうそう
宝暦1(1751)年～文化8(1811)年 [別]柳荘《りゅうそう》
江戸時代後期の俳人、善光寺代官。
¶国書(柳荘 りゅうそう [没]文化8(1811)年10月2日)，人名，姓氏長野，長野百([生]1750年)，長野歴，日人，俳諧(柳荘 りゅうそう [生]?)，俳句(柳荘 りゅうそう [没]文化8(1811)年10月2日)，和俳

今枝佐仲 いまえださちゅう
天保2(1645)年～元禄15(1702)年
江戸時代前期～中期の剣術家。今枝流(理方一流)。
¶剣豪

今枝重直 いまえだしげなお
天文23(1554)年～寛永4(1627)年
安土桃山時代～江戸時代前期の加賀藩の武士。織田氏家臣、豊臣氏家臣。
¶織田([没]寛永4(1627)年12月)，戦国，戦人，日人([没]1628年)，藩臣3([生]?)

今枝四郎左衛門 いまえだしろうざえもん
? ～元禄8(1695)年 [別]今枝良政《いまえだよしまさ》
江戸時代前期の近江膳所藩士。
¶剣豪，藩臣4(今枝良政 いまえだよしまさ)

今枝近義 いまえだちかよし
慶長19(1614)年～*
江戸時代前期の加賀藩士。
¶石川百([生]1612年 [没]1678年)，国書([没]延宝7(1679)年12月29日)，人名([没]1679年)，日人([没]1680年)，藩臣3([生]? [没]延宝6(1678)年)

今枝恒明 いまえだつねあき
元禄13(1700)年～宝暦2(1752)年4月3日
江戸時代中期の加賀藩士。
¶国書

今枝直温 いまえだなおあつ
天和3(1683)年～正徳2(1712)年
江戸時代前期～中期の加賀藩士。
¶国書

今枝直方 いまえだなおかた
承応2(1653)年～享保13(1728)年
江戸時代前期～中期の加賀藩士。
¶石川百，岡山人，国書([没]享保13(1728)年11月)，人名，姓氏石川，日人，藩臣3

今枝直恒 いまえだなおつね
天正15(1587)年～承応1(1652)年
安土桃山時代～江戸時代前期の武士。
¶日人

今枝直応 いまえだなおまさ
生没年不詳
江戸時代末期の加賀藩老臣。
¶幕末

今枝良政 いまえだよしまさ
→今枝四郎左衛門(いまえだしろうざえもん)

今川直房 いまがわなおふさ
文禄3(1594)年～寛文1(1661)年
江戸時代前期の武士、今川義元の曾孫。
¶茶道

今川弥十郎 いまがわやじゅうろう
? ～延宝7(1679)年
江戸時代前期の今川義元の家臣。
¶姓氏静岡

今川要作 いまがわようさく
生没年不詳
江戸時代末期の幕府代官。
¶埼玉人

今川義真 いまがわよしざね
安土桃山時代～江戸時代前期の剣術家。今川流剣術の祖。
¶人名，日人(生没年不詳)

今木源右衛門 いまきげんえもん
? ～正保2(1645)年4月25日
江戸時代前期の加賀藩士。
¶国書

今城峴山 いまきけんざん
寛延1(1748)年～文化3(1806)年 [別]今城峴山《いまいけんざん》
江戸時代中期～後期の信濃松本藩士、儒学者。
¶国書，人名，長野百(いまいけんざん)，長野歴，日人，藩臣3

今喜多作兵衛 いまきたさくべえ
寛保2(1742)年～文化12(1815)年
江戸時代中期～後期の勘定奉行。
¶高知人

今津卯三郎 いまずうさぶろう
→今津卯三郎(いまづうさぶろう)

今田善作 いまだぜんさく
元文5(1740)年～文化8(1811)年
江戸時代中期～後期の剣術家。新陰流。
¶剣豪

今田長佳 いまだちょうか
→今田長佳(いまだながよし)

今立五郎太夫(今立五郎大夫) いまだてごろうだゆう
天保6(1835)年～明治38(1905)年

江戸時代末期〜明治期の越前福井藩士。
¶維新，幕末（今立五郎大夫　[没]1905年8月7日）

今田長佳　いまだながよし
*〜寛永19（1642）年　[別]今田長佳《いまだちょうか》
安土桃山時代〜江戸時代前期の周防岩国藩士。
¶姓氏山口（いまだちょうか　[生]？），藩臣6（[生]永禄5（1562）年）

今田靫負（今田靱負）　いまだゆきえ
天保3（1832）年〜慶応2（1866）年　[別]今田靱負《いまだゆげい》
江戸時代末期の周防岩国藩士。
¶維新（今田靱負　いまだゆげい），人名（今田靱負　いまだゆげい），日人（今田靱負），幕末（[没]1866年10月24日），藩臣6

今田靱負　いまだゆげい
→今田靫負（いまだゆきえ）

今田佳保　いまだよしお
享和1（1801）年〜明治18（1885）年12月18日
江戸時代末期〜明治期の周防岩国藩士。
¶幕末

今田頼武　いまだよりたけ
明和2（1765）年〜天保8（1837）年
江戸時代中期〜後期の周防岩国藩士。
¶国書

今津卯三郎　いまづうさぶろう，いまずうさぶろう
弘化2（1845）年〜元治1（1864）年8月20日
江戸時代末期の奇兵隊士。
¶幕末（いまずうさぶろう）

今中源介　いまなかげんすけ
元禄13（1700）年〜宝暦13（1763）年
江戸時代中期の剣術家。東軍今中源介流。
¶剣豪

今中作兵衛　いまなかさくべえ
*〜慶応1（1865）年
江戸時代末期の筑前福岡藩の尊攘派志士。
¶朝日（[生]天保7（1836）年　[没]慶応1年10月23日（1865年12月10日）），維新（[生]1836年），人名（[生]1837年），日人（[生]1837年），幕末（[生]1836年　[没]1865年12月10日），藩臣7（[生]天保8（1837）年）

今中将監　いまなかしょうげん
？　〜元和5（1619）年
安土桃山時代〜江戸時代前期の浅野家臣。
¶和歌山人

今中祐十郎　いまなかすけじゅうろう
→今中祐十郎（いまなかゆうじゅうろう）

今中大学　いまなかだいがく
天明4（1784）年〜安政4（1857）年
江戸時代後期の安芸広島藩年寄。
¶朝日（[没]安政4年2月16日（1857年3月11日）），維新，近世（[生]？），国史（[生]？），国書（[没]安政4（1857）年2月16日），コン4，日人，藩臣6（[生]？），広島百（[没]安政4（1857）年2月16日）

今中仁佐衛門　いまなかにざえもん
文化1（1804）年〜慶応1（1865）年
江戸時代末期の志士、筑前福岡藩士。
¶人名

今中光安　いまなかみつやす
生没年不詳
安土桃山時代〜江戸時代前期の武士。浅野家の家臣。
¶和歌山人

今中祐十郎　いまなかゆうじゅうろう
天保6（1835）年〜慶応1（1865）年　[別]今中祐十郎《いまなかすけじゅうろう》
江戸時代末期の筑前福岡藩士。
¶維新，人名（いまなかすけじゅうろう），日人，幕末（[没]1865年12月10日），藩臣7

今西玄章　いまにしげんしょう
正徳4（1714）年〜宝暦4（1754）年
江戸時代中期の摂津麻田藩士、儒学者。
¶藩臣5

今西甚之助　いまにしじんのすけ
天保6（1835）年〜文久3（1863）年
江戸時代末期の大和十津川郷士。
¶維新

今橋巌　いまはしいわお
→今橋権助（いまはしごんすけ）

今橋権助　いまはしごんすけ
？　〜明治32（1899）年　[別]今橋巌《いまはしいわお》
江戸時代末期〜明治期の志士。土佐勤王党に参加。
¶高知人（今橋巌　いまはしいわお），幕末（[没]1899年1月18日）

今藤惟宏　いまふじこれひろ
→今藤新左衛門（いまふじしんざえもん）

今藤新左衛門　いまふじしんざえもん
天保6（1835）年〜？　[別]今藤惟宏《いまふじこれひろ》
江戸時代末期〜明治期の薩摩藩校造士館助教。
¶維新，国書（今藤惟宏　いまふじこれひろ），幕末，藩臣7

今堀千五百蔵　いまぼりちおらい
→今堀千五百蔵（いまほりちょうぞう）

今堀千五百蔵　いまほりちょうぞう
[別]今堀千五百蔵《いまぼりちおらい》
江戸時代後期の幕臣。
¶剣豪（[生]？　[没]明治17（1884）年），幕末（いまぼりちおらい　[生]1806年　[没]？）

今堀登代太郎　いまほりとよたろう，いまぼりとよたろう
江戸時代末期〜明治期の幕臣。
¶人名（[生]1830年　[没]1898年），幕末（いまぼりとよたろう　[生]1830年？　[没]？）

今道俊平　いまみちしゅんぺい
生没年不詳
江戸時代後期の肥前大村藩士、儒学者。
¶藩臣7

今道忠太夫　いまみちちゅうだゆう
生没年不詳
江戸時代中期の肥前大村藩士。
¶藩臣7

今宮摂津守 いまみやせっつのかみ
正保3（1646）年〜享保12（1727）年 ㉞今宮義教
《いまみやよしたか》
江戸時代前期〜中期の出羽秋田藩士。
¶剣豪，藩臣1（今宮義教　いまみやよしたか）

今宮道義 いまみやみちよし
天正1（1573）年〜元和5（1619）年9月1日
安土桃山時代〜江戸時代前期の佐竹氏の一族。
¶戦辞

今宮義透 いまみやよしすく
元禄4（1691）年〜宝暦3（1753）年
江戸時代中期の出羽秋田藩老。
¶国書（㊍元禄4（1691）年2月2日　㊙宝暦3
（1753）年9月6日），藩臣1

今宮義教 いまみやよしたか
→今宮摂津守（いまみやせっつのかみ）

今宮義通 いまみやよしみち
安土桃山時代〜江戸時代前期の武士。
¶戦人（生没年不詳），戦東

今村家隆 いまむらいえたか
？ 〜元治1（1864）年
江戸時代末期の田辺与力。
¶和歌山人

今村家知 いまむらいえとも
？ 〜承応1（1652）年
江戸時代前期の武士。
¶和歌山人

今村市兵衛 いまむらいちべえ
？ 〜寛永2（1625）年　㉞今村康家《いまむらやす
いえ》
江戸時代前期の紀伊和歌山藩士。
¶藩臣5，和歌山人（今村康家　いまむらやすい
え）

今村一胤 いまむらかずたね
？ 〜明和7（1770）年
江戸時代中期の播磨三日月藩用人。
¶藩臣5

今村一富 いまむらかずとみ
明和3（1766）年〜文政9（1826）年
江戸時代中期〜後期の播磨三日月藩家老。
¶藩臣5

今村一正 いまむらかずまさ
天正2（1574）年〜？
安土桃山時代〜江戸時代前期の石見浜田藩士。
¶人名，日人，藩臣5

今村謙吉 いまむらけんきち
天保13（1842）年〜明治31（1898）年
江戸時代末期〜明治期の加賀藩士、出版者。福音
社社主。
¶キリ（㊍天保13年7月7日（1842年8月12日）
㊙明治31（1898）年8月20日），兵庫百

今村黒右衛門 いまむらこくうえもん
？ 〜宝暦9（1759）年
江戸時代中期の出雲母里藩家老。
¶藩臣5

今村直内 いまむらじきない
→今村竹堂（いまむらちくどう）

今村善太夫 いまむらぜんだゆう
江戸時代前期の武士。仙台伊達騒動の臣魁。
¶人名，日人（生没年不詳）

今村楽 いまむらたぬし
→今村虎成（いまむらとらなり）

今村楽 いまむらたのし
→今村虎成（いまむらとらなり）

今村竹堂 いまむらちくどう
宝暦13（1763）年12月8日〜文化2（1805）年3月21
日　㉞今村直内《いまむらじきない》
江戸時代中期〜後期の筑後久留米藩士、教育者。
¶国書，藩臣7（今村直内　いまむらじきない），
福岡百

今村伝十郎 いまむらでんじゅうろう
？ 〜寛文7（1667）年
江戸時代前期の陸奥会津藩家老。
¶藩臣2

今村伝四郎正長 いまむらでんしろうまさなが
→今村正長（いまむらまさなが）

今村虎成 いまむらとらなり
明和2（1765）年〜文化7（1810）年 ㉞今村楽《い
まむらたぬし，いまむらたのし》
江戸時代後期の土佐藩士、国学者、歌人。
¶高知人（今村楽　いまむらたぬし），高知百（今
村楽　いまむらたぬし），国書（今村楽　いま
むらたぬし　㊙文化7（1810）年11月14日），コ
ン改，コン4，新潮（㊙文化7（1810）年11月13
日），人名（今村楽　いまむらたのし），日人，
藩臣6（今村楽　いまむらたぬし），和俳

今村長利 いまむらながとし
寛永16（1639）年〜正徳3（1713）年
江戸時代前期〜中期の筑後柳河藩士。
¶藩臣7

今村百八郎 いまむらひゃくはちろう
天保13（1842）年〜明治9（1876）年
江戸時代末期〜明治期の筑前秋月藩士。士族反乱
指導者。
¶朝日（㊙明治9（1876）年12月3日），維新，コン
4，コン5，人名，日人，幕末（㊙1876年12月3
日），藩臣7

今村不僧 いまむらふそう
→今村正員（いまむらまさかず）

今村正員 いまむらまさかず
寛永5（1628）年〜元禄7（1694）年　㉞今村不僧
《いまむらふそう》
江戸時代前期の出羽秋田藩士、兵学者。
¶国書（㊍寛永5（1628）年7月10日　㊙元禄7
（1694）年7月26日），人名（今村不僧　いまむ
らふそう），日人，藩臣1

今村正長 いまむらまさなが
天正16（1588）年〜承応2（1653）年　㉞今村伝四
郎正長《いまむらでんしろうまさなが》
江戸時代前期の下田奉行。
¶神奈川人，静岡歴，人名（㊍1589年），姓氏静
岡，長崎歴（今村伝四郎正長　いまむらでんし

ろうまさなが　[生]天正15(1587)年，日人

今村正信 いまむらまさのぶ
～正保2(1645)年
江戸時代前期の旗本。
¶神奈川人

今村盛次 いまむらもりつぐ
生没年不詳
江戸時代前期の越前福井藩家老。
¶藩臣3

今村康家 いまむらやすいえ
→今村市兵衛(いまむらいちべえ)

今村蓮坡 いまむられんぱ
天明1(1781)年～安政6(1859)年
江戸時代後期の備後福山藩士。
¶国書([没]安政6(1859)年8月4日)，幕末，藩臣6

伊牟田尚平 いむたしょうへい
天保3(1832)年～明治1(1868)年
江戸時代末期の尊攘派の志士、薩摩藩士。
¶朝日([生]天保3年5月25日(1832年6月23日) [没]明治1(1868)年2月)，維新，鹿児島百，コン4，姓氏鹿児島，日人，幕末，藩臣7

井村簡二 いむらかんじ
天保11(1840)年～文久2(1862)年
江戸時代末期の志士。
¶維新，人名，日人，幕末([没]1862年7月14日)

井本常蔭 いもとつねかげ
安永5(1776)年～文化10(1813)年
江戸時代中期～後期の郡奉行。
¶姓氏愛知

井本免孔 いもとめんこう
延享4(1747)年～寛政11(1799)年
江戸時代中期～後期の戸田家の郡奉行。
¶姓氏愛知

伊予田正英 いよだまさふさ
～享保1(1716)年
江戸時代中期の旗本。
¶神奈川人

伊良子信濃守 いらこしなののかみ
安土桃山時代～江戸時代前期の武士。最上氏家臣。
¶戦人(生没年不詳)，戦東

伊良子大洲 いらこたいしゅう，いらこだいしゅう
宝暦13(1763)年～文政12(1829)年
江戸時代中期～後期の因幡鳥取藩士、儒学者。
¶国書([生]宝暦13(1763)年1月1日 [没]文政12(1829)年9月16日)，人名，鳥取百(いらこだいしゅう)，日人，藩臣5

入生田右兵衛佐 いりうだうひょうえのすけ
[別]入生田右兵衛佐《いりうだうへいのすけ》
安土桃山時代～江戸時代前期の武将。大崎氏家臣。
¶戦人(生没年不詳)，戦東(いりうだうへいのすけ)

入生田右兵衛佐 いりうだうへいのすけ
→入生田右兵衛佐(いりうだうひょうえのすけ)

入江淡 いりえあわし
天保3(1832)年～明治35(1902)年 [別]入江淡《いりえたん》
江戸時代末期～明治期の豊前小倉藩士。
¶人名(いりえたん)，日人，藩臣7

入江珍 いりえうず
天明1(1781)年～天保14(1843)年
江戸時代後期の播磨明石藩士。
¶藩臣5

入江多仲 いりえかずなか
～享保7(1722)年
江戸時代中期の武士。
¶岡山人

入江九一 いりえきゅういち
→入江九一(いりえくいち)

入江九一 いりえくいち
*～元治1(1864)年 [別]入江九一《いりえきゅういち》，入江弘毅《いりえひろき》，入江杉蔵《いりえすぎぞう》
江戸時代末期の志士、長州(萩)藩士。奇兵隊設立に加わる。
¶朝日([生]天保8年4月5日(1837年5月9日) [没]元治1年7月19日(1864年8月20日))，維新([生]1838年)，国書(入江杉蔵 いりえすぎぞう [生]天保8(1837)年4月5日 [没]元治1(1864)年7月19日)，コン改(いりえきゅういち [生]天保9(1838)年)，コン4(いりえきゅういち [生]天保9(1838)年)，新潮([生]天保8(1837)年4月5日 [没]元治1(1864)年7月19日)，人名(入江弘毅 いりえひろき [生]1838年)，姓氏山口([生]1838年)，日人([生]1837年)，幕末([生]1837年 [没]1864年8月20日)，藩臣6([生]天保8(1837)年)，山口百([生]1838年)

入江済民 いりえさいみん
文政7(1824)年～安政2(1855)年2月13日
江戸時代後期～末期の仙台藩士。
¶国書

入江修敬(入江脩敬) いりえしゅうけい
→入江東阿(いりえとうあ)

入江杉蔵 いりえすぎぞう
→入江九一(いりえくいち)

入江淡 いりえたん
→入江淡(いりえあわし)

入江東阿 いりえとうあ
元禄12(1699)年～安永2(1773)年 [別]入江修敬《いりえしゅうけい，いりえのぶたか》，入江平馬《いりえへいま》，入江脩敬《いりえしゅうけい》
江戸時代中期の筑後久留米藩の算学者。
¶朝日(入江修敬 いりえのぶたか [没]安永2年6月14日(1773年8月2日))，国書([没]安永2(1773)年6月14日)，新潮(入江脩敬 いりえしゅうけい [没]安永2(1773)年6月14日)，人名(入江修敬 いりえしゅうけい [生]？)，日人，藩臣7(入江平馬 いりえへいま [生]元禄12(1699)年頃)，福岡百(入江平馬 いりえへいま [没]安永2(1773)年6月14日)

入江藤四郎 いりえとうしろう
明和3(1766)年～天保3(1832)年
江戸時代中期～後期の剣術家。真天流。
¶剣豪

い

い

入江修敬 いりえのぶたか
→入江東阿（いりえとうあ）

入江弘毅 いりえひろき
→入江九一（いりえくいち）

入江平馬 いりえへいま
→入江東阿（いりえとうあ）

入江正雄 いりえまさお
宝永6（1709）年～天明4（1784）年
江戸時代中期の土佐藩士、儒学者。
¶高知人（[生]1699年），国書（[没]天明4（1784）年6月16日），日人，藩臣6

入江弥源太 いりえやげんた
文政8（1825）年～明治29（1896）年1月28日
江戸時代末期～明治期の周防徳山藩士。
¶幕末

入来院公寛 いりきいんきみひろ
天保7（1836）年～明治4（1871）年
江戸時代後期～明治期の薩摩郡入来郷領主。入来院氏29代。
¶姓氏鹿児島

入来院定勝 いりきいんさだかつ
元文1（1736）年～天明1（1781）年
江戸時代中期の薩摩郡入来郷領主。入来院氏24代。
¶姓氏鹿児島

入来院定経 いりきいんさだつね
寛政5（1793）年～嘉永4（1851）年
江戸時代後期の薩摩郡入来郷領主。入来院氏27代。
¶姓氏鹿児島

入来院重高 いりきいんしげたか
天正7（1579）年～正保4（1647）年
安土桃山時代～江戸時代前期の武士。入来院氏16代。
¶姓氏鹿児島

入来院重矩 いりきいんしげのり
寛文12（1672）年～享保20（1735）年
江戸時代前期～中期の武士、入来院氏22代、薩摩郡入来郷領主。
¶姓氏鹿児島

入来院重治 いりきいんしげはる
慶安4（1651）年～天和2（1682）年
江戸時代前期の武士、入来院氏19代、薩摩郡入来郷領主。
¶姓氏鹿児島

入来院重頼 いりきいんしげより
寛永6（1629）年～寛文7（1667）年
江戸時代前期の薩摩郡入来郷領主、入来院氏の18代。
¶姓氏鹿児島

入沢広重 いりさわひろしげ
天保11（1840）年～明治32（1899）年2月24日
江戸時代末期～明治期の居之隊士。
¶幕末

入長定 いりちょうてい
→入長定（いりながさだ）

入長定 いりながさだ
慶長8（1603）年～寛文2（1662）年　[別]入長定《いりちょうてい》
江戸時代前期の数学者、松代藩士。
¶人名（いりちょうてい），日人

入交省斎 いりまじりせいさい
寛政8（1796）年12月3日～慶応1（1865）年
江戸時代後期～末期の伊賀上野藩士。
¶国書（[没]慶応1（1865）年8月27日），三重

入交太三右衛門 いりまじりたさえもん
→入交太三右衛門（いりまじりたぞうえもん）

入交太三右衛門 いりまじりたぞうえもん
*～文化2（1805）年　[別]入交太三右衛門《いりまじりたさえもん》
江戸時代中期～後期の石灰製造者、土佐郷士。
¶高知人（[生]1748年），高知百（いりまじりたさえもん　[生]1747年）

入山謙受 いりやまけんじゅ
文政12（1829）年～明治25（1892）年
江戸時代末期～明治期の美濃郡上藩士。
¶藩臣3

入庸昌 いりようしょう
元禄6（1693）年～宝暦2（1752）年
江戸時代中期の数学者、信濃松代藩士。
¶国書（[没]宝暦2（1752）年12月29日），人名，日人（[没]1753年）

入間川南渓 いるまがわなんけい
寛政12（1800）年～明治6（1873）年
江戸時代後期～明治期の一関藩士・画家。
¶姓氏岩手

色部長門 いろべながと
文政8（1825）年～明治1（1868）年　[別]色部久長《いろべひさなが》，色部長門久長《いろべながとひさなが》
江戸時代末期の出羽米沢藩家老格。
¶維新，新潮（[生]文政8（1825）年12月14日　[没]慶応4（1868）年7月29日），新潟百別（[生]1824年），日人（[生]1826年），幕末（[没]1868年9月15日），藩臣1（色部久長　いろべひさなが），山形百新（色部長門久長　いろべながとひさなが　[生]文政7（1824）年）

色部長門久長 いろべながとひさなが
→色部長門（いろべながと）

色部久長 いろべひさなが
→色部長門（いろべながと）

岩泉正意 いわいずみまさおみ
→岩泉正意（いわいずみまさのり）

岩泉正意 いわいずみまさのり
天保12（1841）年～明治42（1909）年　[別]岩泉正意《いわいずみまさおみ，いわいずみまさもと》
江戸時代末期～明治期の陸奥八戸藩士、和算家、洋学者。
¶青森人（いわいずみまさもと），青森百，維新（いわいずみまさおみ　生没年不詳），幕末，藩臣1

岩泉正意 いわいずみまさもと
→岩泉正意（いわいずみまさのり）

岩井田昨非　いわいださくひ，いわいたさくひ
　＊〜宝暦8（1758）年
　　江戸時代中期の陸奥二本松藩士。
　　¶国書（㊦元禄11（1698）年　㊦宝暦8（1758）年3月14日），藩臣5（いわいたさくひ　㊦元禄12（1699）年）

岩井田竹崖　いわいだちくがい
　天保11（1840）年〜明治12（1879）年4月8日
　　江戸時代末期〜明治期の陸奥二本松藩士。
　　¶幕末

岩出信之　いわいでのぶゆき
　宝永7（1710）年〜安永9（1780）年
　　江戸時代中期の代官。
　　¶神奈川人

岩井信能　いわいのぶよし
　？〜元和6（1620）年
　　安土桃山時代〜江戸時代前期の出羽米沢藩の武将。上杉氏家臣。
　　¶姓氏長野，戦辞（㊦元和6年10月14日（1620年11月8日）），戦人（生没年不詳），長野歴，藩臣1（㊦天文22（1553）年）

祝晴延　いわいはるのぶ
　？〜天明1（1781）年
　　江戸時代中期の出雲松江藩士。
　　¶藩臣5

岩井又助　いわいまたすけ
　→岩井又兵衛（いわいまたべえ）

岩井又兵衛　いわいまたべえ
　？〜慶応2（1866）年　㊔岩井又助《いわいまたすけ》
　　江戸時代末期の武蔵岡部藩士、儒学者。
　　¶埼玉人（岩井又助　いわいまたすけ　㊦慶応2（1866）年11月16日），埼玉百，藩臣5

巌武夫　いわおたけお
　生没年不詳
　　江戸時代後期の石見浜田藩士、儒学者。
　　¶藩臣5

岩尾忠治　いわおちゅうじ
　文政10（1827）年〜明治16（1883）年
　　江戸時代末期〜明治期の伊勢桑名藩士。
　　¶藩臣4

岩上角右衛門　いわかみかくうえもん
　？〜享保15（1730）年
　　江戸時代中期の三河吉田藩家老。
　　¶藩臣4

岩上角右衛門　いわがみかくえもん
　　江戸時代前期の武士。松平信綱の臣。
　　¶人名，日人（生没年不詳）

岩神九兵衛　いわかみきゅうべえ
　→岩神仲和（いわがみなかかず）

岩上朝吉　いわがみともよし，いわかみともよし
　　安土桃山時代〜江戸時代前期の武士。結城氏家臣。
　　¶戦人（生没年不詳），戦東（いわかみともよし）

岩神仲和　いわがみなかかず
　寛保3（1743）年〜文化2（1805）年　㊔岩神九兵衛《いわかみきゅうべえ》

江戸時代中期〜後期の武士・俳人。土佐深尾家臣。土佐佐川郷俳門の祖。
　　¶高知人（岩神九兵衛　いわかみきゅうべえ），国書（㊦文化2（1805）年10月7日）

石城一作　いわきいっさく
　→石城東山（いしがきとうざん）

岩城魁　いわきかい
　天保3（1832）年〜明治38（1905）年　㊔岩城魁太郎《いわきかいたろう》
　　江戸時代末期〜明治期の駿河沼津藩の儒学者。
　　¶静岡歴，姓氏静岡，幕末，藩臣4（岩城魁太郎　いわきかいたろう）

岩城魁太郎　いわきかいたろう
　→岩城魁（いわきかい）

岩城貞隆　いわきさだたか
　天正11（1583）年〜元和6（1620）年
　　安土桃山時代〜江戸時代前期の大名。陸奥磐城平藩主、信濃川中島藩主。
　　¶近世，国史，コン改（㊦天正9（1581）年），コン4（㊦天正9（1581）年），史人（㊦1620年10月19日），諸系，新潮（㊦元和6（1620）年10月19日），人名，戦合，戦国，戦辞（㊦元和6年10月19日（1620年11月13日）），戦人，長野歴，日人，藩主1，藩主2（㊦元和6（1620）年10月19日）

岩城重隆　いわきしげたか
　寛永5（1628）年〜宝永4（1707）年
　　江戸時代前期〜中期の大名。出羽亀田藩主。
　　¶秋田百，諸系（㊦1708年），人名，日人（㊦1708年），藩主1（㊦寛永5（1628）年1月15日　㊦宝永4（1707）年12月11日）

岩城隆邦　いわきたかくに
　弘化1（1844）年〜明治44（1911）年
　　江戸時代末期〜明治期の大名。出羽亀田藩主。
　　¶秋田百，庄内，諸系，日人，幕末（㊦1911年2月18日），藩主1（㊦弘化1（1844）年4月13日　㊦明治44（1911）年2月18日）

岩城隆韶　いわきたかつぐ
　宝永4（1707）年〜延享2（1745）年
　　江戸時代中期の大名。出羽亀田藩主。
　　¶諸系，日人，藩主1（㊦延享2（1745）年8月29日）

岩城隆永　いわきたかなが
　天保8（1837）年〜安政2（1855）年
　　江戸時代末期の大名。出羽亀田藩主。
　　¶諸系，日人，藩主1（㊦天保8（1837）年6月4日　㊦安政2（1855）年4月29日）

岩城隆済　いわきたかなり
　天明4（1784）年〜嘉永7（1854）年
　　江戸時代後期の出羽亀田藩家老。
　　¶藩臣1

岩城隆信　いわきたかのぶ
　天保9（1838）年〜安政5（1856）年
　　江戸時代末期の大名。出羽亀田藩主。
　　¶諸系，日人，藩主1（㊦天保9（1838）年4月10日　㊦安政2（1855）年8月20日）

岩城隆恕　いわきたかのり
　＊〜文化14（1817）年
　　江戸時代中期〜後期の大名。出羽亀田藩主。

¶江文（[生]明和2（1765）年），諸系（[生]1767年），日人（[生]1767年），藩主1（[生]明和2（1765）年3月18日，（異説）明和4年3月18日　[没]文化14（1817）年5月18日）

岩城隆喜　いわきたかひろ
寛政3（1791）年～安政1（1854）年
江戸時代末期の大名。出羽亀田藩主。
¶諸系，日人，藩主1（[生]寛政3（1791）年11月2日　[没]嘉永6（1853）年12月9日）

岩城隆政　いわきたかまさ
天保13（1842）年～文久1（1861）年
江戸時代末期の大名。出羽亀田藩主。
¶諸系，日人，藩主1（[生]天保13（1842）年7月12日　[没]文久1（1861）年8月12日）

岩城隆恭　いわきたかよし
享保9（1724）年～天明2（1782）年
江戸時代中期の大名。出羽亀田藩主。
¶諸系，日人，藩主1（[没]天明2（1782）年11月3日，（異説）11月5日）

岩城宣隆　いわきのぶたか
天正12（1584）年～寛文12（1672）年　[別]多賀谷宣家《たがやのぶいえ》
江戸時代前期の大名。出羽亀田藩主。
¶秋田百，諸系，戦国（多賀谷宣家　たがやのぶいえ），戦辞（[没]寛文12年8月27日（1672年10月17日）），戦人（多賀谷宣家　たがやのぶいえ　生没年不詳），藩主1（[没]寛文12（1672）年8月27日）

岩城秀隆　いわきひでたか
延宝1（1673）年～享保3（1718）年
江戸時代中期の大名。出羽亀田藩主。
¶諸系，日人，藩主1（[生]延宝1（1673）年11月　[没]享保3（1718）年10月25日）

岩城八百之助　いわきやおのすけ
元文4（1739）年～文政1（1818）年
江戸時代中期～後期の出羽亀田藩士。
¶藩臣1

岩城吉隆　いわきよしたか
→佐竹義隆（さたけよしたか）

岩倉重昌　いわくらしげあき
寛文6（1666）年～享保10（1725）年
江戸時代中期の武士、水芸川上流開祖。
¶和歌山人

岩倉重之　いわくらしげゆき
元和5（1619）年～宝永4（1707）年
江戸時代前期の武士。
¶和歌山人

岩倉弥右衛門　いわくらやえもん
文政8（1825）年～明治6（1873）年
江戸時代末期～明治期の上野前橋藩士。
¶藩臣2

岩越惣右衛門　いわこしそうえもん
？～寛永15（1638）年
江戸時代前期の肥後熊本藩士。
¶藩臣7

岩崎秋房　いわさきあきふさ
貞享4（1687）年？～宝暦3（1753）年
江戸時代前期～中期の金ケ崎領主大町主計の家中、中西流和算青木長由の門人。
¶姓氏岩手

岩崎市兵衛　いわさきいちべえ
生没年不詳
江戸時代前期の上総姉崎藩士。
¶藩臣3

岩崎一郎　いわさきいちろう
天保15（1844）年～明治4（1871）年1月8日
江戸時代後期～明治期の新撰組隊士。
¶新撰

岩崎馬之助　いわさきうまのすけ
→岩崎秋溟（いわさきしゅうめい）

岩崎覚左衛門　いわさきかくざえもん
→岩崎博秋（いわさきひろあき）

岩崎勝二郎　いわさきかつじろう
嘉永2（1849）年～？
江戸時代後期～末期の新撰組隊士。
¶新撰

岩崎環　いわさきかん
*～明治9（1876）年
江戸時代末期～明治期の周防徳山藩士。
¶幕末（[生]1830年　[没]1876年9月16日），藩臣6（[生]文政12（1829）年）

岩崎灌園　いわさきかんえん
天明6（1786）年～天保13（1842）年
江戸時代後期の本草学者、博物学者、幕府御家人。
¶朝日（[生]天明6年6月26日（1786年7月21日）　[没]天保13年1月29日（1842年3月10日）），江文，近世，国史，国書（[生]天明6（1786）年6月26日　[没]天保13（1842）年1月29日），コン改，コン4，史人（[生]1786年6月26日　[没]1842年1月29日），食文（[生]天明6年6月26日（1786年7月21日）　[没]天保13年1月29日（1842年3月10日）），新潮（[生]天明6（1786）年6月26日　[没]天保13（1842）年1月29日），人名，世人（[没]天保13（1842）年1月29日），全書，大百，日史（[生]天明6（1786）年6月26日　[没]天保13（1842）年1月29日），日人，百科，洋学，歴大

岩崎硯山（岩崎峴山）　いわさきけんざん
*～安政4（1857）年
江戸時代末期の浪人。
¶高知人（[生]1785年），高知百（岩崎峴山），幕末（[生]1800年　[没]1857年7月11日）

岩崎源次郎　いわさきげんじろう
嘉永1（1848）年～慶応2（1866）年7月31日
江戸時代末期の長州（萩）藩士。
¶幕末

岩崎小二郎（岩崎小次郎）　いわさきこじろう
？～明治28（1895）年6月22日　[別]小次郎
江戸時代末期～明治期の肥前大村藩士、政治家。貴族院議員。維新に尽力。のち銀行局長、秋田県知事、滋賀県知事、大分県知事、福岡県知事を歴任。
¶海越，海越新，人名（岩崎小次郎），渡航（岩崎小次郎），日人（[生]1846年）

岩崎作楽 いわさきさくら
文政6(1823)年～明治44(1911)年
江戸時代末期～明治期の信濃松本藩士。
¶藩臣5

岩崎秋溟 いわさきしゅうめい
天保5(1834)年～明治20(1887)年 [別]岩崎馬之助《いわさきうまのすけ》
江戸時代末期～明治期の志士。土佐勤王党に参加。
¶維新(岩崎馬之助 いわさきうまのすけ),高知人,高知百,人名,日人,幕末(岩崎馬之助 いわさきうまのすけ [没]1887年12月22日)

岩崎修理 いわさきしゅり
生没年不詳
江戸時代末期の出雲広瀬藩家老。
¶幕末,藩臣5

岩崎勝右衛門 いわさきしょううえもん
→岩崎勝右衛門(いわさきしょうえもん)

岩崎勝右衛門 いわさきしょうえもん
[別]岩崎勝右衛門《いわさきしょううえもん》
安土桃山時代～江戸時代前期の武士。里見氏家臣。
¶戦人(生没年不詳),戦東(いわさきしょううえもん)

岩崎甚八郎 いわさきじんぱちろう
延宝4(1676)年～元文3(1738)年
江戸時代前期～中期の高木無関流槍術家。
¶高知人

岩崎多仲 いわさきたちゅう
→岩崎恒固(いわさきつねかた)

岩崎竹巌 いわさきちくがん
弘化3(1846)年～?
江戸時代末期の志士。
¶幕末

岩崎長容 いわざきちょうよう
[別]岩崎長容《いわざきながかた》
江戸時代の忍藩松平下総守家の勘定奉行、勝手掛、川通普請掛。
¶埼玉人(生没年不詳),埼玉百(いわざきながかた)

岩崎恒固 いわさきつねかた
寛政12(1800)年～明治7(1874)年 [別]岩崎多仲《いわさきたちゅう》
江戸時代末期の武術家。
¶剣豪(岩崎多仲 いわさきたちゅう),人名,日人

岩崎時十郎 いわさきときじゅうろう
生没年不詳
江戸時代末期の武士、勘定公事方。
¶和歌山人

岩崎外左衛門 いわさきとざえもん
～寛文10(1670)年
江戸時代前期の武士。
¶庄内

岩崎友範 いわさきとものり
～明治19(1886)年8月4日
江戸時代後期～明治期の弓道家、萩毛利藩士。
¶弓道

岩崎長容 いわざきながかた
→岩崎長容(いわざきちょうよう)

岩崎博秋 いわさきはくしゅう
→岩崎博秋(いわさきひろあき)

岩崎博秋 いわさきひろあき
文政7(1824)年～明治28(1895)年 [別]岩崎覚左衛門《いわさきかくざえもん》,岩崎博秋《いわさきはくしゅう》
江戸時代末期～明治期の信濃高遠藩代官。
¶国書([没]明治28(1895)年8月),人名(いわさきはくしゅう),数学([没]明治28(1895)年8月),長野歴,日人,藩臣3(岩崎覚左衛門 いわさきかくざえもん)

岩崎弥太郎 いわさきやたろう
天保5(1834)年～明治18(1885)年
江戸時代末期～明治期の土佐藩出身の実業家。三菱財閥の創始者で、郵便汽船三菱会社を設立、日本最大の独占的海運会社とする。
¶朝日([生]天保5年12月11日(1835年1月9日) [没]明治18(1885)年2月7日),維新,岩史([生]天保5(1834)年12月11日 [没]明治18(1885)年2月7日),大阪人,角史,郷土長崎,近現,高知人,高知百,国際,国史,コン改,コン4,コン5,史人([生]1834年12月11日 [没]1885年2月7日),実業([生]天保5(1835)年12月11日 [没]明治18(1885)年2月7日),重要([生]天保5(1834)年12月 [没]明治18(1885)年2月7日),人書94,新潮([生]天保5(1834)年12月11日 [没]明治18(1885)年2月7日),人名,世人([生]天保5(1834)年12月 [没]明治18(1885)年2月7日),世百,先駆([生]天保5(1834)年12月11日 [没]明治18(1885)年2月7日),全書,大百,伝記,長崎百,長崎歴,日史([生]天保5(1835)年12月11日 [没]明治18(1885)年2月7日),日人([生]1835年),日本,幕末([没]1885年2月7日),藩臣6,百科,明治2([生]1835年),履歴([生]天保5(1834)年12月11日 [没]明治18(1885)年2月7日),歴大([生]1835年)

岩崎与次右衛門 いわさきよじうえもん
→岩崎与次右衛門(いわさきよじえもん)

岩崎与次右衛門 いわさきよじえもん
? ～寛永6(1629)年4月6日 [別]岩崎与次右衛門《いわさきよじうえもん》
安土桃山時代～江戸時代前期の武士。里見氏家臣。
¶戦辞,戦人(生没年不詳),戦東(いわさきよじうえもん)

岩崎和多里 いわさきわたり
? ～元文1(1736)年
江戸時代中期の下総古河藩家老。
¶藩臣3

岩下佐次右衛門 いわしたさじえもん
→岩下方平(いわしたまさひら)

岩下探春 いわしたたんしゅん
享保1(1716)年～天明5(1785)年
江戸時代中期の儒者、肥後熊本藩士。
¶国書([没]天明5(1785)年10月18日),人名,日人

岩下方平 いわしたほうへい
→岩下方平(いわしたまさひら)

い

岩下方平 いわしたまさひら
文政10(1827)年～明治33(1900)年　[別]岩下佐次右衛門《いわしたさじえもん》,岩下方平《いわしたほうへい,いわしたみちひら》,岩下左次右衛門《いわしたさじえもん》
江戸時代末期～明治期の薩摩藩士、志士、官吏。1866年フランスに渡り、パリ万国博覧会に参加。
¶朝日([生]文政10年3月15日(1827年4月10日)　[没]明治33(1900)年8月15日),維新,海越(いわしたみちひら　[生]文政10(1827)年3月15日　[没]明治33(1900)年8月15日),海越新(いわしたみちひら　[生]文政10(1827)年3月15日　[没]明治33(1900)年8月15日),鹿児島百,近現,国史,国書([生]文政10(1827)年3月15日　[没]明治33(1900)年8月15日),コン改,コン4,コン5,史人(いわしたみちひら　[生]1827年3月15日　[没]1900年8月15日),神人([生]文政10(1827)年3月　[没]明治33(1900)年8月15日),新潮([生]文政10(1827)年3月15日　[没]明治33(1900)年8月15日),人名,姓氏鹿児島(いわしたみちひら),先駆(岩下佐次右衛門　いわしたさじえもん　[生]文政10(1827)年3月15日　[没]明治33(1900)年8月15日),日人,幕末(いわしたみちひら　[没]1900年8月15日),藩臣7,履歴(いわしたほうへい　[生]文政10(1827)年3月15日　[没]明治33(1900)年8月14日)

岩下方平 いわしたみちひら
→岩下方平(いわしたまさひら)

岩瀬市左衛門 いわせいちざえもん
～寛永11(1634)年閏7月11日
安土桃山時代～江戸時代前期の同心。
¶庄内

岩瀬氏紀 いわせうじのり
?　～文政12(1829)年
江戸時代後期の旗本。岩瀬氏昌の曽孫。
¶姓氏静岡

岩瀬大江進 いわせおおえのしん
文政1(1818)年～明治1(1868)年
江戸時代末期の相模小田原藩家老。
¶維新,神奈川人,人名([生]?),日人,幕末([没]1868年7月29日)

岩瀬華沼 いわせかしょう
享保17(1732)年～文化7(1810)年　[別]岩瀬勘平《いわせかんぺい》
江戸時代中期～後期の肥前島原藩士。
¶江文,国書([没]文化7(1810)年11月8日),人名,日人,藩臣7(岩瀬勘平　いわせかんぺい)

岩瀬勘平 いわせかんぺい
→岩瀬華沼(いわせかしょう)

岩関喜三郎 いわぜききさぶろう
江戸時代末期の新撰組隊士。
¶新撰

岩瀬重周 いわせしげちか
天保10(1839)年1月1日～明治36(1903)年9月9日
江戸時代後期～明治期の武術家。
¶庄内

岩瀬忠震 いわせただなり
文政1(1818)年～文久1(1861)年
江戸時代末期の幕府官僚、外国奉行。
¶朝日([没]文久1年7月11日(1861年8月16日)),維新,岩史([没]文久1(1861)年7月11日),江文,角史,神奈川人,神奈川百,近世,国史,国書([没]文久1(1861)年7月11日),コン改,コン4,史人([没]1861年7月11日),重要([没]文久1(1861)年7月16日),人書94,新潮([生]文政1(1818)年11月21日　[没]文久1(1861)年7月11日),人名,姓氏愛知,姓氏神奈川,世人([没]文久1(1861)年7月16日),世百,全書,大百,日史([没]文久1(1861)年7月11日),日人,幕末([没]1861年8月16日),百科,洋学,歴大

岩田恵利 いわたけいり
→岩田恵則(いわたよしのり)

岩田笹右衛門 いわたささえもん
享保9(1724)年～寛政1(1789)年
江戸時代中期～後期の剣術家。鉄人二刀流。
¶剣豪

岩田定勝 いわたさだかつ
元禄2(1689)年～宝暦12(1762)年
江戸時代中期の武士、幕臣。
¶和歌山人

岩田三蔵 いわたさんぞう
文政5(1822)年～明治20(1887)年3月
江戸時代末期の幕臣、御徒目付。1866年遣露使節に随行してロシアに渡る。
¶海越(生没年不詳),海越新

岩田静馬 いわたしずま
寛政3(1791)年～天保6(1835)年
江戸時代後期の但馬出石藩家老。
¶藩臣5

岩田七右衛門 いわたしちえもん
→岩田七左衛門(いわたしちざえもん)

岩田七左衛門 いわたしちざえもん
*～寛文8(1668)年8月19日　[別]岩田七右衛門《いわたしちえもん》
江戸時代前期の阿波徳島藩の馬術家。
¶国書([生]慶長14(1609)年),徳島百([生]慶長14(1609)年),徳島歴(岩田七右衛門　いわたしちえもん　[生]?),藩臣6(岩田七右衛門　いわたしちえもん　[生]?)

岩田紐 いわたちゅう
*～安政4(1857)年
江戸時代末期の加賀藩士。
¶国書([生]文化14(1817)年　[没]安政4(1857)年7月9日),幕末([生]1814年　[没]1857年8月28日)

岩谷景雲 いわたにけいうん
正徳5(1715)年～安永4(1775)年
江戸時代中期の近江水口藩士。
¶藩臣4

岩田則正 いわたのりまさ
*～明治12(1879)年
江戸時代末期～明治期の加賀大聖寺藩士。
¶姓氏石川([生]?),藩臣3([生]文化11(1814)年)

岩田彦助 いわたひこすけ
?　～享保19(1734)年5月18日
江戸時代中期の川越藩主秋元但馬守喬知の家老。

¶埼玉人

岩田平作 いわたへいさく
文政11(1828)年～？
江戸時代後期～末期の浦賀奉行所同心。
¶姓氏神奈川

岩田盛弘 いわたもりひろ
？ ～慶安3(1650)年
江戸時代前期の加賀藩士。
¶人名，日人，藩臣3

岩田恵則 いわたよしのり
文政1(1818)年～明治28(1895)年　[別]岩田恵利《いわたけいり》
江戸時代末期～明治期の陸奥弘前藩士。
¶青森人，維新，人名(岩田恵利　いわたけいり)，日人，幕末([没]1895年4月4日)

岩田善道 いわたよしみち
天保12(1841)年～明治2(1869)年
江戸時代後期～明治期の備前藩士。
¶岡山人

岩付太郎左衛門 いわつけたろうざえもん
江戸時代の越後村上藩士。
¶人名

岩手九左衛門 いわてきゅうざえもん
永禄8(1565)年～寛永1(1624)年　[別]岩手信政《いわてのぶまさ》
安土桃山時代～江戸時代前期の紀伊和歌山藩士。
¶藩臣5，和歌山人(岩手信政　いわてのぶまさ)

岩手信猶 いわてのぶなお
？ ～享保17(1732)年閏5月2日
江戸時代中期の幕府代官。
¶埼玉人

岩手信政 いわてのぶまさ
→岩手九左衛門(いわてきゅうざえもん)

岩手信吉 いわてのぶよし
江戸時代前期の第7代美濃国代官。
¶岐阜百

岩出彦兵衛 いわでひこべえ
？ ～享保9(1724)年4月20日
江戸時代中期の美作国土居代官。
¶岡山歴

岩藤伝乃 いわどうでんだい
明和3(1766)年～文政5(1822)年
江戸時代末期の調馬士。
¶岡山人，岡山歴([没]文政5(1822)年12月27日)

岩波源三郎 いわなみげんざぶろう
？ ～延宝7(1679)年
江戸時代前期の豊前中津藩士。
¶藩臣7

岩波美篶 いわなみみすず
？ ～明治33(1900)年
江戸時代末期の武士。
¶長野歴

磐根市郎兵衛 いわねいちろうべえ
寛政7(1795)年～嘉永2(1849)年
江戸時代後期の豪商・一関藩士。
¶岩手百

岩根寛三郎 いわねかんざぶろう
？ ～安政3(1856)年
江戸時代末期の摂津三田藩士。
¶藩臣5

岩根十蔵 いわねじゅうぞう
江戸時代前期の越前国の浪人。
¶姓氏石川

岩根師常 いわねもろつね
享保1(1716)年～天明6(1786)年
江戸時代中期の武士。
¶和歌山人

岩橋轍輔(岩橋徹輔) いわはしてつすけ
天保6(1835)年～明治15(1882)年
江戸時代末期～明治期の普請奉行。
¶国際，国書(岩橋徹輔　[没]明治15(1882)年10月28日)，日人，幕末([没]1882年10月28日)，和歌山人

岩橋半三郎 いわはしはんざぶろう
？ ～慶応2(1866)年　[別]岡田栄吉《おかだえいきち》，里見二郎《さとみじろう》
江戸時代末期の志士。
¶維新，コン改，コン4，新潮，人名，日人([没]1867年)，幕末([没]1867年4月29日)，和歌山人([没]1867年)

岩原主計 いわはらかずえ
安土桃山時代～江戸時代前期の武士。里見氏家臣。
¶戦人(生没年不詳)，戦東

岩原孝貫 いわはらたかつら
*～慶応3(1867)年
江戸時代末期の加賀大聖寺藩士。
¶姓氏石川([生]？)，藩臣3([生]享和2(1802)年)

岩原与九郎 いわはらよくろう
安土桃山時代～江戸時代前期の武士。里見氏家臣。
¶戦人(生没年不詳)，戦東

岩原恵規 いわはらよしのり
生没年不詳
江戸時代末期の加賀藩士。
¶国書

岩淵惟一 いわぶちいいち
天保9(1838)年～大正6(1917)年
江戸時代末期～大正期の第五十九銀行頭取。旧弘前藩士。
¶青森人

岩淵右近 いわぶちうこん
天正1(1573)年～正保3(1646)年
安土桃山時代～江戸時代前期の葛西氏の家臣、白鳥六本松の岩淵氏の一族と伝えられる。
¶姓氏岩手

岩淵加兵衛 いわぶちかへえ
生没年不詳
江戸時代中期の仙台藩士・馬術家。
¶国書

岩淵慶治 いわぶちよしはる
文化5(1808)年～*
江戸時代末期の馬術家。
¶人名([没]1859年)，日人([没]1860年)

岩間久次郎 いわまきゅうじろう
弘化4 (1847) 年～慶応1 (1865) 年
江戸時代末期の志士。
¶維新，人名，日人，幕末 ([没]1865年3月13日)

岩間金平 いわまきんぺい
天保9 (1838) 年～明治29 (1896) 年
江戸時代末期～明治期の水戸藩士。
¶維新，新潮 ([没]明治29 (1896) 年3月25日)，日人，幕末 ([没]1896年3月25日)，藩臣2

岩間大助 いわまだいすけ
享保19 (1734) 年～文化6 (1809) 年
江戸時代中期～後期の剣術家。心形刀流。
¶剣豪

岩松孝純 いわまつたかずみ
宝永5 (1708) 年～寛政1 (1789) 年11月22日
江戸時代中期～後期の幕臣。
¶国書

岩松守純 いわまつもりずみ
天文1 (1532) 年～元和2 (1616) 年
安土桃山時代～江戸時代前期の武将。
¶諸系，人名，戦辞 ([没]元和2年2月9日 (1616年3月26日))，日人

岩松徳純 いわまつよしずみ
安永6 (1777) 年～文政8 (1825) 年
江戸時代中期～後期の武士。
¶日人

岩間半左衛門 (岩間半佐衛門) いわまはんざえもん
宝永5 (1708) 年～寛政3 (1791) 年
江戸時代中期の佐渡相川の地役人。
¶人名 (岩間半佐衛門)，日人

岩間督恒 いわままさつね
天保5 (1834) 年5月25日～明治41 (1908) 年7月6日
江戸時代後期～明治期の旧藩士。
¶庄内

岩間六兵衛 いわまろくべえ
生没年不詳
江戸時代前期の肥後熊本藩士。
¶藩臣7

岩村高俊 いわむらたかとし
弘化2 (1845) 年～明治39 (1906) 年
江戸時代末期～明治期の土佐藩士、政治家。
¶朝日 ([生]弘化2年11月10日 (1845年12月8日) [没]明治39 (1906) 年1月3日)，石川百 ([没]?)，維新，愛媛百 ([生]弘化2 (1845) 年11月10日 [没]明治39 (1906) 年1月2日)，郷土愛媛，近現，高知人，高知百，国史，コン改，コン4，コン5，佐賀百 ([生]弘化2 (1845) 年11月　[没]明治39 (1906) 年1月4日)，史人 ([生]1845年11月10日 [没]1906年1月3日)，新潮 ([生]弘化2 (1845) 年11月　[没]明治39 (1906) 年1月4日)，人名，日人，幕末 ([没]1906年1月2日)，藩臣6，履歴 ([生]弘化2 (1845) 年11月10日　[没]明治39 (1906) 年1月4日)

巌村南里 いわむらなんり
天明4 (1784) 年～天保13 (1842) 年
江戸時代後期の讃岐丸亀藩士、儒学者。
¶国書 ([没]天保13 (1842) 年8月27日)，人名，日人，藩臣6

岩村通俊 いわむらみちとし
天保11 (1840) 年～大正4 (1915) 年
江戸時代末期～明治期の土佐藩士、官僚。
¶朝日 ([生]天保11年6月10日 (1840年7月8日) [没]大正4 (1915) 年2月20日)，維新，岩史 ([生]天保11 (1840) 年6月10日　[没]大正4 (1915) 年2月20日)，沖縄百 ([生]天保11 (1840) 年6月10日 [没]大正4 (1915) 年2月20日)，鹿児島百，角史，近現，高知人，高知百，国史，コン改，コン4，コン5，佐賀百 ([生]天保11 (1840) 年6月10日 [没]大正4 (1915) 年2月20日)，札幌 ([生]天保11年6月10日)，史人 ([生]1840年6月10日　[没]1915年2月20日)，新潮 ([生]天保11 (1840) 年6月10日 [没]大正4 (1915) 年2月20日)，人名，姓氏沖縄，姓氏鹿児島，世人 ([生]天保11 (1839) 年6月 [没]大正4 (1915) 年2月20日)，全書，日史 ([生]天保11 (1840) 年6月20日　[没]大正4 (1915) 年2月20日)，日人，幕末 ([没]1915年2月20日)，藩臣6，北海道百，北海道歴，明治1，履歴 ([生]天保11 (1840) 年6月10日　[没]大正4 (1915) 年2月20日)，歴大

岩本琴斎 いわもときんさい
安永5 (1776) 年～嘉永2 (1849) 年
江戸時代中期～後期の高島藩の勘定方。
¶姓氏長野

岩本贅庵 いわもとぜいあん
*～文久3 (1863) 年8月4日
江戸時代末期の阿波徳島藩士、儒学者。
¶国書 ([生]寛政4 (1792) 年)，徳島百 ([生]寛政4 (1792) 年)，徳島歴 ([生]寛政3 (1791) 年)，藩臣6 ([生]寛政3 (1791) 年)

岩本晴之 いわもとはるゆき
天保4 (1833) 年～大正2 (1913) 年
江戸時代末期～明治期の阿波徳島藩士、政治家。衆議院議員。
¶人名，世紀 ([生]天保4 (1834) 年12月　[没]大正2 (1913) 年11月)，徳島百 ([生]天保4 (1833) 年12月16日　[没]大正2 (1913) 年11月21日)，徳島歴 ([生]天保4 (1833) 年12月16日　[没]大正2 (1913) 年11月21日)，日人 ([生]1834年)，幕末 ([没]1913年11月21日)

岩本正倫 いわもとまさのり
江戸時代中期の幕臣、牛酪製造家。
¶食文，人名，日人 (生没年不詳)

岩谷敬一郎 いわやけいいちろう
天保3 (1832) 年～明治25 (1892) 年
江戸時代末期～明治期の水戸藩郷士。
¶茨城百，幕末 ([没]1892年11月24日)

岩屋忠兵衛 いわやちゅうべえ
安土桃山時代～江戸時代前期の武将。最上氏家臣。
¶戦東

岩屋朝茂 いわやともしげ
安土桃山時代～江戸時代前期の武士。
¶戦国，戦人 (生没年不詳)

岩山勘解由 いわやまかげゆ
?　～寛政4 (1792) 年
江戸時代中期～後期の八戸藩士。

¶青森人

岩谷光煕（岩谷光熈） いわやみつひろ
文化11（1814）年～明治3（1870）年
江戸時代末期の数学家、讃岐丸亀藩士。
¶国書（[没]明治3（1870）年8月），人名（岩谷光熈），日人

印具馬作 いんぐまさく
天保14（1843）年5月22日～明治33（1900）年5月27日
江戸時代後期～明治期の新撰組隊士。
¶新撰

胤舜 いんしゅん
→宝蔵院胤舜（ほうぞういんいんしゅん）

印東主計 いんとうかずえ
江戸時代前期の武将。里見氏家臣。
¶戦東

印東河内守 いんとうかわちのかみ
安土桃山時代～江戸時代前期の武士。里見氏家臣。
¶戦人（生没年不詳），戦東

印東江斎 いんとうごうさい
安土桃山時代～江戸時代前期の武士。里見氏家臣。
¶戦人（生没年不詳），戦東

印東式部 いんとうしきぶ
江戸時代前期の武将。里見氏家臣。
¶戦東

印東内匠 いんとうたくみ
安土桃山時代～江戸時代前期の武士。里見氏家臣。
¶戦人（生没年不詳），戦東

印東長次郎 いんとうちょうじろう
安土桃山時代～江戸時代前期の武士。里見氏家臣。
¶戦人（生没年不詳），戦東

印東房一 いんとうふさかず
安土桃山時代～江戸時代前期の武士。里見氏家臣。
¶戦人（生没年不詳），戦東

印東又七郎 いんとうまたしちろう
安土桃山時代～江戸時代前期の武士。里見氏家臣。
¶戦人（生没年不詳），戦東

印東弥一左衛門 いんとうやいちざえもん
文政7（1824）年～明治30（1897）年
江戸時代末期～明治期の上野前橋藩士。
¶藩臣2

犬童頼兄 いんどうよりもり
永禄11（1568）年～明暦1（1655）年 [別]相良頼兄《さがらよりもり》，相良兵部《さがらひょうぶ》
安土桃山時代～江戸時代前期の肥後人吉藩の武士。
¶戦人，戦西，藩臣7（相良頼兄 さがらよりもり）

印東六右衛門 いんとうろくうえもん
→印東六衛門（いんとうろくえもん）

印東六衛門 いんとうろくえもん
[別]印東六右衛門《いんとうろくうえもん》
安土桃山時代～江戸時代前期の武士。里見氏家臣。
¶戦人（生没年不詳），戦東（印東六右衛門 いんとうろくうえもん）

【う】

上川伝一郎 うえかわでんいちろう
生没年不詳
江戸時代末期の幕臣。
¶国書

植木悦 うえきえつ
？ ～元禄11（1698）年 [別]植木升安《うえきしょうあん》
江戸時代前期の「慶長軍記」著者。伊勢久居藩士、兵法家。
¶国書（[没]元禄11（1698）年2月15日），人名，日人，藩臣4（植木升安 うえきしょうあん），三重続（植木升安）

植木小右衛門 うえきこうえもん
天文15（1546）年～寛永6（1629）年
安土桃山時代～江戸時代前期の安芸広島藩士。
¶藩臣6，広島百（生没年不詳）

植木升安 うえきしょうあん
→植木悦（うえきえつ）

上坂半左衛門 うえさかはんざえもん
江戸時代の念流剣法の剣術家。
¶人名，日人（生没年不詳）

上坂安左衛門 うえさかやすざえもん
元禄9（1696）年～宝暦9（1759）年4月5日
江戸時代中期の幕府代官。
¶埼玉人

植崎九八郎 うえざきくはちろう，うえさきくはちろう
？ ～文化4（1807）年
江戸時代中期～後期の下級幕臣。
¶朝日（うえさきくはちろう 生没年不詳），国書（[生]宝暦6（1756）年 [没]？），コン改，コン4，新潮，世人（生没年不詳），日人（[生]1756年），歴大（生没年不詳）

上島鬼貫 うえしまおにつら，うえじまおにつら
寛文1（1661）年～元文3（1738）年 [別]鬼貫《おにつら，おにづら》，上島鬼貫《うえじまおにつら，かみしまおにつら，かみじまおにつら》
江戸時代中期の俳人。武士としては大和郡山藩などに財政担当で仕官。
¶朝日（[生]寛文1年4月4日（1661年5月2日） [没]元文3年8月2日（1738年9月15日）），岩史（うえじまおにつら [生]万治4（1661）年4月4日 [没]元文3（1738）年8月2日），大阪人（かみじまおにつら），大阪墓（[没]元文3（1738）年8月2日），角史（うえじまおにつら），近世（うえじまおにつら），国史（うえじまおにつら），国書（鬼貫 おにつら [生]万治4（1661）年4月4日 [没]元文3（1738）年8月2日），コン改，コン4，詩歌（鬼貫 おにつら），史人（鬼貫 おにつら [生]1661年4月4日 [没]1738年8月2日），人書79，人書94（うえじまおにつら），新潮（鬼貫 おにつら [生]寛文1（1661）年4月4日 [没]元文3（1738）年8月2日），新文（うえじまおにつら [生]万治4（1661）年4月4日 [没]元文3（1738）年8月2日），

人名（かみしまおにつら），世人（かみじまおにつら　[生]寛文1（1661）年4月4日　[没]元文3（1738）年8月2日），世百（鬼貫　おにつら），全書（鬼貫　おにつら），大百（鬼貫　おにつら），日史（鬼貫　おにつら　[生]寛文1（1661）年4月4日　[没]元文3（1738）年8月2日），日人（うえじまおにつら），人情3，俳諧（鬼貫　おにつら　[生]？），俳句（鬼貫　おにづら　[没]元文3（1738）年8月2日），藩臣4（鬼貫　おにつら），百科（鬼貫　おにつら），兵庫人（[生]寛文1（1661）年4月4日　[没]元文3（1738）年8月2日），福岡百（鬼貫　おにつら　[生]万治4（1661）年4月4日），文学，歴大（鬼貫　おにつら），和俳（鬼貫　おにつら　[生]寛文1（1661）年4月4日　[没]元文3（1738）年8月2日）

上島掃部　うえじまかもん，うえしまかもん
文化11（1814）年～明治2（1869）年
江戸時代末期の中宮寺家司、志士。
¶維新，人名，日人（うえしまかもん）

上杉氏憲　うえすぎうじのり
？　～寛永14（1637）年
江戸時代前期の武将。
¶埼玉人（[没]寛永14（1637）年1月22日），埼玉百，戦国，戦辞（[没]寛永14年1月22日（1637年2月16日）），戦人

上杉景勝　うえすぎかげかつ
弘治1（1555）年～元和9（1623）年　[別]長尾顕景《ながおあきかげ》，会津中納言《あいづちゅうなごん》，米沢中納言《よねざわちゅうなごん》
安土桃山時代～江戸時代前期の大名。上杉謙信の養子。出羽米沢藩主。
¶会津，朝日（[生]弘治1年11月27日（1556年1月8日）　[没]元和9年3月20日（1623年4月1日）），岩史（[生]弘治1（1555）年11月27日　[没]元和9（1623）年3月20日），角史，近世，公卿（[没]元和9（1623）年3月2日），群馬人，系西（長尾顕景　ながおあきかげ），国史，国書（[生]弘治1（1555）年11月27日　[没]元和9（1623）年3月20日），古中，コン改，コン4，茶道，史人（[生]1555年11月27日　[没]1623年3月20日），重要（[没]元和9（1623）年3月），庄内（[没]元和9（1623）年3月2日），諸系（[生]1556年），人書94，新潮（[没]元和9（1623）年3月20日），人名，姓氏長野，世人（[没]元和9（1623）年3月2日），世百，戦合，戦国，戦辞（[生]弘治1年11月27日（1556年1月8日）　[没]元和9年3月20日（1623年4月19日）），全書，戦人，戦東（長尾顕景　ながおあきかげ　[生]？），大百，富山百（[生]弘治1（1555）年11月27日　[没]元和9（1623）年3月20日），長野歴，新潟百，日史（[生]弘治1（1555）年11月27日　[没]元和9（1623）年2月15日），日人（[生]1556年），藩主1，藩主1（[生]弘治1（1555）年11月27日　[没]元和9（1623）年3月20日），百科，福島百，山形百，山梨百（[生]弘治1（1555）年11月27日　[没]元和9（1623）年3月2日），歴大

上杉景倫　うえすぎかげとも
→上杉綱憲（うえすぎつなのり）

上杉勝定　うえすぎかつさだ
明和6（1769）年～文政4（1821）年
江戸時代中期～後期の大名。出羽米沢新田藩主。
¶諸系，日人，藩主1（[生]明和4（1767）年　[没]文政4（1821）年11月9日）

上杉勝周　うえすぎかつちか
元禄9（1696）年～延享4（1747）年
江戸時代中期の大名。出羽米沢新田藩主。
¶諸系，日人，藩主1（[生]元禄9（1696）年9月11日　[没]延享4（1747）年7月2日）

上杉勝道　うえすぎかつみち
文政9（1826）年～明治29（1896）年
江戸時代末期～明治期の大名。出羽米沢新田藩主。
¶諸系，日人，藩主1（[生]文政9（1826）年2月　[没]明治29（1896）年3月）

上杉勝義　うえすぎかつよし
寛政4（1792）年～安政5（1858）年
江戸時代末期の大名。出羽米沢新田藩主。
¶国書（[生]寛政4（1792）年9月　[没]安政5（1858）年7月29日），諸系，日人，藩主1（[生]寛政4（1792）年9月　[没]安政5（1858）年7月29日）

上杉勝承　うえすぎかつよし
享保20（1735）年～天明5（1785）年
江戸時代中期の大名。出羽米沢新田藩主。
¶諸系，日人，藩主1（[生]享保20（1735）年1月12日　[没]天明5（1785）年6月10日）

上杉定勝　うえすぎさだかつ
慶長9（1604）年～正保2（1645）年
江戸時代前期の大名。出羽米沢藩主。
¶諸系，日人，藩主1（[生]慶長9（1604）年5月5日　[没]正保2（1645）年9月10日），福島百

上杉重勝　うえすぎしげかつ
*～明治9（1876）年
江戸時代末期～明治期の三条実美の衛士。
¶高知人（[生]1823年），幕末（[生]1824年　[没]1876年10月28日）

上杉重定　うえすぎしげさだ
享保5（1720）年～寛政10（1798）年
江戸時代中期の大名。出羽米沢藩主。
¶朝日（[生]享保5年7月6日（1720年8月9日）　[没]寛政10年3月26日（1798年5月11日）），コン改，コン4，諸系，人名，日人，藩主1（[生]享保5（1720）年7月6日　[没]寛政10（1798）年3月26日）

上杉綱勝　うえすぎつなかつ
寛永15（1638）年～寛文4（1664）年
江戸時代前期の大名。出羽米沢藩主。
¶諸系（[生]1639年），人名，日人（[生]1639年），藩主1（[生]寛永15（1638）年11月22日　[没]寛文4（1664）年閏5月7日），福島百，山形百新

上杉綱憲　うえすぎつなのり
寛文3（1663）年～宝永1（1704）年　[別]上杉景倫《うえすぎかげとも》
江戸時代前期～中期の大名。出羽米沢藩主。
¶諸系，人名（上杉景倫　うえすぎかげとも），日人，藩主1（[生]寛文3（1663）年10月28日　[没]宝永1（1704）年6月2日），山形百

上杉斉定　うえすぎなりさだ
天明8（1788）年～天保10（1839）年
江戸時代後期の大名。出羽米沢藩主。

江戸時代の武士篇

¶朝日（㊥天明8年9月4日（1788年10月3日）㊦天保10年2月2日（1839年3月16日））、近ж世、国史、コン改、コン4、史人㊥1788年9月4日㊦1839年2月2日）、諸系、新潮（㊥天明8（1788）年9月4日　㊦天保10（1839）年2月2日）、人名、藩主1（㊥天明8（1788）年9月4日　㊦天保10（1839）年2月2日）

上杉斉憲　うえすぎなりのり
文政3（1820）年〜明治22（1889）年
江戸時代末期〜明治期の大名。出羽米沢藩主。
¶朝日（㊥文政3年5月10日（1820年6月20日）㊦明治22（1889）年5月20日）、維新、近現、近世、国史、コン改、コン4、コン5、史人（㊥1820年5月10日　㊦1889年5月20日）、諸系、新潮（㊥文政3（1820）年5月10日　㊦明治22（1889）年5月20日）、人名、日人、幕末（㊥1820年6月20日　㊦1889年5月20日）、藩主1（㊥文政3（1820）年5月10日　㊦明治22（1889）年5月20日）

上杉治憲　うえすぎはるのり
→上杉鷹山（うえすぎようざん）

上杉治広　うえすぎはるひろ
明和1（1764）年〜文政5（1822）年
江戸時代中期〜後期の大名。出羽米沢藩主。
¶諸系、日人、藩主1（㊥明和1（1764）年7月11日　㊦文政5（1822）年9月11日）

上杉兵部　うえすぎひょうぶ
？〜元禄7（1694）年
江戸時代前期〜中期の南部藩士、上杉憲政の曾孫。
¶青森人

上杉深雄　うえすぎふかお
嘉永2（1849）年〜大正6（1917）年10月15日
江戸時代末期〜明治期の薩摩藩士、剣道師範。
¶幕末

上杉宗憲　うえすぎむねのり
正徳4（1714）年〜享保19（1734）年
江戸時代中期の大名。出羽米沢藩主。
¶諸系、日人、藩主1（㊥正徳4（1714）年1月12日　㊦享保19（1734）年5月12日）

上杉宗房　うえすぎむねふさ
享保3（1718）年〜延享3（1746）年
江戸時代中期の大名。出羽米沢藩主。
¶諸系、日人、藩主1（㊥享保3（1718）年6月17日　㊦延享3（1746）年8月12日）

上杉茂憲　うえすぎもちのり
弘化1（1844）年〜大正8（1919）年　㊙喜平次、章憲、竜千代
江戸時代末期〜明治期の大名、官吏。出羽米沢藩主。
¶朝日（㊥弘化1年2月28日（1844年4月15日）㊦大正8（1919）年4月18日）、維新、海越（㊥天保15（1844）年2月8日　㊦海越新（㊥天保15（1844）年2月8日　㊦大正8（1919）年4月18日）、沖縄百（㊥弘化1（1844）年2月18日　㊦大正8（1919）年4月18日）、国際、コン改、コン4、コン5、諸系、新潮（㊥弘化1（1844）年2月18日　㊦大正8（1919）年4月18日）、人名、姓氏沖縄、渡航（㊥1844年

2月　㊦1919年4月18日）、日史（㊥弘化1（1844）年2月18日　㊦大正8（1919）年4月18日）、日人、幕末（㊥1844年4月15日　㊦1919年4月18日）、藩主1（㊥弘化1（1844）年2月28日　㊦大正8（1919）年4月18日）、山形百

上杉鷹山　うえすぎようざん
宝暦1（1751）年〜文政5（1822）年　㊙上杉治憲《うえすぎはるのり》
江戸時代中期〜後期の大名。出羽米沢藩主。
¶朝日（㊥宝暦1年7月20日（1751年9月9日）㊦文政5年3月12日（1822年5月3日））、岩史（上杉治憲　うえすぎはるのり　㊥寛延4（1751）年7月20日　㊦文政5（1822）年3月12日）、角史（上杉治憲　うえすぎはるのり）、教育（㊥1746年）、近世、国史、国書（㊥寛延4（1751）年7月20日　㊦文政5（1822）年3月12日）、コン改、コン4、史人（上杉治憲　うえすぎはるのり　㊥1751年7月20日　㊦1822年3月12日）、重要（上杉治憲　うえすぎはるのり　㊥宝暦1（1751）年7月20日　㊦文政5（1822）年3月12日）、食文（㊥寛永4年7月20日（1751年9月9日）㊦文政5年3月12日（1822年5月3日））、諸系、人書79、人書94（㊥1746年）、新潮（上杉治憲　うえすぎはるのり　㊥宝暦1（1751）年7月20日　㊦文政5（1822）年3月12日）、人名、世人（上杉治憲　うえすぎはるのり　㊥宝暦1（1751）年7月　㊦文政5（1822）年3月11日）、世百（上杉治憲　うえすぎはるのり）、全書（上杉治憲　うえすぎはるのり）、大百、伝記（上杉治憲　うえすぎはるのり）、日史（上杉治憲　うえすぎはるのり　㊥宝暦1（1751）年7月20日　㊦文政5（1822）年3月12日）、日人、人情、藩主1（上杉治憲　うえすぎはるのり　㊥宝暦1（1751）年7月20日　㊦文政5（1822）年3月12日）、百科（㊥寛延4（1751）年7月20日　㊦文政5（1822）年3月12日）、宮崎百、山形百、歴大（上杉治憲　うえすぎはるのり）

上杉吉憲　うえすぎよしのり
貞享1（1684）年〜享保7（1722）年
江戸時代中期の大名。出羽米沢藩主。
¶諸系、日人、藩主1（㊥貞享1（1684）年11月8日　㊦享保7（1722）年5月1日）

上杉義春　うえすぎよしはる
→畠山義春（はたけやまよしはる）

上田章　うえだあきら
→上田子幹（うえだしかん）

上田伊閑　うえだいかん
文化5（1808）年〜明治1（1868）年
江戸時代末期の陸奥会津藩士。
¶人名、日人

上田宇兵衛　うえだうへえ
文政8（1825）年〜明治6（1873）年
江戸時代末期の武士。
¶和歌山人

上田右馬之允　うえだうまのすけ
江戸時代末期〜明治期の武士、維新後は警視庁剣術指南。
¶江戸

上田馬之助 うえだうまのすけ
江戸時代末期の剣術家。
¶剣豪（[生]天保5（1834）年　[没]明治23（1890）年），新撰（[生]嘉永7年　[没]？），幕末（生没年不詳）

植田乙次郎 うえだおつじろう
→植田乙次郎（うえだおとじろう）

植田乙次郎（上田乙次郎） うえだおとじろう
文政8（1825）年～明治26（1893）年　[別]植田乙次郎《うえだおつじろう》
江戸時代末期～明治期の志士、安芸広島藩士。
¶朝日（[生]文政8（1825）年2月　[没]明治26（1893）年5月26日），維新，コン改，コン4，コン5，新潮（[生]文政8（1825）年2月　[没]明治26（1893）年5月26日），人名（上田乙次郎　[生]？），日人，幕末（[没]1893年5月26日），藩臣6（うえだおつじろう　[生]？），広島百（[生]文政8（1825）年2月14日　[没]明治26（1893）年5月28日）

上田角太夫 うえだかくだゆう
天保7（1836）年～明治40（1907）年
江戸時代末期～明治期の播磨三草藩士。
¶藩臣5

上田亀之助 うえだかめのすけ
天保10（1839）年～元治1（1864）年8月30日
江戸時代末期の長州（萩）藩士。
¶幕末

上田官吉 うえだかんきち
天保10（1839）年～明治1（1868）年
江戸時代末期の志士。
¶高知人

上田淇亭 うえだきてい
文化11（1814）年～明治9（1876）年
江戸時代末期～明治期の大和高取藩の儒学者。
¶維新，郷土奈良，国書（[没]明治9（1876）年12月6日），人名，日人，幕末（[没]1876年12月6日），藩臣4（[生]文化12（1815）年）

上田休 うえだきゅう
→上田休（うえだやすみ）

上田金吾 うえだきんご
江戸時代末期の新撰組隊士。
¶新撰

上田楠次 うえだくすじ，うえたくすじ
天保8（1837）年～明治1（1868）年　[別]江口大蔵《えぐちだいそう，えぐちだいぞう》
江戸時代末期の志士。
¶維新，高知人（うえたくすじ），人名，日人，幕末（うえたくすじ　[没]1868年5月10日）

植田玄節 うえだげんせつ
→植田艮背（うえだごんはい）

上田玄蕃(1) うえだげんば
生没年不詳
江戸時代前期の備後福山藩家老。
¶藩臣6

上田玄蕃(2) うえだげんば
？　～延宝4（1676）年
江戸時代前期の備後福山藩家老。
¶藩臣6

上田耕 うえだこう
→上田作之丞（うえださくのじょう）

植田艮背 うえだごんはい，うえたこんはい；うえだこんはい；うえだごんばい
慶安4（1651）年～享保20（1735）年　[別]植田玄節《うえだげんせつ》
江戸時代中期の安芸広島藩の儒学者。
¶近世，国史，国書（植田玄節　うえだげんせつ　[生]慶安4（1651）年8月24日　[没]享保20（1735）年2月23日），新潮（[没]享保20（1735）年2月23日），姓氏京都（うえだこんはい），日人，藩臣6（うえたこんはい），広島百（うえだごんばい　[生]慶安4（1651）年8月　[没]享保20（1735）年2月）

上田作之丞 うえださくのじょう
天明7（1787）年～元治1（1864）年　[別]上田耕《うえだこう》，上田竜郊《うえだりゅうこう》
江戸時代末期の儒学者、経世思想家、加賀藩士。
¶石川百，近世，国史，国書（上田竜郊　うえだりゅうこう　[没]元治1（1864）年4月11日），コン改，コン4，新潮（[没]元治1（1864）年4月11日），人名（[生]1788年），姓氏石川（上田耕　うえだこう），姓氏石川，姓氏富山，世人（[没]元治1（1864）年4月），世百（[生]1788年），日人，幕末（上田耕　うえだこう　[没]1864年5月16日），歴大（[生]1787年，（異説）1788年）

上田左太夫（上田左大夫） うえださだゆう
？　～文政2（1819）年
江戸時代末期の播磨姫路藩士。
¶人名（上田左大夫），日人

植田三石 うえださんせき
文政3（1820）年～明治24（1891）年
江戸時代後期の小田原藩士。
¶神奈川人

上田三太夫 うえださんだゆう
？　～寛永7（1630）年
江戸時代前期の丹波園部藩士。
¶藩臣5

上田子幹 うえだしかん
天保4（1833）年～明治14（1881）年　[別]上田章《うえだあきら》
江戸時代末期～明治期の紀伊和歌山藩士。
¶維新（上田章　うえだあきら），江文，国書（[没]明治14（1881）年8月14日），和歌山人（上田章　うえだあきら）

上田重秀 うえだしげひで
生没年不詳
安土桃山時代～江戸時代前期の馬術家。上田流馬術の祖。
¶朝日，国書，コン改，コン4，新潮，人名，全書，戦人，大百，日人

上田重安 うえだしげやす
→上田宗箇（うえだそうこ）

植田十兵衛 うえだじゅうべえ
→植田孟縉（うえだもうしん）

上田樹徳 うえだじゅとく
弘化4（1847）年～大正11（1922）年　[別]上田晴治《うえたはるじ》

江戸時代中期～後期の剣術家。柳生心眼流。
¶剣豪

遠藤彦右衛門 えんどうひこうえもん
？ ～寛文1（1661）年
江戸時代前期の美濃郡上藩士。
¶藩臣3

遠藤兵右衛門 えんどうひょうえもん
？ ～寛文9（1669）年
江戸時代前期の紀伊和歌山藩士。
¶藩臣5

遠藤兵部大夫 えんどうひょうぶたゆう
生没年不詳
安土桃山時代～江戸時代前期の武将。伊達氏家臣。
¶戦人

遠藤弁蔵 えんどうべんぞう
？ ～寛政2（1790）年
江戸時代中期の備後福山藩士。
¶藩臣6，広島百（[没]寛政2（1790）年7月23日）

遠藤又左衛門 えんどうまたざえもん
文化10（1813）年～明治1（1868）年
江戸時代末期の蝦夷松前藩士。
¶国書5（[没]明治1（1868）年10月17日），幕末，藩臣1（[生]？）

遠藤杢之助 えんどうもくのすけ
生没年不詳
江戸時代前期の美濃郡上藩家老。
¶藩臣3

遠藤盛俊 えんどうもりとし
→遠藤盛俊（えんどうせいしゅん）

遠藤盛之 えんどうもりゆき
～大正11（1922）年11月25日
江戸時代末期～大正期の弓道家、仙台藩士。
¶弓道

遠藤保胤 えんどうやすたね
→遠藤十太夫（えんどうじゅうだゆう）

遠藤泰道 えんどうやすみち
天保7（1836）年～明治10（1877）年
江戸時代末期～明治期の紀伊和歌山藩士。
¶維新，幕末（[没]1877年1月11日），和歌山人（[生]1837年）

遠藤弥平 えんどうやへい
寛文1（1661）年～享保20（1735）年
江戸時代中期の陸奥仙台藩士。
¶姓氏岩手，藩臣1

遠藤慶隆 えんどうよしたか
天文19（1550）年～嘉永9（1632）年　[別]東慶隆《とうよしたか》
安土桃山時代～江戸時代前期の武将、大名。美濃郡上藩主。
¶織田（[没]嘉永9（1632）年3月21日），岐阜百，郷土岐阜，諸系，人名（東慶隆　とうよしたか　[生]1543年　[没]1625年），戦国（[生]1551年），戦人（[生]天文20（1551）年），日人，藩主2（[没]寛永9（1632）年3月21日）

遠藤慶利 えんどうよしとし
慶長14（1609）年～正保3（1646）年
江戸時代前期の大名。美濃郡上藩主。
¶岐阜百，諸系，日人，藩主2（[生]慶長14（1609）年4月8日　[没]正保3（1646）年6月28日）

役藍泉 えんのらんせん
宝暦1（1751）年～文化6（1809）年　[別]役藍泉《えきらんせん》
江戸時代中期～後期の周防徳山藩の修験者。徂徠学派の儒者。
¶朝日（[没]文化6年9月29日（1809年11月6日）），国書（えきらんせん　[生]宝暦3（1753）年　[没]文化6（1809）年9月28日），コン改，コン4，新潮，人名（[生]1750年　[没]1806年），日人，藩臣6（えきらんせん　[生]宝暦3（1753）年），山口百（えきらんせん　[生]1753年），和俳

【お】

及川覚右衛門 おいかわかくえもん
生没年不詳
安土桃山時代～江戸時代前期の武士。遠野南部氏に仕えた。
¶姓氏岩手

及川茂光 おいかわしげみつ
生没年不詳
江戸時代中期の馬術家。
¶国書

及川十郎兵衛 おいかわじゅうろうべえ
文禄2（1593）年～承応2（1653）年
安土桃山時代～江戸時代前期の葛西氏家臣。同氏滅亡後に帰農。
¶姓氏岩手

及川恒箇 おいかわつねかつ
安永8（1779）年～天保3（1832）年
江戸時代中期～後期の俳人・武士。
¶姓氏岩手

及川広愛 おいかわひろちか
天保12（1841）年7月5日～昭和15（1940）年2月20日
江戸時代末期～昭和期の弓道家、弓道範士、亀岡藩士。
¶弓道

及川広胖 おいかわひろなお
～明治3（1870）年8月7日
江戸時代後期～明治期の弓道家、亀岡藩士、亀岡藩弓術師範。
¶弓道

尾池春水 おいけしゅんすい
→尾池春水（おいけはるみ）

尾池存斎 おいけそんさい
寛文7（1667）年～享保20（1735）年
江戸時代前期～中期の儒者（崎門学派）、土佐藩士。
¶高知人

尾池春水 おいけはるみ
？ ～文化10（1813）年　[別]尾池春水《おいけしゅんすい》

江戸時代後期の土佐藩士。
¶高知人（[生]1750年），高知百（おいけしゅんすい），国書（[生]寛延3（1750）年　[没]文化10（1813）年閏11月16日），コン改，コン4，人名，日人（[生]1750年　[没]1814年），藩臣6，和俳

生石中務丞　おいしなかつかさのじょう
？～寛永5（1628）年12月14日
安土桃山時代～江戸時代前期の備中国の武将。
¶岡山歴

大河内善兵衛正勝　おうかわちぜんのひょうえまさかつ
→大河内正勝（おおこうちまさかつ）

扇格左衛門　おうぎかくざえもん
天保7（1837）年～元治1（1864）年
江戸時代末期の志士、対馬藩士。
¶朝日（[生]天保7年12月12日（1837年1月18日）[没]元治1年10月20日（1864年11月19日）），維新（[生]1836年），日人

扇儀兵衛　おうぎぎへえ
弘化1（1844）年～元治1（1864）年
江戸時代末期の対馬藩士。
¶維新

扇五兵衛　おうぎごへえ
文化11（1814）年～元治1（1864）年
江戸時代末期の対馬藩士。
¶維新

扇太純　おうぎたいじゅん
文政1（1818）年～元治1（1864）年
江戸時代末期の対馬藩士、医師。
¶維新

相木又兵衛　おうぎまたべえ
天保13（1842）年～大正7（1918）年12月1日
江戸時代末期～明治期の奇兵隊士。
¶幕末

鶯居　おうきょ
→奥平鶯居（おくだいらおうきょ）

逢坂小源司　おうさかこげんじ
寛政8（1796）年～弘化3（1846）年
江戸時代後期の陸奥黒石藩士。
¶藩臣1

淡海槐堂　おうみかいどう
文政5（1822）年～明治12（1879）年　[別]板倉槐堂《いたくらかいどう》，板倉重涂《いたくらしげみち》
江戸時代末期～明治期の尊攘派志士。
¶朝日（[生]文政5年12月1日（1823年1月12日）[没]明治12（1879）年6月19日），維新，写家（板倉槐堂　いたくらかいどう），人名，日人（[生]1823年），幕末（[没]1879年6月19日）

小浦惣内　おうらそうない
？～慶応2（1866）年
江戸時代末期の家臣、勘定吟味役助。
¶和歌山人

大井市兵衛　おおいいちべえ
？～寛文6（1666）年
江戸時代前期の加賀大聖寺藩士。
¶藩臣3

大井漁隠　おおいぎょいん
天明1（1781）年～？
江戸時代中期～後期の土佐藩士。
¶高知人，高知百，国書

大井貞広　おおいさだひろ
→大井松隣（おおいしょうりん）

大井三郎右衛門　おおいさぶろうえもん
生没年不詳
江戸時代末期の水戸藩士。1867年遣仏使節に随行しフランスに渡る。
¶海越新

大石阿吉　おおいしあきち
正徳5（1715）年～寛政7（1795）年
江戸時代中期の対馬藩士。
¶人名，長崎百，日人，藩臣7

大石久敬　おおいしきゅうけい
→大石久敬（おおいしひさたか）

大石内蔵助　おおいしくらのすけ
→大石良雄（おおいしよしお）

大石鍬次郎　おおいしくわじろう
天保9（1838）年～明治3（1870）年
江戸時代末期～明治期の新撰組隊士。
¶新撰（[没]明治3年10月10日），幕末（[没]1870年11月3日）

大石源内　おおいしげんない
宝永3（1706）年～安永4（1775）年
江戸時代中期の松山藩士、剣術家。
¶島根百（[没]安永4（1775）年8月20日），島根歴

大石郷右衛門　おおいしごうえもん
寛文11（1671）年～寛延3（1750）年
江戸時代中期の陸奥弘前藩用人。
¶青森人，藩臣1

大石三郎四郎　おおいしさぶろうしろう
生没年不詳
江戸時代前期の武士。
¶和歌山人

大石如雲　おおいしじょうん
→大石隼雄（おおいしはやお）

大石甚吉　おおいしじんきち
天保2（1831）年～明治1（1868）年　[別]大石良信《おおいしよしのぶ》
江戸時代末期の殉難志士。
¶高知人，人名（大石良信　おおいしよしのぶ），日人

大石進　おおいしすすむ
寛政9（1797）年～文久3（1863）年　[別]大石武楽《おおいしぶらく》
江戸時代後期の筑後柳河藩の剣術家。
¶朝日（[没]文久3年11月19日（1863年12月29日）），近世，剣豪，国史，人名（大石武楽　おおいしぶらく），全書，大百，日人，幕末（大石武楽　おおいしぶらく　[没]1863年12月29日），藩臣7（大石武楽　おおいしぶらく），福岡百（[没]文久3（1863）年11月19日）

大石瀬左衛門　おおいしせざえもん
延宝5（1677）年～元禄16（1703）年

江戸時代中期の播磨赤穂藩士。赤穂義士の一人。
¶人名，日人

大石種昌 おおいしたねまさ
文政7（1824）年～明治11（1878）年
江戸時代末期～明治期の筑後柳河藩士、剣豪。
¶幕末（[没]1878年12月26日），藩臣7

大石頼母助 おおいしたのものすけ
？～天和3（1683）年
江戸時代前期の播磨赤穂藩家老。
¶藩臣5

大石団蔵 おおいしだんぞう
天保4（1833）年～明治29（1896）年　[別]大石団蔵・高見弥一郎《おおいしだんぞう・たかみやいちろう》，安藤勇之助，高見弥一郎《たかみやいちろう》，高見弥市《たかみやいち》，祐之
江戸時代末期～明治期の土佐藩士。
¶維新，海越（[没]明治29（1896）年2月28日），海越新（[没]明治29（1896）年2月28日），高知人（[生]1831年），高知百，人名，渡航（大石団蔵・高見弥一郎　おおいしだんぞう・たかみやいちろう　[没]1896年2月28日），日人，幕末（[生]1837年　[没]1896年2月28日）

大石主税 おおいしちから
元禄1（1688）年～元禄16（1703）年　[別]大石良金《おおいしよしかね》
江戸時代前期の播磨赤穂藩士。赤穂義士の一人。
¶コン改（大石良金　おおいしよしかね），コン4（大石良金　おおいしよしかね），史人（[没]1703年2月4日），新潮（[没]元禄16（1703）年2月4日），人名（大石良金　おおいしよしかね），大百，日人，歴大

大石綱豊 おおいしつなとよ
宝暦6（1756）年～文政12（1829）年
江戸時代中期～後期の出羽米沢藩士。
¶藩臣1

大石信澄 おおいしのぶずみ
江戸時代中期の武士。赤穂浪士大石瀬左衛門信清の実父。
¶大阪人

大石隼雄 おおいしはやお
文政12（1829）年～明治32（1899）年　[別]大石如雲《おおいしじょうん》
江戸時代末期～明治期の備中松山藩家老。
¶岡山人，岡山百（[没]明治32（1899）年8月9日），岡山歴（[没]明治32（1899）年8月9日），藩臣6（大石如雲　おおいしじょうん）

大石彦大夫 おおいしひこだゆう
？～享保14（1729）年
江戸時代中期の家臣、大番。
¶和歌山人

大石久敬 おおいしひさたか
享保10（1725）年～寛政6（1794）年　[別]大石久敬《おおいしきゅうけい》
江戸時代中期の上野高崎藩の農政学者。
¶朝日（[生]享保10年9月20日（1725年10月25日）），角史，近世，群馬人，国史，国書（[生]享保10（1725）年9月20日），コン改（おおいしきゅうけい　[生]享保6（1721）年，（異説）1725年），コン4（[生]享保6（1721）年，（異説）1725年），史人（[生]1725年9月20日　[没]1794年11月），新潮（[生]享保10（1725）年9月20日　[没]寛政6（1794）年11月），人名（おおいしきゅうけい　[生]1721年），姓氏群馬，世人（おおいしきゅうけい　[生]享保6（1721）年　[没]寛政6（1794）年11月），世百（おおいしきゅうけい　[生]1721年），全書，大百（おおいしきゅうけい　[生]1721年），日史，日人，藩臣2（[生]享保6（1721）年），百科，歴大

大石勿斎 おおいしふっさい
天保12（1841）年～明治42（1909）年
江戸時代末期～明治期の丹波篠山藩士、教育者。
¶藩臣5

大石武楽 おおいしぶらく
→大石進（おおいしすすむ）

大石鳳兮 おおいしほうけい
寛政2（1790）年～天保8（1837）年　[別]大石真麿《おおいしまさまろ》
江戸時代後期の肥後熊本藩士。
¶国書（大石真麿　おおいしまさまろ　[没]天保8（1837）年8月2日），人名，日人，藩臣7

大石真麿 おおいしまさまろ
→大石鳳兮（おおいしほうけい）

大石円 おおいしまどか
文政12（1829）年～大正5（1916）年　[別]大石弥太郎《おおいしやたろう》
江戸時代末期～明治期の土佐藩の志士。
¶維新，高知人（大石弥太郎　おおいしやたろう），人名，日人（[生]1830年），幕末（大石弥太郎　おおいしやたろう　[没]1916年10月30日），藩臣6

大石造酒蔵 おおいしみきぞう
？～慶応2（1866）年3月21日
江戸時代末期の武士。一橋氏家臣。
¶幕末

大石無人 おおいしむじん
寛永4（1627）年～正徳2（1712）年　[別]大石無人《おおいしむにん》
江戸時代前期～中期の播磨赤穂藩士。
¶人名（おおいしむにん），日人

大石無人 おおいしむにん
→大石無人（おおいしむじん）

大石安清 おおいしやすきよ
慶長19（1614）年～宝永2（1705）年
江戸時代前期の武士。
¶和歌山人

大石弥太郎 おおいしやたろう
→大石円（おおいしまどか）

大井正一郎 おおいしょういちろう
文化12（1815）年～天保8（1837）年
江戸時代後期の大塩平八郎の乱の参加武士。
¶近世，国史，史人（[没]1837年8月14日），新潮（[没]天保8（1837）年8月14日），日人

大井松隣 おおいしょうりん
延宝4（1676）年～享保18（1733）年　[別]大井貞広《おおいさだひろ》，大江松隣《おおえしゅうりん》
江戸時代中期の水戸藩士、儒学者。

お

¶国書（大江松隣　おおえしゅうりん　㉘享保18
（1733）年10月9日），人名（大井貞広　おおい
さだひろ），日人，藩臣2

大石良昭 おおいしよしあき
寛永16（1639）年〜延宝1（1673）年9月6日
江戸時代前期の武士。赤穂浪士大石内蔵助良雄の
実父。
¶大阪人

大石良雄 おおいしよしお
万治2（1659）年〜元禄16（1703）年　㉚可笑《か
しょう》，大石内蔵助《おおいしくらのすけ》，大石
良雄《おおいしよしたか》
江戸時代前期〜中期の播磨赤穂藩家老。赤穂事件
の指導者、通称は大石内蔵助。
¶朝日（㉘元禄16年2月4日（1703年3月20日）），
岩史（㉘元禄16（1703）年2月4日），江戸（大石
内蔵助　おおいしくらのすけ），角史，京都，
京都大，近世，国史，国書（㉘元禄16（1703）年
2月4日），コン改，コン4，詩歌（おおいしよし
たか），史人（㉘1703年2月4日），重要（㉘元禄
16（1703）年2月4日），人書94，新潮（㉘元禄16
（1703）年2月4日），人名，姓氏京都，世人
（㉘元禄16（1703）年2月4日），世石，全書，大
百（㉘おおいしよしたか），伝記，日史（㉘元禄16
（1703）年2月4日），日人，俳句（可笑　かしょ
う　㉘元禄16（1703）年2月4日），俳句（可笑
かしょう　㉘元禄16（1703）年2月4日），藩臣5，
百科，兵庫人（おおいしよしたか），兵庫百（お
おいしよしたか），歴大，和俳（㉘元禄16
（1703）年2月4日）

大石良金 おおいしよしかね
→大石主税（おおいしちから）

大石良雄 おおいしよしたか
→大石良雄（おおいしよしお）

大石良信 おおいしよしのぶ
→大石甚吉（おおいしじんきち）

大石利左衛門 おおいしりざえもん
文政12（1829）年〜明治1（1868）年
江戸時代末期の志士。
¶高知人

大泉雅邦 おおいずみまさくに
文化7（1810）年〜？
江戸時代後期の近江彦根藩士・歌人。
¶国書

大井田織部 おおいだおりべ
生没年不詳
江戸時代前期の剣術家。両剣時中流の祖。
¶剣豪

大井帯刀 おおいたてわき
明和8（1771）年〜？　㉚大井永昌《おおいながま
さ》
江戸時代中期の代官。飛驒国郡代。
¶岐阜百（大井永昌　おおいながまさ），人名，日
人，福井百（大井永昌　おおいながまさ）

大出小市 おおいでこいち
天保14（1843）年〜明治1（1868）年
江戸時代末期の上総飯野藩士。
¶藩臣3

大出�之助 おおいでしんのすけ
天保12（1841）年〜？
江戸時代末期の上総飯野藩士。
¶藩臣3

大井直泰 おおいなおやす
安土桃山時代〜江戸時代前期の武士。前田利家の
家臣。
¶姓氏石川

大井永昌 おおいながまさ
→大井帯刀（おおいたてわき）

大井満安 おおいみつやす
天文11（1542）年〜寛永4（1627）年6月4日
戦国時代〜江戸時代前期の信濃国衆。
¶姓氏長野（生没年不詳），姓氏山梨，戦辞

大井義陳 おおいよしのぶ
生没年不詳
江戸時代中期の上野高崎藩士・歌人。
¶国書

大岩勝長 おおいわかつなが
寛政8（1796）年〜元治2（1865）年2月26日
江戸時代後期〜末期の会津藩士。
¶国書

大岩嘉蔵 おおいわよしぞう
寛政2（1790）年頃〜元治1（1864）年4月2日
江戸時代末期の陸奥会津藩士。
¶幕末

大内吉五郎 おおうちきちごろう
天保10（1839）年〜慶応2（1866）年
江戸時代末期の水戸藩郷士。
¶維新，幕末（㉘1866年10月22日）

大内玉江 おおうちぎょくこう
天明4（1784）年〜安政1（1854）年　㉚大内正敬
《おおうちせいけい》
江戸時代後期の水戸藩士。
¶維新（大内正敬　おおうちせいけい），茨城百，
国書（㉘嘉永7（1854）年7月19日），人名，日
人，幕末（大内正敬　おおうちせいけい
㉘1854年8月12日），藩臣2（大内正敬　おおう
ちせいけい）

大内定盛 おおうちさだもり
天明2（1782）年〜天保5（1834）年
江戸時代後期の儒者，仙台藩士。
¶国書（㉘天保5（1834）年5月4日），人名，日人

大内承裕 おおうちしょうゆう
→大内熊耳（おおうちゆうじ）

大内清衛門 おおうちせいえもん
天明8（1788）年〜慶応3（1867）年
江戸時代後期の水戸藩士。
¶茨城百，国書5，幕末，藩臣2

大内正敬 おおうちせいけい
→大内玉江（おおうちぎょくこう）

大内平次衛門 おおうちへいじえもん
文化1（1804）年〜元治1（1864）年
江戸時代末期の水戸藩郷士。
¶維新，幕末（㉘1864年12月23日）

大内無辺 おおうちむへん
？ ～寛文3 (1663) 年
江戸時代前期の武芸家、無辺流槍術の祖。
¶神人 ([没]寛文3 (1663) 年10月30日), 人名, 日人 (生没年不詳)

大内鎗之介 おおうちやりのすけ
江戸時代末期の新撰組隊士。
¶新撰

大内熊耳 おおうちゆうじ
元禄10 (1697) 年～安永5 (1776) 年 [別]大内承裕《おおうちしょうゆう》, 余熊耳《よゆうじ》, 余承祐《よしょうゆう》
江戸時代中期の漢学者、唐津藩儒。陸奥三春藩士出身。
¶朝日 ([没]安永5年4月28日 (1776年6月14日)), 江文, 近世, 国史, 国書 ([没]安永5 (1776) 年4月28日), コン改 (余熊耳 よゆうじ [生]貞享4 (1687) 年), コン4 (余熊耳 よゆうじ [生]貞享4 (1687) 年), 詩歌, 新潮 (余熊耳 よゆうじ [没]安永5 (1776) 年4月28日), 人名, 人名 (余熊耳 よゆうじ), 姓氏愛知, 世人 ([没]安永5 (1779) 年4月28日), 日人, 藩臣2 (大内承裕 おおうちしょうゆう), 福島百, 和俳

大浦教之助 おおうらきょうのすけ
→大浦教之助 (おおうらのりのすけ)

大浦権太夫 おおうらごんだいふ
→大浦権太夫 (おおうらごんだゆう)

大浦権太夫 おおうらごんだゆう
？ ～寛文5 (1665) 年 [別]大浦権太夫《おおうらごんだいふ》
江戸時代前期の武士 (対馬藩)。寛文財政改革の実行者。
¶人名, 日史 (おおうらごんだいふ [没]寛文5 (1665) 年2月), 日人, 歴大

大浦作兵衛 おおうらさくべえ
文政6 (1823) 年～元治1 (1864) 年
江戸時代末期の対馬藩士。
¶維新

大浦節翁 おおうらせつおう
→大浦忠左衛門 (おおうらちゅうざえもん)

大浦毅次郎 おおうらたかじろう
嘉永6 (1853) 年～慶応1 (1865) 年
江戸時代末期の対馬藩士大浦作兵衛の子。
¶維新

大浦帯刀 おおうらたてわき
生没年不詳
江戸時代末期の陸奥三春藩士。
¶藩臣2

大浦忠左衛門 おおうらちゅうざえもん
？ ～寛保3 (1743) 年 [別]大浦節翁《おおうらせつおう》
江戸時代中期の対馬府中藩士。
¶国書 (大浦節翁 おおうらせつおう [没]寛保3 (1743) 年6月21日), 人名, 日人

大浦忠兵衛 おおうらちゅうべえ
天保3 (1832) 年～元治1 (1864) 年
江戸時代末期の対馬藩士。
¶維新

大浦遠 おおうらとおし
文化10 (1813) 年～＊
江戸時代末期の対馬藩士。
¶維新 ([没]1864年), 人名 ([没]1864年), 日人 ([没]1865年), 幕末 ([没]1865年1月22日)

大浦亨 おおうらとおる
嘉永1 (1848) 年～元治1 (1864) 年
江戸時代末期の対馬藩士。
¶維新, 人名, 日人

大浦教之助 おおうらのりのすけ
寛政5 (1793) 年～元治1 (1864) 年 [別]大浦教之助《おおうらきょうのすけ》
江戸時代末期の対馬藩家老。対馬藩尊王攘夷派を主導。
¶朝日 ([没]元治1年10月24日 (1864年11月23日)), 維新, 新潮 ([没]元治1 (1864) 年10月25日), 人名 (おおうらきょうのすけ), 日人, 幕末 ([没]1864年12月24日), 藩臣7

大浦無違之助 おおうらむいのすけ
天保13 (1842) 年～元治1 (1864) 年
江戸時代末期の対馬藩士。
¶維新

大江源右衛門 おおえげんえもん
？ ～寛永15 (1638) 年
安土桃山時代～江戸時代前期の武士。
¶日人

大江島右衛門 おおえしまえもん
→大江元定 (おおえもとさだ)

大江松隣 おおえしゅうりん
→大井松隣 (おおいしょうりん)

大江仙兵衛(1) おおえせんべえ
江戸時代前期の武術家、佐分利流槍術の名家。
¶人名, 日人 (生没年不詳)

大江仙兵衛(2) おおえせんべえ
江戸時代前期の武術家、楊心流捕術中興の祖。
¶人名

大条監物 おおえだけんもつ
寛政9 (1797) 年～明治11 (1878) 年 [別]大条監物《たいじょうけんもつ》
江戸時代末期～明治期の陸奥仙台藩士。
¶人名 (たいじょうけんもつ [生]1796年 [没]1877年), 姓氏宮城, 藩臣1

大条実頼 (大枝実頼) おおえださねより
天文4 (1535) 年～寛永1 (1624) 年
安土桃山時代～江戸時代前期の武将。伊達氏家臣。
¶姓氏宮城, 戦人 ([生]弘治2 (1556) 年), 戦東 (大枝実頼), 宮城百

太枝清介 おおえだせいすけ
生没年不詳
江戸時代末期の仙台藩士。1866年頃アメリカに渡航。
¶海越新

大枝鉄次郎 おおえだてつじろう
弘化4 (1847) 年～明治1 (1868) 年
江戸時代末期の長州 (萩) 藩中間。

¶維新，人名（[生]1848年），日人，幕末（[没]1868年8月28日）

大枝八郎 おおえだはちろう
天保12（1841）年～慶応2（1866）年
江戸時代末期の奇兵隊士。
¶維新，幕末（[没]1866年9月19日）

大条道頼 おおえだみちより
元禄12（1699）年～宝暦12（1762）年
江戸時代中期の仙台藩奉行。
¶宮城百

大江元定 おおえもとさだ
寛保3（1743）年～寛政11（1799）年　[別]大江島右衛門《おおえしまえもん》
江戸時代中期～後期の剣術家。自在神仙流祖。
¶大阪人（[没]寛政11（1799）年9月），大阪墓（[没]寛政11（1799）年9月26日），剣豪（大江島右衛門　おおえしまえもん　[生]寛保2（1742）年）

大岡出雲守忠光 おおおかいずものかみただみつ
→大岡忠光（おおおかただみつ）

大岡越前守 おおおかえちぜんのかみ
→大岡忠相（おおおかただすけ）

大岡清謙 おおおかきよかた
文化10（1813）年～文久3（1863）年8月21日
江戸時代後期～末期の幕臣。
¶国書

大岡清勝 おおおかきよかつ
天文22（1553）年～寛永1（1624）年
戦国時代～江戸時代前期の徳川家康の臣・足立郡天沼村等領主。
¶埼玉人

大岡清相 おおおかきよすけ
延宝7（1679）年～享保2（1717）年　[別]大岡備前守清相《おおおかびぜんのかみきよすけ》
江戸時代中期の長崎奉行。「崎陽群談」の著者。
¶朝日（[没]享保2年4月11日（1717年5月21日）），近世，国史，国書（[没]享保2（1717）年4月11日），コン4，長崎歴（大岡備前守清相　おおおかびぜんのかみきよすけ），日史（[没]享保2（1717）年4月11日），日人，歴大

大岡哲 おおおかさとり
→大岡哲（おおおかてつ）

大岡式部少輔忠要 おおおかしきぶしょうゆうただとし
→大岡忠要（おおおかただとし）

大岡主膳正忠固 おおおかしゅぜんのしょうただかた
→大岡忠固（おおおかただかた）

大岡主膳正忠貫 おおおかしゅぜんのしょうただつら
→大岡忠貫（おおおかただつら）

大岡主膳正忠正 おおおかしゅぜんのしょうただまさ
→大岡忠正（おおおかただまさ）

大岡台助(1) おおおかだいすけ
？～天明4（1784）年
江戸時代中期の駿河沼津藩士。
¶藩臣4

大岡台助(2) おおおかだいすけ
生没年不詳
江戸時代後期の駿河沼津藩士。
¶藩臣4

大岡忠固 おおおかただかた
*～嘉永5（1852）年　[別]大岡主膳正忠固《おおおかしゅぜんのしょうただかた》，大岡忠固《おおおかただたか》
江戸時代末期の大名。武蔵岩槻藩主。
¶国書（おおおかただたか　[生]？　[没]嘉永5（1852）年7月4日），埼玉人（[生]寛政5（1793）年7月4日　[没]嘉永5（1852）年7月4日），埼玉百（大岡主膳正忠固　おおおかしゅぜんのしょうただかた　[生]1793年　[没]1853年），諸系（[生]1794年），日人（[生]1794年），藩主1（[生]？　[没]嘉永5（1852）年6月20日）

大岡忠相 おおおかただすけ
延宝5（1677）年～宝暦1（1751）年　[別]大岡越前守《おおおかえちぜんのかみ》
江戸時代中期の大名、町奉行、幕臣。三河西大平藩主。8代将軍吉宗に登用された。
¶愛知百（[没]1751年12月19日），朝日（[没]宝暦1年12月19日（1752年2月3日）），岩史（[没]宝暦1（1751）年12月19日），江戸（大岡越前守　おおおかえちぜんのかみ），角史，神奈川百，近世，国史，国書（[没]宝暦1（1751）年12月19日），コン改，コン4，埼玉人（[没]宝暦1（1751）年12月19日），史人（[没]1751年12月19日），重要（[没]宝暦1（1751）年12月19日），諸系（[没]1752年），人書79，新潮（[没]宝暦1（1751）年12月19日），人名（[没]1753年），姓氏愛知，姓氏神奈川，世人（[没]宝暦1（1751）年12月19日），世百，全書，大百，多摩，伝記，日史（[没]宝暦1（1751）年12月19日），日人（[没]1752年），藩主2（[没]宝暦1（1751）年12月19日），百科，歴大

大岡忠敬 おおおかただたか
文政11（1828）年～明治20（1887）年
江戸時代末期～明治期の大名。三河西大平藩主。
¶維新（[生]？），諸系，日人，幕末（[没]1887年6月11日），藩主2（[生]？　[没]明治20（1887）年6月11日）

大岡忠固 おおおかただたか
→大岡忠固（おおおかただかた）

大岡忠恒 おおおかただつね
宝暦1（1751）年～天明6（1786）年
江戸時代中期の大名。三河西大平藩主。
¶諸系，日人，藩主2（[没]天明6（1786）年3月17日）

大岡忠貫 おおおかただつら
弘化4（1847）年～大正9（1920）年　[別]大岡主膳正忠貫《おおおかしゅぜんのしょうただつら》
江戸時代末期～明治期の大名。武蔵岩槻藩主。
¶埼玉人（[没]大正9（1920）年1月3日），埼玉百（大岡主膳正忠貫　おおおかしゅぜんのしょうただつら），諸系，日人，藩主1（[生]弘化4（1847）年7月　[没]大正9（1920）年1月）

大岡忠要 おおおかただとし
明和3（1766）年12月8日～天明6（1786）年　[別]大岡式部少輔忠要《おおおかしきぶしょうゆうただとし》
江戸時代中期の大名。武蔵岩槻藩主。
¶埼玉人（[没]天明6（1786）年9月23日），埼玉百

（大岡式部少輔忠要　おおおかしきぶしょうゆうただとし），諸系（⊕1767年），日人（⊕1767年），藩主1（㊥天明6（1786）年9月23日）

大岡忠与　おおおかただとも
宝暦8（1758）年〜天明6（1786）年
江戸時代中期の大名。三河西大平藩主。
¶諸系，日人，藩主2（⊕宝暦5（1755）年　㊥天明6（1786）年10月17日）

大岡忠政　おおおかただまさ
天文17（1548）年〜寛永6（1629）年
戦国時代〜江戸時代前期の武将。
¶神奈川人（生没年不詳），諸系，姓氏神奈川，日人

大岡忠正　おおおかただまさ
天明1（1781）年〜文化13（1816）年　別大岡主膳正忠正《おおおかしゅぜんのしょうただまさ》
江戸時代後期の大名。武蔵岩槻藩主。
¶埼玉人（⊕天明1（1781）年9月15日　㊥文化13（1816）年8月28日），埼玉百（大岡主膳正忠正　おおおかしゅぜんのしょうただまさ），諸系，日人，藩主1（⊕天明1（1781）年9月15日　㊥文化13（1816）年閏8月28日）

大岡忠光　おおおかただみつ
宝永6（1709）年〜宝暦10（1760）年　別大岡出雲守忠光《おおおかいずものかみただみつ》
江戸時代中期の大名、側用人、若年寄。上総勝浦藩主、徳川家重の側近。
¶朝日（㊥宝暦10年4月26日（1760年6月9日）），岩史（⊕宝永6（1709）年7月7日　㊥宝暦10（1760）年4月26日），角史，神奈川人，近世（⊕1712年），国史，コン改，コン4，埼玉人（㊥宝暦10（1760）年4月26日），埼玉百（大岡出雲守忠光　おおおかいずものかみただみつ　⊕1712年），史人（⊕1709年3月7日　㊥1760年4月26日），諸系，新潮（㊥宝暦10（1760）年4月27日），人名，世人（⊕宝暦10（1760）年4月26日），世百，全書，日史（⊕宝暦10（1760）年4月26日），日人，藩主1（⊕正徳2（1712）年3月7日，（異説）宝永6（1709）年　㊥宝暦10（1760）年4月26日），藩主2，百科，歴大

大岡忠烈　おおおかただやす
明和1（1767）年〜弘化1（1844）年12月18日　別大岡丹後守忠烈《おおおかたんごのかみただやす》
江戸時代中期〜後期の大名。武蔵岩槻藩主。
¶埼玉人（⊕明和5（1768）年4月3日），埼玉百（大岡丹後守忠烈　おおおかたんごのかみただやす　⊕1768年），諸系（㊥1845年），日人（㊥1845年），藩主1（⊕明和4（1767）年11月9日，（異説）明和5（1768）年4月3日）

大岡忠恕　おおおかただゆき
文政5（1822）年〜明治13（1880）年　別大岡兵庫頭忠恕《おおおかひょうごのかみただゆき》
江戸時代末期〜明治期の大名。武蔵岩槻藩主。
¶埼玉人（⊕文政5（1822）年8月11日，埼玉百（大岡兵庫頭忠恕　おおおかひょうごのかみただゆき），諸系，日人，藩主1（⊕文政5（1822）年8月11日　㊥明治13（1880）年9月）

大岡忠世　おおおかただよ
天正3（1575）年〜寛永17（1640）年

江戸時代前期の旗本。
¶神奈川人

大岡忠愛　おおおかただよし
文化4（1807）年〜安政4（1857）年
江戸時代末期の大名。三河西大平藩主。
¶諸系，日人，藩主2（㊥安政4（1857）年10月5日）

大岡忠喜　おおおかただよし
*〜文化3（1806）年　別大岡兵庫頭忠喜《おおおかひょうごのかみただよし》
江戸時代中期〜後期の大名。武蔵岩槻藩主。
¶埼玉人（⊕元文2（1737）年　㊥文化3（1806）年11月2日），埼玉百（大岡兵庫頭忠喜　おおおかひょうごのかみただよし　⊕1738年），諸系（⊕1739年），日人（⊕1739年），藩主1（⊕元文2（1737）年11月27日，（異説）元文3（1738）年11月27日　㊥文化3（1806）年11月2日）

大岡忠宜　おおおかただよし
宝永6（1709）年〜明和3（1766）年
江戸時代中期の大名。三河西大平藩主。
¶諸系，日人，藩主2（㊥明和3（1766）年8月26日）

大岡忠吉　おおおかただよし
天正15（1587）年〜明暦2（1656）年
安土桃山時代〜江戸時代前期の武士。
¶神奈川人（⊕1586年），諸系，日人

大岡忠移(1)　おおおかただより
享保5（1720）年〜明和1（1764）年　別大岡美濃守忠移《おおおかみののかみただより》
江戸時代中期の60代長崎奉行。
¶長崎歴（大岡美濃守忠移　おおおかみののかみただより）

大岡忠移(2)　おおおかただより
天明4（1784）年〜天保8（1837）年
江戸時代後期の大名。三河西大平藩主。
¶諸系，日人，藩主2（㊥天保8（1837）年7月11日）

大岡丹後守忠烈　おおおかたんごのかみただやす
→大岡忠烈（おおおかただやす）

大岡哲　おおおかてつ
弘化3（1846）年〜大正10（1921）年　別大岡哲《おおおかさとり》
江戸時代末期〜明治期の石見津和野藩の儒学者。
¶島根歴（おおおかさとり），幕末（㊥1921年2月3日），藩臣5

大岡直政　おおおかなおまさ
〜寛永4（1627）年
江戸時代前期の旗本。
¶神奈川人

大岡久之丞　おおおかひさのじょう
宝暦10（1760）年〜？
江戸時代後期の備中倉敷代官。
¶岡山歴

大岡備前守清相　おおおかびぜんのかみきよすけ
→大岡清相（おおおかきよすけ）

大岡兵庫頭忠恕　おおおかひょうごのかみただゆき
→大岡忠恕（おおおかただゆき）

大岡兵庫頭忠喜　おおおかひょうごのかみただよし
→大岡忠喜（おおおかただよし）

大岡美濃守忠移 おおおかみののかみただより
→大岡忠移(1)(おおおかただより)

大久保要 おおおくぼかなめ
→大久保要(おおくぼかなめ)

大音主馬 おおおとしゅめ
元亀1(1570)年～寛永13(1636)年
安土桃山時代～江戸時代前期の越中四郡の初代の郡代。
¶姓氏富山

大音青山 おおおとせいざん
文化14(1817)年～明治19(1886)年　[別]大音青山《おおとせいざん》
江戸時代末期～明治期の筑前福岡藩士。
¶維新，近現，近世，国史，コン改，コン4，コン5，新潮([没]明治19(1886)年4月19日)，人名，日人，幕末([没]1886年4月19日)，藩臣7(おおとせいざん)

大音竜太郎 おおおとりゅうたろう
→大音竜太郎(おおどりゅうたろう)

大音竜太郎 おおおとりょうたろう
→大音竜太郎(おおどりゅうたろう)

大神壱岐 おおがいき
天保5(1834)年～慶応1(1865)年　[別]大神茂興《おおがしげおき》，三輪松之助《みわまつのすけ》
江戸時代末期の筑前福岡藩の祠官。
¶維新，神人([生]天保4(1833)年)，人名(大神茂興　おおがしげおき)，日人(大神茂興　おおがしげおき)，幕末([没]1865年12月10日)，藩臣7

大貝武布 おおがいたけのぶ
[別]大貝武布《おおがいたけふ》
江戸時代末期の丹波綾部藩士。
¶姓氏京都(おおがいたけふ　[生]1845年　[没]1909年)，藩臣5([生]弘化3(1846)年　[没]?)

大貝武布 おおがいたけふ
→大貝武布(おおがいたけのぶ)

大賀翁山 おおがおうざん
寛政5(1793)年～文政8(1825)年
江戸時代後期の肥前福江藩士。
¶藩臣7

大神茂興 おおがしげおき
→大神壱岐(おおがいき)

大門与兵衛 おおかどよへい
生没年不詳
江戸時代前期の高田藩主松平光長の家臣。
¶新潟百

大鐘義鳴 おおかねぎめい
文化4(1807)年～文久2(1862)年　[別]大鐘義鳴《おおかねよしなる，おおがねよしなり》
江戸時代末期の陸奥二本松藩士、儒学者。
¶国書(おおがねよしなり　[没]文久2(1862)年11月19日)，人書94，幕末([生]1806年　[没]1863年1月8日)，藩臣5(おおかねよしなる)

大鐘義鳴 おおがねよしなり
→大鐘義鳴(おおかねぎめい)

大鐘義鳴 おおかねよしなる
→大鐘義鳴(おおかねぎめい)

大釜彦右衛門 おおがまひこえもん
生没年不詳
江戸時代前期の盛岡藩家臣。
¶姓氏岩手

大川在勉 おおかわざいべん
文政2(1819)年～明治13(1880)年
江戸時代末期～明治期の播磨赤穂藩士、儒学者。
¶藩臣5

大川平兵衛 おおかわへいべえ
*～明治4(1871)年　[別]大川平兵衛英勝《おおかわへいべえひでかつ》
江戸時代末期～明治期の武蔵川越藩の剣術家。
¶剣豪([生]享和1(1801)年)，埼玉人([生]寛政4(1792)年)，埼玉百(大川平兵衛英勝　おおかわへいべえひでかつ　[生]1801年)，幕末([生]1802年　[没]1871年10月24日)，藩臣3([生]享和2(1802)年)

大川平兵衛英勝 おおかわへいべえひでかつ
→大川平兵衛(おおかわへいべえ)

大河原臣教 おおかわらおみのり，おおがわらおみのり
天明1(1781)年～天保3(1832)年
江戸時代後期の陸奥会津藩士、朱子学者。
¶会津，国書(おおがわらおみのり　[生]安永6(1777)年　[没]天保3(1832)年2月)，藩臣2

大河原具顕 おおかわらともあき
?　～寛政1(1789)年
江戸時代中期の豊後岡藩士。
¶人名，日人，藩臣7

大河原隆作 おおかわらりゅうさく
天明6(1786)年～慶応1(1865)年
江戸時代後期の日向都城島津家司。
¶維新，姓氏鹿児島

大木織部 おおきおりべ
?　～延宝4(1676)年
江戸時代前期の肥後熊本藩士。
¶藩臣7

大木伍兵衛 おおきごへい
寛政9(1797)年～明治4(1871)年　[別]大木伍兵衛柳眠《おおきごへいりゅうみん》
江戸時代後期～明治期の神道無念流剣術家。
¶埼玉人([生]寛政9(1797)年10月15日　[没]明治4(1871)年2月29日)，埼玉百(大木伍兵衛柳眠　おおきごへいりゅうみん)

大木伍兵衛柳眠 おおきごへいりゅうみん
→大木伍兵衛(おおきごへい)

大城壺梁 おおきこりょう
寛保1(1741)年～文化8(1811)年　[別]大城多十郎《おおきたじゅうろう》
江戸時代中期～後期の肥後熊本藩士。
¶国書([生]寛保1(1741)年9月5日　[没]文化8(1811)年7月25日)，藩臣7(大城多十郎　おおきたじゅうろう)

大木四郎 おおきしろう
嘉永2(1849)年～明治1(1868)年3月26日
江戸時代末期の志士。赤報隊結成に参加。
¶幕末

大木喬任　おおきたかとう
天保3(1832)年～明治32(1899)年
江戸時代末期～明治期の肥前佐賀藩士、政治家。
¶朝日([生]天保3年3月23日(1832年4月23日)　[没]明治32(1899)年9月26日)，維新，角史，教育([生]1831年)，近現，国際，国史，コン改，コン4，コン5，佐賀百([生]天保3(1832)年3月　[没]明治32(1899)年6月26日)，史人([生]1832年3月23日　[没]1899年9月26日)，新潮([生]天保3(1832)年3月23日　[没]明治32(1899)年9月26日)，人名，世人([生]天保3(1832)年3月　[没]明治32(1899)年6月26日)，全書，体育([生]1831年)，伝記，日史([生]天保3(1832)年3月23日　[没]明治32(1899)年9月26日)，日人，日本，幕末([没]1889年9月26日)，百科，明治1，履歴([生]天保3(1832)年3月23日　[没]明治32(1899)年9月26日)，歴大

大喜多蔚　おおきたしげる
生没年不詳
江戸時代後期の武士・文人。西本願寺の家臣。
¶国書

大城多十郎　おおきたじゅうろう
→大城壺梁(おおきこりょう)

大城戸長兵衛　おおきどちょうべえ
文化10(1813)年～明治6(1873)年
江戸時代末期～明治期の国学者、加賀藩士。
¶維新，コン改([生]文化7(1810)年)，コン4，コン5，新潮([生]文化7(1810)年　[没]明治6(1873)年12月4日)，人名([生]1810年)，姓氏石川([生]？)，日人，幕末([没]1873年12月4日)

大木知光　おおきともみつ
江戸時代前期の武士。筑後大木城主。
¶人名，日人(生没年不詳)

大木任斉　おおきにんさい
文政6(1823)年～明治13(1880)年
江戸時代後期の都賀郡松沼村の名主、剣術家。
¶栃木歴

大儀見元一郎　おおぎみもといちろう
弘化2(1845)年～昭和16(1941)年
江戸時代末期～明治期の静岡藩士、旧日本基督教会牧師、教育者。
¶海越新([生]弘化2(1845)年1月15日　[没]昭和16(1941)年12月27日)，キリ([生]弘化2年1月15日(1845年2月21日)　[没]？)，静岡歴，姓氏静岡，渡航([生]1845年2月21日　[没]1941年12月27日)，日人

大草公弼　おおくさきみすけ
安永4(1775)年～文化14(1817)年　[別]大草公弼《おおくさこうひつ》
江戸時代後期の幕臣、国学者。
¶朝日([没]文化14年8月24日(1817年10月4日))，江文，国書([没]文化14(1817)年8月24日)，コン改(おおくさこうひつ)，コン4(おおくさこうひつ)，新潮(おおくさこうひつ　[没]文化14(1817)年8月24日)，人名(おおくさこうひつ)，日人

大草馨堂　おおくさけいどう
天保2(1831)年～明治23(1890)年
江戸時代末期～明治期の周防岩国藩士。
¶幕末，藩臣6

大草鴻堆　おおくさこうたい
文政5(1822)年～明治29(1896)年
江戸時代末期の喜連川藩士、私塾帯径学舎塾主。
¶栃木歴

大草公弼　おおくさこうひつ
→大草公弼(おおくさきみすけ)

大草庄兵衛　おおくさしょうべえ
？～天保12(1841)年
江戸時代後期の武芸家、求玄流砲術の祖。
¶人名

大草四郎左衛門　おおくさしろうざえもん
生没年不詳
江戸時代末期の武士、大番頭。
¶和歌山人

大草振鷺　おおくさしんろ，おおぐさしんろ
生没年不詳
江戸時代後期の幕臣、儒者。
¶江文(おおぐさしんろ)，国書，日人

大草高重　おおくさたかしげ
天保6(1835)年～明治25(1892)年
江戸時代末期～明治期の幕臣、開拓者。
¶静岡百，静岡歴，姓氏静岡，日人

大草高達　おおくさたかたつ
？～文政4(1821)年
江戸時代後期の武士。
¶和歌山人

大草高好　おおくさたかよし
？～天保11(1840)年　[別]大草能登守高好《おおくさのとのかみたかよし》
江戸時代後期の92代長崎奉行。
¶長崎歴(大草能登守高好　おおくさのとのかみたかよし)

大草太郎右馬　おおくさたろううめ
→大草太郎右馬(おおくさたろうめ)

大草太郎左衛門(1)　おおくさたろうざえもん
生没年不詳
江戸時代の中泉代官(世襲名)。
¶静岡歴

大草太郎左衛門(2)　おおくさたろうざえもん
＊～享保12(1727)年　[別]大草正清《おおくさまさきよ》
江戸時代前期～中期の幕臣、代官。
¶岡山歴([生]寛文2(1662)年　[没]享保12(1727)年10月19日)，姓氏静岡(大草正清　おおくさまさきよ　[生]？)

大草太郎馬　おおくさたろうま
生没年不詳
江戸時代後期の中野代官所代官。
¶姓氏長野

大草太郎右馬　おおくさたろうめ
？～文政11(1828)年　[別]大草政郷《おおくさまささと》，大草太郎右馬《おおくさたろううめ》
江戸時代後期の新田開発者、倉敷代官。
¶朝日([没]文政11年7月29日(1828年9月8日))，

岡山百（おおくさたろううめ　[没]文政11（1828）年7月29日），岡山歴（大草政郷　おおくさまささと　[生]安永7（1778）年　[没]文政11（1828）年7月29日），日人

大草能登守高好　おおくさのとのかみたかよし
→大草高好（おおくさたかよし）

大草正清　おおくさまさきよ
→大草太郎左衛門(2)（おおくさたろうざえもん）

大草政郷　おおくさまささと
→大草太郎右馬（おおくさたろうめ）

大草正次　おおくさまさつぐ
？　～寛永2（1625）年
安土桃山時代～江戸時代前期の徳川家康の家臣。
¶姓氏静岡

大串雪瀾（大串雪蘭）　おおぐしせつらん，おおくしせつらん
万治1（1658）年～元禄9（1696）年
江戸時代前期～中期の水戸藩士、儒学者。
¶江文（大串雪蘭），国書（[没]元禄9（1696）年12月12日），人名（大串雪蘭），日人（[没]1697年），藩臣2（大串雪蘭　おおくしせつらん）

大口権九郎　おおぐちごんくろう
？　～安永5（1776）年　[別]大口子積《おおぐちしせき》
江戸時代中期の因幡鳥取藩士。
¶剣豪，藩臣5（大口子積　おおぐちしせき）

大口子積　おおぐちしせき
→大口権九郎（おおぐちごんくろう）

大口精義（大口正義）　おおぐちせいぎ
天保10（1839）年～大正2（1913）年12月17日
江戸時代末期～明治期の備前岡山藩士。
¶岡山人（[生]天保11（1840）年），岡山百，岡山歴，幕末（大口正義）

大国実頼　おおくにさねより，おおぐにさねより
生没年不詳
安土桃山時代～江戸時代前期の武士。上杉氏家臣。
¶戦辞，戦人，新潟百（おおぐにさねより　[生]1562年　[没]1622年）

大国隆正　おおくにたかまさ
寛政4（1792）年～明治4（1871）年　[別]野々口隆正《ののぐちたかまさ》，野之口隆正《ののぐちたかまさ》
江戸時代末期～明治期の石見津和野藩士、備後福山藩士、国学者。独自の尊皇攘夷論を展開。
¶朝日（[生]寛政4年11月29日（1793年1月11日）[没]明治4年8月17日（1871年10月1日）），維新，岩史（[生]寛政4（1792）年11月29日　[没]明治4（1871）年8月17日），江戸東，江文，大阪人（[没]明治4（1871）年8月），教育，京都大，近現，近世，国史，国書（[生]寛政4（1792）年11月29日　[没]明治4（1871）年8月17日），コン改，コン4，コン5，詩歌，史人（[生]1792年11月29日　[没]1871年8月17日），思想（[生]寛政4（1792）年11月29日　[没]明治4（1871）年8月17日），島根人，島根百，島根歴，神史，人書79，人書94，神人（[生]寛政4（1792）年11月29日　[没]明治4（1871）年8月17日），新潮（[生]寛政4（1792）年11月29日　[没]明治4（1871）年8月17日），人名，姓氏京都，世人（[生]寛政4（1792）年11月29日　[没]明治4（1871）年8月17日），世百，全書，大百，哲学，日史（[生]寛政4（1792）年11月29日　[没]明治4（1871）年8月17日），日人（[生]1793年），日本，幕末（[生]1793年　[没]1871年8月17日），藩臣5，藩臣6（野々口隆正　ののぐちたかまさ），百科，兵庫人（[没]明治4（1871）年8月17日），兵庫百，平史，民学，歴大

大久保章男　おおくぼあきお
→大久保小膳（おおくぼこぜん）

大久保家勝　おおくぼいえかつ
天正17（1589）年～寛文10（1670）年
戦国時代～江戸時代前期の水野長勝の臣。
¶埼玉人

大久保一翁　おおくぼいちおう
→大久保忠寛（おおくぼただひろ）

大久保一郎兵衛(1)　おおくぼいちろうひょうえ
享保11（1726）年～天明3（1783）年
江戸時代中期の常陸土浦藩士。
¶藩臣2

大久保一郎兵衛(2)　おおくぼいちろうひょうえ
天明8（1788）年～慶応2（1866）年
江戸時代後期の常陸土浦藩士。
¶藩臣2

大久保今助（大久保今輔）　おおくぼいますけ
宝暦7（1757）年～天保5（1834）年
江戸時代後期の水戸藩士、歌舞伎中村座の金主。
¶朝日（[没]天保5年2月4日（1834年3月13日）），江戸東，郷土茨城（大久保今輔），コン4，食文（[没]天保5年2月4日（1834年3月13日）），新潮，日人，藩臣2

大久保右近将監忠寛　おおくぼうこんしょうげんただひろ
→大久保忠寛（おおくぼただひろ）

大久保加賀守忠職　おおくぼかがのかみただもと
→大久保忠職（おおくぼただもと）

大久保鼎　おおくぼかなえ
文政7（1824）年～元治1（1864）年
江戸時代末期の上野館林藩士。
¶維新，群馬人，人名，日人，幕末（[没]1864年5月21日），藩臣2

大久保要　おおくぼかなめ
寛政10（1798）年～安政6（1859）年　[別]大久保要《おおおくぼかなめ》
江戸時代末期の常陸土浦藩の尊王派志士。
¶朝日（[没]安政6年12月13日（1860年1月5日）），維新，茨城百（おおおくぼかなめ），大阪人（[没]安政6（1859）年12月），近世，国史，国書（[没]安政6（1859）年12月13日），コン改，コン4，人書94，新潮（[没]安政6（1859）年12月13日），人名，世人（[没]安政6（1859）年12月13日），全書，日人（[没]1860年），幕末（[没]1860年1月5日），藩臣2

大久保鐶蔵　おおくぼかんぞう
生没年不詳
江戸時代後期の遠江浜松藩士。

¶藩臣4

大久保紀伊守 おおくぼきいのかみ
？～明治1(1868)年 [別]大久保忠宣《おおくぼただのぶ》
江戸時代末期の幕臣、彰義隊の隊長。
¶コン改，コン4，人名，日人(大久保忠宣 おおくぼただのぶ)

大久保邦之助 おおくぼくにのすけ
天保7(1836)年～大正5(1916)年
江戸時代末期～明治期の常陸土浦藩士。
¶幕末([没]1916年11月28日)，藩臣2

大久保麑山 おおくぼげいざん
*～明治18(1885)年
江戸時代末期～明治期の中津藩士。
¶人名([生]1825年)，日人([生]1826年)

大久保小膳 おおくぼこぜん
文政4(1821)年～明治36(1903)年 [別]大久保章男《おおくぼあきお》
江戸時代末期～明治期の近江彦根藩士。
¶維新，幕末([没]1903年1月13日)，藩臣4(大久保章男 おおくぼあきお)

大久保相模守忠鄰 おおくぼさがみのかみただちか
→大久保忠隣(おおくぼただちか)

大久保次右衛門 おおくぼじえもん
寛政6(1794)年～文久3(1863)年
江戸時代末期の薩摩藩士。
¶維新，姓氏鹿児島，幕末([没]1863年7月4日)

大窪詩仏 おおくぼしぶつ
明和4(1767)年～天保8(1837)年
江戸時代中期～後期の出羽秋田藩の漢詩人。
¶朝日([没]天保8年2月11日(1837年3月17日))，茨城百，岩史([生]明和4(1767)年7月 [没]天保8(1837)年2月11日)，江戸，江文，角史，神奈川人，近世，国史，国書([没]天保8(1837)年2月11日)，コン改，コン4，詩歌，史人([生]1767年7月 [没]1837年2月11日)，人書94，新潮([没]天保8(1837)年2月11日)，人名，姓氏岩手，世人([没]天保8(1837)年2月11日)，世百，全書，大百，富山百([没]天保8(1837)年2月11日)，富山文([没]天保8(1837)年2月11日)，日史([生]明和4(1767)年7月 [没]天保8(1837)年2月11日)，日人，藩臣1，百科，歴大，和俳([没]天保8(1837)年2月11日)

大久保四郎左衛門 おおくぼしろうざえもん
？～承応3(1654)年
江戸時代前期の紀伊和歌山藩士。
¶藩臣5

大久保次郎左衛門 おおくぼじろうざえもん
？～弘化4(1847)年
江戸時代後期の烏山藩家老、尊徳仕法の最後の責任者。
¶栃木歴

大久保甚五左衛門 おおくぼじんござえもん
享和2(1802)年～元治1(1864)年
江戸時代末期の水戸藩士。
¶維新，近世，国史，コン改([生]享和3(1803)年)，コン4([生]享和3(1803)年)，新潮([没]元治1(1864)年10月16日)，人名，日人，幕末([没]1864年11月15日)，藩臣2

大久保信之介(大久保信之助) おおくぼしんのすけ
天保10(1839)年～慶応1(1865)年
江戸時代末期の水戸藩吏。
¶維新，人名(大久保信之助)，日人，幕末([没]1865年3月13日)

大久保忠卿(大久保忠鄕) おおくぼただあき
延享3(1746)年～明和6(1769)年
江戸時代中期の大名。下野烏山藩主。
¶神奈川人([生]1743年)，諸系，日人，藩主1(大久保忠鄕 [生]延享3(1746)年5月19日 [没]明和6(1769)年2月10日)

大久保忠顕 おおくぼただあき
宝暦10(1760)年～享和3(1803)年
江戸時代中期～後期の大名。相模小田原藩主。
¶神奈川人，諸系，日人，藩主1([没]享和3(1803)年8月8日)

大久保忠礼 おおくぼただあや
→大久保忠礼(おおくぼただのり)

大久保忠興(1) おおくぼただおき
*～明和1(1764)年
江戸時代中期の大名。相模小田原藩主。
¶神奈川人([生]1714年)，諸系([生]1715年)，日人([生]1715年)，藩主1([生]正徳4(1714)年12月19日 [没]明和1(1764)年10月29日)

大久保忠興(2) おおくぼただおき
江戸時代後期の茶人、旗本。
¶茶道

大久保忠香 おおくぼただか
～享保12(1727)年
江戸時代中期の旗本。
¶神奈川人

大久保忠門 おおくぼただかど
寛永3(1626)年～元禄12(1699)年
江戸時代前期の小田原藩家老。
¶神奈川人

大久保忠恕 おおくぼただひろ
生没年不詳 [別]大久保豊後守忠恕《おおくぼぶんごのかみただひろ》
江戸時代後期～末期の第46代京都東町奉行。
¶京都大，姓氏京都，長崎歴(大久保豊後守忠恕 おおくぼぶんごのかみただひろ [生]文政11(1828)年)

大久保忠真 おおくぼただざね
天明1(1781)年～天保8(1837)年
江戸時代後期の大名。相模小田原藩主。
¶朝日([没]天保8年3月19日(1837年4月23日))，岩史([没]天保8(1837)年3月19日)，角史，神奈川人([生]1778年)，神奈川百，郷土神奈川，京都大([生]安永7(1778)年)，近世，国史，国書([生]天明1(1781)年12月2日 [没]天保8(1837)年3月9日)，コン改([生]安永7(1778)年)，コン4，史人([没]1837年3月19日)，諸系([生]1782年)，新潮([生]安永7(1778)年 [没]天保8(1837)年3月20日)，人名，姓氏神奈川([生]1778年)，姓氏京都([生]1778年)，世人，日史([没]天保8(1837)年

3月19日)，日人([生]1782年)，藩主1([生]天明1(1781)年12月2日　[没]天保8(1837)年3月19日)，百科，歴大

大久保忠重(1)　おおくぼただしげ
？～寛文8(1668)年
江戸時代前期の旗本。
¶神奈川人，姓氏神奈川

大久保忠重(2)　おおくぼただしげ
～元禄3(1690)年
江戸時代前期の旗本。
¶神奈川人

大久保忠成　おおくぼただしげ
明和3(1766)年～嘉永4(1851)年
江戸時代中期～後期の大名。下野烏山藩主。
¶神奈川人([生]1765年　[没]1848年)，諸系，栃木百，栃木歴，日人，藩主1([生]明和3(1766)年5月24日　[没]嘉永4(1851)年1月21日)

大久保忠董　おおくぼただしげ
生没年不詳　[別]大久保忠董《おおくぼただとう》
江戸時代末期～明治期の火付盗賊改。
¶京都大，姓氏京都，幕末(おおくぼただとう　[没]1887年7月24日)

大久保忠教　おおくぼただたか
→大久保彦左衛門(おおくぼひこざえもん)

大久保忠高　おおくぼただたか
元和5(1619)年～元禄15(1702)年
江戸時代前期～中期の武士、御側衆。
¶諸系，人名，日人

大久保忠辰　おおくぼただたつ
慶長19(1614)年～延宝6(1678)年
江戸時代前期の上野館林藩城代。
¶藩臣2

大久保忠胤　おおくぼただたね
宝永7(1710)年～安永8(1779)年
江戸時代中期の大名。下野烏山藩主。
¶神奈川人，諸系，日人，藩主1([生]宝永7(1710)年7月3日　[没]安永8(1779)年8月2日)

大久保忠為　おおくぼただため
天文23(1554)年～元和2(1616)年
安土桃山時代～江戸時代前期の武将、大名。美濃大垣新田藩主。
¶諸系，人名([生]1552年)，日人，藩主2([没]元和2(1616)年8月9日)

大久保忠隣　おおくぼただちか
天文22(1553)年～寛永5(1628)年　[別]大久保相模守忠鄰《おおくぼさがみのかみただちか》
安土桃山時代～江戸時代前期の大名、老中。相模小田原藩主。
¶朝日([没]寛永5年6月27日(1628年7月28日))，岩史([没]寛永5(1628)年6月27日)，角史，神奈川人，神奈川百，郷土神奈川，近世，国史，国書([没]寛永5(1628)年6月27日)，コン改，コン4，埼玉人([没]寛永5(1628)年6月27日)，埼玉百(大久保相模守忠鄰　おおくぼさがみのかみただちか)，茶道，史人([没]1628年6月27日)，諸系，新潮([没]寛永5(1628)年6月27日)，人名，姓氏神奈川，世人([没]寛永5(1628)年6月27日)，世百，戦合，戦国([生]？)，戦辞([没]寛永5年6月27日(1628年7月28日))，全書，戦人，大百，日史([没]寛永5(1628)年6月27日)，日人，藩主1([没]寛永5(1628)年6月27日)，百科，歴大

大久保忠次　おおくぼただつぐ
～天和3(1683)年
江戸時代前期の旗本。
¶神奈川人

大久保忠恒(1)　おおくぼただつね
元禄2(1689)年～延享2(1745)年7月15日
江戸時代中期の幕臣。
¶国書

大久保忠恒(2)　おおくぼただつね
文政5(1822)年～明治16(1883)年12月11日
江戸時代末期～明治期の幕臣。
¶維新，幕末

大久保忠董　おおくぼただとう
→大久保忠董(おおくぼただしげ)

大久保忠順　おおくぼただとし
安政4(1857)年～大正3(1914)年　[別]大久保忠順《おおくぼただより》
江戸時代末期～明治期の大名。下野烏山藩主。
¶神奈川人(おおくぼただより)，諸系，世紀([生]安政4(1857)年4月26日　[没]大正3(1914)年5月11日)，日人，藩主1(おおくぼただより　[生]安政4(1857)年4月26日　[没]大正3(1914)年5月11日)

大久保忠利(1)　おおくぼただとし
天文16(1547)年～元和3(1617)年10月9日
戦国時代～江戸時代前期の徳川家の家臣。
¶戦辞

大久保忠利(2)　おおくぼただとし
～寛文4(1664)年
江戸時代前期の旗本。
¶神奈川人

大久保忠知　おおくぼただとも
文禄2(1593)年～正保1(1644)年
江戸時代前期の武将。
¶諸系，人名，日人

大久保忠朝　おおくぼただとも
寛永9(1632)年～正徳2(1712)年
江戸時代前期～中期の大名。肥前唐津藩主、下総佐倉藩主、相模小田原藩主。
¶神奈川人，神奈川百，佐賀百([没]正徳2(1712)年2月9日)，諸系，人名，姓氏神奈川，日人，藩主1([生]寛永9(1632)年11月13日　[没]正徳2(1712)年9月25日)，藩主2，藩主4

大久保忠与　おおくぼただとも
正徳2(1712)年～安永7(1778)年　[別]大久保土佐守忠与《おおくぼとさのかみただとも》
江戸時代中期の58代長崎奉行。
¶長崎歴(大久保土佐守忠与　おおくぼとさのかみただとも)

大久保忠直　おおくぼただなお
天文20(1551)年～元和9(1623)年
戦国時代～江戸時代前期の武士。
¶諸系，日人

大久保忠愨(大久保忠慤)　**おおくぼただなお**
文政12(1829)年～安政6(1859)年
江戸時代末期の大名。相模小田原藩主。
¶維新，神奈川人(大久保忠愨　[生]1828年)，諸系，日人，幕末([没]1859年10月22日)，藩主1([生]文政12(1829)年4月18日　[没]安政6(1859)年11月晦日)

大久保忠永　**おおくぼただなが**
～正保3(1646)年
江戸時代前期の旗本。
¶神奈川人

大久保忠良　**おおくぼただなが**
慶安2(1649)年～享保10(1725)年3月13日
江戸時代前期～中期の幕臣。
¶国書

大久保忠成　**おおくぼただなり**
？～寛文12(1672)年
江戸時代前期の武士。徳川氏家臣、駿府奉行。
¶諸系，人名，日人

大久保忠修　**おおくぼただのぶ**
文化7(1810)年～天保2(1831)年
江戸時代後期の小田原藩主忠真の3男。
¶神奈川人

大久保忠信(1)　**おおくぼただのぶ**
*～文政4(1821)年　[別]大久保有隣《おおくぼゆうりん》
江戸時代中期～後期の相模小田原藩家老。
¶神奈川人(大久保有隣　おおくぼゆうりん　[生]1741年)，藩臣3([生]元文5(1740)年)

大久保忠信(2)　**おおくぼただのぶ**
→大久保藤五郎(おおくぼとうごろう)

大久保忠宣　**おおくぼただのぶ**
→大久保紀伊守(おおくぼきいのかみ)

大久保忠礼　**おおくぼただのり**
天保12(1841)年～明治30(1897)年　[別]大久保忠礼《おおくぼただあや》
江戸時代末期～明治期の大名。相模小田原藩主。
¶維新，神奈川人(おおくぼただあや)，神奈川百，諸系([生]1842年)，日人([生]1842年)，幕末([没]1897年8月10日)，藩主1([没]明治30(1897)年8月10日)，山梨百([生]天保12(1841)年12月2日　[没]明治30(1897)年8月10日)

大久保忠浜　**おおくぼただはま**
→楚南(そなん)

大久保忠寛　**おおくぼただひろ**
文化14(1817)年～明治21(1888)年　[別]大久保一翁《おおくぼいちおう》，大久保右近将監忠寛《おおくぼうこんしょうげんただひろ》
江戸時代末期～明治期の幕府閣僚、若年寄、静岡藩士。江戸開城に導いた。
¶朝日(大久保一翁　おおくぼいちおう　[生]文化14年11月29日(1818年1月5日)　[没]明治21(1888)年7月31日)，維新(大久保一翁　おおくぼいちおう)，岩史([生]文化14(1817)年11月29日　[没]明治21(1888)年7月31日)，江戸東(大久保一翁　おおくぼいちおう)，角史(大久保一翁　おおくぼいちおう)，京都大，近現，近世，国史，コン改(大久保一翁　おおくぼいちおう)，コン4(大久保一翁　おおくぼいちおう)，コン5(大久保一翁　おおくぼいちおう)，史人([生]1817年11月29日　[没]1888年7月31日)，静岡百，静岡歴，重要([生]文化14(1817)年11月29日　[没]明治21(1888)年7月31日)，人書94(大久保一翁　おおくぼいちおう　[没]1887年)，新潮(大久保一翁　おおくぼいちおう　[生]文化14(1817)年11月29日　[没]明治21(1888)年7月31日)，人名(大久保一翁　おおくぼいちおう)，姓氏京都，姓氏静岡，世人([生]文化14(1817)年11月　[没]明治21(1888)年7月31日)，全書，長崎歴(大久保右近将監忠寛　おおくぼうこんしょうげんただひろ)，日史([生]文化14(1817)年11月29日　[没]明治21(1888)年7月31日)，日人(大久保一翁　おおくぼいちおう　[生]1818年)，幕末(大久保一翁　おおくぼいちおう　[没]1888年7月31日)，藩臣4，百科，明治1(大久保一翁　おおくぼいちおう　[生]1818年)，履歴(大久保一翁　おおくぼいちおう　[生]文化14(1817)年11月29日　[没]明治21(1888)年7月31日)，歴大

大久保忠洪　**おおくぼただひろ**
→楚南(そなん)

大久保忠正　**おおくぼただまさ**
～万治3(1660)年
江戸時代前期の旗本。
¶神奈川人

大久保忠方　**おおくぼただまさ**
元禄5(1692)年～享保17(1732)年
江戸時代中期の大名。相模小田原藩主。
¶神奈川人，諸系，日人，藩主1([生]元禄5(1692)年6月15日　[没]享保17(1732)年10月3日)

大久保忠増　**おおくぼただます**
明暦2(1656)年～正徳3(1713)年
江戸時代前期～中期の大名。相模小田原藩主。
¶神奈川人，諸系，人名([没]1712年)，姓氏神奈川，日人，藩主1([没]正徳3(1713)年7月25日)

大久保忠職　**おおくぼただもと**
慶長9(1604)年～寛文10(1670)年　[別]大久保加賀守忠職《おおくぼかがのかみただもと》
江戸時代前期の大名。武蔵騎西藩主、美濃加納藩主、播磨明石藩主、肥前唐津藩主。
¶神奈川人，岐阜百，埼玉人([没]寛文10(1670)年4月19日)，埼玉百(大久保加賀守忠職　おおくぼかがのかみただもと)，佐賀百([没]寛文10(1670)年4月19日)，諸系，人名，日人，藩主1([没]寛文10(1670)年4月19日)，藩主2，藩主3，藩主4([没]寛文10(1670)年4月19日)

大久保忠保　**おおくぼただやす**
寛政3(1791)年～嘉永1(1848)年
江戸時代後期の大名。下野烏山藩主。
¶神奈川人，諸系，日人，藩主1([生]寛政3(1791)年5月27日　[没]嘉永1(1848)年10月8日)

大久保忠行(1)　**おおくぼただゆき**
～宝永2(1705)年
江戸時代中期の旗本。
¶神奈川人

お

大久保忠行(2)　おおくぼただゆき
→大久保藤五郎(おおくぼとうごろう)

大久保忠栄　おおくぼただよし
寛永17(1640)年～元禄2(1689)年9月20日
江戸時代前期～中期の幕臣。
¶国書

大久保忠喜　おおくぼただよし
延享3(1746)年～文化9(1812)年
江戸時代中期～後期の大名。下野烏山藩主。
¶神奈川人，諸系，日人，藩主1([生]延享3(1746)年6月26日,(異説)延享2年6月26日　[没]文化9(1812)年8月10日)

大久保忠美　おおくぼただよし
文政3(1820)年～元治1(1864)年
江戸時代末期の大名。下野烏山藩主。
¶神奈川人，諸系，日人，藩主1([生]文政3(1820)年3月9日　[没]元治1(1864)年8月20日)

大久保忠由　おおくぼただよし
元文1(1736)年～明和6(1769)年
江戸時代中期の大名。相模小田原藩主。
¶神奈川人，諸系，日人，藩主1([生]元文1(1736)年11月19日　[没]明和6(1769)年10月1日)

大久保忠良　おおくぼただよし
安政4(1857)年～明治10(1877)年
江戸時代末期～明治期の大名。相模小田原藩主。
¶維新，神奈川人，諸系，日人，幕末([生]1857年5月27日　[没]1877年3月29日)，藩主1([没]明治10(1877)年3月29日)

大久保忠寄　おおくぼただより
*～？
江戸時代中期の幕臣。
¶国書([生]寛保2(1742)年)，国書5([生]享保17(1732)年)

大久保忠順　おおくぼただより
→大久保忠順(おおくぼただとし)

大久保忠職　おおくぼただより
～延宝7(1679)年
江戸時代前期の旗本。
¶神奈川人

大窪種光　おおくぼたねみつ
生没年不詳
安土桃山時代～江戸時代前期の武士。佐竹氏家臣。
¶戦辞，戦人，戦東

大久保常春　おおくぼつねはる
延宝3(1675)年～享保13(1728)年
江戸時代中期の大名。下野烏山藩主。
¶神奈川人，諸系，人名，姓氏神奈川，栃木百，栃木歴，日人，藩主1([生]延宝3(1675)年3月2日　[没]享保13(1728)年9月8日)

大久保伝平　おおくぼでんぺい
文化14(1817)年～明治1(1868)年
江戸時代末期の出羽山形藩士。
¶藩臣1，山形百

大久保藤五郎　おおくぼとうごろう
？　～元和3(1617)年　[別]大久保主水《おおくぼもんと,おおくぼもんど》,大久保忠行〈主水〉《おおくぼただゆき〈もんと〉》,大久保忠行《おおくぼただゆき》,大久保忠信《おおくぼただのぶ》
安土桃山時代～江戸時代前期の武士、江戸の上水開削者。小石川上水を開削。
¶朝日，江戸(大久保主水　おおくぼもんと)，近世，国史，史人，食文(大久保忠行〈主水〉　おおくぼただゆき〈もんと〉)，新潮，人名(大久保忠信　おおくぼただのぶ)，戦人(大久保忠行　おおくぼただゆき)，日人

大久保土佐守忠与　おおくぼとさのかみただとも
→大久保忠与(おおくぼただとも)

大久保利通　おおくぼとしみち
天保1(1830)年～明治11(1878)年　[別]大久保利通《おおくぼとしみつ》，一蔵,甲東,正助,大久保一蔵《おおくぼいちぞう》,利済
江戸時代末期～明治期の志士、政治家。もと薩摩藩士。幼い頃から西郷隆盛と親しく尊皇攘夷の同志となり、王政復古に尽力。新政府の中枢にあって維新を断行し、西南戦争では親友の西郷を討つ指揮をとった。政府の最高実力者となったが、1878年紀尾井町で暗殺された。
¶朝日([生]天保1年8月10日(1830年9月26日)　[没]明治11(1878)年5月14日)，維新，岩史([生]文政13(1830)年8月10日　[没]明治11(1878)年5月14日)，海越([生]文政13(1830)年8月10日　[没]明治11(1878)年5月24日)，海越新([生]文政13(1830)年8月10日　[没]明治11(1878)年5月24日)，江戸東，大阪人([没]明治11(1878)年5月)，沖縄百([生]天保1(1830)年8月10日　[没]明治11(1878)年5月14日)，鹿児島百，角史，京都大，近現，国際，国史，国書([生]文政13(1830)年8月10日　[没]明治11(1878)年5月14日)，コン改，コン4，コン5，詩歌，史人([生]1830年8月10日　[没]1878年5月14日)，重要([生]天保1(1830)年8月10日　[没]明治11(1878)年5月14日)，食文(おおくぼとしみつ　[生]文政13年8月10日(1830年9月26日)　[没]1878年5月14日)，人書79，人書94，新潮([生]天保1(1830)年8月10日　[没]明治11(1878)年5月14日)，人名，姓氏鹿児島，世人([生]天保1(1830)年8月10日　[没]明治11(1878)年5月14日)，世百，全書，大百，伝記，渡航([生]1830年8月10日　[没]1878年4月14日)，日史([生]天保1(1830)年8月10日　[没]明治11(1878)年5月14日)，日人，日本，人情，幕末([没]1878年5月14日)，藩臣7，百科，宮城百，明治1，履歴([生]天保1(1830)年8月10日　[没]明治11(1878)年5月14日)，歴大

大久保利通　おおくぼとしみつ
→大久保利通(おおくぼとしみち)

大窪友尚　おおくぼともひさ
元和5(1619)年～元禄1(1688)年
江戸時代前期の因幡鳥取藩士。
¶藩臣5

大久保長重　おおくぼながしげ
～延宝5(1677)年
江戸時代前期の旗本。
¶神奈川人

大久保教起　おおくぼのりおき
享保18(1733)年～宝暦5(1755)年
江戸時代中期の大名。駿河松長藩主。

¶神奈川人，諸系，日人，藩主2（[没]宝暦5（1755）年2月8日）

大久保教孝 おおくぼのりたか
天明7（1787）年～万延1（1860）年
江戸時代後期の大名。相模荻野山中藩主。
¶神奈川人，諸系，日人，藩主1

大久保教近 おおくぼのりちか
寛保1（1741）年～寛政12（1800）年
江戸時代中期の旗本。
¶神奈川人

大久保教翅 おおくぼのりのぶ
明和2（1765）年～寛政8（1796）年
江戸時代中期の大名。駿河松長藩主、相模荻野山中藩主。
¶神奈川人，諸系，姓氏神奈川（[生]1757年 [没]1788年），日人，藩主1（[没]寛政8（1796）年7月9日），藩主2

大久保教平 おおくぼのりひら
宝永5（1708）年～宝暦11（1761）年
江戸時代中期の旗本。
¶神奈川人

大久保教寛 おおくぼのりひろ
明暦3（1657）年～元文2（1737）年
江戸時代前期～中期の大名。駿河松長藩主。
¶神奈川人，神奈川百，諸系（[没]1738年），人名，姓氏神奈川，日人（[没]1738年），藩主2（[没]元文2（1737）年12月17日）

大久保教端 おおくぼのりまさ
貞享4（1687）年～寛保2（1742）年
江戸時代中期の大名。駿河松長藩主。
¶神奈川人，諸系，日人，藩主2（[没]寛保2（1742）年8月晦日）

大久保教倫 おおくぼのりみち
宝暦1（1751）年～安永2（1773）年
江戸時代中期の大名。駿河松長藩主。
¶神奈川人，諸系，日人，藩主2（[没]安永2（1773）年5月9日）

大久保教義 おおくぼのりよし
文政8（1825）年～明治18（1885）年
江戸時代末期～明治期の大名。相模荻野山中藩主。
¶諸系，日人，幕末（[没]1885年5月26日），藩主1（[生]文政8（1825）年4月 [没]明治18（1885）年5月）

大久保彦左衛門 おおくぼひこざえもん
永禄3（1560）年～寛永16（1639）年 [別]大久保忠教《おおくぼただたか》
安土桃山時代～江戸時代前期の旗本、旗奉行。
¶愛知百（[没]1639年2月1日），朝日（[没]寛永16年2月1日（1639年3月5日）），岩史（[没]寛永16（1639）年2月1日），江戸，角史，近世，国史，国書（大久保忠教 おおくぼただたか [没]寛永16（1639）年2月1日），コン改，コン4，史人（大久保忠教 おおくぼただたか [没]1639年2月1日），諸系，新潮（[没]寛永16（1639）年2月1日），人名，世人（[没]寛永16（1639）年2月30日），世百，戦合，戦国（大久保忠教 おおくぼただたか），全書（大久保忠教 おおくぼただたか），戦人（大久保忠教 おおくぼただたか），大百，日史（[没]寛永16（1639）年2月29日），日人，百科，歴大（大久保忠教 おおくぼただたか）

大久保久之丞 おおくぼひさのすけ
江戸時代末期の新撰組隊士。
¶新撰

大久保豊後守忠恕 おおくぼぶんごのかみただひろ
→大久保忠恕（おおくぼただざと）

大久保平兵衛 おおくぼへいべえ
生没年不詳
江戸時代前期の幕府代官。
¶埼玉人

大窪昌章 おおくぼまさあき
享和2（1802）年～天保12（1841）年
江戸時代後期の本草学者、尾張藩士。
¶朝日（[没]天保12年10月8日（1841年11月20日）），国書（[没]天保12（1841）年10月8日），植物（[没]天保12年10月8日），新潮（[没]天保12（1841）年10月8日），日人，洋学

大久保又蔵 おおくぼまたぞう
生没年不詳
江戸時代末期の武士・幕臣、小姓。
¶和歌山人

大久保主水 おおくぼもんと，おおくぼもんど
→大久保藤五郎（おおくぼとうごろう）

大久保康忠 おおくぼやすただ
天文18（1549）年～元和7（1621）年
安土桃山時代～江戸時代前期の武士。家康の臣。
¶諸系，人名，日人

大久保康村 おおくぼやすむら
～寛永9（1632）年
江戸時代前期の旗本。
¶神奈川人

大久保有隣 おおくぼゆうりん
→大久保忠信(1)（おおくぼただのぶ）

大久保往忠 おおくぼゆきただ
元禄13（1700）年～宝暦13（1763）年
江戸時代中期の武士、幕臣。
¶和歌山人

大熊勘解由 おおくまかげゆ
～天明1（1781）年
江戸時代中期の武士。
¶岡山人

大隈重信 おおくましげのぶ
天保9（1838）年～大正11（1922）年
江戸時代末期～明治期の肥前佐賀藩士、政治家。
¶朝日（[生]天保9年2月16日（1838年3月11日） [没]大正11（1922）年1月10日），維新，岩史（[生]天保9（1838）年2月16日 [没]大正11（1922）年1月10日），学校（[生]天保9（1838）年2月16日 [没]大正11（1922）年1月10日），角史，教育，近現，現日（[生]1838年2月16日 [没]1922年1月10日），国際，国史，コン改，コン4，コン5，佐賀百（[生]天保9（1838）年2月16日 [没]大正11（1922）年1月10日），史研（[生]天保9（1838）年2月16日 [没]大正11（1922）年1月10日），史人（[生]1838年2月16日 [没]1922年1月10日），重要（[生]天保9（1838）年2月16日 [没]大正11（1922）

年1月10日)，植物([生]天保9(1838)年2月16日 [没]大正11(1922)年1月10日)，人書79，人書94，新潮([生]天保9(1838)年2月16日 [没]大正11(1922)年1月10日)，人名，世紀([生]天保9(1838)年2月16日 [没]大正11(1922)年1月10日)，世人([生]天保9(1838)年2月16日 [没]大正11(1922)年1月10日)，世百，先駆([生]天保9(1838)年2月16日 [没]大正11(1922)年1月10日)，全書，大百，哲学，伝記，長崎百，日史([生]天保9(1838)年2月16日 [没]大正11(1922)年1月10日)，日人，日本，人情1，幕末([生]1838年3月11日 [没]1922年1月10日)，百科，民学，明治1，履歴([生]天保9(1838)年2月16日 [没]大正11(1922)年1月10日)，歴大

大熊専太夫 おおくませんだゆう
～文化7(1810)年4月
江戸時代中期～後期の藩付家老。
¶庄内

大熊信次 おおくまのぶつぐ
？ ～慶安2(1649)年
江戸時代前期の出羽米沢藩士、砲術家。
¶藩臣1

大倉嘉十郎 おおくらかじゅうろう
天明3(1783)年～文久3(1863)年 [別]大倉嘉十郎《おくらかじゅうろう》,大倉種周《おおくらたねちか》
江戸時代後期の秋月藩士。
¶維新，国書(おくらかじゅうろう [生]天明3(1783)年9月11日 [没]文久3(1863)年1月17日)，コン改，コン4，新潮([生]天明3(1783)年9月 [没]文久3(1863)年1月17日)，人名，日人，幕末([没]1863年3月7日)，藩臣7(大倉種周 おおくらたねちか)，和俳

大倉種周 おおくらたねちか
→大倉嘉十郎(おおくらかじゅうろう)

大倉種教 おおくらたねのり
文政12(1829)年～大正6(1917)年
江戸時代末期～明治期の筑前秋月藩士。
¶藩臣7

大倉鷲夫 おおくらわしお
安永9(1780)年～嘉永3(1850)年
江戸時代後期の土佐藩士。
¶高知人，高知百，国書([生]安永9(1780)年8月9日 [没]嘉永3(1850)年12月4日)，幕末([没]1851年1月5日)，藩臣6

大郷学橋 おおごうがくきょう
天保1(1830)年～明治14(1881)年 [別]大郷学橋《おおごうがっきょう》
江戸時代末期～明治期の越前鯖江藩の儒学者。
¶江文，人名(おおごうがっきょう)，日人(おおごうがっきょう)，幕末([生]1829年 [没]1881年11月6日)，藩臣3([生]文政12(1829)年)

大郷学橋 おおごうがっきょう
→大郷学橋(おおごうがくきょう)

大河内金兵衛久綱 おおこうちきんべえひさつな
→大河内久綱(おおこうちひさつな)

大河内金兵衛秀綱 おおこうちきんべえひでつな
→大河内秀綱(おおこうちひでつな)

大河内金兵衛正綱 おおこうちきんべえまさつな
→松平正綱(まつだいらまさつな)

大河内輝徳 おおこうちてるあきら
文政3(1820)年～天保11(1840)年
江戸時代後期の大名。上野高崎藩主。
¶諸系，日人，藩主1([生]文政3(1820)年11月4日 [没]天保11(1840)年8月14日)

大河内輝貞 おおこうちてるさだ
→松平輝貞(まつだいらてるさだ)

大河内輝高 おおこうちてるたか
→松平輝高(まつだいらてるたか)

大河内輝聴 おおこうちてるとし
文政10(1827)年～万延1(1860)年
江戸時代末期の大名。上野高崎藩主。
¶諸系，日人，藩主1([生]文政10(1827)年8月24日 [没]万延1(1860)年6月18日)

大河内輝声 おおこうちてるな
嘉永1(1848)年～明治15(1882)年 [別]大河内輝照《おおこうちてるあき》
江戸時代末期～明治期の大名。上野高崎藩主。
¶群馬人([生]弘化4(1847)年)，群馬百([生]1847年)，国際，国書([生]嘉永1(1848)年10月15日 [没]明治15(1882)年8月15日)，諸系，姓氏群馬([生]1847年)，日人，藩主1([生]嘉永1(1848)年10月15日 [没]明治15(1882)年8月)

大河内輝延 おおこうちてるのぶ
安永5(1776)年～文政8(1825)年
江戸時代後期の大名。上野高崎藩主。
¶諸系，日人，藩主1([生]安永4(1775)年12月15日 [没]文政8(1825)年2月17日)

大河内輝規 おおこうちてるのり
天和2(1682)年～宝暦6(1756)年
江戸時代中期の大名。上野高崎藩主。
¶国書([没]宝暦6(1756)年3月11日)，諸系，人名，日人，藩主1([没]宝暦6(1756)年3月11日)

大河内輝充 おおこうちてるみち
文政5(1822)年～文久2(1862)年
江戸時代末期の大名。上野高崎藩主。
¶諸系，日人，藩主1([生]文政5(1822)年4月11日 [没]文久2(1862)年8月2日)

大河内輝和 おおこうちてるやす
寛延3(1750)年～寛政12(1800)年
江戸時代中期～後期の大名。上野高崎藩主。
¶国書([生]寛延3(1750)年3月21日 [没]寛政12(1800)年8月17日)，諸系，日人，藩主1([生]寛延3(1750)年3月21日 [没]寛政12(1800)年8月17日,(異説)9月20日)

大河内輝承 おおこうちてるよし
文化14(1817)年～天保10(1839)年
江戸時代後期の大名。上野高崎藩主。
¶諸系，日人，藩主1([生]文化14(1817)年3月4日 [没]天保10(1839)年6月26日)

大河内仁右衛門 おおこうちにえもん
生没年不詳
江戸時代前期の上野前橋藩家老。
¶藩臣2

大河内縫殿三郎　**おおこうちぬいざぶろう**
寛政2（1790）年～明治4（1871）年
江戸時代後期～明治期の剣術家。不二心流。
¶剣豪

大河内信興　**おおこうちのぶおき**
→松平信興（まつだいらのぶおき）

大河内信古　**おおこうちのぶひさ**
→松平信古（まつだいらのぶひさ）

大河内久綱　**おおこうちひさつな**
*～正保3（1646）年　[別]大河内金兵衛久綱《おおこうちきんべえひさつな》
江戸時代前期の幕府地方奉行。
¶埼玉人（[生]不詳　[没]正保3（1646）年4月3日），埼玉百（大河内金兵衛久綱　おおこうちきんべえひさつな　[生]1570年）

大河内秀綱　**おおこうちひでつな**
天文15（1546）年～元和4（1618）年　[別]大河内金兵衛秀綱《おおこうちきんべえひでつな》
江戸時代前期の遠州稗原城主。
¶埼玉人（[生]不詳　[没]元和4（1618）年9月13日），埼玉百（大河内金兵衛秀綱　おおこうちきんべえひでつな），諸系，人名，栃木歴（[生]？），日人

大河内秀元　**おおこうちひでもと**
天正4（1576）年3月18日～寛文6（1666）年6月20日
安土桃山時代～江戸時代前期の武将。
¶国書

大河内正敬　**おおこうちまさかた**
寛政6（1794）年～天保3（1832）年　[別]松平正敬《まつだいらまさかた》
江戸時代後期の大名。上総大多喜藩主。
¶諸系，日人，藩主2（松平正敬　まつだいらまさかた　[没]天保3（1832）年7月16日）

大河内正勝　**おおこうちまさかつ**
天正6（1578）年～寛永17（1640）年　[別]大河内善兵衛正勝《おうかわちぜんのひょうえまさかつ》
江戸時代前期の旗本。
¶神奈川人，長崎歴（大河内善兵衛正勝　おうかわちぜんのひょうえまさかつ）

大河内正貞（大河内正定）　**おおこうちまささだ**
天和2（1682）年～寛延2（1749）年　[別]松平正貞《まつだいらまささだ》
江戸時代中期の大名。上総大多喜藩主。
¶諸系，人名（大河内正定　[生]1681年），日人，藩主2（松平正貞　まつだいらまささだ　[没]寛延2（1749）年1月29日）

大河内正質　**おおこうちまさただ，おおこうちまさだた**
弘化1（1844）年～明治34（1901）年　[別]松平正質《まつだいらまさただ》
江戸時代末期～明治期の大名、老中格。上総大多喜藩主。
¶維新，近現，近世，国史，史人（おおこうちまさだた　[生]1844年4月10日　[没]1901年6月2日），諸系，日人，藩主2（松平正質　まつだいらまさただ　[生]弘化1（1844）年4月11日　[没]明治34（1901）年6月2日）

大河内政綱（大河内正綱）　**おおこうちまさつな**
天文14（1545）年～寛永4（1627）年
戦国時代～江戸時代前期の武将。
¶人名（大河内正綱），日人

大河内正綱　**おおこうちまさつな**
→松平正綱（まつだいらまさつな）

大河内正和　**おおこうちまさとも**
文政6（1823）年～文久2（1862）年　[別]松平正和《まつだいらまさとも》
江戸時代末期の大名。上総大多喜藩主。
¶諸系，日人，藩主2（松平正和　まつだいらまさとも　[没]文久2（1862）年9月29日）

大河内正信　**おおこうちまさのぶ**
元和7（1621）年～元禄5（1692）年　[別]松平正信《まつだいらまさのぶ》，松平備前守正信《まつだいらびぜんのかみまさのぶ》
江戸時代前期の大名。相模玉縄藩主。
¶埼玉百（松平備前守正信　まつだいらびぜんのかみまさのぶ），茶道（松平正信　まつだいらまさのぶ　[生]？），諸系（[没]1693年），人名，日人（[没]1693年），藩主1（松平正信　まつだいらまさのぶ　[没]元禄5（1692）年11月16日）

大河内政憲　**おおこうちまさのり**
～寛文11（1671）年
江戸時代前期の旗本。
¶神奈川人

大河内正升　**おおこうちまさのり**
寛保2（1742）年～文化1（1804）年
江戸時代中期～後期の大名。
¶諸系，日人

大河内正温　**おおこうちまさはる**
享保10（1725）年～天明2（1782）年　[別]松平正温《まつだいらまさはる》，大河内正温《おおこうちまさよし》
江戸時代中期の大名。上総大多喜藩主。
¶諸系，人名（おおこうちまさよし），日人，藩主2（松平正温　まつだいらまさはる　[没]天明2（1782）年11月2日）

大河内正久　**おおこうちまさひさ**
万治2（1659）年～享保5（1720）年　[別]松平正久《まつだいらまさひさ》
江戸時代中期の大名。大多喜藩主。
¶諸系，人名，日人，藩主1（松平正久　まつだいらまさひさ），藩主2（松平正久　まつだいらまさひさ　[没]享保5（1720）年5月6日）

大河内正路　**おおこうちまさみち**
明和2（1765）年～文化5（1808）年　[別]松平正路《まつだいらまさみち》
江戸時代中期～後期の大名。上総大多喜藩主。
¶諸系，日人，藩主2（松平正路　まつだいらまさみち　[没]文化5（1808）年6月5日，（異説）6月11日）

大河内正温　**おおこうちまさよし**
→大河内正温（おおこうちまさはる）

大河内正義　**おおこうちまさよし**
文化3（1806）年～天保8（1837）年　[別]松平正義《まつだいらまさよし》
江戸時代後期の大名。上総大多喜藩主。
¶諸系，日人，藩主2（松平正義　まつだいらまさ

よし　[没]天保8 (1837) 年7月11日)

大越仲　おおごえなか
天保3 (1832) 年～大正5 (1916) 年
江戸時代末期～大正期の仙台藩士。
¶宮城百

大古敬恵　おおこたかよし
江戸時代後期の水戸藩の小姓頭、石州流茶人。
¶茶道

大幸清方　おおさかきよかた
宝永4 (1707) 年～宝暦7 (1757) 年　[別]大幸清方《おおさききよかた》
江戸時代中期の加賀大聖寺藩士。
¶人名 (おおさききよかた), 日人, 藩臣3

大幸清方　おおさききよかた
→大幸清方 (おおさかきよかた)

大崎玄蕃　おおさきげんば
→大崎長行 (おおさきながゆき)

大崎重樹　おおさきしげき
文化10 (1813) 年～明治10 (1877) 年
江戸時代末期～明治期の土佐追手筋藩士。
¶高知人, 幕末 ([没]1877年12月10日)

大崎長行　おおさきながゆき
永禄3 (1560) 年～寛永9 (1632) 年　[別]大崎玄蕃《おおさきげんば》
安土桃山時代～江戸時代前期の紀伊和歌山藩・安芸広島藩の武士。豊臣氏家臣。
¶人名, 戦国, 戦人 (生没年不詳), 日人, 藩臣5, 藩臣6 (大崎玄蕃　おおさきげんば), 和歌山人

大祖幸之丞　おおさこうのすけ
江戸時代末期の新撰組隊士。
¶新撰

大迫貞清　おおさこさだきよ
文政8 (1825) 年～明治29 (1896) 年
江戸時代末期～明治期の薩摩藩士、官僚。
¶朝日 ([生]文政8年5月7日 (1825年6月22日) [没]明治29 (1896) 年4月27日), 維新, 沖縄百 ([生]文政8 (1825) 年5月7日　[没]明治29 (1896) 年4月27日), 鹿児島百, 近現, 国史, コン改, コン4, コン5, 静岡百, 静岡歴, 新潮 ([生]文政8 (1825) 年5月7日　[没]明治29 (1896) 年4月27日), 人名, 姓氏沖縄, 姓氏鹿児島, 日人, 幕末 ([没]1896年4月27日), 藩臣7

大迫新左衛門　おおさこしんざえもん
天保3 (1832) 年～大正1 (1912) 年
江戸時代後期～明治期の揖宿郡山川郷麓の郷士。
¶姓氏鹿児島

大迫尚敏　おおさこなおとし
弘化1 (1844) 年～昭和2 (1927) 年　[別]大迫尚敏《おおさこひさとし》
江戸時代末期～明治期の薩摩藩士、陸軍軍人。
¶朝日 ([生]弘化1年11月15日 (1844年12月24日) [没]昭和2 (1927) 年9月20日), 鹿児島百, コン改, コン5, 新潮 ([生]弘化1 (1844) 年11月15日 [没]昭和2 (1927) 年9月20日), 人名, 世紀 ([生]天保15 (1844) 年11月15日　[没]昭和2 (1927) 年9月20日), 姓氏鹿児島, 渡航 ([生]1844年11月 [没]1927年9月30日), 日人, 幕末, 藩臣7 (おおさこひさとし), 陸海 ([生]弘化1年11月15日 [没]昭和2年9月20日)

大迫尚敏　おおさこひさとし
→大迫尚敏 (おおさこなおとし)

大里宇兵衛　おおさとうへえ
？～慶応1 (1865) 年
江戸時代末期の常陸土浦藩士。
¶藩臣2

大里省三　おおさとしょうぞう
文政11 (1828) 年～明治44 (1911) 年
江戸時代末期～明治期の常陸土浦藩士。
¶藩臣2

大里全右衛門　おおさとぜんうえもん
天明3 (1783) 年～嘉永5 (1852) 年
江戸時代後期の常陸土浦藩士。
¶藩臣2

大里忠一郎　おおさとただいちろう
天保6 (1835) 年～明治31 (1898) 年　[別]大里忠一郎《おおさとちゅういちろう, おおざとちゅういちろう》, 致泰, 忠之進
江戸時代末期～明治期の実業家。松代藩士、六工社社長。西条村製糸場を設立。
¶朝日 (おおさとちゅういちろう　[生]天保6 (1835) 年8月　[没]明治31 (1898) 年6月7日), 維新 (おおざとちゅういちろう), 海越 ([生]天保6 (1835) 年8月　[没]明治31 (1898) 年6月7日), 海越新 ([生]天保6 (1835) 年8月　[没]明治31 (1898) 年6月7日), コン改, コン5, 新潮 ([生]天保6 (1835) 年8月　[没]明治31 (1898) 年6月7日), 人名, 姓氏長野 (おおさとちゅういちろう), 先駆 (おおさとちゅういちろう　[生]天保6 (1835) 年8月　[没]明治31 (1898) 年6月7日), 長野歴 (おおさとちゅういちろう), 日人, 幕末 (おおざとちゅういちろう　[没]1898年6月7日)

大里忠一郎　おおさとちゅういちろう, おおざとちゅういちろう
→大里忠一郎 (おおさとただいちろう)

大利鼎吉　おおざとていきち
→大利鼎吉 (おおりていきち)

大里八郎　おおさとはちろう
天保7 (1836) 年～明治10 (1877) 年
江戸時代末期～明治期の肥後熊本藩士。
¶人名, 日人, 幕末 ([没]1877年10月26日)

大沢惟貞　おおさわこれさだ, おおざわこれさだ
元文5 (1740) 年5月～文化1 (1804) 年
江戸時代中期～後期の備前岡山藩士。
¶岡山人 (おおざわこれさだ), 岡山百 ([生]延享1 (1744) 年　[没]文化1 (1804) 年7月14日), 岡山歴 ([没]文化5 (1808) 年7月14日), 国書 ([没]文化1 (1804) 年7月14日), 藩臣6 ([生]延享1 (1744) 年)

大沢左兵衛基哲　おおさわさひょうえもとのり
→大沢基哲 (おおさわもとのり)

大沢重光　おおさわしげみつ
？～元禄15 (1702) 年
江戸時代前期～中期の高遠藩主鳥居氏の山川奉行。
¶姓氏長野

大沢次郎右衛門 おおさわじろうえもん
生没年不詳
江戸時代末期の武士。
¶和歌山人

大沢猶興 おおさわなおおき
？ ～寛保2（1742）年
江戸時代中期の多賀家家老。
¶姓氏石川

大沢信豊 おおさわのぶとよ
？ ～安政2（1855）年
江戸時代後期～末期の幕臣。
¶国書5

大沢信詮 おおさわのぶのり
寛永1（1624）年～元禄5（1692）年4月15日
江戸時代前期～中期の幕臣。
¶国書

大沢秉哲（大沢乗哲） おおさわのりあき
文化5（1808）年～明治16（1883）年 [別]大沢豊後守乗哲《おおさわぶんごのかみのりあき》
江戸時代末期の幕臣、106代長崎奉行。
¶維新，国書（生没年不詳），長崎歴（大沢豊後守乗哲　おおさわぶんごのかみのりあき），幕末（大沢乗哲　生没年不詳）

大沢豊後守乗哲 おおさわぶんごのかみのりあき
→大沢秉哲（おおさわのりあき）

大沢文左衛門 おおさわぶんざえもん
生没年不詳
江戸時代後期の武士。
¶和歌山人

大沢無手右衛門 おおさわむてうえもん
寛永2（1625）年～宝永1（1704）年
江戸時代前期～中期の尾張藩士。
¶藩臣4

大沢基寿 おおさわもととし
生没年不詳 [別]大沢基寿《おおさわもとひさ》
江戸時代末期の大名。遠江堀江藩主。
¶維新（おおさわもとひさ），静岡百，静岡歴（おおさわもとひさ），姓氏静岡（おおさわもとひさ），日人，藩主2

大沢基哲 おおさわもとのり
元和9（1623）年～貞享4（1687）年 [別]大沢左兵衛基哲《おおさわさひょうえもとのり》
江戸時代前期の27代長崎奉行。
¶長崎歴（大沢左兵衛基哲　おおさわさひょうえもとのり）

大沢基寿 おおさわもとひさ
→大沢基寿（おおさわもととし）

大沢基方 おおさわもとまさ
？ ～元禄16（1703）年
江戸時代前期の武士。
¶和歌山人

大沢基躬 おおさわもとみ
～享保13（1728）年
江戸時代中期の旗本。
¶神奈川人

大塩中斎 おおしおちゅうさい
→大塩平八郎（おおしおへいはちろう）

大塩平八郎 おおしおへいはちろう
寛政5（1793）年～天保8（1837）年 [別]大塩中斎《おおしおちゅうさい》
江戸時代後期の儒学者、大坂東町奉行所与力。窮民救済に挙兵したが失敗。
¶朝日（[生]寛政5年1月22日（1793年3月4日）[没]天保8年3月27日（1837年5月1日）），岩史（[生]寛政5（1793）年1月22日　[没]天保8（1837）年3月27日），大阪人（[没]天保8（1837）年3月27日），大阪墓（[没]天保8（1837）年3月27日），角史，教育（大塩中斎　おおしおちゅうさい），近世，国史，国書（[生]寛政5（1793）年1月22日　[没]天保8（1837）年3月27日），コン改，コン4，詩歌（[生]1794年），史人（[生]1793年1月22日　[没]1837年3月27日），重要（[生]寛政5（1793）年1月22日　[没]天保8（1837）年3月27日），人書79，人書94，神人，新潮（[生]寛政5（1793）年1月22日　[没]天保8（1837）年3月27日），人名，世人（[没]天保8（1837）年3月27日），世百，全書，大百（[生]1792年），伝記，徳島百（[没]天保8（1837）年3月36日），徳島歴（[生]寛政6（1794）年　[没]天保8（1837）年3月27日），日史（[生]寛政5（1793）年1月22日　[没]天保8（1837）年3月27日），日人，百科，三重，歴大

大地東川 おおじとうせん
→大地東川（おおちとうせん）

大嶋伊勢守義也 おおしまいせのかみよしなり
→大嶋義也（おおしまよしなり）

大島市之丞 おおしまいちのじょう
天正1（1573）年～
安土桃山時代～江戸時代前期の武士。
¶庄内

相島右馬太 おおしまうまた
文化9（1812）年～明治15（1882）年
江戸時代後期～明治期の剣術家。一刀流。
¶剣豪

大島雲平 おおしまうんぺい
→大島吉綱（おおしまよしつな）

大島金七郎 おおしまきんしちろう
文政7（1824）年～？
江戸時代後期～末期の壬生藩士、壬生藩の尊皇攘夷派のリーダー、壬生藩大参事。
¶栃木歴

大嶋源次郎 おおしまげんじろう
安土桃山時代～江戸時代前期の武士。里見氏家臣。
¶戦人（生没年不詳），戦東

大嶋以興 おおしまこれおき
天和3（1683）年～延享3（1746）年
江戸時代中期の武士、幕臣。
¶和歌山人

大島維直 おおしまこれなお
？ ～天保9（1838）年
江戸時代後期の加賀藩士。
¶姓氏石川

大島七兵衛 おおしましちべえ
寛政5(1793)年～明治11(1878)年
江戸時代末期～明治期の美濃高富藩士。
¶藩臣3

大嶋七郎兵衛 おおしましちろべえ
？ ～寛文4(1664)年
江戸時代前期の武士。
¶和歌山人

大島新五右衛門 おおしましんごえもん
元禄16(1703)年～安政8(1779)年
江戸時代中期の剣術家。荒木流ほか。
¶剣豪

大島助兵衛 おおしますけべえ
永禄11(1568)年～慶安1(1648)年
江戸時代前期の秋田藩下野領の代官。
¶栃木歴

大島成渡 おおしませいと
天保4(1833)年12月22日～明治30(1897)年7月7日
江戸時代末期～明治期の陸奥二本松藩士。
¶幕末

大島善 おおしまぜん
*～明治13(1880)年
江戸時代末期～明治期の儒学者、加賀藩士。
¶姓氏石川([生]？)，幕末([生]1826年　[没]1880年2月8日)

大島草庵 おおしまそうあん
元和9(1623)年～元禄9(1696)年　[別]大島常久《おおしまつねひさ》
江戸時代前期～中期の槍術家。
¶国書(大島常久　おおしまつねひさ　[没]元禄9(1696)年7月25日)，日人

大島高任 おおしまたかとう
文政9(1826)年～明治34(1901)年　[別]行実,周禎,惣左衛門,総左衛門,文治
江戸時代末期～明治期の陸奥南部藩の洋学者、冶金学者。のち工部省出仕。
¶朝日([生]文政9年5月11日(1826年6月16日)　[没]明治34(1901)年3月29日)，維新，茨城百，岩史([生]文政9(1826)年5月11日　[没]明治34(1901)年3月29日)，岩手百，海越([生]文政9(1826)年5月11日　[没]明治34(1901)年3月30日)，海越新([生]文政9(1826)年5月11日　[没]明治34(1901)年3月30日)，角史，近現，国際，国史，コン改，コン5，史人([生]1826年5月11日　[没]1901年3月29日)，実業([生]文政9(1826)年5月11日　[没]明治34(1901)年3月29日)，新潮([生]文政9(1826)年5月11日　[没]明治34(1901)年3月29日)，人名，姓氏岩手，世人([生]文政9(1826)年5月11日　[没]明治34(1901)年3月29日)，世百，先駆([生]文政9(1826)年5月11日　[没]明治34(1901)年3月30日)，全書，大百，渡航([生]1826年5月11日　[没]1901年3月29日)，日史([生]文政9(1826)年5月11日　[没]明治34(1901)年3月29日)，日人，幕末([没]1901年3月29日)，藩臣1，百科，洋学，歴大

大島辰之助 おおしまたつのすけ
生没年不詳
江戸時代後期の武芸者。
¶姓氏神奈川

大島常久 おおしまつねひさ
→大島草庵(おおしまそうあん)

大島桃年 おおしまとうねん
寛政6(1794)年～嘉永6(1853)年　[別]大島藍涯《おおしまらんがい》
江戸時代末期の儒学者、加賀藩士。
¶国書(大島藍涯　おおしまらんがい　[没]嘉永6(1853)年8月16日)，姓氏石川([生]？)，幕末([没]1853年9月18日)

大島友之允(大島友之丞) おおしまとものじょう
文政9(1826)年～明治15(1882)年　[別]大島正朝《おおしままさとも》
江戸時代末期～明治期の対馬藩士。日朝国交交渉に尽力。
¶朝日([生]文政9年6月23日(1826年7月27日)　[没]明治15(1882)年8月9日)，維新，岩史([生]文政9(1826)年6月23日　[没]明治15(1882)年8月9日)，近現，近世，国史，コン改，コン4，史人([生]1826年6月23日　[没]1882年8月9日)，新潮(大島友之丞　[生]文政9(1826)年6月23日　[没]明治15(1882)年8月9日)，人名(大島友之丞)，日史(大島正朝　おおしままさとも　[生]文政9(1826)年6月23日　[没]明治15(1882)年8月9日)，日人，幕末([没]1882年8月9日)，藩臣7，歴大

大島豊長 おおしまとよなが
生没年不詳
江戸時代前期の松平信綱家臣。
¶国書，人名，日人

大島寅雄 おおしまとらお
天保13(1842)年5月15日～大正5(1916)年11月7日
江戸時代後期～明治期の新撰組隊士。
¶新撰

大島梅窓 おおしまばいそう
文政11(1828)年～明治30(1897)年
江戸時代末期～明治期の豊後日出藩士。
¶大分歴，藩臣7

大島伴六 おおしまばんろく
→大島吉綱(おおしまよしつな)

大島久直(大嶋久直) おおしまひさなお
嘉永1(1848)年～昭和3(1928)年
江戸時代末期～明治期の出羽秋田藩士、陸軍軍人。
¶秋田百，朝日([生]嘉永1年9月5日(1848年10月1日)　[没]昭和3(1928)年9月27日)，石川百，近現，国史，史人([生]1848年9月5日　[没]1928年9月27日)，人名，世紀([生]嘉永1(1848)年9月5日　[没]昭和3(1928)年9月28日)，日人，幕末(大嶋久直　[没]1928年9月27日)，藩臣1，陸海([生]嘉永1年9月5日　[没]昭和3年9月27日)

大島久成 おおしまひさなり
生没年不詳
江戸時代の尾張藩士。
¶姓氏愛知

大嶋不染斎　おおしまふぜんさい
江戸時代前期の武将。里見氏家臣。
¶戦東

大島正朝　おおしままさとも
→大島友之允（おおしまとものじょう）

大島光親　おおしまみつちか
天正12（1584）年～寛永6（1629）年
江戸時代前期の武将。秀吉馬廻、徳川氏家臣。
¶戦国，戦人

大島光俊　おおしまみつとし
元亀3（1572）年～元和4（1618）年
安土桃山時代～江戸時代前期の武将。秀吉馬廻。
¶戦国，戦人

大島光政　おおしまみつまさ
永禄8（1565）年～元和8（1622）年
安土桃山時代～江戸時代前期の武将。秀吉馬廻。
¶織田（[生]永禄6（1563）年　[没]元和8（1622）年8月12日），戦国，戦人

大島守正　おおしまもりまさ
？　～元文2（1737）年
江戸時代中期の武士。
¶和歌山人

大島弥左衛門　おおしまやざえもん
？　～元禄1（1688）年
江戸時代前期の備中松山藩士、干拓者。
¶岡山人，岡山百，岡山歴（[没]貞享5（1688）年7月24日）

大島勇助　おおしまゆうすけ
生没年不詳
江戸時代後期の常陸谷田部藩士。
¶藩臣2

大島吉綱　おおしまよしつな
天正16（1588）年～明暦3（1657）年　[別]大島雲平《おおしまうんぺい》，大島伴六《おおしまばんろく》
江戸時代前期の紀伊和歌山藩の槍術家。大島流の祖。
¶朝日（[没]明暦3年11月6日（1657年12月10日）），近世，国史，国書（[没]明暦3（1657）年11月6日），人名（大島伴六　おおしまばんろく），戦合，全書（大島伴六　おおしまばんろく），大百（大島伴六　おおしまばんろく），日人，藩臣5（大島雲平　おおしまうんぺい），和歌山人

大嶋義也　おおしまよしなり
万治3（1660）年～享保8（1723）年　[別]大嶋伊勢守義也《おおしまいせのかみよしなり》
江戸時代前期～中期の33代長崎奉行。
¶長崎歴（大嶋伊勢守義也　おおしまいせのかみよしなり）

大島藍涯　おおしまらんがい
→大島桃年（おおしまとうねん）

大島良設　おおしまりょうせつ
*～宝永1（1704）年
江戸時代前期～中期の陸奥仙台藩士、儒学者。
¶姓氏宮城（[生]1635年），藩臣1（[生]正保1（1644）年），宮城百（[生]寛永9（1632）年）

大須賀一郎　おおすかいちろう
生没年不詳
江戸時代中期の駿河沼津藩士。
¶藩臣4

大菅休　おおすがきゅう
→大菅休（おおすがやすむ）

大菅権之丞　おおすがごんのじょう
→大菅南坡（おおすがなんぱ）

大菅中養父　おおすがなかやぶ
*～安永7（1778）年
江戸時代中期の近江彦根藩士。
¶国書（[生]正徳2（1712）年　[没]安永7（1778）年7月14日），神人（[生]宝永6（1709）年　[没]安永7（1778）年1月4日），人名（[生]1709年），日人（[生]1712年），藩臣4（[生]宝永7（1710）年）

大菅南坡（大菅南波）　**おおすがなんぱ，おおすがなんぱ**
宝暦4（1754）年～文化11（1814）年　[別]大菅権之丞《おおすがごんのじょう》
江戸時代中期～後期の近江彦根藩士。
¶国書（[没]文化11（1814）年11月15日），人名（大菅南波　おおすがなんぱ），日人，藩臣4（大菅権之丞　おおすがごんのじょう）

大須賀文右衛門　おおすがぶんえもん，おおすかぶんえもん
生没年不詳
江戸時代中期の剣術家、越後高田藩士。
¶剣豪（おおすかぶんえもん），人名，日人

大菅休　おおすがやすむ
*～天保5（1834）年　[別]大菅休《おおすがきゅう》
江戸時代後期の近江彦根藩士。
¶国書（[生]享和1（1801）年　[没]天保5（1834）年8月24日），人名（おおすがきゅう　[生]？），日人（[生]1801年），藩臣4（[生]？）

大関高増　おおぜきたかます
慶長16（1611）年～正保3（1646）年
江戸時代前期の大名。下野黒羽藩主。
¶諸系，栃木歴（[生]？），日人，藩主1（[没]正保3（1646）年8月21日）

大関弾右衛門　おおぜきだんえもん
文政10（1827）年～明治9（1876）年
江戸時代末期～明治期の黒羽藩家老。
¶維新，人名，日人

大関親憲　おおぜきちかのり
→水原親憲（すいばらちかのり）

大関兵吾　おおぜきひょうご
？　～慶応4（1868）年
江戸時代末期の陸奥三春藩祐筆。
¶藩臣2

大関政増　おおぜきまさます
天正19（1591）年～元和2（1616）年
江戸時代前期の大名。下野黒羽藩主。
¶諸系，人名，日人，藩主1（[没]元和2（1616）年5月30日）

大関増昭　おおぜきますあきら
天保5（1834）年～安政3（1856）年
江戸時代末期の大名。下野黒羽藩主。

¶諸系，日人，藩主1（[生]天保5（1834）年10月20日 [没]安政3（1856）年2月25日）

大関増興 おおぜきますおき
宝永6（1709）年～明和7（1770）年
江戸時代中期の大名。下野黒羽藩主。
¶諸系，日人，藩主1（[生]宝永6（1709）年2月17日 [没]明和7（1770）年6月26日）

大関増輔 おおぜきますすけ
宝暦12（1762）年～文化4（1807）年
江戸時代中期～後期の大名。下野黒羽藩主。
¶諸系，日人，藩主1（[生]宝暦10（1760）年，（異説）宝暦12年2月22日　[没]文化4（1807）年4月22日）

大関増親 おおぜきますちか
寛永12（1635）年～寛文2（1662）年
江戸時代前期の大名。下野黒羽藩主。
¶諸系，日人，藩主1（[没]寛文2（1662）年4月1日）

大関増恒 おおぜきますつね
貞享4（1687）年～宝暦9（1759）年
江戸時代中期の大名。下野黒羽藩主。
¶諸系，日人，藩主1（[生]貞享3（1686）年11月19日 [没]宝暦9（1759）年1月17日）

大関増勤 おおぜきますとし
嘉永5（1852）年～明治38（1905）年8月9日
江戸時代末期～明治期の黒羽藩主、黒羽藩知事。子爵。
¶海越（[生]嘉永5（1852）年1月5日），海越新（[生]嘉永5（1852）年1月5日），諸系，渡航（[生]1852年1月5日），栃木歴，日人，藩主1（[生]嘉永2（1849）年1月5日）

大関増備 おおぜきますとも
享保18（1733）年～明和1（1764）年
江戸時代中期の大名。下野黒羽藩主。
¶諸系，日人，藩主1（[生]享保17（1732）年11月19日　[没]明和1（1764）年8月27日）

大関増栄 おおぜきますなが
寛永16（1639）年～元禄2（1689）年
江戸時代前期の大名。下野黒羽藩主。
¶諸系，日人，藩主1（[没]元禄1（1688）年12月13日）

大関増業 おおぜきますなり
天明2（1782）年～弘化2（1845）年
江戸時代後期の大名。下野黒羽藩主。
¶江文（[生]天明1（1781）年），郷土栃木，近世，国史，国書（[生]天明2（1782）年9月　[没]弘化2（1845）年3月19日），コン改，コン4，史人（[生]1782年9月　[没]1845年3月19日），諸系，新潮（[生]天明2（1782）年9月　[没]弘化2（1845）年3月19日），世人（[生]天明1（1781）年　[没]弘化2（1845）年3月），大百，栃木百（[生]天明1（1781）年），栃木歴（[生]天明1（1781）年），日人，藩主1（[生]天明1（1781）年6月9日，（異説）天明2年8月15日　[没]弘化2（1845）年3月19日），洋学

大関増儀 おおぜきますのり
文化8（1811）年～慶応2（1866）年
江戸時代末期の大名。下野黒羽藩主。
¶諸系，日人，藩主1（[生]文化8（1811）年8月27日 [没]慶応1（1865）年12月13日）

大関増陽 おおぜきますはる
天明4（1784）年～文化11（1814）年
江戸時代後期の大名。下野黒羽藩主。
¶諸系，日人，藩主1（[生]天明4（1784）年11月16日 [没]文化11（1814）年5月2日）

大関増裕 おおぜきますひろ
天保8（1837）年～慶応3（1867）年
江戸時代末期の大名。下野黒羽藩主。
¶維新（[没]1866年），郷土栃木，近世，国史，コン改（[没]慶応2（1866）年），コン4（[没]慶応2（1866）年），史人（[生]1837年12月9日　[没]1867年12月9日），諸系（[生]1838年　[没]1868年），人書94，新潮（[生]天保8（1837）年12月9日　[没]慶応3（1867）年12月9日），人名（[没]1866年），世人，栃木百（[生]天保7（1836）年），栃木歴，日人（[生]1838年　[没]1868年），幕末（[没]1867年1月14日），藩主1（[生]天保8（1837）年12月9日　[没]慶応3（1867）年12月9日）

大関増徳 おおぜきますよし
天保10（1839）年～大正4（1915）年
江戸時代末期～明治期の大名。下野黒羽藩主。
¶諸系，日人，藩主1（[生]天保10（1839）年9月19日 [没]大正4（1915）年1月27日）

大関和七郎 おおぜきわしちろう
天保7（1836）年～文久1（1861）年　[別]酒泉好吉《しゅせんこうきち》
江戸時代末期の志士。水戸藩士。
¶維新，近世，国史，コン改，コン4，史人（[没]1861年7月26日），新潮（[没]文久1（1861）年7月26日），人名，日人，幕末（[没]1861年8月31日），藩臣2

大瀬準次郎 おおせじゅんじろう
寛政11（1799）年～明治8（1875）年
江戸時代末期～明治期の出羽庄内藩士、儒学者。
¶藩臣1

大園梅屋 おおぞのばいおく
寛政10（1798）年～慶応1（1865）年
江戸時代末期の肥前佐賀藩士。
¶幕末

太田伊右衛門 おおたいえもん
享保9（1724）年～
江戸時代中期の庄内藩家老。
¶庄内

太田市之進 おおたいちのしん
→御堀耕助（みほりこうすけ）

太田稲香 おおたいなか
→大田稲香（おおたとうこう）

太田烏山 おおたうざん
天明2（1782）年～嘉永4（1851）年
江戸時代中期の武士。
¶岡山人，岡山歴（[生]天明2（1782）年3月22日 [没]嘉永4（1851）年5月25日）

大高金右衛門 おおたかきんうえもん
江戸時代前期の大垣藩家老。
¶岐阜百

太田景資 おおたかげすけ
生没年不詳

安土桃山時代〜江戸時代前期の武士。
¶系東，戦辞，戦人

大高源吾（大高源五） **おおたかげんご**
寛文12（1672）年〜元禄16（1703）年 [別]大高忠雄《おおたかただお》
江戸時代中期の播磨赤穂藩士。赤穂義士の一人。
¶朝日（[没]元禄16年2月4日（1703年3月20日）），江戸，大阪人（大高源五 [没]元禄16（1703）年2月），大阪墓（[没]元禄16（1703）年2月4日），角史，近世（大高源五），国史（大高源五），国書（子葉 しよう [生]寛文12（1672）年），コン改，コン4（大高源五），茶道，詩歌，史人（大高源五 [没]1703年2月4日），新潮（大高源五 [没]元禄16（1703）年2月4日），人名，世人（[没]元禄16（1703）年2月4日），大百（大高源五），日史（[没]元禄16（1703）年2月4日），日人，俳諧（子葉 しよう [生]？），俳句（子葉<L0>N127273 しよう），藩臣5（大高忠雄 おおたかただお），百科，和俳（[没]元禄16（1703）年2月4日）

大高坂芝山 **おおたかさかしざん**
正保4（1647）年〜正徳3（1713）年 [別]大高坂芝山《おおたかさ（か）しざん，おおたかさしざん，おおだかさしざん》
江戸時代前期〜中期の伊予松山藩士、土佐藩士、南学派の儒者。
¶朝日（[没]正徳3年5月2日（1713年5月25日）），愛媛百（[生]正保4（1647）年1月23日 [没]正徳3（1713）年5月2日），江文，神奈川人，郷土愛媛，近世，高知人（おおたかさ（か）しざん），高知百（おおたかさしざん），国史，国書（[生]正保4（1647）年1月23日 [没]正徳3（1713）年5月2日），コン改，コン4，詩歌，史人（[没]1713年5月2日），新潮（[没]正徳3（1713）年5月2日），人名，全書（[生]1649年），日人（おおだかさしざん），藩臣6，藩臣6（おおだかさしざん），和俳

大高坂南海 **おおたかさかなんかい**
明和3（1766）年〜天保9（1838）年9月5日
江戸時代中期〜後期の松山藩士・画家。
¶愛媛百

大高坂芝山 **おおたかさしざん，おおだかさしざん**
→大高坂芝山（おおたかさかしざん）

大高重秋 **おおたかしげあき**
→大高又次郎（おおたかまたじろう）

大高重俊 **おおたかしげとし**
？ 〜延宝7（1679）年
江戸時代前期の武士。
¶和歌山人

大高所左衛門 **おおたかしょざえもん**
明暦3（1657）年〜？
江戸時代中期の陸奥黒石藩士。
¶藩臣1

太田一吉 **おおたかずよし**
？ 〜元和3（1617）年 [別]宗善《そうぜん》，太田宗善《おおたそうぜん》
安土桃山時代〜江戸時代前期の武士。丹羽氏家臣、豊臣氏家臣。
¶大分百，大分歴，人名（[没]1600年），戦国，戦人，日人

大高孝親 **おおたかたかちか**
？ 〜正保2（1645）年？
江戸時代前期の美濃大垣藩家老。
¶藩臣3

大高忠雄 **おおたかただお**
→大高源吾（おおたかげんご）

大高竹操 **おおたかちくそう**
？ 〜明治14（1881）年
江戸時代後期〜明治期の美濃大垣藩士。
¶国書5

大高忠兵衛 **おおたかちゅうべえ**
→大高又次郎（おおたかまたじろう）

大高又次郎 **おおたかまたじろう，おおだかまたじろう**
文政4（1821）年〜元治1（1864）年 [別]大高重秋《おおたかしげあき》，大高忠兵衛《おおたかちゅうべえ》
江戸時代末期の志士。播磨林田藩士。池田屋事件で殺された。
¶維新，京都大（大高忠兵衛 おおたかちゅうべえ [生]文政6（1823）年），近世，国史，コン改（おおだかまたじろう），コン4（おおだかまたじろう），新潮（[没]元治1（1864）年6月5日），人名，日人，幕末（[没]1864年6月5日），藩臣5（大高重秋 おおたかしげあき），兵庫人（[生]文政4（1821）年12月 [没]元治1（1864）年6月5日），兵庫百

大滝新蔵 **おおたきしんぞう**
江戸時代末期の出羽米沢藩士。
¶維新，国書（生没年不詳）

大田錦城（太田錦城） **おおたきんじょう**
明和2（1765）年〜文政8（1825）年
江戸時代中期〜後期の大聖寺藩出身の学者・詩人。のち加賀藩士。
¶朝日（[没]文政8年4月23日（1825年6月9日）），石川百，岩史（太田錦城 [没]文政8（1825）年4月23日），江戸東（太田錦城），江文，角史（太田錦城），教育，近世（太田錦城），国史（太田錦城），国書（[没]文政8（1825）年4月23日），コン改（太田錦城），コン4（太田錦城），詩歌，史人（太田錦城 [没]1825年4月23日），人書94，新潮（[没]文政8（1825）年4月23日），人名，姓氏愛知，姓氏石川，世人（太田錦城 [没]文政8（1825）年4月23日），世百，全書（太田錦城），大百，日史（太田錦城 [没]文政8（1825）年4月23日），日人，藩臣3，藩臣4，百科（太田錦城），歴大，和俳

大田黒惟信（太田黒惟信） **おおたぐろこれのぶ**
文政10（1827）年〜明治34（1901）年4月22日
江戸時代末期〜明治期の肥後熊本藩士。
¶維新（太田黒惟信），熊本百，幕末

太田黒伴雄（大田黒伴雄） **おおたぐろともお**
天保6（1835）年〜明治9（1876）年 [別]大野鉄兵衛《おおのてつべえ》
江戸時代末期〜明治期の肥後熊本藩士、志士、神官。神風連の乱を首謀。
¶朝日（[生]天保5（1834）年 [没]明治9（1876）年10月25日），維新（[生]1834年），近現，近世，熊本百（[生]天保5（1834）年 [没]明治9（1876）年10月24日），国史，コン改（大田黒伴雄），コン4（大

田黒伴雄)，コン5(大田黒伴雄)，史人([没]1876年10月24日)，神人，新潮([没]明治9(1876)年10月24日)，人名(大田黒伴雄)，日史([没]明治9(1876)年10月24日)，日人，日本，幕末(大田黒伴雄　[生]1834年　[没]1876年10月25日)，百科，明治1([生]1834年)，履歴([生]天保5(1834)年　[没]明治9(1876)年10月25日)，歴大([生]1834年)

大竹勘次郎　おおたけかんじろう
文政7(1824)年～慶応1(1865)年
江戸時代末期の水戸藩士。
¶維新，幕末([没]1865年12月12日)

大竹左馬太郎　おおたけさまたろう
江戸時代末期の備中倉敷代官。
¶岡山歴

大竹捨己　おおたけすてき
天保12(1841)年～元治1(1864)年
江戸時代末期の対馬藩士。
¶維新

大竹台作　おおたけだいさく
寛政4(1792)年～元治2(1865)年
江戸時代末期の陸奥白河藩士。
¶藩臣2

大竹長兵衛重勝　おおたけちょうべえしげかつ
生没年不詳
江戸時代の浜田藩の代官。
¶島根歴

大竹信定　おおたけのぶさだ
生没年不詳
江戸時代後期の幕臣。
¶国書

大竹政文　おおたけまさぶみ，おおたけまさふみ
寛延3(1750)年～文政2(1819)年
江戸時代中期～後期の陸奥会津藩士、神道学者。
¶会津，江文，国書(おおたけまさふみ　[没]文政2(1819)年12月1日)，藩臣2

大竹正吉　おおたけまさよし
～寛永12(1635)年
江戸時代前期の旗本。
¶神奈川人

太田源右衛門　おおたげんえもん
生没年不詳
江戸時代中期の庄内藩家老。
¶庄内

太田午庵　おおたごあん
宝暦3(1753)年～文化5(1808)年
江戸時代中期～後期の安芸広島藩士。
¶国書([没]文化5(1808)年7月11日)，藩臣6

太田広城　おおたこうじょう
→太田広城(おおたひろき)

太田小左衛門　おおたこざえもん
生没年不詳
江戸時代中期の播磨明石藩士。
¶藩臣5

太田五郎太夫　おおたごろうだゆう
宝暦2(1752)年～文化1(1804)年
江戸時代中期～後期の常陸土浦藩士。
¶藩臣2

太田権右衛門　おおたごんえもん
天保6(1835)年～慶応2(1866)年
江戸時代末期の志士。因幡鳥取藩士。
¶維新，近世，国史，コン改([生]天保5(1834)年)，コン4([生]天保5(1834)年)，新潮([没]慶応2(1866)年8月3日)，人名([生]1834年　[没]1864年)，日人

太田重知　おおたしげとも
？～元和5(1619)年
安土桃山時代～江戸時代前期の浅野家臣。
¶和歌山人

大田充太郎(太田充太郎)　おおたじゅうたろう
嘉永1(1848)年～明治3(1870)年
江戸時代末期の長州志士。
¶人名(太田充太郎)，日人

太田章三郎　おおたしょうざぶろう，おおたしょうさぶろう
明和7(1770)年～天保11(1840)年
江戸時代後期の文人、徳島藩士・藩政家。
¶コン改(おおたしょうさぶろう)，コン4(おおたしょうさぶろう)，徳島百([生]明和7(1770)年3月28日　[没]天保11(1840)年9月6日)，徳島歴([生]明和7(1770)年3月28日　[没]天保11(1840)年9月6日)，日人，和俳(おおたしょうさぶろう)

太田庄太夫　おおたしょうだゆう
元禄2(1689)年～宝暦3(1753)年
江戸時代中期の信濃松本藩士。
¶藩臣3

太田蜀山人(大田蜀山人)　おおたしょくさんじん
→大田南畝(おおたなんぽ)

太田次郎　おおたじろう
弘化1(1844)年～明治25(1892)年
江戸時代末期～明治期の豪農、讃岐丸亀藩士。
¶維新，人名，日人

太田新之允(大田新之允)　おおたしんのじょう
江戸時代前期の武芸家、岸和田流砲術の祖。
¶人名(大田新之允)，日人(生没年不詳)

太田翠陰　おおたすいいん
延宝4(1676)年～宝暦4(1754)年
江戸時代中期の儒者、秋田藩士。
¶江文，国書([生]延宝4(1676)年8月23日　[没]宝暦4(1754)年2月16日)，人名，日人

太田資置　おおたすけおき
生没年不詳
江戸時代中期の丹波篠山藩士、歴史家。
¶国書，藩臣5

太田資功　おおたすけかつ
文政10(1827)年～文久2(1862)年
江戸時代末期の大名。遠江掛川藩主。
¶諸系，日人，藩主2([生]文政10(1827)年6月　[没]文久2(1862)年1月14日)

太田資武　おおたすけたけ
元亀1(1570)年～寛永20(1643)年
安土桃山時代～江戸時代前期の武将。
¶系東，埼玉人([没]寛永20(1643)年11月10日)，

諸系，戦人，日人

太田資胤 おおたすけたね
享保1（1716）年～天明6（1786）年
江戸時代中期の水戸藩士。
¶藩臣2

大田資愛 おおたすけちか
→太田資愛（おおたすけよし）

太田資次 おおたすけつぐ
寛永6（1629）年～貞享1（1684）年
江戸時代前期の大名。遠江浜松藩主。
¶諸系，日人，藩主2

太田資言 おおたすけとき
天明3（1783）年～文化7（1810）年
江戸時代後期の大名。遠江掛川藩主。
¶諸系，日人，藩主2（[生]安永8（1779）年 [没]文化7（1810）年6月2日）

太田資俊 おおたすけとし
享保5（1720）年～宝暦13（1763）年
江戸時代中期の大名。上野館林藩主、遠江掛川藩主。
¶群馬人，諸系（[没]1764年），人名，姓氏群馬，姓氏静岡，日人（[没]1764年），藩主1（[生]1719年），藩主2（[没]宝暦13（1763）年12月10日）

太田資始 おおたすけとも
→太田資始（おおたすけもと）

太田資直 おおたすけなお
万治1（1658）年～宝永2（1705）年
江戸時代前期～中期の大名。駿河田中藩主。
¶諸系，人名，姓氏静岡，日人，藩主2（[没]宝永2（1705）年1月2日）

太田資永 おおたすけなり
？ ～天保5（1834）年
江戸時代後期の遠江掛川藩家老。
¶藩臣4

太田資逢 おおたすけのぶ
生没年不詳
江戸時代末期の遠江掛川藩家老。
¶藩臣4

太田資順 おおたすけのぶ
明和2（1765）年～文化5（1808）年
江戸時代中期～後期の大名。遠江掛川藩主。
¶諸系，日人，藩主2（[生]宝暦12（1762）年 [没]文化5（1808）年10月11日）

太田資始 おおたすけはる
→太田資始（おおたすけもと）

太田資春 おおたすけはる
生没年不詳
江戸時代末期の水戸藩士。
¶幕末，藩臣2

太田資晴 おおたすけはる
元禄8（1695）年～元文5（1740）年
江戸時代中期の大名。駿河田中藩主、陸奥棚倉藩主、上野館林藩主。
¶コン改，コン4，諸系（[生]1696年），新潮（[没]元文5（1740）年3月24日），人名，姓氏群馬，日人（[生]1696年），藩主1，藩主1（[没]元文5（1740）年3月24日），藩主2，福島百

太田資宗 おおたすけむね
慶長5（1600）年～延宝8（1680）年
江戸時代前期の大名。三河西尾藩主、遠江浜松藩主。
¶朝日，神奈川人，近世，国史，国書（[生]慶長5（1600）年11月22日 [没]延宝8（1680）年1月22日），コン4，史人（[没]1680年1月22日），静岡歴，諸系，新潮（[没]延宝8（1680）年1月22日），人名，姓氏神奈川，姓氏静岡，戦合，日史（[没]延宝8（1680）年1月22日），日人，藩主2（[没]延宝8（1680）年1月22日），藩主2（[没]1681年），百科，歴大

太田資始 おおたすけもと
寛政11（1799）年～慶応3（1867）年 [別]太田資始《おおたすけとも，おおたすけはる》
江戸時代末期の大名、老中。遠江掛川藩主。
¶維新，京都大（おおたすけはる），近世，国史，国書（[没]慶応3（1867）年5月18日），史人（[没]1867年5月18日），静岡百（おおたすけとも），静岡歴（おおたすけとも），諸系，新潮（[没]慶応3（1867）年5月18日），姓氏京都，姓氏静岡（おおたすけとも），世人（おおたすけはる），日人，藩主2（[没]慶応3（1867）年5月18日）

太田資愛 おおたすけよし
元文4（1739）年～文化2（1805）年 [別]大田資愛《おおたすけちか》
江戸時代中期～後期の大名。遠江掛川藩主。
¶京都大（[没]？），国書（[生]延享2（1745）年9月28日 [没]文化2（1805）年2月17日），茶道（大田資愛 おおたすけちか），静岡百，静岡歴，諸系，新潮，人名（[没]？），姓氏京都，姓氏静岡，日人，藩主2（[没]文化2（1805）年2月21日）

太田資美 おおたすけよし
安政1（1854）年～大正2（1913）年
江戸時代末期～明治期の大名。遠江掛川藩主、上総柴山藩主、上総松尾藩主。
¶維新，諸系，人名，日人，藩主2，藩主2（[生]安政1（1854）年2月 [没]大正2（1913）年12月），藩主2（[生]安政1（1854）年2月24日 [没]大正2（1913）年12月28日）

太田資魯 おおたすけろ
文化2（1805）年～慶応2（1866）年
江戸時代末期の遠江掛川藩家老。
¶藩臣4

太田正儀 おおたせいぎ
→太田正儀（おおたまさよし）

大田晴軒（太田晴軒） おおたせいけん
寛政7（1795）年～明治6（1873）年
江戸時代末期～明治期の三河吉田藩士、儒学者。
¶江文，国書（[没]明治6（1873）年10月15日），人名（太田晴軒），日人，藩臣4

太田誠左衛門 おおたせいざえもん
文政1（1818）年～明治2（1869）年
江戸時代末期の水戸藩士。
¶維新，幕末（[没]1869年7月22日），藩臣2

太田全斎 おおたぜんさい，おおたぜんざい
宝暦9（1759）年～文政12（1829）年

江戸時代後期の漢学者、備後福山藩士。
¶朝日（[没]文政12年6月16日（1829年7月16日）），近世（おおたぜんざい），国史，国書（[没]文政12（1829）年6月16日），コン改，コン4，史人（[没]1829年6月16日），新潮（[没]文政12（1829）年6月16日），人名，世人（[没]文政12（1829）年6月12日），世百，全書，大百，日人，藩臣6，広島百（[没]文政12（1829）年6月16日）

太田教品　おおたたかしな
天和3（1683）年～享保16（1731）年8月16日
江戸時代前期～中期の岩代梁川藩士・尾張藩士。
¶国書

太田太郎左衛門　おおたたろうざえもん
生没年不詳
江戸時代中期の丹波園部藩家老。
¶藩臣5

太田竹城　おおたちくじょう
生没年不詳
江戸時代末期～明治期の遠江掛川藩家老。
¶国書

大館謙三郎　おおたちけんざぶろう，おおだちけんざぶろう
→大館謙三郎（おおだてけんざぶろう）

大館晴勝　おおだちはるかつ
→大館四郎（おおだてしろう）

太田忠兵衛　おおたちゅうべえ
江戸時代前期の武士。
¶人名，日人（生没年不詳）

大立目謙吾　おおだつめけんご，おおたつめけんご
嘉永1（1848）年～大正9（1920）年
江戸時代末期～大正期の仙台藩士。
¶姓氏宮城，宮城百（おおたつめけんご）

大立目重頼　おおだつめしげより
？　～元禄12（1699）年
江戸時代前期～中期の仙台藩士。
¶姓氏宮城

大立目下野　おおだつめしもつけ
享保7（1722）年～寛政4（1792）年　[別]大立目盛行《おおたつめもりゆき》
江戸時代中期の陸奥仙台藩士。
¶剣豪，藩臣1（大立目盛行　おおたつめもりゆき）

大立目盛行　おおたつめもりゆき
→大立目下野（おおだつめしもつけ）

大館謙三郎　おおだてけんざぶろう
文政7（1824）年～明治8（1875）年　[別]大館謙三郎《おおたちけんざぶろう，おおだちけんざぶろう》
江戸時代末期～明治期の志士。
¶維新，群馬人（[生]文政7（1824）年9月　[没]明治8（1875）年5月），人名，姓氏群馬（おおたちけんざぶろう），日人（おおだちけんざぶろう），幕末（[没]1875年5月26日）

大館四郎　おおだてしろう
文政7（1824）年～明治4（1871）年　[別]大館晴勝《おおだちはるかつ，おおだてはるかつ》
江戸時代末期～明治期の島津家家士。
¶維新，国書（大館晴勝　おおだちはるかつ　[生]文政7（1824）年3月21日　[没]明治4（1871）年7月6日），人名，姓氏鹿児島，日人，幕末（[没]1871年7月6日），宮崎百（大館晴勝　おおだてはるかつ）

大館晴勝　おおだてはるかつ
→大館四郎（おおだてしろう）

大田藤九郎　おおたとうくろう
生没年不詳
江戸時代中期の美濃加納藩士。
¶藩臣3

太田道兼　おおたどうけん
？　～文化4（1807）年
江戸時代中期～後期の加賀藩士。
¶姓氏石川

大田稲香　おおたとうこう
文化7（1810）年～慶応2（1866）年　[別]太田稲香《おおたいなか》
江戸時代末期の長州藩の出流山挙兵参加者。
¶国書（[生]文化7（1810）年12月14日　[没]慶応2（1866）年8月6日），人名（太田稲香　おおたいなか），日人（[生]1811年），幕末（[没]1866年9月14日），藩臣6

太田道寿　おおたどうじゅ
生没年不詳
江戸時代中期の旗本。
¶神奈川人

太田豊年（大田豊年）　おおたとよとし
明和4（1767）年～天保5（1834）年
江戸時代中期～後期の阿波徳島藩の国学者。
¶国書（大田豊年　[没]天保5（1834）年2月4日），徳島百（[没]天保5（1834）年2月4日），徳島歴，藩臣6

太田中彦　おおたなかひこ
安永1（1772）年～文政9（1826）年
江戸時代後期の信濃飯田藩の学者。
¶姓氏長野，長野歴，藩臣3

大田南畝（太田南畝）　おおたなんぽ，おおたなんぼ
寛延2（1749）年～文政6（1823）年　[別]太田蜀山人《おおたしょくさんじん》，大田蜀山人《おおたしょくさんじん》，南畝《なんぽ》，蜀山人《しょくさんじん》，四方赤良《しかたあから，よものあから》，蜀山人〔1代〕《しょくさんじん》
江戸時代中期～後期の幕臣、戯作者、狂歌師。狂歌三大家の一人。
¶朝日（[生]寛延2年3月3日（1749年4月19日）　[没]文政6年4月6日（1823年5月16日）），岩史（[生]寛延2（1749）年3月3日　[没]文政6（1823）年4月6日），江文，大阪人（太田蜀山人　おおたしょくさんじん），角史，神奈川人（太田南畝），郷土長崎，近世（おおたなんぽ），群馬人，国史，国書（おおたなんぽ　[生]寛延2（1749）年3月3日　[没]文政6（1823）年4月6日），コン改，コン4，詩歌，史人（[生]1749年3月3日　[没]1823年4月6日），重要（[生]寛延2（1749）年3月3日　[没]文政6（1823）年4月6日），人書79，人書94，新潮（[没]文政6（1823）年4月6日），新文（[生]寛延2（1749）年3月3日　[没]文政6（1823）年4月6日），人名，姓氏神奈川，世人（[生]寛延2（1749）年3月

[没]文政6（1823）年4月6日），世百，全書（蜀山人　しょくさんじん），大百（蜀山人　しょくさんじん），多摩（蜀山人　しょくさんじん），伝記，長崎百，長崎歴（大田蜀山人　おおたしょくさんじん），日史（[生]寛延2（1749）年3月3日　[没]文政6（1823）年4月6日），日人，俳句（南畝　なんぽ），百科，文学，歴大，和俳（[生]寛延2（1749）年3月3日　[没]文政6（1823）年4月6日）

大谷勇雄　おおたにいさお
天保4（1833）年～慶応4（1868）年
江戸時代後期～末期の新撰組隊士。
¶新撰

大谷実徳　おおたにさねのり
→大谷樸助（おおたにぼくすけ）

大谷重利　おおたにしげとし
永禄6（1563）年～寛永2（1625）年
江戸時代前期の中原相代官。
¶姓氏神奈川

大谷志摩　おおたにしま
天保11（1840）年～明治1（1868）年9月15日
江戸時代末期の陸奥二本松藩士。
¶幕末

大谷節之助　おおたにせつのすけ
天保8（1837）年～明治4（1871）年
江戸時代末期～明治期の常陸土浦藩士。
¶藩臣2

大谷鳴海　おおたになるみ
？　～明治8（1875）年7月5日
江戸時代末期～明治期の陸奥二本松藩士。
¶幕末

大谷樸助　おおたにぼくすけ
天保9（1838）年～慶応1（1865）年　[別]大谷実徳《おおたにさねのり》
江戸時代末期の長州（萩）藩士。
¶維新，姓氏山口，幕末（[没]1865年3月27日），藩臣6（大谷実徳　おおたにさねのり）

大谷幽香　おおたにゆうこう
文化4（1807）年～明治11（1878）年
江戸時代末期～明治期の播磨竜野藩士。
¶藩臣5

大谷理助　おおたにりすけ
？　～明治4（1871）年
江戸時代末期～明治期の常陸土浦藩士。
¶藩臣2

大谷良輔　おおたにりょうすけ
天保7（1836）年～元治2（1865）年3月4日
江戸時代後期～末期の新撰組隊士。
¶新撰

太田沼之助　おおたぬまのすけ
安土桃山時代～江戸時代前期の武士。徳川家康家臣。
¶姓氏静岡

太田彦郎　おおたひこお
弘化2（1845）年～明治2（1869）年
江戸時代末期の尊王攘夷論者。
¶維新，人名，日人

大田久知　おおたひさとも
？　～寛文12（1672）年3月10日
江戸時代前期の薩摩藩士。
¶国書

太田広城　おおたひろき
天保9（1838）年～明治44（1911）年　[別]太田広城《おおたこうじょう》
江戸時代末期～明治期の陸奥八戸藩士。
¶青森人，青森百，維新（おおたこうじょう），人名（おおたこうじょう　[生]1837年），日人，幕末，藩臣1

太田広正　おおたひろまさ
天保4（1833）年～明治37（1904）年
江戸時代末期～明治期の勤王家、筑前福岡藩士。
¶人名，日人

太田文次　おおたぶんじ
？　～寛政12（1800）年
江戸時代中期～後期の駿河沼津藩士。
¶藩臣4

太田平策　おおたへいさく
寛政1（1789）年～安政4（1857）年
江戸時代後期の肥前福江藩家老。
¶人名，日人，藩臣7

大田報助　おおたほうすけ
天保6（1835）年～大正9（1920）年
江戸時代末期～明治期の長州藩の郷校憲章学頭。
¶日人，幕末（[没]1920年5月27日），藩臣6，山口百

太田政資　おおたまさすけ
延宝3（1675）年～正徳3（1713）年
江戸時代中期の旗本。
¶神奈川人

太田正則　おおたまさのり
？　～享保3（1718）年6月24日
江戸時代前期～中期の幕臣。
¶国書

大田正房　おおたまさふさ
正徳4（1714）年～安永7（1778）年
江戸時代中期の第14代京都西町奉行。
¶京都大，姓氏京都

太田正儀　おおたまさよし
生没年不詳　[別]太田正儀《おおたせいぎ》
江戸時代中期の数学者、越後長岡藩士。
¶国書，人名（おおたせいぎ），日人

太田満穂　おおたみつほ
文政12（1829）年～明治22（1889）年
江戸時代末期の土佐藩士、国学者。
¶高知人

大田吉次　おおたよしつぐ
慶長18（1613）年～延宝8（1680）年
江戸時代前期の旗本。
¶姓氏神奈川

太田吉政（太田吉正）　おおたよしまさ
永禄6（1563）年～寛永15（1638）年
安土桃山時代～江戸時代前期の武将、旗本。
¶神奈川人（太田吉正），人名，日人

お

太田吉宗　おおたよしむね
～寛永17（1640）年
江戸時代前期の旗本。
¶神奈川人

大田和与五右衛門　おおたわよごうえもん
→大田和与五右衛門（おおたわよごえもん）

大田和与五右衛門　おおたわよごえもん
[別]大田和与五右衛門《おおたわよごうえもん》
安土桃山時代～江戸時代前期の武士。里見氏家臣。
¶戦人（生没年不詳），戦東（おおたわよごうえもん）

大田原勝清　おおたわらかつきよ
文久1（1861）年10月8日～昭和5（1930）年10月28日
江戸時代末期～明治期の大田原藩主、大田原藩知事、子爵。
¶藩主1

大田原清信　おおたわらきよのぶ
天和1（1681）年～元禄16（1703）年
江戸時代中期の大名。下野大田原藩主。
¶諸系，日人，藩主1（[没]元禄15（1702）年11月24日）

大田原扶清　おおたわらすけきよ
元禄2（1689）年～延享2（1745）年
江戸時代中期の大名。下野大田原藩主。
¶諸系，日人，藩主1（[没]延享2（1745）年6月5日）

大田原純清　おおたわらすみきよ
延宝5（1677）年～元禄12（1699）年
江戸時代前期～中期の大名。下野大田原藩主。
¶諸系，日人，藩主1（[没]元禄12（1699）年5月23日）

大田原高清　おおたわらたかきよ
寛永14（1637）年～元禄11（1698）年
江戸時代前期の大名。下野大田原藩主。
¶諸系，人名，日人，藩主1（[没]元禄11（1698）年6月11日）

大田原庸清　おおたわらつねきよ
宝暦3（1753）年～享和2（1802）年
江戸時代中期～後期の大名。下野大田原藩主。
¶諸系，日人，藩主1（[生]宝暦1（1751）年，（異説）宝暦3年6月12日　[没]享和2（1802）年8月5日）

大田原主殿　おおたわらとのも
寛政4（1792）年～慶応4（1868）年
江戸時代後期～末期の剣術家。一刀流。
¶剣豪

大田原富清　おおたわらとみきよ
天保7（1836）年～文久2（1862）年
江戸時代末期の大名。下野大田原藩主。
¶諸系，日人，藩主1（[生]天保7（1836）年7月7日　[没]文久2（1862）年9月2日）

大田原友清　おおたわらともきよ
享保5（1720）年～安永5（1776）年
江戸時代中期の大名。下野大田原藩主。
¶諸系，人名（[生]1726年），日人，藩主1（[生]享保5（1720）年，（異説）享保11年7月21日　[没]安永5（1776）年7月7日）

大田原典清　おおたわらのりきよ
明暦3（1657）年～元禄7（1694）年
江戸時代前期～中期の大名。下野大田原藩主。
¶諸系，日人，藩主1（[没]元禄7（1694）年6月21日）

大田原晴清　おおたわらはるきよ
永禄10（1567）年～寛永8（1631）年
安土桃山時代～江戸時代前期の武将、大名。下野大田原藩主。
¶諸系，人名，戦国，戦辞（[没]寛永8年2月5日（1631年3月7日）），戦人，栃木歴，日人，藩主1（[没]寛永8（1631）年2月5日）

大田原広清　おおたわらひろきよ
天保1（1830）年～嘉永5（1852）年
江戸時代末期の大名。下野大田原藩主。
¶諸系，日人，藩主1（[生]天保1（1830）年8月9日　[没]嘉永4（1851）年4月12日）

大田原政清　おおたわらまさきよ
慶長17（1612）年～寛文1（1661）年
江戸時代前期の大名。下野大田原藩主。
¶諸系，栃木歴，日人，藩主1（[没]寛文1（1661）年3月5日）

大田原政通　おおたわらまさみち
元禄3（1690）年～宝暦2（1752）年
江戸時代中期の馬術家。
¶日人

大田原増清　おおたわらますきよ
元亀1（1570）年～寛永8（1631）年
安土桃山時代～江戸時代前期の武士。那須党。
¶戦国，戦人

大田原光清　おおたわらみつきよ
安永5（1776）年～文政4（1821）年
江戸時代後期の大名。下野大田原藩主。
¶諸系，日人，藩主1（[生]安永5（1776）年5月1日　[没]文政4（1821）年1月25日）

大田原愛清　おおたわらよしきよ
寛政8（1796）年～弘化4（1847）年
江戸時代後期の大名。下野大田原藩主。
¶諸系，日人，藩主1（[生]寛政10（1798）年6月24日　[没]弘化4（1847）年4月16日）

大地文宝　おおちあやよし
安永6（1777）年～文政10（1827）年12月3日
江戸時代中期～後期の加賀藩士。
¶国書

大地新八郎　おおちしんぱちろう
→大地昌言（おおちまさとき）

大地東川　おおちとうせん
元禄8（1695）年～宝暦4（1754）年　[別]大地東川《おおじとうせん》
江戸時代中期の儒者、加賀藩士。
¶江文（おおじとうせん），国書，人名（[生]？），日人

大地昌言　おおちまさとき
？～宝暦3（1753）年　[別]大地新八郎《おおちしんぱちろう》
江戸時代中期の加賀藩士。書写奉行、改作奉行。
¶石川百（大地新八郎　おおちしんぱちろう　[生]1693年），姓氏石川，藩臣3

大地昌業 おおちまさなり
享保17(1732)年～天明3(1783)年9月20日
江戸時代中期の加賀藩士。
¶国書

大津唯雪 おおついせつ
→大津唯雪(おおつただゆき)

大塚一滴 おおつかいってき
享保14(1729)年～文政1(1818)年
江戸時代中期～後期の剣術家。二天一流。
¶剣豪

大塚観瀾 おおつかかんらん
宝暦11(1761)年～文政8(1825)年
江戸時代中期～後期の日向高鍋藩士、儒学者。
¶国書([生]宝暦11(1761)年4月8日　[没]文政8(1825)年9月20日)，人名，日人，藩臣7，宮崎百([生]宝暦11(1761)年4月8日　[没]文政8(1825)年9月20日)

大塚敬業 おおつかけいぎょう
文政4(1821)年～明治7(1874)年　[別]大塚水石《おおつかすいせき》
江戸時代末期～明治期の富山藩儒者。
¶江文(大塚水石　おおつかすいせき)，国書(大塚水石　おおつかすいせき　[生]文政2(1819)年　[没]明治7(1874)年9月)，人名，姓氏富山，富山百([生]文政4(1821)年4月10日　[没]明治7(1874)年9月25日)，富山文([生]文政4(1821)年4月10日　[没]明治7(1874)年9月25日)，日人，幕末([没]1874年9月25日)

大塚慊三郎 おおつかけんざぶろう，おおつかけんさぶろう
嘉永2(1849)年～大正13(1924)年
江戸時代末期～明治期の周防岩国藩士。
¶人名，日人，幕末(おおつかけんさぶろう　[没]1923年4月16日)

大塚松処 おおつかしょうしょ
宝永4(1707)年～享和1(1801)年　[別]大塚良左衛門《おおつかりょうざえもん》
江戸時代中期～後期の儒者。
¶剣豪(大塚良左衛門　おおつかりょうざえもん)，国書([没]享和1(1801)年10月13日)，日人

大塚庄八 おおつかしょうはち
天明2(1782)年～安政6(1859)年
江戸時代中期～末期の剣術家。二天一流ほか。
¶剣豪

大塚水石 おおつかすいせき
→大塚敬業(おおつかけいぎょう)

大塚成賢 おおつかせいけん
天保1(1830)年～明治35(1902)年
江戸時代末期～明治期の出羽亀田藩士。
¶人名，日人

大塚退野 おおつかたいや
延宝5(1677)年～寛延3(1750)年
江戸時代中期の肥後熊本藩士。
¶熊本百([生]延宝5(1677)年12月　[没]寛延3(1750)年3月5日)，国書([生]延宝5(1677)年閏12月　[没]寛延3(1750)年3月5日)，人名，日人([生]1678年)，藩臣7

大塚忠吉 おおつかただよし
生没年不詳
江戸時代後期の常陸土浦藩士。
¶藩臣2

大塚頼母 おおつかたのも
安永2(1773)年～嘉永2(1849)年
江戸時代中期～後期の剣術家。新陰流。
¶剣豪

大塚竹塢 おおつかちくう
文化2(1805)年～文久1(1861)年3月23日
江戸時代末期の武士。周防国吉川家臣。
¶幕末

大津勝寧 おおつかつやす
～享保3(1718)年
江戸時代中期の旗本。
¶神奈川人

大塚梅里 おおつかばいり
→大塚八郎左衛門(おおつかはちろうざえもん)

大塚八郎左衛門 おおつかはちろうざえもん
享和3(1803)年～明治8(1875)年　[別]大塚梅里《おおつかばいり》
江戸時代末期～明治期の讃岐丸亀藩の郡奉行、勘定奉行。
¶人名，日人，幕末(大塚梅里　おおつかばいり　[没]1875年9月13日)，藩臣6(大塚梅里　おおつかばいり)

大塚久吉 おおつかひさよし
?　～文化13(1816)年
江戸時代後期の駿河沼津藩士。
¶藩臣4

大束万兵衛(大東満兵衛) おおつかまんべえ
生没年不詳
江戸時代中期の武芸家。
¶剣豪(大東満兵衛)，人名，日人

大塚磨 おおつかみがく
天保3(1832)年～明治38(1905)年4月11日
江戸時代末期～明治期の肥後熊本藩郷士。
¶熊本百([生]天保3(1832)年4月28日)，幕末

大塚良右衛門 おおつかりょうえもん
?　～享和2(1802)年
江戸時代中期～後期の剣術家、肥前佐賀藩士。
¶人名

大塚良左衛門 おおつかりょうざえもん
→大塚松処(おおつかしょうしょ)

大月亀吉 おおつきかめきち
文政11(1828)年～大正6(1917)年
江戸時代末期～大正期の武術家。
¶姓氏長野

大月関平 おおつきかんぺい
安永7(1778)年～嘉永3(1850)年　[別]大月関平《おおつきせきへい》
江戸時代後期の伊勢亀山藩士、剣術家。
¶剣豪，藩臣4(おおつきせきへい)，三重続([没]嘉永4年)

大槻清連 おおつききよつら
元文4(1739)年～文化1(1804)年　[別]大槻五郎助

《おおつきごろすけ》
江戸時代中期〜後期の兵法家。
¶剣豪(大槻五郎助　おおつきごろすけ), 国書

大槻銀蔵 おおつきぎんぞう
江戸時代末期の新撰組隊士。
¶新撰

大槻玄沢 おおつきげんたく
宝暦7(1757)年〜文政10(1827)年　[別]大槻磐水《おおつきばんすい》, 磐水《ばんすい》
江戸時代後期の蘭学者。陸奥一関藩士、陸奥仙台藩士、幕臣。
¶朝日([生]宝暦7年9月28日(1757年11月9日)　[没]文政10年3月30日(1827年4月25日)), 岩史([生]宝暦7(1757)年9月28日　[没]文政10(1827)年3月30日), 岩手百, 江文, 角史, 教育, 近世, 国史, 国書([生]宝暦7(1757)年9月28日　[没]文政10(1827)年3月30日), コン改, コン4, 詩歌(大槻磐水　おおつきばんすい), 史人([生]1757年9月28日　[没]1827年3月30日), 重要([生]宝暦7(1757)年9月28日　[没]文政10(1827)年3月30日), 人書79, 人書94, 新潮([生]宝暦7(1757)年9月28日　[没]文政10(1827)年3月30日), 人名, 姓氏岩手, 姓氏宮城, 世人([没]文政10(1827)年3月30日), 世百, 全書, 大百, 伝記, 長崎百, 長崎歴, 日史([生]宝暦7(1757)年9月28日　[没]文政10(1827)年3月30日), 日人, 藩臣1, 百科, 宮城百([生]寛保3(1743)年　[没]文化10(1813)年), 洋学, 歴大

大槻五郎助 おおつきごろすけ
→大槻清連(おおつききよつら)

大槻俊斎 おおつきしゅんさい
文化3(1806)年〜文久2(1862)年
江戸時代末期の蘭方医、西洋医学所頭取。仙台藩出身。
¶朝日([生]文化1(1804)年　[没]文久2年4月9日(1862年5月7日)), 維新, 江文([生]文化1(1804)年), 近世([生]1804年), 国史([生]1804年), 国書([没]文久2(1862)年4月9日), コン改, コン4, 史人([生]1804年　[没]1862年4月9日), 新潮([生]文化1(1804)年　[没]文久2(1862)年4月9日), 人名, 姓氏宮城, 世人([没]文久2(1862)年4月9日), 全書, 大百([生]1804年), 日人, 幕末([没]1862年4月9日), 藩臣1, 宮城百, 洋学([生]文化1(1804)年), 歴大([生]1804年)

大月関平 おおつきせきへい
→大月関平(おおつきかんぺい)

大築尚志 おおつきたかゆき
→大築尚志(おおつきなおし)

大槻伝蔵 おおつきでんぞう
元禄16(1703)年〜寛延1(1748)年　[別]大槻朝元《おおつきともなと》
江戸時代中期の加賀藩士。加賀騒動で失脚。
¶朝日(大槻朝元　おおつきともなと　[没]寛延1年9月12日(1748年10月4日)), 石川百(大槻朝元　おおつきともなと), 岩史([没]寛延1(1748)年9月12日), 近世(大槻朝元　おおつきともなと), 国史(大槻朝元　おおつきともなと), コン改, コン4, 史人(大槻朝元　おおつきともなと　[生]1703年1月1日　[没]1748年9月12日), 新潮([没]寛延1(1748)年9月12日), 人名([生]1702年), 姓氏石川(大槻朝元　おおつきともなと), 世人([没]寛延1(1748)年9月12日), 世百([生]1702年), 日史([生]元禄16(1703)年1月1日　[没]寛延1(1748)年9月12日), 日人, 藩臣3(大槻朝元　おおつきともなと), 百科, 歴大

大月藤三 おおつきとうぞう
江戸時代末期の新撰組隊士。
¶新撰

大槻朝元 おおつきともなと
→大槻伝蔵(おおつきでんぞう)

大築尚志 おおつきなおし
天保6(1835)年〜明治33(1900)年　[別]大築尚志《おおつきたかゆき》
江戸時代末期〜明治期の幕臣、軍人。沼津兵学校一等教授。佐倉藩士から幕臣となる。維新後沼津兵学校設立に尽力。
¶維新, 静岡歴(おおつきたかゆき), 人名, 日人, 洋学(おおつきたかゆき), 陸海(おおつきたかゆき　[生]天保6年11月5日　[没]明治33年6月12日)

大槻磐水 おおつきばんすい
→大槻玄沢(おおつきげんたく)

大槻安広 おおつきやすひろ
天保7(1836)年〜*
江戸時代末期〜明治期の仙台藩士。戊辰戦争に軍目付として従軍。
¶姓氏宮城([没]1898年), 幕末([没]1902年1月18日)

大槻吉直 おおつきよしなお
天保11(1840)年10月〜大正14(1925)年5月3日
江戸時代末期〜明治期の陸奥中村藩士。
¶幕末

大月履斎 おおつきりさい
*〜享保19(1734)年
江戸時代中期の伊予松山藩士、儒学者。
¶愛媛百([生]延宝2(1674)年9月23日　[没]享保19(1734)年3月4日), 郷土愛媛([生]1675年), 国書([生]延宝2(1674)年9月23日　[没]享保19(1734)年3月4日), 人名([生]1675年), 日人([生]1674年), 藩臣6([生]延宝3(1675)年)

大津唯雪 おおつただゆき
文政8(1825)年〜明治20(1887)年　[別]大津唯雪《おおついせつ》, 村田次郎三郎《むらたじろさぶろう》
江戸時代末期〜明治期の長州(萩)藩士。
¶維新, 人書94, 人名(おおついせつ), 日人, 幕末([没]1887年4月3日), 藩臣6

大槌孫三郎 おおづちまごさぶろう
生没年不詳
安土桃山時代〜江戸時代前期の大槌城城主。
¶姓氏岩手

大槌孫八郎 おおづちまごはちろう
？　〜元和2(1616)年？
安土桃山時代〜江戸時代前期の武士。
¶姓氏岩手, 戦人(生没年不詳)

大津遠太 おおつとおた
天保2(1831)年〜明治16(1883)年

江戸時代末期〜明治期の筑後久留米藩士。
¶藩臣7

大津彦五郎 おおつひこごろう
天保9(1838)年〜文久1(1861)年
江戸時代末期の水戸藩士。
¶維新，人名，日人，幕末([没]1861年6月23日)，藩臣2

大津彦之允 おおつひこのじょう
天保6(1835)年〜元治1(1864)年
江戸時代末期の水戸藩士。
¶維新，幕末([没]1864年10月9日)

大津正則 おおつまさのり
文化13(1816)年〜明治6(1873)年
江戸時代末期〜明治期の水戸藩士、志士。
¶人名，日人

大津山信時 おおつやまのぶとき
？ 〜文政4(1821)年　[別]大津山有眼斎《おおつやまゆうげんさい》
江戸時代後期の武術家、豊前小倉藩士。
¶剣豪(大津山有眼斎　おおつやまゆうげんさい)，人名([没]1827年)，日人

大津山有眼斎 おおつやまゆうげんさい
→大津山信時(おおつやまのぶとき)

大津好郷 おおつよしさと
？ 〜明治5(1872)年
江戸時代末期〜明治期の阿波徳島藩士。
¶徳島歴，幕末

大津留対江 おおつるたいこう
江戸時代末期の伊勢桑名藩士。
¶三重続

大寺安純 おおでらやすずみ，おおてらやすずみ
弘化3(1846)年〜明治28(1895)年　[別]弥七
江戸時代末期〜明治期の薩摩藩士、陸軍軍人、第一師団参謀長。男爵。
¶維新，海越([生]弘化3(1846)年2月　[没]明治28(1895)年2月9日)，海越新([生]弘化3(1846)年2月　[没]明治28(1895)年2月9日)，コン改(おおてらやすずみ)，コン5(おおてらやすずみ)，人名，姓氏鹿児島，渡航([生]1846年2月　[没]1895年1月30日)，日人，幕末([没]1895年1月30日)，藩臣7，陸海([生]弘化3年2月12日　[没]明治28年2月9日)

大塔縫之助 おおとうぬいのすけ
天保2(1831)年〜元治1(1864)年
江戸時代末期の対馬藩士。
¶維新

大音青山 おおとせいざん
→大音青山(おおおとせいざん)

大友亀太郎 おおともかめたろう
天保5(1834)年〜明治30(1897)年
江戸時代末期〜明治期の幕臣、北海道開拓者。
¶朝日([生]天保5年4月27日(1834年6月4日)　[没]明治30(1897)年12月14日)，神奈川人，札幌([生]天保5年4月27日)，姓氏神奈川，日人，幕末([没]1897年12月14日)，北海道百，北海道歴

大友親家 おおともちかいえ
永禄4(1561)年〜寛永18(1641)年　[別]田原親家《たわらちかいえ》
安土桃山時代〜江戸時代前期の武士。
¶大分歴(田原親家　たわらちかいえ)，系西，戦人，戦西([生]？)

大友親盛 おおともちかもり
永禄10(1567)年〜寛永20(1643)年　[別]田原親盛《たわらちかもり》
安土桃山時代〜江戸時代前期の武士。
¶系西，戦人，戦西

大友直枝 おおともなおえ
天明5(1785)年〜文政12(1829)年　[別]大友吉言《おおともよしこと，おおともよしとき》
江戸時代後期の出羽秋田藩士、国学者。
¶秋田百，国書(大友吉言　おおともよしとき　[生]天明5(1785)年1月25日　[没]文政12(1829)年6月12日)，神人，人名(大友吉言　おおともよしこと　[生]1770年)，日人，藩臣1

大友吉言 おおともよしこと
→大友直枝(おおともなおえ)

大友義孝 おおともよしたか
寛永18(1641)年〜正徳1(1711)年
江戸時代前期〜中期の武士。
¶日人

大友義親 おおともよしちか
文禄2(1593)年〜元和5(1619)年
安土桃山時代〜江戸時代前期の武士。
¶日人

大友吉言 おおともよしとき
→大友直枝(おおともなおえ)

大鳥居菅吉 おおとりいかんきち
弘化4(1847)年〜明治7(1874)年
江戸時代末期〜明治期の筑後久留米藩士。
¶維新，日人，幕末([没]1874年7月13日)

大鳥居満正 おおとりいみつまさ
寛政10(1798)年〜慶応2(1866)年
江戸時代末期の近江彦根藩士。
¶人名，日人

大鳥居理兵衛(大鳥居利兵衛) おおとりいりへえ
文化14(1817)年〜文久2(1862)年
江戸時代末期の志士。
¶維新([生]1818年　[没]1863年)，近世(大鳥居利兵衛)，国史(大鳥居利兵衛)，コン改，コン4，神人([生]文化13(1816)年)，新潮(大鳥居利兵衛　[生]文化14(1817)年8月22日　[没]文久2(1862)年2月20日)，人名，日人，幕末([生]1818年　[没]1862年5月6日)

大鳥圭介 おおとりけいすけ
天保4(1833)年〜明治44(1911)年
江戸時代末期〜明治期の幕臣、外交官。
¶朝日([生]天保4年2月25日(1833年4月14日)　[没]明治44(1911)年6月15日)，維新，岩史([生]天保4(1833)年2月25日　[没]明治44(1911)年6月15日)，江文([生]天保3(1832)年)，角史，近現，国際([生]天保3(1832)年)，国史，国書([生]天保4(1833)年2月25日　[没]明治44(1911)年6月15日)，コン改([生]天保3(1832)年)，コン4，コン5，詩歌([生]1832年)，史人([生]1833年2月25日

[没]1911年6月15日），写家（[生]天保4年2月25日　[没]明治44年6月15日），人書94，新潮（[生]天保4(1833)年2月25日　[没]明治44(1911)年6月15日），人名（[生]1832年），世人（[生]天保4(1833)年2月25日　[没]明治44(1911)年6月15日），世百（[生]1832年），先駆（[生]天保4(1833)年2月28日　[没]明治44(1911)年6月15日），全書，大百（[生]1832年），千葉百，徳島百，徳島歴，渡航（[生]1832年2月28日　[没]1911年6月15日），栃木歴（[生]天保3(1832)年），土木（[生]1832年2月28日　[没]1911年6月15日），日史（[生]天保4(1833)年2月25日　[没]明治44(1911)年6月15日），日人，日本，幕末（[没]1911年6月15日），百科，兵庫人（[生]天保4(1833)年2月25日　[没]明治44(1911)年6月15日），兵庫百（[生]天保3(1832)年），北海道百（[生]天保3(1832)年），北海道歴（[生]天保3(1832)年），明治1，洋学（[生]天保3(1832)年），履歴（[生]天保3(1832)年2月28日　[没]明治44(1911)年6月15日），歴大

大音竜太郎　**おおどりゅうたろう，おおとりゅうたろう**
天保11(1840)年～大正1(1912)年　[別]大音竜太郎《おおおとりゅうたろう，おおおとりょうたろう》
江戸時代末期～明治期の彦根藩郷士、官吏。
¶維新，郷土群馬（おおとりゅうたろう　[生]1845年），郷土滋賀（おおおとりゅうたろう），群馬人（[生]弘化2(1845)年），群馬百，埼玉人（[生]天保11(1840)年2月19日　[没]大正1(1912)年11月23日），滋賀百（おおとりゅうたろう），人名（おおおとりょうたろう　[生]1845年），姓氏群馬（[生]1845年），日人，幕末（[没]1912年11月23日）

大縄織衛（大縄織衛）　**おおなわおりえ**
文化9(1812)年～明治15(1882)年　[別]大縄念斎《おおなわねんさい》
江戸時代末期～明治期の出羽秋田藩士。
¶国書（大縄念斎　おおなわねんさい　[没]明治15(1882)年1月31日），人名（大縄念斎　おおなわねんさい　[生]1813年），日人，幕末（大縄織衛　[没]1882年1月31日），藩臣1

大縄玄策　**おおなわげんさく**
生没年不詳
安土桃山時代～江戸時代前期の武士。佐竹氏家臣。
¶戦辞，戦人，戦東

大縄源十郎　**おおなわげんじゅうろう**
安土桃山時代～江戸時代前期の武士。佐竹氏家臣。
¶戦人（生没年不詳），戦東

大縄念斎　**おおなわねんさい**
→大縄織衛（おおなわおりえ）

大西嘉左衛門　**おおにしかざえもん**
安永1(1772)年～天保5(1834)年4月2日
江戸時代後期の岡山藩士。
¶岡山歴

大西政十　**おおにしせいじゅう**
文政10(1827)年～明治39(1906)年
江戸時代後期～明治期の剣道家。
¶多摩，日人

大西吉久　**おおにしよしひさ**
生没年不詳
江戸時代前期の馬術家。
¶日人

大貫次右衛門　**おおぬきじえもん**
生没年不詳
江戸時代後期の代官。
¶庄内

大貫多介　**おおぬきたすけ**
天保6(1835)年～万延1(1860)年
江戸時代末期の水戸藩郷士。
¶維新，幕末（[没]1860年9月14日）

大沼竹渓　**おおぬまちくけい**
宝暦12(1762)年～文政10(1827)年　[別]大沼竹渓《おおぬまちっけい》
江戸時代中期～後期の幕臣、漢詩人・漢学者。
¶江文，国書（[没]文政10(1827)年12月24日），コン4，姓氏愛知（おおぬまちっけい）

大沼竹渓　**おおぬまちっけい**
→大沼竹渓（おおぬまちくけい）

大沼俊直　**おおぬまとしなお**
享保10(1725)年～文化1(1804)年
江戸時代中期～後期の陸奥会津藩士、礼式師範。
¶藩臣2

大根田猪右衛門　**おおねだいえもん**
生没年不詳
江戸時代中期の近江彦根藩士。
¶藩臣4

大野一貫　**おおのいっかん**
宝暦4(1754)年～文化13(1816)年　[別]大野又兵衛《おおのまたべえ》
江戸時代中期～後期の因幡鳥取藩士、武術家。
¶剣豪（大野又兵衛　おおのまたべえ），国書（[没]文化13(1816)年6月），藩臣5

大野右仲　**おおのうちゅう**
天保7(1836)年～？
江戸時代末期の志士、肥前唐津藩士。
¶新撰（[生]天保7年12月8日　[没]明治44年6月11日），人名，日人（[生]1837年）

大野応之助　**おおのおうのすけ**
文政4(1821)年～明治9(1876)年
江戸時代後期～明治期の剣術家。西岡是心流。
¶剣豪

大野角左衛門　**おおのかくざえもん**
？～元禄12(1699)年
江戸時代前期の肥前福江藩士。
¶藩臣7

大野貫右衛門　**おおのかんうえもん**
明和8(1771)年～天保7(1836)年
江戸時代後期の常陸土浦藩士、教育家。
¶藩臣2

大野木克明　**おおのぎかつあきら**
*～享保11(1726)年
江戸時代中期の加賀藩士。
¶国書（[生]明暦1(1655)年），藩臣3（[生]？）

大野木克寛　**おおのぎかつひろ**
元禄12(1699)年～宝暦4(1754)年
江戸時代中期の加賀藩士。

¶国書

大野木克征 おおのぎかつゆき
生没年不詳
江戸時代末期の加賀藩士。
¶国書

大野木源蔵 おおのぎげんぞう
文政10（1827）年〜明治13（1880）年
江戸時代末期〜明治期の加賀藩士。
¶維新，人名，日人，幕末（㉓1880年3月1日）

大野木仲三郎 おおのぎちゅうざぶろう
天保14（1843）年〜元治1（1864）年
江戸時代末期の加賀藩士。
¶維新，人名，日人，幕末（㊤1843年5月22日 ㉓1864年11月18日）

大野木南瓜 おおのきなんか
〜明治12（1879）年
江戸時代後期〜明治期の伊勢津藩士。
¶三重

大野久太夫(1) おおのきゅうだゆう
生没年不詳
江戸時代中期〜後期の駿河沼津藩士。
¶藩臣4

大野久太夫(2) おおのきゅうだゆう
生没年不詳
江戸時代後期の駿河沼津藩士。
¶藩臣4

大野内蔵之介 おおのくらのすけ
江戸時代末期の新撰組隊士。
¶新撰

大野蔵人 おおのくらんど
生没年不詳
江戸時代末期の武士、江戸常府御用人。
¶和歌山人

大野九郎兵衛 おおのくろべえ
生没年不詳
江戸時代中期の播磨赤穂藩士。四十七士。
¶コン改，コン4，史人，新潮，人名，大百，日人，藩臣5

大野源左衛門 おおのげんざえもん
生没年不詳
江戸時代前期の武士大野館館主。
¶姓氏岩手

大野倹三郎 おおのけんざぶろう
？ 〜明治1（1868）年
江戸時代末期の出羽米沢藩士。
¶幕末

大野才兵衛 おおのさいべえ
生没年不詳
戦国時代〜江戸時代前期の大野村の土豪。
¶姓氏愛知

大野定 おおのさだめ
天保1（1830）年〜明治17（1884）年
江戸時代末期〜明治期の三河刈谷藩家老。
¶姓氏愛知，幕末（㊤1830年2月15日 ㉓1884年8月），藩臣4

大野甚之丞 おおのじんのじょう
安土桃山時代〜江戸時代前期の武士。前田氏家臣。
¶戦国，戦人（生没年不詳）

大野仁兵衛 おおのじんべえ
？ 〜慶安4（1651）年？
江戸時代前期の下総古河藩士。
¶藩臣3

大野太郎兵衛 おおのたろうべえ
→大野太郎兵衛（おおのたろべえ）

大野太郎兵衛 おおのたろべえ
㊙大野太郎兵衛《おおのたろうべえ》
安土桃山時代〜江戸時代前期の武士。里見氏家臣。
¶戦人（生没年不詳），戦東（おおのたろうべえ）

大野世方 おおのつぐかた
天明1（1781）年〜嘉永6（1853）年
江戸時代後期の加賀大聖寺藩士。
¶藩臣3

大野世礼 おおのつぐのり
元文3（1738）年〜文化13（1816）年
江戸時代中期〜後期の加賀大聖寺藩士。
¶藩臣3

大野藤兵衛 おおのとうべえ
生没年不詳
江戸時代中期の三河西大平藩家老。
¶藩臣4

大野舎人 おおのとねり
＊〜享和2（1802）年
江戸時代中期〜後期の松江藩家老、二条派歌人。
¶島根人（㊤享保頃），島根歴（㊤享保2（1717）年）

大野直昌 おおのなおしげ
享保3（1718）年〜？
江戸時代中期の武将。
¶愛媛百

大野直輔 おおのなおすけ
＊〜大正10（1921）年5月1日
江戸時代後期〜明治期の徳山藩士、大蔵省官吏。1868年毛利六郎に同行し、経済学を学ぶためイギリスに渡る。
¶海越（㊤天保12（1838）年），海越新（㊤天保12（1838）年），渡航（㊤1841年），幕末（㊤1841年）

大野治純 おおのはるずみ
安土桃山時代〜江戸時代前期の武士。徳川氏家臣。
¶戦人（生没年不詳），戦補

大野半左衛門 おおのはんざえもん
安土桃山時代〜江戸時代前期の武士。豊臣氏家臣。
¶戦国，戦人（生没年不詳）

大野英馬 おおのひでま
文政9（1826）年〜明治1（1868）年
江戸時代末期の陸奥会津藩士。
¶維新，幕末（㉓1868年10月8日）

大野広城 おおのひろき
天明8（1788）年〜天保12（1841）年
江戸時代後期の武士、国学者。幕府小十人組の士。
¶朝日（㊤寛政9（1797）年 ㉓天保12年9月11日）

(1841年10月25日))，江文，国書([没]天保12(1841)年9月11日)，コン改，コン4，史人([没]1841年9月11日)，人名([生]?)，日人

大野平一 おおのへいいち
*〜明治7(1874)年　[別]大野梁村《おおのりょうそん》
江戸時代末期〜明治期の肥前蓮池藩士、儒学者。蓮池藩校成章館教授と世子の教育係となる。
¶幕末([生]1797年)，藩臣7(大野梁村　おおのりょうそん　[生]文化14(1817)年)

大野誠 おおのまこと
天保5(1834)年〜明治17(1884)年
江戸時代末期〜明治期の剣術者。春風館を主宰。
¶人名([生]?)，姓氏長野，長野歴，日人，幕末([没]1884年10月27日)

大野昌三郎 おおのまさざぶろう
?　〜明治13(1880)年
江戸時代末期〜明治期の伊予宇和島藩士。
¶幕末([没]1880年5月14日)，藩臣6

大野又兵衛 おおのまたべえ
→大野一貫(おおのいっかん)

大野約庵 おおのやくあん
天明8(1788)年〜元治1(1864)年6月5日
江戸時代後期〜末期の松山藩士・能書家。
¶愛媛百

大野弥太夫 おおのやだゆう
天正1(1573)年〜
安土桃山時代〜江戸時代前期の武士。
¶庄内

大野勇助 おおのゆうすけ
元禄13(1700)年〜安永6(1777)年
江戸時代中期の剣術家。真天流。
¶剣豪

大野義就 おおのよしなり
天保7(1836)年〜明治27(1894)年
江戸時代末期〜明治期の出雲松江藩士。
¶維新，島根歴(生没年不詳)，人名，日人

大野梁村 おおのりょうそん
→大野平一(おおのへいいち)

大場一真斎 おおばいっしんさい
享和3(1803)年〜明治4(1871)年　[別]大場景淑《おおばかげよし》
江戸時代末期〜明治期の水戸藩士。
¶維新，国書([没]明治4(1871)年1月15日)，コン4(大場景淑　おおばかげよし)，コン5(大場景淑　おおばかげよし)，人名([生]1802年)，日人，幕末([没]1871年3月5日)，藩臣2

大場宇右衛門 おおばうえもん
元和8(1622)年〜天和3(1683)年
江戸時代前期の庄内藩士。
¶庄内

大場景明 おおばかげあき
享保4(1719)年〜天明5(1785)年　[別]大場南湖《おおばなんこ》
江戸時代中期の水戸藩士。
¶国書(大場南湖　おおばなんこ　[生]享保4(1719)年11月26日　[没]天明5(1785)年5月23日)，コン改，コン4，人名，日人([生]1720年)，藩臣2

大場景淑 おおばかげよし
→大場一真斎(おおばいっしんさい)

大庭勘助 おおばかんすけ
生没年不詳
江戸時代前期の槍術家。
¶日人

大庭久輔 おおばきゅうすけ
弘化2(1845)年〜明治2(1869)年4月20日
江戸時代後期〜明治期の新撰組隊士。
¶新撰

大庭恭平 おおばきょうへい
天保1(1830)年〜明治35(1902)年
江戸時代末期〜明治期の志士、陸奥会津藩士。
¶会津，朝日([没]明治35(1902)年1月5日)，維新，コン5，詩歌，新潮([没]明治35(1902)年1月5日)，人名，長野歴(生没年不詳)，日人，幕末([没]1902年1月5日)，藩臣2，和俳([没]明治35(1902)年1月5日)

大場玉泉(大場玉川) おおばぎょくせん
寛延3(1750)年〜文政9(1826)年
江戸時代中期〜後期の水戸藩士。
¶国書([生]寛延3(1750)年10月5日　[没]文政9(1826)年8月20日)，人名(大場玉川)，日人

大橋市右衛門 おおはしいちえもん
?　〜正保2(1645)年
江戸時代前期の忠臣。
¶人名，日人(生没年不詳)

大橋一蔵 おおはしいちぞう
嘉永1(1848)年〜明治22(1889)年
江戸時代末期〜明治期の志士。国事に動く。明訓校を興す。北海道開拓事業に挺身。
¶近現，国史，史人([生]1848年2月16日　[没]1889年2月20日)，新潮([没]明治22(1889)年2月)，新潟百，日人，幕末([没]1889年2月20日)，北海道百，北海道歴

大橋近江守親義 おおばしおおみのかみちかよし
→大橋親義(おおばしちかよし)

大橋官兵衛 おおはしかんべえ
生没年不詳
江戸時代中期の陸奥弘前藩側用人。
¶藩臣1

大橋虚堂 おおはしきょどう
文政5(1822)年〜明治11(1878)年
江戸時代末期〜明治期の播磨姫路藩士。
¶藩臣5

大橋熊太郎 おおはしくまたろう
文政12(1829)年〜?
江戸時代末期の三河西大平藩士。
¶藩臣4

大橋郡兵衛 おおはしぐんべえ
?　〜文政5(1822)年
江戸時代後期の美濃大垣藩士。
¶藩臣3

大橋定重 おおはしさだしげ
生没年不詳
安土桃山時代～江戸時代前期の武士。浅野家の家臣。
¶和歌山人

大橋山三郎 おおはしさんざぶろう
天保3(1832)年～？
江戸時代後期～末期の新撰組隊士。
¶新撰

大橋重政 おおはししげまさ
元和4(1618)年～寛文12(1672)年
江戸時代前期の武士、書家。大橋流。
¶朝日([没]寛文12年閏6月30日(1672年8月22日)), 近世, 国史, 国書([没]寛文12(1672)年閏6月30日), 人名, 日人

大橋重保 おおはししげやす
天正10(1582)年～正保2(1645)年 [別]大橋竜慶《おおはしりゅうけい》,大橋竜渓《おおはしりゅうけい》, 式部卿法印《しきぶきょうほういん》
江戸時代前期の武士。豊臣氏家臣。
¶神奈川人, 国書([没]正保2(1645)年2月4日), 茶道(大橋竜渓 おおはしりゅうけい), 人名, 戦国([生]1583年), 戦人([生]天正11(1583)年), 日史(大橋竜慶 おおはしりゅうけい [没]正保2(1645)年2月4日), 日人, 百科(大橋竜慶 おおはしりゅうけい)

大橋順蔵(1) おおはしじゅんぞう
延享4(1747)年～天保14(1843)年
江戸時代中期～後期の上野伊勢崎藩士。
¶剣豪, 藩臣2

大橋順蔵(2) おおはしじゅんぞう
→大橋訥庵(おおはしとつあん)

大橋慎 おおはししん
天保6(1835)年～明治5(1872)年 [別]大橋慎三《おおはししんぞう》, 橋本鉄猪《はしもとてつい》,高木有蔵《たかぎゆうぞう》
江戸時代末期～明治期の土佐藩志士。
¶朝日(大橋慎三 おおはししんぞう [没]明治5年6月2日(1872年7月7日)), 維新(大橋慎三 おおはししんぞう [生]1836年), 近現, 近世, 高知人, 国史, 国書(大橋慎三 おおはししんぞう [没]明治5(1872)年6月2日), コン改, コン4, コン5, 新潮([没]明治5(1872)年6月2日), 人名, 日人, 幕末([没]1872年7月7日)

大橋慎三 おおはししんぞう
→大橋慎(おおはししん)

大橋親善 おおはしちかよし
～寛文7(1667)年
江戸時代前期の旗本。
¶神奈川人

大橋親義 おおばしちかよし
生没年不詳 [別]大橋近江守親義《おおばしおおみのかみちかよし》
江戸時代中期の55代長崎奉行。
¶長崎歴(大橋近江守親義 おおばしおおみのかみちかよし)

大橋筑後 おおはしちくご
天保7(1836)年～大正6(1917)年
江戸時代末期～明治期の松江藩家老。
¶島根人, 島根百(生没年不詳), 島根歴, 幕末([没]1917年8月14日), 藩臣5

大橋忠右衛門 おおはしちゅうえもん
生没年不詳
江戸時代末期の紀伊和歌山藩士。
¶幕末, 和歌山人

大橋道也 おおはしどうや
江戸時代中期の江戸百人与力。
¶茶道

大橋得山 おおはしとくざん
安永4(1775)年～天保13(1842)年
江戸時代中期～後期の水戸藩士。
¶国書

大橋訥庵 おおはしとしあん
→大橋訥庵(おおはしとつあん)

大橋訥庵(大橋訥菴) おおはしとつあん
文化13(1816)年～文久2(1862)年 [別]大橋順蔵《おおはしじゅんぞう》,大橋訥庵《おおはしとしあん》
江戸時代末期の尊攘派志士、儒者。
¶朝日([没]文久2年7月12日(1862年8月7日)), 維新(大橋訥菴), 岩史([没]文久2(1862)年7月12日), 江戸, 江文, 角史, 郷土栃木, キリ(大橋訥菴 [没]文久2年7月12日(1862年8月7日)), 近世, 群馬人, 群馬百, 国史, 国書([没]文久2(1862)年7月12日), コン改, コン4, 詩歌(おおはしとしあん), 史人([没]1862年7月12日), 重要([没]文久2(1862)年7月12日), 人書79, 新潮([没]文久2(1862)年7月12日), 人名(大橋順蔵 おおはしじゅんぞう), 姓氏群馬, 姓氏長野, 世人([没]文久2(1862)年7月12日), 世百, 全書, 大百(大橋訥菴), 栃木百(大橋訥菴), 栃木歴(大橋訥菴), 長野歴, 日史(大橋訥菴 [没]文久2(1862)年7月12日), 日人, 幕末([没]1862年8月7日), 百科(大橋訥菴), 歴大

大橋長成 おおはしながなり
？ ～寛文2(1662)年
江戸時代前期の加賀藩士。
¶人名, 日人

大橋成之 おおはしなりゆき
寛政6(1794)年～万延1(1860)年1月
江戸時代末期の加賀藩士。
¶幕末

大橋半三郎 おおはしはんざぶろう
江戸時代末期の新撰組隊士。
¶新撰

大橋彦左衛門 おおはしひこざえもん
寛文1(1661)年～享保17(1732)年
江戸時代中期の陸奥弘前藩右筆。
¶藩臣1

大橋兵庫助 おおはしひょうごのすけ
安土桃山時代～江戸時代前期の地侍。
¶戦人(生没年不詳), 戦東

お

大橋広懿　おおはしひろよし
天明2(1782)年～天保7(1836)年
江戸時代後期の粟宮の名主。剣術家。
¶栃木歴

大橋孫左衛門　おおはしまござえもん
*～享保19(1734)年
江戸時代前期～中期の陸奥弘前藩用人。
¶青森人([生]元禄ころ)，藩臣1([生]明暦3(1657)年)

大橋茂右衛門　おおはしもえもん
→大橋茂右衛門政貞(おおはしもえもんまささだ)

大橋茂右衛門政貞　おおはしもえもんまささだ
？～承応3(1654)年　[別]大橋茂右衛門《おおはしもえもん》
江戸時代前期の出雲松江藩家老。
¶島根百，島根歴，藩臣5(大橋茂右衛門　おおはしもえもん)

大橋有　おおはしゆう
天保3(1832)年～？
江戸時代末期の伊予大洲藩士。岡山県最初の器械製糸を始業。
¶幕末

大橋与右衛門　おおはしようえもん
寛政1(1789)年～文久2(1862)年
江戸時代後期の剣術家。
¶栃木歴

大橋喜直　おおはしよしなお
天保10(1839)年～？
江戸時代末期の下総生実藩家老。
¶藩臣3

大橋竜慶(大橋竜渓)　おおはしりゅうけい
→大橋重保(おおはししげやす)

大畑才蔵　おおはたさいぞう
寛永19(1642)年～享保5(1720)年
江戸時代前期～中期の紀伊和歌山藩の地方功者。和算にも優れる。
¶朝日，郷土和歌山，国書([没]享保5(1720)年5月)，コン改(生没年不詳)，コン4(生没年不詳)，人名，日人，藩臣5，和歌山人

大畠友之助　おおはたとものすけ
江戸時代末期の新撰組隊士。
¶新撰

大畑晴潔　おおはたはるきよ
生没年不詳
江戸時代後期～末期の紀伊和歌山藩士・国学者。
¶国書

大畑春国　おおはたはるくに
文化15(1818)年～明治8(1875)年12月17日
江戸時代後期～明治期の国学者、紀伊藩士。
¶江文，国書([生]文化15(1818)年3月15日)，神人

大畠黙翁　おおはたもくおう
元禄16(1703)年～安永4(1775)年5月
江戸時代中期の明石藩士、同藩大坂留守居役。
¶大阪人

大庭伝七　おおばでんしち
天保3(1832)年～明治18(1885)年9月13日
江戸時代末期～明治期の志士。
¶幕末

大場南湖　おおばなんこ
→大場景明(おおばかげあき)

大場将景　おおばまさかげ
貞享1(1684)年～宝暦6(1756)年
江戸時代中期の水戸藩士。
¶藩臣2

大浜主水　おおはまもんど
？～寛文5(1665)年
江戸時代前期の肥前福江藩士。
¶藩臣7

大場弥十郎　おおばやじゅうろう
宝暦10(1760)年～天保7(1836)年
江戸時代中期～後期の近江彦根藩世田谷領20カ村の代官。
¶朝日([生]宝暦10年11月11日(1760年12月17日)　[没]天保7年3月29日(1836年5月14日))，コン4，日人

大原観山　おおはらかんざん
文政1(1818)年～明治8(1875)年
江戸時代末期～明治期の松山藩士。
¶愛媛百([生]文政1(1818)年1月12日　[没]明治8(1875)年4月11日)，郷土愛媛，国書([生]文化15(1818)年1月12日　[没]明治8(1875)年4月18日)，幕末([没]1875年4月11日)，藩臣6

大原四郎右衛門　おおはらしろうえもん
江戸時代後期の備中倉敷代官。
¶岡山歴

大原新五郎　おおはらしんごろう
嘉永2(1849)年～慶応3(1867)年1月28日
江戸時代末期の長府報国隊士。
¶幕末

大原紹正　おおはらつぐまさ
？～安永8(1779)年
江戸時代中期の第12代飛騨国代官。
¶岐阜百

大原文林　おおはらぶんりん
享和1(1801)年～明治25(1892)年1月5日
江戸時代末期～明治期の奥州二本松藩士。砲術と絵画を学ぶ。維新後は画筆に専念し、富士越の雲龍を得意とした。
¶幕末，美家

大原正純　おおはらまさすみ
江戸時代中期の第13代飛騨国代官。
¶岐阜百

大原令之助　おおはられいのすけ
→吉原重俊(よしはらしげとし)

大東義徹　おおひがしぎてつ
天保13(1842)年～明治38(1905)年　[別]大東義徹《おおひがしよしあきら，おおひがしよしてつ，おひがしよしあきら，だいとうぎてつ》
江戸時代末期～明治期の近江彦根藩士、政治家。
¶朝日([生]天保13(1842)年7月　[没]明治38(1905)年4月8日)，海越新([生]天保13(1842)年7月　[没]明治38(1905)年4月8日)，郷土滋賀(だいとうぎてつ)，コン改，コン4，コン5，滋賀百(お

ひがしよしあきら)，新潮(生天保13(1842)年7月 没明治38(1905)年4月8日)，人名，渡航(おおひがしよしあきら 生1842年7月 没1905年4月8日)，日人，幕末(没1905年4月)，明治1(おおひがしよしてつ)，履歴(おおひがしよしあきら 生天保14(1843)年7月 没明治38(1905)年4月8日)

大東義徹 おおひがしよしあきら
→大東義徹(おおひがしぎてつ)

大東義徹 おおひがしよしてつ
→大東義徹(おおひがしぎてつ)

大日向喜久右衛門 おおひなたきくえもん
～文化8(1811)年8月15日
江戸時代中期～後期の庄内藩士。
¶庄内

太平伊織 おおひらいおり
天保9(1838)年～大正5(1916)年
江戸時代末期～大正期の亀田藩家老。
¶秋田百

大平亀陰 おおひらきいん
享和1(1801)年～元治1(1864)年
江戸時代末期の出羽亀田藩家老。
¶藩臣1

大平源五左衛門 おおひらげんござえもん
生没年不詳
江戸時代中期の剣術家。無覚流。
¶剣豪

大藤恂郷 おおふじじゅんきょう
安永1(1772)年～弘化3(1846)年
江戸時代後期の歌人、安芸広島藩士。
¶人名，日人

大藤正糾 おおふじまさただ
？ ～享和2(1802)年7月
江戸時代中期～後期の安芸広島藩士。
¶国書

大淵楨蔵 おおぶちていぞう
生没年不詳
江戸時代末期の志士。
¶庄内

大淵竜之助 おおぶちりゅうのすけ
～安政2(1855)年5月6日
江戸時代後期～末期の庄内藩士。
¶庄内

大巻秀詮 おおまきしゅうぜん
元文5(1740)年～享和1(1801)年 [別]大巻秀詮《おおまきひであきら》
江戸時代中期～後期の南部藩士、代官。
¶青森人，国書(おおまきひであきら 没享和1(1801)年5月11日)，姓氏岩手

大巻秀詮 おおまきひであきら
→大巻秀詮(おおまきしゅうぜん)

大町源十郎 おおまちげんじゅうろう
生没年不詳
江戸時代中期の剣術家。柳生心眼流。
¶剣豪

大町高之 おおまちたかゆき
寛永12(1635)年～正徳2(1712)年
江戸時代前期～中期の仙台藩家臣。
¶姓氏宮城

大町通南太郎 おおまちつなたろう
江戸時代末期の新撰組隊士。
¶新撰

大町義頼 おおまちよしより
元亀2(1571)年～寛永2(1625)年
安土桃山時代～江戸時代前期の陸奥仙台藩士。
¶藩臣1

大松沢実敏 おおまつざわさねとし
安永1(1772)年～嘉永1(1848)年8月
江戸時代中期～後期の仙台藩士。
¶国書

大嶺庄左衛門 おおみねしょうざえもん
？ ～安政4(1857)年
江戸時代末期の水戸藩士。
¶幕末，藩臣2

大見又太郎 おおみまたたろう
天保14(1843)年～明治3(1870)年
江戸時代末期～明治期の長州(萩)藩足軽。
¶維新，人名，日人，幕末(没1870年3月10日)

大宮友賢 おおみやゆうけん
江戸時代末期の新撰組隊士。
¶新撰

大村斐夫 おおむらあやお
→大村桐陽(おおむらとうよう)

大村市之允(1) おおむらいちのじょう
？ ～文政4(1821)年
江戸時代後期の常陸土浦藩士。
¶藩臣2

大村市之允(2) おおむらいちのじょう
？ ～安政4(1857)年
江戸時代末期の常陸土浦藩士。
¶藩臣2

大村右近 おおむらうこん
？ ～寛永2(1625)年
江戸時代前期の肥前大村藩士。
¶藩臣7

大村右馬助 おおむらうまのすけ
？ ～元和4(1618)年
安土桃山時代～江戸時代前期の肥前大村藩士。
¶藩臣7

大村何右衛門 おおむらかえもん
生没年不詳
安土桃山時代～江戸時代前期の肥前大村藩士。
¶藩臣7

岡村菊叟 おおむらきくそう
→岡村菊叟(おかむらきくそう)

大村久治郎 おおむらきゅうじろう
天保11(1840)年～？
江戸時代末期の上総飯野藩士。
¶藩臣3

お

お

大村邦三郎 おおむらくにさぶろう
？ ～慶応3（1867）年
江戸時代末期の肥前大村藩家老。
¶幕末（[没]1867年3月），藩臣7

大村成夫 おおむらしげお
明和4（1767）年9月23日～天保9（1838）年5月8日
江戸時代中期～後期の儒学者・津山藩士。
¶岡山歴

大村治五平 おおむらじごへい
*～文化10（1813）年
江戸時代中期～後期の陸奥南部藩士、砲術家。
¶岩手百（[生]？），姓氏岩手（[生]？），日人（[生]1751年），藩臣1（[生]宝暦1（1751）年）

大村七右衛門 おおむらしちえもん
承応1（1652）年～享保12（1727）年
江戸時代前期～中期の剣術家。田宮流。
¶剣豪

大村庄左衛門 おおむらしょうざえもん
文化5（1808）年4月11日～明治21（1888）年9月16日
江戸時代末期～明治期の勤王の志士。
¶山梨百

大村荘助（大村庄助） おおむらしょうすけ
享保9（1724）年～寛政1（1789）年 [別]大村蘭林《おおむららんりん》
江戸時代中期の美作津山藩士、儒学者。
¶岡山人（大村庄助），岡山歴（[生]享保10（1725）年2月23日 [没]寛政1（1789）年7月19日），国書（大村蘭林 おおむららんりん [没]寛政1（1789）年7月19日），人名，日人，藩臣6

大村新左衛門 おおむらしんざえもん
？ ～寛政3（1791）年
江戸時代中期の遠江相良藩士。
¶藩臣4

大村純顕 おおむらすみあき
文政5（1822）年～明治15（1882）年
江戸時代末期～明治期の大名。肥前大村藩主。
¶維新，諸系，日人，幕末（[没]1882年4月2日），藩主4（[生]文政5（1822）年11月5日 [没]明治15（1882）年4月2日）

大村純鎮 おおむらすみしげ
→大村純鎮（おおむらすみやす）

大村純庸 おおむらすみつね
寛文10（1670）年～元文3（1738）年 [別]蘭台《らんだい》
江戸時代中期の大名。肥前大村藩主。
¶国書（蘭台 らんだい [生]寛文10（1670）年1月13日 [没]元文3（1738）年5月13日），諸系，日人，藩主4（[生]寛文10（1670）年1月13日 [没]元文3（1738）年5月13日）

大村純長 おおむらすみなが
寛永13（1636）年～宝永3（1706）年
江戸時代前期～中期の大名。肥前大村藩主。
¶国書（[没]宝永3（1706）年8月21日），諸系，日人，藩主4（[生]寛永13（1636）年8月21日 [没]宝永3（1706）年8月21日）

大村純信 おおむらすみのぶ
元和4（1618）年～慶安3（1650）年
江戸時代前期の大名。肥前大村藩主。
¶諸系，人名，日人，藩主4（[生]元和4（1618）年10月9日 [没]慶安3（1650）年5月26日）

大村純富 おおむらすみひさ
正徳1（1711）年～寛延2（1749）年
江戸時代中期の大名。肥前大村藩主。
¶諸系，日人，藩主4（[生]正徳1（1711）年4月5日 [没]寛延1（1748）年11月16日）

大村純熈（大村純煕，大村純凞） おおむらすみひろ
文政8（1825）年～明治15（1882）年 [別]大村丹後守純熈《おおむらたんごのかみすみひろ》
江戸時代末期～明治期の大名、伯爵。肥前大村藩主。
¶維新（大村純凞），海越（大村純凞 [生]文政8（1825）年11月21日 [没]明治15（1882）年1月12日），海越新（大村純凞 [生]文政8（1825）年11月21日 [没]明治15（1882）年1月12日），弓道（[生]文政13（1830）年11月21日 [没]明治15（1882）年1月12日），郷土長崎（大村純凞），近現，近世，国史，国書（[生]文政13（1830）年11月21日 [没]明治15（1882）年1月13日），コン改（大村純凞），コン4（大村純凞），コン5（大村純煕），史人（[生]1825年11月21日 [没]1882年1月12日），諸系（[生]1831年），新潮（[没]明治15（1882）年1月12日），人名（大村純凞），渡航（[生]1825年11月21日 [没]1882年1月12日），長崎歴（大村丹後守純熈 おおむらたんごのかみすみひろ [生]天保1（1830）年），日人（[生]1831年），幕末（大村純凞 [生]1830年 [没]1882年1月13日），藩主4（大村純凞 [生]天保1（1830）年11月21日 [没]明治15（1882）年1月13日）

大村純昌 おおむらすみまさ
→大村純昌（おおむらすみよし）

大村純尹 おおむらすみまさ
寛文4（1664）年～正徳2（1712）年
江戸時代中期の大名。肥前大村藩主。
¶諸系，日人，藩主4（[生]寛文4（1664）年3月21日 [没]正徳2（1712）年10月14日）

大村純保 おおむらすみもり
享保16（1731）年～宝暦11（1761）年
江戸時代中期の大名。肥前大村藩主。
¶諸系，日人，藩主4（[生]享保19（1734）年2月22日 [没]宝暦10（1760）年12月16日）

大村純鎮 おおむらすみやす
宝暦9（1759）年～文化11（1814）年 [別]大村純鎮《おおむらすみしげ》
江戸時代中期～後期の大名。肥前大村藩主。
¶国書（[生]宝暦9（1759）年8月20日 [没]文化11（1814）年7月16日），諸系，人名（おおむらすみしげ），日人，藩主4（[生]宝暦9（1759）年8月20日 [没]文化11（1814）年7月16日）

大村純昌 おおむらすみよし
天明6（1786）年～天保9（1838）年 [別]大村純昌《おおむらすみまさ》
江戸時代後期の大名。肥前大村藩主。
¶国書（[生]天明6（1786）年1月25日 [没]天保9

(1838)年10月5日), 諸系, 人名(おおむらすみまさ), 日人, 藩主4([生]天明6(1786)年1月25日　[没]天保9(1838)年10月5日)

大村純頼 おおむらすみより
文禄1(1592)年～元和5(1619)年
江戸時代前期の大名。肥前大村藩主。
¶諸系, 日人, 藩主4([没]元和5(1619)年11月13日)

大村内匠 おおむらたくみ
生没年不詳
江戸時代中期の肥前大村藩家老。
¶藩臣7

大村多左衛門 おおむらたざえもん
文政3(1820)年～明治1(1868)年9月6日
江戸時代末期の肥前大村藩士。
¶幕末

大村丹後守純熈 おおむらたんごのかみすみひろ
→大村純熈(おおむらすみひろ)

大村桐陽 おおむらとうよう
文政1(1818)年～明治29(1896)年　[別]大村斐夫《おおむらあやお》
江戸時代末期～明治期の津山藩儒臣。
¶岡山人, 岡山百(大村斐夫　おおむらあやお　[生]文政1(1818)年11月10日　[没]明治29(1896)年4月24日), 岡山歴(大村斐夫　おおむらあやお　[生]文政1(1818)年11月10日　[没]明治29(1896)年4月24日), 人名, 日人, 幕末(大村斐夫　おおむらあやお　[没]1896年4月24日)

大村利器 おおむらとしかた
寛政5(1793)年～天保14(1843)年
江戸時代末期の津山藩士。
¶岡山人

大村舎人 おおむらとねり
生没年不詳
江戸時代末期の肥前大村藩家老。
¶幕末, 藩臣7

大村彦右衛門 おおむらひこえもん
永禄8(1565)年～万治2(1659)年
安土桃山時代～江戸時代前期の肥前大村藩家老。
¶人名([生]1568年), 日人, 藩臣7

大村益次郎 おおむらますじろう
文政7(1824)年～明治2(1869)年　[別]村田蔵六《むらたぞうろく》, 大村永敏《おおむらながとし》
江戸時代末期の兵学者、長州(萩)藩士。藩の軍事指導者。
¶朝日([生]文政7年5月3日(1824年5月30日)　[没]明治2年11月5日(1869年12月7日)), 維新, 岩史([生]文政7(1824)年5月3日　[没]明治2(1869)年11月5日), 愛媛百(村田蔵六　むらたぞうろく　[生]文政7(1824)年3月10日　[没]明治2(1869)年11月5日), 江文, 大分百([生]1825年), 大阪人([没]明治2(1869)年11月5日), 大阪墓([没]明治2(1869)年11月5日), 角史([生]文政8(1825)年), 京都, 郷土愛媛, 京都大, 郷土長崎, 近現([生]1825年), 近世([生]1825年), 国際, 国史([生]1825年), 国書([生]文政8(1825)年5月3日　[没]明治2(1869)年11月5日), コン改, コン4, コン5, 詩歌, 史人([生]1824年5月3日　[没]1869年11月5日), 重要([生]文政8(1825)年5月3日　[没]明治2(1869)年11月5日), 人書79, 新潮([生]文政7(1824)年5月3日　[没]明治2(1869)年11月5日), 人名, 姓氏京都, 姓氏山口(村田蔵六　むらたぞうろく　[生]1825年), 世人([生]文政7(1824)年3月10日　[没]明治2(1869)年11月15日), 世百, 先駆([生]文政8(1825)年3月10日　[没]明治2(1869)年11月5日), 全書([生]1825年), 大百, 伝記, 日史([生]文政8(1825)年5月3日　[没]明治2(1869)年11月5日), 日人, 日本, 幕末([没]1869年12月7日), 藩臣6, 百科, 明治1([生]1825年), 山口百([生]1825年), 洋学([生]文政8(1825)年), 陸海([生]文政7年3月10日　[没]明治2年11月5日), 歴大([生]1825年)

大村致知 おおむらむねとも
寛政5(1793)年～慶応3(1867)年
江戸時代末期の加賀藩士。
¶国書5([没]慶応3(1867)年5月4日), 幕末([没]1867年6月6日)

大村安宅 おおむらやすおり
天保12(1841)年～元治1(1864)年12月20日
江戸時代後期～末期の新撰組隊士。
¶新撰

大村与一郎 おおむらよいちろう
天文13(1544)年～慶安2(1649)年
戦国時代～江戸時代前期の武田氏の家臣、栃本の関守。
¶埼玉百

大村喜前 おおむらよしあき
永禄12(1569)年～元和2(1616)年　[別]大村喜前《おおむらよしさき》, サンチョ
安土桃山時代～江戸時代前期の武将、大名。肥前大村藩主。
¶キリ([生]永禄11(1568)年　[没]元和2年8月8日(1616年9月18日)), 諸系, 人名(おおむらよしさき　[生]1568年　[没]1615年), 戦国(おおむらよしさき), 戦人, 日人, 藩主4([生]永禄12(1569)年,(異説)永禄11年　[没]元和2(1616)年8月8日), 歴大([生]1568年)

大村喜前 おおむらよしさき
→大村喜前(おおむらよしあき)

大村蘭林 おおむららんりん
→大村荘助(おおむらしょうすけ)

大森景頼 おおもりかげより
江戸時代の国学者・岡山藩士。
¶岡山歴

大森繁右衛門 おおもりしげえもん
延享1(1744)年～文化6(1809)年
江戸時代中期～後期の対馬藩家老。
¶人名, 日人, 藩臣7

大森次郎兵衛 おおもりじろべえ
?　～天保8(1837)年
江戸時代後期の下総古河藩士、剣術家。
¶藩臣3

大森操兵衛 おおもりそうべい
文政7(1824)年～*　[別]大森操兵衛《おおもりそうべえ》

江戸時代末期～明治期の備後福山藩士。
¶幕末（⊗1875年9月6日），藩臣6（おおもりそうべえ ⊗？）

大森操兵衛 おおもりそうべえ
→大森操兵衛（おおもりそうべえ）

大森武和 おおもりたけかず
文政4（1821）年～安政5（1858）年
江戸時代後期～末期の賀嶋家臣。
¶徳島歴

大森次久 おおもりつぐひさ
生没年不詳
江戸時代末期の武士。
¶和歌山人

大森時長 おおもりときなが
元禄3（1690）年～宝暦11（1761）年　⊗大森山城守時長《おおもりやましろのかみときなが》
江戸時代中期の長崎奉行。
¶人名，長崎歴（大森山城守時長　おおもりやましろのかみときなが），日人

大森彦重 おおもりひこしげ
文化11（1814）年～明治1（1868）年2月2日
江戸時代末期の水戸藩郷士。
¶幕末

大森穆斎 おおもりぼくさい
～天保10（1839）年
江戸時代後期の伊勢津藩士。
¶三重

大森元直 おおもりもとなお
慶長8（1603）年～延宝1（1673）年
江戸時代前期の備中松山藩士。
¶岡山人，岡山百，岡山歴（⊗延宝1（1673）年12月30日），藩臣6

大森山城守時長 おおもりやましろのかみときなが
→大森時長（おおもりときなが）

大森好長 おおもりよしなが
？～正保1（1644）年10月3日
江戸時代前期の旗本。
¶埼玉人

大森頼直 おおもりよりなお
慶長12（1607）年～天和1（1681）年10月6日
江戸時代前期の武士。
¶黄檗

大谷内竜五郎 おおやうちりゅうごろう
天保4（1833）年～明治3（1870）年
江戸時代後期～明治期の幕臣、剣術家。
¶静岡歴，姓氏静岡

大屋斧次郎 おおやおのじろう
天保5（1834）年～明治12（1879）年　⊗大屋祐義《おおやすけよし》
江戸時代末期～明治期の上野館林藩士。
¶維新，人名（大屋祐義　おおやすけよし），日人，幕末（⊗1879年12月17日），藩臣2

大屋愷敊 おおやがいこう
→大屋愷敊（おおやよしあつ）

大矢貫治 おおやかんじ
？～明治4（1871）年

江戸時代末期～明治期の信濃高遠藩士、剣術師範。
¶剣豪，藩臣3

大八木三郎右衛門（大谷木三郎右衛門）　おおやぎさぶろうえもん
？～文久3（1863）年
江戸時代末期の豊前小倉藩士、勘定奉行。
¶岡山人（大谷木三郎右衛門），人名，日人（⊗1827年），藩臣7

大爺耕 おおやこう
生没年不詳
江戸時代後期の播磨山崎藩士、儒学者。
¶藩臣5

大屋祐義 おおやすけよし
→大屋斧次郎（おおやおのじろう）

大谷武 おおやたけし
天保13（1842）年～明治8（1875）年9月20日
江戸時代末期～明治期の陸奥二本松藩士。
¶幕末

大谷津七郎 おおやつしちろう
享保12（1727）年～寛政7（1795）年
江戸時代中期の陸奥弘前藩用人。
¶青森人，青森百（⊗？　⊗寛政7（1795）年？），藩臣1

大屋遠江守明啓 おおやとうとうみのかみみつよし
→大屋明啓（おおやみつよし）

大谷存 おおやながろう
文政7（1824）年～元治1（1864）年
江戸時代末期の対馬藩士。
¶維新

大屋裏住 おおやのうらずみ
享保19（1734）年～文化7（1810）年　⊗裏住《うらずみ》
江戸時代中期～後期の陸奥白河藩の狂歌師。江戸狂歌壇の長老の一人。
¶朝日（⊗文化7年5月11日（1810年6月12日）），江戸，国書（⊗文化7（1810）年5月11日），コン改，コン4，史人（⊗1810年5月11日），新潮（⊗文化7（1810）年5月11日），人名，世人（⊗文化7（1810）年5月11日），大百，日人，俳句（裏住　うらずみ），藩臣2，百科，和俳

大矢野松右衛門 おおやのまつえもん
？～寛永15（1638）年
江戸時代前期のキリシタン武士、島原の乱叛徒。
¶人名，日人

大藪国安 おおやぶくにやす
？～寛永9（1632）年
江戸時代前期の武士。
¶和歌山人

大藪新右衛門 おおやぶしんえもん
生没年不詳
江戸時代末期の武士、はじめ勘定吟味役助。
¶和歌山人

大山巌 おおやまいわお
天保13（1842）年～大正5（1916）年　⊗岩次郎，弥介
江戸時代末期～明治期の薩摩藩士、陸軍軍人。
¶朝日（⊕天保13年10月10日（1842年11月12日）

[没]大正5(1916)年12月10日),維新,岩史(㊤天保13(1842)年10月10日 [没]大正5(1916)年12月10日),海越(㊤天保13(1842)年10月10日 [没]大正5(1916)年12月10日),海越新(㊤天保13(1842)年10月10日 [没]大正5(1916)年12月10日),鹿児島百,角史,郷土栃木,近現,現日(㊤1842年10月10日 [没]1916年12月10日),国際,国史,コン改,コン4,コン5,史人(㊤1842年10月10日 [没]1916年12月10日),重要(㊤天保13(1842)年10月10日 [没]大正5(1916)年12月10日),新潮(㊤天保13(1842)年10月10日 [没]大正5(1916)年12月10日),人名,世紀(㊤天保13(1842)年10月10日 [没]大正5(1916)年12月10日),姓氏鹿児島,世人(㊤天保13(1842)年10月10日 [没]大正5(1916)年12月10日),世百,先駆(㊤天保13(1842)年10月10日 [没]大正5(1916)年12月10日),全書,大百,伝記,渡航(㊤1842年10月10日 [没]1916年12月10日),栃木歴,日史(㊤天保13(1842)年10月10日 [没]大正5(1916)年12月10日),日人,日本,人情1,幕末([没]1916年12月10日),藩臣7,百科,明治1,陸海(㊤天保13年10月10日 [没]大正5年12月10日),歴大

大山格之助 おおやまかくのすけ
→大山綱良(おおやまつなよし)

大屋正巳 おおやまさみ
生没年不詳
江戸時代中期の第11代京都代官。
¶京都大,姓氏京都

大山庄大夫(大山庄太夫) おおやましょうだゆう
文化5(1808)年～慶応2(1866)年
江戸時代末期の出羽庄内藩士。公武合体論を主張。
¶朝日([没]慶応2年11月13日(1866年12月19日)),庄内(大山庄太夫 [没]慶応2(1866)年11月14日),日人,藩臣1(大山庄太夫 [没]慶応3(1867)年)

大山田刑部 おおやまだぎょうぶ
生没年不詳
安土桃山時代～江戸時代前期の武士。佐竹氏家臣。
¶戦人

大山筑前守 おおやまちくぜんのかみ
→大山光隆(おおやまみつたか)

大山綱良 おおやまつなよし
文政8(1825)年～明治10(1877)年 [別]大山格之助《おおやまかくのすけ》
江戸時代末期～明治期の薩摩藩の政治家、鹿児島県令。
¶朝日(㊤文政8年11月16日(1825年12月25日) [没]明治10(1877)年9月30日),維新,鹿児島百,角史,近現,近世,国際,国史,国書(㊤文政8(1825)年11月6日 [没]明治10(1877)年9月30日),コン改,コン4,コン5,史人(㊤1825年11月6日 [没]1877年9月30日),庄内(大山格之助 おおやまかくのすけ ㊤文政8(1825)年11月6日 [没]明治10(1877)年9月30日),新潮(㊤文政8(1825)年11月6日 [没]明治10(1877)年9月30日),人名,姓氏鹿児島,世人(㊤文政8(1825)年11月6日 [没]明治10(1877)年9月30日),全書,日史(㊤文政8(1825)年11月6日 [没]明治10(1877)年9月30日),日人,幕末([没]1877年9月30日),藩臣7,百科,宮城百(大山格之助 おおやまかくのすけ),宮崎百([没]明治10(1877)年9月30日),明治1,山形百(大山格之助 おおやまかくのすけ ㊤? [没]明治11(1878)年),履歴(㊤文政8(1825)年11月6日 [没]明治10(1877)年9月30日),歴大

大山彦八 おおやまひこはち
天保6(1835)年～明治9(1876)年
江戸時代末期～明治期の薩摩藩士。
¶維新,姓氏鹿児島,姓氏京都(㊤?),幕末([没]1876年2月)

大山光隆 おおやまみつたか
? ～元和9(1623)年 [別]大山筑前守《おおやまちくぜんのかみ》
江戸時代前期の武将。最上氏家臣。
¶庄内(大山筑前守 おおやまちくぜんのかみ [没]元和9(1623)年6月15日),戦東

太山融斎(大山融斎) おおやまゆうさい
寛政6(1794)年～文久3(1863)年
江戸時代末期の上野安中藩士、儒学者。
¶江文(大山融斎),群馬人,国書(大山融斎 [没]文久3(1863)年1月28日),姓氏群馬,日人,藩臣2

大山美虔 おおやまよしかた
生没年不詳
江戸時代前期の播磨明石藩士、儒学者。
¶藩臣5

大山義則 おおやまよしのり
元亀2(1571)年～寛永14(1637)年
安土桃山時代～江戸時代前期の武士。佐竹氏家臣。
¶戦辞([没]寛永14年1月22日(1637年2月16日)),戦人,戦東(㊤?)

大屋明啓 おおやみつよし
? ～嘉永3(1850)年 [別]大屋遠江守明啓《おおやとうとうみのかみみつよし》
江戸時代後期の102代長崎奉行。
¶長崎歴(大屋遠江守明啓 おおやとうとうみのかみみつよし)

大屋愷敆 おおやよしあつ
天保10(1839)年～明治34(1901)年 [別]大屋愷敆《おおやがいこう》
江戸時代末期～明治期の加賀藩士、洋学者。
¶石川百,人名(おおやがいこう),姓氏石川,先駆(おおやがいこう [没]明治34(1901)年6月),日人,幕末(おおやがいこう [没]1901年6月)

大利鼎吉 おおりていきち
天保13(1842)年～慶応1(1865)年 [別]大利正樹《おおりまさき》,大利鼎吉《おおざとていきち,たりていきち》
江戸時代末期の土佐藩の志士。
¶維新,大阪人(たりていきち [没]慶応1(1865)年1月11日),高知人,コン改(おおざとていきち),コン4(おおざとていきち),新潮([没]慶応1(1865)年1月8日),人名(大利正樹 おおりまさき ㊤1841年 [没]1864年),人名(たりていきち),日人,幕末([没]1865年2月3日),藩臣6

大利正樹 おおりまさき
→大利鼎吉（おおりていきち）

大脇自笑 おおわきじしょう
文化5（1808）年～明治9（1876）年
江戸時代末期の武術家。
¶国書（[生]文化5（1808）年7月15日　[没]明治9（1876）年10月14日），人名，長野百，長野歴，日人

大脇信就 おおわきのぶなり
生没年不詳
江戸時代後期の武士。名古屋藩木曾代官山村家の臣。
¶国書5

大脇順若 おおわきまさより
文政8（1825）年～明治38（1905）年
江戸時代末期～明治期の土佐藩士。国立第七銀行の創立。経営手腕を発揮した。高知県財界の重鎮。
¶高知人，コン改，コン4，コン5，新潮（[生]文政8（1825）年12月3日　[没]明治38（1905）年2月20日），人名，日人（[生]1826年），幕末（[没]1905年2月20日）

大脇末徹 おおわきみてつ
生没年不詳
江戸時代後期の武士。名古屋藩木曾代官山村家の臣。
¶国書5

大脇康晟 おおわきやすあき
天保1（1830）年～？
江戸時代後期～末期の加賀藩士。
¶国書

大和田清胤 おおわだきよつぐ
生没年不詳
江戸時代中期の伊予宇和島藩家老。
¶藩臣6

大和田権兵衛 おおわだごんべえ
生没年不詳
江戸時代中期の仙台藩士。
¶国書

大和田重清(1) おおわだしげきよ
＊～寛永11（1634）年
安土桃山時代～江戸時代前期の陸奥仙台藩士。
¶姓氏宮城（[生]1550年），藩臣1（[生]天文21（1552）年）

大和田重清(2) おおわだしげきよ
？～元和5（1619）年
安土桃山時代～江戸時代前期の武士。佐竹氏家臣。
¶国書（[没]元和5（1619）年1月），戦人，戦東

大和田時胤 おおわだときたね
承応2（1653）年～？
江戸時代前期～中期の秋田藩士。
¶国書

大和田隼人 おおわだはやと
享保3（1718）年～寛政12（1800）年
江戸時代中期～後期の伊予宇和島藩家老。
¶藩臣6

大童信太夫 おおわらしんだゆう
天保3（1832）年～明治33（1900）年　[別]大童信太夫《おおわらべしんだゆう》
江戸時代末期～明治期の大番士。
¶維新（おおわらべしんだゆう），人名（おおわらべしんだゆう　[生]1831年），姓氏宮城，日人，幕末（[生]1832年11月29日　[没]1900年10月2日），宮城百

大童信太夫 おおわらべしんだゆう
→大童信太夫（おおわらしんだゆう）

岡家成 おかいえなり
～寛文10（1670）年
江戸時代前期の武士。
¶岡山人

岡井軌麗 おかいのりつぐ
延享3（1746）年～文政7（1824）年
江戸時代後期の武士。
¶和歌山人

岡内重俊 おかうちしげとし
天保13（1842）年～大正4（1915）年　[別]岡内俊太郎《おかのうちしゅんたろう》，重俊，俊太郎
江戸時代末期～明治期の土佐藩士、官僚。高等法院陪席判事。男爵。貴族院議員。
¶朝日（[生]天保13年4月2日（1842年5月11日）　[没]大正4（1915）年9月20日），維新（岡内俊太郎　おかのうちしゅんたろう），海越（[生]天保13（1842）年4月2日　[没]大正4（1915）年9月19日），海越新（[生]天保13（1842）年4月2日　[没]大正4（1915）年9月19日），近現，高知人，高知百，国際，国史，コン改，コン5，史人（[生]1842年4月2日　[没]1915年9月19日），新潮（[生]天保13（1842）年4月　[没]大正4（1915）年9月19日），人名，渡航（[没]1915年9月20日），日人，幕末（[没]1915年9月20日）

岡内直善 おかうちなおよし
～明治23（1890）年7月8日
江戸時代後期～明治期の弓道家、高松藩士。
¶弓道

岡内正直 おかうちまさなお
～明治6（1873）年6月25日
江戸時代後期～明治期の弓道家、高松藩士。
¶弓道

岡格馬 おかかくま
文化7（1810）年～？
江戸時代後期の剣術家。小野派一刀流。
¶剣豪

岡一静 おかかずきよ
寛政1（1789）年～安政7（1860）年
江戸時代後期の石見浜田藩士、儒学者。
¶藩臣5

岡鼎 おかかなえ
？～天保2（1831）年　[別]岡研水《おかけんすい》
江戸時代後期の伊予宇和島藩士。
¶国書，藩臣6（岡研水　おかけんすい）

岡上景能 おかがみかげよし
→岡上景能（おかのぼりかげよし）

岡熊臣 おかくまおみ
天明3(1783)年～嘉永4(1851)年
江戸時代後期の神官、国学者。石見津和野藩改革運動の指導者。
¶朝日([生]天明3年3月9日(1783年4月10日)　[没]嘉永4年8月6日(1851年9月1日)), 維新, 岩史([生]天明3(1783)年3月9日　[没]嘉永4(1851)年8月5日), 近世, 国史, 国書([生]天明3(1783)年3月9日　[没]嘉永4(1851)年8月6日), コン改, コン4, 史人([生]1783年3月9日　[没]1851年8月6日), 島根人, 島根百([生]天明3(1783)年3月9日　[没]嘉永4(1851)年8月6日), 島根歴, 神史, 人書94, 神人([生]天明3(1783)年3月9日　[没]嘉永4(1851)年8月6日), 新潮([生]天明3(1783)年3月9日　[没]嘉永4(1851)年8月6日), 人名, 世人([生]天明3(1783)年3月　[没]嘉永4(1851)年8月5日), 日人, 藩臣5, 歴大

岡蔵治 おかくらじ
寛政5(1793)年～文久3(1863)年1月2日
江戸時代後期～末期の仙台藩士。
¶国書

岡研水 おかけんすい
→岡鼎(おかかなえ)

岡郷惣右衛門 おかごうそうううえもん
→岡郷惣右衛門(おかごそうえもん)

岡郷惣右衛門 おかごそうえもん
？～寛永18(1641)年　[別]岡郷惣右衛門《おかごうそうううえもん》
江戸時代前期の代官、岡堰の開発功労者。
¶姓氏長野, 長野歴(おかごうそうううえもん　生没年不詳)

岡権右衛門 おかごんえもん
享保16(1731)年～文化11(1814)年
江戸時代中期～後期の紀伊和歌山藩士。
¶藩臣5

岡崎猪太夫 おかざきいだゆう
江戸時代前期の武士。
¶岡山人

岡崎淵冲 おかざきえんちゅう
天保12(1841)年～明治38(1905)年
江戸時代末期～明治期の備前岡山藩士、実業家。和敬会組織者。
¶茶道

岡崎乙彦 おかざきおとひこ
江戸時代の富山藩士、国学者。
¶姓氏富山, 富山文(生没年不詳)

岡崎熊吉 おかざきくまきち
天保3(1832)年～元治1(1864)年
江戸時代末期の長州(萩)藩士。
¶維新, 人名, 日人, 幕末([没]1864年8月20日)

岡崎源三 おかざきげんぞう
江戸時代末期の新撰組隊士。
¶新撰

岡崎貞蔵 おかざきていぞう
？～文化10(1813)年
江戸時代後期の美濃高須藩士。
¶藩臣3

岡崎藤佐衛門 おかざきとうざえもん
生没年不詳
江戸時代末期の幕臣・外国奉行支配調役並。1862年遣欧使節に随行しフランスに渡る。
¶海越新

岡崎徳本 おかざきとくほん
文政9(1826)年～明治2(1869)年
江戸時代末期の算者、因幡鳥取藩士。
¶人名([生]？), 数学([没]明治2(1869)年12月11日), 日人([没]1870年)

岡崎朝綱 おかざきともつな
～明治17(1884)年8月19日
江戸時代後期～明治期の弓道家、水戸藩士。
¶弓道

岡崎元祐 おかざきもとすけ
*～大正7(1918)年
江戸時代末期～明治期の武道家、博学者。
¶高知人([生]1839年), 幕末([生]1840年　[没]1918年5月23日)

岡崎宜陳 おかざきよしのぶ
生没年不詳
江戸時代後期の阿波徳島藩士。
¶国書

岡崎宜平 おかざきよしひら
生没年不詳
江戸時代後期の阿波徳島藩士。
¶国書

岡崎可観 おかざきよしみ
嘉永1(1848)年～大正6(1917)年
江戸時代末期～明治期の因幡鳥取藩士。
¶藩臣5

岡左内(1) おかさない
生没年不詳
江戸時代前期の陸奥会津藩士、猪苗代城主。
¶藩臣2

岡左内(2) おかさない
？～慶応3(1867)年
江戸時代末期の陸奥弘前藩士。
¶藩臣1

小笠原武英 おがさはらたけふさ
→小笠原武英(おがさわらたけひで)

岡沢定秋 おかざわさだあき
延享4(1747)年～文政7(1824)年
江戸時代中期～後期の信濃飯田藩士。
¶藩臣3

小笠原伊右衛門 おがさわらいえもん
慶長3(1598)年～延宝2(1674)年
江戸時代前期の紀伊和歌山藩士。
¶藩臣5

小笠原出雲 おがさわらいずも
生没年不詳
江戸時代中期の豊前小倉藩家老。
¶藩臣7

小笠原一庵 おがさわらいちあん
生没年不詳　[別]小笠原一庵為宗《おがさわらいちあんためむね》

江戸時代前期の旗本、2代長崎奉行。
¶史人，長崎歴（小笠原一庵為宗　おがさわらいちあんためむね），日史，日人，百科，歴大

小笠原一庵為宗　おがさわらいちあんためむね
→小笠原一庵（おがさわらいちあん）

お

小笠原男也　おがさわらおなり
？～明治9（1876）年
江戸時代末期～明治期の長州（萩）藩士。
¶幕末

小笠原和平　おがさわらかずへい
天保13（1842）年～明治16（1883）年3月27日
江戸時代末期～明治期の勤王党参加者。
¶幕末

小笠原勝成　おがさわらかつしげ
慶長11（1606）年～延宝4（1676）年
江戸時代前期の武士。
¶和歌山人

小笠原勝修　おがさわらかつなが
→小笠原午橋（おがさわらごきょう）

小笠原清正　おがさわらきよまさ
？～明暦2（1656）年
江戸時代前期の武士。
¶和歌山人

小笠原軍兵衛　おがさわらぐんべえ
生没年不詳
江戸時代中期の播磨安志藩士。
¶藩臣5

小笠原敬斎　おがさわらけいさい
→小笠原敬次郎（おがさわらけいじろう）

小笠原敬次郎　おがさわらけいじろう
文政11（1828）年～文久3（1863）年9月14日　㊎小笠原敬斎《おがさわらけいさい》
江戸時代末期の播磨安志藩士。
¶維新，国書（小笠原敬斎　おがさわらけいさい　㊐文政11（1828）年12月5日），幕末，藩臣7，福岡百（㊐文政11（1828）年12月5日）

小笠原謙吉　おがさわらけんきち
天保11（1840）年～明治1（1868）年　㊎小笠原茂連《おがさわらしげつら》
江戸時代末期の土佐藩士。
¶維新，高知人，人名（小笠原茂連　おがさわらしげつら　㊐？），日人

小笠原源太夫　おがさわらげんだゆう
生没年不詳
江戸時代中期の遠江浜松藩士。
¶藩臣4

小笠原監物　おがさわらけんもつ
生没年不詳
江戸時代中期の播磨姫路藩家老。
¶藩臣5

小笠原玄也　おがさわらげんや
？～寛永12（1635）年
江戸時代前期の肥後熊本藩のキリシタン、武士。細川忠興の重臣。
¶近世，熊本百（㊍寛永12（1635）年12月23日），国史，新潮（㊍寛永12（1635）年12月23日），戦人，日人（㊍1636年），藩臣7

小笠原午橋　おがさわらごきょう
文政5（1822）年～明治14（1881）年　㊎小笠原勝修《おがさわらかつなが》
江戸時代末期～明治期の陸奥会津藩士。
¶江文，国書（㊍明治14（1881）年8月14日），人名（小笠原勝修　おがさわらかつなが），日人，幕末（㊍1881年8月14日），藩臣2

小笠原貞顕　おがさわらさだあき
享保19（1734）年～享和2（1802）年
江戸時代中期～後期の大名。豊前小倉新田藩主。
¶諸系，日人，藩主4（㊐享保19（1734）年10月17日　㊍享和2（1802）年2月20日）

小笠原貞温　おがさわらさだあつ
明和3（1766）年～文政5（1822）年
江戸時代中期～後期の大名。豊前小倉新田藩主。
¶諸系，日人，藩主4（㊍文政5（1822）年2月15日）

小笠原貞孚　おがさわらさだざね
→小笠原貞孚（おがさわらさだちか）

小笠原貞孚　おがさわらさだちか
嘉永3（1850）年～明治38（1905）年　㊎小笠原貞孚《おがさわらさだざね》
江戸時代末期～明治期の大名。播磨安志藩主。
¶諸系，日人，藩主3（おがさわらさだざね　㊐嘉永3（1850）年11月　㊍明治38（1905）年6月）

小笠原貞晃　おがさわらさだてる
寛文2（1662）年～宝永3（1706）年
江戸時代中期の旗本。
¶姓氏神奈川

小笠原貞哲　おがさわらさだとし
享和2（1802）年～安政4（1857）年
江戸時代末期の大名。豊前小倉新田藩主。
¶諸系，日人，藩主4（㊐享和2（1802）年10月1日　㊍安政4（1857）年9月16日）

小笠原定俊　おがさわらさだとし
天正3（1575）年～正保4（1647）年
江戸時代前期の武士。
¶和歌山人

小笠原貞信(1)　おがさわらさだのぶ
慶長6（1601）年～寛文12（1672）年
江戸時代前期の旗本。
¶神奈川人

小笠原貞信(2)　おがさわらさだのぶ
寛永8（1631）年～正徳4（1714）年
江戸時代前期～中期の大名。下総関宿藩主、美濃高須藩主、越前勝山藩主。
¶岐阜百（㊐天正8（1580）年　㊍慶長19（1614）年），諸系，日人，藩主2，藩主3（㊐寛永8（1631）年8月24日　㊍正徳4（1714）年6月17日），福井百

小笠原貞宣　おがさわらさだのぶ
貞享3（1686）年～延享2（1745）年10月15日
江戸時代前期～中期の幕臣。
¶国書

小笠原貞春　おがさわらさだはる
江戸時代前期の槍術家、建孝流槍術中興の祖。
¶人名，日人（生没年不詳）

小笠原貞嘉 おがさわらさだひろ
→小笠原忠嘉（おがさわらただひろ）

小笠原貞正 おがさわらさだまさ
天保11（1840）年～明治39（1906）年
江戸時代末期～明治期の大名。豊前千束藩主。
　¶維新，諸系，日人，幕末（卒1906年3月21日），
　藩主4（生天保11（1840）年10月27日　卒明治39
　（1906）年3月21日）

小笠原貞通 おがさわらさだみち
貞享3（1686）年～延享4（1747）年
江戸時代中期の大名。豊前小倉新田藩主。
　¶諸系，日人，藩主4（生貞享3（1686）年5月2日
　卒延享4（1747）年1月5日）

小笠原貞道 おがさわらさだみち
？　～明治1（1868）年
江戸時代後期～末期の水戸藩士。
　¶国書

小笠原貞寧 おがさわらさだやす
天保2（1831）年～安政3（1856）年
江戸時代末期の大名。豊前小倉新田藩主。
　¶諸系，日人，藩主4（生天保2（1831）年6月26日
　卒安政3（1856）年8月9日）

小笠原貞幹 おがさわらさだよし
→小笠原忠幹（おがさわらただよし）

小笠原貞謙 おがさわらさだよし
文政10（1827）年～嘉永4（1851）年
江戸時代末期の大名。豊前小倉新田藩主。
　¶諸系，日人，藩主4（生文政10（1827）年7月11日
　卒嘉永4（1851）年1月4日）

小笠原佐渡守長重 おがさわらさどのかみながしげ
→小笠原長重（おがさわらながしげ）

小笠原真方 おがさわらさねかた
承応1（1652）年～宝永6（1709）年
江戸時代前期～中期の大名。豊前小倉新田藩主。
　¶諸系，人名，日人，藩主4（承応1（1652）年4
　月20日　卒宝永6（1709）年7月5日），福岡百
　（生慶安5（1652）年4月20日　卒宝永6（1709）年
　7月5日）

小笠原三郎左衛門吉次 おがさわらさぶろうざえもん
よしつぐ
→小笠原吉次（おがさわらよしつぐ）

小笠原茂連 おがさわらしげつら
→小笠原謙吉（おがさわらけんきち）

小笠原嘯山 おがさわらしょうざん
生没年不詳
江戸時代後期の幕臣・歌人。
　¶国書

小笠原城之助 おがさわらじょうのすけ
→小笠原長政（おがさわらながまさ）

小笠原隼之助(1) おがさわらそうのすけ
宝暦10（1760）年～文政2（1819）年
江戸時代中期～後期の常陸土浦藩士。
　¶藩臣2

小笠原隼之助(2) おがさわらそうのすけ
天明5（1785）年～嘉永3（1850）年
江戸時代後期の常陸土浦藩士。

　¶藩臣2

小笠原武英 おがさわらたけひで
弘化3（1846）年～明治44（1911）年　劒小笠原武
英《おがさはらたけふさ，おがさわらたけふさ》
江戸時代末期～明治期の長門清末藩士。
　¶人名，世紀（生弘化3（1846）年4月29日　卒明治
　44（1911）年8月15日），日人，幕末（おがさわ
　らたけふさ　生1845年　卒1911年8月14日），
　藩臣6（おがさはらたけふさ　生弘化2（1845）
　年），山口百

小笠原武英 おがさわらたけふさ
→小笠原武英（おがさわらたけひで）

小笠原忠徴 おがさわらただあきら
文化5（1808）年～安政3（1856）年
江戸時代末期の大名。豊前小倉藩主。
　¶諸系，日人，幕末（卒1856年6月14日），藩主4
　（生文化5（1808）年10月12日　卒安政3（1856）
　年5月12日，（異説）7月12日）

小笠原忠固 おがさわらただかた
明和7（1770）年～天保14（1843）年
江戸時代後期の大名。豊前小倉藩主。
　¶諸系，人名，日人，藩主4（生明和7（1770）年9
　月4日　卒天保14（1843）年5月12日，（異説）7月
　18日），福岡百（生明和7（1770）年9月4日
　卒天保14（1843）年5月12日）

小笠原忠雄 おがさわらただかつ
正保4（1647）年～享保10（1725）年　劒小笠原忠
雄《おがさわらただたか》
江戸時代前期～中期の大名。豊前小倉藩主。
　¶国書（おがさわらただたか　生正保4（1647）年5
　月20日　卒享保10（1725）年6月5日），諸系，
　人名，日人，藩主4（おがさわらただたか　生正
　保4（1647）年5月20日　卒享保10（1725）年6月
　28日）

小笠原忠真 おがさわらただざね，おがさわらたださね
慶長1（1596）年～寛文7（1667）年
江戸時代前期の大名。信濃松本藩主、播磨明石藩
主、豊前小倉藩主。
　¶朝日（生慶長1年2月28日（1596年3月26日），
　卒寛文7年10月18日（1667年12月3日）），黄檗
　（卒寛文7（1667）年10月18日），近世，国史，コ
　ン改，コン4，茶道（生1595年），史人（卒1667
　年10月18日），諸系，新潮（卒寛文7（1667）年
　10月18日），人名，世人（卒寛文7（1667）年10月
　18日），戦合，長野歴，日史（卒寛文7（1667）
　年10月18日），日人，藩主2，藩主3，藩主4
　（生文禄5（1596）年2月28日　卒寛文7（1667）年
　10月18日），百科，兵庫百（おがさわらたださ
　ね），福岡百（生文禄5（1596）年2月28日　卒寛
　文7（1667）年10月18日），歴大

小笠原忠雄 おがさわらただたか
→小笠原忠雄（おがさわらただかつ）

小笠原忠知 おがさわらただとも
慶長4（1599）年～寛文3（1663）年
江戸時代前期の大名。豊後杵築藩主、三河吉田
藩主。
　¶国書（生慶長4（1599）年7月21日　卒寛文3
　（1663）年7月29日），茶道（生1598年），諸系，

人名，姓氏愛知，長野歴（⊕？），日人，藩主2
（⊕慶長4（1599）年7月21日）　⊗寛文3（1663）年
7月29日，藩主4（⊗寛文3（1663）年7月29日）

小笠原忠忱　おがさわらただのぶ
文久2（1862）年2月8日〜明治30（1897）年　別錦
陵，豊千代丸
江戸時代末期〜明治期の豊津藩知事。小倉藩主。
伯爵。豊前育英会を創設。
¶維新，海越（⊗明治30（1897）年2月5日），海越
新（⊗明治30（1897）年2月5日），国際，写家
（⊗明治30年2月5日），諸系，新編（⊗明治30
（1897）年2月5日），渡航（⊗明治30（1897）年2月5日），
日人，幕末（⊗1897年2月5日），藩主4（⊗明治
30（1897）年2月6日）

小笠原只八（小笠原唯八）　おがさわらただはち
文政12（1829）年〜明治1（1868）年　別牧野茂敬
《まきのしげゆき》，牧野群馬《まきのぐんま》
江戸時代末期の土佐藩の志士。
¶朝日（⊗明治1年8月25日（1868年10月10日）），
維新（小笠原唯八），高知人，高知百，コン改，コン4，新潮（⊕文政12（1829）
年3月　⊗慶応4（1868）年8月25日），人名（牧
野茂敬　まきのしげゆき），日人，幕末
（⊗1868年10月10日），藩主6（小笠原唯八）

小笠原忠嘉　おがさわらただひろ
天保10（1839）年〜万延1（1860）年　別小笠原貞
嘉《おがさわらさだひろ》
江戸時代末期の大名。豊前小倉藩主。
¶維新，諸系（小笠原貞嘉　おがさわらさだひ
ろ），日人（小笠原貞嘉　おがさわらさだひ
ろ），幕末（⊗1860年8月11日），藩主4（⊕天保
10（1839）年2月29日　⊗万延1（1860）年6月25
日，（異説）10月26日）

小笠原忠総　おがさわらただふさ
享保12（1727）年〜寛政2（1790）年
江戸時代中期の大名。豊前小倉藩主。
¶諸系，人名（⊕1724年　⊗？），日人，藩主4
（⊕享保12（1727）年8月22日　⊗寛政2（1790）
年11月8日，（異説）12月12日）

小笠原忠苗　おがさわらただみつ
延享3（1746）年〜文化5（1808）年
江戸時代中期〜後期の大名。豊前小倉藩主。
¶諸系，人名，日人，藩主4（⊕延享3（1746）年9
月24日　⊗文化5（1808）年2月18日）

小笠原忠基　おがさわらただもと
天和2（1682）年〜宝暦2（1752）年
江戸時代中期の大名。豊前小倉藩主。
¶諸系，人名，日人，藩主4（⊕天和2（1682）年7
月4日　⊗宝暦2（1752）年2月5日）

小笠原忠幹　おがさわらただよし
文政10（1827）年〜慶応1（1865）年　別小笠原貞
幹《おがさわらさだよし》
江戸時代末期の大名。播磨安志藩主、豊前小倉
藩主。
¶維新，諸系，日人，幕末（⊗1865年9月6日），藩
主3（小笠原貞幹　おがさわらさだよし），藩主
4（⊕文政10（1827）年9月14日　⊗慶応1（1865）
年9月6日，（異説）慶応3年6月2日）

小笠原胤次　おがさわらたねつぐ
明暦3（1657）年〜享保3（1718）年
江戸時代中期の武士、幕臣。
¶和歌山人

小笠原長鑑　おがさわらちょうかん
元禄8（1695）年〜？
江戸時代中期の長州萩藩士。
¶国書

小笠原常方　おがさわらつねみち
寛延1（1748）年〜？
江戸時代中期〜後期の幕臣・故実家。
¶国書

小笠原東陽　おがさわらとうよう
天保1（1830）年〜明治20（1887）年
江戸時代末期〜明治期の儒者、勝山藩士。
¶江文，神奈川人，神奈川百，郷土神奈川，人名，
日人

小笠原直経　おがさわらなおつね
？　〜延宝7（1679）年
江戸時代前期の弓術家。
¶日人

小笠原長会　おがさわらながお
＊〜天保7（1836）年
江戸時代後期の大名。肥前唐津藩主。
¶佐賀百（⊕？　⊗天保7（1836）年2月），諸系
（⊕1811年），日人（⊕1811年），藩主4（⊕文化
7（1810）年　⊗天保7（1836）年2月26日）

小笠原長興　おがさわらながおき
正徳2（1712）年〜天明6（1786）年
江戸時代中期の大名。豊前中津藩主、播磨安志
藩主。
¶諸系，人名（⊕1713年），日人，藩主3（⊗天明6
（1786）年6月24日），藩主4（⊕正徳2（1712）年
2月26日　⊗天明6（1786）年6月24日）

小笠原長和　おがさわらながかず
＊〜天保11（1840）年　別小笠原長和《おがさわら
ながよし》
江戸時代後期の大名。肥前唐津藩主。
¶佐賀百（おがさわらながよし　⊕？　⊗天保11
（1840）年11月），諸系（⊕1822年），日人
（⊕1822年），藩主4（おがさわらながよし
⊕文政4（1821）年　⊗天保11（1840）年10月23
日）

小笠原長勝　おがさわらながかつ
正保3（1646）年〜天和2（1682）年
江戸時代前期の大名。豊前中津藩主。
¶国書（⊕正保3（1646）年9月25日　⊗天和2
（1682）年12月2日），諸系，人名，日人，藩主4
（⊕正保3（1646）年9月25日　⊗天和2（1682）年
12月2日）

小笠原長国　おがさわらながくに
文化9（1812）年〜明治10（1877）年4月23日
江戸時代末期〜明治期の大名。肥前唐津藩主。
¶佐賀百，諸系（⊕1824年），日人（⊕1824年），
幕末，藩主4

小笠原長貞　おがさわらながさだ
慶安2（1649）年〜正徳6（1716）年2月3日

江戸時代前期～中期の幕臣・故実家。
¶国書

小笠原長邕 おがさわらながさと
正徳1(1711)年～享保1(1716)年
江戸時代中期の大名。豊前中津藩主。
¶諸系，日人，藩主4([生]正徳1(1711)年8月21日　[没]享保1(1716)年9月6日)

小笠原長重 おがさわらながしげ
慶安3(1650)年～享保17(1732)年　[別]小笠原佐渡守長重《おがさわらさどのかみながしげ》
江戸時代中期の大名、老中。三河吉田藩主、武蔵岩槻藩主。
¶京都大([没]享保6(1721)年)，近世，国史，埼玉人([生]慶安3(1650)年5月7日　[没]享保17(1732)年8月1日)，埼玉百(小笠原佐渡守長重　おがさわらさどのかみながしげ)，茶道，諸系，人名，姓氏京都，日人，藩主1([生]慶安3(1650)年5月7日　[没]享保17(1732)年8月1日)，藩主2

小笠原長祐 おがさわらながすけ
正保1(1644)年～元禄3(1690)年
江戸時代前期の大名。三河吉田藩主。
¶諸系，日人，藩主2([生]正保1(1644)年4月7日　[没]元禄3(1690)年6月17日)

小笠原長貴 おがさわらながたか
寛政5(1793)年～天保11(1840)年
江戸時代後期の大名。越前勝山藩主。
¶諸系，日人，藩主3([生]寛政5(1793)年7月6日　[没]天保11(1840)年3月8日)

小笠原長堯 おがさわらながたか
宝暦11(1761)年～文化9(1812)年
江戸時代中期～後期の大名。陸奥棚倉藩主。
¶諸系，日人，藩主1

小笠原長武 おがさわらながたけ
文化6(1809)年～天保10(1839)年
江戸時代後期の大名。播磨安志藩主。
¶諸系，日人，藩主3([生]文化6(1809)年5月　[没]天保10(1839)年8月21日)

小笠原長胤 おがさわらながたね
寛文8(1668)年～宝永6(1709)年
江戸時代前期～中期の大名。豊前中津藩主。
¶大分百([生]1668年，(異説)1667年)，諸系，人名，日人，藩主4([生]寛文8(1668)年2月9日　[没]宝永6(1709)年3月27日)

小笠原長為 おがさわらながため
延享2(1745)年～天明2(1782)年
江戸時代中期の大名。播磨安志藩主。
¶諸系，日人，藩主3([没]天明2(1782)年2月12日)

小笠原長次 おがさわらながつぐ
元和1(1615)年～寛文6(1666)年
江戸時代前期の大名。播磨竜野藩主、豊前中津藩主。
¶諸系，人名，日人，藩主3，藩主4([生]元和1(1615)年5月25日　[没]寛文6(1666)年5月29日)，兵庫百

小笠原長世 おがさわらながつぐ
明和2(1765)年～文化10(1813)年8月5日
江戸時代中期～後期の幕臣。
¶国書

小笠原長恒 おがさわらながつね
正徳5(1715)年～天明1(1781)年6月4日
江戸時代中期の幕臣・故実家。
¶国書

小笠原長常 おがさわらながつね
生没年不詳
江戸時代末期の幕臣。
¶維新，京都大，国書，姓氏愛知([生]1818年　[没]1880年)，姓氏京都，幕末

小笠原長庸 おがさわらながつね
享保7(1722)年～延享1(1744)年
江戸時代中期の大名。遠江掛川藩主。
¶諸系，日人，藩主2([没]延享1(1744)年7月6日)

小笠原長光 おがさわらながてる
文化8(1811)年～明治12(1879)年
江戸時代末期～明治期の肥前唐津藩士。
¶藩臣7

小笠原長巨 おがさわらながなお
？　～寛永11(1634)年
安土桃山時代～江戸時代前期の旗本。伊那郡松尾城城主小笠原信嶺の次弟。
¶姓氏長野

小笠原長直(1) おがさわらながなお
天正15(1587)年～延宝3(1675)年
安土桃山時代～江戸時代前期の武将。
¶国書

小笠原長直(2) おがさわらながなお
正徳4(1714)年～寛政8(1796)年9月4日
江戸時代中期～後期の幕臣。
¶国書

小笠原長円 おがさわらながのぶ
延宝4(1676)年～正徳3(1713)年
江戸時代中期の大名。豊前中津藩主。
¶諸系，日人，藩主4([生]延宝4(1676)年2月26日　[没]正徳3(1713)年10月22日)

小笠原長矩 おがさわらながのり
寛永1(1624)年～延宝6(1678)年
江戸時代前期の大名。三河吉田藩主。
¶諸系，人名，日人，藩主2([生]寛永1(1624)年1月24日　[没]延宝6(1678)年2月8日)

小笠原長治 おがさわらながはる
安土桃山時代～江戸時代前期の武芸家、真新陰流刀術の祖。
¶人名，日人(生没年不詳)

小笠原長熙(小笠原長煕，小笠原長凞，小笠原長凞)
おがさわらながひろ
元禄3(1690)年～宝暦2(1752)年
江戸時代中期の大名。武蔵岩槻藩主、遠江掛川藩主。
¶埼玉人(小笠原長煕　[没]宝暦2(1752)年3月21日)，静岡百(小笠原長凞)，静岡歴(小笠原長凞)，諸系，姓氏静岡，日人，藩主1(小笠原長凞)，藩主2(小笠原長煕　[没]宝暦2(1752)年3月21日)

小笠原長昌(1)　おがさわらながまさ
？　～正徳4（1714）年1月3日
江戸時代前期～中期の尾張藩士。
¶国書

小笠原長昌(2)　おがさわらながまさ
寛政8（1796）年～文政6（1823）年
江戸時代後期の大名。陸奥棚倉藩主、肥前唐津藩主。
¶近世，国史，コン改（[生]？），コン4（[生]？），佐賀百（[生]寛政8（1796）年11月3日　[没]文政6（1823）年9月26日），諸系，新潮（[生]寛政8（1796）年11月3日　[没]文政6（1823）年9月26日），人名（[生]？），日人，藩主1（[生]1795年），藩主4（[生]寛政8（1796）年11月3日　[没]文政6（1823）年9月29日）

小笠原長政　おがさわらながまさ
延享4（1747）年～文化9（1812）年　[別]小笠原城之助《おがさわらじょうのすけ》
江戸時代中期～後期の陸奥会津藩士、柔剣術家。
¶会津，剣豪（小笠原城之助　おがさわらじょうのすけ），藩臣2

小笠原長教　おがさわらながみち
宝暦10（1760）年～寛政11（1799）年
江戸時代中期の大名。越前勝山藩主。
¶諸系，日人，藩主3（[生]宝暦10（1760）年4月12日　[没]寛政11（1799）年3月10日）

小笠原長行　おがさわらながみち
文政5（1822）年～明治24（1891）年
江戸時代末期～明治期の幕府老中。
¶朝日（[生]文政5年5月11日（1822年6月29日）　[没]明治24（1891）年1月22日），維新，岩史（[生]文政5（1822）年5月11日　[没]明治24（1891）年1月22日），角史，近現，近世，国史，国書（[生]文政5（1822）年5月11日　[没]明治24（1891）年1月25日），コン改，コン4，コン5，佐賀百（[生]文政5（1822）年5月11日　[没]明治24（1891）年1月22日），史人（[生]1822年5月11日　[没]1891年1月22日），重要（[生]文政5（1822）年5月11日　[没]明治24（1891）年1月22日），諸系，新潮（[生]文政5（1822）年5月11日　[没]明治24（1891）年1月25日），人名，世人（[生]文政5（1822）年5月11日　[没]明治24（1891）年1月25日），日史（[生]文政5（1822）年5月11日　[没]明治24（1891）年1月22日），日人，幕末（[生]1822年6月29日　[没]1891年1月25日），百科，歴大

小笠原長逵　おがさわらながみち
正徳3（1713）年～明和7（1770）年
江戸時代中期の大名。播磨安志藩主。
¶諸系，日人，藩主3（[没]明和7（1770）年8月18日）

小笠原長守　おがさわらながもり
天保5（1834）年～明治24（1891）年
江戸時代末期～明治期の大名。越前勝山藩主。
¶諸系，日人，幕末（[没]1891年7月24日），藩主3（[生]天保5（1834）年7月25日　[没]明治24（1891）年7月24日）

小笠原長泰　おがさわらながやす
文化3（1806）年～文久2（1862）年
江戸時代末期の大名。肥前唐津藩主。
¶佐賀百（生没年不詳），庄内（[生]文化3（1806）年9月22日），諸系，日人，藩主4（[没]文久1（1861）年12月14日）

小笠原長保　おがさわらながやす
生没年不詳
江戸時代後期の幕臣。
¶国書

小笠原長恭　おがさわらながゆき
元文5（1740）年～安永5（1776）年
江戸時代中期の大名。遠江掛川藩主、陸奥棚倉藩主。
¶諸系，日人，藩主1（[没]安永5（1776）年5月29日），藩主2，福島百

小笠原長禎　おがさわらながよし
天明1（1781）年～文政8（1825）年
江戸時代後期の大名。播磨安志藩主。
¶諸系，日人，藩主3（[没]文政8（1825）年5月）

小笠原長和　おがさわらながよし
→小笠原長和（おがさわらながかず）

小笠原信成　おがさわらのぶしげ
～文化13（1816）年
江戸時代中期～後期の旗本。
¶神奈川人

小笠原信胤　おがさわらのぶたね
享保1（1716）年～延享2（1745）年
江戸時代中期の大名。越前勝山藩主。
¶諸系，日人，藩主3（[生]正徳5（1715）年12月18日　[没]延享2（1745）年6月29日）

小笠原信辰　おがさわらのぶとき
貞享3（1686）年～元文1（1736）年
江戸時代中期の大名。越前勝山藩主。
¶諸系，日人，藩主3（[生]貞享3（1686）年2月16日　[没]享保21（1736）年2月28日）

小笠原信成　おがさわらのぶなり
宝永2（1705）年～享保15（1730）年
江戸時代中期の大名。越前勝山藩主。
¶諸系，日人，藩主3（[生]宝永2（1705）年5月12日　[没]享保15（1730）年7月14日）

小笠原信房　おがさわらのぶふさ
享保18（1733）年～寛政6（1794）年
江戸時代中期の大名。越前勝山藩主。
¶諸系，日人，藩主3（[生]享保18（1733）年2月11日　[没]寛政6（1794）年1月20日）

小笠原信盛　おがさわらのぶもり
延宝8（1680）年～享保19（1734）年
江戸時代中期の武士、幕臣。
¶和歌山人

小笠原胖之助　おがさわらはんのすけ
嘉永5（1852）年～明治1（1868）年10月24日
江戸時代後期～末期の新撰組隊士。
¶新撰

小笠原秀之丞　おがさわらひでのじょう
生没年不詳
江戸時代末期の近江彦根藩士。
¶藩臣4

小笠原広業 おがさわらひろなり
江戸時代末期の幕臣。
¶維新，幕末（生没年不詳）

小笠原政登 おがさわらまさなり
貞享2（1685）年～明和6（1769）年
江戸時代前期～中期の幕臣。
¶国書（㉞明和6（1769）年9月6日），和歌山人

小笠原政信 おがさわらまさのぶ
慶長12（1607）年～寛永17（1640）年
江戸時代前期の大名。下総古河藩主，下総関宿
藩主。
¶諸系，日人，藩臣2，藩主2（㉞寛永17（1640）年
7月2日）

小笠原満喬 おがさわらみつたか
生没年不詳
江戸時代後期の越前福井藩士・歌人。
¶国書

小笠原明大 おがさわらめいだい
天保14（1843）年～明治11（1878）年
江戸時代末期～明治期の志士。
¶人名，日人

小笠原持広 おがさわらもちひろ
貞享2（1685）年～宝暦9（1759）年12月21日
江戸時代前期～中期の幕臣・故実家。
¶国書

小笠原持易 おがさわらもちやす
元文5（1740）年～安永5（1776）年5月15日
江戸時代中期の幕臣・故実家。
¶国書

小笠原元定 おがさわらもとさだ
～万治1（1658）年
江戸時代前期の旗本。
¶神奈川人

小笠原基長 おがさわらもとなが
生没年不詳
江戸時代中期の遠江浜松藩士。
¶国書，静岡歴，姓氏静岡

小笠原元吉 おがさわらもとよし
慶長6（1601）年～寛文9（1669）年
江戸時代前期の豊前中津藩家老。
¶藩臣7

小笠原盛高 おがさわらもりたか
？ ～元和6（1620）年
江戸時代前期の武士。
¶和歌山人

小笠原吉次 おがさわらよしつぐ
天文17（1548）年～元和2（1616）年 ㊞小笠原三
郎左衛門吉次《おがさわらさぶろうざえもんよし
つぐ》
安土桃山時代～江戸時代前期の武将，大名。尾張
犬山城主，下総佐倉藩主，常陸笠間藩主。
¶埼玉人（生没年不詳），埼玉百（小笠原三郎左衛
門吉次 おがさわらさぶろうざえもんよしつぐ
㊞1546年），日人，藩主2（㉞元和2（1616）年8
月15日），藩主2，藩主2（㉟元和2（1616）年8月
15日）

小笠原良八 おがさわらりょうはち
寛政11（1799）年～天保4（1833）年
江戸時代後期の陸奥弘前藩用人。
¶青森人，人名（㊹？），日人，藩臣1

岡鹿之助 おかしかのすけ
天保3（1832）年～明治44（1911）年
江戸時代末期～明治期の肥前佐賀藩士。1862年遣
欧使節随員としてフランスに渡る。
¶海越，海越新

岡思潜 おかしせん
生没年不詳
江戸時代中期の播磨三日月藩用人，儒学者。
¶藩臣5

小鹿島右衛門 おがしまうえもん
文政10（1827）年～明治26（1893）年 ㊞渋江公尚
《しぶえこうしょう》
江戸時代末期～明治期の肥前大村藩家老。
¶維新，人名，日人

岡島宇八郎 おかじまうはちろう
生没年不詳
江戸時代後期の駿河沼津藩士。
¶藩臣4

岡島一吉 おかじまかずよし
永禄2（1559）年～元和5（1619）年
安土桃山時代～江戸時代前期の加賀藩士。
¶人名，日人，藩臣3（㊹？）

岡島品三郎 おかじましなさぶろう
江戸時代末期の新撰組隊士。
¶新撰

岡島常樹 おかじままつねき
→岡島八十右衛門（おかじまやそえもん）

小鹿島煕安 おがしまひろやす
生没年不詳
江戸時代末期の肥前大村藩士。
¶藩臣7

岡島正義 おかじままさよし
天明4（1784）年～安政5（1858）年
江戸時代後期の因幡鳥取藩士，郷土史家。
¶国書（㉞安政5（1858）年6月26日），人名，日人，
藩臣5

岡島八十右衛門 おかじまやそえもん
＊～元禄16（1703）年 ㊞岡島常樹《おかじままつね
き》
江戸時代前期～中期の武士。
¶人名（岡島常樹 おかじままつねき ㊹1672年），
日人（㊹1666年）

岡島弥兵治 おかじまやへいじ
寛政11（1799）年～明治9（1876）年
江戸時代後期～明治期の剣術家。小柴山口流。
¶剣豪

岡島要右衛門 おかじまようえもん
享保6（1721）年～文化13（1816）年
江戸時代中期～後期の剣術家。二天一流。
¶剣豪

岡庄左衛門 おかしょうざえもん
生没年不詳

安土桃山時代～江戸時代前期の武士。浅野家の家臣。
¶和歌山人

岡四郎右衛門　おかしろうえもん
寛永9（1632）年～宝永3（1706）年3月5日
江戸時代前期の浪人。
¶岡山歴

岡千仞（岡千仭）　おかせんじん
→岡鹿門（おかろくもん）

岡田伊右衛門　おかだいえもん
江戸時代の魚津郡代。
¶姓氏富山

岡田以蔵　おかだいぞう
天保9（1838）年～慶応1（1865）年　[別]岡田宜振《おかだよしふる》，鉄蔵《てつぞう》
江戸時代末期の土佐藩の尊攘派志士。人斬り以蔵。
¶朝日（[没]慶応1年5月11日（1865年6月4日）），維新，江戸東，京都大，高知人，高知百，新潮（[没]慶応1（1865）年閏5月11日），人名（岡田宜振　おかだよしふる），姓氏京都，全書，日史（[没]慶応1（1865）年閏5月11日），日人，幕末（[没]1865年7月3日），藩臣6，百科，歴大

岡田鴨里　おかだおうり
文化3（1806）年～明治13（1880）年9月5日　[別]岡田鴨里《おかだおおり》，岡田僑《おかだたかし》
江戸時代末期～明治期の阿波徳島藩士。
¶維新（岡田僑　おかだたかし），国書（[生]文化3（1806）年8月10日），人名（岡田僑　おかだたかし），徳島百（[生]文化5（1808）年8月10日），徳島歴（[生]文化3（1806）年8月10日），日人，幕末（おかだおおり　[生]1808年），幕末（岡田僑　おかだたかし），兵庫人，兵庫百

岡田鴨里　おかだおおり
→岡田鴨里（おかだおうり）

岡田確堂　おかだかくどう
→岡田寧安（おかださだやす）

岡田克巳　おかだかつみ
江戸時代末期の新撰組隊士。
¶新撰

岡田寒泉　おかだかんせん
元文5（1740）年～文化13（1816）年
江戸時代中期～後期の儒学者、幕府代官。
¶朝日（[生]元文5年11月4日（1740年12月22日）　[没]文化13年8月9日（1816年8月31日）），茨城百，岩史（[生]元文5（1740）年11月4日　[没]文化13（1816）年8月9日），江戸，江文，角史，岐阜百，郷土岐阜（[生]？），近世，国史，国書（[生]元文5（1740）年11月4日　[没]文化13（1816）年8月9日），コン改，コン4，史人（[生]1740年11月4日　[没]1816年8月9日），重要（[生]元文5（1740）年11月4日　[没]文化13（1816）年8月9日），人書94，新潮（[生]元文5（1740）年11月4日　[没]文化13（1816）年8月9日），人名，世人（[生]元文5（1740）年11月4日　[没]文化14（1817）年8月9日），日史（[生]元文5（1740）年11月4日　[没]文化13（1816）年8月9日），日人，歴大

岡田吉太夫　おかだきちだゆう
文政1（1818）年～明治5（1872）年
江戸時代末期～明治期の武士、公史。
¶人名，日人

岡田求馬　おかだきゅうま
生没年不詳
江戸時代の川越藩家老・大参事。
¶埼玉人

岡田清　おかだきよし
文化4（1807）年～明治11（1878）年3月23日　[別]岡田柳処《おかだりゅうしょ》
江戸時代末期～明治期の安芸広島藩士。国学者、歌人。
¶国書，人名，日人，幕末（岡田柳処　おかだりゅうしょ），藩臣6（[生]？），広島百（岡田柳処　おかだりゅうしょ　[生]文化4～5（1807～8）年頃），和俳（岡田柳処　おかだりゅうしょ）

岡田奇良　おかだきりょう
→岡田惣右衛門（おかだそうえもん）

岡田啓　おかだけい
安永9（1780）年～万延1（1860）年
江戸時代後期の国学者、尾張藩士。
¶考古（[没]万延1年（1860年7月13日）），国書（[没]万延1（1860）年7月13日），人名（[生]1781年），姓氏愛知，日人，幕末

岡田兼山　おかだけんざん
元禄1（1688）年～寛延3（1750）年
江戸時代前期～中期の儒者、陸奥守山藩家老。
¶国書（[没]寛延3（1750）年11月17日），日人

岡田五右衛門　おかだごえもん
慶安1（1648）年～享保10（1725）年5月18日
江戸時代前期の美作国倉敷代官。
¶岡山歴

岡田湖月　おかだこげつ
江戸時代末期の文人、幕府の御先手与力。
¶人名，日人（生没年不詳）

岡田呉陽　おかだごよう
文政8（1825）年～明治18（1885）年　[別]岡田信之《おかだのぶゆき》
江戸時代末期～明治期の越中富山藩の儒学者。
¶維新（岡田信之　おかだのぶゆき），人名，姓氏富山，富山百（[没]明治18（1885）年6月29日），富山文（[生]文政8（1825）年7月16日　[没]明治18（1885）年6月29日），日人，幕末（岡田信之　おかだのぶゆき　[生]1825年8月31日　[没]1885年6月29日），藩臣3

岡田五郎　おかだごろう
江戸時代末期の新撰組隊士。
¶新撰

岡田定五郎　おかださだごろう
→岡田定五郎（おかだていごろう）

岡田寧静　おかださだしず
文化6（1809）年～明治17（1884）年
江戸時代末期～明治期の安芸広島藩士。
¶幕末（[没]1884年3月14日），藩臣6

岡田寧安　おかださだやす
天保5（1834）年～明治9（1876）年5月3日　[別]岡田確堂《おかだかくどう》
江戸時代末期～明治期の安芸広島藩士。

¶国書(岡田確堂　おかだかくどう　[生]天保5(1834)年8月)，幕末，藩臣6

岡田左馬輔 おかださまのすけ
天明7(1786)年～安政3(1856)年
江戸時代中期～末期の剣術家。柳剛流。
¶剣豪

岡田稠央 おかだしげひさ
天明4(1784)年～嘉永6(1853)年5月11日
江戸時代中期～後期の尾張藩士。
¶国書

岡田子明 おかだしめい
文政10(1827)年～*
江戸時代末期の多度津藩士。
¶人名([没]1863年)，日人([没]1864年)

岡田十内 おかだじゅうない
寛政6(1794)年～明治4(1871)年　[別]岡田十内源叙吉《おかだじゅうないみなもとののぶよし》
江戸時代末期～明治期の剣術家。
¶剣豪，埼玉人([没]明治4(1871)年11月28日)，埼玉百(岡田十内源叙吉　おかだじゅうないみなもとののぶよし)，幕末([没]1872年2月6日)

岡田十内源叙吉 おかだじゅうないみなもとののぶよし
→岡田十内(おかだじゅうない)

岡田十松 おかだじゅうまつ
明和2(1765)年～文政3(1820)年　[別]岡田十松吉利《おかだじゅうまつよしとし》
江戸時代後期の剣術家、神道無念流・撃剣館主。
¶江戸，剣豪，埼玉人([没]文政3(1820)年8月15日)，埼玉百(岡田十松吉利　おかだじゅうまつよしとし)，人名，全書，大百，日人

岡田十松吉利 おかだじゅうまつよしとし
→岡田十松(おかだじゅうまつ)

岡田重礼 おかだじゅうれい
宝暦13(1763)年～文化2(1805)年
江戸時代中期～後期の丹波柏原藩士。
¶藩臣5

岡田主鈴 おかだしゅれい
明和4(1767)年～天保14(1843)年
江戸時代中期～後期の美濃大垣藩士。
¶藩臣3

尾形俊太郎 おがたしゅんたろう
江戸時代末期の新撰組隊士。
¶新撰，幕末(生没年不詳)

尾形将監 おがたしょうげん
～寛永10(1633)年8月28日
安土桃山時代～江戸時代前期の武士。
¶庄内

岡田庄大夫(岡田庄太夫) おかだしょうだゆう
元禄10(1697)年～宝暦6(1756)年　[別]岡田俊惟《おかだとしただ》，岡田庄太夫《おかだしょうだゆう》
江戸時代中期の豊後国日田の代官。
¶大分百(岡田庄太夫)，大分歴(岡田俊惟　おかだとしただ)，近世，国史，日人(岡田庄太夫)，福島百(岡田俊惟　おかだとしただ)，歴大

岡田真吾 おかだしんご
文政5(1822)年～明治5(1872)年
江戸時代末期～明治期の志士。
¶維新，国書([生]文政5(1822)年1月　[没]明治5(1872)年10月24日)，人名，栃木歴([生]文政3(1820)年)，日人，幕末([没]1872年11月24日)

岡田真治 おかだしんじ
文政9(1826)年～明治24(1891)年
江戸時代末期～明治期の讃岐多度津藩校自明館助教。
¶幕末([没]1891年11月22日)，藩臣6

岡田新川 おかだしんせん
元文2(1737)年～寛政11(1799)年
江戸時代中期の尾張藩士、儒学者。
¶国書([生]元文2(1737)年7月7日　[没]寛政11(1799)年3月24日)，人名，日人，藩臣4

岡田新太郎 おかだしんたろう
天保11(1840)年～慶応1(1865)年
江戸時代末期の水戸藩士。
¶維新，新潮([没]慶応1(1865)年10月25日)，日人，幕末([没]1865年12月12日)，藩臣2

岡田摂蔵 おかだせつぞう
生没年不詳
江戸時代末期の幕臣。1865年遣仏使節に随行しフランスに渡る。
¶海越新

岡田雪台 おかだせったい
寛政11(1799)年～明治1(1868)年
江戸時代末期の旗本、茶人。
¶茶道

緒方千枝 おがたせんし
宝暦1(1751)年～文政12(1829)年
江戸時代中期～後期の出羽高畠藩士。
¶藩臣1

岡田惣右衛門 おかだそうえもん
明和2(1765)年～文政9(1826)年　[別]岡田奇良《おかだきりょう》，岡田総右衛門奇良《おかだそうえもんきりょう》
江戸時代後期の剣術家。
¶剣豪，埼玉人([生]明和2(1765)年3月15日　[没]文政9(1826)年9月24日)，埼玉百(岡田総右衛門奇良　おかだそうえもんきりょう)，人名(岡田奇良　おかだきりょう　[生]?)，人名([生]1761年)，日人

岡田総右衛門奇良 おかだそうえもんきりょう
→岡田惣右衛門(おかだそうえもん)

緒方宗哲 おがたそうてつ
正保2(1645)年～享保7(1722)年　[別]緒方默堂《おがたもくどう》
江戸時代前期～中期の土佐藩の儒学者。
¶朝日([生]正保3(1646)年　[没]享保8(1723)年)，高知人，高知百，国書(緒方默堂　おがたもくどう　[生]正保2(1645)年8月3日　[没]享保7(1722)年7月8日)，コン改([生]?)，コン4，姓氏京都，日人，藩臣6([生]?)，和俳([生]?)

岡田僑 おかだたかし
→岡田鴨里(おかだおうり)

お

岡田高穎 おかだたかひで
文化11(1814)年～明治32(1899)年3月18日
江戸時代末期～明治期の国学者、尾張藩士。
¶国書，姓氏愛知，幕末([生]1813年)

岡田武勝 おかだたけかつ
？～寛文11(1671)年
江戸時代前期の武蔵岩槻藩士。
¶藩臣5

岡田忠養 おかだただやす
生没年不詳
江戸時代末期の幕臣。
¶維新，国書，幕末

岡田帯刀 おかだたてわき
天保6(1835)年～慶応3(1867)年
江戸時代後期～末期の剣術家。神道無念流。
¶剣豪

岡田頼母 おかだたのも
*～天保7(1836)年　[別]岡田元善《おかだもとよし》
江戸時代中期～後期の石見浜田藩家老、竹島事件で自刃。
¶島根人([生]天保頃)，島根歴([生]宝暦13(1763)年)，藩臣5(岡田元善　おかだもとよし　[生]宝暦12(1762)年)

岡田弾右衛門 おかだだんえもん
？～文久1(1861)年
江戸時代末期の筑後久留米藩士。
¶藩臣7

尾方長栄(尾形長栄) おがたちょうえい
天保14(1843)年8月6日～大正14(1925)年4月20日
江戸時代末期～明治期の武士。阿波徳島藩家老稲田氏家臣。
¶維新(尾形長栄)，徳島百，徳島歴

岡辰芳 おかたつよし
享保16(1731)年～文化11(1814)年
江戸時代後期の武士。
¶和歌山人

岡田定五郎 おかだていごろう
嘉永2(1849)年～明治28(1895)年　[別]岡田定五郎《おかださだごろう》
江戸時代後期～明治期の剣道家。
¶群馬人，姓氏群馬(おかださだごろう)

岡田東塢 おかだとうう
寛政3(1791)年～天保4(1833)年
江戸時代後期の丹南藩五十部陣屋郡代、漢詩人。
¶栃木歴

岡田俊惟 おかだとしただ
→岡田庄大夫(おかだしょうだゆう)

岡田俊陳 おかだとしのぶ
承応1(1652)年～享保11(1726)年
江戸時代中期の旗本。
¶神奈川人，姓氏神奈川

尾形友蔵 おがたともぞう
文政11(1828)年～明治10(1877)年
江戸時代後期～明治期の剣術家。心形刀流。
¶剣豪

岡田成憲 おかだなりのり
天明5(1785)年～元治1(1864)年5月6日
江戸時代後期の加賀藩士。
¶幕末

岡田信之 おかだのぶゆき
→岡田呉陽(おかだごよう)

岡田徳守 おかだのりもり
→岡田徳至(おかだのりよし)

岡田徳至 おかだのりよし
享和2(1802)年～元治1(1864)年　[別]岡田徳守《おかだのりもり》
江戸時代末期の水戸藩士。
¶維新，人名(岡田徳守　おかだのりもり　[生]1839年)，日人，幕末([没]1864年11月5日)，藩臣2

岡田梅間 おかだばいかん
安永2(1773)年～嘉永2(1849)年　[別]梅間《ばいかん》
江戸時代後期の俳人、尾張藩士。
¶国書(梅間　ばいかん　[没]嘉永2(1849)年11月11日)，人名，日人，俳諧(梅間　ばいかん　[生]？)，俳句(梅間　ばいかん　[没]嘉永2(1849)年11月11日)，和俳

岡田半造 おかだはんぞう
→周田半蔵(すだはんぞう)

緒方久豊 おがたひさとよ
文政3(1820)年～明治21(1888)年
江戸時代末期～明治期の豊前小倉藩士。
¶藩臣7

岡田秀之助 おかだひでのすけ
生没年不詳　[別]一六，岡田一六《おかだいちろく》
江戸時代末期～明治期の加賀藩留学生。1866年イギリスに渡る。
¶石川百([生]1843年？)，海越，海越新

岡田文元 おかだふみもと
享保16(1731)年～寛政11(1799)年
江戸時代中期の石見浜田藩家老。
¶藩臣5

岡田星之助 おかだほしのすけ
？～文久3(1863)年
江戸時代末期の志士。
¶人名，日人

岡田甫説 おかだほせつ
生没年不詳
江戸時代後期の石見浜田藩士。
¶島根百，島根歴，藩臣5

岡田政経 おかだまさつね
安永2(1773)年～安政4(1857)年　[別]岡田弥兵衛《おかだやへえ》
江戸時代後期の上野伊勢崎藩士。
¶国書，藩臣2(岡田弥兵衛　おかだやへえ)

岡田政元 おかだまさもと
文政8(1825)年～？
江戸時代末期の陸奥棚倉藩家老。
¶藩臣2

緒方黙堂 おがたもくどう
→緒方宗哲（おがたそうてつ）

岡田杢兵衛 おかだもくべえ
生没年不詳
江戸時代後期の忍藩家老。
¶埼玉人

岡田元次(1) おかだもとつぐ
天文8（1539）年～元和1（1616）年12月26日
戦国時代～江戸時代前期の松井松平家宿老。
¶戦辞

岡田元次(2) おかだもとつぐ
生没年不詳
江戸時代中期の石見浜田藩家老。
¶藩臣5

岡田元凱 おかだもとよし
？　～文政10（1827）年
江戸時代後期の石見浜田藩家老。
¶藩臣5

岡田元善 おかだもとよし
→岡田頼母（おかだたのも）

岡田守常 おかだもりつね
安永3（1774）年9月9日～天保9（1838）年6月28日
江戸時代中期～後期の尾張藩士。
¶国書

岡田守時 おかだもりとき
元和1（1615）年～天和2（1682）年
江戸時代前期の園部藩士。
¶京都府

岡田弥市郎 おかだやいちろう
貞享2（1685）年～宝暦10（1760）年
江戸時代中期の加賀大聖寺藩士。
¶藩臣3

岡田弥次右衛門 おかだやじうえもん
寛永19（1642）年～宝永6（1709）年
江戸時代前期～中期の丹波園部藩士。
¶藩臣5

岡田弥兵衛 おかだやへえ
→岡田政経（おかだまさつね）

岡田祐吉 おかだゆうきち
文化4（1807）年～明治15（1882）年
江戸時代末期の足利・五十部邑宰（代官）、歌人。
¶栃木歴

岡田雄次郎 おかだゆうじろう
天保7（1836）年～明治30（1897）年
江戸時代末期～明治期の軍艦奉行、渡航者。
¶石川百，渡航

岡田之式 おかだゆきのり
文化3（1806）年～明治4（1871）年3月
江戸時代末期～明治期の加賀藩士。
¶幕末

岡田吉顕 おかだよしあき
天保13（1842）年～昭和3（1928）年
江戸時代末期～明治期の備後福山藩士。
¶幕末（⓪1928年2月25日），藩臣6

岡田善同 おかだよしあつ
永禄1（1558）年～寛永8（1631）年
安土桃山時代～江戸時代前期の武士（山田奉行, 美濃国奉行）。
¶岩史（⓪寛永8（1631）年5月29日），岐阜百，コン4，人名，日史（⓪寛永8（1631）年5月29日），日人，百科

岡田義貞 おかだよしさだ
文政9（1826）年～明治29（1896）年
江戸時代後期～明治期の剣術家。関口玉心流。
¶岡山人，岡山歴（⓪文政9（1826）年9月10日　⓪明治29（1896）年8月25日），剣豪

岡田善次 おかだよしつぐ
＊～元禄7（1694）年
江戸時代前期の伏見奉行。
¶京都大（⓪寛永9（1632）年），人名（⓪1638年），姓氏京都（⓪1632年），日人（⓪1638年）

岡田善長（岡田善良）おかだよしなが
天保9（1838）年～明治40（1907）年
江戸時代末期～明治期の陸軍軍人、幕臣。
¶人名（岡田善良），日人

岡田善紀 おかだよしのり
慶安4（1651）年～宝永4（1707）年
江戸時代前期～中期の下田奉行。
¶人名，日人

岡田宜振 おかだよしふる
→岡田以蔵（おかだいぞう）

岡田義政 おかだよしまさ
慶長10（1605）年～延宝5（1677）年
江戸時代前期の造神宮奉行。
¶神人（⓪延宝5（1677）年6月2日），人名，日人

岡田善政 おかだよしまさ
江戸時代前期の第3代美濃国代官。
¶岐阜百

岡田米太郎 おかだよねたろう
江戸時代末期の新撰組隊士。
¶新撰

岡田柳処 おかだりゅうしょ
→岡田清（おかだきよし）

岡千仞 おかちたて
→岡鹿門（おかろくもん）

多門伝八郎 おかどでんぱちろう
万治2（1659）年～享保8（1723）年6月22日
江戸時代中期の旗本。
¶埼玉人

多門信利 おかどのぶとし
～延宝4（1676）年
江戸時代前期の旗本。
¶神奈川人

岡戸万次郎 おかどまんじろう
弘化3（1846）年～？
江戸時代後期～末期の新撰組隊士。
¶新撰

岡留誠蔵 おかどめせいぞう
嘉永1（1848）年～？
江戸時代後期～明治期の志士。維新後は戸長。

¶姓氏鹿児島

岡幹之進 おかとものしん
天保5(1834)年～元治1(1864)年
江戸時代末期の津和野藩士。
¶幕末(㉛1864年5月14日),藩臣5

岡直友 おかなおとも
寛保1(1741)年～天明5(1785)年 ㊎岡縫右衛門《おかぬいえもん》
江戸時代中期の漢学者、越後高田藩士。
¶国書,人名(岡縫右衛門 おかぬいえもん),日人

岡永嘉右衛門 おかながかえもん
→岡永松陽(おかながしょうよう)

岡永松陽 おかながしょうよう
寛政10(1798)年～明治2(1869)年 ㊎岡永嘉右衛門《おかながかえもん》
江戸時代末期の筑後久留米藩士。
¶人名,日人,藩臣7(岡永嘉右衛門 おかながかえもん)

岡渚 おかなぎさ
天保7(1836)年～元治1(1864)年
江戸時代末期の谷田部藩士。
¶幕末(㉛1864年12月2日),藩臣2

岡縫右衛門 おかぬいえもん
→岡直友(おかなおとも)

岡内俊太郎 おかのうちしゅんたろう
→岡内重俊(おかうちしげとし)

岡野包秀 おかのかねひで
→岡野金右衛門(おかのきんえもん)

岡野久治 おかのきゅうじ
江戸時代末期の新撰組隊士。
¶新撰

岡野金右衛門 おかのきんえもん
延宝8(1680)年～元禄16(1703)年 ㊎岡野包秀《おかのかねひで》
江戸時代中期の播磨赤穂藩士。赤穂義士の一人。
¶人名(岡野包秀 おかのかねひで),日人

岡野条右衛門 おかのくめえもん
? ～文政2(1819)年
江戸時代後期の信濃高遠藩士、弓術師範。
¶藩臣3

岡野小右衛門 おかのこうえもん
天明7(1787)年～?
江戸時代後期の下総古河藩士。
¶藩臣3

岡野郷左衛門 おかのごうざえもん
? ～寛政7(1795)年
江戸時代中期の下総古河藩士。
¶藩臣3

岡野湖中 おかのこちゅう
? ～天保2(1831)年 ㊎湖中《こちゅう》
江戸時代後期の俳人、水戸藩の御十人目附組頭。
¶国書(湖中 こちゅう ㊐安永5(1776)年 ㉛天保2(1831)年2月26日),人名,日人(㊐1776年),俳諧(湖中 こちゅう),俳句(湖中 こちゅう ㉛天保2(1831)年2月26日),和俳

岡野小平治 おかのこへいじ
生没年不詳
江戸時代後期の信濃高遠藩士。
¶藩臣3

岡野左源次 おかのさげんじ
享保16(1731)年頃～享和3(1803)年
江戸時代中期～後期の筑後久留米藩士。
¶藩臣7

岡野貞明 おかのさだあきら
元和8(1622)年～元禄3(1690)年 ㊎岡野孫九郎貞明《おかのまごくろうさだあきら》
江戸時代前期～中期の24代長崎奉行。
¶長崎歴(岡野孫九郎貞明 おかのまごくろうさだあきら)

岡野左内 おかのさない
生没年不詳
安土桃山時代～江戸時代前期の武将。
¶日人

岡野治太夫 おかのじだゆう
江戸時代中期の播磨赤穂藩士。
¶人名,日人(生没年不詳)

岡野司馬 おかのしば
文化1(1804)年～明治5(1872)年
江戸時代末期～明治期の古賀藩目付、船奉行。
¶幕末,藩臣3

岡野四郎 おかのしろう
江戸時代末期～明治期の加賀藩士。
¶維新(㊐1843年 ㉛1875年),人名(㊐1843年 ㉛1875年),日人(㊐1846年 ㉛1878年),幕末(㊐1846年 ㉛1878年6月28日)

岡野新八 おかのしんばち
? ～正徳1(1711)年
江戸時代中期の下総小見川藩代官。
¶藩臣3

岡野政繹 おかのせいえき
文化13(1816)年～明治10(1877)年 ㊎岡野判兵衛《おかのはんべえ》
江戸時代末期～明治期の勤王家、加賀藩士。
¶維新(岡野判兵衛 おかのはんべえ),人名(㊐?),日人,幕末(岡野判兵衛 おかのはんべえ ㉛1877年11月1日)

岡野石城 おかのせきじょう
延享2(1745)年～文政13(1830)年
江戸時代中期～後期の信濃松代藩儒。
¶国書(㉛文政13(1830)年9月29日),人名,姓氏長野,長野百,長野歴,日人

岡野友明 おかのともあきら
～元禄12(1699)年
江戸時代前期の旗本。
¶神奈川人

岡野判兵衛 おかのはんべえ
→岡野政繹(おかのせいえき)

岡野英明 おかのひであきら
慶長5(1600)年～寛文3(1663)年
江戸時代前期の旗本。

¶神奈川人，姓氏神奈川

岡野房恒　おかのふさつね
元亀1（1570）年～万治1（1658）年
江戸時代前期の旗本、岡野（板部岡）江雪長男。
¶神奈川人，姓氏神奈川

岡上景親　おかのぼりかげちか
？　～元和2（1616）年
江戸時代前期の代官。
¶群馬人（[没]元和2（1616）年ごろ），姓氏群馬

岡上景能（岡登景能）　おかのぼりかげよし
？　～貞享4（1687）年　[別]岡上景能《おかがみかげよし》
江戸時代前期の民武家、江戸幕府代官。
¶朝日（[生]寛永4（1627）年頃　[没]貞享4年12月3日（1688年1月5日）），郷土群馬（岡登景能），近世，群馬人，群馬百，国史，コン改，コン4，埼玉百（岡登景能　[生]1630年），史人（[没]1687年12月3日），新潮（[没]貞享4（1687）年12月3日），人名（おかがみかげよし），姓氏群馬，世人（[生]寛永7（1630）年？），日史（[没]貞享4（1687）年12月3日），日人（[没]1688年），歴大

岡野孫九郎貞明　おかのまごくろうさだあきら
→岡野貞明（おかのさだあきら）

岡野孫十郎　おかのまごじゅうろう
江戸時代末期の幕臣。
¶人名，日人（生没年不詳）

岡野正固　おかのまさかた
→岡野六蔵（おかのろくぞう）

岡野松三郎　おかのまつさぶろう
天保4（1833）年～明治29（1896）年
江戸時代末期～明治期の備前岡山藩士、蘭学者。
¶維新，岡山人，岡山歴（[生]天保3（1832）年ごろ　[没]明治29（1896）年4月5日），人名，日人，幕末（[没]1896年4月5日）

岡谷勝益　おかのやかつやす
→岡谷瑳磨介（おかのやさまのすけ）

岡谷瑳磨介　おかのやさまのすけ
文化4（1807）年～慶応1（1865）年　[別]岡谷瑳磨介《おかやさまのすけ》，岡谷勝益《おかのやかつやす》
江戸時代末期の上野館林藩の家老。
¶維新，群馬人（[没]慶応1（1865）年4月5日），人名（おかやさまのすけ），姓氏群馬（岡谷勝益　おかのやかつやす），日人，幕末（[没]1865年4月29日），藩臣2

岡谷繁実　おかのやしげざね
天保6（1835）年～大正9（1920）年　[別]岡谷繁実《おかやしげざね》
江戸時代末期～明治期の上野館林藩の志士。
¶維新（[没]1919年），郷土群馬，近現，群馬人，群馬百，国書（おかやしげざね　[生]天保6（1835）年3月12日　[没]大正9（1920）年12月9日），コン改（おかやしげざね　[没]大正8（1919）年），コン4（おかやしげざね　[没]大正8（1919）年），コン5（おかやしげざね　[没]大正8（1919）年），史研（[生]天保6（1835）年3月12日　[没]大正9（1920）年12月9日），神人（[生]天保6（1835）年3月12日　[没]大正9（1920）年12月9日），新潮（おかやしげざね　[生]天保6（1835）年3月　[没]大正8（1919）年12月9日），人名（おかやしげざね　[没]1919年），姓氏群馬，全書，日人，幕末（[没]1920年12月9日），藩臣2，歴大（おかやしげざね　[没]1919年）

岡谷荘三郎　おかのやそうざぶろう
天保3（1832）年～
江戸時代後期～明治期の館林藩家臣。
¶群馬人

小神野与兵衛　おがのよへい
生没年不詳
江戸時代中期の讃岐高松藩士。
¶国書

岡野六蔵　おかのろくぞう
明和3（1766）年～文化13（1816）年　[別]岡野正固《おかのまさかた》
江戸時代中期～後期の因幡鳥取藩士。
¶剣豪，藩臣5（岡野正固　おかのまさかた）

岡部勝重　おかべかつしげ
→伊丹勝重（いたみかつしげ）

岡部菊涯　おかべきくがい
生没年不詳
江戸時代後期の儒者、秋田藩士。
¶江文，国書，日人

岡部九郎兵衛　おかべくろべえ
享保18（1733）年～宝暦13（1763）年
江戸時代中期の信濃上田藩士。
¶姓氏長野，藩臣3

岡部三十郎　おかべさんじゅうろう
文政1（1818）年～文久1（1861）年
江戸時代末期の水戸藩士。
¶維新，人名，日人，幕末（[没]1861年8月31日），藩臣2

岡部繁之助　おかべしげのすけ
天保13（1842）年～大正8（1919）年
江戸時代末期～明治期の長州（萩）藩士。
¶日人，幕末，藩臣6

岡部諶助　おかべじんすけ
文政5（1822）年～文久3（1863）年
江戸時代末期の志士。
¶人名，日人

岡部駿河守長常　おかべするがのかみながつね
→岡部長常（おかべながつね）

岡部政賁　おかべせいふん
嘉永1（1848）年～明治9（1876）年
江戸時代末期～明治期の和泉岸和田藩士。
¶藩臣5

岡部忠房　おかべただふさ
～元和7（1621）年
江戸時代前期の旗本。
¶神奈川人

岡部忠蔵　おかべちゅうぞう
文政5（1822）年～慶応1（1865）年　[別]岡部以忠《おかべゆきただ》
江戸時代末期の水戸藩士。
¶維新，国書（岡部以忠　おかべゆきただ　[没]元

お

治2 (1865) 年1月26日), 人名, 日人, 幕末
([没]1865年2月21日), 藩臣2

岡部忠平 おかべちゅうへい
寛政8 (1796) 年～安政1 (1854) 年
江戸時代末期の水戸藩士。
¶幕末, 藩臣2

岡部常右衛門 おかべつねえもん
文政7 (1824) 年～安政6 (1859) 年
江戸時代後期～末期の剣術家。気楽流。
¶剣豪

岡部道可 おかべどうか
江戸時代前期の加賀大聖寺藩士、茶人。
¶茶道

岡部藤介 おかべとうすけ
天保9 (1838) 年～慶応1 (1865) 年
江戸時代末期の水戸藩士。
¶維新, 幕末 ([没]1865年4月29日)

岡部東平 おかべとうへい
→岡部東平 (おかべはるひら)

岡部利済 おかべとしなり
→岡部富太郎 (おかべとみたろう)

岡部富太郎 おかべとみたろう
天保11 (1840) 年～明治28 (1895) 年　[別]岡部利済《おかべとしなり》
江戸時代末期～明治期の長州 (萩) 藩士。
¶維新, 人名 (岡部利済　おかべとしなり), 日人, 幕末 ([没]1895年10月28日), 藩臣6

岡部豊常 おかべとよつね
？ ～慶応1 (1865) 年
江戸時代末期の幕臣、主税。
¶維新, 京都大, 国書 ([没]慶応1 (1865) 年9月10日), 姓氏京都, 幕末 ([没]1865年10月29日)

岡部直明 おかべなおあき
慶安3 (1650) 年～享保5 (1720) 年
江戸時代前期～中期の伊予今治藩家老。
¶藩臣6

岡部直好 おかべなおよし
～宝永2 (1705) 年
江戸時代前期の旗本。
¶神奈川人

岡部長著 おかべながあきら
正徳2 (1712) 年～宝暦6 (1756) 年
江戸時代中期の大名。和泉岸和田藩主。
¶諸系, 日人, 藩主3 ([生]正徳1 (1711) 年12月26日 [没]宝暦6 (1756) 年6月4日)

岡部長興 おかべながおき
寛文3 (1663) 年～＊
江戸時代中期の旗本。
¶神奈川人 ([没]1728年), 姓氏神奈川 ([没]1723年)

岡部長 おかべながし
天保7 (1836) 年～明治39 (1906) 年
江戸時代末期～明治期の越前福井藩士。
¶人名, 日人

岡部長住 おかべながすみ
元文5 (1740) 年～文化6 (1809) 年
江戸時代中期～後期の大名。和泉岸和田藩主。
¶諸系, 日人, 藩主3 ([生]元文5 (1740) 年6月3日 [没]文化6 (1809) 年8月8日)

岡部長敬 おかべながたか
延宝8 (1680) 年～享保9 (1724) 年　[別]岡部長敬《おかべながゆき》
江戸時代中期の大名。和泉岸和田藩主。
¶諸系, 人名 (おかべながゆき　[生]1679年), 日人, 藩主3 ([生]延宝8 (1680) 年10月3日　[没]享保9 (1724) 年7月25日)

岡部長慎 おかべながちか
天明7 (1787) 年～＊
江戸時代後期の大名。和泉岸和田藩主。
¶諸系 ([没]1859年), 新潮 ([生]天明7 (1787) 年2月29日　[没]安政5 (1858) 年12月25日), 日人 ([没]1859年), 藩主3 ([生]天明7 (1787) 年2月29日 [没]安政5 (1858) 年12月25日)

岡部長常 おかべながつね
文政8 (1825) 年～慶応2 (1866) 年　[別]岡部駿河守長常《おかべするがのかみながつね》
江戸時代末期の幕臣、長崎奉行。
¶朝日 ([没]慶応2年12月1日 (1867年1月6日)), 維新, 国書 ([没]慶応2 (1866) 年12月1日), 新潮 ([没]慶応2 (1866) 年12月1日), 人名, 姓氏神奈川, 長崎歴 (岡部駿河守長常　おかべするがのかみながつね), 日人 ([没]1867年), 幕末 ([没]1867年1月6日)

岡部長備 おかべながとも
宝暦13 (1763) 年～文化1 (1804) 年
江戸時代中期～後期の大名。和泉岸和田藩主。
¶諸系, 日人, 藩主3 ([生]宝暦13 (1763) 年3月4日 [没]享和3 (1803) 年11月5日)

岡部長修 おかべながなお
延享3 (1746) 年～寛政8 (1796) 年
江戸時代中期の大名。和泉岸和田藩主。
¶諸系, 日人, 藩主3 ([生]延享3 (1746) 年3月29日 [没]寛政7 (1795) 年11月25日)

岡部長寛 おかべながひろ
文化6 (1809) 年～明治20 (1887) 年
江戸時代末期～明治期の大名。和泉岸和田藩主。
¶維新, 諸系, 新潮 ([生]文化6 (1809) 年3月13日 [没]明治20 (1887) 年2月13日), 日人, 幕末 ([没]1887年2月13日), 藩主3 ([生]文化6 (1809) 年3月13日　[没]明治20 (1887) 年2月3日)

岡部長雅 おかべながまさ
元禄5 (1692) 年～宝暦8 (1758) 年4月25日
江戸時代中期の幕臣。
¶国書

岡部長職 おかべながもと
安政1 (1854) 年～大正14 (1925) 年
江戸時代末期～大正期の和泉岸和田藩主、岸和田藩知事、外務次官。貴族院議員、東京府知事、枢密顧問官などを歴任。子爵。
¶朝日 ([生]安政1年11月16日 (1855年1月4日) [没]大正14 (1925) 年12月27日), 海越新 ([生]安政1 (1855) 年11月16日　[没]大正14 (1925) 年12月27日), 近現, 国際, 国史, コン改, コン5, 史人 ([生]1854年11月16日　[没]1925年12月27日), 諸系 ([生]1855年), 新潮 ([生]安政1 (1854) 年11月16

日　[没]大正14（1925）年12月27日），人名，世紀（[生]嘉永7（1855）年11月16日　[没]大正14（1925）年12月27日），渡航（[生]1854年11月　[没]1925年12月27日），日人（[生]1855年），藩主3（[生]安政1（1854）年11月15日　[没]大正14（1925）年12月27日），明治1（[生]1855年），履歴（[生]安政1（1854）年11月16日　[没]大正14（1925）年12月27日）

岡部長盛　おかべながもり
永禄11（1568）年～寛永9（1632）年
安土桃山時代～江戸時代前期の武将、大名。下総山崎藩主、丹波亀山藩主、丹波福知山藩主、美濃大垣藩主。
¶岐阜百，京都府，国書（[没]寛永9（1632）年11月2日），茶道（[没]1623年），諸系，姓氏静岡，戦辞（[没]寛永9年11月2日（1632年12月13日）），戦人，日人，藩主2，藩主2（[没]寛永9（1632）年11月2日），藩主3

岡部長泰　おかべながやす
慶安3（1650）年～享保9（1724）年
江戸時代前期～中期の大名。和泉岸和田藩主。
¶諸系，人名，日人，藩主3（[生]慶安3（1650）年4月8日　[没]享保9（1724）年7月18日）

岡部長敬　おかべながゆき
→岡部長敬（おかべながたか）

岡部長発　おかべながゆき
天保5（1834）年～安政2（1855）年
江戸時代末期の大名。和泉岸和田藩主。
¶諸系，日人，藩主3（[生]天保5（1834）年9月21日　[没]安政2（1855）年2月4日）

岡部長和　おかべながより
文化4（1807）年～嘉永3（1850）年
江戸時代末期の大名。和泉岸和田藩主。
¶諸系，人名（[生]？），日人，藩主3（[生]文化4（1807）年7月3日　[没]嘉永3（1850）年9月24日）

岡部南岳　おかべなんがく
享保18（1733）年～寛政12（1800）年
江戸時代中期～後期の越前福井藩家老、画家。
¶人名，日人，藩臣3

岡部宣勝　おかべのぶかつ
慶長2（1597）年～寛文8（1668）年
江戸時代前期の大名。美濃大垣藩主、播磨竜野藩主、摂津高槻藩主、和泉岸和田藩主。
¶岐阜百，国書（[没]寛文8（1668）年10月19日），諸系，人名（[生]1596年），日人，藩主2，藩主3，藩主3（[没]寛文8（1668）年10月19日），兵庫百

岡部八左衛門　おかべはちざえもん
元禄3（1690）年～宝暦12（1762）年
江戸時代中期の武術家。
¶剣豪，人名，日人

岡部東平（岡部春平）　おかべはるひら
寛政6（1794）年～安政3（1856）年　[別]岡部東平《おかべとうへい》，岡部春平《おかべはるひら》
江戸時代末期の石見浜田藩士、儒学者。
¶江文，国書（岡部春平　[没]安政3（1856）年12月26日），島根人，島根歴，人書94（おかべとうへい　[生]？），人名（おかべとうへい　[生]？），姓氏京都（岡部春平），日人（[没]1857年），藩臣5，和俳（おかべとうへい　[生]？）

岡部豊後　おかべぶんご
文化11（1814）年～明治19（1886）年
江戸時代末期～明治期の越前福井藩士。
¶維新，郷土福井，人名，日人，幕末（[没]1886年9月8日），藩臣3

岡部昌綱　おかべまさつな
～寛永10（1633）年
江戸時代前期の旗本。
¶神奈川人

岡部行隆　おかべゆきたか
元和3（1617）年～元禄1（1688）年
江戸時代前期の大名。和泉岸和田藩主。
¶諸系，日人，藩主3（[没]貞享4（1687）年12月25日）

岡部以忠　おかべゆきただ
→岡部忠蔵（おかべちゅうぞう）

岡部義理　おかべよしさと
→岡村義理（おかむらよしさと）

岡甫助　おかほすけ
文化13（1816）年～明治12（1879）年　[別]武知忠助《たけちただすけ》
江戸時代末期～明治期の勤王党参加者。
¶高知人，幕末（[没]1879年8月26日）

岡前宮内　おかまえくない
江戸時代前期の百姓支配家老。
¶姓氏岩手

岡正武　おかまさたけ
安永3（1774）年～？
江戸時代中期～後期の幕臣、国学者。
¶江文，国書

岡松恵之助　おかまつけいのすけ
天保6（1835）年～元治1（1864）年
江戸時代末期の志士。
¶維新，高知人，人名，日人，幕末（[没]1864年10月5日）

岡光明　おかみつあき
生没年不詳
江戸時代中期の播磨三日月藩士。
¶藩臣5

岡見徳三　おかみとくぞう
弘化3（1846）年～元治1（1864）年
江戸時代末期の志士。
¶維新，幕末（[没]1864年10月6日）

岡見留次郎　おかみとめじろう
天保13（1842）年～元治1（1864）年　[別]尾上菊次郎《おのえきくじろう》
江戸時代末期の志士。
¶維新，人名，日人，幕末（[没]1864年3月23日）

岡見知周　おかみともちか
寛文6（1666）年4月9日～元禄15（1702）年6月16日
江戸時代前期～中期の秋田藩士。
¶国書

岡見知愛　おかみともなる
元禄14（1701）年1月18日～寛延2（1749）年6月14日
江戸時代中期の秋田藩士。

¶国書

岡見知康 おかみともやす
宝暦12（1762）年〜天保4（1833）年
江戸時代中期〜後期の出羽秋田藩士、農政家。
　¶国書（㊀宝暦12（1762）年4月9日　㊁天保4
　（1833）年9月19日），人名（㊁？），日人，藩臣1

岡見治広 おかみはるひろ
永禄2（1559）年〜元和3（1617）年4月18日
戦国時代〜江戸時代前期の北条氏の家臣。
　¶戦辞

岡岷山 おかみんざん
享保19（1734）年〜文化3（1806）年
江戸時代中期〜後期の安芸広島藩士。
　¶人名，日人（生没年不詳），藩臣6，広島百
　（㊁文化3（1806）年11月3日）

岡宗泰純 おかむねたいじゅん
明和5（1768）年〜天保4（1833）年
江戸時代中期〜後期の土佐藩士、国学者。
　¶高知人，国書（㊁天保4（1833）年3月25日），人
　名，日人，藩臣6

岡村有長 おかむらありなが
宝暦9（1759）年〜天保3（1832）年
江戸時代中期〜後期の近江彦根藩士。
　¶日人，藩臣4

岡村亀太郎 おかむらかめたろう
江戸時代末期の新撰組隊士。
　¶新撰

岡村閑翁 おかむらかんおう
文政10（1827）年〜大正8（1919）年　㊞岡村鼎三
《おかむらていぞう》
江戸時代末期〜明治期の柳生藩士。
　¶郷土奈良，日人，幕末（岡村鼎三　おかむらて
　いぞう）（㊁1919年12月14日），藩臣4（岡村鼎三
　おかむらていぞう）

岡村菊叟 おかむらきくそう
寛政12（1800）年〜明治17（1884）年　㊞岡村菊叟
《おおむらきくそう》，岡村十郎兵衛《おかむら
じゅうろべえ》
江戸時代後期〜明治期の信濃高遠藩士・国学者。
　¶国書（㊀寛政12（1800）年9月9日　㊁明治18
　（1885）年9月19日），姓氏長野，長野歴（おお
　むらきくそう），藩臣3（岡村十郎兵衛　おかむ
　らじゅうろべえ）

岡村箕斎 おかむらきさい
文化12（1815）年〜明治6（1873）年　㊞岡村熊彦
《おかむらくまひこ》
江戸時代末期〜明治期の長州（萩）藩士。
　¶維新（岡村熊彦　おかむらくまひこ），国書
　（㊁明治6（1873）年9月29日），新潮（㊁明治6
　（1873）年9月29日），人名（岡村熊彦　おかむ
　らくまひこ），日人，幕末（㊁1873年9月29日）

岡村義昌 おかむらぎしょう
→岡村義昌（おかむらよしまさ）

岡村九左衛門 おかむらきゅうざえもん
宝暦1（1751）年〜文政10（1827）年　㊞岡村九左
衛門《おかむらくざえもん》
江戸時代後期の弓術家、越後村上藩士。

¶人名（おかむらくざえもん），日人

岡村九左衛門 おかむらくざえもん
→岡村九左衛門（おかむらきゅうざえもん）

岡村熊彦 おかむらくまひこ
→岡村箕斎（おかむらきさい）

岡村五郎左衛門 おかむらごろうざえもん
？　〜文化13（1816）年
江戸時代後期の下総古河藩士。
　¶藩臣3

岡村定之丞 おかむらさだのじょう
文政7（1824）年〜慶応3（1867）年
江戸時代末期の岡村藩士。
　¶維新，人名，日人，幕末（㊀1827年　㊁1867年6
　月21日）

岡村十兵衛 おかむらじゅうべい
→岡村十兵衛（おかむらじゅうべえ）

岡村十兵衛 おかむらじゅうべえ
寛永5（1628）年〜貞享1（1684）年　㊞岡村十兵衛
《おかむらじゅうべい》
江戸時代前期の土佐藩の下級藩吏。義民。
　¶朝日（㊁貞享1年7月19日（1684年8月29日）），
　近世（おかむらじゅうべい），高知人，高知百，
　国史，コン改（㊀？），コン4，人名（㊀？），日
　人，藩臣6（㊀？），歴大

岡村十郎兵衛⑴ おかむらじゅうろべえ
？　〜文政1（1818）年
江戸時代後期の信濃高遠藩士。
　¶藩臣3

岡村十郎兵衛⑵ おかむらじゅうろべえ
→岡村菊叟（おかむらきくそう）

岡村正次郎 おかむらしょうじろう
嘉永4（1851）年〜明治1（1868）年10月6日
江戸時代末期の長州（萩）藩士。
　¶幕末

岡村鼎三 おかむらていぞう
→岡村閑翁（おかむらかんおう）

岡村直方 おかむらなおかた
寛政2（1790）年〜慶応3（1867）年
江戸時代末期の加賀大聖寺藩士。
　¶幕末（㊁1867年12月15日），藩臣3

岡村直正 おかむらなおまさ
生没年不詳
江戸時代前期の伊予吉田藩士。
　¶国書5

岡村教邦 おかむらのりくに
明和6（1769）年〜天保12（1841）年
江戸時代中期〜後期の近江彦根藩士。
　¶人名，日人，藩臣4

岡村広道 おかむらひろみち
天正7（1579）年〜承応1（1652）年
江戸時代前期の武士。
　¶和歌山人

岡村又兵衛 おかむらまたべえ
？　〜文化8（1811）年
江戸時代後期の信濃高遠藩士。
　¶藩臣3

岡村八十七 おかむらやそしち
　？　～天保11（1840）年
　江戸時代後期の下総古河藩士。
　¶藩臣3

岡村義理 おかむらよしさと
　享和2（1802）年～明治6（1873）年　㋺岡部義理
　《おかべよしさと》
　江戸時代末期～明治期の浜松藩主井上正直の側
　用人。
　¶国書5，静岡歴，姓氏静岡（岡部義理　おかべよ
　　しさと），幕末，藩臣4

岡村義比 おかむらよしちか
　宝暦5（1755）年～文化13（1816）年
　江戸時代中期～後期の加賀大聖寺藩士。
　¶国書（㋬文化13（1816）年12月7日），藩臣3

岡村義昌 おかむらよしまさ
　天保1（1830）年～明治39（1906）年　㋺岡村義昌
　《おかむらぎしょう》
　江戸時代末期～明治期の遠江浜松藩の兵学家。
　¶藩臣4，洋学（おかむらぎしょう）

岡無理弥 おかむりや
　文政2（1819）年～明治21（1888）年
　江戸時代末期～明治期の信濃松本藩士。
　¶人名，日人，藩臣3

岡本一方 おかもといっぽう
　文化7（1810）年～明治9（1876）年3月4日
　江戸時代末期～明治期の漢学者。山内容堂の侍読。
　¶高知人，国書（㋬文化7（1810）年7月4日），幕末

岡本右太夫 おかもとうだゆう
　→岡本右太夫（おかもとみぎだゆう）

岡本右馬助 おかもとうまのすけ
　安土桃山時代～江戸時代前期の武士。里見氏家臣。
　¶戦人（生没年不詳），戦東

岡本大蔵 おかもとおおくら
　→岡本大蔵（おかもとだいぞう）

岡本覚十郎 おかもとかくじゅうろう
　生没年不詳
　江戸時代末期の武士。
　¶和歌山人

岡本嘉十郎 おかもとかじゅうろう
　天保3（1832）年～明治30（1897）年
　江戸時代末期～明治期の上野吉井藩士。
　¶藩臣2

岡元勝 おかもとかつ
　？　～元禄2（1689）年
　江戸時代前期の武士。
　¶岡山人

岡本花亭 おかもとかてい
　明和4（1767）年～嘉永3（1850）年　㋺岡本豊洲
　《おかもとほうしゅう》
　江戸時代中期～後期の幕臣、漢詩人、勘定奉行。
　¶朝日（㋬明和4年10月3日（1767年11月23日）
　　㋐嘉永3年9月23日（1850年10月28日）），岩史
　　（㋬明和4（1767）年　㋐嘉永3（1850）年
　　9月23日？），江戸東，近世，国史，国書（㋬明
　　和4（1767）年10月3日　㋐嘉永3（1850）年9月23
　　日），コン改（㋬明和5（1768）年），コン4（㋬明

和5（1768）年），詩歌，史人（㋬1767年10月3日
　㋐1850年8月27日，〔異説〕9月23日），新潮
　（㋬明和4（1767）年10月3日　㋐嘉永3（1850）年
　9月23日），人名（㋬1768年），日人，和俳（㋬明
　和4（1767）年10月3日　㋐嘉永3（1850）年9月23
　日）

岡本可復 おかもとかふく
　貞享2（1685）年～享保7（1722）年
　江戸時代前期～中期の水戸藩士。
　¶国書

岡本勘右衛門 おかもとかんえもん
　生没年不詳
　江戸時代末期の武士、普請奉行助。
　¶和歌山人

岡本勘兵衛(1) おかもとかんべえ
　江戸時代前期の武将。里見氏家臣。
　¶戦東

岡本勘兵衛(2) おかもとかんべえ
　元禄15（1702）年～宝暦8（1758）年　㋺岡本正誼
　《おかもとまさよし》
　江戸時代中期の因幡鳥取藩士。
　¶剣豪，藩臣5（岡本正誼　おかもとまさよし）

岡本吉之進 おかもときちのしん
　文化14（1817）年～慶応1（1865）年
　江戸時代末期の長州（萩）藩士、俗論党。
　¶維新，幕末（㋐1865年7月21日），藩臣6

岡本慶雲 おかもときょううん
　生没年不詳
　安土桃山時代～江戸時代前期の加賀藩士。
　¶国書

岡本源右衛門 おかもとげんえもん
　正徳3（1713）年～寛政1（1789）年
　江戸時代中期～後期の安藤昌益と交遊した八戸
　藩士。
　¶青森人

岡本源介 おかもとげんすけ
　安土桃山時代～江戸時代前期の武将。里見氏家臣。
　¶戦東

岡本黄石 おかもとこうせき
　文化8（1811）年～明治31（1898）年　㋺岡本半介
　《おかもとはんすけ》
　江戸時代末期～明治期の近江彦根藩家老。
　¶朝日（㋐明治31（1898）年4月12日），維新（岡本
　　半介　おかもとはんすけ），江戸，郷土滋賀，
　　近現，近世，近文，国史，コン改，コン4，コン
　　5，詩歌，滋賀百，滋賀文（㋬文化8（1811）年11
　　月21日　㋐1898年4月12日），史人（㋬1811年11
　　月21日　㋐1898年4月12日），新潮（㋐明治31
　　（1898）年4月12日），人名，全書，日人（㋬1812
　　年），幕末（岡本半介　おかもとはんすけ
　　㋐1898年4月12日），藩臣4（㋐明治21（1888）
　　年），和俳（㋐明治31（1898）年4月12日）

岡本孝方 おかもとこうほう
　？　～安政3（1856）年
　江戸時代末期の算者、因幡鳥取藩士。
　¶人名，日人

岡本小八郎 おかもとこはちろう
安土桃山時代～江戸時代前期の武士。里見氏家臣。
¶戦人（生没年不詳），戦東

岡本左京 おかもとさきょう
安土桃山時代～江戸時代前期の武士。里見氏家臣。
¶戦人（生没年不詳），戦東

岡元貞 おかもとさだ
文化1（1804）年～明治16（1883）年
江戸時代末期の志士。
¶岡山人

岡本主米 おかもとしゅめ
文化3（1806）年～明治11（1878）年
江戸時代末期～明治期の豊後府内藩家老。
¶大分百，大分歴，藩臣7

岡本修理 おかもとしゅり
生没年不詳
安土桃山時代～江戸時代前期の武士。浅野家の家臣。
¶和歌山人

岡本諸品 おかもとしょひん
～正保2（1645）年
江戸時代前期の旗本。
¶神奈川人

岡本次郎 おかもとじろう
天保2（1831）年～慶応1（1865）年
江戸時代末期の土佐勤王党。
¶維新，高知人，コン改，コン4，人名，日人，幕末（[没]1865年7月3日）

岡本祐躬 おかもとすけみ
宝暦5（1755）年～文化13（1816）年
江戸時代中期～後期の水戸藩士。
¶国書

岡本清一郎 おかもとせいいちろう
？ ～明治9（1876）年？
江戸時代末期～明治期の谷田部藩士。
¶幕末（生没年不詳），藩臣2

岡本栖雲 おかもとせいうん
文化12（1815）年～明治2（1869）年5月31日
江戸時代末期の長州（萩）藩士。
¶幕末

岡本潜庵 おかもとせんあん
～？
江戸時代末期～明治期の伊勢亀山藩士。
¶三重続

岡本遜斎 おかもとそんさい
明和6（1769）年～文政10（1827）年
江戸時代中期～後期の阿波徳島藩士、儒学者。
¶徳島百（[没]文政10（1827）年1月26日），徳島歴（[没]文政10（1827）年1月2日），藩臣6

岡本大蔵 おかもとだいぞう
宝永1（1704）年～宝暦4（1754）年 [別]岡本大蔵《おかもとおおくら》
江戸時代中期の安芸広島藩士。
¶人名，日人（[没]1755年），藩臣6（おかもとおおくら）

岡本隆徳 おかもとたかのり
天保7（1836）年～大正11（1922）年
江戸時代末期～明治期の相模荻野山中藩の勤王家、書家。
¶維新，神奈川人，幕末（[生]1836年4月18日 [没]1922年12月10日），藩臣3

岡本武雄 おかもとたけお
弘化4（1847）年～明治26（1893）年
江戸時代末期～明治期の桑名藩士。
¶日人，幕末（[没]1893年12月20日），藩臣4，三重

岡元太郎 おかもとたろう
天保7（1836）年～慶応1（1865）年
江戸時代末期の備前岡山藩陪臣、勤王家。
¶維新，岡山人（[生]天保8（1837）年 [没]慶応2（1866）年），岡山歴（[没]元治2（1865）年2月22日），新潮（[生]天保7（1836）年3月3日 [没]慶応1（1865）年2月22日），人名，日人，幕末（[没]1865年3月19日）

岡本程平 おかもとていへい
天保4（1833）年～明治11（1878）年 [別]岡本程平《おかもとほどへい》
江戸時代末期～明治期の数学者、因幡鳥取藩士。
¶人名，数学（おかもとほどへい [没]明治11（1878）年11月8日），日人

岡本尚祐 おかもとなおすけ
元和1（1615）年～元禄9（1696）年
江戸時代前期～中期の水戸藩士。
¶国書

岡本長之丞 おかもとながのじょう
生没年不詳
江戸時代中期の剣術家。柳生当流。
¶剣豪

岡本寧浦（岡本寧甫） おかもとねいほ
寛政1（1789）年～嘉永1（1848）年
江戸時代後期の土佐藩の儒者。
¶高知人（[生]1794年 [没]1853年），高知百（岡本寧甫），国書（[没]嘉永1（1848）年10月4日），コン改（岡本寧甫），コン4（岡本寧甫），人名，日人，幕末（[没]1848年11月4日），藩臣6（岡本寧甫）

岡本宣次 おかもとのぶつぐ
？ ～貞享2（1685）年
江戸時代前期の武士。
¶和歌山人

岡本宣綱 おかもとのぶつな
天正11（1583）年～慶安2（1649）年
江戸時代前期の武士。佐竹氏家臣。
¶戦辞（[没]慶安2（1649）年7月），戦人，戦東（[生]？）

岡本宣就 おかもとのぶなり
→岡本半介(1)（おかもとはんすけ）

岡本梅英 おかもとばいえい
文化6（1809）年～明治23（1890）年6月10日 [別]岡本梅英・柳南《おかもとばいえいりゅうなん》
江戸時代末期～明治期の尾張藩士、日本画家。尾張藩から献上する岐阜提灯の絵を作成。
¶愛知百（岡本梅英・柳南 おかもとばいえいりゅうなん），幕末，美家

岡本半介(1)（岡本半助）　**おかもとはんすけ**
天正3（1575）年～明暦3（1657）年　[別]岡本宣就《おかもとのぶなり》
安土桃山時代～江戸時代前期の近江彦根藩家老。
¶郷土滋賀，群馬人（[生]天正2（1574）年），国書（岡本宣就　おかもとのぶなり　[没]明暦3（1657）年3月11日），茶道（岡本半助），人名（岡本宣就　おかもとのぶなり），全書，日人（岡本宣就　おかもとのぶなり），藩臣4（[没]明暦2（1656）年）

岡本半介(2)　**おかもとはんすけ**
→岡本黄石（おかもとこうせき）

岡本兵四郎　**おかもとひょうしろう**
弘化3（1846）年～明治31（1898）年　[別]岡本兵四郎《おかもとへいしろう》
江戸時代末期～明治期の紀伊和歌山藩士。
¶人名，日人，幕末（おかもとへいしろう　[没]1898年6月28日）

岡本兵部少輔　**おかもとひょうぶしょうゆう**
安土桃山時代～江戸時代前期の武士。里見氏家臣。
¶戦人（生没年不詳），戦東

岡本豊前　**おかもとぶせん**
江戸時代前期の武将。里見氏家臣。
¶戦東

岡本文五郎　**おかもとぶんごろう**
生没年不詳
江戸時代中期の武士、幕臣。
¶和歌山人

岡本兵四郎　**おかもとへいしろう**
→岡本兵四郎（おかもとひょうしろう）

岡本穆堂　**おかもとぼくどう**
江戸時代後期の伊勢桑名藩士。
¶国書（生没年不詳），三重続

岡本程平　**おかもとほどへい**
→岡本程平（おかもとていへい）

岡本真阪　**おかもとまさか**
？　～明治10（1877）年
江戸時代末期～明治期の中津藩士。
¶人名，日人

岡本正比　**おかもとまさちか**
？　～明暦2（1656）年
江戸時代前期の武士。
¶和歌山人

岡本正誼　**おかもとまさよし**
→岡本勘兵衛(2)（おかもとかんべえ）

岡本真古　**おかもとまふる**
安永9（1780）年～安政3（1856）年
江戸時代後期の土佐藩の能吏。
¶高知人，高知百，国書（[没]安政3（1856）年3月6日），コン改，コン4，日人，幕末（[没]1856年4月10日），藩臣6

岡本右太夫　**おかもとみぎだゆう**
？　～文化14（1817）年　[別]岡本右太夫《おかもとうだゆう》
江戸時代中期～後期の武士。
¶石川百（おかもとうだゆう　生没年不詳），日人

岡本美根太夫　**おかもとみねだゆう, おかもとみねたゆう**
寛政12（1800）年～明治15（1882）年
江戸時代末期～明治期の説教源氏節の語り手、幕臣。
¶芸能（おかもとみねたゆう），人名，日人

岡本元貴　**おかもとともとたか**
享保10（1725）年～天明7（1787）年
江戸時代中期の出羽秋田藩家老。
¶人名，日人

岡本元朝　**おかもとともとども**
寛文1（1661）年～正徳2（1712）年2月16日
江戸時代前期～中期の秋田藩家老。
¶国書5

岡本紋右衛門　**おかもとともんえもん**
生没年不詳
江戸時代末期の下総結城藩士。
¶幕末，藩臣3

岡本約斎　**おかもとやくさい**
～嘉永3（1850）年
江戸時代後期の勢州桑名藩士。
¶三重続

岡元安　**おかもとやす**
～享保13（1728）年
江戸時代中期の武士。
¶岡山人

岡本安利　**おかもとやすとし**
文政11（1828）年～大正2（1913）年
江戸時代末期～明治期の伊勢津藩士。
¶藩臣5

岡本義保　**おかもとよしやす**
天正4（1576）年～寛永18（1641）年
安土桃山時代～江戸時代前期の那須党。
¶戦国，戦人

岡本柳南　**おかもとりゅうなん**
→岡本梅英（おかもとばいえい）

岡谷義端　**おかやぎたん**
寛文1（1661）年～寛延1（1748）年
江戸時代前期～中期の水戸藩士・書家。
¶国書

岡谷瑳磨介　**おかやさまのすけ**
→岡谷瑳磨介（おかのやさまのすけ）

岡谷繁実　**おかやしげざね**
→岡谷繁実（おかのやしげざね）

岡安貞助　**おかやすていすけ**
文政10（1827）年～明治42（1909）年
江戸時代後期～明治期の剣術家。柳剛流岡安派祖。
¶剣豪，埼玉人

岡谷兵右衛門　**おかやひょううえもん**
生没年不詳
江戸時代前期の伊予宇和島藩士。
¶藩臣6

岡山茂　**おかやましげる**
弘化3（1846）年～大正4（1915）年
江戸時代末期～大正期の勤王加賀藩士。
¶石川百

岡山之於 おかやまゆきのり
　？　～元文3（1738）年
　江戸時代中期の武士、幕臣。
　¶和歌山人

岡鹿門 おかろくもん
　天保4（1833）年～大正3（1914）年　劉岡千仞《お
　かせんじん、おかちたて》、岡千仭《おかせんじん》
　江戸時代末期～明治期の陸奥仙台藩の儒学者。
　¶朝日（⊕天保4年11月2日（1833年12月12日）
　⊗大正3（1914）年2月28日）、維新（岡千仞　お
　かせんじん）、近現、近世、近文（岡千仞　おか
　せんじん）、考古（岡千仞　おかせんじん
　⊕天保4（1833）年11月2日　⊗大正3（1914）年1
　月18日）、国史、国書（⊕天保4（1833）年11月2
　日　⊗大正3（1914）年2月18日）、コン改（⊕天
　保3（1832）年　⊗大正2（1913）年）、コン4
　（⊗大正2（1913）年）、コン5（⊗大正2（1913）
　年）、詩歌、史研（岡千仞　おかちたて　⊕天保
　4（1833）年11月2日　⊗大正3（1914）年2月18
　日）、史人（⊕1833年11月2日　⊗1914年2月28
　日）、人書79（岡千仞　おかせんじん）、新潮
　（⊕天保4（1833）年11月2日　⊗大正2（1913）年
　2月18日）、人名（岡千仞　おかせんじん）、姓
　氏宮城（岡千仞　おかせんじん　⊕1835年）、
　日人、幕末（岡千仞　おかせんじん　⊕1835年
　⊗1914年2月18日）、藩臣1（岡千仞　おかせん
　じん　⊕天保3（1832）年　⊗大正2（1913）年）、
　北海道文（岡千仞　おかせんじん　⊕天保4
　（1833）年11月2日　⊗大正3（1914）年2月18
　日）、宮城百（岡千仞　おかせんじん）

小川市太夫 おがわいちだゆう
　元禄3（1690）年～宝暦10（1760）年　劉小川信春
　《おがわのぶはる》
　江戸時代中期の因幡鳥取藩士、武術家。
　¶剣豪、藩臣5（小川信春　おがわのぶはる）

小河逸斎 おがわいっさい
　文政10（1827）年～明治33（1900）年
　江戸時代後期～明治期の水戸藩士。
　¶国書

小川一作 おがわいっさく
　天保14（1843）年～？
　江戸時代後期～末期の新撰組隊士。
　¶新撰

小川逸堂 おがわいつどう
　弘化4（1847）年～昭和11（1936）年4月19日
　江戸時代末期～明治期の藩邸勤番。
　¶幕末

小川右京亮 おがわうきょうのすけ
　生没年不詳
　江戸時代前期の最上氏遺臣。
　¶庄内

小川鷗亭 おがわおうてい
　寛政4（1792）年～安政5（1858）年
　江戸時代末期の出羽秋田藩士、漢学者。
　¶人名、日人、藩臣1

小川上総介 おがわかずさのすけ
　生没年不詳
　安土桃山時代～江戸時代前期の武士。佐竹氏家臣。

戦辞、戦人、戦東

小河一敏 おがわかずとし
　→小河一敏（おごうかずとし）

小河一順 おがわかずのぶ
　→小河一順（おごうかずのぶ）

小川乾山 おがわかんざん
　文化6（1809）年～安政4（1857）年　劉小川乾山
　《おがわけんざん》
　江戸時代末期の周防徳山藩士。
　¶国書（おがわけんざん　⊕文化6（1809）年7月23
　日　⊗安政4（1857）年2月5日）、幕末（⊗1857
　年2月24日）、藩臣6

小川官次 おがわかんじ
　弘化1（1844）年～元治1（1864）年
　江戸時代末期の民兵調練小隊長。
　¶維新、高知人、コン改、コン4、人名、日人、幕
　末（⊗1864年10月5日）

小河吉三郎 おがわきちさぶろう
　天保8（1837）年～文久3（1863）年　劉大川藤蔵
　《おおかわとうぞう》
　江戸時代末期の水戸藩士。
　¶維新、人名（⊕1838年）、日人、幕末（⊗1863年
　11月24日）、藩臣2

小川久五郎 おがわきゅうごろう
　弘化2（1845）年～大正2（1913）年　劉小川久五郎
　演重《おがわきゅうごろうのぶしげ》
　江戸時代末期～大正期の神道無念流剣術家。
　¶埼玉人、埼玉百（小川久五郎演重　おがわきゅ
　うごろうのぶしげ）

小川久五郎演重 おがわきゅうごろうのぶしげ
　→小川久五郎（おがわきゅうごろう）

小川清 おがわきよし
　天保11（1840）年～明治19（1886）年
　江戸時代末期～明治期の小田原藩士。学制施行期
　の教育制度の整備に努力。
　¶神奈川人、幕末

小川錦司 おがわきんじ
　弘化4（1847）年～明治3（1870）年9月3日
　江戸時代後期～明治期の阿波徳島藩士。
　¶徳島歴

小川金次郎 おがわきんじろう
　江戸時代の阿波徳島藩士。
　¶徳島歴

小川乾山 おがわけんざん
　→小川乾山（おがわかんざん）

小川賢秋 おがわけんしゅう
　文化2（1805）年～安政3（1856）年
　江戸時代末期の牛久藩士。
　¶幕末（⊗1856年旧1月）、藩臣2

小川賢勝 おがわけんしょう
　＊～明治37（1904）年
　江戸時代末期～明治期の牛久藩士。
　¶幕末（⊕1842年　⊗1904年7月2日）、藩臣2
　（⊕天保12（1841）年）

小川香魚 おがわこうぎょ
　弘化3（1846）年～慶応3（1867）年　劉小川香魚

《おがわこうぎょう》，梅咲香《うめさきかおる》
江戸時代末期の江戸薩邸浪士隊観察。
¶維新，埼玉人（[生]弘化3（1846）年10月26日 [没]慶応3（1867）年12月26日），埼玉百（おがわこうぎょう），人名（[生]1848年），日人（[没]1868年），幕末（[没]1868年1月20日）

小川香魚 おがわこうぎょう
→小川香魚（おがわこうぎょ）

小川幸三 おがわこうぞう
天保7（1836）年～元治1（1864）年　[別]小川忠篤《おがわただあつ》
江戸時代末期の志士、加賀藩儒臣。禁門の変の後に斬首された。
¶石川百（[生]1837年），維新，国書（小川忠篤　おがわただあつ　[生]天保7（1836）年1月13日 [没]元治1（1864）年10月26日），人名，姓氏石川（[生]1837年），姓氏石川（小川忠篤　おがわただあつ），富山百（[生]天保8（1837）年1月13日 [没]元治1（1864）年10月26日），日人，幕末（[生]1836年2月29日　[没]1864年11月25日），藩臣3

小川維孝 おがわこれたか
江戸時代後期の江戸町奉行下の同心、茶人。
¶茶道

小川佐吉 おがわさきち
→宮田半四郎（みやたはんしろう）

小川自閑 おがわじかん
元和8（1622）年～元禄11（1698）年
江戸時代前期の陸奥会津藩士。
¶藩臣2

小川庄左衛門 おがわしょうざえもん
生没年不詳
江戸時代前期の人。小田原北条氏旧臣。
¶姓氏神奈川

小川信太郎 おがわしんたろう
弘化2（1845）年～慶応2（1866）年2月18日
江戸時代後期～末期の新撰組隊士。
¶新撰

小川椙太 おがわすぎた
天保8（1837）年～明治28（1895）年
江戸時代後期～明治期の武士。
¶日人

小川鈴之 おがわすずゆき
文政5（1822）年～明治26（1893）年　[別]水野渓斎《みずのけいさい》
江戸時代末期～明治期の下総結城藩士。
¶維新，新潮（[生]文政5（1822）年8月3日　[没]明治26（1893）年1月18日），人名（[生]1821年），日人，幕末（[没]1893年1月18日）

小川澄門 おがわすみかど
天保5（1834）年～大正7（1918）年3月20日
江戸時代末期～明治期の土佐勤王党。
¶幕末

小川専助 おがわせんすけ
～正保2（1645）年
江戸時代前期の庄内藩士。
¶庄内

小川仙之介 おがわせんのすけ
文政11（1828）年～明治42（1909）年
江戸時代後期～明治期の加賀藩士。明治維新後は警察に奉職。
¶石川百

小川大作 おがわだいさく
天保3（1832）年～明治11（1878）年
江戸時代末期～明治期の皇居守備者。
¶幕末

小川忠篤 おがわただあつ
→小川幸三（おがわこうぞう）

小川丹下 おがわたんげ
天明3（1783）年～明治6（1873）年7月
江戸時代後期の対馬藩家老。
¶維新，国書，幕末，藩臣7（[生]天明4（1784）年 [没]明治5（1872）年）

小川常有 おがわつねあり
文化3（1806）年～明治13（1880）年
江戸時代末期～明治期の会津藩士。藩の弓術師範。日置流を単称。
¶弓道（[没]明治13（1880）年10月3日），幕末（[没]1880年10月）

小川恒充（小川恒光） おがわつねみつ
江戸時代中期の美作津山藩士。
¶岡山人（小川恒光），国書（生没年不詳）

小川歳清 おがわとしきよ
～享保13（1728）年
江戸時代中期の旗本。
¶神奈川人

小川留之介 おがわとめのすけ
文政9（1826）年～明治19（1886）年
江戸時代後期～明治期の剣術家。神道無念流。
¶剣豪

小川留之助 おがわとめのすけ
？　～慶応1（1865）年
江戸時代後期～末期の武士。
¶日人

小川友忠 おがわともただ
寛政3（1791）年～嘉永6（1853）年
江戸時代末期の出雲松江藩士。
¶国書（[没]嘉永6（1853）年11月），島根歴（[生]寛政2（1790）年），藩臣5

小川直八 おがわなおはち
嘉永1（1848）年～慶応2（1866）年11月6日
江戸時代末期の奇兵隊士。
¶幕末

小川長秋 おがわながとき
天保12（1841）年～明治17（1884）年4月3日
江戸時代末期～明治期の志士。
¶幕末

小川長保 おがわながやす
弘治3（1557）年～寛永20（1643）年
安土桃山時代～江戸時代前期の武士。織田氏家臣、豊臣氏家臣、徳川氏家臣。
¶戦国，戦人

小川信賢 おがわのぶかた
文政8(1825)年〜明治29(1896)年6月5日
江戸時代末期〜明治期の蚕糸業の先覚者、宇和島藩士。
¶幕末

小川信春 おがわのぶはる
→小川市太夫(おがわいちだゆう)

小川半吾 おがわはんご
文政10(1827)年〜明治25(1892)年
江戸時代末期〜明治期の筑後三池藩士。
¶剣豪，幕末([没]1892年10月30日)，藩臣7

小川久忠 おがわひさただ
安永9(1780)年〜天保13(1842)年
江戸時代後期の伊予宇和島藩士。
¶藩臣6

小川広慶 おがわひろよし
元禄8(1695)年〜安永2(1773)年
江戸時代中期の武士。
¶和歌山人

小川孫七郎 おがわまごしちろう
文化3(1806)年〜明治7(1874)年
江戸時代後期〜明治期の剣術家。直心影流。
¶剣豪

小河真文 おがわまさぶみ
弘化4(1847)年〜明治4(1871)年　[別]小河吉右衛門《おごうきちえもん》,小河真文《おがわまふみ》
江戸時代末期〜明治期の尊攘派志士。大楽源太郎事件に連座。
¶朝日([没]明治4年12月3日(1872年1月12日))，維新，人名(小河吉右衛門　おごうきちえもん)，日人，幕末([没]1872年2月8日)，福岡百(おがわまふみ　[没]明治4(1871)年12月3日)

小川又次 おがわまたじ
嘉永1(1848)年〜明治42(1909)年
江戸時代末期〜明治期の豊前小倉藩士、陸軍軍人。
¶朝日([生]嘉永1年7月24日(1848年8月22日)　[没]明治42(1909)年10月20日)，コン改，コン5，人名，世紀([生]嘉永1(1848)年7月24日　[没]明治42(1909)年10月20日)，日人，藩臣7，福岡百([生]嘉永1(1848)年7月24日　[没]明治42(1909)年10月20日)，陸海([生]嘉永1年7月24日　[没]明治42年10月20日)

小河真文 おがわまふみ
→小河真文(おがわまさぶみ)

尾川光久 おがわみつひさ
*〜万延1(1860)年
江戸時代末期の剣術・拳法家。
¶高知人([生]1803年)，幕末([生]1805年　[没]1860年8月17日)

小川眠石 おがわみんせき
享保14(1729)年〜文化7(1810)年
江戸時代中期〜後期の筑前秋月藩士。
¶藩臣7

小川守忠 おがわもりただ
？　〜享保12(1727)年
江戸時代中期の武士、幕臣。
¶和歌山人

小川八十槌 おがわやそつち
？　〜慶応1(1865)年8月9日
江戸時代末期の長州(萩)藩士、選鋒隊士。
¶幕末

小川志純 おがわゆきとう
享保15(1730)年〜文化11(1814)年
江戸時代中期〜後期の武士、郷土史家。
¶国書([没]文化11(1814)年5月)，人名，日人

小川与左衛門 おがわよざえもん
寛保3(1743)年〜文化11(1814)年
江戸時代中期〜後期の剣術家。新陰待舎流。
¶剣豪

小川与七郎 おがわよしちろう
文化14(1817)年〜？
江戸時代後期の加賀大聖寺藩士、砲術家。
¶藩臣3

小河原左宮 おがわらさみや
*〜明治1(1868)年　[別]小河原左宮《こがはらさみや,こがわらさみや》,小河原政徳《おがわらまさのり》
江戸時代末期の前橋藩執政。
¶維新([生]1811年)，群馬人(こがわらさみや　[生]文化8(1811)年)，人名([生]？)，姓氏群馬(小河原政徳　おがわらまさのり　[生]1818年)，千葉百(こがはらさみや　[生]文化14(1817)年)，日人([生]1811年)，幕末([生]1818年　[没]1868年5月24日)，藩臣2(こがわらさみや　[生]文政1(1818)年)

小河原秀之丞 おがわらひでのじょう
天保2(1831)年〜万延1(1860)年
江戸時代末期の近江彦根藩士。
¶維新，幕末([没]1860年3月24日)

小河原政徳 おがわらまさのり
→小河原左宮(おがわらさみや)

小川渉 おがわわたる
天保14(1843)年〜明治40(1907)年
江戸時代末期〜明治期の会津藩士。支庁長となり県政に尽力。
¶会津，青森人，青森百([没]明治32(1899)年)，幕末([没]1907年2月5日)

尾木伊太夫 おぎいだゆう
明暦2(1656)年〜？
江戸時代中期の常陸土浦藩士。
¶藩臣2

沖一平 おきいっぺい
生没年不詳
江戸時代末期の薩摩藩士。
¶幕末

沖垣斎宮 おきがきいつき
天保13(1842)年〜明治5(1872)年
江戸時代末期〜明治期の十津川郷士。
¶維新，新潮([没]明治5(1872)年10月24日)，人名，日人，幕末([没]1872年11月24日)

沖九皐 おききゅうこう
→沖守固(おきもりかた)

沖清別 おききよわけ
→沖清別(おきせいべつ)

雄城宮内少輔 おぎくないしょうゆう
生没年不詳
江戸時代前期の肥前大村藩士。
¶藩臣7

沖剛介 おきごうすけ
天保14(1843)年～元治1(1864)年　別沖天外《おきてんがい》
江戸時代末期の因幡鳥取藩士。
¶維新，国書(沖天外　おきてんがい)　②元治1(1864)年9月11日，人名，鳥取百，日人

隠岐菜軒 おきさいけん
＊～天明8(1788)年
江戸時代中期の詩人、大坂城京橋口定番与力。
¶大阪人(⊕寛保1(1741)年　②天明8(1788)年9月)，大阪墓(⊕寛保3(1743)年　②天明8(1788)年9月9日)

隠岐左馬之丞 おきさまのじょう
文化9(1812)年～明治3(1870)年
江戸時代後期～明治期の備前藩士。
¶岡山人，岡山歴(②明治3(1870)年6月)

沖清別 おきせいべつ
＊～明治3(1870)年　別沖清別《おききよわけ》
江戸時代末期の歌人、岡山藩士。
¶岡山人(⊕文政2(1819)年)，岡山歴(おききよわけ　⊕文政1(1818)年　②明治3(1870)年6月)

荻田主馬 おぎたしゅめ
？　～元禄14(1701)年
江戸時代中期の武士、高田藩家老。
¶島根歴(生没年不詳)，人名，日人

沖田承之進 おきたしょうのしん
弘化4(1847)年～？
江戸時代後期～末期の新撰組隊士。
¶新撰

沖田総司 おきたそうじ
弘化1(1844)年～明治1(1868)年
江戸時代末期の剣士。新撰組の一番隊隊長。
¶朝日(⊕天保13(1842)年　②明治1年5月30日(1868年7月19日))，維新，京都大，剣豪(⊕天保13(1842)年)，コン4(⊕天保13(1842)年)，史人(②1868年5月30日)，人書79，人書94，新撰(⊕天保13年　②慶応4年5月30日)，新潮(②慶応4(1868)年5月30日)，姓氏京都(⊕?)，全書(⊕1842年，(異説)1844年)，日史(②明治1(1868)年5月30日)，日人(⊕1842年，(異説)1844年)，幕末(②1868年7月19日)，百科，歴大

沖忠敬 おきただたか
？　～元文4(1739)年　別沖忠敬《おきちゅうけい》
江戸時代中期の陸奥南部藩士。
¶国書(②元文4(1739)年12月14日)，姓氏岩手(おきちゅうけい)，藩臣1

荻田長繁 おぎたながしげ
永禄6(1563)年～寛永18(1642)年12月4日
安土桃山時代～江戸時代前期の上杉氏の家臣。
¶戦辞

沖田林太郎 おきたりんたろう
文政9(1826)年3月30日～明治16(1883)年2月13日
江戸時代末期～明治期の白河藩士。
¶幕末

沖忠敬 おきちゅうけい
→沖忠敬(おきただたか)

荻津勝章 おぎつかつあき
文政4(1821)年～大正4(1915)年
江戸時代末期～大正期の出羽秋田藩士、画家。代表作「夜叉の図」(八橋菅原神社)。
¶藩臣1，美家(⊕文政4(1821)年1月29日　②大正4(1915)年1月3日)

興津清覧 おきつきよみ
天明1(1781)年～弘化4(1847)年
江戸時代中期～後期の国学者。
¶江文

興津蔵人 おきつくらんど
文化11(1814)年～明治19(1886)年
江戸時代末期～明治期の水戸藩士。
¶維新，幕末(②1886年1月20日)，藩臣2

沖津作大夫 おきつさくだいう
？　～承応1(1652)年
江戸時代前期の肥後熊本藩士。
¶藩臣7

興津左太夫 おきつさだゆう
寛文9(1669)年～宝暦6(1756)年
江戸時代前期～中期の武芸家。
¶大分歴

沖津醇 おきつじゅん
天保2(1831)年～明治44(1911)年
江戸時代末期～明治期の陸奥会津藩士。
¶会津，青森人(②明治32(1899)年)，幕末

興津所左衛門 おきつしょざえもん
天保10(1839)年～明治1(1868)年
江戸時代末期の水戸藩士。
¶維新，幕末(②1868年11月23日)，藩臣2

興津忠能 おきつただよし
？　～元和9(1623)年
江戸時代前期の旗本。
¶神奈川人，姓氏神奈川

興津直重 おきつなおしげ
～寛永6(1629)年
江戸時代前期の旗本。
¶神奈川人

興津実 おきつみのる
弘化2(1845)年～明治16(1883)年6月9日
江戸時代末期～明治期の浜田藩士。
¶岡山歴(⊕弘化2(1845)年1月)，幕末，藩臣5

興津宗能 おきつむねよし
～延宝2(1674)年
江戸時代前期の旗本。
¶神奈川人

興津紋左衛門 おきつもんざえもん
？　～弘化1(1844)年
江戸時代後期の信濃高遠藩用人。

お

¶姓氏長野，長野歴，藩臣3

沖津弥五右衛門 おきつやごえもん
？ ～正保4（1647）年
江戸時代前期の肥後熊本藩士。
¶藩臣7

興津良信 おきつよしのぶ
天文11（1542）年～寛永1（1624）年
戦国時代～江戸時代前期の中原相代官。
¶姓氏神奈川

沖天外 おきてんがい
→沖剛介（おきごうすけ）

雄城直記 おぎなおき
？ ～慶応3（1867）年
江戸時代末期の肥前大村藩士。
¶幕末（[没]1867年5月），藩臣7

荻野重利 おぎのしげとし
？ ～享保17（1732）年
江戸時代中期の播磨三日月藩士。
¶藩臣5

荻野重富 おぎのしげとみ
天正6（1578）年～承応1（1652）年　[別]荻野新右衛門《おぎのしんうえもん》
江戸時代前期の備後福山藩士。
¶国書（[没]承応1（1652）年10月24日），人名，日人，藩臣6（荻野新右衛門　おぎのしんうえもん　[生]天正2（1574）年）

荻野重道 おぎのしげみち
？ ～天保13（1842）年12月21日
江戸時代後期の尾張藩士・歌人。
¶国書

荻野新右衛門 おぎのしんうえもん
→荻野重富（おぎのしげとみ）

興野助九郎 おきのすけくろう
→興野助九郎（きょうのすけくろう）

荻野隆亮 おぎのたかあき
寛永16（1639）年～宝永6（1709）年
江戸時代前期～中期の福岡藩士・本草家。
¶国書

興野隆雄 おきのたかお
寛政2（1790）年～文久2（1862）年　[別]興野隆雄《きょうのたかお》
江戸時代後期～末期の黒羽藩士、林業家。
¶国書（[没]文久2（1862）年8月），栃木歴（きょうのたかお）

荻野照永 おぎのてるなが
安永5（1776）年～天保7（1836）年
江戸時代後期の播磨明石藩士。
¶藩臣5

荻野照信 おぎのてるのぶ
文化9（1812）年～明治21（1888）年
江戸時代末期～明治期の播磨明石藩士。
¶藩臣5

沖野南溟 おきのなんめい
貞享1（1684）年～享保4（1719）年7月1日
江戸時代前期～中期の尾張藩士・漢学者。
¶国書

荻野梅塢 おぎのばいう
→荻野八百吉（おぎのやおきち）

荻野八百吉 おぎのやおきち
天明1（1781）年～天保14（1843）年　[別]荻野梅塢《おぎのばいう》
江戸時代後期の幕臣、幕府の天守番。
¶国書（荻野梅塢　おぎのばいう　[没]天保14（1843）年5月15日），人名（[生]？），日人

荻野安重 おぎのやすしげ
慶長18（1613）年～元禄3（1690）年
江戸時代前期の播磨明石藩の砲術家。荻野流砲術の流祖。
¶朝日（[没]元禄3年6月7日（1690年7月12日）），近世，国史，国書（[没]元禄3（1690）年6月7日），新潮（[没]元禄3（1690）年6月7日），人名，全書，大百，日人，藩臣5

荻野要蔵 おぎのようぞう
生没年不詳
江戸時代中期の播磨三日月藩士。
¶藩臣5

荻原重秀 おぎはらしげひで
→荻原重秀（おぎわらしげひで）

荻昌国 おぎまさくに
文化10（1813）年～文久2（1862）年
江戸時代末期の肥後熊本藩士。
¶藩臣7

沖守固 おきもりかた
天保12（1841）年～大正1（1912）年　[別]沖九皐《おききゅうこう》
江戸時代末期～明治期の因幡鳥取藩の官吏、県知事。貴族院議員。新政府に仕え岩倉具視に随従、滞英八年。
¶維新，海越（[生]天保12（1841）年6月13日　[没]大正1（1912）年10月7日），海越新（[生]天保12（1841）年6月13日　[没]大正1（1912）年10月7日），神奈川人，人名（[生]1840年），姓氏神奈川，渡航（[生]1841年6月13日　[没]1912年10月8日），鳥取百（沖九皐　おききゅうこう），日人，幕末（[没]1912年10月8日），藩臣5（沖九皐　おききゅうこう），明治1，履歴（[生]天保12（1841）年6月27日　[没]大正1（1912）年10月7日），和歌山人

荻谷平八 おぎやへいはち
寛政12（1800）年～慶応1（1865）年　[別]萩谷平八《はぎやへいはち》
江戸時代末期の志士。
¶人名（萩谷平八　はぎやへいはち），日人

荻生金谷 おぎゅうきんきんこく
→荻生金谷（おぎゅうきんこく）

荻生金谷（荻生金石） おぎゅうきんこく
元禄16（1703）年～安永5（1776）年　[別]荻生金谷《おぎゅうきんきんこく》
江戸時代中期の大和郡山藩士、儒学者。
¶江文，国書（おぎゅうきんきんこく　[没]安永5（1776）年9月29日），人名（荻生金石），日人，藩臣4

荻生北渓 おぎゅうほくけい
→荻生北渓（おぎゅうほっけい）

荻生北渓　おぎゅうほっけい
延宝1(1673)年～宝暦4(1754)年　[別]荻生北渓《おぎゅうほくけい》
江戸時代中期の幕臣、儒者。徳川綱吉・吉宗に重用された。
¶朝日([生]寛文10(1670)年　[没]宝暦4年1月20日(1754年2月11日)), 江文(おぎゅうほくけい), 近世, 国史, 国書([没]宝暦4(1754)年1月20日), コン4, 史人([没]1754年1月20日), 新潮([没]宝暦4(1754)年1月20日), 人名, 日史([没]宝暦4(1754)年1月20日), 日人, 歴大

大給恒　おぎゅうゆずる
天保10(1839)年～明治43(1910)年　[別]松平乗謨《まつだいらのりかた》, 大給恒《おぎゅうわたる》
江戸時代末期～明治期の大名。信濃田野口藩主、老中格、陸軍総裁。
¶朝日([生]天保10年11月13日(1839年12月18日)　[没]明治43(1910)年1月6日), 維新(おぎゅうわたる), 江文, 近現, 近世, 国史, コン改, コン4, コン5, 史人([生]1839年11月13日　[没]1910年1月6日), 諸系, 人書94, 新潮([生]天保10(1839)年11月13日　[没]明治43(1910)年1月6日), 人名(おぎゅうわたる), 姓氏長野, 長野百([没]1909年), 長野歴([没]明治42(1909)年), 日人, 幕末([没]1910年1月6日), 藩主2(松平乗謨　まつだいらのりかた), 藩主2(松平乗謨　まつだいらのりかた　[生]天保10(1839)年11月13日　[没]明治43(1910)年1月26日), 洋学, 履歴([生]天保10(1839)年11月13日　[没]明治43(1910)年1月6日)

大給恒　おぎゅうわたる
→大給恒(おぎゅうゆずる)

沖良道　おきよしみち
天保4(1833)年～明治2(1869)年
江戸時代末期の土佐国郷士。
¶高知人, 幕末([没]1869年10月14日)

沖良賢　おきりょうけん
嘉永2(1849)年～大正9(1920)年
江戸時代末期～明治期の土佐国徒士格。
¶高知人, 幕末([没]1920年2月13日)

荻原源八郎　おぎわらげんぱちろう
?　～享保20(1735)年4月26日
江戸時代中期の幕府代官。
¶埼玉人

荻原重秀　おぎわらしげひで
万治1(1658)年～正徳3(1713)年　[別]荻原重秀《おぎはらしげひで》
江戸時代前期～中期の幕臣、勘定頭。
¶朝日([没]正徳3年9月26日(1713年11月13日)), 岩史([没]正徳3(1713)年9月26日), 角史, 近世, 国史, コン改, コン4, 史人([没]1713年9月26日), 重要([没]正徳3(1713)年9月25日), 新潮([没]正徳3(1713)年9月26日), 人名(おぎはらしげひで), 世人([没]正徳3(1713)年9月26日), 世百, 全書([生]?), 大百, 新潟百([生]1656年), 日史([没]正徳3(1713)年9月26日), 日人, 百科, 歴大

荻原友村　おぎわらともむら
生没年不詳
江戸時代前期の旗本。
¶神奈川人

荻原昌泰　おぎわらまさやす
～寛永18(1641)年
江戸時代前期の旗本。
¶神奈川人

奥邦雅　おくくにまさ
文化10(1813)年～慶応2(1866)年
江戸時代末期の砲術家、安芸広島藩士。
¶人名([生]1815年), 日人, 幕末([没]1866年7月3日), 藩臣6, 広島百([没]慶応2(1866)年7月3日)

奥沢栄助　おくざわえいすけ
?　～元治1(1864)年
江戸時代末期の新撰組。
¶新撰([没]元治1年6月5日), 幕末([没]1864年7月8日)

奥沢次郎　おくざわじろう
江戸時代末期の新撰組隊士。
¶新撰

小串邦太　おぐしくにた
天保9(1838)年～文久3(1863)年
江戸時代末期の杵築藩士。
¶大分歴([生]天保8(1837)年), 幕末([没]1863年8月2日), 藩臣7

奥重吉　おくしげよし
?　～寛永18(1641)年
江戸時代前期の安芸広島藩士。
¶日人, 藩臣6, 和歌山人(生没年不詳)

小串為八郎　おぐしためはちろう
天保13(1842)年～明治16(1883)年
江戸時代後期～明治期の勤皇の志士。
¶大分歴

奥典雅　おくすけまさ
寛政5(1793)年～*
江戸時代後期の砲術家、安芸広島藩士。
¶人名([没]1849年), 日人([没]1850年)

奥住新左衛門　おくずみしんざえもん
?　～承応2(1653)年
江戸時代前期の相模小田原藩士。
¶藩臣3

奥瀬一学　おくせいちがく
寛政2(1790)年～万延1(1860)年　[別]奥瀬一学《おくのせいちがく》, 奥瀬清簡《おくせきよひろ》
江戸時代末期の陸奥弘前藩用人。
¶青森人, 国書(奥瀬清簡　おくせきよひろ　[没]万延1(1860)年8月), 人名(おくのせいちがく), 日人, 藩臣1

奥瀬清簡　おくせきよひろ
→奥瀬一学(おくせいちがく)

奥瀬内蔵介(奥瀬内蔵助)　おくせくらのすけ
寛永4(1627)年～
江戸時代前期の武士。
¶青森人([生]寛永4(1627)年ころ), 青森百(奥瀬内蔵助　生没年不詳)

奥平壱岐 おくだいらいき
生没年不詳
江戸時代末期の豊前中津藩家老。
¶大分歴（[没]明治17（1884）年），日人，藩臣7

奥平鶯居 おくだいらおうきょ
文化6（1809）年～明治23（1890）年　[別]鶯居《おうきょ》
江戸時代後期～明治期の俳人、武士。
¶愛媛百（[生]文化6（1809）年3月17日　[没]明治23（1890）年8月25日），日人，俳句（鶯居　おうきょ　[没]明治22（1889）年）

奥平勝芳 おくだいらかつよし
文化10（1813）年～？
江戸時代後期の豊前中津藩家老。
¶藩臣7

奥平九兵衛（奥平久兵衛） おくだいらきゅうべえ
*～寛延2（1749）年
江戸時代中期の伊予松山藩家老。
¶愛媛百（奥平久兵衛　[生]宝永3（1706）年），藩臣6（[生]？）

奥平金弥 おくだいらきんや
生没年不詳
江戸時代中期の陸奥白河藩家老。
¶藩臣2

奥平謙輔 おくだいらけんすけ
天保12（1841）年～明治9（1876）年
江戸時代末期～明治期の志士。前原一誠の乱で死罪。
¶朝日（[生]天保12年1月21日（1841年2月12日）[没]明治9（1876）年12月3日），維新，コン4，コン5，新潮（[生]天保12（1841）年1月21日　[没]明治9（1876）年12月3日），人名（[生]1840年），姓氏山口，新潟百，日人，幕末（[没]1876年12月3日）

奥平源八 おくだいらげんぱち
江戸時代前期の仇討の当事者。
¶江戸東，人名，栃木歴，日人（生没年不詳）

奥平広胖 おくだいらこうはん
天明3（1783）年～天保8（1837）年
江戸時代後期の丹波亀山藩家老。
¶京都府，藩臣5

奥平小太郎 おくだいらこたろう
天保5（1834）年～万延1（1860）年　[別]奥平穆《おくだいらぼく》
江戸時代末期の亀山藩士。
¶維新，京都府，国書（[生]天保5（1834）年8月15日　[没]万延1（1860）年閏3月20日），人名（奥平穆　おくだいらぼく），日人，幕末（[没]1860年5月10日），藩臣5，三重（奥平穆　[生]天保5年8月15日）

奥平貞幹 おくだいらさだもと
文化14（1817）年～明治15（1882）年　[別]奥平貞幹《おくだいらていかん》
江戸時代末期～明治期の松山藩士。
¶愛媛百（おくだいらていかん　[生]文化14（1817）年3月4日　[没]明治15（1882）年4月9日），郷土愛媛（おくだいらていかん），日人，幕末（[没]1882年4月9日），藩臣6

奥平正安 おくだいらしょうあん
生没年不詳　[別]奥平正安《おくだいらまさやす》
江戸時代中期の儒者。
¶国書（おくだいらまさやす），人名，日人

奥平図書 おくだいらずしょ
天保5（1834）年～？
江戸時代末期の豊前中津藩家老。
¶藩臣7

奥平忠暁 おくだいらたださと
元禄3（1690）年～元文1（1736）年
江戸時代中期の旗下士、寺社奉行。
¶人名

奥平忠隆 おくだいらただたか
→松平忠隆(1)（まつだいらただたか）

奥平忠恒 おくだいらただつね
享保4（1719）年～明和4（1767）年
江戸時代中期の旗下士、若年寄。
¶人名

奥平忠尚 おくだいらただひさ
→松平忠尚（まつだいらただなお）

奥平忠弘 おくだいらただひろ
→松平忠弘（まつだいらただひろ）

奥平忠昌 おくだいらただまさ
慶長13（1608）年～寛文8（1668）年
江戸時代前期の大名。下野宇都宮藩主、下総古河藩主。
¶諸系，栃木歴，日史（[没]寛文8（1668）年2月19日），日人，藩主1（[没]寛文8（1668）年2月19日），藩主2，百科

奥平貞幹 おくだいらていかん
→奥平貞幹（おくだいらさだもと）

奥平伝蔵 おくだいらでんぞう
生没年不詳
江戸時代前期の武士。
¶日人

奥平藤左衛門 おくだいらとうざえもん
元禄16（1703）年～安永2（1773）年
江戸時代中期の奥平藤左衛門家は松山藩松平家の筆頭家老の家柄。
¶愛媛百

奥平穆 おくだいらぼく
→奥平小太郎（おくだいらこたろう）

奥平昌章 おくだいらまさあき
→奥平昌章（おくだいらまさあきら）

奥平昌章 おくだいらまさあきら
寛文8（1668）年～元禄8（1695）年　[別]奥平昌章《おくだいらまさあき》
江戸時代前期～中期の大名。出羽山形藩主、下野宇都宮藩主。
¶諸系，人名，日人，藩主1，藩主1（おくだいらまさあき　[生]寛文8（1668）年3月24日　[没]元禄8（1695）年4月8日）

奥平昌敦 おくだいらまさあつ
享保9（1724）年～宝暦8（1758）年
江戸時代中期の大名。豊前中津藩主。
¶諸系，人名，日人，藩主4（[生]享保9（1724）年4

月12日　[没]宝暦8(1758)年9月26日)

奥平昌男 おくだいらまさお
宝暦13(1763)年～天明6(1786)年
江戸時代中期の大名。豊前中津藩主。
¶諸系，人名，日人，藩主4([生]宝暦13(1763)年6月14日　[没]天明6(1786)年3月21日，(異説)8月3日)

奥平昌鹿 おくだいらまさか
延享1(1744)年～安永9(1780)年　[別]奥平昌鹿《おくだいらまさしか》
江戸時代中期の大名。豊前中津藩主。
¶朝日([生]延享1年7月15日(1744年8月22日)　[没]安永9年7月24日(1780年8月24日))，大分歴，近世，国史，国書([生]延享1(1744)年7月15日　[没]安永9(1780)年7月24日)，コン改(おくだいらまさしか)，コン4(おくだいらまさしか)，史人([生]1744年7月15日　[没]1780年7月24日)，諸系，新潮(おくだいらまさしか　[生]延享1(1744)年7月15日　[没]安永9(1780)年7月24日)，人名(おくだいらまさしか)，日史([生]延享1(1744)年7月15日　[没]安永9(1780)年7月24日)，日人，藩主4([生]延享1(1744)年7月15日　[没]安永9(1780)年7月24日)，百科，洋学，歴大，和俳([生]延享1(1744)年7月15日　[没]安永9(1780)年7月24日)

奥平昌鹿 おくだいらまさしか
→奥平昌鹿(おくだいらまさか)

奥平昌成 おくだいらまさしげ
元禄7(1694)年～延享3(1746)年　[別]奥平昌成《おくだいらまさなり》
江戸時代中期の大名。下野宇都宮藩主、丹後宮津藩主、豊前中津藩主。
¶京都府，諸系，人名(おくだいらまさなり)，日人，藩主1，藩主3，藩主4([生]元禄7(1694)年11月6日　[没]延享3(1746)年11月14日)

奥平昌高 おくだいらまさたか
天明1(1781)年～安政2(1855)年
江戸時代後期の大名。豊前中津藩主。
¶朝日([生]安永4(1775)年　[没]安政2年6月10日(1855年7月23日))，維新，大分百，大分歴([生]?)，近世，国史，国書([生]天明1(1781)年11月4日　[没]安政2(1855)年6月10日)，コン改，コン4，史人([生]1781年11月4日　[没]1855年6月10日)，諸系，新潮([生]天明1(1781)年11月4日　[没]安政2(1855)年6月10日)，人名，姓氏鹿児島，日人，幕末([没]1855年7月23日)，藩主4([生]安永4(1775)年，(異説)天明1年11月4日　[没]安政2(1855)年6月10日)，洋学，和俳([没]安政2(1855)年6月10日)

奥平昌成 おくだいらまさなり
→奥平昌成(おくだいらまさしげ)

奥平昌暢 おくだいらまさのぶ
文化6(1809)年～天保3(1832)年
江戸時代後期の大名。豊前中津藩主。
¶諸系，日人，藩主4([生]文化6(1809)年1月25日　[没]天保3(1832)年11月晦日)

奥平昌猷 おくだいらまさみち
文化10(1813)年～天保13(1842)年
江戸時代後期の大名。豊前中津藩主。
¶諸系，人名([生]1814年)，日人，藩主4([生]文化10(1813)年3月25日　[没]天保13(1842)年9月17日)

奥平昌邁 おくだいらまさみち
→奥平昌邁(おくだいらまさゆき)

奥平昌服 おくだいらまさもと
*～明治34(1901)年
江戸時代末期～明治期の大名。豊前中津藩主。
¶諸系([生]1831年)，人名([生]1830年)，日人([生]1831年)，藩主4([生]天保1(1830)年12月25日　[没]明治34(1901)年2月27日)

奥平正安 おくだいらまさやす
→奥平正安(おくだいらしょうあん)

奥平昌邁 おくだいらまさゆき
安政2(1855)年～明治17(1884)年11月26日
[別]奥平昌邁《おくだいらまさみち》，義三郎，九八郎，美作守
江戸時代末期～明治期の政治家。中津藩知事。東京府府会議員。
¶維新，海越([生]安政2(1855)年4月)，海越新([生]安政2(1855)年4月)，大分歴(おくだいらまさみち)，諸系，新潮([生]嘉永4(1851)年)，人名，渡航([生]1855年4月)，日人，幕末，藩主4([生]安政2(1855)年4月1日)

奥平昌能 おくだいらまさよし
寛永10(1633)年～寛文12(1672)年
江戸時代前期の大名。下野宇都宮藩主、出羽山形藩主。
¶諸系，日人，藩主1([生]寛永10(1633)年7月21日　[没]寛文12(1672)年7月2日)，藩主1

奥平与四郎 おくだいらよしろう
生没年不詳
江戸時代末期の豊前中津藩家老。
¶藩臣7

奥田橘園 おくだきつえん
天明3(1783)年～文政2(1819)年9月28日
江戸時代中期～後期の仙台藩士・漢学者。
¶国書

奥田強斎 おくだきょうさい
～明治4(1871)年
江戸時代後期～明治期の伊勢津藩士。
¶三重続

奥猛雅 おくたけまさ
享保17(1732)年～享和2(1802)年
江戸時代中期～後期の安芸広島藩士。
¶人名，日人，藩臣6，広島百([没]享和2(1802)年7月2日)

奥田勾堆 おくだこうたい
宝暦7(1757)年～享和2(1802)年8月10日
江戸時代中期～後期の仙台藩士・漢学者。
¶国書

奥田権左衛門 おくだごんざえもん
?　～明暦2(1656)年
江戸時代前期の肥後熊本藩士。
¶藩臣7

お

奥田貞右衛門 おくださだえもん
＊～元禄16（1703）年
江戸時代前期～中期の武士。
¶徳島歴（[生]延宝8（1680）年　[没]元禄16（1703）年2月4日），日人（[生]1678年）

奥田重盛 おくだしげもり
→奥田孫太夫（おくだまごだゆう）

奥田忠右衛門 おくだちゅうえもん
生没年不詳
江戸時代末期の美濃今尾藩家老。
¶藩臣3

奥田常雄 おくだつねかつ
天保6（1835）年～文久2（1862）年7月21日
江戸時代後期～末期の尾張藩士・国学者。
¶国書

奥田直明 おくだなおあき
＊～明治19（1886）年
江戸時代後期～明治期の最後（第14代）の須坂藩主。
¶姓氏長野（[生]1863年），長野歴（[生]天保10（1839）年）

奥田孫三郎 おくだまごさぶろう
生没年不詳
江戸時代後期の常陸土浦藩士。
¶藩臣2

奥田孫太夫 おくだまごだゆう
正保4（1647）年～元禄16（1703）年　[別]奥田重盛《おくだしげもり》
江戸時代中期の播磨赤穂藩士。赤穂義士の一人。
¶人名（奥田重盛　おくだしげもり），日人

奥田万次郎 おくだまんじろう
天保1（1830）年～文久3（1863）年
江戸時代末期の因幡鳥取藩士、尊攘派志士。
¶朝日（[生]天保1年9月14日（1830年10月30日）[没]文久3年8月20日（1863年10月2日）），維新，新潮（[生]天保1（1830）年9月14日　[没]文久3（1863）年8月20日），日人

奥田頼杖 おくだらいじょう
？～嘉永2（1849）年
江戸時代後期の安芸広島藩の心学者。
¶朝日（[没]嘉永2年8月5日（1849年9月21日）），江文（生没年不詳），教育（[生]1800年？），近世，国史，国書（[生]寛政4（1792）年　[没]嘉永2（1849）年8月5日），コン改，コン4，新潮（[没]嘉永2（1849）年8月5日），人名（[生]1800年？），世人（[没]嘉永2（1849）年8月5日），日人，藩臣6（[生]寛政4（1792）年），広島百（[生]寛政4（1792）年　[没]嘉永2（1849）年8月5日）

奥田楽山 おくだらくざん
安永6（1777）年～万延1（1860）年9月
江戸時代後期の備中松山藩士、儒学者。
¶岡山人，岡山百，岡山歴，国書，藩臣6

奥田竜渓 おくだりゅうけい
江戸時代中期の伊勢津藩士。
¶国書（生没年不詳），三重

小口楽斎 おぐちらくさい
？～寛永1（1624）年
江戸時代前期の信濃松本藩士。
¶藩臣3

奥寺定恒 おくでらさだつね
→奥寺八左衛門（おくでらはちざえもん）

奥寺八左衛門 おくでらはちざえもん
寛永3（1626）年～貞享3（1686）年　[別]奥寺定恒《おくでらさだつね》
江戸時代前期の陸奥盛岡藩の治水家。作事奉行。
¶朝日（[生]寛永3（1626）年8月　[没]貞享3年1月7日（1686年1月30日）），岩手百（[生]1627年），近世，国史，コン改，コン4，史人（[生]1626年8月　[没]1686年1月7日），新潮（[生]寛永3（1626）年8月　[没]貞享3（1686）年1月7日），人名，姓氏岩手（[生]1627年），日人，藩臣1（奥寺定恒　おくでらさだつね　[生]寛永5（1628）年），歴大

奥東江 おくとうこう
寛永17（1640）年～宝永1（1704）年
江戸時代前期～中期の肥前唐津藩医、儒学者。
¶藩臣7

小国猿黒丸 おぐにさるくろまる
～寛永7（1630）年
安土桃山時代～江戸時代前期の部将。
¶庄内

小国嵩陽 おぐにすうよう
→小国融蔵（おぐにゆうぞう）

小国光基 おぐにみつもと
安土桃山時代～江戸時代前期の武士。最上氏家臣。
¶戦人（生没年不詳），戦東

小国融蔵 おぐにゆうぞう，おくにゆうぞう
文政7（1824）年～慶応1（1865）年　[別]小国嵩陽《おぐにすうよう》
江戸時代末期の長州藩の郷校育英館学頭。
¶維新，国書（小国嵩陽　おぐにすうよう　[没]慶応1（1865）年閏5月2日），人名，姓氏山口（おくにゆうぞう），日人，幕末（[没]1865年6月24日），藩臣6

奥野勘蔵 おくのかんぞう
文政12（1829）年～明治28（1895）年
江戸時代末期～明治期の郷士。
¶人名，日人

奥野幸太夫 おくのこうだゆう
生没年不詳
江戸時代の庄内藩士。
¶庄内

奥野助右衛門(1) おくのすけえもん
～元禄8（1695）年1月22日
江戸時代前期～中期の庄内藩家老。
¶庄内

奥野助右衛門(2) おくのすけえもん
生没年不詳
江戸時代中期の庄内藩家老。
¶庄内

奥瀬一学 おくのせいちがく
→奥瀬一学（おくせいちがく）

奥野忠右衛門 おくのちゅうえもん
～正徳2（1712）年7月13日

江戸時代前期～中期の庄内藩家老。
¶庄内

奥野昌綱　おくのまさつな
文政6（1823）年～明治43（1910）年
江戸時代末期～明治期の幕臣、牧師。
¶朝日（⊕文政6年4月4日（1823年5月14日）
㉺明治43（1910）年12月5日）、維新、神奈川人，
神奈川百、近現、近世、国史、国書（⊕文政6
（1823）年4月4日　㉺明治43（1910）年12月12
日）、コン改、コン4、コン5、埼玉人（⊕文政6
（1823）年4月4日　㉺明治43（1910）年12月2
日）、史人（⊕1823年4月4日　㉺1910年12月5
日）、新潮（⊕文政6（1823）年4月4日　㉺明治
43（1910）年12月5日）、人名、先駆（⊕文政6
（1823）年4月4日　㉺明治43（1910）年12月12
日）、哲学、日史（⊕文政6（1823）年4月4日
㉺明治43（1910）年12月2日）、日人、幕末
（⊕1823年5月14日　㉺1910年12月12日）、百
科、洋学、歴大

奥宮暁峰　おくのみやぎょうほう
文政2（1819）年～明治26（1893）年　㉙奥宮暁峰
《おくみやぎょうほう》
江戸時代末期～明治期の致道館教授。
¶江文（おくみやぎょうほう）、高知人、高知百，
国書（おくみやぎょうほう）　㉺明治26（1893）年
12月17日）、幕末（㉺1893年12月17日）

奥宮慥斎　おくのみやぞうさい
文化8（1811）年～明治10（1877）年　㉙奥宮正由
《おくのみやまさよし》，奥宮慥斎《おくみやぞうさ
い》
江戸時代末期～明治期の土佐藩の致道館教授。
¶維新（⊕1818　年㉺1882年）、江文（おくみやぞ
うさい）、高知人、高知百、国書（⊕文化8
（1811）年7月4日　㉺明治10（1877）年5月30
日）、コン改、コン4、コン5、神人（奥宮正由
おくのみやまさよし　⊕文政1（1818）年　㉺明
治15（1882）年5月30日）、新潮（おくみやぞう
さい）、人名（おくみやぞうさい）、
哲学、日人、幕末（㉺1877年5月30日）、藩臣6

奥宮正明　おくのみやまさあき
慶安1（1648）年～享保11（1726）年　㉙奥宮正明
《おくみやまさあき》
江戸時代前期～中期の土佐藩士、歴史家。
¶高知人（⊕1679年）、高知百（生没年不詳）、国
書（享保11（1726）年3月24日）、コン改（生没
年不詳）、コン4（生没年不詳）、人名（おくみや
まさあき）、日人、藩臣2

奥宮正由　おくのみやまさよし
→奥宮慥斎（おくのみやぞうさい）

小熊芳助　おぐまよしすけ
天保7（1836）年～？
江戸時代末期の上総飯野藩士。
¶藩臣3

奥満雅　おくみつまさ
宝暦10（1760）年～文政6（1823）年
江戸時代中期の砲術家、安芸広島藩士。
¶人名，日人

奥宮暁峰　おくみやぎょうほう
→奥宮暁峰（おくのみやぎょうほう）

奥宮慥斎　おくみやぞうさい
→奥宮慥斎（おくのみやぞうさい）

奥宮正明　おくみやまさあき
→奥宮正明（おくのみやまさあき）

奥村惇叙　おくむらあつのぶ
享和2（1802）年11月22～弘化3（1846）年9月
27日
江戸時代後期の加賀藩士。
¶国書

奥村永福　おくむらえいふく
→奥村永福（おくむらながとみ）

奥村閑斎　おくむらかんさい
江戸時代前期の馬術家。
¶人名，日人（生没年不詳）

奥村喜三郎　おくむらきさぶろう
生没年不詳
江戸時代末期の増上寺御霊屋付代官、西洋流測
量家。
¶江文、神奈川人、コン改、コン4、人名、姓氏神
奈川、日人

奥村好善　おくむらこうぜん
寛政12（1800）年～嘉永5（1852）年
江戸時代末期の陸奥三春藩士。
¶藩臣2

奥村権左衛門　おくむらごんざえもん
万治2（1659）年～享保19（1734）年　㉙奥村重旧
《おくむらしげひさ》，奥村無我《おくむらむが》
江戸時代中期の兵法家。
¶岡山人、剣術、人名（奥村無我　おくむらむ
が）、日人（奥村重旧　おくむらしげひさ）

奥村権之助　おくむらごんのすけ
生没年不詳
江戸時代末期の陸奥三春藩士。
¶藩臣2

奥村左近太　おくむらさこんた，おくむらさこんだ
天保13（1842）年～明治36（1903）年1月11日
江戸時代末期～明治期の備前岡山藩士・剣術家。
¶岡山人（おくむらさこんだ）、岡山百、岡山歴，
剣豪（おくむらさこんだ）、幕末

奥村三郎五郎　おくむらさぶろうごろう
→奥村正尚（おくむらまさなお）

奥村三左衛門　おくむらさんざえもん
文政4（1821）年～明治16（1883）年
江戸時代後期～明治期の剣術家。奥村流祖。
¶剣豪

奥村重旧　おくむらしげひさ
→奥村権左衛門（おくむらごんざえもん）

奥村七太夫　おくむらしちだゆう
寛政12（1800）年～文久3（1863）年
江戸時代末期の備前岡山藩士。
¶岡山人、人名（お？）、日人

奥村助六　おくむらすけろく
正保2（1645）年～享保5（1720）年
江戸時代前期～中期の加賀大聖寺藩士。

¶藩臣3

奥村隆振 おくむらたかおき
享保19(1734)年～寛政3(1791)年
江戸時代中期の加賀藩士。
¶藩臣3

奥村忠左衛門 おくむらちゅうざえもん
? ～天明5(1785)年
江戸時代中期の下総古河藩士、剣術家。
¶剣豪，藩臣3

奥村栄実 おくむらてるざね
寛政4(1792)年～天保14(1843)年 [別]奥村栄実《おくむらひでざね》
江戸時代後期の加賀藩士、国学者。
¶石川百([没]1847年)，国書([没]天保14(1843)年8月9日)，人名，姓氏石川(おくむらひでざね [没]1847年)，日人，藩臣3(おくむらひでざね)

奥村栄親 おくむらてるちか
文政8(1825)年12月22日～弘化1(1844)年10月16日
江戸時代後期の加賀藩家老。
¶幕末

奥村栄福 おくむらてるとみ
→奥村永福(おくむらながとみ)

奥村栄通 おくむらてるみち
文化9(1812)年～明治10(1877)年3月30日
江戸時代末期～明治期の加賀藩家老。
¶弓道([生]文化9(1812)年7月20日)，国書([生]文化9(1812)年7月20日)，幕末([生]1812年8月26日)，藩臣3

奥村直氏 おくむらなおうじ
寛文4(1664)年～享保20(1735)年1月15日
江戸時代前期～中期の加賀藩士。
¶国書5

奥村永福(奥村永富) おくむらながとみ
天文10(1541)年～寛永1(1624)年 [別]奥村栄福《おくむらてるとみ》，奥村永福《おくむらえいふく》
安土桃山時代～江戸時代前期の加賀藩の武士。前田氏家臣。
¶石川百，人名(奥村栄福 おくむらてるとみ)，姓氏石川(奥村永富)，戦国(おくむらえいふく [生]1542年)，戦人([生]天文11(1542)年)，日人，藩臣3

奥村尚寛 おくむらながのぶ
宝暦7(1757)年～享和3(1803)年 [別]奥村尚寛《おくむらひさひろ》
江戸時代中期～後期の加賀藩士。
¶石川百，国書([没]享和3(1803)年12月24日)，人名(おくむらひさひろ [生]?)，日人([没]1804年)，藩臣3

奥村永世 おくむらながよ
文化9(1812)年～万延1(1860)年
江戸時代末期の加賀大聖寺藩士。
¶国書([没]万延1(1860)年8月)，姓氏石川，藩臣3

奥村栄頼 おくむらながより
? ～寛永8(1631)年
江戸時代前期の加賀藩士。
¶藩臣3

奥村就道 おくむらなりみち
宝暦1(1751)年～?
江戸時代中期～後期の上野館林藩士。
¶国書

奥村悳輝 おくむらのりてる
→奥村悳輝(おくむらやすてる)

奥村矩政 おくむらのりまさ
～安永5(1776)年
江戸時代中期の旗本。
¶神奈川人

奥村徳義(奥村得義) おくむらのりよし
寛政5(1793)年～文久2(1862)年
江戸時代末期の尾張藩士。
¶国書(奥村得義 [生]寛政5(1793)年8月18日 [没]文久2(1862)年7月25日)，人名([生]1785年)，日人，藩臣4(奥村得義)

奥村栄明 おくむらはるあき
永禄11(1568)年～元和6(1620)年
江戸時代前期の加賀藩家老。
¶人名，日人

奥村久忠 おくむらひさただ
文政2(1819)年7月～明治41(1908)年9月3日
江戸時代後期～明治期の弓道家、吉田藩士、日本で最初の範士。
¶弓道

奥村尚寛 おくむらひさひろ
→奥村尚寛(おくむらながのぶ)

奥村栄実 おくむらひでざね
→奥村栄実(おくむらてるざね)

奥村正尚 おくむらまさなお
承応2(1653)年～元禄16(1703)年 [別]奥村三郎五郎《おくむらさぶろうごろう》
江戸時代前期～中期の紀伊和歌山藩士、西条藩年寄。
¶人名，日人，藩臣5(奥村三郎五郎 おくむらさぶろうごろう)，和歌山人

奥村無我 おくむらむが
→奥村権左衛門(おくむらごんざえもん)

奥村蒙窩 おくむらもうか
寛永4(1627)年～貞享4(1687)年 [別]奥村庸礼《おくむらやすひろ》
江戸時代前期の加賀藩家老。
¶国書([生]寛永4(1627)年11月7日 [没]貞享4(1687)年6月8日)，人名([生]1626年 [没]1686年)，日人，藩臣3(奥村庸礼 おくむらやすひろ)

奥村悳輝 おくむらやすてる
承応2(1653)年～宝永2(1705)年 [別]奥村悳輝《おくむらのりてる》
江戸時代前期～中期の加賀藩士。
¶人名(おくむらのりてる [生]1654年)，日人，藩臣3

奥村保命 おくむらやすのり
享保4(1719)年～元文2(1737)年
江戸時代中期の加賀藩士。

¶藩臣3

奥村易英 おくむらやすひで
元亀2(1571)年～寛永20(1643)年
安土桃山時代～江戸時代前期の加賀藩士。
¶石川百，人名，日人([没]1644年)，藩臣3

奥村庸礼 おくむらやすひろ
→奥村蒙窩(おくむらもうか)

奥村保之 おくむらやすゆき
生没年不詳
江戸時代中期の三河吉田藩士。
¶国書

奥村六石 おくむらりくせき
文政6(1823)年～明治17(1884)年　[別]奥村立石《おくむらりゅうせき》
江戸時代末期～明治期の土佐藩士。
¶高知人，国書([没]明治17(1884)年9月11日)，人名(奥村立石　おくむらりゅうせき)，日人

奥村立石 おくむらりゅうせき
→奥村六石(おくむらりくせき)

奥保鞏 おくやすかた
弘化3(1846)年～昭和5(1930)年
江戸時代末期～明治期の小倉藩士、陸軍軍人。元帥、伯爵。日露戦争では第二軍司令官。参謀総長、議定官を歴任。
¶近現，現朝([生]弘化3年11月19日(1847年1月5日)　[没]1930年7月19日)，国史，コン改，コン5，史人([生]1846年11月19日　[没]1930年7月19日)，新潮([生]弘化3(1846)年11月19日　[没]昭和5(1930)年7月19日)，人名，世紀([生]弘化3(1847)年11月19日　[没]昭和5(1930)年7月19日)，大百，渡航([生]1846年11月19日　[没]1930年7月19日)，日人([生]1847年)，藩臣7，福岡百([生]弘化3(1846)年11月19日　[没]昭和5(1930)年7月19日)，明治1([生]1847年)，陸海([生]弘化3年11月9日　[没]昭和5年7月17日)

奥弥兵衛 おくやへえ
安土桃山時代～江戸時代前期の砲術家、武将。豊臣氏家臣。
¶戦国，戦人(生没年不詳)

奥山脩 おくやまおさむ
生没年不詳
江戸時代末期の上総鶴舞藩家老。
¶藩臣3

奥山華岳 おくやまかがく
享保13(1728)年～寛政1(1789)年
江戸時代中期の近江彦根藩士。
¶国書([没]寛政1(1789)年9月)，日人，藩臣4

奥山君鳳 おくやまくんぽう
天明1(1781)年～天保12(1841)年
江戸時代後期の出羽秋田藩士、漢学者。
¶藩臣1

奥山清左衛門 おくやませいざえもん
享保10(1725)年～寛政1(1789)年
江戸時代中期の陸奥下村藩士。
¶藩臣2

奥山大学 おくやまだいがく
元和2(1616)年～元禄2(1689)年　[別]奥山常辰《おくやまつねたつ》，奥山大学常辰《おくやまだいがくつねたつ》
江戸時代前期の陸奥仙台藩士。
¶姓氏宮城(奥山常辰　おくやまつねたつ)，藩臣1([没]元禄3(1690)年)，宮城百(奥山大学常辰　おくやまだいがくつねたつ)

奥山大学常辰 おくやまだいがくつねたつ
→奥山大学(おくやまだいがく)

奥山常辰 おくやまつねたつ
→奥山大学(おくやまだいがく)

奥山常尚 おくやまつねなお
元禄2(1689)年～享保9(1724)年
江戸時代中期の評定奉行。
¶姓氏岩手

奥山常陸介 おくやまひたちのすけ
生没年不詳
安土桃山時代～江戸時代前期の武将。北畠氏家臣、織田氏家臣。
¶戦人

奥山正之 おくやままさゆき
？～正保2(1645)年
江戸時代前期の武士。豊臣氏家臣。
¶戦国，戦人

奥与太夫 おくよだゆう
？～文化8(1811)年
江戸時代後期の下総古河藩家老。
¶藩臣3

小倉衛守 おぐらえもり
？～享和4(1804)年
江戸時代中期～後期の肥前平戸藩家老。
¶藩臣7

大倉嘉十郎 おくらかじゅうろう
→大倉嘉十郎(おおくらかじゅうろう)

小倉鹿門 おぐらかもん
→小倉鹿門(おぐらろくもん)

小倉喜藤兵衛 おぐらきどひょうえ
？～万延1(1860)年
江戸時代末期の鯖江藩士。
¶幕末([没]1860年8月27日)，藩臣3

小倉源五右衛門 おぐらげんごえもん
文化13(1816)年～慶応1(1865)年
江戸時代末期の長州(萩)藩俗論党士。
¶維新，人名([生]？)，日人，幕末([没]1865年7月21日)

小倉作左衛門 おぐらさくざえもん
？～享保3(1718)年
江戸時代前期～中期の弘前藩士。
¶青森人

小倉実纓 おぐらさねあき
→小倉明原(おぐらめいげん)

小倉実廉 おぐらさねかど
→小倉鹿門(おぐらろくもん)

小倉実敏 おぐらさねとし
→小倉遜斎(おぐらそんさい)

小倉三省 おぐらさんせい
慶長9(1604)年～承応3(1654)年

お

江戸時代前期の土佐藩の儒学者。土佐南学派の祖。
¶朝日（[生]慶長9年4月8日（1604年5月6日）　[没]承応3年7月15日（1654年8月27日）），岩史（[生]慶長9（1604）年4月8日　[没]承応3（1654）年7月15日），角史，近世，高知人（[生]1603年），高知百，国史，国書（[生]慶長9（1604）年4月18日　[没]承応3（1654）年7月15日），コン改，コン4，史人（[生]1604年4月8日　[没]1654年7月15日），新潮（[没]承応3（1654）年7月15日），人名，世人（[生]慶長9（1604）年4月8日　[没]承応3（1654）年7月15日），日史（[没]承応3（1654）年7月15日），日人，藩臣6，百科，歴大

小倉尚斎　おぐらしょうさい
延宝5（1677）年～元文2（1737）年
江戸時代中期の長州（萩）藩士、儒学者。
¶国書（[没]元文2（1737）年11月2日），人名，姓氏山口，日人，藩臣6，山口百

小倉勝介（小倉少助）　おぐらしょうすけ
天正10（1582）年～承応3（1654）年
江戸時代前期の土佐藩士。高知藩林政の中核。
¶朝日，高知人（小倉少助），高知百（小倉少助），コン改，コン4，日人

小倉処平　おぐらしょへい
弘化3（1846）年～明治10（1877）年
江戸時代末期～明治期の日向飫肥藩士。
¶維新，海越（[没]明治10（1877）年8月17日），海越新（[没]明治10（1877）年8月17日），国際，人名，渡航（[没]1877年8月），日人，幕末（[没]1877年8月17日），藩臣7，宮崎百（[没]明治10（1877）年8月）

小倉信一　おぐらしんいち
天保10（1839）年～明治9（1876）年
江戸時代末期～明治期の長州（萩）藩士。
¶人名，日人，幕末（[没]1876年12月3日）

小倉遜斎　おぐらそんさい
文化2（1805）年～明治11（1878）年　[別]小倉実敏《おぐらさねとし》
江戸時代末期～明治期の長州（萩）藩士。
¶江文，国書（[没]明治11（1878）年5月17日），人名（小倉実敏　おぐらさねとし），日人，幕末（[没]1878年5月17日），藩臣6

小倉藤左衛門　おぐらとうざえもん
？～宝暦8（1758）年
江戸時代中期の剣術家。梶派一刀流。
¶剣豪

小倉富三郎　おぐらとみさぶろう
文化12（1815）年～明治3（1870）年9月15日
江戸時代後期～明治期の徳島藩士。
¶徳島百，徳島歴

小倉半左衛門　おぐらはんざえもん
？～慶応1（1865）年8月9日
江戸時代末期の長州（萩）藩士。
¶幕末

小倉政光　おぐらまさみつ
？～万治2（1659）年
江戸時代前期の武蔵岩槻藩士。
¶藩臣5

小倉正義　おぐらまさよし
江戸時代末期の幕臣。
¶維新，幕末（生没年不詳）

小倉明原　おぐらめいげん
享和2（1802）年～嘉永1（1848）年　[別]小倉実黱《おぐらさねあき》
江戸時代後期の納戸頭。
¶国書5（小倉実黱　おぐらさねあき　[生]享和2（1802）年11月5日　[没]嘉永1（1848）年11月30日），人名，日人

小倉鹿門　おぐらろくもん
元禄16（1703）年～安永5（1776）年　[別]小倉鹿門《おぐらかもん》，小倉実廉《おぐらさねかど》
江戸時代中期の長州（萩）藩士、儒学者。
¶国書（[没]安永5（1776）年10月20日），人名（小倉実廉　おぐらさねかど），日人，藩臣6（おぐらかもん）

小栗伊左衛門　おぐりいざえもん
享保16（1731）年～寛政6（1794）年
江戸時代中期～後期の剣術家。忠也派一刀流。
¶剣豪

小栗源大夫　おぐりげんだゆう
生没年不詳
江戸時代中期の武士。
¶和歌山人

小栗上野介忠順　おぐりこうずけのすけただまさ
→小栗忠順（おぐりただまさ）

小栗権三郎　おぐりごんざぶろう
*～万治3（1660）年
江戸時代前期の加賀大聖寺藩士。
¶姓氏石川（[生]1629年），藩臣3（[生]寛永16（1639）年）

小栗松靄　おぐりしょうあい
文化11（1814）年～明治27（1894）年
江戸時代末期～明治期の浜松藩主の勘定方。
¶静岡百（[没]明治25（1892）年），静岡歴，姓氏静岡，幕末

小栗忠順　おぐりただまさ
文政10（1827）年～明治1（1868）年　[別]小栗上野介忠順《おぐりこうずけのすけただまさ》，小栗上野介《おぐりこうづけのすけ》
江戸時代末期の幕臣。1860年遣米使節随員としてアメリカに渡る。
¶朝日（[没]明治1年閏4月6日（1868年5月27日）），維新，岩史（[没]慶応4（1868）年潤4月6日），海越（[没]明治1（1868）年閏4月6日），海越新（[没]明治1（1868）年閏4月6日），江戸，角史，神奈川人，神奈川百，郷土群馬，近世，群馬人（小栗上野介忠順　おぐりこうずけのすけただまさ），群馬百（小栗上野介忠順　おぐりこうずけのすけただまさ），国史，国書（[没]慶応4（1868）年閏4月6日），コン改，コン4，史人（[没]1868年閏4月6日），新潮（[没]慶応4（1868）年閏4月6日），人名，姓氏群馬，世人（[没]明治1（1868）年4月6日），世百，全書，大百，日史（[没]明治1（1868）年閏4月6日），日人，人情1，幕末（[没]1868年5月27日），百科，山梨百（[没]明治1（1868）年4月5日），歴大

江戸時代の武士篇　265　おさかへ

小栗仁右衛門 おぐりにえもん
天正17（1589）年〜寛文1（1661）年　㊞小栗信由
《おぐりのぶよし》、小栗正信《おぐりまさのぶ》
江戸時代前期の幕臣。小栗流和術の創始者。
¶朝日（小栗正信　おぐりまさのぶ　㉔寛文1年6
月6日（1661年7月2日）），近世，剣豪，国史，
埼玉人（小栗信由　おぐりのぶよし　㊡天正17
（1589）年3月25日　㉔寛文1（1661）年6月6
日），戦合，日人

小栗信友 おぐりのぶとも
〜天和1（1681）年
江戸時代前期の旗本。
¶神奈川人

小栗信由 おぐりのぶよし
→小栗仁右衛門（おぐりにえもん）

小栗久勝 おぐりひさかつ
〜寛永6（1629）年
江戸時代前期の旗本。
¶神奈川人

小栗正勝 おぐりまさかつ
？　〜寛永3（1626）年
江戸時代前期の旗本。
¶埼玉人

小栗正忠 おぐりまさただ
〜寛永5（1628）年
江戸時代前期の旗本。
¶神奈川人

小栗正信 おぐりまさのぶ
→小栗仁右衛門（おぐりにえもん）

小栗政寧 おぐりまさやす
生没年不詳
江戸時代末期の幕臣。第43代京都東町奉行。
¶京都大，姓氏京都

小栗又一 おぐりまたいち
＊〜元和2（1616）年　㊞小栗又一忠政《おぐりまた
いちただまさ》
安土桃山時代〜江戸時代前期の武将，軍奉行。
¶埼玉百（小栗又一忠政　おぐりまたいちただま
さ　㊡1555年），人名（㊡1554年　㉔？），日人
（㊡？）

小栗又一忠政 おぐりまたいちただまさ
→小栗又一（おぐりまたいち）

小栗美作 おぐりみまさか
寛永3（1626）年〜天和1（1681）年
江戸時代前期の越後高田藩家老。越後騒動で切腹。
¶朝日（㉔天和1年6月22日（1681年8月5日）），岩
史（㊡延宝9（1681）年6月22日），近世，国史，
コン4，史人（㉔1681年6月22日），新潮（㉔天和
1（1681）年6月22日），日史（㉔天和1（1681）年
6月22日），日人，百科，歴大

小栗勇馬 おぐりゆうま
天保5（1834）年〜明治35（1902）年
江戸時代末期〜明治期の加賀大聖寺藩士。
¶藩臣3

小黒善左衛門 おぐろぜんざえもん
生没年不詳
江戸時代前期の武士。

¶庄内

桶口直次 おけぐちなおじ
天保11（1840）年〜文久2（1862）年
江戸時代末期の勤王志士。
¶人名

小河一敏 おごうかずとし
文化10（1813）年〜明治19（1886）年　㊞小河一敏
《おがわかずとし》
江戸時代末期〜明治期の豊後岡藩の尊攘派志士。
¶朝日（㊡文化10年1月21日（1813年2月21日）
㉔明治19（1886）年1月31日），維新（おがわか
ずとし），大分百，大分歴，国書（㊡文化10
（1813）年1月21日　㉔明治19（1886）年1月31
日），コン改（おがわかずとし），コン4（おがわ
かずとし），コン5（おがわかずとし），神人（お
がわかずとし　㊡文化10（1813）年1月21日
㉔明治19（1886）年1月31日），新潮（㊡文化10
（1813）年1月21日　㉔明治19（1886）年1月31
日），人名（㉔1882年），日人，幕末（㉔1886年1
月31日），藩臣7，和俳

小河一順 おごうかずのぶ
天保7（1836）年〜明治5（1872）年　㊞小河一順
《おがわかずのぶ》、小河結城《おごうゆうき》
江戸時代末期〜明治期の豊後岡藩士。
¶コン改（おがわかずのぶ），コン4（おがわかず
のぶ），人名，日人，藩臣7（小河結城　おごう
ゆうき）

小河吉右衛門 おごうきちえもん
→小河真文（おがわまさぶみ）

小河内蔵允 おごうくらのじょう
天正3（1575）年〜寛永16（1639）年
安土桃山時代〜江戸時代前期の筑前福岡藩家老。
¶藩臣7

小河権兵衛 おごうごんべえ
？　〜元禄2（1689）年
江戸時代前期の筑前福岡藩家老。
¶藩臣7

小河結城 おごうゆうき
→小河一順（おごうかずのぶ）

小坂小次郎 おさかこじろう
→小坂小次郎（こさかこじろう）

尾坂七郎右衛門 おさかしちろうえもん
？　〜天保10（1839）年
江戸時代後期の陸奥黒石藩士。
¶藩臣1

刑部如濃 おさかべじょのう
？　〜元文1（1736）年6月
江戸時代中期の人。尾張藩の重臣渡辺半蔵家の同
心役。
¶国書

刑部鉄太郎 おさかべてつたろう
生没年不詳
江戸時代末期の幕臣・幕府徒目付。1860年遣米使
節に随行しアメリカに渡る。
¶海越新

刑部陶痴 おさかべとうち
天保13（1842）年〜明治41（1908）年

お

江戸時代末期～明治期の尾張藩主の小姓、古陶磁研究家。
¶茶道，姓氏愛知

尾崎喜内 おざききない
～万治2（1659）年
江戸時代前期の土佐藩士、朱子学者。
¶高知人

尾崎恭蔵 おざききょうぞう
天保11（1840）年～明治5（1872）年8月9日
江戸時代後期～明治期の新徴組士。
¶庄内

尾崎恭里 おざききょうり
＊～寛政7（1795）年
江戸時代中期の陸奥南部藩士。
¶姓氏岩手（㊐1719年），藩臣1（㊐享保5（1720）年）

尾崎健蔵（尾崎健三） おざきけんぞう，おさきけんぞう
天保12（1841）年～元治1（1864）年　㊚尾崎孝基《おさきたかもと》
江戸時代末期の因幡鳥取藩老臣池田式部家人。
¶維新，人名（尾崎健三），鳥取百（おさきけんぞう），日人，藩臣5（尾崎孝基　おさきたかもと）

尾崎幸之進 おざきこうのしん
天保11（1840）年～元治1（1864）年　㊚尾崎幸之助《おざきこうのすけ》，尾崎直吉《おざきなおよし》
江戸時代末期の志士。
¶維新（尾崎直吉　おざきなおよし），高知人，コン改，コン4，人名（尾崎幸之助　おざきこうのすけ），日人，幕末（㊍1864年8月20日）

尾崎幸之助 おざきこうのすけ
→尾崎幸之進（おざきこうのしん）

尾崎惣左衛門（尾崎総左衛門） おざきそうざえもん
文化9（1812）年～慶応1（1865）年
江戸時代末期の筑前福岡藩士。
¶維新，国書（尾崎総左衛門　㊍慶応1（1865）年10月23日），コン改，コン4，新潮（尾崎総左衛門　㊍慶応1（1865）年10月23日），人名，日人，幕末（㊍1865年12月10日），藩臣7

尾崎孝基 おさきたかもと
→尾崎健蔵（おざきけんぞう）

尾崎忠景 おざきただかげ
文政1（1818）年～明治15（1882）年
江戸時代末期～明治期の志士、尾張藩士。
¶人名，日人

尾崎忠治 おざきただはる
天保2（1831）年～明治38（1905）年
江戸時代末期～明治期の土佐藩士、司法官。
¶朝日（㊐天保2年2月2日（1831年3月15日）㊍明治38（1905）年10月16日），近現，高知人，国史，コン改，コン5，史人（㊐1831年2月2日　㊍1905年10月18日），新潮（㊐天保2（1831）年2月2日　㊍明治38（1905）年10月16日），人名，日人

尾崎忠征 おざきただゆき
文化7（1810）年～明治23（1890）年　㊚尾崎八衛《おざきはちえ》
江戸時代末期～明治期の尾張藩士。
¶愛知百（㊐1810年6月18日　㊍1890年3月9日），維新，国書（㊐文化7（1810）年6月18日　㊍明治23（1890）年3月9日），人名（尾崎八衛　おざきはちえ），姓氏愛知，日人，幕末（㊍1890年3月9日），藩臣4

尾崎鋳五郎 おざきちゅうごろう
天保13（1842）年～元治1（1864）年　㊚尾崎靖《おざきやすし》
江戸時代末期の肥前島原藩士。
¶維新，人名，日人，幕末（尾崎靖　おざきやすし　㊍1864年8月22日），藩臣7（尾崎靖　おざきやすし）

尾崎直吉 おざきなおよし
→尾崎幸之進（おざきこうのしん）

尾崎信重 おざきのぶしげ
～寛永9（1632）年
江戸時代前期の旗本。
¶神奈川人

小崎教之 おざきのりゆき
元禄2（1689）年～明和3（1766）年12月15日
江戸時代中期の仙台藩士、郡奉行。
¶国書

尾崎八衛 おざきはちえ
→尾崎忠征（おざきただゆき）

尾崎秀継 おざきひでつぐ
生没年不詳
江戸時代前期の六十人者与力。
¶和歌山人

尾崎豊後 おざきぶんご
生没年不詳
江戸時代末期の水戸藩士。
¶維新，幕末，藩臣2

尾崎正勝 おざきまさかつ，おさきまさかつ
嘉永3（1850）年～明治1（1868）年
江戸時代末期の志士。
¶高知人（おさきまさかつ），幕末（㊍1868年9月28日）

小崎門蔵 おざきもんぞう
安永8（1779）年～安政4（1857）年
江戸時代後期の遠江掛川藩士。
¶藩臣4

尾崎弥一郎 おざきやいちろう
文政8（1825）年～明治11（1878）年
江戸時代末期～明治期の播磨三草藩士。
¶藩臣5

尾崎靖 おざきやすし
→尾崎鋳五郎（おざきちゅうごろう）

尾埼山人 おざきやまんど
文政9（1826）年～明治36（1903）年
江戸時代末期～明治期の伊予西条藩士。
¶維新，愛媛百（㊐文政9（1826）年7月28日　㊍明治36（1903）年9月11日），郷土愛媛，日人，幕末（㊍1903年9月11日），藩臣6

尾崎行正（尾崎行政） おざきゆきまさ
天保4（1833）年～大正5（1916）年

江戸時代末期〜明治期の官吏。
¶神奈川人（尾崎行政），姓氏神奈川，日人（[生]1838年）

尾崎吉家 おざきよしいえ
生没年不詳
江戸時代前期の六十人者与力。
¶和歌山人

尾崎良知 おざきよしとも
天保11（1840）年〜明治34（1901）年　[別]荒川甚作《あらかわじんさく》
江戸時代末期〜明治期の尾張藩士。
¶愛知百（[生]1840年6月24日　[没]1901年9月7日），維新，人名，姓氏愛知，日人，幕末（[没]1901年9月7日），藩臣4

尾崎理左衛門 おざきりざえもん
寛政5（1793）年〜明治3（1870）年
江戸時代末期の讃岐丸亀藩士。
¶人名，日人

小崎利準 おざきりじゅん
*〜大正12（1923）年
江戸時代後期〜大正期の亀山藩士。
¶岐阜百，郷土岐阜（[生]1845年），三重（[生]文化11年）

尾崎錬蔵 おざきれんぞう
江戸時代末期の槍術家。
¶岡山人

小篠紀 おざさき
？　〜文化11（1814）年
江戸時代後期の石見浜田藩士、儒学者。
¶島根人（[没]文政4（1821）年），島根歴，藩臣5

小篠源左衛門 おざさげんざえもん
宝暦3（1753）年〜文化15（1818）年4月21日
江戸時代中期〜後期の弓術家。
¶国書

小篠侯承 おざさこうしょう
？　〜文政4（1821）年
江戸時代後期の石見浜田藩士、儒学者。
¶藩臣5

小篠御野（小篠敏）　おざさみぬ
享保13（1728）年〜享和1（1801）年　[別]小篠敏《ささみぬ，ささみね》
江戸時代中期〜後期の石見浜田藩士、儒学者。
¶国書（小篠敏　[没]享和1（1801）年10月8日），島根人，島根歴，神人（小篠敏　ささみね　[没]享和1（1801）年10月8日），人名（小篠敏　ささみぬ），日人（小篠敏），藩臣5

小篠元盈 おざさもとみつ
江戸時代中期の射術家。
¶人名，日人（生没年不詳）

小篠元予 おざさもとやす
寛延2（1749）年〜文化1（1804）年
江戸時代後期の射術家。
¶人名，日人

長田白政 おさだあきまさ
永禄12（1569）年〜慶安3（1650）年
江戸時代前期の旗本。
¶神奈川人，姓氏神奈川

長田銈太郎 おさだけいたろう
嘉永2（1849）年〜明治22（1889）年　[別]銈之助
江戸時代末期〜明治期の静岡藩士、仏学者、洋式兵学者。横浜兵学校教官、外務書記官、駐露弁理公使、内務参事官等をつとめた。
¶海越（[生]嘉永2（1849）年7月27日　[没]明治22（1889）年3月31日），海越新（[生]嘉永2（1849）年7月27日　[没]明治22（1889）年3月31日），国際，静岡歴，人名，姓氏静岡，先駆（[生]嘉永2（1849）年7月27日　[没]明治22（1889）年3月31日），渡航（[生]1849年7月27日　[没]1889年4月1日），日人，幕末，洋学

長田忠勝 おさだただかつ
天文21（1552）年〜寛永3（1626）年
江戸時代前期の旗本。
¶神奈川人，姓氏神奈川

長田元隣 おさだもとちか
延宝6（1678）年〜享保17（1732）年
江戸時代前期〜中期の第9代京都東町奉行。
¶京都大，姓氏京都

長田美年 おさだよしとし
安永3（1774）年〜安政4（1857）年
江戸時代後期の豊前小倉藩士。
¶藩臣7

長田吉広 おさだよしひろ
〜寛文11（1671）年
江戸時代前期の旗本。
¶神奈川人

小佐手信房 おさでのぶふさ
？　〜寛永5（1628）年
安土桃山時代〜江戸時代前期の武田家臣。武田氏滅亡ののち徳川家臣。
¶姓氏山梨

小山内暉山 おさないきざん
文化8（1811）年〜明治27（1894）年
江戸時代後期〜明治期の弘前藩士、書家。
¶青森人

小山内建麿 おさないたけまろ
天保2（1831）年〜明治35（1902）年　[別]小山内建麿《おさないたてまろ》
江戸時代末期〜明治期の陸奥弘前藩士。
¶維新，人名（おさないたてまろ），日人，幕末（[没]1902年12月14日）

小山内建麿 おさないたてまろ
→小山内建麿（おさないたけまろ）

長内良太郎 おさないりょうたろう
天保9（1838）年〜明治19（1886）年
江戸時代末期〜明治期の陸奥黒石藩士。
¶藩臣1

納尚恒 おさめなおつね
？　〜安政4（1857）年　[別]納尚恒《おさめひさつね》
江戸時代末期の武士、詩人。
¶岡山人，岡山歴（おさめひさつね　[没]安政4（1857）年1月14日）

納尚恒 おさめひさつね
→納尚恒（おさめなおつね）

小沢氏春 おざわうじはる
生没年不詳
江戸時代中期の越中富山藩士、剣術家。
¶藩臣3

小沢栄薫 おざわえいくん
生没年不詳
江戸時代の松山城織田藩家臣。
¶郷土奈良

小沢寛栗 おざわかんりつ
文政2(1819)年10月10日～明治11(1878)年1月3日
江戸時代後期～明治期の旧藩士。
¶庄内

小沢三郎兵衛 おざわさぶろうべえ
→小沢三郎兵衛(こざわさぶろうべえ)

小沢三郎兵衛 おざわさぶろべえ
生没年不詳
江戸時代中期の紀伊家鷹場鳥見役。
¶埼玉人

小沢宗司 おざわそうじ
江戸時代末期の新撰組隊士。
¶新撰

小沢泰 おざわたい
→小沢泰(おざわやすし)

小沢武雄 おざわたけお
弘化1(1844)年～昭和1(1926)年
江戸時代末期～大正期の豊前小倉藩士、陸軍軍人。男爵、貴族院議員。陸軍中将、参謀本部長、日赤副社長などを歴任。本会議で国防の不備を暴露し、軍職を依願免官。
¶維新，近現，国史，史人([生]1844年11月10日　[没]1926年1月29日)，人名，世紀([生]天保15(1844)年11月10日　[没]大正15(1926)年1月29日)，先駆([生]弘化1(1844)年11月10日　[没]大正15(1926)年1月29日)，渡航([生]1844年11月　[没]1926年1月29日)，日人，幕末([没]1926年1月29日)，藩臣7，陸海([生]弘化1年11月10日　[没]大正15年1月29日)

小沢武三郎 おざわたけさぶろう
弘化2(1845)年6月10日～大正15(1926)年8月2日
江戸時代末期～大正期の勇士。
¶庄内

小沢忠秋 おざわただあき
～慶安3(1650)年
江戸時代前期の旗本。
¶神奈川人

小沢忠重 おざわただしげ
永禄8(1565)年～寛永8(1631)年
安土桃山時代～江戸時代前期の武士。徳川氏の臣。
¶神奈川人，人名，日人

小沢寅吉 おざわとらきち
天保1(1830)年～明治24(1891)年
江戸時代後期～明治期の剣術家。北辰一刀流。
¶剣豪

小沢正弘 おざわまさひろ
→小沢正弘(こざわまさひろ)

小沢泰 おざわやすし
天保11(1840)年～大正2(1913)年　[別]小沢泰《おざわたい》
江戸時代末期～大正期の津山藩士。
¶岡山人，岡山歴(おざわたい　[没]大正2(1913)年11月12日)

押上美香 おしあげよしか
天保6(1835)年～明治10(1877)年
江戸時代末期～明治期の地役人。
¶維新，幕末([没]1877年8月4日)

忍宇左衛門 おしうざえもん
生没年不詳
江戸時代中期の備後三次藩用人。
¶藩臣6

忍足兵蔵 おしたりへいぞう
安土桃山時代～江戸時代前期の武士。里見氏家臣。
¶戦人(生没年不詳)，戦東

忍藤左衛門 おしとうざえもん
安土桃山時代～江戸時代前期の武士。里見氏家臣。
¶戦人(生没年不詳)，戦東

忍土佐 おしとさ
安土桃山時代～江戸時代前期の武士。里見氏家臣。
¶戦人(生没年不詳)，戦東

忍穂弥五右衛門 おしほやごえもん
？　～寛文5(1665)年
江戸時代前期の武士。
¶和歌山人

小島加右衛門 おじまかうえもん
→小島加右衛門(おじまかえもん)

小島加右衛門 おじまかえもん
[別]小島加右衛門《おじまかうえもん》
江戸時代の仙台藩の御普請司。
¶姓氏宮城(生没年不詳)，宮城百(おじまかうえもん)

小島徳教 おじまとくのり
～文政12(1829)年
江戸時代後期の教育者、高知藩士。
¶高知人

小島信春 おじまのぶはる
元禄14(1701)年～？
江戸時代中期の仙台藩士。
¶国書

尾島樸斎 おじまぼくさい
生没年不詳
江戸時代後期の伊勢桑名藩士。
¶国書5

小関三英 おぜきさんえい
→小関三英(こせきさんえい)

尾関成章 おぜきしげあき
天保1(1830)年～明治5(1872)年
江戸時代末期～明治期の阿波徳島藩鉄砲頭。
¶維新，徳島歴([生]天保2(1831)年　[没]明治6(1873)年4月10日)，幕末([没]1872年4月10日)

尾関当遵 おぜきとうじゅん
→尾関隼人(おぜきはやと)

尾関当補 おぜきとうほ
安永8(1779)年～文政12(1829)年
江戸時代後期の上野館林藩士。
¶国書([没]文政12(1829)年7月27日)，藩臣2

尾関隼人 おぜきはやと
享和2(1802)年～明治1(1868)年　[別]尾関当遵《おぜきとうじゅん,おぜきまさゆき》
江戸時代末期の上野館林藩士。
¶岡山人，岡山歴(尾関当遵　おぜきまさゆき　[生]？　[没]慶応4(1868)年閏4月19日)，人名，日人，藩臣2(尾関当遵　おぜきとうじゅん　[生]？)，藩臣5(尾関当遵　おぜきまさゆき)

尾関正勝 おぜきまさかつ
元亀2(1571)年～元和6(1620)年
安土桃山時代～江戸時代前期の安芸広島藩の武将。
¶戦人(生没年不詳)，藩臣6

尾関雅次郎 おぜきまさじろう
天保15(1844)年～明治25(1892)年2月28日
江戸時代末期の新撰組隊士。
¶新撰，幕末(生没年不詳)

尾関当遵 おぜきまさゆき
→尾関隼人(おぜきはやと)

尾関弥四郎 おぜきやしろう
天保2(1831)年～慶応1(1865)年11月7日
江戸時代末期の新撰組隊士。
¶新撰，幕末(生没年不詳)

小瀬秀正 おせひでまさ
*～寛永17(1640)年
江戸時代前期の武将。宇喜多氏家臣。
¶岡山歴([生]永禄6(1563)年)，戦西([生]？)

小瀬甫庵(小瀬甫菴) おぜほあん,おせほあん
永禄7(1564)年～寛永17(1640)年　[別]道喜《どうき》
安土桃山時代～江戸時代前期の加賀藩の儒学者。「太閤記」の著者。
¶朝日，石川百，岩史([没]寛永17(1640)年8月21日)，岡山人(おせほあん)，角史([没]寛永17(1640)年？)，京都，京都大，近世，国史，国書([没]寛永17(1640)年8月21日)，コン改，コン4，史人，島根人([生]天文23(1554)年　[没]寛永7(1630)年)，島根歴([生]永禄2(1559)年)，新潮，人名(おせほあん)，姓氏愛知(おせほあん　[生]？　[没]1630年)，姓氏京都，世人，戦合(小瀬甫菴)，全書，戦人，戦補(おせほあん)，日史(おせほあん　[生]？　[没]寛永7(1630)年，(異説)寛永17(1640)年)，日人，藩臣3([生]？)，百科(おせほあん　[生]？　[没]寛永7(1630)年，(異説)寛永17(1640)年)，歴大

小園江丹宮 おそのえたみや
？～明治32(1899)年
江戸時代末期～明治期の上野高崎藩士、国学者。
¶藩臣2

小田彰信 おだあきのぶ
生没年不詳
江戸時代後期の幕臣。
¶国書

小田井蔵太 おだいくらた
天保1(1830)年～*
江戸時代末期～明治期の彰義隊副隊長。
¶幕末([没]1889年2月19日)，福島百([没]明治25(1892)年)

小田磯之助 おだいそのすけ
文政3(1820)年～明治37(1904)年5月28日
江戸時代末期～明治期の武道家。
¶幕末

織田有楽 おだうらく
→織田有楽斎(おだうらくさい)

織田有楽斎 おだうらくさい
天文16(1547)年～元和7(1621)年　[別]織田長益《おだながます》,織田有楽《おだうらく》,織田有楽斎《おだゆうらくさい》，源五侍従《げんごじじゅう》
安土桃山時代～江戸時代前期の大名、茶人。茶道有楽流の祖。織田信長の弟。関ヶ原の戦いでは徳川方につき、大坂の陣では東西両軍の斡旋役として調停につとめた。
¶朝日([没]元和7年12月13日(1622年1月24日))，岩史([没]元和7(1621)年12月13日)，江戸，織田(織田長益　おだながます　[没]元和7(1621)年2月13日)，角史(織田有楽　おだうらく)，岐阜百(織田有楽　おだうらく)，京都(織田有楽　おだうらく)，京都大(織田有楽　おだうらく)，近世(織田長益　おだながます)，国史(織田長益　おだながます)，国書(織田有楽　おだうらく　[没]元和7(1621)年12月13日)，コン改([生]天文11(1542)年　[没]元和1(1615)年)，コン4([生]天文11(1542)年)，茶道，史人(織田長益　おだながます　[没]1621年12月13日)，重要([生]天文11(1542)年　[没]元和7(1621)年12月13日)，諸系([没]1622年)，新潮([没]元和7(1621)年12月13日)，人名(おだゆうらくさい)，姓氏京都([生]1542年　[没]1615年)，世人，世百，戦合(織田長益　おだながます)，戦国(織田長益　おだながます)，全書(織田有楽　おだうらく)，戦人(織田長益　おだながます)，大百，日史([没]元和7(1621)年12月13日)，日人([没]1622年)，藩主3(織田長益　おだながます　[没]元和7(1621)年12月13日)，美術，百科，仏教([没]元和7(1621)年12月13日)，歴大(織田有楽　おだうらく)

小田嘉右衛門 おだかえもん
生没年不詳
江戸時代後期の駿河沼津藩士。
¶藩臣4

尾高城之助 おだかじょうのすけ
？～明治16(1883)年
江戸時代後期～明治期の剣術家。柳剛流。
¶剣豪

小高神左衛門秀通 おだかじんざえもんひでみつ
→小高泰作(こだかたいさく)

尾高高雅 おだかたかまさ
文化9(1812)年～明治20(1887)年
江戸時代末期～明治期の上野前橋藩士。
¶江文，郷土群馬，群馬人，群馬百，国書([生]文

化9 (1812) 年6月8日　[没]明治20 (1887) 年6月2日)，埼玉人 ([生]文化9 (1812) 年6月　[没]明治20 (1887) 年6月2日)，埼玉百，人名，姓氏群馬，日人，藩臣2，和俳

小滝与三衛門 おたきよそうえもん
慶長9 (1604) 年～寛文6 (1666) 年
江戸時代前期の剣術家。鏡見流祖。
¶剣豪

小田切一雲 おだぎりいちうん
寛永7 (1630) 年～宝永3 (1706) 年
江戸時代前期～中期の剣術家。
¶剣豪，国書5 ([没]宝永3 (1706) 年4月26日)，日人

小田切春江 おだぎりしゅんこう
文化7 (1810) 年～明治21 (1888) 年
江戸時代末期～明治期の画家。尾張藩士。
¶愛知百，朝日 ([没]明治21 (1888) 年10月19日)，国書 ([没]明治21 (1888) 年10月19日)，新潮 ([生]？)，人名 ([生]？)，日人，幕末 ([没]1888年10月19日)，藩臣4，美家 ([没]明治21 (1888) 年10月19日)

小田切大助 おだぎりだいすけ
明和1 (1764) 年～文政7 (1824) 年
江戸時代中期～後期の常陸土浦藩士。
¶藩臣2

小田切外三郎 おだぎりとさぶろう
文政2 (1819) 年～明治1 (1868) 年10月8日
江戸時代末期の陸奥会津藩士。
¶幕末

小田切直年 おだぎりなおとし
江戸時代中期～後期の幕臣。
¶国書 ([生]寛保3 (1743) 年　[没]文化8 (1811) 年3月12日)，姓氏静岡 ([生]1736年　[没]1806年)

小田切直熙 おだぎりなおひろ
生没年不詳
江戸時代後期の幕臣。第27代京都東町奉行。
¶京都大，姓氏京都

小田桐半左衛門 おだぎりはんざえもん
明暦2 (1656) 年～享保12 (1727) 年
江戸時代前期～中期の陸奥黒石藩士。
¶藩臣1

小田切備中 おだぎりびっちゅう
元禄10 (1697) 年～安永8 (1779) 年
江戸時代中期の出雲松江藩家老。
¶藩臣5

小田切昌快 おだぎりまさよし
～貞享2 (1685) 年
江戸時代前期の旗本。
¶神奈川人

小田熊太郎 おだくまたろう
天保14 (1843) 年～元治1 (1864) 年
江戸時代末期の遊軍隊長。
¶維新，埼玉人 ([生]天保14 (1843) 年3月　[没]元治1 (1864) 年10月9日)，埼玉百，人名，日人，幕末 ([没]1864年11月8日)

小田圭 おだけい
寛政1 (1789) 年～天保6 (1835) 年
江戸時代後期の長門長府藩士、儒学者。
¶藩臣6

織田賢司 おだけんじ
→織田信愛 (おだのぶよし)

小田享叔 おだこうしゅく
延享3 (1746) 年～享和1 (1801) 年
江戸時代中期～後期の長門長府藩士、儒学者。
¶藩臣6

小田作右衛門 おださくえもん
寛政11 (1799) 年～嘉永6 (1853) 年
江戸時代末期の出羽松山藩士。
¶庄内 ([没]嘉永6 (1853) 年8月)，藩臣1

織田貞置 おださだおき，おださだおぎ
元和3 (1617) 年～宝永2 (1705) 年
江戸時代前期～中期の武士、茶人。有楽流の一派、貞置流を開いた。
¶朝日 ([没]宝永2年6月2日 (1705年7月22日))，国書 ([没]宝永2 (1705) 年6月2日)，コン改，コン4，茶道 ([没]1704年)，新潮 ([没]宝永1 (1704) 年6月2日)，人名 (おださだおぎ　[生]1616年　[没]1704年)，世人，日人

織田成純 おだしげずみ
延宝4 (1676) 年～享保14 (1729) 年　[別]織田成純《おだなりとし》
江戸時代中期の大名。大和柳本藩主。
¶諸系，日人，藩主3 (おだなりとし　[没]享保14 (1729) 年12月3日)

小田島長義 おだじまながよし
江戸時代前期の出羽小田島城主。
¶人名，日人 (生没年不詳)

織田常真 おだじょうしん
→織田信雄 (おだのぶかつ)

織田寿重丸 おだすえまる
慶応2 (1866) 年～明治4 (1871) 年
江戸時代末期～明治期の天童藩主、天童藩知事。
¶諸系，日人，藩主1 ([生]慶応2 (1866) 年2月20日　[没]明治4 (1871) 年5月9日)

織田輔宜 おだすけよし
享保17 (1732) 年～寛政11 (1799) 年
江戸時代中期の大名。大和芝村藩主。
¶諸系，日人，藩主3 ([生]享保16 (1731) 年　[没]寛政11 (1799) 年8月29日)

織田高長 おだたかなが
天正18 (1590) 年～延宝2 (1674) 年
江戸時代前期の大名。大和松山藩主。
¶諸系，人名，日人，藩主3 ([没]延宝2 (1674) 年8月18日)

小田為綱 おだためつな
天保10 (1839) 年～明治34 (1901) 年　[別]子愷《しがい》，仙弥，天真《てんしん》
江戸時代末期～明治期の陸奥南部藩の経世家。
¶青森人 ([没]明治32 (1899) 年)，岩手百，史人 ([生]1839年9月　[没]1901年4月5日)，社史 ([生]天保10年 (1839年9月)　[没]1901年4月5日)，人書94，姓氏岩手，日人，幕末 ([没]1901年4月5日)，藩臣1 ([没]明治31 (1898) 年)

小田東太郎 おだとうたろう
元禄7 (1694) 年～？

江戸時代中期の剣術家。小田応変流祖。
¶剣豪

織田道八 おだどうはち
→織田頼長（おだよりなが）

小田朝忠 おだともただ
～明治24（1891）年3月22日
江戸時代後期～明治期の弓道家、水戸藩士。
¶弓道

織田虎五郎 おだとらごろう
天保1（1830）年～明治8（1875）年
江戸時代後期～明治期の弘前藩士。
¶青森人

織田尚長 おだなおなが
慶長1（1596）年～寛永14（1637）年　[別]織田尚長《おだひさなが》
江戸時代前期の大名。大和柳本藩主。
¶郷土奈良（おだひさなが），諸系，日人，藩主3（おだひさなが　[没]寛永14（1637）年11月3日）

織田長明 おだながあき
→織田長明（おだながあきら）

織田長亮 おだながあき
元禄11（1698）年～享保18（1733）年　[別]織田長亮《おだながこと》
江戸時代中期の大名。大和芝村藩主。
¶諸系，日人，藩主3（おだながこと　[没]享保18（1733）年6月7日）

織田長明 おだながあきら
寛文1（1661）年～元禄12（1699）年　[別]織田長明《おだながあき》
江戸時代前期～中期の大名。大和戒重藩主。
¶諸系，日人，藩主3（おだながあき　[生]万治3（1660）年　[没]元禄12（1699）年7月10日）

織田長宇 おだながいえ
→織田長宇（おだながのき）

織田長亮 おだながこと
→織田長亮（おだながあき）

織田長定 おだながさだ
元和3（1617）年～寛文12（1672）年
江戸時代前期の大名。大和戒重藩主。
¶諸系，日人，藩主3（[生]元和2（1616）年　[没]寛文12（1672）年閏6月4日）

織田長清 おだながすみ，おだながずみ
寛文2（1662）年～享保7（1722）年
江戸時代中期の大名。大和戒重藩主、大和芝村藩主。
¶国書（おだながずみ　[生]寛文2（1662）年9月25日　[没]享保7（1722）年10月7日），諸系，日人，藩主3（[生]寛文2（1662）年9月25日　[没]享保7（1722）年10月7日），藩主3

織田長種 おだながたね
元和3（1617）年～寛永20（1643）年
江戸時代前期の大名。大和柳本藩主。
¶諸系，日人，藩主3（[没]寛永20（1643）年9月8日）

織田長恒 おだながつね
元文4（1739）年～明和3（1766）年
江戸時代中期の大名。大和柳本藩主。
¶諸系，日人，藩主3（[没]明和3（1766）年8月20日）

織田長宇 おだながのき
明和3（1766）年～天保10（1839）年　[別]織田長宇《おだながいえ》
江戸時代中期～後期の大名。大和芝村藩主。
¶諸系，日人，藩主3（おだながいえ　[没]天保10（1839）年5月25日）

織田長教 おだながのり
享保18（1733）年～文化12（1815）年
江戸時代中期～後期の大名。大和芝村藩主。
¶諸系，日人，藩主3（[生]享保17（1732）年　[没]文化12（1815）年6月24日）

織田長則 おだながのり
？　～寛永8（1631）年
江戸時代前期の大名。美濃野村藩主。
¶諸系，日人，藩主2（[没]寛永8（1631）年7月4日）

織田長弘 おだながひろ
元禄10（1697）年～正徳4（1714）年
江戸時代中期の大名。大和芝村藩主。
¶諸系，日人，藩主3（[生]元禄9（1696）年　[没]正徳4（1714）年7月19日）

織田長政 おだながまさ
天正16（1588）年～寛文10（1670）年
江戸時代前期の大名。大和戒重藩主。
¶諸系，日人，藩主3（[生]天正15（1587）年　[没]寛文10（1670）年2月18日）

織田長益 おだながます
→織田有楽斎（おだうらくさい）

織田長易 おだながやす
文政7（1824）年～明治6（1873）年
江戸時代末期～明治期の大名。大和芝村藩主。
¶諸系，日人，藩主3（[没]明治6（1873）年1月31日）

織田長恭 おだながやす
享和1（1801）年～明治12（1879）年
江戸時代末期～明治期の大名。大和芝村藩主。
¶諸系，日人，藩主3（[没]明治12（1879）年3月7日）

織田長頼 おだながより
元和6（1620）年～元禄2（1689）年
江戸時代前期の大名。大和松山藩主。
¶諸系，日人，藩主3（[没]元禄2（1689）年4月3日）

織田成純 おだなりとし
→織田成純（おだしげずみ）

小谷嘉佐志 おたにかさし
延享2（1745）年～文化3（1806）年
江戸時代中期～後期の下総古河藩用人。
¶藩臣3

小谷三治 おだにさんじ
→小谷秋水（こたにしゅうすい）

男谷下総守 おたにしもうさのかみ
→男谷精一郎（おだにせいいちろう）

男谷精一郎 おだにせいいちろう，おたにせいいちろう
寛政10（1798）年～元治1（1864）年　[別]男谷下総守《おたにしもうさのかみ》
江戸時代末期の幕臣、剣術家、講武所奉行並。
¶朝日（[没]元治1年7月16日（1864年8月17日）），維新，岩史（[生]寛政10（1798）年1月1日　[没]元治

1 (1864) 年7月16日), 江戸, 角史, 近世, 剣豪 (男谷下総守　おたにしもうさのかみ), 国史, コン改 (おたにせいいちろう), コン4 (おたにせいいちろう), 史人 ([生]1798年1月1日 [没]1864年7月16日), 新潮 ([生]寛政10 (1798) 年1月1日　[没]元治1 (1864) 年7月16日), 人名 (おたにせいいちろう　[生]1810年), 世人 ([生]文化7 (1810) 年), 全書, 大百, 日史 ([没]元治1 (1864) 年7月16日), 日人, 幕末 ([没]1864年8月17日), 百科, 歴大

男谷思孝　おたにひろたか
安永6 (1777) 年～天保11 (1840) 年
江戸時代中期～後期の学者、能筆家の中之条陣屋代官。
¶姓氏長野, 長野歴

小谷古蔭　おたにふるかげ
文政4 (1821) 年～明治15 (1882) 年　[別]小谷古蔭《こたにひさかげ, こだにひさかげ, こだにふるかげ》
江戸時代末期～明治期の鳥取藩士、国学者、神職。
¶維新 (こだにひさかげ), 神人 (こたにひさかげ [生]文政4 (1821) 年4月19日　[没]明治15 (1882) 年2月13日), 人名, 鳥取百 (こだにふるかげ), 日人, 藩臣5 (こだにふるかげ)

小谷正風　おだにまさかぜ
天明5 (1785) 年～嘉永3 (1850) 年
江戸時代後期の土佐藩士、有職故実家。
¶高知人

小谷守本　おたにもりもと, おだにもりもと
宝暦1 (1751) 年～文政4 (1821) 年
江戸時代中期の有職故実家、土佐藩士。
¶高知人 (おだにもりもと), 国書 ([没]文政4 (1821) 年6月1日), 人名, 日人

小田野直武　おだのなおたけ
寛延2 (1749) 年～安永9 (1780) 年
江戸時代中期の秋田藩士、洋風画家。秋田蘭画の創始者。
¶秋田百, 朝日 ([生]寛延2年12月10日 (1750年1月17日)　[没]安永9年5月17日 (1780年6月19日)), 岩史 ([生]寛延2 (1749) 年12月10日　[没]安永9 (1780) 年5月17日), 江文, 角史, 近世, 国史, 国書 ([生]寛延2 (1749) 年12月11日　[没]安永9 (1780) 年5月17日), コン改, コン4, 史人 ([生]1749年12月11日　[没]1780年5月17日), 人書79, 新潮 ([生]寛延2 (1749) 年12月11日　[没]安永9 (1780) 年5月17日), 人名, 世人, 全書, 大百, 日史 ([没]安永9 (1780) 年5月17日), 日人 ([生]1750年), 藩臣1, 美術, 百科, 名画, 洋学, 歴大

織田信陽　おだのぶあき
→織田信陽 (おだのぶあきら)

織田信陽　おだのぶあきら
寛政7 (1795) 年～安政4 (1857) 年　[別]織田信陽《おだのぶあき》
江戸時代末期の大名。大和柳本藩主。
¶諸系, 日人, 藩主3 (おだのぶあき　[没]安政4 (1857) 年8月25日)

織田信雄　おだのぶお
→織田信雄 (おだのぶかつ)

織田信方　おだのぶかた
宝永7 (1710) 年～寛保1 (1741) 年
江戸時代中期の大名。大和柳本藩主。
¶諸系, 日人, 藩主3 ([生]正徳1 (1711) 年　[没]寛保1 (1741) 年8月13日)

織田信勝　おだのぶかつ
元和9 (1623) 年～慶安3 (1650) 年
江戸時代前期の大名。丹波柏原藩主。
¶諸系, 日人, 藩主3 ([没]慶安3 (1650) 年5月17日)

織田信雄　おだのぶかつ
永禄1 (1558) 年～寛永7 (1630) 年　[別]織田常真《おだじょうしん》, 織田信雄《おだのぶお》, 尾張内大臣《おわりないだいじん》, 北畠信雄《きたばたけのぶお, きたばたけのぶかつ》
安土桃山時代～江戸時代前期の大名、織田信長の次男。
¶愛知百 ([没]1630年4月30日), 朝日 ([没]寛永7年4月30日 (1630年6月10日)), 岩史 (おだのぶお [没]寛永7 (1630) 年4月30日), 織田 ([没]寛永7 (1630) 年4月30日), 角史 (おだのぶお), 京都大, 近世 (おだのぶお), 公卿 (おだのぶお [没]寛永7 (1630) 年4月30日), 系東, 国史 (おだのぶお), 国書 (おだのぶお　[没]寛永7 (1630) 年4月30日), 古中 (おだのぶお), コン改 (おだのぶお), コン4 (おだのぶお), 茶道 (織田常真 おだじょうしん), 史人 (おだのぶお　[没]1630年4月20日), 重要 ([没]寛永7 (1630) 年4月30日), 諸系, 新潮 ([没]寛永7 (1630) 年4月30日), 人名 (おだのぶお), 姓氏愛知, 姓氏京都, 世人 ([没]寛永7 (1630) 年4月30日), 世百 (おだのぶお), 戦合 (おだのぶお), 戦国 (おだのぶお), 戦辞 ([没]寛永7年4月30日 (1630年6月10日)), 全書, 戦人 (おだのぶお), 大百, 栃木歴, 日史, 日人 (おだのぶお), 藩主3 (おだのぶお [没]寛永7 (1630) 年4月30日), 百科, 歴大

織田信門　おだのぶかど
寛文2 (1662) 年～享保1 (1716) 年
江戸時代中期の武家。
¶人名, 日人

織田信邦　おだのぶくに
延享2 (1745) 年～天明3 (1783) 年
江戸時代中期の大名。上野小幡藩主。
¶朝日 ([没]天明3年7月8日 (1783年8月5日)), 郷土群馬, 近世, 群馬人, 国史, コン改 ([生]延享2 (1745) 年, (異説) 1742年), コン4 ([生]延享2 (1745) 年, (異説) 1742年), 史人 ([没]1783年7月8日), 諸系, 新潮 ([没]天明3 (1783) 年7月8日), 人名, 姓氏群馬, 日人, 藩主1 ([没]天明3 (1783) 年2月8日), 歴大

織田信貞(1)　おだのぶさだ
天正2 (1574) 年～寛永1 (1624) 年
安土桃山時代～江戸時代前期の武士。
¶戦国, 戦人

織田信貞(2)　おだのぶさだ
享和1 (1801) 年～弘化4 (1847) 年
江戸時代後期の大名。丹波柏原藩主。

¶諸系，日人，藩主3（⊕享和3（1803）年　㊨弘化3（1846）年12月18日）

織田信重　おだのぶしげ
生没年不詳
安土桃山時代～江戸時代前期の武将、大名。伊勢林藩主。
¶史人（㊨1620年12月2日），諸系，戦国，戦人，日人，藩主3

織田信成　おだのぶなり
天保14（1843）年～明治31（1898）年　㊹織田信成《おだのぶなり》
江戸時代末期～明治期の大名。大和柳本藩主。
¶維新（㊨1888年），郷土奈良（⊕1842年），諸系，人名（㊨1888年），日人，幕末（⊕1842年㊨1898年2月27日），藩主3（おだのぶなり⊕天保14（1843）年7月14日　㊨明治31（1898）年2月17日）

織田信右　おだのぶすけ
正徳3（1713）年～宝暦12（1762）年
江戸時代中期の大名。上野小幡藩主。
¶諸系，日人，藩主1（㊨宝暦12（1762）年8月18日）

織田信敬　おだのぶたか
天保7（1836）年～安政1（1854）年
江戸時代末期の大名。丹波柏原藩主。
¶諸系，日人，藩主3（⊕天保6（1835）年　㊨嘉永6（1853）年7月25日）

織田信武　おだのぶたけ
明暦1（1655）年～元禄7（1694）年
江戸時代前期～中期の大名。大和松山藩主。
¶諸系，日人，藩主3（㊨元禄7（1694）年10月29日）

織田信民　おだのぶたみ
天保11（1840）年～慶応1（1865）年
江戸時代末期の大名。丹波柏原藩主。
¶諸系，日人，藩主3（㊨慶応1（1865）年6月26日）

織田信親　おだのぶちか
＊～昭和2（1927）年
江戸時代末期～明治期の大名。丹波柏原藩主。
¶維新（⊕1850年），諸系（⊕1851年），日人（⊕1851年），嘉永3（1850）年10月㊨昭和2（1927）年10月30日）

織田信浮　おだのぶちか
宝暦1（1751）年～文政1（1818）年
江戸時代中期～後期の大名。上野小幡藩主、出羽高畠藩主。
¶諸系，日人，藩主1（⊕宝暦1（1751）年8月9日㊨文政1（1818）年11月19日，（異説）11月5日），藩主1

織田信及　おだのぶつぐ
→織田信及（おだのぶひろ）

織田信敏　おだのぶとし
嘉永6（1853）年～明治34（1901）年
江戸時代末期～明治期の大名。出羽天童藩主。
¶諸系，日人，藩主1（⊕嘉永6（1853）年10月19日）

織田信朝　おだのぶとも
宝永5（1708）年～元文2（1737）年
江戸時代中期の大名。丹波柏原藩主。
¶諸系，日人，藩主3（⊕宝永6（1709）年9月28日㊨元文2（1737）年1月6日）

織田信就　おだのぶなり
寛文1（1661）年～享保16（1731）年
江戸時代中期の大名。上野小幡藩主。
¶諸系，日人，藩主1（㊨享保16（1731）年6月10日）

織田信成　おだのぶなり
→織田信成（おだのぶしげ）

織田信則　おだのぶのり
慶長4（1599）年～寛永7（1630）年
江戸時代前期の大名。丹波柏原藩主。
¶諸系，人名，日人，藩主3（㊨寛永7（1630）年1月2日）

織田信久　おだのぶひさ
寛永20（1643）年～正徳4（1714）年
江戸時代前期～中期の大名。上野小幡藩主。
¶諸系，人名（⊕1625年　㊨1696年），日人，藩主3（㊨正徳4（1714）年7月8日）

織田信休　おだのぶひさ
→織田信休（おだのぶやす）

織田信旧　おだのぶひさ
宝永7（1710）年～天明3（1783）年
江戸時代中期の大名。丹波柏原藩主。
¶諸系，日人，藩主3（㊨天明3（1783）年4月29日）

織田信及　おだのぶひろ
弘化1（1844）年～明治22（1889）年　㊹織田信及《おだのぶつぐ》
江戸時代末期～明治期の大名。大和柳本藩主。
¶諸系，日人，藩主3（おだのぶつぐ　⊕天保14（1843）年　㊨明治22（1889）年8月2日）

織田信昌　おだのぶまさ
寛永2（1625）年～慶安3（1650）年
江戸時代前期の大名。上野小幡藩主。
¶諸系，人名，日人，藩主1（㊨慶安3（1650）年7月9日）

織田信正　おだのぶまさ
永禄1（1558）年～正保4（1647）年
安土桃山時代～江戸時代前期の武将。
¶人名

織田信美　おだのぶみ
寛政5（1793）年～天保7（1836）年
江戸時代後期の大名。出羽高畠藩主、出羽天童藩主。
¶諸系，日人，藩主1（⊕寛政5（1793）年7月9日㊨天保7（1836）年8月4日）

織田信学　おだのぶみち
文政2（1819）年～明治24（1891）年
江戸時代末期～明治期の大名。出羽天童藩主。
¶諸系，日人，藩主3（⊕文政2（1819）年11月3日㊨明治24（1891）年2月3日）

織田信古　おだのぶもと
寛政6（1794）年～弘化4（1847）年
江戸時代後期の大名。丹波柏原藩主。

¶諸系，日人，藩主3（[没]弘化4（1847）年6月10日）

織田信守 おだのぶもり
安永1（1772）年～天保11（1840）年
江戸時代後期の大名。丹波柏原藩主。
¶諸系，日人，藩主3（[没]天保11（1840）年5月）

織田信休（織田信林） おだのぶやす
延宝6（1678）年～享保7（1722）年　[別]織田信休《おだのぶひさ》
江戸時代中期の大名。大和松山藩主、丹波柏原藩主。
¶諸系（[没]1723年），人名（織田信林），日人（[没]1723年），藩主3（おだのぶひさ　[没]享保7（1722）年11月29日），藩主3

織田信愛 おだのぶよし
文化11（1814）年～明治24（1891）年　[別]織田賢司《おだけんじ》
江戸時代後期～明治期の幕臣（海軍奉行並）。
¶維新，国際（織田賢司　おだけんじ），幕末（[没]1891年10月14日）

織田信富 おだのぶよし
享保8（1723）年～明和1（1764）年
江戸時代中期の大名。上野小幡藩主。
¶諸系，日人，藩主1（[没]明和1（1764）年6月7日）

織田信良 おだのぶよし
天正12（1584）年～寛永3（1626）年
江戸時代前期の大名。上野小幡藩主。
¶諸系，人名（[生]？），姓氏群馬，日人，藩主1（[没]寛永3（1626）年5月17日）

織田信憑 おだのぶより
寛保1（1741）年～天保3（1832）年
江戸時代中期～後期の大名。丹波柏原藩主。
¶諸系，日人，藩主3（[没]天保2（1831）年12月10日）

小田彦三郎 おだひこさぶろう
天保4（1833）年～文久2（1862）年　[別]小田彦二郎《おだひこじろう》，朝田儀助《あさだぎすけ》，朝田義助《あさだぎすけ》
江戸時代末期の水戸藩士。
¶維新，人名（小田彦二郎　おだひこじろう），日人，幕末（[没]1862年2月13日），藩臣2

織田彦三郎 おだひこさぶろう
天保1（1830）年～明治32（1899）年
江戸時代末期～明治期の剣道家。
¶剣豪，人名，日人

小田彦二郎 おだひこじろう
→小田彦三郎（おだひこさぶろう）

織田尚長 おだひさなが
→織田尚長（おだなおなが）

織田秀一 おだひでかず
寛永16（1639）年～貞享4（1687）年　[別]織田秀一《おだひでひと》
江戸時代前期の大名。大和柳本藩主。
¶諸系，日人，藩主3（おだひでひと　[没]貞享4（1687）年8月3日）

織田秀賢 おだひでかた
享保13（1728）年～天明4（1784）年
江戸時代中期の大名。大和柳本藩主。
¶諸系，日人，藩主3（[生]享保15（1730）年　[没]天明4（1784）年11月16日）

織田秀親 おだひでちか
寛文2（1662）年～宝永6（1709）年
江戸時代前期～中期の大名。大和柳本藩主。
¶諸系，人名，日人，藩主3（[没]宝永6（1709）年2月16日）

織田秀綿 おだひでつら
宝暦6（1756）年～文化3（1806）年
江戸時代中期～後期の大名。大和柳本藩主。
¶諸系，日人，藩主3（[没]文化3（1806）年9月20日）

織田秀則 おだひでのり
天正9（1581）年～寛永2（1625）年
江戸時代前期の武士。織田氏家臣。
¶戦人，戦補

織田秀一 おだひでひと
→織田秀一（おだひでかず）

織田秀行 おだひでゆき
元禄10（1697）年～享保11（1726）年
江戸時代中期の大名。大和柳本藩主。
¶諸系，日人，藩主3（[没]享保11（1726）年6月18日）

小田部三平 おたべさんぺい
江戸時代の越後村上藩士。
¶人名，日人（生没年不詳）

小田部鎮孝 おたべしげたか
天正19（1591）年～寛文3（1663）年
江戸時代前期の筑後柳河藩士。
¶藩臣7

小田又蔵 おだまたぞう
文化1（1804）年～明治3（1870）年
江戸時代末期の幕臣、技術研究者。
¶国書（[没]明治3（1870）年1月14日），コン改，コン4，コン5，新潮（生没年不詳），人名，日人，洋学

小田村信之進 おだむらしんのしん
天保9（1838）年～文久3（1863）年
江戸時代末期の奇兵隊士。
¶維新，日人，幕末（[没]1863年11月24日）

小田村鄜山 おだむらふざん
→小田村鄜山（おだむらろくざん）

小田村鄜山 おだむらろくざん
元禄16（1703）年～明和3（1766）年　[別]小田村鄜山《おだむらふざん》
江戸時代中期の長州（萩）藩士、儒学者。
¶国書（[没]明和3（1766）年8月23日），人名，日人，藩臣6（おだむらふざん）

織田有楽斎 おだゆうらくさい
→織田有楽斎（おだうらくさい）

小田義久 おだよしひさ
江戸時代中期の武芸家、小田応変流刀術の祖。
¶人名，日人（生没年不詳）

織田頼長 おだよりなが
天正10（1582）年～元和6（1620）年　[別]織田道八《おだどうはち》
江戸時代前期の武士、茶人。

¶京都（織田道八　おだどうはち），茶道（織田道八　おだどうはち），諸系，人名，姓氏京都（織田道八　おだどうはち），日人

小足勝兵衛 おたりかつべえ
？ ～寛永14（1637）年
安土桃山時代～江戸時代前期の浅野家臣。
¶和歌山人

小田原右源治 おだわらうげんじ
文化3（1806）年～明治17（1884）年
江戸時代末期～明治期の筑後三池藩士。
¶藩臣7

小田原瑞哿 おだわらずいか
？ ～明治21（1888）年
江戸時代末期～明治期の薩摩藩士。
¶幕末

小田原清次郎 おだわらせいじろう
安永1（1772）年～天保12（1841）年
江戸時代後期の筑後三池藩士。
¶藩臣7

落合源太郎 おちあいげんたろう
？ ～延享1（1744）年
江戸時代中期の紀伊和歌山藩士。
¶藩臣5

落合左平次 おちあいさへいじ
？ ～元和6（1620）年
江戸時代前期の紀伊和歌山藩士。
¶藩臣5

落合重清 おちあいしげきよ
？ ～万治3（1660）年
江戸時代前期の武将。秀吉馬廻。
¶戦国，戦人

落合重郷 おちあいしげさと
慶安4（1651）年～享保18（1733）年　[別]落合瀬左衛門《おちあいせざえもん》，落合保考《おちあいほこう》
江戸時代前期～中期の藩士・郷土史家。
¶剣豪（落合瀬左衛門　おちあいせざえもん），国書，長野歴（落合保考　おちあいほこう）

落合司書 おちあいししょ
生没年不詳
江戸時代末期の武士、はじめ目付。
¶和歌山人

落合七郎左衛門 おちあいしちろうざえもん
？ ～寛文2（1662）年
江戸時代前期の紀伊和歌山藩士。
¶藩臣5

落合瀬左衛門 おちあいせざえもん
→落合重郷（おちあいしげさと）

落合双石 おちあいそうせき
天明5（1785）年～明治1（1868）年
江戸時代後期の日向飫肥藩儒用人。
¶維新，国書（[没]慶応4（1868）年7月17日），人名，日人，幕末（[没]1868年9月3日），三重，宮崎百（[没]慶応4（1868）年7月8日）

落合直亮 おちあいなおあき
文政10（1827）年～明治27（1894）年　[別]落合直亮《おちあいなおすけ》，水原二郎《みずはらじろう》
江戸時代末期～明治期の志士、国学者。
¶朝日（[生]文政10年8月26日（1827年10月16日）[没]明治27（1894）年12月11日），維新，近現，近世，国史，コン改，コン4，コン5，史人（[生]1827年8月26日　[没]1894年12月11日），神史，神人，新潮（[生]文政10（1827）年8月26日 [没]明治27（1894）年12月11日），人名（[生]1828年），姓氏長野（おちあいなおすけ），多摩（おちあいなおすけ），長野歴（おちあいなおすけ），日人，宮城百（[没]明治28（1895）年）

落合直言 おちあいなおこと
*～明治10（1877）年　[別]落合直言《おちあいなおのぶ》
江戸時代末期～明治期の志士。
¶朝日（[生]弘化4（1847）年　[没]明治10（1877）年4月20日），維新（[生]？），江文（おちあいなおのぶ　[生]弘化3（1846）年），日人（[生]1847年）

落合直亮 おちあいなおすけ
→落合直亮（おちあいなおあき）

落合直言 おちあいなおのぶ
→落合直言（おちあいなおこと）

落合保考 おちあいほこう
→落合重郷（おちあいしげさと）

落合孫右衛門 おちあいまごえもん
江戸時代中期の武士（薩摩藩士）。甘諸栽培を進言。
¶重要（生没年不詳），食文

落合真勝 おちあいまさかつ
慶長10（1605）年～承応2（1653）年
江戸時代前期の三河岡崎藩士。
¶藩臣4

落合道久 おちあいみちひさ
？ ～寛永7（1630）年
江戸時代前期の武士。徳川氏家臣。
¶戦国，戦人

落合与左衛門 おちあいよざえもん
？ ～享保8（1723）年
江戸時代中期の備後三次藩士。
¶藩臣6

落合義次 おちあいよしつぐ
？ ～寛文3（1663）年
江戸時代前期の武士。
¶和歌山人

遠近道印 おちこちどういん
寛永5（1628）年～？
江戸時代前期の測量家、富山藩医。
¶国書，人書79（[生]1640年　[没]1696年頃），人書94（[生]1640年　[没]1696年頃），姓氏富山，日史，藩臣3，歴大（[没]1710年ころ）

越智退次郎 おちたいじろう
文化14（1817）年～明治26（1893）年
江戸時代末期～明治期の播磨三草藩士。
¶藩臣5

越智彦四郎 おちひこしろう
嘉永2（1849）年～明治10（1877）年
江戸時代末期～明治期の志士、筑前福岡藩士。

お

¶朝日（[生]嘉永2年10月12日（1849年11月26日）[没]明治10（1877）年5月1日），コン4，人名，日人

乙骨太郎乙 おっこつたろういつ，おつこつたろういつ
→乙骨太郎乙（おつこつたろうおつ）

乙骨太郎乙 おつこつたろうおつ，おっこつたろうおつ
天保13（1842）年～大正10（1921）年　[別]乙骨太郎乙《おっこつたろういつ，おつこつたろういつ》
江戸時代末期～明治期の幕臣、洋学者。
¶朝日（[没]大正11（1922）年7月19日），維新（おつこつたろういつ），江文（[没]大正11（1922）年），コン5（おつこつたろういつ），静岡歴（[没]大正11（1922）年），日人，幕末（おっこつたろういつ　[没]1921年7月19日），洋学（おっこつたろうおつ）

乙坂讃岐 おつさかさぬき
～正保2（1645）年
江戸時代前期の武士。
¶庄内

乙坂六左衛門 おつさかろくざえもん
？～寛文9（1669）年
江戸時代前期の出羽庄内藩士。
¶庄内（生没年不詳），藩臣1

小夫兵庫 おづまひょうご
→小夫正容（おぶまさしず）

尾寺新之丞 おでらしんのじょう
文政10（1827）年～明治34（1901）年　[別]尾寺信《おてらまこと》
江戸時代末期～明治期の長州（萩）藩士。
¶維新，神人（尾寺信　おてらまこと），幕末（[没]1901年9月21日），藩臣6

尾寺信 おてらまこと
→尾寺新之丞（おでらしんのじょう）

大音厚用 おとうあつもち
？～寛永13（1636）年
江戸時代前期の加賀藩士。
¶藩臣3

男沢丈之進 おとこざわじょうのしん
宝暦11（1761）年～文政2（1819）年
江戸時代中期～後期の剣術家。新陰流。
¶剣豪

乙部九郎兵衛 おとべくろべえ
？～慶安2（1649）年　[別]乙部九郎兵衛可正《おとべくろべえよしまさ》
江戸時代前期の出雲松江藩士。
¶島根百（乙部九郎兵衛可正　おとべくろべえよしまさ　生没年不詳），島根歴（乙部九郎兵衛可正　おとべくろべえよしまさ），藩臣3（生没年不詳），藩臣5

乙部九郎兵衛可正 おとべくろべえよしまさ
→乙部九郎兵衛（おとべくろべえ）

乙部剛之進 おとべごうのしん
？～明治2（1869）年5月11日
江戸時代後期～明治期の新撰組隊士。
¶新撰

乙部長蔵 おとべちょうぞう
生没年不詳
江戸時代前期の盛岡藩家臣。
¶姓氏岩手

音見清兵衛 おとみせいべえ
→河瀬真孝（かわせまさたか）

鬼小太郎 おにこたろう
寛政3（1791）年～明治2（1869）年
江戸時代末期の信濃松本藩用人。
¶人名，日人，藩臣3

鬼塚岳中 おにづかがくちゅう
安永1（1772）年～文化11（1814）年
江戸時代後期の肥前福江藩士。
¶藩臣7

鬼貫 おにつら，おにづら
→上島鬼貫（うえしまおにつら）

鬼庭綱元 おにわつなもと
天文18（1549）年～寛永17（1640）年　[別]茂庭綱元《もにわつなもと》
安土桃山時代～江戸時代前期の武士。伊達氏家臣。
¶戦人，戦東

小野家住 おのいえずみ
元和5（1619）年～宝永3（1706）年
江戸時代前期～中期の日向国倉岡郷の士。長崎堤防普請奉行。
¶姓氏鹿児島

尾石信包 おのいしのぶかね
延享1（1744）年～文化8（1811）年
江戸時代中期～後期の筑前福岡藩士。
¶人名，日人

尾上栄文 おのええいぶん
天保9（1838）年～明治41（1908）年
江戸時代末期～明治期の幕吏。
¶人名，日人

小野江善六 おのえぜんろく
文政9（1826）年～明治39（1906）年
江戸時代末期～明治期の浜松藩士。
¶静岡歴，姓氏静岡，幕末

小野悦之助 おのえつのすけ
弘化4（1847）年～？
江戸時代末期の上総飯野藩士。
¶藩臣3

小野捐庵 おのえんあん
→小野捐庵（おのそんあん）

小野岡儀礼（小野岡義礼） おのおかぎれい
天保8（1837）年～大正2（1913）年　[別]小野岡義礼《おのおかよしひろ》
江戸時代末期～明治期の出羽秋田藩士。
¶秋田百（小野岡義礼），維新（[生]？），幕末（小野岡義礼　おのおかよしひろ　[没]1913年8月7日），藩臣1（小野岡義礼　おのおかよしひろ）

小野岡義礼 おのおかよしひろ
→小野岡儀礼（おのおかぎれい）

小野鶴山 おのかくざん
元禄14（1701）年～明和7（1770）年　[別]小野道凞《おのみちひろ》
江戸時代中期の若狭小浜藩士、儒学者。
¶国書（[没]明和7（1770）年6月14日），人名（小野

道凞　おのみちひろ)，姓氏京都，日人，藩臣3

小野賀柔 おのがじゅう
→小野昇造(おのしょうぞう)

小野勘左衛門 おのかんざえもん
?　〜元禄4(1691)年
江戸時代前期の尾張藩士。
¶藩臣4

小野勘之助 おのかんのすけ
→小野成命(おのせいめい)

小野金吾 おのきんご
天保8(1837)年〜慶応2(1866)年
江戸時代末期の志士。
¶維新，人名，日人，幕末([没]1866年9月10日)

小野一吉 おのくによし
元禄13(1700)年〜天明3(1783)年
江戸時代中期の武士、勘定奉行、大目付。
¶朝日([没]天明3年2月3日(1783年3月5日))，コン4，日人

小野健治郎 おのけんじろう
弘化2(1845)年〜?
江戸時代末期の上総飯野藩士。
¶藩臣3

小野広胖 おのこうはん
→小野友五郎(おのともごろう)

小野湖山 おのこざん
文化11(1814)年〜明治43(1910)年
江戸時代末期〜明治期の三河吉田藩の志士、漢詩人。
¶朝日([生]文化11年1月12日(1814年3月3日)　[没]明治43(1910)年4月10日)，維新，江文，郷土滋賀，近現，近世，近文，国際，国史，国書([生]文化11(1814)年1月12日　[没]明治43(1910)年4月19日)，コン改，コン4，コン5，詩歌，滋賀百，滋賀文([生]文政2(1819)年1月12日　[没]1910年4月19日)，史人([生]1814年1月12日　[没]1910年4月10日)，新潮([生]文化11(1814)年1月12日　[没]明治43(1910)年4月10日)，新文([生]文化11(1814)年1月12日　[没]明治43(1910)年4月19日)，人名，世百，全書，大百，千葉百，日人，幕末([没]1910年4月19日)，藩臣4，文学，歴大，和俳([生]文化11(1814)年1月12日)

小野権之丞 おのごんのじょう
文化15(1818)年〜明治22(1889)年　[別]小野義忠《おのよしただ》
江戸時代末期〜明治期の陸奥会津藩公用人。
¶維新，国書(小野義忠　おのよしただ　[生]文化15(1818)年4月9日　[没]明治22(1889)年4月)，新潮([生]文政1(1818)年4月9日　[没]明治22(1889)年4月)，日人，幕末([没]1889年4月2日)

小野崎昭通 おのざきあきみち
永禄12(1569)年〜寛永7(1630)年3月13日
安土桃山時代〜江戸時代前期の佐竹氏の家臣。
¶戦辞

小野崎師由 おのざきしゆう
江戸時代の良吏。
¶人名，日人(生没年不詳)

小野崎尚甫 おのざきしょうほ
宝暦5(1755)年〜文化3(1806)年　[別]小野崎通賢《おのざきみちかた》
江戸時代中期〜後期の出羽秋田藩士。
¶国書([生]宝暦5(1755)年5月25日　[没]文化3(1806)年10月21日)，人名(小野崎通賢　おのざきみちかた)，日人，藩臣1

小野崎得入 おのざきとくにゅう
寛文5(1665)年〜延享2(1745)年
江戸時代前期〜中期の水戸藩士。
¶国書

小野崎憲通 おのざきのりみち
*〜寛永12(1635)年
江戸時代前期の武将。佐竹氏家臣。
¶戦辞([生]元亀2(1571)年　[没]寛永12年1月11日(1635年2月28日))，戦東([生]?)

小野崎造酒 おのざきみき
生没年不詳
江戸時代前期の剣術家。武蔵丸二刀流の祖。
¶剣豪

小野崎通亮 おのざきみちあきら
→小野崎通亮(おのざきみちすけ)

小野崎通賢 おのざきみちかた
→小野崎尚甫(おのざきしょうほ)

小野崎通亮 おのざきみちすけ
天保4(1833)年〜明治36(1903)年　[別]小野崎通亮《おのざきみちあきら》
江戸時代末期〜明治期の出羽秋田藩士。
¶維新，神人([生]天保4(1833)年2月19日　[没]明治36(1903)年7月21日)，人名(おのざきみちあきら)，日人，幕末([没]1903年7月21日)，藩臣1

小野左近 おのさこん
生没年不詳
安土桃山時代〜江戸時代前期の武士。
¶庄内

小野茂高 おのしげたか
?　〜寛永5(1628)年
江戸時代前期の筑後柳河藩家老。
¶藩臣7

小野成命 おのしげのり
→小野成命(おのせいめい)

小野柔四郎 おのじゅうしろう
天保1(1830)年〜明治16(1883)年
江戸時代後期〜明治期の剣術家。心境流祖。
¶剣豪

小野述信 おのじゅつしん，おのじゅっしん
文政7(1824)年〜明治43(1910)年
江戸時代末期〜明治期の長州(萩)藩士。
¶維新，神人(おのじゅっしん)，幕末

小野順蔵(1) おのじゅんぞう
?　〜文化9(1812)年
江戸時代後期の駿河沼津藩代官。
¶藩臣4

小野順蔵(2) おのじゅんぞう
?　〜天保8(1837)年
江戸時代後期の駿河沼津藩士、剣術家。

¶剣豪，藩臣4

小野昇造　おのしょうぞう
文政3（1820）年～明治1（1868）年　[別]小野賀柔《おのがじゅう》
江戸時代末期の近江膳所藩士。
¶維新，人名（小野賀柔　おのがじゅう），日人，幕末（[没]1868年2月19日）

小野次郎右衛門〔忠明〕　おのじろうえもん
→小野忠明（おのただあき）

小野二郎右衛門　おのじろうえもん
？～寛文5（1665）年
江戸時代前期の剣術家、一刀流小野派の祖。
¶人名，大百

小野治郎左衛門忠明　おのじろうざえもんただあき
→小野忠明（おのただあき）

小野成命　おのせいめい
文化13（1816）年～明治6（1873）年　[別]小野勘之助《おのかんのすけ》，小野成命《おのしげのり》
江戸時代末期～明治期の田中藩士。
¶剣豪（小野勘之助　おのかんのすけ），静岡歴，姓氏静岡，幕末，藩臣4（おのしげのり）

小野善助　おのぜんすけ
江戸時代末期の武士。日光奉行支配吟味役。
¶栃木歴

小野宗左衛門　おのそうざえもん
*～寛永17（1640）年
江戸時代前期の武士、殖林家。
¶人名（[生]？），日人（[生]1574年）

小野祖平太　おのそへいた
？～天保2（1831）年
江戸時代後期の陸奥下村藩代官。
¶藩臣2

小野損庵　おのそんあん
文化1（1804）年～文久2（1862）年　[別]小野捐庵《おのえんあん》
江戸時代後期～末期の伊勢桑名藩士、漢学者。
¶江文（小野捐庵　おのえんあん），国書，三重

小野高潔　おのたかきよ
延享4（1747）年～文政12（1829）年
江戸時代中期～後期の幕臣、国学者。神道関係の著述が多い。
¶朝日（[没]文政12年10月9日（1829年11月5日）），江文（[没]文政3（1820）年），近世，国史，国書（[没]文政12（1829）年10月9日），コン改（[没]文化14（1817）年？），コン4，神史，神人（[没]文政3（1820）年），新潮（[没]文政12（1829）年10月9日），人名（[没]1817年？），世人（[没]文化14（1817）年？），日人，和俳

小野高尚　おのたかひさ
享保5（1720）年～寛政11（1799）年
江戸時代中期の国学者。幕府の大御番。
¶朝日（[没]寛政11年12月12日（1800年1月6日）），江文，近世，国史，国書（[没]寛政11（1799）年12月16日），コン改，コン4，新潮（[没]寛政11（1799）年12月12日，（異説）12月16日），人名（[生]？），世人（[没]寛政11（1799）年12月6日），日人（[没]1800年）

小野高福　おのたかよし
？～嘉永5（1852）年
江戸時代後期の第21代飛驒国代官。
¶岐阜百

小野田小一郎　おのだこいちろう
安永8（1779）年～弘化3（1846）年
江戸時代後期の近江彦根藩家老。
¶人名，日人，藩臣4（[生]安永7（1778）年）

小野太左衛門　おのたざえもん
生没年不詳
江戸時代後期の武士。陸前柴田郡村田領主の臣。
¶国書5

小野忠明　おのただあき
？～寛永5（1628）年　[別]小野次郎右衛門〔忠明〕《おのじろうえもん》，小野次郎右衛門《おのじろうえもん》，小野治郎左衛門忠明《おのじろうざえもんただあき》，小野忠明《おのただあきら》，神子上忠明《みこがみただあき》，御子神典膳《みこがみてんぜん》
安土桃山時代～江戸時代前期の剣術家。将軍徳川秀忠の剣術師範。
¶朝日（[没]寛永5年11月7日（1628年12月2日）），江戸東（おのただあきら），角史，郷土千葉（小野治郎左衛門忠明　おのじろうざえもんただあき），近世，剣豪（小野次郎右衛門　おのじろうえもん　[生]永禄8（1565）年），国史，史人（[没]1628年11月7日），新潮（[没]寛永5（1628）年11月7日），人名（神子上忠明　みこがみただあき），世人（神子上忠明　みこがみただあき），戦合，戦国，全書（[生]1565年），戦人，大百（小野次郎右衛門〔忠明〕　おのじろうえもん），日史（[没]寛永5（1628）年11月7日），日人（[生]1565年），百科，歴大（[生]1563年？）

小野忠明　おのただあきら
→小野忠明（おのただあき）

小野忠常　おのただつね
？～*
江戸時代前期の剣術家。
¶神奈川人（[没]1665年），日人（[没]1666年）

小野辰居　おのたつおり
天正19（1591）年～正保2（1645）年
江戸時代前期の紀伊和歌山藩士。
¶藩臣5

小野田東市　おのだとういち
生没年不詳
江戸時代末期の幕臣。
¶幕末

小野為八　おのためはち
→小野正朝（おのまさとも）

小野田元凞（小野田元熈，小野田元煕）　おのだもとひろ
嘉永1（1848）年～大正8（1919）年
江戸時代末期～大正期の上野館林藩の政治家、実業家。貴族院議員、上毛モスリン会社社長、東武鉄道監査役。茨城・山梨・静岡・宮城・香川県知事を歴任。
¶香川人（[生]嘉永3（1850）年），郷土群馬，群馬人（[没]大正3（1914）年），群馬百，姓氏群馬（小野田元熈），渡航（小野田元熈　[生]1848年2月11日

[没]1919年6月12日），藩臣2（小野田元煕），宮城百（小野田元煕），山梨百（[生]嘉永1（1848）年2月11日　[没]大正8（1919）年6月12日），履歴（[生]嘉永1（1848）年2月11日　[没]大正8（1919）年6月12日）

小野長賀 おのちょうが
生没年不詳
江戸時代中期の駿河沼津藩士。
¶藩臣4

小野寺伊賀 おのでらいが
天文19（1550）年～元和8（1622）年
戦国時代～江戸時代前期の葛西氏家臣。
¶姓氏岩手

小野寺市大夫 おのでらいちだゆう
？　～慶応4（1868）年
江戸時代末期の陸奥三春藩士。
¶藩臣2

小野寺幸右衛門 おのでらこうえもん
延宝4（1676）年～元禄16（1703）年　[別]小野寺秀富《おのでらひでとみ》
江戸時代中期の播磨赤穂藩士。赤穂義士の一人。
¶人名（小野寺秀富　おのでらひでとみ），日人

小野寺重忠 おのでらしげただ
生没年不詳
江戸時代中期の陸奥三春藩士。
¶藩臣2

小野寺十内 おのでらじゅうない
→小野寺秀和（おのでらひでかず）

小野寺藤右衛門 おのでらとうえもん
文政7（1824）年～明治11（1878）年
江戸時代末期～明治期の信濃高遠藩士。
¶藩臣3

小野寺秀和 おのでらひでかず
寛永20（1643）年～元禄16（1703）年　[別]十内《じゅうない》，小野寺十内《おのでらじゅうない》
江戸時代中期の播磨赤穂藩士。赤穂義士の一人。
¶朝日（小野寺十内　おのでらじゅうない　[没]元禄16年2月4日（1703年3月20日）），京都大，コン4（小野寺十内　おのでらじゅうない），詩歌，史人（小野寺十内　おのでらじゅうない　[没]1703年2月4日），人名，姓氏京都（[生]1634年），日人（小野寺十内　おのでらじゅうない），俳句（十内　じゅうない　[没]元禄16（1703）年2月4日），藩臣5，和俳

小野寺秀富 おのでらひでとみ
→小野寺幸右衛門（おのでらこうえもん）

小野寺鳳谷 おのでらほうこく
文化7（1810）年～慶応2（1866）年
江戸時代末期の陸奥仙台藩の造船技師、儒者。
¶国書（[没]慶応2（1866）年4月13日），人名，姓氏宮城，日人，藩臣1，宮城百，洋学

小野寺正敬 おのでらまさのり
弘化2（1845）年1月～明治40（1907）年10月31日
江戸時代末期～明治期の幕臣、実業家。視察のためアメリカに渡る。本邦製紙界の恩人。
¶海越，海越新，人名，渡航，日人

小野寺泰忠 おのでらやすただ
元禄7（1694）年～？
江戸時代中期の陸奥三春藩士。
¶藩臣2

小野寺康通 おのでらやすみち
？　～寛永18（1641）年　[別]大森五郎《おおもりごろう》
江戸時代前期の武将。
¶戦人

小野寺勇之助 おのでらゆうのすけ
江戸時代末期の新撰組隊士。
¶新撰

小野寺義道 おのでらよしみち
永禄9（1566）年～*
安土桃山時代～江戸時代前期の出羽国の武将。
¶朝日（[没]？），近世（[没]1645年？），系東（[没]1645年），国史（[没]？），史人（[生]1566年8月5日　[没]1645年11月22日），諸系（[没]1646年），新潮（[生]永禄9（1566）年8月5日　[没]正保2（1645）年11月22日），戦合（[没]1645年），戦国（[生]1567年　[没]1645年），戦人（[没]正保2（1645）年），日史（[生]永禄9（1566）年8月5日　[没]正保2（1645）年11月22日），日人（[没]1646年），百科（[没]正保2（1645）年？），歴大（[没]1645年？）

小野藤五郎 おのとうごろう
弘化4（1847）年～慶応1（1865）年
江戸時代末期の水戸藩士。
¶維新，人名，日人，幕末（[没]1865年3月13日）

小野藤兵衛 おのとうべえ
生没年不詳
安土桃山時代～江戸時代前期の武士。
¶庄内

小野友五郎 おのともごろう
文化14（1817）年～明治31（1898）年　[別]小野広胖《おのこうはん，おのひろなお》，主膳正，東山
江戸時代末期～明治期の常陸笠間藩の数学者、実業家。1860年咸臨丸測量方としてアメリカに渡る。
¶朝日（[生]文化14年10月23日（1817年12月1日）　[没]明治31（1898）年10月29日），維新，茨城百，海越（[生]文化14（1817）年10月23日　[没]明治31（1898）年10月29日），海越新（[生]文化14（1817）年10月23日　[没]明治31（1898）年10月29日），江文，郷土茨城，近現（小野広胖　おのこうはん），近世（小野広胖　おのこうはん），国際，国史（小野広胖　おのこうはん），国書（小野広胖　おのこうはん　[生]文化14（1817）年10月23日　[没]明治31（1898）年10月29日），コン改（小野広胖　おのこうはん　生没年不詳），コン4（小野広胖　おのこうはん　生没年不詳），コン5（小野広胖　おのこうはん），人書94，新潮（小野広胖　おのこうはん　[生]文化14（1817）年10月23日　[没]明治31（1898）年10月29日），人名，数学（小野広胖　おのひろなお　[生]文化14（1817）年10月23日　[没]明治31（1898）年10月29日），世人（小野広胖　おのこうはん　生没年不詳），先駆（[生]文化14（1817）年10月23日　[没]明治31（1898）年10月29日），全書（[生]1831年），大百（[生]1831年），土木（[生]1817年10月23日　[没]1898年10月29日），日人（小野

広胖　おのこうはん)，幕末([没]1898年10月29日)，藩臣2，民学，洋学

小野虎之丞 おのとらのじょう
弘化3(1846)年～慶応2(1866)年
江戸時代末期の志士。
¶維新，人名，日人，幕末([没]1866年9月15日)

小野原琴水 おのはらきんすい，おのばらきんすい
→小野原善言(おのはらぜんげん)

小野原善言 おのはらぜんげん，おのばらぜんげん
文化7(1810)年～明治6(1873)年　[別]小野原琴水《おのはらきんすい，おのばらきんすい》
江戸時代末期～明治期の千束藩士、儒学者。
¶維新，国書(小野原琴水　おのはらきんすい　[生]文化7(1810)年11月3日　[没]明治6(1873)年5月13日)，新潮(おのばらぜんげん　[生]文化10(1813)年　[没]明治6(1873)年5月13日)，人名(おのばらぜんげん　[生]1813年)，日人(小野原琴水　おのばらきんすい)，幕末([没]1873年5月13日)，藩臣7

小野春信 おのはるのぶ
天和3(1683)年～宝暦4(1754)年　[別]小野若狭《おのわかさ》
江戸時代中期の筑後柳河藩家老。
¶コン改(生没年不詳)，コン4(生没年不詳)，史人([没]1754年10月3日)，人名，日人，藩臣7，福岡百(小野若狭　おのわかさ)

小野広胖 おのひろなお
→小野友五郎(おのともごろう)

小野武次郎 おのぶじろう
享保11(1731)年～享和2(1802)年
江戸時代中期～後期の肥後熊本藩士。
¶藩臣7

小野正朝 おのまさとも
*～明治40(1907)年　[別]小野為八《おのためはち》
江戸時代末期～明治期の長州(萩)藩砲術家。
¶維新([生]1828年)，人名([生]1819年)，日人([生]1828年)，幕末(小野為八　おのためはち　[生]1829年　[没]1907年8月20日)

小野又右衛門 おのまたえもん
天正14(1586)年～
安土桃山時代～江戸時代前期の武士。
¶庄内

小野道凞 おのみちひろ
→小野鶴山(おのかくざん)

小野弥一 おのやいち
弘化4(1847)年4月2日～明治26(1893)年10月18日　[別]山寺弥七郎
江戸時代末期～明治期の静岡藩士、官吏。統計事務の研修のため渡仏。第1回ニュー・カレドニア移民の総監督。
¶海越，海越新，静岡歴，渡航，日人

小野弥助 おのやすけ
延宝4(1676)年～宝暦7(1757)年
江戸時代中期の武術家、高田藩士。
¶剣豪([没]宝暦3(1753)年)，人名，日人

小野義忠 おのよしただ
→小野権之丞(おのごんのじょう)

小野隆助 おのりゅうすけ
*～大正12(1923)年
江戸時代末期～明治期の勤王家、筑前福岡藩士。
¶人名([生]1840年)，日人([生]1839年)

小野若狭 おのわかさ
→小野春信(おのはるのぶ)

小幡篤次郎 おばたあつじろう
→小幡篤次郎(おばたとくじろう)

小畑美稲 おばたうましね
文政12(1829)年～大正1(1912)年　[別]小畑孫次郎《おばたまごじろう》
江戸時代末期～明治期の土佐勤王党志士、官僚。
¶朝日([生]文政12(1829)年9月　[没]大正1(1912)年11月12日)，維新，高知人(小畑孫次郎　おばたまごじろう)，人名，日人，幕末(小畑孫次郎　おばたまごじろう　[没]1912年11月12日)，履歴([生]文政12(1829)年9月25日　[没]大正1(1912)年11月12日)

小幡景憲 おばたかげのり
元亀3(1572)年～寛文3(1663)年　[別]小幡勘兵衛《おばたかんべえ》
江戸時代前期の兵学者。甲州流兵学の祖。
¶朝日([没]寛文3年2月25日(1663年4月3日))，岩史([没]寛文3(1663)年2月25日)，角史，神奈川人，近世，国史，国書([生]元亀3(1572)年5月1日　[没]寛文3(1663)年2月25日)，コン改，コン4，史人([没]1663年2月25日)，新潮([没]寛文3(1663)年2月25日)，人名，姓氏神奈川，世人([没]寛文3(1663)年2月25日)，戦合，戦国([生]1573年)，全書，戦人，大百，日史([没]寛文3(1663)年2月25日)，日人，百科，山梨百([没]寛文3(1663)年2月25日)，歴大

小幡嘉兵衛 おばたかへえ
生没年不詳
江戸時代前期の徳川家臣。
¶庄内

小幡勘兵衛 おばたかんべえ
江戸時代前期の甲州流軍学者。
¶江戸東

小幡休甫 おばたきゅうほ
寛延3(1750)年～文政7(1824)年
江戸時代後期の旗本、御書院番。
¶茶道

小畠武堯 おばたけたけたか
→小畠武堯(こばたけたけたか)

小畑鹿太 おばたしかた
江戸時代末期の国学者、豊後岡藩士。
¶人名，日人(生没年不詳)

小幡高政 おばたたかまさ
文化14(1817)年～明治39(1906)年
江戸時代末期～明治期の長州(萩)藩士。
¶維新，植物([生]文化14(1817)年11月19日　[没]明治39(1906)年7月27日)，食文([生]文化14年11月19日(1817年12月26日)　[没]1906年7月27日)，新潮([生]文化14(1817)年11月19日　[没]明治39(1906)年7月27日)，人名，姓氏山口，日人，幕末([没]1906年7月27日)，藩臣6，山口百

小畠武堯　おばたたけたか
→小畠武堯（こばたけたけたか）

小幡立信　おばたたつのぶ
？～正徳2（1712）年
江戸時代中期の加賀藩士。
¶藩臣3

小幡篤次郎（小畑篤次郎）　おばたとくじろう
天保13（1842）年～明治38（1905）年　[別]小幡篤次郎《おばたあつじろう》
江戸時代末期～明治期の豊前中津藩士、教育者。
¶朝日（[生]天保13年6月8日（1842年7月15日）[没]明治38（1905）年4月16日），海越新（[生]天保13（1842）年6月8日　[没]明治38（1905）年4月16日），江文，大分百，大分歴，教育，近現，国際（[生]天保12（1841）年），国史，コン改（小畑篤次郎　[生]1841年），コン5（[生]天保12（1841）年），史人（[生]1842年6月8日　[没]1905年4月16日），新潮（[生]天保12（1841）年，(異説)天保13（1842）年　[没]明治38（1905）年4月16日），人名，先駆（[生]天保12（1841）年6月8日　[没]明治38（1905）年4月16日），全書，大百，哲学，渡航（[生]1842年6月　[没]1905年4月16日），日史（[生]天保13（1842）年6月8日　[没]明治38（1905）年4月16日），日人，幕末（おばたあつじろう　[没]1905年4月16日），藩臣7（おばたあつじろう），百科，洋学，歴大

小幡友七郎　おばたともしちろう
文政12（1829）年～元治1（1864）年
江戸時代末期の宍戸藩士。
¶維新，人名，日人，幕末（[没]1864年10月28日）

小幡信定　おばたのぶさだ
永禄9（1566）年～？
安土桃山時代～江戸時代前期の上野国衆。信真の養子。
¶戦辞

小幡彦三郎　おばたひこさぶろう
？～元和4（1618）年
安土桃山時代～江戸時代前期の上野国衆。
¶戦辞

小畠広林　おばたひろしげ
？～明和5（1768）年4月26日
江戸時代中期の尾張藩士。
¶国書

小畑孫三郎　おばたまごさぶろう，おばたまござぶろう
天保6（1835）年～慶応2（1866）年
江戸時代末期の志士。
¶維新，高知人（おばたまござぶろう），人名（[生]1837年），日人（[生]1837年），幕末（[没]1866年10月29日）

小畑孫次郎　おばたまごじろう
→小畑美稲（おばたうましね）

小幡正勝　おばたまさかつ
～元禄14（1701）年
江戸時代前期の旗本。
¶神奈川人

小幡正俊　おばたまさとし
～寛永19（1642）年
江戸時代前期の旗本。
¶神奈川人

小花作助　おばなさくすけ
文政12（1829）年～明治34（1901）年1月17日
[別]小花作之助《おばなさくのすけ》，作之助，白香，邦孚
江戸時代末期～明治期の幕臣。1865年遣仏使節随員としてフランスに渡る。
¶朝日（[生]文政12年2月24日（1829年3月28日）），維新，海越（[生]文政12（1829）年2月24日），海越新（[生]文政12（1829）年2月24日），国書（小花作之助　おばなさくのすけ　[生]文政12（1829）年2月24日），先駆（[生]文政12（1829）年2月24日），日人，幕末

小花作之助　おばなさくのすけ
→小花作助（おばなさくすけ）

小花和重太郎　おばなわじゅうたろう
天保11（1840）年～明治1（1868）年5月16日
江戸時代末期の日光奉行。
¶幕末

小花和度正　おばなわのりまさ
文化10（1813）年～明治10（1877）年12月4日
江戸時代末期～明治期の幕臣。
¶幕末

小浜県隆　おはまかたたか
～宝暦7（1757）年
江戸時代中期の旗本。
¶神奈川人

小浜久隆　おばまひさたか，おはまひさたか
寛文12（1672）年～享保12（1727）年
江戸時代前期～中期の第8代京都東町奉行。
¶神奈川人（おはまひさたか），京都大，姓氏京都

小浜撲助　おはまぼくすけ
寛政1（1789）年～安政2（1855）年
江戸時代後期の志摩鳥羽藩士、儒学者。
¶藩臣4

小浜光隆　おはまみつたか
天正7（1579）年～寛永19（1642）年
江戸時代前期の幕臣、大坂船手頭。
¶大阪人（[没]寛永19（1642）年7月），大阪墓（[没]寛永19（1642）年7月2日）

小浜嘉隆　おはまよしたか
→小浜嘉隆（こはまよしたか）

小林歌城　おばやしうたぎ，おばやしうたき
安永7（1778）年～文久2（1862）年　[別]小林歌城《おばやしうたき，こばやしうたき，こばやしうたぎ》
江戸時代後期の幕臣、国学者。
¶維新，江文（おばやしうたき），国書（[生]安永7（1778）年12月13日　[没]文久2（1862）年2月8日），人名（こばやしうたき），日人（[生]1779年），幕末（こばやしうたぎ　[没]1862年3月8日）

小場義成　おばよしなり
？～寛永10（1633）年　[別]小場義成《こばよしなり》
江戸時代前期の武士。佐竹氏家臣。
¶戦辞（[生]天正3（1575）年　[没]寛永11年12月27日

（1635年2月14日）），戦人（こばよしなり　生没年不詳），戦人，戦東

お

小原氏益　おはらうじます
安永7（1778）年～安政1（1854）年
江戸時代後期の加賀大聖寺藩士。
¶国書（[没]安政1（1854）年12月），藩臣3

尾原英吉　おはらえいきち，おばらえいきち
江戸時代末期～明治期の伝道者、西尾藩士。
¶姓氏愛知（おばらえいきち　生没年不詳），日人

小原越中　おはらえっちゅう
安土桃山時代～江戸時代前期の武士。里見氏家臣。
¶戦人（生没年不詳），戦東

尾原一雄　おばらかずお
文政7（1824）年～明治14（1881）年
江戸時代後期～明治期の松江藩士、松江藩軍務局大参事。
¶島根歴

小原僖窟子　おはらきくつし
江戸時代前期の儒者、土佐高知藩士。
¶人名，日人（生没年不詳）

小原君雄　おはらきみお
宝暦2（1752）年～天保6（1835）年
江戸時代中期～後期の近江彦根藩士。
¶国書（[没]天保6（1835）年2月30日），人名，日人，藩臣4

小原孔三　おはらこうぞう
天保10（1839）年～？
江戸時代後期～末期の新撰組隊士。
¶新撰

小原五郎右衛門　おばらごろうえもん
生没年不詳
江戸時代前期の信濃高遠藩家老。
¶藩臣3

小原茂士　おばらしげじ
延宝5（1677）年～元文5（1740）年
江戸時代前期～中期の剣術家。新夢想流。
¶剣豪

小原重哉　おはらしげちか
→小原重哉（おはらじゅうさい）

小原重哉　おはらしげや
→小原重哉（おはらじゅうさい）

小原治八　おばらじはち
天保6（1835）年～*
江戸時代末期の陸奥会津藩士。
¶幕末（[没]1863年9月16日），藩臣2（[没]元治1（1864）年）

小原重哉　おはらじゅうさい
天保7（1836）年～明治35（1902）年　[別]小原重哉《おはらしげちか，おはらしげや》
江戸時代末期～明治期の備前岡山藩士、勤王家。
¶維新（おはらしげや），岡山人，岡山百（[没]明治35（1902）年5月28日），岡山歴（[没]明治35（1902）年5月28日），人名（おはらしげや），先駆（おはらしげちか　[生]天保5（1834）年8月17日　[没]明治35（1902）年5月27日），渡航（おはらしげや　[没]1902年5月28日），日人，幕末（おはらしげや　[没]1902年5月28日）

小原正朝　おはらせいちょう
→小原正朝（おはらまさとも）

尾原惣八（尾原総八）　おばらそうはち，おはらそうはち
*～明治26（1893）年
江戸時代末期～明治期の数学者。雲州松江藩士。多数の門人を教育。
¶島根人（尾原総八　[生]天保10（1839）年　[没]明治25（1892）年），島根歴（[生]天保10（1839）年　[没]明治25（1892）年），人名（[生]？），数学（おはらそうはち　[没]明治26（1893）年12月），日人（[生]？）

小原大丈軒　おはらだいじょうけん
寛永14（1637）年～正徳2（1712）年　[別]小原正義《おはらまさよし》
江戸時代前期～中期の備前岡山藩士。
¶岡山人，岡山百（[没]正徳2（1712）年11月6日），岡山歴（[生]寛永14（1637）年4月18日　[没]正徳2（1712）年11月6日），国書（[没]正徳2（1712）年11月6日），人名（小原正義　おはらまさよし），日人，藩臣6

小原適　おはらただし
→小原適（おはらてき）

小原適　おはらてき
天保13（1842）年～明治43（1910）年　[別]小原適《おはらただし》
江戸時代末期～明治期の美濃大垣藩士。
¶人名，日人，藩臣3（おはらただし）

小原鉄心　おはらてっしん，おばらてっしん
文化14（1817）年～明治5（1872）年
江戸時代末期～明治期の美濃大垣藩士。
¶朝日（[生]文化14年11月3日（1817年12月10日）　[没]明治5年4月15日（1872年5月21日）），維新，岐阜百，郷土岐阜，近現，近世，国史，国書（[生]文化14（1817）年11月3日　[没]明治5（1872）年4月15日），コン改，コン4，コン5，詩歌（おばらてっしん），新潮（[生]文化14（1817）年11月3日　[没]明治5（1872）年4月15日），人名，日人，幕末（[没]1872年4月15日），藩臣3，福井百（[没]明治4（1871）年），三重，和俳

小原梅坡　おはらばいは
安永4（1775）年～天保3（1832）年
江戸時代後期の備前岡山藩士。
¶岡山人，岡山歴（[生]安永4（1775）年12月13日　[没]天保2（1831）年9月1日），国書（[生]安永4（1775）年閏12月13日　[没]天保3（1832）年9月1日），藩臣6

小原正朝　おはらまさとも
弘化1（1844）年～明治22（1889）年　[別]小原正朝《おはらせいちょう》
江戸時代末期～明治期の志士、岡藩士。土佐勤王党に参加。
¶大分百，大分歴（おはらせいちょう），人名，日人，幕末（[没]1889年12月19日）

小原正義　おはらまさよし
→小原大丈軒（おはらだいじょうけん）

小原光俊　おばらみつとし
文禄2（1593）年～明暦2（1656）年

江戸時代前期の陸奥会津藩家老。
¶藩臣2

小原良直 おはらよしなお
→小原蘭峡(おはららんきょう)

小原蘭峡 おはららんきょう
寛政9(1797)年～嘉永7(1854)年　[別]小原良直《おはらよしなお》，小原桃洞《おはらとうどう》
江戸時代末期の紀伊和歌山藩士。
¶国書([没]嘉永7(1854)年7月19日)，新潮(小原良直　おはらよしなお　[没]安政1(1854)年7月19日)，人名(小原良直　おはらよしなお)，日人，幕末([没]1854年8月12日)，洋学(小原良直　おはらよしなお)，和歌山人

大東義徹 おひがしよしあきら
→大東義徹(おおひがしぎてつ)

小夫浅右衛門 おぶあさえもん
？～元禄7(1694)年　[別]小夫助永《おぶひろなが》
江戸時代前期～中期の剣術家。小夫流祖。紀伊和歌山藩に仕える。
¶剣豪，和歌山人(小夫助永　おぶひろなが)

小夫兵庫 おぶひょうご
→小夫正容(おぶまさしず)

小夫助永 おぶひろなが
→小夫浅右衛門(おぶあさえもん)

小夫正容 おぶまさしず
文政9(1826)年～明治1(1868)年　[別]小夫兵庫《おづまひょうご,おぶひょうご》，小河久成《おごうひさなり》
江戸時代末期の讃岐高松藩士。
¶人名(小夫兵庫　おづまひょうご)，日人(小夫兵庫　おぶひょうご)，幕末([没]1868年2月11日)，藩臣6

小保内定身 おぼないさだみ
天保5(1834)年～明治16(1883)年　[別]小保内定身《こほないていしん》
江戸時代末期～明治期の陸奥南部藩の志士、教育者。
¶岩手百，新潮(こほないていしん　[生]天保5(1834)年2月)，人名(こほないていしん)，姓氏岩手，日人(こほないていしん)，幕末([没]1883年8月12日)，藩臣1

小俣政貞 おまたまささだ
～慶安2(1649)年
江戸時代前期の旗本。
¶神奈川人

小俣政行 おまたまさゆき
～万治1(1658)年
江戸時代前期の旗本。
¶神奈川人

尾見雄三 おみゆうぞう
文政8(1825)年～*
江戸時代末期～明治期の蝦夷松前藩士。
¶幕末([没]1897年頃)，藩臣1([没]？)

麻見義修 おみよしなが
？～明治26(1893)年
江戸時代末期～明治期の武士、官吏。宮内太録、少書記官などを歴任。
¶人名，日人

小本正吉 おもとしょうきち
？～正保2(1645)年
江戸時代前期の三閉伊郡代。
¶姓氏岩手

小本村司 おもとむらじ
文化14(1817)年～明治37(1904)年4月15日
江戸時代末期～明治期の狂歌師。銅山奉行、勘定奉行などを歴任。
¶幕末

尾本竜淵 おもとりゅうえん
寛保2(1742)年～文政10(1827)年
江戸時代中期～後期の越後新発田藩士・漢学者。
¶国書([没]文政10(1827)年閏6月)，新潟百

小宅重長 おやけしげなが
天正18(1590)年～明暦3(1657)年
江戸時代前期の水戸藩士。
¶人名，日人

小宅処斎 おやけしょさい
寛永15(1638)年～延宝2(1674)年　[別]小宅生順《おやけせいじゅん》
江戸時代前期の水戸藩士、儒学者。
¶国書，人名，日人，藩臣2(小宅生順　おやけせいじゅん)

小宅生順 おやけせいじゅん
→小宅処斎(おやけしょさい)

小山馨三郎 おやまけいざぶろう,おやまけいさぶろう
弘化4(1847)年～慶応1(1865)年　[別]小山猷風《おやまゆうふう》，小野馨之允《おのけいのすけ》
江戸時代末期の志士。天狗党の筑波山挙兵に参加。
¶維新，国書(小山猷風　おやまゆうふう　[没]元治1(1864)年4月26日)，人名，人名(小山猷風　おやまゆうふう　[没]？)，栃木歴，日人，幕末(おやまけいさぶろう　[没]1865年3月13日)

小山源五右衛門 おやまげんごえもん
慶安1(1648)年～正徳5(1715)年　[別]小山高師《おやまたかもろ》
江戸時代前期～中期の播磨赤穂藩士。
¶人名(小山高師　おやまたかもろ)，日人

小山剛介 おやまごうすけ
？～元治1(1864)年
江戸時代末期の藩校助教。
¶維新，幕末([没]1864年11月15日)

小山左門 おやまさもん
享保3(1718)年～寛政12(1800)年
江戸時代中期～後期の剣術家。柳生心眼流。
¶剣豪

小山松渓 おやましょうけい
→小山松渓(こやましょうけい)

小山次郎太夫 おやまじろだゆう
生没年不詳
江戸時代中期の剣術家。卜伝流。
¶剣豪

小山田一閑 おやまだいっかん
→小山田十兵衛(おやまだじゅうべえ)

小山高師 おやまたかもろ
→小山源五右衛門（おやまげんごえもん）

小山田郡平 おやまだぐんぺい
寛政12（1800）年～明治9（1876）年
江戸時代末期～明治期の水戸藩士。
¶維新，幕末（[没]1876年8月12日）

小山田源内 おやまだげんない
天保1（1830）年～？
江戸時代後期～明治期の八戸藩士。
¶青森人

小山田十兵衛 おやまだじゅうべえ
元和8（1622）年～＊　[別]小山田一閑《おやまだいっかん》
江戸時代前期～中期の播磨赤穂藩士。
¶人名（小山田一閑　おやまだいっかん　[没]1702年），日人（[没]1703年）

小山田主鈴 おやまだしゅれい
天明1（1781）年～安政3（1856）年
江戸時代後期の大和柳生藩家老。
¶藩臣4

小山田春水 おやまだしゅんすい
慶安1（1648）年～享保17（1732）年　[別]多田春水《ただしゅんすい》
江戸時代前期～中期の盛岡藩士・漢学者。
¶江文（多田春水　ただしゅんすい），国書（[没]享保17（1732）年10月）

小山田庄左衛門 おやまだしょうざえもん
延宝5（1677）年～享保6（1721）年
江戸時代中期の播州播磨赤穂藩士。
¶人名，日人

小山田弁助 おやまだべんすけ
江戸時代末期～明治期の旧黒羽藩士。地方政治家‖栃木県議会議員。
¶栃木歴

尾山徹三 おやまてつぞう
天保7（1836）年～明治22（1889）年
江戸時代末期～明治期の蝦夷松前藩士、教育家。
¶藩臣1，北海道百，北海道歴

小山正武 おやままさたけ
嘉永2（1849）年～大正13（1924）年
江戸時代末期～大正期の桑名藩士、文筆家。油小路事件の目撃者。
¶三重続

小山門喜 おやまもんき
明和6（1769）年～天保2（1831）年
江戸時代中期～後期の肥後熊本藩士。
¶藩臣7

小山猷風 おやまゆうふう
→小山馨三郎（おやまけいざぶろう）

尾寄重定 およりしげさだ
？　～寛永17（1640）年
江戸時代前期の武士。
¶和歌山人

尾寄忠重 およりただしげ
？　～寛永6（1629）年
江戸時代前期の武士。
¶和歌山人

尾寄忠利 およりただとし
？　～寛永2（1625）年
江戸時代前期の武士。
¶和歌山人

折井弥五右衛門 おりいやごえもん
？　～明和8（1771）年
江戸時代中期の播磨姫路藩士。
¶藩臣5

折下一二左衛門 おりしもひふざえもん
？　～享保13（1728）年
江戸時代中期の出羽新庄藩士。
¶藩臣1

折田軍兵衛 おりだぐんべえ
天正1（1573）年～？
戦国時代～江戸時代前期の郷士。
¶群馬人

折田清右衛門 おりたせいえもん
？　～天保9（1838）年
江戸時代後期の出羽松山藩家老。
¶庄内（[没]天保9（1838）年6月8日），藩臣1

折田年秀 おりたとしひで
→折田要蔵（おりたようぞう）

折田平八 おりたへいはち
江戸時代末期の薩摩藩士。
¶維新，姓氏鹿児島，幕末（生没年不詳）

折田要蔵 おりたようぞう
文政8（1825）年～明治30（1897）年　[別]折田年秀《おりたとしひで》
江戸時代末期～明治期の薩摩藩士。
¶維新，国書（折田年秀　おりたとしひで　[生]文政8（1825）年7月7日　[没]明治30（1897）年11月5日），神人（折田年秀　おりたとしひで　[生]文政7（1824）年），人名（折田年秀　おりたとしひで），姓氏鹿児島，日人，幕末（[没]1897年11月5日），藩臣7

織本東岳 おりもととうがく
天保4（1833）年～明治25（1892）年
江戸時代末期～明治期の前橋藩明新館の教授。
¶郷土千葉，人名，千葉百，日人（[生]1834年），幕末（[没]1892年5月25日），藩臣3

小里頼章 おりよりあき
宝永4（1707）年～安永5（1776）年
江戸時代中期の兵学家、信濃松本藩士。
¶国書，人名（[生]1709年），長野歴，日人

下石道二 おろしどうに
生没年不詳
江戸時代前期の武道家。
¶国書

下石三正 おろしみつまさ
江戸時代中期の武芸家、下石流槍術の祖。
¶人名，日人（生没年不詳）

円城寺豊貞 おんじょうじとよさだ
→円城寺豊貞（えんじょうじとよさだ）

恩田鶴城 おんだかくじょう
元文4（1739）年～文化1（1804）年

江戸時代中期～後期の下総古河藩士、儒学者。
¶江文，国書（[生]元文4（1739）年8月12日　[没]文化1（1804）年2月16日），人名，日人，藩臣3

恩田角弥 おんだかくや
？～文化5（1808）年
江戸時代中期～後期の下総古河藩士、儒学者。
¶藩臣3

恩田仰岳 おんだぎょうがく
文化6（1809）年～明治24（1891）年　[別]恩田豹隠《おんだひょういん》，恩田利器《おんだとしのり》
江戸時代末期～明治期の安房長尾藩士。
¶国書（[生]文化6（1809）年8月2日　[没]明治24（1891）年1月28日），藩臣3（恩田豹隠　おんだひょういん），藩臣4（恩田利器　おんだとしのり）

恩田淳三郎 おんだじゅんざぶろう
文化6（1809）年～明治20（1887）年10月7日　[別]恩田柳礀《おんだりゅうかん》
江戸時代末期～明治期の武士。土佐国深尾氏家臣。
¶高知人，国書（恩田柳礀　おんだりゅうかん），幕末

恩田城山 おんだじょうざん
天保7（1836）年～大正9（1920）年
江戸時代末期～明治期の安房長尾藩士。
¶藩臣3

恩田木工 おんだたくみ
→恩田木工（おんだもく）

恩田民親 おんだたみちか
→恩田木工（おんだもく）

恩田周直 おんだちかなお
生没年不詳
江戸時代中期の尾張藩士、勘定奉行。
¶国書

恩田恒吉郎 おんだつねきちろう
？～慶応1（1865）年
江戸時代後期～末期の剣術家。神道無念流。
¶剣豪

恩田利器 おんだとしのり
→恩田仰岳（おんだぎょうがく）

恩田直高 おんだなおたか
？～元禄9（1696）年7月20日
江戸時代前期～中期の尾張藩士。
¶国書

恩田豹隠 おんだひょういん
→恩田仰岳（おんだぎょうがく）

恩田木工（恩田杢） おんだもく
享保2（1717）年～宝暦12（1762）年　[別]恩田民親《おんだたみちか》，恩田木工《おんだたくみ》，恩田木工民親《おんだもくたみちか》
江戸時代中期の武士。信州松代藩の家老。
¶朝日（[没]宝暦12年1月6日（1762年1月30日）），岩史（恩田杢　[没]宝暦12（1762）年1月6日），角史，郷土長野（恩田民親　おんだたみちか），近世（恩田杢），群馬人（恩田木工民親　おんだもくたみちか），国史（恩田杢），国書（[没]宝暦12（1762）年1月6日），コン改，コン4，史人（恩田杢　[没]1762年1月6日），人書94（[没]1761年），新潮（恩田杢　[没]宝暦12（1762）年1月6日），人名（おんだたくみ　[生]1746年　[没]1817年），姓氏長野（恩田民親　おんだたみちか），世人，全書，長野百（恩田木工民親　おんだもくたみちか　[生]1718年　[没]1763年），長野歴（恩田民親　おんだたみちか），日史（[没]宝暦12（1762）年1月），日人，藩臣3（恩田民親　おんだたみちか　[生]享保3（1718）年），百科，歴大

恩田木工民親 おんだもくたみちか
→恩田木工（おんだもく）

恩田柳礀 おんだりゅうかん
→恩田淳三郎（おんだじゅんざぶろう）

【か】

甲斐右膳 かいうぜん
文化14（1817）年～元治1（1864）年
江戸時代末期の志士。
¶維新，人名，日人，幕末（[没]1864年7月12日），宮崎百（[没]元治1（1864）年6月13日）

海江田信義 かいえだのぶよし
→海江田信義（かえだのぶよし）

甲斐大蔵 かいおおくら
天保9（1838）年～元治1（1864）年　[別]甲斐大蔵《かいたいぞう》
江戸時代末期の志士。
¶維新，人名（かいたいぞう），日人，幕末（[没]1864年9月24日）

甲斐織部 かいおりべ
生没年不詳
江戸時代前期の伊予三河吉田藩家老。
¶藩臣6

海賀宮門 かいがくもん
→海賀宮門（かいがみやと）

海賀藤蔵 かいがとうぞう
生没年不詳
江戸時代後期の筑前秋月藩士。
¶藩臣7

海賀宮門 かいがみやと
天保5（1834）年～文久2（1862）年　[別]海賀宮門《かいがくもん》
江戸時代末期の秋月藩士。
¶維新，国書（[没]文久2（1862）年5月7日），コン改，コン4，神人（[没]文久2（1862）年5月7日），新潮（[没]文久2（1862）年5月7日），人名，日人，幕末（[没]1862年6月4日），藩臣7（かいがくもん），宮崎百（かいがきゅうもん　[生]？　[没]文久2（1862）年5月8日）

貝賀弥左衛門 かいがやざえもん
慶安3（1650）年～元禄16（1703）年
江戸時代中期の播磨赤穂藩士。赤穂義士の一人。
¶人名，日人

粥川仁兵衛 かいがわにへえ
正徳3（1713）年～明和3（1766）年
江戸時代中期の美濃郡上藩家老。

¶藩臣3

甲斐駒蔵　かいこまぞう
文化7(1810)年～文久1(1861)年
江戸時代末期の常陸笠間藩士、和算家。
¶藩臣2

甲斐慎軒　かいしんけん
→甲斐隆義(かいりゅうぎ)

甲斐大蔵　かいたいぞう
→甲斐大蔵(かいおおくら)

甲斐隆義　かいたかよし
→甲斐隆義(かいりゅうぎ)

甲斐武則　かいたけのり
生没年不詳
江戸時代後期の豊後岡藩士。
¶国書

海津幸一　かいづこういち
文化1(1804)年～慶応1(1865)年
江戸時代末期の筑前福岡藩の武士。
¶朝日([没]慶応1年10月23日(1865年12月10日)), 維新, 近世, 国史, コン改, コン4, 新潮([没]慶応1(1865)年10月23日), 人名, 日人, 幕末([没]1865年12月10日), 藩臣7

海妻甘蔵　かいづまかんぞう
→海妻直縄(かいづまなおつな)

海妻直縄　かいづまなおつな
文政7(1824)年～明治42(1909)年　[別]海妻甘蔵《かいづまかんぞう》
江戸時代末期～明治期の筑前福岡藩士。
¶国書([生]文政7(1824)年8月17日　[没]明治42(1909)年6月27日), 人名, 日人, 藩臣7(海妻甘蔵　かいづまかんぞう)

海沼義武　かいぬまよしたけ
天明7(1787)年～天保4(1833)年
江戸時代後期の和算家、信濃松代藩士。
¶人名, 日人

甲斐庄喜右衛門正述　かいのしょうきえもんまさのぶ
→甲斐庄正述(かいのしょうまさのぶ)

甲斐庄正親　かいのしょうまさちか
?　～*　[別]甲斐庄正親《かひのしょうまさちか》
江戸時代前期～中期の武士。
¶神奈川人(かひのしょうまさちか　[没]1690年), 日人([没]1691年)

甲斐庄正述　かいのしょうまさのぶ
?　～万治3(1660)年　[別]甲斐庄喜右衛門正述《かいのしょうきえもんまさのぶ》
江戸時代前期の幕臣、長崎奉行。
¶黄檗([没]万治3(1660)年6月5日), 長崎歴(甲斐庄喜右衛門正述　かいのしょうきえもんまさのぶ), 日人

甲斐庄正房　かいのしょうまさふさ
永禄7(1564)年～寛永7(1630)年
安土桃山時代～江戸時代前期の代官。
¶人名, 日人

甲斐庄正幹　かいのしょうまさもと
安永5(1776)年～安政1(1854)年
江戸時代後期の幕臣。
¶人名, 日人

甲斐庄正之　かいのしょうまさゆき
江戸時代前期の第6代美濃国代官。
¶岐阜百

貝原益軒　かいばらえきけん
寛永7(1630)年～正徳4(1714)年　[別]貝原益軒《かいばらえっけん》
江戸時代前期～中期の筑前福岡藩の儒学者、博物学者。「養生訓」「女大学」「慎思録」「大和本草」などの著者。
¶朝日(かいばらえっけん　[生]寛永7年11月14日(1630年12月17日)　[没]正徳4年8月27日(1714年10月5日)), 岩史([生]寛永7(1630)年11月14日　[没]正徳4(1714)年8月27日), 江文, 大分歴(かいばらえっけん), 角史, 教育(かいばらえっけん), 京都大, 近世(かいばらえっけん), 考古([生]寛永7年(1630年11月14日)　[没]正徳4年(1714年8月27日)), 国史(かいばらえっけん), 国書([生]寛永7(1630)年11月14日　[没]正徳4(1714)年8月27日), コン改, コン4, 茶道, 詩歌, 史人([生]1630年11月14日　[没]1714年8月27日), 重要([生]寛永7(1630)年11月14日　[没]正徳4(1714)年8月27日), 食文([生]寛永7年11月14日(1630年12月17日)　[没]正徳4年8月27日(1714年10月5日)), 神史(かいばらえっけん), 人書79, 人書94, 神人([生]寛永7(1630)年11月14日　[没]正徳4(1714)年8月27日), 新潮([生]寛永7(1630)年11月14日　[没]正徳4(1714)年8月27日), 新文([生]寛永7(1630)年11月14日　[没]正徳4(1714)年8月27日), 人名, 姓氏京都, 世人([生]寛永7(1630)年11月14日　[没]正徳4(1714)年8月27日), 世百, 全書, 体育, 大百, 伝記, 日史([生]寛永7(1630)年11月14日　[没]正徳4(1714)年8月27日), 日人, 人情3, 藩臣7, 百科, 福岡百([生]寛永7(1630)年11月14日　[没]正徳4(1714)年12月26日), 文学, 歴大

貝原益軒　かいばらえっけん
→貝原益軒(かいばらえきけん)

貝原寛斎　かいばらかんさい
慶長2(1597)年～*
江戸時代前期の福岡黒田家の士。
¶人名([没]1665年), 日人([没]1666年)

貝原好古　かいばらこうこ
→貝原好古(かいばらよしふる)

貝原恥軒　かいばらちけん
→貝原好古(かいばらよしふる)

貝原好古　かいばらよしふる
寛文4(1664)年～元禄13(1700)年　[別]貝原好古《かいばらこうこ》,貝原恥軒《かいばらちけん》
江戸時代前期～中期の筑前福岡藩士。
¶国書(貝原恥軒　かいばらちけん　[没]元禄13(1700)年5月23日), 人名(貝原恥軒　かいばらちけん), 日人, 藩臣7, 福岡百([没]元禄13(1700)年5月23日), 歴大(かいばらこうこ)

海部閑六　かいふかんろく
天保4(1833)年～明治11(1878)年10月28日
江戸時代末期～明治期の武芸家。
¶徳島百, 徳島歴, 幕末

甲斐福一 かいふくいち
元禄5（1692）年～明和4（1767）年
江戸時代中期の算家、肥後熊本藩士。
¶大阪人（[没]明和4（1767）年6月），人名，日人

海保三郎右衛門尉 かいほうさぶろうえもんのじょう
→海保三郎右衛門尉（かいほさぶろうえもんのじょう）

海保三郎右衛門尉 かいほさぶろうえもんのじょう
？～寛永6（1629）年8月22日 [別]海保三郎右衛門尉《かいほうさぶろうえもんのじょう》
安土桃山時代～江戸時代前期の武将。後北条氏家臣。
¶戦辞，戦東（かいほうさぶろうえもんのじょう）

海保忠典 かいほただのり
天保6（1835）年～明治28（1895）年
江戸時代後期～明治期の奥殿藩士。
¶姓氏愛知

海保帆平 かいほはんぺい，かいぼはんぺい
文政5（1822）年～文久3（1863）年
江戸時代末期の肥後熊本藩士。
¶維新，江戸，群馬人，剣豪，国書（かいぼはんぺい [没]文久3（1863）年10月14日），姓氏群馬，幕末（[没]1863年11月24日），藩臣2

甲斐正誼 かいまさよし
～明治6（1873）年6月16日
江戸時代後期～明治期の武士。
¶庄内

海間十郎 かいまじゅうろう
文政1（1818）年～明治6（1873）年 [別]吉田屋十郎右衛門《よしだやじゅうろうえもん》
江戸時代末期～明治期の志士。岡山藩、尊嬢派。
¶維新，岡山人，岡山百，岡山歴（[生]文政1（1818）年7月13日 [没]明治6（1873）年11月18日），新潮（[没]明治6（1873）年11月18日），人名，日人，幕末

甲斐隆義 かいりゅうぎ
文化12（1815）年～明治31（1898）年 [別]甲斐隆義《かいたかよし》，甲斐慎軒《かいしんけん》
江戸時代末期～明治期の肥後熊本藩士。
¶熊本百（甲斐慎軒 かいしんけん [生]文化12（1815）年12月8日 [没]明治31（1898）年9月14日），国書（かいたかよし [没]明治31（1898）年9月），人名，数学（かいたかよし [生]文化12（1815）年12月8日 [没]明治31（1898）年9月14日），日人（[生]1816年），幕末（甲斐慎軒 かいしんけん [生]1814年 [没]1898年9月14日）

甲斐隆春 かいりゅうしゅん
江戸時代後期の算家、肥州肥後熊本藩士。
¶人名（[生]？ [没]1832年），日人（[生]1774年 [没]1833年）

甲斐隆豊 かいりゅうほう
享保18（1733）年～寛政2（1790）年
江戸時代中期の算家、肥後熊本藩士。
¶人名，日人

海江田信義 かえだのぶよし
天保3（1832）年～明治39（1906）年 [別]海江田信義《かいえだのぶよし》，孤松，俊斎，静山，太郎熊，武次，黙声，有村俊斎《ありむらしゅんさい》
江戸時代末期～明治期の薩摩藩士、政治家。
¶朝日（かいえだのぶよし [生]天保3年2月11日（1832年3月13日） [没]明治39（1906）年10月27日），維新，海越（[生]天保3（1832）年2月11日 [没]明治39（1906）年10月27日），海越新（[生]天保3（1832）年2月11日 [没]明治39（1906）年10月27日），鹿児島百（かいえだのぶよし），京都大（かいえだのぶよし），近現，国史，コン改，コン4，コン5，史人（かいえだのぶよし [生]1832年2月11日 [没]1906年10月27日），神人（[生]天保3（1832）年2月11日 [没]明治39（1906）年10月27日），新潮（[生]天保3（1832）年2月11日 [没]明治39（1906）年10月27日），人名，姓氏鹿児島（かいえだのぶよし），姓氏京都（かいえだのぶよし），姓氏静岡（かいえだのぶよし），渡航（[生]1832年2月11日 [没]1906年10月27日），日史（[生]天保3（1832）年2月11日 [没]明治39（1906）年10月27日），日人，幕末（かいえだのぶよし [没]1906年10月27日），藩臣7（かいえだのぶよし），百科，山梨百（かいえだのぶよし [生]天保3（1832）年2月11日 [没]明治39（1906）年10月27日），履歴（[生]天保4（1833）年2月11日 [没]明治39（1906）年10月27日），歴大

嘉悦氏房 かえつうじふさ
天保4（1833）年～明治41（1908）年
江戸時代末期～明治期の志士、政治家。
¶朝日（[生]天保4（1833）年1月 [没]明治41（1908）年10月30日），熊本百（[生]天保4（1833）年1月 [没]明治41（1908）年10月30日），コン改（[生]1834年），コン5（[生]天保5（1834）年 [没]明治42（1909）年），人名（[生]1834年），日人，幕末（[没]1908年10月30日）

加賀新三郎 かがしんさぶろう
弘化2（1845）年～明治32（1899）年
江戸時代末期～明治期の肥後人吉藩士。
¶幕末

加々爪甲斐守直澄 かがづめかいのかみなおずみ
→加々爪直澄（かがづめなおすみ）

加々爪勝之進 かがつめかつのしん
？～慶応4（1868）年3月6日
江戸時代後期～末期の新撰組隊士。
¶新撰

加々爪忠澄 かがづめただずみ，かがつめただすみ；かがつめただずみ；かがづめただすみ
天正14（1586）年～寛永18（1641）年 [別]加々爪民部少輔忠澄《かがづめみんぶしょうゆうただずみ》
江戸時代前期の旗本、大目付。
¶朝日（かがづめただすみ），神奈川人（かがつめただずみ [生]1585年），近世（かがづめただすみ），国史（かがづめただすみ），国書（[没]寛永18（1641）年1月30日），埼玉百（加々爪民部少輔忠澄 かがづめみんぶしょうゆうただずみ），史人（かがづめただすみ [没]1641年1月30日），新潮（[没]寛永18（1641）年1月30日），人名，戦合（かがづめただすみ），戦国，戦人，日人，歴大（かがつめただすみ）

加々爪直清 かがづめなおきよ
寛永20（1643）年～貞享2（1685）年

か

江戸時代前期の大名。遠江掛塚藩主。
¶日人，藩主2

加々爪直澄（加賀爪直澄）　かがづめなおすみ，かがつめなおすみ;かがつめなおずみ;かがづめなおずみ
慶長15(1610)年〜貞享2(1685)年　[別]加々爪甲斐守直澄《かがづめかいのかみなおずみ》
江戸時代前期の大名。遠江掛塚藩主。
¶朝日，近世，高知人（加賀爪直澄　かがづめなおずみ），高知百（加賀爪直澄　かがづめなおずみ），国史，コン改（加賀爪直澄　かがつめなおずみ　[生]慶長18(1613)年），コン4（加賀爪直澄　かがつめなおずみ　[生]慶長18(1613)年），埼玉百（加々爪甲斐守直澄　かがづめかいのかみなおずみ），茶道（加賀爪直澄　かがつめなおずみ　[没]？），史人（[没]1685年10月），新潮（かがづめなおずみ　[生]慶長15(1610)年，(異説)慶長18(1613)年　[没]貞享2(1685)年10月），戦人（かがづめなおずみ），日史（かがつめなおすみ　[没]貞享2(1685)年10月），日人（かがづめなおずみ），藩主2([没]貞享2(1685)年10月），百科（かがつめなおすみ），歴大（かがつめなおすみ）

加々爪政豊　かがづめまさとよ，かがつめまさとよ
天文7(1538)年〜元和7(1621)年
安土桃山時代〜江戸時代前期の武将。徳川家康の臣。
¶神奈川人（かがつめまさとよ），人名，戦東，日人

加々爪民部少輔忠澄　かがづめみんぶしょうゆうただずみ
→加々爪忠澄（かがづめただずみ）

加々爪保忠　かがつめやすただ
〜延宝3(1675)年
江戸時代前期の旗本。
¶神奈川人

各務久左衛門　かがみきゅうざえもん
享保17(1732)年〜寛政1(1789)年
江戸時代中期の遠江相良藩家老。
¶藩臣4

各務郷右衛門　かがみごううえもん
？〜寛政4(1792)年
江戸時代中期の下総古河藩士。
¶藩臣3

加々美紅星　かがみこうせい
元禄14(1701)年〜安永8(1779)年
江戸時代中期の漢学者、肥後熊本藩士。
¶人名，日人

賀美公台　かがみこうだい
宝暦5(1755)年〜文化9(1812)年
江戸時代中期〜後期の安芸広島藩士、儒学者。
¶藩臣6

鏡島養正　かがみしまようせい
生没年不詳
江戸時代後期の尾張藩士・故実家。
¶国書

加賀見鉄驪　かがみてつり
江戸時代末期の武士。蘭方医、江戸幕府の臣。
¶人名

各務半左衛門　かがみはんざえもん
文化13(1816)年〜明治18(1885)年
江戸時代末期〜明治期の讃岐丸亀藩士。
¶幕末（[没]1885年5月18日），藩臣6

加賀美正光　かがみまさみつ
安土桃山時代〜江戸時代前期の武士。
¶姓氏神奈川（[生]1572年　[没]1628年），日人（[生]1573年　[没]1629年）

加賀美正吉　かがみまさよし
慶長2(1597)年〜*
安土桃山時代〜江戸時代前期の武士。
¶神奈川人（[没]1664年），日人（[没]1667年）

加賀山寛猛　かがやまかんもう
享保7(1722)年〜天明7(1787)年
江戸時代中期の出羽庄内藩用人、儒学者。
¶庄内（[没]天明7(1787)年7月29日），藩臣1

加賀山権四郎　かがやまごんしろう
元和8(1622)年〜？
江戸時代前期の肥後熊本藩士。
¶藩臣7

加賀山蕭山　かがやましょうさん，かがやましょうざん
宝暦1(1751)年〜文政11(1828)年
江戸時代中期〜後期の陸奥会津藩士、書道家。
¶会津（かがやましょうざん），日人（[生]1752年），藩臣2

加賀山潜竜　かがやませんりゅう
→加賀山翼（かがやまたすく）

加賀山翼　かがやまたすく
文化8(1811)年〜明治4(1871)年　[別]加賀山潜竜《かがやませんりゅう》，加賀山翼《かがやまよく》
江戸時代末期〜明治期の医師、会津藩士。
¶会津（かがやまよく），国書5（加賀山潜竜　かがやませんりゅう　[生]文化8(1811)年3月19日　[没]明治4(1871)年4月29日），幕末（[没]1871年6月29日），藩臣2，洋学（かがやまよく）

加賀山隼人　かがやまはやと
永禄9(1566)年〜元和5(1619)年　[別]ディエゴ
安土桃山時代〜江戸時代前期の豊前中津藩・豊前小倉藩の武士、キリシタン。
¶キリ（[没]元和5年9月11日(1619年10月18日)），近世，国史，史人（[没]1619年9月11日），新潮（[没]元和5(1619)年9月11日），人名（[生]1565年），戦合，戦人，日人，藩臣7（[生]永禄8(1565)年），福岡百（[生]永禄8(1565)年　[没]元和5(1619)年10月15日）

加賀山翼　かがやまよく
→加賀山翼（かがやまたすく）

香川景晃　かがわかげあき
宝暦12(1762)年〜天保7(1836)年
江戸時代中期〜後期の岩国藩家老。
¶姓氏山口

香川景継　かがわかげつぐ
？〜享保20(1735)年
江戸時代中期の周防岩国藩士、歌人。
¶姓氏山口（[生]1647年），藩臣6，和俳

香川敬三　かがわけいぞう
天保10(1839)年〜大正4(1915)年　[別]鯉沼伊織

《こいぬまいおり》,小林彦次郎《こばやしひこじろう》,蓮見東太郎《はすみとうたろう》
江戸時代末期〜明治期の水戸藩士、志士。
¶朝日（[生]天保10年11月15日（1839年12月20日）[没]大正4（1915）年3月18日），維新，茨城百，海越新（[生]天保10（1839）年11月15日 [没]大正4（1915）年3月18日），郷土茨城，京都大，近現，国史，コン改，コン4，コン5，史人（[生]1839年11月15日 [没]1915年3月18日），神人（[生]天保10（1839）年11月 [没]大正4（1915）年3月18日），新潮（[生]天保10（1839）年11月 [没]大正4（1915）年3月18日），人名，姓氏京都，渡航（[生]1839年11月 [没]1915年3月20日），日人，幕末（[没]1915年3月18日），藩臣2，履歴（[生]天保10（1839）年11月15日 [没]大正4（1915）年3月20日）

香河重信 かがわしげのぶ
→香河信濃（かがわしなの）

香河信濃 かがわしなの
元和4（1618）年〜延宝4（1676）年 [別]香河重信《かがわしげのぶ》
江戸時代前期の因幡鳥取藩士、武術家。
¶剣豪，藩臣5（香河重信 かがわしげのぶ）

香川真一 かがわしんいち
天保6（1835）年〜大正9（1920）年 [別]香川真一・香川忠武《かがわしんいち・かがわただたけ》，香川英五郎《かがわえいごろう》,忠武
江戸時代末期〜明治期の備前岡山藩の政治家、実業家官吏。わが国最初の世界周遊視察団に選ばれ欧米を巡遊。牛窓銀行・第二十二国立銀行の頭取、共立絹糸紡績社長を歴任、岡山県近代産業の発展に尽くし、岡山県会議長、邑久郡牛窓町長をも兼ね地方行政にも多くの功績をのこす。
¶維新，海越（[生]天保6（1835）年4月6日 [没]大正9（1920）年3月），海越新（[生]天保6（1835）年4月6日 [没]大正9（1920）年3月），大分歴，岡山人，岡山百（[生]天保6（1835）年4月6日 [没]大正9（1920）年3月8日），岡山歴（[生]天保6（1835）年4月6日 [没]大正9（1920）年3月8日），人名（[生]？ [没]1924年），渡航（香川真一・香川忠武 かがわしんいち・かがわただたけ [生]1835年4月6日 [没]1920年3月），日人，幕末（[没]1920年3月8日），藩臣6

香川雪鴻 かがわせっこう
文政2（1819）年〜明治35（1902）年10月9日
江戸時代末期〜明治期の周防岩国藩士。
¶幕末

香川宣阿 かがわせんあ
正保3（1646）年〜享保20（1735）年
江戸時代前期〜中期の周防岩国藩士、歌人。香川家（梅月堂）の祖。
¶朝日（[生]正保4（1647）年 [没]享保20年9月22日（1735年11月6日）），近世，国史，国書（[生]正保4（1647）年 [没]享保20（1735）年9月22日），コン改，コン4，史人（[生]1647年 [没]1735年9月22日），新潮（[没]享保20（1735）年9月22日），人名，日人（[生]1647年），和俳（[没]享保20（1735）年9月22日）

香川善治郎 かがわぜんじろう
嘉永1（1848）年〜大正10（1921）年
江戸時代末期〜大正期の武道家。
¶香川人，香川百

香川忠武 かがわただたけ
→香川真一（かがわしんいち）

香川多仲 かがわたちゅう
文化8（1811）年〜明治22（1889）年
江戸時代末期〜明治期の漢学者、安芸広島藩士。
¶人名，日人

香川為泰 かがわためやす
文化12（1815）年〜明治31（1898）年8月26日
江戸時代後期〜明治期の岡部藩士・柔術家。
¶埼玉人

香川南浜 かがわなんぴん
享保19（1734）年〜寛政4（1792）年
江戸時代中期〜後期の安芸広島藩の儒学者。
¶国書（[没]寛政4（1792）年8月16日），コン改，コン4，新潮（[没]寛政4（1792）年8月16日），人名，世人，日人，藩臣6，広島百（[没]寛政4（1792）年8月16日）

香川半助 かがわはんすけ
天保1（1830）年〜慶応1（1865）年
江戸時代末期の長州（萩）藩士。
¶維新，人名（[生]1831年），日人（[生]1831年），幕末（[没]1865年3月8日），藩臣6

香川正矩 かがわまさのり
？ 〜万治3（1660）年
江戸時代前期の周防岩国藩士・軍記作者。
¶国書

柿岡林宗 かきおかりんそう
寛保3（1743）年〜文化12（1815）年
江戸時代中期〜後期の出羽秋田藩儒。
¶剣豪，国書（[生]寛保3（1743）年4月5日 [没]文化12（1815）年3月18日），人名，日人

柿崎謙助 かきざきけんすけ
享和1（1801）年〜慶応2（1866）年
江戸時代後期〜末期の剣術家。小野派一刀流。
¶剣豪

蠣崎監三 かきざきけんぞう
文政12（1829）年〜慶応4（1868）年
江戸時代末期の蝦夷松前藩士。
¶藩臣1

蠣崎友広 かきざきともひろ
慶長3（1598）年〜万治1（1658）年
江戸時代前期の蝦夷松前藩家老。
¶藩臣1

柿崎憲家 かきざきのりいえ
*〜寛永10（1633）年
安土桃山時代〜江戸時代前期の越後国頸城郡の国人、武将。
¶戦辞（[生]？），新潟百（[生]1576年）

蠣崎波響 かきざきはきょう
明和1（1764）年〜文政9（1826）年 [別]蠣崎広年《かきざきひろとし》
江戸時代中期〜後期の蝦夷松前藩の家老。画家。
¶朝日（[生]明和1年5月26日（1764年6月25日）[没]文政9年6月22日（1826年7月26日）），岩史（[生]宝暦14（1764）年5月26日 [没]文政9（1826）

年6月22日），角史，近世，国史，国書（[生]宝暦14（1764）年5月26日　[没]文政9（1826）年6月22日），コン改，コン4，史人（[生]1764年5月26日　[没]1826年6月22日），諸系，人書94，新潮（[生]明和1（1764）年5月26日　[没]文政9（1826）年6月22日），人名，世百，全書，日史（[生]明和1（1764）年5月26日　[没]文政9（1826）年6月22日），日人，藩臣1（蠣崎広年　かきざきひろとし），美術，百科，福島百，北海道百，北海道文（[生]明和1（1764）年5月26日　[没]文政9（1826）年6月22日），北海道歴，名画，歴大，和俳

蠣崎広晃　かきざきひろあき
宝暦13（1763）年～嘉永1（1848）年
江戸時代中期～後期の蝦夷松前藩家老。
¶藩臣1

蠣崎広明　かきざきひろあき
慶安2（1649）年～天和1（1681）年
江戸時代前期の蝦夷松前藩家老。
¶藩臣1

蠣崎広興　かきざきひろおき
？　～明治7（1874）年
江戸時代末期～明治期の蝦夷松前藩家老。
¶藩臣1

蠣崎広重　かきざきひろしげ
享保9（1724）年～天明1（1781）年
江戸時代中期の蝦夷松前藩家老。
¶藩臣1

蠣崎広林　かきざきひろしげ
寛永11（1634）年～寛文12（1672）年
江戸時代前期の蝦夷松前藩家老。
¶藩臣1

蠣崎広隆　かきざきひろたか
寛永20（1643）年～延宝2（1674）年
江戸時代前期の蝦夷松前藩家老。
¶藩臣1

蠣崎広武　かきざきひろたけ
延宝7（1679）年～享保1（1716）年
江戸時代中期の蝦夷松前藩家老。
¶藩臣1

蠣崎広年　かきざきひろとし
→蠣崎波響（かきざきはきょう）

蠣崎広伴　かきざきひろとも
*～明治7（1874）年
江戸時代末期～明治期の蝦夷松前藩家老。
¶幕末（[生]1796年），藩臣1（[生]寛政9（1797）年）

蠣崎広久　かきざきひろひさ
？　～宝永6（1709）年
江戸時代前期～中期の蝦夷松前藩家老。
¶藩臣1

蠣崎民部　かきざきみんぶ
弘化3（1846）年～明治9（1876）年
江戸時代末期～明治期の蝦夷松前藩家老。
¶藩臣1

蠣崎守広　かきざきもりひろ
？　～寛永12（1635）年
江戸時代前期の蝦夷松前藩家老。
¶藩臣1

蠣崎吉広　かきざきよしひろ
？　～正保2（1645）年
江戸時代前期の蝦夷松前藩主一族。
¶藩臣1

柿沢庄助　かきざわしょうすけ
天保6（1835）年～慶応1（1865）年3月13日　[別]渡辺直次郎《わたなべなおじろう》
江戸時代末期の岡部藩士。
¶幕末

柿沢靖斎　かきざわせいさい
天保7（1836）年～明治44（1911）年
江戸時代末期～明治期の武蔵岡部藩士。
¶埼玉人（[生]天保7（1836）年3月15日　[没]明治44（1911）年10月25日），埼玉百，藩臣5

柿沢勇記　かきざわゆうき
天保5（1834）年～明治1（1868）年
江戸時代末期の陸奥会津藩士。
¶人名，日人，幕末

柿沢理平　かきざわりへい
*～明治26（1893）年
江戸時代末期～明治期の加賀大聖寺藩士。
¶姓氏石川（[生]1821年），藩臣3（[生]？）

柿島源兵衛　かきしまげんべえ
生没年不詳
江戸時代後期の駿河沼津藩士。
¶藩臣4

柿島為弥　かきしまためや
？　～明治2（1869）年
江戸時代末期の駿河沼津藩士。
¶藩臣4

柿栖次郎衛門　かきすじろうえもん
天保14（1843）年～慶応1（1865）年
江戸時代末期の水戸藩士。
¶維新，幕末（[没]1865年12月12日）

垣塚東皐（垣塚車皐）　かきづかとうこう
？　～文政9（1826）年　[別]垣塚文兵衛《かきつかぶんびょうえ》，垣塚車皐《かきづかとうこう》
江戸時代後期の肥後熊本藩士。
¶国書（垣塚車皐　[没]文政9（1826）年7月13日），人名，日人，藩臣7（垣塚文兵衛　かきつかぶんびょうえ）

垣塚文兵衛　かきつかぶんびょうえ
→垣塚東皐（かきづかとうこう）

柿並半右衛門　かきなみはんえもん
明和4（1767）年～天保3（1832）年1月10日
江戸時代中期～後期の長州萩藩士。
¶国書

柿並正平　かきなみまさひら
生没年不詳
江戸時代後期の長州萩藩士。
¶国書

垣内徳太郎　かきのうちとくたろう
嘉永1（1848）年～明治38（1905）年4月12日
江戸時代末期～明治期の土佐藩士。
¶幕末

柿木三十郎 かきのきさんじゅうろう
文化14(1817)年〜明治26(1893)年
江戸時代末期〜明治期の信濃高遠藩代官。
¶藩臣3

垣見直信 かきみなおのぶ
[別]垣見理右衛門《かきみりえもん》，垣見理入《かきみりにゅう》
安土桃山時代〜江戸時代前期の武士。
¶戦国，戦人(垣見理右衛門　かきみりえもん　生没年不詳)

垣見理右衛門 かきみりえもん
→垣見直信(かきみなおのぶ)

垣屋豊続 かきやとよつぐ
生没年不詳
安土桃山時代〜江戸時代前期の武士。豊臣氏家臣。
¶織田，戦国，戦人

垣屋吉綱 かきやよしつな
慶長2(1597)年〜正保3(1646)年
江戸時代前期の武士。
¶和歌山人

加来衛門七 かくえもしち
明和1(1764)年〜*
江戸時代後期の水泳家、肥後熊本藩士。
¶人名([没]1817年)，日人([没]1818年)

角田要 かくたかなめ
天保5(1834)年〜？
江戸時代後期〜明治期の壬生藩士、壬生藩の尊皇攘夷派のリーダー。
¶栃木歴

加倉井英蔵 かくらいえいぞう
*〜元治1(1864)年
江戸時代末期の志士。
¶人名([生]1823年)，日人([生]1822年)

加倉井砂山 かくらいさざん
文化2(1805)年〜安政2(1855)年　[別]加倉井久雍《かくらいひさやす》
江戸時代末期の水戸藩郷士、教育者。
¶茨城百，国書([生]文化2(1805)年11月3日　[没]安政2(1855)年7月14日)，人名(加倉井久雍　かくらいひさやす)，日人，幕末，藩臣2

加倉井久壮 かくらいひさたけ
天保11(1840)年〜元治1(1864)年
江戸時代末期の志士。
¶人名，日人

加倉井久雍 かくらいひさやす
→加倉井砂山(かくらいさざん)

筧重政 かけいしげまさ
？〜正保1(1644)年
江戸時代前期の武士。
¶和歌山人

筧為春 かけいためはる
→筧為春(かけひためはる)

筧速水 かけいはやみ
天明5(1785)年〜天保8(1837)年
江戸時代後期の讃岐高松藩の世臣。
¶人名，日人

筧正鋪 かけいまさはる
→筧正鋪(かけひまさはる)

梯箕嶺 かけはしきれい
明和5(1768)年〜文政2(1819)年　[別]梯隆恭《かけはしたかやす》
江戸時代中期〜後期の筑後久留米藩士、儒学者。
¶国書([没]文政2(1819)年1月14日)，人名(梯隆恭　かけはしたかやす)，日人，藩臣7

梯隆恭 かけはしたかやす
→梯箕嶺(かけはしきれい)

筧越前守 かけひえちぜんのかみ
江戸時代の西丸新番頭。
¶江戸東

筧為春 かけひためはる
永禄9(1566)年〜慶安2(1649)年　[別]筧為春《かけいためはる》
江戸時代前期の旗本。
¶神奈川人，姓氏神奈川(かけいためはる)

筧正重 かけひまさしげ
〜寛文7(1667)年
江戸時代前期の旗本。
¶神奈川人

筧政次 かけひまさつぐ
〜慶安1(1648)年
江戸時代前期の旗本。
¶神奈川人

筧正鋪 かけひまさはる
万治1(1658)年〜元文2(1737)年　[別]筧正鋪《かけいまさはる》
江戸時代中期の幕臣。勘定奉行。
¶近世，国史，日人(かけいまさはる)

筧正道 かけひまさみち
〜享保19(1734)年
江戸時代中期の旗本。
¶神奈川人

景山確 かげやまかたし
？〜明治24(1891)年10月29日
江戸時代末期の武士。
¶岡山人，岡山歴

蔭山勝馬 かげやまかつま
明和3(1766)年〜天保8(1837)年
江戸時代中期〜後期の阿波徳島藩士。
¶国書

蔭山貞広 かげやまさだひろ
天正12(1584)年〜寛永14(1637)年
江戸時代中期〜末期の武士。
¶日人

景山総七 かげやまそうしち
？〜安永4(1775)年
江戸時代中期の出雲松江藩士。
¶藩臣5

蔭山親広 かげやまちかひろ
慶安4(1651)年〜享保17(1732)年
江戸時代前期〜中期の武士。
¶日人

陰山忠右衛門　かげやまちゅううえもん
？～文化6(1809)年
江戸時代中期～後期の河内狭山藩士。
¶藩臣5

蔭山広迢　かげやまひろとお
享保7(1722)年～天明7(1787)年
江戸時代中期の陸奥小名浜・塙代官。
¶福島百

蔭山宗信　かげやまむねのぶ
？～正保2(1645)年
江戸時代前期の紀伊和歌山藩士。
¶藩臣5，和歌山人

景山竜造(影山竜造)　かげやまりゅうぞう
文化14(1817)年～明治5(1872)年
江戸時代末期～明治期の因幡鳥取藩の儒学者。
¶維新，コン改(影山竜造)，コン4(影山竜造)，島根歴([没]？)，新潮([生]文化14(1817)年，(異説)文化11(1814)年　[没]明治5(1872)年8月18日)，人名([生]1814年)，鳥取百，日人，幕末([没]1872年9月20日)，藩臣5(影山竜造)

賀孝啓　がこうけい
？～天保12(1841)年
江戸時代後期の陸奥白河藩士、書家。
¶藩臣2

賀古清廉　かこきよかど
？～文政1(1818)年4月
江戸時代中期～後期の加賀藩士。
¶国書

賀古公斎　かここうさい，かごこうさい
文政2(1819)年～明治17(1884)年
江戸時代末期～明治期の遠江浜松藩の蘭学者、医師(井上藩医)。
¶静岡歴(かごこうさい)，姓氏静岡(かごこうさい)，藩臣4([没]明治22(1889)年)，洋学

加古正真　かこまさざね
？～寛文6(1666)年　[別]加古利兵衛《かこりへえ》
江戸時代前期の剣術家。
¶剣豪(加古利兵衛　かこりへえ)，人名，日人

加古利兵衛　かこりへえ
→加古正真(かこまさざね)

笠井伊蔵　かさいいぞう
文政10(1827)年～文久1(1861)年11月18日
江戸時代末期の志士。
¶幕末

葛西勘右衛門　かさいかんえもん
？～
江戸時代中期の奉行。木造町葛西家の祖。
¶青森人

笠井官蔵　かさいかんぞう
生没年不詳
江戸時代後期の駿河沼津藩右筆。
¶藩臣4

笠井順八　かさいじゅんぱち
天保6(1835)年～大正8(1919)年
江戸時代末期～明治期の長州(萩)藩士、実業家。
¶朝日([生]天保6年5月5日(1835年5月31日)　[没]大正8(1919)年12月31日)，近現，国史，新潮([生]天保6(1835)年5月　[没]大正8(1919)年12月)，姓氏山口，先駆([生]天保6(1835)年5月5日　[没]大正8(1919)年12月31日)，日人，幕末([没]1919年12月31日)，山口百

笠井園右衛門　かさいそのえもん
寛延1(1748)年～享和3(1803)年
江戸時代中期～後期の陸奥弘前藩士。
¶藩臣1

葛西忠隆　かさいただたか
江戸時代中期の和算家、津軽藩士。
¶人名，日人(生没年不詳)

笠井太郎兵衛　かさいたろうびょうえ
→笠井太郎兵衛(かさいたろべえ)

笠井太郎兵衛　かさいたろびょうえ
→笠井太郎兵衛(かさいたろべえ)

笠井太郎兵衛　かさいたろべえ
慶長12(1607)年～元禄1(1688)年　[別]笠井太郎兵衛《かさいたろうびょうえ，かさいたろびょうえ》
江戸時代前期の備前岡山藩士。
¶岡山人(かさいたろびょうえ)，岡山歴(かさいたろうびょうえ　[没]貞享5(1688)年9月3日)，藩臣6

河西忠左衛門　かさいちゅうざえもん
天保2(1831)年～万延1(1860)年　[別]河西忠左衛門《かわにしちゅうざえもん》
江戸時代末期の近江彦根藩士。
¶維新，幕末(かわにしちゅうざえもん　[没]1860年3月24日)

葛西俊信　かさいとしのぶ
天正7(1579)年～寛永12(1635)年
安土桃山時代～江戸時代前期の陸奥仙台藩士、馬術家。
¶人名，日人，藩臣1

葛西弘武　かさいひろたけ
慶安4(1651)年～延宝3(1675)年
江戸時代前期の武士。
¶和歌山人

河西祐助　かさいゆうすけ
江戸時代後期の千人隊組頭。
¶多摩

笠原近江　かさはらおうみ
？～安政1(1854)年
江戸時代末期の陸奥弘前藩家老。
¶青森人，藩臣1

笠原重政(笠原重正)　かさはらしげまさ
天正7(1579)年～寛永2(1625)年
江戸時代前期の旗本。武蔵国台村領主。
¶神奈川人，姓氏神奈川(笠原重正)

笠原新三郎　かさはらしんざぶろう
江戸時代前期の剣術家。
¶人名

笠原宗僕　かさはらそうぼく
？～延享2(1745)年

江戸時代中期の筑前福岡藩士、茶人。
¶茶道

笠原道桂 かさはらどうけい
江戸時代中期の筑前福岡藩士。
¶茶道，日人（生没年不詳）

笠原豊道 かさはらとよみち
〜明治2(1869)年4月
江戸時代後期〜明治期の弓道家、米沢藩士。
¶弓道

笠原八郎兵衛 かさはらはちろべい
→笠原八郎兵衛（かさはらはちろべえ）

笠原八郎兵衛 かさはらはちろべえ
？〜天保6(1835)年　別笠原八郎兵衛《かさはらはちろべい》
江戸時代後期の陸奥弘前藩家老。
¶青森人（かさはらはちろべい），藩臣1

笠原光雄 かさはらみつお
天保9(1838)年〜大正14(1925)年
江戸時代末期〜大正期の西尾藩士。
¶姓氏愛知

笠間九兵衛 かさまきゅうべえ
生没年不詳
江戸時代中期の剣術家。笠間流。
¶剣豪

笠間亨 かさまとおる
明和5(1768)年〜文化5(1808)年
江戸時代中期〜後期の加賀大聖寺藩士。
¶姓氏石川

笠間信古 かさまのぶふる
文政11(1828)年〜明治29(1896)年
江戸時代末期〜明治期の加賀大聖寺藩士。
¶藩臣3

笠間政之 かさままさゆき
？〜明治41(1908)年
江戸時代末期〜明治期の水戸藩士、茶道師範。有楽流正派師範。茶道の耆宿として名声が高い。
¶人名，日人

笠間益三 かさまますぞう
弘化1(1844)年〜明治30(1897)年
江戸時代末期〜明治期の筑後柳河藩士、儒学者。
¶人名，日人，藩臣7

笠間安右衛門 かさまやすえもん
？〜延享2(1745)年
江戸時代中期の加賀藩士。
¶姓氏石川

風間六右衛門尉 かざまろくえもんのじょう
元亀3(1572)年〜元和4(1618)年
安土桃山時代〜江戸時代前期の武士、日蓮宗徒。
¶人名，日人

加沢平次左衛門 かざわへいじざえもん
寛永5(1628)年〜元禄5(1692)年
江戸時代前期の上野沼田藩士。
¶群馬人（㊲？），国書，人名，姓氏群馬（㊲？），日人，藩臣2

笠原盛康 かさわらもりやす
慶長9(1604)年〜延宝4(1676)年

江戸時代前期の仙台藩士。
¶姓氏宮城

加治盈亮 かじえいりょう
生没年不詳
江戸時代中期の武ago家。
¶国書

柏尾一郎 かしおいちろう
江戸時代末期の新撰組隊士。
¶新撰

加治景治 かじかげはる
生没年不詳
江戸時代前期の武将。
¶国書

梶勝興 かじかつおき
宝暦2(1752)年〜安永2(1773)年
江戸時代中期の三河岡崎藩家老。
¶藩臣4

梶勝純 かじかつずみ
天保3(1834)年〜明治10(1877)年
江戸時代末期〜明治期の三河岡崎藩家老。
¶藩臣4

梶勝与 かじかつとも
天明1(1781)年〜文政11(1828)年
江戸時代後期の三河岡崎藩家老。
¶藩臣4

梶勝喜 かじかつのぶ
宝暦11(1761)年〜文政4(1821)年
江戸時代中期〜後期の三河岡崎藩家老。
¶藩臣4

梶勝順 かじかつのり
享保3(1718)年〜天明8(1788)年
江戸時代中期の三河岡崎藩家老。
¶藩臣4

梶勝寛 かじかつひろ
文化3(1806)年〜明治3(1870)年
江戸時代末期〜明治期の三河岡崎藩家老。
¶藩臣4

梶川忠助 かじかわただすけ
？〜寛永19(1642)年
江戸時代前期の旗本。
¶神奈川人，姓氏神奈川

梶川正次 かじかわまさつぐ
〜寛永15(1638)年
江戸時代前期の旗本。
¶神奈川人

梶川正安 かじかわまさやす
文化12(1815)年〜明治1(1868)年
江戸時代末期の桑名藩士。
¶幕末（㊲1868年8月15日），藩臣4

梶川与惣兵衛 かじかわよそうべえ
江戸時代中期の武士。
¶江戸

加治権三郎 かじごんざぶろう
生没年不詳
江戸時代末期の水戸藩士。1867年遣仏使節に随行しフランスに渡る。

¶海越新

梶定良 かじさだよし
慶長17（1612）年〜元禄11（1698）年
江戸時代前期の武士、幕府小十人組。
¶人名（[生]1602年），栃木歴，日人

梶新右衛門 かじしんえもん
*〜天和1（1681）年　[別]梶新左衛門《かじしんざえもん》
江戸時代前期の剣術家、梶派一刀流の祖。
¶剣豪（[生]慶長16（1611）年），人名（梶新左衛門　かじしんざえもん　[生]？），大百（梶新左衛門　かじしんざえもん　[生]？），日人（[生]1611年　[没]1682年）

梶新左衛門 かじしんざえもん
→梶新右衛門（かじしんえもん）

梶清次衛門（梶清次右衛門） かじせいじえもん
文政4（1821）年〜慶応1（1865）年
江戸時代末期の水戸藩士。
¶維新，コン改（梶清次右衛門），コン4（梶清次右衛門），人名，日人，幕末（[没]1865年4月29日），藩臣2

梶田一正 かじたかずまさ
？〜承応3（1654）年
江戸時代前期の伊予宇和島藩士。
¶藩臣6

梶田十郎左衛門 かじたじゅうろうざえもん
生没年不詳
江戸時代の有馬延岡藩の郡代。
¶宮崎百

梶田朝尚 かじたともひさ
寛永6（1629）年〜正徳4（1714）年7月26日
江戸時代前期〜中期の岡山藩士。
¶岡山歴

梶田長門 かじたながと
？〜弘化2（1845）年
江戸時代後期の伊予宇和島藩家老。
¶藩臣6

梶谷与兵衛 かじたによへえ
元文3（1738）年〜寛政5（1793）年
江戸時代中期〜後期の加賀大聖寺藩士。
¶姓氏石川

梶谷麟之助 かじたにりんのすけ
天保12（1841）年〜？
江戸時代後期〜末期の新撰組隊士。
¶新撰

梶塚正繁 かじづかまさしげ
文化11（1814）年〜明治1（1868）年
江戸時代末期の上野館林藩士。
¶藩臣2

梶並忍 かじなみしのぶ
弘化3（1846）年〜昭和7（1932）年
江戸時代末期〜明治〜昭和期の真之神道流柔術家・岡部藩士。
¶埼玉人，埼玉百

樫井多兵衛 かしのいたへえ
〜寛永16（1639）年
江戸時代前期の土佐藩士。
¶高知人

梶野良材 かじのよしき
安永2（1773）年〜嘉永6（1853）年
江戸時代後期の幕臣。勘定奉行として天保の改革に寄与。
¶京都大（生没年不詳），近世，国史，国書（[没]嘉永6（1853）年6月14日），人名，姓氏京都（生没年不詳），日人

梶八次郎 かじはちじろう
文政6（1823）年〜安政5（1858）年
江戸時代末期の水戸藩士。
¶維新，人名（[生]1824年），日人，幕末（[没]1858年10月14日）

樫原俊重 かしはらとししげ
→樫原俊重（かしわらとししげ）

柏淵有儀 かしぶちありのり
享保7（1722）年〜明和8（1771）年10月9日
江戸時代中期の武芸家。
¶国書

加治鳳山 かじほうざん
宝永4（1707）年〜安永6（1777）年
江戸時代中期の豊後岡藩士。
¶国書（[没]安永6（1777）年9月10日），藩臣7

賀嶋重郷 かしましげさと
万治1（1658）年〜貞享2（1685）年8月29日
江戸時代前期の徳島藩家老。
¶徳島歴

賀嶋重玄 かしましげはる
元和8（1622）年〜延宝8（1680）年4月10日
江戸時代前期の徳島藩家老。
¶徳島歴

賀島長総 かしまながふさ
江戸時代後期の歌人、阿波徳島藩士。
¶人名，日人（生没年不詳）

賀島成尚 かしまなりひさ
？〜万治1（1658）年
江戸時代前期の対馬藩士。
¶人名

賀島兵介（賀島兵助） かしまひょうすけ，かじまひょうすけ
正保2（1645）年〜元禄10（1697）年　[別]賀島兵助《かしまへいすけ》
江戸時代前期の対馬藩士。
¶国書（[没]元禄10（1697）年5月9日），コン改（賀島兵助），コン4（賀島兵助），佐賀百（[没]元禄10（1697）年5月9日），新潮（賀島兵助　かじまひょうすけ　[没]元禄10（1697）年5月9日），人名（賀島兵助　かしまへいすけ　[生]？），長崎百，日人（賀島兵助），藩臣7

賀島兵助 かしまへいすけ
→賀島兵介（かしまひょうすけ）

賀嶋政重 かしままさしげ
慶長3（1598）年〜万治3（1660）年11月1日
安土桃山時代〜江戸時代前期の徳島藩家老。
¶徳島歴

賀嶋政孝 かしままさたか
元文3(1738)年4月15日～寛政7(1795)年1月17日
江戸時代中期～後期の徳島藩家老。
¶徳島歴

賀嶋政朝 かしままさとも
宝永3(1706)年2月26日～享保18(1733)年9月20日
江戸時代中期の徳島藩家老。
¶徳島歴

賀嶋政延 かしままさのぶ
寛政10(1798)年10月10日～慶応2(1866)年7月29日
江戸時代後期～末期の徳島藩家老。
¶徳島歴

賀嶋政徳 かしままさのり
？ ～文化9(1812)年8月24日
江戸時代中期～後期の徳島藩家老。
¶徳島歴

賀島政緯(賀嶋政緯) かしままさひろ
文政1(1818)年～明治15(1882)年5月25日
江戸時代末期～明治期の阿波徳島藩家老。
¶徳島歴(賀嶋政緯), 幕末

賀嶋政之 かしままさゆき
延宝4(1676)年12月30日～享保17(1732)年8月6日
江戸時代前期～中期の徳島藩家老。
¶徳島歴

賀島政慶(賀嶋政慶) かしままさよし
*～寛永4(1627)年
江戸時代前期の阿波徳島藩家老。
¶徳島歴(賀嶋政慶 ㊤元亀3(1572)年 ㊦寛永4(1627)年12月23日), 藩臣6(㊤？)

賀嶋政良 かしままさよし
正徳5(1715)年1月26日～？
江戸時代中期の徳島藩家老。
¶徳島歴

鹿島又三郎 かしままたさぶろう
天保6(1835)年～明治3(1870)年
江戸時代末期～明治期の水戸藩士。
¶維新

梶村九左衛門 かじむらくざえもん
生没年不詳
江戸時代前期の筑後久留米藩士。
¶国書

樫村平太郎 かしむらへいたろう
弘化2(1845)年～慶応1(1865)年
江戸時代末期の水戸藩士。
¶維新, 人名, 日人, 幕末(㊦1865年3月13日)

梶山鼎介(梶山鼎助) かじやまていすけ
嘉永1(1848)年～昭和8(1933)年3月25日
江戸時代末期～昭和期の長門長府藩士、政治家、陸軍軍人。衆議院議員。日清戦争のころ政界で活躍、退いてからは郷土の発展に尽力。
¶海越(梶山鼎助), 海越新(梶山鼎助), 渡航(㊤1848年11月), 日人, 幕末, 藩臣6, 山口百

梶山秀蔵 かじやまひでぞう
天保8(1837)年～明治22(1889)年
江戸時代末期～明治期の志士。
¶人名, 日人

梶山与惣右衛門 かじやまよそうえもん
→梶山与惣右衛門(かじやまよそえもん)

梶山与惣右衛門 かじやまよそえもん
宝暦9(1759)年～文化7(1810)年 ㊀梶山与惣右衛門《かじやまよそうえもん》
江戸時代中期～後期の上野高崎藩の高崎宿問屋、書家。
¶群馬人, 姓氏群馬(かじやまよそうえもん), 藩臣2

梶山立斎 かじやまりゅうさい
明和5(1768)年～天保8(1837)年
江戸時代後期の書家、安芸広島藩士。
¶人名, 日人

可笑 かしょう
→大石良雄(おおいしよしお)

柏木求馬 かしわぎきゅうま
？ ～文化14(1817)年1月14日
江戸時代中期～後期の阿波徳島藩士。
¶徳島歴

柏木忠俊 かしわぎただとし
文政7(1824)年～明治11(1878)年
江戸時代末期～明治期の韮山代官江川家家臣。韮山県大参事、足柄県令。
¶維新, 神奈川人, 近現, 国際, 国史, コン改, コン5, 静岡百, 静岡歴, 写家(㊤文政7年3月 ㊦明治11年11月29日), 新潮(㊤文政7(1824)年3月 ㊦明治11(1878)年11月29日), 人名, 姓氏神奈川, 姓氏静岡, 日人, 幕末

柏木淡水 かしわぎたんすい
→柏木兵衛(かしわぎひょうえ)

柏木兵衛 かしわぎひょうえ
文政6(1823)年～明治19(1886)年 ㊀柏木淡水《かしわぎたんすい》
江戸時代末期～明治期の大砲製造者、田辺安藤家家臣。
¶郷土和歌山(柏木淡水 かしわぎたんすい), 幕末(㊦1886年9月), 和歌山人(㊦1885年)

柏原公英 かしわばらきみひで
寛文2(1662)年～延享2(1745)年 ㊀柏原幽静《かしわばらゆうせい》
江戸時代中期の鹿児島の歌人、武士。
¶国書(柏原幽静 かしわばらゆうせい ㊦延享2(1745)年2月17日), 人名, 日人

柏原新左衛門 かしわばらしんざえもん
元和9(1623)年～宝永4(1707)年
江戸時代前期～中期の肥後熊本藩士。
¶藩臣7

柏原禎吉 かしわばらていきち
天保9(1838)年～元治1(1864)年
江戸時代末期の志士。土佐勤王党に参加。
¶維新, 高知人, コン改(㊤？), コン4(㊤？), 日人, 幕末(㊦1864年10月5日)

柏原幽静 かしわばらゆうせい
→柏原公英（かしわばらきみひで）

柏正功 かしわまさのり
～明治34（1901）年9月3日
江戸時代末期～明治期の弓道家、水戸藩士。
¶弓道

柏村信 かしわむらまこと
文政6（1823）年～明治28（1895）年
江戸時代末期～明治期の長州（萩）藩士。
¶維新，先駆（[生]文政6（1823）年7月6日　[没]明治28（1895）年12月10日），幕末（[没]1895年12月10日），山口百

梶原景信 かじわらかげのぶ
慶長13（1608）年～寛文10（1670）年
江戸時代前期の陸奥会津藩士。
¶人名，日人，藩臣2（[生]慶長6（1601）年？　[没]寛文3（1663）年？）

梶原景毅 かじわらかげよし
文化3（1806）年4月27日～天保8（1837）年10月5日
江戸時代後期の伊予松山藩士。
¶国書

梶原久三郎 かじわらきゅうざぶろう，かじわらきゅうさぶろう
寛文11（1671）年～宝暦8（1758）年
江戸時代中期の出羽庄内藩士。
¶剣豪，庄内（[没]宝暦8（1758）年4月29日），藩臣1（かじわらきゅうさぶろう）

梶原監物 かじわらけんもつ
江戸時代末期の新撰組隊士。
¶新撰

梶原五郎左衛門 かじわらごろざえもん
天正3（1575）年～正保2（1645）年
江戸時代前期の武人。
¶岡山人

梶原清馬 かじわらせいま
天保6（1835）年～大正14（1925）年
江戸時代末期～大正期の馬術家。
¶姓氏宮城

梶原直景 かじわらただかげ
？～貞享2（1685）年4月22日　[別]梶原直景《かじわらなおかげ》
江戸時代前期の柔術家。
¶国書（かじわらなおかげ），日人（生没年不詳）

樫原俊重 かしわらとししげ
？～明暦1（1655）年　[別]樫原俊重《かしはらとししげ》
江戸時代の槍術家、樫原流の始祖。
¶人名（かしはらとししげ），日人

梶原直景 かじわらなおかげ
→梶原直景（かじわらただかげ）

梶原平馬 かじわらへいま
天保13（1842）年～＊
江戸時代末期～明治期の陸奥会津藩家老。
¶会津（[生]天保13（1842）年ごろ　[没]？），維新，幕末（[没]1889年3月23日），藩臣2（[生]天保13（1842）年？　[没]明治20（1887）年？）

梶原政景 かじわらまさかげ
戦国時代～江戸時代前期の地方豪族・土豪。
¶神奈川人（生没年不詳），系東（[生]？　[没]1615年），埼玉人（生没年不詳），戦辞（[生]天文17（1548）年　[没]元和9（1623）年11月），戦人（生没年不詳）

梶原藍渠 かじわららんきょ
宝暦12（1762）年～天保5（1834）年
江戸時代中期～後期の讃岐高松藩の歴史家。
¶国書（[生]宝暦12（1762）年12月15日　[没]天保5（1834）年4月1日），日人（[生]1763年），藩臣6

春日顕功 かすがあきかた
→春日顕功（かすがあきたか）

春日顕功 かすがあきたか
文政2（1819）年～明治12（1879）年　[別]春日顕功《かすがあきかた》
江戸時代末期～明治期の牛久藩士。
¶幕末（[没]1879年4月16日），藩臣2（かすがあきかた）

春日喜兵衛 かすがきへえ
享保3（1718）年～寛政10（1798）年
江戸時代中期～後期の剣術家。樊噲流・新天流。
¶剣豪

春日左衛門 かすがさえもん
弘化2（1845）年～明治2（1869）年6月20日
江戸時代末期の幕臣。
¶幕末

春日潜庵（春日潜菴） かすがせんあん
文化8（1811）年～明治11（1878）年
江戸時代末期～明治期の儒者、尊攘派志士。
¶朝日（[生]文化8年8月3日（1811年9月20日）　[没]明治11（1878）年3月23日），維新，岩史（[生]文化8（1811）年8月3日　[没]明治11（1878）年3月23日），角史，京都大，近現，近世，国史，国書（[生]文化8（1811）年8月3日　[没]明治11（1878）年3月23日），コン改，コン4，コン5，詩歌，史人（[生]1811年8月3日　[没]1878年3月23日），思想（[生]文化8（1811）年8月3日　[没]明治11（1878）年3月23日），人書79，人書94（春日潜菴），新潮（[生]文化8（1811）年8月3日　[没]明治11（1878）年3月23日），人名，姓氏京都，哲学，日人，幕末（[没]1878年3月23日）

春日信映 かすがのぶあき
宝永2（1705）年～寛政4（1792）年
江戸時代中期の豊前小倉藩士。
¶国書（[没]寛政4（1792）年9月22日），人名，日人，藩臣7

霞富重 かすみとみしげ
寛政10（1798）年～天保6（1835）年
江戸時代後期の熱心な武芸家。
¶青森人

糟谷右馬允 かすやうまのじょう
→糟谷武文（かすやたけぶみ）

糟谷源三郎（糟屋源三郎） かすやげんざぶろう
安土桃山時代～江戸時代前期の代官。里見氏家臣。
¶戦人（生没年不詳），戦東（糟屋源三郎）

加須屋真雄 かすやさねお
→粕屋武則(かすやたけのり)

加須屋真雄 かすやさねかつ
→粕屋武則(かすやたけのり)

粕屋十郎 かすやじゅうろう
天保11(1840)年～明治2(1869)年5月11日
江戸時代後期～明治期の新撰組隊士。
¶新撰

粕谷新五郎 かすやしんごろう
文政3(1820)年8月16日～元治1(1864)年6月6日
江戸時代後期～末期の新撰組隊士。
¶新撰

加須屋武成 かすやたけなり
慶長8(1603)年～延宝2(1674)年
江戸時代前期の陸奥会津藩士、弓術家。
¶会津, 国書(㊙延宝2(1674)年7月17日), 藩臣2

粕屋武則(粕谷武則) かすやたけのり
?～元和9(1623)年8月14日 ㊙加須屋真雄《かすやさねかつ, かすやさねかつ》, 粕谷武則《かすやたけのり》
安土桃山時代～江戸時代前期の武将。羽柴氏家臣。賤ヶ岳七本槍の一人。
¶織田(加須屋真雄 かすやさねかつ 生没年不詳), 人名, 戦国(加須屋真雄 かすやさねお), 戦人(加須屋真雄 かすやさねお 生没年不詳), 戦西(粕谷武則), 日人(生没年不詳), 兵庫人

粕谷武文(粕谷武文) かすやたけぶみ
文政6(1823)年～明治20(1887)年 ㊙粕谷右馬允《かすやうまのじょう》, 粕屋武文《かすやたけぶみ》
江戸時代末期～明治期の因幡鳥取藩士。
¶維新(粕谷右馬允 かすやうまのじょう), 人名(粕屋武文), 日人

加須屋武義 かすやたけよし
江戸時代後期～末期の武士、歌人。
¶人名(㊛1807年 ㊙1894年), 日人(㊛1793年 ㊙1865年)

加須屋貞蔵 かすやていぞう
天保13(1842)年～文久3(1863)年
江戸時代末期の因幡鳥取藩士。
¶維新, 人名, 幕末(㊙1863年10月7日)

加須屋時鳴 かすやときなり
安永7(1778)年～嘉永5(1852)年
江戸時代後期の陸奥会津藩右筆、書家。
¶会津, 藩臣2

粕屋又四郎(粕谷又四郎) かすやまたしろう
安土桃山時代～江戸時代前期の武士。里見氏家臣。
¶戦人(生没年不詳), 戦東(粕谷又四郎)

粕屋義明 かすやよしあき
江戸時代末期の幕臣。
¶維新, 幕末(生没年不詳)

葛巻昌興 かずまきまさおき, かづらまきまさおき
明暦2(1656)年～宝永2(1705)年 ㊙葛巻昌興《くずまきさおき》
江戸時代前期～中期の加賀藩士。
¶国書(㊙宝永2(1705)年3月4日), 人名(くずまきまさおき), 日人, 藩臣3(かづらまきまさおき ㊛?)

加世田景国 かせだかげくに
嘉永1(1848)年～明治10(1877)年 ㊙加世田与八郎《かせだよはちろう》
江戸時代末期～明治期の薩摩藩士、西郷隆盛小隊半隊長。
¶人名, 日人, 幕末(加世田与八郎 かせだよはちろう ㊙1877年3月27日)

加世田与八郎 かせだよはちろう
→加世田景国(かせだかげくに)

加世八兵衛 かせはちべえ
→加世黙軒(かせもっけん)

加世黙軒 かせもくけん
→加世黙軒(かせもっけん)

加世黙軒 かせもっけん
元和7(1621)年～貞享1(1684)年 ㊙加世八兵衛《かせはちべえ》, 加世黙軒《かせもくけん》
江戸時代前期の備前岡山藩士。
¶岡山人(かせもくけん), 岡山百(加世八兵衛 かせはちべえ ㊙天和4(1684)年2月10日), 藩臣6

片井京助 かたいきょうすけ
天明5(1785)年～文久3(1863)年
江戸時代後期の造兵家、兵器発明家。信州松代藩士。直徹流砲術を創始。
¶朝日(㊛文久3年4月10日(1863年5月27日)), 国書(㊛文久3(1863)年4月18日), 新潮(㊛文久3(1863)年4月10日), 姓氏長野, 世人(生没年不詳), 長野歴, 日人, 洋学

片岡家清 かたおかいえきよ
江戸時代前期の射術家。
¶人名, 日人(生没年不詳)

片岡家延 かたおかいえのぶ
天正18(1590)年～寛永14(1637)年
江戸時代前期の山科流の弓術家。
¶人名, 日人

片岡家盛 かたおかいえもり
元和4(1618)年～寛文10(1670)年
江戸時代前期の山科派の弓術家。
¶人名, 日人

片岡伊兵衛 かたおかいへえ
?～元禄11(1698)年
江戸時代前期～中期の剣術家。無住心剣流。
¶剣豪

片岡喜平治 かたおかきへいじ
文化3(1806)年～明治17(1884)年 ㊙片岡賢猛《かたおかけんもう》
江戸時代末期～明治期の尾張藩士。
¶国書(㊛文化3(1806)年1月16日 ㊙明治17(1884)年1月2日), 日人, 藩臣4(片岡賢猛 かたおかけんもう)

片岡健吉 かたおかけんきち
天保14(1843)年～明治36(1903)年 ㊙益光, 寅五郎
江戸時代末期～明治期の政治家。土佐藩士、衆議院議員。国会開設運動を指導し、自由党の中心人

物となる。
¶朝日 ([生]天保14年12月26日 (1844年2月14日) [没]明治36 (1903) 年10月31日), 維新, 岩史 ([生]天保14 (1843) 年12月26日　[没]明治36 (1903) 年10月31日), 海越 ([生]天保14 (1844) 年12月26日　[没]明治36 (1903) 年10月31日), 海越新 ([生]天保14 (1844) 年12月26日　[没]明治36 (1903) 年10月31日), 角史, 近現, 高知人, 高知百, 国際, 国史, コン改, コン5, 史人 ([生]1843年12月26日　[没]1903年10月31日), 社史 ([生]天保14 (1843) 年12月26日　[没]1903年10月31日), 重要 ([生]天保14 (1843) 年12月26日　[没]明治36 (1903) 年10月31日), 新潮 ([生]天保14 (1843) 年12月　[没]明治36 (1903) 年10月31日), 人名, 姓氏京都, 世人 ([生]天保14 (1843) 年12月　[没]明治36 (1903) 年10月31日), 世百, 全書, 大百, 渡航 ([生]1843年12月　[没]1903年10月31日), 日史 ([生]天保14 (1843) 年12月26日　[没]明治36 (1903) 年10月31日), 日人 ([生]1844年), 日本, 幕末 ([没]1903年10月31日), 百科, 明治1 ([生]1844年), 履歴 ([生]天保14 (1843) 年12月26日　[没]明治36 (1903) 年10月30日), 歴大

片岡源五右衛門　かたおかげんごえもん
寛文7 (1667) 年～元禄16 (1703) 年　[別]片岡高房《かたおかたかふさ》
江戸時代前期～中期の播磨赤穂藩士。
¶人名, 姓氏愛知, 日人, 藩臣5 (片岡高房　かたおかたかふさ)

片岡賢猛　かたおかけんもう
→片岡喜平治 (かたおかきへいじ)

片岡貞興　かたおかさだおき
→片岡成斎 (かたおかせいさい)

片岡佐太郎　かたおかさたろう
嘉永1 (1848) 年～明治39 (1906) 年11月8日
江戸時代末期～明治期の志士、土佐藩士。五十人組に参加し江戸で山内容道を警備。
¶幕末

片岡志道　かたおかしどう
寛政8 (1796) 年～明治18 (1885) 年
江戸時代後期～明治期の信濃松代藩士。
¶国書 ([生]寛政8 (1796) 年1月1日　[没]明治18 (1885) 年2月13日), 長野歴

片岡朱陵　かたおかしゅりょう
正徳5 (1715) 年～明和5 (1768) 年
江戸時代中期の肥後熊本藩士、儒学者。
¶熊本百 ([没]明和5 (1768) 年7月28日), 人名, 日人, 藩臣7

片岡季信　かたおかすえのぶ
～元和5 (1619) 年
江戸時代前期の武人。
¶岡山人

片岡成斎　かたおかせいさい
文化3 (1806) 年～明治2 (1869) 年　[別]片岡貞興《かたおかさだおき》
江戸時代末期の加納藩士。
¶国書 ([没]明治2 (1869) 年7月18日), 幕末 ([没]1869年8月25日), 藩臣3 (片岡貞興　かたおかさだおき)

片岡高房　かたおかたかふさ
→片岡源五右衛門 (かたおかげんごえもん)

片岡常道　かたおかつねみち
天保6 (1835) 年～元治1 (1864) 年
江戸時代末期の水戸藩士、志士。
¶人名, 日人

片岡徳　かたおかとく
天明5 (1785) 年4月18日～安政3 (1856) 年1月21日
江戸時代末期の国学者、備前岡山藩士。
¶岡山人, 岡山歴, 国書, 人名, 日人

片岡利和　かたおかとしかず
天保7 (1836) 年～明治41 (1908) 年　[別]那須盛馬《なすもりま》
江戸時代末期～明治期の土佐藩の志士。土佐勤王党に参加。
¶維新, 高知人, 人名, 世紀 ([生]天保7 (1836) 年10月9日　[没]明治41 (1908) 年11月2日), 日人, 幕末 ([没]1908年11月2日), 藩臣6, 北海道百, 北海道歴

片岡梅僊　かたおかばいせん
～明治12 (1879) 年
江戸時代後期～明治期の伊勢津藩士。
¶三重

片岡半斎　かたおかはんさい
永禄4 (1561) 年～寛永9 (1632) 年
安土桃山時代～江戸時代前期の武士。
¶高知人

片岡彦三郎　かたおかひこさぶろう
？　～明治12 (1879) 年
江戸時代後期～明治期の仙台藩松前十人組頭。
¶姓氏岩手

片岡孫五郎　かたおかまごごろう
文化8 (1811) 年～慶応3 (1867) 年
江戸時代末期の志士。土佐勤王党に参加。
¶維新, 高知人, コン改, コン4, 新潮 ([没]慶応3 (1867) 年8月14日), 人名, 日人, 幕末 ([没]1867年9月11日)

片岡正次　かたおかまさつぐ
永禄10 (1567) 年～*
安土桃山時代～江戸時代前期の武士。後北条氏家臣。
¶人名 ([没]1643年), 戦人 ([没]寛永19 (1642) 年)

片岡道長　かたおかみちなが
文政7 (1824) 年～明治22 (1889) 年
江戸時代末期の丹波福知山藩士。
¶新潮 ([生]文政7 (1824) 年6月1日　[没]明治22 (1889) 年11月17日), 人名, 日人

片岡光暉　かたおかみつてる
文化3 (1806) 年～慶応2 (1866) 年
江戸時代末期の石見浜田藩士。
¶藩臣5

片岡杢之助　かたおかもくのすけ
？　～承応1 (1652) 年
江戸時代前期の出羽新庄藩家老。
¶藩臣1

片岡盛蔵　かたおかもりぞう
天保4 (1833) 年～明治35 (1902) 年10月22日

江戸時代末期～明治期の志士。土佐勤王党に参加。
¶幕末

片岡雄馬 かたおかゆうま
天保7(1836)年～明治3(1870)年9月30日
江戸時代末期～明治期の志士。
¶幕末

片岡理兵衛 かたおかりへえ
元和5(1619)年～万治3(1660)年
江戸時代前期の出羽新庄藩家老。
¶藩臣1

片岡直胤 かたおなおたね
弘化3(1846)年～明治39(1906)年5月27日
江戸時代末期～明治期の志士。土佐勤王党に参加。
¶幕末

片切家正 かたぎりいえまさ
江戸時代前期の代官。
¶静岡歴(生没年不詳)，姓氏静岡

片桐嘉矜 かたぎりかぎん，かたぎりかきん
？ ～文政3(1820)年　[別]片桐嘉矜《かたぎりよしえり》
江戸時代後期の暦算家、陸奥会津藩士。
¶会津(かたぎりかきん　[生]宝暦3(1753)年)，国書(かたぎりよしえり)，コン改，コン4，人名，世人，日人(かたぎりかきん)

片桐且昭 かたぎりかつてる
？ ～*
江戸時代前期の武士。
¶国書([没]貞享4(1687)年5月17日)，日人([没]1688年)

片桐貞彰 かたぎりさだあき
明和8(1771)年～文政5(1822)年
江戸時代後期の大名。大和小泉藩主。
¶諸系，日人，藩主3([没]文政5(1822)年1月20日)

片桐貞篤 かたぎりさだあつ
天保12(1841)年～明治16(1883)年
江戸時代末期～明治期の大名。大和小泉藩主。
¶諸系，日人，藩主3

片桐貞起 かたぎりさだおき
寛文9(1669)年～寛保1(1741)年
江戸時代中期の大名。大和小泉藩主。
¶茶道([生]1670年)，諸系，日人，藩主3([没]寛保1(1741)年4月1日)

片桐貞隆 かたぎりさだたか
永禄3(1560)年～寛永4(1627)年
安土桃山時代～江戸時代前期の武将、大名。大和小泉藩主。
¶史人([生]？　[没]1627年10月1日)，諸系，人名，戦国([生]？)，戦人，日人，藩主3([生]永禄3(1560)年7月3日　[没]寛永4(1627)年10月1日)

片桐貞照 かたぎりさだてる
天保10(1839)年～文久2(1862)年
江戸時代末期の大名。大和小泉藩主。
¶諸系，日人，藩主3([没]文久2(1862)年5月24日)

片桐貞聴 かたぎりさだとし
延宝2(1674)年～正徳2(1712)年
江戸時代中期の武士。
¶茶道

片桐貞利 かたぎりさだとし
？ ～文久2(1862)年
江戸時代末期の大名。大和小泉藩主。
¶諸系，日人，藩主3([没]文久2(1862)年10月29日)

片桐貞中 かたぎりさだなか
文政10(1827)年～天保14(1843)年
江戸時代後期の大名。大和小泉藩主。
¶諸系，日人，藩主3([没]天保14(1843)年8月21日)

片桐貞音 かたぎりさだなり
正徳2(1712)年～寛延3(1750)年
江戸時代中期の大名。大和小泉藩主。
¶諸系，日人，藩主3([没]寛延3(1750)年4月3日)

片桐貞信 かたぎりさだのぶ
享和2(1802)年～嘉永1(1848)年
江戸時代後期の大名。大和小泉藩主。
¶国書([没]嘉永1(1848)年11月7日)，茶道，諸系，日人，藩主3([没]嘉永1(1848)年11月7日)

片桐貞房 かたぎりさだふさ
寛永19(1642)年～宝永7(1710)年
江戸時代前期～中期の大名。大和小泉藩主。
¶茶道，諸系，日人，藩主3([没]宝永7(1710)年9月22日)

片桐貞昌 かたぎりさだまさ
→片桐石州(かたぎりせきしゅう)

片桐貞芳 かたぎりさだよし
元文5(1740)年～文化2(1805)年
江戸時代中期～後期の大名。大和小泉藩主。
¶国書([没]文化2(1805)年6月18日)，諸系，日人，藩主3([没]文化2(1805)年6月18日)

片桐省介 かたぎりしょうすけ
→片桐省介(かたぎりせいすけ)

片桐省介 かたぎりせいすけ
天保8(1837)年～明治6(1873)年　[別]片桐省介《かたぎりしょうすけ》
江戸時代末期～明治期の越後の勤王志士、東京府権判事。
¶維新，近現，近世，国史，コン改，コン4，コン5，新潮([没]明治6(1873)年2月19日)，人名(かたぎりしょうすけ)，日人，幕末(かたぎりしょうすけ　[没]1873年2月19日)

片桐石州 かたぎりせきしゅう
慶長10(1605)年～延宝1(1673)年　[別]片桐貞昌《かたぎりさだまさ》
江戸時代前期の大名、茶人。大和小泉藩主。茶道石州流の祖。
¶朝日([生]慶長13(1608)年　[没]延宝1年11月20日(1673年12月27日))，岩史(片桐貞昌　かたぎりさだまさ　[没]延宝1(1673)年11月20日)，京都，京都大，近世，国史，国書(片桐貞昌　かたぎりさだまさ　[没]延宝1(1673)年11月20日)，コン改，コン4，茶道，史人([没]1673年11月20日)，諸系，新潮([没]延宝1(1673)年11月20日)，人名(片桐貞昌　かたぎりさだまさ)，姓氏京都，世人(片桐貞昌　かたぎりさだまさ　[没]延宝1(1673)年11月20日)，世百，全書，大百，日史([没]延宝1(1673)年11月20日)，日人，

藩主3（片桐貞昌　かたぎりさだまさ　[没]延宝1（1673）年11月20日），美術，百科，仏教（[没]延宝1（1673）年11月20日），歴大（片桐貞昌　かたぎりさだまさ）

片桐宗古 かたぎりそうこ
？～文化6（1809）年
江戸時代中期～後期の幕臣・茶人。
¶国書

片桐宗幽 かたぎりそうゆう
？～享和1（1801）年
江戸時代中期～後期の幕臣、茶道家。
¶国書（[生]享保13（1728）年　[没]享和1（1801）年3月2日），人名，日人

片桐孝利 かたぎりたかとし
慶長6（1601）年～寛永15（1638）年
江戸時代前期の大名。大和竜田藩主。
¶諸系，人名，日人，藩主3（[没]寛永15（1638）年8月1日）

片桐忠成 かたぎりただなり
生没年不詳
江戸時代後期の米沢藩士。
¶国書

片桐為次 かたぎりためつぐ
寛永18（1641）年～明暦1（1655）年
江戸時代前期の大名。大和竜田藩主。
¶諸系，人名（[生]？），日人，藩主3（[没]明暦1（1655）年11月6日）

片桐為元 かたぎりためもと
慶長16（1611）年～承応3（1654）年
江戸時代前期の大名。大和竜田藩主。
¶諸系，人名，日人，藩主3（[没]承応3（1654）年5月11日）

片桐朝竜 かたぎりともたつ
元禄13（1700）年～天明1（1781）年6月27日
江戸時代中期の会津藩士。
¶国書

片桐長嘉 かたぎりながよし
元和2（1616）年～？
江戸時代前期の陸奥会津藩士。
¶藩臣2

片桐嘉矜 かたぎりよしえり
→片桐嘉矜（かたぎりかぎん）

片桐宜定 かたぎりよしさだ
享和3（1803）年～弘化1（1844）年
江戸時代後期の播磨山崎藩士。
¶藩臣5

片桐嘉保 かたぎりよしやす
享保2（1717）年～寛政2（1790）年
江戸時代中期の暦算家、陸奥会津藩士。
¶国書（[没]寛政2（1790）年10月6日），人名，日人

片倉邦憲 かたくらくにのり
文政1（1818）年～明治19（1886）年
江戸時代末期～明治期の武士。仙台支藩白石城主。
¶北海道百，北海道歴

片倉重長 かたくらしげなが
天正12（1584）年～万治2（1659）年
安土桃山時代～江戸時代前期の一家片倉氏2代。
¶姓氏宮城，宮城百

加田九郎太 かだくろうた
天保1（1830）年～万延1（1860）年
江戸時代末期の近江彦根藩士。
¶維新，幕末（[没]1860年3月24日）

片田春太 かただしゅんた
→片田春太（かただはるた）

片田春太 かただはるた
天保11（1840）年～文久3（1863）年　[別]片田春太《かただしゅんた》
江戸時代末期の安芸広島藩士。
¶維新，人名（かただしゅんた），日人

堅田元慶 かただもとよし
＊～元和8（1622）年
安土桃山時代～江戸時代前期の武士。
¶戦国，戦人（[生]永禄9（1568）年），戦西（[生]？）

加田利春 かだとしはる
享保13（1728）年～文化2（1805）年
江戸時代中期～後期の歌人、近江彦根藩士。
¶人名

片野十郎 かたのじゅうろう
天保6（1835）年～明治6（1873）年
江戸時代末期～明治期の長州藩の奇兵隊士。
¶幕末（[没]1873年11月14日），藩臣6，山口百

片平定成 かたひらさだなり
慶長14（1609）年～元禄7（1694）年
江戸時代前期～中期の馬術家。
¶姓氏宮城

帷子登武 かたびらたかたけ
＊～享保14（1729）年　[別]帷子登武《かたびらのりたけ》
江戸時代前期～中期の陸奥南部藩士。
¶姓氏岩手（かたびらのりたけ　[生]1633年），藩臣1（[生]寛永11（1634）年）

片平親綱 かたひらちかつな
天文14（1545）年～寛永3（1626）年
安土桃山時代～江戸時代前期の陸奥仙台藩の武士。伊達氏家臣。
¶姓氏宮城（生没年不詳），戦人（生没年不詳），戦東，藩臣1

帷子登武 かたびらのりたけ
→帷子登武（かたびらたかたけ）

片見小次郎 かたみこじろう
文政5（1822）年～明治20（1887）年
江戸時代末期～明治期の長門清末藩士。
¶維新，人名，日人，幕末（[没]1887年6月）

片山市大夫 かたやまいちだゆう
元和8（1622）年～？
江戸時代前期の出羽庄内藩士。
¶藩臣1

片山栄蔵 かたやまえいぞう
天明5（1785）年～？
江戸時代中期～後期の岡山藩士。御用船神力丸で漂流。
¶岡山人，岡山歴，国書

片山勘兵衛 かたやまかんべえ
？ ～天保13(1842)年
江戸時代後期の剣術家。流名不詳。
¶岡山人，岡山歴([没]天保13(1842)年8月10日)，剣豪

片山喜三郎 かたやまきさぶろう
文化11(1814)年～明治5(1872)年
江戸時代末期～明治期の肥後熊本藩士。
¶藩臣7

片山九市 かたやまきゅういち
→片山九市(かたやまくいち)

片山金弥 かたやまきんや
天明8(1788)年～嘉永4(1851)年 [別]片山正重《かたやままさしげ》
江戸時代後期の暦学者、備中岡田藩士。
¶岡山人，岡山百([没]嘉永4(1851)年8月21日)，岡山歴(片山正重 かたやままさしげ [没]嘉永4(1851)年8月21日)，国書([没]嘉永4(1851)年8月21日)，コン改，コン4，人名，日人

片山九市 かたやまくいち
文政11(1828)年～元治1(1864)年 [別]片山九市《かたやまきゅういち》，千賀九左衛門《ちがくざえもん》，木村愛之助《きむらあいのすけ》
江戸時代末期の生野義挙志士。
¶維新，人名(かたやまきゅういち)，日人，幕末([没]1864年7月19日)，兵庫人([生]文政11(1828)年2月1日 [没]元治1(1864)年7月19日)

片山元僑 かたやまげんきょう
→片山童観(かたやまどうかん)

片山源次右衛門 かたやまげんじうえもん
天明3(1783)年～？
江戸時代後期の下総古河藩士、剣術家。
¶藩臣3

片山恒斎 かたやまこうさい
寛政4(1792)年～嘉永2(1849)年
江戸時代後期の陸奥白河藩士、藩校学頭。
¶国書([没]嘉永2(1849)年5月30日)，人名，日人，藩臣2，藩臣4，三重

片山主膳 かたやましゅぜん
生没年不詳
江戸時代後期の出雲広瀬藩家老。
¶藩臣5

片山冲堂(片山沖堂) かたやまちゅうどう
文化13(1816)年～明治21(1888)年
江戸時代末期～明治期の讃岐高松藩の藩校講道館助教。
¶維新，香川人，香川百，国書([没]明治21(1888)年1月8日)，人名(片山沖堂)，日人，幕末([没]1888年1月11日)，藩臣6

片山童観 かたやまどうかん
寛文3(1663)年～享保8(1723)年 [別]片山元僑《かたやまげんきょう》
江戸時代中期の出羽米沢藩士、儒学者。
¶国書([没]享保8(1723)年6月26日)，藩臣1(片山元僑 かたやまげんきょう)

片山辰世 かたやまときよ
江戸時代後期の幕府大番、五島伊賀守の与力。
¶人名，日人(生没年不詳)

片山久安 かたやまひさやす
天正3(1575)年～慶安3(1650)年 [別]片山伯耆守《かたやまほうきのかみ》，片山伯耆守久安《かたやまほうきのかみひさやす》
江戸時代前期の剣術家。
¶剣豪(片山伯耆守 かたやまほうきのかみ)，人名，日人，山口百(片山伯耆守久安 かたやまほうきのかみひさやす)

片山伯耆守 かたやまほうきのかみ
→片山久安(かたやまひさやす)

片山伯耆守久安 かたやまほうきのかみひさやす
→片山久安(かたやまひさやす)

片山鳳翩(片山鳳翻) かたやまほうへん，かたやまほうべん
元文5(1740)年～文化5(1808)年
江戸時代中期～後期の儒者、萩藩侍講。
¶国書([没]文化5(1808)年9月14日)，人名，姓氏山口(片山鳳翻 かたやまほうべん)，日人，山口百(かたやまほうべん)

片山正重 かたやままさしげ
→片山金弥(かたやまきんや)

片山弥次兵衛 かたやまやじびょうえ
江戸時代前期の銃術家。徳島藩蜂須賀家家臣。
¶岡山人

片山楊谷 かたやまようこく
宝暦10(1760)年～享和1(1801)年 [別]洞楊谷《どうようこく》
江戸時代中期～後期の因幡鳥取藩士、画家。
¶鳥取百，日人，藩臣5，名画(洞楊谷 どうようこく)

片山義章 かたやまよしあきら
？ ～
江戸時代の広瀬藩家老。
¶島根人，島根歴(生没年不詳)

片山良庵 かたやまりょうあん
慶長6(1601)年～寛文8(1668)年
江戸時代前期の越前福井藩の軍学者。
¶国書([没]寛文8(1668)年9月7日)，コン改，コン4，新潮([没]寛文8(1668)年9月7日)，人名，世人，日人，藩臣3

勝井五八郎 かついごはちろう
文化12(1815)年～慶応1(1865)年
江戸時代末期の対馬藩士。
¶朝日([生]文化12年1月12日(1815年2月20日) [没]慶応1年5月2日(1865年5月26日))，維新，国書([生]文化12(1815)年1月12日 [没]慶応1(1865)年5月3日)，コン4，人名，日人，幕末([没]1865年5月26日)，藩臣7

勝浦重明 かつうらしげあき
？ ～元文3(1738)年
江戸時代中期の土佐藩士・槍術家。
¶高知人，国書([没]元文3(1738)年7月2日)

勝浦高貞 かつうらたかさだ
～安永2(1773)年
江戸時代中期の杉山流槍術家。
¶高知人

勝尾半左衛門 かつおはんざえもん
？ ～慶安4（1651）年
江戸時代前期の加賀藩士。
¶藩臣3

勝海舟 かつかいしゅう
文政6（1823）年～明治32（1899）年 [別]勝安芳《かつやすよし》，義邦，勝麟太郎《かつりんたろう》，勝安房《かつあわ》，飛川
江戸時代末期～明治期の幕臣、政治家。1860年咸臨丸の艦長として遣米使節とともに太平洋横断し、軍艦奉行に。1868年には幕府陸軍総裁として、官軍江戸城総攻撃の前日に西郷隆盛と交渉、無血開城に尽力した。
¶朝日（[生]文政6年1月30日（1823年3月12日）[没]明治32（1899）年1月19日），維新，岩史（[生]文政6（1823）年1月30日 [没]明治32（1899）年1月19日），海越（[生]文政6（1823）年1月30日 [没]明治32（1899）年1月19日），海越新（[生]文政6（1823）年1月30日 [没]明治32（1899）年1月19日），江戸東，江文，角史，京都大，郷土長崎，近現，近世，近文，国際，国史，国書（[生]文政6（1823）年1月30日 [没]明治32（1899）年1月19日），コン改，コン4，コン5，茶道，詩歌，史研（[生]文政6（1823）年1月30日 [没]明治32（1899）年1月19日），史人（[生]1823年1月30日 [没]1899年1月19日），静岡百，静岡歴，思想（[生]文政6（1823）年1月30日 [没]明治32（1899）年1月19日），重要（[生]文政6（1823）年1月30日 [没]明治32（1899）年1月19日），人書79，人書94，新潮（[生]文政6（1823）年1月30日 [没]明治32（1899）年1月19日），新文（[生]文政6（1822）年1月30日 [没]明治32（1899）年1月19日），人名，姓氏静岡，世人（勝安芳 かつやすよし [生]文政6（1823）年1月30日 [没]明治32（1899）年1月19日），世百（勝安芳 かつやすよし），先駆（勝安芳 かつやすよし [生]文政6（1823）年1月30日 [没]明治32（1899）年1月21日），全書，大百，哲学，伝記，栃木歴，長崎百，長崎歴，日史（[生]文政6（1823）年1月30日 [没]明治32（1899）年1月19日），日人，日本，人情，人情1，幕末（[生]1823年3月12日 [没]1899年1月19日），百科，兵庫百，文学（[生]1822年），明治1，洋学，陸海（勝安芳 かつやすよし [生]文政6年1月31日 [没]明治32年1月20日），歴大

香月薫平 かつきくんぺい
文政9（1826）年～明治28（1895）年
江戸時代末期～明治期の郷土史家。「長崎地名考」を著す。長崎製鉄所勘定役、海軍伝習所係をつとめた。
¶郷土（[生]文政9（1826）年12月29日 [没]明治28（1895）年7月29日），人名，長崎歴，日人（[生]1827年）

香月経五郎 かつきけいごろう，かづきけいごろう
嘉永2（1849）年～明治7（1874）年
江戸時代末期～明治期の佐賀藩士。佐賀の乱で征韓党に属したが、敗れ、処刑される。
¶朝日（[没]明治7（1874）年4月13日），維新（かづきけいごろう），海越（[没]明治7（1874）年4月13日），海越新（[没]明治7（1874）年4月13日），近現，国際，国史，コン5，史人（[没]1874年4月13日），新潮（[没]明治7（1874）年4月13日），人名，渡航（[没]1874年4月13日），日人，幕末（[没]1874年4月13日）

勝木平助 かつきへいすけ
～享保10（1725）年6月10日
江戸時代前期～中期の庄内藩士。
¶庄内

勝小吉 かつこきち
享和2（1802）年～嘉永3（1850）年 [別]勝惟寅《かつこれとら》，勝夢酔《かつむすい》
江戸時代後期の旗本。勝海舟の父。
¶朝日（[没]嘉永3年9月4日（1850年10月9日）），江戸，国書（勝夢酔 かつむすい [没]嘉永3（1850）年9月4日），コン4，史人（[没]1850年9月4日），人名（勝惟寅 かつこれとら），日人（勝惟寅 かつこれとら）

勝惟寅 かつこれとら
→勝小吉（かつこきち）

葛西松隠 かっさいしょういん
文政12（1829）年～明治39（1906）年
江戸時代末期～明治期の阿波徳島藩士。
¶徳島歴（[没]明治39（1906）年4月6日），幕末（[没]1906年4月9日）

勝田安石 かつだあんせき
文化2（1805）年～安政5（1858）年
江戸時代末期の豊後日出藩士。
¶藩臣7

勝田五岳 かつたごがく
→勝田精兵衛（かつたせいべえ）

勝田新左衛門 かつだしんざえもん，かつたしんざえもん
延宝8（1680）年～元禄16（1703）年
江戸時代中期の播磨赤穂藩士。赤穂義士の一人。
¶人名（かつたしんざえもん），日人

勝田精兵衛 かつたせいべえ
享保2（1717）年～天明4（1784）年 [別]勝田五岳《かつたごがく》
江戸時代中期の讃岐丸亀藩士。
¶国書（勝田五岳 かつたごがく [没]天明4（1784）年1月7日），人名，日人

勝田典愛 かつたのりよし
？ ～享保1（1716）年
江戸時代中期の旗本。
¶神奈川人，姓氏神奈川

勝田半斎 かつたはんさい
安永9（1780）年～天保2（1831）年
江戸時代中期～後期の幕臣、儒者。
¶江文，国書（[生]安永9（1780）年4月5日 [没]天保2（1831）年9月10日），日人

勝田充 かつたみつる
？ ～元治1（1864）年
江戸時代末期の幕臣。
¶維新，国書，幕末

勝田義安 かつたよしやす
？ ～天明2（1782）年
江戸時代中期の弓術家、安芸広島藩士。
¶国書（[没]天明2（1782）年8月），人名，日人

勝田鹿谷 かつたろくこく
→勝田鹿谷（かつだろっこく）

勝田鹿谷 かつだろっこく，かつたろっこく
安永6（1777）年～嘉永2（1849）年　[別]勝田鹿谷《かつたろくこく》
江戸時代後期の信濃高島藩士、儒学者。
¶江文（かつたろくこく），国書（かつたろっこく [没]嘉永2（1849）年10月1日），人名，姓氏長野，長野歴（かつたろっこく），日人，藩臣3

甲藤馬太郎 かっとううまたろう
天保9（1838）年～明治33（1900）年
江戸時代末期～明治期の土佐藩致道館教授、剣術家。水戸藩士と番所で坂本竜馬とともに会見。
¶高知人，幕末（[没]1900年8月9日）

勝沼精之允 かつぬませいのじょう
？　～明治1（1868）年
江戸時代末期の上野館林藩士。
¶人名，日人

勝野五兵衛 かつのごへい
生没年不詳
江戸時代末期の武士。
¶和歌山人

勝野台山 かつのたいざん
→勝野正道（かつのまさみち）

勝野太郎左衛門 かつのたろうざえもん
慶長17（1612）年～承応1（1652）年
江戸時代前期の尾張藩の大代官。
¶姓氏愛知

勝野豊作 かつのとよさく
→勝野正道（かつのまさみち）

勝野延年 かつののぶとし
生没年不詳
江戸時代中期の尾張藩士・故実家。
¶国書

加津野信昌 かづののぶまさ
→真田信尹（さなだのぶただ）

加津野昌春 かづのまさはる
天文16（1547）年～寛永9（1632）年5月4日
戦国時代～江戸時代前期の武田氏・徳川氏・蒲生氏の家臣。
¶戦辞

勝野正道 かつのまさみち
文化6（1809）年～安政6（1859）年　[別]勝野台山《かつのたいざん》，勝野豊作《かつのとよさく》，仁科多一郎《にしなたいちろう》
江戸時代末期の志士。
¶維新（勝野豊作　かつのとよさく），国書（勝野台山　かつのたいざん　[没]安政6（1859）年10月19日），コン改（[生]文化5（1808）年　[没]安政5（1858）年），コン4（[生]文化5（1808）年　[没]安政5（1858）年），新潮（[没]安政6（1859）年10月19日），人名（[生]1808年　[没]1858年），長野歴，日人，幕末（勝野豊作　かつのとよさく　[没]1859年10月19日）

勝野森之介（勝野森之助） かつのもりのすけ
江戸時代後期の江戸志士。
¶人名（勝野森之助），日人（生没年不詳）

勝野良順 かつのよしのぶ
→勝野良順（かつのよしより）

勝野吉里 かつのよしのり
生没年不詳
江戸時代前期の武士。
¶和歌山人

勝野良順 かつのよしより
天保11（1840）年～明治35（1902）年　[別]勝野良順《かつのよしのぶ》
江戸時代末期～明治期の尾張藩士。
¶人名（かつのよしのぶ），日人，藩臣4

勝俣乙吉郎 かつまたおときち
→勝俣乙吉郎（かつまたおときちろう）

勝俣乙吉郎 かつまたおときちろう
天保13（1842）年～明治5（1872）年　[別]勝俣乙吉郎《かつまたおときち》
江戸時代末期～明治期の上総飯野藩士。
¶剣豪，藩臣3（かつまたおときち）

勝間田多三郎 かつまたたさぶろう
天保8（1837）年～元治1（1864）年
江戸時代末期の長州（萩）藩士。
¶維新，人名（[生]？），日人，幕末（[没]1864年8月20日）

勝間田稔 かつまたみのる，かつまだみのる
天保14（1843）年～明治39（1906）年
江戸時代末期～明治期の長州（萩）藩士。
¶人名（[生]1842年），姓氏山口（かつまだみのる），新潟百（[生]1842年），日人，幕末（[没]1906年1月30日），宮城百（[生]天保12（1841）年），山口百（かつまだみのる）

勝間田盛稔 かつまたもりとし
享和1（1801）年～明治13（1880）年5月21日
江戸時代後期～明治期の長州萩藩士・歌人。
¶国書

勝見善太郎 かつみぜんたろう
嘉永3（1850）年～明治1（1868）年6月10日
江戸時代末期の長門長府藩士。
¶幕末

勝夢酔 かつむすい
→勝小吉（かつこきち）

勝安芳 かつやすよし
→勝海舟（かつかいしゅう）

勝山重良 かつやましげよし
天保11（1840）年2月21日～明治40（1907）年1月
江戸時代後期～明治期の旧藩士。
¶庄内

勝山長門守 かつやまながとのかみ
安土桃山時代～江戸時代前期の武士。里見氏家臣。
¶戦人（生没年不詳），戦東

勝山八弥太 かつやまはやた
安土桃山時代～江戸時代前期の武士。里見氏家臣。
¶戦人（生没年不詳），戦東

勝与八郎 かつよはちろう
生没年不詳
江戸時代末期の幕臣。
¶幕末

桂井隼太 かつらいはやた
→桂井隼人（かつらいはやと）

桂井隼人 かつらいはやと
天保14（1843）年～明治27（1894）年　[別]桂井隼太《かつらいはやた》，門屋貫助《かどやかんすけ》
江戸時代末期～明治期の志士、土佐藩士。塩飽本島事件で活躍。
¶高知人（桂井隼太　かつらいはやた），幕末（[没]1894年10月8日）

桂希言 かつらきげん
元文5（1740）年～文化8（1811）年　[別]桂金渓《かつらきんけい》
江戸時代中期～後期の信濃上田藩士。
¶国書（桂金渓　かつらきんけい　[生]元文5（1740）年11月3日　[没]文化8（1811）年11月29日），姓氏長野，長野歴，藩臣3

葛城彦一 かつらぎひこいち
文政1（1818）年～明治13（1880）年　[別]竹内経成《たけうちつねなり》，竹内五百都《たけうちいおつ》，内藤助右衛門《ないとうすけえもん》
江戸時代末期～明治期の志士。薩摩藩士。
¶維新，鹿児島百（[生]文化14（1817）年），近現，近世，国史，コン改，コン4，コン5，史人（[生]1818年11月5日　[没]1880年1月24日），新潮（[生]文政1（1818）年11月5日　[没]明治13（1880）年1月24日），人名，姓氏鹿児島（[生]1817年），日人，幕末（[没]1880年1月24日），藩臣7

桂笈円 かつらきゅうえん
天文16（1547）年～寛永14（1637）年7月24日
戦国時代～江戸時代前期の長州藩士。
¶国書

桂金渓 かつらきんけい
→桂希言（かつらきげん）

桂小五郎 かつらこごろう
→木戸孝允（きどたかよし）

桂島文蔵 かつらしまぶんぞう
宝暦12（1762）年～天保5（1834）年
江戸時代中期～後期の剣術家。影山流ほか。
¶剣豪

桂田寛吾 かつらだかんご
天保10（1839）年～明治5（1872）年10月15日
江戸時代後期～明治期の新徴組士。
¶庄内

桂太郎 かつらたろう
弘化4（1847）年～大正2（1913）年　[別]海城，佐中，寿熊，清澄
江戸時代末期～明治期の長州藩士、政治家。陸軍大将。軍制改革を推進。公爵。
¶朝日（[生]弘化4年11月28日（1848年1月4日）[没]大正2（1913）年10月10日），維新，岩史（[生]弘化4（1847）年11月28日　[没]大正2（1913）年10月10日），海越（[生]弘化4（1848）年11月28日　[没]大正2（1913）年10月10日），海越新（[生]弘化4（1848）年11月28日　[没]大正2（1913）年10月10日），学校（[生]弘化4（1847）年11月28日　[没]大正2（1913）年10月10日），角史，近現，現日（[生]1847年11月28日　[没]1913年10月10日），国際，国史，コン改，コン5，史人（[生]1847年11月28日　[没]1913年10月10日），重要（[生]弘化4（1847）年11月28日　[没]大正2（1913）年10月10日），新潮（[生]弘化4（1847）年11月28日　[没]大正2（1913）年10月10日），人名，世紀（[生]弘化4（1848）年11月28日　[没]大正2（1913）年10月10日），世人（[生]弘化6（1847）年11月28日　[没]大正2（1913）年10月10日），世百（[生]1848年），全書，大百，伝記，渡航（[生]1847年11月28日　[没]1913年10月10日），日史（[生]弘化4（1848）年11月28日　[没]大正2（1913）年10月10日），日人（[生]1848年），日本，幕末（[生]1848年　[没]1913年10月11日），藩臣6，百科，明治1（[生]1848年），山口百，陸海（[生]弘化4年11月28日　[没]大正2年11月10日），歴大

桂南野 かつらなんや
→桂広保（かつらひろやす）

桂久武 かつらひさたけ
天保1（1830）年～明治10（1877）年
江戸時代末期～明治期の薩摩藩大目付、家老加判役。武力討幕論を支持。
¶朝日（[生]天保1年5月28日（1830年7月18日）[没]明治10（1877）年9月24日），維新，鹿児島百，近現，近世，国史，国書（[生]文政13（1830）年5月28日　[没]明治10（1877）年9月24日），コン改，コン4，コン5，新潮（[生]天保1（1830）年5月28日　[没]明治10（1877）年9月24日），人名，姓氏鹿児島，日人，幕末（[没]1877年9月24日），藩臣7

桂広保 かつらひろやす
元禄1（1688）年～明和6（1769）年　[別]桂南野《かつらなんや》
江戸時代中期の長州（萩）藩士。
¶国書（桂南野　かつらなんや　[没]明和6（1769）年2月5日），人名，日人，藩臣6

葛巻昌興 かづらまきまさおき
→葛巻昌興（かずらまきまさおき）

桂正直 かつらまさなお
天保11（1840）年～大正1（1912）年　[別]石黒圭三郎《いしぐろけいざぶろう》
江戸時代末期～明治期の加賀藩儒者。藩校明倫堂訓導。
¶人名（[生]1839年），人名（石黒圭三郎　いしぐろけいざぶろう　[生]1839年），姓氏石川，日人（石黒圭三郎　いしぐろけいざぶろう），幕末（[生]1840年12月2日　[没]1912年12月6日）

桂路祐 かつらみちすけ
天保7（1836）年～明治24（1891）年
江戸時代末期～明治期の長州（萩）藩士。
¶人名，姓氏山口（[生]？），日人，幕末（[没]1891年1月5日）

桂道信 かつらみちのぶ
生没年不詳
江戸時代中期の信濃上田藩士。
¶国書

桂弥一 かつらやいち
嘉永2（1849）年～昭和14（1939）年
江戸時代末期～明治期の長門長府藩士。
¶姓氏山口，幕末（[没]1939年6月19日），藩臣6

葛山観在 かつらやまかんざい
弘化4(1847)年〜大正10(1921)年
江戸時代末期〜明治期の丹波柏原藩士。
¶藩臣5，兵庫人([生]弘化4(1847)年7月7日　[没]大正10(1921)年3月4日)

桂山彩巌 かつらやまさいがん
延宝7(1679)年〜寛延2(1749)年
江戸時代中期の儒学者、幕臣。
¶朝日([没]寛延2年3月23日(1749年5月9日))，江文([生]延宝6(1678)年)，国書([没]寛延2(1749)年3月23日)，コン改，コン4，詩歌，新潮([没]寛延2(1749)年3月23日)，人名，日人，和俳([没]寛延2(1749)年3月23日)

葛山武八郎 かつらやまたけはちろう
？〜元治1(1864)年9月6日
江戸時代後期〜末期の新撰組隊士。
¶新撰

葛山為篤 かつらやまためあつ
→葛山為篤(くずやまためあつ)

葛山尚徳 かつらやまひさのり
文化14(1817)年12月22日〜明治12(1879)年
江戸時代後期〜明治期の伊勢桑名藩士。
¶三重続

葛山六郎右衛門 かつらやまろくろうえもん
寛文5(1665)年〜享保16(1731)年
江戸時代中期の紀伊和歌山藩士。
¶藩臣5

葛山六郎左衛門 かつらやまろくろうざえもん
明和1(1764)年〜天保14(1843)年
江戸時代中期〜後期の紀伊和歌山藩士。
¶藩臣5

桂之清 かつらゆききよ
文政7(1824)年〜？
江戸時代後期〜末期の秋田藩士。
¶国書

桂与一右衛門 かつらよいちうえもん
文化9(1812)年〜明治2(1869)年
江戸時代末期の長州(萩)藩士。
¶維新，幕末([没]1869年5月4日)

加藤明邦 かとうあきくに
文化5(1808)年〜安政3(1856)年
江戸時代末期の大名。近江水口藩主。
¶諸系，日人，藩主3([生]文化5(1808)年6月29日　[没]安政3(1856)年11月2日)

加藤明実 かとうあきざね
嘉永1(1848)年〜明治39(1906)年　[別]加藤明実《かとうあけみ》
江戸時代末期〜明治期の大名。近江水口藩主。
¶維新，諸系，日人，幕末([没]1906年11月29日)，藩主3(かとうあけみ　[生]嘉永1(1848)年3月1日　[没]明治39(1906)年11月29日)

加藤明教 かとうあきたか
〜享保16(1731)年
江戸時代中期の旗本。
¶神奈川人

加藤明堯 かとうあきたか
元文5(1740)年〜天明5(1785)年
江戸時代中期の大名。近江水口藩主。
¶諸系，日人，藩主3([生]元文5(1740)年8月23日　[没]天明5(1785)年8月10日)

加藤明経 かとうあきつね
享保8(1723)年〜延享3(1746)年
江戸時代中期の大名。近江水口藩主。
¶諸系，日人，藩主3([生]享保8(1723)年10月21日　[没]延享3(1746)年8月28日)

加藤明利 かとうあきとし
慶長4(1599)年〜寛永18(1641)年
江戸時代前期の大名。陸奥三春藩主、陸奥二本松藩主。
¶諸系，人名([生]？)，日人，藩主1，藩主1，福島百

加藤明友 かとうあきとも
元和7(1621)年〜天和3(1683)年
江戸時代前期の大名。石見吉永藩主、近江水口藩主。
¶島根人([生]嘉永　[没]天和)，島根人，島根歴([生]元和7(1621)年ごろ)，諸系([没]1684年)，人名([生]？)，日人([没]1684年)，藩主3([生]元和7(1615)年9月　[没]天和3(1683)年12月7日)，藩主4

加藤明成 かとうあきなり
文禄1(1592)年〜寛文1(1661)年
江戸時代前期の大名。陸奥会津藩主。
¶会津，朝日([没]寛文1年1月21日(1661年2月20日))，近世，国史，コン4，史人([没]1661年1月21日)，諸系，人名，戦合，日人，藩主1([没]寛文1(1661)年1月21日)，福島百

加藤明陳 かとうあきのぶ
宝暦8(1758)年〜文化5(1808)年
江戸時代中期〜後期の大名。近江水口藩主。
¶諸系，日人，藩主3([生]宝暦8(1758)年8月1日　[没]文化5(1808)年10月8日)

加藤明軌 かとうあきのり
文政11(1828)年〜明治16(1883)年
江戸時代末期〜明治期の大名。近江水口藩主。
¶維新，諸系，日人，幕末([没]1883年8月11日)，藩主3([生]文政11(1828)年1月23日　[没]明治16(1883)年8月11日)

加藤明治 かとうあきはる
〜正徳1(1711)年
江戸時代前期〜中期の旗本。
¶神奈川人

加藤明英 かとうあきひで
承応1(1652)年〜正徳2(1712)年
江戸時代前期〜中期の大名。近江水口藩主、下野壬生藩主。
¶諸系，栃木歴，日人，藩主1([没]正徳2(1712)年1月2日)，藩主3

加藤明熙 かとうあきひろ
享保6(1721)年〜明和4(1767)年
江戸時代中期の大名。近江水口藩主。
¶諸系，日人，藩主3([生]享保6(1721)年9月21日　[没]明和4(1767)年10月14日)

加藤明允　かとうあきまさ
天明3（1783）年～文化12（1815）年
江戸時代後期の大名。近江水口藩主。
¶諸系，日人，藩主3（[生]天明3（1783）年7月16日　[没]文化12（1815）年8月6日）

加藤明往　かとうあきみち
～元禄14（1701）年
江戸時代中期の旗本。
¶神奈川人

加藤彰　かとうあきら
天保5（1834）年～明治43（1910）年11月14日
江戸時代末期～明治期の改選流槍術達人。
¶幕末

加藤明実　かとうあけみ
→加藤明実（かとうあきざね）

加藤幾二郎　かとういくじろう
→加藤重慎（かとうしげちか）

加藤勇　かとういさむ
文政11（1828）年～明治23（1890）年
江戸時代末期～明治期の肥前大村藩士。
¶維新，人名，日人

加藤一純　かとういちじゅん
享保6（1721）年～寛政5（1793）年　[別]加藤一純《かとうかずずみ》
江戸時代中期の筑前福岡藩士。
¶国書（かとうかずずみ　[没]寛政5（1793）年4月），日人，藩臣7，福岡百（[没]寛政5（1793）年4月）

加藤一作　かとういっさく
生没年不詳
江戸時代末期の越後長岡藩士。
¶幕末

加藤維藩　かとういばん
安永7（1778）年～嘉永7（1854）年
江戸時代後期の信濃上田藩士、儒学者。
¶藩臣3

加藤美樹（加藤宇万伎）　かとううまき
享保6（1721）年～安永6（1777）年　[別]河津宇万伎《かわづうまき》
江戸時代中期の幕臣、国学者。賀茂真淵門で上田秋成の師。
¶朝日（[没]安永6年6月10日（1777年7月14日）），江戸東（加藤宇万伎），江文（加藤宇万伎），大阪人（加藤宇万伎　[没]安永6（1777）年6月），角史，近世，国史，国書（加藤宇万伎　[没]安永6（1777）年6月10日），コン改，コン4，詩歌，史人（加藤宇万伎　[没]1777年6月10日），神人（[没]安永6（1777）年6月10日），新潮（[没]安永6（1777）年6月10日），人名，世人（[没]安永6（1777）年6月10日），全書（加藤宇万伎），大百（加藤宇万伎），日史（[没]安永6（1777）年6月10日），日人，百科，歴大，和俳（[没]安永6（1777）年6月10日）

加藤衛夫　かとうえいふ
宝暦5（1755）年～文政2（1819）年8月10日
江戸時代中期～後期の庄内藩家老。
¶庄内

加藤枝直　かとうえなお
元禄5（1692）年～天明5（1785）年　[別]橘枝直《たちばなえなお》
江戸時代中期の歌人。大岡忠相支配下の組与力。
¶朝日（[生]元禄5年12月11日（1693年1月16日）　[没]天明5年8月10日（1785年9月13日）），岩史（[生]元禄5（1692）年12月11日　[没]天明5（1785）年8月10日），江文，角史，近世，国史，国書（[生]元禄5（1692）年12月11日　[没]天明5（1785）年8月10日），コン改，コン4，詩歌，史人（[生]1692年12月11日　[没]1785年8月10日），新潮（[生]元禄5（1692）年12月11日　[没]天明5（1785）年8月10日），人名，世人（[生]元禄5（1692）年10月28日　[没]天明5（1785）年8月10日），日史（[生]元禄5（1692）年12月11日　[没]天明5（1785）年8月10日），日人（[生]1693年），百科，三重（[生]元禄5年10月28日），歴大，和俳（[生]元禄5（1692）年12月11日　[没]天明5（1785）年8月10日）

加藤円蔵　かとうえんぞう
生没年不詳
江戸時代後期の駿河沼津藩士。
¶藩臣4

加藤桜老　かとうおうろう
文化8（1811）年～明治17（1884）年
江戸時代末期～明治期の笠間藩士。
¶茨城百，江文，郷土茨城，国際，国書（[生]文化8（1811）年7月28日　[没]明治17（1884）年12月12日），コン改，コン4，コン5，詩歌，神人（[生]文化8（1811）年7月28日），新潮（[生]文化8（1811）年7月28日　[没]明治17（1884）年11月12日），人名，日人，幕末（[没]1884年11月12日），藩臣2，和俳

加藤豈苟　かとうがいこう
→加藤十千（かとうじっせん）

賀藤景林　かとうかげしげ
→賀藤清右衛門（かとうせいえもん）

加藤景親　かとうかげちか
～寛永5（1628）年
江戸時代前期の旗本。
¶神奈川人

加藤景正　かとうかげまさ
永禄12（1569）年～寛永7（1630）年
安土桃山時代～江戸時代前期の旗本。
¶神奈川人，姓氏神奈川

加藤景纉　かとうかげよし
→加藤棕廬（かとうそうろ）

加藤一純　かとうかずずみ
→加藤一純（かとういちじゅん）

加藤寛斎　かとうかんさい
天明2（1782）年～慶応2（1866）年
江戸時代後期の水戸藩士、学者。
¶維新，茨城百（[生]？），郷土茨城，国書（[没]慶応2（1866）年8月28日），日人，幕末，藩臣2

加藤勘兵衛　かとうかんべえ
寛政4（1792）年～天保13（1842）年
江戸時代後期の陸奥黒石藩士。

¶藩臣1

加藤木重親　かとうぎしげちか
天保4（1833）年～明治45（1912）年
江戸時代末期～明治期の陸奥三春藩士、柔術家。
¶藩臣2

加藤久左衛門　かとうきゅうざえもん
生没年不詳
江戸時代末期の武士。尾張藩士佐枝種武に仕えた。
¶姓氏愛知

加藤暁台　かとうきょうたい，かとうぎょうだい
→暁台（きょうたい）

加藤刑部　かとうぎょうぶ
～寛永20（1643）年4月23日
安土桃山時代～江戸時代前期の庄内藩士。
¶庄内

加藤金右衛門　かとうきんえもん
寛永5（1628）年～元禄15（1702）年
江戸時代前期～中期の日置流弓術家。
¶高知人

加藤金平　かとうきんぺい
寛政10（1798）年～元治1（1864）年
江戸時代末期の越後高田藩士。
¶コン改，コン4，新潮（[没]慶応2（1866）年6月14日），人名，日人（[生]1800年　[没]1866年）

加藤虞山　かとうぐざん
元禄5（1692）年～安永5（1776）年
江戸時代中期の地歴学者、筑前福岡藩士。
¶神人，人名

賀藤景琴　かとうけいきん
寛政4（1792）年～慶応3（1867）年10月8日
江戸時代末期の出羽秋田藩士。
¶幕末

賀藤景林　かとうけいりん
→賀藤清右衛門（かとうせいえもん）

賀藤月篷（加藤月篷）　かとうげっぽう
寛政4（1792）年～慶応3（1867）年
江戸時代末期の儒者、勤王家。秋田藩士。
¶国書（[没]慶応3（1867）年10月8日），人名（加藤月篷），日人

加藤謙二郎（加藤謙次郎）　かとうけんじろう
天保2（1831）年～慶応3（1867）年
江戸時代末期の勤王家。
¶維新，コン改，コン4，新潮（[没]慶応3（1867）年3月9日），人名（加藤謙次郎），富山百（[生]天保3（1832）年　[没]慶応3（1867）年3月9日），日人，幕末（[没]1867年4月12日）

加藤恒　かとうこう
→加藤恒（かとうひさし）

加藤五三郎　かとうごさぶろう
～慶応2（1866）年12月2日
江戸時代後期～末期の庄内藩士。
¶庄内

加藤権兵衛　かとうごんべえ
天和2（1682）年～宝暦13（1763）年
江戸時代前期～中期の剣術家。天真流。
¶剣豪

加藤左衛門　かとうさえもん
安土桃山時代～江戸時代前期の武士。里見氏家臣。
¶戦人（生没年不詳），戦東

加藤定吉　かとうさだきち
？　～慶応4（1868）年8月21日
江戸時代後期～末期の新撰組隊士。
¶新撰

加藤貞泰　かとうさだやす
天正8（1580）年～元和9（1623）年　[別]加藤光長《かとうみつなが》
江戸時代前期の大名。美濃黒野藩主、伯耆米子藩主、伊予大洲藩主。
¶朝日（[没]元和9年5月22日（1623年6月19日）），愛媛百，岐阜百，近世，国史，国書5（[没]元和9（1623）年5月22日），コン改，コン4，史人（[没]1623年5月22日），諸系，新潮（[没]元和9（1623）年5月22日），人名，世人，戦合，戦国，戦人，鳥取百，日人，藩主2，藩主4（[没]元和9（1623）年5月22日）

加藤里路　かとうさとみち
天保11（1840）年～明治44（1911）年
江戸時代末期～明治期の加賀藩臣。
¶神人，人名，日人，幕末（[生]1840年11月　[没]1911年2月）

加藤三太夫　かとうさんだゆう
～安永5（1776）年11月9日
江戸時代中期の庄内藩付家老。
¶庄内

加藤重賢　かとうしげかた
江戸時代中期の筑前福岡藩士。
¶人名

加藤重慎　かとうしげちか
文化11（1814）年～明治20（1887）年　[別]加藤幾二郎《かとういくじろう》，加藤米山《かとうべいざん》
江戸時代末期～明治期の筑後久留米藩士。
¶国書（加藤米山　かとうべいざん　[没]明治20（1887）年3月20日），人名，日人，藩臣7（加藤幾二郎　かとういくじろう）

加藤重昌　かとうしげまさ
生没年不詳
江戸時代の紀伊和歌山藩士。
¶国書

加藤重正　かとうしげまさ
天正3（1575）年～正保2（1645）年
安土桃山時代～江戸時代前期の馬術家。
¶日人

加藤重益　かとうしげます
江戸時代前期の馬術家、上田流馭術家の祖。
¶人名

加藤自慊　かとうじこう
天保8（1837）年～明治29（1896）年
江戸時代末期～明治期の伊予宇和島藩士。
¶幕末（[没]1896年5月14日），藩臣6

加藤司書　かとうししょ
→加藤徳成（かとうとくなり）

加藤七左衛門 かとうしちざえもん
安土桃山時代～江戸時代前期の武士。里見氏家臣。
　¶戦人（生没年不詳），戦東

加藤七郎兵衛 かとうしちろうべえ
→加藤七郎兵衛（かとうしちろべえ）

加藤七郎兵衛 かとうしちろべえ
文化7（1810）年～文久3（1863）年　㊾加藤七郎兵衛《かとうしちろうべえ》
江戸時代末期の儒学者、広島藩志士。
　¶維新，人名（㊋1811年），日人，幕末（かとうしちろうべえ　㊱1863年9月17日）

加藤十千 かとうじっせん
元禄12（1699）年～安永7（1778）年　㊾加藤豈苟《かとうがいこう》
江戸時代中期の安芸広島藩士、儒学者。
　¶国書（加藤豈苟　かとうがいこう　㊋元禄12（1699）年6月8日　㊱安永7（1778）年閏7月7日），人名，日人，藩臣6，広島百（㊋元禄12（1699）年6月8日　㊱安永7（1778）年閏7月6日）

加藤主一郎 かとうしゅいちろう
文化9（1812）年～天保4（1833）年
江戸時代後期の上総久留里藩士。
　¶国書（㊱天保4（1833）年6月5日），藩臣3

加藤十次郎 かとうじゅうじろう
？ ～文久3（1863）年
江戸時代末期の因幡鳥取藩士。
　¶維新，日人

加藤主膳 かとうしゅぜん
？ ～寛永9（1632）年
江戸時代前期の武士。
　¶岡山人，岡山歴（㊱寛永9（1632）年4月）

加藤俊治 かとうしゅんじ
→加藤梅崖（かとうばいがい）

加藤松斎 かとうしょうさい
寛政5（1793）年～明治14（1881）年9月
江戸時代末期～明治期の村松藩士、佐幕派。
　¶国書，新潟百，幕末（㊋1792年）

加藤次郎 かとうじろう
＊～明治10（1877）年
江戸時代末期～明治期の岡山藩志士、中国研究家。戊辰戦争に従軍の後、上海に渡航。
　¶岡山人（㊋嘉永2（1849）年），岡山百（㊋？），岡山歴（㊋？　㊱明治10（1877）年10月），人名（㊋1849年），日人（㊋1849年），幕末（㊋？　㊱1877年10月）

加藤甚吉 かとうじんきち
文政6（1823）年～明治27（1894）年
江戸時代末期～明治期の常陸土浦藩士。
　¶幕末（㊱1894年6月24日），藩臣2

加藤甚十郎 かとうじんじゅうろう
天正4（1576）年～寛永14（1637）年
安土桃山時代～江戸時代前期の出羽庄内藩家老。
　¶庄内（㊱寛永14（1637）年12月1日），藩臣1

加藤甚之進 かとうじんのしん
生没年不詳
江戸時代末期の武士。
　¶和歌山人

加藤達 かとうすすむ
江戸時代末期の津和野藩士。
　¶人名，日人（生没年不詳）

賀藤清右衛門 かとうせいえもん
明和5（1768）年～天保5（1834）年　㊾賀藤景林《かとうかげしげ，かとうけいりん》
江戸時代後期の出羽秋田藩の林政家。
　¶秋田百（賀藤景林　かとうけいりん），朝日（㊋明和5年2月19日（1768年4月6日）　㊱天保5年3月24日（1834年5月2日）），近世，国史，国書（賀藤景林　かとうかげしげ　㊋明和5（1768）年11月19日　㊱天保5（1834）年3月24日），コン改，コン4，史人（㊋1768年2月19日　㊱1834年3月24日），新潮（㊋明和5（1768）年2月19日　㊱天保5（1834）年3月24日），人名，日人，藩臣1（賀藤景林　かとうかげしげ）

加藤清吾 かとうせいご
天保6（1835）年～明治35（1902）年9月29日
江戸時代末期～明治期の陸奥二本松藩士。
　¶幕末

加藤清左衛門(1) かとうせいざえもん
安土桃山時代～江戸時代前期の武士。里見氏家臣。
　¶戦人（生没年不詳），戦東

加藤清左衛門(2) かとうせいざえもん
延宝4（1676）年～宝暦5（1755）年9月6日
江戸時代前期～中期の庄内藩家老。
　¶庄内

加藤清兵衛 かとうせいべえ
？ ～文政6（1823）年
江戸時代後期の駿河沼津藩士。
　¶藩臣4

加藤雪潭 かとうせったん
？ ～元治1（1864）年
江戸時代末期の水戸藩士、画家。
　¶国書，人名，日人（㊋1809年）

加藤瀬兵衛(1) かとうせへえ
？ ～文政7（1824）年
江戸時代後期の駿河沼津藩士。
　¶藩臣4

加藤瀬兵衛(2) かとうせへえ
文政10（1827）年～？
江戸時代末期の駿河沼津藩士。
　¶藩臣4

加藤専八郎 かとうせんぱちろう
文化11（1814）年～明治42（1909）年10月30日
江戸時代末期～明治期の陸奥仙台藩士、鞍馬流居合の達人。
　¶幕末

加藤宗月 かとうそうげつ
→依田康勝（よだやすかつ）

加藤棕廬(加藤棕廬) かとうそうろ
寛政2（1790）年～嘉永4（1851）年　㊾加藤景繻《かとうかげよし》
江戸時代末期の安芸広島藩士、儒学者。
　¶国書（加藤景繻　かとうかげよし　㊱嘉永4（1851）年8月23日），人名，日人，藩臣6（加藤棕廬），広島百（㊱嘉永4（1851）年8月23日）

加藤待庵 かとうたいあん
文化5(1808)年〜明治5(1872)年9月6日
江戸時代末期の岡山藩士、漢詩人。
¶岡山人,岡山百(㊇文化3(1806)年),岡山歴

加藤大弐 かとうだいに
延宝3(1675)年〜寛保1(1741)年8月24日
江戸時代中期の出羽庄内藩家老。
¶国書,庄内,藩臣1

加藤大六 かとうだいろく
〜天保6(1835)年1月10日
江戸時代後期の庄内藩士。
¶庄内

加藤宅馬 かとうたくま
文化11(1814)年〜慶応4(1868)年3月11日
江戸時代後期〜末期の庄内藩家老。
¶庄内

加藤武幸 かとうたけゆき
〜明治5(1872)年9月4日
江戸時代後期〜明治期の弓道家、白石片倉家の弓術師範。
¶弓道

加藤太左衛門 かとうたざえもん
元和4(1618)年〜貞享1(1684)年
江戸時代前期の庄内藩家老。
¶庄内

加藤多士美 かとうたじみ
〜享保16(1731)年3月25日
江戸時代中期の庄内藩士。
¶庄内

加藤田新作 かとうだしんさく
延宝7(1679)年〜寛延3(1750)年
江戸時代前期〜中期の剣術家。神陰流。
¶剣豪

加藤忠明 かとうただあき
江戸時代前期の武将、伊予松崎城主。豊臣秀吉の臣。
¶人名,戦国,日人(生没年不詳)

加藤任重 かとうただしげ
→加藤常吉(かとうつねきち)

加藤忠広 かとうただひろ
慶長6(1601)年〜承応2(1653)年
江戸時代前期の大名。出羽丸岡藩主、肥後熊本藩主。
¶朝日(㊇承応2年閏6月8日(1653年8月1日)),近世,熊本百(㊇承応2(1653)年8月15日),国史,コン改(㊇慶長6(1601)年,(異説)1598年),コン4(㊇慶長6(1601)年,(異説)1598年),史人(㊇1653年閏6月8日),庄内(㊇慶長7(1602)年 ㊇承応2(1653)年閏6月8日),新潮(㊇承応2(1653)年閏6月8日),人名(㊇1598年),世人,戦合,史日(㊇承応2(1653)年閏6月8日),日人,藩主4(㊇慶長6(1601)年,(異説)慶長5年 ㊇承応2(1653)年閏6月8日),百科,山形百(㊇慶長7(1602)年),歴大

加藤帯刀 かとうたてわき
〜文政12(1829)年4月7日

江戸時代後期の庄内藩家老。
¶庄内

加藤種之助 かとうたねのすけ
弘化1(1844)年〜明治24(1891)年
江戸時代末期〜明治期の安芸広島藩士。
¶幕末(㊇1891年11月14日),藩臣6

加藤田平八郎 かとうだへいはちろう
文化5(1808)年〜明治8(1875)年
江戸時代末期〜明治期の筑後久留米藩の剣術師範。
¶剣豪,人名,日人,幕末(㊇1875年1月15日),藩臣7(㊇文化5(1808)年頃)

加藤民弥 かとうたみや
文政2(1819)年〜慶応4(1868)年9月5日
江戸時代後期〜末期の新撰組隊士。
¶新撰

加藤中孚 かとうちゅうふ
寛文12(1672)年〜享保7(1722)年6月21日
江戸時代前期〜中期の久留米藩士。
¶国書

加藤張卿 かとうちょうきょう
文化10(1813)年〜明治1(1868)年
江戸時代末期の三河西尾藩士、儒学者。
¶姓氏愛知,幕末,藩臣4

加藤常吉 かとうつねきち
天保3(1832)年〜元治1(1864)年 ㊙加藤任重
《かとうただしげ》
江戸時代末期の筑後久留米藩士。
¶維新,国書(加藤任重 かとうただしげ ㊇元治1(1864)年7月21日),人名,日人,幕末(㊇1864年8月22日)

加藤藤兵衛 かとうとうべい
江戸時代前期の白山麓牛首谷の土豪。
¶石川百

加藤時雍 かとうときやす
? 〜安政6(1859)年9月
江戸時代末期の加賀藩士。
¶幕末

加藤徳成 かとうとくなり
天保1(1830)年〜慶応1(1865)年 ㊙加藤司書
《かとうししょ》
江戸時代末期の筑前福岡藩の尊王攘夷派志士。
¶朝日(㊇天保1年3月5日(1830年3月28日) ㊇慶応1年10月25日(1865年12月12日)),維新(加藤司書 かとうししょ),角史,近世,国史,コン改,コン4,新潮(㊇天保1(1830)年3月5日 ㊇慶応1(1865)年10月25日),人名,世人,日人,幕末(加藤司書 かとうししょ ㊇1865年12月12日),藩臣7(加藤司書 かとうししょ),福岡百(加藤司書 かとうししょ),慶応1(1865)年10月25日)

加藤直泰 かとうなおやす
元和1(1615)年〜天和2(1682)年
江戸時代前期の大名。伊予新谷藩主。
¶愛媛百,史人(㊇1682年1月5日),諸系,日人,藩主4(㊇天和2(1682)年1月5日)

加藤長家 かとうながいえ
? 〜明治25(1892)年

江戸時代末期～明治期の豊後岡藩士。
¶藩臣7

上遠野伊豆 かどうのいず
享保6(1721)年～寛政7(1795)年
江戸時代中期～後期の剣術家。願立流。
¶剣豪

上遠野掃部 かどうのかもん
生没年不詳
江戸時代の剣術家。願立流。
¶剣豪

上遠野秀門 かとうのひでと
→上遠野勇吉(かどのゆうきち)

加藤信景(1) かとうのぶかげ
安土桃山時代～江戸時代前期の武士。里見氏家臣。
¶戦辞(生没年不詳), 戦東

加藤信景(2) かとうのぶかげ
安土桃山時代～江戸時代前期の武士。里見氏家臣。
¶戦人(生没年不詳), 戦東

加藤則著 かとうのりあき
江戸時代末期の幕臣。
¶維新, 幕末(生没年不詳)

加藤則勝 かとうのりかつ
～寛永12(1635)年
江戸時代前期の旗本。
¶神奈川人

加藤程智 かとうのりとも
? ～延享4(1747)年
江戸時代中期の上野沼田藩士。
¶藩臣2

加藤梅崖 かとうばいがい
天明3(1783)年～弘化2(1845)年 [別]加藤俊治《かとうしゅんじ》
江戸時代後期の讃岐丸亀藩士、儒学者。
¶江文, 国書([没]弘化2(1845)年10月27日), 人名, 日人, 藩臣6(加藤俊治 かとうしゅんじ)

加藤八太郎 かとうはちたろう
生没年不詳
江戸時代の庄内藩士。
¶庄内

加藤八郎太夫(加藤八郎大夫) かとうはちろうだゆう
天保3(1832)年～慶応3(1867)年
江戸時代末期の水戸藩士。
¶維新(加藤八郎大夫), 人名, 日人, 幕末(加藤八郎大夫 [没]1867年6月7日)

加藤半蔵 かとうはんぞう
生没年不詳
江戸時代の庄内藩士。
¶庄内

加藤羆 かとうひぐま
? ～慶応3(1867)年6月23日
江戸時代後期～末期の新撰組隊士。
¶新撰

加藤彦十郎 かとうひこじゅうろう
弘治1(1555)年～寛永19(1642)年
戦国時代～江戸時代前期の代官。
¶姓氏愛知

加藤古風 かとうひさかぜ
明和3(1766)年～嘉永1(1848)年
江戸時代中期～後期の武蔵忍藩士。
¶江文, 国書([没]嘉永1(1848)年11月25日), 埼玉人([没]嘉永1(1848)年11月25日), 埼玉百, 人名, 日人, 藩臣3

加藤恒 かとうひさし
天保14(1843)年～明治32(1899)年 [別]加藤恒《かとうこう》
江戸時代末期～明治期の加賀藩士。
¶人名, 姓氏石川(かとうこう [生]?), 日人, 幕末(かとうこう [没]1899年3月6日)

加藤弘之 かとうひろゆき
天保7(1836)年～大正5(1916)年
江戸時代末期～明治期の但馬出石藩士、幕臣、思想家。
¶朝日([生]天保7年6月23日(1836年8月5日) [没]大正5(1916)年2月9日), 維新, 岩史([生]天保7(1836)年6月23日 [没]大正5(1916)年2月9日), 学校([生]天保7(1836)年6月23日 [没]大正5(1916)年2月9日), 角史, 教育, キリ([生]天保7(1836)年6月23日 [没]大正5(1916)年2月9日), 近現, 近文, 国際, 国史, 国書([生]天保7(1836)年6月23日 [没]大正5(1916)年2月9日), コン改, コン4, コン5, 史人([生]1836年6月23日 [没]1916年2月9日), 静岡百, 静岡歴, 思想([生]天保7(1836)年6月23日 [没]大正5(1916)年2月9日), 重要([生]天保7(1836)年6月23日 [没]大正5(1916)年2月9日), 人書79, 人書94, 新潮([生]天保7(1836)年6月23日 [没]大正5(1916)年2月9日), 新文([生]天保7(1836)年6月23日 [没]大正5(1916)年2月9日), 人名, 姓氏静岡, 世人([生]天保7(1836)年6月23日 [没]大正5(1916)年2月9日), 世百, 先駆([生]天保7(1836)年6月23日 [没]大正5(1916)年2月9日), 全書, 大百, 哲学, 伝記, 日史([生]天保7(1836)年6月23日 [没]大正5(1916)年2月9日), 日人, 日本, 幕末([没]1916年2月9日), 藩臣5, 百科, 兵庫人([生]天保7(1836)年6月22日 [没]大正5(1916)年2月9日), 兵庫百, 文学, 明治2, 履歴([生]天保7(1836)年6月23日 [没]大正5(1916)年2月9日), 歴大

加藤楓庵 かとうふうあん
天正9(1581)年～慶安2(1649)年
江戸時代前期の武士。
¶茶道

加藤平九郎 かとうへいくろう
生没年不詳
江戸時代末期の幕臣。
¶幕末

加藤兵左衛門 かとうへいざえもん
天正18(1590)年～承応3(1654)年
安土桃山時代～江戸時代前期の加藤・三好家第3代当主。
¶姓氏愛知

加藤米山 かとうべいざん
→加藤重慎(かとうしげちか)

加藤正方 かとうまさかた
天正8(1580)年～慶安1(1648)年
江戸時代前期の肥後熊本藩士、俳人。
¶朝日([没]慶安1年9月23日(1648年11月8日)), 近世, 熊本百([没]慶安2(1649)年9月23日), 国史, 国書5([没]慶安1(1648)年9月23日), コン改, コン4, 史人([没]1648年9月23日), 新潮([没]慶安1(1648)年9月23日), 人名, 世人, 戦合, 戦人, 日人, 和俳

加藤正重 かとうまさしげ
～寛永13(1636)年
江戸時代前期の旗本。
¶神奈川人

加藤正成 かとうまさなり
～寛文5(1665)年
江戸時代前期の旗本。
¶神奈川人

加藤正修 かとうまさのぶ
延享2(1745)年～天保9(1838)年
江戸時代中期～後期の水戸藩士。
¶国書

加藤正岑 かとうまさみね
～享保5(1720)年
江戸時代中期の旗本。
¶神奈川人

加藤正行 かとうまさゆき
寛政2(1790)年～元治1(1864)年？
江戸時代後期の幕臣。
¶国書(生没年不詳), 姓氏静岡

加藤正吉 かとうまさよし
～承応2(1653)年
江戸時代前期の旗本。
¶神奈川人

加藤正従 かとうまさより
明和8(1771)年1月19日～天保5(1834)年11月25日
江戸時代中期～後期の庄内藩士。
¶国書, 庄内

加藤光尚 かとうみつひさ
生没年不詳
江戸時代前期の武芸家。
¶国書

加藤光正 かとうみつまさ
？ ～寛永10(1633)年
江戸時代前期の武士。
¶人名, 日人

加藤光吉 かとうみつよし
生没年不詳
安土桃山時代～江戸時代前期の美濃黒野藩主一門。
¶藩臣3

加藤甫成 かとうもとなり
慶安3(1650)年～元文4(1739)年
江戸時代前期～中期の旗本。
¶姓氏神奈川

加藤紋兵衛 かとうもんべえ
？ ～元和4(1618)年
江戸時代前期の長氏の家臣。
¶姓氏石川

加藤野逸 かとうやいつ
享保8(1723)年～文化4(1807)年　[別]野逸《やいつ》
江戸時代中期～後期の俳人・幕臣。
¶国書(野逸　やいつ　[生]享保13(1728)年　[没]文化4(1807)年1月15日), 人名, 日人, 俳句(野逸　やいつ)

加藤泰秋 かとうやすあき
弘化3(1846)年～昭和1(1926)年
江戸時代末期～明治期の大名。伊予大洲藩主。
¶維新, 諸系, 日人, 幕末([没]1926年6月17日), 藩主4([生]弘化3(1846)年8月12日　[没]大正15(1926)年6月17日)

加藤泰温 かとうやすあつ
享保1(1716)年～延享2(1745)年
江戸時代中期の大名。伊予大洲藩主。
¶諸系, 日人, 藩主4([生]享保1(1716)年10月3日　[没]延享2(1745)年6月12日)

加藤泰興 かとうやすおき
慶長16(1611)年～延宝5(1677)年
江戸時代前期の大名、槍術家。伊予大洲藩主。
¶愛媛百, 郷土愛媛, 近世, 国史, 諸系([没]1678年), 人名([生]1561年　[没]1628年), 日人([没]1678年), 藩主4([没]延宝5(1677)年閏12月16日)

加藤泰觚 かとうやすかど
明暦2(1656)年～享保11(1726)年
江戸時代前期～中期の大名。伊予新谷藩主。
¶諸系, 日人, 藩主4([没]享保11(1726)年2月24日)

加藤泰済 かとうやすずみ
天明5(1785)年～文政9(1826)年
江戸時代後期の大名。伊予大洲藩主。
¶国書([生]天明5(1785)年11月15日　[没]文政9(1826)年9月20日), 諸系, 日人, 藩主4([生]天明5(1785)年11月15日　[没]文政9(1826)年9月20日)

加藤泰武 かとうやすたけ
延享2(1745)年～明和5(1768)年
江戸時代中期の大名。伊予大洲藩主。
¶諸系, 日人, 藩主4([生]延享2(1745)年7月13日　[没]明和5(1768)年5月22日)

加藤泰理 かとうやすただ
文化12(1815)年～慶応3(1867)年
江戸時代末期の大名。伊予新谷藩主。
¶諸系, 日人, 藩主4([生]文化12(1815)年11月21日　[没]慶応3(1867)年3月20日)

加藤泰恒 かとうやすつね
明暦3(1657)年～正徳5(1715)年
江戸時代前期～中期の大名。伊予大洲藩主。
¶愛媛百([没]正徳5(1715)年7月9日), 諸系, 日人, 藩主4([没]正徳5(1715)年7月9日)

加藤泰貫 かとうやすつら
延宝4(1676)年～享保13(1728)年
江戸時代中期の大名。伊予新谷藩主。

か

¶諸系，日人，藩主4（[生]延宝4（1676）年10月25日 [没]享保13（1728）年9月21日）

加藤泰候 かとうやすとき
宝暦10（1760）年～天明7（1787）年
江戸時代中期の大名。伊予大洲藩主。
¶諸系，日人，藩主4（[生]宝暦10（1760）年3月2日 [没]天明7（1787）年7月4日）

加藤泰祉 かとうやすとみ
弘化1（1844）年～元治1（1864）年
江戸時代末期の大名。伊予大洲藩主。
¶維新，諸系，日人，幕末（[没]1864年9月16日），藩主4（[生]天保15（1844）年11月18日　[没]元治1（1864）年8月16日）

加藤泰儔 かとうやすとも
天明3（1783）年～明治5（1872）年
江戸時代後期の大名。伊予新谷藩主。
¶諸系，日人，藩主4（[生]天明3（1783）年7月13日 [没]明治4（1871）年12月14日）

加藤泰宦（加藤泰官） かとうやすのぶ
元文2（1737）年～明和8（1771）年
江戸時代中期の大名。伊予新谷藩主。
¶諸系，日人，藩主4（加藤泰官　[生]元文2（1737）年5月8日　[没]明和8（1771）年7月4日）

加藤泰令 かとうやすのり
天保9（1838）年～大正2（1913）年
江戸時代末期～明治期の大名。伊予新谷藩主。
¶維新，諸系，日人，幕末（[没]1913年2月23日），藩主4（[生]天保9（1838）年3月18日　[没]大正2（1913）年2月23日）

加藤安彦 かとうやすひこ
文政3（1820）年～明治31（1898）年
江戸時代末期～明治期の尾張犬山藩士。
¶人名，日人

加藤康寛 かとうやすひろ
天正2（1574）年～承応2（1653）年
安土桃山時代～江戸時代前期の越前福井藩士。
¶藩臣3

加藤泰広 かとうやすひろ
宝永7（1710）年～天明5（1785）年
江戸時代中期の大名。伊予新谷藩主。
¶諸系，日人，藩主4（[生]宝永7（1710）年3月17日 [没]天明5（1785）年2月16日）

加藤泰賢 かとうやすまさ
明和4（1767）年～天保1（1830）年
江戸時代中期～後期の大名。伊予新谷藩主。
¶諸系，日人，藩主4（[生]明和4（1767）年4月22日 [没]天保1（1830）年10月21日）

加藤泰衜 かとうやすみち
享保13（1728）年～天明4（1784）年
江戸時代中期の大名。伊予大洲藩主。
¶国書（[生]享保13（1728）年9月9日　[没]天明4（1784）年閏1月13日），諸系，日人，藩主4（[生]享保13（1728）年9月9日　[没]天明4（1784）年閏1月13日）

加藤泰統 かとうやすむね
元禄2（1689）年～享保12（1727）年
江戸時代中期の大名。伊予大洲藩主。
¶諸系，日人，藩主4（[生]元禄2（1689）年10月9日 [没]享保12（1727）年6月24日）

加藤泰幹 かとうやすもと
文化10（1813）年～嘉永6（1853）年
江戸時代末期の大名。伊予大洲藩主。
¶国書（[生]文化10（1813）年4月1日　[没]嘉永6（1853）年1月15日），諸系，日人，藩主4（[生]文化10（1813）年4月1日　[没]嘉永6（1853）年1月15日）

加藤泰行 かとうやすゆき
宝暦3（1753）年～明和6（1769）年
江戸時代中期の大名。伊予大洲藩主。
¶諸系，日人，藩主4（[生]宝暦3（1753）年6月27日 [没]明和6（1769）年5月8日）

加藤靱負 かとうゆきえ
江戸時代末期の一橋家の家司職。
¶人名，日人（生没年不詳）

加藤嘉明 かとうよしあき
永禄6（1563）年～寛永8（1631）年　[別]加藤嘉明《かとうよしあきら》，加藤左馬助《かとうさまのすけ》
安土桃山時代～江戸時代前期の武将。
¶愛知百（[没]1631年9月12日），会津，朝日（[没]寛永8年9月12日（1631年10月7日）），岩史（[没]寛永8（1631）年9月12日），愛媛百，角史，郷土愛媛（かとうよしあきら），近世，国史，古中，コン改，コン4，茶道，史人（[没]1631年9月12日），諸系，新潮（[没]寛永8（1631）年9月12日），人名，世人（[没]寛永8（1631）年9月12日），世百，戦合，戦国，戦辞（[没]寛永8年9月12日（1632年10月25日）），全書（[生]1562年），戦人，戦西，大百，日史（[没]寛永8（1631）年9月12日），日人，藩主1（[没]寛永8（1631）年9月12日），藩主4，百科，兵庫百，福島百，歴大

加藤嘉明 かとうよしあきら
→加藤嘉明（かとうよしあき）

加藤嘉矩 かとうよしのり
元禄6（1693）年～享保9（1724）年
江戸時代中期の大名。下野壬生藩主、近江水口藩主。
¶諸系，日人，藩主1，藩主3（[生]元禄7（1694）年10月21日　[没]享保9（1724）年9月9日）

加藤良久 かとうよしひさ
？～延宝3（1675）年
江戸時代前期の土佐藩作事奉行。
¶高知人，人名，日人

加藤良房 かとうよしふさ
宝暦12（1762）年～文化2（1805）年
江戸時代中期～後期の紀伊和歌山藩士。
¶藩臣5

加藤蘭山 かとうらんざん
元禄14（1701）年～天明2（1782）年
江戸時代中期の加賀藩士。
¶国書

加藤隆和 かとうりゅうわ
寛政12（1800）年～万延1（1860）年
江戸時代末期の碁客、尾張藩士。

¶人名，日人

加藤六左衛門 かとうろくざえもん
生没年不詳
江戸時代の寿能城主潮田氏の家臣。大宮宿脇本陣・問屋。
¶埼玉人

加藤蘆船 かとうろせん
文政8(1825)年～明治21(1888)年
江戸時代末期～明治期の音曲家、幕臣。
¶人名

上遠野秀宗 かどおのひでむね
永禄4(1561)年～寛永14(1637)年
安土桃山時代～江戸時代前期の武士。佐竹氏家臣。
¶戦辞([没]寛永17年12月4日(1641年1月15日))，戦人，戦東([生]？)

門田宇平 かどたうへい
文化6(1809)年～文久3(1863)年
江戸時代末期の土佐国山北村郷士。
¶芸能([没]文久3(1863)年9月29日)，高知人，高知百，日音([没]文久3(1863)年9月29日)，幕末([没]1863年11月10日)

門田栄 かどたさかえ
生没年不詳
江戸時代末期の豊前小倉藩士。
¶藩臣7

門田為之助 かどたためのすけ
天保9(1838)年～慶応3(1867)年
江戸時代末期の志士。
¶高知人，幕末([没]1867年12月6日)

門田造酒尉 かどたみきのじょう
生没年不詳
安土桃山時代～江戸時代前期の武士。
¶庄内

上遠野勇吉 かどのゆうきち
宝暦6(1756)年～天保11(1840)年　[別]上遠野秀門《かとうのひでと》
江戸時代中期～後期の陸奥会津藩士。
¶剣豪，藩臣2(上遠野秀門　かとうのひでと)

角谷糺 かどやただす
弘化2(1845)年～？
江戸時代後期～末期の新撰組隊士。
¶新撰

角谷与市郎 かどやよいちろう
寛保3(1743)年～文政2(1819)年
江戸時代中期～後期の加賀大聖寺藩士。
¶姓氏石川

楫取素彦(揖取素彦) かとりもとひこ
文政12(1829)年～大正1(1912)年　[別]小田村伊之助《おだむらいのすけ》，小田村素太郎《おだむらもとたろう》
江戸時代末期～明治期の長州藩の志士。吉田松陰の活動を援助。
¶朝日([生]文政12年3月15日(1829年4月18日)　[没]大正1(1912)年8月14日)，維新，郷土群馬，群馬人，群馬百，国書([生]文政12(1829)年3月15日　[没]大正1(1912)年8月14日)，コン改，コン4，コン5，埼玉人([生]文政12(1829)年3月15日　[没]大正1(1912)年8月15日)，埼玉百，人書94，神人(揖取素彦　[生]文政12(1829)年3月15日　[没]大正1(1912)年8月14日)，新潮([生]文政12(1829)年3月15日　[没]大正1(1912)年8月14日)，人名，姓氏群馬，姓氏山口，先駆([生]文政12(1829)年3月15日　[没]大正1(1912)年8月14日)，日人，幕末([没]1912年8月14日)，藩臣6，山口百，履歴([生]文政12(1829)年3月15日　[没]大正1(1912)年8月14日)

門脇重綾 かどわきしげあや
文政9(1826)年～明治5(1872)年
江戸時代末期～明治期の因幡鳥取藩士、国学者。
¶維新，国書([生]文政9(1826)年10月18日　[没]明治5(1872)年8月3日)，神人([没]明治5(1872)年8月3日)，人名，鳥取百，日人，幕末([没]1873年8月3日)，藩臣5

金井允釐 かないいんり
天保8(1837)年5月8日～明治19(1886)年2月5日
江戸時代後期～明治期の旧藩士。
¶庄内

金井右膳 かないうぜん
？～文政12(1829)年
江戸時代後期の下総佐倉藩士。
¶藩臣3

金井久左衛門 かないきゅうざえもん
安土桃山時代～江戸時代前期の武士。里見氏家臣。
¶戦人(生没年不詳)，戦東

金井国之丞(金井国之亟) かないくにのじょう
弘化4(1847)年～慶応1(1865)年　[別]石井政之丞《いしいまさのじょう》
江戸時代末期の水戸天狗党員。
¶維新，埼玉人([生]嘉永1(1848)年　[没]慶応1(1865)年2月16日)，埼玉百(金井国之亟　[生]1848年)，日人，幕末([没]1865年3月13日)

金井国之助 かないくにのすけ
生没年不詳
江戸時代後期の町奉行。
¶庄内

金井寿平 かないじゅへい
天保10(1839)年～？
江戸時代末期の志士。
¶人名，日人

金井武男 かないたけお
天保14(1843)年～明治35(1902)年12月20日
江戸時代末期～明治期の志士。戊辰戦争で方義隊に属す。
¶幕末

金井質直 かないただなお
文政12(1829)年9月14日～明治12(1879)年4月23日
江戸時代後期～明治期の出羽庄内藩士。
¶国書，庄内

金井男四郎 かないだんしろう
寛政9(1797)年～明治5(1872)年
江戸時代末期～明治期の出羽庄内藩士。
¶庄内([生]寛政9(1797)年12月13日　[没]明治5(1872)年5月4日)，藩臣1

か

金井筑後守 かないちくごのかみ
安土桃山時代～江戸時代前期の武士。里見氏家臣。
¶戦人（生没年不詳），戦東

金井知義 かないともよし
嘉永2（1849）年～大正6（1917）年
江戸時代末期～明治期の教育家。漢学に造詣が深い。日本大学、浄土宗大学などで教鞭を執った。
¶人名，日人

金井半兵衛 かないはんべえ
？ ～慶安4（1651）年 [別]金井正国《かないまさくに》
江戸時代前期の牢人。由井正雪の与党の一人。
¶大阪人（[没]慶安4（1651）年8月13日），近世，国史，史人（[没]1651年8月），新潮（[生]元和1（1615）年頃 [没]慶安4（1651）年8月），人名（金井正国 かないまさくに），世人，日人，歴大

金井正国 かないまさくに
→金井半兵衛（かないはんべえ）

金井之恭 かないゆきやす
天保4（1833）年～明治40（1907）年
江戸時代末期～明治期の志士。金井烏洲の3男。
¶朝日（[生]天保4年9月18日（1833年10月30日） [没]明治40（1907）年5月13日），維新，郷土群馬，近現，近世，群馬人，群馬百，国史，国書（[生]天保4（1833）年9月18日 [没]明治40（1907）年5月13日），コン改，コン4，コン5，史人（[生]1833年9月18日 [没]1907年5月13日），新潮（[生]天保4（1833）年9月18日 [没]明治40（1907）年5月13日），人名，姓氏群馬，世百，日人，幕末（[没]1907年5月13日）

国字垣歌志久 かながきかしく
？ ～安政6（1859）年8月10日 [別]手賀常幹《てがつねもと》
江戸時代末期の麻生藩士、連歌。
¶国書，日人（生没年不詳），幕末

金沢大蔵少輔千秋 かなざわおおくらしょうゆうちあき
→金沢千秋（かなざわちあき）

金沢覚忍軒 かなざわかくにんけん
延宝2（1674）年～宝暦2（1752）年
江戸時代前期～中期の剣術家。三和無敵流祖。
¶剣豪

金沢勘右衛門 かなざわかんえもん
？ ～元禄4（1691）年
江戸時代前期の測量家、津軽藩主側近。
¶青森人，朝日（[没]元禄4年閏8月9日（1691年9月30日）），近世，国史，人名（[生]1638年），日人（[生]1638年）

金沢圭助 かなざわけいすけ
江戸時代末期の新撰組隊士。
¶新撰

金沢正 かなざわただし
明和3（1766）年～嘉永5（1852）年
江戸時代中期～後期の佐川深尾家・家臣、名教館教授。
¶高知人

金沢千秋 かなざわちあき
明和2（1765）年～文政5（1822）年 [別]金沢大蔵少輔千秋《かなざわおおくらしょうゆうちあき》
江戸時代中期～後期の86代長崎奉行。
¶長崎歴（金沢大蔵少輔千秋 かなざわおおくらしょうゆうちあき）

金沢忠兵衛 かなざわちゅうべえ
？ ～寛永2（1625）年
江戸時代前期の武士、相馬利胤の家臣。
¶人名

金沢八郎(1) かなざわはちろう
？ ～文政11（1828）年
江戸時代後期の駿河沼津藩用人。
¶藩臣4

金沢八郎(2) かなざわはちろう
享和2（1802）年～慶応3（1867）年
江戸時代末期の駿河沼津藩士。
¶藩臣4

金沢弥右衛門 かなざわやえもん
生没年不詳
江戸時代末期の紀伊和歌山藩士。
¶幕末

金沢六郎 かなざわろくろう
天保8（1837）年～？
江戸時代末期の駿河沼津藩士。
¶藩臣4

金田甲橘 かなだこうきち
嘉永1（1848）年～昭和11（1936）年
江戸時代末期～昭和期の人。旧新庄藩士。
¶山形百

神余喜平次 かなまりきへいじ
江戸時代前期の武将。里見氏家臣。
¶戦東

金丸常昭 かなまるつねあき
→金丸常昭（かなまるつねあきら）

金丸常昭 かなまるつねあきら
正徳2（1712）年～宝暦8（1758）年 [別]金丸常昭《かなまるつねあき》
江戸時代中期の石見津和野藩士、儒学者。
¶国書5（[生]正徳2（1712）年6月28日 [没]宝暦8（1758）年11月14日），島根人（かなまるつねあき），島根歴（かなまるつねあき [生]？），藩臣5

金本摩斎 かなもとまさい
文政12（1829）年～明治4（1871）年 [別]金本顕蔵《かねもとけんぞう》，金本摩斎《かねもとまさい》
江戸時代末期～明治期の儒学者。
¶維新（かねもとまさい），大阪人，国書（[生]文政12（1829）年10月28日 [没]明治4（1871）年4月2日），コン改，コン4，コン5，島根人（かねもとまさい [生]文政11（1828）年），島根歴，新潮（[生]文政12（1829）年10月 [没]明治4（1871）年4月2日），人名，日人，幕末（かねもとまさい [没]1871年5月20日），兵庫百（金本顕蔵 かねもとけんぞう）

金森可英 かなもりありひで
正徳5（1715）年～安永3（1774）年
江戸時代中期の美濃郡上藩士。

¶藩臣3

金森錦謙 かなもりきんけん
→金森建策(かなもりけんさく)

金森桂五 かなもりけいご
→桂五(けいご)

金森建策 かなもりけんさく
? ～文久2(1862)年 [別]金森錦謙《かなもりきんけん》
江戸時代末期の出雲松江藩の洋学者。
¶朝日([没]文久2年5月1日(1862年5月29日)), 江文(金森錦謙 かなもりきんけん), 国書5(金森錦謙 かなもりきんけん [没]文久2(1862)年5月1日), コン4, 島根歴, 日人, 幕末([没]1862年5月1日), 藩臣5, 洋学(金森錦謙 かなもりきんけん)

金森左近 かなもりさこん
生没年不詳
江戸時代中期の美濃郡上藩家老。
¶藩臣3

金森重頼 かなもりしげより
文禄3(1594)年～慶安3(1650)年
江戸時代前期の大名。飛驒高山藩主。金森宗和の弟。
¶朝日([没]慶安3年閏10月7日(1650年11月30日)), 岐阜百, 近世, 国史, コン改, コン4, 史人([没]1650年閏10月7日), 諸系, 新潮([生]文禄3(1597)年 [没]慶安3(1650)年閏10月7日), 人名, 戦合, 戦人, 日人, 藩主2([生]文禄3(1594)年, (異説)文禄5年, 慶長1年 [没]慶安3(1650)年閏10月7日)

金森宗和 かなもりそうわ
天正12(1584)年～明暦2(1656)年 [別]金森宗和《かなもりむねかず》, 金森重近《かなもりしげちか》
江戸時代前期の武士、茶匠。茶道宗和流の祖。
¶朝日([没]明暦2年12月15日(1657年1月29日)), 岩史([没]明暦2(1656)年12月10日), 角史, 岐阜百(かなもりむねかず), 京都, 京都大, 近世, 国史, 国書([没]明暦2(1656)年12月16日), コン改, コン4, 茶道, 史人([没]1656年12月15日), 諸系([没]1657年), 新潮([没]明暦2(1656)年12月15日), 人名, 姓氏京都, 世人([没]明暦2(1656)年12月16日), 世百, 全書, 戦人, 大百, 日史([没]明暦2(1656)年12月15日), 日人([没]1657年), 美術, 百科, 歴大

金森得水 かなもりとくすい
天明6(1786)年～元治2(1865)年 [別]金森長興《かなもりながおき》
江戸時代後期の紀伊和歌山藩家老。
¶考古([生]天明8年(1788年4月8日) [没]元治2年(1865年2月15日)), 国書([生]天明8(1788)年4月8日 [没]元治2(1865)年2月15日), 茶道, 人名(金森長興 かなもりながおき), 日人, 幕末([没]1865年3月22日), 藩臣5, 三重([没]元治1年2月15日), 和歌山人

金森知直 かなもりともなお
*～文化4(1807)年
江戸時代中期～後期の加賀藩士、茶人。
¶石川百([生]1776年), 藩臣3([生]?)

金森長興 かなもりながおき
→金森得水(かなもりとくすい)

金森宗和 かなもりむねかず
→金森宗和(かなもりそうわ)

金森頼興 かなもりよりおき
宝暦3(1753)年～寛政9(1797)年
江戸時代中期の大名。
¶国書([没]寛政9(1797)年5月6日), 諸系, 人名, 日人

金森頼錦 かなもりよりかね
正徳3(1713)年～宝暦13(1763)年
江戸時代中期の大名。美濃郡上藩主。
¶朝日([没]宝暦13(1763)年6月), 岐阜百, 近世, 国史, 国書([生]正徳3(1713)年10月15日 [没]宝暦13(1763)年6月6日), コン4, 諸系, 人名, 日人, 藩主2([生]正徳3(1713)年10月15日 [没]宝暦13(1763)年6月6日)

金森頼旹(金森頼時) かなもりよりとき
寛文9(1669)年～元文1(1736)年
江戸時代中期の大名。出羽上山藩主、飛驒高山藩主、美濃郡上藩主。
¶岐阜百, 近世, 国史, 国書(金森頼時 [没]元文1(1736)年5月23日), 諸系, 人名(金森頼時), 日人, 藩主1, 藩主2([没]元文1(1736)年5月23日)

金森頼直 かなもりよりなお
元和7(1621)年～寛文5(1665)年
江戸時代前期の大名。飛驒高山藩主。
¶岐阜百, 諸系, 人名, 日人, 藩主2([生]元和7(1621)年, (異説)元和5年 [没]寛文5(1665)年7月18日)

金森頼業 かなもりよりなり
慶安1(1648)年～寛文12(1672)年
江戸時代前期の大名。飛驒高山藩主。
¶岐阜百, 諸系, 日人, 藩主2([没]寛文11(1671)年12月28日)

金谷武英 かなやたけひで
生没年不詳
江戸時代後期の武士。
¶国書, 日人

金谷橋良蔵 かなやばしりょうぞう
～文久2(1862)年1月30日
江戸時代後期～末期の代官。
¶庄内

金谷正算 かなやまさかず
天正16(1588)年～慶安4(1651)年
安土桃山時代～江戸時代前期の頼宣代官。
¶和歌山人

金成信牌 かなりのぶたて
～享保18(1733)年
江戸時代中期の小田原藩の槍術家。
¶神奈川人

金輪五郎 かなわごろう
江戸時代末期～明治期の出羽秋田藩の志士。赤報隊結成に参加。
¶秋田百([生]天保14(1843)年 [没]明治2(1869)

年)，維新([生]1833年　[没]1868年)，新潮([生]天保4(1833)年　[没]明治2(1869)年12月29日)，日人([生]1833年　[没]1870年)，幕末([生]1841年　[没]1870年1月30日)，藩臣1([生]天保12(1844)年　[没]明治3(1870)年)

蟹江監物　かにえけんもつ
生没年不詳
江戸時代中期の越中富山藩家老。
¶富山百，藩臣3

蟹江大愚哉　かにえだいぐさい
文政12(1829)年～明治19(1886)年　[別]蟹江基徳《かにえもとのり》
江戸時代末期～明治期の越中富山藩士。
¶人名，日人，幕末(蟹江基徳　かにえもとのり　[没]1886年10月12日)，藩臣3

蟹江太郎介　かにえたろうすけ
文政6(1823)年～慶応1(1865)年　[別]蟹江太郎介《かにえたろすけ》
江戸時代末期の陸奥仙台藩の志士。
¶人名(かにえたろすけ)，日人([没]1866年)，藩臣1

蟹江太郎介　かにえたろすけ
→蟹江太郎介(かにえたろうすけ)

蟹江基徳　かにえもとのり
→蟹江大愚哉(かにえだいぐさい)

可児平左衛門　かにへいざえもん
安永5(1776)年～天保7(1836)年
江戸時代後期の算家、美作津山藩士。
¶人名，日人

可児正栄　かにまさしげ
？～寛文4(1664)年
江戸時代前期の武士。
¶和歌山人

可児正武　かにまさたけ
？～寛保3(1743)年
江戸時代中期の播磨三日月藩家老。
¶藩臣5

蟹養斎　かにようさい
宝永2(1705)年～安永7(1778)年
江戸時代中期の尾張藩の儒者(崎門派)。
¶愛知百([没]1778年8月14日)，朝日([没]安永7年8月14日(1778年10月4日))，教育，近世，国史，国書([没]安永7(1778)年8月14日)，新潮([没]安永7(1778)年8月14日)，人名，姓氏愛知，日人，藩臣4，三重

兼井無尺子　かねいむせきし
江戸時代中期の武術家。
¶人名

金子厚載　かねこあつのり
→金子才吉(かねこさいきち)

金子宅弘　かねこいえひろ
文化12(1815)年～弘化4(1847)年
江戸時代後期の土佐藩士。
¶高知人，国書([没]弘化4(1847)年1月3日)

金子華山　かねこかざん
宝暦12(1762)年～文化13(1816)年
江戸時代中期～後期の安芸広島藩士、儒学者。
¶藩臣6

金子吉平　かねこきちへい
寛政7(1795)年～安政5(1858)年
江戸時代後期～末期の剣術家。無拍子流。
¶剣豪

金子清邦　かねこきよくに
文政6(1823)年～慶応3(1867)年　[別]金子得処《かねことくしょ》，金子与三郎《かねこよさぶろう》
江戸時代末期の上ノ山藩中老。
¶維新(金子与三郎　かねこよさぶろう)，江戸東(金子得処　かねことくしょ)，国書(金子得処　かねことくしょ　[没]慶応3(1867)年12月26日)，新潮(金子与三郎　かねこよさぶろう　[没]慶応3(1867)年12月26日)，人名，日人([没]1868年)，幕末(金子与三郎　かねこよさぶろう　[没]1868年1月20日)，藩臣1，山形百

金子漁洲　かねこぎょしゅう
？～明治11(1878)年
江戸時代末期～明治期の伊予宇和島藩士。
¶幕末([没]1878年7月7日)，藩臣6

金子篁陵　かねここうりょう
文化3(1806)年～嘉永3(1850)年
江戸時代末期の伊予宇和島藩士。
¶藩臣6

金子才吉　かねこさいきち
文政9(1826)年～慶応3(1867)年　[別]金子厚載《かねこあつのり》
江戸時代末期の筑前福岡藩士。
¶維新，国書(金子厚載　かねこあつのり　[没]慶応3(1867)年7月8日)，人名，日人，幕末([没]1867年8月7日)，藩臣7，洋学

金子重之輔　かねこしげのすけ
天保2(1831)年～安政2(1855)年　[別]金子重輔《かねこじゅうすけ》，金子重之助《かねこしげのすけ》，市木公太《いちきこうた》
江戸時代末期の江戸藩邸小吏。
¶維新，コン改(金子重輔　かねこじゅうすけ)，コン4(金子重輔　かねこじゅうすけ)，新潮(金子重輔　かねこじゅうすけ　[生]天保2(1831)年2月13日　[没]安政2(1855)年1月11日)，人名(金子重輔　かねこじゅうすけ)，姓氏山口(金子重輔　かねこじゅうすけ)，日人，幕末([没]1855年2月27日)，藩臣6，山口百(金子重之助)

金子重輔　かねこじゅうすけ
→金子重之輔(かねこしげのすけ)

金子庄兵衛　かねこしょうべえ
天保3(1832)年～？
江戸時代後期～末期の新撰組隊士。
¶新撰

金子次郎作　かねこじろさく
江戸時代末期の新撰組隊士。
¶新撰

金子清作　かねこせいさく
文政3(1820)年～明治29(1896)年

江戸時代末期〜明治期の養蚕家、加賀藩士。
¶人名(㊌1805年)，姓氏石川，日人

金子霜山 かねこそうざん
寛政1(1789)年〜慶応1(1865)年 ㊃金子徳之助
《かねことくのすけ》
江戸時代後期の安芸広島藩の儒学者。
¶維新，江文，近世(金子徳之助　かねことくのすけ)，国史(金子徳之助　かねことくのすけ)，国書(㊌寛政1(1789)年11月9日　㊡慶応1(1865)年8月2日)，史人(金子徳之助　かねことくのすけ　㊡慶応1(1865)年8月2日)，人名，日人，藩臣6

金子健四郎 かねこたけしろう
→金子豊水(かねこほうすい)

金児忠兵衛 かねこちゅうべえ
→金児伯温(かねこはくおん)

金子得処 かねことくしょ
→金子清邦(かねこきよくに)

金子徳之助 かねことくのすけ
→金子霜山(かねこそうざん)

金子倶忠 かねこともただ
延享4(1747)年〜天保3(1832)年
江戸時代中期〜後期の法神流剣士。
¶姓氏群馬

金子教孝 かねこのりたか
→金子孫二郎(かねこまごじろう)

金児伯温 かねこはくおん
文政1(1818)年〜明治21(1888)年 ㊃金児忠兵衛《かねこちゅうべえ》
江戸時代末期〜明治期の信濃松代藩士、砲術家。
¶維新(金児忠兵衛　かねこちゅうべえ)，人名，長野歴(金児忠兵衛　かねこちゅうべえ　㊃文化14(1817)年)，日人

金子万岳 かねこばんがく
享保14(1729)年〜文政4(1821)年
江戸時代中期〜後期の出羽上山藩家老、俳人。
¶人名，日人，藩臣1，山形百

金子豊水 かねこほうすい
文化12(1815)年〜元治1(1864)年 ㊃金子健四郎《かねこたけしろう》
江戸時代後期〜末期の剣術家。
¶剣豪(金子健四郎　かねこたけしろう　㊃文化11(1814)年)，人名，姓氏京都，日人(金子健四郎　かねこたけしろう　㊃1814年)，名画

金子孫二郎 かねこまごじろう
文化1(1804)年〜文久1(1861)年 ㊃金子教孝《かねこのりたか》
江戸時代末期の尊攘派水戸藩士。桜田門外の変の指導者。
¶朝日(㊡文久1年7月26日(1861年8月31日)，維新，茨城百，近世，国史，国史(金子教孝　かねこのりたか)　㊡文久1(1861)年7月26日)，コン4，詩歌，新潮(㊡文久1(1861)年7月26日)，人名(金子教孝　かねこのりたか)，世人(㊡文久1(1861)年7月26日)，日人，幕末(㊡1861年8月31日)，藩臣2，和俳(㊃文久1

(1861)年7月26日)

金子弥次左衛門 かねこやじざえもん
寛永14(1637)年〜宝永1(1704)年
江戸時代前期〜中期の剣術家。法心流祖。
¶剣豪

金子勇二郎 かねこゆうじろう
天保14(1843)年〜慶応2(1866)年 ㊃西村久介
《にしむらきゅうすけ》
江戸時代末期の水戸藩士。
¶維新，新潮(㊡慶応2(1866)年11月10日)，人名，日人，幕末(㊡1866年12月16日)，藩臣2

金子幸忠 かねこゆきただ
生没年不詳
江戸時代末期の薩摩藩士。
¶国書

金子与三郎 かねこよさぶろう
→金子清邦(かねこきよくに)

金子楽山 かねこらくさん
享保4(1719)年〜文化2(1805)年
江戸時代中期〜後期の安芸広島藩士、儒学者。
¶人名，日人，藩臣6，広島百(㊌文化2(1805)年5月5日)

金子竜之進 かねこりゅうのしん
生没年不詳
江戸時代末期の浪士。新徴組隊員。
¶姓氏群馬

兼子両平 かねこりょうへい
弘化1(1844)年〜明治28(1895)年
江戸時代末期〜明治期の播磨姫路藩士。
¶藩臣5

兼坂止水 かねさかしすい
天保4(1833)年〜明治34(1901)年11月17日
江戸時代末期〜明治期の肥後熊本藩士。
¶維新，熊本百(㊌天保4(1833)年2月22日)，幕末

兼崎昌司 かねさきしょうじ
文政4(1821)年〜文久2(1862)年
江戸時代末期の周防徳山藩士。
¶幕末(㊡1862年10月22日)，藩臣6

金崎林吉 かねさきりんきち
？　〜嘉永2(1849)年
江戸時代後期の駿河沼津藩士。
¶藩臣4

兼重譲蔵 かねしげじょうぞう
文化14(1817)年〜明治30(1897)年 ㊃兼重慎一《かねしげしんいち》
江戸時代末期〜明治期の長州(萩)藩士。
¶維新(兼重慎一　かねしげしんいち)，国書(兼重慎一　かねしげしんいち　㊌文化14(1817)年6月4日　㊡明治30(1897)年2月1日)，新潮(㊌文化14(1817)年6月4日　㊡明治30(1897)年2月1日)，日人，幕末(㊡1897年2月1日)，藩臣6

兼重慎一 かねしげしんいち
→兼重譲蔵(かねしげじょうぞう)

金田定永 かねださだなが
寛文4(1664)年～元文3(1738)年
江戸時代中期の武士、剣術金田流中興の祖。
¶和歌山人

金田遂所 かねだすいしょ
天保8(1837)年～明治32(1899)年
江戸時代後期～明治期の漢学者。
¶岡山人，岡山歴([没]明治32(1899)年3月13日)

金田百太郎 かねだひゃくたろう
天保13(1842)年～明治36(1903)年10月4日
江戸時代末期～明治期の陸奥会津藩士、剣術家。
¶幕末

金田正勝 かねだまさかつ
元和9(1623)年～元禄11(1698)年
江戸時代前期の上野館林藩城代家老。
¶藩臣2

金田正辰 かねだまさとき
慶長2(1597)年～寛文3(1663)年
江戸時代前期の上野館林藩城代家老。
¶藩臣2

兼平伊豆 かねひらいず
？ ～正保3(1646)年
江戸時代前期の2代弘前藩主津軽信枚、3代信義の家老。
¶青森人

兼平中書 かねひらちゅうしょ
→兼平綱則(かねひらつなのり)

兼平綱則 かねひらつなのり
？ ～寛永2(1625)年 [別]兼平中書《かねひらちゅうしょ》
江戸時代前期の陸奥弘前藩家老。
¶人名，日人，藩臣1(兼平中書 かねひらちゅうしょ)

鐘捲自斎 かねまきじさい
江戸時代前期の剣道の大家。
¶人名，大百，日人(生没年不詳)

兼松三郎 かねまつさぶろう
→兼松成言(かねまつせいげん)

兼松成言 かねまつせいげん
文化7(1810)年～明治10(1877)年 [別]兼松三郎《かねまつさぶろう》，兼松誠《かねまつまこと》，兼松石居《かねまつせききょ，かねまつせっきょ》
江戸時代末期～明治期の陸奥弘前藩士。
¶青森人，維新(兼松誠 かねまつまこと)，江文(兼松石居 かねまつせききょ)，学校，国書(兼松石居 かねまつせききょ [生]文化7(1810)年5月3日 [没]明治10(1877)年12月12日)，人名，日人(兼松誠 かねまつまこと)，幕末(兼松石居 かねまつせっきょ [没]1877年12月12日)，藩臣1(兼松三郎 かねまつさぶろう)

兼松石居 かねまつせききょ
→兼松成言(かねまつせいげん)

兼松石居 かねまつせっきょ
→兼松成言(かねまつせいげん)

兼松誠 かねまつまこと
→兼松成言(かねまつせいげん)

兼松正吉 かねまつまさよし
天文11(1542)年～寛永4(1627)年
安土桃山時代～江戸時代前期の武士。徳川氏家臣。
¶織田([没]寛永4(1627)年9月5日)，人名([生]？ [没]1616年)，姓氏愛知，戦国，戦人，日人

金丸惣八 かねまるそうはち
文政8(1825)年～明治31(1898)年
江戸時代後期～明治期の武士、治水家。
¶日人，宮崎百([生]文政8(1825)年5月 [没]明治31(1898)年8月8日)

金本顕蔵 かねもとけんぞう
→金本摩斎(かなもとまさい)

金本摩斎 かねもとまさい
→金本摩斎(かなもとまさい)

加納五郎左衛門 かのうごろうざえもん
→加納直恒(かのうなおつね)

加納貞清 かのうさだきよ
生没年不詳
江戸時代後期の対馬藩士。
¶国書5

狩野三雄 かのうさんゆう
天保5(1834)年～明治13(1880)年 [別]三谷三雄《みたにみつお》
江戸時代末期～明治期の尊攘志士。筑後久留米藩士、絵師。
¶人名，日人，藩臣7(三谷三雄 みたにみつお)

狩野庄蔵 かのうしょうぞう
生没年不詳
江戸時代末期の盛岡藩士。1860年遣米使節に随行しアメリカに渡る。
¶海越新

加納惣三郎 かのうそうざぶろう
江戸時代末期の新撰組隊士。
¶新撰

加納直恒 かのうなおつね
慶長5(1600)年～貞享1(1684)年 [別]加納五郎左衛門《かのうごろうざえもん》
江戸時代前期の紀伊和歌山藩士。
¶人名([生]1601年)，日人，藩臣5(加納五郎左衛門 かのうごろうざえもん)，和歌山人

加納直盛 かのうなおもり
慶長17(1612)年～延宝1(1673)年
江戸時代前期の治水開墾家、伊勢津藩加判奉行。
¶朝日([没]延宝1年12月9日(1674年1月15日))，近世，国史，コン改([生]慶長16(1611)年)，コン4([生]慶長16(1611)年)，史人([没]1673年12月9日)，新潮([生]慶長16(1611)年 [没]延宝1(1673)年12月9日)，人名([生]？)，日人([没]1674年)，藩臣5，歴大([生]1611年)

加納久徴 かのうひさあきら
*～元治1(1864)年 [別]加納久徴《かのうひさよし》
江戸時代末期の大名。上総一宮藩主。
¶維新([生]1811年)，諸系([生]1813年)，人名(かのうひさよし [生]1811年)，日人([生]1813年)，幕

末（[生]1811年　[没]1864年4月27日），藩主2（[生]文化10（1813）年　[没]元治1（1864）年3月22日）

加納久堅 かのうひさかた
正徳1（1711）年～天明6（1786）年
江戸時代中期の大名。伊勢東阿倉川藩主。
¶諸系，日人，藩主3（[没]天明6（1786）年8月24日）

加納久周 かのうひさちか
→加納久周（かのうひさのり）

加納久慎 かのうひさちか
安永5（1776）年～文政4（1821）年
江戸時代後期の大名。伊勢東阿倉川藩主。
¶諸系，人名，日人，藩主3（[没]文政4（1821）年8月13日）

加納久恒 かのうひさつね
弘化3（1846）年～慶応3（1867）年
江戸時代末期の大名。上総一宮藩主。
¶諸系，日人，藩主2（[没]慶応3（1867）年7月29日）

加納久利 かのうひさとし
？～元和6（1620）年
江戸時代前期の武士。
¶和歌山人

加納久儔 かのうひさとも
寛政8（1796）年～弘化4（1847）年
江戸時代後期の大名。伊勢東阿倉川藩主、上総一宮藩主。
¶京都大，諸系，人名，姓氏京都，日人，藩主2（[生]寛政9（1797）年　[没]弘化4（1847）年7月10日），藩主3

加納久直 かのうひさなお
？～元和2（1616）年
安土桃山時代～江戸時代前期の駿河国益津郡坂本村の領主。
¶姓氏静岡

加納久周 かのうひさのり
宝暦3（1753）年～文化8（1811）年　[別]加納久周《かのうひさちか》
江戸時代中期～後期の大名、若年寄。伊勢東阿倉川藩主。
¶朝日（[没]文化8年6月2日（1811年7月21日）），京都大（かのうひさちか），近世，国史，コン4，史人（[没]1811年6月2日），諸系，人名（かのうひさちか），姓氏京都，世百，日史（[没]文化8（1811）年6月2日），日人，藩主3（[没]文化8（1811）年6月2日），百科

加納久通 かのうひさみち
延宝1（1673）年～寛延1（1748）年
江戸時代中期の御側御用取次、大名。伊勢東阿倉川藩主。享保の改革に参画。
¶朝日（[没]寛延1年8月17日（1748年9月9日）），岩史（[没]寛延1（1748）年8月17日），近世，国史，コン4，史人（[没]1748年8月17日），諸系，人名，日史（[没]寛延1（1748）年8月17日），日人，藩主3（[没]寛延1（1748）年8月17日），百科，歴大，和歌山人

加納久宜（加納久宣） かのうひさよし
嘉永1（1848）年～大正8（1919）年
江戸時代末期～明治期の大名、殖産事業家。上総一宮藩主。
¶朝日（[生]嘉永1（1848）年3月　[没]大正8（1919）年3月2日），岩手百（加納久宣），鹿児島百，近現，国史，国書（[生]嘉永1（1848）年3月19日　[没]大正8（1919）年3月2日），史人（[生]1848年3月19日　[没]1919年3月2日），諸系，新潮（[生]嘉永1（1848）年3月19日　[没]大正8（1919）年3月2日），人名，世紀（[生]嘉永1（1848）年3月19日　[没]大正8（1919）年3月2日），姓氏岩手，姓氏鹿児島，千葉百，日人，藩主2（[生]嘉永1（1848）年3月19日　[没]大正8（1919）年3月2日）

加納久徴 かのうひさよし
→加納久徴（かのうひさあきら）

加納兵右衛門 かのうへいえもん
天正18（1590）年～寛永11（1634）年
江戸時代前期の武士。
¶和歌山人

加納道之助 かのうみちのすけ
→加納鷲雄（かのうわしお）

狩野良知 かのうりょうち
文政12（1829）年～明治39（1906）年　[別]狩野良知《かのりょうち》
江戸時代末期～明治期の出羽秋田藩校明徳館詰役支配。
¶秋田百，国書5（[生]文政12（1829）年1月　[没]明治39（1906）年12月14日），人名，日人，幕末（かのりょうち　[没]1906年12月14日），藩臣1（かのりょうち）

加納鷲雄 かのうわしお
天保10（1839）年～明治35（1902）年10月27日
[別]加納道之助《かのうみちのすけ》
江戸時代末期～明治期の新撰組伍長職、孝明天皇御陵衛士。
¶新撰（[生]天保10年11月9日），幕末（加納道之助　かのうみちのすけ）

鹿子木量平 かのこぎりょうへい
宝暦3（1753）年～天保12（1841）年
江戸時代後期の肥後熊本藩の干拓指導者。
¶朝日（[没]天保12年7月4日（1841年8月20日）），近世，熊本百（[没]天保12（1841）年7月4日），国史，国書（[没]天保12（1841）年7月4日），コン改，コン4，史人（[生]1751年，（異説）1753年　[没]1839年7月4日，（異説）1841年7月4日），新潮（[没]天保12（1841）年7月4日），人名（[生]1751年　[没]1839年），日人，藩臣7

鹿子田麦鴉 かのこだばくあ
享保2（1717）年7月9日～寛政10（1798）年6月4日
江戸時代中期の俳諧作者・川越藩士。
¶埼玉人

鹿子畑翠桃 かのこはたすいとう
寛文2（1662）年～享保13（1728）年
江戸時代中期の蕉門俳人、黒羽藩士。
¶栃木歴

鹿股戸兵衛 かのまたとへえ
？～慶安3（1650）年
江戸時代前期の陸奥仙台藩士。
¶藩臣1

鹿野守澄 かのもりずみ
生没年不詳
江戸時代中期の美濃大垣藩士。
¶藩臣3

狩野良知 かのりょうち
→狩野良知(かのうりょうち)

樺島石梁 かばしませきりょう
宝暦4(1754)年～文政10(1827)年
江戸時代中期～後期の筑後久留米藩の儒学者。
¶朝日([生]宝暦4年10月7日(1754年11月20日) [没]文政10年11月30日(1828年1月16日))，江文，国書([生]宝暦4(1754)年10月7日　[没]文政10(1827)年11月30日)，詩歌，人名，日人([没]1828年)，藩臣7，福岡百([生]宝暦4(1754)年10月7日　[没]文政10(1827)年11月30日)，和俳

蒲池吉広 かばちよしひろ
天正18(1590)年～明暦3(1657)年
江戸時代前期の武将。黒田氏家臣。
¶戦国

樺山三円 かばやまさんえん
生没年不詳
江戸時代末期の薩摩藩士。
¶新潮

樺山十兵衛 かばやまじゅうべえ
弘化2(1845)年～明治1(1868)年
江戸時代末期の薩摩藩士。
¶維新，コン改，コン4，新潮([没]慶応4(1868)年8月24日)，人名，姓氏鹿児島，日人，幕末([没]1868年10月9日)，藩臣7

樺山資雄 かばやますけお
享和1(1801)年～明治11(1878)年
江戸時代末期～明治期の国学者、薩摩藩士。
¶朝日([生]享和1年10月14日(1801年11月19日) [没]明治11(1878)年7月13日)，近現，近世，国史，国書([没]明治11(1878)年7月13日)，コン改，コン4，コン5，新潮([生]享和1(1801)年10月14日　[没]明治11(1878)年7月13日)，人名，日人，幕末([生]？)，和俳([生]享和1(1801)年10月14日　[没]明治11(1878)年7月13日)

樺山資紀 かばやますけのり
天保8(1837)年～大正11(1922)年
江戸時代末期～明治期の薩摩藩士、海軍軍人。
¶朝日([生]天保8年11月12日(1837年12月9日) [没]大正11(1922)年2月8日)，維新，岩史([生]天保8(1837)年11月12日　[没]大正11(1922)年2月8日)，鹿児島百，角史，神奈川人，教育，近現，国際，国史，コン改，コン4，コン5，史人([生]1837年11月12日　[没]1922年2月8日)，重要([生]天保8(1837)年10月20日　[没]大正11(1922)年2月8日)，新潮([生]天保8(1837)年11月12日　[没]大正11(1922)年2月8日)，人名，姓氏鹿児島，世人([生]天保8(1837)年11月　[没]大正11(1922)年2月8日)，全書，大百，伝記，渡航([没]1922年2月8日)，日史([生]天保8(1837)年11月12日　[没]大正11(1922)年2月8日)，日人，日本，幕末([没]1922年2月8日)，藩臣7，百科，明治1，陸海([生]天保8年10月20日　[没]大正11年2月8日)，歴大

樺山資之 かばやますけゆき
生没年不詳　[別]三円瀬吉郎《さんえんせきちろう》
江戸時代末期の薩摩藩士。
¶維新，国書，姓氏鹿児島，日人，幕末，藩臣7

樺山主税 かばやまちから
安永7(1778)年～文化5(1808)年
江戸時代中期～後期の薩摩藩家老。
¶鹿児島百，姓氏鹿児島，藩臣7

樺山舎人 かばやまとねり
天保2(1831)年～大正1(1912)年　[別]樺山久舒《かばやまひさのぶ》
江戸時代末期～明治期の佐土原藩家老。
¶維新，国書(樺山久舒　かばやまひさのぶ　[没]明治45(1912)年3月14日)，新潮([生]天保3(1832)年　[没]明治45(1912)年3月14日)，人名(樺山久舒　かばやまひさのぶ　[生]1832年)，日人([生]1832年)，幕末([没]1912年3月14日)，藩臣7

樺山久高 かばやまひさたか
永禄3(1560)年～寛永11(1634)年
江戸時代前期の武士。
¶沖縄百([没]寛永11(1634)年3月4日)，鹿児島百，姓氏沖縄，姓氏鹿児島，戦人([生]？)，戦西([生]？)

樺山久舒 かばやまひさのぶ
→樺山舎人(かばやまとねり)

樺山久初 かばやまひさはる
元禄8(1695)年～寛延3(1750)年
江戸時代中期の伊佐郡藺牟田郷の領主。
¶姓氏鹿児島

樺山久道 かばやまひさみち
享和1(1801)年～文政8(1825)年
江戸時代後期の伊佐郡藺牟田領主。
¶姓氏鹿児島

萱場杢 かばやもく
→萱場木工(かやばもく)

峨眉山人 がびさんじん
天明7(1787)年～元治1(1864)年
江戸時代後期の戯作者、尾張藩士。
¶人名

甲斐庄正親 かひのしょうまさちか
→甲斐庄正親(かいのしょうまさちか)

可部赤邇 かべあかに
天保15(1844)年～明治14(1881)年
江戸時代末期～明治期の石見津和野藩士、儒学者。
¶国書([生]天保15(1844)年10月27日　[没]明治14(1881)年12月5日)，人名，日人，藩臣5

可部安都志 かべあつし
文化3(1806)年～明治6(1873)年
江戸時代末期～明治期の津和野藩士、医師。
¶国書([生]文化3(1806)年4月29日　[没]明治6(1873)年5月8日)，人名，日人，幕末([没]1873年5月8日)，藩臣5

可部厳夫 かべいずお
嘉永2(1849)年～大正11(1922)年
江戸時代末期～明治期の石見津和野藩士。
¶藩臣5

鎌垣春岡 かまがきしゅんこう
→鎌垣春岡（かまがきはるおか）

鎌垣春岡 かまがきはるおか
天保4（1833）年～明治42（1909）年 [別]鎌垣春岡《かまがきしゅんこう》
江戸時代末期～明治期の紀伊和歌山藩士、国学者。梅を詠ずる和歌1万首を天満宮に奉納。
¶人名，日人，和歌山人（かまがきしゅんこう）

鎌倉次郎作 かまくらじろさく
？ ～嘉永1（1848）年
江戸時代後期の駿河沼津藩士。
¶藩臣4

鎌倉為右衛門 かまくらためえもん
？ ～天明8（1788）年
江戸時代中期の駿河沼津藩士。
¶藩臣4

鎌田家時 かまだいえとき，かまたいえとき
生没年不詳
江戸時代前期の土佐藩祐筆、思想家。
¶高知人（[没]1672年），国書（かまたいえとき），藩臣6

鎌田出雲 かまたいずも，かまだいずも
文化13（1816）年～安政5（1858）年 [別]鎌田正純《かまたまさずみ，かまだまさずみ》
江戸時代末期の勤王家。薩摩藩士。
¶維新，鹿児島百（鎌田正純 かまだまさずみ），近世，国史，国書（鎌田正純 かまたまさずみ [生]文化13（1816）年4月15日 [没]安政5（1858）年12月8日），コン改（かまだいずも），コン4（かまだいずも），新潮（[生]文化13（1816）年4月15日 [没]安政5（1858）年12月8日），人名，姓氏鹿児島，世人（かまだいずも），日人（[没]1859年），幕末（鎌田正純 かまたまさずみ [没]1859年1月11日），藩臣7（かまだいずも）

鎌田景弼 かまたかげすけ
天保13（1842）年～明治21（1888）年 [別]鎌田酔石《かまたすいせき》
江戸時代末期～明治期の肥後熊本藩士。
¶熊本百（[没]明治21（1888）年6月18日），佐賀百，人名（鎌田酔石 かまたすいせき），日人，幕末（[没]1888年6月18日）

鎌田魚妙 かまだぎょみょう，かまたぎょみょう
[別]鎌田魚妙《かまたなたえ》
江戸時代中期の刀剣の武士・刀剣研究家。「慶長以来新刀弁疑」の著者。
¶朝日（かまたぎょみょう [生]？ [没]寛政8年12月12日（1797年1月9日）），国書（かまたなたえ [生]？ [没]寛政8（1796）年12月12日），コン改（生没年不詳），コン4（生没年不詳），新潮（かまたなたえ [生]享保12（1727）年 [没]寛政8（1796）年12月），世人（生没年不詳），日人（かまたなたえ [生]1727年 [没]1797年）

鎌田軍之助 かまたぐんのすけ
文政12（1829）年～明治27（1894）年
江戸時代末期～明治期の肥後熊本藩士。
¶維新

鎌田玄渓 かまだげんけい
文政1（1818）年～明治25（1892）年
江戸時代末期～明治期の備中松山藩士。
¶岡山人（[生]文政2（1819）年），岡山歴（[没]明治25（1892）年2月25日），藩臣6

鎌田才四郎 かまたさいしろう
→鎌田基豊（かまたもととよ）

鎌田思誠 かまだしせい
文化14（1817）年～明治12（1879）年
江戸時代末期～明治期の豊前小倉藩士。
¶藩臣7

鎌田酔石 かまたすいせき
→鎌田景弼（かまたかげすけ）

鎌田魚妙 かまたなたえ
→鎌田魚妙（かまだぎょみょう）

鎌田八左衛門 かまたはちざえもん
生没年不詳
江戸時代中期の筑前福岡藩家老。
¶藩臣7

鎌田武左衛門 かまたぶざえもん
文化8（1811）年～明治9（1876）年
江戸時代後期～明治期の茂庭氏の家臣。
¶姓氏宮城

鎌田政挙 かまだまさこと
→鎌田梁洲（かまたりょうしゅう）

鎌田正純 かまたまさずみ，かまだまさずみ
→鎌田出雲（かまたいずも）

鎌田正用 かまたまさもち
～寛永20（1643）年
江戸時代前期の旗本。
¶神奈川人

鎌田基豊 かまたもととよ
*～元治1（1864）年 [別]鎌田才四郎《かまたさいしろう》
江戸時代末期の烈士、壬生藩士。
¶維新（鎌田才四郎 かまたさいしろう [生]1830年），人名（[生]1840年），日人（[生]1840年），幕末（鎌田才四郎 かまたさいしろう [生]1830年 [没]1864年7月20日）

鎌田梁洲（鎌田梁州） かまたりょうしゅう
文化10（1813）年～明治8（1875）年 [別]鎌田政挙《かまだまさこと》
江戸時代末期～明治期の伊勢津藩の儒学者。
¶維新（[没]1873年），国書（[生]文化10（1813）年3月21日 [没]明治8（1875）年4月1日），人名，日人，幕末（鎌田梁州 [没]1873年4月1日），藩臣5（鎌田政挙 かまだまさこと）

蒲池喜左衛門 かまちきざえもん
享保13（1728）年～*
江戸時代中期の肥後熊本藩士。
¶人名（[没]1793年），日人（[没]1794年）

鎌原桐山 かまはらとうざん
→鎌原桐山（かんばらとうざん）

鎌原溶水 かまはらようすい
→鎌原溶水（かんばらようすい）

か

上泉孫次郎 かみいずみまごじろう
→上泉孫次郎（こういずみまごじろう）

上泉義郷 かみいずみよしさと
文禄1（1592）年〜寛文12（1672）年7月8日　**別**上泉義郷《こうずみよしさと》
安土桃山時代〜江戸時代前期の軍学者、備前藩士。
¶岡山人（こうずみよしさと），国書

神尾織部 かみおおりべ
？　〜寛永2（1625）年　**別**神尾織部《かんおおりべ》
江戸時代の馬術家。
¶人名（かんおおりべ），日人

上岡胆治 かみおかたんじ
文政6（1823）年〜元治1（1864）年
江戸時代末期の土佐藩の志士、医師。
¶維新，高知人，コン改（**生**文政5（1822）年），コン4（**生**文政5（1822）年），新潮（**生**文政6（1823）年10月16日　**没**元治1（1864）年7月19日），人名（**生**1822年），日人，幕末（**没**1864年8月20日），藩臣6（**生**文政5（1822）年）

神尾包昌 かみおかねたか
貞享2（1685）年〜宝暦4（1754）年12月21日
江戸時代前期〜中期の幕臣。
¶国書5

神尾太兵衛 かみおたべえ
？　〜延宝5（1677）年
江戸時代前期の備後三次藩士。
¶藩臣6

神尾春央 かみおはるひで
→神尾春央（かんおはるひで）

神尾元勝 かみおもとかつ
天正17（1589）年〜寛文7（1667）年　**別**神尾元勝《かんおもとかつ》，神尾備前守元勝《かんおびぜんのかみもとかつ》
江戸時代前期の旗本、茶人。10代長崎奉行。
¶近世（かんおもとかつ），国史（かんおもとかつ），茶道（**生**1591年），史人（かんおもとかつ　**没**1667年4月25日），人名（**生**1591年），戦人，長崎歴（神尾備前守元勝　かんおびぜんのかみもとかつ），日史（かんおもとかつ　**没**寛文7（1667）年4月25日），日人（**生**1591年）

神尾元孝 かみおもとたか
安永4（1775）年〜？
江戸時代中期〜後期の第26代京都東町奉行。
¶京都大，姓氏京都

神尾元珍 かみおもとたか
→神尾元珍（かみおもとはる）

神尾元珍 かみおもとはる
元和2（1616）年〜貞享4（1687）年　**別**神尾元珍《かみおもとたか》
江戸時代前期の旗本、茶人。
¶茶道，人名（かみおもとたか），日人

神尾保重 かみおやすしげ
〜寛文11（1671）年
江戸時代前期の旗本。
¶神奈川人

神尾之直 かみおゆきなお
？　〜寛永20（1643）年
江戸時代前期の加賀藩士。
¶藩臣3

上川権左衛門 かみかわごんざえもん
？　〜文化7（1810）年
江戸時代中期〜後期の松江藩の不伝流剣士。
¶島根歴

上倉信門 かみくらのぶかど
江戸時代中期の第10代飛騨国代官。
¶岐阜百

上郡山重常 かみこおりやましげつね
生没年不詳
江戸時代前期の陸奥仙台藩士。
¶藩臣1

上境左馬之助 かみさかいさまのすけ
天正3（1575）年〜
安土桃山時代〜江戸時代前期の武士。
¶庄内

上坂甲太郎 かみさかこうたろう
江戸時代末期の新撰組隊士。
¶新撰

上坂吉次 かみさかよしつぐ
？　〜慶安3（1650）年
江戸時代前期の浅野家臣。
¶和歌山人

上島鬼貫 かみしまおにつら，かみじまおにつら
→上島鬼貫（うえしまおにつら）

上島松葬 かみしましょうあん
文政1（1818）年〜明治12（1879）年9月4日
江戸時代末期〜明治期の陸奥会津藩士。
¶幕末

神島祐友 かみしますけとも
天保10（1839）年8月14日〜明治14（1881）年7月5日
江戸時代末期の備中岡田藩の武士。
¶岡山歴

神島清庵 かみじませいあん，かみしませいあん
文化7（1810）年〜安政5（1858）年
江戸時代後期の備中岡田藩士。
¶岡山歴（かみしませいあん　**生**文化7（1810）年4月24日　**没**安政5（1858）年8月12日），藩臣6

上条義春 かみじょうよしはる
→上条義春（じょうじょうよしはる）

神代鶴洞 かみしろかくどう
寛文4（1664）年〜享保13（1728）年　**別**神代木工太夫《こうじろもくだゆう》，神代杢大夫《かみしろもくだゆう》
江戸時代中期の水戸藩士、儒学者。
¶国書（**生**寛文4（1664）年10月19日　**没**享保13（1728）年2月24日），人名（神代木工太夫　こうじろもくだゆう），人名（神代杢大夫　かみしろもくだゆう），日人，藩臣2

神代仁之助 かみしろじんのすけ
天保10（1839）年〜？
江戸時代後期〜末期の新撰組隊士。

¶新撰

神代杢大夫 かみしろもくだゆう
→神代鶴洞（かみしろかくどう）

神谷与一兵衛 かみたによいちべえ
生没年不詳
江戸時代中期の武士。
¶和歌山人

上出（山）和吉郎 かみでわきちろう
？～文久2（1862）年
江戸時代末期の佐土原藩士。
¶維新（上出和吉郎）

神西幸伝 かみにしこうでん
→神西幸伝（じんざいこうでん）

上西甚蔵 かみにしじんぞう
文化12（1815）年～明治21（1888）年　[別]上西甚蔵《うえにしじんぞう》
江戸時代末期～明治期の仁侠家、陸奥仙台藩士。
¶人名（うえにしじんぞう），姓氏宮城（[生]1815年？），日人，宮城百

神瀬鹿三 かみのせしかぞう
天保11（1840）年～明治10（1877）年　[別]神瀬鹿三《こうのせしかぞう》
江戸時代末期～明治期の肥後人吉藩士。
¶熊本百（こうのせしかぞう　[生]天保11（1840）年3月　[没]明治10（1877）年3月21日），人名，日人，幕末（こうのせしかぞう　[没]1877年3月21日）

上野山義直 かみのやまよしなお
安土桃山時代～江戸時代前期の武士。最上氏家臣。
¶戦人（生没年不詳），戦東

上平主税 かみひらちから
→上平主税（うえひらちから）

上牧政徳（上牧正徳） かみまきまさのり
天保9（1838）年～明治14（1881）年
江戸時代末期～明治期の下館藩士。
¶幕末（[没]1881年7月26日），藩臣2（上牧正徳）

上牧正栄 かみまきまさよし
＊～明治9（1876）年
江戸時代後期の下館藩士。
¶幕末（[生]1789年　[没]1876年1月3日），藩臣2（[生]寛政10（1798）年）

上村貞保 かみむらさだやす
天保5（1834）年～明治25（1892）年
江戸時代末期～明治期の志士、土佐藩士。
¶高知人，幕末（[没]1892年4月16日）

神村正鄰 かみむらせいりん
→神村正鄰（かみむらまさちか）

上村忠徳 かみむらただのり
生没年不詳
江戸時代前期の槍術家。
¶日人

上村八郎兵衛 かみむらはちろうべえ
寛永3（1626）年～宝永1（1704）年
江戸時代前期～中期の武士。藩主毛利秀就に仕える。
¶姓氏山口

上村豊左衛門 かみむらぶざえもん
？～天保9（1838）年
江戸時代後期の下総古河藩士、剣術家。
¶剣豪，藩臣3

神村正鄰 かみむらまさちか
享保13（1728）年～明和8（1771）年　[別]神村正鄰《かみむらせいりん》
江戸時代中期の尾張藩士。
¶国書（[没]明和8（1771）年5月11日），人名（かみむらせいりん　[生]？），日人，藩臣4（かみむらせいりん）

神谷転 かみやうたた
寛政6（1794）年～天保14（1843）年
江戸時代後期の但馬出石藩士。
¶江戸，人名，日人，藩臣5，兵庫百

神谷雲沢 かみやうんたく
安永2（1773）年～文政3（1820）年
江戸時代後期の美濃岩村藩士。
¶人名，日人，藩臣3

神谷克楨 かみやかつさだ
天明8（1788）年～明治4（1871）年　[別]神谷三園《かみやさんえん》
江戸時代末期の尾張藩の本草学者。
¶国書（[没]明治4（1871）年6月23日），人名，日人，藩臣4（神谷三園　かみやさんえん），洋学（神谷三園　かみやさんえん　[生]天明7（1787）年）

神谷勝十郎 かみやかつじゅうろう
天保4（1833）年～慶応4（1868）年
江戸時代末期の旗本。
¶埼玉人

神谷清鋭 かみやきよとし
生没年不詳
江戸時代中期の旗本。
¶神奈川人

神谷源五郎富次 かみやげんごろうとみつぐ
→神谷兵庫（かみやひょうご）

神谷源内 かみやげんない
生没年不詳
江戸時代後期の中津藩士。「蘭語訳撰」の編纂に関与。
¶朝日，日人，洋学

神谷幸四郎 かみやこうしろう
明和3（1766）年～天保7（1836）年
江戸時代後期の武道家。
¶大阪人（[没]天保7（1836）年11月），大阪墓（[没]天保7（1836）年11月19日）

神谷浩之助 かみやこうのすけ
天保13（1842）年～明治11（1878）年
江戸時代末期～明治期の出雲松江藩家老。
¶維新，人名，日人

神谷真光 かみやさねみつ
江戸時代前期の剣術家、真心流の祖。
¶人名

神谷三園 かみやさんえん
→神谷克楨（かみやかつさだ）

か

か

神谷定令 かみやていれい
？～文化8（1811）年 [別]神谷藍水《かみやらんすい》
江戸時代後期の和算家、江戸幕府の普請役。
¶朝日，江文（生没年不詳），国書（神谷藍水 かみやらんすい [没]文化8（1811）年1月12日），新潮，人名，日人

神谷友右衛門(1) かみやともえもん
生没年不詳
江戸時代中期の駿河沼津藩士。
¶藩臣4

神谷友右衛門(2) かみやともえもん
？～寛政8（1796）年
江戸時代中期の駿河沼津藩士。
¶藩臣4

神谷直光 かみやなおみつ
天正9（1581）年～寛文3（1663）年
安土桃山時代～江戸時代前期の剣術家。
¶日人

神谷兵庫 かみやひょうご
文禄2（1593）年～万治3（1660）年 [別]神谷源五郎富次《かみやげんごろうとみつぐ》，神谷兵庫富次《かみやひょうごとみつぐ》
江戸時代前期の出雲松江藩士。
¶島根百（神谷源五郎富次 かみやげんごろうとみつぐ），島根歴（神谷兵庫富次 かみやひょうごとみつぐ），藩臣3（[没]？），藩臣5

神谷兵庫富次 かみやひょうごとみつぐ
→神谷兵庫（かみやひょうご）

神谷氷虫 かみやひょうちゅう
生没年不詳
江戸時代中期の尾張犬山藩士。
¶藩臣4

神谷備後 かみやびんご
江戸時代中期の妙好人、松江藩家老。
¶島根百，島根歴（生没年不詳）

神山勘左衛門 かみやまかんざえもん
生没年不詳
江戸時代後期の出雲広瀬藩家老。
¶藩臣5

神山吉之助 かみやまきちのすけ
江戸時代末期の新撰組隊士。
¶新撰

神谷正次 かみやまさつぐ
～寛永6（1629）年
江戸時代前期の旗本。
¶神奈川人

神山由助 かみやまゆいすけ
？～安政6（1859）年
江戸時代後期～末期の和算家の八戸藩士。
¶青森人

神谷守応 かみやもりまさ
寛文11（1671）年～享保2（1717）年
江戸時代中期の加賀大聖寺藩家老。
¶姓氏石川，藩臣3

神谷守政 かみやもりまさ
寛永11（1634）年～宝永3（1706）年
江戸時代前期～中期の加賀大聖寺藩家老。
¶姓氏石川，藩臣3

神谷養勇軒 かみやようゆうけん
寛永15（1638）年～享保2（1717）年
江戸時代中期の紀伊和歌山藩士。
¶人名，日人

神谷藍水 かみやらんすい
→神谷定令（かみやていれい）

神吉東郭 かみよしとうかく
→神吉東郭（かんきとうかく）

上領九郎兵衛 かみりょうくろべえ
→上領頼軌（かみりょうよりのり）

上領頼軌 かみりょうよりのり
文政9（1826）年～明治28（1895）年10月21日
[別]上領九郎兵衛《かみりょうくろべえ》
江戸時代末期～明治期の長州（萩）藩士。
¶国書，幕末（上領九郎兵衛 かみりょうくろべえ）

嘉村権太郎 かむらごんたろう
天保9（1838）年～明治1（1868）年2月8日
江戸時代末期の新撰組隊士。
¶幕末

亀井宇八 かめいうはち
天保14（1843）年～明治1（1868）年
江戸時代末期の水戸藩士。
¶維新，幕末（[没]1868年11月14日）

亀井茲方（亀井玆方） かめいこれかた
文化14（1817）年～弘化3（1846）年
江戸時代後期の大名。石見津和野藩主。
¶島根人，島根百（亀井玆方 [生]文化14（1817）年1月27日 [没]弘化3（1846）年2月9日），諸系，日人，藩主4（[生]文化14（1817）年2月27日 [没]弘化3（1846）年2月9日）

亀井茲監（亀井玆藍） かめいこれかね，かめいこれかね
→亀井茲監（かめいこれみ）

亀井茲胤（亀井玆胤） かめいこれたね
享保11（1726）年～宝暦2（1752）年
江戸時代中期の大名。石見津和野藩主。
¶島根人，島根百（亀井玆胤 [没]宝暦2（1752）年7月9日），諸系，日人，藩主4（[没]宝暦2（1752）年7月9日）

亀井茲親（亀井玆親） かめいこれちか
寛文9（1669）年～享保16（1731）年
江戸時代中期の大名。石見津和野藩主。
¶島根人，島根百（亀井玆親 [没]享保16（1731）年5月29日），諸系，人名，日人，藩主4（[生]寛文9（1669）年4月 [没]享保16（1731）年5月29日）

亀井茲尚（亀井玆尚） かめいこれなお
天明6（1786）年～＊
江戸時代後期の大名。石見津和野藩主。
¶島根人，島根百（亀井玆尚 [生]天明6（1786）年5月16日 [没]天保1（1830）年12月25日），諸系（[没]1831年），日人（[没]1831年），藩主4（[生]天明6（1786）年5月16日 [没]天保1（1830）年12月25日）

亀井茲延（亀井玆延） かめいこれのぶ
享保7（1722）年～宝暦6（1756）年
江戸時代中期の大名。石見津和野藩主。
¶島根人，島根百（亀井玆延 [生]享保7（1722）年1月27日 [没]宝暦6（1756）年4月4日），島根歴（[生]享保6（1721）年），諸系，日人，藩主4（[没]宝暦6（1756）年4月4日）

亀井茲政（亀井玆政） かめいこれまさ
元和3（1617）年～延宝8（1680）年
江戸時代前期の大名。石見津和野藩主。
¶島根人，島根百（亀井玆政 [没]延宝8（1680）年12月18日），島根歴，諸系（[没]1681年），人名，日人（[没]1681年），藩主4（[没]延宝8（1680）年12月18日）

亀井茲監（亀井玆監，亀井茲藍） かめいこれみ
文政8（1825）年～明治18（1885）年 [別]亀井茲藍《かめいこれかね》，亀井茲監《かめいこれかね》
江戸時代末期～明治期の大名。石見津和野藩主。
¶朝日（[生]文政8年10月5日（1825年11月14日） [没]明治18（1885）年3月23日），維新，近現，近世，国史，国書（[生]文政8（1825）年10月5日 [没]明治18（1885）年3月23日），コン改（かめいこれかね [生]文政7（1824）年），コン改（亀井茲藍 かめいこれかね [生]文政7（1824）年），コン4（[生]文政7（1824）年），史人（[生]1825年10月5日 [没]1885年3月23日），島根人，島根人（亀井茲藍），島根百（[生]文政8（1825）年10月5日 [没]明治18（1885）年3月23日），島根歴，諸系，神史，神人，新潮（[生]文政8（1825）年11月1日 [没]明治18（1885）年3月23日），人名（[生]1824年），全書（亀井玆監 [生]1824年），全書（[生]1824年），日人，幕末（亀井玆監 [没]1885年3月23日），幕末（[没]1885年3月23日），藩主4（亀井玆監 [生]文政8（1825）年10月5日 [没]明治18（1885）年3月18日），藩主4（[生]文政8（1825）年10月5日 [没]明治18（1885）年3月18日）

亀井茲満 かめいこれみち
→亀井茲満（かめいこれみつ）

亀井茲満（亀井玆満） かめいこれみつ
正徳3（1713）年～享保21（1736）年 [別]亀井茲満《かめいこれみち》
江戸時代中期の大名。石見津和野藩主。
¶島根人（かめいこれみち），島根百（亀井玆満 [生]正徳3（1713）年7月18日 [没]享保21（1736）年4月8日），島根歴，諸系，人名（[生]1710年），日人，藩主4（[生]正徳3（1713）年7月18日 [没]元文1（1736）年4月9日）

亀井昭陽 かめいしょうよう
安永2（1773）年～天保7（1836）年
江戸時代後期の筑前福岡藩の儒者（古文辞系）。
¶朝日（[生]安永2年8月11日（1773年9月27日） [没]天保7年5月17日（1836年6月30日）），近世，国史，国書（[生]安永2（1773）年8月11日 [没]天保7（1836）年5月17日），コン改，コン4，詩歌，史人（[生]1773年8月11日 [没]1836年5月17日），人書94，新潮（[生]安永2（1773）年8月11日 [没]天保7（1836）年5月17日），人名，世人（[生]安永2（1773）年8月11日 [没]天保7（1836）年5月17日），日人，藩臣7，福岡百（[生]安永2（1773）年8月11日 [没]天保7（1836）年5月17日），歴大，和俳（[生]安永2（1773）年8月11日 [没]天保7（1836）年5月17日）

亀井成斎 かめいせいさい
江戸時代の伊勢桑名藩士。
¶三重続

亀井南冥（亀井南溟） かめいなんめい
寛保3（1743）年～文化11（1814）年
江戸時代中期～後期の筑前福岡藩の儒学者、漢詩人。
¶朝日（[生]寛保3年8月25日（1743年10月12日） [没]文化11年3月2日（1814年4月21日）），岩史（[生]寛保3（1743）年8月25日 [没]文化11（1814）年3月2日），角史，近世，考古（[生]寛保3年（1743年8月25日）），国史，国書（[生]寛保3（1743）年8月25日 [没]文化11（1814）年3月2日），コン改（[生]寛保1（1741）年），コン4（[生]寛保1（1741）年），詩歌，史人（[生]1743年8月25日 [没]1814年3月2日），人書94，新潮（[生]寛保3（1743）年8月25日 [没]文化11（1814）年3月2日），人名，世人（亀井南溟 [没]文化11（1814）年3月2日），世百，全書，日史（[生]寛保3（1743）年8月25日 [没]文化11（1814）年3月2日），日人，藩臣7，百科，福岡百（[生]寛保3（1743）年8月25日 [没]文化11（1814）年3月3日），歴大，和俳（[没]文化11（1814）年3月2日）

亀井矩賢 かめいのりかた
明和3（1766）年～文政4（1821）年 [別]亀井矩賢《かめいのりたか》
江戸時代中期～後期の大名。石見津和野藩主。
¶国書（[生]明和3（1766）年6月 [没]文政4（1821）年2月24日），島根人（かめいのりたか），島根百（[生]明和3（1766）年6月 [没]文政4（1821）年2月24日），島根歴，諸系，日人，藩主4（[生]明和3（1766）年6月 [没]文政4（1821）年2月24日）

亀井矩貞 かめいのりさだ
元文4（1739）年～文化11（1814）年
江戸時代中期～後期の大名。石見津和野藩主。
¶島根人，島根百（[生]元文4（1739）年11月27日 [没]文化11（1814）年6月16日），島根歴，諸系，人名（[生]1736年），日人，藩主4（[生]元文4（1739）年11月27日 [没]文化11（1814）年6月16日）

亀井矩賢 かめいのりたか
→亀井矩賢（かめいのりかた）

亀井政矩 かめいまさのり
天正18（1590）年～元和5（1619）年
江戸時代前期の大名。因幡鹿野藩主、石見津和野藩主。
¶近世，国史，コン改，コン4，史人（[没]1619年8月15日），島根人，島根百，諸系，新潮（[生]天正18（1590）年11月29日 [没]元和5（1619）年8月15日），人名，戦合，戦人，日人，藩主4（[生]天正18（1590）年11月29日 [没]元和5（1619）年8月15日）

亀井造酒之助 かめいみきのすけ
江戸時代末期の新撰組隊士。
¶新撰

亀岡勝知 かめおかかつとも
文政6 (1823) 年～明治23 (1890) 年
江戸時代末期～明治期の志士、実業家。第百四十六国立銀行頭取。
¶維新，コン改，コン4，コン5，新潮 ([生]文政6 (1823) 年5月29日　[没]明治23 (1890) 年8月14日)，人名，日人，幕末 ([没]1890年8月24日)

亀沢幸介 かめざわこうすけ
天保9 (1838) 年～大正8 (1919) 年
江戸時代末期～大正期の日向都城藩士。
¶姓氏鹿児島

亀田高綱 かめだたかつな
永禄1 (1558) 年～寛永10 (1633) 年　[別]亀田大隅《かめだおおすみ》，溝口半之丞《みぞぐちはんのじょう》
安土桃山時代～江戸時代前期の安芸広島藩の武将。浅野長政の臣。
¶朝日 ([没]寛永10年8月13日 (1633年9月16日))，近世，国史，国書 ([没]寛永10 (1633) 年8月13日)，コン4，新潮 ([没]寛永10 (1633) 年8月13日)，人名 ([生]?)，姓氏石川，戦合，戦国 ([生]?)，戦人 (生没年不詳)，日人，藩臣6，和歌山人 (生没年不詳)

亀谷卯右衛門 かめたにうえもん
天明7 (1787) 年～*
江戸時代後期の対馬藩士。
¶日史 ([没]?)，藩臣7 ([没]安政5 (1858) 年)

亀谷繁集 かめたにしげとう
? ～明治7 (1874) 年8月3日
江戸時代末期～明治期の志士。
¶幕末

亀谷省軒 かめたにしょうけん
→亀谷省軒 (かめたにせいけん)

亀谷省軒 かめたにせいけん
天保9 (1838) 年～大正2 (1913) 年　[別]亀谷省軒《かめたにしょうけん》
江戸時代末期～明治期の津馬藩士。
¶維新，近文，詩歌，人名，世紀 ([没]大正2 (1913) 年1月21日)，長崎百 (かめたにしょうけん)，日人，幕末 ([没]1913年1月31日)，藩臣7，和俳

亀谷和竹 かめたにわちく
寛文1 (1661) 年～享保19 (1734) 年9月7日
江戸時代前期～中期の周防徳山藩士・和算家。
¶国書

亀田三脩 かめたみちなが
江戸時代中期の第5代飛騨国代官。
¶岐阜百

亀山雲平 かめやまうんぺい
→亀山節宇 (かめやませつう)

亀山厳綱 (亀山巌綱)　かめやまげんこう
? ～明治1 (1868) 年
江戸時代末期の馬術家。
¶岡山人，岡山歴 (亀山巌綱)

亀山節宇 かめやませつう
文政5 (1822) 年～明治32 (1899) 年　[別]亀山雲平《かめやまうんぺい》
江戸時代末期～明治期の播磨姫路藩士。
¶国書 ([生]文政5 (1822) 年閏1月20日　[没]明治32 (1899) 年5月6日)，藩臣5 (亀山雲平　かめやまうんぺい)，兵庫人 (亀山雲平　かめやまうんぺい　[生]文政5 (1822) 年1月20日　[没]明治32 (1899) 年5月6日)，兵庫百

蒲生済助 がもうさいすけ
文政9 (1826) 年～明治16 (1883) 年　[別]堀斎《ほりいつき》
江戸時代末期～明治期の越後村松藩士。
¶維新 ([生]1818年　[没]1875年)，人名，人名 (堀斎　ほりいつき　[生]1818年　[没]1875年)，日人，幕末 ([没]1883年8月27日)

蒲生新三郎 がもうしんざぶろう
～正保1 (1644) 年
江戸時代前期の庄内藩士。
¶庄内

蒲生誠一郎 がもうせいいちろう
→山浦鉄四郎 (やまうらてつしろう)

蒲生忠郷 がもうたださと
慶長8 (1603) 年～寛永4 (1627) 年
江戸時代前期の大名。陸奥会津藩主。
¶会津 ([生]慶長17 (1612) 年)，諸系，人名，日人，藩主1 ([没]寛永4 (1627) 年1月4日)

蒲生忠知 がもうただちか
→蒲生忠知 (がもうただとも)

蒲生忠知 がもうただとも
慶長10 (1605) 年～寛永11 (1634) 年　[別]蒲生忠知《がもうただちか》
江戸時代前期の大名。出羽上山藩主、伊予松山城主。
¶朝日 ([没]寛永11年8月18日 (1634年10月9日))，愛媛百 (がもうただちか　[没]寛永11 (1634) 年8月18日)，郷土愛媛 (がもうただちか)，近世，国史，史人 ([没]1634年8月18日)，諸系，人名，日人，藩主1 ([没]寛永11 (1634) 年8月18日)，藩主4 (がもうただちか　[没]寛永11 (1634) 年8月18日)，歴大

蒲生東九郎 がもうとうくろう
天明3 (1783) 年～天保7 (1836) 年
江戸時代後期の肥前平戸藩士。
¶藩臣7

鹿持雅澄 かもちまさずみ
寛政3 (1791) 年～安政5 (1858) 年　[別]飛鳥井雅澄《あすかいまさすみ》
江戸時代末期の土佐藩の国学者、歌人。「万葉集古義」の著者。
¶朝日 ([生]寛政3年4月27日 (1791年5月29日)　[没]安政5年8月19日 (1858年9月25日))，維新，角史，近世，高知人，高知百，国史，国書 ([生]寛政3 (1791) 年4月27日　[没]安政5 (1858) 年9月27日)，コン改，コン4，詩歌，史人 ([生]1791年4月27日　[没]1858年8月19日)，人書94，神人 ([生]寛政3 (1791) 年4月　[没]安政5 (1858) 年8月)，新潮 ([生]寛政3 (1791) 年4月20日　[没]安政5 (1858) 年9月27日)，人名，世人 ([生]寛政3 (1791) 年4月20日　[没]安政5 (1858) 年9月27日)，世百，全書，大百，日史 ([生]寛政3 (1791) 年4月27日　[没]安政5 (1858) 年8月19日)，日人，幕末

（[没]1858年9月25日），藩臣6，百科，歴大，和俳

賀茂政長　かもまさなが
寛文10（1670）年～寛保1（1741）年8月13日
江戸時代前期～中期の遠江浜松藩士。
¶国書

賀茂水穂　かもみずほ
天保11（1840）年～明治42（1909）年
江戸時代末期～明治期の国学者、志士、神職。
¶維新，静岡歴，神人（[生]天保11（1840）年5月12日　[没]明治42（1909）年3月1日），人名，姓氏静岡，日人，幕末

花屋庵鼎左　かやあんていさ
→藤井鼎左（ふじいていさ）

萱島景矯　かやしまかげただ
安永6（1777）年～弘化3（1846）年　[別]萱島景矯《かやしまけいきょう》
江戸時代後期の日向高鍋藩士、儒学者。
¶人名（かやしまけいきょう　[生]？），日人（[没]1847年），藩臣7

萱島景矯　かやしまけいきょう
→萱島景矯（かやしまかげただ）

加舎白雄　かやしらお
元文3（1738）年～寛政3（1791）年　[別]白雄《しらお，はくゆう》，春秋庵白雄《しゅんじゅうあんしらお》
江戸時代中期の信濃上田藩の俳人、中興五傑の一人。
¶朝日（[生]元文3年8月20日（1738年10月3日）　[没]寛政3年9月13日（1791年10月10日）），江戸東，神奈川人（[生]1739年），郷土長野，近世，群馬人，国史，国書（白雄　しらお　[生]元文3（1738）年8月20日　[没]寛政3（1791）年9月13日），コン改，コン4，埼玉人（[生]元文3（1738）年8月20日　[没]寛政3（1791）年9月13日），詩歌（白雄　しらお），史人（白雄　しらお　[生]1738年8月20日　[没]1791年9月13日），人書79，人書94，新潮（白雄　しらお　[生]元文3（1738）年8月20日　[没]寛政3（1791）年9月13日），新文（[生]元文3（1738）年8月20日　[没]寛政3（1791）年9月13日），人名，姓氏長野，世人（[生]元文4（1739）年），世百（白雄　しらお　[生]1738年，（異説）1735年），全書（白雄　しらお），大百（白雄　しらお），長野百，長野歴，日人，俳諧（白雄　しらお），俳句（白雄　はくゆう　[没]寛政3（1791）年9月13日），藩臣3，文学，和俳（[生]元文3（1738）年8月20日）

加屋四郎　かやしろう
弘化1（1844）年～元治1（1864）年
江戸時代末期の肥後熊本藩士。
¶維新，人名，日人，幕末（[没]1864年7月21日）

賀屋忠恕　かやちゅうじょ
天保9（1838）年～明治17（1884）年
江戸時代末期～明治期の安芸広島藩士、心学者。
¶幕末，藩臣6

萱野右兵衛　かやのうひょうえ
天保11（1840）年～明治5（1872）年
江戸時代末期～明治期の陸奥会津藩士。
¶幕末（[没]1872年6月24日），藩臣2

萱野謙堂　かやのけんどう
宝暦9（1759）年～文化5（1808）年1月
江戸時代中期～後期の留守居役・儒者。
¶大阪人

萱野考澗　かやのこうかん
延宝3（1675）年～宝暦11（1761）年
江戸時代中期の肥後熊本藩士。
¶大阪人（[没]宝暦11（1761）年3月），人名，日人

萱野権兵衛　かやのごんべえ
天保1（1830）年～明治2（1869）年　[別]萱野権兵衛長修《かやのごんべえながのぶ》，萱野長修《かやのながはる》
江戸時代末期の陸奥会津藩家老。
¶会津，朝日（[没]明治2年5月18日（1869年6月27日）），維新，コン4，コン5，新潮（[没]明治2（1869）年5月18日），人名，日人，幕末（[没]1869年6月27日），藩臣2（萱野長修　かやのながはる），福島百（萱野権兵衛長修　かやのごんべえながのぶ　[生]文政11（1828）年，（異説）天保1（1830）年）

萱野権兵衛長修　かやのごんべえながのぶ
→萱野権兵衛（かやのごんべえ）

萱野三平　かやのさんぺい
延宝3（1675）年～元禄15（1702）年　[別]萱野重実《かやのしげざね》，常成《じょうせい》
江戸時代前期の播磨赤穂藩士。赤穂四十七士の一人。
¶大阪人（[没]元禄15（1702）年1月14日），大阪墓（[没]元禄15（1702）年1月14日），大阪墓，国書（萱野重実　かやのしげざね　[没]元禄15（1702）年1月14日），コン改，コン4，詩歌，史人（[没]1702年1月14日），新潮（[没]元禄15（1702）年1月14日），人名，日人，俳句（常成　じょうせい　[没]元禄16（1703）年2月4日），歴大，和俳

萱野重実　かやのしげざね
→萱野三平（かやのさんぺい）

萱野銭塘　かやのせんとう
→萱野来章（かやのらいしょう）

茅野常高　かやのつねたか
江戸時代前期の槍術家。
¶岡山人

萱野長則　かやのながのり
？～寛文6（1666）年
江戸時代前期の陸奥会津藩士。
¶藩臣2

萱野長修　かやのながはる
→萱野権兵衛（かやのごんべえ）

萱野来章　かやのらいしょう
享保14（1729）年～天明1（1781）年　[別]萱野銭塘《かやのせんとう》
江戸時代中期の薩摩藩士、大坂留守居役。
¶大阪人（萱野銭塘　かやのせんとう　[没]天明1（1781）年10月），国書（萱野銭塘　かやのせんとう　[没]天明1（1781）年10月26日），人名（[生]1699年　[没]1751年），日人

茅野和助　かやのわすけ
寛文7（1667）年～元禄16（1703）年

江戸時代中期の播磨赤穂藩士。赤穂義士の一人。
¶岡山人（㊧寛文8（1668）年），岡山百（㊨寛文6（1666）年 ㊧元禄16（1703）年2月4日），岡山歴（㊧元禄16（1703）年2月4日），剣豪，人名，日人

萱場氏章 かやばうじあき
→萱場木工（かやばもく）

萱場高寿 かやばたかとし
？ ～延享1（1744）年
江戸時代中期の郡奉行。
¶姓氏宮城

萱場傍斎 かやばぼうさい
→萱場木工（かやばもく）

萱場木工（萱場杢）かやばもく
享保2（1717）年～文化2（1805）年 ㊞萱場氏章《かやばうじあき》,萱場傍斎《かやばぼうさい》,萱場杢《かばやもく》
江戸時代中期～後期の陸奥仙台藩士。
¶剣豪，国書（萱場傍斎 かやばぼうさい ㊧文化2（1805）年12月16日），姓氏宮城（萱場氏章 かやばうじあき），藩臣1（萱場杢），宮城百（萱場杢 かばやもく）

加屋霽堅 かやはるかた
天保7（1836）年～明治9（1876）年
江戸時代末期～明治期の志士。熊本藩士、熊本神風連の首領。熊本神風連の乱を首謀。
¶朝日（㊧天保7年1月13日（1836年2月29日）㊧明治9（1876）年10月24日），維新，近現，近世，国史，コン4，コン5，史人（㊧1836年1月13日 ㊤1876年10月24日），神人（㊧天保6（1835）年），新潮（㊧明治9（1876）年10月24日），人名，日人，幕末（㊤1876年10月24日）

香山栄左衛門 かやまえいざえもん
文政4（1821）年～明治10（1877）年
江戸時代末期の幕臣。
¶新潮（㊧明治10（1877）年4月30日），人名，姓氏神奈川，日人

加用喜右衛門 かようきえもん
寛永13（1636）年～享保2（1717）年
江戸時代前期～中期の吉田流弓術家。
¶高知人

加用伝左衛門 かようでんざえもん
～寛文11（1671）年
江戸時代前期の吉田流弓術家。
¶高知人

唐衣橘洲（唐衣橘州）からごろもきっしゅう,からころもきっしゅう;からごろもきつしゅう
寛保3（1743）年～享和2（1802）年 ㊞唐衣橘洲《からころもきっしょう》
江戸時代中期～後期の狂歌師、幕臣。狂歌三大家の一人。
¶朝日（㊧寛保3年12月4日（1744年1月18日）㊧享和2年7月18日（1802年8月15日）），岩史（からころもきっしゅう ㊧寛保3（1743）年12月4日 ㊧享和2（1802）年7月18日），江戸（からごろもきつしゅう），角史，近世（からころもきっしゅう），国史（からころもきっしゅう），国書（からころもきっしょう ㊧寛保3（1743）

年12月4日 ㊧享和2（1802）年7月18日），コン改，コン4（からころもきっしゅう），史人（からころもきっしゅう ㊧1743年12月4日 ㊧1802年7月18日），新潮（㊧寛保3（1743）年12月4日 ㊧享和2（1802）年7月18日），新文（㊧享和2（1802）年7月18日），人名，世人（唐衣橘州 ㊧寛保3（1743）年12月4日 ㊧享和2（1802）年7月18日），世百，全書（からころもきっしゅう），大百（からころもきっしゅう），日史（㊧寛保3（1743）年12月4日 ㊧享和2（1802）年7月18日），日人（からころもきっしゅう ㊧1744年），百科，文学，歴大（からころもきっしゅう），和俳（㊧寛保3（1743）年12月4日 ㊧享和2（1802）年7月18日）

唐衣橘洲 からころもきっしょう
→唐衣橘洲（からごろもきっしゅう）

唐崎士愛 からさきことちか
→唐崎常陸介（からさきひたちのすけ）

唐崎常陸介 からさきひたちのすけ
元文2（1737）年～寛政8（1796）年 ㊞唐崎士愛《からさきことちか》
江戸時代中期の神官、国学者、勤皇志士。
¶朝日（唐崎士愛 からさきことちか ㊧寛政8年11月18日（1796年12月16日）），国書（㊧元文2（1737）年5月19日 ㊧寛政8（1796）年11月18日），コン改，コン4，新潮（㊧寛政8（1796）年2月18日），人名，日人，広島百（㊧寛政8（1796）年11月18日）

唐沢玄蕃 からさわげんば
生没年不詳
戦国時代～江戸時代前期の武士。
¶群馬人

唐沢摩三吉 からさわまさよし
文政5（1822）年～明治1（1868）年3月8日
江戸時代末期の幕御先手同心。
¶幕末

辛島塩井 からしまえんせい
宝暦4（1754）年～天保10（1839）年
江戸時代中期～後期の肥後熊本藩士。
¶教育，国書（㊧宝暦4（1754）年12月26日 ㊧天保10（1839）年2月23日），詩歌，人名，日人（㊧1755年），藩臣7，和俳

辛島庄司 からしましょうじ
天保5（1834）年～？
江戸時代後期～末期の新撰組隊士。
¶新撰

唐橋君山 からはしくんざん
元文1（1736）年～寛政12（1800）年 ㊞唐橋世済《からはしせいさい》
江戸時代中期～後期の医師、漢学者。岡藩主中川久貞の侍医。
¶朝日（㊧寛政12年11月8日（1800年12月23日）），大分百（唐橋世済 からはしせいさい ㊧1735年），大分歴，国書（唐橋世済 からはしせいさい ㊧寛政12（1800）年12月），新潮（唐橋世済 からはしせいさい），人名，日人，藩臣7（唐橋世済 からはしせいさい）

唐橋世済 からはしせいさい
→唐橋君山(からはしくんざん)

刈谷三郎(苅谷三郎) かりたにさぶろう
→苅谷三郎(かりやさぶろう)

苅谷三郎 かりやさぶろう
弘化1(1844)年～明治43(1910)年　[別]刈谷三郎《かりたにさぶろう》,苅谷三郎《かりたにさぶろう》
江戸時代末期～明治期の志士。
¶維新，コン改(刈谷三郎　かりたにさぶろう)，コン改(かりたにさぶろう)，コン4(刈谷三郎　かりたにさぶろう)，コン5(刈谷三郎　かりたにさぶろう)，新潮([没]明治43(1910)年3月5日)，人名(かりたにさぶろう)，栃木歴([没]明治23(1890)年)，日人，幕末([没]1910年3月5日)

狩谷鷹友 かりやたかとも
文政6(1823)年～明治11(1878)年
江戸時代末期～明治期の儒学者、加賀藩士。
¶石川百，国書([生]文政5(1822)年　[没]明治11(1878)年6月30日)，姓氏石川

唐牛儀右衛門 かろうじぎえもん
生没年不詳
江戸時代後期の陸奥黒石藩家老。
¶藩臣1

唐牛甚右衛門 かろうじじんえもん
？ ～貞享5(1688)年
江戸時代前期の弘前藩士、4代弘前藩主津軽信政の用人、300石。
¶青森人

唐牛桃里 かろうじとうり
天保9(1838)年～明治32(1899)年　[別]唐牛撫四郎《かろうじなでしろう》
江戸時代末期～明治期の黒石藩士。
¶青森人，幕末，藩臣1(唐牛撫四郎　かろうじなでしろう)

唐牛撫四郎 かろうじなでしろう
→唐牛桃里(かろうじとうり)

河合章堯 かわいあきたか
生没年不詳
江戸時代中期の岡山藩士。
¶国書

河合勘解由左衛門 かわいかげゆざえもん
？ ～宝暦1(1751)年　[別]河合定恒《かわいさだつね》,川合定恒《かわいさだつね》
江戸時代中期の播磨姫路藩の藩士、厩橋城主酒井雅楽頭忠恭の国家老。
¶人名([没]1750年)，日人，藩臣5(川合定恒　かわいさだつね　[生]宝永3(1706)年)，兵庫人(河合定恒　かわいさだつね　[没]宝暦1(1751)年7月10日)

河井堅忠 かわいかたただ
天文6(1537)年～元和4(1618)年6月4日
戦国時代～江戸時代前期の武士。佐竹氏家臣。
¶戦辞，戦人(生没年不詳)，戦東

河合杏庵 かわいきあん
？ ～明治25(1892)年
江戸時代末期～明治期の丹波篠山藩医、漢学者。
¶藩臣5

河合耆三郎 かわいきさぶろう
天保9(1838)年～慶応2(1866)年
江戸時代末期の新撰組隊士。
¶新撰([没]慶応2年2月12日)，幕末([没]1866年3月28日)

川井清良 かわいきよはる
天正12(1584)年～寛永8(1631)年
江戸時代前期の信濃松本藩士。
¶藩臣3

河合源左衛門 かわいげんざえもん
生没年不詳
江戸時代中期の蝦夷松前藩士。
¶藩臣1

川井小六 かわいころく
文化13(1816)年～明治17(1884)年
江戸時代末期～明治期の出羽秋田藩士。
¶維新，人名，日人，幕末([没]1884年7月19日)，藩臣1

河合定恒(川合定恒) かわいさだつね
→河合勘解由左衛門(かわいかげゆざえもん)

川井自歓 かわいじかん
？ ～寛延4(1751)年
江戸時代中期の三河挙母藩家老。
¶藩臣4

河合重元 かわいしげもと
？ ～元禄9(1696)年
江戸時代前期の武術家、砲術唯心流の祖。
¶岡山人([生]寛永5(1628)年)，岡山歴([没]元禄9(1696)年9月)，人名，日人

河合隼之助 かわいじゅんのすけ
→河合寸翁(かわいすんおう)

川井次郎左衛門 かわいじろうざえもん
生没年不詳
江戸時代中期の武術家。
¶高知人

河合祐之 かわいすけゆき
文化10(1813)年～文久1(1861)年
江戸時代末期の加賀藩士。
¶国書([没]文久1(1861)年8月2日)，姓氏石川，幕末([没]1861年9月6日)

河合寸翁 かわいすんおう
明和4(1767)年～天保12(1841)年　[別]河合寸翁《かわいすんのう》,河合道臣《かわいひろおみ,かわいみちおみ》,河合隼之助《かわいじゅんのすけ,かわいはやのすけ》
江戸時代中期～後期の播磨姫路藩家老。藩政改革を遂行。
¶朝日([生]明和4年5月24日(1767年6月20日)　[没]天保12年6月24日(1841年8月10日))，岩史(河合道臣　かわいひろおみ　[生]明和4(1767)年5月24日　[没]天保12(1841)年6月24日)，近世(河合道臣　かわいひろおみ)，国史(河合道臣　かわいひろおみ)，国書(河合道臣　かわいひろおみ　[生]明和4(1767)年5月24日　[没]天保12(1841)年6月24日)，コン改，コン4，茶道(河合隼之助　かわいはやのすけ)，史人

か

([生]1767年5月24日　[没]1841年6月24日)，新潮([生]明和4(1767)年5月24日　[没]天保12(1841)年6月24日)，人名(河合隼之助　かわいじゅんのすけ)，世人(河合道臣　かわいみちおみ)，日人(かわいすんのう)，藩臣5(かわいすんのう)，兵庫人(かわいすんのう　[生]明和4(1767)年5月24日　[没]天保12(1841)年6月24日)，兵庫百(河合道臣　かわいみちおみ)

河合寸翁　かわいすんのう
→河合寸翁(かわいすんおう)

河合専堯　かわいせんぎょう
→河合専堯(かわいもろたか)

河合惣兵衛(河井惣兵衛，河合総兵衛)　**かわいそうべえ**
文化13(1816)年～元治1(1864)年
江戸時代末期の志士。播磨姫路藩士。
¶維新(河合総兵衛)，近世，国史，コン改(河井惣兵衛)，コン4(河井惣兵衛)，新潮(河合総兵衛　[生]文化13(1816)年2月　[没]元治1(1864)年12月26日)，人名(河合総兵衛)，日人([没]1865年)，幕末(河合総兵衛　[没]1864年12月26日)，藩臣5(河合総兵衛)，兵庫人([生]文化13(1816)年2月　[没]元治1(1864)年12月26日)，兵庫百

河井代右衛門　かわいだいえもん
江戸時代末期の越後長岡藩士、茶人。
¶茶道

河合泰山　かわいたいざん
文化4(1807)年～明治18(1885)年5月4日
江戸時代末期～明治期の周防徳山藩士。
¶幕末

河合竹之助　かわいたけのすけ
天保7(1836)年～明治27(1894)年
江戸時代末期～明治期の加賀藩同心、算学者。
¶人名，姓氏石川([生]?)，幕末

河合種昭　かわいたねあき
?　～明和4(1767)年
江戸時代中期の播磨三日月藩家老。
¶藩臣5

河合種英　かわいたねひで
寛政10(1798)年～天保15(1844)年
江戸時代後期の播磨三日月藩家老。
¶藩臣5

河井継之助　かわいつぎのすけ
→河井継之助(かわいつぐのすけ)

河井継之助(河合継之助)　**かわいつぐのすけ**
文政10(1827)年～明治1(1868)年　[別]河井継之助《かわいつぎのすけ》
江戸時代末期の越後長岡藩家老。藩政改革に尽力。
¶会津，朝日([生]文政10年1月1日(1827年1月27日)　[没]明治1年8月16日(1868年10月1日))，維新，岩史([生]文政10(1827)年1月1日　[没]慶応4(1868)年8月16日)，角史，近世，国史，国書([生]文政10(1827)年1月1日　[没]慶応4(1868)年8月16日)，コン改，コン4，史人([生]1827年1月1日　[没]1868年8月16日)，重要([生]文政10(1827)年1月1日　[没]慶応4(1868)年8月16日)，人書79，人書94，新潮([生]文政10(1827)年1月1日　[没]慶応4(1868)年8月16日)，人名，世人(河合継之助　[没]明治1(1868)年7月24日)，全書(かわいつぎのすけ)，新潟百(かわいつぎのすけ)，日史([生]文政10(1827)年1月1日　[没]明治1(1868)年8月16日)，日人，幕末(かわいつぎのすけ　[没]1868年10月1日)，藩臣4(かわいつぎのすけ)，百科，福島百，歴大(かわいつぎのすけ)

河井恒久　かわいつねひさ
生没年不詳
江戸時代前期の水戸藩士。
¶国書

河合鉄五郎　かわいてつごろう
弘化3(1846)年～?
江戸時代後期～末期の新撰組隊士。
¶新撰

河合伝十郎　かわいでんじゅうろう
天保12(1841)年～元治1(1864)年
江戸時代末期の播磨姫路藩士。
¶維新，人名，日人([没]1865年)，幕末([没]1864年12月26日)，藩臣5

川井藤左衛門　かわいとうざえもん
?　～正徳2(1712)年
江戸時代中期の安房北条藩士。
¶千葉百，藩臣3

川合縫殿　かわいぬい
生没年不詳
江戸時代末期の武士。
¶和歌山人

川井信与　かわいのぶよし
元禄3(1690)年～宝暦3(1753)年
江戸時代中期の武士、幕臣。
¶和歌山人

河合隼之助　かわいはやのすけ
→河合寸翁(かわいすんおう)

川井半九郎　かわいはんくろう
文化9(1812)年～明治20(1887)年
江戸時代末期～明治期の信濃松本藩士。
¶藩臣3

川井久敬　かわいひさたか
享保10(1725)年～安永4(1775)年
江戸時代中期の幕臣。勘定奉行として田沼時代の貨幣政策を担当。
¶岩史([没]安永4(1775)年10月26日)，近世，国史，コン4，日人

川井久徳　かわいひさのり
明和3(1766)年～天保6(1835)年　[別]川井久徳《かわいひさよし》
江戸時代後期の和算家、幕臣。
¶朝日([生]明和3(1766)年?　[没]?)，国書(かわいひさよし　[没]天保6(1835)年3月7日)，人名，日人

川井久正　かわいひさまさ
～元和5(1619)年
江戸時代前期の旗本。
¶神奈川人

川井久徳　かわいひさよし
→川井久徳(かわいひさのり)

河合秀正 かわいひでまさ
明暦2(1656)年～享保3(1718)年
江戸時代前期～中期の因幡鳥取藩士、武術家。
¶藩臣5

河合道臣 かわいひろおみ
→河合寸翁(かわいすんおう)

河合屏山 かわいへいざん
享和3(1803)年～明治9(1876)年
江戸時代末期～明治期の播磨姫路藩家老。
¶朝日([生]享和3年7月18日(1803年9月3日) [没]明治9(1876)年8月14日)，維新，近現，近世，国史，コン改，コン4，新潮([生]享和3(1803)年7月18日　[没]明治9(1876)年8月14日)，人名，日人，幕末([没]1876年8月14日)，藩臣5，兵庫人([生]享和3(1803)年7月18日 [没]明治9(1876)年8月14日)，兵庫百

川合又吉 かわいまたきち
江戸時代の越後村上藩士、馬術家。
¶人名，日人(生没年不詳)

河合又五郎 かわいまたごろう
＊～寛永11(1634)年
江戸時代前期の備前岡山藩士。
¶岡山人([生]慶長16(1611)年)，岡山歴([生]慶長10(1605)年　[没]寛永9(1632)年11月16日)，人名([生]1611年)，日人([生]？)

河合道臣 かわいみちおみ
→河合寸翁(かわいすんおう)

河合光孚 かわいみつうき
明和1(1764)年～文化2(1805)年
江戸時代中期～後期の三河岡崎藩家老。
¶藩臣4

川合光重 かわいみつしげ
永禄6(1563)年～寛永18(1641)年
江戸時代前期の武士。
¶和歌山人

河合光張 かわいみつはる
宝暦6(1756)年～天明4(1784)年
江戸時代中期の三河岡崎藩士。
¶藩臣4

川合宗見 かわいむねみ
享保18(1733)年～天明7(1787)年
江戸時代中期の播磨姫路藩家老。
¶藩臣5

河合茂山 かわいもざん
文政4(1821)年～明治10(1877)年
江戸時代末期～明治期の筑前福岡藩士。
¶維新，新潮([没]明治10(1877)年1月2日)，人名，日人，幕末([没]1877年1月2日)，藩臣7

河合専堯 かわいもろたか
元禄5(1692)年～安永9(1780)年　[別]河合専堯《かわいせんぎょう》
江戸時代中期の備前岡山藩士。
¶岡山人(かわいせんぎょう)，国書([没]安永9(1780)年3月)，人名，日人

河合弥三郎 かわいやさぶろう
江戸時代末期の新撰組隊士。
¶新撰

河合康正 かわいやすまさ
？ ～延享1(1744)年
江戸時代中期の播磨三日月藩家老。
¶藩臣5

河合良臣 かわいよしおみ
文政5(1822)年～文久2(1862)年
江戸時代末期の播磨姫路藩家老。
¶藩臣5

川合鱗三(川合麟三) かわいりんぞう
天保9(1838)年～明治33(1900)年
江戸時代末期～明治期の安芸広島藩士。
¶維新([生]？)，維新(川合麟三　[生]？)，人名(川合鱗三)，日人，幕末([没]1900年5月14日)

川内当当 かわうちとうとう
宝暦13(1763)年～安政4(1857)年
江戸時代中期～後期の美濃高須藩士。
¶藩臣3

川江敏徳 かわえとしのり
＊～享和1(1801)年
江戸時代中期～後期の漢学者、豊前小倉藩士。
¶人名([生]？)，日人([生]1719年)

川勝寛治 かわかつかんじ
文政12(1829)年～元治1(1864)年
江戸時代末期の三条家士。
¶維新，人名([生]？)，日人，幕末([没]1864年8月21日)

川勝儀右衛門 かわかつぎえもん
？ ～元禄16(1703)年
江戸時代前期～中期の八戸藩士。
¶青森人

川勝重氏 かわかつしげうじ
～承応2(1653)年
江戸時代前期の旗本。
¶神奈川人

川勝隆尚 かわかつたかなお
～享保15(1730)年
江戸時代中期の旗本。
¶神奈川人

川勝内記 かわかつないき
？ ～
江戸時代の八戸藩士。
¶青森人

川勝広運 かわかつひろかず
文政10(1827)年～明治8(1875)年　[別]川勝美作守広運《かわかつみまさかのかみひろかず》
江戸時代末期の幕臣、長崎奉行並、若年寄。
¶維新，長崎歴(川勝美作守広運　かわかつみまさかのかみひろかず)，幕末(生没年不詳)

川勝広綱 かわかつひろつな
天正8(1580)年～寛文1(1661)年
江戸時代前期の武将。秀吉馬廻。
¶戦国，戦人

川勝広道 かわかつひろみち
天保1(1830)年～？
江戸時代末期～明治期の幕臣。
¶維新，幕末，洋学([没]明治21(1888)年)

川勝美作守広運　かわかつみまさかのかみひろかず
→川勝広運（かわかつひろかず）

川勝弥右衛門　かわかつやえもん
天保7（1836）年～慶応4（1868）年
江戸時代末期の陸奥棚倉藩用人。
¶藩臣2

川壁郷右衛門　かわかべごううえもん
→川壁郷右衛門（かわかべごうえもん）

川壁郷右衛門　かわかべごうえもん
[別]川壁郷右衛門《かわかべごううえもん》
安土桃山時代～江戸時代前期の武士。里見氏家臣。
¶戦人（生没年不詳），戦東（かわかべごううえもん）

川上猪太郎　かわかみいたろう
*～？
江戸時代末期の代官。
¶維新（[生]1827年），幕末（[生]1823年）

河上市之丞　かわかみいちのじょう
→河上忠晶（かわかみただあき）

川上花顚　かわかみかてん
享和2（1802）年～明治2（1869）年
江戸時代末期の幕府表右筆組頭。
¶人名，日人

河上吉太郎　かわかみきちたろう
→河上吉太郎（かわかみよしたろう）

川上邦之助(1)　かわかみくにのすけ
→河上鎮石（かわかみちんせき）

川上邦之助(2)　かわかみくにのすけ
→川上鎮石（かわかみちんせき）

河上彦斎（川上彦斎）　かわかみげんさい
天保5（1834）年～明治4（1871）年　[別]河上彦斎《かわかみげさい》
江戸時代末期～明治期の肥後熊本藩の尊攘派志士。佐久間象山を暗殺。
¶朝日（[生]天保5年11月25日（1834年12月25日）[没]明治4年12月4日（1872年1月13日）），維新，江戸，角史，近現，近世，熊本百（[生]天保5（1834）年11月25日　[没]明治4（1871）年12月4日，（異説）12月3日），国史，コン改，コン4，コン5，史人（[生]1834年11月25日　[没]1871年12月3日），人書79，新潮（[生]天保5（1834）年11月25日　[没]明治4（1871）年12月3日），人名，世人（川上彦斎），全書，日史（[生]天保5（1834）年11月25日　[没]明治4（1871）年12月3日），日人（[没]1872年），幕末（[没]1871年12月3日），藩臣7，百科，歴大

川上駒千代　かわかみこまちよ
生没年不詳
安土桃山時代～江戸時代前期の武士。浅野家の家臣。
¶和歌山人

川上七郎　かわかみしちろう
生没年不詳
江戸時代末期の紀伊和歌山藩士、使番。
¶幕末，和歌山人

河上十左衛門　かわかみじゅうざえもん
元亀2（1571）年～
安土桃山時代～江戸時代前期の武士。
¶庄内

川上四郎兵衛　かわかみしろうべえ
？～元和8（1622）年
安土桃山時代～江戸時代前期の島津家家臣。
¶姓氏鹿児島

川上新五郎　かわかみしんごろう
弘化3（1846）年～明治3（1870）年
江戸時代末期～明治期の近江彦根藩士。
¶藩臣4

河上忠晶　かわかみただあき
寛政7（1795）年～文久2（1862）年　[別]河上市之丞《かわかみいちのじょう》
江戸時代末期の漢学者、黒住教徒、岡山藩士。
¶岡山人，岡山百（[生]寛政7（1795）年7月7日　[没]文久2（1862）年8月22日），岡山歴（河上市之丞　かわかみいちのじょう　[生]寛政7（1795）年7月7日　[没]文久2（1862）年8月22日），国書（[没]文久2（1862）年8月22日），人名，日人

川上忠実　かわかみただざね
？～元和9（1623）年
安土桃山時代～江戸時代前期の垂水島津家の家老。
¶姓氏鹿児島

川上忠親　かわかみただちか
江戸時代中期の武人。
¶岡山人，岡山歴

河上竹軒　かわかみちくけん
天保3（1832）年～明治34（1901）年8月29日
江戸時代末期～明治期の周防岩国藩士。
¶幕末

河上鎮石（川上鎮石）　かわかみちんせき
天保10（1839）年～明治44（1911）年　[別]川上邦之助《かわかみくにのすけ》
江戸時代末期～明治期の志士、官吏。宮内省へ出仕、主馬亮を経て主殿寮主事を歴任。正五位勲四等に叙せられた。
¶維新（川上邦之助　かわかみくにのすけ），埼玉人（[没]明治44（1911）年8月），人名，幕末（川上鎮石　[生]1840年　[没]1911年8月10日）

川上鎮石（河上鎮石）　かわかみちんせき
天保10（1839）年～明治44（1911）年　[別]川上邦之助《かわかみくにのすけ》
江戸時代末期～明治期の英国公使パークス襲撃事件の志士、官吏。
¶維新（川上邦之助　かわかみくにのすけ），人名（河上鎮石），日人，幕末（[生]1840年　[没]1911年8月10日）

川上寅記　かわかみとらき
寛政5（1793）年～慶応2（1866）年
江戸時代末期の出羽松山藩士、砲術家。
¶庄内（[没]慶応2（1866）年2月2日），藩臣1

川上直本　かわかみなおもと
天保2（1831）年～明治22（1889）年
江戸時代末期～明治期の高田藩士。
¶維新，人名，新潟百，日人（[生]1832年），幕末（[没]1889年7月19日）

河上範三 かわかみはんぞう
天保12(1841)年〜慶応1(1865)年
江戸時代末期の長州(萩)藩士。
¶維新，姓氏山口，幕末([没]1865年3月27日)

川上久国 かわかみひさくに
天正9(1581)年〜寛文3(1663)年
江戸時代前期の薩摩藩家老。
¶国書([生]天正9(1581)年5月5日　[没]寛文3(1663)年4月17日)，姓氏鹿児島([生]？)，藩臣7

川上久辰 かわかみひさとき
永禄2(1559)年〜寛永5(1628)年
安土桃山時代〜江戸時代前期の島津氏の武将。
¶近世，国史，国書([没]寛永5(1628)年12月28日)，戦合，日人([没]1629年)

川上広樹 かわかみひろき
天保9(1838)年〜明治28(1895)年
江戸時代末期〜明治期の下野足利藩家老、学者、教育者。
¶郷土栃木，人名([生]1839年)，栃木百，栃木歴，日人，藩臣2

川上不白 かわかみふはく
弘化3(1846)年〜明治41(1908)年
江戸時代末期〜明治期の茶道家。表千家茶道師範、もと紀州新宮藩士。兄の没後、不白7世を襲名。茶道を教え、東京一流と称された。
¶人名，日人

川上文治 かわかみぶんじ
寛政3(1791)年〜弘化4(1847)年
江戸時代後期の小田原藩士。
¶神奈川人

河上弥市 かわかみやいち
天保14(1843)年〜文久3(1863)年
江戸時代末期の長州藩の志士、奇兵隊総督。
¶朝日([生]天保14(1843)年1月　[没]文久3年10月14日(1863年11月24日))，維新，近世，国史，コン改，コン4，史人([生]1843年1月　[没]1863年10月14日)，新潮([生]天保14(1843)年1月　[没]文久3(1863)年10月14日)，人名，世人，日人，幕末([没]1863年11月24日)，藩臣6

河上安固 かわかみやすかた
？　〜天明4(1784)年
江戸時代中期の伊予今治藩士。
¶藩臣6

河上吉太郎 かわかみよしたろう
文化10(1813)年〜明治5(1872)年　[別]河上吉太郎《かわかみきちたろう》
江戸時代末期〜明治期の近江彦根藩鉄砲足軽。
¶維新，藩臣4(かわかみきちたろう)

川上竜衛 かわかみりゅうえい
文化5(1808)年〜？
江戸時代後期の薩摩藩家老。
¶幕末

川上櫟斎 かわかみれきさい
元禄12(1699)年〜享保17(1732)年
江戸時代中期の水戸藩士。
¶国書

川北温山 かわきたおんざん
寛政6(1794)年〜嘉永6(1853)年
江戸時代末期の肥前島原藩の漢学者。
¶朝日([没]嘉永6年1月8日(1853年2月15日))，江文，国書([生]寛政5(1793)年　[没]嘉永6(1853)年1月8日)，コン改，コン4，新潮([没]嘉永6(1853)年1月8日)，人名，日人，藩臣7([生]寛政5(1793)年)，和俳

川北一政 かわきたかずまさ
→川北長左衛門(かわきたちょうざえもん)

河北義次郎 かわきたぎじろう
弘化1(1844)年〜明治24(1891)年　[別]俊弼
江戸時代末期〜明治期の長州(萩)藩士、陸軍軍人。1867年イギリスに渡る。
¶維新，海越([生]天保15(1844)年4月　[没]明治24(1891)年3月8日)，海越新([生]天保15(1844)年4月　[没]明治24(1891)年3月8日)，コン5，渡航([没]1891年3月10日)，幕末([没]1891年3月10日)

川北長左衛門 かわきたちょうざえもん
永禄1(1558)年〜寛永4(1627)年　[別]川北一政《かわきたかずまさ》
安土桃山時代〜江戸時代前期の紀伊和歌山藩士。
¶藩臣5，和歌山人(川北一政　かわきたかずまさ)

河北一 かわきたはじめ
天保8(1837)年〜明治44(1911)年12月22日
江戸時代末期〜明治期の長州(萩)藩士。
¶幕末

河口久右衛門(川口久右衛門) かわぐちきゅうえもん
安永8(1779)年〜天保13(1842)年
江戸時代末期の多度津藩家老。
¶人名(川口久右衛門)，日人

川口源之丞 かわぐちげんのじょう
明暦2(1656)年〜享保5(1720)年
江戸時代前期〜中期の八戸藩士。
¶青森人

河口静斎 かわぐちせいさい
元禄16(1703)年〜宝暦4(1754)年
江戸時代中期の漢学者、前橋藩士。
¶江文，国書([没]宝暦4(1754)年11月6日)，埼玉人([没]宝暦4(1754)年11月)，埼玉百，人名，日人

川口摂津守宗恒 かわぐちせっつのかみむねつね
→川口宗恒(かわぐちむねつね)

川口雪篷 かわぐちせっぽう
*〜明治23(1890)年
江戸時代末期〜明治期の薩摩藩士、書家。
¶日人([生]1819年)，幕末([生]1818年　[没]1890年6月)

川口武定 かわぐちたけさだ
弘化3(1846)年〜大正7(1918)年
江戸時代末期〜明治期の紀伊和歌山藩戊兵大隊計司。
¶人名，世紀([生]弘化3(1846)年1月　[没]大正7(1918)年1月19日)，日人，幕末([没]1918年1月19日)，陸海([生]弘化3年1月26日　[没]大正7年1月19日)，和歌山人

か

川口頼母 かわぐちたのも
元禄7(1694)年〜明和8(1771)年　[別]川口信友《かわぐちのぶとも》
江戸時代中期の本草家、書物奉行。
¶国書(川口信友　かわぐちのぶとも　[没]明和8(1771)年10月12日), 人名, 日人

川口近次 かわぐちちかつぐ
〜元和5(1619)年
江戸時代前期の旗本。
¶神奈川人

川口長兵衛 かわぐちちょうべえ
生没年不詳
江戸時代中期の肥前島原藩士。
¶国書

川口東州 かわぐちとうしゅう
天保10(1839)年〜明治44(1911)年
江戸時代後期〜明治期の静岡藩士、書家。
¶静岡歴

川口信友 かわぐちのぶとも
→川口頼母(かわぐちたのも)

河口正容 かわぐちまさかた
安永8(1779)年〜天保13(1842)年
江戸時代後期の讃岐多度津藩家老。
¶藩臣6

川口政平 かわぐちまさひら
？〜元禄6(1693)年
江戸時代中期の旗本。
¶姓氏神奈川

川口宗恒 かわぐちむねつね
寛永7(1630)年〜宝永1(1704)年　[別]川口摂津守宗恒《かわぐちせっつのかみむねつね》
江戸時代前期〜中期の25代長崎奉行。
¶長崎歴(川口摂津守宗恒　かわぐちせっつのかみむねつね)

川口緑野 かわぐちりょくや
安永2(1773)年〜天保6(1835)年
江戸時代後期の水戸藩士、儒学者。
¶国書([没]天保6(1835)年6月10日), 日人, 藩臣2

川久保十次(川久保十二) かわくぼじゅうじ
弘化4(1847)年〜明治10(1877)年
江戸時代末期〜明治期の鹿児島県士族。
¶人名(川久保十二), 姓氏鹿児島, 日人, 幕末([没]1877年8月17日)

川窪新十郎信俊 かわくぼしんじゅうろうのぶとし
→河窪信俊(かわくぼのぶとし)

河窪信俊(川窪信俊) かわくぼのぶとし
永禄7(1564)年〜寛永16(1639)年　[別]川窪新十郎信俊《かわくぼしんじゅうろうのぶとし》
安土桃山時代〜江戸時代前期の武士。
¶埼玉人(川窪信俊), 埼玉百(川窪新十郎信俊　かわくぼしんじゅうろうのぶとし), 諸系, 戦辞([没]寛永16年2月14日(1639年3月18日)), 日人

川越清左衛門 かわごえせいざえもん
？〜
江戸時代の弘前藩士、山鹿流の兵学者。
¶青森人

川崎市之進 かわさきいちのしん
*〜安永7(1778)年
江戸時代中期の大森代官。
¶島根百([生]?), 島根歴([生]享保14(1729)年ごろ)

川崎学 かわさきがく
文化11(1814)年〜明治7(1874)年
江戸時代末期の武術家。
¶人名, 日人

川崎定孝 かわさきさだたか
元禄7(1694)年〜明和4(1767)年　[別]川崎平右衛門《かわさきへいうえもん,かわさきへいえもん》, 川崎平右衛門定孝《かわさきへいうえもんさだたか》
江戸時代中期の農政家。新田開発と治水に尽力した名代官。
¶朝日([生]元禄7年3月15日(1694年4月9日) [没]明和4年6月6日(1767年7月1日)), 岩史(川崎平右衛門　かわさきへいえもん　[生]元禄7(1694)年3月15日　[没]明和4(1767)年6月6日), 神奈川人(川崎平右衛門　かわさきへいえもん), 岐阜百(川崎平右衛門　かわさきへいうえもん), 近世, 国史, コン改([生]元禄2(1689)年), コン4([生]元禄2(1689)年), 埼玉人([生]元禄7(1694)年3月15日　[没]明和4(1767)年6月6日), 埼玉百(川崎平右衛門定孝　かわさきへいうえもんさだたか　[生]1689年), 史人([生]1694年3月15日　[没]1767年6月6日), 島根百(川崎平右衛門　かわさきへいえもん), 島根歴(川崎平右衛門　かわさきへいえもん), 人書94(川崎平右衛門　かわさきへいえもん　生没年不詳), 新潮([生]元禄7(1694)年3月15日 [没]明和4(1767)年6月6日), 人名([生]1689年), 姓氏神奈川, 多摩(川崎平右衛門　かわさきへいうえもん), 日史(川崎平右衛門　かわさきへいえもん　[生]元禄7(1694)年3月15日　[没]明和4(1767)年6月6日), 日人, 百科(川崎平右衛門　かわさきへいえもん), 歴大(川崎平右衛門　かわさきへいえもん)

川崎準三郎 かわさきじゅんざぶろう
江戸時代末期の新撰組隊士。
¶新撰

川崎順道 かわさきじゅんどう
江戸時代末期の新撰組隊士。
¶新撰

川崎正右衛門 かわさきしょうえもん
→川崎祐名(かわさきすけな)

川崎次郎太夫(川崎二郎大夫) かわさきじろうだゆう
？〜寛文11(1671)年
江戸時代前期の剣術家。
¶人名(川崎二郎大夫), 日人

川崎新五郎 かわさきしんごろう
天保6(1835)年〜明治32(1899)年3月13日
江戸時代末期〜明治期の日向飫肥藩士。
¶幕末

川崎佐左衛門 かわさきすけざえもん
？〜元禄3(1690)年
江戸時代前期〜中期の剣術家。東軍流。

¶剣豪

川崎祐名 かわさきすけな
天保4(1833)年～明治39(1906)年 [別]川崎正右衛門《かわさきしょうえもん》
江戸時代末期～明治期の薩摩藩士。
¶国際，人名，姓氏鹿児島，渡航([没]1906年1月13日)，日人，幕末(川崎正右衛門 かわさきしょうえもん)

川崎祐総 かわさきすけふさ
安永2(1773)年～天保13(1842)年
江戸時代後期の日向飫肥藩士。
¶人名，日人

河崎董(河﨑董) かわさきただす
文政6(1823)年～明治4(1871)年
江戸時代末期～明治期の兵、砲術家。長門長府藩の兵制改革に尽力。
¶朝日([生]文政6年4月15日(1823年5月25日) [没]明治4年4月27日(1871年6月14日))，維新，近現，近世，国史，コン改，コン4，コン5，新潮([生]文政6(1823)年4月15日 [没]明治4(1871)年4月27日)，人名，日人，幕末(河﨑董 [没]1871年6月14日)，藩臣6

川崎頼母 かわさきたのも
天明8(1788)年～弘化2(1845)年
江戸時代後期の常陸笠間藩家老。
¶茨城百，藩臣2

川崎平右衛門 かわさきへいうえもん
→川崎定孝(かわさきさだたか)

川崎平右衛門定孝 かわさきへいうえもんさだたか
→川崎定孝(かわさきさだたか)

川崎平右衛門 かわさきへいえもん
→川崎定孝(かわさきさだたか)

川崎孫四郎 かわさきまごしろう
文政10(1827)年～万延1(1860)年 [別]篠崎源太郎《しのざきげんたろう》
江戸時代末期の水戸藩部吏。
¶維新([生]1826年)，大阪人([没]万延1(1860)年3月)，人名，日人，幕末([生]1826年 [没]1860年4月14日)

河崎致高 かわさきむねたか
？ ～明治2(1869)年
江戸時代末期の篆刻家、越前藩士。
¶人名，日人

川崎宗直 かわさきむねなお
？ ～元和4(1618)年
安土桃山時代～江戸時代前期の浅野家臣。
¶和歌山人

川崎宗則 かわさきむねのり
嘉永2(1849)年～昭和6(1931)年1月23日
江戸時代末期～明治期の備後福山藩士。
¶幕末

川崎宗吉 かわさきむねよし
？ ～寛永16(1639)年
江戸時代前期の武蔵岩槻藩士。
¶藩臣5

川崎勇四郎 かわさきゆうしろう
弘化1(1844)年～元治1(1864)年8月10日
江戸時代末期の志士。水戸天狗党挙兵に参加。
¶幕末

川崎良忠 かわさきよしただ
江戸時代末期の日向飫肥藩士。
¶人名

川崎六之 かわさきろくし
文化4(1807)年～明治14(1881)年
江戸時代末期～明治期の浮世絵師、尾張藩士。
¶人名，日人

川路寛堂 かわじかんどう
→川路太郎(かわじたろう)

川路宜麦 かわじぎばく
宝暦7(1757)年～文政11(1828)年 [別]宜麦《ぎばく》
江戸時代後期の幕臣、俳人。
¶国書(宜麦 ぎばく [没]文政11(1828)年7月20日)，人名，日人，俳諧(宜麦 ぎばく [生]？)，俳句(宜麦 ぎばく [没]文政11(1828)年7月22日)，和俳

河地厚為 かわじこうい
→河地厚為(かわぢこうい)

河路権内 かわじごんない
江戸時代前期の尾張藩士。
¶人名

川路太郎 かわじたろう
弘化1(1844)年～昭和2(1927)年2月5日 [別]川路太郎・川路寛堂《かわじたろう・かわじかんどう》,川路寛堂《かわじかんどう》，温
江戸時代末期～明治期の幕臣、教育者。1866年イギリスに渡る。
¶維新，海越([生]弘化1(1845)年12月21日)，海越新([生]弘化1(1845)年12月21日)，江文，国書，渡航(川路太郎・川路寛堂 かわじたろう・かわじかんどう)，幕末([没]1929年2月5日)，兵庫百(川路寛堂 かわじかんどう [没]昭和3(1928)年)，洋学

川地鉄之丞 かわじてつのじょう
→川地鉄之丞(かわぢてつのじょう)

川路聖謨 かわじとしあきら
享和1(1801)年～明治1(1868)年
江戸時代末期の幕府官僚、勘定奉行。
¶朝日([生]享和1年4月25日(1801年6月6日) [没]明治1年3月15日(1868年4月7日))，維新，岩史([生]享和1(1801)年4月25日 [没]慶応4(1868)年3月15日)，江戸東，江文，大分歴，角史，京都大，近世，国史，国書([生]享和1(1801)年4月25日 [没]慶応4(1868)年3月15日)，コン改，コン4，史人([生]1801年4月25日 [没]1868年3月15日)，重要([生]享和1(1801)年4月25日 [没]明治1(1868)年3月15日)，食文([生]享和1年4月25日(1801年6月6日) [没]慶応4年3月15日(1868年4月7日))，人書94，新潮([生]享和1(1801)年4月 [没]慶応4(1868)年3月15日)，人名，姓氏京都，世人([生]享和1(1801)年4月25日 [没]明治1(1868)年3月15日)，世百，全書，大百，新潟百，日史([生]享和1(1801)年4月25日 [没]明治1

(1868)年3月15日)，日人，百科，歴大

川路利良 かわじとしよし
天保5(1834)年～明治12(1879)年　[別]正之進，竜泉
江戸時代末期～明治期の薩摩藩士、警察制度創設者。
¶朝日([生]天保5年5月11日(1834年6月17日)　[没]明治12(1879)年10月13日)，維新，岩史([生]天保5(1834)年5月11日　[没]明治12(1879)年10月13日)，海越([生]天保7(1836)年5月11日　[没]明治12(1879)年10月13日)，海越新([生]天保7(1836)年5月11日　[没]明治12(1879)年10月13日)，江戸東，鹿児島百，角史，近現，国際([生]天保7(1836)年)，国史，コン改([生]天保7(1836)年)，コン4，コン5，史人([生]1834年5月11日　[没]1879年10月13日)，人書94，新潮([生]天保5(1834)年5月11日　[没]明治12(1879)年10月13日)，人名([生]1836年)，姓氏鹿児島，世人([没]明治12(1879)年10月13日)，先駆([生]天保5(1834)年5月11日　[没]明治12(1879)年10月13日)，全書，渡航([生]1834年5月11日　[没]1879年10月13日)，日史([生]天保5(1834)年5月11日　[没]明治12(1879)年10月13日)，日人，幕末([没]1879年10月13日)，藩臣7，百科，明治1，履歴([生]天保5(1834)年5月11日　[没]明治12(1879)年10月13日)，歴大([生]1836年)

川島億次郎 かわしまおくじろう
→三島億二郎(みしまおくじろう)

河島勝司(川島勝司) かわしまかつじ
？～慶応1(1865)年
江戸時代末期の新撰組隊士。
¶新撰([没]慶応1年頃)，幕末(川島勝司)

川島茂樹 かわしましげき
明和5(1768)年～天保6(1835)年
江戸時代後期の幕臣、国学者。
¶国書([没]天保6(1835)年3月20日)，人名([生]？)，日人

川島重徳 かわしましげのり
寛保1(1741)年～文化11(1814)年
江戸時代中期～後期の名主、弓術家。
¶静岡歴，姓氏静岡

川島至善 かわしましぜん
嘉永3(1850)年5月23日～大正6(1917)年11月18日
江戸時代末期～大正期の奥州藩士、教育者。戊辰戦争に参加。のち私立磐城女学校を設立。
¶学校，幕末

川島重一 かわしまじゅういち
文政11(1828)年～明治20(1887)年
江戸時代末期～明治期の水戸藩士。
¶幕末([没]1887年4月15日)，藩臣4

川島庄左衛門 かわしましょうざえもん
寛政5(1793)年～？
江戸時代後期の下総古河藩用人。
¶藩臣3

川島清右衛門 かわしませいうえもん
寛政11(1799)年～文久3(1863)年
江戸時代末期の遠江相良藩士。
¶藩臣4

川島総次 かわしまそうじ
文政8(1825)年～元治1(1864)年
江戸時代末期の志士、野根山岩佐関の番卒。
¶維新，高知人([生]1824年)，人名，日人，幕末([没]1864年10月5日)

革島忠宣 かわしまただのぶ
？～元和4(1618)年1月26日
安土桃山時代～江戸時代前期の織田信長の家臣。
¶織田

川島多門(1) かわしまたもん
生没年不詳
江戸時代後期の駿河沼津藩士。
¶藩臣4

川島多門(2) かわしまたもん
？～文政3(1820)年
江戸時代後期の駿河沼津藩士。
¶藩臣4

川島藤五兵衛 かわしまとうごべえ
寛政2(1790)年～弘化2(1845)年
江戸時代後期の常陸土浦藩士。
¶藩臣2

河島偕矩 かわしまとものり
天明5(1785)年～天保4(1833)年
江戸時代後期の加賀大聖寺藩士。
¶藩臣3

川島宗泰 かわしまむねやす
生没年不詳
安土桃山時代～江戸時代前期の陸奥仙台藩士。
¶姓氏宮城，藩臣1

河尻春之 かわじりはるの
宝暦6(1756)年～文化12(1815)年12月27日
江戸時代中期～後期の幕臣。
¶国書

河津祐邦 かわずすけくに
→河津祐邦(かわづすけくに)

河津直入 かわずなおり
→河津直入(かわづなおり)

川津平三 かわずへいぞう
→川津平三(かわづへいぞう)

川澄新五郎(川澄親五郎) かわずみしんごろう，かわすみしんごろう
？～＊
江戸時代後期の剣術家、三義明和流剣術の祖。
¶剣豪([没]天保8(1837)年)，人名(川澄親五郎　かわすみしんごろう　[没]1831年)，日人([没]1838年)

川澄長三郎 かわずみちょうざぶろう
宝暦6(1756)年～？
江戸時代中期～後期の剣術家。新陰流。
¶剣豪

川澄長方 かわすみちょうほう
～天保7(1836)年
江戸時代後期の剣術家。
¶三重続

川澄次是 かわすみつぐこれ
文化7(1810)年～？
江戸時代後期の陸奥白河藩士。
¶藩臣2

川澄平九郎 かわずみへいくろう
？～安政2(1855)年
江戸時代後期～末期の剣術家。温故知新流祖。
¶剣豪

川澄平左衛門 かわすみへいざえもん
慶長2(1597)年～延宝4(1676)年
安土桃山時代～江戸時代前期の町奉行・国奉行。
¶姓氏愛知

川住行教 かわすみゆきたか
文政8(1825)年～明治17(1884)年　[別]川住行教《かわずみゆきのり》
江戸時代末期～明治期の三河西尾藩家老。
¶人名(かわずみゆきのり)，日人，幕末(かわずみゆきのり)，藩臣4

川住行教 かわずみゆきのり
→川住行教(かわすみゆきたか)

川瀬七郎衛門 かわせしちろうえもん
→川瀬教徳(かわせのりなり)

河瀬秀治 かわせしゅうじ
→河瀬秀治(かわせひではる)

河瀬真孝 かわせしんこう
→河瀬真孝(かわせまさたか)

川瀬専蔵 かわせせんぞう
天保13(1842)年～慶応1(1865)年
江戸時代末期の水戸藩士。
¶維新，人名，日人，幕末([没]1865年3月1日)

川瀬太宰(河瀬太宰，川瀬大宰) かわせだざい，かわせださい
文政2(1819)年～慶応2(1866)年
江戸時代末期の勤王志士、学者。膳所藩士。
¶維新，郷土滋賀(かわせださい)，国書(河瀬太宰　[生]文政2(1819)年12月7日　[没]慶応2(1866)年6月7日)，コン改(河瀬太宰)，コン4(河瀬太宰)，滋賀百，新潮([没]慶応2(1866)年6月7日)，人名(河瀬太宰)，世人，全書，日人，幕末(川瀬大宰　[没]1866年7月18日)

河瀬登之助 かわせとのすけ
→河瀬登之助(かわせのぼりのすけ)

河瀬登之助 かわせとよのすけ
→河瀬登之助(かわせのぼりのすけ)

河瀬登之助 かわせのぼりのすけ
安永5(1776)年～文化13(1816)年　[別]河瀬登之助《かわせとのすけ，かわせとよのすけ》
江戸時代後期の美作津山藩士。
¶岡山歴(かわせとよのすけ　[生]？　[没]文化9(1812)年8月20日)，剣豪，藩臣6(かわせとのすけ)

川瀬教徳(河瀬教徳) かわせのりなり
安永6(1777)年～天保9(1838)年　[別]川瀬七郎衛門《かわせしちろうえもん》
江戸時代後期の水戸藩士。
¶国書([没]天保9(1838)年5月2日)，人名(河瀬教徳)，日人，藩臣2(川瀬七郎衛門　かわせしちろうえもん)

河瀬秀治 かわせひでじ
→河瀬秀治(かわせひではる)

河瀬秀治 かわせひではる
天保10(1839)年～明治40(1907)年　[別]河瀬秀治《かわせしゅうじ，かわせひでじ》，雲影，外衛
江戸時代末期～明治期の丹後宮津藩士、官吏、実業家。武蔵知事、横浜同神社長。内国勧業博の事務担当。「中外物価新報」創刊。竜池会設立に助力。
¶朝日([生]天保10年12月15日(1840年1月19日)　[没]昭和3(1928)年4月2日)，維新(かわせひでじ　[生]1841年)，海越([生]天保12(1842)年12月15日)，海越新([生]天保12(1842)年12月15日)，近現(かわせひでじ　[没]1928年)，群馬人，群馬百，国際([生]天保12(1841)年)，国史(かわせひでじ　[没]1928年)，コン改([生]1841年)，コン5([没]昭和3(1928)年)，埼玉人([生]天保12(1841)年12月15日　[没]昭和3(1928)年4月2日)，埼玉百，史人([生]1839年12月15日　[没]1928年4月2日)，新潮([生]天保10(1839)年12月15日　[没]昭和3(1928)年4月2日)，人名，姓氏群馬(かわせひでじ　[没]1928年)，千葉百(かわせしゅうじ)，渡航(かわせひでじ　[生]1841年12月15日)，日史(かわせひでじ　[生]天保10(1839)年12月15日　[没]昭和3(1928)年4月2日)，日人([生]1840年　[没]1928年)，幕末([生]1841年)

河瀬真孝 かわせまさたか
天保11(1840)年～大正8(1919)年　[別]河瀬真孝・音見清兵衛《かわせまさたか・おとみせいべえ》，河瀬真孝《かわせしんこう》，音見清兵衛《おとみせいべい》，河瀬安次郎，石川小五郎《いしかわこごろう，無》，梅田三郎
江戸時代末期～明治期の長州(萩)藩士、外交官。1867年イギリスに留学。
¶朝日([生]天保11年2月9日(1840年3月12日)　[没]大正8(1919)年9月29日)，維新，海越([生]天保11(1840)年2月9日　[没]大正8(1919)年9月29日)，海越新([生]天保11(1840)年2月9日　[没]大正8(1919)年9月29日)，国際，人名，姓氏山口(かわせしんこう)，渡航(河瀬真孝・音見清兵衛　かわせまさたか・おとみせいべえ　[生]1840年2月9日　[没]1919年10月29日)，日人，幕末([没]1919年9月28日)，藩臣6，山口百，履歴([生]天保11(1840)年2月9日　[没]大正8(1919)年10月29日)

川副郁太 かわそえいくた
天保4(1833)年～明治17(1884)年
江戸時代末期～明治期の肥前蓮池藩士。
¶藩臣7

河副記左衛門 かわぞえきざえもん
？～文政13(1830)年
江戸時代後期の下総古河藩士。
¶藩臣3

川添誠之丞 かわぞえせいのすけ
江戸時代末期の新撰組隊士。
¶新撰

川副武英　かわぞえたけひで
宝暦7（1757）年～天保3（1832）年
江戸時代中期～後期の播磨三日月藩士。
¶藩臣5

川田甕江　かわだおうこう，かわたおうこう
天保1（1830）年～明治29（1896）年　[別]川田剛《かわだごう，かわだたけし，かわだつよし》
江戸時代末期～明治期の儒学者、備中松山藩士。
¶朝日（[生]天保1年6月13日（1830年8月1日）　[没]明治29（1896）年2月2日），維新（川田剛　かわだたけし），江文，岡山人，岡山百（かわたおうこう　[生]天保6（1835）年　[没]明治29（1896）年2月1日），岡山歴（かわたおうこう　[生]天保6（1835）年　[没]明治29（1896）年2月1日），近現，近文（かわたおうこう），国史，国書（[生]文政13（1830）年6月13日　[没]明治29（1896）年2月2日），コン改，コン4，コン5，詩歌，史研（川田剛　かわだつよし　[生]天保1（1830）年6月13日　[没]明治29（1896）年2月2日），史人（[生]1830年6月13日　[没]1896年2月2日），神人（川田剛　かわだごう），新潮（[生]天保1（1830）年6月13日　[没]明治29（1896）年2月1日），人名，世百，全書，大百，日人，幕末（かわたおうこう　[没]1896年2月1日），藩臣6，履歴（川田剛　かわだたけし　[生]天保1（1830）年6月13日　[没]明治29（1896）年2月2日）

河田景福　かわだかげとみ，かわたかげとみ
天保6（1835）年～明治39（1906）年
江戸時代末期～明治期の因幡鳥取藩士。
¶維新，神人（かわたかげとみ　[生]天保6（1835）年3月　[没]明治39（1906）年12月）

河田景与　かわだかげとも，かわたかげとも
文政11（1828）年～明治30（1897）年　[別]河田左久馬《かわださくま》
江戸時代末期～明治期の功臣。因幡鳥取藩士。
¶維新，近現，近世，国史，コン改，コン4，コン5，新潮（[生]文政11（1828）年10月18日　[没]明治30（1897）年10月12日），人名，姓氏京都，鳥取百（かわたかげとも），鳥取百（かわたかげとも），日人，幕末（かわたかげとも　[没]1897年10月12日），藩臣5（かわたかげとも）

河田佳蔵　かわだかぞう，かわたかぞう
天保13（1842）年～元治1（1864）年
江戸時代末期の周防徳山藩士。
¶維新，人名，姓氏山口（かわたかぞう　[生]？），日人，幕末（かわたかぞう　[没]1864年11月23日），藩臣6（かわたかぞう）

川田勘祐　かわだかんすけ
生没年不詳
江戸時代の仙台藩普請奉行。
¶姓氏岩手

河田貫堂　かわだかんどう
→河田熙（かわだひろむ）

川田琴卿　かわだきんけい
→川田雄琴（かわだゆうきん）

川田剛　かわだごう
→川田甕江（かわだおうこう）

河田左助　かわださすけ
宝永3（1706）年～寛政1（1789）年
江戸時代中期～後期の剣術家。一刀流河田派祖。
¶剣豪

河田小竜　かわたしょうりゅう，かわだしょうりゅう
→河田小竜（かわだしょうりょう）

河田小竜　かわだしょうりょう，かわたしょうりょう
文政7（1824）年～明治31（1898）年　[別]河田小竜《かわたしょうりゅう，かわだしょうりゅう》
江戸時代末期～明治期の土佐藩士、狩谷派画家。
¶朝日（かわたしょうりょう　[生]文政7年10月25日（1824年12月15日）　[没]明治31（1898）年12月19日），維新，京都大（かわたしょうりょう），高知人，国書（[生]文政7（1824）年10月25日　[没]明治31（1898）年12月19日），コン5，新潮（かわたしょうりょう　[生]文政7（1824）年10月25日　[没]明治31（1898）年12月19日），人名（かわだしょうりゅう），姓氏京都（かわたしょうりゅう），日人，幕末（[没]1898年12月19日），藩臣6，美家（[生]文政7（1824）年10月25日　[没]明治31（1898）年12月19日），名画（かわだしょうりゅう）

川田剛　かわだたけし
→川田甕江（かわだおうこう）

川田剛　かわだつよし
→川田甕江（かわだおうこう）

河田迪斎（河田廸斎）　かわだてきさい，かわたてきさい
文化3（1806）年～安政6（1859）年
江戸時代末期の讃岐高松藩儒。
¶維新，江文，香川人（河田廸斎　かわたてきさい　[生]文化2（1805）年），香川百（河田廸斎　かわたてきさい　[生]文化2（1805）年），近世，国書（[生]文化3（1806）年1月15日　[没]安政6（1859）年1月17日），人名，日人，幕末（かわたてきさい　[生]1805年　[没]1859年2月19日），藩臣6（河田廸斎　かわたてきさい　[生]文化2（1805）年）

河田東岡　かわだとうこう，かわたとうこう
正徳4（1714）年～寛政4（1792）年
江戸時代中期の因幡鳥取藩士、易学者。
¶国書（[没]寛政4（1792）年6月18日），人名，鳥取百（かわたとうこう），日人，藩臣5（かわたとうこう）

川谷薊山　かわたにけいざん
宝永3（1706）年～明和6（1769）年　[別]川谷致真《かわたにちしん，かわたにむねざね》，川谷貞六《かわたにていろく》
江戸時代中期の土佐藩の暦学者。
¶朝日（川谷貞六　かわたにていろく），高知人，国書（川谷致真　かわたにむねざね　[没]明和6（1769）年10月7日），コン改，コン4，人名（川谷致真　かわたにちしん），世人（川谷致真　かわたにむねざね　[生]宝永1（1704）年　[没]明和5（1768）年），日人，藩臣6，歴大（川谷致真　かわたにむねざね）

川谷致真　かわたにちしん
→川谷薊山（かわたにけいざん）

川谷貞六　かわたにていろく
→川谷薊山（かわたにけいざん）

川谷致真　かわたにむねざね
→川谷薊山（かわたにけいざん）

川田信勝　かわたのぶかつ
寛永16（1639）年～元禄16（1703）年
江戸時代前期～中期の上野伊勢崎藩士。
¶藩臣2

川田八助　かわだはちすけ
江戸時代前期の因幡鳥取藩士。池田忠継の家人。
¶大阪人（生没年不詳），人名

河田熙（河田熈）　かわだひろむ
天保6（1835）年～明治33（1900）年　[別]河田貫堂《かわだかんどう》
江戸時代末期～明治期の幕臣。1864年遣仏使節目付としてフランスに渡る。
¶維新，海越（[没]明治33（1900）年3月11日），海越新（[没]明治33（1900）年3月11日），江文，国書（[没]明治33（1900）年3月11日），コン5，静岡歴，人名（河田貫堂　かわだかんどう），渡航（河田熙　[没]1900年3月11日），日人，幕末（[没]1900年3月11日）

川田平馬　かわだへいま
延享1（1744）年～文化11（1814）年
江戸時代中期～後期の竹林派弓術家。
¶高知人

川田保則　かわだほうそく
寛政8（1796）年～明治15（1882）年　[別]川田保則《かわだやすのり》
江戸時代末期～明治期の武士、和算家。
¶人名，数学（かわだやすのり　[生]寛政8（1796）年7月13日　[没]明治15（1882）年11月1日），日人

河田政致　かわだまさむね
生没年不詳
江戸時代の石見津和野藩士。
¶国書

川田弥一右衛門　かわだやいちうえもん
生没年不詳
江戸時代後期の上総久留里藩用人。
¶藩臣3

河田安親　かわだやすちか
宝暦9（1759）年～嘉永2（1849）年3月8日
江戸時代中期～後期の仙台藩士・歌人。
¶国書

川田保則　かわだやすのり
→川田保則（かわだほうそく）

河田安尚　かわだやすひさ
文化11（1814）年～明治40（1907）年7月15日
江戸時代後期～明治期の仙台藩士。
¶国書

川田雄琴　かわだゆうきん
貞享1（1684）年～宝暦10（1760）年　[別]川田琴卿《かわだきんけい》
江戸時代中期の伊予大洲藩の漢学者。
¶朝日（川田琴卿　かわだきんけい　[生]貞享1年4月28日（1684年6月11日）　[没]宝暦10年11月29日（1761年1月4日）），愛媛百（[生]貞享1（1684）年4月28日　[没]宝暦10（1760）年11月29日），郷土愛媛，国書（[生]貞享1（1684）年4月28日　[没]宝暦10（1760）年11月29日），コン改（川田琴卿　かわだきんけい），コン4（川田琴卿　かわだきんけい），新潮（川田琴卿　かわだきんけい　[没]宝暦10（1760）年11月29日），人名（川田琴卿　かわだきんけい），日人（[没]1761年），藩臣6

河地厚為　かわぢこうい，かわじこうい；かわちこうい
？　～宝永2（1705）年
江戸時代前期～中期の加賀大聖寺藩士。
¶姓氏石川（かわちこうい），藩臣3（かわじこうい）

河内貞衡　かわちさだひら
？　～文久2（1862）年
江戸時代末期の測量家、信濃上田藩士。
¶人名，日人

河内宗一　かわちそういち
嘉永2（1849）年～？
江戸時代末期の長州（萩）藩士。
¶海越，海越新，渡航

河内染右衛門　かわちそめえもん
弘化1（1844）年～元治1（1864）年
江戸時代末期の対馬藩士。
¶維新

河内武信　かわちたけのぶ
？　～文化4（1807）年
江戸時代中期～後期の測量家、信濃上田藩士。
¶人名，長野歴，日人

川地鉄之丞　かわぢてつのじょう，かわじてつのじょう
文政12（1829）年～明治2（1869）年
江戸時代末期の信濃高遠藩士、砲術家。
¶藩臣3（かわじてつのじょう）

河津伊豆守祐邦　かわづいづのかみすけくに
→河津祐邦（かわづすけくに）

河津祐賢　かわづすけかた
天保13（1842）年～？
江戸時代後期～明治期の静岡藩士、軍人。
¶静岡歴

河津祐邦　かわづすけくに，かわずすけくに
？　～明治1（1868）年3月　[別]河津伊豆守祐邦《かわづいづのかみすけくに》
江戸時代末期～明治期の蝦夷地探検開拓者、幕臣、125代長崎奉行。外国事務総裁、若年寄。1863年遣仏使節副使としてフランスに渡る。
¶朝日，維新，海越（かわずすけくに），海越新，新潮，長崎歴（河津伊豆守祐邦　かわづいづのかみすけくに　[生]文政4（1821）年　[没]明治6（1873）年），日人，幕末

河津直入　かわづなおいり
→河津直入（かわづなおり）

河津直入　かわづなおり，かわずなおり
文政7（1824）年～明治36（1903）年　[別]河津直入《かわずなおり，かわづなおいり》
江戸時代末期～明治期の越前福井藩士、歌人。
¶郷土福井，人名（かわづなおいり），日人，藩臣3，福井百，和俳（かわずなおり）

川津平三　かわづへいぞう，かわずへいぞう
天保8（1837）年～？

江戸時代後期～末期の新撰組隊士。
¶新撰（かわずへいぞう）

川面敬輔　かわづらけいすけ
寛政12（1800）年～慶応1（1865）年
江戸時代末期の摂津三田藩士。
¶藩臣5

河手主水　かわてもんど
*～明治38（1905）年
江戸時代末期～明治期の近江彦根藩家老。
¶維新（[生]1841年），日人（[生]1843年）

川戸祐太郎　かわとすけたろう
天保8（1837）年～明治1（1868）年11月2日
江戸時代末期の周防岩国藩士。
¶幕末

川中島少将　かわなかじましょうしょう
→松平忠輝（まつだいらただてる）

川名彦右衛門　かわなひこうえもん
→川名彦右衛門（かわなひこえもん）

川名彦右衛門　かわなひこえもん
[別]川名彦右衛門《かわなひこうえもん》
安土桃山時代～江戸時代前期の武士。里見氏家臣。
¶戦人（生没年不詳），戦東（かわなひこうえもん）

川鍋正照　かわなべまさてる
～明治8（1875）年8月27日
江戸時代後期～明治期の弓道家、島原藩士。
¶弓道

川鍋正長　かわなべまさなが
嘉永1（1848）年7月20日～大正13（1924）年4月6日
江戸時代後期～大正期の弓道家、島原藩士。
¶弓道

河波有道　かわなみありみち
文政5（1822）年～明治23（1890）年9月14日
江戸時代末期～明治期の加賀藩老本多氏家臣、藩校教師。
¶国書（[生]文政5（1822）年11月），姓氏石川，幕末（[生]1822年12月）

川名与兵衛　かわなよへえ
江戸時代前期の武将。里見氏家臣。
¶戦東

川西函洲（川西凾洲）　かわにしかんしゅう
享和1（1801）年～天保13（1842）年
江戸時代後期の三河挙母藩の儒学者。
¶江文（川西凾洲），国書（[生]享和1（1801）年4月9日　[没]天保13（1842）年2月19日），コン改，コン4，新潮（[生]享和1（1801）年4月9日　[没]天保13（1842）年2月19日），日人，藩臣4（[生]寛政12（1800）年）

河西好尚　かわにしこうしょう
弘化3（1846）年～大正4（1915）年
江戸時代末期～明治期の出羽矢島藩士。
¶幕末（[没]1915年2月24日），藩臣1

河西忠左衛門　かわにしちゅうざえもん
→河西忠左衛門（かさいちゅうざえもん）

河野覚左衛門　かわのかくざえもん
生没年不詳
江戸時代後期の遠江掛川藩用人。
¶藩臣4

河野主一郎　かわのしゅういちろう
→河野主一郎（こうのしゅいちろう）

河野十郎右衛門　かわのじゅうろううえもん
？～天保7（1836）年
江戸時代後期の遠江掛川藩家老。
¶藩臣4

河野小石　かわのしょうせき
→河野小石（こうのしょうせき）

河野信之介　かわのしんのすけ
天保5（1834）年～元治1（1864）年
江戸時代末期の水戸藩士。
¶維新，幕末（[没]1864年11月22日）

川野辺寛　かわのべかん
延享3（1746）年～寛政5（1793）年　[別]川野辺寛《かわのべひろし》
江戸時代中期の上野高崎藩士、史家。
¶郷土群馬（生没年不詳），群馬人，国書（かわのべひろし　[生]延享3（1746）年4月28日　[没]寛政5（1793）年2月18日），人名，姓氏群馬，日人，藩臣2

川野辺寛　かわのべひろし
→川野辺寛（かわのべかん）

川辺御楯　かわのべみたて
→川辺御楯（かわべみたて）

川野通古　かわのみちふる
？～貞享4（1687）年7月4日
江戸時代前期の薩摩藩士。
¶国書

河鰭景岡　かわばたかげおか
文化14（1817）年～明治29（1896）年　[別]河鰭監物《かわばたけんもつ》，河鰭景岡《かわばたけいこう》
江戸時代末期～明治期の石見浜田藩家老。
¶岡山歴（河鰭監物　かわばたけんもつ），島根人（かわばたけいこう），島根百（河鰭監物　かわばたけんもつ　[生]文政2（1819）年　[没]明治29（1896）年4月9日），島根歴，藩臣5

川幡清貞　かわはたきよさだ
天保7（1836）年～明治29（1896）年4月2日
江戸時代末期～明治期の薩摩藩士。
¶幕末

河鰭景岡　かわばたけいこう
→河鰭景岡（かわばたかげおか）

河鰭監物　かわばたけんもつ
→河鰭景岡（かわばたかげおか）

河端五雲　かわばたごうん
元禄12（1699）年～安永1（1772）年
江戸時代中期の伊予松山藩士。
¶愛媛百（[没]安永1（1772）年12月23日），郷土愛媛，日人（[没]1773年），藩臣6

河鰭省斎　かわばたしょうさい
文政9（1826）年～明治22（1889）年　[別]河鰭省斎《かわばたせいさい》，河鰭黙《かわばたもく》
江戸時代末期～明治期の石見浜田藩の儒学者。
¶岡山歴（河鰭黙　かわばたもく　[没]明治22

(1889)年2月)，国書(かわばたせいさい)，コン改，コン4，コン5，新潮，人名(かわばたせいさい)，日人，幕末([没]1889年2月)，藩臣5

河鰭廉　かわばたすなお
→河鰭廉(かわばたれん)

河鰭省斎　かわばたせいさい
→河鰭省斎(かわばたしょうさい)

川端丹後守　かわばたたんごのかみ
？～寛永9(1632)年
安土桃山時代～江戸時代前期の武将。宇喜多氏家臣。
¶岡山歴，戦西

河鰭斉　かわばたひとし
天保13(1842)年～大正5(1916)年
江戸時代末期～明治期の浜田藩士。
¶岡山歴([没]大正5(1916)年9月)，幕末([没]1916年9月29日)，藩臣5

川端文四郎　かわばたぶんしろう
文政11(1828)年～明治1(1868)年10月20日
江戸時代末期の紀伊和歌山藩士。
¶幕末

河端正興　かわばたまさおき
？～元治1(1864)年
江戸時代末期の播磨三日月藩士。
¶藩臣5

河鰭黙　かわばたもく
→河鰭省斎(かわばたしょうさい)

河鰭廉　かわばたれん
*～大正9(1920)年　[別]河鰭廉《かわばたすなお》
江戸時代末期～明治期の美作鶴田藩士、儒学者。
¶岡山歴(かわばたすなお　[生]嘉永1(1848)年　[没]大正9(1920)年5月)，藩臣6([生]嘉永3(1850)年)

河原興実　かわはらおきざね
？～元和6(1620)年
安土桃山時代～江戸時代前期の浅野家臣。
¶和歌山人

河原貞頼　かわはらさだより
？～享保13(1728)年　[別]河原貞頼《かわらさだより》
江戸時代中期の測量術家、信濃松本藩士。
¶国書([生]寛文5(1665)年　[没]寛保3(1743)年)，人名(かわらさだより)，長野百，長野歴，日人([生]1665年　[没]1743年)

河原士栗　かわはらしりつ
文政10(1827)年～文久2(1862)年　[別]河原士栗《かわらしりつ》，河原翠城《かわはらすいじょう》，河原駱之助《かわはららくのすけ》
江戸時代末期の播磨赤穂藩士。藩校博文館教授。
¶国書(河原翠城　かわはらすいじょう　[生]文政10(1827)年9月13日　[没]文久2(1862)年12月18日)，人名(かわらしりつ)，日人([没]1863年)，幕末([没]1862年12月18日)，藩臣5(河原駱之助　かわはららくのすけ)，兵庫人([生]文政10(1827)年9月13日　[没]文久2(1862)年12月9日)，兵庫百(河原駱之助　かわはららくのすけ)

川原甚左衛門　かわはらじんざえもん
生没年不詳
江戸時代中期の遠江浜松藩士。
¶藩臣4

河原翠城　かわはらすいじょう
→河原士栗(かわはらしりつ)

河原政心　かわはらせいしん
宝暦12(1762)年～？
江戸時代中期～後期の会津藩士。
¶国書

河原善左衛門　かわはらぜんざえもん
文政10(1827)年～慶応4(1868)年
江戸時代末期の陸奥会津藩士。
¶会津，幕末([没]1868年10月8日)，藩臣2

河原忠蔵　かわはらちゅうぞう
天保14(1843)年～慶応1(1865)年　[別]河原忠蔵《かわらちゅうぞう》
江戸時代末期の筑後久留米藩家老有馬小膳の家臣。
¶維新，人名(かわらちゅうぞう)，日人，幕末([没]1865年12月10日)

河原綱徳　かわはらつなのり
寛政4(1792)年～慶応4(1868)年　[別]河原綱徳《かわらつなのり》
江戸時代末期の信濃松代藩家老、学者。
¶国書([没]慶応4(1868)年2月2日)，姓氏長野(かわらつなのり)，長野歴(かわらつなのり)，藩臣3

河原知致　かわはらともゆき
→河原朝嵐(かわらちょうらん)

河原南汀　かわはらなんてい
安永5(1776)年～天保2(1831)年
江戸時代後期の画家、安芸広島藩士。
¶人名，日人

河原均　かわはらひとし
→河原均(かわらひとし)

河原正路　かわはらまさみち
正徳2(1712)年～天明8(1788)年
江戸時代中期～後期の水戸藩士。
¶国書

川原悠々　かわはらゆうゆう
安永5(1776)年～安政4(1857)年
江戸時代後期の肥前大村藩士。
¶長崎百，日人([没]1858年)，藩臣7

河原駱之助　かわはららくのすけ
→河原士栗(かわはらしりつ)

河東虎臣　かわひがしこしん
文化2(1805)年～嘉永4(1851)年
江戸時代末期の松山藩士。
¶人名，日人

川部伊織(川辺伊織)　かわべいおり
文化6(1809)年～明治7(1874)年
江戸時代末期～明治期の出羽新庄藩家老。
¶維新，人名(川辺伊織　[生]1804年)，日人

川辺橘亭　かわべきってい
→川辺清次郎(かわべせいじろう)

川辺小三郎 **かわべこさぶろう**
生没年不詳
江戸時代後期の幕臣・砲術家。
¶国書

川辺佐次衛門（川辺左次衛門） **かわべさじえもん**
天保3（1832）年～文久2（1862）年　[別]内田万之介《うちだまんのすけ》
江戸時代末期の水戸藩士。
¶維新（川辺左次衛門），日人，幕末（川辺左次衛門　[没]1862年2月13日），藩臣2

川部粛之助 **かわべしゅくのすけ**
天保2（1831）年～明治1（1868）年　[別]川部旆川《かわべはいせん》
江戸時代末期の播磨林田藩士、儒学者。
¶人名，日人，藩臣5（川部旆川　かわべはいせん）

川辺清次郎 **かわべせいじろう**
？　～天保8（1837）年　[別]川辺橘亭《かわべきってい》
江戸時代後期の対馬藩士。
¶国書（川辺橘亭　かわべきってい　[没]天保8（1837）年4月10日），人名，日人，藩臣7

川辺敬典 **かわべたかのり**
生没年不詳
江戸時代後期の水戸藩士。
¶国書

川部旆川 **かわべはいせん**
→川部粛之助（かわべしゅくのすけ）

川部正秀 **かわべまさひで**
→正秀（まさひで）

川辺御楯 **かわべみたて**
天保9（1838）年10月～明治38（1905）年　[別]川辺御楯《かわのべみたて》
江戸時代末期～明治期の画家、筑後柳川藩士。
¶朝日（[没]明治38（1905）年7月24日），角史，近美（[没]明治38（1905）年7月24日），新潮（[没]明治38（1905）年7月24日），人名（かわのべみたて　[生]1837年），日画（かわのべみたて　[没]明治38（1905）年7月24日），日人，美家（[没]明治38（1905）年7月24日），福岡百（[生]天保8（1837）年），名画（[生]1837年）

河辺元善 **かわべもとよし**
天保3（1832）年～文久2（1862）年
江戸時代末期の志士、水戸藩士。
¶人名

河辺勇二 **かわべゆうじ**
？　～嘉永1（1848）年
江戸時代末期の孝子、常陸笠間藩士。
¶人名，日人

川又才介 **かわまたさいすけ**
文化10（1813）年～明治11（1878）年
江戸時代末期～明治期の水戸藩郡吏。
¶維新，人名，日人，幕末（[没]1878年12月10日），藩臣2

川又佐一郎（川又佐市郎，川又左一郎） **かわまたさいちろう**
文化14（1817）年～文久3（1863）年
江戸時代末期の水戸藩吏。
¶維新，コン改（川又左一郎），コン4（川又左一郎），新潮（[没]文久3（1863）年11月），人名（川又左一郎），日人，幕末，藩臣2（川又佐市郎　[生]文化10（1813）年）

川俣貞次 **かわまたさだつぐ**
永禄5（1562）年～寛永13（1636）年8月15日
安土桃山時代～江戸時代前期の武士。最上氏家臣。
¶庄内，戦人（生没年不詳）

川俣茂七郎 **かわまたもしちろう**
天保10（1839）年～元治1（1864）年
江戸時代末期の出羽松山藩の志士。
¶庄内（[生]天保10（1839）年2月11日　[没]元治1（1864）年9月8日），人名，日人，藩臣1，山形百

汾陽光東 **かわみなみみつはる**
江戸時代の薩摩藩士。
¶姓氏鹿児島

汾陽盛常 **かわみなみもりつね**
江戸時代中期の薩摩藩士。
¶姓氏鹿児島

川村某 **かわむら**
江戸時代末期の新撰組隊士。
¶新撰

川村永之助 **かわむらえいのすけ**
天保12（1841）年～明治42（1909）年1月18日
江戸時代末期～明治期の秋田藩士。養蚕組合を組織。
¶海越（[生]天保12（1841）年11月9日），海越新（[生]天保12（1841）年11月9日），国際，日人，幕末

川村三郎 **かわむらさぶろう**
天保14（1843）年～大正11（1922）年
江戸時代末期～明治期の新撰組隊士。
¶神奈川人，姓氏神奈川，幕末（[没]1922年7月5日）

川村重久 **かわむらしげひさ**
～寛永12（1635）年
江戸時代前期の旗本。
¶神奈川人

川村順一郎 **かわむらじゅんいちろう**
文政9（1826）年～明治37（1904）年7月3日
江戸時代末期～明治期の幕臣。
¶幕末

川村庄吉 **かわむらしょうきち**
生没年不詳
江戸時代後期の長崎奉行大沢豊後守の家臣。
¶国書

川村正平 **かわむらしょうへい**
天保7（1836）年～明治20（1887）年
江戸時代末期～明治期の旗本。
¶維新

河村新八 **かわむらしんぱち**
？　～正保1（1644）年
江戸時代前期の備後福山藩士。
¶藩臣6

川村甚八郎 **かわむらじんぱちろう**
文化9（1812）年～明治13（1880）年　[別]川村隼太《かわむらはやた》

江戸時代末期〜明治期の水戸藩士、三戸給人。
¶幕末

河村真六 かわむらしんろく
天保5 (1834) 年〜明治29 (1896) 年
江戸時代末期〜明治期の丹後田辺藩士。
¶京都府，日人，藩臣5

川村純義 かわむらすみよし
天保7 (1836) 年〜明治37 (1904) 年
江戸時代末期〜明治期の薩摩藩士、海軍軍人。
¶朝日 ([生]天保7年11月11日 (1836年12月18日) [没]明治37 (1904) 年8月12日)，維新，海越新 ([生]天保7 (1836) 年11月11日　[没]明治37 (1904) 年8月12日)，鹿児島百，近現，国際，国史，コン改，コン4，コン5，史人 ([生]1836年11月11日 [没]1904年8月12日)，新潮 ([生]天保7 (1836) 年11月11日　[没]明治37 (1904) 年8月12日)，人名，姓氏鹿児島，先駆 ([生]天保7 (1836) 年11月11日 [没]明治37 (1904) 年8月12日)，渡航 ([没]1904年8月12日)，日史 ([生]天保7 (1836) 年11月11日 [没]明治37 (1904) 年8月12日)，日人，幕末 ([没]1904年8月12日)，藩臣7，明治1，陸海 ([生]天保7年11月11日　[没]明治37年8月12日)，歴大

川村清兵衛 かわむらせいべえ
→川村修就 (かわむらながたか)

川村親義 かわむらちかよし
文政9 (1826) 年〜明治30 (1897) 年9月5日
江戸時代末期〜明治期の土佐藩士、海防小頭。
¶幕末

川村竹坡 かわむらちくは
寛政9 (1797) 年〜明治8 (1875) 年　[別]川村尚迪《かわむらなおみち》
江戸時代末期〜明治期の伊勢津藩士、儒者。
¶維新 (川村尚迪　かわむらなおみち)，国書 ([生]寛政9 (1797) 年12月　[没]明治8 (1875) 年9月29日)，人名，日人 ([生]1798年)，三重

川村対馬守修就 かわむらつしまのかみまさなり
→川村修就 (かわむらながたか)

川村尚迪 かわむらなおみち
→川村竹坡 (かわむらちくは)

川村直良 かわむらなおよし
→川村榴窠 (かわむらりゅうか)

川村修就 かわむらながたか
寛政7 (1795) 年〜明治11 (1878) 年　[別]川村修就《かわむらながなり》，川村清兵衛《かわむらせいべえ》，川村対馬守修就《かわむらつしまのかみまさなり》
江戸時代末期〜明治期の幕臣、大坂町奉行。
¶維新，大阪人 (川村清兵衛　かわむらせいべえ)，国書 (かわむらながなり)，植物，人名 (川村清兵衛　かわむらせいべえ　[没]1877年)，長崎歴 (川村対馬守修就　かわむらつしまのかみまさなり)，新潟百，日人，幕末 (川村清兵衛 かわむらせいべえ　[没]1877年)

川村修就 かわむらながなり
→川村修就 (かわむらながたか)

河村秀穎 かわむらひでかい
享保3 (1718) 年〜天明3 (1783) 年
江戸時代中期の尾張藩の国学者。紀典学を家学とした。
¶朝日 ([生]享保3 (1718) 年閏10月　[没]天明3年6月16日 (1783年7月15日))，国書 ([生]享保3 (1718) 年閏10月4日　[没]天明3 (1783) 年6月16日)，コン改，コン4，神人，新潮 ([生]享保3 (1718) 年閏10月　[没]天明3 (1783) 年6月16日)，人名，姓氏愛知 ([生]1717年)，世人，日史 ([生]享保3 (1718) 年閏10月　[没]天明3 (1783) 年6月16日)，日人，藩臣4，百科

河村秀辰 かわむらひでとき
？〜寛延4 (1751) 年閏6月4日
江戸時代中期の尾張藩士・国学者。
¶国書

河村秀俊 かわむらひでとし
宝暦11 (1761) 年3月3日〜寛政3 (1791) 年3月23日
江戸時代中期〜後期の尾張藩士・国学者。
¶国書

河村秀根 (河邨秀根) かわむらひでね
享保8 (1723) 年〜寛政4 (1792) 年
江戸時代中期の尾張藩の国学者。紀典学を主張。
¶愛知百，朝日 ([生]享保8年10月12日 (1723年11月9日)　[没]寛政4年6月24日 (1792年8月11日))，角史，近世，国史，国書 ([生]享保8 (1723) 年10月12日　[没]寛政4 (1792) 年6月24日)，コン改，コン4，神史，人書94 (河邨秀根)，神人，新潮 ([生]享保8 (1723) 年10月12日　[没]寛政4 (1792) 年6月24日)，人名，姓氏愛知，世人 ([生]享保8 (1723) 年10月12日　[没]寛政4 (1792) 年6月20日)，世百，全書，大百，日史 ([生]享保8 (1723) 年10月12日　[没]寛政4 (1792) 年6月24日)，日人，藩臣4，百科，歴大

河村秀世 かわむらひでよ
元禄8 (1695) 年〜明和8 (1771) 年
江戸時代中期の尾張藩士。
¶国書 ([生]元禄8 (1695) 年4月1日　[没]明和8 (1771) 年8月5日)，人名 ([生]？)，日人，藩臣4

川村平太兵衛 かわむらへいたべえ
元和4 (1618) 年〜元禄3 (1690) 年
江戸時代前期の備前岡山藩士。
¶岡山歴 ([没]元禄3 (1690) 年2月24日)，藩臣6

川村元吉 かわむらもときち
→川村元吉 (かわむらもとよし)

川村元吉 かわむらもとよし
＊〜元禄5 (1692) 年　[別]川村元吉《かわむらもときち》，川村孫兵衛《かわむらまごべえ》
江戸時代前期の仙台藩士。土木治水の功労者。
¶朝日 ([生]元和8 (1622) 年)，コン改 ([生]寛永5 (1628) 年)，コン4 ([生]元和8 (1622) 年)，新潮 ([生]寛永5 (1628) 年　[没]元禄5 (1692) 年8月14日)，人名 ([生]1628年)，姓氏宮城 (かわむらもときち　[生]1624年)，日人 ([生]1622年)

河村八十右衛門 かわむらやそえもん
文政11 (1828) 年〜？
江戸時代後期〜末期の新撰組隊士。
¶新撰

河村与右衛門 かわむらよえもん
？〜享保14 (1729) 年

か

江戸時代中期の武士。
¶和歌山人

川村与右衛門 かわむらよえもん
天文12 (1543) 年～寛永12 (1635) 年
戦国時代～江戸時代前期の浅野家臣。
¶和歌山人

川村吉久 かわむらよしひさ
安土桃山時代～江戸時代前期の武士。上杉氏家臣。
¶戦人 (生没年不詳), 戦補

河村理兵衛 かわむらりへえ
？ ～文化15 (1818) 年
江戸時代後期の下総古河藩用人。
¶藩臣3

川村榴窠 かわむらりゅうか
文政9 (1826) 年～明治1 (1868) 年 [別]川村直良《かわむらなおよし》
江戸時代後期～末期の武士。
¶江文, 国書, 日人 (川村直良 かわむらなおよし)

川村林次郎 かわむらりんじろう
天保12 (1841) 年～？
江戸時代後期～末期の新撰組隊士。
¶新撰

川本九左衛門 かわもとくざえもん
文化14 (1817) 年～明治11 (1878) 年
江戸時代末期～明治期の対馬藩士。
¶人名, 日人 ([生]1818年), 幕末, 藩臣7

川本衡山 かわもとこうざん
＊～文久3 (1863) 年
江戸時代後期～末期の千人同心・漢詩人。
¶国書 ([生]文政10 (1827) 年 [没]文久3 (1863) 年3月28日), 多摩 ([生]文政9 (1826) 年)

川本惣九郎 かわもとそうくろう
天明2 (1782) 年～安政1 (1854) 年
江戸時代後期の対馬藩士。
¶日人, 藩臣7

河本正安 かわもとまさやす
→河本杜太郎 (かわもともりたろう)

河本弥信 かわもとみのぶ
→河本弥信 (こうもとみのぶ)

河本杜太郎 (川本杜太郎) かわもともりたろう
＊～文久2 (1862) 年 [別]河本正安《かわもとまさやす》, 豊原邦之助《とよはらくにのすけ》
江戸時代末期の志士。
¶維新 ([生]1840年), 国書 (河本正安 かわもとまさやす [生]天保11 (1840) 年 [没]文久2 (1862) 年1月15日), 詩歌 ([生]1841年), 新潮 ([生]天保11 (1840) 年 [没]文久2 (1862) 年1月15日), 人名 (川本杜太郎 [生]1841年), 日人 ([生]1840年), 幕末 (川本杜太郎 [生]1841年 [没]1862年2月13日), 和俳 ([生]天保12 (1841) 年)

川守田正満 かわもりたまさみつ
生没年不詳
江戸時代前期の盛岡藩家臣。
¶姓氏岩手

河原貞頼 かわらさだより
→河原貞頼 (かわはらさだより)

河原士栗 かわらしりつ
→河原士栗 (かわはらしりつ)

川原清兵衛 かわらせいべえ
生没年不詳
江戸時代中期の武士。
¶日人

河原田治部 かわらだじぶ
文政11 (1828) 年～明治36 (1903) 年12月
江戸時代末期～明治期の陸奥会津藩士。
¶幕末

河原田春江 かわらだしゅんこう
天明3 (1783) 年7月26日～明治1 (1868) 年
江戸時代後期の伊勢久居藩士、儒学者。
¶国書 ([没]明治1 (1868) 年9月11日), 藩臣4, 三重

河原田立斎 かわらだりっさい
文化7 (1810) 年～明治15 (1882) 年
江戸時代末期～明治期の伊勢久居藩士、儒学者。
¶藩臣4

河原忠蔵 かわらちゅうぞう
→河原忠蔵 (かわはらちゅうぞう)

河原朝嵐 かわらちょうらん
文化6 (1809) 年～明治12 (1879) 年 [別]河原知致《かわはらともゆき》
江戸時代末期～明治期の大和流の射術家。
¶弓道 (河原知致 かわはらともゆき [没]明治12 (1879) 年3月3日), 人名, 日人

河原綱徳 かわらつなのり
→河原綱徳 (かわはらつなのり)

瓦林良順 かわらばやしやすのぶ
生没年不詳
江戸時代後期の旗本。
¶神奈川人

河原均 かわらひとし
文政5 (1822) 年～明治21 (1888) 年 [別]河原均《かわはらひとし》
江戸時代末期～明治期の松代藩家老。
¶維新 (かわはらひとし), 新潮 ([没]明治21 (1888) 年1月6日), 人名, 日人, 幕末 (かわはらひとし [没]1888年1月6日)

菅敦 かんあつし
天保1 (1830) 年～大正1 (1912) 年
江戸時代末期～明治期の三河西尾藩士。
¶姓氏愛知, 藩臣4

漢一郎 かんいちろう
天保9 (1838) 年～慶応4 (1868) 年8月21日
江戸時代後期～末期の新撰組隊士。
¶新撰

神尾伊兵衛 かんおいへえ
生没年不詳
江戸時代前期の武士。
¶庄内

神尾織部 かんおおりべ
→神尾織部 (かみおおりべ)

神尾勘解由　かんおかげゆ
？　～万治1(1658)年
江戸時代前期の伊予宇和島藩家老。
¶藩臣6

神尾外記　かんおげき
生没年不詳
江戸時代中期の伊予宇和島藩家老。
¶藩臣6

神尾春央　かんおはるひで
貞享4(1687)年～宝暦3(1753)年　[別]神尾春央《かみおはるひで》
江戸時代中期の幕臣、勘定奉行。
¶朝日([没]宝暦3年5月5日(1753年6月6日))，岩史([没]宝暦3(1753)年5月5日)，角史，神奈川人(かみおはるひで)，近世，国史，コン4，史人([没]1753年5月5日)，重要(かみおはるひで　[没]宝暦3(1753)年5月5日)，姓氏神奈川，日史([没]宝暦3(1753)年5月5日)，日人，百科，歴大

神尾備前守元勝　かんおびぜんのかみもとかつ
→神尾元勝(かみおもとかつ)

神尾元勝　かんおもとかつ
→神尾元勝(かみおもとかつ)

神吉東郭　かんきとうかく
宝暦6(1756)年～天保12(1841)年　[別]神吉東郭《かみよしとうかく》
江戸時代中期～後期の播磨赤穂藩医、儒学者。
¶国書，人名(かみよしとうかく)，日人，藩臣5

間斎　かんさい
江戸時代中期の馬術家。
¶人名

門崎運太夫　かんざきうんだゆう
→門崎盛時(かんざきもりとき)

神崎則休　かんざきのりやす
→神崎与五郎(かんざきよごろう)

神崎一二三　かんざきひふみ
文政6(1823)年～？
江戸時代後期～末期の新撰組隊士。
¶新撰

門崎盛時　かんざきもりとき
享保6(1721)年～安永8(1779)年　[別]門崎運太夫《かんざきうんだゆう》
江戸時代中期の兵学家。
¶剣豪(門崎運太夫　かんざきうんだゆう)，国書([没]安永8(1779)年10月2日)

門崎盛徳　かんざきもりのり
寛延2(1749)年～文政3(1820)年
江戸時代中期～後期の剣術家。影山流。
¶剣豪

神崎与五郎　かんざきよごろう
寛文6(1666)年～元禄16(1703)年　[別]神崎則休《かんざきのりやす》，竹平《ちくへい》
江戸時代前期の播磨赤穂藩士。赤穂義士の一人。
¶岡山人，岡山百([生]寛文5(1665)年　[没]元禄16(1703)年2月4日)，岡山歴([生]寛文8(1668)年　[没]元禄16(1703)年2月4日)，国書([没]元禄16(1703)年2月4日)，コン改，コン4，詩歌(神崎則休　かんざきのりやす)，史人([没]1703年2月4日)，新潮([没]元禄16(1703)年2月4日)，人名，世百，日人，俳句(竹平　ちくへい　[没]元禄16(1703)年2月4日)，和俳

菅茶山　かんさざん
→菅茶山(かんちゃざん)

菅三郎兵衛　かんさぶろうべえ
[別]菅三郎兵衛《かんさぶろべえ》
安土桃山時代～江戸時代前期の武士。豊臣氏家臣。
¶戦国，戦人(かんさぶろべえ　生没年不詳)

菅三郎兵衛　かんさぶろべえ
→菅三郎兵衛(かんさぶろうべえ)

神沢貞幹　かんざわさだみき
→神沢杜口(かんざわとこう)

神沢繁　かんざわしげる
天保14(1843)年～明治35(1902)年　[別]神沢素堂《かんざわそどう》
江戸時代末期～明治期の出羽秋田藩士、教育家。
¶日人，藩臣1(神沢素堂　かんざわそどう)

神沢素堂　かんざわそどう
→神沢繁(かんざわしげる)

神沢貞幹　かんざわていかん
→神沢杜口(かんざわとこう)

神沢杜口　かんざわとこう
宝永7(1710)年～寛政7(1795)年　[別]神沢貞幹《かんざわさだみき，かんざわていかん》，其蜩《きちょう》，杜口《とこう》
江戸時代中期の国学者、俳人。もと京都町奉行所の与力。
¶大阪人([没]寛政7(1795)年3月)，京都大(神沢貞幹　かんざわていかん)，国書([没]寛政7(1795)年2月11日)，人名，姓氏京都(神沢貞幹　かんざわさだみき)，日人，俳諧(杜口　とこう　[生]？)，俳句(其蜩　きちょう)，俳句(杜口　とこう　[没]寛政7(1795)年2月11日)，和俳

菅自牧斎　かんじぼくさい
→菅波惟縄(すがなみこれつな)

神田図書　かんだずしょ
→神田良近(かんだよしちか)

神田素兄　かんだそけい
寛保1(1741)年～文政2(1819)年
江戸時代中期～後期の相模小田原藩の俳人。
¶藩臣3

神田正高　かんだまさたか
～*
江戸時代前期の旗本。
¶神奈川人([没]1619年)，多摩([没]元和6(1620)年)

神田元造　かんだもとぞう
天保13(1842)年12月21日～明治30(1897)年3月
江戸時代後期～明治期の武道家。
¶庄内

神田良近　かんだよしちか
*～享保20(1735)年　[別]神田図書《かんだずしょ》
江戸時代前期～中期の会津藩士。剣術家。神夢想真流(無楽流)。
¶剣豪(神田図書　かんだずしょ　[生]貞享1

(1684) 年)，国書([生]貞享2 (1685) 年　[没]享保20 (1735) 年12月)

神田竜泉斎 かんだりゅうせんさい
天明8 (1788) 年～嘉永3 (1850) 年
江戸時代後期の剣術家。流名不詳。
¶剣豪

菅茶山 かんちゃざん
寛延1 (1748) 年～文政10 (1827) 年　[別]菅茶山《かんさざん》
江戸時代中期～後期の備後福山藩の漢詩人。
¶朝日([生]寛延1年2月2日 (1748年2月29日)　[没]文政10年8月13日 (1827年10月3日))，岩史([生]延享5 (1748) 年2月2日　[没]文政10 (1827) 年8月13日)，角史(かんさざん)，教育，近世，国史，国書([生]延享5 (1748) 年2月2日　[没]文政10 (1827) 年8月13日)，コン改(かんさざん)，コン4，詩歌(かんさざん)，史人([生]1748年2月2日　[没]1827年8月13日)，人書79(かんさざん)，人書94(かんさざん)，新潮(かんさざん　[生]寛延1 (1748) 年2月2日　[没]文政10 (1827) 年8月13日)，人名(かんさざん)，世人(かんさざん　[生]寛延1 (1748) 年2月2日　[没]文政10 (1827) 年8月13日)，世百(かんさざん)，全書(かんさざん)，大百(かんさざん)，日史([生]寛延1 (1748) 年2月2日　[没]文政10 (1827) 年8月13日)，日人，藩臣6(かんさざん)，百科，広島百([生]延享5 (1748) 年2月2日　[没]文政10 (1827) 年8月13日)，歴大，和俳(かんさざん　[生]寛延1 (1748) 年2月2日　[没]文政10 (1827) 年8月13日)

菅直忠 かんなおただ
慶長18 (1613) 年～天和2 (1682) 年
江戸時代前期の陸奥会津藩士。
¶藩臣2

神波理助 かんなみりすけ
寛永10 (1633) 年～元禄14 (1701) 年
江戸時代前期～中期の槍術家。
¶人名，日人

金成善左衛門 かんなりぜんざえもん
文化14 (1817) 年～大正4 (1915) 年1月7日
江戸時代末期～明治期の陸奥仙台藩大番士。
¶幕末

菅野元健 かんのげんけん
→菅野元健(すがのもとたけ)

上林重胤 かんばやししげたね
寛永20 (1643) 年～正徳3 (1713) 年4月25日
江戸時代前期～中期の宇治郷代官。
¶黄檗

上林清泉 かんばやしせいせん
享和1 (1801) 年～*
江戸時代末期～明治期の彫刻師、志士。勤王派統一に尽力。
¶岐阜百，国書([没]明治3 (1870) 年11月18日)，幕末([没]1871年1月8日)

神林復所 かんばやしふくしょ
寛政7 (1795) 年～明治13 (1880) 年
江戸時代末期～明治期の朱子学者、奥州藩士。
¶国書([生]寛政7 (1795) 年6月25日　[没]明治13 (1880) 年1月26日)，人名，日人，幕末([生]1795年6月24日　[没]1880年1月26日)

神原錦之丞 かんばらきんのじょう
生没年不詳
江戸時代末期の幕臣。1867年留学のためフランスに渡る。
¶海越新

鎌原軍蔵 かんばらぐんぞう
生没年不詳
江戸時代末期～明治期の人。高崎藩士、群馬県庁前橋移転反対運動の指導者。
¶群馬人

鎌原重継 かんばらしげつぐ
？～天和2 (1682) 年
江戸時代前期の上野沼田藩士。
¶姓氏群馬，藩臣2

鎌原桐山 かんばらとうざん
安永3 (1774) 年～嘉永5 (1852) 年　[別]鎌原桐山《かまはらとうざん》
江戸時代後期の松代藩家老。
¶国書([生]安永3 (1774) 年11月14日　[没]嘉永5 (1852) 年閏2月26日)，人名(かまはらとうざん)，姓氏長野，長野歴，日人

鎌原溶水 かんばらようすい
文政3 (1820) 年～明治15 (1882) 年　[別]鎌原溶水《かまはらようすい》
江戸時代末期～明治期の信濃松代藩士。
¶人名(かまはらようすい)，日人

神戸岩蔵 かんべいわぞう
弘化4 (1847) 年～慶応1 (1865) 年
江戸時代末期の陸奥会津藩士。
¶幕末

神戸大汀 かんべおおはま
文政9 (1826) 年～明治14 (1881) 年
江戸時代後期～明治期の武士、神職。
¶日人

神戸秋山 かんべしゅうざん
文政6 (1823) 年～明治12 (1879) 年
江戸時代末期～明治期の備中松山藩士。
¶岡山歴([没]明治12 (1879) 年4月15日)，藩臣6

神戸清右衛門 かんべせいえもん
？～寛永13 (1636) 年
江戸時代前期の武士。前田利家の臣。
¶国書([没]寛永13 (1636) 年1月)，人名，日人

神戸善十郎 かんべぜんじゅうろう
天保11 (1840) 年11月27日～明治15 (1882) 年7月30日
江戸時代後期～明治期の旧藩士。
¶庄内

神戸操平 かんべそうへい
享和3 (1803) 年～元治1 (1864) 年2月18日
江戸時代末期の常陸土浦藩士。
¶幕末

神戸大助 かんべだいすけ
生没年不詳
江戸時代末期の剣兌山流師範家。
¶剣豪([生]文化11 (1814) 年　[没]明治17 (1884) 年)，鳥取百，幕末

神戸武正　かんべたけまさ
生没年不詳
江戸時代後期の越後三根山藩家老。
¶人名，日人，藩臣4

神戸東逸郎　かんべとういつろう
文政5(1822)年〜明治37(1904)年
江戸時代末期〜明治期の信濃高遠藩士、砲術家。
¶藩臣3

神戸盛矩　かんべもりのり
江戸時代後期の加賀藩士。
¶国書(生没年不詳)，姓氏石川

神戸盛大　かんべもりひろ
宝暦5(1755)年〜文政5(1822)年
江戸時代中期〜後期の陸奥会津藩士。
¶会津，藩臣2

神戸義衛　かんべよしえ
天保10(1839)年〜大正2(1913)年
江戸時代末期〜明治期の信濃高遠藩士。
¶藩臣3

神戸良政　かんべよしまさ
慶長14(1609)年〜寛文6(1666)年11月11日
江戸時代前期の蒲生氏郷の旧家臣。
¶国書

神戸与惣右衛門　かんべよそうえもん
延宝8(1680)年〜明和6(1769)年
江戸時代中期の信濃高遠藩用人。
¶藩臣3

菅政友　かんまさすけ
→菅政友(かんまさとも)

菅政友　かんまさとも
文政7(1824)年〜明治30(1897)年　[別]菅政友《かんまさすけ，すがまさとも》
江戸時代末期〜明治期の水戸藩の歴史家。「大日本史」の編纂に従事。
¶朝日([生]文政7年1月14日(1824年2月13日)　[没]明治30(1897)年10月22日)，維新，茨城百，郷土茨城，近現，近世，考古(すがまさとも　[生]文政7(1824)年1月　[没]明治30(1897)年10月20日)，国史，国書([生]文政7(1824)年1月14日　[没]明治30(1897)年10月22日)，古史，コン改(すがまさとも)，コン4(すがまさとも)，コン5(すがまさとも)，史研([生]文政7(1824)年1月14日　[没]明治30(1897)年10月22日)，史人([生]1824年1月14日　[没]1897年10月22日)，神史，神人，新潮(すがまさとも　[生]文政7(1824)年1月　[没]明治30(1897)年10月20日)，人名(すがまさとも)，日人，幕末(かんまさすけ　[没]1897年10月22日)，藩臣2(かんまさすけ)

神谷治部　かんやじぶ
慶長3(1598)年〜寛文2(1662)年
江戸時代前期の備後福山藩士。
¶藩臣6

冠里　かんり
→安藤信友(あんどうのぶとも)

【き】

喜入紹嘉　きいれしょうか
？〜寛永9(1632)年
安土桃山時代〜江戸時代前期の島津義久の家老。大隅国国文郷の初代地頭。
¶姓氏鹿児島

喜入摂津　きいれせっつ
→喜入久高(きいれひさたか)

喜入忠続　きいれただつぐ
元亀2(1571)年〜正保2(1645)年　[別]喜入忠政《きいれただまさ》
安土桃山時代〜江戸時代前期の薩摩藩家老。
¶姓氏鹿児島(喜入忠政　きいれただまさ)，藩臣7

喜入忠政　きいれただまさ
→喜入忠続(きいれただつぐ)

喜入久亮　きいれひさあき
万治1(1658)年〜享保7(1722)年　[別]喜入久亮《きいれひさすけ》
江戸時代前期〜中期の薩摩藩家老。
¶姓氏鹿児島(きいれひさすけ)，藩臣7

喜入久亮　きいれひさすけ
→喜入久亮(きいれひさあき)

喜入久高　きいれひさたか
文政2(1819)年〜明治26(1893)年　[別]喜入摂津《きいれせっつ》
江戸時代末期〜明治期の薩摩藩家老。
¶維新(喜入摂津　きいれせっつ)，新潮(喜入摂津　きいれせっつ　生没年不詳)，姓氏鹿児島，日人，幕末(喜入摂津　きいれせっつ)，藩臣7

喜入久通　きいれひさみち
寛政8(1796)年〜嘉永5(1852)年
江戸時代後期の喜入氏17代。鹿籠領主。
¶姓氏鹿児島

木内峰太　きうちみねた
江戸時代末期の新撰組隊士。
¶新撰

木内与次右衛門　きうちよじうえもん
？〜享保17(1732)年
江戸時代中期の常陸土浦藩代官。
¶藩臣2

祇園南海　ぎおんなんかい
延宝4(1676)年〜宝暦1(1751)年　[別]祇園余一《ぎおんよいち》
江戸時代中期の紀伊和歌山藩の漢詩人、文人画家。江戸文人画の祖。
¶朝日([没]宝暦1年9月8日(1751年10月26日))，岩史([没]寛延4(1751)年9月8日)，黄檗([没]宝暦1(1751)年9月8日)，近世，国史，国書([没]寛延4(1751)年9月8日)，コン改([生]延宝5(1677)年)，コン4，詩歌([生]1677年)，史人([没]1751年9月8日)，人書94([生]1677年)，新潮([生]延宝4(1676)年，(異説)延宝5(1677)年　[没]宝暦1

きおんよ　　　　　　　　　　348　　　　　　　日本人物レファレンス事典

（1751）年9月8日），人名（⊕1677年），世人
（⊕延宝5（1677）年　②宝暦1（1751）年9月8
日），世百（⊕1677年），全書（⊕1677年），日
史（⊕延宝4（1676）年，（異説）延宝5（1677）年
②宝暦1（1751）年9月8日），日人，藩臣5（祇園
余一　ぎおんよいち），美
術（⊕延宝4（1676）年，（異説）延宝5（1677）
年），百科（⊕延宝4（1676）年，（異説）延宝5
（1677）年），名画（⊕1677年），歴大，和俳
（⊕延宝5（1677）年　②宝暦1（1751）年9月8
日）

祇園余一　ぎおんよいち
　→祇園南海（ぎおんなんかい）

其雫　きか
　→梅津其雫（うめづきか）

来川仁右衛門　きがわにえもん
　生没年不詳
　江戸時代後期の陸奥棚倉藩家老。
　¶藩臣2

季吟　きぎん
　→北村季吟（きたむらきぎん）

菊田市右衛門　きくたいちえもん
　生没年不詳
　江戸時代中期の剣術家。新陰流。
　¶剣豪

菊田寿恒　きくたひさつね
　？ 　～天保8（1837）年
　江戸時代後期の仙台藩士・兵法家。
　¶国書

菊池海荘　きくちかいそう
　寛政11（1799）年～明治14（1881）年　別菊池渓琴
　《きくちけいきん》，垣内渓琴《かきうちけいきん》
　江戸時代末期～明治の志士。海防論を唱，農兵
　を組織・訓練。
　¶維新，大阪人（菊池渓琴　きくちけいきん
　②文化10（1798）年　②明治14（1881）年1月），
　郷土和歌山，国書（⊕寛政11（1799）年9月25日
　②明治14（1881）年1月16日），コン改（⊕寛政
　11（1799）年，（異説）1798年），コン4（⊕寛政
　11（1799）年，（異説）1798年），詩歌（菊池渓琴
　きくちけいきん），史人（⊕1799年9月25日
　②1881年1月16日），新潮（⊕寛政11（1799）年9
　月25日　②明治14（1881）年1月16日），人名
　（菊池渓琴　きくちけいきん　⊕1798年），世
　人（菊池渓琴　きくちけいきん　②明治14
　（1881）年1月16日），日史（⊕寛政11（1799）年
　9月25日　②明治14（1881）年1月16日），日人，
　幕末（②1881年1月16日），百科，和歌山人，和
　俳（②明治14（1881）年1月16日）

菊池角右衛門　きくちかくえもん
　生没年不詳
　江戸時代末期の武士。
　¶和歌山人

菊池景住　きくちかげずみ
　生没年不詳
　江戸時代前期の水戸藩士・常陸宍戸藩士。
　¶国書

菊池景光　きくちかげみつ
　生没年不詳
　安土桃山時代～江戸時代前期の平清水村の領主。
　¶姓氏岩手

菊池景頼　きくちかげより
　生没年不詳
　江戸時代前期の横田城代。
　¶姓氏岩手

菊池勘左衛門　きくちかんざえもん
　寛政11（1799）年～？
　江戸時代後期の下総古河藩用人。
　¶藩臣3

菊池寛司　きくちかんじ
　*～文政4（1821）年
　江戸時代中期～後期の陸奥弘前藩士。
　¶青森人（⊕？），青森百（⊕？），国書（⊕元文3
　（1738）年　②文政4（1821）年1月24日），藩臣1
　（⊕元文3（1738）年）

菊池喜代太郎　きくちきよたろう
　→菊池九郎（きくちくろう）

菊池金吾　きくちきんご
　文化9（1812）年～明治26（1893）年
　江戸時代末期～明治期の殖産家。留守居格勘定奉
　行頭取、用人などを歴任。
　¶姓氏岩手，幕末（②1893年5月4日）

菊池九郎　きくちくろう
　弘化4（1847）年～大正15（1926）年　別菊池喜代
　太郎（きくちきよたろう）
　江戸時代末期～明治期の陸奥弘前藩士，政治家。
　¶青森人，青森百，朝日（⊕弘化4年9月18日
　（1847年10月26日）　②大正15（1926）年1月1
　日），維新，学校（⊕弘化4（1847）年9月18日
　②大正15（1926）年1月1日），キリ（⊕弘化4
　（1847）年9月18日　②大正15（1926）年1月1
　日），近現，国史，史人（⊕1847年9月18日
　②1926年1月1日），世紀（⊕弘化4（1847）年9月
　18日　②大正15（1926）年1月1日），先駆（⊕弘
　化4（1847）年9月18日　②大正15（1926）年1月1
　日），日人，幕末（②1926年1月1日），藩臣1（菊
　池喜代太郎　きくちきよたろう），明治1

菊池渓琴　きくちけいきん
　→菊池海荘（きくちかいそう）

菊池元　きくちげん
　？ 　～明治1（1868）年
　江戸時代後期～末期の水戸藩士。
　¶国書

菊池行造　きくちこうぞう
　→菊池五山（きくちござん）

菊池五山　きくちござん，きくちごさん
　明和6（1769）年～*　別菊池行造《きくちこうぞ
　う》
　江戸時代後期の讃岐高松藩の漢詩人。芸苑の三絶
　の一人。
　¶朝日（きくちごさん　②嘉永2年6月27日（1849
　年8月15日）），維新（きくちごさん　⊕1772年
　②1855年），江戸，江文（②嘉永2（1849）年），
　大分歴（菊池行造　きくちこうぞう　生没年不

詳)，香川人([没]嘉永6(1853)年)，香川百([没]嘉永6(1853)年)，角史(きくちごさん　[没]嘉永2(1849)年)，近世([没]1849年)，国史([没]1849年)，国書([没]嘉永2(1849)年6月27日)，コン改([生]明和6(1769)年，(異説)1772年　[没]嘉永6(1853)年，(異説)1855年)，コン4([生]明和6(1769)年，(異説)1772年　[没]嘉永6(1853)年，(異説)1855年)，詩歌([没]1852年)，史人([没]1849年6月27日)，新潮([没]嘉永2(1849)年6月27日)，人名([生]1772年　[没]1855年)，世人([没]嘉永6(1853)年)，世百([生]1772年　[没]1855年)，全書([没]1849年)，日史([没]安政2(1855)年6月27日)，日人([没]1849年)，藩臣6([没]嘉永6(1853)年)，百科([没]安政2(1855)年)，歴大([没]1849年)，和俳([没]嘉永2(1849)年)

菊池五郎作 きくちごろうさく
生没年不詳
江戸時代中期の大番士。
¶姓氏岩手

菊池荘介 きくちしょうすけ
文政4(1821)年～元治1(1864)年
江戸時代末期の常陸宍戸藩士。
¶人名，日人

菊池西崖 きくちせいがい
天明6(1786)年～弘化4(1847)年
江戸時代中期～後期の水戸藩士。
¶国書

菊池素行 きくちそこう
江戸時代末期の儒者、陸奥弘前藩士。
¶人名，日人(生没年不詳)

菊池大瓠 きくちたいこ，きくちだいこ
*～明治1(1868)年
江戸時代末期の陸奥一関藩の儒学者。
¶国書([生]文化5(1808)年　[没]明治1(1868)年11月24日)，幕末(きくちだいこ　[生]1810年　[没]1869年2月5日)，藩臣1([生]文化4(1807)年)

菊池隆吉 きくちたかよし
→菊池隆吉(きくちりゅうきち)

菊池武康 きくちたけやす
？　～享保3(1718)年
江戸時代中期の加賀藩士。
¶藩臣3

菊地武美 きくちたけよし
生没年不詳
江戸時代後期の仙台藩士。
¶国書

菊地多門 きくちたもん
明和6(1769)年～文政2(1819)年
江戸時代中期～後期の上総久留里藩士。
¶藩臣3

菊池淡水 きくちたんすい
天保14(1843)年～大正1(1912)年6月11日
江戸時代末期～明治期の肥後人吉藩士。
¶幕末

菊池長閑 きくちちょうかん
寛政12(1800)年～明治16(1883)年2月17日
江戸時代末期～明治期の陸奥盛岡藩士。
¶幕末

菊池鼎次郎 きくちていじろう
文政11(1828)年～元治1(1864)年
江戸時代末期の水戸藩士。
¶維新，幕末([没]1864年11月4日)

菊池央 きくちてる
弘化4(1847)年～慶応4(1868)年閏4月25日
江戸時代後期～末期の新撰組隊士。
¶新撰

菊池虎太郎(菊地虎太郎) きくちとらたろう
天保8(1837)年～明治33(1900)年　[別]菊池蕗亭《きくちろてい》，菊地弥太郎，謙斎，公郁，修文
江戸時代末期～明治期の仙台藩士、医師、殖産功労者、事業家。小笠原島開拓につとめる。
¶維新，国書(菊池蕗亭　きくちろてい　[没]明治33(1900)年2月5日)，社史(菊地虎太郎　[没]1900年2月5日)，新潮(菊地虎太郎　[没]明治33(1900)年2月5日)，人名([生]1838年)，姓氏宮城，日人，幕末(菊地虎太郎　[生]1837年1月10日　[没]1900年2月5日)，宮城百(菊地虎太郎)

菊地平八郎 きくちへいはちろう
生没年不詳
江戸時代末期の水戸藩士・小姓頭取。1867年遣仏使節に随行しフランスに渡る。
¶海越新

菊地真澄 きくちますみ
天保1(1830)年～明治37(1904)年2月24日
江戸時代末期～明治期の奥州二本松藩士。書家として著名。
¶幕末

菊池弥門 きくちやもん
生没年不詳
江戸時代中期の幕臣。
¶国書

菊池隆吉 きくちりゅうきち
生没年不詳　[別]菊池隆吉《きくちたかよし》
江戸時代末期の幕臣。第44代京都東町奉行。
¶京都大，姓氏京都(きくちたかよし)

菊池蕗亭 きくちろてい
→菊池虎太郎(きくちとらたろう)

菊間茂文 きくましげふみ
？　～宝暦13(1763)年
江戸時代中期の三河西大平藩郷士。
¶藩臣4

菊間直証 きくまなおのり
？　～寛政12(1800)年
江戸時代中期～後期の三河西大平藩郷士。
¶藩臣4

菊間文彬 きくまふみあきら
文化2(1805)年～明治10(1877)年
江戸時代末期～明治期の三河西大平藩郷士。
¶藩臣4

菊間安利 きくまやすとし
？　～明治39(1906)年
江戸時代末期～明治期の三河西大平藩郷士。
¶藩臣4

き

木崎盛標 きざきもりすえ
正徳2(1712)年～?
江戸時代中期の肥前唐津藩士。
¶国書,日人,藩臣7

木沢天童 きざわてんどう
明和2(1765)年～文政2(1819)年
江戸時代中期～後期の信濃松本藩士、儒学者。
¶国書([生]明和2(1765)年3月 [没]文政2(1819)年1月3日),人名,姓氏長野,長野百,長野歴,日人,藩臣3

岸井静斎 きしいせいさい
文政9(1826)年～明治26(1893)年
江戸時代後期～明治期の加賀藩士。
¶国書

岸尾徳三郎 きしおとくさぶろう
弘化3(1846)年～文久3(1863)年
江戸時代末期の大和十津川郷士。
¶維新

岸織部 きしおりべ
? ～貞享3(1686)年
江戸時代前期の備前岡山藩士。
¶藩臣6

岸嘉右衛門 きしかうえもん
→岸嘉右衛門(きしかえもん)

岸嘉右衛門 きしかえもん
天保6(1835)年～明治3(1870)年 [別]岸嘉右衛門《きしかうえもん》
江戸時代末期～明治期の忍藩用人。
¶維新,埼玉人([没]明治3(1870)年7月18日),埼玉百(きしかうえもん),幕末([没]1870年8月14日)

岸勝明 きしかつあき
元文5(1740)年～文化12(1815)年
江戸時代中期～後期の伊賀上野藩士。
¶国書,三重

岸上弘 きしがみひろし
天保8(1837)年～元治1(1864)年
江戸時代末期の志士。
¶維新,人名,日人,幕末([没]1864年8月22日)

岸上老山 きしかみろうざん
文化12(1815)年? ～明治17(1884)年
江戸時代末期～明治期の美濃今尾藩士、儒学者。
¶藩臣3

岸九兵衛 きしきゅうべえ
江戸時代末期の安芸広島藩士。
¶維新,幕末(生没年不詳)

岸刑部 きしぎょうぶ
生没年不詳
江戸時代前期の筑後久留米藩家老。
¶藩臣7

岸金五郎 きしきんごろう
江戸時代末期の新撰組隊士。
¶新撰

岸外記 きしげき
→岸正知(きしまさとも)

岸崎左久次 きしざきさきゅうじ
→岸崎左久次(きしざきさくじ)

岸崎左久次 きしざきさくじ
寛永14(1637)年～元禄3(1690)年 [別]岸崎左久次《きしざきさきゅうじ》,岸崎時照《きしざきときてる》
江戸時代前期の出雲松江藩士。
¶国書(岸崎時照 きしざきときてる [没]元禄3(1690)年1月25日),島根人([生]慶長16(1611)年),島根百(きしざきさきゅうじ [没]元禄3(1690)年1月25日),島根歴(きしざきさきゅうじ),藩臣5

岸崎時照 きしざきときてる
→岸崎左久次(きしざきさくじ)

岸静江 きししずえ
天保7(1836)年～慶応2(1866)年 [別]岸静江《きしせいこう》
江戸時代末期の石見浜田藩士。第2次長州征伐で戦死。
¶朝日([没]慶応2年6月16日(1866年7月27日)),島根人,島根歴,人名(きしせいこう [生]1826年),日人,藩臣5

岸静知 きししずとも
江戸時代中期の国学者、筑後久留米藩士。
¶人名,日人(生没年不詳)

岸紫濤 きししとう
宝永6(1709)年～安永8(1779)年8月6日
江戸時代中期の新見藩士、歌人、漢学者。
¶岡山歴

岸島芳太郎 きしじまよしたろう
江戸時代末期の新撰組隊士。
¶新撰

岸紹易 きしじょうえき,きししょうえき
享保14(1729)年～寛政11(1799)年
江戸時代中期の茶人、堺奉行与力。
¶大阪墓([没]寛政11(1799)年3月28日),コン改(きししょうえき),コン4(きししょうえき),茶道([生]1726年),新潮([没]寛政11(1799)年3月28日),人名(きししょうえき),日人

岸汝裕 きしじょゆう
宝暦1(1751)年～文政4(1821)年3月5日
江戸時代中期～後期の幕臣。
¶国書

岸静江 きしせいこう
→岸静江(きししずえ)

岸田兼吉 きしだかねきち
江戸時代末期の新撰組隊士。
¶新撰

岸田晴澄 きしだはるずみ
? ～*
安土桃山時代～江戸時代前期の武将、大名。大和岸田藩主。
¶日人([没]1616年),藩主3([没]元和1(1615)年12月2日)

岸田半造 きしだはんぞう
文政8(1825)年～明治41(1908)年
江戸時代末期～明治期の上野吉井藩士。

¶藩臣2

貴志朝暾 きしちょうとん
*～安政4(1857)年 [別]貴志孫太夫《きしまごだゆう》
江戸時代後期～末期の幕臣、駿府奉行、本草学者。
¶国書([生]? [没]安政4(1857)年3月29日)，洋学(貴志孫太夫 きしまごだゆう [生]天明5(1785)年)

岸天岳 きしてんがく
文化11(1814)年～明治10(1877)年
江戸時代末期～明治期の佐賀藩士、画家。ウィーン万博で入賞。花鳥や虎を描く。
¶佐賀百，幕末，美家

岸俊雄 きしとしお
弘化1(1844)年～明治41(1908)年
江戸時代末期～明治期の陸奥会津藩士。
¶人名，数学([没]明治41(1908)年8月)，日人，幕末([没]1908年8月)

岸長義 きしながよし
? ～明治34(1901)年
江戸時代末期～明治期の上野小幡藩中老。
¶藩臣2

岸南岳 きしなんがく
文政1(1818)年～明治31(1898)年2月19日
江戸時代末期～明治期の播磨三日月藩士。
¶国書，藩臣5，兵庫人

貴島清 きじまきよし
天保14(1843)年～明治10(1877)年 [別]貴島国彦《きじまくにひこ》
江戸時代末期～明治期の武士、鹿児島県士族。
¶鹿児島百，人名(貴島国彦 きじまくにひこ)，姓氏鹿児島，日人(貴島国彦 きじまくにひこ)，幕末([没]1877年9月4日)

貴島国彦 きじまくにひこ
→貴島清(きじまきよし)

貴志孫太夫 きしまごだゆう
→貴志朝暾(きしちょうとん)

岸正知 きしまさとも
? ～宝暦4(1754)年 [別]岸外記《きしげき》
江戸時代中期の国学者、筑後久留米藩士。
¶国書([没]宝暦4(1754)年6月11日)，人名(岸外記 きしげき)，日人

来島又兵衛 きじままたべえ
文化13(1816)年～元治1(1864)年 [別]森鬼太郎《もりきたろう》
江戸時代末期の長州(萩)藩士。尊攘過激派の一人。
¶朝日([生]文化14年1月8日(1817年2月23日) [没]元治1年7月19日(1864年8月20日))，維新，角史([生]文化14(1817)年)，京都大，近世([生]1817年)，国史([生]1817年)，コン改，コン4，史人([生]1816年1月8日，(異説)1817年1月8日 [没]1864年7月19日)，新潮([生]文化13(1816)年1月8日 [没]元治1(1864)年7月19日)，人名，姓氏京都，姓氏山口([生]1817年)，世人，日史([生]文化13(1816)年1月8日 [没]元治1(1864)年7月19日)，日人，幕末([生]1817年 [没]1864年8月20日)，藩臣6([生]文化14(1817)年)，百科，山口百([生]1817年)，歴大([生]1817年)

喜島宗勝 きじまむねかつ
生没年不詳
安土桃山時代～江戸時代前期の武将。
¶戦人

岸本明直 きしもとあきなお
元文2(1737)年～寛政1(1789)年
江戸時代中期の土佐藩の足軽、沖島住民の恩人。
¶高知人，高知百，人名，日人

岸本鍬之助 きしもとくわのすけ
寛政10(1798)年～元治1(1864)年
江戸時代末期の武術家、備前岡山藩剣道師範役。
¶岡山人，剣豪，人名，日人

岸本就美 きしもとなりよし
→岸本武太夫(きしもとぶだゆう)

岸本八郎兵衛 きしもとはちろうべい
→岸本八郎兵衛(きしもとはちろべえ)

岸本八郎兵衛 きしもとはちろべえ
慶安2(1649)年～享保4(1719)年 [別]岸本八郎兵衛《きしもとはちろうべい》
江戸時代前期～中期の出羽庄内藩士、俳人。
¶庄内(きしもとはちろうべい [没]享保4(1719)年9月19日)，藩臣1，和俳

岸本武太夫 (岸本武大夫) きしもとぶだゆう
寛保2(1742)年～文化7(1810)年 [別]岸本就美《きしもとなりよし》，岸本武大夫《きしもとぶだゆう》
江戸時代後期の代官。
¶朝日([生]寛保2年7月7日(1742年8月7日) [没]文化7年11月7日(1810年12月3日))，岩史([生]寛保2(1742)年7月7日 [没]文化7(1810)年11月7日)，江戸東(岸本就美 きしもとなりよし)，岡山人(岸本就美 きしもとなりよし [没]文化6(1809)年)，岡山百(岸本就美 きしもとなりよし [生]寛保2(1742)年7月7日 [没]文化6(1809)年7月17日)，岡山歴([生]寛保2(1742)年7月7日 [没]文化7(1810)年11月7日)，近世，国史，国書([生]寛保2(1742)年7月7日 [没]文化7(1810)年7月17日)，コン改([没]文化6(1809)年)，コン4([没]文化6(1809)年)，史人([生]1742年7月7日 [没]1810年11月7日)，新潮([生]寛保2(1742)年7月7日 [没]文化7(1810)年11月7日)，人名([没]1809年)，栃木歴(岸本武大夫)，日人，洋学，歴大

岸本芳景 きしもとよしかげ
? ～天保1(1830)年
江戸時代後期の伶人、備前岡山藩士。
¶岡山人，人名，日人

幾志与兵衛 きしよへい
? ～貞享1(1684)年 [別]幾志与兵衛《きしよへえ》
江戸時代前期の出羽松山藩家老。
¶庄内(きしよへえ [没]貞享1(1684)年11月4日)，藩臣1

幾志与兵衛 きしよへえ
→幾志与兵衛(きしよへい)

岸良兼養 きしらかねやす
天保8（1837）年～明治16（1883）年　[別]岸良兼養《きしらかねよし,きしらけんよう》,岸良七之丞《きしらしちのじょう》
江戸時代末期～明治期の薩摩藩士、司法官。
¶朝日（きしらかねよし　[生]天保8（1837）年8月　[没]明治16（1883）年11月15日），維新（生没年不詳），海越（岸良七之丞　きしらしちのじょう　[没]明治16（1883）年11月15日），海越新（[生]天保8（1837）年8月　[没]明治16（1883）年11月15日），鹿児島百，近現（きしらけんよう），国史（きしらけんよう），姓氏鹿児島，渡航（[没]1883年11月15日），日人，幕末（[没]1883年11月15日），藩臣7

岸良兼養 きしらかねよし
→岸良兼養（きしらかねやす）

岸良兼養 きしらけんよう
→岸良兼養（きしらかねやす）

岸良七之丞 きしらしちのじょう
→岸良兼養（きしらかねやす）

岸和田伊兵衛 きしわだいへえ
生没年不詳
江戸時代後期の武士。
¶和歌山人

来次氏秀 きすぎうじひで
天正7（1579）年～寛永17（1640）年9月6日
安土桃山時代～江戸時代前期の武将。
¶庄内，戦人（生没年不詳）

来次伝四郎 きすぎでんしろう
？　～文政8（1825）年
江戸時代後期の下総古河藩用人。
¶藩臣3

木曽源太郎 きそげんたろう
天保10（1839）年～大正7（1918）年　[別]藤崎左馬蔵《ふじさきさまぞう》
江戸時代末期～明治期の肥後熊本藩士。
¶維新，コン改，コン4，コン5，神人，新潮，人名，多摩，日人，幕末

木曽庄九郎 きそしょうくろう
江戸時代前期の兵法家。里見氏家臣。
¶戦東

木曽義利 きそよしとし
天正5（1577）年～寛永16（1639）年　[別]木曽義利《よしとし》
安土桃山時代～江戸時代前期の武将、大名。下総蘆戸藩主。
¶系東（[没]1640年），諸系（よしとし），人名，戦国，戦辞，戦人（生没年不詳），日人，藩主2

其雫 きだ
→梅津其雫（うめづきか）

北有馬太郎 きたありまたろう
→中村貞太郎（なかむらさだたろう）

北浦義助 きたうらぎすけ
→北浦定政（きたうらさだまさ）

北浦定政 きたうらさだまさ
文化14（1817）年～明治4（1871）年　[別]北浦義助《きたうらぎすけ》
江戸時代末期～明治期の津藩士。陵墓・条理・宮址研究家。
¶維新（北浦義助　きたうらぎすけ），岩史（[生]文化14（1817）年3月30日　[没]明治4（1871）年1月7日），郷土奈良，近現，近世，考古（[生]文化14年（1817年3月30日）　[没]明治4年（1871年1月7日）），国史，国書（[生]文化14（1817）年3月30日　[没]明治4（1871）年1月7日），コン4，コン5，史人（[生]1817年3月30日　[没]1871年1月7日），人名，日人，幕末（[没]1871年2月25日），歴大

北岡石台 きたおかせきだい
生没年不詳
江戸時代後期の讃岐丸亀藩士。
¶国書

喜多岡勇平 きたおかゆうへい
文政4（1821）年～慶応1（1865）年
江戸時代末期の筑前福岡藩士。
¶維新，新潮（[生]文政4（1821）年11月26日　[没]慶応1（1865）年6月24日），人名（[生]？），日人，幕末（[没]1865年8月15日），藩臣7

北川亥之作 きたがわいのさく
天保10（1839）年～明治20（1887）年
江戸時代末期～明治期の加賀藩士。
¶姓氏石川，幕末（[生]1839年11月28日　[没]1887年7月4日），藩臣3

北川堅儔 きたがわかたとも
→北川汶陽（きたがわぶんよう）

北川金右衛門 きたがわきんえもん
？　～宝暦5（1755）年
江戸時代中期の弘前藩士。
¶青森人

北川小平次 きたがわこへいじ
→北川汶陽（きたがわぶんよう）

北川重元 きたがわしげもと
江戸時代中期の加賀藩士。
¶人名，日人（生没年不詳）

北川正介 きたがわしょうすけ
天保6（1835）年頃～明治2（1869）年
江戸時代末期の筑後久留米藩士。
¶藩臣7

北川正征 きたがわしょうせい
文化8（1811）年頃～慶応3（1867）年
江戸時代末期の筑後久留米藩士。
¶藩臣7

北川尚亭 きたがわしょうてい
慶安4（1651）年～享保6（1721）年　[別]北川宗俊《きたがわそうしゅん,きたがわむねとし》
江戸時代前期～中期の陸奥南部藩士。
¶国書（[没]享保6（1721）年12月），姓氏岩手（北川宗俊　きたがわそうしゅん），藩臣1（北川宗俊　きたがわむねとし）

北川瑞也 きたがわずいや
江戸時代の播磨赤穂藩士、朱子学者。
¶人名

北川清助 きたがわせいすけ
文政9（1826）年～明治35（1902）年

江戸時代末期～明治期の長州（萩）藩士。
¶日人、幕末（没1902年4月3日）、山口百

北川宗俊 きたがわそうしゅん
→北川尚亭（きたがわしょうてい）

北川徳之丞（北川徳之充）きたがわとくのじょう
？　～明治11（1878）年
江戸時代末期～明治期の近江彦根藩士。
¶維新、幕末（没1878年4月28日）、藩臣4（北川徳
之充　没明治10（1877）年）

北川汶陽 きたがわぶんよう
元禄3（1690）年～寛保1（1741）年　別北川堅儔
《きたがわかたとも》、北川小平次《きたがわこへ
いじ》
江戸時代中期の長州（萩）藩の兵学家。
¶剣豪（北川小平次　きたがわこへいじ）、国書
（北川堅儔　きたがわかたとも　没寛保1
（1741）年4月26日）、人名（生1666年　没1717
年）、日人

北川宗俊 きたがわむねとし
→北川尚亭（きたがわしょうてい）

北川孟虎（喜多川猛虎）きたがわもうこ
宝暦12（1762）年～天保4（1833）年
江戸時代中期の算家、尾張藩士。
¶国書（没天保4（1833）年9月11日）、人名（喜多
川猛虎）、姓氏愛知（生？）、日人

北川善淵 きたがわよしふか
安永8（1779）年～安政4（1857）年
江戸時代後期の武士、歌人。
¶高知人、国書（生安永8（1779）年10月　没安政4
（1857）年5月3日）、幕末、和俳

北河原守景 きたがわらもりかげ
享和2（1802）年～慶応2（1866）年
江戸時代後期～末期の水戸藩士。
¶国書

木滝藤兵衛 きだきとうべえ
江戸時代前期の代官。里見氏家臣。
¶戦東

北九兵衛 きたくへえ
寛文11（1671）年～享保17（1732）年
江戸時代前期～中期の盛岡藩家老。
¶姓氏岩手

北郷応竜 きたごうおうりゅう
生没年不詳
江戸時代の一関藩士・画家。
¶姓氏岩手

北厚治 きたこうじ
文化8（1811）年～明治19（1886）年
江戸時代末期～明治期の旗本領代官。
¶維新、幕末（没1886年2月20日）

北五右衛門 きたごえもん
永禄10（1567）年～
安土桃山時代～江戸時代前期の武士。
¶庄内

貴田惟邦 きだこれくに
？　～文政5（1822）年　別貴田十郎右衛門《きだ
じゅうろうえもん》、貴田十郎左衛門《きだじゅう

ろうざえもん》
江戸時代後期の北海開拓功労者、津軽藩兵学師範。
¶青森人（貴田十郎右衛門　きだじゅうろうえも
ん）、国書（没文政5（1822）年9月17日）、人名
（貴田十郎左衛門　きだじゅうろうざえもん）

北島孝太郎 きたじまこうたろう
文政11（1828）年8月6日～明治44（1911）年10月
14日
江戸時代後期～明治期の弓道家、弓術審査員。
¶弓道

喜多嶋甚右衛門 きたじまじんえもん
？　～
江戸時代の八戸藩士。
¶青森人

北島雪山 きたじませつざん、きたじませっさん；きたじ
ませつさん
寛永13（1636）年～元禄10（1697）年
江戸時代前期の肥後熊本藩の書家、儒学者。近世
唐様の祖。
¶朝日（没元禄10年閏2月14日（1697年4月5日））、
江戸、黄檗（没元禄10（1697）年閏2月14日）、
教育、近世、熊本百（きたじませっさん）　没元
禄10（1697）年閏2月14日）、国史、国書（没元禄
10（1697）年閏2月14日）、コン改、コン4、史人
（没1697年閏2月24日）、人書79、新潮（没元禄
10（1697）年閏2月14日、（異説）11月21日）、人
名、世人（没元禄10（1697）年11月21日）、世
百、全書（没元禄10（1697）年　没1698年）、大百、長崎
百（きたじませっさん）、日人、藩臣7（きたじ
ませつさん）、美術、百科（生寛永14（1637）年
没元禄11（1698）年）

北島秀朝 きたじまひでとも
天保13（1842）年～明治10（1877）年
江戸時代末期～明治期の志士、水戸藩士。
¶維新、郷土栃木、国際、佐賀百（生天保13
（1842）年1月1日　没明治10（1877）年10月10
日）、人書94、人名、先駆（生天保13（1842）年1
月1日　没明治10（1877）年10月10日）、栃木歴、
日人、幕末（没1877年10月10日）、和歌山人

貴田十郎右衛門 きだじゅうろうえもん
→貴田惟邦（きだこれくに）

貴田十郎左衛門 きだじゅうろうざえもん
→貴田惟邦（きだこれくに）

木田甚内 きだじんない
生没年不詳
江戸時代中期の陸奥黒石藩士。
¶藩臣1

北添佶磨（北添佶摩）きたぞえきつま
天保6（1835）年～元治1（1864）年　別北添正佶
《きたぞえまさただ》
江戸時代末期の土佐藩の志士。
¶維新、高知人（生1833年）、高知百、コン改（北
添佶摩）、コン4（北添佶摩）、新潮（北添佶摩
没元治1（1864）年6月5日）、人名（北添正佶
きたぞえまさただ）、日人、幕末（北添佶摩
没1864年7月8日）、藩臣6（生天保5（1834）年
没文久3（1863）年）

北添正佶 きたぞえまさただ
→北添佶磨（きたぞえきつま）

北代健助 きただいけんすけ
天保4（1833）年～明治1（1868）年
江戸時代末期の堺事件烈士。箕浦猪之吉六番隊
所属。
¶高知人，幕末（㊙1868年3月16日）

北田市右衛門 きただいちえもん
生没年不詳
江戸時代中期の陸奥八戸藩士。
¶藩臣1

北代正臣 きただいまさおみ
？　～明治41（1908）年
江戸時代末期～明治期の土佐勤王党員。
¶高知人，幕末（㊙1908年11月25日）

城多董 きたただし
→城多董（きたただす）

城多董 きたただす
天保3（1832）年～明治24（1891）年　㊙城多董《き
たただし》
江戸時代末期～明治期の勤王志士。
¶維新，コン改（㊦文政11（1828）　㊙明治20
（1887）年），コン4（㊦明治20（1887）年，コ
ン5（㊙明治20（1887）年），滋賀百（きたただ
し），静岡歴，新潮（㊙明治24（1891）年2月3
日），人名（㊦1828年　㊙1887年），日人，幕末
（㊙1891年10月3日）

北田忠之丞 きただちゅうのじょう
？　～
江戸時代中期の陸奥八戸藩士。
¶青森人，国書（生没年不詳）

北田貞治 きただていじ
天保5（1834）年～？
江戸時代末期～明治期の志士。
¶維新，幕末

北楯助次郎(1) きただてすけじろう
？　～寛保3（1743）年
江戸時代中期の出羽庄内藩士。
¶藩臣1

北楯助次郎(2) きただてすけじろう
～明治10（1877）年3月28日
江戸時代中期の出羽庄内藩士。
¶庄内

北館大学 きただてだいがく
→北楯利長（きただてとしなが）

北楯利長（北館利長）　きただてとしなが
天文17（1548）年～寛永2（1625）年　㊙北館大学
《きただてだいがく》
安土桃山時代～江戸時代前期の出羽山形藩の武
将，用水開発者，出羽国山形城主最上義光の家臣。
¶朝日（㊙寛永2年7月20日（1625年8月22日），
近世（生没年不詳），国史（生没年不詳），コン
改（北館大学　きただてだいがく　生没年不
詳），コン4（北館大学　きただてだいがく），
史人（㊙1625年7月20日），庄内（北館利長
㊙寛永2（1625）年7月20日），新潮（北館利長
㊙寛永2（1625）年7月20日），人名（北館大学）

きただてだいがく），戦人（生没年不詳），戦
東，日人，藩臣1（北館利長）

木立守貞 きだちもりさだ
→木立要左衛門（きだちようざえもん）

木立要左衛門 きだちようざえもん，きたちようざえ
もん
享保11（1726）年～享和1（1801）年　㊙木立守貞
《きだちもりさだ》
江戸時代中期～後期の陸奥弘前藩士，馬術家。
¶青森人（きたちようざえもん　㊦？），国書（木
立守貞　きだちもりさだ　㊙享和1（1801）年3
月），藩臣1

北辻将蔵 きたつじしょうぞう
→秦将蔵（はたしょうぞう）

北爪新八郎 きたづめしんぱちろう
？　～寛永16（1639）年10月3日
安土桃山時代～江戸時代前期の武士。上野女淵五
郷の地衆，のち北条氏家臣。
¶埼玉人，戦辞（生没年不詳）

北野道春 きたのどうしゅん
文政5（1822）年～明治38（1905）年　㊙北野道春
《きたのみちはる》
江戸時代末期～明治期の大村藩医。尊王派三十七
士同盟に加盟。
¶維新，人名（きたのみちはる　㊙1893年），日
人（㊦1823年），幕末（㊙1905年8月3日）

北野道春 きたのみちはる
→北野道春（きたのどうしゅん）

北畠治房 きたばたけはるふさ
天保4（1833）年～大正10（1921）年　㊙平岡鳩平
《ひらおかきゅうへい》，平岡武夫《ひらおかたけ
お》
江戸時代末期～明治期の天誅組志士。
¶維新，郷土奈良，近現，近世，国史，国書
（㊦天保4（1833）年1月1日　㊙大正10（1921）年
5月2日），コン改，コン4，コン5，史人
（㊦1833年1月1日　㊙1921年5月4日），新潮
（㊦天保4（1833）年1月　㊙大正10（1921）年5月
2日），人名，世紀（㊦天保4（1833）年1月　㊙大
正10（1921）年5月2日），日人，幕末（㊙1921年
5月4日），履歴（㊦天保4（1833）年1月1日
㊙大正10（1921）年5月4日）

北原采女 きたはらうねめ
元禄14（1701）年～明和7（1770）年
江戸時代中期の会津藩家老。采女光慶の子。
¶会津

北原秦里（北原泰理）　きたはらしんり
天明5（1785）年～文政12（1829）年
江戸時代後期の土佐藩士，漢詩人。
¶高知人（㊦1786年），高知百，国書（㊙文政12
（1829）年2月23日），人名（北原秦理　㊦1769
年　㊙1814年），日人

北原忠兵衛 きたはらちゅうべえ
享保2（1717）年～明和4（1767）年
江戸時代中期の三河吉田藩家老。
¶剣豪，藩臣4

江戸時代末期～明治期の多度津藩士。
¶香川人，香川百，幕末（[没]1922年9月6日），藩臣6（上田晴治　うえたはるじ）

上田四郎右衛門 うえだしろううえもん
生没年不詳
江戸時代中期の備後福山藩家老。
¶藩臣6

上田末次 うえだすえじ
弘化3（1846）年～？
江戸時代後期～末期の新撰組隊士。
¶新撰

上田善淵 うえだぜんえん
安永2（1773）年～嘉永4（1851）年
江戸時代後期の伊予西条藩士、儒学者。
¶国書（[没]嘉永4（1851）年3月20日），藩臣6（[生]安永2（1773）年頃）

上田宗箇 うえだそうこ
永禄6（1563）年～慶安3（1650）年　[別]上田重安《うえだしげやす》
安土桃山時代～江戸時代前期の武将、安芸広島藩士、茶人、茶道上田流の祖。
¶朝日（上田重安　うえだしげやす　[没]慶安3年5月1日（1650年5月30日）），近世，国史，国書（[没]慶安3（1650）年5月1日），茶道，新潮（上田重安　うえだしげやす　[没]慶安3（1650）年5月1日），戦合，戦国（上田重安　うえだしげやす），戦人（上田重安　うえだしげやす），日人（上田重安　うえだしげやす），藩臣6，広島百（[没]慶安3（1650）年5月1日），和歌山人（上田重安　うえだしげやす）

上田宗児 うえたそうじ，うえだそうじ
天保13（1842）年～明治1（1868）年　[別]後藤深蔵《ごとうふかぞう》，後藤深造《ごとうしんぞう》
江戸時代末期の土佐藩の茶道職、志士。
¶維新（うえだそうじ），高知人（[生]1845年），人名（後藤深蔵　ごとうふかぞう　[生]1837年），日人（うえだそうじ），幕末（[没]1868年1月27日），藩臣6

上田素鏡 うえだそきょう
元禄11（1698）年～明和8（1771）年
江戸時代中期の弘前藩士、書家。
¶青森人，国書（[没]明和8（1771）年1月28日），日人

上田喬正 うえだたかまさ
宝暦8（1758）年～文政3（1820）年
江戸時代後期の武士。
¶和歌山人

上田帯刀 うえだたてわき
文化6（1809）年～文久3（1863）年　[別]上田仲敏《うえだちゅうびん，うえだなかとし》
江戸時代末期の洋式兵学者、国学者、尾張藩士。
¶朝日（[没]文久3年5月2日（1863年6月17日）），維新，国書（上田仲敏　うえだなかとし　[没]文久3（1863）年5月2日），コン4，新潮（[没]文久3（1863）年5月2日），人名（上田仲敏　うえだなかとし），日人，藩臣4，洋学（上田仲敏　うえだちゅうびん）

上田頼母 うえだたのも
～享保20（1735）年3月22日
江戸時代中期の庄内藩家老。
¶庄内

上田弾之進 うえだだんのしん
文化1（1804）年～慶応1（1865）年
江戸時代末期の丹波園部藩士。
¶藩臣5

上田仲敏 うえだちゅうびん
→上田帯刀（うえだたてわき）

上田纉明 うえだつぐあき
→上田鳳陽（うえだほうよう）

上田東海 うえだとうかい
～明治13（1880）年
江戸時代後期～明治期の伊勢桑名藩士。勘定奉行等を務めた。
¶三重続

上田友輔 うえだともすけ
生没年不詳
江戸時代末期の幕臣・幕府定役元締。1862年遣欧使節に随行しフランスに渡る。
¶海越新

上田友泰 うえたともやす，うえだともやす
文政12（1829）年～明治32（1899）年
江戸時代末期～明治期の阿波徳島藩士。
¶国書（うえだともやす　[生]文政12（1829）年1月　[没]明治32（1899）年7月），徳島百（[生]文政12（1829）年1月22日　[没]明治32（1899）年7月10日），徳島歴，幕末，藩臣6

上田仲敏 うえだなかとし
→上田帯刀（うえだたてわき）

上田農夫 うえだのうふ
嘉永1（1848）年～明治28（1895）年
江戸時代末期～明治期の盛岡藩士。
¶岩手百，社史（[生]嘉永1年（1848年5月30日）[没]1895年8月29日），姓氏岩手，幕末（[没]1895年8月29日）

上田晴治 うえたはるじ
→上田樹徳（うえだじゅとく）

植田半蔵 うえだはんぞう
？～享保15（1730）年
江戸時代中期の越前鯖江藩家老。
¶藩臣3

上田一二三 うえだひふみ
*～明治31（1898）年
江戸時代末期～明治期の加賀藩士。
¶姓氏石川（[生]？），幕末（[生]1833年　[没]1898年7月）

上田筆蔵 うえだふでぞう
天保2（1831）年～？
江戸時代末期の陸奥黒石藩士。
¶藩臣1

上田鳳陽 うえだほうよう
明和6（1769）年～嘉永6（1853）年　[別]上田纉明《うえだつぐあき》，上田茂右衛門《うえだもうえもん，うえだもえもん》

う

江戸時代中期～後期の長州（萩）藩士。
¶維新（上田茂右衛門　うえだもえもん　[生]1770年　[没]1854年），国書（上田續明　うえだつぐあき　[没]嘉永6（1853）年12月8日），コン改（上田茂右衛門　うえだもえもん），コン4（上田茂右衛門　うえだもえもん），新潮（上田茂右衛門　うえだもえもん　[没]嘉永6（1853）年12月8日），人名，姓氏山口，日人（[没]1854年），幕末（上田茂右衛門　うえだもうえもん　[生]1770年　[没]1855年1月25日），山口百

上田茂右衛門 うえだもうえもん
→上田鳳陽（うえだほうよう）

植田孟縉 うえだもうしん
宝暦7（1757）年～天保14（1843）年　[別]植田十兵衛《うえだじゅうべえ》
江戸時代中期～後期の幕臣、和学者。
¶江文，国書（[生]宝暦7（1757）年12月8日　[没]天保14（1843）年12月14日），多摩（植田十兵衛　うえだじゅうべえ　[生]宝暦8（1758）年），栃木歴

上田茂右衛門 うえだもえもん
→上田鳳陽（うえだほうよう）

上田主水 うえだもんど
江戸時代末期の安芸広島藩家老、茶人。
¶維新

上田休 うえだやすみ
天保1（1830）年～明治10（1877）年　[別]上田休《うえだきゅう》
江戸時代末期～明治期の肥後熊本藩士。
¶維新，熊本百（[生]天保1（1830）年2月18日　[没]明治10（1877）年9月30日），人名（うえだきゅう），日人，幕末（[没]1877年9月30日）

上田安世 うえだやすよ
生没年不詳
江戸時代後期の安芸広島藩士。
¶国書

上田友助 うえだゆうすけ
文化14（1817）年？～？
江戸時代後期の幕臣。
¶幕末

上田芳寿 うえだよしとし
～明治11（1878）年
江戸時代後期～明治期の弓道家、盛岡藩印西派弓術指南。
¶弓道

上田良秀 うえだよしひで
生没年不詳
江戸時代中期の武士。
¶和歌山人

上田立夫 うえだりっぷ
？～明治3（1870）年
江戸時代末期～明治期の岩見国郷士、尊攘運動家。
¶維新，人名，日人（[生]1841年），幕末（[没]1870年11月3日）

上田竜郊 うえだりゅうこう
→上田作之丞（うえださくのじょう）

上西甚蔵 うえにしじんぞう
→上西甚蔵（かみにしじんぞう）

上野安縄 うえのあんじょう
→上野内蔵治（うえのくらじ）

上野安邦 うえのあんぽう
→上野織右衛門(1)（うえのおりえもん）

上野織右衛門(1) うえのおりえもん
享保17（1732）年～寛政5（1793）年　[別]上野安邦《うえのあんぽう》
江戸時代中期の出羽松山藩家老。
¶庄内（上野安邦　うえのあんぽう　[没]寛政5（1793）年7月20日），藩臣1

上野織右衛門(2) うえのおりえもん
寛延3（1750）年～文化4（1807）年8月29日
江戸時代中期の出羽松山藩家老。
¶庄内

上野景俊 うえのかげとし
寛永2（1625）年～貞享2（1685）年
江戸時代前期の陸奥仙台藩士。
¶藩臣1

上野景範 うえのかげのり
弘化1（1844）年～明治21（1888）年　[別]敬助，景範，定次郎
江戸時代末期～明治期の鹿児島藩士、外交官。元老院議員。駐米弁理公使、駐英特命全権公使などを歴任。
¶朝日（[生]弘化1年12月1日（1845年1月8日）　[没]明治21（1888）年4月11日），維新，海越（[生]弘化1（1845）年12月1日　[没]明治21（1888）年4月11日），海越新（[生]弘化1（1845）年12月1日　[没]明治21（1888）年4月11日），鹿児島百，近現，国際，国史，コン改，コン5，史人（[生]1844年12月1日　[没]1888年4月11日），新潮（[生]弘化1（1844）年12月1日　[没]明治21（1888）年4月11日），人名，姓氏鹿児島，渡航（[生]1844年12月1日　[没]1888年4月11日），日史（[生]弘化1（1844）年12月1日　[没]明治21（1888）年4月11日），日人（[生]1845年），幕末（[生]1845年　[没]1888年4月11日），洋学，履歴（[生]天保15（1844）年12月1日　[没]明治21（1888）年4月11日）

上野喜三右衛門 うえのきそうえもん
？～享保20（1735）年
江戸時代中期の剣術家。上野新陰流。
¶剣豪

上野九右衛門 うえのきゅうえもん
生没年不詳
安土桃山時代～江戸時代前期の武士。横田城代上野丹波の名代。
¶姓氏岩手

上野内蔵治 うえのくらじ
安永8（1779）年～嘉永2（1849）年　[別]上野安縄《うえのあんじょう》
江戸時代後期の出羽松山藩家老。
¶庄内（上野安縄　うえのあんじょう　[生]安永8（1779）年9月　[没]嘉永2（1849）年5月22日），藩臣1

上野堅吾（上野堅五）うえのけんご
*～明治9（1876）年
江戸時代末期～明治期の肥後熊本藩士。

¶熊本百（[生]文化8（1811）年　[没]明治9（1876）年10月25日），人名（[生]1810年），日人（上野堅五 [生]1810年），幕末（[生]1811年　[没]1876年10月25日）

上野健蔵 うえのけんぞう
→上野尚志（うえのしょうし）

上野小平太 うえのこへいた
→上野忠親（うえのただちか）

上野貞当 うえのさだまさ
慶長18（1613）年～承応2（1653）年
江戸時代前期の武士。石川主殿頭忠総の四男。大島村に陣屋を置く。
¶姓氏愛知

上野七左衛門 うえのしちざえもん
安土桃山時代～江戸時代前期の武士。里見氏家臣。
¶戦人（生没年不詳），戦東

上野尚志 うえのしょうし
文化8（1811）年～明治17（1884）年　[別]上野健蔵《うえのけんぞう》，上野尚志《うえのたかもと》
江戸時代末期～明治期の信濃上田藩士、学者。
¶郷土，国書（うえのたかもと　[没]明治17（1884）年3月29日），姓氏長野（うえのたかもと），長野百，長野歴，藩臣3（上野健蔵　うえのけんぞう）

上野四郎三郎 うえのしろうさぶろう
生没年不詳
江戸時代後期の石見大森代官。
¶島根歴

上野甚五右衛門 うえのじんごえもん
？　～宝暦3（1753）年
江戸時代中期の剣術家。上野新陰流。
¶剣豪

上野左右馬助 うえのそうまのすけ
？　～明暦3（1657）年
江戸時代前期の剣術家。上野新陰流。
¶剣豪

上野高貞 うえのたかさだ
？　～宝暦8（1758）年
江戸時代中期の武士、幕臣。
¶和歌山人

上野尚志 うえのたかもと
→上野尚志（うえのしょうし）

上野内匠助 うえのたくみのすけ
安土桃山時代～江戸時代前期の武士。里見氏家臣。
¶戦人（生没年不詳），戦東

上野武左衛門 うえのたけざえもん
？　～享保1（1716）年
江戸時代前期の武士。
¶和歌山人

上野忠氏 うえのただうじ
？　～天和2（1682）年
江戸時代前期の武士。
¶和歌山人

上野忠親 うえのただちか
貞享1（1684）年～宝暦5（1755）年　[別]上野小平太《うえのこへいた》
江戸時代中期の因幡鳥取藩士、学者、武術家。
¶剣豪（上野小平太　うえのこへいた），国書（[没]宝暦5（1755）年5月9日），人名，鳥取百，日人，藩臣5

上野丹波 うえのたんば
生没年不詳
安土桃山時代～江戸時代前期の横田城代。
¶姓氏岩手

上野伝左衛門 うえのでんざえもん
安土桃山時代～江戸時代前期の武士。里見氏家臣。
¶戦人（生没年不詳），戦東

上野直記 うえのなおき
文政7（1824）年～元治2（1865）年
江戸時代末期の出羽庄内藩士、漢学者。
¶庄内（[没]元治2（1865）年3月12日），藩臣1

上野弥右衛門 うえのやえもん
～慶安2（1649）年5月11日
江戸時代前期の武士。
¶庄内

上野山九郎左衛門 うえのやまくろうざえもん
生没年不詳
江戸時代末期の武士。
¶和歌山人

上野山茂信 うえのやましげのぶ
？　～元文2（1737）年
江戸時代中期の武士。
¶和歌山人

上野良太郎 うえのりょうたろう
→町田久成（まちだひさなり）

上野六郎左衛門 うえのろくろうざえもん
宝暦5（1755）年～？
江戸時代中期～後期の揖宿郡頴娃郷士。上野家の当主。
¶姓氏鹿児島

上羽勝衛 うえばかつえい
天保13（1842）年～大正5（1916）年10月30日
江戸時代末期～明治期の肥後宇土支藩士。
¶幕末

植原伊平次（植原伊平治） うえはらいへいじ
文政1（1818）年～元治1（1864）年
江戸時代末期の水戸藩士。
¶維新，幕末（植原伊平治　[没]1864年10月6日）

上原栄作 うえはらえいさく
？　～慶応4（1868）年3月6日
江戸時代後期～末期の新撰組隊士。
¶新撰

植原亀五郎 うえはらかめごろう
弘化4（1847）年～元治1（1864）年
江戸時代末期の水戸藩士。
¶維新，幕末（[没]1864年10月6日）

上原熊次郎 うえはらくまじろう
生没年不詳
江戸時代後期の蝦夷松前藩士、アイヌ語通辞。アイヌ語学の祖。
¶朝日，岩史，国書，コン改，コン4，史人（[没]1827年），日人，藩臣1，北海道百，北海道歴

上原貞章 うえはらさだあき
→上原世美（うえはらせいび）

上原貞右衛門 うえはらさだえもん
？ ～元禄1（1688）年
江戸時代前期の剣術家。示現流。
¶剣豪

上原七次 うえはらしちじ
＊～明治11（1878）年
江戸時代末期～明治期の長崎の町役人。
¶維新（[生]1813年），人名（[生]1814年），日人（[生]1814年），幕末（[生]1813年）

上原西郊 うえはらせいこう
文化9（1812）年1月12日～明治5（1872）年
江戸時代末期の学者、津山藩士。
¶岡山人，岡山歴（[没]明治5（1872）年9月1日）

上原世美 うえはらせいび
宝暦6（1756）年～天保2（1831）年　[別]上原世美《うえはらときよし》,上原貞章《うえはらさだあき》
江戸時代後期の美作津山藩大目付。
¶岡山人（うえはらときよし），岡山歴（上原貞章　うえはらさだあき　[生]宝暦6（1756）年5月8日　[没]天保2（1831）年8月21日），人名，日人

上原太内 うえはらたうち
文政5（1822）年～慶応3（1867）年　[別]上原太内《うえはらたない》
江戸時代末期の筑前福岡藩士。
¶維新，人名（うえはらたない　[生]1820年　[没]1863年），日人，幕末（[没]1867年11月25日）

上原達蔵 うえはらたつぞう
？ ～安永7（1778）年
江戸時代中期の剣術家。小野派一刀流。
¶剣豪

上原太内 うえはらたない
→上原太内（うえはらたうち）

上原世美 うえはらときよし
→上原世美（うえはらせいび）

上原白圭 うえはらはくけい
延享2（1745）年～文政8（1825）年　[別]上原平仲《うえはらへいちゅう》
江戸時代中期～後期の常陸土浦藩士。
¶日人，藩臣2（上原平仲　うえはらへいちゅう）

上原平仲 うえはらへいちゅう
→上原白圭（うえはらはくけい）

植原正方 うえはらまさかた
文化13（1816）年～明治1（1868）年　[別]植原六郎左衛門《うえはらろくろうざえもん,うえはらろくろざえもん》
江戸時代末期の美作津山藩士、勤王家、砲術家。
¶岡山人，岡山百（植原六郎左衛門　うえはらろくろうざえもん　[生]文化13（1816）年7月1日　[没]明治1（1868）年11月14日），岡山歴（[生]文化13（1816）年7月1日　[没]明治1（1868）年11月16日），国書（[生]文化13（1816）年7月1日　[没]明治1（1868）年11月14日），人名（植原六郎左衛門　うえはらろくろざえもん），日人，幕末（植原六郎左衛門　うえはらろくろうざえもん　[没]1868年12月27日），藩臣6（植原六郎左衛門　うえはらろくろうざえもん）

上原元喜 うえはらもとよし
～延享4（1747）年
江戸時代中期の旗本。
¶神奈川人

上原元善 うえはらもとよし
生没年不詳
江戸時代中期の武士。
¶和歌山人

上原与市 うえはらよいち
？ ～文政4（1821）年
江戸時代後期の豊前小倉藩士、儒学者。
¶藩臣7，福岡百

植原六郎左衛門 うえはらろくろうざえもん
→植原正方（うえはらまさかた）

植原六郎左衛門 うえはらろくろざえもん
→植原正方（うえはらまさかた）

上平主税 うえひらちから
文政7（1824）年～明治24（1891）年　[別]上平主税《かみひらちから》
江戸時代末期～明治期の十津川郷士。
¶維新，人名（かみひらちから），日人，幕末（[没]1891年3月30日）

植松有信 うえまつありのぶ
宝暦8（1758）年～文化10（1813）年
江戸時代後期の尾張藩の国学者、板木師。本居宣長の門下。
¶朝日（[生]宝暦8年12月4日（1759年1月2日）[没]文化10年6月20日（1813年7月17日）），近世，国史，国書（[生]宝暦8（1758）年12月4日　[没]文化10（1813）年6月20日），コン改（[生]宝暦4（1754）年），コン4（[生]宝暦4（1754）年），史人（[生]1758年12月4日　[没]1813年6月20日），神史，神人，新潮（[没]文化10（1813）年6月20日），人名（[生]1754年），姓氏愛知，日人（[生]1759年），藩臣4，百科（[生]宝暦4（1754）年），三重続（[没]明治39年6月13日），歴大

植松茂岳 うえまつしげおか
寛政6（1794）年～明治9（1876）年　[別]植松茂岳《うえまつもがく》
江戸時代末期～明治期の尾張藩の国学者。
¶愛知百（[没]1876年3月2日），朝日（[生]寛政6年12月10日（1795年1月30日）　[没]明治9（1876）年3月20日），維新，近現，近世，国史，国書（[生]寛政6（1794）年12月10日　[没]明治9（1876）年3月20日），コン改（[生]寛政5（1793）年），コン4（[生]寛政5（1793）年），コン5（[生]寛政5（1793）年），思想（[生]寛政6（1794）年12月10日　[没]明治9（1876）年3月20日），神史，神人，新潮（[生]寛政6（1794）年12月10日　[没]明治9（1876）年3月20日），人名（[生]1793年），姓氏愛知，長野歴（うえまつもがく），日人（[生]1795年），幕末（[没]1876年3月2日），藩臣4

植松自謙 うえまつじけん
寛延3（1750）年～文化7（1810）年　[別]出雲屋和助《いずもやわすけ,いづもやわすけ》
江戸時代後期の信濃高島藩の心学者。和助菩薩。

うえむら

¶朝日（㉟文化7年5月4日（1810年6月5日）），江戸東，近世，国史，コン改，コン4，史人㊦1810年5月4日），重要（出雲屋和助　いずもやわすけ　㉟文化7（1810）年5月4日），新潮（㉟文化7（1810）年5月4日），人名，姓氏長野，世人（㉟文化7（1810）年5月4日），長野百（㊤1751年），長野歴，日人，藩臣3，歴大（㊤1751年）

植松善次 うえまつぜんじ
生没年不詳
江戸時代後期の剣術家。小野派一刀流。
¶剣豪

上松頼母 うえまつたのも
慶長18（1613）年〜貞享3（1686）年　㊙上松義次《うえまつよしつぐ》
江戸時代前期の出羽米沢藩士、剣術家。
¶剣豪，藩臣1（上松義次　うえまつよしつぐ）

植松茂岳 うえまつもがく
→植松茂岳（うえまつしげおか）

上松義次 うえまつよしつぐ
→上松頼母（うえまつたのも）

植村家興 うえむらいえおき
天保6（1835）年〜嘉永6（1853）年
江戸時代末期の大名。大和高取藩主。
¶諸系，日人，藩主3（㉟嘉永6（1853）年7月17日）

植村家包 うえむらいえかね
宝永7（1710）年〜元文3（1738）年
江戸時代中期の大名。大和高取藩主。
¶諸系，人名，日人，藩主3（㉟元文3（1738）年8月13日）

植村家貞 うえむらいえさだ
元和4（1618）年〜元禄3（1690）年
江戸時代前期の大名。大和高取藩主。
¶諸系，日人，藩主3（㉟元禄3（1690）年4月14日）

植村家貴 うえむらいえたか
文化4（1807）年〜嘉永6（1853）年
江戸時代末期の大名。大和高取藩主。
¶諸系，人名，藩主3（㊤文化4（1807）年2月26日㉟嘉永6（1853）年2月23日）

植村家利 うえむらいえとし
宝暦9（1759）年〜天明5（1785）年
江戸時代中期の大名。大和高取藩主。
¶諸系，人名，藩主3（㊤宝暦9（1759）年9月25日　㉟天明5（1785）年8月24日）

植村家長 うえむらいえなが
宝暦4（1754）年〜文政11（1828）年
江戸時代中期〜後期の大名。大和高取藩主。
¶国書（㊤宝暦4（1754）年5月21日　㉟文政11（1828）年10月12日），諸系，人名，日人，藩主3（㊤宝暦4（1754）年5月21日　㉟文政11（1828）年10月12日）

植村家言 うえむらいえのぶ
寛文3（1663）年〜元禄9（1696）年
江戸時代前期〜中期の大名。大和高取藩主。
¶諸系，日人，藩主3（㉟元禄9（1696）年3月18日）

植村家教 うえむらいえのり
天明7（1787）年〜万延1（1860）年
江戸時代後期の大名。大和高取藩主。

¶諸系，日人，藩主3（㉟天明6（1786）年5月3日㉟万延1（1860）年9月13日）

植村家久 うえむらいえひさ
宝暦2（1752）年〜安永8（1779）年
江戸時代中期の大名。大和高取藩主。
¶諸系，日人，藩主3（㉟宝暦2（1752）年1月26日㉟安永7（1778）年12月2日）

植村家壺（植村家壹）　うえむらいえひろ
弘化4（1847）年〜大正9（1920）年
江戸時代末期〜明治期の大名。大和高取藩主。
¶諸系，日人（植村家壹），藩主3（㊤弘化4（1847）年10月15日　㉟大正9（1920）年6月29日）

植村家政 うえむらいえまさ
天正17（1589）年〜慶安3（1650）年
江戸時代前期の大名。大和高取藩主。
¶諸系，人名，日人，藩主3（㉟慶安3（1650）年閏10月23日）

植村家道 うえむらいえみち
享保15（1730）年〜明和4（1767）年
江戸時代中期の大名。大和高取藩主。
¶諸系，日人，藩主3（㉟享保15（1730）年1月24日，〔異説〕11月21日　㉟明和4（1767）年3月18日）

植村家保 うえむらいえやす
天保8（1837）年〜明治29（1896）年
江戸時代末期〜明治期の大名。大和高取藩主。
¶諸系，日人，藩主3（㉟天保8（1837）年7月㉟明治29（1896）年10月8日）

植村家敬 うえむらいえゆき
延宝8（1680）年〜享保16（1731）年
江戸時代中期の大名。大和高取藩主。
¶諸系，日人，藩主3（㉟享保16（1731）年8月21日）

植村重遠 うえむらしげとお
寛政7（1795）年〜明治3（1870）年　㊙植村重遠《うえむらじゅうえん》
江戸時代末期の数学者、信濃上田藩士。
¶国書（生没年不詳），人名（うえむらじゅうえん），数学（㉟明治3（1870）年8月29日），日人

植村重遠 うえむらじゅうえん
→植村重遠（うえむらしげとお）

植村忠朝 うえむらただとも
寛永7（1630）年〜元禄9（1696）年
江戸時代前期の大名。上総勝浦藩主。
¶諸系，人名（㊤1610年），日人，藩主2（㉟元禄9（1696）年11月16日）

植村恒朝 うえむらつねとも
元禄14（1701）年〜宝暦5（1755）年
江戸時代中期の大名。上総勝浦藩主。
¶諸系，人名，日人，藩主2（㉟宝暦5（1755）年7月22日）

植村寿朝 うえむらとしとも
元文1（1736）年5月17日〜宝暦3（1753）年10月9日
江戸時代中期の武士。
¶庄内

植村友右衛門 うえむらともうえもん
？ 〜寛政8（1796）年

江戸時代中期の下総古河藩士。
¶藩臣3

上村彦次郎 うえむらひこじろう
文政1(1818)年～明治1(1868)年
江戸時代末期の肥後熊本藩士。
¶維新

植村政勝 うえむらまさかつ
元禄8(1695)年～安永6(1777)年
江戸時代中期の幕臣、本草学者。
¶朝日([没]安永6年1月8日(1777年2月15日)), 江文, 近世, 国史, 国書([没]安永6(1777)年1月8日), 史人([没]1777年1月8日), 新潮([没]安永6(1777)年1月8日), 人名, 世人([没]安永6(1777)年1月8日), 日人, 洋学, 歴大, 和歌山人

植村正次 うえむらまさつぐ
～寛文12(1672)年
江戸時代前期の旗本。
¶神奈川人

植村正朝 うえむらまさとも
寛文10(1670)年～享保14(1729)年
江戸時代中期の大名。上総勝浦藩主。
¶諸系, 人名, 日人, 藩主2([没]享保14(1729)年10月27日)

植村正道 うえむらまさみち
? ～万延1(1860)年
江戸時代末期の幕臣。
¶人名, 日人

植村正元 うえむらまさもと
生没年不詳
江戸時代前期の旗本。
¶神奈川人

上村正之 うえむらまさゆき
宝永4(1707)年～明和3(1766)年4月22日
江戸時代中期の加賀藩士。
¶国書

植村政行 うえむらまさゆき
寛文2(1662)年～貞享5(1688)年6月3日
江戸時代前期の幕臣。
¶国書

植村泰勝 うえむらやすかつ
天正6(1578)年～寛永12(1635)年
江戸時代前期の幕臣。
¶諸系, 人名([没]1634年), 日人

植村泰朝 うえむらやすとも
慶長8(1603)年～寛文3(1663)年
江戸時代前期の幕臣。
¶諸系, 人名, 日人

上山青樹 うえやませいじゅ
生没年不詳
江戸時代末期の南部藩士。
¶国書

上山度報 うえやまどほう
寛政10(1798)年～嘉永2(1849)年
江戸時代後期の丹波柏原藩士。
¶藩臣5

上山正就 うえやまままさなり
享保6(1721)年～寛政11(1799)年
江戸時代中期の因幡鳥取藩士。
¶藩臣5

魚住勤 うおずみいそし
→魚住源次兵衛(うおずみげんじべえ)

魚住源次兵衛 うおずみげんじべえ
文化14(1817)年～明治13(1880)年 [別]魚住勤《うおずみいそし》
江戸時代末期～明治期の肥後熊本藩士。肥後熊本藩勤王党首領格。
¶維新, 近現, 近世, 熊本百(魚住勤 うおずみいそし [生]文化14(1817)年11月 [没]明治13(1880)年9月16日), 国史, 国書(魚住勤 うおずみいそし [生]文化14(1817)年11月 [没]明治13(1880)年9月16日), コン改, コン4, コン5, 新潮([生]文化14(1817)年11月 [没]明治13(1880)年9月16日), 人名, 日人, 幕末([没]1880年9月16日)

魚住伝左衛門 うおずみでんざえもん
生没年不詳
江戸時代前期の肥後熊本藩士。
¶藩臣7

鵜飼枝実 うかいえだみ
→鵜飼技美(うかいわざよし)

鵜飼吉左衛門 うがいきちざえもん, うかいきちざえもん
寛政10(1798)年～安政6(1859)年 [別]鵜飼拙斎《うかいせっさい》
江戸時代末期の水戸藩京都留守居役。
¶朝日([没]安政6年8月27日(1859年9月23日)), 維新, 茨城百(うかいきちざえもん [没]1851年), 角史, 近世, 国史, 国書(鵜飼拙斎 うかいせっさい [生]寛政10(1798)年2月12日 [没]安政6(1859)年8月27日), コン改, コン4, 詩歌, 史人([没]1859年8月27日), 新潮([没]安政6(1859)年8月27日), 人名, 姓氏愛知(うかいきちざえもん), 世人([没]安政6(1859)年8月27日), 日人, 幕末([没]1859年9月23日), 藩臣2, 歴大, 和俳([没]安政6(1859)年8月27日)

鵜飼宮内 うかいくない
生没年不詳
江戸時代前期の盛岡藩士、のち八戸藩士。
¶姓氏岩手

鵜飼幸吉(1) うかいこうきち
宝暦10(1760)年～天保6(1835)年
江戸時代末期の水戸藩士。
¶姓氏愛知

鵜飼幸吉(2) うがいこうきち
文政11(1828)年～安政6(1859)年 [別]小瀬伝左衛門《こせでんざえもん》
江戸時代末期の水戸藩士。吉左衛門の子。
¶朝日([没]安政6年8月22日(1859年9月18日)), コン改, コン4, 新潮([没]安政6(1859)年8月27日), 人名, 世人([没]安政6(1859)年8月27日), 大百, 日人, 幕末([没]1859年9月23日), 藩臣2, 歴大

鵜飼甚九郎 うがいじんくろう
生没年不詳
江戸時代前期の丹波福知山藩士。
¶藩臣5

鵜飼拙斎 うかいせっさい
→鵜飼吉左衛門（うがいきちざえもん）

鵜飼伝右衛門 うかいでんえもん
文化12（1815）年8月21日～明治17（1884）年
江戸時代後期～明治期の信濃高島藩士。
¶国書

鵜飼広登 うかいひろと
文政11（1828）年頃～明治18（1885）年
江戸時代末期～明治期の筑後久留米藩士。
¶藩臣7

鵜飼福三郎 うかいふくさぶろう
→鵜飼技美（うかいわざよし）

鵜飼錬斎 うかいれんさい, うがいれんさい
慶安1（1648）年～元禄6（1693）年　[別]鵜飼金平《うかいきんぺい, うがいきんぺい》
江戸時代前期の儒学者、水戸藩士。「大日本史」を編纂。
¶朝日（[没]元禄6年4月11日（1693年5月15日）），江文（うがいれんさい　[生]寛永10（1633）年），近世，国史，国書（[没]元禄6（1693）年4月11日），コン改（うがいれんさい），コン4（うがいれんさい），史人（[没]1693年4月11日），新潮（[没]元禄6（1693）年4月11日），人名（うがいれんさい　[生]1633年），姓氏京都（うがいれんさい），世人（[没]元禄6（1693）年4月21日），日人，藩臣2（うがいれんさい），歴大（うがいれんさい），和俳

鵜飼技美 うかいわざよし, うがいわざよし
安永7（1778）年～天保6（1835）年　[別]鵜飼枝実《うかいえだみ》, 鵜飼福三郎《うかいふくさぶろう》
江戸時代後期の豊後岡藩士。
¶大分歴（鵜飼枝実　うかいえだみ　[生]安永5（1776）年），国書，人名（うがいわざよし），日人，藩臣7（鵜飼福三郎　うかいふくさぶろう）

宇賀喜久馬 うがきくま
天保14（1843）年～文久1（1861）年
江戸時代末期の土佐藩の人。土佐勤王党結成のきっかけとなる事件の関係者。
¶高知人，幕末（[没]1861年4月12日）

宇垣秀直 うがきひでなお
？　～元和2（1616）年8月20日
安土桃山時代～江戸時代前期の佐竹氏の家臣。
¶戦辞

鵜川丹後 うかわたんご
生没年不詳
戦国時代～江戸時代前期の武士。小田原北条氏の臣。
¶神奈川人

浮島正房 うきしままさふさ
生没年不詳
江戸時代中期の幕臣。
¶国書

浮洲重治（浮州重治） うきすしげはる
寛永16（1639）年～元禄12（1699）年
江戸時代前期の陸奥会津藩士。
¶会津（浮州重治），藩臣2

浮州七郎 うきすしちろう
天保10（1839）年～明治1（1868）年5月13日
江戸時代末期の陸奥会津藩士。
¶幕末

宇喜多詮家 うきたあきいえ
→坂崎直盛（さかざきなおもり）

宇喜多休閑 うきたきゅうかん
生没年不詳
江戸時代前期の武将。
¶近世，国史，新潮（[没]元和5（1619）年），戦合，日人（[没]1620年頃）

浮田詮家 うきたのりいえ
～元和2（1616）年
江戸時代前期の武将。
¶岡山人

宇喜多秀隆 うきたひでたか
天正19（1591）年～慶安1（1648）年
江戸時代前期の武士。豊臣氏家臣。
¶戦国，戦人

宇佐益人 うさますんど
天保9（1838）年～明治22（1889）年
江戸時代末期～明治期の筑後三池藩神主。
¶藩臣7

宇佐美灊水 うさみうんすい
→宇佐美灊水（うさみしんすい）

宇佐美恵助 うさみえすけ
→宇佐美灊水（うさみしんすい）

宇佐美勝興 うさみかつおき
天正18（1590）年～正保4（1647）年　[別]宇佐美造酒介《うさみみきのすけ》, 宇佐美良賢《うさみよしかた》
江戸時代前期の紀伊和歌山藩士。
¶国書（宇佐美良賢　うさみよしかた　[没]正保4（1647）年11月），人名，日人，藩臣5（宇佐美造酒介　うさみみきのすけ），和歌山人

宇佐美灊水 うさみしんすい
宝永7（1710）年～安永5（1776）年　[別]宇佐美灊水《うさみうんすい》, 宇佐美恵助《うさみえすけ》
江戸時代中期の出雲松江藩の儒者。荻生徂徠の弟子。
¶朝日（[生]宝永7年1月23日（1710年2月21日）[没]安永5年8月9日（1776年9月21日）），江文，近世，国史，国書（[生]宝永7（1710）年1月23日　[没]安永5（1776）年8月9日），コン改，コン4，詩歌（うさみうんすい），史人（[生]1710年1月23日　[没]1776年8月9日），島根人，島根歴（宇佐美恵助　うさみえすけ），新潮（[生]宝永7（1710）年1月23日　[没]安永5（1776）年8月9日），人名，世人（[生]宝永7（1710）年1月23日　[没]安永5（1776）年8月9日），日史（[生]宝永7（1710）年1月23日　[没]安永5（1776）年8月9日），日人，藩臣5，百科，和俳（[生]宝永7（1710）年1月23日　[没]安永5（1776）年8月9日）

う

宇佐美淡斎 うさみたんさい
寛延2(1749)年～文化13(1816)年12月12日
江戸時代後期の儒者、伊予松山藩士。
¶愛媛百([生]寛延2(1749)年1月28日), 国書([生]寛延2(1749)年1月28日), 人名, 日人([没]1817年)

宇佐美友政 うさみともまさ
宝暦1(1751)年～文政3(1820)年11月17日
江戸時代中期～後期の三河吉田藩士。
¶国書

宇佐美兵蔵 うさみへいぞう
元禄12(1699)年～宝暦10(1760)年
江戸時代中期の三河吉田藩士、砲術師範。
¶藩臣4

宇佐美正矩 うさみまさのり
生没年不詳
江戸時代末期の武士。
¶和歌山人

宇佐美造酒介 うさみみきのすけ
→宇佐美勝興(うさみかつおき)

宇佐美良賢 うさみよしかた
→宇佐美勝興(うさみかつおき)

氏家厚時 うじいえあつとき
文化14(1817)年～明治33(1900)年
江戸時代末期～明治期の陸奥仙台藩士。
¶維新, 姓氏宮城, 宮城百

氏家三之丞 うじいえさんのじょう
生没年不詳
江戸時代末期の下総生実藩家老。
¶藩臣3

氏家志摩 うじいえしま
慶長17(1612)年～寛文11(1671)年
江戸時代前期の肥後熊本藩士。
¶藩臣7

氏家唯右衛門 うじいえただうえもん
明和1(1764)年～天保2(1831)年
江戸時代中期～後期の蝦夷松前藩士。
¶藩臣1

氏家丹宮 うじいえたんぐう
？ ～明治1(1868)年
江戸時代末期の蝦夷松前藩士。
¶幕末

氏家藤左衛門 うじいえとうざえもん
？ ～万延1(1860)年
江戸時代末期の下総生実藩家老。
¶藩臣3

氏家光氏 うじいえみつうじ
安土桃山時代～江戸時代前期の武将。最上氏家臣。
¶戦人(生没年不詳), 戦東

氏家素行 うじいえもとゆき
→氏家過拡堂(うじえかかくどう)

氏家義孝 うじいえよしたか
寛文12(1672)年～寛保3(1743)年
江戸時代中期の武士。
¶和歌山人

氏家過拡堂 うじえかかくどう
元和8(1622)年～延宝4(1676)年 [別]氏家素行《うじいえもとゆき,うじえもとゆき》
江戸時代前期の陸奥仙台藩士、儒学者。
¶国書([没]延宝4(1676)年3月30日), 姓氏宮城(氏家素行 うじいえもとゆき), 藩臣1(氏家素行 うじえもとゆき)

氏家要人 うじえかなめ
安永3(1774)年～天保2(1831)年 [別]氏家清成《うじえきよなり》
江戸時代後期の陸奥仙台藩士。
¶剣豪, 藩臣1(氏家清成 うじえきよなり)

氏家清成 うじえきよなり
→氏家要人(うじえかなめ)

氏家素行 うじえもとゆき
→氏家過拡堂(うじえかかくどう)

氏家弥兵衛 うじえやへい
天正4(1576)年～
安土桃山時代～江戸時代前期の武士。
¶庄内

氏家竜渓 うじえりゅうけい
安永4(1775)年～天保5(1834)年10月24日
江戸時代中期～後期の庄内藩士。
¶国書, 庄内

牛尾公胤 うしおきみたね
天和1(1681)年～宝暦9(1759)年
江戸時代中期の三河岡崎藩士。
¶藩臣4

潮田新五左衛門 うしおだしんござえもん
生没年不詳
江戸時代後期の常陸土浦藩士。
¶藩臣2

潮田高教 うしおだたかのり
→潮田又之丞(うしおだまたのじょう)

潮田内匠 うしおだたくみ
？ ～明和5(1768)年
江戸時代中期の下総古河藩家老。
¶藩臣3

牛尾胤明 うしおたねあき
正徳4(1714)年～安永9(1780)年
江戸時代中期の三河岡崎藩士。
¶藩臣4

潮田又之丞 うしおだまたのじょう
寛文9(1669)年～元禄16(1703)年 [別]潮田高教《うしおだたかのり》
江戸時代中期の播磨赤穂藩士。赤穂義士の一人。
¶国書([没]元禄16(1703)年2月4日), 人名(潮田高教 うしおだたかのり), 日人

潮田由膳 うしおだゆぜん
生没年不詳
江戸時代中期～後期の遠江相良藩中老。
¶藩臣4

牛窪松軒 うしくぼしょうけん
文政8(1825)年～明治24(1891)年
江戸時代末期～明治期の丹後田辺藩家老。
¶藩臣5

牛窪攬暉亭 うしくぼらんきてい
寛政8(1796)年～安政3(1856)年
江戸時代末期の丹後田辺藩家老。
¶藩臣5

牛込重忝 うしごめしげのり
→牛込忠左衛門(うしごめちゅうざえもん)

牛込忠左衛門 うしごめちゅうざえもん
元和8(1622)年～貞享4(1687)年 [別]牛込重忝《うしごめしげのり》,牛込忠左衛門勝登《うしごめちゅうざえもんかつなり》
江戸時代前期の長崎奉行。貨物市法を制定。
¶朝日([没]貞享4年12月9日(1688年1月11日)),郷土長崎,近世,国史,国書(牛込重忝 うしごめしげのり [没]貞享4(1687)年12月9日),コン改,コン4,史人([没]1687年12月9日),新潮([没]貞享4(1687)年12月9日),人名,長崎百(牛込忠左衛門勝登 うしごめちゅうざえもんかつなり),長崎歴(牛込忠左衛門勝登 うしごめちゅうざえもんかつなり),日人([没]1688年),歴大

牛込忠左衛門勝登 うしごめちゅうざえもんかつなり
→牛込忠左衛門(うしごめちゅうざえもん)

牛島益三 うしじまえきぞう
→牛島謹爾(うしじまきんじ)

牛島謹爾(牛嶋謹爾) うしじまきんじ
文久4(1864)年～大正15(1926)年3月27日 [別]牛島益三《うしじまえきぞう》,牛嶋謹爾《うしじまきんじ》
江戸時代末期～明治期の筑後久留米藩士。
¶海越新(牛嶋謹爾 [生]文久4(1864)年1月6日),史人([生]1864年1月6日),食文(牛嶋謹爾 [生]文久4年1月6日(1864年2月13日)),日人,藩臣7(牛島益三 うしじまえきぞう [生]文化8(1811)年頃 [没]明治6(1873)年)

牛島五一郎 うしじまごいちろう
*～明治31(1898)年12月8日
江戸時代末期～明治期の肥後熊本藩士、教学師範。
¶国書([生]文政4(1821)年),幕末([生]1820年)

宇治甚介(宇治甚助) うじじんすけ
寛政8(1796)年～?
江戸時代中期の備前岡山藩士。
¶岡山歴(宇治甚助),国書,藩臣6([生]明和2(1765)年)

宇治田晁高 うじたあさたか
元禄6(1693)年～寛保3(1743)年
江戸時代中期の武士。
¶和歌山人

牛田一長 うしだかずなが
? ～元和5(1619)年
安土桃山時代～江戸時代前期の阿波徳島藩士。
¶徳島歴,藩臣6

牛田九郎 うしだくろう
弘化1(1844)年～明治3(1870)年5月14日
江戸時代末期～明治期の阿波徳島藩士。
¶徳島百,徳島歴,幕末([没]1870年6月12日)

宇治田忠郷 うじたださと
元禄4(1691)年～延享1(1744)年
江戸時代中期の紀伊和歌山藩の有職家。
¶近世,国史,国書([没]延享1(1744)年7月),日人,和歌山人

宇治田友成 うじたともなり
慶長15(1610)年～元禄2(1689)年
江戸時代前期の武士、砲術宇治田流中興の祖。
¶和歌山人

牛山芳英 うしやまよしひで
生没年不詳
江戸時代後期の信濃高島藩士。
¶国書5

宇宿彦右衛門 うしゅくひこうえもん
→宇宿彦右衛門(うしゅくひこえもん)

宇宿彦右衛門 うしゅくひこえもん,うじゅくひこえもん
文政3(1820)年～文久3(1863)年 [別]宇宿彦右衛門《うしゅくひこうえもん,うすきひこえもん》
江戸時代末期の薩摩藩士。洋式工業の指導者。
¶維新,近世(うすきひこえもん [生]1819年),国史(うすきひこえもん [生]1819年),コン改(うじゅくひこえもん),コン4(うじゅくひこえもん),新潮(うじゅくひこえもん [生]文政3(1820)年10月18日 [没]文久3(1863)年12月24日),人名(うじゅくひこえもん),姓氏鹿児島(うしゅくひこうえもん),世人,全書,大百(うじゅくひこえもん [没]1864年),日人([没]1864年),幕末([没]1864年2月1日),藩臣7(うしゅくひこうえもん)

臼井畏斎 うすいいさい
→臼田畏斎(うすだいさい)

臼井十太夫 うすいじゅうだゆう
江戸時代前期の武士。
¶岡山人

臼井隼太 うすいしゅんた
? ～文政11(1828)年2月11日
江戸時代後期の武芸家。
¶国書

碓氷昇之助 うすいしょうのすけ
? ～明治1(1868)年11月5日
江戸時代後期～末期の新撰組隊士。
¶新撰

臼井清左衛門 うすいせいざえもん
弘化1(1844)年～明治1(1868)年
江戸時代末期の断金隊士。
¶高知人,幕末([没]1868年5月22日)

薄井竜之 うすいたつゆき
文政12(1829)年～大正5(1916)年 [別]薄井徳太郎《うすいとくたろう》
江戸時代末期～明治期の志士、司法官。
¶維新,コン改([生]天保3(1832)年),コン4([生]天保3(1832)年),コン5([生]天保3(1832)年),札幌,新潮([生]天保3(1832)年 [没]大正5(1916)年11月29日),人名([生]1832年),姓氏長野,徳島歴(薄井徳太郎 うすいとくたろう [没]大正5(1916)年11月29日),長野歴,日人,幕末(薄井徳太郎 うすいとくたろう [没]1916年11月29日),幕末([没]1916年11月29日)

う

臼井藤五郎 うすいとうごろう
文化12（1815）年～明治33（1900）年
江戸時代後期の浦賀奉行所同心。
¶神奈川人，姓氏神奈川

臼井藤十郎 うすいとうじゅうろう
寛政6（1794）年～元治1（1864）年
江戸時代後期の浦賀奉行所同心。
¶神奈川人

薄井徳太郎 うすいとくたろう
→薄井竜之（うすいたつゆき）

臼井富之祐 うすいとみのすけ
天保11（1840）年～元治1（1864）年　[別]白井富之祐《しらいとみのすけ》
江戸時代末期の長州（萩）藩士。
¶維新，人名（白井富之祐　しらいとみのすけ），日人，幕末（[没]1864年8月20日）

臼井憲成 うすいのりなり
？～明治19（1886）年
江戸時代後期～明治期の加賀藩士。
¶姓氏石川

臼井治堅 うすいはるかた
文化6（1809）年～嘉永6（1853）年　[別]臼井治堅《うすいはるたか》
江戸時代末期の因幡鳥取藩士、国学者。
¶国書（[没]嘉永6（1853）年12月16日），人名，鳥取百（うすいはるたか），日人（[没]1854年），藩臣5

臼井治堅 うすいはるたか
→臼井治堅（うすいはるかた）

臼井房輝 うすいふさてる
生没年不詳
江戸時代後期の幕臣。
¶国書

臼井正武 うすいまさたけ
天正5（1577）年～承応2（1653）年
安土桃山時代～江戸時代前期の因幡鳥取藩士。
¶藩臣5

臼井孟門 うすいもうもん
元文3（1738）年～文化4（1807）年
江戸時代中期～後期の筑前秋月藩士。
¶藩臣7

臼井六郎 うすいろくろう
江戸時代末期～明治期の旧秋月藩士。父の敵討ちをした。
¶江戸東

臼井亘理 うすいわたり
文政11（1828）年～慶応4（1868）年
江戸時代末期の筑前秋月藩士。
¶藩臣7

薄木儀八郎 うすきぎはちろう
？～享保18（1733）年
江戸時代中期の武士。
¶和歌山人

臼杵渓村 うすきけいそん
安永1（1772）年～文化10（1813）年
江戸時代中期～後期の儒者。福岡藩に仕えた。
¶国書（[没]文化10（1813）年3月2日），人名，日人

臼木忠雄 うすきただかつ
生没年不詳
江戸時代中期の会津藩士。
¶国書

臼杵天常 うすきてんじょう
天正15（1587）年～慶安3（1650）年
江戸時代前期の武士。
¶和歌山人

宇宿彦右衛門 うすきひこえもん
→宇宿彦右衛門（うしゅくひこえもん）

臼杵鹿垣 うすきろくえん
安永1（1772）年～文化10（1813）年
江戸時代後期の長門長府藩士、儒学者。
¶国書（[没]文化10（1813）年6月27日），人名，日人，藩臣6（[生]明和8（1771）年）

臼田畏斎 うすだいさい
正保2（1645）年～元禄3（1690）年　[別]臼井畏斎《うすいいさい》
江戸時代前期の儒者、有徳者、岡山藩家老日置家の家臣。
¶岡山人，岡山歴（臼井畏斎　うすいいさい），人名，姓氏京都（生没年不詳），日人

歌垣綾麿 うたがきあやまろ
→九鬼隆度（くきたかのり）

宇高直次 うだかなおじ
文政8（1825）年～明治29（1896）年5月11日
江戸時代末期～明治期の武芸者。
¶幕末

宇多川義旭 うだがわぎきょく
？～延宝7（1679）年6月28日
江戸時代前期の武士。
¶黄檗

歌川国照 うたがわくにてる
文化5（1808）年～明治9（1876）年
江戸時代末期の浮世絵師、下総古河藩士。
¶人名，日人，美家（[没]明治9（1876）年1月23日），名画

打它宗貞 うだそうてい，うたそうてい
永禄2（1559）年～寛永20（1643）年　[別]打它宗貞《うちだむねさだ》
安土桃山時代～江戸時代前期の若狭小浜藩代官。
¶岩史（うたそうてい　[没]寛永20（1643）年8月22日），郷土福井（[生]？），コン4，人名（うちだむねさだ），日人（うちだむねさだ），藩臣3（[生]？）

宇多太左衛門 うだたざえもん
文政3（1820）年～明治1（1868）年　[別]大村兵之丞《おおむらへいのじょう》
江戸時代末期の肥前大村藩家老。
¶維新，コン改，コン4，人名，日人（[生]1821年）

内池武者右衛門 うちいけむしゃえもん
生没年不詳
江戸時代の川越藩士。
¶埼玉人

内海次郎 うちうみじろう
天保7（1836）年～？
江戸時代後期～末期の新撰組隊士。

江戸時代の武士篇　　　　　　　　　　　　　　　173　　　　　　　　　　　　　　　うちたま

¶新撰

内ケ崎織部　うちがさきおりべ
　？　～寛文5(1665)年
　江戸時代前期の鶴巣館館主黒川安芸守晴氏の家老。
　¶姓氏宮城

内方銕五郎　うちかたてつごろう
　正徳5(1716)年？　～明和2(1765)年11月28日
　江戸時代中期の備中国笠岡代官。
　¶岡山歴

打越樸斎　うちごえぼくさい、うちこえぼくさい
　貞享3(1686)年～元文5(1740)年　㋰打越直正《うちこしなおまさ》, 打越弥八《うちこえやはち, うちこしやはち》, 打越樸斎《うちこえぼくさい, うちこしぼくさい》
　江戸時代中期の水戸藩の学者。
　¶国書(㋳元文5(1740)年8月5日), 新潮(打越弥八　うちこえやはち　㋳元文5(1740)年8月5日), 人名(うちこえぼくさい), 世人(打越弥八　うちこしやはち), 日人(うちこしぼくさい), 藩臣2(打越直正　うちこしなおまさ)

打越弥八　うちこえやはち
　→打越樸斎(うちごえぼくさい)

打越直正　うちこしなおまさ
　→打越樸斎(うちごえぼくさい)

打越樸斎　うちこしぼくさい
　→打越樸斎(うちごえぼくさい)

打越弥八　うちこしやはち
　→打越樸斎(うちごえぼくさい)

内柴定一　うちしばさだかず
　正徳2(1712)年～寛政7(1795)年
　江戸時代後期の武士。
　¶和歌山人

内島定之進　うちじまじょうのしん
　江戸時代末期の新撰組隊士。
　¶新撰

内田久命　うちだきゅうめい
　？　～慶応4(1868)年　㋰内田久命《うちだひさなが》
　江戸時代末期の数学者、近江彦根藩士。
　¶国書(うちだひさなが　㋳慶応4(1868)年5月21日), 人名, 日人

内田真栄　うちださねしげ
　宝暦6(1756)年～天保10(1839)年
　江戸時代後期の武士。
　¶和歌山人

内田周三　うちだしゅうぞう
　文化10(1813)年～明治18(1885)年
　江戸時代後期～明治期の甲源一刀流剣術家。
　¶埼玉人

内田宗五郎　うちだそうごろう
　天保6(1835)年5月13日～大正6(1917)年6月25日
　江戸時代後期～大正期の弓道家、雪荷派弓術弓役。
　¶弓道

内田恒次郎　うちだつねじろう
　→内田正雄(うちだまさお)

内田恒助　うちだつねすけ
　安永8(1779)年～安政2(1855)年
　江戸時代後期の肥後熊本藩士。
　¶国書(㋳安政2(1855)年5月6日), 藩臣7

内田久命　うちだひさなが
　→内田久命(うちだきゅうめい)

内田正学　うちだまさあきら
　弘化4(1847)年～明治43(1910)年　㋰内田正学《うちだまさのり》
　江戸時代末期～明治期の大名。下総小見川藩主。
　¶諸系, 人名, 日人, 藩主2(うちだまさのり　㋑弘化4(1847)年11月3日　㋳明治43(1910)年7月22日)

内田正雄　うちだまさお
　天保9(1838)年～明治9(1876)年　㋰内田正雄・内田恒次郎《うちだまさお・うちだつねじろう》, 内田恒次郎《うちだつねじろう》
　江戸時代末期～明治期の幕臣、教育者。1862年オランダに留学。
　¶維新, 海越(内田恒次郎　うちだつねじろう　㋑天保9(1839)年11月20日　㋳明治9(1876)年2月1日), 海越新(内田恒次郎　うちだつねじろう　㋑天保9(1839)年11月20日　㋳明治9(1876)年2月1日), 江文, 教育(㋳?), 国際(㋑天保9(1839)年), コン5, 新潮, 体育, 渡航(内田正雄・内田恒次郎　うちだまさお・うちだつねじろう　㋳1876年2月1日), 日人(㋑1839年), 幕末(㋑1839年1月5日　㋳1876年2月1日), 洋学

内田政風　うちだまさかぜ
　文化12(1815)年～明治26(1893)年
　江戸時代末期～明治期の薩摩藩士。
　¶石川百(㋑1814年), 維新, 鹿児島百, 近現, 国史, 国書(㋑文化12(1815)年12月2日　㋳明治26(1893)年10月18日), コン改, コン4, コン5, 新潮(㋑文化12(1815)年12月2日　㋳明治26(1893)年10月18日), 人名, 姓氏石川, 姓氏鹿児島, 日人, 幕末(㋳1893年10月18日), 藩臣7

内田正容　うちだまさかた
　寛政12(1800)年～明治3(1870)年
　江戸時代末期～明治期の大名。下総小見川藩主。
　¶諸系, 日人, 藩主2(㋑寛政12(1800)年8月13日　㋳明治3(1870)年1月27日)

内田正純　うちだまさずみ
　宝暦6(1756)年～文政8(1825)年
　江戸時代中期～後期の大名。下総小見川藩主。
　¶諸系, 日人, 藩主2(㋑宝暦6(1756)年11月11日　㋳文政8(1825)年3月10日)

内田正親　うちだまさちか
　宝永7(1710)年～延享3(1746)年
　江戸時代中期の大名。下野鹿沼藩主、下総小見川藩主。
　¶諸系, 日人, 藩主1(㋳延享3(1746)年5月18日), 藩主2(㋳延享3(1746)年5月18日)

内田正縄　うちだまさつな
　天保5(1834)年～元治1(1864)年
　江戸時代末期の大名。下総小見川藩主。
　¶諸系, 日人, 藩主2(㋑天保5(1834)年5月17日

う

うちたま　　　　　　　　　　　　　　174　　　　　　　　　日本人物レファレンス事典

�元治1（1864）年6月25日）

内田正肥 うちだまさとみ
寛政2（1790）年～文化13（1816）年　⑩内田正肥
《うちだまさもと》
江戸時代後期の大名。下総小見川藩主。
¶諸系，日人，藩主2（うちだまさもと　㊐寛政2
（1790）年4月15日　㉘文化13（1816）年6月14
日）

内田正信 うちだまさのぶ
慶長18（1613）年～慶安4（1651）年
江戸時代前期の大名。下総鹿沼藩主。
¶諸系，人名，日人，藩主1（㉘慶安4（1651）年4
月20日）

内田正学 うちだまさのり
→内田正学（うちだまさあきら）

内田正徳 うちだまさのり
天保1（1830）年～文久3（1863）年
江戸時代末期の大名。下総小見川藩主。
¶諸系，日人，藩主2（㊐天保1（1830）年8月28日
㉘文久3（1863）年5月20日）

内田正道 うちだまさみち
文政11（1828）年～嘉永4（1851）年
江戸時代末期の大名。下総小見川藩主。
¶諸系，日人，藩主2（㊐文政11（1828）年7月17日
㉘嘉永4（1851）年5月7日）

内田正肥 うちだまさもと
→内田正肥（うちだまさとみ）

内田正衆 うちだまさもろ
正保2（1645）年～元禄12（1699）年
江戸時代前期の大名。下野鹿沼藩主。
¶諸系，日人，藩主1（㉘元禄12（1699）年2月4日）

内田正偏 うちだまさゆき
元禄6（1693）年～寛保3（1743）年
江戸時代中期の大名。下野鹿沼藩主。
¶諸系，日人，藩主1（㉘寛保3（1743）年2月29日）

内田正美 うちだまさよし
享保20（1735）年～宝暦3（1753）年
江戸時代中期の大名。下総小見川藩主。
¶諸系，日人，藩主2（㉘宝暦3（1753）年5月24日）

内田正良 うちだまさよし
享保15（1730）年～文化4（1807）年
江戸時代中期～後期の大名。下総小見川藩主。
¶諸系，日人，藩主2（㉘文化4（1807）年10月12
日）

打它宗貞 うちだむねさだ
→打它宗貞（うだそうてい）

内田弥三郎 うちだやさぶろう
天保12（1841）年～元治1（1864）年
江戸時代末期の志士。
¶維新，人名，日人，幕末（㉘1864年7月19日）

内野九郎左衛門 うちのくろうざえもん
寛永4（1627）年～万治1（1658）年
江戸時代前期の対馬藩士。
¶人名

内馬場景信 うちのばばかげのぶ
？　～元禄2（1689）年

江戸時代前期～中期の仙台藩士。
¶姓氏宮城

打身佐内（打見佐内）うちみさない
江戸時代の槍術家，打見流槍術の祖。
¶人名（打見佐内），日人（生没年不詳）

内村直義 うちむらなおよし
天保12（1841）年～明治10（1877）年3月15日
江戸時代末期～明治期の会津藩士，警視第1番
隊長。
¶幕末

内村鱸香 うちむらろこう
文政4（1821）年～明治34（1901）年
江戸時代末期の儒学者，松江藩士。
¶維新，国書（㊐文政4（1821）年4月5日　㉘明治
34（1901）年5月22日），詩歌，島根人，島根百
（㊐文政4（1821）年4月5日　㉘明治34（1901）年
5月22日），島根歴，新潮（㊐文政4（1821）年5月
22日　㉘明治34（1901）年5月22日），人名，
日人，幕末（㉘1901年5月22日），和俳

内山伊右衛門 うちやまいえもん
天保6（1835）年～明治1（1868）年
江戸時代末期の薩摩藩士。
¶維新，幕末（㉘1868年6月12日）

内山栄八 うちやまえいはち
江戸時代末期の新撰組隊士。
¶新撰

内山覚仲（内山覚中）うちやまかくちゅう
＊～寛保2（1742）年
江戸時代中期の加賀藩士，本草学者。
¶国書（㊐延宝1（1673）年），新潮（生没年不詳），
人名（内山覚中），姓氏富山（内山覚中），富山
百（㊐寛文12（1672）年），日人（㊐1673年），藩
臣3（㊐？）

内山七兵衛（永貞）うちやましちべえ
？　～宝永5（1708）年7月25日
江戸時代前期～中期の美作国古町代官。
¶岡山歴（内山七兵衛）

内山七兵衛（高永）うちやましちべえ
寛文5（1665）年～享保19（1734）年12月2日
江戸時代中期の美作国倉敷代官。
¶岡山歴（内山七兵衛）

内山七郎右衛門 うちやましちろうえもん
文化4（1807）年～明治14（1881）年　⑩内山良休
《うちやまりょうきゅう》
江戸時代末期～明治期の武士，経世家。越前大野
藩士。
¶維新（内山良休　うちやまりょうきゅう），郷
土福井（内山良休　うちやまりょうきゅう
㊐1806年），近現，近世，国史，コン改，コン
4，コン5，新潮（㊐文化4（1807）年11月7日
㉘明治14（1881）年8月18日），人名（内山良
休　うちやまりょうきゅう　㊐1806年），日人，幕
末（㉘1881年8月18日），福井百（㊐文化3
（1806）年）

内山隆佐 うちやまたかすけ
文化9（1812）年～元治1（1864）年　⑩内山隆佐
《うちやまりゅうすけ》，内山良隆《うちやまよし

たか》
江戸時代末期の越前大野藩士、蝦夷地開拓者。
¶朝日（[没]元治1年6月22日（1864年7月25日）），維新，岩史（[生]文化10（1813）年　[没]元治1（1864）年6月23日），郷土福井（うちやまりゅうすけ），近世（[生]1813年），国史（[生]1813年），国書（内山良隆　うちやまよしたか　[没]元治1（1864）年6月23日），コン改，コン4，史人（[生]1813年　[没]1864年6月23日），新潮（うちやまりゅうすけ　[生]文化10（1813）年　[没]元治1（1864）年6月23日），人名（うちやまりゅうすけ），日人（うちやまりゅうすけ　[生]1813年），幕末（うちやまりゅうすけ　[没]1864年7月26日），福井百（うちやまりゅうすけ　[生]文化10（1813）年）

内山太郎右衛門　うちやまたろううえもん
→内山太郎右衛門（うちやまたろうえもん）

内山太郎右衛門　うちやまたろうえもん
＊～元治1（1864）年　[別]内山太郎右衛門《うちやまたろううえもん》
江戸時代末期の長州（萩）藩士。
¶維新（[生]1841年），コン改（[生]天保14（1843）年），コン4（[生]天保14（1843）年），新潮（[生]天保10（1839）年　[没]元治1（1864）年7月20日），人名（[生]1843年），日人（[生]1841年），幕末（うちやまたろううえもん　[生]1841年　[没]1864年8月21日）

内山八右衛門　うちやまはちえもん
？～元治1（1864）年
江戸時代末期の対馬藩士。
¶維新

内山彦次郎　うちやまひこじろう
？～元治1（1864）年
江戸時代末期の大坂西町奉行与力。
¶朝日（[没]元治1年5月20日（1864年6月23日）），岩史（[没]元治1（1864）年5月20日），大阪人（[没]元治1（1864）年5月），大阪墓（[生]寛政9（1797）年　[没]元治1（1864）年5月20日），近世，国史，国書（[生]寛政9（1797）年　[没]元治1（1864）年5月20日），コン改，コン4，史人（[没]1864年5月20日），新潮（[生]寛政9（1797）年　[没]元治1（1864）年5月20日），日人（[生]1797年），幕末（[没]1864年7月10日），歴大

内山元次郎　うちやまもとじろう
江戸時代末期の新撰組隊士。
¶新撰

内山弥一右衛門　うちやまやいちえもん
？～寛政1（1789）年
江戸時代中期の駿河沼津藩士。
¶藩臣4

内山弥次郎兵衛　うちやまやじろべえ
文化6（1809）年～元治1（1864）年
江戸時代末期の対馬藩士。
¶維新

内山与右衛門　うちやまよえもん
？～寛永18（1641）年
安土桃山時代～江戸時代前期の徳川家康家臣坂崎出羽守の旧臣。
¶姓氏鹿児島

内山良隆　うちやまよしたか
→内山隆佐（うちやまたかすけ）

内山栗斎　うちやまりっさい，うちやまりつさい
生没年不詳
江戸時代中期の漢学者。大坂西町奉行所与力。
¶大阪人，大阪墓，国書（うちやまりつさい）

内山隆佐　うちやまりゅうすけ
→内山隆佐（うちやまたかすけ）

内山良休　うちやまりょうきゅう
→内山七郎右衛門（うちやましちろうえもん）

宇津木景福　うつぎかげよし
→宇津木六之丞（うつきろくのじょう）

宇都木謹吾　うつききんご
生没年不詳
江戸時代末期の播磨姫路藩士。
¶幕末，藩臣5

宇津木昆岳　うつぎこんがく，うつきこんがく
宝暦11（1761）年～文化9（1812）年
江戸時代中期～後期の近江彦根藩家老。
¶国書（[生]宝暦11（1761）年6月18日　[没]文化9（1812）年8月4日），人名（うつきこんがく　[没]1821年），日人，藩臣4

宇津木静区　うつぎせいく
文化6（1809）年～天保8（1837）年　[別]宇津木静斎《うつぎせいさい》
江戸時代後期の儒学者、近江彦根藩士。
¶国書（宇津木静斎　うつぎせいさい　[生]文化6（1809）年7月　[没]天保8（1837）年2月19日），コン改，コン4，新潮（[没]天保8（1837）年2月18日），世人（[没]天保8（1837）年2月18日），日人（宇津木静斎　うつぎせいさい），和俳（[没]天保8（1837）年2月18日）

宇津木静斎　うつぎせいさい
→宇津木静区（うつぎせいく）

宇津木翼　うつぎつばさ
文政4（1821）年～明治31（1898）年
江戸時代末期～明治期の近江彦根藩家老。
¶藩臣4

宇津木泰繁　うつぎやすしげ
？～寛永12（1635）年
江戸時代前期の近江彦根藩士。
¶藩臣4

宇津木六之丞（宇都木六之丞）　うつきろくのじょう，うつぎろくのじょう
文化6（1809）年～文久2（1862）年　[別]宇津木景福《うつぎかげよし》
江戸時代末期の近江彦根藩士。井伊直弼を補佐。
¶朝日（[没]文久2年10月27日（1862年12月18日）），維新，近世，国史，国書（宇都木六之丞　うつぎろくのじょう　[没]文久2（1862）年10月27日），コン改，コン4，史人（[没]1862年10月27日），新潮（[没]文久2（1862）年10月27日），世人（[生]文化3（1806）年），全書，日人（うつぎろくのじょう），幕末（うつぎろくのじょう　[没]1862年12月18日），藩臣4（うつぎろくのじょう），歴大（宇津木景福　うつぎかげよし）

う

宇都健　うつけん
文政5（1822）年〜明治32（1899）年
江戸時代末期〜明治期の日出藩士。
¶幕末（[没]1899年7月11日），藩臣7

宇津野正長　うつのまさなが
〜寛文3（1663）年
江戸時代前期の旗本。
¶神奈川人

宇津宮有允　うつのみやありすけ
天保8（1837）年〜慶応2（1866）年
江戸時代末期の志士、豊前英彦山修験奉行職。
¶人名

宇都宮三郎　うつのみやさぶろう
天保5（1834）年〜明治35（1902）年　[別]宇都宮三郎・宇都宮義綱《うつのみやさぶろう・うつのみやよしつな》，神谷銀次郎，神谷三郎《かみやさぶろう》，神谷小近次
江戸時代末期〜明治期の尾張藩の蘭学者、化学技術者。
¶朝日（[生]天保5年10月15日（1834年11月15日）[没]明治35（1902）年7月23日），維新，海越新（[生]天保5（1834）年10月15日　[没]明治35（1902）年7月23日），江文，近現，国際，国史，コン改（[没]明治36（1903）年），コン4，コン5，史人（[生]1834年10月15日　[没]1902年7月23日），実業（[生]天保5（1834）年10月15日　[没]明治35（1902）年7月23日），食文（[生]天保5年10月15日（1834年11月15日）　[没]1902年7月23日），新潮（[生]天保5（1834）年10月15日　[没]明治35（1902）年7月23日），人名，姓氏愛知，先駆（[生]天保5（1834）年10月15日　[没]明治35（1902）年7月23日），全書，大百，渡航（宇都宮三郎・宇都宮義綱　うつのみやさぶろう・うつのみやよしつな　[生]1834年10月15日　[没]1902年7月23日），土木（[生]1834年10月15日　[没]1902年7月23日），日人，人情，幕末（[没]1902年7月23日），藩臣4，洋学，歴大

宇都宮士竜　うつのみやしりゅう
享保5（1720）年〜天明1（1781）年
江戸時代中期の備後三原藩士。
¶人名，日人

宇都宮慎吾　うつのみやしんご
生没年不詳
江戸時代末期の薩摩藩士、医師。
¶幕末

宇都宮東馬　うつのみやとうま
正徳3（1713）年〜？
江戸時代中期の美濃郡上藩士。
¶藩臣3

宇都宮遯庵　うつのみやとんあん
寛永10（1633）年〜宝永4（1707）年　[別]宇都宮由的《うつのみやゆてき》
江戸時代前期〜中期の周防岩国藩の蘭学者。
¶朝日（[生]寛永10年2月30日（1633年4月8日）[没]宝永6年10月10日（1709年11月11日）），岩史（[生]寛永10（1633）年2月30日　[没]宝永6（1709）年10月10日），角史（[没]宝永6（1709）年），教育（[生]1634年　[没]1709年），京都大（[生]寛永11（1634）年　[没]宝永6（1709）年），近世，国史，国書（[没]宝永4（1707）年10月10日），コン改（[生]寛永10（1633）年，（異説）1634年　[没]宝永6（1709）年，（異説）1710年），コン4（[生]寛永10（1633）年，（異説）1634年　[没]宝永6（1709）年，（異説）1710年），詩歌（[生]1634年　[没]1709年），史人（[生]1633年2月30日　[没]1707年10月10日），新潮（[没]宝永4（1707）年10月10日），人名（[生]1634年　[没]1709年），姓氏京都，姓氏山口（宇都宮由的　うつのみやゆてき），世人（[没]宝永6（1709）年5月2日），全書，日史（[没]宝永6（1709）年5月2日），日人，藩臣6，百科（[生]寛永10（1633）年，（異説）寛永11（1634）年　[没]宝永6（1709）年，（異説）宝永7（1710）年），山口百，歴大，和俳

宇都宮正顕　うつのみやまさあき
文化12（1815）年〜明治18（1885）年
江戸時代末期〜明治期の福岡藩勤王家。
¶維新，近現，近世，国史，コン改，コン4，コン5，新潮（[没]明治18（1885）年3月），人名，日人，幕末

宇都宮由的　うつのみやゆてき
→宇都宮遯庵（うつのみやとんあん）

宇都宮義綱(1)　うつのみやよしつな
慶長3（1598）年〜寛文4（1664）年
江戸時代前期の水戸藩士。
¶諸系，人名，日人

宇都宮義綱(2)　うつのみやよしつな
→宇都宮三郎（うつのみやさぶろう）

宇都宮竜山（宇津宮竜山）　うつのみやりゅうざん
享和3（1803）年〜明治19（1886）年　[別]宇都宮竜山《うつのみやりょうざん》
江戸時代末期〜明治期の儒学者。山林奉行、新谷藩藩校教授、私塾朝陽館教師。
¶朝日（[生]享和3年3月12日（1803年5月3日）[没]明治19（1886）年8月11日），維新，国書（[生]享和3（1803）年3月12日　[没]明治19（1886）年8月11日），コン改，コン4，コン5，新潮（宇津宮竜山　[生]享和3（1803）年3月12日　[没]明治19（1886）年8月11日），人名（うつのみやりょうざん），日人

宇都宮竜山　うつのみやりょうざん
→宇都宮竜山（うつのみやりゅうざん）

宇津憲章　うつのりあき
文政11（1828）年〜明治37（1904）年
江戸時代末期〜明治期の豊後日出藩士。
¶藩臣7

内海石太郎　うつみいしたろう
？〜文久3（1863）年12月5日
江戸時代末期の長門長府藩士。
¶幕末

内海重行　うつみしげゆき
生没年不詳
江戸時代前期の伊勢津藩士。
¶藩臣5

内海忠勝　うつみただかつ
天保14（1843）年〜明治38（1905）年　[別]精一
江戸時代末期〜明治期の政治家、長州藩士。貴族

院議員、内相。尊攘を唱えて宣徳隊を結成、騎兵隊に入隊、後脱藩して幽閉される。
¶朝日（[生]天保14年8月19日（1843年9月12日）[没]明治38（1905）年1月20日），維新，海越（[生]天保14（1843）年8月19日　[没]明治38（1905）年1月20日），海越新（[生]天保14（1843）年8月19日　[没]明治38（1905）年1月20日），神奈川人，京都大，京都府，近現，国際，国史，コン改，コン5，佐賀百（[生]天保14（1843）年8月19日　[没]明治38（1905）年1月20日），史人（[生]1843年8月19日　[没]1905年1月20日），新潮（[生]天保14（1843）年8月19日　[没]明治38（1905）年1月20日），人名，世紀（[生]天保14（1843）年8月19日　[没]明治38（1905）年1月20日），姓氏神奈川，姓氏京都，姓氏山口，渡航（[生]1843年8月19日　[没]1905年1月20日），長野歴，日史（[生]天保14（1843）年8月19日　[没]明治38（1905）年1月20日），日人，幕末（[没]1905年1月20日），兵庫人（[生]天保14（1843）年8月　[没]明治38（1905）年1月20日），兵庫百，三重続（[生]天保14年8月19日），山口百，履歴（[生]天保14（1843）年8月19日　[没]明治38（1905）年1月20日）

内海釣経 うつみちょうけい
享和3（1803）年～明治12（1879）年
江戸時代末期～明治期の上野高崎藩士、儒学者。
¶国書（[没]明治12（1879）年8月29日），人名，日人，藩臣2

内海深之助 うつみふかのすけ
明和7（1770）年～天保9（1838）年
江戸時代の陸奥仙台藩士、勇士。
¶人名，日人

鵜殿氏次 うどのうじつぐ
？　～慶安2（1649）年
江戸時代前期の武将。
¶日人

鵜殿氏長 うどのうじなが
天文18（1549）年～寛永1（1624）年
安土桃山時代～江戸時代前期の武士。今川氏家臣、徳川氏家臣。
¶戦辞（[没]寛永1年6月14日（1624年7月29日）），戦人，戦東，日人

鵜殿鳩翁 うどのきゅうおう
→鵜殿長鋭（うどのながとし）

鵜殿士寧 うどのしねい
宝永7（1710）年～安永3（1774）年
江戸時代中期の幕臣、儒者、漢詞者。古文辞の大家。
¶朝日（[没]安永3年10月22日（1774年11月25日）），江文，近世，国史，国書（[没]安永3（1774）年10月22日），コン改，コン4，詩歌，新潮（[没]安永3（1774）年10月22日），人名，世人（[没]安永3（1774）年10月22日），日人，和俳（[没]安永3（1774）年10月22日）

鵜殿十郎左衛門 うどのじゅうろうざえもん
？　～万延1（1860）年
江戸時代末期の幕臣。
¶維新

鵜殿春風 うどのしゅんぷう
→鵜殿団次郎（うどのだんじろう）

鵜殿甚左衛門 うどのじんざえもん
→鵜殿長快（うどのながよし）

鵜殿団次郎 うどのだんじろう
天保2（1831）年～明治1（1868）年　[別]鵜殿春風《うどのしゅんぷう》
江戸時代末期の越後長岡藩士。
¶維新，国書（鵜殿春風　うどのしゅんぷう　[没]明治1（1868）年12月9日），コン5，人名，数学，新潟百（鵜殿春風　うどのしゅんぷう），日人（[没]1869年），幕末（[没]1869年2月9日），藩臣4，洋学

鵜殿長次 うどのながつぐ
天文22（1553）年～寛永13（1636）年
安土桃山時代～江戸時代前期の因幡鳥取藩士。
¶神奈川人，藩臣5

鵜殿長鋭 うどのながとし
文化5（1808）年～明治2（1869）年　[別]鵜殿鳩翁《うどのきゅうおう》
江戸時代末期の幕臣、駿府町奉行。
¶朝日（[没]明治2年6月6日（1869年7月14日）），維新，新潮（鵜殿鳩翁　うどのきゅうおう　[没]明治2（1869）年6月6日），人名，日人，幕末（鵜殿鳩翁　うどのきゅうおう　[没]1869年7月14日）

鵜殿長直 うどのながなお
～寛永10（1633）年
江戸時代前期の旗本。
¶神奈川人

鵜殿長春 うどのながはる
万治2（1659）年～享保15（1730）年
江戸時代前期～中期の因幡鳥取藩家老。
¶鳥取百，藩臣5

鵜殿長道 うどのながみち
天保5（1834）年～明治40（1907）年　[別]鵜殿主水介《うどのもんどのすけ》
江戸時代末期～明治期の因幡鳥取藩家老。
¶維新（鵜殿主水介　うどのもんどのすけ），国書（[没]明治40（1907）年8月31日），藩臣5

鵜殿長快 うどのながよし
*～文政2（1819）年　[別]鵜殿甚左衛門《うどのじんざえもん》
江戸時代中期～後期の幕臣、剣術家。忠也派一刀流。
¶剣豪（鵜殿甚左衛門　うどのじんざえもん　[生]安永2（1773）年），国書（[生]？　[没]文政2（1819）年11月）

鵜殿平七 うどのへいしち
安永3（1774）年～安政1（1854）年
江戸時代後期の水戸藩士。
¶維新，剣豪，国書（[没]嘉永7（1854）年2月22日），幕末（[没]1854年3月20日），藩臣2

鵜殿主水介 うどのもんどのすけ
→鵜殿長道（うどのながみち）

鵜殿力之助 うどのりきのすけ
文政4（1821）年～安政1（1854）年
江戸時代後期～末期の剣術家。北辰一刀流。

¶剣豪

鵜沼国靖 うぬまくにやす
宝暦5(1755)年～文政7(1824)年
江戸時代中期～後期の出羽亀田藩家老。
¶国書([没]文政7(1824)年12月24日)，藩臣1

鵜沼国懋 うぬまくによし
享和2(1802)年～文久2(1862)年
江戸時代末期の出羽亀田藩士。
¶藩臣1

鵜沼国蒙 うぬまこくもう
天保3(1832)年～明治43(1910)年
江戸時代末期～明治期の出羽亀田藩士。
¶幕末([没]1910年12月1日)，藩臣1

宇野儀兵衛 うのぎへえ
？ ～貞享3(1686)年
江戸時代前期の丹波園部藩士。
¶藩臣5

鵜木孫兵衛 うのきまごべえ
江戸時代末期の薩摩藩士。
¶維新，姓氏鹿児島，幕末(生没年不詳)

宇野金太郎 うのきんたろう
文政11(1828)年～文久2(1862)年
江戸時代末期の周防岩国藩の剣術師範。
¶剣豪，幕末([没]1862年9月12日)，藩臣6，山口百

宇野貞憲 うのさだのり
明和1(1764)年～天保2(1831)年3月4日
江戸時代中期～後期の肥後熊本藩士・漢学者。
¶国書

宇野丈九郎 うのじょうくろう
天保5(1834)年2月24日～大正10(1921)年10月12日
江戸時代後期～大正期の弓道家、弓道範士、熊本藩士。
¶弓道

宇野甚助 うのじんすけ
寛政3(1791)年～天保6(1835)年
江戸時代後期の但馬出石藩用人。
¶藩臣5

宇野直作 うのなおさく
文政2(1819)年～明治8(1875)年3月2日
江戸時代後期～明治期の加賀藩士。
¶国書

宇野南村 うのなんそん
文化10(1813)年～慶応2(1866)年
江戸時代末期の美濃大垣藩士。
¶藩臣3

宇野八郎 うのはちろう
？ ～文久3(1863)年
江戸時代後期～末期の武士。
¶日人

雲谷任斎 うのやじんさい
文政10(1827)年～明治22(1889)年　[別]雲谷任斎《うんのにんさい》
江戸時代末期～明治期の美濃大垣藩士。
¶岐阜百(うんのにんさい)，国書([生]文政10(1827)年1月17日　[没]明治22(1889)年8月5日)，藩臣3

姥柳惇平 うばやぎじゅんぺい
→姥柳惇平(うばやなぎじゅんぺい)

姥柳時莘 うばやぎときなが
→姥柳有莘(うばやなぎゆうしん)

姥柳有莘 うばやぎゆうしん
→姥柳有莘(うばやなぎゆうしん)

姥柳惇平 うばやなぎじゅんぺい
？ ～天保8(1837)年　[別]姥柳惇平《うばやぎじゅんぺい》
江戸時代中期の漢学者、豊後岡藩士。
¶人名(うばやぎじゅんぺい)，日人

姥柳有莘 うばやなぎゆうしん
享保6(1721)年～天明6(1786)年　[別]姥柳時莘《うばやぎときなが》，姥柳有莘《うばやぎゆうしん》
江戸時代中期の豊後岡藩士。
¶江文(うばやぎゆうしん)，国書，人名(姥柳時莘　うばやぎときなが)，日人，藩臣7

宇夫方市郎左衛門 うぶかたいちろうざえもん
生没年不詳
江戸時代中期の南部藩士。
¶国書

宇夫方広隆 うぶかたこうりゅう
→宇夫方広隆(うぶかたひろたか)

宇夫方清左衛門 うぶかたせいざえもん
天正12(1584)年～正保2(1645)年
安土桃山時代～江戸時代前期の下郷百姓代官、蔵奉行。
¶姓氏岩手

宇夫方広隆 うぶかたひろたか
元禄1(1688)年～明和5(1768)年　[別]宇夫方広隆《うぶかたこうりゅう》
江戸時代前期～中期の南部八戸藩士。
¶国書([没]明和5(1768)年12月5日)，姓氏岩手(うぶかたこうりゅう)

宇夫方広続 うぶかたひろつぐ
慶長12(1607)年～貞享4(1687)年
江戸時代前期の下郷百姓代官。
¶姓氏岩手

宇夫方広久 うぶかたひろひさ
生没年不詳
江戸時代前期の武将。宇夫方広本の三男。
¶姓氏岩手

宇部彦八郎 うべひこはちろう
安土桃山時代～江戸時代前期の武士。里見氏家臣。
¶戦人(生没年不詳)，戦東

馬詰親音 うまずめもとね
→馬詰親音(うまづめもとね)

馬詰栄馬 うまづめえいま
天保12(1841)年～明治20(1887)年
江戸時代末期～明治期の剣術家。両刀使いの達人。
¶高知人，幕末([没]1887年5月7日)

馬詰権之助 うまづめごんのすけ
→馬詰親音(うまづめもとね)

馬詰親貞 うまづめちかさだ
～承応3(1654)年
江戸時代前期の槍術家。
¶高知人

馬詰親音 うまづめもとね, うまずめもとね
寛延1(1748)年～文化4(1807)年　[別]馬詰権之助《うまづめごんのすけ》, 馬詰親音《うまずめもとね, まづめもとね》
江戸時代中期～後期の土佐藩の財政家、歌人。
¶近世(馬詰権之助　うまづめごんのすけ), 高知人, 国史(馬詰権之助　うまづめごんのすけ), 国書([没]文化4(1807)年1月25日), 人名(まづめもとね), 日人, 藩臣6, 和俳(うまずめもとね)

馬屋原彰 うまやばらあきら
弘化1(1844)年～大正8(1919)年　[別]馬屋原彰《まやはらあきら》
江戸時代末期～明治期の長州(萩)藩士。
¶人名(まやはらあきら), 日人, 幕末([没]1919年1月8日)

馬屋原玄益 うまやばらげんえき
?　～寛政1(1789)年
江戸時代中期の備後福山藩士。
¶藩臣6

梅沢助之丞 うめざわすけのじょう
生没年不詳
江戸時代末期の武士、御用人奥掛り。
¶和歌山人

梅沢太郎右衛門 うめざわたろうえもん
?　～慶安4(1651)年
安土桃山時代～江戸時代前期の後北条氏旧臣。
¶埼玉人

梅沢忠兵衛 うめざわちゅうべえ
?　～享保5(1720)年
江戸時代前期～中期の剣術家。阿字一刀流。
¶剣豪

梅沢鉄次郎 うめざわてつじろう
天保9(1838)年～元治1(1864)年
江戸時代末期の水戸藩士。
¶維新, 幕末([没]1864年9月12日)

梅沢広通 うめざわひろみち
生没年不詳
江戸時代前期～中期の武芸家。
¶国書

梅沢武平 うめざわぶへい
天保11(1840)年～明治1(1868)年
江戸時代末期の肥前大村藩士。
¶維新, 人名([生]1839年), 日人

梅沢孫太郎 うめざわまごたろう
文化14(1817)年～明治14(1881)年
江戸時代末期～明治期の水戸藩士。徳川慶喜の幕政改革を補佐。
¶維新, 近現, 近世, 国史, 新潮([没]明治14(1881)年5月20日), 日人, 幕末([没]1881年5月20日)

梅津其雫 うめずきだ
→梅津其雫(うめづきか)

梅園介庵 うめぞのかいあん
文化13(1816)年～明治21(1888)年
江戸時代末期～明治期の安芸広島藩校教官。
¶幕末, 藩臣6, 広島百([生]文化12(1815)年7月11日　[没]明治21(1888)年2月6日)

梅田市蔵 うめだいちぞう
?　～元治1(1864)年2月1日
江戸時代末期の薩摩藩士。
¶幕末

梅田雲浜 うめだうんぴん, うめだうんびん
文化12(1815)年～安政6(1859)年
江戸時代末期の若狭小浜藩の尊攘派志士。
¶朝日([生]文化12年6月7日(1815年7月13日)　[没]安政6年9月14日(1859年10月9日)), 維新, 岩史([生]文化12(1815)年6月7日　[没]安政6(1859)年9月14日), 江戸, 角史, 京都(うめだうんびん), 京都大, 郷土福井, 近世(うめだうんびん), 国史(うめだうんびん), コン改, コン4, 詩歌, 史人([生]1815年6月7日　[没]1859年9月14日), 重要([生]文化12(1815)年6月7日　[没]安政6(1859)年9月14日), 人書94, 新潮([生]文化12(1815)年6月7日　[没]安政6(1859)年9月14日), 人名, 姓氏京都, 世人([生]文化12(1815)年6月7日　[没]安政6(1859)年9月14日), 世百, 全書(うめだうんびん), 大百, 伝記, 日史([生]文化12(1815)年6月7日　[没]安政6(1859)年9月14日), 日人, 幕末([没]1859年10月9日), 藩臣3, 百科, 福井百, 歴大

梅田五月 うめださつき
天保6(1835)年～大正1(1912)年
江戸時代末期～明治期の加賀大聖寺藩歩士。
¶石川百, 姓氏石川, 幕末([没]1912年5月23日), 藩臣3

梅田伝次左衛門 うめだでんじざえもん
宝永4(1707)年～天明8(1788)年
江戸時代中期の豊前中津藩士。
¶剣豪, 人名, 日人, 藩臣7

梅田治忠 うめだはるただ
→梅田杢之丞(うめだもくのじょう)

梅田杢之丞 うめだもくのじょう
寛永3(1626)年～元禄7(1694)年　[別]梅田治忠《うめだはるただ》
江戸時代前期の槍術家。本心鏡智流の祖。
¶人名(梅田治忠　うめだはるただ　[生]?), 全書, 日人

梅田与九郎 うめだよくろう
安土桃山時代～江戸時代前期の武士。里見氏家臣。
¶戦人(生没年不詳), 戦東

梅津金忠 うめづかねただ
寛文11(1671)年1月26日～享保10(1725)年7月26日
江戸時代前期～中期の秋田藩家老・兵法家。
¶国書

梅津其雫 うめづきか
寛文12(1672)年～享保5(1720)年　[別]其雫《きか, きだ》, 梅津其雫《うめずきだ, うめづきだ》, 梅津忠昭《うめづただあき》
江戸時代中期の秋田藩家老、俳人(基角門)。

¶秋田百，秋田百（梅津忠昭　うめづただあき），国書（其雫　きか　[生]寛文12（1672）年4月20日　[没]享保5（1720）年2月25日），人名（うめづきだ），日人，俳諧（其雫　きだ），俳句（其雫　きだ　[没]享保5（1720）年2月25日），和俳（うめずきだ）

梅津其雫 うめづきだ
→梅津其雫（うめづきか）

梅津月橋 うめづげっきょう
安永6（1777）年～安政5（1858）年7月13日
江戸時代中期～末期の仙台藩士。
¶国書

梅津忠昭 うめづただあき
→梅津其雫（うめづきか）

梅津忠国 うめづただくに
～明暦3（1657）年
江戸時代前期の武将。
¶秋田百

梅津忠至 うめづただのり
天明6（1786）年1月25日～文化12（1815）年8月27日
江戸時代中期～後期の秋田藩士・歌人。
¶国書

梅津忠致 うめづただむね
享保8（1723）年4月3日～天明4（1784）年3月27日
江戸時代中期の秋田藩家老・兵法家。
¶国書

梅津忠宴 うめづただやす
→梅津忠宴（うめづただよし）

梅津忠宴 うめづただよし
寛永20（1643）年～元禄8（1695）年　[別]梅津忠宴《うめづただやす》
江戸時代前期の出羽秋田藩士、兵学者。
¶秋田百（うめづただやす），国書（[生]寛永20（1643）年3月12日　[没]元禄8（1695）年9月23日），人名，日人

梅津利忠 うめづとしただ
寛永14（1637）年～元禄3（1690）年　[別]梅津梅叟《うめづばいそう》
江戸時代前期の出羽秋田藩士、兵学者。
¶国書（[生]寛永14（1637）年7月9日　[没]元禄3（1690）年3月21日），人名（梅津梅叟　うめづばいそう），日人

梅津憲忠 うめづのりただ
元亀3（1572）年～寛永7（1630）年
安土桃山時代～江戸時代前期の出羽秋田藩家老。
¶秋田百，国書（[没]寛永7（1630）年7月11日），人名，日人，藩臣1

梅津梅叟 うめづばいそう
→梅津利忠（うめづとしただ）

梅津政景 うめづまさかげ
天正9（1581）年～寛永10（1633）年
江戸時代前期の武将、出羽久保田藩家老。
¶秋田百（[生]天正5（1577）年），朝日（[没]寛永10年3月10日（1633年4月18日）），近世，国史，国書（[没]寛永10（1633）年3月10日），コン改，コン4，史人（[没]1633年3月10日），新潮（[没]寛永10（1633）年3月10日），戦合，戦人，日史（[没]寛永10（1633）年3月10日），日人，藩臣1（[生]天正5（1577）年），歴大

梅津敬忠 うめづよしただ
正保2（1645）年8月8日～宝永7（1710）年8月26日
江戸時代前期～中期の秋田藩士・兵法家。
¶国書

梅戸勝之進 うめどかつのしん
江戸時代末期の新撰組隊士。
¶新撰

梅内祐員 うめないすけかず
*～安永2（1773）年
江戸時代中期の陸奥南部藩士。
¶姓氏岩手（[生]1710年），藩臣1（[生]正徳1（1711）年）

梅内祐訓 うめないすけのり
享和2（1802）年～明治2（1869）年5月10日
江戸時代後期～明治期の南部藩士・国学者。
¶国書

梅野多喜蔵 うめのたきぞう
天保12（1841）年～昭和3（1928）年
江戸時代末期～明治期の筑後久留米藩士。
¶藩臣7，福岡百（[生]天保12（1841）年11月11日　[没]昭和3（1928）年5月8日）

梅原九兵衛 うめはらくへえ
？　～延宝1（1673）年
江戸時代前期の肥後熊本藩士、細川氏家臣。
¶人名，日人

梅原新固 うめはらしんご
天保9（1838）年～明治15（1882）年9月12日
江戸時代末期～明治期の陸奥二本松藩士、日本蚕種会会長。
¶幕末

梅暮里谷峨 うめぼりこくが
寛延3（1750）年～文政4（1821）年
江戸時代中期～後期の上総久留里藩士、戯作者。
¶朝日（[没]文政4年9月3日（1821年9月28日）），近世，国史，国書（[没]文政4（1821）年9月3日），コン改，コン4，史人（[没]1821年9月3日），新潮（[没]文政4（1821）年9月3日），新文（[没]文政4（1821）年9月3日），人名，世人，全書，大百，日史（[没]文政4（1821）年9月3日），日人，百科

梅村重操 うめむらしげあや
→梅村重操（うめむらしげもち）

梅村重得 うめむらしげのり
→梅村重得（うめむらしげよし）

梅村重操 うめむらしげもち
文政1（1818）年～明治29（1896）年　[別]梅村重操《うめむらしげあや，うめむらじゅうそう》
江戸時代末期～明治期の武士、教育者。
¶国書（うめむらしげあや　[生]文政1（1818）年11月　[没]明治29（1896）年12月21日），人名（うめむらじゅうそう　[没]1895年），数学（[生]文政1（1818）年11月10日　[没]明治29（1896）年12月21日），日人，幕末（[生]1820年　[没]1896年12月31日）

梅村重得 うめむらしげよし
文化1(1804)年～明治17(1884)年2月10日　[別]梅村重得《うめむらしげのり,うめむらじゅうとく》
江戸時代末期～明治期の代官・物頭、和算家。
¶国書(うめむらしげのり　[生]文化1(1804)年6月), 人名(うめむらじゅうとく), 数学([生]文化1(1804)年6月3日), 日人, 幕末

梅村重操 うめむらじゅうそう
→梅村重操(うめむらしげもち)

梅村重得 うめむらじゅうとく
→梅村重得(うめむらしげよし)

梅村真一郎 うめむらしんいちろう
天保11(1840)年～元治1(1864)年　[別]梅村真守《うめむらまもり》
江戸時代末期の肥前島原藩士。
¶維新, コン改, コン4, 新潮([没]元治1(1864)年10月10日), 人名, 日人, 幕末([没]1864年11月9日), 藩臣7(梅村真守　うめむらまもり)

梅村速水 うめむらはやみ
天保13(1842)年～明治3(1870)年
江戸時代末期～明治期の水戸藩の志士。
¶朝日([生]天保13年1月4日(1842年2月13日)　[没]明治3年10月26日(1870年11月19日)), 岐阜百, 郷土岐阜, コン改, コン4, コン5, 人書94, 新潮([没]明治3(1870)年10月24日), 日人, 幕末([没]1870年11月19日), 藩臣2

梅村真守 うめむらまもり
→梅村真一郎(うめむらしんいちろう)

楳本法神 うめもとほうしん
*～文政13(1830)年
江戸時代後期の剣士(法神流々祖)。
¶群馬人([生]?), 群馬百(生没年不詳), 姓氏群馬([生]1663年?)

梅山無一軒 うめやまぶいちけん
宝暦5(1755)年～文政11(1828)年
江戸時代中期～後期の肥後人吉藩士。
¶藩臣7

梅谷安良 うめややすよし
弘化3(1846)年～明治10(1877)年
江戸時代末期～明治期の中津藩士。
¶人名

梅渡り うめわたり
江戸時代前期の武将。里見氏家臣。
¶戦東

烏山市平 うやまいちへい
安土桃山時代～江戸時代前期の武士。里見氏家臣。
¶戦人(生没年不詳), 戦東

宇山卯作 うやまうさく
天保14(1843)年～慶応2(1866)年
江戸時代末期の遊撃隊士。
¶維新, 幕末([没]1866年7月30日)

浦池九淵 うらいけきゅうえん
宝暦9(1759)年～天保7(1836)年　[別]浦池左五郎《うらいけさごろう》,浦池潜《うらいけひそむ》
江戸時代中期～後期の備中岡田藩士。
¶岡山人, 岡山歴([没]天保7(1836)年9月17日), 国書(浦池潜　うらいけひそむ　[没]天保7(1836)年9月17日), 藩臣6(浦池左五郎　うらいけさごろう)

浦池左五郎 うらいけさごろう
→浦池九淵(うらいけきゅうえん)

浦池達道 うらいけたつみち
生没年不詳
江戸時代末期の備中岡田藩士。
¶藩臣6

浦池半来 うらいけはんらい
江戸時代末期の書家、武術家。
¶岡山人, 岡山歴

浦池潜 うらいけひそむ
→浦池九淵(うらいけきゅうえん)

浦上九内 うらがみきゅうない
→浦上信濃(うらがみしなの)

浦上玉堂 うらがみぎょくどう,うらかみぎょくどう
延享2(1745)年～文政3(1820)年
江戸時代後期の備前岡山藩士、南画家。
¶会津(うらかみぎょくどう), 朝日(うらかみぎょくどう　[没]文政3年9月4日(1820年10月10日)), 岩史([没]文政3(1820)年9月4日), 岡山人, 岡山百, 岡山歴(うらかみぎょくどう　[没]文政3(1820)年9月4日), 角史, 京都, 京都大, 近世, 国史, 国書([没]文政3(1820)年9月4日), コン改, コン4, 茶道, 史人(うらかみぎょくどう　[没]1820年9月4日), 重要([没]文政3(1820)年9月4日), 人書79, 人書94(うらかみぎょくどう), 新潮(うらかみぎょくどう　[没]文政3(1820)年9月4日), 人名, 姓氏京都, 世人([没]文政3(1820)年9月4日), 世百, 全書(うらかみぎょくどう), 大百, 伝記, 日音, 日史([没]文政3(1820)年9月4日), 日人, 藩臣6, 美術, 百科, 福島百, 名画, 歴大(うらかみぎょくどう)

浦上信濃 うらがみしなの
文政7(1824)年～明治1(1868)年　[別]浦上九内《うらがみきゅうない》
江戸時代末期の筑前福岡藩家老。
¶人名(浦上九内　うらがみきゅうない　[生]?), 日人, 藩臣7

浦上秋琴 うらがみしゅうきん,うらかみしゅうきん
天明5(1785)年～明治4(1871)年
江戸時代後期の陸奥会津藩士、画家、音楽家。
¶会津(うらかみしゅうきん), 岡山人, 岡山歴(うらかみしゅうきん　[没]明治4(1871)年9月28日), 藩臣2, 福島百

浦上鷹四郎 うらがみたかしろう
天保13(1842)年～慶応2(1866)年9月25日
江戸時代末期の長州(萩)藩寄組士。
¶幕末

浦上直方 うらがみなおかた
→浦上弥五左衛門(うらがみやござえもん)

浦上直置 うらかみなおき
文政11(1828)年～昭和38(1905)年11月22日
江戸時代後期～明治期の弓道家、弓術教士。
¶弓道

浦上弥五衛門 うらがみやごえもん
→浦上弥五左衛門(うらがみやござえもん)

う

浦上弥五左衛門 うらがみやござえもん,うらかみやござえもん
元禄11(1698)年～宝暦7(1757)年　[別]浦上直方《うらがみなおかた》,浦上弥五衛門《うらがみやごえもん》
江戸時代中期の小納戸方役人。伝統染色の復興保存に尽力。
¶朝日(浦上弥五衛門　うらがみやごえもん　生没年不詳), 国書(浦上直方　うらがみなおかた　[没]宝暦7(1757)年9月24日), 新潮(うらかみやござえもん　生没年不詳), 日人

浦滋之助 うらしげのすけ
文政2(1819)年～明治13(1880)年　[別]浦島彦《うらしまひこ》
江戸時代末期～明治期の長州(萩)藩寄組士。
¶維新(浦島彦　うらしまひこ　[生]1825年), 幕末([没]1880年11月26日), 藩臣6

浦島彦 うらしまひこ
→浦滋之助(うらしげのすけ)

裏住 うらずみ
→大屋裏住(おおやのうらずみ)

浦野一歩 うらのいっぽ
→浦野光譲(うらのみつのり)

浦野一歩斎 うらのいっぽさい
→浦野光譲(うらのみつのり)

浦野勘左衛門 うらのかんざえもん
生没年不詳
江戸時代中期の信濃松本藩士。
¶藩臣3

浦野喜左衛門 うらのきざえもん
→浦野直勝(うらのなおかつ)

浦野神村 うらのじんそん
→浦野知周(うらのともちか)

浦野知周 うらのともちか
延享1(1744)年～文政6(1823)年　[別]浦野神村《うらのじんそん》
江戸時代中期～後期の上野伊勢崎藩士。
¶国書(浦野神村　うらのじんそん　[生]延享1(1744)年6月13日　[没]文政6(1823)年6月13日), 人名, 日人, 藩臣2

浦野直勝 うらのなおかつ
延宝4(1676)年～宝暦8(1758)年　[別]浦野喜左衛門《うらのきざえもん》
江戸時代前期～中期の藩士。
¶剣豪(浦野喜左衛門　うらのきざえもん), 国書([没]宝暦8(1758)年11月)

浦野文次郎 うらのぶんじろう
？　～天明7(1787)年
江戸時代中期の下総古河藩士。
¶藩臣3

浦野孫右衛門 うらのまごえもん
？　～寛文7(1667)年
江戸時代前期の前田氏の与力大名長氏の家老。
¶姓氏石川

浦野光譲 うらのみつのり
正徳3(1713)年～寛政9(1797)年　[別]浦野一歩《うらのいっぽ》,浦野一歩斎《うらのいっぽさい》
江戸時代中期の豊前小倉藩士。
¶剣豪(浦野一歩斎　うらのいっぽさい), 国書([没]寛政9(1797)年1月17日), 藩臣7(浦野一歩　うらのいっぽ)

浦元襄 うらもとまさ
→浦靱負(うらゆきえ)

浦山景一 うらやまけいいち
生没年不詳
江戸時代後期の丹波篠山藩士。
¶国書

浦靱負(浦靱負, 裏靱負) うらゆきえ
寛政7(1795)年～明治3(1870)年　[別]浦元襄《うらもとまさ》
江戸時代末期～明治期の長州(萩)藩寄組。
¶維新, 角史(浦靱負), 神奈川人, 国書(浦元襄　うらもとまさ　[生]寛政7(1795)年1月11日　[没]明治3(1870)年6月1日), コン改, コン4, コン5, 新潮([生]寛政7(1795)年1月11日　[没]明治3(1870)年6月1日), 人名, 姓氏山口, 日史([没]明治3(1870)年6月1日), 日人, 幕末(浦靱負　[没]1870年6月29日), 藩臣6(浦靱負), 百科, 歴大(裏靱負)

浦連也 うられんや
→柳生連也(やぎゅうれんや)

瓜生寅 うりゅうとら
天保13(1842)年～大正2(1913)年　[別]瓜生寅《うりゅうはじむ,うりゅうはじめ》
江戸時代末期～明治期の洋学者、越前福井藩士。
¶朝日(うりゅうはじめ　[生]天保13年1月15日(1842年2月24日)　[没]大正2(1913)年2月23日), 郷土福井, 近現(うりゅうはじむ), 国史(うりゅうはじむ), 史人(うりゅうはじむ　[生]1842年1月15日　[没]1913年2月23日), 人書94, 新潮(うりゅうはじむ　[生]天保13(1842)年1月15日　[没]大正2(1913)年2月23日), 人名, 大百, 日人(うりゅうはじめ), 幕末([没]1913年2月23日), 藩臣3, 洋学(うりゅうはじめ)

瓜生寅 うりゅうはじむ
→瓜生寅(うりゅうとら)

瓜生寅 うりゅうはじめ
→瓜生寅(うりゅうとら)

漆戸茂樹 うるしどしげき
寛政2(1790)年～＊
江戸時代後期～明治期の盛岡藩士。
¶青森人([没]明治6(1873)年), 国書([没]明治3(1870)年10月2日)

漆戸茂喬 うるしどしげたか
天明1(1781)年～嘉永6(1853)年1月30日
江戸時代中期～後期の盛岡藩士・歌人。
¶国書

漆戸正茂 うるしどまさしげ
慶長8(1603)年～寛文7(1667)年
安土桃山時代～江戸時代前期の盛岡藩士・兵学者。
¶姓氏岩手

宇留野勝明 うるのかつあき
寛永7(1630)年～元禄14(1701)年

江戸時代前期〜中期の出羽秋田藩家老。
¶藩臣1

宇留野静庵 うるのせいあん
生没年不詳
江戸時代後期の水戸藩士。
¶国書

上坂蔵人 うわさかくらんど
寛永20(1643)年〜宝永3(1706)年
江戸時代前期〜中期の備前岡山藩士。
¶藩臣6

上坂外記 うわさかげき
元和4(1618)年〜貞享4(1687)年
江戸時代前期の備前岡山藩士。
¶藩臣6

上坂左近 うわさかさこん
天正10(1582)年〜寛文1(1661)年
江戸時代前期の備前岡山藩士。
¶藩臣6

雲野義左衛門 うんのぎざえもん
文化11(1814)年〜明治1(1868)年9月26日
江戸時代末期の武士、大番士。
¶幕末

海野勤 うんのつとむ
生没年不詳
江戸時代後期の武士。
¶和歌山人

雲谷任斎 うんのにんさい
→雲谷任斎(うのやじんさい)

海野兵左衛門 うんのへいざえもん
？〜寛永19(1642)年 ㊙海野良次《うんのよしつぐ》
江戸時代前期の紀伊和歌山藩士。
¶藩臣5、和歌山人(海野良次 うんのよしつぐ)

海野良次 うんのよしつぐ
→海野兵左衛門(うんのへいざえもん)

海野予介 うんのよすけ
天明5(1785)年〜安政4(1857)年
江戸時代後期の遠江掛川藩士、儒者。
¶藩臣4

雲楽山人 うんらくさんじん
宝暦11(1761)年〜？
江戸時代中期〜後期の武士、戯作者、狂歌師。
¶国書、日人

【え】

穎娃久音 えいひさぶえ
天正11(1583)年〜？
安土桃山時代〜江戸時代前期の武将。伴姓穎娃氏の8代。
¶姓氏鹿児島

江頭官太夫 えがしらかんだゆう
生没年不詳
江戸時代後期の肥前大村藩家老。
¶藩臣7

江頭種八 えがしらたねはち
天保11(1840)年〜元治1(1864)年
江戸時代末期の筑後久留米藩士。
¶維新、人名(㊤1839年)、日人、幕末(㊥1864年3月23日)

江頭隼之助 えがしらはやとのすけ
生没年不詳
江戸時代末期の肥前大村藩家老。
¶幕末、藩臣7

江上栄之進 えがみえいのしん
天保5(1834)年〜慶応1(1865)年
江戸時代末期の筑前福岡藩士。
¶維新、人名、日人、幕末、藩臣7

江上胤勝 えがみたねかつ
天正18(1590)年〜延宝4(1676)年
江戸時代前期の陸奥会津藩士。
¶藩臣2

江上苓洲 えがみれいしゅう
宝暦8(1758)年〜文政3(1820)年
江戸時代中期〜後期の筑前福岡藩士、儒学者。
¶国書(㊤文政3(1820)年7月7日)、人名、日人、藩臣7

江川英竜 えがわえいりゅう
→江川太郎左衛門〔36代〕(えがわたろうざえもん)

江川左金吾 えがわさきんご
生没年不詳
江戸時代末期の武士。
¶和歌山人

江川七郎 えがわしちろう
江戸時代末期の新撰組隊士。
¶新撰

江川忠辰 えがわただたつ
？〜寛文3(1663)年
江戸時代前期の六十人者与力。
¶和歌山人

江川太郎左衛門 えがわたろうざえもん
江戸時代の伊豆韮山の代官(世襲名)。
¶近世、国史、日史、百科

江川太郎左衛門〔36代〕 えがわたろうざえもん
享和1(1801)年〜安政2(1855)年 ㊙江川英竜《えがわえいりゅう、えがわひでたつ》、江川太郎左衛門英竜《えがわたろざえもんひでたつ》、江川坦庵《えがわたんあん》
江戸時代末期の代官、洋式砲術家。
¶朝日(――〔代数なし〕 ㊤享和1年5月13日(1801年6月23日) ㊥安政2年1月16日(1855年3月4日))、維新(江川坦庵 えがわたんあん)、岩史(――〔代数なし〕 ㊤享和1(1801)年5月13日 ㊥安政2(1855)年1月16日)、江文(江川坦庵 えがわたんあん)、角史(江川英竜 えがわひでたつ)、神奈川人(江川英竜 えがわひでたつ)、神奈川百(江川英竜 えがわひでたつ)、国史、国書(江川坦庵 えがわたんあん ㊤享和1(1801)年5月13日 ㊥安政2(1855)年1月16日)、コン改(――〔代数なし〕)、コン4(――〔代数なし〕)、埼玉人(江川英竜 えがわひでたつ ㊤享和1(1801)年5月13日 ㊥安政2

(1855)年1月16日)，埼玉百(江川太郎左衛門英竜)，詩歌(――〔代数なし〕)，史人(――〔代数なし〕　[生]1801年5月13日　[没]1855年1月16日)，静岡百(江川坦庵　えがわたんあん)，静岡歴(江川坦庵　えがわたんあん)，重要(江川坦庵　えがわたんあん　[生]享和1(1801)年5月13日　[没]安政2(1855)年1月16日)，食文(――〔代数なし〕　[生]享和1年5月13日(1801年6月23日)　[没]安政2年1月16日(1855年3月4日))，人書94(――〔代数なし〕)，新潮(――〔代数なし〕　[生]享和1(1801)年5月13日　[没]安政2(1855)年1月16日)，人名(――〔代数なし〕)，姓氏神奈川(江川英竜　えがわひでたつ)，姓氏静岡(江川坦庵　えがわたんあん)，世人(江川英竜　えがわひでたつ　[生]享和1(1801)年5月13日　[没]安政2(1855)年1月16日)，世百(――〔代数なし〕)，全書(江川英竜　えがわひでたつ)，大百(――〔代数なし〕)，多摩(江川太郎左衛門英竜　えがわたろざえもんひでたつ)，伝記(――〔代数なし〕)，日人(江川英竜　えがわひでたつ)，幕末(江川坦庵　えがわたんあん　[没]1855年3月4日)，山梨百(江川英竜　えがわひでたつ　[生]享和1(1801)年5月13日　[没]安政2(1855)年1月16日)，洋学(――〔代数なし〕)，歴大(江川英竜　えがわひでたつ)

江川太郎左衛門英竜　えがわたろざえもんひでたつ
→江川太郎左衛門〔36代〕(えがわたろうざえもん)

江川坦庵　えがわたんあん
→江川太郎左衛門〔36代〕(えがわたろうざえもん)

江川英彰　えがわひであきら
正徳5(1715)年～宝暦8(1758)年
江戸時代中期の韮山代官。
¶神奈川人

江川英勝　えがわひでかつ
貞享4(1687)年～享保16(1731)年
江戸時代中期の韮山代官。
¶神奈川人

江川英毅　えがわひでたけ
明和7(1770)年～天保5(1834)年
江戸時代後期の伊豆韮山代官。
¶神奈川人，静岡歴，人名([生]1769年)，姓氏静岡，日人

江川英竜　えがわひでたつ
→江川太郎左衛門〔36代〕(えがわたろうざえもん)

江川英暉　えがわひでてる
承応1(1652)年～宝永1(1704)年
江戸時代中期の韮山代官。
¶神奈川人

江川英敏　えがわひでとし
天保10(1839)年～文久2(1862)年
江戸時代末期の幕臣。
¶維新，神奈川人，埼玉人([没]文久2(1862)年8月15日)，幕末([没]1863年2月4日)

江川英征　えがわひでゆき
江戸時代中期～後期の武士。
¶神奈川人([生]1740年　[没]1792年)，日人([生]1739年　[没]1791年)

江川又作　えがわまたさく
宝永2(1705)年～安永7(1778)年
江戸時代中期の伊予西条藩士。
¶藩臣6

江川弥右衛門尉　えがわやうえもんのじょう
→江川弥右衛門尉(えがわやえもんのじょう)

江川弥右衛門尉　えがわやえもんのじょう
生没年不詳　[別]江川弥右衛門尉《えがわやうえもんのじょう》
安土桃山時代～江戸時代前期の武士。
¶戦辞，戦人，戦東(えがわやうえもんのじょう)

江木鰐水　えぎがくすい
文化7(1810)年～明治14(1881)年　[別]繁太郎
江戸時代末期～明治期の備後福山藩の儒学者。頼山陽に師事。
¶朝日([生]文化7年12月22日(1811年1月16日)　[没]明治14(1881)年10月8日)，維新，大阪人([生]文化1(1804)年　[没]明治14(1881)年10月)，近現，近世，国際，国史，国書([生]文化7(1810)年12月22日　[没]明治14(1881)年10月8日)，コン改，コン4，詩歌，史人([生]1810年12月22日　[没]1881年10月8日)，食文([生]文化7年12月22日(1811年1月16日)　[没]1881年10月8日)，新潮([生]文化7(1810)年12月22日　[没]明治14(1881)年10月8日)，人名，先駆([生]文化7(1810)年12月22日　[没]明治14(1881)年10月8日)，日人([生]1811年)，幕末([没]1881年10月8日)，藩臣6，広島百([生]文化7(1810)年12月22日　[没]明治14(1881)年10月8日)，歴大，和俳

江木俊敬　えぎしゅんけい
→江木仙右衛門(えぎせんえもん)

江木仙右衛門　えぎせんうえもん
→江木仙右衛門(えぎせんえもん)

江木仙右衛門　えぎせんえもん
文政7(1824)年～慶応1(1865)年　[別]江木俊敬《えぎしゅんけい》，江木仙右衛門《えぎせんうえもん》
江戸時代末期の周防岩国藩の武士。周防国吉川家臣。
¶維新，人名(江木俊敬　えぎしゅんけい)，日人，幕末(えぎせんうえもん　[没]1865年2月8日)，藩臣6(えぎせんうえもん)

役藍泉　えきらんせん
→役藍泉(えんのらんせん)

江口熊治郎　えぐちくまじろう
～寛保3(1743)年3月18日
江戸時代中期の小姓。
¶庄内

江口三郎左衛門　えぐちさぶろうざえもん
江戸時代前期の武将。
¶姓氏石川

江口正信　えぐちまさのぶ
？～万治3(1660)年
江戸時代前期の陸奥二本松藩家老。
¶藩臣5

江越礼太　えごしれいた
文政10(1827)年～明治25(1892)年

江戸時代末期～明治期の小城藩士。
¶維新，佐賀百（[生]文政10（1827）年6月　[没]明治25（1892）年1月31日），人名，日人，幕末（[没]1892年1月31日）

江坂栄次郎 えさかえいじろう，えざかえいじろう
天保14（1843）年～元治1（1864）年
江戸時代末期の播磨姫路藩士。
¶維新，大阪人，人名，日人（[没]1865年），幕末（[没]1865年1月23日），藩臣5，兵庫人（えざかえいじろう　[没]元治1（1864）年12月26日）

榎坂官兵衛 えさかかんべえ
生没年不詳
江戸時代末期の浪人。
¶和歌山人

江坂正恭 えさかまさゆき
享保5（1720）年～天明4（1784）年2月19日
江戸時代中期の幕臣。
¶国書5

江坂元之助 えさかもとのすけ
天保9（1838）年～元治1（1864）年
江戸時代末期の播磨姫路藩士。
¶維新，人名，日人（[没]1865年），幕末（[没]1865年1月23日），藩臣5

江坂与兵衛 えさかよへい
→江坂与兵衛（えさかよへえ）

江坂与兵衛 えさかよへえ
＊～明治2（1869）年　[別]江坂与兵衛《えさかよへい》
江戸時代末期の越後村上藩士。
¶人名（[生]1823年），日人（[生]1823年），幕末（えさかよへい　[生]1843年　[没]1869年8月1日），藩臣4（[生]文政5（1822）年）

江崎太郎兵衛 えざきたろべえ
生没年不詳
江戸時代末期の武士、浦々遠見番人。
¶和歌山人

江刺治右衛門 えさしじえもん
？～
江戸時代の八戸藩士。
¶青森人

江刺恒久 えさしつねひさ
文政9（1826）年～明治33（1900）年
江戸時代末期～明治期の国学者、盛岡藩士。
¶国書（[没]明治33（1900）年1月4日），幕末（[没]1900年1月3日）

江志知辰 えしちしん
慶安2（1649）年～正徳4（1714）年　[別]江志知辰《えしともとき》
江戸時代中期の仙台藩士、数学者。
¶人名，姓氏宮城（えしともとき），日人

江志知辰 えしともとき
→江志知辰（えしちしん）

江島小弥太 えじまこやた
＊～天保13（1842）年
江戸時代後期の儒者、日向飫肥藩士。
¶人名（[生]1807年），日人（[生]1808年）

江島為信 えしまためのぶ，えじまためのぶ
寛永12（1635）年～元禄8（1695）年
江戸時代前期の伊予今治藩家老。
¶愛媛百（[生]？　[没]元禄8（1695）年10月8日），郷土愛媛，国書（えじまためのぶ　[没]元禄8（1695）年10月8日），人名（えじまためのぶ　[生]？），日人，藩臣6

江島伝左衛門 えじまでんざえもん
寛政8（1796）年～安政3（1856）年
江戸時代末期の肥後熊本藩士。
¶藩臣7

江尻喜多右衛門 えじりきたうえもん
→江尻喜多右衛門（えじりきたえもん）

江尻喜多右衛門 えじりきたえもん
？～元文4（1739）年　[別]江尻喜多右衛門《えじりきたうえもん》
江戸時代中期の日向延岡藩の公益家。
¶朝日（[没]元文4年8月19日（1739年9月21日）），近世，国史，コン改，コン4，史人（[没]1739年8月15日），新潮（[没]元文4（1739）年8月15日），人名，日人，藩臣7（えじりきたうえもん），宮崎百（えじりきたうえもん）

江田国通 えだくにみち
嘉永1（1848）年～明治10（1877）年
江戸時代末期～明治期の鹿児島藩士、陸軍軍人。少佐。近衛歩兵大隊長として西南戦争に出陣、吉次峠の激戦で被弾して戦死。
¶維新，近現，国史，コン改，コン5，史人（[生]1848年9月6日　[没]1877年3月4日），新潮（[生]嘉永1（1848）年9月6日　[没]明治10（1877）年3月4日），人名，姓氏鹿児島，日人，幕末（[没]1877年3月4日），藩臣7

江田小太郎 えだこたろう
江戸時代末期の新撰組隊士。
¶新撰

江田居中 えだこちゅう
江戸時代中期の歌人、安芸広島藩士。
¶人名，日人（生没年不詳）

江田文四郎 えだぶんしろう
慶長2（1597）年～寛永7（1630）年
江戸時代前期の土佐藩士。
¶高知人，高知百，藩臣6

枝松千葉助 えだまつちばのすけ
天保6（1835）年～大正3（1914）年
江戸時代末期の武術家。
¶岡山人，岡山歴

枝吉神陽 えだよししんよう
文政5（1822）年～文久2（1862）年　[別]枝吉経種《えだよしつねたね》
江戸時代末期の志士、肥前佐賀藩校弘道館教諭。
¶朝日（枝吉経種　えだよしつねたね　[生]文政5年5月24日（1822年7月12日）　[没]文久2年8月15日（1862年9月8日）），維新，国書（[生]文政5（1822）年5月24日　[没]文久2（1862）年8月15日），コン改（枝吉経種　えだよしつねたね），コン4（枝吉経種　えだよしつねたね），佐賀百（[生]文政5（1822）年5月24日　[没]文久3（1863）年8月14日），神人（[生]文政5（1822）年5月24日

[没]文久2 (1862) 年8月15日), 新潮 (枝吉経種　えだよしつねたね　[生]文政5 (1822) 年5月24日　[没]文久2 (1862) 年8月14日), 人名, 世人 (枝吉経種　えだよしつねたね), 日人, 幕末 ([生]1822年7月15日　[没]1862年9月8日), 藩臣7

枝吉経種 えだよしつねたね
→枝吉神陽 (えだよししんよう)

枝吉任他 えだよしにんた
慶安2 (1649) 年～元禄16 (1703) 年9月12日
江戸時代前期の佐賀藩士、俳人。
¶佐賀百

越後三郎 えちごさぶろう
江戸時代末期の新撰組隊士。
¶新撰

越前忠直 えちぜんただなお
→松平忠直 (まつだいらただなお)

江繋政陽 えつぎまさおき
文化10 (1813) 年～文久3 (1863) 年2月22日
江戸時代後期～末期の南部藩士。
¶国書

江繋渓村 えつなぎけいそん
文化8 (1811) 年～文久1 (1861) 年
江戸時代後期～末期の奉行。
¶姓氏岩手

江積積善 えづみせきぜん
文政7 (1824) 年～明治38 (1905) 年
江戸時代末期～明治期の上野高崎藩士、儒学者。
¶藩臣2

江連堯則 えづれたかのり
江戸時代末期の幕臣。
¶維新, 幕末 (生没年不詳)

衛藤紫潭 えとうしたん
？　～文化2 (1805) 年
江戸時代中期～後期の知行奉行役、彫刻家。
¶人名, 日人

江藤新平 えとうしんぺい
天保5 (1834) 年～明治7 (1874) 年
江戸時代末期～明治期の肥前佐賀藩士、政治家。
¶朝日 ([生]天保5年2月9日 (1834年3月18日)　[没]明治7 (1874) 年4月13日), 維新, 岩史 ([生]天保5 (1834) 年2月9日　[没]明治7 (1874) 年4月13日), 角史, 教育 ([生]1838年), 近現, 近世, 国際, 国史, コン改, コン4, コン5, 佐賀百 ([生]天保5 (1834) 年2月9日　[没]明治7 (1874) 年4月13日), 詩歌, 史人 ([生]1834年2月9日　[没]1874年4月13日), 写家 ([生]天保5年2月9日　[没]明治7年4月13日), 重要 ([生]天保5 (1834) 年2月9日　[没]明治7 (1874) 年4月13日), 人書79, 人書94, 神人 ([生]天保5 (1834) 年2月9日　[没]明治7 (1874) 年4月13日), 新潮 ([生]天保5 (1834) 年2月9日　[没]明治7 (1874) 年4月13日), 人名, 世人 ([生]天保5 (1834) 年2月2日　[没]明治7 (1874) 年4月13日), 世百, 先駆 ([生]天保5 (1834) 年2月9日　[没]明治7 (1874) 年4月13日), 全書, 大百, 伝記, 日史 ([生]天保5 (1834) 年2月9日　[没]明治7 (1874) 年4月13日), 日人, 日本, 幕末 ([生]1834年3月18日　[没]1874年4月13日), 百科, 明治1, 履歴 ([生]天保5 (1834) 年2月9日　[没]明治7 (1874) 年4月13日), 歴大

江藤正澄 えとうまさずみ
天保7 (1836) 年10月12日～明治44 (1911) 年11月22日
江戸時代末期～明治期の筑前秋月藩士、神官、考古学者。
¶考古, 国書, 史研, 神人 (生没年不詳), 世紀, 藩臣7, 福岡百

榎並重友 えなみしげとも
江戸時代前期の代官。
¶岡山人, 岡山歴

榎本武揚 (榎本武楊) えのもとたけあき
天保7 (1836) 年～明治41 (1908) 年　[別]榎本武揚《えのもとぶよう》, 榎本釜次郎《えのもとかまじろう》, 柳川, 梁川
江戸時代末期～明治期の幕臣、政治家。幕府海軍奉行として箱館五稜郭で官軍と抗戦。のち政府高官になり大臣を歴任。
¶朝日 ([生]天保7年8月25日 (1836年10月5日)　[没]明治41 (1908) 年10月26日), 維新, 岩史 ([生]天保7 (1836) 年8月25日　[没]明治41 (1908) 年10月26日), 海越 ([生]天保7 (1836) 年8月25日　[没]明治41 (1908) 年10月26日), 海越新 ([生]天保7 (1836) 年8月25日　[没]明治41 (1908) 年10月26日), 江戸 (えのもとぶよう), 江文, 学校 ([生]天保7 (1836) 年8月25日　[没]明治41 (1908) 年10月26日), 角史, 神奈川人, 近現, 国際, 国史, 国書 ([生]天保7 (1836) 年8月25日　[没]明治41 (1908) 年10月26日), コン改, コン4, コン5, 詩歌, 史人 ([生]1836年8月25日　[没]1908年10月26日), 重要 ([生]天保7 (1836) 年8月25日　[没]明治41 (1908) 年10月26日), 人書79, 人書94, 新潮 ([生]天保7 (1836) 年8月25日　[没]明治41 (1908) 年10月26日), 人名, 世人 ([生]天保7 (1836) 年8月25日　[没]明治41 (1908) 年10月27日), 世百, 先駆 ([生]天保7 (1836) 年8月25日　[没]明治41 (1908) 年10月26日), 全書, 大百, 伝記, 渡航 ([生]1836年8月25日　[没]1908年10月26日), 日史 ([生]天保7 (1836) 年8月25日　[没]明治41 (1908) 年10月26日), 日人, 日本 (榎本武楊), 幕末 ([生]1836年10月5日　[没]1908年10月26日), 百科, 北海道百, 北海道文 (えのもとぶよう　[生]天保7 (1836) 年8月25日　[没]明治41 (1908) 年10月26日), 北海道歴, 明治1, 陸海 ([生]天保7年8月25日　[没]明治41年10月26日), 歴大

榎本太郎兵衛 えのもとたろべえ
生没年不詳
江戸時代末期の武士、徒目付組頭。
¶和歌山人

榎本長裕 えのもとながひろ
*～？
江戸時代末期～明治期の静岡藩士、数学者。
¶静岡歴 ([生]嘉永2 (1849) 年), 数学 ([生]弘化2 (1845) 年)

榎本就時 えのもとなりとき
慶長10 (1605) 年～寛文8 (1668) 年
江戸時代前期の長州 (萩) 藩士。
¶人名, 日人, 藩臣6

榎本馬州 えのもとばしゅう
元禄14（1701）年～宝暦13（1763）年　[別]馬州《ばしゅう》
江戸時代中期の尾張犬山藩士。
¶国書（馬州　ばしゅう　[没]宝暦13（1763）年12月6日），詩歌（馬州　ばしゅう），人名（[生]1702年），日人（[没]1764年），俳諧（馬州　ばしゅう　[生]？），俳句（馬州　ばしゅう　[没]宝暦13（1763）年12月6日），藩臣4，和俳

榎本半助 えのもとはんすけ
生没年不詳
江戸時代末期の武士、寺社吟味役。
¶和歌山人

榎本武揚 えのもとぶよう
→榎本武揚（えのもとたけあき）

榎本元久 えのもともとひさ
延宝8（1680）年～延享3（1746）年
江戸時代前期～中期の寄組士。
¶姓氏山口

江鶏五郎 えばしごろう
→那珂梧楼（なかごろう）

江幡吉平 えばたきちへい
*～文久1（1861）年
江戸時代末期の幕臣。
¶人名（[生]？），日人（[生]1831年）

江鶏五郎 えばたごろう
→那珂梧楼（なかごろう）

江畑杢右衛門 えばたもくえもん
江戸時代の武術家、為我流柔術の祖。
¶人名

江幡祐蔵 えばたゆうぞう
？　～明治1（1868）年5月27日
江戸時代末期の旗本。小栗家に寄寓。
¶幕末

江原金全 えはらかねたけ
～元和3（1617）年
江戸時代前期の旗本。
¶神奈川人

穎原季善 えはらすえよし
天保8（1837）年～明治17（1884）年
江戸時代末期～明治期の肥前福江藩士。
¶幕末（[没]1884年7月），藩臣7

海老江青丘 えびえせいきゅう
延宝8（1680）年～安永4（1775）年
江戸時代中期の近江彦根藩士。
¶藩臣4

衣斐茂記（衣非茂記） えびしげき
→衣非茂記（いびしげき）

海老名邦武 えびなくにたけ
→海老名三平（えびなさんぺい）

海老名郡次 えびなぐんじ
天保14（1843）年～大正3（1914）年　[別]海老名季昌《えびなすえまさ，えびなとしまさ》，郡治
江戸時代末期～明治期の陸奥会津藩士。
¶会津（海老名季昌　えびなすえまさ），海越（生没年不詳），海越新（[没]大正3（1914）年8月23日），日人，幕末（海老名季昌　えびなとしまさ　[没]1914年8月23日），藩臣2（海老名季昌　えびなとしまさ），福島百（海老名季昌　えびなとしまさ）

海老名小三郎 えびなこさぶろう
安土桃山時代～江戸時代前期の武士。里見氏家臣。
¶戦人（生没年不詳），戦東

海老名三平 えびなさんぺい
？　～寛政7（1795）年　[別]海老名邦武《えびなくにたけ》
江戸時代中期の三河挙母藩士、剣術師範。
¶剣豪，藩臣4（海老名邦武　えびなくにたけ）

海老名季昌 えびなすえまさ
→海老名郡次（えびなぐんじ）

海老名季昌 えびなとしまさ
→海老名郡次（えびなぐんじ）

海老名弥門 えびなやもん
？　～寛政1（1789）年
江戸時代中期の陸奥黒石藩家老。
¶藩臣1

海老原穆 えびはらあつし
→海老原穆（えびはらぼく）

海老原景昭 えびはらかげあき
→海老原修平（えびはらしゅうへい）

海老原景剛 えびはらかげまさ
文化2（1805）年～明治11（1878）年
江戸時代末期の志士。
¶岡山人

海老原清凞（海老原清熙） えびはらきよひろ
享和3（1803）年～？
江戸時代末期～明治期の薩摩藩士。
¶維新，鹿児島百，姓氏鹿児島（海老原清熙　[没]1887年），幕末（[没]1887年頃），藩臣7（海老原清熙）

海老原極人 えびはらきわめ
天保7（1836）年～明治8（1875）年6月7日
江戸時代後期～明治期の津山松平藩士。
¶岡山歴

海老原修平 えびはらしゅうへい
文化5（1808）年～明治3（1870）年　[別]海老原景昭《えびはらかげあき》
江戸時代末期～明治期の美作津山藩士、志士。土佐勤王党に参加。
¶岡山歴（海老原景昭　えびはらかげあき　[生]文化5（1808）年1月28日　[没]明治3（1870）年5月11日），幕末（[没]1870年6月9日）

海老原穆 えびはらぼく
天保1（1830）年～明治34（1901）年　[別]海老原穆《えびはらあつし》
江戸時代末期～明治期の薩摩藩士、記者。
¶朝日（[生]天保1年1月3日（1830年1月27日）[没]明治34（1901）年6月），維新，岡山人（えびはらあつし），コン改，コン4，コン5，新潮（[没]明治34（1901）年6月），人名，姓氏鹿児島，日史（[生]天保1（1830）年1月3日　[没]明治34（1901）年6月），日人，幕末（[没]1901年6月），百科，陸海（[生]天保1年1月3日　[没]明治34年6月）

え

江間堅清 えまかたきよ
天文17(1548)年～寛永7(1630)年
安土桃山時代～江戸時代前期の武士。佐竹氏家臣。
¶戦辞([没]寛永7年9月17日(1630年10月22日)), 戦人, 戦東

江馬秀次 えまひでつぐ
→江馬与右衛門(えまよえもん)

江馬安次 えまやすつぐ
正保3(1646)年～元禄10(1697)年
江戸時代前期の武士。
¶和歌山人

江馬与右衛門 えまよえもん
慶長6(1601)年～正保4(1647)年 [別]江馬秀次《えまひでつぐ》
江戸時代前期の紀伊和歌山藩士。
¶藩臣5, 和歌山人(江馬秀次 えまひでつぐ)

江馬義知 えまよしとも
享保10(1725)年～文化1(1804)年
江戸時代中期～後期の紀伊和歌山藩士。
¶人名, 日人, 和歌山人

江見氏春 えみうじはる
正徳5(1715)年～?
江戸時代中期の上野沼田藩士。
¶藩臣2

江見鋭馬 えみえいま
天保5(1834)年～明治4(1871)年
江戸時代末期～明治期の志士。備前岡山藩士。
¶維新, 岡山人, 岡山百, 岡山歴([生]天保5(1834)年9月20日 [没]明治4(1871)年8月5日), 近現, 近世, 国史, コン改, コン4, コン5, 新潮([没]明治4(1871)年8月15日), 人名, 日人, 幕末([生]1824年 [没]1871年9月29日), 藩臣6

江村厚 えむらあつし
→江村彦之進(えむらひこのしん)

江村宗晋 えむらそうしん
寛文3(1663)年～?
江戸時代前期～中期の美作津山藩士・肥後熊本藩士。地誌作者。
¶岡山人, 岡山百, 岡山歴, 国書

江村彦之進 えむらひこのしん
天保3(1832)年～元治1(1864)年 [別]江村厚《えむらあつし》
江戸時代末期の周防徳山藩士。
¶維新, 国書(江村厚 えむらあつし [生]天保3(1832)年2月4日 [没]元治1(1864)年8月12日), 人名, 日人, 幕末([没]1864年9月12日), 藩臣6

江村北海 えむらほくかい
→江村北海(えむらほっかい)

江村北海 えむらほっかい
正徳3(1713)年～天明8(1788)年 [別]江村北海《えむらほくかい》
江戸時代中期の美濃郡上藩の漢詩人。
¶朝日([生]正徳3年10月8日(1713年11月25日) [没]天明8年2月2日(1788年3月9日)), 岩史([生]正徳3(1713)年10月8日 [没]天明8(1788)年2月2日), 角史, 岐阜百, 教育(えむらほくかい), 京都大, 京都府, 近世, 国史, 国書([生]正徳3(1713)年10月8日 [没]天明8(1788)年2月2日), コン改, コン4, 詩歌, 史人([生]1713年10月8日 [没]1788年2月2日), 新潮([生]正徳3(1713)年10月8日 [没]天明8(1788)年2月2日), 人名, 姓氏京都, 世人([没]天明8(1788)年2月2日), 世百, 全書, 大百, 日史([没]天明8(1788)年2月2日), 日人, 藩臣3, 百科, 兵庫人([生]正徳3(1713)年10月8日 [没]天明8(1788)年3月2日), 歴大, 和俳([没]天明8(1788)年2月2日)

江村老泉 えむらろうせん
元文1(1736)年～文化11(1814)年
江戸時代中期～後期の土佐藩士、書家。
¶高知人, 国書([生]享保20(1735)年 [没]文化11(1814)年9月21日), 人名([没]1815年), 日人([生]1735年), 藩臣6([没]文化12(1815)年)

江本岩右衛門 えもといわえもん
生没年不詳
江戸時代中期の駿河沼津藩士。
¶藩臣4

江本豊太郎 えもととよたろう
弘化3(1846)年～慶応2(1866)年11月10日
江戸時代末期の長門長府藩士。
¶幕末

江守城陽 えもりじょうよう
→江守長順(えもりながより)

江守長順 えもりながより
寛政2(1790)年～弘化1(1844)年 [別]江守城陽《えもりじょうよう》
江戸時代後期の加賀大聖寺藩士。
¶国書(江守城陽 えもりじょうよう [没]弘化1(1844)年12月), 姓氏石川, 日人([没]1845年), 幕末([没]1845年1月), 藩臣3

江良英林 えらえいりん
? ～寛政1(1789)年
江戸時代中期の武術家。
¶人名, 日人

江良和祐 えらかずすけ
嘉永1(1848)年～明治44(1911)年
江戸時代末期～明治期の長門長府藩士。
¶幕末([没]1911年11月25日), 藩臣6

江里川忠能 えりがわただよし
? ～天保14(1843)年
江戸時代後期の幕臣、和学者。
¶江文

江竜清雄 えりゅうすがお
天保2(1831)年～明治37(1904)年
江戸時代後期～明治期の郷士、政治家。衆議院議員。
¶郷土滋賀, 滋賀百

塩谷朝周 えんこくちょうしゅう
? ～慶安4(1651)年
江戸時代前期の武士。
¶和歌山人

遠城治左衛門 えんじょうじざえもん
元禄3(1690)年～正徳5(1715)年
江戸時代中期の武士。

¶日人

円城寺豊貞 えんじょうじとよさだ
*〜元禄14(1701)年　[別]円城寺豊貞《おんじょうじとよさだ》
江戸時代前期〜中期の陸奥会津藩士、弓術家。
¶会津(おんじょうじとよさだ　[生]寛永2(1625)年)，藩臣2([生]元和7(1621)年)

円城寺嵐窓 えんじょうじらんそう
→嵐窓(らんそう)

遠藤曰人 えんどうあつじん
→曰人(あつじん)

遠藤曰人 えんどうえつじん
→曰人(あつじん)

遠藤黄赤子 えんどうおうせきし
→遠藤盛俊(えんどうせいしゅん)

遠藤温 えんどうおん
文政6(1823)年〜明治29(1896)年
江戸時代末期〜明治期の陸奥仙台藩士。
¶維新，姓氏宮城，幕末([生]1823年9月1日　[没]1896年6月4日)，宮城百

遠藤海蔵 えんどうかいぞう
？　〜明治1(1868)年
江戸時代末期の越後村上藩士。
¶幕末

遠藤鶴洲 えんどうかくしゅう
→遠藤勝助(えんどうしょうすけ)

遠藤勝助 えんどうかつすけ
→遠藤勝助(えんどうしょうすけ)

遠藤吉郎左衛門 えんどうきちろうさえもん，えんどうきちろうざえもん
*〜明治2(1869)年
江戸時代末期の陸奥仙台藩の大番士。
¶幕末([生]1829年　[没]1869年5月30日)，藩臣1(えんどうきちろうざえもん　[生]天保1(1830)年)

遠藤喜八郎 えんどうきはちろう
生没年不詳
江戸時代前期の弓術家。
¶高知人

遠藤清之丞 えんどうきよのじょう
生没年不詳
江戸時代中期の剣術家。願立流。
¶剣豪

遠藤謹助 えんどうきんすけ
天保7(1836)年〜明治26(1893)年9月13日
[別]松雲
江戸時代末期〜明治期の長州(萩)藩士、官吏。1863年イギリスに渡り、経済学、造幣術を学ぶ。
¶維新，海越，海越新，渡航，日人，幕末，履歴([生]天保7(1836)年2月15日　[没]明治26(1893)年9月12日)

遠藤高璟 えんどうこうけい
→遠藤高璟(えんどうたかのり)

遠藤五平太 えんどうごへいた
文化5(1808)年〜明治21(1888)年
江戸時代末期〜明治期の剣術家。
¶剣豪，人書94，姓氏長野([没]1889年)

遠藤允信 えんどうさねのぶ
天保7(1836)年〜明治32(1899)年　[別]遠藤允信《えんどうたかのぶ》
江戸時代末期〜明治期の陸奥仙台藩士。
¶朝日([没]明治32(1899)年4月20日)，維新，近現，近世，国史，国書([没]明治32(1899)年4月20日)，コン改(えんどうたかのぶ　[生]天保6(1835)年)，コン4(えんどうたかのぶ　[生]天保6(1835)年)，コン5(えんどうたかのぶ　[生]天保6(1835)年)，埼玉人，神人([没]明治32(1899)年4月)，新潮([没]明治32(1899)年4月)，姓氏宮城，日人，幕末([没]1899年4月20日)，藩臣1，宮城百

遠藤重次 えんどうしげつぐ
永禄9(1566)年〜寛永3(1626)年
江戸時代前期の旗本。
¶神奈川人，姓氏神奈川

遠藤十太夫 えんどうじゅうだゆう
安永2(1773)年〜嘉永3(1850)年　[別]遠藤保胤《えんどうやすたね》
江戸時代後期の因幡鳥取藩士。
¶剣豪，藩臣5(遠藤保胤　えんどうやすたね)

遠藤修理亮 えんどうしゅうりのすけ
→遠藤修理(えんどうしゅり)

遠藤修理 えんどうしゅり
？　〜元和6(1620)年8月4日　[別]遠藤修理亮《えんどうしゅうりのすけ》
安土桃山時代〜江戸時代前期の武士。
¶岡山人，岡山歴(遠藤修理亮　えんどうしゅうりのすけ)

遠藤順佐久(遠藤順左久) えんどうじゅんさく
天保4(1833)年〜明治15(1882)年6月21日
江戸時代末期〜明治期の勤王家。津山藩の外事探索掛。
¶岡山人(遠藤順左久)，岡山百([生]天保4(1833)年12月21日)，岡山歴([生]天保4(1833)年12月21日)，幕末

遠藤丈庵 えんどうじょうあん
天保10(1839)年〜？
江戸時代後期〜末期の新撰組隊士。
¶新撰

遠藤勝助 えんどうしょうすけ
寛政1(1789)年〜嘉永4(1851)年　[別]遠藤勝助《えんどうかつすけ》，遠藤鶴洲《えんどうかくしゅう》
江戸時代後期の儒学者。
¶江文(遠藤鶴洲　えんどうかくしゅう)，剣豪(えんどうかつすけ)，国書(遠藤鶴洲　えんどうかくしゅう　[没]嘉永4(1851)年7月24日)，コン改，コン4，新潮([没]嘉永4(1851)年7月24日)，人名，日人(遠藤鶴洲　えんどうかくしゅう)，洋学([生]天明7(1787)年)

遠藤新左衛門 えんどうしんざえもん
生没年不詳
江戸時代前期の美濃郡上藩家老。
¶藩臣3

遠藤盛俊 えんどうせいしゅん
*〜享保19(1734)年　[別]遠藤黄赤子《えんどうお

うせきし》, 遠藤盛俊《えんどうもりとし》
江戸時代中期の暦術家、陸奥仙台藩士。
¶国書（遠藤黄赤子　えんどうおうせきし　[生]寛文9（1669）年　[没]享保19（1734）年7月23日），人名（[生]1672年），姓氏宮城（えんどうもりとし　[生]？），日人（[生]1669年）

遠藤允信 えんどうたかのぶ
→遠藤允信（えんどうさねのぶ）

遠藤高璟 えんどうたかのり
天明4（1784）年～元治1（1864）年　[別]遠藤高璟《えんどうこうけい》
江戸時代後期の加賀藩の天文暦算家。
¶朝日（[生]天明4年2月15日（1784年4月4日）[没]元治1年11月12日（1864年12月10日）），石川百，近世，国史，国書（[生]天明4（1784）年2月15日　[没]元治1（1864）年10月21日），コン改（えんどうこうけい），コン4（えんどうこうけい），新潮（えんどうこうけい　[没]元治1（1864）年10月21日），人名（えんどうこうけい），姓氏石川，世人（えんどうこうけい　[没]元治1（1864）年10月21日），日人，幕末（[没]1864年12月10日），藩臣3

遠藤胤緒 えんどうたねお, えんどうたねを
→遠藤胤統（えんどうたねのり）

遠藤胤城 えんどうたねき
天保9（1838）年6月5日～明治42（1909）年11月9日　[別]遠藤胤城《えんどうたねしろ》，東胤城《とうたねき》
江戸時代末期～明治期の大名。近江三上藩主、和泉吉見藩主。
¶維新，諸系，日人，藩主3（えんどうたねしろ），藩主3，藩主3（えんどうたねしろ），藩主3

遠藤胤城 えんどうたねしろ
→遠藤胤城（えんどうたねき）

遠藤胤忠 えんどうたねただ
＊～寛政3（1791）年　[別]東胤忠《とうたねただ》
江戸時代中期の大名。近江三上藩主。
¶国書（[生]享保17（1732）年12月29日　[没]寛政3（1791）年10月12日），諸系（[生]1733年），人名（東胤忠　とうたねただ　[生]1730年），日人（[生]1733年），藩主3（[生]享保17（1732）年12月29日　[没]寛政3（1791）年10月12日）

遠藤胤親 えんどうたねちか
天和3（1683）年～享保20（1735）年　[別]東胤親《とうたねちか》
江戸時代中期の大名。美濃郡上藩主、近江三上藩主。
¶諸系，人名（東胤親　とうたねちか），日人，藩主2（[没]享保20（1735）年3月2日），藩主3（[生]天和3（1683）年5月14日　[没]享保20（1735）年3月2日）

遠藤胤統 えんどうたねつね
→遠藤胤統（えんどうたねのり）

遠藤胤富 えんどうたねとみ
宝暦11（1761）年～文化11（1814）年
江戸時代中期～後期の大名。近江三上藩主。
¶諸系，日人，藩主3（[生]宝暦11（1761）年1月15日　[没]文化11（1814）年9月24日）

遠藤胤将 えんどうたねのぶ
正徳2（1712）年12月22日～明和8（1771）年　[別]東胤将《とうたねまさ》
江戸時代中期の大名。近江三上藩主。
¶国書（[没]明和8（1771）年4月12日），諸系（[生]1713年），人名（東胤将　とうたねまさ），日人（[生]1713年），藩主3（[没]明和8（1771）年4月12日）

遠藤胤統 えんどうたねのり
寛政5（1793）年～明治3（1870）年　[別]遠藤胤緒《えんどうたねお, えんどうたねを》，遠藤胤統《えんどうたねつね》，東胤統《とうたねのり》
江戸時代末期～明治期の大名。近江三上藩主。
¶維新（遠藤胤緒　えんどうたねお），諸系，人名（東胤統　とうたねのり），日人，幕末（遠藤胤緒　えんどうたねを　[生]1793年12月25日　[没]1870年10月19日），藩主3（えんどうたねつね　[生]寛政5（1793）年11月22日　[没]明治3（1870）年9月25日）

遠藤常友 えんどうつねとも
寛永5（1628）年～延宝4（1676）年
江戸時代前期の大名。美濃郡上藩主。
¶岐阜百，国書（[生]寛永5（1628）年7月16日　[没]延宝4（1676）年5月4日），諸系，日人，藩主2（[生]寛永5（1628）年7月16日　[没]延宝4（1676）年5月4日）

遠藤常春 えんどうつねはる
寛文7（1667）年～元禄2（1689）年
江戸時代前期の大名。美濃郡上藩主。
¶岐阜百，諸系，日人，藩主2（[生]寛文7（1667）年1月16日　[没]元禄2（1689）年3月24日）

遠藤常久 えんどうつねひさ
貞享3（1686）年～元禄5（1692）年
江戸時代中期の大名。美濃郡上藩主。
¶岐阜百，諸系，日人，藩主2（[生]貞享3（1686）年4月5日　[没]元禄5（1692）年3月晦日）

遠藤貞一郎 えんどうていいちろう
＊～明治21（1888）年6月15日
江戸時代末期～明治期の周防徳山藩士、内務省官吏。
¶海越（[生]天保11（1840）年），海越新（[生]天保11（1840）年），渡航（[生]1840年），日人（[生]1841年），幕末（[生]1841年），藩臣6（[生]天保12（1841）年）

遠藤藤右衛門 えんどうとううえもん
江戸時代末期の種子島の郷士。
¶姓氏鹿児島

遠藤時影 えんどうときかげ
天保5（1834）年～明治21（1888）年5月3日
江戸時代後期～明治期の弓術家。
¶弓道，国書

遠藤俊通 えんどうとしみち
生没年不詳
安土桃山時代～江戸時代前期の武士。宇喜多氏家臣。
¶戦人

遠藤半四郎 えんどうはんしろう
？～文政9（1826）年

北原雅長 きたはらまさなが
　＊～大正2（1913）年
　江戸時代末期～明治期の陸奥会津藩士。
　¶会津（⊕天保13（1842）年），国書（⊕天保14
　（1843）年12月24日　⊗大正2（1913）年7月24
　日），人名（⊕1842年），世紀（⊕天保14（1844）
　年12月24日　⊗大正2（1913）年7月24日），長
　崎歴（⊕天保14（1843）年），日人（⊕1844年），
　幕末（⊕1842年　⊗1913年7月24日），藩臣2
　（⊕天保13（1842）年）

北原光次 きたはらみつつぐ
　天正17（1589）年～延宝6（1678）年
　江戸時代前期の陸奥会津藩家老。
　¶藩臣2

北原光裕 きたはらみつひろ
　生没年不詳
　江戸時代中期の会津藩士。
　¶国書

北原八十八 きたはらやそはち
　？　～文政6（1823）年
　江戸時代後期の信濃高遠藩士、砲術師範。
　¶藩臣3

北栄親 きたひでちか
　天正5（1577）年～寛文6（1666）年1月25日
　安土桃山時代～江戸時代前期の武将。
　¶国書

貴田孫太夫 きだまごだゆう
　寛文6（1666）年～宝永7（1710）年
　江戸時代中期の陸奥弘前藩士、兵学者。
　¶藩臣1

喜田松次郎 きだまつじろう
　？　～慶応2（1866）年3月10日
　江戸時代末期の志士。
　¶幕末

喜多見勝忠 きたみかつただ
　＊～寛永4（1627）年　⊛喜多見五郎左衛門《きたみ
　ごろうざえもん》
　安土桃山時代～江戸時代前期の武将。徳川氏家臣。
　¶茶道（喜多見五郎左衛門　きたみごろうざえも
　ん　⊕1567年），人名（⊕1567年），戦人（喜多
　見五郎左衛門　きたみごろうざえもん　⊕永禄
　11（1568）年），日人（⊕1568年　⊗1628年）

北見喜右衛門 きたみきうえもん
　→北見喜右衛門（きたみきえもん）

北見喜右衛門 きたみきえもん
　⊛北見喜右衛門《きたみきうえもん》
　安土桃山時代～江戸時代前期の武臣。里見氏家臣。
　¶戦人（生没年不詳），幕東（きたみきうえもん）

喜多見五郎左衛門 きたみごろうざえもん
　→喜多見勝忠（きたみかつただ）

喜多見重政 きたみしげまさ
　？　～元禄6（1693）年
　江戸時代前期の大名。武蔵喜多見藩主。
　¶朝日（⊗元禄6年7月28日（1693年8月29日）），
　近世（生没年不詳），国史（生没年不詳），史人
　（⊗1693年7月28日？），日人，藩主1

喜多村間雲 きたむらかんうん
　→喜多村政方（きたむらまさかた）

北村季吟 きたむらきぎん
　寛永1（1624）年～宝永2（1705）年　⊛季吟《きぎ
　ん》
　江戸時代前期～中期の旗本、幕府歌学方。俳人、
　歌人、和学者。
　¶朝日（⊕寛永1年12月11日（1625年1月19日）
　⊗宝永2年6月15日（1705年8月4日）），岩史
　（⊕寛永1（1624）年12月11日　⊗宝永2（1705）
　年6月15日），江戸東，江文，角史，神奈川人，
　京都，郷土滋賀，京都大，近世，国史，国書
　（⊕寛永1（1624）年12月11日　⊗宝永2（1705）
　年6月15日），コン改，コン4，詩歌，滋賀百，
　史人（⊕1624年12月11日　⊗1705年6月15日），
　重要（⊕寛永1（1624）年12月11日　⊗宝永2
　（1705）年6月15日），人書94，新潮（⊕寛永1
　（1624）年12月11日　⊗宝永2（1705）年6月15
　日　⊗寛永1（1624）年12月11日　⊗宝永
　2（1705）年6月15日），人名，姓氏神奈川，姓
　氏京都，世人（⊕寛永1（1624）年12月11日
　⊗宝永2（1705）年6月15日），世百，全書，大百
　（季吟　きぎん），伝記，世（⊕寛永1（1624）
　年12月11日　⊗宝永2（1705）年6月15日），日
　人（⊕1625年），俳諧（季吟　きぎん），俳句
　（季吟　きぎん　⊗宝永2（1705）年6月15日），
　百科，文学，平史，山梨百，歴大（季吟　きぎ
　ん），和俳（⊕寛永1（1624）年12月11日　⊗宝
　永2（1705）年6月15日）

北村季任 きたむらきにん
　→北村季任（きたむらすえとう）

北村久左衛門 きたむらきゅうざえもん
　天正18（1590）年～慶安1（1648）年
　江戸時代前期の陸奥弘前藩家老。
　¶藩臣1

喜多村監物(1) きたむらけんもつ
　正徳2（1712）年～寛延1（1748）年　⊛喜多村監物
　久通《きたむらけんもつひさみち》
　江戸時代中期の陸奥弘前藩家老。
　¶青森百（喜多村監物久通　きたむらけんもつひ
　さみち），藩臣1

喜多村監物(2) きたむらけんもつ
　→津軽監物（つがるけんもつ）

喜多村監物久通 きたむらけんもつひさみち
　→喜多村監物(1)（きたむらけんもつ）

喜多村校尉 きたむらこうい
　→喜多村政方（きたむらまさかた）

北村校尉 きたむらこうじょう
　→喜多村政方（きたむらまさかた）

北村壺友 きたむらこゆう
　寛政3（1791）年～安政2（1855）年
　江戸時代後期～末期の俳人、土佐藩士・北村力
　之丞。
　¶高知人

北村五嶺 きたむらごれい
　安永8（1779）年～天保10（1839）年
　江戸時代後期の町奉行、勘定奉行。

¶人名，日人

北村五郎兵衛　きたむらごろうべえ
→北村五郎兵衛（きたむらごろべえ）

北村五郎兵衛　きたむらごろべえ
？～宝暦3（1753）年　[別]北村五郎兵衛《きたむらごろうべえ》
江戸時代中期の出羽松山藩家老。
¶庄内（きたむらごろうべえ　[没]宝暦3（1753）年11月11日），藩臣1

北村重頼　きたむらしげより
弘化2（1845）年～明治11（1878）年
江戸時代末期～明治期の志士、土佐藩士。
¶高知人，人名，日人，幕末（[没]1878年3月2日），陸海（[没]明治11年3月2日）

喜田村修蔵　きたむらしゅうぞう
文政1（1818）年～明治1（1868）年
江戸時代末期の豊前小倉藩士。
¶人名（[生]1820年），日人（[没]1869年），藩臣7

北村松山　きたむらしょうざん
*～安政6（1859）年
江戸時代後期の加賀藩士。
¶国書（[生]天明2（1782）年　[没]安政6（1859）年12月12日），姓氏石川（[生]？），幕末（[生]1783年　[没]1860年1月4日）

北村季任　きたむらすえとう
貞享1（1684）年～宝永6（1709）年　[別]北村季任《きたむらきにん》
江戸時代前期～中期の旗本、国学者。
¶神奈川人，国書（[没]宝永6（1709）年2月15日），人名（きたむらきにん），日人

北村善吉　きたむらぜんきち
→北村義貞（きたむらよしさだ）

北村宗甫　きたむらそうほ
生没年不詳
江戸時代前期の加賀藩士・連歌作者。
¶国書

北村篤所　きたむらとくしょ
正保4（1647）年～享保3（1718）年　[別]北村可昌《きたむらよしまさ》
江戸時代前期～中期の大和芝村藩の儒学者。伊藤仁斎の直弟子。
¶朝日（[没]享保3（1718）年7月），京都大，国書（[没]享保3（1718）年7月11日），新潮（[没]享保3（1718）年7月11日），人名，姓氏京都，日人，藩臣4（北村可昌　きたむらよしまさ）

北村豊三　きたむらとよぞう
弘化1（1844）年～明治37（1904）年
江戸時代後期～明治期の斗南藩士。
¶青森人

北村久備　きたむらひさとも
生没年不詳
江戸時代後期の越後与板藩士・国学者。
¶江文，国書

北村方義　きたむらほうぎ
天保5（1834）年～明治34（1901）年
江戸時代末期～明治期の信濃須坂藩士。
¶姓氏長野，長野百，長野歴，藩臣3

喜多村孫之丞　きたむらまごのじょう
天正12（1584）年～承応2（1653）年　[別]喜多村政清《きたむらまさきよ》
江戸時代前期の紀伊和歌山藩士。
¶藩臣5，和歌山人（喜多村政清　きたむらまさきよ）

喜多村政方　きたむらまさかた
天和2（1682）年～享保14（1729）年　[別]喜多村間雲《きたむらかんうん》，喜多村校尉《きたむらこうい》，津軽校尉《つがるこうい》，北村校尉《きたむらこうじょう》
江戸時代中期の陸奥弘前藩家老。
¶青森百（喜多村校尉　きたむらこうい），国書（喜多村間雲　きたむらかんうん　[没]享保14（1729）年2月1日），コン改（北村校尉　きたむらこうじょう），コン4（北村校尉　きたむらこうじょう），人名（[生]1680年　[没]1727年），日人，藩臣1（津軽校尉　つがるこうい）

喜多村政清　きたむらまさきよ
→喜多村孫之丞（きたむらまごのじょう）

喜多村正矩　きたむらまさのり
元禄7（1694）年～宝暦6（1756）年
江戸時代中期の武士、幕臣。
¶和歌山人

北村弥右衛門　きたむらやえもん
*～元禄5（1692）年
江戸時代前期の陸奥弘前藩家老。
¶青森人（[生]延宝ころ），藩臣1（[生]寛永7（1630）年）

喜多村安伴　きたむらやすとも
？～享和2（1802）年
江戸時代中期～後期の上野小幡藩士。
¶藩臣2

喜多村弥六　きたむらやろく
文政5（1822）年頃～明治4（1871）年
江戸時代末期～明治期の筑後久留米藩士。
¶藩臣7

北村義貞　きたむらよしさだ
天保10（1839）年～明治32（1899）年　[別]北村善吉《きたむらぜんきち》
江戸時代末期～明治期の播磨姫路藩の志士。
¶維新（北村善吉　きたむらぜんきち），コン改，コン4，コン5，新潮（[没]明治32（1899）年5月7日），人名，日人，幕末（北村善吉　きたむらぜんきち　[没]1899年5月7日），藩臣5，兵庫人（[没]明治32（1899）年5月7日）

北村可昌　きたむらよしまさ
→北村篤所（きたむらとくしょ）

北村六郎兵衛　きたむらろくろうべえ
慶長6（1601）年～延宝5（1677）年
江戸時代前期の美作津山藩士。
¶藩臣6

北本重二郎　きたもとしげじろう
弘化4（1847）年～文久3（1863）年
江戸時代末期の大和十津川郷士。
¶維新

北保興 きたやすおき
文政3（1820）年～？
江戸時代後期～末期の幕臣。
¶国書

喜多山永隆 きたやまえいりゅう
→喜多山永隆（きたやまながたか）

喜多山永隆（喜田山永隆） **きたやまながたか**
*～明治6（1873）年 [別]喜多山永隆《きたやまえいりゅう》
江戸時代末期～明治期の国学者、蘭学者、越前鯖江藩士。
¶人名（喜田山永隆 [生]1810年），日人（[生]1810年），幕末（きたやまえいりゅう [生]1809年 [没]1873年10月19日），藩臣3（きたやまえいりゅう [生]文化6（1809）年）

北可継 きたよしつぐ
寛文11（1671）年～享保17（1732）年2月14日
江戸時代前期～中期の盛岡藩家老。
¶国書

其凋 きちょう
→神沢杜口（かんざわとこう）

吉川惟足 きっかわこれたり，きつかわこれたり
→吉川惟足（よしかわこれたり）

吉川惟足 きっかわこれたる，きつかわこれたる
→吉川惟足（よしかわこれたり）

吉川忠安 きっかわただやす
文政7（1824）年～明治17（1884）年
江戸時代末期～明治期の出羽秋田藩士。
¶維新，国書（[生]文政7（1824）年8月28日 [没]明治17（1884）年10月9日），日人，幕末（[没]1884年10月9日），藩臣1

吉川忠行 きっかわただゆき
寛政11（1799）年～元治1（1864）年 [別]吉川久治《きっかわひさはる》，吉川忠行《きっかわちゅうこう》
江戸時代末期の出羽秋田藩士。
¶秋田百（きっかわちゅうこう），維新，国書（[生]寛政11（1799）年2月19日 [没]元治1（1864）年3月17日），コン改（吉川久治 きっかわひさはる），コン4（吉川久治 きっかわひさはる），世人（吉川久治 きっかわひさはる），全書，日人，幕末（[没]1864年4月22日），藩臣1（[生]寛政10（1798）年）

吉川忠行 きっかわちゅうこう
→吉川忠行（きっかわただゆき）

吉川経健 きっかわつねたけ，きつかわつねたけ
安政2（1855）年～明治42（1909）年
江戸時代末期～明治期の大名。周防岩国藩主。
¶諸系，人名，日人，幕末（[没]1909年6月6日），藩主4（きつかわつねたけ [生]安政2（1855）年8月26日 [没]明治42（1909）年6月4日）

吉川経幹 きっかわつねまさ，きつかわつねまさ
文政12（1829）年～慶応3（1867）年 [別]吉川経幹《きっかわつねもと》，吉川監物《きっかわけんもつ》
江戸時代末期の大名。周防岩国藩主。
¶朝日（[生]文政12年9月3日（1829年9月30日） [没]慶応3年3月20日（1867年4月24日）），維新（[没]1869年），近世，国史，国書（[生]文政12（1829）年9月3日 [没]慶応3（1867）年3月20日），コン改（きっかわつねもと [没]明治2（1869）年），コン4（きっかわつねもと [没]明治2（1869）年），コン5（きっかわつねもと [没]明治2（1869）年），史人（[生]1829年9月3日 [没]1867年3月20日），諸系，新潮（[生]文政12（1829）年9月3日 [没]慶応3（1867）年3月20日），人名（きっかわつねもと [没]1869年），姓氏山口（きっかわつねもと [生]1831年 [没]1869年），日人，幕末（[没]1867年4月24日），藩主4（きつかわつねまさ [生]文政12（1829）年9月3日 [没]慶応3（1867）年3月20日），歴大

吉川経幹 きっかわつねもと
→吉川経幹（きっかわつねまさ）

吉川長程 きつかわながみち
元禄8（1695）年～享保20（1735）年
江戸時代中期の岩国藩家老。
¶姓氏山口

吉川久治 きっかわひさはる
→吉川忠行（きっかわただゆき）

吉川広家 きっかわひろいえ，きつかわひろいえ
永禄4（1561）年～寛永2（1625）年 [別]吉川経信《きっかわつねのぶ》，新庄侍従《しんじょうじじゅう》
安土桃山時代～江戸時代前期の毛利氏の武将。
¶朝日（[没]寛永2年9月21日（1625年10月22日）），角史，近世，系西，国史，国書（[生]永禄4（1561）年11月1日 [没]寛永2（1625）年9月21日），コン改，コン4，茶道，史人（[没]1625年9月21日），島根歴，諸系，新潮（[没]寛永2（1625）年9月21日），人名，姓氏山口（きつかわひろいえ），世人（[生]永禄4（1561）年11月1日 [没]寛永2（1625）年9月22日），戦合，戦国（[生]1562年），全書，戦人，戦西（[生]？），鳥取百（[生]永禄5（1562）年），日史（[没]寛永2（1625）年9月21日），日人，百科，山口百（きつかわひろいえ），歴大

吉川広正 きつかわひろまさ
慶長6（1601）年～寛文6（1666）年
安土桃山時代～江戸時代前期の岩国藩2代藩主。
¶姓氏山口

吉川広嘉 きっかわひろよし，きつかわひろよし
元和7（1621）年～延宝7（1679）年
江戸時代前期の武士。周防国岩国邑主。
¶黄檗（[生]元和7（1621）年7月6日），近世，国史，諸系，新潮（[生]元和7（1621）年7月6日 [没]延宝7（1679）年8月16日），人名，姓氏山口（きつかわひろよし），世人，日人

橘川房常 きっかわふさつね
生没年不詳
江戸時代中期の仙台藩士。
¶国書

喜連川昭氏 きつれがわあきうじ
寛永19（1642）年～正徳3（1713）年
江戸時代前期～中期の大名。下野喜連川藩主。
¶諸系，日人，藩主1（[生]寛永19（1642）年10月24日 [没]正徳3（1713）年11月12日）

喜連川氏連 きつれがわうじつら
元文4(1739)年～宝暦12(1762)年
江戸時代中期の大名。下野喜連川藩主。
¶諸系，日人，藩主1([生]元文4(1739)年，(異説)寛保1年6月23日　[没]宝暦11(1761)年12月17日)

喜連川氏春 きつれがわうじはる
寛文10(1670)年～享保6(1721)年
江戸時代中期の大名。下野喜連川藩主。
¶諸系，日人，藩主1([生]寛文10(1670)年5月11日　[没]享保6(1721)年6月25日)

喜連川茂氏 きつれがわしげうじ
元禄13(1700)年～明和4(1767)年
江戸時代中期の大名。下野喜連川藩主。
¶諸系，人名，日人，藩主1([生]元禄13(1700)年12月2日，(異説)元禄15年12月2日　[没]明和4(1767)年5月15日)

喜連川尊信 きつれがわたかのぶ
元和5(1619)年～承応2(1653)年
江戸時代前期の大名。下野喜連川藩主。
¶諸系，人名，日人，藩主1([没]承応2(1653)年3月17日)

喜連川彭氏 きつれがわちかうじ
明和8(1771)年～天保4(1833)年
江戸時代後期の大名。下野喜連川藩主。
¶剣豪，諸系，日人，藩主1([生]明和8(1771)年11月22日　[没]天保4(1833)年3月7日)

喜連川縄氏 きつれがわつなうじ
弘化1(1844)年～明治7(1874)年
江戸時代末期～明治期の大名。下野喜連川藩主。
¶諸系，日人，藩主1([生]天保15(1844)年4月7日　[没]明治7(1874)年3月2日)

喜連川熙氏(喜連川凞氏) きつれがわひろうじ
文化9(1812)年～文久1(1861)年　[別]足利凞氏《あしかがひろうじ》
江戸時代末期の大名。下野喜連川藩主。
¶維新(喜連川凞氏)，諸系，栃木歴，日人，幕末(喜連川凞氏　[没]1861年11月24日)，藩主1([生]文化9(1812)年1月19日　[没]文久1(1861)年11月10日，(異説)10月23日)

喜連川恵氏 きつれがわやすうじ
宝暦2(1752)年～文政12(1829)年
江戸時代中期～後期の大名。下野喜連川藩主。
¶諸系，日人，藩主1([生]宝暦2(1752)年，(異説)宝暦4年6月10日　[没]文政12(1829)年5月16日)

喜連川宜氏 きつれがわよしうじ
天保5(1834)年～文久2(1862)年
江戸時代末期の大名。下野喜連川藩主。
¶諸系，日人，藩主1([生]天保5(1834)年1月19日　[没]文久2(1862)年5月3日)

喜連川頼氏 きつれがわよりうじ
天正8(1580)年～寛永7(1630)年　[別]足利頼氏《あしかがよりうじ》
江戸時代前期の大名。下野喜連川藩主。
¶諸系，人名，戦国，戦辞(足利頼氏　あしかがよりうじ　[生]？　[没]寛永7年6月13日(1630年7月22日))，戦人，栃木歴，日人，藩主1([没]寛永7(1630)年6月13日)

木戸市郎右衛門 きどいちろううえもん
？　～宝永5(1708)年
江戸時代前期～中期の三河伊保藩士。
¶藩臣4

木藤市助 きとういちすけ
生没年不詳
江戸時代末期の薩摩藩士。
¶海越新，姓氏鹿児島，幕末

鬼頭熊次郎 きとうくまじろう
文政10(1827)年～*
江戸時代末期の越後長岡藩士。
¶幕末([没]1869年9月11日)，藩臣4([没]慶応4(1868)年)

木藤源左衛門 きとうげんざえもん
生没年不詳
江戸時代末期の薩摩藩士。
¶幕末

鬼頭少山 きとうしょうざん
文政5(1822)年～明治29(1896)年
江戸時代末期～明治期の越後長岡藩士。
¶人名，日人，幕末(生没年不詳)，藩臣4(生没年不詳)

木藤武清 きとうたけきよ
生没年不詳
江戸時代後期の薩摩藩士。
¶鹿児島百，姓氏鹿児島，藩臣7

鬼頭忠純 きとうただすみ，きとうただずみ
文政4(1821)年～文久3(1863)年　[別]鬼頭忠次郎《きとうちゅうじろう》
江戸時代末期の尾張藩士。
¶維新(鬼頭忠次郎　きとうちゅうじろう)，国書([生]文政4(1821)年8月15日　[没]文久3(1863)年4月16日)，新潮(きとうただずみ　[生]文政4(1821)年8月15日　[没]文久3(1863)年1月16日)，人名，日人，幕末(鬼頭忠次郎　きとうちゅうじろう　[没]1863年3月5日)，藩臣4

鬼頭忠次郎 きとうちゅうじろう
→鬼頭忠純(きとうただすみ)

鬼頭仲次 きとうなかつぐ
江戸時代末期～明治期の儒者、尾張藩士。
¶人名，日人(生没年不詳)

城戸月庵 きどげつあん
延享1(1744)年～寛政11(1799)年
江戸時代中期の大和郡山藩士、儒学者。
¶国書([没]寛政11(1799)年11月27日)，藩臣4，三重

木戸十右衛門 きどじゅうえもん
天保2(1645)年～享保11(1726)年
江戸時代前期～中期の剣術家。水野流。
¶剣豪

城戸十蔵 きどじゅうぞう
生没年不詳
江戸時代中期の信濃高遠藩士。
¶藩臣3

木戸孝允 きどたかよし
天保4(1833)年～明治10(1877)年　[別]桂小五郎《かつらこごろう》，貫治，松菊，木戸準一郎，木戸

孝允《きどこういん》
江戸時代末期～明治期の政治家、もと長州（萩）藩
士。吉田松陰の門下で高杉晋作等と学び、尊攘派
の中心的存在になる。のち倒幕に傾き、薩長連合
の密約を西郷隆盛、大久保利通らと交わし、新政
府では参与・参議として版籍奉還、廃藩置県など
に関わった。
　¶朝日（㊇天保4年6月26日（1833年8月11日）
　㊥明治10（1877）年5月26日），維新，岩史
　（㊇天保4（1833）年6月26日 ㊥明治10（1877）
　年5月26日），海越（㊇天保4（1833）年6月26日
　㊥明治10（1877）年5月26日），海越新（㊇天保4
　（1833）年6月26日 ㊥明治10（1877）年5月26
　日），角史，神奈川人，京都（桂小五郎　かつ
　らこごろう），京都大，郷士長崎，近現，近世，
　剣豪（桂小五郎　かつらこごろう），国際，国
　史，国書（㊇天保4（1833）年6月26日 ㊥明治10
　（1877）年5月26日），コン改，コン4，コン5，
　詩歌，史人（㊇1833年6月26日　㊥1877年5月26
　日），重要（㊇天保4（1833）年6月26日 ㊥明治
　10（1877）年5月26日），人書79，人書94，新潮
　（㊇天保4（1833）年6月26日 ㊥明治10（1877）
　年5月26日），人名，姓氏京都，姓氏山口，世人
　（㊇天保4（1833）年6月26日 ㊥明治10（1877）
　年5月26日），世百，全書，大百，伝記，渡航
　（㊇1833年6月26日 ㊥1877年5月26日），日史
　（㊇天保4（1833）年6月26日 ㊥明治10（1877）
　年5月26日），日人，日本，幕末（㊥1877年5月
　26日），藩臣6，百科，明治1，山口百，履歴
　（㊇天保4（1833）年6月26日 ㊥明治10（1877）
　年5月26日），歴大
幾度八郎　きどはちろう
　→幾度八郎（いくたびはちろう）
幾度判兵衛　きどはんべえ
　天保4（1833）年～元治1（1864）年
　江戸時代末期の対馬藩士。
　¶維新
木戸孫九郎　きどまごくろう
　安土桃山時代～江戸時代前期の武士。里見氏家臣。
　¶戦人（生没年不詳），戦END
幾度六右衛門　きどろくえもん
　正保1（1644）年～正徳4（1714）年
　江戸時代前期～中期の剣術家。東軍流。
　¶剣豪
木梨三丘　きなしさんきゅう
　→木梨恒充（きなしつねみつ）
木梨精一郎　きなしせいいちろう
　弘化2（1845）年～明治43（1910）年
　江戸時代末期～明治期の長州（萩）藩士、政治家。
　¶朝日（㊇弘化2年9月9日（1845年10月9日）
　㊥明治43（1910）年4月26日），維新，沖縄百
　（㊇弘化2（1845）年9月9日 ㊥明治43（1910）年
　4月26日），コン4，コン5，新潮（㊇弘化2
　（1845）年9月9日 ㊥明治43（1910）年4月26
　日），姓氏沖縄，姓氏山口，長野歴，日人，幕
　末（㊥1910年4月26日），藩臣6，山口百，陸海
　（㊇弘化2年9月9日 ㊥明治43（1910）年4月26日）
木梨恒徳　きなしつねのり
　生没年不詳

江戸時代前期の紀伊和歌山藩士。
　¶国書
木梨恒充　きなしつねみつ
　？ ～安政2（1855）年　別木梨三丘《きなしさん
　きゅう》
　江戸時代後期～末期の画家、長州（萩）藩士。
　¶国書（㊇安政2（1855）年10月2日），人名（木梨
　三丘　きなしさんきゅう），日人
木滑要人　きなめりょうにん
　江戸時代末期の出羽米沢藩士。
　¶維新
衣笠卯左衛門　きぬがさうざえもん
　文政8（1825）年～明治6（1873）年
　江戸時代末期の武士。
　¶和歌山人
衣笠定右衛門　きぬがささだえもん
　享保14（1729）年～享和3（1803）年
　江戸時代中期～後期の剣術家。今枝流。
　¶剣豪
衣笠直武　きぬがさなおたけ
　天正16（1588）年～寛文8（1668）年
　江戸時代前期の三河岡崎藩士。
　¶藩臣4
衣川俶　きぬがわまなぶ
　明和6（1769）年～弘化4（1847）年
　江戸時代中期～後期の備後福山藩士、儒学者。
　¶藩臣6
木下韡村（木下韡）　きのしたいそん
　文化2（1805）年～慶応3（1867）年　別木下犀潭
　《きのしたさいたん》，木下業広《きのしたなりひ
　ろ》
　江戸時代末期の肥後熊本藩士。
　¶維新（木下犀潭　きのしたさいたん），熊本百
　（㊇文化2（1805）年8月5日　㊥慶応3（1867）年5
　月6日），国書（木下韡　慶応3（1867）年5月6
　日），詩歌，人名（木下犀潭　きのしたさいた
　ん），日人（木下犀潭　きのしたさいたん），幕
　末（㊥1867年5月6日），藩臣7，和俳
木下巌　きのしたいわお
　天保14（1843）年～慶応4（1868）年8月21日
　江戸時代後期～末期の新撰組隊士。
　¶新撰
木下嘉久次　きのしたかくじ
　弘化1（1844）年～元治1（1864）年　別木下庫之助
　《きのしたくらのすけ》
　江戸時代末期の志士、野根山岩佐番所番頭、野根
　山二十三士の一人。
　¶維新，高知人，コン改（木下庫之助　きのした
　くらのすけ），コン4（木下庫之助　きのしたく
　らのすけ），人名，幕末（木下庫之助　き
　のしたくらのすけ　㊇1864年10月5日）
木下勝蔵　きのしたかつぞう
　嘉永1（1848）年～？
　江戸時代後期～末期の新撰組隊士。
　¶新撰
木下勝俊　きのしたかつとし
　→木下長嘯子（きのしたちょうしょうし）

木下㒶定 きのしたきんさだ
承応2(1653)年～享保15(1730)年12月24日
江戸時代前期～中期の大名。備中足守藩主。
¶岡山人，岡山歴([生]承応2(1653)年6月7日)，国書([生]承応2(1653)年6月7日)，諸系([没]1731年)，人名([生]1648年 [没]1725年)，日人([没]1731年)，藩主4([生]承応2(1653)年6月7日)

木下庫之助 きのしたくらのすけ
→木下嘉久次(きのしたかくじ)

木下犀潭 きのしたさいたん
→木下韡村(きのしたいそん)

木下順庵 きのしたじゅんあん
元和7(1621)年～元禄11(1698)年
江戸時代前期の加賀藩士。儒学者。門下から木門十哲を輩出。
¶朝日([生]元和7年6月4日(1621年7月22日) [没]元禄11年12月23日(1699年1月23日))，岩史([生]元和7(1621)年6月4日 [没]元禄11(1698)年12月23日)，江戸東，江文，角史，神奈川人([生]1626年)，教育，京都，京都大，近世，国史，国書([没]元禄11(1698)年12月23日)，コン改，コン4，詩歌，史人([生]1621年6月4日 [没]1698年12月23日)，重要([生]元和7(1621)年6月4日 [没]元禄11(1698)年12月23日)，人書94，新潮([生]元和7(1621)年6月4日 [没]元禄11(1698)年12月23日)，人名，姓氏石川，姓氏京都，世人([生]元和7(1621)年6月4日 [没]元禄11(1698)年12月23日)，世百，全書，大百，伝記，日史([生]元和7(1621)年6月4日 [没]元禄11(1698)年12月23日)，日人([没]1699年)，百科，歴大，和俳([生]元和7(1621)年6月4日 [没]元禄11(1698)年12月23日)

木下慎之助 きのしたしんのすけ
嘉永2(1849)年～元治1(1864)年
江戸時代末期の志士、野根山二十三士の一人。
¶維新，高知人，人名，日人，幕末([没]1864年10月5日)

木下長嘯子 きのしたちょうしょうし
永禄12(1569)年～慶安2(1649)年 [別]木下勝俊《きのしたかつとし》，若狭宰相《わかささいしょう》，若狭少将《わかさしょうしょう》，長嘯《ちょうしょう》，木下式部大輔《きのしたしきぶたいふ，きのしたしきぶたゆう》，竜野侍従《たつのじじゅう》
安土桃山時代～江戸時代前期の大名、歌人。若狭小浜藩主、備中足守藩主。
¶愛知百([没]1649年6月15日)，朝日([没]慶安2年6月15日(1649年7月24日))，岩史([没]慶安2(1649)年6月15日)，岡山人(木下勝俊 きのしたかつとし)，岡山百(木下勝俊 きのしたかつとし [没]慶安2(1649)年6月15日)，岡山歴(木下勝俊 きのしたかつとし [没]慶安2(1649)年6月15日)，角史(木下勝俊 きのしたかつとし)，京都，京都大，近世，国史，国書([没]慶安2(1649)年6月15日)，コン改，コン4，茶道，詩歌，史人([没]1649年6月15日)，諸系，人書94，新潮([没]慶安2(1649)年6月15日)，新文([没]慶安2(1649)年6月15日)，人名，姓氏愛知([生]？)，姓氏京都，世人(木下勝俊 きのしたかつとし)，世百，戦合，戦国(木下勝俊 きのしたかつとし)，全書，戦人(木下勝俊 きのしたかつとし)，大百，日史(木下勝俊 きのしたかつとし [没]慶安2(1649)年6月15日)，日人，藩主3(木下勝俊 きのしたかつとし)，藩主4(木下勝俊 きのしたかつとし [没]慶安2(1649)年6月15日)，百科，兵庫百，福井百(木下勝俊 きのしたかつとし)，仏教([没]慶安2(1649)年6月15日)，文学，歴大，和俳([没]慶安2(1649)年6月15日)

木下俊良 きのしたとしあき
寛政7(1795)年～文化12(1815)年 [別]木下俊良《きのしたとしよし》
江戸時代後期の大名。豊後日出藩主。
¶諸系，日人，藩主4(きのしたとしよし [生]寛政7(1795)年9月5日 [没]文化12(1815)年10月17日)

木下俊敦 きのしたとしあつ
享和2(1802)年～明治19(1886)年
江戸時代末期～明治期の大名。豊後日出藩主。
¶諸系，日人，藩主4([生]享和2(1802)年2月28日 [没]明治19(1886)年10月12日)

木下利彪 きのしたとしあや
→木下利彪(きのしたとしとら)

木下俊在 きのしたとしあり
正徳4(1714)年～享保16(1731)年
江戸時代中期の大名。豊後日出藩主。
¶諸系，日人，藩主4([没]享保16(1731)年11月25日)

木下俊量 きのしたとしかず
寛文12(1672)年～享保15(1730)年
江戸時代中期の大名。豊後日出藩主。
¶諸系，日人，藩主4([没]享保14(1729)年11月13日)

木下俊方 きのしたとしかた
天保1(1830)年～安政1(1854)年
江戸時代末期の大名。豊後日出藩主。
¶諸系，日人，藩主4([生]天保1(1830)年10月2日 [没]安政1(1854)年7月2日)

木下利潔 きのしたとしきよ
正徳1(1711)年～元文5(1740)年
江戸時代中期の大名。備中足守藩主。
¶岡山人，岡山歴([生]正徳3(1713)年10月12日 [没]元文5(1740)年7月21日)，諸系，日人，藩主4([生]正徳1(1711)年，(異説)正徳3年10月12日 [没]元文5(1740)年7月21日)

木下利貞 きのしたとしさだ
寛永4(1627)年～延宝7(1679)年
江戸時代前期の大名。備中足守藩主。
¶岡山人，岡山歴([没]延宝7(1679)年4月16日)，諸系，日人，藩主4([没]延宝7(1679)年4月16日)

木下利忠 きのしたとしただ
元文3(1738)年～文化6(1809)年
江戸時代中期～後期の大名。備中足守藩主。
¶岡山人，岡山歴([生]元文3(1738)年4月7日 [没]文化6(1809)年8月12日)，諸系，日人，藩主4([生]元文3(1738)年4月7日 [没]文化6(1809)年8月12日)

木下俊胤 きのしたとしたね
延享4(1747)年～安永5(1776)年
江戸時代中期の大名。豊後日出藩主。
¶諸系,日人,藩主4([没]安永5(1776)年5月20日)

木下利愛 きのしたとしちか
文化1(1804)年～安政6(1859)年
江戸時代末期の大名。備中足守藩主。
¶岡山歴([生]文化1(1804)年4月5日 [没]安政6(1859)年5月17日),諸系,日人,藩主4([生]文化1(1804)年4月5日 [没]安政6(1859)年5月17日)

木下利彪 きのしたとしとら
明和3(1766)年～享和1(1801)年 [別]木下利彪《きのしたとしあや》
江戸時代中期～後期の大名。備中足守藩主。
¶岡山人,岡山歴([没]享和1(1801)年5月14日),諸系,人名(きのしたとしあや),日人,藩主4([生]明和3(1766)年,(異説)明和1年 [没]享和1(1801)年5月14日)

木下俊長 きのしたとしなが
慶安1(1648)年～享保1(1716)年
江戸時代前期～中期の大名。豊後日出藩主。
¶朝日([生]慶安1年12月1日(1649年1月13日) [没]享保1年9月8日(1716年10月22日)),大分歴,近世,国史,コン改,コン4,史人([生]1648年12月1日 [没]1716年9月8日),諸系([生]1649年),新潮([生]慶安1(1648)年12月1日 [没]享保1(1716)年9月9日),人名,日人([生]1649年),藩主4([生]慶安1(1648)年10月 [没]享保1(1716)年9月8日)

木下俊程 きのしたとしのり
天保4(1833)年～慶応3(1867)年
江戸時代末期の大名。豊後日出藩主。
¶維新,大分百,諸系,新潮([生]天保4(1833)年2月6日 [没]慶応3(1867)年8月27日),人名,日人,幕末([没]1867年9月24日),藩主4([生]天保4(1833)年2月6日 [没]慶応3(1867)年8月20日)

木下利徳 きのしたとしのり
寛政1(1789)年～文政4(1821)年
江戸時代後期の大名。備中足守藩主。
¶岡山人,岡山歴([生]寛政1(1789)年3月13日 [没]文政4(1821)年8月21日),諸系,日人,藩主4([生]寛政1(1789)年3月13日 [没]文政4(1821)年8月21日)

木下俊治 きのしたとしはる
慶長19(1614)年～寛文1(1661)年
江戸時代前期の大名。豊後日出藩主。
¶大分歴,諸系,日人,藩主4([没]寛文1(1661)年4月3日)

木下利房 きのしたとしふさ
天正1(1573)年～寛永14(1637)年
安土桃山時代～江戸時代前期の大名。備中足守藩主。
¶岡山人,岡山歴([生]天正2(1574)年 [没]寛永14(1637)年8月26日),近世,国史,史人([没]1637年6月21日),諸系,新潮([没]寛永14(1637)年6月21日),人名,戦合,戦国,戦人,日人,藩主4([生]天正1(1573)年,(異説)天正2年 [没]寛永14(1637)年6月21日)

木下俊愿 きのしたとしまさ
天保8(1837)年～明治13(1880)年
江戸時代末期～明治期の大名。豊後日出藩主。
¶諸系,日人,藩主4([生]天保8(1837)年4月27日 [没]明治13(1880)年4月15日)

木下俊懋 きのしたとしまさ
安永1(1772)年～文政5(1822)年
江戸時代後期の大名。豊後日出藩主。
¶諸系,日人,藩主4([生]安永1(1772)年8月2日 [没]文政5(1822)年7月3日)

木下利当 きのしたとしまさ
慶長8(1603)年～寛文1(1661)年
江戸時代前期の大名、槍術家(木下流の祖)。備中足守藩主。
¶岡山人,岡山歴([没]寛文1(1661)年12月28日),近世,国史,諸系([没]1662年),人名,日人([没]1662年),藩主4([没]寛文1(1661)年12月28日)

木下利恭 きのしたとしもと
天保3(1832)年～明治23(1890)年 [別]木下利恭《きのしたとしやす》
江戸時代末期～明治期の大名。備中足守藩主。
¶岡山歴(きのしたとしやす [生]天保3(1832)年7月24日 [没]明治23(1890)年3月29日),諸系,日人,藩主4(きのしたとしやす [生]天保3(1832)年7月24日 [没]明治23(1890)年3月29日)

木下俊泰 きのしたとしやす
享保11(1726)年～明和5(1768)年
江戸時代中期の大名。豊後日出藩主。
¶諸系,日人,藩主4([生]享保11(1726)年4月 [没]明和5(1768)年7月29日)

木下利恭 きのしたとしやす
→木下利恭(きのしたとしもと)

木下俊能 きのしたとしよし
享保10(1725)年～寛延1(1748)年
江戸時代中期の大名。豊後日出藩主。
¶諸系,日人,藩主4([生]享保13(1728)年9月20日,(異説)享保10年9月20日 [没]寛延1(1748)年8月30日)

木下俊良 きのしたとしよし
→木下俊良(きのしたとしあき)

木下利徽 きのしたとしよし
*～嘉永4(1851)年
江戸時代後期の大名。備中足守藩主。
¶岡山歴([生]天明6(1786)年12月1日 [没]嘉永4(1851)年9月13日),諸系([生]1787年),日人([生]1787年),藩主4([生]天明6(1786)年12月1日 [没]嘉永4(1851)年9月13日)

木下利義 きのしたとしよし
江戸時代末期の幕臣。
¶維新,幕末(生没年不詳)

木下長監 きのしたながてる
享保9(1724)年～寛保2(1742)年
江戸時代中期の大名。豊後日出藩主。
¶諸系,日人,藩主4([没]寛保1(1741)年12月14

日）

木下長保 きのしたながやす
宝永3（1706）年～元文3（1738）年
江戸時代中期の大名。豊後日出藩主。
¶諸系，日人，藩主4（[生]宝永3（1706）年7月23日 [没]元文3（1738）年8月29日）

木下延俊 きのしたのぶとし
天正5（1577）年～寛永19（1642）年
安土桃山時代～江戸時代前期の武将、大名。豊後日出藩主。
¶大分歴，国書（[没]寛永19（1642）年1月7日），諸系，人名，戦国，戦人，日人，藩主4（[没]寛永19（1642）年1月7日）

木下秀三 きのしたひでみつ
天和1（1681）年～享保10（1725）年11月11日
江戸時代前期～中期の幕臣。
¶国書5

木下弥八郎 きのしたやはちろう
生没年不詳
江戸時代末期の豊岡藩家老。
¶維新，コン改，コン4，人名，日人，幕末

木下蘭皐 きのしたらんこう
天和1（1681）年～宝暦2（1752）年
江戸時代中期の漢学者、尾張藩士。
¶朝日（[没]宝暦2年8月6日（1752年9月13日）），国書（[没]宝暦2（1752）年8月6日），コン改，コン4，詩歌，新潮（[没]宝暦2（1752）年8月6日），人名，日人，和俳（[没]宝暦2（1752）年8月6日）

木本成理 きのもとなりまさ
元禄11（1698）年～明和8（1771）年　[別]木本成理《きのもとなりみち，きもとしげのり》
江戸時代中期の陸奥会津藩士、神道学者。
¶会津（きのもとなりみち），国書（[没]明和8（1771）年2月），藩臣2（きもとしげのり　[生]元禄1（1688）年）

木本成理 きのもとなりみち
→木本成理（きのもとなりまさ）

宜麦 ぎばく
→川路宜麦（かわじぎばく）

木幡清忠 きはたきよただ
生没年不詳
江戸時代前期の剣術家。
¶姓氏岩手

木原源右衛門 きはらげんうえもん
寛政9（1797）年～明治12（1879）年
江戸時代末期～明治期の長州（萩）藩士。
¶幕末（[没]1879年11月14日），藩臣6

木原章六 きはらしょうろく
？　～明治22（1889）年
江戸時代末期～明治期の広島藩士、検事。控訴院評定官をつとめる。
¶人名，日人

木原桑宅 きはらそうたく
文化13（1816）年～明治14（1881）年
江戸時代末期～明治期の安芸広島藩校教授。
¶維新，人名（[生]1814年），日人，幕末（[没]1881年8月23日），藩臣6

木原隆忠 きはらたかただ
文政11（1828）年～明治12（1879）年
江戸時代末期～明治期の肥前佐賀藩士。
¶佐賀百（[没]明治12（1879）年9月），幕末

木原楯臣（木原盾臣） きはらたておみ
文化2（1805）年～慶応4（1868）年　[別]木原藤園《きはらとうえん》
江戸時代末期の有職故実家。肥後熊本藩士。
¶朝日（[没]慶応4年7月8日（1868年8月25日）），近世，考古（[没]明治1年（1868年7月8日）），国史，国書（木原藤園　きはらとうえん　[没]慶応4（1868）年7月8日），史人（[没]1868年7月8日），新潮（[没]慶応4（1868）年7月8日），人名（木原盾臣），日人

木原親白 きはらちかあき
～寛政10（1798）年
江戸時代中期の旗本。
¶神奈川人

木原適処（木原適所） きはらてきしょ
文政9（1826）年～明治34（1901）年　[別]木原秀三郎《きはらひでさぶろう》
江戸時代末期～明治期の安芸広島藩士。
¶維新，学校（[没]明治34（1901）年12月7日），人名（木原適所），日人，幕末（[没]1901年12月7日），藩臣6（木原秀三郎　きはらひでさぶろう）

木原藤園 きはらとうえん
→木原楯臣（きはらたておみ）

木原秀三郎 きはらひでさぶろう
→木原適処（きはらてきしょ）

木原又兵衛 きはらまたべえ
江戸時代末期の新撰組隊士。
¶新撰

木原雄吉 きはらゆうきち
→木原老谷（きはらろうこく）

木原竜之助 きはらりゅうのすけ
天保1（1830）年～安政5（1858）年
江戸時代末期の志士。
¶人名

木原老谷 きはらろうこく
文政7（1824）年～明治16（1883）年　[別]木原雄吉《きはらゆうきち》
江戸時代末期～明治期の常陸土浦藩士。
¶国書（[没]明治16（1883）年5月27日），人名，日人，幕末（木原雄吉　きはらゆうきち　[没]1883年5月27日），藩臣2（木原雄吉　きはらゆうきち）

亀文 きぶん
→松平忠告（まつだいらただつぐ）

木部謙蔵 きべけんぞう
生没年不詳
江戸時代の庄内藩士。
¶庄内

木部四郎右衛門 きべしろうえもん
生没年不詳　[別]木部四郎右衛門《きべしろえもん》
江戸時代の測量家、明石藩士。
¶国書，人名（きべしろえもん），日人

木部四郎右衛門 きべしろえもん
→木部四郎右衛門(きべしろうえもん)

木部直方 きべなおかた
生没年不詳
江戸時代前期の旗本。
¶神奈川人

木俣清左衛門 きまたせいざえもん
江戸時代末期の近江彦根藩家老。
¶維新，幕末(生没年不詳)

木全惣右衛門 きまたそううえもん
生没年不詳　[別]木全惣右衛門《きまたそうえもん》
江戸時代中期の備後三次藩士。
¶姓氏愛知(きまたそうえもん)，藩臣6

木全惣右衛門 きまたそうえもん
→木全惣右衛門(きまたそううえもん)

木俣守安 きまたもりやす
天正13(1585)年～延宝1(1673)年
江戸時代前期の近江彦根藩家老。
¶人名([生]？)，日人，藩臣4

木俣守易 きまたもりやす
生没年不詳
江戸時代後期の武士。
¶日人

木村藹吉 きむらあいきち
天保11(1840)年～明治12(1879)年　[別]木村繁四郎《きむらはんしろう》，木村杢之助《きむらもくのすけ》
江戸時代末期～明治期の陸奥弘前藩士。
¶維新([生]1842年　[没]1881年)，人名，日人，幕末([没]1879年9月4日)，藩臣1(木村繁四郎　きむらはんしろう)

木村有益 きむらあります
？　～延宝7(1679)年
江戸時代前期の陸奥会津藩士。
¶藩臣2

木村幾三郎 きむらいくさぶろう
文化3(1806)年～安政2(1855)年2月27日
江戸時代後期～末期の安芸広島藩士、広島新田藩家老。
¶国書

木村聿 きむらいつ
→木村権之衛門(きむらごんのえもん)

木村右源太 きむらうげんた
安永8(1779)年～文政7(1824)年
江戸時代後期の陸奥黒石藩士。
¶藩臣1

木村岡右衛門 きむらおかえもん
万治1(1658)年～元禄16(1703)年
江戸時代中期の播磨赤穂藩士。赤穂義士の一人。
¶人名，日人

木村重任 きむらおもとう
→木村重任(きむらしげとう)

木村芥舟 きむらかいしゅう
天保1(1830)年～明治34(1901)年　[別]勘助，喜毅《よしき》，図書，天模，兵庫頭，木村喜毅《きむらよしたけ》，木村摂津守《きむらせっつのかみ》，楷堂
江戸時代末期～明治期の幕臣。1860年咸臨丸提督としてアメリカに渡る。
¶朝日([生]天保1年2月5日(1830年2月27日)　[没]明治34(1901)年12月9日)，維新，岩史([生]文政13(1830)年2月5日　[没]明治34(1901)年12月9日)，海越([生]天保1(1830)年2月5日　[没]明治34(1901)年12月9日)，海越新([生]天保1(1830)年2月5日　[没]明治34(1901)年12月9日)，江文，近現，近世，国史，国書([生]文政13(1830)年2月5日　[没]明治34(1901)年12月9日)，コン改，コン4，コン5，史人([生]1830年2月5日　[没]1901年12月9日)，人書94，新潮([生]天保1(1830)年2月5日　[没]明治34(1901)年12月9日)，人名，世人([生]天保1(1830)年2月5日　[没]明治34(1901)年12月9日)，先駆([生]天保1(1830)年2月5日　[没]明治34(1901)年12月9日)，全書，日史([生]天保1(1830)年2月5日　[没]明治34(1901)年12月9日)，日人，日本，幕末([生]1830年2月27日　[没]1901年12月9日)，百科，洋学

木村甲斐守 きむらかいのかみ
江戸時代末期の代官。
¶埼玉百

木村万年 きむらかずとし
→木村八甲(きむらはっこう)

木村嘉太夫 きむらかだゆう
？　～享保13(1728)年
江戸時代中期の武士。
¶和歌山人

木村勝教 きむらかつのり
生没年不詳
江戸時代末期の関東郡代。
¶埼玉人

木村勘助 きむらかんすけ
天正18(1590)年～寛永14(1637)年
安土桃山時代～江戸時代前期の日形領主。
¶姓氏岩手

木村勘兵衛 きむらかんべえ
文化11(1814)年～慶応1(1865)年
江戸時代末期の水戸藩郷士。水戸天狗党。
¶維新，人名([生]1803年)，日人，幕末

木村毅斎 きむらきさい
→木村高敦(きむらたかあつ)

木村喜之助 きむらきのすけ
江戸時代後期の幕臣。
¶人名

木村九左衛門 きむらくざえもん
明暦2(1656)年～正徳3(1713)年
江戸時代前期～中期の加賀大聖寺藩家老。
¶藩臣3

木村熊二 きむらくまじ
弘化2(1845)年～昭和2(1927)年
江戸時代末期～明治期の静岡藩士、教育家、宗教家。明治女学校の創立に妻の鐙と共に参加。
¶朝日([生]弘化2年1月25日(1845年3月3日)　[没]昭和2(1927)年2月28日)，海越([生]弘化2(1845)年2月25日　[没]昭和2(1927)年2月28日)，海越新([生]弘化2(1845)年2月25日　[没]昭

和2(1927)年2月28日)，学校(㊓弘化2(1845)年1月25日　㊟昭和2(1927)年2月28日)，郷土長野，キリ(㊓弘化2年2月25日(1845年4月1日)　㊟昭和2(1927)年2月28日)，近現，近文，国史，コン5，静岡歴，新潮(㊓弘化2(1845)年2月25日　㊟昭和2(1927)年2月28日)，世紀(㊓弘化2(1845)年1月25日　㊟昭和2(1927)年2月28日)，姓氏長野，渡航(㊓1845年2月25日　㊟1927年2月28日)，長野百，長野歴，日人，履歴(㊓弘化2(1845)年1月25日　㊟昭和2(1927)年2月28日)，歴大

き

木村熊之進　きむらくまのしん
文化14(1817)年～明治1(1868)年
江戸時代末期の陸奥会津藩士。
¶人名，日人，幕末(㊓1820年　㊟1868年6月20日)

木村軍太郎　きむらぐんたろう
文政10(1827)年～文久2(1862)年　㊕木村重周《きむらしげちか》
江戸時代末期の佐倉藩士。
¶維新，国書(木村重周　きむらしげちか　㊓文政10(1827)年1月12日　㊟文久2(1862)年8月15日)，人名，日人，幕末(㊟1862年9月8日)，藩臣3，洋学

木村源之丞　きむらげんのじょう
？　～天明3(1783)年
江戸時代中期の剣術家。無眼流。
¶剣豪

木村権之衛門　きむらごんのえもん
文政7(1824)年～文久3(1863)年　㊕木村聿《きむらいつ》，里見孝助《さとみこうすけ》
江戸時代末期の水戸藩士。
¶維新，国書(木村聿　きむらいつ　㊟文久3(1863)年3月26日)，人名，日人，幕末(㊟1863年5月13日)，藩臣2

木村三郎　きむらさぶろう
→木村重任(きむらしげとう)

木村三四郎　きむらさんしろう
貞享3(1686)年～宝暦12(1762)年
江戸時代前期～中期の剣術家。影山流ほか。
¶剣豪

木村重周　きむらしげちか
→木村軍太郎(きむらぐんたろう)

木村林昱　きむらしげてる
寛政9(1797)年～安政5(1858)年　㊕木村俊左衛門《きむらしゅんざえもん，きむらとしざえもん》
江戸時代末期の石見津和野藩士。
¶国書，島根人(木村俊左衛門　きむらしゅんざえもん)，島根百(木村俊左衛門　きむらしゅんざえもん　㊓寛政9(1797)年7月26日　㊟安政5(1858)年3月6日)，島根歴(木村俊左衛門　きむらしゅんざえもん)，人名，日人，藩臣5(木村俊左衛門　きむらとしざえもん)

木村重任　きむらしげとう
文化14(1817)年～明治17(1884)年　㊕木村三郎《きむらさぶろう》，木村重任《きむらおもとう，きむらしげとし》，木村松陵《きむらしょうりょう》
江戸時代末期～明治期の筑後久留米藩士。
¶維新，国書(木村松陵　きむらしょうりょう　㊓文化14(1817)年2月13日　㊟明治17(1884)年12月10日)，神人(きむらしげとし　生没年不詳)，人名，日人，幕末(きむらおもとう　㊟1884年11月11日)，藩臣7(木村三郎　きむらさぶろう)，福岡百(木村三郎　きむらさぶろう　㊓文政10(1827)年　㊟明治17(1884)年12月10日)

木村重任　きむらしげとし
→木村重任(きむらしげとう)

木村銃太郎　きむらじゅうたろう
弘化4(1847)年～明治1(1868)年9月15日
江戸時代末期の陸奥二本松藩士。
¶幕末

木村俊左衛門　きむらしゅんざえもん
→木村林昱(きむらしげてる)

木村正右衛門　きむらしょうえもん
生没年不詳
江戸時代中期の下総関宿藩家老。
¶藩臣3

木村松陵　きむらしょうりょう
→木村重任(きむらしげとう)

木村次郎右衛門　きむらじろうえもん
生没年不詳
江戸時代前期の六十人者与力。
¶和歌山人

木村次郎太郎　きむらじろたろう
生没年不詳
江戸時代後期の幕臣。
¶国書

木村助九郎　きむらすけくろう
天正13(1585)年～承応3(1654)年　㊕木村友重《きむらともしげ》
江戸時代前期の剣術家、紀伊和歌山藩士。
¶剣豪，コン改，コン4，新潮(生没年不詳)，人名，日人(㊓1581年　㊟1650年)，和歌山人(木村友重　きむらともしげ)

木村静幽　きむらせいゆう
天保12(1841)年～昭和4(1929)年
江戸時代末期～大正期の実業家、弘前藩士。
¶青森人，大阪人(㊓天保11(1840)年　㊟昭和4(1929)年12月)，世紀(㊓天保12(1841)年8月　㊟昭和4(1929)年12月12日)，日人

木村宗右衛門　きむらそうえもん
安土桃山時代～江戸時代の代官(世襲名)。
¶京都大

木村宗三　きむらそうぞう
生没年不詳
江戸時代末期～明治期の幕臣。1867年フランスに渡りパリ万国博覧会に列席。
¶海越，海越新

木村園三郎　きむらそのさぶろう
*～慶応1(1865)年
江戸時代末期の水戸藩属吏。
¶維新(㊓1849年)，人名(㊓1848年)，日人(㊓1848年)，幕末(㊓1849年　㊟1865年3月13日)

木村高敦 きむらたかあつ
延宝8(1680)年～寛保2(1742)年　[別]木村毅斎《きむらきさい》
江戸時代中期の幕臣、歴史考証学者。
¶朝日([没]寛保2年11月1日(1742年11月27日)), 近世, 国史, 国書(木村毅斎　きむらきさい　[生]延宝8(1680)年12月2日　[没]寛保2(1742)年11月1日), 人名(木村毅斎　きむらきさい), 姓氏神奈川, 日人([生]1681年)

木村鐸山 きむらたくざん
安永8(1779)年～嘉永6(1853)年6月28日
江戸時代中期～後期の加賀藩士・書家。
¶国書

木村忠次郎 きむらちゅうじろう
嘉永2(1849)年5月9日～?
江戸時代後期～末期の新撰組隊士。
¶新撰

木村長造 きむらちょうぞう
?～慶応1(1865)年
江戸時代末期の近江彦根藩士。
¶維新

木村綱端 きむらつらもと
生没年不詳
江戸時代中期の尾張藩士。
¶国書

木村弦雄 きむらつるお
天保9(1838)年～明治30(1897)年
江戸時代末期～明治期の肥後熊本藩士。
¶熊本百([生]天保9(1838)年6月11日　[没]明治30(1897)年9月19日), 人名([生]?), 日人, 幕末([没]1897年9月19日)

木村鉄太 きむらてつた
文政11(1828)年～文久2(1862)年　[別]木村蟠山《きむらばんざん》, 敬直, 鎮太
江戸時代末期の肥後熊本藩士。
¶海越([生]?　[没]明治37(1904)年6月6日), 海越新, 国書(木村蟠山　きむらばんざん　[没]文久2(1862)年2月5日), 人名([生]1829年), 日人, 幕末([没]1862年2月5日), 藩臣7

木村藤馬 きむらとうま
生没年不詳
江戸時代後期の仙台藩士。
¶姓氏宮城

木村俊左衛門 きむらとしざえもん
→木村林昱(きむらしげてる)

木村訥敏 きむらとつとし
*～嘉永6(1853)年
江戸時代末期の備中岡田藩士、易学者。
¶岡山人([生]安永5(1776)年), 岡山歴([生]安永4(1775)年　[没]嘉永6(1853)年4月29日)

木村友重 きむらともしげ
→木村助九郎(きむらすけくろう)

木村友三 きむらともぞう
文政4(1821)年～明治26(1893)年　[別]木村友三《きむらゆうぞう》, 木村友三政順《きむらともぞうまさとし》
江戸時代末期～明治期の上総久留里藩士。
¶維新(きむらゆうぞう), 剣豪, 埼玉人, 埼玉百(木村友三政順　きむらともぞうまさとし), 幕末([没]1893年11月6日), 藩臣3(きむらゆうぞう)

木村友三政順 きむらともぞうまさとし
→木村友三(きむらともぞう)

木村寅治 きむらとらじ
生没年不詳
江戸時代末期の播磨赤穂藩士。
¶幕末

木村直条 きむらなおえだ
明和8(1771)年～?
江戸時代中期～後期の尾張藩士。
¶国書

木村直介 きむらなおすけ
?～明治7(1874)年
江戸時代末期～明治期の志士。
¶維新, 人名, 日人, 幕末([没]1874年3月)

木村尚誼 きむらなおよし
明和5(1768)年～文政6(1823)年
江戸時代中期～後期の安芸広島藩士。
¶藩臣6

木村信尹 きむらのぶただ
?～文政4(1821)年
江戸時代中期～後期の加賀藩士。
¶国書

木村信継 きむらのぶつぐ
～正徳3(1713)年
江戸時代中期の旗本。
¶神奈川人

木村八郎太夫 きむらはちろうだゆう
江戸時代前期の紀伊和歌山藩士。
¶人名, 日人(生没年不詳)

木村八甲 きむらはっこう
宝暦12(1762)年～文化10(1813)年　[別]木村万年《きむらかずとし》
江戸時代後期の学者、陸奥弘前藩士。
¶国書([没]文化10(1813)年6月), 人名(木村万年　きむらかずとし), 日人

木村晴孝 きむらはるたか
明和2(1765)年～天保6(1835)年
江戸時代中期～後期の武士。
¶国書([没]天保6(1835)年11月), 日人, 和歌山人([生]?)

木村蟠山 きむらばんざん
→木村鉄太(きむらてつた)

木村繁四郎 きむらはんしろう
→木村藹吉(きむらあいきち)

木村秀晴 きむらひではる
?～宝永1(1704)年
江戸時代前期～中期の盛岡藩五戸代官。
¶青森人

木村広太 きむらひろた
弘化3(1846)年～?
江戸時代後期～末期の新撰組隊士。
¶新撰

木村武太夫 きむらぶだゆう
宝永2(1705)年頃～？
江戸時代中期の剣術家。木村流祖。
¶剣豪

木村亦次郎 きむらまたじろう
江戸時代の伏見の浪人。
¶人名，日人(生没年不詳)

木村松之允 きむらまつのじょう
嘉永1(1848)年～慶応1(1865)年8月9日
江戸時代末期の長州(萩)藩士。
¶幕末

木村万蔵 きむらまんぞう
嘉永3(1850)年～明治2(1869)年7月31日
江戸時代末期の水戸藩士。
¶幕末

木村三穂介 きむらみほのすけ
→木村善道(きむらよしみち)

木村杢之助(1) きむらもくのすけ
元和6(1620)年～明暦1(1655)年
江戸時代前期の陸奥弘前藩士。
¶藩臣1

木村杢之助(2) きむらもくのすけ
～宝永7(1710)年
江戸時代前期の陸奥弘前藩士。
¶青森人

木村黙老 きむらもくろう
安永3(1774)年～安政3(1856)年　[別]木村亘《きむらわたる》
江戸時代後期の讃岐高松藩家老。
¶江文([生]天明7(1787)年)，香川人([没]安政2(1855)年)，香川百([没]安政2(1855)年)，郷土香川，近世，国史，国書([生]安永3(1774)年4月3日　[没]安政3(1856)年12月3日)，コン改，コン4，史人([生]1774年4月3日　[没]1856年12月10日)，新潮([生]安永3(1774)年4月3日　[没]安政3(1856)年12月3日)，人名(木村亘　きむらわたる　[生]1787年)，世人，日史([生]安永3(1774)年4月3日　[没]安政3(1856)年12月10日)，日人([没]1857年)，幕末([没]1857年1月5日)，藩臣6，百科([生]天明7(1787)年)，和俳

木村元継 きむらもとつぐ
～貞享3(1686)年
江戸時代前期の旗本。
¶神奈川人

木村元正 きむらもとまさ
元亀1(1570)年～元和3(1617)年
江戸時代前期の旗本。
¶神奈川人

木村求馬 きむらもとめ
江戸時代末期の新撰組隊士。
¶新撰

木村安兵衛 きむらやすべい
→木村安兵衛(きむらやすべえ)

木村安兵衛 きむらやすべえ
文化14(1817)年～明治22(1889)年　[別]木村安兵衛《きむらやすべい》
江戸時代末期～明治期の武士、パン職人。
¶朝日([没]明治22(1889)年7月26日)，茨城百，郷土茨城，コン改，コン5，食文([生]文化14年6月20日(1817年8月2日)　[没]1889年7月26日)，先駆([没]明治22(1889)年7月26日)，日人，幕末(きむらやすべい　[没]1889年7月26日)

木村友三 きむらゆうぞう
→木村友三(きむらともぞう)

木村良之助 きむらよしのすけ
？ ～慶応2(1866)年3月
江戸時代後期～末期の新撰組隊士。
¶新撰([没]慶応2年3月から同3年？)

木村善道 きむらよしみち
文化8(1811)年～慶応1(1865)年　[別]木村三穂介《きむらみほのすけ》
江戸時代末期の水戸藩郷士。
¶維新(木村三穂介　きむらみほのすけ)，人名，日人，幕末(木村三穂介　きむらみほのすけ　[没]1865年4月27日)

木村喜之 きむらよしゆき
延享1(1744)年～？
江戸時代中期の幕府役人。「砂糖製作記」の著者。
¶朝日(生没年不詳)，国書，新潮(生没年不詳)，日人

木村亘 きむらわたる
→木村黙老(きむらもくろう)

木室卯雲 きむろぼううん
正徳4(1714)年～天明3(1783)年　[別]白鯉館卯雲《はくりかんぼううん》
江戸時代中期の狂歌・噺本作者。幕臣。
¶朝日([没]天明3年6月28日(1783年7月27日))，江戸，国書([没]天明3(1783)年6月28日)，コン改(白鯉館卯雲　はくりかんぼううん)，コン4(白鯉館卯雲　はくりかんぼううん)，新潮([没]天明3(1783)年6月28日)，人名(白鯉館卯雲　はくりかんぼううん　[生]1708年)，全書，大百([生]1708年)，日人，百科([生]宝永5(1708)年)，和俳

肝付兼屋 きもつきかねおく
江戸時代前期の薩摩国給黎郡喜入郷の領主。
¶姓氏鹿児島

肝付兼伯 きもつきかねのり
生没年不詳
江戸時代の薩摩藩士。
¶国書

肝付久兼 きもつきひさかね
江戸時代前期の薩摩国給黎郡喜入郷の領主。
¶姓氏鹿児島

木本左近 きもとさこん
天明5(1785)年～安政3(1856)年
江戸時代中期～末期の武道家。
¶剣豪，国書([没]安政3(1856)年5月5日)

木本成勝 きもとしげかつ
寛永2(1625)年～元禄2(1689)年
江戸時代前期の陸奥会津藩士。
¶藩臣2

木本成理 きもとしげのり
→木本成理(きのもとなりまさ)

木山楓渓　きやまふうけい
天明8（1788）年～元治2（1865）年4月4日
江戸時代後期～末期の備中新見藩士・漢学者。
¶岡山人，岡山歴，国書

久徳勝之進　きゅうとくかつのしん
生没年不詳
江戸時代中期の武道家。
¶高知人

久徳重徳　きゅうとくしげのり
文政3（1820）年～明治2（1869）年　[別]久徳与十郎《きゅうとくよじゅうろう》
江戸時代末期の筑後久留米藩士。
¶国書（[没]明治2（1869）年1月25日），藩臣7（久徳与十郎　きゅうとくよじゅうろう　[生]文政3（1820）年頃）

久徳重恭　きゅうとくしげやす
生没年不詳
江戸時代中期の筑後久留米藩士。
¶国書

久徳台八　きゅうとくだいはち
享保17（1732）年～寛政9（1797）年　[別]久徳直利《きゅうとくなおとし》
江戸時代中期～後期の土佐藩士。
¶高知人，高知百，国書（久徳直利　きゅうとくなおとし　[没]寛政9（1797）年4月24日），藩臣6（[生]享保15（1730）年）

久徳伝兵衛　きゅうとくでんべえ
文政10（1827）年～明治11（1878）年　[別]久徳尚則《きゅうとくなおのり，きゅうとくひさのり》
江戸時代末期～明治期の加賀藩士。
¶朝日（[没]明治11（1878）年5月20日），石川百（久徳尚則　きゅうとくなおのり　[生]1827年？），維新，人名（久徳尚則　きゅうとくひさのり），日人，幕末（久徳尚則　きゅうとくなおのり　[没]1878年5月20日）

久徳直利　きゅうとくなおとし
→久徳台八（きゅうとくだいはち）

久徳尚則　きゅうとくなおのり
→久徳伝兵衛（きゅうとくでんべえ）

久徳尚則　きゅうとくひさのり
→久徳伝兵衛（きゅうとくでんべえ）

久徳与十郎　きゅうとくよじゅうろう
→久徳重徳（きゅうとくしげのり）

興野介九郎　きゅうのすけくろう
→興野助九郎（きょうのすけくろう）

杏一洞　きょういちどう
？　～元禄14（1701）年
江戸時代前期～中期の越中富山藩医、儒学教授。
¶国書（[没]元禄14（1701）年8月），人名，姓氏富山，日人，藩臣3

狂歌堂島人　きょうかどうしまんど
安永3（1774）年～安政3（1856）年
江戸時代後期の狂歌師、肥後人吉城主。
¶人名，和俳

京極朗徹　きょうごくあきみち
→京極朗徹（きょうごくあきゆき）

京極朗徹　きょうごくあきゆき
文政11（1828）年～明治15（1882）年　[別]京極朗徹《きょうごくあきみち》
江戸時代末期～明治期の大名。讃岐丸亀藩主。
¶維新，香川人，香川百，諸系，人名（きょうごくあきみち　[生]1830年），日人，幕末（[没]1882年5月11日），藩主4（[生]文政11（1828）年9月17日　[没]明治15（1882）年5月11日）

京極安智　きょうごくあんち
→京極高広（きょうごくたかひろ）

京極高明　きょうごくたかあき
万治3（1660）年～享保11（1726）年
江戸時代中期の大名。丹後峰山藩主。
¶諸系，日人，藩主3（[生]万治3（1660）年4月25日　[没]享保11（1726）年12月2日）

京極高朗(1)　きょうごくたかあき
文政7（1824）年～元治1（1864）年　[別]京極高朗《きょうごくたかあきら》，京極能登守高朗《きょうごくのとのかみたかあき》
江戸時代末期の幕臣。1862年遣欧使節随員としてフランスに渡る。
¶維新（[生]？），海越（きょうごくたかあきら），海越新，長崎歴（京極能登守高朗　きょうごくのとのかみたかあき　[生]文政10（1827）年），日人

京極高朗(2)　きょうごくたかあき
→京極高朗(1)（きょうごくたかあきら）

京極高明　きょうごくたかあきら
享保20（1735）年～安永8（1779）年11月21日
江戸時代中期の幕臣。
¶国書

京極高朗(1)　きょうごくたかあきら
寛政10（1798）年～明治7（1874）年　[別]京極高朗《きょうごくたかあき》
江戸時代末期～明治期の大名。讃岐丸亀藩主。
¶維新，香川人，香川百，国書（[生]寛政10（1798）年4月24日　[没]明治7（1874）年2月14日），詩歌（きょうごくたかあき），諸系，人名（きょうごくたかあき　[生]1795年），日人，幕末（[没]1874年2月14日），藩主4（[生]寛政10（1798）年4月24日　[没]明治7（1874）年2月14日），和俳

京極高朗(2)　きょうごくたかあきら
→京極高朗(1)（きょうごくたかあき）

京極高厚　きょうごくたかあつ
文政12（1829）年～明治38（1905）年
江戸時代末期～明治期の大名。但馬豊岡藩主。
¶諸系，日人，藩主3（[生]文政12（1829）年5月29日　[没]明治38（1905）年12月27日），兵庫人（[生]天保4（1833）年4月　[没]明治38（1905）年12月27日），兵庫百（[生]天保4（1833）年）

京極高亶　きょうごくたかあつ
享保4（1719）年～天明5（1785）年
江戸時代中期の大坂町奉行。
¶人名，日人

京極高琢　きょうごくたかあや
→京極高琢（きょうごくたかてる）

京極高有　きょうごくたかあり
安永4（1775）年～天保12（1841）年

きょうこ　　　　　　　　　　368　　　　　日本人物レファレンス事典

江戸時代後期の大名。但馬豊岡藩主。
¶諸系，日人，藩主3（⊕安永4（1775）年9月26日
⊗天保12（1841）年9月18日，（異説）7月26日）

京極高景　きょうごくたかかげ
文化8（1811）年〜文久3（1863）年
江戸時代末期の大名。丹後峰山藩主。
¶諸系，日人，藩主3（⊗文久3（1863）年7月20日）

京極高品　きょうごくたかかず
寛保1（1741）年〜寛政4（1792）年
江戸時代中期の大名。但馬豊岡藩主。
¶諸系，日人，藩主3（⊕寛保1（1741）年7月18日
⊗寛政4（1792）年7月6日）

京極高和　きょうごくたかかず
元和5（1619）年〜寛文2（1662）年
江戸時代前期の大名。播磨竜野藩主、讃岐丸亀
藩主。
¶香川人，香川百，郷土香川（⊕1615年），諸系，
人名，日人，藩主3，藩主4（⊕元和5（1619）年3
月10日　⊗寛文2（1662）年9月13日），兵庫百

京極高賢　きょうごくたかかた
安永5（1776）年〜天保9（1838）年
江戸時代後期の大名。讃岐多度津藩主。
¶香川人，香川百（⊕寛政6（1794）年），諸系，日
人，藩主4（⊕安永5（1776）年6月20日　⊗天保9
（1838）年3月6日）

京極高門　きょうごくたかかど
万治1（1658）年〜享保6（1721）年
江戸時代前期〜中期の武士。
¶黄檗（⊗享保6（1721）年2月17日），国書（⊗享
保6（1721）年2月17日），諸系，人名，日人

京極高国　きょうごくたかくに
元和2（1616）年〜延宝3（1675）年
江戸時代前期の大名。丹後宮津藩主。
¶朝日（⊗延宝3年12月24日（1676年2月7日）），
京都府，近世，国史，国史，コン改，コン4，史人
（⊗1675年12月24日），諸系（⊗1676年），新潮
（⊗延宝3（1675）年12月24日），人名，日人
（⊗1676年），藩主3（⊗延宝3（1675）年12月24
日）

京極高亮　きょうごくたかすけ
宝暦9（1759）年〜天明8（1788）年12月27日
江戸時代中期〜後期の幕臣。
¶国書

京極高住　きょうごくたかすみ
万治3（1660）年〜享保15（1730）年
江戸時代中期の大名。但馬豊岡藩主。
¶諸系，人名，日人，藩主3（⊕万治3（1660）年8
月10日　⊗享保15（1730）年8月13日）

京極高鎮　きょうごくたかつね
文化7（1810）年〜天保5（1834）年
江戸時代後期の大名。丹後峰山藩主。
¶諸系，日人，藩主3（⊗天保5（1834）年6月23日）

京極高琢　きょうごくたかてる
文化8（1811）年〜慶応3（1867）年　別京極高琢
《きょうごくたかあや》
江戸時代末期の大名。讃岐多度津藩主。
¶香川人，香川百，郷土香川，諸系，人名（きょ

うごくたかあや），日人，藩主4（⊕文化8
（1811）年8月7日　⊗慶応3（1867）年3月22日）

京極高富　きょうごくたかとみ
＊〜明治22（1889）年
江戸時代末期〜明治期の大名。丹後峰山藩主。
¶維新（⊕？），諸系（⊕1836年），日人（⊕1836
年），幕末（⊕？　⊗明治22（1889年2月），藩主3（⊕天
保6（1835）年　⊗明治22（1889）年2月9日）

京極高供　きょうごくたかとも
元和9（1623）年〜延宝2（1674）年
江戸時代前期の大名。丹後峰山藩主。
¶諸系，人名，日人，藩主3（⊕元和9（1623）年1
月24日　⊗延宝2（1674）年2月28日）

京極高知　きょうごくたかとも
元亀3（1572）年〜元和8（1622）年　別伊奈侍従
《いなじじゅう》
安土桃山時代〜江戸時代前期の大名。信濃飯田藩
主、丹後宮津藩主。
¶朝日（⊗元和8年8月12日（1622年9月17日）），
京都府，近世，国史，国書（⊗元和8（1622）年8
月12日），古中，コン改，コン4，史人（⊗1622
年8月12日），諸系，新潮（⊗元和8（1622）年8
月12日），人名，姓氏京都，姓氏長野，世人，
戦合，戦国，戦国，長野歴，日人（⊗元和8
（1622）年8月12日），日人，藩主2，藩主3（⊗元
和8（1622）年8月12日），百科，歴大

京極高豊　きょうごくたかとよ
明暦1（1655）年〜元禄7（1694）年
江戸時代前期〜中期の大名。讃岐丸亀藩主。
¶香川人，香川百，茶道，諸系，日人，藩主4
（⊕明暦1（1655）年6月28日　⊗元禄7（1694）年
5月18日）

京極高直　きょうごくたかなお
寛永10（1633）年〜寛文3（1663）年
江戸時代前期の大名。丹後田辺藩主。
¶諸系，日人，藩主3（⊕寛永9（1632）年11月21日
⊗寛文3（1663）年1月7日）

京極高中　きょうごくたかなか
宝暦4（1754）年〜文化8（1811）年
江戸時代中期〜後期の大名。讃岐丸亀藩主。
¶香川人，香川百，諸系，日人，藩主4（⊕宝暦4
（1754）年3月23日　⊗文化8（1811）年1月13
日）

京極高永　きょうごくたかなが
享保5（1720）年〜宝暦10（1760）年
江戸時代中期の大名。但馬豊岡藩主。
¶諸系，日人，藩主3（⊕享保5（1720）年4月23日
⊗宝暦10（1760）年8月12日）

京極高長　きょうごくたかなが
元禄8（1695）年〜明和6（1769）年
江戸時代中期の大名。丹後峰山藩主。
¶諸系，日人，藩主3（⊕元禄8（1695）年5月1日
⊗明和6（1769）年4月3日）

京極高陳　きょうごくたかのぶ
天保10（1839）年〜？
江戸時代末期〜明治期の大名。丹後峰山藩主。
¶諸系，日人，藩主3（⊕天保9（1838）年　⊗明治
26（1893）年5月13日）

京極高寛 きょうごくたかのり
享保2(1717)年～享保11(1726)年
江戸時代中期の大名。但馬豊岡藩主。
¶諸系，日人，藩主3([生]享保2(1717)年10月5日　[没]享保11(1726)年9月12日)

京極高規 きょうごくたかのり
寛永20(1643)年～宝永5(1708)年
江戸時代前期～中期の武士。
¶諸系，日人

京極高矩 きょうごくたかのり
享保3(1718)年～宝暦13(1763)年
江戸時代中期の大名。讃岐丸亀藩主。
¶香川人，香川百，諸系，日人，藩主4([生]享保3(1718)年4月15日　[没]宝暦13(1763)年9月24日)

京極高久 きょうごくたかひさ
享保14(1729)年～文化5(1808)年
江戸時代中期～後期の大名。丹後峰山藩主。
¶諸系，人名，日人，藩主3([生]享保14(1729)年4月24日　[没]文化5(1808)年4月20日)

京極高平 きょうごくたかひら
元禄13(1700)年～宝永6(1709)年
江戸時代中期の旗本領主。
¶姓氏愛知

京極高広 きょうごくたかひろ
慶長4(1599)年～延宝5(1677)年　[別]京極安智《きょうごくあんち，きょうごくやすとも》
江戸時代前期の大名。丹後宮津藩主。
¶朝日([没]延宝5年4月22日(1677年5月23日))，京都(京極安智　きょうごくあんち)，京都大(京極安智　きょうごくやすとも)，京都府，近世，国史，国書([没]延宝5(1677)年4月22日)，コン改，コン4，茶道，史人([没]1677年4月22日)，諸系，新潮([没]延宝5(1677)年4月22日)，人名，戦合，日人，藩主3([没]延宝5(1677)年4月22日)

京極高房 きょうごくたかふさ
正保1(1644)年～延宝5(1677)年5月21日
江戸時代前期の幕臣。
¶国書

京極高文 きょうごくたかぶみ，きょうごくたかふみ
宝暦3(1753)年～寛政8(1796)年
江戸時代中期の大名。讃岐多度津藩主。
¶香川人(きょうごくたかふみ)，香川百，諸系，日人，藩主4([生]宝暦3(1753)年6月20日　[没]寛政8(1796)年10月14日)

京極高典 きょうごくたかまさ
天保7(1836)年～明治39(1906)年
江戸時代末期～明治期の大名。讃岐多度津藩主。
¶維新，香川人，香川百，諸系，日人，幕末([没]1906年1月14日)，藩主4([生]天保7(1836)年10月19日　[没]明治39(1906)年1月10日)

京極高備 きょうごくたかまさ
宝暦7(1757)年～天保6(1835)年
江戸時代中期～後期の大名。丹後峰山藩主。
¶諸系，日人，藩主3([生]宝暦7(1757)年4月22日　[没]天保6(1835)年5月3日)

京極高倍 きょうごくたかます
文化5(1808)年～天保5(1834)年
江戸時代後期の大名。丹後峰山藩主。
¶諸系，日人，藩主3([没]天保4(1833)年12月5日)

京極高通(1) きょうごくたかみち
慶長8(1603)年～寛文5(1665)年
江戸時代前期の大名。丹後峰山藩主。
¶京都府，諸系([没]1666年)，人名([生]1593年)，日人([没]1666年)，藩主3([生]慶長8(1603)年9月9日　[没]寛文5(1665)年12月14日)

京極高通(2)(京極高道) きょうごくたかみち
元禄4(1691)年～寛保3(1743)年
江戸時代中期の大名。讃岐多度津藩主。
¶香川人，香川百，諸系，人名(京極高道)，日人，藩主4([生]元禄4(1691)年6月23日　[没]寛保3(1743)年4月20日)

京極高三 きょうごくたかみつ
慶長12(1607)年～寛永13(1636)年
江戸時代前期の大名。丹後田辺藩主。
¶諸系，人名，日人，藩主3([生]慶長12(1607)年3月17日　[没]寛永13(1636)年9月13日)

京極高或 きょうごくたかもち
元禄5(1692)年～享保9(1724)年
江戸時代中期の大名。讃岐丸亀藩主。
¶香川人，香川百，国書5([生]元禄5(1692)年1月9日　[没]享保9(1724)年6月22日)，諸系，人名，日人，藩主4([生]元禄5(1692)年1月9日　[没]享保9(1724)年6月22日)

京極高本 きょうごくたかもと
元禄7(1694)年～宝暦8(1758)年3月28日
江戸時代中期の幕臣。
¶国書

京極高盛 きょうごくたかもり
慶安3(1650)年～宝永6(1709)年
江戸時代前期～中期の大名。丹後田辺藩主、但馬豊岡藩主。
¶諸系，日人，藩主3，藩主3([生]慶安3(1650)年8月27日　[没]宝永6(1709)年2月1日)

京極高行 きょうごくたかゆき
寛政6(1794)年～弘化4(1847)年
江戸時代後期の大名。但馬豊岡藩主。
¶諸系，日人，藩主3([生]寛政6(1794)年6月16日　[没]弘化4(1847)年9月29日)

京極高之 きょうごくたかゆき
延宝6(1678)年～享保8(1723)年
江戸時代中期の大名。丹後峰山藩主。
¶諸系，日人，藩主3([生]延宝6(1678)年4月14日　[没]享保8(1723)年2月2日)

京極高栄 きょうごくたかよし
元禄3(1690)年～享保6(1721)年　[別]京極高栄《きょうごくたかしげ》
江戸時代中期の大名。但馬豊岡藩主。
¶諸系，日人，藩主3([生]元禄3(1690)年7月23日　[没]享保6(1721)年6月13日)

京極高慶 きょうごくたかよし
享保5(1720)年～宝暦6(1756)年
江戸時代中期の大名。讃岐多度津藩主。

¶香川人，香川百，諸系（[生]1718年），日人（[生]1718年），藩主4（[没]宝暦6（1756）年2月26日）

京極高頼　きょうごくたかより
江戸時代前期の武士。
¶人名

京極忠高　きょうごくただたか
文禄2（1593）年〜寛永14（1637）年
江戸時代前期の大名。若狭小浜藩主、出雲松江藩主。
¶朝日（[没]寛永14年6月12日（1637年8月2日）），近世，国史，史人（[没]1637年6月12日），島根人，島根百（[没]寛永14（1637）年6月12日），島根歴，諸系，新潮（[没]寛永14（1637）年6月12日），人名，戦合，戦人，日人，藩主3，藩主4（[没]寛永14（1637）年6月12日）

京極能登守高朗　きょうごくのとのかみたかあき
→京極高朗(1)（きょうごくたかあき）

京極備中　きょうごくびっちゅう
安土桃山時代〜江戸時代前期の武士。
¶戦国，戦人（生没年不詳）

京極安智　きょうごくやすとも
→京極高広（きょうごくたかひろ）

夾始　きょうし
生没年不詳
江戸時代中期の俳人・尾張藩士。
¶国書

経島貞衛門　きょうしまさだえもん
慶安4（1651）年〜宝永4（1707）年
江戸時代前期〜中期の剣術家。新田宮流。
¶剣豪

暁台　きょうたい，ぎょうたい；ぎょうだい
享保17（1732）年〜寛政4（1792）年　[別]加藤暁台《かとうきょうたい，かとうぎょうだい》，久村暁台《くむらきょうたい，ひさむらぎょうだい》
江戸時代中期の俳人・尾張藩士。蕉風復興運動の中心人物。
¶愛知百（久村暁台　くむらきょうたい　[没]1792年1月20日），朝日（加藤暁台　かとうきょうたい　[生]享保17年9月1日（1732年10月19日）[没]寛政4年1月20日（1792年2月12日）），近世（加藤暁台　かとうきょうたい），国史（加藤暁台　かとうきょうたい），国書（[生]享保17（1732）年9月1日　[没]寛政4（1792）年1月20日），コン改（加藤暁台　かとうぎょうだい），コン4（加藤暁台　かとうきょうたい），詩歌（ぎょうだい），史人（[生]1732年9月1日　[没]1792年1月20日），新潮（[生]享保17（1732）年9月1日[没]寛政4（1792）年1月20日），新文（加藤暁台かとうきょうたい　[生]享保17（1732）年9月1日[没]寛政4（1792）年1月19日），人名（久村暁台ひさむらぎょうだい），姓氏愛知（久村暁台くむらきょうたい），世人（加藤暁台　かとうぎょうだい），世百，全書，日人（加藤暁台　かとうきょうたい），俳諧（[生]？），俳句（ぎょうたい　[没]寛政4（1792）年1月20日），百科，文学（加藤暁台　かとうきょうたい），歴大，和俳

興野助九郎（興野介九郎）　きょうのすけくろう
＊〜慶応1（1865）年　[別]興野介九郎《きゅうのすけくろう，きょうのすけくろう》，興野助九郎《おきのすけくろう》
江戸時代末期の水戸藩士。
¶人名（おきのすけくろう　[生]1822年　[没]1868年），日人（[生]1819年），幕末（興野介九郎[生]1818年），藩臣2（興野介九郎　きゅうのすけくろう　[生]文政1（1818）年）

興野隆雄　きょうのたかお
→興野隆雄（おきのたかお）

杏凡山　きょうはんざん
→杏凡山（きょうぼんざん）

杏凡山　きょうぼんざん
文政3（1820）年〜明治18（1885）年　[別]杏凡山《きょうはんざん》
江戸時代末期〜明治期の富山藩儒。藩校広徳館の祭主となり、学制改革や四書五経の改訂出版に尽力。
¶人名，姓氏富山，日人（きょうはんざん），幕末（[没]1885年5月19日）

清岡治之助　きよおかじのすけ
文政9（1826）年〜元治1（1864）年　[別]清岡治之助《きよおかはるのすけ》
江戸時代末期の土佐藩の勤王志士。
¶朝日（[生]文政9年10月2日（1826年11月1日）[没]元治1年9月5日（1864年10月5日）），維新（きよおかはるのすけ），高知人，新潮（[生]文政9（1826）年1月2日　[没]元治1（1864）年9月5日），人名（きよおかはるのすけ　[生]1823年），日人，幕末（[没]1864年10月5日），藩臣6（[生]文政7（1824）年）

清岡公張　きよおかたかとも
天保12（1841）年〜明治34（1901）年　[別]清岡公張《きよおかともはる》
江戸時代末期〜明治期の土佐藩士、志士、官僚。
¶朝日（きよおかともはる　[生]天保12（1841）年7月　[没]明治34（1901）年2月25日），維新，高知人，人名，日人（きよおかともはる），幕末（[没]1901年2月25日），藩臣6

清岡公張　きよおかともはる
→清岡公張（きよおかたかとも）

清岡治之助　きよおかはるのすけ
→清岡治之助（きよおかじのすけ）

清岡道之助　きよおかみちのすけ
天保4（1833）年〜元治1（1864）年
江戸時代末期の土佐藩の勤王志士。
¶朝日（[生]天保4年10月20日（1833年12月1日）[没]元治1年9月5日（1864年10月5日）），維新，高知人，高知百，コン改，コン4，新潮（[生]天保4（1833）年10月20日　[没]元治1（1864）年9月5日），人名，日人，幕末（[没]1864年10月5日），藩臣6

清川八郎（清河八郎）　きよかわはちろう
天保1（1830）年〜文久3（1863）年
江戸時代末期の尊攘派志士。
¶朝日（清河八郎　[生]天保1年10月10日（1830年11月24日）　[没]文久3年4月13日（1863年5月30

日））, 維新（清河八郎）, 岩史（[生]文政13（1830）年10月10日　[没]文久3（1863）年4月13日）, 江戸（清河八郎）, 角史, 京都大（清河八郎）, 近世, 剣豪（清河八郎）, 国史, 国書（清河八郎　[生]文政13（1830）年10月10日　[没]文久3（1863）年4月13日）, コン改, コン4, 史人（[生]1830年10月10日　[没]1863年4月13日）, 重要（[生]天保1（1830）年10月10日　[没]文久3（1863）年4月13日）, 庄内（清河八郎　[生]文政13（1830）年10月10日　[没]文久3（1863）年4月13日）, 新潮（清河八郎　[生]天保1（1830）年10月10日　[没]文久3（1863）年4月13日）, 人名, 姓氏京都（清河八郎）, 世人（[没]文久3（1863）年4月13日）, 全書（清河八郎）, 大百（[没]1862年）, 日史（[生]天保1（1830）年10月10日　[没]文久3（1863）年4月13日）, 日人, 幕末（清河八郎　[生]1830年11月24日　[没]1863年5月30日）, 百科, 山形百（清河八郎）, 歴大（清河八郎）

曲翠　きょくすい
→菅沼曲翠（すがぬまきょくすい）

清須勝祥　きよすかつよし
天保13（1842）年～大正13（1924）年
江戸時代末期～明治期の信濃須坂藩士。
¶長野歴, 藩臣3

清成八十郎　きよなりはちじゅうろう
天明8（1788）年～嘉永3（1850）年
江戸時代後期の肥後熊本藩士。
¶人名

清野信興　きよのしんこう
→清野信興（せいののぶおき）

清野信興　きよののぶおき
→清野信興（せいののぶおき）

清野満成　きよのみつなり
永禄8（1565）年～寛永6（1629）年
安土桃山時代～江戸時代前期の武将。
¶長野歴

清原太兵衛　きよはらたへえ
正徳2（1712）年～天明7（1787）年
江戸時代中期の出雲松江藩士。
¶島根人, 島根百（[没]天明7（1787）年11月28日）, 島根歴（[生]正徳1（1711）年）, 人名, 日人（[没]1788年）, 藩臣5（[生]正徳1（1711）年）

清原当済　きよはらとうすみ, きよはらとうずみ
延享4（1747）年～文化13（1816）年
江戸時代中期の薩摩藩士。
¶沖縄百（[生]延享4（1747）年3月18日　[没]文化13（1816）年10月24日）, 姓氏鹿児島, 藩臣7（きよはらとうずみ　[没]？）

御風　ぎょふう
→秋山御風（あきやまぎょふう）

清水盛香　きよみずせいこう
→清水盛香（しみずせいこう）

許六　きょりく
→森川許六（もりかわきょりく）

許六　きょろく
→森川許六（もりかわきょりく）

吉良上野介　きらこうずけのすけ
→吉良義央（きらよしなか）

吉良子礼　きらしれい
寛政6（1794）年～文政6（1823）年
江戸時代後期の豊後日出藩士。
¶藩臣7

吉良範英　きらのりひで
文禄3（1594）年～寛文1（1661）年11月24日
安土桃山時代～江戸時代前期の幕臣。
¶国書

吉良八郎　きらはちろう
文化10（1813）年～明治5（1872）年
江戸時代後期～明治期の茂木藩士、二宮尊徳の門人、荒廃村に復興仕法。
¶栃木歴

吉良義定　きらよしさだ
永禄7（1564）年～寛永4（1627）年9月15日
安土桃山時代～江戸時代前期の武将。
¶国書

吉良義孚（吉良義実）　きらよしざね
正徳1（1711）年～明和3（1766）年
江戸時代中期の西丸書院番。
¶人名（吉良義実）, 日人

吉良義叔　きらよしすえ
？　～宝永6（1709）年
江戸時代前期～中期の武士。中奥小姓。
¶諸系, 人名, 日人

吉良義周　きらよしちか
貞享1（1684）年～宝永3（1706）年
江戸時代中期の武士。吉良義央の子。
¶諸系（生没年不詳）, 人名, 姓氏長野, 長野百, 長野歴, 日人（生没年不詳）

吉良義俊　きらよしとし
寛文10（1670）年～寛保2（1742）年
江戸時代前期～中期の武士。
¶諸系, 日人

吉良義豊　きらよしとよ
江戸時代中期の幕府奥高家。
¶人名, 日人（生没年不詳）

吉良義央　きらよしなか
寛永18（1641）年～元禄15（1702）年　[別]吉良上野介《きらこうずけのすけ》
江戸時代前期～中期の幕臣・高家。赤穂浪士に殺害された。
¶愛知百（[没]1702年12月15日）, 朝日（[生]寛永18年9月2日（1641年10月6日）　[没]元禄15年12月15日（1703年1月31日））, 岩史（[生]寛永18（1641）年9月2日　[没]元禄15（1702）年12月15日）, 江戸（吉良上野介　きらこうずけのすけ）, 角史, 近世, 国史, 国書（[生]寛永18（1641）年9月2日　[没]元禄15（1702）年12月15日）, コン改, コン4, 史人（[生]1641年9月2日　[没]1702年12月15日）, 重要（[生]寛永18（1641）年9月2日　[没]元禄15（1702）年12月14日）, 諸系（[没]1703年）, 新潮（[生]寛永18（1641）年9月2日　[没]元禄15（1702）年12月15日）, 人名（[生]？）, 姓氏愛知, 世人（[生]寛永18（1641）年9月　[没]元禄15（1702）年12

き

月15日），世百，全書，大百，日史（[生]寛永18（1641）年9月2日　[没]元禄15（1702）年12月14日），日人（[没]1703年），百科，歴大

吉良義冬　きらよしふゆ
慶長12（1607）年～寛文8（1668）年
江戸時代前期の幕府高家。
¶諸系，人名，日人

吉良義弥　きらよしみつ
天正14（1586）年～寛永20（1643）年
江戸時代前期の武士。高家。
¶近世，国史，国書（[没]寛永20（1643）年10月24日），史人（[没]1643年10月24日），諸系，新潮（[没]寛永20（1643）年10月24日），人名，世人（[没]寛永18（1641）年），戦合，戦人，日人

桐野利秋　きりのとしあき
天保9（1838）年～明治10（1877）年　[別]中村半次郎《なかむらはんじろう》
江戸時代末期～明治期の薩摩藩の志士。「人斬り半次郎」。
¶朝日（[生]天保9（1838）年12月　[没]明治10（1877）年9月24日），維新，岩史（[生]天保9（1838）年12月　[没]明治10（1877）年9月24日），江戸，鹿児島百，角史，近現，近世，国際，国史，コン改，コン4，コン5，詩歌，史人（[生]1838年12月　[没]1877年9月24日），重要（[生]天保9（1838）年12月　[没]明治10（1877）年9月24日），新潮（[生]天保9（1838）年12月　[没]明治10（1877）年9月24日），人名，姓氏鹿児島，姓氏京都，世人（[生]天保9（1838）年12月　[没]明治10（1877）年9月24日），全書，大百，日史（[生]天保9（1838）年12月　[没]明治10（1877）年9月24日），日人（[生]1839年），日本，幕末（[没]1877年9月24日），藩臣7，百科，明治1（[生]1839年），陸海（[生]天保9年12月日　[没]明治10年9月24日），歴大

桐間清卓　きりまきよたか
文化2（1805）年～明治7（1874）年
江戸時代末期の土佐藩家老。
¶高知人

桐間幸卓　きりまゆきたか
寛永7（1630）年～宝永5（1708）年
江戸時代前期の奉行職。
¶高知人

桐山純孝　きりやまじゅんこう
*～？
江戸時代末期～明治期の美濃大垣藩士。
¶維新（[生]1834年？），幕末（[生]1834年）

桐山正哲　きりやましょうてつ
？～文化12（1815）年　[別]桐山正哲《きりやませいてつ》
江戸時代中期～後期の本草家、蘭方医。弘前藩校で教授。「解体新書」翻訳者の一人。
¶青森人，朝日（[没]文化12年7月10日（1815年8月14日）），江文（きりやませいてつ），近世，新潮（きりやませいてつ　生没年不詳），日人（[生]1754年），藩臣1，洋学（[生]宝暦4（1754）年）

桐山正哲　きりやませいてつ
→桐山正哲（きりやましょうてつ）

桐山銭三郎　きりやませんざぶろう
江戸時代末期の新撰組隊士。
¶新撰

木呂子退蔵　きろこたいぞう
文政10（1827）年～明治34（1901）年　[別]木呂子元孝《きろこもとたか》
江戸時代末期～明治期の上野館林藩士。
¶維新，群馬人（[没]明治33（1900）年），人名（木呂子元孝　きろこもとたか），姓氏群馬（[生]1826年　[没]1900年），日人，幕末（[没]1901年5月11日），藩臣2（[没]明治33（1900）年）

木呂子元孝　きろこもとたか
→木呂子退蔵（きろこたいぞう）

木脇賀左衛門　きわきがざえもん
生没年不詳
江戸時代末期の薩摩藩士。
¶幕末

金采女　きんうねめ
永禄10（1567）年～明暦1（1655）年
安土桃山時代～江戸時代前期の戦国武士。
¶姓氏岩手

金鵞　きんが
→梅亭金鵞（ばいていきんが）

錦江　きんこう
→馬場錦江（ばばきんこう）

金新助　きんしんすけ
生没年不詳
江戸時代中期の馬術家。
¶姓氏岩手

金田一久右衛門　きんだいちきゅうえもん
元禄6（1693）年～明和8（1771）年7月17日
江戸時代中期の盛岡藩士。
¶国書

金田一作兵衛　きんだいちさくべえ
文化4（1807）年～
江戸時代後期の八戸藩士。
¶青森人（[生]文化4（1807）年ころ）

銀林綱男　ぎんばやしつなお
弘化1（1844）年～明治38（1905）年
江戸時代末期～明治期の志士。居之隊を組織し、羽越の間に転戦。大書記官、埼玉県知事。
¶維新，埼玉人（[生]弘化1（1844）年3月19日　[没]明治38（1905）年9月20日），新潮（[生]弘化1（1844）年3月19日　[没]明治38（1905）年9月20日），新潟百，日人，幕末（[没]1905年9月）

【く】

空道　くうどう
？～安永1（1772）年
江戸時代中期の旗本設楽家の家臣。増瑞寺末大宮般若寺の住職。
¶姓氏愛知

久貝正郷　くがいまささと
享保14（1729）年～明和7（1770）年10月18日

江戸時代中期の幕臣。
¶国書

久貝正俊 くがいまさとし
天正1(1573)年～慶安1(1648)年
江戸時代前期の大坂町奉行。
¶大阪人，大阪墓([没]慶安1(1648)年2月2日)

久貝正典 くがいまさのり
*～慶応1(1865)年
江戸時代末期の幕臣。
¶維新([生]1806年)，江文([生]文化4(1807)年)，国書([生]文化9(1812)年 [没]慶応1(1865)年6月14日)，全書([生]1812年)，日人([生]1806年)，幕末([生]1806年 [没]1865年8月5日)

久貝蓼湾 くがいりょうわん
文政2(1819)年～文久1(1861)年
江戸時代末期の幕臣、漢詩人。
¶維新，国書([没]文久1(1861)年7月23日)，幕末([没]1861年8月28日)

陸九皐 くがきゅうこう
天保14(1843)年～大正5(1916)年 [別]陸義猶《くがよしなお》
江戸時代末期～明治期の加賀藩士。著書に「南越陣記」など。
¶国書(陸義猶 くがよしなお [生]天保14(1843)年1月 [没]大正5(1916)年8月17日)，新潮([生]天保14(1843)年1月 [没]大正5(1916)年8月17日)，人名，姓氏石川(陸義猶 くがよしなお)，日人，幕末(陸義猶 くがよしなお [生]1843年2月5日 [没]1916年8月17日)

陸原慎太郎 くがはらしんたろう
生没年不詳
江戸時代末期の加賀藩士。
¶国書，幕末

陸原之淳 くがはらゆきあつ
江戸時代後期の漢学者。加賀藩士。
¶国書(生没年不詳)，姓氏石川

陸義猶 くがよしなお
→陸九皐(くがきゅうこう)

九鬼精隆 くききよたか
文政7(1824)年～安政6(1859)年
江戸時代末期の大名。摂津三田藩主。
¶諸系，日人，藩主3([生]？ [没]安政6(1859)年8月19日)

九鬼四郎兵衛 くきしろべえ
天文20(1551)年～寛永18(1641)年 [別]九鬼広隆《くきひろたか》
安土桃山時代～江戸時代前期の紀伊和歌山藩士。
¶藩臣5，和歌山人(九鬼広隆 くきひろたか)

九鬼副隆 くきすえたか
延宝2(1674)年～元禄10(1697)年
江戸時代前期～中期の大名。摂津三田藩主。
¶諸系，日人，藩主3([没]元禄10(1697)年5月18日)

九鬼隆国 くきたかくに
天明1(1781)年～嘉永6(1853)年
江戸時代後期の大名。摂津三田藩主。
¶諸系，日人，藩主3([没]嘉永5(1852)年12月15日)

九鬼隆貞(久鬼隆貞) くきたかさだ
享保14(1729)年～天明1(1781)年
江戸時代中期の大名。丹波綾部藩主。
¶諸系，日人，藩主3(久鬼隆貞 [没]安永9(1780)年12月12日)

九鬼隆郷(久鬼隆郷) くきたかさと
安永9(1780)年～文化5(1808)年
江戸時代後期の大名。丹波綾部藩主。
¶諸系，日人，藩主3(久鬼隆郷 [没]文化5(1808)年5月)

九鬼隆季(久鬼隆季) くきたかすえ
慶長13(1608)年～延宝6(1678)年
江戸時代前期の大名。丹波綾部藩主。
¶京都府，諸系，日人，藩主3(久鬼隆季 [没]延宝6(1678)年5月晦日)

九鬼隆常(久鬼隆常) くきたかつね
正保3(1646)年～元禄11(1698)年
江戸時代前期の大名。丹波綾部藩主。
¶諸系，日人，藩主3(久鬼隆常 [没]元禄11(1698)年4月1日)

九鬼隆任 くきたかとう
？ ～元禄5(1692)年
江戸時代前期の武士。
¶和歌山人

九鬼隆備(久鬼隆備) くきたかとも
天保5(1834)年～明治30(1897)年
江戸時代末期～明治期の大名。丹波綾部藩主。
¶維新，諸系，人名([生]？)，日人，幕末([没]1897年7月13日)，藩主3(久鬼隆備 [没]明治30(1897)年7月)

九鬼隆直(久鬼隆直) くきたかなお
貞享4(1687)年～宝暦2(1752)年
江戸時代中期の大名。丹波綾部藩主。
¶諸系，日人，藩主3(久鬼隆直 [没]宝暦2(1752)年8月4日)

九鬼隆寛(久鬼隆寛) くきたかのぶ
元禄13(1700)年～天明6(1786)年
江戸時代中期の大名。丹波綾部藩主。
¶諸系，日人，藩主3(久鬼隆寛 [没]天明6(1786)年5月23日)

九鬼隆度(久鬼隆度) くきたかのり
寛政12(1800)年～嘉永6(1853)年 [別]歌垣綾麿《うたがきあやまろ》，歌垣《うたがき》
江戸時代末期の大名。丹波綾部藩主。
¶国書(歌垣綾麿 うたがきあやまろ [没]嘉永6(1853)年4月)，諸系，人名([生]？ [没]1834年)，日人，藩主3(久鬼隆度 [没]嘉永6(1853)年4月)

九鬼隆徳 くきたかのり
享和1(1801)年～元治1(1864)年
江戸時代末期の大名。摂津三田藩主。
¶諸系，日人，藩主3([生]寛政12(1800)年 [没]元治1(1864)年7月27日)

九鬼隆律 くきたかのり
明暦3(1657)年～貞享3(1686)年
江戸時代前期の大名。摂津三田藩主。

¶諸系，日人，藩主3(没貞享3(1686)年6月6日)

九鬼隆張　くきたかはる
延享4(1747)年～文政4(1821)年
江戸時代中期～後期の大名。摂津三田藩主。
¶諸系，日人，藩主3(没文政4(1821)年7月30日)

九鬼隆久　くきたかひさ
延宝8(1680)年～享保7(1722)年
江戸時代中期の大名。摂津三田藩主。
¶諸系，日人，藩主3(没享保7(1722)年6月23日)

九鬼隆都(久鬼隆都)　くきたかひろ
享和1(1801)年～明治15(1882)年
江戸時代末期～明治期の大名。丹波綾部藩主。
¶維新，京都府，国書(没明治15(1882)年1月25日)，諸系，日人，幕末(没1882年1月25日)，藩主3(久鬼隆都)

九鬼隆昌　くきたかまさ
正保4(1647)年～寛文9(1669)年
江戸時代前期の大名。摂津三田藩主。
¶諸系，日人，藩主3

九鬼隆邑　くきたかむら
享保12(1727)年～文政3(1820)年
江戸時代中期～後期の大名。摂津三田藩主。
¶諸系，日人，藩主3(没文政3(1820)年8月5日)

九鬼隆抵　くきたかやす
元禄3(1690)年～享保18(1733)年
江戸時代中期の大名。摂津三田藩主。
¶諸系，日人，藩主3(没享保18(1733)年11月9日)

九鬼隆幸　くきたかゆき
寛文11(1671)年～元禄4(1691)年5月2日
江戸時代前期～中期の丹波綾部藩主九鬼隆常の長男。
¶国書

九鬼隆義　くきたかよし
天保8(1837)年～明治24(1891)年
江戸時代末期～明治期の大名。摂津三田藩主。
¶維新，コン5，諸系，人名，日人，藩主3(生天保8(1837)年4月5日　没明治24(1891)年1月24日)，兵庫人(生天保8(1837)年4月　没明治24(1891)年1月)，兵庫百

九鬼隆祺(久鬼隆祺)　くきたかよし
明和2(1765)年～天明7(1787)年
江戸時代中期の大名。丹波綾部藩主。
¶諸系，日人，藩主3(久鬼隆祺　没天明7(1787)年1月晦日)

九鬼隆由　くきたかより
享保3(1718)年～延享1(1744)年
江戸時代中期の大名。摂津三田藩主。
¶諸系，日人，藩主3(没寛保3(1743)年12月5日)

九鬼富隆　くきとみたか
寛永20(1643)年～元禄12(1699)年
江戸時代前期の武士。
¶和歌山人

九鬼豊隆　くきとよたか
寛永3(1626)年～？
江戸時代前期の紀伊和歌山藩士。
¶国書

九鬼直隆　くきなおたか
？　～寛永16(1639)年
江戸時代前期の武士。
¶和歌山人

九鬼久隆　くきひさたか
元和3(1617)年～慶安2(1649)年
江戸時代前期の大名。志摩鳥羽藩主、摂津三田藩主。
¶諸系，日人，藩主3(生1615年)，藩主3(生元和3(1617)年，(異説)元和4年　没慶安2(1649)年1月23日)

九鬼広隆　くきひろたか
→九鬼四郎兵衛(くきしろべえ)

久木村治休　くきむらじきゅう
天保14(1843)年～昭和12(1937)年
江戸時代末期～明治期の薩摩藩士。
¶幕末

九鬼守隆　くきもりたか
天正1(1573)年～寛永9(1632)年
江戸時代前期の大名。志摩鳥羽藩主。
¶朝日(没寛永9年9月15日(1632年10月28日))，近世，国史，国書(没寛永9(1632)年9月15日)，コン改，コン4，史人(没1632年9月15日)，諸系，新潮(没寛永9(1632)年9月15日)，人名，世人，戦合，戦国(生1575年)，戦人，日人，藩主3(没寛永9(1632)年9月15日)

久下林右衛門　くげりんえもん
享保18(1733)年～文化3(1806)年
江戸時代中期～後期の剣術家。神明流ほか。
¶剣豪

久坂玄機　くさかげんき
文政3(1820)年～安政1(1854)年
江戸時代末期の長州藩蘭学者。
¶朝日(没安政1年2月27日(1854年3月25日))，維新，国書(没嘉永7(1854)年2月27日)，コン改，コン4，人名，世人，日人，幕末(没1854年3月25日)，藩臣6，洋学，和俳

久坂玄瑞　くさかげんずい，くさかげんすい
天保11(1840)年～元治1(1864)年
江戸時代末期の長州藩の尊攘派志士。
¶朝日(没元治1年7月19日(1864年8月20日))，維新，岩史(生天保11(1840)年5月　没元治1(1864)年7月19日)，角史，京都大，近世，国史，国書(没元治1(1864)年7月19日)，コン改，コン4，詩歌，史人(生1840年5月　没1864年7月19日)，重要(生天保11(1840)年5月　没元治1(1864)年7月19日)，人書79，人書94，新潮(生天保11(1840)年5月　没元治1(1864)年7月19日)，人名，姓氏京都，姓氏山口，世人(没元治1(1864)年7月19日)，世百，全書，大百，日史(生天保11(1840)年5月　没元治1(1864)年7月19日)，日人，幕末(没1864年8月20日)，藩臣6，百科(くさかげんすい)，歴大

草加五郎右衛門　くさかごろうえもん
天正6(1578)年～寛文6(1666)年
江戸時代前期の武士。
¶岡山人

日下十左衛門 くさかじゅうざえもん
享保20(1735)年～享和3(1803)年
江戸時代中期～後期の剣術家。浅山一伝流。
¶剣豪

日下十蔵 くさかじゅうぞう
宝暦7(1757)年～天保5(1834)年7月12日
江戸時代中期～後期の馬術家。
¶国書

日下陶渓 くさかとうけい
天明5(1785)年～慶応2(1866)年 [別]日下伯巌《くさかはくがん》
江戸時代後期の松山藩士、藩校明教館教授。
¶愛媛百(日下伯巌 くさかはくがん [生]天明5(1785)年2月17日 [没]慶応2(1866)年9月14日),郷土愛媛(日下伯巌 くさかはくがん),国書([生]天明5(1785)年2月17日 [没]慶応2(1866)年9月14日),人名,日人,幕末(日下伯巌 くさかはくがん [没]1866年10月)

日下伯巌 くさかはくがん
→日下陶渓(くさかとうけい)

日下部伊三次 くさかべいさじ
→日下部伊三次(くさかべいそうじ)

日下部伊三次(日下部伊三治,日下部伊三冶) くさかべいそうじ
文化11(1814)年～安政5(1858)年 [別]日下部伊三次《くさかべいさじ》,宮崎復太郎《みやざきふくたろう》,深谷佐吉《ふかやさきち》
江戸時代末期の薩摩藩士、水戸藩士。
¶朝日([没]安政5年12月17日(1859年1月20日)),維新(日下部伊三治),近世(日下部伊三冶 [生]1815年),国史(日下部伊三治 [生]1815年),国書(日下部伊三治 [生]文化12(1815)年4月7日 [没]安政5(1858)年12月17日),コン改,コン4,詩歌,史人(日下部伊三治 [生]1814年,(異説)1815年 [没]1858年12月17日),新潮([没]安政5(1858)年12月17日),人名,姓氏鹿児島(日下部伊三治),姓氏京都(くさかべいさじ),日史([没]安政5(1858)年12月17日),日人([没]1859年),幕末(日下部伊三治 [没]1859年1月20日),藩臣2(日下部伊三治 [生]文化12(1815)年),藩臣7,百科,和俳

日下部勝皐 くさかべかつしか
→奈佐勝皐(なさかつたか)

日下部壺仙 くさかべこせん
江戸時代中期の近江彦根藩士。
¶人名,日人(生没年不詳)

日下部定好(日下部定吉) くさかべさだよし
天文11(1542)年～元和2(1616)年
安土桃山時代～江戸時代前期の武士。織田氏家臣、徳川氏家臣。
¶織田([没]元和2(1616)年8月30日),埼玉人,人名([生]1541年),戦国,戦辞(日下部定吉 [没]元和2年8月30日(1616年10月10日)),戦人,日人

日下部三郎右衛門 くさかべさぶろうえもん
文政5(1822)年～万延1(1860)年
江戸時代末期の近江彦根藩士。
¶維新

日下部四郎 くさかべしろう
江戸時代末期の新撰組隊士。
¶新撰

日下部太郎 くさかべたろう
弘化2(1845)年～明治3(1870)年
江戸時代末期～明治期の越前福井藩留学生。1867年アメリカに渡り数学を学ぶ。
¶維新,海越([生]弘化2(1845)年6月6日 [没]明治3(1870)年3月13日),海越新([生]弘化2(1845)年6月6日 [没]明治3(1870)年3月13日),郷土福井,国際,渡航([生]1845年6月6日 [没]1870年4月13日),日人,幕末([没]1870年4月13日),藩臣3,福井百

日下部丹波守博貞 くさかべたんばのかみひろさだ
→日下部博貞(くさかべひろさだ)

日下部遠江 くさかべとおとうみ
江戸時代末期の新撰組隊士。
¶新撰

日下部博貞 くさかべひろさだ
万治1(1658)年～＊ [別]日下部丹波守博貞《くさかべたんばのかみひろさだ》
江戸時代前期～中期の大坂城勤番、長崎奉行。
¶埼玉百([没]1728年),長崎歴(日下部丹波守博貞 くさかべたんばのかみひろさだ [没]享保19(1734)年)

日下部正貞 くさかべまささだ
～万治2(1659)年
江戸時代前期の旗本。
¶神奈川人

日下部鳴鶴 くさかべめいかく
天保9(1838)年～大正11(1922)年
江戸時代末期～大正期の近江彦根藩士、書家。六朝書道を研究。鳴鶴流の書風をうち立てた。
¶朝日([生]天保9年8月18日(1838年10月6日) [没]大正11(1922)年1月27日),愛媛百([没]大正12(1923)年1月27日),郷土滋賀,近現,国史,コン改,コン5,滋賀百,滋賀文([生]天保9(1838)年8月18日 [没]1922年1月27日),史人([生]1838年8月18日 [没]1922年1月27日),庄内([生]天保9(1838)年8月18日 [没]大正11(1922)年1月27日),新潮([生]天保9(1838)年8月18日 [没]大正11(1922)年1月27日),人名,世人([生]天保9(1838)年8月18日 [没]大正11(1922)年1月27日),世百,全書,大百,伝記,日人,日本,幕末,藩臣4,美術,百科

日下部裕之進(日下部祐之進) くさかべゆうのしん
天保7(1836)年～万延1(1860)年
江戸時代末期の薩摩藩士。
¶維新,人名(日下部祐之進),日人,幕末([没]1860年4月23日)

草刈運太郎 くさかりうんたろう
＊～明治1(1868)年
江戸時代末期の陸奥仙台藩士。
¶人名([生]?),日人([生]1820年)

草苅重継 くさかりしげつぐ
永禄1(1558)年～元和2(1616)年4月25日
安土桃山時代～江戸時代前期の武将。
¶岡山人,岡山歴

草刈泰彦 くさかりやすひこ
安永8（1779）年～？
江戸時代中期～後期の長州萩藩士。
¶国書

草川次綱 くさかわつぐつな
生没年不詳
江戸時代前期の会津藩士、磐城三春藩士。
¶国書

草川綱忠 くさかわつなただ
延宝7（1679）年～寛延2（1749）年
江戸時代中期の陸奥三春藩士。
¶国書，藩臣2

草野雲平 くさのうんぺい
→草野潜渓（くさのせんけい）

草野重信 くさのしげのぶ
慶長16（1611）年～宝永2（1705）年
江戸時代前期の武士。
¶和歌山人

草野正辰 くさのせいしん
安永1（1772）年～弘化4（1847）年
江戸時代中期～後期の相馬藩家老。
¶福島百

草野石瀬 くさのせきらい
？～文久1（1861）年
江戸時代末期の儒者、肥後宇土藩士。
¶江文（[生]寛政4（1792）年），国書（[没]文久1（1861）年5月7日），人名，日人

草野潜渓 くさのせんけい
正徳5（1715）年～寛政8（1796）年　[別]草野雲平《くさのうんぺい》
江戸時代中期の肥後熊本藩士。
¶熊本百（[没]寛政8（1796）年3月5日），国書（[没]寛政8（1796）年3月5日），人名，日人，藩臣7（草野雲平　くさのうんぺい）

草野錠之助 くさのていのすけ
生没年不詳
江戸時代末期の武士。
¶和歌山人

草野半右衛門 くさのはんえもん
？～弘化4（1847）年
江戸時代後期の陸奥中村藩家老。
¶人名，日人

草野又六 くさのまたろく
延宝6（1678）年～享保15（1730）年
江戸時代中期の筑後久留米藩の水利功労者。
¶朝日（[没]享保15年11月23日（1731年1月1日）），近世，国史，史人（[没]1730年11月23日），人名（[生]？），日人（[没]1731年），藩臣7（生没年不詳），福岡百

草場允文 くさばいんぶん
正徳5（1715）年～宝暦3（1753）年　[別]草場仲山《くさばちゅうざん》
江戸時代中期の書家、長州（萩）藩士。
¶国書（[没]宝暦3（1753）年8月2日），人名（草場仲山　くさばちゅうざん），日人

草場船山 くさばせんざん
江戸時代末期～明治期の東原庠舎教官。
¶佐賀百（[生]文政2（1819）年7月9日　[没]明治20（1887）年1月16日），詩歌（[生]1821年　[没]1889年），人名（[生]1821年　[没]1889年），日人（[生]1819年　[没]1887年），幕末（[生]1819年　[没]1887年），和俳（[生]文政4（1821）年　[没]明治22（1889）年）

草場仲山 くさばちゅうざん
→草場允文（くさばいんぶん）

草場佩川（草場珮川，草葉佩川） くさばはいせん
天明7（1787）年～慶応3（1867）年
江戸時代後期の漢詩人、肥前佐賀藩の儒官。
¶朝日（[生]天明7年1月7日（1787年2月24日）　[没]慶応3年10月29日（1867年11月24日）），維新，近世，考古（草葉佩川　[生]天明6年（1788年1月7日）　[没]慶応3年（1867年10月29日）），国書（[生]天明8（1788）年1月7日　[没]慶応3（1867）年10月29日），コン改，コン4，佐賀百（[生]天明7（1787）年1月7日　[没]慶応3（1867）年10月29日），詩歌，史人（[生]1787年1月7日　[没]1867年10月29日），新潮（[生]天明7（1787）年1月7日　[没]慶応3（1867）年10月29日），人名，世人（草場珮川　[没]慶応3（1867）年10月），日史（[生]天明7（1787）年1月7日　[没]慶応3（1867）年10月29日），日人，幕末（[没]1864年9月26日），藩臣7，百科，名画，和俳

草間正雄 くさままさお
文政1（1818）年～明治15（1882）年4月
江戸時代後期～明治期の越後長岡藩士。
¶国書

櫛田惣右衛門 くしだそううえもん
→櫛田惣右衛門（くしだそうえもん）

櫛田惣右衛門 くしだそうえもん
[別]櫛田惣右衛門《くしだそううえもん》
安土桃山時代～江戸時代前期の武士。里見氏家臣。
¶戦人（生没年不詳），戦東（くしだそううえもん）

串田凡十 くしだはんじゅう
*～天保2（1831）年　[別]串田凡十《くしだぼんじゅう》
江戸時代中期～後期の安芸広島藩士。
¶大阪人（くしだぼんじゅう　[生]寛延1（1748）年），藩臣6（[生]延享2（1745）年）

櫛田北渚 くしだほくしょ
文化12（1815）年～明治5（1872）年
江戸時代末期～明治期の筑前福岡藩士。
¶国書（[生]文化12（1815）年10月22日　[没]明治5（1872）年4月4日），人名（[生]1814年　[没]1871年），日人

串田凡十 くしだぼんじゅう
→串田凡十（くしだはんじゅう）

櫛橋治左衛門 くしはしじざえもん
寛永9（1632）年～宝永2（1705）年
江戸時代前期～中期の筑前直方藩家老。
¶藩臣7

櫛橋雪心 くしばしせっしん
？～万延1（1860）年
江戸時代末期の筑前福岡藩主黒田家の家臣。
¶茶道

櫛橋又之進　くしはしまたのしん
元禄6(1693)年〜？
江戸時代中期の筑前福岡藩家老。
¶藩臣7

櫛引甚吉　くしびきじんきち
慶長17(1612)年〜元禄7(1694)年
江戸時代前期〜中期の弘前藩士。
¶青森人

櫛淵虚冲軒(櫛淵虚沖軒)　くしぶちきょちゅうけん
*〜文政2(1819)年　[別]櫛淵弥兵衛《くしぶちやへえ》,櫛淵弥兵衛宣根《くしぶちやへえのぶもと》
江戸時代中期〜後期の剣術家。
¶郷土群馬([生]1747年),群馬人(櫛淵虚沖軒　[生]寛延2(1749)年　[没]文政3(1820)年),剣豪([生]寛延1(1748)年),人名(櫛淵弥兵衛宣根　くしぶちやへえのぶもと　[生]1748年),姓氏群馬([生]1747年),体育(櫛淵弥兵衛宣根　くしぶちやへえのぶもと　[生]1747年),日人(櫛淵弥兵衛　くしぶちやへえ　[生]1749年　[没]1820年)

櫛淵宣猶　くしぶちのぶなお
安永9(1780)年〜嘉永5(1852)年
江戸時代中期〜後期の剣術家。神道一心流。
¶剣豪

櫛淵不争軒　くしぶちふそうけん
文政2(1819)年〜明治2(1869)年
江戸時代後期〜明治期の剣術家。神道一心流。
¶剣豪

櫛淵弥兵衛　くしぶちやへえ
→櫛淵虚冲軒(くしぶちきょちゅうけん)

櫛淵弥兵衛宣根　くしぶちやへえのぶもと
→櫛淵虚冲軒(くしぶちきょちゅうけん)

福島国明　くしまくにあきら
生没年不詳
江戸時代中期の幕臣・兵法家。
¶国書5

福島国雄　くしまくにお
享保18(1733)年〜？
江戸時代中期の幕臣・兵法家。
¶国書5

福島国隆　くしまくにたか
寛永9(1632)年〜貞享3(1686)年9月10日
江戸時代前期の幕臣・兵法家。
¶国書5

久嶋久富　くしまひさとみ
享保20(1735)年〜文化3(1806)年
江戸時代後期の武士。
¶和歌山人

久志本常勝　くしもとつねかつ
正保4(1647)年〜享保4(1719)年
江戸時代中期の旗本。
¶神奈川人,姓氏神奈川

葛岡利兵衛　くずおかりへえ
生没年不詳
江戸時代後期の駿河沼津藩士。
¶藩臣4

楠音次郎　くすおんじろう
→楠音次郎(くすのきおとじろう)

葛上紀流　くずかみきりゅう
→葛上忠昭(くずがみただあき)

葛上忠昭　くずがみただあき
？〜享和2(1802)年　[別]葛上紀流《くずかみきりゅう》,葛上半之丞《くずがみはんのじょう》
江戸時代中期〜後期の信濃高遠藩士。
¶国書,長野歴(葛上紀流　くずかみきりゅう),藩臣3(葛上半之丞　くずがみはんのじょう)

葛上半之丞　くずがみはんのじょう
→葛上忠昭(くずがみただあき)

楠田英世　くすたえいせい,くすだえいせい
→楠田英世(くすだひでよ)

楠田円石　くすだえんせき
生没年不詳
江戸時代前期の剣術家。武蔵流。
¶剣豪

楠田英世　くすだひでよ
天保1(1830)年〜明治39(1906)年　[別]楠田英世《くすたえいせい,くすだえいせい》
江戸時代末期〜明治期の肥前佐賀藩士。
¶維新,人名(くすだえいせい),新潟百(くすたえいせい),日人([生]1831年),幕末

楠音次郎　くすのきおとじろう
文政9(1826)年〜元治1(1864)年　[別]楠音次郎《くすおんじろう》
江戸時代末期の尊攘派志士。真忠組首領。
¶朝日([没]元治1年1月17日(1864年2月24日)),維新,コン改(くすおんじろう),コン4(くすおんじろう),千葉百,日人,幕末([没]1864年1月17日)

楠小十郎　くすのきこじゅうろう
弘化4(1847)年？〜文久3(1863)年10月
江戸時代後期〜末期の新撰組隊士。
¶新撰

楠木半七郎　くすのきはんしちろう
生没年不詳
江戸時代後期の遠江相良藩家老。
¶藩臣4

楠不伝　くすのきふでん
安土桃山時代〜江戸時代前期の武士、兵学の教授、由井正雪の師。
¶人名,日人(生没年不詳)

楠六左衛門　くすのきろくざえもん
安土桃山時代〜江戸時代前期の武士。里見氏家臣。
¶戦人(生没年不詳),戦東

楠瀬大枝　くすのせおおえ
安永5(1776)年〜天保6(1835)年
江戸時代後期の土佐藩士、文人。
¶高知人,高知百([生]1754年　[没]1813年),国書([生]安永5(1776)年1月　[没]天保6(1835)年7月29日),藩臣6

楠瀬清蔭　くすのせきよかげ
寛保3(1743)年〜寛政2(1790)年
江戸時代中期の土佐藩士。

¶高知人，高知百，コン改，コン4，人名，日人，藩臣6（[生]寛保2（1742）年）

楠瀬直樹 くすのせなおき
天保13（1842）年～慶応4（1868）年
江戸時代末期の志士。土佐勤王党に参加。
¶国書（[生]天保13（1842）年9月21日　[没]慶応4（1868）年6月15日），幕末（[没]1868年7月31日）

葛巻昌興 くずまきまさおき
→葛巻昌興（かずらまきまさおき）

久須美祐明 くすみすけあきら
明和6（1769）年～嘉永5（1852）年11月5日
江戸時代中期～後期の幕臣。
¶国書

久須美祐邦 くすみすけくに
生没年不詳
江戸時代中期の幕臣。
¶国書

久須美祐光 くすみすけてる
延享4（1747）年～文化13（1816）年
江戸時代中期～後期の幕臣。
¶国書

久須美祐雋 くすみすけとし
→久須美蘭林（くすみらんりん）

楠美太素 くすみたいそ
*～明治15（1882）年
江戸時代末期～明治期の陸奥弘前藩士。
¶青森人（[生]文化14（1817）年），幕末（[生]1805年）

楠美則徳 くすみのりよし
宝暦4（1754）年～文政2（1819）年
江戸時代中期～後期の弘前町奉行。藩校稽古館の総司、平曲家。
¶青森人

久須美蘭林 くすみらんりん
寛政8（1796）年～元治1（1864）年　[別]久須美祐雋《くすみすけとし》
江戸時代末期の幕臣。
¶維新（久須美祐雋　くすみすけとし），大阪人（[没]元治1（1864）年2月），国書（久須美祐雋　くすみすけとし　[没]元治1（1864）年2月），人名，日人，幕末（[没]1864年3月）

葛目楠吉 くずめくすきち
生没年不詳
江戸時代後期～明治期の馬術家。
¶高知人

楠目清馬 くずめせいま
→楠目藤盛（くすめふじもり）

葛目太市 くずめたいち
延宝7（1679）年～寛保1（1741）年
江戸時代前期～中期の剣術家。真心陰流。
¶剣豪，高知人

楠目藤盛 くすめふじもり，くずめふじもり
天保13（1842）年～文久3（1863）年　[別]楠目清馬《くずめせいま》
江戸時代末期の武士。天誅組挙兵に参加。
¶維新（楠目清馬　くずめせいま），高知人（くずめふじもり），コン改，コン4，人名，日人，幕末（楠目清馬　くずめせいま　[没]1863年11月6日）

楠本端山 くすもとたんざん
文政11（1828）年～明治16（1883）年
江戸時代末期～明治期の儒学者、肥前平戸藩士。
¶朝日（[生]文政11年1月15日（1828年2月29日）　[没]明治16（1883）年3月18日），維新，郷土長崎，近現，近世，国史，国書（[生]文政11（1828）年1月15日　[没]明治16（1883）年3月18日），コン改，コン4，コン5，詩歌，史人（[生]1828年1月15日　[没]1883年3月18日），思想（[生]文政11（1828）年1月15日　[没]明治16（1883）年3月18日），人書79，人書94，新潮（[生]文政11（1828）年1月15日　[没]明治16（1883）年3月18日），人名，哲学，長崎百，日人，人情，幕末（[没]1883年3月18日），藩臣7

楠本正隆 くすもとまさたか
天保9（1838）年～明治35（1902）年
江戸時代末期～明治期の肥前大村藩士、政治家。
¶朝日（[生]天保9（1838）年3月　[没]明治35（1902）年2月7日），維新，郷土長崎（[生]1835年），近現，国際，国史，コン改，コン4，コン5，史人（[生]1838年3月20日　[没]1902年2月7日），新潮（[生]天保9（1838）年3月　[没]明治35（1902）年2月7日），人名，先駆（[生]天保9（1838）年3月　[没]明治35（1902）年2月7日），長崎百，新潟百，日史（[生]天保9（1838）年3月20日　[没]明治35（1902）年2月7日），日人，幕末（[没]1902年2月7日），藩臣7，明治1，履歴（[生]天保9（1838）年3月20日　[没]明治35（1902）年2月7日）

葛山為篤 くずやまためあつ
生没年不詳　[別]葛山為篤《かつらやまためあつ》
江戸時代前期の磐城平藩士。
¶国書，福島百（かつらやまためあつ）

久世伊勢守広正 くぜいせのかみひろまさ
→久世広正（くぜひろまさ）

久世氏美 くぜうじよし
元禄16（1703）年～明和7（1770）年
江戸時代中期の民政家。伊勢津藩士。
¶国書（[没]明和7（1770）年3月），コン改，コン4，日人，三重

久世源太左衛門 くぜげんだざえもん
寛永20（1643）年～
江戸時代前期の勇士。
¶庄内

久世三郎左衛門 くぜさぶろうさえもん
元和9（1623）年～延宝8（1680）年
江戸時代前期の武士。
¶和歌山人

久世重之 くぜしげゆき
万治3（1660）年～享保5（1720）年
江戸時代中期の大名、老中。
¶朝日，岡山歴（[没]享保5（1720）年6月27日），京都府，国書（[没]享保5（1720）年6月27日），コン4，諸系，人名，日人，藩主2，藩主2（[没]享保5（1720）年6月27日），藩主2，藩主3，藩主4

久世治作 くぜじさく
文政8（1825）年～明治15（1882）年　[別]久世喜弘《くぜよしひろ》

江戸時代末期〜明治期の美濃大垣藩の技術者、官吏。大垣操練所へ出仕。
¶維新，大阪人（生没年不詳），郷土岐阜（久世喜弘 くぜよしひろ），写家（[生]文政8年3月 [没]明治15年9月9日），人名，先駆（[生]文政8(1825)年3月 [没]明治15(1882)年9月9日），日人，幕末（[没]1882年9月9日），藩臣3（久世喜弘 くぜよしひろ）

久世丹後守広民 くぜたんごのかみひろたみ
→久世広民（くぜひろたみ）

久世暉之 くぜてるゆき
元禄12(1699)年〜寛延2(1749)年
江戸時代中期の大名。下総関宿藩主。
¶諸系，人名，日人，藩主2（[没]寛延2(1749)年8月18日）

久世道空 くぜどうくう
宝永1(1704)年〜天明4(1784)年
江戸時代中期の武士、典礼家。
¶茶道，人名，日人

久世友輔 くぜともすけ
宝暦1(1751)年〜文化11(1814)年
江戸時代中期〜後期の美濃大垣藩の心学者。
¶岐阜百，国書（[生]宝暦1(1751)年11月26日 [没]文化11(1814)年7月5日），藩臣3，三重続（[生]宝暦1年11月26日）

久世広明 くぜひろあき
→久世広明（くぜひろあきら）

久世広明 くぜひろあきら
享保16(1731)年〜天明5(1785)年 [別]久世広明《くぜひろあき》
江戸時代中期の大名、老中。下総関宿藩主。
¶京都大（くぜひろあき），近世，国史，埼玉人（[生]享保16(1731)年12月23日 [没]天明5(1785)年1月24日），諸系（[生]1732年），新潮（[没]天明5(1785)年1月24日），人名（くぜひろあき），姓氏京都，日人（[生]1732年），藩主2（[没]天明5(1785)年1月24日）

久世広運 くぜひろたか
寛政11(1799)年〜天保1(1830)年 [別]久世広運《くぜひろゆき》
江戸時代後期の大名。下総関宿藩主。
¶諸系，人名（くぜひろゆき），日人，藩主2（[没]天保1(1830)年8月20日）

久世広誉 くぜひろたか
→久世広誉（くぜひろやす）

久世広民 くぜひろたみ
享保17(1732)年〜？ [別]久世丹後守広民《くぜたんごのかみひろたみ》
江戸時代中期の幕臣、65代長崎奉行。勘定奉行。
¶岩史，近世，国史，コン4，史人，人名（[生]1730年），長崎歴（久世丹後守広民 くぜたんごのかみひろたみ [生]元文2(1737)年 [没]寛政11(1799)年），日人（[生]1737年 [没]1800年），歴大

久世広周 くぜひろちか
文政2(1819)年〜元治1(1864)年
江戸時代末期の大名、老中。
¶朝日（[没]元治1年6月25日(1864年7月28日)），維新，岩史（[生]文政2(1819)年4月 [没]元治1(1864)年6月25日），角史，近世，国史，国書（[生]文政2(1819)年4月 [没]元治1(1864)年6月25日），コン改，コン4，史人（[生]1819年4月 [没]1864年6月25日），重要（[生]文政2(1819)年4月 [没]元治1(1864)年6月25日），諸系，新潮（[没]元治1(1864)年6月25日），人名，世人（[没]元治1(1864)年6月25日），千葉百，日史（[没]元治1(1864)年6月25日），日人，幕末（[没]1864年7月28日），藩主2（[生]文政2(1819)年4月 [没]元治1(1864)年6月25日），百科，歴大

久世広次 くぜひろつぐ
〜享保6(1721)年
江戸時代中期の旗本。
¶神奈川人

久世広寛 くぜひろとう
宝永1(1704)年〜明和7(1770)年
江戸時代中期の駿府城代。
¶人名，日人

久世広業 くぜひろなり
安政5(1858)年〜明治44(1911)年
江戸時代末期〜明治期の大名。下総関宿藩主。
¶維新，諸系，人名，日人，藩主2（[生]安政5(1858)年3月24日 [没]明治44(1911)年11月7日）

久世広宣 くぜひろのぶ
永禄4(1561)年〜寛永3(1626)年
安土桃山時代〜江戸時代前期の武将、徳川家康の臣。
¶国書（[没]寛永3(1626)年3月19日），諸系，人名，日人

久世広徳 くぜひろのり
享保17(1732)年〜？
江戸時代中期の浦賀奉行。
¶諸系，人名，日人

久世広文 くぜひろふみ
安政1(1854)年〜明治32(1899)年
江戸時代末期〜明治期の大名。下総関宿藩主。
¶諸系，日人，藩主2（[生]嘉永6(1853)年12月10日 [没]明治32(1899)年10月18日）

久世広正 くぜひろまさ
寛政11(1799)年〜弘化3(1846)年 [別]久世伊勢守広正《くぜいせのかみひろまさ》
江戸時代後期の94代長崎奉行。
¶長崎歴（久世伊勢守広正 くぜいせのかみひろまさ）

久世広当 くぜひろまさ
慶長3(1598)年〜万治3(1660)年
江戸時代前期の百人組頭。
¶諸系，人名（[生]1597年），日人

久世広誉 くぜひろやす
宝暦1(1751)年〜文政4(1821)年 [別]久世広誉《くぜひろたか》
江戸時代中期〜後期の大名。下総関宿藩主。
¶国書（[没]文政4(1821)年3月8日），諸系，人名（くぜひろたか），日人，藩主2（[没]文政4(1821)年3月）

久世広運　くぜひろゆき
→久世広運（くぜひろたか）

久世広之　くぜひろゆき
慶長14（1609）年～延宝7（1679）年
江戸時代前期の大名、老中。
¶朝日（[没]延宝7年6月25日（1679年8月1日）），江戸東，神奈川人，近世，国史，国書（[没]延宝7（1679）年6月25日），コン4，諸系，人名，姓氏神奈川，日史（[没]延宝7（1679）年6月25日），日人，藩主2（[没]延宝7（1679）年6月25日），百科，歴大

久世喜弘　くぜよしひろ
→久世治作（くぜじさく）

朽木内匠　くちきたくみ
慶長6（1601）年～寛文11（1671）年
江戸時代前期の肥後熊本藩士。
¶藩臣7

朽木稙綱　くちきたねつな
慶長10（1605）年～万治3（1660）年　[別]朽木稙綱《くつきたねつな》
江戸時代前期の大名。下野鹿沼藩主、常陸土浦藩主。
¶諸系（くつきたねつな　[没]1661年），人名，日人（くつきたねつな　[没]1661年），藩主1，藩主2（[没]万治3（1660）年12月13日）

朽木稙昌　くちきたねまさ
→朽木稙昌（くつきたねまさ）

朽木稙元　くちきたねもと
→朽木稙元（くつきたねもと）

朽木綱貞　くちきつなさだ
→朽木綱貞（くつきつなさだ）

朽木玄綱　くちきとおつな
→朽木玄綱（くつきとおつな）

朽木友綱　くちきともつな
→朽木友綱（くつきともつな）

朽木尚綱　くちきなおつな
→朽木尚綱（くつきなおつな）

朽木直綱　くちきなおつな
→朽木直綱（くつきなおつな）

朽木長綱　くちきながつな
→朽木長綱（くつきながつな）

朽木宣綱　くちきのぶつな
→朽木宣綱（くつきのぶつな）

朽木舗綱　くちきのぶつな
→朽木鋪綱（くつきのぶつな）

朽木則綱　くちきのりつな
→朽木則綱（くつきのりつな）

朽木昌綱　くちきまさつな
→朽木昌綱（くつきまさつな）

朽木元綱　くちきもとつな
→朽木元綱（くつきもとつな）

朽木盛定　くちきもりさだ
→朽木定盛（くつきさだもり）

朽木良綱　くちきよしつな
→朽木良綱（くつきよしつな）

朽木竜橋　くちきりゅうきょう
→朽木昌綱（くつきまさつな）

口羽徳祐　くちばとくすけ
天保5（1834）年～安政6（1859）年　[別]口羽杷山《くちばはざん》
江戸時代末期の長州（萩）藩寄組。
¶国書（口羽杷山　くちばはざん　[没]安政6（1859）年8月11日），幕末（[没]1859年9月7日），藩臣6

口羽杷山　くちばはざん
→口羽徳祐（くちばとくすけ）

口羽通博　くちはみちひろ
？～明治18（1885）年
江戸時代末期～明治期の長州（萩）藩士。
¶人名，日人

朽木定盛　くつきさだもり
寛文9（1669）年～宝暦13（1763）年　[別]朽木盛定《くちきもりさだ》
江戸時代中期の西丸旗奉行。
¶人名（朽木盛定　くちきもりさだ），日人

朽木稙綱(1)　くつきたねつな
正徳1（1711）年～享保11（1726）年
江戸時代中期の大名。丹波福知山藩主。
¶諸系，日人，藩主3（[生]宝永7（1710）年11月21日　[没]享保11（1726）年5月5日）

朽木稙綱(2)　くつきたねつな
→朽木稙綱（くちきたねつな）

朽木稙治　くつきたねはる
寛文5（1665）年～寛保1（1741）年
江戸時代中期の大名。丹波福知山藩主。
¶諸系，日人，藩主3（[生]寛文5（1665）年11月7日　[没]寛保1（1741）年7月28日）

朽木稙昌　くつきたねまさ
寛永20（1643）年～正徳4（1714）年　[別]朽木稙昌《くちきたねまさ》
江戸時代前期～中期の大名。常陸土浦藩主、丹波福知山藩主。
¶京都府，茶道（くちきたねまさ），諸系，人名（くちきたねまさ），日人，藩主2（くちきたねまさ），藩主3（[生]寛永20（1643）年5月19日　[没]正徳4（1714）年2月23日）

朽木稙元　くつきたねもと
寛文4（1664）年～＊　[別]朽木稙元《くちきたねもと》
江戸時代中期の大名。丹波福知山藩主。
¶諸系（[没]1722年），人名（くちきたねもと　[没]1721年），日人（[没]1722年），藩主3（[生]寛文4（1664）年3月27日　[没]享保6（1721）年1月24日）

朽木綱条　くつきつなえだ
享和1（1801）年～天保7（1836）年
江戸時代後期の大名。丹波福知山藩主。
¶国書（[生]享和1（1801）年10月17日　[没]天保7（1836）年5月28日），諸系，日人，藩主3（[生]享和1（1801）年10月17日　[没]天保7（1836）年5月28日）

朽木綱方　くつきつなかた
天明7 (1787) 年～天保9 (1838) 年
江戸時代後期の大名。丹波福知山藩主。
¶諸系，日人，藩主3 ([生]天明6 (1786) 年12月26日　[没]天保9 (1838) 年2月27日)

朽木綱貞　くつきつなさだ
正徳3 (1713) 年～天明8 (1788) 年　[別]朽木綱貞《くちきつなさだ》
江戸時代中期の大名。丹波福知山藩主。
¶江文，国書 ([生]正徳3 (1713) 年9月16日　[没]天明8 (1788) 年5月30日)，茶道 (くちきつなさだ)，諸系，日人，藩主3 ([生]正徳3 (1713) 年9月16日　[没]天明8 (1788) 年5月晦日)

朽木綱徳　くつきつなのり
天保12 (1841) 年～明治7 (1874) 年
江戸時代末期～明治期の丹波福知山藩家老。
¶藩臣5

朽木綱張　くつきつなばり
→朽木綱張 (くつきつなはる)

朽木綱張　くつきつなはる
文化13 (1816) 年～慶応3 (1867) 年　[別]朽木綱張《くつきつなばり》
江戸時代末期の大名。丹波福知山藩主。
¶維新，諸系，日人，幕末 ([没]1867年3月18日)，藩主3 (くつきつなばり　[生]文化13 (1816) 年8月6日　[没]慶応3 (1867) 年2月25日)

朽木綱泰　くつきつなひろ
明和6 (1769) 年～嘉永5 (1852) 年閏2月3日
江戸時代中期～後期の幕臣。
¶国書

朽木玄綱　くつきとうつな
→朽木玄綱 (くつきとおつな)

朽木玄綱　くつきとおつな
宝永6 (1709) 年～明和7 (1770) 年　[別]朽木玄綱《くちきとおつな, くつきとうつな》
江戸時代中期の大名。丹波福知山藩主。
¶諸系，人名 (くちきとおつな)，日人，藩主3 (くつきとうつな　[生]宝永6 (1709) 年9月11日　[没]明和7 (1770) 年8月30日)

朽木友綱　くつきともつな
慶長4 (1599) 年～寛文2 (1662) 年　[別]朽木友綱《くちきともつな》
江戸時代前期の御書院番組頭。
¶諸系，人名 (くちきともつな)，日人

朽木倫綱　くつきともつな
明和4 (1767) 年～*
江戸時代中期～後期の大名。丹波福知山藩主。
¶国書 ([生]明和4 (1767) 年1月7日　[没]享和2 (1802) 年12月20日)，諸系 ([没]1803年)，日人 ([没]1803年)，藩主3 ([生]明和4 (1767) 年1月7日　[没]享和2 (1802) 年12月20日)

朽木尚綱　くつきなおつな
寛文7 (1667) 年～宝暦5 (1755) 年　[別]朽木尚綱《くちきなおつな》
江戸時代中期の幕府大目付。
¶諸系，人名 (くちきなおつな)，日人

朽木直綱　くつきなおつな
元禄7 (1694) 年～延享2 (1745) 年　[別]朽木直綱《くちきなおつな》
江戸時代中期の幕府大番頭。
¶諸系，人名 (くちきなおつな)，日人

朽木長綱　くつきながつな
寛延3 (1750) 年～？　[別]朽木長綱《くちきながつな》
江戸時代中期の幕府大番頭。
¶人名 (くちきながつな)，日人

朽木宣綱　くつきのぶつな
天正10 (1582) 年～寛文2 (1662) 年　[別]朽木宣綱《くちきのぶつな》
江戸時代前期の武士。豊臣氏家臣、徳川氏家臣。
¶諸系，人名 (くちきのぶつな)，戦国 ([生]1583年)，戦人，日人

朽木鋪綱 (朽木舗綱)　くつきのぶつな
*～天明7 (1787) 年　[別]朽木鋪綱《くちきのぶつな》
江戸時代中期の大名。丹波福知山藩主。
¶国書 ([生]享保15 (1730) 年11月24日　[没]天明7 (1787) 年9月20日)，茶道 (朽木舗綱　くちきのぶつな)，諸系 ([生]1731年)，日人 ([生]1731年)，藩主3 (朽木舗綱　[生]享保15 (1730) 年11月24日　[没]天明7 (1787) 年9月19日)

朽木則綱　くつきのりつな
慶安4 (1651) 年～享保11 (1726) 年　[別]朽木則綱《くちきのりつな》
江戸時代前期～中期の大番頭。
¶諸系，人名 (くちきのりつな)，日人

朽木昌綱　くつきまさつな
寛延3 (1750) 年～享和2 (1802) 年　[別]朽木昌綱《くちきまさつな》, 朽木竜橋《くちきりゅうきょう》
江戸時代中期～後期の大名、蘭学者。
¶朝日 ([生]寛延3年1月27日 (1750年3月5日)　[没]享和2年4月17日 (1802年5月18日))，岩史 ([生]寛延3 (1750) 年1月27日　[没]享和2 (1802) 年4月17日)，角史，京都府，近世，考古 (朽木竜橋　くちきりゅうきょう　[没]享和2年 (1802年4月17日))，国史，国書 ([生]寛延3 (1750) 年1月27日　[没]享和2 (1802) 年4月17日)，コン改，コン4，茶道 (くちきまさつな)，史人 ([生]1750年1月27日　[没]1802年4月17日)，諸系，新潮 ([生]寛延3 (1750) 年1月27日　[没]享和2 (1802) 年4月17日)，人名 (朽木竜橋　くちきりゅうきょう)，世人 ([没]享和2 (1802) 年4月17日)，全書，大百，日史 ([生]寛延3 (1750) 年1月27日　[没]享和2 (1802) 年4月17日)，日人，藩主3 ([生]寛延3 (1750) 年1月27日　[没]享和2 (1802) 年4月17日)，百科，洋学，歴大

朽木元綱　くつきもとつな
天文18 (1549) 年～寛永9 (1632) 年　[別]朽木元綱《くちきもとつな》
安土桃山時代～江戸時代前期の武将。
¶朝日 ([没]寛永9年8月29日 (1632年10月12日))，織田 ([没]寛永9 (1632) 年8月29日)，郷土滋賀 ([生]1547年)，近世，系西，国史，コン改，コン4，滋賀百，史人 ([没]1632年8月29日)，諸系，

新潮（[没]寛永9（1632）年8月29日），人名（くちきもとつな），戦合，戦国，戦人，日史（[没]寛永9（1632）年8月29日），日人，百科，歴大

朽木為綱 くつきもりつな
弘化2（1845）年〜明治16（1883）年
江戸時代末期〜明治期の大名。丹波福知山藩主。
¶維新，諸系，日人，幕末（[没]1883年4月26日），藩主3（[生]弘化2（1845）年11月5日　[没]明治16（1883）年4月26日）

朽木良綱 くつきよしつな
寛永10（1633）年〜延宝6（1678）年　[別]朽木良綱《くちきよしつな》
江戸時代前期の禁裏造営奉行。
¶諸系，人名（くちきよしつな），日人

沓沢三郎 くつざわさぶろう
安土桃山時代〜江戸時代前期の地方豪族・土豪。
¶戦国，戦人（生没年不詳）

工藤巌治 くどういわじ
生没年不詳
江戸時代末期の津軽藩士・洋学者。
¶国書

工藤剛太郎 くどうごうたろう
天保4（1833）年〜明治1（1868）年
江戸時代末期の武将。阿波稲田氏家臣。
¶維新，人名，徳島百（[生]天保4（1833）年5月24日　[没]明治1（1868）年5月14日），徳島歴（[生]天保4（1833）年5月24日　[没]明治1（1868）年5月10日），日人，幕末（[没]1868年7月3日）

工藤主善 くどうしゅぜん
→工藤他山（くどうたざん）

工藤祐躬 くどうすけちか
延享1（1744）年〜天保3（1832）年
江戸時代後期の武士。
¶和歌山人

工藤他山 くどうたざん
文政1（1818）年〜明治22（1889）年　[別]工藤主善《くどうしゅぜん》
江戸時代末期〜明治期の儒学者、弘前藩士。
¶青森人，維新（工藤主善　くどうしゅぜん），近現，近世，国史，国書（[生]文政1（1818）年10月10日　[没]明治22（1889）年2月27日），コン改，コン4，コン5，詩歌，新潮（[生]文政1（1818）年10月10日　[没]明治22（1889）年2月27日），人名，日人，幕末（[没]1889年2月27日），和俳

工藤平右衛門 くどうへいうえもん
生没年不詳
江戸時代中期の蝦夷松前藩士。
¶藩臣1

工藤茂五郎 くどうもごろう
文化5（1808）年〜安政6（1859）年
江戸時代末期の蝦夷松前藩士。
¶藩臣1

工藤行広 くどうゆきひろ
生没年不詳
江戸時代後期の上野沼田藩家老。
¶国書

工藤行幹 くどうゆきもと
天保12（1841）年〜明治37（1904）年
江戸時代末期〜明治期の弘前藩士、政治家。衆議院議員。東北地方屈指の有力政治家。国民同盟会、対露同志会などの対外硬運動にも関係。
¶青森人，青森百，朝日（[生]天保12年12月28日（1842年2月8日）　[没]明治37（1904）年4月21日），維新，コン改，コン5，人名，日人（[生]1842年），幕末（[没]1904年4月21日），明治1（[生]1842年）

久富豊 くとみゆたか
→久富豊（ひさとみゆたか）

宮内高吉 くないたかよし
→藤堂高吉（とうどうたかよし）

国井清廉 くにいきよかど
天保10（1839）年〜大正8（1919）年8月
江戸時代末期〜明治期の加納藩士。
¶神人（生没年不詳），幕末

国井源太夫 くにいげんだゆう
？　〜天保13（1842）年
江戸時代後期の遠江掛川藩用人。
¶藩臣4

国井半右衛門 くにいはんうえもん
生没年不詳
江戸時代後期の遠江掛川藩用人。
¶藩臣4

国枝平助 くにえだへいすけ
元和9（1623）年〜元禄11（1698）年
江戸時代前期の備前岡山藩士。
¶岡山歴（[没]元禄11（1698）年11月5日），藩臣6

国家弥右衛門 くにかやえもん
生没年不詳
江戸時代前期の剣術家。
¶日人

救仁郷善兵衛 くにごうぜんべえ
寛文6（1666）年〜寛延1（1748）年
江戸時代前期〜中期の剣術家。示現流。
¶剣豪

国貞直人 くにさだなおと
→国貞廉平（くにさだれんぺい）

国貞廉平 くにさだれんぺい
天保12（1841）年〜明治18（1885）年　[別]国貞直人《くにさだなおと》
江戸時代末期〜明治期の長州（萩）藩士。
¶維新，姓氏愛知，幕末（国貞直人　くにさだなおと　[没]1885年1月18日），藩臣6（国貞直人　くにさだなおと），山口百

国沢好察 くにさわよしあきら
寛政10（1798）年〜明治6（1873）年
江戸時代末期〜明治期の土佐藩新馬廻組、歌人。
¶高知人，高知百，幕末（[没]1873年5月14日）

国重半山 くにしげはんざん
→国重正文（くにしげまさぶみ）

国重政恒 くにしげまさつね
寛永15（1638）年〜＊
江戸時代前期の史家、長州（萩）藩士。

¶国書（[没]宝永7（1710）年12月17日），人名（[生]1639年　[没]？），日人（[没]1711年）

国重正文 くにしげまさぶみ，くにしげまさふみ
天保11（1840）年～明治34（1901）年　[別]国重半山《くにしげはんざん》
江戸時代末期～明治期の長州（萩）藩士。
¶維新，神人（[没]明治34（1901）年10月27日），人名（[生]？），姓氏富山，富山百（くにしげまさふみ　[生]天保11（1840）年10月15日　[没]明治34（1901）年10月27日），富山文（国重半山　くにしげはんざん　[生]天保11（1840）年10月15日　[没]明治34（1901）年10月25日），日人，幕末（[没]1901年10月27日）

国司信濃 くにししなの
天保13（1842）年～元治1（1864）年　[別]国司親相《くにしちかすけ》
江戸時代末期の長州（萩）藩家老。
¶朝日（[生]天保13年6月15日（1842年7月22日）[没]元治1年11月12日（1864年12月10日）），維新，角史，京都大（[生]天保12（1841）年），近世，国史，国書（国司親相　くにしちかすけ　[生]天保13（1842）年6月15日　[没]元治1（1864）年11月11日），コン改，コン4，史人（[生]1842年6月15日　[没]1864年11月12日），重要（[没]元治1（1864）年11月12日），新潮（[生]天保13（1842）年6月15日　[没]元治1（1864）年11月12日），人名（[生]1841年），姓氏京都，姓氏山口（国司親相　くにしちかすけ），世人（[生]天保12（1841）年　[没]元治1（1864）年11月12日），全書，日史（[生]天保13（1842）年6月15日　[没]元治1（1864）年11月11日），日人，幕末（[没]1864年12月9日），藩臣6，百科，歴大

国司親相 くにしちかすけ
→国司信濃（くにししなの）

国島京山 くにしまきょうざん
＊～寛政7（1795）年
江戸時代中期の長門清末藩士、儒学者。
¶姓氏山口（[生]？），藩臣6（[生]寛延3（1750）年）

国島宏 くにしまこう
明和6（1769）年～文政9（1826）年
江戸時代中期～後期の長門長府藩士、儒学者。
¶藩臣6

国島半研 くにじまはんけん
文化11（1814）年8月26日～明治21（1888）年12月26日
江戸時代後期～明治期の津山松平藩士、医師、画人。
¶岡山歴

国田敬武 くにたけいぶ
→国田弥五郎（くにたやごろう）

国武弾助 くにたけただすけ
安永4（1775）年～？
江戸時代後期の肥後熊本藩士。
¶国書（生没年不詳），藩臣7

国田敬武 くにたたかたけ
→国田弥五郎（くにたやごろう）

国田弥五郎 くにたやごろう
文政10（1827）年～明治6（1873）年　[別]国田敬武《くにたけいぶ，くにたたかたけ》
江戸時代末期～明治期の加賀藩士。
¶国書（[没]明治6（1873）年6月），神人（国田敬武　くにたけいぶ　[生]文政9（1826）年），人名（国田敬武　くにたけいぶ），姓氏石川，日人（国田敬武　くにたたかたけ），幕末（[没]1873年6月）

国富源右衛門 くにとみげんえもん
天文15（1546）年～寛永9（1632）年　[別]国富貞次《くにとみさだつぐ》
江戸時代前期の武将。宇喜多氏家臣。
¶岡山人，岡山歴（[没]寛永9（1632）年9月10日），戦人（国富貞次　くにとみさだつぐ），戦西（[生]？）

国富貞次 くにとみさだつぐ
→国富源右衛門（くにとみげんえもん）

国富鳳山 くにとみほうざん
宝永4（1707）年～宝暦12（1762）年
江戸時代中期の周防徳山藩士、儒学者。
¶国書（[没]宝暦12（1762）年9月19日），藩臣6

国友善庵 くにともぜんあん
→国友与五郎（くにともよごろう）

国友尚克 くにともたかかつ
→国友与五郎（くにともよごろう）

国友忠連 くにともただつら
生没年不詳
江戸時代後期の伊勢久居藩士・国学者。
¶国書

国友与五郎 くにともよごろう
享和1（1801）年～文久2（1862）年　[別]国友尚克《くにともたかかつ》，国友善庵《くにともぜんあん》
江戸時代末期の水戸藩士。
¶維新，国書（国友善庵　くにともぜんあん　[生]享和1（1801）年8月23日　[没]文久2（1862）年2月29日），人名（国友尚克　くにともたかかつ），日人（国友尚克　くにともたかかつ），幕末（[没]1862年3月29日），藩臣2

国光小源太 くにみつこげんた
寛政6（1794）年～文久3（1863）年
江戸時代後期～末期の毛利家家臣。
¶姓氏山口

国本一学 くにもといちがく
弘化2（1845）年～元治1（1864）年
江戸時代末期の周防国分寺臣、荻野隊隊士。
¶維新

国本与市 くにもとよいち
明和6（1769）年～嘉永2（1849）年
江戸時代中期～後期の加賀大聖寺藩士。
¶藩臣3

国安久行 くにやすひさゆき
生没年不詳
安土桃山時代～江戸時代前期の武士。佐竹氏家臣。
¶戦辞，戦人，戦東

功刀君章 くのぎきみあき
？～宝暦9（1759）年
江戸時代中期の近江彦根藩士。
¶国書（[没]宝暦9（1759）年6月22日），藩臣4

久野助九郎　くのすけくろう
江戸時代中期の尾張藩士、茶人。
¶茶道，人名，日人（生没年不詳）

久野純固　くのすみかた
文化12（1815）年～明治6（1873）年
江戸時代末期～明治期の紀伊和歌山藩家老。
¶維新，国書5（[生]文化12（1815）年11月8日　[没]明治6（1873）年7月25日），幕末（[没]1873年7月25日），藩臣5，三重（[生]文化12年11月8日），和歌山人

久野鳳湫（久野鳳洲）　くのほうしゅう
元禄9（1696）年～明和2（1765）年
江戸時代中期の尾張藩士。
¶江文，国書（[生]元禄9（1696）年8月　[没]明和2（1765）年10月26日），人名（久野鳳洲　[生]1697年　[没]1766年），日人，藩臣4（[生]？）

久野正頼　くのまさより
文政4（1821）年3月10日～明治24（1891）年1月29日
江戸時代後期～明治期の肥後熊本藩士・歌人。
¶国書

久野宗成　くのむねしげ
天正10（1582）年～寛永2（1625）年　[別]久野宗成《くのむねなり》
江戸時代前期の紀伊和歌山藩家老。
¶藩臣5，和歌山人（くのむねなり）

久野宗成　くのむねなり
→久野宗成（くのむねしげ）

九里将興　くのりまさおき
？　～宝永3（1706）年
江戸時代前期～中期の加賀藩士。
¶国書

九里正長　くのりまさなが
→九里正長（くりまさなが）

九里令正　くのりよしまさ
生没年不詳
江戸時代後期の加賀藩士。
¶国書

首斬浅右衛門　くびきりあさうえもん
→山田朝右衛門（やまだあさえもん）

首斬浅右衛門　くびきりあさえもん
→山田朝右衛門（やまだあさえもん）

久保克明　くぼかつあき
江戸時代後期の剣術家。
¶人名，日人（生没年不詳）

久保勝正　くぼかつまさ
天文17（1548）年～元和4（1618）年
安土桃山時代～江戸時代前期の武士。織田氏家臣、豊臣氏家臣、徳川氏家臣。
¶戦国，戦人

久保川与助　くぼかわよすけ
明和4（1767）年～弘化3（1846）年
江戸時代中期～後期の常陸土浦藩士。
¶藩臣2

久保五郎左衛門　くぼごろうざえもん
文化1（1804）年～文久1（1861）年
江戸時代末期の長州（萩）藩士。
¶姓氏山口，幕末（[没]1861年3月17日）

久保侈堂　くぼしどう
天保5（1834）年～明治26（1893）年
江戸時代末期～明治期の漢学者。佐倉藩校の教授。後、家塾設立。著書に「文章規範訓点」。
¶人名，日人，幕末（[生]1835年　[没]1893年12月28日）

久保新平　くぼしんぺい
江戸時代の津山松平藩士。
¶岡山歴

久保田勝成　くぼたかつなり
～慶安1（1648）年
安土桃山時代～江戸時代前期の武士。
¶岡山人

窪田清音　くぼたきよね
→窪田清音（くぼたすがね）

久保田源蔵　くぼたげんぞう
寛保3（1743）年～文政2（1819）年　[別]久保田久寿《くぼたひさとし》
江戸時代中期～後期の紀伊和歌山藩士。
¶藩臣5，和歌山人（久保田久寿　くぼたひさとし）

窪田源太夫　くぼたげんだゆう
→窪田清音（くぼたすがね）

窪田鎮勝　くぼたしげかつ
→窪田治部右衛門（くぼたじぶうえもん）

窪田茂遂　くぼたしげつぐ
→窪田梨渓（くぼたりけい）

窪田治部右衛門　くぼたじぶうえもん
文化5（1808）年～？　[別]窪田鎮勝《くぼたしげかつ》
江戸時代後期の武士。
¶大分百，大分歴（窪田鎮勝　くぼたしげかつ），日人

久保田新五右衛門　くぼたしんごえもん
天正1（1573）年～寛文8（1668）年
江戸時代前期の越後新発田藩士。
¶人名，日人

窪田清音　くぼたすがね
寛政3（1791）年～慶応2（1866）年　[別]窪田源太夫《くぼたげんだゆう》，窪田清音《くぼたきよね》
江戸時代末期の武道家。幕府講武所頭取。
¶近世，剣豪（窪田源太夫　くぼたげんだゆう），国史，国書（くぼたきよね　[生]寛政1（1789）年　[没]慶応2（1866）年12月25日），全書，日人（[没]1867年）

窪田善之　くぼたぜんし
→窪田善之（くぼたよしゆき）

窪田泉太郎　くぼたせんたろう
生没年不詳
江戸時代末期の幕臣。
¶幕末

久保田豪秀　くぼたたけひで
宝永4（1707）年～延享3（1746）年
江戸時代中期の軍学者、安芸広島藩士。

¶国書（[没]延享3（1746）年8月5日），人名，日人

窪田忠任 くぼたただとう
延宝2（1674）年～宝暦3（1753）年　[別]窪田肥前守忠任《くぼたひぜんのかみただとう》
江戸時代前期～中期の48代長崎奉行。
¶長崎歴（窪田肥前守忠任　くぼたひぜんのかみただとう）

窪田忠雅 くぼたただまさ
～万治1（1658）年
江戸時代前期の旗本。
¶神奈川人

窪田伝太夫 くぼたでんだゆう
？～慶応4（1868）年
江戸時代末期の常陸土浦藩士。
¶藩臣2

窪田桐羽 くぼたとうう
享保2（1717）年～天明8（1788）年　[別]桐羽《とうう》
江戸時代中期の俳人。信濃飯田藩士。藩主堀親長も弟子の一人。
¶国書（桐羽　とうう　[没]天明8（1788）年1月25日），長野歴，藩臣3，和俳

窪田知道 くぼたともみち
→窪田善之（くぼたよしゆき）

窪田半右衛門 くぼたはんえもん
？～
江戸時代の八戸藩士、俳人。蕉風俳諧の道をひらいた。
¶青森人

窪田伴治 くぼたばんじ
文政9（1826）年～元治1（1864）年
江戸時代末期の陸奥会津藩士。
¶人名（[生]？），日人，幕末（[没]1864年8月20日），藩臣2

久保田久雄 くぼたひさかつ
生没年不詳
江戸時代末期の紀伊和歌山藩士。
¶幕末，和歌山人

久保田久寿 くぼたひさとし
→久保田源蔵（くぼたげんぞう）

窪田肥前守忠任 くぼたひぜんのかみただとう
→窪田忠任（くぼたただとう）

久保田秀雄 くぼたひでお
天保3（1832）年～明治23（1890）年
江戸時代末期～明治期の安芸広島藩士。
¶維新，幕末（[没]1890年12月30日）

窪田平兵衛 くぼたへいべい
文化12（1815）年～明治12（1879）年12月
江戸時代末期～明治期の新発田藩儒老臣。
¶幕末

窪田某 くぼたぼう
生没年不詳
江戸時代前期の旗本。
¶神奈川人

窪田正重 くぼたまさしげ
～元和7（1621）年
江戸時代前期の旗本。
¶神奈川人

窪田正次 くぼたまさつぐ
？～寛文5（1665）年
江戸時代前期の旗本。
¶神奈川人，姓氏神奈川

久保田門右衛門 くぼたもんえもん
元和2（1616）年～元禄12（1699）年8月23日
江戸時代前期の岡山藩士・弓術家。
¶岡山歴

窪田吉正 くぼたよしまさ
天文10（1541）年～元和8（1622）年
安土桃山時代～江戸時代前期の武蔵八王子邑主。
¶神奈川人，人名，日人

窪田善之 くぼたよしゆき
文政7（1824）年～明治10（1877）年　[別]窪田知道《くぼたともみち》，窪田善之《くぼたぜんし》
江戸時代末期～明治期の備前岡山藩士、教育者。
¶岡山人（くぼたぜんし），岡山歴（くぼたぜんし　[生]文政7（1824）年3月　[没]明治10（1877）年7月），国書（[生]文政7（1824）年3月　[没]明治10（1877）年7月18日），人名（くぼたぜんし），数学（窪田知道　くぼたともみち　[生]文政7（1824）年3月　[没]明治10（1877）年7月18日），日人，藩臣6（[生]文政7（1827）年）

窪田梨渓 くぼたりけい
文化14（1817）年～明治10（1877）年　[別]窪田茂遂《くぼたしげつぐ》
江戸時代末期～明治期の出羽米沢藩士、教育者。
¶国書（[没]明治10（1877）年3月29日），藩臣1（窪田茂遂　くぼたしげつぐ）

窪田鐐三郎 くぼたりょうざぶろう
文化10（1813）年～明治26（1893）年
江戸時代後期～明治期の剣術家。直心影流。
¶剣豪

久保断三 くぼだんぞう
天保3（1832）年～明治11（1878）年
江戸時代末期～明治期の長州（萩）藩士。
¶維新，徳島百（[生]天保3（1832）年11月8日　[没]明治11（1878）年10月20日），徳島歴（[生]天保3（1832）年11月8日　[没]明治11（1878）年10月20日），幕末（[没]1878年10月2日），藩臣6

久保寺正福 くぼでらまさとみ
生没年不詳
江戸時代中期～後期の算者、幕臣。
¶国書，人名，日人

久保寺正久 くぼでらまさひさ
寛政7（1795）年～？
江戸時代後期の幕臣、和算家。
¶国書，コン改，コン4，人名，日人

久保直衛 くぼなおえ
生没年不詳
江戸時代後期の筑後久留米藩士。
¶国書

久保無二三 くぼぶじぞう
→久保無二三（くぼぶにぞう）

久保無二三 くぼぶにぞう
天保1(1830)年～明治30(1897)年　[別]久保無二三《くぼぶじぞう，くぼむにぞう》
江戸時代末期～明治期の攘夷派として活躍。
¶維新(くぼぶじぞう)，剣豪(くぼむにぞう)，幕末([生]1831年　[没]1897年6月18日)，和歌山人

久保正貞 くぼまささだ
？ ～延宝5(1677)年
江戸時代前期の幕臣。
¶国書

久保正俊 くぼまさとし
～寛永6(1629)年
江戸時代前期の旗本。
¶神奈川人

久保正永 くぼまさなが
元和8(1622)年～？
江戸時代前期の幕臣。
¶国書

久保正元 くぼまさもと
慶長7(1602)年～延宝6(1678)年6月23日
安土桃山時代～江戸時代前期の幕臣。
¶国書

久保無二三 くぼむにぞう
→久保無二三(くぼぶにぞう)

久保村秀作 くぼむらひでさく
生没年不詳
江戸時代の庄内藩士。
¶庄内

隈江五郎左衛門 くまえごろうざえもん
明暦2(1656)年4月6日～享保14(1729)年9月27日
江戸時代前期～中期の高鍋藩家老。
¶宮崎百

熊生権右衛門 くまおごんえもん
文政8(1825)年～元治1(1864)年
江戸時代末期の対馬藩士。
¶維新

熊生翼 くまおたすけ
嘉永1(1848)年～元治1(1864)年
江戸時代末期の対馬藩士。
¶維新

熊谷斎 くまがいいつき
文化14(1817)年4月～明治2(1869)年8月28日
江戸時代末期の陸奥仙台藩大番士。
¶幕末

熊谷宮内 くまがいくない
生没年不詳
江戸時代前期の武士。
¶日人

熊谷源蔵 くまがいげんぞう
享保14(1729)年～寛政12(1800)年
江戸時代中期～後期の剣術家。新陰流。
¶剣豪

熊谷源兵衛 くまがいげんべえ
慶長12(1607)年～？
江戸時代前期の備前岡山藩士。
¶藩臣6

熊谷三郎兵衛 くまがいさぶろべえ
？ ～慶安4(1651)年
江戸時代前期の由井正雪の同志。
¶人名，日人

熊谷子貞 くまがいしてい
寛政12(1800)年～文久3(1863)年　[別]熊谷子貞《くまがえしてい》
江戸時代末期の因幡鳥取藩の修道館経営。
¶幕末，藩臣5(くまがえしてい)

熊谷次郎左衛門 くまがいじろうざえもん
延享2(1745)年～文化4(1807)年
江戸時代中期～後期の紀伊和歌山藩士。
¶藩臣5

熊谷助右衛門 くまがいすけえもん
→熊谷直興(くまがいなおおき)

熊谷直興 くまがいなおおき
文政11(1828)年～慶応4(1868)年　[別]熊谷助右衛門《くまがいすけえもん》
江戸時代末期の南部藩士。
¶国書([没]慶応4(1868)年9月2日)，幕末(熊谷助右衛門　くまがいすけえもん　[没]1868年10月27日)

熊谷直輔 くまがいなおすけ
寛政10(1798)年～明治9(1876)年
江戸時代末期～明治期の武士。周防国吉川家臣。
¶幕末

熊谷直恒 くまがいなおつね
宝暦12(1762)年11月～享和2(1802)年6月11日
江戸時代中期～後期の秋田藩士。
¶国書

熊谷直光 くまがいなおみつ
天保13(1842)年～明治35(1902)年
江戸時代末期～明治期の剣術士、官吏。四十四銀行頭取。敦賀県令、戸籍権頭、大蔵大丞兼記録頭等歴任。
¶維新，神人([生]天保13(1842)年2月　[没]明治35(1902)年7月)，幕末([生]1843年　[没]1902年7月23日)

熊谷直好 くまがいなおよし
天明2(1782)年～文久2(1862)年　[別]熊谷直好《くまがやなおよし》
江戸時代後期の周防岩国藩の歌人。桂園十哲の一人。
¶朝日([生]天明2年2月8日(1782年3月21日)　[没]文久2年8月8日(1862年9月1日))，維新，大阪人(くまがやなおよし　[没]文久2(1862)年8月)，大阪墓([没]文久2(1862)年8月8日)，角史，京都大([没]文久1(1861)年)，近世，国史，国書([生]天明2(1782)年2月8日　[没]文久2(1862)年8月8日)，コン改，コン4，詩歌，史人([生]1782年2月8日　[没]1862年8月8日)，新潮([没]文久2(1862)年8月8日)，新文([没]文久2(1862)年8月8日)，人名，姓氏京都([生]1781年)，姓氏山口，世人([生]天明2(1782)年2月8日　[没]文久2(1862)年8月8日)，世百，全書，大百，日人，幕末([没]1862年9月1日)，藩臣6，百科，文学，山口百，歴大，和俳([没]文久2(1862)年8月8日)

熊谷敬直 くまがいのりなお
　延宝7(1679)年〜享保10(1725)年
　江戸時代前期〜中期の加賀藩士。
　¶国書

熊谷元貞 くまがいもとさだ
　生没年不詳
　江戸時代前期の長州萩藩士。
　¶国書

熊谷子貞 くまがえしてい
　→熊谷子貞（くまがいしてい）

熊谷直好 くまがやなおよし
　→熊谷直好（くまがいなおよし）

熊川兵庫 くまかわひょうご
　文化10(1813)年〜明治1(1868)年1月3日
　江戸時代末期の相馬藩家老。
　¶幕末

熊木長左衛門 くまきちょうざえもん
　生没年不詳
　江戸時代前期の武士。
　¶庄内

熊坂適山 くまさかてきざん
　寛政8(1796)年〜元治1(1864)年
　江戸時代末期の松前藩士、画家。
　¶国書（㊦寛政8(1796)年7月15日　㊦元治1(1864)年9月12日），人名，日人，幕末（㊦1796年7月15日　㊦1864年10月12日），藩臣1，福島百，名画

熊坂蘭斎 くまさからんさい
　寛政11(1799)年〜明治8(1875)年　㊦熊坂蘭建《くまさからんけん》
　江戸時代末期〜明治期の松前藩士、蘭学者、医師。
　¶国書（㊦明治8(1875)年11月14日），日人，幕末（㊦1867年），藩臣1，福島百（くまさからんさい（けん）　㊦慶応3(1867)年）

熊沢外記 くまざわげき
　慶安1(1648)年〜享保3(1718)年
　江戸時代前期〜中期の肥前平戸藩家老。
　¶藤臣7

熊沢惟興（熊沢維興）**くまざわこれおき**
　寛政3(1791)年〜嘉永7(1854)年
　江戸時代末期の駿河田中藩士。
　¶国書（㊦寛政3(1791)年5月9日　㊦嘉永7(1854)年7月1日），静岡百（熊沢維興　㊦？），静岡歴，姓氏静岡，日人，藩臣4

熊沢三郎右衛門 くまざわさぶろううえもん
　生没年不詳
　江戸時代中期の肥前唐津藩家老。
　¶藩臣7

熊沢三郎左衛門忠勝 くまざわさぶろうざえもんただかつ
　→熊沢忠勝（くまざわただかつ）

熊沢精 くまざわせい
　天保7(1836)年〜明治33(1900)年
　江戸時代末期〜明治期の旧平戸藩士。平戸学区取締役、猶興館に奉職。
　¶人名，日人

熊谷大膳 くまざわだいぜん
　天正10(1582)年〜承応2(1653)年
　江戸時代前期の肥前平戸藩家老。
　¶藩臣7

熊沢忠勝 くまざわただかつ
　天文10(1541)年〜正保1(1644)年12月10日
　㊦熊沢三郎左衛門忠勝《くまざわさぶろうざえもんただかつ》
　江戸時代前期の幕府代官。
　¶埼玉人，埼玉百（熊沢三郎左衛門忠勝　くまざわさぶろうざえもんただかつ）

熊沢忠徳 くまざわただのり
　慶長9(1604)年〜貞享4(1687)年6月16日
　江戸時代前期の幕府代官。
　¶埼玉人

熊沢太郎 くまざわたろう
　江戸時代末期の駿河田中藩士。
　¶維新，人名

熊沢澹庵 くまざわたんあん
　寛永5(1628)年〜元禄4(1691)年
　江戸時代前期の武士。
　¶岡山人，岡山歴

熊沢友雄 くまざわともお
　天保2(1831)年〜明治29(1896)年
　江戸時代末期〜明治期の和泉岸和田藩士。
　¶藩臣5

熊沢直勝 くまざわなおかつ
　生没年不詳
　安土桃山時代〜江戸時代前期の武士。浅野家の家臣。
　¶和歌山人

熊沢肇助 くまざわのりすけ
　寛政11(1799)年〜文久3(1863)年
　江戸時代末期の上野沼田藩士。
　¶藩臣2

熊沢蕃山 くまざわばんざん，くまざわばんさん
　元和5(1619)年〜元禄4(1691)年
　江戸時代前期の経世家。陽明学者中江藤樹の第一の門人。岡山藩に出仕して藩政を導く。のち著作「大学或問」および幕府への上申書を咎められ，古河に幽閉。
　¶朝（㊦元禄4(1691)年8月17日(1691年9月9日)），岩史（㊦元禄4(1691)年8月17日，大分百，大分歴，岡山人，岡山百（くまざわばんさん　㊦元禄4(1691)年8月17日），岡山歴，角史，教育，郷土滋賀，京都大，近世，国史，国書（㊦元禄4(1691)年8月17日），コン改，コン4，詩歌，滋賀百，史人（㊦1691年8月17日），重要（㊦元禄4(1691)年8月17日），神史，人書79，人書94，神人，新潮（㊦元禄4(1691)年8月17日），新文化（㊦元禄4(1691)年8月17日），人名，姓氏京都，世人（㊦元禄4(1691)年8月17日），世百，全書，大百，伝記，日音（㊦元禄4(1691)年8月17日），年（㊦元禄4(1691)年8月17日），日人，藩臣6，百科，兵庫百，文学，歴大，和俳（㊦元禄4(1691)年8月17日）

熊沢兵庫 くまざわひょうご
　江戸時代前期の加賀藩士。

¶姓氏石川

熊沢元三 くまざわもとぞう
江戸時代末期の新撰組隊士。
¶新撰

神代直人 くましろなおと
→神代直人（こうじろなおと）

熊田恰 くまだあたか，くまたあたか；くまだあだか
文政8（1825）年〜明治1（1868）年　別熊田恰《く
まだつとむ》
江戸時代末期の松山藩士。
¶維新（くまだあだか），岡山人（くまだあだか
⊕文化12（1815）年），岡山百（⊕文政8（1825）
年1月20日　⊗慶応4（1868）年1月22日），岡山
歴（くまたあたか　⊕文政8（1825）年1月20日
⊗慶応4（1868）年1月22日），剣豪，人名（くま
だつとむ　⊕?），日人，幕末（⊗1868年2月15
日）藩臣6

熊田嘉膳 くまだかぜん
→熊田淑軒（くまだしゅくけん）

熊田淑軒 くまだしゅくけん
文化14（1817）年〜明治20（1887）年　別熊田嘉膳
《くまだかぜん》
江戸時代末期〜明治期の陸奥三春藩の医師，兵学
者。反射炉を製造。
¶維新（⊕?　⊗1889年），幕末（⊗1887年1月），
藩臣2（熊田嘉膳　くまだかぜん），福島百，洋
学（⊕?　⊗明治22（1889）年）

熊田恰 くまだつとむ
→熊田恰（くまだあたか）

熊田晩香 くまだばんこう
文政1（1818）年〜明治34（1901）年
江戸時代末期〜明治期の志士。
¶人名，日人

隈東馬 くまとうま
生没年不詳
江戸時代後期の肥前大村藩家老。
¶藩臣7

熊野基三 くまのきぞう
天保5（1834）年〜慶応2（1866）年　別熊野基三
《くまのもとぞう》
江戸時代末期の長州（萩）藩士。
¶維新，幕末（くまのもとぞう　⊗1866年10月4
日）

熊野九郎 くまのくろう
天保14（1843）年〜昭和2（1927）年8月19日　別井
上弥吉《いのうえやきち》
江戸時代末期〜明治期の八幡隊書記兼参謀。
¶幕末

熊野清右衛門 くまのせいうえもん
天保6（1835）年〜明治25（1892）年
江戸時代末期〜明治期の長門長府藩士。
¶幕末（⊗1892年6月6日），藩臣6

熊野直介 くまのなおすけ
弘化4（1847）年〜明治1（1868）年
江戸時代末期の長門長府藩士。
¶維新，人名，姓氏山口（⊕1846年），日人，幕末
（⊗1868年7月21日），藩臣6

熊野基三 くまのもとぞう
→熊野基三（くまのきぞう）

熊野保政 くまのやすまさ
天保13（1842）年〜明治1（1868）年1月
江戸時代末期の長門長府藩士。
¶幕末

久間修文 くまひさふみ，くまいさふみ
寛政9（1797）年〜万延2（1861）年
江戸時代末期の算家，筑前福岡藩士。
¶国書（⊗万延2（1861）年2月4日），人名（くまひ
さふみ），日人

隈部伊織 くまべいおり
元禄14（1701）年〜寛保2（1742）年
江戸時代中期の陸奥弘前藩家老。
¶青森人，藩臣1

隈元棟貫 くまもとむねぬき
文政12（1829）年〜明治35（1902）年
江戸時代後期〜明治期の都城島津家家臣。
¶宮崎百

久村暁台 くむらきょうたい
→暁台（きょうたい）

久米栄左衛門（久米衛左衛門） くめえいざえもん
→久米通賢（くめみちかた）

粂川政之助 くめかわまさのすけ
*〜嘉永6（1853）年
江戸時代中期〜後期の剣術家。一円流。
¶剣豪（⊗明和3（1766）年），栃木歴（⊕明和4
（1767）年）

久米邦武 くめくにたけ
天保10（1839）年〜昭和6（1931）年　別易堂，丈
一郎
江戸時代末期〜明治期の肥前佐賀藩士，歴史学
者。帝国大学教授，早稲田大学教授。岩倉具視の
遣外使節に随行。啓蒙的な歴史観を主張，「抹殺
主義」と一部保守派から非難された。
¶朝日（⊕天保10年7月11（1839年8月19日）
⊗昭和6（1931）年2月24日），岩史（⊕天保10
（1839）年7月11日　⊗昭和6（1931）年2月24
日），海越（⊗昭和6（1931）年2月24日），海越
新（⊗昭和6（1931）年2月24日），角史，近現，
近文，現日（⊕1839年7月11日　⊗1931年2月24
日），考古（⊕天保10（1839）年7月11日　⊗昭
和6（1931）年2月24日），国史，コン改，コン5，
佐賀百（⊕天保10（1839）年7月11日　⊗昭和6
（1931）年2月24日），史学，史研（⊕天保10
（1839）年7月11日　⊗昭和6（1931）年2月24
日），史人（⊕1839年7月11日　⊗1931年2月24
日），重要（⊗昭和6（1931）年2月24日），神史，
神人（⊕天保10（1839）年7月11日　⊗昭和6
（1932）年2月24日），新潮（⊕天保10（1839）年
7月11日　⊗昭和6（1931）年2月24日），人名，
世紀（⊕天保10（1839）年7月11日　⊗昭和6
（1931）年2月24日），世人（⊕天保10（1839）年
7月11日　⊗昭和6（1931）年6月24日），世百，
先駆（⊕天保10（1839）年7月11日　⊗昭和6
（1931）年2月24日），全書，大百，哲学，渡航
（⊗1931年2月24日），日史（⊕天保10（1839）年
7月11日　⊗昭和6（1931）年2月24日），日人，

日本，幕末，百科，民学，履歴（[生]天保10（1839）年7月11日　[没]昭和6（1931）年2月24日），歴大

久米駒之進 くめこまのしん
生没年不詳
江戸時代中期の下総古河藩士、弓術家。
¶藩臣3

久米五郎兵衛 くめごろうべえ
宝永3（1706）年～宝暦8（1758）年
江戸時代中期の出羽庄内藩士、歌人。
¶藩臣1，和俳

久米駿公 くめしゅんこう
文政11（1828）年～安政2（1855）年
江戸時代末期の伊予松山藩士。
¶維新，国書（[生]文政11（1828）年4月24日　[没]安政2（1855）年6月26日）

久米武兵衛 くめたけべえ
？　～寛文1（1661）年
江戸時代前期の紀伊和歌山藩士。
¶藩臣5

久米長量 くめながかず
寛政5（1793）年～安政6（1859）年10月14日
江戸時代末期の水戸藩士。
¶幕末

久米平内 くめのへいない
？　～天和3（1683）年
江戸時代前期の武士。
¶江戸，近世（生没年不詳），国史（生没年不詳），コン改，コン4，史人（[没]1683年6月6日？），新潮（[没]天和3（1683）年6月6日），人名，日人（[生]1616年）

久米部正親（粂部正親） くめべまさちか
天保12（1841）年～明治43（1910）年9月25日
江戸時代末期～明治期の新撰組隊士。
¶新撰（[生]天保12年4月17日），幕末（粂部正親　[生]1841年5月16日）

久米正章 くめまさあき
文政5（1822）年～明治5（1872）年
江戸時代末期～明治期の上野沼田藩士。
¶藩臣2

久米通賢 くめみちかた
安永9（1780）年～天保12（1841）年　[別]久米栄左衛門《くめえいざえもん》，久米衛左衛門《くめえいざえもん》
江戸時代後期の讃岐高松藩の科学者、造兵家。塩田の開発者。
¶朝日（久米栄左衛門　くめえいざえもん　[没]天保12年5月7日（1841年6月25日）），岩史（久米栄左衛門　くめえいざえもん　[没]天保12（1841）年5月7日），香川人（[生]安永3（1774）年），郷土香川，近世，国史，国書（[没]天保12（1841）年5月7日），コン改，コン4（久米栄左衛門　くめえいざえもん），コン4，史人（[没]1841年5月7日），食文（久米栄左衛門　くめえいざえもん　[没]天保12年5月7日（1841年6月25日）），新潮（[没]天保12（1841）年5月7日），人名（久米栄左衛門　くめえいざえもん），世人（[没]天保12（1841）年5月7日），世百，全書（久米衛左衛門　くめえいざえもん），大百（久米栄左衛門　くめえいざえもん），日史（[没]天保12（1841）年5月7日），日人，藩臣6，百科

久米幹文 くめもとぶみ，くめもとふみ
文政11（1828）年～明治27（1894）年
江戸時代末期～明治期の水戸藩士。
¶維新，江文，国書（[生]文政11（1828）年10月20日　[没]明治27（1894）年11月10日），史研（[生]文政11（1828）年10月20日　[没]明治27（1894）年11月10日），神史，神人（[没]明治27（1894）年11月10日），人名，日人，幕末（[没]1894年11月10日），百科（くめもとふみ）

雲井竜雄 くもいたつお
弘化1（1844）年～明治3（1870）年　[別]小島竜三郎《こじまたつさぶろう》，小島辰三郎《こじまたつさぶろう》
江戸時代末期～明治期の出羽米沢藩の志士。
¶朝日（[生]弘化1年3月25日（1844年5月12日）[没]明治3年12月28日（1871年2月17日）），維新，江戸，角史，近現，近世，群馬人，国史，コン改，コン4，コン5，詩歌，史人（[生]1844年3月25日　[没]1870年12月28日），人書94，新潮（[生]弘化1（1844）年3月25日　[没]明治3（1870）年12月28日），人名，世人（[生]弘化1（1844）年3月9日　[没]明治3（1870）年12月28日），世百（[没]1871年），全書，大百，日史（[生]弘化1（1844）年3月25日　[没]明治3（1870）年12月28日），日人（[没]1871年），幕末（[生]1844年5月12日　[没]1871年2月17日），藩臣1，百科，山形百，歴大

倉石典太 くらいしてんた
→倉石侗窩（くらいしどうか）

倉石侗窩 くらいしどうか，くらいしとうか
文化12（1815）年～明治9（1876）年　[別]倉石典太《くらいしてんた》
江戸時代末期～明治期の儒学者。高田藩に召されて侍講、藩校修道館教授。「大学集説」など著書多数。
¶維新，国書（くらいしとうか　[生]文化12（1815）年8月17日　[没]明治9（1876）年3月9日），新潮（倉石典太　くらいしてんた　[生]文化12（1815）年8月17日　[没]明治9（1876）年3月9日），人名（倉石典太　くらいしてんた），新潟百，日人，幕末（[没]1876年3月9日）

倉井雪舫 くらいせっぽう
寛政4（1792）年～天保15（1844）年
江戸時代後期の備後福山藩士。
¶藩臣6

倉内図書 くらうちずしょ
？　～貞享2（1685）年　[別]倉内図書《くらうちとしょ》
江戸時代前期の牧畜家、陸奥弘前藩士。
¶朝日（生没年不詳），人名（くらうちとしょ），日人

倉内図書 くらうちとしょ
→倉内図書（くらうちずしょ）

倉垣源左衛門 くらがきげんざえもん
享保17（1732）年～享和3（1803）年
江戸時代中期～後期の三河吉田藩中老。

¶藩臣4

鞍掛寅次郎（鞍懸寅次郎，鞍懸寅二郎）　くらかけとらじろう
→鞍懸吉寅（くらかけよしとら）

鞍懸吉寅　くらかけよしとら
天保5（1834）年～明治4（1871）年　[別]鞍掛寅次郎《くらかけとらじろう》，鞍懸寅次郎《くらかけとらじろう》，鞍懸寅二郎《くらかけとらじろう》
江戸時代末期～明治期の播磨赤穂藩足軽。
¶維新（鞍懸寅二郎　くらかけとらじろう），岡山人，岡山百（鞍懸寅二郎　くらかけとらじろう　[生]天保5（1834）年4月2日　[没]明治4（1871）年8月13日），岡山歴（鞍懸寅二郎　くらかけとらじろう　[生]天保5（1834）年4月2日　[没]明治4（1871）年8月13日），国書（[生]天保5（1834）年4月2日　[没]明治4（1871）年8月13日），コン改，コン4，コン5，新潮（[生]天保5（1834）年4月2日　[没]明治4（1871）年8月13日），人名，日人，幕末（鞍懸寅二郎　くらかけとらじろう　[没]1871年8月13日），藩臣5（鞍懸寅二郎　くらかけとらじろう），藩臣6（鞍懸寅二郎　くらかけとらじろう），兵庫人（鞍掛寅次郎　くらかけとらじろう　[没]明治4（1871）年8月12日），歴大（鞍懸寅次郎　くらかけとらじろう）

倉賀野長左衛門　くらがのちょうざえもん
慶長9（1604）年～
江戸時代前期の庄内藩士。
¶庄内

倉木潜　くらきひそむ
文政10（1827）年11月10日～明治45（1912）年1月
江戸時代末期～明治期の石見津和野藩士、教育家。
¶新潮

倉沢平治右衛門　くらさわへいじうえもん
→倉沢平次右衛門（くらさわへいじえもん）

倉沢平次右衛門（倉沢平治右衛門）　くらさわへいじえもん
文政8（1825）年～明治33（1900）年　[別]倉沢平治右衛門《くらさわへいじうえもん》
江戸時代末期～明治期の陸奥会津藩士。
¶青森人（倉沢平治右衛門），幕末（倉沢平治右衛門　くらさわへいじうえもん　[没]1900年12月10日），藩臣1

蔵田幾之進　くらたいくのしん
天保1（1830）年～文久3（1863）年
江戸時代末期の長州（萩）藩士。
¶幕末（[没]1863年9月29日），藩臣6

蔵田茂穂　くらたしげお
→蔵田茂穂（くらたしげほ）

蔵田茂樹　くらたしげき
寛政10（1798）年～嘉永6（1853）年
江戸時代末期の佐渡奉行所の広間役、歌人。
¶国書（[没]嘉永6（1853）年8月6日），人名，新潟百別，日人，和俳

蔵田茂穂　くらたしげほ
＊～嘉永6（1853）年　[別]蔵田茂穂《くらたしげお》
江戸時代末期の武士。佐渡相川の地役人。
¶人名（くらたしげお　[生]1812年），日人（[生]1811年）

倉谷強　くらたにきょう
→倉谷鹿山（くらたにろくざん）

倉谷鹿山　くらたにろくざん
宝暦9（1759）年～天保4（1833）年　[別]倉谷強《くらたにきょう》
江戸時代中期～後期の陸奥三春藩士、藩校教授。
¶人名，日人（[没]1834年），藩臣2（倉谷強　くらたにきょう），名画

倉田宗倫　くらたむねみち
生没年不詳
江戸時代前期の武芸家。
¶国書

倉田本右衛門　くらたもとえもん
慶安2（1649）年～？
江戸時代前期～中期の剣術家。克己流祖。
¶剣豪

蔵田元連　くらたもとつら
生没年不詳
江戸時代の萩藩士。
¶姓氏山口

倉地正久　くらちまさひさ
文政10（1827）年～明治42（1909）年
江戸時代後期～明治期の剣術家。直心影流。
¶剣豪

倉次亨　くらつぎとおる
→倉次亨（くらなみとおる）

倉次亨　くらなみとおる
文政12（1829）年～明治38（1905）年　[別]倉次亨《くらつぎとおる》
江戸時代末期～明治期の佐倉藩年寄。
¶維新，郷土千葉，人名（くらつぎとおる），千葉百，日人，幕末（[没]1905年1月18日）

倉成竜渚　くらなりりゅうしょ
寛延1（1748）年～文化9（1812）年　[別]倉成竜渚《くらなりりゅうちょ，くらなりりょうしょ》
江戸時代中期～後期の豊前中津藩士、儒学者。
¶江文，大分百（くらなりりゅうちょ　[生]1747年），大分歴（[生]延享4（1747）年），国書（[没]文化9（1812）年12月10日），人名（くらなりりょうしょ），日人（くらなりりょうしょ　[没]1813年），藩臣7

倉成竜渚　くらなりりゅうちょ
→倉成竜渚（くらなりりゅうしょ）

倉成竜渚　くらなりりょうしょ
→倉成竜渚（くらなりりゅうしょ）

倉橋重経　くらはししげつね
生没年不詳
江戸時代前期の肥後宇土藩士。
¶国書

倉橋寿平　くらはしじゅへい
延享1（1744）年～寛政1（1789）年
江戸時代中期の駿河小島藩士。
¶藩臣4

倉橋誠太　くらはしせいた
＊～昭和9（1934）年

江戸時代後期～明治期の槍術家。
¶人名([生]1846年)，日人([生]1845年)

倉橋伝助(倉橋伝介)　くらはしでんすけ
寛文10(1670)年～元禄16(1703)年
江戸時代中期の播磨赤穂藩士。赤穂義士の一人。
¶人名(倉橋伝介)，日人

倉橋久富　くらはしひさとみ
延宝8(1680)年～寛延3(1750)年
江戸時代中期の旗本。
¶神奈川人

倉橋久盛　くらはしひさもり
慶長18(1613)年～天和2(1682)年
江戸時代前期の旗本。
¶姓氏群馬

倉橋与四郎　くらはしよしろう
享保8(1723)年～天明6(1786)年3月26日
江戸時代中期の旗本。
¶埼玉人

倉八十太夫　くらはちじゅうだゆう
生没年不詳
江戸時代前期の筑前福岡藩士。
¶藩臣7

倉林秀則　くらばやしひでのり
天文20(1551)年～寛永3(1626)年
江戸時代前期の旗本。
¶神奈川人

倉見金太夫　くらみきんだゆう
生没年不詳
江戸時代中期～後期の遠江相良藩家老。
¶藩臣4

倉本常之助　くらもとつねのすけ
文化13(1816)年～文久3(1863)年
江戸時代末期の大和十津川郷士。
¶維新

栗木尚謙　くりきひさかた
宝暦3(1753)年～文化12(1815)年
江戸時代中期～後期の鳥取藩士、『樵濯集』の著者。
¶鳥取百

栗島彦八郎　くりしまひこはちろう
生没年不詳
江戸時代末期の幕臣・小人目付。1860年遣米使節に随行しアメリカに渡る。
¶海越新

栗栖天山　くりすてんざん
→栗栖天山(くるすてんざん)

栗田市之助　くりたいちのすけ
江戸時代後期の西条藩上屋敷の鉄砲指南役。
¶江戸東

栗田永寿　くりたえいじゅ
*～正保3(1646)年
安土桃山時代～江戸時代前期の信濃国衆。
¶庄内([生]天正2(1574)年　[没]正保3(1646)年12月11日)，戦辞([生]天正2(1574)年？　[没]正保3年2月3日(1646年3月19日))

栗田寛　くりたかん
→栗田寛(くりたひろし)

栗田源右衛門　くりたげんえもん
慶長19(1614)年～元禄3(1690)年10月27日
江戸時代前期～中期の庄内藩士。
¶庄内

栗田源左衛門　くりたげんざえもん
文政11(1828)年～慶応1(1865)年　[別]原竜之介《はらりゅうのすけ》
江戸時代末期の水戸藩属吏。
¶維新，コン改，コン4，新潮([没]慶応1(1865)年2月15日)，人名([生]1831年)，日人，幕末([没]1865年3月12日)

栗田定之丞　くりたさだのじょう
明和4(1767)年～文政10(1827)年
江戸時代後期の出羽秋田藩の砂防植林功労者。
¶秋田百，近世，国史，史人([生]1766年11月17日，(異説)1767年11月17日　[没]1827年10月28日)，人名([生]1766年)，日人([生]1768年)，藩臣1，歴大

栗田重造　くりたじゅうぞう
江戸時代末期の新撰組隊士。
¶新撰

栗田宜貞　くりたのぶさだ
生没年不詳
江戸時代後期の幕臣・和算家。
¶国書

栗田八郎兵衛　くりたはちろうべえ
天保2(1831)年～慶応1(1865)年　[別]栗田八郎兵衛《くりたはちろべえ》
江戸時代末期の水戸藩士。
¶維新，人名，日人(くりたはちろべえ)，幕末([没]1865年4月29日)

栗田八郎兵衛　くりたはちろべえ
→栗田八郎兵衛(くりたはちろうべえ)

栗田寛　くりたひろし
天保6(1835)年～明治32(1899)年　[別]栗田寛《くりたかん》
江戸時代末期～明治期の史家、水戸藩士。
¶朝日([生]天保6年9月14日(1835年11月4日)　[没]明治32(1899)年1月25日)，維新，茨城百，角史，郷土茨城(くりたかん)，近現，考古([生]天保6(1835)年9月14日　[没]明治32(1899)年1月26日)，国史，国書([生]天保6(1835)年9月14日　[没]明治32(1899)年1月25日)，コン改，コン4，コン5，史研([生]天保6(1835)年9月14日　[没]明治32(1899)年1月25日)，史人([生]1835年9月14日　[没]1899年1月25日)，神史，神人([生]天保6(1835)年9月14日　[没]明治32(1899)年1月26日)，新潮([生]天保6(1835)年9月14日　[没]明治32(1899)年1月25日)，人名，世人([生]天保6(1835)年9月14日　[没]明治32(1899)年1月31日)，全書，大百，日史([生]天保6(1835)年9月14日　[没]明治32(1899)年1月31日)，日人，幕末([没]1899年1月25日)，藩臣2，百科，平史，履歴([生]天保6(1835)年9月14日　[没]明治32(1899)年1月26日)

栗原五百二　くりはらいおじ
享保6(1721)年～寛政9(1797)年　[別]栗原五百二《くりばらいほじ》

江戸時代中期の上野伊勢崎藩士、砲術師範。
¶剣豪，藩臣2（くりばらいほじ）

栗原市郎右衛門 くりはらいちろうえもん
生没年不詳
江戸時代中期の伊予西条藩代官。
¶藩臣4

栗原五百二 くりばらいほじ
→栗原五百二（くりはらいおじ）

栗原吉五郎 くりはらきちごろう
安永5（1776）年～天保10（1839）年
江戸時代中期～後期の剣術家。心陰柳生流。
¶剣豪

栗原蔵人 くりはらくらんど
？ ～延宝7（1679）年
江戸時代前期の剣術家。心陰柳生流。
¶剣豪

栗原新三郎 くりばらしんざぶろう
天保4（1833）年～明治33（1900）年
江戸時代後期～明治期の剣術家、新徴組隊士。
¶栃木歴

栗原進徳 くりはらしんとく
天保6（1835）年11月23日～
江戸時代後期～明治期の旧藩士。
¶庄内

栗原仙右衛門 くりはらせんえもん
～安永9（1780）年7月11日
江戸時代中期の庄内藩士。
¶庄内

栗原仙之助 くりはらせんのすけ
弘化4（1847）年～明治2（1869）年5月11日
江戸時代後期～明治期の新撰組隊士。
¶新撰

栗原忠七 くりはらちゅうしち
宝暦9（1759）年～文政12（1829）年
江戸時代中期～後期の剣術家。荒木流ほか。
¶剣豪

栗原友右衛門 くりはらともえもん
～文化3（1806）年6月16日
江戸時代中期～後期の庄内藩付家老。
¶庄内

栗原如心 くりはらにょしん
寛政1（1789）年～万延2（1861）年
江戸時代後期の安芸広島藩士。
¶国書（[没]万延2（1861）年2月17日），幕末（[没]1861年3月27日），藩臣6

栗原信晁 くりはらのぶあき
？ ～明治2（1869）年11月
江戸時代後期～明治期の幕臣。
¶国書

栗原信充（栗原信光） くりはらのぶみつ
寛政6（1794）年～明治3（1870）年
江戸時代末期～明治期の幕臣、故実家。
¶朝日（[生]寛政6年7月20日（1794年8月15日） [没]明治3年10月28日（1870年11月21日）），江戸東，江文，近現，近世，考古（[生]寛政6年（1794年7月20日） [没]明治3年（1870年10月23日）），国史，国書（[生]寛政6（1794）年7月20日 [没]明治3（1870）年10月28日），コン改，コン4，コン5，史人（[生]1794年7月20日 [没]1870年10月28日），新潮（[生]寛政6（1794）年7月20日 [没]明治3（1870）年10月28日），人名（栗原信光），日史（[生]寛政6（1794）年7月20日 [没]明治3（1870）年10月28日），日人，百科，平史

栗原信盛 くりはらのぶもり
？ ～寛永8（1632）年11月13日？
安土桃山時代～江戸時代前期の甲斐武田晴信・勝頼の甲斐武田家臣。
¶戦辞

栗原半兵衛 くりはらはんべえ
安土桃山時代～江戸時代前期の武士。里見氏家臣。
¶戦人（生没年不詳），戦東

栗原兵右衛門 くりはらへいえもん
？ ～貞享1（1684）年
江戸時代前期の陸奥三春藩士。
¶藩臣2

栗原百助 くりはらももすけ
天明8（1788）年～文政9（1826）年
江戸時代後期の義民、丹後宮津藩の武士。
¶朝日，コン改，コン4，人名，日人

栗原弥七郎 くりはらやしちろう
安土桃山時代～江戸時代前期の武士。里見氏家臣。
¶戦人（生没年不詳），戦東

栗原義昶 くりはらよしあきら
天保10（1839）年6月25日～大正5（1916）年8月24日
江戸時代後期～大正期の弓道家、笠間藩士。
¶弓道

来原良蔵 くりはらりょうぞう
→来原良蔵（くるはらりょうぞう）

九里政敬 くりまさたか
安永6（1777）年～万延1（1860）年
江戸時代後期の丹波柏原藩用人。
¶藩臣5

九里正長 くりまさなが
慶長18（1613）年～元禄7（1694）年 [別]九里正長《くのりまさなが》
江戸時代前期の儒者、加賀藩士。
¶国書（くのりまさなが [没]元禄7（1694）年5月），人名，日人

栗村常連 くりむらつねづら
天保11（1840）年～明治2（1869）年5月25日
江戸時代末期の陸奥仙台藩士。
¶幕末

栗本鋤雲 くりもとじょうん
文政5（1822）年～明治30（1897）年 [別]安芸守，瀬兵衛，匏菴，鯤
江戸時代末期～明治期の幕臣、外交官、新聞記者。
¶朝日（[生]文政5年3月10日（1822年5月1日） [没]明治30（1897）年3月6日），維新，岩史（[生]文政5（1822）年3月 [没]明治30（1897）年3月6日），海越（[生]文政5（1822）年3月6日 [没]明治30（1897）年3月6日），海越新（[生]文政5（1822）年3月 [没]明治30（1897）年3月6日），江戸東，

角史，神奈川人，近現，近世，近文，国際，国史，国書（㊐文政5（1822）年3月10日　㊀明治30（1897）年3月6日），コン改，コン4，コン5，詩歌，史人（㊐1822年3月　㊀1897年3月6日），植物（㊐文政5（1822）年3月10日　㊀明治30（1897）年3月6日），人書79，新潮（㊐文政5（1822）年3月10日　㊀明治30（1897）年3月6日），新文（㊐文政5（1822）年3月？　㊀明治30（1897）年3月6日），人名，世人（㊐文政5（1822）年3月　㊀明治30（1897）年3月6日），世百，先駆（㊐文政5（1822）年3月10日　㊀明治30（1897）年3月6日），全書，大百，日史（㊐文政5（1822）年3月　㊀明治30（1897）年3月6日），日人，日本，幕末（㊐1822年5月1日　㊀1897年3月6日），百科，文学，北海道百，北海道文（㊐文政5（1822）年3月10日　㊀明治30（1897）年3月6日），北海道歴，民学，洋学，履歴（㊐文政5（1822）年3月10日　㊀明治30（1897）年3月6日），歴大

栗谷川仁右衛門　くりやがわにえもん
天明6（1786）年～万延1（1860）年
江戸時代中期の陸奥盛岡藩吏、諸木植立吟味方。
¶人名，姓氏岩手，日人

栗山俊平　くりやましゅんぺい
生没年不詳
江戸時代末期の武士。
¶和歌山人

栗山新兵衛　くりやましんべえ
文政7（1824）年～明治33（1900）年
江戸時代末期～明治期の南部藩士。
¶秋田百，幕末（㊀1900年1月16日）

栗山潜鋒（栗山潜峰）　くりやませんぽう，くりやませんぼう
寛文11（1671）年～宝永3（1706）年
江戸時代中期の水戸藩の儒学者。「大日本史」編纂に従事。
¶朝日（くりやませんぽう　㊀宝永3年4月7日（1706年5月18日）），茨城百，岩史（㊀宝永3（1706）年4月7日），江文，角史，京都大，近世，国史，国書（㊀宝永3（1706）年4月7日），コン改，コン4，史人（㊀1706年4月7日），神人，新潮（㊀宝永3（1706）年4月7日），人名，姓氏京都，世人（㊀宝永3（1706）年4月7日），世百，全書，大百（栗山潜峰），日史（㊀宝永3（1706）年4月7日），日人，人情3，藩臣2，百科，歴大

栗山大膳　くりやまたいぜん，くりやまだいぜん
天正19（1591）年～承応1（1652）年
江戸時代前期の武士、筑前福岡藩家老。
¶朝日（㊐天正19年1月22日（1591年2月15日）　㊀承応1年3月2日（1652年4月10日）），岩史（㊐天正19（1591）年1月22日　㊀慶安5（1652）年3月2日），岩手百（くりやまだいぜん），近世，国史，国書（㊀慶安5（1652）年3月2日），コン改，コン4，史人（㊐1591年1月22日　㊀1652年3月2日），新潮（㊐天正19（1591）年1月12日　㊀承応1（1652）年3月2日），人名（くりやまだいぜん），姓氏岩手（くりやまだいぜん），世人（㊀承応1（1652）年3月1日），戦国（くりやまだいぜん），戦人（くりやまだいぜん），日史（㊐天正19（1591）年1月22日　㊀承応1（1652）年3月2日），日人，藩臣7（くりやまだいぜん），百科，福岡百（くりやまだいぜん　㊐天正19（1591）年1月22日　㊀慶安5（1652）年3月2日），歴大（くりやまだいぜん）

栗山利安　くりやまとしやす
*～寛永8（1631）年　㊊栗山備後《くりやまびんご》
安土桃山時代～江戸時代前期の筑前福岡藩の武士。
¶人名（㊐1549年），戦国（㊐1550年），戦人（㊐天文19（1550）年），日人（㊐1551年），藩臣7（栗山備後　くりやまびんご　㊐天文20（1551）年）

栗山備後　くりやまびんご
→栗山利安（くりやまとしやす）

久留郡司　くるぐんじ
生没年不詳
江戸時代の庄内藩付家老。
¶庄内

久留島光通　くるしまてるみち
元禄15（1702）年～明和1（1764）年　㊊久留島光通《くるしまみつみち》
江戸時代中期の大名。豊後森藩主。
¶京都大，諸系，人名（くるしまみつみち），姓氏京都，日人，藩主4（㊐宝永1（1704）年　㊀明和1（1764）年9月18日）

久留島通明　くるしまみちあき
文政11（1828）年～明治1（1868）年
江戸時代末期の大名。豊後森藩主。
¶諸系，日人，藩主4（㊀慶応4（1868）年6月11日）

久留島通容　くるしまみちかた
文化8（1811）年～嘉永3（1850）年
江戸時代末期の大名。豊後森藩主。
¶諸系，日人，藩主4（㊀嘉永3（1850）年5月22日）

久留島通清　くるしまみちきよ
寛永6（1629）年～享保4（1700）年
江戸時代前期～中期の大名。豊後森藩主。
¶黄檗（㊀享保4（1700）年11月13日），諸系，日人，藩主4（㊀元禄13（1700）年9月29日）

久留島通祐　くるしまみちすけ
元文3（1738）年～寛政3（1791）年
江戸時代中期の大名。豊後森藩主。
¶大分百（㊐1740年），大分歴（㊐元文5（1740）年），京都大，コン改，コン4，諸系，新潮（㊀寛政3（1791）年5月13日），人名（㊐1740年），姓氏京都，日人，藩主4（㊀寛政3（1791）年5月13日），歴大（㊐1740年）

久留島通孝　くるしまみちたか
文政10（1827）年～明治22（1889）年
江戸時代後期～明治期の勤皇の志士。
¶大分歴

久留島通胤　くるしまみちたね
文政12（1829）年～安政6（1859）年
江戸時代末期の大名。豊後森藩主。
¶諸系，日人，藩主4（㊐文政11（1828）年　㊀安政6（1859）年11月）

久留島通同　くるしまみちとも
宝暦9（1759）年～寛政10（1798）年

江戸時代中期の大名。豊後森藩主。
¶諸系，日人，藩主4（[没]寛政10（1798）年8月10日）

く

久留島通春　くるしまみちはる
慶長12（1607）年～明暦1（1655）年
江戸時代前期の大名。豊後森藩主。
¶諸系，人名，日人，藩主4（[没]明暦1（1655）年2月11日）

久留島通嘉　くるしまみちひろ
天明7（1787）年～弘化3（1846）年
江戸時代後期の大名。豊後森藩主。
¶諸系，日人，藩主4（[没]弘化3（1846）年8月18日）

久留島通政　くるしまみちまさ
寛文1（1661）年～享保4（1719）年
江戸時代中期の大名。豊後森藩主。
¶諸系，日人，藩主4（[没]享保4（1719）年11月13日）

久留島通靖　くるしまみちやす
嘉永4（1851）年～明治12（1879）年
江戸時代末期～明治期の大名。豊後森藩主。
¶維新（[生]？），諸系，日人，幕末（[没]1879年2月25日），藩主4（[生]嘉永4（1851）年5月　[没]明治12（1879）年2月）

久留島光通　くるしまみつみち
→久留島光通（くるしまてるみち）

栗栖新五郎　くるすしんごろう
？　～明治4（1871）年
江戸時代末期～明治期の信濃高遠藩士。
¶藩臣3

栗栖天山　くるすてんざん
天保10（1839）年～慶応3（1867）年　[別]栗栖天山《くりすてんざん》，栗栖平次郎《くるすへいじろう》，来栖平次郎《くるすへいじろう》
江戸時代末期の周防岩国藩の武士。周防国吉川家臣。
¶維新（栗栖平次郎　くるすへいじろう　[生]1840年），国書（[生]天保10（1839）年8月10日　[没]慶応2（1866）年12月9日），新潮（[生]天保11（1840）年　[没]慶応3（1867）年12月9日），人名（来栖平次郎　くるすへいじろう　[没]1866年），日人，幕末（くりすてんざん　[没]1867年1月14日），藩臣6（くりすてんざん　[没]慶応2（1866）年）

栗栖平次郎（来栖平次郎）　くるすへいじろう
→栗栖天山（くるすてんざん）

久留多門　くるたもん
～元治1（1864）年4月27日
江戸時代後期～末期の庄内藩士。
¶庄内

来原良蔵　くるはらりょうぞう
文政12（1829）年～文久2（1862）年　[別]来原良蔵《くりはらりょうぞう》
江戸時代末期の志士、長州（萩）藩軍制家。
¶朝日（くりはらりょうぞう　[生]文政12年12月2日（1829年12月27日）　[没]文久2年8月29日（1862年9月22日）），維新，神奈川人，近世，国史，国書（くりはらりょうぞう　[生]文政12（1829）年12月2日　[没]文久2（1862）年8月29日），コン改，コン4，新潮（[生]文政12（1829）年12月2日　[没]文久2（1862）年8月29日），人名（くりはらりょうぞう），姓氏山口（くりはらりょうぞう），世人（[生]文政12（1829）年12月2日　[没]文久2（1862）年8月29日），日人，幕末（くりはらりょうぞう　[没]1862年9月22日），藩臣6（くりはらりょうぞう），山口百（くりはらりょうぞう），歴大（くりはらりょうぞう）

久留正清　くるまさきよ
～享保12（1727）年
江戸時代中期の旗本。
¶神奈川人

車隆次　くるまたかつぐ
？　～延宝3（1675）年
江戸時代前期の陸奥会津藩士。
¶藩臣2

車野丹波守　くるまのたんばのかみ
江戸時代前期の水戸藩家老。
¶江戸東

紅林梅処　くればやしばいしょ
*～文化14（1817）年
江戸時代後期の長門清末藩士。
¶国書（[生]？　[没]文化14（1817）年8月18日），藩臣6（[生]安永2（1773）年頃）

黒石伝左衛門　くろいしでんざえもん
宝暦1（1751）年～寛政5（1793）年
江戸時代中期の陸奥黒石藩家老。
¶藩臣1

黒石藤左衛門　くろいしとうざえもん
生没年不詳
江戸時代中期の播磨小野藩士。
¶藩臣5

黒石安右衛門　くろいしやすえもん
生没年不詳
江戸時代中期の播磨小野藩家老。
¶藩臣5

黒井忠寄　くろいただより
→黒井半四郎（くろいはんしろう）

黒井半四郎　くろいはんしろう
延享4（1747）年～寛政11（1799）年　[別]黒井忠寄《くろいただより》，黒井幽篁《くろいゆうこう》
江戸時代中期の出羽米沢藩の水利事業家。
¶朝日（[没]寛政11年11月7日（1799年12月3日）），近世，国史，コン改，コン4，史人（[没]1799年11月），新潮（[没]寛政11（1799）年11月），人名（黒井幽篁　くろいゆうこう），日人（黒井忠寄　くろいただより），藩臣1

黒井幽篁　くろいゆうこう
→黒井半四郎（くろいはんしろう）

黒岩慈庵　くろいわじあん
寛永4（1627）年～宝永2（1705）年　[別]黒岩東峯《くろいわとうほう》
江戸時代中期の土佐藩の南学者。
¶江文（黒岩東峯　くろいわとうほう），高知人，高知百，国書（[没]宝永2（1705）年6月21日），コン改，コン4，新潮（[没]宝永2（1705）年6月21日），人名，日人，藩臣6

黒岩伝右衛門 くろいわでんえもん
文政8(1825)年～慶応1(1865)年
江戸時代末期の対馬藩士。
¶維新

黒岩東峯 くろいわとうほう
→黒岩慈庵(くろいわじあん)

黒岩直方 くろいわなおかた
天保8(1837)年～明治33(1900)年
江戸時代末期～明治期の三条実美の衛士。
¶高知人，幕末([没]1900年12月2日)

黒江寛保 くろえかんぽ
天保1(1830)年～明治42(1909)年
江戸時代後期～明治期の一関藩士。
¶姓氏岩手

黒岡矢柄 くろおかややから
生没年不詳
江戸時代後期の陸奥三春藩士。
¶剣豪，藩臣2

黒金泰忠 くろがねやすただ
永禄7(1564)年～寛永12(1635)年
安土桃山時代～江戸時代前期の出羽米沢藩士。
¶藩臣1

黒川某 くろかわ
江戸時代末期の新撰組隊士。
¶新撰

黒川羽左衛門 くろかわうざえもん
生没年不詳　[別]黒川羽左衛門《くろかわはざえもん》
江戸時代後期の出雲母里藩士。
¶島根百，島根歴，藩臣5(くろかわはざえもん)

黒川嘉兵衛 くろかわかひょうえ
→黒川嘉兵衛(くろかわかへえ)

黒川嘉兵衛 くろかわかへえ
？～明治18(1885)年　[別]黒川嘉兵衛《くろかわかひょうえ》
江戸時代後期～明治期の武士。
¶朝日(生没年不詳)，維新，コン5，新潮(くろかわかひょうえ　生没年不詳)，日人

黒川郷兵衛 くろかわごうべえ
？～享保20(1735)年
江戸時代中期の肥前島原藩家老。
¶藩臣7

黒川権右衛門 くろかわごんうえもん
→黒川権右衛門(くろかわごんえもん)

黒川権右衛門 くろかわごんえもん
[別]黒川権右衛門《くろかわごんうえもん》
安土桃山時代～江戸時代前期の武士。里見氏家臣。
¶戦人(生没年不詳)，戦東(くろかわごんうえもん)

黒川佐吉 くろかわさきち
江戸時代末期の新撰組隊士。
¶新撰

黒川大学 くろかわだいがく
江戸時代前期の武将。里見氏家臣。
¶戦東

黒川丹波守正直 くろかわたんばのかみまさなお
→黒川正直(くろかわまさなお)

黒川千勝 くろかわちかつ
安土桃山時代～江戸時代前期の武士。里見氏家臣。
¶戦人(生没年不詳)，戦東

黒川羽左衛門 くろかわはざえもん
→黒川羽左衛門(くろかわうざえもん)

黒川彦四郎 くろかわひこしろう
安土桃山時代～江戸時代前期の武士。里見氏家臣。
¶戦人(生没年不詳)，戦東

黒川文助 くろかわぶんすけ
？～文化2(1805)年9月15日
江戸時代中期～後期の会津藩士・地誌家。
¶国書

黒川正直 くろかわまさなお
慶長7(1602)年～延宝8(1680)年　[別]黒川丹波守正直《くろかわたんばのかみまさなお》，黒川与兵衛正直《くろかわよへえまさなお》
江戸時代前期の武士。
¶黄檗([没]延宝8(1680)年5月2日)，埼玉百(黒川丹波守正直　くろかわたんばのかみまさなお)，人名，長崎歴(黒川与兵衛正直　くろかわよへえまさなお)，日人

黒川正増 くろかわまさます
寛文10(1670)年～享保12(1727)年
江戸時代中期の山田奉行。
¶人名，日人

黒川通軌 くろかわみちのり
天保14(1843)年～明治36(1903)年
江戸時代末期～明治期の小松藩士。
¶維新，愛媛百([生]天保14(1843)年1月14日　[没]明治36(1903)年3月6日)，郷土愛媛([生]1842年)，人名，日人，幕末([没]1903年3月6日)，陸海([生]天保14年1月14日　[没]明治36年3月6日)

黒川盛隆 くろかわもりたか
明和5(1768)年～文政12(1829)年
江戸時代後期の国学者、陸奥盛岡藩士。
¶岩手百([生]1767年)，江文，国書([没]文政12(1829)年12月4日)，人名，日人

黒川盛治 くろかわもりはる
天文21(1552)年～元和3(1617)年11月17日
戦国時代～江戸時代前期の織田信長の家臣。
¶織田

黒川盛泰 くろかわもりやす
文化11(1814)年～明治4(1871)年1月3日
江戸時代末期～明治期の幕臣。
¶維新，幕末

黒川嘉右衛門 くろかわよしうえもん
生没年不詳
江戸時代中期の常陸土浦藩士。
¶藩臣2

黒川義忠 くろかわよしただ
慶長3(1598)年～寛文4(1664)年8月2日
安土桃山時代～江戸時代前期の米沢藩士。
¶国書

く

く

黒川与兵衛正直　くろかわよへえまさなお
→黒川正直（くろかわまさなお）

黒木貞中　くろきさだなか
元禄12（1699）年～宝暦8（1758）年10月
江戸時代中期の肥後熊本藩士。
¶国書

黒木重室　くろきしげむろ
？　～＊
江戸時代前期の薩摩藩士。
¶国書（[没]寛文6（1666）年10月17日），姓氏鹿児島（[没]1665年）

黒木舁九郎　くろきしょうくろう
享和2（1802）年～明治5（1872）年6月5日
江戸時代末期～明治期の常陸土浦藩士。
¶幕末

黒木宗元　くろきむねもと
生没年不詳
安土桃山時代～江戸時代前期の陸奥仙台藩士。
¶藩臣1

黒木竜輔　くろきりゅうすけ
弘化1（1844）年～明治27（1894）年
江戸時代後期～明治期の揖宿郡揖宿郷の郷士。
¶姓氏鹿児島

黒河内兼規　くろこうちかねのり
→黒河内伝五郎（くろこうちでんごろう）

黒河内左近　くろこうちさこん
元禄9（1696）年～明和6（1769）年
江戸時代中期の剣術家。神夢想無楽流。
¶剣豪

黒河内式部　くろこうちしきぶ
文化14（1817）年～明治1（1868）年10月8日
江戸時代末期の陸奥会津藩士。
¶幕末

黒河内十太夫　くろこうちじゅうだゆう
→黒河内松斎（くろこうちしょうさい）

黒河内松斎　くろこうちしょうさい
寛政6（1794）年～安政5（1858）年　[別]黒河内十太夫《くろこうちじゅうだゆう》
江戸時代末期の陸奥会津藩士。
¶国書（黒河内十太夫　くろこうちじゅうだゆう　[没]安政5（1858）年5月13日），人名，日人，幕末（[没]1858年6月23日）

黒河内節斎　くろこうちせっさい
寛保1（1741）年～享和3（1803）年　[別]黒河内揮《くろこうちふるう》
江戸時代中期～後期の陸奥会津藩の兵学者。
¶人名（[生]1734年　[没]1805年），日人，藩臣2（黒河内揮　くろこうちふるう）

黒河内伝五郎　くろこうちでんごろう
享和3（1803）年～明治1（1868）年　[別]黒河内兼規《くろこうちかねのり》
江戸時代末期の陸奥会津藩の武芸者。
¶日人，幕末（[没]1868年10月8日），藩臣2（黒河内兼規　くろこうちかねのり）

黒河内揮　くろこうちふるう
→黒河内節斎（くろこうちせっさい）

黒坂維叙　くろさかこれのぶ
寛政10（1798）年～？
江戸時代後期の幕臣。
¶国書

黒崎運平　くろさきうんぺい
天保13（1842）年10月11日～大正11（1922）年8月3日
江戸時代後期～大正期の弓道家、雪荷派弓術家。
¶弓道

黒崎佐一右衛門　くろざきさいちえもん
？　～宝暦8（1758）年
江戸時代中期の美濃郡上藩士。
¶藩臣3

黒埼定時　くろさきさだとき
？　～弘化4（1847）年
江戸時代後期の播磨三日月藩士。
¶藩臣5

黒崎綱豊　くろさきつなとよ
文政12（1829）年～明治2（1869）年
江戸時代末期の志士。
¶国書（[没]明治2（1869）年1月3日），人名，数学（[没]明治2（1869）年1月3日），栃木歴（[生]文政10（1827）年），日人

黒崎与八　くろさきよはち
生没年不詳
江戸時代の庄内藩士。
¶庄内

黒沢翁満　くろさわおきなまろ
寛政7（1795）年～安政6（1859）年
江戸時代後期の国学者、歌人。武蔵忍藩士、伊勢桑名藩士。
¶朝日（[没]安政6年4月19日（1859年5月21日）），維新，大阪人（[没]安政6（1859）年4月），大阪墓（[没]安政6（1859）年4月29日），国書（[没]安政6（1859）年4月29日），コン改，コン4，埼玉人（[没]安政6（1859）年4月29日），詩歌，史人（[没]1859年4月29日），神人（[没]安政6（1859）年4月29日），新潮（[没]安政6（1859）年4月29日），人名，世人（[没]安政6（1859）年4月29日），日人，藩臣3，藩臣4，三重，和俳

黒沢覚介（黒沢覚助）　**くろさわかくすけ**
文化14（1817）年～慶応1（1865）年
江戸時代末期の志士。水戸藩郷士。
¶維新（[生]1819年），近世，国史，コン改，コン4，新潮（[生]文化14（1817）年2月25日　[没]慶応1（1865）年4月3日），人名，日人，幕末（[没]1865年4月27日），藩臣2（黒沢覚助）

黒沢要人　くろさわかなめ
延宝5（1677）年～延享2（1745）年
江戸時代中期の陸奥仙台藩士。
¶藩臣1

黒沢琴古〔1代〕　くろさわきんこ，くろざわきんこ
宝永7（1710）年～明和8（1771）年
江戸時代中期の尺八琴古流の流祖。筑前黒田藩士。
¶朝日（[没]明和8年4月23日（1771年6月5日）），音楽，教育（くろざわきんこ），近世，芸能（[没]明和8（1771）年4月23日），国史，コン改，コン4，史人，新潮（――〔代数なし〕　[没]明和8（1771）

年4月23日)，人名，世人，世百，全書，大百，日音([没]明和8(1771)年4月23日)，日人，百科

黒沢源内 くろさわげんない
？ ～寛政9(1797)年
江戸時代中期～後期の剣術家。奥宮念流祖。
¶剣豪，姓氏群馬

黒沢五郎 くろさわごろう
天保4(1833)年～文久2(1862)年 [別]吉野政介《よしのせいすけ》
江戸時代末期の水戸藩吏。
¶維新，人名，日人，幕末([没]1862年2月13日)，藩臣2([生]弘化1(1844)年)

黒沢定幸 くろさわさだゆき
？ ～寛文11(1671)年
江戸時代前期の幕臣。
¶国書

黒沢四如 くろさわしじょ
天明3(1783)年～嘉永4(1851)年 [別]黒沢四如《くろさわしにょ》
江戸時代後期の出羽秋田藩士、漢学者。
¶国書([没]嘉永4(1851)年12月25日)，人名，日人([没]1852年)，藩臣1(くろさわしにょ)

黒沢四如 くろさわしにょ
→黒沢四如(くろさわしじょ)

黒沢庄右衛門 くろさわしょうえもん
寛政8(1796)年～安政5(1858)年
江戸時代末期の豊前中津藩士。
¶維新，大分百，大分歴，人名，日人([没]1859年)，藩臣7

黒沢正助 くろさわしょうすけ
享和3(1803)年～文久1(1861)年6月8日
江戸時代末期の幕臣。
¶幕末

黒沢新左衛門 くろさわしんざえもん
文化6(1809)年～明治25(1892)年 [別]黒沢貞備《くろさわていび》
江戸時代末期～明治期の幕臣。1862年遣欧使節随員としてフランスに渡る。
¶海越，海越新，海越新(黒沢貞備 くろさわていび [生]文化6(1809)年9月24日 [没]明治25(1892)年3月15日)

黒沢清右衛門 くろさわせいえもん
江戸時代中期の幕府の徒歩士。
¶人名，日人(生没年不詳)

黒沢忠三郎 くろさわちゅうざぶろう
天保1(1830)年～万延1(1860)年 [別]神田浦三《かんだうらぞう》
江戸時代末期の水戸藩士。
¶維新，人名([生]1839年)，日人，幕末([没]1860年8月27日)，藩臣2

黒沢貞備 くろさわていび
→黒沢新左衛門(くろさわしんざえもん)

黒沢俊栄 くろさわとしひさ
延宝8(1680)年～寛延2(1749)年
江戸時代前期～中期の仙台藩士。桃生郡中津山村黒沢家19代当主。
¶姓氏宮城

黒沢長顕 くろさわながあき
生没年不詳
江戸時代前期～中期の出雲松江藩士。
¶国書

黒沢長尚 くろさわながひさ
？ ～元文2(1737)年
江戸時代中期の出雲松江藩士。
¶国書([没]元文2(1737)年10月21日)，藩臣5

黒沢弘忠 くろさわひろただ
元和8(1622)年～延宝6(1678)年
江戸時代前期の出雲松江藩士、儒学者。
¶藩臣5

黒沢道家 くろさわみちいえ
永禄10(1567)年～元和9(1623)年
安土桃山時代～江戸時代前期の出羽秋田藩士。
¶藩臣1

黒沢宗明 くろさわむねあき
天保5(1834)年～明治18(1885)年
江戸時代末期～明治期の出羽秋田藩士。
¶人名，日人

黒沢元重 くろさわもとしげ
元和8(1622)年～元禄13(1700)年
江戸時代前期～中期の出羽秋田藩士。
¶国書([生]元和8(1622)年8月 [没]元禄13(1700)年12月20日)，藩臣1

黒沢弥兵衛 くろさわやへえ
天保12(1841)年～？
江戸時代末期の駿河沼津藩士。
¶藩臣4

黒須教久 くろすのりひさ
宝永5(1708)年～天明1(1781)年
江戸時代中期の信濃飯田藩士。
¶藩臣3

黒瀬一郎助 くろせいちろうすけ
天保7(1836)年～明治1(1868)年
江戸時代末期の肥後熊本藩足軽。
¶維新，人名，日人

黒田一葦 くろだいちい
文政1(1818)年～明治18(1885)年 [別]黒田溥整《くろだひろなり》
江戸時代末期～明治期の筑前福岡藩士。
¶維新，近現，近世，国史，国書(黒田溥整 くろだひろなり [生]文政1(1818)年11月5日 [没]明治18(1885)年12月13日)，コン改，コン4，新潮([生]文政1(1818)年11月5日 [没]明治18(1885)年12月13日)，人名，日人，幕末([没]1885年12月13日)，藩臣7

黒田市郎右衛門 くろだいちろうえもん
享和2(1802)年～万延1(1860)年
江戸時代後期～末期の剣術家。今枝流。
¶剣豪

黒田一貫 くろだかずつら
？ ～元禄11(1698)年
江戸時代前期～中期の福岡藩家老。
¶国書

黒田一利 くろだかずとし
　？　～寛延3（1750）年
　江戸時代中期の福岡藩士。
　¶国書

黒田一成 くろだかずなり
　→黒田美作（くろだみまさか）

黒田一誠 くろだかずのぶ
　？　～天明7（1787）年
　江戸時代中期の福岡藩士。
　¶国書

黒田一春 くろだかずはる
　？　～元禄13（1700）年
　江戸時代前期～中期の福岡藩士。
　¶国書

黒田一美 くろだかずみ
　文政13（1830）年～明治30（1897）年
　江戸時代末期～明治期の筑前福岡藩家老。
　¶藩臣7

黒田要人 くろだかなと
　江戸時代後期の武士。
　¶岡山人

黒田頑一郎 くろだがんいちろう
　→黒田孝富（くろだたかとみ）

黒田滝儀任 くろだきぎとう
　→黒滝儀任（くろたきよしとう）

黒田清定 くろだきよさだ
　安永7（1778）年～天保11（1840）年
　江戸時代後期の筑前福岡藩家老。
　¶藩臣7

黒滝儀任 くろたきよしとう
　天保9（1838）年～明治34（1901）年　劒黒滝儀任
　《くろたきぎとう》
　江戸時代末期～明治期の弘前藩の儒者。師範学
　校、中学校などで教鞭をとる。著書に「北門古
　史」など。
　¶青森人（くろたききとう），人名

黒田清隆 くろだきよたか
　天保11（1840）年～明治33（1900）年　劒羽臯，
　了介
　江戸時代末期～明治期の薩摩藩士、政治家。総理
　大臣。討幕運動、薩長連合に尽力。特命全権弁理
　大使として日朝修好条規を締結。明治21年首相。
　¶朝日（⊕天保11年10月16日（1840年11月9日）
　　㊥明治33（1900）年8月23日），維新，岩史
　　（⊕天保11（1840）年10月16日　㊥明治33
　　（1900）年8月23日），海越（⊕天保11（1840）年
　　10月16日　㊥明治33（1900）年8月25日），海越
　　新（⊕天保11（1840）年10月16日　㊥明治33
　　（1900）年8月25日），鹿児島百，角史，近現，
　　国際，国史，コン改，コン5，札幌（⊕天保11年
　　10月16日），史人（⊕1840年10月16日　㊥1900
　　年8月23日），重要（⊕天保11（1840）年10月16
　　日　㊥明治33（1900）年8月23日），庄内（⊕天
　　保11（1840）年10月16日　㊥明治33（1900）年8
　　月25日），食文（⊕天保11年10月16日（1840年
　　11月9日）　㊥1900年8月25日），新潮（⊕天保
　　11（1840）年10月16日　㊥明治33（1900）年8月

　　23日），人名，姓氏鹿児島，世人（⊕天保11
　　（1840）年10月16日　㊥明治33（1900）年8月25
　　日），世百，全書，大百，伝記，渡航（⊕1840年
　　10月16日　㊥1900年8月25日），日史（⊕天保11
　　（1840）年10月16日　㊥明治33（1900）年8月25
　　日），日人，日本，幕末（㊥1900年8月23日），
　　藩臣7，百科，北海道百，北海道歴，明治1，履
　　歴（⊕天保11（1840）年10月16日　㊥明治33
　　（1900）年8月23日），歴大

黒田清綱 くろだきよつな
　天保1（1830）年～大正6（1917）年
　江戸時代末期～明治期の薩摩藩士、政治家、歌人。
　¶朝日（⊕天保1年3月21日（1830年4月13日）
　　㊥大正6（1917）年3月23日），維新，鹿児島百，
　　近現，近文，国史，国書（⊕文政13（1830）年3
　　月21日　㊥大正6（1917）年3月23日），コン改，
　　コン4，コン5，史人（⊕1830年3月21日
　　㊥1917年3月23日），神人（⊕天保1（1830）年3
　　月21日　㊥大正6（1917）年3月25日），新潮
　　（⊕天保1（1830）年3月21日　㊥大正6（1917）年
　　3月25日），人名，姓氏鹿児島，徳島歴（⊕天保1
　　（1830）年3月21日　㊥大正6（1917）年3月23
　　日），日人，幕末（㊥1917年3月25日），藩臣7

黒田月洞軒 くろだげつどうけん
　寛文1（1661）年～享保9（1724）年3月24日
　江戸時代前期～中期の幕臣・狂歌作者。
　¶国書

黒田源蔵 くろだげんぞう
　生没年不詳
　江戸時代後期の石見浜田藩士。
　¶藩臣5

黒田五平次 くろだごへいじ
　寛政4（1792）年～安政4（1857）年
　江戸時代末期の近江膳所藩士。
　¶藩臣4

黒田左兵衛 くろださへえ
　生没年不詳
　江戸時代後期の武士。
　¶和歌山人

黒田成復 くろだしげまた
　→黒田彦四郎（くろだひこしろう）

黒田十兵衛 くろだじゅうべえ
　寛政12（1800）年～嘉永6（1853）年
　江戸時代末期の信濃松本藩士。
　¶人名，姓氏長野，日人，藩臣3

黒田図書 くろだずしょ
　寛政5（1793）年～万延1（1860）年
　江戸時代末期の安芸広島藩士。
　¶維新，幕末（㊥1860年9月19日）

黒田成復 くろだせいふく
　→黒田彦四郎（くろだひこしろう）

黒田素軒 くろだそけん
　寛文3（1663）年～元禄15（1702）年　劒黒田万吉
　《くろだまんきち》
　江戸時代前期の武士。
　¶岡山人，岡山歴（黒田万吉　くろだまんきち
　　㊥元禄15（1702）年7月1日）

黒田孝富 くろだたかとみ
天保5(1834)年～明治1(1868)年　[別]黒田頑一郎《くろだがんいちろう》
江戸時代末期の亀山藩士。
¶維新(黒田頑一郎　くろだがんいちろう),人名(黒田頑一郎　くろだがんいちろう),日人,幕末([没]1868年12月11日),藩臣4([生]天保4(1833)年),三重

黒田高政 くろだたかまさ
慶長17(1612)年～寛永16(1639)年
江戸時代前期の大名。筑前東蓮寺藩主。
¶岡山人,岡山歴,諸系,人名,日人,藩主4([没]寛永16(1639)年11月13日),福岡百([没]寛永16(1639)年11月13日)

黒田忠之 くろだただゆき
慶長7(1602)年～承応3(1654)年
江戸時代前期の大名。筑前福岡藩主。
¶江戸東,国書([生]慶長7(1602)年11月9日　[没]承応3(1654)年2月12日),茶道,諸系,人名,日人,藩主4([生]慶長7(1602)年11月9日　[没]承応3(1654)年2月12日)

黒田継高 くろだつぐたか
元禄16(1703)年～安永4(1775)年
江戸時代中期の大名。筑前福岡藩主。
¶諸系,人名([生]1700年),日人,藩主4([生]元禄16(1703)年8月11日　[没]安永4(1775)年6月17日),福岡百([生]元禄16(1703)年8月11日　[没]安永4(1775)年6月17日)

黒田綱政 くろだつなまさ
万治2(1659)年～正徳1(1711)年　[別]黒田長寛《くろだながひろ》
江戸時代前期～中期の大名。筑前東蓮寺藩主、筑前福岡藩主。
¶国書([没]正徳1(1711)年6月18日),諸系,人名,日人,藩主4([生]万治2(1659)年8月11日　[没]正徳1(1711)年6月18日),藩主4(黒田長寛　くろだながひろ　[生]万治2(1659)年8月11日　[没]正徳1(1711)年6月18日)

黒田稲皐 くろだとうこう,くろたとうこう
天明7(1787)年～弘化3(1846)年
江戸時代後期の武士、画家、因幡鳥取藩士。
¶朝日([没]弘化3年11月6日(1846年12月23日)),人名,鳥取百,日人,名画(くろたとうこう　[生]1785年)

黒田利章 くろだとしあき
生没年不詳
江戸時代後期の武士。
¶和歌山人

黒田直温 くろだなおあつ
天明4(1784)年～享和1(1801)年
江戸時代後期の大名。上総久留里藩主。
¶諸系,日人,藩主2([生]天明4(1784)年6月28日　[没]享和1(1801)年7月24日)

黒田直方 くろだなおかた
安永7(1778)年～天保3(1832)年
江戸時代後期の大名。上総久留里藩主。
¶諸系,日人,藩主2([生]安永7(1778)年8月28日　[没]天保3(1832)年4月17日)

黒田直邦 くろだなおくに
寛文6(1666)年～享保20(1735)年　[別]黒田豊前守直邦《くろだぶぜんのかみなおくに》
江戸時代中期の大名。常陸下館藩主、上野沼田藩主。
¶郷土群馬,群馬人,国書([生]寛文6(1666)年12月27日　[没]享保20(1735)年3月26日),埼玉人([没]享保20(1735)年3月26日),埼玉百(黒田豊前守直邦　くろだぶぜんのかみなおくに　[生]1668年),諸系([生]1667年),姓氏群馬,日人([生]1667年),藩主1([生]寛文6(1666)年12月27日　[没]享保20(1735)年3月26日),藩主3

黒田直純 くろだなおずみ
宝永2(1705)年～安永4(1775)年閏12月27日
江戸時代中期の大名。上野沼田藩主、上総久留里藩主。
¶諸系([没]1776年),人名([生]1704年),日人([没]1776年),藩主1([生]宝永2(1705)年4月23日),藩主2([生]宝永2(1705)年4月23日)

黒田直養 くろだなおたか
嘉永2(1849)年～大正8(1919)年　[別]黒田直養《くろだなおなが》
江戸時代末期～明治期の大名。上総久留里藩主。
¶諸系,人名(くろだなおなが　生没年不詳),日人,藩主2([生]嘉永2(1849)年4月8日　[没]大正8(1919)年11月29日)

黒田直静 くろだなおちか
文化7(1810)年～安政1(1854)年
江戸時代末期の大名。上総久留里藩主。
¶諸系,日人,藩主2([生]文化7(1810)年3月15日　[没]安政1(1854)年4月26日)

黒田直綱 くろだなおつな
慶長5(1600)年～寛永1(1624)年
江戸時代前期の幕臣。
¶神奈川人,人名,日人

黒田直養 くろだなおなが
→黒田直養(くろだなおたか)

黒田直英 くろだなおひで
宝暦8(1758)年～天明6(1786)年
江戸時代中期の大名。上総久留里藩主。
¶諸系,日人,藩主2([生]宝暦8(1758)年4月25日　[没]天明6(1786)年7月18日)

黒田直和 くろだなおやす
文政2(1819)年～明治9(1876)年
江戸時代末期～明治期の大名。上総久留里藩主。
¶諸系,日人,藩主2([生]文政2(1819)年6月21日　[没]明治9(1876)年1月9日)

黒田直亨 くろだなおゆき
享保14(1729)年～天明4(1784)年
江戸時代中期の大名。上総久留里藩主。
¶諸系,日人,藩主2([生]享保14(1729)年閏9月11日　[没]天明4(1784)年閏1月17日)

黒田直侯 くろだなおよし
寛政5(1793)年～嘉永3(1850)年
江戸時代末期の大名。上総久留里藩主。
¶庄内([生]寛政5(1793)年11月26日　[没]嘉永3(1850)年3月27日),諸系,日人,藩主2([生]寛政5(1793)年11月26日　[没]嘉永3(1850)年3月

く

19日）

黒田長興 くろだながおき
慶長15（1610）年～寛文5（1665）年
江戸時代前期の大名。筑前秋月藩主。
¶国書（[生]慶長15（1610）年3月15日 [没]寛文5（1665）年3月20日），諸系，人名，日人，藩主4（[生]慶長15（1610）年3月15日 [没]寛文5（1665）年3月20日），福岡百（[生]慶長15（1610）年3月16日 [没]寛文5（1665）年3月20日）

黒田長堅 くろだながかた
明和7（1770）年～天明4（1784）年
江戸時代中期の大名。筑前秋月藩主。
¶諸系，日人，藩主4（[没]天明4（1784）年2月10日）

黒田長清 くろだながきよ
寛文7（1667）年～享保5（1720）年
江戸時代中期の大名。筑前直方藩主。
¶諸系，人名，日人，藩主4（[生]寛文7（1667）年6月26日 [没]享保5（1720）年2月23日）

黒田長邦 くろだながくに
享保7（1722）年～宝暦12（1762）年
江戸時代中期の大名。筑前秋月藩主。
¶国書（[生]享保7（1722）年1月13日 [没]宝暦12（1762）年2月23日），諸系，日人，藩主4（[生]享保7（1722）年1月13日 [没]宝暦12（1762）年2月23日）

黒田長貞 くろだながさだ
*～宝暦4（1754）年
江戸時代中期の大名。筑前秋月藩主。
¶諸系（[生]1695年），人名（[生]1697年），日人（[生]1695年），藩主4（[生]元禄7（1694）年12月14日 [没]宝暦4（1754）年9月10日）

黒田長重 くろだながしげ
万治2（1659）年～宝永7（1710）年
江戸時代前期～中期の大名。筑前秋月藩主。
¶国書（[生]万治2（1659）年3月5日 [没]宝永7（1710）年10月29日），諸系，人名，日人，藩主4（[生]万治2（1659）年3月5日 [没]宝永7（1710）年10月29日）

黒田長韶 くろだながつぐ
寛政1（1789）年～天保11（1840）年
江戸時代後期の大名。筑前秋月藩主。
¶国書（[生]寛政1（1789）年閏6月13日 [没]天保11（1840）年2月26日），諸系，日人，藩主4（[生]寛政1（1789）年閏6月13日 [没]天保11（1840）年2月26日）

黒田長知 くろだながとも
天保9（1838）年～明治35（1902）年 [別]官兵衛，健若
江戸時代末期～明治期の大名、侯爵。筑前福岡藩主。
¶朝日（[生]天保9年12月19日（1839年2月2日）[没]明治35（1902）年1月7日），維新，海越（[生]天保9（1839）年12月19日 [没]明治35（1902）年1月9日），海越新（[生]天保9（1839）年12月19日 [没]明治35（1902）年1月9日），国際，国書（[生]天保9（1838）年12月19日 [没]明治35（1902）年1月7日），コン5，諸系（[生]1839年），新潮（[生]天保9（1838）年12月19日 [没]明治35（1902）年1月9日），渡航（[生]1838年12月 [没]1902年1月7日），日人（[生]1839年），藩主4（[生]天保9（1838）年12月19日 [没]明治35（1902）年1月7日）

黒田長舒 くろだながのぶ
明和2（1765）年～文化4（1807）年
江戸時代中期～後期の大名。筑前秋月藩主。
¶諸系，人名，日人，藩主4（[生]明和2（1765）年9月27日 [没]文化4（1807）年10月16日）

黒田長軌 くろだながのり
貞享3（1686）年～正徳5（1715）年
江戸時代中期の大名。筑前秋月藩主。
¶国書（[生]貞享3（1686）年6月28日 [没]正徳5（1715）年11月4日），諸系，日人，藩主4（[生]貞享3（1686）年6月28日 [没]正徳5（1715）年11月4日）

黒田長徳 くろだながのり
嘉永1（1848）年2月29日～明治25（1892）年6月15日
江戸時代末期～明治期の大名。筑前秋月藩主。
¶国書，諸系（[生]1847年），日人（[生]1847年），幕末，藩主4

黒田長寛 くろだながひろ
→黒田綱政（くろだつなまさ）

黒田長溥 くろだながひろ
文化8（1811）年～明治20（1887）年
江戸時代末期～明治期の大名。筑前福岡藩主。
¶朝日（[生]文化8年3月1日（1811年4月23日）[没]明治20（1887）年3月7日），維新，鹿児島百，弓道（[生]文化8（1811）年3月1日 [没]明治20（1887）年3月5日），近現，近世，国史，国書（[生]文化8（1811）年3月1日 [没]明治20（1887）年3月7日），コン改，コン4，コン5，史人（[生]1811年3月1日 [没]1887年3月7日），写家（[生]文化8年3月1日 [没]明治20年3月7日），植物（[生]文化8（1811）年3月1日 [没]明治20（1887）年3月7日），諸系，新潮（[生]文化8（1811）年3月1日 [没]明治20（1887）年3月7日），人名，全書，日人，幕末（[没]1887年3月7日），藩主4（[生]文化8（1811）年3月1日 [没]明治20（1887）年3月7日），福岡百（[生]文化8（1811）年3月1日 [没]明治20（1887）年3月7日），洋学

黒田長政 くろだながまさ
永禄11（1568）年～元和9（1623）年
安土桃山時代～江戸時代前期の武将、大名。
¶朝日（[生]永禄11年12月3日（1568年12月21日）[没]元和9年8月4日（1623年8月29日）），岩史（[生]永禄11（1568）年12月3日 [没]元和9（1623）年8月4日），角史，近世，系西，国史，国書（[生]永禄11（1568）年12月3日 [没]元和9（1623）年8月4日），古中，コン改，コン4，茶道，史人（[生]1568年12月3日 [没]1623年8月4日），重要（[生]永禄11（1568）年12月3日 [没]元和9（1623）年8月2日），諸系，新潮（[生]永禄11（1568）年12月3日 [没]元和9（1623）年8月4日），人名，世人（[没]元和9（1623）年8月4日），世百，戦合，戦国，全書，戦人，戦西，大百（[没]1624年），日史（[生]永禄11（1568）年12月3日 [没]元和9（1623）年8月4日），日人，藩主4（[生]永禄11（1568）年12月3日 [没]元和9（1623）年8月4日），百科，福

岡百（[生]永禄11（1568）年12月3日　[没]元和9（1623）年8月4日），歴大

黒田長元　くろだながもと
*～慶応3（1867）年
江戸時代末期の大名。筑前秋月藩主。
¶国書（[生]文化8（1811）年6月2日　[没]慶応3（1867）年4月4日），諸系（[生]1812年），日人（[生]1812年），藩主4（[生]文化8（1811）年6月2日　[没]慶応3（1867）年4月4日）

黒田長義　くろだながよし
弘化2（1845）年～文久2（1862）年
江戸時代末期の大名。筑前秋月藩主。
¶諸系，日人，幕末（[没]1862年2月24日），藩主4（[生]弘化2（1845）年2月10日　[没]文久2（1862）年1月26日）

黒田長恵　くろだながよし
宝暦4（1754）年～安永3（1774）年
江戸時代中期の大名。筑前秋月藩主。
¶諸系，日人，藩主4（[生]宝暦4（1754）年10月15日　[没]安永3（1774）年9月2日）

黒田斉清（黒田斎清）　くろだなりきよ
寛政7（1795）年～嘉永4（1851）年
江戸時代末期の大名。筑前福岡藩主。
¶朝日（[生]寛政7年2月6日（1795年3月26日）　[没]嘉永4年1月26日（1851年2月26日）），江文，近世，国史，国書（[生]寛政7（1795）年2月6日　[没]嘉永4（1851）年1月26日），コン改（[没]嘉永2（1849）年），コン4（[没]嘉永2（1849）年），史人（[生]1795年2月6日　[没]1851年1月26日），諸系，新潮（[生]寛政7（1795）年2月6日　[没]嘉永4（1851）年1月26日），人名，世人（黒田斎清　[生]安永4（1775）年　[没]嘉永2（1849）年），日人，藩主4（[生]寛政7（1795）年2月6日　[没]嘉永4（1851）年1月26日）

黒田斉隆　くろだなりたか
安永6（1777）年～寛政7（1795）年
江戸時代中期～後期の大名。筑前福岡藩主。
¶諸系，日人，藩主4（[生]安永6（1777）年9月21日　[没]寛政7（1795）年6月23日）

黒谷市郎右衛門　くろだにいちろうえもん
明和8（1771）年～弘化2（1845）年10月15日
江戸時代中期～後期の庄内藩士。
¶庄内

黒谷茂対　くろたにしげとう
安政7（1778）年～嘉永3（1850）年
江戸時代後期の石見浜田藩士、儒学者。
¶藩臣5

黒谷新兵衛　くろだにしんべえ
寛政10（1798）年～文久2（1862）年6月20日
江戸時代後期～末期の郡代。
¶庄内

黒田宣政　くろだのぶまさ
貞享2（1685）年～延享1（1744）年
江戸時代中期の大名。筑前福岡藩主。
¶諸系，人名，日人，藩主4（[生]貞享2（1685）年5月9日　[没]延享1（1744）年8月10日）

黒田倫忠　くろだのりただ
万治3（1660）年～寛保1（1741）年
江戸時代中期の陸奥二本松藩士。
¶国書（[没]寛保1（1741）年6月27日），藩臣5

黒田則恭（黒田則泰）　くろだのりやす
安永5（1776）年～慶応1（1865）年
江戸時代後期の陸奥二本松藩士。
¶国書（[没]慶応1（1865）年7月1日），幕末（黒田則泰　[生]1775年　[没]1865年8月21日），藩臣5

黒田治高　くろだはるたか
宝暦4（1754）年～天明2（1782）年
江戸時代中期の大名。筑前福岡藩主。
¶諸系，日人，藩主4（[生]宝暦4（1754）年5月28日　[没]天明2（1782）年8月21日）

黒田治之　くろだはるゆき
宝暦3（1753）年～天明1（1781）年
江戸時代中期の大名。筑前福岡藩主。
¶諸系，日人，藩主4（[生]宝暦2（1752）年12月1日　[没]天明1（1781）年8月21日）

黒田半窓　くろだはんそう
文政12（1829）年～明治42（1909）年
江戸時代末期の武士。
¶岡山人

黒田彦四郎　くろだひこしろう
天保7（1836）年～明治37（1904）年　[別]黒田成復《くろだしげまた，くろだせいふく》
江戸時代末期～明治期の美作津山藩士、勤王家。
¶岡山人（黒田成復　くろだしげまた），岡山歴（黒田成復　くろだせいふく　[生]天保7（1836）年10月28日　[没]明治37（1904）年4月10日），幕末（[没]1904年4月10日），藩臣6

黒田久孝　くろだひさたか
弘化2（1845）年～明治33（1900）年
江戸時代末期～明治期の静岡藩士、陸軍軍人。中将、男爵。西南戦役、日清役に従軍。東宮武官長などを歴任。
¶海越新（[没]明治33（1900）年12月4日），静岡歴，人名，渡航（[生]1845年12月1日　[没]1900年12月4日），日人

黒田溥整　くろだひろなり
→黒田一葦（くろだいちい）

黒田豊前守直邦　くろだぶぜんのかみなおくに
→黒田直邦（くろだなおくに）

黒田正郡　くろだまさくに
天保12（1841）年～大正9（1920）年
江戸時代末期～明治期の剣術家。
¶朝日（[没]大正9（1920）年9月16日），日人

黒田正足　くろだまさたり
生没年不詳
江戸時代前期～中期の伊勢桑名藩士、越後高田藩士。
¶国書

黒田益男　くろだますお
文政10（1827）年～明治20（1887）年
江戸時代末期～明治期の広島藩士、藩政改革家。
¶維新，幕末（[没]1887年11月26日）

黒田増熊 くろだますくま
　？　〜明治22（1889）年
　江戸時代末期の筑前福岡藩士。
　¶国書（㊐文化4（1807）年4月2日　㊦明治22（1889）年2月6日），新潮（㊦明治22（1889）年2月6日），人名，日人

黒田万吉 くろだまんきち
　→黒田素軒（くろだそけん）

黒田光之 くろだみつゆき
　寛永5（1628）年〜宝永4（1707）年
　江戸時代前期〜中期の大名。筑前福岡藩主。
　¶国書（㊐寛永5（1628）年5月16日　㊦宝永4（1707）年5月20日），諸系，人名，日人，藩主4（㊐寛永5（1628）年5月16日　㊦宝永4（1707）年5月20日）

黒田美作 くろだみまさか
　元亀2（1571）年〜明暦2（1656）年11月13日　㊦黒田一成《くろだかずなり》
　安土桃山時代〜江戸時代前期の筑前福岡藩士。
　¶国書（黒田一成　くろだかずなり），藩臣7，福岡百

黒田用綱 くろだもちつな
　元和2（1616）年〜寛文12（1672）年
　江戸時代前期の上野館林藩家老。
　¶諸系，人名，日人

黒田之勝 くろだゆきかつ
　寛永11（1634）年〜寛文3（1663）年
　江戸時代前期の大名。筑前東蓮寺藩主。
　¶諸系，人名，日人，藩主4（㊦寛文3（1663）年7月25日）

黒田与一郎 くろだよいちろう
　天保5（1834）年〜慶応2（1866）年　㊦中島重清《なかじましげきよ》
　江戸時代末期の志士。生野挙兵に参加。
　¶維新，新潮（㊦慶応2（1866）年12月19日），人名，日人（㊦1867年），幕末（㊦1866年12月19日）

黒田義則 くろだよしのり
　？　〜慶安3（1650）年
　江戸時代前期の地方豪族・土豪。
　¶戦人

黒田義耕 くろたよしやす
　？　〜寛政10（1798）年
　江戸時代中期の石見浜田藩士。
　¶藩臣5

黒田与惣右衛門 くろだよそううえもん
　？　〜天保12（1841）年
　江戸時代後期の遠江掛川藩士。
　¶藩臣4

黒田与惣次 くろだよそうじ
　？　〜嘉永1（1848）年
　江戸時代後期の遠江掛川藩士。
　¶藩臣4

黒田六市郎 くろだろくいちろう
　江戸時代中期の美濃岐阜の町奉行。「黒六」焼を起した。
　¶人名，日人（生没年不詳）

黒田六右衛門 くろだろくうえもん
　？　〜寛永2（1625）年
　江戸時代前期の筑前福岡藩士。
　¶藩臣7

黒野義方 くろのよしかた
　？　〜嘉永1（1848）年1月6日
　江戸時代後期の幕臣・兵学家。
　¶国書

黒部鉉太郎 くろべげんたろう
　→黒部鉱太郎（くろべこうたろう）

黒部鉱太郎 くろべこうたろう
　天保11（1840）年〜？　㊦黒部鉉太郎《くろべげんたろう》，鉉太郎
　江戸時代末期〜明治期の徳島藩士。普仏戦争視察のためイギリスに赴く。
　¶海越（生没年不詳），海越新，徳島歴（黒部鉉太郎　くろべげんたろう），渡航（黒部鉉太郎　くろべげんたろう）

黒部権之助（黒部権之介）くろべごんのすけ
　？　〜文久3（1863）年
　江戸時代末期の因幡鳥取藩士。
　¶維新，人名，日人（黒部権之介）

黒部貞利 くろべさだとし
　？　〜慶応1（1865）年
　江戸時代末期の挙母藩法編纂者。
　¶幕末，藩臣4

黒部銑次郎 くろべせんじろう
　弘化4（1847）年〜明治45（1912）年
　江戸時代末期〜明治期の徳島藩士，抗道掘削者。欧米の岩塩抗，塩泉の製塩を知り，日本での岩塩開発を志す。岩塩の探索に生涯をかけた。
　¶朝日（㊐弘化4（1847）年8月），姓氏長野，長野歴（㊐天保4（1833）年），日人

黒水長愷 くろみずちょうぞう
　文化11（1828）年〜大正5（1916）年9月29日
　江戸時代末期〜明治期の日向高鍋藩士。
　¶幕末

黒宮光峰 くろみやみつみね
　元文5（1740）年〜寛政6（1794）年
　江戸時代中期の備中足守藩士。
　¶藩臣6

畔柳意春 くろやぎいしゅん
　生没年不詳
　江戸時代中期の紀伊和歌山藩士。
　¶藩臣5

黒柳重元 くろやなぎしげもと
　？　〜寛永9（1632）年
　江戸時代前期の武士。
　¶和歌山人

畔柳盛政 くろやなぎもりまさ
　？　〜寛永3（1626）年
　江戸時代前期の武士。
　¶和歌山人

桑木政徳 くわきまさのり
　寛政7（1795）年〜？
　江戸時代後期の肥後熊本藩士。

¶国書

桑嶋政周 くわしままさよし
？ ～享保8（1723）年
江戸時代中期の武士、幕臣。
¶和歌山人

桑田本左衛門 くわたほんざえもん
？ ～嘉永6（1853）年
江戸時代末期の下総結城藩用人。
¶藩臣3

桑田弥三郎 くわたやさぶろう
？ ～天保9（1838）年
江戸時代後期の下総結城藩家老。
¶藩臣3

桑名主米 くわなしゅめ
寛永4（1627）年～元禄11（1698）年
江戸時代前期の宇都宮藩奥平家家老。
¶栃木歴

桑名茂三郎 くわなもさぶろう
天保9（1838）年3月14日～明治31（1898）年5月12日
江戸時代末期～明治期の石岡藩士。
¶幕末

桑野万李 くわのばんり
→万李（ばんり）

桑野万李 くわのまんり
→万李（ばんり）

桑原某 くわはら
江戸時代末期の新撰組隊士。
¶新撰

桑原幾太郎 くわばらいくたろう
寛政12（1800）年～文久1（1861）年　[別]桑原治兵衛《くわばらじへえ》
江戸時代末期の水戸藩士。
¶維新，国書（[没]文久1（1861）年10月10日），人名（桑原治兵衛　くわばらじへえ），日人（桑原治兵衛　くわばらじへえ），幕末（[没]1861年11月12日），藩臣2

桑原儀之助（桑原義之助） くわばらぎのすけ
弘化1（1844）年～明治1（1868）年　[別]桑原政伸《くわばらまさのぶ》
江戸時代末期の志士。
¶維新（桑原義之助　[生]1842年　[没]1865年），高知人，人名（桑原政伸　くわばらまさのぶ），日人（桑原政伸　くわばらまさのぶ），幕末（[没]1867年1月）

桑原真清 くわばらさねきよ
→桑原真清（くわばらまきよ）

桑原三郎右衛門 くわばらさぶろうえもん
生没年不詳
安土桃山時代～江戸時代前期の武士。山村氏家臣。
¶姓氏長野

桑原成徳 くわばらしげのり
文政1（1818）年～明治15（1882）年5月12日
江戸時代後期～明治期の仙台藩士。
¶国書

桑原治兵衛 くわばらじへえ
→桑原幾太郎（くわばらいくたろう）

桑原女媒 くわばらじょばい
享保18（1733）年～寛政1（1789）年　[別]桑原女媒《くわばらにょばい，くわばらめばい》，桑原常正《くわばらつねまさ》，女媒《じょばい》
江戸時代中期～後期の俳人、浅野家臣。
¶大阪人（くわばらにょばい　[没]寛政1（1789）年2月），大阪墓（くわばらめばい　[生]享保19（1734）年　[没]寛政1（1789）年2月23日），国書（女媒　じょばい　[没]寛政1（1789）年2月22日），日人，和歌山人（桑原常正　くわばらつねまさ　生没年不詳）

桑原常正 くわばらつねまさ
→桑原女媒（くわばらじょばい）

桑原女媒 くわばらにょばい
→桑原女媒（くわばらじょばい）

桑原能登守盛員 くわはらのとのかみもりかず
→桑原盛員（くわはらもりかず）

桑原彦右衛門 くわばらひこえもん
天明8（1788）年～安政4（1857）年
江戸時代後期～末期の剣術家。直心影流。
¶剣豪，庄内

桑原藤泰 くわばらふじやす
明和4（1767）年～天保3（1832）年
江戸時代中期～後期の駿河奉行による地誌編集に参加。
¶姓氏静岡

桑原平八 くわばらへいはち
天保14（1843）年～大正2（1913）年
江戸時代末期～明治期の志士。土佐勤王党に参加。
¶高知人，幕末（[没]1913年3月14日）

桑原真清 くわばらまきよ
文政4（1821）年～明治36（1903）年　[別]桑原真清《くわばらさねきよ，くわばらますが》
江戸時代末期～明治期の神主、報国隊士。
¶維新，国書（くわばらますが　[生]文政4（1821）年3月20日　[没]明治36（1903）年2月5日），静岡歴，神人（くわばらさねきよ　[生]文政3（1820）年），人名（くわばらさねきよ　[生]1820年），姓氏静岡，日人

桑原政篤 くわばらまさあつ
天保9（1838）年～大正12（1923）年4月24日
江戸時代末期～明治期の土佐国楠島村郷士。
¶幕末

桑原政伸 くわばらまさのぶ
→桑原儀之助（くわばらぎのすけ）

桑原真清 くわばらますが
→桑原真清（くわばらまきよ）

桑原又一郎 くわばらまたいちろう
弘化2（1845）年～大正15（1926）年
江戸時代末期～大正期の日置流竹林派の弓術家。
¶静岡歴，姓氏静岡

桑原亦八郎 くわばらまたはちろう
？ ～明治20（1887）年
江戸時代末期～明治期の出羽松山藩用人、剣術家。

¶剣豪，庄内，藩臣1

桑原宗友 くわばらむねとも
？ ～延宝4（1676）年
江戸時代前期の与力。
¶和歌山人

桑原女媒 くわばらめばい
→桑原女媒（くわばらじょばい）

桑原盛員 くわはらもりかず
享保6（1721）年～寛政12（1800）年 [別]桑原能登守盛員《くわはらのとのかみもりかず》
江戸時代中期～後期の63代長崎奉行。
¶長崎歴（桑原能登守盛員　くわはらのとのかみもりかず）

桑原譲 くわばらゆずる
？ ～明治6（1873）年
江戸時代末期～明治期の土佐国蕨岡郷士。
¶高知人，幕末

桑原礼治 くわばられいじ
文化9（1812）年～明治5（1872）年2月10日
江戸時代末期～明治期の土佐国楠島村郷士。弓、槍、砲、馬術に長ける。勤王運動に奔走。
¶幕末

桑本才次郎 くわもとさいじろう
→桑本正明（くわもとまさあき）

桑本才次郎正明 くわもとさいじろうまさあき
→桑本正明（くわもとまさあき）

桑本正明 くわもとまさあき
天保1（1830）年～文久3（1863）年 [別]桑本才次郎《くわもとさいじろう》，桑本才次郎正明《くわもとさいじろうまさあき》
江戸時代末期の津和野藩士。
¶国書（[没]文久3（1863）年10月2日），島根人（桑本才次郎　くわもとさいじろう），島根百（桑本才次郎正明　くわもとさいじろうまさあき　[没]文久3（1863）年10月2日），島根歴（桑本才次郎　くわもとさいじろう），人名，日人，幕末（桑本才次郎　くわもとさいじろう　[没]1863年11月12日），藩臣5

桑山一尹 くわやまかずただ
正保2（1645）年～天和3（1683）年？
江戸時代前期の大名。大和新庄藩主。
¶諸系，人名，日人，藩主3（[生]正保2（1645）年？ [没]天和3（1683）年閏5月11日？）

桑山一直 くわやまかずなお
天正6（1578）年～寛永13（1636）年
安土桃山時代～江戸時代前期の武将、大名。大和布施藩主、大和新庄藩主。
¶諸系，人名，戦国，日人，藩主3（[没]寛永13（1636）年8月22日），藩主3

桑山一玄 くわやまかずはる
慶長16（1611）年～貞享1（1684）年
江戸時代前期の大名。大和新庄藩主。
¶諸系，人名，日人，藩主3（[没]貞享1（1684）年2月1日）

桑山清晴 くわやまきよはる
生没年不詳
江戸時代前期の大名。和泉谷川藩主。
¶諸系，日人，藩主3

桑山貞晴(1) くわやまさだはる
慶長9（1604）年～寛永6（1629）年 [別]桑山宗仙《くわやまそうせん》
安土桃山時代～江戸時代前期の大名。大和御所藩主。
¶諸系，日人，藩主3（[没]寛永6（1629）年9月29日）

桑山貞晴(2) くわやまさだはる
→桑山宗仙（くわやまそうせん）

桑山貞政 くわやまさだまさ
慶長18（1613）年～元禄13（1700）年 [別]桑山貞寄《くわやまさだより》
江戸時代前期～中期の武士、茶人。
¶国書（桑山貞寄　くわやまさだより　[没]元禄13（1700）年9月25日），諸系，日人

桑山貞代 くわやまさだよ
慶安1（1648）年～享保13（1728）年 [別]桑山元稠《くわやまもとしげ》
江戸時代前期～中期の幕臣、茶人。
¶国書（桑山元稠　くわやまもとしげ　[没]享保13（1728）年6月14日），諸系，日人

桑山貞寄 くわやまさだより
→桑山貞政（くわやまさだまさ）

桑山重長 くわやましげなが
→桑山宗仙（くわやまそうせん）

桑山次郎右衛門 くわやまじろうえもん
？ ～元禄7（1694）年
江戸時代前期の紀伊和歌山藩士。
¶藩臣5

桑山宗仙 くわやまそうせん
永禄3（1560）年～寛永9（1632）年 [別]桑山重長《くわやましげなが》，桑山貞晴《くわやまさだはる》
安土桃山時代～江戸時代前期の武士、茶人。
¶近世，国史，茶道，諸系，人名（桑山重長　くわやましげなが　[生]1563年），戦国（桑山貞晴　くわやまさだはる　[生]1561年），戦人（桑山貞晴　くわやまさだはる），日人，和歌山人（桑山貞晴　くわやまさだはる）

桑山利政 くわやまとしまさ
慶長14（1609）年～延宝7（1679）年
江戸時代前期の武士。
¶和歌山人

桑山元稠 くわやまもとしげ
→桑山貞代（くわやまさだよ）

桑山元晴 くわやまもとはる
永禄6（1563）年～元和6（1620）年
安土桃山時代～江戸時代前期の武将、大名。大和御所藩主。
¶国書（[没]元和6（1620）年7月20日），諸系，人名（[生]1564年 [没]1621年），戦国，戦人，日人，藩主3（[没]元和6（1620）年7月20日）

桑山盛政 くわやまもりまさ
承応2（1653）年～享保8（1723）年
江戸時代中期の武士、幕臣。
¶和歌山人

桑屋元三郎 くわやもとさぶろう
弘化3(1846)年～慶応1(1865)年
江戸時代末期の水戸藩勤王家。攘夷を唱え挙兵に参加。
¶維新，人名，日人，幕末([没]1865年3月12日)

郡司源之允 ぐんじげんのじょう
寛政5(1793)年～嘉永6(1853)年
江戸時代末期の長州(萩)藩士。
¶藩臣6

軍地新左衛門 ぐんじしんざえもん
→軍地新左衛門(ぐんぢしんざえもん)

郡司千左衛門 ぐんじせんざえもん
文政12(1829)年～明治35(1902)年
江戸時代末期～明治期の長州(萩)藩士。
¶幕末([没]1902年12月4日)，藩臣6，山口百

郡司武之助 ぐんじたけのすけ
文政9(1826)年～明治14(1881)年12月24日
江戸時代末期～明治期の長州(萩)藩士。
¶幕末

軍地与右衛門 ぐんじようえもん
→軍地与右衛門(ぐんぢようえもん)

軍地新左衛門 ぐんぢしんざえもん，ぐんじしんざえもん
天明1(1781)年～天保15(1844)年
江戸時代後期の常陸土浦藩士。
¶藩臣2(ぐんじしんざえもん)

軍地与右衛門 ぐんぢようえもん，ぐんじようえもん
寛文12(1672)年～享保15(1730)年
江戸時代中期の常陸土浦藩代官。
¶藩臣2(ぐんじようえもん)

【け】

桂五 けいご
*～文化9(1812)年　[別]金森桂五《かなもりけいご》
江戸時代後期の俳人、尾張藩士。
¶国書([生]寛延1(1748)年　[没]文化9(1812)年1月24日)，日人(金森桂五　かなもりけいご　[生]1748年)，俳諧([生]?)，俳句([没]文化9(1812)年1月24日)，和俳([生]?)

荊口 けいこう
→宮崎荊口(みやざきけいこう)

月翁 げつおう
→細川興文(ほそかわおきのり)

毛馬内三左衛門 けまないさんざえもん
生没年不詳
江戸時代前期の盛岡藩家臣。
¶姓氏岩手

毛馬内政次 けまないまさつぐ
?　～寛永19(1642)年
江戸時代前期の武士。南部氏家臣。
¶戦人

煙山七郎兵衛 けむやましちろうべえ
?　～延宝5(1677)年
江戸時代前期の八戸藩家老。
¶青森人

玄虎 げんこ
～享保13(1728)年8月24日
江戸時代前期～中期の武士・俳人。
¶俳句

見心 けんしん
→杉山見心(すぎやまけんしん)

幻世 げんせい
→高山繁文(たかやましげぶみ)

玄駁 げんばく
元禄16(1703)年1月7日～明和3(1766)年8月16日
江戸時代中期の俳人、越前福井藩家老。松平正毅・正明。
¶国書

見坊景兼 けんぼうかげかね
天和1(1681)年～宝暦8(1758)年2月2日
江戸時代前期～中期の盛岡藩士。
¶国書

【こ】

恋川春町 こいかわはるまち
延享1(1744)年～寛政1(1789)年　[別]春町《しゅんちょう》，酒上不埒《さけのうえのふらち》，酒上不埒《さけのうえのふらち》，恋川春町《こいしかわはるまち》
江戸時代中期の黄表紙・洒落本・狂歌師。松平家の家臣。
¶朝日([没]寛政1年7月7日(1789年8月27日))，岩史([没]寛政1(1789)年7月7日)，江戸，角史，近世，国史，国書([没]寛政1(1789)年7月7日)，コン改，コン4，史人([没]1789年7月7日)，静岡百，静岡歴，重要([没]寛政1(1789)年7月7日)，新潮([没]寛政1(1789)年7月7日)，新文([没]寛政1(1789)年7月7日)，人名，姓氏静岡，世人([没]寛政1(1789)年7月7日)，世百，全書，大百，日史([没]寛政1(1789)年7月7日)，日人，俳句(春町　しゅんちょう)，百科，文学，名画，歴大，和俳([没]寛政1(1789)年7月7日)

小池九蔵 こいけきゅうぞう
生没年不詳
江戸時代後期の宇和島藩士、農学者。
¶愛媛百

小池源太衛門 こいけげんたえもん
→小池友識(こいけゆうしき)

小池十右衛門 こいけじゅうえもん
生没年不詳
江戸時代末期の武士。
¶和歌山人

小池専次郎 こいけせんじろう
生没年不詳
江戸時代末期の佐賀藩士。1860年遣米使節に随行しアメリカに渡る。

¶海越新

小池桃洞 こいけとうどう
天和3(1683)年～宝暦4(1754)年　[別]小池友賢《こいけゆうけん》
江戸時代中期の水戸藩士、学者。
¶国書([没]宝暦4(1754)年閏2月2日)，人名(小池友賢　こいけゆうけん)，日人，藩臣2

小池孫右衛門 こいけまごえもん
生没年不詳
江戸時代前期の美濃郡上藩士。
¶藩臣3

小池政永 こいけまさなが
元禄11(1698)年～安永6(1777)年
江戸時代中期の水戸藩士。
¶国書

小池雅人 こいけまさんど
文政11(1828)年～明治22(1889)年
江戸時代末期～明治期の尾張藩家老。
¶維新，人名，日人，幕末([没]1889年2月22日)

小池友賢 こいけゆうけん
→小池桃洞(こいけとうどう)

小池友識 こいけゆうしき
宝暦3(1753)年～文政8(1825)年　[別]小池源太衛門《こいけげんたえもん》
江戸時代中期の武術家、歌人、水戸家の世臣。
¶剣豪(小池源太衛門　こいけげんたえもん)，国書([没]文政8(1825)年2月20日)，人名，日人，和俳

小石季白 こいしきはく
？～明和1(1764)年
江戸時代中期の小浜藩士。
¶人名，日人

小泉勝三郎 こいずみかつさぶろう
生没年不詳
江戸時代後期の遠江相良藩士。
¶藩臣4

小泉次大夫 こいずみじだいゆう
→小泉次大夫(こいずみじだゆう)

小泉次大夫 こいずみじだゆう
天文8(1539)年～元和9(1623)年　[別]小泉吉次《こいずみよしつぐ》，小泉次太夫吉次《こいずみじだゆうきちじ》，小泉次大夫《こいずみじだいゆう》
安土桃山時代～江戸時代前期の代官。植松泰清の長男。
¶朝日([没]元和9年12月8日(1624年1月27日))，神奈川人(小泉吉次　こいずみよしつぐ)，神奈川百，郷土神奈川(こいずみじだいゆう [生]1538年)，近世，国史，史人([没]1623年12月8日)，人書94，人名(小泉吉次　こいずみよしつぐ)，姓氏神奈川(小泉吉次　こいずみよしつぐ)，姓氏静岡(小泉吉次　こいずみよしつぐ [生]？)，戦合，多摩(小泉次太夫吉次　こいずみじだゆうきちじ)，日人([没]1624年)，歴大([没]1624年)

小泉次太夫吉次 こいずみじだゆうきちじ
→小泉次大夫(こいずみじだゆう)

小泉七左衛門 こいずみしちざえもん
？～寛文3(1663)年
江戸時代前期の槍術家。
¶人名，日人

小泉長兵衛 こいずみちょうべえ
？～
江戸時代の弘前藩士。
¶青森人

小泉兵庫 こいずみひょうご
江戸時代中期の武士。
¶茶道

小泉務左衛門 こいずみむざえもん
慶長15(1610)年～延宝8(1680)年
江戸時代前期の剣術家。
¶高知人

小泉茂兵衛 こいずみもへえ
？～安政1(1854)年
江戸時代後期の天然理心流の剣術家。
¶神奈川人(生没年不詳)，姓氏神奈川

小泉保右衛門 こいずみやすえもん
生没年不詳
江戸時代末期の池田長発の池田長発家臣。1864年遣仏使節に随行しフランスに渡る。
¶海越新

小泉安定 こいずみやすさだ
生没年不詳
江戸時代前期の会津藩士・歌人。
¶国書

小泉保好 こいずみやすよし
？～元禄1(1688)年
江戸時代前期の武士。
¶和歌山人

小泉吉勝 こいずみよしかつ
慶長1(1596)年～寛永6(1629)年
安土桃山時代～江戸時代前期の代官。
¶姓氏神奈川

小泉吉次 こいずみよしつぐ
→小泉次大夫(こいずみじだゆう)

小泉芳房 こいずみよしふさ
安永7(1778)年～？
江戸時代後期の武士。
¶和歌山人

小泉養正 こいずみよしまさ
明暦1(1655)年～享保15(1730)年2月19日
江戸時代前期～中期の幕臣・茶人。
¶国書5

小泉了阿 こいずみりょうあ
生没年不詳
江戸時代中期の武士、茶人。
¶日人

小板橋帯刀 こいたばしたてわき
？～寛永10(1633)年
安土桃山時代～江戸時代前期の武人。
¶群馬人

小出有重 こいでありしげ
寛永17(1640)年～元禄6(1693)年

江戸時代前期の大名。和泉陶器藩主。
¶諸系，日人，藩主3（[没]元禄6（1693）年5月23日）

小出有棟 こいでありむね
慶長13（1608）年～寛文8（1668）年
江戸時代前期の大名。和泉陶器藩主。
¶諸系，日人，藩主3（[没]寛文8（1668）年9月4日）

小出有仍 こいでありより
～正徳2（1712）年
江戸時代中期の旗本。
¶神奈川人

小出兼政 こいでかねまさ
寛政9（1797）年～慶応1（1865）年　[別]小出兼政《こいでけんせい》，小出長十郎《こいでちょうじゅうろう》
江戸時代末期の暦学者、算学者、阿波徳島藩士。
¶朝日（[生]寛政9年8月27日（1797年10月16日）[没]慶応1年8月17日（1865年10月6日）），維新（小出長十郎　こいでちょうじゅうろう），江文（こいでけんせい），近世，国史，国書（[生]寛政9（1797）年8月27日　[没]慶応1（1865）年8月17日），コン改，コン4，新潮（[没]慶応1（1865）年8月17日），人名（小出長十郎　こいでちょうじゅうろう），世人（小出長十郎　こいでちょうじゅうろう　[没]慶応1（1865）年8月17日），徳島百（小出長十郎　こいでちょうじゅうろう　[生]寛政9（1797）年8月27日　[没]慶応1（1865）年8月17日），徳島歴（小出長十郎　こいでちょうじゅうろう　[生]寛政9（1797）年8月27日　[没]慶応1（1865）年8月17日），日人，幕末（小出長十郎　こいでちょうじゅうろう　[没]1865年8月17日），洋学

小出清音 こいできよね
安永6（1777）年～嘉永5（1852）年
江戸時代後期の阿波徳島藩士、国学者。
¶徳島百（[没]嘉永5（1852）年2月17日），徳島歴，藩臣6

小出兼政 こいでけんせい
→小出兼政（こいでかねまさ）

小出三太夫 こいでさんだゆう
→小出松斎（こいでしょうさい）

小出重興 こいでしげおき
寛文3（1663）年～元禄9（1696）年
江戸時代前期～中期の大名。和泉陶器藩主。
¶諸系，日人，藩主3（[没]元禄9（1696）年4月9日）

小出重固 こいでしげかた
→小出松斎（こいでしょうさい）

小出松斎 こいでしょうさい
安永1（1772）年～嘉永5（1852）年　[別]小出三太夫《こいでさんだゆう》，小出重固《こいでしげかた》
江戸時代後期の下総古河藩用人。
¶茨城百（小出重固　こいでしげかた），国書（[没]嘉永5（1852）年1月12日），藩臣3（小出三太夫　こいでさんだゆう）

小出千之助 こいでせんのすけ
*～明治1（1868）年
江戸時代末期の肥前佐賀藩の教授、通詞。
¶維新，佐賀百（[生]天保3（1832）年），幕末（[生]1830年　[没]1868年10月20日），藩臣7（[生]天保2（1831）年）

小出大助 こいでだいすけ
寛保3（1743）年～文政2（1819）年
江戸時代後期の幕府の良吏。
¶国書（[没]文政2（1819）年4月25日），人名，日人

小出内匠 こいでたくみ
正保2（1645）年～享保16（1731）年
江戸時代前期～中期の丹波園部藩家老。
¶藩臣5

小出尹貞 こいでたださだ
→小出尹貞（こいでまさただ）

小出長十郎 こいでちょうじゅうろう
→小出兼政（こいでかねまさ）

小出粲 こいでつばら
天保4（1833）年～明治41（1908）年
江戸時代末期～明治期の石見浜田藩士、歌人。梔蔭社を作り後進を指導。歌文集に「くちなしの花」など。
¶維新，江戸東，岡山人，岡山歴，近現，近文，国史，詩歌，史人（[生]1833年8月28日　[没]1908年4月15日），島根人（[没]明治43（1910）年），島根百，島根歴，新文（[生]天保4（1833）年8月28日　[没]明治41（1908）年4月15日），人名，世紀（[生]天保4（1833）年8月28日　[没]明治41（1908）年4月15日），短歌普（[生]1833年8月28日　[没]1908年4月15日），日人，幕末（[没]1908年4月15日），藩臣5，文学

小出鉄之助 こいでてつのすけ
→小出光照（こいでみつてる）

小出照方 こいでてるかた
江戸時代後期の第15代飛騨国代官。
¶岐阜百

小出英知 こいでひでとも
→小出英知（こいでふさとも）

小出英尚 こいでひでなお
→小出英尚（こいでふさなお）

小出広高 こいでひろたか
天正7（1579）年～寛永18（1641）年
江戸時代前期の武士。
¶和歌山人

小出英益 こいでふさえき
寛文7（1667）年～元禄5（1692）年
江戸時代前期～中期の大名。但馬出石藩主。
¶諸系，日人，藩主3（[没]元禄5（1692）年10月10日）

小出英発 こいでふさおき
→小出英発（こいでふさはつ）

小出英貞 こいでふささだ
貞享1（1684）年～延享1（1744）年
江戸時代中期の大名。丹波園部藩主。
¶京都府，諸系，日人，藩主3（[没]延享1（1744）年11月15日）

小出英筠 こいでふさたけ
*～文政4（1821）年　[別]小出英筠《こいでふさもと》

江戸時代後期の大名。丹波園部藩主。
¶京都府（[生]安永3（1774）年），諸系（[生]1775年），日人（[生]1775年），藩主3（こいでふさもと [生]安永3（1774）年　[没]文政4（1821）年5月10日）

小出英及　こいでふさつぐ
元禄7（1694）年～元禄9（1696）年
江戸時代中期の大名。但馬出石藩主。
¶諸系，日人，藩主3（[生]元禄7（1694）年11月 [没]元禄9（1696）年10月22日）

小出英常　こいでふさつね
寛保3（1743）年～安永4（1775）年
江戸時代中期の大名。丹波園部藩主。
¶京都府，諸系，日人，藩主3（[没]安永4（1775）年9月29日）

小出英利　こいでふさとし
万治2（1659）年～正徳3（1713）年
江戸時代前期～中期の大名。丹波園部藩主。
¶京都府，諸系，日人，藩主3（[没]正徳3（1713）年2月17日）

小出英知　こいでふさとも
元和4（1618）年～元禄8（1695）年　[別]小出英知《こいでひでとも》
江戸時代前期の大名。丹波園部藩主。
¶京都府，諸系，日人，藩主3（こいでひでとも [没]元禄8（1695）年1月13日）

小出英尚　こいでふさなお
嘉永2（1849）年～明治38（1905）年　[別]小出英尚《こいでひでなお，こいでふさなみ》
江戸時代末期～明治期の大名。丹波園部藩主。
¶維新（こいでひでなお），京都府（こいでふさなみ），諸系，日人，幕末（こいでひでなお [没]1905年9月27日），藩主3（[生]嘉永2（1849）年9月　[没]明治38（1905）年9月27日）

小出英長　こいでふさなが
寛文5（1665）年～元禄8（1695）年
江戸時代前期～中期の大名。但馬出石藩主。
¶諸系，日人，藩主3（[没]元禄7（1694）年12月17日）

小出英尚　こいでふさなみ
→小出英尚（こいでふさなお）

小出英教　こいでふさのり
文政12（1829）年～安政2（1855）年
江戸時代末期の大名。丹波園部藩主。
¶京都府，諸系，日人，藩主3（[生]文政12（1815）年9月　[没]安政2（1855）年10月10日）

小出英発　こいでふさはつ
文化7（1810）年～文久2（1862）年　[別]小出英発《こいでふさおき》
江戸時代末期の大名。丹波園部藩主。
¶京都府（こいでふさおき），諸系，日人，藩主3（[生]文化7（1810）年6月　[没]文久2（1862）年8月20日）

小出英筠　こいでふさもと
→小出英筠（こいでふさたけ）

小出英安　こいでふさやす
寛永14（1637）年～元禄5（1692）年
江戸時代前期の大名。但馬出石藩主。
¶諸系，日人，藩主3（[没]元禄4（1691）年12月26日）

小出英持　こいでふさよし
宝永3（1706）年～明和4（1767）年
江戸時代中期の大名。丹波園部藩主。
¶京都府，諸系，日人，藩主3（[没]明和4（1767）年10月15日）

小出平大夫　こいでへいだゆう
明暦2（1656）年～享保11（1726）年
江戸時代中期の武士、幕臣。
¶和歌山人

小出尹員　こいでまさただ
慶長15（1610）年～寛文5（1665）年　[別]小出尹貞《こいでただされ》
江戸時代前期の第2代京都代官奉行。
¶京都大，姓氏京都（小出尹貞　こいでただされ）

小出正胤　こいでまさたね
安永6（1777）年～天保13（1842）年
江戸時代後期の歌人、豊前小倉藩士。
¶人名，日人，和俳

小出三尹　こいでみつただ
→小出三尹（こいでみつまさ）

小出光照　こいでみつてる
弘化2（1845）年～明治7（1874）年　[別]小出鉄之助《こいでてつのすけ》
江戸時代末期～明治期の陸奥会津藩士、官吏。
¶幕末（[没]1874年7月18日），藩臣2（小出鉄之助　こいでてつのすけ）

小出光教　こいでみつのり
文政3（1820）年～明治9（1876）年　[別]小出由岐太《こいでゆきた》
江戸時代末期～明治期の阿波徳島藩の算学者、暦学者。櫓奉行、讃岐師範学校一等助教授。小出兼政の養子。讃岐師範学校1等助教授。
¶朝日（[没]明治9（1876）年10月18日），江文，近現，近世，国史，国書（[生]文政3（1820）年11月 [没]明治9（1876）年10月18日），人名，数学（[生]文政3（1820）年11月　[没]明治9（1876）年10月18日），徳島百（小出由岐太　こいでゆきた [生]文政3（1820）年11月　[没]明治9（1876）年10月18日），徳島歴（小出由岐太　こいでゆきた [生]文政3（1820）年11月　[没]明治8（1875）年10月18日），日人，幕末（小出由岐太　こいでゆきた　[没]1876年10月18日）

小出三尹　こいでみつまさ
天正17（1589）年～寛永19（1642）年　[別]小出三尹《こいでみつただ》
江戸時代前期の大名。和泉陶器藩主。
¶茶道，諸系，人名（こいでみつただ），戦国（こいでみつただ），戦人（こいでみつただ　生没年不詳），日人，藩主3（[没]寛永19（1642）年4月29日）

小出抱義　こいでもちよし
文化12（1815）年～？
江戸時代末期の田辺与力。
¶和歌山人

小出元明 こいでもとあき
文化12（1815）年～明治12（1879）年11月
江戸時代末期～明治期の紀伊和歌山藩士。
¶幕末，和歌山人（生没年不詳）

小出守里 こいでもりさと
慶安2（1649）年～元禄12（1699）年　[別]小出守秀《こいでもりひで》
江戸時代前期～中期の幕臣、第4代京都西町奉行。
¶京都大，姓氏京都（小出守秀　こいでもりひで）

小出守秀 こいでもりひで
→小出守里（こいでもりさと）

小出弥左衛門 こいでやざえもん
文化8（1811）年～明治8（1875）年
江戸時代末期～明治期の美濃郡上藩家老。
¶藩臣3

小出由岐太 こいでゆきた
→小出光教（こいでみつのり）

小出吉重 こいでよししげ
慶長12（1607）年～延宝2（1674）年
江戸時代前期の大名。但馬出石藩主。
¶諸系，日人，藩主3（[没]延宝2（1674）年1月18日）

小出吉親 こいでよしちか
天正18（1590）年～寛文8（1668）年
江戸時代前期の大名。但馬出石藩主、丹波園部藩主。
¶京都府，諸系，人名，戦国，戦人（生没年不詳），日人，藩主3（[没]寛文8（1668）年3月11日），藩主3

小出吉英 こいでよしひさ
→小出吉英（こいでよしひで）

小出吉英 こいでよしひで
天正15（1587）年～寛文6（1666）年　[別]小出吉英《こいでよしひさ，こいでよしふさ》
江戸時代前期の大名。但馬出石藩主、泉岸和田藩主。
¶朝日（[没]寛文6年3月9日（1666年4月13日）），近世，国史，茶道（こいでよしひさ），史人（[没]1666年3月9日），諸系（こいでよしひさ），人名（[生]1581年　[没]1663年），戦合，戦国（[生]1581年　[没]1663年），戦人（生没年不詳），日人（こいでよしひさ），藩主3（こいでよしひさ），藩主3（こいでよしひさ　[没]寛文8（1668）年3月9日），兵庫人（こいでよしふさ　[没]寛文6（1666）年3月9日），兵庫百（こいでよしふさ）

小出吉英 こいでよしふさ
→小出吉英（こいでよしひで）

鯉淵要人 こいぶちかなめ
文化7（1810）年～万延1（1860）年
江戸時代末期の水戸藩の尊攘志士。桜田門外の変に参加。
¶維新，茨城百，近世，国史，コン改，コン4，史人（[生]1810年1月7日　[没]1860年3月3日），神人（[生]文化7（1810）年1月7日　[没]万延1（1860）年3月3日），新潮（[生]文化7（1810）年1月7日　[没]万延1（1860）年3月3日），人名，日人，幕末（[没]1860年3月24日）

鯉淵道賢 こいぶちみちかた
生没年不詳
安土桃山時代～江戸時代前期の武士。佐竹氏家臣。
¶戦人

小岩在豪 こいわありひで
生没年不詳
江戸時代中期の信濃高島藩士。
¶国書5

上泉孫次郎 こういずみまごじろう
？～慶安1（1648）年　[別]上泉孫次郎《かみいずみまごじろう》
江戸時代の剣術家。
¶人名（かみいずみまごじろう），日人

高雲外 こううんがい
→高鋭一（こうえいいち）

高鋭一 こうえいいち
天保4（1833）年～明治28（1895）年　[別]高雲外《こううんがい》
江戸時代末期の阿波徳島藩の儒者。
¶江文，大阪人（高雲外　こううんがい　[没]明治28（1895）年5月），国書（高雲外　こううんがい　[生]天保4（1833）年3月13日　[没]明治28（1895）年5月10日），新潮（[没]明治28（1895）年5月10日），人名（高雲外　こううんがい　[没]1865年），徳島百（[生]天保4（1833）年3月13日　[没]明治28（1895）年5月10日），徳島歴（[生]天保4（1833）年3月13日　[没]明治28（1895）年5月10日），日人（高雲外　こううんがい），藩臣6，洋学

甲賀郡之丞 こうがぐんのじょう
生没年不詳
江戸時代後期の遠江掛川藩士。
¶藩臣4

甲賀紀 こうがげき
生没年不詳
江戸時代後期の遠江掛川藩士。
¶藩臣4

甲賀源吾 こうがげんご
天保10（1839）年～明治2（1869）年
江戸時代末期の幕臣。
¶朝日（[生]天保10年1月3日（1839年2月16日）　[没]明治2年3月25日（1869年5月6日）），維新，近現，近世，国史，コン改，コン4，史人（[生]1839年1月　[没]1869年3月25日），静岡歴，新潮（[生]天保10（1839）年1月3日　[没]明治2（1869）年3月25日），人名（[生]1848年），姓氏静岡，日史（[生]天保10（1839）年1月3日　[没]明治2（1869）年3月25日），日人，幕末，藩臣4，百科，洋学，陸海（[生]天保10年1月3日　[没]明治2年3月25日）

甲賀左右馬 こうがさうま
生没年不詳
江戸時代後期の遠江掛川藩士。
¶藩臣4

江夏十郎 こうかじゅうろう
江戸時代末期の薩摩藩士。
¶維新，姓氏鹿児島，幕末（生没年不詳），藩臣7（生没年不詳）

江夏仲左衛門 こうかちゅうざえもん
天保2（1831）年～明治3（1870）年
江戸時代末期～明治期の薩摩藩留学生。1866年アメリカに渡る。
¶維新，海越（[没]明治3（1870）年4月2日），海越新（[没]明治3（1870）年4月2日），姓氏鹿児島，幕末（[没]1870年5月2日），藩臣7

郷勝右衛門 ごうかつえもん
宝暦1（1751）年～寛政11（1799）年
江戸時代中期～後期の弓術家。
¶高知人

高西夕雲 こうさいせきうん
～寛永5（1628）年7月
江戸時代前期の代官。
¶大阪墓

香西隆清 こうざいたかきよ
寛永17（1640）年～享保5（1720）年　[別]香西茂左衛門《こうさいもざえもん》
江戸時代前期～中期の出雲松江藩家老。
¶国書（[没]享保5（1720）年1月21日），島根歴，藩臣5（香西茂左衛門　こうさいもざえもん）

香西茂左衛門 こうさいもざえもん
→香西隆清（こうざいたかきよ）

香坂何右衛門 こうさかかえもん
生没年不詳
江戸時代中期の播磨小野藩中老。
¶藩臣5

上坂助太夫 こうさかすけだゆう
？　～明治28（1895）年8月2日
江戸時代末期～明治期の平藩安藤氏の家老。
¶幕末

上坂平兵衛 こうさかへいべえ
延宝7（1679）年～宝暦3（1753）年
江戸時代中期の加賀藩士。
¶藩臣3

神前勝久 こうざきかつひさ
天正6（1578）年～承応1（1652）年
安土桃山時代～江戸時代前期の浅野代官・頼宣代官。
¶和歌山人

郷左司馬 ごうさじま
文政9（1826）年～？
江戸時代末期の三河西大平藩士。
¶藩臣4

紅山 こうざん
～？
江戸時代中期の武士・俳人。
¶俳句

郷司七右衛門 ごうししちえもん
→郷司正勝（ごうしまさかつ）

小路平三郎 こうじへいざぶろう
江戸時代末期の新撰組隊士。
¶新撰

郷司正勝 ごうしまさかつ
天和2（1682）年～宝暦5（1755）年　[別]郷司七右衛門《ごうししちえもん》
江戸時代中期の砲術家。
¶剣豪（郷司七右衛門　ごうししちえもん），人名，日人（[生]1635年　[没]1708年）

神代直人 こうじろなおと
？　～明治2（1869）年　[別]神代直人《くましろなおと》
江戸時代末期の長州（萩）藩士、尊攘派志士。大村益次郎を襲撃。
¶朝日（[没]明治2年10月10日（1869年11月13日）），日人（[生]1842年），幕末（くましろなおと　[没]1869年11月23日）

神代木工太夫 こうじろもくだゆう
→神代鶴洞（かみしろかくどう）

上泉義郷 こうずみよしさと
→上泉義郷（かみいずみよしさと）

興膳五六郎 こうぜんごろくろう
文政12（1829）年～明治8（1875）年1月2日
江戸時代末期～明治期の志士。兄を暗殺した一人、騎兵隊士河村源之助を仇討ちする。
¶幕末

幸田皆春 こうだかいしゅん
宝暦4（1754）年～天保1（1830）年
江戸時代中期～後期の伊勢久居藩士。
¶藩臣4，三重

幸田子善 こうだしぜん
→幸田誠之（こうだまさゆき）

合田昌因 ごうだしょういん
寛永15（1638）年～享保6（1721）年
江戸時代前期～中期の阿波徳島藩士、儒学者。
¶徳島歴，藩臣6

幸田善太夫 こうだぜんだゆう
？　～寛延3（1750）年　[別]幸田高成《こうだたかなり》
江戸時代中期の飛騨国代官。飛騨地方にジャガイモを普及。
¶岐阜百（幸田高成　こうだたかなり），食文（[没]寛延3年6月6日（1750年7月9日））

幸田高成 こうだたかなり
→幸田善太夫（こうだぜんだゆう）

幸田親平 こうだちかひら
*～寛政3（1791）年3月7日
江戸時代中期～後期の幕臣。
¶国書（[生]宝永7（1710）年），埼玉人（[生]宝永6（1709）年）

幸田親盈 こうだちかみつ
元禄5（1692）年～宝暦8（1758）年12月8日
江戸時代中期の幕臣、暦数家。
¶国書，埼玉人（[生]元禄4（1691）年），埼玉百，人名，日人（[没]1759年）

幸田豊平 こうだとよへい
生没年不詳
江戸時代末期の播磨赤穂藩士。
¶幕末

甲谷兵庫 こうたにひょうご
文政11（1828）年～明治38（1905）年
江戸時代末期～明治期の長州（萩）藩士。

¶維新，幕末（[没]1905年4月17日），藩臣6

幸田誠之 こうだのぶゆき
→幸田誠之（こうだまさゆき）

幸田誠之 こうだまさゆき
享保5（1720）年～寛政4（1792）年 [別]幸田子善《こうだしぜん》，幸田誠之《こうだのぶゆき》
江戸時代中期の幕臣、漢学者。
¶江文（幸田子善 こうだしぜん [生]享保4（1719）年），国書（[生]享保5（1720）年11月23日 [没]寛政4（1792）年閏2月9日），人名（こうだのぶゆき），日人

合田麗沢 ごうだれいたく，こうだれいたく
生没年不詳
江戸時代中期の播磨姫路藩士。
¶藩臣5，兵庫百（こうだれいたく）

河内朝之亮 こうちあさのすけ
嘉永2（1849）年～明治36（1903）年5月13日
江戸時代末期～明治期の長州（萩）藩士。
¶幕末

河内紀令 こうちきれい
？ ～明治4（1871）年3月1日
江戸時代末期～明治期の長州（萩）藩寄組。
¶幕末

河内胤正 こうちたねまさ
～元禄13（1700）年
江戸時代前期の旗本。
¶神奈川人

河内常宣 こうちつねのぶ
生没年不詳
江戸時代後期の幕臣。
¶国書

河内山清八 こうちやませいはち
生没年不詳
江戸時代の高鍋藩家臣。
¶宮崎百

河内山昌実 こうちやままさざね
？ ～貞享4（1687）年
江戸時代前期の加賀藩士。
¶国書

上月宥清 こうづきひろきよ
江戸時代前期の武士。
¶岡山人

上月文右衛門 こうづきぶんうえもん
？ ～慶安2（1649）年 [別]上月文右衛門《こうづきぶんえもん》
江戸時代前期の肥後熊本藩士、安芸広島藩士。
¶藩臣6（生没年不詳），藩臣7（こうづきぶんえもん）

上月文右衛門 こうづきぶんえもん
→上月文右衛門（こうづきぶんうえもん）

香渡晋 こうどすすむ
天保1（1830）年～明治35（1902）年
江戸時代末期～明治期の新谷藩士。
¶維新，愛媛百（[生]天保1（1830）年2月2日 [没]明治35（1902）年4月30日），郷土愛媛，幕末（[没]1902年4月30日），藩臣6

神波図書 こうなみずしょ
？ ～享保6（1721）年
江戸時代中期の信濃高遠藩家老。
¶藩臣3

神波半助 こうなみはんすけ
生没年不詳
江戸時代中期の信濃高遠藩家老。
¶藩臣3

河野秋景 こうのあきかげ
天保2（1831）年～大正7（1918）年
江戸時代末期～明治期の肥前島原藩士、歌人。
¶人名，日人

河野氏吉 こうのうじよし
大永7（1527）年～元和2（1616）年
戦国時代～江戸時代前期の武士。織田氏家臣、秀吉馬廻。
¶織田（[没]元和2（1616）年8月17日），戦人，戦補

河野覚太郎 こうのかくたろう
弘化2（1845）年～元治1（1864）年
江戸時代末期の長州（萩）藩士。
¶維新，幕末（[没]1864年8月20日）

河野久太郎 こうのきゅうたろう
→河野通義（こうのみちよし）

河野顕三 こうのけんぞう
天保9（1838）年～文久2（1862）年 [別]河野通桓《こうのみちたけ》，越智顕三《おちけんぞう》，三島三郎《みしまさぶろう》
江戸時代末期の尊攘派の志士。坂下門事件に参加。
¶維新，国書（河野通桓 こうのみちたけ [没]文久2（1862）年1月15日），新潮（[没]文久2（1862）年1月15日），人名，栃木歴，日人，幕末（[没]1862年2月13日）

河野権右衛門 こうのごんえもん
→河野通成（こうのみちなり）

河野権右衛門通定 こうのごんえもんみちさだ
→河野通成（こうのみちなり）

河野主一郎 こうのしゅいちろう
弘化3（1846）年～大正11（1922）年 [別]河野主一郎《かわのしゅういちろう》
江戸時代末期～明治期の武士、鹿児島県士族。
¶鹿児島百，神人（かわのしゅういちろう），人名，姓氏鹿児島，渡航（[生]1846年11月25日 [没]1922年2月12日），日人（[生]1847年），幕末（[没]1922年2月12日）

河野春察 こうのしゅんさつ
→河野通英（こうのみちひで）

河野俊八 こうのしゅんぱち
天保1（1830）年～明治1（1868）年9月22日
江戸時代後期～末期の幕臣。
¶庄内

香庄新兵衛 こうのしょうしんべえ
～正保3（1646）年12月22日
江戸時代前期の庄内藩士。
¶庄内

河野小石 こうのしょうせき
文政6（1823）年～明治28（1895）年1月23日 [別]河

野小石《かわのしょうせき》
江戸時代末期～明治期の広島藩士、儒学者、学問所教授。
¶国書（[生]文政6（1823）年9月），人名（[生]1819年），日人，幕末（かわのしょうせき），広島百（[生]文政6（1823）年9月）

こ

河野四郎 こうのしろう
文政3（1820）年～文久3（1863）年
江戸時代末期の豊前小倉藩士。
¶維新，人名，日人，幕末（[没]1863年9月9日），藩臣7

河野助太夫 こうのすけだゆう
寛永20（1643）年～？
江戸時代前期の上総大多喜藩士。
¶藩臣3

神瀬九兵衛長次 こうのせきゅうびょうえながつぐ
？ ～寛永13（1636）年
江戸時代前期の武将。相良氏家臣。
¶戦西

神瀬五右衛門 こうのせごえもん
寛永14（1637）年～享保8（1723）年
江戸時代前期～中期の剣術家。タイ捨流。
¶剣豪

神瀬鹿三 こうのせしかぞう
→神瀬鹿三（かみのせしかぞう）

河野瀬兵衛 こうのせへえ
天明1（1781）年～天保6（1835）年
江戸時代後期の但馬出石藩士。
¶藩臣5

河野宗鷗 こうのそうおう
享保6（1721）年～天明7（1787）年
江戸時代中期の大和小泉藩片桐家の家老。
¶茶道，日人

河野忠右衛門 こうのちゅうえもん
明和5（1768）年～天保7（1836）年
江戸時代中期～後期の剣術家。新陰流。尾張藩士。
¶剣豪

河野通義 こうのつうぎ
→河野通義（こうのみちよし）

河野鉄兜 こうのてっと，こうのてつと
→河野鉄兜（こうのてっとう）

河野鉄兜 こうのてっとう，こうのてつとう
文政8（1825）年～慶応3（1867）年 [別]河野鉄兜《こうのてっと，こうのてつと》
江戸時代末期の播磨林田藩の漢詩人。号は鉄兜、秀野。
¶朝日（[没]慶応3年2月6日（1867年3月11日）），維新（こうのてつと），国書（[生]文政8（1825）年12月17日 [没]慶応3（1867）年2月6日），コン改（こうのてっと），コン4，詩歌（こうのてっと），新潮（こうのてっと [生]文政8（1825）年12月17日 [没]慶応3（1867）年2月6日），人名（こうのてつと），世百，日人（[生]1826年），幕末（こうのてつとう [没]1867年2月6日），藩臣5（こうのてつとう），百科，兵庫人（[生]文政8（1825）年2月17日 [没]慶応3（1867）年2月6日），兵庫百，和俳

河野藤左衛門 こうのとうざえもん
生没年不詳
江戸時代前期の旗本。
¶姓氏長野

河野東寧 こうのとうねい
文化11（1814）年～明治21（1888）年
江戸時代後期～明治期の武士、教育者。
¶姓氏群馬

河野敏鎌 こうのとがま
弘化1（1844）年～明治28（1895）年 [別]通明，万寿弥
江戸時代末期～明治期の土佐藩士、政治家。子爵。佐賀の乱、西南戦争で裁判官として活躍。立憲改進党副総理、農商務省相、内相などを歴任。
¶朝日（[生]弘化1年10月20日（1844年11月29日） [没]明治28（1895）年4月24日），維新，岩史（[生]天保15（1844）年10月20日 [没]明治28（1895）年4月24日），海越（[生]弘化1（1844）年10月20日 [没]明治28（1895）年4月24日），海越新（[生]弘化1（1844）年10月20日 [没]明治28（1895）年4月24日），角史，教育，近現，高知人，高知百，国史，コン改，コン5，史人（[生]1844年10月20日 [没]1895年4月24日），社史（[生]天保15（1844）年10月20日），新潮（[生]弘化1（1844）年10月 [没]明治28（1895）年4月24日），人名，世人（[生]弘化11（1844）年1月19日 [没]明治28（1895）年4月24日），全書，渡航（[生]1844年10月 [没]1895年4月26日），日史（[生]弘化1（1844）年10月20日 [没]明治28（1895）年4月24日），日人，幕末（[没]1895年4月24日），百科，明治1，履歴（[生]弘化1（1844）年10月19日 [没]明治28（1895）年4月24日），歴大

河野益三郎 こうのますさぶろう
生没年不詳
江戸時代末期の陸奥弘前藩側用人。
¶藩臣1

河野通訓 こうのみちくに
→河野通訓（こうのみちこと）

河野通訓 こうのみちこと
生没年不詳 [別]河野通訓《こうのみちくに》
江戸時代後期～末期の幕臣。
¶京都大，国書（こうのみちくに），姓氏京都

河野通真 こうのみちざね
寛文4（1664）年～享保8（1723）年6月29日
江戸時代前期～中期の幕臣。
¶国書

河野通重(1) こうのみちしげ
天正12（1584）年～慶安4（1651）年
江戸時代前期の武士、鉄砲頭。
¶人名，日人

河野通重(2) こうのみちしげ
承応1（1652）年～享保9（1724）年
江戸時代中期の京都町奉行。
¶京都大，国書（生没年不詳），人名，姓氏京都，日人（[没]1725年）

河野通喬 こうのみちたか
元禄6（1693）年～＊
江戸時代中期の武士。

¶国書（[没]宝暦6（1756）年12月18日），日人（[没]1757年）

河野通桓 こうのみちたけ
→河野顕三（こうのけんぞう）

河野通尹 こうのみちただ
正保3（1646）年～正徳4（1714）年
江戸時代前期～中期の加賀大聖寺藩士。
¶国書（[生]正保3（1646）年8月　[没]正徳4（1714）年7月），藩臣3

河野通次 こうのみちつぐ
生没年不詳
江戸時代前期の旗本。
¶神奈川人

河野通利 こうのみちとし
？～寛永8（1631）年
江戸時代前期の旗本。
¶神奈川人，姓氏神奈川

河野通成 こうのみちなり
元和6（1620）年～元禄4（1691）年　[別]河野権右衛門《こうのごんえもん》，河野権右衛門通定《こうのごんえもんみちさだ》
江戸時代前期～中期の長崎奉行。
¶人名（河野権右衛門　こうのごんえもん），人名，長崎歴（河野権右衛門通定　こうのごんえもんみちさだ），日人（[没]1692年）

河野通英 こうのみちひで
慶長17（1612）年～延宝3（1675）年　[別]河野春察《こうのしゅんさつ》
江戸時代前期の加賀大聖寺藩士、儒学者。
¶国書（河野春察　こうのしゅんさつ　[生]慶長17（1612）年10月26日　[没]延宝3（1675）年4月8日），人名，姓氏石川，日人，藩臣3

河野通泰 こうのみちやす
宝暦13（1763）年～天保3（1832）年
江戸時代中期～後期の幕臣・歌人。
¶国書

河野通義 こうのみちよし
寛政3（1791）年～嘉永4（1851）年　[別]河野久太郎《こうのきゅうたろう》，河野通義《こうのつうぎ》
江戸時代末期の加賀藩士。
¶石川百（河野久太郎　こうのきゅうたろう　[生]1792年），国書（[没]嘉永4（1851）年6月28日），人名（こうのつうぎ），姓氏石川（[生]？），日人（こうのつうぎ），幕末（[没]1851年7月26日），藩臣3（河野久太郎　こうのきゅうたろう　[生]？）

河野行輝 こうのゆきてる
生没年不詳
江戸時代後期の武芸家。
¶国書

合原猪三郎 ごうはらいさぶろう
文政10（1827）年～明治34（1901）年　[別]合原伊勢守義適《ごうはらいせのかみよしまさ》，合原猪三郎《あいはらいさぶろう》
江戸時代末期～明治期の幕臣。
¶維新，コン5，人名（あいはらいさぶろう），姓氏神奈川，長崎歴（合原伊勢守義適　ごうはらいせのかみよしまさ），日人，幕末（[没]1901年4月1日）

合原伊勢守義適 ごうはらいせのかみよしまさ
→合原猪三郎（ごうはらいさぶろう）

合原窓南 ごうはらそうなん
→合原窓南（あいはらそうなん）

合原義訓 ごうはらよしのり
？～明治6（1873）年　[別]合原義訓《あいはらよしのり》
江戸時代末期の武士。浦賀与力。
¶人名（あいはらよしのり），日人

郷正勝 ごうまさかつ
～享保16（1731）年
江戸時代中期の槍術家。
¶高知人

高村広吉 こうむらひろきち
→高村広吉（たかむらひろきち）

河本弥信 こうもとみのぶ
？～寛政8（1796）年　[別]河本弥信《かわもとみのぶ》
江戸時代中期の播磨姫路藩士。
¶藩臣5，兵庫人（かわもとみのぶ　[没]寛政8（1796）年1月18日）

神山郡廉 こうやまくにかど
→神山郡廉（こうやまくにきよ）

神山郡廉 こうやまくにきよ
文政12（1829）年～明治42（1909）年　[別]神山群廉《こうやまくにひろ》，神山郡廉《こうやまくにかど，こうやまくにひろ》
江戸時代末期～明治期の土佐藩士、官僚、政治家。
¶朝日（[生]文政12（1829）年1月　[没]明治42（1909）年8月20日），維新，郷土和歌山（こうやまくにかど），高知人（こうやまくにひろ），高知百（神山群廉　こうやまくにひろ　[没]1907年），国書（[生]文政12（1829）年1月13日　[没]明治42（1909）年8月20日），コン改，コン4，コン5，新潮（[生]文政12（1829）年1月　[没]明治42（1909）年8月20日），人名，日人，幕末（こうやまくにひろ　[没]1909年8月20日），和歌山人

神山群廉（神山郡廉） こうやまくにひろ，こうやまくにひろ
→神山郡廉（こうやまくにきよ）

神山伝右衛門 こうやまでんうえもん
文政13（1830）年～明治24（1891）年
江戸時代末期～明治期の三河吉田藩士。
¶藩臣4

小浦朝通 こうらともみち
？～享和1（1801）年
江戸時代中期～後期の紀伊和歌山藩士・歌人。
¶国書

高力猿猴庵 こうりきえんこうあん
→高力種信（こうりきたねのぶ）

高力一成 こうりきかずなり
天正15（1587）年～寛永6（1629）年　[別]高力但馬《こうりきたじま》
江戸時代前期の出羽庄内藩家老。
¶庄内（高力但馬　こうりきたじま　[没]寛永6

こ

(1629) 年8月2日), 藩臣1
高力喜左衛門 こうりききざえもん
生没年不詳
江戸時代の庄内藩士。
¶庄内
高力喜兵衛 こうりききへえ
慶長14 (1609) 年～?
江戸時代前期の出羽庄内藩家老。
¶庄内, 藩臣1
高力蕙圃 こうりきけいほ
享和3 (1803) 年～天保4 (1833) 年
江戸時代後期の書画家、肥前平戸藩士。
¶人名, 日人
高力小左衛門 こうりきこざえもん
生没年不詳
江戸時代の庄内藩士。
¶庄内
高力摂津守忠房 こうりきせっつのかみただふさ
→高力忠房 (こうりきただふさ)
高力双石 こうりきそうせき
文政12 (1829) 年～文久1 (1861) 年
江戸時代末期の画家、肥前平戸藩士。
¶人名, 日人
高力高長 (高力隆長) こうりきたかなが
慶長10 (1605) 年～*
江戸時代前期の大名。肥前島原藩主。
¶諸系 ([没]1677年), 人名 (高力隆長 [生]1604年 [没]1676年), 日人 ([没]1677年), 藩主4 ([没]延宝4 (1676) 年12月25日)
高力但馬 こうりきたじま
→高力一成 (こうりきかずなり)
高力忠房 こうりきただふさ
天正12 (1584) 年～明暦1 (1655) 年 [別]高力摂津守忠房《こうりきせっつのかみただふさ》
江戸時代前期の大名。武蔵岩槻藩主、遠江浜松藩主、肥前島原藩主。
¶岩史 ([没]明暦1 (1655) 年12月11日), 近世, 国史, コン4, 埼玉人 ([没]明暦1 (1655) 年12月11日), 埼玉百 (高力摂津守忠房 こうりきせっつのかみただふさ), 史人 ([没]1655年12月11日), 諸系 ([没]1656年), 人名 ([生]1583年), 戦合, 戦人, 日人 ([没]1656年), 藩主1, 藩主2, 藩主4 ([没]明暦1 (1655) 年12月11日), 歴大
高力忠良 こうりきただよし
生没年不詳
江戸時代末期の幕臣。第38代京都西町奉行。
¶京都大, 姓氏京都
高力種信 こうりきたねのぶ
宝暦6 (1756) 年～天保2 (1831) 年 [別]高力猿猴庵《こうりきえんこうあん》
江戸時代中期～後期の尾張藩士。
¶愛知百 (高力猿猴庵 こうりきえんこうあん), 国書 ([没]天保2 (1831) 年7月3日), 人書94, 藩臣4 (高力猿猴庵 こうりきえんこうあん)
高力種昌 こうりきたねまさ
? ～延享1 (1744) 年3月18日
江戸時代中期の尾張藩士。
¶国書
高力忠兵衛 こうりきちゅうべい
→高力忠兵衛(1) (こうりきちゅうべえ)
高力忠兵衛(1) こうりきちゅうべえ
元和2 (1616) 年～天和3 (1683) 年 [別]高力忠兵衛《こうりきちゅうべい》
江戸時代前期の出羽庄内藩士。
¶庄内 (こうりきちゅうべい), 藩臣1, 山形百
高力忠兵衛(2) こうりきちゅうべえ
～承応4 (1655) 年2月7日
江戸時代前期の庄内藩の町奉行。
¶庄内
高力弥太夫 こうりきやだゆう
生没年不詳
江戸時代の庄内藩付家老。
¶庄内
桑折宗臣 こうりそうしん
→桑折宗臣 (こおりむねしげ)
郡浦太郎吉 こおのうらたろきち
元和9 (1623) 年～?
江戸時代前期の肥後熊本藩士。
¶藩臣7
郡夷則 こおりいそく
正保1 (1644) 年～享保18 (1733) 年
江戸時代前期～中期の肥後熊本藩士。
¶藩臣7
桑折桂園 こおりけいえん
宝暦11 (1761) 年～天保2 (1831) 年
江戸時代中期～後期の伊予宇和島藩家老。
¶藩臣6
桑折紀望 こおりのりもち
天保3 (1832) 年～?
江戸時代末期の伊予宇和島藩家老。
¶藩臣6
桑折宗臣 こおりむねしげ
寛永11 (1634) 年～貞享3 (1686) 年 [別]桑折宗臣《こうりそうしん》
江戸時代前期の伊予宇和島藩家老。
¶愛媛百 ([生]寛永11 (1634) 年12月21日 [没]貞享3 (1686) 年3月3日), 郷土愛媛 (こうりそうしん), 国書 ([生]寛永11 (1634) 年12月21日 [没]貞享3 (1686) 年3月3日), 藩臣6
郡山遜志 こおりやまそんし
→郡山遜志 (こおりやまやすし)
郡山遜志 こおりやまやすし
? ～天明1 (1781) 年 [別]郡山遜志《こおりやまそんし》
江戸時代中期の薩摩藩士。
¶国書 ([没]天明1 (1781) 年8月21日), 姓氏鹿児島 (こおりやまそんし)
古賀寛二 こがかんじ
弘化2 (1845) 年～昭和5 (1930) 年
江戸時代末期～明治期の武士。
¶幕末
古賀謹一郎 こがきんいちろう
文化13 (1816) 年～明治17 (1884) 年 [別]古賀茶渓

《こがさけい》
江戸時代末期～明治期の幕臣。洋学者、儒者。
¶朝日(古賀茶渓　こがさけい　[生]文化13年11月11日(1816年12月29日)　[没]明治17(1884)年10月31日), 維新(古賀茶渓　こがさけい), 江文(古賀茶渓　こがさけい), 角史, 神奈川人, 近現, 近世, 国史, 国書(古賀茶渓　こがさけい　[生]文化13(1816)年11月11日　[没]明治17(1884)年10月31日), コン改, コン4, コン5, 佐賀百(古賀茶渓　こがさけい), 史人([生]1816年11月11日　[没]1884年10月31日), 新潮([生]文化13(1816)年11月11日　[没]明治17(1884)年10月31日), 人名, 世人, 全書, 大百, 日史([生]文化13(1816)年11月11日　[没]明治17(1884)年10月31日), 日人, 幕末(古賀茶渓　こがさけい　[没]1884年10月31日), 百科, 洋学, 歴大

古賀穀堂　こがこくどう
安永6(1777)年～天保7(1836)年
江戸時代後期の儒学者。肥前佐賀藩士。
¶朝日([生]安永6年12月5日(1778年1月3日)　[没]天保7年9月16日(1836年10月25日)), 岩史([生]安永6(1777)年12月5日　[没]天保7(1836)年9月16日), 江文([生]安永7(1778)年), 角史, 近世, 国書([生]安永6(1777)年12月5日　[没]天保7(1836)年9月16日), コン改([生]安永7(1778)年), コン4, 佐賀百([生]安永7(1778)年), 詩歌, 新潮([生]安永6(1777)年12月5日　[没]天保7(1836)年9月16日), 人名, 世人([生]安永7(1778)年12月5日　[没]天保7(1836)年9月16日), 全書, 日人([生]1778年), 藩臣7([生]安永7(1778)年), 歴大([生]1778年), 和俳([没]天保7(1836)年9月16日)

古賀茶渓　こがさけい
→古賀謹一郎(こがきんいちろう)

古賀定雄　こがさだお
文政11(1828)年～明治10(1877)年　[別]久我誓円《こがせいえん》
江戸時代末期～明治期の肥前佐賀藩士。
¶維新, 埼玉人([没]明治10(1877)年11月), 佐賀百, 人名(久我誓円　こがせいえん　[没]1910年), 徳島歴([生]天保3(1832)年3月　[没]明治10(1877)年11月18日), 幕末([没]1877年11月)

古賀十郎　こがじゅうろう
?　～*
江戸時代末期～明治期の筑後柳河藩の処士。
¶維新([没]1870年), 幕末([生]1841年　[没]1872年1月13日), 藩臣7([没]明治4(1871)年)

久我誓円　こがせいえん
→古賀定雄(こがさだお)

古賀精里　こがせいり
寛延3(1750)年～文化14(1817)年
江戸時代中期～後期の肥前佐賀藩の儒学者。「寛政三博士」の一人。
¶朝日([生]寛延3年10月20日(1750年11月18日)　[没]文化14年5月3日(1817年6月17日)), 岩史([生]寛延3(1750)年10月20日　[没]文化14(1817)年5月3日), 江戸, 江文, 大阪人([没]文化14(1817)年5月), 角史, 神奈川人, 教育, 近世, 国史, 国書([生]寛延3(1750)年10月20日　[没]文化14(1817)年5月3日), コン改, コン4, 佐賀百([没]文化14(1817)年5月4日), 詩歌, 史人([生]1750年10月20日　[没]1817年5月3日), 重要([生]寛延3(1750)年10月20日　[没]文化14(1817)年5月3日), 新潮([生]寛延3(1750)年10月20日　[没]文化14(1817)年5月3日), 人名, 世人([生]寛延3(1750)年10月20日　[没]文化14(1817)年5月4日), 世百, 全書, 大百, 日史([生]寛延3(1750)年10月20日　[没]文化14(1817)年5月3日), 日人, 藩臣7, 百科, 歴大

小河原左宮　こがはらさみや
→小河原左宮(おがわらさみや)

小軽米久俊　こがるまいひさとし
生没年不詳
戦国時代～江戸時代前期の武将。糠部郡小軽米村を領地とした。
¶姓氏岩手

小河内殷教　こがわちいんきょう
～文久3(1863)年
江戸時代後期～末期の桑名藩士。
¶三重

小河原近江　こがわらおうみ
?　～嘉永3(1850)年
江戸時代末期の武蔵川越藩士。
¶藩臣3

小河原左宮　こがわらさみや
→小河原左宮(おがわらさみや)

五弓雪窓　ごきゅうせっそう, ごきゅうせつそう
→五弓久文(ごきゅうひさぶみ)

五弓豊太郎　ごきゅうとよたろう
→五弓久文(ごきゅうひさぶみ)

五弓久文　ごきゅうひさぶみ, ごきゅうひさふみ
文政6(1823)年～明治19(1886)年　[別]五弓雪窓《ごきゅうせっそう, ごきゅうせつそう》, 五弓豊太郎《ごきゅうとよたろう》
江戸時代末期～明治期の備後福山藩の史学者。
¶維新, 江文(五弓雪窓　ごきゅうせつそう), 国書([生]文政6(1823)年1月24日　[没]明治19(1886)年1月17日), コン5(ごきゅうひさふみ), 神人([生]文政6(1823)年1月24日　[没]明治19(1886)年1月17日), 神人(五弓豊太郎　ごきゅうとよたろう), 人名([生]1822年), 日人, 幕末(五弓雪窓　ごきゅうせっそう　[没]1886年1月17日), 藩臣6(五弓雪窓　ごきゅうせっそう), 広島百(五弓雪窓　ごきゅうせっそう　[没]明治19(1886)年1月17日)

小薬平次郎　こぐすりへいじろう
天保10(1839)年～明治36(1903)年
江戸時代末期～明治期の磐城平藩士。
¶維新, 幕末([生]1839年3月16日　[没]1903年11月3日)

国分確所　こくぶかくしょ
天保8(1837)年～昭和3(1928)年
江戸時代末期～大正期の俳人・松山藩士。
¶岡山人, 岡山歴([没]昭和3(1928)年2月22日)

国府新助　こくぶしんすけ
?　～万治1(1658)年

江戸時代前期の砺波郡の郡奉行。
¶姓氏富山

国分新太郎 こくぶしんたろう
弘化2(1845)年～慶応1(1865)年
江戸時代末期の水戸藩士。
¶維新，人名，日人，幕末([没]1865年3月1日)，藩臣2

こ

国分威胤 こくぶたけたね
延享3(1746)年～文化6(1809)年 [別]国分兜山《こくぶんとうざん》
江戸時代中期～後期の出羽米沢藩士。
¶国書([没]文化6(1809)年4月3日)，藩臣1(国分兜山 こくぶんとうざん)

国分胤政 こくぶたねまさ
？～寛永12(1635)年
安土桃山時代～江戸時代前期の北条氏滅亡時の大崎(矢作)城主。
¶戦辞

国分兜山 こくぶんとうざん
→国分威胤(こくぶたけたね)

小久保勘右衛門 こくぼかんえもん
明和4(1767)年～安政6(1859)年 [別]小久保勘右衛門斥英《こくぼかんえもんせきえい》
江戸時代後期の馬庭念流剣術家。
¶埼玉人([没]安政6(1859)年2月28日)，埼玉百(小久保勘右衛門斥英 こくぼかんえもんせきえい)

小久保勘右衛門斥英 こくぼかんえもんせきえい
→小久保勘右衛門(こくぼかんえもん)

小久保勘右衛門忠義 こくぼかんえもんただよし
天保7(1836)年～大正9(1920)年
江戸時代末期～大正期の剣術家。
¶埼玉百

小久保勘右衛門英信 こくぼかんえもんひでのぶ
寛政7(1795)年～明治4(1871)年
江戸時代後期～明治期の剣術家。
¶埼玉百

小久保清吉 こくぼせいきち
弘化4(1847)年～明治1(1868)年10月24日
江戸時代後期～末期の新撰組隊士。
¶新撰

国領重次 こくりょうしげつぐ
*～元禄14(1701)年
江戸時代前期の旗本。
¶神奈川人([生]1619年)，福島百([生]元和6(1620)年)

国領吉次 こくりょうよしつぐ
～寛文7(1667)年
江戸時代前期の旗本。
¶神奈川人

虎光 ここう
？～嘉永6(1853)年10月3日
江戸時代後期の俳人・武道家。
¶国書

小坂九郎左衛門 こさかくろうざえもん
文政11(1828)年～明治6(1873)年
江戸時代末期の武士。
¶和歌山人

小坂小次郎 こさかこじろう
天保14(1843)年～元治1(1864)年 [別]小坂小次郎《おざかこじろう》
江戸時代末期の肥後熊本藩士。
¶維新，人名(おざかこじろう)，日人

小崎半兵衛 こざきはんべえ
？～延宝6(1678)年
江戸時代前期の武士。
¶岡山人，岡山歴([没]延宝6(1678)年2月23日)

小佐々祐利 こささすけとし，こざさすけとし
天保1(1830)年～明治26(1893)年
江戸時代末期～明治期の肥前大村藩士。
¶維新(こざさすけとし)，人名，日人

小沢三郎兵衛 こざわさぶろうべえ
慶長17(1612)年～万治3(1660)年 [別]小沢三郎兵衛《おざわさぶろうべえ》
江戸時代前期の加賀大聖寺藩士。
¶姓氏石川(おざわさぶろうべえ)，藩臣3

小沢正弘 こざわまさひろ
天保7(1836)年～明治33(1900)年 [別]小沢正弘《おざわまさひろ》
江戸時代末期～明治期の信濃高島藩士。
¶姓氏長野，長野歴(おざわまさひろ)，藩臣3

越石明秋 こしいしめいしゅう
明和1(1764)年～文化1(1804)年
江戸時代中期～後期の近江彦根藩士。
¶藩臣4

乞食井月 こじきせいげつ
→井上井月(いのうえせいげつ)

越之海 こしのうみ
江戸時代末期の新撰組隊士。
¶新撰

小柴貞義 こしばさだよし
寛永19(1642)年～享保2(1717)年 [別]小柴六郎右衛門《こしばろくろうえもん》
江戸時代前期～中期の越中富山藩士、剣術家。
¶剣豪(小柴六郎右衛門 こしばろくろうえもん)，人名，日人，藩臣3

小柴六郎右衛門 こしばろくろうえもん
→小柴貞義(こしばさだよし)

児島惟謙 こじまいけん
天保8(1837)年～明治41(1908)年 [別]児島惟謙《こじまこれかた，こじまこれかね》
江戸時代末期～明治期の伊予宇和島藩士、司法官。
¶朝日(こじまこれかた [生]天保8年2月1日(1837年3月7日) [没]明治41(1908)年7月1日)，岩史(こじまこれかた [生]天保8(1837)年2月1日 [没]明治41(1908)年7月1日)，愛媛百(こじまこれかた [生]天保8(1837)年2月1日 [没]明治41(1908)年7月1日)，学校([生]天保8(1837)年2月1日 [没]明治41(1908)年7月1日)，角史，郷土愛媛(こじまこれかね)，近現，国史，コン改，コン5，史人([生]1837年2月1日 [没]1908年7月1日)，重要([生]天保8(1837)年2月1日 [没]明治41(1908)年7月1日)，庄内([生]天保8(1837)

年2月1日　[没]明治41(1908)年7月1日)，人書94，新潮(こじまこれかね　[生]天保8(1837)年2月1日　[没]明治41(1908)年7月1日)，人名，世人([生]天保8(1837)年2月1日　[没]明治41(1908)年7月1日)，世百，先駆([生]天保8(1837)年2月1日　[没]明治41(1908)年7月1日)，全書，大百，伝記，日史([生]天保8(1837)年2月1日　[没]明治41(1908)年7月1日)，日人，日本，幕末(こじまこれかた　[没]1908年7月1日)，藩臣6(こじまこれかた)，百科，履歴(こじまこれかた　[生]天保8(1837)年2月1日　[没]明治41(1908)年7月1日)，歴大(こじまこれかた)

小島一伝斎　こじまいちでんさい
？ ～文久2(1862)年
江戸時代末期の剣術家。
¶人名，日人

小嶋景福　こじまかげとみ
生没年不詳
江戸時代後期の武道家。
¶国書

児島閑窓　こじまかんそう
文政11(1828)年～明治41(1908)年
江戸時代末期～明治期の三河吉田藩士。
¶幕末，藩臣4

児島強介(児島強助)　こじまきょうすけ
天保8(1837)年～文久2(1862)年　[別]児島草臣《こじまくさおみ》，葦原処士《あしはらしょし》
江戸時代末期の志士。
¶維新，郷土栃木([没]1863年)，国書(児島強助　[没]文久2(1862)年6月25日)，コン改([生]天保9(1838)年　[没]文久3(1863)年)，コン4([生]天保9(1838)年　[没]文久3(1863)年)，詩歌([生]1838年　[没]1863年)，新潮([没]文久2(1862)年6月25日)，人名([生]1838年　[没]1863年)，栃木百(児島草臣　こじまくさおみ　[生]天保7(1836)年)，栃木歴([生]天保7(1836)年)，日人，幕末([没]1862年7月21日)，和俳

児島草臣　こじまくさおみ
→児島強介(こじまきょうすけ)

小島粂治　こじまくめじ
江戸時代後期の喜連川藩士、馬術家。
¶栃木歴

小島郡太左衛門　こじまぐんたざえもん
宝暦13(1763)年～天保11(1840)年
江戸時代中期～後期の剣術家。心形刀流。
¶剣豪

小島源兵衛　こじまげんべえ
生没年不詳
江戸時代末期～明治期の幕臣。1866年遣露使節随員としてロシアに渡る。
¶海越，海越新

児島幸左衛門　こじまこうざえもん
生没年不詳
江戸時代中期の尾張藩士。
¶国書

児島惟謙　こじまこれかた
→児島惟謙(こじまいけん)

児島惟謙　こじまこれかね
→児島惟謙(こじまいけん)

小島左近　こじまさこん
文政7(1824)年～明治1(1868)年
江戸時代末期の陸奥弘前藩士。
¶青森人，維新([生]1832年)，人名，日人，幕末([生]1832年　[没]1868年11月6日)

小島貞清　こじまさだきよ
天正18(1590)年～明暦2(1656)年
江戸時代前期の武士。
¶和歌山人

児島三郎　こじまさぶろう
文政10(1827)年～明治1(1868)年　[別]児島長年《こじまながとし》，児島備後《こじまびんご》
江戸時代末期の奇兵隊士。
¶維新(児島備後　こじまびんご)，国書(児島長年　こじまながとし　[没]明治1(1868)年10月8日)，コン改，コン4，新潮([没]明治1(1868)年10月8日)，人名(児島長年　こじまながとし)，日人，幕末(児島備後　こじまびんご　[没]1868年10月8日)，兵庫人(児島長年　こじまながとし　[没]明治1(1868)年1月6日)

小島春晁　こじましゅんちょう
寛政10(1798)年～安政2(1855)年
江戸時代末期の加賀大聖寺藩士。
¶姓氏石川，藩臣3

小島庄右衛門正重　こじましょううえもんまさしげ
→小島庄右衛門(こじましょうえもん)

小島庄右衛門　こじましょうえもん
[別]小島庄右衛門正重《こじましょううえもんまさしげ》
江戸時代の関東郡代伊奈氏の家臣。
¶埼玉人(生没年不詳)，埼玉百(小島庄右衛門正重　こじましょううえもんまさしげ)

小島蕉園　こじましょうえん
明和8(1771)年～文政9(1826)年
江戸時代後期の代官、徳政家。
¶国書([没]文政9(1826)年1月19日)，静岡歴，人名，姓氏静岡，日人，山梨百([没]文政9(1826)年1月19日)

小島省斎　こじましょうさい
文化1(1804)年～明治17(1884)年　[別]小島省斎《こじませいさい》，小島忠太《こじまちゅうた》
江戸時代末期～明治期の丹波柏原藩の漢学者。
¶朝日([生]文化1年8月11日(1804年9月14日)　[没]明治17(1884)年6月6日)，維新，国書(こじませいさい　[生]文化1(1804)年8月11日　[没]明治17(1884)年6月6日)，新潮([没]明治17(1884)年6月6日)，人名(小島忠太　こじまちゅうた)，日人，幕末([没]1884年6月6日)，藩臣5，兵庫人([生]文化1(1804)年8月11日　[没]明治17(1884)年6月6日)，兵庫百

小島省斎　こじませいさい
→小島省斎(こじましょうさい)

小島成斎　こじませいさい
寛政8(1796)年～文久2(1862)年
江戸時代末期の儒者、書家、備後福山藩士。

¶朝日（[没]文久2年10月18日（1862年12月9日）），江文，国書（[生]寛政8（1796）年12月10日　[没]文久2（1862）年10月18日），コン改，コン4，新潮（[生]寛政8（1796）年12月10日　[没]文久2（1862）年10月18日），人名，日人（[生]1797年），幕末（[没]1862年12月9日），藩臣6

こ

小島忠太 こじまちゅうた
→小島省斎（こじましょうさい）

小島利元 こじまとしもと
生没年不詳
安土桃山時代～江戸時代前期の武士。浅野家の家臣。
¶和歌山人

児島寅太郎 こじまとらたろう
天保6（1835）年～明治36（1903）年
江戸時代後期～明治期の剣術家。北辰一刀流。
¶剣豪

小島直次郎 こじまなおじろう
＊～慶応3（1867）年　[別]館川衡平《たちかわこうへい》
江戸時代末期の志士、探偵方。
¶維新（[生]1844年），埼玉百（[生]1845年），人名（[生]1846年），日人（[生]1846年），幕末（[生]1845年　[没]1867年9月12日）

小島直吉 こじまなおよし
江戸時代中期の兵法家。
¶人名，日人（生没年不詳）

児島長年 こじまながとし
→児島三郎（こじまさぶろう）

児島礼重 こじまひろしげ
→小島礼重（こじまよししげ）

児島備後 こじまびんご
→児島三郎（こじまさぶろう）

小島文器 こじまぶんき
→文器（ぶんき）

小島正重 こじままさしげ
？～寛文8（1668）年
江戸時代前期の武士。関東郡代伊奈忠治の家臣。
¶朝日（[没]寛文8年4月28日（1668年6月7日）），戦辞（生没年不詳），日人

児島正親 こじままさちか
元禄12（1699）年～明和5（1768）年
江戸時代中期の勘定吟味役。
¶人名，日人

小島正朝 こじままさとも
？～元禄6（1693）年
江戸時代前期の幕臣。
¶人名，日人

小島造酒之丞 こじまみきのすけ
江戸時代末期の新撰組隊士。
¶新撰

小島盛可 こじまもりよし
＊～明治19（1886）年
江戸時代末期～明治期の国学者、越後村上藩士。
¶人名（[生]？），日人（[生]1846年）

小島安昌 こじまやすまさ
？～天保8（1837）年
江戸時代後期の幕臣。
¶国書

小島有隣 こじまゆうりん
江戸時代末期～明治期の石見浜田藩士。
¶島根歴（[生]文久2（1862）年　[没]大正2（1913）年），藩臣5（[生]？　[没]明治38（1905）年）

小島礼重 こじまよししげ
生没年不詳　[別]児島礼重《こじまひろしげ》
江戸時代後期の豊前小倉藩士。
¶国書，人名（児島礼重　こじまひろしげ），日人，藩臣7

午寂 ごじゃく
寛文1（1661）年～寛保1（1741）年12月21日
江戸時代前期～中期の幕臣・俳人。
¶国書，俳句

越山休蔵 こしやまきゅうぞう
弘化3（1846）年～？
江戸時代末期の武士、鹿児島県士族。
¶人名，日人，幕末

小須賀帯刀 こすがたてわき
江戸時代中期の美作津山藩家老。
¶岡山歴，藩臣6（生没年不詳）

小須賀信之 こすがのぶゆき
生没年不詳
安土桃山時代～江戸時代前期の武将。
¶国書

小杉榲邨 こすぎおんそん
→小杉榲邨（こすぎすぎむら）

小杉監物 こすぎけんもつ
文化5（1808）年～明治2（1869）年
江戸時代末期の古河藩家老。
¶幕末，藩臣3

小杉榲邨（小杉相邨） こすぎすぎむら
天保5（1834）年～明治43（1910）年　[別]小杉榲邨《こすぎおんそん》
江戸時代末期～明治期の国文学者、歌人、阿波徳島藩士。
¶朝日（[生]天保5（1834）年9月　[没]明治43（1910）年3月29日），維新，近現，近文（こすぎおんそん），考古（[生]天保5（1834）年12月30日），国史，国書（[生]天保5（1834）年12月30日　[没]明治43（1910）年3月29日），コン改，コン4，コン5，史研（[生]天保5（1834）年12月30日　[没]明治43（1910）年3月29日），四国文（[生]天保5年12月30日　[没]明治43年3月29日），史人（[生]1834年12月30日　[没]1910年3月30日），神人（[生]天保5（1834）年12月30日　[没]明治43（1910）年3月29日），新潮（[生]天保5（1834）年9月　[没]明治43（1910）年3月29日），人名，徳島百（小杉相邨　[生]天保5（1834）年12月30日　[没]明治43（1910）年3月29日），徳島歴（小杉相邨　[没]明治43（1910）年3月29日），日史（[生]天保5（1834）年12月30日　[没]明治43（1910）年3月29日），日人（[生]1835年），幕末（[没]1910年3月29日），藩臣6（小杉相邨），平史，歴大

小杉多門 こすぎたもん
？ ～文化7(1810)年
江戸時代後期の下総古河藩士。
¶藩臣3

小杉長右衛門 こすぎちょううえもん
？ ～文化5(1808)年
江戸時代中期～後期の下総古河藩家老。
¶藩臣3

小杉長兵衛 こすぎちょうべえ
？ ～文政3(1820)年
江戸時代後期の下総古河藩家老。
¶藩臣3

小杉平馬 こすぎへいま
？ ～安永4(1775)年
江戸時代中期の下総古河藩家老。
¶藩臣3

小杉弥右衛門(1) こすぎやうえもん
？ ～安永4(1775)年
江戸時代中期の下総古河藩士。
¶藩臣3

小杉弥右衛門(2) こすぎやうえもん
？ ～文化7(1810)年
江戸時代後期の下総古河藩士。
¶藩臣3

小菅功 こすげいさお
江戸時代の伊勢桑名藩士。
¶三重続

小介川親茂 こすけがわちかしげ
安土桃山時代～江戸時代前期の地方豪族・土豪。
¶戦国，戦人(生没年不詳)

小菅定寿 こすげさだとし
江戸時代中期の武士、茶人。
¶茶道，日人(生没年不詳)

小菅武第 こすげたけくに
宝永6(1709)年～天明2(1782)年
江戸時代中期の奈良奉行。
¶人名，日人

小菅智淵 こすげちえん
→小菅知淵(こすげともひろ)

小菅知淵(小菅智淵) こすげともひろ
天保3(1832)年～明治21(1888)年 [別]小菅智淵《こすげちえん》
江戸時代後期～明治期の武士、軍人。
¶静岡歴(小菅智淵 こすげちえん)，日人，陸海(小菅智淵 [生]天保13年3月12日 [没]明治21年12月18日)

小菅某 こすげぼう
生没年不詳
江戸時代前期の旗本。
¶神奈川人

小菅正武 こすげまさたけ
慶長19(1614)年～元禄1(1688)年
江戸時代前期の勘定奉行。
¶人名，日人

小菅正親 こすげまさちか
天和3(1683)年～延享3(1746)年
江戸時代中期の旗本、作事奉行。
¶茶道，人名([生]1681年)，日人

小関三英 こせきさんえい，こぜきさんえい
天明7(1787)年～天保10(1839)年 [別]小関三英《おぜきさんえい》
江戸時代後期の蘭学者、岸和田藩士、幕臣。
¶朝日([生]天明7年6月11日(1787年7月25日) [没]天保10年5月17日(1839年6月27日))，岩史([生]天明7(1787)年6月11日 [没]天保10(1839)年5月17日)，江戸(おぜきさんえい)，江文，角史，近世，国史，国書([生]天明7(1787)年6月11日 [没]天保10(1839)年5月23日)，コン改(おぜきさんえい)，コン4(おぜきさんえい)，史人([生]1787年6月11日 [没]1839年5月17日)，重要([没]天保10(1839)年5月17日)，庄内([没]天保10(1839)年5月23日)，人書79(こぜきさんえい)，人書94(おぜきさんえい)，新潮([生]天明7(1787)年6月11日 [没]天保10(1839)年5月17日)，人名(おぜきさんえい)，世人(おぜきさんえい)，世百(こぜきさんえい)，全書，大百(おぜきさんえい)，日史([生]天明7(1787)年6月11日 [没]天保10(1839)年5月17日)，日人，幕末(おぜきさんえい [没]1839年7月3日)，藩臣5(おぜきさんえい)，百科，宮城百，山形百，洋学，歴大

巨勢利啓 こせとしのり
？ ～明和2(1765)年7月4日
江戸時代中期の幕臣・歌人。
¶国書

巨勢利和 こせとしまさ
→巨勢利和(こせとしより)

巨勢利和 こせとしより
明和4(1767)年～天保5(1834)年 [別]巨勢利和《こせとしまさ，こせのとしかず》
江戸時代後期の幕臣、国文学者。
¶江文(こせとしまさ)，国書([没]天保5(1834)年3月17日)，人名(こせのとしかず [没]1825年)，日人

巨勢利和 こせのとしかず
→巨勢利和(こせとしより)

巨勢由利 こせよしとし
寛文3(1663)年～享保4(1719)年
江戸時代中期の武士、幕臣。
¶和歌山人

巨勢六郎左衛門 こせろくろざえもん
生没年不詳
江戸時代中期の武士、幕臣。
¶和歌山人

小曽根駿河 こぞねするが，こそねするが
安土桃山時代～江戸時代前期の武士。里見氏家臣。
¶戦人(生没年不詳)，戦東(こそねするが)

後醍院真柱 ごだいいんまはしら
→後醍院真柱(ごだいいんみはしら)

後醍院真柱 ごだいいんみはしら
文化2(1805)年～明治12(1879)年 [別]後醍院真柱《ごだいいんまはしら》，醍醐院真柱《だいごいんしんちゅう，だいごいんまはしら》

江戸時代末期～明治期の薩摩藩士、国学者。
¶維新，岡山人（醍醐院真柱　だいごいんしんちゅう　[生]文化3（1806）年），岡山百（醍醐院真柱　だいごいんまはしら　[生]文化3（1806）年），岡山歴（[生]文化2（1805）年12月2日　[没]明治12（1879）年6月13日），鹿児島百（ごだいいんまはしら），国書（[生]文化2（1805）年12月2日　[没]明治12（1879）年6月13日），神人（[生]文化2（1805）年12月2日　[没]明治12（1879）年6月12日），人名，姓氏鹿児島，日人（[生]1806年），幕末（[生]1806年　[没]1879年6月13日），藩臣7

五代友厚　ごだいともあつ
天保6（1835）年～明治18（1885）年　[別]関研蔵《せきけんぞう》, 才助, 松陰, 徳助
江戸時代末期～明治期の薩摩藩士、実業家。関西貿易、大阪製銅など多くの事業に関与。大阪商法会議所などの設立に尽力。大阪の恩人と呼ばれる。
¶朝日（[生]天保6年12月26日（1836年2月12日）　[没]明治18（1885）年9月25日），維新，岩史（[生]天保6（1835）年12月26日　[没]明治18（1885）年9月25日），海越（[生]天保6（1836）年12月26日　[没]明治18（1885）年9月25日），海越新（[生]天保6（1836）年12月26日　[没]明治18（1885）年9月25日），大阪人（[没]明治18（1885）年5月），大阪墓（[没]明治18（1885）年9月23日），鹿児島百，学校（[生]天保6（1835）年12月26日　[没]明治18（1885）年9月25日），角史，郷土長崎（[生]1834年），近現，国際，国史，コン改，コン5，史人（[生]1835年12月26日　[没]1885年9月25日），実業（[生]天保6（1836）年12月26日　[没]明治18（1885）年9月25日），重要（[生]天保6（1835）年12月26日　[没]明治18（1885）年9月25日），新潮（[生]天保6（1835）年12月26日　[没]明治18（1885）年9月23日），人名，姓氏鹿児島，世人（[生]天保6（1835）年12月26日　[没]明治18（1885）年9月25日），世百，先駆（[生]天保6（1835）年12月26日　[没]明治18（1885）年9月25日），全書，大百，伝記（[生]1836年），渡航（[生]1835年12月26日　[没]1885年9月25日），日史（[生]天保6（1835）年12月26日　[没]明治18（1885）年9月25日），日人（[生]1836年），日本，幕末（[生]1836年　[没]1885年5月26日），藩臣7，百科，兵庫百，明治2（[生]1836年），履歴（[生]天保6（1835）年12月26日　[没]明治18（1885）年9月25日），歴大（[生]1836年）

五代友喜　ごだいともよし
？～寛永3（1626）年
安土桃山時代～江戸時代前期の武士。
¶姓氏鹿児島，戦人（[生]天文8（1539）年），戦西

小平元禎　こだいらもとさだ
？～嘉永3（1850）年9月10日
江戸時代後期の仙台藩士。
¶国書

小鷹狩元方　こたかがりもとかた
→小鷹狩元方（こたかりもとかた）

小塙重一　こだかじゅういち
宝暦13（1763）年～天保5（1834）年
江戸時代中期～後期の近江彦根藩士。
¶藩臣4

小高泰作　こだかたいさく
文政9（1826）年～明治40（1907）年　[別]小高神左衛門秀通《おだかじんざえもんひでみつ》, 小高泰介《こだかたいすけ》
江戸時代後期～明治期の剣術家。甲源一刀流。
¶剣豪，埼玉人（小高泰介　こだかたいすけ　[生]文政9（1826）年4月　[没]明治40（1907）年8月22日），埼玉百（小高神左衛門秀通　おだかじんざえもんひでみつ）

小高泰介　こだかたいすけ
→小高泰作（こだかたいさく）

小鷹狩正作　こたかりしょうさく
文政1（1818）年～明治12（1879）年
江戸時代末期～明治期の安芸広島藩士。
¶維新，幕末（[没]1879年5月23日），藩臣6

小鷹狩元方　こたかりもとかた
万治3（1660）年～享保20（1735）年　[別]小鷹狩元方《こたかがりもとかた》
江戸時代中期の長州（萩）藩執政。
¶人名（こたかがりもとかた），日人

小谷勝由　こたにかつよし
貞享2（1685）年～宝暦10（1760）年
江戸時代中期の弓術家。
¶岡山人

小谷虔斎　こたにけんさい
～明治39（1906）年
江戸時代末期～明治期の勢州津藩士。
¶三重

小谷成福　こだにしげとみ
→小谷十左衛門（こだにじゅうざえもん）

小谷蕃　こだにしげる
明和1（1764）年～文化3（1806）年
江戸時代中期～後期の因幡鳥取藩士。
¶藩臣5

小谷十左衛門　こだにじゅうざえもん
元禄16（1703）年～安永5（1776）年　[別]小谷成福《こだにしげとみ》
江戸時代中期の因幡鳥取藩士、武術家。
¶剣豪，藩臣5（小谷成福　こだにしげとみ）

小谷秋水　こたにしゅうすい
寛政4（1792）年～明治5（1872）年　[別]小谷三治《おだにさんじ》
江戸時代末期～明治期の伊勢神戸藩儒。
¶人名（小谷三治　おだにさんじ），日人，三重

小谷老之助　こたにとしのすけ
生没年不詳
江戸時代末期の武士。
¶和歌山人

小谷古蔭　こたにひさかげ, こだにひさかげ
→小谷古蔭（おたにふるかげ）

小谷古蔭　こだにふるかげ
→小谷古蔭（おたにふるかげ）

小谷孫六郎　こたにまごろくろう
元禄1（1688）年～宝暦9（1759）年6月9日
江戸時代中期の岡山藩士・弓術家。
¶岡山歴

小谷茂左衛門　こたにもざえもん
？　～明治37（1904）年
江戸時代末期～明治期の信濃高遠藩士。
¶藩臣3

小田部幸吉　こたべこうきち
文政3（1820）年～慶応1（1865）年
江戸時代末期の水戸藩士。
¶幕末，藩臣2

小田辺茂成　こたべしげなり
慶長4（1599）年～？
江戸時代前期の陸奥仙台藩士。
¶藩臣1

児玉愛二郎　こだまあいじろう
天保11（1840）年～昭和5（1930）年
江戸時代末期～明治期の長州（萩）藩士。
¶日人，幕末（[没]1930年2月13日），山口百（[生]1839年）

児玉益道　こだまえきどう
生没年不詳
江戸時代前期の武士、歌人。
¶和歌山人

児玉延　こだまえん
→児玉延年（こだまのぶとし）

児玉旗山　こだまきざん
享和1（1801）年～天保6（1835）年　[別]児玉慎《こだましん》
江戸時代後期の儒者。加賀大聖寺藩士の子。
¶国書（[生]享和1（1801）年4月16日　[没]天保6（1835）年1月26日），人名，姓氏石川（児玉慎　こだましん），日人，藩臣3（児玉慎　こだましん）

児玉空々（児玉空空）　こだまくうくう
＊～文化8（1811）年　[別]宿屋空々《やどやくうくう》
江戸時代中期～後期の琴曲家、田安家の家士。
¶朝日（[生]享保19（1734）年），芸能（児玉空空　[生]享保19（1734）年），国書（宿屋空々　やどやくうくう　[生]享保20（1735）年　[没]文化8（1811）年7月21日），人名（宿屋空々　やどやくうくう　[生]1735年），日音（児玉空空　[生]享保19（1734）年），日人（[生]1735年）

児玉九郎右衛門　こだまくろうえもん
寛永12（1635）年～元禄5（1692）年
江戸時代前期の周防岩国藩士。
¶藩臣6

児玉暉山　こだまくんざん
享和3（1803）年～安政2（1855）年3月17日
江戸時代後期の教育家・新谷藩士。
¶愛媛百

児玉源之丞　こだまげんのじょう
？　～明治21（1888）年　[別]児玉天雨《こだまてんう》
江戸時代末期～明治期の薩摩藩士。
¶人名（児玉天雨　こだまてんう），姓氏鹿児島，幕末

児玉幸助　こだまこうすけ
？　～明治1（1868）年
江戸時代末期の浪士。
¶人名，日人

児玉光之進　こだまこうのしん
→児玉光之進（こだまみつのしん）

児玉小民部　こだまこみんぶ
天保4（1833）年～明治39（1906）年　[別]児玉親臣《こだまちかおみ》
江戸時代末期～明治期の長州（萩）藩寄組。
¶維新，姓氏山口（児玉親臣　こだまちかおみ　[生]1832年），幕末（[没]1906年3月8日）

児玉少介　こだましょうすけ
天保7（1836）年～明治38（1905）年
江戸時代末期～明治期の長州藩士。貴族院議員。藩艦癸亥丸で馬関攘夷戦に参加。内閣書記官となる。
¶国際，幕末（[没]1905年11月14日）

児玉次郎彦　こだまじろひこ
天保13（1842）年～元治1（1864）年
江戸時代末期の周防徳山藩士。
¶維新，人名，日人，幕末（[没]1864年9月12日），藩臣6

児玉慎　こだましん
→児玉旗山（こだまきざん）

児玉善　こだまぜん
享保12（1727）年～天明5（1785）年
江戸時代中期の加賀大聖寺藩士。
¶藩臣3

児玉惣兵衛　こだまそうべえ
文化5（1808）年～明治14（1881）年
江戸時代末期～明治期の長州（萩）藩士。
¶維新，幕末（[没]1881年6月16日）

児玉琢　こだまたく
安永2（1773）年～文政12（1829）年
江戸時代後期の筑前福岡藩士。
¶国書（[生]安永2（1773）年3月25日　[没]文政12（1829）年10月23日），人名（[生]1759年　[没]1815年），日人

児玉親臣　こだまちかおみ
→児玉小民部（こだまこみんぶ）

児玉筑後守　こだまちくごのかみ
？　～寛永16（1639）年
安土桃山時代～江戸時代前期の剣術家。示現流。
¶剣豪

児玉天雨　こだまてんう
→児玉源之丞（こだまげんのじょう）

児玉天南　こだまてんなん
弘化3（1846）年～大正6（1917）年2月1日
江戸時代末期～明治期の薩摩藩士、薩摩琵琶奏者。
¶芸能，世紀（[生]弘化3（1846）年9月27日），日音（[生]弘化3（1846）年9月27日），幕末

児玉利国　こだまとしくに
天保11（1840）年～大正14（1925）年
江戸時代末期～大正期の薩摩藩士、海軍軍人。少将、貴族院議員。台湾総督府事務官、台中県知事などを歴任。
¶人名，渡航（[没]1925年4月29日），日人，陸海

（㊳天保11年4月23日　㊲大正14年4月26日）

児玉南柯 こだまなんか
延享3（1746）年〜文政13（1830）年
江戸時代中期〜後期の武蔵岩槻藩士、儒学者。
¶国書（㊳延享3（1746）年11月4日　㊲文政13
（1830）年1月4日），埼玉人（㊲文政13（1830）
年1月4日），埼玉百，日人，藩臣5

児玉延年 こだまのぶとし
寛政6（1794）年〜安政6（1859）年　㊾児玉延《こ
だまえん》
江戸時代末期の加賀大聖寺藩士。
¶国書，藩臣3（児玉延　こだまえん）

児玉則忠 こだまのりただ
生没年不詳
江戸時代中期の加賀大聖寺藩士。
¶国書

児玉八之進 こだまはちのしん
天保14（1843）年〜明治10（1877）年
江戸時代末期〜明治期の武士、鹿児島県士族。
¶人名，日人，幕末（㊲1877年3月26日）

児玉久吉郎 こだまひさきちろう
？　〜慶応1（1865）年8月9日
江戸時代末期の長州（萩）藩士、選鋒隊士。
¶幕末

児玉広恒 こだまひろつね
延宝1（1673）年〜寛保1（1741）年
江戸時代前期〜中期の阿武郡惣郷村一村支配の
領主。
¶姓氏山口

児玉雅氏 こだままさうじ
寛政10（1798）年〜文久2（1862）年8月25日
江戸時代後期〜末期の尾張藩士。
¶国書

児玉光之進 こだまみつのしん
弘化3（1846）年〜慶応2（1866）年　㊾児玉光之進
《こだまこうのしん》
江戸時代末期の長州（萩）藩士。
¶維新，幕末（こだまこうのしん　㊲1866年7月
28日）

児玉八平太 こだまやへいた
寛永19（1642）年〜享保15（1730）年
江戸時代前期〜中期の剣術家。新陰流。
¶剣豪

児玉雄一郎 こだまゆういちろう
天保3（1832）年〜慶応3（1867）年
江戸時代末期の薩摩藩士。
¶維新，人名，姓氏鹿児島，日人（㊲1868年），幕
末（㊲1868年1月19日），藩臣7（㊳天保2（1831）
年？）

児玉利容 こだまりよう
元禄1（1688）年〜寛保1（1741）年
江戸時代前期〜中期の武士。
¶姓氏鹿児島

児玉良斎 こだまりょうさい
？　〜安政6（1859）年6月6日
江戸時代末期の薩摩藩士。
¶幕末

湖中 こちゅう
→岡野湖中（おかのこちゅう）

古調 こちょう
〜天保2（1831）年
江戸時代後期の武士。
¶俳句

小塚景治 こつかかげはる
生没年不詳
江戸時代前期の仙台藩士・弓術家。
¶国書

小塚将監 こづかしょうげん
承応1（1652）年〜？
江戸時代中期の越中富山藩家老。
¶人名，日人，藩臣3

小塚荘兵衛 こづかしょうべえ
享保3（1718）年〜安永9（1780）年
江戸時代中期の剣術家。一宮当流。
¶剣豪

小塚竹渓 こづかちくけい
→小塚信達（こづかのぶさと）

小塚藤十郎 こづかとうじゅうろう
天明5（1785）年〜安政6（1859）年　㊾小塚秀得
《こづかひでのり》
江戸時代後期の加賀大聖寺藩士。地誌「江沼志
稿」の著者。
¶朝日（小塚秀得　こづかひでのり　㊲安政6
（1859）年12月），石川百（小塚秀得　こづかひ
でのり），近世，国史，国書（小塚秀得　こづか
ひでのり　㊲安政6（1859）年12月），コン改，
コン4，史人（㊲1859年12月），新潮（㊲安政6
（1859）年12月），人名（㊳1786年　㊲？），姓
氏石川（小塚秀得　こづかひでのり），日人（小
塚秀得　こづかひでのり），藩臣3（小塚秀得
こづかひでのり）

小塚信達 こづかのぶさと
正徳5（1715）年〜安永6（1777）年　㊾小塚信達
《こづかのぶみち》，小塚竹渓《こづかちくけい》
江戸時代中期の三河挙母藩家老。
¶人名（こづかのぶみち　㊳1714年　㊲1776年），
日人，藩臣4（小塚竹渓　こづかちくけい）

小塚信道 こづかのぶみち
→小塚信達（こづかのぶさと）

小塚秀得 こづかひでのり
→小塚藤十郎（こづかとうじゅうろう）

小塚秀正 こづかひでまさ
？　〜元和4（1618）年
安土桃山時代〜江戸時代前期の前田氏家臣。
¶姓氏石川，姓氏富山

木造俊宣 こづくりとしのぶ
〜承応1（1652）年
江戸時代前期の旗本。
¶神奈川人

乞食井月 こつじきせいげつ
→井上井月（いのうえせいげつ）

兀峰 こっぽう，こつぽう；ごっぽう
→桜井兀峰（さくらいこっぽう）

告森桑圃　こつもりそうほ
文政3(1820)年～明治26(1893)年
江戸時代末期～明治期の伊予宇和島藩士。
¶愛媛百(㊤文政3(1820)年2月　㊦?)，幕末，藩臣6

籠手田安定　こてだあんじょう
→籠手田安定(こてだやすさだ)

籠手田安定　こてだやすさだ
天保11(1840)年～明治32(1899)年　㊍籠手田安定《こてだあんじょう》，桑田源之丞《くわたげんのじょう》
江戸時代末期～明治期の肥前平戸藩士、官吏。
¶朝日(㊤天保11年3月21日(1840年4月23日)　㊦明治32(1899)年3月30日)，維新(㊦1900年)，郷土滋賀(こてだあんじょう)，滋賀百，島根人(㊤天保10(1839)年)，島根百(㊤天保11(1840)年3月21日　㊦明治32(1899)年3月30日)，島根歴，人名，長崎百(㊦明治33(1900)年)，新潟百，日人，幕末(㊦1899年3月30日)，藩臣7，履歴(㊤天保11(1840)年3月21日　㊦明治32(1899)年3月30日)

小寺嘉兵衛　こでらかへえ
?　～明治2(1869)年
江戸時代末期の播州播磨姫路藩士。
¶人名，日人

小寺清之　こでらきよゆき
明和7(1770)年～天保14(1843)年
江戸時代後期の備後福山藩士、国学者。
¶岡山人，岡山歴(㊦天保14(1843)年11月10日)，国書(㊤明和7(1770)年4月14日　㊦天保14(1843)年11月10日)，神人(㊤明和6(1769)年)，人名，日人，藩臣6

小寺三郎兵衛　こでらさぶろうべえ
生没年不詳
江戸時代中期の大目付。
¶庄内

小寺翠雨　こでらすいう
文政8(1825)年～万延1(1860)年4月13日
江戸時代後期～末期の美濃大垣藩士・兵学者。
¶国書

小寺泰次郎　こてらたいじろう
天保7(1836)年～明治38(1905)年
江戸時代末期～明治期の摂津三田藩士。
¶藩臣5

小寺信正　こでらのぶまさ，こてらのぶまさ
天和2(1682)年～宝暦4(1754)年　㊍小寺信正《おでらのぶまさ》
江戸時代中期の出羽庄内藩士、兵学者。
¶国書(㊦宝暦4(1754)年1月7日)，コン改(㊤天和1(1681)年)，コン4(㊤天和1(1681)年)，庄内(㊦宝暦4(1754)年1月7日)，日人，藩臣1(こてらのぶまさ)

小寺遵路　こでらゆきみち
元禄2(1689)年～享保18(1733)年7月27日
江戸時代中期の加賀藩士・漢学者。
¶国書

後藤家信　ごとういえのぶ
永禄6(1563)年～元和8(1622)年
安土桃山時代～江戸時代前期の武士。豊臣氏家臣。
¶佐賀百，戦国，戦人(生没年不詳)

後藤勘九郎　ごとうかんくろう
→後藤基清(ごとうもときよ)

後藤国保　ごとうくにやす
?　～嘉永2(1849)年
江戸時代後期の三河挙母藩家老。
¶藩臣4

後藤敬吉　ごとうけいきち
*～明治11(1878)年
江戸時代末期～明治期の出羽秋田藩士。
¶維新(㊤1824年)，人名(㊤1824年)，日人(㊤1825年)，幕末(㊤1824年　㊦1878年7月26日)，藩臣1(㊤文政8(1825)年)，洋学(㊤文政8(1825)年)

後藤定次　ごとうさだつぐ
江戸時代前期の加賀大聖寺藩士。
¶姓氏石川

後藤実勝　ごとうさねかつ
?　～承応1(1652)年
江戸時代前期の和歌山町奉行。
¶和歌山人

後藤実清　ごとうさねきよ
?　～享保14(1729)年
江戸時代中期の武士。
¶和歌山人

後藤実律　ごとうさねのり
生没年不詳
江戸時代後期の武士。
¶和歌山人

後藤三右衛門　ごとうさんうえもん
→後藤三右衛門(ごとうさんえもん)

後藤三右衛門　ごとうさんえもん
*～弘化2(1845)年　㊍後藤三右衛門《ごとうさんうえもん》
江戸時代後期の幕臣、金座御金改役。
¶朝日(㊤?　㊦弘化2(1845)年10月)，岩史(㊤寛政8(1796)年　㊦弘化2(1845)年10月4日)，国書(㊤寛政7(1795)年　㊦弘化2(1845)年10月3日)，コン4(㊤寛政8(1796)年)，史人(㊤1796年　㊦1845年10月4日)，姓氏長野(㊤1795年)，長野百(ごとうさんうえもん　㊤1795年)，長野歴(ごとうさんうえもん　㊤寛政7(1795)年)，日人(㊤?)

後藤治右衛門　ごとうじえもん
生没年不詳
江戸時代末期～明治期の美濃今尾藩士。
¶藩臣3

五島盛徳　ごとうしげのり
→五島盛徳(ごとうもりのり)

後藤芝山　ごとうしざん
享保6(1721)年～天明2(1782)年
江戸時代中期の讃岐高松藩の漢学者。讃岐高松の人。
¶朝日(㊤享保6年11月4日(1721年12月22日)

こ

[没]天明2年4月3日（1782年5月14日））, 香川人, 香川百, 郷土香川, 国書（[生]享保6（1721）年11月4日　[没]天明2（1782）年4月3日）, コン改, コン4, 新潮（[没]天明2（1782）年4月3日）, 人名, 世人, 日人, 藩臣6

こ

後藤漆谷　ごとうしっこく
寛延2（1749）年～天保2（1831）年
江戸時代中期～後期の讃岐高松藩士。
¶香川人（[生]?）, 香川百（[生]?）, 人名, 日人, 藩臣6

後藤寿庵（後藤寿安）　ごとうじゅあん
生没年不詳　[別]ジョバンニ, ジョヴァンニ, 五島ジョアン《ごとうのじょあん》
安土桃山時代～江戸時代前期の陸奥仙台藩のキリシタン、武士。大崎・葛西一揆に加担。
¶朝日（後藤寿安）, 岩手百, キリ（[生]天正6（1578）年　[没]元和9（1623）年）, 近世, 国史, コン改（後藤寿安　[生]天正6（1578）年　[没]元和9（1623）年）, コン4（後藤寿安　[生]天正6（1578）年　[没]元和9（1623）年）, 史人, 新潮, 人名, 姓氏岩手, 姓氏宮城, 世人（[生]天正6（1578）年　[没]元和9（1623）年）, 世百, 全書, 戦人（後藤寿安　[生]天正6（1578）年　[没]元和9（1623）年）, 戦補, 日史, 日人, 藩臣1（[生]天正5（1577）年?　[没]寛永15（1638）年?）, 百科, 宮城百, 歴大

後藤象二郎　ごとうしょうじろう
天保9（1838）年～明治30（1897）年　[別]雲濤, 亀邱牧者, 元曄, 光海鷗公, 日曄, 保弥太, 良輔, 暘谷
江戸時代末期～明治期の土佐藩士、政治家。
¶朝日（[生]天保9年3月19日（1838年4月13日）　[没]明治30（1897）年8月4日）, 維新, 岩史（[生]天保9（1838）年3月19日　[没]明治30（1897）年8月4日）, 海越（[生]天保9（1838）年3月19日　[没]明治30（1897）年8月4日）, 海越新（[生]天保9（1838）年3月19日　[没]明治30（1897）年8月4日）, 角史, 京都, 京都大, 郷土長崎, 近現, 高知人, 高知百, 国際, 国史, 国書（[生]天保9（1838）年3月19日　[没]明治30（1897）年8月4日）, コン改, コン4, コン5, 史人（[生]1838年3月19日　[没]1897年8月4日）, 社史（[生]天保9（1838）年3月19日　[没]1897年8月4日）, 重要（[生]天保9（1838）年3月19日　[没]明治30（1897）年8月4日）, 新潮（[生]天保9（1838）年3月19日　[没]明治30（1897）年8月4日）, 人名, 姓氏京都, 世人（[生]天保9（1838）年3月19日　[没]明治30（1897）年8月4日）, 世百, 全書, 大百, 哲学, 伝記, 渡航（[生]1838年3月19日　[没]1897年8月4日）, 日史（[生]天保9（1838）年3月19日　[没]明治30（1897）年8月4日）, 日人, 日本（[没]明治30（1997）年）, 幕末（[没]1897年8月3日）, 藩臣6, 百科, 明治1, 履歴（[生]天保9（1838）年3月19日　[没]明治30（1897）年8月4日）, 歴大

後藤新左衛門　ごとうしんざえもん
天正1（1573）年～
安土桃山時代～江戸時代前期の武士。
¶庄内

後藤助左衛門　ごとうすけざえもん
生没年不詳
安土桃山時代～江戸時代前期の武将、浜田藩浦奉行。
¶島根歴, 戦国, 戦人

神門全瓦　ごとうせんが
→全瓦（せんが）

神門全瓦　ごとうせんげ
→全瓦（せんが）

後藤大学　ごとうだいがく
大永1（1521）年～元和2（1616）年
戦国時代～江戸時代前期の武士。挿花美笑流の元祖。
¶群馬人, 姓氏群馬

後藤大助　ごとうだいすけ
嘉永2（1849）年～?
江戸時代後期～末期の新撰組隊士。
¶新撰

古藤田勘解由左衛門　ことうだかげゆざえもん
生没年不詳
江戸時代前期の剣術家。
¶剣豪, 大百, 日人

小当田勘解由左衛門　ことうだかげゆざえもん
安土桃山時代～江戸時代前期の武士。里見氏家臣。
¶戦人（生没年不詳）, 戦東

古藤田俊定　ことうだとしさだ
生没年不詳
江戸時代前期の武道家。
¶国書

後藤玉右衛門　ごとうたまえもん
寛永18（1641）年～享保17（1732）年
江戸時代前期～中期の剣術家。大道流祖。
¶剣豪

五藤為重　ごとうためしげ
永禄1（1558）年～寛永6（1629）年
安土桃山時代～江戸時代前期の土佐藩家老。
¶高知人, 藩臣6

後藤哲之介　ごとうてつのすけ
天保2（1831）年～文久2（1862）年
江戸時代末期の水戸藩郷士。
¶維新, 幕末（[没]1862年11月4日）

五藤桐月　ごとうとうげつ
天明8（1788）年～安政5（1858）年
江戸時代後期～末期の大目付、書家。
¶高知人

後藤与元　ごとうともたか
天保3（1832）年～明治27（1894）年
江戸時代末期～明治期の加賀大聖寺藩士。
¶藩臣3

後藤深蔵　ごとうふかぞう
→上田宗児（うえたそうじ）

五藤正身　ごとうまさみ
文政5（1822）年～明治8（1875）年
江戸時代末期の安芸土居付き家老。
¶高知人

後藤又市郎　ごとうまたいちろう
?　～寛永19（1642）年頃
江戸時代前期の肥後熊本藩士。
¶藩臣7

後藤充康 ごとうみつやす
　文化10(1813)年〜明治18(1885)年
　江戸時代末期〜明治期の陸奥仙台藩士。
　¶藩臣1

後藤基清 ごとうもときよ
　文政9(1826)年〜明治17(1884)年　別後藤勘九郎《ごとうかんくろう》
　江戸時代末期〜明治期の因幡鳥取藩士。
　¶岡山歴(後藤勘九郎　ごとうかんくろう　⊕文政9(1826)年8月19日　⊗明治17(1884)年10月16日)，鳥取百，藩臣5

五島盛成 ごとうもりあきら
　文化13(1816)年〜*
　江戸時代末期〜明治期の大名。肥前福江藩主。
　¶諸系(⊗1889年)，日人(⊗1889年)，幕末(⊗1890年4月16日)，藩主4(⊕文化13(1816)年4月8日　⊗明治23(1890)年4月16日)

五島盛勝 ごとうもりかつ
　正保2(1645)年〜延宝6(1678)年
　江戸時代前期の大名。肥前福江藩主。
　¶諸系，人名，日人，藩主4(⊗延宝6(1678)年2月24日)

五島盛清 ごとうもりきよ
　寛永5(1628)年〜延宝7(1679)年
　江戸時代前期の大名。肥前福江藩主。
　¶諸系，日人，藩主4(⊗延宝7(1679)年10月16日)

五島盛繁 ごとうもりしげ
　寛政3(1791)年〜慶応1(1865)年
　江戸時代末期の大名。肥前福江藩主。
　¶諸系，日人，藩主4(⊕寛政3(1791)年9月26日　⊗慶応1(1865)年4月19日)

五島盛次 ごとうもりつぐ
　元和4(1618)年〜明暦1(1655)年
　江戸時代前期の大名。肥前福江藩主。
　¶諸系，日人，藩主4(⊗明暦1(1655)年10月9日)

五島盛利 ごとうもりとし
　天正19(1591)年〜寛永19(1642)年
　江戸時代前期の大名。肥前福江藩主。
　¶日人，藩主4(⊗寛永19(1642)年7月19日，(異説)正保1年7月19日)

五島盛暢 ごとうもりのぶ
　寛文2(1662)年〜元禄4(1691)年
　江戸時代前期〜中期の大名。肥前福江藩主。
　¶諸系，日人，藩主4(⊕寛文2(1662)年11月3日　⊗元禄4(1691)年6月22日，(異説)6月24日)

五島盛徳 ごとうもりのり
　天保11(1840)年〜明治8(1875)年　別五島盛徳《ごとうしげのり》
　江戸時代末期〜明治期の大名。肥前福江藩主。
　¶維新(ごとうしげのり)，諸系，日人，幕末(⊗1875年11月11日)，藩主4(⊕天保11(1840)年6月17日　⊗明治8(1875)年11月11日)

五島盛道 ごとうもりみち
　正徳1(1711)年〜安永9(1780)年
　江戸時代中期の大名。肥前福江藩主。
　¶諸系，日人，藩主4(⊕正徳1(1711)年3月23日　⊗安永9(1780)年4月20日)

五島盛運 ごとうもりゆき
　宝暦3(1753)年〜文化6(1809)年
　江戸時代中期〜後期の大名。肥前福江藩主。
　¶諸系，日人，藩主4(⊕宝暦3(1753)年10月23日，(異説)寛延3年　⊗文化6(1809)年5月9日)

五島盛佳 ごとうもりよし
　貞享4(1687)年〜享保19(1734)年
　江戸時代中期の大名。肥前福江藩主。
　¶諸系，日人，藩主4(⊕貞享4(1687)年9月2日　⊗享保19(1734)年8月6日)

琴陵宥常 ことおかひろつね
　*〜明治25(1892)年
　江戸時代末期〜明治期の伊予宇和島藩士。
　¶神人(⊕天保10(1839)年)，幕末(⊕1840年　⊗1892年2月15日)

小永井五八郎 こながいごはちろう
　生没年不詳
　江戸時代末期の操練所勤番公用方下役。1860年咸臨丸の操練所勤番公用方下役としてアメリカに渡る。
　¶海越新

小永井小舟 こながいしょうしゅう
　文政12(1829)年〜明治21(1888)年
　江戸時代末期〜明治期の佐倉藩老職平野重美の末子。幕臣。
　¶維新，江文，国書(⊗明治21(1888)年12月10日)，詩歌，人名，日人，幕末(⊗1888年12月10日)，和俳

小長谷重次 こながやしげつぐ
　〜慶安4(1651)年
　江戸時代前期の旗本。
　¶神奈川人

小長谷政良 こながやまさよし
　? 〜文化11(1814)年
　江戸時代中期〜後期の第23代京都東町奉行。
　¶京都大，姓比京都

小波軍平 こなみぐんぺい
　明和7(1770)年〜安政3(1856)年
　江戸時代後期の伊予宇和島藩士。
　¶朝日(⊗安政3年1月29日(1856年3月5日))，近世(生没年不詳)，国史(生没年不詳)，日人，藩臣6

小西顕 こにしあきら
　生没年不詳
　江戸時代後期の阿波藩士。
　¶国書

小西勇 こにしいさむ
　生没年不詳
　江戸時代後期の播磨竜野藩士。
　¶国書

小西惟冲 こにしいちゅう
　明和6(1769)年〜嘉永7(1854)年　別小西澹斎《こにしたんさい》
　江戸時代中期〜後期の播磨竜野藩士。
　¶国書(小西澹斎　こにしたんさい　⊕明和6(1769)年10月7日　⊗嘉永7(1854)年2月16

日），人名，日人，藩臣5

小西如安（小西如庵）　こにしじょあん
→内藤如安（ないとうじょあん）

小西新太郎　こにししんたろう
天保12（1841）年～？
江戸時代末期の近江彦根藩士足軽。
¶維新，幕末

小西澹斎　こにしたんさい
→小西惟冲（こにしいちゅう）

小西友直　こにしともなお
？　～嘉永2（1849）年
江戸時代後期の阿波藩士。
¶国書

小西直記　こにしなおき
？　～文久2（1862）年
江戸時代末期の万里小路家家士。
¶維新，幕末（[没]1862年12月3日）

小西可春　こにしよしはる
？　～享保4（1719）年3月19日
江戸時代前期～中期の讃岐高松藩士。
¶国書

小沼左伝次　こぬまさでんじ
安土桃山時代～江戸時代前期の武士。里見氏家臣。
¶戦人（生没年不詳），戦東

木場清生　こばきよお
→木場伝内（こばでんない）

木場清生　こばきよふ
→木場伝内（こばでんない）

小橋香水　こばしこうすい
→小橋安蔵（こばしやすぞう）

小橋勢吾郎　こばしせいごろう
文政7（1824）年～明治22（1889）年　[別]小橋冨久《こばしとみひさ》
江戸時代末期～明治期の土佐国坂本村郷士。戊辰戦争に長男と共に従軍、新留守居組に昇格。
¶高知人（小橋冨久　こばしとみひさ），幕末（[没]1889年1月）

小橋瀬五郎　こばしせごろう
文政10（1827）年～元治1（1864）年
江戸時代後期～末期の勤王志士。
¶高知人

小橋冨久　こばしとみひさ
→小橋勢吾郎（こばしせいごろう）

小橋友之輔　こばしとものすけ
弘化3（1846）年～元治1（1864）年
江戸時代末期の武士、勤王家。
¶維新，人名，日人

小橋元雄　こばしもとお
天保11（1840）年～大正3（1914）年
江戸時代末期～明治期の公吏。肥後藩国事史料編纂委員、維新史料編纂委員を命ぜられた。
¶人名

小橋安蔵　こばしやすぞう，こはしやすぞう
文化5（1808）年～明治5（1872）年　[別]小橋香水《こばしこうすい》
江戸時代末期～明治期の讃岐高松藩の志士。
¶維新，香川人，香川百，国書（小橋香水　こばしこうすい　[生]文化5（1808）年11月1日　[没]明治5（1872）年6月），コン改，コン4，コン5，新潮（こはしやすぞう　[生]文化5（1808）年11月1日　[没]明治5（1872）年6月），人名，全書，日人，幕末（こはしやすぞう　[没]1872年7月29日），藩臣6（こはしやすぞう）

小橋吉教　こばしよしのり
文化4（1807）年～明治3（1870）年
江戸時代末期の武士。
¶岡山人

木幡栄周　こばたえいしゅう，こはたえいしゅう
文政8（1825）年～明治13（1880）年　[別]木幡量介《こばたりょうすけ》
江戸時代末期～明治期の志士、都城島津家家士。
¶維新（木幡量介　こばたりょうすけ），人名，日人，幕末（こはたえいしゅう　[没]1880年4月8日），宮崎百

木幡勝之進　こばたかつのしん
江戸時代末期の新撰組隊士。
¶新撰

小畠武堯　こばたけたけたか
？　～享保18（1733）年　[別]小畠武堯《おばたけたけたか，おばたたけたか》
江戸時代中期の上野伊勢崎藩士。
¶群馬人，群馬百（おばたたけたか），姓氏群馬（おばたけたけたか），日人，藩臣2（おばたけたけたか）

木幡定清　こはたさだきよ
生没年不詳
江戸時代の仙台藩士。
¶姓氏宮城

小幡三郎　こばたさぶろう
？　～慶応4（1868）年9月5日？
江戸時代後期～末期の新撰組隊士。
¶新撰

小畠伴左衛門　こばたばんざえもん
江戸時代中期の治水家、伊勢崎藩郡代。
¶人名

木幡文内　こはたぶんない
？　～
江戸時代の八戸藩家老。
¶青森人

木幡量介　こばたりょうすけ
→木幡栄周（こばたえいしゅう）

古波津里恒　こはつりこう
尚質16（1663）年～尚穆2（1753）年
江戸時代前期～中期の奉行役。数理観測にすぐれ、日影を観測し、漏刻の改訂をおこなった。
¶沖縄百

木場伝内　こばでんない
文化14（1817）年～明治24（1891）年　[別]木場清生《こばきよお，こばきよふ》
江戸時代末期～明治期の薩摩藩士。
¶維新，大阪人（木場清生　こばきよふ　[没]明治24（1891）年1月），鹿児島百，神人（木場清生

こばきよお [生]文化4(1807)年), 人名(木場清生 こばきよふ), 姓氏鹿児島, 日人(木場清生 こばきよお), 幕末([没]1891年1月30日)

小花大学 こばなだいがく
〜寛永6(1629)年
安土桃山時代〜江戸時代前期の功臣。
¶庄内

小花理兵衛 こばなりへえ
〜寛永13(1636)年
安土桃山時代〜江戸時代前期の功臣。
¶庄内

小華和業修 こばなわぎょうしゅう
弘化2(1845)年11月16日〜明治37(1904)年7月11日
江戸時代後期〜明治期の旧藩士。
¶庄内

小花和輔太夫 こばなわすけだゆう
〜嘉永2(1849)年2月25日
江戸時代後期の庄内藩士。
¶庄内

小花和亦四郎 こばなわまたしろう
宝暦10(1760)年〜寛政12(1800)年
江戸時代中期〜後期の出羽松山藩家老。
¶庄内([没]寛政12(1800)年8月6日), 藩臣1

小場兵左衛門(1) こばひょうざえもん
天正13(1585)年〜承応2(1653)年
江戸時代前期の備後福山藩士。
¶藩臣6

小場兵左衛門(2) こばひょうざえもん
寛永12(1635)年〜元禄13(1700)年
江戸時代前期〜中期の備後福山藩家老。
¶藩臣6

小場兵馬 こばひょうま
文政1(1818)年〜明治1(1868)年 [別]小場兵馬《こばへいま》
江戸時代末期の下総結城藩士。
¶維新(こばへいま), 茨城百, 郷土茨城, 人名(こばへいま), 日人(こばへいま), 幕末([没]1868年5月6日), 藩臣3

小場兵馬 こばへいま
→小場兵馬(こばひょうま)

小浜嘉隆 こはまよしたか
慶長5(1600)年〜寛文4(1664)年 [別]小浜嘉隆《おはまよしたか》
江戸時代前期の幕臣、砲術家。
¶大阪人(おはまよしたか [生]慶長4(1599)年 [没]寛文4(1664)年3月), 大阪墓(おはまよしたか [没]寛文4(1664)年3月23日), 人名, 日人

小早川秀雄 こばやかわひでお
享和2(1802)年〜嘉永6(1853)年1月3日
江戸時代後期の備中足守藩士・郷土史家。
¶岡山人, 岡山百, 岡山歴, 国書

小林愛竹 こばやしあいちく
天保5(1834)年〜明治30(1897)年
江戸時代末期〜明治期の会津藩士、篆刻家。禁門の変、戊辰戦争に参加。竹木金石に彫刻。
¶会津, 人名, 日人, 幕末([没]1897年10月4日)

小林一郎左衛門 こばやしいちろうざえもん
→小林養仲(2)(こばやしのぶなか)

小林一瓢 こばやしいっぴょう
? 〜元文5(1740)年
江戸時代中期の蝦夷松前藩士。
¶人名, 日人(生没年不詳)

小林歌城 こばやしうたき, こばやしうたぎ
→小林歌城(おばやしうたぎ)

小林大茂 こばやしおおしげ
寛政8(1796)年〜明治3(1870)年
江戸時代末期〜明治期の因幡鳥取藩士。
¶人名, 鳥取百, 日人, 藩臣5

小林寒翠 こばやしかんすい
→小林虎三郎(こばやしとらさぶろう)

小林喜右衛門 こばやしきえもん
文政7(1824)年〜明治5(1872)年
江戸時代末期〜明治期の紀伊和歌山藩士。
¶藩臣5

小林義兄 こばやしぎけい
→小林義兄(こばやしよしえ)

小林儀左衛門 こばやしぎざえもん
文政7(1824)年〜大正5(1916)年
江戸時代末期〜明治期の常陸土浦藩士。
¶幕末([没]1916年1月25日), 藩臣2

小林九左衛門 こばやしきゅうざえもん
→小林九左衛門(こばやしくざえもん)

小林金五兵衛 こばやしきんごべえ
? 〜明治1(1868)年
江戸時代後期〜末期の武士。
¶日人

小林九左衛門 こばやしくざえもん
万治2(1659)年〜享保7(1722)年 [別]小林九左衛門《こばやしきゅうざえもん》
江戸時代前期〜中期の豊後佐伯藩士。
¶大分歴(こばやしきゅうざえもん), 人名(こばやしきゅうざえもん), 日人, 藩臣7

小林九郎大夫 こばやしくろうだゆう
宝暦11(1761)年〜天保7(1836)年5月9日
江戸時代中期〜後期の岡山藩士・軍学者。
¶岡山歴

小林桂之助 こばやしけいのすけ
*〜慶応4(1868)年 [別]小林幸之助《こばやしこうのすけ》
江戸時代後期〜末期の新撰組隊士。
¶新撰([生]弘化4年 [没]慶応4年12月), 幕末(小林幸之助 こばやしこうのすけ [生]? [没]1868年1月10日)

小林外記 こばやしげき
? 〜万延1(1860)年
江戸時代末期の上野吉井藩家老。
¶藩臣2

小林広右衛門 こばやしこうえもん
? 〜享保12(1727)年
江戸時代前期〜中期の剣術家。水野新当流ほか。
¶剣豪

こ

小林幸次郎 こばやしこうじろう
？ ～明治2(1869)年6月
江戸時代後期～明治期の新撰組隊士。
¶新撰([没]明治2年6月か7月)

小林幸之助 こばやしこうのすけ
→小林桂之助(こばやしけいのすけ)

小林幸八 こばやしこうはち
天保9(1838)年～慶応1(1865)年 [別]小林忠雄《こばやしただお》
江戸時代末期の水戸藩吏。
¶維新，人名，人名(小林忠雄 こばやしただお [生]？)，日人([生]1839年)，幕末([没]1865年10月3日)，藩臣2

小林重時 こばやししげとき
～宝永5(1708)年
江戸時代中期の旗本。
¶神奈川人

小林重昌 こばやししげまさ
安土桃山時代～江戸時代前期の武将。
¶姓氏石川

小林柔吉 こばやしじゅうきち
天保8(1837)年～＊
江戸時代末期の安芸広島藩士。
¶維新([没]1868年)，人名([没]1868年)，日人([没]1869年)，幕末([没]1869年1月29日)

小林季定 こばやしすえさだ
→小林要右衛門(こばやしようえもん)

小林佐倍 こばやしすけます
？ ～嘉永4(1851)年
江戸時代後期の越中富山藩士。
¶国書

小林祐猷 こばやしすけみち
生没年不詳
江戸時代末期の美濃郡上藩士。
¶国書

小林祐良 こばやしすけよし
寛文1(1661)年～享保17(1732)年5月24日
江戸時代前期～中期の幕臣。
¶国書

小林省吾 こばやしせいご
弘化1(1844)年～明治37(1904)年
江戸時代後期～明治期の教育者。旧吉井藩士。
¶姓氏群馬

小林忠雄 こばやしただお
→小林幸八(こばやしこうはち)

小林主税 こばやしちから
弘化4(1847)年～？
江戸時代末期の上野吉井藩家老。
¶藩臣2

小林豊助 こばやしとよすけ
生没年不詳
江戸時代末期の三河西大平藩家老。
¶藩臣4

小林虎三郎 こばやしとらさぶろう，こばやしとらざぶろう
文政11(1828)年～明治10(1877)年 [別]小林寒翠《こばやしかんすい》
江戸時代末期～明治期の越後長岡藩の開港論者。
¶維新([生]1827年)，学校([没]明治10(1877)年8月24日)，教育(こばやしとらざぶろう)，近現，近世，国史，国書(小林寒翠 こばやしかんすい [没]明治10(1877)年8月24日)，コン改([生]文政10(1827)年)，コン4([生]文政10(1827)年)，コン5([生]文政10(1827)年)，新潮([没]明治10(1877)年8月24日)，人名(小林寒翠 こばやしかんすい)，新潟百，日人，幕末([没]1877年8月24日)，藩臣4，洋学([生]文政10(1827)年)，履歴([生]文政11(1828)年8月18日 [没]明治10(1877)年8月24日)

小林信近 こばやしのぶちか
文政11(1828)年～明治35(1902)年
江戸時代末期～明治期の駿河沼津藩士。
¶藩臣4

小林養仲(1) こばやしのぶなか
永禄12(1569)年～寛永6(1629)年
安土桃山時代～江戸時代前期の武術家。
¶人名

小林養仲(2) こばやしのぶなか
慶安2(1649)年～宝永6(1709)年 [別]小林一郎左衛門《こばやしいちろうざえもん》
江戸時代前期～中期の剣術家。
¶剣豪(小林一郎左衛門 こばやしいちろうざえもん)，高知人，日人

小林宣兄 こばやしのぶよし
～明治2(1869)年9月24日
江戸時代後期～明治期の弓道家、結城藩士。
¶弓道

小林登之助 こばやしのぼるのすけ
文政11(1828)年～慶応2(1866)年10月29日
江戸時代後期～末期の大砲組頭。
¶庄内

小林春郷 こばやしはるさと
元禄10(1697)年～明和3(1766)年
江戸時代中期の第14代京都東町奉行。
¶京都大，姓氏京都

小林平次右衛門(小林平治右衛門) こばやしへいじえもん
文化12(1815)年～明治5(1872)年
江戸時代末期～明治期の出羽庄内松山藩家老。
¶庄内(小林平治右衛門 [没]明治5(1872)年6月6日)，藩臣1

小林平八郎 こばやしへいはちろう
万治3(1660)年～＊
江戸時代中期の武士。吉良義央の臣。
¶人名([没]1702年)，日人([没]1703年)

小林平六 こばやしへいろく
生没年不詳
江戸時代中期の浪人。
¶和歌山人

小林本次郎 こばやしほんじろう
天保4(1833)年～文久3(1863)年
江戸時代末期の上野安中藩士、儒学者。
¶藩臣2

小林孫四郎 こばやしまごしろう
享保4(1719)年〜天明1(1781)年閏5月24日
江戸時代中期の美作国久世代官。
¶岡山歴

小林孫四郎（政房） こばやしまごしろう
？〜元文5(1740)年7月18日
江戸時代中期の備中国倉敷代官、同笠岡代官、美
作国下町代官。
¶岡山歴（小林孫四郎）

小林正章 こばやしまさあき
生没年不詳
江戸時代中期の丹後宮津藩士。
¶国書

小林正吉 こばやしまさきち
〜寛文1(1661)年
江戸時代前期の旗本。
¶神奈川歴

小林政司 こばやしまさし
天保1(1830)年〜明治26(1893)年10月14日
江戸時代末期〜明治期の義勇隊士。越後農民を集
め義勇隊を組織、新政府軍に従軍。
¶維新，幕末

小林正利 こばやしまさとし
寛永12(1635)年〜正徳1(1711)年
江戸時代前期〜中期の旗本。
¶姓氏神奈川

小林正永 こばやしまさなが
貞享2(1685)年〜享保20(1735)年8月21日
江戸時代前期〜中期の幕臣。
¶国書

小林正玄 こばやしまさはる
〜明暦2(1656)年
江戸時代前期の旗本。
¶神奈川人

小林正平 こばやしまさひら
〜元禄8(1695)年
江戸時代前期の旗本。
¶神奈川人

小林正府 こばやしまさもと
明暦1(1655)年〜元文4(1739)年
江戸時代中期の旗本、代官。
¶神奈川人

小林又兵衛 こばやしまたべえ
寛政11(1799)年〜安政6(1859)年
江戸時代末期の越後長岡藩士。
¶藩臣4

小林峯三郎 こばやしみねさぶろう
天保14(1843)年〜慶応4(1868)年1月5日？
江戸時代後期〜末期の新撰組隊士。
¶新撰

小林要右衛門 こばやしよううえもん
→小林要右衛門（こばやしようえもん）

小林要右衛門 こばやしようえもん
文政12(1829)年〜明治34(1901)年　㊙小林季定
《こばやしすえさだ》，小林要右衛門《こばやしよ
ううえもん》

江戸時代末期〜明治期の信濃須坂藩士。
¶剣豪，長野歴（こばやしよううえもん），藩臣3
（小林季定　こばやしすえさだ）

小林義兄 こばやしよしえ
寛保3(1743)年〜文政4(1821)年　㊙小林義兄
《こばやしぎけい》
江戸時代中期〜後期の国学者。近江彦根藩老印具
家の臣。
¶朝日（㊤寛保3年3月7日（1743年4月1日）　㊦文
政4年9月4日（1821年9月29日）），国書（㊤寛保
3(1743)年3月7日　㊦文政4(1821)年9月4
日），新潮（㊤寛保3(1743)年3月7日　㊦文政4
(1821)年9月4日），人名，日人，藩臣4（こばや
しぎけい　㊦文化4(1807)年）

小林義雄 こばやしよしお
＊〜明治44(1911)年
江戸時代末期〜明治期の丹後宮津藩士、洋風室内
装飾家。美術協会委員図案科幹事。洋風室内装飾
の研究に従事、北白川・有栖川宮邸の室内装飾、
家具調達を拝命。
¶人名（㊤？），日人（㊤1854年）

小場義成 こばよしなり
→小場義成（おばよしなり）

古原三平 こはらさんべい
安永6(1777)年〜天保12(1841)年　㊙古原敏行
《こはらとしゆき，こはらびんこう》
江戸時代後期の豊後杵築藩士。
¶大分百（㊤1770年　㊦1834年），大分歴，国書
（古原敏行　こはらとしゆき），人名（古原敏行
こはらびんこう），日人（古原敏行　こはらび
んこう），藩臣7

古原敏行 こはらとしゆき
→古原三平（こはらさんべい）

古原敏行 こはらびんこう
→古原三平（こはらさんべい）

木場量介 こばりょうすけ
文政8(1825)年〜明治13(1880)年
江戸時代後期〜明治期の都城島津家の家士。鹿児
島女子師範学校監事・都城学校長。
¶姓氏鹿児島

小藤四郎 こふじしろう
弘化1(1844)年〜明治1(1868)年　㊙藤村六郎
《ふじむらろくろう》
江戸時代末期の筑前福岡藩士。
¶維新，新潮（㊦慶応4(1868)年1月20日），人名
（㊤1843年），日人（㊦1868年2月13日）

小藤田勘解由左衛門 こふじたかげゆざえもん
安土桃山時代〜江戸時代前期の剣術家。
¶人名

小藤平蔵 こふじへいぞう
天保10(1839)年〜慶応2(1866)年　㊙小柴三郎
兵衛《こしばさぶろべえ》
江戸時代末期の筑前福岡藩士。
¶維新，新潮（㊤天保10(1839)年5月18日　㊦慶
応2(1866)年5月17日），人名，日人，幕末
（㊦1866年6月29日），藩臣7（㊦慶応1(1865)
年）

小保内定身 こほないていしん
→小保内定身(おぼないさだみ)

小堀遠州 こぼりえんしゅう
天正7(1579)年～正保4(1647)年　[別]小堀政一《こぼりまさかず,こぼりまさかつ》，遠州《えんしゅう》,小堀正一《こぼりまさかず》
安土桃山時代～江戸時代前期の大名。近江小室藩主、備中松山藩主。
¶朝日([没]正保4年2月6日(1647年3月12日))，岩史([没]天保4(1647)年2月6日)，江戸，岡山人(小堀政一　こぼりまさかつ)，岡山百([没]正保4(1647)年2月6日)，岡山歴(小堀政一　こぼりまさかず　[没]正保4(1647)年2月6日)，角史，京都，郷土滋賀，京都大，近世，国史，国書(小堀政一　こぼりまさかず　[没]正保4(1647)年2月6日)，コン改(小堀政一　こぼりまさかず)，コン4(小堀政一　こぼりまさかず)，茶道，詩歌，滋賀百，史人([没]1647年2月6日)，静岡百，静岡歴，諸系，人書94，新潮([没]正保4(1647)年2月6日)，人名，姓氏京都，世人([没]正保4(1647)年2月6日)，世百，戦合，戦国(小堀政一　こぼりまさかず)，全書，戦人(小堀政一　こぼりまさかず)，大百，伝記，日史([没]正保4(1647)年2月6日)，日人，藩主3(小堀政一　こぼりまさかず　[没]正保4(1647)年2月6日)，藩主4(小堀政一　こぼりまさかず)，美術，百科，仏教([没]正保4(1647)年2月6日)，歴大

小堀邦明 こぼりくにあき
？～文化1(1804)年
江戸時代中期～後期の第10代京都代官。
¶京都大

小堀邦直 こぼりくになお
享保14(1729)年～寛政1(1789)年
江戸時代中期～後期の第9代京都代官。小堀惟貞の長男。
¶京都大

小堀惟貞 こぼりこれさだ
宝永6(1709)年～元文3(1738)年
江戸時代中期の第6代京都代官。小堀克敬の子。
¶京都大

小堀権十郎 こぼりごんじゅうろう
→小堀政尹(こぼりまさただ)

小堀定明 こぼりさだあき
正徳4(1714)年12月24日～天明8(1788)年4月27日
江戸時代中期～後期の加賀藩士。
¶国書

小堀重長 こぼりしげなが
寛文3(1663)年～正徳2(1712)年
江戸時代中期の近江小室藩家老。
¶藩臣4

小堀十左衛門 こぼりじゅうざえもん
→小堀政貴(こぼりまさたか)

小堀水翁 こぼりすいおう
享和3(1803)年～明治9(1876)年
江戸時代末期～明治期の肥後熊本藩士。
¶国書([没]明治9(1876)年1月7日)，人名([生]？)，日人，幕末([生]1802年　[没]1876年1月7日)，藩臣7

小堀誠一郎 こぼりせいいちろう
？～慶応4(1868)年8月21日
江戸時代後期～末期の新撰組隊士。
¶新撰

小堀孝長 こぼりたかなが
享保2(1717)年～天明8(1788)年
江戸時代中期の近江小室藩家老。
¶藩臣4

小堀長順 こぼりちょうじゅん
元禄13(1700)年～明和8(1771)年　[別]小堀常春《こぼりつねはる》
江戸時代中期の水泳小堀流初代。肥後熊本藩士村岡伊太夫の次男。
¶朝日(小堀常春　こぼりつねはる)，熊本百([没]明和8(1771)年10月12日)，国書(小堀常春　こぼりつねはる　[没]明和8(1771)年10月12日)，茶道([生]？)，人名([生]？)，日人，藩臣7

小堀常春 こぼりつねはる
→小堀長順(こぼりちょうじゅん)

小堀寅吉 こぼりとらきち
天保14(1843)年～文久1(1861)年
江戸時代末期の志士。
¶維新，人名，日人，幕末([没]1861年7月5日)

小堀永頼 こぼりながより
貞享1(1684)年～明和2(1765)年10月4日
江戸時代前期～中期の加賀藩士。
¶国書

小堀平右衛門 こぼりへいえもん
安永8(1779)年～万延1(1860)年
江戸時代中期～末期の剣術家。二天一流。
¶剣豪

小堀正明 こぼりまさあき
生没年不詳
江戸時代末期の第15代京都代官。
¶京都大

小堀政一 こぼりまさかず
→小堀遠州(こぼりえんしゅう)

小堀政方 こぼりまさかた
→小堀政方(3)(こぼりまさみち)

小堀政一 こぼりまさかつ
→小堀遠州(こぼりえんしゅう)

小堀政優 こぼりまさかつ
→小堀政優(こぼりまさやす)

小堀正誠 こぼりまささと
正徳1(1711)年～寛保1(1741)年
江戸時代中期の第7代京都代官。小堀克敬の3男。
¶京都大

小堀政貴 こぼりまさたか
寛永16(1639)年～宝永1(1704)年　[別]小堀十左衛門《こぼりじゅうざえもん》
江戸時代前期～中期の旗本、茶人。
¶茶道(小堀十左衛門　こぼりじゅうざえもん)，諸系，日人

小堀政尹 こぼりまさただ
寛永2(1625)年～元禄7(1694)年　[別]小堀権十郎

《こぼりごんじゅうろう》
江戸時代前期の旗本、茶人。
¶京都大，国書（[没]元禄7（1694）年8月4日），茶道（小堀権十郎　こぼりごんじゅうろう），諸系，人名，姓氏京都，日人

小堀政恒　こぼりまさつね
慶安2（1649）年～元禄7（1694）年
江戸時代前期の大名。近江小室藩主。
¶茶道，諸系，人名，日人，藩主3（[没]元禄7（1694）年1月2日）

小堀正憲　こぼりまさのり
＊～元禄5（1692）年
江戸時代前期～中期の第3代京都代官。小堀遠州の甥。
¶京都大（[生]寛永4（1627）年），姓氏京都（[生]？）

小堀正徳　こぼりまさのり
生没年不詳
江戸時代前期～中期の第13代京都代官。
¶京都大

小堀正春　こぼりまさはる
文禄3（1594）年～寛文12（1672）年
江戸時代前期の旗本。
¶姓氏京都

小堀政房　こぼりまさふさ
貞享2（1685）年～正徳3（1713）年
江戸時代中期の大名。近江小室藩主。
¶茶道，諸系，人名，日人，藩主3（[没]正徳3（1713）年10月16日）

小堀政方(1)　こぼりまさみち
？　～宝永5（1708）年
江戸時代中期の幕臣。
¶近世，国史

小堀政方(2)　こぼりまさみち
元禄13（1700）年～安永4（1775）年
江戸時代中期の幕臣。寺社奉行。
¶近世，国史，国書（[没]安永4（1775）年11月19日），史人（[没]1775年11月19日）

小堀政方(3)　こぼりまさみち
寛保2（1742）年～享和3（1803）年　[別]小堀政方《こぼりまさかた》
江戸時代中期～後期の大名。近江小室藩主。
¶朝日（[没]享和3年9月8日（1803年10月23日）），京都大，近世，国史，国書（[没]享和3（1803）年9月8日），コン改（こぼりまさかた），コン4（こぼりまさかた），茶道（こぼりまさかた　[生]1743年），史人（[没]1803年9月），諸系，新潮（こぼりまさかた　[没]享和3（1803）年9月8日），人名（こぼりまさかた），姓氏京都，日人，藩主3（[没]享和3（1803）年9月8日），歴大

小堀政峰　こぼりまさみね
寛文7（1667）年～寛延1（1748）年
江戸時代中期の伏見奉行。
¶人名

小堀政峯（小堀政峰）　こぼりまさみね
＊～宝暦10（1760）年
江戸時代中期の大名。近江小室藩主。
¶京都大（[生]元禄1（1688）年），茶道（小堀政峰〔遠州流5世〕　[生]1690年），諸系（[生]1690年　[没]1761年），姓氏京都（[生]1688年），日人（[生]1690年　[没]1761年），藩主3（[生]元禄2（1689）年　[没]宝暦10（1760）年12月16日）

小堀政休　こぼりまさやす
天保11（1840）年～明治34（1901）年
江戸時代末期～明治期の旗本、茶匠（遠州流家元）。遠州流茶道保存会設立者。
¶茶道

小堀政優　こぼりまさやす
天明6（1786）年～慶応3（1867）年　[別]小堀政優《こぼりまさかつ》
江戸時代後期の遠州流の茶人、幕府の先手頭。
¶茶道，諸系，人名（こぼりまさかつ　[生]1785年　[没]1866年），日人

小堀正之　こぼりまさゆき
元和6（1620）年～延宝2（1674）年
江戸時代前期の大名。近江小室藩主。
¶茶道，諸系，日人，藩主3（[没]延宝2（1674）年8月24日）

小堀政良　こぼりまさよし
天和3（1683）年～明和1（1764）年
江戸時代前期～中期の第8代京都代官。多羅尾光忠の3男。
¶京都大

小堀正芳　こぼりまさよし
？　～天保14（1843）年
江戸時代後期の第14代京都代官。
¶京都大

小堀克敬(1)　こぼりもとかつ
延宝2（1674）年～享保4（1719）年
江戸時代前期～中期の第4代京都代官。小堀正憲の長男。
¶京都大

小堀克敬(2)　こぼりもとかつ
～元文3（1738）年
江戸時代中期の旗本。
¶神奈川人

駒井鶯宿　こまいおうしゅく
明和3（1766）年～弘化3（1846）年　[別]駒井乗邨《こまいのりむら》
江戸時代中期～後期の陸奥白河藩士。
¶国書（駒井乗邨　こまいのりむら　[没]弘化3（1846）年1月22日），藩臣2（[生]明和2（1765）年），藩臣4，三重

駒井勝重　こまいかつしげ
～明暦2（1656）年
江戸時代前期の旗本。
¶神奈川人

駒井勝茂　こまいかつしげ
～寛文6（1666）年
江戸時代前期の旗本。
¶神奈川人

狛伊勢　こまいせ
天正9（1581）年～万治2（1659）年
江戸時代前期の越前福井藩家老。
¶藩臣3

駒井親直(1) こまいちかなお
〜寛文8(1668)年
江戸時代前期の旗本。
¶神奈川人

駒井親直(2) こまいちかなお
天正4(1576)年〜寛永8(1631)年
江戸時代前期の幕府御使番。
¶人名，日人

駒井親昌 こまいちかまさ
慶長17(1612)年〜延宝5(1677)年
江戸時代前期の武士、新番頭。
¶人名，日人

駒井寿正 こまいとしまさ
元禄7(1694)年〜安永2(1773)年
江戸時代中期の旗奉行。
¶人名，日人

駒井朝温 こまいともあつ
江戸時代末期の幕臣。
¶維新，幕末(生没年不詳)

駒井信興 こまいのぶおき
江戸時代末期の幕臣。
¶維新，幕末(生没年不詳)

駒井乗邨 こまいのりむら
→駒井鶯宿(こまいおうしゅく)

駒井匏軒 こまいほうけん
文政7(1824)年〜明治12(1879)年
江戸時代末期の津山松平藩士、漢学者。
¶岡山人，岡山歴([没]明治12(1879)年7月)

駒井昌勝 こまいまさかつ
寛永12(1635)年〜天和3(1683)年
江戸時代前期の武士、使番。
¶人名，日人

駒井政五郎 こまいまさごろう
天保12(1841)年〜明治2(1869)年
江戸時代末期の長州(萩)藩士。
¶維新，人名，日人，幕末([没]1869年6月3日)，藩臣6

駒井昌長 こまいまさなが
弘治3(1557)年〜寛永12(1635)年
安土桃山時代〜江戸時代前期の武将、甲斐積翠寺城主。
¶人名，日人

駒井昌保 こまいまさやす
*〜寛永19(1642)年
江戸時代前期の御普請奉行。
¶人名([生]1584年)，日人([生]1588年)

小牧昌業 こまきしょうぎょう
→小牧昌業(こまきまさなり)

小牧親光 こまきちかみつ
安永4(1775)年〜天保9(1838)年
江戸時代後期の播磨三日月藩士。
¶藩臣5

小牧親義 こまきちかよし
生没年不詳
江戸時代末期の播磨三日月藩用人。
¶藩臣5

駒木根右近 こまぎねうこん
江戸時代前期の武士。徳川家康の家臣。
¶人名

駒木根利政 こまぎねとしまさ，こまきねとしまさ
天文23(1554)年〜寛永12(1635)年
安土桃山時代〜江戸時代前期の武士。豊臣氏家臣、徳川氏家臣。
¶戦国，戦人(こまきねとしまさ)，日人

駒木根肥後守政方 こまぎねひごのかみまさかた
→駒木根政方(こまきねまさかた)

駒木根政方 こまきねまさかた
*〜延享4(1747)年 [別]駒木根肥後守政方《こまぎねひごのかみまさかた》
江戸時代前期〜中期の旗本。
¶埼玉人([生]不詳 [没]延享4(1747)年10月8日)，長崎歴(駒木根肥後守政方 こまぎねひごのかみまさかた [生]寛文12(1672)年)

駒木根政澄 こまきねまさずみ
？ 〜正保1(1644)年
江戸時代前期の武士、砲術駒木根流開祖。
¶和歌山人

小牧徳方 こまきのりかた
安永5(1776)年〜嘉永6(1853)年10月16日
江戸時代中期〜後期の土佐藩士。
¶国書

小牧米山 こまきべいざん
寛政1(1789)年〜元治1(1864)年5月9日
江戸時代後期の土佐藩家老五藤氏の家臣。
¶幕末

小牧昌業 こまきまさなり
天保14(1843)年〜大正11(1922)年 [別]小牧昌業《こまきしょうぎょう，こまきまさのり》
江戸時代末期〜明治期の薩摩藩士、官僚、漢学者。
¶朝日([生]天保14年9月12日(1843年10月5日) [没]大正11(1922)年10月25日)，維新，人名，世紀([生]天保14(1843)年9月12日 [没]大正11(1922)年10月25日)，姓氏鹿児島(こまきしょうぎょう)，渡航(こまきまさのり [生]1843年9月 [没]1922年10月25日)，日人，幕末([没]1923年10月25日)，藩臣7，履歴([生]天保14(1843)年9月12日 [没]大正11(1922)年10月25日)

小牧昌業 こまきまさのり
→小牧昌業(こまきまさなり)

駒沢清泉 こまざわせいせん
→駒沢勇左衛門(こまざわゆうざえもん)

駒沢利廉 こまざわとしかど
寛政1(1789)年〜明治8(1875)年 [別]駒沢撫松《こまざわぶしょう》
江戸時代後期の丹波篠山藩士、学者。
¶国書([没]明治8(1875)年3月28日)，藩臣5(駒沢撫松 こまざわぶしょう)

駒沢撫松 こまざわぶしょう
→駒沢利廉(こまざわとしかど)

駒沢勇左衛門 こまざわゆうざえもん
元文1(1736)年〜文政1(1818)年 [別]駒沢清泉《こまざわせいせん》
江戸時代中期〜後期の信濃須坂藩家老。

¶長野歴（駒沢清泉　こまざわせいせん），藩臣3

駒沢義利 こまざわよしとし
文政8（1825）年～明治22（1889）年
江戸時代末期～明治期の丹波篠山藩士。
¶藩臣5

高麗高演 こまたかのぶ
？　～享保6（1721）年
江戸時代中期の旗本。
¶神奈川人，姓氏神奈川

駒田信光 こまだのぶみつ
生没年不詳
江戸時代末期の田辺与力。
¶和歌山人

小松彰 こまつあきら
天保13（1842）年～明治21（1888）年
江戸時代末期～明治期の信濃松本藩士、官僚、実業家。東京株式取引所初代頭取。広い視野を持った論客として信望を得た。倉敷県判事、文部大丞を歴任。
¶朝日（[生]天保13年3月9日（1842年4月19日）[没]明治21（1888）年3月24日），コン改，コン5，人名，姓氏長野，長野百，長野歴，日人

小松栄盛 こまつえもり
→小松栄盛（こまつひでもり）

小松清宣 こまつきよのぶ
→小松才蔵（こまつさいぞう）

小松弘毅 こまつこうき
文政4（1821）年～明治30（1897）年
江戸時代末期～明治期の出羽秋田藩士、漢学者。
¶藩臣1

小松才蔵 こまつさいぞう
天保4（1833）年～明治23（1890）年　[別]小松清宣《こまつきよのぶ》
江戸時代末期～明治期の日向佐土原藩士。
¶維新，人名（小松清宣　こまつきよのぶ），日人，藩臣7（小松清宣　こまつきよのぶ）

小松大助 こまつだいすけ
弘化4（1847）年～？
江戸時代末期の上総飯野藩士。
¶藩臣3

小松毅彦 こまつたけひこ
文政6（1823）年～元治1（1864）年
江戸時代末期の水戸藩士。
¶維新，幕末（[没]1864年12月13日）

小松帯刀 こまつたてわき
天保6（1835）年～明治3（1870）年　[別]肝付尚五郎《きもつきなおごろう》
江戸時代末期～明治期の薩摩藩士、官僚。肝付兼善の3男。
¶朝日（[生]天保6年10月14日（1835年12月3日）[没]明治3年7月20日（1870年8月16日）），維新，岩史（[生]天保6（1835）年10月14日　[没]明治3（1870）年7月20日），鹿児島百，角史，京都大，近現，近世，国際，国史，国書（[生]天保6（1835）年10月14日　[没]明治3（1870）年7月20日），コン改，コン4，コン5，史人（[生]1835年10月14日　[没]1870年7月20日），重要（[生]天保6（1835）年10月14日　[没]明治3（1870）年7月20日），新潮（[生]天保6（1835）年10月14日　[没]明治3（1870）年7月20日），人名，姓氏鹿児島，姓氏京都，世人（[生]天保6（1835）年10月14日　[没]明治3（1870）年7月20日），全書，大百，日史（[生]天保6（1835）年10月14日　[没]明治3（1870）年7月20日），日人，日本，幕末（[没]1870年8月16日），藩臣7，百科，歴大

小松多仲 こまつたなか
？　～明治37（1904）年
江戸時代末期～明治期の信濃高遠藩士。
¶藩臣3

小松尚七 こまつなおしち
天明6（1786）年～？
江戸時代後期の下総古河藩士。
¶藩臣3

小松春鄰 こまつはるちか
天保9（1838）年～大正3（1914）年
江戸時代末期～明治期の大和郡山藩士。
¶日人，藩臣4

小松栄盛 こまつひでもり
天明6（1786）年～嘉永4（1851）年　[別]小松栄盛《こまつえもり》
江戸時代中期～後期の土佐藩士。
¶高知人（こまつえもり），国書（[没]嘉永4（1851）年10月28日）

小松六郎左衛門 こまつろくろうざえもん
？　～享保7（1722）年
江戸時代中期の信濃高遠藩用人。
¶藩臣3

駒留陋斎 こまどめろうさい
生没年不詳
江戸時代後期の駿河沼津藩医、儒学者。
¶藩臣4

五味貞之 ごみさだゆき
？　～宝暦4（1754）年7月27日
江戸時代中期の尾張藩士・故実家。
¶国書

五味豊直 ごみとよなお
天正11（1583）年～万治3（1660）年
安土桃山時代～江戸時代前期の初代京都代官奉行。
¶京都大，京都府，埼玉人（[生]不詳　[没]万治3（1660）年8月9日），姓氏京都

五味豊旨 ごみとよむね
？　～延宝8（1680）年
江戸時代前期の第2代京都代官。五味豊直の子。
¶京都大，姓氏京都

小南五郎 こみなみごろう
→小南五郎右衛門（こみなみごろうえもん）

小南五郎右衛門 こみなみごろうえもん
文化9（1812）年～明治15（1882）年　[別]小南五郎《こみなみごろう》
江戸時代末期～明治期の江ノ口村藩士。
¶維新（小南五郎　こみなみごろう），高知人，国書（[没]明治15（1882）年2月22日），コン改，コン4，コン5，新潮（[生]文化9（1812）年10月　[没]明治15（1882）年2月22日），人名（小南五郎

こみなみごろう)，日人(小南五郎　こみなみごろう)，幕末([没]1882年2月22日)，藩臣6

小南義方 こみなみよしかた
明和2(1765)年～文政10(1827)年
江戸時代後期の武士、民政家。
¶コン改，コン4，日人

小峰伝七郎 こみねでんしちろう
？～万治3(1660)年
江戸時代前期の剣術家。自心流祖。
¶剣豪

小宮久左衛門 こみやきゅうざえもん
？～寛政5(1793)年
江戸時代中期の下総古河藩家老。
¶藩臣3

小宮左平太 こみやさへいた
～正保3(1646)年閏12月8日
江戸時代前期の庄内藩士。
¶庄内

小宮四郎左衛門 こみやしろうざえもん
文政6(1823)年～明治2(1869)年　[別]小宮民部《こみやみんぶ》
江戸時代末期の豊前小倉藩家老。
¶維新，幕末([没]1869年12月31日)，藩臣7(小宮民部　こみやみんぶ)

小宮山謙亭 こみやまけんてい
→小宮山昌世(こみやままさよ)

小宮山昌世 こみやましょうせい
→小宮山昌世(こみやままさよ)

小宮山南梁 こみやまなんりょう
→小宮山綏介(こみやまやすすけ)

小宮山楓軒 こみやまふうけん
明和1(1764)年～天保11(1840)年　[別]小宮山昌秀《こみやままさひで》
江戸時代中期～後期の水戸藩士。農政家。
¶朝日(小宮山昌秀　こみやままさひで　[没]天保11年3月2日(1840年4月4日))，茨城百，岩史([没]天保11(1840)年3月2日)，角史(小宮山昌秀　こみやままさひで)，郷土茨城，近世，考古([生]明和3(1766)年　[没]天保11年(1840年3月2日))，国史，国書([没]天保11(1840)年3月2日)，コン改(小宮山昌秀　こみやままさひで)，コン4(小宮山昌秀　こみやままさひで)，史人([没]1840年3月2日)，新潮(小宮山昌秀　こみやままさひで　[没]天保11(1840)年3月2日)，人名(小宮山昌秀　こみやままさひで　[生]1766年)，世人(小宮山昌秀　こみやままさひで)，全書(小宮山昌秀　こみやままさひで)，日史(小宮山昌秀　こみやままさひで　[没]天保11(1840)年3月2日)，日人，藩臣2，百科(小宮山昌秀　こみやままさひで)，歴大

小宮山昌堅 こみやままさかた
生没年不詳
江戸時代後期の水戸藩士。
¶国書

小宮山昌秀 こみやままさひで
→小宮山楓軒(こみやまふうけん)

小宮山昌世 こみやままさよ
？～安永2(1773)年　[別]小宮山謙亭《こみやまけんてい》，小宮山昌世《こみやましょうせい》，小宮山杢之進《こみやまもくのしん》
江戸時代中期の儒者、幕臣。
¶朝日(こみやましょうせい　[没]安永2年閏3月20日(1773年5月11日))，江文(小宮山謙亭　こみやまけんてい　[生]元禄2(1689)年)，近世，国史，国書([生]元禄2(1689)年　[没]安永3(1774)年3月20日)，コン改(こみやましょうせい　生没年不詳)，コン4(こみやましょうせい　生没年不詳)，史人([没]1773年閏3月20日)，新潮(こみやましょうせい　[没]安永2(1773)年閏3月20日)，人名(こみやましょうせい)，日史([没]安永2(1773)年閏3月20日)，日人([生]1689年)，百科(生没年不詳)，山梨百(小宮山杢之進　こみやまもくのしん)，歴大

小宮山民部 こみやまみんぶ
生没年不詳
江戸時代前期の徳川の家臣。佐渡支配代官。
¶新潟百

小宮山杢之進 こみやまもくのしん
→小宮山昌世(こみやままさよ)

小宮山綏介 こみやまやすすけ
文政12(1829)年～明治29(1896)年　[別]小宮山南梁《こみやまなんりょう》
江戸時代末期～明治期の水戸藩士、漢学者。
¶朝日([没]明治29(1896)年12月24日)，近現，近世，国史，国書(小宮山南梁　こみやまなんりょう　[没]明治29(1896)年12月24日)，コン改，コン5，史研([没]明治29(1896)年12月24日)，史人([没]1896年12月24日)，神人([没]明治29(1896)年12月24日)，新潮([没]明治29(1896)年12月24日)，人名，日人(小宮山南梁　こみやまなんりょう)，幕末(小宮山南梁　こみやまなんりょう　[没]1896年12月24日)，藩臣2(小宮山南梁　こみやまなんりょう)

小宮民部 こみやみんぶ
→小宮四郎左衛門(こみやしろうざえもん)

小村雪翁 こむらせつおう
寛政12(1800)年～明治11(1878)年2月20日
江戸時代末期～明治期の武士。周防国吉川家臣。
¶幕末

小室怡々斎 こむろいいさい
天保8(1837)年～明治33(1900)年
江戸時代末期～明治期の出羽秋田藩士、画家。
¶人名，日人，藩臣1，美家([生]天保8(1837)年1月27日　[没]明治33(1900)年12月17日)

小室左門 こむろさもん
天保12(1841)年～明治1(1868)年2月20日
江戸時代末期の水戸藩郷士。
¶幕末

小室信夫 こむろしのぶ
天保10(1839)年～明治31(1898)年　[別]小室信夫《こむろのぶお》
江戸時代末期～明治期の徳島藩士、志士、実業家。維新後、岩鼻県知県事、徳島藩大参事などを歴任。民選議院設立を建白。

¶朝日（[生]天保10年9月30日（1839年11月5日）[没]明治31（1898）年6月5日），維新（こむろのぶお），岩史（[生]天保10（1839）年9月30日　[没]明治31（1898）年6月5日），海越新（[生]天保10（1839）年9月30日　[没]明治31（1898）年6月5日），角史，郷土群馬（こむろのぶお　[生]1840年），京都大，京都府，近現，群馬人（こむろのぶお），国史，コン改，コン4，コン5，史人（[生]1839年9月30日　[没]1898年6月5日），重要（[生]天保10（1839）年1月　[没]明治31（1898）年6月5日），新潮（[生]天保10（1839）年1月　[没]明治31（1898）年6月5日），人名（こむろのぶお），姓氏京都，姓氏群馬（こむろのぶお），世人（[生]天保10（1839）年9月30日　[没]明治31（1898）年6月5日），全書，徳島百（[生]天保10（1839）年9月30日　[没]明治31（1898）年6月5日），徳島歴（[没]明治31（1898）年5月5日），渡航（こむろのぶお　[没]1898年6月5日），日史（[生]天保10（1839）年9月30日　[没]明治31（1898）年6月5日），日人，幕末（[没]1898年6月5日），百科，民学，明治1（[没]1889年），歴大

小室信夫　こむろのぶお
→小室信夫（こむろしのぶ）

米田監物(1)　こめだけんもつ
天正14（1586）年～万治1（1658）年
江戸時代前期の肥後熊本藩家老。
¶藩臣7

米田監物(2)　こめだけんもつ
→長岡監物（ながおかけんもつ）

米田是著　こめだこれあき
享保5（1720）年11月12日～寛政9（1797）年4月14日
江戸時代中期～後期の肥後熊本藩士。
¶国書

米田左馬允　こめださまのじょう
元和4（1618）年～延宝8（1680）年
江戸時代前期の肥後熊本藩家老。
¶藩臣7

米田虎雄　こめだとらお，こめたとらお
天保10（1839）年～大正4（1915）年11月27日
江戸時代末期～明治期の肥後熊本藩士。明治天皇側近。
¶朝日（[生]天保10（1839）年1月），維新（こめたとらお），熊本百（[生]天保10（1839）年6月），日人，幕末

薦岡次郎右衛門　こもおかじろううえもん
→薦岡次郎右衛門（こもおかじろうえもん）

薦岡次郎右衛門　こもおかじろうえもん
[別]薦岡次郎右衛門《こもおかじろううえもん》
安土桃山時代～江戸時代前期の武士。里見氏家臣。
¶戦人（生没年不詳），戦東（こもおかじろううえもん）

菰田武三　こもたたけぞう
江戸時代末期の新撰組隊士。
¶新撰

薦野頼俊　こものよりとし
生没年不詳
安土桃山時代～江戸時代前期の武士。里見氏家臣。
¶戦辞，戦人，戦東

小森浅右衛門　こもりあさえもん
？～享保6（1721）年　[別]小森伝蔵《こもりでんぞう》
江戸時代中期の剣術家。新影流。
¶岡山人，岡山歴（小森伝蔵　こもりでんぞう），剣豪（生没年不詳）

小森一貫斎　こもりいっかんさい
文化12（1815）年～明治4（1871）年
江戸時代末期～明治期の陸奥会津藩士。
¶会津，維新，幕末（[没]1871年2月8日），藩臣2

小森雲石　こもりうんせき
文政5（1822）年～明治24（1891）年
江戸時代後期の都賀郡塩山村の名主、剣術家。
¶栃木歴

小森伝蔵　こもりでんぞう
→小森浅右衛門（こもりあさえもん）

籠谷舎人　こもりやとねり
生没年不詳
江戸時代中期の播磨姫路藩家老。
¶藩臣5

小八木五兵衛　こやぎごへえ
生没年不詳
江戸時代末期の土佐藩士、佐幕派の指導者。
¶朝日，維新，日人

小八木正光　こやぎまさみつ
弘治2（1556）年～
江戸時代前期の土佐藩士。
¶高知人

児安伝八　こやすでんぱち
？～享保17（1732）年
江戸時代中期の上総勝浦藩代官。
¶藩臣3

小簗川主膳　こやながわしゅぜん
？～嘉永4（1851）年
江戸時代末期の伊予宇和島藩士。
¶藩臣6

小山空印　こやまくういん
江戸時代中期の剣術家、鹿沼郷士。
¶栃木歴

小山郡太夫　こやまぐんだゆう
生没年不詳
江戸時代後期の信濃高遠藩士、軍学者。
¶藩臣3

小山敬容　こやまけいよう
天保6（1835）年1月26日～明治4（1871）年6月11日
[別]小山敬容《こやまたかやす》
江戸時代後期～明治期の武士、国学者。
¶岡山人，岡山歴，国書（こやまたかやす）

小山駿亭　こやましゅんてい
天明4（1784）年7月7日～天保6（1835）年7月17日
江戸時代中期～後期の尾張藩士・書家。
¶国書

小山松渓　こやましょうけい
文久3（1863）年～明治36（1903）年　[別]小山松渓

《おやましょうけい》
江戸時代末期～明治期の画家、越後高田藩士。
¶岡山人（おやましょうけい），人名（おやましょうけい），新潟百，日人，美家（[没]明治36(1903)年11月1日）

小山甚五左衛門 こやまじんござえもん
慶長4(1599)年～万治1(1658)年
安土桃山時代～江戸時代前期の剣術家。巨川流祖。
¶剣豪

小山敬容 こやまたかやす
→小山敬容（こやまけいよう）

小山武矩 こやまたけのり
享保18(1733)年～文化10(1813)年7月20日
江戸時代中期～後期の肥後熊本藩士。
¶国書

小山武岑 こやまたけみね
寛政8(1796)年1月28日～明治3(1870)年9月25日
江戸時代後期～明治期の肥後熊本藩士。
¶国書

児山紀成 こやまのりしげ
安永6(1777)年～天保11(1840)年
江戸時代後期の幕臣、国学者。
¶江文，国書（[没]天保11(1840)年4月27日），詩歌，人名（[生]？），日人，三重続，和俳

小山守右衛門 こやまもりえもん
明暦2(1656)年～延宝2(1674)年
江戸時代前期の武士。
¶和歌山人

小山良左衛門 こやまりょうざえもん
江戸時代後期～末期の加賀藩士。
¶姓氏石川

子吉兵衛 こよしひょうえ
安土桃山時代～江戸時代前期の地方豪族・土豪。
¶戦国，戦人（生没年不詳）

是枝万助 これえだばんすけ
江戸時代末期の薩摩藩士。
¶維新，姓氏鹿児島，幕末（生没年不詳）

是洞新兵衛 これぼらしんべえ
文政1(1818)年～慶応3(1867)年
江戸時代末期の上総飯野藩士。
¶藩臣3

古渡弥惣治 こわたりやそうじ
天保13(1842)年～明治21(1888)年7月31日
江戸時代末期～明治期の新徴組隊士。
¶幕末

金易右衛門 こんいえもん
→金易右衛門（こんやすえもん）

権行院覚雄 ごんぎょういんかくゆう
生没年不詳
江戸時代の武道家。無二流棒の手3代。
¶姓氏愛知

権田市右衛門 ごんだいちえもん
明和3(1766)年～？
江戸時代中期の豊前中津藩士。
¶人名，日人

金大之進 こんだいのしん
文化3(1806)年～明治4(1871)年
江戸時代末期～明治期の出羽秋田藩士。
¶維新，幕末（[没]1872年1月9日），藩臣1（[生]文化1(1804)年）

権田小三郎 ごんだこさぶろう，ごんだこざぶろう
生没年不詳
安土桃山時代～江戸時代前期の武士。徳川氏家臣。
¶京都府，戦人，戦補（ごんだこざぶろう）

権太泰従 ごんたやすより
？～文久1(1861)年7月
江戸時代後期～末期の幕臣。
¶国書

近藤昶 こんどうあきら
→近藤長次郎（こんどうちょうじろう）

近藤伊左衛門 こんどういざえもん
寛保2(1742)年～文政4(1821)年9月10日
江戸時代中期～後期の津山松平藩士。
¶岡山歴

近藤勇 こんどういさみ
天保5(1834)年～明治1(1868)年
江戸時代末期の京都守護職傘下の新撰組局長。
¶朝日（[生]天保5年10月9日(1834年11月9日) [没]明治1年4月25日(1868年5月17日)），維新，岩史（[生]天保5(1834)年10月5日　[没]慶応4(1868)年4月25日），江戸東，角史，京都，京都大，近世，剣豪，国史，国書（[没]慶応4(1868)年4月25日），コン改，コン4，史人（[没]1868年4月25日），重要（[没]慶応4(1868)年4月25日），人書94，新撰（[生]天保5年10月9日　[没]慶応4年4月25日），新潮（[没]慶応4(1868)年4月25日），人名，姓氏京都，世人（[没]明治1(1868)年4月25日），世百，全書，大百，多摩，千葉百，伝記，日史（[没]明治1(1868)年4月25日），日人，幕末（[生]1834年11月9日　[没]1868年5月17日），百科，山梨百（[没]慶応4(1868)年3月25日），歴大

近藤岩五郎 こんどういわごろう
→近藤信成（こんどうのぶなり）

近藤英山 こんどうえいざん
→近藤定常（こんどうさだつね）

近藤織部 こんどうおりべ
＊～明治23(1890)年　[別]近藤幸殖《こんどうさきたね，こんどうゆきたね》，近藤鐸山《こんどうたくざん》
江戸時代末期～明治期の亀山藩家老。
¶維新（[生]1813年），国書（近藤幸殖　こんどうゆきたね　[生]文化11(1814)年　[没]明治23(1890)年8月3日），神人（[生]文化10(1813)年　[没]明治23(1890)年8月3日），人名（近藤幸殖　こんどうさきたね　[生]？），人名（[生]？），日人（[生]1813年），幕末（近藤鐸山　こんどうたくざん　[生]1813年　[没]1890年8月30日），藩臣4（近藤鐸山　こんどうたくざん　[生]文化11(1814)年　[没]明治24(1891)年），三重（近藤鐸山　[生]文化11年）

近藤甲斐 こんどうかい
？～文政11(1828)年
江戸時代後期の越中富山藩家老。

¶藩臣3

近藤薫　こんどうかおる
天保13(1842)年～？
江戸時代末期の播磨姫路藩士。
¶幕末，藩臣5

近藤角左衛門　こんどうかくざえもん
天明2(1782)年～？
江戸時代後期の下総古河藩士。
¶藩臣3

近藤角太夫(1)　こんどうかくだゆう
生没年不詳
江戸時代中期～後期の駿河沼津藩士。
¶藩臣4

近藤角太夫(2)　こんどうかくだゆう
？～文政10(1827)年
江戸時代後期の駿河沼津藩士。
¶藩臣4

近藤勝直　こんどうかつなお
文政2(1819)年～明治13(1880)年
江戸時代末期～明治期の丹波綾部藩士。
¶藩臣5

近藤勝由　こんどうかつよし
文政10(1827)年～明治34(1901)年
江戸時代末期～明治期の丹波綾部藩士。
¶京都府，日人，藩臣5

近藤簣山　こんどうきざん
文化9(1812)年～明治21(1888)年
江戸時代末期～明治期の小松藩士。
¶人名，日人，幕末([没]1888年6月17日)，藩臣6

近藤清石　こんどうきよし
天保4(1833)年～大正5(1916)年
江戸時代末期～明治期の長州藩の国学者。
¶郷土([生]天保4(1833)年4月17日　[没]大正5(1916)年1月4日)，考古([生]天保4(1833)年4月17日　[没]大正5(1916)年1月4日)，国書([生]天保4(1833)年4月17日　[没]大正5(1916)年1月4日)，史研([生]天保4(1833)年4月17日　[没]大正5(1916)年1月4日)，人名，姓氏山口，日人，幕末([没]1916年1月4日)，藩臣6，山口百

近藤内蔵助(近藤内蔵之助)　こんどうくらのすけ
？～文化4(1807)年　[別]近藤長裕《こんどうちょうゆう》，近藤内蔵助長裕《こんどうくらのすけながひろ》，近藤内蔵之助《こんどうくらのすけ》
江戸時代の剣術家、天然理心流の祖。
¶神奈川人(近藤長裕　こんどうちょうゆう)，剣豪(近藤内蔵之助)，人名(近藤内蔵助長裕　こんどうくらのすけながひろ)，体育(近藤内蔵助長裕　こんどうくらのすけながひろ)，日人

近藤内蔵助長裕　こんどうくらのすけながひろ
→近藤内蔵助(こんどうくらのすけ)

近藤源左衛門　こんどうげんざえもん
享保18(1733)年～？
江戸時代中期の幕臣。
¶国書

近藤五太夫　こんどうごだゆう
寛文3(1663)年～元文2(1737)年
江戸時代中期の常陸土浦藩士。
¶藩臣2

近藤幸殖　こんどうさきたね
→近藤織部(こんどうおりべ)

今藤策兵衛(近藤策兵衛)　こんどうさくべえ
江戸時代末期の備中新見藩士。
¶岡山歴(近藤策兵衛)，藩臣6(生没年不詳)

近藤定常　こんどうさだつね
文政8(1825)年～明治16(1883)年　[別]近藤英山《こんどうえいざん》
江戸時代末期～明治期の備前岡山藩の勤王家。
¶維新，剣豪(近藤英山　こんどうえいざん)，幕末([没]1883年8月20日)，藩臣6(生没年不詳)

近藤貞用　こんどうさだもち
慶長11(1606)年～元禄9(1696)年　[別]近藤登之助《こんどうのぼりのすけ》
江戸時代前期～中期の武士。
¶黄檗([没]元禄9(1696)年2月2日)，国書([没]元禄9(1696)年2月2日)，静岡百，静岡歴，人名(近藤登之助　こんどうのぼりのすけ)，姓氏静岡，日人

近藤茂信　こんどうしげのぶ
元禄16(1703)年～宝暦5(1755)年
江戸時代中期の出雲松江藩士。
¶島根歴，藩臣5

近藤七右衛門　こんどうしちえもん
？～安政1(1854)年
江戸時代末期の下総結城藩士。
¶幕末([没]1854年9月25日)，藩臣3

近藤七助　こんどうしちすけ
明暦2(1656)年～享保16(1731)年
江戸時代前期～中期の備前岡山藩士。
¶岡山歴，藩臣6

近藤七郎左衛門　こんどうしちろうざえもん
生没年不詳
江戸時代末期の薩摩藩士。
¶幕末

近藤重蔵　こんどうじゅうぞう
明和8(1771)年～文政12(1829)年　[別]近藤守重《こんどうもりしげ》，近藤正斎《こんどうせいさい》
江戸時代後期の北方探検家、幕臣。幕命により東蝦夷を探検し、国後・択捉に渡る。択捉島北端に「大日本恵登呂府」の標柱をたてた。
¶朝日([没]文政12年6月16日(1829年7月16日))，岩史([没]文政12(1829)年6月16日)，江戸東，江文(近藤正斎　こんどうせいさい)，角史，郷土滋賀，近世，国史，国書(近藤正斎　こんどうせいさい　[没]文政12(1829)年6月9日)，コン改，コン4，札幌([没]天保12年6月16日)，滋賀百，史人([没]1829年6月16日)，重要([没]文政12(1829)年6月14日)，人書94，新潮([没]文政12(1829)年6月9日)，人名(近藤守重　こんどうもりしげ)，世人(近藤守重　こんどうもりしげ　[没]文政12(1829)年6月14日)，世百，全書(近藤守重　こんどうもりしげ)，大百，伝記，日史([没]文政12(1829)年6月9日)，日人，百科，平史(近藤正斎　こんどうせいさい)，北海道百([没]文久12(1820)年)，北海道歴，洋学，歴大

近藤周平　こんどうしゅうへい
嘉永1(1848)年〜明治34(1901)年12月2日　[別]谷周平《たにしゅうへい》
江戸時代末期〜明治期の新撰組隊士。
¶新撰([生]嘉永1年5月20日)，幕末(谷周平　たにしゅうへい　[生]1848年6月20日)

近藤庄蔵　こんどうしょうぞう
*〜文化2(1805)年
江戸時代中期〜後期の出雲松江藩士。
¶島根歴([生]?)，藩臣5([生]延享2(1745)年)

近藤如行　こんどうじょこう
?〜宝永5(1708)年　[別]如行《じょこう》
江戸時代前期〜中期の美濃大垣藩士、俳人。
¶岐阜百，国書(如行　じょこう)，人名，日人，俳諧(如行　じょこう)，俳句(如行　じょこう)，藩臣3(生没年不詳)，和俳

近藤次郎太郎　こんどうじろうたろう
→近藤為美(こんどうためよし)

近藤次郎太郎　こんどうじろたろう
→近藤為美(こんどうためよし)

近藤西涯　こんどうせいがい
享保8(1723)年〜文化4(1807)年
江戸時代中期〜後期の備前岡山藩士、儒学者。
¶岡山人，岡山百([没]文化4(1807)年8月25日)，岡山歴([没]文化4(1807)年8月25日)，国書([没]文化4(1807)年8月25日)，人名，日人，藩臣6

近藤正斎　こんどうせいさい
→近藤重蔵(こんどうじゅうぞう)

近藤善右衛門　こんどうぜんうえもん
?〜寛文9(1669)年　[別]近藤善右衛門《こんどうぜんえもん》
江戸時代前期の越中富山藩家老。
¶姓氏富山(こんどうぜんえもん)，藩臣3

近藤善右衛門　こんどうぜんえもん
→近藤善右衛門(こんどうぜんうえもん)

近藤宗三　こんどうそうぞう
→近藤寿俊(こんどうひさとし)

近藤孟卿　こんどうたかあきら
延享3(1746)年〜文政1(1818)年9月
江戸時代中期〜後期の幕臣・歌人。
¶神奈川人(生没年不詳)，国書

近藤鐸山　こんどうたくざん
→近藤織部(こんどうおりべ)

近藤為美　こんどうためよし
天保11(1840)年〜元治1(1864)年　[別]近藤次郎太郎《こんどうじろうたろう，こんどうじろたろう》
江戸時代末期の志士、野根山二十三士の一人。土佐勤王党に参加。
¶維新(近藤次郎太郎　こんどうじろたろう)，高知人(近藤次郎太郎　こんどうじろうたろう)，コン改，コン4，人名(近藤次郎太郎　こんどうじろたろう)，日人，幕末([没]1864年10月5日)

近藤淡泉　こんどうたんせん
安永3(1774)年8月7日〜嘉永5(1852)年9月13日
江戸時代後期の肥後熊本藩士。
¶熊本百，国書，藩臣7

近藤用則　こんどうちかのり
慶長15(1610)年〜貞享1(1684)年
江戸時代前期の武士。
¶和歌山人

近藤忠兵衛　こんどうちゅうべえ
安土桃山時代〜江戸時代前期の武士。里見氏家臣。
¶戦人(生没年不詳)，戦東

近藤長次郎　こんどうちょうじろう
天保9(1838)年〜慶応2(1866)年　[別]近藤昶《こんどうあきら》，永日次郎《ながひじろう》，上杉宗次郎《うえすぎそうじろう》
江戸時代末期の土佐藩の志士。商人大黒屋伝次の子、勝海舟の門弟。
¶朝日([没]慶応2年1月14日(1866年2月28日))，維新，高知人，高知百，コン改，コン4，新潮([生]天保9(1838)年1月6日　[没]慶応2(1866)年1月14日)，人名(近藤昶　こんどうあきら)，日人，幕末([没]1866年2月28日)，藩臣6

近藤長裕　こんどうちょうゆう
→近藤内蔵助(こんどうくらのすけ)

近藤棠軒　こんどうとうけん
寛政5(1793)年〜文政8(1825)年
江戸時代後期の儒者、武蔵忍藩で教える。
¶江文([生]寛政8(1796)年　[没]文政11(1828)年)，国書([生]寛政5(1793)年10月　[没]文政8(1825)年11月27日)，埼玉百，人名，日人([没]1826年)

近藤洞簫(近藤洞蕭)　こんどうどうしょう
承応2(1653)年〜元禄6(1693)年
江戸時代前期〜中期の土佐藩士、画家。
¶高知人，高知百，人名，日人([没]1694年)，藩臣6，名画(近藤洞蕭)

近藤篤山　こんどうとくざん
明和3(1766)年〜弘化3(1846)年
江戸時代後期の伊予小松藩の儒学者。
¶愛媛百([生]明和3(1766)年11月9日　[没]弘化3(1846)年2月26日)，郷土愛媛，国書([生]明和3(1766)年11月9日　[没]弘化3(1846)年2月26日)，コン改，コン4，人書94，新潮([没]弘化3(1846)年2月26日)，人名，日人，藩臣6，和俳

近藤長令　こんどうながのり
生没年不詳
江戸時代中期の信濃松代藩士・軍学者。
¶国書

近藤南海　こんどうなんかい
文化4(1807)年〜文久2(1862)年
江戸時代末期の小松藩士。
¶愛媛百([生]文化4(1807)年7月16日　[没]文久2(1862)年8月10日)，国書([生]文化4(1807)年7月16日　[没]文久2(1862)年8月10日)，人名，日人，幕末([没]1862年8月10日)，藩臣6

近藤信成　こんどうのぶなり
弘化2(1845)年〜慶応2(1866)年　[別]近藤岩五郎《こんどういわごろう》
江戸時代末期の加賀藩士。
¶石川百(近藤岩五郎　こんどういわごろう)，

姓氏石川(近藤岩五郎　こんどういわごろう), 幕末([没]1866年10月22日), 藩臣3

近藤信行 こんどうのぶゆき
寛政12(1800)年～明治6(1873)年11月11日
江戸時代末期～明治期の加賀藩士。
¶国書, 数学, 姓氏石川, 幕末

近藤登之助 こんどうのぼりのすけ
→近藤貞用(こんどうさだもち)

近藤礼直 こんどうのりなお
延享3(1746)年～文化11(1814)年
江戸時代後期の水戸藩士。
¶人名

近藤徳用 こんどうのりもち
寛文1(1661)年～元禄12(1699)年閏9月12日
江戸時代前期～中期の幕臣。
¶国書

近藤隼雄 こんどうはやお
生没年不詳
江戸時代末期の新撰組隊士。
¶新撰([生]天保年間　[没]明治年間)

近藤寿俊 こんどうひさとし
宝永1(1704)年～天明4(1784)年　[別]近藤宗三《こんどうそうぞう》
江戸時代中期の武士、馬術家。
¶国書([没]天明4(1784)年5月26日), 人名(近藤宗三　こんどうそうぞう　[生]1712年), 日人

近藤備中守用章 こんどうびっちゅうのかみもちあきら
→近藤用章(こんどうもちあきら)

近藤秀用 こんどうひでもち
天文16(1547)年～寛永8(1631)年
安土桃山時代～江戸時代前期の武将、大名。上野青柳領主、遠江井伊谷藩主。
¶神奈川人, 姓氏愛知([生]1596年), 姓氏静岡([生]?), 戦辞([没]寛永8年2月6日(1631年3月8日)), 日人, 藩主1([没]寛永8(1631)年2月6日), 藩主2([没]寛永8(1631)年2月6日)

近藤真琴 こんどうまこと
天保2(1831)年～明治19(1886)年9月4日　[別]徽音, 芳鄰, 鉚之助
江戸時代末期～明治期の志摩鳥羽藩の洋学者、教育者。幕府の軍艦総連所翻訳方。蘭学塾、攻玉塾を開く。「かなのとも」を組織、かな文字の普及に努めた。
¶朝日([生]天保2年9月24日(1831年10月29日)), 海越([生]天保2(1831)年9月24日), 海越新([生]天保2(1831)年9月24日), 学校([生]天保2(1831)年9月24日), 近現, 国際, 国史, コン改, コン5, 史人([生]1831年9月24日), 新潮([生]天保2(1831)年9月24日), 数学([生]天保2(1831)年9月24日), 先駆([生]天保2(1831)年9月24日), 全書, 渡航([生]1831年9月24日), 日史([生]天保2(1831)年9月24日), 日人, 幕末, 藩臣4([生]天保3(1832)年), 百科, 三重([生]天保2年9月24日　[没]昭和5年3月8日), 洋学, 陸海([生]天保2年9月24日), 歴大

近藤政勝 こんどうまさかつ
生没年不詳
安土桃山時代～江戸時代前期の武士。浅野家の家臣。
¶和歌山人

近藤正純 こんどうまさずみ
慶長8(1603)年～寛文2(1662)年
江戸時代前期の播磨赤穂藩家老。
¶藩臣5

近藤賢忠 こんどうまさただ
?　～正保3(1646)年
江戸時代前期の武蔵岩槻藩士。
¶藩臣5

近藤正次 こんどうまさつぐ
?　～寛永15(1638)年
安土桃山時代～江戸時代前期の武将、旗本。
¶神奈川人, 国書([没]寛永15(1638)年10月5日), 戦人(生没年不詳)

近藤通賢 こんどうみちかた
寛文12(1672)年～享保19(1734)年　[別]近藤通賢《こんどうみちたか》
江戸時代中期の土佐高知藩士。
¶高知人(こんどうみちたか), 人名, 日人

近藤通賢 こんどうみちたか
→近藤通賢(こんどうみちかた)

近藤貢 こんどうみつぎ
文政11(1828)年～明治1(1868)年　[別]近藤貢《こんどうみつぐ》
江戸時代末期の越後村松藩家老。
¶維新, 人名([生]1826年), 日人, 幕末(こんどうみつぐ　[没]1868年7月12日)

近藤貢 こんどうみつぐ
→近藤貢(こんどうみつぎ)

近藤用章 こんどうもちあきら
正保2(1645)年～宝永2(1705)年　[別]近藤備中守用章《こんどうびっちゅうのかみもちあきら》
江戸時代前期～中期の30代長崎奉行。
¶長崎歴(近藤備中守用章　こんどうびっちゅうのかみもちあきら)

近藤用賢 こんどうもちかた
～宝永6(1709)年
江戸時代前期の旗本。
¶神奈川人

近藤用治 こんどうもちはる
慶長15(1614)年～延宝6(1678)年10月25日
江戸時代前期の武士。
¶黄檗

近藤用丑 こんどうもちまさ
～寛文3(1663)年
江戸時代前期の旗本。
¶神奈川人

近藤用将 こんどうもちまさ
～元禄7(1694)年
江戸時代前期の旗本。
¶神奈川人

近藤用行 こんどうもちゆき
?　～寛文4(1664)年
江戸時代前期の旗本。

こ

¶姓氏静岡

近藤用随 こんどうもちゆき
正徳5 (1715) 年～天明1 (1781) 年　圀近藤用随
《こんどうもちより》
江戸時代中期の武士、開拓家。
¶静岡百，静岡歴，人名 (こんどうもちより)，姓
氏静岡，日人

近藤用随 こんどうもちより
→近藤用随 (こんどうもちゆき)

近藤木軒 こんどうもっけん
寛政10 (1798) 年～明治8 (1875) 年
江戸時代末期～明治期の筑前秋月藩士、儒学者。
¶藩臣7

近藤守重 こんどうもりしげ
→近藤重蔵 (こんどうじゅうぞう)

近藤弥市 こんどうやいち
寛政5 (1793) 年～安政1 (1854) 年
江戸時代末期の武蔵川越藩代官。
¶群馬人 (㊤寛政5 (1793) 年7月15日　㊦安政1
(1854) 年11月6日)，人名，姓氏群馬，日人，
藩臣3

近藤弥之助 こんどうやのすけ
享和1 (1801) 年～?
江戸時代後期の剣術家。忠也派一刀流。
¶剣豪

近藤幸殖 こんどうゆきたね
→近藤織部 (こんどうおりべ)

近藤抑斎 こんどうよくさい
安永4 (1775) 年～天保2 (1831) 年
江戸時代後期の播磨姫路藩士。
¶藩臣5，兵庫百

近藤芳樹 こんどうよしき
享和1 (1801) 年～明治13 (1880) 年
江戸時代末期～明治期の長州藩の国学者。
¶朝日 (㊤享和1年5月25日 (1801年7月5日)
㊦明治13 (1880) 年2月29日)，維新，近現，近
世，近文，国際，国史，国書 (㊤享和1 (1801)
年5月25日　㊦明治13 (1880) 年2月29日)，コ
ン改，コン4，史人 (㊤1801年5月25日　㊦1880
年2月29日)，食文 (㊤享和1年5月25日 (1801年
7月5日)　㊦1880年2月29日)，神人，新潮
(㊤享和1 (1801) 年5月25日　㊦明治13 (1880)
年2月29日)，人名，姓氏山口，日史 (㊤享和1
(1801) 年5月25日　㊦明治13 (1880) 年2月29
日)，日人，幕末 (㊦1880年2月29日)，藩臣6，
百科，平史，山口百，歴大，和俳

近藤芳助 こんどうよしすけ
天保14 (1843) 年5月～大正11 (1922) 年7月5日
江戸時代後期～明治期の新撰組隊士。
¶新撰

近藤義武 こんどうよしたけ
?　～寛永15 (1638) 年
江戸時代前期の蝦夷松前藩士。
¶藩臣1

近藤義制 こんどうよしのり
寛政10 (1798) 年～明治9 (1876) 年7月29日
江戸時代後期～明治期の丹波福地山藩士。

¶国書

近藤義休 こんどうよしやす
元禄6 (1693) 年～安永2 (1773) 年6月28日
江戸時代中期の幕臣・地誌作者。
¶国書

近藤隆左衛門 (近藤竜左衛門) こんどうりゅうざえもん
?　～嘉永2 (1849) 年
江戸時代末期の薩摩藩士。
¶維新，鹿児島百，姓氏鹿児島，幕末 (近藤竜左
衛門　㊦1850年1月15日)

近藤了介 こんどうりょうすけ
文政7 (1824) 年～明治31 (1898) 年
江戸時代末期～明治期の越前福井藩士。
¶維新，幕末 (㊦1898年12月11日)

近藤蘆隠 (近藤蘆陰) こんどうろいん
元禄1 (1688) 年～*
江戸時代中期の幕臣、儒者。
¶国書 (近藤蘆陰　㊦寛延3 (1750) 年12月7日)，
人名，日人 (㊦1751年)

金野多十郎 こんのたじゅうろう
享保7 (1722) 年～天明8 (1788) 年
江戸時代中期～後期の庄内藩士。
¶庄内

今野筑前 こんのちくぜん
江戸時代前期の武将。大崎氏家臣。
¶戦東

紺野常道 こんのつねみち
生没年不詳
江戸時代前期の武士。支倉常長の次男。
¶姓氏岩手

紺野基重 こんのもとしげ
生没年不詳
江戸時代後期の磐城中村藩士。
¶国書

金肇 こんはじめ
天明7 (1787) 年～天保4 (1833) 年6月11日
江戸時代中期～後期の秋田藩士。
¶国書5

今杢左衛門 こんもくざえもん
?　～嘉永6 (1853) 年
江戸時代末期の陸奥弘前藩士。
¶藩臣1

今弥左衛門 こんやざえもん
生没年不詳
江戸時代前期の最上氏遺臣。
¶庄内

金易右衛門 こんやすえもん
安永5 (1776) 年～天保10 (1839) 年　圀金易右衛
門《こんいえもん》
江戸時代後期の佐竹藩士、殖産家。
¶国書 (こんいえもん　㊤安永5 (1776) 年5月7日
㊦天保10 (1839) 年8月14日)，コン改，コン4，
新潮 (㊦天保10 (1839) 年8月)，人名，全書，
日人

【さ】

西園寺公成 さいおんじきんしげ
生没年不詳　[別]松田雪江《まつだゆきえ》
江戸時代末期の伊予宇和島藩士。
¶幕末，藩臣6

西峨 さいが
～文政4（1821）年
江戸時代中期～後期の上総久留米藩士・洒落本作者。
¶俳句

雑賀重村 さいがしげむら
天保7（1836）年～明治13（1880）年9月10日
江戸時代末期～明治期の会津藩士。室蘭開拓を企画。
¶幕末

在顔 ざいがん
享禄1（1528）年～元和5（1619）年
戦国時代～江戸時代前期の武将。
¶日人

斎木三右衛門 さいきさんえもん
江戸時代前期の田宮流の剣術家。
¶人名，日人（生没年不詳）

斎木坦窩 さいきたんか
享保1（1716）年～天明6（1786）年
江戸時代中期の備後福山藩士。
¶国書（[没]天明6（1786）年2月12日），人名（[生]1706年），日人，藩臣6

妻木頼矩 さいきよりのり
→妻木棲碧（つまきせいへき）

三枝新八 さいぐさしんぱち
？　～享保9（1724）年
江戸時代前期～中期の剣術家。円明流。
¶剣豪

三枝昌重 さいぐさまさしげ
→三枝昌吉（さいぐさまさよし）

三枝昌吉 さいぐさまさよし
*～寛永1（1624）年　[別]三枝昌吉《さえぐさまさよし》，三枝昌重《さいぐさまさしげ》
安土桃山時代～江戸時代前期の武士。武田氏家臣。
¶姓氏山梨（三枝昌重　さいぐさまさしげ　[生]？），戦辞（[生]天文19（1550）年　[没]寛永1年6月9日（1624年8月8日）），戦人（さえぐさまさよし　[生]天文18（1549）年），戦東（さえぐさまさよし　[生]？），日人（[生]1550年），山梨百（[生]天文19（1550）年　[没]寛永1（1624）年6月9日）

三枝守清 さいぐさもりきよ
寛永16（1639）年～正徳1（1711）年
江戸時代前期の旗本。
¶神奈川人

三枝守昌 さいぐさもりまさ
天正13（1585）年～寛永16（1639）年　[別]三枝守昌《さえぐさもりまさ》
江戸時代前期の鉄砲頭。
¶人名，千葉百（さえぐさもりまさ），日人（[没]1640年）

西郷勝映 さいごうかつてる
→西郷完梁（さいごうかんりょう）

西郷完梁 さいごうかんりょう
安永8（1779）年～文政11（1828）年　[別]西郷勝映《さいごうかつてる》
江戸時代後期の駿河田中藩士、俳人。
¶国書（西郷勝映　さいごうかつてる　[没]文政11（1828）年12月17日），藩臣4，和俳

西郷吉二郎 さいごうきちじろう
天保4（1833）年～明治1（1868）年
江戸時代末期の薩摩藩士。
¶維新，鹿児島百，人名，姓氏鹿児島，日人，幕末（[没]1868年9月29日）

西郷吉兵衛 さいごうきちべえ
文化3（1806）年～嘉永5（1852）年
江戸時代後期の薩摩藩士。
¶姓氏鹿児島

西郷小兵衛 さいごうこへえ
弘化4（1847）年～明治10（1877）年
江戸時代末期～明治期の武士、軍人。西郷隆盛の3弟。
¶朝日（[生]弘化4年10月11日（1847年11月18日）[没]明治10（1877）年2月27日），鹿児島百，コン改，コン4，コン5，人名（[生]1850年），姓氏鹿児島，渡航（[没]1877年2月27日），日人，幕末（[没]1877年2月27日）

西郷隆盛 さいごうたかもり
文政10（1827）年～明治10（1877）年　[別]菊地源吾《きくちげんご》，大島三右衛門《おおしまさんえもん》
江戸時代末期～明治期の薩摩藩士。尊王攘夷運動に挺身、のち薩摩藩を代表して薩長連合の密約を結ぶ。維新の元勲といわれたが、のち下野して西南戦争を起こした。
¶朝日（[生]文政10年12月7日（1828年1月23日）[没]明治10（1877）年9月24日），維新，岩史（[生]文政10（1827）年12月7日　[没]明治10（1877）年9月24日），江戸，沖縄百（[生]文政10（1827）年12月7日　[没]明治10（1877）年9月24日），鹿児島百，角史，京都大，近現，近世，国際，国史，国書（[生]文政10（1827）年12月7日　[没]明治10（1877）年9月24日），コン改，コン4，コン5，詩歌，史人（[生]1827年12月7日　[没]1877年9月24日），思想（[生]文政10（1828）年12月7日　[没]明治10（1877）年9月24日），重要（[生]文政10（1827）年12月7日　[没]明治10（1877）年9月24日），庄内（[生]文政10（1827）年12月7日　[没]明治10（1877）年9月24日），人書79，人書94，新潮（[生]文政10（1827）年12月7日　[没]明治10（1877）年9月24日），人名，姓氏鹿児島，世人（[生]文政10（1827）年12月7日　[没]明治10（1877）年9月24日），世百，全書，大百，哲学，伝記，日史（[生]文政10（1827）年12月7日　[没]明治10（1877）年9月24日），日人（[生]1828年），日本，人情1，幕末（[没]1877年9月24日），藩臣7，百科，宮崎百（[生]文政10（1827）年2月7日　[没]明治10（1877）年9月24日），民学，明治1（[生]1828

年），山形百，陸海（[生]文政10年12月7日　[没]明治10年9月24日），歴大

西郷頼母(1) さいごうたのも
明和8（1771）年～文政2（1819）年
江戸時代後期の会津藩士。
¶神奈川人

西郷頼母(2) さいごうたのも
天保1（1830）年～明治36（1903）年
江戸時代末期～明治期の陸奥会津藩家老。
¶会津，朝日（[生]天保1年閏3月24日（1830年5月16日）　[没]明治36（1903）年4月28日），維新，コン改（[没]明治38（1905）年），コン4（[没]明治38（1905）年），コン5（[没]明治38（1905）年），新潮（[没]明治36（1903）年4月30日），人名（[没]1905年），姓氏静岡，全書，日人，幕末（[没]1903年4月28日），藩臣2，福島百（[没]明治38（1905）年），和歌山人（生没年不詳）

西郷近方 さいごうちかかた
寛文1（1661）年6月26日～享保1（1716）年9月5日
江戸時代前期～中期の会津藩士。
¶国書

西郷近潔 さいごうちかきよ
文化9（1812）年～明治29（1896）年
江戸時代末期～明治期の陸奥会津藩士。
¶会津，幕末（[没]1896年1月12日），藩臣2

西郷近思 さいごうちかし
→西郷近思（さいごうちかもと）

西郷近房 さいごうちかふさ
寛永14（1637）年～元禄16（1703）年
江戸時代前期～中期の陸奥会津藩士。
¶会津，国書（[生]寛永14（1637）年5月28日　[没]元禄16（1703）年3月15日），藩臣2

西郷近思 さいごうちかもと
文化2（1805）年～万延1（1860）年　[別]西郷近思《さいごうちかし》
江戸時代末期の陸奥会津藩家老。
¶会津，国書（[没]安政7（1860）年3月10日），幕末（[没]1860年3月31日），藩臣2（さいごうちかし）

西郷従道 さいごうつぐみち
天保14（1843）年～明治35（1902）年　[別]信吾，竜庵
江戸時代末期～明治期の薩摩藩士、軍人。
¶朝日（[生]天保14年5月4日（1843年6月1日）　[没]明治35（1902）年7月18日），維新，岩史（[生]天保14（1843）年5月4日　[没]明治35（1902）年7月18日），海越（[生]天保14（1843）年5月4日　[没]明治35（1902）年7月15日），海越新（[生]天保14（1843）年5月4日　[没]明治35（1902）年7月15日），沖縄百（[生]天保14（1843）年5月4日　[没]明治35（1902）年7月15日），鹿児島百，角史，近現，国際，国史，コン改，コン4，コン5，史人（[生]1843年5月4日　[没]1902年7月18日），重要（[生]天保14（1843）年5月4日　[没]明治35（1902）年7月18日），人書94，新潮（[生]天保14（1843）年5月4日　[没]明治35（1902）年7月15日），人名，姓氏鹿児島，世人（[生]天保14（1843）年5月4日　[没]明治35（1902）年7月18日），世百，先駆（[生]天保14（1843）年5月4日　[没]明治35（1902）年7月18日），全書，大百，渡航（[生]1843年5月4日　[没]1902年7月18日），栃木歴，日史（[生]天保14（1843）年5月4日　[没]明治35（1902）年7月18日），日人，日本，幕末（[没]1902年7月18日），藩臣7，百科，北海道百（[没]明治36（1903）年），北海道歴（[没]明治36（1903）年），明治1，陸海（[生]天保14年5月4日　[没]明治35年7月18日），歴大

西郷暉隆 さいごうてるたか
？～安政6（1859）年
江戸時代末期の尾張藩士。
¶国書（[没]安政6（1859）年5月12日），人名，日人

西郷仁右衛門 さいごうにうえもん
元禄5（1692）年～宝暦8（1758）年　[別]西郷仁右衛門《さいごうにえもん》
江戸時代中期の陸奥会津藩士。
¶会津（さいごうにえもん），藩臣2

西郷仁右衛門 さいごうにえもん
→西郷仁右衛門（さいごうにうえもん）

西郷延員 さいごうのぶかず
慶長19（1614）年～元禄10（1697）年
江戸時代前期の大名。安房東条藩主。
¶諸系，人名（[生]1604年），日人，藩主2（[没]元禄10（1697）年4月25日）

西郷伴右衛門 さいごうばんえもん
生没年不詳
江戸時代末期の武士。
¶和歌山人

西郷寿員 さいごうひさかず
延宝1（1673）年～寛保1（1741）年
江戸時代中期の大名。安房東条藩主、下野上田藩主。
¶諸系，人名，栃木歴，日人，藩主1（[没]寛保1（1741）年10月19日），藩主2（[生]1671年）

西郷弁次郎 さいごうべんじろう
明和1（1764）年～天保8（1837）年
江戸時代中期～後期の近江彦根藩士、儒学者。
¶藩臣4

西郷正昭 さいごうまさあき
？～延享3（1746）年
江戸時代中期の武士。
¶和歌山人

西郷正員 さいごうまさかず
文禄2（1593）年～寛永15（1638）年
江戸時代前期の大名。安房東条藩主。
¶諸系，人名，日人，藩主2（[没]寛永15（1638）年11月14日）

西郷竜右衛門 さいごうりゅううえもん
？～嘉永5（1852）年
江戸時代後期の薩摩藩士。
¶姓氏鹿児島

祭主新左衛門 さいしゅしんざえもん
安土桃山時代～江戸時代前期の武士。里見氏家臣。
¶戦人（生没年不詳），戦東

祭主図書 さいしゅずしょ
江戸時代前期の武将。里見氏家臣。
¶戦東

税所篤 さいしょあつし, ざいしょあつし
文政10(1827)年～明治43(1910)年
江戸時代末期～明治期の薩摩藩士、明治政府高官。
¶朝日([生]文政10年11月5日(1827年12月22日) [没]明治43(1910)年6月21日), 維新, 鹿児島百([生]文政11(1828)年), 近現, 近世, 考古([生]文政10(1827)年11月　[没]明治43(1910)年6月), 国史, コン改, コン4, コン5, 史人([生]1827年11月5日　[没]1910年6月21日), 神人([生]文政10(1827)年11月5日　[没]明治43(1910)年6月21日), 新潮([生]文政10(1827)年11月5日　[没]明治43(1910)年6月21日), 人名, 姓氏鹿児島([生]1828年), 日史([生]文政10(1827)年11月5日 [没]明治43(1910)年6月21日), 日人, 幕末([没]1910年6月21日), 藩臣7, 兵庫人(ざいしょあつし　[生]文政10(1827)年11月　[没]明治43(1910)年6月21日), 兵庫百, 履歴([生]文政10(1827)年11月5日　[没]明治43(1910)年6月21日)

税所篤人 さいしょあつと
→税所篤人(さいしょあつひと)

税所篤人 さいしょあつひと
天保7(1836)年～明治43(1910)年　[別]税所篤人《さいしょあつと》
江戸時代末期～明治期の神官、岡山藩士。日向霧島神社宮司を務めた。
¶神人(さいしょあつと　[没]明治43(1909)年), 人名, 日人

西城運之進 さいじょううんのしん
安永4(1775)年～天保5(1834)年
江戸時代後期の陸奥仙台藩士、槍術家。
¶藩臣1

斎田五蕉 さいだごしょう
寛政10(1798)年～明治6(1873)年
江戸時代末期～明治期の讃岐丸亀藩の南無庵四世。
¶幕末([没]1873年6月3日), 藩臣6

斎田三左衛門 さいださんざえもん
→斎田茂先(さいだしげとき)

斎田茂先 さいだしげとき
安永3(1774)年～文化12(1815)年　[別]斎田三左衛門《さいださんざえもん》, 斎田茂先《さいだしげゆき》
江戸時代後期の遠江掛川藩士。
¶国書(さいだしげゆき　[没]文化12(1815)年9月13日), 静岡歴, 姓氏静岡, 藩臣4(斎田三左衛門　さいださんざえもん)

斎田茂先 さいだしげゆき
→斎田茂先(さいだしげとき)

斎田文右衛門 さいだぶんうえもん
生没年不詳
江戸時代後期の遠江掛川藩士。
¶藩臣4

斎田明善 さいだみょうぜん
→斎田明善(さいだめいぜん)

斎田明善 さいだめいぜん
文政10(1827)年～明治22(1889)年　[別]斎田明善《さいだみょうぜん》
江戸時代末期～明治期の上野館林藩家老。
¶維新, 人名([生]1828年), 日人, 藩臣2(さいだみょうぜん)

斎田要七 さいだようしち, さいたようしち
天保13(1842)年～慶応2(1866)年
江戸時代末期～明治期の筑前福岡藩の郷士。
¶維新, 人名, 日人, 幕末([没]1866年8月18日), 藩臣7(さいたようしち)

財津久右衛門 さいつきゅうえもん
？　～元禄12(1699)年
江戸時代前期の陸奥弘前藩士。
¶藩臣1

財津吉一 さいつよしかず
文政6(1823)年～明治24(1891)年
江戸時代末期～明治期の日向高鍋藩士、儒学者。
¶藩臣7

財津吉恵 さいつよししげ
享保13(1728)年～寛政10(1798)年
江戸時代中期の日向高鍋藩士、儒学者。
¶藩臣7

斎藤明敏 さいとうあきとし
？　～嘉永4(1851)年
江戸時代末期の陸奥会津藩士。
¶人名, 日人

斎藤篤信 さいとうあつのぶ
文政8(1825)年～明治24(1891)年　[別]斎藤篤信《さいとうあつのぶ(とくしん), さいとうとくしん》
江戸時代末期～明治期の出羽米沢藩士。
¶維新, 人名(さいとうとくしん), 日人, 幕末([没]1891年10月12日), 山形百(さいとうあつのぶ(とくしん))

斎藤伊織 さいとういおり
生没年不詳
江戸時代末期の陸奥会津藩士、画家。
¶会津, 幕末

斎藤彝斎 さいとういさい
明和1(1764)年～文政4(1821)年2月20日
江戸時代中期～後期の下総関宿藩士・漢学者。
¶国書

斎藤一諾斎 さいとういちだくさい
→斎藤秀全(さいとうひでたけ)

斎藤伊予守 さいとういよのかみ
江戸時代前期の武士。最上氏家臣。
¶戦人(生没年不詳), 戦東

斎藤一興 さいとうかずおき
宝暦8(1758)年～文政6(1823)年5月9日　[別]斎藤九畹《さいとうきゅうえん》
江戸時代中期～後期の備前岡山藩士。
¶岡山百, 岡山歴([生]宝暦7(1757)年), 国書, 人名(斎藤九畹　さいとうきゅうえん), 日人(斎藤九畹　さいとうきゅうえん), 藩臣6

斎藤一信 さいとうかずのぶ
江戸時代中期の武術家、越中富山藩士。
¶人名, 日人(生没年不詳)

斎藤雁鷗 さいとうがんおう
→斎藤雇繪（さいとうこそう）

斎藤勘介 さいとうかんすけ
？～元禄5（1692）年　[別]斎藤豊宣《さいとうとよのぶ》
江戸時代前期の出雲松江藩士。
¶国書（斎藤豊宣　さいとうとよのぶ　[没]元禄5（1692）年11月27日），島根歴，藩臣5

斎藤歓之助 さいとうかんのすけ
天保4（1833）年～明治31（1898）年
江戸時代末期～明治期の肥前大村藩の剣道師範。
¶江戸，剣豪，幕末，藩臣7

斎藤義一 さいとうぎいち
天保13（1842）年～明治37（1904）年
江戸時代末期～明治期の武士、地方自治功労者。高崎町長などを務め、町市政の発展に貢献。
¶人名，日人

斎藤吉太郎 さいとうきちたろう
文政10（1827）年～慶応1（1865）年
江戸時代末期の水戸藩士。
¶維新，幕末（[没]1865年12月12日）

斎藤九畹 さいとうきゅうえん
→斎藤一興（さいとうかずおき）

斎藤求三郎 さいとうきゅうざぶろう，さいとうきゅうさぶろう
文政2（1819）年～明治9（1876）年　[別]斎藤求三郎《さいとうきゅうさぶろう，さいとうきょうさぶろう》
江戸時代末期～明治期の肥後熊本藩士。
¶熊本百（[生]文政2（1819）年11月14日　[没]明治9（1876）年10月24日），神人，人名（さいとうきゅうさぶろう），日人，幕末（さいとうきょうさぶろう　[没]1876年10月24日）

斎藤求三郎 さいとうきょうさぶろう
→斎藤求三郎（さいとうきゅうざぶろう）

斎藤銀四郎 さいとうぎんしろう
？～元治1（1864）年
江戸時代後期～末期の剣術家。神道無念流。
¶剣豪

斎藤金兵衛 さいとうきんべえ
*～天明1（1781）年　[別]斎藤之韶《さいとうゆきつぐ》
江戸時代中期の剣術家・加賀藩士。鉄砲奉行、改作奉行、郡奉行を歴任。
¶剣豪（[生]享保13（1728）年），姓氏石川（斎藤之韶　さいとうゆきつぐ　[生]？）

西藤金弥 さいとうきんや
安土桃山時代～江戸時代前期の武士。里見氏家臣。
¶戦人（生没年不詳），戦東

斎藤蔵太 さいとうくらた
生没年不詳
江戸時代後期の陸奥弘前藩士。
¶国書，藩臣1

斎藤外記 さいとうげき
→斎藤永門（さいとうながかど）

斎藤元水 さいとうげんすい
生没年不詳
江戸時代中期の播磨明石藩士。
¶藩臣5

斎藤監物 さいとうけんもつ
文政5（1822）年～万延1（1860）年　[別]佐々木馬之介《ささきうまのすけ》
江戸時代末期の水戸藩尊攘派。桜田門外の変で死亡した。
¶朝日（[没]万延1年3月8日（1860年3月29日）），維新，茨城百，近世，国史，国書（[没]万延1（1860）年3月8日），コン改，コン4，詩歌，史人（[没]1860年3月8日），新潮（[没]万延1（1860）年3月8日），人名，世人（[没]万延1（1860）年3月8日），日人，幕末（[没]1860年3月29日），和俳（[没]万延1（1860）年3月8日）

斎藤雇繪 さいとうこそう
寛文4（1664）年～享保10（1725）年　[別]斎藤雁鷗《さいとうがんおう》
江戸時代中期の旗本、茶人。
¶茶道（斎藤雁鷗　さいとうがんおう），日人

斎藤五六郎 さいとうごろくろう
文政12（1829）年～慶応1（1865）年
江戸時代末期の筑前福岡藩士。
¶維新，人名（[生]1828年），日人，幕末（[没]1865年12月12日），藩臣7

斎藤才次郎 さいとうさいじろう
生没年不詳
江戸時代中期の上野前橋藩士、儒学者。
¶姓氏群馬，藩臣2

斎藤左吉 さいとうさきち
嘉永1（1848）年～元治1（1864）年
江戸時代末期の水戸藩士。
¶維新，幕末（[没]1864年10月8日）

斎藤完高 さいとうさだたか
生没年不詳
江戸時代後期の磐城相馬藩士。
¶国書

斎藤貞常 さいとうさだつね
文化9（1812）年～明治13（1880）年　[別]斎藤貞常《さいとうていじょう》
江戸時代末期～明治期の和泉岸和田藩士。
¶国書，藩臣5（さいとうていじょう）

斎藤定輝 さいとうさだてる
貞享3（1686）年～宝暦11（1761）年　[別]斎藤四郎治《さいとうしろうじ》
江戸時代中期の対馬藩士。
¶国書（[生]貞享3（1686）年2月　[没]宝暦11（1761）年11月），人名，日人，藩臣7（斎藤四郎治　さいとうしろうじ）

斎藤定広 さいとうさだひろ
？～元和2（1616）年1月27日
安土桃山時代～江戸時代前期の北条氏邦の旧臣。
¶埼玉人

斎藤定易 さいとうさだやす
明暦3（1657）年～延享1（1744）年
江戸時代中期の馬術家、大坪本流の祖。

¶国書（㋴明暦3（1657）年2月29日　㋺延享1（1744）年8月17日），全書，日人

斎藤貞宜（斎藤貞義）さいとうさだよし
安永3（1774）年～文政13（1830）年
江戸時代後期の長州（萩）藩士。
¶考古（斎藤貞義　㋺文政13年（1830年3月3日），国書（㋺文政13（1830）年3月2日），人名，日人

斎藤実純　さいとうさねずみ
？～元文5（1740）年
江戸時代中期の土佐藩士、国学者。
¶高知人，国書，人名，日人，藩臣6（生没年不詳）

斎藤実延　さいとうさねのぶ
→斎藤大雅（さいとうたいが）

斎藤実村　さいとうさねむら
＊～明治31（1898）年3月16日　㋯斎藤政右衛門《さいとうまさえもん》
江戸時代後期～明治期の紀伊和歌山藩士・参政。
¶国書（㋴文政4（1821）年12月25日），幕末（斎藤政右衛門　さいとうまさえもん　㋴1820年）

斎藤実行　さいとうさねゆき
宝永3（1706）年～明和6（1769）年
江戸時代中期の武士。
¶和歌山人

斎藤三左衛門　さいとうさんざえもん
天明4（1784）年～？
江戸時代後期の下総古河藩士。
¶藩臣3

斎藤三平　さいとうさんぺい
＊～文久1（1861）年　㋯大岡丹下《おおおかたんげ》
江戸時代末期の蝦夷開拓者、南部藩勘定奉行。
¶維新，食文，人書94（㋴1797年），人名（㋴？），姓氏岩手（㋴1797年），日人（㋴？），幕末（生没年不詳）

斎藤芝山　さいとうしざん
寛保3（1743）年～文化5（1808）年
江戸時代中期～後期の肥後熊本藩士。
¶国書（㋺文化5（1808）年12月21日），人名，日人（㋴1809年），藩臣7

斎藤秋圃（斎藤秋甫）さいとうしゅうほ
明和5（1768）年～文久1（1861）年
江戸時代中期～後期の筑前秋月藩士、画家。
¶大阪人（㋴明和5（1768）年　㋺安政6（1859）年），国書（㋺文久1（1861）年10月16日），人名（斎藤秋甫　㋴1768年　㋺1859年），日人，藩臣7

斎藤四郎治　さいとうしろうじ
→斎藤定輝（さいとうさだてる）

斎藤次郎太郎　さいとうじろうたろう
生没年不詳
江戸時代末期の幕臣・幕府徒목付。1864年遣仏使節に随行しフランスに渡る。
¶海越新

斎藤新蔵　さいとうしんぞう
生没年不詳
江戸時代中期の武芸家。

¶国書

斎藤新太郎（斉藤新太郎）さいとうしんたろう
→斎藤弥九郎〔2代〕（さいとうやくろう）

斎藤助作　さいとうすけさく
？～
江戸時代末期の木造代官、郡役人。
¶青森人

斎藤清一郎　さいとうせいいちろう
江戸時代末期の新撰組隊士。
¶新撰

斎藤西山　さいとうせいざん
宝暦4（1754）年～文化6（1809）年　㋯斎藤孟翼《さいとうもうよく》
江戸時代中期～後期の肥前蓮池藩士、儒学者。
¶人名，日人，藩臣7（斎藤孟翼　さいとうもうよく）

斎藤節翁　さいとうせつおう
生没年不詳
江戸時代の剣術家。東軍流。
¶剣豪

斎藤拙堂　さいとうせつどう
寛政9（1797）年～慶応1（1865）年
江戸時代末期の伊勢津藩の儒学者。
¶朝日（㋺慶応1年7月15日（1865年9月4日）），維新，江文，教育，近世，国史，国書（㋺慶応1（1865）年7月15日），コン改，コン4，詩歌，史人（㋺1865年7月15日），人書94，新潮，人名（㋺慶応1（1865）年6月15日），世人，世百，全書，大百，日史（㋺慶応1（1865）年7月15日），日人，幕末（㋺1865年9月7日），百科，三重（㋺安政6年7月15日），洋学，歴大，和俳

斎藤専右衛門　さいとうせんえもん
？～文化8（1811）年
江戸時代中期～後期の剣術家・相馬藩士。真陰流。
¶剣豪

斎藤善右衛門　さいとうぜんえもん
生没年不詳
江戸時代中期の剣術家。山口流。
¶剣豪

斎藤素軒　さいとうそけん
天保1（1830）年～明治22（1889）年
江戸時代末期～明治期の備後福山藩士。
¶幕末，藩臣6

斎藤大雅　さいとうたいが
宝暦5（1755）年～文化3（1806）年　㋯斎藤実延《さいとうさねのぶ》,斎藤政右衛門《さいとうまさえもん》
江戸時代中期～後期の紀伊和歌山藩士。
¶江文，国書（㋺文化3（1806）年3月），藩臣5（斎藤政右衛門　さいとうまさえもん），和歌山人（斎藤実延　さいとうさねのぶ）

斎藤退蔵　さいとうたいぞう
生没年不詳
江戸時代末期の備後福山藩の儒学者。
¶幕末，藩臣6

斎藤大之進 さいとうだいのしん
文政5 (1822) 年～明治4 (1871) 年
江戸時代末期～明治期の幕臣。1862年遣欧使節随員としてフランスに渡る。
¶維新，海越，海越新，群馬人，人名，日人，幕末 ([没]1871年9月18日)

斎藤高行 さいとうたかゆき
文政2 (1819) 年～明治27 (1894) 年
江戸時代末期～明治期の陸奥中村藩士、農政家。
¶朝日 ([生]文政2年10月22日 (1819年12月9日) [没]明治27 (1894) 年6月12日)，近現，近世，国史，国書 ([生]文政2 (1819) 年10月22日　[没]明治27 (1894) 年6月12日)，コン改，コン4，コン5，史人 ([生]1819年10月22日　[没]1894年6月12日)，新潮 ([生]文政2 (1819) 年10月22日　[没]明治27 (1894) 年6月12日)，人名 ([生]？)，全書，日人，幕末 ([没]1894年6月12日)，福島百

さ

斎藤丈蔵 さいとうたけぞう
文政6 (1823) 年～明治9 (1876) 年
江戸時代末期～明治期の伊予宇和島藩士。
¶幕末 ([没]1876年2月)，藩臣6

斉藤武辰 さいとうたけとき
慶安3 (1650) 年～享保9 (1724) 年
江戸時代中期の武士。
¶和歌山人

斎藤忠時 さいとうただとき
*～享保3 (1718) 年6月10日
江戸時代前期～中期の備前岡山藩士・兵学家。
¶岡山人，岡山歴 ([生]寛永16 (1639) 年)，国書 ([生]？)

斎藤璉 さいとうたまき
天保14 (1843) 年～大正6 (1917) 年
江戸時代末期～大正期の弘前藩士、津軽伯爵家の家令。
¶青森人

斎藤団右衛門 さいとうだんえもん
寛永17 (1640) 年～宝永6 (1709) 年
江戸時代前期～中期の剣術家。観流祖。
¶剣豪

斎藤親盛 さいとうちかもり
→如儡子 (にょらいし)

斎藤筑後 さいとうちくご
生没年不詳
江戸時代前期の奉行。
¶庄内

斎藤竹堂 さいとうちくどう
文化12 (1815) 年～嘉永5 (1852) 年
江戸時代末期の陸奥仙台藩の儒学者。
¶朝日 ([生]文化12年10月11日 (1815年11月11日) [没]嘉永5年閏2月11日 (1852年3月31日))，江文 ([生]文化13 (1816) 年)，近世，国史，国書 ([生]文化12 (1815) 年10月11日　[没]嘉永5 (1852) 年閏2月11日)，コン改，コン4，詩歌，史人 ([生]1815年10月11日　[没]1852年閏2月11日)，新潮 ([生]文化12 (1815) 年10月11日　[没]嘉永5 (1852) 年閏2月11日)，人名，姓氏岩手，姓氏宮城，世人 ([生]文化12 (1815) 年10月　[没]嘉永5 (1852) 年閏2月11日)，日人，藩臣1，宮城百，歴大，和俳 ([没]嘉永5 (1852) 年閏2月11日)

斎藤貞常 さいとうていじょう
→斎藤貞常 (さいとうさだつね)

斎藤垤庵 さいとうてつあん
文化3 (1806) 年～嘉永2 (1849) 年
江戸時代後期の播磨姫路藩士。
¶藩臣5，兵庫百

斎藤道歴 (斎藤道瓅)　さいとうどうれき
江戸時代中期の武士。
¶人名，戦人 (斎藤道瓅　生没年不詳)，戦西 (斎藤道瓅)，日人 (生没年不詳)

斎藤篤信 さいとうとくしん
→斎藤篤信 (さいとうあつのぶ)

斎藤篤信斎 さいとうとくしんさい
→斎藤弥九郎〔1代〕(さいとうやくろう)

斎藤利行 さいとうとしつら
→斎藤利行 (さいとうとしゆき)

斎藤利光 さいとうとしみつ
永禄10 (1567) 年～正保4 (1647) 年
江戸時代前期の武士、徳川家光の臣。
¶人名，日人

斎藤利行 さいとうとしゆき
文政5 (1822) 年～明治14 (1881) 年　[別]斎藤利行《さいとうとしつら》，渡辺弥久馬《わたなべやくま》，渡辺馬五郎《わたなべうまごろう》
江戸時代末期～明治期の土佐藩士、官僚。
¶朝日 ([生]文政5年1月11日 (1822年2月2日) [没]明治14 (1881) 年5月26日)，維新，近現，高知人 (さいとうとしつら)，国際，国史，国書 (渡辺弥久馬　わたなべやくま　[生]文政5 (1822) 年1月11日　[没]明治14 (1881) 年5月26日)，史人 ([生]1822年1月11日　[没]1881年5月26日)，人名，日史 ([生]文政5 (1822) 年1月11日 [没]明治14 (1881) 年5月26日)，日人，幕末 ([没]1881年5月26日)，藩臣6

斎藤留次郎 さいとうとめじろう
天保1 (1830) 年～万延1 (1860) 年
江戸時代末期の水戸藩士。
¶維新，コン改，コン4，新潮 ([没]万延1 (1860) 年2月24日)，人名，世人，日人，幕末 ([没]1860年3月16日)，藩臣2

斎藤豊重 さいとうとよしげ
生没年不詳
江戸時代前期の仙台藩士・武芸家。
¶国書

斎藤豊宣 さいとうとよのぶ
→斎藤勘介 (さいとうかんすけ)

斎藤直房 さいとうなおふさ
～宝暦4 (1754) 年
江戸時代中期の旗本。
¶神奈川人

斎藤直政 さいとうなおまさ
天正10 (1582) 年～承応3 (1654) 年
江戸時代前期の蝦夷松前藩士。
¶藩臣1

斎藤永門 さいとうながかど
？ ～寛永12(1635)年 [別]斎藤外記《さいとうげき》
江戸時代前期の陸奥仙台藩士。
¶国書([没]寛永12(1635)年3月13日)，藩臣1(斎藤外記 さいとうげき)

斎藤永配 さいとうながとも
寛政5(1793)年～明治10(1877)年6月3日
江戸時代後期～明治期の仙台藩士・歌人。
¶国書

斎藤永図 さいとうながのり
延享1(1744)年～文化14(1817)年6月19日
江戸時代中期～後期の仙台藩士・歌人。
¶国書

斎藤規敦 さいとうのりあつ
延享2(1745)年～文化5(1808)年
江戸時代中期の弘前藩士。歌人。神道家。
¶青森人

斎藤一 さいとうはじめ
天保15(1844)年～大正4(1915)年9月28日
江戸時代末期～明治期の新撰組隊士。
¶新撰([生]天保15年1月1日)，幕末([生]1844年2月19日)

斎藤晩晴 さいとうばんせい
文化5(1808)年～明治2(1869)年1月3日
江戸時代末期の水戸藩郷士、漢学者。
¶幕末

斎藤兼光 さいとうひかり
文化8(1811)年～明治26(1893)年
江戸時代末期～明治期の幕臣、本草学者。
¶江文，国書5([生]文化8(1811)年6月6日 [没]明治26(1893)年3月21日)，日人，洋学

斎藤彦右衛門 さいとうひこえもん
生没年不詳
江戸時代前期の上総姉崎藩士。
¶藩臣3

斎藤彦麿(斎藤彦麻呂，斉藤彦麿) さいとうひこまろ
明和5(1768)年～安政1(1854)年
江戸時代中期～後期の国学者、石見浜田藩士。
¶朝日([生]明和5年1月5日(1768年2月22日) [没]安政1年3月12日(1854年4月9日))，維新，江戸東，国書([生]明和5(1768)年1月5日 [没]嘉永7(1854)年3月12日)，コン改，コン4，史人([生]1768年1月5日 [没]1854年3月12日)，島根人(斉藤彦麿)，島根歴，神史，神人([没]安政1(1854)年3月12日)，新潮([生]明和5(1768)年1月5日 [没]安政1(1854)年3月12日)，人名，世人，日人，藩臣5(斎藤彦麻呂)，百科，平史，和俳

斎藤秀全 さいとうひでたけ
文化10(1813)年～明治7(1874)年12月18日
[別]斎藤一諾斎《さいとういちだくさい》
江戸時代末期～明治期の幕臣、住職。
¶新撰，幕末(斎藤一諾斎 さいとういちだくさい)

斎藤武八郎 さいとうぶはちろう
寛政6(1794)年～明治14(1881)年
江戸時代末期～明治期の剣術家。
¶剣豪，人名，日人

斎藤墨湖 さいとうぼっこ
安永1(1772)年～明治7(1874)年
江戸時代後期の出羽松山藩士、画家。
¶庄内([没]明治7(1874)年3月1日)，藩臣1，山形百新

斎藤政右衛門(1) さいとうまさえもん
→斎藤大雅(さいとうたいが)

斎藤政右衛門(2) さいとうまさえもん
→斎藤実村(さいとうさねむら)

斎藤雅朝 さいとうまさとも
生没年不詳
江戸時代後期の豪農・代官。
¶姓氏群馬

斎藤三友 さいとうみつとも
～承応3(1654)年
江戸時代前期の旗本。
¶神奈川人

斎藤孟翼 さいとうもうよく
→斎藤西山(さいとうせいざん)

斎藤茂左衛門 さいとうもざえもん
江戸時代前期の武士。
¶岡山人

斎藤盛広 さいとうもりひろ
江戸時代前期の武士。最上氏家臣。
¶戦人(生没年不詳)，戦東

斎藤弥九郎〔1代〕(斉藤弥九郎) さいとうやくろう
寛政10(1798)年～明治4(1871)年 [別]斎藤篤信斎《さいとうとくしんさい》
江戸時代末期～明治期の剣術家。
¶朝日(――〔代数なし〕 [生]寛政10年1月13日(1798年2月28日) [没]明治4(1871)年10月24日)，維新(――〔代数なし〕)，維新，江戸(――〔代数なし〕)，大阪人(――〔代数なし〕 [没]明治4(1871)年10月)，角史(――〔代数なし〕)，近現，近世，剣豪(斎藤篤信斎 さいとうとくしんさい)，国史，国書(――〔代数なし〕 [生]寛政10(1798)年1月13日 [没]明治4(1871)年10月24日)，コン改(――〔代数なし〕)，コン4(――〔代数なし〕)，コン5(――〔代数なし〕)，史人(――〔代数なし〕 [生]1798年1月 [没]1871年10月24日)，新潮(――〔代数なし〕 [生]寛政10(1798)年1月 [没]明治4(1871)年10月24日)，人名，姓氏富山(斉藤弥九郎)，世人(――〔代数なし〕 [生]寛政10(1798)年1月13日 [没]明治4(1871)年10月24日)，先駆(斎藤篤信斎 さいとうとくしんさい 生没年不詳)，全書(――〔代数なし〕)，体育(――〔代数なし〕)，体育，大百(――〔代数なし〕)，大百，富山百(――〔代数なし〕)，日史(――〔代数なし〕 [生]寛政10(1798)年1月13日 [没]明治4(1871)年10月24日)，日人，日本(――〔代数なし〕)，幕末(――〔代数なし〕 [没]1871年11月14日)，百科(――〔代数なし〕)，歴大(――〔代数なし〕)

斎藤弥九郎〔2代〕 さいとうやくろう
文政11(1828)年～明治21(1888)年 [別]斎藤新太

郎《さいとうしんたろう》,斉藤新太郎《さいとうしんたろう》
江戸時代末期～明治期の長州藩の剣術家。幕府講武所剣術教授方。
¶近現，近世，剣豪（――〔代数なし〕），国史，人名，姓氏富山（斉藤新太郎　さいとうしんたろう），日人，幕末（斎藤新太郎　さいとうしんたろう），藩臣6（斎藤新太郎　さいとうしんたろう）

斎藤弥三郎 さいとうやさぶろう
生没年不詳
江戸時代前期の旗本。
¶神奈川人

斎藤安右衛門 さいとうやすえもん
→斎藤行一（さいとうゆきかず）

斎藤弥兵衛 さいとうやへえ
文化14（1817）年～明治18（1885）年
江戸時代末期～明治期の武術家。
¶剣豪，人名，日人

斎藤行一 さいとうゆきかず
天保10（1839）年～明治2（1869）年　卿斎藤安右衛門《さいとうやすえもん》
江戸時代末期の志士。
¶人名，日人，幕末（斎藤安右衛門　さいとうやすえもん　⊕1838年　⊗1869年4月19日）

斎藤之詔 さいとうゆきつぐ
→斎藤金兵衛（さいとうきんべえ）

道祖土図書助 さいどずしょのすけ
？ ～元和8（1622）年11月8日　卿道祖土図書助《さえどずしょのすけ》
戦国時代～江戸時代前期の武士。後北条氏家臣。
¶埼玉人（生没年不詳），戦辞，戦人（さえどずしょのすけ　生没年不詳），戦東（さえどずしょのすけ）

佐井寅次郎 さいとらじろう
天保13（1842）年～明治4（1871）年
江戸時代末期～明治期の志士。土佐勤王党に参加。
¶高知人，幕末（⊗1871年5月21日）

財満新三郎 ざいましんざぶろう
天保4（1833）年～慶応1（1865）年2月2日
江戸時代末期の長州（萩）藩士。
¶幕末

西丸帯刀 さいまるたてわき
文政5（1822）年～大正2（1913）年
江戸時代末期～明治期の志士、水戸藩郷士。
¶維新（⊕1821年），茨城百，人書94（⊕1821年），幕末（⊗1913年12月31日），藩臣2

才麿 さいまろ
明暦2（1656）年～元文3（1738）年　卿椎本才麿《しいがもとさいまろ，しいのもとさいまろ，しいもとさいまろ》
江戸時代前期～中期の俳人。もと大和松山藩士。
¶朝日（椎本才麿　しいもとさいまろ　⊗元文3年1月2日（1738年2月20日）），大阪墓（椎本才麿　しいがもとさいまろ　⊗元文3（1738）年1月2日），郷土奈良（椎本才麿　しいもとさいまろ），近世（椎本才麿　しいもとさいまろ），

国史（椎本才麿　しいのもとさいまろ），国書（⊗元文3（1738）年1月2日），コン改（椎本才麿　しいもとさいまろ），コン4（椎本才麿　しいもとさいまろ），史人（⊗1738年1月2日），新潮（⊗元文3（1738）年1月2日），新文（椎本才麿　しいのもとさいまろ　⊗元文3（1738）年1月2日），人名（椎本才麿　しいのもとさいまろ），世人（椎本才麿　しいもとさいまろ　⊗元文3（1738）年1月2日），全書，大百，日人（椎本才麿　しいもとさいまろ），俳諧（⊕？），俳句（⊗元文3（1738）年1月2日），藩臣4（椎本才麿　しいもとさいまろ），百科，文学（椎本才麿　しいのもとさいまろ），和俳（⊗元文3（1738）年1月2日）

再名生右内 さいみょううない
嘉永1（1848）年～大正3（1914）年
江戸時代末期～大正期の武士。栗原郡鴬沢邑主梁川播磨頼親の家臣。
¶姓氏宮城

佐伯惟馨 さえきいきょう
弘化2（1845）年～大正10（1921）年
江戸時代末期～明治期の周防岩国藩士。
¶幕末

佐伯稜威雄 さえきいずお
文政7（1824）年～慶応1（1865）年　卿佐伯稜威雄《さえきいつお》，宮藤主水《みやふじもんど》
江戸時代末期の八幡隊士。
¶維新，神人（⊕文政6（1823）年），人名，日人，幕末（さえきいつお　⊗1865年7月26日）

佐伯稜威雄 さえきいつお
→佐伯稜威雄（さえきいずお）

佐伯勝馬 さえきかつま
文化10（1813）年～安政2（1855）年
江戸時代末期の志士。
¶神人（⊗安政2（1855）年12月29日），人名，日人（⊗1856年）

佐伯閑欧 さえきかんおう
文化1（1804）年8月8日～明治24（1891）年
江戸時代末期の武士。
¶岡山人，岡山歴（⊗明治24（1891）年1月30日）

佐伯惟定 さえきこれさだ
？ ～元和4（1618）年
安土桃山時代～江戸時代前期の武士。
¶戦人，戦西

佐伯是保 さえきこれやす
寛政1（1789）年～明治4（1871）年
江戸時代後期～明治期の仙台藩士。
¶宮城百

佐伯権左衛門 さえきごんざえもん
？ ～安政4（1857）年
江戸時代末期の遠江掛川藩士。
¶藩臣4

佐伯関之助 さえきせきのすけ
天保8（1837）年～明治4（1871）年
江戸時代末期～明治期の志士。
¶人名，日人

佐伯又三郎 さえきまたさぶろう
*～文久3(1863)年
江戸時代末期の壬生浪士隊士。
¶新撰([生]天保11年頃　[没]文久3年8月10日)，幕末([生]1839年頃　[没]1863年9月22日)

三枝刑部 さえぐさぎょうぶ
？　～慶応2(1866)年
江戸時代末期の幕臣、使番。
¶朝日([没]慶応2年6月17日(1866年7月28日))，日人

三枝真洞 さえぐさしんどう
天保11(1840)年～慶応4(1868)年
江戸時代末期の志士。
¶鳥取百

三枝昌吉 さえぐさまさよし
→三枝昌吉(さいぐさまさよし)

三枝守相 さえぐさもりすけ
～享保12(1727)年
江戸時代前期～中期の旗本。
¶埼玉百

三枝守昌 さえぐさもりまさ
→三枝守昌(さいぐさもりまさ)

佐枝種重 さえだたねしげ
生没年不詳
江戸時代中期の武芸家。
¶国書

佐枝種茂 さえだたねしげ
*～文久3(1863)年　[別]佐枝種武《さえだたねたけ》
江戸時代後期～末期の尾張藩士、城代格。
¶国書([生]寛政12(1800)年　[没]文久3(1863)年12月2日)，藩臣4(佐枝種武　さえだたねたけ　[生]？)

佐枝種武 さえだたねたけ
→佐枝種茂(さえだたねしげ)

佐枝種栄 さえだたねよし
天保13(1842)年～？
江戸時代末期の尾張藩士。
¶藩臣4

道祖土図書助 さえどずしょのすけ
→道祖土図書助(さいどずしょのすけ)

早乙女万弥 さおとめばんや
文化3(1806)年～明治25(1892)年
江戸時代末期の剣術家。
¶栃木歴

酒井家次 さかいいえつぐ
永禄7(1564)年～元和4(1618)年　[別]酒井左衛門尉《さかいさえもんのじょう》
安土桃山時代～江戸時代前期の大名。上野高崎藩主、下総臼井藩主、越後高田藩主。
¶朝日([没]元和4年3月15日(1618年4月10日))，郷土群馬([生]1569年)，近世，群馬人，国史，コン改([生]永禄12(1569)年)，コン4([生]永禄12(1569)年)，史人([没]1618年3月15日)，庄内([没]元和4(1618)年3月15日)，諸系，新潮([没]元和4(1618)年3月15日)，人名，姓氏群馬，戦合，戦国([生]1569年)，戦辞([没]元和4年3月15日(1618年4月10日))，戦人，千葉百，新潟百，日史([没]元和4(1618)年3月15日)，日人，藩主1，藩主2，藩主3([没]元和4(1618)年3月15日)，百科

酒井伊織 さかいいおり
生没年不詳
江戸時代末期の紀伊和歌山藩士。
¶幕末，和歌山人

酒井右京 さかいうきょう
文化4(1807)年～慶応3(1867)年
江戸時代末期の出羽庄内藩士。公武合体論を主張。
¶朝日([没]慶応3年9月11日(1867年10月8日))，庄内([生]文化4(1807)年1月29日　[没]慶応3(1867)年9月11日)，藩臣1

酒井奥之助 さかいおくのすけ
享和2(1802)年10月25日～慶応1(1865)年3月28日
江戸時代後期～末期の庄内藩家老。
¶庄内

酒井晦堂 さかいかいどう
文政12(1829)年～慶応4(1868)年
江戸時代末期の越後長岡藩士。
¶江文，国書([生]文政11(1828)年　[没]慶応3(1867)年7月29日)，人名([生]1828年)，新潟百，日人，幕末([生]1827年　[没]1868年9月15日)，藩臣4

酒井景之 さかいかげゆき
江戸時代末期の武士。茶道家、上野伊勢崎藩主の子。
¶人名

酒井勝吉 さかいかつよし
～貞享1(1684)年7月11日
江戸時代前期の武士。
¶庄内

酒井帰耕 さかいきこう
→酒井十之丞(さかいじゅうのじょう)

酒井金八郎 さかいきんぱちろう
享保9(1724)年～安永6(1777)年
江戸時代中期の弓術家。
¶高知人

酒井国彦 さかいくにひこ
寛政4(1792)年～万延1(1860)年
江戸時代後期～末期の秋田藩士、勘定奉行。
¶国書

酒井九八郎 さかいくはちろう
生没年不詳
江戸時代前期の武士。
¶庄内

酒井九郎右衛門 さかいくろうえもん
生没年不詳
江戸時代末期の下総結城藩士。
¶幕末，藩臣3

境形右衛門 さかいけいえもん
？　～天明3(1783)年
江戸時代中期の陸奥黒石藩家老。
¶青森人，藩臣1

さかいけ

酒井源左衛門 さかいげんざえもん
生没年不詳
江戸時代末期の下総結城藩士。
¶幕末，藩臣3

酒井玄蕃 さかいげんば
天保13（1842）年〜明治9（1876）年　別酒井了恒
《さかいのりつね，さかいりょうこう》
江戸時代末期〜明治期の庄内藩中老。
¶庄内（酒井了恒　さかいのりつね　⊕天保13
（1842）年11月12日　⊗明治9（1876）年2月5
日），人書94（酒井了恒　さかいりょうこう），
日人，幕末（酒井了恒　さかいのりつね
⊕1842年12月13日　⊗1876年2月5日），山形百
（⊕弘化1（1844）年）

坂井虎山（阪井虎山）さかいこざん
寛政10（1798）年〜嘉永3（1850）年
江戸時代末期の安芸広島藩の儒学者。
¶朝日（⊗嘉永3年9月6日（1850年10月11日）），
国書（⊗嘉永3（1850）年9月6日），コン改，コン
4，詩歌（阪井虎山），新潮（⊗嘉永3（1850）年9
月6日），人名（阪井虎山），世人，日人，藩臣
6，広島百（⊗嘉永3（1850）年9月6日），和俳

坂井左京之進 さかいさきょうのしん
江戸時代前期の種子島坂井村の領主。
¶姓氏鹿児島

酒井定陳 さかいさだのぶ
？　〜寛文6（1666）年
江戸時代前期の加賀大聖寺藩士。
¶藩臣3

阪井重季（坂井重季）さかいしげき
弘化3（1846）年〜大正11（1922）年　別阪井重季
《さかいしげすえ》，二川元助《ふたかわもとすけ》
江戸時代末期〜明治期の志士。板垣退助のもとで
小隊長をつとめる。
¶高知人，人名（さかいしげすえ），世紀（⊕弘化
3（1847）年11月24日　⊗大正11（1922）年3月1
日），日人（さかいしげすえ　⊕1847年），幕末
（坂井重季　⊗1922年2月22日），陸海（⊕弘化3
年11月24日　⊗大正11年3月1日）

阪井重季 さかいしげすえ
→阪井重季（さかいしげき）

坂井茂喬 さかいしげたか
安永3（1774）年〜弘化4（1847）年
江戸時代後期の加賀大聖寺藩士。
¶国書（⊗弘化4（1847）年1月），藩臣3

酒井重喬 さかいしげたか
延宝6（1678）年〜寛延4（1751）年7月28日
江戸時代前期〜中期の庄内藩家老。
¶庄内

酒井重忠 さかいしげただ
天文18（1549）年〜元和3（1617）年
安土桃山時代〜江戸時代前期の武将，大名。武蔵
川越城主，上野厩橋藩主。
¶郷土群馬，群馬人，国書（⊗元和3（1617）年7月
21日），埼玉人，国書（⊗元和3（1617）年7月21日），
埼玉百，諸系，人名，姓氏群馬，戦国（⊕1550
年），戦人（⊗元和1（1615）年），日史（⊗元和3
（1617）年7月21日），日人，藩主1（⊗元和3

（1617）年7月21日），藩主1，百科（⊗元和1
（1615）年）

酒井重政 さかいしげまさ
〜正徳4（1714）年
江戸時代中期の旗本。
¶神奈川人

酒井重盈 さかいしげみつ
慶安4（1651）年〜宝永3（1706）年6月20日
江戸時代前期〜中期の庄内藩家老。
¶庄内

酒井成光 さかいしげみつ
弘化4（1847）年5月5日〜明治34（1901）年5月28日
江戸時代後期〜明治期の旧藩士。
¶庄内

坂井似堂 さかいじどう
文政8（1825）年〜文久2（1862）年
江戸時代末期の漢学者，安芸広島藩士。
¶人名，日人

坂井信濃 さかいしなの
生没年不詳
安土桃山時代〜江戸時代前期の安芸広島藩士。
¶藩臣6

坂井就安 さかいじゅあん
？　〜寛永15（1638）年
安土桃山時代〜江戸時代前期の加賀藩士。
¶姓氏石川

酒井十之丞 さかいじゅうのじょう
文政2（1819）年〜明治28（1895）年　別酒井帰耕
《さかいきこう》，酒井直道《さかいなおみち》
江戸時代末期〜明治期の越前福井藩士。
¶維新（⊕？），国書（酒井直道　さかいなおみち
⊕？　⊗明治28（1895）年2月9日），人名（酒
井帰耕　さかいきこう　⊕？），日人，幕末
（⊗1895年2月9日），藩臣3，福井百

酒井勝作 さかいしょうさく
文政2（1819）年〜明治9（1876）年　別山内下総
《やまうちしもふさ，やまのうちしもふさ》
江戸時代末期〜明治期の土佐藩士。
¶維新，高知人，人名，日人，幕末（⊗1876年9月
6日）

酒井庄之助 さかいしょうのすけ
？　〜元治1（1864）年
江戸時代末期の志士。
¶維新，人名，日人

境二郎 さかいじろう
天保7（1836）年〜明治33（1900）年　別斎藤栄蔵
《さいとうえいぞう》
江戸時代末期〜明治期の長州（萩）藩士。
¶島根県，人名，鳥取百，日人，幕末（⊗1900年2
月9日），藩臣6

酒泉竹軒 さかいずみちくけん
承応3（1654）年〜享保3（1718）年
江戸時代中期の水戸藩の儒学者。
¶江文，国書（⊗享保3（1718）年5月25日），コン
改，コン4，新潮（⊗享保3（1718）年5月15日），
人名，世人，日人，藩臣2

坂井善庵 さかいぜんあん
安永9(1780)年〜天保13(1842)年
江戸時代中期〜後期の信濃高遠藩士。
¶国書(㊥安永9(1780)年5月 ㊦天保13(1842)年10月)，長野歴

坂井善右衛門 さかいぜんえもん
江戸時代中期の槍術家。
¶岡山人

酒井宗雅 さかいそうが
→酒井忠以(さかいただざね)

坂井泰順 さかいたいじゅん
? 〜元禄1(1688)年
江戸時代前期の加賀藩士。
¶国書

酒井忠義 さかいただあき
文化10(1813)年〜明治6(1873)年 ㊗酒井忠義《さかいただよし，さかいだただあき》
江戸時代末期〜明治期の大名。若狭小浜藩主。
¶朝日(㊥文化10年7月9日(1813年8月4日) ㊦明治6(1873)年12月5日)，維新，京都大，郷土福井，近現，近世(さかいだただあき)，国史，国書(㊥文化10(1813)年7月9日 ㊦明治6(1873)年12月5日)，コン改，コン4，コン5，茶道(さかいただよし)，史人(㊥1813年7月9日 ㊦1873年12月5日)，諸系，新潮(㊥文化10(1813)年7月9日 ㊦明治6(1873)年12月5日)，人名(さかいただよし)，姓氏京都，世人(㊥文化10(1813)年7月9日 ㊦明治6(1873)年12月5日)，日人，幕末(㊦1873年12月5日)，藩主3(㊥文化10(1813)年7月9日 ㊦明治6(1873)年12月5日)，歴大

酒井忠発 さかいただあき
文化9(1812)年〜明治9(1876)年
江戸時代末期〜明治期の大名。出羽庄内藩主。
¶庄内(㊥文化9(1812)年9月13日 ㊦明治9(1876)年2月12日)，諸系，日人，藩主1(㊥文化9(1812)年9月13日 ㊦明治9(1876)年2月12日)

酒井忠明 さかいただあき
生没年不詳
江戸時代末期の武士。
¶庄内

酒井忠彰 さかいただあきら
嘉永5(1852)年〜明治29(1896)年
江戸時代末期〜明治期の大名。上野伊勢崎藩主。
¶群馬人，群馬百，諸系，姓氏群馬，日人，藩主1(㊥嘉永5(1852)年10月 ㊦明治29(1896)年7月31日)

酒井忠存 さかいただあきら
享保5(1720)年〜元文5(1740)年
江戸時代中期の大名。若狭小浜藩主。
¶諸系，日人，藩主3(㊥享保5(1720)年10月19日 ㊦元文5(1740)年8月22日)

酒井忠哲 さかいただあきら
明和7(1770)年〜文政2(1819)年
江戸時代中期〜後期の大名。上野伊勢崎藩主。
¶諸系，日人，藩主1(㊥明和5(1768)年 ㊦文政2(1819)年7月19日)

酒井忠温 さかいただあつ
享保17(1732)年〜明和4(1767)年
江戸時代中期の大名。出羽庄内藩主。
¶庄内(㊥享保17(1732)年7月17日 ㊦明和4(1767)年1月16日)，諸系，日人，藩主1(㊥享保17(1732)年7月 ㊦明和4(1767)年1月16日)

酒井忠篤 さかいただあつ
元禄16(1703)年〜元文2(1737)年
江戸時代中期の大名。安房勝山藩主。
¶諸系，人名，日人，藩主2(㊥元文2(1737)年5月13日)

酒井忠徳 さかいただあり
宝暦5(1755)年〜文化9(1812)年 ㊗酒井凡兆《さかいぼんちょう》，凡兆《ぼんちょう》，酒井忠徳《さかいただのり》，凡兆酒井《ぼんちょう》
江戸時代中期〜後期の大名。出羽庄内藩主。
¶国書(㊥宝暦5(1755)年10月2日 ㊦文化9(1812)年9月18日)，庄内(㊥宝暦5(1755)年10月2日 ㊦文化9(1812)年9月18日)，諸系，人名(酒井凡兆 さかいぼんちょう)，日人，俳諧(凡兆 ぼんちょう ㊦?)，俳句(凡兆 ぼんちょう ㊦文化9(1812)年9月18日)，藩主1(㊥宝暦5(1755)年10月2日 ㊦文化9(1812)年9月18日)，山形百(㊥宝暦4(1754)年)，和俳

酒井忠氏 さかいただうじ
天保6(1835)年〜明治9(1876)年
江戸時代末期〜明治期の大名。若狭小浜藩主。
¶維新，諸系，日人，幕末(㊦1876年1月21日)，藩主3(㊥天保6(1835)年1月14日 ㊦明治9(1876)年1月21日)

酒井忠蕃 さかいただえ
天明1(1781)年〜天保4(1833)年
江戸時代後期の大名。越前敦賀藩主。
¶諸系，日人，藩主3(㊦天保4(1833)年5月21日)

酒井忠雄 さかいただお
寛文10(1670)年〜元禄5(1692)年2月15日
江戸時代前期〜中期の領主。
¶庄内

酒井忠興 さかいただおき
寛永21(1644)年5月23日〜享保4(1719)年1月20日
江戸時代前期〜中期の幕臣。
¶庄内

酒井忠音 さかいただおと
元禄4(1691)年〜享保20(1735)年
江戸時代中期の大名。若狭小浜藩主。
¶諸系，人名(㊥1690年)，日人，藩主3(㊥元禄4(1691)年10月20日 ㊦享保20(1735)年5月18日)

酒井忠香 さかいただか
*〜寛政3(1791)年
江戸時代中期の大名。越前敦賀藩主。
¶諸系(㊥1719年)，人名(㊥1718年)，日人(㊥1719年)，藩主3(㊥正徳5(1715)年 ㊦寛政3(1791)年11月8日)

酒井忠一 さかいただかず
文政6(1823)年〜万延1(1860)年

さかいた 452 日本人物レファレンス事典

江戸時代末期の大名。安房勝山藩主。
¶諸系，日人，藩主2（㉛万延1（1860）年11月13日）

酒井忠器 さかいただかた
寛政2（1790）年〜嘉永7（1854）年
江戸時代末期の大名。出羽庄内藩主。
¶庄内（㊐天明7（1787）年4月18日　㉛嘉永7（1854）年3月20日），諸系，日人，藩主1（㊐寛政2（1790）年2月18日　㉛安政1（1854）年3月20日），山形百

酒井忠交 さかいただかた
宝暦4（1754）年〜文化1（1804）年
江戸時代中期〜後期の大名。播磨姫路新田藩主。
¶諸系，日人，藩主3（㊐宝暦4（1754）年2月22日　㉛文化1（1804）年1月20日）

酒井忠良 さかいただかた
文化5（1808）年〜天保5（1834）年
江戸時代後期の大名。上野伊勢崎藩主。
¶諸系，日人，藩主1（㉛天保5（1834）年10月21日）

酒井忠勝⑴ さかいただかつ
文禄3（1594）年〜正保4（1647）年
江戸時代前期の大名。出羽庄内藩主、信濃松代藩主、越後高田藩主。
¶朝日（㉛正保4年10月17日（1647年11月13日）），コン改，庄内（㊐文禄3（1594）年2月　㉛正保4（1647）年10月17日），諸系，長野歴，新潟百，日史（㉛正保4（1647）年10月17日），日人，藩主1（㉛正保4（1647）年10月17日），藩主2，藩主3，百科，山形百

酒井忠勝⑵ さかいただかつ
天正15（1587）年〜寛文2（1662）年　㊕酒井讃岐守《さかいさぬきのかみ》
江戸時代前期の大名、大老。武蔵川越藩主、若狭小浜藩主。
¶朝日，岩史（㊐天正15（1587）年6月16日　㉛寛文2（1662）年7月12日），江戸東，黄檗（㊐天正15（1587）年6月16日　㉛寛文2（1662）年7月12日），角史，京都大，郷土福井，近世，国史，国書（㊐天正15（1587）年6月16日　㉛寛文2（1662）年7月12日），コン改，コン4，埼玉人（㉛寛文2（1662）年7月12日），埼玉百，史人（㊐1587年6月16日　1662年7月12日），諸系，新潮（㊐天正15（1587）年6月16日　㉛寛文2（1662）年7月12日），人名，姓氏京都，世人（㊐天正15（1587）年3月　㉛寛文2（1662）年7月12日），世百，全書，戦人，大百，栃木歴，日史（㊐天正15（1587）年6月13日　㉛寛文2（1662）年7月12日），日人，藩主1，藩主1（㊐天正15（1587）年6月16日　㉛寛文2（1662）年7月12日），百科，福井百，歴大

酒井忠雄 さかいただかつ
寛文7（1667）年〜寛保3（1743）年
江戸時代前期〜中期の武士。
¶和歌山人

酒井忠菊 さかいただきく
延宝7（1679）年〜享保7（1722）年

江戸時代中期の大名。越前敦賀藩主。
¶諸系，日人，藩主3（㉛享保7（1722）年2月6日）

酒井忠清 さかいただきよ
寛永1（1624）年〜天和1（1681）年　㊕下馬将軍《げばしょうぐん》
江戸時代前期の大名、大老。上野前橋藩主。
¶朝日（㉛天和1年5月19日（1681年7月4日）），岩史（㉛延宝9（1681）年5月19日），角史，神奈川人，郷土群馬，近世，群馬人，群馬百，国史，コン改，コン4，埼玉百，史人（㉛1681年5月19日），重要（㉛天和1（1681）年5月19日），諸系，新潮（㉛天和1（1681）年5月19日），人名（㊐1623年），姓氏群馬，世人（㉛天和1（1681）年5月19日），世百，全書，大百，伝記，日史（㉛天和1（1681）年5月19日），日人，藩主1（㊐寛永1（1624）年10月19日　㉛延宝9（1681）年5月19日），百科，歴大

酒井忠国 さかいただくに
慶安4（1651）年〜天和3（1683）年
江戸時代前期の大名。安房勝山藩主。
¶諸系，人名（㊐1650年），日人，藩主2（㉛天和3（1683）年1月11日）

酒井忠邦 さかいただくに
安政1（1854）年〜明治12（1879）年　㊕班蔵，裕斎
江戸時代末期〜明治期の大名、伯爵。播磨姫路藩主。
¶維新，海越（㊐嘉永7（1854）年1月15日　㉛明治12（1879）年3月25日），海越新（㊐嘉永7（1854）年1月15日　㉛明治12（1879）年3月25日），近現，国史，史人（㊐1854年1月15日　㉛1879年3月25日），諸系，新潮（㊐安政1（1854）年1月15日　㉛明治12（1879）年3月25日），人名，渡航（㊐1854年1月15日　㉛1879年3月25日），日人，藩主3（㊐安政1（1854）年1月15日　㉛明治12（1879）年3月25日）

酒井忠質 さかいただざだ
天明7（1787）年〜文化13（1816）年　㊕酒井忠質《さかいただたか》
江戸時代後期の大名。播磨姫路新田藩主。
¶諸系，日人，藩主3（さかいただたか　㊐？　㉛文化13（1816）年10月23日）

酒井忠郷 さかいたださと
享保19（1734）年5月10日〜寛延2（1749）年10月19日
江戸時代中期の武士。
¶庄内

酒井忠以 さかいただざね
宝暦5（1755）年〜寛政2（1790）年　㊕酒井宗雅《さかいそうが》，宗雅《そうが》
江戸時代中期の大名。播磨姫路藩主。
¶国書（㊐宝暦5（1755）年12月23日　㉛寛政2（1790）年7月17日），茶道（酒井宗雅　さかいそうが），諸系（㊐1756年），人名94（酒井宗雅　さかいそうが），新潮（㉛寛政2（1790）年7月17日），人名（㊐1765年），日人（㊐1756年），俳句（宗雅　そうが　㉛寛政2（1790）年7月1日），藩主3（㊐宝暦5（1755）年12月23日　㉛寛政2（1790）年7月17日）

酒井忠真 さかいただざね
寛文11(1671)年〜享保16(1731)年
江戸時代中期の大名。出羽庄内藩主。
¶庄内([生]寛文11(1671)年4月14日 [没]享保16(1731)年8月28日), 諸系, 日人, 藩主1([生]寛文11(1671)年4月14日 [没]享保16(1731)年8月28日)

酒井忠重(1) さかいただしげ
慶長3(1598)年〜寛文6(1666)年9月24日
安土桃山時代〜江戸時代前期の領主。
¶庄内

酒井忠重(2) さかいただしげ
? 〜慶安1(1648)年6月20日
江戸時代前期の旗本。
¶埼玉人

酒井忠績 さかいただしげ
文政10(1827)年〜明治28(1895)年
江戸時代末期〜明治期の大名、大老。播磨姫路藩主。
¶朝日([没]明治28(1895)年11月30日), 維新, コン4, コン5, 諸系, 日人, 幕末([没]1895年11月30日), 藩主3([没]明治28(1895)年11月30日)

酒井忠稠 さかいただしげ
承応2(1653)年〜宝永3(1706)年
江戸時代前期〜中期の大名。越前敦賀藩主。
¶諸系, 人名, 日人, 藩主3([生]承応2(1653)年3月 [没]宝永3(1706)年6月3日)

酒井忠末 さかいただすえ
慶長14(1609)年〜延宝2(1674)年
江戸時代前期の若狭小浜藩家老。
¶藩臣3

酒井忠恭 さかいただずみ,さかいただすみ
宝永7(1710)年〜安永1(1772)年
江戸時代中期の大名。上野前橋藩主、播磨姫路藩主。
¶群馬人, 国書(さかいただすみ [生]宝永7(1710)年5月12日 [没]明和9(1772)年7月13日), 諸系, 人名(さかいただすみ), 日人, 藩主1([生]宝永7(1710)年5月15日 [没]安永1(1772)年7月13日), 藩主3([生]宝永7(1710)年5月12日 [没]安永1(1772)年7月13日)

酒井忠篤 さかいただずみ,さかいただすみ
嘉永6(1853)年〜大正4(1915)年6月8日 [別]左衛門尉,繁之丞
江戸時代末期〜明治期の大名、軍人。出羽庄内藩主。
¶朝日([生]嘉永6年2月13日(1853年3月22日)), 維新(さかいただすみ), 海越(さかいただすみ [生]嘉永6(1853)年2月13日), 海越新(さかいただすみ [生]嘉永6(1853)年2月13日), 国際(さかいただすみ), 国書(さかいただすみ [生]嘉永6(1853)年2月13日), 庄内([生]嘉永6(1853)年2月13日), 諸系, 渡航([生]1853年2月13日), 日人, 幕末([生]1853年3月22日), 藩主1([生]嘉永6(1853)年2月13日 [没]大正4(1915)年6月6日), 山形百

酒井忠囿 さかいただその,さかいただぞの
寛文10(1670)年〜宝永3(1706)年
江戸時代中期の大名。若狭小浜藩主。
¶諸系, 日人, 藩主3(さかいただぞの [生]寛文10(1670)年12月1日 [没]宝永3(1706)年9月8日)

酒井忠義 さかいただただあき
→酒井忠義(さかいただあき)

酒井忠挙 さかいただたか
慶安1(1648)年〜享保5(1720)年 [別]酒井忠明《さかいただあき》
江戸時代前期〜中期の大名。上野前橋藩主。
¶郷土群馬, 近世, 群馬人, 群馬百, 国史, 諸系, 人名, 姓氏群馬, 日人, 藩主1([生]慶安1(1648)年3月7日,(異説)3月12日 [没]享保5(1720)年11月13日)

酒井忠高(1) さかいただたか
万治4(1661)年1月26日〜元禄2(1689)年11月9日
江戸時代前期の領主。
¶庄内

酒井忠高(2) さかいただたか
正徳2(1712)年〜安永3(1774)年
江戸時代中期の奈良奉行、京都町奉行。
¶京都大, 人名, 姓氏京都, 日人

酒井忠質 さかいただたか
→酒井忠質(さかいたださだ)

酒井忠崇 さかいただたか
宝暦1(1751)年〜文政7(1824)年
江戸時代中期〜後期の大名。出羽松山藩主。
¶庄内([生]宝暦1(1751)年5月10日 [没]文政7(1824)年4月6日), 諸系, 日人, 藩主1([没]文政7(1824)年4月2日)

酒井忠隆 さかいただたか
慶安4(1651)年〜貞享3(1686)年
江戸時代前期の大名。若狭小浜藩主。
¶諸系, 人名([生]1649年), 日人, 藩主3([生]慶安4(1651)年2月6日 [没]貞享3(1686)年閏3月21日)

酒井忠武 さかいただたけ
宝永6(1709)年〜享保16(1731)年
江戸時代中期の大名。越前敦賀藩主。
¶諸系, 日人, 藩主3([生]宝永5(1708)年 [没]享保16(1731)年8月21日)

酒井忠胤 さかいただたね
延宝7(1679)年〜正徳2(1712)年
江戸時代中期の大名。安房勝山藩主。
¶茶道, 諸系, 人名, 日人, 藩主2([没]正徳2(1712)年7月20日)

酒井忠民 さかいただたみ
寛政6(1794)年4月6日〜弘化3(1846)年閏5月25日
江戸時代後期の旗本。
¶庄内

酒井忠鄰(酒井忠隣) さかいただちか
延享4(1747)年〜文化6(1809)年
江戸時代中期〜後期の大名。安房勝山藩主。
¶諸系, 人名(酒井忠隣), 日人, 藩主2([没]文化6(1809)年6月27日)

酒井忠経 さかいただつぐ
→酒井忠経(さかいただつね)

酒井忠告 さかいただつぐ

*～明和4（1767）年

江戸時代中期の大名。上野伊勢崎藩主。

¶諸系（⊕1690年），人名（⊕1693年），日人
（⊕1690年），藩主1（⊕元禄2（1689）年　⊗明
和4（1767）年7月19日）

酒井忠嗣 さかいただつぐ

寛政7（1795）年～嘉永4（1851）年

江戸時代末期の大名。安房勝山藩主。

¶諸系，人名，日人，藩主2（⊗嘉永4（1851）年9
月11日）

酒井忠経 さかいただつね

嘉永1（1848）年～明治17（1884）年　⊗酒井忠経
《さかいただつぐ》

江戸時代末期～明治期の大名。越前敦賀藩主。

¶維新（さかいただつぐ），諸系，日人，藩主3（⊕嘉
永1（1848）年9月　⊗明治17（1884）年12月）

酒井忠恒⑴ さかいただつね

寛永16（1639）年～延宝3（1675）年

江戸時代前期の大名。出羽松山藩主。

¶庄内（⊕寛永16（1639）年8月8日　⊗延宝3
（1675）年8月6日），諸系，日人，藩主1（⊕寛永
16（1639）年8月8日　⊗延宝3（1675）年8月6日，
（異説）延宝2年8月6日）

酒井忠恒⑵ さかいただつね

文化8（1811）年～慶応4（1868）年

江戸時代末期の大名。上野伊勢崎藩主。

¶国書（⊕文化8（1811）年10月　⊗慶応4（1868）
年6月14日），諸系，日人，藩主1（⊕文化8
（1811）年10月　⊗明治1（1868）年6月14日）

酒井忠強 さかいただつよ

天保7（1836）年～明治18（1885）年

江戸時代末期～明治期の大名。上野伊勢崎藩主。

¶諸系，日人，藩主1（⊕天保6（1835）年12月
⊗明治18（1885）年6月14日）

酒井忠貫 さかいただつら

宝暦2（1752）年～文化3（1806）年

江戸時代中期～後期の大名。若狭小浜藩主。

¶諸系，日人，藩主3（⊕宝暦2（1752）年11月21日
⊗文化3（1806）年1月12日）

酒井忠顕 さかいただてる

天保7（1836）年～万延1（1860）年

江戸時代末期の大名。播磨姫路藩主。

¶維新，諸系，日人，藩主3（⊗万延1（1860）年10月
14日）

酒井忠惇 さかいただとう

→酒井忠惇（さかいただとし）

酒井忠解 さかいただとき

寛永20（1643）年～寛文8（1668）年

江戸時代前期の大名。出羽大山藩主。

¶庄内（⊕寛永20（1643）年10月22日　⊗寛文8
（1668）年11月28日），諸系，日人，藩主1（⊕寛
永20（1643）年10月　⊗寛文8（1668）年11月28
日）

酒井忠俊 さかいただとし

元和7（1621）年～寛文1（1661）年1月5日

江戸時代前期の領主。

¶庄内

酒井忠順 さかいただとし

宝暦2（1752）年12月5日～文政7（1824）年閏8月5
日

江戸時代中期～後期の旗本。

¶庄内

酒井忠惇 さかいただとし

天保10（1839）年～明治40（1907）年　⊗酒井忠惇
《さかいただとう》

江戸時代末期～明治期の大名。播磨姫路藩主。

¶朝日（⊕天保10年7月28日（1839年9月5日）
⊗明治40（1907）年11月10日），維新，コン4，
コン5，諸系，新潮（⊕天保10（1839）年7月28日
⊗明治40（1907）年11月10日），人名（⊕1843
年），日人，幕末（さかいただとう）　⊗1907年
11月10日），藩主3（さかいただとう）（⊕天保10
（1839）年7月　⊗明治40（1907）年11月11日）

酒井忠敏 さかいただとし

文化9（1812）年2月26日～嘉永4（1851）年10月2日

江戸時代後期の武士。

¶庄内

酒井忠利 さかいただとし

永禄2（1559）年～寛永4（1627）年

安土桃山時代～江戸時代前期の大名。武蔵川越藩
主，駿河田中藩主。

¶朝日（⊗寛永4年11月14日（1627年12月21日）），
国書（⊗寛永4（1627）年11月14日），コン4，埼
玉人（⊗寛永4（1627）年11月14日），埼玉百人，
諸系，日人，藩主1（⊗寛永4（1627）年11月14
日），藩主2

酒井忠宝 さかいただとみ

文政12（1829）年～嘉永6（1853）年

江戸時代末期の大名。播磨姫路藩主。

¶諸系，日人，藩主3（⊗嘉永6（1853）年8月10日）

酒井忠寛 さかいただとも

天保10（1839）年2月19日～文久2（1862）年9月17
日　⊗酒井忠寛《さかいただひろ》

江戸時代末期の大名。出羽庄内藩主。

¶国書（さかいただひろ），庄内，諸系，日人，
藩主1

酒井忠知 さかいただとも

文禄2（1593）年6月1日～延宝4（1676）年11月10日

安土桃山時代～江戸時代前期の旗本。

¶庄内

酒井忠朝 さかいただとも

元和5（1619）年～寛文2（1662）年

江戸時代前期の徳川幕臣。

¶諸系，人名（⊕1618年　⊗1661年），日人

酒井忠直 さかいただなお

寛永7（1630）年～天和2（1682）年

江戸時代前期の大名。若狭小浜藩主。

¶諸系，人名（⊕？），日人，藩主3（⊕寛永7
（1630）年3月23日　⊗天和2（1682）年7月10
日）

酒井忠中 さかいただなか

文政4（1821）年2月28日～弘化2（1845）年8月11日

江戸時代後期の武士。
¶庄内

酒井忠言 さかいただのぶ
宝暦6(1756)年～寛政11(1799)年
江戸時代中期の大名。越前敦賀藩主。
¶諸系，日人，藩主3([没]寛政11(1799)年2月22日)

酒井忠質 さかいただのぶ
寛政1(1789)年11月22日～嘉永5(1852)年7月18日
江戸時代後期の旗本。
¶庄内

酒井忠学 さかいただのり
文化6(1809)年～弘化1(1844)年
江戸時代後期の大名。播磨姫路藩主。
¶諸系，日人，藩主3([生]文化5(1808)年11月17日 [没]弘化1(1844)年10月10日)

酒井忠礼 さかいただのり
安永8(1779)年～文政4(1821)年
江戸時代後期の大名。出羽松山藩主。
¶庄内([生]安永8(1779)年2月5日 [没]文政3(1820)年7月23日)，諸系，日人，藩主1([没]文政4(1821)年7月23日)

酒井忠温 さかいただはる
元文2(1737)年～享和1(1801)年
江戸時代中期～後期の大名。上野伊勢崎藩主。
¶郷土群馬，群馬人，諸系，姓氏群馬，日人，藩主1([没]享和1(1801)年1月5日)

酒井忠夷 さかいただひら
宝暦8(1758)年12月12日～天保4(1833)年6月6日
江戸時代中期～後期の武士。
¶庄内

酒井忠寛(1) さかいただひろ
寛文6(1666)年～元禄16(1703)年
江戸時代前期～中期の大名。上野伊勢崎藩主。
¶諸系，人名([生]1676年)，姓氏群馬，日人，藩主1([没]元禄16(1703)年11月8日)

酒井忠寛(2) さかいただひろ
→酒井忠寛(さかいただとも)

酒井忠恕 さかいただひろ
天保10(1839)年12月26日～安政5(1858)年11月5日
江戸時代後期～末期の武士。11代庄内藩主酒井忠発の次男。
¶庄内

酒井忠道 さかいただひろ
安永6(1777)年～天保8(1837)年
江戸時代後期の大名。播磨姫路藩主。
¶国書([生]安永6(1777)年9月10日 [没]天保8(1837)年7月23日)，諸系，日人，藩主3([生]安永6(1777)年9月10日 [没]天保8(1837)年7月23日)

酒井忠英 さかいただふさ
元禄14(1701)年9月8日～元文1(1736)年10月9日
江戸時代中期の武士。庄内松山2代目藩主酒井忠豫の長男(盲目になり廃嫡)。
¶庄内

酒井忠匡 さかいただまさ
*～明治44(1911)年
江戸時代末期～明治期の大名。出羽松山藩主。
¶庄内([生]安政3(1856)年12月19日 [没]明治44(1911)年4月30日)，諸系([生]1857年)，日人([生]1857年)，藩主1([生]安政3(1856)年12月 [没]明治44(1911)年4月)

酒井忠当 さかいただまさ
元和3(1617)年～万治3(1660)年
江戸時代前期の大名。出羽庄内藩主。
¶庄内([生]元和3(1617)年8月5日 [没]万治3(1660)年2月9日)，諸系，日人，藩主1([生]元和3(1617)年8月5日 [没]万治3(1660)年2月9日)

酒井忠毗 さかいただます
文化13(1816)年～明治9(1876)年
江戸時代末期～明治期の大名。越前敦賀藩主。
¶維新，諸系，日人，幕末([没]1876年2月12日)，藩主3([生]文化12(1815)年6月 [没]明治9(1876)年2月)

酒井忠相 さかいただみ
寛文7(1667)年～宝永5(1708)年
江戸時代前期～中期の大名。上野前橋藩主。
¶諸系，人名，日人，藩主1([生]寛文7(1667)年1月23日 [没]宝永5(1708)年1月25日)

酒井忠宝 さかいただみち
安政3(1856)年6月13日～大正10(1921)年9月17日 [別]徳之助
江戸時代末期～明治期の大名。出羽庄内藩主。
¶維新([生]?)，海越，海越新，庄内，諸系，渡航，日人，幕末([生]1856年7月14日)，藩主1，山形百

酒井忠方 さかいただみち
文化5(1808)年～明治20(1887)年
江戸時代末期～明治期の大名。出羽松山藩主。
¶庄内([生]文化5(1808)年1月18日 [没]明治20(1887)年2月14日)，諸系，日人，藩主1([没]明治20(1887)年2月14日)

酒井忠盈 さかいただみつ
貞享1(1684)年～元禄9(1696)年6月11日
江戸時代前期～中期の領主。
¶庄内

酒井忠実 さかいただみつ
安永8(1779)年～嘉永1(1848)年
江戸時代後期の大名。播磨姫路藩主。
¶諸系，日人，藩主3([生]安永8(1779)年10月13日 [没]嘉永1(1848)年5月27日)

酒井忠村 さかいただむら
元和6(1620)年1月5日～元禄7(1694)年11月9日
江戸時代前期～中期の旗本。
¶庄内

酒井忠用 さかいただもち
享保5(1720)年～安永4(1775)年
江戸時代中期の大名。若狭小浜藩主。
¶京都大，諸系，人名([生]1725年)，姓氏京都，日人，藩主3([生]享保7(1722)年11月27日 [没]安永4(1775)年9月27日)

酒井忠大 さかいただもと
享保11(1726)年～宝暦6(1756)年

江戸時代中期の大名。安房勝山藩主。
¶諸系，日人，藩主2（㋳宝暦6（1756）年3月24日）

酒井忠盛 さかいただもり
寛永19（1642）年11月14日〜正徳2（1712）年8月2日
江戸時代前期〜中期の武士。
¶庄内

酒井忠全 さかいただやす
文化12（1815）年〜文化14（1817）年
江戸時代後期の大名。播磨姫路新田藩主。
¶諸系，日人，藩主3（㋳文化14（1817）年11月3日）

酒井忠予 さかいただやす
明暦3（1657）年〜＊
江戸時代前期〜中期の大名。出羽松山藩主。
¶庄内（㋐明暦3（1657）年8月15日 ㋳享保20（1735）年12月16日），諸系（㋐1736年），日人（㋳1736年），藩主1（㋐明暦3（1657）年8月15日 ㋳享保20（1735）年12月16日）

酒井忠行(1) さかいただゆき
慶長4（1599）年〜寛永13（1636）年
江戸時代前期の大名。上野板鼻藩主、上野厩橋藩主。
¶諸系，日人，藩主1（㋳寛永13（1636）年11月17日）

酒井忠行(2) さかいただゆき
江戸時代末期の幕臣。
¶維新，幕末（生没年不詳）

酒井忠進 さかいただゆき
明和7（1770）年〜文政11（1828）年
江戸時代後期の大名。若狭小浜藩主。
¶京都大，国書（㋐明和7（1770）年3月9日 ㋳文政11（1828）年1月27日），諸系，姓氏京都，日人，藩主3（㋐明和7（1770）年3月9日 ㋳文政11（1828）年1月27日）

酒井忠世 さかいただよ
元亀3（1572）年〜寛永13（1636）年 ㋾酒井雅楽頭《さかいうたのかみ》
安土桃山時代〜江戸時代前期の大名。上野伊勢崎藩主、上野前橋藩主、上野那波藩主。
¶朝日（寛永13年3月19日（1636年4月24日）），岩史（㋳寛永13（1636）年3月19日），角史，郷土群馬，近世，群馬人，国史，コン改，コン4，埼玉百，史人（㋳1636年3月19日），諸系，新潮（㋳寛永13（1636）年3月19日），人名，姓氏群馬，世人（㋳寛永13（1636）年3月19日），戦合，戦国（㋐1573年），全書，戦人，日史（㋳寛永13（1636）年3月19日），日人，藩主1（㋐元亀3（1572）年6月5日 ㋳寛永13（1636）年3月13日），百科，歴大

酒井忠義(1) さかいただよし
寛永21（1644）年〜天和1（1681）年
江戸時代前期の大名。出羽庄内藩主。
¶庄内（㋐寛永21（1644）年7月5日 ㋳天和1（1681）年11月7日），諸系，日人，藩主1（㋐正保1（1644）年7月5日 ㋳天和1（1681）年11月7日）

酒井忠義(2) さかいただよし
→酒井忠義（さかいただあき）

酒井忠休 さかいただよし
正徳4（1714）年〜天明7（1787）年
江戸時代中期の大名。出羽松山藩主。
¶庄内（㋐正徳4（1714）年8月16日 ㋳天明7（1787）年4月18日），諸系，日人，藩主1（㋳天明7（1787）年4月18日）

酒井忠恕 さかいただよし
安永6（1777）年11月1日〜文化1（1804）年7月27日
江戸時代中期〜後期の旗本。
¶庄内

酒井忠寧 さかいただよし
寛政1（1789）年〜文化14（1817）年
江戸時代後期の大名。上野伊勢崎藩主。
¶諸系，日人，藩主1（㋐寛政1（1789）年1月 ㋳文化14（1817）年8月16日）

酒井忠能 さかいただよし
寛永5（1628）年〜宝永2（1705）年
江戸時代前期〜中期の大名。上野伊勢崎藩主、信濃小諸藩主、駿河田中藩主。
¶神奈川人，諸系，人名，姓氏群馬，長野歴，日人，藩主1（㋐寛永5（1628）年3月17日 ㋳宝永2（1705）年5月22日），藩主2（㋳宝永2（1705）年5月22日）

酒井忠美 さかいただよし
安政5（1858）年〜大正12（1923）年
江戸時代末期〜明治期の大名。安房勝山藩主。
¶諸系，人名（生没年不詳），日人，藩主2（㋐安政5（1858）年10月 ㋳大正12（1923）年3月13日）

酒井忠与 さかいただよし
享保6（1721）年〜宝暦12（1762）年
江戸時代中期の大名。若狭小浜藩主。
¶諸系，日人，藩主3（㋐享保6（1721）年閏7月4日 ㋳宝暦12（1762）年6月18日）

酒井忠良 さかいただよし
天保2（1831）年〜明治17（1884）年
江戸時代末期〜明治期の大名。出羽松山藩主。
¶庄内（㋐天保2（1831）年5月24日 ㋳明治17（1884）年10月2日），諸系，日人，藩主1（㋐明治17（1884）年10月1日）

酒井忠寄 さかいただより
宝永1（1704）年〜明和3（1766）年
江戸時代中期の大名。出羽庄内藩主。
¶朝日（㋐宝永1年8月11日（1704年9月9日） ㋳明和3年3月30日（1766年5月8日）），コン4，庄内（㋐宝永1（1704）年8月11日 ㋳明和3（1766）年3月27日），諸系，日人，藩主1（㋐宝永1（1704）年8月11日 ㋳明和3（1766）年3月晦日）

酒井忠順 さかいただより
寛政3（1791）年〜嘉永6（1853）年
江戸時代末期の大名。若狭小浜藩主。
¶諸系，日人，藩主3（㋐寛政3（1791）年3月14日 ㋳嘉永6（1853）年1月17日）

酒井忠和 さかいただより
安永4（1775）年〜文化7（1810）年

江戸時代後期の大名。安房勝山藩主。
¶諸系，日人，藩主2（[没]文化7（1810）年10月12日）

酒井弾正　さかいだんじょう
生没年不詳
江戸時代前期～中期の上野前橋藩士。藩主一族。
¶藩臣2

酒井親本　さかいちかもと
宝永2（1705）年～享保16（1731）年
江戸時代中期の大名。上野前橋藩主。
¶諸系，人名（[生]1704年），日人，藩主1（[生]宝永2（1705）年8月20日　[没]享保16（1731）年9月4日）

酒井親愛　さかいちかよし
元禄7（1694）年～享保18（1733）年
江戸時代中期の大名。上野前橋藩主。
¶諸系，人名（[生]1693年），日人，藩主1（[生]元禄7（1694）年9月3日　[没]享保18（1733）年3月1日）

坂井次重　さかいつぎしげ
延享3（1746）年～宝暦12（1762）年
江戸時代中期の陸奥会津藩士。
¶藩臣2

酒井伝次郎　さかいでんじろう
天保9（1838）年～元治1（1864）年
江戸時代末期の筑後久留米藩士。
¶維新，人名，日人

坂井東派　さかいとうは
*～天保5（1834）年
江戸時代後期の安芸広島藩士、儒学者。
¶国書（[生]安永1（1772）年　[没]天保5（1834）年2月21日），藩臣6（[生]安永2（1773）年）

境藤兵衛　さかいとうべえ
？～文化9（1812）年
江戸時代後期の陸奥黒石藩士。
¶藩臣1

酒井直隆　さかいなおたか
天和1（1681）年～享保5（1720）年1月3日
江戸時代前期～中期の庄内藩家老。
¶庄内

酒井直次　さかいなおつぐ
慶長1（1596）年～寛永7（1630）年
江戸時代前期の大名。出羽左沢藩主。
¶庄内（[没]寛永8（1631）年3月10日），諸系，日人，藩主1（[没]寛永7（1630）年3月10日，（異説）寛永8年3月10日）

酒井直豊　さかいなおとき
宝暦9（1759）年11月7日～文化2（1805）年2月11日
江戸時代中期～後期の城代。
¶庄内

酒井直寛　さかいなおひろ
安永7（1778）年2月12日～文政13（1830）年7月4日
江戸時代中期～後期の城代。
¶庄内

酒井直道　さかいなおみち
→酒井十之丞（さかいじゅうのじょう）

酒井直恭　さかいなおゆき
享保10（1725）年1月16日～安永6（1777）年7月10日
江戸時代中期の庄内藩家老。
¶庄内

境野八斗兵衛　さかいのはっとべえ
江戸時代の民政家、那波氏の家臣。
¶人名，日人（生没年不詳）

境野求馬　さかいのもとめ
文化7（1810）年～元治1（1864）年
江戸時代末期の播磨姫路藩の志士。
¶維新，新潮（[生]文化7（1810）年1月6日　[没]元治1（1864）年4月2日），人名，日人，幕末（[没]1864年4月2日），藩臣5，兵庫百（[生]？　[没]文久3（1863）年）

酒井了明　さかいのりあき
文化14（1817）年1月11日～明治16（1883）年5月25日
江戸時代後期～明治期の庄内藩家老。
¶庄内

酒井了次　さかいのりつぐ
慶長11（1606）年～寛永12（1635）年5月11日
江戸時代前期の武士。
¶庄内

酒井了恒　さかいのりつね
→酒井玄蕃（さかいげんば）

酒井了知　さかいのりとも
寛延3（1750）年4月17日～文政3（1820）年6月9日
江戸時代中期～後期の庄内藩家老。
¶庄内

堺乗広　さかいのりひろ
慶長7（1602）年～寛文2（1662）年
江戸時代前期の三河岡崎藩士。
¶藩臣4

境野凌雲　さかいのりょううん
寛延2（1749）年～文化8（1811）年　[別]境野嘉十郎《さかのかじゅうろう》
江戸時代中期～後期の肥後熊本藩士。
¶人名，日人，藩臣7（境野嘉十郎　さかのかじゅうろう）

酒井兵庫　さかいひょうご
生没年不詳
江戸時代末期の新撰組隊士。
¶新撰

酒井広種　さかいひろたね
？～寛永14（1637）年
江戸時代前期の蝦夷松前藩士。
¶藩臣1

酒井抱一　さかいほういち
→酒井抱一（さかいほういつ）

酒井抱一　さかいほういつ
宝暦11（1761）年～文政11（1828）年　[別]酒井抱一《さかいほういち》，抱一《ほういつ》
江戸時代中期～後期の姫路藩主酒井忠以の弟。画家（琳派）。37歳で得度。
¶朝日（[生]宝暦11年7月1日（1761年8月1日）　[没]文政11年11月29日（1829年1月4日）），岩史

([生]宝暦11(1761)年7月1日　[没]文政11(1828)年11月29日)，江戸，角史，近世，群馬人，群馬百，国史，国書([生]宝暦11(1761)年7月1日　[没]文政11(1828)年11月29日)，コン改，コン4，茶道，詩歌(さかいほういち)，史人([生]1761年7月1日　[没]1828年11月29日)，諸系([没]1829年)，人書94，新潮([没]文政11(1828)年11月29日)，人名，姓氏群馬，世人([生]宝暦11(1761)年7月1日　[没]文政11(1828)年11月29日)，世百，全書，大百，日史([生]宝暦11(1761)年7月1日　[没]文政11(1828)年11月29日)，日人([没]1829年)，俳諧(抱一　ほういつ)，俳句(抱一　ほういつ　[没]文政11(1828)年10月29日)，藩臣5，美術，百科，兵庫人([生]宝暦11(1761)年7月1日　[没]文政11(1828)年11月29日)，兵庫百，名画，歴大，和俳

酒井凡兆　さかいぼんちょう
→酒井忠徳(さかいただあり)

酒井孫四郎　さかいまごしろう
天保10(1839)年～明治2(1869)年
江戸時代末期の越前福井藩士。
¶維新，郷土福井，新潮([生]天保10(1839)年3月　[没]明治2(1869)年5月8日)，人名，日人，幕末([没]1869年6月17日)，藩臣3

酒井孫八郎　さかいまごはちろう
弘化2(1845)年～明治12(1879)年
江戸時代末期～明治期の桑名藩家老。
¶維新([生]1836年　[没]1871年)，幕末([没]1879年4月15日)，藩臣4

坂井正和　さかいまさかず
寛政6(1794)年～文政7(1824)年
江戸時代後期の土佐藩士、歌人。
¶高知人

酒井政時　さかいまさとき
慶長9(1604)年～寛永7(1630)年5月25日
江戸時代前期の庄内藩士。
¶庄内

酒井加辰　さかいますとき
生没年不詳
江戸時代後期の下総結城藩士。
¶国書

坂井無二　さかいむに
生没年不詳
江戸時代前期の土佐藩士。
¶高知人

酒井有休　さかいゆうきゅう
寛永4(1627)年～宝永5(1708)年
江戸時代前期～中期の越前福井藩家老。
¶人名，日人，藩臣3

酒井要次郎　さかいようじろう
弘化2(1845)年～？
江戸時代後期～末期の新撰組隊士。
¶新撰

酒井喜澄　さかいよしずみ
生没年不詳
江戸時代中期の蝦夷松前藩士。
¶藩臣1

酒井喜熙　さかいよしひろ
生没年不詳
江戸時代後期の水戸藩士。
¶国書

酒井了恒　さかいりょうこう
→酒井玄蕃(さかいげんば)

酒井良佐　さかいりょうさ
？～明治14(1881)年5月17日
江戸時代末期～明治期の高田藩士。
¶幕末

酒井良佑　さかいりょうすけ
寛政4(1792)年～天保8(1837)年
江戸時代後期の越後高田藩士・剣術家。直心影流。
¶江戸東，剣豪

坂牛佐賜　さかうしさし
→坂牛佐賜(さこうしすけたま)

坂英力　さかえいりき
天保4(1833)年～明治2(1869)年
江戸時代末期の陸奥仙台藩一族。
¶維新，姓氏岩手，姓氏宮城，幕末([没]1869年6月28日)，藩臣1，宮城百

坂尾儀太夫　さかおぎだゆう
→坂尾宗吾(さかおそうご)

坂尾宗吾　さかおそうご
宝暦13(1763)年～嘉永4(1851)年　[別]坂尾儀太夫《さかおぎだゆう》
江戸時代中期～後期の出羽庄内藩士。
¶国書([没]嘉永4(1851)年8月9日)，藩臣1(坂尾儀太夫　さかおぎだゆう)

坂尾幽栖　さかおゆうせい
天明6(1786)年10月6日～文久3(1863)年12月2日
江戸時代中期～末期の庄内藩士・漢学者。
¶国書

坂上寓所　さかがみぐうしょ
→坂上忠介(さかのうえちゅうすけ)

坂上忠介　さかがみただすけ
→坂上忠介(さかのうえちゅうすけ)

坂上又兵衛　さかがみまたべえ
生没年不詳
江戸時代前期の剣術家。富田流。
¶剣豪

阪川当晴　さかがわとうせい
江戸時代末期～明治期の幕臣、起業家。我が国初の牛乳屋を開店。
¶食文，先駆(生没年不詳)

榊鉞三郎　さかきおのさぶろう
天保11(1840)年～*
江戸時代末期の水戸藩士。
¶維新([没]1861年)，人名([没]1861年)，日人([没]1862年)，幕末([没]1862年1月14日)

佐垣刑部　さがきぎょうぶ
？～寛永6(1629)年
安土桃山時代～江戸時代前期の加賀藩士。
¶姓氏石川

坂木貞明　さかきさだあき
→坂木六郎(さかきろくろう)

榊原男依 さかきばらおより
生没年不詳
江戸時代中期の剣術家。一刀流。
¶剣豪

榊原景長 さかきばらかげなが
文政12（1829）年〜明治16（1883）年7月23日
江戸時代末期〜明治期の美作津山藩士、勤王家。
¶岡山百，幕末

榊原勘解由 さかきばらかげゆ
文化7（1810）年〜明治1（1868）年
江戸時代末期の尾張藩士。佐幕派の指導者の一人。
¶朝日（[没]明治1年1月20日（1868年2月13日）），日人

榊原勝直 さかきばらかつなお
〜元禄12（1699）年
江戸時代前期の旗本。
¶神奈川人

榊原月堂 さかきばらげつどう
寛政10（1798）年〜安政5（1858）年
江戸時代後期〜末期の幕臣、書家。
¶国書（[生]寛政10（1798）年1月23日　[没]安政5（1858）年9月29日），日人

榊原鍵吉（榊原健吉） さかきばらけんきち
天保1（1830）年〜明治27（1894）年
江戸時代末期〜明治期の剣術家。幕臣榊原友直の子。
¶朝日（[生]天保1年11月5日（1830年12月19日）　[没]明治27（1894）年9月11日），維新，江戸（榊原健吉），近現，剣豪，国際，国史，コン改（榊原健吉　[没]明治32（1899）年），コン4（[没]明治32（1899）年），コン5（[没]明治32（1899）年），史人（[生]1830年11月5日　[没]1894年9月11日），新潮（[生]天保1（1830）年11月5日　[没]明治27（1894）年9月11日），人名，全書，体育（榊原健吉），大百（[没]1899年），日史（[生]天保1（1830）年11月5日　[没]明治27（1894）年9月11日），日人，幕末（[没]1894年9月11日），百科

榊原香庵 さかきばらこうあん
慶長18（1613）年〜寛文7（1667）年
江戸時代前期の武士。榊原遠江守康勝の男。
¶岡山人，国書（[没]寛文7（1667）年5月23日）

榊原権八郎 さかきばらごんぱちろう
宝暦10（1760）年〜文政12（1829）年
江戸時代中期〜後期の伊勢亀山藩士、剣術家。
¶藩臣4

榊原新左衛門 さかきばらしんざえもん
天保5（1834）年〜慶応1（1865）年
江戸時代末期の水戸藩士。
¶維新，人名，日人，幕末（[没]1865年4月29日），藩臣2

榊原専蔵 さかきばらせんぞう
→榊原豊（さかきばらゆたか）

榊原忠郷 さかきばらたださと
？　〜宝永1（1704）年
江戸時代前期〜中期の武士、射礼家。
¶人名，日人

榊原忠真 さかきばらたださね
〜寛文2（1662）年
江戸時代前期の旗本。
¶神奈川人

榊原忠次 さかきはらただつぐ，さかきばらただつぐ
→松平忠次（まつだいらただつぐ）

榊原忠知 さかきばらただとも
＊〜享保14（1729）年
江戸時代中期の幕吏。
¶人名（[生]1651年），日人（[生]1660年）

榊原忠之 さかきばらただゆき
明和3（1766）年〜天保8（1837）年
江戸時代後期の旗本。勘定奉行。
¶近世，国史，日人

榊原忠義 さかきばらただよし
？　〜慶応1（1865）年
江戸時代後期の旗本。勘定奉行。
¶近世，国史，日人

榊原照久 さかきばらてるひさ
天正12（1584）年〜正保3（1646）年
江戸時代前期の武士。徳川家康の臣。
¶静岡歴，諸系，人名（[生]1583年），姓氏静岡，日人

榊原友直 さかきばらともなお
江戸時代の剣術家、徳川譜代の家臣。
¶体育

榊原豊通 さかきばらとよみち
→榊原豊（さかきばらゆたか）

榊原長勝 さかきばらながかつ
〜寛文1（1661）年
江戸時代前期の旗本。
¶神奈川人

榊原長義 さかきばらながよし
寛保3（1743）年〜文化12（1815）年
江戸時代中期〜後期の第17代飛驒国代官。
¶岐阜百

榊原飛驒守職直 さかきばらひだのかみもとなお
→榊原職直（さかきばらもとなお）

榊原政敦 さかきばらまさあつ
宝暦5（1755）年〜文政2（1819）年
江戸時代中期〜後期の大名。越後高田藩主。
¶諸系，新潟百，日人，藩主3（[生]宝暦5（1755）年8月20日　[没]文政2（1819）年2月24日）

榊原政勝 さかきばらまさかつ
〜宝暦8（1758）年
江戸時代中期の旗本。
¶神奈川人

榊原政養 さかきばらまさきよ
寛政10（1798）年〜弘化4（1847）年
江戸時代後期の大名。越後高田藩主。
¶諸系，新潟百（[没]1846年），日人，藩主3（[生]寛政10（1798）年2月25日　[没]弘化4（1847）年8月21日）

榊原政邦 さかきばらまさくに
延宝3（1675）年〜享保11（1726）年
江戸時代中期の大名。越後村上藩主、播磨姫路

藩主。
¶国書([生]延宝3(1675)年9月21日　[没]享保11(1726)年11月14日)，諸系，人名，新潟百，日人，藩主3，藩主3([生]延宝3(1675)年9月21日　[没]享保11(1726)年11月14日)

榊原政祐　さかきばらまさすけ
宝永2(1705)年～享保17(1732)年
江戸時代中期の大名。播磨姫路藩主。
¶国書([生]宝永2(1705)年5月21日　[没]享保17(1732)年8月29日)，諸系，人名，新潟百，日人，藩主3([生]宝永2(1705)年5月21日　[没]享保17(1732)年8月29日)

榊原政敬　さかきばらまさたか
弘化2(1845)年～昭和2(1927)年
江戸時代末期～明治期の大名。越後高田藩主。
¶維新，コン5，諸系，新潟百([生]1855年)，日人，藩主3([生]天保15(1844)年　[没]昭和2(1927)年3月7日)

榊原政愛　さかきばらまさちか
文化10(1813)年～文久1(1861)年
江戸時代末期の大名。越後高田藩主。
¶維新，諸系([生]1814年)，新潟百，日人([生]1814年)，藩主3([生]文化10(1813)年12月16日　[没]文久1(1861)年8月12日)

榊原正次　さかきばらまさつぐ
～貞享3(1686)年
江戸時代前期の旗本。
¶神奈川人

榊原政倫　さかきばらまさとも
寛文5(1665)年～天和3(1683)年　[別]榊原政倫《さかきばらまさひと》
江戸時代前期の大名。播磨姫路藩主、越後村上藩主。
¶諸系，人名(さかきばらまさひと　[生]1664年)，新潟百，日人，藩主3([没]天和3(1683)年2月27日)，藩主3([生]寛文5(1665)年2月1日　[没]天和3(1683)年2月27日)

榊原政永　さかきばらまさなが
享保20(1735)年～文化4(1807)年12月29日
江戸時代中期～後期の大名。播磨姫路藩主、越後高田藩主。
¶諸系([没]1808年)，新潟百，日人([没]1808年)，藩主3，藩主3([生]享保20(1735)年10月27日)

榊原政令　さかきばらまさのり
安永5(1776)年～文久1(1861)年　[別]榊原政令《さかきばらまさよし》
江戸時代後期の大名。越後高田藩主。
¶朝日([生]安永5年3月9日(1776年4月26日)　[没]文久1年6月29日(1861年8月5日))，維新，近世，国史，コン改，コン4，史人([生]1776年3月9日　[没]1861年6月29日)，諸系，新潮([生]安永5(1776)年3月9日　[没]文久1(1861)年6月29日)，人名(さかきばらまさよし)，世人([没]文久1(1861)年6月29日)，新潟百，日史([生]安永5(1776)年3月9日　[没]文久1(1861)年6月29日)，日人，藩主3([生]安永5(1776)年3月9日　[没]文久1(1861)年6月22日)

榊原政倫　さかきばらまさひと
→榊原政倫(さかきばらまさとも)

榊原政房　さかきばらまさふさ
寛永18(1641)年～寛文7(1667)年
江戸時代前期の大名。播磨姫路藩主。
¶国書([没]寛文7(1667)年5月24日)，諸系，日人，藩主3([没]寛文7(1667)年5月24日)

榊原政岑　さかきばらまさみね
正徳3(1713)年～寛保3(1743)年
江戸時代中期の大名。播磨姫路藩主。
¶朝日([没]寛保3年2月19日(1743年3月14日))，江戸東，近世，国史，コン改([没]寛保2(1742)年)，コン4([没]寛保2(1742)年)，諸系([生]1715年)，新潮([没]寛保3(1743)年2月19日)，人名([没]1742年)，新潟百([生]1715年)，日史([生]正徳5(1715)年5月19日　[没]寛保3(1743)年2月17日)，日人([生]1715年)，藩主3([生]正徳5(1715)年5月19日　[没]寛保3(1743)年2月17日)，歴大([生]1715年)

榊原政殊　さかきばらまさよし
～享保7(1722)年
江戸時代中期の旗本。
¶神奈川人

榊原政令　さかきばらまさよし
→榊原政令(さかきばらまさのり)

榊原正吉　さかきばらまさよし
～寛永19(1642)年
安土桃山時代～江戸時代前期の武士。徳川秀忠の臣。
¶神奈川人

榊原職尹　さかきばらもとただ
宝永5(1708)年～安永3(1774)年8月28日
江戸時代中期の幕臣。
¶国書

榊原職直　さかきばらもとなお
天正14(1586)年～慶安1(1648)年　[別]榊原飛驒守職直《さかきばらひだのかみもとなお》
江戸時代前期の幕臣。長崎奉行。
¶岡山歴([没]慶安1(1648)年9月1日)，神奈川人，近世，国史，コン改(生没年不詳)，コン4，史人([没]1648年9月1日)，新潮([没]慶安1(1648)年9月1日)，人名，世人(生没年不詳)，戦合，長崎歴(榊原飛驒守職直　さかきばらひだのかみもとなお)，日史([没]慶安1(1648)年9月1日)，日人，歴大([生]1584年ころ)

榊原守典　さかきばらもりのり
寛政3(1791)年～明治8(1875)年6月7日
江戸時代末期～明治期の加賀藩臣今枝内記の家臣。
¶国書，姓氏石川([生]?)，幕末

榊原豊　さかきばらゆたか
天保8(1837)年～明治33(1900)年　[別]榊原専蔵《さかきばらせんぞう》，榊原豊通《さかきばらとよみち》
江戸時代末期～明治期の近江膳所藩士。
¶維新，滋賀百(榊原専蔵　さかきばらせんぞう　[没]1901年)，人名，日人，幕末(榊原豊通　さかきばらとよみち　[没]1900年6月16日)

榊原義雄 さかきばらよしお
天保3（1832）年4月8日～大正6（1917）年3月3日
江戸時代後期～大正期の弓道家、雪荷派弓術家。
¶弓道

榊綽 さかきゆたか
文政6（1823）年～明治27（1894）年
江戸時代後期～明治期の静岡藩士、洋学者。
¶静岡歴

坂木六郎 さかきろくろう
寛政9（1797）年～明治16（1883）年　[別]坂木貞明《さかきさだあき》
江戸時代末期～明治期の薩摩藩の薩摩国伊集院の郷士。
¶維新，姓氏鹿児島（坂木貞明　さかきさだあき），姓氏鹿児島（[生]？　[没]1885年），幕末（[没]1883年5月），藩臣7

坂口忠興 さかぐちただおき
寛永12（1635）年～享保15（1730）年
江戸時代前期～中期の武士。備前岡山藩士。
¶岡山人，人名，日人

坂口典助 さかぐちてんすけ
天明1（1781）年～嘉永6（1853）年
江戸時代後期の肥後熊本藩士。
¶人名，日人

坂口八郎右衛門 さかぐちはちろうえもん
？～元禄2（1689）年
江戸時代前期～中期の剣術家。東軍無敵流祖。
¶剣豪

坂崎清左衛門 さかざきせいざえもん
？～天和2（1682）年
江戸時代前期の肥後熊本藩家老。
¶藩臣7

坂崎出羽守 さかざきでわのかみ
→坂崎直盛（さかざきなおもり）

坂崎出羽守直盛 さかざきでわのかみなおもり
→坂崎直盛（さかざきなおもり）

坂崎出羽守成正 さかざきでわのかみなりまさ
→坂崎直盛（さかざきなおもり）

坂崎直盛 さかざきなおもり
？～元和2（1616）年　[別]宇喜多詮家《うきたあきいえ》，坂崎出羽守《さかざきでわのかみ》，坂崎出羽守成正《さかざきでわのかみなりまさ》，坂崎出羽守直盛《さかざきでわのかみなおもり》，坂崎成政《さかざきなりまさ》，坂崎成正《さかざきなりまさ》，坂崎直行《さかざきなおゆき》，宇喜多左京亮《うきたさきょうのすけ》
安土桃山時代～江戸時代前期の武将、大名。石見津和野藩主。
¶朝日（坂崎成政　さかざきなりまさ），岩史（[没]元和2（1616）年9月），江戸（坂崎出羽守　さかざきでわのかみ），岡山百（坂崎出羽守　さかざきでわのかみ），岡山歴（宇喜多詮家　うきたあきいえ），角史（坂崎成正　さかざきなりまさ），近世（坂崎成正　さかざきなりまさ），国史（坂崎成正　さかざきなりまさ），コン改（坂崎出羽守　さかざきでわのかみ），コン4（坂崎出羽守　さかざきでわのかみ），史人（坂崎成正　さかざきなりまさ　[没]1616年9月），島根人，島根百（坂崎出羽守成正　さかざきでわのかみなりまさ　[没]元和2（1616）年9月11日），島根歴（坂崎出羽守直盛　さかざきでわのかみなおもり），諸系（坂崎出羽守　さかざきでわのかみ），人書79（坂崎出羽守　さかざきでわのかみ），新潮（坂崎出羽守　さかざきでわのかみ　[没]元和2（1616）年9月29日），人名（坂崎直行　さかざきなおゆき），世人，戦合（坂崎成正　さかざきなりまさ），戦国，全書，戦人，日史（[没]元和2（1616）年9月），日人（坂崎出羽守　さかざきでわのかみ），藩主4（[没]元和2（1616）年9月11日），百科，歴大

坂崎直行 さかざきなおゆき
→坂崎直盛（さかざきなおもり）

坂崎成政（坂崎成正） さかざきなりまさ
→坂崎直盛（さかざきなおもり）

坂郷澄 さかさとずみ
元禄4（1691）年～宝暦6（1756）年
江戸時代中期の武術家。
¶人名

坂時存 さかじそん
→坂時存（さかときもり）

佐賀関助 さがせきすけ
江戸時代前期の加賀藩士。
¶姓氏石川

坂田明敬 さかたあきたか
天保2（1831）年～明治24（1891）年10月
江戸時代末期～明治期の周防徳山藩士。
¶幕末

坂田市兵衛 さかたいちべえ
？～天保11（1840）年
江戸時代後期の下総古河藩用人。
¶藩臣3

坂田稲太郎 さかたいなたろう
[別]坂田稲太郎《さかたいねたろう》
江戸時代末期～明治期の日向高鍋藩士。
¶維新（[生]1828年　[没]？），人名（さかたいねたろう　[生]1828年　[没]？），日人（[生]1826年　[没]1888年），幕末（[生]1826年　[没]1888年10月26日）

坂田稲太郎 さかたいねたろう
→坂田稲太郎（さかたいなたろう）

酒田伝次郎 さかたでんじろう
生没年不詳
江戸時代後期の武芸家。
¶庄内

阪谷朗廬（阪谷朗盧，阪谷朗蘆，阪谷郎盧） さかたにろうろ
文政5（1822）年～明治14（1881）年
江戸時代末期～明治期の安芸広島藩の儒学者。
¶朝日（阪谷朗盧　[生]文政5年11月17日（1822年12月29日）　[没]明治14（1881）年1月15日），維新，岡山人，岡山百（阪谷朗蘆　[生]文政5（1822）年11月17日　[没]明治14（1881）年1月15日），岡山歴（阪谷朗盧　[生]文政5（1822）年11月17日　[没]明治14（1881）年1月15日），学校（[生]文政5

さ

(1822)年11月17日 [没]明治14(1881)年1月15日)，近現(阪谷朗廬)，近世(阪谷朗廬)，国史，国書([生]文政5(1822)年11月17日 [没]明治14(1881)年1月15日)，コン改(阪谷朗廬)，コン4(阪谷朗廬)，コン5(阪谷郎廬)，詩歌，史人([生]1822年11月17日 [没]1881年1月15日)，思想([生]文政5(1822)年11月17日 [没]明治14(1881)年1月15日)，人書94(阪谷朗廬)，新潮([生]文政5(1822)年11月17日 [没]明治14(1881)年1月15日)，人名，全書，日人，幕末([没]1881年1月15日)，藩臣6(阪谷朗廬)，広島百([生]文政5(1822)年11月17日 [没]明治14(1881)年1月15日)，歴大，和俳

さ

坂田莠(阪田莠) さかたはぐさ
天保1(1830)年～明治24(1891)年
江戸時代末期～明治期の日向高鍋藩士。
¶維新([生]?)，神人(阪田莠 生没年不詳)，富山百，日人，幕末([没]1891年3月30日)

坂田諸潔 さかたもろきよ
弘化2(1845)年～明治10(1877)年
江戸時代末期～明治期の日向高鍋藩士。
¶人名(生没年不詳)，日人，幕末([没]1877年10月23日)，宮崎百

坂田諸遠 さかたもろとお
文化7(1810)年～明治30(1897)年
江戸時代末期～明治期の筑前秋月藩士。
¶国書([生]文化7(1810)年10月12日 [没]明治30(1897)年6月26日)，人名(生没年不詳)，日人，藩臣7([生]文化8(1811)年)

坂田諸良 さかたもろよし
宝暦13(1763)年～文政3(1820)年
江戸時代中期～後期の筑前秋月藩士。
¶藩臣7

坂田林左衛門 さかたりんざえもん
文化14(1817)年～?
江戸時代後期の美濃郡上藩用人。
¶藩臣3

坂仲礼 さかちゅうれい
延享2(1745)年～安永7(1778)年8月21日
江戸時代中期の周防徳山藩士。
¶国書

阪時存 さかときあり
寛文12(1672)年～宝暦2(1752)年
江戸時代中期の長州(萩)藩士。
¶人名

坂時存 さかときもり
*～宝暦9(1759)年 [別]坂時存《さかじそん》
江戸時代中期の長州(萩)藩士。
¶国書([生]延宝7(1679)年12月11日 [没]宝暦9(1759)年1月2日)，姓氏山口(さかじそん [生]1680年)，日人([生]1680年 [没]1760年)，藩臣6([生]延宝7(1679)年)

嵯峨根良吉 さがねりょうきち
天保8(1837)年～明治1(1868)年
江戸時代末期の洋学者。薩摩藩開成所助教をつとめ、イギリス海軍の法規類の翻訳を行う。
¶維新，江文，人名，日人，幕末([没]1868年8月15日)，洋学

坂上忠介 さかのうえちゅうすけ
文政1(1818)年～明治23(1890)年 [別]坂上寓所《さかがみぐうしょ》，坂上忠介《さかがみただすけ》
江戸時代末期～明治期の長州(萩)藩寄組。
¶維新，江文(坂上寓所 さかがみぐうしょ)，国書([没]明治23(1890)年10月14日)，人名(さかがみただすけ)，日人，幕末([生]1817年 [没]1890年10月14日)，藩臣6([生]文化14(1817)年)

坂上康敬 さかのうえみちのり
? ～嘉永5(1852)年
江戸時代末期の三条西家家士、国学者。
¶維新，幕末

境野嘉十郎 さかのかじゅうろう
→境野凌雲(さかいのりょううん)

坂清左衛門 さかのせいざえもん
? ～慶安2(1649)年
江戸時代前期の出羽山形藩士。
¶藩臣1

坂能登 さかのと
安永1(1772)年～文政6(1823)年
江戸時代中期～後期の剣術家。影山流。
¶剣豪

坂野長高 さかのながたか
慶安3(1650)年～宝永1(1704)年
江戸時代前期～中期の加賀藩士。
¶国書

坂場熊吉 さかばくまきち
文政1(1818)年～明治27(1894)年
江戸時代末期～明治期の水戸藩士。
¶維新，幕末([没]1894年2月14日)

坂場与蔵 さかばよぞう
→坂場流謙(さかばりゅうけん)

坂原定敬 さかはらさだよし
寛保3(1743)年～?
江戸時代中期の幕臣。
¶国書

坂場流謙 さかばりゅうけん
寛延3(1750)年～文政3(1820)年 [別]坂場与蔵《さかばよぞう》
江戸時代中期～後期の水戸藩士。
¶茨城百，郷土茨城，国書(坂場与蔵 さかばよぞう)，藩臣2

坂部明之 さかべあきゆき
元禄14(1701)年～*
江戸時代中期の堺奉行。
¶人名([没]1778年)，日人([没]1779年)

坂部九兵衛 さかべくへえ
～元治1(1864)年9月27日
江戸時代後期～末期の副奉行。
¶庄内

坂部定賢 さかべさだよし
寛延1(1748)年～文化7(1810)年
江戸時代後期の小田原藩士。
¶神奈川人

坂部甚蔵 さかべじんぞう
生没年不詳
江戸時代末期の紀伊和歌山藩士金沢弥右衛門の家臣。
¶幕末

坂部専太夫 さかべせんだゆう
生没年不詳
江戸時代の庄内藩付家老。
¶庄内

坂部大作 さかべだいさく
天保4(1833)年～明治41(1908)年
江戸時代末期～明治期の三河吉田藩の剣術師範。
¶幕末([生]1833年11月10日　[没]1908年9月22日)，藩臣4

坂部広勝 さかべひろかつ
永禄4(1561)年～元和8(1622)年
安土桃山時代～江戸時代前期の武将、徳川家康の家臣使番。
¶人名，日人

坂部広吉 さかべひろよし
江戸時代後期の江戸南町奉行。
¶江戸東

坂部正勝 さかべまさかつ
～寛文9(1669)年
江戸時代前期の旗本。
¶神奈川人

坂光秀 さかみつひで
安土桃山時代～江戸時代前期の武士。最上氏家臣。
¶戦人(生没年不詳)，戦東

阪村臼峰 さかむらきゅうほう
文政10(1827)年～明治9(1876)年
江戸時代末期～明治期の津和野藩士。
¶幕末([没]1876年5月9日)，藩臣5

坂茂左衛門 さかもざえもん
天正11(1583)年～
安土桃山時代～江戸時代前期の武士。
¶庄内

坂本渭川 さかもといせん
文化2(1805)年～明治11(1878)年6月7日
江戸時代末期～明治期の周防岩国藩士。
¶幕末

坂本運四郎(1) さかもとうんしろう
安永4(1775)年～文化13(1816)年
江戸時代後期の信濃高遠藩士、砲術家。
¶藩臣3

坂本運四郎(2) さかもとうんしろう
→坂本英臣(さかもとひでおみ)

坂元大炊 さかもとおおい
文政6(1823)年～明治1(1868)年6月20日
江戸時代末期の大番組士。
¶幕末

坂本奇山 さかもときざん
文化7(1810)年～明治20(1887)年
江戸時代末期～明治期の漢学者、肥後熊本藩士。
¶人名，日人

坂本鉉之助 さかもとげんのすけ
*～万延1(1860)年
江戸時代後期～末期の玉造口与力。
¶大阪人([生]寛政2(1790)年)，大阪墓([生]寛政3(1791)年　[没]万延1(1860)年9月24日)

坂本貞政 さかもとさだまさ
～元禄2(1689)年
江戸時代前期の旗本。
¶神奈川人

坂本三太夫 さかもとさんだゆう
?　～寛永8(1631)年
江戸時代前期の武士。
¶コン改，コン4，新潮([没]寛永8(1631)年12月10日)，人名，日人([没]1632年)

坂本重治 さかもとしげはる
寛永7(1630)年～元禄6(1693)年
江戸時代前期の旗本。
¶神奈川人，姓氏神奈川

坂本茂 さかもとしげる
弘化2(1845)年10月～昭和11(1936)年11月8日
江戸時代末期～昭和期の弓道家、弓道範士、熊本藩士。
¶弓道

坂本丈平 さかもとじょうへい
生没年不詳
江戸時代末期の出雲松江藩士。
¶藩臣5

坂本新左衛門 さかもとしんざえもん
寛文9(1669)年～享保19(1734)年6月8日
江戸時代中期の美作国古町代官。
¶岡山歴

坂元純凞 さかもとすみひろ
?　～大正3(1914)年
江戸時代末期～明治期の薩摩藩士。
¶幕末

坂本清平 さかもとせいへい
→坂本瀬平(さかもとせへい)

坂本瀬平 さかもとせへい
文政11(1828)年～文久2(1862)年　[別]坂本清平《さかもとせいへい》
江戸時代末期の剣術取立役。
¶維新，高知人([生]1826年，(異説)1828年)，人名，日人，幕末(坂本清平　さかもとせいへい　[没]1862年12月27日)

坂本隆中 さかもとたかなか
文政7(1824)年～明治1(1868)年
江戸時代末期の陸奥仙台藩士、儒学者。
¶姓氏宮城，藩臣1

坂本天山(阪本天山) さかもとてんざん
延享2(1745)年～享和3(1803)年　[別]坂本孫八《さかもとまごはち》
江戸時代中期～後期の砲術家、信濃高遠藩士。天山流砲術の創始者。
¶朝日([生]延享2年5月22日(1745年6月21日)　[没]享和3年2月29日(1803年4月20日))，江文，郷土長崎，郷土長野(阪本天山)，近世，国史，国書([生]延享2(1745)年5月2日　[没]享和3

さ

(1803)年2月29日)，コン改，コン4，詩歌，史人([生]1745年5月22日　[没]1803年2月29日)，新潮([生]延享2(1745)年5月22日　[没]享和3(1803)年2月9日)，人名，姓氏長野(阪本天山)，世人([没]享和3(1803)年2月29日)，全書，長崎百，長崎歴(坂本孫八　さかもとまごはち)，長野百(阪本天山)，長野歴(阪本天山)，日人，藩臣3(坂本孫八　さかもとまごはち)，洋学，歴大，和俳

坂本直(阪本直)　さかもとなお
天保13(1842)年～明治31(1898)年　[別]高松太郎《たかまつたろう》
江戸時代末期～明治期の土佐藩の志士。土佐勤王党に参加。
¶維新(高松太郎　たかまつたろう)，高知人，高知百，コン5(高松太郎　たかまつたろう)，人名(阪本直)，日人，幕末([没]1898年11月7日)，藩臣6

坂本春樹　さかもとはるき
文政11(1828)年～明治30(1897)年
江戸時代末期～明治期の洋式船船頭。
¶高知人，国書([生]文政11(1828)年11月3日　[没]明治30(1897)年1月7日)，人名，日人，幕末([没]1897年1月7日)

坂本英臣　さかもとひでおみ
元禄14(1701)年～安永3(1774)年　[別]坂本運四郎《さかもとうんしろう》
江戸時代中期の信濃高遠藩士、砲術家。
¶国書，藩臣3(坂本運四郎　さかもとうんしろう)

坂本平三　さかもとへいぞう
？～慶応4(1868)年1月6日
江戸時代後期～末期の新撰組隊士。
¶新撰

坂本孫之進　さかもとまごのしん
宝暦9(1759)年～天保11(1840)年10月12日
江戸時代中期～後期の幕臣・砲術家。
¶国書

坂本孫八　さかもとまごはち
→坂本天山(さかもとてんざん)

坂本元蔵　さかもともとぞう
天明5(1785)年～安政1(1854)年
江戸時代後期の筑後久留米藩士、久留米ツツジの育種始祖。
¶人名，日人，幕末([没]1854年7月1日)，福岡百([没]嘉永7(1854)年5月28日)

坂本弥兵衛　さかもとやへえ
生没年不詳
江戸時代中期の幕府の駒場薬園同心。
¶国書

坂本義卲　さかもとよしあき
明暦2(1656)年～享保12(1727)年
江戸時代前期～中期の陸奥会津藩士、神道学者。
¶藩臣2

坂本竜馬　さかもとりょうま
天保6(1835)年～慶応3(1867)年　[別]才谷梅太郎《さいたにうめたろう》
江戸時代末期の志士。もと土佐藩士。脱藩して海援隊を組織し、薩長連合を斡旋。「船中八策」を起草して倒幕活動中暗殺された。
¶朝日([生]天保6年11月15日(1836年1月3日)　[没]慶応3年11月15日(1867年12月10日))，維新，岩史([生]天保6(1835)年11月15日　[没]慶応3(1867)年11月15日)，江戸，角史，京都，京都大，郷土長崎，近世，剣豪，高知人，高知百，国史，国書([生]天保6(1835)年11月15日　[没]慶応3(1867)年11月15日)，コン改，コン4，詩歌，史人([生]1835年11月15日？　[没]1867年11月15日)，重要([生]天保6(1835)年11月15日　[没]慶応3(1867)年11月15日)，人書79，人書94，新潮([生]天保6(1835)年11月15日　[没]慶応3(1867)年11月15日)，人名，姓氏京都，世人([生]天保6(1835)年11月15日　[没]慶応3(1867)年11月15日)，世百，全書，大百，伝記，長崎百，日史([生]天保6(1835)年11月15日　[没]慶応3(1867)年11月15日)，日人([生]1836年)，人情，幕末([没]1867年12月10日)，藩臣6，百科，歴大

坂本廉四郎　さかもとれんしろう
生没年不詳
江戸時代末期の薩摩藩士。
¶幕末

昌谷精渓　さかやせいけい
寛政4(1792)年～安政5(1858)年
江戸時代末期の美作津山藩の儒学者、漢詩人。
¶維新，江文，岡山人，岡山百([没]安政5(1858)年8月)，岡山歴([没]安政5(1858)年8月27日)，国書([没]安政5(1858)年8月27日)，人名，日人，幕末([没]1858年10月3日)，藩臣6

昌谷千里　さかやせんり
→昌谷千里(さかやちさと)

昌谷端一郎　さかやたんいちろう
→昌谷千里(さかやちさと)

昌谷千里　さかやちさと
天保9(1838)年～明治36(1903)年4月6日　[別]昌谷千里《さかやせんり》，昌谷端一郎《さかやたんいちろう》
江戸時代末期～明治期の美作津山藩士、司法官。
¶岡山人，岡山百，岡山歴(昌谷端一郎　さかやたんいちろう)，国書(さかやせんり)，幕末

坂友世　さかゆうせい
～正保4(1647)年
江戸時代前期の旗本。
¶神奈川人

坂寄源兵衛　さかよりげんべえ
生没年不詳
安土桃山時代～江戸時代前期の武士。結城氏家臣。
¶戦辞，戦人，戦東

酒依昌隆　さかよりまさたか
～宝永1(1704)年
江戸時代中期の旗本。
¶神奈川人

酒依昌吉　さかよりまさよし
？～元和5(1619)年
江戸時代前期の旗本。
¶埼玉人

相良織部　さがらおりべ
生没年不詳
江戸時代中期の肥後人吉藩主一門。
¶藩臣7

相良角兵衛　さがらかくべえ
生没年不詳
江戸時代末期の薩摩藩士。
¶幕末

相良左仲　さがらさちゅう
文化7（1810）年～天保13（1842）年
江戸時代後期の肥後人吉藩主一門。
¶藩臣7

相良三郎左衛門　さがらさぶろうざえもん
～正保4（1647）年
江戸時代前期の庄内藩士。
¶庄内

相良治部　さがらじぶ
天保5（1834）年～明治41（1908）年3月13日
江戸時代末期～明治期の薩摩藩士。
¶幕末

相良十太夫　さがらじゅうだゆう
→相良縄正（さがらなわまさ）

相良助右衛門　さがらすけえもん
宝暦7（1757）年～文化1（1804）年
江戸時代中期～後期の出羽庄内藩士。
¶庄内（[生]宝暦7（1757）年6月10日　[没]文化1（1804）年4月19日），藩臣1

相良清左衛門　さがらせいざえもん
宝暦10（1760）年～天保6（1835）年
江戸時代中期～後期の出羽米沢藩士、陶工、人形師。
¶藩臣1，山形百

相良清兵衛　さがらせいびょうえ
→相良清兵衛（さがらせいべえ）

相良清兵衛　さがらせいべえ
*～明暦1（1655）年　[別]相良清兵衛《さがらせいびょうえ》
安土桃山時代～江戸時代前期の肥後人吉藩士。
¶熊本百（さがらせいびょうえ　[生]？　[没]明暦1（1655）年7月12日），日史（[生]永禄10（1567）年　[没]明暦1（1655）年7月12日），日人（[生]1568年），百科（[生]永禄10（1567）年）

相良宗因　さがらそういん
江戸時代中期の茶道家、小笠原家の家臣。
¶人名，日人（生没年不詳）

相楽総三　さがらそうぞう
天保10（1839）年～明治1（1868）年　[別]児島四郎《こじましろう》，村上四郎《むらかみしろう》
江戸時代末期の尊攘派志士、赤報隊1番隊隊長。
¶朝日（[没]明治1年3月3日（1868年3月26日）），維新（[生]1840年），茨城百，岩史（[没]慶応4（1868）年3月3日），角史，郷土茨城，近世，国史，コン改，コン4，史人（[没]1868年3月3日），重要（[没]慶応4（1868）年3月3日），新潮（[没]慶応4（1868）年3月3日），人名（[生]？），姓氏長野，世人（[没]明治1（1868）年3月3日），全書，長野百（[生]1840年），長野歴，日史（[没]明治1（1868）年3月3日），日人，幕末（[生]1840年　[没]1868年3月26日），百科，歴大

相良藤次　さがらとうじ
文化13（1816）年～明治16（1883）年
江戸時代末期～明治期の薩摩藩の島津一門加治木氏家臣。
¶維新，姓氏鹿児島，幕末（[没]1883年10月8日），藩臣7

相良福将　さがらとみもち
寛延3（1750）年～明和6（1769）年
江戸時代中期の大名。肥後人吉藩主。
¶諸系，日人，藩主4（[生]寛延3（1750）年6月13日　[没]明和6（1769）年1月12日）

相良長在　さがらながあり
元禄16（1703）年～元文3（1738）年
江戸時代中期の大名。肥後人吉藩主。
¶諸系，日人，藩主4（[生]元禄16（1703）年3月22日，（異説）2月22日　[没]元文3（1738）年6月25日）

相良長興　さがらながおき
元禄7（1694）年～享保19（1734）年
江戸時代中期の大名。肥後人吉藩主。
¶諸系，日人，藩主4（[生]元禄6（1693）年12月14日　[没]享保19（1734）年11月6日）

相良長毎　さがらながつね
天正2（1574）年～寛永13（1636）年　[別]相良頼房《さがらよりふさ》
安土桃山時代～江戸時代前期の大名。肥後人吉藩主。
¶朝日（[生]天正2年5月4日（1574年5月24日）　[没]寛永13年6月13日（1636年7月15日）），近世，熊本百（[生]？　[没]寛永13（1636）年6月15日），国史，コン改，コン4，史人（[生]1574年5月4日　[没]1636年6月13日），諸系，新潮（[生]天正2（1574）年5月4日　[没]寛永13（1636）年6月13日），人名，戦合，戦国，戦人（相良頼房　さがらよりふさ），日人，藩主4（[生]天正2（1574）年5月　[没]寛永13（1636）年6月13日，（異説）6月15日）

相良長福　さがらながとみ
文政7（1824）年～安政2（1855）年
江戸時代末期の大名。肥後人吉藩主。
¶諸系，日人，藩主4（[生]文政7（1824）年閏8月19日　[没]安政2（1855）年7月12日，（異説）10月25日）

相良長寛　さがらながひろ
宝暦1（1751）年12月6日～文化10（1813）年
江戸時代中期～後期の大名。肥後人吉藩主。
¶国書（[没]文化10（1813）年4月26日），諸系（[生]1752年），人名（[没]？），日人（[生]1752年），藩主4（[没]文化10（1813）年4月26日）

相良就興　さがらなりおき
生没年不詳
江戸時代前期の長州萩藩士。
¶国書

相良縄正　さがらなわまさ
元文4（1739）年～寛政10（1798）年7月15日　[別]相良十太夫《さがらじゅうだゆう》

江戸時代中期～後期の出羽庄内藩士・武芸家。
¶国書，庄内（相良十太夫　さがらじゅうだゆう）

相良正樹　さがらまさき
？～明治42（1909）年
江戸時代末期～明治期の対馬藩士。
¶維新

相良頼完　さがらよりさだ
寛延2（1749）年～明和4（1767）年
江戸時代中期の大名。肥後人吉藩主。
¶諸系，日人，藩主4（[没]明和2（1767）年1月17日）

相良頼喬　さがらよりたか
寛永18（1641）年～元禄16（1703）年
江戸時代前期～中期の大名。肥後人吉藩主。
¶諸系，日人，藩主4（[生]寛永18（1641）年5月25日　[没]元禄16（1703）年1月24日）

相良頼福　さがらよりとみ
慶安2（1649）年～享保5（1720）年
江戸時代前期～中期の大名。肥後人吉藩主。
¶諸系，人名（[生]1651年），日人，藩主4（[生]慶安2（1649）年3月14日，（異説）慶安4年3月14日　[没]享保5（1720）年3月5日）

相良頼徳　さがらよりのり
安永3（1774）年～安政3（1856）年
江戸時代後期の大名。肥後人吉藩主。
¶国書（[生]安永3（1774）年5月16日　[没]安政3（1856）年10月1日），諸系，日人，藩主4（[生]安永3（1774）年5月16日　[没]安政3（1856）年10月1日）

相良頼央　さがらよりひさ
元文2（1737）年～宝暦9（1759）年
江戸時代中期の大名。肥後人吉藩主。
¶諸系，日人，藩主4（[生]元文2（1737）年7月3日，（異説）享保20年　[没]宝暦9（1759）年8月13日，（異説）8月11日）

相良頼寛　さがらよりひろ
*～寛文7（1667）年
江戸時代前期の大名。肥後人吉藩主。
¶諸系（[生]1601年），人名（[生]1600年），日人（[生]1601年），藩主4（[生]慶長5（1600）年12月13日　[没]寛文7（1667）年6月29日）

相良頼房　さがらよりふさ
→相良長毎（さがらながつね）

相良頼峰（相良頼峯）　**さがらよりみね**
享保20（1735）年～宝暦8（1758）年
江戸時代中期の大名。肥後人吉藩主。
¶諸系，日人，藩主4（相良頼峯　[生]享保20（1735）年9月29日，（異説）享保18年　[没]宝暦8（1758）年4月14日，（異説）4月12日）

相良頼基　さがらよりもと
天保12（1841）年～明治18（1885）年
江戸時代末期～明治期の大名。肥後人吉藩主。
¶維新，諸系，日人，藩主4（[生]天保12（1841）年5月12日　[没]明治18（1885）年6月30日）

相良頼兄　さがらよりもり
→犬童頼兄（いんどうよりもり）

相良頼之　さがらよりゆき
寛政10（1798）年～嘉永3（1850）年
江戸時代末期の大名。肥後人吉藩主。
¶諸系，日人，藩主4（[生]寛政10（1798）年10月15日　[没]嘉永3（1850）年5月10日）

佐川官兵衛　さがわかんべえ
天保2（1831）年～明治10（1877）年
江戸時代末期～明治期の陸奥会津藩士。陸奥会津藩士佐川直道の子。
¶朝日（[生]天保2年9月5日（1831年10月10日）　[没]明治10（1877）年3月18日），維新，コン4，コン5，新潮（[生]天保2（1831）年9月5日　[没]明治10（1877）年3月18日），日人，幕末（[没]1877年3月18日），藩臣2，履歴（[生]天保2（1831）年9月5日　[没]明治10（1877）年3月18日）

佐川主馬助　さがわしゅめのすけ
天正8（1580）年～寛永1（1624）年
江戸時代前期の肥前平戸藩国老。
¶藩臣7

狭川新三郎　さがわしんざぶろう
→狭川助直（さがわすけなお）

狭川助直　さがわすけなお
寛永18（1641）年～元禄8（1695）年　[別]狭川新三郎《さがわしんざぶろう》
江戸時代前期の陸奥仙台藩士、剣術家。
¶剣豪（狭川新三郎　さがわしんざぶろう），人名，姓氏宮城（[生]1641年？），日人，藩臣1（狭川新三郎　さがわしんざぶろう　[生]寛永17（1640）年）

佐川田喜六　さがわだきろく
→佐川田昌俊（さかわだまさとし）

佐川田昌俊　さかわだしょうしゅん
→佐川田昌俊（さかわだまさとし）

佐川田昌俊（佐河田昌俊）　**さかわだまさとし，さがわだまさとし**
天正7（1579）年～寛永20（1643）年　[別]佐川田喜六《さがわだきろく》，佐川田昌俊《さかわだしょうしゅん》
安土桃山時代～江戸時代前期の山城淀藩の歌人。
¶朝日（さかわだしょうしゅん　[没]寛永20年8月3日（1643年9月15日）），京都，京都大，京都府，群馬人（さがわだまさとし），国書（佐河田昌俊　[没]寛永20（1643）年8月3日），コン改，コン4，茶道（佐川田喜六　さがわだきろく），庄内（さがわだまさとし　[没]寛永20（1643）年8月3日），新潮（[没]寛永20（1643）年8月3日），人名，姓氏京都（さがわだまさとし），戦人（さがわだまさとし），日人，藩臣5（さがわだまさとし），和俳

佐川久連　さがわひさつら
天保1（1830）年～？
江戸時代後期～末期の加賀藩士。
¶国書

属甚五右衛門　さかんじんごえもん
→属甚五左衛門（さっかじんござえもん）

先川牧之進　さきかわまきのしん
天保7（1836）年～*
江戸時代末期～明治期の武士。阿波稲田氏家臣。
¶徳島歴（[没]明治25（1892）年），幕末（[没]1902年）

向坂老之助 さきさかおいのすけ
？ ～明治10 (1877) 年
江戸時代末期～明治期の筑後三池藩士。
¶藩臣7

向坂黙爾 さきさかもくじ
文政10 (1827) 年～明治29 (1896) 年
江戸時代末期～明治期の筑後三池藩士。
¶藩臣7

向坂弥四郎 さきさかやしろう
生没年不詳
江戸時代中期の旗本。
¶神奈川人

脇坂安信 さきさかやすのぶ
→脇坂安信 (わきざかやすのぶ)

崎村常雄 さきむらつねお
弘化3 (1846) 年～明治11 (1878) 年
江戸時代後期～明治期の武士、自由民権運動家。
¶近現，熊本百 ([没]明治10 (1877) 年)，国史，コン改 ([没]明治10 (1877) 年)，コン5 ([没]明治10 (1877) 年)，史人 ([没]1878年5月7日)，新潮 ([没]明治11 (1878) 年5月7日)，日人，幕末 ([没]1877年)

崎山九郎右衛門 さきやまくろうえもん
生没年不詳
安土桃山時代～江戸時代前期の六十人者与力。
¶和歌山人

崎山宗房 さきやまむねふさ
生没年不詳
江戸時代前期の地侍・六十人者与力。
¶和歌山人

作並清亮 さくなみきよすけ
天保12 (1841) 年～大正4 (1915) 年　[別]作並鳳泉《さくなみほうせん》
江戸時代末期～明治期の陸奥仙台藩士、儒学者。
¶郷土 ([生]天保12 (1841) 年2月16日　[没]大正4 (1915) 年7月21日)，国書 (作並鳳泉　さくなみほうせん　[生]天保12 (1841) 年2月16日　[没]大正4 (1915) 年7月21日)，人名，日人 (作並鳳泉　さくなみほうせん)，藩臣1，宮城百

作並鳳泉 さくなみほうせん
→作並清亮 (さくなみきよすけ)

佐久間安芸守信就 さくまあきのかみのぶなり
→佐久間信就 (さくまのぶなり)

佐久間維戢 さくまいしゅう
生没年不詳
江戸時代末期の肥前島原藩士。
¶国書

佐久間大炊介 さくまおおいのすけ
安土桃山時代～江戸時代前期の武士。里見氏家臣。
¶戦人 (生没年不詳)，戦東

佐久間長敬 さくまおさひろ
天保9 (1838) 年～大正12 (1923) 年1月4日
江戸時代末期～明治期の江戸南町奉行与力。
¶維新，国書，幕末

佐久間果園 さくまかえん
享和3 (1803) 年～明治25 (1892) 年　[別]佐久間種《さくまたね》
江戸時代末期～明治期の豊前小倉藩士、歌人。
¶維新 (佐久間種　さくまたね)，岡山歴 ([生]享和3 (1803) 年12月26日　[没]明治25 (1892) 年4月1日)，国書 ([生]享和3 (1803) 年12月26日　[没]明治25 (1892) 年3月1日)，人名，日人 ([生]1804年)，幕末 (佐久間種　さくまたね　[没]1892年3月1日)，藩臣7 (佐久間種　さくまたね)，和俳 (佐久間種　さくまたね)

佐久間主計 さくまかずえ
生没年不詳
安土桃山時代～江戸時代前期の美作津山藩の武士。里見氏家臣。
¶戦人，戦東，藩臣6

佐久間勝茲 さくまかつちか
寛文9 (1669) 年～元禄4 (1691) 年
江戸時代前期～中期の大名。
¶諸系，長野歴，日人

佐久間勝友 さくまかつとも
元和2 (1616) 年～寛永19 (1642) 年
江戸時代前期の大名。
¶諸系，長野歴，日人

佐久間勝豊 さくまかつとよ
寛永12 (1635) 年～貞享2 (1685) 年
江戸時代前期の大名。
¶諸系，長野歴，日人

佐久間勝信 さくまかつのぶ
天保13 (1842) 年～慶応2 (1866) 年
江戸時代末期の武士。彦山座主氏家臣。
¶維新，人名，日人，幕末 ([没]1866年7月30日)

佐久間勝之 さくまかつゆき
永禄11 (1568) 年～寛永11 (1634) 年
江戸時代前期の大名。常陸北条藩主。
¶近世，国史，史人 ([没]1634年11月12日)，諸系，新潮 ([没]寛永11 (1634) 年11月12日)，人名，戦合，戦国，戦人，長野歴，日人，藩主2 ([没]寛永11 (1634) 年11月12日)

佐久間銀太郎 さくまぎんたろう
嘉永1 (1848) 年2月20日～昭和8 (1933) 年2月19日
江戸時代後期～明治期の新撰組隊士。
¶新撰

佐久間蔵人 さくまくらんど
[別]佐久間蔵人《さくまくろうど》
安土桃山時代～江戸時代前期の武士。里見氏家臣。
¶戦人 (生没年不詳)，戦東 (さくまくろうど)

佐久間蔵人 さくまくろうど
→佐久間蔵人 (さくまくらんど)

佐久間五右衛門 さくまごうえもん
→佐久間五右衛門 (さくまごえもん)

佐久間五右衛門 さくまごえもん
[別]佐久間五右衛門《さくまごうえもん》
安土桃山時代～江戸時代前期の武士。里見氏家臣。
¶戦人 (生没年不詳)，戦東 (さくまごうえもん)

佐久間真勝 さくまさねかつ
元亀1 (1570) 年～寛永19 (1642) 年　[別]佐久間直勝《さくまなおかつ》，寸松庵《すんしょうあん》
安土桃山時代～江戸時代前期の武将、茶人。河内

さくまさ　　　　　　　　　　468　　　　　　　日本人物レファレンス事典

守政実の長男。
¶朝日（㊚寛永19年10月22日（1642年12月13
日）），近世，国史，茶道，人名（佐久間直勝
さくまなおかつ），戦合，戦人，日人

佐久間佐兵衛 さくまさへえ
天保4（1833）年～元治1（1864）年　㊟赤川直次
《あかがわなおじ》，赤川直次郎《あかがわなおじ
ろう》
江戸時代末期の長州（萩）藩士。尊攘運動を支援。
¶朝日（㊚元治1年11月12日（1864年12月10日）），
維新，新潮（㊚元治1（1864）年11月12日），人
名，日人，幕末（㊚1864年12月10日），藩臣6

佐久間左馬太（佐久間佐馬太）　さくまさまた
弘化1（1844）年～大正4（1915）年
江戸時代末期～明治期の長州（萩）藩士、陸軍
軍人。
¶朝日（㊚弘化1年10月10日（1844年11月19日）
㊚大正4（1915）年8月5日），維新，近現，国史，
コン改，コン4（佐久間佐馬太），コン5（佐久間
佐馬太），史人（㊚1844年10月10日　㊚1915年8
月5日），人名，世紀（㊚天保15（1844）年10月
10日　㊚大正4（1915）年8月5日），日人，幕末
（㊚1915年8月5日），宮城百，明治1，山口百，
陸海（㊚弘化1年10月10日　大正4年8月5日）

佐久間繼（佐久間繼）　さくまさん
→佐久間繼（さくまつづき）

佐久間象山 さくましょうざん
文化8（1811）年～元治1（1864）年　㊟佐久間象山
《さくまぞうざん》
江戸時代末期の思想家、信濃松代藩士。
¶朝日（㊚文化8年2月28日（1811年3月22日）
㊚元治1年7月11日（1864年8月12日）），維新，
岩史（㊚文化8（1811）年2月28日　㊚元治1
（1864）年7月11日），江戸，江文，角史，教育
（さくまぞうざん），京都，京都大，郷土長野
（さくまぞうざん），近世，群馬人，群馬百（さ
くまぞうざん），国史，国書（㊚文化8（1811）年
2月28日　元治1（1864）年7月11日），コン
改，コン4，詩歌，史人（㊚1811年2月28日
㊚1864年7月11日），重要（㊚文化8（1811）年2
月28日　㊚元治1（1864）年7月11日），人書79，
人書94，新潮（㊚文化8（1811）年2月28日　㊚元
治1（1864）年7月11日），人名，姓氏京都，姓氏
長野，世人（㊚文化8（1811）年2月11日　㊚元治
1（1864）年7月11日），世百（さくまぞうざん），
全書，大百（さくまぞうざん），伝記，長野百
（さくまぞうざん），長野歴（さくまぞうざん），
日史（㊚文化8（1811）年2月28日　㊚元治1
（1864）年7月11日），日人，幕末（㊚1864年8月
12日），藩臣3，百科，洋学，歴大，和俳（㊚元
治1（1864）年7月11日）

佐久間甚九郎 さくまじんくろう
→佐久間不干斎（さくまふかんさい）

佐久間真輔 さくましんすけ
生没年不詳
江戸時代末期の幕臣。
¶幕末

佐久間象山 さくまぞうざん
→佐久間象山（さくましょうざん）

佐久間荘太郎 さくまそうたろう
文政12（1829）年～？
江戸時代後期～末期の新撰組隊士。
¶新撰

佐久間大蔵 さくまだいぞう，さくまたいぞう
安土桃山時代～江戸時代前期の武士。里見氏家臣。
¶戦人（生没年不詳），戦東（さくまたいぞう）

佐久間登介 さくまたかすけ
嘉永1（1848）年～？
江戸時代後期～末期の新撰組隊士。
¶新撰

佐久間種 さくまたね
→佐久間果園（さくまかえん）

佐久間長右衛門 さくまちょううえもん
→佐久間長右衛門（さくまちょううえもん）

佐久間長右衛門 さくまちょうえもん
㊟佐久間長右衛門《さくまちょううえもん》
安土桃山時代～江戸時代前期の武士。里見氏家臣。
¶戦人（生没年不詳），戦東（さくまちょううえも
ん）

佐久間繼（佐久間繼）　さくまつづき
→佐久間繼（さくまつづき）

佐久間繼（佐久間繼）　さくまつづき，さくまつずき；さく
まつつき
文政2（1819）年～明治29（1896）年　㊟佐久間繼
《さくまさん》，佐久間庸軒《さくまようけん》，佐
久間繼《さくまさん，さくまつずき》
江戸時代末期～明治期の陸奥三春藩の和算家。
¶朝日（㊚文政2年12月15日（1820年1月30日）
㊚明治29（1896）年9月27日），朝日（佐久間繼
㊚文政2年12月15日（1820年1月30日）　㊚明治
29（1896）年9月27日），維新（佐久間庸軒　さ
くまようけん），国書（㊚文政2（1819）年12月
15日　㊚明治29（1896）年9月29日），人書94
（佐久間繼　さくまつずき），新潮（㊚文政2
（1819）年12月15日　㊚明治29（1896）年9月18
日），新潮（佐久間繼　㊚文政2（1819）年12月
15日　㊚明治29（1896）年9月18日），人名（さ
くまさん），人名（佐久間繼　さくまさん），数
学（㊚文政2（1819）年12月15日　㊚明治29
（1896）年9月27日），日人（佐久間繼　㊚1820
年），幕末（さくまつつき　㊚1896年9月20日），
幕末（佐久間繼　さくまつつき　㊚1896年9月
20日），藩臣2，藩臣2（佐久間繼），福島百（佐
久間庸軒　さくまようけん），洋学（さくまさん
㊚天保8（1837）年），洋学（佐久間繼　さくま
さん　㊚天保8（1837）年），和俳（佐久間繼
さくまつずき　㊚文政2（1819）年12月15日）

佐久間貞一 さくまていいち
嘉永1（1848）年～明治31（1898）年
江戸時代末期～明治期の幕臣、実業家。
¶朝日（㊚嘉永1年5月15日（1848年6月15日）
㊚明治31（1898）年11月6日），岩史（㊚嘉永1
（1848）年5月15日　㊚明治31（1898）年11月6
日），角史，近現，近文，国史，コン改（㊚弘化
3（1846）年），コン4（㊚弘化3（1846）年），コ
ン5（㊚弘化3（1846）年），史人（㊚1848年5月15
日　㊚1898年11月6日），静岡歴，実業（㊚嘉永

1(1848)年5月15日　[没]明治31(1898)年11月6日)，社運，社史([生]嘉永1年5月15日(1848年6月15日)　[没]1898年11月6日)，出版，新潮([生]嘉永1(1848)年5月15日　[没]明治31(1898)年11月6日)，人名([生]1846年)，世人([生]弘化3(1846)年)，世百([生]1846年　[没]1896年)，先駆([没]明治31(1898)年11月)，全書，大百([生]1846年　[没]1896年)，日史([生]嘉永1(1848)年5月15日　[没]明治31(1898)年11月6日)，日人，百科，民学，歴大

佐久間洞巌(佐久間洞嵒)　さくまどうがん
承応2(1653)年〜元文1(1736)年
江戸時代中期の陸奥仙台藩の儒学者、書画家。
¶近世，考古([生]承応2年(1653年6月7日)　[没]享保11(1726)年)，国史，国書([生]承応2(1653)年6月7日　[没]享保21(1736)年2月11日)，詩歌(佐久間洞嵒)，史人([生]1653年6月7日　[没]1736年2月11日)，新潮([生]承応2(1653)年6月7日　[没]元文1(1736)年2月11日)，人名(佐久間洞嵒)，姓氏宮城，日人，藩臣1，宮城百，名画，歴大，和俳

佐久間東川　さくまとうせん
享保12(1727)年〜寛政8(1796)年
江戸時代中期〜後期の幕臣、書家。
¶国書([生]享保12(1727)年10月1日　[没]寛政8(1796)年10月25日)，人名([生]？　[没]1800年)，日人

佐久間藤六　さくまとうろく
安土桃山時代〜江戸時代前期の武士。里見氏家臣。
¶戦人(生没年不詳)，戦東

佐久間直勝　さくまなおかつ
→佐久間真勝(さくまさねかつ)

佐久間信就　さくまのぶなり
正保3(1646)年〜享保10(1725)年　[別]佐久間安芸守信就《さくまあきのかみのぶなり》
江戸時代中期の長崎奉行。
¶人名，長崎歴(佐久間安芸守信就　さくまあきのかみのぶなり)，日人

佐久間信栄　さくまのぶひで
→佐久間不干斎(さくまふかんさい)

佐久間信房　さくまのぶふさ
慶安3(1650)年〜享保7(1722)年
江戸時代中期の鎗奉行。
¶人名，日人

佐久間信満　さくまのぶみつ
享保13(1728)年〜天明6(1786)年11月18日
江戸時代中期の磐城平藩士、日向延岡藩士。
¶国書

佐久間英明　さくまひであき
江戸時代末期の新撰組隊士。
¶新撰

佐久間秀脩　さくまひでのぶ
天保12(1841)年〜明治37(1904)年
江戸時代末期〜明治期の播磨姫路藩士。
¶幕末([没]1904年6月14日)，藩臣5

佐久間寛台　さくまひろもと
＊〜文政1(1818)年
江戸時代中期〜後期の加賀藩士・国学者。
¶国書([生]宝暦11(1761)年　[没]文政1(1818)年11月)，姓氏石川([生]？)

佐久間備後守　さくまびんごのかみ
江戸時代後期の旗本。
¶江戸東

佐久間不干　さくまふかん
→佐久間不干斎(さくまふかんさい)

佐久間不干斎　さくまふかんさい
弘治2(1556)年〜寛永8(1631)年　[別]佐久間信栄《さくまのぶひで》，佐久間甚九郎《さくまじんくろう》，佐久間正勝《さくままさかつ》，佐久間不干《さくまふかん》
安土桃山時代〜江戸時代前期の武将、茶人。
¶織田(佐久間信栄　さくまのぶひで　[没]寛永8(1631)年4月27日)，近世(佐久間不干　さくまふかん)，国史(佐久間不干　さくまふかん)，茶道，史人(佐久間不干　さくまふかん　[没]1631年4月27日)，諸系，新潮([没]寛永8(1631)年4月27日)，姓氏愛知(佐久間甚九郎　さくまじんくろう)，戦合(佐久間不干　さくまふかん)，戦国(佐久間正勝　さくままさかつ)，戦人(佐久間正勝　さくままさかつ)，日人，和歌山人(佐久間正勝　さくままさかつ)

佐久間正勝　さくままさかつ
→佐久間不干斎(さくまふかんさい)

佐久間政実　さくままさざね
永禄4(1561)年〜元和2(1616)年
安土桃山時代〜江戸時代前期の武士。徳川氏家臣、豊臣氏家臣。
¶人名([生]1560年)，戦国，戦人，日人

佐久間安次(1)　さくまやすつぐ
弘治2(1556)年〜寛永5(1628)年
安土桃山時代〜江戸時代前期の武将。
¶人名

佐久間安次(2)　さくまやすつぐ
寛永7(1630)年〜寛永15(1638)年
江戸時代前期の大名。信濃飯山藩主。
¶諸系，長野歴，日人，藩主2([没]寛永15(1638)年11月20日)

佐久間安長　さくまやすなが
慶長16(1611)年〜寛永9(1632)年
江戸時代前期の大名。信濃飯山藩主。
¶諸系，長野歴，日人，藩主2([没]寛永9(1632)年4月12日)

佐久間安政　さくまやすまさ
弘治1(1555)年〜寛永4(1627)年　[別]保田安政《やすだやすまさ》
安土桃山時代〜江戸時代前期の武将、大名。近江高島藩主、信濃飯山藩主。
¶織田(保田安政　やすだやすまさ　[没]寛永4(1627)年4月25日)，諸系，戦国([生]1556年)，戦人，長野歴，日人，藩主2([没]寛永4(1627)年4月25日)，藩主3

佐久間庸軒　さくまようけん
→佐久間纉(さくまつづき)

佐久間柳居 さくまりゅうきょ
貞享3(1686)年〜延享5(1748)年　[別]柳居《りゅうきょ》
江戸時代中期の俳人：幕臣。
¶国書(柳居　りゅうきょ　[没]延享5(1748)年5月30日)，人名，日人，俳諧(柳居　りゅうきょ　[生]?)，俳句(柳居　りゅうきょ　[没]寛延1(1748)年5月30日)，和俳

さ

佐久良東雄(桜東雄) さくらあずまお
文化8(1811)年〜万延1(1860)年
江戸時代末期の歌人、志士。
¶朝日([生]文化8年3月21日(1811年5月13日)　[没]万延1年6月27日(1860年8月13日))，維新，茨城百，江戸東，大阪人([没]万延1(1860)年6月)，角史，郷土茨城，近世，国史，国書([生]文化8(1811)年3月21日　[没]万延1(1860)年6月27日)，コン改(桜東雄)，コン4(桜東雄)，詩歌，史人([生]1811年3月21日　[没]1860年6月27日)，人書94，神人([生]文化8(1811)年3月21日　[没]万延1(1860)年6月27日)，新潮([生]文化8(1811)年3月21日　[没]万延1(1860)年6月27日)，人名(桜東雄)，世人([生]文化8(1811)年3月　[没]万延1(1860)年6月27日)，全書，大百，日史([生]文化8(1811)年3月21日　[没]万延1(1860)年6月27日)，日人，幕末([没]1860年8月13日)，百科，歴大，和俳([生]文化8(1811)年3月21日　[没]万延1(1860)年6月27日)

桜井一太郎 さくらいいちたろう
寛政11(1799)年〜嘉永3(1850)年
江戸時代末期の但馬出石藩士、儒学者。
¶藩臣5

桜井魁園 さくらいかいえん
文化11(1814)年〜明治2(1869)年　[別]桜井武雄《さくらいたけお》
江戸時代末期の周防徳山藩士。
¶人名(桜井武雄　さくらいたけお)，日人，幕末([没]1869年5月12日)，藩臣6

桜井数馬 さくらいかずま
?　〜慶応4(1868)年1月5日
江戸時代後期〜末期の新撰組隊士。
¶新撰

桜井勝成 さくらいかつなり
天正3(1575)年〜万治2(1659)年
安土桃山時代〜江戸時代前期の使番。
¶人名，日人

桜井勝政 さくらいかつまさ
元和8(1622)年〜宝永1(1704)年
江戸時代前期〜中期の普請奉行。
¶人名，日人

桜井亀文 さくらいきぶん
→松平忠告(まつだいらただつぐ)

桜井兀峰 さくらいこっぽう
寛文2(1662)年〜享保7(1722)年　[別]兀峰《こっぽう，こつぽう，ごっぽう》
江戸時代中期の武士、俳人(蕉門)。
¶岡山人，岡山百，岡山歴，国書(兀峰　ごっぽう)，人名，日人，俳諧(兀峰　こつぽう　[生]?)，俳句(兀峰　こっぽう　[没]元禄7(1694)年)，和俳

桜井成能 さくらいしげよし
→桜井成能(さくらいなりよし)

桜井舟山 さくらいしゅうざん
享保2(1717)年〜宝暦7(1757)年　[別]桜井善蔵《さくらいぜんぞう》
江戸時代中期の但馬出石藩士、儒学者。
¶国書([没]宝暦7(1757)年2月2日)，人名，日人，藩臣5(桜井善蔵　さくらいぜんぞう)

桜井純造 さくらいじゅんぞう
?　〜明治17(1884)年
江戸時代末期〜明治期の官吏、信濃上田藩士。
¶人名，日人

桜井新三郎 さくらいしんざぶろう
→桜井頼直(さくらいよりなお)

桜井慎平 さくらいしんぺい
天保5(1834)年〜明治13(1880)年
江戸時代末期〜明治期の長州(萩)藩士。
¶維新，幕末([没]1880年11月1日)

桜井善蔵 さくらいぜんぞう
→桜井舟山(さくらいしゅうざん)

桜井武雄 さくらいたけお
→桜井魁園(さくらいかいえん)

桜井忠名 さくらいただあきら
正徳4(1714)年〜明和3(1766)年12月24日
江戸時代中期の武士。尼崎初代城主。
¶兵庫人

桜井忠興 さくらいただおき
*〜明治28(1895)年　[別]松平忠和《まつだいらただかず》，松平忠興《まつだいらただおき，まつだいらだおき》
江戸時代末期〜明治期の大名。摂津尼ケ崎藩主。
¶維新([生]1847年)，維新(松平忠和　まつだいらただかず　[生]1851年　[没]1917年)，諸系([生]1848年)，神人([生]嘉永1(1848)年1月8日　[没]明治28(1895)年4月29日)，人名([生]1847年)，日人([生]1848年)，幕末([生]1848年　[没]1895年4月29日)，藩主3(松平忠興　まつだいらただおき　[生]嘉永1(1848)年1月　[没]明治28(1895)年7月)，兵庫人([生]弘化4(1847)年　[没]明治28(1895)年4月29日)，兵庫百([生]弘化4(1847)年)

桜井勉 さくらいつとむ
天保14(1843)年〜昭和6(1931)年
江戸時代末期〜明治期の但馬出石藩士。
¶人名，世紀([生]天保14(1843)年9月13日　[没]昭和6(1931)年10月12日)，徳島歴([生]天保14(1843)年9月13日　[没]昭和6(1931)年10月12日)，日人，藩臣5，兵庫人([生]天保14(1843)年9月13日　[没]昭和6(1931)年10月12日)，兵庫百，山梨百([生]天保14(1843)年9月12日　[没]昭和6(1931)年10月12日)

桜井常五郎 さくらいつねごろう
天保3(1832)年〜明治1(1868)年
江戸時代末期の志士。
¶郷土長野([生]1831年)，姓氏長野，長野歴

桜井豊記 さくらいとよき
？ ～明治24（1891）年
江戸時代末期～明治期の会津藩士、神官。幕府の神道方ののち磐椅神社祠官となる。
¶人名

桜井成能 さくらいなりよし
*～明治19（1886）年 [別]桜井成能《さくらいしげよし》
江戸時代末期～明治期の画家、越後高田藩士。
¶人名（さくらいしげよし [生]？），日人（[生]1842年）

桜井久之助 さくらいひさのすけ
江戸時代末期の備中倉敷代官。
¶岡山歴

桜井孫兵衛 さくらいまごべえ
→桜井政能（さくらいまさよし）

桜井政蕃 さくらいまさしげ
正保2（1645）年～享保5（1720）年
江戸時代前期～中期の武士。
¶日人

桜井政能 さくらいまさよし
慶安2（1649）年～享保16（1731）年 [別]桜井孫兵衛《さくらいまごべえ》
江戸時代前期～中期の甲斐甲府藩代官。
¶岡山歴（桜井孫兵衛 さくらいまごべえ [没]享保16（1731）年1月14日），人名，日人，藩臣3，山梨百（[没]享保16（1731）年1月14日）

桜井三木三 さくらいみきぞう
江戸時代末期の長州（萩）藩士。
¶維新（[生]1821年 [没]1866年），人名（[生]1821年 [没]1866年），日人（[生]1830年 [没]1865年），幕末（[生]1830年 [没]1865年3月8日）

桜井元茂 さくらいもとしげ
貞享1（1684）年～寛延3（1750）年
江戸時代中期の武士、歌人。
¶国書（[没]寛延3（1750）年11月13日），人名，日人

桜井元憲 さくらいもとのり
？ ～明治2（1869）年
江戸時代末期の安芸広島藩士。
¶維新，人名，日人，幕末（[没]1869年6月19日）

桜井弥一右衛門 さくらいやいちうえもん
？ ～慶安3（1650）年
江戸時代前期の陸奥会津藩士。
¶藩臣2

桜井保義 さくらいやすよし
生没年不詳
江戸時代中期の播磨姫路藩士。
¶国書

桜井勇之進 さくらいゆうのしん
天保11（1840）年～慶応1（1865）年12月12日
江戸時代後期～末期の新撰組隊士。
¶新撰

桜井頼直 さくらいよりなお
文政7（1824）年～明治1（1868）年 [別]桜井新三郎《さくらいしんざぶろう》
江戸時代末期の志士、津山藩士。
¶維新（桜井新三郎 さくらいしんざぶろう），岡山人，岡山歴（[生]？ [没]慶応4（1868）年4月1日），人名，日人，幕末（桜井新三郎 さくらいしんざぶろう [没]1868年4月23日）

桜井良蔵 さくらいりょうぞう
安永5（1776）年～安政3（1856）年
江戸時代後期の但馬出石藩士、儒学者。
¶藩臣5

桜岡源次衛門 さくらがおかげんじえもん
→桜岡真方（さくらがおかまさかた）

桜岡真方 さくらがおかまさかた
文化1（1804）年～慶応1（1865）年 [別]桜岡源次衛門《さくらがおかげんじえもん》
江戸時代末期の水戸藩郷士。
¶維新，新潮（桜岡源次衛門 さくらがおかげんじえもん [没]慶応1（1865）年閏5月6日），日人，幕末（[没]1865年6月28日）

桜国輔 さくらくにすけ
天保14（1843）年～慶応3（1867）年
江戸時代末期の志士。
¶維新（[没]1865年），コン改，コン4，埼玉百，新潮（[生]天保14（1843）年10月 [没]慶応3（1867）年12月26日），人名，日人（[没]1868年），幕末（[没]1868年1月20日）

桜任蔵 さくらじんぞう
文化9（1812）年～安政6（1859）年 [別]桜真金《さくらまがね》，桜任蔵《さくらにんぞう》，相良六郎《さがらろくろう》，村越芳太郎《むらこしよしたろう》，渡辺純蔵《わたなべじゅんぞう》
江戸時代末期の水戸藩吏。
¶維新，茨城百（さくらにんぞう），大阪人（さくらにんぞう [没]安政6（1859）年7月），コン改，コン4，人書94（さくらにんぞう），新潮（[没]安政6（1859）年7月6日），人名（桜真金 さくらまがね），日人，幕末（[没]1859年8月4日）

桜田景敬 さくらだかげのり
文政10（1827）年～明治32（1899）年8月3日
江戸時代後期～明治期の武芸家。
¶国書

桜田簡斎 さくらだかんさい
→桜田良佐（さくらだりょうすけ）

桜田欽斎 さくらだきんさい
→桜田虎門（さくらだこもん）

桜田玄蕃 さくらだげんば
*～寛永9（1632）年
安土桃山時代～江戸時代前期の伊予宇和島藩家老。
¶愛媛百（[生]天正18（1590）年 [没]寛永9（1632）年8月6日），藩臣6（[生]天正4（1576）年）

桜田虎門 さくらだこもん
安永3（1774）年～天保10（1839）年 [別]桜田欽斎《さくらだきんさい》
江戸時代後期の陸奥仙台藩の儒学者。
¶江文，近世，国史，国書（[生]安永3（1774）年4月23日 [没]天保10（1839）年10月3日），コン改，コン4，詩歌，新潮（[生]安永3（1774）年4月23日 [没]天保10（1839）年10月3日），人名，姓氏宮城（桜田欽斎 さくらだきんさい），世人（[没]天保10（1839）年10月3日），日人，藩臣1（桜田欽斎

さくらだきんさい），宮城百（桜田欽斎　さくらだきんさい），歴大，和俳

桜田済美　さくらださいび
→桜田良佐（さくらだりょうすけ）

桜田誠一郎　さくらだせいいちろう
天保1（1830）年～明治39（1906）年2月
江戸時代末期～明治期の出羽秋田藩士。
¶幕末

桜田千本　さくらだせんぼん
享保9（1724）年～明和5（1768）年
江戸時代中期の伊予宇和島藩家老。
¶藩臣6

桜田惣四郎　さくらだそうしろう
文政11（1828）年～明治10（1877）年
江戸時代末期～明治期の肥後熊本藩士。
¶熊本百（[没]明治10（1877）年10月26日），人名（[生]1829年），日人，幕末（[没]1877年10月26日）

桜田時里　さくらだときさと
～明治23（1890）年1月20日
江戸時代後期～明治期の弓道家、仙台藩士。
¶弓道

桜田時春　さくらだときはる
～明治10（1877）年5月7日
江戸時代後期～明治期の弓道家、仙台藩士。
¶弓道

桜田元親　さくらだもとちか
生没年不詳
安土桃山時代～江戸時代前期の陸奥仙台藩の武将。伊達氏家臣。
¶戦人，戦東，藩臣1

桜田良佐　さくらだりょうすけ
寛政9（1797）年～明治9（1876）年　[別]桜田済美《さくらださいび》，桜田簡斎《さくらだかんさい》，桜田良佐《さくらだりょうさ》
江戸時代末期～明治期の陸奥仙台藩の志士。
¶維新，剣豪，国書（桜田簡斎　さくらだかんさい　[没]明治9（1876）年10月4日），コン改（桜田済美　さくらださいび），コン4（桜田済美　さくらださいび），コン5（桜田済美　さくらださいび），新潮（桜田済美　さくらださいび　[没]明治9（1876）年10月4日），人名（桜田済美　さくらださいび），姓氏宮城，日人，幕末（[没]1876年10月4日），藩臣1，宮城百

桜任蔵　さくらにんぞう
→桜任蔵（さくらじんぞう）

桜庭太次馬　さくらばたじま
天保1（1830）年～明治41（1908）年
江戸時代後期～明治期の弘前藩士。
¶青森人

桜庭直綱　さくらばなおつな
生没年不詳
江戸時代前期の盛岡藩家臣。
¶姓氏岩手

桜庭光康　さくらばみつやす
生没年不詳
戦国時代～江戸時代前期の武士。
¶姓氏岩手

桜真金　さくらまがね
→桜任蔵（さくらじんぞう）

鮭延秀綱　さけのぶひでつな
永禄5（1562）年～正保3（1646）年　[別]鮭延秀綱《さけのべひでつな》，佐々木典膳《ささきてんぜん》
安土桃山時代～江戸時代前期の出羽山形藩士、下総古川藩士。
¶朝日（[生]永禄6（1563）年　[没]正保3年6月21日（1646年8月2日）），近世，国史，史人（[没]1646年6月21日），新潮（[没]正保3（1646）年6月2日），戦合，戦国，戦人（さけのべひでつな　生没年不詳），戦東，日人，藩臣1（さけのべひでつな　[生]永禄6（1563）年），藩臣3（さけのべひでつな　[生]永禄6（1563）年），山形百新（さけのべひでつな）

鮭延秀綱　さけのべひでつな
→鮭延秀綱（さけのぶひでつな）

坂牛助丁　さこうしすけあつ
？　～弘化4（1847）年6月11日
江戸時代後期の南部藩士。
¶国書

坂牛佐賜　さこうしすけたま
享保10（1725）年～明和7（1770）年　[別]坂牛佐賜《さかうしさし》
江戸時代中期の陸奥南部藩士。
¶姓氏岩手（さかうしさし），藩臣1

座光寺為真　ざこうじためざね
→座光寺為時（ざこうじためとき）

座光寺為忠　ざこうじためただ
享保5（1720）年～天明4（1784）年
江戸時代中期の旗本、歌人。伊那郡山吹知行所座光寺氏の第6代当主。
¶長野歴

座光寺為時　ざこうじためとき
天文20（1551）年～寛永20（1643）年　[別]座光寺為真《ざこうじためざね》
安土桃山時代～江戸時代前期の信濃山吹邑主。
¶人名，姓氏長野（座光寺為真　ざこうじためざね），日人

酒匂清兵衛　さこうせいべえ
明和6（1769）年～天保14（1843）年
江戸時代中期～後期の但馬出石藩家老。
¶藩臣5

酒匂彦三　さこうひこぞう
寛政9（1797）年～天保14（1843）年
江戸時代後期の但馬出石藩用人。
¶藩臣5

酒匂道貞　さこうみちさだ
生没年不詳
安土桃山時代～江戸時代前期の武士。佐竹氏家臣。
¶戦人

佐護式右衛門　さごしきえもん
？　～明暦2（1656）年
江戸時代前期の対馬藩の功臣。
¶人名，日人

佐古高郷 さこたかさと
天保1 (1830) 年～明治16 (1883) 年
江戸時代末期～明治期の大和十津川郷士。
¶維新，コン改，コン4，コン5，新潮 ([生]天保1 (1830) 年6月18日　[没]明治16 (1883) 年7月4日)，人名，日人

迫田重遠 さこたしげとお
？ ～明治10 (1877) 年
江戸時代後期～明治期の河辺郡川辺郷の郷士。
¶姓氏鹿児島

迫田太次右衛門 (迫田太次衛門) さこだたじえもん，さこたたじえもん
天明6 (1786) 年～安政2 (1855) 年
江戸時代中期～後期の薩摩藩士。
¶維新 (さこたたじえもん)，鹿児島百 (迫田太次衛門)，姓氏鹿児島，幕末 ([生]1767年　[没]1855年10月27日)

佐々井半十郎 ささいはんじゅうろう
江戸時代末期の備中倉敷代官。
¶岡山歴

笹井正房 ささいまさふさ
寛永9 (1632) 年～正徳3 (1713) 年
江戸時代前期～中期の改作奉行。
¶姓氏富山

さゝを ささお
安永7 (1778) 年～弘化4 (1847) 年1月9日
江戸時代中期～後期の俳人・尾張藩士。小沢鎮盈。
¶国書

篠岡謙堂 ささおかけんどう
延宝1 (1673) 年～元文4 (1739) 年　[別]篠岡利貞《ささおかとしさだ》
江戸時代中期の備前岡山藩士。
¶岡山人 (篠岡利貞　ささおかとしさだ)，岡山歴 ([没]元文4 (1739) 年1月20日)，国書 ([没]元文4 (1739) 年1月20日)，藩臣6 (篠岡利貞　ささおかとしさだ)

篠岡利貞 ささおかとしさだ
→篠岡謙堂 (ささおかけんどう)

篠川重任 ささがわじゅうにん
安永4 (1777) 年～天保6 (1835) 年
江戸時代後期の丹波柏原藩士。
¶藩臣5

笹河是閑 ささがわぜかん
寛文5 (1665) 年～延享1 (1744) 年
江戸時代中期の剣術家。
¶栃木歴

篠川直 ささがわちょく
天保11 (1840) 年～大正6 (1917) 年
江戸時代末期～明治期の丹波柏原藩士。
¶藩臣5

笹川道張 ささがわみちはる
享保6 (1721) 年～天明3 (1783) 年
江戸時代中期の越前福井藩士。
¶人名，日人

佐々木愛次郎 (佐々木愛二郎) ささきあいじろう
＊～文久3 (1863) 年
江戸時代末期の壬生浪士隊士。
¶新撰 ([生]弘化2年頃？　[没]文久3年8月1日)，幕末 (佐々木愛二郎　[生]1845年　[没]1863年9月14日)

佐々木顕発 ささきあきのり
＊～明治9 (1876) 年
江戸時代末期～明治期の幕臣、信濃守。勘定吟味役、作業奉行、西丸留守居役、北町奉行等歴任。
¶維新，コン5 ([生]文化3 (1806) 年)，幕末 ([生]1808年　[没]1876年12月31日)

佐々木市兵衛 ささきいちべえ
？ ～明治5 (1872) 年
江戸時代末期～明治期の勤王家志士。
¶幕末

佐々木卯之助 ささきうのすけ
寛政6 (1794) 年～＊
江戸時代後期の旗本。
¶神奈川人 ([没]1869年)，姓氏神奈川 ([没]1878年)

佐々木浦右衛門 ささきうらえもん
生没年不詳
江戸時代末期の紀伊和歌山藩士、鉄砲奉行。
¶幕末，和歌山人

佐々木男也 ささきおとや
天保7 (1836) 年～明治26 (1893) 年　[別]佐々木男也《ささきおなり》，宇多朔太郎《うださくたろう》
江戸時代末期～明治期の長州 (萩) 藩士。
¶維新，新潮 ([生]天保7 (1836) 年5月26日　[没]明治26 (1893) 年11月25日)，人名，日人，幕末 (ささきおなり　[没]1893年11月25日)，藩臣6 (ささきおなり)，山口百

佐々木男也 ささきおなり
→佐々木男也 (ささきおとや)

佐々木一陽 ささきかずあき
天明7 (1787) 年～安政2 (1855) 年5月15日
江戸時代中期～末期の幕臣・歌人。
¶国書

佐々木亀之助 ささきかめのすけ
天保6 (1835) 年～大正3 (1914) 年
江戸時代末期～明治期の長州 (萩) 藩士。
¶幕末

佐々木刑部左衛門 ささきぎょうぶざえもん
？ ～
江戸時代の弘前藩士。
¶青森人

佐々木蔵之允 ささきくらのすけ
江戸時代末期の新撰組隊士。
¶新撰

佐々木元俊 ささきげんしゅん
文政1 (1818) 年～明治7 (1874) 年
江戸時代末期～明治期の医師、蘭学者。弘前藩藩医、蘭学堂教授。
¶青森人，青森百，維新，江文，国書 ([生]文政1 (1818) 年11月8日　[没]明治7 (1874) 年12月16日)，人名，日人，幕末 ([没]1874年12月16日)，藩臣1，洋学

佐々木源太夫 ささきげんだゆう
元禄5 (1692) 年～宝暦13 (1763) 年　[別]佐々木貞

要《ささきさだやす》
江戸時代中期の紀州藩士、剣術家。玉心流。
¶剣豪，和歌山人（佐々木貞要　ささきさだやす）

佐々木五右衛門　ささきごうえもん
天保11（1840）年～慶応1（1865）年1月28日
江戸時代末期の奇兵隊士。
¶幕末

佐々木幸次郎　ささきこうじろう
生没年不詳
江戸時代後期の剣術家。
¶姓氏岩手

さ

佐々木権六　ささきごんろく
→佐々木長淳（ささきながのぶ）

佐々木作兵衛　ささきさくべえ
→佐々木長淳（ささきながのぶ）

佐々木定賢　ささきさだかた
承応3（1654）年4月21日～享保12（1727）年11月10日
江戸時代前期～中期の加賀藩士。
¶国書

佐々木定静　ささきさだしず
弘化3（1846）年～？
江戸時代末期の駿河沼津藩士。
¶藩臣4

佐々木貞要　ささきさだやす
→佐々木源太夫（ささきげんだゆう）

笹喜三郎　ささきさぶろう
？　～元禄11（1698）年
江戸時代前期の徳川綱吉の徒士頭。
¶人名，日人

佐々木重晁　ささきしげあき
寛政5（1793）年～弘化3（1846）年　[別]佐々木了斎《ささきりょうさい》
江戸時代後期の水戸藩士。
¶国書（佐々木了斎　ささきりょうさい），人名，日人

佐々木志頭磨（佐々木志津磨）　ささきしずま，ささきしづま
元和5（1619）年～元禄8（1695）年
江戸時代前期の加賀藩士、書家。
¶朝日（[没]元禄8年1月19日（1695年3月3日）），石川百（[生]1622年），大阪人（[生]貞享2（1685）年），近世，国史，国書（[没]元禄8（1695）年1月19日），コン改（佐々木志津磨），コン4（佐々木志津磨），新潮（佐々木志津磨　ささきしづま　[没]元禄8（1695）年1月19日），人名（佐々木志津磨　ささきしづま），姓氏石川（[生]1622年），姓氏京都，世人，日人

佐々木志頭磨　ささきしづま
→佐々木志頭磨（ささきしずま）

佐々木信濃守　ささきしなののかみ
江戸時代末期の町奉行。
¶江戸（ささきしなののかみ）

佐々木祥一郎　ささきしょういちろう
嘉永3（1850）年～明治3（1870）年4月2日
江戸時代末期～明治期の長州（萩）藩寄組、奇兵隊士。
¶姓氏山口（生没年不詳），幕末

佐々木松墩　ささきしょうとん
天保6（1835）年～明治18（1885）年　[別]佐々木貞介《ささきていすけ》，荻野隼太《おぎのはやた》
江戸時代末期～明治期の長州（萩）藩士。
¶人名（佐々木貞介　ささきていすけ），姓氏山口，日人，幕末（佐々木貞介　ささきていすけ　[没]1885年3月26日），藩臣6（佐々木貞介　ささきていすけ），山口百

佐々木次郎四郎　ささきじろしろう
天保10（1839）年～明治4（1871）年
江戸時代末期～明治期の志士。戊辰戦争で大坂城に進む。明治後大阪府出仕。
¶幕末

佐々木助三郎　ささきすけさぶろう
江戸時代の「水戸黄門漫遊記」に登場する武士。
¶日人

佐々木高陳　ささきたかのぶ
生没年不詳
江戸時代後期の幕臣・砲術家。
¶国書

佐佐木高行（佐々木高行）　ささきたかゆき
天保1（1830）年～明治43（1910）年　[別]高富，三四郎，信頼，万之助
江戸時代末期～明治期の土佐藩士、政治家。
¶朝日（[生]天保1年10月12日（1830年11月26日）[没]明治43（1910）年3月2日），維新（佐々木高行），岩史（[生]文政13（1830）年10月12日　[没]明治43（1910）年3月2日），海越（佐々木高行　[生]文政13（1830）年10月12日　[没]明治43（1910）年3月2日），海越新（佐々木高行　[生]文政13（1830）年10月12日　[没]明治43（1910）年3月2日），角史，郷土長崎（佐々木高行），近現，高知人，高知百（佐々木高行），国史，コン改，コン4，コン5，史人（[生]1830年10月12日　[没]1910年3月2日），重要（[生]天保1（1830）年10月12日　[没]明治43（1910）年3月2日），神人（佐々木高行　[生]天保1（1830）年10月12日　[没]明治43（1910）年3月2日），新潮（佐々木高行　[生]天保1（1830）年10月12日　[没]明治43（1910）年3月2日），人名（佐々木高行），世人（佐々木高行　[生]文政13（1830）年11月12日　[没]明治43（1910）年3月2日），渡航（佐々木高行　[生]1830年10月12日　[没]1910年3月2日），日史（[生]天保1（1830）年11月12日　[没]明治43（1910）年3月2日），日人，幕末（佐々木高行　[没]1910年3月2日），藩臣6，百科（佐々木高行），履歴（[生]天保1（1830）年10月12日　[没]明治43（1910）年3月2日），歴大

佐々木只三郎　ささきたださぶろう
天保4（1833）年～慶応4（1868）年
江戸時代末期の幕臣、京都見廻組与頭。清河八郎、坂本竜馬殺害の指揮者。
¶会津，朝日（[没]明治1年1月12日（1868年2月5日）），京都大，コン4，新潮（[没]慶応4（1868）年1月），人名，姓氏京都，日人，幕末（[没]1868年2月1日）

佐々木親覧 ささきちかみ
  寛政3(1791)年〜明治1(1868)年
  江戸時代末期の国学者、一関藩士。
  ¶国書，人名，日人

佐々木長淳 ささきちょうじゅん
  →佐々木長淳(ささきながのぶ)

佐々木庸詳 ささきつねよし
  ？〜明和3(1766)年 ㊥佐々木庸詳《ささきようしょう》
  江戸時代中期の越中富山藩士。
  ¶人名，日人(㉛1767年)，藩臣3(ささきようしょう)

佐々木貞介 ささきていすけ
  →佐々木松墩(ささきしょうとん)

佐々木道求 ささきどうきゅう
  慶長1(1596)年4月22日〜延宝1(1673)年10月6日
  安土桃山時代〜江戸時代前期の加賀藩士。
  ¶国書

佐々木直作 ささきなおさく
  文化14(1817)年〜明治27(1894)年
  江戸時代末期〜明治期の漢学者。勘定奉行兼京都留守居。
  ¶維新，幕末(㉛1894年11月8日)

佐々木直次郎 ささきなおじろう
  江戸時代末期の新撰組隊士。
  ¶新撰

佐々木長淳 ささきながあつ
  →佐々木長淳(ささきながのぶ)

佐々木長淳 ささきながのぶ
  天保1(1830)年〜大正5(1916)年 ㊥佐々木権六・佐々木長淳《ささきごんろく・ささきちょうじゅん》，佐々木権六《ささきごんろく》，佐々木作兵衛《ささきさくべえ》，佐々木長淳《ささきちょうじゅん，ささきながあつ》
  江戸時代末期〜明治期の越前福井藩士、技術者。
  ¶維新(佐々木権六　ささきごんろく)，海越(佐々木権六　ささきごんろく　㊦大正5(1916)年1月25日)，海越新(㊦大正5(1916)年1月25日)，郷土群馬(ささきながあつ)，郷土福井(佐々木権六　ささきごんろく)，国際，姓氏岩手(佐々木作兵衛　ささきさくべえ　生没年不詳)，姓氏群馬(ささきちょうじゅん)，全書，大百，渡航(佐々木権六・佐々木長淳　ささきごんろく・ささきちょうじゅん　㉛1916年1月25日)，日人，幕末(ささきちょうじゅん　㉛1916年1月25日)，藩臣3(ささきちょうじゅん)，福井百(ささきちょうじゅん)

佐々木長秀 ささきながひで
  元禄16(1703)年〜天明7(1787)年9月16日
  江戸時代中期の幕臣・天文家。
  ¶国書

佐々木成季 ささきなるとき
  寛文8(1668)年〜延享3(1746)年
  江戸時代中期の武士、砲術佐々木流中興の祖。
  ¶和歌山人

佐々木布綱 ささきのぶつな
  正徳1(1711)年〜寛政1(1789)年
  江戸時代末期の武士。
  ¶和歌山人

佐々木昇 ささきのぼる
  天保15(1844)年〜？
  江戸時代末期の上総飯野藩士。
  ¶藩臣3

佐々木一 ささきはじめ
  ？〜天保6(1835)年
  江戸時代後期の下総古河藩士。
  ¶藩臣3

佐々木古信 ささきひさのぶ
  文政9(1826)年〜明治32(1899)年
  江戸時代末期〜明治期の歌人、長州(萩)藩士。
  ¶人名，日人

佐々木広綱 ささきひろつな
  ？〜慶安3(1650)年
  江戸時代前期の武士。最上氏家臣。
  ¶戦人

佐々木又四郎 ささきまたしろう
  天保9(1838)年〜文久3(1863)年
  江戸時代末期の長州(萩)藩士。
  ¶維新，人名，日人，幕末(㉛1863年7月20日)

佐々木万彦 ささきまひこ
  宝暦1(1751)年〜文政4(1821)年
  江戸時代中期〜後期の幕臣、和学者。
  ¶江文

佐々木庸詳 ささきようしょう
  →佐々木庸詳(ささきつねよし)

佐々木義定 ささきよしさだ
  安土桃山時代〜江戸時代前期の武将。
  ¶人名

佐々木了斎 ささきりょうさい
  →佐々木重晃(ささきしげあき)

佐々倉桐太郎 ささくらきりたろう
  天保1(1830)年〜明治8(1875)年 ㊥佐々倉桐太郎《ささくらとうたろう》，義行，勝太郎
  江戸時代末期〜明治期の幕臣。1860年咸臨丸の運用方としてアメリカに渡る。
  ¶維新，海越(㊦天保2(1831)年　㉛明治8(1875)年12月17日)，海越新(㊦天保2(1831)年　㉛明治8(1875)年12月17日)，江文，国際(㊦天保2(1831)年)，国書(㉛明治8(1875)年12月17日)，静岡歴，姓氏神奈川(ささくらとうたろう　㉛1829年)，日人，幕末(㉛1875年12月17日)，洋学

佐々倉桐太郎 ささくらとうたろう
  →佐々倉桐太郎(ささくらきりたろう)

左座謙三郎 さざけんざぶろう
  天保11(1840)年〜慶応1(1865)年 ㊥左座謙三郎《そざけんざぶろう》
  江戸時代末期の筑前福岡藩士。
  ¶維新，人名(そざけんざぶろう)，日人，幕末(㉛1865年12月10日)，藩臣7

佐々耕庵　ささこうあん
文政5(1822)年〜慶応3(1867)年　[別]佐々耕庵《さっさこうあん》
江戸時代末期の志士。
¶維新(さっさこうあん), 人名(さっさこうあん), 日人, 幕末([没]1867年6月21日)

佐々定隆　ささだたか
寛永12(1635)年〜元禄6(1693)年
江戸時代前期の陸奥仙台藩士。
¶藩臣1

篠島清長　ささじまきよなが
？〜寛文1(1661)年
江戸時代前期の今石動奉行。
¶姓氏富山

篠島久大　ささじまひさおお
文化9(1812)年〜明治3(1870)年12月31日
江戸時代末期〜明治期の加賀藩士。
¶幕末

佐々如是　ささじょぜ
文化7(1810)年〜明治19(1886)年　[別]佐々泉翁《ささせんおう》,佐々如是《ささにょぜ》
江戸時代末期〜明治期の石見浜田藩の儒学者。
¶国書(佐々泉翁　ささせんおう　[生]文化7(1810)年11月　[没]明治19(1886)年2月), 島根人(ささにょぜ), 島根歴(ささにょぜ), 幕末([没]1886年2月), 藩臣5

笹新右衛門　ささしんうえもん
？〜明治40(1907)年
江戸時代末期〜明治期の出羽新庄藩士、軍師。
¶藩臣1

佐々泉翁　ささせんおう
→佐々如是(ささじょぜ)

佐々宗惇　ささそうじゅん
→佐々十竹(さっさじっちく)

篠塚峯蔵　ささづかみねぞう
江戸時代末期の新撰組隊士。
¶新撰

笹伝兵衛　ささでんべえ
慶安3(1650)年〜享保15(1730)年
江戸時代前期〜中期の出羽新庄藩士。
¶藩臣1

佐々長成　ささながなり
→佐々長成(さっさながなり)

佐々如是　ささにょぜ
→佐々如是(ささじょぜ)

笹沼金吾　ささぬまきんご
天保5(1834)年〜明治1(1868)年10月15日
江戸時代末期の陸奥会津藩士。
¶幕末

笹沼金六　ささぬまきんろく
天保9(1838)年〜明治1(1868)年6月15日
江戸時代末期の陸奥会津藩士。
¶幕末

笹沼与左衛門　ささぬまよざえもん
？〜寛文8(1668)年
江戸時代前期の陸奥会津藩士。
¶藩臣2

笹野権三郎　ささのごんざぶろう
江戸時代前期の槍術家。
¶人名

篠野春泉(笹野春泉)　ささのしゅんせん
寛政10(1798)年〜元治1(1864)年　[別]昼夜言耳元鐘近《ちゅうやごんみみもとのかねちか》
江戸時代末期の医師、狂歌師、備前岡山藩士。
¶人名(笹野春泉), 日人

篠野玉涌　ささのたまわく
→細川頼直(ほそかわよりなお)

佐々隼太　ささはやた
文政6(1823)年〜明治42(1909)年　[別]佐々隼太《さっさはやた》
江戸時代末期〜明治期の常陸土浦藩士。
¶剣豪(さっさはやた), 幕末([没]1909年1月4日), 藩臣2

笹原忠一　ささはらただかず
宝永3(1706)年〜？
江戸時代中期の陸奥会津藩士。
¶藩臣2

笹原伝右衛門　ささはらでんえもん
生没年不詳
江戸時代前期の仙台藩士。
¶姓氏宮城

佐々部一斎　ささべいっさい
天正3(1575)年〜？
安土桃山時代〜江戸時代前期の武家。
¶国書

佐々光長　ささみつなが
？〜貞享3(1686)年
江戸時代前期の讃岐丸亀藩家老。
¶藩臣6

小篠敏　ささみぬ
→小篠御野(おざさみぬ)

小篠敏　ささみね
→小篠御野(おざさみぬ)

篠本竹堂　ささもとちくどう
寛保3(1743)年〜文化6(1809)年
江戸時代中期〜後期の幕臣・漢学者。
¶江文, 国書([生]延享3(1746)年　[没]文化6(1809)年9月5日), 人名, 日人

笹森儀助　ささもりぎすけ
弘化2(1845)年〜大正4(1915)年
江戸時代末期〜明治期の津軽藩士、探検家。青森市長。千島列島探検、奄美・沖縄諸島を調査し国境警備、辺境の社会改革を提言。
¶青森人, 青森百, 朝日([生]弘化2年1月25日(1845年3月3日)　[没]大正4(1915)年9月29日), 沖縄百([生]弘化2(1845)年1月25日　[没]大正4(1915)年9月29日), 鹿児島百([生]弘化3(1846)年), 学校([生]弘化2(1845)年1月25日　[没]大正4(1915)年9月29日), コン改, コン5, 史人([生]1845年1月25日　[没]1915年9月29日), 新潮([生]弘化2(1845)年1月25日　[没]大正4(1915)年9月29日), 人名, 世紀([生]弘化2(1845)年1月25日　[没]大正4(1915)年9月29

日），姓氏沖縄，姓氏鹿児島（[生]1846年），全書，日史（[生]弘化2（1845）年1月25日　[没]大正4（1915）年9月29日），日人，百科，民学，歴大

笹森序左衛門　ささもりじょざえもん
延享4（1747）年～天保5（1834）年
江戸時代中期～後期の陸奥弘前藩士。
¶藩臣1

篠山景徳　ささやまかげのり
？～安政3（1856）年　[別]篠山十兵衛景徳《しのやまじゅうべいかげのり》
江戸時代末期の幕臣、江戸城再建ご用掛。
¶国書（[没]安政3（1856）年4月），幕末（篠山十兵衛景徳　しのやまじゅうべいかげのり）

篠山景義　ささやまかげよし
宝暦5（1755）年～文政1（1818）年
江戸時代中期～後期の代官。
¶大阪人

篠山資友　ささやますけとも
～寛永12（1635）年
江戸時代前期の旗本。
¶神奈川人

篠山光官　ささやまみつのり
→篠山光官（しのやまこうかん）

佐々行政　ささゆきまさ
[別]佐々行政《さっさゆきまさ》
安土桃山時代～江戸時代前期の鷹匠。織田氏家臣、豊臣氏家臣、徳川氏家臣。
¶戦国，戦人（さっさゆきまさ　生没年不詳）

佐沢広胖　さざわこうはん
天保6（1835）年～明治41（1908）年7月8日
江戸時代後期～明治期の仙台藩士。
¶国書

佐治一成　さじかずなり
永禄12（1569）年～寛永11（1634）年　[別]佐治与九郎《さじよくろう》
安土桃山時代～江戸時代前期の丹波柏原藩の武将。織田氏家臣。
¶戦人，戦補，藩臣5（佐治与九郎　さじよくろう）

佐治数馬　さじかずま
寛政9（1797）年～慶応1（1865）年
江戸時代末期の対馬藩士。
¶維新

桟原勇馬　さじきばらゆうま
文化6（1809）年～元治1（1864）年
江戸時代末期の対馬藩士。
¶維新

佐治重晟　さじしげあき
延宝1（1673）年～元文2（1737）年
江戸時代中期の武士。
¶和歌山人

指田竹次郎　さしだたけじろう
嘉永2（1849）年～？
江戸時代後期～末期の新撰組隊士。
¶新撰

指田武正　さしだたけまさ
生没年不詳
江戸時代中期の丹後宮津藩士。
¶国書

佐治成為　さじなりため
元和7（1621）年～元禄3（1690）年
江戸時代前期～中期の武士。
¶日人

佐治梅坡　さじばいは
天保11（1840）年～明治20（1887）年
江戸時代末期～明治期の会津藩士の子。福島師範学校教官。
¶会津，国書（[生]天保11（1840）年4月17日　[没]明治20（1887）年8月8日），日人，幕末（[没]1887年8月8日）

佐治寛　さじひろし
嘉永1（1848）年3月22日～明治1（1868）年11月30日
江戸時代後期～末期の新撰組隊士。
¶新撰

佐治与九郎　さじよくろう
→佐治一成（さじかずなり）

佐須伊織　さすいおり
享和2（1802）年～文久2（1862）年
江戸時代末期の対馬藩家老。
¶維新，人名（[生]？），日人，幕末（[没]1862年9月18日），藩臣7

佐瀬主計　さぜかずえ，させかずえ
明和3（1766）年～天保10（1839）年　[別]佐瀬大道《させだいどう》
江戸時代中期～後期の陸奥一関藩家老。
¶国書（させかずえ　[没]天保10（1839）年7月16日），人名，姓氏岩手（佐瀬大道　させだいどう　[生]1767年），日人，藩臣1

佐世宗孚　させそうふ
天文14（1545）年～元和5（1619）年
戦国時代～江戸時代前期の武将。
¶国書（[没]元和5（1619）年7月9日），姓氏山口

佐瀬大道　させだいどう
→佐瀬主計（さぜかずえ）

佐瀬藤太　さぜとうた
宝永3（1706）年～天明1（1781）年
江戸時代中期の剣術家。浅山一伝流。
¶剣豪

佐世彦七　させひこひち
文化10（1813）年～明治9（1876）年11月14日
江戸時代末期～明治期の長州（萩）藩士。
¶幕末

佐瀬政春　させまさはる
弘化4（1847）年～明治43（1910）年
江戸時代末期～明治期の大和郡山藩士。
¶藩臣4

佐世元嘉　させもとよし
？～元和6（1620）年
安土桃山時代～江戸時代前期の武士。
¶島根歴，戦人（[生]天文15（1546）年），戦西

佐善修蔵　さぜんしゅうぞう
→佐善元立（さぜんもとたつ）

さ

佐善真斎 さぜんしんさい
天正6（1578）年〜永永14（1637）年
安土桃山時代〜江戸時代前期の因幡鳥取藩士。
¶藩臣5

佐善元立 さぜんもとたつ
文政11（1828）年〜明治19（1886）年　働佐善修蔵
《さぜんしゅうぞう》
江戸時代末期〜明治期の因幡鳥取藩の儒者。
¶維新（佐善修蔵　さぜんしゅうぞう），人名，鳥取百，日人，藩臣5

佐善礼耕 さぜんれいこう
元禄7（1694）年〜明和8（1771）年
江戸時代中期の因幡鳥取藩士，儒学者。
¶江文，国書（㉓明和8（1771）年10月23日），人名，鳥取百，日人，藩臣5

佐田家親 さだいえちか
弘化2（1845）年〜明治44（1911）年
江戸時代後期〜明治期の維新の志士。
¶高知人

貞方勝右衛門 さだかたかつえもん
元亀1（1570）年〜明暦2（1656）年　働貞方雅貞
《さだかたまささだ》
安土桃山時代〜江戸時代前期の肥前福江藩家老。
¶人名，日人，藩臣7（貞方雅貞　さだかたまささだ）

貞方堅吉 さだかたけんきち
生没年不詳
江戸時代後期の肥前福江藩士，歴史研究家。
¶藩臣7

貞方定吉 さだかたさだよし
生没年不詳
江戸時代後期の肥前福江藩士。
¶国書

貞方雅貞 さだかたまささだ
→貞方勝右衛門（さだかたかつえもん）

佐武源吉 さたけげんきち
生没年不詳
江戸時代前期の武士。
¶和歌山人

佐武源太夫 さたけげんだゆう
？　〜寛文10（1670）年
江戸時代前期の紀伊和歌山藩士。
¶藩臣5，和歌山人

佐竹香斎 さたけこうさい
生没年不詳
江戸時代後期の武蔵忍藩士。
¶国書

佐竹五郎 さたけごろう
文政6（1823）年〜明治1（1868）年
江戸時代末期の美濃大垣藩士。
¶岐阜百（㊤1822年　㉓1866年），幕末（㉓1868年11月14日），藩臣3

佐竹曙山 さたけしょざん
寛延1（1748）年〜天明5（1785）年　働佐竹義敦
《さたけよしあつ》
江戸時代中期の大名。出羽秋田藩主。

¶秋田百（佐竹義敦　さたけよしあつ），朝日（㊤寛延1年1748年10月4日（1748年11月24日）㉓天明5年6月1日（1785年7月6日）），岩史（㊤寛延1（1748）年閏10月4日　㉓天明5（1785）年6月10日），角史，近世（佐竹義敦　さたけよしあつ），国史（佐竹義敦　さたけよしあつ），国書（佐竹義敦　さたけよしあつ　㊤寛延1（1748）年閏10月4日　㉓天明5（1785）年6月10日），コン改，コン4，史人（佐竹義敦　さたけよしあつ　㉓天明5（1785）年6月10日），諸系（佐竹義敦　さたけよしあつ），人書94（佐竹義敦　さたけよしあつ），新潮（㊤寛延1（1748）年閏10月4日　㉓天明5（1785）年6月10日），人名（佐竹義敦　さたけよしあつ），世人（㉓天明5（1785）年6月1日），全書，大百，日史（佐竹義敦　さたけよしあつ　㊤寛延1（1748）年閏10月4日　㉓天明5（1785）年6月10日），日人（佐竹義敦　さたけよしあつ），藩主1（佐竹義敦　さたけよしあつ　㊤寛延1（1748）年閏10月4日　㉓天明5（1785）年6月1日，（異説）6月10日），美術，百科（佐竹義敦　さたけよしあつ），名画，洋学，歴大，和俳

佐竹弾蔵 さたけだんぞう
？　〜安政1（1854）年
江戸時代末期の遠江掛川藩士。
¶藩臣4

佐竹庸徳 さたけつねのり
文化5（1808）年〜明治7（1874）年
江戸時代末期〜明治期の駿河田中藩士。
¶藩臣4

佐竹直衛 さたけなおえ
文政8（1825）年〜元治1（1864）年
江戸時代末期の国分寺隊長。
¶維新，人名，日人，幕末（㉓1864年8月20日）

佐武広命 さたけひろみち
天保10（1839）年〜大正1（1912）年5月12日
江戸時代末期〜明治期の紀伊和歌山藩士。
¶幕末

佐竹義敦 さたけよしあつ
→佐竹曙山（さたけしょざん）

佐竹義堅 さたけよしかた
元禄5（1692）年〜寛保2（1742）年
江戸時代中期の大名。
¶諸系，日人

佐竹義都 さたけよしくに
寛文5（1665）年〜享保10（1725）年
江戸時代前期〜中期の大名。
¶諸系，日人

佐竹義邦 さたけよしくに
享保3（1718）年〜天明7（1787）年
江戸時代中期の出羽秋田藩角館城代。
¶人名（㊤？），日人，藩臣1

佐竹義理 さたけよしさと
→佐竹義理（さたけよしただ）

佐竹義核 さたけよしさね
→佐竹義堯（さたけよしたか）

佐竹義茂 さたけよししげ
文化9（1812）年11月11日～慶応4（1868）年7月8日
江戸時代後期～末期の秋田藩士。
¶国書

佐竹義純 さたけよしずみ
享和2（1802）年～安政3（1856）年
江戸時代末期の大名。出羽秋田新田藩主。
¶諸系，日人，藩主1

佐竹義処 さたけよしずみ
寛永14（1637）年～元禄16（1703）年
江戸時代前期～中期の大名。出羽秋田藩主。
¶秋田百，諸系，日人，藩主1（[生]寛永14（1637）年8月21日　[没]元禄16（1703）年6月23日）

佐竹義隆 さたけよしたか
慶長14（1609）年～寛文11（1671）年12月5日
[別]岩城吉隆《いわきよしたか》
江戸時代前期の大名。信濃川中島藩主、出羽亀田藩主、出羽秋田藩主。
¶秋田百，国書（[生]慶長14（1609）年1月14日），諸系（岩城吉隆　いわきよしたか　[没]1672年），諸系（[没]1672年），人名，日人（[没]1672年），藩主1（岩城吉隆　いわきよしたか　[生]慶長14（1609）年1月14日），藩主1（[生]慶長14（1609）年1月14日），藩主2（岩城吉隆　いわきよしたか　[生]慶長14（1609）年1月14日）

佐竹義堯 さたけよしたか
文政8（1825）年～明治17（1884）年　[別]佐竹義核《さたけよしざね，さたけよしむね》
江戸時代末期～明治期の大名。出羽秋田新田藩主、出羽秋田藩主。
¶秋田百，朝日（[生]文政8年7月27日（1825年9月9日）　[没]明治17（1884）年10月23日），維新，近現，近世，国史，国書（[生]文政8（1825）年7月27日　[没]明治17（1884）年10月23日），コン改，コン4，コン5，史人（[生]1825年7月27日　[没]1884年10月23日），諸系，新潮（[生]文政8（1825）年7月27日　[没]明治17（1884）年10月23日），人名，日人，幕末（[没]1884年10月23日），藩主1（佐竹義核　さたけよしむね），藩主1（[生]文政8（1825）年7月27日　[没]明治17（1884）年10月23日）

佐竹義格 さたけよしただ
＊～正徳5（1715）年
江戸時代中期の大名。出羽秋田藩主。
¶秋田百（[生]元禄7（1694）年），諸系（[生]1695年），日人（[生]1695年），藩主1（[生]元禄7（1694）年12月11日　[没]正徳5（1715）年7月19日）

佐竹義忠 さたけよしただ
享保15（1730）年～天明7（1787）年
江戸時代中期の大名。出羽秋田新田藩主。
¶諸系，日人，藩主1

佐竹義理 さたけよしただ
安政5（1858）年～大正3（1914）年　[別]佐竹義理《さたけよしさと》
江戸時代末期～明治期の大名。出羽秋田新田藩主。
¶諸系，日人，幕末（[没]1914年4月26日），藩主1（さたけよしさと　[生]安政5（1858）年9月4日　[没]大正3（1914）年4月26日）

佐竹義知 さたけよしちか
天明7（1787）年～文政4（1821）年
江戸時代後期の大名。出羽秋田新田藩主。
¶諸系，日人，藩主1（[没]文政4（1821）年7月11日）

佐竹義睦 さたけよしちか
天保10（1839）年～安政4（1857）年
江戸時代末期の大名。出羽秋田藩主。
¶秋田百，諸系，日人，藩主1（[生]天保10（1839）年5月22日　[没]安政4（1857）年7月1日）

佐竹義諶 さたけよしつま，さたけよしづま
天保8（1837）年～明治3（1870）年　[別]佐竹義諶《さたけよしつむ，さたけよしみち》
江戸時代末期～明治期の大名。出羽秋田新田藩主。
¶諸系，人名（さたけよしつむ），日人，幕末（さたけよしづま　[没]1870年5月16日），藩主1（[生]天保8（1837）年1月　[没]明治3（1870）年4月16日）

佐竹義諶 さたけよしつむ
→佐竹義諶（さたけよしつま）

佐竹義尚 さたけよしなお
嘉永1（1848）年～明治42（1909）年10月15日
江戸時代末期～明治期の出羽秋田藩角館城代。
¶幕末

佐竹義長 さたけよしなが
明暦1（1655）年～＊
江戸時代前期～中期の大名。出羽秋田新田藩主。
¶諸系（[没]1741年），人名（[没]1740年），日人（[没]1741年），藩主1（[生]明暦1（1655）年9月4日　[没]元文5（1740）年12月7日）

佐竹義成 さたけよしなり
永禄12（1569）年～寛永11（1634）年
安土桃山時代～江戸時代前期の出羽秋田藩士。
¶藩臣1

佐竹義宣 さたけよしのぶ
元亀1（1570）年～寛永10（1633）年　[別]常陸侍従《ひたちじじゅう》
安土桃山時代～江戸時代前期の大名。出羽秋田藩主、水戸藩主。
¶秋田百，朝日（[生]元亀1年7月16日（1570年8月17日）　[没]寛永10年1月25日（1633年3月5日）），茨城百（[没]1632年），岩史（[生]元亀1（1570）年7月16日　[没]寛永10（1633）年1月25日），角史，郷土茨城，近世，系東（[没]寛永15（1638）年），国史，国書（[生]元亀1（1570）年7月16日　[没]寛永10（1633）年1月25日），コン改，コン4，茶道，史人（[没]1633年1月25日），諸系，人書94，新潮（[没]寛永10（1633）年10月25日），人名，世人（[没]寛永10（1633）年1月25日），戦合，戦国（[生]1569年），戦辞（[生]元亀1年7月16日（1570年8月17日）　[没]寛永10年1月25日（1633年3月5日）），全書，戦人，大百，栃木歴，日史（[没]寛永10（1633）年10月25日），日人，藩主1（[生]元亀1（1570）年7月16日　[没]寛永10（1633）年1月25日），藩主2（[生]元亀1（1570）年7月16日　[没]寛永10（1633）年1月25日），百科，歴大

佐竹義珍 さたけよしはる
天明2（1782）年～弘化1（1844）年
江戸時代後期の出羽秋田藩士。
¶藩臣1

さ

佐竹義明 さたけよしはる
享保8(1723)年～宝暦8(1758)年
江戸時代中期の大名。出羽秋田藩主。
¶秋田百，諸系，日人，藩主1(㊉享保8(1723)年11月5日　㊀宝暦8(1758)年3月18日)

佐竹義寿 さたけよしひさ
弘化4(1847)年～明治17(1884)年
江戸時代末期～明治期の大名。出羽秋田藩主分家。
¶幕末(㊀1884年9月4日)，藩臣1

佐竹義厚 さたけよしひろ
文化9(1812)年～弘化3(1846)年
江戸時代後期の大名。出羽秋田藩主。
¶秋田百，諸系，日人，藩主1(㊉文化9(1812)年7月17日　㊀弘化3(1846)年9月8日)

佐竹義真 さたけよしまさ
享保17(1732)年～宝暦3(1753)年
江戸時代中期の大名。出羽秋田藩主。
¶秋田百，諸系，日人，藩主1(㊉享保17(1732)年8月4日　㊀宝暦3(1753)年8月20日)

佐竹義和 さたけよしまさ
安永4(1775)年～文化12(1815)年
江戸時代後期の大名。出羽秋田藩主。
¶秋田百，朝日(㊉安永4年1月1日(1775年1月31日)　㊀文化12年7月8日(1815年8月12日))，岩史(㊉安永4(1775)年1月1日　㊀文化12(1815)年7月8日)，角史，近世，国史，国書(㊉安永4(1775)年1月1日　㊀文化12(1815)年7月8日)，コン改，コン4，史人(㊉1775年1月1日　㊀1815年7月8日)，重要，諸系，新潮(㊀文化12(1815)年7月8日)，人名，世人，全書，日史(㊉安永4(1775)年1月1日　㊀文化12(1815)年7月8日)，日人，藩主1(㊉安永4(1775)年1月1日　㊀文化12(1815)年7月8日)，百科，歴大

佐武義昌 さたけよしまさ
生没年不詳
江戸時代前期の土豪・浅野家臣。
¶和歌山人

佐竹義躬 さたけよしみ
寛延2(1749)年～寛政12(1800)年
江戸時代中期～後期の画家。出羽久保田藩角館城代。
¶秋田百，朝日(㊉寛延2年8月1日(1749年9月12日)　㊀寛政12年1月16日(1800年2月9日))，近世，国史，コン改，コン4，史人(㊉1749年8月1日　㊀1800年1月16日)，新潮(㊉寛延2(1749)年5月4日　㊀寛政12(1800)年1月16日)，人名，全書，大百，日人，藩臣1，名画，洋学

佐竹義諶 さたけよしみち
→佐竹義諶(さたけよしつま)

佐竹義道 さたけよしみち
元禄16(1703)年～明和2(1765)年
江戸時代中期の大名。出羽秋田新田藩主。
¶諸系，日人，藩主1(㊉元禄14(1701)年　㊀明和1(1764)年閏12月7日)

佐竹義峯(佐竹義峰) さたけよしみね
元禄3(1690)年～寛延2(1749)年
江戸時代中期の大名。出羽秋田藩主。
¶秋田百(佐竹義峰)，諸系，日人，藩主1(㊉元禄3(1690)年9月13日　㊀寛延2(1749)年8月10日)

佐竹義核 さたけよしむね
→佐竹義堯(さたけよしたか)

佐竹義祗 さたけよしもと
宝暦11(1761)年～寛政5(1793)年
江戸時代中期の大名。出羽秋田新田藩主。
¶諸系，日人，藩主1(㊉宝暦9(1759)年　㊀寛政5(1793)年9月22日)

佐竹義遵 さたけよしゆき
天保9(1838)年～明治34(1901)年
江戸時代末期～明治期の出羽秋田藩大館城代。
¶国書(㊉天保9(1838)年5月11日　㊀明治34(1901)年3月7日)，人名，日人，幕末(㊀1901年3月7日)，藩臣1

佐田鎮綱 さだしげつな
生没年不詳
安土桃山時代～江戸時代前期の武士。大友氏家臣。
¶戦人

佐田修平 さだしゅうへい
寛政10(1798)年頃～慶応1(1865)年
江戸時代末期の筑後久留米藩士。
¶藩臣7

佐多忠充 さたただみつ
天正16(1588)年～寛永9(1632)年
安土桃山時代～江戸時代前期の武将。佐多氏12代。
¶姓氏鹿児島

貞俊 さだとし
江戸時代末期の刀工、水戸藩士。
¶島根人，島根百，人名

佐田白茅 さだはくぼう, さたはくぼう
天保3(1832)年～明治40(1907)年　㊔佐田素一郎《さだもといちろう》
江戸時代末期～明治期の筑後久留米藩士、外務大録。藩校明善堂の寮長となり、尊攘運動に参加。維新後は東征軍に従事。
¶朝日(㊉天保3年12月10日(1833年1月30日)　㊀明治40(1907)年10月4日)，維新(佐田素一郎　さだもといちろう)，近現，国史，コン5，史人(㊉1832年12月10日　㊀1907年10月4日)，新潮(㊉天保3(1832)年12月10日　㊀明治40(1907)年10月4日)，人名(さたはくぼう)，日人(㊉1833年)，幕末(佐田素一郎　さだもといちろう　㊀1907年10月4日)

佐田素一郎 さだもといちろう
→佐田白茅(さだはくぼう)

属甚五左衛門 さっかじんござえもん
嘉永2(1849)年～慶応2(1866)年　㊔属甚五右衛門《さかんじんごえもん》
江戸時代末期の長州(萩)藩軽卒。
¶維新，人名(属甚五右衛門　さかんじんごえもん)，日人，幕末(㊀1866年11月1日)

佐津川楠之助 さつがわくすのすけ
生没年不詳
江戸時代末期の紀伊和歌山藩士。
¶幕末，和歌山人

佐津川幸左衛門 さつがわこうざえもん
生没年不詳
江戸時代後期の田辺奉行所役人。
¶和歌山人

佐々金平 さっさきんぺい
弘化2(1845)年～明治2(1869)年
江戸時代末期の筑後久留米藩士。
¶維新, 人名, 日人, 幕末([没]1869年5月28日)

佐々耕庵 さっさこうあん
→佐々耕庵(ささこうあん)

佐々佐佐 さっささすけ
？ ～文化8(1811)年
江戸時代中期～後期の松江藩士、松平不昧の側近。
¶島根歴

佐々十竹 さっさじっちく
寛永17(1640)年～元禄11(1698)年 [別]佐々宗淳《さっさそうじゅん, さっさむねきよ》,佐々宗惇《ささそうじゅん》, 助さん《すけさん》
江戸時代前期の水戸藩の歴史家。
¶朝日(佐々宗淳 さっさむねきよ [生]寛永17年5月5日(1640年6月24日) [没]元禄11年6月3日(1698年7月10日)), 茨城百, 近世(佐々宗淳 さっさむねきよ), 考古(佐々宗惇 ささそうじゅん [生]寛永17年(1640年5月5日) [没]元禄11年(1698年6月3日)), 国史(佐々宗淳 さっさむねきよ), 国書([生]寛永17(1640)年5月5日 [没]元禄11(1698)年6月3日), コン4, 詩歌, 史人(佐々宗淳 さっさむねきよ [没]1698年6月3日), 新潮(佐々宗淳 さっさむねきよ [生]寛永17(1640)年5月 [没]元禄11(1698)年6月3日), 人名, 栃木歴(佐々宗淳 さっさむねきよ), 日史([没]元禄11(1698)年6月3日), 日人(佐々宗淳 さっさむねきよ), 藩臣2, 百科, 和俳([没]元禄11(1698)年6月3日)

佐々宗淳 さっさそうじゅん
→佐々十竹(さっさじっちく)

佐々主殿 さっさとのも
*～延宝6(1678)年
江戸時代前期の加賀藩士。
¶石川百([生]1621年), 人名, 日人([生]1622年), 藩臣3([生]？)

佐々長成 さっさながなり
永禄1(1558)年～寛永2(1625)年 [別]佐々長成《ささながなり》
安土桃山時代～江戸時代前期の武士。秀吉馬廻、徳川氏家臣。
¶人名, 戦国(ささながなり), 戦人(ささながなり), 日人

佐々成意 さっさなりもと
元禄3(1690)年～延享3(1746)年
江戸時代中期の武士。
¶日人

佐々隼太 さっさはやた
→佐々隼太(ささはやた)

佐々宗淳 さっさむねきよ
→佐々十竹(さっさじっちく)

佐々行政 さっさゆきまさ
→佐々行政(ささゆきまさ)

佐々与衛門 さっさよえもん
文政8(1825)年～慶応1(1865)年 [別]佐々与左衛門《さっさよざえもん》
江戸時代末期の水戸藩士。
¶維新, 人名(佐々与左衛門 さっさよざえもん), 日人, 幕末([没]1865年6月19日)

佐々与左衛門 さっさよざえもん
→佐々与衛門(さっさよえもん)

佐々吉古 さっさよしひさ
？ ～延宝7(1679)年
江戸時代前期の浅野家臣。
¶和歌山人

佐藤維周 さとういしゅう
→佐藤維周(さとうこれちか)

佐藤市郎(1) さとういちろう
文政7(1824)年～元治1(1864)年8月21日
江戸時代末期の長州(萩)藩士。
¶幕末

佐藤市郎(2) さとういちろう
*～明治1(1868)年
江戸時代末期の馬術家、下総忍家の世臣。
¶人名([生]？), 日人([生]1828年)

佐藤一斎 さとういっさい
安永1(1772)年～安政6(1859)年 [別]佐藤捨蔵《さとうすてぞう》
江戸時代後期の美濃岩村藩の儒学者、林家塾頭、昌平坂学問所教官。
¶朝日([生]安永1年10月20日(1772年11月14日) [没]安政6年9月24日(1859年10月19日)), 維新, 岩史([生]明和9(1772)年10月20日 [没]安政6(1859)年9月24日), 江文, 角史, 岐阜百, 教育, 郷土岐阜, 近世, 考古, 国史, 国書([生]明和9(1772)年10月21日 [没]安政6(1859)年9月24日), コン改, コン4, 詩歌, 史人([生]1772年10月20日 [没]1859年9月24日), 重要([生]安永1(1772)年10月21日 [没]安政6(1859)年9月24日), 神史, 人書79, 人書94, 新潮([生]安永1(1772)年10月20日 [没]安政6(1859)年9月24日), 人名, 世人([生]安永1(1772)年10月10日 [没]安政6(1859)年9月24日), 世百, 全書, 大百, 日史([生]安永1(1772)年10月20日 [没]安政6(1859)年9月24日), 日人, 人情3, 幕末([没]1859年10月19日), 藩臣3, 百科, 歴大

佐藤男破魔 さとうおはま
？ ～明治8(1875)年
江戸時代末期～明治期の蝦夷松前藩士。
¶剣豪, 幕末([没]1875年11月3日), 藩臣1

佐藤可庵 さとうかあん
文政3(1820)年～明治17(1884)年10月28日
江戸時代末期～明治期の備後福山藩士。
¶幕末

佐藤景長 さとうかげなが
元文2(1737)年～寛政8(1796)年
江戸時代中期の播磨山崎藩家老。
¶藩臣5

佐藤義一郎 さとうぎいちろう
天保2 (1831) 年〜明治37 (1904) 年
江戸時代後期〜明治期の武士、社会事業家。
¶日人，三重続

佐藤喜兵衛 さとうきへえ
？ 〜文化8 (1811) 年
江戸時代中期〜後期の普請方・山林方・作事方役。
¶姓氏岩手

佐藤久太郎 さとうきゅうたろう
天保3 (1832) 年〜明治2 (1869) 年
江戸時代後期〜明治の足利藩士、西洋砲術の権威者。
¶栃木歴

佐藤清衛 さとうきよえ
天保5 (1834) 年〜明治37 (1904) 年 別佐藤清江
《さとうせいこう》
江戸時代末期〜明治期の陸奥弘前藩士。
¶維新，人名 (佐藤清江 さとうせいこう)，日人，幕末 (認1904年12月29日)

佐藤憲欽 さとうけんきん
→佐藤梅軒 (さとうばいけん)

佐藤硯湖 さとうけんこ
天保2 (1831) 年〜明治23 (1890) 年 別佐藤誠《さとうまこと》
江戸時代後期〜明治期の福井藩士、篆刻家、官吏。
¶国書 (佐藤誠 さとうまこと 認明治23 (1890) 年6月20日)，人名，日人

佐藤江庵 さとうこうあん
江戸時代の伊勢桑名藩士。
¶三重続

佐藤剛斎 さとうごうさい
→佐藤直方 (さとうなおかた)

佐藤郷左衛門 さとうごうざえもん
江戸時代の津山松平藩士・農政家。
¶岡山歴

佐藤恒蔵 さとうこうぞう
文政7 (1824) 年〜？ 別佐藤恒蔵《さとうつねぞう》
江戸時代末期の杵築藩士。1862年遣欧使節随員としてフランスに渡る。
¶海越，海越新 (さとうつねぞう)

佐藤駒之進 さとうこまのしん
天保7 (1836) 年〜*
江戸時代末期〜明治期の陸奥会津藩士。
¶幕末 (認1913年1月3日)，藩臣2 (認明治43 (1910) 年)

佐藤維周 さとうこれちか
宝暦9 (1759) 年〜文政9 (1826) 年 別佐藤維周《さとういしゅう》
江戸時代中期〜後期の出羽矢島藩士、漢学者、教育者。
¶国書 (徳宝暦9 (1759) 年11月 認文政9 (1826) 年5月24日)，藩臣1 (さとういしゅう)

佐藤権左衛門 さとうごんざえもん
生没年不詳
江戸時代前期の蝦夷松前藩士。
¶藩臣1

佐藤貞寄 さとうさだより
明和8 (1771) 年〜天保9 (1838) 年
江戸時代後期の近江彦根藩士。
¶国書 (徳明和8 (1771) 年2月2日 認天保9 (1838) 年5月6日)，人名，日人，藩臣4

佐藤左右 さとうさゆう
天保7 (1836) 年2月1日〜明治42 (1909) 年5月1日
江戸時代後期〜明治期の弓道家、亀山藩士。
¶弓道

佐藤三左衛門 さとうさんざえもん
生没年不詳
江戸時代中期の錦魚改良家。大和郡山藩士。
¶朝日，岩史，コン4

佐藤重信 さとうしげのぶ
文禄2 (1593) 年〜寛文7 (1667) 年
江戸時代前期の陸奥仙台藩士。
¶人名，日人 (認1668年)，藩臣1

佐藤茂春 さとうしげはる
生没年不詳
江戸時代中期の摂津高槻藩士。
¶国書，人名，日人，藩臣5

佐藤周軒 さとうしゅうけん
寛文5 (1665) 年〜寛保1 (1741) 年
江戸時代中期の儒学者、美濃岩村藩士。
¶朝日 (認寛保1年7月17日 (1741年8月27日))，江文，国書 (認寛保1 (1741) 年7月17日)，人名，日人，藩臣3

佐藤周三郎 さとうしゅうざぶろう
天保4 (1833) 年〜明治34 (1901) 年
江戸時代末期〜明治期の遠江相良藩士。
¶藩臣4

佐藤丞三郎 さとうじょうざぶろう
文政3 (1820) 年〜明治43 (1910) 年
江戸時代後期〜明治期の剣術家。心形刀流。
¶剣豪

佐藤松星 さとうしょうせい
文政5 (1822) 年〜明治32 (1899) 年12月28日
江戸時代末期〜明治期の陸奥中村藩士、俳人。
¶幕末

佐藤昌蔵 さとうしょうぞう
天保4 (1833) 年〜大正4 (1915) 年
江戸時代末期〜明治期の南部藩士、政治家。勤王を唱える。盛岡県権典事などを務める。
¶維新，岩本百 (認1914年)，人名，姓氏岩手 (認1914年)，日人，幕末 (認1915年11月30日)

佐藤蕉廬 (佐藤蕉蘆) さとうしょうろ
文化4 (1807) 年〜明治12 (1879) 年 別佐藤信古《さとうのぶひさ》
江戸時代末期〜明治期の幕府金局の吏。
¶江文，江文 (佐藤信古 さとうのぶひさ)，国書 (認明治12 (1879) 年7月29日)，人名 (佐藤蕉蘆)

佐藤四郎右衛門尉 さとうしろううえもんのじょう
→佐藤四郎右衛門尉 (さとうしろうえもんのじょう)

佐藤四郎右衛門尉 さとうしろうえもんのじょう
別佐藤四郎右衛門尉《さとうしろううえもんのじょう》

安土桃山時代〜江戸時代前期の武士。佐竹氏家臣。
¶戦人（生没年不詳），戦東（さとうしろうううえもんのじょう）

佐藤次郎太 さとうじろうた
天保3（1832）年〜明治15（1882）年
江戸時代後期〜明治期の剣術家。荒木流。
¶剣豪

佐藤新右衛門 さとうしんえもん
*〜寛永14（1637）年
江戸時代前期の水利功労者、出羽米沢藩士。
¶人名，日人（[生]？），福島百（[生]天正1（1573）年）

佐藤図書 さとうずしょ
文政8（1825）年〜明治1（1868）年　[別]信夫膳司《しのぶぜんじ》
江戸時代末期の水戸藩士。
¶維新，幕末（[没]1868年6月23日），藩臣2

佐藤正行 さとうせいこう
文化14（1817）年〜明治16（1883）年　[別]佐藤正行《さとうまさゆき》，佐藤常蔵《さとうつねぞう》
江戸時代末期〜明治期の算家、陸奥津軽藩士。
¶青森人（佐藤常蔵　さとうつねぞう），人名，数学（さとうまさゆき　[生]文化14（1817）年8月　[没]明治16（1883）年7月），日人

佐藤清江 さとうせいこう
→佐藤清衛（さとうきよえ）

佐藤素拙 さとうそせつ
文化9（1812）年〜明治19（1886）年
江戸時代末期〜明治期の陸奥仙台藩士。
¶人名，日人

佐藤多助 さとうたすけ
宝暦6（1756）年〜文化8（1811）年
江戸時代中期〜後期の剣術家。一道流ほか。
¶剣豪

佐藤忠泰 さとうただやす
文化6（1809）年〜明治1（1868）年
江戸時代末期の尾張藩士、国学者。
¶姓氏愛知，幕末（[没]1868年10月8日）

佐藤忠義 さとうただよし
文化4（1807）年〜明治1（1868）年10月8日
江戸時代末期の陸奥会津藩士。
¶幕末

佐藤帯刀 さとうたてわき
生没年不詳
江戸時代中期の陸奥弘前藩家老。
¶青森人（[生]江戸中期），青森百，藩臣1

佐藤民太夫 さとうたみだゆう
寛政9（1797）年〜明治6（1873）年
江戸時代末期の備前藩士。
¶岡山人，岡山歴（[没]明治6（1873）年3月26日）

佐藤親信 さとうちかのぶ
宝永4（1707）年〜安永6（1777）年10月5日
江戸時代中期の仙台藩士。
¶国書

佐藤中陵 さとうちゅうりょう
宝暦12（1762）年〜嘉永1（1848）年　[別]佐藤成裕《さとうしげひろ》，佐藤平三郎《さとうへいざぶろう》
江戸時代中期〜後期の水戸藩の本草学者。
¶朝日（[生]宝暦12年2月11日（1762年3月6日）　[没]嘉永1年6月6日（1848年7月6日）），茨城百，江文，近世，国史，国書（[生]宝暦12（1762）年2月11日　[没]嘉永1（1848）年6月6日），新潮（[生]宝暦12（1762）年2月11日　[没]嘉永1（1848）年6月6日），人名，日人，幕末，藩臣2，山形百新（佐藤平三郎　さとうへいざぶろう（しげひろ）），洋学

佐藤長健 さとうちょうけん
→佐藤長健（さとうながたけ）

佐藤常次郎 さとうつねじろう
文政9（1826）年〜明治21（1888）年
江戸時代後期〜明治期の剣術家。神道無念流。
¶剣豪

佐藤恒蔵 さとうつねぞう
→佐藤恒蔵（さとうこうぞう）

佐藤常蔵 さとうつねぞう
→佐藤正行（さとうせいこう）

佐藤東一郎 さとうとういちろう
文政10（1827）年〜慶応1（1865）年
江戸時代末期の対馬藩士。
¶維新

佐藤藤佐 さとうとうすけ
安永4（1775）年〜嘉永1（1848）年
江戸時代末期の旗本、策士。
¶庄内（[没]嘉永1（1848）年3月8日），人名，日人，山形百

佐藤東蔵 さとうとうぞう
→佐藤信直（さとうのぶなお）

佐藤時之助 さとうときのすけ
文政4（1821）年〜明治4（1871）年
江戸時代末期〜明治期の出羽秋田藩士。
¶維新，幕末（[没]1872年1月31日），藩臣1

佐藤豊助 さとうとよすけ
寛政6（1794）年〜安政4（1857）年
江戸時代後期〜末期の会津藩士。
¶会津

佐藤直方 さとうなおかた
慶安3（1650）年〜享保4（1719）年　[別]佐藤剛斎《さとうごうさい》
江戸時代前期〜中期の備後福山藩士、上野前橋藩士、儒学者。
¶朝日（[生]慶安3年閏10月21日（1650年12月14日）　[没]享保4年8月15日（1719年9月28日）），岩史（[生]慶安3（1650）年閏10月21日　[没]享保4（1719）年8月15日），江戸東，江文，角史，近世，群馬人，群馬百，国史，国書（[生]慶安3（1650）年閏10月21日　[没]享保4（1719）年8月15日），コン改，コン4，詩歌，史人（[生]1650年閏10月21日　[没]1719年8月14日），神史，人書94，神人（[没]享保4（1719）年8月15日），新潮（[生]慶安3（1650）年閏10月21日　[没]享保4（1719）年8月15日），人名（佐藤剛斎　さとうごうさい），人名，姓氏京都，姓氏群馬，世人（[生]慶安3（1650）年閏10月20日　[没]享保4（1719）年8月15日），世百，全書，大百，日史（[生]慶安3（1650）

年閏10月21日　[没]享保4(1719)年8月14日)，日人，人情3，藩臣2，藩臣6([生]慶安1(1648)年)，百科，広島百([没]享保4(1719)年8月15日)，三重(佐藤剛斎)，歴大

佐藤長健 さとうながたけ
？～明和6(1769)年　[別]佐藤長健《さとうちょうけん》
江戸時代中期の史家、因幡鳥取藩士。
¶国書([没]明和6(1769)年7月17日)，人名，鳥取百(さとうちょうけん)，日人

佐藤長裕 さとうながひろ
～明治1(1868)年
江戸時代後期～末期の桑名藩士。
¶三重

佐藤長通 さとうながみち
貞享4(1687)年～延享2(1745)年
江戸時代中期の因幡鳥取藩士。
¶藩臣5

佐藤成次 さとうなりつぐ
慶長4(1599)年～延宝3(1675)年
安土桃山時代～江戸時代前期の武士。
¶日人

佐藤信綱 さとうのぶつな
～明治24(1891)年2月18日
江戸時代後期～明治期の弓道家、薩摩藩士。
¶弓道

佐藤信直 さとうのぶなお
元禄4(1691)年～延享2(1745)年　[別]佐藤東蔵《さとうとうぞう》
江戸時代中期の陸奥仙台藩士。
¶国書([没]延享2(1745)年9月20日)，藩臣1(佐藤東蔵　さとうとうぞう)

佐藤信古 さとうのぶひさ
→佐藤蕉廬(さとうしょうろ)

佐藤信寛 さとうのぶひろ
文化12(1815)年～明治33(1900)年
江戸時代末期～明治期の長州(萩)藩士。
¶島根百([生]文化13(1816)年11月27日　[没]明治33(1900)年2月15日)，島根歴，姓氏山口，鳥取百，幕末([没]1900年2月15日)

佐藤信元 さとうのぶもと
？～正保2(1645)年
江戸時代前期の武士。
¶和歌山人

佐藤延吉 さとうのぶよし
？～慶安2(1649)年
江戸時代前期の幕臣、奥方番。
¶神奈川人，人名，日人

佐藤憲欽 さとうのりよし
→佐藤梅軒(さとうばいけん)

佐藤則義 さとうのりよし
文政3(1820)年～明治29(1896)年
江戸時代末期～明治期の算家、備後福山藩士。
¶人名，数学，日人

佐藤梅軒 さとうばいけん
*～明治26(1893)年　[別]佐藤憲欽《さとうけんきん，さとうのりよし》
江戸時代末期～明治期の出羽亀田藩士。
¶秋田百([生]文政8(1825)年)，国書([生]文政9(1826)年　[没]明治26(1893)年10月12日)，人名(佐藤憲欽　さとうのりよし　[生]1826年)，日人([生]1825年)，幕末(佐藤憲欽　さとうけんきん　[生]1835年　[没]1893年10月12日)，藩臣1(佐藤憲欽　さとうけんきん　[生]文政8(1825)年)

佐藤八右衛門 さとうはちえもん
？～天明4(1784)年
江戸時代中期の新発田藩士。
¶人名

佐藤八郎右衛門 さとうはちろうえもん
生没年不詳
江戸時代前期の剣術家。一道流ほか。
¶青森人，剣豪

佐藤伴右衛門 さとうばんえもん
生没年不詳
江戸時代末期の下総結城藩士。
¶幕末，藩臣3

佐藤半太夫 さとうはんだゆう
生没年不詳
江戸時代前期の尾張藩士。
¶藩臣4

佐藤晩得 さとうばんとく
享保16(1731)年～寛政4(1792)年　[別]晩得《ばんとく》
江戸時代中期の俳人、秋田藩士。
¶朝日([没]寛政4年10月18日(1792年12月1日))，国書([没]寛政4(1792)年10月18日)，新潮(晩得　ばんとく　[没]寛政4(1792)年10月18日)，人名([生]？)，日人，俳諧(晩得　ばんとく　[生]？)，俳句(晩得　ばんとく)，和俳([没]寛政4(1792)年10月18日)

佐藤彦右衛門 さとうひこえもん
生没年不詳
江戸時代中期の与力。
¶庄内，姓氏岩手

佐藤秀周 さとうひでちか
江戸時代後期の馬術の名手。
¶人名，日人(生没年不詳)

佐藤秀長 さとうひでなが
江戸時代後期～末期の豊後杵築藩士。
¶大分歴([生]文政3(1820)年　[没]明治38(1905)年)，国書([生]文政6(1823)年　[没]？)

佐藤復斎 さとうふくさい
寛延2(1749)年～寛政3(1791)年
江戸時代中期～後期の儒者、新発田藩士。
¶国書([没]寛政3(1791)年8月3日)，新潟百([生]1750年)，日人

佐藤文永 さとうぶんえい
享保13(1728)年～文化11(1814)年
江戸時代中期～後期の美濃岩村藩家老。
¶人名([生]1733年)，日人，藩臣3

佐藤文弥 さとうぶんや
天保7(1836)年～大正5(1916)年
江戸時代末期の仙台藩士。

¶姓氏岩手

佐藤牧山 さとうぼくざん, さとうぼくさん
享和1(1801)年～明治24(1891)年
江戸時代末期～明治期の尾張藩の漢学者。
¶愛知百([没]1891年2月14日), 維新, 江文, 国書([没]明治24(1891)年2月14日), 詩歌, 人名, 姓氏愛知([生]1802年), 日人, 幕末([没]1891年2月14日), 藩臣4(さとうぼくさん), 和俳

佐藤槇之輔 さとうまきのすけ
明和7(1770)年～天保9(1838)年
江戸時代中期～後期の剣術家。願立流。
¶剣豪

佐藤孫右衛門 さとうまごえもん
生没年不詳
江戸時代末期の近江彦根藩代官。
¶藩臣4

佐藤誠 さとうまこと
→佐藤硯湖(さとうけんこ)

佐藤正貞 さとうまささだ
慶長18(1613)年～延宝4(1676)年
江戸時代前期の三河岡崎藩士。
¶藩臣4

佐藤政忠 さとうまさただ
天保2(1831)年～明治24(1891)年1月16日
江戸時代末期～明治期の出羽矢島藩士。
¶幕末

佐藤正常 さとうまさつね
生没年不詳
江戸時代中期の漆木植立奉行。
¶姓氏岩手

佐藤順信 さとうまさのぶ
寛文9(1669)年～享保1(1716)年
江戸時代前期～中期の槍奉行、小姓頭、江戸番頭。
¶姓氏宮城

佐藤正行 さとうまさゆき
→佐藤正行(さとうせいこう)

佐藤三弥記 さとうみやき
寛政5(1793)年～万延1(1860)年10月4日
江戸時代後期～末期の武芸者。
¶庄内

佐藤元知 さとうもととも
明和5(1768)年～天保10(1839)年10月2日
江戸時代中期～後期の加賀藩士。
¶国書

佐藤茂平(1) さとうもへい
～元文5(1740)年12月12日
江戸時代中期の出羽新庄藩士。
¶庄内

佐藤茂平(2) さとうもへい
寛政4(1792)年～明治12(1879)年
江戸時代末期～明治期の出羽新庄藩士。
¶藩臣1

佐藤桃太郎 さとうももたろう
嘉永1(1848)年～明治2(1869)年4月21日
江戸時代末期の烈士。
¶庄内

佐藤弥六 さとうやろく
天保13(1842)年～大正12(1923)年
江戸時代後期～大正期の農業指導者、弘前藩士。
¶青森人, 植物, 食文

佐藤右斎 さとうゆうさい
生没年不詳
江戸時代中期の仙台藩士・弓術家。
¶国書

佐藤行信 さとうゆきのぶ
生没年不詳
江戸時代中期の幕臣。
¶国書

佐藤与一左衛門 さとうよいちざえもん
享保8(1723)年～寛政5(1793)年
江戸時代中期～後期の剣術家。安光流。
¶剣豪

佐藤竜谷 さとうりゅうこく
寛延2(1749)年～文政10(1827)年
江戸時代後期の肥後熊本藩士。
¶国書([没]文政10(1827)年11月11日), 人名([生]1753年), 日人

里見梅王丸 さとみうめおうまる
? ～元和8(1622)年
安土桃山時代～江戸時代前期の里見義弘の子。
¶戦辞

里見外記(1) さとみげき
明和8(1771)年～天保11(1840)年4月11日
江戸時代中期～後期の庄内藩家老。
¶庄内

里見外記(2) さとみげき
文化14(1817)年11月3日～文久1(1861)年5月12日
江戸時代後期～末期の庄内藩家老。
¶庄内

里見源斎 さとみげんさい
安土桃山時代～江戸時代前期の武士。里見氏家臣。
¶戦人(生没年不詳), 戦東

里見左京亮 さとみさきょうのすけ
安土桃山時代～江戸時代前期の武士。里見氏家臣。
¶戦人(生没年不詳), 戦東

里見重勝 さとみしげかつ
慶長14(1609)年～寛文8(1668)年
江戸時代前期の紀伊和歌山藩士。
¶人名, 日人, 藩臣1

里見四郎左衛門(1) さとみしろうざえもん
文化12(1815)年～慶応1(1865)年
江戸時代末期の水戸藩士。
¶維新, 人名, 日人, 幕末([没]1865年4月29日), 藩臣2

里見四郎左衛門(2) さとみしろうざえもん
寛政6(1794)年～元治1(1864)年
江戸時代末期の水戸藩士。
¶維新, 幕末([没]1864年10月5日)

里見忠義 さとみただよし
文禄3(1594)年～元和8(1622)年
江戸時代前期の大名。安房館山藩主、伯耆倉吉

領主。
¶朝日（[没]元和8年6月19日（1622年7月27日）），近世，系東，国史，史人（[没]1622年6月19日），諸系，人名，戦合，戦人，千葉百，鳥取百，日人，藩主2（[没]元和8（1622）年6月19日），藩主4（[没]元和8（1622）年6月19日）

里見民部　さとみみんぶ
安土桃山時代〜江戸時代前期の武士。最上氏家臣。
¶戦人（生没年不詳），戦東

里見元勝　さとみもとかつ
江戸時代前期の武士。
¶人名，日人（生没年不詳）

里見義高　さとみよしたか
生没年不詳
江戸時代前期の大名。上野板鼻藩主。
¶諸系，日人，藩主1

里村随心　さとむらずいしん
生没年不詳　[別]里村正氏《さとむらまさうじ》
江戸時代中期の武術家。
¶国書（里村正氏　さとむらまさうじ），日人

里村波四郎　さとむらなみしろう
江戸時代末期の新撰組隊士。
¶新撰

里村正氏　さとむらまさうじ
→里村随心（さとむらずいしん）

佐鳥浦八郎　さとりうらはちろう
寛政4（1792）年〜弘化2（1845）年
江戸時代後期の上野高崎藩士、剣道師範。
¶群馬人（[生]寛政3（1791）年　[没]弘化2（1845）年2月15日），剣豪，人名（[生]？），日人，藩臣2

真田伊賀守信利　さなだいがのかみのぶとし
→真田信利（さなだのぶとし）

真田雅楽助　さなだうたのすけ
安土桃山時代〜江戸時代前期の武士。里見氏家臣。
¶戦人（生没年不詳），戦東

真田桜山　さなだおうざん
*〜明治34（1901）年　[別]真田貫道《さなだつらみち》
江戸時代末期〜明治期の松代藩家老。
¶維新（[生]1819年），国書（真田貫道　さなだつらみち　[生]文政3（1820）年　[没]明治34（1901）年12月8日），人名（真田貫道　さなだつらみち　[生]1818年　[没]1899年），日人（[生]1820年），幕末（[生]1819年　[没]1901年12月8日），藩臣3（[生]文政3（1820）年）

真田喜平太　さなだきへいた
文政7（1824）年〜明治20（1887）年　[別]真田幸歓《さなだゆきよし》
江戸時代末期〜明治期の陸奥仙台藩士。
¶維新，国書（真田幸歓　さなだゆきよし　[没]明治20（1887）年10月16日），先駆（[没]明治20（1887）年10月16日），藩臣1

真田熊之助　さなだくまのすけ
寛永9（1632）年〜寛永15（1638）年
江戸時代前期の大名。上野沼田藩主。
¶群馬人，諸系，日人，藩主1（[生]寛永9（1632）年5月　[没]寛永15（1638）年11月6日）

真田三九郎　さなださんくろう
安土桃山時代〜江戸時代前期の武士。里見氏家臣。
¶戦人（生没年不詳），戦東

真田七左衛門　さなだしちざえもん
安土桃山時代〜江戸時代前期の武士。里見氏家臣。
¶戦人（生没年不詳），戦東

真田信濃　さなだしなの
安土桃山時代〜江戸時代前期の武士。里見氏家臣。
¶戦人（生没年不詳），戦東

真田四目之進　さなだしめのしん
天保15（1844）年〜慶応4（1868）年1月5日
江戸時代後期〜末期の新撰組隊士。
¶新撰

真田庄三郎　さなだしょうざぶろう，さなだしょうさぶろう
安土桃山時代〜江戸時代前期の武士。里見氏家臣。
¶戦人（生没年不詳），戦東（さなだしょうさぶろう）

真田瀬兵衛　さなだせへえ
安土桃山時代〜江戸時代前期の武士。里見氏家臣。
¶戦人（生没年不詳），戦東

真田貫道　さなだつらみち
→真田桜山（さなだおうざん）

真田直昌　さなだなおまさ
？〜元治1（1864）年　[別]真田範之助《さなだはんのすけ》
江戸時代後期〜末期の剣術家。北辰一刀流。
¶剣豪（真田範之助　さなだはんのすけ　[生]天保5（1834）年），人名，日人

真田信重　さなだのぶしげ
慶長4（1599）年〜慶安1（1648）年
江戸時代前期の大名。信濃松代分封藩主。
¶諸系，長野歴（[没]正保4（1647）年），日人，藩主2（[生]慶長4（1599）年7月　[没]慶安1（1648）年10月25日）

真田信尹　さなだのぶただ
天文16（1547）年〜寛永9（1632）年　[別]加津野信昌《かづののぶまさ》，真田信尹《さなだのぶまさ》
安土桃山時代〜江戸時代前期の武士。武田氏家臣。
¶諸系，人名（[生]1573年），姓氏山梨（加津野信昌　かづののぶまさ），戦人（加津野信昌　かづののぶまさ　生没年不詳），戦東（加津野信昌　かづののぶまさ），日人，山梨百（さなだのぶまさ　[没]寛永9（1632）年5月4日）

真田信利　さなだのぶとし
寛永12（1635）年〜元禄1（1688）年　[別]真田伊賀守信利《さなだいがのかみのぶとし》
江戸時代前期の大名。上野沼田藩主。
¶朝日（[没]元禄1年1月16日（1688年2月17日）），郷土群馬（[生]1641年），近世，群馬人，群馬百（真田伊賀守信利　さなだいがのかみのぶとし），国史，諸系，人名，姓氏群馬，日人，藩主1（[没]貞享5（1688）年1月16日）

真田信弘　さなだのぶひろ
江戸時代中期の大名。信濃松代藩主。
¶諸系（[生]1671年　[没]1737年），長野歴（[生]延宝6（1678）年　[没]元文1（1736）年），日人（[生]1671

年 [没]1737年），藩主2（[生]寛文10（1670）年12月12日 [没]元文1（1736）年12月26日）

真田信政 さなだのぶまさ
慶長2（1597）年～万治1（1658）年
江戸時代前期の大名。信濃松代分封藩主、上野沼田藩主、信濃松代藩主。
¶諸系，人名（[生]1596年），姓氏群馬（[生]1596年），長野歴（[生]慶長1（1596）年），日人，藩主1（[生]慶長2（1597）年11月 [没]明暦4（1658）年2月5日），藩主2（[没]万治1（1658）年2月5日），藩主2

真田信尹 さなだのぶまさ
→真田信尹（さなだのぶただ）

真田信安 さなだのぶやす
正徳4（1714）年～宝暦2（1752）年
江戸時代中期の大名。信濃松代藩主。
¶諸系，長野歴，日人，藩主2（[生]正徳4（1714）年8月18日 [没]宝暦2（1752）年4月25日）

真田信之（真田信幸） さなだのぶゆき
永禄9（1566）年～万治1（1658）年
安土桃山時代～江戸時代前期の大名。上野沼田藩主、信濃上田藩主、信濃松代藩主。
¶朝日（[没]万治1年10月17日（1658年11月12日）），角史，郷土群馬，郷土長野，近世，群馬人（真田信幸），系東（真田信幸），国史，コン改，コン4，史人（[没]1658年10月17日），諸系，新潮（[没]万治1（1658）年10月17日），人名，姓氏群馬（[生]1565年），姓氏長野，世人（[生]永禄10（1567）年），戦合，戦国（[生]1567年），戦辞（[没]万治1年10月17日（1658年11月12日）），全書，戦人，大百，長野百，長野歴，日史（[没]万治1（1658）年10月17日），日人，藩主1（[没]万治1（1658）年10月17日），藩主2（[没]万治1（1658）年10月17日），百科，歴大

真田信吉 さなだのぶよし
文禄2（1593）年～寛永11（1634）年
江戸時代前期の大名。上野沼田藩主。
¶群馬人，諸系（[没]1635年），人名（[生]1597年），姓氏群馬，長野歴，日人（[没]1635年），藩主1（[没]寛永11（1634）年11月28日）

真田範之助 さなだはんのすけ
→真田直昌（さなだなおまさ）

真田孫吉 さなだまごきち
安土桃山時代～江戸時代前期の武士。里見氏家臣。
¶戦人（生没年不詳），戦東

真田三河 さなだみかわ
安土桃山時代～江戸時代前期の武士。里見氏家臣。
¶戦人（生没年不詳），戦東

真田幸専 さなだゆきたか
明和7（1770）年～文政11（1828）年
江戸時代後期の大名。信濃松代藩主。
¶国書（[没]文政11（1828）年7月17日），諸系，人名，長野歴，日人，藩主2（[没]文政11（1828）年7月17日）

真田幸貫 さなだゆきつら
寛政3（1791）年～嘉永5（1852）年
江戸時代末期の大名。信濃松代藩主。
¶朝日（[生]寛政3年9月2日（1791年9月29日） [没]嘉永5年6月3日（1852年7月19日）），維新，岩史（[生]寛政3（1791）年9月2日 [没]嘉永5（1852）年6月17日），角史，近世，国史，国書（[生]寛政3（1791）年9月2日 [没]嘉永5（1852）年6月17日），コン改，コン4，史人（[生]1791年9月2日 [没]1852年6月17日），諸系，新潮（[生]寛政3（1791）年9月2日 [没]嘉永5（1852）年6月17日），人名，姓氏長野，世人（[生]寛政3（1791）年9月2日 [没]嘉永5（1852）年5月17日），長野百，長野歴，日史（[生]寛政3（1791）年9月2日 [没]嘉永5（1852）年6月17日），日人，藩主2（[生]寛政3（1791）年9月2日 [没]嘉永5（1852）年6月8日），三重続，歴大

真田幸利 さなだゆきとし
天保3（1832）年～慶応1（1865）年8月3日 [別]与津屋清次《よつやせいじ》
江戸時代末期の志士。禁門の変に参加。
¶幕末

真田幸民 さなだゆきとも
→真田幸民（さなだゆきもと）

真田幸教 さなだゆきのり
*～明治2（1869）年
江戸時代末期の大名。信濃松代藩主。
¶維新（[生]1834年），諸系（[生]1836年），人名（[生]1835年），長野歴（[生]天保6（1835）年），日人（[生]1836年），幕末（[生]1834年 [没]1869年11月21日），藩主2（[生]天保6（1835）年2月13日 [没]明治2（1869）年10月18日），三重続

真田幸弘 さなだゆきひろ
元文5（1740）年～文化12（1815）年
江戸時代中期～後期の大名。信濃松代藩主。
¶朝日（[没]文化12年8月3日（1815年9月5日）），近世，国史，国書（[生]元文5（1740）年1月21日 [没]文化12（1815）年8月3日），コン4，諸系，人名，姓氏長野（[生]1739年），長野百，長野歴（[生]元文4（1739）年），日人，俳諧（菊貫 きくつら），俳句（菊貫 きくつら [没]文化12（1815）年8月3日），藩主2（[生]元文5（1740）年1月21日 [没]文化12（1815）年8月3日），和俳（菊貫 きくつら）

真田幸道 さなだゆきみち
明暦3（1657）年～享保12（1727）年
江戸時代前期～中期の大名。信濃松代藩主。
¶国書（[生]明暦3（1657）年2月22日 [没]享保12（1727）年5月27日），諸系，人名，長野歴，日人，藩主2（[生]明暦3（1657）年2月22日 [没]享保12（1727）年5月27日）

真田幸民 さなだゆきもと
嘉永3（1850）年～明治36（1903）年 [別]真田幸民《さなだゆきとも》
江戸時代末期～明治期の大名、伯爵。信濃松代藩主。
¶海越（[生]嘉永3（1850）年4月17日 [没]明治36（1903）年9月8日），海越新（[生]嘉永3（1850）年4月17日 [没]明治36（1903）年9月8日），諸系，人名，渡航（[没]1903年9月8日），長野歴，日人，藩主2（さなだゆきとも [生]嘉永3（1850）年4月17日 [没]明治36（1903）年9月8日）

真田幸歓 さなだゆきよし
→真田喜平太（さなだきへいた）

真田六右衛門 さなだろくうえもん
生没年不詳
江戸時代中期の相模小田原藩家老。
¶藩臣3

実松玄琳 さねまつげんりん
寛永16(1639)年〜享保11(1726)年
江戸時代前期〜中期の肥前佐賀藩士、儒学者。
¶藩臣7

佐野察行 さのあきゆき
天和3(1683)年〜宝暦3(1753)年
江戸時代中期の一橋家最初の家老職。
¶人名，日人

佐野園里 さのえんり
天保1(1830)年〜明治18(1885)年
江戸時代末期の漢学者、備中岡田藩士。
¶岡山人，岡山歴([没]明治18(1885)年10月25日)

佐野運寿 さのかずなが
〜延享1(1744)年
江戸時代中期の旗本。
¶神奈川人

佐野勝由 さのかつよし
〜宝永7(1710)年
江戸時代中期の旗本。
¶神奈川人

佐野鼎 さのかなえ
天保2(1831)年〜明治10(1877)年
江戸時代末期〜明治期の加賀藩士。1862年遣欧使節随員としてフランスに渡る。
¶石川百([生]1829年)，海越([没]?)，海越新([生]文政12(1829)年11月　[没]明治10(1877)年10月22日)，江文([生]文政12(1829)年)，学校([生]文政11(1828)年)，国書([没]明治10(1877)年10月24日)，静岡歴，姓氏石川([生]?)，姓氏静岡，日人，幕末，藩臣3，洋学([生]文政12(1829)年)

佐野嘉衛 さのかへえ
文化12(1815)年〜明治17(1884)年
江戸時代末期〜明治期の伊勢久居藩士、儒学者。
¶藩臣4，三重続(佐野皆雲　[生]文化12年4月24日)

佐野琴壑 さのきんえい
→佐野琴壑(さのきんがく)

佐野琴壑 さのきんがく
?　〜文化8(1811)年　[別]佐野琴壑《さのきんえい》
江戸時代後期の備中岡田藩士、儒学者。
¶岡山人(さのきんえい)，岡山歴([没]文化8(1811)年1月14日)，国書([没]文化8(1811)年1月14日)，人名，日人，藩臣6(さのきんえい)

佐野琴嶺 さのきんれい
?　〜文久1(1861)年
江戸時代末期の備中岡田藩士、儒学者。
¶岡山人，岡山歴([没]万延2(1861)年2月13日)，国書([没]万延2(1861)年2月13日)，人名，日人，藩臣6

佐野元竜 さのげんりゅう
→佐野元竜(さのげんりょう)

佐野元竜 さのげんりょう
?　〜元文2(1737)年　[別]佐野元竜《さのげんりゅう》
江戸時代中期の備中岡田藩士、儒学者。
¶岡山人，岡山歴([没]元文2(1737)年11月28日)，藩臣6(さのげんりゅう)

佐野小伝次 さのこでんじ
安土桃山時代〜江戸時代前期の武士。里見氏家臣。
¶戦人(生没年不詳)，戦東

佐野才三郎 さのさいざぶろう
安土桃山時代〜江戸時代前期の武士。里見氏家臣。
¶戦人(生没年不詳)，戦東

佐野三郎治 さのさぶろうじ
生没年不詳
江戸時代末期〜明治期の筑後三池藩士。
¶藩臣7

佐野山陰 さのさんいん
寛延4(1751)年〜文政1(1818)年
江戸時代中期〜後期の阿波徳島藩の儒者。
¶国書([生]寛延4(1751)年6月30日　[没]文政1(1818)年12月18日)，人名，世人(生没年不詳)，徳島歴，日人([没]1819年)，藩臣6

佐野鹿十郎 さのしかじゅうろう
江戸時代中期の剣術家。
¶人名，日人(生没年不詳)

佐野七五三之助 さのしめのすけ
天保5(1834)年〜慶応3(1867)年
江戸時代末期の新撰組隊士。
¶新撰([没]慶応3年6月14日)，幕末([没]1867年7月15日)

佐野善左衛門 さのぜんざえもん
→佐野政言(さのまさこと)

佐野惣左衛門 さのそうざえもん
天正4(1576)年〜慶安3(1650)年　[別]佐野俊広《さのとしひろ》
安土桃山時代〜江戸時代前期の紀伊和歌山藩士。
¶藩臣5，和歌山人(佐野俊広　さのとしひろ)

佐野竹之介(佐野竹之助) さのたけのすけ
*〜万延1(1860)年　[別]海野慎八《うみのしんぱち》，佐藤武兵衛《さとうぶべえ》
江戸時代末期の水戸藩士。
¶維新([生]1840年)，国書(佐野竹之助　[生]天保10(1839)年　[没]安政7(1860)年3月3日)，詩歌([生]1839年)，人名(佐野竹之助　[生]1839年)，日人([生]1839年)，幕末([生]1840年　[没]1860年3月24日)，藩臣2([生]天保11(1840)年)，和俳([生]天保11(1840)年)

佐野武保 さのたけやす
?　〜天保6(1835)年11月4日
江戸時代後期の二本松藩士。
¶国書

佐野竹亭 さのちくてい
明和5(1768)年〜嘉永2(1849)年
江戸時代中期〜後期の伊勢久居藩士、儒学者。
¶国書([生]明和5(1768)年3月7日　[没]嘉永2(1849)年8月19日)，藩臣4，三重([生]明和5年3月)

佐野庸貞 さのつねさだ
宝暦6(1756)年〜天保8(1837)年

江戸時代中期～後期の第24代京都東町奉行。
¶京都大，姓氏京都

佐野常民 さのつねたみ
文政5（1822）年～明治35（1902）年 [別]栄寿，佐野栄寿左衛門《さのえいじゅざえもん》，鱗三郎
江戸時代末期～明治期の佐賀藩士、洋学者、政治家、日本赤十字創始者。
¶朝日（[生]文政5年12月28日（1823年2月8日）[没]明治35（1902）年12月7日），維新，岩史（[生]文政5（1822）年12月28日 [没]明治35（1902）年12月7日），海越（[生]文政5（1823）年12月28日 [没]明治35（1902）年12月7日），海越新（[生]文政5（1823）年12月28日 [没]明治35（1902）年12月7日），角史，教育，近現，近世，国際，国史，コン改，コン4，コン5，佐賀百（[生]文政5（1822）年12月28日 [没]明治35（1902）年12月7日），史人（[生]1822年12月28日 [没]1902年12月7日），重要（[生]文政5（1822）年12月28日 [没]明治35（1902）年12月7日），新潮（[生]文政5（1822）年12月28日 [没]明治35（1902）年12月7日），人名，姓氏京都，世人（[生]文政5（1822）年12月28日 [没]明治35（1902）年12月7日），世百（[生]1823年），先駆（[生]文政5（1823）年12月28日 [没]明治35（1902）年12月8日），全書，大百，渡航（[没]1902年12月7日），長崎百，日史（[生]文政5（1822）年12月28日 [没]明治35（1902）年12月7日），日人（[生]1823年），日本，幕末（[生]1823年2月8日 [没]1902年12月7日），百科，明治1（[生]1823年），洋学，履歴（[生]文政5（1822）年12月28日 [没]明治35（1902）年12月7日），歴大

佐野藤右衛門 さのとうえもん
生没年不詳
安土桃山時代～江戸時代前期の武士。浅野家の家臣。
¶和歌山人

佐野俊広 さのとしひろ
→佐野惣左衛門（さのそうざえもん）

佐野直行 さのなおゆき
明暦2（1656）年～享保7（1722）年
江戸時代前期～中期の武士。
¶神奈川人，日人

佐野信吉 さののぶよし
永禄9（1566）年～元和8（1622）年 [別]富田信吉《とみたのぶよし》
安土桃山時代～江戸時代前期の武将、大名。下野佐野藩主。
¶諸系，戦国，戦人，栃木百（[生]弘治2（1556）年），栃木歴（[没]寛永11（1634）年），日人，藩主1（[没]元和8（1622）年7月15日）

佐野義行 さののりゆき
宝暦7（1757）年～文政12（1829）年12月4日
江戸時代中期～後期の幕臣。
¶国書

佐野久成 さのひさなり
天保11（1840）年～明治40（1907）年
江戸時代末期～明治期の武士、神職。京都の豊国神社、大阪の生国魂神社の祠官を務めた。
¶人名，日人

佐野牧太郎 さのまきたろう
天保13（1842）年～慶応1（1865）年7月25日
江戸時代後期～末期の新撰組隊士。
¶新撰

佐野政言 さのまさこと
宝暦7（1757）年～天明4（1784）年 [別]佐野善左衛門《さのぜんざえもん》
江戸時代中期の旗本。政豊の子。江戸城内で若年寄田沼意知を殺害して切腹。「世直し大明神」と呼ばれた。
¶朝日（[没]天明4年4月3日（1784年5月21日）），岩史（[没]天明4（1784）年4月3日），角史，近世，国史，コン改，コン4，史人（[没]1784年4月3日），重要（[没]天明4（1784）年4月3日），新潮（佐野善左衛門 さのぜんざえもん [没]天明4（1784）年4月3日），人名（[生]1756年），世人（[没]天明4（1784）年3月24日），世百（[生]1756年），全書，日史（[没]天明4（1784）年4月3日），日人，百科，歴大

佐野政重 さのまさしげ
～寛永5（1628）年
江戸時代前期の旗本。
¶神奈川人

佐野政親 さのまさちか
江戸時代中期～後期の大坂町奉行。
¶人名，日人（生没年不詳）

佐野正周 さのまさちか
江戸時代前期～中期の武士。
¶神奈川人（[生]1617年 [没]1689年），日人（[生]1618年 [没]1690年）

佐野増蔵 さのますぞう
文化7（1810）年～明治15（1882）年
江戸時代末期の因幡鳥取藩の民政家。
¶維新，近現，近世，国史，コン改，コン4，コン5，新潮（[没]明治15（1882）年3月13日），鳥取百，日人，幕末（[没]1883年3月1日），藩臣5

佐野盛綱 さのもりつな
寛永3（1626）年～元禄1（1688）年
江戸時代前期の武士。
¶日人

佐野弥七左衛門 さのやしちざえもん
生没年不詳
江戸時代前期の肥前島原藩士。
¶国書

佐野酉山 さのゆうざん
元文5（1740）年1月3日～文化11（1814）年
江戸時代中期～後期の伊勢久居藩士、儒学者。
¶国書（[没]文化11（1814）年1月2日），藩臣4，三重

佐野吉綱 さのよしつな
～元和7（1621）年
江戸時代前期の旗本。
¶神奈川人

佐野楽翁 さのらくおう
天保9（1838）年～大正12（1923）年10月9日
江戸時代末期～明治期の陸奥弘前藩士、りんご栽培研究家。西洋りんご栽培を研究し、普及させた第一人者。

¶青森人，植物（⊕天保9（1838）年11月15日），先駆（⊕天保9（1838）年11月15日），幕末

佐波銀次郎 さばぎんじろう
文政8（1825）年〜明治24（1891）年
江戸時代末期〜明治期の佐倉藩士、地理学者。
¶江文，国書（生没年不詳），国書5（⊕文政8（1825）年10月12日　⊗明治24（1891）年2月1日），日人，洋学

佐橋佳富 さはしよしとみ
安永5（1776）年〜？
江戸時代中期〜後期の第28代京都西町奉行。
¶京都大，姓氏京都

佐橋節翁 さばせつおう
生没年不詳
江戸時代後期の幕臣・博物家。
¶国書

佐橋吉金 さはせよしかね
〜承応2（1653）年
江戸時代前期の旗本。
¶神奈川人

佐橋佳武 さはせよしたけ
〜元禄6（1693）年
江戸時代前期の旗本。
¶神奈川人

佐橋吉次 さはせよしつぐ
〜明暦3（1657）年
江戸時代前期の旗本。
¶神奈川人

佐橋佳如 さばせよしゆき
元文5（1740）年〜？
江戸時代後期の日光奉行。
¶栃木歴

佐畑信之 さばたのぶゆき
弘化4（1847）年〜明治26（1893）年3月18日
江戸時代末期〜明治期の志士。遊撃隊など小隊指令として国事に尽くす。
¶幕末

佐原三右衛門 さはらさんえもん
寛永7（1630）年〜元禄3（1690）年12月17日
江戸時代前期〜中期の幕府代官。
¶埼玉人

佐分儀兵衛(1) さぶぎへえ
宝暦13（1763）年〜文化2（1805）年　⊗佐分儀兵衛《さぶりぎへえ》
江戸時代中期〜後期の加賀大聖寺藩家老。
¶姓氏石川（さぶりぎへえ），藩臣3

佐分儀兵衛(2) さぶぎへえ
延享2（1745）年〜文化4（1807）年
江戸時代中期〜後期の加賀大聖寺藩士。
¶藩臣3

佐分利猪之助 さぶりいのすけ
安土桃山時代〜江戸時代前期の佐分利竜槍術の流祖。
¶人名，大百，日人（生没年不詳）

佐分利儀兵衛 さぶりぎへえ
→佐分利儀兵衛(1)（さぶぎへえ）

佐分利左内 さぶりさない
江戸時代の佐分利流の槍術家、近江滋賀の郷士。
¶人名，日人（生没年不詳）

佐分利重隆 さぶりしげたか
生没年不詳
江戸時代中期の槍術家。九次郎の次男。
¶朝日，戦人，戦補

佐分利成忠 さぶりしげただ
天正6（1578）年〜寛永15（1638）年
安土桃山時代〜江戸時代前期の因幡鳥取藩士。
¶藩臣5

佐分利環 さぶりたまき
天保12（1841）年〜？　⊗佐分利政一《さぶりまさかず》
江戸時代末期の加賀大聖寺藩家老。
¶国書（佐分利政一　さぶりまさかず），姓氏石川，藩臣3

佐分利徳三郎 さぶりとくさぶろう
弘化1（1844）年〜元治1（1864）年8月20日
江戸時代末期の奇兵隊士。
¶幕末

佐分利政養 さぶりまさかい
生没年不詳
江戸時代後期の加賀大聖寺藩士。
¶国書

佐分利政一 さぶりまさかず
→佐分利環（さぶりたまき）

佐分利政寿 さぶりまさひさ
生没年不詳
江戸時代後期の加賀大聖寺藩士。
¶国書

佐父理希亮 さぶりまれすけ
安永5（1776）年〜文政5（1822）年
江戸時代後期の伊勢桑名藩士。
¶藩臣4

佐分利尚古 さぶりよしふる
明和6（1769）年〜文化3（1806）年
江戸時代中期の槍術家。
¶人名，日人

佐保田角右衛門 さほたかくうえもん
→佐保田角右衛門（さほたかくえもん）

佐保田角右衛門 さほたかくえもん
⊗佐保田角右衛門《さほたかくうえもん》
安土桃山時代〜江戸時代前期の武士。里見氏家臣。
¶戦人（生没年不詳），戦東（さほたかくうえもん）

佐保田庄左衛門 さほたしょうざえもん
安土桃山時代〜江戸時代前期の武士。里見氏家臣。
¶戦人（生没年不詳），戦東

佐保田民部 さほたみんぶ
安土桃山時代〜江戸時代前期の武士。里見氏家臣。
¶戦人（生没年不詳），戦東

寒川辰清 さむかわたつきよ
元禄10（1697）年〜元文4（1739）年　⊗寒川辰清《さむかわとききよ》
江戸時代中期の近江膳所藩士、儒学者。
¶郷土滋賀，国書（さむかわとききよ　⊕元禄10

(1697) 年11月7日　[没]元文4 (1739) 年6月24日), 滋賀百, 人名 (さむかわとききよ), 日人, 藩臣4

寒川辰清 さむかわとききよ
→寒川辰清 (さむかわたつきよ)

田村三省 さむらさんせい
→田村三省 (たむらさんせい)

鮫島金兵衛 さめしまきんべえ, さめじまきんべえ
文政8 (1825) 年～明治1 (1868) 年
江戸時代末期の薩摩藩士。
¶維新, 姓氏鹿児島 (さめじまきんべえ), 幕末 ([没]1868年6月11日)

鮫島元 さめしまげん
*～明治10 (1877) 年　[別]鮫島元《さめじまはじめ》
江戸時代後期～明治期の武士、士族。
¶日人 ([生]1834年), 宮崎百 (さめじまはじめ [生]天保4 (1833) 年)

鮫島重雄 さめじましげお, さめしましげお
嘉永2 (1849) 年～昭和3 (1928) 年
江戸時代末期～大正期の薩摩藩士、陸軍軍人。大将、男爵。日露戦争で肉弾的攻略法を砲兵との協力作戦に改め、作戦を成功に導く。
¶朝日 ([生]嘉永2年8月8日 (1849年9月24日) [没]昭和3 (1928) 年4月17日), 鹿児島百 (さめしましげお), 人名, 世紀 ([生]嘉永2 (1849) 年8月8日　[没]昭和3 (1928) 年4月17日), 姓氏鹿児島 (さめしましげお), 栃木百, 栃木歴, 日人 (さめしましげお), 陸海 ([生]嘉永2年8月8日　[没]昭和3年4月17日)

鮫島周吉 さめしましゅうきち
？ ～明治1 (1868) 年8月22日
江戸時代末期の薩摩藩士。
¶幕末

鮫島尚信 さめしまなおのぶ, さめじまなおのぶ
弘化2 (1845) 年～明治13 (1880) 年　[別]鮫島尚信・野田仲平《さめじまひさのぶ・のだちゅうへい》, 鮫島尚信《さめしまひさのぶ, さめじまなおのぶ, さめじまひさのぶ》, 誠蔵, 野田仲平《のだちゅうへい, のだなかへい》
江戸時代末期～明治期の薩摩藩士、外交官。
¶朝日 ([生]弘化2年3月10日 (1845年4月16日) [没]明治13 (1880) 年12月4日), 維新 (さめじまひさのぶ), 海越 (さめじまひさのぶ　[生]弘化2 (1845) 年3月10日　[没]明治13 (1880) 年12月4日), 海越新 (さめじまひさのぶ　[生]弘化2 (1845) 年3月10日　[没]明治13 (1880) 年12月4日), 鹿児島百, 近現, 国際 (さめじまひさのぶ), 国史, コン改 (さめじまひさのぶ　[生]弘化3 (1846) 年), コン4 (さめじまなおのぶ　[生]弘化3 (1846) 年), コン5 (さめじまひさのぶ [生]弘化3 (1846) 年), 史人 (さめしまひさのぶ [生]1845年3月10日　[没]1880年12月4日), 新潮 (さめじまなおのぶ　[生]弘化2 (1845) 年3月10日 [没]明治13 (1880) 年12月4日), 人名 (さめじまひさのぶ　[生]？), 姓氏鹿児島, 先駆 ([生]弘化2 (1845) 年3月10日　[没]明治13 (1880) 年12月4日), 渡航 (鮫島尚信・野田仲平　さめじまひさのぶ・のだちゅうへい　[生]1845年3月10日 [没]1880年12月4日), 日人, 幕末 ([没]1880年12月4日), 藩臣7 (さめしまひさのぶ), 明治1 (さめじまなおのぶ　[没]1890年), 履歴 (さめじまひさのぶ　[生]弘化2 (1845) 年3月10日　[没]明治13 (1880) 年12月4日)

鮫島元 さめじまはじめ
→鮫島元 (さめしまげん)

鮫島白鶴 さめしまはっかく
*～安政6 (1859) 年
江戸時代後期の薩摩藩士、書家。
¶日人 ([生]1774年), 幕末 ([生]1772年　[没]1859年6月6日)

鮫島尚信 さめしまひさのぶ, さめじまひさのぶ
→鮫島尚信 (さめしまなおのぶ)

狭山伴左衛門 さやまはんざえもん
生没年不詳
江戸時代中期の武士。
¶和歌山人

蓑笠庵梨一 さりゅうあんりいち
→高橋梨一 (たかはしりいち)

猿田忠夫 さるたただお
弘化3 (1846) 年～慶応1 (1865) 年
江戸時代末期の志士、尊攘運動家。
¶人名, 日人

沢井官兵衛 さわいかんべえ
？ ～明治40 (1907) 年
江戸時代末期～明治期の肥前大村藩士。
¶維新

沢井広重 さわいひろしげ
文政6 (1823) 年～明治24 (1891) 年
江戸時代末期～明治期の丹波綾部藩士。
¶藩臣5

沢井水之助 さわいみずのすけ
天明3 (1783) 年～嘉永3 (1850) 年
江戸時代中期～後期の剣術家。流名不詳。
¶剣豪, 庄内 ([没]嘉永3 (1850) 年1月15日)

沢井渉 さわいわたる
～明治12 (1879) 年5月13日
江戸時代後期～明治期の弓道家、二本松藩士、弓術師範、浦和裁判所長。
¶弓道

佐羽内勇右衛門 さわうちゆうえもん
文化4 (1807) 年～安政2 (1855) 年8月26日
江戸時代後期～末期の馬術家。
¶国書

佐羽内与次右衛門 さわうちよじえもん
生没年不詳
江戸時代末期の馬術家。
¶国書

沢采女 さわうねめ
江戸時代末期の新撰組隊士。
¶新撰

沢浦周吉 さわうらしゅうきち
文政5 (1822) 年～明治29 (1896) 年
江戸時代後期～明治期の剣術家。直心影流。
¶剣豪

佐和華谷 さわかこく
*～天保2(1831)年
江戸時代中期～後期の石見浜田藩士、儒学者。
¶島根人([生]宝暦9(1759)年), 島根百([生]宝暦9(1759)年), 島根歴([生]寛延2(1749)年), 人名([生]1749年), 日人([生]1749年), 藩臣5([生]宝暦9(1759)年)

沢簡徳 さわかんとく
天保1(1830)年～明治36(1903)年
江戸時代後期～明治期の武士、官僚。
¶埼玉人([生]天保1(1830)年9月5日 [没]明治36(1903)年10月12日), 埼玉百, 人名([生]1838年), 日人

佐脇大学 さわきだいがく
文化5(1808)年～文久2(1862)年
江戸時代末期の讃岐丸亀藩士。
¶幕末([没]1862年10月1日), 藩臣6

沢木藤右衛門 さわきとうえもん
江戸時代前期の武士。
¶岡山人

沢崎実備 さわざきさねなが
正徳4(1714)年～安永8(1779)年 [別]沢崎実備《さわざきじつび》
江戸時代中期の陸奥二本松藩士。
¶国書([没]安永8(1779)年8月24日), 藩臣5([生]正徳3(1713)年), 福島百(さわざきじつび)

沢崎実備 さわざきじつび
→沢崎実備(さわざきさねなが)

沢崎常守 さわざきつねもり
生没年不詳
江戸時代後期の陸奥三春藩士。
¶藩臣2

沢里主膳 さわさとしゅぜん
生没年不詳
江戸時代前期の馬術家。
¶姓氏岩手

沢三石 さわさんせき
安永1(1772)年～嘉永6(1853)年 [別]沢喬《さわたかし》
江戸時代後期の安芸広島藩士。
¶国書(沢喬 さわたかし [没]嘉永6(1853)年1月11日), 日人, 藩臣6

沢重久 さわしげひさ
寛文7(1667)年～元禄15(1702)年
江戸時代前期～中期の因幡鳥取藩士、武術家。
¶藩臣5

沢島信三郎 さわしましんざぶろう, さわじましんさぶろう;さわじましんざぶろう
天保10(1839)年～慶応3(1867)年
江戸時代末期の近江膳所藩士。
¶維新(さわじましんざぶろう), 人名([没]1866年), 日人, 幕末(さわじましんさぶろう [没]1867年8月1日)

沢田英 さわだえい
生没年不詳
江戸時代中期の会津藩士。
¶国書

沢喬 さわたかし
→沢三石(さわさんせき)

佐和滝三郎 さわたきさぶろう
? ～文化1(1804)年
江戸時代中期～後期の阿波徳島藩士。
¶徳島百(生没年不詳), 徳島歴, 藩臣6

沢田吉左衛門 さわだきちざえもん
安永8(1779)年～天保8(1837)年1月18日
江戸時代中期～後期の加賀藩士・暦算家。
¶国書

沢田九郎兵衛 さわだくろべえ
生没年不詳
江戸時代前期の陸奥白河藩家老。
¶藩臣2

沢田定清 さわださだきよ
～明治14(1881)年2月17日
江戸時代後期～明治期の弓道家、盛岡藩士。
¶弓道

沢田直温 さわだじきおん
→沢田直温(さわだなおはる)

沢田実之助 さわだじつのすけ
? ～文久3(1863)年 [別]山本実之助《やまもとじつのすけ》
江戸時代末期の志士。
¶維新, 剣豪([生]文政1(1818)年), 人名, 日人, 幕末([生]1818年 [没]1863年11月4日), 和歌山人

沢忠興 さわただおき
慶長14(1609)年～承応2(1653)年
江戸時代前期の三河岡崎藩士。
¶藩臣4

沢田直温 さわだちょくおん
→沢田直温(さわだなおはる)

沢田直温 さわだなおはる
天保5(1834)年～明治29(1896)年 [別]沢田直温《さわだじきおん, さわだちょくおん》
江戸時代末期～明治期の加賀藩士。
¶石川百, 国書([生]天保5(1834)年1月 [没]明治29(1896)年2月8日), 人名(さわだちょくおん), 姓氏石川, 日人, 幕末([生]1834年2月 [没]1896年2月8日), 洋学(さわだじきおん)

沢田名垂 さわだなたり
安永4(1775)年～弘化2(1845)年 [別]沢田名垂《さわだなたれ》
江戸時代後期の国学者、歌人、陸奥会津藩士。
¶会津, 朝日([生]安永4(1775)年4月 [没]弘化2年4月30日(1845年6月4日)), 近世, 考古([没]弘化2年(1845年4月3日)), 国史, 国書([没]弘化2(1845)年4月30日), コン改, コン4, 史人([生]1775年4月 [没]1845年4月30日), 神人([没]弘化2(1845)年4月30日), 新潮([没]弘化2(1845)年4月30日), 人名, 世人([没]弘化2(1845)年4月30日), 日人, 藩臣2(さわだなたれ), 福島百, 平史, 和俳([没]弘化2(1845)年4月30日)

沢田名垂 さわだなたれ
→沢田名垂(さわだなたり)

沢田盛忠 さわだもりただ
文政3(1820)年～慶応2(1866)年9月3日

江戸時代後期～末期の美濃高須藩士・尾張藩士。
¶国書

沢田栗堂 さわだりつどう
江戸時代末期～明治期の伊勢津藩士。
¶三重

沢太郎左衛門 さわたろうざえもん
天保5 (1834) 年～明治31 (1898) 年　[別]鉄太郎, 貞説
江戸時代末期～明治期の幕臣、海軍軍人。1862年オランダに渡る。
¶朝日 ([生]天保5年6月4日 (1834年7月10日) [没]明治31 (1898) 年5月9日), 維新, 海越 ([生]天保5 (1834) 年6月4日　[没]明治31 (1898) 年5月9日), 海越新 ([生]天保5 (1834) 年6月4日　[没]明治31 (1898) 年5月9日), 江文, 国際, 国書 ([生]天保5 (1834) 年6月4日　[没]明治31 (1898) 年5月9日), コン改, コン4, コン5, 史人 ([生]1834年6月4日　[没]1898年5月9日), 人書94, 新潮 ([生]天保5 (1834) 年6月4日　[没]明治31 (1898) 年5月9日), 人名, 先駆 ([生]天保5 (1834) 年6月4日 [没]明治31 (1898) 年5月9日), 渡航 ([生]1834年6月4日　[没]1898年5月9日), 日人, 人情3, 幕末 ([生]1834年7月10日　[没]1898年5月9日), 洋学, 陸海 ([生]天保5年6月4日　[没]明治31年5月9日)

沢竹亭 さわちくてい
江戸時代の伊勢桑名藩士。
¶三重続

沢忠助 さわちゅうすけ
江戸時代末期の新撰組隊士。
¶新撰

佐和直縄 さわなおなわ
？ ～安政2 (1855) 年7月16日
江戸時代後期～末期の阿波徳島藩士。
¶国書, 徳島百, 徳島歴

沢野井徳右衛門 さわのいとくえもん
？ ～明治41 (1908) 年
江戸時代末期～明治期の郷士。禁門の変などに自ら編成の郷士隊を率い御所を警固。
¶維新, 幕末 ([没]1908年10月29日)

沢野含斎 さわのがんさい
→沢野修輔 (さわのしゅうすけ)

沢野修輔 さわのしゅうすけ
文政11 (1828) 年～明治36 (1903) 年　[別]沢野含斎《さわのがんさい》
江戸時代末期～明治期の出雲松江藩士。
¶島根人, 島根歴, 人名 (沢野含斎　さわのがんさい), 日人 (沢野含斎　さわのがんさい), 幕末

沢野清八 さわのせいはち
天保9 (1838) 年～明治42 (1909) 年
江戸時代末期～明治期の播磨林田藩士。
¶藩臣5

沢野種鉄 さわのたねかね
天保6 (1835) 年～明治18 (1885) 年
江戸時代末期～明治期の佐賀藩藩士、海軍軍人。海軍兵学校校長。
¶洋学

沢辺琢磨 さわのべたくま
→沢辺琢磨 (さわべたくま)

沢橋六太夫 さわはしろくだゆう
江戸時代前期の武士、前田利常の臣。
¶人名, 日人 (生没年不詳)

沢畑頼母 さわはたたのも
天保10 (1839) 年～明治27 (1894) 年
江戸時代末期～明治期の出羽秋田藩士。
¶幕末 ([没]1894年11月30日), 洋学

沢原源蔵左衛門 さわはらげんぞうざえもん
江戸時代前期の武士。
¶岡山人, 岡山歴

沢文右衛門 さわぶんえもん
？ ～寛永19 (1642) 年
安土桃山時代～江戸時代前期の浅野家臣。
¶和歌山人

沢辺泉 さわべいずみ
生没年不詳
江戸時代後期の常陸土浦藩士。
¶藩臣2

沢辺琢磨 さわべたくま
天保6 (1835) 年～大正2 (1913) 年　[別]パーヴェル沢辺《ぱーう゛ぇるさわべ》, 沢辺琢磨《さわのべたくま》, パウエル, 山本数馬《やまもとかずま》, 数馬
江戸時代末期～明治期の土佐藩士、日本ハリスト正教会最初の日本人司祭。
¶青森人 ([生]天保5 (1834) 年), 朝日 ([生]天保5年1月5日 (1834年2月13日)　[没]大正2 (1913) 年6月25日), 維新, キリ ([生]1833年), 近現 ([生]1834年), 高知人, 高知百, 国際 (パーヴェル沢辺　ぱーう゛ぇるさわべ), 国史 ([生]1834年), 神史 ([生]1834年), 新潮 ([生]天保6 (1835) 年1月5日 [没]大正2 (1913) 年6月25日), 先駆 ([生]天保5 (1834) 年1月5日　[没]大正2 (1913) 年6月25日), 全書 ([生]1834年), 日人, 幕末 ([没]1913年6月35日), 福島百 (さわのべたくま　[生]天保4 (1833) 年), 北海道百, 北海道歴, 歴大

沢辺談右衛門 さわべだんえもん
→沢辺北溟 (さわべほくめい)

沢辺北溟 (沢辺北冥) さわべほくめい
明和1 (1764) 年～嘉永5 (1852) 年　[別]沢辺談右衛門《さわべだんえもん》, 沢辺北冥《さわべほくめい》
江戸時代中期～後期の宮津藩城代格。
¶維新 (沢辺談右衛門　さわべだんえもん), 京都府, 国書 ([没]嘉永5 (1852) 年3月14日), 人名 (沢辺北冥), 日人, 幕末 (沢辺談右衛門　さわべだんえもん)

沢宗久 さわむねひさ
永禄10 (1567) 年～寛永19 (1642) 年
安土桃山時代～江戸時代前期の武士。豊臣氏家臣、徳川氏家臣。
¶戦国, 戦人

沢村宇右衛門 さわむらうえもん
慶長10 (1605) 年～寛文7 (1667) 年
江戸時代前期の肥後熊本藩家老。

¶藩臣7

沢村勝為　さわむらかつため
慶長18（1613）年～明暦1（1655）年　[別]沢村勝為《さわむらしょうい》,沢村直勝《さわむらなおかつ》
江戸時代前期の武士。陸奥磐城平藩士沢村仲の次男。
¶朝日（沢村直勝　さわむらなおかつ　[没]明暦1年7月14日（1655年8月15日）），近世（[生]？），国史（[生]？），コン改（さわむらしょうい），コン4（さわむらしょうい），史人（[生]1613年,（異説）1616年　[没]1655年7月14日），新潮（[生]？　[没]明暦1（1655）年7月14日），人名（さわむらしょうい），日人，福島百

沢村琴所　さわむらきんしょ
貞享3（1686）年～元文4（1739）年
江戸時代中期の近江彦根藩士。
¶郷土滋賀，国書（[生]貞享3（1686）年3月5日　[没]元文4（1739）年1月9日），詩歌，滋賀百（[生]1685年），人名，日人，藩臣4，和俳

沢村幸吉　さわむらこうきち
天保14（1843）年～元治1（1864）年
江戸時代末期の志士。
¶維新，高知人，新潮（[生]弘化2（1845）年1月20日　[没]元治1（1864）年2月16日），人名，日人（[生]1843年,（異説）1845年），幕末（[没]1864年3月23日）

沢村勝為　さわむらしょうい
→沢村勝為（さわむらかつため）

沢村総之丞（沢村惣之丞）　さわむらそうのじょう
天保14（1843）年～明治1（1868）年　[別]沢村総之丞《さわむらふさのじょう》，関雄之助《せきゆうのすけ》
江戸時代末期の土佐藩士。
¶朝日（沢村惣之丞　[生]弘化1（1844）年　[没]明治1年1月15日（1868年2月8日）），維新（沢村惣之丞　[生]1844年），高知人，人名（さわむらふさのじょう　[没]1867年），日人，幕末（沢村惣之丞　[没]1868年2月18日），藩臣6

沢村大学助　さわむらだいがくのすけ
永禄3（1560）年～慶安3（1650）年　[別]沢村吉重《さわむらよししげ》
安土桃山時代～江戸時代前期の武士。細川家の重臣。
¶国書（沢村吉重　さわむらよししげ　[没]慶安3（1650）年9月17日），人名，日人

沢村直勝　さわむらなおかつ
→沢村勝為（さわむらかつため）

沢村総之丞　さわむらふさのじょう
→沢村総之丞（さわむらそうのじょう）

沢村吉重　さわむらよししげ
→沢村大学助（さわむらだいがくのすけ）

沢本幸則　さわもとゆきのり
天保14（1843）年～大正12（1923）年
江戸時代末期～明治期の土佐国の志士。軍監の命で軍使として米沢藩に行き降状を勧告。
¶高知人，幕末（[没]1923年4月15日）

佐原良屋　さわらかたすえ
宝暦1（1751）年～？
江戸時代中期～後期の幕臣。
¶国書

三斉　さんさい
→細川忠興（ほそかわただおき）

三条目不言　さんじょうめふげん
？～文政2（1819）年
江戸時代後期の伊予宇和島藩士。
¶藩臣6

三田葆光　さんたかねみつ,さんだかねみつ
文政7（1824）年～明治40（1907）年
江戸時代末期～明治期の幕臣、歌人。
¶学校（[没]明治40（1907）年10月15日），近文，国書（さんだかねみつ　[生]文政8（1825）年6月21日　[没]明治40（1907）年10月17日）

三田金兵衛　さんだきんべえ
？～元禄15（1702）年
江戸時代前期の武士。
¶和歌山人

三田五郎兵衛　さんだごろうべえ
？～延宝6（1678）年　[別]三田五郎兵衛《さんだごろべえ》
江戸時代前期の紀伊和歌山藩士。
¶藩臣5，和歌山人（さんだごろべえ）

三田五郎兵衛　さんだごろべえ
→三田五郎兵衛（さんだごろうべえ）

三田義勝　さんだよしかつ
元禄14（1701）年～安永6（1777）年　[別]三田蘭室《さんだらんしつ》
江戸時代中期の讃岐丸亀藩士、儒学者。
¶国書（三田蘭室　さんだらんしつ　[没]安永6（1777）年7月19日），日人，藩臣6

三田蘭室　さんだらんしつ
→三田義勝（さんだよしかつ）

山東直砥　さんとうなおと
天保11（1840）年～明治37（1904）年
江戸時代末期～明治期の紀州藩志士。
¶人名（[生]1839年），日人，幕末（[没]1904年2月14日），和歌山人（[没]1894年）

山東彦右衛門　さんとうひこえもん
宝暦6（1756）年～天保2（1831）年
江戸時代後期の武術家。
¶剣豪，人名，日人

三戸式部　さんのへしきぶ
？～明治15（1882）年
江戸時代末期～明治期の陸奥盛岡藩家老。
¶維新，幕末（[没]1882年2月5日）

三戸伝九郎　さんのへでんくろう
？～宝暦2（1752）年
江戸時代中期の陸奥弘前藩士。
¶藩臣1

三宮義胤　さんのみやよしたね
天保14（1843）年～明治38（1905）年　[別]耕庵,三上兵部《みかみひょうぶ,無》
江戸時代末期～明治期の尊攘運動家、官吏。男

爵。岩倉具視に協力して王政復古に尽力。宮内省主殿頭、式部長を歴任。
　¶朝日（⊕天保14年12月24日（1844年2月12日）⊗明治38（1905）年8月14日）、維新、海越（⊕天保14（1844）年12月24日　⊗明治38（1905）年8月14日）、海越新（⊕天保14（1844）年12月24日　⊗明治38（1905）年8月14日）、郷土滋賀、国際（⊕天保14（1844）年）、滋賀百、神人（⊕天保14（1843）年12月24日　⊗明治38（1905）年8月14日）、人名、渡航（⊕1843年12月24日　⊗1905年8月14日）、日人（⊕1844年）、幕末（⊗1905年8月14日）

三分一所景明　さんぶいっしょかげあき
元禄12（1699）年〜天明4（1784）年　別三分一所景明《さんぶんいっしょかげあき》
江戸時代中期の陸奥仙台藩士、儒学者。
　¶国書（⊗天保4（1784）年12月15日）、藩臣1（さんぶんいっしょかげあき）

三分一所景直　さんぶいっしょかげなお
生没年不詳
江戸時代中期の仙台藩士。
　¶国書

三分一所景明　さんぶんいっしょかげあき
→三分一所景明（さんぶいっしょかげあき）

【し】

椎本才麿　しいがもとさいまろ
→才麿（さいまろ）

椎木河内　しいぎかわち
安土桃山時代〜江戸時代前期の武士。里見氏家臣。
　¶戦人（生没年不詳）、戦東

椎名和平　しいなわへい
弘化4（1847）年〜明治18（1885）年
江戸時代後期〜明治期の旧一関藩士。
　¶姓氏岩手

椎本才麿　しいのもとさいまろ
→才麿（さいまろ）

椎原国幹　しいはらくにもと
文政3（1820）年〜明治32（1899）年
江戸時代末期〜明治期の薩摩藩士。
　¶鹿児島百、姓氏鹿児島、日人、幕末

椎原小弥太　しいはらこやた
天保11（1840）年〜明治1（1868）年
江戸時代末期の薩摩藩士。
　¶維新（しいばらこやた）、鹿児島百、人名（しいばらこやた）、姓氏鹿児島、日人、幕末（⊗1868年1月29日）、藩臣7

椎原八郎衛門　しいはらはちろうえもん
？　〜明治15（1882）年
江戸時代後期〜明治期の曽於郡曽於郡（郷）の郷士。
　¶姓氏鹿児島

椎本才麿　しいもとさいまろ
→才麿（さいまろ）

次右衛門　じえもん
戦国時代〜江戸時代後期の武士、のち帰農（世襲名）。
　¶姓氏富山

四王天周信　しおうてんちかのぶ
？　〜宝暦6（1756）年12月13日
江戸時代中期の越前福井藩士。
　¶国書

四王天政興　しおうてんまさおき
文化12（1815）年〜明治25（1892）年
江戸時代末期〜明治期の上野前橋藩士。
　¶藩臣1

四王天政実　しおうてんまさみ
？　〜元和9（1623）年
江戸時代前期の越前福井藩士。
　¶藩臣3

塩川伊右衛門　しおかわいえもん
？　〜元禄6（1693）年
江戸時代前期の対馬藩士。
　¶大阪人（生没年不詳）、人名、日人、藩臣7

塩川広平　しおかわこうへい
＊⊕明治23（1890）年　別塩川広平《しおかわひろひら》
江戸時代末期〜明治期の幕臣に仕えた志士。
　¶維新（⊕1842年）、埼玉人（⊕天保1（1830）年12月2日　⊗明治23（1890）年6月2日）、埼玉百（⊕1830年）、人名（しおかわひろひら）、⊕1842年）、日人（⊕1842年）、幕末（⊕1831年　⊗1890年6月2日）

塩川権平　しおかわごんぺい
天保14（1843）年〜大正13（1924）年
江戸時代末期〜明治期の上野吉井藩士。
　¶藩臣2

塩川仲矩　しおかわなかのり
寛永16（1639）年〜享保9（1724）年
江戸時代前期〜中期の播磨三日月藩士。
　¶藩臣5

塩川久貞　しおかわひささだ
正保3（1646）年〜享保18（1733）年5月
江戸時代前期〜中期の加賀藩士。
　¶国書

塩川泙右衛門　しおかわひょうえもん
？　〜天明6（1786）年
江戸時代中期の出雲松江藩士。
　¶藩臣5

塩川広平　しおかわひろひら
→塩川広平（しおかわこうへい）

塩沢彦次郎　しおざわひこじろう
生没年不詳
江戸時代末期の幕臣・幕府小人目付。1860年遣米使節に随行しアメリカに渡る。
　¶海越新

塩沢麟次郎　しおざわりんじろう
天保12（1841）年〜？
江戸時代後期〜末期の新撰組隊士。
　¶新撰

塩路嘉一郎 しおじかいちろう
生没年不詳　[別]崖嘉一郎《きしかいちろう》
江戸時代末期の紀伊和歌山藩士。
¶幕末

塩尻梅宇 しおじりばいう
文化1(1804)年～明治9(1876)年　[別]塩尻雄右衛門《しおじりゆうえもん》
江戸時代末期～明治期の備中岡田藩士。
¶岡山人，岡山百(塩尻雄右衛門　しおじりゆうえもん　[没]明治9(1876)年1月19日)，岡山歴([没]明治9(1876)年1月19日)，国書([没]明治9(1876)年1月19日)，人名，日人，藩臣6

塩尻雄右衛門 しおじりゆうえもん
→塩尻梅宇(しおじりばいう)

塩田昭方 しおだあきかた
享保19(1734)年～寛政10(1798)年
江戸時代中期の陸奥会津藩士。
¶藩臣2

塩田昭矩 しおだあきのり
元禄14(1701)年～明和5(1768)年
江戸時代中期の会津藩士・柔術家。
¶会津，国書([没]明和5(1768)年5月26日)

塩田昭博 しおだあきひろ
宝暦11(1761)年～文政4(1821)年
江戸時代中期～後期の陸奥会津藩士。
¶藩臣2

塩隆好 しおたかよし
？ ～文化9(1812)年
江戸時代中期～後期の陸奥仙台藩士。
¶国書

塩田牛渚 しおだぎゅうしょ
*～慶応2(1866)年
江戸時代末期の画家。もと陸奥会津藩士。
¶会津([生]文政11(1828)年)，人名([生]？)，日人([生]1829年)，幕末([生]1828年)，藩臣2([生]文政12(1829)年)

塩田甚太夫 しおたじんだゆう
延享1(1744)年～文化2(1805)年
江戸時代中期～後期の武術家。
¶姓氏鹿児島

塩田忠起 しおたただおき
享和2(1802)年～文政4(1821)年
江戸時代後期の馬術家。
¶岡山人

汐止亭丸丸 しおどめていまるまる
→脇坂安董(わきざかやすただ)

塩野周蔵光迪 しおのしゅうぞうみつのぶ
江戸時代後期の千人同心組頭。
¶多摩

塩野所左衛門適斎 しおのしょざえもんてきさい
→塩野適斎(しおのてきさい)

塩野適斎 しおのてきさい
安永4(1775)年～弘化4(1847)年　[別]塩野所左衛門適斎《しおのしょざえもんてきさい》
江戸時代中期～後期の幕臣・武芸家。
¶神奈川人，国書([生]安永4(1775)年11月16日　[没]弘化4(1847)年11月16日)，多摩(塩野所左衛門適斎　しおのしょざえもんてきさい)

塩谷雨香 しおのやうこう
天保3(1832)年～明治23(1890)年5月12日
江戸時代末期～明治期の周防岩国藩士。
¶幕末

塩谷処 しおのやさだむ
文政8(1825)年～明治23(1890)年　[別]塩谷鼎助《しおのやていすけ》
江戸時代末期～明治期の周防岩国藩士。
¶維新，コン改，コン4，コン5，新潮([没]明治23(1890)年11月22日)，人名，日人，幕末(塩谷鼎助　しおのやていすけ　[没]1890年11月22日)，藩臣6(塩谷鼎助　しおのやていすけ)，和俳

塩谷大四郎 しおのやだいしろう
明和6(1769)年～天保7(1836)年　[別]塩谷正義《しおのやまさよし》，塩谷大四郎《しおやだいしろう》
江戸時代中期～後期の西国筋郡代。土木事業などに尽力。
¶朝日([生]明和6年6月14日(1769年7月17日)　[没]天保7年9月8日(1836年10月17日))，大分百，大分歴(塩谷正義　しおのやまさよし)，近世，国史，コン改，コン4，史人([生]1769年6月14日　[没]1836年9月8日)，新潮([生]明和6(1769)年6月14日　[没]天保7(1836)年9月8日)，人名，日人，宮崎百(しおやだいしろう　[生]明和7(1770)年　[没]天保7(1836)年2月14日)

塩谷綱誠 しおのやつなのぶ
宝暦1(1751)年～享和1(1801)年5月1日
江戸時代中期～後期の武芸家。
¶国書

塩谷鼎助 しおのやていすけ
→塩谷処(しおのやさだむ)

塩谷宕陰 しおのやとういん
文化6(1809)年～慶応3(1867)年
江戸時代末期の出羽山形藩の儒学者。
¶秋田百，朝日([生]文化6年4月17日(1809年5月30日)　[没]慶応3年8月28日(1867年9月25日))，維新，江文，角史，教育，近世，国史，国書([生]文化6(1809)年4月17日　[没]慶応3(1867)年8月28日)，コン改，コン4，詩歌，史人([生]1809年4月17日　[没]1867年8月28日)，新潮([生]文化6(1809)年4月17日　[没]慶応3(1867)年8月28日)，人名，世人([生]文化6(1809)年4月17日　[没]慶応3(1867)年8月28日)，世百，全書，大百，日史([生]文化6(1809)年4月17日　[没]慶応3(1867)年8月28日)，日人，幕末([没]1867年9月5日)，藩臣1([没]慶応2(1866)年)，百科，歴大

塩谷正義 しおのやまさよし
→塩谷大四郎(しおのやだいしろう)

塩谷八百之介 しおのややおのすけ
文化8(1811)年～慶応1(1865)年
江戸時代末期の水戸藩士。
¶維新，幕末([没]1865年8月13日)

塩谷良翰 しおのやりょうかん
天保6(1835)年～大正12(1923)年

江戸時代末期～明治期の上野館林藩士。
¶維新，姓氏宮城（[没]1918年），日人，藩臣2，宮城百（[没]大正7（1918）年）

塩見玄三 しおみげんぞう
慶長19（1614）年～延宝6（1678）年
江戸時代前期の武士。
¶岡山人

塩見小兵衛 しおみこへえ
？　～寛文12（1672）年
江戸時代前期の出雲松江藩中老。
¶藩臣5

塩見利次 しおみとしつぐ
生没年不詳
江戸時代後期の因幡鳥取藩主池田治道の家臣。
¶国書

塩見増右衛門 しおみますえもん
？　～嘉永4（1851）年
江戸時代末期の出雲松江藩家老。
¶藩臣5

塩森宗直 しおもりむねなお
生没年不詳
江戸時代の仙台藩家臣。
¶姓氏宮城

塩谷大四郎 しおやだいしろう
→塩谷大四郎（しおのやだいしろう）

志賀巳兮 しがいけい
享保7（1722）年～寛政8（1796）年
江戸時代中期の肥後熊本藩士。
¶藩臣7

鹿内主税 しかうちちから
江戸時代末期の新撰組隊士。
¶新撰

志賀清任 しがきよとう
天保14（1843）年2月3日～大正4（1915）年3月25日
江戸時代末期～大正期の旧藩士。
¶庄内

志賀金八郎 しがきんぱちろう
？　～＊
江戸時代末期の幕臣、奥右筆組頭。
¶人名（[没]1859年），日人（[没]1858年）

志賀九郎兵衛 しがくろべえ
生没年不詳
江戸時代前期の伊予宇和島藩家老。
¶藩臣6

志賀敬内 しがけいない
文政1（1818）年～慶応3（1867）年
江戸時代末期の上野前橋藩の志士。
¶維新，群馬人，群馬百，人名，姓氏群馬，日人（[没]1868年），幕末（[没]1868年1月21日），藩臣2

志賀小太郎 しがこたろう
文化10（1813）年～嘉永3（1850）年
江戸時代末期の陸奥会津藩士。
¶会津，人名，日人，藩臣2

四ケ所通久 しかしょみちひさ
元禄14（1701）年～安永1（1772）年
江戸時代中期の筑後柳河藩中老。
¶藩臣7

志賀真一郎 しがしんいちろう
嘉永2（1849）年～昭和6（1931）年
江戸時代末期～大正期の出水郡出水郷麓の郷士。
¶姓氏鹿児島

志賀甚三郎 しがじんざぶろう
？　～寛文6（1666）年
江戸時代前期の肥前島原藩家老。
¶藩臣7

志賀青岡 しがせいこう
生没年不詳
江戸時代後期の米沢藩士。
¶国書

志賀巽軒 しがそんけん
天保2（1831）年～明治12（1879）年　[別]志賀喬木《しがたかき》
江戸時代末期～明治期の筑後柳河藩士。
¶人名，日人，藩臣7（志賀喬木　しがたかき）

志賀喬木 しがたかき
→志賀巽軒（しがそんけん）

志方半兵衛 しかたはんべえ
天和2（1682）年～宝暦6（1756）年
江戸時代前期～中期の剣術家。二天一流。
¶剣豪

鹿田文平 しかだぶんぺい
文化12（1815）年～明治4（1871）年　[別]鹿田正明《しかたまさあき》
江戸時代末期～明治期の加賀藩の洋学者。
¶朝日（[没]明治4年1月6日（1871年2月24日）），国書（鹿田正明　しかたまさあき　[没]明治4（1871）年1月6日），人名，姓氏石川（[生]1814年），日人，幕末（鹿田正明　しかたまさあき　[没]1871年2月24日），洋学

鹿田正明 しかたまさあき
→鹿田文平（しかだぶんぺい）

志賀為吉 しがためきち
文政8（1825）年～明治4（1871）年　[別]志賀徳卿《しがとくきょう》
江戸時代末期～明治期の出羽秋田藩士。
¶維新，人名（志賀徳卿　しがとくきょう），日人，幕末（[没]1871年5月16日），藩臣1

志賀徳卿 しがとくきょう
→志賀為吉（しがためきち）

志賀仁右衛門 しがにえもん
江戸時代後期の旗本奴、大小神祇組の領袖、徳川麾下士。
¶人名，日人（生没年不詳）

鹿野敬一 しかのよしかず
？　～明治1（1868）年
江戸時代後期～末期の水戸藩士。
¶国書

志賀綏 しがやすし
寛政7（1795）年～弘化3（1846）年
江戸時代後期の紀伊和歌山藩士、代官・国学者。
¶国書（[没]弘化3（1846）年5月20日），三重続（志賀弥三左衛門）

し

志木次右衛門 しぎじうえもん
→志木次右衛門(しきじえもん)

志木次右衛門 しきじえもん
[別]志木次右衛門《しぎじうえもん》
安土桃山時代～江戸時代前期の武士。里見氏家臣。
¶戦人(生没年不詳), 戦東(しぎじうえもん)

志岐太郎次郎 しきたろうじろう
弘化2(1845)年～明治1(1868)年
江戸時代末期の薩摩藩士。
¶維新, 人名, 姓氏鹿児島, 日人, 幕末([没]1868年11月3日)

し

地形堂堅丸 じぎょうどうかたまる
→地形堂堅丸(ちぎょうどうかたまる)

此筋 しきん
→宮崎此筋(みやざきしきん)

繁沢規世 しげさわのりよ
→繁沢規世(はんざわのりよ)

繁沢元氏 しげさわもとうじ, しげざわもとうじ
*～寛永8(1631)年
安土桃山時代～江戸時代前期の武士。
¶戦人([生]弘治2(1556)年), 戦西(しげざわもとうじ　[生]?)

茂田一次郎 しげたかずじろう
生没年不詳
江戸時代末期の紀伊和歌山藩士。
¶幕末, 和歌山人

重田新次郎 しげたしんじろう
天保5(1834)年7月～明治26(1893)年12月19日
江戸時代後期～明治期の旧藩士。
¶庄内

重田又兵衛 しげたまたべえ
宝暦2(1752)年～?
江戸時代後期の美作国久世代官・備中国笠岡代官。
¶岡山歴

成富茂安 しげとみしげやす
→成富兵庫(なるとみひょうご)

茂野喜内 しげのきない
?～明治2(1869)年
江戸時代末期の下総結城藩士。
¶幕末([没]1869年6月24日), 藩臣3

重野成斎 しげのせいさい
→重野安繹(しげのやすつぐ)

重野安繹 しげのやすつぐ
文政10(1827)年～明治43(1910)年　[別]重野成斎《しげのせいさい》, 成斎
江戸時代末期～明治期の史家、薩摩藩士、文学博士。
¶朝日([生]文政10年10月6日(1827年11月24日)　[没]明治43(1910)年12月6日), 維新, 岩史([生]文政10(1827)年10月6日　[没]明治43(1910)年12月6日), 江戸東, 大阪人(重野成斎　しげのせいさい　[没]明治43(1910)年12月), 沖縄百, 鹿児島百, 角史, 近現, 近文, 群馬人, 考古([生]文政10(1827)年10月10日　[没]明治43(1910)年12月6日), 国際, 国史, 国書([生]文政10(1827)年10月6日　[没]明治43(1910)年12月6日), コン改, コン4, コン5, 詩歌, 史学, 史研([生]文政10(1827)年10月6日　[没]明治43(1910)年12月6日), 史人([生]1827年10月6日　[没]1910年12月6日), 重要([生]文政10(1827)年10月6日　[没]明治43(1910)年12月6日), 人書79, 人書94, 新潮([生]文政10(1827)年10月　[没]明治43(1910)年12月6日), 人名, 姓氏鹿児島, 世人([生]文政10(1827)年10月10日　[没]明治43(1910)年12月6日), 世百(重野成斎　しげのせいさい), 先駆([生]文政10(1827)年10月6日　[没]明治43(1910)年12月6日), 全書, 哲学, 日史([生]文政10(1827)年10月6日　[没]明治43(1910)年12月6日), 日人, 日本, 幕末([没]1910年12月6日), 藩臣7, 百科, 平史, 明治2, 履歴([生]文政10(1827)年10月6日　[没]明治43(1910)年12月6日), 歴大

重博 しげひろ
→安藤重博(あんどうしげひろ)

重松篤太夫 しげまつとくだゆう
?～寛政12(1800)年8月3日
江戸時代中期～後期の尾張藩士。
¶国書

茂見正道 しげみまさみち
江戸時代末期～明治期の弓道家、熊本藩士。
¶弓道

志佐要一郎 しさよういちろう
天保12(1841)年～明治10(1877)年
江戸時代末期～明治期の志士、肥前平戸藩士。
¶人名

四山 しざん
→松平直興(まつだいらなおおき)

志道安房 しじあわ
文化10(1813)年～明治18(1885)年　[別]志道隼人《しじはやと》
江戸時代末期～明治期の長州(萩)藩寄組。
¶維新(志道隼人　しじはやと　[生]?), 幕末([没]1885年4月30日), 藩臣6

志自岐小楯 しじきおたて
*～明治40(1907)年
江戸時代後期の武士。
¶人名([生]1811年), 日人([生]1812年)

志自岐十郎左衛門 しじきじゅうろうざえもん
寛文5(1665)年～寛保3(1743)年
江戸時代中期の肥前平戸藩家老。
¶藩臣7

宍戸大滝 ししどおおたき
→宍戸大成(ししどおおなり)

宍戸大成 ししどおおなり
?～安政3(1856)年8月23日　[別]宍戸大滝《ししどおおたき, ししどたいろう》
江戸時代中期～末期の伊予宇和島藩士・国学者。
¶愛媛百(宍戸大滝　ししどたいろう), 国書([生]天明7(1787)年), 藩臣6(宍戸大滝　ししどおおたき)

宍戸謙堂 ししどけんどう
?～明治15(1882)年
江戸時代末期～明治期の易学家、陸奥仙台藩士。

¶国書（生没年不詳），人名，日人（[没]1882年頃）

宍戸左馬之介（宍戸左馬介）　ししどさまのすけ
文化1（1804）年～元治1（1864）年　[別]宍戸真澂《ししどまさもと》
江戸時代末期の長州（萩）藩の藩士。
¶朝日（[生]文化1年8月13日（1804年9月16日）[没]元治1年11月12日（1864年12月10日）），維新，角史，近世，国史，国書（宍戸真澂　ししどまさもと　[生]文化1（1804）年8月13日　[没]元治1（1864）年11月12日），コン改，コン4，史人（[生]1804年8月13日　[没]1864年11月12日），新潮（[生]文化1（1804）年8月13日　[没]元治1（1864）年11月12日），人名，世人（宍戸左馬介），日人，幕末（宍戸左馬介　[没]1864年12月10日），藩臣6（宍戸左馬介）

宍戸将監　ししどしょうげん
？～享保7（1722）年
江戸時代中期の伊予宇和島藩家老。
¶藩臣6

宍戸大滝　ししどたいろう
→宍戸大成（ししどおおなり）

宍戸璣　ししどたまき
文政12（1829）年～明治34（1901）年　[別]安田三郎《やすださぶろう》，山県半蔵《やまがたはんぞう》
江戸時代末期～明治期の政治家。長州（萩）藩士安田直温の3男。
¶朝日（[生]文政12年3月15日（1829年4月18日）[没]明治34（1901）年10月1日），維新，沖縄百（[生]文政12（1829）年3月15日　[没]明治34（1901）年10月1日），近現，国際，国史，コン改，コン4，コン5，史人（[生]1829年3月15日　[没]1901年9月30日），神人（[生]文政12（1829）年3月15日　[没]明治34（1901）年9月30日），新潮（[生]文政12（1829）年3月15日　[没]明治34（1901）年9月30日），人名，姓氏山口，日史（[生]文政12（1829）年3月15日　[没]明治34（1901）年9月30日），日人，幕末（[没]1901年10月1日），藩臣6，山口百，履歴（[生]文政12（1829）年3月15日　[没]明治34（1901）年10月1日）

宍戸親基　ししどちかもと
文政2（1819）年～明治19（1886）年
江戸時代末期の長州（萩）藩士。
¶コン改，コン4（[生]文政10（1827）年），コン5（[生]文政10（1827）年），新潮（[生]文政2（1819）年9月17日　[没]明治19（1886）年7月14日），人名，姓氏山口，日人（[生]1827年）

宍戸備前　ししどびぜん
文政10（1827）年～明治27（1894）年
江戸時代末期～明治期の毛利一門、長州（萩）藩家老。
¶維新，幕末（[没]1894年7月14日），藩臣6

宍戸真澂　ししどまさもと
→宍戸左馬之介（ししどさまのすけ）

宍戸元続（宍戸元継）　ししどもとつぐ
永禄6（1563）年～寛永8（1631）年
安土桃山時代～江戸時代前期の長州（萩）藩家老。
¶岡山人（宍戸元継），姓氏山口，藩臣6

宍戸弥四郎　ししどやしろう
天保4（1833）年～文久3（1863）年
江戸時代末期の三河刈谷藩士。
¶人名，姓氏愛知，日人，幕末

志道隼人　しじはやと
→志道安房（しじあわ）

志々目献吉　ししめけんきち，しじめけんきち
生没年不詳
江戸時代末期の薩摩藩士、刺客。
¶朝日（しじめけんきち），維新，姓氏鹿児島，日人，幕末

四条清延　しじょうせいえん
享保5（1720）年～享和2（1802）年
江戸時代中期～後期の算家、陸奥会津藩士。
¶人名，日人

静間彦太郎　しずまひこたろう
天保7（1836）年～明治2（1869）年
江戸時代末期の長州（萩）藩士。
¶人名（[生]？），日人，幕末（[没]1869年10月8日）

静間弥寿太　しずまやすた
天保14（1843）年～慶応2（1866）年11月4日
江戸時代末期の長州（萩）藩士。
¶幕末

鎮目市左衛門　しずめいちざえもん
永禄7（1564）年～寛永4（1627）年
安土桃山時代～江戸時代前期の佐渡奉行。
¶新潟百

二川　じせん
～＊
江戸時代中期～後期の越中富山藩士・俳人。
¶富山文（[没]享保20（1735）年10月9日），俳句（[没]享和2（1802）年）

紫田金右衛門　しだきんえもん
→柴田金右衛門（しばたきんえもん）

信田作太夫　しださくだゆう
文政12（1829）年～慶応1（1865）年
江戸時代末期の築山藩士。
¶維新，日人，幕末（[没]1865年2月9日），藩臣6

志立範蔵　したちはんぞう
天保9（1838）年～？
江戸時代後期～明治期の松江藩士。隠岐騒動に関与した。
¶島根歴

舌間弥五郎　したまやごろう
文化13（1816）年～明治30（1897）年5月17日
江戸時代末期～明治期の筑前福岡藩士、柔術家。
¶幕末，福岡百（[生]文化13（1816）年12月17日）

信太意舒　しだもとのぶ
→信太意舒（しのだもとのぶ）

志田義秀　しだよしひで
永禄3（1560）年～寛永9（1632）年
安土桃山時代～江戸時代前期の出羽米沢藩執事。
¶庄内（[生]永禄4（1561）年　[没]寛永9（1632）年8月16日），藩臣1，山形百

設楽貞時　しだらさだとき
～寛永15（1638）年

し

江戸時代前期の旗本。
¶神奈川人

設楽貞丈 しだらさだとも
天明5（1785）年～？　[別]設楽甚左衛門《しだらじんざえもん》
江戸時代中期～後期の幕臣・博物学者。
¶江文（設楽甚左衛門　しだらじんざえもん），国書

設楽貞政 しだらさだまさ
寛永1（1624）年～元禄4（1691）年
江戸時代前期～中期の武士。
¶日人

設楽貞代 しだらさだよ
天正16（1588）年～寛永15（1638）年
安土桃山時代～江戸時代前期の幕臣。甲府城番。
¶日人

設楽甚左衛門 しだらじんざえもん
→設楽貞丈（しだらさだとも）

設楽八三郎 しだらはちさぶろう
？～文久2（1862）年
江戸時代末期の幕臣。
¶維新，国書（[没]文久2（1862）年9月6日），幕末（[没]1862年10月28日）

七沢清英 しちざわきよひで
慶安1（1648）年～享保15（1730）年
江戸時代中期の武士。
¶和歌山人

七条武十郎 しちじょうたけじゅうろう
享保17（1732）年～文化5（1808）年4月4日
江戸時代中期～後期の馬術家。
¶徳島百，徳島歴

七戸隼人正 しちのへはやとのしょう
？～正保4（1647）年
江戸時代前期の七戸南部家初代。南部藩家老。
¶青森人

七戸不二郎 しちのへふじろう
？～明治14（1881）年
江戸時代末期～明治期の志士。
¶人名

七宮孚盛 しちのみやさねもり
*～明治42（1909）年
江戸時代末期～明治期の陸奥一関藩士。
¶岩手百（[生]1835年），姓氏岩手（[生]1838年），藩臣1（[生]天保8（1837）年）

七里長行 しちりながゆき
延享2（1745）年～文政3（1820）年
江戸時代後期の伊勢津藩士、歌人。
¶人名，日人，三重続（七里松叟），和俳

志津野拙三 しづのせつぞう
文政5（1822）年～明治19（1886）年
江戸時代末期～明治期の豊前小倉藩士。
¶人名（[没]1884年），日人，藩臣7（[生]文政4（1821）年）

品川氏章 しながわうじあき
弘化2（1845）年～明治22（1889）年
江戸時代末期～明治期の長門長府藩士。
¶幕末（[没]1889年9月6日），藩臣6

品川希明 しながわきめい
？～元文3（1738）年
江戸時代中期の益田家家臣。
¶姓氏山口

品川雅直 しながわまさなお
寛永2（1625）年～万治1（1658）年
江戸時代前期の加賀藩士。
¶人名，日人，藩臣3（[生]？）

品川弥二郎 しながわやじろう
天保14（1843）年～明治33（1900）年　[別]橋本八郎《はしもとはちろう》，尊攘堂主人，念仏庵主
江戸時代末期～明治期の長州（萩）藩士、政治家。
¶朝日（[生]天保14年閏9月29日（1843年11月20日）[没]明治33（1900）年2月26日），維新，岩史（[生]天保14（1843）年閏9月29日　[没]明治33（1900）年2月26日），海越（[生]天保14（1843）年閏9月29日　[没]明治33（1900）年2月26日），海越新（[生]天保14（1843）年閏9月29日　[没]明治33（1900）年2月26日），江戸東，学校（[生]天保14（1843）年閏9月29日　[没]明治33（1900）年2月26日），角史，京都大，近現，国際，国史，国書（[生]天保14（1843）年閏9月29日　[没]明治33（1900）年2月26日），コン改，コン4，コン5，史人（[生]1843年閏9月29日　[没]1900年2月26日），重要（[生]天保14（1843）年閏9月29日　[没]明治33（1900）年2月26日），新潮（[生]天保14（1843）年閏9月29日　[没]明治33（1900）年2月26日），人名，姓氏京都，姓氏山口，世人（[生]天保14（1843）年閏9月29日　[没]明治33（1900）年2月26日），世百，先駆（[生]天保14（1843）年閏9月29日　[没]明治33（1900）年2月26日），全書，大百，渡航（[没]1900年2月26日），栃木歴，日史（[生]天保14（1843）年閏9月29日　[没]明治33（1900）年2月26日），日人，日本，人情1，幕末（[没]1900年2月26日），藩臣6，百科，明治1，山口百，履歴（[生]天保14（1843）年閏9月29日　[没]明治33（1900）年2月26日），歴大

篠崎自閑 しのざきじかん
元和6（1620）年～貞享4（1687）年
江戸時代前期の水戸藩士。
¶国書

篠崎慎八郎 しのざきしんぱちろう
弘化2（1845）年～慶応4（1868）年9月1日
江戸時代後期～末期の新撰組隊士。
¶新撰

篠崎進 しのざきすすむ
文化12（1815）年～明治20（1887）年
江戸時代末期～明治期の陸奥弘前藩士。
¶青森人，幕末，藩臣1

篠崎大介 しのざきだいすけ
寛文11（1671）年～宝暦9（1759）年
江戸時代中期の小田原藩士。
¶神奈川人

篠崎彦十郎 しのざきひこじゅうろう
文政9（1826）年～慶応3（1867）年
江戸時代末期の薩摩藩士。
¶維新，鹿児島百，人名，姓氏鹿児島，日人

([没]1868年), 幕末([没]1868年1月19日), 藩臣7

篠崎弥太郎 しのざきやたろう
慶長19(1614)年～寛永18(1641)年4月28日
江戸時代前期の庄内藩士。
¶庄内

篠沢松運 しのざわしょううん
安永3(1774)年～天保10(1839)年
江戸時代中期～後期の剣術家。林崎無想流。
¶剣豪

篠沢久敬 しのざわひさかた
→篠沢久敬(しのざわひさたか)

篠沢久敬 しのざわひさたか
寛保2(1742)年～文化2(1805)年 [別]篠沢久敬《しのさわひさよし, しのざわひさかた》
江戸時代中期～後期の陸奥二本松藩士。
¶国書(しのざわひさかた [没]文化2(1805)年10月9日), 人名, 日人, 藩臣5(しのさわひさよし [生]寛保1(1741)年)

篠沢久敬 しのさわひさよし
→篠沢久敬(しのざわひさたか)

篠沢辣堂 しのざわらつどう
? ～明治2(1869)年1月22日
江戸時代後期～明治期の二本松藩士。
¶国書

篠田包好 しのだかねよし
寛保1(1741)年～文化9(1812)年
江戸時代中期～後期の出羽米沢藩士、兵学者。
¶藩臣1

篠田勘左衛門 しのだかんざえもん
? ～文政7(1824)年
江戸時代中期～後期の剣術家。直心影流。
¶剣豪

信太喜右衛門 しのだきえもん
? ～延宝2(1674)年
江戸時代前期の剣術家。島崎新天流祖。
¶剣豪

篠田儀三郎 しのだぎさぶろう
嘉永5(1852)年～明治1(1868)年
江戸時代末期の陸奥会津藩の白虎隊士。
¶人名([生]1849年 [没]1865年), 日人, 幕末([没]1868年10月8日), 藩臣2

信太作太夫 しのださくだゆう
文政7(1824)年～慶応3(1867)年
江戸時代末期の周防徳山藩士。
¶人名

篠田秀道 しのだしゅうどう
→篠田秀道(しのだひでみち)

篠田松嶺 しのだしょうれい
元禄9(1696)年～安永2(1773)年
江戸時代中期の武士、茶人。
¶人名, 日人

篠田直方 しのだなおかた
文政8(1825)年～明治31(1898)年
江戸時代後期～明治期の陣屋代官、紡績業功労者。
¶姓氏愛知

信太仁十郎(志太仁十郎, 信田仁十郎) しのだにじゅうろう
文政9(1826)年～安政5(1858)年
江戸時代末期の浪人、志士。
¶維新, コン改(信田仁十郎), コン4(信田仁十郎), 新潮([没]安政5(1858)年5月9日), 人名(志太仁十郎), 日人, 幕末([没]1858年6月19日)

篠田信時 しのだのぶとき
元禄16(1703)年～安永2(1773)年
江戸時代中期の越中富山藩士、槍術師範。
¶人名, 日人, 藩臣3

篠田半左衛門 しのだはんざえもん
? ～寛永14(1637)年
江戸時代前期の信濃高遠藩家老。
¶藩臣1, 藩臣3

篠田秀道 しのだひでみち
生没年不詳 [別]篠田秀道《しのだしゅうどう》
江戸時代末期の阿波徳島藩士。
¶徳島百(しのだしゅうどう), 徳島歴, 藩臣6

信太意舒 しのだもとのぶ
天保10(1839)年～明治25(1892)年 [別]信太意舒《しだもとのぶ》
江戸時代末期～明治期の志士。出羽秋田藩士。
¶近現(しだもとのぶ), 近世(しだもとのぶ), 国史(しだもとのぶ), コン改, コン4, コン5, 新潮([生]天保10(1839)年2月29日 [没]明治25(1892)年7月18日, (異説)4月18日), 人名, 日人, 幕末(しだもとのぶ [没]1892年7月8日), 藩臣1(しだもとのぶ)

篠田勇三郎 しのだゆうざぶろう
生没年不詳
江戸時代末期の三河西大平藩士。
¶藩臣4

志野知卿 しのちきょう
生没年不詳
江戸時代末期の武士。
¶和歌山人

志野知郷 しのともさと
生没年不詳
江戸時代末期の和算家、紀伊和歌山藩士。
¶国書, 人名, 日人

篠原景雄 しのはらかげお
寛政1(1789)年～嘉永5(1852)年
江戸時代後期の西大路藩士。
¶国書([没]嘉永5(1852)年11月28日), 人名, 日人([没]1853年)

篠原一孝 しのはらかずたか, しのはらかづたか
永禄4(1561)年～元和2(1616)年 [別]篠原出羽《しのはらでわ》
安土桃山時代～江戸時代前期の加賀藩士。
¶石川百(しのはらかづたか), 人名(篠原出羽 しのはらでわ), 日人, 藩臣3([生]?)

篠原一孝 しのはらかづたか
→篠原一孝(しのはらかずたか)

篠原清正 しのはらきよまさ
江戸時代前期の八条流の馬術家。
¶人名

し

篠原国幹 しのはらくにもと
天保7（1836）年～明治10（1877）年
江戸時代末期～明治期の薩摩藩士、陸軍少尉。篠原善兵衛の子。
¶朝日（[生]天保7年12月5日（1837年1月11日）[没]明治10（1877）年3月4日），維新，鹿児島百，角史，近現，近世，剣豪，国際，国史，コン改，コン4，コン5，詩歌，史人（[生]1836年12月5日 [没]1877年3月4日），新潮（[生]天保7（1836）年12月5日　[没]明治10（1877）年3月4日），人名，姓氏鹿児島，世人（[生]天保7（1836）年12月5日 [没]明治10（1877）年3月4日），全書，大百，日史（[生]天保7（1836）年12月5日　[没]明治10（1877）年3月4日），日人（[生]1837年），幕末（[没]1877年3月4日），藩臣7，明治1（[生]1837年），陸海（[生]天保7年12月5日　[没]明治10年3月4日），歴大

篠原級長 しのはらしななが
→篠原笠山（しのはらりゅうざん）

篠原重右衛門 しのはらじゅうえもん
→篠原慶英（しのはらよしひで）

篠原助之進 しのはらすけのしん
生没年不詳
江戸時代中期の播磨三日月藩用人。
¶藩臣5

篠原泰之進 しのはらたいのしん
文政11（1828）年～明治44（1911）年6月13日
江戸時代末期～明治期の新撰組隊士。
¶新撰（[生]文政11年10月20日），幕末（[生]1828年11月16日）

篠原長兵衛 しのはらちょうべえ
生没年不詳
江戸時代末期の美濃加納藩家老。
¶藩臣3

篠原出羽 しのはらでわ
→篠原一孝（しのはらかずたか）

篠原長次 しのはらながつぐ
？　～慶安2（1649）年
江戸時代前期の加賀藩士。
¶人名，日人，藩臣3

篠原正清 しのはらまさきよ
生没年不詳
江戸時代前期の馬術家。
¶日人

篠原慶英 しのはらよしひで
天明3（1783）年～万延1（1860）年　[別]篠原重右衛門《しのはらじゅうえもん》
江戸時代中期～末期の剣術家。一心流祖。
¶剣豪（篠原重右衛門　しのはらじゅうえもん），国書（[生]天明5（1785）年　[没]安政7（1860）年3月11日），姓氏長野，長野歴

篠原笠山 しのはらりゅうざん
明和6（1769）年～文政6（1823）年　[別]篠原級長《しのはらしななが》
江戸時代後期～末期の豊前小倉藩の儒者。
¶国書（[生]文化2（1805）年　[没]安政6（1859）年4月），人名，大百，日人（[生]1805年　[没]1859年），藩臣7（篠原級長　しのはらしななが）

四戸三平 しのへさんぺい
天保4（1833）年～明治9（1876）年
江戸時代後期～明治期の馬術家。
¶姓氏岩手

四宮市右衛門 しのみやいちうえもん
？　～文政1（1824）年
江戸時代後期の遠江掛川藩士。
¶藩臣4

四宮仲右衛門 しのみやちゅううえもん
寛政11（1799）年～安政2（1855）年
江戸時代末期の遠江掛川藩士。
¶藩臣4

四宮晴成 しのみやはるなり
→四宮与右衛門（しのみやよえもん）

四宮与右衛門 しのみやようえもん
→四宮与右衛門（しのみやよえもん）

四宮与右衛門 しのみやよえもん
？　～文政11（1828）年　[別]四宮晴成《しのみやはるなり》，四宮与右衛門《しのみやようえもん》
江戸時代後期の遠江掛川藩士。
¶人名（四宮晴成　しのみやはるなり），日人，藩臣4（しのみやようえもん）

篠山光官 しのやまこうかん
享保1（1716）年～寛政2（1790）年　[別]篠山光官《ささやまみつのり》
江戸時代中期の幕臣。
¶国書（ささやまみつのり　[生]享保1（1716）年10月　[没]寛政2（1790）年7月22日），人名，日人

篠山十兵衛景徳 しのやまじゅうべいかげのり
→篠山景徳（ささやまかげのり）

柴江運八郎 しばえうんぱちろう，しばえうんはちろう
天保5（1834）年～大正1（1912）年
江戸時代末期～明治期の肥前大村藩士。
¶維新，幕末（しばえうんはちろう　[没]1912年10月2日），藩臣7

柴岡剛三 しばおかごうぞう
？　～慶応4（1868）年4月
江戸時代後期～末期の新撰組隊士。
¶新撰（[没]慶応4年4月から9月）

柴垣辰之進 しばがきたつのしん
天保8（1837）年～明治26（1893）年10月
江戸時代末期～明治期の長州（萩）藩振武隊会計方。
¶幕末

芝木喜内 しばききない
天保14（1843）年～明治5（1872）年12月4日
江戸時代末期～明治期の加賀藩士。
¶幕末

芝好徳 しばこうとく
正徳4（1714）年～寛政7（1795）年
江戸時代中期の薩摩藩士。
¶沖縄百（[生]正徳4（1714）年1月15日　[没]寛政7（1795）年6月27日），人名，姓氏鹿児島，日人，藩臣7

柴崎吉大夫 しばざきよしだゆう
宝暦11（1761）年～文政12（1829）年

江戸時代中期～後期の剣術家。玉刀流。
¶剣豪

斯波蕃 しばしげり
→津田正邦（つださまさくに）

斯波蕃 しばしげる
→津田正邦（つださまさくに）

柴秋村（柴秋邨） しばしゅうそん
天保1（1830）年～明治4（1871）年　[別]柴六郎《しばろくろう》
江戸時代末期～明治期の阿波徳島藩の儒学者。
¶維新，大阪人（[生]文政11（1828）年　[没]明治2（1869）年），国書（[没]明治4（1871）年3月18日），詩歌，人名（[生]1828年　[没]1869年），徳島百（柴秋邨　[没]明治4（1871）年3月18日），徳島歴（[没]明治4（1871）年3月），日人，幕末（柴秋邨　[没]1871年5月7日），藩臣6，洋学（柴六郎　しばろくろう），和俳

柴太一郎 しばたいいちろう
→柴太一郎（しばたいちろう）

柴田猪助 しばたいすけ
→柴田善伸（しばたよしのぶ）

柴太一郎 しばたいちろう
天保10（1839）年～大正12（1923）年　[別]柴太一郎《しばたいいちろう》
江戸時代末期～明治期の陸奥会津藩士。
¶維新，新潮，日人，幕末（[没]1923年4月28日），藩臣2（しばたいいちろう）

柴田市郎 しばたいちろう
～文久3（1863）年11月
江戸時代後期～末期の庄内藩士。
¶庄内

柴田衛守 しばたえもり
嘉永1（1848）年～大正14（1925）年
江戸時代末期～大正期の武芸家。武徳会範士。剣道道場習成館を創立し剣道界に貢献。
¶人名，世紀（[没]大正14（1925）年9月12日），日人

柴田勝興(1) しばたかつおき
慶長17（1612）年～天和2（1682）年
江戸時代前期の武士、歌人。
¶国書（[没]天和2（1682）年10月29日），諸系，日人

柴田勝興(2) しばたかつおき
宝暦11（1761）年～天保2（1831）年
江戸時代後期の徳川幕臣。
¶人名

柴田勝重 しばたかつしげ
天正7（1579）年～寛永9（1632）年
安土桃山時代～江戸時代前期の仙川領主。
¶多摩

柴田勝守 しばたかつもり
生没年不詳
江戸時代末期の武士。柴田家最後の家老。
¶高知人

柴田勝世 しばたかつよ
？　～嘉永1（1848）年
江戸時代末期の武士、国学者。
¶高知人（[生]1792年），国書（[没]嘉永1（1848）年9月4日），人名，日人

柴田勝敬 しばたかつよし
享保17（1732）年～明和7（1770）年
江戸時代中期の伊勢亀山藩士。
¶藩臣4

柴田金右衛門 しばたきんえもん
安永8（1779）年～安政4（1857）年　[別]紫田金右衛門《しだきんえもん》，柴田紫秋《しばたししゅう》
江戸時代後期の兵学者、高田藩士。
¶剣豪，国書（柴田紫秋　しばたししゅう　[没]安政4（1857）年3月），人名（紫田金右衛門　しだきんえもん），日人

柴田外記 しばたげき
慶長14（1609）年～寛文11（1671）年　[別]柴田朝意《しばたともおき，しばたとももと》
江戸時代前期の陸奥仙台藩士。
¶高知人（柴田朝意　しばたとももと），高知百（柴田朝意　しばたともおき），人名，姓氏宮城（柴田朝意　しばたとももと），日人，藩臣1，宮城百

柴田剛中 しばたごうちゅう
→柴田剛中（しばたたけなか）

柴田小源太 しばたこげんた
天保8（1837）年～？
江戸時代後期～末期の新撰組隊士。
¶新撰

柴田小膳 しばたこぜん
？　～明治2（1869）年
江戸時代末期の播磨山崎藩士。
¶藩臣5

柴田紫秋 しばたししゅう
→柴田金右衛門（しばたきんえもん）

柴田七九郎康長 しばたしちくろうやすなが
→柴田康長（しばたやすなが）

柴田修三郎 しばたしゅうざぶろう
→柴田利直（しばたとしなお）

柴田善之丞 しばたぜんのじょう
江戸時代後期の第23代美濃国代官。
¶岐阜百

柴田剛中 しばたたけただ
→柴田剛中（しばたたけなか）

柴田剛中 しばたたけなか
文政6（1823）年～明治10（1877）年8月24日　[別]柴田剛中《しばたごうちゅう，しばたたけただ》，柴田貞太郎《しばたさだたろう》，恬斎
江戸時代末期～明治期の幕臣。1862年遣欧使節組頭としてフランスに渡る。
¶朝日（[生]文政6年1月17日（1823年2月27日）），維新，海越（[生]文政6（1823）年1月17日），海越新（[生]文政6（1823）年1月17日），神奈川人（しばたごうちゅう　生没年不詳），国際，日人，幕末（[生]1823年2月27日），兵庫百（しばたたけただ　生没年不詳）

柴田中務 しばたちゅうむ
＊～明治1（1868）年　[別]柴田意広《しばたもとひろ》，柴田中務《しばたなかつかさ》

江戸時代末期の陸奥仙台藩士。
¶人名([生]?), 姓氏宮城(柴田意広　しばたもとひろ　[生]1832年), 日人([生]?), 幕末(しばたなかつかさ　[生]1832年　[没]1868年11月4日)

芝多常則 しばたつねのり
→芝多民部(しばたみんぶ)

柴田東五郎 しばたとうごろう
文政1(1818)年～明治6(1873)年
江戸時代末期～明治期の志士、下総曾我野藩士。
¶維新, 人名, 姓氏鹿児島, 日人, 幕末

し

柴田利直 しばたとしなお
文政5(1822)年～明治13(1880)年　[別]柴田修三郎《しばたしゅうざぶろう》
江戸時代末期～明治期の信濃松本藩士。
¶剣豪(柴田修三郎　しばたしゅうざぶろう), 人名, 日人, 藩臣3

柴田朝意 しばたともおき
→柴田外記(しばたげき)

柴田朝意 しばたとももと
→柴田外記(しばたげき)

柴田中務 しばたなかつかさ
→柴田中務(しばたちゅうむ)

芝多信憲 しばたのぶのり
寛保3(1743)年～文化8(1811)年
江戸時代中期～後期の陸奥仙台藩士。
¶人名, 日人([没]1812年), 藩臣1

柴田伯敬 しばたはくけい
寛政11(1799)年6月21日～明治5(1872)年
江戸時代後期～明治期の勢州亀山藩士。
¶三重続

柴田八郎 しばたはちろう
弘化4(1847)年～慶応4(1868)年3月6日
江戸時代後期～末期の新撰組隊士。
¶新撰

芝田温 しばたはる
寛政4(1792)年～嘉永6(1853)年
江戸時代末期の因幡鳥取藩士、儒学者。
¶国書([没]嘉永6(1853)年1月14日), 藩臣5

柴田彦三郎 しばたひこさぶろう
天保10(1839)年～慶応2(1866)年
江戸時代末期の新撰組隊士。
¶新撰([没]慶応2年6月23日), 幕末([没]1866年8月3日)

芝多民部 しばたみんぶ
文政5(1822)年～慶応2(1866)年　[別]芝多常則《しばたつねのり》
江戸時代末期の陸奥仙台藩士。
¶維新, 姓氏宮城(芝多常則　しばたつねのり), 日人, 幕末([没]1866年4月10日), 藩臣1([生]文化10(1813)年), 宮城百

柴田宗意 しばたむねもと
寛永14(1637)年～宝永3(1706)年
江戸時代前期～中期の奉行。
¶姓氏宮城

柴田意広 しばたもとひろ
→柴田中務(しばたちゅうむ)

柴田康直 しばたやすなお
安永9(1780)年～?
江戸時代中期～後期の旗本。第29代京都西町奉行。
¶京都大, 姓氏京都

柴田康長 しばたやすなが
天正14(1586)年～＊　[別]柴田七九郎康長《しばたしちくろうやすなが》
江戸時代前期の武士。徳川家の臣。
¶埼玉人([生]天正15(1587)年　[没]寛永13(1636)年6月22日), 埼玉百(柴田七九郎康長　しばたしちくろうやすなが　[没]1636年), 人名([没]1635年), 日人([没]1635年)

柴田善伸 しばたよしのぶ
天明4(1784)年～嘉永2(1849)年　[別]柴田猪助《しばたいすけ》
江戸時代後期の三河吉田藩士。
¶国書([没]嘉永2(1849)年4月12日), 藩臣4(柴田猪助　しばたいすけ)

柴司 しばつかさ
弘化2(1845)年～元治1(1864)年
江戸時代末期の陸奥会津藩士。
¶新撰([生]天保15年2月14日　[没]元治1年6月12日), 幕末([没]1864年7月16日), 藩臣2

芝直照 しばなおてる
嘉永1(1848)年～明治32(1899)年
江戸時代末期～明治期の伊予宇和島藩士。
¶幕末([没]1899年11月1日), 藩臣6

柴野美啓 しばのびけい
→柴野美啓(しばのよしひろ)

柴野碧海 しばのへきかい
安永2(1773)年～天保6(1835)年
江戸時代後期の阿波徳島藩儒。柴野栗山の養子。
¶朝日([没]天保6年7月16日(1835年8月10日)), 国書([没]天保6(1835)年7月16日), コン改, コン4, 新潮([没]天保6(1835)年7月16日), 人名, 徳島百([生]明和8(1771)年　[没]天保6(1835)年7月16日), 徳島歴([没]天保6(1835)年7月16日), 日人, 藩臣6

柴野美啓 しばのよしひろ
?　～弘化4(1847)年　[別]柴野美啓《しばのびけい》
江戸時代後期の加賀藩士、和算家。
¶国書([没]弘化4(1847)年8月8日), 人名(しばのびけい　[没]1848年), 姓氏石川, 日人

柴野栗山 しばのりつざん
元文1(1736)年～文化4(1807)年　[別]柴栗山《しばりつざん》
江戸時代中期～後期の阿波徳島藩の儒学者。「寛政三博士」の一人。
¶朝日([没]文化4年12月1日(1807年12月29日)), 岩史([没]文化4(1807)年12月1日), 江文([生]享保20(1735)年　[没]文化5(1808)年), 香川人, 香川百, 角史, 教育, 京都, 郷土香川, 京都大, 近世, 国史, 国書([没]文化4(1807)年12月1日), コン改, コン4, 詩歌([生]1734年), 史人([没]1807年12月1日), 重要([没]文化4(1807)年12月1日), 人書94, 新潮([没]文化4(1807)年12月1日), 人名, 姓氏京都, 世人([没]文化4(1807)年

12月1日)，世百，全書，大百，伝記，徳島百([没]文化4(1807)年12月1日)，徳島歴，日史([没]文化4(1807)年12月1日)，日人，藩臣6，百科，歴大，和俳([没]文化4(1807)年12月1日)

柴原和 しばはらかのう
→柴原和(しばはらやわら)

柴原和 しばはらやわら
天保3(1832)年～明治38(1905)年 [別]柴原和《しばはらかのう》
江戸時代末期～明治期の竜野藩士。
¶維新，岡山歴([生]天保3(1832)年2月7日 [没]明治38(1905)年11月28日)，郷土千葉，人名，千葉百，日人，幕末([没]1905年11月29日)，兵庫人(しばはらかのう [生]天保3(1832)年2月 [没]明治38(1905)年11月9日)

斯波蕃 しばばん
→津田正邦(つだまさくに)

柴彦太郎 しばひこたろう
正保3(1646)年～享保3(1718)年
江戸時代前期～中期の剣術家。一刀流。
¶剣豪

芝正忠 しばまさただ
? ～元和3(1617)年
安土桃山時代～江戸時代前期の浅野家臣。
¶和歌山人

芝正盛 しばまさもり
江戸時代後期の第18代飛騨国代官。
¶岐阜百

柴村盛方 しばむらもりみち
享保7(1722)年～?
江戸時代中期の幕臣。
¶国書

柴谷武右衛門 しばやぶえもん
? ～寛永19(1642)年
江戸時代前期の出羽庄内藩家老。
¶庄内([没]寛永19(1642)年9月24日)，藩臣1，山形百

柴山愛次郎 しばやまあいじろう
天保7(1836)年～文久2(1862)年
江戸時代末期の薩摩藩士、尊攘派志士。
¶朝日([没]文久2年4月23日(1862年5月21日))，維新，鹿児島百，京都大，国書([没]文久2(1862)年4月23日)，コン4，新潮([没]文久2(1862)年4月23日)，人名，姓氏鹿児島，姓氏京都，日人，幕末([没]1862年5月21日)

柴山勇 しばやまいさむ
? ～弘化1(1844)年 [別]柴山清晶《しばやまきよあき》
江戸時代後期の因幡鳥取藩士、武術家。
¶剣豪，藩臣5(柴山清晶 しばやまきよあき)

柴山景綱 しばやまかげつな
→柴山竜五郎(しばやまりゅうごろう)

柴山清晶 しばやまきよあき
→柴山勇(しばやまいさむ)

柴山建平 しばやまけんぺい
寛政3(1791)年～安政3(1856)年
江戸時代末期の伊勢久居藩士。
¶藩臣4

柴山正憲 しばやませいけん
弘化3(1846)年～明治38(1905)年 [別]柴山正憲《しばやままさのり》
江戸時代末期～明治期の松山藩士。大阪における素人能楽宝生流の大家。
¶大阪人(しばやままさのり)，人名

柴山太郎左衛門 しばやまたろうざえもん
生没年不詳
江戸時代末期の武士。
¶和歌山人

柴山典 しばやまてん
文政5(1822)年～明治17(1884)年
江戸時代末期～明治期の筑後久留米藩士。
¶維新，千葉百，日人

芝山伝治左衛門 しばやまでんじざえもん
天明7(1787)年～文久3(1863)年
江戸時代後期の上総久留里藩用人。
¶剣豪，藩臣3

芝山徳三郎 しばやまとくさぶろう
江戸時代末期の新撰組隊士。
¶新撰

柴山伴男 しばやまともお
天保12(1841)年～明治41(1908)年
江戸時代後期～明治期の犬山の尾張藩士成瀬家家臣。
¶姓氏愛知

柴山房信 しばやまふさのぶ
文政1(1818)年～明治5(1872)年
江戸時代末期～明治期の伊勢津藩士。
¶藩臣5

柴山鳳来(芝山鳳来) しばやまほうらい
元禄5(1692)年～明和8(1771)年
江戸時代中期の豊後岡藩士。
¶江文，人名，日人，藩臣7(芝山鳳来)

芝山正親 しばやままさちか
弘治1(1555)年～寛永14(1637)年
安土桃山時代～江戸時代前期の武士、堺政所職。
¶人名，日人

柴山正憲 しばやままさのり
→柴山正憲(しばやませいけん)

柴山又右衛門 しばやままたえもん
元禄3(1690)年～明和6(1769)年
江戸時代中期の紀伊和歌山藩士。
¶藩臣5

柴山予章 しばやまよしょう
享保15(1730)年～明和4(1767)年
江戸時代中期の豊後岡藩士。
¶人名，日人

柴山竜五郎 しばやまりゅうごろう
天保6(1835)年～明治44(1911)年 [別]柴山景綱《しばやまかげつな》
江戸時代末期～明治期の薩摩藩士。
¶維新，鹿児島百，国書(柴山景綱 しばやまかげつな [生]天保6(1835)年11月11日 [没]明治44(1911)年6月6日)，人名(柴山景綱 しばやま

かげつな），姓氏鹿児島，日人，幕末（[没]1911年9月6日）

柴山良助（柴山良介）　しばやまりょうすけ
天保5（1834）年～明治1（1868）年
江戸時代末期の志士。薩摩藩士。
¶維新，鹿児島百，近世，国史，コン改，コン4，新潮（[没]慶応4（1868）年1月9日），人名（柴山良介），姓氏鹿児島，日人，幕末（[没]1868年2月2日），藩臣7

司馬良作　しばりょうさく
天保12（1841）年～？
江戸時代後期～末期の新撰組隊士。
¶新撰

斯波緑之助　しばろくのすけ
天保11（1840）年～？
江戸時代後期～末期の新撰組隊士。
¶新撰

柴六郎　しばろくろう
→柴秋村（しばしゅうそん）

渋井太室（渋井大室）　しぶいたいしつ
享保5（1720）年～天明8（1788）年　[別]渋井孝徳《しぶいたかのり》
江戸時代中期の下総佐倉藩の漢学者。
¶朝日（[生]享保5（1720）年9月　[没]天明8年6月14日（1788年7月17日）），江文（渋井大室），大阪人（[没]天明8（1788）年6月），大阪墓（[没]天明8（1788）年6月14日），近世，国史，国書（[生]享保5（1720）年9月　[没]天明8（1788）年6月14日），コン改，コン4，詩歌，新潮（[没]天明8（1788）年6月14日），人名，世人，日人，藩臣3（渋井孝徳　しぶいたかのり），和俳

渋井孝徳　しぶいたかのり
→渋井太室（しぶいたいしつ）

四分一兵右衛門　しぶいちひょうえもん
？～元治1（1864）年
江戸時代後期～末期の剣術家。馬庭念流。
¶剣豪，埼玉人（[没]元治1（1864）年7月2日）

渋江厚光　しぶえあつみつ
→渋江厚光（しぶえひろみつ）

渋江市左衛門　しぶえいちざえもん
江戸時代中期の桑原吉松郷の郷士。
¶姓氏鹿児島

渋江小平次　しぶえこへいじ
生没年不詳
江戸時代前期の肥前大村藩士。
¶藩臣7

渋江内膳　しぶえないぜん
→渋江厚光（しぶえひろみつ）

渋江厚光　しぶえひろみつ
文化14（1817）年～明治22（1889）年　[別]渋江厚光《しぶえあつみつ》，渋江内膳《しぶえないぜん》
江戸時代末期～明治期の出羽秋田藩士。
¶維新（しぶえあつみつ），人名（渋江内膳　しぶえないぜん），日人，幕末（[没]1889年2月16日），藩臣1

渋江光重　しぶえみつしげ
寛文7（1667）年～寛保3（1743）年
江戸時代中期の出羽秋田藩執政。
¶藩臣1

渋川春水　しぶかわしゅんすい
→渋川敬也（しぶかわひろなり）

渋川常躬　しぶかわつねみ
文化14（1817）年～明治37（1904）年
江戸時代後期～明治期の仙台藩士。
¶姓氏宮城

渋川時英　しぶかわときひで
→渋川伴五郎（しぶかわばんごろう）

渋川伴五郎　しぶかわばんごろう
享保5（1720）年～寛政9（1797）年　[別]渋川時英《しぶかわときひで》
江戸時代中期の柔術家。
¶近世，国史，国書（渋川時英　しぶかわときひで　[没]寛政9（1797）年3月7日），日人

渋川敬直　しぶかわひろなお
文化12（1815）年～嘉永4（1851）年　[別]渋川敬直《しぶかわよしなお》，渋川六蔵《しぶかわろくぞう》
江戸時代末期の幕臣，暦学者。渋川景佑の長男。「英文鑑」を訳述。
¶朝日（[没]嘉永4年7月25日（1851年8月21日）），近世，国史，国書（[没]嘉永4（1851）年7月25日），コン改（渋川六蔵　しぶかわろくぞう），コン4（渋川六蔵　しぶかわろくぞう），史人（渋川六蔵　しぶかわろくぞう　[没]1851年7月25日），新潮（[生]文化8（1811）年），人名（渋川六蔵　しぶかわろくぞう　[生]1811年　[没]1845年），世人（しぶかわよしなお　[没]嘉永4（1851）年7月25日），日人，洋学（渋川六蔵　しぶかわろくぞう）

渋川敬也　しぶかわひろなり
元禄12（1699）年～享保12（1727）年　[別]渋川春水《しぶかわしゅんすい》
江戸時代中期の天文家，陸奥仙台藩士。
¶国書（渋川春水　しぶかわしゅんすい　[没]享保12（1727）年3月29日），人名，日人

渋川正陽　しぶかわまさてる
明和8（1771）年～文政4（1821）年6月14日
江戸時代中期～後期の幕臣。
¶国書

渋川敬直　しぶかわよしなお
→渋川敬直（しぶかわひろなお）

渋川六蔵　しぶかわろくぞう
→渋川敬直（しぶかわひろなお）

渋沢栄一　しぶさわえいいち
天保11（1840）年～昭和6（1931）年　[別]市三郎，清淵
江戸時代末期～明治期の幕臣，実業家。
¶青森人，朝日（[生]天保11年2月13日（1840年3月16日）　[没]昭和6（1931）年11月11日），維新，岩史（[生]天保11（1840）年2月13日　[没]昭和6（1931）年11月11日），海越（[生]天保11（1840）年2月13日　[没]昭和6（1931）年11月11日），海

越新（[生]天保11（1840）年2月13日　[没]昭和6（1931）年11月11日），学校（[生]天保11（1840）年2月13日　[没]昭和6（1931）年11月11日），角史，近現，群馬人，群馬百，芸能（[生]天保11（1840）年2月13日　[没]昭和6（1931）年11月11日），現朝（[生]天保11年2月13日（1840年3月16日）　[没]1931年11月11日），現日（[生]1840年2月13日　[没]1931年11月11日），国際，国史，国書（[生]天保11（1840）年2月13日　[没]昭和6（1931）年11月11日），コン改，コン4，コン5，埼玉人（[生]天保11（1840）年2月13日　[没]昭和6（1931）年11月11日），埼玉百，詩歌，史人（[生]1840年2月13日　[没]1931年11月11日），静岡百，静岡歴，実業（[生]天保11（1840）年2月13日　[没]昭和6（1931）年11月11日），重要（[生]天保11（1840）年2月13日　[没]昭和6（1931）年11月11日），人書79，人書94，新潮（[生]天保11（1840）年2月13日　[没]昭和6（1931）年11月11日），人名，世紀（[生]天保11（1840）年2月13日　[没]昭和6（1931）年11月11日），姓氏京都，姓氏群馬，姓氏静岡，世人（[生]天保11（1840）年2月13日　[没]昭和6（1931）年11月11日），世百，先駆（[生]天保11（1840）年2月13日　[没]昭和6（1931）年11月11日），全書，大百，多摩，哲学，伝記，渡航（[生]1840年2月13日　[没]1931年11月11日），日史（[生]天保11（1840）年2月13日　[没]昭和6（1931）年11月11日），日人，日本，人情2，幕末（[没]1931年11月11日），百科，宮城百，民学，明治2，履歴（[生]天保11（1840）年2月13日　[没]昭和6（1931）年11月11日），歴大

渋沢喜作　しぶさわきさく
天保9（1838）年～大正1（1912）年　[別]渋沢成一郎《しぶさわせいいちろう》，大寄隼人《おおよりはやと》
江戸時代末期～明治期の志士、実業家。佐幕派だったが、彰義隊を脱退。
¶朝日（[生]天保9年6月10日（1838年7月30日）　[没]大正1（1912）年8月29日），維新，海越（[生]天保9（1838）年6月10日　[没]大正1（1912）年8月30日），海越新（[生]天保9（1838）年6月10日　[没]大正1（1912）年8月30日），近現，国史，コン改，コン4，コン5，埼玉人（[生]天保9（1838）年6月10日　[没]大正1（1912）年8月30日），埼玉百（[生]1839年），史人（[生]1838年6月10日　[没]1912年8月30日），新潮（[生]天保9（1838）年6月10日　[没]大正1（1912）年8月30日），人名，全書（渋沢成一郎　しぶさわせいいちろう），渡航（[生]1838年6月10日　[没]1912年8月30日），日人，幕末（[没]1912年8月30日）

渋沢成一郎　しぶさわせいいちろう
→渋沢喜作（しぶさわきさく）

渋沢平九郎　しぶさわへいくろう
*～慶応4（1868）年
江戸時代末期の彰義隊士、剣術家・振武軍参謀。
¶埼玉人（[生]不詳　[没]慶応4（1868）年5月23日），埼玉百（[生]1846年），幕末（[生]1847年　[没]1868年7月12日）

渋谷猪右衛門　しぶたにいのうえもん
生没年不詳
江戸時代後期の越中富山藩士。
¶藩臣3

渋谷伊与作　しぶたにいよさく
→渋谷伊予作（しぶやいよさく）

渋田見盛治　しぶたみもりはる
生没年不詳
江戸時代中期の豊前小倉藩家老。
¶藩臣7

渋谷伊予作　しぶやいよさく
天保13（1842）年～元治1（1864）年　[別]渋谷伊与作《しぶたにいよさく》，八木成太郎《やぎせいたろう》
江戸時代末期の下館藩士。
¶維新，コン改，コン4，新潮（[生]天保13（1842）年11月18日　[没]元治1（1864）年2月16日），人名，日人，幕末（渋谷伊与作　しぶたにいよさく　[没]1864年3月23日），藩臣2（渋谷伊与作　しぶたにいよさく）

渋谷氏紀　しぶやうじのり
？～寛永16（1639）年
江戸時代前期の阿波徳島藩士。
¶徳島歴（[没]寛永16（1639）年1月6日），藩臣6

渋谷国安　しぶやくにやす
文政8（1825）年～明治22（1889）年
江戸時代末期～明治期の薩摩藩士、歌人、神学者。
¶人名，日人，幕末（[生]1826年）

渋谷重武　しぶやしげたけ
生没年不詳
江戸時代後期の加賀藩士。
¶国書

渋谷重信　しぶやしげのぶ
？～正保2（1645）年
江戸時代前期の武士。
¶和歌山人

渋谷牀山　しぶやしょうざん
弘化4（1847）年～明治41（1908）年
江戸時代末期～明治期の近江彦根藩士、漢学者。
¶維新，滋賀文（[生]弘化4（1847）年6月13日　[没]1908年8月19日），人名，日人，幕末（[没]1908年8月19日）

渋谷助右衛門　しぶやすけえもん
生没年不詳
江戸時代前期の武士。清水大蔵の家臣。
¶山形百

渋谷存九郎　しぶやぞんくろう
～天保11（1840）年10月
江戸時代後期の庄内藩士。
¶庄内

渋谷伝右衛門　しぶやでんえもん
生没年不詳
江戸時代前期の武士。
¶庄内

渋谷東馬　しぶやとうま
天保3（1832）年～明治37（1904）年
江戸時代末期～明治期の武道家。
¶会津，幕末（[没]1904年5月6日）

渋谷信勝 しぶやのぶかつ
→渋谷和平次（しぶやわへいじ）

渋谷巴山 しぶやはざん
文化11（1814）年～明治7（1874）年
江戸時代末期～明治期の肥後人吉藩家老。
¶藩臣7

渋谷故巌 しぶやひさいわ
生没年不詳
江戸時代前期の越前松岡藩士。
¶国書

渋谷又三郎 しぶやまたさぶろう
寛文12（1672）年～享保14（1729）年
江戸時代前期～中期の剣術家。新蔭流。仙台藩士。
¶剣豪

渋谷味太夫 しぶやみだゆう
生没年不詳
江戸時代の庄内藩付家老。
¶庄内

渋谷幽軒 しぶやゆうけん
慶安2（1649）年～享保18（1733）年　[別]渋谷佳成《しぶやよしなり》
江戸時代中期の紀伊和歌山藩士。
¶国書（[没]享保18（1733）年7月17日），人名（渋谷佳成　しぶやよしなり），日人

渋谷佳成 しぶやよしなり
→渋谷幽軒（しぶやゆうけん）

渋谷良信 しぶやよしのぶ
天和2（1682）年～宝暦4（1754）年
江戸時代前期～中期の武士。
¶国書（[没]宝暦4（1754）年5月7日），日人，和歌山人

渋谷義行 しぶやよしひら
寛延3（1750）年～文政7（1824）年
江戸時代中期～後期の三河挙母藩士。
¶藩臣4

渋谷和平次 しぶやわへいじ
元文5（1740）年～安永1（1772）年　[別]渋谷信勝《しぶやのぶかつ》
江戸時代中期の剣術家。長谷川英信流。
¶剣豪，高知人（渋谷信勝　しぶやのぶかつ）

四方小左衛門 しほうこざえもん
生没年不詳
江戸時代の豊岡藩士、心学者。
¶兵庫百

四本松豊之助 しほんまつとよのすけ
弘化2（1845）年～元治1（1864）年
江戸時代末期の志士、陸奥中村藩士。
¶人名，日人

島井市太夫 しまいいちだゆう
慶長19（1614）年～寛永16（1639）年
江戸時代前期の筑前直方藩士。
¶藩臣7

島惟精（島維精） しまいせい
天保5（1834）年～明治19（1886）年
江戸時代末期～明治期の府内藩士。
¶維新，岩手百，大分百（島維精），コン5，人名（島維精），姓氏岩手，日人，幕末（[没]1886年5月11日）

島内栄之助 しまうちえいのすけ
生没年不詳
江戸時代末期の佐賀藩士。1860年遣米使節に随行しアメリカに渡る。
¶海越新

島男也 しまおとや
文化6（1809）年～文久1（1861）年　[別]島男也《しまおなり，しまおのや》，石井八郎《いしいはちろう》
江戸時代末期の笠間藩士。
¶維新，大阪人（しまおのや），剣豪（しまおなり），人名，日人，幕末（しまおなり　[没]1861年12月6日），藩臣2（しまおなり）

島男也 しまおなり
→島男也（しまおとや）

島男也 しまおのや
→島男也（しまおとや）

島花隠 しまかいん
安永9（1780）年～？
江戸時代中期～後期の幕臣・本草家。
¶国書

島一正 しまかずまさ
天文17（1548）年～寛永3（1626）年6月6日
戦国時代～江戸時代前期の織田信長の家臣。
¶織田

島川鎌満 しまかわかままろ
享和1（1801）年～安政2（1855）年10月2日
江戸時代後期～末期の盛岡藩士。
¶国書

島川瀬織 しまかわせおり
文政10（1827）年～明治23（1890）年8月23日
江戸時代末期～明治期の陸奥盛岡藩士。
¶幕末

島倉孫左衛門 しまくらまござえもん
生没年不詳
安土桃山時代～江戸時代前期の武士。上杉氏家臣。
¶戦人

島崎次郎 しまざきじろう
天保6（1835）年～元治1（1864）年
江戸時代後期～末期の武士。
¶日人

島崎専助 しまざきせんすけ
～弘化3（1846）年
江戸時代後期の伊勢津藩士、柔道指南家。
¶三重

島崎直方 しまさきなおかた
天保9（1838）年～明治7（1874）年
江戸時代末期～明治期の志士。戊辰戦争従軍。岩倉具視狙撃で死刑。
¶高知人，幕末（[没]1874年7月9日）

島地正存 しまじまさなり
→島地正存（しまぢまさなり）

島津家久 しまずいえひさ
→島津家久（しまづいえひさ）

島津珍彦 しまずうずひこ
→島津珍彦（しまづうずひこ）

島末基隆 しまずえもとたか
寛政3（1791）年～嘉永2（1849）年
江戸時代後期の槍術家、安芸広島藩士。
¶人名，日人

島津重豪 しまずしげひで
→島津重豪（しまづしげひで）

島津将曹 しまずしょうそう
→島津将曹（しまづしょうそう）

島津忠高 しまずただあきら
→島津忠高（しまづただたか）

島津惟久 しまずただひさ
→島津惟久（しまづこれひさ）

島津忠寛 しまずただひろ
→島津忠寛（しまづただひろ）

島津忠徹 しまずただゆき
→島津忠徹（しまづただゆき）

島津忠義 しまずただよし
→島津忠義（しまづただよし）

島津綱貴 しまずつなたか
→島津綱貴（しまづつなたか）

島津斉彬 しまずなりあきら
→島津斉彬（しまづなりあきら）

島津斉興 しまずなりおき
→島津斉興（しまづなりおき）

島津斉宣 しまずなりのぶ
→島津斉宣（しまづなりのぶ）

島津久遐 しまずひさとう
→島津久遐（しまづひさとう）

島津久寿 しまずひさとし
→島津久寿（しまづひさなが）

島津久籌 しまずひさとし
→島津久籌（しまづひさとし）

島津久倫 しまずひさとも
→島津久倫（しまづひさとも）

島津久徴 しまずひさなが
→島津久徴（しまづひさなが）

島津久容 しまずひさなり
→島津久容（しまづひさなり）

島津久光 しまずひさみつ
→島津久光（しまづひさみつ）

島津久本 しまずひさもと
→島津久本（しまづひさもと）

島津久芳 しまずひさよし
→島津久芳（しまづひさよし）

島津豊後 しまずぶんご
→島津久宝（しまづひさたか）

島津吉貴 しまずよしたか
→島津吉貴（しまづよしたか）

島津義弘 しまずよしひろ
→島津義弘（しまづよしひろ）

島田一良（島田一郎） しまだいちろう
嘉永1（1848）年～明治11（1878）年
江戸時代末期～明治期の大久保利通の暗殺者。加賀藩の下級藩士出身。
¶朝日（[没]明治11（1878）年7月27日），石川百（島田一郎），維新（島田一郎），江戸東（島田一郎），近現，国史，コン改，コン5，史人（[没]1878年7月27日），重要（島田一郎　[没]明治11（1878）年7月27日），人名（島田一郎），姓氏石川（島田一郎），世人（[没]明治11（1878）年7月27日），日史（島田一郎　[没]明治11（1878）年7月27日），日人，幕末（[没]1878年7月27日），百科

島田魁 しまだかい
文政11（1828）年～明治33（1900）年3月20日
江戸時代末期～明治期の新撰組頭取。池田屋事件で活躍、箱館戦争まで戦い抜き降伏。
¶新撰（[生]文政11年1月15日），幕末（[生]1828年2月29日）

島田勝摩 しまだかつきよ
→島田勝摩（しまだかつま）

島田嘉津次 しまだかつじ
宝暦5（1755）年～文政2（1819）年
江戸時代中期～後期の肥後熊本藩家老。
¶国書（[没]文政2（1819）年10月2日），人名，日人，藩臣7

島田勝摩 しまだかつま
天保12（1841）年～慶応1（1865）年　[別]島田勝摩《しまだかつきよ》
江戸時代末期の富士藩士。
¶人名（しまだかつきよ），姓氏富山，富山百（[没]元治2（1865）年3月2日），日人，幕末（[没]1865年3月28日），藩臣3

島田元旦 しまだがんたん
→島田元旦（しまだげんたん）

嶋田久太郎守政 しまだきゅうたろうもりまさ
→嶋田守政（しまだもりまさ）

島田勤 しまだきん
天明7（1787）年～弘化3（1846）年11月28日
江戸時代後期の加賀藩士。
¶幕末

島田見山 しまだけんざん
江戸時代中期の剣術家。
¶人名，三重

島田元旦 しまだげんたん
安永7（1778）年～天保11（1840）年　[別]島田元旦《しまだがんたん》
江戸時代後期の因幡鳥取藩士。
¶人書94（しまだがんたん），人名（しまだがんたん），鳥取百，日人，藩臣5

島田幸之助 しまだこうのすけ
江戸時代末期の新撰組隊士。
¶新撰

島田左近 しまださこん
？～文久2（1862）年
江戸時代末期の九条家家士。
¶朝日（[没]文久2年7月20日（1862年8月15日）），維新，京都大（[生]文政7（1824）年），コン4，新

潮（㊧文久2（1862）年7月20日），人名，姓氏京都，日人，幕末（㊧1862年8月15日）

島田貞継　しまださだつぐ
慶長13（1608）年～延宝8（1680）年
江戸時代前期の会津藩士、和算家。
¶会津，国書（㊧延宝8（1680）年7月15日），日人

島田重次　しまだしげつぐ
天文14（1545）年～寛永14（1637）年9月17日
戦国時代～江戸時代前期の徳川家奉行人。
¶戦辞

島田雪谷　しまだせっこく
文化11（1828）年～明治17（1884）年
江戸時代末期～明治期の越前福井藩士、画家。
¶人名，日人，幕末（㊧1884年1月19日），藩臣3

島田善次　しまだぜんじ
天明5（1785）年～？
江戸時代後期の紀伊和歌山藩士。
¶幕末，和歌山人

島忠之　しまただゆき
文政7（1824）年～明治34（1901）年
江戸時代末期～明治期の志士。盛岡城開城の時城中御用掛を務める。
¶維新，姓氏岩手，幕末（㊧1901年12月9日）

島田丹右衛門　しまだたんえもん
？　～嘉永3（1850）年
江戸時代末期の筑後久留米藩士。
¶藩臣7

島立内蔵助　しまだてくらのすけ
生没年不詳
江戸時代中期の豊前中津藩家老。
¶藩臣7

島田利正　しまだとしまさ
天正4（1576）年～寛永19（1642）年
安土桃山時代～江戸時代前期の江戸町奉行。旗本島田重次の子。
¶朝日（㊧寛永19年9月15日（1642年10月8日）），近世，国史，コン改，コン4，史人（㊧1642年9月15日），新潮（㊧寛永19（1642）年9月15日），戦合，戦人，日史（㊧寛永19（1642）年9月15日），日人，歴大

島田伴十郎　しまだともじゅうろう
天保9（1838）年～明治27（1894）年
江戸時代末期～明治期の加賀藩士。
¶幕末

島田虎之助　しまだとらのすけ
文化11（1814）年～嘉永5（1852）年
江戸時代末期の豊前中津藩の武士、剣術家。
¶江戸，大分百（㊧1815年），大分歴，剣豪，人書94，全書，大百，日史，日人，藩臣7，百科，歴大

島田直時　しまだなおとき
元亀1（1570）年～寛永5（1628）年10月
安土桃山時代～江戸時代前期の初代大坂西町奉行。
¶大阪人

嶋田守政　しまだもりまさ
寛永1（1624）年～元禄12（1699）年　別嶋田久太郎守政《しまだきゅうたろうもりまさ》

江戸時代前期～中期の19代長崎奉行。
¶長崎歴（嶋田久太郎守政　しまだきゅうたろうもりまさ）

島田弥一郎　しまだやいちろう
天保8（1837）年～？
江戸時代後期～末期の新撰組隊士。
¶新撰

島田泰夫　しまだやすお
文政9（1826）年～明治23（1890）年
江戸時代末期～明治期の守藩士、医師。
¶維新，岡山百（㊧文政11（1828）年），岡山歴（㊧文政11（1828）年～明治23（1890）年1月23日），国書（㊧文政9（1826）年6月　㊧明治23（1890）年1月16日），幕末（㊧1890年1月16日）

島田豊　しまだゆたか
＊～明治12（1879）年
江戸時代末期～明治期の和泉岸和田藩の岸和田藩士。
¶幕末（㊧？　㊧1879年8月15日），藩臣5（㊧文政12（1829）年）

島田鷲郎　しまだわしろう
文化8（1811）年～明治27（1894）年
江戸時代後期～明治期の剣術家。直心影流。
¶剣豪

島地正存　しまぢまさなり，しまじまさなり
弘化2（1845）年～？
江戸時代末期の志士。土佐勤王党に参加。立志社副社長。
¶高知人（しまじまさなり），高知百（しまじまさなり），幕末（しまじまさなり）

島津家久　しまづいえひさ，しまずいえひさ
天正4（1576）年～寛永15（1638）年　別薩摩少将《さつましょうしょう》，島津忠恒《しまつただつね》
安土桃山時代～江戸時代前期の大名。薩摩藩主。
¶朝日（㊧天正4年11月7日（1576年11月27日）　㊧寛永15年2月23日（1638年4月7日）），岩史（㊧天正4（1576）年11月7日　㊧寛永15（1638）年2月23日），沖縄百（しまずいえひさ　㊧天正4（1576）年11月7日　㊧寛永15（1638）年2月24日），鹿児島百（しまずいえひさ　㊧天正6（1578）年），角史，近世，公卿（㊧天正4（1576）年11月7日　㊧寛永15（1638）年2月23日），系西，国史，国書（㊧天正4（1576）年11月7日　㊧寛永15（1638）年2月23日），コン改，コン4，史人（㊧1576年11月7日　㊧1638年2月23日），重要（㊧寛永15（1638）年2月23日），諸系，新潮（㊧天正4（1576）年11月　㊧寛永15（1638）年2月23日），人名，姓氏沖縄（㊧1578年），姓氏鹿児島（㊧1578年），世人（㊧天正6（1578）年11月7日　㊧寛永15（1638）年2月23日），世百，戦合，戦国，全書，戦人（㊧天正6（1578）年），大百，日史（㊧天正4（1576）年11月　㊧寛永15（1638）年2月23日），日人，藩主4（㊧天正4（1576）年11月7日　㊧寛永15（1638）年2月23日），百科（㊧天正6（1578）年），歴大

島津伊勢　しまづいせ
文政12（1829）年～明治31（1898）年

江戸時代後期～明治期の武士。
¶コン5

島津珍彦　しまづうずひこ，しまずうずひこ
弘化1（1844）年～明治43（1910）年
江戸時代末期～明治期の薩摩藩士。
¶維新，鹿児島百（しまずうずひこ），コン5，人名，姓氏鹿児島，日人，幕末（[没]1910年6月1日），藩臣7

島津惟久　しまづこれひさ
延宝4（1676）年～元文3（1738）年　[別]島津惟久《しまずただひさ，しまづただひさ》
江戸時代中期の大名。日向佐土原藩主。
¶諸系，日人，藩主4（しまづただひさ　[生]延宝3（1675）年3月晦日　[没]元文3（1738）年9月19日），宮崎百（しまずただひさ　[生]延宝4（1676）年3月30日　[没]元文3（1738）年9月19日）

島津左衛門　しまづさえもん
江戸時代末期の薩摩国日置領主、城代家老。
¶維新，姓氏鹿児島

島津式部　しまづしきぶ
生没年不詳
江戸時代末期の薩摩藩士。
¶幕末

島津重年　しまづしげとし
享保14（1729）年～宝暦5（1755）年　[別]島津久門《しまづひさかど》
江戸時代中期の大名。薩摩藩主。
¶諸系，人名，姓氏鹿児島（島津久門　しまづひさかど），姓氏鹿児島，日人，藩主4（[生]享保14（1729）年2月11日　[没]宝暦5（1755）年6月16日）

島津重豪　しまづしげひで，しまずしげひで
延享2（1745）年～天保4（1833）年　[別]島津久方《しまづひさかた》
江戸時代中期～後期の大名。薩摩藩主。
¶朝日（[生]延享2年11月7日（1745年11月29日）[没]天保4年1月15日（1833年3月6日）），岩史（[生]延享2（1745）年11月7日　[没]天保4（1833）年1月15日），黄檗（しまずしげひで　[生]延享2（1745）年11月7日　[没]天保4（1833）年1月15日），沖縄百（しまずしげひで　[生]延享2（1745）年11月7日　[没]天保4（1833）年1月15日），鹿児島百（しまずしげひで），角史，鎌倉，近世，国史，国書（[生]延享2（1745）年11月7日　[没]天保4（1833）年1月15日），コン改，コン4，史人（[生]1745年11月7日　[没]1833年1月15日），諸系，人書94（しまずしげひで），新潮（[生]延享2（1745）年11月7日　[没]天保4（1833）年1月15日），人名，姓氏沖縄，姓氏鹿児島（島津久方　しまづひさかた），姓氏鹿児島，姓氏神奈川（[没]1832年），世人（[生]延享2（1745）年11月[没]天保4（1833）年2月3日），世百，全書，大百，日史（[生]延享2（1745）年11月7日　[没]天保4（1833）年1月15日），日人，藩主4（[生]延享2（1745）年11月7日　[没]天保4（1833）年1月15日），百科，宮崎百（しまずしげひで），洋学，歴大

島津将曹　しまづしょうそう，しまずしょうそう
生没年不詳　[別]島津兵庫《しまづひょうご》，碇山将曹《いかりやましょうそう》
江戸時代末期の薩摩藩家老。
¶朝日，維新（島津兵庫　しまづひょうご），鹿児島百（しまずしょうそう），新潮，姓氏鹿児島（島津兵庫　しまづひょうご），日人，幕末

島津新八郎　しまづしんぱちろう，しまづしんはちろう
天保10（1839）年～明治1（1868）年
江戸時代末期の志士、薩摩藩士。
¶維新，人名（[生]1841年），姓氏鹿児島（しまづしんはちろう），日人，幕末（[没]1868年10月8日）

島津貴澄　しまづたかずみ
→島津元直（しまづもとなお）

島津忠朗　しまづただあき
元和2（1616）年～延宝4（1676）年
江戸時代前期の武将。加治木島津家を創設。
¶姓氏鹿児島

島津忠高　しまづただあきら
→島津忠高（しまづただたか）

島津忠興　しまづただおき
慶長5（1600）年～寛永14（1637）年
江戸時代前期の大名。日向佐土原藩主。
¶諸系，日人，藩主4（[生]慶長5（1600）年5月29日[没]寛永14（1637）年6月11日）

島津忠欽　しまづただかた
→島津忠欽（しまづただたか）

島津忠欽　しまづただたか
弘化2（1845）年～大正4（1915）年　[別]島津忠欽《しまづただかた》
江戸時代末期～大正期の薩摩藩士。鹿児島銀行頭取、貴族院議員。国事に尽力。維新後、殖産興業につとめる。
¶姓氏鹿児島（しまづただかた），幕末（[没]1915年4月）

島津忠高　しまづただたか
慶安4（1651）年～延宝4（1676）年　[別]島津忠高《しまずただあきら，しまづただあきら》
江戸時代前期の大名。日向佐土原藩主。
¶諸系，日人，藩主4（しまづただあきら　[生]慶安4（1651）年3月4日　[没]延宝4（1676）年8月11日），宮崎百（しまずただあきら　[生]慶安4（1651）年3月4日　[没]延宝4（1676）年8月11日）

島津惟久　しまづただひさ
→島津惟久（しまづこれひさ）

島津忠寛　しまづただひろ，しまずただひろ
文政11（1828）年～明治29（1896）年
江戸時代末期～明治期の大名。日向佐土原藩主。
¶朝日（[生]文政11（1828）年2月　[没]明治29（1896）年6月20日），維新，弓道（しまずただひろ[生]文政11（1828）年3月12日　[没]明治29（1896）年6月20日），近現，近世，国史，コン改，コン4，コン5，諸系，新潮（[生]文政11（1828）年2月[没]明治29（1896）年6月20日），人名，姓氏鹿児島，日人，幕末（[没]1896年6月20日），藩主4（[生]文政11（1828）年2月9日　[没]明治29（1896）年6月20日），宮崎百（しまずただひろ　[生]文政

11(1828)年2月9日　[没]明治29(1896)年6月20日)

島津忠雅 しまづただまさ
*～天明4(1784)年
江戸時代中期の大名。日向佐土原藩主。
¶諸系([生]1703年), 人名([生]1702年), 日人([生]1703年), 藩主4([生]元禄15(1702)年12月1日　[没]天明4(1784)年5月15日)

島津忠持 しまづただもち
明和3(1766)年～天保2(1831)年
江戸時代中期～後期の大名。日向佐土原藩主。
¶諸系, 日人, 藩主4([生]明和3(1766)年6月29日　[没]天保2(1831)年1月26日)

島津忠徹 しまづただゆき, しまずただゆき
寛政9(1797)年～天保10(1839)年
江戸時代後期の大名。日向佐土原藩主。
¶諸系, 日人, 藩主4([生]寛政9(1797)年8月2日　[没]天保10(1839)年4月26日), 宮崎百(しまずただゆき　[生]寛政9(1797)年8月2日　[没]天保10(1839)年4月26日)

島津忠義 しまづただよし, しまずただよし
天保11(1840)年～明治30(1897)年　[別]島津茂久《しまづしげひさ, しまづもちひさ》
江戸時代末期～明治期の大名。薩摩藩主。
¶朝日([生]天保11年4月21日(1840年5月22日)　[没]明治30(1897)年12月26日), 維新, 岩史([生]天保11(1840)年4月21日　[没]明治30(1897)年12月26日), 鹿児島百(しまずただよし), 角史, 近現, 近世, 国際, 国史, 国書([生]天保11(1840)年4月21日　[没]明治30(1897)年12月26日), コン改, コン4, コン5, 史人([生]1840年4月21日　[没]1897年12月26日), 重要([没]明治30(1897)年12月26日), 諸系, 新潮([生]天保11(1840)年4月21日　[没]明治30(1897)年12月26日), 人名, 姓氏鹿児島, 世人([生]天保11(1840)年4月　[没]明治30(1897)年12月26日), 日史([生]天保11(1840)年4月21日　[没]明治30(1897)年12月26日), 日人, 幕末([没]1897年12月26日), 藩主4([生]天保11(1840)年4月21日　[没]明治30(1897)年12月26日), 百科, 歴大

島津継豊 しまづつぐとよ
元禄14(1701)年～宝暦10(1760)年
江戸時代中期の大名。薩摩藩主。
¶諸系([生]1702年), 人名, 姓氏鹿児島, 日人([生]1702年), 藩主4([生]元禄14(1701)年12月22日　[没]宝暦10(1760)年9月20日)

島津綱貴 しまづつなたか, しまずつなたか
慶安3(1650)年～宝永1(1704)年
江戸時代中期の大名。薩摩藩主。
¶黄檗(しまずつなたか　[没]宝永1(1704)年9月19日), 近世, 国史, 国書([生]慶安3(1650)年10月24日　[没]宝永1(1704)年9月19日), 諸系, 人名, 姓氏鹿児島, 日人, 藩主4([生]慶安3(1650)年10月24日　[没]宝永1(1704)年9月19日)

島津綱久 しまづつなひさ
寛永9(1632)年～延宝1(1673)年
江戸時代前期の武士。
¶諸系, 人名, 日人

島津天錫 しまづてんしゃく
宝暦2(1752)年～文化6(1809)年　[別]島津久徴《しまづひさなる》
江戸時代中期～後期の武士、漢詩人。始羅郡加治木郷の領主。加治木島津家6代。
¶国書([生]宝暦2(1752)年6月6日　[没]文化6(1809)年9月11日), 姓氏鹿児島(島津久徴　しまづひさなる), 日人

島津斉彬 しまづなりあきら, しまずなりあきら
文化6(1809)年～安政5(1858)年
江戸時代末期の大名。薩摩藩主。開明的君主で藩政改革を断行。公武合体を唱え、幕政にも影響を及ぼす。
¶朝日([生]文化6年9月28日(1809年11月5日)　[没]安政5年7月16日(1858年8月24日)), 維新, 岩史([生]文化6(1809)年9月28日　[没]安政5(1858)年7月16日), 沖縄百(しまずなりあきら　[生]文化6(1809)年9月28日　[没]安政5(1858)年7月16日), 鹿児島百(しまずなりあきら), 角史, 近世, 国史, 国書([生]文化6(1809)年9月28日　[没]安政5(1858)年7月16日), コン改, コン4, 詩歌, 史人([生]1809年9月28日　[没]1858年7月16日), 重要([生]文化6(1809)年9月28日　[没]安政5(1858)年7月16日), 諸系, 人書94(しまずなりあきら), 新潮([生]文化6(1809)年9月28日　[没]安政5(1858)年7月16日), 人名, 姓氏沖縄, 姓氏鹿児島, 世人([生]文化6(1809)年4月28日　[没]安政5(1858)年7月15日), 世百, 全書, 大百, 伝記, 日史([生]文化6(1809)年9月28日　[没]安政5(1858)年7月16日), 日人, 幕末([没]1858年8月24日), 藩主4([生]文化6(1809)年9月28日　[没]安政5(1858)年7月20日), 百科, 歴大

島津斉興 しまづなりおき, しまずなりおき
寛政3(1791)年～安政6(1859)年
江戸時代末期の大名。薩摩藩主。
¶朝日([生]寛政3年11月6日(1791年12月1日)　[没]安政6年9月12日(1859年10月7日)), 維新, 沖縄百(しまずなりおき　[生]寛政3(1791)年11月6日　[没]安政6(1859)年9月12日), 鹿児島百(しまずなりおき), 近世, 国史, 国書([生]寛政3(1791)年11月6日　[没]安政6(1859)年9月12日), コン4, 史人([生]1791年11月6日　[没]1859年9月12日), 諸系, 新潮([生]寛政3(1791)年11月6日　[没]安政6(1859)年9月12日), 人名, 姓氏沖縄, 姓氏鹿児島, 日人, 幕末([没]1859年10月7日), 藩主4([生]寛政3(1791)年11月6日　[没]安政6(1859)年9月12日), 歴大

島津斉宣 しまづなりのぶ, しまずなりのぶ
安永2(1773)年～天保12(1841)年
江戸時代後期の大名。薩摩藩主。
¶鹿児島百(しまずなりのぶ), 近世, 国史, 国書([生]安永2(1773)年12月6日　[没]天保12(1841)年10月13日), 諸系([生]1774年), 人名, 姓氏鹿児島, 日人([生]1774年), 藩主4([生]安永2(1773)年12月6日　[没]天保12(1841)年10月13日)

島津登(1) しまづのぼる
生没年不詳
江戸時代末期の薩摩藩士。

¶日人，幕末

島津登(2) しまづのぼる

江戸時代末期の薩摩藩家老。

¶維新，姓氏鹿児島，幕末（生没年不詳）

島津久章 しまづひさあき

元和1（1615）年～正保2（1645）年

江戸時代前期の武将。新城島津家の初代。

¶姓氏鹿児島

島津久明 しまづひさあき

天保13（1842）年～大正3（1914）年

江戸時代末期～明治期の薩摩国日置郷の領主。

¶姓氏鹿児島，幕末（[没]1914年4月）

島津久雄 しまづひさお

寛永10（1633）年～寛文3（1663）年 [別]島津久雄《しまづひさたか》

江戸時代前期の大名。日向佐土原藩主。

¶諸系，日人，藩主4（しまづひさたか [生]寛永10（1633）年3月21日 [没]寛文3（1663）年12月2日）

島津久方 しまづひさかた

→島津重豪（しまづしげひで）

島津久容 しまづひさかた

→島津久容（しまづひさなり）

島津久門 しまづひさかど

→島津重年（しまづしげとし）

島津久宝 しまづひさたか

享和2（1802）年～明治6（1873）年 [別]島津豊後《しまずぶんご》

江戸時代末期～明治期の薩摩藩家老。

¶鹿児島百（島津豊後 しまずぶんご），日人，幕末（[没]1873年1月17日），藩臣7

島津久雄 しまづひさたか

→島津久雄（しまづひさお）

島津久竹 しまづひさたけ

寛永12（1635）年～元禄6（1693）年

江戸時代前期～中期の武士。宮之城島津家5代、伊佐郡宮之城郷領主。

¶姓氏鹿児島

島津久達 しまづひさたつ

慶安4（1651）年～享保4（1719）年

江戸時代前期～中期の薩摩藩城代。

¶姓氏鹿児島

島津久静 しまづひさつぐ

→島津久静（しまづひさなが）

島津久遐 しまづひさとう，しまずひさとう

寛永14（1637）年5月2日～？

江戸時代前期の武士。旧佐土原藩の2代藩主忠興の三男で、3代久雄の弟。

¶宮崎百（しまずひさとう）

島津久寿 しまづひさとし

→島津久寿（しまづひさなが）

島津久籌（島津久寿） しまづひさとし，しまずひさとし

＊～明治44（1911）年 [別]島津又七《しまづまたしち》

江戸時代末期～明治期の薩摩藩家老。

¶維新（島津又七 しまづまたしち [生]1827年），鹿児島百（しまずひさとし [生]文政8（1825）年），人名（島津久寿 [生]1825年），姓氏鹿児島（[生]1825年），姓氏鹿児島（島津又七 しまづまたしち [生]1827年），日人（[生]1827年），幕末（[生]1827年 [没]1911年9月26日），藩臣7（[生]文政8（1825）年）

島津久倫 しまづひさとも，しまずひさとも

宝暦9（1759）年～文政4（1821）年

江戸時代中期～後期の都城領主。都城島津家の22代。

¶宮崎百（しまずひさとも）

島津久寿 しまづひさなが

寛文4（1664）年～元禄6（1693）年 [別]島津久寿《しまずひさとし，しまづひさとし》

江戸時代前期～中期の大名。日向佐土原藩主。

¶諸系，日人，藩主4（しまづひさとし [生]寛文4（1664）年閏5月17日 [没]元禄6（1693）年8月3日），宮崎百（しまずひさとし [生]寛文4（1664）年5月17日 [没]元禄4（1691）年8月3日）

島津久静 しまづひさなが

天保3（1832）年～文久2（1862）年 [別]島津久静《しまづひさつぐ》

江戸時代末期の薩摩藩老臣、都城領主。

¶維新，人名（しまづひさつぐ），姓氏鹿児島，日人

島津久徴 しまづひさなが，しまずひさなが

文政2（1819）年～明治3（1870）年

江戸時代末期～明治期の薩摩藩の薩摩国日置郷の領主。

¶鹿児島百（しまずひさなが），国書，幕末（[没]1870年4月），藩臣7

島津久容 しまづひさなり，しまずひさなり

天保13（1842）年～明治23（1890）年 [別]島津久容《しまずひさなり，しまづひさかた》

江戸時代末期～明治期の薩摩国佐寿司の領主。

¶維新（しまづひさかた），鹿児島百（しまずひさなり），人名，姓氏鹿児島，日人，幕末（[没]1890年5月3日）

島津久徴 しまづひさなる

→島津天錫（しまづてんしゃく）

島津久信 しまづひさのぶ

天正13（1585）年～寛永14（1637）年

安土桃山時代～江戸時代前期の武将。垂水島津家4代。

¶姓氏鹿児島

島津久徳 しまづひさのり

寛政10（1798）年～嘉永3（1850）年

江戸時代後期の加治木島津家の8代。始羅郡溝辺郷の領主。

¶姓氏鹿児島

島津久治 しまづひさはる

天保12（1841）年～明治5（1872）年

江戸時代末期～明治期の薩摩藩家老。島津久光の次男。

¶朝日（[生]天保12年4月25日（1841年6月14日） [没]明治5年1月4日（1872年2月12日）），維新，近現，近世，国史，コン改，コン4，コン5，史人（[生]1841年4月25日 [没]1872年1月4日），新潮

し

（[没]明治5（1872）年1月4日），人名，姓氏鹿児島，日人，幕末（[没]1872年2月12日），藩臣7

島津久通 しまづひさみち
慶長9（1604）年～延宝2（1674）年
江戸時代前期の興産家。薩摩藩家老。
¶近世，国史，国書（[生]慶長9（1604）年12月29日 [没]延宝2（1674）年11月29日），コン改，コン4，新潮（[没]延宝2（1674）年12月30日），人名，姓氏鹿児島（[生]1603年），日人（[生]1605年），藩臣7

島津久光 しまづひさみつ，しまずひさみつ
文化14（1817）年～明治20（1887）年
江戸時代末期～明治期の薩摩藩指導者。薩摩藩主島津忠義の父。公武合体派の中心として文久の改革を推進。
¶朝日（[生]文化14年10月24日（1817年12月2日） [没]明治20（1887）年12月6日），維新，岩史（[生]文化14（1817）年10月24日 [没]明治20（1887）年12月6日），鹿児島百（しまずひさみつ），角史，京都大，近現，近世，国際，国史，国書（[生]文化14（1817）年10月24日 [没]明治20（1887）年12月6日），コン改，コン4，コン5，史人（[生]1817年10月24日 [没]1887年12月6日），重要（[生]文化14（1817）年10月24日 [没]明治20（1887）年12月6日），諸系，新潮（[生]文化14（1817）年10月24日 [没]明治20（1887）年12月6日），人名，姓氏鹿児島，姓氏京都，世人（[生]文化14（1817）年10月20日 [没]明治20（1887）年12月6日），世百，全書，大百，伝記，日史（[生]文化14（1817）年10月24日 [没]明治20（1887）年12月6日），日人，日本，幕末（[没]1887年12月6日），百科，宮崎百（しまずひさみつ），歴大

島津久峰 しまづひさみね
享保17（1732）年～安永2（1773）年
江戸時代中期の薩摩藩家老座、能書家。
¶姓氏鹿児島

島津久元 しまづひさもと
天正9（1581）年～寛永20（1643）年
江戸時代前期の薩摩藩家老。
¶諸系，人名，日人

島津久柄 しまづひさもと
享保19（1734）年～文化2（1805）年
江戸時代中期～後期の大名。日向佐土原藩主。
¶諸系，日人，藩主4（[生]享保19（1734）年6月21日 [没]文化2（1805）年8月13日）

島津久本 しまづひさもと，しまずひさもと
享和3（1803）年～明治1（1868）年
江戸時代末期の薩摩藩都城領主。
¶維新，人名，姓氏鹿児島，日人，幕末（[没]1868年10月28日），宮崎百（しまずひさもと）

島津久慶 しまづひさやす
生没年不詳
江戸時代後期の日向佐土原藩士。藩主久柄の4男。
¶国書

島津久慶 しまづひさよし
慶長14（1609）年～慶安4（1651）年
江戸時代後期の薩摩藩士。日置島津家4代、島津家久時代の家老。
¶姓氏鹿児島

島津久芳 しまづひさよし，しまずひさよし
文政5（1822）年～明治18（1885）年
江戸時代末期～明治期の薩摩藩士。
¶維新，鹿児島百（しまずひさよし），近現，近世，国史，コン改，コン4，コン5，新潮（[生]文政5（1822）年5月 [没]明治18（1885）年12月8日），人名，姓氏鹿児島，日人，幕末（[没]1885年12月8日）

島津久芬 しまづひさよし
元禄16（1703）年～延享3（1746）年
江戸時代中期の武士、大番頭。
¶人名，日人

島津兵庫 しまづひょうご
→島津将曹（しまづしょうそう）

島津豊後 しまづぶんご
？～明治29（1896）年
江戸時代末期～明治期の薩摩藩島津家一門加治木領主、城代家老。
¶維新，新潮（[没]明治29（1896）年8月），姓氏鹿児島

島津又七 しまづまたしち
→島津久籌（しまづひさとし）

島津光久 しまづみつひさ
元和2（1616）年～元禄7（1694）年
江戸時代前期の大名。薩摩藩主。
¶朝日（[生]元和2年6月22日（1616年8月4日） [没]元禄7年11月29日（1695年1月14日）），近世，国史，国書5（[生]元和2（1616）年6月22日 [没]元禄7（1694）年11月29日），史人（[生]1616年6月2日 [没]1694年11月29日），諸系（[没]1695年），人名，姓氏鹿児島，日人（[没]1695年），藩主4（[生]元和2（1616）年6月2日 [没]元禄7（1694）年11月29日），歴大

島津宗信 しまづむねのぶ
享保13（1728）年～寛延2（1749）年
江戸時代中期の大名。薩摩藩主。
¶諸系，人名，姓氏鹿児島，日人，藩主4（[生]享保13（1728）年6月13日 [没]寛延2（1749）年7月10日）

島津元直 しまづもとなお
元文3（1738）年～文化4（1807）年 [別]島津貴澄《しまづたかずみ》
江戸時代中期～後期の薩摩垂水領主。
¶国書，姓氏鹿児島（島津貴澄 しまづたかずみ）

島津吉貴 しまづよしたか，しまずよしたか
延宝3（1675）年～延享4（1747）年
江戸時代中期の大名。薩摩藩主。
¶黄檗（しまずよしたか [没]延享4（1747）年10月10日），沖縄百（しまずよしたか [生]延宝3（1675）年9月17日 [没]延享4（1747）年10月10日），国書5（[生]延宝3（1675）年9月17日 [没]延享4（1747）年10月10日），諸系，人名，姓氏鹿児島，日人，藩主4（[生]延宝3（1675）年9月17日 [没]延享4（1747）年10月10日）

島津義弘 しまづよしひろ，しまずよしひろ
天文4（1535）年～元和5（1619）年 [別]薩摩侍従《さつまじじゅう》
安土桃山時代～江戸時代前期の大名。薩摩藩主。

¶朝日([生]天文4年7月23日(1535年8月21日) [没]元和5年7月21日(1619年8月30日)), 岩史([生]天文4(1535)年7月23日　[没]元和5(1619)年7月21日), 沖縄百(しまずよしひろ　[生]天文4(1535)年7月23日　[没]元和5(1619)年7月21日), 鹿児島百(しまずよしひろ), 角史, 近世, 系西, 国史, 国書([生]天文4(1535)年7月23日　[没]元和5(1619)年7月21日), 古中, コン改, コン4, 茶道, 史人([生]1535年7月23日 [没]1619年7月21日), 諸系, 人書94(しまずよしひろ), 新潮([生]天文4(1535)年7月23日　[没]元和5(1619)年7月21日), 人名, 姓氏沖縄, 姓氏鹿児島, 世人([生]天文4(1535)年7月　[没]元和5(1619)年7月21日), 世百, 戦合, 戦国, 全書, 戦人, 大百, 日史([生]天文4(1535)年7月23日 [没]元和5(1619)年7月21日), 日人, 藩主4([生]天文4(1535)年7月23日　[没]元和5(1619)年7月21日), 百科, 宮崎百(しまずよしひろ [生]天文5(1536)年), 歴大

島東佐八 しまとうさはち
生没年不詳
江戸時代末期の佐賀藩士。1860年遣米使節に随行しアメリカに渡る。
¶海越新

島友勝 しまともかつ
安土桃山時代～江戸時代前期の武士。
¶人名, 日人(生没年不詳)

島浪間 しまなみま
天保14(1843)年～慶応1(1865)年　[別]島義親《しまよしちか》
江戸時代末期の三条実美の衛士。
¶維新, 岡山歴([没]元治2(1865)年2月22日), 高知人, 人名(島義親　しまよしちか), 日人, 幕末([生]1842年　[没]1865年12月20日), 藩臣6([生]天保13(1842)年　[没]元治1(1864)年)

島野弥治兵衛 しまのやじべえ
生没年不詳
江戸時代後期の遠江掛川藩用人。
¶藩臣4

嶋正祥 しまままささだ
→島正祥(しままさただ)

島正祥 しままさただ
貞享4(1687)年～延享3(1746)年　[別]嶋正祥《しままささだ》
江戸時代中期の江戸町奉行。
¶京都大, 人名, 姓氏京都, 日人(嶋正祥　しままささだ)

嶋正長(島正長) しままさなが
寛永2(1625)年～宝永5(1708)年
江戸時代前期～中期の御先弓頭。
¶人名(島正長), 日人

島又左衛門 しままたざえもん
?　～寛永15(1638)年
江戸時代前期の肥後熊本藩士。
¶藩臣7

嶋三安 しまみつやす
?　～寛永21(1644)年11月23日
江戸時代前期の幕臣。
¶国書

島村彬 しまむらあきら
安永6(1777)年～弘化2(1845)年
江戸時代後期の筑前福岡藩士。
¶人名, 日人

嶋村淡路守 しまむらあわじのかみ
永禄11(1568)年～慶安4(1651)年6月4日
安土桃山時代～江戸時代前期の武将。
¶国書

島村衛吉 しまむらえきち
天保5(1834)年～慶応1(1865)年　[別]島村重険《しまむらしげのり》
江戸時代末期の土佐藩の志士。土佐勤王党に参加。
¶維新, 高知人([生]1835年), 高知百([生]1835年), 人名(島村重険　しまむらしげのり), 日人, 幕末([没]1865年4月18日), 藩臣6([生]天保6(1835)年)

島村鼎甫 しまむらけんぽ
→島村鼎甫(しまむらていほ)

島村左伝次 しまむらさでんじ
文政12(1829)年～明治37(1904)年
江戸時代末期～明治期の土佐藩の志士。土佐勤王党に参加。
¶高知人, 幕末([没]1904年2月29日), 藩臣6

島村重険 しまむらしげのり
→島村衛吉(しまむらえきち)

島村志津摩 しまむらしづま
→島村貫倫(しまむらつらとも)

島村洲平 しまむらしゅうへい
→島村洲平(しまむらすへい)

島村寿之助 しまむらじゅのすけ
文政4(1821)年～明治18(1885)年　[別]島村雅事《しまむらまさこと》
江戸時代末期～明治期の土佐藩の志士。土佐勤王党に参加。
¶維新, 高知人, 人名(島村雅事　しまむらまさこと　[生]1822年　[没]1886年), 日人(島村雅事　しまむらまさこと), 幕末([没]1885年8月30日), 藩臣6

島村省吾 しまむらしょうご
弘化2(1845)年～元治1(1864)年
江戸時代末期の土佐藩士。
¶維新, 高知人([生]1844年), 人名, 日人, 幕末([生]1844年　[没]1864年3月23日)

島村洲平 しまむらすへい
天保3(1832)年～明治6(1873)年　[別]島村洲平《しまむらしゅうへい》
江戸時代末期～明治期の土佐藩の志士。土佐勤王党に参加。
¶維新, 人名(しまむらしゅうへい), 日人, 幕末([没]1873年12月2日), 藩臣6

島村外也 しまむらそとや
?　～明治4(1871)年
江戸時代後期～明治期の剣術家。直心影流。
¶剣豪

島村貫倫 しまむらつらとも
天保4(1833)年～明治9(1876)年　[別]島村志津摩

《しまむらしづま》
江戸時代末期～明治期の豊前小倉藩士。
¶朝日（[生]天保4年3月28日（1833年5月17日）　[没]明治9（1876）年8月18日），維新，人名（島村志津摩　しまむらしづま），日人，幕末（[没]1876年8月18日），藩臣7（島村志津摩　しまむらしづま），福岡百（島村志津摩　しまむらしづま　[生]天保4（1833）年3月28日　[没]明治9（1876）年8月18日）

島村鼎甫　しまむらていほ
天保1（1830）年～明治14（1881）年　[別]島村鼎甫《しまむらけんぽ》
江戸時代末期～明治期の阿波徳島藩の洋学者。医学校中等教授。幕府医学所教官。
¶江文，岡山人，岡山百（[生]天保2（1831）年　[没]明治14（1881）年2月25日），岡山歴（[生]天保2（1831）年　[没]明治14（1881）年2月25日），近現，国史，国書（[没]明治14（1881）年2月25日），新潮（[没]明治14（1881）年2月25日），人名，徳島百（しまむらけんぽ　[生]天保10（1839）年），徳島歴（[没]明治14（1881）年2月），日人，藩臣6，洋学

島村孫右衛門　しまむらまごえもん
延宝3（1675）年～元文4（1739）年
江戸時代前期～中期の剣術家。新田宮流。
¶剣豪

島村昌賢　しまむらまさかた
文政2（1819）年10月19日～明治37（1904）年3月26日
江戸時代後期～明治期の弓道家、水戸藩中山家の臣、大和流弓道指南。
¶弓道

島村昌邦　しまむらまさくに
生没年不詳
江戸時代後期の武芸家。
¶国書

島村雅事　しまむらまさこと
→島村寿之助（しまむらじゅのすけ）

島村真潮　しまむらましお
？　～明治30（1897）年
江戸時代末期～明治期の志士。戊辰戦争の東征に従軍、のち留守居組に抜擢された。
¶人名，日人

島本審次郎　しまもとしんじろう
→島本仲道（しまもとなかみち）

島元利　しまもととし
～承応2（1653）年
江戸時代前期の旗本。
¶神奈川人

島本仲道　しまもとなかみち
天保4（1833）年～明治26（1893）年1月2日　[別]島本審次郎《しまもとしんじろう》
江戸時代後期～明治期の武士、官僚。
¶維新（島本審次郎　しまもとしんじろう　[没]1892年），近現，高知人，高知百（[没]1892年），国際（[没]明治25（1892）年），国史，コン改（[没]1892年），コン5（[没]明治25（1892）年），四国文（[生]天保4年4月），史人（[生]1833年4月18日），新潮（[生]天保4（1833）年4月18日），人名（[没]1892年），日人，幕末（[没]1892年12月），山梨百，履歴（[生]天保4（1833）年4月18日）

嶋本信春　しまもとのぶはる
元禄16（1703）年～安永2（1773）年
江戸時代中期の武士。
¶和歌山人

島義勇　しまよしたけ
文政5（1822）年～明治7（1874）年
江戸時代末期～明治期の肥前佐賀藩士、佐賀の乱主謀者の一人。
¶秋田百，朝日（[生]文政5年9月12日（1822年10月26日）　[没]明治7（1874）年4月13日），維新，近現，近世，国史，国書（[生]文政5（1822）年9月12日　[没]明治7（1874）年4月13日），コン改，コン4，コン5，佐賀百（[生]文政5（1822）年9月12日　[没]明治7（1874）年4月13日），札幌（[生]文政5年9月12日），史人（[生]1822年9月12日　[没]1874年4月13日），人書94（[没]1875年），神人（[没]明治7（1874）年4月13日），新潮（[生]文政5（1822）年9月12日　[没]明治7（1874）年4月13日），人名，日史（[生]文政5（1822）年9月12日　[没]明治7（1874）年4月13日），日人，幕末（[没]1874年4月13日），百科，北海道百，北海道文（[生]文政5（1822）年9月12日　[没]明治7（1874）年4月13日），北海道歴，明治1，履歴（[生]文政5（1822）年9月12日　[没]明治7（1874）年4月13日），歴大

島義親　しまよしちか
→島浪間（しまなみま）

清水秋全　しみずあきまさ
宝永3（1706）年～明和3（1766）年　[別]清水秋全《しみずしゅうぜん》
江戸時代中期の南部藩士・国学者。
¶国書（[没]明和3（1766）年3月10日），姓氏岩手（しみずしゅうぜん）

清水浅彦　しみずあさひこ
天保2（1831）年～明治19（1886）年
江戸時代末期～明治期の長門長府藩士。
¶幕末（[没]1886年5月7日），藩臣6

清水敦之助　しみずあつのすけ
寛政8（1796）年～寛政11（1799）年
江戸時代後期の三卿清水家の2代当主。
¶諸系，日人

清水一学　しみずいちがく
延宝5（1677）年～＊
江戸時代前期～中期の武士。吉良義央の家臣。
¶姓氏愛知（[没]1702年），日人（[没]1703年）

清水卯吉　しみずうきち
江戸時代末期の新撰組隊士。
¶新撰

清水雲窩　しみずうんか
寛政12（1800）年～＊
江戸時代末期の筑前福岡藩士。
¶人名（[没]1869年），日人（[没]1870年）

清水景治　しみずかげはる
元亀2（1571）年～慶安2（1649）年
安土桃山時代～江戸時代前期の武士。毛利氏家臣。

¶岡山人，岡山歴（[没]慶安2（1649）年1月16日），戦人（生没年不詳），戦補

清水勝太郎 しみずかつたろう
天保4（1833）年2月5日～昭和1（1926）年
江戸時代後期～大正期の武術家。
¶三重

清水休左衛門 しみずきゅうざえもん
天保9（1838）年～？
江戸時代後期～末期の新撰組隊士。
¶新撰

清水久三郎 しみずきゅうさぶろう
江戸時代前期の武士。徳川家康の臣。
¶人名

清水清次 しみずきよつぐ
＊～元治1（1864）年 [別]清水清次《しみずせいじ》
江戸時代末期の谷田部藩士。
¶人名（[生]1840年），日人（[生]1841年），幕末（しみずせいじ [生]？ [没]1864年12月27日），藩臣2（しみずせいじ [生]？）

清水金三郎 しみずきんざぶろう
＊～明治29（1896）年
江戸時代末期～明治期の加賀藩士。
¶姓氏石川（[生]？），幕末（[生]1848年 [没]1896年3月）

清水内蔵之允 しみずくらのじょう
天正14（1586）年～寛文4（1664）年
江戸時代前期の上野館林藩士。
¶藩臣2

清水謙堂 しみずけんどう
江戸時代末期～明治期の伊勢津藩士。
¶三重

清水吾一 しみずごいち
天保7（1836）年～明治5（1872）年5月27日
江戸時代後期～明治期の新撰組隊士。
¶新撰

清水五郎右衛門 しみずごろうえもん
生没年不詳
江戸時代後期の上野安中藩士。
¶藩臣2

志水才助 しみずさいすけ
？ ～寛政5（1793）年
江戸時代中期の肥後熊本藩士。
¶人名，日人，藩臣7

清水完和（清水定和） しみずさだかず
寛政10（1798）年～明治13（1880）年
江戸時代末期～明治期の武士、歌人。
¶人名（清水定和），日人

清水貞固 しみずさだかた
？ ～文化4（1807）年
江戸時代中期～後期の因幡鳥取藩士、歌人。
¶国書5（[没]文化4（1807）年11月），鳥取百，藩臣5，和俳

清水重勝 しみずしげかつ
明和7（1770）年～天保7（1836）年
江戸時代中期～後期の槍術家、和術家。
¶高知人

清水重好 しみずしげよし
→徳川重好（とくがわしげよし）

清水秋全 しみずしゅうぜん
→清水秋全（しみずあきまさ）

清水純斎 しみずじゅんさい
江戸時代末期の武士、書家。将軍家茂朝参の副監察。
¶人名，日人（生没年不詳）

清水正吉 しみずしょうきち
江戸時代末期の新撰組隊士。
¶新撰

清水新助 しみずしんすけ
江戸時代前期の槍術家、船津流槍術の祖。
¶人名，日人（生没年不詳）

清水介左衛門 しみずすけざえもん
文化14（1817）年～＊
江戸時代末期の水戸藩士。
¶人名（[没]1865年），日人（[没]1866年）

清水助次郎 しみずすけじろう
生没年不詳
江戸時代末期の遠江浜松藩士。
¶藩臣4

清水精一郎 しみずせいいちろう
？ ～慶応1（1865）年
江戸時代末期の志士。
¶人名

清水盛香 しみずせいこう
宝永3（1706）年～？ [別]清水盛香《きよみずせいこう》
江戸時代中期の薩摩藩士、史家。
¶国書，姓氏鹿児島（きよみずせいこう）

清水清次 しみずせいじ
→清水清次（しみずきよつぐ）

清水清太郎 しみずせいたろう
天保14（1843）年～元治1（1864）年 [別]清水親知《しみずちかとも》
江戸時代末期の長州（萩）藩士。
¶朝日（[生]天保14年6月9日（1843年7月6日） [没]元治1年12月25日（1865年1月22日）），維新，コン改，コン4，新潮（[生]天保14（1843）年6月9日 [没]元治1（1864）年12月25日），人名（清水親知 しみずちかとも），姓氏山口（清水親知 しみずちかとも），日人（清水親知 しみずちかとも [没]1865年），幕末（[没]1865年1月22日），藩臣6（清水親知 しみずちかとも），山口百

清水赤城 しみずせきじょう
明和3（1766）年～嘉永1（1848）年
江戸時代中期～後期の上野高崎藩の儒者、兵学者。
¶朝日（[没]嘉永1年5月10日（1848年6月10日）），維新，江戸，郷土群馬，近世，群馬人，群馬百，国史，国書（[没]嘉永1（1848）年5月10日），コン改，コン4，史人（[没]1848年5月10日），新潮（[没]嘉永1（1848）年5月10日），人名（[生]1756年），姓氏群馬，日人，幕末（[没]1848年6月10日），藩臣2，洋学

清水積翠 しみずせきすい
文化13（1816）年3月16日～慶応3（1867）年

江戸時代後期～末期の桑名藩士。
¶三重

志水忠継 しみずただつぐ
寛永6(1629)年～寛文5(1665)年
江戸時代前期の尾張藩士、家老。
¶藩臣4

志水忠宗 しみずただむね
天正2(1574)年～寛永3(1626)年
安土桃山時代～江戸時代前期の尾張藩城代。
¶姓氏愛知，藩臣4

清水太郎左衛門 しみずたろうざえもん
寛政5(1793)年～明治1(1868)年
江戸時代後期～末期の剣術家。家川念流。
¶剣豪

清水太郎左衛門尉 しみずたろうざえもんのじょう
？ ～元和2(1616)年3月2日
安土桃山時代～江戸時代前期の北条氏の家臣。
¶戦辞

清水丹左衛門 しみずたんざえもん
文化4(1807)年～明治16(1883)年
江戸時代末期～明治期の信濃高遠藩代官。
¶藩臣3

清水親知 しみずちかとも
→清水清太郎(しみずせいたろう)

清水親春 しみずちかはる
→清水美作(しみずみまさか)

清水竹坡 しみずちくは
江戸時代の津山松平藩士・画人。
¶岡山歴

清水中洲 しみずちゅうしゅう
寛政2(1790)年～慶応3(1867)年
江戸時代末期の儒者、仙台藩士。
¶大阪人([没]慶応3(1867)年2月)，国書([没]慶応3(1867)年2月9日)，人名，日人

清水綱義 しみずつなよし
天保2(1831)年～明治21(1888)年
江戸時代後期～明治期の幕臣、民権運動家。
¶静岡歴，姓氏静岡

清水時庸 しみずときもち
正徳2(1712)年～明和9(1772)年10月29日
江戸時代中期の幕臣。
¶国書

清水時良 しみずときよし
元文5(1740)年～寛政8(1796)年6月29日
江戸時代中期～後期の幕臣。
¶国書

清水長忠 しみずながただ
？ ～正保2(1645)年
江戸時代前期の浅野家臣。
¶和歌山人

清水長年 しみずながとし
生没年不詳
江戸時代後期の因幡鹿奴新田藩士。
¶国書

清水斉明 しみずなりあき
文化7(1810)年～文政10(1827)年
江戸時代後期の三卿清水家の4代当主。
¶諸系，日人

清水南山 しみずなんざん
生没年不詳
江戸時代中期の漢詩人、出雲松江藩士。
¶国書，人名，日人

清水八右衛門 しみずはちえもん
生没年不詳
江戸時代の剣術家。家川念流の祖。
¶剣豪

清水晴国 しみずはるくに
文政8(1825)年～明治4(1871)年
江戸時代末期～明治期の薩摩藩島津家家士。
¶人名，日人，幕末([没]1871年6月19日)

清水広博 しみずひろみ
生没年不詳
江戸時代末期～明治期の越後高田藩士。
¶国書

清水兵左衛門 しみずへいざえもん
生没年不詳
江戸時代後期の駿河沼津藩用人。
¶藩臣4

志水伯耆 しみずほうき
生没年不詳
安土桃山時代～江戸時代前期の肥後熊本藩士。
¶藩臣7

志水正昭 しみずまさあき
元和7(1621)年？ ～慶安3(1650)年
江戸時代前期の尾張藩士。
¶藩臣4

清水昌勝 しみずまさかつ
～？
江戸時代の奥州白河藩士。
¶三重続

清水美作 しみずみまさか
文政1(1818)年～明治8(1875)年　[別]清水親春《しみずちかはる》
江戸時代末期～明治期の長州(萩)藩寄組。四境の役で第二騎兵隊総督として指揮。
¶維新，姓氏山口(清水親春　しみずちかはる)，日人，幕末([没]1875年2月16日)

志水宗秀 しみずむねひで
寛文2(1662)年～宝永7(1710)年
江戸時代中期の尾張藩士。
¶藩臣4

清水弥兵衛 しみずやへえ
安永8(1779)年～？
江戸時代後期の下総古河藩士。
¶藩臣3

清水要人 しみずようじん
生没年不詳
江戸時代後期の駿河沼津藩士。
¶藩臣4

清水義久 しみずよしひさ
弘化2(1845)年12月25日～
江戸時代後期～明治期の勢州津藩士。公共事業に

功績を残した。
¶三重続

志村求我 しむらきゅうが
寛政8(1796)年～安政1(1854)年
江戸時代末期の弓術家。
¶人名，日人

志村貞昌 しむらさだまさ
～寛文2(1662)年
江戸時代前期の旗本。
¶神奈川人

志村三休 しむらさんきゅう
元禄14(1701)年～宝暦7(1757)年　[別]無事庵三休《ぶじあんさんきゅう》
江戸時代中期の幕臣、茶人。
¶国書(無事庵三休　ぶじあんさんきゅう　[没]宝暦7(1757)年3月3日)，茶道，人名([生]?)，日人

志村武蔵 しむらたけぞう
天保4(1833)年～?
江戸時代後期～末期の新撰組隊士。
¶新撰

志村東嶼 しむらとうしょ
宝暦2(1752)年～享和2(1802)年
江戸時代中期～後期の陸奥仙台藩士、儒学者。
¶江文，国書([没]享和2(1802)年5月24日)，姓氏岩手，日人，藩臣1，宮城百

志村友直 しむらともなお
安永9(1780)年～慶応2(1866)年
江戸時代後期の弓術家。
¶人名，日人

志村識行 しむらのりゆき
享保8(1723)年～寛政6(1794)年9月14日
江戸時代中期～後期の加賀藩士。
¶国書

紫村盛高 しむらもりたか
江戸時代中期の第9代飛騨国代官。
¶岐阜百

下石平右衛門 しもいしへいえもん
江戸時代の槍術家。
¶体育

下枝董村 しもえだとうそん
文化4(1807)年～明治18(1885)年
江戸時代末期～明治期の豊前小倉藩士。
¶藩臣7

下江秀太郎 しもえひでたろう
嘉永1(1848)年～明治37(1904)年
江戸時代後期～明治期の剣術家。北辰一刀流。
¶剣豪，栃木歴

下方覚兵衛 しもかたかくひょうえ
永禄4(1561)年～元和7(1621)年　[別]下方貞範《しもかたさだのり，しもかたていはん》
安土桃山時代～江戸時代前期の備前岡山藩士。
¶岡山人(下方貞範　しもかたさだのり)，岡山歴(下方貞範　しもかたていはん)，藩臣6

下方外記 しもかたげき
?　～延宝8(1680)年
江戸時代前期の安芸広島藩士。
¶人名，日人

下方貞範 しもかたさだのり
→下方覚兵衛(しもかたかくひょうえ)

下方貞範 しもかたていはん
→下方覚兵衛(しもかたかくひょうえ)

下川又左衛門 しもかわまたざえもん
享保15(1730)年～安永3(1774)年
江戸時代中期の武蔵川越藩家老。
¶藩臣3

下河原一益 しもかわらかずます
寛永12(1635)年～*
江戸時代前期の射術家。
¶人名([没]1693年)，日人([没]1694年)

下国安芸 しもくにあき，しもぐにあき
文化6(1809)年～明治14(1881)年
江戸時代末期～明治期の蝦夷松前藩士、家老。
¶朝日([没]明治14(1881)年6月4日)，維新，近現(しもぐにあき)，近世(しもぐにあき)，国史(しもぐにあき)，新潮([没]明治14(1881)年6月4日)，人名(しもぐにあき)，日人，幕末(生没年不詳)，藩臣1(生没年不詳)

下国季武 しもくにすえたけ
宝暦2(1752)年～文化14(1817)年
江戸時代中期～後期の蝦夷松前藩家老。
¶藩臣1

下国季鄰 しもくにすえちか
天明7(1787)年～天保7(1836)年
江戸時代後期の蝦夷松前藩家老。
¶藩臣1

下国季致 しもくにすえゆき
寛保3(1743)年～寛政2(1790)年
江戸時代中期の蝦夷松前藩家老。
¶藩臣1

下国東七郎 しもくにとうしちろう
文政9(1826)年～明治26(1893)年
江戸時代末期～明治期の蝦夷松前藩中級家臣。
¶幕末，藩臣1

下国寿季 しもくにとしすえ
宝永3(1706)年～宝暦11(1761)年
江戸時代中期の蝦夷松前藩家老。
¶藩臣1

下国要季 しもくにもとすえ
明暦1(1655)年～享保10(1725)年
江戸時代前期～中期の蝦夷松前藩家老。
¶藩臣1

下河辺行康 しもこうべゆきやす
文政12(1829)年～明治21(1888)年
江戸時代末期～明治期の薩摩藩士。
¶人名

下郡山下野 しもこおりやましもつけ
生没年不詳
江戸時代末期の陸奥仙台藩士。
¶藩臣1

志茂実明 しもさねあきら
天保1(1830)年～明治1(1868)年　[別]志茂又左衛

門《しもまたざえもん》
江戸時代末期の陸奥仙台藩士。
¶維新(志茂又左衛門　しもまたざえもん)，国書([没]慶応4(1868)年7月4日)，幕末(志茂又左衛門　しもまたざえもん　[没]1868年8月21日)，宮城百

下条伊兵衛 しもじょういへえ
生没年不詳
江戸時代後期の武士。
¶和歌山人

し

下条勘兵衛 しもじょうかんべえ
？～明治3(1870)年5月15日
江戸時代末期～明治期の阿波徳島藩士。
¶人名，徳島百，徳島歴，日人，幕末

下条淡水 しもじょうたんすい
天保6(1835)年～？
江戸時代後期～明治期の旧尾張藩士。
¶姓氏愛知

下条信隆 しもじょうのぶたか
寛永2(1625)年～享保1(1716)年
江戸時代前期～中期の武士、石州流の茶人。
¶諸系，人名，日人

下条康長 しもじょうやすなが
天正3(1575)年～？
安土桃山時代～江戸時代前期の甲斐武田勝頼の家臣。
¶戦辞

下間仲孝 しもずまなかたか
→下間仲孝(しもつまなかたか)

下瀬熊之進 しもせくまのしん
天保14(1843)年～文久3(1863)年　[別]下瀬頼高《しもせよりたか》
江戸時代末期の長州(萩)藩士。
¶維新，人名(下瀬頼高　しもせよりたか)，日人，幕末([没]1863年11月24日)

下瀬頼高 しもせよりたか
→下瀬熊之進(しもせくまのしん)

下瀬頼直 しもせよりなお
？～寛永19(1642)年
安土桃山時代～江戸時代前期の武士。「朝鮮渡海日記」を残す。
¶島根歴

下曽根金三郎(下曽禰金三郎) しもそねきんざぶろう，しもそねきんさぶろう;しもぞねきんざぶろう
文化3(1806)年～明治7(1874)年　[別]下曽根信敦《しもそねのぶあつ》,下曽根信之《しもそねのぶゆき》
江戸時代末期～明治期の幕臣、砲術家。
¶朝日([没]明治7(1874)年6月5日)，維新(下曽根信之　しもそねのぶゆき)，岩史([没]明治7(1874)年6月5日)，江文(しもぞねきんざぶろう)，近現，近世，国史，国書(下曽根信敦　しもそねのぶあつ　[没]明治7(1874)年6月5日)，コン改，コン4，コン5(しもそねきんさぶろう)，史人([没]1874年6月5日)，新潮([没]明治7(1874)年6月5日)，人名，世人(生没年不詳)，全書(下曽禰金三郎　[没]？)，日人，幕末(下曽根信之　しもそねのぶゆき)，洋学(下曽根信敦　しもそねのぶあつ)

下曽根信敦 しもそねのぶあつ
→下曽根金三郎(しもそねきんざぶろう)

下曽根信如 しもそねのぶゆき
～寛保3(1743)年
江戸時代中期の旗本。
¶神奈川人

下曽根信之 しもそねのぶゆき
→下曽根金三郎(しもそねきんざぶろう)

下曽根信由 しもそねのぶよし
～天和3(1683)年
江戸時代前期の旗本。
¶神奈川人

下平次房 しもだいらつぎふさ
寛文2(1662)年～享保18(1733)年9月
江戸時代前期～中期の会津藩士。
¶国書

下田牛兵衛 しもだうしべえ
江戸時代前期の武将。
¶姓氏石川

下田桂屋 しもだけいおく
？～文久2(1862)年
江戸時代末期の播磨姫路藩士。
¶国書，藩臣5

下田佐太郎 しもださたろう
天保10(1839)年～明治9(1876)年　[別]楠英太郎《くすのきえいたろう》
江戸時代末期～明治期の出羽秋田藩士。
¶幕末([没]1876年3月)，藩臣1

下田鈴三郎 しもださんざぶろう
？～明治2(1869)年
江戸時代末期の播磨姫路藩士。
¶人名，日人

下田恂介 しもだじゅんすけ
天保10(1839)年～明治1(1868)年
江戸時代末期の長門長府藩士。
¶幕末([没]1868年11月18日)，藩臣6

下田将監 しもだしょうげん
*～弘化4(1847)年　[別]下田将監秀虎《しもだしょうげんひでとら》
江戸時代後期の陸奥南部藩士。
¶青森人(下田将監秀虎　しもだしょうげんひでとら　[生]？)，姓氏岩手([生]1779年)，藩臣1([生]安永9(1780)年)

下田将監直徳 しもだしょうげんなおのり
？～万治2(1659)年
江戸時代前期の南部藩大目付。
¶青森人

下田将監秀虎 しもだしょうげんひでとら
→下田将監(しもだしょうげん)

下田庄太 しもだしょうた
文政3(1820)年～明治32(1899)年
江戸時代末期～明治期の丹波柏原藩士。
¶藩臣5

下田半右衛門 しもだはんうえもん
寛永12(1635)年～元禄10(1697)年
江戸時代前期の上野伊勢崎藩士。
¶藩臣2

下田師古 しもだもろひさ
*～享保13(1728)年
江戸時代前期～中期の幕臣、国学者。
¶江文([生]貞享2(1685)年), 国書([生]元禄5(1692)年　[没]享保13(1728)年4月9日)

下田連蔵 しもだれんぞう
天保2(1831)年～明治41(1908)年
江戸時代後期～明治期の代官。
¶姓氏群馬

下津休也 しもつきゅうや
文化5(1808)年～明治16(1883)年
江戸時代末期～明治期の肥後熊本藩士。
¶維新, 人名([生]1809年), 日人

下津将監 しもつしょうげん
生没年不詳
江戸時代中期の肥後熊本藩士。
¶藩臣7

下津棒庵 しもつぼうあん
？　～寛永8(1631)年
安土桃山時代～江戸時代前期の加藤清正・忠広に仕えた政治顧問的重臣。
¶熊本百

下間少進 しもつましょうしん, しもつましょうじん
→下間仲孝(しもつまなかたか)

下間少進仲孝 しもつましょうしんなかたか
→下間仲孝(しもつまなかたか)

下間仲潔 しもつまなかきよ
文化2(1805)年～明治4(1871)年2月20日
江戸時代後期～明治期の浄土真宗本願寺派の家臣。
¶真宗

下間仲稠 しもつまなかしげ
文化14(1817)年～明治3(1871)年2月20日
江戸時代後期～明治期の浄土真宗本願寺派の家臣。
¶真宗

下間仲孝 しもつまなかたか
天文20(1551)年～元和2(1616)年　[別]下間少進《しもつましょうしん, しもつましょうじん》, 下間少進仲孝《しもつましょうしんなかたか》, 下間仲孝《しもずまなかたか》
安土桃山時代～江戸時代前期の本願寺坊官。能の名手。
¶朝日([没]元和2年5月15日(1616年6月28日)), 京都(下間少進仲孝　しもつましょうしんなかたか), 近世, 芸能(下間少進　しもつましょうしん　[没]元和2(1616)年5月15日), 国史, 国書([没]元和2(1616)年5月15日), コン改(下間少進仲孝　しもつましょうしんなかたか), コン4(下間少進仲孝　しもつましょうしんなかたか), 史人([没]1616年5月15日), 諸系, 新潮(下間少進　しもつましょうしん　[没]元和2(1616)年5月15日), 姓氏京都(下間少進　しもつましょうしん), 戦合, 戦人(しもずまなかたか), 日音(下間少進　しもつましょうじん　[没]元和2(1616)年5月15日), 日史(下間少進　しもつましょうしん　[没]元和2(1616)年5月15日), 日人, 百科(下間少進　しもつましょうしん), 歴大

下間仲昌 しもつまなかまさ
天保12(1841)年～明治2(1869)年10月20日
江戸時代後期～明治期の浄土真宗本願寺派の家臣。
¶真宗

下間仲充 しもつまなかみつ
天保3(1832)年6月7日～明治44(1911)年12月19日
江戸時代後期～明治期の浄土真宗本願寺派の家臣。
¶真宗

下間頼和 しもつまよりちか
文化2(1805)年～明治6(1873)年
江戸時代末期～明治期の西本願寺の坊官。
¶京都大, 真宗([生]文化2(1805)年6月1日　[没]明治6(1873)年8月3日), 新潮, 姓氏京都, 日人

下間頼恭 しもつまよりゆき
天保3(1832)年11月21日～明治33(1900)年3月3日
江戸時代後期～明治期の浄土真宗本願寺派の家臣。
¶真宗

下徳太郎 しもとくたろう
天保8(1837)年～明治23(1890)年
江戸時代末期～明治期の周防岩国藩士。
¶幕末([没]1890年7月14日), 藩臣6

下斗米惣蔵 しもとまいそうぞう
寛政3(1791)年～慶応2(1866)年
江戸時代後期～末期の実用流武術家。
¶姓氏岩手

下斗米秀之進 しもとまいひでのしん, しもどまいひでのしん
→相馬大作(そうまだいさく)

下斗米昌道 しもとまいまさみち
～明治4(1871)年
江戸時代後期～明治期の弓道家、盛岡藩士。
¶弓道

下長門 しもながと
天正11(1583)年～
安土桃山時代～江戸時代前期の武士。
¶庄内

下野勘平 しものかんぺい
文政9(1826)年～慶応3(1867)年
江戸時代末期の越後村松藩士。
¶維新, 人名, 日人, 幕末([没]1867年6月21日)

下野遠明 しものとおあき
→下野隼次郎(しものはやじろう)

下野隼次郎 しものはやじろう
文政6(1823)年～慶応1(1865)年　[別]下野遠明《しものとおあき》, 竹下鷹之允《たけしたたかのじょう》
江戸時代末期の水戸藩士。
¶維新, 国書(下野遠明　しものとおあき　[没]元治2(1865)年4月4日), 人名, 日人, 幕末([没]1865年4月28日), 藩臣2

下野廉三郎 しものれんざぶろう
嘉永2(1849)年～慶応1(1865)年
江戸時代末期の水戸藩士。
¶維新，人名([生]1850年)，日人，幕末([没]1865年3月13日)

下秀政 しもひでまさ
天正6(1578)年～正保3(1646)年7月18日
安土桃山時代～江戸時代前期の武士。
¶庄内

志茂又左衛門 しもまたざえもん
→志茂実明(しもさねあきら)

し

下宮三郎右衛門 しもみやさぶろうえもん
？ ～天明7(1787)年
江戸時代中期の備後福山藩家老。
¶藩臣6

下宮正直 しもみやまさなお
生没年不詳
江戸時代前期の武蔵岩槻藩士。
¶藩臣5

下宮弥次右衛門 しもみややじうえもん
？ ～延宝1(1673)年
江戸時代前期の武蔵岩槻藩士。
¶藩臣5

下村幹方 しもむらかんぽう
→下村幹方(しもむらもとかた)

下村重栄 しもむらしげひで
生没年不詳
江戸時代末期の加賀藩士？。
¶国書

下村助之進 しもむらすけのしん
？ ～文政10(1827)年
江戸時代中期～後期の武芸家。
¶剣豪，国書([没]文政10(1827)年3月29日)

下村文次郎 しもむらぶんじろう
弘化4(1847)年～慶応2(1866)年
江戸時代末期の長門長府藩士。
¶幕末([没]1866年8月12日)，藩臣6

下村幹方 しもむらもとかた
宝永1(1704)年～明和9(1772)年　[別]下村幹方《しもむらかんぽう》
江戸時代中期の算家、加賀藩士。
¶国書([没]明和9(1772)年5月6日)，人名(しもむらかんぽう)，日人

下村義明 しもむらよしあき
*～明治7(1874)年
江戸時代末期～明治期の人。戊辰戦争に従軍。
¶高知人([生]1843年)，幕末([生]？　[没]1874年7月9日)

下村由章 しもむらよしあき
？ ～元禄4(1691)年10月16日
江戸時代前期～中期の丹後宮津藩士・南部藩士。
¶国書

下許武兵衛 しももとぶへえ
天保1(1830)年～？
江戸時代末期～明治期の土佐藩士。
¶維新

下山信之 しもやまのぶゆき
天保12(1841)年～大正4(1915)年
江戸時代末期～大正期の剣術家。
¶栃木歴

斜嶺 しゃれい
承応2(1653)年～元禄15(1702)年　[別]高岡斜嶺《たかおかしゃれい》
江戸時代前期～中期の美濃大垣藩士、俳人。
¶俳諧([生]？)，俳句，藩臣3(高岡斜嶺　たかおかしゃれい)，和俳(高岡斜嶺　たかおかしゃれい)

重行 じゅうこう
→長山重行(ながやまじゅうこう)

集堂迂亭 しゅうどううてい
→集堂学山(しゅうどうがくざん)

集堂学山 しゅうどうがくざん
元禄13(1700)年～天明4(1784)年　[別]集堂迂亭《しゅうどううてい》
江戸時代中期の阿波徳島藩士。
¶江文，人名，徳島歴(集堂迂亭　しゅうどううてい　[没]天明4(1784)年7月3日)，日人，藩臣6(集堂迂亭　しゅうどううてい)

集堂勇左衛門 しゅうどうゆうざえもん
延享3(1746)年～文化6(1809)年6月21日
江戸時代中期～後期の徳島藩士。
¶徳島百

十内 じゅうない
→小野寺秀和(おのでらひでかず)

朱角 しゅかく
江戸時代前期～中期の陸奥仙台藩士、俳人。
¶姓氏宮城([生]1642年　[没]1718年)，藩臣1([生]正保4(1647)年　[没]享保8(1723)年)

宿院良蔵 しゅくいんりょうぞう
文政5(1822)年頃～慶応4(1868)年1月6日
江戸時代後期～末期の新撰組隊士。
¶新撰

春町 しゅんちょう
→恋川春町(こいかわはるまち)

春帆 しゅんぱん
→富森助右衛門(とみもりすけえもん)

城勇雄 じょういさお
→城竹窓(じょうちくそう)

正墻薫 しょうがきかおる
文政1(1818)年～明治8(1875)年　[別]正墻適処《しょうがきてきしょ》，正牆適処《しょうがきてきしょ》
江戸時代末期～明治期の因幡鳥取藩士、漢学者。
¶維新([没]1876年)，国書(正墻適処　しょうがきてきしょ　[生]文化15(1818)年1月1日　[没]明治8(1875)年3月9日)，思想(正墻適処　しょうがきてきしょ)，人名([没]1876年)，鳥取百(正墻適処　しょうがきてきしょ)，日人，幕末([没]1876年3月9日)，藩臣5(正牆適処　しょうがきてきしょ)

正垣九十郎 しょうがきくじゅうろう
江戸時代末期～明治期の弓道家、熊本藩士。

¶弓道

正墻適処（正牆適処） **しょうがきてきしょ，しょうがきてきしょ**
→正墻薫（しょうがきかおる）

勝賀瀬三六 **しょうがせさんろく**
天保12（1841）年～明治1（1868）年
江戸時代後期～末期の堺事件烈士。
¶高知人

上甲振洋 **じょうこうしんよう**
文化14（1817）年～明治11（1878）年
江戸時代末期～明治期の伊予宇和島藩士。
¶維新，愛媛百（[没]明治11（1878）年9月9日），国書（[生]文化14（1817）年12月9日　[没]明治11（1878）年9月9日），日人（[生]1818年），幕末（[没]1878年9月9日），藩臣6

上甲芳亭 **じょうこうほうてい**
文化11（1814）年～明治7（1874）年
江戸時代末期～明治期の伊予宇和島藩士。
¶幕末（[没]1874年7月20日），藩臣6

請西善右衛門 **じょうざいぜんうえもん**
→請西善右衛門（じょうざいぜんえもん）

請西善右衛門 **じょうざいぜんえもん**
[別]請西善右衛門《じょうざいぜんうえもん》
安土桃山時代～江戸時代前期の武士。里見氏家臣。
¶戦人（生没年不詳），戦東（じょうざいぜんうえもん）

常山 **じょうざん**
→湯浅常山（ゆあさじょうざん）

城志解喜 **じょうしげき**
生没年不詳
江戸時代中期の馬術家。
¶国書

小自在庵 **しょうじざいあん**
江戸時代末期の近江彦根藩の家老。
¶人名

東海林左右兵衛 **しょうじさうべえ**
延享4（1747）年～文政7（1824）年
江戸時代中期～後期の出羽亀田藩家老。
¶藩臣1

東海林隼人 **しょうじはやと**
生没年不詳
江戸時代後期の遠江相良藩用人。
¶藩臣4

庄司弁吉 **しょうじべんきち**
文政2（1819）年～元治1（1864）年
江戸時代後期～末期の剣術家。北辰一刀流。
¶剣豪

城生志摩 **じょうしま**
生没年不詳
安土桃山時代～江戸時代前期の武士。
¶庄内

城島公茂 **じょうじまきみもち**
→城島公茂（じょうしまきんしげ）

城島公茂 **じょうしまきんしげ，じょうじまきんしげ**
文政4（1821）年～慶応1（1865）年　[別]城島公茂《じょうじまきみもち》
江戸時代末期の武士。彦山座主家臣。
¶維新，神人（じょうじまきみもち　[没]慶応1（1865）年8月7日），人名（じょうじまきんしげ），日人，幕末（[没]1865年9月26日）

荘司守 **しょうじまもる**
弘化2（1845）年～？
江戸時代末期の紀伊和歌山藩士。
¶藩臣5

荘司幸雄 **しょうじゆきお**
寛政1（1789）年～安政4（1857）年
江戸時代後期～末期の弓術家。
¶姓氏宮城

上条義春 **じょうじょうよしはる**
永禄6（1563）年～寛永20（1643）年8月13日　[別]上条義春《かみじょうよしはる》
安土桃山時代～江戸時代前期の上杉氏の一門。
¶戦辞，長野歴（かみじょうよしはる　生没年不詳）

常成 **じょうせい**
→萱野三平（かやのさんぺい）

丈草 **じょうそう**
→内藤丈草（ないとうじょうそう）

荘田奥三郎 **しょうだおくさぶろう**
天明2（1782）年～天保6（1835）年　[別]荘田奥三郎《そうだおくさぶろう》
江戸時代後期の武術家。
¶剣豪，人名（そうだおくさぶろう），日人

正田嘉七郎 **しょうだかしちろう**
文政11（1828）年～明治13（1880）年
江戸時代後期～明治期の剣術家。直心影流。
¶剣豪

城隆経 **じょうたかつね**
生没年不詳
江戸時代後期の馬術家。
¶国書

生田勝久 **しょうだかつひさ**
天保4（1833）年～？
江戸時代末期の豊前中津藩家老。
¶藩臣7

城隆元 **じょうたかもと**
元文3（1738）年頃～文化4（1807）年
江戸時代中期～後期の筑後久留米藩士。
¶藩臣7

荘田喜左衛門 **しょうだきざえもん**
生没年不詳
江戸時代前期の剣術家。荘田心流の祖。
¶剣豪

荘田子謙 **しょうだしけん**
元禄10（1697）年～宝暦4（1754）年　[別]荘田豊城《しょうだほうじょう》
江戸時代中期の豊後臼杵藩士。
¶江文（荘田豊城　しょうだほうじょう），大分歴，国書（[没]宝暦4（1754）年3月16日），詩歌，人名，日人，藩臣7，和俳

荘田霜渓 **しょうだそうけい**
天保5（1834）年～明治20（1887）年

江戸時代末期～明治期の備中松山藩士。
¶岡山人，岡山百（[没]明治20（1887）年2月19日），岡山歴，藩臣6

荘田胆斎 しょうだたんさい
文化12（1815）年～明治9（1876）年
江戸時代末期～明治期の陸奥会津藩士。
¶会津，人名，日人，幕末（[生]1816年 [没]1876年3月30日）

荘田恬逸 しょうだてんいつ
万治3（1660）年～享保8（1723）年 [別]荘恬逸《しょうてんいつ》
江戸時代前期～中期の幕臣、儒者。
¶江文，国書（荘恬逸 しょうてんいつ [生]万治3（1660）年1月16日 [没]享保8（1723）年6月13日），日人（[生]1648年 [没]1711年）

荘田豊城 しょうだほうじょう
→荘田子謙（しょうだしけん）

庄田安照 しょうだやすてる
天正18（1590）年～明暦2（1656）年3月27日
安土桃山時代～江戸時代前期の幕臣。
¶国書

庄田安利 しょうだやすとし
承応1（1652）年～宝永5（1708）年
江戸時代中期の幕府大目付。
¶人名，日人

城竹窓 じょうちくそう
文政11（1828）年～明治33（1900）年 [別]城勇雄《じょういさお》
江戸時代末期～明治期の日向高鍋藩士。
¶維新，国書（[生]文政11（1828）年7月5日 [没]明治33（1900）年9月24日），人名，日人，幕末（城勇雄 じょういさお [没]1900年9月24日），藩臣7

荘恬逸 しょうてんいつ
→荘田恬逸（しょうだてんいつ）

庄直重 しょうなおしげ
生没年不詳
江戸時代前期の旗本。
¶神奈川人

荘原半哉 しょうばらはんさい
→荘原半哉（しょうばらはんや）

荘原半哉 しょうばらはんや
文政5（1822）年～明治3（1870）年 [別]荘原半哉《しょうばらはんさい》
江戸時代末期～明治期の長門長府藩士。
¶維新，人名（しょうばらはんさい），日人，幕末（[没]1870年11月7日）

正部家作右衛門 しょうぶけさくえもん
？ ～天明8（1788）年
江戸時代中期～後期の和算（数学）にすぐれた八戸藩士。
¶青森人

城武平 じょうぶへい
享和3（1803）年～元治1（1864）年
江戸時代末期の筑前福岡藩士。
¶維新，人名，日人

浄法寺重安 じょうぼうじしげやす
生没年不詳
戦国時代～江戸時代前期の武士。
¶姓氏岩手

浄法寺桃雪 じょうほうじとうせつ
寛文1（1661）年～享保15（1730）年
江戸時代中期の蕉門俳人、黒羽藩家老。
¶栃木歴

城昌茂 じょうまさもち
*～寛永3（1626）年
安土桃山時代～江戸時代前期の武士。武田氏家臣、徳川氏家臣。
¶国書5（[生]天文20（1551）年 [没]寛永3（1626）年7月2日），姓氏山梨（[生]？），戦国（[生]1552年），戦辞（[生]天文20（1551）年 [没]寛永3年7月2日（1626年8月24日）），戦人（[生]天文21（1552）年）

荘村助右衛門 しょうむらすけえもん
文政4（1821）年2月13日～明治36（1903）年4月20日
江戸時代末期～明治期の武士、クリスチャン。
¶キリ

荘門霞亭 しょうもんかてい
寛政8（1796）年～万延1（1860）年
江戸時代末期の丹後田辺藩の書家。
¶人名，日人，藩臣5

城六兵衛 じょうろくべえ
天保11（1840）年～慶応2（1866）年
江戸時代末期の安芸広島藩士。
¶維新，人名，日人，幕末（[没]1866年7月26日）

蜀山人 しょくさんじん
→大田南畝（おおたなんぽ）

濁子 じょくし
→中川濁子（なかがわじょくし）

如行 じょこう
→近藤如行（こんどうじょこう）

女媒 じょばい
→桑原女媒（くわばらじょばい）

如儡子 じょらいし
→如儡子（にょらいし）

ジョン・万次郎 じょんまんじろう
→中浜万次郎（なかはままんじろう）

白井磯之進 しらいいそのしん
生没年不詳
江戸時代後期の上野高崎藩士。
¶国書

白井宇右衛門 しらいうえもん
生没年不詳
江戸時代前期の上総久留里藩家老。
¶藩臣3

白井織部 しらいおりべ
文政3（1820）年～慶応1（1865）年
江戸時代末期の水戸藩の家老。
¶朝日（[生]文政3年1月3日（1820年2月16日） [没]慶応1年6月21日（1865年8月12日）），維新，近世，国史，コン改，コン4，新潮（[没]慶応1

(1865) 年6月21日), 人名, 日人, 幕末 ([没]1865年8月12日), 藩臣2

白井固 しらいかたし
→白井重固(しらいじゅうこ)

白井勝昌 しらいかつまさ
〜正徳4(1714)年
江戸時代前期の旗本。
¶神奈川人

白井閑哉 しらいかんさい
文化13(1816)年5月1日〜明治28(1895)年
江戸時代後期〜明治期の藤堂藩士、名士。
¶三重続

白井義謙 しらいぎけん
→白井亨(しらいとおる)

白井吉兵衛 しらいきちべえ
〜寛永12(1635)年
安土桃山時代〜江戸時代前期の功臣。
¶庄内

白井九兵衛(1) しらいくへえ
生没年不詳
江戸時代前期〜中期の庄内藩家老。
¶庄内

白井九兵衛(2) しらいくへえ
〜弘化2(1845)年7月
江戸時代後期の庄内藩家老。
¶庄内

白井源太夫 しらいげんだゆう
? 〜享保3(1718)年　[別]白井正林《しらいまさしげ》
江戸時代中期の因幡鳥取藩士、武術家。
¶剣豪, 藩臣5(白井正林　しらいまさしげ)

白井小助(白井小介) しらいこすけ
文政9(1826)年〜明治35(1902)年
江戸時代末期〜明治期の長州(萩)藩士、志士。
¶朝日([生]文政9年7月24日(1826年8月27日) [没]明治35(1902)年6月18日), 維新, 新潮([生]文政9(1826)年7月24日　[没]明治35(1902)年6月18日), 姓氏山口(白井小介), 姓氏山口, 日人, 幕末([没]1902年6月19日), 藩臣6

白井五郎太夫 しらいごろうだゆう
天保3(1832)年〜明治1(1868)年1月29日
江戸時代末期の陸奥会津藩士。
¶幕末

白井権八 しらいごんはち, しらいごんぱち
→平井権八(ひらいごんぱち)

白石卯兵衛 しらいしうへえ
天明8(1788)年〜慶応3(1867)年4月18日
江戸時代後期の長門清末藩御用達、奇兵隊士。
¶幕末

白石内蔵進 しらいしくらのしん
天保3(1832)年〜文久1(1861)年
江戸時代末期の水戸藩郷士。
¶維新, 人名, 日人, 幕末([没]1861年3月5日)

白井重勝 しらいしげかつ
→白井弥平(しらいやへい)

白井重高 しらいしげたか
文政11(1828)年〜明治19(1886)年
江戸時代末期〜明治期の出羽庄内藩士、史家。
¶庄内([生]文政11(1828)年4月26日　[没]明治19(1886)年9月30日), 藩臣1

白井重行 しらいしげゆき
→白井矢太夫(しらいやだゆう)

白石五六郎 しらいしごろくろう
江戸時代末期の新撰組隊士。
¶新撰

白石真忠 しらいしさねただ
天保11(1840)年〜大正9(1920)年
江戸時代末期〜明治期の筑前秋月藩士。
¶藩臣7

白石祥三郎 しらいししょうざぶろう
→白石澹庵(しらいしたんあん)

白石照山 しらいししょうざん
文化12(1815)年〜明治16(1883)年
江戸時代末期〜明治期の豊前中津藩の儒学者。
¶大分百, 大分歴, 人名, 日人, 幕末([没]1883年10月3日), 藩臣7

白石澹庵 しらいしたんあん
宝暦1(1751)年〜文政5(1822)年　[別]白石祥三郎《しらいししょうざぶろう》
江戸時代中期〜後期の肥前平戸藩士。
¶人名, 日人, 藩臣7(白石祥三郎　しらいししょうざぶろう)

白石千別 しらいしちわき
*〜明治20(1887)年
江戸時代末期〜明治期の幕臣、歌人。
¶国書([生]文化14(1817)年), 人名([生]?), 日人([生]1817年), 和俳([生]?)

白井十平 しらいじっぺい
弘化3(1846)年6月6日〜明治18(1885)年4月1日
江戸時代後期〜明治期の旧藩士。
¶庄内

白石道賢 しらいしどうけん
文化9(1812)年〜安政4(1857)年
江戸時代末期の数学者、大和郡山藩士。
¶国書([没]安政4(1857)年6月30日), 人名, 日人

白石平八郎 しらいしへいはちろう
文化9(1812)年〜文久1(1861)年
江戸時代末期の水戸藩郷士。
¶維新, 人名, 日人, 幕末([没]1861年3月5日)

白石又衛門 しらいしまたえもん
宝暦3(1753)年〜文政9(1826)年
江戸時代中期〜後期の水戸藩士。
¶国書

白井重固 しらいじゅうこ
明和8(1771)年〜天保4(1833)年　[別]白井固《しらいかたし》
江戸時代後期の出羽庄内藩士。
¶国書(白井固　しらいかたし　[没]天保4(1833)年5月4日), 庄内([没]天保4(1833)年5月4日), 藩臣1, 山形百([生]明和7(1770)年)

白井重太右衛門 しらいじゅうたえもん, しらいじゅう

し

し

だえもん
文化10(1813)年～明治14(1881)年
江戸時代末期～明治期の出羽庄内藩士。
¶庄内(しらいじゅうだえもん　[生]文化10(1813)年7月21日　[没]明治14(1881)年5月20日)，藩臣1

白井庄兵衛　しらいしょうべえ
生没年不詳
江戸時代末期の志士。
¶庄内

白石廉作　しらいしれんさく
文政11(1828)年～文久3(1863)年
江戸時代末期の長門清末藩の志士。
¶維新，コン改，コン4，新潮([生]文政11(1828)年7月20日　[没]文久3(1863)年10月14日)，人名，世人，日人，幕末([没]1863年11月24日)，藩臣6，歴大

白井次郎助　しらいじろうすけ
→白井次郎助(しらいじろすけ)

白井次郎助　しらいじろすけ
[別]白井次郎助《しらいじろうすけ》
安土桃山時代～江戸時代前期の武士。里見氏家臣。
¶戦人(生没年不詳)，戦東(しらいじろうすけ)

白井宣左衛門　しらいせんざえもん
文化8(1811)年～明治1(1868)年　[別]白井宣左衛門《しろいせんざえもん》
江戸時代末期の上野前橋藩の志士。
¶維新，群馬人(しろいせんざえもん)，群馬百，コン改，コン4，人名，姓氏群馬，日人，幕末([没]1868年7月31日)，幕末(しろいせんざえもん　[没]1868年7月31日)，藩臣2(しろいせんざえもん)

白井惣右衛門　しらいそうえもん
～寛永17(1640)年
安土桃山時代～江戸時代前期の城代。
¶庄内

白井鷹之進　しらいたかのしん
天保10(1839)年～？
江戸時代後期～末期の新撰組隊士。
¶新撰

白井忠次郎　しらいちゅうじろう
生没年不詳
江戸時代末期の武士。
¶和歌山人

白井亨(白井享)　しらいとおる
天明3(1783)年～天保14(1843)年　[別]白井義謙《しらいぎけん》
江戸時代中期の剣術家、孝子。
¶岡山人(白井享)，岡山歴(白井享　[没]？)，剣豪，国書(白井義謙　しらいぎけん)，人名，全書，日人

白井富之祐　しらいとみのすけ
→臼井富之祐(うすいとみのすけ)

白井信太郎　しらいのぶたろう
弘化4(1847)年～明治5(1872)年
江戸時代末期～明治期の下総佐倉藩士。
¶人名

白井寛胤　しらいひろたね
生没年不詳
江戸時代前期の水戸藩士。
¶国書

白井武左衛門　しらいぶざえもん
江戸時代の武士。旗本岡部氏の家臣。
¶埼玉人(生没年不詳)，埼玉百

白井正林　しらいまさしげ
→白井源太夫(しらいげんだゆう)

白井矢太夫　しらいやだいふ
→白井矢太夫(しらいやだゆう)

白井矢太夫　しらいやだゆう，しらいやたゆう
宝暦3(1753)年～文化9(1812)年　[別]白井重行《しらいしげゆき》，白井矢太夫《しらいやたゆう，しらいやだいふ》
江戸時代中期～後期の出羽庄内藩士。久右衛門の長男。
¶朝日(しらいやだいふ)，国書(白井重行　しらいしげゆき　[没]文化9(1812)年6月24日)，コン改(しらいやだいふ)，コン4(しらいやだいふ)，庄内([没]文化9(1812)年6月24日)，新潮(しらいやだいふ)，日人，藩臣1(しらいやたゆう)，山形百

白井弥平　しらいやへい
安永1(1772)年～天保4(1833)年　[別]白井重勝《しらいしげかつ》
江戸時代後期の出羽庄内藩士、儒学者。
¶国書(白井重勝　しらいしげかつ　[没]天保4(1833)年4月21日)，庄内([没]天保4(1833)年4月21日)，藩臣1，山形百([生]明和7(1770)年)

白井与三兵衛　しらいよそべえ
～延宝7(1679)年
江戸時代前期の庄内藩士。
¶庄内

白江竜吉　しらえりゅうきち
天保9(1838)年～明治14(1881)年
江戸時代末期～明治期の砲術家。
¶人名，日人，幕末([没]1881年4月20日)

白雄　しらお
→加舎白雄(かやしらお)

白尾国柱　しらおくにはし
→白尾国柱(しらおくにはしら)

白尾国柱　しらおくにはしら
宝暦12(1762)年～文政4(1821)年　[別]白尾国柱《しらおくにはし》，白尾斎蔵《しらおさいぞう》
江戸時代中期～後期の国学者、薩摩藩士。
¶朝日(白尾斎蔵　しらおさいぞう　[生]宝暦12年8月5日(1762年9月22日)　[没]文政4年2月15日(1821年3月18日))，鹿児島百，考古(しらおくにはし　[生]宝暦12年(1762年8月5日)　[没]文政4年(1821年2月15日))，国書([生]宝暦12(1762)年8月5日　[没]文政4(1821)年2月15日)，コン改(白尾斎蔵　しらおさいぞう)，コン4(白尾斎蔵　しらおさいぞう)，神人([生]宝暦12(1762)年8月5日　[没]文政4(1821)年2月15日)，新潮([生]宝暦12(1762)年8月5日　[没]文政4(1821)年2月15日)，人名，姓氏鹿児島，日

人，藩臣7，和俳

白尾斎蔵 しらおさいぞう
→白尾国柱（しらおくにはしら）

白河義親（白川義親） しらかわよしちか
→結城義親（ゆうきよしちか）

白河楽翁 しらかわらくおう
→松平定信（まつだいらさだのぶ）

白木佐太夫 しらきさたゆう
文化8（1811）年～？
江戸時代後期の丹波園部藩士。
¶藩臣5

白国少太夫 しらくにしょうだゆう
生没年不詳
江戸時代前期の播磨姫路藩士。
¶藩臣5

白洲退蔵 しらすたいぞう，しらずたいぞう
文政12（1829）年～明治24（1891）年
江戸時代末期～明治期の摂津三田藩の藩校造士館教授。
¶維新，コン5，人名，日人，幕末（[没]1891年6月13日），藩臣5，兵庫人（しらずたいぞう　[没]明治24（1891）年6月13日），兵庫百

白須政雍 しらすまさちか
生没年不詳
江戸時代中期の旗本。
¶神奈川人

白土右門 しらつちうもん
→白土右門（しらとうもん）

白土盛隆 しらつちもりたか
生没年不詳
江戸時代中期の磐城守山藩士。
¶国書

白土右門 しらとうもん
文化12（1815）年～明治14（1881）年　[別]白土右門《しらつちうもん》，白土恵堂《しらとけいどう》
江戸時代末期～明治期の出羽秋田藩士。
¶維新，国書（白土恵堂　しらとけいどう　[生]文化12（1815）年2月13日　[没]明治14（1881）年5月5日），人名（しらつちうもん），日人，幕末（[没]1881年5月9日），藩臣1

白土恵堂 しらとけいどう
→白土右門（しらとうもん）

白戸隆盛 しらとたかもり
天保3（1832）年～明治9（1876）年
江戸時代後期～明治期の静岡藩士、軍人。
¶静岡歴

白戸友衛 しらとともえ
？～明治2（1869）年5月？
江戸時代後期～明治期の新撰組隊士。
¶新撰

白取数馬 しらとりかずま
→白取数馬（しろとりかずま）

白取瀬兵衛 しらとりせへい
？～寛永5（1628）年
安土桃山時代～江戸時代前期の弘前藩家老。
¶青森人

白根多助 しらねたすけ
文政2（1819）年～明治15（1882）年
江戸時代末期～明治期の長州（萩）藩士。
¶維新，国書（[生]文政2（1819）年5月6日　[没]明治15（1882）年3月15日），埼玉人（[生]文政2（1819）年5月6日　[没]明治15（1882）年3月15日），埼玉百，人名，姓氏山口，日人，幕末（[没]1882年3月15日），履歴（[生]文政2（1819）年5月6日　[没]明治15（1882）年3月15日）

白野夏雲 しらのかうん
文政10（1827）年～明治33（1900）年9月8日　[別]白野夏雲《しらのなつくも》
江戸時代末期～明治期の静岡藩士、物産研究家。
¶郷土（[生]文政10（1827）年閏6月26日），札幌（[生]文政10年6月26日　[没]明治32年9月8日），人書94（[没]1899年），神人（しらのなつくも），新潮（[生]文政10（1827）年閏6月26日），人名，日人，北海道歴（[没]明治32（1899）年），洋学（[没]明治32（1899）年）

白野夏雲 しらのなつくも
→白野夏雲（しらのかうん）

白幡俊直 しらはたとしなお
？～元和4（1618）年
安土桃山時代～江戸時代前期の浅野家臣。
¶和歌山人

白浜久徴 しらはまきゅうちょう
天保3（1832）年～明治5（1872）年
江戸時代末期～明治期の肥前福江藩家老。
¶幕末（[没]1872年6月10日），藩臣7

白原七郎右衛門 しらはらしちろうえもん
江戸時代末期の新撰組隊士。
¶新撰

白井宣左衛門 しろいせんざえもん
→白井宣左衛門（しらいせんざえもん）

白水養禎 しろうずようてい
天明1（1781）年～嘉永2（1849）年
江戸時代後期の筑前福岡藩士、医師。
¶藩臣7，福岡百（[没]嘉永2（1849）年2月5日）

白木為直 しろきためなお
文政6（1823）年～明治20（1887）年
江戸時代末期～明治期の肥後熊本藩士、公益家。
¶人名，日人

白崎左録 しろざきさろく
？～安永6（1777）年
江戸時代中期の下総古河藩士、弓道師範。
¶藩臣3

代田彦八郎 しろたひこはちろう
安土桃山時代～江戸時代前期の武士。里見氏家臣。
¶戦人（生没年不詳），戦東

白取数馬 しろとりかずま
文政6（1823）年～明治31（1898）年　[別]白取数馬《しらとりかずま》
江戸時代末期～明治期の陸奥弘前藩士。
¶維新，人名（しらとりかずま），日人，幕末（[没]1898年4月18日）

紫波源之丞 しわげんのじょう
？～

江戸時代中期の陸奥八戸藩家老。
¶青森人，藩臣1（生没年不詳）

新宮馬之助 しんぐううまのすけ
天保9（1838）年～明治19（1886）年　[別]寺内新左衛門《てらうちしんざえもん》
江戸時代末期～明治期の土佐藩士。
¶高知人，幕末，藩臣6

神宮司五兵衛 じんぐうじごへえ
寛文11（1671）年～元禄8（1695）年
江戸時代中期の漢学者、日向佐土原藩士。
¶人名，日人

新宮七郎右衛門 しんぐうしちろうえもん
宝暦11（1761）年～？
江戸時代中期～後期の藩主一族の八戸藩士。
¶青森人

新宮簡 しんぐうたけま
文政10（1827）年～明治11（1878）年
江戸時代末期～明治期の肥後人吉藩士。
¶幕末（[没]1878年11月30日），藩臣7

心月 しんげつ
→松浦詮（まつらあきら）

神後伊豆 しんごいず
→神後伊豆守（じんごいずのかみ）

神後伊豆守 じんごいずのかみ
[別]神後伊豆《しんごいず》
江戸時代前期の神陰流の剣術家、武蔵八王子の郷士。
¶剣豪（生没年不詳），人名（神後伊豆　しんごいず），体育

進鴻渓 しんこうけい
文政4（1821）年～明治17（1884）年
江戸時代末期～明治期の備中松山藩士、儒学者。
¶岡山人，岡山百（[没]明治17（1884）年11月21日），岡山歴（[没]明治17（1884）年11月21日），人名，日人，藩臣6

神西幸伝 じんざいこうでん
[別]神西幸伝《かみにしこうでん》
江戸時代前期の備前岡山藩士。
¶岡山人（かみにしこうでん），岡山人，国書（生没年不詳），人名，日人（生没年不詳）

神西不楽 じんざいふらく
生没年不詳
江戸時代前期の播磨姫路藩士。
¶藩臣5

新貞老 しんさだおい
→新貞老（あたらしさだお）

進士勘右衛門 しんじかんうえもん
宝暦10（1760）年～文政10（1827）年
江戸時代中期～後期の常陸土浦藩士。
¶藩臣2

進士仙吉 しんじせんきち
弘化2（1845）年～明治26（1893）年
江戸時代末期～明治期の常陸土浦藩士、教育家。
¶幕末（[没]1893年3月8日），藩臣2

宍道恒樹 しんじつねき
天保4（1833）年～明治44（1911）年9月7日
江戸時代末期～明治期の長州（萩）藩士。
¶幕末

信寿 しんじゅ
→津軽信寿（つがるのぶひさ）

森集亭繁門 しんしゅうていしげかど
文化2（1805）年～慶応2（1866）年
江戸時代末期の狂歌師、陸奥盛岡藩士。
¶人名，日人

進十六 しんじゅうろく
→進十六（しんそろく）

新庄厚信 しんじょうあつのぶ
天保5（1834）年～明治36（1903）年
江戸時代末期～明治期の備前岡山藩士、実業家、勤王家。
¶維新，岡山人，岡山百（[没]明治36（1903）年3月8日），岡山歴（[生]天保5（1834）年4月17日　[没]明治36（1903）年3月8日），人名（[生]1835年），日人，幕末（[没]1903年3月8日），藩臣6

新庄直計 しんじょうなおかず
天明7（1787）年～弘化2（1845）年
江戸時代後期の大名。常陸麻生藩主。
¶諸系，日人，藩主2（[生]天明7（1787）年1月8日　[没]弘化2（1845）年10月26日）

新庄直方 しんじょうなおかた
慶長16（1611）年～元禄12（1699）年
江戸時代前期の御使番。
¶諸系，人名，日人

新庄直定 しんじょうなおさだ
永禄5（1562）年～元和4（1618）年
安土桃山時代～江戸時代前期の大名。常陸麻生藩主。
¶朝日（[没]元和4年4月21日（1618年6月13日）），近世，国史，コン改（[没]元和2（1616）年），コン4（[没]元和2（1616）年），史人（[没]1618年4月21日），諸系，新潮（[没]元和4（1618）年4月21日），人名（[生]1560年　[没]1616年），戦合，戦国，戦人，日人，藩主2（[没]元和4（1618）年4月21日）

新庄直祐 しんじょうなおすけ
元禄5（1692）年～延享3（1746）年
江戸時代中期の大名。常陸麻生藩主。
¶諸系，日人，藩主2（[没]延享3（1746）年5月25日）

新庄直敬 しんじょうなおたか
→新庄直敬（しんじょうなおなり）

新庄直隆 しんじょうなおたか
享保1（1716）年～寛政4（1792）年
江戸時代中期の大名。常陸麻生藩主。
¶諸系，日人，藩主2（[没]寛政4（1792）年10月22日）

新庄直忠 しんじょうなおただ
天文11（1542）年～元和6（1620）年
安土桃山時代～江戸時代前期の武将。直昌の次男。
¶朝日（[没]元和6年1月25日（1620年2月28日）），近世，国史，史人（[没]1620年1月25日），諸系，新潮（[没]元和6（1620）年1月25日），人名，世人，戦合，戦国，戦人，日人

新庄直時 しんじょうなおとき
寛永3（1626）年～延宝5（1677）年

江戸時代前期の大名。常陸麻生藩主。
¶コン改，コン4，諸系，人名，日人，藩主2，藩主2（[没]延宝5（1677）年7月27日）

新庄直彪 しんじょうなおとら
天保10（1839）年～慶応1（1865）年
江戸時代末期の大名。常陸麻生藩主。
¶茨城百，諸系，日人，幕末，藩主2（[没]慶応1（1865）年7月4日）

新庄直敬 しんじょうなおなり
＊～明治5（1872）年 [別]新庄直敬《しんじょうなおたか》
江戸時代末期～明治期の大名。常陸麻生藩主。
¶諸系（[生]1821年），日人（[生]1821年），幕末（しんじょうなおたか [生]1818年 [没]1872年10月4日），藩主2（しんじょうなおたか [生]文政1（1818）年 [没]明治5（1872）年9月2日）

新庄直規 しんじょうなおのり
宝暦1（1751）年～文化5（1808）年
江戸時代中期～後期の大名。常陸麻生藩主。
¶諸系，日人，藩主2（[没]文化5（1808）年3月23日）

新庄直矩 しんじょうなおのり
万治3（1660）年～延宝4（1676）年
江戸時代前期の大名。常陸麻生藩主。
¶諸系，人名，日人，藩主2（[没]延宝4（1676）年4月晦日）

新庄直詮 しんじょうなおのり
寛文5（1665）年～宝永5（1708）年
江戸時代前期～中期の大名。常陸麻生藩主。
¶コン改，コン4，諸系，人名，日人，藩主2（[没]宝永5（1708）年3月16日）

新庄直房 しんじょうなおふさ
文禄4（1595）年～慶安2（1649）年
江戸時代前期の書院番頭。
¶諸系，人名，日人

新庄直頌 しんじょうなおもち
慶応1（1865）年～慶応3（1867）年
江戸時代末期の大名。
¶諸系，日人，藩主2

新庄直侯 しんじょうなおよし
享保12（1727）年～安永1（1772）年
江戸時代中期の大名。常陸麻生藩主。
¶諸系，日人，藩主2（[没]安永1（1772）年10月10日）

新庄直好 しんじょうなおよし
慶長4（1599）年～寛文2（1662）年
江戸時代前期の大名。常陸麻生藩主。
¶コン改，コン4，諸系，人名，日人，藩主2（[没]寛文2（1662）年7月22日）

進十六 しんそろく
＊～昭和3（1928）年 [別]進十六《しんじゅうろく》
江戸時代末期～明治期の長州（萩）藩士。
¶人名（しんじゅうろく [生]1843年），姓氏山口（[生]1843年），日人（[生]1844年），幕末（[生]1844年 [没]1928年5月16日）

進綱房 しんつなふさ
生没年不詳
江戸時代後期の豊前小倉藩士。
¶藩臣7

進藤勘四郎 しんどうかんしろう
？ ～貞享2（1685）年
江戸時代前期の剣術家。願立流。
¶剣豪

新藤鉊蔵 しんどうしょうぞう
江戸時代末期の幕臣。
¶維新，幕末（生没年不詳）

進藤庄兵衛 しんどうしょうべい
→進藤庄兵衛（しんどうしょうべえ）

進藤庄兵衛 しんどうしょうべえ
？ ～貞享3（1686）年 [別]進藤庄兵衛《しんどうしょうべい》
江戸時代前期の陸奥弘前藩家老。
¶青森人（しんどうしょうべい），青森百，藩臣1（[生]慶長19（1614）年）

新藤左右助勝政 しんどうそうすけかつまさ
～慶応4（1868）年
江戸時代後期～末期の千人同心組頭。
¶多摩

神東太郎 じんとうたろう
文政6（1823）年～？
江戸時代末期の陸奥弘前藩用人。
¶藩臣1

進藤常吉 しんどうつねきち
弘化4（1847）年～明治1（1868）年
江戸時代末期の上野館林藩士。
¶維新，幕末（[没]1868年5月9日）

進藤朴斎 しんどうぼくさい
文政8（1825）年～明治30（1897）年
江戸時代末期～明治期の播磨竜野藩家老。
¶藩臣5

進藤正長 しんどうまさなが
生没年不詳
江戸時代後期の幕臣。
¶国書

新藤安精 しんどうやすきよ
生没年不詳
江戸時代後期の三河吉田藩士。
¶国書

神野菊叢 じんのきくそう
明和5（1768）年～天保11（1840）年
江戸時代後期の儒者、尾張藩士。
¶国書（[没]天保11（1840）年7月25日），人名，日人

陣佐左衛門 じんのさざえもん
？ ～慶安4（1651）年7月
江戸時代中期の肥後熊本藩士。
¶熊本百，藩臣7（生没年不詳）

陣野甚右衛門徳昌 じんのじんうえもんのりまさ
文禄3（1594）年～万治3（1660）年
安土桃山時代～江戸時代前期の所領地・現北高来郡森山町万灯に在郷した藩士。
¶長崎百

神野世猷 じんのせいゆう
安永1（1772）年～＊
江戸時代中期～末期の儒者、尾張藩士。

し

¶国書（[没]嘉永6（1853）年12月22日），日人（[没]1854年）

神野易興 じんのやすおき
生没年不詳
江戸時代後期～末期の紀伊和歌山藩士・国学者。
¶国書

神野嘉功 じんのよしのり
寛政10（1798）年～明治28（1895）年1月
江戸時代後期～明治期の紀伊和歌山藩士。
¶国書

心非 しんぴ
明和3（1766）年～文政8（1825）年10月11日
江戸時代中期～後期の俳人・幕臣。
¶国書

親百兵衛 しんひゃくべえ
生没年不詳
江戸時代末期の武士。
¶和歌山人

進歩 しんぽ
→寺坂吉右衛門（てらさかきちえもん）

神保臥雲 じんぼうがうん
→神保臥雲（じんぼがうん）

神保内蔵助 じんぼうくらのすけ
→神保内蔵助（じんぼくらのすけ）

神保綱忠 じんぼうつなただ
→神保綱忠（じんぼつなただ）

神保隠岐 じんぼおき
永禄11（1568）年～慶安2（1649）年
安土桃山時代～江戸時代前期の出羽山形藩士。
¶藩臣1

神保臥雲 じんぼがうん, じんぽがうん
文政7（1824）年～明治16（1883）年　[別]神保臥雲《じんぼうがうん》
江戸時代末期～明治期の代官、国学者。
¶群馬人，国書（じんぼうがうん　[生]文政7（1824）年5月　[没]明治16（1883）年10月），人名（じんぼうがうん），姓氏群馬（じんぽがうん　[生]1823年），日人

神保内蔵助 じんぼくらのすけ
文化13（1816）年～明治1（1868）年　[別]神保内蔵助《じんぼうくらのすけ》，神保利孝《じんぼとしたか》
江戸時代末期の陸奥会津藩家老。
¶朝日（じんぼうくらのすけ　[没]明治1年8月23日（1868年10月8日）），維新（神保利孝　じんぼとしたか　[生]？），新潮（[生]？　[没]慶応4（1868）年8月23日），日人（神保利孝　じんぼとしたか），幕末（[没]1868年10月8日），藩臣2

神保作兵衛 じんぼさくべえ
？～天明2（1782）年
江戸時代中期の剣術家。阿字一刀流。
¶剣豪

神保三右衛門 じんぼさんえもん
？～
江戸時代前期の弘前藩家老。
¶青森人

神保修理 じんぼしゅり
＊～慶応4（1868）年
江戸時代末期の陸奥会津藩の軍事奉行添役。
¶会津（[生]天保9（1838）年），日人（[生]1838年），幕末（[生]1834年　[没]1868年3月6日），藩臣2（[生]天保10（1839）年）

神保綱忠 じんぼつなただ
寛保3（1743）年～文政9（1826）年　[別]神保綱忠《じんぼうつなただ》，神保蘭室《じんぼらんしつ》
江戸時代中期～後期の出羽米沢藩儒。
¶朝日（[没]文政9年8月22日（1826年9月23日）），近世，国史，国書（神保蘭室　じんぼらんしつ　[没]文政9（1826）年8月22日），コン改（じんぼうつなただ　[生]享保14（1729）年），コン4（じんぼうつなただ　[生]享保14（1729）年），新潮（[没]文政9（1826）年8月22日），人名（じんぼうつなただ），日人，藩臣1（神保蘭室　じんぼらんしつ），山形百（神保蘭室　じんぼらんしつ）

神保利孝 じんぼとしたか
→神保内蔵助（じんぼくらのすけ）

神保長利 じんぼながとし
永禄10（1567）年～慶安2（1649）年
安土桃山時代～江戸時代前期の陸奥会津藩士。
¶藩臣2

神保蘭室 じんぼらんしつ
→神保綱忠（じんぼつなただ）

新見加賀守正栄 しんみかがのかみまさなが
→新見正栄（しんみまさなが）

新見蠖蔵 しんみかくぞう
生没年不詳
江戸時代末期の幕臣。
¶国書

新見正路 しんみせいじ
→新見正路（しんみまさみち）

新見正興 しんみまさおき
文政5（1822）年～明治2（1869）年　[別]伊勢守，豊前守，房次郎
江戸時代末期の幕臣。1860年遣米使節正使としてアメリカに渡る。
¶朝日（[生]文政5（1822）年5月　[没]明治2年10月18日（1869年11月21日）），維新，岩史（[没]明治2（1869）年10月18日），海越（[没]明治2（1869）年10月18日），海越新（[没]明治2（1869）年10月18日），角史，郷土神奈川，近現，近世，国史，国書（[生]文政5（1822）年5月　[没]明治2（1869）年10月18日），コン改，コン4，コン5，史人（[没]1869年10月18日），重要，新潮（[没]明治2（1869）年10月18日），人名，姓氏神奈川，世人（[没]明治2（1869）年7月18日），全書，大百，日史（[没]明治2（1869）年10月18日），日人，日本，幕末（[没]1869年12月1日），百科，歴大

新見正勝 しんみまさかつ
天文8（1539）年～寛永19（1642）年
江戸時代前期の旗本。
¶神奈川人，姓氏神奈川

新見正登 しんみまささだ
明和3（1766）年～？

江戸時代中期～後期の幕臣。
¶国書

新見正種 しんみまさたね
～寛文10（1670）年
江戸時代前期の旗本。
¶神奈川人

新見正恒 しんみまさつね
元文3（1738）年～天明5（1785）年12月20日
江戸時代中期の幕臣。
¶国書

新見正朝 しんみまさとも
慶安4（1651）年～寛保2（1742）年3月25日
江戸時代前期～中期の幕臣。
¶国書

新見正栄 しんみまさなが
享保3（1718）年～安永5（1776）年　[別]新見加賀守正栄《しんみかがのかみまさなが》
江戸時代中期の61代長崎奉行。
¶長崎歴（新見加賀守正栄　しんみかがのかみまさなが）

新見正言 しんみまさのぶ
～延享1（1744）年
江戸時代中期の旗本。
¶神奈川人

新見正典 しんみまさのり
天保5（1834）年～明治23（1890）年
江戸時代後期～明治期の幕臣。
¶国書

新見正路 しんみまさみち
寛政3（1791）年～嘉永1（1848）年　[別]新見正路《しんみせいじ》
江戸時代後期の幕臣、蔵書家。
¶朝日（[生]寛政3年9月12日（1791年10月9日）[没]嘉永1年6月27日（1848年7月27日）），岩史（[生]寛政3（1791）年9月12日　[没]嘉永1（1848）年6月27日），大阪人（しんみせいじ　[没]嘉永1（1848）年6月），近世，国史，国書（[生]寛政3（1791）年9月12日　[没]嘉永1（1848）年6月27日），コン改，コン4，史人（[生]1791年9月12日　[没]1848年6月27日），新潮（[生]寛政3（1791）年9月12日　[没]嘉永1（1848）年6月27日），人名，世人，日史（[生]寛政3（1791）年9月12日　[没]嘉永1（1848）年6月27日），日人，百科，歴大，和俳

新見正盛 しんみまさもり
～寛永20（1643）年
江戸時代前期の旗本。
¶神奈川人

新免伊賀守 しんめんいがのかみ
→新免宗貫（しんめんそうかん）

新免宗貫 しんめんそうかん
？～元和5（1619）年　[別]新免伊賀守《しんめんいがのかみ》
安土桃山時代～江戸時代前期の武士。
¶岡山人，岡山歴（新免伊賀守　しんめんいがのかみ　[没]元和5（1619）年4月18日），戦人，戦西

新免弁助 しんめんべんすけ
＊～元禄14（1701）年
江戸時代中期の剣術家。
¶剣豪（[生]寛文6（1666）年），人名（[生]1665年），日人（[生]1657年）

新免弁之助 しんめんべんのすけ
？～安永6（1777）年
江戸時代中期の剣術家。二天一流。
¶剣豪

【す】

す

水心子正秀 すいしんしまさひで
→正秀（まさひで）

瑞澄 ずいちょう
文政10（1827）年～文久2（1862）年
江戸時代末期の志士。
¶徳島歴，幕末

水原親憲 すいばらちかのり，すいはらちかのり
天文15（1546）年～元和2（1616）年　[別]大関親憲《おおぜきちかのり》
安土桃山時代～江戸時代前期の出羽米沢藩士、猪苗代城代。
¶戦辞（大関親憲　おおぜきちかのり　[没]元和2年5月13日（1616年6月26日）），新潟百（[生]1545年），日人，藩臣1（すいはらちかのり）

末川周山 すえかわしゅうざん
→末川久救（すえかわひさひら）

末川久救 すえかわひさひら
元文4（1739）年～文政10（1827）年　[別]末川周山《すえかわしゅうざん》
江戸時代中期～後期の薩摩藩士。
¶国書（[生]元文4（1739）年2月4日　[没]文政10（1827）年閏6月14日），姓氏鹿児島（末川周山　すえかわしゅうざん），藩臣7

末川久平 すえかわひさひら
江戸時代末期の薩摩藩家老。
¶維新，姓氏鹿児島，幕末（生没年不詳）

陶関山 すえかんざん
文化7（1810）年～明治17（1884）年
江戸時代末期～明治期の備中岡田藩士。
¶岡山人，岡山歴（[没]明治17（1884）年10月25日），藩臣6

末次平蔵〔1代〕 すえつぐへいぞう
？～寛永7（1630）年　[別]末次平蔵政直《すえつぐへいぞうまさなお》
江戸時代前期の朱印船貿易家、長崎代官。
¶朝日（――〔代数なし〕　[没]寛永7年5月25日（1630年7月5日）），岩史（――〔代数なし〕　[没]寛永7（1630）年5月25日），角史（――〔代数なし〕），京都大（――〔代数なし〕），郷土長崎（――〔代数なし〕），近世（――〔代数なし〕），国史（――〔代数なし〕），コン改（――〔代数なし〕），コン4（――〔代数なし〕），史人（――〔代数なし〕　[没]1630年5月25日），重要（――〔代数なし〕　[没]寛永7（1630）年5月25日），人書94（――〔代数なし〕），新潮（――〔代数なし〕　[没]寛永7（1630）年5月25日），人名（――

〔代数なし〕），姓氏京都（——〔代数なし〕），世人（——〔代数なし〕），世百（——〔代数なし〕），全書（——〔代数なし〕），大百（——〔代数なし〕），長崎百（末次平蔵政直　すえつぐへいぞうまさなお），長崎歴（——〔代数なし〕），日史（——〔代数なし〕　[没]寛永7（1630）年5月25日），日人，百科（——〔代数なし〕），福岡百（——〔代数なし〕　[没]寛永7（1630）年5月25日），歴大（——〔代数なし〕）

末次平蔵〔3代〕 すえつぐへいぞう
？　～寛文9（1669）年閏10月2日
江戸時代前期の長崎代官、3代目平蔵。
¶黄檗（——〔代数なし〕）

末次平蔵〔4代〕 すえつぐへいぞう
寛永11（1634）年～？
江戸時代前期の朱印船貿易家、長崎代官、4代目平蔵。
¶島根歴（——〔代数なし〕）

末次平蔵政直 すえつぐへいぞうまさなお
→末次平蔵〔1代〕（すえつぐへいぞう）

末永茂世 すえながしげつぐ
天保8（1837）年～大正4（1915）年
江戸時代末期～大正期の歌人、福岡藩士。歌道の振興に尽力。編著に「筑紫名寄」「袖のちはい」など。
¶神人（[没]大正4（1915）年1月29日），人名，日人

末永周洋 すえながしゅうよう
寛政8（1796）年～明治4（1871）年7月14日
江戸時代末期～明治期の周防岩国藩士。
¶幕末

末広静古園 すえひろせいこえん
天保3（1832）年～明治22（1889）年
江戸時代末期～明治期の伊予宇和島藩士。
¶幕末（[没]1889年4月16日），藩臣6

末松吉左衛門 すえまつきちざえもん
？　～延宝6（1678）年
江戸時代前期の出羽庄内藩家老。
¶庄内（[没]延宝6（1678）年3月11日），藩臣1

末松吉郎右衛門 すえまつきちろうえもん
～寛永15（1638）年11月16日
安土桃山時代～江戸時代前期の功臣。
¶庄内

末松熊左衛門 すえまつくまざえもん
生没年不詳
江戸時代末期の肥前大村藩士。
¶幕末，藩臣7

末松佐十郎 すえまつさじゅうろう
生没年不詳
江戸時代の庄内藩士。
¶庄内

末松十蔵(1) すえまつじゅうぞう
～文化2（1805）年10月
江戸時代中期～後期の庄内藩家老。
¶庄内

末松十蔵(2) すえまつじゅうぞう
文化4（1807）年7月8日～明治22（1889）年
江戸時代後期～末期の庄内藩家老。
¶庄内

末松弾右衛門 すえまつだんえもん
～天保14（1843）年5月
江戸時代後期の町奉行。
¶庄内

末松彦太夫 すえまつひこだゆう
？　～寛文10（1670）年
江戸時代前期の出羽庄内藩士。
¶庄内（[没]寛文10（1670）年9月21日），藩臣1

末村綱次郎 すえむらつなじろう
天保13（1842）年～慶応2（1866）年7月28日
江戸時代末期の長門清末藩士。
¶幕末

末吉摂津守利隆 すえよしせっつのかみとしたか
→末吉利隆（すえよしとしたか）

末吉長五郎 すえよしちょうごろう
生没年不詳
江戸時代前期の武士。
¶日人

末吉利隆 すえよしとしたか
享保12（1727）年～寛政6（1794）年　[別]末吉摂津守利隆《すえよしせっつのかみとしたか》
江戸時代中期の長崎奉行。
¶人名，長崎歴（末吉摂津守利隆　すえよしせっつのかみとしたか），日人

須貝要人 すがいかなめ
？　～文久2（1862）年
江戸時代末期の遠江掛川藩家老。
¶藩臣4

須貝恵懐 すがいしげつね
生没年不詳
江戸時代後期の庄内藩士。
¶国書

須賀玄斎 すがげんさい
生没年不詳
江戸時代前期の剣術家。三富流。
¶剣豪

須賀恒次 すかこうじ
→須賀恒次（すがつねじ）

菅実秀 すがさねひで
→菅実秀（すげさねひで）

菅周泰 すがしゅうたい
生没年不詳
江戸時代後期の筑後久留米藩士。
¶国書

菅春風 すがしゅんぷう
文政3（1820）年～明治35（1902）年
江戸時代末期～明治期の国学者、松代藩士。
¶人名，日人

菅真静 すがしんせい
→菅真静（すがましず）

須賀精斎 すがせいさい
江戸時代中期の尾張藩士、儒学者。
¶国書（[生]元禄2（1689）年1月15日　[没]宝暦5（1755）年10月20日），人名（[生]1688年　[没]1754年），日人（[生]1688年　[没]1754年），藩臣4

([生]元禄2(1689)年 [没]宝暦5(1755)年)

菅田直輝 すがたなおてる
生没年不詳
江戸時代末期の武士。
¶和歌山人

菅谷長昌 すがたにながまさ
→菅谷長昌(すげのやながまさ)

須賀恒次(須賀恒二) すがつねじ
天保6(1835)年～元治1(1864)年 [別]須賀恒次《すかこうじ》
江戸時代末期の志士。
¶維新, 高知人(須賀恒二), 人名, 日人, 幕末(すかこうじ [没]1864年10月5日)

菅鉄船 すがてっせん
? ～享保15(1730)年
江戸時代中期の近江水口藩家老。
¶藩臣4

菅波惟縄 すがなみこれつな
文化7(1810)年～万延1(1860)年 [別]菅自牧斎《かんじぼくさい》
江戸時代末期の漢学者、備後福山藩士。
¶国書(菅自牧斎 かんじぼくさい [生]文化7(1810)年5月30日), 人名, 日人

菅沼勝利 すがぬまかつとし
～寛永7(1630)年
江戸時代前期の旗本。
¶神奈川人

菅沼九兵衛 すがぬまきゅうべえ
→菅沼定堅(すがぬまさだかた)

菅沼曲翠(菅沼曲水) すがぬまきょくすい
? ～享保2(1717)年 [別]曲翠《きょくすい》
江戸時代中期の近江膳所藩の俳人。
¶朝日, 江戸東, 近世([生]1660年), 国史([生]1660年), コン改, コン4, 詩歌, 滋賀百(菅沼曲水 [生]1659年), 史人(曲翠 きょくすい), 新潮(曲翠 きょくすい), 人名, 世人, 日人([生]1660年), 俳諧(曲翠 きょくすい), 俳句(曲翠 きょくすい [没]享保2(1717)年9月4日), 藩臣4([生]寛文10(1670)年), 和俳

菅沼定昭 すがぬまさだあき
→菅沼定昭(すがぬまさだあきら)

菅沼定昭 すがぬまさだあきら
寛永2(1625)年～正保4(1647)年 [別]菅沼定昭《すがぬまさだあき》
江戸時代前期の大名。丹波亀山藩主。
¶京都府, 諸系, 人名(すがぬまさだあき [生]?), 日人, 藩主3([没]正保4(1647)年9月21日)

菅沼定堅 すがぬまさだかた
慶長10(1605)年～延宝5(1677)年 [別]菅沼九兵衛《すがぬまきゅうべえ》
江戸時代前期の紀伊和歌山藩士。
¶諸系, 人名, 日人, 藩臣5(菅沼九兵衛 すがぬまきゅうべえ), 和歌山人

菅沼定実 すがぬまさだざね
寛永3(1626)年～元禄4(1691)年
江戸時代前期の茶道家、幕府交代寄合衆。
¶国書([没]元禄4(1691)年11月4日), 茶道([生]1629年), 諸系, 人名([生]1629年), 姓氏愛知, 日人

菅沼貞次 すがぬまさだつぐ
生没年不詳 [別]左近将監, 菅沼定長
江戸時代末期～明治期の幕臣。1867年留学生取締としてフランスに渡る。
¶海越, 海越新

菅沼定虎 すがぬまさだとら
延宝6(1678)年～寛保3(1743)年
江戸時代前期～中期の幕臣。
¶国書([没]寛保3(1743)年8月4日), 和歌山人

菅沼定長 すがぬまさだなが
弘化4(1847)年～明治9(1876)年
江戸時代後期～明治期の旗本、新城領主、大阪城在番。
¶姓氏愛知

菅沼貞主 すがぬまさだぬし
生没年不詳
江戸時代後期の豊前中津藩士。
¶国書

菅沼定秀 すがぬまさだひで
元禄12(1699)年～宝暦8(1758)年 [別]菅沼下野守定秀《すがぬましもつけのかみさだひで》
江戸時代中期の幕臣。
¶国書([没]宝暦8(1758)年12月23日), 長崎歴(菅沼下野守定秀 すがぬましもつけのかみさだひで)

菅沼定用 すがぬまさだもち
元禄14(1701)年～明和5(1768)年
江戸時代中期の旗本。
¶姓氏京都

菅沼定敬 すがぬまさだゆき
? ～*
江戸時代末期の歌人、幕臣。
¶国書([没]嘉永4(1851)年12月14日), 人名, 日人([没]1852年), 和俳(生没年不詳)

菅沼定喜 すがぬまさだよし
寛延3(1750)年～?
江戸時代中期の幕臣。
¶姓氏京都

菅沼定芳 すがぬまさだよし
天正15(1587)年～寛永20(1643)年
江戸時代前期の大名。伊勢長島藩主、近江膳所藩主、丹波亀山藩主。
¶京都府, 国書([没]寛永20(1643)年1月17日), 茶道, 諸系, 戦国, 戦人, 日人, 藩主3, 藩主3([没]寛永20(1643)年1月17日)

菅沼下野守定秀 すがぬましもつけのかみさだひで
→菅沼定秀(すがぬまさだひで)

菅沼尉右衛門 すがぬまじょうえもん
明和4(1767)年～文政7(1824)年
江戸時代中期～後期の信濃松本藩士。
¶藩臣3

菅沼矩通 すがぬまのりみち
宝暦1(1751)年～文化12(1815)年
江戸時代中期～後期の丹波山家藩士。
¶藩臣5

菅沼半兵衛　すがぬまはんべえ
？～寛永19（1642）年　[別]菅沼正勝《すがぬままさかつ》
江戸時代前期の紀伊和歌山藩士。
¶藩臣5，和歌山人（菅沼正勝　すがぬままさかつ）

菅沼正勝　すがぬままさかつ
→菅沼半兵衛（すがぬまはんべえ）

菅沼政職　すがぬままさもと
生没年不詳
江戸時代後期の武士。
¶和歌山人

菅沼通顕　すがぬまみちあき
天保6（1835）年～明治41（1908）年
江戸時代末期～明治期の丹波山家藩士。
¶藩臣5

菅沼通休　すがぬまみちやす
寛政8（1796）年～明治11（1878）年
江戸時代末期～明治期の丹波山家藩士。
¶藩臣5

菅野覚兵衛　すがのかくべい
→菅野覚兵衛（すがのかくべえ）

菅野覚兵衛　すがのかくべえ
天保13（1842）年～明治26（1893）年5月30日
[別]菅野覚兵衛《すがのかくべい》，千屋寅之助《ちやとらのすけ》
江戸時代末期～明治期の土佐藩の志士。土佐勤王党に参加。
¶海越（[生]天保13（1842）年11月23日），海越新（[生]天保13（1842）年11月23日），高知人，渡航（[生]1842年11月23日），日人，幕末（すがのかくべい），藩臣6，陸海（[生]弘化1年10月21日）

菅野勝三郎　すがのかつさぶろう
生没年不詳
江戸時代後期の仙台藩士。
¶国書

菅野彊斎　すがのきょうさい
明和3（1766）年～文政13（1830）年　[別]菅野彊斎《すげのきょうさい》
江戸時代中期～後期の播磨竜野藩士、儒学者。
¶国書（すげのきょうさい　[生]明和3（1766）年8月13日　[没]文政13（1830）年3月4日），人名，日人，藩臣5

菅野源右衛門(1)　すがのげんえもん
？～享和1（1801）年
江戸時代中期～後期の駿河沼津藩士。
¶藩臣4

菅野源右衛門(2)　すがのげんえもん
生没年不詳
江戸時代後期の駿河沼津藩士。
¶藩臣4

菅野狷介　すがのけんすけ
→菅野白華（すがのはくか）

菅野定明　すがのさだあき
文化12（1815）年～明治1（1868）年
江戸時代末期の志士、加賀藩士。
¶人名，姓氏石川，日人，幕末（[没]1868年4月9日）

菅野真斎　すがのしんさい
安永2（1773）年～天保15（1844）年　[別]菅野真斎《すげのしんさい》
江戸時代後期の播磨姫路藩士。
¶国書（すげのしんさい　[没]天保15（1844）年9月9日），藩臣5，兵庫人（[没]天保14（1843）年9月9日）

菅野直右衛門　すがのなおえもん
生没年不詳
江戸時代末期の武士。
¶和歌山人

菅野白華　すがのはくか
文政3（1820）年～明治3（1870）年　[別]菅野白華《すがのはっか，すげのはっか》，菅野狷介《すがのけんすけ》
江戸時代末期～明治期の江戸藩邸学舎教授。
¶維新（菅野狷介　すがのけんすけ），江文，国書（すげのはっか　[生]文政3（1820）年2月6日　[没]明治3（1870）年3月8日），人名，日人，幕末（菅野狷介　すがのけんすけ　[没]1870年3月8日），藩臣5（すがのはっか），兵庫人（[生]文政3（1820）年2月6日　[没]明治3（1870）年3月8日），兵庫百

菅野白華　すがのはっか
→菅野白華（すがのはくか）

菅野元健　すがのもとたけ
生没年不詳　[別]菅野元健《かんのげんけん》
江戸時代中期の数学者、幕臣。
¶江文（かんのげんけん），国書，人名（かんのげんけん），日人

菅野谷佐平次　すがのやさへいじ
安土桃山時代～江戸時代前期の武士。里見氏家臣。
¶戦人（生没年不詳），戦東

菅野六郎　すがのろくろう
江戸時代末期の新撰組隊士。
¶新撰

菅野六郎左衛門　すがのろくろうざえもん
江戸時代中期の武士。
¶江戸東

菅政友　すがまさとも
→菅政友（かんまさとも）

菅真静　すがましず
承応1（1652）年～？　[別]菅真静《すがしんせい》
江戸時代前期の国学者、加賀藩士。
¶国書，人名（すがしんせい），姓氏石川，日人

菅又蔵人　すがまたくらんど
明和4（1767）年～天保11（1840）年　[別]菅又蔵人《すがまたくろうど》
江戸時代中期～後期の出羽秋田藩士、武術家。
¶剣豪，藩臣1（すがまたくろうど）

菅又蔵人　すがまたくろうど
→菅又蔵人（すがまたくらんど）

菅谷有清　すがやありきよ
元禄7（1694）年～元文5（1740）年
江戸時代中期の上野高崎藩士。

¶藩臣2

菅谷帰雲 すがやきうん
宝暦4(1754)年～文政6(1823)年 ㊥菅谷帰雲《すげのやきうん》
江戸時代中期～後期の上野高崎藩士、書家。
¶郷土群馬, 群馬人, 国書(㊥宝暦7(1757)年 ㊨文政6(1823)年8月12日), 人名(すげのやきうん ㊥1757年), 姓氏群馬, 日人(㊥1755年), 藩臣2

菅谷清章 すがやきよあき
享保5(1720)年～?
江戸時代中期の上野高崎藩家老。
¶藩臣2

菅谷清乗 すがやきよのり
享保6(1721)年～?
江戸時代中期の上野高崎藩士、側用人、番頭。
¶藩臣2

菅谷八郎右衛門 すがやはちろううえもん
→菅谷八郎右衛門(すがやはちろうえもん)

菅谷八郎右衛門 すがやはちろうえもん
天明4(1784)年～嘉永5(1852)年 ㊥菅谷八郎右衛門《すがやはちろううえもん》
江戸時代後期の下野烏山藩家老。
¶栃木百(㊥天明3(1783)年 ㊨嘉永4(1851)年), 栃木歴, 藩臣2(すがやはちろううえもん)

菅谷半之丞 すがやはんのじょう
*～元禄16(1703)年 ㊥菅谷半之丞《すげのやはんのじょう》
江戸時代中期の播磨赤穂藩士。赤穂義士の一人。
¶人名(すげのやはんのじょう ㊥1661年), 日人(㊥1660年)

菅谷元清 すがやもときよ
寛文3(1663)年～享保15(1730)年
江戸時代中期の上野高崎藩家老。
¶藩臣2

菅谷茂八 すがやもはち
?～明治7(1874)年9月5日
江戸時代末期～明治期の水戸藩郷士。父の敵討でその孝道が評価され、郷士になる。
¶幕末

須賀亮斎 すがりょうさい
享保9(1724)年～文化1(1804)年
江戸時代中期～後期の尾張藩士、儒学者。
¶国書(㊥享保9(1724)年12月11日 ㊨文化1(1804)年11月29日), 人名, 日人(㊥1725年), 藩臣4

菅原居保 すがわらすえやす
生没年不詳
江戸時代中期の馬術家。
¶国書

菅原種文 すがわらたねふみ,すがわらたねぶみ
明和4(1767)年～?
江戸時代中期～後期の美濃高須藩士・国学者。
¶国書, 平史(すがわらたねぶみ)

菅原道竜 すがわらみちたつ
→菅原道就(すがわらみちなり)

菅原道就 すがわらみちなり
宝暦5(1755)年～文化14(1817)年 ㊥菅原道竜《すがわらみちたつ》
江戸時代後期の歌人、出羽秋田藩士。
¶国書(㊥? ㊨文化14(1817)年10月6日), 人名(菅原道竜 すがわらみちたつ), 日人

杉梅太郎 すぎうめたろう
→杉民治(すぎみんじ)

杉浦護水 すぎうらかんすい
享和2(1802)年～明治5(1872)年
江戸時代末期～明治期の甲州城衛士。
¶人名, 日人

杉浦吉副 すぎうらきっぷく
弘化1(1844)年～明治19(1886)年10月5日
江戸時代末期～明治期の相馬藩士、自由民権家。
¶社史, 幕末

杉浦羔二郎 すぎうらこうじろう
文政6(1823)年～慶応2(1866)年
江戸時代末期の水戸藩士。
¶維新, 人名, 日人, 幕末(㊨1866年8月21日), 藩臣2

杉浦弘蔵 すぎうらこうぞう
→畠山義成(はたけやまよしなり)

杉浦成忠 すぎうらしげただ
天保11(1840)年～明治29(1896)年5月17日
江戸時代末期～明治期の陸奥会津藩士。
¶幕末

杉浦止斎 すぎうらしさい
正徳1(1711)年～宝暦10(1760)年
江戸時代中期の丹波亀岡藩士・心学者。
¶国書(㊨宝暦10(1760)年9月21日), 姓氏京都

杉浦親勝 すぎうらちかかつ
～正保4(1647)年
江戸時代前期の旗本。
¶神奈川人

杉浦津直 すぎうらつなお
享和3(1803)年～明治13(1880)年
江戸時代末期～明治期の肥後熊本藩士。
¶藩臣7

杉浦仁一郎 すぎうらにいちろう
安永8(1779)年～天保6(1835)年
江戸時代後期の肥後熊本藩士。
¶藩臣7

杉浦梅潭 すぎうらばいたん
→杉浦誠(すぎうらまこと)

杉浦兵庫頭勝静 すぎうらひょうごのかみかつしず
→杉浦誠(すぎうらまこと)

杉浦誠 すぎうらまこと
文政9(1826)年～明治33(1900)年 ㊥杉浦梅潭《すぎうらばいたん》, 杉浦兵庫頭勝静《すぎうらひょうごのかみかつしず》
江戸時代末期～明治期の幕臣。箱館奉行、開拓使函館支庁主任官。
¶朝日(㊥文政9年1月9日(1826年2月15日) ㊨明治33(1900)年5月30日), 維新, 近文(杉浦梅潭 すぎうらばいたん), 国書(杉浦梅潭

すぎうらばいたん　[没]明治33(1900)年5月30日)，詩歌(杉浦梅潭　すぎうらばいたん)，人名(杉浦梅潭　すぎうらばいたん)，長崎歴(杉浦兵庫頭勝静　すぎうらひょうごのかみかつしず)，日人(杉浦梅潭　すぎうらばいたん)，幕末([没]1900年5月30日)，北海道百，北海道歴，和俳

杉浦正景 すぎうらまさかげ
生没年不詳
江戸時代前期の常陸笠間藩士・武芸家。
¶国書

杉浦正友 すぎうらまさとも
天正5(1577)年～寛文2(1662)年
江戸時代前期の幕臣。留守居。
¶神奈川人，近世，国史，史人([没]1662年9月9日)，人名，戦合，日人

杉浦正職 すぎうらまさもと
寛文11(1671)年～宝永8(1711)年1月16日
江戸時代中期の琴曲家、幕臣。
¶国書，人名，日人(生没年不詳)

杉浦譲 すぎうらゆずる
天保6(1835)年～明治10(1877)年　[別]温斎,子襄,昌太郎,杉浦愛蔵《すぎうらあいぞう》,良譲
江戸時代末期～明治期の幕臣、官吏。遣仏使節随員としてフランスに渡る。
¶朝日([生]天保6年9月25日(1835年11月15日)　[没]明治10(1877)年8月22日)，維新，海越([生]天保6(1835)年9月25日　[没]明治10(1877)年8月22日)，海越新([生]天保6(1835)年9月25日　[没]明治10(1877)年8月22日)，江文，国際，コン5，静岡歴，人書79，人書94，先駆([生]天保6(1835)年9月25日　[没]明治10(1877)年8月22日)，渡航([生]1835年9月25日　[没]1877年8月22日)，日人，幕末([没]1877年8月22日)，山梨百([生]天保6(1835)年9月25日　[没]明治10(1877)年8月22日)，洋学，履歴([生]天保6(1835)年9月25日　[没]明治10(1877)年8月22日)

杉浦与左衛門 すぎうらよざえもん
安土桃山時代～江戸時代前期の武士。徳川家康の臣。
¶人名，日人(生没年不詳)

杉浦吉成 すぎうらよしなり
～寛永12(1635)年
江戸時代前期の旗本。
¶神奈川人

杉浦与惣兵衛 すぎうらよそべえ
元禄10(1697)年～明和8(1771)年
江戸時代中期の剣術家。唯心一刀流。
¶剣豪

杉江鉄助 すぎえてつすけ
文化6(1809)年～明治4(1871)年
江戸時代後期～明治期の剣術家。直心影流。
¶剣豪

杉岡就房 すぎおかなりふさ
寛永1(1624)年～宝永3(1706)年
江戸時代前期～中期の長州萩藩士。
¶国書

杉岡能連 すぎおかよしつれ
寛文9(1669)年～元文3(1738)年
江戸時代中期の幕臣。勘定奉行。
¶近世，国史，日人

杉生貞則 すぎおさだのり
明和2(1765)年～天保1(1830)年　[別]杉生十右衛門《すぎおじゅうえもん,すぎゅうじゅうえもん》
江戸時代後期の豊前小倉藩士。
¶近世，国史，コン改(杉生十右衛門　すぎゅうじゅうえもん　[生]明和4(1767)年)，コン4(杉生十右衛門　すぎゅうじゅうえもん　[生]明和4(1767)年)，新潮(杉生十右衛門　すぎおじゅうえもん　[生]明和2(1765)年10月3日　[没]天保1(1830)年5月6日)，人名(杉生十右衛門　すぎゅうじゅうえもん　[生]1767年)，日人，藩臣7，福岡百([生]明和2(1765)年10月3日　[没]文政13(1830)年5月6日)

杉生十右衛門 すぎおじゅうえもん
→杉生貞則(すぎおさだのり)

杉魁 すぎかい
文化8(1811)年～明治10(1877)年　[別]杉山竹外《すぎやまちくがい》,杉竹外《すぎちくがい》
江戸時代末期～明治期の上野館林藩士。
¶江文(杉山竹外　すぎやまちくがい)，国書(杉山竹外　すぎやまちくがい　[没]明治10(1877)年6月16日)，人名，日人，藩臣2(杉竹外　すぎちくがい)

杉木良蔵 すぎきりょうぞう
文化8(1811)年～明治16(1883)年　[別]杉本良蔵《すぎもとりょうぞう》
江戸時代末期～明治期の上総久留里藩士。
¶維新，人名，日人，幕末(杉本良蔵　すぎもとりょうぞう　[没]1883年12月27日)，藩臣3

杉坂安次郎 すぎさかやすじろう
文化11(1814)年～文久3(1863)年8月22日
江戸時代末期の加賀藩臣伊藤氏家臣。
¶幕末

杉田壱岐 すぎたいき
？～慶安2(1649)年
江戸時代前期の越前福井藩家老。
¶人名，日人，藩臣3

杉田伊太夫 すぎたいだゆう
？～寛政2(1790)年
江戸時代中期の駿河沼津藩家老。
¶藩臣4

杉田玄瑞 すぎたげんずい
→杉田玄端(すぎたげんたん)

杉田玄端 すぎたげんたん
文政1(1818)年～明治22(1889)年　[別]杉田玄瑞《すぎたげんずい》
江戸時代末期～明治期の洋学者。若狭小浜藩医になり蕃書調所・洋書調所教授、外国奉行支配翻訳御用頭取などを歴任。東京神田に共立病院を創立。
¶朝日([生]文政1年9月20日(1818年10月19日)　[没]明治22(1889)年7月19日)，維新，江文，近現，近世，国際，国史，国書([生]文政1(1818)年9月20日　[没]明治22(1889)年7月19日)，コン改，コン4，コン5，史人([生]1818年9月20日

[没]1889年7月19日），静岡百，静岡歴，新潮（[生]文政1（1818）年9月20日　[没]明治22（1889）年7月19日），人名（杉田玄瑞　すぎたげんずい），全書，大百，日人，幕末（[生]1818年6月23日　[没]1889年7月19日），洋学

杉田重政　すぎたしげまさ
～寛文10（1670）年
江戸時代前期の旗本。
¶神奈川人

杉田友政　すぎたともまさ
？　～寛永7（1630）年
安土桃山時代～江戸時代前期の浅野家臣。
¶和歌山人

杉田直昌　すぎたなおまさ
？　～天和3（1683）年
江戸時代前期の美濃代官。
¶岐阜百

杉谷仁兵衛　すぎたにじんべえ
？　～正保4（1647）年
江戸時代前期の浅野家臣。
¶和歌山人

杉谷雪樵　すぎたにせっしょう
文政10（1827）年～明治28（1895）年
江戸時代末期～明治期の画家、肥後熊本藩士。
¶近美（[没]明治28（1895）年8月4日），熊本百（[没]明治28（1895）年8月4日），人名，日人，美家（[没]明治28（1895）年8月4日），名画

杉谷雍助（杉谷擁助，杉谷雍介）　すぎたにようすけ
文政3（1820）年～慶応2（1866）年
江戸時代末期の洋学者、造兵家、肥前佐賀藩士。
¶朝日（[没]慶応2年9月24日（1866年11月1日）），佐賀百（杉谷雍介　[生]文政3（1820）年3月15日　[没]慶応2（1866）年9月24日），新潮（[没]慶応2（1866）年9月24日），世人（生没年不詳），日人，幕末（[没]1866年11月1日），洋学（杉谷擁助）

杉竹外　すぎちくがい
→杉魁（すぎかい）

杉常道　すぎつねみち
→杉百合之助（すぎゆりのすけ）

杉徳輔　すぎとくすけ
→杉孫七郎（すぎまごしちろう）

杉野十平次　すぎのじゅうへいじ
延宝4（1676）年～元禄16（1703）年
江戸時代中期の播磨赤穂藩士。赤穂義士の一人。
¶人名，日人

杉野多助　すぎのたすけ
寛延2（1749）年～天保9（1838）年
江戸時代中期～後期の加賀藩士。
¶国書

椙原治人　すぎのはらおさめ
→椙原治人（すぎはらはるんど）

杉原凱　すぎはらがい
文化3（1806）年～明治4（1871）年　[別]杉原外之助《すぎはらそとのすけ》
江戸時代末期～明治期の陸奥会津藩士。
¶会津，人名（杉原外之助　すぎはらそとのすけ），日人（杉原外之助　すぎはらそとのすけ），幕末（[没]1871年4月3日），藩臣1

杉原重長　すぎはらしげなが
元和2（1616）年～正保1（1644）年
江戸時代前期の大名。但馬豊岡藩主。
¶諸系，日人，藩主3（[没]正保1（1644）年10月28日）

杉原重玄　すぎはらしげはる
寛永14（1637）年～承応2（1653）年
江戸時代前期の大名。但馬豊岡藩主。
¶諸系，日人，藩主3（[没]承応2（1653）年10月14日）

杉原髯翁　すぎはらぜんおう
文政10（1827）年～明治33（1900）年
江戸時代末期～明治期の上野前橋藩士。
¶藩臣2

杉原外之助　すぎはらそとのすけ
→杉原凱（すぎはらがい）

杉原長房　すぎはらながふさ
天正2（1574）年～寛永6（1629）年
安土桃山時代～江戸時代前期の武将、大名。但馬豊岡藩主。
¶諸系，人名，戦国，戦人，日人，藩主3（[没]寛永6（1629）年2月4日），兵庫百

椙原治人　すぎはらはるんど
文政4（1821）年～明治22（1889）年　[別]椙原治人《すぎのはらおさめ》，木梨彦右衛門《きなしひこうえもん，きなしひこえもん》
江戸時代末期～明治期の長州（萩）藩士。
¶維新，人名，日人，幕末（すぎのはらおさめ　[没]1889年5月30日），藩臣6（すぎのはらおさめ）

杉原正容　すぎはらまさよし
文政3（1820）年～弘化3（1846）年
江戸時代後期の川越藩士。
¶神奈川人

杉孫七郎　すぎまごしちろう
天保6（1835）年～大正9（1920）年　[別]杉孫七郎《すぎまごひちろう》，杉徳輔《すぎとくすけ》，古隈山人，古研楼，三泉生，植木徳輔，聴雨
江戸時代末期～明治期の長州（萩）藩士、政治家。1862年遣欧使節随員としてフランスに渡る。
¶朝日（[生]天保6年1月16日（1835年2月13日）　[没]大正9（1920）年5月3日），維新，海越（[生]天保6（1835）年1月16日　[没]大正9（1920）年5月3日），海越（杉徳輔　すぎとくすけ），海越新（[生]天保6（1835）年1月16日　[没]大正9（1920）年5月3日），近現，国際，国史，国書（[生]天保6（1835）年1月16日　[没]大正9（1920）年5月3日），コン5，詩歌，史人（[生]1835年1月16日　[没]1920年5月3日），新潮（[生]天保6（1835）年1月16日　[没]大正9（1920）年5月3日），人名，姓氏山口，日人，幕末（すぎまごひちろう　[没]1920年5月3日），藩臣6，山口百，履歴（[生]天保6（1835）年1月16日　[没]大正9（1920）年5月3日）

杉孫七郎　すぎまごひちろう
→杉孫七郎（すぎまごしちろう）

す

杉民治 すぎみんじ
文政11(1828)年～明治43(1910)年　[別]杉梅太郎《すぎうめたろう》
江戸時代末期～明治期の長州(萩)藩士。吉田松陰の実兄。
¶朝日([生]文政11年1月15日(1828年2月29日)　[没]明治43(1910)年11月11日), 維新, 国書(杉梅太郎　すぎうめたろう　[生]文政11(1828)年1月15日　[没]明治43(1910)年11月11日), 新潮([生]文政11(1828)年1月15日　[没]明治43(1910)年11月11日), 姓氏山口([没]1911年), 日人, 幕末([没]1910年11月11日), 藩臣6, 山口百

杉村采女 すぎむらうねめ
生没年不詳
江戸時代中期の対馬藩士。
¶藩臣7

杉村翁助 すぎむらおうすけ
安永7(1778)年～文化8(1811)年11月7日
江戸時代中期～後期の庄内藩士。
¶庄内

杉村機兵衛 すぎむらきへえ
寛政9(1797)年～明治3(1870)年
江戸時代末期～明治期の常陸土浦藩士。
¶剣豪, 幕末([没]1870年7月21日), 藩臣2

杉村十太夫 すぎむらじゅうだゆう
生没年不詳
江戸時代中期の美濃大垣藩士。
¶藩臣3

杉村忠太夫 すぎむらちゅうだゆう
宝暦2(1752)年～文化14(1817)年
江戸時代中期～後期の常陸土浦藩家老。
¶藩臣2

杉村直記 すぎむらなおき
寛保1(1741)年～文化5(1808)年
江戸時代中期～後期の対馬府中藩家老。
¶朝日([生]寛保1年11月22日(1741年12月29日)　[没]文化5年3月3日(1808年3月29日)), 近世, 国史, 国書([生]寛保1(1741)年11月22日　[没]文化5(1808)年3月3日), コン改, コン4, 新潮([生]寛保1(1741)年11月　[没]文化5(1808)年3月), 人名, 日人, 歴大

杉村兵右衛門 すぎむらひょうえもん
文政11(1828)年～明治19(1886)年5月2日
江戸時代後期～末期の大目付。
¶庄内

杉村弘之允 すぎむらひろのじょう
生没年不詳
江戸時代末期の常陸土浦藩用人。
¶藩臣2

杉村濬 すぎむらふかし
嘉永1(1848)年～明治39(1906)年
江戸時代末期～明治期の外交官、もと南部藩士。
¶朝日([生]嘉永1年2月16日(1848年3月20日)　[没]明治39(1906)年5月21日), 岩手百([生]1849年), 海越([生]嘉永1(1848)年1月　[没]明治39(1906)年5月19日), 海越新([生]嘉永1(1848)年1月　[没]明治39(1906)年5月19日), 近現, 国史, コン改, コン4, コン5, 人名, 世紀([生]弘化5(1848)年2月16日　[没]明治39(1906)年5月21日), 姓氏岩手, 日人, 履歴([生]嘉永1(1848)年2月16日　[没]明治39(1906)年5月21日)

杉村文太夫 すぎむらぶんだゆう
天正16(1588)年～寛文12(1672)年9月12日
安土桃山時代～江戸時代前期の武士。
¶庄内

杉本剛斎 すぎもとごうさい
？～享保6(1721)年
江戸時代中期の丹後田辺藩医、儒学者。
¶国書([没]享保6(1721)年3月27日), 藩臣5

杉本重遠 すぎもとしげとう
→杉本重遠(すぎもとしげとお)

杉本重遠 すぎもとしげとお
弘化3(1846)年～大正10(1921)年　[別]杉本重遠《すぎもとしげとう》
江戸時代末期～明治期の上野館林藩士。
¶海越新, 群馬人, 人名([没]？), 渡航, 日人, 藩臣2(すぎもとしげとう)

杉本冲庵 すぎもとちゅうあん
江戸時代の因幡鳥取藩士。
¶人名

杉本信清 すぎもとのぶきよ
元文5(1740)年～享和1(1801)年
江戸時代中期～後期の武士。
¶国書([没]享和1(1801)年10月5日), 日人

杉本広五郎 すぎもとひろごろう
天保6(1835)年～明治1(1868)年
江戸時代後期～末期の堺事件烈士。
¶高知人

杉本保長 すぎもとやすなが
生没年不詳
江戸時代中期の武道家。
¶国書

杉本義鄰 すぎもとよしちか
生没年不詳
江戸時代前期～中期の加賀藩士。
¶国書

杉本良蔵 すぎもとりょうぞう
→杉木良蔵(すぎきりょうぞう)

椙杜中務 すぎもりなかつかさ
寛文10(1670)年～享保12(1727)年
江戸時代中期の長門長府藩家老。
¶藩臣6

杉山一元 すぎやまいちげん
寛永14(1637)年～享保17(1732)年
江戸時代前期～中期の御納戸役。
¶名画

杉山市太夫 すぎやまいちだいゆう
→杉山市太夫(すぎやまいちだゆう)

杉山市太夫 すぎやまいちだゆう
天保2(1831)年～明治2(1869)年　[別]杉山三右衛門《すぎやまさんうえもん》, 杉山市太夫《すぎやまいちだいゆう》, 杉山対軒《すぎやまたいけん》
江戸時代末期の関宿藩家老。
¶維新, 人名([生]1832年), 千葉百(杉山三右衛門

すぎやまさんうえもん），日人，幕末（すぎやまいちだいゆう　[没]1869年5月31日），藩臣3（杉山対軒　すぎやまたいけん）

杉山岩三郎 すぎやまいわさぶろう
天保12（1841）年～大正2（1913）年7月18日
江戸時代末期～明治期の備前岡山藩士、実業家。
¶維新，海越新（[生]天保12（1841）年8月15日），岡山人（[生]天保7（1836）年），岡山百（[生]天保7（1836）年），岡山歴（[生]天保7（1836）年8月5日），実業（[生]天保12（1841）年8月15日），人名，渡航（[生]1841年8月15日），日人，幕末（[生]1836年）

杉山岩蔵 すぎやまいわぞう
天保10（1839）年～明治23（1890）年
江戸時代後期～明治期の剣術家。直心影流。
¶剣豪

杉山上総 すぎやまかずさ
天保12（1841）年～明治28（1895）年　[別]杉山竜江《すぎやまりゅうこう》
江戸時代末期～明治期の陸奥弘前藩家老。
¶青森人（杉山竜江　すぎやまりゅうこう），維新，幕末（杉山竜江　すぎやまりゅうこう　[没]1895年9月2日），藩臣1

杉山活斎 すぎやまかっさい
享保13（1728）年～天明8（1788）年
江戸時代中期の三河挙母藩士、儒学者。
¶日人，藩臣4

杉山公憲 すぎやまきみのり
正保1（1644）年～享保2（1717）年3月2日
江戸時代前期～中期の伊勢桑名藩士・兵法家。
¶国書，三重続

杉山見心 すぎやまけんしん
寛延3（1750）年～文化8（1811）年　[別]見心《けんしん》，杉山三右衛門《すぎやまさんえもん》
江戸時代中期～後期の尾張藩士、作陶家。
¶茶道，人名（見心　けんしん），日人

杉山三右衛門(1) すぎやまさんうえもん
*～延宝2（1674）年　[別]杉山三右衛門《すぎやまさんえもん》
江戸時代前期の尾張藩士。
¶姓氏愛知（すぎやまさんえもん　[生]？），藩臣4（[生]慶長7（1602）年）

杉山三右衛門(2) すぎやまさんうえもん
→杉山市太夫（すぎやまいちだゆう）

杉山三右衛門 すぎやまさんえもん
→杉山三右衛門(1)（すぎやまさんうえもん）

杉山成宜 すぎやましげよし
天正12（1584）年10月～寛永13（1636）年10月17日
安土桃山時代～江戸時代前期の庄内藩士。
¶庄内

杉山精一 すぎやませいいち
生没年不詳
江戸時代後期の幕臣。
¶国書

杉山対軒 すぎやまたいけん
→杉山市太夫（すぎやまいちだゆう）

杉山大象軒 すぎやまたいしょうけん
→杉山大象軒（すぎやまたいぞうけん）

杉山大象軒 すぎやまたいぞうけん
延宝5（1677）年～寛延3（1750）年　[別]杉山大象軒《すぎやまたいしょうけん》，杉山当太《すぎやままささと》
江戸時代中期の陸奥三春藩士、兵学・槍術師範。
¶剣豪（すぎやまたいしょうけん），国書（[没]寛延3（1750）年12月25日），藩臣2（杉山当太　すぎやままささと）

杉山忠亮 すぎやまただあき
→杉山復堂（すぎやまふくどう）

杉山竹外 すぎやまちくがい
→杉魁（すぎかい）

杉山束 すぎやまつかさ
？～明治2（1869）年
江戸時代末期の駿河沼津藩士。
¶藩臣4

杉山篤太郎 すぎやまとくたろう
天保12（1841）年～明治1（1868）年6月17日
江戸時代末期の長州（萩）藩士。
¶幕末

杉山律義 すぎやまのりよし
→杉山松介（すぎやままつすけ）

杉山八兵衛 すぎやまはちべい
→杉山八兵衛（すぎやまはちべえ）

杉山八兵衛 すぎやまはちべえ
？～寛文12（1672）年　[別]杉山八兵衛《すぎやまはちべい》
江戸時代前期の陸奥弘前藩家老。
¶青森人（すぎやまはちべい），藩臣1

杉山秀太郎 すぎやまひでたろう
弘化4（1847）年～慶応1（1865）年
江戸時代末期の水戸藩士。
¶維新，人名（[生]1848年），日人，幕末（[没]1865年3月13日）

杉山復堂 すぎやまふくどう
享和1（1801）年～弘化2（1845）年　[別]杉山忠亮《すぎやまただあき》
江戸時代後期の水戸藩士。
¶国書（[没]弘化2（1845）年7月5日），人名（杉山忠亮　すぎやまただあき），日人，藩臣2

杉山当太 すぎやままささと
→杉山大象軒（すぎやまたいぞうけん）

杉山正仲 すぎやままさなか
享保10（1725）年～寛政5（1793）年
江戸時代中期の筑後久留米藩士。
¶国書（[生]享保10（1725）年5月　[没]寛政5（1793）年7月23日），人名，日人，藩臣7，福岡百（[生]享保10（1725）年5月　[没]寛政5（1793）年7月23日）

杉山正義 すぎやままさよし
貞享3（1686）年～寛延2（1749）年
江戸時代中期の漢学者、筑後久留米藩士。
¶国書（[没]寛延2（1749）年11月14日），人名，日人

す

杉山松介（杉山松助）　**すぎやままつすけ**
天保9（1838）年～元治1（1864）年　[別]杉山律義《すぎやまのりよし》
江戸時代末期の長州（萩）藩士。
¶維新，コン改，コン4，新潮（[没]元治1（1864）年6月6日），人名（杉山律義　すぎやまのりよし），日人，幕末（杉山松助　[没]1864年7月9日），藩臣6（杉山松助）

杉山弥一郎　**すぎやまやいちろう**
文政7（1824）年～文久1（1861）年
江戸時代末期の水戸藩士。
¶維新，コン改，コン4，新潮（[没]文久1（1861）年7月26日），人名，日人，幕末（[没]1861年8月31日），藩臣2

杉山腰司　**すぎやまようじ**
江戸時代末期の新撰組隊士。
¶新撰

杉山宜袁　**すぎやまよしなが**
寛保1（1741）年～文化8（1811）年6月21日
江戸時代中期～後期の出羽庄内藩家老、史家。
¶国書，庄内，藩臣1

杉山宜満　**すぎやまよしみつ**
寛政6（1794）年～明治6（1873）年7月9日
江戸時代後期～明治期の庄内藩家老。
¶庄内

杉山竜江　**すぎやまりゅうこう**
→杉山上総（すぎやまかずさ）

杉山良輔　**すぎやまりょうすけ**
弘化3（1846）年～明治3（1870）年3月10日
江戸時代末期～明治期の長州（萩）藩寄組。
¶幕末

杉生十右衛門　**すぎゅうじゅうえもん**
→杉生貞則（すぎおさだのり）

杉百合之助　**すぎゆりのすけ**
文化1（1804）年～慶応1（1865）年　[別]杉常道《すぎつねみち》
江戸時代末期の長州藩の吉田松陰の実父。
¶朝日（[生]文化1年2月23日（1804年4月3日）[没]慶応1年8月29日（1865年10月18日）），維新，コン4，新潮（[生]文化2（1805）年　[没]慶応1（1865）年8月29日），人名（杉常道　すぎつねみち），日人，幕末（[没]1865年10月18日），藩臣6

杉若文左衛門　**すぎわかぶんざえもん**
生没年不詳
江戸時代中期の加賀藩士。
¶国書

杉原景正　**すぎわらかげまさ**
生没年不詳
江戸時代後期の備中足守藩士。
¶藩臣6

杉原房正　**すぎわらふさまさ**
享保8（1723）年～寛政12（1800）年
江戸時代中期～後期の備中足守藩家老。
¶藩臣6

杉原正方　**すぎわらまさかた**
慶長13（1608）年～寛文6（1666）年
江戸時代前期の備中足守藩家老。
¶藩臣6

杉原正邦　**すぎわらまさくに**
生没年不詳
江戸時代後期の備中足守藩士。
¶藩臣6

杉原正貞　**すぎわらまささだ**
弘化1（1844）年～明治26（1893）年
江戸時代末期～明治期の備中足守藩家老。
¶藩臣6

杉原正忠　**すぎわらまさただ**
元禄14（1701）年～宝暦8（1758）年
江戸時代中期の備中足守藩家老。
¶藩臣6

杉原正長　**すぎわらまさなが**
承応3（1654）年～享保13（1728）年
江戸時代前期～中期の備中足守藩家老。
¶藩臣6

宿久善左衛門　**すくぜんざえもん**
生没年不詳
江戸時代中期の豊前小倉藩士。
¶藩臣7

村士玉水　**すぐりぎょくすい**
享保14（1729）年～安永5（1776）年　[別]村士玉水《むらしぎょくすい，むらじぎょくすい》
江戸時代中期の備後福山藩士、儒学者。
¶江文，群馬人（むらじぎょくすい），群馬百（むらしぎょくすい），国書（[没]安永5（1776）年1月4日），人名（むらじぎょくすい），姓氏群馬（むらじぎょくすい），日人，藩臣6（[生]享保18（1733）年）

勝行遠　**すぐろゆきとお**
安土桃山時代～江戸時代前期の武士。里見氏家臣。
¶戦人（生没年不詳），戦東

菅臥牛　**すげがぎゅう**
→菅実秀（すげさねひで）

助川伊八　**すけがわいはち**
寛延1（1748）年～文化2（1805）年
江戸時代中期～後期の剣術家。真景流。
¶剣豪，庄内（[没]文化2（1805）年8月17日）

介川善之助（介川善之介）　**すけがわぜんのすけ**
天保6（1835）年～慶応3（1867）年
江戸時代末期の水戸藩士。
¶維新，幕末（介川善之介　[没]1867年6月26日）

介川通景　**すけがわみちかげ**
安永9（1780）年～弘化4（1847）年
江戸時代後期の出羽秋田藩士、文人。
¶国書（[生]安永9（1780）年12月29日　[没]弘化4（1847）年10月6日），藩臣1

菅記惣兵衛(1)　**すげきそうべえ**
明和8（1771）年～天保2（1831）年
江戸時代後期の常陸土浦藩代官。
¶藩臣2

菅記惣兵衛(2)　**すげきそうべえ**
文化1（1804）年～明治6（1873）年
江戸時代末期～明治期の常陸土浦藩士。
¶藩臣2

菅実秀 すげさねひで
天保1 (1830) 年～明治36 (1903) 年 [別]菅臥牛《すげがぎゅう》,菅実秀《すがさねひで》
江戸時代末期～明治期の出羽庄内藩中老、酒田県権参事。
¶朝日 ([生]天保1年1月8日 (1830年2月1日) [没]明治36 (1903) 年2月17日), 維新, 庄内 ([生]文政13 (1830) 年1月8日 [没]明治36 (1903) 年2月17日), 新潮 (すがさねひで [生]天保1 (1830) 年1月8日 [没]明治36 (1903) 年2月17日), 日人, 幕末 ([生]1830年2月1日 [没]1903年2月17日), 藩臣1, 山形百 (菅臥牛 すげがぎゅう)

菅善右衛門 すげぜんえもん
～明暦1 (1655) 年4月
江戸時代前期の武士。
¶庄内

菅善十郎 すげぜんじゅうろう
～天明5 (1785) 年9月4日
江戸時代中期の庄内藩士。
¶庄内

菅宗蔵 すげそうぞう
明和7 (1770) 年～文政2 (1819) 年
江戸時代中期～後期の藩校致道館普請取締役、のち典学兼助教。
¶山形百

菅虎次郎 すげとらじろう
天保1 (1830) 年～明治21 (1888) 年
江戸時代末期～明治期の常陸土浦藩士。
¶藩臣2

菅野彊斎 すげのきょうさい
→菅野彊斎 (すがのきょうさい)

菅野真斎 すげのしんさい
→菅野真斎 (すがのしんさい)

菅野白華 すげのはっか
→菅野白華 (すがのはくか)

菅谷帰雲 すげのやきうん
→菅谷帰雲 (すがやきうん)

菅谷長昌 すげのやながまさ
? ～寛政12 (1800) 年 [別]菅谷長昌《すがたにながまさ》,菅谷弥五郎《すげのややごろう》
江戸時代中期～後期の幕臣。幕府直轄領備中倉敷の代官。
¶岡山人 (すがたにながまさ), 岡山歴 (菅谷弥五郎 すげのややごろう [生]享保19 (1734) 年), 人名, 日人

菅谷半之丞 すげのやはんのじょう
→菅谷半之丞 (すがやはんのじょう)

菅谷政憲 すげのやまさのり
明暦2 (1656) 年～享保15 (1730) 年
江戸時代中期の旗本。
¶神奈川人

菅谷弥五郎 すげのややごろう
→菅谷長昌 (すげのやながまさ)

須子吉次郎 (須古吉次郎) すこきちじろう
天保6 (1835) 年～元治1 (1864) 年
江戸時代末期の長州 (萩) 藩士。
¶維新, 大阪人 (須古吉次郎 [没]元治1 (1864) 年11月), 幕末 ([没]1864年12月1日)

須佐美権之丞 すさみごんのじょう
生没年不詳
江戸時代中期の肥後熊本藩士。
¶藩臣7

周参見新助 すさみしんすけ
生没年不詳
江戸時代中期の備後三次藩士。
¶藩臣6

朱雀操 すじゃくみさお
? ～明治1 (1868) 年
江戸時代末期の志士、郷士。
¶姓氏京都, 幕末 ([没]1868年3月23日)

調所笑左衛門広郷 ずしょしょうざえもんひろさと
→調所広郷 (ずしょひろさと)

調所広郷 ずしょひろさと
安永5 (1776) 年～嘉永1 (1848) 年 [別]調所笑左衛門広郷《ずしょしょうざえもんひろさと》
江戸時代後期の薩摩藩の財政家。
¶朝日 ([生]安永5年2月5日 (1776年3月24日) [没]嘉永1年12月18日 (1849年1月12日)), 維新, 岩史 ([生]安永5 (1776) 年2月5日 [没]嘉永1 (1848) 年12月18日), 沖縄百 (調所笑左衛門広郷 ずしょしょうざえもんひろさと [生]安永5 (1776) 年2月5日 [没]嘉永1 (1848) 年12月18日), 鹿児島百 (調所笑左衛門広郷 ずしょしょうざえもんひろさと), 角史, 近世, 国史, コン改, コン4, 史人 ([生]1776年2月5日 [没]1848年12月19日), 重要 ([生]安永5 (1776) 年2月5日 [没]嘉永1 (1848) 年12月19日), 人書94, 新潮 ([生]安永5 (1776) 年2月5日 [没]嘉永1 (1848) 年12月18日), 人名, 姓氏鹿児島, 世人, 世百, 全書, 大百 ([生]1778年), 伝記, 日史 ([生]安永5 (1776) 年2月5日 [没]嘉永1 (1848) 年12月16日), 日人 ([没]1849年), 幕末 ([没]1849年1月12日), 藩臣7, 百科, 宮崎百, 歴大

調所広丈 ずしょひろたけ
天保11 (1840) 年～明治44 (1911) 年 [別]調所広丈《ずしょひろため,ちょうしょひろたけ》
江戸時代末期～明治期の薩摩藩士。鳥取県知事、貴族院議員、男爵。北海道開拓幹事、札幌農学校長、札幌県令を歴任。
¶高知人 (ちょうしょひろたけ), 高知百, 札幌 ([生]天保11年4月30日), 姓氏鹿児島, 鳥取百 (ずしょひろため), 日人, 幕末 ([没]1911年12月30日), 北海道百, 北海道歴

調所広丈 ずしょひろため
→調所広丈 (ずしょひろたけ)

鈴江長定 すずえながさだ
生没年不詳
江戸時代前期の武士。
¶国書

鈴尾五郎 すずおごろう
→福原芳山 (ふくはらほうざん)

鈴木朖 すずきあきら
明和1 (1764) 年～天保8 (1837) 年

江戸時代中期〜後期の国学者。尾張藩士。
¶愛知百（[没]1837年6月6日），朝日（[生]明和1年3月3日（1764年4月3日）　[没]天保8年6月6日（1837年7月8日）），岩史（[生]宝暦14（1764）年3月3日　[没]天保8（1837）年6月6日），教育，近世，国史，国書（[生]宝暦14（1764）年3月3日　[没]天保8（1837）年6月6日），コン改，コン4，詩歌，史人（[生]1764年3月3日　[没]1837年6月6日），人書79，神人（[生]明和1（1764）年3月　[没]天保8（1837）年6月6日），新潮（[生]明和1（1764）年3月3日　[没]天保8（1837）年6月6日），人名，姓氏愛知，世人（[生]明和1（1764）年3月3日　[没]天保8（1837）年6月6日），全書，大百，日史（[生]明和1（1764）年3月3日　[没]天保8（1837）年6月6日），日人，人情3，藩臣4，百科，平史，歴大

鈴木伊織　すずきいおり
？　〜元禄3（1690）年
江戸時代前期の信濃松本藩士。
¶藩臣3

鈴木一鳴　すずきいちめい
？　〜文政1（1818）年8月23日
江戸時代中期〜後期の秋田藩士・漢学者。
¶国書

鈴木今右衛門　すずきいまえもん
享保16（1731）年〜寛政13（1801）年
江戸時代中期〜後期の出羽庄内藩士。
¶庄内（[没]寛政13（1801）年1月14日），人名（[生]？），日人，藩臣1

鈴木右近　すずきうこん
天正12（1584）年〜万治1（1658）年
江戸時代前期の信濃松代藩士。
¶藩臣3

鈴木桜渓　すずきおうけい
享保18（1733）年〜文化1（1804）年
江戸時代中期〜後期の水戸藩士。
¶国書

鈴木黄軒　すずきおうけん
生没年不詳
江戸時代後期の儒者、水戸藩士。
¶国書，日人

鈴木乙治　すずきおとじ
江戸時代末期の新撰組隊士。
¶新撰

鈴木織太郎　すずきおりたろう
江戸時代末期〜明治期の蝦夷松前藩士。
¶幕末（[生]？　[没]1880年9月28日），藩臣1（[生]天保14（1843）年　[没]明治7（1874）年）

鈴木一保　すずきかずやす
延享1（1744）年〜文化9（1812）年　[別]鈴木甘井《すずきかんせい》
江戸時代中期〜後期の国学者、博物医薬研究家、越後高田藩家老。
¶国書（[没]文化9（1812）年3月），人名，新潟百別（鈴木甘井　すずきかんせい），日人

鈴木一之　すずきかずゆき
慶長7（1602）年〜延宝3（1675）年
江戸時代前期の旗本。
¶神奈川人

鈴木甘井　すずきかんせい
→鈴木一保（すずきかずやす）

鈴木宜山　すずきぎざん
安永1（1772）年〜天保5（1834）年
江戸時代後期の備後福山藩士、儒学者。
¶江文，国書（[没]天保5（1834）年9月26日），人名，日人，藩臣6

鈴木吉之丞　すずききちのじょう
？　〜寛保2（1742）年
江戸時代中期の弓術家。
¶人名

鈴木九大夫　すずききゅうだゆう
*〜享保15（1730）年　[別]鈴木正当《すずきまさあつ》
江戸時代中期の備中倉敷代官。
¶岡山歴（[生]寛永19（1642）年　[没]享保15（1730）年5月17日），姓氏京都（鈴木正当　すずきまさあつ　[生]？）

鈴木清　すずききよし
嘉永1（1848）年〜大正4（1915）年
江戸時代末期〜大正期の三田藩士、鈴木間太の子。実業家、政治家。北海道開拓団赤心社初代社長、神戸区議会議長。
¶朝日（[生]嘉永1年4月29日（1848年5月31日）　[没]大正4（1915）年3月21日），食文（[生]嘉永1年4月29日（1848年5月31日）　[没]1915年3月21日），日人，兵庫人（[没]？），兵庫百，北海道百，北海道歴

鈴木金谷　すずききんこく
→鱸半兵衛（すずきはんべえ）

鈴木蔵太　すずきくらた
文政1（1818）年〜元治1（1864）年
江戸時代末期の対馬藩士。
¶維新

鈴木九郎左衛門　すずきくろうざえもん
？　〜宝永5（1708）年
江戸時代前期〜中期の剣術家。以心流。
¶剣豪

鈴木圭斎　すずきけいさい
文化6（1809）年〜明治13（1880）年
江戸時代末期〜明治期の丹波篠山藩士。
¶藩臣5

鈴木源吉　すずきげんきち
嘉永5（1852）年〜明治1（1868）年
江戸時代末期の陸奥会津藩の白虎隊士中二番隊士。
¶人名（[生]1849年　[没]1865年），日人，幕末（[没]1868年10月8日），藩臣2

鈴木源蔵　すずきげんぞう
江戸時代の剣士。
¶三重続

鈴木源内　すずきげんない
？　〜文久3（1863）年
江戸時代末期の大和国五条代官。
¶維新，新潮（[没]文久3（1863）年8月17日），日人

鈴木元之進 すずきげんのしん
？ ～寛政11（1799）年
江戸時代中期の摂津三田藩士。
¶藩臣5

鈴木監物 すずきけんもつ
生没年不詳
江戸時代末期の家老。
¶和歌山人

鈴木小市 すずきこいち
？ ～文政13（1830）年9月19日
江戸時代後期の武芸家。
¶国書

鈴木孝作 すずきこうさく
？ ～慶応3（1867）年
江戸時代後期～末期の剣術家。直心影流。
¶剣豪，庄内（[没]慶応3（1867）年2月6日）

鈴木剛堂 すずきごうどう
江戸時代末期～明治期の伊勢津藩士、京都中学校教員。
¶三重

鈴木伍草 すずきごそう
享保20（1735）年7月18日～天明6（1786）年9月18日
江戸時代中期の尾張藩士・漢学者。
¶国書

鈴木維清 すずきこれきよ
江戸時代の駿河田中藩士。
¶人名

鈴木伊直 すずきこれなお
？ ～元和4（1618）年11月14日
安土桃山時代～江戸時代前期の織田信長の武士。
¶織田

鈴木是信 すずきこれのぶ
慶長11（1606）年～寛文6（1666）年
江戸時代前期の三河岡崎藩士。
¶藩臣4

鈴木才兵衛 すずきさいべえ
宝暦4（1754）年～？
江戸時代中期～後期の幕臣。
¶国書

鈴木定七 すずきさだしち
天保4（1833）年～明治39（1906）年　[別]鈴木定七《すずきていしち》
江戸時代末期～明治期の勝山藩士。
¶剣豪，幕末（[没]1906年7月13日），藩臣3（すずきていしち）

鈴木定長 すずきさだなが
？ ～享保10（1725）年
江戸時代中期の武士、幕臣。
¶和歌山人

鈴木左太夫 すずきさだゆう
？ ～明和8（1771）年
江戸時代中期の下総古河藩家老。
¶藩臣3

鈴木三蔵 すずきさんぞう
天保3（1832）年～大正4（1915）年
江戸時代末期～明治期の美濃苗木藩士、農業指導者。
¶朝日（[生]天保3年5月18日（1832年6月16日）[没]大正4（1915）年6月25日），岐阜百，近現，国史，新潮（[生]天保3（1832）年5月18日　[没]大正4（1915）年6月25日），日人

鈴木式部 すずきしきぶ
弘化2（1845）年～明治4（1871）年
江戸時代末期～明治期の陸奥会津藩士。
¶幕末

鈴木重明 すずきしげあき
→鈴木大学（すずきだいがく）

鈴木重固 すずきしげかた
文化9（1812）年～明治11（1878）年11月13日
江戸時代後期～明治期の弓道家、秋田藩士。
¶弓道

鈴木重澄 すずきしげすみ
宝暦4（1754）年～文政8（1825）年
江戸時代中期～後期の若狭小浜藩士。
¶藩臣3

鈴木重武 すずきしげたけ
生没年不詳
江戸時代中期の信濃松本藩士。
¶国書5

鈴木重辰 すずきしげたつ
慶長12（1607）年～寛文10（1670）年　[別]鈴木重辰《すずきしげとき》
江戸時代前期の初代京都代官。鈴木正三の長男。
¶京都大，京都府，姓氏京都（すずきしげとき）

鈴木重為 すずきしげため
元和8（1622）年～天和3（1683）年
江戸時代前期の陸奥会津藩士。
¶藩臣2

鈴木重比 すずきしげちか
慶長11（1606）年～元禄6（1693）年
江戸時代前期の旗本。
¶神奈川人

鈴木重遠 すずきしげとう
→鈴木重遠(2)（すずきしげとお）

鈴木重遠(1) すずきしげとお
宝永1（1704）年～宝暦4（1754）年
江戸時代中期の三河岡崎藩士。
¶藩臣4

鈴木重遠(2) すずきしげとお
文政11（1828）年～明治39（1906）年　[別]鈴木重遠《すずきしげとう》
江戸時代末期～明治期の松山藩士、政治家。
¶朝日（[生]文政11年11月29日（1829年1月4日）[没]明治39（1906）年4月7日），維新，愛媛百（すずきしげとう　[生]文政11（1828）年11月19日　[没]明治39（1906）年4月7日），神奈川人（すずきしげとう），郷土愛媛，コン改，コン4，コン5，新潮（[生]文政11（1828）年11月19日　[没]明治39（1906）年4月7日），人名，日人，幕末（すずきしげとう　[没]1906年4月7日），洋学

鈴木重時 すずきしげとき
江戸時代中期の水戸藩士。

¶人名，日人（生没年不詳）

鈴木重辰　すずきしげとき
→鈴木重辰（すずきしげたつ）

鱸重旹　すずきしげとき
→鱸半兵衛（すずきはんべえ）

鈴木重朝　すずきしげとも
[別]雑賀孫一《さいかまごいち》，雑賀孫市《さいかまごいち》，鈴木孫三郎《すずきまごさぶろう》
安土桃山時代〜江戸時代前期の武士。
¶戦国，戦人（生没年不詳）

鈴木重長　すずきしげなが
慶長16（1611）年〜延宝5（1677）年
江戸時代前期の旗本。
¶神奈川人

鈴木重成(1)　すずきしげなり
*〜承応2（1653）年
江戸時代前期の代官。
¶朝日（[生]天正15（1587）年　[没]承応2年10月15日（1653年12月4日）），近世（[生]1588年），熊本百（[生]天正14（1586）年　[没]承応2（1653）年10月15日），国史（[生]1588年），コン改（[生]天正15（1587）年），コン4（[生]天正15（1587）年），史人（[生]1588年　[没]1653年10月15日），新潮（[生]天正15（1587）年　[没]承応2（1653）年10月15日），人名（[生]？），姓氏愛知（[生]1588年），戦合（[生]1587年），日史（[生]天正14（1586）年　[没]承応2（1653）年10月15日），日人（[生]1587年），歴大（[生]1588年）

鈴木重成(2)　すずきしげなり
寛永2（1625）年〜元禄15（1702）年
江戸時代前期〜中期の旗本。
¶神奈川人

鈴木重嶺　すずきしげね
文化11（1814）年〜明治31（1898）年
江戸時代末期〜明治期の幕臣、歌人。
¶維新，近文，国書（[生]文化11（1814）年6月　[没]明治31（1898）年11月26日），神人（[生]文化11（1814）年6月　[没]明治31（1898）年11月26日），人名（[生]？），新潟百（[生]1813年），日人，幕末（[生]1814年7月　[没]1898年11月26日），和俳

鈴木重宣　すずきしげのぶ
→鈴木大凡（すずきだいぼん）

鈴木重規　すずきしげのり
寛文4（1664）年〜享保14（1729）年4月25日
江戸時代前期〜中期の幕臣。
¶国書

鈴木重春　すずきしげはる
慶長5（1600）年？　〜慶安3（1650）年
江戸時代前期の尾張藩士。
¶藩臣4

鈴木重麿　すずきしげまろ
→穂積重麿（ほづみしげまろ）

鈴木重棟　すずきしげむね
？　〜明治1（1868）年
江戸時代末期の水戸藩士。
¶幕末，藩臣2

鈴木重之　すずきしげゆき
元和6（1620）年？　〜慶安3（1650）年
江戸時代前期の尾張藩士。
¶藩臣4

鈴木重栄　すずきしげよし
万治3（1660）年〜宝永2（1705）年
江戸時代前期〜中期の三河岡崎藩士。
¶藩臣4

鈴木重義　すずきしげよし
天保9（1838）年〜明治36（1903）年　[別]鈴木縫殿《すずきぬい》
江戸時代末期〜明治期の水戸藩士。
¶維新（鈴木縫殿　すずきぬい），近現，近世，国史，コン改，コン4，コン5，新潮（[没]明治36（1903）年1月31日），人名，日人，幕末（鈴木縫殿　すずきぬい　[没]1903年1月31日），藩臣2（鈴木縫殿　すずきぬい）

鈴木重好　すずきしげよし
永禄1（1558）年〜寛永12（1635）年
安土桃山時代〜江戸時代前期の武士。徳川家康の臣。
¶人名，日人

鈴木重仍　すずきしげより
→鈴木四郎右衛門（すずきしろうえもん）

鈴木信濃守　すずきしなののかみ
生没年不詳
安土桃山時代〜江戸時代前期の武士。佐竹氏家臣。
¶戦辞，戦人，戦東

鈴木修理長頼　すずきしゅりながより
明暦1（1655）年〜宝永2（1705）年
江戸時代中期の幕府の作事奉行。長常の嗣子。
¶千葉百

鈴木春山(1)　すずきしゅんさん，すずきしゅんざん
享和1（1801）年〜弘化3（1846）年
江戸時代後期の三河田原藩の蘭方医、兵学者。
¶朝日（[没]弘化3年5月10日（1846年6月3日）），維新，江文（すずきしゅんざん），国書（[没]弘化3（1846）年閏5月10日），コン改（すずきしゅんざん），コン4（すずきしゅんざん），史人（[没]1846年閏5月10日），新潮（[没]弘化3（1846）年5月10日），人名（すずきしゅんざん），姓氏愛知，世人（すずきしゅんざん　[没]弘化3（1846）年閏5月10日），全書，大百（すずきしゅんざん），日史（[没]弘化3（1846）年5月10日），日人，幕末（[没]1846年5月10日），藩臣4，百科，洋学（すずきしゅんざん）

鈴木春山(2)　すずきしゅんざん
元文3（1738）年〜文化11（1814）年
江戸時代中期〜後期の上野伊勢崎藩士、画家。
¶人名，日人，藩臣2

鈴木準蔵　すずきじゅんぞう
生没年不詳
江戸時代前期の下総古河藩用人。
¶藩臣3

鈴木準道　すずきじゅんどう
→鈴木準道（すずきのりみち）

鈴木春波　すずきしゅんぱ
生没年不詳
江戸時代後期の武士、茶人。
¶日人

鈴木縄　すずきじょう
天保9 (1838) 年～明治39 (1906) 年
江戸時代末期～明治期の下館藩士。
¶幕末 ([没]1906年5月11日), 藩臣2

鈴木条右衛門　すずきじょうえもん
?　～延享3 (1746) 年
江戸時代中期の出羽庄内藩士。
¶庄内 ([没]延享3 (1746) 年3月5日), 藩臣1

鈴木荘蔵　すずきしょうぞう
文政5 (1822) 年～慶応1 (1865) 年
江戸時代末期の水戸藩士。
¶維新, 人名, 日人, 幕末 ([没]1865年4月29日)

鈴木昌之助　すずきしょうのすけ
江戸時代末期の薩摩藩士。
¶維新, 姓氏鹿児島, 幕末 (生没年不詳)

鈴木四郎右衛門　すずきしろうえもん
*～寛文4 (1664) 年　[別]鈴木四郎右衛門《すずきしろえもん》, 鈴木重仍《すずきしげより》
江戸時代前期の安芸広島藩士。
¶朝日 (鈴木重仍　すずきしげより　[生]慶長13 (1608) 年　[没]寛文4年3月29日 (1664年4月25日)), 人名 (すずきしろえもん　[生]1619年), 日人 ([生]1609年)

鈴木四郎右衛門　すずきしろえもん
→鈴木四郎右衛門 (すずきしろうえもん)

鈴木甚右衛門　すずきじんうえもん
江戸時代中期の遠江相良藩士。
¶姓氏愛知 ([生]1720年　[没]1787年), 藩臣4 ([生]?　[没]安永4 (1775) 年)

鈴木新兵衛　すずきしんべえ
江戸時代中期の武士。朽木竜橋の家臣。
¶茶道

鈴木清右衛門　すずきせいえもん
生没年不詳
江戸時代末期の下総結城藩士。
¶幕末, 藩臣3

鈴木宗休　すずきそうきゅう
生没年不詳
江戸時代後期の武士、茶人。
¶日人

鈴木鎗八郎　すずきそうはちろう
?　～元治1 (1864) 年5月17日
江戸時代末期の石岡藩士。
¶幕末

鈴木大学　すずきだいがく
天明4 (1784) 年～天保2 (1831) 年　[別]鈴木重明《すずきしげあき》
江戸時代後期の剣法家、鈴木派無念流の祖。
¶剣豪, 人名 ([生]?), 日人 (鈴木重明　すずきしげあき)

鈴木大亮　すずきだいすけ
天保13 (1842) 年～明治40 (1907) 年
江戸時代末期～明治期の政治家、仙台藩士。男爵。農商務省、大蔵省の大書記官を歴任。
¶人名, 姓氏宮城, 渡航 ([生]1842年7月17日　[没]1907年2月1日), 日人, 宮城百

鈴木大凡　すずきだいぼん
宝暦1 (1751) 年～文政6 (1823) 年　[別]鈴木重宣《すずぎしげのぶ》
江戸時代中期～後期の水戸藩士、学者。
¶国書, 藩臣2 (鈴木重宣　すずぎしげのぶ)

鈴木内匠　すずきたくみ
文化8 (1811) 年～明治2 (1869) 年　[別]鈴木内匠《すずきないしょう》
江戸時代末期の常陸土浦藩士。
¶人名, 日人, 幕末 (すずきないしょう　[没]1869年6月6日), 藩臣2 (すずきないしょう)

鈴木武五郎　すずきたけごろう
弘化2 (1845) 年～明治1 (1868) 年
江戸時代末期の薩摩藩士。
¶維新, 人名, 姓氏鹿児島, 日人, 幕末 ([没]1868年12月1日), 藩臣7

薄田七兵衛　すすきだしちべえ
江戸時代前期の武士。
¶岡山人, 岡山歴

鈴木忠治　すずきただはる
生没年不詳
江戸時代の江戸普請奉行。
¶姓氏愛知

鈴木竜六　すずきたつろく
嘉永1 (1848) 年～明治43 (1910) 年
江戸時代後期～明治期の静岡藩士、カトリック伝道師。
¶静岡歴

鈴木為輔　すずきためすけ
文政11 (1828) 年～明治10 (1877) 年2月7日
江戸時代末期～明治期の陸奥会津藩士。
¶幕末

薄田義次　すすきだよしつぐ
?　～寛文2 (1662) 年
江戸時代前期の浅野家臣。
¶和歌山人

鈴木淡水　すずきたんすい
文化4 (1807) 年～明治3 (1870) 年
江戸時代末期～明治期の播磨三草藩家老。
¶藩臣5

鈴木親敬　すずきちかのり
生没年不詳
江戸時代中期の仙台藩士。
¶国書

鈴木主税　すずきちから
文化11 (1814) 年～安政3 (1856) 年
江戸時代末期の越前福井藩士、経世家。
¶朝日 ([生]文化11年3月12日 (1814年5月1日)　[没]安政3年2月10日 (1856年3月16日)), 維新, 郷土福井, 近世, 国史, 国書 ([生]文化11 (1814) 年3月12日　[没]安政3 (1856) 年2月10日), コン改, コン4, 新潮 ([生]文化11 (1814) 年3月12日　[没]安政3 (1856) 年2月10日), 人名, 世人, 日

人，幕末（[没]1856年3月16日），藩臣3，福井百

鈴木筑太夫　すずきちくだゆう
元禄15（1702）年～天明8（1788）年
江戸時代中期の出羽庄内藩士。
¶庄内（[没]天明8（1788）年12月），藩臣1

鈴木忠良　すずきちゅうりょう
→三木三郎（みきさぶろう）

鈴木長蔵　すずきちょうぞう
天保5（1834）年～？
江戸時代後期～末期の新撰組隊士。
¶新撰

鈴木伝　すずきつたえ
天保7（1836）年～明治37（1904）年
江戸時代末期～明治期の半原藩用人席。
¶姓氏愛知，幕末，藩臣4

鈴木強　すずきつとむ
文化14（1817）年～明治17（1884）年
江戸時代末期～明治期の三河西尾藩士。
¶藩臣4

鈴木定七　すずきていしち
→鈴木定七（すずきさだしち）

鈴木伝蔵　すずきでんぞう
江戸時代中期の対馬府中藩士。通訳。
¶大阪人，人名，日人（生没年不詳）

鈴木桃野　すずきとうや
寛政12（1800）年～嘉永5（1852）年
江戸時代後期の幕臣、儒学者。
¶江文，国書（[没]嘉永5（1852）年6月15日），コン改，コン4，新潮（[没]嘉永5（1852）年6月15日），日人

鈴木時信　すずきときのぶ
文化13（1816）年～明治1（1868）年
江戸時代末期の輪王寺宮の家士。
¶人名，日人

鈴木篤斎　すずきとくさい
享保16（1731）年～享和1（1801）年
江戸時代中期～後期の儒者。一関藩藩主・仙台藩主の侍講。
¶人名，姓氏宮城（[生]1731年？），日人

鈴木利雄　すずきとしお
万治2（1659）年～寛保3（1743）年
江戸時代中期の旗本。
¶神奈川人

鈴木敏行　すずきとしゆき
天保9（1838）年～明治41（1908）年
江戸時代末期～明治期の勤王家、武蔵忍藩士。鳥羽伏見の役に従軍。
¶埼玉人（[生]天保10（1839）年11月17日　[没]明治41（1908）年6月），埼玉百，人名，日人

鈴木利亨（鈴木利享）　すずきとしゆき
天保9（1838）年～大正3（1914）年
江戸時代末期～明治期の幕臣、大蔵官僚。
¶朝日（[没]大正3（1914）年11月3日），コン改（鈴木利享），コン5（鈴木利享），人名，日人

鈴木舎人　すずきとねり
？～天保4（1833）年
江戸時代後期の八戸藩士。
¶青森人

鈴木内匠　すずきないしょう
→鈴木内匠（すずきたくみ）

鈴木直澄　すずきなおずみ
～享保11（1726）年
江戸時代中期の旗本。
¶神奈川人

鈴木直人　すずきなおと
→鈴木直人（すずきなおんど）

鈴木直之進　すずきなおのしん
江戸時代後期～明治期の剣術家。天辰一刀流祖。
¶剣豪（[生]？　[没]明治4（1871）年），姓氏宮城（[生]1798年　[没]1874年）

鈴木直人　すずきなおんど
天保15（1844）年～慶応4（1868）年　[別]鈴木直人《すずきなおと》
江戸時代末期の新撰組隊士。
¶新撰（[没]慶応4年1月5日），幕末（すずきなおと　[没]1868年1月29日）

鈴木永頼　すずきながより
天明1（1781）年～嘉永3（1850）年
江戸時代後期の伊予今治藩士。
¶藩臣6

鈴木長頼　すずきながより
生没年不詳
江戸時代前期～中期の幕臣。
¶国書

鈴木縫殿　すずきぬい
→鈴木重義（すずきしげよし）

鈴木子之吉　すずきねのきち
江戸時代末期の水戸藩士。
¶維新，幕末（生没年不詳）

鈴木信篤　すずきのぶあつ
天保10（1839）年～元治1（1864）年
江戸時代後期～末期の常陸宍戸藩士。
¶日人

鈴木信義　すずきのぶよし
*～元治1（1864）年
江戸時代末期の志士。常陸宍戸藩士。
¶人名（[生]1840年），日人（[生]1828年）

鈴木信吉(1)　すずきのぶよし
？～明暦2（1656）年
江戸時代前期の紀伊和歌山藩士。
¶和歌山人

鈴木信吉(2)　すずきのぶよし
～承応2（1653）年
江戸時代前期の旗本。
¶神奈川人

鈴木準道　すずきのりみち
天保12（1841）年～大正10（1921）年　[別]鈴木準道《すずきじゅんどう》
江戸時代末期～明治期の越前福井藩士。
¶郷土福井（すずきじゅんどう），国書（[生]天保12（1841）年9月9日　[没]大正10（1921）年3月13日），人名（すずきじゅんどう），世紀（[生]天保

12(1841)年9月9日　[没]大正10(1921)年2月13日),日人,幕末([没]1921年3月13日),藩臣3,福井百

鈴木楳林　すずきばいりん
→鈴木楳林(すずきぼうりん)

鱸白泉　すずきはくせん
享保2(1717)年～寛政5(1793)年
江戸時代中期の水戸藩士、彰考館総裁。
¶人名,日人

鈴木白藤(鈴木白籐)　すずきはくとう
明和4(1767)年～嘉永4(1851)年
江戸時代中期の幕臣、儒者。
¶江文(鈴木白籐),国書([生]明和4(1767)年9月16日　[没]嘉永4(1851)年12月6日),人名,日人

鈴木大　すずきはじめ
→鈴木楳林(すずきぼうりん)

鈴木八右衛門　すずきはちえもん
?　～元文4(1739)年
江戸時代中期の出羽松山藩家老。
¶庄内([没]元文4(1739)年7月),藩臣1

鈴木春蔭　すずきはるかげ
天明6(1786)年～弘化4(1847)年
江戸時代後期の国学者、尾張藩士。
¶国書([没]弘化4(1847)年6月16日),人名,日人

鈴木伴亀　すずきばんき,すずきはんき
文化6(1809)年～明治2(1869)年
江戸時代末期の出羽松山藩士。
¶庄内(すずきはんき　[没]明治2(1869)年12月24日),藩臣1

鈴木伴次郎　すずきばんじろう
明和3(1766)年～文政7(1824)年
江戸時代中期～後期の剣術家。起倒流。
¶剣豪

鈴木半之丞　すずきはんのじょう
文政11(1828)年～?
江戸時代末期の下総結城藩家老。
¶幕末,藩臣3

鱸半兵衛(鈴木半兵衛)　すずきはんべえ
文化12(1815)年～安政3(1856)年　[別]鈴木金谷《すずききんこく》,鱸重旹《すずきしげとき》
江戸時代末期の蘭学者。水戸藩士。
¶維新,江文(鱸重旹　すずきしげとき),郷土茨城,近世,国史,国書(鈴木金谷　すずききんこく　[没]安政3(1856)年8月30日),コン改,コン4,新潮([没]安政3(1856)年8月),人名,世人(鈴木半兵衛),日人,幕末([没]1856年9月28日),藩臣2,洋学

鈴木秀太郎　すずきひでたろう
天保10(1839)年～慶応1(1865)年
江戸時代末期の水戸藩属吏。
¶維新,人名,日人,幕末([没]1865年3月12日)

鈴木兵左衛門　すずきひょうざえもん
?　～元禄3(1690)年
江戸時代前期～中期の剣術家。以心流祖。小倉藩に仕える。
¶剣豪

鈴木秉之助　すずきひょうのすけ
→鈴木秉之助(すずきへいのすけ)

鈴木武助　すずきぶすけ
→鈴木正長(すずきまさなが)

鈴木平右衛門　すずきへいえもん
生没年不詳
江戸時代中期の陸奥黒石藩士。
¶藩臣1

鈴木兵左衛門(1)　すずきへいざえもん
宝暦2(1752)年?　～文政3(1820)年
江戸時代中期～後期の美濃郡上藩家老。
¶藩臣3

鈴木兵左衛門(2)　すずきへいざえもん
天保3(1832)年～明治14(1881)年
江戸時代末期～明治期の美濃郡上藩家老。
¶藩臣3

鈴木平十郎　すずきへいじゅうろう
?　～元文3(1738)年
江戸時代中期の代官。
¶埼玉人

鈴木秉之助　すずきへいのすけ
*～明治17(1884)年　[別]鈴木秉之助《すずきひょうのすけ》
江戸時代末期～明治期の備後福山藩士。
¶幕末([生]1821年),藩臣6(すずきひょうのすけ　[生]?)

鈴木楳林　すずきぼうりん
?　～明治30(1897)年　[別]鈴木大《すずきはじめ》,鈴木楳林《すずきばいりん》
江戸時代末期～明治期の水戸藩士、学者。
¶国書(すずきばいりん　[没]明治30(1897)年6月19日),日人(鈴木大　すずきはじめ),幕末([没]1897年6月19日),藩臣2

鈴木正当　すずきまさあつ
→鈴木九大夫(すずききゅうだゆう)

鈴木正勝　すずきまさかつ
江戸時代後期の第17代美濃国代官。
¶岐阜百

鈴木政次　すずきまさつぐ
～寛永10(1633)年
江戸時代前期の旗本。
¶神奈川人

鈴木正長　すずきまさなが
享保17(1732)年～文化3(1806)年　[別]鈴木武助《すずきぶすけ》
江戸時代中期～後期の下野黒羽藩家老。
¶朝日([没]文化3年1月30日(1806年3月19日)),郷土栃木(鈴木武助　すずきぶすけ),国書([没]文化3(1806)年1月30日),コン改([生]享保10(1725)年),コン4,人名,栃木百(鈴木武助　すずきぶすけ),栃木歴(鈴木武助　すずきぶすけ),日人,藩臣2(鈴木武助　すずきぶすけ)

鈴木真実　すずきまさね,すずきまざね
寛延2(1749)年～文政2(1819)年
江戸時代中期～後期の尾張藩士。
¶人名(すずきまざね),日人,藩臣4

鈴木松蔵 すずきまつぞう
江戸時代後期の武士。
¶江戸東

鈴木三樹三郎 すずきみきさぶろう
→三木三郎（みきさぶろう）

鈴木光弘 すずきみつひろ
生没年不詳
江戸時代前期の武士。最上氏家臣。
¶戦人

鈴木無隠 すずきむいん
弘化1（1844）年5月20日〜明治35（1902）年
江戸時代後期〜明治期の勤王志士。
¶三重

鈴木杢右衛門 すずきもくえもん
生没年不詳
江戸時代の常陸土浦藩士・武芸家。
¶国書5

鈴木持貞 すずきもちさだ
延宝5（1677）年〜延享4（1747）年
江戸時代中期の三河岡崎藩士。
¶藩臣4

鈴木元之進 すずきもとのしん
江戸時代末期の新撰組隊士。
¶新撰

鈴木元信 すずきもとのぶ
弘治1（1555）年〜元和6（1620）年
安土桃山時代〜江戸時代前期の陸奥仙台藩士。
¶姓氏宮城，藩臣1

鈴木元善 すずきもとよし
天保9（1838）年〜明治37（1904）年3月29日
江戸時代後期〜明治期の庄内藩士。
¶庄内

鈴木守堅 すずきもりかた
慶長19（1614）年〜寛文12（1672）年
江戸時代前期の武士、西条藩家老。
¶和歌山人

鈴木守宥 すずきもりひろ
生没年不詳
江戸時代後期の武士。
¶和歌山人

鈴木守義 すずきもりよし
慶安3（1650）年〜寛保2（1742）年
江戸時代中期の紀伊和歌山藩士。
¶和歌山人

鈴木主水 すずきもんど
？〜享和1（1801）年
江戸時代後期の武士。
¶新潮，日史，日人，百科

鈴木主水正 すずきもんどのしょう
永禄10（1567）年〜寛永1（1624）年
安土桃山時代〜江戸時代前期の三河伊保藩家老。
¶藩臣4

鈴木弥左衛門 すずきやざえもん
〜元文5（1740）年7月
江戸時代中期の庄内藩士。
¶庄内

鈴木弥惣左衛門 すずきやそうざえもん
享保6（1721）年〜享和2（1802）年
江戸時代中期〜後期の剣術家。無楽流。
¶剣豪

鈴木弥藤次 すずきやとうじ
？〜天明4（1784）年
江戸時代中期の剣術家。直心影流。
¶剣豪

鈴木勇右衛門 すずきゆうえもん
江戸時代末期の薩摩藩士。
¶維新，姓氏鹿児島，幕末（生没年不詳）

鈴木与右衛門 すずきよえもん
生没年不詳
江戸時代中期の出羽松山藩士。
¶藩臣1

鈴木至易 すずきよしやす
？〜天保6（1835）年8月12日
江戸時代後期の二本松藩士。
¶国書

鈴木頼人 すずきよりと
？〜
江戸時代の八戸藩士。江戸常勤の用人。
¶青森人

鈴木来助 すずきらいすけ
天保13（1842）年〜明治1（1868）年
江戸時代末期の志士、日向高鍋藩士。
¶維新，人名，日人，幕末（②1868年11月18日），
宮崎百（㊤天保13（1842）年7月20日 ②明治1
（1868）年10月5日）

鈴木量平 すずきりょうへい
弘化3（1846）年〜？
江戸時代後期〜末期の新撰組隊士。
¶新撰

鈴木練三郎 すずきれんざぶろう
嘉永1（1848）年〜慶応4（1868）年8月21日
江戸時代後期〜末期の新撰組隊士。
¶新撰

鈴木六太郎 すずきろくたろう
生没年不詳
江戸時代末期の陸奥福島藩士。
¶藩臣2

鈴田有常 すずたありつね
江戸時代の伊勢桑名藩士。
¶三重続

鈴藤致孝 すずふじむねたか
→鈴藤勇次郎（すずふじゆうじろう）

鈴藤勇次郎 すずふじゆうじろう
文政9（1826）年〜明治1（1868）年 ㊗鈴藤致孝
《すずふじむねたか》，子亨，致孝，莘庵
江戸時代末期の武蔵川越藩士、のち幕臣。1860年
咸臨丸運用方としてアメリカに渡る。
¶朝日（②明治1（1868）年8月），維新，海越，海
越新，群馬人（㊤文政6（1823）年 ②慶応1
（1865）年），群馬百（㊤1823年 ②1865年），
国書（鈴藤致孝 すずふじむねたか ②慶応4
（1868）年8月），人名（㊤1823年 ②1865年），

姓氏群馬（[生]1823年 [没]1865年），日人，幕末（[没]1868年10月9日），藩臣3，洋学

鈴村祐平 すずむらゆうへい
生没年不詳
江戸時代後期～末期の隠岐郡代。
¶島根歴

須田覚右衛門(1) すだかくえもん
*～文化4（1807）年
江戸時代中期～後期の出羽松山藩士、剣術家。
¶剣豪（[生]元文3（1738）年），庄内（[没]文化4（1807）年1月22日），藩臣1（[生]？）

須田覚右衛門(2) すだかくえもん
？ ～文政9（1826）年
江戸時代後期の出羽松山藩士、剣術家。
¶庄内（[没]文政9（1826）年12月12日），藩臣1

須田将監 すだしょうげん
江戸時代末期の石山家家士。
¶維新，幕末（生没年不詳）

須田多賀治 すだたかじ
～明治31（1898）年9月12日
江戸時代末期～明治期の武術家。
¶庄内

周田半蔵 すだはんぞう
天保12（1841）年～文久3（1863）年 [別]岡田半造《おかだはんぞう》
江戸時代末期の長州（萩）藩士。
¶維新，人名（岡田半造 おかだはんぞう），日人，幕末（[没]1863年10月18日）

須田広庄 すだひろさと
天正1（1573）年～寛永10（1633）年
江戸時代前期の旗本。
¶神奈川人

須田房吉 すだふさきち
→須田房之助（すだふさのすけ）

須田房之助 すだふさのすけ
寛政2（1790）年～天保2（1831）年 [別]須田房吉《すだふさきち》
江戸時代後期の剣術家。
¶群馬人，人名，姓氏群馬（須田房吉 すだふさきち），日人

須田平左衛門 すだへいざえもん
天保12（1841）年～明治11（1878）年
江戸時代後期～明治期の有志家、仙台藩士。
¶姓氏宮城，宮城百

須田盛昭 すだもりあき
？ ～天保9（1838）年
江戸時代後期の第26代京都西町奉行。
¶京都大，姓氏京都

須田盛勝 すだもりかつ
元禄9（1696）年～宝暦6（1756）年
江戸時代中期の盛庸の男。5代藩主佐竹義峯に仕え、執政。
¶秋田百

須田盛貞 すだもりさだ
弘化2（1845）年～明治34（1901）年
江戸時代末期～明治期の出羽秋田藩士。
¶秋田百，朝日（[生]弘化2年1月25日（1845年3月3日） [没]明治34（1901）年8月7日），維新，コン改，コン4，コン5，新潮（[生]弘化2（1845）年1月25日 [没]明治34（1901）年8月7日），人名，日人，幕末（[没]1901年8月7日），藩臣1

須田盛胤 すだもりたね
天明4（1784）年～？
江戸時代中期～後期の盛興の男。9代藩主佐竹義和に仕え、家老。
¶秋田百

須田盛久 すだもりひさ
天正14（1586）年～寛文7（1667）年
江戸時代前期の出羽秋田藩家老。
¶藩臣1

須田盛政 すだもりまさ
慶長11（1606）年～万治2（1659）年
江戸時代前期の旗本。
¶神奈川人

須田盛満 すだもりみつ
永禄5（1562）年～寛永15（1638）年
江戸時代前期の旗本。
¶神奈川人

須藤岡之進 すとうおかのしん，すどうおかのしん
？ ～文化9（1812）年
江戸時代後期の上野七日市藩士。
¶姓氏群馬（すどうおかのしん），藩臣2

須藤敬之進 すどうけいのしん
天保13（1842）年～慶応1（1865）年 [別]伊藤徳兵衛《いとうとくべえ》
江戸時代末期の水戸藩士。
¶維新，人名，日人，幕末（[没]1865年3月1日），藩臣2

須藤源八 すとうげんぱち
天保3（1832）年～明治45（1912）年
江戸時代末期～明治期の美作鶴田藩士。
¶藩臣6

首頭郷知右衛門 すどうごうちえもん
寛保3（1743）年～文政9（1826）年
江戸時代中期～後期の筑前秋月藩士。
¶藩臣7

須藤治郎兵衛 すどうじろべえ
生没年不詳
江戸時代中期の遠江相良藩用人。
¶藩臣4

須藤但馬 すどうたじま
文化10（1813）年～？
江戸時代後期の伊予宇和島藩士。
¶幕末，藩臣6

須藤時一郎 すどうときいちろう，すとうときいちろう
天保12（1841）年～明治36（1903）年
江戸時代末期～明治期の幕臣、銀行家。1864年遣仏使節随員としてフランスに渡る。
¶維新，海越（[没]明治36（1903）年4月15日），海越新（[没]明治36（1903）年4月15日），群馬人（すとうときいちろう），群馬百（すとうときいちろう），静岡歴，人名，日人，幕末（[没]1903年4月15日），明治1，洋学

す

す

須藤半五郎 すとうはんごろう
→須藤忘斎(すどうぼうさい)

須藤半兵衛 すとうはんべい
→須藤半兵衛(すどうはんべえ)

須藤半兵衛 すどうはんべえ
*～嘉永6(1853)年　[別]須藤半兵衛《すとうはんべい》
江戸時代後期の剣術家。小野派一刀流。
¶青森人(すとうはんべい　[生]?), 剣豪([生]寛政2(1790)年)

須藤兵八郎 すどうへいはちろう
慶安4(1651)年～享保17(1732)年
江戸時代前期～中期の剣術家。心地流祖。
¶剣豪

須藤方啓 すどうほうけい
寛政2(1790)年～安政2(1855)年
江戸時代後期～末期の一関藩家老。
¶姓氏岩手

須藤忘斎 すどうぼうさい
安永4(1775)年～嘉永4(1851)年　[別]須藤半五郎《すとうはんごろう》
江戸時代後期の出羽秋田藩士、教育家。
¶国書([生]安永4(1775)年8月21日　[没]嘉永4(1851)年7月25日), 藩臣1(須藤半五郎　すとうはんごろう)

須藤睦済 すどうぼくさい
享保17(1732)年～享和2(1802)年6月16日
江戸時代中期～後期の武芸家。
¶国書

首藤允中 すどうまさなか
*～慶応2(1866)年
江戸時代後期の尾張藩士。
¶国書([生]天明4(1784)年　[没]慶応2(1866)年9月3日), 藩臣4([生]天明4(1784)年?)

須藤力五郎 すどうりきごろう
文政12(1829)年～慶応4(1868)年
江戸時代末期の駿河田中藩士。
¶藩臣4

須永於菟之輔 すながおとのすけ
→須永伝蔵(すながでんぞう)

須永伝蔵 すながでんぞう
天保13(1842)年～明治37(1904)年　[別]須永於菟之輔《すながおとのすけ》
江戸時代末期～明治期の幕臣、酪農家。
¶神奈川人, 新潮(須永於菟之輔　すながおとのすけ　[没]明治37(1904)年8月13日), 人名, 姓氏神奈川, 姓氏群馬([没]1937年), 日人

砂川貫一郎 すながわかんいちろう
文政6(1823)年～明治27(1894)年
江戸時代末期～明治期の播磨姫路藩士。
¶幕末([没]1894年3月15日), 藩臣5

砂川健次郎 すなかわけんじろう, すながわけんじろう
文化13(1816)年～明治16(1883)年　[別]砂川政教《すながわまさのり》
江戸時代末期～明治期の京都町奉行所与力。
¶維新, 国書(砂川政教　すながわまさのり　[没]明治16(1883)年1月8日), コン5(すながわけんじろう), 神人(すながわけんじろう　[没]明治16(1883)年1月8日), 人名([没]1893年), 日人, 幕末([没]1883年1月8日)

砂川政教 すながわまさのり
→砂川健次郎(すなかわけんじろう)

砂川雄健 すながわゆうけん
嘉永1(1848)年～大正4(1915)年
江戸時代末期～明治期の播磨姫路藩士。
¶藩臣5

角南国寛 すなみくにひろ
元禄15(1702)年～宝暦5(1755)年
江戸時代中期の佐渡奉行。
¶人名, 日人

角南重世 すなみしげなり
正保4(1647)年～元禄10(1697)年
江戸時代前期の駿府町奉行。
¶人名, 日人

強矢良輔 すねやりょうすけ
寛政7(1795)年～明治9(1876)年　[別]強矢良輔源武行《すねやりょうすけみなもとのたけゆき》
江戸時代後期～明治期の剣術家。天真武甲流祖。
¶剣豪, 埼玉人([没]明治9(1876)年4月), 埼玉百(強矢良輔源武行　すねやりょうすけみなもとのたけゆき)

強矢良輔源武行 すねやりょうすけみなもとのたけゆき
→強矢良輔(すねやりょうすけ)

周布五郎左衛門 すふごろうざえもん
寛政6(1794)年～文政6(1823)年7月9日
江戸時代後期の長州萩藩士。
¶国書

周布政之助 すふまさのすけ, すぶまさのすけ
文政6(1823)年～元治1(1864)年　[別]麻田公輔《あさだきみすけ, あさだこうすけ》
江戸時代末期の長州(萩)藩の指導者。
¶朝日([生]文政6年3月23日(1823年5月3日)　[没]元治1年9月26日(1864年10月26日)), 維新, 岩史([生]文政6(1823)年3月23日　[没]元治1(1864)年9月26日), 江戸東(すぶまさのすけ), 角史, 近世, 国史, 国書([生]文政6(1823)年3月23日　[没]元治1(1864)年9月26日), コン改, コン4, 史人([生]1823年3月23日　[没]1864年9月25日), 新潮([生]文政6(1823)年3月23日　[没]元治1(1864)年9月26日), 人名(すぶまさのすけ), 姓氏山口, 世人([生]文政6(1823)年3月　[没]元治1(1864)年9月25日), 全書, 日史([生]文政6(1823)年3月23日　[没]元治1(1864)年9月26日), 日人, 幕末([没]1864年10月26日), 藩臣6, 百科, 山口百, 歴大

澄川拙三 すみかわせつぞう
天保13(1842)年～明治27(1894)年4月6日
江戸時代末期～明治期の長州(萩)藩士。
¶幕末

住江松翁 すみのえしょうおう
寛政6(1794)年～元治1(1864)年
江戸時代末期の肥後熊本藩士。
¶維新, 人名, 日人, 幕末([没]1864年7月25日)

住江甚兵衛 すみのえじんべえ
文政8(1825)年～明治9(1876)年
江戸時代末期～明治期の肥後熊本藩士。
¶維新，熊本百([没]明治9(1876)年10月12日)，人名，日人，幕末([没]1876年10月12日)

鷲見休明 すみやすあきら
寛延3(1750)年～文化5(1808)年
江戸時代中期～後期の因幡鳥取藩士、歌人。
¶国書([没]文化5(1808)年11月8日)，藩臣5

鷲見安歙 すみやすよし
天明4(1784)年～弘化4(1847)年
江戸時代後期の因幡鳥取藩士。
¶国書([生]天明4(1784)年5月26日　[没]弘化4(1847)年3月23日)，鳥取百，藩臣5

住谷悌之介 すみやていのすけ
天保9(1838)年～文久1(1861)年
江戸時代末期の水戸藩士。
¶維新，幕末([没]1861年12月5日)

住谷寅之介(住谷寅之助) すみやとらのすけ
文政1(1818)年～慶応3(1867)年　[別]住谷信順《すみやのぶより》，加藤於菟之介《かとうおとのすけ》，加藤於菟之助《かとうおとのすけ》，小場源介《こばげんすけ》
江戸時代末期の尊攘派水戸藩士。坂下門外の変に関与。
¶朝日([没]慶応3年6月13日(1867年7月14日))，維新，近世，国史，国書(住谷信順　すみやのぶより　[没]慶応3(1867)年6月13日)，コン改(住谷寅之助)，コン4(住谷寅之助)，新潮([没]慶応3(1867)年6月13日)，人名，日人，幕末([没]1867年7月14日)，藩臣2

住谷信順 すみやのぶより
→住谷寅之介(すみやとらのすけ)

陶山槁木 すやまこうぼく
文化1(1804)年9月～明治5(1872)年7月11日
江戸時代後期～明治期の庄内藩士、郡代。
¶国書

陶山庄右衛門 すやましょうえもん
→陶山鈍翁(すやまどんおう)

陶山善四郎 すやまぜんしろう
文政4(1821)年～＊
江戸時代末期～明治期の越後長岡藩校崇徳館都講。
¶幕末([没]1880年1月3日)，藩臣4([没]明治10(1877)年)

須山藤左衛門 すやまとうざえもん
生没年不詳
江戸時代末期の武士。
¶和歌山人

陶山訥庵 すやまとつあん
→陶山鈍翁(すやまどんおう)

陶山虎松 すやまとらまつ
元和7(1621)年～宝永7(1710)年
江戸時代前期～中期の庄内藩士。
¶庄内

陶山鈍翁 すやまどんおう
明暦3(1657)年～享保17(1732)年　[別]陶山庄右衛門《すやましょうえもん》，陶山訥庵《すやまとつあん》
江戸時代前期～中期の対馬藩の儒学者。
¶朝日(陶山訥庵　すやまとつあん　[生]明暦3年11月28日(1658年1月1日)　[没]享保17年6月24日(1732年8月14日))，岩史([生]明暦3(1657)年11月28日　[没]享保17(1732)年6月24日)，角史，郷土長崎(陶山訥庵　すやまとつあん)，近世，剣豪(陶山庄右衛門　すやましょうえもん)，国史，国書(陶山訥庵　すやまとつあん　[生]明暦3(1657)年11月28日　[没]享保17(1732)年6月24日)，コン改，コン4，史人([生]1657年11月28日　[没]1732年6月24日)，食文([生]明暦3年11月28日(1658年1月1日)　[没]享保17年6月24日(1732年8月14日))，新潮([生]明暦3(1657)年11月28日　[没]享保17(1732)年6月24日)，人名，世人([没]享保17(1732)年6月14日)，全書，長崎百(陶山訥庵　すやまとつあん)，日史([生]明暦3(1657)年11月28日　[没]享保17(1732)年6月24日)，日人([生]1658年)，藩臣7(陶山庄右衛門　すやましょうえもん)，百科，歴大

須山万 すやまよろず
天保13(1842)年～元治1(1864)年
江戸時代末期の儒者、因幡鳥取藩士。
¶維新，人名([生]1841年　[没]1865年)，鳥取百，日人

駿河大納言忠長 するがだいなごんただなが
→徳川忠長(とくがわただなが)

諏訪伊助 すわいすけ
天保4(1833)年～明治32(1899)年
江戸時代末期～明治期の陸奥会津藩家老。
¶会津，幕末([没]1899年6月7日)，藩臣2

諏訪市二郎 すわいちじろう
？～慶応4(1868)年1月5日
江戸時代後期～末期の新撰組隊士。
¶新撰

諏訪数馬 すわかずま
天保6(1835)年～慶応4(1868)年
江戸時代末期の上総請西藩士。
¶藩臣3

諏訪兼利 すわかねとし
慶長19(1614)年～貞享4(1687)年6月10日
江戸時代前期の薩摩藩家老・歌人。
¶国書

諏訪左京 すわさきょう
安永7(1778)年～安政4(1857)年
江戸時代後期の茶道家、会津藩士。
¶藩臣2

諏訪三郎兵衛 すわさぶろべえ
生没年不詳
江戸時代後期の駿河沼津藩士。
¶織田，藩臣4

諏訪司山 すわしざん
文政1(1818)年～明治2(1869)年3月25日
江戸時代末期の越後長岡藩士。
¶幕末

諏訪下総守頼蔭 すわしもふさのかみよりかげ
→諏訪頼篤(1)(すわよりあつ)

諏訪甚六 すわじんろく
文政12（1829）年～明治31（1898）年　[別]島津伊勢《しまづいせ》，島津広兼《しまづひろかね》
江戸時代末期～明治期の薩摩藩家老。
¶維新，国書（[没]明治31（1898）年8月19日），人名，姓氏鹿児島，日人，幕末（[没]1898年8月19日），藩臣7

諏訪大四郎 すわだいしろう
？～明治2（1869）年
江戸時代末期の陸奥会津藩家老。
¶会津，幕末（[没]1869年8月30日），藩臣2（[生]寛政10（1798）年？）

諏訪大助 すわだいすけ
延享1（1744）年～天明3（1783）年　[別]諏訪頼保《すわよりやす》
江戸時代中期の信濃高島藩家老。
¶姓氏長野（諏訪頼保　すわよりやす），長野歴（諏訪頼保　すわよりやす），日人，藩臣3

諏訪忠厚 すわただあつ
延享3（1746）年～文化9（1812）年
江戸時代中期～後期の大名。信濃高島藩主。
¶諸系，長野歴，日人，藩主2（[生]延享3（1746）年9月29日　[没]文化9（1812）年6月17日）

諏訪忠礼 すわただあや
*～明治11（1878）年
江戸時代末期～明治期の大名。信濃高島藩主。
¶諸系（[生]1852年），長野歴（[生]嘉永6（1853）年），日人（[生]1852年），藩主2（[生]嘉永6（1853）年1月13日　[没]明治11（1878）年10月10日）

諏訪忠粛 すわただかた
宝暦13（1763）年～文政5（1822）年
江戸時代中期～後期の大名。信濃高島藩主。
¶諸系，長野歴，日人，藩主2（[生]明和5（1768）年4月4日　[没]文政5（1822）年6月28日）

諏訪忠恒 すわただつね
文禄4（1595）年～明暦3（1657）年
江戸時代前期の大名。信濃高島藩主。
¶諸系，長野歴，日人，藩主2（[生]文禄4（1595）年4月4日　[没]明暦3（1657）年1月5日）

諏訪忠林 すわただとき
元禄16（1703）年～明和7（1770）年
江戸時代中期の大名。信濃高島藩主。
¶国書（[生]元禄16（1703）年8月12日　[没]明和7（1770）年5月27日），諸系，長野歴（[生]元禄6（1693）年），日人，藩主2（[生]元禄16（1703）年8月12日　[没]明和7（1770）年5月27日）

諏訪忠虎 すわただとら
寛文3（1663）年～享保16（1731）年
江戸時代中期の大名。信濃高島藩主。
¶諸系，姓氏長野，長野歴，日人，藩主2（[生]寛文3（1663）年3月15日　[没]享保16（1731）年7月2日）

諏訪忠晴 すわただはる
寛永16（1639）年～元禄8（1695）年
江戸時代前期の大名。信濃高島藩主。
¶近世，国史，国書（[生]寛永16（1639）年8月21日　[没]元禄8（1695）年3月2日），コン4，史人（[没]1695年3月2日），諸系，姓氏長野，長野歴，日人，藩主2（[生]寛永16（1639）年8月21日　[没]元禄8（1695）年3月2日）

諏訪忠誠 すわただまさ
文政4（1821）年～明治31（1898）年
江戸時代末期～明治期の大名。信濃高島藩主。
¶諸系，姓氏長野，長野百，長野歴，日人，藩主2（[生]文政4（1821）年5月8日　[没]明治31（1898）年2月19日）

諏訪忠恕 すわただみち
寛政12（1800）年～嘉永4（1851）年
江戸時代末期の大名。信濃高島藩主。
¶諸系，人名，長野歴，日人，藩主2（[生]寛政12（1800）年10月10日　[没]嘉永4（1851）年5月1日）

諏訪親精 すわちかきよ
寛永18（1641）年～享保4（1719）年
江戸時代前期～中期の槍術家。
¶姓氏宮城

諏訪常吉 すわつねきち
天保4（1833）年～明治2（1869）年6月25日
江戸時代末期の陸奥会津藩士。
¶幕末

諏訪八郎 すわはちろう
？～明治5（1872）年1月21日
江戸時代末期～明治期の加賀藩士。
¶幕末

諏訪部権三郎 すわべごんざぶろう
宝暦1（1751）年～文化6（1809）年
江戸時代中期～後期の出羽庄内藩士。
¶庄内（[没]文化6（1809）年5月21日），藩臣1

諏訪部定治 すわべさだはる
～享保6（1721）年
江戸時代中期の旗本。
¶神奈川人

諏訪部定吉 すわべさだよし
江戸時代前期の旗本。
¶神奈川人（[生]1567年　[没]1653年），姓氏神奈川（[生]1569年　[没]1663年）

諏訪部正勝 すわべまさかつ
天正14（1586）年～寛永17（1640）年
江戸時代前期の武士。
¶和歌山人

諏訪又三郎 すわまたさぶろう
安土桃山時代～江戸時代前期の武士。里見氏家臣。
¶戦人（生没年不詳），戦東

諏訪光徳 すわみつのり
天正18（1590）年～寛文2（1662）年
江戸時代前期の陸奥会津藩士。
¶藩臣2

諏訪好和 すわよしかず
嘉永1（1848）年～*
江戸時代末期～明治期の長門長府藩士。
¶幕末（[没]1937年11月16日），藩臣6（[没]昭和12（1938）年）

諏訪頼篤(1) すわよりあつ
寛文1(1661)年〜宝暦3(1753)年 [別]諏訪下総守頼蔭《すわしもふさのかみよりかげ》
江戸時代中期〜後期の幕臣。
¶京都大，姓氏京都，長崎歴(諏訪下総守頼蔭 すわしもふさのかみよりかげ [生]寛永20(1643)年 [没]享保10(1725)年)

諏訪頼篤(2) すわよりあつ
明和6(1769)年〜天保15(1844)年9月
江戸時代中期〜後期の幕臣。
¶国書

諏訪頼戠 すわよりあつ
延宝3(1675)年〜元文5(1740)年
江戸時代中期の武士、歌人。
¶諸系，人名，日人，和俳

諏訪頼定 すわよりさだ
延宝3(1675)年〜享保17(1732)年
江戸時代中期の旗本。
¶神奈川人

諏訪頼永 すわよりひさ
生没年不詳
江戸時代後期の幕臣。
¶国書

諏訪頼久(1) すわよりひさ
明和2(1765)年〜？
江戸時代中期〜後期の幕臣。
¶国書

諏訪頼久(2) すわよりひさ
正保1(1644)年〜享保10(1725)年
江戸時代中期〜後期の幕臣。
¶姓氏長野

諏訪頼水 すわよりみず
元亀1(1570)年〜寛永18(1641)年
安土桃山時代〜江戸時代前期の大名。上野総社藩主、信濃高島藩主。
¶郷土長野，近世，国史，コン4，埼玉人([生]元亀2(1571)年)，史人([没]1641年1月14日)，諸系([生]1571年)，姓氏長野，戦合，長野百，長野歴，日史([没]寛永18(1641)年1月14日)，日人([生]1571年)，藩主1([没]寛永18(1641)年1月14日)，藩主2([生]元亀2(1571)年12月23日 [没]寛永18(1641)年1月14日)，百科

諏訪頼安 すわよりやす
江戸時代後期の旗本。
¶茶道

諏訪頼保 すわよりやす
→諏訪大助(すわだいすけ)

諏訪頼宝 すわよりやす
生没年不詳
江戸時代中期の幕臣。
¶国書

【せ】

井月 せいげつ
→井上井月(いのうえせいげつ)

静山 せいざん
生没年不詳
江戸時代後期の俳人・伊予宇和島藩士渡辺源太夫。
¶国書

成之 せいし
生没年不詳
江戸時代後期の俳人・播磨姫路藩士小幡景政。
¶国書

政二 せいじ
→政二(まさじ)

清秋 せいしゅう
→本多忠永(ほんだただなが)

正辰 せいせつ
→中村勘助(なかむらかんすけ)

清野信興 せいののぶおき
享保10(1725)年〜？ [別]清野信興《きよのしんこう，きよののぶおき》
江戸時代中期の算家、播州播磨姫路藩士。
¶国書(きよののぶおき [生]享保10(1725)年5月1日)，人名(きよのしんこう)，日人

青蘿 せいら
→松岡青蘿(まつおかせいら)

瀬尾荘三 せおそうぞう
？〜明治10(1877)年
江戸時代末期〜明治期の蝦夷松前藩士、書家。
¶国書([没]明治10(1877)年7月)，藩臣1

瀬川甚内 せがわじんない
生没年不詳
江戸時代中期の越中富山藩士、火術師範。
¶人名，日人，藩臣3

関衆利 せきあつとし
寛文13(1673)年4月19日〜宝永2(1705)年10月3日
江戸時代前期〜中期の津山森藩主の一門で5代目藩主候補。
¶岡山歴

関一楽 せきいちらく
正保1(1644)年〜享保15(1730)年 [別]関幸輔《せきこうすけ》
江戸時代前期〜中期の豊後岡藩士。
¶大分歴(関幸輔 せきこうすけ)，国書([没]享保15(1730)年8月13日)，日人，藩臣7(関幸輔 せきこうすけ)

関氏盛 せきうじもり
？〜延宝2(1674)年
江戸時代前期の幕府の寄合衆。
¶人名，日人

関内熊五郎 せきうちくまごろう
天保4(1833)年〜慶応1(1865)年

せ

江戸時代末期の水戸藩士。
¶維新，人名，日人，幕末（[没]1865年3月13日）

関一政　せきかずまさ
？　～寛永2（1625）年
安土桃山時代～江戸時代前期の大名。美濃多良藩主、伊勢亀山藩主、伯耆黒坂藩主。
¶岐阜百，近世，国史，史人（[没]1625年10月20日），人名，戦合，戦国，戦人，鳥取百（[生]天正1（1573）年），長野歴，日人，藩主2（[没]寛永2（1625）年10月20日），藩主3（[没]寛永2（1625）年10月20日），藩主4（[没]寛永2（1625）年10月20日）

関一安　せきかずやす
＊～承応2（1653）年
江戸時代前期の射術家（吉田流）。
¶人名（[生]？），日人（[生]1571年）

関克明　せきかつあき
→関克明（せきこくめい）

関勝之　せきかつゆき
→関蕉川（せきしょうせん）

関川代二郎　せきかわだいじろう
天保9（1838）年～明治42（1909）年
江戸時代後期～明治期の新撰組隊士。
¶新撰

関川平四郎　せきかわへいしろう
文政3（1820）年～明治15（1882）年6月1日
江戸時代末期～明治期の豪商、蝦夷松前藩士。
¶幕末

関其寧　せききねい
享保18（1733）年～寛政12（1800）年　[別]関源蔵《せきげんぞう》，関南楼《せきなんろう》
江戸時代中期～後期の常陸土浦藩士、儒学者。
¶江文（関南楼　せきなんろう），人名，日人，藩臣2（関源蔵　せきげんぞう）

世木騎六　せぎきろく，せききろく
天保11（1840）年～慶応1（1865）年
江戸時代末期の長州（萩）藩中間、奇兵隊斥候。
¶維新，人名（[生]1835年），姓氏山口（せききろく），日人

関口有之助　せきぐちありのすけ
嘉永2（1849）年～明治2（1869）年4月21日
江戸時代後期～明治期の烈士。
¶庄内

関口卯三郎　せきぐちうさぶろう
弘化4（1847）年～＊
江戸時代後期の剣術家。
¶埼玉人（[没]大正12（1923）年8月22日），埼玉百（[没]1822年）

関口氏暁　せきぐちうじあき
→関口氏暁（せきぐちうじとき）

関口氏暁　せきぐちうじとき
寛永17（1640）年～享保14（1729）年　[別]関口氏暁《せきぐちうじあき》，関口弥太郎《せきぐちやたろう》
江戸時代前期～中期の柔術家。
¶人名（せきぐちうじあき），日人，和歌山人

関口氏業　せきぐちうじなり
寛永13（1636）年～享保1（1716）年　[別]関口氏業《せきぐちうじのぶ》
江戸時代前期～中期の柔術家。
¶人名（せきぐちうじのぶ　[生]1630年），日人，和歌山人

関口氏業　せきぐちうじのぶ
→関口氏業（せきぐちうじなり）

関口氏心　せきぐちうじむね
慶長3（1598）年～寛文10（1670）年　[別]関口柔心《せきぐちじゅうしん》
江戸時代前期の柔術家。関口流の開祖。
¶朝日（関口柔心　せきぐちじゅうしん　[生]慶長2（1597）年　[没]寛文10年3月7日（1670年4月26日）），近世，国史，国書（関口柔心　せきぐちじゅうしん　[没]寛文10（1670）年3月7日），コン改（関口柔心　せきぐちじゅうしん），コン4（関口柔心　せきぐちじゅうしん），史人（[生]1597年，（異説）1598年　[没]1670年3月7日），新潮（関口柔心　せきぐちじゅうしん　[没]寛文10（1670）年3月7日），人名（[生]1597年），全書（関口柔心　せきぐちじゅうしん），体育，大百，日人（[生]1597年，（異説）1598年），歴大（関口柔心　せきぐちじゅうしん）

関口作蔵　せきぐちさくぞう
江戸時代末期の新撰組隊士。
¶新撰

関口柔心　せきぐちじゅうしん
→関口氏心（せきぐちうじむね）

関口泰次郎　せきぐちたいじろう
嘉永1（1848）年～慶応1（1865）年
江戸時代末期の水戸藩士。
¶維新，人名，日人，幕末（[没]1865年11月21日）

関口大八郎　せきぐちだいはちろう
生没年不詳
江戸時代末期の幕臣。遣露使節随員としてロシアに渡る。
¶海越，海越新

関口隆吉　せきぐちたかよし
天保7（1836）年～明治22（1889）年　[別]関口隆吉《せきぐちりゅうきち》
江戸時代末期～明治期の幕臣、官吏。静岡県知事。維新後出仕、山口県令となり、萩の乱を鎮圧。
¶維新，学校（[生]天保7（1836）年9月17日　[没]明治22（1889）年5月17日），近現，国史，史人（[生]1836年12月　[没]1889年5月17日），静岡百，静岡歴，新潮（[生]天保7（1836）年9月17日　[没]明治22（1889）年5月17日），人名，姓氏静岡，姓氏山口（せきぐちりゅうきち），日史（[生]天保7（1836）年9月17日　[没]明治22（1889）年5月17日），日人，幕末（[没]1889年5月17日），履歴（[生]天保7（1836）年9月17日　[没]明治22（1889）年5月17日），歴大

関口湛蔵　せきぐちたんぞう
文政6（1823）年～明治31（1898）年
江戸時代末期の茂木藩士、関口塾頭。
¶栃木歴

関口東嶺 せきぐちとうれい
　？〜天明2(1782)年10月27日
　江戸時代中期の米沢藩士・歌人。
　¶国書

関口信重 せきぐちのぶしげ
　江戸時代前期の馬術家(新八条流の祖)。
　¶人名，日人(生没年不詳)

関口武左衛門 せきぐちぶざえもん
　正保4(1647)年〜享保9(1724)年
　江戸時代前期〜中期の剣術家。影山流。
　¶剣豪

関口隆吉 せきぐちりゅうきち
　→関口隆吉(せきぐちたかよし)

関口齢助 せきぐちれいすけ
　寛政11(1799)年〜天保14(1843)年
　江戸時代後期の但馬出石藩士。
　¶藩臣5

関口蔵助(1) せきくらのすけ
　貞享4(1687)年〜宝暦1(1751)年
　江戸時代中期の常陸土浦藩士。
　¶藩臣2

関口蔵助(2) せきくらのすけ
　寛政1(1789)年〜天保10(1839)年
　江戸時代後期の常陸土浦藩士、砲術家。
　¶藩臣2

関口蔵助(3) せきくらのすけ
　享和2(1802)年〜明治5(1872)年
　江戸時代末期〜明治期の常陸土浦藩士。
　¶幕末(㊥1872年11月27日)，藩臣2

関蔵人 せきくらんど
　→関忠親(せきただちか)

関軍兵衛(1) せきぐんべえ
　天明6(1786)年〜文久1(1861)年
　江戸時代後期の常陸土浦藩士。
　¶藩臣2

関軍兵衛(2) せきぐんべえ
　？〜明治3(1870)年
　江戸時代末期〜明治期の常陸土浦藩士。
　¶藩臣2

関源吉 せきげんきち
　→関思亮(せきしりょう)

関元洲 せきげんしゅう
　宝暦3(1753)年〜文化3(1806)年
　江戸時代中期〜後期の尾張藩士、儒学者。
　¶国書(㊥宝暦3(1753)年5月24日)，㊥文化3
　(1806)年2月4日)，人名，日人，藩臣4

関源蔵 せきげんぞう
　→関其寧(せききねい)

関源内 せきげんない
　→関思恭(せきしきょう)

関幸輔 せきこうすけ
　→関一楽(せきいちらく)

関克明 せきこくめい
　明和5(1768)年〜天保6(1835)年　㊛関克明《せきかつあき》，関忠蔵《せきちゅうぞう》

江戸時代中期〜後期の常陸土浦藩士、儒学者。
　¶国書(せきかつあき)　㊛明和5(1768)年8月1日
　㊥天保6(1835)年4月28日)，人名，日人，藩臣
　2(関忠蔵　せきちゅうぞう)

関五竜 せきごりゅう
　生没年不詳
　江戸時代後期の加賀藩士・和算家。
　¶国書

関左守 せきさもり
　？〜慶応4(1868)年
　江戸時代末期の蝦夷松前藩士。
　¶藩臣1

せ

関沢明清 せきざわあききよ
　天保14(1843)年〜明治30(1897)年　㊛関沢明清《せきざわあけきよ，せきざわめいせい》，関沢孝三郎《せきざわこうざぶろう》
　江戸時代末期〜明治期の加賀藩士、漁業技術者、東京農林学校教授。1866年イギリスに留学。
　¶朝日(㊛天保14年2月17日(1843年3月17日)
　㊥明治30(1897)年1月9日)，石川百，海越(せきざわめいせい)　㊛明治30(1897)年1月6日)，
　海越新(せきざわめいせい)　㊥明治30(1897)年
　1月6日)，近現，国際，国史，史人(㊛1843年2月
　17日(1843年3月17日)　㊥1897年1月9日)，
　人名(せきざわめいせい)，姓氏石川，先駆(せきざわあけきよ)　㊛天保14(1843)年2月17日
　㊥明治30(1897)年1月6日)，千葉百(せきざわあけきよ)，渡航(せきざわめいせい)，日人，
　人情(せきざわめいせい)

関沢明清 せきざわあけきよ
　→関沢明清(せきざわあききよ)

関沢房清 せきざわふさきよ
　文化5(1808)年〜明治11(1878)年　㊛関沢安左衛門《せきざわやすざえもん》
　江戸時代末期〜明治期の加賀藩士。
　¶石川百(㊛1807年)，維新(㊛1805年)，近現，
　近世，国史，コン改(㊛文化2(1805)年)，コン4
　(㊛文化2(1805)年)，史人(㊥1878年7月8日)，
　新潮(㊥明治11(1878)年7月8日)，人名(関沢
　安左衛門　せきざわやすざえもん)，姓氏石川
　(㊛1807年)，日人，幕末(㊥1878年7月8日)

関沢明清 せきざわめいせい
　→関沢明清(せきざわあききよ)

関沢安左衛門 せきざわやすざえもん
　→関沢房清(せきざわふさきよ)

赤山 せきさん
　？〜嘉永6(1853)年9月12日
　江戸時代後期の俳人・信濃須坂藩士。
　¶国書

関三十郎 せきさんじゅうろう
　？〜寛政3(1791)年
　江戸時代中期の下総古河藩士。
　¶藩臣3

関讃蔵 せきさんぞう
　文政10(1827)年〜元治1(1864)年
　江戸時代末期の豊後日出藩士。

¶国書（[没]元治1（1864）年3月12日），藩臣7

関式部 せきしきぶ
寛文13（1673）年～宝永2（1705）年
江戸時代中期の美作津山藩主一門。
¶藩臣6

関思恭 せきしきょう
元禄10（1697）年～明和2（1765）年　[別]関源内《せきげんない》，関鳳岡《せきほうこう》
江戸時代中期の常陸土浦藩祐筆、儒学者。
¶江文（関鳳岡　せきほうこう），国書（[生]元禄10（1697）年2月17日　[没]明和2（1765）年12月29日），人名，日人（[没]1766年），藩臣2（関源内　せきげんない）

せ

関成煥 せきしげあきら
寛政10（1798）年～安政2（1855）年
江戸時代末期の大名。備中新見藩主。
¶岡山歴（[生]寛政10（1798）年10月18日　[没]安政2（1855）年11月21日），諸系，日人，藩主4（[生]寛政10（1798）年10月18日　[没]安政2（1855）年11月21日）

関重嶷 せきしげさと
→関重嶷（せきしげたか）

関重嶷 せきしげたか
宝暦6（1756）年～天保7（1836）年　[別]関重嶷《せきしげさと》
江戸時代中期～後期の上野伊勢崎藩士。
¶郷土群馬，群馬人，群馬百，考古（[没]天保7年（1836年12月17日）），国書（[生]宝暦6（1756）年9月3日　[没]天保7（1836）年12月17日），人名（せきしげさと），姓氏群馬，日人（[没]1837年），藩臣2

関方矩 せきしげのり
江戸時代末期～明治期の弓道家、米沢藩士。
¶弓道

関重政 せきしげまさ
天保2（1831）年～明治7（1874）年12月14日
江戸時代後期～明治期の弓道家、大和流弓術家、伊勢崎藩校学習堂頭取、剣術、弓術師範。
¶弓道

関重麿 せきしげまろ
天保7（1836）年～明治37（1904）年
江戸時代末期～明治期の相模小田原藩士。父は美章。
¶朝日（[生]天保7年9月17日（1836年10月26日）　[没]明治37（1904）年7月13日），維新，神奈川人，姓氏神奈川，日人，幕末（[没]1904年7月13日）

関島成章 せきじませいしょう
？～天保7（1836）年
江戸時代後期の上野安中藩士、右筆、史家。
¶群馬人，国書（[没]天保7（1836）年6月4日）

関蕉川 せきしょうせん
寛政5（1793）年～安政4（1857）年　[別]関勝之《せきかつゆき》
江戸時代末期の豊後日出藩家老。
¶大分百，大分歴，大阪人（[没]安政4（1857）年6月），国書（関勝之　せきかつゆき　[生]寛政5（1793）年11月　[没]安政4（1857）年6月12日），人名，日人，藩臣7（関勝之　せきかつゆき）

関思亮 せきしりょう
寛政8（1796）年～天保1（1830）年　[別]関源吉《せきげんきち》，関東陽《せきとうよう》
江戸時代後期の常陸土浦藩士。
¶江文（関東陽　せきとうよう），国書（[生]寛政8（1796）年10月23日　[没]文政13（1830）年9月27日），人名（[生]1795年），日人，藩臣2（関源吉　せきげんきち　[生]寛政7（1795）年）

関甚平 せきじんぺい
安土桃山時代～江戸時代前期の武士。里見氏家臣。
¶戦人（生没年不詳），戦東

積翠 せきすい
→石河積翠（いしこせきすい）

関精輔 せきせいすけ
？～明治2（1869）年4月20日
江戸時代後期～明治期の新撰組隊士。
¶新撰

関雪江 せきせっこう
文政10（1827）年～明治10（1877）年　[別]関鉄蔵《せきてつぞう》
江戸時代末期～明治期の常陸土浦藩の書家、詩人。
¶維新，江文，国書（[没]明治10（1877）年11月24日），詩歌，人名，日人，幕末（[没]1877年11月24日），幕末（関鉄蔵　せきてつぞう　[没]1877年11月24日），藩臣2（関鉄蔵　せきてつぞう），和俳

関仙籟 せきせんらい
天保4（1833）年～慶応3（1867）年
江戸時代末期の播磨竜野藩士、儒学者。
¶国書（[生]天保4（1833）年12月16日　[没]慶応3（1867）年3月13日），人名，日人（[生]1834年），藩臣5

関孝和 せきたかかず
*～宝永5（1708）年
江戸時代前期～中期の甲斐甲府藩の和算家、暦算家。
¶朝日（[生]寛永17（1640）年頃　[没]宝永5年10月24日（1708年12月5日）），岩史（[生]寛永17（1640）年頃　[没]宝永5（1708）年10月24日），江戸東，江文（[生]？），角史（[生]寛永19（1642）年？），教育（[生]？），郷土群馬（[生]？），近世（[生]？），群馬人（[生]？），群馬百（[生]？），国史（[生]？），国書（[生]寛永17（1640）年？　[没]宝永5（1708）年10月24日），コン改（[生]？），コン4（[生]？），史人（[生]1640年？　[没]1708年10月24日），重要（[生]寛永19（1642）年？　[没]宝永5（1708）年10月24日），人書94（[生]1642年），新潮（[生]寛永17（1640）年頃　[没]宝永5（1708）年10月24日），人名（[生]？），姓氏群馬（[生]1637年），世人（[生]寛永19（1642）年　[没]宝永5（1708）年12月24日），世百（[生]？），全書（[生]1640年？），大百（[生]？），伝記（[生]？），日史（[生]？　[没]宝永5（1708）年10月24日），日人（[生]1640年頃），人情3（[生]？），藩臣3（[生]寛永19（1642）年），百科（[生]寛永17（1640）年頃），山梨百（[生]寛永19（1642）年　[没]宝永5（1708）年10月24日）

関忠親 せきただちか
安永7（1778）年～天保14（1843）年 [別]関蔵人《せきくらんど》
江戸時代後期の安芸広島藩士。
¶人名（関蔵人 せきくらんど），日人（[没]1844年），藩臣6

関忠蔵 せきちゅうぞう
→関克明（せきこくめい）

関忠太夫 せきちゅうだゆう
元禄4（1691）年～延享1（1744）年
江戸時代中期の大森代官。
¶島根百（[没]延享1（1744）年2月22日），島根歴（[生]元禄4（1691）年ごろ）

関鉄蔵 せきてつぞう
→関雪江（せきせっこう）

関鉄之介 せきてつのすけ
文政7（1824）年～文久2（1862）年 [別]三好貫一郎《みよしかんいちろう》
江戸時代末期の尊攘派水戸藩士。桜田門外の変で現場の指揮を取った。
¶朝日（[生]文政7年10月17日（1824年12月7日） [没]文久2年5月11日（1862年6月8日）），維新，茨城百，郷土茨城，近世，国史，国書（[生]文政7（1824）年10月17日 [没]文久2（1862）年5月11日），コン改，コン4，詩歌，史人（[生]1824年10月17日 [没]1862年5月11日），新潮（[生]文政7（1824）年10月17日 [没]文久2（1862）年5月11日），人名，世人，全書，日人，幕末（[没]1862年6月8日），藩臣2，和俳

関藤右衛門 せきとうえもん
？ ～元禄12（1699）年
江戸時代前期～中期の会津藩士。
¶会津

関藤藤陰（関藤藤蔭） せきとうとういん，せきどうとういん
文化4（1807）年～明治9（1876）年 [別]関藤藤陰《せきふじとういん》，石川和助《いしかわわすけ》
江戸時代末期～明治期の備後福山藩儒、家老。
¶朝日（石川和助 いしかわわすけ [没]明治9（1876）年12月29日），維新（せきふじとういん），維新（石川和助 いしかわわすけ [生]？），岡山人（せきどうとういん），岡山百（関藤藤蔭 [没]明治9（1876）年12月29日），岡山歴（関藤藤蔭 [生]文化4（1807）年2月24日 [没]明治9（1876）年6月29日），国書（[没]明治9（1876）年12月29日），新潮（せきふじとういん [没]明治9（1876）年12月29日），人名（せきふじとういん），日人，幕末（[没]1876年12月29日），藩臣6，広島百（[没]明治9（1876）年12月29日）

関東陽 せきとうよう
→関思亮（せきしりょう）

関世美 せきときよし
享保3（1718）年～天明3（1783）年 [別]関南瀬《せきなんぴん》
江戸時代中期の丹波篠山藩士、学者。
¶日人（関南瀬 せきなんぴん），藩臣5，兵庫人（[生]享保3（1718）年5月10日 [没]天明3（1783）年4月28日）

関兎毛 せきとも
宝暦11（1761）年～文政11（1828）年
江戸時代中期～後期の狂歌師、出羽秋田藩右筆。
¶国書（[没]文政11（1828）年11月10日），人名（[生]？），日人，藩臣1，和俳

関長克 せきながかつ
天保11（1840）年～明治10（1877）年
江戸時代末期～明治期の大名。備中新見藩主。
¶岡山歴（[生]天保11（1840）年10月26日 [没]明治10（1877）年3月17日），諸系，日人，藩主4（[生]天保11（1840）年10月26日 [没]明治10（1877）年3月17日）

関長輝 せきながてる
安永6（1777）年～文政9（1826）年
江戸時代後期の大名。備中新見藩主。
¶岡山人，岡山歴（[生]安永6（1777）年6月17日 [没]文政9（1826）年9月20日），諸系，日人，藩主4（[生]安永6（1777）年6月17日 [没]文政9（1826）年9月20日）

関長誠 せきながのぶ
延享2（1745）年～文化7（1810）年
江戸時代中期～後期の大名。備中新見藩主。
¶岡山人（[生]寛保2（1742）年），岡山百（[生]延享2（1745）年6月24日 [没]文化7（1810）年2月11日），岡山歴（[生]延享2（1745）年6月24日 [没]文化7（1810）年2月11日），諸系，日人，藩主4（[生]延享2（1745）年6月24日，（異説）寛保2年6月24日 [没]文化7（1810）年2月11日）

関長治 せきながはる
明暦3（1657）年～元文3（1738）年
江戸時代前期～中期の大名。美作宮川藩主、備中新見藩主。
¶岡山人，岡山百（[生]明暦3（1657）年9月6日 [没]元文3（1738）年8月11日），岡山歴（[生]明暦3（1657）年9月6日 [没]元文3（1738）年8月11日），諸系，人名，日人，藩主4（[生]明暦3（1657）年9月6日 [没]元文3（1738）年8月11日）

関長広 せきながひろ
元禄7（1694）年～享保17（1732）年
江戸時代中期の大名。備中新見藩主。
¶岡山歴（[生]元禄7（1694）年6月29日 [没]享保17（1732）年5月4日），諸系，日人，藩主4（[生]元禄7（1694）年6月29日 [没]享保17（1732）年5月4日）

関長政 せきながまさ
慶長17（1612）年～元禄11（1698）年
江戸時代前期の大名。美作宮川藩主。
¶黄檗（[生]慶長17（1612）年8月1日 [没]元禄11（1689）年7月16日），岡山人，岡山百（[生]慶長17（1612）年4月9日 [没]元禄11（1698）年7月16日），諸系，人名，日人，藩主4

関長道 せきながみち
文化12（1815）年～安政5（1858）年
江戸時代末期の大名。備中新見藩主。
¶岡山歴（[生]文化12（1815）年1月15日 [没]安政5（1858）年8月13日），諸系，日人，藩主4（[生]文化12（1815）年1月15日 [没]安政5（1858）年8月13日）

関南瀕　せきなんびん
→関世美(せきときよし)

関南楼　せきなんろう
→関其寧(せききねい)

関根織部　せきねおりべ
生没年不詳
江戸時代前期の武士。
¶和歌山人

関根周平　せきねしゅうへい
？～明治37(1904)年
江戸時代末期～明治期の播磨三草藩士。
¶藩臣5

関根弥二郎　せきねやじろう
慶安3(1650)年～享保7(1722)年
江戸時代中期の剣術家。
¶江戸，剣豪([生]元和9(1623)年　[没]享保4(1719)年)，コン改，コン4，新潮，人名，日人

関根六郎左衛門　せきねろくろうざえもん
元禄5(1692)年～宝暦4(1754)年
江戸時代中期の常陸土浦藩士。
¶藩臣2

関場春武　せきばはるたけ
文化4(1807)年～明治1(1868)年
江戸時代末期の陸奥会津藩士。
¶幕末([没]1868年10月21日)，藩臣2

関兵右衛門　せきひょううえもん
文政11(1828)年～明治22(1889)年6月15日
江戸時代末期～明治期の常陸土浦藩士。
¶幕末

関藤藤陰　せきふじとういん
→関藤藤陰(せきとうとういん)

関平兵衛　せきへいべえ
？～寛永1(1624)年　[別]関盛次《せきもりつぐ》
江戸時代前期の紀伊和歌山藩士。
¶藩臣5，和歌山人(関盛次　せきもりつぐ)

関鳳岡　せきほうこう
→関思恭(せきしきょう)

関政辰　せきまさとき
宝暦7(1757)年～安永3(1774)年
江戸時代中期の大名。備中新見藩主。
¶岡山人，岡山歴([生]宝暦7(1757)年6月6日　[没]安永3(1774)年8月23日)，諸系，日人，藩主4([生]宝暦7(1757)年6月6日　[没]安永3(1774)年8月23日)

関政富　せきまさとみ
享保8(1723)年～宝暦10(1760)年
江戸時代中期の大名。備中新見藩主。
¶岡山人([生]享保3(1718)年)，岡山百([生]享保8(1723)年3月22日　[没]宝暦10(1760)年6月4日)，岡山歴([生]享保8(1723)年3月22日　[没]宝暦10(1760)年6月4日)，諸系，人名([生]1718年)，日人，藩主4([生]享保8(1723)年3月22日，(異説)享保3年3月22日　[没]宝暦10(1760)年6月4日)

関正玄　せきまさはる
生没年不詳
江戸時代前期の幕臣。
¶国書

関当義　せきまさよし
享保18(1733)年～文化1(1804)年
江戸時代中期～後期の上野伊勢崎藩家老士。
¶国書([生]享保18(1733)年12月16日　[没]文化1(1804)年8月14日)，藩臣2

関又右衛門　せきまたえもん
江戸時代中期の尾張藩士。
¶人名，日人(生没年不詳)

関元吉　せきもときち
天保7(1836)年～慶応1(1865)年
江戸時代末期の近江膳所藩士。
¶維新，人名，日人([没]1866年)，幕末([没]1865年12月8日)

関盛次　せきもりつぐ
→関平兵衛(せきへいべえ)

関盛長　せきもりなが
生没年不詳
江戸時代末期の薩摩藩士、国学者、歌人。
¶幕末

関屋衛盛　せきやえもり
元禄16(1703)年～安永4(1775)年
江戸時代中期の三河吉田藩家老。
¶藩臣4

関屋九郎兵衛　せきやくろうべえ
→関屋九郎兵衛(せきやくろべえ)

関屋九郎兵衛　せきやくろべえ
[別]関屋九郎兵衛《せきやくろうべえ》
安土桃山時代～江戸時代前期の武士。里見氏家臣。
¶戦人(生没年不詳)，戦東(せきやくろうべえ)

関屋政知　せきやまさとも
正保4(1647)年～享保16(1731)年10月9日
江戸時代前期～中期の加賀藩士。
¶国書

関屋政春　せきやまさはる
元和1(1615)年～貞享2(1685)年
江戸時代前期の加賀藩士、軍学者。
¶国書([没]貞享2(1685)年12月14日)，人名，日人([没]1686年)，藩臣3([生]？)

関山仙太夫　せきやませんだゆう
天明4(1784)年～安政6(1859)年
江戸時代前期～中期の武士、碁士、信濃松代藩真田家の臣。
¶人名，日人

関山糺　せきやまただす
生没年不詳
江戸時代末期の薩摩藩士。
¶幕末

関勇助　せきゆうすけ
生没年不詳
江戸時代末期の薩摩藩士。
¶維新，国書，姓氏鹿児島，幕末，藩臣7

関行篤　せきゆきあつ
生没年不詳
江戸時代末期の幕臣、第39代京都東町奉行。

¶京都大，姓氏京都

関与市右衛門　せきよいちえもん
生没年不詳
江戸時代中期の上総勝浦藩代官。
¶藩臣3

関養軒　せきようけん
宝暦11(1761)年～天保3(1832)年
江戸時代中期～後期の陸奥一関藩士。
¶岩手百，国書，姓氏岩手([生]1760年)，藩臣1

関美章　せきよしあき
文化6(1809)年～明治15(1882)年
江戸時代末期～明治期の相模小田原藩士。
¶神奈川人，姓氏神奈川，幕末

関義臣　せきよしおみ
天保10(1839)年～大正7(1918)年
江戸時代末期～明治期の越前福井藩士。
¶郷土福井([生]1840年)，コン改，コン5，人名，徳島百([生]天保10(1839)年10月1日　[没]大正7(1918)年3月31日)，徳島歴([生]天保10(1839)年10月1日　[没]大正7(1918)年3月31日)，鳥取百([生]天保9(1838)年)，鳥取百，日人，幕末([没]1918年3月30日)，藩臣3，福井百([生]天保11(1840)年)，山形百

関脇重主　せきわきじゅうしゅ
正保4(1647)年～享保12(1727)年
江戸時代中期の算家、陸奥会津藩士。
¶人名，日人

瀬口三兵衛　せぐちさんべえ
天保8(1837)年～慶応1(1865)年　[別]瀬口三兵衛《せのくちさんべえ》
江戸時代末期の筑前福岡藩士。
¶維新，人名(せのくちさんべえ)，日人，幕末([没]1865年12月10日)，藩臣7

世古格太郎(世古恪太郎)　せこかくたろう
文政7(1824)年～明治9(1876)年　[別]世古延世《せこのぶよ》
江戸時代末期～明治期の志士。
¶維新，近現(世古恪太郎)，近世(世古恪太郎)，国史(世古恪太郎)，国書(世古延世　せこのぶよ　[生]文政7(1824)年1月　[没]明治9(1876)年9月22日)，コン改，コン4，コン5，神史(世古恪太郎)，神人([生]文政7(1824)年1月　[没]明治9(1876)年9月22日)，新潮([生]文政7(1824)年1月　[没]明治9(1876)年9月22日)，人名(世古延世　せこのぶよ)，日人，幕末([没]1876年9月22日)，三重(世古延世　[生]文政7年7月)

世古延世　せこのぶよ
→世古格太郎(せこかくたろう)

接待嘉内　せったいかない
?　～
江戸時代の八戸藩士。安藤昌益の資料を伝えた。
¶青森人

接待治郷　せったいじきょう
?　～明治23(1890)年
江戸時代後期～明治期の陸奥八戸藩士。
¶国書

摂待宗積(接待宗積)　せったいそうせき
寛永17(1640)年～*
江戸時代前期の八戸藩士。
¶青森人(接待宗積　[没]享保5(1720)年)，国書([没]?)

接待忠兵衛　せったいちゅうべえ
?　～寛文6(1666)年
江戸時代前期の久慈氏の流れの八戸藩士。
¶青森人

瀬戸口備前　せとぐちびぜん
江戸時代の武士。撃剣の達人、島津家の臣。
¶人名，日人(生没年不詳)

瀬戸久敬　せとひさたか
生没年不詳
江戸時代後期の肥前島原藩士・歌人。
¶国書

瀬戸八十助　せとやそすけ
生没年不詳
江戸時代末期の武士。
¶和歌山人

瀬名貞雄　せなさだお
享保1(1716)年～寛政8(1796)年
江戸時代中期の幕臣、故実家。
¶朝日([没]寛政8年10月4日(1796年11月3日))，江戸東，江文，国書([没]寛政8(1796)年10月17日)，コン改，コン4，新潮([没]寛政8(1796)年10月4日)，人名，世人([没]寛政8(1796)年10月4日)，日人

瀬上主膳　せのうえしゅぜん
天保3(1832)年～明治44(1911)年2月18日
江戸時代末期～明治期の陸奥仙台藩士。
¶幕末

瀬上信康　せのうえのぶやす
天文22(1553)年～元和3(1617)年
安土桃山時代～江戸時代前期の陸奥仙台藩士。
¶藩臣1

瀬口三兵衛　せのくちさんべえ
→瀬口三兵衛(せぐちさんべえ)

瀬能正路　せのまさみち
文化4(1807)年～明治3(1870)年6月25日
江戸時代末期～明治期の長州(萩)藩士。
¶幕末

瀬谷桐斎　せやどうさい
安永2(1773)年～天保4(1833)年
江戸時代後期の国学者、出羽秋田藩士。
¶国書([生]安永2(1773)年11月1日　[没]天保4(1833)年2月29日)，人名([生]1772年)，日人

瀬山四郎兵衛　せやましろうべえ
生没年不詳
江戸時代の丸亀藩士で江戸留守居役。
¶郷土香川

施山多喜人　せやまたきと
→施山多喜人(せやまたきんど)

施山多喜人　せやまたきんど
?　～慶応1(1865)年　[別]施山多喜人《せやまたきと》

江戸時代末期の新撰組隊士。
¶新撰（[没]慶応1年6月21日），幕末（せやまたきと [没]1865年8月12日）

瀬山資章 せやまともあき
生没年不詳
江戸時代の盛岡藩士。
¶姓氏岩手

瀬山登 せやまのぼる
天明4（1784）年～嘉永6（1853）年
江戸時代後期の讃岐丸亀藩士。
¶国書（[生]天明4（1784）年1月28日　[没]嘉永6（1853）年1月1日），藩臣6

瀬山命助 せやまめいすけ
文化4（1807）年～安政6（1859）年
江戸時代末期の陸奥南部藩用人。
¶国書（[没]安政6（1859）年6月20日），姓氏岩手，藩臣1

世良修蔵（瀬良修蔵） せらしゅうぞう
天保6（1835）年～明治1（1868）年
江戸時代末期の長州（萩）藩士。庄屋中司八郎右衛門の子。
¶朝日（[生]天保6年7月14日（1835年8月8日）　[没]明治1年閏4月20日（1868年6月10日）），維新，コン改，コン4，新潮（[生]天保6（1835）年7月14日　[没]慶応4（1868）年閏4月20日），人名，姓氏山口（[生]1836年），全書（瀬良修蔵），日史（[生]天保6（1835）年7月14日　[没]明治1（1868）年閏4月20日），日人，幕末（[没]1868年6月10日），藩臣6，百科，宮城百，山形百，山口百（[生]1836年），歴大

世良惣兵衛 せらそうべえ
生没年不詳
江戸時代中期の都濃宰判の代官。
¶姓氏山口

世良利貞 せらとしさだ
文化13（1816）年～明治11（1878）年3月17日
江戸時代末期～明治期の長州（萩）藩士。
¶国書，新潮，人名，日人，幕末

芹沢鴨 せりざわかも
？～文久3（1863）年　[別]木村継次《きむらけいじ，きむらつぐじ》
江戸時代末期の水戸藩浪士、新撰組局長。
¶朝日（[生]文政10（1827）年　[没]文久3年9月18日（1863年10月30日）），維新，角史，京都大，近世，国史，コン改，コン4，史人（[没]1863年9月18日），新撰（[没]文久3年9月16日），新潮（[没]文久3（1863）年9月18日），人名，姓氏京都，世人（[没]文久3（1863）年9月16日），全書，大百，日史（[没]文久3（1863）年9月18日），日人，幕末（[生]1830年　[没]1863年10月30日），百科，歴大

芹沢助左衛門 せりざわすけざえもん
文化11（1814）年～？
江戸時代後期の下総古河藩士、剣術家。
¶藩臣3

芹沢助次郎 せりざわすけじろう
弘化3（1846）年～慶応1（1865）年
江戸時代末期の志士。
¶維新，人名，日人，幕末（[没]1865年3月13日）

全瓦 せんが
享保17（1732）年～享和2（1802）年　[別]神門全瓦《ごとうせんが，ごとうせんげ》
江戸時代中期～後期の丹波亀山藩士。
¶京都府（神門全瓦　ごとうせんげ），国書（[没]享和2（1802）年1月2日），藩臣5（神門全瓦　ごとうせんが）

千賀信立 せんがのぶたつ
→千賀信立（ちがのぶたつ）

千賀信立 せんがのぶたて
→千賀信立（ちがのぶたつ）

千賀牧太 せんがまきた
天保2（1831）年～明治6（1873）年
江戸時代末期～明治期の古河藩士、東軍流剣術指南。
¶剣豪，幕末（[没]1873年4月24日），藩臣3

千賀又左衛門 せんがまたざえもん
享保5（1720）年～天明8（1788）年
江戸時代中期の下総古河藩家老。
¶藩臣3

蟬吟 せんぎん
→藤堂蟬吟（とうどうせんぎん）

泉渓 せんけい
文政5（1822）年～明治30（1897）年2月2日
江戸時代後期～明治期の俳人・仙台藩士、真柳辰寿。
¶国書

仙石猪右衛門 せんごくいえもん
？～承応2（1653）年
江戸時代前期の出雲松江藩士。
¶藩臣3（生没年不詳），藩臣5

仙石伊織(1) せんごくいおり
貞享3（1686）年～宝暦1（1751）年
江戸時代中期の但馬出石藩士。
¶藩臣5

仙石伊織(2) せんごくいおり
享保1（1716）年～安永6（1777）年
江戸時代中期の但馬出石藩家老。
¶藩臣5

仙石右馬介 せんごくうまのすけ
寛政10（1798）年～嘉永4（1851）年
江戸時代末期の但馬出石藩家老。
¶藩臣5

仙石織人 せんごくおりと
文政10（1827）年～？
江戸時代末期の但馬出石藩家老。
¶藩臣5

仙石主計 せんごくかずえ
寛政3（1791）年～天保10（1839）年
江戸時代後期の但馬出石藩家老。
¶藩臣5

仙石九畹 せんごくきゅうえん
明和5（1768）年～文政4（1821）年
江戸時代後期の画家、高知藩士。
¶高知人，人名，日人

仙石内蔵允 せんごくくらのすけ
→仙石久賢(せんごくひさかた)

仙石小太郎 せんごくこたろう
文化12(1815)年〜?
江戸時代後期の但馬出石藩士。
¶藩臣5

仙石五郎兵衛 せんごくごろべえ
寛政9(1797)年〜慶応2(1866)年
江戸時代末期の美濃加納藩士。
¶剣豪, 藩臣3

仙石左京 せんごくさきょう
天明7(1787)年〜天保6(1835)年
江戸時代後期の但馬出石藩家老。
¶朝日([没]天保6年12月9日(1836年1月26日)), 近世, 国史, コン改, コン4, 史人([没]1835年12月9日), 新潮([没]天保6(1835)年12月9日), 人名([生]?), 日人([没]1836年), 藩臣5

仙石佐多雄 せんごくさたお, せんごくさだお
天保13(1842)年〜文久3(1863)年　[別]仙石隆明《せんごくたかあき》
江戸時代末期の志士、因幡鳥取藩士。
¶維新, コン改, コン4, 神人([生]天保13(1842)年12月28日　[没]文久3(1863)年2月27日), 新潮(せんごくさだお　[生]天保13(1842)年12月28日　[没]文久3(1863)年2月27日), 人名(仙石隆明　せんごくたかあき　[生]1841年), 鳥取百(仙石隆明　せんごくたかあき), 日人([生]1843年), 幕末([没]1863年4月14日), 藩臣5(仙石隆明　せんごくたかあき)

仙石定盛(千石定盛) せんごくさだもり
*〜寛永19(1642)年
江戸時代前期の備中岡田藩家老。
¶岡山人, 岡山歴(千石定盛　[生]永禄5(1562)年　[没]寛永19(1642)年11月12日), 藩臣6([生]?)

仙石左兵衛(1) せんごくさへえ
延宝4(1676)年〜宝暦8(1758)年
江戸時代中期の但馬出石藩家老。
¶藩臣5

仙石左兵衛(2) せんごくさへえ
寛政2(1790)年〜?
江戸時代後期の但馬出石藩家老。
¶藩臣5

仙石三次 せんごくさんじ
寛延3(1750)年〜文政8(1825)年
江戸時代中期〜後期の但馬出石藩家老。
¶藩臣5

仙石隆明 せんごくたかあき
→仙石佐多雄(せんごくさたお)

仙石忠政 せんごくただまさ
天正6(1578)年〜寛永5(1628)年
安土桃山時代〜江戸時代前期の武将、大名。信濃小諸藩主、信濃上田藩主。
¶諸系, 姓氏長野, 長野歴, 日人, 藩主2([没]寛永5(1628)年4月20日)

仙石久賢 せんごくひさかた
延享3(1746)年〜文化5(1808)年　[別]仙石内蔵允《せんごくくらのすけ》
江戸時代中期〜後期の但馬出石藩家老。
¶人名([生]?), 日人([没]1809年), 藩臣5(仙石内蔵允　せんごくくらのすけ)

仙石久功 せんごくひさかつ
?〜文政6(1823)年　[別]仙石久功《せんごくひさよし》
江戸時代中期〜後期の第21代伏見奉行。
¶京都大, 姓氏京都(せんごくひさよし)

仙石久勝 せんごくひさかつ
天文21(1552)年〜寛永16(1639)年
安土桃山時代〜江戸時代前期の武将、土佐藩士。
¶高知人, 人名, 日人

仙石久隆 せんごくひさたか
文禄3(1594)年〜正保2(1645)年　[別]仙石大和守久隆《せんごくやまとのかみひさたか》
安土桃山時代〜江戸時代前期の11代長崎奉行。
¶長崎歴(仙石大和守久隆　せんごくやまとのかみひさたか)

仙石久俊 せんごくひさとし
元和2(1616)年〜天和1(1681)年
江戸時代前期の旗本、水利功労者。
¶京都大, 群馬人, 人名, 姓氏京都, 姓氏群馬, 日人

仙石久利 せんごくひさとし
文政3(1820)年〜明治30(1897)年
江戸時代末期〜明治期の大名。但馬出石藩主。
¶諸系, 人名, 日人, 藩主3([生]文政3(1820)年2月23日　[没]明治30(1897)年6月6日)

仙石久道 せんごくひさみち
安永3(1774)年〜天保5(1834)年
江戸時代後期の大名。但馬出石藩主。
¶諸系, 日人, 藩主3([生]安永3(1774)年5月12日　[没]天保5(1834)年9月4日)

仙石久行 せんごくひさゆき
宝暦3(1753)年〜天明5(1785)年
江戸時代中期の大名。但馬出石藩主。
¶諸系, 人名, 日人, 藩主3([生]宝暦3(1753)年10月28日　[没]天明5(1785)年9月17日)

仙石久功 せんごくひさよし
→仙石久功(せんごくひさかつ)

仙石久徴 せんごくひさよし
江戸時代末期の幕臣。
¶維新, 幕末(生没年不詳)

仙石秀範 せんごくひでのり
安土桃山時代〜江戸時代前期の武士。
¶戦国, 戦人(生没年不詳)

仙石政明 せんごくまさあきら
万治2(1659)年〜享保2(1717)年
江戸時代前期〜中期の大名。信濃上田藩主、但馬出石藩主。
¶諸系, 長野歴, 日人, 藩主2([没]享保2(1717)年6月6日), 藩主3([生]万治2(1659)年3月1日　[没]享保2(1717)年6月6日)

仙石政和 せんごくまさかず
明和3(1766)年〜文政7(1824)年5月27日
江戸時代中期〜後期の幕臣。
¶国書

せ

仙石政固　**せんごくまさかた**
天保14(1843)年～大正6(1917)年
江戸時代末期～明治期の大名。但馬出石藩主。
¶国書([生]天保14(1843)年12月15日　[没]大正6(1917)年10月23日)，諸系([生]1844年)，人名，日人([生]1844年)，藩主3([生]天保14(1843)年12月15日　[没]大正6(1917)年10月23日)，兵庫人([生]天保14(1843)年12月　[没]大正6(1917)年10月25日)

仙石政勝　**せんごくまさかつ**
元和9(1623)年～元禄17(1704)年
江戸時代中期の旗本、矢沢知行所仙石氏の初代領主。
¶長野歴

仙石政次　**せんごくまさつぐ**
生没年不詳
安土桃山時代～江戸時代前期の武士。浅野家の家臣。
¶和歌山人

仙石政辰　**せんごくまさとき**
享保8(1723)年8月21日～安永8(1779)年
江戸時代中期の大名。但馬出石藩主。
¶近世([生]1722年)，国史([生]1722年)，国書([没]安永8(1779)年8月24日)，コン改([生]享保7(1722)年)，コン4([生]享保7(1722)年)，諸系，新潮([没]安永8(1779)年8月24日)，人名，日人，藩主3([没]安永8(1779)年8月24日)，兵庫人([没]安永8(1779)年8月24日)，歴大，和俳([没]安永8(1779)年8月24日)

仙石政俊　**せんごくまさとし**
元和3(1617)年～延宝2(1674)年
江戸時代前期の大名。信濃上田藩主。
¶諸系，姓氏長野，長野歴，日人，藩主2([生]元和3(1617)年7月9日　[没]延宝2(1674)年7月24日)

仙石政寅　**せんごくまさとら**
？～寛政11(1799)年
江戸時代中期の奉行。
¶コン改，コン4，人名，日人([生]1739年)

仙石政房　**せんごくまさふさ**
延宝1(1673)年～享保20(1735)年
江戸時代中期の大名。但馬出石藩主。
¶諸系，日人，藩主3([生]延宝1(1673)年4月22日　[没]享保20(1735)年4月24日)

仙石政美　**せんごくまさよし**
寛政9(1797)年～文政7(1824)年
江戸時代後期の大名。但馬出石藩主。
¶諸系，日人，藩主3([生]寛政9(1797)年9月29日　[没]文政7(1824)年5月3日)

仙石造酒　**せんごくみき**
*～文政9(1826)年　[別]仙石造酒久恒《せんごくみきひさつね》
江戸時代中期～後期の但馬出石藩家老。仙石騒動で筆頭家老仙石左京と対立。
¶藩臣5([生]明和5(1768)年)，兵庫百(仙石造酒久恒　せんごくみきひさつね　[生]明和3(1766)年)

仙石造酒久恒　**せんごくみきひさつね**
→仙石造酒(せんごくみき)

仙石大和守久隆　**せんごくやまとのかみひさたか**
→仙石久隆(せんごくひさたか)

千秋順之介(千秋順之助)　**せんしゅうじゅんのすけ**
→千秋藤篤(せんしゅうふじあつ)

千住西亭　**せんじゅうせいてい**
文化13(1816)年～明治11(1878)年　[別]千住西亭《せんじゅせいてい》
江戸時代末期～明治期の肥前佐賀藩士。
¶佐賀百(せんじゅせいてい)，幕末，藩臣7([生]文化12(1815)年)

千秋藤篤　**せんしゅうふじあつ**
文化12(1815)年～元治1(1864)年　[別]千秋順之介《せんしゅうじゅんのすけ》，千秋順之助《せんしゅうじゅんのすけ》，千秋藤範《せんしゅうふじのり》
江戸時代末期の尊皇論者、儒学者。加賀藩士。
¶朝日([生]文化12年8月30日(1815年10月2日)　[没]元治1年10月18日(1864年11月17日))，石川百(千秋順之助　せんしゅうじゅんのすけ)，維新(千秋順之介　せんしゅうじゅんのすけ　[生]1814年)，国書(千秋藤範　せんしゅうふじのり　[生]文化12(1815)年8月30日　[没]元治1(1864)年10月18日)，コン改，コン4，新潮([生]文化12(1815)年8月30日　[没]元治1(1864)年10月18日)，人名(千秋順之介　せんしゅうじゅんのすけ)，姓氏石川(千秋順之助　せんしゅうじゅんのすけ)，日史([生]文化12(1815)年8月30日　[没]元治1(1864)年10月18日)，日人，幕末(千秋順之助　せんしゅうじゅんのすけ　[生]1815年10月2日　[没]1864年11月17日)，藩臣3(千秋順之助　せんしゅうじゅんのすけ)

千秋藤範　**せんしゅうふじのり**
→千秋藤篤(せんしゅうふじあつ)

千住西亭　**せんじゅせいてい**
→千住西亭(せんじゅうせいてい)

千手八太郎　**せんじゅはちたろう**
→千手廉斎(せんじゅれんさい)

千手廉斎　**せんじゅれんさい**
元文2(1737)年～文政2(1819)年　[別]千手八太郎《せんじゅはちたろう》
江戸時代中期～後期の日向高鍋藩士、儒学者。
¶国書([没]文政2(1819)年1月3日)，日人([生]1738年)，藩臣7(千手八太郎　せんじゅはちたろう)

善清房　**ぜんせいぼう**
安土桃山時代～江戸時代前期の武士。里見氏家臣。
¶戦人(生没年不詳)，戦東

仙田市郎　**せんだいちろう**
文政4(1821)年～元治1(1864)年　[別]仙田正敏《せんだまさとし》，結城正敏《ゆうきまさとし》
江戸時代末期の筑前福岡藩士。
¶維新，大阪人([没]元治1(1864)年7月)，国書(仙田正敏　せんだまさとし　[没]元治1(1864)年8月)，人名，日人，幕末([没]1864年8月)，藩臣7

千田貞暁　**せんださだあき**
天保7(1836)年～明治41(1908)年　[別]千田伝一郎《せんだでんいちろう》
江戸時代末期～明治期の薩摩藩士、政治家。
¶朝日([生]天保7年7月29日(1836年9月9日)

[没]明治41（1908）年4月23日），京都大，京都府，人名，姓氏鹿児島（[没]1943年），姓氏京都，土木（[生]1836年7月29日　[没]1908年4月23日），新潟百，日人，幕末（千田伝一郎　せんだでんいちろう　[没]1908年4月23日），広島百（[生]天保7（1836）年7月29日　[没]明治41（1908）年4月23日），履歴（[生]天保7（1836）年7月29日　[没]明治41（1908）年4月23日），和歌山人

仙田淡三郎 せんだたんざぶろう，せんだたんさぶろう
天保9（1838）年～元治1（1864）年
江戸時代末期の筑前福岡藩士。
¶維新，人名（[生]1837年），日人，幕末（せんだたんさぶろう　[没]1864年6月2日）

千田伝一郎 せんだでんいちろう
→千田貞暁（せんださだあき）

千田登文 せんだとぶみ
弘化4（1847）年～昭和4（1929）年
江戸時代末期～明治期の武士、陸軍軍人。歩兵少佐。小野派一刀流の使い手。
¶人名，日人

千田兵衛 せんだひょうえ
弘化3（1846）年～慶応4（1868）年8月21日
江戸時代後期～末期の新撰組隊士。
¶新撰

仙田正敏 せんだまさとし
→仙田市郎（せんだいちろう）

仙田政芳 せんだまさよし
明和7（1770）年～文政10（1827）年
江戸時代後期の駿河田中藩士。
¶藩臣4

善野秀 ぜんのしゅう
文政8（1825）年～明治29（1896）年
江戸時代末期～明治期の儒者。足利藩士（栃木陣屋詰）、公議所公議人、私立求道館教授。
¶人名，栃木歴，日人

仙波吉種 せんばよしたね
永禄7（1564）年～寛永3（1626）年
江戸時代前期の旗本。
¶神奈川人，姓氏神奈川

闡幽 せんゆう
？　～享保16（1731）年
江戸時代中期の信濃高島藩士、俳人。
¶俳諧，俳句（[没]享保16（1731）年7月2日），和俳

船遊亭扇橋〔1代〕 せんゆうていせんきょう
？　～文政12（1829）年　[別]常磐津若太夫〔2代〕《ときわづわかたゆう，ときわづわかだゆう》
江戸時代後期の落語家。もと中津藩奥平家の家臣。
¶芸能（[没]文政12（1829）年4月13日），人名（常磐津若太夫〔2代〕　ときわづわかだゆう），人名，全書，日人，百科，落語（[没]文政12年4月13日）

仙路 せんろ
生没年不詳
江戸時代末期の俳人・津軽藩士・伴矩道。
¶国書

【そ】

素因 そいん
享保6（1721）年7月4日～天明6（1786）年10月3日
江戸時代中期の俳人・伊勢津藩士茨木重光。
¶国書

宗雅 そうが
→酒井忠以（さかいただざね）

寒川直景 そうがわなおかげ
→寒川与助（そうがわよすけ）

寒川与助 そうがわよすけ
天文13（1544）年～寛永1（1624）年　[別]寒川直景《そうがわなおかげ》
安土桃山時代～江戸時代前期の紀伊和歌山藩士。
¶藩臣5，和歌山人（寒川直景　そうがわなおかげ）

宗左膳太 そうさぜんた
？　～
江戸時代の八戸藩家老。
¶青森人

宗色 そうしき
生没年不詳
安土桃山時代～江戸時代前期の武家・連歌作者。
¶国書

宗重正 そうしげまさ
弘化4（1847）年～明治35（1902）年　[別]宗義達《そうよしあきら，そうよしあき》
江戸時代末期～明治期の大名。対馬府中藩主。
¶朝日（宗義達　そうよしあきら　[生]弘化4年11月6日（1847年12月13日）　[没]明治35（1902）年5月25日），維新（宗義達　そうよしあきら），岩史（宗義達　そうよしあき　[生]弘化4（1847）年11月6日　[没]明治35（1902）年5月25日），近現，近世，国史，コン改，コン4（宗義達　そうよしあきら），コン4，コン5（宗義達　そうよしあきら），コン5，史人（[生]1847年11月6日　[没]1902年5月25日），諸系，人名，日史（[生]弘化4（1847）年11月6日　[没]明治35（1902）年5月25日），日人，幕末（宗義達　そうよしあき　[没]1902年5月25日），藩主4（[生]弘化4（1847）年11月6日　[没]明治35（1902）年5月25日），履歴（[生]弘化4（1847）年11月6日　[没]明治35（1902）年5月25日），歴大（宗義達　そうよしあき）

蒼松庵其性 そうしょうあんきせい
文政12（1829）年～明治27（1894）年
江戸時代後期～明治期の俳人、土佐藩士・森九十郎義親。
¶高知人

荘田奥三郎 そうだおくさぶろう
→荘田奥三郎（しょうだおくさぶろう）

早田恒斎 そうだこうさい
文政9（1826）年～明治7（1874）年
江戸時代末期～明治期の肥前平戸藩士。
¶人名，日人

左右田尉九郎　そうだじょうくろう
？　〜享和1（1801）年
江戸時代中期〜後期の筑後久留米藩士。
¶人名，日人，藩臣7，福岡百（[没]享和1（1801）年7月6日）

左右田武助　そうだぶすけ
→左右田易重（そうだやすしげ）

左右田易重　そうだやすしげ
寛文4（1664）年〜享保14（1729）年　[別]左右田武助《そうだぶすけ》
江戸時代前期〜中期の兵法家。
¶剣豪（左右田武助　そうだぶすけ），国書（[没]享保14（1729）年5月12日）

五月女三左衛門　そうとめさんざえもん
文化14（1817）年〜明治13（1880）年？
江戸時代後期〜明治期の黒羽藩士、戊辰戦争出兵時の隊長。
¶栃木歴

相馬主計　そうまかずえ
→相馬肇（そうまはじめ）

相馬寛斎　そうまかんさい
寛政3（1791）年〜文久2（1862）年
江戸時代後期〜末期の弘前藩士、書家。
¶青森人，日人

相馬九方　そうまきゅうほう
享和1（1801）年〜明治12（1879）年
江戸時代末期〜明治期の和泉岸和田藩士。
¶大阪墓（[没]明治12（1879）年3月28日），国書（[没]明治12（1879）年3月28日），人名，日人，藩臣5

相馬貞胤　そうまさだたね
万治2（1659）年〜延宝7（1679）年
江戸時代前期の大名。陸奥相馬藩主。
¶諸系，日人，藩主1（[生]万治2（1659）年5月9日　[没]延宝7（1679）年11月23日）

相馬大作　そうまだいさく
寛政1（1789）年〜文政5（1822）年　[別]下斗米秀之進《しもとまいひでのしん，しもどまいひでのしん》
江戸時代後期の陸奥南部藩の武士。総兵衛の子。
¶青森人，朝日（下斗米秀之進　しもどまいひでのしん　[没]文政5年8月29日（1822年10月13日）），岩史（[没]文政5（1822）年8月29日），岩手百，江戸，角史，近世（下斗米秀之進　しもどまいひでのしん），剣豪（下斗米秀之進　しもどまいひでのしん），国史（下斗米秀之進　しもどまいひでのしん），コン改（下斗米秀之進　しもどまいひでのしん　[生]寛政10（1798）年），コン4（下斗米秀之進　しもどまいひでのしん　[生]寛政10（1798）年），史人（[没]1822年8月29日），新潮（[没]文政5（1822）年8月29日），人名，姓氏岩手，世人（下斗米秀之進　しもどまいひでのしん　[生]寛政10（1798）年　[没]文政5（1822）年8月29日），全書，大百（[生]1785年），日史（[没]文政5（1822）年8月29日），日人，藩臣1（下斗米秀之進　しもとまいひでのしん），百科（[生]天明8（1788）年），歴大

相馬尊胤　そうまたかたね
元禄10（1697）年〜安永1（1772）年
江戸時代中期の大名。陸奥相馬藩主。
¶諸系，人名，日人，藩主1（[生]元禄10（1697）年2月19日　[没]安永1（1772）年4月6日）

相馬忠胤　そうまただたね
寛永14（1637）年〜延宝1（1673）年
江戸時代前期の大名。陸奥相馬藩主。
¶諸系，日人，藩主1（[没]延宝1（1673）年10月2日），福島百

相馬利胤　そうまとしたね
天正9（1581）年〜寛永2（1625）年
江戸時代前期の大名。陸奥相馬藩主。
¶近世，系東，国史，史人（[没]1625年9月10日），諸系，人名，戦合，戦国，戦人，日人，藩主1（[没]寛永2（1625）年9月10日），福島百

相馬誠胤　そうまともたね
嘉永5（1852）年〜明治25（1892）年
江戸時代末期〜明治期の大名。陸奥相馬藩主。
¶維新，諸系，日人，藩主1（[生]嘉永5（1852）年8月5日　[没]明治25（1892）年2月25日）

相馬直登　そうまなおと
文化14（1817）年〜明治44（1911）年
江戸時代末期〜明治期の陸奥会津藩士。
¶会津，国書（[生]文化14（1817）年5月2日　[没]明治44（1911）年4月18日），幕末（[没]1911年4月18日），藩臣2

相馬叙胤　そうまのぶたね
延宝5（1677）年〜正徳1（1711）年
江戸時代中期の大名。陸奥相馬藩主。
¶諸系，日人，藩主1（[没]正徳1（1711）年4月20日）

相馬肇　そうまはじめ
天保14（1843）年〜？　[別]相馬主計《そうまかずえ》
江戸時代末期の新撰組隊士。
¶新撰，幕末（相馬主計　そうまかずえ）

相馬昌胤　そうままさたね
寛文1（1661）年〜享保13（1728）年
江戸時代中期の大名。陸奥相馬藩主。
¶諸系，日人，藩主1（[生]寛文1（1661）年7月7日　[没]享保13（1728）年10月6日），福島百（[生]寛文5（1665）年）

相馬益胤　そうまましたね
寛政8（1796）年〜弘化2（1845）年
江戸時代後期の大名。陸奥相馬藩主。
¶諸系，日人，藩主1（[生]寛政8（1796）年1月10日　[没]弘化2（1845）年6月11日）

相馬充胤　そうまみちたね
→相馬充胤（そうまみつたね）

相馬充胤　そうまみつたね
文政2（1819）年〜明治20（1887）年　[別]相馬充胤《そうまみちたね》
江戸時代末期〜明治期の大名。陸奥相馬藩主。
¶維新（そうまみちたね），諸系，新潮（[生]文政2（1819）年3月19日　[没]明治20（1887）年2月19日），人名（[生]1823年　[没]1889年），日人，幕末（[没]1887年2月19日），藩主1（[生]文政2（1819）年

3月19日　[没]明治22(1889)年2月29日)

相馬樹胤　そうまむらたね
天明2(1782)年～天保10(1839)年
江戸時代後期の大名。陸奥相馬藩主。
¶諸系，日人，藩主1([生]天明1(1781)年11月21日　[没]天保10(1839)年9月7日)

相馬恕胤　そうまもろたね
享保19(1734)年～寛政3(1791)年
江戸時代中期の大名。陸奥相馬藩主。
¶諸系，日人，藩主1([生]享保19(1734)年11月5日　[没]寛政3(1791)年8月14日)

相馬義胤(1)　そうまよしたね
天文17(1548)年～寛永12(1635)年
安土桃山時代～江戸時代前期の大名。陸奥中村藩主。
¶朝日([没]寛永12年11月16日(1635年12月25日))，近世，系東，国史，コン改，コン4，史人([没]1635年11月16日)，諸系，新潮([没]寛永12(1635)年11月16日)，人名([没]1625年)，世人，戦合，戦国，戦人，日史([没]寛永12(1635)年11月16日)，日人，百科，歴大

相馬義胤(2)　そうまよしたね
元和6(1620)年～慶安4(1651)年
江戸時代前期の大名。陸奥相馬藩主。
¶諸系，人名，日人，藩主1([生]元和5(1619)年　[没]慶安4(1651)年3月3日)

相馬祥胤　そうまよしたね
明和2(1765)年～文化13(1816)年
江戸時代中期～後期の大名。陸奥相馬藩主。
¶諸系，人名([生]1761年　[没]？)，日人，藩主1

宗方熙(宗方凞)　そうみちひろ
元禄9(1696)年～宝暦10(1760)年
江戸時代中期の大名。対馬府中藩主。
¶諸系，日人，藩主4(宗方凞　[生]元禄9(1696)年9月27日　[没]宝暦9(1759)年11月29日)

宗義達　そうよしあき
→宗重正(そうしげまさ)

宗義達　そうよしあきら
→宗重正(そうしげまさ)

宗義章　そうよしあや
文政1(1818)年～天保13(1842)年
江戸時代後期の大名。対馬府中藩主。
¶諸系，日人，藩主4([生]文化14(1817)年11月26日　[没]天保13(1842)年5月29日)

宗義蕃　そうよしあり
享保2(1717)年～安永4(1775)年　[別]宗義蕃《そうよししげ》
江戸時代中期の大名。対馬府中藩主。
¶諸系，日人，藩主4(そうよししげ　[生]享保2(1717)年7月25日　[没]安永4(1775)年8月12日)

宗義質　そうよしかた
寛政12(1800)年～天保9(1838)年　[別]宗義質《そうよしただ》
江戸時代後期の大名。対馬府中藩主。
¶諸系，日人，藩主4([生]寛政12(1800)年7月3日　[没]天保9(1838)年8月9日)

宗義功(1)　そうよしかつ
明和8(1771)年～天明5(1785)年
江戸時代中期の大名。対馬府中藩主。
¶諸系，日人，藩主4([生]明和8(1771)年10月4日　[没]天明5(1785)年7月8日)

宗義功(2)　そうよしかつ
安永2(1773)年～文化10(1813)年
江戸時代後期の大名。対馬府中藩主。
¶諸系，日人，藩主4([生]安永2(1773)年2月29日，(異説)明和6年　[没]文化10(1813)年5月17日)

宗義真　そうよしざね
寛永16(1639)年～元禄15(1702)年
江戸時代前期～中期の大名。対馬府中藩主。
¶朝日([生]寛永16年11月18日(1639年12月12日)　[没]元禄15年8月7日(1702年8月29日))，岩史([生]寛永16(1639)年11月18日　[没]元禄15(1702)年8月7日)，近世，国史，国書([生]寛永16(1639)年11月18日　[没]元禄15(1702)年8月7日)，コン4，史人([生]1639年11月18日　[没]1702年8月7日)，諸系，人名，長崎百，日史([没]元禄15(1702)年8月7日)，日人，藩主4([生]寛永16(1639)年11月18日　[没]元禄15(1702)年8月7日)，百科，歴大

宗義蕃　そうよししげ
→宗義蕃(そうよしあり)

宗義倫　そうよしつぐ
寛文11(1671)年～元禄7(1694)年　[別]宗義倫《そうよしとも》
江戸時代前期～中期の大名。対馬府中藩主。
¶諸系，日人，藩主4([生]寛文11(1671)年3月26日　[没]元禄7(1694)年9月27日)

宗義暢　そうよしなが
寛保2(1742)年～安永7(1778)年
江戸時代中期の大名。対馬府中藩主。
¶諸系，人名([没]1770年)，日人，藩主4([生]寛保1(1741)年6月27日　[没]安永7(1778)年1月5日)

宗義成　そうよしなり
慶長9(1604)年～明暦3(1657)年
江戸時代前期の大名。対馬府中藩主。
¶朝日([没]明暦3年10月26日(1657年12月1日))，岩史([没]明暦3(1657)年10月26日)，近世，国史，コン改([生]慶長8(1603)年　[没]明暦2(1656)年)，コン4([生]慶長8(1603)年　[没]明暦2(1656)年)，史人([没]1657年10月26日)，諸系，新潮([没]明暦3(1657)年10月26日)，人名([生]1603年　[没]1656年)，日人，藩主4([没]明暦3(1657)年10月26日)，歴大

宗義誠　そうよしのぶ
元禄5(1692)年～享保15(1730)年
江戸時代中期の大名。対馬府中藩主。
¶諸系，人名([生]1693年)，日人，藩主4([生]元禄5(1692)年3月15日，(異説)2月15日　[没]享保15(1730)年11月6日)

宗義方　そうよしみち
貞享1(1684)年～享保3(1718)年
江戸時代中期の大名。対馬府中藩主。
¶諸系，人名，日人，藩主4([生]貞享1(1684)年1月19日　[没]享保3(1718)年9月5日)

そ

宗義如 そうよしゆき
享保1(1716)年～宝暦2(1752)年
江戸時代中期の大名。対馬府中藩主。
¶諸系，人名，日人，藩主4([生]享保1(1716)年10月18日 [没]宝暦2(1752)年1月5日)

宗義和 そうよしより
文政1(1818)年～明治23(1890)年
江戸時代末期～明治期の大名。対馬府中藩主。
¶維新，コン5，諸系，日人，幕末([没]1890年8月13日)，藩主4([生]文政1(1818)年8月4日 [没]明治23(1890)年8月13日)

添川完平 そえかわかんぺい
→添川廉斎(そえかわれんさい)

添川廉斎 そえかわれんさい
享和3(1803)年～安政5(1858)年 [別]添川完平《そえかわかんぺい》
江戸時代末期の上野安中藩の藩士下撰。
¶会津(添川完平 そえかわかんぺい)，国書([生]享和3(1803)年12月15日 [没]安政5(1858)年6月26日)，幕末(添川完平 そえかわかんぺい [没]1858年8月5日)，藩臣2

副島蒼海 そえじまそうかい
→副島種臣(そえじまたねおみ)

副島種臣 そえじまたねおみ
文政11(1828)年～明治38(1905)年 [別]副島蒼海《そえじまそうかい》
江戸時代末期～明治期の肥前佐賀藩士、政治家。維新後、外務卿として活躍。
¶朝日([生]文政11年9月9日(1828年10月17日) [没]明治38(1905)年1月31日)，維新，岩史([生]文政11(1828)年9月9日 [没]明治38(1905)年1月31日)，沖縄百([生]文政11(1828)年9月9日 [没]明治38(1905)年1月31日)，角史，近現，近世，近文(副島蒼海 そえじまそうかい)，国際，国史，コン改，コン4，コン5，佐賀百([生]文政11(1828)年9月9日 [没]明治38(1905)年1月30日)，詩歌，史人([生]1828年9月9日 [没]1905年1月31日)，思想([生]文政11(1828)年9月9日 [没]明治38(1905)年1月31日)，重要([生]文政11(1828)年9月9日 [没]明治38(1905)年1月31日)，人書94，新潮([生]文政11(1828)年9月9日 [没]明治38(1905)年1月31日)，人名，世人([生]文政11(1828)年9月9日 [没]明治38(1905)年1月31日)，世百，全書，大百，伝記，日史([生]文政11(1828)年9月9日 [没]明治38(1905)年1月31日)，日人，日本，幕末([生]1828年10月17日 [没]1905年1月31日)，百科，明治1，履歴([生]文政11(1828)年9月9日 [没]明治38(1905)年1月31日)，歴大

副島義高 そえじまよしたか
文政10(1827)年～明治7(1874)年
江戸時代末期～明治期の武士。佐賀の乱の主謀者。
¶人名，日人

添田儀左衛門 そえだぎざえもん
？～元禄14(1701)年 [別]添田貞俊《そえださだとし》
江戸時代前期～中期の陸奥弘前藩家老、武術家。
¶青森人，剣豪，国書(添田貞俊 そえださだとし [没]元禄14(1701)年7月18日)，人名，日人(添田貞俊 そえださだとし)，藩臣1

添田貞俊 そえださだとし
→添田儀左衛門(そえだぎざえもん)

曽我包助 そがかねすけ
？～延宝4(1676)年
江戸時代前期の上野館林藩士。
¶藩臣2

曽我祐臣 そがすけおみ
安永9(1780)年～明治11(1878)年10月28日
江戸時代後期の薩摩藩都城島津家家士。
¶幕末

曽我助馬 そがすけかず
享保18(1733)年～
江戸時代中期の旗本。
¶神奈川人

曽我祐申 そがすけのぶ
文政8(1825)年～明治14(1881)年
江戸時代末期～明治期の苗木藩士。
¶維新，幕末([没]1881年5月19日)，藩臣3

曽我助弼 そがすけのり
生没年不詳 [別]曽我助弼《そがすけまさ》
江戸時代中期～後期の幕臣。
¶京都大，国書(そがすけまさ [生]明和3(1766)年)，姓氏京都

曽我助弼 そがすけまさ
→曽我助弼(そがすけのり)

曽我耐軒 そがたいけん
文化13(1816)年～明治3(1870)年
江戸時代末期～明治期の岡崎藩士、儒学者。
¶江文，国書([生]文化13(1816)年9月11日 [没]明治3(1870)年9月20日)，人名，姓氏愛知，日人，幕末，藩臣4

曽我近祐 そがちかすけ
慶長10(1605)年～寛文1(1661)年
江戸時代前期の幕臣。大坂町奉行。
¶近世，国史，国書([没]寛文1(1661)年9月13日)，史人([没]1661年9月13日)，人名，日人

曽我尚祐(曽我尚佑) そがなおすけ
永禄1(1558)年～寛永3(1626)年
安土桃山時代～江戸時代前期の武士。徳川秀忠の右筆。
¶角史(曽我尚佑)，国書([没]寛永3(1626)年2月10日)，人名，日史([没]寛永3(1626)年2月10日)，日人，百科

曽我古祐 そがひさすけ
天正14(1586)年～万治1(1658)年 [別]曽我又左衛門古祐《そがまたざえもんひさすけ》
江戸時代前期の幕臣。
¶朝日([没]万治1年4月21日(1658年5月23日))，大阪人([没]万治1(1658)年3月)，近世，国史，国書([没]明暦4(1658)年4月21日)，コン改，コン4，史人([没]1658年4月21日)，人名，戦合，長崎歴(曽我又左衛門古祐 そがまたざえもんひさすけ [生]天正13(1585)年)，日人，歴大

曽我平太夫 そがへいだゆう
生没年不詳

江戸時代前期〜中期の弓術家。
¶高知人

曽我又左衛門古祐 そがまたざえもんひさすけ
→曽我古祐(そがひさすけ)

十河親盈 そごうちかみつ
安永3(1774)年〜*
江戸時代後期の馬術家、伊予松山藩士。
¶人名([没]1859年),日人([没]1860年)

十河祐元 そごうゆうげん
? 〜安政3(1856)年
江戸時代末期の水戸藩士。
¶幕末,藩臣2

左座謙三郎 そざけんざぶろう
→左座謙三郎(さざけんざぶろう)

素山 そざん
文政2(1819)年〜明治25(1892)年 [別]会田素山《あいたそざん》
江戸時代後期〜明治期の俳人、秋田藩士。
¶国書([没]明治25(1892)年8月25日),日人(会田素山 あいたそざん),俳句

曽田菊潭 そだきくたん
生没年不詳
江戸時代後期の加賀藩士・漢学者。
¶国書

曽谷慶豊 そだによしとよ
〜享保13(1728)年
江戸時代中期の旗本。
¶神奈川人

楚南 そなん
? 〜天保11(1840)年 [別]大久保忠洪《おおくぼただひろ》,大久保忠浜《おおくぼただはま》
江戸時代後期の俳人・相模小田原藩家老。
¶神奈川人(大久保忠洪 おおくぼただひろ),国書([没]天保11(1840)年10月3日),藩臣3(大久保忠浜 おおくぼただはま)

曽禰荒助(曽根荒助) そねあらすけ
嘉永2(1849)年〜明治43(1910)年9月13日 [別]曽禰荒助《そねこうすけ》
江戸時代末期〜明治期の長州藩士、政治家、官僚。子爵、衆議議員、貴族院議員。駐仏公使、法相、農商務相、蔵相などを歴任。日韓併合を推進。
¶朝日([生]嘉永2年1月28日(1849年2月20日)),海越(曽根荒助 [生]嘉永2(1849)年1月28日),海越新([生]嘉永2(1849)年1月28日),近現,国史,コン改,コン5,史人([生]1849年1月28日),新潮([生]嘉永2(1849)年1月28日),人名,世紀([生]嘉永2(1849)年1月28日),世人([生]嘉永2(1849)年1月28日),先駆([生]嘉永2(1849)年1月28日),渡航([生]1849年1月28日),日史([生]嘉永2(1849)年1月28日),日人,日本,幕末,百科,明治1(そねこうすけ),履歴([生]嘉永2(1849)年1月28日),歴大

曽禰荒助 そねこうすけ
→曽禰荒助(そねあらすけ)

曽根五兵衛 そねごへえ
延宝2(1674)年〜宝暦7(1757)年2月25日
江戸時代中期の備中国笠岡代官、美作国下町代官、土居代官。
¶岡山歴

曽根権太夫 そねごんだゆう
慶安2(1649)年〜享保5(1720)年
江戸時代前期〜中期の武蔵川越藩家老。
¶日人,藩臣3

曽根権太夫貞刻 そねごんだゆうさだとき
→曽根貞刻(そねさだとき)

曽根貞刻 そねさだとき
[別]曽根権太夫貞刻《そねごんだゆうさだとき》
江戸時代中期の武士。川越藩主柳沢吉保の重臣。
¶埼玉人(生没年不詳),埼玉百(曽根権太夫貞刻 そねごんだゆうさだとき)

曽根翔卿 そねしょうけい
寛政10(1798)年〜嘉永5(1852)年 [別]曽根寸斎《そねすんさい》
江戸時代末期の鉄筆家、唐津藩に仕えた。
¶国書(曽根寸斎 そねすんさい [没]嘉永5(1852)年9月2日),人名,日人

曽根寸斎 そねすんさい
→曽根翔卿(そねしょうけい)

曽根田黄斎 そねだこうさい
文政12(1829)年〜?
江戸時代後期〜末期の紀伊和歌山藩士・漢学者。
¶国書

曽根忠次 そねただつぐ
慶長7(1602)年〜延宝5(1677)年
江戸時代前期の旗本。
¶神奈川人

曽根俊臣 そねとしおみ
→曽根魯庵(そねろあん)

曽根俊虎 そねとしとら
弘化4(1847)年〜明治43(1910)年
江戸時代末期〜明治期の米沢藩士、海軍軍人。少尉。明治天皇の御前で清国事情をご進講。
¶国際([生]弘化3(1846)年),人名,日人,山形百,陸海([生]弘化4年10月6日 [没]明治43年5月31日)

曽根長次 そねながつぐ
→曽根孫太夫(そねまごだゆう)

曽根孫太夫 そねまごだゆう
? 〜寛永17(1640)年 [別]曽根長次《そねながつぐ》
江戸時代前期の紀伊和歌山藩士。
¶藩臣5,和歌山人(曽根長次 そねながつぐ)

曽根魯庵 そねろあん
文化11(1814)年〜慶応4(1868)年 [別]曽根俊臣《そねとしおみ》
江戸時代末期の出羽米沢藩士、教育者。
¶国書([没]慶応4(1868)年7月2日),藩臣1(曽根俊臣 そねとしおみ),山形百

園田伊兵衛 そのだいへえ
→園田栄久(そのだひでひさ)

園田円斎 そのだえんさい
文化5(1808)年〜明治24(1891)年
江戸時代後期〜明治期の剣術家。神陰流。
¶剣豪

園田栄久　そのだひでひさ
天正12（1584）年～承応2（1653）年　㊗園田伊兵衛《そのだいへえ》
江戸時代前期の紀伊和歌山藩士。
¶人名（㊐1583年），日人，藩臣5（園田伊兵衛　そのだいへえ），和歌山人

園村浄尚　そのむらきよなお
生没年不詳
江戸時代中期の土佐藩士。
¶国書

園村尚実　そのむらひさざね
文政11（1828）年～明治22（1889）年
江戸時代末期～明治期の志士、土佐藩上士。
¶人名，日人，幕末（㊚1889年6月）

た

傍島九郎左衛門　そばじまくろうざえもん
元和8（1622）年～延宝2（1674）年
江戸時代前期の弘前藩家老。
¶青森人

祖父江一秀　そふえかずひで
生没年不詳
安土桃山時代～江戸時代前期の土佐藩士。
¶高知人，高知百，藩臣6

祖父江信勝　そふえのぶかつ
生没年不詳
安土桃山時代～江戸時代前期の武士。
¶戦人

祖父尼半九郎　そふにはんくろう
安永7（1778）年～安政2（1855）年
江戸時代後期の陸奥黒石藩士、武術家。
¶人名，日人，藩臣1

祖父尼半九郎清範　そふにはんくろうきよのり
？　～安政3（1856）年
江戸時代後期～末期の黒石藩江戸定府の家臣。
¶青森人

素丸〔2世〕　そまる
→溝口素丸（みぞぐちそまる）

染川実秀　そめかわさねひで
天保14（1843）年～明治1（1868）年
江戸時代後期～末期の薩摩藩士。
¶姓氏鹿児島

染木正信　そめきまさのぶ，そめぎまさのぶ
江戸時代前期の武士、千姫の添番。
¶人名（そめぎまさのぶ），戦人（生没年不詳），戦補，日人（生没年不詳）

染崎延房　そめざきのぶふさ
文政1（1818）年～明治19（1886）年　㊗為永春水〔2代〕《ためながしゅんすい》
江戸時代末期～明治期の対馬厳原藩士、戯曲作者。
¶維新（為永春水〔2世〕　ためながしゅんすい），維新（為永春水〔2代〕　ためながしゅんすい），江戸東，近文，幻想（為永春水〔2世〕　ためながしゅんすい），国書（為永春水〔2世〕　ためながしゅんすい　㊐文政1（1818）年10月　㊚明治19（1886）年9月27日），コン改，コン4，コン5，新文（㊐文政1（1818）年10月？　㊚明治19（1886）年9月27日），人名（為永春水〔2世〕　ためながしゅんすい），日人，文学

反町無格　そりまちむかく
？　～寛保2（1742）年
江戸時代中期の剣道家、無眼流の祖。
¶人名，日人

反町幸定　そりまちゆきさだ
生没年不詳
安土桃山時代～江戸時代前期の武士。
¶群馬人，国書，姓氏山梨

反町与左衛門　そりまちよざえもん
寛延3（1750）年～文政4（1821）年
江戸時代中期～後期の上総久留里藩士。
¶藩臣3

【た】

大阿　だいあ
生没年不詳
江戸時代後期の俳人・越後糸魚川藩士萩原氏。
¶国書

大蟻　たいぎ，だいぎ
？　～寛政12（1800）年　㊗松岡大蟻《まつおかたいぎ》
江戸時代中期～後期の俳人、播磨姫路藩士。
¶国書（だいぎ　㊚寛政12（1800）年1月27日），日人（松岡大蟻　まつおかたいぎ），俳諧，俳句（㊚寛政12（1800）年1月27日），和俳

大胡聿蔵　だいごいつぞう
文政5（1822）年～慶応1（1865）年　㊗菊地清兵衛《きくちせいべえ》
江戸時代末期の水戸藩士。
¶維新，人名，日人，幕末（㊚1865年4月29日），藩臣2

醍醐院真柱　だいごいんしんちゅう
→後醍院真柱（ごだいいんみはしら）

醍醐院真柱　だいごいんまはしら
→後醍院真柱（ごだいいんみはしら）

代島剛平　だいじまごうへい
文化13（1816）年～明治7（1874）年
江戸時代末期～明治期の蝦夷松前藩士。
¶国書（㊚明治7（1874）年10月5日），藩臣1

大条監物　たいじょうけんもつ
→大条監物（おおえだけんもつ）

岱青　たいせい
→渡辺岱青（わたなべたいせい）

太地五郎左衛門　たいちごろうざえもん
寛政10（1798）年～？
江戸時代後期の下総古河藩士。
¶藩臣3

大東義徹　だいとうぎてつ
→大東義徹（おおひがしぎてつ）

大道寺源内　だいどうじげんない
生没年不詳
江戸時代後期の遠江浜松藩士。
¶藩臣4

大道寺玄蕃 だいどうじげんば
文化1(1804)年～文久2(1862)年9月13日
江戸時代後期～末期の尾張藩士。
¶国書

大道寺佐賀之丞 だいどうじさがのじょう
明和1(1764)年～文政8(1825)年
江戸時代中期～後期の上総久留里藩士。
¶藩臣3

大道寺繁清 だいどうじしげきよ
？～元禄14(1701)年
江戸時代前期～中期の弘前藩家老。
¶青森百

大道寺重祐 だいどうじしげすけ
→大道寺友山(だいどうじゆうざん)

大道寺繁禎 だいどうじしげよし
弘化1(1844)年～大正8(1919)年 ㊞大道寺族《だいどうじやがら》
江戸時代末期～大正期の津軽弘前藩士。国立銀行頭取。藩主名代として版籍奉還を奏上。
¶青森人，青森百，維新，世紀(㊗天保15(1844)年6月10日 ㊛大正8(1919)年2月26日)，幕末(㊛1919年2月26日)，藩臣1(大道寺族 だいどうじやがら)

大道寺直重 だいどうじなおしげ
天正2(1574)年～寛永5(1628)年
安土桃山時代～江戸時代前期の武士、松平義直の臣。
¶神奈川人(生没年不詳)，人名，日人

大道寺直次 だいどうじなおつぐ
元亀2(1571)年～慶安4(1651)年 ㊞遠山長右衛門《とおやまちょうえもん》、遠山長左衛門《とおやまちょうざえもん》
安土桃山時代～江戸時代前期の武将。のち江戸幕府の旗本。
¶朝日(㊗慶安4年10月11日(1651年11月23日))，近世，国史，コン改，コン4，史人(㊗1651年10月11日)，新潮(㊗慶安4(1651)年10月11日)，人名，戦合，戦国，戦人，日人

大道寺隼人 だいどうじはやと
天文21(1552)年～寛永19(1642)年
安土桃山時代～江戸時代前期の陸奥弘前藩老。
¶青森人，朝日(㊗寛永19年8月23日(1642年9月17日))，近世，国史，史人(㊗1642年8月22日)，戦合，日人，藩臣1

大道寺族 だいどうじやがら
→大道寺繁禎(だいどうじしげよし)

大道寺族之助 だいどうじやがらのすけ
文化6(1809)年～文久2(1862)年
江戸時代末期の陸奥弘前藩家老。
¶藩臣1

大道寺友山 だいどうじゆうざん
寛永16(1639)年～享保15(1730)年 ㊞大道寺重祐《だいどうじしげすけ》
江戸時代前期～中期の陸奥会津藩・越前福井藩の兵法家。
¶会津，岩史(㊗享保15(1730)年11月2日)，角史，教育，近世，国史，国書(㊗享保15(1730)

年11月2日)，コン改，コン4，史人(㊗1730年11月2日)，新潮(㊗享保15(1730)年11月2日)，人名(大道寺友祐 だいどうじしげすけ)，世人，世百，全書，大百，日史(㊗享保15(1730)年11月2日)，日人，藩臣2(大道寺重祐 だいどうじしげすけ)，藩臣3，百科，福井百，歴大

大道寺順正 だいどうじゆきまさ
江戸時代後期の弘前藩家老。
¶青森百

大徳政良 だいとくまさよし
生没年不詳
江戸時代の武道家。無二流棒の手2代。初代兼政の子。
¶姓氏愛知

大宝寺義勝 だいほうじよしかつ
→武藤義勝(むとうよしかつ)

大松系斎 だいまつけいさい
江戸時代末期の新撰組隊士。
¶新撰

田井元陳 たいもとのぶ
生没年不詳
江戸時代後期の白河藩士・伊勢桑名藩士。
¶国書

大陽寺盛胤(太陽寺盛胤) だいようじもりたね、たいようじもりたね
生没年不詳
江戸時代中期の武蔵川越藩士。
¶国書，埼玉人(太陽寺盛胤 たいようじもりたね)，埼玉百(たいようじもりたね)

平亀谷 たいらきこく
享保5(1720)年～宝暦10(1760)年5月2日
江戸時代中期の幕臣・書家。
¶国書

大楽源太郎 だいらくげんたろう、たいらくげんたろう
天保3(1832)年～明治4(1871)年 ㊞大楽源太郎《おおらくげんたろう》
江戸時代末期～明治期の長州(萩)藩脱藩隊騒動の指導者。
¶朝日(たいらくげんたろう ㊗天保5(1834)年 ㊛明治4年3月16日(1871年5月5日))，維新，角史(㊗天保5(1834)年)，近世，国史，コン改，コン5，新潮(㊗明治4(1871)年3月16日)，姓氏山口，全書，日史(㊗天保5(1834)年 ㊛明治4(1871)年3月16日)，日人，幕末(㊛1871年5月5日)，百科(㊗天保6(1835)年)，百科(㊗天保5(1834)年)，福岡百(㊛明治4(1871)年3月16日)，山口百，歴大(㊗1834年)

平貴徳 たいらたかのり
享保17(1732)年～？
江戸時代中期の武士。
¶国書

大魯 たいろ
→吉分大魯(よしわけたいろ)

田内衛吉 たうちえいきち
→田内衛吉(たのうちえきち)

田内知 たうちとも
天保10(1839)年～慶応3(1867)年1月10日

江戸時代後期～末期の新撰組隊士。
¶新撰

田岡俊三郎 たおかしゅんざぶろう
文政12（1829）年～元治1（1864）年　　別田岡俊三
郎《たおかとしさぶろう》
江戸時代末期の伊予小松藩の槍術師範。
¶維新，愛媛百（⊕文政12（1829）年5月7日　㉓元
治1（1864）年7月19日），人名（たおかとしさぶ
ろう），日人，幕末（⊕1828年　㉓1864年7月19
日），藩臣6

田岡俊三郎 たおかとしさぶろう
→田岡俊三郎（たおかしゅんざぶろう）

田岡正躬 たおかまさみ
天保9（1838）年～明治39（1906）年7月28日
江戸時代末期～明治期の志士。土佐勤王党に参加。
¶幕末

田岡凌雲 たおかりょううん
天保4（1833）年～明治18（1885）年
江戸時代末期～明治期の讃岐丸亀藩士。
¶維新（⊕1832年　㉓1865年），コン改，コン4，
コン5，人名，日人

高井伊織 たかいいおり
江戸時代前期の武士。徳川頼宣の臣。
¶人名

高井清量 たかいきよかず
江戸時代中期の阿波徳島藩士。
¶茶道

高井清房 たかいきよふさ
承応1（1652）年～享保18（1733）年
江戸時代中期の武士、幕臣。
¶和歌山人

高井実徳 たかいさねのり
宝暦13（1763）年～天保5（1834）年
江戸時代後期の幕臣。大坂町奉行。
¶近世，国史，日人

高泉兼善 たかいずみかねよし
文政5（1822）年～文久3（1863）年
江戸時代末期の陸奥仙台藩士。
¶藩臣1

高井草休 たかいそうきゅう
？　～寛政9（1797）年
江戸時代中期の出雲松江藩士。
¶茶道

高井信房 たかいのぶふさ
～宝暦6（1756）年
江戸時代中期の旗本。
¶神奈川人

高井英一 たかいひでかず
生没年不詳
江戸時代後期の越後長岡藩士。
¶国書

高尾伊賀守信福 たかおいがのかみのぶとみ
→高尾信福（たかおのぶとみ）

高尾右平治 たかおうへいじ
天保5（1834）年10月8日～大正5（1916）年6月26日
江戸時代末期～大正期の武道家。

¶岡山歴

高岡蔵太郎 たかおかくらたろう
弘化3（1846）年～？
江戸時代後期～末期の新撰組隊士。
¶新撰

高岡斜嶺 たかおかしゃれい
→斜嶺（しゃれい）

高岡夢堂 たかおかむどう
文化14（1817）年～明治2（1869）年
江戸時代末期の美濃大垣藩士。
¶維新，人名，日人，幕末（㉓1869年11月14日），
藩臣3

高尾久助 たかおきゅうすけ
？　～明治6（1873）年
江戸時代後期～明治期の剣術家。直心影流。
¶剣豪

高尾鉄叟 たかおてっそう
天保2（1831）年～明治38（1905）年
江戸時代末期～明治期の武道家。報国館を起こし
剣道柔道の師範を務めた。
¶岡山人，岡山歴（㉓明治38（1905）年2月15日），
人名，長崎歴，日人

高尾信福 たかおのぶとみ
元文2（1737）年～＊　　別高尾伊賀守信福《たかおい
がのかみのぶとみ》
江戸時代中期の武士。74代長崎奉行。
¶長崎歴（高尾伊賀守信福　たかおいがのかみの
ぶとみ　⊕享和3（1803）年），日人（㉓？）

高尾信仍 たかおのぶより
～正徳3（1713）年
江戸時代中期の旗本。
¶神奈川人

高垣重枝 たかがきしげえ
正徳4（1714）年～天明6（1786）年5月20日
江戸時代中期の秋田藩士。
¶国書

高柿信久 たかがきのぶひさ
天文14（1545）年～元和7（1621）年6月24日
戦国時代～江戸時代前期の武士。佐竹氏家臣。
¶戦辞，戦人（生没年不詳），戦東

高柿吉末（高垣吉末）　たかがきよしすえ
元亀2（1571）年～正保4（1647）年7月27日
安土桃山時代～江戸時代前期の武将。佐竹氏家臣。
¶戦辞，戦東（高垣吉末）

高河原家盛 たかがわらいえもり
安土桃山時代～江戸時代前期の国人。紀伊地侍。
¶戦国，戦人（生没年不詳）

高城顕道 たかぎあきみち
享保12（1727）年～寛政4（1792）年
江戸時代中期の陸奥仙台藩士、弓術家。
¶藩臣1

高木有親 たかぎありちか
文化1（1804）年～安政6（1859）年
江戸時代末期の三河挙母藩士。
¶藩臣4

高木有制 たかぎありのり
文政5（1822）年～明治7（1874）年　[別]高木守衛《たかぎもりえ》
江戸時代末期～明治期の加賀藩士。
¶維新，国書（[没]明治7（1874）年5月16日），人名（高木守衛　たかぎもりえ），姓氏石川（[生]？），日人，幕末（[没]1874年5月16日）

高木伊勢守 たかぎいせのかみ
→高木守富（たかぎもりとみ）

高木右馬助（高木馬之助） たかぎうまのすけ，たかきうまのすけ
明暦2（1656）年～延享3（1746）年
江戸時代前期～中期の美作津山藩の武術家。高木流体術腰回りの流祖。
¶朝日（高木馬之助　[生]明暦2年1月12日（1656年2月7日）　[没]延享3年4月26日（1746年6月14日）），日人，藩臣6（たかきうまのすけ　生没年不詳）

高木応心斎 たかぎおうしんさい
天明1（1781）年～安政2（1855）年
江戸時代後期の紀伊和歌山藩士。
¶幕末（[没]1855年9月3日），和歌山人

高木景福 たかぎかげもと
→高木芳洲（たかぎほうしゅう）

高木一忠 たかぎかずただ
～宝暦7（1757）年
江戸時代中期の旗本。
¶神奈川人

高木清実 たかぎきよざね
～寛永19（1642）年
江戸時代前期の旗本。
¶神奈川人

高木清長 たかぎきよなが
～正徳1（1711）年
江戸時代中期の旗本。
¶神奈川人

高木清吉 たかぎきよよし
～承応3（1654）年
江戸時代前期の旗本。
¶神奈川人

高木剛次郎 たかぎごうじろう
嘉永1（1848）年11月23日～昭和8（1933）年1月14日
江戸時代後期～明治期の新撰組隊士。
¶新撰

高城権八 たかぎごんぱち
生没年不詳
江戸時代末期～明治期の旧松江藩士。松江城存置運動をおこす。
¶島根歴

高木作右衛門 たかぎさくえもん，たかきさくえもん
安土桃山時代～江戸時代の長崎の町年寄・御用物役・地方代官（世襲名）。
¶近世，国史，コン4（たかきさくえもん），史人，日史

高木作右衛門〔10代〕 たかぎさくえもん
明和3（1766）年～天保2（1831）年　[別]高木忠任《たかぎただたね》
江戸時代中期～後期の幕臣，町役人。
¶国書（高木忠任　たかぎただたね　[没]天保2（1831）年4月10日），日人

高木貞俊 たかぎさだとし
*～正保2（1645）年
安土桃山時代～江戸時代前期の武将。織田信長の臣。のち幕府旗本。
¶織田（[生]永禄6（1563）年　[没]正保2（1645）年5月16日），神奈川人，戦国（[生]1564年）

高木貞友 たかぎさだとも
永禄7（1564）年～万治2（1659）年
安土桃山時代～江戸時代前期の武将。信長・信雄、加藤光泰の臣。
¶織田（[没]万治2（1659）年4月17日），人名，戦国（[生]1565年），日人

高木紫溟 たかぎしめい
元文1（1736）年～寛政7（1795）年
江戸時代中期の画家，肥後熊本藩士。
¶人名

高木庄兵衛 たかぎしょうべえ
生没年不詳
江戸時代中期の備前岡山藩士・地誌家。
¶国書

高木甚左衛門 たかぎじんざえもん
慶長11（1606）年～元禄5（1692）年
江戸時代前期～中期の武士。
¶剣豪，日人

高木真蔵 たかぎしんぞう
文化13（1816）年～明治15（1882）年
江戸時代末期～明治期の阿波徳島藩士。
¶維新，徳島百，徳島歴（[没]明治15（1882）年11月13日），幕末（[没]1882年11月13日），藩臣6

高木祐平 たかぎすけひら
生没年不詳
江戸時代後期の加賀藩士。
¶国書

高木清左衛門 たかぎせいざえもん
生没年不詳
江戸時代後期の幕臣。
¶国書

高木大翁 たかぎたいおう
江戸時代末期の画家，尾張藩士。
¶人名

高木太左衛門 たかぎたざえもん
？～寛保1（1741）年
江戸時代中期の剣術家。捨像流祖。
¶剣豪

高木忠任 たかぎただたね
→高木作右衛門〔10代〕（たかぎさくえもん）

高城仲左衛門 たかきちゅうざえもん
生没年不詳
江戸時代前期の剣術家。新陰流。
¶剣豪

高木友之進 たかぎとものしん
天保12（1841）年～明治1（1868）年

た

江戸時代末期の陸奥会津藩士。
¶幕末

高木内記 たかぎないき
天正10(1582)年〜元和2(1616)年
江戸時代前期の武士。
¶岡山人, 岡山歴([没]元和2(1616)年8月20日)

喬南亭 たかきなんてい
？ 〜天明2(1782)年
江戸時代中期の豊後日出藩士。
¶藩臣7

高木秀条 たかぎひでえだ
明和6(1769)年〜天保8(1837)年
江戸時代中期〜後期の尾張藩士。
¶藩臣4

高木秀真 たかぎひでざね
？ 〜安政6(1859)年8月29日
江戸時代後期〜末期の尾張藩士。
¶国書

高木文平 たかぎふみひら
→高木文平(たかぎぶんぺい)

高木文平 たかぎぶんぺい
天保14(1843)年〜明治43(1910)年 [別]高木文平《たかぎふみひら》
江戸時代末期〜明治期の旗本領代官。
¶維新([没]？), 京都大, 京都府, 姓氏京都, 先駆(たかぎふみひら [生]天保14(1843)年3月11日 [没]？), 日人

高木兵大夫 たかぎへいだゆう
生没年不詳
江戸時代後期の武士。
¶和歌山人

高木芳洲 たかぎほうしゅう
享保17(1732)年〜寛政11(1799)年 [別]高木景福《たかぎかげもと》
江戸時代中期の三河挙母藩家老。
¶国書([没]寛政11(1799)年9月14日), 藩臣4(高木景福 たかぎかげもと)

高木正明 たかぎまさあき
享和3(1803)年〜明治2(1869)年
江戸時代末期の大名。河内丹南藩主。
¶諸系, 日人, 藩主3([生]享和3(1803)年閏1月 [没]明治2(1869)年9月13日)

高木正剛 たかぎまさかた
安永2(1773)年〜天保5(1834)年
江戸時代後期の大名。河内丹南藩主。
¶諸系, 日人, 藩主3([没]天保5(1834)年7月5日)

高木正次(1) たかぎまさつぐ
永禄6(1563)年〜＊
安土桃山時代〜江戸時代前期の武将、大名。河内丹南藩主。
¶大阪墓([没]寛永7(1630)年11月29日), 史人([没]1630年11月30日), 諸系([没]1631年), 人名([生]1575年 [没]1651年), 日人([没]1631年), 藩主3([没]寛永7(1630)年11月晦日)

高木正次(2) たかぎまさつぐ
天正3(1575)年〜慶安4(1651)年
安土桃山時代〜江戸時代前期の武士。
¶神奈川人, 日人

高木正恒 たかぎまさつね
正徳4(1714)年〜寛保3(1743)年
江戸時代中期の大名。河内丹南藩主。
¶諸系, 日人, 藩主3([没]寛保3(1743)年6月4日)

高木正朝 たかぎまさとも
生没年不詳
江戸時代後期の武道家。
¶国書

高木正豊 たかぎまさとよ
寛文2(1662)年〜天和1(1681)年
江戸時代前期の大名。河内丹南藩主。
¶諸系, 日人, 藩主3([没]天和1(1681)年5月20日)

高木正直 たかぎまさなお
宝暦6(1756)年〜天明1(1781)年
江戸時代中期の大名。河内丹南藩主。
¶諸系, 日人, 藩主3([没]天明1(1781)年5月26日)

高木正成 たかぎまさなり
天正15(1587)年〜寛永12(1635)年
江戸時代前期の大名。河内丹南藩主。
¶諸系, 日人, 藩主3([没]寛永12(1635)年4月2日)

高木正陳 たかぎまさのぶ
寛文5(1665)年〜寛保1(1741)年 [別]高木主水正《たかぎもんどのしょう》
江戸時代中期の大名。河内丹南藩主。
¶茶道(高木主水正 たかぎもんどのしょう), 諸系, 人名, 日人, 藩主3([没]寛保1(1741)年2月5日)

高木正弼 たかぎまさのり
寛保1(1741)年〜安永9(1780)年
江戸時代中期の大名。河内丹南藩主。
¶諸系, 日人, 藩主3([没]安永9(1780)年9月27日)

高木昌秀 たかぎまさひで
生没年不詳
江戸時代前期の武術家。
¶日人

高木正坦 たかぎまさひら
文政12(1829)年〜明治24(1891)年
江戸時代末期〜明治期の大名。河内丹南藩主。
¶諸系, 日人, 藩主3([没]明治24(1891)年1月)

高木正弘 たかぎまさひろ
慶長18(1613)年〜万治1(1658)年
江戸時代前期の大名。河内丹南藩主。
¶諸系, 日人, 藩主3([没]万治1(1658)年6月23日)

高木正盛 たかぎまさもり
寛永12(1635)年〜寛文10(1670)年
江戸時代前期の大名。河内丹南藩主。
¶諸系, 日人, 藩主3([没]寛文10(1670)年2月10日)

高木正善 たかぎまさよし, たがぎまさよし
嘉永6(1853)年〜大正9(1920)年
江戸時代末期〜明治期の大名。河内丹南藩主。
¶諸系(たがぎまさよし), 世紀([生]嘉永6(1853)年9月 [没]大正9(1920)年1月27日), 日人, 藩主3([没]大正9(1920)年1月)

高木元右衛門 たかぎもとえもん
天保4(1833)年～元治1(1864)年　[別]深川策助《ふかがわさくすけ》
江戸時代末期の肥後熊本藩郷士。
¶維新，熊本百([没]元治1(1864)年7月19日)，人名，日人

高木守衛 たかぎもりえ
→高木有制(たかぎありのり)

高木守勝 たかぎもりかつ
寛永17(1640)年～元禄12(1699)年
江戸時代前期～中期の武士。
¶日人

高木守富 たかぎもりとみ
*～天保5(1834)年　[別]高木伊勢守《たかぎいせのかみ》
江戸時代中期の剣術家、剣法玉影流の祖。
¶剣豪(高木伊勢守　たかぎいせのかみ　[生]宝暦13(1763)年)，人名，日人([生]?)

高木守久 たかぎもりひさ
*～延宝7(1679)年
安土桃山時代～江戸時代前期の武士。
¶姓氏京都([生]?)，日人([生]1599年)

高木主水正 たかぎもんどのしょう
→高木正陳(たかぎまさのぶ)

高倉逸斎 たかくらいっさい
→高倉胤明(たかくらたねあき)

高倉五兵衛 たかくらごへい
?　～天和2(1682)年
江戸時代前期の3代弘前藩主津軽信義、4代藩主信政の家老。
¶青森人

高倉相模 たかくらさがみ
天明3(1783)年～文政9(1826)年
江戸時代後期の陸奥弘前藩家老。
¶藩臣1

高倉胤明 たかくらたねあき
寛延3(1750)年～天保2(1831)年　[別]高倉逸斎《たかくらいっさい》
江戸時代中期～後期の水戸藩士、学者。
¶茨城百([生]1744年)，国書(高倉逸斎　たかくらいっさい)，藩臣2

高崎五六 たかさきいつむ
→高崎五六(たかさきごろく)

高崎延太夫 たかさきえんだゆう
?　～
江戸時代の八戸藩士。
¶青森人

高崎五郎右衛門 たかさきごろううえもん
→高崎五郎右衛門(たかさきごろうえもん)

高崎五郎右衛門 たかさきごろうえもん
享和1(1801)年～嘉永2(1849)年　[別]高崎五郎右衛門《たかさきごろううえもん》
江戸時代後期の薩摩藩士。
¶維新，鹿児島百，新潮([生]享和1(1801)年7月5日　[没]嘉永2(1849)年12月3日)，姓氏鹿児島(たかさきごろううえもん　[生]1802年)，日人([没]1850年)，幕末([没]1850年1月15日)，藩臣7(たかさきごろううえもん)

高崎五六 たかさきごろく
天保7(1836)年～明治29(1896)年　[別]高崎五六《たかさきいつむ》
江戸時代末期～明治期の薩摩藩士、明治政府の官僚。
¶朝日([生]天保7年2月19日(1836年4月4日)　[没]明治29(1896)年5月6日)，維新，岡山人，岡山百([没]明治29(1896)年5月7日)，岡山歴(たかさきいつむ　[没]明治29(1896)年5月7日)，鹿児島百，神人([生]天保7(1836)年2月19日　[没]明治29(1896)年5月6日)，人名，姓氏鹿児島，日人，幕末([没]1896年5月6日)，藩臣7，明治1，履歴([生]天保7(1836)年1月19日　[没]明治29(1896)年5月7日)

高崎親広 たかさきちかひろ
文政2(1819)年～明治10(1877)年
江戸時代末期～明治期の薩摩藩の武士、神職。
¶維新，人名，姓氏鹿児島，日人，幕末([没]1877年6月26日)，藩臣7

高崎正風 たかさきまさかぜ
天保7(1836)年～明治45(1912)年　[別]佐太郎
江戸時代末期～明治期の薩摩藩の歌人。御歌所所長。明治天皇の歌道師範、枢密顧問官。歌集に「たずがね集」。
¶朝日([生]天保7年7月28日(1836年9月8日)　[没]明治45(1912)年2月28日)，維新，海越([生]天保7(1836)年7月28日　[没]明治45(1912)年2月28日)，海越新([生]天保7(1836)年7月28日　[没]明治45(1912)年2月28日)，江戸東，鹿児島百，角史，京都大，近現，近文，芸能([生]天保7(1836)年7月28日　[没]明治45(1912)年2月28日)，国史，コン改，コン5，詩歌，史人([生]1836年7月28日　[没]1912年2月28日)，児文([没]明治35(1902)年)，神人([生]天保7(1836)年7月28日　[没]明治45(1912)年2月22日)，新潮([生]天保7(1836)年7月28日　[没]明治45(1912)年2月28日)，新文([生]天保7(1836)年7月28日　[没]明治45(1912)年2月28日)，人名，世紀([生]天保7(1836)年7月28日　[没]明治45(1912)年2月28日)，姓氏鹿児島，姓氏京都，世人([生]天保7(1836)年3月　[没]明治45(1912)年2月28日)，世百，大百，短歌普([生]1836年7月28日　[没]1912年2月28日)，渡航([生]1836年7月28日　[没]1912年2月28日)，日史([生]天保7(1836)年7月28日　[没]明治45(1912)年2月28日)，日人，日本，幕末([没]1912年2月28日)，藩臣7，百科，文学，明治1，履歴([生]天保7(1836)年7月28日　[没]明治45(1912)年2月28日)

多賀左近 たがさこん
?　～明暦3(1657)年
江戸時代前期の武士、茶人。
¶茶道，日人

高沢忠順 たかざわただより，たかさわただより
享保17(1732)年～寛政11(1799)年
江戸時代中期の加賀藩の改作奉行、農政研究家。
¶朝日([没]寛政11年1月7日(1799年2月11日))，石川百([生]1731年)，近世，国史，国書([没]寛政

11 (1799) 年1月7日), コン改 ([生]享保15 (1730) 年), コン4, 史人, 新潮, 姓氏石川 (たかさわただより [生]1731年), 世人 ([生]享保15 (1730) 年), 日人, 歴大 (たかさわただより)

高沢兵庫 たかざわひょうご
安土桃山時代～江戸時代前期の武士。里見氏家臣。
¶戦人 (生没年不詳), 戦東

高沢省巳 たかざわまさみ
? ～文久3 (1863) 年
江戸時代末期の因幡鳥取藩士。
¶維新

高塩又四郎 たかしおまたしろう
天保8 (1837) 年～明治16 (1883) 年
江戸時代末期の喜連川藩士。喜連川藩騒動を鎮静した。のち東京裁判所長。
¶栃木歴

高階貞房 たかしなさだふさ
天明4 (1784) 年9月24日～弘化4 (1847) 年4月2日
江戸時代中期～後期の秋田藩士・国学者。
¶国書

高階春帆 たかしなしゅんぱん
文政8 (1825) 年～明治38 (1905) 年
江戸時代末期～明治期の摂津高槻藩士。
¶大阪墓 ([没]明治38 (1905) 年3月), 日人 ([没]1906年), 藩臣5

高島茂徳 たかしましげのり
弘化1 (1844) 年～明治9 (1876) 年
江戸時代後期～明治期の静岡藩士、陸軍軍人。
¶静岡歴, 陸海 ([没]明治9年10月24日)

高島孫右衛門 たかしままごえもん
江戸時代前期の武将。長宗我部氏家臣。
¶高知人 (生没年不詳), 高知百, 戦西

高島正重 たかしままさしげ
生没年不詳
江戸時代前期の武士。長宗我部氏家臣。
¶国書, 戦人

高須観亮 たかすかんりょう
文政2 (1819) 年～明治41 (1908) 年
江戸時代後期～明治期の水戸藩士。真言宗海円寺住職。
¶姓氏宮城

高杉小忠太 たかすぎこちゅうた
文化11 (1814) 年～明治24 (1891) 年 [別]高杉丹治《たかすぎたんじ》
江戸時代末期～明治期の長州 (萩) 藩士。高杉晋作の父。
¶維新 (高杉丹治 たかすぎたんじ), 新潮 ([生]文化11 (1814) 年10月13日 [没]明治24 (1891) 年1月27日), 人名 (高杉丹治 たかすぎたんじ), 日人, 幕末 ([没]1891年1月27日), 藩臣6

高杉左膳 たかすぎさぜん
天保6 (1835) 年～明治2 (1869) 年
江戸時代末期の陸奥弘前藩士。
¶維新, 人名, 日人, 幕末 ([没]1869年6月20日)

高杉晋作 たかすぎしんさく
天保10 (1839) 年～慶応3 (1867) 年 [別]谷潜蔵《たにせんぞう》
江戸時代末期の長州 (萩) 藩士。吉田松陰に学び尊王攘夷運動に投じ、英国公使館焼打ち事件を起こす。のち奇兵隊を組織。俗論に傾いた第一次長州征伐後の藩論を実力で倒幕に向けさせた。第二次長州征伐では奇兵隊を率い小倉城を攻略した。
¶朝日 ([生]天保10年8月20日 (1839年9月27日) [没]慶応3年4月14日 (1867年5月17日)), 維新, 岩史 ([生]天保10 (1839) 年8月20日 [没]慶応3 (1867) 年4月14日), 江戸東, 角史, 近世, 国史, 国書 ([生]天保10 (1839) 年8月20日 [没]慶応3 (1867) 年4月14日), コン改, コン4, 詩歌, 史人 ([生]1839年8月20日 [没]1867年4月14日), 重要 ([生]天保10 (1839) 年8月20日 [没]慶応3 (1867) 年4月14日), 人書79, 人書94, 新潮 ([生]天保10 (1839) 年8月20日 [没]慶応3 (1867) 年4月14日), 人名, 姓氏山口, 世人 ([没]慶応3 (1867) 年4月14日), 世百, 全書, 大百, 伝記, 日史 ([生]天保10 (1839) 年8月20日 [没]慶応3 (1867) 年4月14日), 日人, 幕末 ([没]1867年5月17日), 藩臣6, 百科, 山口百, 歴大

高杉丹治 たかすぎたんじ
→高杉小忠太 (たかすぎこちゅうた)

高須熊雄 たかすくまお
天保14 (1843) 年～大正4 (1915) 年3月14日
江戸時代後期～明治期の新撰組隊士。
¶新撰

高須源兵衛 たかすげんべえ
? ～寛文2 (1662) 年
江戸時代前期の信濃高遠藩家老。
¶藩臣3

高須書山 たかすしょざん
→高須隼人(2) (たかすはやと)

高須泉平 たかすせんぺい
天保5 (1834) 年～大正14 (1925) 年
江戸時代末期～明治期の上野前橋藩士。
¶群馬人, 姓氏群馬, 藩臣2

高須宗山 たかすそうざん
生没年不詳
江戸時代末期の播磨姫路藩家老。
¶藩臣5

高須滝之允 たかすたきのじょう
? ～慶応2 (1866) 年9月20日
江戸時代末期の長州 (萩) 藩士。
¶幕末

高洲就忠 たかすなりただ
享保9 (1724) 年～寛政5 (1793) 年 [別]高洲平七《たかすへいしち》
江戸時代中期の長州 (萩) 藩士。
¶国書 (高洲平七 たかすへいしち [没]寛政5 (1793) 年11月20日), 姓氏山口, 藩臣6

高須隼人(1) たかすはやと
生没年不詳
江戸時代中期の上野前橋藩家老。
¶郷土群馬, 群馬人, 姓氏群馬, 藩臣2

高須隼人(2) たかすはやと
文化14 (1817) 年～慶応3 (1867) 年 [別]高須書山《たかすしょざん》

江戸時代末期の播磨姫路藩家老。
¶幕末（[没]1867年10月22日），藩臣5（高須書山　たかすしょざん）

高洲平七　たかすへいしち
→高洲就忠（たかすなりただ）

高須慄　たかすりつ
江戸時代末期～明治期の姫路藩士。姫路藩大参事。アメリカに渡る。
¶海越（生没年不詳），海越新

高瀬権平　たかせごんぺい
天保8（1837）年～？
江戸時代末期～明治期の出羽秋田藩士。
¶維新，大阪人，幕末

高瀬文平　たかせぶんぺい
寛延1（1748）年～天保5（1834）年　[別]高瀬遊山《たかせゆうざん》
江戸時代中期～後期の肥後熊本藩士。
¶国書（高瀬遊山　たかせゆうざん　[生]寛延1（1748）年閏10月8日　[没]天保5（1834）年1月26日），人名，日人，藩臣7

多賀是兵衛　たがぜべえ
天文21（1552）年～元和5（1619）年
安土桃山時代～江戸時代前期の石見津和野藩士。
¶藩臣5

高瀬遊山　たかせゆうざん
→高瀬文平（たかせぶんぺい）

高瀬利兵衛　たかせりへえ
元文4（1739）年～文化1（1804）年
江戸時代中期～後期の故実家、肥後熊本藩士。
¶人名，日人

多賀宗乗　たがそうじょう
→多賀直昌（たがなおまさ）

高田快清　たかだかいせい，たかたかいせい
文化5（1808）年～明治8（1875）年
江戸時代末期～明治期の尾張犬山藩士。
¶維新，近現，近世，国史，人名（たかたかいせい），日人（[生]1809年），幕末（[没]1875年3月12日），藩臣4

高滝胤清　たかたきたねきよ
？～正徳4（1714）年
江戸時代中期の武蔵岩槻藩士。
¶藩臣5

高田清将　たかだきよまさ
？～天明8（1788）年6月4日
江戸時代中期～後期の尾張藩士・歌人。
¶国書

高田郡兵衛　たかたぐんべえ
江戸時代中期の武士。浅野氏の臣。
¶人名，日人（生没年不詳）

高田小次郎　たかたこじろう
弘化4（1847）年～大正1（1912）年
江戸時代末期～明治期の武士、銀行家。第百銀行を創立し頭取を務めた。
¶人名，日人

高田三之丞　たかださんのじょう
？～貞享2（1685）年
江戸時代前期の剣術家。新陰流。
¶剣豪

高田春塘　たかたしゅんとう
天明5（1785）年～天保9（1838）年
江戸時代中期の土佐藩士、漢詩人。
¶高知人，人名，日人（生没年不詳）

高田松亭　たかだしょうてい
天明7（1787）年6月23日～弘化4（1847）年7月4日
江戸時代中期～後期の越前福井藩士・漢学者。
¶国書

高田関左衛門　たかだせきざえもん
生没年不詳
江戸時代前期の美濃郡上藩士。
¶藩臣3

高田善蔵　たかたぜんぞう
*～安永9（1780）年　[別]高田種褒《たかたたねのぶ》
江戸時代中期の加賀藩士。前田重教に仕えた。
¶石川百（高田種褒　たかたたねのぶ　[生]1762年），人名（[生]1758年），日人（[生]1762年），藩臣3（[生]？）

高田種褒　たかたたねのぶ
→高田善蔵（たかたぜんぞう）

高田貞右衛門　たかだていえもん
安永8（1779）年～安政1（1854）年
江戸時代後期の信濃高遠藩士、馬術家。
¶藩臣3

高田法古　たかだのりひさ
文化8（1811）年～慶応2（1866）年7月1日
江戸時代後期～末期の信濃松代藩士・国学者。
¶国書

高田備寛　たかだびかん
生没年不詳
江戸時代中期の佐渡奉行。
¶国書

高田文二郎　たかだぶんじろう
天保9（1838）年～慶応4（1868）年9月5日？
江戸時代後期～末期の新撰組隊士。
¶新撰

高田孫左衛門　たかだまござえもん
文政3（1820）年～？
江戸時代末期の越前福井藩士。
¶維新，幕末

高田正行　たかだまさゆき
？～寛永8（1631）年
安土桃山時代～江戸時代前期の浅野家臣。
¶和歌山人

高田又兵衛　たかだまたべえ，たかたまたべえ
天正18（1590）年～寛文11（1671）年
江戸時代前期の豊前小倉藩の槍術家。宝蔵院流高田派の祖。
¶近世，国史，コン改（[生]天正17（1589）年），コン4（[生]天正17（1589）年），史人（[没]1671年1月23日），新潮（[没]寛文11（1671）年1月23日），人名（たかたまたべえ　[生]1589年），世人（[生]天正17（1589）年），戦合，全書（[生]1589年），戦人（[生]天正17（1589）年），大百，日人（たかたま

た

たべえ), 藩臣7 (たかたまたべえ), 歴大

高田茂右衛門 たかだもうえもん
→高田茂右衛門 (たかだもえもん)

高田茂右衛門 たかだもえもん
[別]高田茂右衛門《たかだもうえもん》
江戸時代中期の紀州和歌山の郷士。見沼通船差配役。
¶埼玉人 (生没年不詳), 埼玉百 (たかだもうえもん)

高田吉近 たかだよしちか
文化4 (1807) 年～明治9 (1876) 年
江戸時代末期～明治期の宮司、豊前小倉藩士。
¶国書 ([没]明治9 (1876) 年7月21日), 人名, 日人

高田六右衛門 たかだろくえもん
生没年不詳
江戸時代後期の信濃高遠藩代官。
¶剣豪, 藩臣3

高田亘 たかたわたる
? ～明治2 (1869) 年
江戸時代末期の伊予松山藩士。
¶人名, 日人

高仲重次郎 たかちゅうしげじろう
天保12 (1841) 年1月19日～大正11 (1922) 年7月7日
江戸時代後期～明治期の新撰組隊士。
¶新撰

鷹司信平 たかつかさのぶひら
寛永13 (1636) 年～元禄2 (1689) 年　[別]松平信平《まつだいらのぶひら》
江戸時代前期の旗本。
¶岩史 ([生]寛永13 (1636) 年12月6日　[没]元禄2 (1689) 年7月28日), 史人 ([生]1636年12月6日　[没]1689年7月28日), 諸系 (松平信平　まつだいらのぶひら), 日史 ([没]元禄2 (1689) 年7月28日), 日人 (松平信平　まつだいらのぶひら), 百科

高槻致遠 たかつきちおん
江戸時代後期の伊勢津藩士。
¶三重続

高槻肇 たかつきはじめ
? ～明治14 (1881) 年
江戸時代末期～明治期の菰野藩士。
¶幕末 ([没]1881年1月5日), 藩臣4

高津淄川 たかつしせん
天明5 (1785) 年～慶応1 (1865) 年　[別]高津平蔵《たかつへいぞう》
江戸時代後期の陸奥会津藩儒。
¶会津, 国書 ([生]天明7 (1787) 年7月　[没]慶応1 (1865) 年10月2日), 人名 ([生]1780年), 日人, 幕末 (高津平蔵　たかつへいぞう　[没]1865年11月19日), 藩臣2 (高津平蔵　たかつへいぞう)

高津唯恒 たかつただつね
生没年不詳
江戸時代中期の米沢新田藩士。
¶国書

高津仲三郎 たかつちゅうざぶろう, たかつちゅうさぶろう
文政10 (1827) 年～明治10 (1877) 年
江戸時代末期～明治期の陸奥会津藩士。
¶人名 ([生]1828年　[没]1876年), 日人, 幕末 (たかつちゅうさぶろう　[没]1877年2月7日), 藩臣2 (たかつちゅうさぶろう)

多賀努 たがつとむ
文政2 (1819) 年～明治20 (1887) 年
江戸時代末期～明治期の信濃松本藩士、官吏。
¶人名, 姓氏長野, 日人

多賀常貞 たがつねさだ
天正14 (1586) 年～元和6 (1620) 年
江戸時代前期の武士。豊臣氏家臣。
¶戦国, 戦人

多賀常直 たがつねなお
*～元和3 (1617) 年
安土桃山時代～江戸時代前期の武士。豊臣氏家臣、徳川氏家臣。
¶戦国 ([生]1543年), 戦人 ([生]天文11 (1542) 年)

高津平蔵 たかつへいぞう
→高津淄川 (たかつしせん)

鷹取周成 たかとりちかしげ
享保20 (1735) 年～文化4 (1807) 年
江戸時代中期～後期の筑前福岡藩士。
¶国書 ([没]文化4 (1807) 年11月), 人名, 日人

鷹取養巴 たかとりようは
文政10 (1827) 年～慶応1 (1865) 年
江戸時代末期の筑前福岡藩士、医師。勤王家。
¶維新, 人名, 日人, 幕末 ([没]1865年12月10日), 藩臣7

高内又七 たかないまたしち
生没年不詳
江戸時代中期の伊予松山藩奉行、農政改革家。
¶朝日 ([生]寛文頃 (1661～1673年頃)　[没]元禄頃 (1688～1704年頃)), 愛媛百, 近世, 国史, 史人, 日人, 藩臣6

多賀直方 たがなおかた
*～享保18 (1733) 年
江戸時代中期の加賀藩士。
¶国書 ([生]慶安4 (1651) 年), 藩臣3 ([生]?)

多賀直清 たがなおきよ
*～文政4 (1821) 年
江戸時代中期～後期の加賀藩士。
¶国書 ([生]宝暦10 (1760) 年　[没]文政4 (1821) 年3月15日), 姓氏石川 ([生]?)

多賀直昌 たがなおまさ
*～文政12 (1829) 年　[別]多賀宗乗《たがそうじょう》
江戸時代後期の加賀藩士・茶人。
¶国書 ([生]寛政4 (1792) 年　[没]文政12 (1829) 年6月3日), 茶道 (多賀宗乗　たがそうじょう　[生]1790年)

高梨紀伊 たかなしきい
安土桃山時代～江戸時代前期の武士。里見氏家臣。
¶戦人 (生没年不詳), 戦東

高梨外記介 たかなしげきのすけ
? ～元和9 (1623) 年4月7日

安土桃山時代～江戸時代前期の武士。越後上杉氏の家臣。
¶戦辞

高梨庄次郎 たかなししょうじろう
安土桃山時代～江戸時代前期の武士。里見氏家臣。
¶戦人(生没年不詳)，戦東

高梨良左衛門 たかなしりょうざえもん
寛政7(1795)年～慶応4(1868)年
江戸時代末期の安房館山藩士。
¶藩臣3

高成田琴台 たかなりたきんだい
延享4(1747)年～文化10(1813)年
江戸時代後期の仙台藩士、儒者。
¶国書([没]文化10(1813)年8月9日)，人名([生]1761年　[没]1827年)，日人

高野雅楽 たかのうた
江戸時代後期の陸奥仙台藩士。
¶人名，日人(生没年不詳)

高野栄軒 たかのえいけん
元禄6(1693)年～安永2(1773)年
江戸時代中期の越後長岡藩士、儒学者。
¶国書([没]安永2(1773)年5月19日)，新潟百，藩臣4

高野佐吉郎 たかのさきちろう
享和3(1803)年～明治17(1884)年　[別]高野佐吉郎苗正《たかのさきちろうみつまさ》
江戸時代末期～明治期の剣術家。
¶剣豪，埼玉人([没]明治17(1884)年9月27日)，埼玉百(高野佐吉郎苗正　たかのさきちろうみつまさ　[没]1885年)，人名，日人

高野佐吉郎苗正 たかのさきちろうみつまさ
→高野佐吉郎(たかのさきちろう)

高野貞一 たかのさだかず
？　～慶応4(1868)年5月15日
江戸時代後期～末期の伊勢桑名藩士。
¶国書

高野春華 たかのしゅんか
宝暦11(1761)年～天保10(1839)年
江戸時代中期～後期の越前福井藩士、儒学者。
¶国書([生]宝暦11(1761)年6月11日　[没]天保10(1839)年2月23日)，人名，日人，藩臣3

高野松陰(高野松蔭) たかのしょういん
文化8(1811)年～嘉永2(1849)年
江戸時代後期の越後長岡藩士、儒学者。
¶江文(高野松蔭)，新潟百，藩臣4

高野昌碩 たかのしょうせき
宝暦10(1760)年～享和2(1802)年　[別]高野陸沈亭《たかのりくちんてい》
江戸時代中期～後期の水戸藩士。
¶茨城百，国書(高野陸沈亭　たかのりくちんてい　[没]享和2(1802)年6月15日)，コン改，コン4，日人，藩臣2

高野武貞 たかのたけさだ
文政1(1818)年11月15日～明治40(1907)年6月2日
江戸時代後期～明治期の信濃松代藩士。
¶国書

高野武治 たかのたけはる
生没年不詳
江戸時代後期の信濃松代藩士。
¶国書

高野長英 たかのちょうえい
文化1(1804)年～嘉永3(1850)年
江戸時代末期の陸奥仙台藩の蘭学者。シーボルトに学び、「戊戌夢物語」などで幕政を批判。蛮社の獄で捕らえられたが火災に乗じて脱獄。のち追われて自殺した。
¶朝日([生]文化1年5月5日(1804年6月12日)　[没]嘉永3年10月30日(1850年12月3日))，維新，岩史([生]文化1(1804)年5月5日　[没]嘉永3(1850)年10月30日)，岩手百，江戸，愛媛百([生]文化1(1804)年5月5日　[没]嘉永3(1850)年10月30日)，江文，角史，郷土愛媛，郷土群馬，近世，群馬人([没]嘉永4(1851)年)，群馬百，国史，国書([生]文化1(1804)年5月5日　[没]嘉永3(1850)年10月30日)，コン改，コン4，埼玉人([生]文化1(1804)年5月5日　[没]嘉永3(1850)年10月30日)，詩歌，史人([生]1804年5月5日　[没]1850年10月30日)，重要([生]文化1(1804)年5月5日　[没]嘉永3(1850)年10月30日)，食文([生]文化1年5月5日(1804年6月12日)　[没]嘉永3年10月30日(1850年12月3日))，人書79，人書94，新潮([生]文化1(1804)年5月5日　[没]嘉永3(1850)年10月30日)，人名，姓氏岩手，姓氏宮城，世人([生]文化1(1804)年5月5日　[没]嘉永3(1850)年10月30日)，世百，全書，大百，伝記，長崎百，日史([生]文化1(1804)年5月5日　[没]嘉永3(1850)年10月30日)，日人，幕末([没]1850年12月3日)，藩臣1，百科，宮城百，洋学，歴大

高野長五郎 たかのちょうごろう
天保3(1832)年～慶応1(1865)年
江戸時代末期の水戸藩吏。
¶維新，人名，日人，幕末([没]1865年3月20日)

高野点 たかのてん
～天保9(1838)年
江戸時代後期の伊勢桑名藩士。
¶三重続

高濃東洲 たかのとうしゅう
生没年不詳
江戸時代後期の紀伊和歌山藩士。
¶国書

鷹野徳右衛門 たかのとくえもん
文政8(1825)年～明治37(1904)年
江戸時代末期～明治期の地方開拓功労者、加賀清水谷の郷士。
¶人名，日人

高野倫兼 たかのともかね
元禄14(1701)年～天明2(1782)年
江戸時代中期の仙台藩士。
¶国書([没]天明2(1782)年1月15日)，姓氏宮城

高野直右衛門 たかのなおうえもん
→高野直右衛門(たかのなおえもん)

高野直右衛門 たかのなおえもん
文政9(1826)年～文久2(1862)年　[別]高野直右衛門《たかのなおうえもん》

江戸時代末期の豊後岡藩士。
¶人名（[生]1828年　[没]1864年），日人，藩臣7（たかのなおうえもん）

鷹羽雲淙 たかのはうんそう
寛政8（1796）年～慶応2（1866）年　[別]鷹羽竜年《たかのはりゅうねん》
江戸時代末期の志摩鳥羽藩の漢詩人。
¶江文，国書（[生]寛政8（1796）年8月16日　[没]慶応2（1866）年1月8日），人名，日人，藩臣4（鷹羽竜年　たかのはりゅうねん），三重，和俳（生没年不詳），和俳（鷹羽竜年　たかのはりゅうねん）

鷹羽竜年 たかのはりゅうねん
→鷹羽雲淙（たかのはうんそう）

た

高野武右衛門 たかのぶえもん
生没年不詳
江戸時代前期の最上氏遺臣。
¶庄内

高野盛定 たかのもりさだ
生没年不詳
安土桃山時代～江戸時代前期の武士。浅野家の家臣。
¶和歌山人

高野与一兵衛 たかのよいちべえ
？ ～延享4（1747）年
江戸時代中期の剣術家。一宮流。
¶剣豪

高野余慶 たかのよけい
享保14（1729）年～文化12（1815）年
江戸時代中期～後期の越後長岡藩士。
¶国書（[没]文化12（1815）年2月13日），藩臣4

高野陸沈亭 たかのりくちんてい
→高野昌碩（たかのしょうせき）

高野良右衛門 たかのりょうえもん
江戸時代末期の新撰組隊士。
¶新撰

高橋顕 たかはしあきら
→高橋梅庭（たかはしばいてい）

高橋伊賀 たかはしいが
生没年不詳
江戸時代前期の奉行。
¶庄内

高橋伊賀守 たかはしいがのかみ
江戸時代前期の武将。最上氏家臣。
¶戦東

高橋市兵衛 たかはしいちべえ
嘉永2（1849）年～慶応1（1865）年
江戸時代末期の水戸藩士。
¶維新，人名（[生]1850年），日人，幕末（[没]1865年3月12日）

高橋興勝 たかはしおきかつ
享保8（1723）年～享和2（1802）年　[別]高橋要人《たかはしかなめ》
江戸時代中期～後期の武術家。
¶剣豪（高橋要人　たかはしかなめ），人名，日人

高橋音門 たかはしおとど
生没年不詳
江戸時代中期の筑後久留米藩士。
¶国書

高橋卦斎 たかはしかいさい
寛政8（1796）年～嘉永5（1852）年
江戸時代後期の出羽秋田藩士。
¶国書

高橋確斎 たかはしかくさい
文化8（1811）年～明治14（1881）年
江戸時代末期～明治期の漢学者、信濃高遠藩士。
¶人名，日人

高橋確堂 たかはしかくどう
→高橋甲太郎（たかはしきねたろう）

高橋景保 たかはしかげやす
天明5（1785）年～文政12（1829）年　[別]高橋景保《たかはしけいほ》，高橋作左衛門《たかはしさくざえもん》
江戸時代後期の幕臣、天文・地理学者。
¶朝日（[没]文政12年2月16日（1829年3月20日）），岩史（[没]文政12（1829）年2月16日），江文，大阪人（たかはしけいほ　[没]文政12（1829）年2月），角史，近世，国史，国書（[没]文政12（1829）年2月16日），コン改，コン4，史人（[没]1829年2月16日），重要（[没]文政12（1829）年2月6日），人書79，新潮（[没]文政12（1829）年2月16日），人名（高橋作左衛門　たかはしさくざえもん），世人（[没]文政12（1829）年2月6日），世百，全書，大百，伝記，日史（[没]文政12（1829）年2月16日），日人，百科，洋学，歴大

高橋和貫 たかはしかずつら
生没年不詳　[別]高橋美作守和貫《たかはしみまさかのかみかずつら》
江戸時代中期の114代長崎奉行。
¶長崎歴（高橋美作守和貫　たかはしみまさかのかみかずつら）

高橋要人 たかはしかなめ
→高橋興勝（たかはしおきかつ）

高橋閑景 たかはしかんけい
文化13（1816）年～明治20（1887）年7月10日
江戸時代後期～明治期の松山藩御能方・松山藩士。
¶愛媛百

高橋義泰 たかはしぎたい
→高橋義泰（たかはしよしやす）

高橋甲太郎 たかはしきねたろう
文政7（1824）年～慶応3（1867）年　[別]高橋確堂《たかはしかくどう》，高橋甲太郎《たかはしこうたろう》
江戸時代末期の出石藩士。
¶維新，国書（高橋確堂　たかはしかくどう　[没]慶応3（1867）年3月3日），人名（たかはしこうたろう），日人（たかはしこうたろう），幕末（[没]1867年3月3日），藩臣5，兵庫人（[生]文政7（1824）年4月21日　[没]慶応3（1867）年3月2日），兵庫百

高橋鳩雨 たかはしきゅうう
文化10（1813）年～明治32（1899）年

江戸時代末期〜明治期の藩主の侍臣。
¶幕末

高橋玉斎 たかはしぎょくさい
天和3(1683)年〜宝暦10(1760)年
江戸時代中期の陸奥仙台藩士、儒学者。
¶国書(㊍貞享3(1686)年 ㉓宝暦13(1763)年)，人名，姓氏宮城，日人，藩臣1

高橋敬十郎 たかはしけいじゅうろう
→高橋白山(たかはしはくざん)

高橋景保 たかはしかげやす
→高橋景保(たかはしかげやす)

高橋郷右衛門 たかはしごうえもん
生没年不詳
江戸時代の庄内藩士。
¶庄内

高橋甲太郎 たかはしこうたろう
→高橋甲太郎(たかはしきねたろう)

高橋古渓 たかはしこけい
→高橋誠三郎(たかはしせいざぶろう)

高橋五郎 たかはしごろう
生没年不詳
江戸時代末期の紀州藩士。
¶和歌山人

高橋権平 たかはしごんべい
生没年不詳
江戸時代中期〜後期の上総五井藩家老。
¶藩臣3

高橋才輔 たかはしさいすけ
安永8(1779)年〜安政5(1858)年3月3日
江戸時代中期〜末期の庄内藩士。
¶庄内

高橋作左衛門(1) たかはしさくざえもん
→高橋景保(たかはしかげやす)

高橋作左衛門(2) たかはしさくざえもん
→高橋至時(たかはしよしとき)

高橋作也 たかはしさくや
文政8(1825)年〜慶応1(1865)年 ㊙高橋正功《たかはしまさかつ，たかはしまさこと》，高橋坦堂《たかはしたんどう》
江戸時代末期の近江膳所藩士。尊攘派の志士。
¶朝日(㊍文政8年6月10日(1825年7月25日)，㉓慶応1年10月21日(1865年12月8日))，維新，国書(高橋坦堂 たかはしたんどう ㊍文政8(1825)年6月10日 ㉓慶応1(1865)年10月21日)，滋賀百(高橋正功 たかはしまさかつ)，新潮(㊍文政8(1825)年6月10日 ㉓慶応1(1865)年11月21日)，人名(高橋正功 たかはしまさこと ㊍1824年)，日人，幕末(㉓1865年12月8日)

高橋左助 たかはしさすけ
→高橋義方(たかはしよしかた)

高橋佐伝治 たかはしさでんじ
？〜寛政8(1796)年
江戸時代中期〜後期の大更新田開拓奉行。
¶姓氏岩手

高橋珊瑚郎 たかはしさんごろう
江戸時代末期の新撰組隊士。
¶新撰

高橋重賢 たかはししげかた
宝暦8(1758)年〜天保4(1833)年 ㊙高橋駿河守重賢《たかはしするがのかみしげかた》
江戸時代中期〜後期の幕臣。蝦夷地・長崎奉行歴任。
¶江文(㊍宝暦4(1754)年)，国書，長崎歴(高橋駿河守重賢 たかはしするがのかみしげかた)

高橋次太夫 たかはしじだゆう
生没年不詳
江戸時代後期の幕臣。
¶国書

高橋忍南 たかはししなん
→高橋祐雄(たかはしすけお)

高橋重太夫 たかはしじゅうだゆう
天保13(1842)年〜慶応1(1865)年
江戸時代末期の水戸藩士。
¶維新，幕末(㉓1865年12月12日)

高橋俊三郎 たかはししゅんさぶろう
天保5(1834)年〜明治10(1877)年
江戸時代末期〜明治期の志士。土佐勤王党に参加。
¶高知人，幕末(㉓1877年5月15日)

高橋省五郎 たかはししょうごろう
→高橋知周(たかはしともちか)

高橋庄左衛門 たかはししょうざえもん
天保13(1842)年〜万延1(1860)年 ㊙高橋多一郎，高橋庄左衛門《たかはしたいちろう，たかはししょうざえもん》
江戸時代末期の水戸藩士。
¶維新，大阪墓(高橋多一郎，高橋庄左衛門 たかはしたいちろう，たかはししょうざえもん)，人名，日人，幕末(㉓1860年4月13日)

高橋省助 たかはししょうすけ
文化5(1808)年1月16日〜明治3(1870)年1月15日
江戸時代後期〜明治期の郡代。
¶庄内

高橋正徳 たかはししょうとく
天保12(1841)年〜明治41(1908)年
江戸時代末期〜明治期の剣道家。
¶日人

高橋随軒 たかはしずいけん
生没年不詳
安土桃山時代〜江戸時代前期の越後新発田藩士・漢学者。
¶国書

高橋祐雄 たかはしすけお
文政5(1822)年〜大正7(1918)年 ㊙高橋忍南《たかはししなん，たかはしにんなん》
江戸時代末期〜明治期の陸奥福島藩の儒学者。
¶国書(㊍文政5(1822)年6月9日)，幕末(高橋忍南 たかはしにんなん)，藩臣2，福島百(高橋忍南 たかはしにんなん)

高橋駿河守重賢 たかはしするがのかみしげかた
→高橋重賢(たかはししげかた)

高橋誠三郎 たかはしせいざぶろう
天保2(1831)年～文久1(1861)年　[別]高橋古渓《たかはしこけい》
江戸時代末期の陸奥会津藩士。
¶会津，国書(高橋古渓　たかはしこけい　[没]文久1(1861)年6月11日)，幕末([没]1861年7月18日)

高橋石斎 たかはしせきさい
文化14(1817)年～明治5(1872)年
江戸時代末期～明治期の武士、書家。
¶人名，日人

高橋壮吾 たかはしそうご
生没年不詳
江戸時代中期の上総久留里藩士。
¶藩臣3

高橋倉山 たかはしそうざん
天明7(1787)年～天保13(1842)年
江戸時代後期の播磨姫路藩士、儒学者。
¶藩臣5

高橋素平 たかはしそへい
文化2(1805)年～明治12(1879)年
江戸時代末期～明治期の筑後久留米藩士。
¶藩臣7

高橋多一郎 たかはしたいちろう
文化11(1814)年～万延1(1860)年　[別]高橋多一郎、高橋庄左衛門《たかはしたいちろう、たかはししょうざえもん》，磯部三郎兵衛《いそべさぶろうべえ》
江戸時代末期の水戸藩士。桜田門外の変の指導者。
¶朝日([没]万延1年3月23日(1860年4月13日))，維新，茨城百，大阪人([生]文化10(1813)年　[没]万延1(1860)年3月)，大阪墓(高橋多一郎、高橋庄左衛門　たかはしたいちろう、たかはししょうざえもん)，近世，国史，国書([没]万延1(1860)年3月23日)，コン改，コン4，詩歌，新潮([没]万延1(1860)年3月23日)，人名，世人，全書，日人，幕末([没]1860年4月13日)，藩臣2，歴大，和俳

高橋種之 たかはしたねゆき
寛政12(1800)年～明治3(1870)年9月6日
江戸時代後期～明治期の庄内藩士。
¶国書，庄内

高橋種芳 たかはしたねよし
文政8(1825)年～明治9(1876)年7月20日
江戸時代後期～明治期の庄内藩士。
¶国書，庄内

高橋坦室 たかはしたんしつ
明和8(1771)年～文政6(1823)年　[別]高橋又一郎《たかはしまたいちろう》
江戸時代後期の水戸藩士、学者。
¶茨城百，国書([没]文政6(1823)年5月21日)，人名(高橋又一郎　たかはしまたいちろう)，日人，藩臣2

高橋弾正左衛門 たかはしだんじょうざえもん
生没年不詳
江戸時代前期の剣術家。
¶日人

高橋坦堂 たかはしたんどう
→高橋作也(たかはしさくや)

高橋千満太 たかはしちまた
生没年不詳
江戸時代末期の上総鶴牧藩士。
¶藩臣3

高橋泥舟 たかはしでいしゅう
天保6(1835)年～明治36(1903)年
江戸時代末期～明治期の幕臣。
¶朝日([生]天保6年2月17日(1835年3月15日)　[没]明治36(1903)年2月13日)，維新，江戸，江文，角史，近現，近世，国史，国書([生]天保6(1835)年2月17日　[没]明治36(1903)年2月13日)，コン改，コン4，コン5，史人([生]1835年2月17日　[没]1903年2月13日)，人書94，新潮([生]天保6(1835)年2月17日　[没]明治36(1903)年2月13日)，人名，世人([没]明治36(1903)年2月13日)，全書，大百，日史([生]天保6(1835)年2月17日　[没]明治36(1903)年2月13日)，日人，日本，幕末([生]1835年3月15日　[没]1903年2月13日)，百科，歴大

高橋哲夫 たかはしてつお
天保1(1830)年～明治9(1876)年
江戸時代後期～明治期の剣術家。無外流。
¶剣豪

高橋東郭 たかはしとうかく
文化7(1810)年～万延1(1860)年
江戸時代末期の播磨三日月藩用人。
¶藩臣5

高橋藤太郎 たかはしとうたろう
嘉永2(1849)年～明治1(1868)年
江戸時代末期の相模小田原藩士。
¶神奈川人，剣豪，幕末

高橋東平 たかはしとうへい
文化9(1812)年～明治7(1874)年
江戸時代末期～明治期の旗本渡辺能登守の代官。高部村ほか六ヶ村を支配。
¶静岡歴，姓氏静岡，幕末

高橋桐陽 たかはしとうよう
*～明治19(1886)年
江戸時代後期～明治期の松山藩校明教館教授。漢学者。
¶愛媛百([生]文化12(1815)年4月4日　[没]明治19(1886)年7月3日)，国書([生]文化14(1817)年　[没]明治19(1886)年7月)

高橋富兄 たかはしとみえ
文政8(1825)年～大正3(1914)年
江戸時代末期～明治期の国学者、加賀藩士。
¶石川百，国書([生]文政8(1825)年5月5日　[没]大正3(1914)年9月21日)，人名，日人，幕末([生]1825年6月　[没]1914年9月)

高橋知足 たかはしともたり
生没年不詳
江戸時代後期の越後長岡藩士・和算家。
¶国書

高橋知周 たかはしともちか
寛政6(1794)年～嘉永5(1852)年　[別]高橋省五郎

《たかはししょうごろう》
江戸時代末期の伊勢津藩士。
¶剣豪（高橋省五郎　たかはししょうごろう），国書（㊥嘉永5(1852)年2月16日），コン改，コン4，人名，日人，三重

高橋直次 たかはしなおつぐ
→立花直次（たちばななおつぐ）

高橋長信 たかはしながのぶ
江戸時代末期～明治期の出雲松江藩士、刀匠。
¶人書94（㊥1817年　㊦1879年），幕末（㊥1816年　㊦1878年5月20日）

高橋忍南 たかはしにんなん
→高橋祐雄（たかはしすけお）

高橋矩常 たかはしのりつね
天保13(1842)年～明治37(1904)年
江戸時代末期～明治期の下館藩士。
¶幕末（㊦1904年1月26日），藩臣2

高橋梅庭 たかはしばいてい
文政1(1818)年～文久3(1863)年　㊙高橋顕《たかはしあきら》
江戸時代末期の三河西尾藩士、歌人。
¶国書（高橋顕　たかはしあきら　㊦文久3(1863)年10月26日），姓氏愛知，幕末，藩臣4，和俳

高橋白山 たかはしはくさん，たかはしはくさん
天保7(1836)年～明治37(1904)年　㊙高橋敬十郎《たかはしけいじゅうろう》
江戸時代末期～明治期の信濃高遠藩の儒学者。
¶維新，国書（㊥天保7(1836)年12月　㊦明治37(1904)年3月10日），詩歌，人名，姓氏長野（たかはしはくさん），長野百（たかはしはくさん），日人（㊥1837年），幕末（㊦1904年3月10日），藩臣3（高橋敬十郎　たかはしけいじゅうろう），和俳

高橋波香 たかはしはこう
天保9(1838)年～？
江戸時代末期の蝦夷松前藩の画家。
¶藩臣1

高橋波藍 たかはしはらん
生没年不詳
江戸時代末期の蝦夷松前藩士、画家。
¶幕末，藩臣1

高橋伴蔵 たかはしばんぞう
生没年不詳
江戸時代末期の歌人。松江藩士。
¶島根百，島根歴

高橋寛光 たかはしひろみつ
生没年不詳
江戸時代後期の蝦夷松前藩士。
¶国書

高橋孫左衛門 たかはしまござえもん
生没年不詳
江戸時代前期の槍術家。
¶庄内

高橋正功 たかはしまさかつ
→高橋作也（たかはしさくや）

高橋正功 たかはしまさこと
→高橋作也（たかはしさくや）

高橋政重 たかはしまさしげ
慶安3(1650)年～享保11(1726)年
江戸時代中期の肥後人吉藩の水利功労者。
¶近世，国史，史人（㊦1726年6月25日），人名，日人，藩臣7

高橋正元 たかはしまさもと
延享4(1747)年～文化3(1806)年
江戸時代後期の歌人、土佐藩士。
¶高知人，国書（㊦文化3(1806)年9月10日），人名，日人，和俳

高橋又一郎 たかはしまたいちろう
→高橋坦室（たかはしたんしつ）

高橋万右衛門 たかはしまんえもん
？　～天明8(1788)年
江戸時代中期の陸奥福島藩士。
¶藩臣2

高橋貢 たかはしみつぐ
天明8(1788)年～明治4(1871)年
江戸時代後期～末期の出羽国湯沢ヶ池出身の武士。
¶姓氏神奈川

高橋美作守和貫 たかはしみまさかのかみかずつら
→高橋和貫（たかはしかずつら）

高橋茂右衛門 たかはしもえもん
生没年不詳
江戸時代中期の上総久留里藩用人。
¶藩臣3

高橋易治 たかはしやすはる
文政11(1828)年～明治24(1891)年
江戸時代後期～明治期の仙台藩士。
¶国書

高橋雄太郎 たかはしゆうたろう
天保4(1833)年～慶応1(1865)年
江戸時代末期の近江膳所藩士。
¶維新，新潮（㊦慶応1(1865)年11月21日），人名，日人，幕末（㊦1865年12月8日）

高橋義方 たかはしよしかた
？　～安永9(1780)年　㊙高橋左助《たかはしさすけ》
江戸時代中期の常陸笠間藩中老。
¶国書，藩臣2（高橋左助　たかはしさすけ）

高橋吉輔 たかはしよしすけ
元文3(1738)年～文化1(1804)年
江戸時代中期～後期の出羽米沢藩士、俳人。
¶藩臣1，和俳

高橋至時 たかはしよしとき
明和1(1764)年～文化1(1804)年　㊙高橋作左衛門《たかはしさくざえもん》
江戸時代中期～後期の暦算家、幕臣。
¶朝日（㊥明和1年11月30日(1764年12月22日)　㊦文化1年1月5日(1804年2月15日)），岩史（㊥明和1(1764)年11月30日　㊦享和4(1804)年1月5日），江戸東，江文，角史，近世，国史，国書（㊥明和1(1764)年11月　㊦享和4(1804)年1月5日），コン改，コン4，史人（㊥1764年11月30日　㊦1804年1月5日），重要（㊥明和1

(1764)年11月 [没]文化1(1804)年1月5日)，新潮([生]明和1(1764)年11月30日 [没]文化1(1804)年1月5日)，人名(高橋作左衛門 たかはしさくざえもん)，世人([生]明和1(1764)年11月 [没]文化1(1804)年1月5日)，全書，大百，日史([生]明和1(1764)年11月30日 [没]文化1(1804)年1月5日)，日人，百科，洋学，歴大

高橋良之助 たかはしよしのすけ
江戸時代末期の新撰組隊士。
¶新撰

高橋善道 たかはしよしみち
生没年不詳
江戸時代後期の和算家・幕臣。
¶国書

高橋義泰 たかはしよしやす
天保4(1833)年～明治35(1902)年 [別]高橋義泰《たかはしぎたい》
江戸時代後期～明治期の暦算家、下総佐倉藩士。
¶国書(生没年不詳)，人名(たかはしぎたい)，数学([没]明治35(1902)年1月26日)，日人

高橋与三 たかはしよぞう
天保12(1841)年～元治1(1864)年
江戸時代末期の長州(萩)藩士。
¶維新，幕末([没]1864年8月20日)

高橋梨一 たかはしりいち
正徳4(1714)年～天明3(1783)年 [別]蓑笠庵梨一《さりゅうあんりいち》，梨一《りいち》
江戸時代中期の俳人、幕臣。
¶郷土福井(蓑笠庵梨一 さりゅうあんりいち [生]1713年)，国書(梨一 りいち [没]天明3(1783)年4月18日)，人名，日人，俳諧(梨一 りいち [生]？)，俳句(梨一 りいち [没]天明3(1783)年4月18日)，福井百，和俳

高橋竜斎 たかはしりゅうさい
生没年不詳
江戸時代後期の武士。
¶国書

高橋済 たかはしわたる
天保5(1834)年～明治34(1901)年
江戸時代末期～明治期の上野館林藩士。
¶維新，群馬人，幕末([没]1901年7月7日)，藩臣2

高橋渡 たかはしわたる
？ ～慶応4(1868)年9月5日？
江戸時代後期～末期の新撰組隊士。
¶新撰

高橋亘 たかはしわたる
天保4(1833)年～＊
江戸時代末期の志士。新徴組士。
¶維新([没]1867年)，人名([没]1867年)，日人([没]1868年)，幕末([没]1868年1月12日)

高畠厚定 たかばたけあつさだ
宝暦3(1753)年～文化7(1810)年9月25日
江戸時代中期～後期の加賀藩士、奉行。
¶国書

高畠金左衛門 たかばたけきんざえもん
生没年不詳
江戸時代中期の武士。
¶国書，日人

高畠小平次 たかばたけこへいじ
享保12(1727)年～寛政6(1794)年
江戸時代中期～後期の茶人、土佐藩士。
¶高知人

高畠五郎 たかばたけごろう
文政8(1825)年～明治17(1884)年 [別]高畠道純《たかばたけどうじゅん》，道純，眉山
江戸時代末期～明治期の阿波徳島藩士、洋学者、官吏。
¶維新，海越([没]明治17(1884)年9月4日)，海越新([没]明治17(1884)年9月4日)，江文，新潮([生]文政8(1825)年5月5日 [没]明治17(1884)年9月4日)，徳島百(高畠道純 たかばたけどうじゅん)，徳島歴([生]文政8(1825)年5月5日 [没]明治17(1884)年9月4日)，徳島歴(高畠道純 たかばたけどうじゅん)，渡航([没]1884年9月4日)，日人，藩臣6，洋学

高畠定延 たかばたけさだのぶ
元禄3(1690)年～宝暦10(1760)年7月17日
江戸時代中期の加賀藩士。
¶国書

高畠定辟 たかばたけさだのり
文政9(1826)年～？
江戸時代後期～末期の加賀藩士。
¶国書

高畠道純 たかばたけどうじゅん
→高畠五郎(たかばたけごろう)

高畠東陵 たかばたけとうりょう
寛延1(1748)年～＊
江戸時代中期～後期の土佐藩士、書家。
¶高知人([生]1760年 [没]1832年)，人名([没]1824年)，日人([没]1825年)，藩臣6([没]文政7(1824)年)

高畠安定 たかばたけやすさだ
元禄1(1688)年～宝暦13(1763)年5月8日
江戸時代前期～中期の加賀藩士。
¶国書

高畠慶成 たかばたけよしなり
生没年不詳
江戸時代中期の加賀藩士。
¶国書

竹迫直種 たかばなおたね
生没年不詳
江戸時代前期の武士。
¶国書

高浜亀山 たかはまきざん
寛保3(1743)年～文化1(1804)年
江戸時代中期～後期の播磨姫路藩儒。
¶国書([没]文化1(1804)年3月10日)，人名，日人

高浜周輔 たかはましゅうすけ
延享2(1745)年～文化2(1805)年
江戸時代中期～後期の播磨姫路藩士。
¶藩臣5

高浜鉄之助 たかはまてつのすけ
天保14(1843)年～慶応2(1866)年
江戸時代末期の因幡鳥取藩士。

¶維新，人名，日人

高浜正友 たかはままさとも
天正17（1589）年～寛文2（1662）年
江戸時代前期の因幡鳥取藩士。
¶鳥取百，藩臣5

高浜楽斎 たかはまらくさい
生没年不詳
江戸時代末期の播磨姫路藩士。
¶藩臣5

高浜楽山 たかはまらくざん
生没年不詳
江戸時代の姫路藩士。
¶兵庫百

高林景寛 たかばやしかげひろ
？ ～明治14（1881）年
江戸時代後期～明治期の加賀藩士。
¶姓氏石川

高林利直 たかばやしとしなお
享保15（1730）年～？
江戸時代中期の幕臣。
¶国書

高林利春 たかばやしとしはる
～承応1（1652）年
江戸時代前期の旗本。
¶神奈川人

高林寿久 たかばやしとしひさ
～享保17（1732）年
江戸時代中期の旗本。
¶神奈川人

高林利之 たかばやしとしゆき
寛永18（1641）年～享保8（1723）年
江戸時代前期～中期の武士。
¶日人

高林直次 たかばやしなおつぐ
生没年不詳
江戸時代前期の旗本。
¶神奈川人

高林昌豊 たかばやしまさとよ
～享保10（1725）年
江戸時代中期の旗本。
¶神奈川人

高原幸左衛門 たかはらこうざえもん
享保15（1730）年～享和3（1803）年
江戸時代中期～後期の下総古河藩士。
¶藩臣3

高原淳次郎 たかはらじゅんじろう
文政12（1829）年～明治35（1902）年
江戸時代末期～明治期の肥後熊本藩士。
¶人名，日人

高原次勝 たかはらつぎかつ
天正3（1575）年～元和9（1623）年 [別]高原次勝《たかはらつぐかつ》
安土桃山時代～江戸時代前期の武士。豊臣氏家臣。
¶戦国，戦人（たかはらつぐかつ）

高原次利 たかはらつぎとし
天文1（1532）年～元和5（1619）年 [別]高原次利《たかはらつぐとし》
安土桃山時代～江戸時代前期の国人。
¶戦国，戦人（たかはらつぐとし）

高原次勝 たかはらつぐかつ
→高原次勝（たかはらつぎかつ）

高原次利 たかはらつぐとし
→高原次利（たかはらつぎとし）

高原正近 たかはらまさちか
生没年不詳
江戸時代中期の武士。
¶国書

多賀磐鴻 たがばんこう
生没年不詳
江戸時代前期の武士。
¶国書

多賀半七 たがはんしち
生没年不詳
江戸時代中期の武士。
¶国書

多賀秀種 たがひでたね
永禄8（1565）年～元和2（1616）年 [別]堀秀種《ほりひでたね》
安土桃山時代～江戸時代前期の武将、大名。大和松山藩主。
¶国書（[没]元和2（1616）年11月），人名，姓氏石川（[生]？），戦国，戦人，日人，藩主3（[没]元和2（1616）年10月）

多賀秀識 たがひでのり
？ ～寛永7（1630）年
江戸時代前期の加賀藩士。
¶藩臣3

高平真藤 たかひらまふじ
天保2（1831）年～明治28（1895）年
江戸時代末期～明治期の国学者、一関藩士。長歌に巧みで、著書に「平泉志」など。
¶岩手百，人名，姓氏岩手，日人

高間省三 たかましょうぞう
嘉永1（1848）年～明治1（1868）年
江戸時代末期の安芸広島藩士。
¶維新，人名，日人，幕末（[没]1868年9月16日）

高松加兵衛 たかまつかへえ
天正11（1583）年～？
江戸時代前期の陸奥棚倉藩家老。
¶藩臣2

高松順蔵 たかまつじゅんぞう
文化4（1807）年～明治9（1876）年
江戸時代末期～明治期の土佐藩の郷士の長男。
¶高知人，高知百，幕末（[没]1876年8月2日），藩臣6

高松松隠 たかまつしょういん
～明治12（1879）年
江戸時代後期～明治期の伊勢桑名藩士。
¶三重続

高松内匠頭 たかまつたくみのかみ
江戸時代前期の武将。
¶人名，日人（生没年不詳）

高松太郎 たかまつたろう
→坂本直（さかもとなお）

高松信行 たかまつのぶゆき
→高松平十郎（たかまつへいじゅうろう）

高松彦三郎 たかまつひこさぶろう
生没年不詳
江戸時代末期の幕臣・小人目付。1862年遣欧使節に随行しフランスに渡る。
¶海越新

高松平十郎 たかまつへいじゅうろう
天保7（1836）年～文久3（1863）年 [別]高松信行《たかまつのぶゆき》
江戸時代末期の志士。
¶維新，人名（高松信行 たかまつのぶゆき [生]？），姓氏長野，長野百，長野歴，日人（高松信行 たかまつのぶゆき），幕末（[没]1863年4月14日）

高松屋孫兵衛 たかまつやまごべえ
生没年不詳
江戸時代後期の武士。
¶国書

田上宇平太 たがみうへいた
文化14（1817）年～明治2（1869）年 [別]高崎鶴五郎《たかさきつるごろう》
江戸時代末期の長州（萩）藩士。
¶維新，国書（[没]明治2（1869）年9月12日），姓氏山口，幕末（[没]1869年10月16日），藩臣6，洋学

田上勝房 たがみかつふさ
江戸時代前期の馬術家。
¶岡山人

高見権右衛門 たかみごんえもん
？ ～明暦2（1656）年
江戸時代前期の肥後熊本藩士。
¶藩臣7

田上左五右衛門 たがみさごえもん
元和2（1616）年～寛文10（1670）年5月25日
江戸時代前期の岡山藩士。
¶岡山歴

高見沢勘五郎 たかみざわかんごろう
？～寛政3（1791）年
江戸時代中期の駿河沼津藩士。
¶藩臣4

高見沢茂 たかみざわしげる
？ ～明治8（1875）年
江戸時代後期～明治期の沼津藩士、ジャーナリスト。
¶静岡歴

高見沢純助 たかみざわじゅんすけ
生没年不詳
江戸時代後期の駿河沼津藩士。
¶藩臣4

高見沢恒七 たかみざわつねしち
？ ～文化7（1810）年
江戸時代後期の駿河沼津藩士。
¶藩臣4

高見照陽 たかみしょうよう
～明治13（1880）年
江戸時代後期～明治期の伊賀藩士。
¶三重

鷹見星皐 たかみせいこう
宝暦1（1751）年～文化8（1811）年
江戸時代中期～後期の三河田原藩家老。
¶江文（[生]寛延3（1750）年），国書（[没]文化8（1811）年10月3日），人名（[生]1750年），日人，藩臣4

鷹見泉石 たかみせんせき
天明5（1785）年～安政5（1858）年
江戸時代後期の下総古河藩の行政家、蘭学者。
¶朝日（[生]天明5年6月29日（1785年8月3日） [没]安政5年7月16日（1858年8月24日）），維新，茨城百，岩史（[生]天明5（1785）年6月29日 [没]安政5（1858）年7月16日），江文，角史，郷土茨城，近世，国史，国書（[生]天明5（1785）年6月29日 [没]安政5（1858）年7月16日），コン改，コン4，史人（[生]1785年6月29日 [没]1858年7月16日），新潮（[生]天明5（1785）年6月29日 [没]安政5（1858）年7月16日），人名，世人，世百，全書，大百，日史（[生]天明5（1785）年6月29日 [没]安政5（1858）年7月16日），日人，幕末（[没]1858年8月24日），藩臣3，百科，洋学，歴大

鷹見爽鳩 たかみそうきゅう
元禄3（1690）年～享保20（1735）年
江戸時代中期の三河田原藩家老。
¶江文，国書（[生]元禄3（1690）年8月21日 [没]享保20（1735）年4月12日），人名，日人

田上武経 たがみたけつね
～明治9（1876）年9月
江戸時代後期～明治期の弓道家、熊本藩士、藩の弓術師範役。
¶弓道

高嶺慶忠 たかみねよしただ
生没年不詳
江戸時代中期の会津藩士・地誌家。
¶国書

鷹見平右衛門 たかみへいうえもん
生没年不詳
江戸時代後期の下総古河藩士。
¶藩臣3

高見弥一 たかみやいち
天保5（1834）年～？ [別]松元誠一《まつもとせいいち》
江戸時代末期の土佐藩士で、薩摩藩留学生。1865年イギリスに渡る。
¶朝日，維新，海越，海越新，新潮，日人

高見弥一郎 たかみやいちろう
→大石団蔵（おおいしだんぞう）

田上恭譲 たがみやすのり
生没年不詳
江戸時代末期の幕臣・和算家。
¶国書

高宮信幸 たかみやのぶさち
元禄1（1688）年～元文5（1740）年

江戸時代中期の三河岡崎藩士。
¶藩臣4

高見良貞 たかみりょうてい
？ ～嘉永3(1850)年
江戸時代末期の播磨姫路藩士。
¶藩臣5

多賀宗之 たかむねゆき，たがむねゆき
正保4(1647)年～享保11(1726)年
江戸時代前期～中期の槍術家。
¶高知人(たがむねゆき [生]1646年 [没]1725年)，人名，日人

高村権内 たかむらごんない
元和5(1619)年～元禄6(1693)年
江戸時代中期の久留米藩士、水利功労者。
¶人名，日人

高村権之丞 たかむらごんのじょう
？ ～寛文7(1667)年6月22日
江戸時代前期の指扇領主山内豊前守一唯家老。
¶埼玉人

高村広吉 たかむらひろきち
天保6(1835)年～明治1(1868)年 [別]高村広吉《こうむらひろきち》
江戸時代末期の播磨赤穂藩士。
¶幕末，藩臣5(こうむらひろきち)

高本慶宅 たかもとけいたく
？ ～寛文5(1665)年
江戸時代前期の肥後熊本藩士。
¶藩臣7

高本順 たかもとしたごう
→高本紫溟(たかもとしめい)

高本紫溟 たかもとしめい
元文3(1738)年～文化10(1813)年 [別]高本順《たかもとしたごう》，李紫溟《りしめい》
江戸時代中期～後期の肥後熊本藩士。
¶熊本百([没]文化10(1813)年12月26日)，国書([没]文化10(1813)年12月26日)，人名(高本順 たかもとしたごう)，人名(李紫溟 りしめい)，日人([没]1814年)，藩臣7

鷹森藤太夫 たかもりふじたゆう
正保3(1646)年～享保2(1717)年
江戸時代中期の武士、民政家。
¶コン改，コン4，日人

多賀谷家知 たがやいえさと
天保12(1841)年～明治10(1877)年
江戸時代末期～明治期の出羽秋田藩桧山城代。
¶幕末([没]1877年6月29日)，藩臣1

多賀谷勇 たがやいさむ
文政12(1829)年～元治1(1864)年
江戸時代末期の武士、毛利筑前の臣。
¶維新，人名，日人，幕末([没]1864年6月16日)

多賀谷求馬 たがやきゅうま
生没年不詳
江戸時代中期～後期の遠江相良藩用人。
¶藩臣4

高屋清永 たかやきよなが
生没年不詳
江戸時代前期の津軽藩士。
¶国書

多加谷監物 たがやけんもつ
天明5(1785)年～慶応2(1866)年
江戸時代後期の武蔵川越藩士。
¶藩臣3

高屋繁樹 たかやしげき
寛延3(1750)年～文化7(1810)年
江戸時代中期～後期の弘前藩士。
¶青森人

多賀谷重経 たがやしげつね
永禄1(1558)年～元和4(1618)年
安土桃山時代～江戸時代前期の大名。常陸下妻藩主。
¶朝日([没]元和4年11月9日(1618年12月25日))，郷土茨城([生]？ [没]1601年)，近世，国史，コン改([生]？ [没]慶長6(1601)年)，コン4([生]？ [没]慶長6(1601)年)，史人([没]1618年11月9日)，諸系，新潮([生]？ [没]元和4(1618)年11月)，人名([生]？ [没]1601年)，戦合，戦国([生]？)，戦辞([生]永禄1年2月23日(1558年3月13日) [没]元和4年11月9日(1618年12月25日))，戦人，日史([生]永禄1(1558)年2月23日 [没]元和4(1618)年11月9日)，日人，藩主2([生]永禄1(1558)年2月23日 [没]元和4(1618)年11月9日)，百科

多賀谷次郎右衛門 たがやじろうえもん
生没年不詳
江戸時代中期の播磨姫路藩士。
¶藩臣5

高屋長祥 たかやながよし
弘化1(1844)年～？
江戸時代末期～明治期の土佐藩士。
¶維新

高柳楠之助 たかやなぎくすのすけ
天保5(1834)年～明治28(1895)年3月25日
江戸時代末期～明治期の紀伊和歌山藩家老。
¶幕末

高柳邦 たかやなぎくに
文政4(1821)年～明治22(1889)年 [別]高柳邦五郎《たかやなぎくにごろう》
江戸時代末期～明治期の上総菊間藩士。
¶藩臣3，藩臣4(高柳邦五郎 たかやなぎくにごろう)

高柳邦五郎 たかやなぎくにごろう
→高柳邦(たかやなぎくに)

高柳小四郎 たかやなぎこじろう
？ ～慶応2(1866)年
江戸時代後期～末期の第24代飛騨国代官。
¶岐阜百

高柳又四郎 たかやなぎまたしろう
文化5(1808)年～？
江戸時代末期の名剣士。
¶剣豪(生没年不詳)，全書，大百，日人

高柳致知 たかやなぎむねとも
生没年不詳
江戸時代末期の田辺安藤家家臣・明光丸船長。

¶和歌山人

多賀谷宣家 たがやのぶいえ
→岩城宣隆(いわきのぶたか)

多賀谷文四郎 たがやぶんしろう
生没年不詳
江戸時代中期の信濃高遠藩士。
¶藩臣3

高山畏斎 たかやまいさい
享保12(1727)年～天明4(1784)年
江戸時代中期の筑後久留米藩士。
¶国書([生]享保12(1727)年3月18日　[没]天明4(1784)年7月17日), 人書94, 人名, 日人, 藩臣7, 福岡百([生]享保12(1727)年3月18日　[没]天明4(1784)年7月14日)

た

高山一之 たかやまかずゆき
→高山一之(たかやまかつゆき)

高山一之 たかやまかつゆき
天保4(1833)年～明治29(1896)年　[別]高山一之《たかやまかずゆき》
江戸時代後期～明治期の写真師、加賀藩士八家本多家の家臣。
¶写家([没]明治29年3月), 姓氏石川(たかやまかずゆき)

高山喜兵衛 たかやまきへえ
元亀2(1571)年～
安土桃山時代～江戸時代前期の武士。
¶庄内

高山五兵衛 たかやまごへえ
生没年不詳
江戸時代の総社藩主秋元氏の家老。
¶姓氏群馬

高山繁文 たかやましげぶみ
慶安2(1649)年～享保3(1718)年　[別]幻世《げんせい》, 高山麋時《たかやまびじ》, 高山麋塒《たかやまびじ》, 麋塒《ひじ, びじ》
江戸時代前期～中期の武蔵川越藩家老、俳人。
¶埼玉人(高山麋時　たかやまびじ　[生]慶安2(1649)年6月20日　[没]享保3(1718)年2月7日), 埼玉百, 人書94(高山麋塒　たかやまびじ), 俳諧(麋塒　びじ　[生]?), 俳句(幻世　げんせい　[没]享保3(1718)年2月7日), 俳句(麋塒　ひじ　[没]享保3(1718)年2月7日), 藩臣3, 山梨百(高山麋塒　たかやまびじ　[没]享保3(1718)年2月7日), 和俳

高山重道 たかやましげみち
?　～明治9(1876)年
江戸時代末期～明治期の上野吉井藩士。
¶藩臣2

高山次郎 たかやまじろう
天保10(1839)年11月20日～大正3(1914)年2月27日
江戸時代後期～明治期の新撰組隊士。
¶新撰

高山忠直 たかやまただなお
宝暦12(1762)年～天保6(1835)年
江戸時代中期～後期の幕臣・和算家。
¶国書

高山八右衛門 たかやまはちえもん
生没年不詳
江戸時代前期の弓術家。
¶庄内

高山麋時(高山麋塒) たかやまびじ
→高山繁文(たかやましげぶみ)

高山某 たかやまぼう
[別]トメー, ドン=トメー
安土桃山時代～江戸時代前期の武士。加藤氏家臣。
¶戦国, 戦人(生没年不詳)

高山又蔵 たかやままたぞう
江戸時代後期の備中倉敷代官。
¶岡山歴

高山峰三郎 たかやまみねさぶろう, たかやまみねざぶろう
天保6(1835)年～明治32(1899)年
江戸時代後期～明治期の剣術家。直心影流。
¶剣豪(たかやまみねざぶろう), 島根人, 島根百, 島根歴

多賀谷峯経 たがやみねつね
元禄8(1695)年～宝暦9(1759)年
江戸時代中期の出羽秋田藩士。
¶藩臣1

多賀嘉彰 たがよしあき
文政11(1828)年～明治40(1907)年
江戸時代末期～明治期の肥前平戸藩士、書家。
¶維新, 人名, 日人

財部実秋 たからべさねあき
文政9(1826)年～大正2(1913)年
江戸時代末期～明治期の薩摩藩士。
¶維新, 人名, 姓氏鹿児島, 日人([生]1827年), 幕末([没]1913年1月17日), 和俳

田川運六 たがわうんろく
天保11(1840)年～明治4(1871)年
江戸時代末期～明治期の播磨赤穂藩士。
¶幕末([没]1871年2月29日), 藩臣5

田河武整 たがわたけのぶ
→田河藤馬之丞(たがわとうまのじょう)

田河藤馬之丞 たがわとうまのじょう
文政1(1818)年～慶応1(1865)年　[別]田河武整《たがわたけのぶ》
江戸時代末期の近江膳所藩士。
¶維新, 人名(田河武整　たがわたけのぶ), 日人, 幕末([没]1865年12月8日)

滝鶴台 たきかくだい
宝永6(1709)年～安永2(1773)年
江戸時代中期の儒学者、長州(萩)藩の御手大工引頭市右衛門重慶の長男。
¶朝日([没]安永2年1月24日(1773年2月15日)), 江文, 近世, 国史, 国書([没]安永2(1773)年1月24日), コン改, コン4, 史人([没]1773年1月24日), 新潮([没]安永2(1773)年1月24日), 人名, 姓氏山口, 世人([没]安永2(1773)年1月24日), 日人, 藩臣6, 山口百

滝川有乂 たきがわありはる
天明7(1787)年～天保15(1844)年　[別]滝川新平

《たきがわしんぺい》，滝川有人《たきがわありんど》，滝川有父《たきかわゆうかい》
江戸時代後期の加賀藩士、算学者。
¶国書（㊥天保15（1844）年9月13日），人名（たきかわゆうかい），姓氏石川，世人（滝川有人 たきがわありんど），日人，幕末（滝川新平 たきがわしんぺい ㊤1844年10月24日）

滝川有人 たきがわありんど
→滝川有父（たきがわありはる）

滝川質直 たきがわたなお
文政5（1822）年〜明治13（1880）年11月11日
江戸時代後期〜明治期の加賀藩士・和算家。
¶国書，数学

滝川玄蕃 たきがわげんば
元禄8（1695）年〜宝暦9（1759）年
江戸時代中期の越中富山藩家老。
¶藩臣3

滝川惟一 たきがわこれかず
江戸時代中期の幕臣。
¶岐阜百（㊤1741年 ㊦1814年），国書（寛保2（1742）年 ㊦？）

滝川貞寧 たきがわさだやす
元禄5（1692）年〜宝暦5（1755）年
江戸時代中期の第11代美濃国代官。
¶岐阜百

滝川俊蔵 たきかわしゅんぞう
天保3（1832）年〜明治11（1878）年
江戸時代末期〜明治期の肥後人吉藩士。
¶人名，日人

滝川新平 たきがわしんぺい
→滝川有父（たきがわありはる）

滝川図書 たきがわずしょ
元和7（1621）年〜元禄16（1703）年
江戸時代前期〜中期の越中富山藩家老。
¶藩臣3

滝川政式 たきがわせいしき
江戸時代末期〜明治期の和歌山藩士、教育者。
¶三重

滝川忠厚 たきがわただあつ
生没年不詳
江戸時代中期の尾張藩士。
¶国書

滝川忠貫 たきがわただつら
生没年不詳
江戸時代後期の尾張藩士。
¶国書

滝川忠征 たきがわただまさ
→滝川忠征（たきがわただゆき）

滝川忠征 たきがわただゆき
永禄2（1559）年〜寛永12（1635）年　別滝川忠征《たきがわただまさ》，木全彦二郎《こまたひこじろう》
安土桃山時代〜江戸時代前期の尾張藩の武士。豊臣氏家臣、徳川氏家臣。
¶戦国，戦人（㊤永禄1（1558）年），藩臣4（たきがわただまさ）

滝川辰政 たきがわたつまさ
天正3（1575）年〜承応1（1652）年
江戸時代前期の武士。
¶岡山人，岡山歴（㊦慶安5（1652）年7月18日）

滝川俊章 たきがわとしあき
＊〜？
江戸時代中期〜後期の備前岡山藩士。
¶岡山人，岡山歴（㊤明和7（1770）年），国書（㊤安永1（1772）年）

滝川具章 たきがわともあきら
正保1（1644）年〜正徳2（1712）年
江戸時代前期〜中期の第4代京都東町奉行。
¶京都大，姓氏京都

滝川具挙 たきがわともたか
生没年不詳
江戸時代末期の幕臣。
¶維新，京都大，新潮，姓氏京都，日人，幕末

滝川友直 たきがわともなお
文化13（1816）年〜文久2（1862）年
江戸時代後期〜末期の加賀藩士・和算家。
¶国書

滝川南谷 たきがわなんこく
宝暦10（1760）年〜文政3（1820）年
江戸時代中期〜後期の幕臣・漢詩人。
¶国書

滝川正利 たきがわまさとし
天正18（1590）年〜寛永2（1625）年
江戸時代前期の大名。常陸片野藩主。
¶日人，藩主2（㊦寛永2（1625）年11月7日）

滝川元以 たきがわもとしげ
生没年不詳
江戸時代末期の幕臣、第36代京都西町奉行。
¶京都大，姓氏京都

滝川弥一右衛門 たきがわやいちえもん
寛永5（1628）年〜天和2（1682）年
江戸時代前期の肥前平戸藩家老。
¶藩臣7

滝川有父 たきかわゆうかい
→滝川有父（たきがわありはる）

滝川征成 たきがわゆきしげ
慶安3（1650）年〜宝永2（1705）年4月24日
江戸時代前期〜中期の尾張藩士。
¶国書

滝川六郎 たきがわろくろう
＊〜明治1（1868）年
江戸時代末期の長門長府藩士。
¶幕末（㊤1848年 ㊦1868年7月31日），藩臣6（㊤弘化4（1847）年）

滝勘蔵 たきかんぞう
江戸時代末期の越前福井藩士。
¶維新

滝口向陽 たきぐちこうよう
文化14（1817）年〜明治9（1876）年
江戸時代末期〜明治期の日向延岡藩士。
¶幕末（㊤1876年6月17日），藩臣7

滝口六三郎 たきぐちろくさぶろう
弘化1（1844）年～慶応1（1865）年
江戸時代末期の水戸藩士。
¶維新，人名，日人，幕末（[没]1865年3月12日）

滝鴻 たきこう
→滝高渠（たきこうきょ）

滝高渠 たきこうきょ
延享2（1745）年～寛政4（1792）年　[別]滝鴻《たきこう》
江戸時代中期の漢学者、長州（萩）藩士。
¶国書（[生]元文2（1737）年　[没]天明4（1784）年1月26日），人名（滝鴻　たきこう），日人

多喜恒斎 たきこうさい
文政11（1828）年11月26日～明治36（1903）年
江戸時代後期～明治期の伊勢津藩士、教育者。
¶三重

滝沢刑部少輔 たきざわぎょうぶしょう
[別]滝沢刑部少輔《たきざわぎょうぶしょうゆう》
安土桃山時代～江戸時代前期の地方豪族・土豪。
¶戦国，戦人（たきざわぎょうぶしょうゆう　生没年不詳）

滝沢刑部少輔 たきざわぎょうぶしょうゆう
→滝沢刑部少輔（たきざわぎょうぶしょう）

滝沢四郎右衛門 たきざわしろうえもん
生没年不詳
安土桃山時代～江戸時代前期の武士。
¶庄内

滝沢千春 たきざわせんしゅん
江戸時代中期の幕府の勘定方。
¶茶道，日人（生没年不詳）

滝沢兵庫 たきざわひょうご
江戸時代前期の武将。最上氏家臣。
¶戦東

滝沢武太夫 たきざわぶだゆう
宝暦9（1759）年～天保4（1833）年
江戸時代中期～後期の剣術家。直伝本流。
¶剣豪

滝沢政道 たきざわまさみち
生没年不詳
安土桃山時代～江戸時代前期の武士。最上氏家臣。
¶戦人

滝沢又五郎 たきざわまたごろう
安土桃山時代～江戸時代前期の地方豪族・土豪。
¶戦国，戦人（生没年不詳）

高城七之丞 たきしちのじょう
弘化4（1847）年～明治10（1877）年　[別]高城七之丞《たきしちのすけ》
江戸時代末期～明治期の武士、鹿児島県士族。
¶姓氏鹿児島，日人，幕末（たきしちのすけ　[没]1877年9月24日）

高城七之丞 たきしちのすけ
→高城七之丞（たきしちのじょう）

滝新右衛門 たきしんうえもん
？　～寛永12（1635）年
江戸時代前期の丹波園部藩家老。
¶藩臣5

滝昌応 たきすけまさ
生没年不詳
江戸時代中期の安芸広島藩士。
¶国書

多喜資元 たきすけもと
～寛永3（1626）年
江戸時代前期の旗本。
¶神奈川人

滝善三郎 たきぜんざぶろう
天保8（1837）年～慶応4（1868）年
江戸時代末期の備前岡山藩士。神戸事件で切腹。
¶朝日（[没]慶応4年2月9日（1868年3月2日）），維新，岡山人（[生]天保7（1836）年），岡山百（[没]慶応4（1868）年2月9日），岡山歴（[没]慶応4（1868）年2月9日），近世，国史，コン改，コン4，史人（[没]1868年2月9日），新潮（[没]慶応4（1868）年2月9日），人名，日人，幕末（[没]1868年3月2日），藩臣6（[生]天保7（1836）年），兵庫人（[没]明治1（1868）年2月9日）

滝田紫城 たきたしじょう
文政5（1822）年～明治30（1897）年
江戸時代末期～明治期の筑前福岡藩士。
¶人名，日人，幕末（[没]1897年9月13日），藩臣7，福岡百（[生]文政5（1822）年7月27日　[没]明治30（1897）年9月13日），洋学

田北太中 たぎたたちゅう
文化9（1812）年～明治13（1880）年8月22日
江戸時代末期～明治期の長州（萩）藩士。
¶幕末

田北統員 たきたむねかず
？　～正保2（1645）年
江戸時代前期の武士。
¶戦人，戦西

滝鉄次郎 たきてつじろう
～明治4（1871）年
江戸時代後期～明治期の伊勢桑名藩士。
¶三重続

多喜直忠 たきなおただ
？　～寛永4（1627）年
安土桃山時代～江戸時代前期の浅野家臣。
¶和歌山人

多喜直之 たきなおゆき
？　～寛文4（1664）年
江戸時代前期の六十人者与力。
¶和歌山人

滝信彦 たきのぶひこ
生没年不詳
江戸時代中期の讃岐高松藩士。
¶国書，人名，日人

滝半左衛門 たきはんざえもん
？　～天保5（1834）年
江戸時代後期の下総古河藩士、砲術家。
¶藩臣3

滝平之進 たきへいのしん
寛政10（1798）年～文久3（1863）年
江戸時代末期の豊後日出藩家老。
¶藩臣7

滝村鶴雄　たきむらつるお
　天保10(1839)年～？
　江戸時代後期～末期の幕臣・歌人。
　¶国書

滝弥太郎　たきやたろう
　天保13(1842)年～明治39(1906)年
　江戸時代末期～明治期の長州(萩)藩士、志士。
　¶朝日(㊤天保13年4月15日(1842年5月24日)
　　㊦明治39(1906)年12月10日)、維新、新潮
　　(㊤天保13(1842)年4月15日　㊦明治39(1906)
　　年12月10日)、日人、幕末(㊦1906年12月10
　　日)、藩臣6

滝吉弘　たきよしひろ
　天保13(1842)年～明治37(1904)年
　江戸時代末期～明治期の豊後日出藩士。
　¶大分歴、藩臣7

多紀義恭　たきよしやす
　宝暦9(1759)年～文政11(1828)年7月
　江戸時代中期～後期の紀伊和歌山藩士・国学者。
　¶国書

滝脇信敏　たきわきのぶとし
　→松平信敏(2)(まつだいらのぶとし)

田草川伝次郎　たぐさがわでんじろう
　生没年不詳
　江戸時代後期の幕臣。
　¶国書

田鎖左膳　たくさりさぜん
　*～万延1(1860)年
　江戸時代末期の陸奥南部藩士。
　¶姓氏岩手(㊤1803年)、藩臣1(㊤文化1(1804)
　　年)

田鎖高守　たくさりたかもり
　文政9(1826)年～明治37(1904)年9月14日
　江戸時代末期～明治期の陸奥盛岡藩士。
　¶幕末

多久茂族　たくしげつぐ
　天保4(1833)年～明治17(1884)年
　江戸時代末期～明治期の肥前佐賀藩士。
　¶佐賀百(㊤天保4(1833)年9月20日)、日人、幕
　　末(㊤1834年)

多久茂文　たくしげぶみ、たくしげふみ
　*～正徳1(1711)年
　江戸時代前期の肥前佐賀藩国老。
　¶佐賀百(たくしげふみ　㊤寛文9(1669)年11月
　　26日　㊦正徳1(1711)年8月29日)、人名
　　(㊤1602年　㊦1644年)、日人(㊤1670年)

田口永八朗　たぐちえいはちろう
　天保5(1834)年～明治44(1911)年
　江戸時代後期～明治期の剣術家。鏡新明智流。
　¶剣豪

田口加賀守喜行　たぐちかがのかみよしゆき
　→田口喜行(たぐちよしゆき)

田口景右衛門　たぐちかげうえもん
　文化4(1807)年～明治9(1876)年
　江戸時代末期～明治期の上野吉井藩士。
　¶藩臣2

田口五左衛門　たぐちござえもん
　万治1(1658)年～延享1(1744)年
　江戸時代前期～中期の出羽新庄藩士。
　¶国書、藩臣1

田口主一郎　たぐちしゅいちろう
　文化8(1811)年～明治3(1870)年
　江戸時代後期～明治期の側用人、町奉行。信成堂
　教授。
　¶姓氏岩手

田口十兵衛　たぐちじゅうべい
　→田口十兵衛(たぐちじゅうべえ)

田口十兵衛　たぐちじゅうべえ
　？～元禄2(1689)年　㊦田口十兵衛《たぐちじゅ
　　うべい》
　江戸時代前期の陸奥弘前藩士。
　¶青森人(たぐちじゅうべい)、藩臣1

田口俊平　たぐちしゅんぺい
　文化15(1818)年～慶応3(1867)年
　江戸時代末期の武士、幕府留学生。1862年オラン
　ダに渡る。
　¶海越(㊤文化15(1818)年4月6日　㊦慶応3
　　(1867)年11月18日)、海越新(㊤文化15
　　(1818)年4月6日　㊦慶応3(1867)年11月18
　　日)、岐阜百、郷土岐阜、日人

田口太郎　たぐちたろう
　天保12(1841)年～大正12(1923)年4月20日
　㊦惠
　江戸時代末期～大正期の官吏。江戸開成所教官、
　紙幣寮権助。広島藩の尊攘派の中心。イギリスに
　留学。
　¶維新、海越(㊤天保12(1841)年4月27日)、海
　　越新(㊤天保12(1841)年4月27日)、人名、渡
　　航(㊤1841年4月27日)、日人、幕末

田口藤長　たぐちふじなが
　→田口森蔭(たぐちもりかげ)

田口元八郎　たぐちもとはちろう
　生没年不詳
　江戸時代後期の庄内藩家老。
　¶庄内

田口森蔭　たぐちもりかげ
　寛政5(1793)年～安政6(1859)年　㊦雪廼屋森蔭
　《ゆきのやもりかげ》、田口藤長《たぐちふじなが》
　江戸時代末期の陸奥南部藩士、俳人、狂歌師。
　¶国書(田口藤長　たぐちふじなが　㊦安政6
　　(1859)年7月5日)、人名(雪廼屋森蔭　ゆきの
　　やもりかげ)、日人、藩臣1

田口喜古　たぐちよしふる
　？～文化8(1811)年
　江戸時代中期～後期の第16代飛騨国代官。
　¶岐阜百

田口喜行　たぐちよしゆき
　？～嘉永6(1853)年　㊦田口加賀守喜行《たぐち
　　かがのかみよしゆき》
　江戸時代後期の96代長崎奉行。
　¶長崎歴(田口加賀守喜行　たぐちかがのかみよ
　　しゆき)

宅間監物 たくまけんもつ
安土桃山時代〜江戸時代前期の武士。里見氏家臣。
¶戦人（生没年不詳），戦東

宅間五兵衛 たくまごへえ
安土桃山時代〜江戸時代前期の武士。里見氏家臣。
¶戦人（生没年不詳），戦東

宅間勝兵衛 たくましょうべえ
安土桃山時代〜江戸時代前期の武士。里見氏家臣。
¶戦人（生没年不詳），戦東

宅間忠次 たくまただつぐ
〜寛永17（1640）年
江戸時代前期の旗本。
¶神奈川人

宅間規富（宅間規富） たくまのりとみ
永禄2（1559）年〜元和7（1621）年
安土桃山時代〜江戸時代前期の北条氏の旗本。
¶神奈川人，姓氏神奈川，戦辞（宅間規富　㊐？　㊥元和7年1月16日（1621年3月9日））

詫間樊六（託間樊六） たくまはんろく
天保5（1834）年〜慶応2（1866）年
江戸時代末期の志士。因幡鳥取藩士。
¶維新，近世，剣豪，国史，コン改（詫間樊六　㊐天保4（1833）年　㊥元治1（1864）年），コン4（託間樊六　㊐天保4（1833）年　㊥元治1（1864）年），島根歴，新潮（㊥慶応2（1866）年8月3日），人名（託間樊六　㊐1833年　㊥1864年），世人（託間樊六　㊐天保4（1833）年　㊥元治1（1864）年），日人，藩臣5

詫間宗澄 たくまむねずみ
？　〜正徳3（1713）年
江戸時代中期の因幡鳥取藩士。
¶藩臣5

多久安順 たくやすしげ
永禄9（1566）年〜寛永18（1641）年
安土桃山時代〜江戸時代前期の肥前小城郡多久の領主。
¶諸系，人名，日人

武井柯亭 たけいかてい
文政6（1823）年〜明治28（1895）年
江戸時代末期〜明治期の陸奥会津藩士。
¶会津，近現，近世，国史，コン改，コン4，コン5，史人（㊥1894年5月23日），新潮（㊥明治28（1895）年5月23日），人名，日人，幕末（㊥1895年5月23日），藩臣2

武井三悦 たけいさんえつ
？　〜寛延2（1749）年
江戸時代中期の剣術家。平常無敵流。
¶剣豪

武石勝左衛門 たけいしかつざえもん
→武石勝左衛門（たけいししょうざえもん）

武石権三郎 たけいしごんざぶろう
文政3（1820）年〜慶応2（1866）年
江戸時代末期の水戸藩士。
¶維新，幕末（㊥1866年8月8日）

武石勝左衛門 たけいししょうざえもん
㊞武石勝左衛門《たけいしかつざえもん》
安土桃山時代〜江戸時代前期の武士。里見氏家臣。

¶戦人（生没年不詳），戦東（たけいしかつざえもん）

武井善八郎 たけいぜんぱちろう
江戸時代中期の美作国倉敷代官。
¶岡山歴

武石胤寿 たけいたねとし
〜明治2（1869）年8月28日
江戸時代後期〜明治期の弓道家、水戸藩士、烈公（徳川斉昭）の弓術指南。
¶弓道

武井淡山 たけいたんざん
天保7（1836）年〜明治19（1886）年4月2日
江戸時代末期〜明治期の安芸広島藩士。
¶幕末

武井常次郎 たけいつねじろう
弘化4（1847）年〜昭和5（1930）年
江戸時代末期〜大正期の武道家。
¶姓氏群馬

武井守正 たけいもりまさ
天保13（1842）年〜大正15（1926）年12月4日
江戸時代末期〜明治期の播磨姫路藩士、官僚、実業家。
¶朝日（㊐天保13年3月25日（1842年5月5日）），コン改，コン5，実業（㊐天保13（1842）年3月25日），新潮（㊐天保13（1842）年3月25日），人名，世紀（㊐天保13（1842）年3月25日），渡航（㊐1842年3月25日），鳥取百，鳥取百，幕末，藩臣5，兵庫人（㊐天保13（1842）年3月），兵庫百，履歴（㊐天保13（1842）年3月25日）

竹内亥三郎 たけうちいさぶろう
？　〜明治1（1868）年
江戸時代末期の駿河沼津藩士。
¶藩臣4

竹内衛士(1) たけうちえいし
？　〜延享3（1746）年
江戸時代中期の弘前藩士。
¶国書

竹内衛士(2) たけうちえいし
明和4（1767）年〜文政4（1821）年
江戸時代中期〜後期の弘前藩士。
¶青森人，青森百

竹内清承 たけうちきよつぐ
？　〜天保5（1834）年7月4日
江戸時代後期の弘前藩士・暦学家。
¶国書

竹内源太夫 たけうちげんだゆう
？　〜
江戸時代後期の弘前藩家臣。
¶青森人

竹内元太郎 たけうちげんたろう
江戸時代末期の新撰組隊士。
¶新撰

竹戸重信 たけうちしげのぶ
文政13（1830）年〜明治23（1890）年　㊞竹内重信《たけのうちじゅうしん》
江戸時代末期〜明治期の和算家、信濃上田藩士。
¶国書（㊐文政13（1830）年6月21日　㊥明治23

(1890)年10月11日),人名(たけのうちじゅうしん),数学([生]文政13(1830)年6月21日 [没]明治23(1890)年10月11日),日人

竹内錫命 たけうちしゃくめい
→竹内錫命(たけのうちしゃくめい)

竹内修敬 たけうちしゅうけい
文化12(1815)年～明治7(1874)年　[別]竹内修敬《たけうちのぶよし,たけのうちしゅうけい》
江戸時代末期～明治期の和算学者、尾張藩士。
¶国書([没]明治8(1875)年6月25日),人名(たけのうちしゅうけい),数学(たけうちのぶよし [没]明治7(1874)年6月10日),姓氏愛知,日人,幕末([没]1874年6月10日)

竹内正兵衛 たけうちしょうべえ
文政2(1819)年～元治1(1864)年　[別]竹内正兵衛《たけのうちしょうべえ》,八谷清喜《はちやきよのぶ》
江戸時代末期の長州(萩)藩士。尊攘運動を支援。
¶朝日([没]元治1年11月12日(1864年12月10日)),維新,人名(たけのうちしょうべえ),日人(たけのうちしょうべえ),幕末([没]1864年12月10日),藩臣6

竹内新六 たけうちしんろく
文化10(1813)年～慶応2(1866)年
江戸時代末期の水戸藩郷士。
¶維新,日人,幕末([没]1866年7月13日)

竹内節 たけうちせつ
生没年不詳
江戸時代末期～明治期の多古藩士。
¶維新,幕末

竹内善吾 たけうちぜんご
天明2(1782)年～嘉永5(1852)年
江戸時代後期の信濃上田藩士、和算家。
¶藩臣3

竹内健雄 たけうちたけお
生没年不詳
江戸時代後期の幕臣・国学者。
¶国書

竹内武信 たけうちたけのぶ
天明2(1782)年～嘉永6(1853)年　[別]竹内武信《たけのうちぶしん》
江戸時代後期の和算家、上田藩士。
¶郷土長野,国書([生]天明4(1784)年6月14日 [没]嘉永6(1853)年9月25日),人名(たけのうちぶしん [生]1784年),姓氏長野,長野百,長野歴,日人([生]1784年)

竹内綱 たけうちつな
→竹内綱(たけのうちつな)

竹内東仙 たけうちとうせん
天保9(1838)年～大正13(1924)年
江戸時代末期～明治期の陸奥二本松藩士。
¶幕末([生]1838年頃 [没]1924年4月1日),福島百

竹内篤平 たけうちとくへい
江戸時代末期の新撰組隊士。
¶新撰

竹内修敬 たけうちのぶよし
→竹内修敬(たけうちしゅうけい)

竹内八郎右衛門(1) たけうちはちろうえもん
享保7(1722)年～明和7(1770)年　[別]竹内八郎右衛門《たけのうちはちろうえもん》
江戸時代中期の出羽庄内藩家老。
¶庄内(たけのうちはちろうえもん [没]明和7(1770)年閏6月15日),藩臣1

竹内八郎右衛門(2) たけうちはちろうえもん
延享4(1747)年～文化10(1813)年　[別]竹内八郎右衛門《たけのうちはちろうえもん》
江戸時代中期～後期の出羽庄内藩家老。
¶庄内(たけのうちはちろうえもん [没]文化10(1813)年2月15日),藩臣1

武内半助 たけうちはんすけ
文化14(1817)年～明治23(1890)年　[別]武内半助《たけのうちはんすけ》
江戸時代後期～明治期の武士、新聞人。
¶人名(たけのうちはんすけ),日人

竹内百太郎 たけうちひゃくたろう
天保2(1831)年～慶応1(1865)年　[別]竹内百太郎《たけのうちひゃくたろう》,浅井才助《あさいさいすけ》,竹中万次郎《たけなかまんじろう》
江戸時代末期の水戸藩郷士。
¶維新,人名(たけのうちひゃくたろう),日人,幕末([没]1865年3月1日),藩臣2

竹内保徳 たけうちやすのり
文化4(1807)年～慶応3(1867)年　[別]竹内保徳《たけのうちやすのり》
江戸時代末期の幕臣。1862年遣欧使節正使としてフランスに渡る。
¶朝日([没]慶応3(1867)年2月),維新([没]?),岩史(たけのうちやすのり [没]慶応3(1867)年2月),海越([生]文化3(1806)年),海越新([生]文化3(1806)年),大阪人([生]文化3(1806)年),角史,近世,国史,国書([没]慶応3(1867)年2月),コン改(たけのうちやすのり),コン4(たけのうちやすのり),史人([没]1867年2月),新潮(たけのうちやすのり [没]慶応3(1867)年2月),人名(たけのうちやすのり [生]1806年 [没]?),世人(たけのうちやすのり [生]文化3(1806)年 [没]?),全書(たけのうちやすのり [没]?),大百(たけのうちやすのり [生]1806年 [没]?),日人(たけのうちやすのり),幕末([没]?),北海道百([没]?),北海道歴([没]?),歴大(たけのうちやすのり)

竹内立左衛門 たけうちりゅうざえもん
寛保1(1741)年～寛政6(1794)年
江戸時代中期の伊予西条藩士。
¶郷土愛媛,日人,藩臣6

竹内廉之助 たけうちれんのすけ
天保8(1837)年～慶応4(1868)年　[別]竹内棟《たけのうちむなき》,竹内廉之助《たけのうちれんのすけ》
江戸時代末期の志士。天狗党に参加。
¶新潮(たけのうちれんのすけ [没]慶応4(1868)年2月18日),人名(竹内棟　たけのうちむなき [生]?),日人

竹尾俊勝 たけおとしかつ
～寛永16(1639)年

江戸時代前期の旗本。
¶神奈川人

竹尾孫兵衛 たけおまごべえ
～正保3(1646)年7月19日
江戸時代前期の庄内藩士。
¶庄内

竹尾元道 たけおもとみち
～延宝2(1674)年
江戸時代前期の旗本。
¶神奈川人

竹垣三右衛門 たけがきさんうえもん
→竹垣直温(たけがきなおひろ)

竹垣庄蔵 たけがきしょうぞう
正徳4(1714)年～天明6(1786)年11月5日
江戸時代中期の美作国久世代官・備中国笠岡代官。
¶岡山歴

竹垣直清 たけがきただきよ
→竹垣直清(たけがきなおきよ)

竹垣直温 たけがきなおあつ
→竹垣直温(たけがきなおひろ)

竹垣直清 たけがきなおきよ
安永4(1775)年～天保3(1832)年 [別]竹垣直清《たけがきただきよ》
江戸時代後期の幕府代官。
¶国書，人書94(たけがきただきよ)

竹垣直温 たけがきなおひろ
寛保1(1741)年～文化11(1814)年 [別]竹垣三右衛門《たけがきさんうえもん》,竹垣直温《たけがきなおあつ》
江戸時代中期～後期の代官。
¶朝日(たけがきなおあつ [生]寛保1年12月26日(1742年2月1日) [没]文化11年11月8日(1814年12月19日))，茨城百(竹垣三右衛門 たけがきさんうえもん)，岩史([生]寛保1(1741)年12月26日 [没]文化11(1814)年11月8日)，近世，国史，国書([生]寛保1(1741)年12月26日 [没]文化11(1814)年11月8日)，コン改(たけがきなおあつ)，コン4(たけがきなおあつ)，史人([生]1741年12月26日 [没]1814年11月8日)，人名(たけがきなおあつ [生]1738年)，栃木歴，日史([生]寛保1(1741)年12月26日 [没]文化11(1814)年11月8日)，日人(たけがきなおあつ [生]1742年)，歴大([生]1742年)

竹垣直道 たけがきなおみち
文化4(1807)年～明治2(1869)年
江戸時代後期～明治期の幕臣。
¶国書

竹腰正美 たけこしせいび
→竹腰正美(たけのこしまさよし)

竹腰正信 たけこしまさのぶ
→竹腰正信(たけのこしまさのぶ)

竹腰正旧 たけごしまさもと
→竹腰正旧(たけのこしまさもと)

竹沢寛三郎 たけざわかんざぶろう
→新田邦光(にったくにてる)

竹下卯三郎 たけしたうさぶろう
？ ～明治5(1872)年12月4日
江戸時代末期～明治期の加賀藩士。
¶幕末

竹下譲平 たけしたじょうへい
＊～明治23(1890)年
江戸時代末期～明治期の長州(萩)藩士。
¶維新([生]？)，人名([生]1820年 [没]1864年)，日人([生]1846年)，幕末([生]1846年 [没]1890年4月19日)

竹下清右衛門 たけしたせいうえもん
→竹下清右衛門(たけしたせいえもん)

竹下清右衛門 たけしたせいえもん
文政4(1821)年～明治31(1898)年 [別]竹下矩方《たけしたのりかた》,竹下清右衛門《たけしたせいうえもん》
江戸時代末期～明治期の薩摩藩士。
¶維新，鹿児島百(たけしたせいうえもん)，国書(竹下矩方 たけしたのりかた [没]明治31(1898)年12月7日)，姓氏鹿児島，幕末([没]1898年12月7日)

竹下矩方 たけしたのりかた
→竹下清右衛門(たけしたせいえもん)

武島左膳 たけしまさぜん
享保17(1732)年～寛政6(1794)年2月15日
江戸時代中期の備中国笠岡代官。
¶岡山歴

武嶋茂敦 たけしましげあつ
承応3(1654)年～正徳4(1714)年11月25日
江戸時代前期～中期の幕臣。
¶国書

武島茂貞 たけしましげさだ
永禄6(1563)年～寛永13(1636)年
安土桃山時代～江戸時代前期の武士。
¶日人

武島茂成 たけしましげなり
～寛永20(1643)年
江戸時代前期の旗本。
¶神奈川人

武嶋茂道 たけしまもりみち
明和4(1767)年～？
江戸時代中期～後期の幕臣。
¶国書

武城久良太 たけしろくらた
江戸時代末期の新撰組隊士。
¶新撰

竹添長演 たけぞえながひろ
文政7(1824)年～明治10(1877)年
江戸時代後期～明治期の出水郡出水郷の郷士。
¶姓氏鹿児島

武田斐三郎 たけだあやさぶろう
→武田成章(たけだなりあき)

武田阿波 たけだあわ
？ ～享保18(1733)年
江戸時代中期の大和郡山藩家老。
¶藩臣4

武田巌雄 たけだいわお
　天保4（1833）年〜明治26（1893）年
　江戸時代末期〜明治期の武士、祠官。典籍を蒐集し産神天満宮に文庫を設けた。
　¶人名，日人

武田右衛門 たけだうえもん
　生没年不詳
　江戸時代の武士。
　¶日人

竹田円蔵 たけだえんぞう
　？〜天保2（1831）年
　江戸時代後期の信濃高遠藩士。
　¶藩臣3

武田魁介 たけだかいすけ
　文政11（1828）年〜慶応1（1865）年
　江戸時代末期の水戸藩士。
　¶維新，人名（㊥1834年），日人，幕末（㊥1865年3月1日），藩臣2

武田覚三 たけだかくぞう
　文政12（1829）年10月20日〜明治28（1895）年8月24日
　江戸時代末期〜明治期の阿波美馬郡稲田家家臣の子。
　¶徳島百，徳島歴，幕末

武田官兵衛 たけだかんべえ
　安土桃山時代〜江戸時代前期の武士。里見氏家臣。
　¶戦人（生没年不詳），戦束

武田観柳斎 たけだかんりゅうさい
　＊〜慶応3（1867）年
　江戸時代末期の新撰組隊士。
　¶新撰（㊥天保4年頃　㊨慶応3年6月22日），幕末（㊥1830年頃　㊨1867年7月23日）

竹田喜左衛門 たけだきざえもん
　？〜享保17（1732）年　㊛竹田政為《たけだまさため》
　江戸時代中期の備中倉敷代官。
　¶岡山歴（㊨享保17（1732）年6月2日），姓氏京都（竹田政為　たけだまさため）

武田喜左衛門 たけだきざえもん
　生没年不詳
　江戸時代の加賀藩士。
　¶国書

武田金次郎 たけだきんじろう
　嘉永1（1848）年〜明治28（1895）年
　江戸時代末期〜明治期の水戸藩士。
　¶維新，人名，日人，幕末（㊥1895年3月28日）

武田蔵人 たけだくらんど
　→武田信温（たけだのぶあつ）

武田軍太 たけだぐんた
　安永3（1774）年〜嘉永2（1849）年
　江戸時代中期〜後期の剣術家。
　¶山形百

武田源左衛門 たけだげんざえもん
　→武田定清（たけださだきよ）

竹田謙窓 たけだけんそう
　天保4（1833）年〜明治22（1889）年　㊛竹田定猗

《たけださだより》
　江戸時代末期〜明治期の漢学者、筑前福岡藩士。
　¶人名（竹田定猗　たけださだより），日人

武田耕雲斎 たけだこううんさい
　享和3（1803）年〜慶応1（1865）年
　江戸時代末期の志士、水戸藩士。水戸藩尊攘派首領。
　¶朝日（㊥文化1（1804）年　㊨慶応1年2月4日（1865年3月1日）），維新（㊥1804年），茨城百，岩史（㊥文化1（1804）年　㊨元治2（1865）年2月4日），角史（㊥文化1（1804）年），岐阜百，郷土福井，近世（㊥1804年），国史（㊥1804年），国書（㊥文化1（1804）年　㊨元治2（1865）年2月4日），コン改，コン4，詩歌，史人（㊥1804年　㊨慶応1年2月4日），重要（㊥慶応1（1865）年2月4日），新潮（㊥慶応1（1865）年2月4日），人名，世人（㊨慶応1（1865）年2月4日），世百，全書，大百，長野歴，日史（㊥文化1（1804）年　㊨慶応1（1865）年2月4日），人名，幕末（㊨慶応1（1865）年3月1日），藩臣2，百科，山梨百（㊨慶応1（1865）年2月4日），歴大（㊥1804年）

武田香処 たけだこうしょ
　文政8（1825）年〜明治5（1872）年
　江戸時代末期〜明治期の播磨三日月藩家老。
　¶藩臣5

竹田斯綏 たけだこれやす
　生没年不詳
　江戸時代末期の幕臣。
　¶維新，国書，幕末

武田左衛司 たけださえじ
　天保5（1834）年〜明治9（1876）年5月17日
　江戸時代末期〜明治期の土佐藩士。
　¶幕末

竹田作郎 たけださくろう
　生没年不詳
　江戸時代末期の蝦夷松前藩士。
　¶藩臣1

武田定清 たけださだきよ
　承応2（1653）年〜正徳2（1712）年　㊛武田源左衛門《たけだげんざえもん》
　江戸時代前期〜中期の陸奥弘前藩士。櫛引建貞の子。
　¶青森人（武田源左衛門　たけだげんざえもん），青森百（武田源左衛門　たけだげんざえもん），朝日（㊨正徳2年2月22日（1712年3月28日）），近世，コン改（㊥？），コン4（㊥？），人名（武田源左衛門　たけだげんざえもん　㊥？），日人，藩臣1（武田源左衛門　たけだげんざえもん）

武田定次郎 たけださだじろう
　文政2（1819）年〜明治24（1891）年
　江戸時代後期〜明治期の剣術家。
　¶姓氏群馬

竹田定直 たけださだなお
　→竹田春庵（たけだしゅんあん）

竹田定簡 たけださだひろ
　文化12（1815）年〜明治22（1889）年
　江戸時代末期の漢学者、筑前福岡藩士。
　¶人名，日人

竹田定琮 たけださだみず
寛政4(1792)年～文政12(1829)年
江戸時代後期の筑前福岡藩士。
¶人名

竹田定良 たけださだよし
→竹田梅廬(たけだばいろ)

竹田定猗 たけださだより
→竹田謙窓(たけだけんそう)

武田三右衛門 たけださんえもん
？ ～天保14(1843)年
江戸時代後期の寺子屋師匠・盛岡藩士。
¶姓氏岩手

武田成章 たけだしげあや
→武田成章(たけだなりあき)

武田七郎次郎 たけだしちろうじろう
→武田七郎次郎(たけだしちろじろう)

武田七郎次郎 たけだしちろじろう
[別]武田七郎次郎《たけだしちろうじろう》
安土桃山時代～江戸時代前期の武士。里見氏家臣。
¶戦人(生没年不詳)，戦東(たけだしちろうじろう)

武田熟軒 たけだじゅくけん
→武田敬孝(たけだゆきたか)

竹田春庵 たけだしゅんあん
寛文1(1661)年～延享2(1745)年　[別]竹田定直《たけださだなお》
江戸時代中期の儒学者。筑前福岡藩士。
¶朝日([没]延享2年10月7日(1745年10月31日))，国書([生]寛文1(1661)年11月　[没]延享2(1745)年10月7日)，人名(竹田定直　たけださだなお)，日人，藩臣7，福岡百(竹田定直　たけださだなお　[生]寛文1(1661)年11月　[没]延享2(1745)年10月7日)

竹田錠三郎 たけだじょうざぶろう
江戸時代末期の新撰組隊士。
¶新撰

武田宗三郎 たけだそうさぶろう
嘉永3(1850)年～明治2(1869)年3月
江戸時代末期の陸奥会津藩士。
¶幕末

竹田忠種 たけだただたね
？ ～万治1(1658)年
江戸時代前期の加賀藩士。
¶藩臣3

竹田貞蔵 たけだていぞう
天保6(1835)年～慶応1(1865)年
江戸時代末期の越前大野藩士。
¶維新

武田友信 たけだとものぶ
生没年不詳
江戸時代末期～明治期の加賀藩士。
¶国書

武田豊城 たけだとよき
天保2(1831)年～明治19(1886)年4月
江戸時代末期～明治期の大洲藩士。武装蜂起計画で懲役。
¶幕末

武田成章 たけだなりあき
文政10(1827)年～明治13(1880)年　[別]武田斐三郎《たけだあやさぶろう》，武田成章《たけだしげあや》
江戸時代末期～明治期の伊予大洲藩の洋学者。
¶朝日(武田斐三郎　たけだあやさぶろう　[生]文政10年9月15日(1827年11月4日)　[没]明治13(1880)年1月28日)，維新，愛媛百(たけだしげあや　[生]文政10(1827)年9月15日　[没]明治13(1880)年1月28日)，近現，近世，国際，国史，国書(たけだしげあや　[生]文政10(1827)年9月15日　[没]明治13(1880)年1月28日)，コン改，コン改(武田斐三郎　たけだあやさぶろう)，コン4，コン4(武田斐三郎　たけだあやさぶろう)，コン5，コン5(武田斐三郎　たけだあやさぶろう)，史人([生]1827年9月15日　[没]1880年1月28日)，新潮([生]文政10(1827)年9月15日　[没]明治13(1880)年1月28日)，人名，先駆(武田斐三郎　たけだあやさぶろう　[生]文政10(1827)年9月15日　[没]明治13(1880)年1月28日)，全書(武田斐三郎　たけだあやさぶろう)，大百(武田斐三郎　たけだあやさぶろう)，長野歴(武田斐三郎　たけだあやさぶろう　[生]文政9(1826)年　[没]明治12(1879)年)，日史([生]文政10(1827)年9月15日　[没]明治13(1880)年1月28日)，日人，幕末(武田斐三郎　たけだあやさぶろう　[没]1880年1月28日)，藩臣6(たけだしげあや)，百科，北海道百(武田斐三郎　たけだあやさぶろう)，北海道歴(武田斐三郎　たけだあやさぶろう)，洋学(武田斐三郎　たけだあやさぶろう　[生]文政10(1828)年)，陸海(武田斐三郎　たけだあやさぶろう　[生]文政10年9月15日　[没]明治13年1月28日)，歴大(武田斐三郎　たけだあやさぶろう)

武田信発 たけだのぶあき
文政6(1823)年～明治22(1889)年
江戸時代末期～明治期の青蓮院宮諸大夫。
¶維新，新潮([没]明治22(1889)年1月31日)，日人，幕末([没]1889年1月31日)

武田信温 たけだのぶあつ
安永5(1776)年～文政7(1824)年　[別]武田蔵人《たけだくらんど》
江戸時代後期の武士。伊予宇和島藩若年寄。
¶近世(生没年不詳)，国史(生没年不詳)，国書([生]安永5(1776)年7月4日　[没]文政7(1824)年7月22日)，日人，藩臣6(武田蔵人　たけだくらんど)

武田信興 たけだのぶおき
～元文3(1738)年
江戸時代中期の旗本。
¶神奈川人

武田信清 たけだのぶきよ
永禄6(1563)年～寛永19(1642)年
安土桃山時代～江戸時代前期の出羽米沢藩高家。武田信玄の6男。
¶戦辞([没]寛永19年3月21日(1642年4月28日))，藩臣1，山形百([生]永禄3(1560)年)

武田信貞(1) **たけだのぶさだ**
～寛永3(1626)年
江戸時代前期～中期の武士。
¶神奈川人

武田信貞(2) **たけだのぶさだ**
寛永8(1631)年～正徳1(1711)年
江戸時代前期～中期の武士。
¶日人

武田信村 たけだのぶむら
享保7(1722)年～天明1(1781)年
江戸時代中期の武士。
¶日人

竹田梅廬 たけだばいろ
元文3(1738)年～寛政10(1798)年 [別]竹田定良《たけださだよし》
江戸時代中期の筑前福岡藩士、儒学者。
¶国書([没]寛政10(1798)年6月23日)，人名，日人，藩臣7(竹田定良　たけださだよし)

竹田半之右衛門 たけだはんのうえもん
生没年不詳
江戸時代末期の武士。
¶和歌山人

武田彦衛門(武田彦右衛門) **たけだひこえもん**
文政5(1822)年～慶応1(1865)年
江戸時代末期の水戸藩士。
¶維新，新潮([没]慶応1(1865)年2月4日)，人名(武田彦右衛門　[生]1821年)，日人，幕末([没]1865年3月1日)，藩臣2

竹田昌忠 たけだまさただ
元禄9(1696)年～明和2(1765)年9月23日
江戸時代中期の加賀藩士。
¶国書

竹田政為 たけだまさため
→竹田喜左衛門(たけだきざえもん)

竹田光賓 たけだみつたか
文政8(1825)年～明治33(1900)年
江戸時代末期～明治期の播磨三日月藩士。
¶藩臣5

武田杢介 たけだもくすけ
*～明治14(1881)年
江戸時代末期～明治期の陸奥仙台藩士。
¶幕末([生]1811年　[没]1881年8月9日)，藩臣1([生]文化9(1812)年)

武田保輔 たけだやすすけ
天保9(1838)年～明治34(1901)年
江戸時代末期～明治期の土佐勤王の志士。脱藩後海援隊に参加。外務省使掌、一等巡査等勤務。
¶高知人，幕末([没]1901年11月4日)

武田泰信 たけだやすのぶ
享和2(1802)年～？
江戸時代後期の武芸家。
¶国書

武田敬孝 たけだゆきたか
文政3(1820)年～明治19(1886)年 [別]武田熟軒《たけだじゅくけん》
江戸時代末期～明治期の大州藩士。
¶維新，愛媛百([没]明治19(1886)年2月)，国書(武田熟軒　たけだじゅくけん　[生]文政3(1820)年2月4日　[没]明治19(1886)年2月7日)，人名([生]1826年)，日人，幕末([没]1886年2月7日)，藩臣6

竹田庸伯 たけだようはく
文化6(1809)年～明治28(1895)年
江戸時代末期～明治期の蘭学者、長州藩医。
¶姓氏山口，幕末([没]1895年8月25日)，藩臣6

武田竜淵 たけだりゅうえん
寛政1(1789)年～天保6(1835)年10月18日
江戸時代後期の剣術家。
¶徳島百，徳島歴

武市熊吉 たけちくまきち
天保11(1840)年～明治7(1874)年 [別]武市正幹《たけちまさもと》
江戸時代末期～明治期の土佐藩士、赤坂喰違坂事件指導者。
¶朝日([没]明治7(1874)年7月9日)，維新，近世，高知人(武市正幹　たけちまさもと)，高知百，国史，コン5，史人([没]1874年7月9日)，人名，日人，幕末([没]1874年7月9日)，陸海([没]明治7年7月9日)

武市瑞山 たけちずいざん, たけちずいさん
文政12(1829)年～慶応1(1865)年 [別]武市半平太《たけちはんぺいた》
江戸時代末期の土佐藩の剣術家、尊王家。
¶朝日([生]文政12年9月27日(1829年10月24日)　[没]慶応1年閏5月11日(1865年7月3日))，維新，岩史([生]文政12(1829)年9月27日　[没]慶応1(1865)年閏5月11日)，江戸(武市半平太　たけちはんぺいた)，角史，京都(たけちずいさん)，京都大，近世，剣豪(武市半平太　たけちはんぺいた)，高知人(たけちずいさん)，高知百，国史，国書([生]文政12(1829)年9月27日　[没]慶応1(1865)年閏5月11日)，コン改，コン4，詩歌，史人([生]1829年9月27日　[没]1865年閏5月11日)，人書94，新潮([生]文政12(1829)年9月27日　[没]慶応1(1865)年閏5月11日)，人名(武市半平太　たけちはんぺいた)，姓氏京都，世人([生]文政12(1829)年9月　[没]慶応1(1865)年閏5月11日)，世百，全書，大百，日史([生]文政12(1829)年9月27日　[没]慶応1(1865)年閏5月11日)，日人，幕末([没]1865年7月3日)，藩臣6，百科，名画，歴大

武市半平太 たけちはんぺいた
→武市瑞山(たけちずいざん)

武市正幹 たけちまさもと
→武市熊吉(たけちくまきち)

竹中采女正重興 たけなかうねめのしょうしげおき
→竹中重義(たけなかしげよし)

竹中和順 たけなかかずより
享保17(1732)年～？
江戸時代中期の尾張藩士。
¶国書

武中貫一 たけなかかんいち
天保8(1837)年～明治10(1877)年10月14日
江戸時代末期～明治期の長門清末藩士。

たけなか　　　　　　　　　　596　　　　　　　日本人物レファレンス事典

¶幕末

竹中邦香 たけなかくにか
＊〜明治29（1896）年
江戸時代後期〜明治期の加賀藩士。
¶国際（㊤天保5（1834）年），国書（㊤天保13
（1842）年　㊥明治29（1896）年4月22日）

竹中重明 たけなかしげあき
文政3（1820）年〜？
江戸時代後期〜末期の幕臣。
¶国書

竹中重固 たけなかしげかた
生没年不詳　㊙吉野春山《よしのしゅんざん》
江戸時代末期の幕府官僚、重明の子、陸軍奉行。
¶朝日，維新，新潮，日人，幕末

竹中重門 たけなかしげかど
天正1（1573）年〜寛永8（1631）年
安土桃山時代〜江戸時代前期の武将。
¶近世，国史，国書（㊥寛永8（1631）年閏10月9
日），コン改，コン4，茶道（㊤1574年　㊥1632
年），史人（㊥1631年閏10月9日），新潮（㊥寛永
8（1631）年閏10月9日），人名，戦合，戦国，戦
人，日人

竹中重次 たけなかしげつぐ
→竹中重義（たけなかしげよし）

竹中重義 たけなかしげよし
？　〜寛永11（1634）年　㊙竹中重次《たけなかし
げつぐ》，竹中釆女正重興《たけなかうねめのしょ
うしげおき》
江戸時代前期の大名。豊後府内藩主。
¶朝日（㊥寛永11年2月22日（1634年3月21日）），
岩史（㊥寛永11（1634）年2月22日），近世，国
史，コン改（竹中重次　たけなかしげつぐ），コ
ン4（竹中重次　たけなかしげつぐ），史人
（㊥1634年2月22日），新潮（竹中重次　たけな
かしげつぐ　㊥寛永11（1634）年2月22日），人
名（竹中重次　たけなかしげつぐ），長崎歴（竹
中釆女正重興　たけなかうねめのしょうしげお
き），日史（㊥寛永11（1634）年2月22日），日人
（竹中重次　たけなかしげつぐ），藩主4（㊥寛
永11（1634）年2月22日），歴大

竹中甚五郎 たけなかじんごろう
嘉永1（1848）年〜慶応2（1866）年　㊙竹中甚之助
《たけなかじんのすけ》
江戸時代末期の長州（萩）藩士。
¶維新，幕末（竹中甚之助　たけなかじんのすけ
㊥1866年7月27日）

竹中甚之助 たけなかじんのすけ
→竹中甚五郎（たけなかじんごろう）

竹中尹雄 たけなかただお
生没年不詳
江戸時代後期の長州藩士。
¶国書

竹永直人 たけながなおと
生没年不詳
江戸時代前期の陸奥仙台藩士、剣術家。
¶藩臣1

竹永隼人 たけながはやと
生没年不詳
江戸時代前期の剣術家。柳生心眼流の祖。
¶剣豪

竹浪七郎兵衛〔1代〕 たけなみしちろうべえ
？　〜
江戸時代前期の郷士。
¶青森人

竹貫三郎 たけぬきさぶろう
弘化2（1845）年〜明治1（1868）年3月26日
江戸時代末期の志士。浪士組・赤報隊の結成に
参加。
¶幕末

竹内雲崖 たけのうちうんがい
江戸時代中期の弓術家。
¶人名

竹内加賀之助 たけのうちかがのすけ
生没年不詳
江戸時代前期の剣術家。
¶日人

竹内吉兵衛 たけのうちきちびょうえ
生没年不詳
江戸時代前期の豊前小倉の細川家臣。
¶国書

竹内休山 たけのうちきゅうざん
？　〜天保2（1831）年
江戸時代後期の美作津山藩士。
¶国書

竹内五兵衛 たけのうちごへえ
〜慶安1（1648）年6月29日
江戸時代前期の功臣。
¶庄人

竹内錫命 たけのうちしゃくめい
安永9（1780）年〜明治4（1871）年　㊙竹内錫命
《たけうちしゃくめい》
江戸時代末期〜明治期の和算家、儒者、信濃松本
藩士。
¶人名（㊤？），長野歴（たけうちしゃくめい），
日人

竹内修敬 たけのうちしゅうけい
→竹内修敬（たけうちしゅうけい）

竹内重信 たけのうちじゅうしん
→竹内重信（たけうちしげのぶ）

竹内寿貞 たけのうちじゅてい
弘化1（1844）年〜大正12（1923）年
江戸時代末期〜明治期の志士。
¶幕末（㊥1923年2月18日），宮城百

竹内正兵衛 たけのうちしょうべえ
→竹内正兵衛（たけうちしょうべえ）

竹内新八 たけのうちしんぱち
文化9（1812）年〜嘉永4（1851）年
江戸時代末期の信濃高島藩士。
¶姓氏長野，長野歴，藩political3（㊤文化10（1813）年）

竹内武雄 たけのうちたけお
嘉永1（1848）年〜明治2（1869）年4月6日
江戸時代後期〜明治期の新撰組隊士。

¶新撰

竹内親知 たけのうちちかとも
明和5(1768)年〜天保9(1838)年
江戸時代中期〜後期の加賀大聖寺藩士。
¶藩臣3

竹内世綱 たけのうちつぐあき
寛政2(1790)年〜文久2(1862)年　㊔竹内世綱《たけのうちつぐあさ》
江戸時代末期の加賀大聖寺藩の漢学者。
¶姓氏石川，幕末（たけのうちつぐあさ　㊥1862年6月25日），藩臣3

竹内世綱 たけのうちつぐあさ
→竹内世綱（たけのうちつぐあき）

竹内綱 たけのうちつな
天保10(1839)年〜大正11(1922)年　㊔竹内綱《たけうちつな》，吉綱，万次郎
江戸時代末期〜明治期の土佐藩士、実業家。
¶朝日（㊤天保10年12月26日（1840年1月30日）㊦大正11(1922)年1月9日），学校（㊤天保10(1839)年12月26日　㊦大正11(1922)年1月9日），角史（たけうちつな），近現（たけうちつな），高知人（たけうちつな），高知百（たけうちつな），国際（たけうちつな　㊤天保9(1838)年），国史（たけうちつな），コン改（㊤天保9(1838)年），コン5（㊤天保9(1838)年），史人（㊤1839年12月26日　㊦1922年1月9日），社史（たけうちつな　㊤天保10年(1839年12月26日）　㊦1922年1月9日），新潮（㊤天保10(1839)年12月26日　㊦大正11(1922)年1月9日），人名（㊤1838年），世紀（㊤天保10(1840)年12月26日　㊦大正11(1922)年1月9日），世人（㊤天保9(1838)年12月　㊦大正11(1922)年1月19日），世百（㊤1859年），全書（たけうちつな　㊤1840年），日史（たけうちつな　㊤天保10(1839)年12月26日　㊦大正11(1922)年1月9日），日人（㊤1840年），幕末，㊔㊤1922年1月9日），百科，履歴（たけうちつな　㊤天保10(1839)年12月26日　㊦大正11(1922)年1月9日），歴大（たけうちつな）

竹内藤太夫 たけのうちとうだゆう
正保2(1645)年〜享保13(1728)年
江戸時代前期〜中期の剣術家。竹内流。
¶剣豪

竹内東馬 たけのうちとうま
〜文政11(1828)年5月
江戸時代後期の庄内藩付家老。
¶庄内

竹内徳雄 たけのうちとくお
江戸時代末期の新撰組隊士。
¶新撰

竹内軌定 たけのうちのりさだ
元禄6(1693)年〜延享3(1746)年
江戸時代中期の信濃松代藩士。
¶国書

竹内八郎右衛門[(1)] たけのうちはちろうえもん
安永2(1773)年1月23日〜文政13(1830)年7月3日
江戸時代後期の庄内藩家老。
¶庄内

竹内八郎右衛門[(2)] たけのうちはちろうえもん
→竹内八郎右衛門[(1)]（たけうちはちろうえもん）

竹内八郎右衛門[(3)] たけのうちはちろうえもん
→竹内八郎右衛門[(1)]（たけうちはちろうえもん）

武内半助 たけのうちはんすけ
→武内半助（たけうちはんすけ）

竹内百太郎 たけのうちひゃくたろう
→竹内百太郎（たけうちひゃくたろう）

竹内武信 たけのうちぶしん
→竹内武信（たけうちたけのぶ）

竹内棟 たけのうちむなき
→竹内廉之助（たけうちれんのすけ）

竹内保徳 たけのうちやすのり
→竹内保徳（たけうちやすのり）

竹内廉 たけのうちれん
天保9(1838)年〜明治35(1902)年8月4日
江戸時代後期〜明治期の教育家・津山藩士。
¶岡山歴

竹内廉之助 たけのうちれんのすけ
→竹内廉之助（たけうちれんのすけ）

竹腰左織 たけのこしさおり
江戸時代後期の尾張藩士、愛陶家。
¶人名，日人（生没年不詳）

竹腰成方 たけのこししげかた
→竹腰成方（たけのこしなりかた）

竹腰成方 たけのこしなりかた
慶長19(1614)年〜貞享5(1688)年　㊔竹腰成方《たけのこししげかた》
江戸時代前期の尾張藩の武士。
¶黄檗（㊤慶長19(1614)年5月15日　㊦貞享5(1688)年2月21日），藩臣4（たけのこししげかた）

竹腰正武 たけのこしまさたけ
江戸時代中期の尾張藩士。
¶国書（㊤貞享2(1685)年10月27日　㊦宝暦9(1759)年12月8日），諸系（㊤1686年　㊦1760年），人名（㊤1685年　㊦1759年），日人（㊤1686年　㊦1760年）

竹腰正信 たけのこしまさのぶ
天正19(1591)年〜正保2(1645)年　㊔竹腰正信《たけこしまさのぶ》
江戸時代前期の尾張藩家老。
¶岐阜百（たけこしまさのぶ　㊤1619年），諸系，姓氏愛知，日人，藩臣4

竹腰正旧 たけのこしまさもと
*〜明治43(1910)年　㊔竹腰正旧《たけごしまさもと》
江戸時代末期〜明治期の大名。美濃今尾藩主。
¶維新（㊤1850年），岐阜百（たけごしまさもと　㊤1863年　㊦1919年），諸系（㊤1851年），日人（㊤1851年），幕末（㊤1850年　㊦明治43(1910)年8月23日），藩主2（㊤嘉永4(1851)年2月　㊦明治43(1910)年8月）

竹腰正美 たけのこしまさよし
文政2(1819)年〜明治15(1882)年　㊔竹腰正美

《たけこしせいび》
江戸時代末期～明治期の尾張藩家老。
¶郷土岐阜（たけこしせいび），国書（[生]文政2（1819）年6月 [没]明治17（1884）年7月24日），幕末（[没]1882年7月24日）

武野貞実 たけのさだざね
宝暦11（1761）年～天保12（1841）年 [別]武野算助《たけのさんすけ》
江戸時代中期～後期の豊後日出藩士。
¶国書（[没]天保12（1841）年6月22日），藩臣7（武野算助 たけのさんすけ）

武野貞孝 たけのさだたか
享保8（1723）年～安永8（1779）年
江戸時代中期の豊後日出藩士。
¶国書（[没]安永8（1779）年3月17日），藩臣7

武野算助 たけのさんすけ
→武野貞実（たけのさだざね）

武信潤太郎 たけのぶじゅんたろう
文化6（1809）年～明治11（1878）年
江戸時代末期～明治期の砲術家。
¶維新，鳥取百，日人，幕末（[没]1878年6月11日）

竹俣当綱 たけのまたまさつな
→竹俣当綱（たけまたまさつな）

竹俣義秀 たけのまたよしひで
寛永3（1626）年～延宝2（1674）年
江戸時代前期の出羽米沢藩家老。
¶国書（[没]延宝2（1674）年4月18日），藩臣1

竹花正脩（竹鼻正脩） たけはなせいしゅう
*～文化2（1805）年
江戸時代中期～後期の伊予小松藩士。
¶日人（[生]1745年），藩臣6（竹鼻正脩 [生]延享1（1744）年）

竹林岩次郎 たけばやしいわじろう
文政12（1829）年～明治11（1878）年
江戸時代後期～明治期の剣術家。武蔵流。
¶剣豪

武林隆重 たけばやしたかしげ
→竹林唯七（たけばやしただしち）

竹林唯七（武林唯七） たけばやしただしち
寛文12（1672）年～元禄16（1703）年 [別]武林隆重《たけばやしたかしげ》
江戸時代中期の播磨赤穂藩士。赤穂義士の一人。
¶朝日（武林唯七 [没]元禄16年2月4日（1703年3月20日）），コン改，コン4，詩歌（武林隆重 たけばやしたかしげ），史人（武林唯七 [没]1703年2月4日），新潮（[没]元禄16（1703）年2月4日），人名，日人（武林唯七），藩臣5（武林隆重 たけばやしたかしげ）

武林八郎 たけばやしはちろう
天保10（1839）年～元治1（1864）年 [別]八木八兵衛《やぎはちべえ》
江戸時代末期の志士。天誅組・禁門の変に従軍。
¶維新，新潮（[生]天保12（1841）年5月 [没]元治1（1864）年7月19日），人名，日人，幕末（[没]1864年8月20日）

竹原惟秋 たけはらこれあき
生没年不詳
江戸時代中期の肥後熊本藩士・故実家。
¶国書

竹原惟貞 たけはらこれさだ
？ ～宝永6（1709）年9月18日
江戸時代前期～中期の肥後熊本藩士・故実家。
¶国書

竹原惟重 たけはらこれしげ
生没年不詳
江戸時代中期の肥後熊本藩士・故実家。
¶国書

竹原惟成 たけはらこれなり
？ ～慶安5（1652）年1月1日
江戸時代前期の肥後熊本藩士・故実家。
¶国書

竹原惟路 たけはらこれみち
～明治28（1895）年12月21日
江戸時代末期～明治期の弓道家、熊本藩士、武田流騎射宗家。
¶弓道

竹原玄路 たけはらはるみち
享保5（1720）年～寛政6（1794）年
江戸時代中期の肥後熊本藩用人。
¶国書（[没]寛政6（1794）年11月9日），日人，藩臣7

武久権十郎 たけひさごんじゅうろう
文政3（1820）年～明治8（1875）年
江戸時代末期～明治期の小浜藩士。
¶幕末，藩臣3

武久庄兵衛 たけひさしょうべえ
[別]武久庄兵衛《ぶくしょうべえ》
江戸時代前期の武士。最上氏家臣。
¶戦人（生没年不詳），戦東（ぶくしょうべえ）

武広安英 たけひろやすひで
？ ～天保14（1843）年
江戸時代後期の一関藩士・刀工。
¶国書（生没年不詳），姓氏岩手

建部賢朗 たけべかたあき
享保3（1718）年～？
江戸時代中期の幕臣。
¶国書

建部賢明 たけべかたあきら
万治4（1661）年1月26日～享保1（1716）年
江戸時代中期の幕臣、天文・暦算家。
¶国書（[没]享保1（1716）年閏2月20日），新潮（[没]享保1（1716）年2月21日），人名（[生]1660年），世人（[生]万治3（1660）年 [没]享保1（1716）年2月21日），日人

建部賢弘 たけべかたひろ
寛文4（1664）年～元文4（1739）年
江戸時代中期の幕臣、和算家、暦算家。徳川家光の祐筆直恒の3男。
¶朝日（[没]元文4年7月20日（1739年8月24日）），角史，近世，国史，国書（[生]寛文4（1664）年6月 [没]元文4（1739）年7月20日），コン改，コン4，史人（[生]1664年6月 [没]1739年7月20日），重要（[没]元文4（1739）年7月6日），新潮（[没]元文4（1739）年7月20日），人名，世人（[没]元文4（1739）年7月20日），世百，全書，大百，日史

(没元文4(1739)年7月20日), 日人, 百科, 歴大

建部賢之 たけべかたゆき
承応3(1654)年～享保8(1723)年
江戸時代中期の幕臣、和算家。
¶国書(没享保8(1723)年8月17日), 人名, 日人

武部小四郎 たけべこしろう
弘化3(1846)年～明治10(1877)年
江戸時代末期～明治期の福岡藩士、士族。福岡挙兵の首領。福岡で矯志社を設立。十一学舎を興し、西南戦争に呼応し挙兵、斬首。
¶近現, 国史, コン改, コン5, 史人(生1846年7月　没1877年5月3日), 人名, 日人

建部武彦 たけべたけひこ
→建部武彦(たてべたけひこ)

武部敏行 たけべとしゆき
文化8(1811)年～明治20(1887)年
江戸時代末期～明治期の加賀藩士。
¶国書(生没年不詳), 人名, 日人, 幕末(生1811年4月6日　没1887年5月31日)

建部長教 たけべながのり
享保9(1724)年～明和1(1764)年
江戸時代中期の大名。播磨林田藩主。
¶諸系, 日人, 藩主3(没明和1(1764)年7月10日)

建部広充 たけべひろみつ
～宝暦3(1753)年
江戸時代中期の旗本。
¶神奈川人

建部樸斎(建部撲斎) たけべぼくさい
明和6(1769)年～天保9(1838)年　別建部撲斎《たてべぼくさい》
江戸時代中期～後期の因幡鳥取藩士。
¶鳥取百(建部撲斎), 日人, 藩臣5(建部撲斎 たてべぼくさい)

建部政明 たけべまさあき
寛永15(1638)年～寛文10(1670)年
江戸時代前期の大名。播磨林田藩主。
¶諸系, 日人, 藩主3(没寛文9(1669)年12月23日)

建部政醇 たけべまさあつ
寛政7(1795)年～明治8(1875)年
江戸時代末期～明治期の大名。播磨林田藩主。
¶諸系, 日人, 藩主3

建部政賢 たけべまさかた
延享4(1747)年～文政1(1818)年
江戸時代中期～後期の大名。播磨林田藩主。
¶諸系, 日人, 藩主3(生延享4(1747)年9月26日　没文政1(1818)年5月24日)

建部政民 たけべまさたみ
元禄11(1698)年～安永8(1779)年
江戸時代中期の大名。播磨林田藩主。
¶諸系, 日人, 藩主3(没安永8(1779)年8月18日)

建部政周 たけべまさちか
延宝2(1674)年～宝暦7(1757)年
江戸時代中期の大名。播磨林田藩主。
¶諸系, 人名, 日人, 藩主3(生延宝2(1674)年9月　没宝暦7(1757)年11月20日)

建部政長 たけべまさなが
慶長8(1603)年～寛文12(1672)年
江戸時代前期の大名。摂津尼ケ崎藩主、播磨林田藩主。
¶史人(没1672年4月18日), 諸系, 人名, 日人, 藩主3(没寛文12(1672)年4月18日), 藩主3, 兵庫百

建部政宇 たけべまさのき
正保4(1647)年～正徳5(1715)年　別建部政宇《たけべまさゆき》
江戸時代前期～中期の大名。播磨林田藩主。
¶京都大(たけべまさゆき), 諸系, 人名, 姓氏京都(たけべまさゆき), 日人, 藩主3(生正保4(1647)年3月17日　没正徳5(1715)年1月26日)

建部政宇 たけべまさゆき
→建部政宇(たけべまさのき)

建部政世 たけべまさよ
安政1(1854)年～明治10(1877)年　別建部政世《たてべまさよ》
江戸時代末期～明治期の大名。播磨林田藩主。
¶維新(たてべまさよ), 諸系(生1855年), 日人(生1855年), 幕末(没1877年6月16日), 藩主3(生安政1(1854)年12月　没明治10(1877)年6月)

建部政和 たけべまさより
天保4(1833)年～文久3(1863)年
江戸時代末期の大名。播磨林田藩主。
¶諸系, 日人, 藩主3(没文久3(1863)年2月2日)

武政佐喜馬 たけまささきま
天保6(1835)年～明治32(1899)年2月9日
江戸時代末期～明治期の志士。土佐勤王党に参加。
¶幕末

竹俣当綱 たけまたまさつな
享保14(1729)年～寛政5(1793)年　別竹俣当綱《たけのまたまさつな》
江戸時代中期の武士。出羽米沢藩上杉氏の重臣。
¶朝日(没寛政5年4月5日(1793年5月14日)), 岩史(没寛政5(1793)年4月5日), 角史, 近世, 国史, 国書(たけのまたまさつな　生享保14(1729)年9月17日　没寛政5(1793)年4月5日), コン改, コン4, 史人(たけのまたまさつな　没1793年4月5日), 新潮(没寛政5(1793)年4月5日), 人名, 世人, 日人(たけのまたまさつな), 藩臣1(たけのまたまさつな), 山形百(たけのまたまさつな)

竹松隼人 たけまつはやと
生没年不詳
江戸時代前期の武士。
¶国書

竹宮加兵衛(武宮加兵衛) たけみやかへえ
？～天和3(1683)年　別武宮貞親《たけみやさだちか》, 武宮加兵衛《たけみやかへえ》
江戸時代前期の因幡鳥取藩士。
¶岡山人, 岡山歴(没天和3(1683)年閏5月11日), 国書(武宮加兵衛　没天和3(1683)年閏5月15日), 鳥取百(武宮貞親　たけみやさだちか), 藩臣5(武宮貞親　たけみやさだちか)

た

武宮貞親　たけみやさだちか
→竹宮加兵衛（たけみやかへえ）

武宮貞春　たけみやさだはる
生没年不詳
江戸時代前期〜中期の因幡鳥取藩士・砲術家。
¶国書

武宮貞幹　たけみやさだもと
江戸時代末期の砲術家、因幡鳥取藩士。
¶人名，日人（生没年不詳）

竹村猪之助　たけむらいのすけ
*〜明治16（1883）年
江戸時代末期〜明治期の志士。土佐勤王党に参加。
¶高知人（[生]1829年），幕末（[生]1830年　[没]1883年4月11日）

竹村勝行　たけむらかつゆき
天保5（1834）年〜明治9（1876）年
江戸時代末期〜明治期の新庄藩士。
¶維新，人名，日人

武村専道　たけむらせんどう
？〜明暦2（1656）年
江戸時代前期の武士。
¶和歌山人

竹村惣左衛門　たけむらそうざえもん
明暦1（1655）年〜享保17（1732）年1月29日
江戸時代中期の美作国倉敷代官。
¶岡山歴，群馬人

竹村丹後守　たけむらたんごのかみ
→竹村道清（たけむらみちきよ）

竹村東野　たけむらとうや
文化1（1804）年〜慶応2（1866）年
江戸時代末期の土佐藩の藩校教授。
¶高知人（[生]1805年），高知百，国書（[没]慶応2（1866）年7月1日），人名，日人，幕末（[没]1866年8月10日），藩臣6

竹村俊秀　たけむらとしひで
弘化2（1845）年〜明治10（1877）年
江戸時代末期〜明治期の陸奥会津藩の志士。
¶人名（[没]1876年），日人，幕末（[没]1877年2月7日），藩臣2

竹村梅隠　たけむらばいいん
生没年不詳
江戸時代中期の武士・詩文家。
¶国書

竹村半右衛門　たけむらはんえもん
？〜寛永16（1639）年
江戸時代前期の出羽山形藩士。
¶藩臣1

竹村方斎　たけむらほうさい
？〜明治6（1873）年
江戸時代末期〜明治期の三河挙母藩士、儒学者。
¶藩臣4

竹村道清　たけむらみちきよ
*〜寛永12（1635）年　[別]竹村丹後守《たけむらたんごのかみ》
安土桃山時代〜江戸時代前期の幕吏、石見銀山奉行。
¶島根百（竹村丹後守　たけむらたんごのかみ　[生]永禄5（1562）年ごろ　[没]寛永12（1635）年6月12日），島根歴（竹村丹後守　たけむらたんごのかみ　[生]永禄5（1562）年ごろ），人名（[生]1561年），日人（[生]1561年）

竹村通央　たけむらみちなか
天明3（1783）年〜嘉永6（1853）年11月11日
江戸時代中期〜後期の尾張藩士・故実家。
¶国書

竹村与右衛門　たけむらよえもん
慶長8（1603）年〜延宝6（1678）年
安土桃山時代〜江戸時代前期の剣術家。円明流。
¶剣豪

竹村好博　たけむらよしひろ
〜明治19（1886）年
江戸時代末期の但馬出石藩士・和算家。
¶国書（生没年不詳），数学

竹村嘉理　たけむらよしまさ
永禄9（1566）年〜寛永8（1631）年
安土桃山時代〜江戸時代前期の武士。
¶日人

武元君立　たけもとくんりつ
→武元北林（たけもとほくりん）

武元君立　たけもとくんりゅう
→武元北林（たけもとほくりん）

竹本左門　たけもとさもん
天保12（1841）年〜？
江戸時代末期の下総結城藩士。
¶藩臣3

竹本鹿次郎　たけもとしかじろう
江戸時代末期の新撰組隊士。
¶新撰

竹本素琴　たけもとそきん
天保2（1831）年〜明治32（1899）年　[別]竹本要斎《たけもとようさい》，素琴《そきん》
江戸時代後期〜明治期の幕臣、俳人。
¶植物（竹本要斎　たけもとようさい），日人，俳句（素琴　そきん）

竹本多門　たけもとたもん
*〜明治1（1868）年
江戸時代末期の志士。
¶維新（[生]1844年），人名（[生]1845年），日人（[生]1845年），幕末（[生]1844年　[没]1868年9月29日）

武元北林　たけもとほくりん
明和7（1770）年〜文政3（1820）年　[別]武元君立《たけもとくんりつ,たけもとくんりゅう》
江戸時代後期の備前岡山藩士、農民学者。
¶岡山人（[生]明和6（1769）年），岡山百（武元君立　たけもとくんりゅう），岡山歴（武元君立　たけもとくんりゅう　[没]文政3（1820）年9月27日），国書（[生]明和6（1769）年　[没]文政3（1820）年9月27日），日人，藩臣6（武元君立　たけもとくんりつ），歴大（武元君立　たけもとくんりゅう）

竹本正雅　たけもとまさつね
文政9（1826）年〜明治1（1868）年10月7日
江戸時代末期の幕府官僚。父は旗本荒川練賢。

¶朝日，維新，幕末

竹本正吉 たけもとまさよし
？ 〜寛永1（1624）年
江戸時代前期の武士。
¶和歌山人

竹本光明 たけもとみつあき
元文4（1739）年頃〜文化12（1815）年頃
江戸時代中期〜後期の黒羽藩士。
¶人書94

竹本光政 たけもとみつまさ
生没年不詳
江戸時代前期の旗本。
¶神奈川人

竹本要斎 たけもとようさい
→竹本素琴（たけもとそきん）

竹森石見 たけもりいわみ
天文19（1550）年〜元和7（1621）年
安土桃山時代〜江戸時代前期の筑前福岡藩士。
¶藩臣7

竹森貞幸 たけもりさだゆき
天正6（1578）年〜慶安2（1649）年
安土桃山時代〜江戸時代前期の筑前福岡藩士。
¶藩臣7

竹森次忠 たけもりつぐただ
→竹森伝次右衛門（たけもりでんじえもん）

竹森伝次右衛門 たけもりでんじえもん
元禄9（1696）年〜安永9（1780）年 [別]竹森次忠《たけもりつぐただ》
江戸時代中期の紀伊和歌山藩士、剣術家。竹森流。
¶剣豪，和歌山人（竹森次忠 たけもりつぐただ）

武山勘左衛門 たけやまかんざえもん
元和2（1616）年〜天和3（1683）年10月16日
江戸時代前期の庄内藩士。
¶庄内

武山主殿 たけやまとのも
天正8（1580）年〜？
江戸時代前期の陸奥仙台藩士。
¶藩臣1

多胡逸斎 たごいっさい，たこいつさい
享和2（1802）年〜安政4（1857）年
江戸時代末期の石見津和野藩家老。
¶島根人（たこいつさい），島根歴（[生]文化2（1805）年），藩臣5

多胡勘解由 たごかげゆ
生没年不詳
江戸時代中期の石見津和野藩家老。
¶藩臣5

多胡外記 たこげき
？ 〜
江戸時代の津和野藩家老。
¶島根人

多胡真蔭 たごさねかげ
？ 〜享保2（1717）年
江戸時代中期の石見津和野藩家老。
¶島根歴，日人（[没]1718年），藩臣5

多胡真清 たごさねきよ
天正9（1581）年〜寛永19（1642）年
江戸時代前期の石見津和野藩家老。
¶日人，藩臣5

多胡真武 たごさねたけ
？ 〜元禄8（1695）年
江戸時代前期の石見津和野藩家老。
¶藩臣5

多胡真益 たごさねます
？ 〜寛文5（1665）年 [別]多胡主水《たこもんど》，多胡主水真益《たごもんどさねます》
江戸時代前期の石見津和野藩家老。
¶朝日（[没]寛文5年9月3日（1665年10月11日）），近世，国史，コン改，コン4，島根人（多胡主水 たこもんど [没]寛文），島根歴（多胡主水真益 たごもんどさねます），新潮（[没]寛文5（1665）年9月3日），日人，藩臣5

多湖赤水 たこせきすい
生没年不詳
江戸時代中期の美濃加納藩士、儒学者。
¶藩臣3

田毎月丸 たごとつきまる
→田毎月丸（たごとのつきまる）

田毎月丸 たごとのつきまる
元文5（1740）年〜文政1（1818）年 [別]田毎月丸《たごとつきまる》
江戸時代中期〜後期の信濃上田藩士、狂歌師。
¶人名（たごとつきまる），姓氏長野，長野歴，日人，藩臣3（たごとつきまる），和俳（たごとつきまる）

多湖栢山 たこはくざん，たこはくさん；たごはくさん；たごはくざん
延宝8（1680）年〜宝暦3（1753）年
江戸時代中期の信濃松本藩士、儒学者。
¶江文，国書（[没]宝暦3（1753）年4月16日），人名（たごはくざん），姓氏長野，長野百（たごはくさん），長野歴（たごはくさん），日人（たごはくざん），藩臣3（たこはくさん）

多胡主水 たこもんど
→多胡真益（たごさねます）

多胡主水真益 たごもんどさねます
→多胡真益（たごさねます）

多湖安利 たこやすとし
生没年不詳
江戸時代後期の信濃松本藩士。
¶国書

多湖与太郎 たごよたろう
生没年不詳
江戸時代末期の山城淀藩士。
¶藩臣5

太宰春台 だざいしゅんだい
延宝8（1680）年〜延享4（1747）年
江戸時代中期の信濃飯田藩の儒学者。「経済録」「産語」を著述。
¶朝日（[生]延宝8年9月14日（1680年11月5日） [没]延享4年5月30日（1747年7月7日）），岩史（[生]延宝8（1680）年9月14日 [没]延享4（1747）年

5月30日），江戸，江文，角史，神奈川人，教育，郷土長野，近世，国史，国書（⊕延宝8（1680）年9月14日　㉟享4（1747）年5月30日），コン改，コン4，詩歌，史人（⊕1680年9月14日　㉟1747年5月30日），重要（⊕延宝8（1680）年9月14日　㉟享4（1747）年5月30日），人書94，神人（⊕延宝8（1680）年9月14日　㉟延宝4（1747）年5月30日），新潮（⊕延宝8（1680）年9月14日　㉟延宝4（1747）年5月30日），人名，姓氏長野，世人（⊕延宝8（1680）年9月14日　㉟享4（1747）年5月30日），世百，全書，大百，伝記，長野百，長野歴，日音（⊕延宝8（1680）年9月14日　㉟延宝4（1747）年5月30日），日史（⊕延宝8（1680）年9月14日　㉟延宝4（1747）年5月30日），日人，人情3，藩臣3，百科，歴大

太宰清右衛門（太宰清右衛門）　だざいせいえもん
文政12（1829）年～元治1（1864）年　㋾竹林虎太郎《たけばやしとらたろう》
江戸時代末期の水戸藩郷士。
¶維新，人名（太宰清右衛門　⊕1828年），日人，幕末（㉟1864年11月19日）

田坂与七郎　たさかよしちろう
慶安1（1648）年～宝永7（1710）年
江戸時代前期～中期の備前岡山藩士。
¶岡山歴，藩臣6

田崎東　たざきあずま，たざきあづま
天保14（1843）年～明治2（1869）年
江戸時代末期の蝦夷松前藩士。
¶維新，新潮（⊕天保14（1843）年12月　㉟明治2（1869）年5月26日），人名，日人（⊕1844年），幕末（たざきあづま），藩臣1

田崎東　たざきあづま
→田崎東（たざきあずま）

田崎草雲　たざきそううん，たさきそううん
文化12（1815）年～明治31（1898）年
江戸時代末期～明治期の下野足利藩士，画家。藩の農兵組織を作った。画作品に「蓬莱仙宮」など。
¶朝日（⊕文化12年10月15日（1815年11月15日）　㉟明治31（1898）年9月1日），維新，江戸，角史，郷土栃木（⊕1896年），近現，近世，近美（⊕文化12（1815）年10月15日　㉟明治31（1898）年9月1日），群馬人，国史，国書（⊕文化12（1815）年10月15日　㉟明治31（1898）年9月1日），コン改，コン4，コン5，史人（⊕1815年10月15日　㉟1898年9月1日），新潮（⊕文化12（1815）年10月15日　㉟明治31（1898）年9月1日），人名，姓氏群馬，世人（⊕文化12（1815）年10月11日　㉟明治31（1898）年9月1日），全書，大百，栃木百（たさきそううん），栃木歴，日史（⊕文化12（1815）年10月15日　㉟明治31（1898）年9月1日），日人，日本，幕末（㉟1898年9月1日），藩臣2，美家（⊕文化12（1815）年10月15日　㉟明治31（1898）年9月1日），美術，百科，名画

田崎久親　たざきひさちか
？　～元和4（1618）年4月9日
安土桃山時代～江戸時代前期の佐竹氏の家臣。
¶戦辞

田沢周任　たざわかねとう
？　～安政4（1857）年

江戸時代後期～末期の幕臣。
¶国書

田沢正義　たさわまさよし
慶長6（1601）年～承応3（1654）年
江戸時代前期の旗本。
¶神奈川人

田近陽一郎　たじかよういちろう
→田近陽一郎（たぢかよういちろう）

田島道喜　たじまどうき，だじまどうき
安土桃山時代～江戸時代前期の武士。里見氏家臣。
¶戦人（生没年不詳），戦東（だじまどうき）

田島与次右衛門　たじまよじうえもん
文政2（1819）年～明治20（1887）年11月
江戸時代末期～明治期の周防岩国藩士。
¶幕末

田尻次兵衛　たじりじへい
寛政6（1794）年～安政2（1855）年
江戸時代末期の薩摩藩士、絵師。
¶幕末

田尻新介　たじりしんすけ
文政2（1819）年～慶応1（1865）年
江戸時代末期の水戸藩士。
¶維新，人名，日人，幕末（㉟1865年4月28日），藩臣2

田尻惣馬　たじりそうま
延宝6（1678）年～宝暦10（1760）年
江戸時代中期の筑後柳河藩士。
¶日人，藩臣7

田尻種博　たじりたねひろ
？　～明治34（1901）年
江戸時代末期～明治期の武士、神官。戊辰戦争に藩大隊長として奥羽で活躍。
¶維新，人名，日人

田尻務　たじりつとむ
生没年不詳
江戸時代末期の薩摩藩士。
¶神人，姓氏鹿児島，幕末

田尻春種　たじりはるたね
？　～寛永17（1640）年
江戸時代前期の肥前山代領主。
¶人名，日人

田代角兵衛　たしろかくべえ
？　～元和5（1619）年
安土桃山時代～江戸時代前期の紀伊和歌山藩士。
¶藩臣5

田代簡窩　たしろかんか
→田代政䡄（たしろまさかま）

田代毅軒　たしろきけん
天明2（1782）年～天保12（1841）年　㋾田代政典《たしろまさのり》
江戸時代後期の肥後人吉藩家老。
¶朝日（㉟天保12年2月10日（1841年4月1日）），近世，熊本百（田代政典　たしろまさのり　⊕？　㉟天保12（1841）年2月10日），国史，国書（田代政典　たしろまさのり　㉟天保12（1841）年2月10日），コン改，コン4，新潮

（[没]天保12（1841）年2月），人名，日人，藩臣7（田代政典　たしろまさのり）

田代外記　たしろげき
天正1（1573）年～慶安3（1650）年
安土桃山時代～江戸時代前期の筑前秋月藩家老。
¶藩臣7

田代重章　たしろしげあき
？　～宝永7（1710）年
江戸時代中期の武士。
¶和歌山人

田代尚亭　たしろしょうてい
宝暦5（1755）年～文政6（1823）年
江戸時代後期の漢詩人、秋田佐竹藩士。
¶人名，日人

田代忠金　たしろただかね
？　～享保7（1722）年
江戸時代前期～中期の上野高崎藩士。
¶国書

田代忠国　たしろただくに
宝暦7（1757）年～天保1（1830）年
江戸時代中期～後期の秋田藩士、洋画家。
¶秋田百，岡山歴（[生]宝暦7（1757）年10月　[没]文政13（1830）年10月），全書，大百，日人，名画，洋学

田代辰雄　たしろたつお，たしろたつを
弘化3（1846）年～明治41（1908）年
江戸時代末期～明治期の三河西尾藩士、剣術家。
¶姓氏愛知，幕末，藩臣4（たしろたつを）

田代環　たしろたまき
天保7（1836）年～大正3（1914）年
江戸時代末期～明治期の和泉岸和田藩士。
¶藩臣5

田代常綱　たしろつねつな
？　～文化13（1816）年5月16日
江戸時代中期～後期の筑後久留米藩士。
¶国書

田代陣基　たしろつらもと
延宝6（1678）年～寛延1（1748）年
江戸時代中期の肥前佐賀藩士。
¶国書（[没]寛延1（1748）年7月），佐賀百，藩臣7

田代藤右衛門　たしろとうえもん
文化13（1816）年～明治5（1872）年
江戸時代後期～明治期の剣術家。養勇流。
¶剣豪

田代政鬴　たしろまさかま
寛政2（1790）年～明治2（1869）年9月11日　[別]田代簡窩《たしろかんか》
江戸時代末期の肥後人吉藩家老。
¶熊本百（[生]？），国書（田代簡窩　たしろかんか），藩臣7

田代政典　たしろまさのり
→田代毅軒（たしろきけん）

田代守次　たしろもりつぐ
？　～安政4（1857）年
江戸時代末期の筑後久留米藩士。
¶藩臣7，福岡百（[没]安政4（1857）年4月29日）

田瀬速水　たせはやみ
文政1（1818）年10月19日～
江戸時代後期～末期の庄内藩士。
¶庄内

田添源次郎　たぞえげんじろう
享保9（1724）年～寛政5（1793）年
江戸時代中期の肥後熊本藩士。
¶藩臣7

忠内次郎三　ただうちじろぞう
天保10（1839）年～明治2（1869）年
江戸時代後期～明治期の剣術家。流名不詳。
¶剣豪

多田翁助　ただおうすけ
→多田守保（ただもりやす）

多田海庵　ただかいあん
→多田弥太郎（ただやたろう）

多田菊屏　ただきくべい，ただきくへい
生没年不詳
江戸時代末期の播磨姫路藩士。
¶国書（ただきくへい），藩臣5，兵庫百

但木重信　ただきしげのぶ
寛永18（1641）年～元禄15（1702）年
江戸時代前期～中期の陸奥仙台藩士。
¶藩臣1

但木土佐　ただきとさ
文化14（1817）年～明治2（1869）年
江戸時代末期の陸奥仙台藩士、家老。
¶朝日（[没]明治2年5月19日（1869年6月28日）），維新，コン改（[生]文政1（1818）年），コン4（[生]文政1（1818）年），コン5（[生]文政1（1818）年），新潮（[没]明治2（1869）年5月19日），人名（[生]1818年），姓氏宮城，日史（[没]明治2（1869）年5月19日），日人，幕末（[生]1811年　[没]1869年6月28日），藩臣1，百科，宮城百（[生]文化8（1811）年）

多田源左衛門　ただげんざえもん
慶安4（1651）年～享保6（1721）年　[別]多田祐久《ただすけひさ》
江戸時代前期～中期の安芸広島藩士、剣術家。
¶剣豪，藩臣6（多田祐久　ただすけひさ）

多田左膳　たださぜん
宝暦1（1751）年～文化8（1811）年
江戸時代後期の対馬藩士。
¶人名，日人

多田春水　ただしゅんすい
→小山田春水（おやまだしゅんすい）

多田祐久　ただすけひさ
→多田源左衛門（ただげんざえもん）

多田外衛　ただそとえ
文化12（1815）年～*
江戸時代末期の対馬藩家老。
¶維新（[没]1864年），幕末（[没]1865年1月18日）

唯武連　ただたけつら
→唯武連（ゆいたけつら）

多田帯刀　ただたてわき
天保2（1831）年～文久2（1862）年
江戸時代末期の金閣寺家士。

た

¶維新，幕末（[没]1862年12月7日）

多田禎吾 ただていご
嘉永1（1848）年～明治3（1870）年9月3日
江戸時代後期～明治期の阿波徳島藩士。
¶徳島歴

多田東渓 ただとうけい
元禄15（1702）年～明和1（1764）年
江戸時代中期の上野館林藩士、儒学者。
¶江文，国書（[生]元禄15（1702）年5月29日　[没]明和1（1764）年8月16日），人名，日人，藩臣2

多田誠明 ただともあき
安永6（1777）年～天保15（1844）年　[別]多田良助《ただりょうすけ》
江戸時代後期の出羽庄内藩士、儒学者。
¶国書（[没]天保15（1844）年8月24日），藩臣1（多田良助　ただりょうすけ）

多田紀久 ただのりひさ
享保9（1724）年～寛政5（1793）年
江戸時代中期の安芸広島藩士、剣術家。
¶藩臣6

只見政兵衛 ただみせいべえ
？　～天明1（1781）年
江戸時代中期の下総古河藩士。
¶藩臣3

多田守保 ただもりやす
元文4（1739）年～文化3（1806）年11月28日　[別]多田翁助《ただおうすけ》
江戸時代中期～後期の近江膳所藩家老、武芸家。
¶国書，庄内（多田翁助　ただおうすけ）

多田弥太郎 ただやたろう
文政9（1826）年～元治1（1864）年　[別]多田海庵《ただかいあん》
江戸時代末期の出石藩士。
¶維新，国書（多田海庵　ただかいあん　[生]文政9（1826）年3月27日　[没]元治1（1864）年2月28日），新潮（[没]元治1（1864）年2月28日），人名，日人，幕末（[没]1864年2月28日），藩臣5，兵庫人（[没]元治1（1864）年2月28日），兵庫百

多田良助 ただりょうすけ
→多田誠明（ただともあき）

立入奇一 たちいりきいち
弘化1（1844）年～＊
江戸時代後期～明治期の武士、政治家。
¶日人（[没]1895年），三重続（[生]弘化1年4月　[没]大正6年）

田近儀左衛門 たぢかぎざえもん，たちかぎざえもん
？　～明治3（1870）年
江戸時代末期～明治期の豊後岡藩士。
¶人名（たちかぎざえもん），日人，藩臣7

田近長陽 たちかながはる
→田近陽一郎（たぢかよういちろう）

田近陽一郎 たぢかよういちろう，たじかよういちろう
天保7（1836）年～明治34（1901）年　[別]田近長陽《たちかながはる》，田近陽一郎《たじかよういちろう》
江戸時代末期～明治期の豊後岡藩士、国学者。
¶維新，大分歴，神人（たじかよういちろう　[生]天保7（1839）年　[没]明治34（1901）年3月1日），新潮（[生]天保7（1836）年11月3日　[没]明治34（1901）年4月7日），人名（田近長陽　たちかながはる），日人，幕末（たじかよういちろう　[没]1901年4月7日），藩臣7

立川伸 たちかわしん
生没年不詳
江戸時代中期の備中岡田藩士。
¶国書

立川主税 たちかわちから
天保6（1835）年～明治36（1903）年1月22日
江戸時代末期～明治期の新撰組隊士。
¶新撰，幕末

立木定保 たちぎさだやす
→立木定保（たつぎさだやす）

館天籟 たちてんらい
安永7（1778）年～文政10（1827）年　[別]館天籟《たててんらい》
江戸時代後期の出羽秋田藩士、漢学者。
¶秋田百，江文（たててんらい　[生]？），人名，日人，藩臣1（たててんらい）

立花鑑賢 たちばなあきかた
寛政1（1789）年～天保1（1830）年
江戸時代後期の大名。筑後柳河藩主。
¶諸系，人名，日人，藩主4（[生]寛政1（1789）年7月8日　[没]天保1（1830）年4月11日）

立花鑑任 たちばなあきたか
→立花鑑任（たちばなあきとう）

立花鑑任 たちばなあきとう
天和3（1683）年～享保6（1721）年　[別]立花鑑任《たちばなあきたか》
江戸時代中期の大名。筑後柳河藩主。
¶諸系，人名（たちばなあきたか　[没]1716年），日人，藩主4（[生]天和3（1683）年1月7日　[没]享保6（1721）年5月13日）

立花鑑寛 たちばなあきとも
文政12（1829）年～明治42（1909）年
江戸時代末期～明治期の大名。筑後柳河藩主。
¶維新，国書（[生]文政12（1829）年6月23日　[没]明治42（1909）年2月23日），諸系，日人，幕末（[没]1909年2月23日），藩主4（[生]文政12（1829）年6月23日　[没]明治42（1909）年1月24日）

立花鑑虎 たちばなあきとら
正保2（1645）年11月15日～元禄15（1702）年6月23日
江戸時代前期～中期の大名。筑後柳河藩主。
¶黄檗，国書，諸系（[生]1646年），日人（[生]1646年），藩主4

立花鑑通 たちばなあきなお，だちばなあきなお
享保14（1729）年12月2日～寛政9（1797）年12月9日　[別]立花鑑通《たちばなあきみち》
江戸時代中期の大名。筑後柳河藩主。
¶国書（たちばなあきみち），諸系（だちばなあきなお　[生]1730年　[没]1798年），人名（たちばなあきみち），日人（[生]1730年　[没]1798年），藩主4

立花鑑備　たちばなあきのぶ
文政10（1827）年～弘化3（1846）年
江戸時代後期の大名。筑後柳河藩主。
¶諸系，日人，藩主4（[生]文政10（1827）年8月21日　[没]弘化3（1846）年3月24日）

立花鑑寿　たちばなあきひさ
明和6（1769）年～文政3（1820）年
江戸時代中期～後期の大名。筑後柳河藩主。
¶国書（[生]明和6（1769）年3月25日　[没]文政3（1820）年4月29日），諸系，日人，藩主4（[生]明和6（1769）年3月25日　[没]文政3（1820）年4月29日）

立花鑑広　たちばなあきひろ
文政6（1823）年～天保4（1833）年
江戸時代後期の大名。筑後柳河藩主。
¶諸系，日人，藩主4（[生]文政6（1823）年8月21日　[没]天保4（1833）年2月19日）

立花鑑通　たちばなあきみち
→立花鑑通（たちばなあきなお）

立花壱岐　たちばないき
天保2（1831）年～明治14（1881）年　[別]立花親雄《たちばなちかお》
江戸時代末期～明治期の筑後柳河藩家老。
¶維新，人名（立花親雄　たちばなちかお），日人，幕末（[没]1881年7月24日），藩臣7（立花親雄　たちばなちかお），福岡百（[生]天保2（1831）年5月15日　[没]明治14（1881）年7月24日）

立花采女　たちばなうねめ
天保7（1836）年～明治4（1871）年
江戸時代末期～明治期の筑前福岡藩家老。
¶藩臣7

立花景福　たちばなかげふく
天保7（1836）年～？
江戸時代末期の筑後三池藩士。
¶藩臣7

立花包高　たちばなかねたか
*～文化9（1812）年　[別]立花兵衛《たちばなひょうえ》
江戸時代中期～後期の陸奥下手渡藩家老。
¶国書（[生]寛保3（1743）年　[没]文化9（1812）年10月9日），藩臣2（立花兵衛　たちばなひょうえ　[生]寛保2（1742）年）

橘内蔵介　たちばなくらのすけ
文政3（1820）年～明治13（1880）年　[別]橘正以《たちばなまさもち》
江戸時代末期～明治期の紀伊和歌山藩士。
¶剣豪，藩臣5（橘正以　たちばなまさもち）

橘耕斎　たちばなこうさい
文政3（1820）年～明治18（1885）年　[別]増田甲斎《ますだこうさい》，ウラジーミル・ヨシフォビィチ，ヤモトフ，増田久米左衛門，立花久米蔵
江戸時代末期～明治期の掛川藩士、通詞。1855年ロシアに密航。
¶朝日（[没]明治18（1885）年5月31日），維新，海越（[没]明治18（1885）年5月31日），海越新（[没]明治18（1885）年5月31日），近現，近世，国史，国書（[没]明治18（1885）年5月31日），史人（[没]1885年5月31日），静岡百（[生]文政2（1819）年），静岡歴（[生]文政2（1819）年），新潮（[没]明治18（1885）年5月31日），人名（増田甲斎　ますだこうさい　[生]1821年），姓氏静岡，渡航（[没]1885年5月31日），日人，幕末（[生]1819年　[没]1885年5月31日），洋学，歴大

立花貞則　たちばなさだのり，だちばなさだのり
享保10（1725）年～延享3（1746）年
江戸時代中期の大名。筑後柳河藩主。
¶諸系（だちばなさだのり），日人，藩主4（[生]享保10（1725）年5月12日　[没]延享3（1746）年7月17日）

立花貞俶　たちばなさだよし
元禄11（1698）年～延享1（1744）年
江戸時代中期の大名。筑後柳河藩主。
¶諸系，日人，藩主4（[生]元禄11（1698）年6月23日　[没]延享1（1744）年5月25日）

橘式部　たちばなしきぶ
嘉永3（1850）年～慶応2（1866）年9月5日
江戸時代末期の奇兵隊士。
¶幕末

立花重種　たちばなしげたね
寛永1（1624）年～元禄15（1702）年
江戸時代前期～中期の筑前福岡藩家老。
¶国書（[没]元禄15（1702）年3月24日），藩臣7

立花茂虎　たちばなしげとら
？　～元禄14（1701）年
江戸時代前期～中期の筑後柳河藩士。
¶藩臣7

立花実山　たちばなじつざん
明暦1（1655）年～宝永5（1708）年
江戸時代前期～中期の筑前福岡藩士。福岡藩家老・平左衛門重種の次男。
¶朝日（[没]宝永5年11月10日（1708年12月21日）），近世，国史，国書（[没]宝永5（1708）年11月10日），茶道，人名（[生]？），全書，日人，藩臣7，福岡百（[生]明暦1（1655）年11月　[没]宝永5（1708）年11月10日）

立花寿賰　たちばなじゅしゅん
宝暦12（1762）年～文政8（1825）年
江戸時代中期～後期の筑後柳河藩家老。
¶藩臣7

立花専大夫　たちばなせんだゆう
？　～宝暦1（1751）年
江戸時代中期の剣術家。二天一流。
¶剣豪

立花宗樸　たちばなそうぼく
？　～延享2（1745）年
江戸時代中期の筑前黒田藩士。
¶茶道

立花高景　たちばなたかかげ
享和1（1801）年～明治9（1876）年
江戸時代末期～明治期の筑後三池藩家老。
¶藩臣7

立花忠茂　たちばなただしげ
慶長17（1612）年～延宝3（1675）年
江戸時代前期の大名。筑後柳河藩主。
¶朝日（[生]慶長17年7月7日（1612年8月3日）

た

[没]延宝3年9月19日（1675年11月6日）），黄檗（[生]慶長17（1612）年7月7日　[没]延宝3（1675）年9月19日），近世，国史，国書（[生]慶長17（1612）年7月7日　[没]延宝3（1675）年9月19日），コン改，コン4，史人（[没]1675年9月19日），諸系，新潮（[生]慶長17（1612）年7月　[没]延宝3（1675）年9月19日），人名，世人，日人，藩主4（[生]慶長17（1612）年7月7日　[没]延宝3（1675）年9月19日）

立花辰之介 たちばなたつのすけ
弘化1（1844）年～元治1（1864）年
江戸時代末期の水戸藩士。
¶維新，幕末（[没]1864年11月3日）

立花種明 たちばなたねあきら
正保1（1644）年～元禄12（1699）年
江戸時代前期の大名。筑後三池藩主。
¶諸系，日人，藩主4（[没]元禄12（1699）年1月8日）

立花種周 たちばなたねちか
延享1（1744）年～文化6（1809）年
江戸時代中期～後期の大名。筑後三池藩主。
¶諸系，人名（[没]？），日人，藩主4（[生]延享1（1744）年8月8日　[没]文化6（1809）年10月15日），福岡百

立花種次 たちばなたねつぐ
慶長9（1604）年～寛永7（1630）年
江戸時代前期の大名。筑後三池藩主。
¶諸系，日人，藩主4（[生]慶長9（1604）年8月　[没]寛永7（1630）年3月29日）

立花種俊 たちばなたねとし
慶長13（1608）年～寛文4（1664）年
江戸時代前期の筑後柳河藩士。
¶藩臣7

立花種長 たちばなたねなが
寛永2（1625）年～正徳1（1711）年
江戸時代前期～中期の大名。筑後三池藩主。
¶諸系，日人，藩主4（[生]寛永2（1625）年8月　[没]宝永8（1711）年2月1日）

立花種温 たちばなたねはる
文化9（1812）年～嘉永2（1849）年
江戸時代後期の大名。陸奥下手渡藩主。
¶諸系，日人，藩主1（[生]文化8（1811）年12月6日　[没]嘉永2（1849）年2月12日）

立花種治 たちばなたねはる
～享保12（1727）年
江戸時代中期の旗本。
¶神奈川人

立花種恭 たちばなたねゆき
天保7（1836）年～明治38（1905）年
江戸時代末期～明治期の大名。陸奥下手渡藩主、筑後三池藩主。
¶朝日（[生]天保7年2月28日（1836年4月13日）　[没]明治38（1905）年1月30日），維新，諸系，人書94，日人，幕末（[没]1905年1月30日），藩主1，藩主4（[生]天保7（1836）年2月28日　[没]明治38（1905）年1月30日），福岡百

立花種吉 たちばなたねよし
～正保2（1645）年
江戸時代前期の旗本。
¶神奈川人

立花種善 たちばなたねよし
寛政6（1794）年～＊
江戸時代後期の大名。陸奥下手渡藩主、筑後三池藩主。
¶諸系（[没]1833年），日人（[没]1833年），藩主1（[没]天保3（1832）年12月25日），藩主4（[生]寛政6（1794）年1月19日　[没]天保3（1832）年12月25日）

立花弾正 たちばなだんじょう
文化4（1807）年～明治22（1889）年
江戸時代末期～明治期の筑前福岡藩家老。
¶藩臣7

立花親雄 たちばなちかお
→立花壱岐（たちばないき）

橘智正 たちばなとしまさ
→橘智正（たちばなともまさ）

橘智正 たちばなともまさ
生没年不詳　[別]橘智正《たちばなとしまさ》
江戸時代前期の武士。対馬島主宗義智の家臣。
¶近世，国史，史人（たちばなとしまさ），日人，歴大（たちばなとしまさ）

立花通厚 たちばななおあつ
宝暦11（1761）年～天保9（1838）年
江戸時代中期～後期の筑後柳河藩主一門。
¶藩臣7

立花直次 たちばななおつぐ
元亀3（1572）年～元和3（1617）年　[別]高橋直次《たかはしなおつぐ》
安土桃山時代～江戸時代前期の筑後国の大名。三池立花家の開祖。
¶近世，国史，古中，史人（高橋直次　たかはしなおつぐ　[生]1574年　[没]1617年7月19日），諸系，人名，戦合（[生]？），戦国（高橋直次　たかはしなおつぐ　[生]1574年），戦人（[生]？），日人，藩主4（[生]元亀3（1572）年12月1日　[没]元和3（1617）年7月19日），福岡百（高橋直次　たかはしなおつぐ　[没]元和3（1617）年7月19日）

立花長熙 たちばなながひろ
享保5（1720）年～安永7（1778）年
江戸時代中期の大名。筑後三池藩主。
¶諸系，日人，藩主4（[生]享保5（1720）年7月17日　[没]安永7（1778）年閏7月2日）

橘南谿（橘南渓） たちばななんけい
宝暦3（1753）年～文化2（1805）年　[別]宮川春暉《みやがわはるあきら》，宮川南谿《みやがわなんけい》
江戸時代中期～後期の伊勢久居藩の儒医。
¶朝日（[生]宝暦3年4月21日（1753年5月23日）　[没]文化2年4月10日（1805年5月8日）），岩史（[生]宝暦3（1753）年4月21日　[没]文化2（1805）年4月10日），岩手百，大阪人（[没]文化2（1805）年4月），京都，京都大，近世，考古（橘南渓　[生]宝暦3年（1753年4月21日）　[没]文化2年（1805年4月10日）），国史，国書（[生]宝暦3（1753）年4月21日　[没]文化2（1805）年4月10日），コン改，コン4，史人（[生]1753年4月21日　[没]1805年4月10日），人書79，人書94（[生]1754年　[没]1806

年），新潮（㊥宝暦3（1753）年4月21日　㉓文化2（1805）年4月10日），人名㊥1754年　㉓1806年），姓氏岩手，姓氏京都，世人（㊥宝暦4（1754）年　㉓文化3（1806）年4月10日，日人，藩臣4，三重（宮川南谿㊥宝暦3年4月21日），歴大

立花寿淑　たちばなひさよし
→立花蘭斎（たちばならんさい）

立花兵衛　たちばなひょうえ
→立花包高（たちばなかねたか）

立花文助　たちばなぶんすけ
？〜
江戸時代の八戸藩士。
¶青森人

橘正房　たちばなまさふさ
生没年不詳
安土桃山時代〜江戸時代前期の地方豪族・土豪。
¶戦人

橘正以　たちばなまさもち
→橘内蔵介（たちばなくらのすけ）

立花通栄　たちばなみちえ
？〜安政3（1856）年
江戸時代末期の筑後柳河藩家老。
¶藩臣7

橘三喜（橘三善）　たちばなみつよし
寛永12（1635）年〜元禄16（1703）年　㋓橘三喜《たちばなみよし》
江戸時代前期〜中期の神道家、越後長岡藩士。橘神道を創唱。
¶朝日（㊥元禄16年3月7日（1703年4月22日）），江文，近世，国史，国書（㊥元禄16（1703）年3月7日），コン改（㊥宝永1（1704）年），コン4（㊥宝永1（1704）年，埼玉人，埼玉百（たちばなみよし），史人（㉓1703年3月7日），神史，神人（㉓元禄16（1703）年3月7日），新潮（㊥宝永1（1704）年），人名（㉓1704年），世人（橘三善㊥宝永1（1704）年），全書，日人，藩臣4（生没年不詳）

橘三喜　たちばなみよし
→橘三喜（たちばなみつよし）

立花宗茂　たちばなむねしげ
永禄12（1569）年〜寛永19（1642）年　㋓立花統虎《たちばなむねとら》，羽柴左近将監《はしばさこんしょうげん》，柳川侍従《やながわじじゅう》
安土桃山時代〜江戸時代前期の武将、大名。
¶朝日（㊥永禄12年8月13日（1569年9月23日）？㉓寛永19年11月25日（1643年1月15日），岩史（㊥永禄12（1569）年8月13日？　㉓寛永19（1642）年11月25日，角史，近世（㊥？），国史（㊥？），国書（㊥永禄12（1569）年8月13日　㉓寛永19（1642）年11月25日，古中（㊥？），コン改，コン4，茶道，史人（㊥？　㉓1642年11月25日，重要（㊥寛永19（1642）年11月25日，諸系（㉓1643年），新潮（㊥永禄12（1569）年8月　㉓寛永19（1642）年11月25日），人名，世人（㊥永禄12（1569）年8月　㉓寛永19（1642）年11月25日），戦合（㊥？），戦国（㊥1568年），全書，戦人（㊥永禄10（1567）年），戦西（立花

統虎　たちばなむねとら　㊥？），大百（㊥1568年），日史（㊥永禄11（1568）年　㉓寛永19（1642）年11月25日），藩主1，藩主4（㊥永禄12（1569）年8月13日　㉓寛永19（1642）年11月25日），百科（㊥永禄11（1568）年），福岡百，歴大（㊥1567年）

立花統虎　たちばなむねとら
→立花宗茂（たちばなむねしげ）

立花貫長　たちばなやすなが
貞享4（1687）年〜延享4（1747）年
江戸時代中期の大名。筑後三池藩主。
¶諸系，日人，藩主4（㊥延享4（1747）年5月19日）

立花致伝　たちばなよしひろ
享保20（1735）年〜？
江戸時代中期の筑後柳河藩主一門。
¶藩臣7

立花蘭斎　たちばならんさい
享和1（1801）年〜天保2（1831）年　㋓立花寿淑《たちばなひさよし》
江戸時代後期の筑後柳河藩士。
¶国書（㉓天保2（1831）年7月29日），人名，日人，立花寿淑　たちばなひさよし）

館原大炊助　たちはらおおいのすけ
生没年不詳
安土桃山時代〜江戸時代前期の武士。佐竹氏家臣。
¶戦辞，戦人，戦東

立原杏所　たちはらきょうしょ
天明5（1785）年〜天保11（1840）年　㋓杏所《きょうしょ》
江戸時代後期の水戸藩の南画家。
¶朝日（㊥天明5年12月16日（1786年1月15日）㉓天保11年5月20日（1840年6月19日）），茨城百，江戸東，角史，郷土茨城，近世，国史，国書（㊥天明5（1785）年12月26日　㉓天保11（1840）年5月20日），コン改，コン4，埼玉人，埼玉百，史人（㊥天明5（1785）年12月26日　㉓天保11（1840）年5月20日），新潮（㊥天明5（1785）年12月16日　㉓天保11（1840）年5月20日），人名，世人，世百，栃木歴，日史（㊥天明5（1785）年12月　㉓天保11（1840）年5月20日），日人（㊥1786年），藩臣2，美術，百科，名画，歴大

立原翠軒　たちはらすいけん
延享1（1744）年〜文政6（1823）年
江戸時代中期〜後期の儒学者、水戸藩士。
¶朝日（㊥延享1年6月8日（1744年7月17日）㉓文政6年3月14日（1823年4月24日）），茨城百，岩史（㊥延享1（1744）年6月8日　㉓文政6（1823）年3月14日），江文，角史，郷土茨城，近世，考古（㊥延享1年（1774年6月8日）㉓文政6年（1823年3月14日）），国史，国書（㊥延享1（1744）年6月8日　㉓文政6（1823）年3月14日），コン改，コン4，詩歌，史人（㊥1744年6月8日　㉓1823年3月14日），新潮（㊥延享1（1744）年6月7日　㉓文政6（1823）年3月14日），人名，世人（㊥延享1（1744）年6月8日　㉓文政6（1823）年3月18日），世百，日史（㊥延享1（1744）年6月7日　㉓文政6（1823）年3月14日），日人，藩臣2，百科，歴大，和俳

た

立原朴次郎　たちはらぼくじろう
天保3（1832）年～元治1（1864）年
江戸時代末期の水戸藩士。
¶維新，日人，幕末（[没]1864年9月23日），藩臣2

竜岡東五郎　たつおかとうごろう
文政1（1818）年～明治14（1881）年10月22日
江戸時代末期～明治期の薩摩藩士。
¶幕末

立木定保　たつぎさだやす
文政9（1826）年～明治5（1872）年　[別]立木定保《たちぎさだやす》
江戸時代末期～明治期の信濃高島藩の国学者。
¶姓氏長野，長野歴，幕末（たちぎさだやす　[没]1872年8月18日），藩臣3

竜玉淵　たつぎょくえん
→竜玉淵（りゅうぎょくえん）

田付阿波守景厖　たつけあわのかみかげあつ
→田付景厖（たつけかげあつ）

田付景厖　たつけかげあつ
天和3（1683）年～宝暦5（1755）年　[別]田付阿波守景厖《たつけあわのかみかげあつ》
江戸時代前期～中期の50代長崎奉行。
¶長崎歴（田付阿波守景厖　たつけあわのかみかげあつ）

田付景澄　たつけかげずみ，たづけかげずみ
弘治2（1556）年～元和5（1619）年
安土桃山時代～江戸時代前期の砲術家。田付流砲術の創始者。
¶朝日（[没]元和5年10月14日（1619年11月19日）），近世，国史，国書（[没]元和5（1619）年10月14日），史人（[没]1619年10月14日），新潮（たづけかげずみ　[没]元和5（1619）年10月14日），人名，戦合，戦国（たづけかげずみ），戦人（たづけかげずみ），大百（たづけかげずみ），日人（たづけかげずみ）

田付景利　たつけかげとし
元和5（1619）年～貞享2（1685）年7月3日
江戸時代前期の幕臣・砲術家。
¶国書

田付正景　たつけまさかげ
慶長1（1596）年～寛文9（1669）年
安土桃山時代～江戸時代前期の美濃大垣藩士・近江膳所藩士。砲術家。
¶国書

竜草廬　たつそうりょ
→竜草廬（りゅうそうろ）

竜草廬（竜草盧）　たつそうろ
→竜草廬（りゅうそうろ）

辰田喜右衛門　たつたきえもん
？　～元和5（1619）年
江戸時代前期の武士。
¶和歌山人

立田正明　たつたまさあき
？　～安政6（1859）年
江戸時代末期の幕臣。
¶維新，幕末（[没]1859年5月19日）

竜野九郎左衛門　たつのくろうざえもん
生没年不詳
江戸時代の松江藩郡奉行。
¶島根歴

田都味嘉門　たづみかもん
文化11（1814）年～明治7（1874）年
江戸時代末期～明治期の伊予宇和島藩士。
¶剣豪，藩臣6

田都味素亭　たづみそてい
？　～安政2（1855）年
江戸時代末期の伊予宇和島藩士。
¶藩臣6

立見尚文　たつみなおぶみ，たつみなおふみ
弘化2（1845）年～明治40（1907）年
江戸時代末期～明治期の伊勢桑名藩士、陸軍軍人。
¶青森人，朝日（[生]弘化2年7月19日（1845年8月21日）　[没]明治40（1907）年3月6日），維新（たつみなおふみ），海越新（[生]弘化2（1845）年7月19日　[没]明治40（1907）年3月6日），コン改，コン4，コン5，庄内（[没]明治40（1907）年3月7日），人名，世紀（[生]弘化2（1845）年7月19日　[没]明治40（1907）年3月6日），渡航（[生]1854年7月　[没]1907年3月6日），日人，幕末（たつみなおふみ　[没]1907年3月7日），藩臣4（たつみなおふみ），三重（[生]弘化2年7月19日），陸海（[生]弘化2年7月19日　[没]明治40年3月6日）

伊達幾右衛門　だていくえもん
生没年不詳
江戸時代中期の武士。
¶和歌山人

立石包清　たていしかねきよ
生没年不詳
江戸時代後期の越中富山藩士。
¶国書

立石寛司　たていしかんじ，たていしかんし
*～明治27（1894）年
江戸時代末期～明治期の砲術家、公共事業家。
¶人名（たていしかんし　[生]？），日人（[生]1827年）

立石孫一郎　たていしまごいちろう
天保3（1832）年～慶応2（1866）年
江戸時代末期の長州藩の尊攘派志士。
¶朝日（[生]天保3年1月1日（1832年2月2日）　[没]慶応2年4月26日（1866年6月9日）），維新，岡山人（[生]天保5（1834）年），岡山百，岡山歴（[生]天保3（1832）年1月1日　[没]慶応2（1866）年4月26日），姓氏山口（[生]1834年），日人，幕末（[没]1866年4月26日），藩臣6（[生]天保2（1831）年）

立石正賀　たていしまさよし
永禄8（1565）年～万治2（1659）年
安土桃山時代～江戸時代前期の武士。
¶高知百，国書，戦人（[没]？），戦西

立岩一郎　たていわいちろう
天保10（1839）年5月～明治34（1901）年2月13日
江戸時代末期～明治期の米沢藩士、安積開拓の功労者。
¶幕末

伊達大蔵 だておおくら
寛文6(1666)年10月28日～宝永6(1709)年2月12日
江戸時代前期～中期の仙台藩士のち登米領主の嗣子。仙台藩主綱宗の4男。
¶国書

楯岡小七郎 たておかこしちろう
享保16(1731)年～天明8(1788)年
江戸時代中期～後期の武士。
¶日人

楯岡孫一郎 たておかまごいちろう
？～寛文11(1671)年
江戸時代前期の肥後熊本藩士。
¶藩臣7

楯岡満茂 たておかみつしげ
安土桃山時代～江戸時代前期の武将。最上氏家臣。
¶秋田百，戦人(生没年不詳)，戦東

楯岡光直 たておかみつなお
江戸時代前期の武将。最上氏家臣。
¶戦人(生没年不詳)，戦東

伊達邦成 だてくにしげ
天保12(1841)年～明治37(1904)年
江戸時代末期～明治期の陸奥仙台藩一門亘理領主、開拓者。
¶朝日(㊤天保12年10月28日(1841年12月10日)㊦明治37(1904)年11月29日)，維新，近現，近世，国史，国書(㊤天保12(1841)年10月28日㊦明治37(1904)年11月29日)，コン5，史人(㊤1841年10月28日　㊦1904年11月29日)，人書94，人名，姓氏宮城，日人，幕末(㊤1839年㊦1904年11月29日)，北海道百，北海道文(㊤天保12(1841)年10月28日㊦明治37(1904)年11月29日)，北海道歴，歴大

伊達邦孚 だてくにたか
文政12(1829)年～文久2(1862)年　㊨伊達蕙園《だてけいえん》
江戸時代末期の伊達宗賢の嗣子。
¶国書(伊達蕙園　だてけいえん　㊦文久2(1862)年9月16日)，人名(㊤1831年)，日人

伊達邦直 だてくにただ
→伊達邦直(だてくになお)

伊達邦直 だてくになお
天保5(1834)年～明治24(1891)年　㊨伊達邦直《だてくにただ》
江戸時代末期～明治期の仙台藩一門岩出山領主、北海道拓殖功労者。北海道石狩郡当村の創設者。
¶朝日(㊤天保5年9月12日(1834年10月14日)㊦明治24(1891)年1月12日)，維新，近現，近世，国史，コン5，史人(㊤1834年9月12日㊦1891年1月12日)，人名(だてくにただ)，姓氏宮城，日人，幕末(㊦1891年1月12日)，北海道百，北海道文(㊤天保5(1834)年3月18日　㊦明治24(1891)年1月12日)，北海道歴，歴大

伊達蕙園 だてけいえん
→伊達邦孚(だてくにたか)

伊達源左衛門 だてげんざえもん
慶長1(1596)年～延宝6(1678)年　㊨伊達正勝《だてまさかつ》
江戸時代前期の紀伊和歌山藩家老。
¶藩臣5，和歌山人(伊達正勝　だてまさかつ)

伊達成実 だてしげざね
永禄11(1568)年～正保3(1646)年　㊨伊達成実《だてなりざね》
安土桃山時代～江戸時代前期の陸奥仙台藩の武士。伊達氏家臣。
¶国書(㊦正保3(1646)年6月4日)，人名(だてなりざね)，姓氏宮城，戦国，戦人，戦東，日人，藩臣1，宮城百

伊達重村 だてしげむら
寛保2(1742)年～寛政8(1796)年
江戸時代中期の大名。陸奥仙台藩主。
¶朝日(㊤寛保2年4月19日(1742年5月23日)㊦寛政8年4月21日(1796年5月27日))，近世，国史，国書(㊤寛保2(1742)年4月19日　㊦寛政8(1796)年4月21日)，史人(㊤1742年4月19日㊦1796年4月23日)，諸系，人名，姓氏宮城，日人，藩主1(㊤寛保2(1742)年4月19日　㊦寛政8(1796)年4月21日)，宮城百

伊達茂村 だてしげむら
嘉永3(1850)年6月8日～慶応3(1867)年6月16日
江戸時代後期～末期の武士。
¶国書

伊達春山 だてしゅんざん
→伊達宗紀(だてむねただ)

伊達将監 だてしょうげん
文政8(1825)年～慶応1(1865)年2月3日
江戸時代末期の陸奥仙台藩士。
¶幕末

伊達忠宗 だてただむね
慶長4(1599)年～明暦4(1658)年
江戸時代前期の大名。陸奥仙台藩主。
¶国書(㊤慶長4(1599)年12月8日　㊦明暦4(1658)年7月12日)，諸系(㊤1600年)，人名(㊤1589年)，姓氏岩手，姓氏宮城，戦人，日人(㊤1600年)，藩主1(㊤慶長4(1599)年12月8日㊦万治1(1658)年7月12日)，宮城百

伊達周宗 だてちかむね
寛政8(1796)年～文化9(1812)年
江戸時代後期の大名。陸奥仙台藩主。
¶国書(㊤寛政8(1796)年3月2日　㊦文化9(1812)年4月24日)，諸系，姓氏宮城，日人，藩主1(㊤寛政8(1796)年3月2日　㊦文化9(1812)年4月24日)，宮城百

伊達千広 だてちひろ
享和2(1802)年～明治10(1877)年
江戸時代末期～明治期の紀伊和歌山藩士、国学者。
¶朝日(㊤享和2年5月25日(1802年6月24日)㊦明治10(1877)年5月18日)，維新，岩史(㊤享和2(1802)年5月25日㊦明治10(1877)年5月18日)，郷土和歌山，近現，近世，国史，国書(㊤享和2(1802)年5月25日　㊦明治10(1877)年5月18日)，コン改(㊤享和3(1803)年)，コン4(㊤享和3(1803)年)，コン5(㊤享和3(1803)

年)，史学，史人([生]1802年5月25日　[没]1877年5月18日)，新潮([没]明治10(1877)年5月18日)，人名([生]1803年)，全書，日史([生]享和2(1802)年5月25日　[没]明治10(1877)年5月18日)，日人，幕末([没]1877年5月18日)，藩臣5，百科([生]享和3(1803)年)，歴大，和歌山人，和俳

伊達綱宗 だてつなむね
寛永17(1640)年～正徳1(1711)年
江戸時代前期～中期の大名。陸奥仙台藩主。
¶朝日([没]正徳1年6月4日(1711年7月19日))，江戸東，角史，近世，国史，国書([生]寛永17(1640)年8月8日　[没]正徳1(1711)年6月4日)，コン改，コン4，史人([生]1640年8月8日　[没]1711年6月4日)，諸系，人名，姓氏岩手，姓氏宮城，世人([没]正徳1(1711)年6月14日)，日人，藩主1([生]寛永17(1640)年8月8日　[没]正徳1(1711)年6月4日)，宮城百，和俳([没]正徳1(1711)年6月4日)

伊達綱村 だてつなむら
万治2(1659)年～享保4(1719)年
江戸時代前期～中期の大名。陸奥仙台藩主。
¶朝日([生]万治2年3月8日(1659年4月29日)　[没]享保4年6月20日(1719年8月5日))，近世，国史，国書([生]万治2(1659)年3月8日　[没]享保4(1719)年6月20日)，コン改，コン4，茶道，史人([生]1659年3月8日　[没]1719年6月20日)，諸系，新潮([生]万治2(1659)年3月8日　[没]享保4(1719)年6月20日)，人名，姓氏宮城，世人([没]享保4(1719)年6月20日)，栃木歴，日人，藩主1([生]万治2(1659)年3月8日　[没]享保4(1719)年6月20日)，宮城百，歴大

伊達轍之助 だててつのすけ
*～明治3(1870)年　[別]戸田恭太郎《とだきょうたろう》
江戸時代末期～明治期の紀伊和歌山藩士。
¶幕末([生]1843年　[没]1870年5月)，和歌山人([生]?)

館天籟 たててんらい
→館天籟(たちてんらい)

伊達敏親 だてとしちか
慶安4(1651)年～享保6(1721)年2月23日
江戸時代前期～中期の陸前玉造岩出山領主。
¶国書

伊達斉邦 だてなりくに
文化14(1817)年～天保12(1841)年
江戸時代後期の大名。陸奥仙台藩主。
¶国書([生]文化14(1817)年9月28日　[没]天保12(1841)年7月24日)，諸系，姓氏宮城，日人，藩主1([生]文化14(1817)年9月27日　[没]天保12(1841)年7月24日)，宮城百

伊達成実 だてなりざね
→伊達成実(だてしげざね)

伊達斉宗 だてなりむね
寛政8(1796)年～文政2(1819)年
江戸時代後期の大名。陸奥仙台藩主。
¶国書([生]寛政8(1796)年9月15日　[没]文政2(1819)年5月24日)，諸系，姓氏宮城，日人，藩主1([生]寛政8(1796)年9月15日　[没]文政2(1819)年5月24日)，宮城百

伊達斉村 だてなりむら
安永3(1774)年～寛政8(1796)年
江戸時代中期～後期の大名。陸奥仙台藩主。
¶国書([生]安永3(1774)年12月5日　[没]寛政8(1796)年7月27日)，諸系([生]1775年)，姓氏宮城，日人([生]1775年)，藩主1([生]安永3(1774)年12月5日　[没]寛政8(1796)年7月27日)，宮城百

伊達斉義 だてなりよし
寛政10(1798)年～*
江戸時代後期の大名。陸奥仙台藩主。
¶諸系([没]1828年)，姓氏宮城([没]1827年)，日人([没]1828年)，藩主1([生]寛政10(1798)年3月7日　[没]文政10(1827)年11月27日)，宮城百([没]文政10(1827)年)

建野郷三 たてのきょうぞう
→建野郷三(たてのごうぞう)

建野郷三 たてのごうぞう
天保12(1841)年1月～明治41(1908)年　[別]建野郷三《たてのきょうぞう》，渡辺勇太郎，牧野弥次左衛門
江戸時代末期～明治期の豊前小倉藩の官吏、実業家。大阪府知事、駐米大使。府知事在任中、市区改正などに治績を挙げた。元老院議官、神戸商業会議所会頭を歴任。
¶朝日([生]天保12年12月1日(1842年1月12日)　[没]明治41(1908)年2月16日)，維新，海越([没]明治41(1908)年2月16日)，海越新([没]明治41(1908)年2月16日)，大阪人([生]天保11(1840)年　[没]明治41(1908)年2月)，コン改([生]1840年)，コン5([生]天保11(1840)年)，人名([生]1840年)，渡航([没]1908年2月16日)，日人([生]1842年)，幕末([没]1908年2月16日)，藩臣7(たてのきょうぞう)，福岡百(たてのきょうぞう　[没]明治41(1908)年2月16日)

館野彦衛門 たてのひこえもん
天保4(1833)年～明治38(1905)年11月17日
江戸時代末期～明治期の水戸藩士。
¶幕末

立野寛 たてのひろし
天保1(1830)年～明治18(1885)年
江戸時代末期～明治期の広島藩校句読師。
¶維新，国書([生]文政13(1830)年4月22日　[没]明治18(1885)年3月15日)，人名([生]1833年)，日人([生]1833年)，幕末([没]1885年3月15日)

伊達宣宗 だてのぶむね
文禄3(1594)年～寛永9(1632)年
江戸時代前期の出羽秋田藩士、横手城代。
¶藩臣1

伊達秀宗 だてひでむね
天正19(1591)年～万治1(1658)年
江戸時代前期の大名。伊予宇和島藩主。
¶朝日([生]天正19(1592)年12月　[没]万治1年6月8日(1658年7月8日))，愛媛百([生]文禄1(1592)年9月25日　[没]万治1(1658)年6月8日)，近世，国史，国書([生]天正19(1591)年9月25日　[没]明暦4(1658)年6月8日)，コン4，史人([生]1591年9月25日　[没]1658年6月8日)，諸系，姓氏宮城，

戦合，戦国（㊥1592年），戦人，日人，藩主4（㊤天正19（1591）年9月25日　㊦万治1（1658）年6月8日），宮城百，歴女

伊達房実 だてふささね
？～寛永3（1626）年
江戸時代前期の武士。後北条氏家臣。
¶埼玉人（㊤寛永3（1626）年5月19日），戦辞（㊦寛永3年5月19日（1626年7月12日）），戦人，戦東，戦補

建部武彦 たてべたけひこ
文政3（1820）年～慶応1（1865）年　㊦建部武彦《たけべたけひこ》
江戸時代末期の筑前福岡藩士。
¶朝日（㊦慶応1年10月25日（1865年12月12日）），維新，人名（たけべたけひこ），日人，幕末（㊦1865年12月12日），藩臣7

建部撲斎 たてべぼくさい
→建部樸斎（たけべぼくさい）

建部政世 たてべまさよ
→建部政世（たけべまさよ）

伊達正勝 だてまさかつ
→伊達源左衛門（だてげんざえもん）

伊達政宗 だてまさむね
永禄10（1567）年～寛永13（1636）年　㊦羽柴越前守《はしばえちぜんのかみ》，大崎左衛門督《おおさきさえもんのかみ》，大崎少将《おおさきしょうしょう》，長井侍従《ながいじじゅう》
安土桃山時代～江戸時代前期の大名。陸奥仙台藩主。家督を相続し奥州をほぼ平定したが、豊臣秀吉の天下統一の時期と重なったため自ら小田原に参陣して降伏・恭順の意を示した。関ヶ原の戦いでは東軍につき仙台藩の本領安堵を得、近世大名へ移行。幼くして右目を失明したことから「独眼竜」といわれた。
¶会津，朝日（㊤永禄10年8月3日（1567年9月5日）㊦寛永13年5月24日（1636年6月27日）），岩史（㊤永禄10（1567）年8月3日　㊦寛永13（1636）年5月24日），岩手百，江戸，角史，キリ，近世，公卿（㊤永禄10（1567）年8月3日　㊦寛永13（1636）年5月24日），系東，国史，国書（㊤永禄10（1567）年8月3日　㊦寛永13（1636）年5月24日），古中，コン改，コン4，茶道，詩歌，史人（㊤1567年8月3日　㊦1636年5月24日），重要（㊤寛永13（1636）年5月24日），食文（㊤永禄10（1567）年8月3日　㊦寛永13年5月24日（1636年6月27日）），諸系，人書94，新潮（㊦寛永13（1636）年5月24日），人名，姓氏岩手，姓氏宮城，世人（㊤永禄10（1567）年8月3日　㊦寛永13（1636）年5月24日），世石，戦合，戦国，戦辞（㊤永禄10年8月3日（1567年9月5日）㊦寛永13年5月24日（1636年6月27日）），全書，戦人，大百，伝記（㊤永禄10（1567）年8月3日　㊦寛永13（1636）年5月24日），日人，藩主1，藩主1（㊤永禄10（1567）年8月3日　㊦寛永13（1636）年5月24日），百科，福島百，仏教（㊤永禄10（1567）年8月3日　㊦寛永13（1636）年5月24日），宮城百，山形百，歴大

伊達光宗 だてみつむね
寛永4（1627）年～正保2（1645）年
江戸時代前期の武士。

¶国書（㊤寛永4（1627）年2月8日　㊦正保2（1645）年9月8日），日人

伊達峰宗 だてみねむね
正徳2（1712）年4月19日～天明3（1783）年1月21日
江戸時代中期の秋田藩士・執政。
¶国書

伊達宗敦 だてむねあつ
嘉永5（1852）年～明治43（1910）年
江戸時代末期～明治期の大名、政治家。陸奥仙台藩主。
¶海越（㊤嘉永5（1852）年5月　㊦明治43（1910）年12月6日），海越新（㊤嘉永5（1852）年5月3日　㊦明治43（1910）年12月6日），諸系（㊦1911年），人名，姓氏宮城（㊤1848年），渡航（㊤1852年5月　㊦1910年12月6日），日人（㊦1911年），幕末（㊤1850年　㊦1907年1月6日），藩主1（㊤嘉永5（1852）年5月3日　㊦明治44（1911）年1月6日），宮城百（㊤嘉永1（1848）年）

伊達宗徳 だてむねえ
天保1（1830）年～明治38（1905）年　㊦伊達宗徳《だてむねのり》
江戸時代末期～明治期の大名。伊予宇和島藩主。
¶維新（だてむねのり　㊦1906年），諸系，新潮（だてむねのり　㊤天保1（1830）年閏3月27日　㊦明治38（1905）年11月29日），人名（だてむねのり），日人，幕末（㊦1905年11月29日），藩主4（㊤天保1（1830）年閏3月27日　㊦明治38（1905）年11月29日）

伊達宗興 だてむねおき
文政7（1824）年～明治31（1898）年
江戸時代末期～明治期の紀伊和歌山藩士。
¶維新，日人，幕末（㊦1898年2月9日），藩臣5，和歌山人

伊達宗勝 だてむねかつ
元和7（1621）年～延宝6（1679）年　㊦伊達兵部《だてひょうぶ》
江戸時代前期の大名。陸奥一関藩主、陸奥仙台藩主。
¶朝日（㊦延宝6年12月4日（1679年1月16日）），岩手百，高知人（㊤1622年），高知百，コン改，コン4，諸系（㊦1680年），姓氏岩手，姓氏宮城（㊦1678年），日人（㊦1680年），藩主1（㊤延宝7（1679）年12月4日），藩臣1（㊦延宝6（1678）年），宮城百（㊦延宝6（1678）年）

伊達宗清 だてむねきよ
慶長4（1599）年～寛永11（1634）年
安土桃山時代～江戸時代前期の武将。
¶姓氏宮城，宮城百

伊達宗実 だてむねざね
慶長18（1613）年～寛文5（1665）年6月5日
江戸時代前期の仙台藩士。伊達政宗の子で亘理領主。
¶国書

伊達宗重 だてむねしげ
元和1（1615）年～寛文11（1671）年
江戸時代前期の陸奥仙台藩門閥。
¶国書（㊤元和1（1615）年11月5日　㊦寛文11（1671）年3月27日），人名，姓氏宮城，日人，

藩臣1

伊達宗純 だてむねずみ
寛永13(1636)年～宝永5(1708)年
江戸時代前期～中期の大名。伊予三河吉田藩主。
¶愛媛百([生]寛永13(1636)年5月1日　[没]宝永5(1708)年10月21日)，諸系，人名([生]1637年)，日人，藩主4([生]寛永13(1636)年5月5日　[没]宝永5(1708)年10月21日)

伊達宗紀 だてむねただ
寛政4(1792)年～明治22(1889)年　[別]伊達春山《だてしゅんざん》
江戸時代末期～明治期の大名。伊予宇和島藩主。
¶維新，愛媛百([生]寛政4(1792)年9月16日　[没]明治22(1889)年11月25日)，近現，近世，諸系([生]1790年)，人名(伊達春山　だてしゅんざん　[生]1790年)，日人([生]1790年)，幕末([没]1889年11月25日)，藩主4([生]寛政4(1792)年9月16日　[没]明治22(1889)年11月25日)

伊達宗恒 だてむねつね
享和3(1803)年～文久1(1861)年3月18日
江戸時代後期～末期の仙台藩士、亘理領主。
¶国書

伊達宗利 だてむねとし
寛永11(1634)年12月18日～宝永5(1708)年12月21日
江戸時代前期～中期の大名。伊予宇和島藩主。
¶国書，諸系([生]1635年　[没]1709年)，人名，日人([生]1635年　[没]1709年)，藩主4

伊達宗倫 だてむねとも
寛永17(1640)年～寛文10(1670)年
江戸時代前期の武士。登米伊達氏。伊達忠宗の5男、白石宗勝の養子。
¶姓氏宮城

伊達宗直 だてむねなお
天正5(1577)年～寛永6(1629)年
安土桃山時代～江戸時代前期の陸奥仙台藩の陸奥仙台門閥。
¶人名，姓氏宮城([生]1576年)，日人，藩臣1

伊達宗城 だてむねなり
文政1(1818)年～明治25(1892)年
江戸時代末期～明治期の大名。伊予宇和島藩主。公武合体を唱え幕政にも関与した。
¶朝日([生]文政1年8月1日(1818年9月1日)　[没]明治25(1892)年12月20日)，維新，岩史([生]文政1(1818)年8月1日　[没]明治25(1892)年12月20日)，愛媛百([生]文政1(1818)年8月1日　[没]明治25(1892)年12月20日)，角史，郷土愛媛，京都大，近現，近世，国史，国書([生]文政1(1818)年8月1日　[没]明治25(1892)年12月20日)，コン改，コン4，コン5，史人([生]1818年8月1日　[没]1892年12月20日)，重要([生]文政1(1818)年8月1日　[没]明治25(1892)年12月20日)，諸系，新潮([生]文政1(1818)年8月1日　[没]明治25(1892)年12月20日)，人名，姓氏京都，世人([生]文政1(1818)年8月　[没]明治25(1892)年2月10日)，世百，全書，大百，日史([生]文政1(1818)年8月1日　[没]明治25(1892)年12月20日)，日人，日本，幕末([没]1892年12月20日)，藩主4([生]文政1(1818)年8月1日　[没]明治25(1892)年12月20日)，百科，明治1，履歴([生]文政1(1818)年8月1日　[没]明治25(1892)年2月20日)，歴大

伊達宗規 だてむねのり
正保1(1644)年～貞享2(1685)年
江戸時代前期の武士。第2代仙台藩主伊達忠宗の七男。
¶姓氏岩手

伊達宗徳 だてむねのり
→伊達宗徳(だてむねえ)

伊達宗房 だてむねふさ
正保3(1646)年～貞享3(1686)年
江戸時代前期の武士。2代仙台藩主伊達忠宗の8男。
¶姓氏宮城

伊達宗孝 だてむねみち
文政4(1821)年～明治32(1899)年
江戸時代末期～明治期の大名。伊予三河吉田藩主。
¶諸系，日人，幕末([没]1899年5月20日)，藩主4([生]文政4(1821)年3月17日　[没]明治32(1899)年5月20日)

伊達宗村 だてむねむら
享保3(1718)年～宝暦6(1756)年
江戸時代中期の大名。陸奥仙台藩主。
¶国書([生]享保3(1718)年5月27日　[没]宝暦6(1756)年5月24日)，諸系，人名，姓氏宮城，日人，藩主1([生]享保3(1718)年5月27日　[没]宝暦6(1756)年5月24日)，宮城百，和俳

伊達宗翰 だてむねもと
寛政8(1796)年～弘化2(1845)年
江戸時代後期の大名。伊予三河吉田藩主。
¶諸系，日人，藩主4([生]寛政8(1796)年6月19日　[没]弘化2(1845)年7月8日)

伊達宗基 だてむねもと
慶応2(1866)年～大正6(1917)年
江戸時代末期～明治期の仙台藩主、仙台藩知事、伯爵。
¶維新，諸系，人名，姓氏宮城，日人，幕末([生]1866年8月24日　[没]1917年1月26日)，藩主1([生]慶応2(1866)年7月15日　[没]大正6(1917)年1月26日)

伊達宗賢 だてむねやす
享和2(1802)年～元治1(1864)年
江戸時代末期の陸奥仙台藩門閥。
¶人名，姓氏宮城([生]1804年　[没]1866年)，日人，藩臣1

伊達宗泰 だてむねやす
慶長7(1602)年～寛永15(1638)年
江戸時代前期の陸奥仙台藩門閥。
¶姓氏宮城，藩臣1([生]慶長6(1601)年)，宮城百

伊達宗保 だてむねやす
延宝1(1673)年～元禄6(1693)年
江戸時代前期～中期の大名。伊予三河吉田藩主。
¶諸系，日人，藩主4([生]延宝1(1673)年4月13日　[没]元禄6(1693)年10月2日)

伊達宗敬 だてむねよし
嘉永4(1851)年～明治9(1876)年

江戸時代末期～明治期の大名。伊予三河吉田藩主。
¶諸系，日人，幕末（[没]1876年8月29日），藩主4（[生]嘉永4（1851）年2月23日　[没]明治9（1876）年8月29日）

伊達宗贇 だてむねよし
寛文5（1665）年～正徳1（1711）年
江戸時代中期の大名。伊予宇和島藩主。
¶諸系，人名，日人，藩主4（[生]寛文5（1665）年1月15日　[没]宝永8（1711）年2月18日），宮城百

伊達村和 だてむらかず
→伊達村和（だてむらより）

伊達村良 だてむらかた
→伊達村良（だてむらよし）

伊達村成 だてむらしげ
貞享3（1686）年～享保11（1726）年7月21日
江戸時代前期～中期の仙台藩士。
¶国書

伊達村胤 だてむらたね
宝永4（1707）年～享保16（1731）年3月5日
江戸時代中期の仙台藩士。宮床領主の子。
¶国書

伊達村候（伊達村侯） だてむらとき
享保10（1725）年～寛政6（1794）年
江戸時代中期の大名。伊予宇和島藩主。
¶朝日（[生]享保10年5月11日（1725年6月21日）　[没]寛政6年10月20日（1794年11月12日）），愛媛百（[生]享保10（1725）年5月11日　[没]寛政6（1794）年9月14日），郷土愛媛（伊達村侯），近世，国史，国書（[生]享保10（1725）年5月11日　[没]寛政6（1794）年9月14日），コン改，コン4，史人（[生]1725年5月11日　[没]1794年9月14日），諸系，新潮（[生]享保10（1725）年5月11日　[没]寛政6（1794）年9月14日），人名（伊達村侯），世人，日人，藩主4（[生]享保10（1725）年5月11日，（異説）享保8年　[没]寛政6（1794）年9月14日，（異説）10月20日）

伊達村年 だてむらとし
宝永2（1705）年～享保20（1735）年
江戸時代中期の大名。伊予宇和島藩主。
¶諸系，人名，日人，藩主4（[生]宝永2（1705）年1月16日　[没]享保20（1735）年5月28日）

伊達村豊 だてむらとよ
天和2（1682）年～元文2（1737）年
江戸時代中期の大名。伊予三河吉田藩主。
¶諸系，人名（[生]1683年），日人，藩主4（[生]天和2（1682）年11月8日　[没]元文2（1737）年6月晦日）

伊達村寿 だてむらなが
宝暦13（1763）年～天保7（1836）年
江戸時代中期～後期の大名。伊予宇和島藩主。
¶国書（[生]宝暦13（1763）年1月4日　[没]天保7（1836）年3月10日），諸系，日人，藩主4（[生]宝暦13（1763）年1月4日，（異説）宝暦11年　[没]天保7（1836）年3月10日）

伊達村信 だてむらのぶ
享保5（1720）年～明和2（1765）年
江戸時代中期の大名。伊予三河吉田藩主。
¶諸系，日人，藩主4（[生]享保5（1720）年3月5日，（異説）享保3年　[没]明和2（1765）年5月21日）

伊達村倫 だてむらのり
生没年不詳
江戸時代中期の仙台藩士、登米領主。
¶国書

伊達村望 だてむらもち
元禄10（1697）年～明和2（1765）年3月4日
江戸時代中期の仙台藩士。陸中岩谷堂領主。
¶国書

伊達村賢 だてむらやす
延享2（1745）年～寛政2（1790）年
江戸時代中期の大名。伊予三河吉田藩主。
¶諸系，日人，藩主4（[生]延享2（1745）年1月12日，（異説）寛保1年　[没]寛政2（1790）年2月16日，（異説）2月10日）

伊達村幸 だてむらゆき
安永6（1777）年～享和3（1803）年
江戸時代後期の陸奥仙台藩の門閥、陸前登米邑主。
¶国書（[没]享和3（1803）年11月9日），諸系，人名，日人

伊達村芳 だてむらよし
安永7（1778）年～文政3（1820）年
江戸時代後期の大名。伊予三河吉田藩主。
¶諸系，日人，藩主4（[生]安永7（1778）年3月8日　[没]文政3（1820）年8月13日）

伊達村良 だてむらよし
寛保3（1743）年～天明6（1786）年　[別]伊達村良《だてむらかた》
江戸時代中期の陸奥仙台藩の門閥。
¶国書（だてむらかた　[生]寛保3（1743）年4月29日　[没]天明6（1786）年12月2日），諸系（[没]1787年），人名，日人（[没]1787年），宮城百

伊達村和 だてむらより
寛文1（1661）年～享保7（1722）年　[別]伊達村和《だてむらかず》
江戸時代中期の大名。陸奥仙台藩士、陸奥水沢藩主。
¶国書（[生]寛文1（1661）年8月25日　[没]享保7（1722）年6月29日），諸系，人名，姓氏宮城，日人，藩主1（[生]寛文1（1661）年8月25日　[没]享保7（1722）年6月29日），藩臣1，宮城百（だてむらかず）

館山善左衛門 たてやまぜんざえもん
天保7（1836）年～明治8（1875）年　[別]館山有孚《たてやまゆうふ》
江戸時代末期～明治期の陸奥弘前藩士。
¶青森人（[生]江戸中期），維新，人名，日人，幕末（館山有孚　たてやまゆうふ　[没]1875年10月27日）

竪山利武 たてやまとしたけ
生没年不詳
江戸時代末期の薩摩藩士。
¶国書

竪山武兵衛 たてやまぶへえ
江戸時代末期の薩摩藩士。
¶維新，姓氏鹿児島，幕末（生没年不詳）

館山有孚 たてやまゆうふ
→館山善左衛門（たてやまぜんざえもん）

伊達慶邦 だてよしくに
文政8（1825）年～明治7（1874）年
江戸時代末期～明治期の大名。陸奥仙台藩主。
¶朝日（[生]文政8年9月6日（1825年10月17日）[没]明治7（1874）年7月12日），維新，国際，国書（[生]文政8（1825）年9月6日　[没]明治7（1874）年7月12日），コン4，コン5，諸系，新潮（[生]文政8（1825）年9月6日　[没]明治7（1874）年7月12日），姓氏岩手，姓氏宮城，日人，幕末（[没]1874年7月12日），藩主1（[生]文政8（1825）年9月6日　[没]明治7（1874）年7月12日），宮城百

伊達吉村 だてよしむら
延宝8（1680）年～宝暦1（1751）年
江戸時代中期の大名。陸奥仙台藩主。
¶朝日（[生]延宝8年6月28日（1680年7月23日）[没]宝暦1年12月24日（1752年2月8日）），近世，国史，国書（[生]延宝8（1680）年6月28日　[没]宝暦1（1751）年12月24日），コン4，史人（[生]1680年6月28日　[没]1751年12月24日），諸系（[没]1752年），人名，姓氏岩手，姓氏宮城，栃木歴，日人（[没]1752年），藩主1（[生]延宝8（1680）年6月28日　[没]宝暦1（1751）年12月24日），宮城百

伊達義基 だてよしもと
文化5（1808）年～天保10（1839）年
江戸時代後期の陸前遠田郡涌谷邑主。
¶人名，姓氏宮城，日人

田所重道 たどころしげみち
→田所騰次郎（たどころとうじろう）

田所季豊 たどころすえとよ
→田所平左衛門（たどころへいざえもん）

田所左右次 たどころそうじ
→田所寧親（たどころやすちか）

田所壮輔 たどころそうすけ
天保11（1840）年～元治1（1864）年
江戸時代末期の土佐藩の志士。
¶維新，高知人，コン改，コン4，人名，日人，幕末（[没]1864年10月29日），藩臣6

田所荘之助 たどころそうのすけ
天保6（1835）年～明治42（1909）年11月19日
江戸時代末期～明治期の志士。土佐勤王党に参加。
¶幕末

田所千秋 たどころちあき
天保7（1836）年～明治44（1911）年
江戸時代末期～明治期の播磨姫路藩の志士。土佐勤王党に参加。
¶国書（[生]天保7（1836）年10月26日　[没]明治44（1911）年5月28日），人名，日人，幕末（[没]1911年5月28日），藩臣5，和俳

田所騰次郎 たどころとうじろう
天保12（1841）年～元治1（1864）年　[別]田所重道《たどころしげみち》
江戸時代末期の志士。
¶維新，高知人，コン改（田所重道　たどころしげみち），コン4（田所重道　たどころしげみち），人名，日人，幕末（田所重道　たどころしげみち　[没]1864年3月23日）

田所弘人 たどころひろと
江戸時代末期の新撰組隊士。
¶新撰

田所平左衛門 たどころへいざえもん
天正5（1577）年～寛永19（1642）年　[別]田所季豊《たどころすえとよ》
安土桃山時代～江戸時代前期の紀伊和歌山藩士。
¶藩臣5，和歌山人（田所季豊　たどころすえとよ）

田所寧親 たどころやすちか
文化9（1812）年～明治6（1873）年　[別]田所左右次《たどころそうじ》
江戸時代末期～明治期の土佐藩の砲術家。
¶維新（田所左右次　たどころそうじ），高知人（田所左右次　たどころそうじ），高知百（田所左右次　たどころそうじ），コン改，コン4，コン5，新潮（[没]明治6（1873）年8月11日），人名，日人，幕末（田所左右次　たどころそうじ　[没]1873年8月11日），藩臣6（田所左右次　たどころそうじ）

田中篤実 たなかあつざね
？～明治3（1870）年
江戸時代末期～明治期の上総鶴牧藩士、儒学者。
¶藩臣3

田中有文 たなかありぶみ
→田中泥斎（たなかでいさい）

田中伊織 たなかいおり
？～文久3（1863）年9月13日
江戸時代後期～末期の新撰組隊士。
¶新撰

田中一閑 たなかいっかん
？～元禄13（1700）年
江戸時代前期～中期の加賀藩士。
¶姓氏石川

田中岩五郎 たなかいわごろう
宝暦9（1759）年～文化12（1815）年
江戸時代中期～後期の若狭小浜藩士。
¶藩臣3

田中梅次郎 たなかうめじろう
天保12（1841）年～？
江戸時代後期～末期の新撰組隊士。
¶新撰

田中覚兵衛 たなかかくべえ
江戸時代前期の浪人。
¶姓氏石川

田中河内介 たなかかわちのすけ
文化12（1815）年～文久2（1862）年　[別]田中河内介《たなかこうちのすけ》
江戸時代末期の尊攘派志士。
¶朝日（[生]文化12（1815）年1月？　[没]文久2年5月1日（1862年5月29日）），維新，京都大，近世，国史，コン改，コン4，史人（[生]1815年1月　[没]1862年5月1日），新潮（[没]文久2（1862）年5月1日），人名，姓氏京都，世人（たなかこうちのすけ），全書，日史（[生]文化12（1815）年1月　[没]文久2（1862）年5月1日），日人，幕末（[没]1862

年5月1日)，百科，兵庫人([没]文久2(1862)年5月8日)，兵庫百(たなかこうちのすけ)

田中貫治 たなかかんじ
弘化2(1845)年～元治1(1864)年
江戸時代末期の対馬藩士。
¶維新

田中冠帯 たなかかんたい
→田中丘隅(たなかきゅうぐ)

田中喜之助 たなかきのすけ
*～享保18(1733)年
江戸時代前期～中期の剣術家。傑山流祖。
¶剣豪([生]慶安2(1649)年)，姓氏鹿児島([生]?)

田中丘隅(田中休愚) たなかきゅうぐ
寛文2(1662)年～享保14(1729)年　[別]田中冠帯《たなかかんたい》，田中丘隅《たなかきゅうぐう》，田中丘隅喜古《たなかきゅうぐよしひさ》，田中休愚右衛門《たなかきゅうぐえもん》，田中兵庫《たなかひょうご》，田中邱隅《たなかきゅうぐう》
江戸時代中期の代官、農政家。
¶朝日([生]寛文2年3月15日(1662年5月3日)　[没]享保14年12月22日(1730年2月9日))，岩史([生]寛文2(1662)年3月15日　[没]享保14(1729)年12月22日)，江文(田中冠帯　たなかかんたい)，神奈川人，神奈川百(たなかきゅうぐう)，郷土神奈川，近世，国史，国書(田中邱隅　たなかきゅうぐう　[生]寛文2(1662)年3月15日　[没]享保14(1729)年12月22日)，コン改，コン4，埼玉人(田中休愚　[生]寛文2(1662)年3月15日　[没]享保14(1729)年12月22日)，埼玉百，史人([生]?　[没]1729年12月22日)，人書79(田中休愚右衛門　たなかきゅうぐえもん)，新潮，人名(田中兵庫　たなかひょうご)，姓氏神奈川，世人([生]寛文3(1663)年)，世百，全書，大百(たなかきゅうぐう)，多摩(田中丘隅喜古　たなかきゅうぐよしひさ)，日史([没]享保14(1729)年12月22日)，日人([没]1730年)，百科，歴大

田中丘隅(田中邱隅) たなかきゅうぐう
→田中丘隅(たなかきゅうぐ)

田中休愚右衛門 たなかきゅうぐえもん
→田中丘隅(たなかきゅうぐ)

田中丘隅喜古 たなかきゅうぐよしひさ
→田中丘隅(たなかきゅうぐ)

田中休蔵 たなかきゅうぞう
元禄3(1690)年～元文5(1740)年
江戸時代中期の幕府代官。
¶神奈川人，埼玉人([生]不詳　[没]元文5(1740)年2月23日)，姓氏神奈川

田中久馬五郎 たなかくまごろう
生没年不詳
江戸時代中期の河内狭山藩家老。
¶藩臣5

田中久米輔 たなかくめすけ
文政4(1821)年～元治1(1864)年
江戸時代末期の対馬藩士。
¶維新

田中軍太郎 たなかぐんたろう
天保13(1842)年～慶応2(1866)年　[別]田中正雄《たなかまさお》，秋山虎之助《あきやまとらのすけ》
江戸時代末期の安芸広島藩士。
¶維新，人名(田中正雄　たなかまさお)，日人，幕末([没]1866年3月3日)

田中毛野 たなかけぬ
→田中亦太郎(たなかまたたろう)

田中毛野 たなかけぬの
→田中亦太郎(たなかまたたろう)

田中玄宰 たなかげんさい
→田中玄宰(たなかはるなか)

田中健三郎 たなかけんざぶろう
弘化2(1845)年～明治41(1908)年
江戸時代末期～明治期の宮内官吏。宮内式部官、侍従職等を歴任。
¶人名

田中謙助 たなかけんすけ
文政11(1828)年～文久2(1862)年
江戸時代末期の薩摩藩士。尊攘派の志士。
¶朝日([没]文久2年4月24日(1862年5月22日))，維新，人名，姓氏鹿児島，日人，幕末([没]1862年5月22日)，藩臣7

田中愿蔵 たなかげんぞう
弘化1(1844)年～元治1(1864)年
江戸時代末期の水戸藩士。
¶栃木歴，幕末，藩臣2

田中光顕 たなかこうけん
→田中光顕(たなかみつあき)

田中河内介 たなかこうちのすけ
→田中河内介(たなかかわちのすけ)

田中耕八兵衛 たなかこうはちべえ
寛政8(1796)年～明治4(1871)年　[別]田中七尺《たなかしちせき》
江戸時代末期～明治期の美作勝山藩士、俳人。
¶岡山人(田中七尺　たなかしちせき)，藩臣6，和俳

田中岣嶁 たなかこうろう
元禄8(1695)年～明和7(1770)年　[別]田中七三郎《たなかしちさぶろう》
江戸時代中期の紀伊和歌山藩士。
¶国書([没]明和7(1770)年8月19日)，藩臣5(田中七三郎　たなかしちさぶろう)

田中小右衛門 たなかこえもん
文政3(1820)年～?
江戸時代末期の笠間藩家老。
¶国書，幕末，藩臣2

田中栄 たなかさかえ
文化13(1816)年～明治15(1882)年
江戸時代末期～明治期の近江彦根藩士。
¶藩臣4

田中左伝兵衛 たなかさでんべえ
生没年不詳
江戸時代の母里藩士、砲術家。
¶島根歴

田中左兵衛 たなかさへえ
生没年不詳

江戸時代前期～中期の肥後熊本藩士。
¶藩臣7

田中瑳磨介(田中磋磨介)　**たなかさまのすけ**
弘化2(1845)年～文久2(1862)年
江戸時代末期の志士。
¶維新，人名(田中磋磨介　[生]1844年)，日人

田中算翁　**たなかさんおう**
享和2(1802)年～明治6(1873)年　[別]田中昌言《たなかまさとき》
江戸時代末期～明治期の武蔵忍藩士、和算家。
¶埼玉百，人名，数学(田中昌言　たなかまさとき　[没]明治6(1873)年6月7日)，日人

田中散木　**たなかさんぼく**
→田中世誠(たなかつぐよし)

田中止水　**たなかしすい**
→田中保親(たなかやすちか)

田中七三郎　**たなかしちさぶろう**
→田中岣嶁(たなかこうろう)

田中七尺(1)　**たなかしちせき**
宝暦12(1762)年～文化14(1817)年7月6日
江戸時代中期～後期の勝山藩士・俳人。
¶岡山歴

田中七尺(2)　**たなかしちせき**
→田中耕八兵衛(たなかこうはちべえ)

田中質堂　**たなかしつどう**
文政13(1830)年3月10日～明治10(1877)年
江戸時代後期～明治期の伊賀藩士。
¶三重

田中十左衛門　**たなかじゅうざえもん**
？～享保5(1720)年
江戸時代中期の加賀大聖寺藩士。
¶藩臣3

田中十郎右衛門　**たなかじゅうろううえもん**
？～承応4(1655)年
江戸時代前期の備後福山藩士。
¶藩臣6

田中主馬蔵　**たなかしゅめぞう**
天保3(1832)年～慶応2(1866)年　[別]田中主馬造《たなかすめぞう》
江戸時代末期の十津川郷士。
¶維新，新潮(田中主馬造　たなかすめぞう　[没]慶応2(1866)年12月9日)，人名，日人([没]1867年)，幕末([没]1867年1月14日)

田中順助　**たなかじゅんすけ**
天保11(1840)年～文久2(1862)年10月24日
江戸時代末期の土佐藩志士。
¶幕末

田中新兵衛　**たなかしんべえ**
？～文久3(1863)年
江戸時代末期の薩摩藩士、尊攘派志士。
¶朝日([生]天保12(1841)年　[没]文久3年5月26日(1863年7月11日))，維新，京都大([生]天保12(1841)年)，コン4([生]天保12(1841)年)，新潮([生]天保12(1841)年　[没]文久3(1863)年5月26日)，姓氏鹿児島，姓氏京都，日史([没]文久3(1863)年5月26日)，日人([生]1841年)，幕末([没]1863年7月11日)，藩臣7([生]天保12(1841)年)，百科，歴大([没]1862年)

田中甚兵衛　**たなかじんべえ**
→田中保親(たなかやすちか)

田中杪房　**たなかすえふさ**
～享保2(1717)年
江戸時代中期の旗本。
¶神奈川人

田中主馬造　**たなかすめぞう**
→田中主馬蔵(たなかしゅめぞう)

田中清右衛門　**たなかせいえもん**
天保5(1834)年～明治1(1868)年
江戸時代末期の薩摩藩士。
¶維新，人名，姓氏鹿児島，日人，幕末([没]1868年6月20日)

田中静洲　**たなかせいしゅう**
天保13(1842)年～＊　[別]朝倉省吾《あさくらしょうご》，田中静洲・朝倉省吾《たなかせいしゅう・あさくらしょうご》，朝倉盛明《あさくらもりあき》，田中盛明《たなかもりあき》
江戸時代末期～明治期の薩摩藩留学生。1865年イギリスに渡る。
¶海越([没]？)，海越新([生]天保13(1842)年11月23日　[没]大正13(1914)年1月24日)，渡航(田中静洲・朝倉省吾　たなかせいしゅう・あさくらしょうご　[生]1843年11月23日　[没]1924年1月24日)，日人([没]？)，幕末(朝倉省吾　あさくらしょうご　[生]1834年　[没]1924年1月24日)，藩臣7([没]？)

田中誠輔　**たなかせいすけ**
天保1(1830)年～元治1(1864)年
江戸時代末期の長州(萩)藩士。
¶維新，人名([生]？)，日人，幕末([没]1864年8月20日)

田中善蔵　**たなかぜんぞう**
文政8(1825)年～慶応3(1867)年
江戸時代末期の紀伊和歌山藩士。
¶朝日([没]慶応3年11月12日(1867年12月7日))，日人，幕末([没]1867年12月7日)，和歌山人

田中忠政　**たなかただまさ**
天正13(1585)年～元和6(1620)年
江戸時代前期の大名。筑後柳河藩主。
¶日人，藩主4([没]元和6(1620)年8月7日)

田中民之丞　**たなかたみのじょう**
文化3(1806)年～明治18(1885)年1月25日
江戸時代末期～明治期の周防徳山藩士。
¶幕末

田中忠左衛門　**たなかちゅうざえもん**
生没年不詳
江戸時代の庄内藩士。
¶庄内

田中世誠(田中世継)　**たなかつぐよし**
寛延2(1749)年～文化13(1816)年　[別]田中散木《たなかさんぼく》
江戸時代中期～後期の近江彦根藩士。
¶国書(田中散木　たなかさんぼく　[生]寛延2(1749)年2月1日　[没]文化13(1816)年5月4

日），人名，日人，藩臣4（田中世継）

田中綱常　たなかつなつね
*～明治36（1903）年
江戸時代末期～明治期の薩摩藩士、海軍軍人。少将。海軍造兵廠長、呉鎮守所兵器部長などを務めた。
¶人名（[生]1845年），日人（[生]1842年）

田中泥斎　たなかでいさい
寛政11（1799）年～慶応1（1865）年　[別]田中有文《たなかありぶみ》
江戸時代末期の上野館林藩士。
¶人名，日人，藩臣2（田中有文　たなかありぶみ）

田中伝十郎　たなかでんじゅうろう
安土桃山時代～江戸時代前期の武士。里見氏家臣。
¶戦人（生没年不詳），戦東

田中土佐　たなかとさ
文政3（1820）年～明治1（1868）年
江戸時代末期の陸奥会津藩家老。
¶会津，幕末（[没]1868年10月8日），藩臣2

田中朋如　たなかともゆき
宝永4（1707）年～明和7（1770）年12月3日
江戸時代中期の加賀藩士・国学者。
¶国書

田中寅亮　たなかとらすけ
文化9（1812）年～万延1（1860）年
江戸時代末期の尾張藩士。
¶国書，姓氏愛知，幕末

田中寅蔵（田中寅三）　たなかとらぞう
天保12（1841）年～慶応3（1867）年
江戸時代末期の新撰組隊士。
¶剣豪，新撰（田中寅三　[没]慶応3年4月15日），幕末（[没]1867年5月18日）

田中直助　たなかなおすけ
→田原直助（たはらなおすけ）

田中直種　たなかなおたね
天正7（1579）年～承応1（1652）年
安土桃山時代～江戸時代前期の筑後柳河藩士。
¶藩臣7

田中一　たなかはじめ
江戸時代末期の新撰組隊士。
¶新撰

田中玄純　たなかはるずみ
文化4（1807）年～文久1（1861）年
江戸時代末期の陸奥会津藩士。
¶幕末（[没]1861年9月4日），藩臣2

田中玄宰　たなかはるなか
寛延1（1748）年～文化5（1808）年　[別]田中玄宰《たなかげんさい》
江戸時代中期～後期の陸奥会津藩家老。
¶会津，朝日（[生]寛延1年10月8日（1748年10月29日）　[没]文化5年8月7日（1808年9月26日）），岩史（[生]寛延1（1748）年10月8日　[没]文化5（1808）年8月7日），近世，国史，国書（[生]寛延1（1748）年10月8日　[没]文化5（1808）年8月7日），コン4，人名（たなかげんさい　[生]1747年），日人，藩臣2

田中伴右衛門　たなかばんえもん
文化8（1811）年～明治15（1882）年
江戸時代末期～明治期の陸奥棚倉藩士、槍術師範。
¶藩臣2

田中彦右衛門　たなかひこえもん
生没年不詳
安土桃山時代～江戸時代前期の朴金山の御山奉行衆12人のうちの一人。
¶姓氏岩手

田中彦六　たなかひころく
永禄12（1569）年～寛永15（1638）年　[別]田中由貞《たなかよしさだ》
安土桃山時代～江戸時代前期の紀伊和歌山藩士。
¶藩臣5，和歌山人（田中由貞　たなかよしさだ）

田中兵庫(1)　たなかひょうご
？　～慶安2（1649）年
江戸時代前期の肥後熊本藩士。
¶藩臣7

田中兵庫(2)　たなかひょうご
→田中丘隅（たなかきゅうぐ）

田中兵左衛門　たなかひょうざえもん
文政7（1824）年～明治19（1886）年
江戸時代末期～明治期の上総請西藩家老。
¶藩臣3

田中弘義　たなかひろよし
弘化4（1847）年～明治21（1888）年
江戸時代後期～明治期の静岡藩士、フランス語学者。
¶静岡歴

田中不二麿（田中不二麻呂）　たなかふじまろ
弘化2（1845）年～明治42（1909）年　[別]虎三郎，国之輔，夢山
江戸時代末期～明治期の政治家、もと尾張藩士。
¶愛知百（[生]1845年6月12日　[没]1909年2月1日），朝日（田中不二麻呂　[生]弘化2年6月12日（1845年7月16日）　[没]明治42（1909）年2月1日），維新，岩史（[生]弘化2（1845）年6月12日　[没]明治42（1909）年2月1日），海越（[生]弘化2（1845）年6月12日　[没]明治42（1909）年2月1日），海越新（[生]弘化2（1845）年6月12日　[没]明治42（1909）年2月1日），角史，教育（田中不二麻呂），近現（田中不二麻呂），国際，国史（田中不二麻呂），コン改，コン4，コン5，史人（田中不二麻呂　[生]1845年6月12日　[没]1909年2月1日），新潮（[生]弘化2（1845）年6月12日　[没]明治42（1909）年2月1日），人名，姓氏愛知，世人（[生]弘化2（1845）年6月12日　[没]明治42（1909）年2月1日），世百（田中不二麻呂），先駆（[生]弘化2（1845）年6月12日　[没]明治42（1909）年2月1日），全書（田中不二麻呂），体育，渡航（[生]1845年6月12日　[没]1909年2月1日），日史（田中不二麻呂　[生]弘化2（1845）年6月12日　[没]明治42（1909）年2月1日），日人，幕末（[没]1909年2月1日），藩臣4，百科（田中不二麻呂），明治1，履歴（[生]弘化2（1845）年6月12日　[没]明治42（1909）年2月1日），歴大（田中不二麻呂）

田中孫作　たなかまごさく
～寛永5（1628）年

安土桃山時代～江戸時代前期の山内一豊の臣。
¶高知人

田中正雄 たなかまさお
→田中軍太郎(たなかぐんたろう)

田中昌言 たなかまさとき
→田中算翁(たなかさんおう)

田中正玄 たなかまさはる
慶長18(1613)年～寛文12(1672)年
江戸時代前期の陸奥会津藩士。
¶会津，人名，日人，藩臣2

田中正義 たなかまさよし
*～明治28(1895)年
江戸時代末期～明治期の加賀藩士。
¶姓氏石川(㊀？)，幕末(㊀1816年　㊁1895年2月)

た

田中亦太郎 たなかまたたろう
天保14(1843)年～明治6(1873)年　㊇田中毛野《たなかけぬの,たなかけぬ》
江戸時代末期～明治期の上野高崎藩士、勤皇家。
¶国書(㊁明治6(1873)年10月30日)，人名(田中毛野　たなかけぬ)，日人，藩臣2(田中毛野　たなかけぬの)

田中光顕 たなかみつあき
天保14(1843)年～昭和14(1939)年　㊇田中光顕《たなかこうけん》，青山,田中顕(健)助,浜田辰弥《はまだたつや》
江戸時代末期～明治期の高知藩士、政治家。子爵、宮内相。土佐勤王党に参加。警視総監、学習院院長などを歴任。
¶維新，海越(㊀天保14(1843)年閏9月25日　㊁昭和14(1939)年3月28日)，海越新(㊀天保14(1843)年閏9月25日　㊁昭和14(1939)年3月28日)，角史，近現，高知人，高知百，国史，コン改，コン5，史研(㊀天保14(1843)年閏9月25日　㊁昭和14(1939)年3月28日)，史人(㊀1843年閏9月25日　㊁1939年3月28日)，静岡歴，神人，新潮(㊀天保14(1843)年閏9月25日　㊁昭和14(1939)年3月28日)，人名7，世紀(㊀天保14(1843)年9月25日　㊁昭和14(1939)年3月28日)，世人(㊀天保14(1843)年9月25日　㊁昭和14(1939)年3月28日)，全書，多摩，渡航(㊀1843年9月　㊁1939年3月28日)，日史(㊀天保14(1843)年閏9月25日　㊁昭和14(1939)年3月28日)，日人，幕末(たなかこうけん　㊁1939年3月8日)，藩臣6，兵庫百，明治1，履歴(㊀天保14(1843)年閏9月25日　㊁昭和14(1939)年3月28日)，歴大

田中茂手木 たなかもてぎ
天保14(1843)年～明治1(1868)年9月14日
江戸時代末期の陸奥会津藩士。
¶幕末

田中元勝 たなかもとかつ
天明2(1782)年～嘉永2(1849)年
江戸時代後期の医師、肥後熊本藩士。
¶国書(㊁嘉永2(1849)年7月13日)，人名，日人

田中保親 たなかやすちか
延宝2(1674)年～元文4(1739)年　㊇田中止水《たなかしすい》,田中甚兵衛《たなかじんべえ》
江戸時代中期の肥後熊本藩の剣術師範役。
¶剣豪(田中甚兵衛　たなかじんべえ)，人名(田中止水　たなかしすい)，日人，三重続

田中保成 たなかやすなり
明和8(1771)年頃～慶応2(1866)年
江戸時代後期の筑後久留米藩士。
¶藩臣7

田中安敬 たなかやすよし
*～文化14(1817)年
江戸時代後期の槍術家。
¶人名(㊀1752年)，日人(㊀1754年)

田中由貞 たなかよしさだ
→田中彦六(たなかひころく)

田中義近 たなかよしちか
天保2(1831)年～明治10(1877)年3月14日
江戸時代後期～明治期の武士・著述家。
¶国書

田中吉次 たなかよしつぐ
？～元和3(1617)年
安土桃山時代～江戸時代前期の武士。豊臣氏家臣。
¶戦国，戦人

田中由古 たなかよしひさ
寛延2(1749)年～文化4(1807)年
江戸時代中期～後期の因幡鳥取藩士、儒学者。
¶鳥取百，藩臣5

田中佳政 たなかよしまさ
？～享保8(1723)年
江戸時代中期の弘前藩士、和算家。
¶国書(生没年不詳)，人名，日人

田中与平 たなかよへい
寛政10(1798)年～明治9(1876)年
江戸時代末期～明治期の出羽庄内藩士。
¶庄内(㊁明治9(1876)年2月5日)，藩臣1

田中頼庸 たなかよりつね
天保7(1836)年～明治30(1897)年　㊇田中頼庸《たなからいよう》
江戸時代末期～明治期の薩摩藩士、神道家。神宮宮司、神道神宮教管長。神道界の祭神論争の際には伊勢派の代表格として出雲派の千家尊福と対立。
¶朝日(㊀天保7(1836)年5月　㊁明治30(1897)年4月10日)，近現，国史，コン改，コン5，神史，神人(㊀天保7(1836)年5月　㊁明治30(1897)年4月10日)，人名，日人，幕末(たなからいよう　㊁1880年)

田中頼庸 たなからいよう
→田中頼庸(たなかよりつね)

田中蘭斎 たなからんさい
正徳4(1714)年～天明5(1785)年2月15日
江戸時代中期の庄内藩士・書家。
¶国書，庄内

田中律造 たなかりつぞう
江戸時代末期の新撰組隊士。
¶新撰

田中廉太郎 たなかれんたろう
生没年不詳　㊇田中光儀《たなかみつよし》
江戸時代末期の幕臣・勘定格調役。1864年遣仏使

節に随行しフランスに渡る。
¶海越新，新潟百別（たなかれんたろうみつよし）

棚瀬次郎左衛門 たなせじろうざえもん
文政3（1820）年～文久2（1862）年
江戸時代末期の下野吹上藩士。
¶藩臣5

棚瀬伝兵衛(1) たなせでんべえ
宝永6（1709）年～天明5（1785）年
江戸時代中期の伊予西条藩代官。
¶藩臣4

棚瀬伝兵衛(2) たなせでんべえ
明和2（1765）年～文政11（1828）年
江戸時代中期～後期の上総五井藩代官。
¶藩臣3

棚橋玄蕃 たなはしげんば
？ ～元禄10（1697）年　[別]棚橋玄蕃近正《たなはしげんばちかまさ》
江戸時代前期の出雲松江藩家老。
¶島根歴（棚橋玄蕃近正　たなはしげんばちかまさ），藩臣5

棚橋玄蕃近正 たなはしげんばちかまさ
→棚橋玄蕃（たなはしげんば）

棚橋衡平 たなはしこうへい，たなばしこうへい
天保5（1834）年～明治43（1910）年　[別]棚橋天籟《たなはしてんらい》
江戸時代末期～明治期の人。揖斐岡田家に仕える。
¶維新（棚橋天籟　たなはしてんらい），学校（[生]天保5（1834）年4月17日　[没]明治43（1910）年10月2日），岐阜百（棚橋天籟　たなはしてんらい），郷土岐阜（たなばしこうへい），コン5（棚橋天籟　たなはしてんらい），人名（[生]1833年），日人，幕末（棚橋天籟　たなはしてんらい　[没]1910年10月2日）

棚橋天籟 たなはしてんらい
→棚橋衡平（たなはしこうへい）

棚橋八兵衛 たなばしはちべえ
生没年不詳
江戸時代前期の美濃苗木藩家老。
¶藩臣3

棚橋御樹 たなはしみき
弘化1（1844）年～明治18（1885）年1月9日
江戸時代末期～明治期の志士。土佐勤王党に参加。
¶幕末

田辺家勝 たなべいえかつ
天保7（1836）年～明治32（1899）年
江戸時代末期～明治期の志士。土佐国郷士。戊辰戦争に参加、留守居組に昇格。地方行政で活躍。
¶高知人，幕末（[没]1899年11月23日）

田辺家豪 たなべいえたけ
天保11（1840）年～大正2（1913）年
江戸時代末期～明治期の志士。土佐勤王党に参加。
¶高知人，人名（[生]？），日人，幕末（[没]1913年12月8日）

田辺市左衛門 たなべいちざえもん
弘化1（1844）年～明治29（1896）年2月2日
江戸時代末期～明治期の陸奥二本松藩士、福島新聞社主。
¶幕末

田辺亀次郎 たなべかめじろう
安永9（1780）年～天保13（1842）年
江戸時代後期の出羽庄内藩士、弓術家。
¶庄内（[没]天保13（1842）年12月14日），藩臣1

田辺儀兵衛 たなべぎへえ
文政8（1825）年～明治28（1895）年
江戸時代末期～明治期の出羽庄内藩士。
¶庄内（[没]明治28（1895）年3月10日），藩臣1

田辺権太夫 たなべごんだゆう
文政12（1829）年～明治27（1894）年
江戸時代末期～明治期の山城淀藩城代家老。
¶維新，藩臣5

田辺貞吉 たなべさだきち
→田辺貞吉（たなべていきち）

田辺蕉鹿 たなべしょうろく
天保9（1838）年～明治25（1892）年10月20日
江戸時代末期～明治期の志士。督事官となり藩政改革的起草をする。図書助となる。
¶幕末

田辺恕亭 たなべじょてい
文化9（1812）年～文久3（1863）年
江戸時代末期の美濃岩村藩士、儒学者。
¶藩臣3

田辺助正 たなべすけまさ
？ ～明治11（1878）年
江戸時代後期～明治期の加賀藩の徒士監察。
¶姓氏石川

田辺整斎 たなべせいさい
→田辺希賢（たなべまれかた）

田辺太一 たなべたいち
天保2（1831）年～大正4（1915）年　[別]田辺蓮舟《たなべれんしゅう》，定輔，蓮舟
江戸時代末期～明治期の幕臣、外交官。
¶朝日（[生]天保2年9月16日（1831年10月21日）　[没]大正4（1915）年9月16日），維新，海越（[生]天保2（1831）年9月16日　[没]大正4（1915）年9月16日），海越新（[生]天保2（1831）年9月16日　[没]大正4（1915）年9月16日），近現，近文（田辺蓮舟　たなべれんしゅう），国際，国史，コン改，コン4，コン5，詩歌（田辺蓮舟　たなべれんしゅう），史研（[生]天保2（1831）年9月16日　[没]大正4（1915）年9月16日），史人（[生]1831年9月16日　[没]1915年9月16日），静岡歴，新潮（[生]天保2（1831）年9月15日　[没]大正4（1915）年9月14日），人名（田辺蓮舟　たなべれんしゅう），世人（[生]天保2（1831）年9月16日　[没]大正4（1915）年9月16日），先駆（[生]天保2（1831）年9月16日　[没]大正4（1915）年9月16日），渡航（[生]1831年9月16日　[没]1915年9月16日），日史（[生]天保2（1831）年9月16日　[没]大正4（1915）年9月16日），日人，幕末（[没]1915年9月16日），山梨百（[没]大正4（1915）年9月16日），履歴（[生]天保2（1831）年9月16日　[没]大正4（1915）年9月16日），歴大

田辺貞吉 たなべていきち
弘化4（1847）年～大正15（1926）年　[別]田辺貞吉

《たなべさだきち》
江戸時代末期～大正期の駿河沼津藩士、官吏、実業家。文部省督学局少視学、東京府師範学校長などを務めた。
¶大阪人（[没]大正15（1926）年1月），静岡歴，人名（たなべさだきち），世紀（[生]弘化4（1847）年11月14日　[没]大正15（1926）年1月3日），姓氏静岡，渡航（たなべさだきち　[生]1847年11月14日　[没]1926年1月3日），日人（たなべさだきち）

田辺貞之助 たなべていのすけ
文政11（1828）年～明治11（1878）年
江戸時代後期～明治期の剣術家。神道一心流。
¶剣豪

田辺輝実 たなべてるざね
天保12（1841）年～大正13（1924）年　[別]田辺輝実《たなべてるみ》，田辺輝美《たなべてるみ》
江戸時代末期～明治期の柏原藩士。
¶維新（たなべてるみ），高知人，埼玉人（[生]天保12（1841）年11月11日　[没]大正13（1924）年10月19日），人名，世紀（[生]天保12（1841）年11月　[没]大正13（1924）年10月17日），日人，幕末（田辺輝美　たなべてるみ　[没]1924年10月17日），藩臣5（たなべてるみ），兵庫人（たなべてるみ　[生]天保12（1841）年11月　[没]大正13（1924）年10月15日），宮城百，宮崎百（たなべてるみ）

田辺輝実（田辺輝美） たなべてるみ
→田辺輝実（たなべてるざね）

田辺長常 たなべながつね
→田辺八左衛門（たなべはちざえもん）

田辺信堅 たなべのぶかた
生没年不詳
江戸時代前期の相模小田原藩家老。
¶神奈川人，藩臣3

田辺信吉 たなべのぶよし
？～寛永15（1638）年
江戸時代前期の相模小田原藩家老。
¶藩臣3

田辺八左衛門 たなべはちざえもん
天正7（1579）年～寛文4（1664）年　[別]田辺長常《たなべながつね》
安土桃山時代～江戸時代前期の槍術家、田辺流槍術の祖。
¶国書（田辺長常　たなべながつね　[没]寛文4（1664）年7月13日），人名（[生]1578年），日人

田辺治之助 たなべはるのすけ
天保3（1832）年～明治1（1868）年
江戸時代末期の淀藩士。
¶維新，幕末（[没]1868年1月29日），藩臣5

田辺広之助 たなべひろのすけ
江戸時代末期の新撰組隊士。
¶新撰

田辺政己 たなべまさおの
宝暦3（1753）年～文政6（1823）年8月25日
江戸時代中期～後期の加賀藩士。
¶国書

田辺惟良 たなべまさちか
天正15（1587）年～明暦4（1658）年
安土桃山時代～江戸時代前期の武士。
¶多摩

田辺希賢 たなべまれかた
承応2（1653）年～元文3（1738）年　[別]田辺整斎《たなべせいさい》
江戸時代前期～中期の陸奥仙台藩士、儒学者。
¶国書（田辺整斎　たなべせいさい　[生]承応2（1653）年2月9日　[没]元文3（1738）年10月1日），人名，姓氏宮城，世人（[没]元文3（1738）年10月），日人（田辺整斎　たなべせいさい），藩臣1，宮城百

田辺明庵 たなべめいあん
文政5（1822）年～明治30（1897）年
江戸時代末期～明治期の加賀大聖寺藩士。
¶姓氏石川，藩臣3

田辺喜理 たなべよしただ
？～元治1（1864）年
江戸時代末期の陸奥二本松藩士。
¶国書（[没]元治1（1864）年11月22日），藩臣5

田辺竜作 たなべりゅうさく
→田部竜作（たべりゅうさく）

田辺良輔 たなべりょうすけ
生没年不詳
江戸時代末期～明治期の幕臣。
¶国書

田辺蓮舟 たなべれんしゅう
→田辺太一（たなべたいち）

谷合弥七 たにあいやしち
*～明治20（1887）年
江戸時代末期～明治期の郷士、農兵隊士。
¶維新（[生]1837年），多摩（[生]安政2（1855）年），幕末（[生]？　[没]1887年10月12日）

谷勤 たにいそし
天保6（1835）年～明治28（1895）年
江戸時代後期～明治期の武士、歌人。
¶日人

谷一斎 たにいっさい
寛永2（1625）年～元禄8（1695）年　[別]谷三山《たにさんざん》
江戸時代前期の土佐藩の儒学者。谷時中の子。
¶朝日（[没]元禄8年3月25日（1695年5月7日）），江文，高知人，高知百，国書（[没]元禄8（1695）年3月25日），コン改，コン4，新潮（[没]元禄8（1695）年3月25日），人名（[生]1624年），姓氏京都（[生]1624年），世人（[没]元禄8（1695）年3月），日人，藩臣6

谷甲斐守 たにかいのかみ
→谷廉泉（たにれんせん）

谷垣守 たにかきもり
元禄11（1698）年～宝暦2（1752）年
江戸時代中期の土佐藩士、儒学者、国学者。
¶高知人，高知百，国書（[生]元禄11（1698）年7月　[没]宝暦2（1752）年3月30日），人書94，神人（[没]宝暦2（1752）年3月30日），人名，日人，藩臣6

谷景井 たにかげい
*～明治3（1870）年

江戸時代後期～明治期の土佐藩士・国学者。
¶高知人（[生]1795年），国書（[生]寛政10（1798）年 [没]明治3（1870）年4月12日）

谷川石瀬 たにがわせきらい
～明治13（1880）年
江戸時代後期～明治期の伊勢津藩士。
¶三重

谷川辰吉 たにがわたつきち
？ ～明治28（1895）年1月2日
江戸時代末期～明治期の志士。倒幕軍に参加。
¶幕末

谷川辰蔵 たにがわたつぞう
天保7（1836）年頃～明治27（1894）年1月2日
江戸時代後期～明治期の新撰組隊士。
¶新撰

谷干城 たにかんじょう
→谷干城（たにたてき）

谷鬼谷 たにきこく
宝暦7（1757）年～天保3（1832）年
江戸時代中期～後期の水戸藩士・漢学者。
¶国書

谷口安宅 たにぐちあたか
生没年不詳
江戸時代後期の丹波篠山藩士・和算家。
¶国書

谷口元淡 たにぐちげんたん
→谷口大雅（たにぐちたいが）

谷口式部大丞 たにぐちしきぶだいじょう
文政2（1819）年～？
江戸時代後期の武士。勧修寺氏家臣。
¶維新，幕末

谷口湘客 たにぐちしょうきゃく
～？
江戸時代末期～大正期の津藩士。
¶三重

谷口四郎兵衛 たにぐちしろべえ
天保11（1840）年12月26日～明治43（1910）年12月31日
江戸時代後期～明治期の新撰組隊士。
¶新撰

谷口大雅 たにぐちたいが，たにぐちだいが
延宝5（1677）年～寛保2（1742）年 [別]谷口元淡《たにぐちげんたん》
江戸時代中期の大和郡山藩士、儒学者。
¶江文（たにぐちだいが），国書（[没]寛保2（1742）年9月9日），人名（谷口元淡 たにぐちげんたん），日人，藩臣4（谷口元淡 たにぐちげんたん）

谷口陶渓 たにぐちとうけい
寛政4（1792）年～文久2（1862）年8月9日
江戸時代後期～末期の肥前佐賀藩士。
¶国書

谷口弥七 たにぐちやしち
生没年不詳
安土桃山時代～江戸時代前期の武士。浅野家の家臣。
¶和歌山人

谷郡大夫 たにぐんだゆう
天明4（1784）年～慶応3（1867）年
江戸時代後期の壬生藩山川領代官、農村復興に功績。
¶栃木歴

谷左中 たにさちゅう
元文5（1740）年～？
江戸時代中期の幕臣。
¶国書

谷三山 たにさんざん
享和2（1802）年～慶応3（1867）年
江戸時代末期の大和高取藩の儒学者。
¶朝日（[没]慶応3年12月11日（1868年1月5日）），維新，郷土奈良，国書（[没]慶応3（1867）年12月11日），コン改，コン4，新潮（[没]慶応3（1867）年12月11日），人名，日人（[没]1868年），幕末（[没]1868年1月5日），藩臣4

谷三十郎 たにさんじゅうろう
*～慶応2（1866）年
江戸時代末期の新撰組隊士。
¶新撰（[生]天保3年頃 [没]慶応2年4月1日），幕末（[生]？ [没]1866年5月15日）

谷重遠 たにしげとお
→谷秦山（たにじんざん）

谷時中 たにじちゅう
慶長3（1598）年～慶安2（1649）年
江戸時代前期の土佐藩の儒学者。
¶朝日（[没]慶安2年12月29日（1650年1月31日）），岩史（[没]慶安2（1649）年12月29日），角史，教育，近世（[生]1599年），高知人，高知百（[生]1599年），国史（[生]1599年），国書（[生]慶長4（1599）年 [没]慶安2（1649）年12月30日），コン改，コン4，詩歌，史人（[生]1598年，（異説）1599年 [没]1649年12月30日），重要（[没]慶安2（1649）年12月29日），神史（[生]1599年），新潮（[没]慶安2（1649）年12月29日），人名，世人（[没]慶安2（1649）年12月29日），全書，大百，日史（[没]慶安2（1649）年12月30日），日人（[生]1599年 [没]1650年），藩臣6（[生]慶長4（1599）年），百科，仏教（[生]慶長4（1599）年，（異説）慶長3年 [没]慶安2（1649）年12月30日），歴大（[生]1598年，（異説）1599年）

谷周平 たにしゅうへい
→近藤周平（こんどうしゅうへい）

谷秦山 たにじんざん，たにしんざん
寛文3（1663）年～享保3（1718）年 [別]谷重遠《たにしげとお》
江戸時代中期の土佐藩の儒学者、神道家。
¶朝日（たにしんざん [生]寛文3年3月11日（1663年4月18日） [没]享保3年6月30日（1718年7月27日）），岩史（[生]寛文3（1663）年3月11日 [没]享保3（1718）年6月30日），角史，近世，高知人，高知百，国史，国書（[生]寛文3（1663）年3月11日 [没]享保3（1718）年6月30日），コン改（たにしんざん），コン4（たにしんざん），史人（[生]1663年3月11日 [没]1718年6月30日），神史，人書94（たにしんざん），神人（谷重遠 たにしげとお

㊤寛文3 (1663) 年3月11日　㊦享保3 (1718) 年6月30日)，新潮 (たにしんざん　㊤寛文3 (1663) 年3月11日　㊦享保3 (1718) 年6月30日)，人名 (谷重遠　たにしげとお)，世人 (たにしんざん　㊤寛文3 (1663) 年3月11日　㊦享保3 (1718) 年6月30日)，全書 (たにしんざん)，大百 (たにしんざん)，日史 (谷重遠　たにしげとお　㊤寛文3 (1663) 年3月11日　㊦享保3 (1718) 年6月30日)，日人，藩臣6，百科 (谷重遠　たにしげとお)，歴大

谷頭有寿 たにずありとし
文政3 (1820) 年～明治14 (1881) 年　㊞谷頭溟南《やがしらめいなん》
江戸時代末期～明治期の漢学者、豊前小倉藩士。
¶国書 (谷頭溟南　やがしらめいなん　㊤文政3 (1820) 年5月22日　㊦明治14 (1881) 年10月19日)，人名，日人

た

谷水石 たにすいせき,たにずいせき
享和1 (1801) 年～明治10 (1877) 年
江戸時代末期～明治期の丹波柏原藩士。
¶人名，日人，藩臣5，兵庫人 (たにずいせき)

渓世尊 たにせそん
宝暦4 (1754) 年～天保2 (1831) 年
江戸時代中期～後期の因幡鳥取藩士。
¶藩臣5

谷干城 たにたてき
天保8 (1837) 年～明治44 (1911) 年　㊞谷干城《たにかんじょう》，隈山，申太郎
江戸時代末期～明治期の土佐藩士、軍人、政治家。
¶朝日 (㊤天保8年2月12日 (1837年3月18日)　㊦明治44 (1911) 年5月13日)，維新，岩史 (㊤天保8 (1837) 年2月12日　㊦明治44 (1911) 年5月13日)，海越 (㊤天保8 (1837) 年2月11日　㊦明治44 (1911) 年5月13日)，海越新 (たにかんじょう　㊤天保8 (1837) 年2月11日　㊦明治44 (1911) 年5月13日)，角史，近現，近世，熊本百 (たにかんじょう　㊤天保8 (1837) 年2月　㊦明治44 (1911) 年5月13日)，高知人，高知百，国際，国史，コン改 (たにかんじょう)，コン4 (たにかんじょう)，コン5 (たにかんじょう)，史人 (㊤1837年2月12日　㊦1911年5月13日)，社史 (たにかんじょう　㊤天保8 (1837) 年2月11日　㊦1911年5月3日)，重要 (たにかんじょう　㊤天保8 (1837) 年2月12日　㊦明治44 (1911) 年5月13日)，新潮 (㊤天保8 (1837) 年2月11日　㊦明治44 (1911) 年5月13日)，人名 (たにかんじょう)，世紀 (㊤天保8 (1837) 年2月12日　㊦明治44 (1911) 年5月13日)，世人 (たにかんじょう　㊤天保8 (1837) 年2月11日　㊦明治44 (1911) 年5月13日)，世百，全書 (たにかんじょう)，大百 (たにかんじょう)，伝記，渡航 (㊤1837年2月　㊦1911年5月13日)，栃木歴，日史 (㊤天保8 (1837) 年2月18日　㊦明治44 (1911) 年5月13日)，日人，日本，幕末 (㊦1911年5月13日)，藩臣6，百科，明治1，陸海 (㊤天保8年2月12日　㊦明治44年5月13日)，歴大 (たにかんじょう)

谷千生 (谷千成)　たにちなり
天保3 (1832) 年8月1日～明治21 (1888) 年
江戸時代末期～明治期の国学者、阿波徳島藩士。
¶大阪人，国書 (㊦明治21 (1888) 年9月8日)，人名 (㊤？)，徳島百 (㊦明治21 (1888) 年9月8日)，徳島歴 (谷千成　㊦明治21 (1888) 年9月8日)，日人

谷鉄臣 たにてつおみ
文政5 (1822) 年～明治38 (1905) 年　㊞谷鉄臣《たにてっしん》，渋谷騮太郎《しぶやりゅうたろう》
江戸時代末期～明治期の近江彦根藩士。
¶維新，京都大，滋賀百 (たにてっしん)，新潮 (㊤文政5 (1822) 年3月15日　㊦明治38 (1905) 年12月26日)，人名，姓氏京都，日人，幕末 (たにてっしん　㊦1905年12月26日)，藩臣4 (たにてっしん)

谷鉄臣 たにてっしん
→谷鉄臣 (たにてつおみ)

谷鉄蔵 たにてつぞう
弘化1 (1844) 年～慶応1 (1865) 年
江戸時代末期の水戸藩士。
¶維新，人名，日人，幕末 (㊦1865年4月29日)

谷照憑 たにてるより
延宝2 (1674) 年～宝暦4 (1754) 年
江戸時代中期の大名。丹波山家藩主。
¶諸系，人名，日人，藩主3 (㊦宝暦4 (1754) 年8月4日)

谷兎毛 たにとも
生没年不詳
江戸時代末期の土佐藩士。
¶高知人

渓中新作 たになかしんさく
江戸時代末期の高知藩士。
¶人名，日人 (生没年不詳)

谷野重右衛門 たにのじゅうえもん
生没年不詳
江戸時代中期の播磨小野藩士。
¶藩臣5

渓百年 たにひゃくねん
宝暦4 (1754) 年～天保2 (1831) 年
江戸時代後期の鳥取藩儒学者。
¶朝日 (㊤？)，国書 (㊦天保2 (1831) 年5月11日)，人名 (㊤？)，鳥取百，日人

谷文啓 たにぶんけい
安永7 (1778) 年1月1日～天保11 (1840) 年6月13日
江戸時代中期～後期の因幡鳥取藩士・画家。
¶国書

谷北渓 たにほっけい
→谷真潮 (たにましお)

谷正方 たにまさかた
天保3 (1832) 年～明治26 (1893) 年1月19日
江戸時代末期～明治期の志士。
¶幕末

谷昌武 たにまさたけ
嘉永1 (1848) 年～明治34 (1901) 年12月
江戸時代後期～明治期の新撰組隊士。
¶大阪墓

谷真潮 たにましお
享保14(1729)年～寛政9(1797)年　[別]谷北渓《たにほっけい》，谷真潮《たにしんちょう》
江戸時代中期の土佐藩の国学者。谷垣守の長男。
¶朝日([没]寛政9年10月18日(1797年12月5日))，近世，高知人([生]1727年)，高知百，国史，国書([没]寛政9(1797)年10月18日)，コン改，コン4，史人([生]1729年1月3日，(異説)1727年1月3日 [没]1797年10月18日)，神史，人書94([生]1727年)，神人([生]享保12(1727)年)，新潮([生]享保12(1727)年　[没]寛政9(1797)年10月18日)，人名(谷北渓　たにほっけい　[生]1727年)，世人([生]享保12(1727)年　[没]寛政9(1797)年10月18日)，日人([生]1727年，(異説)1729年)，藩臣6，百科([生]享保12(1727)年)

谷万太郎 たにまんたろう
天保6(1835)年～*
江戸時代末期～明治期の新撰組隊士。
¶大阪人([没]明治23(1890)年12月)，大阪墓([没]明治23(1890)年12月8日)，新撰([没]明治19年6月30日)，幕末([没]1886年6月30日)

谷村亀之丞 たにむらかめのじょう
寛政12(1800)年～文久2(1862)年　[別]谷村自雄《たにむらよりお》
江戸時代後期～末期の剣術家。長谷川英信流。
¶剣豪，高知人(谷村自雄　たにむらよりお)

谷村左右助 たにむらそうすけ
生没年不詳
江戸時代末期の館林藩士。1860年遣米使節に随行しアメリカに渡る。
¶海越新

谷村昌武 たにむらまさたけ
天保13(1842)年～明治2(1869)年
江戸時代末期の薩摩藩士。
¶維新，国書([生]天保13(1842)年1月18日　[没]明治2(1869)年6月7日)，姓氏鹿児島，幕末([没]1869年7月15日)，藩臣7

谷村自雄 たにむらよりお
→谷村亀之丞(たにむらかめのじょう)

谷本教 たにもとのり
元禄2(1689)年～宝暦2(1752)年
江戸時代中期の武士・能吏。
¶国書([没]宝暦2(1752)年7月17日)，人名，日人

谷元兵右衛門 たにもとひょうえもん
→谷元道之(たにもとみちゆき)

谷元道之 たにもとみちゆき
*～明治43(1910)年　[別]谷元兵右衛門《たにもとひょうえもん》
江戸時代末期～明治期の薩摩藩士、実業家。海軍主計中監、東京馬車鉄道会社社長、衆議院議員。
¶海越(谷元兵右衛門　たにもとひょうえもん　生没年不詳)，海越新([生]弘化2(1845)年　[没]明治43(1910)年2月21日)，海越新(谷元兵右衛門　たにもとひょうえもん　[生]天保13(1842)年)，人名([生]1845年)，渡航([生]1843年　[没]1910年2月21日)，日人([生]1845年)，幕末(谷元兵右衛門　たにもとひょうえもん　[生]1842年)

谷元六兵衛 たにもとろくべえ
江戸時代末期の薩摩藩士。
¶姓氏鹿児島

谷衛量 たにもりかず
明和2(1765)年～享和1(1801)年
江戸時代中期～後期の大名。丹波山家藩主。
¶諸系，日人，藩主3([没]享和1(1801)年9月21日)

谷衛滋 たにもりしげ
文化14(1817)年～明治8(1875)年
江戸時代末期～明治期の大名。丹波山家藩主。
¶諸系，日人，藩主3([没]明治8(1875)年4月)

谷衛万 たにもりたか
寛政8(1796)年～文化13(1816)年
江戸時代後期の大名。丹波山家藩主。
¶諸系，日人，藩主3([没]文化13(1816)年8月)

谷衛友 たにもりとも
永禄6(1563)年～寛永4(1627)年
安土桃山時代～江戸時代前期の武将、大名。
¶朝日([没]寛永4年12月23日(1628年1月29日))，京都府，近世，国史，国書([没]寛永4(1627)年12月23日)，史人([没]1627年12月23日)，諸系([没]1628年)，新潮([没]寛永4(1627)年12月23日)，人名，戦合，戦国([生]1564年)，戦人，戦西([生]1564年)，日史([没]寛永4(1627)年12月23日)，日人([没]1628年)，藩主3([没]寛永4(1627)年12月23日)，百科

谷衛弼 たにもりのり
文政6(1823)年～安政3(1856)年
江戸時代末期の大名。丹波山家藩主。
¶諸系，日人，藩主3([生]文政5(1822)年　[没]安政2(1855)年11月25日)

谷衛久 たにもりひさ
江戸時代末期の幕臣。
¶維新，幕末(生没年不詳)

谷衛秀 たにもりひで
享保14(1729)年～安永9(1780)年
江戸時代中期の大名。丹波山家藩主。
¶諸系，人名，日人，藩主3([没]安永9(1780)年8月13日)

谷衛広 たにもりひろ
正保1(1644)年～元禄3(1690)年
江戸時代前期の大名。丹波山家藩主。
¶諸系，日人，藩主3([没]元禄2(1689)年12月21日)

谷衛将 たにもりまさ
享保13(1728)年～明和1(1764)年
江戸時代中期の大名。丹波山家藩主。
¶諸系，日人，藩主3([没]明和1(1764)年1月21日)

谷衛政 たにもりまさ
慶長3(1598)年～寛文3(1663)年
江戸時代前期の大名。丹波山家藩主。
¶諸系，日人，藩主3([没]寛文2(1662)年12月2日)

谷衛衡(谷衛衝) たにもりみち
元禄13(1700)年～宝暦13(1763)年
江戸時代中期の大名。丹波山家藩主。
¶諸系，日人，藩主3(谷衛衝　[没]宝暦13(1763)年5月13日)

谷衛弥 **たにもりみつ**
寛政9(1797)年～文政3(1820)年
江戸時代後期の大名。丹波山家藩主。
¶諸系，日人，藩主3([没]文政3(1820)年10月13日)

谷衛昉 **たにもりやす**
文化8(1811)年～明治17(1884)年
江戸時代末期～明治期の大名。丹波山家藩主。
¶諸系，日人，藩主3([没]明治17(1884)年5月)

谷弥次郎 **たにやじろう**
文化1(1804)年～慶応1(1865)年
江戸時代末期の水戸藩士。
¶維新，幕末([没]1865年4月29日)

谷好井 **たによしい**
寛保2(1742)年～文化2(1805)年
江戸時代中期～後期の土佐藩士・漢学者・国学者。
¶高知人，国書([没]文化2(1805)年12月21日)

谷芳叢 **たによししげ**
嘉永2(1849)年～明治3(1870)年
江戸時代後期～明治期の維新の志士。
¶高知人

谷廉泉 **たにれんせん**
延宝8(1680)年～寛保1(1741)年　[別]谷甲斐守《たにかいのかみ》
江戸時代の剣術家、谷派剣法の祖。
¶剣豪(谷甲斐守　たにかいのかみ)，人名，日人

谷脇清馬 **たにわきせいま**
天保2(1831)年～明治43(1910)年
江戸時代末期～明治期の志士。土佐勤王党に参加。
¶高知人，幕末([没]1910年9月16日)

田村右京太夫 **たぬまうきょうたゆう**
→田村建顕(たむらたけあき)

田沼意明 **たぬまおきあき**
安永2(1773)年～寛政8(1796)年
江戸時代中期～後期の大名。遠江相良藩主、陸奥下村藩主。
¶諸系，日人，藩主1([没]寛政8(1796)年9月22日)，藩主2，福島百

田沼意壱 **たぬまおきかず**
安永9(1780)年～寛政12(1800)年
江戸時代後期の大名。陸奥下村藩主。
¶諸系，日人，藩主1([没]寛政12(1800)年9月17日)

田沼意定 **たぬまおきさだ**
天明4(1784)年～文化1(1804)年
江戸時代後期の大名。陸奥下村藩主。
¶諸系，日人，藩主1([没]文化1(1804)年7月26日)

田沼意尊 **たぬまおきたか**
*～明治2(1869)年
江戸時代末期の大名、若年寄。上総小久保藩主、遠江相良藩主。
¶朝日([生]?　[没]明治2年10月24日(1869年11月27日))，維新([生]?)，コン4([生]?)，静岡歴([生]文政2(1819)年)，諸系([生]1818年　[没]1870年)，新潮([生]?　[没]明治2(1869)年12月)，姓氏静岡([生]1819年)，日人([生]1818年　[没]1870年)，幕末([生]1819年)，藩主2([生]文政1(1818)年　[没]明治2(1869)年12月25日)，藩主2([生]文政2(1819)年　[没]明治2(1869)年12月24日)

田沼意次 **たぬまおきつぐ**
享保4(1719)年～天明8(1788)年
江戸時代中期の大名、老中。遠江相良藩主。9代将軍家重の小姓から出世し、10代家治のときに側用人、老中に昇進して幕政を主導。主に産業振興を商業資本により実現し、蝦夷地開発や干拓事業を推進した。しかし賄賂政治が批判を浴び、子の意知の刺殺事件、将軍家治の死により失脚した。
¶朝日([生]享保5(1720)年8月　[没]天明8年7月24日(1788年8月25日))，岩史([生]享保4(1719)年8月　[没]天明8(1788)年7月24日)，江戸，角史，近世，国史，国書([没]天明8(1788)年7月24日)，コン改，コン4，史人([生]1720年8月　[没]1788年7月24日)，静岡百，静岡歴，重要([生]享保4(1719)年7月27日　[没]天明8(1788)年7月24日)，諸系，人書94，新潮([没]天明8(1788)年7月24日)，人名，姓氏静岡，世人([没]天明8(1788)年6月24日)，世百，全書，大百，伝記，日史([没]天明8(1788)年7月24日)，日人，藩主2([没]天明8(1788)年7月24日)，百科，北海道百，北海道歴，歴大([生]1720年)

田沼意留 **たぬまおきとめ**
?　～文久1(1861)年
江戸時代末期の大名。遠江相良藩主。
¶諸系，日人，藩主2

田沼意知 **たぬまおきとも**
寛延2(1749)年～天明4(1784)年
江戸時代中期の若年寄。父は意次。若年寄となったが、江戸城内で佐野政言により刺殺された。
¶朝日([没]天明4年3月26日(1784年5月15日))，岩史([没]天明4(1784)年4月2日)，江戸，角史，近世，国史，コン改，コン4，史人([没]1784年4月3日)，重要([生]寛延2(1749)年3月　[没]天明4(1784)年3月26日)，諸系，新潮([没]天明4(1784)年4月2日)，人名，世人([没]天明4(1784)年3月25日)，世百，全書，大百，日史([没]天明4(1784)年4月2日)，日人，百科，歴大

田沼意斉(田沼意斎) **たぬまおきなり**
安政2(1855)年～?
江戸時代末期の大名。上総小久保藩主。
¶諸系，日人，藩主2(田沼意斎　[生]安政2(1855)年7月)

田沼意信 **たぬまおきのぶ**
天明2(1782)年～享和3(1803)年
江戸時代後期の大名。陸奥下村藩主。
¶諸系，日人，藩主1([没]享和3(1803)年9月12日)

田沼意正 **たぬまおきまさ**
宝暦4(1754)年～天保7(1836)年
江戸時代中期～後期の大名、側衆。陸奥下村藩主、遠江相良藩主。
¶朝日([生]宝暦9(1759)年　[没]天保7年8月24日(1836年10月4日))，静岡歴，諸系，姓氏静岡，日人，藩主1，藩主2([生]宝暦9(1759)年　[没]天保7(1836)年8月24日)

田沼意致 **たぬまおきむね**
寛保1(1741)年～寛政8(1796)年
江戸時代中期～後期の幕臣、一橋家老。

¶岩史（[没]寛政8（1796）年6月25日），コン4

田沼専左衛門 たぬませんざえもん
貞享3（1686）年～享保19（1734）年
江戸時代中期の紀伊和歌山藩士。
¶藩臣5

田沼意行 たぬまもとゆき
元禄1（1688）年～享保19（1734）年
江戸時代前期～中期の幕臣。
¶神奈川人，国書（[没]享保19（1734）年12月18日），和歌山人

種子島敬輔 たねがしまけいすけ
生没年不詳
江戸時代末期の薩摩藩士。
¶海越新，幕末

種子島久基 たねがしまひさもと
寛文4（1664）年～寛保1（1741）年
江戸時代前期～中期の種子島島主。薩摩藩家老。甘藷を日本本土に導入。
¶鹿児島百，食文，姓氏鹿児島（[没]1744年）

種田政明（種子田政明） たねだまさあき
天保8（1837）年～明治9（1876）年
江戸時代末期～明治期の薩摩藩士、軍人。
¶朝日（[生]天保8（1837）年8月 [没]明治9（1876）年10月24日），維新（種子田政明），コン改（[生]天保9（1838）年），コン4，コン5，人名（[生]1838年），姓氏鹿児島（種子田政明），日人，幕末（種子田政明 [没]1876年10月24日），藩臣7（種子田政明），陸海（[生]天保8年8月日 [没]明治9年10月24日）

種田正幸 たねだまさゆき
江戸時代中期の槍術家、種田流槍術の祖。
¶人名，大百，日人（生没年不詳）

種田幸忠 たねだゆきただ
生没年不詳
江戸時代中期の槍術家。
¶日人

種田幸周 たねだゆきちか
生没年不詳
江戸時代末期の武術家。
¶国書

田根千里 たねちさと
天保4（1833）年～万延1（1860）年
江戸時代末期の石見津和野藩士。
¶藩臣5

種村要人 たねむらかなめ
？ ～嘉永4（1851）年
江戸時代末期の肥前平戸藩家老。
¶藩臣7

種村箕山 たねむらきざん
*～寛政12（1800）年
江戸時代中期～後期の近江彦根藩士。
¶国書（[生]享保7（1722）年 [没]寛政12（1800）年6月12日），人名（[生]1722年），日人（[生]1720年），藩臣4（[生]享保5（1720）年）

田内衛吉 たのうちえいきち
→田内衛吉（たのうちえきち）

田内衛吉 たのうちえきち
天保6（1835）年～元治1（1864）年 [別]田内衛吉《たうちえいきち，たのうちえいきち》
江戸時代末期の志士。土佐藩士。
¶維新，高知人，高知百（たのうちえいきち），国史，国書（[生]天保6（1835）年11月 [没]元治1（1864）年11月28日），コン改，コン4，新潮（[生]天保6（1835）年11月27日 [没]元治1（1864）年11月28日），人名（たうちえいきち），世人（たうちえいきち），日人（[生]1836年），幕末（[没]1864年12月26日），藩臣6

田内月堂 たのうちげつどう
生没年不詳
江戸時代後期の漢学者、伊勢桑名藩士。
¶江文，国書，三重続（田中月堂）

田内菜園 たのうちさいえん
寛政6（1794）年～*
江戸時代末期の土佐藩士。
¶高知人（[没]1857年），幕末（[没]1858年2月6日），藩臣6（生没年不詳）

田能村竹田 たのむらちくでん
安永6（1777）年～天保6（1835）年 [別]竹田《ちくでん》
江戸時代後期の豊後岡藩の南画家。
¶朝日（[生]安永6年6月10日（1777年7月14日） [没]天保6年6月29日（1835年7月24日）），岩史（[生]安永6（1777）年6月10日 [没]天保6（1835）年8月29日），大分百（[生]1776年），大分歴，大阪人（[生]安永4（1775）年 [没]天保6（1835）年8月），大阪墓（[没]天保6（1835）年8月29日），角史，京都，京都大，近世，国史，国書（[生]安永6（1777）年6月10日 [没]天保6（1835）年8月29日），コン改，コン4，茶道，詩歌，史人（[生]1777年6月10日 [没]1835年8月29日），重要（[生]安永6（1777）年6月10日 [没]天保6（1835）年6月29日），人書79，人書94，新潮（[生]安永6（1777）年6月10日 [没]天保6（1835）年8月29日），人名，姓氏京都，世人（[生]安永6（1777）年6月10日 [没]天保6（1835）年8月29日），世百，全書，大百，伝記，日史（[生]安永6（1777）年6月10日 [没]天保6（1835）年8月29日），日人，藩臣7，美術，百科，兵庫百，名画，歴大，和俳（[生]安永6（1777）年6月10日）

田畑常秋 たばたつねあき
文政11（1828）年～明治10（1877）年
江戸時代末期～明治期の薩摩藩士。
¶維新，人名（[生]？），姓氏鹿児島，日人，幕末（[没]1877年4月14日）

田畑吉正 たばたよしまさ
明和7（1770）年6月5日～弘化2（1845）年7月12日
江戸時代中期～後期の幕臣。
¶国書

田原重次 たはらしげつぐ
生没年不詳
安土桃山時代～江戸時代前期の武士。浅野家の家臣。
¶和歌山人

田原四郎 たはらしろう
江戸時代末期の新撰組隊士。
¶新撰

田原藤三 たはらとうぞう
文化11(1814)年～慶応3(1867)年
江戸時代末期の勤皇の志士。
¶埼玉百

田原直助 たはらなおすけ
文化10(1813)年～明治29(1896)年 [別]田原直助《たわらなおすけ》,田中直助《たなかなおすけ》,古愚,陶吉,陶猗,明章
江戸時代末期～明治期の薩摩藩士、造艦技師、植物学者、官吏。軍艦・兵器製造に貢献する一方、植物学の研究を行い、「植物学抄訳」を編纂。著書はほかに「果実糖蔵篇」。
¶維新，海越([生]文化10(1813)年10月11日 [没]明治29(1896)年12月1日)，海越新([生]文化10(1813)年10月11日 [没]明治29(1896)年12月1日)，愛媛百(たわらなおすけ [生]文化10(1813)年11月11日 [没]明治29(1896)年12月1日)，国書(たわらなおすけ [生]文化10(1813)年10月11日 [没]明治29(1896)年12月1日)，人名(たわらなおすけ)，姓氏鹿児島，渡航([生]1813年10月11日 [没]1896年12月1日)，日人，幕末([没]1896年12月11日)，藩臣7(たわらなおすけ)，洋学(田中直助 たなかなおすけ)

田原彦三郎 たはらひこさぶろう
文政4(1821)年～元治1(1864)年
江戸時代末期の水戸藩士。
¶維新，幕末([没]1864年9月26日)

田原平左衛門 たばらへいざえもん
天保6(1835)年～慶応2(1866)年1月22日
江戸時代後期～末期の岡山藩家老土倉氏(佐伯陣屋)の家臣。
¶岡山歴

旅川弥右衛門 たびかわやえもん
～享保5(1720)年12月6日
江戸時代前期～中期の槍術家。
¶庄内，日人(生没年不詳)

田淵敬二 たぶちけいじ
天保11(1840)年5月5日～明治33(1900)年7月21日
江戸時代末期～明治期の勤王家。
¶岡山人([没]明治34(1901)年)，岡山百，岡山歴，幕末

田淵蔵六 たぶちぞうろく
文政10(1827)年～明治34(1901)年
江戸時代末期～明治期の弓術家。
¶岡山人，岡山歴([没]明治34(1901)年8月7日)

田部井源八郎 たべいげんぱちろう
文政12(1829)年～明治29(1896)年
江戸時代後期～明治期の剣術家。馬庭念流。
¶剣豪

田部竜作 たべりゅうさく
天保5(1834)年～文久3(1863)年 [別]田辺竜作《たなべりゅうさく》
江戸時代末期の豊後岡藩士、志士。
¶人名(田辺竜作 たなべりゅうさく)，日人

玉井右源太 たまいうげんた
安永6(1777)年～天保9(1838)年
江戸時代後期の周防徳山藩士。
¶藩臣6

玉井定時 たまいさだとき
正保3(1646)年～享保4(1719)年
江戸時代前期～中期の大和郡山藩士。
¶国書

玉井三太夫 たまいさんだゆう
？ ～
江戸時代の八戸藩士。幕府巡見使の記録を残した。
¶青森人

玉置伊之助 たまおきいのすけ
江戸時代末期の新撰組隊士。
¶新撰

玉置仙之助 たまおきせんのすけ
天保10(1839)年～？
江戸時代末期の上総飯野藩士。
¶藩臣3

玉置之長 たまおきゆきなが
→玉置之長(たまきゆきなが)

玉置良蔵 たまおきりょうぞう
安政2(1855)年～明治2(1869)年3月
江戸時代末期～明治期の新撰組隊士。
¶新撰

玉川伊右衛門 たまがわいえもん
生没年不詳
江戸時代中期の武士。
¶和歌山人

玉川転之助 たまがわてんのすけ
江戸時代末期の新撰組隊士。
¶新撰

玉置修 たまきおさむ
天保5(1834)年6月26日～明治31(1898)年6月15日
江戸時代後期～明治期の津山松平藩最後の大年寄役。
¶岡山歴

玉置重成 たまきしげなり
天保8(1837)年～明治5(1872)年
江戸時代末期～明治期の十津川郷士。
¶維新

玉置高良 たまきたかなが
天保8(1837)年～明治22(1889)年 [別]玉置高良《たまきたかよし》
江戸時代末期～明治期の十津川郷士、政治家。
¶郷土奈良(たまきたかよし)，人名，日人，幕末(たまきたかよし [没]1889年8月19日)

玉置高良 たまきたかよし
→玉置高良(たまきたかなが)

玉置次章 たまきつぐあき
生没年不詳
江戸時代後期の尾張藩士。
¶国書

玉木彦助(玉木彦介) たまきひこすけ
天保12(1841)年～慶応1(1865)年

江戸時代末期の長州(萩)藩士。
¶維新, 国書(玉木彦介 [生]天保12(1841)年5月17日 [没]元治2(1865)年1月20日), 人名, 日人, 幕末([没]1865年2月16日), 藩臣6

玉木文之進 たまきぶんのしん
文化7(1810)年～明治9(1876)年
江戸時代末期～明治期の長州(萩)藩士。
¶朝日([生]文化7年9月24日(1810年10月22日) [没]明治9(1876)年11月6日), 維新, 神奈川人, 近現, 近世, 国史, コン改, コン4, コン5, 史人([生]1810年9月24日 [没]1876年11月6日), 新潮([生]文化7(1810)年9月24日 [没]明治9(1876)年11月6日), 姓氏山口, 全書, 日史([生]文化7(1810)年9月24日 [没]明治9(1876)年11月6日), 日人, 幕末([没]1876年11月6日), 藩臣6, 百科, 山口百

玉木三弥 たまきみつや
生没年不詳
江戸時代末期の幕臣。1864年遣仏使節に随行しフランスに渡る。
¶海越新

玉置之長 たまきゆきなが
? ～元禄6(1693)年 [別]玉置之長《たまおきゆきなが》
江戸時代前期の伊勢津藩士。
¶コン改(たまおきゆきなが 生没年不詳), コン4(たまおきゆきなが 生没年不詳), 日人, 藩臣5

玉置与右衛門 たまきよえもん
生没年不詳
江戸時代前期の六十人者与力。
¶和歌山人

玉木吉保 たまきよしやす
天文21(1552)年～寛永10(1633)年
安土桃山時代～江戸時代前期の武士。毛利氏家臣。
¶国書([生]天文21(1552)年7月8日 [没]寛永10(1633)年1月13日), 戦人

玉沢良澄 たまさわよしずみ
生没年不詳
江戸時代の伊予松山藩士。
¶国書

田安宗武 たますむねたけ
→田安宗武(たやすむねたけ)

玉田早苗 たまださなえ
生没年不詳
江戸時代後期の代官。
¶国書

玉田黙翁 たまだもくおう
元禄10(1697)年～天明5(1785)年
江戸時代中期の播磨姫路藩の儒学者。
¶国書([没]天明5(1785)年5月3日), 藩臣5, 兵庫人([没]天明5(1785)年5月3日), 兵庫百

玉造小右衛門 たまつくりしょうえもん
生没年不詳
江戸時代後期の加賀藩士。
¶国書

玉造清之允 たまつくりせいのじょう
弘化3(1846)年～慶応1(1865)年
江戸時代末期の水戸藩士。
¶維新, 人名([生]1845年), 日人, 幕末([没]1865年3月12日)

玉手弘通(玉手弘道) たまてひろみち
弘化1(1844)年～大正15(1926)年
江戸時代末期～明治期の大和高取藩の志士、実業家。
¶朝日([生]弘化1(1844)年5月 [没]大正15(1916)年4月23日), 大阪人([没]大正15(1926)年4月), 人名(玉手弘道), 日人

玉井勘解由 たまのいかげゆ
? ～天保5(1834)年
江戸時代後期の加賀藩家老。
¶国書

玉井貞衛 たまのいさだもり
元禄8(1695)年～明和5(1768)年10月17日
江戸時代中期の加賀藩家老。
¶国書

玉乃九華 たまのきゅうか
寛政9(1797)年～嘉永4(1851)年
江戸時代末期の周防岩国藩士。
¶国書([生]寛政9(1797)年1月1日 [没]嘉永4(1851)年12月6日), 藩臣6

玉乃五竜 たまのごりゅう
→玉乃世履(たまのせいり)

玉乃世履 たまのせいり
文政8(1825)年～明治19(1886)年 [別]玉乃五竜《たまのごりゅう》, 玉乃世履《たまのよふみ》
江戸時代末期～明治期の周防岩国藩士、司法官。
¶朝日(たまのよふみ [生]文政8年7月21日(1825年9月3日) [没]明治19(1886)年8月9日), 維新, 近現, 国史, 国書(玉乃五竜 たまのごりゅう [生]文政8(1825)年7月21日 [没]明治19(1886)年8月8日), コン改, コン4, コン5, 史人([生]1825年7月21日 [没]1886年8月8日), 新潮([生]文政8(1825)年7月21日 [没]明治19(1886)年8月8日), 人名, 姓氏山口, 先駆([生]文政8(1825)年7月21日 [没]明治19(1886)年8月9日), 日人, 幕末([没]1886年8月8日), 藩臣6, 山口百, 履歴([生]文政8(1825)年7月21日 [没]明治19(1886)年8月8日), 歴大

玉野豊前守 たまのぶぜんのかみ
安土桃山時代～江戸時代前期の武士。里見氏家臣。
¶戦人(生没年不詳), 戦東

玉野又四郎 たまのまたしろう
安土桃山時代～江戸時代前期の武士。里見氏家臣。
¶戦人(生没年不詳), 戦東

玉乃世履 たまのよふみ
→玉乃世履(たまのせいり)

玉虫喜六郎 たまむしきろくろう
貞享1(1684)年～宝暦4(1754)年
江戸時代前期～中期の剣術家。今枝流ほか。
¶剣豪

玉虫左太夫(玉虫佐太夫) たまむしさだゆう
文政6(1823)年～明治2(1869)年 [別]玉虫誼茂

た

《たまむしよししげ》，子発，拙斎，東海，勇八，誼茂《よししげ》
江戸時代末期の陸奥仙台藩士。1860年遣米使節随員としてアメリカに渡る。
¶朝日（[没]明治2年4月9日（1869年5月20日）），維新，海越（[没]明治2（1869）年4月9日），海越新（[没]明治2（1869）年4月9日），近現，近世，国史，国書（玉虫誼茂　たまむしよししげ　[没]明治2（1869）年4月14日），コン5，人名，姓氏宮城，先駆（玉虫佐太夫　[没]明治2（1869）年4月9日），日史（[没]明治2（1869）年4月14日），日人，幕末（[没]1869年5月25日），藩臣1，百科，北海道百，北海道歴，宮城百，歴大

玉虫三太夫 たまむしさんだいう
生没年不詳
江戸時代前期の旗本。
¶神奈川人

玉虫七左衛門 たまむししちざえもん
享保6（1721）年～享和2（1802）年
江戸時代中期～後期の剣術家。今枝流ほか。
¶剣豪

玉虫十蔵 たまむしじゅうぞう
延享2（1745）年～享和1（1801）年　[別]玉虫尚茂《たまむしひさしげ》
江戸時代中期～後期の武士。陸奥仙台藩士。
¶近世，剣豪，国史，国書（玉虫尚茂　たまむしひさしげ　[没]享和1（1801）年11月11日），日人（玉虫尚茂　たまむしひさしげ）

玉虫武茂 たまむしたけしげ
寛延3（1750）年～文政11（1828）年
江戸時代中期～後期の槍術家。
¶姓氏宮城

玉虫暢茂 たまむしのぶしげ
生没年不詳
江戸時代中期の仙台藩士。
¶国書

玉虫尚茂 たまむしひさしげ
→玉虫十蔵（たまむしじゅうぞう）

玉虫宗茂 たまむしむねもち
～寛文7（1667）年
江戸時代前期の旗本。
¶神奈川人

玉虫茂嘉（玉虫茂喜）　たまむしもちよし
？　～延享4（1747）年
江戸時代中期の第5代京都代官。
¶京都大（生没年不詳），姓氏京都（玉虫茂喜）

玉虫誼茂 たまむしよししげ
→玉虫左太夫（たまむしさだゆう）

玉山六兵衛 たまやまろくべえ
江戸時代中期の陸奥盛岡藩士。
¶人名，日人（生没年不詳）

田丸稲之衛門 たまるいなのえもん
文化2（1805）年～慶応1（1865）年
江戸時代末期の尊攘派水戸藩士。
¶朝日（[没]慶応1年2月4日（1865年3月1日）），維新，茨城百，近世，国史，国書（[没]元治2（1865）年2月4日），コン改，コン4，新潮（[没]慶応1（1865）年2月4日），人名，世人（[没]慶応1（1865）年2月4日），全書，日人，幕末（[没]1865年3月1日），藩臣2

田丸貞孝 たまるさだたか
弘化3（1846）年～昭和5（1930）年
江戸時代末期～大正期の仙台藩大番士。
¶姓氏宮城

田丸祐儀 たまるすけよし
？　～寛永5（1628）年
安土桃山時代～江戸時代前期の泉州堺の浪士。
¶姓氏宮城

田丸直暢 たまるなおのぶ
生没年不詳
江戸時代後期の幕臣・本草家。
¶国書

田丸直職 たまるなおもと
寛保3（1743）年～？
江戸時代中期の幕臣。
¶国書

田宮長勝 たみやおさかつ
→田宮長勝（たみやながかつ）

田宮儀右衛門 たみやぎえもん
生没年不詳
江戸時代末期の紀伊和歌山藩士。
¶幕末

田宮三之助 たみやさんのすけ
？　～元禄15（1702）年
江戸時代前期～中期の剣術家。
¶日人

田宮如雲 たみやじょうん
文化5（1808）年～明治4（1871）年
江戸時代末期～明治期の尾張藩士。
¶愛知百（[生]1808年10月23日　[没]1871年4月19日），朝日（[生]文化5年10月23日（1808年12月10日）　[没]明治4年4月19日（1871年6月6日）），維新，京都大，近現，近世，国史，国書（[生]文化5（1808）年10月23日　[没]明治4（1871）年4月19日），新潮（[生]文化5（1808）年10月23日　[没]明治4（1871）年4月19日），人名，姓氏愛知，姓氏京都，日人，幕末（[没]1871年6月6日），藩臣4

田宮次郎右衛門 たみやじろうえもん
？　～享保19（1734）年
江戸時代中期の剣術家。田宮流。
¶剣豪

田宮対馬守 たみやつしまのかみ
→田宮長勝（たみやながかつ）

田宮長勝 たみやながかつ
？　～正保2（1645）年　[別]田宮対馬守《たみやつしまのかみ》，田宮長勝《たみやおさかつ》
江戸時代前期の武士、剣術家。
¶岡山人（たみやおさかつ），岡山歴（[没]正保2（1645）年1月），剣豪（田宮対馬守　たみやつしまのかみ），日人，和歌山人

田宮半兵衛 たみやはんべえ
？　～天保3（1832）年
江戸時代後期の尾張藩士。
¶国書（[没]天保3（1832）年11月3日），姓氏愛知，

藩臣4

田村顕影 たむらあきかげ
生没年不詳
江戸時代後期の幕臣。第30代京都西町奉行。
¶京都大，姓氏京都

田村顕允 たむらあきさね
→田村顕允（たむらあきまさ）

田村顕允 たむらあきまさ
天保3（1832）年～大正2（1913）年 [別]田村顕允《たむらあきさね》
江戸時代末期～明治期の陸奥亘理藩家老、開拓者。
¶朝日（[生]天保3年11月6日（1832年11月27日） [没]大正2（1913）年11月20日），近現，国史，史人（[生]1832年11月6日 [没]1913年11月20日），食文（[生]天保3年11月6日（1832年11月27日） [没]1913年11月20日），人書94（[没]1912年），人名（[没]1912年），姓氏宮城（たむらあきさね），日人，北海道百，北海道歴，歴大

田村育蔵 たむらいくぞう
天保7（1836）年～元治1（1864）年
江戸時代末期の長州藩志士。
¶維新，人名（[生]1837年），日人，幕末（[没]1864年8月20日），洋学

田村一郎 たむらいちろう
天保14（1843）年～？
江戸時代後期～末期の新撰組隊士。
¶新撰

田村克成 たむらかつなり
生没年不詳
江戸時代後期の日向高鍋藩士。
¶国書

田村看山 たむらかんざん
文政3（1820）年～明治27（1894）年
江戸時代末期～明治期の丹波柏原藩士、儒学者。
¶国書（[没]明治27（1894）年2月5日），藩臣5，兵庫人，兵庫百

田村喜斎 たむらきさい
安土桃山時代～江戸時代前期の武士。里見氏家臣。
¶戦人（生没年不詳），戦東

田村金七郎 たむらきんしちろう
弘化2（1845）年～？
江戸時代後期～末期の新撰組隊士。
¶新撰

田村邦顕 たむらくにあき
文化14（1817）年～天保11（1840）年
江戸時代後期の大名。陸奥一関藩主。
¶諸系，日人，藩主1（[生]文化13（1816）年12月27日 [没]天保11（1840）年8月23日，（異説）10月10日）

田村邦行 たむらくにみち
文政3（1820）年～安政4（1857）年
江戸時代末期の大名。陸奥一関藩主。
¶岩手百，諸系，姓氏岩手，日人，藩主1（[生]文政3（1820）年7月23日 [没]安政4（1857）年2月19日）

田村邦栄 たむらくによし
嘉永5（1852）年～明治20（1887）年
江戸時代末期～明治期の大名。陸奥一関藩主。
¶諸系，日人，藩主1（[生]嘉永5（1852）年5月20日 [没]明治20（1887）年2月26日）

田村弘蔵 たむらこうぞう
生没年不詳
江戸時代末期～明治期の駿河駿府藩士。
¶藩臣4

田村貞彦 たむらさだひこ
享和2（1802）年～明治8（1875）年 [別]田村復斎《たむらふくさい》
江戸時代末期～明治期の因幡鳥取藩士。
¶維新，人名（田村復斎 たむらふくさい），鳥取百，日人，幕末（[没]1875年2月18日），藩臣5

田村三省 たむらさんせい
享保19（1734）年～文化3（1806）年 [別]田村三省《さむらさんせい》
江戸時代中期～後期の陸奥会津藩士。
¶会津，考古（[生]享保19年（1734年10月13日） [没]文化3年（1806年5月8日）），国書（さむらさんせい [生]享保19（1734）年10月13日 [没]文化3（1806）年5月8日），コン改，コン4，史人（[没]1806年5月8日），人書94，全書，日人，藩臣2

田村大三郎 たむらだいざぶろう
？ ～慶応4（1868）年1月5日
江戸時代後期～末期の新撰組隊士。
¶新撰

田村崇顕 たむらたかあき
安政5（1858）年～大正11（1922）年
江戸時代末期～明治期の大名。陸奥一関藩主。
¶諸系，日人，幕末（[生]1859年 [没]1922年12月11日），藩主1（[生]安政5（1858）年11月20日 [没]大正11（1922）年12月11日）

田村建顕 たむらたけあき
明暦2（1656）年～宝永5（1708）年 [別]田村右京太夫《たぬまうきょうたゆう》，田村建顕《たむらたつあき》，田村宗永《たむらむねなが》
江戸時代前期～中期の大名。陸奥一関藩主、陸奥岩沼藩主。
¶朝日（[生]明暦2年5月8日（1656年6月30日） [没]宝永5年1月27日（1708年2月18日）），岩手百，江戸（田村右京太夫 たぬまうきょうたゆう），近世，国史，国書（田村宗永 たむらむねなが [生]明暦2（1656）年5月8日 [没]宝永5（1708）年1月27日），コン4，史人（[生]1656年5月8日 [没]1708年1月27日），諸系，人名，姓氏岩手，日人，藩主1（たむらたつあき [生]明暦2（1656）年5月8日 [没]宝永5（1708）年1月27日），和俳（[生]明暦2（1656）年5月8日 [没]宝永5（1708）年1月27日）

田村忠長 たむらただなが
宝暦8（1758）年～文政7（1824）年
江戸時代中期～後期の陸奥会津藩士、槍術家。
¶会津，藩臣2

田村建顕 たむらたつあき
→田村建顕（たむらたけあき）

田村藤太夫 たむらとうだゆう
生没年不詳

た

江戸時代前期～中期の陸奥弘前藩家老。
¶青森人，藩臣1

田村長衛 たむらながもり
文禄3（1594）年～正保4（1647）年
江戸時代前期の旗本。
¶神奈川人

田村誠顕 たむらのぶあき
寛文10（1670）年～享保12（1727）年
江戸時代中期の大名。陸奥一関藩主。
¶諸系，日人，藩主1（[生]寛文10（1670）年2月1日　[没]享保12（1727）年6月16日）

田村復斎 たむらふくさい
→田村貞彦（たむらさだひこ）

田村文右衛門 たむらぶんえもん
文化5（1808）年～明治2（1869）年
江戸時代末期の肥前平戸藩士。
¶幕末（[没]1869年12月），藩臣7

田村正明 たむらまさあき
明和1（1764）年～天保12（1841）年
江戸時代中期～後期の武士。
¶日人

田村通顕 たむらみちあき
→田村通顕（たむらゆきあき）

田村宗顕 たむらむねあき
天明4（1784）年～文政10（1827）年
江戸時代後期の大名。陸奥一関藩主。
¶諸系，日人，藩主1（[生]天明4（1784）年5月2日　[没]文政10（1827）年11月8日）

田村宗永 たむらむねなが
→田村建顕（たむらたけあき）

田村宗良 たむらむねよし
寛永14（1637）年～延宝6（1678）年
江戸時代前期の大名。陸奥仙台藩士、陸奥一関藩主、陸奥岩沼藩主。
¶岩手百，国書（[生]寛永14（1637）年4月19日　[没]延宝6（1678）年3月26日），諸系，姓氏岩手，姓氏宮城，日人，藩主1（[生]寛永14（1637）年4月19日　[没]延宝6（1678）年3月26日），藩臣1，宮城百

田村村顕 たむらむらあき
宝永4（1707）年～宝暦5（1755）年
江戸時代中期の大名。陸奥一関藩主。
¶諸系，人名，日人，藩主1（[生]宝永4（1707）年5月24日　[没]宝暦5（1755）年8月3日）

田村村資 たむらむらすけ
宝暦13（1763）年～文化5（1808）年
江戸時代中期～後期の大名。陸奥一関藩主。
¶国書（[生]宝暦13（1763）年1月3日　[没]文化5（1808）年10月27日），茶道，諸系，日人，藩主1（[生]宝暦13（1763）年1月3日　[没]文化5（1808）年10月27日）

田村村隆 たむらむらたか
元文2（1737）年～天明2（1782）年
江戸時代中期の大名。陸奥一関藩主。
¶国書（[生]元文2（1737）年5月23日　[没]天明2（1782）年2月6日），諸系，日人，藩主1（[生]元文2（1737）年5月23日　[没]天明2（1782）年2月6日）

田村通顕 たむらゆきあき
嘉永3（1850）年～慶応3（1867）年　[別]田村通顕《たむらみちあき》
江戸時代末期の大名。陸奥一関藩主。
¶諸系，日人，幕末（たむらみちあき　[没]1867年7月17日），藩主1（[生]嘉永3（1850）年6月　[没]慶応3（1867）年6月18日）

田村義勝 たむらよしかつ
？～明治37（1904）年
江戸時代末期～明治期の日向高鍋藩士、教育者。
¶維新

田村録五郎 たむらろくごろう
弘化3（1846）年～？
江戸時代後期～末期の新撰組隊士。
¶新撰

為永春水〔2代〕 ためながしゅんすい
→染崎延房（そめざきのぶふさ）

田母神顕孝 たもがみあきたか
生没年不詳
江戸時代後期の会津藩士。
¶国書

田安亀之助 たやすかめのすけ
→徳川家達（とくがわいえさと）

田安斉匡 たやすなりまさ
安永8（1779）年～嘉永1（1848）年
江戸時代中期～後期の武士。三卿田安家の3代。
¶国書（[生]安永8（1779）年4月15日　[没]嘉永1（1848）年5月30日），諸系，日人

田安治察 たやすはるあき
宝暦3（1753）年～安永3（1774）年　[別]田安治察《たやすはるあきら》
江戸時代中期の武士。三卿田安家の2代。
¶国書（たやすはるあきら　[生]宝暦3（1753）年10月6日　[没]安永3（1774）年9月8日），諸系，日人

田安治察 たやすはるあきら
→田安治察（たやすはるあき）

田安宗武 たやすむねたけ
正徳5（1715）年～明和8（1771）年　[別]田安宗武《たますむねたけ》，徳川宗武《とくがわむねたけ》
江戸時代中期の田安家の初代当主（権中納言）。田安家の祖。8代将軍徳川吉宗の次男。御三卿の一つ田安家を創設。文武に秀で、賀茂真淵の影響を受け国学・和歌に通じていた。
¶朝日（[生]正徳5年11月27日（1715年12月22日）　[没]明和8年6月4日（1771年7月15日）），岩史（[生]正徳5（1715）年12月27日　[没]明和8（1771）年6月4日），江戸，江文，角史，近世，公卿（徳川宗武　とくがわむねたけ　[没]明和8（1771）年6月4日），芸能（[生]正徳5（1715）年11月27日，（異説）12月27日　[没]明和8（1771）年6月4日），国史，国書（たますむねたけ　[生]正徳5（1715）年11月27日　[没]明和8（1771）年6月4日），コン改，コン4，埼玉人（[生]正徳5（1715）年11月27日　[没]明和8（1771）年6月4日），詩歌，史人（[生]1715年11月27日　[没]1771年6月4日），重要（[生]正徳5（1715）年11月27日　[没]明和8（1771）

年6月4日)，諸系，新潮([生]正徳5(1715)年11月27日 [没]明和8(1771)年6月4日)，新文([生]正徳5(1715)年11月27日 [没]明和8(1771)年6月4日)，人名(徳川宗武 とくがわむねたけ)，世人([没]明和8(1771)年6月4日)，世百，全書，大百，日音([生]正徳5(1715)年11月27日，(異説)12月27日 [没]明和8(1771)年6月4日，(異説)6月5日)，日史([生]正徳5(1715)年11月27日 [没]明和8(1771)年6月4日)，日人，百科，文学，歴大，和歌山人，和俳([生]正徳5(1715)年11月27日 [没]明和8(1771)年6月4日)

田安慶頼 たやすよしより
文政11(1828)年～明治9(1876)年
江戸時代後期～明治期の武士。三卿田安家の5代。
¶諸系，日人

田山藤左衛門 たやまとうざえもん
? ～
江戸時代の弘前藩士。滝溉用水堰を完成させた。
¶青森人

多羅尾氏純 たらおうじずみ
安永7(1778)年6月14日～*
江戸時代中期～後期の幕臣。
¶国書([没]天保6(1835)年11月2日)，三重([没]天保12年6月)

多羅尾平蔵 たらおへいぞう
生没年不詳
江戸時代前期の武士。
¶国書

多羅尾光雅 たらおみつのり
弘治1(1555)年～寛永13(1636)年
安土桃山時代～江戸時代前期の武将。光俊の3男。
¶朝日([没]寛永13年1月13日(1636年2月19日))，戦国([生]1557年)，日人

多羅尾光太 たらおみつもと
*～正保4(1647)年
安土桃山時代～江戸時代前期の武将。豊臣秀吉、徳川家康の臣。
¶織田([生]天文21(1552)年 [没]正保4(1647)年1月21日)，戦国([生]1553年)

大利鼎吉 たりていきち
→大利鼎吉(おおりていきち)

樽井守城 たるいもりき
文化10(1813)年～明治10(1877)年
江戸時代末期～明治期の播磨山崎藩士。
¶藩臣5

足沢定右衛門 たるざわさだえもん
→足沢定右衛門(あしざわさだえもん)

足沢義次 たるさわよしつぐ
慶長14(1609)年～寛文3(1663)年
江戸時代前期の盛岡藩士。
¶姓氏岩手

樽藤右衛門 たるとうえもん
安土桃山時代～江戸時代前期の武士、のち町年寄。
¶江戸東

樽藤左衛門 たるとうざえもん
→樽屋藤左衛門〔1代〕(たるやとうざえもん)

垂水勝重 たるみかつしげ
生没年不詳
江戸時代前期の播磨姫路藩士。
¶藩臣5，兵庫百

樽屋藤左衛門〔1代〕 たるやとうざえもん
生没年不詳 [別]樽藤左衛門《たるとうざえもん》
安土桃山時代～江戸時代前期の江戸町年寄の初代。
¶朝日(——〔代数なし〕)，人名(樽藤左衛門 たるとうざえもん [生]1553年)，日人

田原親家 たわらちかいえ
→大友親家(おおともちかいえ)

田原直助 たわらなおすけ
→田原直助(たはらなおすけ)

探丸 たんがん
→藤堂探丸(とうどうたんがん)

丹下光亮 たんげみつすけ
文政4(1821)年～明治11(1878)年
江戸時代末期～明治期の今治藩士。
¶幕末，藩臣6

丹沢茂右衛門 たんざわしげえもん
生没年不詳
江戸時代中期の武士。
¶和歌山人

団紳二郎 だんしんじろう
嘉永1(1848)年～明治3(1870)年1月30日
江戸時代末期～明治期の長州(萩)藩士。
¶幕末

団藤善平 だんどうぜんぺい
天保6(1835)年～明治12(1879)年
江戸時代末期～明治期の備中松山藩士。
¶岡山歴([没]明治12(1879)年10月18日)，剣豪，藩臣6

淡輪四郎兵衛 たんなわしろべえ
? ～元禄8(1695)年 [別]淡輪四郎兵衛《たんのわしろべえ》
江戸時代前期の土佐藩藩政家。
¶高知人(たんのわしろべえ [生]1623年)，高知百(たんのわしろべえ)，国書([没]元禄8(1695)年2月28日)，コン改，コン4，日人

団野源之進 だんのげんのしん
明和3(1766)年～安政1(1854)年
江戸時代中期～末期の剣術家。直心影流。
¶剣豪

丹野序右衛門 たんのじょえもん
? ～享保6(1721)年
江戸時代前期～中期の弘前藩士。
¶青森人

団野万右衛門 だんのまんうえもん
→団野万右衛門(だんのまんえもん)

団野万右衛門 だんのまんえもん
慶長8(1603)年～慶安4(1651)年 [別]団野万右衛門《だんのまんうえもん》
江戸時代前期の越前福井藩士、柔術師範。
¶剣豪，藩臣3(だんのまんうえもん)

丹野利兵衛 たんのりへい
寛政9(1797)年～嘉永4(1851)年

江戸時代後期の町奉行。
¶姓氏宮城

淡輪重直　たんのわしげなお
文禄3（1594）年～寛文8（1668）年
江戸時代前期の武士。
¶和歌山人

淡輪重昌　たんのわしげまさ
明暦2（1656）年～享保5（1720）年
江戸時代中期の武士。
¶和歌山人

淡輪四郎兵衛　たんのわしろべえ
→淡輪四郎兵衛（たんなわしろべえ）

淡遊　たんゆう
生没年不詳
江戸時代後期の俳人・庄内藩士。
¶国書

ち

【ち】

千枝亀代松　ちえだきよまつ
天保1（1830）年～明治35（1902）年
江戸時代後期～明治期の相去百人町足軽の最後の組頭。
¶姓氏岩手

千賀玉斎　ちがぎょくさい
寛永10（1633）年～天和2（1682）年
江戸時代前期の若狭小浜藩士、儒学者。
¶国書（[生]寛永10（1633）年9月1日　[没]天和2（1682）年5月20日），藩臣3

地形堂堅丸　ちがたどうかたまる
→地形堂堅丸（ちぎょうどうかたまる）

千賀親恒　ちがちかつね
生没年不詳
江戸時代前期の武蔵岩槻藩士。
¶藩臣5

千賀信立　ちがのぶたつ
文政5（1822）年～明治5（1872）年　[別]千賀信立《せんがのぶたつ，せんがのぶたて，ちがのぶはる》
江戸時代末期～明治期の尾張藩家老。
¶愛知百（せんがのぶたつ　[生]1822年11月23日　[没]1872年6月23日），維新，国書（[生]文政5（1822）年11月23日　[没]明治5（1872）年6月23日），人名（ちがのぶはる），日人（せんがのぶたつ　[生]1823年），幕末（[没]1872年7月28日），藩臣4（せんがのぶたて）

千賀信立　ちがのぶはる
→千賀信立（ちがのぶたつ）

近松勘六　ちかまつかんろく
寛文10（1670）年～元禄16（1703）年
江戸時代中期の播磨赤穂藩士。赤穂義士の一人。
¶郷土滋賀（[生]1669年），国書（[没]元禄16（1703）年2月4日），人名，日人

近松茂矩　ちかまつしげのり
元禄10（1697）年～安永7（1778）年　[別]近松彦之進《ちかまつひこのしん》
江戸時代中期の兵学者、尾張藩士。一全流兵学の創始者。
¶朝日（[没]安永7年2月17日（1778年3月15日）），近世，国史，国書（[没]安永7（1778）年2月17日），茶道（[生]1695年），日人，藩臣4（近松彦之進　ちかまつひこのしん）

近松矩弘　ちかまつのりひろ
文化12（1815）年～？
江戸時代後期の尾張藩士。
¶藩臣4

近松彦之進　ちかまつひこのしん
→近松茂矩（ちかまつしげのり）

千頭伝四郎　ちかみでんしろう
寛政1（1789）年～嘉永3（1850）年
江戸時代後期の剣術家。小野派一刀流。
¶剣豪

千賀主水　ちがもんど
天正7（1579）年～承応1（1652）年
安土桃山時代～江戸時代前期の庄内藩士。
¶庄内

力石痴々　ちからいしちち
寛永18（1641）年～元禄6（1693）年
江戸時代前期～中期の儒者、水戸藩士。
¶国書，日人

力石耳得　ちからいしにとく
江戸時代中期の俳人、駿府町奉行所の与力。
¶人名

地形堂堅丸　ちぎょうどうかたまる，ぢぎょうどうかたまる
？～文政6（1823）年　[別]地形堂堅丸《じぎょうどうかたまる，ちがたどうかたまる，ぢぎょうどうかたまる》
江戸時代後期の幕臣、狂歌師。
¶国書（じぎょうどうかたまる　[生]宝暦3（1753）年　[没]文政6（1823）年4月3日），人名（ちがたどうかたまる），日人

竹外　ちくがい
生没年不詳
江戸時代中期の俳人・幕臣。
¶国書

千種憔忠　ちくさこれただ
享保6（1721）年～天明6（1786）年
江戸時代中期の第14代美濃国代官。
¶岐阜百

千種庄右衛門　ちぐさしょうえもん
～享保10（1725）年1月26日
江戸時代前期の代官。
¶大阪墓

千種清右衛門　ちぐさせいえもん
元禄2（1689）年～明和4（1767）年
江戸時代中期の備中倉敷代官。
¶岡山歴

千種泰蔵　ちぐさたいぞう
生没年不詳
江戸時代の母里藩勘定奉行。
¶島根歴

千種鉄十郎 ちくさてつじゅうろう
江戸時代中期の第15代美濃国代官。
¶岐阜百

千種直豊 ちくさなおとよ
貞享4(1687)年〜明和3(1766)年
江戸時代前期〜中期の第13代美濃国代官。
¶岐阜百

千種兵太夫 ちぐさへいだいゆう
→千種兵太夫(ちぐさへいだゆう)

千種兵太夫 ちぐさへいだゆう
?〜安政5(1858)年 ㊟千種兵太夫《ちぐさへいだいゆう》
江戸時代末期の下総結城藩士。
¶幕末(㊤1858年6月5日),藩臣3(ちぐさへいだいゆう)

筑紫右近 ちくしうこん
生没年不詳
江戸時代の旗本。
¶大分歴

竹道 ちくどう
→中島竹道(なかじまちくどう)

知久則直 ちくのりなお
天正6(1578)年〜正保1(1644)年
安土桃山時代〜江戸時代前期の阿島知行所の旗本初代当主。
¶姓氏長野,長野歴

竹平 ちくへい
→神崎与五郎(かんざきよごろう)

知久頼謙 ちくよりかね
天保6(1835)年〜明治30(1897)年
江戸時代後期〜明治期の武士。阿島知久領3,000石の11代目。
¶姓氏長野

智見院全心法印 ちけんいんぜんしんほういん
?〜天保7(1836)年
江戸時代後期の武道家。無二流棒の手の最盛期を築いた。
¶姓氏愛知

智見院道源良海法印 ちけんいんどうげんりょうかいほういん
生没年不詳
江戸時代の武道家。無二流棒の手5代。
¶姓氏愛知

智見院良然法印 ちけんいんりょうぜんほういん
生没年不詳
江戸時代の武道家。無二流棒の手4代。
¶姓氏愛知

千坂高雅(千阪高雅) ちさかたかまさ,ちざかたかまさ
天保12(1841)年〜大正1(1912)年 ㊟右衛門,喜遜資,康民,左郎,浅之助,兵市,梁川,迪
江戸時代末期〜大正期の出羽米沢藩の官僚、政治家。貴族院議員。両羽銀行、宇治川水電、横浜水電などの重役を歴任。
¶朝日(千阪高雅)㊤天保12年閏1月19日(1841年3月11日),㊦大正1(1912)年12月3日),維新(ちざかたかまさ),海越(ちざかたかまさ㊤天保12(1841)年閏1月19日),海越新(ちざかたかまさ㊦天保12(1841)年閏1月19日㊦大正1(1912)年12月3日),岡山人(千阪高雅),岡山歴(㊤天保12(1841)年1月19日㊦大正1(1912)年12月3日),コン改(千阪高雅),コン5,人名(ちざかたかまさ),世紀(千阪高雅)㊤天保12(1841)年閏1月19日㊦大正1(1912)年12月3日),渡航(ちざかたかまさ)㊦1912年12月3日),日人,幕初(㊦1912年12月),藩臣1,山形百,履歴(千阪高雅 ㊤天保12(1841)年1月29日㊦大正1(1912)年12月4日)

千坂兵部 ちさかひょうぶ
江戸時代中期の上杉家江戸家老。
¶江戸

千坂畿 ちさかみやこ
天明7(1787)年〜元治1(1864)年 ㊟千坂廉斎《ちさかれんさい》
江戸時代中期〜末期の幕臣・漢学者。
¶江文(千坂廉斎 ちさかれんさい),国書(㊤天明7(1787)年9月24日 ㊦元治1(1864)年8月19日)

千坂廉斎 ちさかれんさい
→千坂畿(ちさかみやこ)

千里関右衛門 ちさとせきえもん
宝永5(1708)年〜安永9(1780)年
江戸時代中期の剣術家。新天流・無楽流。
¶剣豪

知識兼雄 ちしきかねお
*〜明治33(1900)年
江戸時代末期〜明治期の薩摩藩士、酪農家。乳牛放牧、牛乳製造所設立。鹿児島の酪農の基礎を築く。
¶鹿児島百(㊤天保6(1835)年),姓氏鹿児島(㊤1834年),幕末(㊤1853年)

千々石ミゲル ちじわみげる
→千々石ミゲル(ちぢわみげる)

千々岩清左衛門 ちぢいわせいざえもん
→千々石ミゲル(ちぢわみげる)

秩父太郎 ちちぶたろう
安永2(1773)年〜文化5(1808)年
江戸時代中期〜後期の薩摩藩家老。
¶鹿児島百,姓氏鹿児島,藩臣7

千々石五郎左衛門 ちぢわごろうざえもん
天正15(1587)年〜寛永15(1638)年
江戸時代前期の武士、島原の乱の叛将。
¶人名,日人

千々石清左衛門 ちぢわせいざえもん
→千々石ミゲル(ちぢわみげる)

千々石ミゲル ちぢわみげる,ちじわみげる
*〜? ㊟千々岩清左衛門《ちぢいわせいざえもん》,千々石清左衛門《ちぢわせいざえもん》,ドン・ミゲル
安土桃山時代〜江戸時代前期の肥前島原藩・肥前大村藩の天正遺欧少年使節の一人。
¶朝日(千々石清左衛門 ちぢわせいざえもん ㊤元亀1(1570)年),岩史(㊤1569(永禄12)年

頃)，海越(ちじわみげる　[生]永禄12(1569)年)，海越新([生]永禄12(1569)年)，角史([生]永禄12(1569)年？)，郷土長崎(千々石清左衛門　ちぢわせいざえもん　生没年不詳)，キリ([生]元亀1(1570)年頃　[没]元和9(1623)年以降)，近世([生]1570年)，国史([生]1570年)，コン改(千々石清左衛門　ちぢわせいざえもん　生没年不詳)，コン4(千々石清左衛門　ちぢわせいざえもん　生没年不詳)，史人([生]1569年，(異説)1570年)，重要(生没年不詳)，新潮([生]永禄12(1569)年頃)，人名(千々石清左衛門　ちぢわせいざえもん)，世人(生没年不詳)，世百，戦国(千々岩清左衛門　ちぢいわせいざえもん)，全書([生]1569年，(異説)1570年)，戦人(生没年不詳)，大百，日史([生]元亀1(1570)年)，日人([生]1570年？)，藩臣7([生]永禄12(1569)年頃)，藩臣7(千々石清左衛門　ちぢわせいざえもん　[生]永禄12(1569)年？)，百科([生]元亀1(1570)年)，歴大([生]1569年)

千塚剣一郎　ちづかけんいちろう
天保14(1843)年～明治30(1897)年
江戸時代末期～明治期の上野館林藩士、撃剣家。
¶剣豪，藩臣2

千束善右衛門　ちづかぜんえもん
生没年不詳
安土桃山時代～江戸時代前期の武士。
¶日人

茅根杢左衛門　ちねもくざえもん
？～文政5(1822)年
江戸時代後期の下総古河藩用人。
¶藩臣3

千野貞亮　ちのさだすけ
元文4(1739)年～文化9(1812)年
江戸時代中期～後期の高島藩家老三之丸家千野光豊の子。
¶姓氏長野

茅根伊予之介　ちのねいよのすけ
文政7(1824)年～安政6(1859)年　[別]茅根寒緑《ちのねかんりょく》
江戸時代末期の尊攘派水戸藩士。安政の大獄で刑死。
¶朝日([没]安政6年8月27日(1859年9月23日))，維新，国書(茅根寒緑　ちのねかんりょく　[没]安政6(1859)年8月27日)，人名，日人，幕末([没]1859年9月23日)，藩臣2

茅根寒緑　ちのねかんりょく
→茅根伊予之介(ちのねいよのすけ)

千野兵庫　ちのひょうご
江戸時代中期～後期の信濃高島藩家老。
¶日人([生]1736年　[没]1812年)，藩臣3([生]元文4(1739)年　[没]文政3(1820)年)

千野房孝　ちのふさたか
文政11(1828)年～？
江戸時代末期の信濃高島藩士。
¶姓氏長野，藩臣3

千葉郁太郎　ちばいくたろう
弘化2(1845)年～文久2(1862)年
江戸時代末期の志士。
¶維新，人名，日人，幕末([没]1862年5月7日)

千葉逸斎　ちばいっさい，ちばいつさい
寛政4(1792)年～嘉永1(1848)年
江戸時代後期の陸奥一関藩士、儒学者。
¶岩手百，江文，国書([没]嘉永1(1848)年5月4日)，人名，姓氏岩手(ちばいつさい)，日人，藩臣1([生]寛政2(1790)年)

千葉栄次郎　ちばえいじろう
天保4(1833)年～文久2(1862)年
江戸時代末期の剣術家。
¶剣豪，大百，幕末

千葉一胤　ちばかずたね
文政7(1824)年～明治18(1885)年　[別]千葉重太郎《ちばじゅうたろう》
江戸時代末期～明治期の因幡鳥取藩の剣術家。
¶新潮([没]明治18(1885)年5月7日)，人名，日人，幕末(千葉重太郎　ちばじゅうたろう　[生]1824年3月31日　[没]1885年5月7日)，藩臣5

千葉葛野　ちばかずぬ
→千葉葛野(ちばかどの)

千葉葛野　ちばかどの
寛政12(1800)年～安政2(1855)年　[別]千葉葛野《ちばかずぬ》
江戸時代末期の信濃飯田藩の国学者。
¶江戸東，江文，国書([没]安政2(1855)年3月7日)，人名(ちばかずぬ)，姓氏長野，長野歴，日人，藩臣3，和俳

千葉清宗　ちばきよむね
文政2(1819)年～明治35(1902)年
江戸時代末期～明治期の土津川郷士。
¶人名，日人，幕末([生]1820年　[没]1902年6月28日)

千葉栄　ちばさかえ
弘化3(1846)年～？
江戸時代後期～末期の新撰組隊士。
¶新撰

千葉定吉　ちばさだきち
？～明治12(1879)年
江戸時代末期～明治期の剣士。
¶剣豪([生]文化9(1812)年)，人名，日人，幕末([没]1879年12月5日)

千葉三郎兵衛　ちばさぶろうべえ
→千馬三郎兵衛(ちばさぶろべえ)

千馬三郎兵衛　ちばさぶろべえ
*～元禄16(1703)年　[別]千葉三郎兵衛《ちばさぶろうべえ》
江戸時代中期の播磨赤穂藩士。赤穂義士の一人。
¶人名(千葉三郎兵衛　ちばさぶろうべえ　[生]1652年)，日人([生]1653年)

千葉繁勝　ちばしげかつ
[別]千葉但馬守繁勝《ちばたじまのかみしげかつ》
安土桃山時代～江戸時代前期の武将。大崎氏家臣。
¶戦東(千葉但馬守繁勝　ちばたじまのかみしげかつ)

千葉重胤　ちばしげたね
*～寛永10(1633)年　[別]千葉新介《ちばしんすけ》
江戸時代前期の武将。

¶諸系([生]1576年), 戦国([生]1582年), 戦人([生]天正10(1582)年), 日人([生]1576年)

千葉周作 **ちばしゅうさく**
寛政6(1794)年～安政2(1855)年
江戸時代末期の剣術家。北辰一刀流始祖。
¶朝日([没]安政2年12月13日(1856年1月20日)), 維新, 岩史([生]寛政6(1794)年1月1日 [没]安政2(1855)年12月10日), 江戸, 角史, 近世, 剣豪, 国史, コン改, コン4, 史人([没]1855年12月13日), 新潮([没]安政2(1855)年12月13日), 人名([生]1793年), 姓氏岩手([生]1793年), 姓氏宮城([生]1771年), 世人([生]寛政5(1793)年 [没]安政2(1855)年12月10日), 全書, 体育, 大百, 日史([生]寛政6(1794)年1月1日 [没]安政2(1855)年12月10日), 日人([没]1856年), 幕末([生]1771年), 百科, 宮城百([生]明和8(1771)年), 歴大

千葉重太郎 **ちばじゅうたろう**
→千葉一胤(ちばかずたね)

千葉新当斎 **ちばしんとうさい**
江戸時代の剣術家。
¶人名

千葉艸々庵 **ちばそうそうあん**
天保3(1832)年～＊
江戸時代末期～明治期の陸奥弘前藩士。
¶青森人([没]明治30(1897)年), 幕末([没]1900年)

千葉猛 **ちばたけし**
文政11(1828)年～明治40(1907)年
江戸時代末期～明治期の尾張犬山藩士。
¶維新, 人名, 日人

千葉但馬守繁勝 **ちばたじまのかみしげかつ**
→千葉繁勝(ちばしげかつ)

千葉胤秀 **ちばたねひで**
安永4(1775)年～嘉永2(1849)年
江戸時代後期の陸奥一関藩の和算家。
¶朝日([没]嘉永2年2月4日(1849年2月26日)), 岩手百, 国書([没]嘉永2(1849)年2月4日), コン改, コン4, 新潮([没]嘉永2(1849)年2月4日), 人名, 姓氏岩手, 世人, 日人, 藩臣1

千葉季佐 **ちばとしすけ**
～享保19(1734)年
江戸時代中期の旗本。
¶神奈川人

千葉直枝 **ちばなおえ**
寛政2(1790)年～慶応1(1865)年4月9日
江戸時代後期～末期の仙台藩士・漢学者。
¶国書

千葉直重 **ちばなおしげ**
? ～寛永4(1627)年8月7日
安土桃山時代～江戸時代前期の武士。下総千葉氏当主、本佐倉城主。
¶戦辞

千葉卜枕 **ちばぼくちん**
寛永10(1633)年? ～宝永4(1707)年
江戸時代前期～中期の肥前大村藩士。
¶藩臣7

千葉正中 **ちばまさなか**
→千葉良平(ちばりょうへい)

千葉弥一郎 **ちばやいちろう**
嘉永1(1848)年～昭和10(1935)年
江戸時代末期～明治期の新徴組士。
¶コン改, コン4, コン5, 庄内([生]嘉永1(1848)年8月21日), 人名, 世紀([没]昭和10(1935)年4月28日), 日人, 幕末([没]1935年4月28日)

千葉雄太郎 **ちばゆうたろう**
弘化2(1845)年～慶応1(1865)年12月26日
江戸時代後期～末期の新徴組士。
¶庄内

千葉良平 **ちばりょうへい**
文政9(1826)年～明治30(1897)年 [別]千葉正中《ちばまさなか》
江戸時代末期～明治期の十津川藩士。
¶維新, 新潮([生]文政9(1826)年8月6日 [没]明治30(1897)年9月25日), 人名, 日人, 幕末(千葉正中 ちばまさなか [没]1897年9月25日)

千村鵞湖 **ちむらがこ, ちむらかこ**
＊～寛政2(1790)年 [別]千村白寿《ちむらはくじゅ》
江戸時代中期の尾張藩士、儒学者、陶工。
¶国書([生]享保12(1727)年 [没]寛政2(1790)年6月30日), 茶道(千村白寿 ちむらはくじゅ [生]?), 人名(千村白寿 ちむらはくじゅ [生]?), 人名([生]?), 日人([生]1727年), 藩臣4(ちむらかこ [生]享保12(1727)年)

千村重治 **ちむらしげはる**
生没年不詳
江戸時代前期の尾張藩士。
¶国書

千村峒陽(千村洞陽) **ちむらとうよう, ちむらどうよう**
文化4(1807)年～明治24(1891)年 [別]千村仲泰《ちむらなかやす》
江戸時代末期～明治期の尾張藩士、儒学者。
¶国書([没]明治24(1891)年3月18日), 人名(千村洞陽 ちむらどうよう), 日人, 藩臣4(千村仲泰 ちむらなかやす)

千村仲雄 **ちむらなかお**
天明5(1785)年～弘化3(1846)年
江戸時代後期の旗本、歌人。
¶国書([没]弘化3(1846)年11月26日), 人名([生]?), 日人([没]1847年)

千村仲泰 **ちむらなかやす**
→千村峒陽(ちむらとうよう)

千村伯済 **ちむらはくさい**
? ～宝暦4(1754)年10月12日
江戸時代中期の尾張藩士・参政。
¶国書

千村白寿 **ちむらはくじゅ**
→千村鵞湖(ちむらがこ)

千村夢沢 **ちむらぼうたく**
元禄7(1694)年～安永2(1773)年
江戸時代中期の儒者、尾張藩士。
¶国書([生]元禄7(1694)年1月15日 [没]安永2(1773)年2月12日), 日人

千村良重 **ちむらよししげ**
＊～寛永7(1630)年

安土桃山時代～江戸時代前期の尾張藩の代官。
¶朝日（[生]永禄9（1566）年 [没]寛永7年9月22日（1630年10月27日）），姓氏長野（[生]1565年），戦国（[生]1567年），戦人（[生]永禄9（1566）年），長野歴（[生]永禄8（1565）年），日人（[生]1566年），藩臣4（[生]永禄8（1565）年？）

千本九郎太郎 ちもとくろうたろう
江戸時代前期の武士。
¶岡山人，岡山歴

千屋菊次郎 ちやきくじろう
天保8（1837）年～元治1（1864）年 [別]千屋孝健《ちやたかたけ》
江戸時代末期の土佐藩の志士。土佐勤王党に参加。
¶維新，高知人，国書（千屋孝健 ちやたかたけ [生]天保8（1837）年8月 [没]元治1（1864）年7月21日），コン改，コン4，新潮（[生]天保8（1837）年8月 [没]元治1（1864）年7月21日），人名，日人，幕末（[没]1864年8月22日），藩臣6

千屋金策 ちやきんさく
天保14（1843）年～慶応1（1865）年 [別]千屋孝成《ちやたかしげ》
江戸時代末期の土佐藩の志士。土佐勤王党に参加。
¶維新，高知人，国書（千屋孝成 ちやたかしげ [生]天保14（1843）年6月 [没]元治2（1865）年2月22日），コン改，コン4，新潮（[生]天保14（1843）年6月15日 [没]慶応1（1865）年2月22日），人名，日人，幕末（[没]1865年3月19日），藩臣6

千屋熊太郎 ちやくまたろう
弘化1（1844）年～元治1（1864）年
江戸時代末期の土佐藩の志士、医師。
¶維新，高知人，人名，日人，幕末（[没]1864年10月5日），藩臣6

千屋孝成 ちやたかしげ
→千屋金策（ちやきんさく）

千屋孝健 ちやたかたけ
→千屋菊次郎（ちやきくじろう）

茶雷 ちゃらい
寛政6（1794）年～文久2（1862）年8月21日
江戸時代後期～末期の俳人、阿波徳島藩士・板東孝則。
¶国書5

中条右京 ちゅうじょううきょう
天保14（1843）年～文久3（1863）年
江戸時代末期の出石藩の志士。
¶維新，国書（[生]天保14（1843）年7月1日 [没]文久3（1863）年10月14日），人名（[生]1842年），日人，幕末（[没]1863年10月14日），兵庫人（[生]天保14（1843）年7月 [没]文久3（1863）年10月14日）

中条景昭 ちゅうじょうかげあき
→中条金之助（ちゅうじょうきんのすけ）

中条勝次郎 ちゅうじょうかつじろう
寛政12（1800）年～弘化3（1846）年
江戸時代後期の柔術家、高松藩士。
¶国書，人名，日人

中条金之助 ちゅうじょうきんのすけ
文政10（1827）年～明治29（1896）年 [別]中条景昭《ちゅうじょうかげあき》
江戸時代末期の幕臣。
¶剣豪，静岡歴（中条景昭 ちゅうじょうかげあき），姓氏静岡（中条景昭 ちゅうじょうかげあき），幕末（生没年不詳）

中条多膳 ちゅうじょうたぜん
？～文政7（1824）年 [別]中条康永《ちゅうじょうやすなが》
江戸時代後期の尾張藩士。
¶国書（中条康永 ちゅうじょうやすなが [没]文政7（1824）年1月13日），人名，日人，藩臣4（中条康永 ちゅうじょうやすなが）

中条常八郎 ちゅうじょうつねはちろう
江戸時代末期の新撰組隊士。
¶新撰

中条直景 ちゅうじょうなおかげ
～享保16（1731）年
江戸時代中期の旗本。
¶神奈川人

中条信礼 ちゅうじょうのぶひろ
文化13（1816）年～？
江戸時代後期～末期の幕臣。
¶国書

中条信敬 ちゅうじょうのぶゆき
享保12（1727）年～文化5（1808）年12月14日
江戸時代中期～後期の幕臣。
¶国書

中条備資 ちゅうじょうまさすけ
享保17（1732）年～文化4（1807）年12月9日
江戸時代中期～後期の米沢藩士。
¶国書

中条政恒 ちゅうじょうまさつね
→中条政恒（なかじょうまさつね）

中条康永 ちゅうじょうやすなが
→中条多膳（ちゅうじょうたぜん）

中条良蔵 ちゅうじょうりょうぞう
寛政12（1800）年～明治1（1868）年
江戸時代末期の奈良奉行所与力。
¶維新，郷土奈良，国書（[生]寛政12（1800）年5月23日 [没]慶応4（1868）年4月24日），神人（[生]寛政12（1800）年5月23日 [没]明治1（1868）年4月24日），人名，日人

長網滝吉 ちょうあみたききち
天保6（1835）年～明治1（1868）年8月7日
江戸時代末期の報国隊士。
¶幕末

帖佐宗光 ちょうさむねみつ
永禄3（1560）年～元和2（1616）年3月10日
安土桃山時代～江戸時代前期の武将。
¶国書

長三洲（長三州） ちょうさんしゅう
天保4（1833）年～明治28（1895）年 [別]長炗《ちょうひかる》
江戸時代末期～明治期の勤王の志士、文人、書家。広瀬淡窓に学び、奇兵隊に参加。
¶朝日（[生]天保4年9月22日（1833年11月3日） [没]明治28（1895）年3月13日），維新，大分百（長三州 [生]1829年），大分歴，大阪人（[没]明治28

（1895）年3月），教育（長茨　ちょうひかる），近現，近世，近文，国史，コン改，コン4，コン5，詩歌，史人（[生]1833年9月22日　[没]1895年3月13日），人書94，新潮（[生]天保4（1833）年9月22日　[没]明治28（1895）年3月13日），人名，世百，全書，大百，日人，幕末（[生]1829年　[没]1895年3月13日），山口百（長三州）

調所広丈 ちょうしょひろたけ
→調所広丈（ずしょひろたけ）

長曽我部太七郎 ちょうそかべたひちろう
弘化3（1846）年～文久3（1863）年10月14日
江戸時代末期の阿波浪士。
¶幕末

長連起 ちょうつらおき
享保17（1732）年12月5日～寛政12（1800）年10月14日
江戸時代中期～後期の加賀藩士。
¶国書

長連竜 ちょうつらたつ
天文15（1546）年～元和5（1619）年
安土桃山時代～江戸時代前期の加賀藩士。
¶朝日（[没]元和5年2月3日（1619年3月18日）），石川百，織田（[没]元和5（1619）年2月3日），近世，国史，史人（[没]1619年2月3日），新潮（[没]元和5（1619）年2月3日），人名，姓氏石川，世人（[没]元和5（1619）年2月3日），戦合，戦国，戦人，日人，藩臣3

長連弘 ちょうつらひろ
文化12（1815）年～安政4（1857）年
江戸時代末期の加賀藩士。
¶石川百，国書（[生]文化12（1815）年8月13日　[没]安政4（1857）年4月22日），人名，姓氏石川，全書，日人，幕末（[生]1815年9月3日　[没]1857年5月15日），藩臣3

長連恭 ちょうつらやす
天保13（1842）年～慶応4（1868）年
江戸時代末期の加賀藩士。
¶国書（[生]天保13（1842）年2月1日　[没]慶応4（1868）年4月9日），幕末（[生]1842年3月12日　[没]1868年5月30日）

長連愛 ちょうつらよし
宝暦11（1761）年5月28日～天保2（1831）年10月13日
江戸時代中期～後期の加賀藩士。
¶国書

長連頼 ちょうつらより
慶長9（1604）年～寛文11（1671）年
江戸時代前期の加賀藩士。
¶石川百，姓氏石川，藩臣3

長南和泉 ちょうなんいずみ
生没年不詳
江戸時代前期の上総国長南領主。
¶姓氏宮城

長南内記 ちょうなんないき
安土桃山時代～江戸時代前期の武士。里見氏家臣。
¶戦人（生没年不詳），戦東

丁野丹山 ちょうのたんざん
天保2（1831）年～大正5（1916）年
江戸時代末期～明治期の武士、漢詩人。古法帖を多数収蔵し、東都の名流と詩を唱酬した。
¶高知人，人名，日人

長茨 ちょうひかる
→長三洲（ちょうさんしゅう）

樗山 ちょざん
→佚斎樗山（いっさいちょざん）

知覧行寛 ちらんゆきひろ
安永4（1775）年～嘉永1（1848）年
江戸時代中期～後期の鹿児島詰めの定府家老。
¶姓氏鹿児島

珍田祐之丞 ちんだゆうのじょう
寛政3（1791）年～慶応1（1865）年
江戸時代後期～末期の陸奥弘前藩士、郡奉行・勘定奉行。
¶国書

【つ】

津江兵庫助 つえひょうごのすけ
→津江兵庫助（つのえひょうごのすけ）

塚越喜八郎 つかごしきはちろう
～安永6（1777）年4月
江戸時代中期の庄内藩士。
¶庄内

塚越常右衛門 つかごしつねえもん
～文政13（1830）年10月
江戸時代後期の庄内藩家老。
¶庄内

塚越又右衛門 つかごしまたえもん
寛政1（1789）年～安政5（1858）年
江戸時代後期～末期の剣術家。小野派一刀流。
¶剣豪

塚越元邦 つかごしもとくに
？～文久1（1861）年
江戸時代末期の幕臣。
¶維新，幕末（[没]1861年3月8日）

塚田孔平 つかだこうへい
文政2（1819）年～明治2（1869）年
江戸時代後期～明治期の剣術家。北辰一刀流。
¶剣豪，姓氏長野，長野歴

塚田季慶 つかだすえよし
寛政11（1799）年～？
江戸時代後期の桂宮家家士。
¶維新，幕末

冢田大峯（塚田大峯，冢田大峰） つかだたいほう
延享2（1745）年～天保3（1832）年　[別]塚田多門《つかだたもん》
江戸時代中期～後期の尾張藩の儒学者。折衷学派。
¶愛知百，朝日（[生]延享2年3月30日（1745年5月1日）　[没]天保3年3月21日（1832年4月21日）），江文（冢田大峰），郷土長野，近世，国史，国書（[生]延享2（1745）年3月30日　[没]天保3（1832）年

3月21日)，コン改，コン4，詩歌，史人(冢田大峰　[生]1745年3月30日　[没]1832年3月21日)，新潮([生]延享2(1745)年3月30日　[没]天保3(1832)年3月21日)，人名，姓氏長野，世人(塚田大峯　[生]延享2(1745)年12月3日　[没]天保3(1832)年3月21日)，世百(塚田多門　つかだたもん)，全書，長野百(冢田大峰)，長野歴，日人，藩臣4，歴大，和俳([没]天保3(1832)年3月21日)

塚田多門　つかだたもん
→冢田大峯(つかだたいほう)

塚谷沢右衛門　つかたにさわうえもん
宝暦6(1756)年～文政7(1824)年　[別]塚谷五明《つかたにゆきあきら》
江戸時代中期～後期の加賀大聖寺藩士。
¶国書(塚谷五明　つかたにゆきあきら　[没]文政7(1824)年1月27日)，姓氏石川，藩臣3

塚谷浅　つかたにせん
→塚谷竹軒(つかたにちっけん)

塚谷竹軒　つかたにちっけん
文政9(1826)年～明治26(1893)年　[別]塚谷浅《つかたにせん》
江戸時代末期～明治期の加賀大聖寺藩士。
¶石川百，姓氏石川，藩臣3(塚谷浅　つかたにせん　[生]文政8(1825)年)

塚谷五明　つかたにゆきあきら
→塚谷沢右衛門(つかたにさわうえもん)

津金胤臣　つがねたねおみ
→津金文左衛門(つがねぶんざえもん)

津金胤貞　つがねたねさだ
生没年不詳
江戸時代後期の尾張藩士。
¶国書

津金文左衛門　つがねぶんざえもん
享保12(1727)年～享和1(1801)年　[別]津金胤臣《つがねたねおみ》
江戸時代中期～後期の尾張藩士。胤忠の長男。
¶愛知百(津金胤臣　つがねたねおみ　[生]1727年9月9日　[没]1801年12月19日)，朝日([生]享保12年9月9日(1727年10月23日)　[没]享和1年12月19日(1802年1月22日))，岩史([生]享保12(1727)年9月9日　[没]享和1(1801)年12月19日)，近世，国史，国書(津金胤臣　つがねたねおみ　[生]享保12(1727)年9月9日　[没]享和1(1801)年12月19日)，コン改，コン4，史人([生]1727年9月9日　[没]1801年12月19日)，新潮([生]享保12(1727)年9月9日　[没]享和1(1801)年12月19日)，人名，姓氏愛知([生]1726年)，世人([没]享和2(1802)年)，日人([没]1802年)，藩臣4(津金胤臣　つがねたねおみ)

津金理兵衛　つがねりへえ
延宝8(1680)年～元文5(1740)年
江戸時代前期～中期の剣術家。浦部流。
¶剣豪

塚原五左衛門　つかはらござえもん
安土桃山時代～江戸時代前期の兵法家。里見氏家臣。
¶戦人(生没年不詳)，戦東

塚原重応　つかはらじゅうおう
文政4(1821)年～？
江戸時代後期～末期の旧幕臣、中泉学校(磐田中部小学校)初代校長。
¶静岡歴，姓氏静岡

塚原昌信　つかはらまさざね
～万治1(1658)年
江戸時代前期の旗本。
¶神奈川人

塚原昌義　つかはらまさよし
生没年不詳
江戸時代末期の幕臣。1860年遣米使節団随員としてアメリカに渡る。
¶朝日，維新，海越，海越新，日人，幕末

塚本明毅　つかもとあきかた
→塚本明毅(つかもとあきたけ)

塚本明毅　つかもとあきたけ
天保4(1833)年～明治18(1885)年　[別]塚本寧海《つかもとねいかい》，塚本明毅《つかもとあきかた》，寧海
江戸時代末期～明治期の幕臣、海軍軍人、地誌学者。
¶朝日([生]天保4年10月14日(1833年11月25日)　[没]明治18(1885)年2月5日)，維新，江文，近現，近世，国際，国史，史研([生]天保4(1833)年10月14日　[没]明治18(1885)年2月5日)，史人([生]1833年10月14日　[没]1885年2月5日)，静岡歴(つかもとあきかた)，新潮([生]天保4(1833)年10月14日　[没]明治18(1885)年2月5日)，人名(塚本寧海　つかもとねいかい)，数学([生]天保4(1833)年10月14日　[没]明治18(1885)年2月5日)，先駆([生]天保4(1833)年10月14日　[没]明治18(1885)年2月5日)，日人，幕末([生]1833年11月25日　[没]1885年2月5日)，洋学

塚本源吾　つかもとげんご
文政6(1823)年～明治9(1876)年
江戸時代末期～明治期の筑後三池藩士。
¶人書94，藩臣7

塚本善之助　つかもとぜんのすけ
江戸時代末期の新撰組隊士。
¶新撰

塚本舎人　つかもととねり
？　～天和1(1681)年
江戸時代前期の上野沼田藩士。
¶藩臣2

塚本寧海　つかもとねいかい
→塚本明毅(つかもとあきたけ)

塚本通広　つかもとみちひろ
？　～嘉永6(1853)年
江戸時代末期の筑後三池藩郷士。
¶藩臣7

津軽采女正　つがるうねめのしょう
寛文7(1667)年～寛保3(1743)年　[別]津軽政児《つがるまさとら》
江戸時代中期の大名。陸奥黒石藩藩主、出雲守。
¶青森人(津軽政児　つがるまさとら)，朝日([生]寛文7年6月10日(1667年7月30日)　[没]寛保

3年1月25日（1743年2月19日）），諸系，日人

津軽永孚 つがるえいふ
→津軽儼淵（つがるげんえん）

津軽永孚絹熙 つがるえいふまさひろ
→津軽儼淵（つがるげんえん）

津軽儼淵 つがるげんえん
安永2（1773）年～文政11（1828）年 ㊙津軽永孚《つがるえいふ》，津軽永孚絹熙《つがるえいふまさひろ》
江戸時代中期の陸奥弘前藩の国老。
¶青森人（津軽永孚絹熙　つがるえいふまさひろ），青森百（津軽永孚　つがるえいふ），国書（㊨文政11（1828）年8月9日），人名，日人，藩臣1（津軽永孚　つがるえいふ）

津軽玄蕃 つがるげんば
慶安1（1648）年～宝永2（1705）年　㊙津軽玄蕃政朝《つがるげんばまさとも》
江戸時代前期～中期の陸奥弘前藩家老。
¶青森人（津軽玄蕃政朝　つがるげんばまさとも），剣豪，藩臣1

津軽玄蕃政朝 つがるげんばまさとも
→津軽玄蕃（つがるげんば）

津軽監物 つがるけんもつ
万治1（1658）年～天和2（1682）年　㊙喜多村監物《きたむらけんもつ》
江戸時代前期の陸奥弘前藩家老。
¶青森人（喜多村監物　きたむらけんもつ），藩臣1

津軽校尉 つがるこうい
→喜多村政方（きたむらまさかた）

津軽将監政実 つがるしょうげんまさざね
＊～正徳3（1713）年　㊙津軽大学《つがるだいがく》
江戸時代前期～中期の4代弘前藩主津軽信政の家老。
¶青森人（㊨正保4（1647）年），青森百（津軽大学　つがるだいがく　㊨慶安2（1649）年？）

津軽大学 つがるだいがく
→津軽将監政実（つがるしょうげんまさざね）

津軽建広 つがるたけひろ
㊙津軽建広《つがるたてひろ》
安土桃山時代～江戸時代前期の初代弘前藩主津軽為信の重臣。
¶青森人（㊨永禄8（1565）年），青森百（つがるたてひろ㊨？　㊡寛永18（1641）年），青森百（つがるたてひろ㊨？　㊡寛永17（1640）年）

津軽多膳(1) つがるたぜん
＊～文化13（1816）年　㊙津軽多膳貞栄《つがるたぜんさだよし》
江戸時代中期～後期の陸奥弘前藩家老。
¶青森人（津軽多膳貞栄　つがるたぜんさだよし　㊨延享4（1747）年），青森百（㊨？），藩臣1（㊡寛延2（1749）年　㊡天保1（1830）年）

津軽多膳(2) つがるたぜん
寛政7（1795）年～天保12（1841）年
江戸時代後期の陸奥弘前藩家老。
¶藩臣1

津軽多膳貞栄 つがるたぜんさだよし
→津軽多膳(1)（つがるたぜん）

津軽建広 つがるたてひろ
→津軽建広（つがるたけひろ）

津軽頼母 つがるたのも
宝暦7（1757）年～天保2（1831）年　㊙津軽模宏《つがるのりひろ》，津軽頼母模宏《つがるたのものりひろ》
江戸時代中期～後期の陸奥弘前藩家老。
¶青森人（津軽模宏　つがるのりひろ），青森百（津軽頼母模宏　つがるたのものりひろ），藩臣1（㊨宝暦4（1754）年）

津軽頼母模宏 つがるたのものりひろ
→津軽頼母（つがるたのも）

津軽頼母政模 つがるたのもまさのり
天和1（1681）年～享保9（1724）年
江戸時代前期～中期の5代弘前藩主津軽信寿の家老。
¶青森人，青森百

津軽親足 つがるちかたり
＊～嘉永2（1849）年
江戸時代後期の大名。陸奥黒石藩主。
¶青森人（㊨天明8（1788）年），諸系（㊨1780年），日人（㊨1780年），藩主1（㊨天明8（1788）年8月29日　㊡嘉永2（1849）年7月晦日）

津軽承昭 つがるつぐあきら
天保11（1840）年～大正5（1916）年
江戸時代末期～明治期の大名。陸奥弘前藩主。
¶青森人，青森百，朝日（㊨天保11年8月12日（1840年9月7日）　㊡大正5（1916）年7月19日），維新，国際，諸系，新潮（㊨天保11（1840）年8月12日　㊡大正5（1916）年7月19日），人名（㊨1841年），先駆（㊨天保11（1840）年8月12日　㊡大正5（1916）年7月19日），日人，幕末（㊡1916年7月18日），藩主1（㊨天保11（1840）年8月12日　㊡大正5（1916）年7月19日）

津軽承祜 つがるつぐとみ
天保9（1838）年～安政2（1855）年
江戸時代後期～末期の武士。津軽家一門の津軽直記順朝の長子、第11代藩主・順承の世子。
¶青森百

津軽承叙 つがるつぐみち
天保11（1840）年～明治36（1903）年　㊙津軽承叙《つがるつぐみつ》
江戸時代末期～明治期の大名。陸奥黒石藩主。
¶青森人，諸系，人名（つがるつぐみつ），日人，幕末（㊡1903年12月7日），藩主1（㊨天保11（1840）年8月29日　㊡明治36（1903）年12月7日）

津軽承叙 つがるつぐみつ
→津軽承叙（つがるつぐみち）

津軽承保 つがるつぐやす
文化4（1821）年～嘉永4（1851）年
江戸時代末期の大名。陸奥黒石藩主。
¶諸系，日人，藩主1（㊨文化4（1821）年11月29日　㊡嘉永4（1851）年9月24日）

つ

津軽東山 つがるとうざん
安永8 (1779) 年～弘化3 (1846) 年　[別]津軽順宏《つがるゆきひろ》
江戸時代後期の陸奥弘前藩家老。
¶青森人 (津軽順宏　つがるゆきひろ), 藩臣1

津軽朝喬 つがるともたか
享保17 (1732) 年～安永5 (1776) 年1月8日
江戸時代中期の弘前藩士。
¶国書

津軽信著 つがるのぶあき
享保4 (1719) 年～延享1 (1744) 年
江戸時代中期の大名。陸奥弘前藩主。
¶青森人, 青森百, 諸系, 日人, 藩主1 ([生]享保4 (1719) 年2月27日　[没]延享1 (1744) 年5月25日)

津軽信明 つがるのぶあきら
宝暦12 (1762) 年～寛政3 (1791) 年　[別]津軽信明《つがるのぶはる》
江戸時代中期の大名。陸奥弘前藩主。
¶青森人, 青森百 (つがるのぶはる), 朝日 (つがるのぶはる　[生]宝暦12年6月22日 (1762年8月11日)　[没]寛政3年6月22日 (1791年7月22日)), 近世, 国史, コン改 ([生]宝暦10 (1760) 年), コン4 ([生]宝暦10 (1760) 年), 史人 (つがるのぶはる　[生]1762年6月22日　[没]1791年6月22日), 諸系, 新潮 ([生]宝暦10 (1760) 年6月22日, (異説) 宝暦12 (1762) 年6月22日　[没]寛政3 (1791) 年6月22日, (異説) 7月6日), 人名, 世人 ([生]宝暦12 (1762) 年6月22日　[没]寛政3 (1791) 年6月22日), 日人, 藩主1 (つがるのぶはる　[生]宝暦12 (1762) 年6月22日　[没]寛政3 (1791) 年6月22日)

津軽信興 つがるのぶおき
元禄8 (1695) 年～享保15 (1730) 年
江戸時代中期の5代弘前藩主津軽信寿の世嗣。
¶青森人

津軽信枚 つがるのぶかず
→津軽信枚 (つがるのぶひら)

津軽信隆 つがるのぶたか
→津軽百助 (つがるももすけ)

津軽信明 つがるのぶはる
→津軽信明 (つがるのぶあきら)

津軽信寿 つがるのぶひさ
寛文9 (1669) 年～延享3 (1746) 年　[別]信寿《しんじゅ, のぶひさ》
江戸時代中期の大名。陸奥弘前藩主。
¶青森人, 青森百, 朝日 ([生]寛文9年5月24日 (1669年6月22日)　[没]延享3年1月19日 (1746年3月10日)), 近世, 国史, 国書 ([生]寛文9 (1669) 年5月24日　[没]延享3 (1746) 年1月20日), コン改, コン4, 諸系, 新潮 ([生]寛文9 (1669) 年5月24日　[没]延享3 (1746) 年1月19日), 人名, 世人, 日人, 俳諧 (信寿　のぶひさ), 俳句 (信寿　しんじゅ), 俳句 (信寿　のぶひさ　[没]延享3 (1746) 年1月20日), 藩主1 ([生]寛文9 (1669) 年5月24日　[没]延享3 (1746) 年1月19日), 和俳 ([生]寛文9 (1669) 年5月24日　[没]延享3 (1746) 年1月19日)

津軽信枚 (津軽信牧) つがるのぶひら
天正14 (1586) 年～寛永8 (1631) 年　[別]津軽信枚《つがるのぶかず, つがるのぶひろ》
江戸時代前期の大名。陸奥弘前藩主。
¶青森人, 青森百, 朝日 ([生]天正14年3月21日 (1586年5月9日)　[没]寛永8年1月14日 (1631年2月14日)), 近世, 系東 (つがるのぶひろ), 国史, コン改 (つがるのぶかず), コン4 (つがるのぶかず), 史人 ([生]1586年3月21日　[没]1631年1月14日), 諸系, 戦合, 戦人 (津軽信牧), 日人, 藩主1 ([生]天正14 (1586) 年3月21日　[没]寛永8 (1631) 年1月14日)

津軽信枚 つがるのぶひろ
→津軽信枚 (つがるのぶひら)

津軽信英 つがるのぶふさ
元和6 (1620) 年～寛文2 (1662) 年
江戸時代前期の黒石初代領主。
¶青森人, 青森百

津軽信政 つがるのぶまさ
正保3 (1646) 年～宝永7 (1710) 年
江戸時代前期～中期の大名。陸奥弘前藩主。
¶青森人, 青森百, 朝日 ([生]正保3年7月18日 (1646年8月28日)　[没]宝永7年10月18日 (1710年12月8日)), 江戸東, 近世, 国史, 国書 ([生]正保3 (1646) 年7月18日　[没]宝永7 (1710) 年10月18日), コン改, コン4, 茶道, 史人 ([生]1646年7月18日　[没]1710年10月18日), 諸系, 神人 ([没]宝永7 (1710) 年10月), 新潮 ([生]正保3 (1646) 年7月18日　[没]宝永7 (1710) 年10月18日), 人名, 世人, 日人, 藩主1 ([生]正保3 (1646) 年7月18日　[没]宝永7 (1710) 年10月18日)

津軽信寧 つがるのぶやす
元文4 (1739) 年～天明4 (1784) 年
江戸時代中期の大名。陸奥弘前藩主。
¶青森人, 青森百, 諸系, 人名 ([生]1737年), 日人, 藩主1 ([生]元文4 (1739) 年3月27日　[没]天明4 (1784) 年1月2日)

津軽信順 つがるのぶゆき
寛政12 (1800) 年～文久2 (1862) 年
江戸時代末期の大名。陸奥弘前藩主。
¶青森人, 青森百, 諸系, 日人, 藩主1 ([生]寛政12 (1800) 年3月25日　[没]文久2 (1862) 年10月14日)

津軽信義 つがるのぶよし
元和5 (1619) 年～明暦1 (1655) 年
江戸時代前期の大名。陸奥弘前藩主。
¶青森人, 青森百, 諸系, 日人, 藩主1 ([生]元和5 (1619) 年1月1日　[没]明暦1 (1655) 年11月25日)

津軽模宏 つがるのりひろ
→津軽頼母 (つがるたのも)

津軽尚徳 つがるひさのり
延享3 (1746) 年～文化3 (1806) 年
江戸時代中期～後期の8代藩主津軽信明の家老。
¶青森人

津軽政兕 つがるまさとら
→津軽采女正 (つがるうねめのしょう)

津軽百助 つがるももすけ
元和6(1620)年～万治1(1658)年 ㊙津軽信隆《つがるのぶたか》
江戸時代前期の陸奥弘前藩家老。
¶青森人（津軽信隆 つがるのぶたか），藩臣1

津軽主水 つがるもんど
享保3(1718)年～明和7(1770)年 ㊙津軽主水寧都《つがるもんどやすくに，つがるもんどやすと》
江戸時代中期の陸奥弘前藩家老。
¶青森人（津軽主水寧都 つがるもんどやすくに），青森百（津軽主水寧都 つがるもんどやすと），藩臣1

津軽主水寧都 つがるもんどやすくに
→津軽主水（つがるもんど）

津軽主水寧都 つがるもんどやすと
→津軽主水（つがるもんど）

津軽寧親 つがるやすちか
明和2(1765)年～天保4(1833)年
江戸時代中期～後期の大名。陸奥弘前藩主。
¶青森人，青森百，朝日（㊤明和2年1月17日(1765年3月8日)，㊦天保4年6月14日(1833年7月30日)），近世，国史，コン改（宝暦11(1761)年），コン4（㊤宝暦11(1761)年），史人（㊤1765年1月17日 ㊦1833年6月14日），諸系，新潮（㊤明和2(1765)年1月17日 ㊦天保4(1833)年6月14日），人名，世人，日人，藩主1（㊤明和2(1765)年1月17日 ㊦天保4(1833)年6月14日）

津軽靱負広庸 つがるゆきえひろつね
正保1(1644)年～正徳3(1713)年
江戸時代前期～中期の4代弘前藩主津軽信政の家老。
¶青森人

津軽順承 つがるゆきつぐ
寛政12(1800)年～慶応1(1865)年 ㊙津軽順徳《つがるゆきのり》
江戸時代末期の大名。陸奥弘前藩主，陸奥黒岩藩主。
¶青森人，青森百，朝日（㊤寛政12年1月13日(1800年2月6日)，㊦慶応1年2月5日(1865年3月2日)），維新，諸系，新潮（㊤寛政12(1800)年1月13日 ㊦慶応1(1865)年2月5日），人名，日人，幕末（㊦1865年3月2日），藩主1（㊤寛政12(1800)年1月13日 ㊦慶応1(1865)年2月5日），藩主1（津軽順徳 つがるゆきのり ㊤寛政12(1800)年1月13日 ㊦慶応1(1865)年2月5日）

津軽順徳 つがるゆきのり
→津軽順承（つがるゆきつぐ）

津軽順宏 つがるゆきひろ
→津軽東山（つがるとうざん）

津川喜代美 つがわきよみ
嘉永6(1853)年～明治1(1868)年
江戸時代末期の陸奥会津藩の白虎隊士。
¶幕末（㊦1868年10月8日），藩臣2

津川四郎右衛門 つがわしろうえもん
？～万治1(1658)年
江戸時代前期の肥後熊本藩士。
¶藩臣7

津川公則 つがわたかのり
～大正9(1920)年10月2日
江戸時代末期～大正期の弓道家，水戸藩士。
¶弓道

津川矢柄 つがわやがら
生没年不詳
江戸時代末期の遠江浜松藩士。
¶藩臣4

月岡勝澄 つきおかかつずみ
宝暦1(1751)年～文化4(1807)年 ㊙月岡修理《つきおかしゅり》
江戸時代中期～後期の上野沼田藩士。
¶群馬人，姓氏群馬（月岡修理 つきおかしゅり），藩臣2

月岡修理 つきおかしゅり
→月岡勝澄（つきおかかつずみ）

月形鶴嵐 つきがたいらん
→月形深蔵（つきがたしんぞう）

月形漪嵐 つきがたきらん
→月形深蔵（つきがたしんぞう）

月形鶴窠（月形鶴窠）つきがたしょうか
宝暦7(1757)年～天保13(1842)年 ㊙月形質《つきがたすなお》，月形鶴窠《つきがたしょうか》
江戸時代中期～後期の筑前福岡藩士。
¶国書（月形鶴窠 ㊦天保13(1842)年12月6日），人名，日人（㊦1843年），藩臣7（月形質 つきがたすなお）

月形深蔵 つきがたしんぞう
寛政10(1798)年～文久2(1862)年 ㊙月形漪嵐《つきがたきらん》，月形鶴嵐《つきがたいらん》
江戸時代末期の筑前福岡藩の儒学者。
¶維新，国書（月形鶴嵐 つきがたいらん ㊤寛政10(1798)年3月3日 ㊦文久2(1862)年4月5日），人名（月形漪嵐 つきがたきらん），日人（月形漪嵐 つきがたきらん），幕末（㊦1862年5月3日），藩臣7

月形質 つきがたすなお
→月形鶴窠（つきがたしょうか）

月形洗蔵 つきがたせんぞう
文政11(1828)年～慶応1(1865)年
江戸時代末期の筑前福岡藩士。
¶朝日（㊤文政11年5月5日(1828年6月16日) ㊦慶応1年10月23日(1865年12月10日)），維新，近世，国史，コン改，コン4，新潮（㊤文政11(1828)年5月5日 ㊦慶応1(1865)年10月23日），人名，世人（㊦慶応1(1865)年10月23日），日人，幕末（㊦1865年12月10日），藩臣7

槻館左兵衛 つきだてさへえ
生没年不詳
戦国時代～江戸時代前期の武士。葛西氏の家臣で遠山七騎組の一人。
¶姓氏岩手

築館章助 つきだてしょうすけ
？～
江戸時代後期の弘前藩士、書家。

¶青森人

築山嘉平 つきやまかへい
寛文11(1671)年～享保19(1734)年 [別]築山通楞《つきやまみちかど》
江戸時代中期の安芸広島藩士、武術家。
¶剣豪，藩臣6(築山通楞 つきやまみちかど)

築山通明 つきやまみちあき
生没年不詳
江戸時代後期の安芸広島藩士。
¶国書

築山通楞 つきやまみちかど
→築山嘉平(つきやまかへい)

築山通欽 つきやまみちただ
生没年不詳
江戸時代中期の安芸広島藩士。
¶国書

津久井義年 つくいよしとし
生没年不詳
江戸時代中期の常陸笠間藩士・和算家。
¶国書

筑紫市兵衛 つくしいちべえ
？ ～寛永16(1639)年
江戸時代前期の馬術家。
¶栃木歴

筑紫茂成 つくししげなり
天正3(1575)年～正保3(1646)年
安土桃山時代～江戸時代前期の武士。
¶戦国，戦人

筑紫園右衛門 つくしそのえもん
？ ～元禄7(1694)年3月
江戸時代前期の武士。「病徐の方書」を刊行。
¶朝日，新潮，日人

筑紫広門 つくしひろかど
弘治2(1556)年～元和9(1623)年
安土桃山時代～江戸時代前期の大名。筑後山下藩主。
¶朝日([没]元和9年4月23日(1623年5月22日))，近世，国史，史人([没]1623年4月23日)，人名，戦合，戦国，戦人，日人，藩主4([没]元和9(1623)年4月23日)，歴大

筑紫広道 つくしひろみち
？ ～明和6(1769)年
江戸時代後期の武士。
¶和歌山人

筑紫衛 つくしまもる
天保7(1836)年～慶応1(1865)年 [別]筑紫義門《つくしよしかど》
江戸時代末期の筑前福岡藩士。
¶維新，国書(筑紫義門 つくしよしかど [没]慶応1(1865)年9月6日)，人名(筑紫義門 つくしよしかど)，日人，幕末([没]1865年10月28日)，藩臣7

筑紫義門 つくしよしかど
→筑紫衛(つくしまもる)

筑紫従門 つくしよりかど
天和2(1682)年～延享1(1744)年6月3日
江戸時代前期～中期の幕臣・神道家。
¶国書

佃十成 つくだかずなり
天文22(1553)年～寛永11(1634)年
安土桃山時代～江戸時代前期の伊予松山藩の武将。加藤嘉明の重臣。
¶愛媛百，郷土愛媛，近世，国史，コン改，コン4，史人([没]1634年3月2日)，人名，戦合，日人，藩臣6

佃吉政 つくだよしまさ
？ ～明暦2(1656)年
江戸時代前期の加賀藩士。
¶藩臣3

柘植市左衛門 つげいちざえもん
生没年不詳
安土桃山時代～江戸時代前期の武士。浅野家の家臣。
¶和歌山人

附柴義理 つけしばよしまさ
天保13(1842)年～？
江戸時代末期の三河西大平藩士。
¶藩臣4

津下四郎左衛門 つげしろうざえもん
嘉永1(1848)年～明治3(1870)年 [別]津下四郎左衛門《つげしろざえもん》
江戸時代末期～明治期の尊攘派浪士。
¶朝日([没]明治3年10月10日(1870年11月3日))，岡山人(つげしろざえもん [生]嘉永2(1849)年)，岡山百([没]明治3(1870)年10月10日)，岡山歴([生]嘉永2(1849)年)，日人，幕末([没]1870年11月3日)

津下四郎左衛門 つげしろざえもん
→津下四郎左衛門(つげしろうざえもん)

柘植善吾 つげぜんご
天保13(1842)年～明治36(1903)年8月1日 [別]信鋭，操，木石
江戸時代末期～明治期の筑後久留米藩士。1867年アメリカに渡る。
¶海越([生]天保13(1842)年7月19日)，海越新([生]天保13(1842)年7月19日)，渡航([生]1842年7月12日)，日人，幕末，藩臣7，福岡百([生]天保13(1842)年7月19日)

柘植善太夫(柘植膳太夫) つげぜんだゆう
？ ～明治1(1868)年
江戸時代末期の武術家。
¶埼玉人(柘植膳太夫 [没]明治1(1868)年5月)，埼玉百，人名，日人([生]1841年)

柘植伝兵衛 つげでんべえ
生没年不詳
江戸時代前期の初代大森代官。
¶島根百，島根歴

柘植知清 つげともきよ
貞享4(1687)年～延享1(1744)年4月16日
江戸時代前期～中期の歌人・幕臣。
¶国書

柘植長門守正寔 つげながとのかみまさたね
→柘植正寔(つげまさたね)

柘植平右衛門正時 つげへいえもんまさとき
→柘植正時（つげまさとき）

柘植正寔 つげまさたね
享保20（1735）年～？ [別]柘植長門守正寔《つげながとのかみまさたね》
江戸時代中期の64代長崎奉行。
¶長崎歴（柘植長門守正寔 つげながとのかみまさたね）

柘植正時 つげまさとき
天正12（1584）年～寛永19（1642）年 [別]柘植平右衛門正時《つげへいえもんまさとき》
安土桃山時代～江戸時代前期の14代長崎奉行。
¶長崎歴（柘植平右衛門正時 つげへいえもんまさとき）

柘植又左衛門 つげまたざえもん
寛延3（1750）年～？
江戸時代後期の備中倉敷代官。
¶岡山歴

柘植宗辰 つげむねとき
元禄4（1691）年～宝暦12（1762）年
江戸時代中期の信濃松代藩士。
¶国書（[没]宝暦12（1762）年12月20日），長野歴

柘植宗正 つげむねまさ
？ ～元禄7（1694）年
江戸時代前期～中期の最初の桑折代官。
¶福島百

津堅盛則 つけんせいそく
生没年不詳
江戸時代前期の奉行。
¶沖縄百

津坂孝綽 つさかこうしゃく，つざかこうしゃく
→津阪東陽（つさかとうよう）

津阪東陽（津坂東陽） つさかとうよう
宝暦7（1757）年～文政8（1825）年 [別]津坂孝綽《つさかこうしゃく，つざかこうしゃく》
江戸時代中期～後期の伊勢津藩の漢学者。
¶朝日（[生]宝暦7年12月6日（1758年2月4日） [没]文政8年8月23日（1825年10月5日）），近世，国史，国書（[生]宝暦7（1757）年12月26日 [没]文政8（1825）年8月23日），コン改（津坂孝綽 つざかこうしゃく），コン4（津坂孝綽 つざかこうしゃく），詩歌（津坂東陽），新潮（津坂孝綽 つざかこうしゃく [生]宝暦7（1757）年12月 [没]文政8（1825）年8月23日），人名（津坂孝綽 つざかこうしゃく），世人（津坂孝綽 つさかこうしゃく），世百，日人（[生]1758年），藩臣5，三重（[生]宝暦7年12月26日），和俳

津阪木長（津坂木長） つさかぼくちょう，つざかぼくちょう
文化6（1809）年～慶応2（1866）年
江戸時代末期の讃岐丸亀藩士。
¶国書（[没]慶応2（1866）年2月25日），幕末（津坂木長 [没]1866年4月10日），藩臣6（津坂木長 つざかぼくちょう）

辻維岳 つじいがく
文政6（1823）年～明治27（1894）年 [別]辻将曹《つじしょうそう》
江戸時代末期～明治期の安芸広島藩士、明治政府の官僚。
¶朝日（[生]文政6（1823）年7月 [没]明治27（1894）年1月4日），維新，近現，近世，国史，コン改，コン4，コン5，新潮（辻将曹 つじしょうそう [生]文政6（1823）年7月 [没]明治27（1894）年1月4日），人名，全書（辻将曹 つじしょうそう），日人，幕末（[没]1894年1月4日），藩臣6，履歴（辻将曹 つじしょうそう [生]文政6（1823）年7月4日 [没]明治27（1894）年1月4日）

辻加賀 つじかが
～正保4（1647）年4月12日
江戸時代前期の武士。
¶庄内

辻華潭 つじかたん
文政10（1827）年～明治21（1888）年
江戸時代末期～明治期の備中松山藩士、官吏。
¶岡山人，岡山歴（[没]明治21（1888）年9月12日）

辻勝才 つじかつとし
？ ～享保15（1730）年10月4日
江戸時代中期の筑後久留米藩士・漢学者。
¶国書

辻克己 つじかつみ
文化3（1806）年12月18日～明治2（1869）年10月
江戸時代後期～明治期の庄内藩付家老。
¶庄内

辻啓太郎 つじけいたろう
天保8（1837）年～大正4（1915）年
江戸時代末期～明治期の山国郷郷士。
¶維新，京都府，新潮（[生]天保8（1837）年1月15日 [没]大正4（1915）年5月16日），人名，日人，幕末（[没]1915年5月16日）

都治月旦（辻月丹，都治月丹） つじげったん
慶安2（1649）年～享保12（1727）年 [別]都治無外《つじむがい》
江戸時代前期～中期の剣術家。無外流兵法の祖。
¶朝日（都治月丹 [生]慶安1（1648）年 [没]享保12年6月13日（1727年7月31日）），近世（都治無外 つじむがい），剣豪（辻月丹），高知人（都治月丹），高知百（[生]1646年），国史（都治無外 つじむがい），コン改（[生]正保3（1646）年），コン4（[生]正保3（1646）年），史人（都治無外 つじむがい [没]1727年6月23日），日人（辻月丹）

都志源右衛門 づしげんえもん
慶長15（1610）年～延宝6（1678）年
江戸時代前期の備前岡山藩士。
¶藩臣6

辻三郎兵衛 つじさぶろうびょうえ
生没年不詳
江戸時代後期の紀伊和歌山藩士。
¶国書

辻沢貫一 つじさわかんいち
天保9（1838）年1月1日～大正12（1923）年9月29日
江戸時代後期～大正期の弓道家、新発田藩士。
¶弓道

辻重固 つじしげかた
文政11（1828）年～大正1（1912）年

江戸時代末期～明治期の江戸詰め土佐郷士。
¶高知人，幕末（㉞1912年11月26日）

辻七郎左衛門 つじしちろうざえもん
文政10（1827）年～明治21（1888）年
江戸時代末期～明治期の備中松山藩士。
¶藩臣6

辻守静 つじしゅせい
？ ～明治6（1873）年9月2日 　㉟辻守静《つじもりきよ》
江戸時代末期～明治期の幕臣，歌人。
¶維新，国書（つじもりきよ），幕末

辻順治 つじじゅんじ
？ ～安政3（1856）年
江戸時代末期～大正期の庄内藩士、軍楽隊長、指揮者。
¶山形百

辻庄一郎 つじしょういちろう
？ ～明治2（1869）年
江戸時代後期～明治期の剣術家。神道無念流。
¶剣豪，庄内（㉞明治2（1869）年5月8日）

辻将曹 つじしょうそう
→辻維岳（つじいがく）

辻新次 つじしんじ
天保13（1842）年～大正4（1915）年
江戸時代末期～明治期の信濃松本藩士、教育家。
¶朝日（㊤天保13年1月9日（1842年2月18日）㉞大正4（1915）年11月30日），維新，教育，近現，国際，国史，コン改，コン4，コン5，史人（㊤1842年1月9日　㉞1915年11月30日），新潮（㊤天保13（1842）年1月9日　㉞大正4（1915）年12月1日），人名，世紀（㊤天保13（1842）年1月9日　㉞大正4（1915）年11月30日），姓氏長野，世人（㊤天保13（1842）年1月9日　㉞大正4（1915）年11月30日），世百，先駆（㊤天保13（1842）年1月9日　㉞大正4（1915）年11月30日），全書，長野歴，日人，人情3，幕末（㉞1915年12月3日），藩臣3，洋学，履歴（㊤天保13（1842）年1月9日　㉞大正4（1915）年12月1日）

辻真平 つじしんぺい
嘉永2（1849）年8月15日～大正3（1914）年7月24日
江戸時代末期～大正期の剣道家。
¶佐賀百

都治資持 つじすけもち
江戸時代の剣術家、無外流剣法の祖。
¶人名

辻宣右衛門 つじせんえもん
寛政11（1799）年～安政3（1856）年
江戸時代末期の出羽庄内藩士。
¶庄内（㉞安政3（1856）年7月23日），藩臣1

辻荻子 つじてきし
？ ～享保14（1729）年 　㊙荻子《てきし》
江戸時代中期の伊賀上野藩士、俳人（蕉門）。
¶人名，日人（㊤1673年），俳諧（荻子　てきし），俳句（荻子　てきし　㉞享保14（1729）年10月10日），和俳

辻知篤 つじともあつ
生没年不詳

江戸時代後期の幕臣。
¶国書

辻信明 つじのぶあき
天保2（1831）年頃～？
江戸時代末期の幕臣。1860年遣米使節随員としてアメリカに渡る。
¶海越（㊤天保2（1831）年頃），海越新

辻八郎左衛門 つじはちろうざえもん
寛永15（1638）年～享保9（1724）年
江戸時代前期～中期の地役人。
¶人名，日人

辻原元甫 つじはらげんぽ
元和8（1622）年～？
江戸時代前期の山城淀藩士、儒学者。
¶国書，日人，藩臣5，百科（生没年不詳）

辻晩庵 つじばんあん
寛文1（1661）年～正徳3（1713）年
江戸時代中期の因幡鳥取藩士、儒学者。
¶国書（㉞正徳3（1713）年5月3日），人名，鳥取百（㊤寛文5（1665）年），日人，藩臣5

辻兵助 つじへいすけ
～元和4（1618）年
江戸時代前期の旗本。
¶神奈川人

辻平内(1) つじへいない
宝暦13（1763）年～文化12（1815）年
江戸時代中期～後期の武士。
¶日人

辻平内(2) つじへいない
天保3（1832）年～明治23（1890）年
江戸時代末期～明治期の近江彦根藩士。
¶藩臣4

辻平之丞 つじへいのじょう
？ ～明暦3（1657）年
江戸時代前期の加賀藩士。
¶国書

対馬文太 つしまぶんた
？ ～文政4（1821）年
江戸時代後期の陸奥弘前藩右筆。
¶藩臣1

都治無外 つじむがい
→都治月旦（つじげったん）

辻守雄 つじもりお
江戸時代中期の第9代美濃国代官。
¶岐阜百

辻守静 つじもりきよ
→辻守静（つじしゅせい）

辻守貞 つじもりさだ
？ ～文化2（1805）年
江戸時代中期の第18代美濃国代官。
¶岐阜百

辻守輝 つじもりてる
延宝4（1676）年～享保13（1728）年
江戸時代中期の幕府御蔵奉行。
¶茶道

辻守参　つじもりみつ
　→辻六郎左衛門（つじろくろうざえもん）

辻富守　つじよしもり
　宝永5(1708)年〜寛政8(1796)年
　江戸時代中期の第16代美濃国代官。
　¶岐阜百

辻六郎左衛門　つじろくろうざえもん
　承応2(1653)年〜元文3(1738)年　別辻守参《つじもりみつ》
　江戸時代中期の地方巧者の幕臣、美濃郡代、勘定吟味役。
　¶岐阜百（辻守参　つじもりみつ）、国書（辻守参　つじもりみつ　㊥元文3(1738)年3月5日）、埼玉人（㊥不詳　㊥元文3(1738)年3月5日）、全書、日人

津田愛之助　つだあいのすけ
　弘化4(1847)年〜元治1(1864)年
　江戸時代末期の志士。
　¶維新、人名、日人、幕末（㊥1864年8月19日）

津田有栄　つだありえ
　延宝6(1678)年〜宝暦11(1761)年
　江戸時代前期〜中期の信濃上田藩士。
　¶国書（㊥宝暦11(1761)年11月7日）、長野歴

津田出　つだいずる、つだいづる
　天保3(1832)年〜明治38(1905)年
　江戸時代末期〜明治期の紀伊和歌山藩士、官僚、蘭学教授。
　¶朝日（㊥天保3(1832)年3月　㊥明治38(1905)年6月2日）、維新、郷土和歌山、近現、近世、国史、コン改、コン4、コン5（㊥明治38(1902)年）、史人（㊥1832年3月　㊥1905年6月2日）、新潮（㊥天保3(1832)年3月　㊥明治38(1905)年6月2日）、人名、千葉百、日人、幕末（㊥1905年6月2日）、藩臣5、陸海（つだいづる　㊥天保3年3月3日　㊥明治38年6月2日）、和歌山人

津田一左衛門　つだいちざえもん
　文政4(1821)年〜明治5(1872)年　別津田正之《つだまさゆき》
　江戸時代末期〜明治期の筑後久留米藩士、剣術師範。
　¶剣豪、藩臣7（津田正之　つだまさゆき）

津田市兵衛　つだいちべえ
　生没年不詳
　江戸時代前期の隈田組与力。
　¶和歌山人

津田出　つだいづる
　→津田出（つだいずる）

津田丑五郎　つだうしごろう
　弘化2(1845)年〜明治2(1869)年5月11日
　江戸時代後期〜明治期の新撰組隊士。
　¶新撰

津田馬之助　つだうまのすけ
　天保13(1842)年〜慶応2(1866)年
　江戸時代末期の備中足守藩士。
　¶岡山人、岡山歴、藩臣6

津田斧太郎　つだおのたろう
　弘化1(1844)年〜明治15(1882)年
　江戸時代末期〜明治期の土佐藩士。
　¶維新

津田景彦　つだかげひこ
　生没年不詳
　江戸時代後期の播磨明石藩士。
　¶国書

津田景康　つだかげやす
　永禄6(1563)年〜寛永15(1638)年
　安土桃山時代〜江戸時代前期の陸奥仙台藩士。
　¶姓氏宮城、藩臣1（㊥永禄7(1564)年）、宮城百

津田要　つだかなめ
　弘化4(1847)年〜明治37(1904)年
　江戸時代後期〜明治期の柏原藩執政。
　¶維新、国際、埼玉人（㊥明治37(1904)年4月12日）、幕末（㊥1904年4月12日）、藩臣5、兵庫人（㊥?）、兵庫百

津田金平　つだきんべい
　？〜明治8(1875)年　別津田柳雪《つだりゅうせつ》
　江戸時代末期〜明治期の明石藩士、大目付。
　¶人名、日人、幕末（㊥1875年10月21日）、藩臣5（津田柳雪　つだりゅうせつ）、兵庫人（㊥明治8(1875)年10月21日）

津田楠左衛門　つだくすざえもん
　生没年不詳
　江戸時代末期の武士。
　¶和歌山人

津田玄蕃　つだげんば
　＊〜享保9(1724)年　別津田孟昭《つだたけあきら》
　江戸時代中期の加賀藩家老。
　¶人名（㊥1648年　㊥1721年）、日人（㊥1651年）、藩臣3（津田孟昭　つだたけあきら　㊥?）

津田興庵　つだこうあん
　天文15(1546)年〜寛永9(1632)年
　安土桃山時代〜江戸時代前期の武士。滝川一益の家臣。
　¶茶道

津田耕烟　つだこうえん
　文政10(1827)年〜明治5(1872)年
　江戸時代末期〜明治期の中津藩士。
　¶人名、日人

津田弘道　つだこうどう
　→津田弘道（つだひろみち）

津田梧岡　つだごこう
　→津田鳳卿（つだほうけい）

津田権之丞　つだごんのじょう
　→津田信之（つだのぶゆき）

津田左京　つださきょう
　？〜元和4(1618)年
　安土桃山時代〜江戸時代前期の備前岡山藩士、播磨姫路藩士。
　¶藩臣6

津田貞永　つださだなが
　慶長1(1596)年〜天和3(1683)年
　江戸時代前期の備前岡山藩士。

¶岡山人，藩臣6

津田三十郎 つださんじゅうろう
生没年不詳
江戸時代前期～中期の肥後熊本藩士。
¶藩臣7

津田重次 つだしげつぐ
？ ～慶安4（1651）年
江戸時代前期の加賀藩士。
¶藩臣3

津田重倫 つだしげつね
[別]津田重倫《つだしげみち》
江戸時代中期の美作津山藩士。
¶岡山人，岡山歴（つだしげみち），国書（生没年不詳），藩臣6（生没年不詳）

津田重久 つだしげひさ
天文18（1549）年～寛永11（1634）年
安土桃山時代～江戸時代前期の加賀藩の武士。前田氏家臣。
¶人名，戦国（[生]1550年），戦人，日人，藩臣3（[生]？）

津田重倫 つだしげみち
→津田重倫（つだしげつね）

津田重以 つだしげもち
？ ～万治1（1658）年
江戸時代前期の加賀藩士。
¶国書

津田重蔵 つだじゅうぞう
生没年不詳
江戸時代後期の剣術家。天真一刀流。
¶剣豪

津田真一郎 つだしんいちろう
→津田真道（つだまみち）

津田捨蔵 つだすてぞう
嘉永5（1852）年～明治1（1868）年
江戸時代末期の陸奥会津藩の白虎隊士。
¶幕末（[没]1868年10月8日），藩臣2

津田善右衛門 つだぜんえもん
元禄11（1698）年～宝暦13（1763）年　[別]津田常重《つだつねしげ》
江戸時代中期の紀伊和歌山藩士、剣術家。田宮流。
¶剣豪，和歌山人（津田常重　つだつねしげ）

津田孟昭 つだたけあきら
→津田玄蕃（つだげんば）

津田伝 つだつたえ
寛政4（1792）年～安政5（1858）年
江戸時代後期～末期の剣術家。浅山一伝流。
¶剣豪

津田常重 つだつねしげ
→津田善右衛門（つだぜんえもん）

津田伝兵衛 つだでんべい
→津田伝兵衛（つだでんべえ）

津田伝兵衛 つだでんべえ
寛政10（1798）年～明治8（1875）年　[別]津田伝兵衛《つだでんべい》
江戸時代末期～明治期の因幡鳥取藩士。
¶維新，国書（[生]寛政10（1798）年7月24日　[没]明治8（1875）年12月30日），鳥取百，幕末（つだでんべい　[没]1875年12月30日），藩臣5

津田東巌（津田東厳） つだとうがん
天保1（1830）年～明治25（1892）年
江戸時代末期～明治期の水戸藩士、学者。
¶国書（[没]明治25（1892）年12月8日），人名，日人，幕末（津田東厳），藩臣2

津田朝常 つだともつね
寛永15（1638）年～宝永3（1706）年11月
江戸時代前期～中期の会津藩士。
¶国書

津田豊太郎 つだとよたろう
文政7（1824）年～慶応1（1865）年
江戸時代末期の水戸藩士。
¶維新，幕末（[没]1865年12月12日）

津田永忠 つだながただ
寛永17（1640）年～宝永4（1707）年
江戸時代前期～中期の備前岡山藩士。
¶朝日（[没]宝永4年2月5日（1707年3月8日）），岡山人，岡山百（[没]宝永4（1707）年2月5日），岡山歴（[没]宝永4（1707）年2月5日），近世，国史，国書（[没]宝永4（1707）年2月5日），コン改，コン4，史人（[没]1707年2月5日），新潮（[没]宝永4（1707）年2月5日），人名，世人，日人，藩臣6，歴大

津田信成 つだのぶなり
享和3（1803）年～天保15（1844）年7月
江戸時代後期の加賀藩士。
¶国書

津田信弘(1) つだのぶひろ
寛延3（1750）年～文政2（1819）年
江戸時代中期～後期の水戸藩士。
¶国書

津田信弘(2) つだのぶひろ
文政7（1824）年～明治16（1883）年
江戸時代末期～明治期の肥後熊本藩士。
¶維新，人名，日人，幕末（[没]1883年1月13日）

津田信之 つだのぶゆき
明暦1（1655）年～元禄11（1698）年　[別]津田権之丞《つだごんのじょう》
江戸時代前期～中期の槍術家。尾張藩士。
¶朝日（[没]元禄11年7月8日（1698年8月13日）），日人，藩臣4（津田権之丞　つだごんのじょう　[生]？）

津田楳南 つだばいなん
生没年不詳
江戸時代末期の播磨明石藩士。
¶藩臣5

津田秀政 つだひでまさ
天文15（1546）年～寛永12（1635）年
安土桃山時代～江戸時代前期の武士。豊臣氏家臣、徳川氏家臣。
¶織田（[没]寛永12（1635）年1月29日），戦国（[生]1547年），戦人

津田弘和 つだひろかず
寛政11（1799）年～明治13（1880）年
江戸時代末期～明治期の備前岡山藩士。
¶岡山人，藩臣6

津田弘道　つだひろみち
天保5(1834)年～明治20(1887)年　[別]津田弘道《つだこうどう》
江戸時代末期～明治期の勤王家、備前岡山藩士。
¶維新，海越新([没]明治20(1887)年4月10日)，岡山人(つだこうどう)，岡山百([生]天保5(1834)年5月4日　[没]明治20(1887)年4月10日)，岡山歴([生]天保5(1834)年5月4日　[没]明治20(1887)年4月10日)，渡航([生]1834年5月4日　[没]1887年4月14日)，幕末([没]1884年4月10日)，藩臣6

津田房勝　つだふさかつ
寛永6(1629)年～元禄14(1701)年6月16日
江戸時代前期～中期の尾張藩士。
¶国書

津田鳳卿　つだほうけい
安永8(1779)年～弘化4(1847)年　[別]津田梧岡《つだごこう》
江戸時代後期の加賀藩士。
¶石川百，国書(津田梧岡　つだごこう　[没]弘化4(1847)年4月23日)，人名，姓氏石川，日人，幕末([没]1847年6月6日)，藩臣3([生]？)

津田正臣　つだまさおみ
天保12(1841)年～明治29(1896)年
江戸時代末期～明治期の紀伊和歌山藩士。
¶維新，郷土和歌山，幕末([没]1896年11月)，和歌山人

津田正邦　つだまさくに
天保14(1843)年～明治40(1907)年　[別]斯波蕃《しばしげり，しばしげる，しばばん》
江戸時代末期～明治期の加賀藩家老。
¶石川百([生]1842年)，維新，人名(斯波蕃　しばしげり)，日人(斯波蕃　しばしげる)，幕末([没]1907年3月9日)

津田正重　つだまさしげ
元和3(1617)年～元禄15(1702)年5月11日
江戸時代前期～中期の加賀藩士。
¶国書

津田正忠　つだまさただ
＊～万治3(1660)年
江戸時代前期の加賀藩士。
¶石川百([生]1599年)，藩臣3([生]？)

津田政隣　つだまさちか
宝暦6(1756)年～文化11(1814)年
江戸時代中期～後期の加賀藩士。
¶国書

津田正徳　つだまさのり
元和6(1620)年～元禄6(1693)年
江戸時代前期の武士。
¶和歌山人

津田真道　つだまさみち
→津田真道(つだまみち)

津田正路　つだまさみち
？～文久3(1863)年
江戸時代末期の幕臣(大目付)。
¶維新，国書([没]文久3(1863)年8月9日)，幕末([没]1863年11月1日)

津田政本　つだまさもと
？～文政12(1829)年7月27日
江戸時代後期の加賀藩家老。
¶国書

津田正之　つだまさゆき
→津田一左衛門(つだいちざえもん)

津田真道　つだまみち
文政12(1829)年～明治36(1903)年　[別]津田明導《つだみょうどう》，津田真一郎《つだしんいちろう》，津田真道《つだまさみち》，喜久治，亀太郎，真一郎，鶴太郎
江戸時代末期～明治期の美作津山藩士、法学者。1862年オランダに留学。
¶朝日([生]文政12年6月25日(1829年7月25日)　[没]明治36(1903)年9月3日)，維新，岩史([生]文政12(1829)年6月25日　[没]明治36(1903)年9月3日)，海越([生]文政12(1829)年6月25日　[没]明治36(1903)年9月3日)，海越新([生]文政12(1829)年6月25日　[没]明治36(1903)年9月3日)，江文，岡山人，岡山百(つだまさみち　[生]文政12(1829)年6月25日　[没]明治36(1903)年9月3日)，岡山歴([生]文政12(1829)年6月25日　[没]明治36(1903)年9月3日)，角史，近現，近世，近文，国際，国史(つだまさみち)，国書([生]文政12(1829)年6月25日　[没]明治36(1903)年9月3日)，コン改([没]明治35(1902)年)，コン4，コン5，史人([生]1829年6月25日　[没]1903年9月3日)，静岡百，静岡歴，思想([生]文政12(1829)年6月25日　[没]明治36(1903)年9月3日)，重要([生]文政12(1829)年6月25日　[没]明治36(1903)年9月3日)，真宗(津田明導　つだみょうどう　[生]文久2(1862)年4月1日　[没]昭和21(1946)年2月15日)，新潮([生]文政12(1829)年6月25日　[没]明治36(1903)年9月3日)，新文([生]文政12(1829)年6月25日　[没]明治36(1903)年9月3日)，人名(つだまさみち)，姓氏静岡(津田真一郎　つだしんいちろう)，世人([生]文政12(1829)年6月　[没]明治36(1903)年9月3日)，世百，全書，哲学，渡航([生]1829年6月25日　[没]1903年9月3日)，日史([生]文政12(1829)年6月25日　[没]明治36(1903)年9月3日)，日人，日本，幕末([没]1900年9月3日)，藩臣6，百科，文学，洋学，履歴([生]文政12(1829)年6月25日　[没]明治36(1903)年9月3日)，歴大

津田通明　つだみちあき
享保15(1730)年～文化4(1807)年
江戸時代中期～後期の因幡鳥取藩士。
¶国書([没]文化4(1807)年7月13日)，藩臣5

津田通慶　つだみちよし
生没年不詳
江戸時代前期の因幡鳥取藩士。
¶国書

津田光吉　つだみつよし
寛永12(1635)年～元禄15(1702)年3月17日
江戸時代前期～中期の加賀藩士。
¶国書

津田明導　つだみょうどう
→津田真道(つだまみち)

津田明馨 つだめいきょう
生没年不詳
江戸時代後期の上野高崎藩士、剣術家。
¶国書

津田元匡 つだもとただ
慶長7(1602)年～慶安1(1648)年
江戸時代前期の因幡鳥取藩家老。
¶藩臣5

津田雄次郎 つだゆうじろう
？ ～明治18(1885)年
江戸時代末期～明治期の因幡鳥取藩士。
¶維新

津田千連 つだゆきつら
天正12(1584)年～寛永13(1636)年12月18日
安土桃山時代～江戸時代前期の加賀藩士。
¶国書

津田柳雪 つだりゅうせつ
→津田金平(つだきんぺい)

土川仁和右衛門 つちかわにわえもん
？ ～安永5(1776)年
江戸時代中期の剣術家。諸賞流。
¶剣豪

土子泥之助 つちこどろのすけ
生没年不詳
安土桃山時代～江戸時代前期の剣術家。
¶日人

土沢沙山 つちざわしゃざん
文化4(1807)年～明治18(1885)年12月27日
江戸時代末期～明治期の俳人、盛岡藩勘定奉行。
¶国書, 幕末

土田衡平 つちだこうへい
天保7(1836)年～元治1(1864)年
江戸時代末期の出羽矢島藩の武士。矢島生駒家臣。
¶人名, 日人, 幕末([没]1864年12月3日), 藩臣1

土田古弓 つちだこきゅう
文化2(1805)年～明治21(1888)年　[別]土田宜次《つちだよしつぐ》
江戸時代末期～明治期の弓術家。
¶弓道(土田宜次　つちだよしつぐ　[没]明治21(1888)年5月13日), 人名, 日人

土田清左衛門 つちだせいざえもん
慶長10(1605)年～万治1(1658)年
江戸時代前期の加賀大聖寺藩士。
¶姓氏石川, 藩臣3

土田信綱 つちだのぶつな
寛政1(1789)年～嘉永2(1849)年
江戸時代後期の加賀大聖寺藩士。
¶国書([没]嘉永2(1849)年1月8日), 藩臣3

土田宜次 つちだよしつぐ
→土田古弓(つちだこきゅう)

土橋惣太郎 つちはしそうたろう
天保3(1832)年～明治21(1888)年　[別]土橋惣太郎《どばしそうたろう》
江戸時代末期～明治期の山科郷郷士。郷士50人と御親兵隊に参入。
¶維新, 姓氏京都(どばしそうたろう　生没年不詳), 幕末([没]1888年10月20日)

土橋平治 つちはしへいじ
生没年不詳
安土桃山時代～江戸時代前期の武士。浅野家の家臣。
¶和歌山人

土橋六兵衛 つちばしろくべえ
生没年不詳
江戸時代前期の弓術家。
¶高知人

土持左平太 つちもちさへいた
生没年不詳
江戸時代末期の薩摩藩士。
¶幕末

土持政照 つちもちまさてる
天保5(1834)年～明治35(1902)年
江戸時代末期～明治期の薩摩藩士。
¶沖縄百([生]天保5(1834)年11月4日　[没]明治35(1902)年12月), 姓氏鹿児島, 日人, 幕末

土持政博 つちもちまさひろ
？ ～享保20(1735)年
江戸時代中期の宮之城島津家の家臣。
¶姓氏鹿児島

土本守為 つちもともりため
天保11(1840)年～慶応3(1867)年
江戸時代末期の剣術家。
¶高知人, 幕末([没]1867年9月14日)

土屋愛親 つちやあいしん
→土屋愛親(つちやよしちか)

土屋篤直 つちやあつなお
享保17(1732)年～安永5(1776)年
江戸時代中期の大名。常陸土浦藩主。
¶近世, 国史, 諸系, 人名, 日人, 藩主2([生]享保17(1732)年6月20日　[没]安永5(1776)年5月20日)

土屋市兵衛 つちやいちべえ
生没年不詳
江戸時代前期の剣術家。
¶日人

土屋伊予守正延 つちやいよのかみまさのぶ
→土屋正延(つちやまさのぶ)

土屋丑蔵 つちやうしぞう
天明1(1781)年～文化8(1811)年
江戸時代後期の出羽庄内藩士。
¶庄内([没]文化8(1811)年9月22日), 藩臣1

土屋数直 つちやかずなお
慶長13(1608)年～延宝7(1679)年　[別]土屋但馬守数直《つちやたじまのかみかずなお》
江戸時代前期の大名。常陸土浦藩主。
¶朝日([没]延宝7年4月2日(1679年5月11日)), 近世, 国史, 埼玉百(土屋但馬守数直　つちやたじまのかみかずなお), 諸系, 人名, 日人, 藩主2([没]延宝7(1679)年4月2日)

土屋金生 つちやかなお
天保2(1831)年～明治25(1892)年　[別]土屋金生《つちやかのう》

江戸時代末期〜明治期の信濃須坂藩士。
¶国書，姓氏長野（つちやかのう），長野歴（つちやかのう），藩臣3

土屋金生 つちやかのう
→土屋金生（つちやかなお）

土屋紀伊守廉直 つちやきいのかみただなお
→土屋廉直（つちやただなお）

土屋挙直 つちやしげなお
嘉永5（1852）年〜明治25（1892）年
江戸時代末期〜明治期の大名。常陸土浦藩主。
¶諸系，渡航（㊕1852年9月22日　㊥1892年10月25日），日人，幕末（㊥1892年10月4日），藩主2（㊕嘉永5（1852）年9月19日　㊥明治25（1892）年10月24日）

土屋而斎 つちやじさい
延享2（1745）年〜文政4（1821）年
江戸時代中期〜後期の陸奥会津藩士。
¶藩臣2

土屋修蔵 つちやしゅうぞう
→土屋愛親（つちやよしちか）

土屋修蔵 つちやしゅぞう
→土屋愛親（つちやよしちか）

土屋蕭海 つちやしょうかい
文政12（1829）年〜元治1（1864）年　㊟土屋矢之介《つちややのすけ》，土屋矢之助《つちややのすけ》
江戸時代末期の長州（萩）藩寄組。
¶維新（土屋矢之介　つちややのすけ），国書（㊕文政12（1829）年12月15日　㊥元治1（1864）年9月10日），コン改（土屋矢之助　つちややのすけ），コン4（土屋矢之助　つちややのすけ），新潮（㊕文政12（1829）年12月15日　㊥元治1（1864）年9月10日），人名（土屋矢之助　つちややのすけ），世人，日人（㊕1830年），幕末（㊕1830年　㊥1864年10月11日），藩臣6，山口百

土屋駿河守守直 つちやするがのかみもりなお
→土屋守直（つちやもりなお）

土屋善右衛門 つちやぜんえもん
文政9（1826）年〜明治31（1898）年
江戸時代末期〜明治期の肥前大村藩士。
¶維新，人名，日人

土屋宗俊 つちやそうしゅん
江戸時代前期の茶人，加賀藩士。
¶茶道，人名，日人（生没年不詳）

土屋但馬守数直 つちやたじまのかみかずなお
→土屋数直（つちやかずなお）

土屋縄直 つちやただなお
元禄11（1698）年〜宝暦4（1754）年
江戸時代中期の武士。
¶日人

土屋廉直 つちやただなお
宝暦9（1759）年〜？　㊟土屋紀伊守廉直《つちやきいのかみただなお》
江戸時代中期〜後期の幕臣。
¶国書，長崎歴（土屋紀伊守廉直　つちやきいのかみただなお）

土屋為雄 つちやためかた
寛保2（1742）年4月5日〜享和2（1802）年4月9日
江戸時代中期〜後期の会津藩士・歌人。
¶国書

土屋利常 つちやとしつね
〜永17（1640）年
江戸時代前期の旗本。
¶神奈川人

土屋利直 つちやとしなお
慶長12（1607）年〜延宝3（1675）年
江戸時代前期の大名。上総久留里藩主。
¶諸系，人名（㊕1597年），千葉百，日人，藩主2（㊥延宝3（1675）年閏4月24日）

土屋知貞 つちやともさだ
文禄3（1594）年〜延宝4（1676）年7月8日
安土桃山時代〜江戸時代前期の幕臣。
¶国書

土屋知虎 つちやともとら
享保9（1724）年2月3日〜寛政6（1794）年閏11月21日
江戸時代中期〜後期の秋田藩家老。
¶国書

土屋寅直 つちやともなお
文政3（1820）年〜明治28（1895）年
江戸時代末期〜明治期の大名。常陸土浦藩主。
¶茨城百，国書（㊕文政3（1820）年2月24日　㊥明治28（1895）年11月29日），諸系，日人，幕末（㊕1895年11月29日），藩主2（㊕文政3（1820）年2月24日　㊥明治28（1895）年11月29日）

土屋虎松 つちやとらまつ
天明8（1788）年〜文化8（1811）年
江戸時代後期の武士。鶴岡藩士の子。
¶庄内（㊥文化8（1811）年9月22日），日人

土屋直樹 つちやなおき
寛永11（1634）年〜天和1（1681）年
江戸時代前期の大名。上総久留里藩主。
¶諸系，人名，日人，藩主2（㊥天和1（1681）年6月晦日）

土屋陳直 つちやのぶなお
元禄9（1696）年〜享保19（1734）年
江戸時代中期の大名。常陸土浦藩主。
¶諸系，藩主2（㊕元禄8（1695）年12月11日　㊥享保19（1734）年1月16日）

土屋寿直 つちやひさなお
宝暦11（1761）年〜安永6（1777）年
江戸時代中期の大名。常陸土浦藩主。
¶諸系，日人，藩主2（㊕宝暦11（1761）年5月22日　㊥安永6（1777）年7月19日）

土屋英直 つちやひでなお
明和6（1769）年〜享和3（1803）年
江戸時代中期〜後期の大名。常陸土浦藩主。
¶国書（㊕明和6（1769）年11月28日　㊥享和3（1803）年8月12日），諸系，日人，藩主2（㊕明和6（1769）年11月28日　㊥享和3（1803）年8月12日）

土屋寛直 つちやひろなお
寛政7（1795）年〜文化7（1810）年

江戸時代後期の大名。常陸土浦藩主。
¶諸系，日人，藩主2（[生]寛政7（1795）年9月9日　[没]文化8（1811）年10月2日，（異説）文化7年10月15日）

土屋弘　つちやひろむ
→土屋鳳洲（つちやほうしゅう）

土屋平四郎　つちやへいしろう
天保11（1840）年～明治41（1908）年3月28日
江戸時代末期～明治期の長州（萩）藩士。
¶幕末

土屋鳳洲　つちやほうしゅう
天保12（1841）年～昭和1（1926）年　[別]土屋弘《つちやひろむ》
江戸時代末期～明治期の岸和田藩士、漢学者。
¶維新，国書（[生]天保12（1841）年12月13日　[没]大正15（1926）年3月15日），詩歌，人名，世紀（[生]天保12（1842）年12月13日　[没]大正15（1926）年3月15日），日人（[生]1842年），幕末（[没]1926年3月15日），藩臣5（土屋弘　つちやひろむ　[生]天保13（1842）年），和俳

土屋正方　つちやまさかた
宝永6（1709）年～明和5（1768）年
江戸時代中期の第13代京都東町奉行。
¶京都大，姓氏京都

土屋正重　つちやまさしげ
～寛文7（1667）年
江戸時代前期の旗本。
¶神奈川人

土屋正敬　つちやまさたか
～正徳2（1712）年
江戸時代前期の旗本。
¶神奈川人

土屋正次　つちやまさつぐ
～万治2（1659）年
江戸時代前期の旗本。
¶神奈川人

土屋政直　つちやまさなお
寛永18（1641）年～享保7（1722）年
江戸時代前期～中期の大名。常陸土浦藩主、駿河田中藩主。
¶朝日（[生]寛永18年2月5日（1641年3月16日）　[没]享保7年11月16日（1722年12月23日）），茨城百，京都大，近世，国史，コン4，茶道，諸系，人名，姓氏京都，日史（[生]寛永18（1641）年2月5日　[没]享保7（1722）年11月16日），日人，藩主2（[生]寛永18（1641）年2月5日　[没]享保7（1722）年11月16日），藩主2，百科

土屋正直　つちやまさなお
弘治1（1555）年～元和5（1619）年
戦国時代～江戸時代前期の武田家臣。信勝小姓頭。
¶姓氏山梨

土屋正延　つちやまさのぶ
元文1（1736）年～天明5（1785）年　[別]土屋伊予守正延《つちやいよのかみまさのぶ》
江戸時代中期の第17代京都西町奉行。
¶京都大，姓氏京都，長崎歴（土屋伊予守正延　つちやいよのかみまさのぶ）

土屋昌英　つちやまさひで
貞享3（1686）年～宝暦11（1761）年
江戸時代中期の豊前小倉藩士、儒学者。
¶藩臣7

土山宗次郎　つちやまそうじろう
江戸時代中期の勘定組頭。
¶江戸

土山孝祖　つちやまたかそ
宝永4（1707）年～宝暦6（1756）年7月10日
江戸時代中期の幕臣。
¶国書

土山孝之　つちやまたかゆき
元文5（1740）年～天明7（1788）年
江戸時代中期の旗本、勘定組頭。父孝祖。
¶朝日（[没]天明7年12月5日（1788年1月12日）），日人

土屋万次郎　つちやまんじろう
天明4（1784）年～文化3（1806）年5月16日
江戸時代中期～後期の庄内藩士。
¶庄内

土屋茂助　つちやもすけ
？　～明治2（1869）年9月14日
江戸時代末期の加賀藩士。
¶幕末

土屋元高　つちやもとたか
天正16（1588）年？　～慶安3（1650）年
江戸時代前期の尾張藩士。
¶藩臣4

土屋守直　つちやもりなお
享保19（1734）年～天明4（1784）年　[別]土屋駿河守守直《つちやするがのかみもりなお》
江戸時代中期の幕臣、長崎奉行。
¶長崎歴（土屋駿河守守直　つちやするがのかみもりなお），日人

土屋安足　つちややすたり
宝暦7（1757）年～文政2（1819）年
江戸時代中期～後期の国学者・紀伊和歌山藩士。
¶国書

土屋泰直　つちややすなお
明和5（1768）年～寛政2（1790）年
江戸時代中期の大名。常陸土浦藩主。
¶諸系，日人，藩主2（[生]明和5（1768）年3月13日　[没]寛政2（1790）年5月12日）

土屋矢之介（土屋矢之助）**つちややのすけ**
→土屋蕭海（つちやしょうかい）

土屋之直　つちやゆきなお
慶長16（1611）年～延宝7（1679）年
江戸時代前期の武士。
¶神奈川人，諸系，姓氏神奈川，日人

土屋愛親　つちやよしちか
寛政9（1797）年～明治13（1880）年　[別]土屋愛親《つちやあいしん》，土屋修蔵《つちやしゅうぞう，つちやしゅぞう》
江戸時代末期～明治期の信濃須坂藩の和算家。
¶国書（[生]寛政10（1798）年　[没]明治15（1882）年1月30日），人名（つちやあいしん），数学（[生]寛政10（1798）年　[没]明治15（1882）年1月30日），

長野歴（土屋修蔵　つちやしゅうぞう），日人（㊤1798年　㊥1882年），幕末（土屋修蔵　つちやしゅうぞう），藩臣3（土屋修蔵　つちやしゅうぞう）

土屋温直　つちやよしなお
　天明2（1782）年〜嘉永5（1852）年6月22日
　江戸時代中期〜後期の幕臣。
　¶国書

土屋彦直　つちやよしなお
　寛政10（1798）年〜弘化4（1847）年
　江戸時代後期の大名。常陸土浦藩主。
　¶諸系，日人，藩主2（㊤寛政10（1798）年5月28日　㊥弘化4（1847）年7月23日

土屋竜右衛門（土屋立右衛門）　つちやりゅうえもん
　寛永15（1638）年〜元禄15（1702）年
　江戸時代中期の槍術家。
　¶人名（土屋立右衛門），日人

筒井和泉守政憲　つついいずみのかみまさのり
　→筒井政憲（つついまさのり）

筒井極人　つついきめと
　＊〜天保3（1832）年
　江戸時代後期の安芸広島藩士。
　¶藩臣6（㊤天明5（1785）年），広島百（㊤天明4（1784）年　㊥天保3（1832）年7月10日）

筒井清興　つついきよおき
　天保5（1834）年〜明治32（1899）年1月7日
　江戸時代末期〜明治期の志士。土佐勤王党に参加。
　¶幕末

筒井秋水　つついしゅうすい
　文化12（1815）年〜明治27（1894）年
　江戸時代末期〜明治期の三河西尾藩士、漢学者。
　¶姓氏愛知，幕末，藩臣4

筒井忠雄　つついただお
　元禄9（1696）年〜明和6（1769）年
　江戸時代中期の武士。
　¶日人

筒井忠重　つついただしげ
　〜明暦1（1655）年
　江戸時代前期の旗本。
　¶神奈川人

筒井忠英　つついただてる
　宝暦12（1762）年〜天保9（1838）年10月
　江戸時代中期〜後期の幕臣。
　¶国書

筒井政憲　つついまさのり
　安永7（1778）年〜安政6（1859）年　㊨筒井和泉守政憲《つついいずみのかみまさのり》
　江戸時代後期の幕臣。旗本久世広景の子。
　¶朝日（㊤安永7年5月21日（1778年6月15日）　㊥安政6年6月8日（1859年7月7日）），維新，岩史（㊤安永7（1778）年5月21日　㊥安政6（1859）年6月8日），角史，近世，国史，国書（㊤安永7（1778）年5月21日　㊥安政6（1859）年6月8日），コン改，コン4，史人（㊤1778年5月21日　㊥1859年6月8日），新潮（㊤安永7（1778）年5月21日　㊥安政6（1859）年6月8日），人名，世人（㊥安政6（1859）年6月8日），長崎歴（筒井和泉

守政憲　つついいずみのかみまさのり　㊨安永8（1779）年），日人，幕末（㊤1778年6月15日　㊥1859年7月7日），歴大

筒井吉重　つついよししげ
　生没年不詳
　江戸時代前期の旗本。
　¶神奈川人

都築温　つづきあつし
　弘化2（1845）年〜明治18（1885）年　㊨都築温《つづきおん》，都築鶴洲《つづきかくしゅう》
　江戸時代末期〜明治期の伊予宇和島藩士。
　¶維新，愛媛百（都築鶴洲　つづきかくしゅう　㊤弘化2（1845）年6月27日　㊥明治18（1885）年9月27日），郷土愛媛，人名（つづきおん），日人，幕末（㊥1885年9月27日），藩臣6（都築鶴洲　つづきかくしゅう）

都筑有成　つづきありなり
　正徳3（1713）年〜安永6（1777）年
　江戸時代中期の三河岡崎藩家老。
　¶藩臣4

都築温　つづきおん
　→都築温（つづきあつし）

都築鶴洲　つづきかくしゅう
　→都築温（つづきあつし）

都筑嘉兵衛　つづきかへい
　？〜
　江戸時代の八戸藩士。
　¶青森人

都筑九郎右衛門　つづきくろうえもん
　天保10（1839）年〜明治3（1870）年
　江戸時代末期〜明治期の尾張藩士。
　¶人名，幕末

続作太夫　つづきさくだゆう
　？〜明治15（1882）年
　江戸時代末期〜明治期の下総佐倉藩用人。
　¶藩臣3

都筑十蔵　つづきじゅうぞう
　天明1（1781）年〜嘉永5（1852）年8月14日
　江戸時代中期〜後期の出羽庄内藩士。
　¶国書，庄内

都築十平　つづきじゅっぺい
　？〜天保14（1843）年
　江戸時代後期の越智松平氏の家臣。
　¶兵庫百

都築新之丞　つづきしんのじょう
　文化2（1819）年〜？
　江戸時代後期の駿河沼津藩士。
　¶藩臣4

都築燧洋　つづきすいよう
　寛政7（1795）年〜文久2（1862）年
　江戸時代末期の伊予宇和島藩士。
　¶藩臣6

都筑助大夫　つづきすけだゆう
　→都筑続重（つづきつぐしげ）

都築惣左衛門　つづきそうざえもん
　天正10（1582）年〜慶安2（1649）年

江戸時代前期の大和郡山藩家老。
¶藩臣4

都筑唯重 つづきただしげ
生没年不詳
江戸時代中期の石見浜田藩家老。
¶国書，藩臣5

都筑為政 つづきためまさ
弘治1(1555)年〜元和9(1623)年
戦国時代〜江戸時代前期の武将、幕臣。
¶日人

都筑続重 つづきつぐしげ
延宝3(1675)年〜宝暦4(1754)年　⑩都筑助大夫
《つづきすけだゆう》
江戸時代中期の石見浜田藩家老。
¶島根歴(都筑助大夫　つづきすけだゆう)，
藩臣5

都筑英成 つづきひでなり
寛保1(1741)年〜寛政1(1789)年
江戸時代中期の三河岡崎藩家老。
¶藩臣4

都筑秀政 つづきひでまさ
元和2(1616)年〜正保2(1645)年
江戸時代前期の若狭小浜藩家老。
¶藩臣3

築城文五郎 つづきぶんごろう
生没年不詳
江戸時代後期の剣術家。
¶高知人

都築鳳栖 つづきほうせい
? 〜天保12(1841)年
江戸時代後期の伊予宇和島藩士。
¶藩臣6

都筑峰暉 つづきみねあき
江戸時代末期の幕臣。
¶維新，幕末(生没年不詳)

都筑峯重 (都筑峰重) つづきみねしげ
享和3(1803)年〜安政5(1858)年
江戸時代後期の幕臣。
¶維新，国書(都筑峰重　⑭享和3(1803)年10月
19日　�安政5(1858)年3月18日)，人名，日
人，幕末(都筑峰重　⑭1803年11月　�298年
5月1日)

都築安右衛門 つづきやすえもん
生没年不詳
江戸時代前期の剣術家。去水流の祖。
¶剣豪

都築泰観 つづきやすちか
天保10(1839)年〜明治3(1870)年
江戸時代末期〜明治期の尾張藩士。
¶維新

十九貞衛 つづさだえ
天保1(1830)年〜明治25(1892)年
江戸時代末期〜明治期の肥前大村藩士。
¶維新，人名，日人

堤朝風 つつみあさかぜ
明和2(1765)年〜天保5(1834)年

江戸時代後期の幕臣、国学者。
¶江文，国書(㉒天保5(1834)年4月7日)，神人
(㉒天保5(1834)年4月7日)，人名，日人

堤克寛 つつみかつひろ
文政6(1823)年〜元治1(1864)年　⑩堤克寛《つ
つみよしひろ》
江戸時代末期の上野高崎藩士。
¶維新，群馬人(つつみよしひろ)，人名，姓氏群
馬(つつみよしひろ)，日人，藩臣2(つつみよ
しひろ)

鼓包武 つづみかねたけ
弘化3(1846)年〜大正3(1914)年
江戸時代末期〜明治期の長州(萩)藩士。
¶日人，幕末(㉒1914年9月20日)

堤它山 (堤陀山) つつみたざん,つつみたさん;つつみだ
さん
天明3(1783)年〜嘉永2(1849)年
江戸時代後期の播磨姫路藩士、儒学者。
¶江文，国書(㉒嘉永2(1849)年2月4日)，詩歌
(⑭1779年　�1845年)，人名(つつみたさ
ん)，日人(つつみたさん)，藩臣5(堤陀山　つ
つみださん)，和俳(堤陀山　つつみださん)

堤範房 つつみのりふさ
寛延3(1750)年〜文政3(1820)年
江戸時代中期〜後期の肥前佐賀藩士。
¶国書

堤宝山 つつみほうざん
江戸時代中期の武術家、捕術堤宝山流の開祖。
¶人名，日人(生没年不詳)

堤正誼 (堤正誼) つつみまさよし
天保5(1834)年〜大正10(1921)年
江戸時代末期〜明治期の越前福井藩士。
¶維新，人名，日人，幕末(㉒1921年7月19日)，
藩臣3，履歴(堤正誼　⑭天保5(1834)年11月6
日　㉒大正10(1921)年7月19日)

堤松右衛門 つつみまつえもん
→堤松左衛門(つつみまつざえもん)

堤松左衛門 つつみまつざえもん
*〜文久2(1862)年　⑩堤松右衛門《つつみまつえ
もん》
江戸時代末期の外様足軽、肥後熊本藩士。
¶維新(⑭1838年)，人名(堤松右衛門　つつみま
つえもん　⑭?)，日人(⑭1839年　㉒1863年)

堤幸継 つつみゆきつぐ
? 〜宝永2(1705)年
江戸時代前期〜中期の上野高崎藩・壬生藩城代。
¶藩臣2

堤幸政 つつみゆきまさ
元和5(1619)年〜元禄6(1693)年
江戸時代前期の常陸土浦藩家老。
¶藩臣2

堤順美 つつみゆきよし
? 〜安政2(1855)年
江戸時代末期の上野高崎藩家老。
¶藩臣2

堤克寛 つつみよしひろ
→堤克寛(つつみかつひろ)

綱木左源太　つなきさげんた
生没年不詳
江戸時代前期の出羽新庄藩士。
¶藩臣1

常井喜兵衛　つねいきへえ
生没年不詳
江戸時代前期の剣術家。林崎新夢想流居合術。
¶剣豪

常井邦衛　つねいくにえ
天保3(1832)年〜明治19(1886)年
江戸時代末期〜明治期の肥前大村藩士。
¶維新，人名，日人

恒岡宇左衛門　つねおかうざえもん
？　〜天保1(1830)年
江戸時代後期の遠江掛川藩用人。
¶藩臣4

恒岡直史　つねおかなおふみ
天保11(1840)年〜明治28(1895)年
江戸時代末期〜明治期の大和芝村藩の地方政治家、実業家。奈良県再置の独立運動、大阪鉄道創設に尽力。政界・実業界に手腕をふるう。
¶郷土奈良，日人，幕末([没]1895年8月19日，(異説)8月20日)，藩臣4

恒岡政淳　つねおかまさあつ
生没年不詳
江戸時代中期の水戸藩士。
¶国書

恒川泰蔵　つねかわたいぞう
天明6(1786)年〜弘化2(1845)年　[別]恒川樸巌《つねかわぼくがん》
江戸時代後期の漢学者、越中富山藩士。
¶国書(恒川樸巌　つねかわぼくがん　[没]弘化2(1845)年7月)，人名，日人

恒川登寿　つねかわたかひさ
→恒川登寿(つねかわとしひさ)

恒川登寿　つねかわとしひさ
*〜文久2(1862)年　[別]恒川登寿《つねかわたかひさ》
江戸時代後期〜末期の加賀藩士。
¶国書([生]寛政7(1795)年　[没]文久2(1862)年8月)，姓氏石川(つねかわたかひさ　[生]？)

恒川樸巌　つねかわぼくがん
→恒川泰蔵(つねかわたいぞう)

恒隆五郎左衛門　つねたかごろうざえもん
慶長1(1596)年〜延宝1(1673)年　[別]望月五郎左衛門《もちづきごろざえもん》
江戸時代前期の水戸藩士、能吏。
¶人名，人名(望月五郎左衛門　もちづきごろざえもん)

常見一之　つねみかずゆき
→常見浩斎(つねみこうさい)

常見浩斎　つねみこうさい
延享3(1746)年〜天保6(1835)年　[別]常見一之《つねみかずゆき》
江戸時代中期〜後期の上野伊勢崎藩儒。
¶江文([生]元文5(1740)年)，郷土群馬，群馬人，国書([没]天保6(1835)年12月26日)，人名([生]1740年)，日人([没]1836年)，藩臣2(常見一之　つねみかずゆき)

恒吉休右衛門　つねよしきゅうえもん
天保7(1836)年？　〜明治2(1869)年
江戸時代末期の薩摩藩士。
¶幕末

津江兵庫助　つのえひょうごのすけ
*〜寛文11(1671)年　[別]津江兵庫助《つえひょうごのすけ》
江戸時代前期の対馬藩士。
¶人名(つえひょうごのすけ　[生]1611年)，日人([生]1612年　[没]1672年)，藩臣7([生]慶長17(1612)年)，歴大([生]1611年)

角田儀右衛門　つのだぎえもん
〜寛永8(1631)年
安土桃山時代〜江戸時代前期の功臣。
¶庄内

角田九華　つのだきゅうか
天明4(1784)年〜安政2(1855)年
江戸時代後期の豊後岡藩の儒学者。
¶朝日([没]安政2年12月28日(1856年2月4日))，維新，大分百，大分歴，大阪人([没]安政2(1855)年12月)，国書([没]安政2(1855)年12月28日)，詩歌，人名，日人([没]1856年)，藩臣7，和俳

角田忠行　つのだただゆき
天保5(1834)年〜大正7(1918)年
江戸時代末期〜明治期の志士。信濃岩村田藩を脱藩。足利氏木像梟首事件の指導者。
¶愛知百([生]1834年11月6日　[没]1918年12月15日)，維新，岩史([生]天保5(1834)年11月6日　[没]大正7(1918)年12月15日)，郷土長野，近現，近世，国史，国書([生]天保5(1834)年11月6日　[没]大正7(1918)年12月15日)，コン4，コン5，史人([生]1834年11月6日　[没]1918年12月15日)，神史，神人([生]天保5(1834)年11月　[没]大正7(1918)年12月15日)，新潮([生]天保5(1834)年11月6日　[没]大正7(1918)年12月15日)，人名，姓氏愛知，姓氏京都，姓氏長野，長野百，長野歴，日人，幕末([没]1918年12月15日)，歴大

角田丹左衛門　つのだたんざえもん
安土桃山時代〜江戸時代前期の武士。里見氏家臣。
¶戦人(生没年不詳)，戦東

角田忠右衛門　つのだちゅううえもん
→角田忠右衛門(つのだちゅうえもん)

角田忠右衛門　つのだちゅうえもん
[別]角田忠右衛門《つのだちゅううえもん》
安土桃山時代〜江戸時代前期の武士。里見氏家臣。
¶戦人(生没年不詳)，戦東(つのだちゅううえもん)

角田楮園　つのだちょえん
生没年不詳
江戸時代の姫路藩士。
¶兵庫百

都野巽　つのたつみ
文政11(1828)年〜明治27(1894)年　[別]有福新輔《ありふくしんすけ》，有福槌三郎《ありふくつちさぶろう》

江戸時代末期～明治期の周防岩国藩士。
¶維新，神人(生没年不詳)，人名([没]1895年)，日人([没]1895年)，幕末([没]1894年3月11日)，藩臣6

角田信道 つのだのぶみち
弘化3(1846)年～明治17(1884)年
江戸時代後期～明治期の信濃岩村田藩士、神職。
¶神人

角田久豊 つのだひさとよ
享和2(1802)年～明治4(1871)年
江戸時代末期～明治期の備中浅尾藩家老。
¶岡山歴([没]明治4(1871)年9月2日)，藩臣6

椿井政長 つばいまさなが
*～寛永8(1631)年
戦国時代～江戸時代前期の織田信長の家臣。
¶織田([生]天正17(1548)年？　[没]寛永8(1631)年1月20日)，京都府([生]天文16(1547)年)

椿井政安 つばいまさやす
～寛文10(1670)年
江戸時代前期の旗本。
¶神奈川人

津布久久次郎 つぶくきゅうじろう
弘化3(1846)年～*
江戸時代末期の志士。
¶維新([没]1867年)，幕末([没]1868年1月12日)

坪井九右衛門 つぼいくうえもん
→坪井九右衛門(つぼいくえもん)

坪井九右衛門 つぼいくえもん
寛政12(1800)年～文久3(1863)年　[別]坪井九右衛門《つぼいくうえもん》
江戸時代末期の長州(萩)藩士。
¶朝日([没]文久3年10月28日(1863年12月8日))，維新，近世，国史，コン改，コン4，史人([没]1863年10月28日)，新潮([没]文久3(1863)年10月28日)，姓氏山口，世人，全書，日人，幕末(つぼいくうえもん　[没]1863年12月8日)，藩臣6(つぼいくうえもん)，山口百

坪井才助 つぼいさいすけ
生没年不詳
江戸時代後期の上総五井藩家老。
¶藩臣3

坪井信道 つぼいしんどう
寛政7(1795)年～嘉永1(1848)年　[別]坪井信道《つぼいのぶみち》
江戸時代後期の蘭学者、長州藩医。坪井信之の4男。
¶朝日([生]寛政7年1月2日(1795年2月20日)　[没]嘉永1年11月8日(1848年12月3日))，維新，岩史([生]寛政7(1795)年1月2日　[没]嘉永1(1848)年11月8日)，江戸，江文，岐阜百(つぼいのぶみち)，郷土岐阜，近世，国史，国書([生]寛政7(1795)年1月2日　[没]嘉永1(1848)年11月8日)，コン改，コン4，史人([生]1795年1月2日　[没]1848年11月8日)，人書79，新潮([生]寛政7(1795)年1月2日　[没]嘉永1(1848)年11月8日)，人名，世人([没]嘉永1(1848)年11月8日)，全書，大百，日史([生]寛政7(1795)年1月2日　[没]嘉永1(1848)年11月8日)，日人，幕末([没]1848年12月3日)，藩臣6，洋学，歴大

坪井長勝 つぼいながかつ
天文19(1550)年～*
江戸時代前期の旗本。
¶神奈川人([没]1624年)，姓氏神奈川([没]1633年)

坪井信道 つぼいのぶみち
→坪井信道(つぼいしんどう)

坪内家定 つぼうちいえさだ
永禄7(1564)年～慶安1(1648)年10月24日
安土桃山時代～江戸時代前期の武士。坪内氏第2代。
¶織田，岐阜百

坪内定益 つぼうちさだえき
江戸時代末期～明治期の武士。坪内氏第11代。
¶岐阜百

坪内定堅 つぼうちさだかた
江戸時代中期の武士。坪内氏第6代。
¶岐阜百

坪内定鑑 つぼうちさだかね
～享保8(1723)年
江戸時代中期の旗本。
¶神奈川人

坪内定重 つぼうちさだしげ
江戸時代中期の武士。坪内氏第5代。
¶岐阜百

坪内定孝 つぼうちさだたか
江戸時代中期の武士。坪内氏第7代。
¶岐阜百

坪内定系 つぼうちさだつな
江戸時代中期の武士。坪内氏第8代。
¶岐阜百

坪内定長 つぼうちさだなが
江戸時代前期の武士。坪内氏第4代。
¶岐阜百

坪内定儀 つぼうちさだのり
江戸時代後期の武士。坪内氏第9代。
¶岐阜百

坪内定央 つぼうちさだふさ
正徳1(1711)年～宝暦11(1761)年　[別]坪内駿河守定央《つぼうちするがのかみさだふさ》
江戸時代中期の56代長崎奉行。
¶長崎歴(坪内駿河守定央　つぼうちするがのかみさだふさ)

坪内定仍 つぼうちさだより
江戸時代前期の武士。坪内氏第3代。
¶岐阜百

坪内主膳 つぼうちしゅぜん
寛政7(1795)年～明治3(1870)年10月8日
江戸時代末期～明治期の幕臣。
¶幕末

坪内主馬 つぼうちしゅめ
天保1(1830)年～明治14(1881)年7月31日
江戸時代末期～明治期の幕臣、剣術家。
¶幕末

坪内駿河守定央　つぼうちするがのかみさだふさ
→坪内定央（つぼうちさだふさ）

坪内知邦　つぼうちともくに
寛政9（1797）年～安政4（1857）年
江戸時代末期の肥前福江藩家老。
¶藩臣7

坪内知直　つぼうちともなお
安永3（1774）年～天保1（1830）年
江戸時代後期の肥前福江藩家老。
¶藩臣7

坪内平右衛門　つぼうちへいえもん
文化9（1812）年～明治15（1882）年1月26日
江戸時代後期～明治期の尾張藩士。
¶国書

坪内孫兵衛　つぼうちまごべえ
江戸時代末期の若狭小浜藩士。
¶維新

坪内保之　つぼうちやすゆき
江戸時代後期の武士。坪内氏第10代。
¶岐阜百

坪川常通　つぼかわつねみち
文政6（1823）年～＊　[別]坪川文八《つぼかわぶんぱち》
江戸時代末期～明治期の加賀大聖寺藩士、和算家。
¶国書（[没]？），人名（坪川文八　つぼかわぶんぱち　[没]1889年），数学（[没]明治22（1889）年），姓氏石川（[没]？），日人（坪川文八　つぼかわぶんぱち　[没]1889年），藩臣3（[没]？）

坪川文八　つぼかわぶんぱち
→坪川常通（つぼかわつねみち）

坪田忠蔵　つぼたちゅうぞう
天保14（1843）年～？
江戸時代後期～末期の新撰組隊士。
¶新撰

妻木貞徳　つまきさだのり，つまぎさだのり
天文13（1544）年～元和4（1618）年
安土桃山時代～江戸時代前期の武士。織田氏家臣。
¶織田（[没]元和4（1618）年2月13日），人名（[生]1541年　[没]1615年），戦国（つまぎさだのり　[生]1540年），戦人，日人

妻木重直　つまぎしげなお，つまきしげなお
慶長9（1604）年～天和3（1683）年　[別]妻木彦右衛門頼熊《つまきひこうえもんよりくま》，妻木頼熊《つまきよりくま》
江戸時代前期の幕臣。
¶神奈川人（つまきしげなお），埼玉人（妻木頼熊　つまきよりくま　[没]天和3（1683）年3月27日），長崎歴（妻木彦右衛門頼熊　つまきひこうえもんよりくま），日人

妻木成彦　つまきしげひこ
→妻木成彦（つまきなるひこ）

妻木棲碧　つまきせいへき
文政8（1825）年～明治24（1891）年　[別]妻木頼矩《さいきよりのり，つまきよりのり》
江戸時代末期～明治期の幕臣・大目付、静岡藩士。
¶大阪人（妻木頼矩　つまきよりのり），静岡歴（妻木頼矩　さいきよりのり），人名，先駆（妻木頼矩　つまきよりのり　[没]明治24（1891）年1月12日），日人

妻木成彦　つまきなるひこ
貞享4（1687）年～？　[別]妻木成彦《つまきしげひこ》
江戸時代前期～中期の阿波藩士、学者。
¶兵庫人，兵庫百（つまきしげひこ）

妻木彦右衛門頼熊　つまきひこうえもんよりくま
→妻木重直（つまぎしげなお）

妻木寿之進　つまぎひさのしん
弘化2（1845）年～明治23（1890）年9月26日
江戸時代末期～明治期の長州（萩）藩士。
¶幕末

妻木弥次郎　つまぎやじろう，つまきやじろう
文政8（1825）年～文久3（1863）年
江戸時代末期の長州（萩）藩士。
¶幕末（[没]1863年8月27日），藩臣6（つまきやじろう）

妻木頼熊　つまきよりくま
→妻木重直（つまぎしげなお）

妻木頼隆　つまぎよりたか
寛文9（1669）年～延享2（1745）年
江戸時代前期～中期の武士。
¶日人

妻木頼忠　つまきよりただ，つまぎよりただ
永禄8（1565）年～元和9（1623）年
安土桃山時代～江戸時代前期の武士。徳川氏家臣。
¶人名（つまぎよりただ），戦国（つまぎよりただ　[生]1566年），戦人，日人

妻木頼利　つまぎよりとし
天正13（1585）年～承応2（1653）年
安土桃山時代～江戸時代前期の武士。
¶日人

妻木頼栄　つまぎよりなが
享保7（1722）年～寛政9（1797）年
江戸時代中期～後期の武士。
¶日人

妻木頼矩　つまきよりのり
→妻木棲碧（つまきせいへき）

妻木頼保　つまぎよりやす
寛永17（1640）年～宝永4（1707）年
江戸時代前期～中期の武士。
¶日人

津村蜕堂　つむらぜいどう
江戸時代前期の馬術家。
¶三重

津村信正　つむらのぶまさ
安永1（1772）年～嘉永1（1848）年
江戸時代後期の家臣、歌人。
¶和歌山人

津守与兵衛　つもりよへえ
生没年不詳
安土桃山時代～江戸時代前期の武士。浅野家の家臣。
¶和歌山人

露木恒之進 つゆきつねのしん
天保4(1833)年～慶応3(1867)年
江戸時代末期の志士、阿波徳島藩士。
¶維新，人名([生]1836年 [没]1863年)，徳島百([生]天保4(1833)年1月26日 [没]慶応3(1867)年7月6日)，徳島歴([生]天保4(1833)年1月26日 [没]慶応3(1867)年7月6日)，日人，幕末([没]1867年8月5日)

露木亦三郎 つゆきまたさぶろう
文化11(1814)年～明治23(1890)年
江戸時代後期～明治期の剣術家。自鏡流。
¶剣豪

列根 つらね
文化10(1813)年～安政3(1856)年10月27日
江戸時代後期～末期の俳人・尾張藩士。
¶国書

鶴岡健四郎 つるおかけんしろう
江戸時代末期の新撰組隊士。
¶新撰

鶴岡二刀斎 つるおかにとうさい
嘉永2(1849)年～昭和9(1934)年
江戸時代末期～大正期の武道家。
¶姓氏群馬

鶴田伍一郎 つるたごいちろう
文政12(1829)年～明治9(1876)年
江戸時代末期～明治期の武士、熊本神風連の1人。
¶人名，日人

鶴田伝右衛門 つるたでんえもん
明和5(1768)年～天保4(1833)年
江戸時代中期～後期の肥前蓮池藩士。
¶藩臣7

鶴田陶司 つるたとうじ
天保11(1840)年～元治1(1864)年
江戸時代末期の筑後久留米藩士。
¶維新，大阪人，人名，日人，幕末([没]1864年3月23日)

鶴田斗南 つるだとなん
天保5(1834)年～明治21(1888)年
江戸時代末期～明治期の多久家家臣。元老院議官。欧州の法律調査に赴き司法界で活躍。
¶幕末

鶴田誠 つるたまこと
文政1(1818)年～明治11(1878)年
江戸時代末期～明治期の肥前蓮池藩士。
¶藩臣7

鶴田正時 つるたまさとき
生没年不詳
江戸時代末期の播磨姫路藩士。
¶藩臣5

鶴見一学 つるみいちがく
生没年不詳
江戸時代中期～後期の上総久留里藩用人。
¶藩臣3

鶴見逵 つるみき
→鶴見小十郎(つるみこじゅうろう)

鶴見九皐 つるみきゅうこう
生没年不詳
江戸時代中期の水戸藩士。
¶国書

鶴見金三郎 つるみきんざぶろう
安土桃山時代～江戸時代前期の武士。里見氏家臣。
¶戦人(生没年不詳)，戦東

鶴見内蔵助(鶴見蔵之助) つるみくらのすけ
江戸時代中期の備中松山藩家老。
¶岡山人(鶴見蔵之助)，岡山歴，藩臣6(生没年不詳)

鶴見小十郎 つるみこじゅうろう
文政3(1820)年～明治29(1896)年 [別]鶴見逵《つるみき》
江戸時代末期～明治期の加賀藩士、儒学者。加賀藩校明倫堂の教師。
¶人名，姓氏石川(鶴見逵 つるみき)，日人，幕末([没]1896年6月)

鶴見高澄 つるみたかずみ
寛延1(1748)年～文政10(1827)年
江戸時代中期～後期の加賀大聖寺藩士。
¶藩臣3

鶴峯戊申(鶴峰戊申，鶴峰戊申) つるみねしげのぶ
天明8(1788)年～安政6(1859)年 [別]鶴峰戊申《つるみねぼしん》，鶴峯戊申《つるみねぼしん》
江戸時代後期の水戸藩の国学者、究理学者。
¶朝日([生]天明8年7月22日(1788年8月23日) [没]安政6年8月24日(1859年9月20日))，維新(つるみねぼしん [生]1786年)，江文，大分百(鶴峰戊申)，大分歴(鶴峰戊申)，大阪人(鶴峰戊申 [没]安政6(1859)年8月)，近世，考古([生]天明8年(1788年7月22日) [没]安政6年(1859年8月24日))，国史，国書([生]天明8(1788)年7月22日 [没]安政6(1859)年8月24日)，コン改，コン4，史人([生]1788年7月22日 [没]1859年8月24日)，神史，神人(鶴峰戊申 つるみねぼしん [生]天明6(1786)年)，新潮([生]天明8(1788)年7月22日 [没]安政6(1859)年8月24日)，人名([生]1786年)，世人([生]天明6(1786)年 [没]安政6(1859)年8月4日)，全書，日人，幕末(鶴峰戊申 [没]1859年9月20日)，藩臣2(鶴峰戊申 つるみねぼしん [生]天明6(1786)年)，洋学，歴大，和俳

鶴峰戊申(鶴峯戊申) つるみねぼしん
→鶴峯戊申(つるみねしげのぶ)

【て】

鼎左 ていさ
→藤井鼎左(ふじいていさ)

手角宗左衛門 てかくそうざえもん
生没年不詳
江戸時代中期の播磨小野藩士。
¶藩臣5

手柄岡持 てがらのおかもち
→朋誠堂喜三二(ほうせいどうきさんじ)

荻子　てきし
　→辻荻子（つじてきし）
勅使河原三左衛門　てしがわらさんざえもん
　生没年不詳
　江戸時代の前橋藩酒井氏の家臣。
　¶姓氏群馬
勅使川原直泰　てしがわらなおやす
　生没年不詳
　江戸時代中期の上野前橋藩士。
　¶国書
勅使河原与一右衛門　てしがわらよいちうえもん
　？　〜寛文4（1664）年
　江戸時代前期の伊予三河吉田藩士。
　¶藩臣6
豊島毅　てしまき
　？　〜明治39（1906）年
　江戸時代末期〜明治期の加賀藩士。
　¶姓氏石川
手島七郎右衛門　てじましちろうえもん
　文化5（1808）年〜明治14（1881）年
　江戸時代末期〜明治期の上総鶴牧藩城代家老。
　¶藩臣3
手島季隆　てしますえたか
　文化11（1814）年〜明治30（1897）年
　江戸時代末期〜明治期の土佐藩士。
　¶維新、高知人、国書（㊌文化11（1814）年10月16日　㊡明治30（1897）年9月4日）、人名、日人、幕末（㊡1897年9月4日）、藩臣6
手島只七　てじまただしち
　？　〜文化3（1806）年
　江戸時代中期〜後期の下総古河藩士、弓術師範。
　¶藩臣3
弟子丸竜助　でしまるりゅうすけ
　天保9（1838）年〜文久2（1862）年
　江戸時代末期の薩摩藩士。
　¶維新、京都大、新潮（㊡文久2（1862）年4月23日）、人名、姓氏京都、日人、幕末（㊡1862年5月21日）、藩臣7
手代木勝任　てしろぎかつとう、てしろきかつとう
　文政9（1826）年〜明治37（1904）年　㊛手代木直右衛門《てしろぎすぐうえもん、てしろぎすぐえもん》
　江戸時代末期〜明治期の陸奥会津藩士。
　¶会津（㊡明治36（1903）年）、朝日（手代木直右衛門　てしろぎすぐえもん）　㊌文政9年3月9日（1826年4月15日）　㊡明治37（1904）年6月3日）、維新（てしろぎかつとう）、岡山人、岡山歴（㊌文政9（1826）年3月9日　㊡明治37（1904）年6月3日）、高知人、コン4（手代木直右衛門　てしろぎすぐえもん）、コン5（手代木直右衛門　てしろぎすぐえもん）、人名（㊌1816年　㊡1894年）、日人、幕末（㊡1903年6月3日）、藩臣2（手代木直右衛門　てしろぎすぐうえもん）
手代木直右衛門　てしろぎすぐうえもん
　→手代木勝任（てしろぎかつとう）
手代木直右衛門　てしろぎすぐえもん
　→手代木勝任（てしろぎかつとう）

手塚一斎　てづかいっさい
　？　〜嘉永5（1852）年11月3日
　江戸時代後期の常陸土浦藩士・側用人・漢学者。
　¶国書
手塚精左衛門　てづかせいざえもん
　生没年不詳
　江戸時代後期の筑前秋月藩士。
　¶藩臣7
手塚多助　てづかたすけ
　→手塚躬保（てづかもとやす）
手塚坦斎　てづかたんさい
　宝暦12（1762）年〜天保5（1834）年5月15日
　江戸時代中期〜後期の常陸土浦藩士・漢学者。
　¶国書
手塚紀興　てづかのりおき
　？　〜延享3（1746）年4月
　江戸時代中期の会津藩士・和算家。
　¶国書
手塚躬保　てづかもとやす
　安永6（1777）年〜嘉永5（1852）年　㊛手塚多助《てづかたすけ》
　江戸時代後期の常陸笠間藩士。
　¶国書（㊡嘉永5（1852）年12月12日）、藩臣2（手塚多助　てづかたすけ）
出淵盛房　でぶちもりふさ
　生没年不詳
　江戸時代前期の武芸家。
　¶国書
寺井主税　てらいちから
　江戸時代末期の新撰組隊士。
　¶新撰
寺井肇　てらいはじめ
　天明7（1787）年〜安政1（1854）年
　江戸時代後期の故実家。讃岐高松藩士。
　¶近世、国史、国書（㊡嘉永7（1854）年8月）、史人（㊡1854年8月）、人名、日人
寺内近江　てらうちおうみ
　生没年不詳
　江戸時代前期の代官。
　¶庄内
寺内近江守　てらうちおうみのかみ
　江戸時代前期の武士。最上氏家臣。
　¶戦人（生没年不詳）、戦東
寺内暢三　てらうちちょうぞう
　天保6（1835）年〜明治4（1871）年
　江戸時代末期〜明治期の長州（萩）藩士。
　¶維新、剣豪、人名、日人（㊡1872年）、幕末（㊡1872年1月15日）、藩臣6
寺内藤次郎　てらうちとうじろう
　？　〜明治2（1869）年
　江戸時代末期の紀伊和歌山藩士。
　¶人名、日人、幕末（㊡1869年5月20日）
寺尾一純　てらおかずみ
　生没年不詳
　江戸時代中期の大和高取藩士。
　¶国書

寺岡与兵衛 てらおかよへえ
生没年不詳
江戸時代前期の加賀藩士。
¶国書

寺尾郷右衛門 てらおごうえもん
延宝1(1673)年～延享4(1747)年
江戸時代前期～中期の剣術家。
¶日人

寺尾小八郎 てらおこはちろう
天保5(1834)年～明治27(1894)年
江戸時代末期～明治期の儒学者、安芸広島藩士。
¶維新，国書([没]明治27(1894)年8月8日)，人名，日人，幕末([没]1894年8月8日)

て

寺尾権平(1) てらおごんぺい
江戸時代前期の武将。里見氏家臣。
¶戦東

寺尾権平(2) てらおごんぺい
天保12(1841)年～元治1(1864)年
江戸時代末期の志士、土佐藩郷士。
¶維新，高知人，人名，日人，幕末([没]1864年10月5日)

寺尾左助 てらおさすけ
生没年不詳
江戸時代前期の肥後熊本藩士。
¶藩臣7

寺尾下野 てらおしもつけ
安土桃山時代～江戸時代前期の武士。里見氏家臣。
¶戦人(生没年不詳)，戦東

寺尾藤次 てらおとうじ
慶安3(1650)年～享保16(1731)年
江戸時代前期～中期の剣術家。二天一流。
¶剣豪

寺尾直政 てらおなおまさ
慶長9(1604)年？～慶安3(1650)年
江戸時代前期の尾張藩家老。
¶藩臣4

寺尾孫之丞 てらおまごのじょう
慶長18(1613)年～寛文12(1672)年
江戸時代前期の剣術家。二天一流。
¶剣豪

寺尾求馬助 てらおもとめのすけ
元和7(1621)年～元禄1(1688)年
江戸時代前期の剣術家。二天一流。
¶剣豪

寺門孝寛 てらかどたかひろ
宝暦4(1754)年～文政11(1828)年
江戸時代中期～後期の水戸藩士。
¶国書

寺門銕蔵 てらかどてつぞう
文政2(1819)年～明治22(1889)年12月17日
江戸時代末期～明治期の常陸土浦藩士。
¶幕末

寺門義周 てらかどよしちか
生没年不詳
江戸時代後期の水戸藩士。
¶国書

寺坂吉右衛門 てらさかきちうえもん
→寺坂吉右衛門(てらさかきちえもん)

寺坂吉右衛門 てらさかきちえもん
寛文5(1665)年～延享4(1747)年　[別]寺坂吉右衛門《てらさかきちうえもん》,進歩《しんぽ》
江戸時代中期の播磨赤穂藩士。四十七士。
¶朝日，江戸，大阪人([生]寛文4(1664)年　[没]延享4(1747)年10月)，大阪墓([没]延享4(1747)年10月6日)，近世，国史，国書([没]延享4(1747)年10月6日)，コン改，コン4，史人([没]1747年10月6日)，新潮([没]延享4(1747)年10月6日)，人名，日人，俳句(進歩　しんぽ)，歴大(てらさかきちうえもん)

寺崎助一郎 てらさきすけいちろう
生没年不詳
江戸時代末期の幕臣。
¶国書

寺崎広方 てらさきひろかた
正保1(1644)年～享保13(1728)年
江戸時代前期～中期の出羽秋田藩士。
¶藩臣1

寺沢堅高 てらざわかたたか,てらさわかたたか
慶長14(1609)年～正保4(1647)年
江戸時代前期の大名。肥前唐津藩主。
¶朝日([没]正保4年11月18日(1647年12月14日))，角史，近世，国史，コン改，コン4，佐賀百([没]正保4(1647)年11月18日)，史人(てらさわかたたか　[没]1647年11月18日)，重要([没]正保4(1647)年11月18日)，新潮([没]正保4(1647)年11月18日)，人名，世人([生]慶長13(1608)年)，戦国，日史(てらさわかたたか　[没]正保4(1647)年11月18日)，日人(てらさわかたたか)，藩主4(てらさわかたたか　[没]正保4(1647)年11月18日)，百科(てらさわかたたか)，歴大(てらさわかたたか)

寺沢志摩守広高 てらさわしまのかみひろたか
→寺沢広高(てらざわひろたか)

寺沢半兵 てらざわはんぺい
生没年不詳
江戸時代前期の武士。
¶日人

寺沢広高 てらざわひろたか,てらさわひろたか
永禄6(1563)年～寛永10(1633)年　[別]寺沢志摩守広高《てらさわしまのかみひろたか》
安土桃山時代～江戸時代前期の大名。肥前唐津藩主。
¶朝日([没]寛永10年4月11日(1633年5月18日))，岩史([没]寛永10(1633)年4月11日)，キリ(てらさわひろたか)，近世，国史，コン改([生]永禄7(1564)年)，コン4([生]永禄7(1564)年)，茶道([生]1564年)，史人(てらさわひろたか　[没]1633年4月11日)，新潮([没]寛永10(1633)年4月11日)，人名(てらさわひろたか)，戦合，戦国([生]1564年)，戦人，長崎歴(寺沢志摩守広高　てらさわしまのかみひろたか)，日史(てらさわひろたか　[没]寛永10(1633)年4月11日)，日人，藩主4(てらさわひろたか　[没]寛永10(1633)年4月11日)，百科(てらさわひろた

か)，歴大(てらさわひろたか)

寺師次右衛門　てらしじうえもん
→寺師次右衛門(てらしじえもん)

寺師次右衛門　てらしじえもん
生没年不詳　[別]寺師次右衛門《てらしじうえもん》
江戸時代後期の薩摩藩士。
¶鹿児島百(てらしじうえもん)，人名([生]1789年 [没]1828年)，日人，幕末

寺師正容　てらしせいよう
天明3(1783)年～文政7(1824)年
江戸時代中期～後期の薩摩藩士。
¶姓氏鹿児島

寺島秋介　てらじまあきすけ
天保11(1840)年～明治43(1910)年
江戸時代末期～明治期の長州(萩)藩無給通士。
¶維新，人名，日人([生]1842年)

寺島応養　てらしまおうよう
→寺島蔵人(てらしまくらんど)

寺島蔵人　てらしまくらんど，てらじまくらんど
安永6(1777)年～天保8(1837)年　[別]寺島応養《てらしまおうよう》，寺島静斎《てらしませいさい》
江戸時代後期の加賀藩士。
¶石川百([生]1776年)，国書(寺島静斎　てらしませいさい　[没]天保8(1837)年9月3日)，姓氏石川([生]1776年)，日人(てらじまくらんど)，藩臣3(寺島応養　てらしまおうよう)

寺島静斎　てらしませいさい
→寺島蔵人(てらしまくらんど)

寺島丹後介　てらじまたんごのすけ
安永5(1776)年～嘉永3(1850)年
江戸時代後期の九条家家士。
¶維新，幕末([没]1850年11月11日)

寺島忠三郎　てらじまちゅうざぶろう，てらしまちゅうさぶろう;てらじまちゅうさぶろう
天保14(1843)年～元治1(1864)年　[別]寺島昌昭《てらじままさあき》，作間忠三郎《さくまちゅうざぶろう》，中島三郎《なかじまさぶろう》
江戸時代末期の長州(萩)藩士。号は刀山。
¶朝日([没]元治1年7月19日(1864年8月20日))，維新，コン改，コン4，新潮([没]元治1(1864)年7月19日)，人名(寺島昌昭　てらじままさあき)，世人(てらしまちゅうさぶろう)，日人，幕末([没]1864年8月20日)，藩臣6(てらじまちゅうさぶろう)

寺島知義　てらしまともよし
?　～明治21(1888)年11月9日
江戸時代後期～明治期の越前福井藩士。
¶国書

寺島繁三　てらじまはんぞう
文政9(1826)年～?
江戸時代後期～末期の新撰組隊士。
¶新撰

寺島昌昭　てらじままさあき
→寺島忠三郎(てらじまちゅうざぶろう)

寺島宗則　てらしまむねのり，てらじまむねのり
天保3(1832)年～明治26(1893)年　[別]寺島宗則・松木弘安《てらしまむねのり・まつきこうあん》，松木弘安《まつきこうあん》，出水泉蔵《いずみせんぞう》，松木弘庵《まつきこうあん》，陶蔵
江戸時代末期～明治期の薩摩藩士、外交官。
¶朝日([生]天保3年5月23日(1832年6月21日) [没]明治26(1893)年6月6日)，維新，岩史([生]天保3(1832)年5月23日　[没]明治26(1893)年6月6日)，海越(てらじまむねのり　[生]天保3(1832)年5月23日　[没]明治26(1893)年6月7日)，海越新(てらじまむねのり　[生]天保3(1832)年5月23日　[没]明治26(1893)年6月7日)，江文(松木弘安　まつきこうあん)，鹿児島百(てらじまむねのり)，角史(てらじまむねのり)，神奈川人，近現，国際，国史，国書([生]天保3(1832)年5月23日　[没]明治26(1893)年6月7日)，コン改([生]天保5(1834)年)，コン4，コン5，史人([生]1832年5月23日　[没]1893年6月7日)，重要(てらじまむねのり　[生]天保3(1832)年5月23日 [没]明治26(1893)年6月6日)，人書94(てらじまむねのり)，新潮([生]天保3(1832)年5月23日 [没]明治26(1893)年6月6日)，人名(てらじまむねのり)，姓氏鹿児島，姓氏神奈川，世人(てらじまむねのり)，先駆([生]天保4(1833)年5月23日　[没]明治26(1893)年6月7日)，全書(てらじまむねのり)，大百(てらじまむねのり)，伝記(てらじまむねのり)，渡航(寺島宗則・松木弘安　てらしまむねのり・まつきこうあん [生]1832年5月23日　[没]1893年6月7日)，日史(てらじまむねのり　[生]天保3(1832)年5月23日 [没]明治26(1893)年6月6日)，日人(てらじまむねのり)，日本，幕末([没]1893年6月7日)，藩臣7(てらじまむねのり)，百科(てらじまむねのり)，明治1，洋学，履歴([生]天保3(1832)年5月23日　[没]明治26(1893)年6月6日)，歴大

寺田五右衛門　てらだごえもん
→寺田宗有(てらだむねあり)

寺田五郎右衛門宗有　てらだごろうえもんむねあり
→寺田宗有(てらだむねあり)

寺田四郎左衛門　てらだしろうざえもん
生没年不詳
江戸時代中期の陸奥黒石藩士。
¶藩臣1

寺田祐昌　てらだすけまさ
享保12(1727)年～明和7(1770)年
江戸時代中期の上野沼田藩士。
¶藩臣2

寺田左右馬　てらだそうま
→寺田剛正(てらだたけまさ)

寺田大介　てらだだいすけ
天明7(1787)年～嘉永1(1848)年
江戸時代後期の剣術家。
¶人名，日人

寺田剛正　てらだたけまさ
文化5(1808)年～明治10(1877)年　[別]寺田左右馬《てらだそうま》
江戸時代末期～明治期の土佐藩士。

¶維新（寺田左右馬　てらだそうま），高知人，国書（[生]文化5（1808）年9月6日　[没]明治10（1877）年4月6日），人名，日人，幕末（[没]1877年4月8日）

寺田忠次　てらだちゅうじ
文化6（1809）年～明治1（1868）年
江戸時代後期～末期の剣術家。大石神影流。土佐藩士。
¶剣豪

寺田疇平　てらだちゅうへい
文化8（1811）年～明治6（1873）年
江戸時代末期～明治期の上総久留里藩士。
¶維新，幕末（[没]1873年11月1日）

寺田典膳　てらだてんぜん
生没年不詳
江戸時代末期の土佐藩士。
¶国書

寺田則栄　てらだのりひで
文化6（1809）年～慶応4（1868）年
江戸時代末期の丹波福知山藩士。
¶藩臣5

寺田徳裕　てらだのりひろ
文政11（1828）年～明治26（1893）年10月21日
江戸時代末期～明治期の陸奥会津藩士。
¶幕末

寺田正重　てらだまさしげ
元和4（1618）年～延宝2（1674）年　[別]寺田満英《てらだみつひで》
江戸時代前期の出雲松江藩の柔術家。起倒流・直信流の祖。
¶近世，国史，史人（[生]1618年4月16日　[没]1674年8月17日），人名，全書，大百，日人，藩臣5（寺田満英　てらだみつひで）

寺田満英　てらだみつひで
→寺田正重（てらだまさしげ）

寺田宗有　てらだむねあり
延享2（1745）年～文政8（1825）年　[別]寺田五右衛門《てらだごえもん》，寺田五郎右衛門宗有《てらだごろうえもんむねあり》
江戸時代中期～後期の剣術家、上野高崎藩剣術指南役。
¶朝日（[没]文政8年8月1日（1825年9月13日）），江戸東，群馬人（寺田五右衛門　てらだごえもん　[生]延享1（1744）年），剣豪（寺田五右衛門　てらだごえもん），全書，体育（寺田五郎右衛門宗有　てらだごろうえもんむねあり），日人（[生]1744年，（異説）1745年），藩臣2（[生]延享1（1744）年）

寺田与左衛門　てらだよざえもん
？～元禄16（1703）年
江戸時代前期～中期の下総古河藩家老士。
¶藩臣3

寺田吉次　てらだよしつぐ
生没年不詳
安土桃山時代～江戸時代前期の武士。浅野家の家臣。
¶和歌山人

寺田臨川　てらだりんせん
延宝6（1678）年～延享1（1744）年
江戸時代中期の安芸広島藩士、儒学者。
¶国書（[生]延宝6（1678）年7月8日　[没]延享1（1744）年11月4日），詩歌，人名，日人，藩臣6，和俳

寺西閑心　てらにしかんしん
江戸時代前期の剣術家、侠客。
¶人名，日人（生没年不詳）

寺西蔵太　てらにしくらた
→寺西元栄（てらにしもとなが）

寺西封元　てらにしたかもと
寛延2（1749）年～文政10（1827）年
江戸時代中期～後期の代官。浅野家臣寺西弘篤の子。
¶朝日（[没]文政10年2月18日（1827年3月15日）），岩史（[没]文政10（1827）年2月18日），近世，国史，コン改，コン4，史人（[没]1827年2月18日），新潮（[没]文政10（1827）年2月18日），世人，日史（[没]文政10（1827）年2月24日），日人，福島百，歴大

寺西藤五郎　てらにしとうごろう
生没年不詳
江戸時代前期の武士。忍藩主松平忠吉の家臣。
¶埼玉人

寺西利之　てらにしとしゆき
？～正保3（1646）年
江戸時代前期の安芸広島藩士。
¶藩臣6

寺西直次郎　てらにしなおじろう
文化9（1812）年～明治18（1885）年3月24日
江戸時代後期～明治期の幕臣。
¶国書

寺西直次　てらにしなおつぐ
弘治3（1557）年～慶安2（1649）年　[別]寺西意閑《てらにしいかん》
安土桃山時代～江戸時代前期の加賀藩の武士。豊臣氏家臣。
¶戦国，戦人，藩臣3

寺西直行　てらにしなおゆき
慶長18（1613）年～寛文6（1666）年
江戸時代前期の加賀藩士。
¶国書

寺西秀詮　てらにしひであき
生没年不詳
江戸時代後期の加賀藩士。
¶国書

寺西秀賢　てらにしひでかた
寛永2（1625）年～宝永6（1709）年
江戸時代前期～中期の加賀藩家老。
¶国書

寺西秀澄　てらにしひでずみ
永禄2（1559）年～寛永18（1641）年
戦国時代～江戸時代前期の加賀藩士。
¶国書

寺西元栄（寺西元永）　てらにしもとなが
天明2（1782）年～天保11（1840）年　[別]寺西蔵太

《てらにしくらた》
江戸時代後期の幕臣。
¶朝日（㊤天明2年3月9日（1782年4月21日）㊦天保11年11月2日（1840年11月25日）），江文，近世，国史，国書（寺西元永　㊤天明2（1782）年3月9日　㊦天保11（1840）年11月2日），コン改，コン4，史人（㊤1782年3月9日　㊦1840年11月2日），新潮（㊦天保11（1840）年11月2日），人名，日人，福島百（寺西蔵太　てらにしくらた），歴大，和俳（㊦天保11（1840）年11月2日）

寺西之政 てらにしゆきまさ
生没年不詳
安土桃山時代～江戸時代前期の武士。浅野家の家臣。
¶和歌山人

寺町忠利 てらまちただとし
生没年不詳
江戸時代中期の尾張藩士。
¶国書

寺見三右衛門 てらみさんえもん
慶長2（1597）年～寛文5（1665）年
江戸時代前期の武士。
¶岡山人，岡山歴（㊦寛文5（1665）年9月9日）

寺村左膳 てらむらさぜん
天保5（1834）年～明治29（1896）年　㉟寺村成範《てらむらしげのり》，日根春章《ひねしゅんしょう》，日野春草《ひのしゅんそう》
江戸時代末期～明治期の土佐藩主山内家家令。寺村主殿の3男。
¶朝日（㊤天保5年6月24日（1834年7月30日）㊦明治29（1896）年7月27日），維新，高知人，国書（寺村成範　てらむらしげのり　㊤天保5（1834）年6月24日　㊦明治29（1896）年7月27日），日人，幕末（㊦1896年7月27日），藩臣6

寺村山川 てらむらさんせん
生没年不詳
江戸時代前期の武士、俳人。
¶日人

寺村成樹 てらむらしげき
安永1（1772）年～弘化4（1847）年
江戸時代後期の土佐藩士、歌人。
¶高知人，国書（㊦弘化4（1847）年3月13日），日人，藩臣6，和俳

寺村重信 てらむらしげのぶ
～寛文10（1670）年
江戸時代前期の土佐藩家老。
¶高知人

寺村成範 てらむらしげのり
→寺村左膳（てらむらさぜん）

寺村成相 てらむらしげみ
天明5（1785）年～安政1（1854）年
江戸時代後期の土佐藩中老、歌人。
¶高知人（㊤1778年），高知百，国書（㊤？　㊦安政1（1854）年12月5日），日人（㊦1855年），藩臣6，和俳

寺村清兵衛 てらむらせいべえ
生没年不詳

江戸時代の土佐藩士。
¶高知人

寺本奚淵 てらもとけいえん
天保5（1834）年～明治22（1889）年
江戸時代後期～明治期の忍藩士、藩校培根堂の助教。
¶埼玉百

寺本湖萍 てらもとこひょう
元文2（1737）年9月24日～文化2（1805）年3月27日
江戸時代中期～後期の肥後熊本藩士・郷土史家。
¶国書

寺本八左衛門 てらもとはちざえもん
天正17（1589）年～寛永18（1641）年
江戸時代前期の肥後熊本藩士。
¶藩臣7

寺山吾鬘 てらやまあずら，てらやまあづら
天明8（1788）年～明治2（1869）年
江戸時代末期の歌人、尾張藩士。
¶国書（㊦明治2（1869）年9月17日），人名（てらやまあづら），日人，和俳（生没年不詳）

寺山吾鬘 てらやまあづら
→寺山吾鬘（てらやまあずら）

伝昌院伝寿 でんしょういんでんじゅ
生没年不詳
江戸時代前期～中期の武道家。棒の手東軍流の祖。
¶姓氏愛知

田季繁 でんすえしげ
文禄3（1595）年～承応2（1654）年
江戸時代前期の丹波柏原藩士。
¶藩臣5

田正元 でんまさもと
生没年不詳
江戸時代後期の加賀藩士。
¶国書

天毛政吉 てんもうまさきち
＊～明治25（1892）年
江戸時代末期～明治期の水夫、徳島藩藩士。「住吉丸」の遭難でアメリカ捕鯨船に救助。のち、徳島藩の軍艦の艦長となる。
¶徳島歴（㊤天保2（1831）年　㊦明治25（1892）年5月22日），兵庫百（㊤天保1（1830）年），洋学（㊤天保3（1832）年）

【と】

土居一純 どいかずずみ
生没年不詳
江戸時代後期の播磨三日月藩士。
¶藩臣5

土居清武 どいきよたけ
生没年不詳
江戸時代後期の紀伊和歌山藩士。
¶国書

土居清良 どいきよなが
→土居清良（どいきよよし）

土居清良 どいきよよし
天文15(1546)年〜寛永6(1629)年 [別]土居清良《どいきよなが,どいせいりょう》
安土桃山時代〜江戸時代前期の伊予国の小領主。清貞の子。
¶朝日([没]寛永6年3月24日(1629年5月16日)),愛媛百,郷土愛媛(どいせいりょう [生]?),近世,国史,コン改,コン4,新潮([没]寛永6(1629)年3月24日),戦合,日人,歴大(どいきよなが)

土井内蔵允 どいくらのじょう
? 〜文化9(1812)年
江戸時代後期の下総古河藩城代。
¶藩臣3

と

外池信直 といけのぶなお
明暦1(1655)年〜享保20(1735)年
江戸時代前期〜中期の弓術家。
¶高知人

土居佐之助 どいさのすけ
天保12(1841)年〜元治1(1864)年
江戸時代末期の土佐藩士。
¶維新,高知人,コン改,コン4,人名,日人([生]1842年),幕末([没]1864年3月23日)

土井子圭 どいしけい
生没年不詳
江戸時代前期の肥前唐津藩士。
¶国書

土肥茂近 どいしげちか
永禄2(1559)年〜元和9(1623)年
戦国時代〜江戸時代前期の弓庄城城主。
¶姓氏富山

土肥二三 どいじさん
→土肥二三(どひじさん)

土肥七助 どいしちすけ
→土肥七助(どひしちすけ)

土居上吉 どいじょうきち
天保4(1833)年〜明治18(1885)年7月25日
江戸時代末期〜明治期の土佐藩士。
¶幕末

土居清良 どいせいりょう
→土居清良(どいきよよし)

土肥大作 どいだいさく,どいたいさく
天保8(1837)年〜明治5(1872)年 [別]土肥実光《どひさねみつ》,土肥大作《どひだいさく》
江戸時代末期〜明治期の讃岐丸亀藩士。
¶朝日(どひだいさく [生]天保8年9月2日(1837年10月1日) [没]明治5年5月24日(1872年6月29日)),維新(どひだいさく),香川人(どいたいさく),香川百(どいたいさく),人名(土肥実光 どひさねみつ [生]1832年),日人(どひだいさく),幕末([没]1872年6月29日),藩臣6

戸井田研斎 といだけんさい
文化9(1812)年〜明治25(1892)年
江戸時代末期〜明治期の上野前橋藩士。
¶埼玉人,埼玉百,藩臣2

戸板保佑 といたほうゆう
→戸板保佑(といたやすすけ)

戸板保佑 といたやすすけ
宝永5(1708)年〜天明4(1784)年 [別]戸板保佑《といたほうゆう》
江戸時代中期の陸奥仙台藩の天文家、和算家。
¶朝日([生]宝永5年1月27日(1708年2月18日) [没]天明4年9月7日(1784年10月20日)),国書([生]宝永5(1708)年1月27日 [没]天明4(1784)年9月7日),コン改(といたほうゆう [没]天明7(1787)年),コン4(といたほうゆう [没]天明7(1787)年),新潮([没]天明4(1784)年9月7日),人名(といたほうゆう),姓氏宮城,世人(といたほうゆう [没]天明7(1787)年9月7日),日人,藩臣1,宮城百

土井利厚 どいとしあつ
宝暦9(1759)年〜文政5(1822)年
江戸時代中期〜後期の大名。下総古河藩主。
¶京都大,国書([没]文政5(1822)年6月24日),諸系,人名,姓氏京都,日人,藩主2([没]文政5(1822)年6月24日)

土井利器 どいとしかた
天明3(1783)年〜文政1(1818)年
江戸時代後期の大名。越前大野藩主。
¶諸系,日人,藩主3([生]天明3(1783)年6月4日 [没]文政1(1818)年5月17日)

土井利謙 どいとしかた
*〜文化10(1813)年
江戸時代後期の大名。三河刈谷藩主。
¶国書([生]天明7(1787)年11月29日 [没]文化10(1813)年5月20日),諸系([生]1782年),日人([生]1782年),藩主2([生]天明7(1787)年11月29日 [没]文化10(1813)年5月20日)

土井利勝 どいとしかつ
天正1(1573)年〜正保1(1644)年 [別]土井大炊頭《どいおおいのかみ》
安土桃山時代〜江戸時代前期の大名、大老。下総小見川藩主、下総古川藩主、下総佐倉藩主。
¶朝日([没]正保1年7月10日(1644年8月12日)),茨城百,岩史([没]寛永21(1644)年7月10日),江戸東,角史,近世,国史,国書([生]元亀4(1573)年3月18日 [没]寛永21(1644)年7月10日),コン改,コン4,埼玉百,茶道,史人([没]1644年7月10日),諸系,新潮([没]正保1(1644)年7月10日),人名,姓氏愛知,世人([没]正保1(1644)年7月10日),世百,戦合,全書,戦人,大百,栃木歴,日史([没]正保1(1644)年7月10日),日人,藩主2,藩主2([生]天正1(1573)年3月18日 [没]正保1(1644)年7月10日),藩主2,百科,歴大

土井利貞 どいとしさだ
寛保1(1741)年〜文化4(1807)年 [別]土井利貞《どいとしだだ》
江戸時代中期〜後期の大名。越前大野藩主。
¶諸系(どいとしだだ),日人,藩主3([生]寛保1(1741)年10月7日 [没]文化4(1807)年11月5日)

土井利里(土居利里) どいとしさと,どいとしざと
享保7(1722)年〜安永6(1777)年

江戸時代中期の大名。下総古河藩主、肥前唐津藩主。
¶朝日（㊌安永6年8月14日（1777年9月15日）），茨城百，京都大，近世，国史，国書（㊌安永6（1777）年8月14日），佐賀百（どいとしざと），諸系，人名（土居利里），姓氏京都，日人，藩主2㊌安永6（1777）年8月14日），藩主4

土井利実 どいとしざね
元禄3（1690）年～元文1（1736）年
江戸時代中期の大名。肥前唐津藩主。
¶佐賀百㊌元文1（1736）年11月26日），諸系，人名（㊌？），日人，藩主4㊌元文1（1736）年11月26日）

土井利重 どいとししげ
正保4（1647）年～延宝1（1673）年
江戸時代前期の大名。下総古河藩主。
¶埼玉百，諸系，日人，藩主2㊌正保4（1647）年10月27日 ㊌延宝1（1673）年10月17日）

土井利祐 どいとしすけ
文政5（1822）年～弘化4（1847）年
江戸時代後期の大名。三河刈谷藩主。
¶諸系，日人，藩主2㊌文政4（1821）年 ㊌弘化3（1846）年12月13日）

土井利隆 どいとしたか
元和5（1619）年～貞享2（1685）年
江戸時代前期の大名。下総古河藩主。
¶茶道，諸系，日人，藩主2㊌貞享2（1685）年2月28日）

土井利忠 どいとしただ
文化8（1811）年～明治1（1868）年
江戸時代末期の大名。越前大野藩主。
¶朝日（㊌文化8年4月3日（1811年5月24日）㊌明治1年12月3日（1869年1月15日）），維新，郷土福井，近世，国史，国書，コン改，コン4，史人（㊌1811年4月3日 ㊌1868年12月3日），諸系（㊌1869年），新潮（㊌文化8（1811）年4月3日 ㊌明治1（1868）年12月3日），人名，日人（㊌1869年），幕末（㊌1869年1月15日），藩主3（㊌文化8（1811）年4月3日 ㊌明治1（1868）年12月3日），福井百

土井利貞 どいとしただ
→土井利貞（どいとしさだ）

土井利見 どいとしちか
宝暦8（1758）年～安永6（1777）年　㊕土井利見《どいとしあきら》
江戸時代中期の大名。下総古河藩主。
¶諸系，日人，藩主2（㊌宝暦8（1758）年3月29日 ㊌安永6（1777）年10月27日）

土井利恒 どいとしつね
嘉永1（1848）年7月19日～明治26（1893）年3月29日
江戸時代末期～明治期の大名。越前大野藩主。
¶海越，海越新，国書，諸系，渡航，日人，幕末，藩主3

土井利庸 どいとしつね
元禄16（1703）年～享保19（1734）年
江戸時代中期の大名。三河西尾藩主。
¶諸系，日人，藩主2（㊌享保19（1734）年4月20日）

土井利位 どいとしつら
寛政1（1789）年～嘉永1（1848）年
江戸時代後期の大名。下総古河藩主。
¶朝日（㊌嘉永1年7月2日（1848年7月31日）），茨城百，岩史（㊌嘉永1（1848）年7月2日），江文，大阪人，角史，郷土茨城（㊌1783年），京都大，近世，国史，国書（㊌寛政1（1789）年5月22日 ㊌嘉永1（1848）年7月2日），コン改，コン4，史人（㊌1848年7月2日），諸系，新潮（㊌寛政1（1789）年5月22日 ㊌嘉永1（1848）年7月2日），人名，姓氏京都，全書，大百，栃木歴，日史（㊌嘉永1（1848）年7月2日），日人，藩主2（㊌寛政1（1789）年5月22日 ㊌嘉永1（1848）年7月2日），百科，洋学，歴大

土井利行 どいとしつら
→土井利行（どいとしひら）

土井利知 どいとしとも
延宝2（1674）年～延享2（1745）年
江戸時代中期の大名。越前大野藩主。
¶諸系，人名（㊌1673年），日人，藩主3（㊌延宝2（1674）年4月18日 ㊌延享2（1745）年2月8日）

土井利与 どいとしとも
嘉永4（1851）年～昭和4（1929）年
江戸時代末期～明治期の大名。下総古河藩主。
¶諸系，人名，世紀（㊌嘉永4（1851）年6月28日 ㊌昭和4（1929）年1月2日），日人，幕末（㊌1929年1月2日），藩主2（㊌嘉永4（1851）年6月 ㊌昭和4（1929）年1月2日）

土井利直 どいとしなお
寛永14（1637）年～延宝5（1677）年
江戸時代前期の大名。下総大輪藩主。
¶諸系，人名（㊌1626年），日人，藩主2（㊌延宝5（1677）年3月15日）

土井利長 どいとしなが
寛永8（1631）年～元禄9（1696）年
江戸時代前期の大名。三河西尾藩主。
¶諸系，人名，日人，藩主2（㊌元禄9（1696）年7月27日）

土井利亨 どいとしなり
文化9（1812）年～嘉永1（1848）年　㊕土井利亨《どいとしなお》
江戸時代後期の大名。下総古河藩主。
¶国書（㊌嘉永1（1848）年8月24日），諸系，日人，藩主2（㊌嘉永1（1848）年8月24日）

土井利徳 どいとしなり
寛延1（1748）年～文化10（1813）年　㊕土井利徳《どいとしのり》
江戸時代中期～後期の大名。三河刈谷藩主。
¶国書（㊌寛延1（1748）年10月11日 ㊌文化10（1813）年8月17日），諸系，人名（どいとしのり），姓氏愛知，日人，藩主2（㊌寛延1（1748）年10月11日 ㊌文化10（1813）年8月17日）

土井利延 どいとしのぶ
享保8（1723）年～延享1（1744）年
江戸時代中期の大名。肥前唐津藩主。
¶佐賀百（㊌享保4（1719）年11月17日 ㊌延享1（1744）年7月16日），諸系，人名，日人，藩主4

([没]延享1 (1744) 年7月17日)

土井利信 どいとしのぶ
享保13 (1728) 年～明和8 (1771) 年
江戸時代中期の大名。三河西尾藩主、三河刈谷藩主。
¶諸系, 日人, 藩主2 ([生]1723年), 藩主2 ([生]享保13 (1728) 年11月20日　[没]明和8 (1771) 年2月24日)

土井利義 どいとしのり
安永6 (1777) 年～文政1 (1818) 年
江戸時代後期の大名。越前大野藩主。
¶国書 ([生]安永6 (1777) 年6月27日　[没]文政1 (1818) 年6月4日), 諸系, 日人, 藩主3 ([生]安永6 (1777) 年6月27日　[没]文政1 (1818) 年6月4日)

土井利教 どいとしのり
江戸時代末期～明治期の大名。三河刈谷藩主。
¶諸系 ([生]1846年　[没]1873年), 日人 ([生]1846年　[没]1873年), 幕末 ([生]1847年　[没]1872年11月14日), 藩主2 ([生]弘化4 (1847) 年　[没]明治5 (1872) 年11月14日)

土井利制 どいとしのり
明和5 (1768) 年～寛政6 (1794) 年
江戸時代中期の大名。三河刈谷藩主。
¶諸系, 日人, 藩主2 ([生]明和5 (1768) 年2月26日　[没]寛政6 (1794) 年3月13日)

土井利則 どいとしのり
天保2 (1831) 年～明治24 (1891) 年
江戸時代末期～明治期の大名。下総古河藩主。
¶諸系, 日人, 幕末 ([没]1891年8月26日), 藩主2 ([生]天保2 (1831) 年9月　[没]明治24 (1891) 年8月26日)

土井利徳 どいとしのり
→土井利徳 (どいとしなり)

土井利久 どいとしひさ
寛文6 (1666) 年～延宝3 (1675) 年
江戸時代前期の大名。下総古河藩主。
¶諸系, 日人, 藩主2 ([没]延宝3 (1675) 年閏4月29日)

土井利行 どいとしひら
文政5 (1822) 年～天保9 (1838) 年　[別]土井利行《どいとしつら》
江戸時代後期の大名。三河刈谷藩主。
¶諸系, 日人, 藩主2 (どいとしつら　[没]天保9 (1838) 年9月10日)

土井利寛 どいとしひろ
享保3 (1718) 年～延享3 (1746) 年
江戸時代中期の大名。越前大野藩主。
¶諸系, 日人, 藩主3 ([生]享保3 (1718) 年9月24日　[没]延享3 (1746) 年8月16日)

土井利房 どいとしふさ
寛永8 (1631) 年～天和3 (1683) 年
江戸時代前期の大名。越前大野藩主。
¶コン改 ([没]?), コン4, 諸系, 人名, 日人, 藩主3 ([生]寛永8 (1631) 年8月　[没]天和3 (1683) 年5月25日), 福井百

土井利益 どいとします
慶安3 (1650) 年～正徳3 (1713) 年
江戸時代前期～中期の大名。下総古河藩主、志摩鳥羽藩主、肥前唐津藩主。
¶佐賀百, 諸系, 人名 ([生]1648年), 日人, 藩主2, 藩主3 ([生]1648年), 藩主4 ([生]慶安1 (1648) 年　[没]正徳3 (1713) 年閏5月25日)

土井利以 どいとしもち
*～文政12 (1829) 年
江戸時代後期の大名。三河刈谷藩主。
¶国書 ([生]寛政8 (1796) 年　[没]文政12 (1829) 年11月30日), 諸系 ([生]1797年), 日人 ([生]1797年), 藩主2 ([生]寛政8 (1796) 年　[没]文政12 (1829) 年11月30日)

土井利意 どいとしもと
寛文4 (1664) 年～享保9 (1724) 年
江戸時代中期の大名。三河西尾藩主。
¶近世, 国史, 国書 ([没]享保9 (1724) 年閏4月27日), 諸系, 人名, 日人, 藩主2 ([没]享保9 (1724) 年閏4月27日)

土井利往 どいとしゆき
宝暦4 (1754) 年～?
江戸時代中期～後期の幕臣。
¶国書

土井利善 どいとしよし
天保1 (1830) 年～慶応3 (1867) 年
江戸時代末期の大名。三河刈谷藩主。
¶諸系, 日人, 藩主2 ([没]慶応3 (1867) 年3月20日)

土居正方 どいまさかた
生没年不詳
江戸時代後期の播磨三日月藩士。
¶藩臣5

土井正就 どいまさなり
→土井李之丞 (どいもくのじょう)

土肥又一 といまたいち
→毛利藤四郎 (もうりとうしろう)

土居通夫 どいみちお
天保8 (1837) 年～大正6 (1917) 年
江戸時代末期～明治期の伊予宇和島藩士、実業家。
¶朝日 ([生]天保8年4月21日 (1837年5月25日)　[没]大正6 (1917) 年9月9日), 維新, 愛媛百 ([生]天保8 (1837) 年4月21日　[没]大正6 (1917) 年9月9日), 大阪人, 学校 ([生]天保8 (1837) 年4月21日　[没]大正6 (1917) 年9月9日), 郷土愛媛, 近現, 国史, コン改, コン4, コン5, 史人 ([生]1837年4月21日　[没]1917年9月9日), 実業 ([生]天保8 (1837) 年4月21日　[没]大正6 (1917) 年9月9日), 新潮 ([生]天保8 (1837) 年4月21日　[没]大正6 (1917) 年9月9日), 人名, 先駆 ([生]天保8 (1837) 年4月　[没]大正6 (1917) 年9月9日), 日人, 幕末 ([没]1917年9月9日), 藩臣6, 明治2

土井李之丞 どいもくのじょう
寛政5 (1793) 年～嘉永6 (1853) 年　[別]土井正就《どいまさなり》, 土井李之助《どいもくのすけ》
江戸時代末期の筑前秋月藩士。
¶人名 (土井李之助　どいもくのすけ), 日人, 藩臣7 (土井正就　どいまさなり)

土井杢之助 どいもくのすけ
→土井杢之丞（どいもくのじょう）

土居盛義 どいもりよし
＊〜明治43（1910）年
江戸時代末期〜明治期の土佐藩士。
¶高知人（⊕1822年），幕末（⊕1820年 ⊗1910年11月2日）

桐羽 とうう
→窪田桐羽（くぼたとうう）

東海吉兵衛 とうかいきちべえ
？〜寛永3（1626）年
江戸時代前期の陸奥弘前藩士、兵学者。
¶青森人，青森藩，藩臣1

桃渓 とうけい
→青木桃渓（あおきとうけい）

道家政治 どうけせいじ
寛政1（1789）年〜天保14（1843）年
江戸時代後期の丹波山家藩家老。
¶藩臣5

道家竜介 どうけりゅうすけ
寛政12（1800）年〜明治2（1869）年
江戸時代末期の長州（萩）藩八組士。
¶維新

東郷重位 とうごうしげただ
→東郷重位（とうごうじゅうい）

東郷重虎 とうごうしげとら
天正2（1574）年〜元和7（1621）年
戦国時代〜江戸時代前期の武士。
¶姓氏鹿児島，戦人（生没年不詳），戦西

東郷重尚 とうごうしげなお
？〜万治3（1660）年
江戸時代前期の薩摩藩士。弓術家。
¶姓氏鹿児島

東郷重持 とうごうしげもち
江戸時代末期〜明治期の弓道家、薩摩藩士。
¶弓道，幕末（生没年不詳）

東郷重位 とうごうじゅうい
永禄4（1561）年〜寛永20（1643）年 ㊙東郷重位《とうごうしげただ，とうごうちゅうい，とうごうちょうい》，東郷肥前守《とうごうひぜんのかみ》
安土桃山時代〜江戸時代前期の薩摩藩の武士。
¶朝日（とうごうちゅうい ⊗寛永20年6月27日（1643年8月11日）），近世（とうごうちゅうい），剣豪（東郷肥前守 とうごうひぜんのかみ），国史（とうごうちょうい ⊗寛永20（1643）年6月27日），姓氏鹿児島，戦合（とうごうちゅうい），全書，戦人（とうごうしげただ），戦西（とうごうしげただ），日人，藩臣7

東郷重位 とうごうちゅうい
→東郷重位（とうごうじゅうい）

東郷重位 とうごうちょうい
→東郷重位（とうごうじゅうい）

東郷肥前守 とうごうひぜんのかみ
→東郷重位（とうごうじゅうい）

東郷平八郎 とうごうへいはちろう
弘化4（1847）年〜昭和9（1934）年 ㊙実良，仲五郎
江戸時代末期〜大正期の薩摩藩士、海軍軍人。元帥、東宮御学文所総裁、侯爵。日清戦争で英の輸送船を撃沈。日露戦争で露のバルチック艦隊を撃滅。
¶朝日（⊕弘化4年12月22日（1848年1月27日）⊗昭和9（1934）年5月30日），維新，岩史（⊕弘化4（1847）年12月22日 ⊗昭和9（1934）年5月30日），海越（⊕弘化4（1848）年12月22日 ⊗昭和9（1934）年5月30日），海越新（⊕弘化4（1848）年12月22日 ⊗昭和9（1934）年5月30日），鹿児島百，角史，近現，現朝（⊕弘化4年12月22日（1848年1月27日）⊗1934年5月30日），現日（⊕1847年12月22日 ⊗1934年5月30日），国史，コン改，コン5，史人（⊕1847年12月22日 ⊗1934年5月30日），重要（⊕弘化4（1847）年12月22日 ⊗昭和9（1934）年5月30日），新潮（⊕弘化4（1847）年12月22日 ⊗昭和9（1934）年5月30日），人名，世紀（⊕弘化4（1848）年12月22日 ⊗昭和9（1934）年5月30日），姓氏鹿児島，世人（⊕弘化4（1847）年12月22日 ⊗昭和9（1934）年5月30日），世百（⊕1848年），全書，大百（⊕1845年），伝記，渡航（⊕1847年12月22日 ⊗1934年5月30日），日史（⊕弘化4（1848）年12月22日 ⊗昭和9（1934）年5月30日），日人（⊕1848年），日本，幕末（⊕1848年 ⊗1934年5月30日），藩臣7，百科，明治1（⊕1848年），陸海（⊕弘化4（1847）年12月22日 ⊗昭和9年5月30日），歴大

藤定房 とうさだふさ
元禄7（1694）年〜享保17（1732）年
江戸時代中期の対馬藩士。
¶国書（⊗享保17（1732）年8月），コン改，コン4，日人，藩臣7

東使実吉 とうしさねよし
？〜寛永12（1635）年
江戸時代前期の武士。
¶和歌山人

東志津摩(1) とうしづま
？〜天保12（1841）年
江戸時代後期の遠江掛川藩士。
¶藩臣4

東志津摩(2) とうしづま
？〜万延1（1860）年
江戸時代末期の遠江掛川藩士。
¶藩臣4

東条英庵 とうじょうえいあん
文政4（1821）年〜明治8（1875）年
江戸時代末期〜明治期の蘭学者、兵学者、長州藩医。号は白玉，静軒。
¶朝日（⊗明治8（1875）年7月17日），維新，国書（⊗明治8（1875）年7月17日），新潮（⊗明治8（1875）年7月17日），日人，幕末（⊗1875年7月17日），藩臣6，山口百，洋学

東条次郎太夫 とうじょうじろだゆう
生没年不詳
江戸時代中期の遠江相良藩家老。

¶藩臣4

東条岳之助　とうじょうたけのすけ
江戸時代末期の新撰組隊士。
¶新撰

東条就頼（東条就類）　とうじょうなりより
慶長12（1607）年～寛文10（1670）年
江戸時代前期の長州（萩）藩士。
¶姓氏山口，日人，藩臣6（東条就類），山口百（[生]？）

東条春枝　とうじょうはるえ
生没年不詳
江戸時代末期の幕臣。
¶国書

東条六兵衛　とうじょうろくべえ
安土桃山時代～江戸時代前期の武士。里見氏家臣。
¶戦人（生没年不詳），戦東

東使竜三郎　とうしりゅうざぶろう
天保11（1840）年～明治6（1873）年
江戸時代末期の武士。
¶和歌山人

藤珍彦　とうたかひこ
天保6（1835）年～明治19（1886）年
江戸時代末期～明治期の肥前蓮池藩士。
¶藩臣7

東胤忠　とうたねただ
→遠藤胤忠（えんどうたねただ）

東胤親　とうたねちか
→遠藤胤親（えんどうたねちか）

東胤統　とうたねのり
→遠藤胤統（えんどうたねのり）

東胤将　とうたねまさ
→遠藤胤将（えんどうたねのぶ）

東胤正　とうたねまさ
天保5（1834）年～明治10（1877）年
江戸時代末期～明治期の武士、西南役西郷党の士。
¶人名，日人

藤堂采女　とうどううねめ
天保7（1836）年～＊　[別]藤堂元施《とうどうもとはる》，保田元施《やすだもとはる》
江戸時代末期～明治期の伊勢津藩伊賀城代家老。
¶維新（[没]1878年），人名（保田元施　やすだもとはる　[没]1878年），日人（[没]1878年），幕末（[没]1877年6月26日），藩臣5（藤堂元施　とうどうもとはる　[没]明治10（1877）年），三重（保田元施　[生]天保7年10月23日　[没]明治10年6月）

藤堂源助　とうどうげんすけ
慶長8（1603）年～延宝4（1676）年
江戸時代前期の伊勢久居藩家老。
¶藩臣4

藤堂元甫　とうどうげんぽ
延宝5（1677）年～宝暦12（1762）年　[別]藤堂元甫《とうどうもととし》，藤堂白舌翁《とうどうはくぜつおう》
江戸時代中期の伊勢津藩士。「三国地志」を編纂。
¶近世，国史，国書（とうどうもととし　[生]天和3（1683）年　[没]宝暦12（1762）年9月6日），コン改，コン4，新潮（[没]宝暦12（1762）年9月），人名，人名（藤堂白舌翁　とうどうはくぜつおう　[生]1683年），日人（[生]1683年），藩臣5（とうどうもととし　[生]天和3（1683）年），三重（[没]延享12年9月）

藤堂監物　とうどうけんもつ
天保13（1842）年～＊　[別]長谷部一《はせべはじめ》
江戸時代末期～明治期の伊勢津藩士。
¶維新（[没]1870年），幕末（[没]1880年11月26日）

藤堂高芥　とうどうこうかい
→藤堂高芬（とうどうたかか）

藤堂高観　とうどうこうかん
江戸時代後期の伊勢藤堂侯老臣。
¶三重

藤堂高嶷　とうどうさたさど
→藤堂高嶷（とうどうたかさと）

藤堂石樵　とうどうせきしょう
～明治20（1887）年
江戸時代後期～明治期の伊勢津藩士。
¶三重

藤堂蟬吟（藤堂禅吟）　とうどうせんぎん，とうどうぜんぎん
寛永19（1642）年～寛文6（1666）年　[別]蟬吟《せんぎん》，藤堂良忠《とうどうよしただ》
江戸時代前期の俳人。藤堂藩の侍大将で、藤堂新七郎良精の3男。
¶朝日（[没]寛文6年4月25日（1666年5月28日）），近世，国史，コン改（藤堂良忠　とうどうよしただ），コン4（藤堂良忠　とうどうよしただ），人名（藤堂禅吟　とうどうぜんぎん），日人，俳諧（蟬吟　せんぎん　[生]？），俳句（蟬吟　せんぎん　[没]寛文6（1666）年4月25日），三重続，和俳

藤堂高敦　とうどうたかあつ
→藤堂高嶷（とうどうたかさと）

藤堂高朶　とうどうたかえだ
延享3（1746）年～享和1（1801）年
江戸時代中期～後期の大名。伊勢久居藩主。
¶国書（[生]延享3（1746）年8月18日　[没]享和1（1801）年11月25日），諸系，日人，藩主3（[生]延享3（1746）年8月18日　[没]享和1（1801）年11月25日）

藤堂高興　とうどうたかおき
宝暦6（1756）年～安永6（1777）年
江戸時代中期の大名。伊勢久居藩主。
¶諸系，日人，藩主3（[生]宝暦6（1756）年6月　[没]安永6（1777）年3月12日）

藤堂高芬　とうどうたかか
天明5（1785）年～天保11（1840）年　[別]藤堂高芥《とうどうこうかい》
江戸時代後期の伊勢津藩士。
¶人名（藤堂高芥　とうどうこうかい），日人，藩臣5，三重（藤堂高芥）

藤堂高秭　とうどうたかかず
寛政3（1791）年～嘉永4（1851）年
江戸時代末期の大名。伊勢久居藩主。
¶諸系，日人，藩主3（[生]寛政3（1791）年4月　[没]嘉永4（1851）年2月21日）

藤堂高堅 とうどうたかかた
慶安3(1650)年～正徳5(1715)年
江戸時代前期～中期の大名。伊勢久居藩主。
¶国書([没]正徳5(1715)年6月14日)，諸系，人名，日人，藩主3([生]慶安3(1650)年2月14日　[没]正徳5(1715)年6月14日)

藤堂高克 とうどうたかかつ
文化13(1816)年～明治20(1887)年　[別]藤堂高克《とうどうたかよし》
江戸時代末期～明治期の伊勢津藩家老。
¶維新，幕末([没]1887年5月7日)，藩臣5(とうどうたかよし)

藤堂高潔 とうどうたかきよ
天保8(1837)年～明治22(1889)年
江戸時代末期～明治期の大名。伊勢津藩主。
¶朝日([生]天保8年9月20日(1837年10月19日)　[没]明治22(1889)年11月19日)，維新，弓道([生]天保8(1837)年9月20日　[没]明治22(1889)年11月18日)，国書([生]天保8(1837)年9月20日　[没]明治22(1889)年11月18日)，諸系，人名，日人，幕末([没]1889年11月18日)，藩主3([生]天保8(1837)年9月20日　[没]明治22(1889)年11月18日)，三重

藤堂高清 とうどうたかきよ
天正13(1585)年～寛永17(1640)年
江戸時代前期の伊勢津藩家老。
¶藩臣5

藤堂高邦 とうどうたかくに
弘化3(1846)年～明治35(1902)年
江戸時代末期～明治期の大名。伊勢久居藩主。
¶維新([生]1849年)，諸系，日人，幕末([没]1902年4月6日)，藩主3([生]弘化3(1846)年8月　[没]明治35(1902)年4月6日)

藤堂高貞 とうどうたかさだ
寛文9(1669)年～享保15(1730)年
江戸時代中期の伊勢津藩家老。
¶藩臣5

藤堂高嶷 とうどうたかさと,とうどうたかさど
延享3(1746)年7月4日～文化3(1806)年　[別]藤堂高敦《とうどうたかあつ》,藤堂高嶷《とうどうさたさど》
江戸時代中期～後期の大名。伊勢久居藩主、伊勢津藩主。
¶国書(とうどうさたさど　[没]文化3(1806)年8月26日)，諸系，人名([生]1743年)，日人，藩主3(藤堂高敦　とうどうたかあつ　[没]文化3(1806)年8月26日)，藩主3(とうどうたかさど　[没]文化3(1806)年8月26日)

藤堂高兌 とうどうたかさわ
天明1(1781)年～文政7(1824)年
江戸時代後期の大名。伊勢津藩主、伊勢久居藩主。
¶朝日([生]天明1年4月2日(1781年4月25日)　[没]文政7年12月18日(1825年2月5日))，近世，国史，国書([生]天明1(1781)年4月2日　[没]文政7(1824)年12月18日)，コン改([生]安永6(1777)年，(異説)1781年)，コン4([生]安永6(1777)年，(異説)1781年)，諸系([没]1825年)，新潮([生]天明1(1781)年4月2日　[没]文政7(1824)年12月18日)，人名，日人([没]1825年)，藩主3([生]天明1(1781)年4月2日　[没]文政7(1824)年12月18日)，三重([生]安永6年　[没]文政8年1月)

藤堂高崧 とうどうたかすけ
安永2(1773)年10月29日～文政11(1828)年11月18日
江戸時代中期～後期の武士。伊勢津藩主藤堂高嶷の長男。病気で相続辞退。
¶国書

藤堂高睦 とうどうたかちか
寛文7(1667)年～宝永5(1708)年
江戸時代前期～中期の大名。伊勢津藩主。
¶諸系，日人，藩主3([生]寛文7(1667)年閏2月4日　[没]宝永5(1708)年10月9日)

藤堂高次 とうどうたかつぐ
慶長6(1601)年～延宝4(1676)年
江戸時代前期の大名。伊勢津藩主。
¶朝日([生]慶長6年閏11月11日(1602年1月4日)　[没]延宝4年11月16日(1676年12月20日))，近世，国史，国書([生]慶長6(1601)年閏11月11日　[没]延宝4(1676)年11月16日)，コン改，コン4，茶道，史人([没]1676年11月16日)，諸系([生]1602年)，新潮([生]慶長6(1601)年閏11月11日　[没]延宝4(1676)年11月16日)，人名，日人([生]1602年)，藩主3([生]慶長6(1601)年閏11月11日　[没]延宝4(1676)年11月16日)，三重，歴大

藤堂高邁 とうどうたかとう
天明6(1786)年～文政11(1828)年
江戸時代後期の大名。伊勢久居藩主。
¶諸系，日人，藩主3([生]天明6(1786)年3月　[没]文政11(1828)年9月26日)

藤堂高敏 とうどうたかとし
元禄6(1693)年～享保13(1728)年
江戸時代中期の大名。伊勢津藩主。
¶諸系，人名，日人，藩主3([生]元禄6(1693)年2月4日　[没]享保13(1728)年4月13日)

藤堂高豊 とうどうたかとよ
→藤堂高朗(とうどうたかほら)

藤堂高虎 とうどうたかとら
弘治2(1556)年～寛永7(1630)年　[別]藤堂和泉守《とうどういずみのかみ》
安土桃山時代～江戸時代前期の武将、大名。
¶朝日([没]寛永7年10月5日(1630年11月9日))，岩史([没]寛永7(1630)年10月5日)，愛媛百([生]弘治2(1556)年1月6日　[没]寛永7(1630)年10月5日)，大阪人，角史，京都，郷土愛媛，郷土滋賀，京都大，京都府，近世，国史，国書([生]弘治2(1556)年1月6日　[没]寛永7(1630)年10月5日)，古中，コン改，コン4，茶道，滋賀百，史人([没]1630年10月5日)，重要([没]寛永7(1630)年10月5日)，諸系，人書94，新潮([生]弘治2(1556)年1月6日　[没]寛永7(1630)年10月5日)，人名，姓氏京都，世人([没]寛永7(1630)年10月5日)，世百，戦合，戦国，全書，戦人，戦西，大百，栃木歴，日史([没]寛永7(1630)年10月5日)，日人，藩主3([生]弘治2(1556)年1月6日　[没]寛永7(1630)年10月5日)，藩主4，百科，歴大，和歌山人

と

藤堂高矗 とうどうたかなお
明和8(1771)年～寛政2(1790)年
江戸時代中期～後期の大名。伊勢久居藩主。
¶諸系，人名([生]1765年)，日人，藩主3([生]明和8(1771)年1月　[没]寛政2(1790)年9月2日)

藤堂高悠 とうどうたかなか，とうどうたかなが
宝暦1(1751)年～明和7(1770)年
江戸時代中期の大名。伊勢津藩主。
¶諸系，日人，藩主3(とうどうたかなが　[生]寛延4(1751)年6月8日　[没]明和7(1770)年閏6月2日)

藤堂高陳 とうどうたかのぶ
元禄14(1701)年～享保17(1732)年
江戸時代中期の大名。伊勢久居藩主。
¶国書([生]元禄14(1701)年8月26日　[没]享保17(1732)年6月14日)，諸系，日人，藩主3([生]元禄14(1701)年8月26日　[没]享保17(1732)年6月14日)

藤堂高治 とうどうたかはる
宝永7(1710)年～享保20(1735)年
江戸時代中期の大名。伊勢久居藩主、伊勢津藩主。
¶諸系，日人，藩主3([生]宝永7(1710)年8月19日　[没]享保20(1735)年8月2日)

藤堂高久 とうどうたかひさ
寛永15(1638)年～元禄16(1703)年
江戸時代前期～中期の大名。伊勢津藩主。
¶コン改，コン4，諸系，新潮([生]寛永15(1638)年1月26日　[没]元禄16(1703)年4月29日)，日人，藩主3([生]寛永15(1638)年1月26日　[没]元禄16(1703)年4月29日)，三重

藤堂高衡 とうどうたかひら
明和1(1764)年～天明1(1781)年
江戸時代中期の大名。伊勢久居藩主。
¶諸系，日人，藩主3([生]明和1(1764)年2月　[没]天明1(1781)年10月9日)

藤堂高文 とうどうたかぶみ，とうどうたかふみ
享保5(1720)年～天明4(1784)年
江戸時代中期の伊勢津藩士、漢学者。「宗国史」の編著者。
¶近世，国史，国書(とうどうたかふみ　[没]天明4(1784)年6月13日)，コン改(とうどうたかふみ)，コン4(とうどうたかふみ)，人名(とうどうたかふみ)，日人，藩臣5，歴大

藤堂高朗 とうどうたかほら
享保2(1717)年～天明5(1785)年　[別]藤堂高豊《とうどうたかとよ》
江戸時代中期の大名。伊勢久居藩主、伊勢津藩主。
¶諸系，人名(藤堂高豊　とうどうたかとよ　[生]1713年)，日人，藩主3(藤堂高豊　とうどうたかとよ　[生]正徳3(1713)年10月28日　[没]天明5(1785)年4月7日)，藩主3([生]享保2(1717)年10月28日　[没]天明5(1785)年4月7日)

藤堂高雅 とうどうたかまさ
享保7(1722)年～宝暦12(1762)年
江戸時代中期の大名。伊勢久居藩主。
¶諸系，日人，藩主3([生]享保6(1721)年　[没]宝暦12(1762)年9月20日)

藤堂高通 とうどうたかみち
正保1(1644)年～元禄10(1697)年
江戸時代前期の大名。伊勢久居藩主。
¶朝日([没]元禄10年8月9日(1697年9月23日))，近世，国史，国書([生]寛永21(1644)年11月7日　[没]元禄10(1697)年8月9日)，コン改，コン4，史人([没]1697年8月9日)，諸系，人名，日人，藩主3([没]元禄10(1697)年8月9日)，三重続，和俳([没]元禄10(1697)年8月9日)

藤堂高基 とうどうたかもと
享和3(1803)年～文政7(1824)年
江戸時代後期の伊勢津藩士。
¶国書([生]享和3(1803)年3月25日　[没]文政7(1824)年12月20日)，人名，日人([没]1825年)，藩臣5，三重([生]享和3年3月25日)

藤堂高泰 とうどうたかやす
文政11(1828)年～明治20(1887)年
江戸時代末期～明治期の伊勢津藩城代家老。
¶維新，神人([生]文政11(1828)年4月27日　[没]明治20(1887)年8月28日)，人名([没]1905年)，日人，幕末([没]1887年8月28日)，藩臣5

藤堂高猷 とうどうたかゆき
文化10(1813)年～明治28(1895)年
江戸時代末期～明治期の大名。伊勢津藩主。
¶朝日([生]文化10年2月9日(1813年3月11日)　[没]明治28(1895)年2月12日)，維新，弓道([生]文化10(1813)年2月9日　[没]明治28(1895)年2月9日)，近現，近世，国史，国書([生]文化10(1813)年2月9日　[没]明治28(1895)年2月9日)，コン改，コン4，史人([生]1813年2月9日　[没]1895年2月9日)，諸系，新潮([生]文化10(1813)年2月9日　[没]明治28(1895)年2月2日)，人名([生]1823年)，日人，幕末([没]1895年2月9日)，藩主3([生]文化10(1813)年2月9日　[没]明治28(1895)年2月9日)，三重([生]文化10年2月9日)

藤堂高吉 とうどうたかよし
天正7(1579)年～寛文10(1670)年　[別]宮内高吉《くないたかよし》
安土桃山時代～江戸時代前期の武将、伊勢津藩士。丹羽長秀の3男。
¶朝日([生]天正7年6月1日(1579年6月24日)　[没]寛文10年7月18日(1670年9月2日))，コン改，コン4，諸系，新潮([生]天正7(1579)年6月1日　[没]寛文10(1670)年7月18日)，人名(宮内高吉　くないたかよし)，人名([没]？)，戦国([生]1581年)，戦人([生]天正9(1581)年)，日人，藩臣5

藤堂高克 とうどうたかよし
→藤堂高克(とうどうたかかつ)

藤堂高聴 とうどうたかより
文化7(1810)年～文久3(1863)年
江戸時代後期の大名。伊勢久居藩主。
¶維新，近世，国史，国書([生]文化7(1810)年11月23日　[没]文久3(1863)年8月9日)，コン改，コン4，諸系，新潮([生]文化7(1810)年11月23日　[没]文久3(1863)年8月9日)，人名，日人，幕末([没]1863年9月21日)，藩主3([生]文化7(1810)年11月　[没]文久3(1863)年8月9日)，三重([生]文化7年11月23日)

藤堂探丸 とうどうたんがん
寛文6(1666)年～宝永7(1710)年　[別]探丸《たんがん》

江戸時代中期の俳人、伊賀上野藩士（蕉門）。
¶人名，日人，俳諧（探丸　たんがん　[生]？），俳句（探丸　たんがん　[没]宝永7（1710）年7月5日），和俳

藤堂長徳 とうどうながのり
文化8（1811）年～元治1（1864）年
江戸時代末期の伊勢津藩士。
¶藩臣5

藤堂長熙 とうどうながひろ
元禄11（1698）年～安永5（1776）年
江戸時代中期の伊勢津藩士。
¶藩臣5

藤堂長観 とうどうながみ
寛政3（1791）年～天保8（1837）年
江戸時代後期の伊勢津藩家老。
¶人名，日人

藤堂白舌翁 とうどうはくぜつおう
→藤堂元甫（とうどうげんぽ）

藤堂平助 とうどうへいすけ
弘化1（1844）年～慶応3（1867）年
江戸時代末期の新撰組八番隊隊長。のちに御陵衛士。
¶朝日（[没]慶応3年11月18日（1867年12月13日）），維新，新撰（[没]慶応3年11月18日），新潮（[没]慶応3（1867）年11月18日），日人，幕末（[没]1867年12月13日）

藤堂正高 とうどうまさたか
天正16（1588）年～寛永6（1629）年
江戸時代前期の伊勢津藩の武将。
¶コン改，コン4，諸系，新潮（[没]寛永6（1629）年6月27日），人名，日人，藩臣5

藤堂酒造之丞 とうどうみきのじょう
江戸時代後期の伊勢津藩家老。
¶茶道

藤堂光誠 とうどうみつのぶ
？～寛文4（1664）年
江戸時代前期の武士。
¶日人

藤堂光訓 とうどうみつのり
生没年不詳
江戸時代後期の伊勢津藩士。藩主連枝家。
¶国書

藤堂光寛 とうどうみつひろ
宝暦5（1755）年～文政8（1825）年
江戸時代後期の武士。伊勢津藩の重臣。
¶近世，国史，国書（[没]文政9（1826）年11月23日），人名，日人（[生]1754年，（異説）1755年 [没]1826年），藩臣5（[没]文政9（1826）年），三重

藤堂元甫 とうどうもととし
→藤堂元甫（とうどうげんぽ）

藤堂元則 とうどうもとのり
天正10（1582）年～万治3（1660）年
江戸時代前期の伊勢津藩家老。
¶藩臣5

藤堂元施 とうどうもとはる
→藤堂采女（とうどううねめ）

藤堂八座 とうどうやくら
？～文化5（1808）年
江戸時代中期～後期の伊勢久居藩家老。
¶藩臣4

藤堂良忠 とうどうよしただ
→藤堂蟬吟（とうどうせんぎん）

藤堂良直 とうどうよしなお
寛永9（1632）年～宝永3（1706）年
江戸時代前期～中期の武士。
¶黄檗（[生]寛永9（1632）年1月5日），日人

藤堂良端 とうどうよしまさ
貞享3（1686）年～宝暦3（1753）年
江戸時代前期～中期の武士。
¶日人

藤仲郷 とうなかさと
享保18（1733）年～寛政12（1800）年
江戸時代中期～後期の対馬藩士。
¶国書（[没]寛政12（1800）年4月），藩臣7

藤斉延 とうなりのぶ
→藤斉延（とうまさのぶ）

東梅竜軒 とうばいりゅうけん
→東梅竜軒（あずまばいりゅうけん）

唐坊荘之助 とうぼうしょうのすけ
→唐房長秋（とうぼうながあき）

東方祖山 とうほうそざん
→東方祖山（ひがしかたそざん）

唐坊直衛 とうぼうなおえ
文化13（1816）年～元治1（1864）年
江戸時代末期の対馬藩士。
¶維新

唐房長秋（唐坊長秋） とうぼうながあき
文政4（1821）年～元治1（1864）年　[別]唐坊荘之助《とうぼうしょうのすけ》
江戸時代末期の対馬藩士、史学者。
¶維新（唐坊荘之助　とうぼうしょうのすけ），国書5（[没]元治1（1864）年12月26日），藩臣7（唐坊長秋）

藤斉長（藤斎長） とうまさなが
元禄12（1699）年～天明7（1787）年
江戸時代中期の対馬藩士。
¶国書（[没]天明7（1787）年8月），藩臣7（藤斎長）

藤斉延（藤斎延） とうまさのぶ
万治4（1661）年～元文3（1738）年　[別]藤原斉延《ふじわらただのぶ》，藤斉延《とうなりのぶ》
江戸時代中期の対馬藩士。
¶国書（[生]万治4（1661）年2月　[没]元文3（1738）年11月），コン改，コン4，神史（とうなりのぶ），神人（とうなりのぶ　[生]万治4（1661）年2月 [没]元文3（1738）年11月），人名（藤原斉延　ふじわらただのぶ），人名（とうなりのぶ），日人，藩臣7（藤斎延）

東馬宗平 とうまそうへい
江戸時代末期の槍術家。
¶岡山人

東馬安太 とうまやすた
天保8（1837）年～大正8（1919）年

江戸時代末期の槍術家。
¶岡山人，岡山歴（[生]天保8（1837）年3月2日　[没]大正8（1919）年12月9日）

東元治　とうもとはる
生没年不詳
安土桃山時代～江戸時代前期の剣術家。
¶日人

遠山景晋　とうやまかげくに
→遠山景晋（とおやまかげみち）

遠山景綱　とうやまかげつな
～慶安1（1648）年
江戸時代前期の旗本。
¶神奈川人

遠山景則　とうやまかげのり
～元禄1（1688）年
江戸時代前期の旗本。
¶神奈川人

遠山景政　とうやまかげまさ
～元和4（1618）年
江戸時代前期の旗本。
¶神奈川人

遠山規方　とうやまのりかた
→遠山規方（とおやまのりかた）

遠山則英　とうやまのりふさ
～享保17（1732）年
江戸時代中期の旗本。
¶神奈川人

遠山安宗　とうやまやすむね
～元禄1（1688）年
江戸時代前期の旗本。
¶神奈川人

遠山頼直　とうやまよりなお
→遠山政亮（とおやままさすけ）

洞楊谷　どうようこく
→片山楊谷（かたやまようこく）

東慶隆　とうよしたか
→遠藤慶隆（えんどうよしたか）

東里翠山　とうりすいざん
天明7（1787）年～慶応3（1867）年
江戸時代中期～末期の白河藩士、伊勢桑名藩士。
¶国書（[没]慶応3（1867）年9月17日），三重

灯籠竹　とうろだけ
？～明和4（1767）年
江戸時代中期の加賀藩士多羅尾氏の家臣。
¶姓氏石川

遠坂関内　とおさかかんない
宝暦5（1755）年～文政2（1819）年
江戸時代中期～後期の肥後熊本藩中老。
¶藩臣7

遠武秀行　とおたけひでゆき
弘化1（1844）年1月～明治37（1904）年
江戸時代末期～明治期の鹿児島藩士、海軍軍人、実業家。横須賀造船所社長。合資会社鋳鉄製造所を設立。
¶朝日（[没]明治37（1904）年7月12日），海越新（[没]明治37（1904）年7月12日），国際，コン改，コン5（[生]天保13（1842）年），新潮（[没]明治35（1902）年7月12日），渡航（[生]1842年　[没]1904年7月12日），日人（[生]1842年）

遠田自延　とおだよりのぶ
生没年不詳
江戸時代後期の加賀藩士。
¶国書

遠田自省　とおだよりみ
寛文10（1670）年～寛延3（1750）年12月
江戸時代前期～中期の加賀藩士。
¶国書

十市忠之　とおちただゆき
安土桃山時代～江戸時代前期の武士。
¶戦人（生没年不詳），戦補

遠山伊右衛門　とおやまいえもん
文化7（1810）年～明治1（1868）年
江戸時代末期の陸奥会津藩士。
¶幕末

遠山景賢　とおやまかげかた
生没年不詳
江戸時代後期の幕臣。「利権論」の著者。
¶国書，重要

遠山景晋　とおやまかげくに
→遠山景晋（とおやまかげみち）

遠山景晋　とおやまかげみち
明和1（1764）年～天保8（1837）年　[別]遠山景晋《とうやまかげくに，とおやまかげくに》，遠山左衛門尉景晋《とおやまさえもんのじょうかげみち》，遠山金四郎《とおやまきんしろう》
江戸時代中期～後期の幕臣。永井筑前守直令の4男で遠山景好の養子。
¶朝日（[没]天保8年7月22日（1837年8月22日）），岩史（[没]天保8（1837）年7月22日），角史（[生]宝暦2（1752）年），郷土長崎（とおやまかげくに），近世（[生]1752年），国史（[生]1752年），国書（[生]宝暦2（1752）年　[没]天保8（1837）年7月22日），コン改（とおやまかげくに），コン4（[生]宝暦2（1752）年），埼玉人（[生]宝暦2（1752）年），新潮（とおやまかげくに　[没]天保8（1837）年7月22日），人名（とおやまかげくに），世人（とおやまかげくに　[没]天保8（1837）年7月12日），長崎歴（遠山左衛門尉景晋　とおやまさえもんのじょうかげみち　[生]宝暦2（1752）年　[没]？），日人（[生]1752年），北海道百（とうやまかげくに），北海道歴（とうやまかげくに）

遠山景宗　とおやまかげむね
生没年不詳
江戸時代前期の武士。長野遠山家の祖。
¶姓氏長野

遠山景元　とおやまかげもと
寛政5（1793）年～安政2（1855）年　[別]遠山金四郎《とおやまきんしろう》
江戸時代末期の幕臣。遠山景晋の子。通称金四郎。
¶朝日（[生]寛政5（1793）年8月　[没]安政2年2月29日（1855年4月15日）），岩史（[生]寛政5（1793）年8月　[没]安政2（1855）年2月29日），角史（遠山金四郎　とおやまきんしろう），近世，国史，コン改（[生]？），コン4（[生]？），史人（[生]1793年

8月　[没]1855年2月29日)，諸系，新潮([生]？　[没]安政2(1855)年2月29日)，人名([生]？)，世人(遠山金四郎　とおやまきんしろう　[生]？)，全書，大百，日史(遠山金四郎　とおやまきんしろう　[生]寛政5(1793)年8月　[没]安政2(1855)年2月29日)，日人，幕末([生]1793年9月27日　[没]1855年4月15日)，百科(遠山金四郎　とおやまきんしろう)，歴大

遠山金四郎(1) とおやまきんしろう
江戸時代後期の町奉行。
¶江戸

遠山金四郎(2) とおやまきんしろう
→遠山景元(とおやまかげもと)

遠山国蔵 とおやまくにぞう
生没年不詳
江戸時代末期の常陸土浦藩士。
¶剣豪，藩臣2

遠山伊清 とおやまこれきよ
延宝3(1675)年～享保15(1730)年5月30日
江戸時代前期～中期の幕臣・歌人。
¶国書

遠山維徳 とおやまこれのり
享保18(1733)年～文化3(1806)年
江戸時代中期～後期の筑前秋月藩士。
¶藩臣7

遠山権大夫 とおやまごんだゆう
生没年不詳
江戸時代前期の武将。南遠山家の祖。
¶姓氏長野

遠山才兵衛 とおやまさいべえ
江戸時代前期の武士。
¶岡山人

遠山左衛門尉景晋 とおやまさえもんのじょうかげみち
→遠山景晋(とおやまかげみち)

遠山庄太夫 とおやましょうだゆう
寛政7(1795)年～文久1(1861)年
江戸時代後期～末期の武家生活を日記に活写した八戸藩士。産物取締掛役。
¶青森人

遠山資尹 とおやますけただ
生没年不詳
江戸時代末期の幕臣。第37代京都西町奉行。
¶京都大，姓氏京都

遠山為章 とおやまためあき
慶安2(1649)年～享保15(1730)年5月20日
江戸時代前期～中期の会津藩士。
¶国書

遠山友明 とおやまともあき
享保2(1717)年～宝暦3(1753)年
江戸時代中期の大名。美濃苗木藩主。
¶岐阜百，諸系，日人，藩主2([生]享保2(1717)年1月11日　[没]宝暦3(1753)年6月1日)

遠山友清 とおやまともきよ
享保20(1735)年～天明1(1781)年
江戸時代中期の大名。美濃苗木藩主。
¶岐阜百，諸系，日人，藩主2([生]享保20(1735)年5月14日　[没]天明1(1781)年1月12日)

遠山友貞 とおやまともさだ
寛永18(1641)年～延宝3(1675)年
江戸時代前期の大名。美濃苗木藩主。
¶岐阜百，諸系，日人，藩主2([生]寛永18(1641)年4月2日　[没]延宝3(1675)年5月6日)

遠山友央 とおやまともなか
宝永2(1705)年～安永1(1772)年　[別]遠山友央《とおやまともひで，とやまともなか》
江戸時代中期の大名。美濃苗木藩主。
¶岐阜百(とおやまともひで)，諸系(とやまともなか)，日人，藩主2([生]宝永2(1705)年10月7日　[没]安永1(1772)年6月13日)

遠山友春 とおやまともはる
寛文1(1661)年～正徳4(1714)年
江戸時代中期の大名。美濃苗木藩主。
¶岐阜百，諸系，人名([生]1665年　[没]1719年)，日人，藩主2([生]寛文1(1661)年6月6日　[没]正徳4(1714)年2月26日)

遠山友寿 とおやまともひさ
天明7(1787)年～天保10(1839)年
江戸時代後期の大名。美濃苗木藩主。
¶岐阜百，諸系，日人，藩主2([生]天明6(1786)年11月25日　[没]天保9(1838)年11月21日)

遠山友央 とおやまともひで
→遠山友央(とおやまともなか)

遠山友将 とおやまともまさ
正徳5(1715)年～享保17(1732)年
江戸時代中期の大名。美濃苗木藩主。
¶岐阜百，諸系，日人，藩主2([生]正徳5(1715)年9月9日　[没]享保17(1732)年閏5月21日)

遠山友政 とおやまともまさ
弘治2(1556)年～元和5(1619)年
安土桃山時代～江戸時代前期の大名。美濃苗木藩主。
¶織田([没]元和5(1619)年12月19日)，岐阜百，近世，国史，コン改，コン4，史人([没]1619年12月19日)，諸系([没]1620年)，新潮([没]元和5(1619)年12月19日)，人名([生]？)，戦合，戦人，日人([没]1620年)，藩主2([没]元和5(1619)年12月19日)

遠山友随 とおやまともみち
→遠山友随(とおやまともより)

遠山友由 とおやまともよし
元禄7(1694)年～享保7(1722)年
江戸時代中期の大名。美濃苗木藩主。
¶岐阜百，諸系，日人，藩主2([生]元禄7(1694)年9月22日　[没]享保7(1722)年4月21日)

遠山友禄 とおやまともよし
文政2(1819)年～明治27(1894)年
江戸時代末期～明治期の大名。美濃苗木藩主。
¶岐阜百，諸系，日人，藩主2([生]文政2(1819)年9月2日　[没]明治27(1894)年4月4日)

遠山友随 とおやまともより
延享4(1747)年～文政4(1821)年　[別]遠山友随《とおやまともみち》

江戸時代中期～後期の大名。美濃苗木藩主。
¶岐阜百（とおやまともみち），諸系，日人，藩主2（[生]延享4（1747）年2月5日　[没]文政4（1821）年7月8日）

遠山信政 とおやまのぶまさ
慶長6（1601）年～*
江戸時代前期の武士、キリシタン。
¶コン改（[没]寛永1（1624）年），コン4（[没]寛永1（1624）年），新潮（[没]元和9（1623）年2月16日），日人（[没]1623年）

遠山規方 とおやまのりかた
嘉永1（1848）年～大正5（1916）年　[別]遠山規方《とうやまのりかた》
江戸時代末期～明治期の出羽秋田藩士。
¶幕末（[没]1916年1月25日），藩臣1（とうやまのりかた）

遠山則象 とおやまのりかた
明和3（1766）年～？
江戸時代中期～後期の幕臣。
¶国書

遠山秀友 とおやまひでとも
慶長14（1609）年～寛永19（1642）年
江戸時代前期の大名。美濃苗木藩主。
¶岐阜百，諸系，日人，藩主2（[生]慶長14（1609）年11月6日　[没]寛永19（1642）年1月7日）

遠山政亮 とおやままさすけ
寛永2（1625）年～元禄6（1693）年　[別]遠山頼直《とうやまよりなお，とおやまよりなお》，内藤頼直《ないとうよりなお》
江戸時代前期の大名。陸奥湯本藩主、陸奥湯長谷藩主。
¶諸系，人名（内藤頼直　ないとうよりなお），日人，藩主1（遠山頼直　とおやまよりなお　[没]元禄6（1693）年11月7日），藩主1（遠山頼直　とうやまよりなお）

遠山政徳 とおやままさのり
延宝2（1674）年～元禄16（1703）年
江戸時代中期の大名。陸奥湯長谷藩主。
¶諸系，日人，藩主1（[没]元禄16（1703）年5月13日）

遠山勇之助 とおやまゆうのすけ
文化11（1814）年～？
江戸時代後期の下総古河藩士。
¶藩臣3

遠山頼直 とおやまよりなお
→遠山政亮（とおやままさすけ）

遠山礼蔵 とおやまれいぞう
？～明治19（1886）年11月26日
江戸時代末期～明治期の武士。盛岡城開城後城中勤務になる。藩主の東京召喚に際し随行。
¶幕末

戸賀崎熊太郎〔1代〕 とがさきくまたろう
延享1（1744）年～文化6（1809）年　[別]戸賀崎熊太郎暉芳《とがさきくまたろうてるよし》
江戸時代後期の神道無念流草創期の功労者。
¶剣豪（――〔代数なし〕），埼玉人（――〔代数なし〕　[生]延享1（1744）年1月1日　[没]文化6（1809）年5月11日），埼玉百（戸賀崎熊太郎暉芳　とがさきくまたろうてるよし），全書（――〔代数なし〕），大百，日人

戸賀崎熊太郎〔2代〕 とがさきくまたろう
安永3（1774）年～文政1（1818）年　[別]戸賀崎熊太郎胤芳《とがさきくまたろうたねよし》
江戸時代後期の神道無念流の剣術者。
¶埼玉人（――〔代数なし〕　[生]安永3（1774）年2月2日　[没]文政1（1818）年2月28日），埼玉百（戸賀崎熊太郎胤芳　とがさきくまたろうたねよし），大百

戸賀崎熊太郎〔3代〕（戸ケ崎熊太郎） とがさきくまたろう
文化4（1807）年～慶応1（1865）年　[別]戸賀崎熊太郎芳栄《とがさきくまたろうよししげ》
江戸時代末期の剣術師。
¶維新，コン改（戸ケ崎熊太郎），コン4（戸ケ崎熊太郎），埼玉百（戸賀崎熊太郎芳栄　とがさきくまたろうよししげ），新潮（戸ケ崎熊太郎　[生]文化4（1807）年2月15日　[没]慶応1（1865）年5月29日），世人（戸ケ崎熊太郎），大百，日人，幕末（[没]1865年7月21日）

戸賀崎熊太郎〔4代〕 とがさきくまたろう
天保10（1839）年～明治40（1907）年　[別]戸賀崎熊太郎芳武《とがさきくまたろうよしたけ》
江戸時代後期～明治期の剣術家。
¶埼玉百（戸賀崎熊太郎芳武　とがさきくまたろうよしたけ），日人

戸賀崎熊太郎胤芳 とがさきくまたろうたねよし
→戸賀崎熊太郎〔2代〕（とがさきくまたろう）

戸賀崎熊太郎暉芳 とがさきくまたろうてるよし
→戸賀崎熊太郎〔1代〕（とがさきくまたろう）

戸賀崎熊太郎芳栄 とがさきくまたろうよししげ
→戸賀崎熊太郎〔3代〕（とがさきくまたろう）

戸賀崎熊太郎芳武 とがさきくまたろうよしたけ
→戸賀崎熊太郎〔4代〕（とがさきくまたろう）

富樫紀一郎 とがしきいちろう
天保10（1839）年～？
江戸時代末期の上総飯野藩士。
¶藩臣3

戸梶直四郎 とかじなおしろう
文政3（1820）年～明治38（1905）年3月10日
江戸時代末期～明治期の志士。土佐勤王党に参加。
¶幕末

戸田忠利 とがただとし
→戸田忠利（とだただとし）

栂野八右衛門(1) とがのはちえもん
寛保2（1742）年～寛政10（1798）年12月
江戸時代後期の出羽松山藩家老。
¶庄内

栂野八右衛門(2) とがのはちえもん
生没年不詳
江戸時代末期の出羽松山藩家老。
¶庄内，藩臣1

戸川織右衛門 とがわおりえもん
？～寛政8（1796）年

江戸時代中期～後期の剣術家。田宮流。
¶剣豪

戸川咸佐　とがわかんすけ
延宝9（1681）年6月27日～宝暦7（1757）年10月20日
江戸時代前期～中期の岩国藩士。
¶国書

戸川助左衛門　とがわすけざえもん
天正3（1575）年～？
安土桃山時代～江戸時代前期の武将。
¶岡山歴

戸川達安　とがわたつやす
→戸川逵安（とがわみちやす）

戸川内膳　とがわないぜん
江戸時代中期の旗本。
¶江戸

戸川播磨守安清　とがわはりまのかみやすきよ
→戸川安清（とがわやすずみ）

戸川正章　とがわまさあき
文政2（1819）年～明治5（1872）年
江戸時代末期～明治期の筑前福岡藩士。
¶人名，日人

戸川正安　とがわまさやす
慶長11（1606）年～寛文9（1669）年
江戸時代前期の大名。備中庭瀬藩主。
¶岡山人，岡山歴（[没]寛文9（1669）年5月22日），諸系，人名，日人，藩主4（[没]寛文9（1669）年5月22日）

戸川逵和　とがわみちとも
享保5（1720）年～＊
江戸時代中期～後期の武士。
¶岡山歴（[没]寛政9（1797）年12月30日），日人（[没]1798年）

戸川逵索　とがわみちのり
元禄12（1699）年～寛延2（1749）年
江戸時代中期の武士。
¶諸系，日人

戸川逵安（戸川達安）　とがわみちやす
永禄10（1567）年～寛永4（1627）年　[別]戸川達安《とがわたつやす》
安土桃山時代～江戸時代前期の武将、大名。備中庭瀬藩主。
¶岡山人（戸川達安），岡山百（戸川達安　[没]寛永4（1627）年12月25日），岡山歴（戸川達安　[没]寛永4（1627）年12月25日），史人（[没]1627年12月25日），諸系（[没]1628年），人名（戸川達安），戦国（[生]1568年），戦人，戦西（戸川達安　とがわたつやす　[生]？），日人（[没]1628年），藩主4（[没]寛永4（1627）年12月25日）

戸川杢之介　とがわもくのすけ
江戸時代前期の武士。
¶岡山人

戸川安愛　とがわやすあい
→戸川安愛（とがわやすなる）

戸川安風　とがわやすかぜ
寛文11（1671）年～延宝7（1679）年
江戸時代前期の大名。備中庭瀬藩主。
¶諸系，日人，藩主4（[没]延宝7（1679）年11月2日）

戸川安清　とがわやすきよ
→戸川安清（とがわやすずみ）

戸川安鎮　とがわやすしげ
江戸時代末期の幕臣。目付。
¶維新

戸川安清　とがわやすずみ，とがわやすすみ
天明7（1787）年～慶応4（1868）年　[別]戸川安清《とがわやすきよ》，戸川播磨守安清《とがわはりまのかみやすきよ》
江戸時代後期の旗本、幕府の有司。
¶岡山人（とがわやすきよ），岡山歴（とがわやすきよ　[没]慶応4（1868）年3月4日），国書（とがわやすすみ　[没]慶応4（1868）年3月4日），人名，長崎歴（戸川播磨守安清　とがわはりまのかみやすきよ），日人

戸川安愛　とがわやすちか
→戸川安愛（とがわやすなる）

戸川安愛　とがわやすなる
天保5（1834）年～明治18（1885）年　[別]戸川安愛《とがわやすあい，とがわやすちか》
江戸時代末期～明治期の幕臣。
¶維新，岡山人（とがわやすあい），岡山歴（とがわやすちか　[没]明治18（1885）年11月9日），幕末（[没]1855年12月17日）

戸川安宣　とがわやすのぶ
慶安1（1648）年～延宝2（1674）年
江戸時代前期の大名。備中庭瀬藩主。
¶岡山人，岡山歴（[没]延宝2（1674）年12月27日），コン改，コン4，諸系（[没]1675年），人名，日人（[没]1675年），藩主4（[没]延宝2（1674）年12月27日）

戸川安論　とがわやすのぶ，とかわやすのぶ
宝暦12（1762）年～文政4（1821）年
江戸時代中期～後期の蝦夷奉行筑前守。旗本曲直瀬家の子、戸川安精の養子。
¶朝日（[没]文政4年3月23日（1821年4月25日）），日人，北海道百（とかわやすのぶ），北海道歴（とかわやすのぶ）

戸川安広　とがわやすひろ
承応3（1654）年～宝永6（1709）年
江戸時代前期～中期の武士。
¶岡山歴（[没]宝永6（1709）年9月21日），諸系，日人

戸川安昌　とがわやすまさ
元禄12（1699）年～天明5（1785）年5月9日
江戸時代中期の幕臣。
¶国書

土岐定経　ときさだつね
享保13（1728）年～天明2（1782）年
江戸時代中期の大名。上野沼田藩主。
¶諸系，人名，姓氏群馬，日人，藩主1（[没]天明2（1782）年8月20日）

土岐定富　ときさだとみ
安永3（1774）年～寛政2（1790）年
江戸時代中期～後期の大名。上野沼田藩主。

と

¶諸系，日人，藩主1（[没]寛政2（1790）年6月20日）

土岐定吉　ときさだよ
明和3（1766）年～天明6（1786）年
江戸時代中期の大名。上野沼田藩主。
¶諸系，日人，藩主1（[没]天明6（1786）年9月20日）

土岐定義　ときさだよし
天正8（1580）年～元和5（1619）年1月8日
安土桃山時代～江戸時代前期の武将、大名。下総守谷藩主、摂津高槻藩主。
¶大阪墓，諸系，人名（[生]1578年　[没]1618年），日人，藩主2，藩主3

土岐二三　ときじさん
→土肥二三（どひじさん）

土岐新十郎　ときしんじゅうろう
安土桃山時代～江戸時代前期の武士。里見氏家臣。
¶戦人（生没年不詳），戦東

鴇田周如　ときたかねゆき
生没年不詳
江戸時代前期の陸奥仙台藩士。
¶姓氏宮城，藩臣1

時田少輔　ときたしょうすけ
→時田光介（ときたみつすけ）

時田肇　ときたはじめ
寛政5（1793）年～？
江戸時代後期の下総古河藩士。
¶藩臣3

時田光介　ときたみつすけ
天保7（1836）年～大正5（1916）年　[別]時田少輔《ときたしょうすけ》
江戸時代末期～明治期の長門長府藩士。
¶人名，日人，幕末（時田少輔　ときたしょうすけ　[没]1916年5月12日），藩臣6（時田少輔　ときたしょうすけ）

土岐朝澄　ときともずみ
元禄4（1691）年～宝暦2（1752）年
江戸時代中期の家臣、幕臣。
¶和歌山人

土岐朝豪　ときともたけ
生没年不詳
江戸時代後期の幕臣。
¶国書

土岐朝直　ときともなお
元禄8（1695）年～宝暦11（1761）年6月24日
江戸時代中期の幕臣。
¶国書

土岐朝治　ときともはる
寛文1（1661）年～享保18（1733）年
江戸時代中期の家臣、幕臣。
¶和歌山人

土岐朝旨　ときともむね
安永2（1773）年～天保9（1838）年
江戸時代中期～後期の武士。
¶国書（[没]天保9（1838）年6月21日），日人

土岐八郎　ときはちろう
安土桃山時代～江戸時代前期の武士。里見氏家臣。
¶戦人（生没年不詳），戦東

土岐半之丞　ときはんのじょう
生没年不詳
江戸時代中期の陸奥白河藩家老。
¶藩臣2

土岐真金　ときまかね
*～大正11（1922）年　[別]島村要《しまむらかなめ》，島本虎豹《しまもとこひょう》
江戸時代末期～明治期の土佐藩志士。
¶高知人（[生]1840年），幕末（[生]1844年　[没]1922年10月21日）

土岐茂左衛門　ときもざえもん
寛政6（1794）年～？
江戸時代後期の但馬出石藩士。
¶藩臣5

時山直八　ときやまなおはち
天保9（1838）年～明治1（1868）年
江戸時代末期の長州（萩）藩士。奇兵隊参謀。
¶維新，近世，国史，コン改，コン4，史人（[生]1838年1月1日　[没]1868年5月13日），新潮（[生]天保9（1838）年1月1日　[没]慶応4（1868）年5月13日），人名，日人，幕末（[没]1868年7月2日），藩臣6

土岐雄之丞　ときゆうのじょう
天明2（1782）年～弘化4（1847）年
江戸時代後期の但馬出石藩士。
¶藩臣5

土岐頼知　ときよりおき
嘉永2（1849）年～明治44（1911）年
江戸時代末期～明治期の大名。上野沼田藩主。
¶諸系，姓氏群馬，日人，藩主1（[生]嘉永1（1848）年　[没]明治44（1911）年10月3日）

土岐頼煕（土岐頼熈）　ときよりおき
享保4（1719）年～宝暦5（1755）年
江戸時代中期の大名。上野沼田藩主。
¶群馬人，諸系（土岐頼熈），日人，藩主1（土岐頼熈　[没]宝暦5（1755）年3月25日）

土岐頼香　ときよりか
宝暦2（1752）年～寛政6（1794）年
江戸時代中期～後期の武士。
¶日人

土岐頼功　ときよりかず
享和3（1803）年～天保14（1843）年　[別]土岐頼功《ときよりかつ》
江戸時代後期の大名。上野沼田藩主。
¶諸系，日人，藩主1（ときよりかつ　[生]寛政12（1800）年　[没]天保14（1843）年4月24日）

土岐頼功　ときよりかつ
→土岐頼功（ときよりかず）

土岐頼殷　ときよりたか
寛永18（1641）年～享保7（1722）年
江戸時代前期～中期の大名。出羽上山藩主、駿河田中藩主。
¶諸系，人名，日人，藩主1（[生]寛永19（1642）年9月3日　[没]享保7（1722）年9月22日），藩主2（[没]享保7（1722）年9月22日）

土岐頼稔　ときよりとし
元禄8（1695）年～延享1（1744）年

江戸時代中期の大名。駿河田中藩主、上野沼田藩主。
¶岡山歴（㊤元禄8（1695）年2月　㊦延享1（1744）年9月12日），京都大，国書（㊦延享1（1744）年9月12日），諸系，人名，姓氏京都，姓氏群馬，日人，藩主1（㊤元禄8（1695）年2月6日　㊦延享1（1744）年9月12日），藩主2

土岐頼布　ときよりのぶ
安永5（1776）年〜天保8（1837）年
江戸時代後期の大名。上野沼田藩主。
¶諸系，日人，藩主1（㊤安永4（1775）年　㊦天保8（1837）年3月8日）

土岐頼久　ときよりひさ
〜寛文12（1672）年
江戸時代前期の旗本。
¶神奈川人

土岐頼寛　ときよりひろ
明和1（1764）年〜天明2（1782）年
江戸時代中期の大名。上野沼田藩主。
¶諸系，日人，藩主1（㊦天明2（1782）年11月19日）

土岐頼潤　ときよりみつ
天明8（1788）年〜文政9（1826）年
江戸時代後期の大名。上野沼田藩主。
¶諸系，姓氏群馬，日人，藩主1（㊦文政9（1826）年9月22日）

土岐頼旨　ときよりむね
？　〜明治17（1884）年
江戸時代末期〜明治期の幕臣。
¶維新，国書（㊦明治17（1884）年4月2日），コン5，日人，幕末（㊦1884年4月2日）

土岐頼寧　ときよりやす
文政10（1827）年〜弘化4（1847）年
江戸時代後期の大名。上野沼田藩主。
¶諸系，人名（㊤1822年　㊦1846年），姓氏群馬，日人，藩主1（㊤文政9（1826）年　㊦弘化4（1847）年8月10日）

土岐頼行(1)　ときよりゆき
元亀1（1570）年〜？
安土桃山時代〜江戸時代前期の久野土岐氏当主。
¶戦辞

土岐頼行(2)　ときよりゆき
慶長13（1608）年〜貞享1（1684）年
江戸時代前期の大名。出羽上山藩主、摂津高槻藩主。
¶朝日（㊦貞享1年12月10日（1685年1月14日）），近世，国史，コン改，コン4，史人（㊦1684年12月10日），諸系（㊦1685年），人名，大百，日人（㊦1685年），藩主1（㊦貞享1（1684）年12月10日），藩主3，山形百

土岐頼之　ときよりゆき
文政9（1826）年〜明治6（1873）年
江戸時代末期〜明治期の大名。上野沼田藩主。
¶諸系，姓氏群馬，日人，藩主1（㊦文政10（1827）年　㊦明治6（1873）年5月5日）

常葉嘉兵衛　ときわかへえ
天明7（1787）年〜万延1（1860）年

江戸時代後期の出羽新庄藩士。
¶藩臣1

常盤常次郎　ときわつねじろう
江戸時代末期の新撰組隊士。
¶新撰

常磐津若太夫〔2代〕ときわづわかたゆう，ときわづわかだゆう
→船遊亭扇橋〔1代〕（せんゆうていせんきょう）

徳川昭武　とくがわあきたけ
嘉永6（1853）年〜明治43（1910）年　㊙子明，節公，余八麿昭徳，鑾山
江戸時代末期〜明治期の大名。水戸藩主。1867年パリ万国博覧会の将軍名代。
¶朝日（㊤嘉永6年9月24日（1853年10月26日）㊦明治43（1910）年7月3日），維新，茨城百（㊤1848年），海越（㊤嘉永6（1853）年9月24日　㊦明治43（1910）年7月3日），海越新（㊤嘉永6（1853）年9月24日　㊦明治43（1910）年7月3日），近現，国際，国史，コン改，コン4，コン5，史人（㊤1853年9月24日　㊦1910年7月3日），写家（㊤嘉永6年9月24日　㊦明治43年7月3日），諸系，人書94，新潮（㊤嘉永6（1853）年9月24日　㊦明治43（1910）年7月3日），人名，世人（㊤嘉永6（1853）年9月24日　㊦明治43（1910）年7月3日），大百，渡航（㊤1853年9月24日　㊦1910年7月3日），日史（㊤嘉永6（1853）年9月24日　㊦明治43（1910）年7月3日），日人，幕末（㊦1910年7月3日），藩主2（㊤嘉永6（1853）年9月24日　㊦明治43（1910）年7月3日），百科，歴大

徳川家定　とくがわいえさだ
文政7（1824）年〜安政5（1858）年　㊙温恭院殿《おんきょういんどの》
江戸時代末期の江戸幕府第13代の将軍（在職1853〜1858）。12代家慶の子。生まれつき病弱で子のできる可能性がなかったため、将軍継嗣問題が起きることになった。
¶朝日（㊤文政7年4月8日（1824年5月6日）　㊦安政5年7月6日（1858年8月14日）），維新，岩史（㊤文政7（1824）年4月8日　㊦安政5（1858）年7月6日），近世，近代，公卿（㊤文政7（1824）年4月8日　㊦安政5（1858）年7月6日），国史，コン改，コン4，史人（㊤1824年4月8日　㊦1858年7月6日），重要（㊤文政7（1824）年4月8日　㊦安政5（1858）年7月6日），諸系，新潮（㊤文政7（1824）年4月8日　㊦安政5（1858）年7月6日），人名，世人（㊤安政5（1858）年7月4日），世百，全書，大百，日史（㊤文政7（1824）年4月8日　㊦安政5（1858）年7月6日），日人，幕末（㊦1858年8月14日），百科，歴大

徳川家達　とくがわいえさと
文久3（1863）年〜昭和15（1940）年　㊙田安亀之助《たやすかめのすけ》，田安亀之介《たやすかめのすけ》
江戸時代末期〜昭和期の静岡藩藩主、華族、公爵、政治家。貴族院議員、済生会会長、日本赤十字社長。ワシントン軍縮会議全権委員などを歴任。
¶朝日（㊤文久3年7月11日（1863年8月24日）㊦昭和15（1940）年6月5日），維新，岩史（㊤文

と

とくかわ　　　　　　　　　　　　676　　　　　　　　　　日本人物レファレンス事典

久3（1863）年7月11日　㊟昭和15（1940）年6月5
日），海越（㊐文久3（1863）年7月11日　㊟昭和
15（1940）年6月5日），海越新（㊐文久3（1863）
年7月11日　㊟昭和15（1940）年6月5日），江戸
（田安亀之助　たやすかめのすけ），角史，近
現，現朝（㊐文久3年7月11日（1863年8月24日）
㊟1940年6月5日），国際，国史，コン改，コン
5，史人（㊐1863年7月11日　㊟1940年6月5日），
静岡百，静岡歴，重要（㊟昭和15（1940）年6月5
日），新潮（㊐文久3（1863）年7月11日　㊟昭和
15（1940）年6月5日），世久3（1863）年7月11日
㊟昭和15（1940）年6月5日），人名7，世紀
（㊐文久3（1863）年7月11日　㊟昭和15（1940）
年6月5日），姓氏静岡，世人（㊟昭和15（1940）
年6月3日），世百，全書，大百，渡航（㊐1863年
7月11日　㊟1940年6月5日），日史（㊐文久3
（1863）年7月11日　㊟昭和15（1940）年6月5
日），日人，日本，幕末（㊟1940年6月5日），藩
主2（㊐文久3（1863）年7月　㊟昭和15（1940）年
6月3日），百科，明治1，履歴（㊐文久3（1863）
年7月11日　㊟昭和15（1940）年6月5日），歴大

徳川家重　とくがわいえしげ
正徳1（1711）年～宝暦11（1761）年　㊞惇信院殿
《じゅんしんいんどの》
江戸時代中期の江戸幕府第9代の将軍（在職1745
～1760）。8代吉宗の長男。生まれつき言語が不
明瞭なため，側用人大岡忠光しか意を受けること
ができなかったといわれる。
¶朝日（㊐正徳1年12月21日（1712年1月28日）
㊟宝暦11年6月12日（1761年7月13日）），岩史
（㊐正徳1（1711）年12月21日　㊟宝暦11（1761）
年6月12日），角史，近世，公卿（㊐正徳1
（1711）年12月21日　㊟宝暦11（1761）年6月12
日），国史，コン改，コン4，史人（㊐1711年12
月21日　㊟1761年6月12日），重要（㊐正徳1
（1711）年12月21日　㊟宝暦11（1761）年6月12
日），諸系（㊐1712年），新潮（㊐正徳1（1711）
年12月21日　㊟宝暦11（1761）年6月12日），人
名，世人（㊟宝暦11（1761）年6月12日），世百，
全書，大百，日史（㊐正徳1（1711）年12月21日
㊟宝暦11（1761）年6月12日），日人（㊐1712
年），百科，歴大，和歌山人

徳川家継　とくがわいえつぐ
宝永6（1709）年～享保1（1716）年　㊞有章院殿
《ゆうしょういんどの》
江戸時代中期の江戸幕府第7代の将軍（在職1713
～1716）。6代家宣の子。幼将軍で，実権は前代に
続き間部詮房にあった。
¶朝日（㊐宝永6年7月3日（1709年8月8日）　㊟享
保1年4月30日（1716年6月19日）），岩史（㊐宝
永6（1709）年7月3日　㊟正徳6（1716）年4月30
日），江戸東，角史，近世，公卿（㊐宝永6
（1709）年7月3日　㊟正徳6（1716）年4月30
日），国史，コン改，コン4，史人（㊐1709年7月
3日　㊟1716年4月30日），重要（㊐宝永6
（1709）年7月3日　㊟享保1（1716）年4月30
日），諸系，新潮（㊐宝永6（1709）年7月3日
㊟享保1（1716）年4月30日），人名，世人（㊐宝
永6（1709）年7月3日　㊟享保1（1716）年4月30
日），世百，全書，大百，日史（㊐宝永6（1709）
年7月3日　㊟享保1（1716）年4月30日），日人，

百科，歴大

徳川家綱　とくがわいえつな
寛永18（1641）年～延宝8（1680）年　㊞厳有院殿
《げんゆういんどの》
江戸時代前期の江戸幕府第4代の将軍（在職1651
～1680）。武断政治から文治政治への転換を図
り，諸制度の整備に努めた。
¶朝日（㊐寛永18年8月3日（1641年9月7日）
㊟延宝8年5月8日（1680年6月4日）），岩史
（㊐寛永18（1641）年8月3日　㊟延宝8（1680）年
5月8日），角史，近世，公卿（㊐寛永18（1641）
年8月3日　㊟延宝8（1680）年5月8日），国史，
国書（㊐寛永18（1641）年8月3日　㊟延宝8
（1680）年5月8日），コン改，コン4，茶道，史
人（㊐1641年8月3日　㊟1680年5月8日），重要
（㊐寛永18（1641）年8月3日　㊟延宝8（1680）年
5月8日），諸系，新潮（㊐寛永18（1641）年8月3
日　㊟延宝8（1680）年5月8日），人名，世人
（㊐寛永18（1641）年8月3日　㊟延宝8（1680）年
5月8日），世百，全書，大百，日史（㊐寛永18
（1641）年8月3日　㊟延宝8（1680）年5月8日），
日人，百科，歴大

徳川家斉　とくがわいえなり
安永2（1773）年～天保12（1841）年　㊞一橋家斉
《ひとつばしいえなり》，文恭院殿《ぶんきょうい
んどの》
江戸時代後期の江戸幕府第11代の将軍（在職1787
～1837）。一橋家から将軍になる。在職の初期に
は，松平定信主導による寛政の改革が行われ緊縮
財政策をとったが，定信辞職後は自ら政務を見
た。のち側近が政治に介入するなど綱紀が乱れ，
また家斉自身も豪奢な生活を送るなど，化政期に
文化が爛熟する素因を作った。12代家慶に将軍職
を譲っても，大御所として実権を離さなかった。
¶朝日（㊐安永2年10月5日（1773年11月18日）
㊟天保12年閏1月7日（1841年2月27日）），岩史
（㊐安永2（1773）年10月5日　㊟天保12（1841）
年閏1月7日），角史，近世，公卿（㊐安永2
（1773）年10月5日　㊟天保12（1841）年1月），国
史，国書（㊐安永2（1773）年10月5日　㊟天保12
（1841）年1月30日），コン改，コン4，史人
（㊐1773年10月5日　㊟1841年閏1月7日），重要
（㊐安永2（1773）年10月5日　㊟天保12（1841）
年閏1月30日），諸系，新潮（㊐安永2（1773）年
10月5日　㊟天保12（1841）年閏1月30日），人
名，世人（㊐安永2（1773）年10月　㊟天保12
（1841）年閏1月30日），世百，全書，大百，伝
記，日史（㊐安永2（1773）年10月5日　㊟天保12
（1841）年1月30日），日人，百科，歴大

徳川家宣　とくがわいえのぶ
寛文2（1662）年～正徳2（1712）年　㊞徳川綱豊
《とくがわつなとよ》，文昭院殿《ぶんしょういん
どの》
江戸時代中期の江戸幕府第6代の将軍（在職1709
～1712）。徳川綱重の子。元禄時代を現出した5
代綱吉の後を受け，柳沢吉保を退け，代わりに新
井白石，間部詮房らを登用した。生類憐れみの令
廃止・良貨発行・儀礼整備など，その治世は「正
徳の治」と称された。
¶朝日（㊐寛文2年4月25日（1662年6月11日）

[没]正徳2年10月14日（1712年11月12日）），岩史（[生]寛文2（1662）年4月25日　[没]正徳2（1712）年10月14日），角史，近世，公卿（[生]寛文2（1662）年4月25日　[没]正徳2（1712）年10月14日），国史，国書（[生]寛文2（1662）年4月25日　[没]正徳2（1712）年10月14日），コン改（[生]寛文3（1663）年），コン4，史人（[生]1662年4月25日　[没]1712年10月14日），重要（[生]寛文3（1663）年4月25日　[没]正徳2（1712）年10月14日），諸系，新潮（[生]寛文2（1662）年4月25日　[没]正徳2（1712）年10月14日），人名，世人（[生]寛文3（1663）年4月25日　[没]正徳2（1712）年10月14日），世百，全書，大百（[生]1663年），日史（[生]寛文2（1662）年4月25日　[没]正徳2（1712）年10月14日），日人，藩主2（徳川綱豊　とくがわつなとよ　[没]正徳2（1712）年10月14日），百科，山梨百（徳川綱豊　とくがわつなとよ　[生]寛文2（1662）年4月25日　[没]正徳2（1712）年10月14日），歴大

徳川家治　とくがわいえはる

元文2（1737）年～天明6（1786）年　[別]浚明院殿《しゅんめいいんどの》

江戸時代中期の江戸幕府第10代の将軍（在職1760～1786）。9代家重の長男。田沼意次を登用し、自らは政務を顧みることが少なく趣味の世界に没頭した。世嗣家基に急逝され晩年は不幸だったといわれる。

¶朝日（[生]元文2年5月22日（1737年6月20日）[没]天明6年8月25日（1786年9月17日）），岩史（[生]元文2（1737）年5月22日　[没]天明6（1786）年8月25日），角史，近世，公卿（[生]元文2（1737）年2月22日　[没]天明6（1786）年9月8日），国史，コン改，コン4，史人（[生]1737年5月22日　[没]1786年8月25日），重要（[生]元文2（1737）年5月22日　[没]天明6（1786）年9月8日），諸系，新潮（[生]元文2（1737）年5月22日　[没]天明6（1786）年9月8日），人名，世人（[生]元文2（1737）年2月22日　[没]天明6（1786）年9月8日），世百，全書，大百，日史（[生]元文2（1737）年5月22日　[没]天明6（1786）年9月8日），日人，百科，歴大

徳川家光　とくがわいえみつ

慶長9（1604）年～慶安4（1651）年　[別]大猷院殿《だいゆういんどの》

江戸時代前期の江戸幕府第3代の将軍（在職1623～1651）。2代秀忠の子。弟忠長をおさえ将軍職に。武家諸法度の改訂・参勤交代の整備など江戸幕府の基本的な制度を完成させた。幕府の管理権限を強化したうえで鎖国を実施、またキリシタンの禁圧を進めて島原の乱も武力で弾圧するなど専制的な面もみせ、諸大名に幕府への忠誠をもとめた。

¶朝日（[生]慶長9年7月17日（1604年8月12日）[没]慶安4年4月20日（1651年6月8日）），岩史（[生]慶長9（1604）年7月17日　[没]慶安4（1651）年4月20日），角史，神奈川人，鎌倉，京都，京都大，近世，公卿（[生]慶長9（1604）年7月17日　[没]慶安4（1651）年4月20日），国史，国書（[生]慶長9（1604）年7月17日　[没]慶安4（1651）年4月20日），コン改，コン4，茶道，史人（[生]1604年7月17日　[没]1651年4月20日），重要（[生]慶長9（1604）年7月17日　[没]慶安4（1651）年4月20日），諸系，神人，新潮（[生]慶長9（1604）年7月17日　[没]慶安4（1651）年4月20日），人名，姓氏京都，世人（[生]慶長9（1604）年7月17日　[没]慶安4（1651）年4月20日），世百，全書，大百，多摩，伝記，栃木歴，日史（[生]慶長9（1604）年7月17日　[没]慶安4（1651）年4月20日），日人，百科，仏教（[生]慶長9（1604）年7月17日　[没]慶安4（1651）年4月20日），歴大

徳川家茂　とくがわいえもち

弘化3（1846）年～慶応2（1866）年　[別]徳川慶福《とくがわよしとみ》，昭徳院《しょうとくいん》，昭徳院殿《しょうとくいんどの》

江戸時代末期の江戸幕府第14代の将軍（在職1858～1866）。紀伊和歌山藩主から一橋慶喜を抑えて将軍になる。公武合体のため皇妹和宮と結婚。英邁な君主と期待されたが第2次長州征伐の最中に大坂城で死去。

¶朝日（[生]弘化3年閏5月24日（1846年7月17日）[没]慶応2年7月20日（1866年8月29日）），維新，岩史（[生]弘化3（1846）年閏5月24日　[没]慶応2（1866）年7月20日），大阪人（[没]慶応2（1866）年7月），角史，京都大，郷土和歌山（徳川慶福　とくがわよしとみ），近世，公卿（[没]慶応2（1866）年2月28日），国史，コン改，コン4，史人（[生]1846年閏5月24日　[没]1866年7月20日），重要（[生]弘化3（1846）年閏5月24日　[没]慶応2（1866）年7月20日），諸系，新潮（[生]弘化3（1846）年閏5月24日　[没]慶応2（1866）年7月20日），人名，姓氏京都，世人（[没]慶応2（1866）年8月20日），世百，全書，大百，伝記，日史（[生]弘化3（1846）年閏5月24日　[没]慶応2（1866）年7月20日），日人，幕末（[没]1866年8月29日），藩主3（徳川慶福　とくがわよしとみ　[生]弘化3（1846）年閏5月24日　[没]慶応2（1866）年8月20日），百科，歴大，和歌山人（徳川慶福　とくがわよしとみ）

徳川家基　とくがわいえもと

宝暦12（1762）年～安永8（1779）年

江戸時代中期の第10代将軍徳川家治の継嗣。江戸城外で急病になりそのまま死去。

¶公卿（[生]宝暦12（1762）年10月　[没]安永8（1779）年2月24日），諸系，日史（[生]宝暦12（1762）年10月25日　[没]安永8（1779）年2月24日），日人

徳川家康　とくがわいえやす

天文11（1542）年～元和2（1616）年　[別]松平家康《まつだいらいえやす》，三河大納言《みかわだいなごん》，駿河大納言《するがだいなごん》，松平元康《まつだいらもとやす》，東照大権現《とうしょうだいごんげん》

安土桃山時代～江戸時代前期の江戸幕府初代の将軍（在職1603～1605）。幼少時は織田・今川で人質生活を送る。今川義元が討たれると三河の大名として独立、織田信長と同盟を結ぶ。信長の没後は豊臣秀吉に臣従、関東の経営を任され江戸を本拠とした。秀吉の死後、関ヶ原に石田三成らを破り、江戸幕府を創設。晩年大坂城に豊臣氏を滅ぼし幕府の土台を盤石にした。

¶愛知百（[生]1542年12月26日　[没]1616年4月17日），朝日（[生]天文11年12月26日（1543年1月31日）　[没]元和2年4月17日（1616年6月1日）），岩史（[生]天文11（1542）年12月26日　[没]元和2

(1616)年4月17日)，沖縄百([生]天文11(1542)年12月26日　[没]元和2(1616)年4月17日)，角史，神奈川人，鎌倉，教育，京都，京都大，近世，公卿([没]元和2(1616)年4月17日)，群馬人，系東(松平家康　まつだいらいえやす)，芸能([没]元和2(1616)年4月17日)，国史，国書([生]天文11(1542)年12月26日　[没]元和2(1616)年4月17日)，古中，コン改，コン4，茶道，史人([生]1542年12月26日　[没]1616年4月17日)，静岡百，静岡歴，重要([没]元和2(1616)年4月14日)，食文([生]天文11年12月26日(1543年1月31日)　[没]元和2年4月17日(1616年6月1日))，諸系([生]1543年)，人書94，神人，新潮([生]天文11(1542)年12月26日　[没]元和2(1616)年4月17日)，人名，姓氏愛知，姓氏京都，姓氏静岡，世人([生]天文11(1542)年12月26日　[没]元和2(1616)年4月17日)，世百，戦合，戦国，戦辞([生]天文11年12月26日(1543年1月31日)　[没]元和2年4月17日(1616年6月1日))，全書，戦人，大百，多摩，伝記，栃木歴，長野歴，日史([生]天文11(1542)年12月26日　[没]元和2(1616)年4月17日)，日人([生]1543年)，人情，百科，仏教([生]天文11(1542)年12月26日　[没]元和2(1616)年4月14日)，山梨百([没]元和2(1616)年4月17日)，歴大

徳川家慶 とくがわいえよし
寛政5(1793)年～嘉永6(1853)年　[別]慎徳院殿《しんとくいんどの》
江戸時代末期の江戸幕府第12代の将軍(在職1837～1853)。11代家斉の次男。大御所家斉の死後、水野忠邦に天保の改革を実施させた。ペリー来航後に死去。
¶朝日([生]寛政5年5月14日(1793年6月22日)　[没]嘉永6年6月22日(1853年7月27日))，維新，岩史([生]寛政5(1793)年5月14日　[没]嘉永6(1853)年6月22日)，角史，近世，公卿([没]嘉永6(1853)年5月24日)，国史，国書([生]寛政5(1793)年5月14日　[没]嘉永6(1853)年6月22日)，コン改，コン4，史人([生]1793年5月14日　[没]1853年6月22日)，重要([生]寛政5(1793)年5月14日　[没]嘉永6(1853)年6月22日)，諸系，新潮([生]寛政5(1793)年5月14日　[没]嘉永6(1853)年6月22日)，人名，世人([没]嘉永6(1853)年6月22日)，世百，全書，大百，日史([生]寛政5(1793)年5月14日　[没]嘉永6(1853)年6月22日)，日人，幕末([没]1853年7月27日)，百科，歴大

徳川上総介忠輝 とくがわかずさのすけただてる
→松平忠輝(まつだいらただてる)

徳川五郎太 とくがわごろうた
正徳1(1711)年～正徳3(1713)年　[別]徳川五郎太《とくがわごろた》
江戸時代中期の大名。尾張藩主。
¶岐阜百，諸系，日人，藩主2([生]正徳1(1711)年1月9日　[没]正徳3(1713)年10月18日)

徳川重倫 とくがわしげのり
延享3(1746)年～文政12(1829)年　[別]徳川重倫《とくがわしげみち》
江戸時代中期～後期の大名。紀伊和歌山藩第8代藩主。
¶公卿(とくがわしげみち　[没]?)，諸系，人名(とくがわしげみち　[没]?)，日人，藩主3([生]延享3(1746)年2月28日　[没]文政12(1829)年6月2日)，和歌山人

徳川重倫 とくがわしげみち
→徳川重倫(とくがわしげのり)

徳川重好 とくがわしげよし
延享2(1745)年～寛政7(1795)年　[別]清水重好《しみずしげよし》
江戸時代中期の御三卿の一つ清水家の初代当主。
¶朝日([生]延享2年2月15日(1745年3月17日)　[没]寛政7年7月8日(1795年8月22日))，近世，公卿([生]延享2(1745)年2月　[没]寛政7(1795)年7月8日)，国史，コン改，コン4，埼玉人([生]延享2(1745)年2月15日　[没]寛政7(1795)年7月8日)，史人(清水重好　しみずしげよし　[生]1745年2月15日　[没]1795年7月8日)，重要([生]延享2(1745)年2月15日　[没]寛政7(1795)年7月8日)，諸系(清水重好　しみずしげよし)，人名，日人(清水重好　しみずしげよし)，歴大

徳川忠長 とくがわただなが
慶長11(1606)年～寛永10(1633)年　[別]駿河大納言忠長《するがだいなごんただなが》，駿河大納言《するがだいなごん》
江戸時代前期の大名。2代秀忠の3男。才は兄家光を越えているといわれたが、家康の意向で将軍職は家光のものとなる。のち甲府から駿河に移り駿河大納言とよばれたが、家光に謀反の疑いをもたれ自害。
¶朝日([生]慶長11年5月7日(1606年6月12日)　[没]寛永10年12月6日(1634年1月5日))，岩史([生]慶長11(1606)年6月1日　[没]寛永10(1633)年12月6日)，角史，近世，公卿([生]慶長11(1606)年5月7日　[没]寛永10(1633)年12月6日)，群馬人(駿河大納言忠長　するがだいなごんただなが)，群馬百，国史，コン改，コン4，史人([生]1606年5月7日　[没]1633年12月6日)，静岡百，静岡歴，諸系([没]1634年)，新潮([生]慶長11(1606)年5月7日　[没]寛永10(1633)年12月6日)，人名，姓氏群馬，姓氏静岡，姓氏長野，世百，全書，大百，長野歴，日史([生]慶長11(1606)年5月7日　[没]寛永10(1633)年12月6日)，日人([没]1634年)，藩主2([生]慶長11(1606)年5月7日　[没]寛永10(1633)年12月6日)，藩主2，百科，山梨百([没]寛永10(1633)年12月6日)，歴大

徳川継友 とくがわつぐとも
元禄5(1692)年～享保15(1730)年11月27日
江戸時代中期の大名。尾張藩第6代藩主。
¶江戸東，岐阜百，公卿，諸系([没]1731年)，人名，日人([没]1731年)，藩主2([生]元禄5(1692)年2月8日)

徳川綱条 とくがわつなえだ
明暦2(1656)年～享保3(1718)年
江戸時代前期～中期の大名。水戸藩第3代藩主。
¶茨城百，公卿([生]明暦1(1655)年　[没]享保3(1718)年9月11日)，国書([生]明暦2(1656)年8月26日　[没]享保3(1718)年9月11日)，諸系，人名([生]1655年)，日人，藩主2([生]明暦2(1656)

年8月26日　[没]享保3(1718)年9月11日)

徳川綱重　とくがわつなしげ
正保1(1644)年～延宝6(1678)年
江戸時代前期の大名。3代家光の子。甲府宰相とよばれる。
¶朝日([生]正保1年5月24日(1644年6月28日)　[没]延宝6年9月14日(1678年10月29日)),岩史([生]寛永21(1644)年5月24日　[没]延宝6(1678)年9月14日),近世,公卿([生]正保1(1644)年5月　[没]延宝6(1678)年9月14日),国史,コン改,コン4,史人([生]1644年5月24日　[没]1678年9月14日),諸系,新潮([生]正保1(1644)年5月　[没]延宝6(1678)年9月14日),人名,世人([没]延宝6(1678)年9月14日),世百,全書,日人,藩主2([生]正保1(1644)年5月24日　[没]延宝6(1678)年9月14日),山梨百([生]寛永21(1644)年5月24日　[没]延宝6(1678)年9月14日),歴大

徳川綱豊　とくがわつなとよ
→徳川家宣(とくがわいえのぶ)

徳川綱誠　とくがわつななり
承応1(1652)年～元禄12(1699)年　[別]徳川綱誠《とくがわつなのぶ,とくがわつなのり,とくがわつなまさ》
江戸時代前期～中期の大名。尾張藩第3代藩主。
¶大阪墓,岐阜百(とくがわつなのり),公卿(とくがわつなまさ　[生]承応2(1653)年　[没]元禄13(1700)年6月5日),諸系,人名(とくがわつなまさ　[没]1700年),日人,藩主2([生]承応1(1652)年8月2日　[没]元禄12(1699)年6月5日)

徳川綱誠　とくがわつなのぶ
→徳川綱誠(とくがわつななり)

徳川綱教　とくがわつなのり
寛文5(1665)年～宝永2(1705)年
江戸時代前期～中期の大名。紀伊和歌山藩第3代藩主。
¶公卿([没]宝永2(1705)年5月14日),諸系,人名,日人,藩主3([生]寛文5(1665)年8月26日　[没]宝永2(1705)年5月14日),和歌山人

徳川綱誠　とくがわつなのり
→徳川綱誠(とくがわつななり)

徳川綱誠　とくがわつなまさ
→徳川綱誠(とくがわつななり)

徳川綱吉　とくがわつなよし
正保3(1646)年～宝永6(1709)年　[別]犬公方《いぬくぼう》,常憲院殿《じょうけんいんどの》
江戸時代前期～中期の江戸幕府第5代の将軍(在職1680～1709)。3代家光の末子。4代家綱の死後将軍となる。初期は信賞必罰を旨とする「天和の治」と呼ばれる政治を行ったが、後期は柳沢吉保を登用した側用人政治となり、生類憐れみの令や貨幣の改鋳など悪政も多かった。
¶朝日([生]正保3年1月8日(1646年2月23日)　[没]宝永6年1月10日(1709年2月19日)),岩史([生]正保3(1646)年1月8日　[没]宝永6(1709)年1月10日),角史,近世,公卿([生]正保3(1646)年1月8日　[没]宝永6(1709)年1月10日),群馬人([生]正保3(1646)年1月8日　[没]宝永6(1709)年1月10日),群馬百,芸能([没]宝永6(1709)年1月10日),国史,国書([生]正保3(1646)年1月8日　[没]宝永6(1709)年1月10日),コン改,コン4,史人([生]1646年1月8日　[没]1709年1月10日),重要([生]正保3(1646)年1月8日　[没]宝永6(1709)年1月10日),諸系,新潮([生]正保3(1646)年1月8日　[没]宝永6(1709)年1月10日),人名,姓氏京都,姓氏群馬,世人([生]正保3(1646)年1月8日　[没]宝永6(1709)年1月10日),世百,全書,大百,伝記,日史([生]正保3(1646)年1月8日　[没]宝永6(1709)年1月10日),日人,藩主1([生]正保3(1646)年1月8日　[没]宝永6(1709)年1月10日),百科,仏教([生]正保3(1646)年1月8日　[没]宝永6(1709)年1月10日),歴大

徳川斉荘　とくがわつねなり
→徳川斉荘(とくがわなりたか)

徳川徳松　とくがわとくまつ
延宝7(1679)年～天和3(1683)年　[別]徳川徳松丸《とくがわとくまつまる》
江戸時代前期～中期の大名。上野館林藩主。
¶群馬人(徳川徳松丸　とくがわとくまつまる　[生]延宝7(1679)年5月2日　[没]天和3(1683)年5月28日),諸系,姓氏群馬(徳川徳松丸　とくがわとくまつまる),日人,藩主1([生]延宝7(1679)年5月　[没]天和3(1683)年閏5月28日)

徳川徳松丸　とくがわとくまつまる
→徳川徳松(とくがわとくまつ)

徳川斉昭　とくがわなりあき
寛政12(1800)年～万延1(1860)年　[別]水戸烈公《みとれっこう》
江戸時代末期の大名。水戸藩第9代藩主。藩政改革を実行、ペリー来航に際しては尊王攘夷を主張した。井伊直弼と対立し、安政の大獄では蟄居を命じられた。
¶朝日([生]寛政12年3月11日(1800年4月4日)　[没]万延1年8月15日(1860年9月29日)),維新,茨城百,岩史([生]寛政12(1800)年3月11日　[没]万延1(1860)年8月15日),江戸,角史,教育,郷土茨城,近世,公卿([生]寛政12(1800)年3月12日　[没]万延1(1860)年8月15日),国史,国書([生]寛政12(1800)年3月11日　[没]万延1(1860)年8月15日),コン改,コン4,茶道,詩歌,史人([生]1800年3月11日　[没]1860年8月15日),重要([生]寛政12(1800)年3月11日),諸系,神人,新潮([生]寛政12(1800)年3月11日　[没]万延1(1860)年8月15日),人名,世人([生]寛政12(1800)年3月12日　[没]万延1(1860)年8月15日),世百,全書,大百,伝記,日史([生]寛政12(1800)年3月11日　[没]万延1(1860)年8月15日),日人,幕末([没]1860年9月29日),藩主2([生]寛政12(1800)年3月11日　[没]万延1(1860)年8月15日),百科,北海道百,北海道歴,歴大

徳川斉彊(徳川斉疆)　とくがわなりかつ
文政3(1820)年～嘉永2(1849)年
江戸時代後期の大名。紀伊和歌山藩主。
¶維新(徳川斉疆),諸系,日人,藩主3([生]文政3(1820)年4月28日　[没]嘉永2(1849)年3月27日,(異説)3月1日),和歌山人(徳川斉疆)

徳川斉荘　とくがわなりたか
文化7(1810)年～弘化2(1845)年　[別]徳川斎荘

と

《とくがわつねなり》
江戸時代後期の大名。尾張藩主。
¶岐阜百（徳川斎荘　とくがわつねなり），国書（[生]文化6（1809）年6月13日　[没]弘化2（1845）年7月21日），茶道，諸系，日人，藩主2（[生]文化7（1810）年6月13日　[没]弘化2（1845）年7月6日）

徳川斉朝（徳川斎朝）　**とくがわなりとも**
寛政5（1793）年～嘉永3（1850）年
江戸時代末期の大名。尾張藩主。
¶岐阜百（徳川斎朝），諸系，日人，藩主2（[生]寛政5（1793）年8月23日　[没]嘉永3（1850）年3月晦日）

徳川斉修　**とくがわなりなが**
→徳川斉脩（とくがわなりのぶ）

徳川斉脩（徳川斉修）　**とくがわなりのぶ**
寛政9（1797）年～文政12（1829）年　[別]徳川斉修《とくがわなりなが》
江戸時代後期の大名。水戸藩第8代藩主。
¶公卿（徳川斉修　とくがわなりなが　[没]文政12（1829）年10月），国書（[生]寛政9（1797）年3月16日　[没]文政12（1829）年10月4日），茶道（徳川斉修），諸系，人名（徳川斉修　とくがわなりなが），日人，藩主2（徳川斉修　[生]寛政9（1797）年3月16日　[没]文政12（1829）年10月4日）

徳川斉温（徳川斎温）　**とくがわなりはる**
文政2（1819）年～天保10（1839）年
江戸時代後期の大名。尾張藩主。
¶岐阜百（徳川斎温），諸系，日人，藩主2（[生]文政2（1819）年5月29日　[没]天保10（1839）年3月20日）

徳川斉順　**とくがわなりゆき**
享和1（1801）年～弘化3（1846）年
江戸時代後期の大名。紀伊和歌山藩主。
¶諸系，日人，藩主3（[生]享和1（1801）年9月9日　[没]弘化3（1846）年閏5月8日，（異説）3月5日），和歌山人

徳川治興　**とくがわはるおき**
宝暦6（1756）年11月25日～安永5（1776）年7月8日
江戸時代中期の武家・歌人。
¶国書

徳川治済　**とくがわはるさだ**
→一橋治済（ひとつばしはるさだ）

徳川治貞　**とくがわはるさだ**
享保13（1728）年～寛政1（1789）年　[別]松平頼淳《まつだいらよりあつ》
江戸時代中期の大名。紀伊和歌山藩第9代藩主。
¶近世，公卿（[生]享保12（1727）年），国史，国書（[生]享保13（1728）年2月16日　[没]寛政1（1789）年10月23日），コン改（[生]享保12（1727）年），コン4，史人（[生]1728年2月16日　[没]1789年10月26日），諸系，人名（[生]1727年），日人，藩主3（[生]享保13（1728）年2月16日　[没]寛政1（1789）年10月26日），藩主4（松平頼淳　まつだいらよりあつ），和歌山人

徳川治紀　**とくがわはるとし**
安永2（1773）年～文化13（1816）年
江戸時代後期の大名。水戸藩第7代藩主。
¶公卿（[没]文化13（1816）年閏8月23日），国書（[生]安永2（1773）年10月24日　[没]文化13（1816）年閏8月19日），諸系，人名，日人，藩主2（[生]安永2（1773）年10月24日　[没]文化13（1816）年閏8月19日）

徳川治宝　**とくがわはるとみ**
明和8（1771）年～嘉永5（1852）年
江戸時代後期の大名。紀伊和歌山藩主。
¶朝日（[生]明和8年6月18日（1771年7月29日）　[没]嘉永5年12月7日（1853年1月16日）），郷土和歌山，近世，国史，国書（[生]明和8（1771）年6月18日　[没]嘉永5（1852）年12月7日），コン4，茶道，史人（[生]1771年6月18日　[没]1852年12月7日），諸系（[没]1853年），日人（[没]1853年），藩主3（[生]明和8（1771）年6月18日　[没]嘉永6（1852）年1月20日，（異説）12月7日），和歌山人（[没]1853年）

徳川治保　**とくがわはるもり**
宝暦1（1751）年～文化2（1805）年
江戸時代中期～後期の大名。水戸藩第6代藩主。
¶近世，公卿（[没]文化2（1805）年11月），国史，国書（[生]寛延4（1751）年8月16日　[没]文化2（1805）年11月1日），諸系，人名，日人，藩主2（[生]宝暦1（1751）年8月16日　[没]文化2（1805）年11月1日）

徳川治泰　**とくがわはるやす**
宝暦2（1752）年～安永3（1774）年
江戸時代中期の武士。田安家2代の主。
¶人名

徳川治行　**とくがわはるゆき**
宝暦10（1760）年～寛政5（1793）年　[別]松平義柄《まつだいらよしえ》，徳川治行《とくがわはれゆき》
江戸時代中期～後期の大名。紀伊和歌山藩第10代藩主。
¶岐阜百（松平義柄　まつだいらよしえ），公卿（とくがわはれゆき　生没年不詳），諸系，人名，日人，藩主2（松平義柄　まつだいらよしえ）

徳川治行　**とくがわはれゆき**
→徳川治行（とくがわはるゆき）

徳川秀忠　**とくがわひでただ**
天正7（1579）年～寛永9（1632）年　[別]羽柴武蔵守《はしばむさしのかみ》，台徳院《たいとくいん，だいとくいん》，台徳院殿《だいとくいんどの》
安土桃山時代～江戸時代前期の江戸幕府第2代の将軍（在職1605～1623）。家康の3男。将軍職を譲られたが、しばらくは実権は大御所家康にあった。家康の死後、武家諸法度や禁中並公家諸法度など法制を整備し幕藩制度の充実に力を注いだ。
¶朝日（[生]天正7年4月7日（1579年5月2日）　[没]寛永9年1月24日（1632年3月14日）），岩史（[生]天正7（1579）年4月7日　[没]寛永9（1632）年1月24日），沖縄百（[生]天正7（1579）年4月7日　[没]寛永9（1632）年1月24日），角史，鎌倉，京都，京都大，近世，公卿（[生]天正6（1578）年4月7日　[没]寛永9（1632）年1月24日），群馬人，国史，国書（[生]天正7（1579）年4月7日　[没]寛永9（1632）年1月24日），古中，コン改，コン4，茶道，史人（[生]1579年4月7日　[没]1632年1月24日），重要（[生]天正7（1579）年4月7日　[没]寛永9（1632）年1

月24日），諸系，新潮（[生]天正7（1579）年4月7日　[没]寛永9（1632）年1月24日），人名（[生]1578年），姓氏京都，世人（[生]天正7（1579）年4月　[没]寛永9（1632）年1月24日），世百（[生]1578年），戦合，戦国，戦辞（[生]天正7年4月7日（1579年5月2日）　[没]寛永9年1月24日（1632年3月14日）），全書（[生]1578年），戦人，大百（[生]1578年），伝記，日史（[生]天正7（1579）年4月7日　[没]寛永9（1632）年1月24日），日人，百科，歴大

徳川光圀 とくがわみつくに
寛永5（1628）年～元禄13（1700）年　[別]水戸黄門《みとこうもん》，水戸光圀《みとみつくに》，義公《ぎこう》，水戸義公《みとぎこう》
江戸時代前期～中期の大名。水戸藩第2代藩主。学問を奨励、自ら「大日本史」の編纂にあたり、水戸学を興した。「水戸黄門漫遊記」は後世の創作。
¶朝日（[生]寛永5年6月10日（1628年7月11日）　[没]元禄13年12月6日（1701年1月14日）），茨城百，岩史（[生]寛永5（1628）年6月10日　[没]元禄13（1700）年12月6日），江戸（水戸光圀　みとみつくに），角史，神奈川人，鎌倉，教育，郷土茨城，近世，公卿（[生]寛永5（1628）年6月10日　[没]元禄13（1700）年12月6日），考古（[生]寛永5年（1628年6月10日）　[没]元禄13年（1700年12月）），国史，国書（[生]寛永5（1628）年6月10日　[没]元禄13（1700）年12月6日），コン改，コン4，詩歌，史人（[生]1628年6月10日　[没]1700年12月6日），重要（[生]寛永5（1628）年6月10日　[没]元禄13（1700）年12月6日），食文（水戸黄門　みとこうもん　[生]寛永5年6月10日（1628年7月11日）　[没]元禄13年12月6日（1701年1月14日）），諸系（[没]1701年），神史，人書94，神人（[生]寛永5（1628）年6月10日　[没]元禄13（1700）年12月6日），新潮（[生]寛永5（1628）年6月10日　[没]元禄13（1700）年12月6日），新文（[生]寛永5（1628）年6月10日　[没]元禄13（1700）年12月6日），人名，姓氏神奈川，世人（[生]寛永5（1628）年6月10日　[没]元禄13（1700）年12月6日），世百，全書，大百，伝記，栃木歴，日史（[生]寛永5（1628）年6月10日　[没]元禄13（1700）年12月6日），日人（[没]1701年），藩主2（[生]寛永5（1628）年6月10日　[没]元禄13（1700）年12月6日），百科，仏教（[生]寛永5（1628）年6月10日　[没]元禄13（1700）年12月6日），文学，平史，歴大，和俳（[生]寛永5（1628）年6月10日　[没]元禄13（1700）年12月6日）

徳川光貞 とくがわみつさだ
＊～宝永2（1705）年
江戸時代前期～中期の大名。紀伊和歌山藩第2代藩主。
¶近世（[生]1626年），公卿（[生]寛永2（1625）年　[没]宝永2（1705）年8月8日），国史（[生]1626年），国書（[生]寛永3（1626）年12月11日　[没]宝永2（1705）年8月8日），諸系（[生]1627年），人書94（[生]1625年），人名（[生]1625年），日人（[生]1627年），藩主3（[生]寛永3（1626）年12月11日　[没]宝永2（1705）年8月8日），和歌山人（[生]1626年）

徳川光友 とくがわみつとも
寛永2（1625）年～元禄13（1700）年
江戸時代前期～中期の大名。尾張藩第2代藩主。
¶大阪墓，岐阜百，公卿（[没]元禄13（1700）年10月），国書（[生]寛永2（1625）年7月29日　[没]元禄13（1700）年10月16日），茶道，諸系，人名，日人，藩主2（[生]寛永2（1625）年7月29日　[没]元禄13（1700）年10月16日）

徳川宗勝 とくがわむねかつ
宝永2（1705）年～宝暦11（1761）年　[別]松平義淳《まつだいらよしあつ》
江戸時代中期の大名。尾張藩第8代藩主。
¶岐阜百（松平義淳　まつだいらよしあつ），岐阜百，公卿（[没]宝暦11（1761）年6月24日），諸系，人名，日人，藩主2（松平義淳　まつだいらよしあつ　[生]1707年），藩主2（[生]宝永2（1705）年6月2日　[没]宝暦11（1761）年6月22日）

徳川宗将 とくがわむねかど
→徳川宗将（とくがわむねのぶ）

徳川宗堯 とくがわむねたか
宝永2（1705）年～享保15（1730）年
江戸時代中期の大名。水戸藩第4代藩主。
¶公卿（[没]享保15（1730）年4月7日），国書（[生]宝永2（1705）年7月11日　[没]享保15（1730）年4月7日），諸系，人名，日人，藩主2（[生]宝永2（1705）年7月11日　[没]享保15（1730）年4月7日）

徳川宗武 とくがわむねたけ
→田安宗武（たやすむねたけ）

徳川宗尹 とくがわむねただ
享保6（1721）年～明和1（1764）年　[別]一橋宗尹《ひとつばしむねただ》
江戸時代中期の一橋家の初代当主。
¶朝日（[生]享保6年閏7月16日（1721年9月7日）　[没]明和1年12月22日（1765年1月13日）），近世，公卿（[生]享保6（1721）年閏7月　[没]明和1（1764）年12月22日），国史，コン改，コン4，埼玉人（[生]享保6（1721）年閏7月16日　[没]明和1（1764）年12月22日），史人（一橋宗尹　ひとつばしむねただ　[生]1721年閏7月16日　[没]1764年12月22日），諸系（一橋宗尹　ひとつばしむねただ　[没]1765年），人名，日人（一橋宗尹　ひとつばしむねただ　[没]1765年），歴大（[没]1765年）

徳川宗睦 とくがわむねちか
享保18（1733）年～寛政11（1799）年
江戸時代中期の大名。尾張藩主。
¶朝日（[生]享保18年9月20日（1733年10月27日）　[没]寛政11年12月20日（1800年1月14日）），岐阜百，近世，国史，国書（[生]享保18（1733）年9月20日　[没]寛政11（1799）年12月20日），コン改，コン4，史人（[生]1733年9月20日　[没]1799年12月20日），諸系（[没]1800年），新潮（[生]享保18（1733）年9月　[没]寛政11（1799）年12月20日），人名，姓氏愛知，日人（[没]1800年），藩主2（[生]享保18（1733）年9月20日　[没]寛政11（1799）年12月20日）

徳川宗直 とくがわむねなお
天和2（1682）年～宝暦7（1757）年
江戸時代中期の大名。紀伊和歌山藩第6代藩主。
¶公卿（[没]宝暦7（1757）年7月2日），諸系，人名，日人，藩主3（[生]天和2（1682）年7月25日　[没]宝暦7（1757）年7月2日），和歌山人

徳川宗将 とくがわむねのぶ
享保5(1720)年～明和2(1765)年　[別]徳川宗将《とくがわむねかど,とくがわむねまさ》
江戸時代中期の大名。紀伊和歌山藩第7代藩主。
¶公卿(とくがわむねまさ　[没]明和2(1765)年2月26日),国書([生]享保5(1720)年2月30日　[没]明和2(1765)年2月25日),諸系,人名(とくがわむねかど),日人,藩主3([生]享保5(1720)年2月晦日　[没]明和2(1765)年2月25日),和歌山人

徳川宗春 とくがわむねはる
元禄9(1696)年～明和1(1764)年　[別]松平通春《まつだいらみちはる》
江戸時代中期の大名。尾張藩第7代藩主。8代吉宗の緊縮政策に反抗し商業の振興を図ったが、吉宗により隠居・謹慎させられた。
¶愛知百([生]1696年10月28日　[没]1764年10月8日),朝日([生]元禄9年10月26日(1696年11月20日)　[没]明和1年10月8日(1764年11月1日)),岩史([生]元禄9(1696)年10月26日　[没]明和1(1764)年10月8日),江戸東,岐阜百,近世,公卿([没]明和1(1764)年10月8日),国史,国書([生]元禄9(1696)年10月26日　[没]明和1(1764)年10月8日),コン改,コン4,史人([生]1696年10月26日　[没]1764年10月8日),重要([生]元禄9(1696)年10月26日　[没]明和1(1764)年10月8日),諸系,新潮([没]明和1(1764)年10月8日),人名,姓氏愛知,日史([生]元禄9(1696)年10月26日　[没]明和1(1764)年10月8日),日人,藩主1(松平通春　まつだいらみちはる),藩主2([生]元禄9(1696)年10月28日　[没]明和1(1764)年10月8日),百科,歴大

徳川宗将 とくがわむねまさ
→徳川宗将(とくがわむねのぶ)

徳川宗翰 とくがわむねもと
享保13(1728)年～明和3(1766)年
江戸時代中期の大名。水戸藩主。
¶諸系,日人,藩主2([生]享保13(1728)年7月29日　[没]明和3(1766)年2月14日)

徳川茂承 とくがわもちつぐ
弘化1(1844)年～明治39(1906)年　[別]徳川茂承《まつだいらもちつぐ》
江戸時代末期～明治期の大名。紀伊和歌山藩第14代藩主。
¶朝日([生]弘化1年1月15日(1844年3月3日)　[没]明治39(1906)年8月20日),維新,郷土和歌山,近現,近世,公卿([没]明治39(1906)年8月20日),国際,国史,国書([生]天保15(1844)年1月15日　[没]明治39(1906)年8月20日),コン5,諸系,諸系(まつだいらもちつぐ),新潮([生]弘化1(1844)年1月15日　[没]明治39(1906)年8月20日),人名,日人,藩主3([生]弘化1(1844)年1月13日　[没]明治39(1906)年8月20日),和歌山人

徳川茂徳 とくがわもちなが
天保2(1831)年～明治17(1884)年　[別]松平義比《まつだいらよしちか》,徳川茂徳《とくがわもちのり》
江戸時代末期～明治期の大名。尾張藩第15代藩主。
¶朝日([生]天保2年5月2日(1831年6月11日)　[没]明治17(1884)年3月6日),維新,岐阜百(松平義比　まつだいらよしちか　[生]?),岐阜百,近現,近世,公卿(とくがわもちのり　[生]?　[没]慶応3(1867)年1月),国史,コン改(とくがわもちのり),コン4,コン5,史人([生]1831年5月2日　[没]1884年3月6日),諸系,新潮([生]天保2(1831)年5月2日　[没]明治17(1884)年3月6日),人名(とくがわもちのり),日人,幕末([没]1884年3月6日),藩主2(松平義比　まつだいらよしちか),藩主2([生]天保2(1831)年5月2日　[没]明治17(1884)年3月6日),歴大

徳川茂徳 とくがわもちのり
→徳川茂徳(とくがわもちなが)

徳川慶篤 とくがわよしあつ
天保3(1832)年～明治1(1868)年
江戸時代末期の大名。水戸藩主。
¶朝日([生]天保3年6月3日(1832年6月30日)　[没]明治1年4月5日(1868年4月27日)),維新,茨城百,近世,国史,コン4,史人([生]1832年6月3日　[没]1868年4月5日,(異説)12月16日),諸系,新潮([生]天保3(1832)年6月3日　[没]慶応4(1868)年4月5日),日人,幕末([没]1868年4月27日),藩主2([生]天保3(1832)年6月3日　[没]明治1(1868)年12月16日),歴大

徳川慶勝 とくがわよしかつ
文政7(1824)年～明治16(1883)年
江戸時代末期～明治期の大名。尾張藩主。
¶愛知百([生]1824年3月15日　[没]1883年8月1日),朝日([生]文政7年3月15日(1824年4月14日)　[没]明治16(1883)年8月1日),維新,岩史([生]文政7(1824)年3月15日　[没]明治16(1883)年8月1日),角史,岐阜百,京都大,近現,近世,国際,国史,国書([生]文政7(1824)年3月15日　[没]明治16(1883)年8月1日),コン改,コン4,コン5,史人([生]1824年3月15日　[没]1883年8月1日),写家([生]文政7年3月15日　[没]明治16年8月1日),重要([生]文政7(1824)年3月15日　[没]明治16(1883)年8月1日),諸系,新潮([生]文政7(1824)年3月15日　[没]明治16(1883)年8月1日),人名([生]1825年),姓氏愛知,姓氏京都,世人([没]明治16(1883)年8月1日),全書,日史([生]文政7(1824)年3月15日　[没]明治16(1883)年8月1日),日人,幕末([没]1883年8月1日),藩主2([生]文政7(1824)年3月15日　[没]明治16(1883)年8月1日),百科,北海道百,北海道歴,歴大

徳川慶臧(徳川慶蔵) **とくがわよしつぐ**
天保7(1836)年～嘉永2(1849)年
江戸時代後期の大名。尾張藩主。
¶岐阜百(徳川慶蔵),諸系,日人,藩主2([生]天保7(1836)年6月15日　[没]嘉永2(1849)年4月7日)

徳川慶福 とくがわよしとみ
→徳川家茂(とくがわいえもち)

徳川義直 とくがわよしなお
慶長5(1600)年～慶安3(1650)年　[別]敬公《けいこう》
江戸時代前期の大名。徳川家康の9男。尾張藩初代藩主。
¶愛知百,朝日([生]慶長5年11月28日(1601年1月2

日)　[没]慶安3年5月7日(1650年6月5日)), 岩史([生]慶長5(1600)年11月28日　[没]慶安3(1650)年5月7日), 角史, 岐阜百, 近世, 公卿([生]慶長5(1600)年11月　[没]慶安3(1650)年5月), 国史, 国書([生]慶長5(1600)年11月28日　[没]慶安3(1650)年5月7日), コン改, コン4, 茶道, 史人([生]1600年11月28日　[没]1650年5月7日), 諸系([生]1601年), 神史, 神人, 新潮([生]慶長5(1600)年11月28日　[没]慶安3(1650)年5月7日), 人名, 姓氏愛知, 世人([没]慶安3(1650)年5月7日), 世百, 戦国, 全書, 戦人, 大百, 日史([生]慶長5(1600)年11月28日　[没]慶安3(1650)年5月7日), 日人([生]1601年), 藩主2([生]慶長5(1600)年11月28日　[没]慶安3(1650)年5月7日), 藩主2, 百科, 歴大

徳川慶永 とくがわよしなが
→松平慶永(まつだいらよしなが)

徳川義宣 とくがわよしのぶ
→徳川義宜(とくがわよしのり)

徳川慶喜 とくがわよしのぶ
天保8(1837)年～大正2(1913)年　[別]一橋慶喜《ひとつばしよしのぶ》
江戸時代末期～明治期の江戸幕府第15代の将軍(在職1866～1867)。将軍継嗣問題では慶福(家茂)に敗れたが、1866年将軍に。翌年大政奉還したが鳥羽伏見の戦いに敗れ江戸に逃亡。東征軍の江戸攻撃の前に江戸城を開城して謹慎する。
¶朝日([生]天保8年9月29日(1837年10月28日)　[没]大正2(1913)年11月22日), 維新, 茨城百, 岩史([生]天保8(1837)年9月29日　[没]大正2(1913)年11月22日), 角史, 郷土茨城, 京都大, 近現, 近世, 公卿([生]天保8(1837)年9月29日　[没]大正2(1913)年11月22日), 現日([生]1837年9月29日　[没]1913年11月22日), 国際, 国史, 国書([生]天保8(1837)年9月29日　[没]大正2(1913)年11月22日), コン改, コン4, コン5, 詩歌, 史人([生]1837年9月29日　[没]1913年11月22日), 静岡百, 静岡歴, 写家([生]天保8年9月29日　[没]大正2年11月22日), 重要([生]天保8(1837)年9月29日　[没]大正2(1913)年11月22日), 諸系, 人書94, 新潮([生]天保8(1837)年9月29日　[没]大正2(1913)年11月22日), 人名, 姓氏京都, 姓氏静岡, 世人([生]天保8(1837)年9月29日　[没]大正2(1913)年11月22日), 世百, 全書, 大百, 伝記, 日史([生]天保8(1837)年9月29日　[没]大正2(1913)年11月22日), 日人, 日本, 幕末([没]1913年11月22日), 百科, 明治1, 履歴([生]天保8(1837)年9月29日　[没]大正2(1913)年11月22日), 歴大

徳川義宜 とくがわよしのり
安政5(1858)年～明治8(1875)年　[別]徳川義宣《とくがわよしのぶ》
江戸時代末期の大名。尾張藩主。
¶維新, 岐阜百, 国際, 諸系, 人名(徳川義宣　とくがわよしのぶ), 日人, 幕末([没]1875年11月26日), 藩主2([生]安政5(1858)年5月24日　[没]明治8(1875)年11月24日)

徳川吉通 とくがわよしみち
元禄2(1689)年～正徳3(1713)年
江戸時代中期の大名。尾張藩第4代藩主。
¶岐阜百, 公卿([没]正徳3(1713)年7月26日), 諸系, 人名, 日人, 藩主2([生]元禄2(1689)年9月17日　[没]正徳3(1713)年7月26日)

徳川吉宗 とくがわよしむね
貞享1(1684)年～宝暦1(1751)年　[別]松平頼方《まつだいらよりかた》, 徳川頼方《とくがわよりかた》, 米将軍《こめしょうぐん》, 有徳院殿《ゆうとくいんどの》
江戸時代中期の江戸幕府第8代の将軍(在職1716～1745)。徳川宗家の血筋が絶えたため、紀伊和歌山藩主から将軍になった。破綻した幕府財政を立て直すため「享保の改革」を断行。倹約・新田開発・殖産興業につとめ、とりわけ米価の安定に腐心したため「米将軍」と呼ばれた。
¶朝日([生]貞享1年10月21日(1684年11月27日)　[没]宝暦1年6月20日(1751年7月12日)), 岩史([生]貞享1(1684)年10月21日　[没]寛延4(1751)年6月20日), 江戸, 角史, 郷土和歌山, 近世, 公卿([生]貞享1(1684)年10月21日　[没]宝暦1(1751)年6月20日), 国史, 国書([生]貞享1(1684)年10月21日　[没]寛延4(1751)年6月20日), コン改, コン4, 史人([生]1684年10月21日　[没]1751年6月20日), 重要([生]貞享1(1684)年10月21日　[没]宝暦1(1751)年6月20日), 食文([生]貞享1年10月21日(1684年11月27日)　[没]寛延4年6月20日(1751年7月12日)), 諸系, 人書94, 新潮([生]貞享1(1684)年10月21日　[没]宝暦1(1751)年6月20日), 人名, 世人([生]貞享1(1684)年10月21日　[没]宝暦1(1751)年6月20日), 世百, 全書, 大百, 多摩, 伝記, 栃木歴, 日史([生]貞享1(1684)年10月21日　[没]宝暦1(1751)年6月20日), 日人, 藩主3(松平頼方　まつだいらよりかた), 藩主3([生]貞享1(1684)年10月20日　[没]宝暦1(1751)年6月20日), 百科, 歴大, 和歌山人

徳川慶頼 とくがわよしより
江戸時代末期～明治期の田安家第5代、第8代当主。
¶維新([生]1828年　[没]1876年), 公卿([生]文政5(1822)年　[没]明治3(1870)年9月21日), 国際([生]文政11(1828)年　[没]明治9(1876)年), コン改([生]文政5(1822)年　[没]明治3(1870)年), コン4([生]文政11(1828)年　[没]明治9(1876)年), コン5([生]文政11(1828)年　[没]明治9(1876)年), 人名([生]1822年　[没]1870年), 幕末([生]1822年11月26日　[没]1870年9月21日)

徳川頼宣 とくがわよりのぶ
慶長7(1602)年～寛文11(1671)年　[別]南竜院《なんりゅういん》
江戸時代前期の大名。徳川家康の10男。紀伊和歌山藩初代藩主。
¶朝日([生]慶長7年3月7日(1602年4月28日)　[没]寛文11年1月10日(1671年2月19日)), 岩史([生]慶長7(1602)年3月7日　[没]寛文11(1671)年1月10日), 角史, 郷土和歌山, 近世, 公卿([生]慶長7(1602)年3月7日　[没]寛文11(1671)年1月10日), 国史, 国書([生]慶長7(1602)年3月7日　[没]寛文11(1671)年1月10日), コン改, コン4, 茶道, 史人([生]1602年3月7日　[没]1671年1月10日), 食文([生]慶長7年3月7日(1602年4月

28日）　[没]寛文11年1月10日（1671年2月19日）），諸系，人書94，神人，新潮（[生]慶長7（1602）年3月7日　[没]寛文11（1671）年1月10日），人名，姓氏静岡，世人（[生]慶長7（1602）年3月　[没]寛文11（1671）年1月10日），世百，戦国，全書，戦人，大百，日史（[生]慶長7（1602）年3月7日　[没]寛文11（1671）年1月10日），日人，藩主2（[生]1601年），藩主2，藩主3（[生]慶長7（1602）年3月7日　[没]寛文11（1671）年1月10日），百科，歴大，和歌山人

徳川頼房　とくがわよりふさ
慶長8（1603）年～寛文1（1661）年　[別]威公《いこう》
江戸時代前期の大名。徳川家康の11男。水戸藩初代藩主。
¶朝日（[生]慶長8年8月10日（1603年9月15日）[没]寛文1年7月29日（1661年8月17日）），茨城百，岩史（[生]慶長8（1603）年8月10日　[没]寛文1（1661）年7月29日），角史，鎌倉，郷土茨城，近世，公卿（[生]慶長8（1603）年8月10日　[没]寛文1（1661）年7月29日），国史，国書（[生]慶長8（1603）年8月10日　[没]寛文1（1661）年7月29日），コン改，コン4，茶道，史人（[生]1603年8月10日　[没]1661年7月29日），諸系，新潮（[生]慶長8（1603）年8月10日　[没]寛文1（1661）年7月29日），人名，世人（[生]慶長8（1603）年8月　[没]寛文1（1661）年7月29日），世百，戦国，全書，戦人，大百，日史（[生]慶長8（1603）年8月10日　[没]寛文1（1661）年7月29日），日人，藩主2，藩主2（[生]慶長8（1603）年8月10日　[没]寛文1（1661）年7月29日），百科，歴大

徳川頼職　とくがわよりもと
延宝8（1680）年～宝永2（1705）年　[別]松平頼職《まつだいらよりもと》
江戸時代中期の大名。越前丹生藩主、紀伊和歌山藩主。
¶諸系，人名（松平頼職　まつだいらよりもと　[生]1678年），日人，藩主3（松平頼職　まつだいらよりもと），藩主3（[生]延宝8（1680）年1月17日　[没]宝永2（1705）年9月8日），和歌山人

徳川頼順　とくがわらいじゅん
享保12（1727）年7月1日～安永3（1774）年7月6日
江戸時代中期の武士・詩文家。
¶国書

徳田錦江　とくだきんこう
宝永7（1710）年～明和8（1771）年
江戸時代中期の水戸藩士、学者。
¶国書（[没]明和8（1771）年12月29日），日人（[没]1772年），藩臣2

徳田研山　とくたけんざん
→徳田好時（とくだよしとき）

徳田邕興　とくだむらおき
→徳田邕興（とくだゆうこう）

徳田邕興　とくだゆうこう
元文3（1738）年～文化1（1804）年　[別]徳田邕興《とくだむらおき，とくだようこう》
江戸時代中期～後期の兵学者、合伝流兵学者、薩摩藩士。
¶朝日（とくだようこう　[没]文化1年11月11日（1804年12月12日）），鹿児島百，国書（とくだむらおき　[没]文化1（1804）年11月11日），姓氏鹿児島（[没]1814年），日人

徳田邕興　とくだようこう
→徳田邕興（とくだゆうこう）

徳田良方　とくだよしかた
元禄8（1695）年～宝暦11（1761）年10月17日
江戸時代中期の長州萩藩士・故実家。
¶国書

徳田好時　とくだよしとき
明和7（1770）年～天保2（1831）年　[別]徳田研山《とくたけんざん》
江戸時代後期の陸奥三春藩士。
¶藩臣2，福島百（徳田研山　とくたけんざん）

徳永石見守昌新　とくながいわみのかみまさもと
→徳永昌新（とくながまさもと）

徳永金兵衛　とくながきんべえ
？　～万治2（1659）年
江戸時代前期の備後三次藩家老。
¶藩臣6

徳永種久　とくながたねひさ
生没年不詳
江戸時代前期の武士・著述家。
¶国書

徳永千規　とくながちのり
文化1（1804）年～明治3（1870）年
江戸時代末期～明治期の土佐藩士。
¶高知人（[生]1806年　[没]1872年），高知百，国書（[没]明治3（1870）年5月13日），人名，日人，幕末（[没]1872年6月14日），藩臣6

徳永秀之　とくながひでゆき
文政1（1818）年～明治3（1870）年
江戸時代末期～明治期の右田毛利家につかえていた志士。
¶人名，日人

徳永文五右衛門　とくながぶんごうえもん
生没年不詳
江戸時代中期の備後三次藩士。
¶藩臣6

徳永昌勝　とくながまさかつ
慶長10（1605）年～承応3（1654）年
江戸時代前期の武士。
¶日人

徳永昌重　とくながまさしげ
*～寛永19（1642）年
江戸時代前期の大名。美濃高須藩主。
¶岐阜百（[生]？），人名（[生]1574年），戦国（[生]？），戦人（[生]？），日人（[生]1580年），藩主2（[生]天正8（1580）年　[没]寛永19（1642）年6月19日）

徳永昌新　とくながまさもと
生没年不詳　[別]徳永石見守昌新《とくながいわみのかみまさもと》
江戸時代末期の124代長崎奉行。
¶長崎歴（徳永石見守昌新　とくながいわみのかみまさもと）

得能亜斯登 とくのうあすと
天保8(1837)年～明治29(1896)年　[別]得能通顕《とくのうみちあき》，林玖十郎《はやしくじゅうろう》
江戸時代末期～明治期の伊予宇和島藩士。
¶維新，郷土愛媛([没]1886年)，人名(得能通顕　とくのうみちあき)，日人，幕末([没]1896年10月10日)，藩臣6

得能関四郎 とくのうせきしろう
天保13(1842)年～明治41(1908)年
江戸時代末期～明治期の沼田藩士、剣術家。
¶群馬人([生]天保13(1842)年1月15日　[没]明治41(1908)年7月1日)，日人，幕末([没]1908年7月1日)，藩臣2

得能淡雲 とくのうたんうん
天保6(1835)年～文久2(1862)年
江戸時代末期の伊予大洲藩士。
¶維新，人名，日人

得能通顕 とくのうみちあき
→得能亜斯登(とくのうあすと)

得能通昭 とくのうみちあき
享保14(1729)年～寛政1(1789)年
江戸時代中期の薩摩藩士。
¶沖縄百([没]寛政1(1789)年4月17日)，国書，姓氏鹿児島，藩臣7

得能通古 とくのうみちふる
生没年不詳
江戸時代末期～明治期の薩摩藩士。
¶国書

得能良介(得能良助，徳能良介) とくのうりょうすけ
文政8(1825)年～明治16(1883)年
江戸時代末期～明治期の薩摩藩士、官僚。
¶朝日([生]文政8年11月9日(1825年12月18日)　[没]明治16(1883)年12月27日)，維新([没]1882年)，近現，国際([没]明治15(1882)年)，国史，コン改，コン4，コン5，史人([生]1825年11月9日　[没]1883年12月27日)，写家([生]文政8年11月9日　[没]明治16年12月27日)，出版，新潮([没]明治16(1883)年12月27日)，人名([没]1882年)，姓氏鹿児島(得能良助　[没]1882年)，先駆(徳能良介　[生]文政8(1825)年11月9日　[没]明治16(1883)年12月27日)，大百，日人，幕末，藩臣7([没]明治15(1882)年)，洋学，履歴([生]文政8(1825)年11月9日　[没]明治16(1883)年12月27日)

徳久恒敏 とくひさつねとし
弘化3(1846)年～明治10(1877)年
江戸時代末期～明治期の武士、士族。西南役の勇士。
¶人名，日人

徳久恒範 とくひさつねのり
*～明治43(1910)年
江戸時代末期～明治期の肥前佐賀藩士。
¶香川人([生]天保14(1843)年)，人名([生]1845年)，世紀([生]天保14(1844)年12月28日　[没]明治43(1910)年12月30日)，富山百([生]天保14(1843)年12月28日)，日人([生]1844年)，幕末([生]1846年1月22日　[没]1910年12月30日)

徳久知弘 とくひさともひろ
生没年不詳
江戸時代末期の伊予宇和島藩士・和算家。
¶国書

徳弘孝蔵 とくひろこうぞう
→徳弘董斎(とくひろとうさい)

徳弘三郎左衛門 とくひろさぶろうざえもん
?　～寛永1(1624)年
江戸時代前期の武将。長宗我部氏家臣。
¶戦西

徳弘董斎 とくひろとうさい
文化4(1807)年～明治14(1881)年　[別]徳弘孝蔵《とくひろこうぞう》
江戸時代末期～明治期の土佐藩の砲術家、南画家。
¶維新(徳弘孝蔵　とくひろこうぞう)，高知人，国書(徳弘孝蔵　とくひろこうぞう　[生]文化4(1807)年8月15日　[没]明治14(1881)年5月25日)，人名([生]?)，日人，幕末([没]1881年5月25日)，藩臣6，美家([生]文化4(1807)年8月15日　[没]明治14(1881)年5月25日)

徳弘脩清(徳弘修清) とくひろながきよ
寛政4(1792)年～安政2(1855)年
江戸時代末期の土佐藩士。
¶高知人，幕末(徳弘修清　[没]1855年11月1日)，藩臣6

徳山権十郎 とくやまごんじゅうろう
江戸時代中期の揖斐郡徳山村、坂内村諸家、川上地区の領主。
¶岐阜百

徳山貞賢 とくやまさだすぐ
江戸時代中期～後期の武士。徳山氏第9代。
¶岐阜百

徳山重利 とくやましげとし
江戸時代中期の武士。徳山氏第4代。
¶岐阜百

徳山重政 とくやましげまさ
江戸時代前期の武士。徳山氏第3代。
¶岐阜百

徳山重旧 とくやましげもと
江戸時代中期の武士。徳山氏第5代。
¶岐阜百

徳山貴徳 とくやまたかのり
～明治31(1898)年3月27日
江戸時代末期～明治期の弓道家、岡山藩士。
¶弓道

徳山直政 とくやまなおまさ
江戸時代前期の武士。徳山氏第2代。
¶岐阜百

徳山秀起 とくやまひでおき
江戸時代後期の武士。徳山氏第10代。
¶岐阜百

徳山秀堅 とくやまひでかた
江戸時代末期の武士。徳山氏第12代。
¶岐阜百

徳山秀守 とくやまひでもり
江戸時代後期の武士。徳山氏第11代。

¶岐阜百

徳山文之介 とくやまぶんのすけ
寛政7(1795)年～弘化2(1845)年
江戸時代後期の備前藩士・弓道家。
¶岡山人，岡山歴([没]弘化2(1845)年1月17日)

徳山頼意 とくやまよりおき
江戸時代中期の武士。徳山氏第7代。
¶岐阜百

徳山頼福 とくやまよりふく
江戸時代中期の武士。徳山氏第8代。
¶岐阜百

徳山頼屋 とくやまよりや
江戸時代中期の武士。徳山氏第6代。
¶岐阜百

土倉市正 とくらいちのしょう
元亀3(1572)年～寛永14(1637)年 [別]土倉勝看《とくらかつみ》
安土桃山時代～江戸時代前期の備前岡山藩家老。
¶岡山人(土倉勝看 とくらかつみ)，藩臣6

土倉勝看 とくらかつみ
→土倉市正(とくらいちのしょう)

十倉治右衛門 とくらじえもん
? ～安政4(1857)年
江戸時代末期の武士。
¶京都府

土倉正彦 とくらまさひこ
嘉永2(1849)年～明治7(1874)年
江戸時代末期～明治期の武士。
¶海越新([没]明治7(1874)年4月10日)，岡山人，岡山百([没]明治7(1874)年4月10日)，岡山歴([没]明治7(1874)年4月10日)，渡航([没]1874年4月)，日人

徳力竜澗 とくりきりゅうかん
宝永4(1707)年～安永6(1777)年
江戸時代中期の幕臣、儒者。
¶江文，国書([没]安永6(1777)年3月8日)，日人([生]1706年)

篤老 とくろう
→飯田篤老(いいだとくろう)

常井十兵衛 とこいじゅうべえ
生没年不詳
江戸時代後期の出羽新庄藩士。
¶藩臣1

床井荘三 とこいしょうぞう
天保9(1838)年～慶応1(1865)年 [別]床井親徳《とこいちかのり》，床井晩緑《とこいばんりょく》
江戸時代末期の水戸藩士。
¶維新，国書(床井晩緑 とこいばんりょく [没]元治2(1865)年4月3日)，人名(床井親徳 とこいちかのり)，日人，幕末([没]1865年4月27日)

床井親徳 とこいちかのり
→床井荘三(とこいしょうぞう)

床井晩緑 とこいばんりょく
→床井荘三(とこいしょうぞう)

杜口 とこう
→神沢杜口(かんざわとこう)

都甲多平 とごうたへい
? ～延宝2(1674)年
江戸時代前期の武士。
¶日人

床濤到住 とこなみとうじゅう
江戸時代前期の薩摩藩士。
¶姓氏鹿児島

所具典 ところともすけ
寛政3(1791)年～天保3(1832)年
江戸時代後期の歌人、近江彦根藩士。
¶人名，日人

野老山吾吉郎(野老山五吉郎) ところやまごきちろう
弘化3(1846)年～元治1(1864)年
江戸時代末期の土佐藩の志士。
¶維新，高知人，人名，日人，幕末(野老山五吉郎 [没]1864年7月30日)，藩臣6

戸崎允明 とざきいんめい
→戸崎淡園(とさきたんえん)

戸崎允明 とざきえんめい
→戸崎淡園(とさきたんえん)

戸崎清蔵 とざきせいぞう
文政9(1826)年～明治34(1901)年6月19日
江戸時代末期～明治期の出羽秋田藩士。
¶幕末

戸崎淡園 とさきたんえん，とざきたんえん
享保9(1724)年～文化3(1806)年 [別]戸崎允明《とざきいんめい，とざきえんめい》
江戸時代中期～後期の陸奥守山藩の漢学者。常陸松川の人。
¶朝日([没]文化3年11月14日(1806年12月23日))，江文，近世，国史，国書(とざきたんえん [没]文化3(1806)年11月14日)，詩歌(とざきたんえん [生]1729年)，人名，日人，藩臣2(戸崎允明 とざきえんめい)，福島百(戸崎允明 とざきいんめい)，和俳

戸沢監物 とざわけんもつ
生没年不詳
江戸時代前期の出羽新庄藩士。
¶藩臣1

戸沢竹次郎 とざわたけじろう
天保11(1840)年～明治1(1868)年1月29日
江戸時代末期の長州(萩)藩士。
¶幕末

戸沢正実 とざわまさざね
天保3(1832)年～明治29(1896)年
江戸時代末期～明治期の大名。出羽新庄藩主。
¶維新，諸系([生]1833年)，新潮([生]天保3(1832)年閏11月17日 [没]明治29(1896)年8月16日)，人名，日人([生]1833年)，幕末([生]1833年 [没]1896年8月16日)，藩主1([生]天保3(1832)年11月17日 [没]明治29(1896)年8月16日)

戸沢正良 とざわまさすけ
宝暦12(1762)年～天明6(1786)年
江戸時代中期の大名。出羽新庄藩主。
¶諸系，日人，藩主1([生]宝暦11(1761)年，(異説)宝暦12年4月16日 [没]天明6(1786)年8月16日，(異説)8月10日)

戸沢正産 とざわまさただ
宝暦10(1760)年～安永9(1780)年
江戸時代中期の大名。出羽新庄藩主。
¶諸系，日人，藩主1([生]宝暦8(1758)年，(異説)宝暦10年6月23日　[没]安永9(1780)年10月7日，(異説)10月3日)

戸沢正親 とざわまさちか
宝暦7(1757)年～寛政8(1796)年
江戸時代中期の大名。出羽新庄藩主。
¶諸系，日人，藩主1([生]宝暦12(1762)年，(異説)宝暦7年3月3日　[没]寛政8(1796)年9月21日，(異説)9月18日)

戸沢正胤 とざわまさつぐ
寛政5(1793)年～安政5(1858)年
江戸時代末期の大名。出羽新庄藩主。
¶諸系，日人，藩主1([生]寛政4(1792)年12月10日　[没]安政5(1858)年7月13日)

戸沢正庸 とざわまさつね
寛文4(1664)年～＊
江戸時代中期の大名。出羽新庄藩主。
¶諸系([没]1741年)，人名([生]1663年　[没]1740年)，日人([没]1741年)，藩主1([生]寛文4(1664)年5月4日　[没]元文5(1740)年12月27日)

戸沢正諶 とざわまさのぶ
＊～明和2(1765)年
江戸時代中期の大名。出羽新庄藩主。
¶諸系([生]1722年)，人名([生]1719年)，日人([生]1722年)，藩主1([生]享保5(1720)年，(異説)享保7年7月11日　[没]明和2(1765)年9月20日)

戸沢正誠(戸沢政誠) とざわまさのぶ
寛永17(1640)年～享保7(1722)年
江戸時代前期～中期の大名。出羽新庄藩主。
¶諸系，人名(戸沢政誠　[生]1639年)，日人，藩主1([生]寛永17(1640)年10月3日，(異説)10月13日　[没]享保7(1722)年2月3日)

戸沢正令 とざわまさのり
→戸沢正令(とざわまさよし)

戸沢政盛 とざわまさもり
天正13(1585)年～慶安1(1648)年
江戸時代前期の大名。出羽新庄藩主、常陸松岡藩主。
¶朝日([没]慶安1年閏1月22日(1648年3月16日))，近世，系東，国史，史人([没]1648年閏1月22日)，庄内([没]慶安1(1648)年閏1月22日)，諸系，人名，戦合，戦国([生]1586年)，戦人，日人，藩主1([没]慶安1(1648)年閏1月22日)，藩主2，山形百新

戸沢正勝 とざわまさよし
享保7(1722)年～延享2(1745)年
江戸時代中期の大名。出羽新庄藩主。
¶諸系，日人，藩主1([生]享保4(1719)年，(異説)享保7年5月3日　[没]延享2(1745)年8月14日)

戸沢正令 とざわまさよし
文化10(1813)年～天保14(1843)年　[別]戸沢正令《とざわまさのり》
江戸時代後期の大名。出羽新庄藩主。
¶江文，国書([生]文化10(1813)年1月2日　[没]天保14(1843)年5月22日)，諸系，人名(とざわまさのり)，日人，藩主1([生]文化10(1823)年1月2日　[没]天保14(1843)年5月22日)

豊島明重 としまあきしげ
天正7(1579)年～寛永5(1628)年　[別]豊島信満《としまのぶみつ》
安土桃山時代～江戸時代前期の武士。
¶戦国，戦人，日人(豊島信満　としまのぶみつ　[生]？)

外島機兵衛 としまきへえ，とじまきへえ
文政9(1826)年～慶応4(1868)年
江戸時代末期の陸奥会津藩士。
¶会津，維新，新潮(とじまきへえ　[生]文政9(1826)年6月1日　[没]慶応4(1868)年3月7日)，人名，日人，幕末([没]1868年3月30日)，藩臣2

豊島朝房 としまともふさ
→豊島半之丞(としまはんのじょう)

豊島信満 としまのぶみつ
→豊島明重(としまあきしげ)

豊島半之丞 としまはんのじょう
文禄2(1593)年～慶安2(1649)年　[別]豊島朝房《としまともふさ》
江戸時代前期の紀伊和歌山藩士。
¶藩臣5，和歌山人(豊島朝房　としまともふさ)

利光芳祚 としみつほうさく
文政9(1826)年～明治10(1877)年
江戸時代末期～明治期の豊後日出藩士。
¶藩臣7

俊宗 としむね
生没年不詳
江戸時代後期の刀工・土佐藩士。
¶高知人

戸田出雲守氏孟 とだいずものかみうじたけ
→戸田氏孟(とだうじたけ)

戸田一心斎 とだいっしんさい
文化7(1810)年～明治4(1871)年
江戸時代後期～明治期の剣術家。直心影流。
¶剣豪

富田一放 とだいっぽう
生没年不詳
安土桃山時代～江戸時代前期の剣術家。
¶日人

戸田氏西 とだうじあき
寛永4(1627)年～貞享1(1684)年
江戸時代前期の大名。美濃大垣藩主。
¶岐阜百，諸系，日人，藩主2([没]貞享1(1684)年6月7日)

戸田氏著 とだうじあき
江戸時代末期の幕臣。大目付。
¶維新，国書(生没年不詳)

戸田氏彬 とだうじあきら
天保2(1831)年～慶応1(1865)年
江戸時代末期の大名。美濃大垣藩主。
¶維新，岐阜百，諸系，日人，幕末([没]1865年9月27日)，藩主2([生]天保1(1830)年？　[没]慶応1(1865)年7月29日)

と

戸田氏興 とだうじおき
安永8(1779)年〜寛政10(1798)年
江戸時代中期〜後期の大名。大垣新田藩(三河畑ヶ村藩)主。
¶ 岐阜百(⊕?)，諸系，日人，藩主2(⊗寛政10(1798)年1月27日)

戸田氏鉄 とだうじかね
天正4(1576)年〜明暦1(1655)年
安土桃山時代〜江戸時代前期の大名。美濃大垣藩主、近江膳所藩主。
¶ 朝日(⊗明暦1年2月14日(1655年3月21日))，岐阜百，郷土岐阜，近世，国史，国書(⊕承応4(1655)年2月14日)，コン改(⊕天正5(1577)年)，コン4(⊕天正5(1577)年)，史人(⊗1655年2月14日)，諸系，新潮(⊕天正5(1577)年⊗明暦1(1655)年2月24日)，人名(⊕1577年)，世人(⊕天正5(1577)年⊗明暦1(1655)年2月14日)，戦合，日史(⊗明暦1(1655)年2月14日)，日人，藩主2(⊕明暦1(1655)年2月14日)，藩主3，藩主3(⊕1577年)，百科(⊕天正5(1577)年)，兵庫人(⊕天正5(1577)年3月1日⊗明暦1(1655)年2月14日)，兵庫百(⊕天正5(1577)年)，歴大

戸田氏養 とだうじきよ
宝暦8(1758)年〜天明5(1785)年
江戸時代中期の大名。大垣新田藩(三河畑ヶ村藩)主。
¶ 岐阜百(⊕?)，諸系，日人，藩主2(⊗天明5(1785)年4月29日)

戸田氏定 とだうじさだ
明暦3(1657)年〜享保18(1733)年
江戸時代前期〜中期の大名。美濃大垣藩主。
¶ 岐阜百(⊕享保10(1725)年)，諸系，日人，藩主2(⊗享保18(1733)年7月23日)

戸田氏成 とだうじしげ
万治2(1659)年〜享保4(1719)年
江戸時代前期〜中期の大名。大垣新田藩(三河畑ヶ村藩)主。
¶ 岐阜百(⊕?)，諸系，日人，藩主2(⊗享保4(1719)年5月3日)

戸田氏共 とだうじたか
安永1(1854)年〜昭和11(1936)年 ⊕助三郎
江戸時代末期〜明治期の大名、外交官。美濃大垣藩主。
¶ 維新，海越(⊕嘉永7(1854)年6月29日⊗昭和11(1936)年2月17日)，海越新(⊕嘉永7(1854)年6月29日⊗昭和11(1936)年2月17日)，岐阜百，国際，コン改，コン4，コン5，諸系，人名，世紀(⊕嘉永7(1854)年6月29日⊗昭和11(1936)年2月17日)，渡航(⊕1854年6月29日⊗1936年2月17日)，日人，幕末(⊗1936年2月17日)，藩主2(⊕嘉永6(1853)年?⊗昭和11(1936)年2月17日)，履歴(⊕安政1(1854)年6月29日⊗昭和11(1936)年2月17日)

戸田氏孟 とだうじたけ
元文3(1738)年〜天明5(1785)年 ⊕戸田出雲守氏孟《とだいずものかみうじたけ》
江戸時代中期の67代長崎奉行。
¶ 長崎歴(戸田出雲守氏孟 とだいずものかみうじたけ)

戸田氏正 とだうじただ
文化10(1813)年〜明治9(1876)年 ⊕戸田氏正《とだうじまさ》
江戸時代末期〜明治期の大名。美濃大垣藩主。
¶ 維新，岐阜百(とだうじまさ)，諸系(⊕1814年)，人名(とだうじまさ)，日人(⊕1814年)，幕末(⊗1876年6月28日)，藩主2(文化9(1812)年?⊗明治9(1876)年6月28日)

戸田氏経 とだうじつね
? 〜天和1(1681)年
江戸時代前期の武士。大垣新田藩の藩祖。
¶ 岐阜百

戸田氏庸 とだうじつね
天明3(1783)年〜天保12(1841)年
江戸時代後期の大名。美濃大垣藩主。
¶ 岐阜百，諸系，日人，藩主2(⊕安永9(1780)年⊗天保12(1841)年3月19日)

戸田氏利 とだうじとし
? 〜元禄11(1698)年
江戸時代前期〜中期の大垣新田第2代領主。
¶ 岐阜百

戸田氏長 とだうじなが
貞享4(1687)年〜享保20(1735)年
江戸時代中期の大名。美濃大垣藩主。
¶ 岐阜百，諸系，日人，藩主2(⊗享保20(1735)年8月10日)

戸田氏信 とだうじのぶ
* 〜天和1(1681)年
江戸時代前期の大名。美濃大垣藩主。
¶ 岐阜百(⊕慶長4(1599)年)，諸系(⊕1600年)，日人(⊕1600年)，藩主2(⊕慶長4(1599)年⊗天和1(1681)年11月14日)

戸田氏教 とだうじのり
宝暦4(1754)年〜文化3(1806)年
江戸時代中期〜後期の大名。美濃大垣藩主。
¶ 岩史(⊗文化3(1806)年4月25日)，岐阜百(⊕宝暦5(1755)年)，郷土岐阜(⊕1755年)，近世，国史，国書(⊕宝暦4(1754)年12月8日⊗文化3(1806)年4月25日)，コン4，史人(⊗1806年4月25日)，諸系(⊕1755年)，人名(⊕1755年)，世人(⊗文化3(1806)年4月25日)，日人(⊕1755年)，藩主2(⊗文化3(1806)年4月25日)

戸田氏徳 とだうじのり
生没年不詳
江戸時代後期の国学者、幕臣。
¶ 江文，国書，人名，日人

戸田氏範 とだうじのり
? 〜万延1(1860)年3月19日
江戸時代後期〜末期の幕臣。
¶ 国書

戸田氏宥 とだうじのり
→戸田氏宥(とだうじひろ)

戸田氏栄 とだうじひで
→戸田氏栄(とだうじよし)

戸田氏英 とだうじひで
＊～明和5(1768)年
江戸時代中期の大名。美濃大垣藩主。
¶岐阜百(生享保14(1729)年)，諸系(生1730年)，日人(生1730年)，藩主2(生享保14(1729)年　没明和5(1768)年4月23日)

戸田氏宥 とだうじひろ
[別]戸田氏宥《とだうじのり》
江戸時代後期の大名。大垣新田藩(三河畑ヶ村藩)主。
¶岐阜百(生？　没1826年)，諸系(生1782年　没1852年)，日人(生1782年　没1852年)，藩主2(とだうじのり　生安永9(1780)年　没？)

戸田氏房 とだうじふさ
宝永1(1704)年～宝暦9(1759)年
江戸時代中期の大名。大垣新田藩(三河畑ヶ村藩)主。
¶岐阜百(生？)，諸系，人名，日人，藩主2(没宝暦9(1759)年10月23日)

戸田氏正 とだうじまさ
→戸田氏正(とだうじただ)

戸田氏綏 とだうじやす
文化2(1805)年～安政2(1855)年
江戸時代後期の大名。大垣新田藩(三河畑ヶ村藩)主。
¶岐阜百，諸系，日人，藩主2(生没年不詳)

戸田氏之 とだうじゆき
享保19(1734)年～明和8(1771)年
江戸時代中期の大名。大垣新田藩(三河畑ヶ村藩)主。
¶岐阜百(生？)，諸系，日人，藩主2(没明和8(1771)年1月17日)

戸田氏栄 とだうじよし
寛政11(1799)年～安政5(1858)年　[別]戸田氏栄《とだうじひで》
江戸時代末期の浦賀奉行。
¶維新，神奈川人(とだうじひで　没1857年)，国書(没安政5(1858)年8月21日)，幕末(没1858年9月27日)

戸田氏良 とだうじよし
天保10(1839)年5月28日～明治25(1892)年
江戸時代末期～明治期の大名。大垣新田藩(三河畑ヶ村藩)主、美濃野村藩主。
¶岐阜百，諸系，日人，藩主2

富田越後守 とだえちごのかみ
→富田重政(とだしげまさ)

富田景煥 とだかげあき
安永8(1779)年～天保9(1838)年8月5日
江戸時代中期～後期の加賀藩士・漢学者。
¶国書

富田景純 とだかげずみ
生没年不詳
江戸時代末期の加賀藩士・兵法家。
¶国書

富田景周 とだかげちか
延享3(1746)年～文政11(1828)年　[別]富田景周《とみたかげちか》
江戸時代中期～後期の加賀藩の郷土史家。
¶石川百(とみたかげちか)，国書(没文政11(1828)年2月21日)，新潮(とみたかげちか　生延享1(1744)年　没文政11(1828)年10月)，人名(とみたかげちか　生1744年)，姓氏石川，世人(とみたかげちか　生延享1(1744)年　没文政11(1828)年10月)，富山文，日人，藩臣3(生？)

戸田一利 とだかずとし
永禄7(1564)年～寛永15(1638)年
安土桃山時代～江戸時代前期の剣術家。
¶日人

戸田一吉 とだかずよし
慶長13(1608)年～明暦4(1658)年
江戸時代前期の陸奥会津藩士、槍術家。
¶会津，藩臣2

戸田勝強 とだかつきよ
文政4(1821)年～明治11(1878)年
江戸時代後期の旗本。
¶神奈川人

戸田勝武 とだかつたけ
慶安3(1650)年～享保9(1724)年8月7日
江戸時代前期～中期の加賀藩士。
¶国書

戸田勝直 とだかつなお
生没年不詳
安土桃山時代～江戸時代前期の武士。浅野氏家臣。
¶戦人，戦補，和歌山人

戸田勝則 とだかつのり
天文3(1534)年～元和6(1620)年
安土桃山時代～江戸時代前期の旗本、徳川家康の近侍。
¶神奈川人，諸系，人名，姓氏神奈川，日人

戸田亀之助 とだかめのすけ
江戸時代末期の長州(萩)藩八組士。
¶維新

戸田清堅 とだきよかた
→戸田金左衛門(1)(とだきんざえもん)

戸田清信 とだきよのぶ
～延宝5(1677)年
江戸時代前期の旗本。
¶神奈川人

戸田金左衛門(1) とだきんざえもん
天正3(1575)年～承応3(1654)年　[別]戸田清堅《とだきよかた》
安土桃山時代～江戸時代前期の紀伊和歌山藩士。
¶藩臣5，和歌山人(戸田清堅　とだきよかた)

戸田金左衛門(2) とだきんざえもん
生没年不詳
江戸時代末期の紀伊和歌山藩士。
¶和歌山人

戸田銀次郎(1) とだぎんじろう
文政12(1829)年～慶応1(1865)年　[別]戸田孝甫《とだこうほ》
江戸時代末期の水戸藩士。
¶維新，人名(戸田孝甫　とだこうほ)，日人(戸

田孝甫　とだこうほ），幕末（[没]1865年8月25日），藩臣2

戸田銀次郎(2)　とだぎんじろう
→戸田忠太夫（とだちゅうだゆう）

戸田乾吉　とだけんきち
文政13（1830）年～明治37（1904）年5月29日
江戸時代末期～明治期の筑後久留米藩士、郷土史家。
¶郷土（[生]文政13（1830）年2月19日），人名，日人，幕末，福岡百（[生]文政13（1830）年2月19日）

戸田香園　とだこうえん
文政12（1829）年～明治37（1904）年
江戸時代後期～明治期の宇都宮藩士（一門）、藩校教授、執政。
¶神人，栃木歴

戸田孝甫　とだこうほ
→戸田銀次郎(1)（とだぎんじろう）

戸田権左衛門　とだごんざえもん
江戸時代中期の大垣城代。
¶岐阜百

戸田讃岐守　とださぬきのかみ
文化10（1813）年～明治24（1891）年
江戸時代後期～明治期の剣術家。田宮流。
¶剣豪

戸田三左衛門　とださんざえもん
文政11（1828）年～明治27（1894）年
江戸時代末期～明治期の宇都宮藩士。
¶維新，栃木歴（[生]文政10（1827）年），幕末（[没]1894年8月19日）

戸田三弥　とださんや
文政5（1822）年～明治24（1891）年
江戸時代末期～明治期の美濃大垣藩士。
¶維新，人名，日人，幕末（[没]1891年10月28日），藩臣3

戸田重種　とだしげたね
元和1（1615）年～元禄1（1688）年
江戸時代前期の武士。
¶日人

富田重政　とだしげまさ
永禄7（1564）年～寛永2（1625）年　[別]富田越後守《とだえちごのかみ》，富田重政《とみたしげまさ》
安土桃山時代～江戸時代前期の加賀藩の武将、剣術家。
¶朝日（富田越後守　とだえちごのかみ　[没]寛永2年4月19日（1625年5月25日）），石川百，近世（富田越後守　とだえちごのかみ），剣豪（富田越後守　とだえちごのかみ），国史（富田越後守　とだえちごのかみ），人名（とみたしげまさ），姓氏石川（[生]？），戦合，戦国（[生]1565年），全書，戦人（[生]天文23（1554）年），大百（[没]1624年），日人，藩臣3（[生]？）

戸田重宗　とだしげむね
天正17（1589）年～元和3（1617）年12月11日
江戸時代前期の旗本。重元の子。
¶埼玉人

富田重康　とだしげやす
慶長7（1602）年～寛永20（1643）年
安土桃山時代～江戸時代前期の剣術家。
¶日人

戸田治部左衛門　とだじぶざえもん
江戸時代の大垣藩家老。
¶岐阜百

富田春郭　とだしゅんかく
延享3（1746）年～文政6（1823）年　[別]富田好礼《とだよしのり，とみたよしのり》
江戸時代中期～後期の加賀藩士・漢学者。
¶石川百（富田好礼　とみたよしのり），国書（[生]延享4（1747）年　[没]文政6（1823）年4月7日），姓氏石川（富田好礼　とだよしのり）

戸田次郎　とだじろう
→戸田光形（とだみつかた）

戸田信一　とだしんいち
文化2（1805）年～明治15（1882）年　[別]戸田信一《とだのぶかず》，戸田藤蔭《とだふじかげ》
江戸時代末期～明治期の筑後久留米藩士、郷土史家。
¶国書（戸田藤蔭　とだふじかげ　[生]文化2（1805）年9月　[没]明治15（1882）年12月21日），人名（とだのぶかず），日人（とだのぶかず），幕末（[没]1882年12月21日），藩臣7，福岡百（[生]文化2（1805）年9月13日　[没]明治15（1882）年12月21日），和俳

戸田新吾　とだしんご
→戸田勉室（とだべんしつ）

戸田睡翁　とだすいおう
寛政3（1791）年～安政4（1857）年
江戸時代末期の美濃大垣藩士。
¶藩臣3

戸田祐之　とだすけゆき
享保9（1724）年～安永8（1779）年
江戸時代中期の幕臣・本草家。
¶国書（[没]安永8（1779）年8月6日），人名，日人

戸田精左衛門　とだせいざえもん
明和7（1770）年～嘉永5（1852）年
江戸時代中期～後期の剣術家。東軍流。
¶剣豪

富田善左衛門　とだぜんざえもん
？　～寛文2（1662）年
江戸時代前期の剣術家。富田流。
¶剣豪

戸田大川　とだだいせん
延宝5（1677）年～正徳4（1714）年
江戸時代中期の美濃大垣藩士。
¶藩臣3

戸田隆重　とだたかしげ
→戸田藤左衛門（とだとうざえもん）

戸田敬義　とだたかよし
生没年不詳
江戸時代末期～明治期の人。旧鳥取藩士。竹島開発を申請した。
¶島根歴

戸田忠明　とだただあき
天保10（1839）年～安政3（1856）年

江戸時代末期の大名。下野宇都宮藩主。
¶諸系，日人，藩主1（[生]天保10（1839）年3月28日 [没]安政3（1856）年6月2日）

戸田忠敞 とだただあきら
→戸田忠太夫（とだちゅうだゆう）

戸田忠文 とだただあや
天保10（1839）年～安政3（1856）年
江戸時代末期の大名。下野足利藩主。
¶諸系，日人，藩主1（[生]天保10（1839）年8月10日 [没]安政3（1856）年8月16日）

戸田忠真 とだただざね
慶安4（1651）年～享保14（1729）年
江戸時代中期の大名、老中。下総佐倉藩主、越後高田藩主、下野宇都宮藩主。
¶近世，国史，諸系，人名，栃木歴，新潟百，日人，藩主1（[生]慶安4（1651）年11月11日 [没]享保14（1729）年10月28日），藩主2，藩主3

戸田忠囿 とだただその
寛文9（1669）年～享保17（1732）年
江戸時代中期の大名。下野足利藩主。
¶諸系，日人，藩主1（[没]享保17（1732）年5月2日）

戸田忠位 とだただたか
元禄11（1698）年～元文1（1736）年 [別]戸田忠位《とだただつら》
江戸時代中期の大名。下野足利藩主。
¶神奈川人（とだただつら [没]1733年），諸系，日人，藩主1（[没]元文1（1736）年9月4日）

戸田忠喬 とだただたか
明和1（1764）年～天保8（1837）年
江戸時代中期～後期の大名。下野足利藩主。
¶諸系，日人，藩主1（[生]明和1（1764）年10月 [没]天保8（1837）年4月）

戸田忠尊 とだただたか
？ ～延宝2（1674）年
江戸時代前期の甲斐甲府藩城代家老。
¶藩臣3

戸田忠敞 とだただたか
→戸田忠太夫（とだちゅうだゆう）

戸田忠綱 とだただつな
天保11（1840）年～大正11（1922）年
江戸時代末期～明治期の大名。下野高徳藩主、下総曽我野藩主。
¶維新，諸系，日人，幕末（[没]1922年11月），藩主1，藩主2（[生]天保11（1840）年12月 [没]大正11（1922）年11月）

戸田忠位 とだただつら
→戸田忠位（とだただたか）

戸田忠寛 とだただとう
→戸田忠寛（とだただとお）

戸田忠寛 とだただとお
元文3（1738）年～享和1（1801）年 [別]戸田忠寛《とだただとう，とだただひろ》
江戸時代中期～後期の大名。肥前島原藩主、下野宇都宮藩主。
¶京都大（とだただひろ [生]元文4（1739）年），諸系，人名，姓氏京都（とだただひろ [没]1798年），日人，藩主1（とだただとう [生]元文4（1739）年9月15日 [没]寛政13（1801）年1月晦日），藩主4（とだただひろ）

戸田忠言 とだただとき
享保12（1727）年～安永4（1775）年
江戸時代中期の大名。下野足利藩主。
¶諸系，日人，藩主1（[没]安永3（1774）年12月14日）

戸田忠時 とだただとき
→戸田忠利（とだただとし）

戸田忠利 とだただとし
寛永14（1637）年～正徳2（1712）年 [別]戸田忠時《とだただとき》，戸田忠利《とがただとし》
江戸時代前期～中期の大名。下野足利藩主。
¶京都大，諸系，人名（戸田忠時 とだただとき），姓氏京都（とがただとし），栃木歴，日人，藩主1（戸田忠時 とだただとき [没]正徳2（1712）年7月24日）

戸田忠禄 とだただとみ
寛政9（1797）年～弘化4（1847）年
江戸時代後期の大名。下野足利藩主。
¶諸系，日人，藩主1（[生]寛政9（1797）年5月 [没]弘化4（1847）年9月20日）

戸田忠友 とだただとも
弘化4（1847）年～大正13（1924）年
江戸時代末期～明治期の大名。下野宇都宮藩主。
¶諸系，神人，世紀（[生]弘化4（1847）年8月22日 [没]大正13（1924）年2月10日），栃木歴，日人，藩主1（[生]弘化4（1847）年8月22日 [没]大正13（1924）年2月2日）

戸田忠翰 とだただなか
宝暦11（1761）年～文政6（1823）年
江戸時代中期～後期の大名。下野宇都宮藩主。
¶諸系，栃木歴，日人，藩主1（[生]宝暦11（1761）年8月29日 [没]文政6（1823）年9月28日）

戸田忠延 とだただのぶ
寛政2（1790）年～文政6（1823）年
江戸時代後期の大名。下野宇都宮藩主。
¶諸系，日人，藩主1（[生]寛政2（1790）年6月12日 [没]文政6（1823）年2月26日）

戸田忠温 とだただはる
→戸田忠温（とだただよし）

戸田忠治 とだただはる
→戸田忠昌（とだただまさ）

戸田忠寛 とだただひろ
→戸田忠寛（とだただとお）

戸田忠恕 とだただひろ
→戸田忠恕（とだただゆき）

戸田忠昌 とだただまさ
寛永9（1632）年～元禄12（1699）年 [別]戸田山城守忠昌《とだやましろのかみただまさ》，戸田忠治《とだただはる》
江戸時代前期の大名、老中。三河田原藩主、武蔵岩槻藩主、下総佐倉藩主、肥後富岡藩主。
¶朝日（[没]元禄12年9月10日（1699年10月2日）），京都大，近世，国史，コン改，コン4，埼玉人（[没]元禄12（1699）年9月10日），埼玉百（戸田山城守忠昌 とだやましろのかみただまさ），史

と

人（[没]1699年9月10日），諸系，新潮（[没]元禄12（1699）年9月10日），人名，姓氏京都（[生]1669年），日人，藩主1，藩主2（戸田忠治　とだただはる　[没]元禄12（1699）年9月10日），藩主2（[没]元禄12（1699）年9月10日），藩主4（[没]元禄12（1699）年9月10日）

戸田忠政　とだただまさ
～正保3（1646）年
江戸時代前期の旗本。
¶神奈川人

戸田忠余　とだただみ
元禄2（1689）年～延享3（1746）年
江戸時代中期の大名。下野宇都宮藩主。
¶諸系，日人，藩主1（[生]元禄2（1689）年1月20日　[没]延享3（1746）年6月16日）

戸田忠盈　とだただみつ
享保15（1730）年～天明1（1781）年
江戸時代中期の大名。下野宇都宮藩主、肥前島原藩主。
¶諸系，日人，藩主1，藩主4（[没]天明1（1781）年7月28日）

戸田忠光　とだただみつ
慶長3（1598）年～寛永6（1629）年
江戸時代前期の武士。徳川氏家臣。
¶戦人，戦東

戸田忠行　とだただゆき
弘化4（1847）年～大正7（1918）年
江戸時代末期～明治期の大名。下野足利藩主。
¶諸系，世紀（[生]弘化4（1847）年10月2日　[没]大正7（1918）年12月31日），栃木歴，日人，藩主1（[生]弘化4（1847）年10月　[没]大正7（1918）年12月）

戸田忠至　とだただゆき
文化6（1809）年～明治16（1883）年
江戸時代末期～明治期の大名。下野高徳藩主。
¶朝日（[生]文化6年8月11日（1809年9月20日）[没]明治16（1883）年3月30日），維新，郷土栃木，近現，近世，考古（[生]文化6（1809）年8月11日　[没]明治16（1883）年3月30日），国史，国書（[生]文化6（1809）年8月11日　[没]明治16（1883）年3月30日），コン改，コン4，コン5，諸系，神人（[生]文化6（1809）年8月11日　[没]明治16（1883）年3月30日），新潮（[生]文化6（1809）年8月11日　[没]明治16（1883）年3月30日），人名，姓氏京都，世人（[生]文化6（1809）年8月11日　[没]明治16（1883）年3月30日），栃木歴，日人，幕末（[没]1883年3月30日），藩主1（[生]文化6（1809）年8月11日　[没]明治16（1883）年3月30日），歴大

戸田忠恕　とだただゆき
弘化4（1847）年～明治1（1868）年　[別]戸田忠恕《とだただひろ》
江戸時代末期の大名。下野宇都宮藩主。
¶朝日（[生]弘化4年5月23日（1847年7月5日）[没]明治1年5月28日（1868年7月17日）），維新，近世，群馬人（とだただひろ　[生]弘化4（1847）年5月23日　[没]明治1（1868）年4月），国史，国書（[生]弘化4（1847）年5月23日　[没]慶応4（1868）年5月26日），コン改（とだただひろ），コン4（とだただひろ），史人（[生]1847年5月23日　[没]1868年5月28日），諸系，新潮（とだただひろ　[生]弘化4（1847）年5月23日　[没]慶応4（1868）年5月28日），人名（とだただひろ），日人，幕末（[没]1868年7月17日），藩主1（[生]弘化4（1847）年5月23日　[没]明治1（1868）年5月28日），歴大

戸田忠温　とだただよし
文化1（1804）年～嘉永4（1851）年　[別]戸田忠温《とだただはる》
江戸時代後期の大名。下野宇都宮藩主。
¶維新（[生]1785年），諸系，栃木歴（とだただはる），日人，幕末（[生]1785年　[没]1851年8月22日），藩主1（とだただはる　[生]享和4（1804）年1月16日　[没]嘉永3（1850）年7月26日）

戸田忠能　とだただよし
天正14（1586）年～正保4（1647）年
江戸時代前期の大名。三河田原藩主。
¶諸系，日人，藩主2（[没]正保4（1647）年1月3日）

戸田丹波守康長　とだたんばのかみやすなが
→戸田康長（とだやすなが）

戸田忠太夫　とだちゅうだゆう
文化1（1804）年～安政2（1855）年　[別]戸田銀次郎《とだぎんじろう》，戸田忠敞《とだただあきら，とだただたか》，戸田蓬軒《とだほうけん》
江戸時代末期の改革派水戸藩士。
¶朝日（[生]文化1（1804）年6月　[没]安政2年10月2日（1855年11月11日）），維新（戸田銀次郎　とだぎんじろう），国書（戸田蓬軒　とだほうけん　[生]文化1（1804）年6月　[没]安政2（1855）年10月2日），コン4，新潮（[没]安政2（1855）年10月2日），人名（戸田忠敞　とだただたか），日人（戸田忠敞　とだただあきら），幕末（戸田銀次郎　とだぎんじろう　[没]1855年11月11日），藩臣2（戸田銀次郎　とだぎんじろう）

戸田藤左衛門　とだとうざえもん
？～寛永17（1640）年　[別]戸田隆重《とだたかしげ》
江戸時代前期の紀伊和歌山藩士。
¶藩臣5，和歌山人（戸田隆重　とだたかしげ）

戸田寿昌　とだとしまさ
文政6（1823）年～？
江戸時代後期～末期の尾張藩士・本草家。
¶国書

戸田直武　とだなおたけ
？～元禄2（1689）年
江戸時代前期～中期の武士。
¶日人

戸田信一　とだのぶかず
→戸田信一（とだしんいち）

富田兵部　とだひょうぶ
→富田兵部（とみたひょうぶ）

戸田藤蔭　とだふじかげ
→戸田信一（とだしんいち）

戸田勉室　とだべんしつ
寛政2（1790）年～文久3（1863）年　[別]戸田新吾《とだしんご》
江戸時代末期の尾張犬山藩士。

¶姓氏愛知（戸田新吾　とだしんご），藩臣4

戸田蓬軒　とだほうけん
→戸田忠太夫（とだちゅうだゆう）

戸田政重　とだまさしげ
～明暦3（1657）年
江戸時代前期の旗本。
¶神奈川人

戸田政次　とだまさつぐ
～寛文12（1672）年
江戸時代前期の旗本。
¶神奈川人，和歌山人（生没年不詳）

戸田政道　とだまさみち
慶安2（1649）年～延宝7（1679）年
江戸時代前期の旗本。
¶神奈川人

戸田正好　とだまさよし
～万治2（1659）年
江戸時代前期の旗本。
¶神奈川人

戸田又蔵　とだまたぞう
天保10（1839）年～大正6（1917）年
江戸時代末期～明治期の肥前大村藩士。
¶維新

戸田光雄　とだみつお
享保1（1716）年～宝暦6（1756）年　[別]松平光雄《まつだいらみつお》
江戸時代中期の大名。信濃松本藩主。
¶諸系，長野歴，日人，藩主2（松平光雄　まつだいらみつお　[生]享保1（1716）年8月22日　[没]宝暦6（1756）年11月1日）

戸田光形　とだみつかた
天保7（1836）年～元治1（1864）年　[別]戸田次郎《とだじろう》
江戸時代末期の志士、宇都宮藩士。
¶維新，人名（戸田次郎　とだじろう），栃木歴，日人（戸田次郎　とだじろう），幕末（[没]1864年10月16日）

戸田光定　とだみつさだ
天文6（1537）年～元和6（1620）年
戦国時代～江戸時代前期の武将。
¶日人

戸田光重　とだみつしげ
元和8（1622）年～寛文8（1668）年　[別]松平光重《まつだいらみつしげ》
江戸時代前期の大名。播磨明石藩主、美濃加納藩主。
¶岐阜百，諸系，人名，日人，藩主2（松平光重　まつだいらみつしげ　[没]寛文8（1668）年7月晦日），藩主3（松平光重　まつだいらみつしげ）

戸田光慈　とだみつちか
正徳2（1712）年～享保17（1732）年　[別]松平光慈《まつだいらみつちか》
江戸時代中期の大名。山城淀藩主、志摩鳥羽藩主、信濃松本藩主。
¶諸系，姓氏京都（松平光慈　まつだいらみつちか），姓氏長野，長野歴，日人，藩主2（松平光慈　まつだいらみつちか　[生]正徳2（1712）年9月22日　[没]享保17（1732）年8月11日），藩主3（松平光慈　まつだいらみつちか）

戸田光庸　とだみつつね
寛政10（1798）年～明治11（1878）年　[別]松平光庸《まつだいらみつつね》
江戸時代末期～明治期の大名。信濃松本藩主。
¶諸系，長野歴，日人，藩主2（松平光庸　まつだいらみつつね　[生]寛政10（1798）年6月26日　[没]明治11（1878）年10月4日）

戸田光年　とだみつつら
天明1（1781）年～天保8（1837）年　[別]松平光年《まつだいらみつつら》
江戸時代中期～後期の大名。信濃松本藩主。
¶諸系，長野歴，日人，藩主2（松平光年　まつだいらみつつら　[生]天明1（1781）年4月25日　[没]天保8（1837）年2月4日）

戸田光永　とだみつなが
寛永20（1643）年～宝永2（1705）年　[別]松平光永《まつだいらみつなが》
江戸時代前期～中期の大名。美濃加納藩主。
¶岐阜百，諸系，日人，藩主2（松平光永　まつだいらみつなが　[没]宝永2（1705）年2月29日）

戸田光則　とだみつのり
→戸田光則（とだみつひさ）

戸田光則　とだみつひさ
文政11（1828）年～明治25（1892）年　[別]戸田光則《とだみつのり》，松平光則《まつだいらみつひさ》
江戸時代末期～明治期の大名。信濃松本藩主。
¶維新（[生]1832年），諸系，新潮（とだみつのり　[没]明治25（1892）年12月23日），姓氏長野，長野歴（とだみつのり），日人，幕末（[生]1832年　[没]1892年12月30日），藩主2（松平光則　まつだいらみつひさ　[生]文政11（1828）年7月7日　[没]明治25（1892）年12月30日）

戸田光熙（戸田光凞）　とだみつひろ
延宝2（1674）年～享保2（1717）年　[別]松平光凞《まつだいらみつひろ》，松平光熙《まつだいらみつひろ》
江戸時代中期の大名。美濃加納藩主、山城淀藩主。
¶岐阜百（戸田光凞），諸系，人名，姓氏京都（松平光熙　まつだいらみつひろ），日人，藩主2（松平光凞　まつだいらみつひろ），藩主3（松平光熙　まつだいらみつひろ　[没]享保2（1717）年9月4日）

戸田光和　とだみつまさ
延享1（1744）年～安永4（1775）年　[別]松平光和《まつだいらみつまさ》
江戸時代中期の大名。信濃松本藩主。
¶諸系，長野歴，日人，藩主2（松平光和　まつだいらみつまさ　[生]延享1（1744）年9月26日　[没]安永4（1775）年7月24日）

戸田光徳　とだみつやす
元文2（1737）年～宝暦9（1759）年　[別]松平光徳《まつだいらみつやす》
江戸時代中期の大名。信濃松本藩主。
¶諸系，長野歴（[生]元文1（1736）年），日人，藩主2（松平光徳　まつだいらみつやす　[生]元文2（1737）年1月2日　[没]宝暦9（1759）年1月6日）

戸田光行　とだみつゆき
明和6 (1769) 年〜天保10 (1839) 年12月14日
[別]松平光行《まつだいらみつゆき》
江戸時代中期〜後期の大名。信濃松本藩主。
¶国書 ([生]明和6 (1769) 年3月29日), 諸系 ([没]1840年), 長野歴, 日人 ([没]1840年), 藩主2 (松平光行　まつだいらみつゆき　[生]明和6 (1769) 年3月28日)

戸田光悌　とだみつよし
宝暦4 (1754) 年〜天明6 (1786) 年　[別]松平光悌《まつだいらみつよし》
江戸時代中期の大名。信濃松本藩主。
¶諸系, 長野歴 ([生]宝暦2 (1752) 年), 日人, 藩主2 (松平光悌　まつだいらみつよし　[生]宝暦4 (1754) 年10月17日　[没]天明6 (1786) 年6月21日)

戸田務敏　とだむびん
天保5 (1834) 年11月15日〜明治17 (1884) 年11月5日
江戸時代後期〜明治期の旧藩士。
¶庄内

戸田茂睡　とだもすい
寛永6 (1629) 年〜宝永3 (1706) 年
江戸時代前期〜中期の歌人。駿河大納言徳川忠長の付人渡辺監物忠の子。
¶朝日 ([生]寛永6年5月19日 (1629年7月9日) [没]宝永3年4月14日 (1706年5月25日)), 岩史 ([生]寛永6 (1629) 年5月19日　[没]宝永3 (1706) 年4月14日), 江戸, 角史, 郷土栃木, 近世, 国史, 国書 ([生]寛永6 (1629) 年5月19日　[没]宝永3 (1706) 年4月14日), コン改, コン4, 詩歌, 史人 ([生]1629年5月19日　[没]1706年4月14日), 静岡百, 静岡歴, 重要 ([生]寛永6 (1629) 年5月19日 [没]宝永3 (1706) 年4月14日), 人書94, 新潮 ([生]寛永6 (1629) 年5月19日　[没]宝永3 (1706) 年4月14日), 新文 ([生]寛永6 (1629) 年5月19日 [没]宝永3 (1706) 年4月14日), 人名, 姓氏静岡, 世人 ([没]宝永3 (1706) 年4月14日), 世百, 全書, 大百, 栃木歴, 日史 ([生]寛永6 (1629) 年5月19日　[没]宝永3 (1706) 年4月14日), 日人, 百科, 文学, 歴大, 和俳 ([生]寛永6 (1629) 年5月19日　[没]宝永3 (1706) 年4月14日)

戸田守勝　とだもりかつ
元禄16 (1703) 年〜安永8 (1779) 年10月7日
江戸時代中期の加賀藩士。
¶国書

戸田主水　とだもんど
?　〜明治1 (1868) 年10月3日
江戸時代末期の九条家の家士。
¶幕末

戸田康直　とだやすなお
元和3 (1617) 年〜寛永11 (1634) 年　[別]松平康直《まつだいらやすなお》
江戸時代前期の大名。信濃松本藩主、播磨明石藩主。
¶諸系, 長野歴, 日人, 藩主2 (松平康直　まつだいらやすなお), 藩主3 (松平康直　まつだいらやすなお　[没]寛永11 (1634) 年5月12日)

戸田康長　とだやすなが
永禄5 (1562) 年〜寛永9 (1632) 年　[別]戸田丹波守康長《とだたんばのかみやすなが》, 松平康長《まつだいらやすなが》
安土桃山時代〜江戸時代前期の大名。武蔵東方藩主、上野白井藩主、上野高崎藩主、常陸笠間藩主、下総古河藩主、信濃松本藩主。
¶朝日 ([没]寛永9年12月12日 (1633年1月21日)), 近世, 群馬人 (松平康長　まつだいらやすなが [生]?), 国史, コン改, コン4, 埼玉人 ([没]寛永9 (1632) 年12月12日), 埼玉百 (戸田丹波守康長 とだたんばのかみやすなが　[生]1564年), 史人 ([没]1632年12月12日), 諸系 ([没]1633年), 新潮 ([没]寛永9 (1632) 年12月12日), 人名, 姓氏長野, 戦合, 戦国 ([生]?), 戦辞 ([没]寛永9年12月12日 (1633年1月21日)), 戦人 (松平康長　まつだいらやすなが), 戦東 ([生]?), 栃木歴 (松平康長　まつだいらやすなが), 長野歴, 日人 ([没]1633年), 藩主1 ([没]寛永9 (1632) 年12月12日), 藩主1 (松平康長　まつだいらやすなが [没]寛永9 (1632) 年12月12日), 藩主2 (松平康長 まつだいらやすなが), 藩主2 (松平康長　まつだいらやすなが　[没]寛永9 (1632) 年12月12日)

戸田山城守忠昌　とだやましろのかみただまさ
→戸田忠昌 (とだただまさ)

戸田由利　とだよしとし
生没年不詳
江戸時代前期の旗本。
¶神奈川人

戸田義陳　とだよしのぶ
〜元禄12 (1699) 年
江戸時代中期の旗本。
¶神奈川人

富田好礼　とだよしのり
→富田春郭 (とだしゅんかく)

戸田良啓　とだりょうけい
文政11 (1828) 年〜?
江戸時代後期〜末期の仙台藩士。
¶姓氏岩手

栃木大学　とちぎだいがく
天保8 (1837) 年〜明治4 (1871) 年10月21日
江戸時代末期〜明治期の陸奥会津藩士。
¶幕末

栃木南厓　とちぎなんがい
文化14 (1817) 年〜明治9 (1876) 年10月25日
江戸時代末期〜明治期の陸奥会津藩士、教育者。
¶幕末

栃内金右衛門　とちないきんえもん
文政4 (1821) 年〜
江戸時代後期〜末期の八戸藩家老、砲術師範。
¶青森人 ([生]文政4 (1821) 年ころ)

杤内与兵衛　とちないよしえ
→栃内与兵衛 (とちないよへえ)

栃内与兵衛　とちないよへい
→栃内与兵衛 (とちないよへえ)

栃内与兵衛　とちないよへえ
享和1 (1801) 年〜明治9 (1876) 年　[別]栃内与兵衛

《とちないよへい》,杤内与兵衛《とちないよしえ》
江戸時代末期～明治期の陸奥南部藩の武術家。
¶国書([没]明治9(1876)年4月18日),姓氏岩手([生]1805年),幕末(杤内与兵衛 とちないよしえ [没]1876年4月18日),藩臣1(とちないよへい)

戸塚彦介(戸塚彦助) とづかひこすけ,とつかひこすけ
文化10(1813)年～明治19(1886)年 [別]戸塚英俊《とづかひでとし》
江戸時代末期～明治期の駿河沼津藩士、上総菊間藩士、柔術師範。
¶全書,日人,藩臣3(戸塚英俊 とづかひでとし),藩臣4(戸塚彦助 とつかひこすけ [生]文化9(1812)年)

戸塚英俊 とづかひでとし
→戸塚彦介(とづかひこすけ)

戸塚正鐘 とづかまさかね
生没年不詳
江戸時代前期の近江彦根藩士。
¶藩臣4

十時惟恭 とときこれやす
文政11(1828)年～明治17(1884)年
江戸時代末期～明治期の筑後柳河藩中老。
¶人名,日人,藩臣7

十時惟保 とときこれやす
文禄3(1594)年～延宝1(1673)年12月13日
安土桃山時代～江戸時代前期の筑後柳川藩士。
¶国書

十時雪斎 とときせっさい
→十時摂津(とときせっつ)

十時摂津 とときせっつ
文政8(1825)年～明治26(1893)年 [別]十時雪斎《とときせっさい》
江戸時代末期～明治期の筑後柳河藩家老。
¶維新,幕末([没]1893年4月5日),藩臣7(十時雪斎 とときせっさい [生]文政9(1826)年)

十時連貞 とときつれさだ
? ～正保1(1644)年
江戸時代前期の筑後柳河藩家老。
¶藩臣7

十時梅厓(十時梅崖) とときばいがい,とどきばいがい
寛延2(1749)年～享和4(1804)年
江戸時代中期～後期の伊勢長島藩の儒学者。
¶朝日(十時梅崖 とどきばいがい [生]享保17(1732)年 [没]享和4年1月23日(1804年3月4日)),大阪人([没]文化1(1804)年1月),大阪墓(とどきばいがい [没]文化1(1804)年1月25日),国書([没]享和4(1804)年1月23日),コン改(十時梅崖 とどきばいがい [生]元文2(1737)年,(異説)1736年,1734年),コン4(十時梅崖 とどきばいがい [生]元文2(1737)年,(異説)1736年,1734年),新潮(十時梅崖 とどきばいがい [没]文化1(1804)年1月23日),人名,世百,日人,藩臣4([生]?),三重,名画,和俳

百々三郎 どどさぶろう
天保10(1839)年～大正11(1922)年11月6日
江戸時代末期～明治期の福山藩士。養蚕・製糸の研究、蚕種・桑の品種の選択等に尽力。
¶日人,幕末,広島百([生]天保10(1839)年7月3日)

百々安政 どどやすまさ
元和3(1617)年～寛文8(1668)年
江戸時代前期の土佐藩家老。
¶高知人

轟武兵衛(轟木武兵衛) とどろきぶへえ,とどろきぶべえ
文政1(1818)年～明治6(1873)年 [別]照幡烈之助《てるはたれつのすけ》
江戸時代末期～明治期の尊攘派志士。号は游冥、慎独軒など。
¶朝日(とどろきぶべえ [生]文政1年1月25日(1818年3月1日) [没]明治6(1873)年5月8日),維新(轟木武兵衛),京都大,熊本百([生]文化15(1818)年1月25日 [没]明治6(1873)年5月8日),コン改(とどろきぶべえ),コン4(とどろきぶべえ),コン5(とどろきぶべえ),新潮([生]文政1(1818)年1月25日 [没]明治6(1873)年5月4日),人名,姓氏京都,日人,幕末([没]1873年5月4日)

戸波養浩 となみようこう
江戸時代末期の伊勢津藩士。
¶三重

舎人重巨 とねりしげなお
安永8(1779)年～弘化4(1847)年9月24日
江戸時代中期～後期の尾張藩士・本草家。
¶国書

殿内義雄 とのうちよしお
*～文久3(1863)年
江戸時代末期の新撰組隊士。
¶新撰([生]天保1年 [没]文久3年3月25日),幕末([生]? [没]1863年5月12日)

殿岡北海 とのおかほっかい
→青木北海(あおきほっかい)

外崎飛鶴 とのさきひかく
? ～明和2(1765)年
江戸時代中期の弘前藩士、書家。
¶青森人

外村省吾 とのむらしょうご
文政4(1821)年～明治10(1877)年 [別]外村半雲《とのむらはんうん》
江戸時代末期～明治期の近江彦根藩士。
¶維新,国書(外村半雲 とのむらはんうん [生]文政4(1821)年4月8日 [没]明治10(1877)年1月5日),幕末([没]1877年1月6日),藩臣4

外村半雲 とのむらはんうん
→外村省吾(とのむらしょうご)

鳥羽謙三郎 とばけんざぶろう
*～明治9(1876)年
江戸時代末期～明治期の志士。土佐勤王党に参加。
¶高知人([生]1838年),幕末([生]1839年 [没]1876年12月5日)

土橋惣太郎 どばしそうたろう
→土橋惣太郎(つちはしそうたろう)

鳥羽多喜松 とばたきまつ
？～明治28（1895）年6月25日
江戸時代末期～明治期の新撰組隊士。
¶新撰

戸原卯橘 とはらうきつ,とばらうきつ
天保6（1835）年～文久3（1863）年
江戸時代末期の秋月藩士。
¶維新，国書（とばらうきつ　[生]天保6（1835）年1月　[没]文久3（1863）年10月14日），新潮（[没]文久3（1863）年10月14日），人名，日人，藩臣7（とばらうきつ）

土肥謙蔵 どひけんぞう
文政10（1827）年～明治33（1900）年　[別]土肥石斎《どひせきさい》
江戸時代末期～明治期の因幡鳥取藩士。
¶維新，郷土（[没]明治33（1900）年3月20日），国書（土肥石斎　どひせきさい　[没]明治33（1900）年3月20日），人名，日人，幕末（[没]1900年3月20日），藩臣5

土肥実光 どひさねみつ
→土肥大作（どいだいさく）

土肥二三 どひじさん
寛永16（1639）年～享保17（1732）年　[別]土岐二三《ときじさん》,土肥二三《どいじさん》
江戸時代前期～中期の茶人、三河吉田藩士。土岐二三とも。
¶朝日（[没]享保17年1月6日（1732年2月1日）），京都，京都大，近世，国史，茶道（土岐二三　ときじさん），新潮，姓氏京都（どいじさん），日人

土肥七助 どひしちすけ
天保14（1843）年～？　[別]土肥七助《どいしちすけ》
江戸時代末期～明治期の讃岐丸亀藩の丸亀浪士、勤王家。
¶維新，日人，藩臣6（どいしちすけ　[生]天保13（1842）年）

土肥秋窓 どひしゅうそう
宝暦4（1754）年～天保5（1834）年　[別]土肥藤右衛門《どひとうえもん》,渭虹《いこう》
江戸時代中期～後期の武士・俳人。
¶剣豪（土肥藤右衛門　どひとうえもん），国書（渭虹　いこう　[没]天保5（1834）年4月17日），日人

土肥庄次郎 どひしょうじろう
→松廼家露八（まつのやろはち）

土肥石斎 どひせきさい
→土肥謙蔵（どひけんぞう）

鳶惣右衛門 とびそうえもん
？～寛政10（1798）年
江戸時代中期～後期の剣術家。撚流。
¶剣豪

土肥大作 どひだいさく
→土肥大作（どいだいさく）

飛田春山 とびたしゅんざん
文化2（1805）年～文久2（1862）年　[別]飛田知白《とびたともあき》
江戸時代末期の石見浜田藩士、儒学者。
¶国書，藩臣5（飛田知白　とびたともあき）

飛田知白 とびたともあき
→飛田春山（とびたしゅんざん）

土肥経平 どひつねひら,とひつねひら
宝永4（1707）年～天明2（1782）年
江戸時代中期の備前岡山藩の有職故実家。
¶朝日（[生]宝永4年2月22日（1707年3月25日）[没]天明2年10月20日（1782年11月24日）），岡山人，岡山百（とひつねひら　[生]宝永4（1707）年2月22日　[没]天明2（1782）年10月12日），近世，国史，国書（[生]宝永4（1707）年2月26日　[没]天明2（1782）年10月12日），史人（[生]1707年2月22日　[没]1782年10月20日），人名，日人，藩臣6（とひつねひら）

土肥典膳（土肥天膳）　とひてんぜん,どひてんぜん
文政10（1827）年～明治2（1869）年
江戸時代末期の勤王家、備前岡山藩士。
¶維新（どひてんぜん），岡山人（どひてんぜん），岡山百（[生]文政10（1827）年1月13日　[没]明治2（1869）年8月13日），岡山歴（[没]明治2（1869）年8月12日），人名（土肥天膳　どひてんぜん），日人（どひてんぜん），幕末（[没]1869年9月18日），藩臣6

土肥藤右衛門 どひとうえもん
→土肥秋窓（どひしゅうそう）

土肥延平 どひのぶひら,とひのぶひら
延享1（1744）年～寛政12（1800）年
江戸時代中期～後期の備前岡山藩士。
¶岡山人，岡山歴（とひのぶひら），人名，日人，藩臣6（とひのぶひら），和俳（とひのぶひら）

土肥半左衛門 どひはんざえもん
～元和2（1616）年4月6日
安土桃山時代～江戸時代前期の武将。最上氏家臣。
¶庄内，戦東

土肥半三郎 どひはんざぶろう,とひはんざぶろう
安土桃山時代～江戸時代前期の武士。里見氏家臣。
¶戦人（生没年不詳），戦東（とひはんざぶろう）

土肥幹平 どひみきへい
→土肥幹平（とひみねひら）

土肥幹平 とひみねひら
*～文政7（1824）年　[別]土肥幹平《どひみきへい》
江戸時代後期の備前岡山藩士。
¶岡山人（どひみきへい　[生]安永3（1774）年），藩臣6（[生]安永1（1772）年）

怒風 どふう
？～寛保3（1743）年
江戸時代中期の俳人、美濃大垣藩士（蕉門）。
¶俳諧，俳句，和俳

戸部愿山 とべげんざん
→戸部良凞（とべよしひろ）

戸部良凞（戸部良熙）　とべながひろ
→戸部良凞（とべよしひろ）

戸部良凞（戸部良熙）　とべよしひろ
正徳3（1713）年～寛政7（1795）年　[別]戸部良凞《とべながひろ》,戸部良熙《とべながひろ,とべよしひろ》,戸部愿山《とべげんざん》

江戸時代中期の土佐藩士。
¶沖縄百(戸部良熙), 高知人, 高知百(とべながひろ), 国書(戸部愿山　とべげんざん　[没]寛政7(1795)年12月21日), コン改, コン4, 人名(戸部愿山　とべげんざん), 日人(戸部愿山　とべげんざん　[没]1796年), 藩臣6(戸部良熙　とべながひろ)

富松重基　とまつしげもと
正保2(1645)年～享保3(1718)年
江戸時代中期の家臣、幕臣。
¶和歌山人

富松正奥　とまつまさおき
寛政7(1795)年～天保12(1841)年
江戸時代後期の常陸下館藩士。
¶藩臣2

戸祭鷗村　とまつりおうそん
享和2(1802)年～弘化3(1846)年
江戸時代後期の讃岐丸亀藩士。
¶藩臣6

戸祭勝全　とまつりかつまた
宝永4(1707)年～明和6(1769)年
江戸時代中期の武士、兵法家。
¶日人

苫米地又兵衛　とまべちまたべえ
？～
江戸時代末期の陸奥八戸藩士。
¶青森人, 維新

都丸広治　とまるこうじ
文化11(1814)年～明治7(1874)年　[別]都丸広治《とまるひろはる》, 都丸董庵《とまるとうあん》
江戸時代末期～明治期の出羽庄内藩士。
¶国書(都丸董庵　とまるとうあん　[没]明治7(1874)年2月18日), コン改(とまるひろはる), コン4(とまるひろはる), コン5(とまるひろはる), 庄内([没]明治7(1874)年2月18日), 日人, 藩臣1

都丸五太夫　とまるごだゆう
天正1(1573)年～
安土桃山時代～江戸時代前期の勇士。
¶庄内

都丸董庵　とまるとうあん
→都丸広治(とまるこうじ)

都丸広治　とまるひろはる
→都丸広治(とまるこうじ)

富井退蔵(富井泰蔵)　とみいたいぞう
文政9(1826)年～明治27(1894)年
江戸時代末期～明治期の讃岐多度津藩の砲術家。
¶幕末([没]1894年12月12日), 藩臣6(富井泰蔵)

富岡氏次　とみおかうじつぐ
？～正保3(1646)年
江戸時代前期の武士。
¶和歌山人

富岡敬明　とみおかけいめい
文政5(1822)年11月8日～明治42(1909)年　[別]富岡敬明《とみおかたかあき》
江戸時代末期～明治期の肥前佐賀藩士。
¶熊本百([没]明治42(1909)年2月28日), 佐賀百([没]明治42(1909)年2月28日), 人書94(とみおかたかあき), 人名, 徳島百([没]明治42(1909)年2月28日), 徳島歴([没]明治42(1909)年2月28日), 日人, 幕末([生]1821年　[没]1902年), 山梨百([没]明治42(1909)年3月1日)

富岡光賢　とみおかこうけん
？～文政5(1822)年9月11日
江戸時代中期～後期の上野高崎藩士。
¶国書

富岡敬明　とみおかたかあき
→富岡敬明(とみおかけいめい)

富岡知明　とみおかともあき
？～寛政2(1790)年？
江戸時代中期～後期の信濃松代藩士。
¶国書

富岡虎之助　とみおかとらのすけ
天保3(1832)年～明治34(1901)年7月29日
江戸時代末期～明治期の秋田藩士。藩主に上京を建白、容れられず砲術所詰役。
¶幕末

富岡正忠　とみおかまさただ
安永3(1774)年～安政6(1859)年　[別]富岡正美《とみおかまさよし》
江戸時代後期の上野高崎藩士。
¶群馬人, 考古([没]安政6年(1859年6月25日)), 国書([没]安政6(1859)年6月25日), 人名(富岡正美　とみおかまさよし), 日人(富岡正美　とみおかまさよし), 藩臣2

富岡正美　とみおかまさよし
→富岡正忠(とみおかまさただ)

富川十郎　とみかわじゅうろう
天保15(1844)年～慶応3(1867)年6月14日
江戸時代後期～末期の新撰組隊士。
¶新撰

富沢喜平　とみざわきへい
江戸時代前期の武将。里見氏家臣。
¶戦東

富沢諸右衛門　とみざわしょうえもん
→富沢諸右衛門(とみざわしょえもん)

富沢諸右衛門　とみざわしょえもん
[別]富沢諸右衛門《とみざわしょうえもん》
安土桃山時代～江戸時代前期の武士。里見氏家臣。
¶戦人(生没年不詳), 戦東(とみざわしょうえもん)

富沢日向守　とみざわひゅうがのかみ
生没年不詳
安土桃山時代～江戸時代前期の栗原郡三迫の領主。
¶姓氏宮城

富田壱岐　とみたいき
→富田氏紹(とみたうじつぐ)

富田育斎　とみだいくさい
宝永3(1706)年1月1日～寛政6(1794)年12月29日
江戸時代中期～後期の仙台藩士・漢学者。
¶国書

富田氏紹　とみたうじつぐ
寛永3(1626)年～宝永2(1705)年　[別]富田壱岐

《とみたいき》
江戸時代前期の陸奥仙台藩士。
¶人名，姓氏宮城（[生]？），日人，藩臣1（富田壱岐　とみたいき）

富田王屋 とみだおうおく
享保13（1728）年～安永5（1776）年9月29日
江戸時代中期の仙台藩士・漢学者。
¶国書

富田鷗波 とみたおうは
天保7（1836）年～明治40（1907）年
江戸時代末期～明治期の越前福井藩士。
¶人名，日人，幕末（[没]1907年4月30日），藩臣3

富田翁平 とみたおうへい
天保13（1842）年～大正2（1913）年
江戸時代後期～明治期の剣術家。鏡新明智流。
¶剣豪

富田織部 とみたおりべ
文化12（1815）年～明治1（1868）年
江戸時代末期の因幡鳥取藩の儒者、三条家臣。
¶維新，国書（[生]文化14（1817）年　[没]慶応4（1868）年9月5日），人名，鳥取百，日人，藩臣5（[生]文化14（1817）年）

富田景周 とみたかげちか
→富田景周（とだかげちか）

富田一孝 とみたかずたか
生没年不詳
江戸時代後期の加賀藩士。
¶国書

富田一元 とみたかずもと
元禄9（1696）年～明和4（1767）年閏9月3日
江戸時代中期の加賀藩士。
¶国書

飛田勘兵衛 とみたかんべえ
？　～宝永3（1706）年
江戸時代前期～中期の豊前中津藩家老。
¶藩臣7

富田吉右衛門 とみたきちえもん
生没年不詳
江戸時代前期の治水巧者。伊奈氏の家臣。
¶埼玉人

富田久助 とみたきゅうすけ
→富田高慶（とみたたかよし）

富田九郎右衛門 とみたくろうえもん
江戸時代の中条流の剣術家。
¶人名

富田群蔵 とみだぐんぞう
寛政1（1789）年～明治8（1875）年
江戸時代後期～明治期の代官。
¶姓氏愛知

富田高慶 とみたこうけい
→富田高慶（とみたたかよし）

富田小七 とみたこしち
～天明1（1781）年6月
江戸時代中期の庄内藩付家老。
¶庄内

富田貞章 とみたさだあき
宝暦5（1755）年9月17日～寛政1（1789）年3月16日
江戸時代中期～後期の加賀藩士。
¶国書

富田貞武 とみたさだたけ
宝永2（1705）年～明和6（1769）年1月21日
江戸時代中期の加賀藩士。
¶国書

富田貞直 とみたさだなお
享保14（1729）年～天明3（1783）年6月8日
江戸時代中期の加賀藩士。
¶国書

富田貞詳 とみたさだみつ
生没年不詳
江戸時代末期の加賀藩士。
¶国書

富田貞行 とみたさだゆき
？　～天保13（1842）年7月8日
江戸時代後期の加賀藩士。
¶国書

富田哲 とみたさとし
天保3（1832）年～明治9（1876）年4月21日
江戸時代末期～明治期の志士。
¶幕末

富田重貞 とみたしげさだ
万治3（1660）年～享保16（1731）年
江戸時代前期～中期の加賀藩士。
¶国書

富田重政 とみたしげまさ
→富田重政（とだしげまさ）

富田重光 とみたしげみつ
？　～明治8（1875）年
江戸時代末期～明治期の陸奥斗南藩の江戸詰めの御小姓。
¶幕末（[没]1875年12月5日），藩臣1

富田甚右衛門 とみたじんえもん
生没年不詳
江戸時代の庄内藩付家老。
¶庄内

富田省斎 とみだせいさい
享保1（1716）年～天明4（1784）年4月6日
江戸時代中期の仙台藩士・書家。
¶国書

富田大鳳 とみたたいほう
宝暦12（1762）年～享和3（1803）年　[別]富田日岳《とみたにちがく》
江戸時代中期～後期の肥後熊本藩士。
¶熊本百（[没]享和3（1803）年3月25日），国書（富田日岳　とみたにちがく　[没]享和3（1803）年2月25日），人名，日人，藩臣7

富田高慶 とみたたかよし
文化11（1814）年～明治23（1890）年　[別]富田高慶《とみたこうけい》，富田久助《とみたきゅうすけ》
江戸時代末期～明治期の報徳運動家。磐城相馬藩士斎藤嘉隆の次男。
¶朝日（[生]文化11年6月1日（1814年7月17日）

[没]明治23(1890)年1月5日), 維新, 近現, 近世, 国史, 国書([生]文化11(1814)年6月1日 [没]明治23(1890)年1月5日), コン改(とみたこうけい), コン4(とみたこうけい), コン5(とみたこうけい), 史人(とみたこうけい [生]1814年6月1日 [没]1890年1月5日), 神人(とみたこうけい), 新潮([生]文化11(1814)年6月1日 [没]明治23(1890)年1月5日), 人名(富田久助 とみたきゅうすけ), 全書, 哲学, 日人, 幕末([没]1890年1月5日), 福島百, 歴大

富田達三 とみたたつぞう
生没年不詳
江戸時代末期の幕臣・外国奉行調役。1865年遣仏使節に随行しフランスに渡る。
¶海越新

富田筑後 とみたちくご
寛政1(1789)年～天保4(1833)年
江戸時代後期の越中富山藩士。
¶藩臣3

富田銕蔵 とみたてつぞう
生没年不詳
江戸時代後期の常陸土浦藩士。
¶藩臣2

富田鉄之助 とみたてつのすけ
天保6(1835)年～大正5(1916)年 [別]実則, 鉄耕
江戸時代末期～明治期の幕府留学生、実業家。1867年アメリカに渡る。
¶朝日([生]天保6年10月16日(1835年12月5日) [没]大正5(1916)年2月27日), 維新, 海越([生]天保6(1835)年10月16日 [没]大正5(1916)年2月27日), 海越新([生]天保6(1835)年10月16日 [没]大正5(1916)年2月27日), 学校([生]天保6(1835)年10月16日 [没]大正5(1916)年2月27日), 近現, 国際, 国史, コン改, コン4, コン5, 史人([生]1835年10月16日 [没]1916年2月27日), 実業([生]天保6(1835)年10月16日 [没]大正5(1916)年2月27日), 新潮([生]天保6(1835)年10月16日 [没]大正5(1916)年2月27日), 人名, 姓氏宮城, 先駆([生]天保6(1835)年10月16日 [没]大正5(1916)年2月27日), 全書, 渡航([生]1835年10月16日 [没]1916年2月27日), 日人, 幕末([没]1916年2月27日), 宮城百, 明治1, 洋学, 履歴([生]天保6(1835)年10月16日 [没]大正5(1916)年2月27日)

富田知信 とみだとものぶ
→富田信高(とみたのぶたか)

富田直政 とみたなおまさ
元亀1(1570)年～正保1(1644)年
安土桃山時代～江戸時代前期の越中富山藩国老。
¶藩臣3

富田日岳 とみたにちがく
→富田大鳳(とみたたいほう)

富田縫殿 とみたぬい
慶安4(1651)年～元禄6(1693)年
江戸時代前期～中期の越中富山藩大老。
¶藩臣3

富田信高 とみたのぶたか
? ～寛永10(1633)年 [別]富田知信《とみだとものぶ》
安土桃山時代～江戸時代前期の武将、大名。伊勢安濃津城主、伊予板島藩主。
¶愛媛百([没]寛永10(1633)年9月), 戦国, 戦人, 日史([没]寛永10(1633)年2月29日), 日人, 藩主3(富田知信 とみだとものぶ [没]寛永10(1633)年2月29日), 藩主4([没]寛永10(1633)年2月29日), 百科, 歴大

富田兵部 とみたひょうぶ
? ～安政4(1857)年 [別]富田兵部《とだひょうぶ》
江戸時代末期の越中富山藩江戸家老。
¶人名, 姓氏富山, 富山百([没]安政4(1857)年4月23日), 日人, 幕末(とだひょうぶ [没]1857年5月16日), 藩臣3

富田弘実 とみだひろざね
寛政2(1790)年～文久3(1863)年11月10日
江戸時代後期～末期の仙台藩士・兵法家。
¶国書

富田文山 とみたぶんざん
天明5(1785)年～天保3(1832)年9月
江戸時代中期～後期の肥後熊本藩士。
¶国書

富田通候 とみたみちとき
享和2(1802)年～明治3(1870)年 [別]富田六兵衛《とみたろくべえ》
江戸時代末期～明治期の日向佐土原藩士。
¶維新(富田六兵衛 とみたろくべえ), 弓道([生]享和2(1802)年5月4日 [没]明治3(1870)年10月5日), 人名, 日人, 藩臣7

富田三保之介 とみたみほのすけ
天保9(1838)年～慶応1(1865)年
江戸時代末期の水戸藩士。
¶維新, 人名, 日人, 幕末([没]1865年4月29日)

富田連 とみたむらじ
? ～弘化3(1846)年
江戸時代後期の剣術家。直心影流。
¶剣豪, 庄内([没]弘化3(1846)年12月10日)

富田盛照 とみだもりてる
文政11(1828)年～明治27(1894)年
江戸時代後期～明治期の勤王の志士。
¶姓氏愛知

富田弥五作 とみたやごさく
? ～寛文4(1664)年
江戸時代前期の越中富山藩士。
¶藩臣3

富田要蔵 とみたようぞう
江戸時代末期の新撰組隊士。
¶新撰

富田好礼 とみたよしのり
→富田春郭(とだしゅんかく)

富田六兵衛 とみたろくべえ
→富田通候(とみたみちとき)

富塚有義 とみつかありよし
宝暦7(1757)年～寛政3(1791)年3月30日
江戸時代中期～後期の仙台藩士。
¶国書

と

富塚信隆 とみづかのぶたか
？ ～慶安2（1649）年
江戸時代前期の武士。伊達政宗・忠宗に仕えた。
¶姓氏宮城

富永重吉 とみながしげよし
～正保3（1646）年
江戸時代前期の旗本。
¶神奈川人

富永甚兵衛 とみながじんべえ
？ ～天明8（1788）年
江戸時代中期～後期の剣術家。直指流ほか。
¶剣豪

富永長清 とみながながきよ
？ ～寛政5（1793）年
江戸時代中期の肥前蓮池藩士。
¶藩臣7

富永政之助 とみながまさのすけ
江戸時代末期の新撰組隊士。
¶新撰

富永全昌 とみながまさよし
貞享4（1687）年～宝暦14（1764）年1月7日
江戸時代前期～中期の加賀藩士。
¶国書

富永有隣 とみながゆうりん
文政4（1821）年～明治33（1900）年
江戸時代末期～明治期の長州（萩）藩士、小姓役。
¶朝日（[生]文政4年5月14日（1821年6月13日）[没]明治33（1900）年12月20日），維新，近現，近世，高知人，国史，コン改，コン4，コン5，史人（[生]1821年5月14日　[没]1900年12月20日），新潮（[生]文政4（1821）年5月14日　[没]明治33（1900）年12月20日），姓氏山口，日人，幕末（[没]1900年12月20日），藩臣6，山口百

富小路任節 とみのこうじにんせつ
文政5（1822）年～元治1（1864）年
江戸時代末期の志士。
¶維新，国書（[生]文政5（1822）年2月4日　[没]元治1（1864）年12月16日），神人（[生]文政4（1821）年[没]元治1（1864）年12月16日），人名，日人（[没]1865年），幕末（[没]1865年1月13日）

富森助右衛門 とみのもりすけえもん
→富森助右衛門（とみもりすけえもん）

富張伝兵衛 とみはりでんべえ
生没年不詳
江戸時代末期の備後福山藩士。
¶幕末，藩臣6

富村雄 とみむらお
天保2（1831）年～明治20（1887）年
江戸時代末期～明治期の志士。
¶島根人，島根百（[生]天保7（1836）年11月10日[没]明治20（1887）年11月1日），島根歴，日人（[生]1836年），幕末

富本梅坡 とみもとばいは
寛文4（1664）年～正徳3（1713）年12月23日
江戸時代前期～中期の歌人。佐賀藩士。
¶佐賀百

富森助右衛門 とみもりすけえもん
寛文10（1670）年～元禄16（1703）年　[別]春帆《しゅんぱん》，富森助右衛門《とみのもりすけえもん》
江戸時代中期の播磨赤穂藩士。赤穂義士の一人、馬廻兼使番役。
¶朝日（[没]元禄16年2月4日（1703年3月20日）），コン改，コン4，新潮（とみのもりすけえもん[没]元禄16（1703）年2月4日），人名（とみのもりすけえもん），日人（とみのもりすけえもん），俳句（春帆　しゅんぱん　[没]元禄16（1703）年2月4日），和俳（[没]元禄16（1703）年2月4日）

富安十郎太夫 とみやすじゅうろうだいふ
？ ～万治1（1658）年
江戸時代前期の菅沼定盈の側近。
¶姓氏愛知

富山藤内 とみやまとうない
生没年不詳
安土桃山時代～江戸時代前期の武将。宇喜多氏家臣。
¶戦人

富山元十郎 とみやまもとじゅうろう
生没年不詳
江戸時代後期の幕吏。
¶朝日，近世，国史，日人，北海道歴

富山弥兵衛 とみやまやへい
→富山弥兵衛（とみやまやへえ）

富山弥兵衛 とみやまやへえ
天保14（1843）年～慶応4（1868）年　[別]富山弥兵衛《とみやまやへい》
江戸時代末期の新撰組隊士。
¶新撰（[没]慶応4年閏4月2日），幕末（とみやまやへい　[没]1868年5月23日）

戸村幾野右衛門 とむらいくのえもん
？ ～
江戸時代の八戸藩士。昌益系図を伝えた。
¶青森人

戸村愛則 とむらかねのり
→戸村惣右衛門（とむらそうえもん）

戸村恒斎 とむらこうさい
寛文4（1664）年～享保7（1722）年
江戸時代中期の三河刈谷藩家老。
¶姓氏愛知，藩臣4

戸村惣右衛門 とむらそうえもん
寛政7（1795）年～明治6（1873）年　[別]戸村愛則《とむらかねのり》
江戸時代末期～明治期の美作勝山藩家老。
¶岡山歴（戸村愛則　とむらかねのり　[生]寛政7（1795）年6月26日　[没]明治6（1873）年6月7日），藩臣6

戸村東陵 とむらとうりょう
明和5（1768）年～安政1（1854）年
江戸時代後期の出羽横手城代。
¶人名，日人

戸村福松 とむらふくまつ
江戸時代の武士。
¶江戸東

戸村義見　とむらよしあき
元禄10(1697)年～延享1(1744)年7月23日
江戸時代中期の秋田藩士。
¶国書

戸村義効　とむらよしかた
文政1(1818)年～*
江戸時代末期～明治期の出羽秋田藩士。
¶維新([没]1870年), 幕末([没]1878年6月13日), 藩臣1([没]明治13(1880)年)

戸村義国　とむらよしくに
天正19(1591)年～*
安土桃山時代～江戸時代前期の武士。
¶国書([没]寛文10(1670)年12月19日), 日人([没]1671年)

戸村義得　とむらよしのり
嘉永2(1849)年～明治39(1906)年
江戸時代末期～明治期の出羽秋田藩の横手城代。
¶幕末([没]1906年3月26日), 藩臣1

友清祐太夫　ともきよすけだゆう
文政12(1829)年～明治3(1870)年
江戸時代末期～明治期の筑後柳河藩士。
¶藩臣7

友沢謙助　ともさわけんすけ
生没年不詳
江戸時代後期の讃岐高松藩士。
¶国書

友田瞎斎　ともだかつさい
生没年不詳
江戸時代末期の長門長府藩士。
¶藩臣6

友田小介　ともだこすけ
?　～文久3(1863)年4月
江戸時代末期の長門長府藩士。
¶幕末

朝長熊平　ともながくまへい
→朝長熊平(あさながくまへい)

朝長甚左衛門　ともながじんざえもん
生没年不詳
江戸時代中期の肥前大村藩士。
¶藩臣7

朝長直治　ともながなおはる
寛政8(1796)年～弘化1(1844)年
江戸時代後期の肥前大村藩士。
¶人名

朝長ミゲル　ともながみげる
江戸時代前期の武士。
¶戦人(生没年不詳), 戦補

友成遜　ともなりそん
文政1(1818)年～明治16(1883)年
江戸時代末期～明治期の豊後杵築藩士。
¶大分百, 大分歴([没]明治18(1885)年), 藩臣7

友野霞舟　とものかしゅう
寛政3(1791)年～嘉永2(1849)年
江戸時代後期の儒者、幕臣。
¶江文, 国書([没]嘉永2(1849)年6月24日), 詩歌, 人名([生]?), 日人, 和俳

友野雄助　とものゆうすけ
?　～嘉永2(1849)年6月24日
江戸時代後期の江戸の人、幕臣。詩人。
¶山梨百

伴林光雄　ともばやしみつお
弘化4(1847)年～明治14(1881)年
江戸時代後期～明治期の志士。
¶郷土奈良

伴林光平　ともばやしみつひら, ともはやしみつひら
文化10(1813)年～元治1(1864)年　[別]伴林光平《ばんばやしみつひら》
江戸時代末期の志士。号は斑鳩隠士、岡陵、嵩斎など。
¶朝日([生]文化10年9月9日(1813年10月2日) [没]元治1年2月16日(1864年3月23日)), 維新, 岩史([生]文化10(1813)年9月9日　[没]文久4(1864)年2月16日), 大阪墓(ばんばやしみつひら　[没]元治1(1864)年2月16日), 角史, 教育, 郷土奈良, 近世, 考古([生]文化10年(1813年9月9日)　[没]文久4年(1864年2月16日)), 国史, 国書(ばんばやしみつひら　[生]文化10(1813)年9月9日　[没]文久4(1864)年2月16日), コン改(ともはやしみつひら), コン4(ともはやしみつひら), 詩歌(ばんばやしみつひら), 史人([生]1813年9月9日　[没]1864年2月16日), 神人(ばんばやしみつひら　[生]文化10(1813)年9月9日　[没]文久4(1864)年2月16日), 新潮([生]文化10(1813)年9月9日　[没]元治1(1864)年2月16日), 人名(ばんばやしみつひら), 姓氏京都, 世人([生]文化11(1814)年 [没]元治1(1864)年2月16日), 全書(ばんばやしみつひら), 日史([生]文化10(1813)年9月9日 [没]元治1(1864)年2月16日), 日人, 幕末([没]1864年3月23日), 百科, 兵庫百(ばんばやしみつひら), 歴大, 和俳([生]文化10(1813)年9月9日　[没]元治1(1864)年2月16日)

友平慎三郎　ともひらしんざぶろう
天保13(1842)年～?
江戸時代後期～明治期の壬生藩の大砲奉行、兵部省出仕。
¶栃木歴

友部方升　ともべまさのり
天明7(1787)年～嘉永7(1854)年
江戸時代後期の国学者、讃岐高松藩士。
¶国書([生]寛政7(1795)年　[没]嘉永7(1854)年10月20日), 人名, 日人

友部方秀　ともべまさひで
?　～慶応2(1866)年
江戸時代末期の武士、歌人。
¶国書([没]慶応2(1866)年3月), 人名, 日人

友松氏興　ともまつうじおき
元和8(1622)年～貞享4(1687)年
江戸時代前期の儒学者、神道家。陸奥会津藩の重臣。
¶会津, 近世, 高知人, 国史, 国書([生]元和8(1622)年3月3日　[没]貞享4(1687)年2月29日), 神史, 人名, 日人, 藩臣2, 福島百

友松忠右衛門　ともまつちゅうえもん
安土桃山時代～江戸時代前期の武士。
¶戦国，戦人（生没年不詳）

友松盛保　ともまつもりやす
？　～元和7（1621）年
江戸時代前期の武士。豊臣氏家臣。
¶戦国，戦人

友安三冬　ともやすみふゆ
天明8（1788）年～文久2（1862）年
江戸時代後期の讃岐高松藩の神官、国学者。
¶香川人，香川百，国書（[没]文久2（1862）年10月10日），人名，日人，幕末（[没]1862年12月1日），藩臣6

友安盛敏　ともやすもりとし
天保4（1833）年～明治19（1886）年
江戸時代末期～明治期の武士、国学者。皇学寮助教、皇典講究所分所長を務めた。
¶人名，日人

友山勝次　ともやまかつつぐ
江戸時代末期の代官。
¶岡山人，岡山歴

外山正一　とやましょういち
→外山正一（とやままさかず）

富山次郎左衛門　とやまじろうざえもん
江戸時代後期の薩摩藩士。
¶姓氏鹿児島

外山利昭　とやまとしあき
？　～享保11（1726）年
江戸時代中期の武士。
¶和歌山人

遠山友央　とやまともなか
→遠山友央（とおやまともなか）

外山正一　とやままさかず
嘉永1（1848）年～明治33（1900）年　[別]外山正一《とやましょういち》，丶山（仙士），捨八
江戸時代末期～明治期の静岡藩士、教育者、詩人。東京帝国大学総長、貴族院議員。蕃書調で所英学を学び渡米。漢字廃止ローマ字採用提唱。
¶朝日（[生]嘉永1年9月27日（1848年10月23日）[没]明治33（1900）年3月8日），岩史（[生]嘉永1（1848）年9月27日　[没]明治33（1900）年3月8日），海越（[生]嘉永1（1848）年9月27日　[没]明治33（1900）年3月8日），海越新（[生]嘉永1（1848）年9月27日　[没]明治33（1900）年3月8日），江戸東，学校（[生]嘉永1（1848）年9月27日　[没]明治33（1900）年3月8日），教育，キリ（[生]嘉永1年9月27日（1848年10月23日）　[没]明治33（1900）年3月8日），近現，近文，芸能（[生]嘉永1（1848）年9月27日　[没]明治33（1900）年3月8日），現詩（[生]1848年9月27日　[没]1900年3月8日），国際，国史，コン改，コン5，詩歌（とやましょういち），史人（[生]1848年9月27日　[没]1900年3月8日），静岡歴，思想（[生]嘉永1（1848）年9月27日　[没]明治33（1900）年3月8日），重要（[生]嘉永1（1848）年9月27日　[没]明治33（1900）年3月8日），新潮（[生]嘉永1（1848）年9月27日　[没]明治33（1900）年3月8日），新文（[生]嘉永1（1848）年9月27日　[没]明治33（1900）年3月8日），人名（とやましょういち），心理（[生]嘉永1（1848）年9月27日　[没]明治33（1900）年3月8日），世人（[生]嘉永1（1848）年9月27日　[没]明治33（1900）年3月8日），世百（とやましょういち），先駆（[生]嘉永1（1848）年9月27日　[没]明治33（1900）年3月8日），全書，大百，哲学，渡航（[没]1900年3月8日），日史（[生]嘉永1（1848）年9月27日　[没]明治33（1900）年3月8日），日人，日本，百科，文学，明治2，洋学，履歴（[生]嘉永1（1848）年9月27日　[没]明治33（1900）年3月8日），歴大

都谷森逸眠　とやもりいつみん
→都谷森甚弥（とやもりじんや）

都谷森甚弥　とやもりじんや
生没年不詳　[別]都谷森逸眠《とやもりいつみん》
江戸時代末期～明治期の陸奥弘前藩士。
¶維新，幕末（都谷森逸眠　とやもりいつみん）

豊崎主計　とよさきかずえ，とよざきかずえ
安土桃山時代～江戸時代前期の武士。里見氏家臣。
¶戦人（生没年不詳），戦東（とよざきかずえ）

豊崎九介　とよさききゅうすけ，とよざききゅうすけ
安土桃山時代～江戸時代前期の武士。里見氏家臣。
¶戦人（生没年不詳），戦東（とよざききゅうすけ）

豊崎勝兵衛　とよさきしょうべえ，とよざきしょうべえ
安土桃山時代～江戸時代前期の武士。里見氏家臣。
¶戦人（生没年不詳），戦東（とよざきしょうべえ）

豊島権平　とよしまごんぺい
天明5（1785）年～安政5（1858）年
江戸時代後期の信濃高遠藩士、砲術家。
¶国書，藩臣3

豊田覚兵衛　とよたかくべえ
文政3（1820）年～文久2（1862）年
江戸時代後期～末期の出水郡長島郷士。
¶姓氏鹿児島

豊田勝義　とよだかつよし，とよたかつよし
文化14（1817）年～明治10（1877）年
江戸時代末期～明治期の和算家、伊勢津藩士。
¶国書（[生]文化14（1817）年6月10日　[没]明治10（1877）年6月28日），人名（とよたかつよし），数学（とよたかつよし　[生]文化14（1817）年6月10日　[没]明治10（1877）年6月28日），日人

豊田謙次　とよたかねつぐ
→豊田謙次（とよたけんじ）

豊田謙次（豊田謙治，豊田謙二）　とよたけんじ，とよだけんじ
天保3（1832）年～慶応1（1865）年　[別]豊田謙次《とよたかねつぐ》
江戸時代末期の勤王志士。
¶維新，岡山人，岡山百（豊田謙治　[没]慶応1（1865）年12月15日），岡山歴（豊田謙二　[没]慶応1（1865）年12月15日），新潮（とよたかねつぐ　[没]慶応1（1865）年12月25日），人名（とよだけんじ），日人（とよだけんじ　[没]1866年），幕末（[没]1866年2月10日）

豊田香窓　とよだこうそう
→豊田小太郎（とよだこたろう）

豊田小太郎　とよだこたろう
天保5（1834）年～慶応2（1866）年　[別]豊田香窓

《とよだこうそう》
江戸時代末期の水戸藩士。
¶維新，国書（豊田香窓　とよだこうそう　[没]慶応2（1866）年9月2日），人名，日人，幕末（[没]1866年10月10日），藩臣2

豊田権右衛門　とよたごんえもん
生没年不詳
江戸時代中期の播磨姫路藩士。
¶藩臣5

豊田定右衛門　とよだじょうえもん
？　～文化3（1806）年
江戸時代中期～後期の肥前平戸藩家老。
¶藩臣7

豊田正作　とよだしょうさく
寛政3（1791）年～安政4（1857）年
江戸時代末期の相模小田原藩士。
¶神奈川人，幕末

豊田丈助　とよだじょうすけ
宝暦2（1752）年～文政6（1823）年6月16日
江戸時代中期～後期の武士。
¶国書

豊田紹有　とよだじょうゆう
→豊田忠村（とよだただむら）

豊田忠知　とよだただとも
天和1（1681）年～寛保1（1741）年
江戸時代中期の肥前平戸藩家老、茶人、石州流一門の総師。
¶国書（生没年不詳），茶道，日人

豊田忠村　とよだただむら
*～享保8（1723）年　[別]豊田紹有《とよだじょうゆう》
江戸時代前期～中期の武士、茶人。
¶茶道（豊田紹有　とよだじょうゆう　[生]1654年），日人（[生]1656年）

豊田天功　とよだてんこう
文化2（1805）年～元治1（1864）年　[別]豊田彦次郎《とよだひこじろう》，豊田亮《とよだりょう》
江戸時代末期の漢学者、歴史家、水戸藩士。
¶朝日（豊田亮　とよだりょう　[没]元治1年1月21日（1864年2月28日）），維新（豊田彦次郎　とよだひこじろう），茨城百，近世，国史，国書（[没]文久4（1864）年1月21日），コン改（豊田亮　とよだりょう），コン4（豊田亮　とよだりょう），新潮（[没]元治1（1864）年1月21日），人名，世人（[没]元治1（1864）年1月22日），日史（[没]元治1（1864）年1月21日），日人，幕末（[没]1864年2月28日），藩臣2，百科，歴大

豊田藤之進　とよだとうのしん
江戸時代末期の幕臣。
¶人名，幕末（生没年不詳）

豊田友直　とよだともなお，とよたともなお
江戸時代後期の武士。
¶岐阜百（とよたともなお），日人（生没年不詳）

豊田彦次郎　とよだひこじろう
→豊田天功（とよだてんこう）

豊田文景　とよだぶんけい
江戸時代中期の筑後久留米藩士。
¶人名

豊田政弘　とよたまさひろ
？　～天明4（1784）年
江戸時代中期の石見津和野藩士。
¶島根人，藩臣5

豊田政義　とよだまさよし
江戸時代の伊勢桑名藩士、松平家学頭。
¶三重続

豊田又四郎　とよたまたしろう
寛文12（1672）年～寛延2（1749）年
江戸時代前期～中期の剣術家。二天一流。
¶剣豪

豊田亮　とよだりょう
→豊田天功（とよだてんこう）

豊永伊佐馬　とよながいさま
天保13（1842）年～文久3（1863）年　[別]豊永高道《とよながたかみち》
江戸時代末期の土佐藩士。
¶維新（[生]1841年），高知人（豊永高道　とよながたかみち），人名，日人（[生]1841年），幕末（[没]1863年7月30日），藩臣6

豊永斧馬　とよながおのま
天保8（1837）年～元治1（1864）年
江戸時代末期の土佐藩の志士。野根山屯集事件に参加。
¶維新（[生]1838年），高知人，人名，日人（[生]1838年），幕末（[没]1864年10月5日），藩臣6

豊永高道　とよながたかみち
→豊永伊佐馬（とよながいさま）

豊永長吉　とよながちょうきち
天保2（1831）年～明治44（1911）年
江戸時代末期～明治期の長門長府藩士。
¶人名（[生]1830年），姓氏山口，日人，幕末（[没]1911年7月23日），藩臣6

豊永藤五郎　とよながとうごろう
安土桃山時代～江戸時代前期の武士。
¶戦人（生没年不詳），戦西

豊原重軌　とよはらしげみち
天和1（1681）年～寛延4（1751）年7月24日
江戸時代前期～中期の出羽庄内藩士・国学者。
¶国書，庄内

豊原重芳　とよはらしげよし
～享和3（1803）年8月28日
江戸時代中期～後期の庄内藩付家老。
¶庄内

豊間源之進　とよまげんのしん
天保6（1835）年～明治1（1868）年　[別]豊間盛彦《とよまもりひこ》
江戸時代末期の出羽秋田藩士。
¶維新，人名，日人（[生]1836年），幕末（[没]1868年9月2日），藩臣1（豊間盛彦　とよまもりひこ）

豊間盛彦　とよまもりひこ
→豊間源之進（とよまげんのしん）

虎岩八右衛門　とらいわはちえもん
寛文7（1667）年～寛保3（1743）年
江戸時代前期～中期の剣術家。一道流ほか。

と

¶剣豪

虎尾孫兵衛 とらおまごべえ
生没年不詳
江戸時代前期の槍術家。
¶日人

虎尾紋右衛門 とらおもんえもん
江戸時代前期の槍術家、虎尾流の祖。
¶人名

鳥居昭美 とりいあきよし
？ ～享和3（1803）年6月4日
江戸時代中期～後期の尾張藩士・俳人。
¶国書

鳥居岩男 とりいいわお
元文4（1739）年～文化13（1816）年
江戸時代後期の剣術家、宇都宮藩士。
¶栃木歴

鳥居円秋 とりいえんしゅう
元禄4（1691）年～延享1（1744）年
江戸時代中期の尾張藩士、暦数家。
¶国書（[没]延享1（1744）年8月3日），人名，日人

鳥居興治 とりいおきはる
寛文8（1668）年～寛保2（1742）年
江戸時代前期～中期の紀伊和歌山藩士。
¶国書（[没]寛保2（1742）年2月15日），和歌山人

鳥居嘉津衛 とりいかづえ
天保7（1836）年～元治1（1864）年
江戸時代末期の対馬藩士。
¶維新

鳥居研山 とりいけんざん
文政3（1820）年～嘉永4（1851）年11月12日
江戸時代後期の漢学者・美濃大垣藩士。
¶国書

鳥居三十郎 とりいさんじゅうろう
天保12（1841）年～明治2（1869）年
江戸時代末期の越後村上藩家老。
¶庄内（[生]天保12（1841）年10月　[没]明治2（1869）年6月25日），人書94，新潮（[没]明治2（1869）年6月25日），人名，新潟百，日人，幕末（[没]1869年8月13日），藩臣4

鳥居志摩 とりいしま
？ ～文久3（1863）年
江戸時代後期～末期の武士。
¶日人

鳥居甚兵衛 とりいじんべえ
生没年不詳
江戸時代後期の下総結城藩用人。
¶藩臣3

鳥居晴吾 とりいせいご
文政8（1825）年～明治22（1889）年
江戸時代末期～明治期の常陸土浦藩士。
¶幕末（[没]1889年10月5日），藩臣2

鳥居瀬兵衛 とりいせべえ，とりいせへえ
文化7（1810）年～元治1（1864）年
江戸時代末期の水戸藩士。
¶維新，国書（生没年不詳），人名（とりいせへえ），日人，幕末（[没]1864年11月15日），藩臣2

鳥居専学 とりいせんがく
江戸時代末期の丹波山国郷郷士。
¶維新，幕末（生没年不詳）

鳥居忠威 とりいただあきら
文化6（1809）年～文政9（1826）年
江戸時代後期の大名。下野壬生藩主。
¶諸系，日人，藩主1（[没]文政9（1826）年11月11日）

鳥居忠瞭 とりいただあきら
天和1（1681）年～享保20（1735）年
江戸時代中期の大名。下野壬生藩主。
¶諸系，日人，藩主1（[没]享保20（1735）年4月27日）

鳥居忠意 とりいただおき
享保2（1717）年～寛政6（1794）年
江戸時代中期の大名。下野壬生藩主。
¶諸系，人名（[生]？），栃木歴，日人，藩主1（[没]寛政6（1794）年7月18日）

鳥居忠恒 とりいただつね
慶長9（1604）年～寛永13（1636）年
江戸時代前期の大名。出羽山形藩主。
¶諸系，日人，藩主1（[没]寛永13（1636）年7月7日）

鳥居忠燾 とりいただてる
安永6（1777）年～文政4（1821）年
江戸時代後期の大名。下野壬生藩主。
¶諸系，日人，藩主1（[生]安永6（1777）年，（異説）安永5年9月3日　[没]文政4（1821）年7月27日）

鳥居忠英 とりいただてる
寛文5（1665）年～享保1（1716）年　[別]鳥居忠英《とりいただひで》
江戸時代中期の大名。能登下村藩主、近江水口藩主、下野壬生藩主。
¶郷土栃木，食文（[没]正徳6年3月21日（1716年5月12日）），諸系，人名（とりいただひで），栃木歴，日人，藩主1（[没]享保1（1716）年3月21日），藩主3

鳥居忠宝 とりいただとみ
弘化2（1845）年～明治18（1885）年
江戸時代末期～明治期の大名。下野壬生藩主。
¶諸系，栃木歴，日人，藩主1（[生]弘化2（1845）年7月12日　[没]明治18（1885）年7月23日）

鳥居忠則 とりいただのり
正保3（1646）年～元禄2（1689）年
江戸時代前期の大名。信濃高遠藩主。
¶諸系，人名（[生]1647年　[没]1690年），長野歴，日人，藩主2（[没]元禄2（1689）年7月23日）

鳥居忠春 とりいただはる
寛永1（1624）年～寛文3（1663）年
江戸時代前期の大名。信濃高遠藩主。
¶国書（[没]寛文3（1663）年8月1日），諸系，人名（[生]1603年　[没]1646年），長野歴，日人，藩主2（[没]寛文3（1663）年8月1日）

鳥居忠英 とりいただひで
→鳥居忠英（とりいただてる）

鳥居忠挙 とりいただひら
文化12（1815）年～安政4（1857）年
江戸時代末期の大名。下野壬生藩主。

¶諸系，栃木歴，日人，藩主1（[生]文化12（1815）年2月14日，（異説）8月2日　[没]安政4（1857）年8月10日）

鳥居忠房　とりいただふさ
慶長11（1606）年～寛永14（1637）年
江戸時代前期の大名。駿河駿府藩士、甲斐谷村藩主。
¶諸系，日人，藩主2（[没]寛永14（1637）年7月），藩臣4

鳥居忠文　とりいただぶみ，とりいただふみ
弘化4（1847）年～大正3（1914）年　[別]喬
江戸時代末期～明治期の壬生藩主、子爵、貴族院議員。岩倉使節団と同船してイギリスに渡航。
¶海越（とりいただふみ　[生]弘化4（1847）年9月　[没]大正3（1914）年10月），海越新（[生]弘化4（1847）年9月12日　[没]大正3（1914）年10月31日），国際（とりいただふみ），諸系，渡航（[生]1847年9月　[没]1914年10月），日人，藩主1（[生]弘化4（1847）年9月11日　[没]大正3（1914）年10月）

鳥居忠政　とりいただまさ
永禄9（1566）年～寛永5（1628）年
安土桃山時代～江戸時代前期の大名。陸奥磐城平藩主、出羽山形藩主、下総矢作藩主。
¶朝日（[没]寛永5年9月5日（1628年10月2日）），近世，国史，コン改，コン4，史人（[没]1628年9月5日），諸系，新潮（[没]寛永5（1628）年9月5日），人名（[生]1565年　[没]1626年），戦合，戦国，戦人，日史（[没]寛永5（1628）年9月5日），日人，藩主1，藩主1（[没]寛永5（1628）年9月5日），藩主2，百科，山形百（[生]永禄8（1565）年），歴大

鳥居忠善　とりいただよし
江戸時代末期の幕臣。
¶維新，幕末（生没年不詳）

鳥居成次　とりいなりつぐ
元亀1（1570）年～寛永8（1631）年
安土桃山時代～江戸時代前期の武将、大名。甲斐谷村城主、甲斐甲府藩士、駿河駿府藩士。
¶諸系，人名，日人，藩主2（[没]寛永8（1631）年6月18日），藩臣3（[生]？），藩臣4

鳥居八右衛門　とりいはちうえもん
生没年不詳
江戸時代後期の佐渡奉行。
¶新潟百

鳥井八郎右衛門　とりいはちろううえもん
生没年不詳
江戸時代中期の備後三次藩用人。
¶藩臣6

鳥居広治　とりいひろはる
寛永7（1630）年～延宝2（1674）年
江戸時代中期の武士。
¶和歌山人

鳥居守之　とりいもりゆき
宝永1（1704）年～宝暦11（1761）年
江戸時代中期の若狭小浜藩士。
¶藩臣3

鳥居耀蔵　とりいようぞう
寛政8（1796）年～明治7（1874）年
江戸時代末期～明治期の幕臣・南町奉行。甲斐守。市中取締が厳しく、「ようぞう」と「かいのかみ」から「妖怪」と忌み嫌われた。
¶朝日（[生]寛政8年11月24日（1796年12月22日）[没]明治6（1873）年10月3日），岩史（[生]寛政8（1796）年11月24日　[没]明治6（1873）年10月3日），江戸，角史（[没]明治6（1873）年），近現（[没]1873年），近世（[没]1873年），国史（[没]1873年），国書（[生]寛政8（1796）年11月24日　[没]明治6（1873）年10月3日），コン改（[生]文化12（1815）年），コン4（[生]文化12（1815）年），コン5（[生]文化12（1815）年），埼玉人（[生]寛政8（1796）年11月24日　[没]明治6（1873）年10月3日），史人（[生]1796年11月24日　[没]1873年10月3日），諸系（[没]1873年），人書94（[生]1815年），新潮（[生]？　[没]明治7（1874）年10月3日），人名（[生]？），世人（[生]文化1（1804）年），世百（[生]？），全書（[生]？），大百，日史（[生]寛政8（1796）年11月24日　[没]明治7（1874）年10月3日），日人（[没]1873年），幕末（[没]1874年10月3日），百科，歴大

鳥尾小弥太　とりおこやた
弘化4（1847）年～明治38（1905）年　[別]鳥尾得庵《とりおとくあん》，中村一之助《なかむらいちのすけ》
江戸時代末期～明治期の長州（萩）藩士、陸軍軍人、政治家。
¶朝日（[生]弘化4年12月5日（1848年1月10日）[没]明治38（1905）年4月13日），維新，海越新（[生]弘化4（1848）年12月5日　[没]明治38（1905）年4月13日），角史，近現，国史，コン改，コン4，コン5，茶道，史人（[生]1847年12月5日　[没]1905年4月13日），新潮（[生]弘化4（1847）年12月5日　[没]明治38（1905）年4月13日），人名，世人（[没]明治38（1905）年4月14日），全書，哲学，渡航（[生]1847年12月5日　[没]1905年4月14日），日史（[生]弘化4（1847）年12月5日　[没]明治38（1905）年4月13日），日人（[生]1848年），幕末（[生]1848年　[没]1905年4月13日），藩臣6，百科，仏教（鳥尾得庵　とりおとくあん　[生]弘化4（1847）年12月15日　[没]明治38（1905）年4月13日），明治1（[生]1848年），山口百，陸海（[生]弘化4年12月5日　[没]明治38年4月13日），歴大（[生]1848年）

鳥尾得庵　とりおとくあん
→鳥尾小弥太（とりおこやた）

鳥越烟村（鳥越煙村）　とりごええんそん
江戸時代中期の画家、備前岡山藩士。
¶岡山人，岡山歴，人名（鳥越煙村），日人（生没年不詳）

鳥越瀬兵衛　とりごえせべえ
寛政6（1794）年～明治9（1876）年4月25日
江戸時代後期～明治期の摂津国麻田藩の代官。
¶岡山歴

鳥越常成　とりごえつねなり
明和3（1766）年～天保11（1840）年
江戸時代後期の国学者、備中足守藩士。

¶岡山人，岡山歴（[没]天保11（1840）年3月22日），国書（[没]天保11（1840）年3月22日），人名，日人

取田正紹 とりだまさつぐ
生没年不詳
江戸時代後期の尾張藩士。
¶国書

取田寄猛 とりだよりたけ
？ ～安永1（1772）年
江戸時代中期の尾張藩士。
¶国書

鳥海弘毅 とりのうみこうき
嘉永2（1849）年～大正3（1914）年
江戸時代末期～明治期の出羽亀田藩士。
¶藩臣1

鳥山牛之助 とりやまうしのすけ
天正16（1588）年～寛文6（1666）年
安土桃山時代～江戸時代前期の2代目三河国代官。
¶姓氏愛知

鳥山栄庵 とりやまえいあん
江戸時代前期の京僧流の槍術家。
¶人名，日人（生没年不詳）

鳥山確斎 とりやまかくさい
→鳥山新三郎（とりやましんざぶろう）

鳥山義所 とりやまぎしょ
→鳥山新三郎（とりやましんざぶろう）

鳥山精元 とりやまきよもと
元和3（1617）年～宝永4（1707）年
江戸時代前期～中期の三河代官。
¶姓氏愛知

鳥山重信 とりやましげのぶ
天保12（1841）年～大正1（1912）年　[別]臼杵哲平《うすきてっぺい》
江戸時代末期～明治期の長門長府藩士。
¶幕末（[没]1912年10月27日），藩臣6

鳥山正作 とりやましょうさく
宝暦13（1763）年～天保3（1832）年
江戸時代後期の武士。仙台伊達氏家臣。
¶人名，日人

鳥山新三郎 とりやましんざぶろう
文政2（1819）年～安政3（1856）年　[別]鳥山確斎《とりやまかくさい》，鳥山義所《とりやまぎしょ》
江戸時代末期の志士、儒学者。
¶維新，江文（鳥山確斎　とりやまかくさい），国書（鳥山義所　とりやまぎしょ　[没]安政3（1856）年7月29日），人名，千葉百（鳥山確斎　とりやまかくさい），日人，幕末（[没]1856年8月29日）

鳥山石丈 とりやませきじょう
宝暦10（1760）年～寛政7（1795）年
江戸時代中期の大和高取藩士、儒学者。
¶藩臣4

鳥山時驕 とりやまときなが
生没年不詳
江戸時代中期の播磨姫路藩士。
¶国書

【な】

名井重勝 ないしげかつ
？ ～元禄15（1702）年
江戸時代前期の武士。
¶和歌山人

内藤章政 ないとうあきまさ
～寛文4（1664）年
江戸時代前期の旗本。
¶神奈川人

内藤安房守忠明 ないとうあわのかみただあきら
→内藤忠明（ないとうただあきら）

内藤以貫 ないとういかん
→内藤希顔（ないとうきがん）

内藤宇左衛門 ないとううざえもん
生没年不詳
江戸時代中期の庄内藩家老。
¶庄内

内藤奥右衛門 ないとうおくうえもん
生没年不詳
江戸時代中期～後期の遠江相良藩用人。
¶藩臣4

内藤景堅 ないとうかげかた
寛政2（1790）年～安政6（1859）年
江戸時代末期の美作津山藩士。
¶幕末

内藤景次 ないとうかげつぐ
？ ～正保4（1647）年
江戸時代前期の武蔵岩槻藩士。
¶神奈川人（生没年不詳），藩臣5

内藤景文 ないとうかげふみ
延享2（1745）年～天明8（1788）年
江戸時代中期の大和高取藩中老。
¶国書（[没]天明8（1788）年11月29日），藩臣4

内藤景美 ないとうかげよし
生没年不詳
江戸時代後期の大和高取藩士。
¶国書

内藤弌信 ないとうかずのぶ
万治1（1658）年～享保15（1730）年
江戸時代前期～中期の大名。陸奥棚倉藩主、駿河田中藩主、越後村上藩主。
¶諸系，新潟百，日人，藩主1，藩主2，藩主3（[没]享保15（1730）年11月11日）

内藤閑斎 ないとうかんさい
→内藤希顔（ないとうきがん）

内藤帰一 ないとうきいち
天保9（1838）年～？
江戸時代末期の加賀大聖寺藩士。
¶藩臣3

内藤希顔 ないとうきがん
寛永2（1625）年～元禄5（1692）年　[別]内藤以貫《ないとういかん》，内藤閑斎《ないとうかんさい》

江戸時代前期の儒学者、書家。仙台藩に仕える。
¶近世，国史，国書（内藤閑斎　ないとうかんさい　[没]元禄5（1692）年10月21日），コン改，コン4，新潮（[没]元禄5（1692）年10月21日），姓氏宮城（内藤以貫　ないとういかん），日人，藩臣1（内藤以貫　ないとういかん），宮城百（内藤以貫　ないとういかん），歴大

内藤休甫 ないとうきゅうほ
？ ～延宝1（1673）年
江戸時代前期の武士。
¶人名，日人

内藤清枚 ないとうきよかず
正保2（1645）年～正徳4（1714）年
江戸時代前期～中期の大名。信濃高遠藩主。
¶諸系，人名，姓氏長野（[生]1655年），長野歴（[生]明暦1（1655）年），日人，藩主2（[没]正徳4（1714）年4月16日）

内藤清次 ないとうきよつぐ
天正5（1577）年～元和3（1617）年
江戸時代前期の老中。
¶近世，国史，史人（[没]1617年7月1日），諸系，人名，戦合，日人，歴大

内藤清政 ないとうきよまさ
慶長8（1603）年～元和9（1623）年
江戸時代前期の大名。安房勝山藩主。
¶諸系，日人，藩主2（[没]元和9（1623）年6月26日）

内藤金兵衛 ないとうきんべえ
生没年不詳
江戸時代前期の武士。
¶和歌山人

内藤蔵人 ないとうくらんど
→内藤忠世（ないとうただよ）

内藤九郎 ないとうくろう
？ ～明治10（1877）年11月6日
江戸時代末期～明治期の奇兵隊士。
¶幕末

内藤作兵衛 ないとうさくべえ
文化12（1815）年～明治9（1876）年
江戸時代後期～明治期の剣術家。柳生新陰流。
¶剣豪

内藤貞顕 ないとうさだあき
慶安1（1648）年～元禄15（1702）年
江戸時代前期～中期の水戸藩士。
¶国書

内藤貞幹 ないとうさだみき
→内藤貞幹（ないとうさだよし）

内藤貞幹 ないとうさだよし
延享3（1746）年～安永7（1778）年　[別]内藤貞幹《ないとうさだみき》
江戸時代中期の大名。陸奥湯長谷藩主。
¶諸系，人名，日人，藩主1（ないとうさだみき　[没]安永7（1778）年6月23日）

内藤学文 ないとうさとふみ，ないとうさとぶみ
宝暦1（1751）年～寛政6（1794）年
江戸時代中期の大名。三河挙母藩主。
¶諸系，人名（ないとうさとぶみ），姓氏愛知，日人，藩主2（[生]宝暦1（1751）年9月16日　[没]寛政6（1794）年6月10日）

内藤左兵衛 ないとうさへえ
寛政3（1791）年～文久3（1863）年2月16日
江戸時代後期～末期の長州萩藩士。
¶国書

内藤重頼 ないとうしげより
寛永5（1628）年～元禄3（1690）年
江戸時代前期の京都所司代。
¶京都大，諸系，人名，姓氏京都，日人

内藤自卓 ないとうじたく
慶長5（1600）年～寛文7（1667）年
江戸時代前期の陸奥会津藩士。
¶藩臣2

内藤十湾 ないとうじゅうわん
天保3（1832）年～明治41（1908）年3月22日
江戸時代末期～明治期の南部藩士。
¶幕末

内藤淳蔵 ないとうじゅんぞう
天保6（1835）年～明治1（1868）年7月6日
江戸時代末期の志士。
¶幕末

内藤如安（内藤ジョアン，内藤汝安，内藤如庵） ないとうじょあん
？ ～寛永3（1626）年　[別]小西如安《こにしじょあん》，小西如庵《こにしじょあん》，内藤徳庵《ないとうとくあん》，ジュアン，内藤忠俊《ないとうただとし》
安土桃山時代～江戸時代前期の加賀藩のキリシタン武将。
¶朝日，京都府，キリ（内藤汝安），近世（小西如庵　こにしじょあん），熊本百（小西如安　こにしじょあん　[没]元和2（1616）年），国史（小西如庵　こにしじょあん），古中（小西如庵　こにしじょあん），コン改（小西如安　こにしじょあん），コン改（[没]寛永3（1626）年，（異説）1616年），コン4（小西如安　こにしじょあん），史人（内藤如庵），人書94，新潮，人名（内藤徳庵　ないとうとくあん　[没]1616年），姓氏石川（内藤徳庵　ないとうとくあん），世人（小西如安　こにしじょあん　[没]元和2（1616）年），戦合（小西如庵　こにしじょあん），戦国，戦人，日史，日人，藩臣3（内藤徳庵　ないとうとくあん），百科，歴大（内藤ジョアン）

内藤丈草 ないとうじょうそう
寛文2（1662）年～元禄17（1704）年　[別]丈草《じょうそう》
江戸時代前期～中期の尾張犬山藩の俳人。松尾芭蕉に入門。
¶愛知百（[没]1702年2月24日），朝日（[没]元禄17年2月24日（1704年3月29日）），岩史（[没]元禄17（1704）年2月24日），角史，郷土滋賀，京都大，近世，国史，国書（丈草　じょうそう　[没]元禄17（1704）年2月24日），コン改，コン4，詩歌（丈草　じょうそう），滋賀百（[生]1661年），史人（丈草　じょうそう　[没]1704年2月24日），新潮（丈草　じょうそう　[没]宝永1（1704）年2月24日），人名（[生]1661年），姓氏愛知，姓氏京都，世人（[没]宝永1（1704）年2月24日），全書（丈草

じょうそう），大百（丈草　じょうそう），日史（丈草　じょうそう　㊀宝永1（1704）年2月24日），日人，俳諧（丈草　じょうそう　㊄？），俳句（丈草　じょうそう　㊀宝永1（1704）年2月24日），藩臣4，百科（丈草　じょうそう），文学，三重続，歴大（丈草　じょうそう），和俳（㊀宝永1（1704）年2月24日）

内藤四郎兵衛 ないとうしろうべえ
文化14（1817）年頃～明治1（1868）年9月15日
江戸時代末期の陸奥二本松藩大城代。
¶幕末

内藤甚五左衛門 ないとうじんござえもん
元亀3（1572）年～寛永17（1640）年
安土桃山時代～江戸時代前期の紀伊和歌山藩士。
¶藩臣5

内藤介右衛門 ないとうすけえもん
天保10（1839）年～明治32（1899）年
江戸時代末期～明治期の陸奥会津藩士。
¶維新，幕末（㊀1899年6月16日），藩臣2

な

内藤誠 ないとうせい
＊～明治26（1893）年
江戸時代末期～明治期の加賀藩士、陽明学者。
¶姓氏石川（㊄？），幕末（㊄1824年　㊀1893年5月）

内藤盛業 ないとうせいぎょう
寛政6（1794）年～安政2（1855）年
江戸時代後期～末期の出羽庄内藩士。
¶国書，庄内

内藤静修 ないとうせいしゅう
＊～天保5（1834）年　㊚内藤昌盈《ないとうまさみつ》
江戸時代後期の漢詩人、長州（萩）藩士。
¶国書（内藤昌盈　ないとうまさみつ　㊄宝暦9（1759）年　㊀天保5（1834）年8月24日），人名（㊄1757年），日人（㊄1759年），和俳（㊄宝暦7（1757）年）

内藤清兵衛 ないとうせいべえ
享和2（1802）年～＊
江戸時代末期の長州（萩）藩士。
¶維新（㊀1866年），幕末（㊀1867年1月24日）

内藤忠明 ないとうただあき
生没年不詳
江戸時代後期の幕臣。
¶国書

内藤忠明 ないとうただあきら
？～文久2（1862）年　㊚内藤安房守忠明《ないとうあわのかみただあきら》
江戸時代後期～末期の103代長崎奉行。
¶長崎歴（内藤安房守忠明　ないとうあわのかみただあきら）

内藤忠興 ないとうただおき
文禄1（1592）年～延宝2（1674）年
江戸時代前期の大名。陸奥磐城平藩主。
¶朝日（㊀延宝2年10月13日（1674年11月10日）），鎌倉，近世，国史，コン改，コン4，史人（㊀1674年10月13日），諸系，新潮（㊀延宝2（1674）年10月13日），人名，戦合，日人，藩主1（㊀延宝2（1674）年10月13日）

内藤忠勝 ないとうただかつ
承応3（1654）年～延宝8（1680）年
江戸時代前期の大名。志摩鳥羽藩主。
¶諸系，人名，日人，藩主3（㊄明暦1（1655）年　㊀延宝8（1680）年6月27日）

内藤忠重 ないとうただしげ
天正14（1586）年～承応2（1653）年
江戸時代前期の大名。志摩鳥羽藩主。
¶神奈川人，諸系，人名，日人，藩主3（㊀承応2（1653）年4月23日）

内藤忠恕 ないとうただひろ
宝暦9（1759）年～文政5（1822）年
江戸時代中期～後期の第12代京都代官。
¶京都大，姓氏京都

内藤忠政 ないとうただまさ
元和3（1617）年～延宝1（1673）年
江戸時代前期の大名。志摩鳥羽藩主。
¶諸系，人名，日人，藩主3（㊄元和1（1615）年　㊀延宝1（1673）年7月12日）

内藤忠元 ないとうただもと
生没年不詳
江戸時代前期の武士。
¶和歌山人

内藤忠世 ないとうただよ
天明2（1782）年～天保14（1843）年　㊚内藤蔵人《ないとうくらんど》
江戸時代後期の信濃高遠藩家老。
¶国書（㊀天保14（1843）年7月18日），藩臣3（内藤蔵人　ないとうくらんど）

内藤耻叟 ないとうちそう
文政10（1827）年～明治35（1902）年　㊚内藤弥大夫《ないとうやたゆう》
江戸時代末期～明治期の水戸藩士、史家。
¶朝日（㊄文政10年11月5日（1827年12月22日）　㊀明治36（1903）年6月7日），維新（㊄1826年），近現（㊀1903年），近世（㊀1903年），群馬人（㊄文政9（1826）年），群馬百（㊄1826年），国史（㊀1903年），コン改（㊄文政9（1826）年），コン4（㊄文政9（1826）年），コン5（㊄文政9（1826）年），史研（㊄文政10（1827）年11月15日　㊀明治36（1903）年6月7日），史人（㊄1827年11月15日　㊀1903年6月7日），神人（㊄文政10（1827）年11月5日　㊀明治36（1903）年6月8日），新潮（㊄文政9（1826）年　㊀明治35（1902）年6月7日），人名（㊄1826年），哲学（㊄1826年），日史（㊄文政10（1827）年11月15日　㊀明治36（1903）年6月7日），日児（㊄文政10（1827）年12月22日　㊀明治35（1902）年6月7日），日人（㊀1903年），幕末（内藤弥大夫　ないとうやたゆう　㊄1828年　㊀1903年6月7日），藩臣2（内藤弥大夫　ないとうやたゆう）

内藤忠太郎 ないとうちゅうたろう
弘化1（1844）年～明治4（1871）年
江戸時代末期～明治期の長門清末藩家老。
¶維新，人名（㊄1841年　㊀1868年），日人，幕末（㊀1871年7月27日），藩臣6

内藤徳庵 ないとうとくあん
→内藤如安（ないとうじょあん）

内藤友栄 ないとうともはる
？ ～万治2（1659）年
江戸時代前期の武蔵岩槻藩家老。
¶藩臣5

内藤直重 ないとうなおしげ
？ ～享保5（1720）年
江戸時代前期の武士。
¶和歌山人

内藤直政 ないとうなおまさ
～寛永12（1635）年
江戸時代前期の旗本。
¶神奈川人

内藤中心 ないとうなかご
元文5（1740）年～文化14（1817）年
江戸時代中期～後期の歌人、土佐藩士。
¶岡山人，岡山歴（[没]文化14（1817）年12月18日），高知人，国書（[没]文化14（1817）年12月18日），人名，日人（[没]1818年），和俳

内藤長好 ないとうながよし
明和8（1771）年～寛政3（1791）年
江戸時代中期の大名。信濃高遠藩主。
¶諸系，長野歴，日人，藩主2（[生]明和6（1769）年 [没]寛政3（1791）年11月5日）

内藤就明 ないとうなりあき
寛文12（1672）年～享保17（1732）年3月3日
江戸時代前期～中期の仙台藩士。
¶国書

内藤苗軌 ないとうなりのり
寛延3（1750）年～文政10（1827）年
江戸時代中期～後期の長門清末藩家老。
¶藩臣6

内藤信旭 ないとうのぶあきら
延享1（1744）年～宝暦12（1762）年
江戸時代中期の大名。越後村上藩主。
¶諸系，新潟百，日人，藩主3（[生]延享1（1744）年2月12日　[没]宝暦12（1762）年5月28日）

内藤信敦 ないとうのぶあつ
安永6（1777）年～文政8（1825）年
江戸時代後期の大名。越後村上藩主。
¶京都大，諸系，人名（[生]1778年），姓氏京都，新潟百，日人，藩主3（[生]安永6（1777）年10月1日 [没]文政8（1825）年4月8日）

内藤信興 ないとうのぶおき
＊～安永9（1780）年
江戸時代中期の大名。越後村上藩主。
¶諸系（[生]1723年），新潟百（[生]1721年），日人（[生]1723年），藩主3（[生]享保6（1721）年3月21日 [没]安永9（1780）年5月5日）

内藤延清 ないとうのぶきよ
元和9（1623）年～天和3（1683）年
江戸時代前期の武蔵岩槻藩士。
¶藩臣5

内藤信思 ないとうのぶこと
→内藤信思（ないとうのぶもと）

内藤信民 ないとうのぶたみ
嘉永3（1850）年～明治1（1868）年
江戸時代末期の大名。越後村上藩主。
¶諸系，新潟百，日人，藩主3（[没]明治1（1868）年7月11日）

内藤信親 ないとうのぶちか
→内藤信思（ないとうのぶもと）

内藤信輝 ないとうのぶてる
天和2（1682）年～享保10（1725）年
江戸時代中期の大名。越後村上藩主。
¶諸系，新潟百，日人，藩主3（[生]天和2（1682）年10月27日　[没]享保10（1725）年10月25日）

内藤信照 ないとうのぶてる
文禄1（1592）年～寛文5（1665）年
江戸時代前期の大名。陸奥棚倉藩主。
¶諸系，新潟百，日人，藩主1（[没]寛文5（1665）年1月19日），福島百

内藤信美 ないとうのぶとみ
→内藤信美（ないとうのぶよし）

内藤信広 ないとうのぶひろ
文禄1（1592）年～慶安2（1649）年
安土桃山時代～江戸時代前期の武士。
¶諸系，日人

内藤信正 ないとうのぶまさ
永禄11（1568）年～寛永3（1626）年
安土桃山時代～江戸時代前期の武将、大名。近江長浜藩主、摂津高槻藩主。
¶諸系，人名，新潟百，日人，藩主3，藩主3（[没]寛永3（1626）年4月28日）

内藤信思 ないとうのぶもと
文化9（1812）年～明治7（1874）年　[別]内藤信思《ないとうのぶこと》，内藤信親《ないとうのぶちか》
江戸時代末期～明治期の大名。越後村上藩主。
¶維新（ないとうのぶこと），京都大（内藤信親　ないとうのぶちか　[生]文化4（1807）年　[没]明治2（1869）年），国書（内藤信親　ないとうのぶちか　[生]文化9（1812）年12月22日　[没]明治7（1874）年5月14日），諸系（[生]1813年），人名（ないとうのぶこと），姓氏京都（内藤信親　ないとうのぶちか　[生]1807年　[没]1869年），新潟百，日人（[生]1813年），藩主3（[生]文化9（1812）年12月22日　[没]明治7（1874）年5月14日）

内藤信美 ないとうのぶよし
安政2（1855）年～大正14（1925）年　[別]内藤信美《ないとうのぶとみ》
江戸時代末期～明治期の大名。越後村上藩主。
¶諸系，新潟百（ないとうのぶとみ），日人，藩主3（ないとうのぶとみ　[生]安政4（1857）年7月12日　[没]大正14（1925）年1月20日）

内藤信良 ないとうのぶよし
寛永2（1625）年～元禄8（1695）年
江戸時代前期の大名。陸奥棚倉藩主。
¶諸系，新潟百，日人，藩主1

内藤信凭 ないとうのぶより
寛延1（1748）年～天明1（1781）年
江戸時代中期の大名。越後村上藩主。

¶諸系，新潟百，日人，藩主3（[生]寛延1（1748）年6月6日　[没]安永10（1781）年1月19日）

内藤矩佳　ないとうのりとも
明和3（1766）年～天保12（1841）年6月7日
江戸時代中期～後期の幕臣。
¶国書

内藤八郎右衛門　ないとうはちろうえもん
？～文化1（1804）年
江戸時代中期～後期の陸奥福島藩家老。
¶藩臣2

内藤広前　ないとうひろさき
寛政3（1791）年～慶応2（1866）年
江戸時代末期の国学者、幕臣。幕府の御先手同心。
¶朝日（[没]慶応2年9月19日（1866年10月27日）），維新，江文（[生]寛政1（1789）年），国書（[没]慶応2（1866）年9月19日），新潮（[没]慶応2（1866）年9月19日），人名，世人（[没]慶応2（1866）年9月19日），日人，幕末（[没]1866年10月27日），平史

な

内藤風虎　ないとうふうこ
元和5（1619）年～貞享2（1685）年　[別]内藤義概《ないとうよしあき，ないとうよしむね》，内藤義泰《ないとうよしやす》，内藤頼長《ないとうよりなが》，風虎《ふうこ》
江戸時代前期の大名。陸奥磐城平藩主。
¶朝日（[没]貞享2年9月19日（1685年10月16日）），神奈川人，近世，国史，国書（内藤義泰　ないとうよしやす　[生]元和5（1619）年9月15日　[没]貞享2（1685）年9月19日），コン改，コン4，史人（[没]1685年9月19日），諸系（内藤義概　ないとうよしむね），人書94（内藤義概　ないとうよしむね），新潮（風虎　ふうこ　[没]貞享2（1685）年9月19日），人名，人名（内藤頼長　ないとうよりなが　[生]1617年），世人，大百（風虎　ふうこ），日人（内藤義概　ないとうよしむね），俳諧（風虎　ふうこ　[生]1615年），俳句（風虎　ふうこ　[没]貞享2（1685）年9月19日），藩主1（内藤義概　ないとうよしあき　[没]貞享2（1685）年9月19日），福島百，和俳（[没]貞享2（1685）年9月19日）

内藤文成　ないとうふみしげ
*～明治34（1901）年
江戸時代末期～明治期の大名。三河挙母藩主。
¶諸系（[生]1856年），日人（[生]1856年），幕末（[生]1859年　[没]1901年7月31日），藩主2（[生]安政2（1855）年12月20日　[没]明治34（1901）年7月31日）

内藤文七郎　ないとうぶんしちろう
江戸時代末期の水戸藩郷士。
¶維新，幕末（生没年不詳）

内藤政陽　ないとうまさあき
元文4（1739）年～天明1（1781）年
江戸時代中期の大名。日向延岡藩主。
¶国書（[生]元文2（1737）年5月19日　[没]天明1（1781）年閏5月24日），諸系，日人，藩主4（[生]元文4（1739）年5月19日　[没]天明1（1781）年閏5月24日），宮崎百（[生]元文2（1737）年　[没]天明1（1781）年5月24日）

内藤正誠　ないとうまさあき
→内藤正誠（ないとうまさのぶ）

内藤政環　ないとうまさあきら
天明5（1785）年～天保7（1836）年
江戸時代後期の大名。陸奥湯長谷藩主。
¶諸系，日人，藩主1

内藤正誠　ないとうまさあきら
→内藤正誠（ないとうまさのぶ）

内藤政醇　ないとうまさあつ
正徳4（1714）年～寛保1（1741）年
江戸時代中期の大名。陸奥湯長谷藩主。
¶諸系，日人，藩主1（[生]正徳1（1711）年　[没]寛保1（1741）年9月5日）

内藤政氏　ないとうまさうじ
文化7（1810）年～明治14（1881）年　[別]内藤政次郎《ないとうまさじろう》
江戸時代末期～明治期の武士、和算家。
¶国書（内藤政次郎　ないとうまさじろう　[生]文化7（1810）年1月11日　[没]明治14（1881）年4月28日），人名，数学（[生]文化7（1810）年正月11日　[没]明治14（1881）年4月28日），日人

内藤正興　ないとうまさおき
宝暦6（1756）年～寛政4（1792）年
江戸時代中期の大名。信濃岩村田藩主。
¶諸系，長野歴，日人，藩主2（[生]宝暦6（1756）年閏11月　[没]寛政4（1792）年10月17日）

内藤正勝(1)　ないとうまさかつ
慶長13（1608）年～寛永6（1629）年
江戸時代前期の大名。安房勝山藩主。
¶諸系，日人，藩主2（[没]寛永6（1629）年8月3日）

内藤正勝(2)　ないとうまさかつ
寛永20（1643）年～元禄7（1694）年
江戸時代前期の大名。武蔵赤沼藩主。
¶諸系，人名，日人，藩主1（[没]元禄7（1694）年8月7日）

内藤政樹　ないとうまさき
元禄16（1703）年～明和3（1766）年
江戸時代中期の大名。陸奥磐城平藩主、日向延岡藩主。
¶国書（[生]元禄16（1703）年10月29日　[没]明和3（1766）年9月24日），諸系，人名，日人，藩主1（[生]1706年），藩主4（[生]元禄16（1703）年10月29日，（異説）宝永3年10月29日　[没]明和3（1766）年9月24日），宮崎百（[没]明和3（1766）年9月24日）

内藤正国　ないとうまさくに
江戸時代中期～後期の大名。信濃岩村田藩主。
¶諸系（[生]1775年　[没]1803年），長野歴（[生]安永2（1773）年　[没]享和2（1802）年），日人（[生]1775年　[没]1803年），藩主2（[生]安永2（1773）年　[没]享和2（1802）年12月28日）

内藤政貞　ないとうまささだ
貞享2（1685）年～享保7（1722）年
江戸時代中期の大名。陸奥湯長谷藩主。
¶諸系，日人，藩主1（[没]享保7（1722）年4月23日）

内藤政里　ないとうまささと
正徳3（1713）年～延享3（1746）年

江戸時代中期の大名。上野安中藩主。
¶諸系，日人，藩主1

内藤政成　ないとうまさしげ
享和2(1802)年～万延1(1860)年
江戸時代末期の大名。三河挙母藩主。
¶諸系，日人，藩主2([生]享和2(1802)年2月6日　[没]万延1(1860)年3月30日)

内藤正重(1)　ないとうまさしげ
～承応2(1653)年
江戸時代前期の旗本。
¶神奈川人

内藤正重(2)　ないとうまさしげ
～寛文3(1663)年
江戸時代前期の旗本。
¶神奈川人

内藤政次郎　ないとうまさじろう
→内藤政氏(ないとうまさうじ)

内藤正弼　ないとうまさすけ
享保18(1733)年～明和7(1770)年
江戸時代中期の大名。信濃岩村田藩主。
¶諸系，長野歴，日人，藩主2([生]享保18(1733)年10月21日　[没]明和7(1770)年6月18日)

内藤政挙　ないとうまさたか
*～昭和2(1927)年
江戸時代末期～明治期の大名。日向延岡藩主。
¶維新([生]1850年)，諸系([生]1852年)，人名([生]1850年)，世紀([生]嘉永3(1850)年5月10日　[没]昭和2(1927)年5月23日)，日人([生]1852年)，藩主4([生]嘉永5(1852)年5月10日　[没]昭和2(1927)年5月23日)

内藤昌健　ないとうまさたて
弘化1(1844)年～？
江戸時代末期の志士。
¶人名，日人

内藤政民　ないとうまさたみ
文化3(1806)年～安政2(1855)年
江戸時代末期の大名。陸奥湯長谷藩主。
¶庄内([生]文化1(1804)年8月10日　[没]安政2(1855)年9月6日)，諸系，日人，幕末([生]1810年　[没]1859年11月17日)，藩主1([没]安政6(1859)年10月23日)

内藤政親　ないとうまさちか
正保2(1645)年～元禄9(1696)年
江戸時代前期の大名。陸奥泉藩主。
¶諸系，人名，日人，藩主1([没]元禄9(1696)年11月6日)

内藤政韶　ないとうまさつぐ，ないとうまさづく
安永5(1776)年～享和2(1802)年
江戸時代中期～後期の大名。日向延岡藩主。
¶諸系，日人，藩主4(ないとうまさづく　[生]安永5(1776)年2月3日　[没]享和2(1802)年7月晦日)，宮崎百([生]安永5(1776)年2月3日　[没]享和2(1802)年7月31日)

内藤正次　ないとうまさつぐ
永禄8(1565)年～寛永10(1633)年
江戸時代前期の旗本。忠政の4男。
¶埼玉人

内藤政綱　ないとうまさつな
～寛文4(1664)年
江戸時代前期の旗本。
¶神奈川人

内藤正縄　ないとうまさつな
寛政7(1795)年～安政7(1860)年　[別]内藤正縄《ないとうまさなわ》
江戸時代末期の大名。信濃岩村田藩主。
¶京都大，諸系，新潮([没]万延1(1860)年2月25日)，人名，姓氏京都(ないとうまさなわ)，姓氏長野，長野歴，日人，藩主2([没]安政7(1860)年2月25日)

内藤政恒　ないとうまさつね
天保7(1836)年～安政6(1859)年
江戸時代末期の大名。陸奥湯長谷藩主。
¶諸系，日人，藩主1([生]文化7(1810)年)

内藤政敏　ないとうまさとし
天保14(1843)年～文久3(1863)年
江戸時代末期の大名。陸奥湯長谷藩主。
¶諸系，日人，藩主1([生]天保1(1830)年　[没]文久3(1863)年6月27日)

内藤正俊　ないとうまさとし
慶長19(1614)年～貞享4(1687)年
江戸時代前期の武士。
¶日人

内藤政和　ないとうまさとも
天明7(1787)年～文化3(1806)年
江戸時代後期の大名。日向延岡藩主。
¶諸系，日人，藩主4([生]天明7(1787)年6月2日　[没]文化3(1806)年10月17日)

内藤正友　ないとうまさとも
寛文3(1663)年～正徳1(1711)年
江戸時代中期の大名。武蔵赤沼藩主、信濃岩村田藩主。
¶諸系，姓氏長野，長野歴，日人，藩主1([没]正徳1(1711)年8月17日)，藩主2([没]正徳1(1711)年8月17日)

内藤政長　ないとうまさなが
永禄11(1568)年～寛永11(1634)年
安土桃山時代～江戸時代前期の大名。陸奥磐城平藩主、上総磐城平藩主。
¶朝日([没]寛永11年10月17日(1634年12月7日))，近世，国史，コン4，史人([没]1634年10月17日)，諸系，人名，戦合，戦国([生]1589年)，戦人，日史([没]寛永11(1634)年10月17日)，日人，藩主1([没]寛永11(1634)年10月)，藩主2，百科，福島百

内藤正縄　ないとうまさなわ
→内藤正縄(ないとうまさつな)

内藤政延　ないとうまさのぶ
？～承応4(1655)年
江戸時代前期の武蔵岩槻藩士。
¶藩臣5

内藤政業　ないとうまさのぶ
元文5(1740)年～文化8(1811)年
江戸時代中期の大名。陸奥湯長谷藩主。
¶諸系，日人，藩主1([没]明和6(1769)年)

内藤政脩（内藤正脩）　ないとうまさのぶ
宝暦2（1752）年～文化2（1805）年
江戸時代中期～後期の大名。日向延岡藩主。
¶諸系，人名（内藤正脩　[没]？），日人，藩主4（[生]宝暦2（1752）年10月25日　[没]文化2（1805）年7月24日）

内藤正誠　ないとうまさのぶ
弘化2（1845）年～明治13（1880）年　[別]内藤正誠《ないとうまさあきら，ないとうまさあき》
江戸時代末期～明治期の大名。信濃岩村田藩主。
¶諸系，長野歴（ないとうまさあき），日人，藩主2（ないとうまさあきら　[没]明治13（1880）年8月25日）

内藤政憲　ないとうまさのり
嘉永1（1848）年～大正8（1919）年
江戸時代末期～明治期の大名。陸奥湯長谷藩主。
¶諸系，日人，藩主1

内藤正範　ないとうまさのり
延享4（1747）年～？
江戸時代中期の歌人、幕臣。
¶国書，人名，日人，和俳

内藤政晴　ないとうまさはる
寛永3（1626）年～正保2（1645）年
江戸時代前期の大名。陸奥泉藩主。
¶諸系，日人，藩主1（[没]正保2（1645）年8月6日），福島百

内藤政広　ないとうまさひろ
明和7（1770）年～天明7（1787）年
江戸時代中期の大名。陸奥湯長谷藩主。
¶諸系，日人，藩主1（[没]天明7（1787）年9月13日）

内藤政優　ないとうまさひろ
文化7（1810）年～嘉永4（1851）年
江戸時代末期の大名。三河挙母藩主。
¶諸系，日人，藩主2（[生]文化7（1810）年12月5日　[没]嘉永4（1851）年2月12日）

内藤政文　ないとうまさふみ
天保1（1830）年～安政5（1858）年
江戸時代末期の大名。三河挙母藩主。
¶諸系，日人，藩主2（[生]文政13（1830）年6月13日　[没]安政5（1858）年9月30日）

内藤政峻　ないとうまさみち
安永7（1778）年～文政5（1822）年
江戸時代後期の大名。三河挙母藩主。
¶諸系，日人，藩主2（[生]安永7（1778）年1月29日　[没]文政5（1822）年6月20日）

内藤昌盈　ないとうまさみつ
→内藤静修（ないとうせいしゅう）

内藤政苗（内藤正苗）　ないとうまさみつ
寛保1（1741）年～享和2（1802）年
江戸時代中期～後期の大名。上野安中藩主、三河挙母藩主。
¶諸系，日人，藩主1（内藤正苗），藩主2（[生]寛保1（1741）年5月19日　[没]享和2（1802）年2月30日）

内藤政森（内藤正森）　ないとうまさもり
天和3（1683）年～元文3（1738）年
江戸時代中期の大名。陸奥泉藩主、上野安中藩主。
¶群馬人，諸系，人名（内藤正森），姓氏群馬，日人，藩主1，藩主1（[没]元文3（1738）年5月12日）

内藤政養　ないとうまさやす
安政4（1857）年～明治44（1911）年
江戸時代末期～明治期の大名。陸奥湯長谷藩主。
¶諸系，日人，藩主1（[生]安政4（1857）年7月　[没]明治44（1911）年7月）

内藤政徧　ないとうまさゆき
安永2（1773）年～寛政11（1799）年
江戸時代中期～後期の大名。陸奥湯長谷藩主。
¶諸系，日人，藩主1（[没]寛政11（1799）年10月7日）

内藤正敬　ないとうまさゆき
宝永2（1705）年～延享3（1746）年
江戸時代中期の大名。信濃岩村田藩主。
¶諸系，長野歴，日人，藩主2（[没]延享3（1746）年8月13日）

内藤政義　ないとうまさよし
文政3（1820）年～明治21（1888）年
江戸時代末期～明治期の大名。日向延岡藩主。
¶国書（[生]文政3（1820）年3月3日　[没]明治21（1888）年11月18日），諸系，日人，藩主4（[生]文政3（1820）年3月3日　[没]明治21（1888）年11月18日）

内藤政順　ないとうまさより
寛政10（1798）年～天保5（1834）年
江戸時代後期の大名。日向延岡藩主。
¶諸系，日人，藩主4（[生]寛政10（1796）年2月15日　[没]天保5（1834）年8月21日）

内藤万里助　ないとうまりすけ
文化7（1810）年～明治8（1875）年　[別]内藤造酒《ないとうみき》
江戸時代末期～明治期の長州（萩）藩士。
¶維新（内藤造酒　ないとうみき），国書（[生]文化7（1810）年2月18日　[没]明治8（1875）年12月16日），幕末（[没]1875年12月16日），藩臣6

内藤造酒　ないとうみき
→内藤万里助（ないとうまりすけ）

内藤民部　ないとうみんぶ
？　～明治4（1871）年
江戸時代末期の剣術家。
¶栃木歴

内藤守延　ないとうもりのぶ
生没年不詳
江戸時代前期の武蔵岩槻藩家老。
¶藩臣5

内藤弥大夫　ないとうやたゆう
→内藤耻叟（ないとうちそう）

内藤義概　ないとうよしあき
→内藤風虎（ないとうふうこ）

内藤義稠　ないとうよししげ
元禄12（1699）年～享保3（1718）年
江戸時代中期の大名。陸奥磐城平藩主。
¶諸系，日人，藩主1（[没]享保3（1718）年5月29日）

内藤義孝　ないとうよしたか
寛文8（1668）年～＊

江戸時代中期の大名。陸奥磐城平藩主。
¶諸系（[没]1713年），人名（[没]1705年），日人（[没]1713年），藩主1（[生]寛文9（1669）年6月24日　[没]正徳2（1712）年12月10日）

内藤義概　ないとうよしむね
→内藤風虎（ないとうふうこ）

内藤義泰　ないとうよしやす
→内藤風虎（ないとうふうこ）

内藤頼尚　ないとうよりたか
宝暦2（1752）年〜安永5（1776）年
江戸時代中期の大名。信濃高遠藩主。
¶諸系，長野歴，日人，藩主2（[没]安永5（1776）年10月25日）

内藤頼直(1)　ないとうよりなお
天保11（1840）年〜明治12（1879）年
江戸時代末期〜明治期の大名。信濃高遠藩主。
¶維新（[没]？），諸系，長野歴，日人，幕末（[没]？），藩主2（[生]天保11（1840）年10月27日　[没]明治12（1879）年8月17日）

内藤頼直(2)　ないとうよりなお
→遠山政亮（とおやままさすけ）

内藤頼長　ないとうよりなが
→内藤風虎（ないとうふうこ）

内藤頼卿　ないとうよりのり
*〜享保20（1735）年
江戸時代中期の大名。信濃高遠藩主。
¶諸系（[生]1701年），長野歴（[生]元禄16（1703）年），日人（[生]1701年），藩主2（[生]元禄10（1697）年　[没]享保20（1735）年2月27日）

内藤頼以　ないとうよりもち
安永5（1776）年〜安政3（1856）年
江戸時代後期の大名。信濃高遠藩主。
¶諸系，長野歴，日人，藩主2（[生]安永5（1776）年5月　[没]安政3（1856）年2月）

内藤頼寧　ないとうよりやす
寛政12（1800）年〜文久2（1862）年
江戸時代末期の大名。信濃高遠藩主。
¶国書（[生]寛政12（1800）年2月28日　[没]文久2（1862）年10月2日），諸系，長野百（[生]？　[没]？），長野歴，日人，藩主2（[生]寛政12（1800）年2月28日　[没]文久2（1862）年10月2日）

内藤頼由　ないとうよりゆき
宝永6（1709）年〜安永9（1780）年
江戸時代中期の大名。信濃高遠藩主。
¶諸系，人名，長野歴，日人，藩主2（[生]宝永5（1708）年　[没]安永9（1780）年5月28日）

内藤魯一　ないとうろいち
弘化3（1846）年〜明治44（1911）年
江戸時代末期〜明治期の旧福島藩士、自由民権家。衆議院議員。自由党有一館館長となり加波山事件に連座。愛知県議会議長。
¶愛知百（[生]1846年10月6日　[没]1911年6月29日），朝日（[生]弘化3年10月6日（1846年11月24日）　[没]明治44（1911）年6月29日），近現，国史，コン改，コン5，史人（[生]1846年10月6日　[没]1911年6月29日），社史（[生]弘化3（1846）年10月6日　[没]1911年6月29日），新潮（[生]弘化3（1846）年10月6日　[没]明治44（1911）年6月29日），世紀（[生]弘化3（1846）年10月6日　[没]明治44（1911）年6月29日），姓氏愛知，全書，日史（[生]弘化3（1846）年10月6日　[没]明治44（1911）年6月29日），日人，幕末（[没]1911年6月29日），藩臣2，藩臣4，百科，歴大

内藤露沾　ないとうろせん
明暦1（1655）年〜享保18（1733）年　[別]露沾《ろせん》，内藤義英《ないとうよしひで》
江戸時代前期〜中期の俳人。磐城平藩主内藤風虎の次男。
¶朝日（[生]明暦1年5月1日（1655年6月5日）　[没]享保18年9月14日（1733年10月21日）），江戸，近世，国史，国書（露沾　ろせん　[生]明暦1（1655）年5月1日　[没]享保18（1733）年9月14日），コン改，コン4，詩歌（露沾　ろせん），史人（露沾　ろせん　[生]1655年5月1日　[没]1733年9月14日），諸系，新潮（露沾　ろせん　[生]明暦1（1655）年5月1日　[没]享保18（1733）年9月14日），人名，全書（露沾　ろせん），大百（露沾　ろせん），日人，俳諧（露沾　ろせん），俳句（露沾　ろせん　[没]享保18（1733）年9月14日），百科（露沾　ろせん），福島百，和俳（露沾　ろせん）

直江兼続　なおえかねつぐ
永禄3（1560）年〜元和5（1619）年　[別]直江山城守《なおえやましろのかみ》
安土桃山時代〜江戸時代前期の出羽米沢藩の武将。越後国与板城主樋口惣右衛門兼豊の子。
¶会津，朝日（[没]元和5年12月19日（1620年1月23日）），角史，近世，群馬人（生没年不詳），国史，国書（[没]元和5（1619）年12月19日），コン改，コン4，茶道，詩歌，史人（[没]1619年12月19日），庄内（[没]元和5（1619）年12月19日），人書94，新潮（[没]元和5（1619）年12月19日），人名，世人（[没]元和5（1619）年12月19日），世百，戦合，戦国，戦辞（[没]元和5年12月19日（1620年1月23日）），全書，戦人，大百，新潟百，日史（[没]元和5（1619）年12月19日），日人（[没]1620年），藩臣1，百科，山形百，歴大

直江木導　なおえもくどう
寛文6（1666）年〜享保8（1723）年　[別]木導《もくどう》
江戸時代中期の俳人、近江彦根藩士（蕉門）。
¶国書（木導　もくどう　[没]享保8（1723）年6月22日），人名，日人，俳諧（木導　もくどう　[生]？），俳句（木導　もくどう　[没]享保8（1723）年6月22日），和俳

浪越千磯　なおちいそ
弘化1（1844）年〜明治26（1893）年
江戸時代末期〜明治期の郷士、志士。土佐勤王党に参加。
¶高知人，幕末（[没]1893年4月16日）

永井白元　ながいあきもと
〜承応3（1654）年
江戸時代前期の旗本。
¶神奈川人

長井在寛　ながいありひろ
安永8（1779）年〜*
江戸時代後期の加賀藩士。

¶国書（[没]安政6（1859）年2月），幕末（[没]1860年2月）

永井伊賀守尚平 ながいいがのかみなおひら
→永井尚平（ながいなおひら）

永井伊豆守尚敬 ながいいずのかみなおひろ
→永井直敬（ながいなおひろ）

長井氏克 ながいうじかつ
天保13（1842）年～明治37（1904）年
江戸時代末期～明治期の伊勢津藩士。
¶維新，コン5，日人，幕末（[没]1904年10月9日），三重続（[生]天保13年10月）

長井雅楽 ながいうた
文政2（1819）年～文久3（1863）年
江戸時代末期の長州（萩）藩士。公武合体運動の推進者。
¶朝日（[生]文政2年5月1日（1819年6月22日）　[没]文久3年2月6日（1863年3月24日）），維新，岩史（[生]文政2（1819）年5月1日　[没]文久3（1863）年2月6日），角史，京都大，近世，国史，国書（[生]文政2（1819）年5月1日　[没]文久3（1863）年2月6日），コン改，コン4，史人（[生]1819年5月1日　[没]1863年2月6日），新潮（[生]文政2（1819）年5月1日　[没]文久3（1863）年2月6日），人名，姓氏京都，姓氏山口，世人（[没]文久3（1863）年2月6日），世百，全書，日史（[生]文政2（1819）年5月1日　[没]文久3（1863）年2月6日），日人，幕末（[没]1863年3月24日），藩臣6，百科，山口百，歴大

中井栄次郎 なかいえいじろう
天保14（1843）年～慶応1（1865）年8月9日
江戸時代末期の長州（萩）藩士。
¶幕末

中井桜州（中井桜洲） なかいおうしゅう，なかいおうしゅう
→中井弘（なかいひろし）

永井蠖伸斎 ながいかくしんさい
＊～明治2（1869）年　[別]永井蠖伸斎《ながいわくしんさい》，鈴木蠖之進《すずきかくのしん》
江戸時代末期の幕臣。
¶埼玉百（ながいわくしんさい　[生]1843年），幕末（[生]1839年　[没]1869年6月9日）

永井覚弥 ながいかくや
天和3（1683）年～宝暦2（1752）年
江戸時代前期～中期の剣術家。新陰流。
¶剣豪

永井勝則 ながいかつのり
→永井丹治（ながいたんじ）

永井義端 ながいぎたん
生没年不詳
江戸時代後期の伊勢長島藩士。
¶国書

長井九八郎 ながいきゅうはちろう
→長井定宗（ながいさだむね）

永井玉鳳 ながいぎょくほう
寛文10（1670）年～寛保3（1743）年
江戸時代前期～中期の俳人、佐渡奉行所役人。
¶新潟百別

永井金三郎 ながいきんざぶろう
文政9（1826）年～慶応2（1866）年
江戸時代末期の石見浜田藩士。
¶藩臣5

永井軍太郎 ながいぐんたろう
明和7（1770）年～天保3（1832）年
江戸時代中期～後期の剣術家。神道無念流。
¶剣豪

長井権助 ながいごんすけ
生没年不詳
戦国時代～江戸時代前期の真田家家臣。
¶姓氏長野

長井定宗 ながいさだむね
寛文8（1668）年～元禄16（1703）年　[別]長井九八郎《ながいきゅうはちろう》
江戸時代前期～中期の陸奥会津藩士、儒学者。
¶会津，国書（[没]元禄16（1703）年5月19日），藩臣2（長井九八郎　ながいきゅうはちろう）

永井讃岐守直允 ながいさぬきのかみなおちか
→永井直允（ながいなおちか）

中井三弥 なかいさんや
江戸時代末期の新撰組隊士。
¶新撰

中井庄五郎 なかいしょうごろう
弘化4（1847）年～慶応3（1867）年
江戸時代末期の十津川郷士。
¶維新，新潮（[生]弘化4（1847）年4月23日　[没]慶応3（1867）年12月7日），人名，日人（[没]1868年），幕末（[没]1868年1月1日）

永井随庵 ながいずいあん
生没年不詳
江戸時代中期の遠江浜松藩士。
¶国書，静岡歴，姓氏静岡，藩臣4

長居助之丞 ながいすけのじょう
江戸時代前期の武将。里見氏家臣。
¶戦東

永井青崖 ながいせいがい
？　～嘉永7（1854）年
江戸時代末期の筑前福岡藩士、蘭学者。
¶国書（[没]嘉永7（1854）年10月），幕末，藩臣7，福岡百（[没]嘉永7（1854）年10月）

中井清太夫 なかいせいだゆう
江戸時代中期～後期の武士。
¶食文，日人（生没年不詳），福島百（生没年不詳），山梨百

永井丹山 ながいたんざん
寛延2（1749）年～文政3（1820）年
江戸時代中期～後期の播磨安志藩士。
¶藩臣5

永井丹治 ながいたんじ
天保3（1832）年～明治15（1882）年3月7日　[別]永井勝則《ながいかつのり》
江戸時代末期～明治期の出羽松山藩家老。
¶国書（永井勝則　ながいかつのり），庄内，藩臣1

中井竹外　なかいちくがい
安永8(1779)年～嘉永2(1849)年
江戸時代後期の伊勢久居藩士。
¶藩臣4，三重

永井筑前守直廉　ながいちくぜんのかみなおかど
→永井直廉(ながいなおかど)

中居長右衛門　なかいちょううえもん
？　～文政12(1829)年
江戸時代後期の越後村上藩士。
¶藩臣4

中井長居　なかいちょうきょ
文化4(1807)年～安政6(1859)年
江戸時代後期～末期の武士。安政の大獄で獄死。
¶日人

永井鉄太郎　ながいてつたろう
生没年不詳
江戸時代後期の石見浜田藩士。
¶藩臣5

長井道存　ながいどうそん
江戸時代前期の旗本、茶人。
¶茶道

永井東陵　ながいとうりょう
文政5(1822)年～明治43(1910)年
江戸時代後期～明治期の幕臣、私学教育の先覚者。
¶静岡歴，姓氏静岡

永井直温　ながいなおあつ
延享4(1747)年～寛政7(1795)年
江戸時代中期の大名。大和新庄藩主。
¶諸系，日人，藩主3([没]寛政7(1795)年3月20日)

永井尚方　ながいなおかた
元禄16(1703)年～宝暦3(1753)年
江戸時代中期の第12代京都東町奉行。
¶京都大，姓氏京都

永井直方　ながいなおかた
天明2(1782)年～文政8(1825)年
江戸時代後期の大名。大和新庄藩主。
¶諸系，日人，藩主3([生]安永7(1778)年，(異説)天明2年1月　[没]文政8(1825)年4月25日)

永井直勝　ながいなおかつ
永禄6(1563)年～寛永2(1625)年　[別]永井伝八郎《ながいでんぱちろう》
安土桃山時代～江戸時代前期の大名。上野小幡藩主、常陸笠間藩主、下総古河藩主。
¶朝日([没]寛永2年12月29日(1626年1月27日))，神奈川人，近世，国史，国書([没]寛永2(1625)年12月29日)，コン改，コン4，茶道([生]1565年　[没]1626年)，史人([没]1625年12月29日)，諸系([没]1626年)，新潮([没]寛永2(1625)年12月29日)，人名，戦合，戦国，戦人，栃木歴，日史([没]寛永2(1625)年12月29日)，日人([没]1626年)，藩主1，藩主2，藩主2([没]寛永2(1625)年12月29日)，百科

永井直廉　ながいなおかど
元文4(1739)年～寛政4(1792)年　[別]永井筑前守直廉《ながいちくぜんのかみなおかど》
江戸時代中期～後期の72代長崎奉行。
¶長崎歴(永井筑前守直廉　ながいちくぜんのかみなおかど)

永井直清　ながいなおきよ
天正19(1591)年～寛文11(1671)年
江戸時代前期の大名。山城越後長岡藩主、摂津高槻藩主。
¶京都府，国書([没]寛文11(1671)年1月9日)，史人([没]1671年1月9日)，諸系，人名，姓氏京都，日人，藩主3，藩主3([没]寛文11(1671)年1月9日)

永井直国　ながいなおくに
享保8(1723)年～明和2(1765)年
江戸時代中期の大名。大和新庄藩主。
¶諸系，日人，藩主3([没]明和2(1765)年2月4日)

永井尚服　ながいなおこと
＊～明治18(1885)年
江戸時代末期～明治期の大名。美濃加納藩主。
¶岐阜百([生]1833年)，諸系([生]1834年)，日人([生]1834年)，藩主2([生]天保4(1833)年12月　[没]明治18(1885)年6月11日)

永井直壮　ながいなおさか
→永井直壮(ながいなおたけ)

永井直期　ながいなおざね
元禄16(1703)年～明和2(1765)年
江戸時代中期の大名。摂津高槻藩主。
¶諸系，人名，日人，藩主3([没]明和2(1765)年4月22日)

永井尚佐　ながいなおすけ
＊～天保10(1839)年
江戸時代後期の大名。美濃加納藩主。
¶岐阜百([生]天明3(1783)年)，諸系([生]1782年)，日人([生]1782年)，藩主2([生]天明3(1783)年　[没]天保10(1839)年5月18日)

永井直亮　ながいなおすけ
元禄6(1693)年～元文2(1737)年
江戸時代中期の大名。大和新庄藩主。
¶諸系，日人，藩主3([没]元文2(1737)年6月27日)

永井直壮　ながいなおたけ
弘化4(1847)年～慶応1(1865)年　[別]永井直壮《ながいなおさか》
江戸時代末期の大名。大和櫛羅藩主。
¶諸系，日人，藩主3(ながいなおさか　[生]弘化3(1846)年　[没]慶応1(1865)年8月19日)

永井直達　ながいなおたつ
元禄2(1689)年～宝永3(1706)年
江戸時代中期の大名。摂津高槻藩主。
¶諸系，日人，藩主3([没]宝永3(1706)年7月晦日)

永井直種　ながいなおたね
万治1(1658)年～元禄8(1695)年
江戸時代前期～中期の大名。摂津高槻藩主。
¶諸系，人名([生]？)，日人，藩主3([没]元禄8(1695)年4月22日)

永井直允　ながいなおちか
延宝1(1673)年～享保2(1717)年　[別]永井讃岐守直允《ながいさぬきのかみなおちか》
江戸時代前期～中期の35代長崎奉行。
¶長崎歴(永井讃岐守直允　ながいさぬきのかみなおちか)

永井直哉 ながいなおちか
嘉永3(1850)年～大正1(1912)年　[別]永井直哉《ながいなおや》
江戸時代末期～明治期の大名。大和櫛羅藩主。
¶諸系，日人，藩主3(ながいなおや　[生]嘉永3(1850)年9月　[没]明治45(1912)年1月)

永井尚庸 ながいなおつね
寛永8(1631)年～延宝5(1677)年　[別]永井尚庸《ながいひさつね》
江戸時代前期の大名、京都所司代。美濃加納藩主。
¶京都大，国書([没]延宝5(1677)年3月27日)，諸系，人名(ながいひさつね　[生]?)，姓氏京都，日人

永井直矢 ながいなおつら
天保13(1842)年～慶応1(1865)年
江戸時代末期の大名。摂津高槻藩主。
¶諸系，日人，藩主3([没]慶応1(1865)年4月)

永井直輝 ながいなおてる
文政10(1827)年～明治7(1874)年
江戸時代末期～明治期の大名。摂津高槻藩主。
¶諸系，日人，藩主3([没]明治7(1874)年6月)

永井直時 ながいなおとき
寛永15(1638)年～延宝8(1680)年
江戸時代前期の大名。摂津高槻藩主。
¶諸系，日人，藩主3([没]延宝8(1680)年7月18日)

永井直与 ながいなおとも
天明5(1785)年～弘化3(1846)年
江戸時代後期の大名。摂津高槻藩主。
¶諸系，日人，藩主3([没]弘化3(1846)年7月)

永井尚長 ながいなおなが
承応3(1654)年～延宝8(1680)年
江戸時代前期の大名。丹後宮津藩主。
¶国書([没]延宝8(1680)年6月26日)，諸系，人名([生]1658年　[没]1683年)，日人，藩主3([没]延宝8(1680)年6月26日)

永井尚志 ながいなおのぶ
→永井尚志(ながいなおむね)

永井直進 ながいなおのぶ
宝暦11(1761)年～文化12(1815)年
江戸時代中期～後期の大名。摂津高槻藩主。
¶諸系，日人，藩主3([没]文化12(1815)年2月2日)

永井直陳(永井尚陳) ながいなおのぶ
元禄11(1698)年～宝暦12(1762)年
江戸時代中期の大名。武蔵岩槻藩主、美濃加納藩主。
¶岐阜百(永井尚陳　[生]1697年)，埼玉人([没]宝暦12(1762)年11月26日)，諸系([没]1763年)，人名，日人([没]1763年)，藩主1，藩主2([没]宝暦12(1762)年11月26日)

永井直養 ながいなおのぶ
享和3(1803)年～安政1(1854)年
江戸時代末期の大名。大和新庄藩主。
¶諸系，日人，藩主3([生]享和3(1803)年6月　[没]安政1(1854)年閏7月14日)

永井尚典 ながいなおのり
文化7(1810)年～明治18(1885)年
江戸時代末期～明治期の大名。美濃加納藩主。
¶岐阜百，諸系，日人，藩主2([生]文化7(1810)年8月25日　[没]明治18(1885)年1月7日)

永井尚旧(永井直旧) ながいなおひさ
明和5(1768)年～寛政2(1790)年
江戸時代中期の大名。美濃加納藩主。
¶岐阜百，諸系，日人，藩主2(永井直旧　[生]明和5(1768)年8月12日　[没]寛政2(1790)年9月8日)

永井直英 ながいなおひで
元禄8(1695)年～正徳5(1715)年
江戸時代中期の大名。摂津高槻藩主。
¶諸系，日人，藩主3([没]正徳5(1715)年1月17日)

永井尚平 ながいなおひら
元禄10(1697)年～正徳4(1714)年　[別]永井伊賀守尚平《ながいいがのかみなおひら》
江戸時代中期の大名。武蔵岩槻藩主。
¶埼玉人([没]正徳4(1714)年8月29日)，埼玉百(永井伊賀守尚平　ながいいがのかみなおひら　[生]1657年)，諸系，日人，藩主1([没]正徳4(1714)年8月29日)

永井直敬 ながいなおひろ
寛文4(1664)年～正徳1(1711)年　[別]永井伊豆守尚敬《ながいいずのかみなおひろ》
江戸時代中期の大名。下野烏山藩主、播磨赤穂藩主、信濃飯山藩主、武蔵岩槻藩主。
¶国書([没]正徳1(1711)年6月3日)，埼玉人([没]正徳1(1711)年6月3日)，埼玉百(永井伊豆守尚敬　ながいいずのかみなおひろ　[生]1644年)，諸系，人名，栃木歴，長野歴，日人，藩主1，藩主1([没]正徳1(1711)年6月3日)，藩主2，藩主3([没]正徳1(1711)年6月3日)

永井尚政 ながいなおまさ
天正15(1587)年～寛文8(1668)年
江戸時代前期の大名、老職。下総古河藩主、上総潤井戸藩主、山城淀藩主。
¶朝日，岩史([没]寛文8(1668)年9月11日)，黄檗([没]延宝1(1668)年11月11日)，京都，京都大，京都府，近世，国史，国書([没]寛文8(1668)年9月11日)，コン改，コン4，茶道，史人([没]1668年9月11日)，諸系，新潮([没]寛文8(1668)年9月11日)，人名，姓氏京都，戦合，日人，藩主2，藩主3([没]寛文8(1668)年9月11日)，歴大

永井直諒 ながいなおまさ
嘉永3(1850)年～大正8(1919)年
江戸時代末期～明治期の大名。摂津高槻藩主。
¶諸系，日人，藩主3([生]嘉永2(1849)年11月　[没]大正8(1919)年12月)

永井尚備 ながいなおみち
寛保3(1743)年～明和6(1769)年　[別]永井尚備《ながいなおみつ》
江戸時代中期の大名。美濃加納藩主。
¶岐阜百(ながいなおみつ)，諸系，日人，藩主2(ながいなおみつ　[没]明和6(1769)年7月18日)

永井尚備 ながいなおみつ
→永井尚備(ながいなおみち)

永井直円 ながいなおみつ
寛文11(1671)年～元文1(1736)年
江戸時代中期の大名。大和新庄藩主。
¶諸系，日人，藩主3([没]元文1(1736)年5月8日)

永井尚志 ながいなおむね
文化13（1816）年～明治24（1891）年　[別]永井尚志《ながいなおのぶ，ながいなおゆき》，永井玄蕃頭《ながいげんばのかみ》，永井主水正《ながいもんどのしょう》
江戸時代末期～明治期の幕府官僚。三河奥殿藩主松平乗尹の2子。
¶朝日（[生]文化13年11月3日（1816年12月21日）[没]明治24（1891）年7月1日），維新，角史，京都大（ながいなおのぶ），近現（ながいなおゆき），近世（ながいなおゆき），国際（ながいなおのぶ），国史（ながいなおゆき），コン改（ながいなおのぶ），コン4（ながいなおのぶ），コン5（ながいなおゆき），史人（ながいなおゆき　[生]1816年11月　[没]1891年7月1日），重要（ながいなおのぶ　[生]文化13（1816）年11月3日　[没]明治24（1891）年7月1日），人書94，新潮（ながいなおのぶ　[生]文化13（1816）年11月3日　[没]明治24（1891）年7月1日），人名，姓氏京都，世人（ながいなおゆき　[生]文化13（1816）年11月　[没]明治24（1891）年7月1日），長崎歴（ながいなおのぶ），日史（[生]文化13（1816）年11月3日　[没]明治24（1891）年7月1日），日人，幕末（ながいなおゆき　[没]1891年7月1日），百科，洋学（ながいなおゆき），歴大（ながいなおゆき）

永井直幹 ながいなおもと
文政12（1829）年～明治15（1882）年
江戸時代末期～明治期の大名。大和新庄藩主、大和櫛羅藩主。
¶諸系，日人，藩主3（[没]明治15（1882）年9月），藩主3（[生]文政12（1829）年7月　[没]明治15（1882）年9月6日）

永井直哉 ながいなおや
→永井直哉（ながいなおちか）

永井尚志 ながいなおゆき
→永井尚志（ながいなおむね）

永井尚征 ながいなおゆき
慶長19（1614）年～延宝1（1673）年
江戸時代前期の大名。山城淀藩主、丹後宮津藩主。
¶京都府，諸系，姓氏京都，日人，藩主3，藩主3（[生]慶長19（1614）年？　[没]延宝1（1673）年11月11日）

永井直行 ながいなおゆき
享保15（1730）年～宝暦8（1758）年
江戸時代中期の大名。摂津高槻藩主。
¶諸系，日人，藩主3（[没]宝暦8（1758）年4月22日）

永井直珍 ながいなおよし
寛保2（1742）年～明和8（1771）年
江戸時代中期の大名。摂津高槻藩主。
¶諸系，日人，藩主3（[没]明和7（1770）年11月17日）

永井梅翁 ながいばいおう
安永9（1780）年～慶応2（1866）年
江戸時代後期の尾張藩士。
¶藩臣4

中井範五郎 なかいはんごろう
天保11（1840）年～明治1（1868）年　[別]中井正勝《なかいまさかつ》，笹木政吉《ささきまさきち》
江戸時代末期の因幡鳥取藩士。
¶維新，人名（中井正勝　なかいまさかつ　[生]1843年），日人

永井彦太郎 ながいひこたろう
文化11（1814）年～明治26（1893）年　[別]大江通亮《おおえみちあきら》
江戸時代末期～明治期の麻生藩郡奉行。
¶幕末，藩臣2

永井尚庸 ながいひさつね
→永井尚庸（ながいなおつね）

長井兵庫 ながいひょうご
？～慶応3（1867）年
江戸時代末期の肥前大村藩士。
¶幕末（[没]1867年5月），藩臣7

中井弘 なかいひろし
天保9（1838）年～明治27（1894）年　[別]中井桜洲《なかいおうしゅう》，中井桜州《なかいおうしゅう》，横山林之進，後藤久次郎，桜洲山人，鮫島雲城《さめじまうんじょう》，中井弘三《なかいこうぞう》，田中幸助《たなかこうすけ》
江戸時代末期～明治期の薩摩藩士、官吏。1866年イギリスに渡る。
¶維新，海越（[生]天保9（1838）年11月　[没]明治27（1894）年10月10日），海越新（[生]天保9（1838）年11月　[没]明治27（1894）年10月10日），江戸東（中井桜洲　なかいおうしゅう），京都大，京都府，近現，近世，国際，国史，国書（中井桜州　なかいおうしゅう　[生]天保9（1838）年11月29日　[没]明治27（1894）年10月10日），コン改（中井桜洲　なかいおうしゅう），コン4（中井桜洲　なかいおうしゅう），コン5（中井桜洲　なかいおうしゅう），詩歌（[没]1904年），滋賀百，史人（[生]1838年11月29日　[没]1894年10月10日），人書94，新潮（[生]天保9（1838）年11月　[没]明治27（1894）年10月10日），人名，姓氏鹿児島，姓氏京都，渡航（[生]1838年11月　[没]1894年10月10日），日人，幕末（[没]1894年10月10日），藩臣7，明治1（[生]1839年），履歴（[生]天保9（1838）年11月29日　[没]明治27（1894）年10月10日）

永井豊左衛門 ながいぶざえもん
貞享4（1687）年～延享3（1746）年8月5日
江戸時代前期～中期の庄内藩家老。
¶庄内

永井豊太夫 ながいぶだゆう
万治2（1659）年～元文3（1738）年4月21日
江戸時代前期～中期の郡代。
¶庄内

永井文太夫 ながいぶんだゆう
～明和9（1772）年8月
江戸時代中期の庄内藩家老。
¶庄内

中井正勝 なかいまさかつ
→中井範五郎（なかいはんごろう）

長井昌言 ながいまさとき
生没年不詳
江戸時代末期の幕臣。第45代京都東町奉行。
¶京都大，姓氏京都

永井正良 ながいまさよし
寛永20(1643)年～享保5(1720)年10月28日
江戸時代前期～中期の加賀藩士。
¶国書

中井勇太郎 なかいゆうたろう
生没年不詳
江戸時代末期～明治期の安芸広島藩士。
¶維新，幕末

中井要助 なかいようすけ
生没年不詳
江戸時代後期の武士。
¶和歌山人

永井芳之介 ながいよしのすけ
天保4(1833)年～元治1(1864)年
江戸時代末期の水戸藩士。
¶維新，人名，日人，幕末([没]1864年11月15日)

な

中井両平 なかいりょうへい
？ ～安政6(1859)年
江戸時代末期の石見津和野藩士。
¶藩臣5

永井蠖伸斎 ながいわくしんさい
→永井蠖伸斎(ながいかくしんさい)

中江宜伯 なかえぎはく
寛永19(1642)年～寛文4(1664)年
江戸時代前期の備前岡山藩士、儒学者。
¶岡山人，人名，日人([生]1643年)，藩臣6

中江常省 なかえじょうせい
慶安1(1648)年～宝永6(1709)年6月23日 [別]中江弥三郎《なかえやさぶろう》
江戸時代前期の対馬藩の儒学者。
¶岡山百(中江弥三郎 なかえやさぶろう [没]?)，岡山歴(中江弥三郎 なかえやさぶろう [生]慶安1(1648)年7月4日)，国書([生]慶安1(1648)年7月4日)，新潮([生]慶安1(1648)年7月4日)，人名，世人([生]慶安1(1648)年7月4日)，日人，藩臣7(中江弥三郎 なかえやさぶろう)

中江新八 なかえしんぱち
生没年不詳
安土桃山時代～江戸時代前期の剣術家。
¶日人

中江藤樹 なかえとうじゅ
慶長13(1608)年～慶安1(1648)年 [別]近江聖人《おうみせいじん》
江戸時代前期の伊予大洲藩の儒学者。日本の陽明学の祖。
¶朝日([生]慶長13年3月7日(1608年4月21日) [没]慶安1年8月25日(1648年10月11日))，岩史([生]慶長13(1608)年3月7日 [没]慶安1(1648)年8月25日)，愛媛百([生]慶長13(1608)年3月7日 [没]慶安1(1648)年8月25日)，角史，教育，郷土愛媛，郷土滋賀，近世，国史，国書([生]慶長13(1608)年3月7日 [没]慶安1(1648)年8月25日)，コン改，コン4，詩歌，滋賀百，史人([生]1608年3月7日 [没]1648年8月25日)，重要([生]慶長13(1608)年3月7日 [没]慶安1(1648)年8月25日)，神史，人書79，人書94，神人，新潮([生]慶長13(1608)年3月7日 [没]慶安1(1648)年8月25日)，人名，姓氏京都，世人([生]慶長13(1608)年3月7日 [没]慶安1(1648)年8月25日)，世百，全書，大百，伝記，鳥取百，日史([生]慶長13(1608)年3月7日 [没]慶安1(1648)年8月25日)，日人，人情3，藩臣6，百科，歴大，和俳([生]慶長13(1608)年3月7日 [没]慶安1(1648)年8月25日)

中江藤介 なかえとうすけ
？ ～天明3(1783)年
江戸時代中期の対馬藩儒。
¶人名，日人

中江弥三郎 なかえやさぶろう
→中江常省(なかえじょうせい)

長尾顕景 ながおあきかげ
→上杉景勝(うえすぎかげかつ)

長尾顕長 ながおあきなが
？ ～元和7(1621)年
江戸時代前期の武将。後北条氏家臣。
¶群馬人，系東，諸系，新潮(生没年不詳)，人名，姓氏群馬，戦国，戦辞([没]元和7年2月8日(1621年3月30日))，戦人，栃木歴，日人

長岡懐山 ながおかかいざん
→長岡謙吉(ながおかけんきち)

長岡勘解由 ながおかかげゆ
慶長3(1598)年～万治1(1658)年
江戸時代前期の肥後熊本藩家老。
¶藩臣7

長岡休夢 ながおかきゅうむ
天正8(1580)年～正保3(1646)年
江戸時代前期の茶人、三斎細川忠興の長男。
¶茶道

長尾景範 ながおかげのり
天明6(1786)年～慶応2(1866)年 [別]長尾一雄《ながおかずお》
江戸時代後期の上野伊勢崎藩士、軍学・砲術師範。
¶群馬人(長尾一雄 ながおかずお)，国書([没]慶応2(1866)年12月1日)，姓氏群馬，藩臣2(長尾一雄 ながおかずお)

長尾景東 ながおかげはる
享保6(1721)年～？
江戸時代中期の幕臣。
¶国書

長尾鶏彦 ながおかけひこ
寛政3(1791)年～天保13(1842)年
江戸時代後期の土佐郷士、歌人。
¶高知人

長尾景広 ながおかげひろ
天正11(1583)年～寛永7(1630)年
江戸時代前期の出羽米沢藩士。
¶藩臣1

長岡謙吉 ながおかけんきち
天保5(1834)年～明治5(1872)年 [別]長岡懐山《ながおかかいざん》，長岡恂《ながおかじゅん》，今井純正《いまいじゅんせい》
江戸時代末期～明治期の土佐藩士、維新政府官僚。
¶朝日([没]明治5年6月11日(1872年7月16日))，維新，高知人，高知百，国書(長岡懐山 ながおかかいざん [没]明治5(1872)年6月11日)，コ

ン5，人名（長岡恂　ながおかじゅん），日人，幕末（[没]1872年7月16日），藩臣6

長岡監物 ながおかけんもつ
文化10（1813）年～安政6（1859）年　[別]長岡是容《ながおかこれかた》，米田監物《こめだけんもつ》
江戸時代末期の肥後熊本藩家老。本姓米田、名は是容、通称源三郎。
¶朝日（[生]文化10年2月11日（1813年3月13日）[没]安政6年8月10日（1859年9月6日）），維新（長岡是容　ながおかこれかた），近世，熊本百（長岡是容　ながおかこれかた　[没]安政6（1859）年8月11日），国史，国書（長岡是容　ながおかこれかた　[生]文化10（1813）年2月11日　[没]安政6（1859）年8月10日），コン改（[生]文化9（1812）年），コン4（[生]文化9（1812）年），史人（[生]1813年2月11日　[没]1859年8月10日），新潮（[生]文化10（1813）年2月11日　[没]安政6（1859）年8月10日），人名（[生]1812年），日人，幕末（長岡是容　ながおかこれかた　[没]1859年8月10日），藩臣7（米田監物　こめだけんもつ）

長岡是容 ながおかこれかた
→長岡監物（ながおかけんもつ）

長岡治三郎 ながおかじさぶろう
天保10（1839）年～明治24（1891）年11月6日
江戸時代末期～明治期の教育者。大村藩士族、東京府師範学校校長。大村純熈に同行し渡英。料理道具・洋書を購入し欧米文化の摂取につとめた。
¶維新，海越，海越新，渡航

長岡恂 ながおかじゅん
→長岡謙吉（ながおかけんきち）

長岡正平 ながおかしょうへい
生没年不詳
江戸時代後期の肥前大村藩士。
¶藩臣7

中岡慎太郎 なかおかしんたろう
天保9（1838）年～慶応3（1867）年　[別]石川清之助《いしかわせいのすけ》
江戸時代末期の尊攘・討幕派志士、土佐藩郷士。倒幕運動に邁進したが、坂本竜馬とともに暗殺された。
¶朝日（[生]天保9年4月13日（1838年5月6日）[没]慶応3年11月17日（1867年12月12日）），維新，岩史（[生]天保9（1838）年4月　[没]慶応3（1867）年11月17日），角史，京都，京都大，近世，高知人，高知百，国史，国書（[生]天保9（1838）年4月13日　[没]慶応3（1867）年11月17日），コン改，コン4，史人（[生]1838年4月[没]1867年11月17日），重要（[生]天保9（1838）年4月　[没]慶応3（1867）年11月17日），人書94，新潮（[生]天保9（1838）年4月　[没]慶応3（1867）年11月17日），人名，姓氏京都，世人（[没]慶応3（1867）年11月15日），世百，全書，大百，日史（[生]天保9（1838）年4月　[没]慶応3（1867）年11月15日），日人，幕末（[没]1867年12月12日），藩臣6，百科，歴大

長尾一在 ながおかずあき
→長尾勘兵衛（ながおかんべえ）

長尾一雄 ながおかずお
→長尾景範（ながおかげのり）

長岡但馬守 ながおかたじまのかみ
江戸時代前期の武将。最上氏家臣。
¶戦東

長尾勝明 ながおかつあき
慶安4（1651）年～宝永3（1706）年　[別]長尾隼人《ながおはやと》
江戸時代前期～中期の美作津山藩家老。
¶岡山人，岡山百（[没]宝永3（1706）年4月2日），岡山歴（[没]宝永3（1706）年4月2日），国書（[没]宝永3（1706）年3月2日），人名（長尾隼人　ながおはやと　[生]？），日人（長尾隼人　ながおはやと），藩臣6（[生]？）

長尾勝元 ながおかつもと
生没年不詳
江戸時代後期の讃岐高松藩士。
¶国書

長岡桃嶺 ながおかとうれい
宝暦12（1762）年～嘉永2（1849）年
江戸時代後期の兵法家。
¶剣豪（[生]明和1（1764）年），コン改，コン4，世人，日人（[生]1764年）

長岡内膳 ながおかないぜん
元禄11（1698）年～明和9（1772）年
江戸時代中期の肥後熊本藩士。
¶藩臣7

永岡久茂 ながおかひさしげ
天保11（1840）年～明治10（1877）年
江戸時代末期～明治期の陸奥津軽藩士、陸奥会津藩士。
¶会津，朝日（[没]明治10（1877）年1月12日），近現，近世，国史，コン改（[生]天保12（1841）年），コン4，コン5，史人（[没]1877年1月12日），新潮（[生]天保12（1841）年　[没]明治10（1877）年1月12日），人名（[生]1841年），日史（[生]天保12（1841）年　[没]明治10（1877）年1月12日），日人，幕末（[没]1878年1月12日），藩臣1，藩臣2，百科（[生]天保12（1841）年），履歴（[没]明治10（1877）年1月12日）

永岡久忠 ながおかひさただ
？～宝暦9（1759）年8月
江戸時代中期の会津藩士。
¶国書

長岡護美 ながおかもりよし
天保13（1842）年～明治39（1906）年　[別]細川護美《ほそかわもりよし》，雲海，監物，細川良之助，簾雨
江戸時代末期～明治期の熊本藩大参事、外交官、裁判官。子爵、興亜会会長。中国通として活躍。ベルギー、デンマーク両公使、東亜同文会副会長などを歴任。
¶朝日（[生]天保13年9月7日（1842年10月10日）[没]明治39（1906）年4月8日），維新（細川護美　ほそかわもりよし），海越（[生]天保13（1842）年9月19日　[没]明治39（1906）年4月8日），海越新（[生]天保13（1842）年9月19日　[没]明治39（1906）年4月8日），熊本百（[生]天保13（1842）年9月7日

な

[没]明治39(1906)年4月8日), 国際(細川護美 ほそかわもりよし), 国際, 神人([生]天保14(1843)年), 人名([生]1843年), 渡航([生]1843年 [没]1906年4月), 栃木歴, 日人, 幕末(細川護美 ほそかわもりよし [没]1906年4月8日), 陸海([生]天保13年9月19日 [没]明治39年4月8日), 履歴([生]天保13(1842)年9月19日 [没]明治39(1906)年4月8日)

長尾勘兵衛 ながおかんべえ
? 〜正保4(1647)年 [別]長尾一在《ながおかずあき》
江戸時代前期の紀伊和歌山藩士。
¶藩臣5, 和歌山人(長尾一在 ながおかずあき)

中尾義稲 なかおぎとう
→中尾義稲(なかおよしね)

永長伊右衛門 ながおさいうえもん
江戸時代中期の出水郡出水郷米之津の郷士。
¶姓氏鹿児島

長尾重威 ながおしげたか
享和3(1803)年〜明治5(1872)年
江戸時代末期〜明治期の筑前福岡藩士。
¶人名, 日人

中尾静摩(中尾静馬) なかおしずま
文政5(1822)年〜明治38(1905)年
江戸時代末期〜明治期の肥前大村藩士。
¶維新, 人名(中尾静馬), 日人, 幕末([没]1905年2月12日), 藩臣7

長尾秋水 ながおしゅうすい
安永8(1779)年〜文久3(1863)年
江戸時代後期の越後村上藩の教授。
¶国書([没]文久3(1863)年3月18日), 詩歌, 人名, 新潟百, 日人, 幕末([没]1863年3月), 藩臣4, 和俳

永尾十郎兵衛 ながおじゅうろうべえ
? 〜文政8(1825)年
江戸時代後期の下総古河藩士。
¶藩臣3

長尾仙嵐 ながおせんそ
享保7(1722)年〜享和2(1802)年
江戸時代中期〜後期の陸奥白河藩家老。
¶藩臣2

長尾大池 ながおだいち
江戸時代の伊勢桑名藩藩士、喜多見院住職。
¶三重続

長尾太右衛門 ながおたえもん
生没年不詳
江戸時代中期の出雲母里藩士。
¶藩臣5

長尾但見 ながおたじみ
享保15(1730)年〜天明1(1781)年
江戸時代中期の下総古河藩家老。
¶藩臣3

長尾種常 ながおたねつね
[別]山路久之丞《やまじきゅうのじょう》
安土桃山時代〜江戸時代前期の武将。
¶戦国, 戦人(生没年不詳)

長尾名鳥 ながおなとり
文政1(1818)年〜文久2(1862)年
江戸時代末期の国学者、伊勢桑名藩士。
¶国書([生]文政1(1818)年10月 [没]文久2(1862)年8月8日), 人名, 日人

長尾隼人 ながおはやと
→長尾勝明(ながおかつあき)

長尾布山 ながおふざん
天保2(1831)年〜明治15(1882)年
江戸時代後期〜明治期の陸奥会津藩士。
¶姓氏静岡

中尾豊岳 なかおほうがく
弘化4(1847)年〜明治16(1883)年
江戸時代末期〜明治期の豊前中津藩士。
¶人名, 日人

長尾孫三郎 ながおまごさぶろう
天保2(1831)年〜明治30(1897)年1月30日
江戸時代末期〜明治期の郷士。
¶幕末

長尾正孝 ながおまさたか
寛政9(1797)年〜天保9(1838)年10月
江戸時代後期の讃岐高松藩士。
¶国書

長尾行直 ながおゆきなお
文政12(1829)年〜明治9(1876)年9月25日
江戸時代末期〜明治期の志士。土佐勤王党に参加。
¶幕末

中尾義稲 なかおよしね
天明2(1782)年〜嘉永2(1849)年 [別]中尾義稲《なかおぎとう》
江戸時代後期の尾張藩士。
¶国書([没]嘉永2(1849)年12月25日), 人名(なかおぎとう), 日人([没]1850年), 藩臣4(なかおぎとう [生]天明2(1782)年?)

長尾立堂 ながおりつどう
天保9(1838)年〜明治23(1890)年
江戸時代末期〜明治期の伊予宇和島藩士。
¶幕末([没]1890年8月24日), 藩臣6

長尾理平太 ながおりへいた
文化7(1810)年〜文久3(1863)年
江戸時代後期〜末期の剣術家。神道無念流。
¶剣豪

中垣謙斎 なかがきけんさい
文化2(1805)年〜明治9(1876)年
江戸時代末期〜明治期の相模小田原藩士。父は秀元。
¶朝日([生]文化2年5月29日(1805年6月26日) [没]明治9(1876)年6月1日), 維新, 神奈川人, 神奈川百([生]1804年), 郷土神奈川, 国書([生]文化2(1805)年5月29日 [没]明治9(1876)年6月1日), コン5, 人名, 姓氏神奈川, 日人, 幕末([没]1876年6月1日)

中垣健太郎 なかがきけんたろう
天保12(1841)年〜元治1(1864)年
江戸時代末期の筑後久留米藩士。
¶維新, 新潮([没]元治1(1864)年2月16日), 人名, 日人

中神守節 なかがみしゅせつ
→中神守節(なかがみもりとき)

中神守節 なかがみもりとき
明和3(1766)年～文政7(1824)年 [別]中神守節《なかがみしゅせつ》
江戸時代後期の幕臣、儒者。
¶江文，国書([没]文政7(1824)年9月13日)，人名(なかがみしゅせつ)，日人

中川顕允 なかがわあきすけ
生没年不詳
江戸時代後期の石見浜田藩士。
¶国書

中川顕忠 なかがわあきただ
安永3(1774)年～文化12(1815)年10月6日
江戸時代中期～後期の加賀藩家老。
¶国書

中川宇右衛門 なかがわううえもん
→中川宇右衛門(なかがわうえもん)

中川宇右衛門(中川右衛門) なかがわうえもん
文化2(1805)年～慶応1(1865)年 [別]中川宇右衛門《なかがわううえもん》，中川右衛門《なかがわうえもん》
江戸時代末期の長州(萩)藩士。
¶朝日(中川右衛門 [没]慶応1年閏5月30日(1865年7月22日))，維新，日人，幕末(なかがわううえもん [没]1865年7月20日)，藩臣6(なかがわううえもん)

中川興祥 なかがわおきよし
～享保17(1732)年
江戸時代中期の旗本。
¶神奈川人

中川謙叔 なかがわかねよし
→中川謙叔(なかがわけんしゅく)

中川亀之進 なかがわかめのしん
? ～文久3(1863)年
江戸時代末期の馬術家。
¶岡山人，岡山歴([没]文久3(1863)年7月18日)

中川漁村 なかがわぎょそん
寛政8(1796)年～安政1(1854)年 [別]中川禄郎《なかがわろくろう》
江戸時代末期の近江彦根藩士。
¶維新(中川禄郎 なかがわろくろう)，国書([没]安政1(1854)年12月2日)，滋賀百，新潮(中川禄郎 なかがわろくろう [没]安政1(1854)年12月2日)，人名，日人([没]1855年)，幕末(中川禄郎 なかがわろくろう [没]1855年1月19日)，藩臣4

中川景山 なかがわけいざん
文化4(1807)年5月7日～嘉永5(1852)年8月4日
江戸時代後期の秋田藩士。
¶国書

中川外記 なかがわげき
生没年不詳
江戸時代後期の加賀藩士。
¶国書

中川謙叔 なかがわけんしゅく
寛永1(1624)年～万治1(1658)年 [別]中川謙叔《なかがわかねよし》
江戸時代前期の備前岡山藩の儒学者。
¶岡山人，国書(なかがわかねよし [没]万治1(1658)年11月18日)，新潮([没]万治1(1658)年11月18日)，人名，世人([没]万治1(1658)年11月18日)，日人，藩臣6(なかがわかねよし)

中川源太郎 なかがわげんたろう
? ～慶応2(1866)年
江戸時代末期の長州(萩)藩信常小隼太陪臣、八幡隊士。
¶維新

中川好古 なかがわこうこ
→中川鯉淵(なかがわりえん)

中川小次郎 なかがわこじろう
嘉永1(1848)年～?
江戸時代後期～末期の新撰組隊士。
¶新撰

中川小隼人 なかがわこはやと
? ～元禄9(1696)年
江戸時代前期の陸奥弘前藩士。
¶青森人(生没年不詳)，藩臣1

中川左平太 なかがわさへいた
→中川重興(なかがわしげおき)

中川重興 なかがわしげおき
正保2(1645)年～享保9(1724)年 [別]中川左平太《なかがわさへいた》
江戸時代の武術家。
¶剣豪(中川左平太 なかがわさへいた)，人名，日人

中川重清 なかがわしげきよ
天文22(1553)年～寛永8(1631)年
安土桃山時代～江戸時代前期の武将、旗本。
¶神奈川人，諸系，戦人(生没年不詳)，日人

中川重良 なかがわしげよし
? ～寛文11(1671)年
江戸時代前期の加賀藩士。
¶国書

中川淳庵 なかがわじゅんあん
元文4(1739)年～天明6(1786)年 [別]中川淳庵《なかがわじゅんなん》
江戸時代中期の若狭小浜藩の蘭方医、本草学者。
¶朝日([没]天明6年6月7日(1786年7月2日))，岩史([没]天明6(1786)年6月7日)，江戸，江文，角史，郷土福井，近世(なかがわじゅんなん)，国史(なかがわじゅんなん)，国書([没]天明6(1786)年6月7日)，コン改，コン4，史人([没]1786年6月7日)，重要([没]天明6(1786)年6月7日)，新潮(なかがわじゅんなん [没]天明6(1786)年6月7日)，人名，世人([没]天明6(1786)年6月7日)，世百，全書，大百，日史([没]天明6(1786)年6月7日)，日人，藩臣3，百科，福井百，洋学(なかがわじゅんなん)，歴大

中川駿台 なかがわしゅんだい
→中川忠英(なかがわただてる)

中川淳庵 なかがわじゅんなん
→中川淳庵(なかがわじゅんあん)

な

中川濁子 なかがわじょくし
生没年不詳 [別]濁子《じょくし》
江戸時代中期の俳人、美濃大垣藩士(蕉門)。
¶人名, 日人, 俳諧(濁子 じょくし), 俳句(濁子 じょくし), 和俳

中川四郎五郎 なかがわしろうごろう
→中川楽郊(なかがわらくこう)

中川審六郎 なかがわしんろくろう
弘化3(1846)年～明治39(1906)年
江戸時代末期～明治期の紀伊和歌山藩士。
¶維新, 幕末([没]1906年9月13日)

中川栖山 なかがわせいざん
文政8(1825)年～明治4(1871)年 [別]中川栖山《なかがわそざん》
江戸時代末期～明治期の豊後岡藩家老。
¶維新, 大分百, 大分歴(中川栖山 なかがわそざん), 新潮([没]明治4(1871)年4月10日), 人名, 日人, 幕末([没]1871年5月28日), 藩臣7

中川潜叟 なかがわせんそう
? ～明治16(1883)年
江戸時代末期～明治期の豊後岡藩士。
¶人名, 日人, 藩臣7

中川栖山 なかがわそざん
→中川栖山(なかがわせいざん)

中川忠勝 なかがわただかつ
? ～寛永6(1629)年
江戸時代前期の武士。織田氏家臣、豊臣氏家臣。
¶戦人, 戦補

中川忠次 なかがわただつぐ
～寛永18(1641)年
江戸時代前期の旗本。
¶神奈川人

中川忠英 なかがわただてる
宝暦3(1753)年～天保1(1830)年 [別]中川駿台《なかがわしゅんだい》, 中川飛騨守忠英《なかがわひだのかみただてる》
江戸時代中期～後期の旗本、長崎奉行。
¶朝日([没]天保1(1830)年9月), 岩史([没]文政13(1830)年9月), 近世, 国史, 国書([没]文政13(1830)年9月), 新潮, 人名(中川駿台 なかがわしゅんだい [没]?), 長崎歴(中川飛騨守忠英 なかがわひだのかみただてる), 日人

中川忠政 なかがわただまさ
～延宝3(1675)年
江戸時代前期の旗本。
¶神奈川人

中川為範 なかがわためのり
江戸時代後期の水戸藩士。
¶国書(生没年不詳), 茶道

中川長定 なかがわながさだ
延宝3(1675)年～元文4(1739)年
江戸時代前期～中期の加賀藩家老。
¶国書

中川長種 なかがわながたね
? ～元禄14(1701)年7月
江戸時代前期～中期の加賀藩士。
¶国書

中川長輝 なかがわながてる
? ～元禄13(1700)年
江戸時代前期～中期の加賀藩士。
¶国書

中川典義 なかがわのりよし
生没年不詳
江戸時代後期の加賀藩家老。
¶国書

中川一 なかがわはじめ
文政6(1823)年7月24日～明治25(1892)年8月11日
江戸時代後期～明治期の新徴組士。
¶庄内

中川八郎左衛門 なかがわはちろうざえもん
? ～天和2(1682)年
江戸時代前期の幕府代官。八王子代官今井九右衛門の長男。
¶埼玉人, 埼玉百

中川久昭 なかがわひさあき
文政3(1820)年～明治22(1889)年
江戸時代末期～明治期の大名。豊後岡藩主。
¶維新, 京都大, 国書([生]文政3(1820)年4月4日 [没]明治22(1889)年11月30日), 諸系, 新潮([生]文政3(1820)年4月4日 [没]明治22(1889)年11月30日), 人名, 姓氏京都, 日人, 幕末([没]1889年11月30日), 藩主4([生]文政3(1820)年4月4日 [没]明治2(1869)年)

中川久清 なかがわひさきよ
元和1(1615)年～天和1(1681)年
江戸時代前期の大名。豊後岡藩主。
¶朝日([生]元和1年1月10日(1615年2月7日) [没]天和1年11月20日(1681年12月29日)), 岩史([生]慶長20(1615)年1月10日 [没]天和1(1681)年11月20日), 大分百, 大分歴, 近世, 国史, コン改, コン4, 史人([生]1615年1月10日 [没]1681年11月20日), 諸系, 新潮([没]天和1(1681)年11月20日), 人名, 世人, 日人, 藩主4([生]元和1(1615)年1月10日 [没]天和1(1681)年11月20日)

中川久貞 なかがわひささだ
享保9(1724)年～寛政2(1790)年
江戸時代中期の大名。豊後岡藩主。
¶国書([生]享保9(1724)年1月19日 [没]寛政2(1790)年5月20日), 諸系, 人名, 日人, 藩主4([生]享保9(1724)年1月19日 [没]寛政2(1790)年5月20日)

中川久貴 なかがわひさたか
天明7(1787)年～文政7(1824)年
江戸時代後期の大名。豊後岡藩主。
¶諸系, 日人, 藩主4([生]天明7(1787)年4月2日 [没]文政7(1824)年10月20日)

中川久忠 なかがわひさただ
元禄10(1697)年～寛保2(1742)年
江戸時代中期の大名。豊後岡藩主。
¶諸系, 人名([生]1698年), 日人, 藩主4([生]元禄11(1697)年2月24日 [没]寛保2(1742)年10月13日)

中川久恒 なかがわひさつね
　寛永18(1641)年～元禄8(1695)年
　江戸時代前期の大名。豊後岡藩主。
　¶諸系，人名，日人，藩主4(⊕寛永18(1641)年7
　月26日　㉺元禄8(1695)年6月15日)

中川久教 なかがわひさのり
　寛政12(1800)年～天保11(1840)年
　江戸時代後期の大名。豊後岡藩主。
　¶大分歴，諸系，日人，藩主4(⊕寛政12(1800)
　年7月1日　㉺天保11(1840)年9月28日)

中川久通 なかがわひさみち
　寛文3(1663)年～宝永7(1710)年
　江戸時代中期の大名。豊後岡藩主。
　¶国書(⊕寛文3(1663)年5月28日　㉺宝永7
　(1710)年2月28日)，諸系，日人，藩主4(⊕寛
　文3(1663)年5月28日　㉺宝永7(1710)年2月28
　日)

中川久持 なかがわひさもち
　安永5(1776)年～寛政10(1798)年
　江戸時代中期～後期の大名。豊後岡藩主。
　¶諸系，日人，藩主4(⊕安永5(1776)年11月20日
　㉺寛政10(1798)年9月18日)

中川久盛 なかがわひさもり
　文禄3(1594)年～承応2(1653)年
　江戸時代前期の大名。豊後岡藩主。
　¶国書(㉺承応2(1653)年3月18日)，諸系，人名，
　日人，藩主4(㉺承応2(1653)年3月18日)

中川久慶 なかがわひさよし
　宝永5(1708)年～寛保3(1743)年
　江戸時代中期の大名。豊後岡藩主。
　¶諸系，日人，藩主4(⊕宝永5(1708)年3月8日
　㉺寛保3(1743)年10月30日)

中川飛驒守忠英 なかがわひだのかみただてる
　→中川忠英(なかがわただてる)

中川文右衛門 なかがわぶんえもん
　文政11(1828)年～明治34(1901)年
　江戸時代後期～明治期の剣術家。林崎夢想流。
　¶剣豪

中川政宣 なかがわまさのぶ
　生没年不詳
　江戸時代前期の弓術家。
　¶国書

中川将行 なかがわまさゆき
　嘉永1(1848)年～明治30(1897)年2月5日
　江戸時代末期～明治期の静岡藩士、数学者、教育
　者。実用数学を標榜する見地から、和算を徹底的
　に批判。和算の衰退に拍車をかける。
　¶朝日，静岡歴，数学，大百(⊕1852年？
　㉺1895年)

中川又太郎 なかがわまたたろう
　？　～弘化4(1847)年
　江戸時代後期の筑後久留米藩士。
　¶藩臣7

中川安孫 なかがわやすまご
　生没年不詳
　江戸時代前期の中原相代官。
　¶姓氏神奈川

中川楽郊 なかがわらくこう
　寛永7(1795)年～文久2(1862)年　㊞中川四郎五
　郎《なかがわしろうごろう》
　江戸時代末期の対馬藩士。
　¶国書(㉺文久2(1862)年5月29日)，藩臣7(中川
　四郎五郎　なかがわしろうごろう)

中川鯉淵 なかがわりえん
　明和4(1767)年～天保3(1832)年　㊞中川好古
　《なかがわこうこ》
　江戸時代中期～後期の長門長府藩士。
　¶国書(㉺天保3(1832)年12月28日)，藩臣6(中
　川好古　なかがわこうこ)

中川禄左衛門 なかがわろくざえもん
　天保5(1834)年～大正4(1915)年
　江戸時代末期～明治期の郷士。山陰道鎮撫総督西
　園寺公望を護衛。
　¶維新，幕末(㉺1915年12月5日)

中川禄郎 なかがわろくろう
　→中川漁村(なかがわぎょそん)

中川六郎兵衛 なかがわろくろうひょうえ
　？　～天保2(1831)年
　江戸時代後期の常陸土浦藩士。
　¶藩臣2

仲木直次郎 なかぎなおじろう
　→仲木直太郎(なかぎなおたろう)

仲木直太郎 なかぎなおたろう
　文政11(1828)年～慶応2(1866)年　㊞仲木直次
　郎《なかぎなおじろう》
　江戸時代末期の長州(萩)藩御膳夫、浩武隊士。
　¶維新，幕末(仲木直次郎　なかぎなおじろう
　㉺1866年7月30日)

長久保赤水 ながくぼせきすい
　享保2(1717)年～享和1(1801)年
　江戸時代中期～後期の水戸藩の地図作者。農民出
　身の儒者。
　¶朝日(⊕享保2年11月6日(1717年12月8日)
　㉺享和1年7月23日(1801年8月31日))，茨城
　百，岩史(⊕享保2(1717)年11月6日　㉺享和1
　(1801)年7月23日)，江文，角史，郷土茨城，
　近世，考古，国史，国書(⊕享保2(1717)年11
　月6日　㉺享和1(1801)年7月23日)，コン改，
　コン4，史人(⊕1717年11月6日　㉺1801年7月
　23日)，重要(㉺享和1(1801)年7月25日)，人
　書94，新潮(⊕享保2(1717)年11月6日　㉺享和
　1(1801)年7月25日)，人名，世人(⊕享保2
　(1717)年7月25日)，全書，大百，日史(⊕享保
　2(1717)年11月6日　㉺享和1(1801)年7月23
　日)，日人，藩臣2，百科，洋学，歴大

長倉訒 ながくらしのぶ
　＊～明治16(1883)年
　江戸時代末期～明治期の武士、西南役の勇士。
　¶人名(⊕1830年)，日人(⊕1840年)

永倉新八 ながくらしんぱち
　天保10(1839)年～大正4(1915)年
　江戸時代末期～明治期の蝦夷松前藩の剣豪。新撰
　組隊士。
　¶京都大(⊕天保11(1840)年)，剣豪，新撰
　(⊕天保10年9月12日　㉺大正4年1月5日)，新

潮（㊤天保11（1840）年　㊦大正4（1915）年1月5日），姓氏京都，日人，幕末（㊦1915年1月5日），藩臣1，北海道百，北海道歴

中黒六左衛門　なかぐろろくざえもん
江戸時代前期の氷見町奉行。
¶姓氏富山

仲子岐陽　なかこきよう
㊎仲子岐陽《なかのこきよう》
江戸時代中期の武士、儒者。
¶国書（なかのこきよう　㊤享保7（1722）年　㊦明和3（1766）年6月25日），日人（㊤1721年　㊦1765年）

那珂梧楼　なかごろう
文政10（1827）年～明治12（1879）年　㊎江鶏五郎《えばしごろう，えばたごろう》，那珂通高《なかみちたか》，安積五郎《あさかごろう》，国分五郎《こくぶごろう》
江戸時代末期～明治期の陸奥南部藩士、陸奥盛岡藩校の教授。
¶朝日（江鶏五郎　えばたごろう　㊦明治12（1879）年5月1日），維新（那珂通高　なかみちたか），岩手百，江文，国際（那珂通高　なかみちたか），国書（㊤文政10（1827）年11月24日　㊦明治12（1879）年5月1日），コン5（那珂通高　なかみちたか），詩歌，新潮（江鶏五郎　えばたごろう　㊦明治12（1879）年5月1日），人名，姓氏岩手，日史（那珂通高　なかみちたか　㊦明治12（1879）年5月1日），日人（㊤1828年），幕末（㊦1879年5月1日），藩臣1，百科（那珂通高　なかみちたか），歴大（那珂通高　なかみちたか）

長坂猪之助　ながさかいのすけ
～天保14（1843）年4月12日
江戸時代後期の庄内藩士。
¶庄内

長坂円陵（長阪円陵）　ながさかえんりょう
元文2（1737）年～宝暦10（1760）年
江戸時代中期の上野高崎藩士、儒学者。
¶江文（長阪円陵），国書（㊦宝暦10（1760）年7月26日），人名（長阪円陵），日人，藩臣2（㊤？）

長坂学弥　ながさかがくや
生没年不詳
江戸時代末期の武士。
¶和歌山人

長坂一正　ながさかかずまさ
天正10（1582）年～正保4（1647）年
江戸時代前期の旗本。
¶神奈川人，姓氏神奈川

長坂欣之助　ながさかきんのすけ
文政8（1825）年～明治25（1892）年
江戸時代末期～明治期の出羽松山藩家老。
¶藩臣1

長坂欣平治　ながさかきんぺいじ
天保5（1834）年～明治40（1907）年
江戸時代末期～明治期の信濃高遠藩士。
¶藩臣3

長坂五郎太夫　ながさかごろうだゆう
生没年不詳
江戸時代後期の遠江掛川藩用人。
¶藩臣4

長坂綱矩　ながさかつなのり
？　～明治13（1880）年
江戸時代後期～明治期の紀伊和歌山藩士。
¶国書

長坂信次　ながさかのぶつぎ
～正保3（1646）年
江戸時代前期の旗本。
¶神奈川人

長坂八郎　ながさかはちろう
嘉永2（1849）年～明治25（1892）年
江戸時代末期～明治期の高崎藩士、警察官。館林警察署長、高崎町助役。
¶群馬人，群馬百，社史（㊤嘉永2年（1849年8月）㊦1892年12月6日），姓氏群馬

長坂味右衛門　ながさかみえもん
生没年不詳
江戸時代の庄内藩付家老。
¶庄内

長坂三知　ながさかみつとも
？　～文久3（1863）年7月21日
江戸時代後期～末期の武士。
¶徳島百，徳島歴，日人

長崎勘介　ながさきかんすけ
→長崎梅軒（ながさきばいけん）

長崎奇山　ながさききざん
寛政10（1798）年～慶応2（1866）年
江戸時代末期の土佐能吏、漢詩人。
¶高知人，国書（㊦慶応2（1866）年10月24日），幕末（㊦1866年11月30日）

長崎甚左衛門　ながさきじんざえもん
？　～元和8（1622）年
江戸時代前期の肥前大村藩士。
¶郷土長崎，人名（㊦1621年），日人（㊤1548年？），藩臣7（生没年不詳）

長崎惣兵衛　ながさきそうべえ
生没年不詳
安土桃山時代～江戸時代前期の肥前大村藩士。
¶藩臣7

長崎梅軒　ながさきばいけん
寛政12（1800）年～元治2（1865）年　㊎長崎勘介《ながさきかんすけ》
江戸時代末期の陸奥黒石藩家老。
¶江文，人名，日人，藩臣1（長崎勘介　ながさきかんすけ）

中里右京進　なかざとうきょうのじょう
→中里右京進（なかざとうきょうのしん）

中里右京進　なかざとうきょうのしん
生没年不詳　㊎中里右京進《なかざとうきょうのじょう》
安土桃山時代～江戸時代前期の武士。結城氏家臣。
¶戦辞（なかざとうきょうのじょう），戦人，戦東

中里覚右衛門〔2代〕 なかさとかくえもん
生没年不詳
江戸時代の八戸藩士、軍学者。
¶青森人

中里郷右衛門 なかさとごうえもん
江戸時代後期の陸奥八戸藩家老。
¶青森百，藩臣1（生没年不詳）

中里仲舒 なかざとちゅうじょ
生没年不詳
江戸時代後期の幕臣。
¶国書

中郷藤右衛門 なかさととうえもん
？ ～正徳6（1716）年
江戸時代前期～中期の八戸藩代官。
¶青森人

中里杢人 なかさともくと
？ ～
江戸時代の八戸藩士。
¶青森人

中里弥次右衛門〔5代〕 なかさとやじえもん
？ ～文化14（1817）年
江戸時代中期～後期の八戸藩家老。
¶青森人

中里弥七郎 なかざとやしちろう
安土桃山時代～江戸時代前期の武士。里見氏家臣。
¶戦人（生没年不詳），戦東

中里弥兵衛 なかさとやへえ
？ ～
江戸時代中期の八戸藩家老。旧記を編纂した。
¶青森人，青森百（生没年不詳）

中里理左衛門 なかざとりざえもん
宝暦11（1761）年～文化8（1811）年
江戸時代中期～後期の常陸土浦藩士。
¶藩臣2

中左門 なかさもん
天正4（1576）年～
安土桃山時代～江戸時代前期の武士。
¶庄内

長沢市之丞 ながさわいちのじょう
？ ～延宝1（1673）年
江戸時代前期の豊後日出藩家老。
¶藩臣7

長沢勘作 ながさわかんさく
生没年不詳
安土桃山時代～江戸時代前期の肥前大村藩士。
¶藩臣7

中沢勘兵衛 なかざわかんべえ
？ ～文政10（1827）年
江戸時代後期の下総佐倉藩士。
¶藩臣3

長沢求吾 ながさわきゅうご
宝永7（1710）年～安永5（1776）年
江戸時代中期の武士、儒者。
¶日人

長沢牛次郎 ながさわぎゅうじろう
生没年不詳
江戸時代の庄内藩士。
¶庄内

中沢久兵衛 なかざわきゅうべえ
寛永3（1626）年～万治3（1660）年
江戸時代前期の加賀大聖寺藩士。
¶姓氏石川，藩臣3

長沢金太郎 ながさわきんたろう
→長沢赤城（ながさわせきじょう）

長沢九郎兵衛 ながさわくろべえ
生没年不詳
江戸時代前期の武士。
¶国書

中沢見作 なかざわげんさく
文政5（1822）年～明治22（1889）年
江戸時代末期～明治期の肥前唐津藩医、儒学者。
¶藩臣7

中沢源蔵 なかざわげんぞう
寛政10（1798）年～明治12（1879）年
江戸時代後期～明治期の剣術家。小野派一刀流。
¶剣豪

長沢小太夫 ながさわこだゆう
生没年不詳
江戸時代中期の播磨姫路藩士。
¶藩臣5

中沢貞祇 なかざわさだまさ
→中沢良之助貞祇（なかざわりょうのすけさだまさ）

中沢三郎左衛門 なかざわさぶろうざえもん
＊～宝暦12（1762）年
江戸時代中期の豊後岡藩士。
¶大分歴（[生]元禄10（1697）年），藩臣7（[生]？）

長沢常山 ながさわじょうざん
天保10（1839）年～大正6（1917）年
江戸時代末期～明治期の豊後日出藩士。
¶大分歴，藩臣7

長沢資親 ながさわすけちか
天和1（1681）年～寛延3（1750）年
江戸時代前期～中期の幕臣。
¶神奈川人，国書（[没]寛延3（1750）年5月22日）

長沢資祐 ながさわすけやす
正徳5（1715）年～安永5（1776）年3月20日
江戸時代中期の幕臣。
¶国書

中沢夕庵 なかざわせきあん
生没年不詳
江戸時代前期の磐城棚倉藩士。
¶国書

長沢赤城 ながさわせきじょう
文政3（1820）年～明治1（1868）年　[別]長沢金太郎《ながさわきんたろう》
江戸時代末期の越後長岡藩士。
¶国書（[没]明治1（1868）年9月8日），人名，新潟百，日人，幕末（長沢金太郎　ながさわきんたろう　[生]1819年　[没]1868年10月23日），藩臣4（長沢金太郎　ながさわきんたろう）

長沢赤水 ながさわせきすい
生没年不詳

な

江戸時代後期の越後長岡藩士・武芸家。
¶国書，新潟百

長沢武雄 ながさわたけお
弘化1(1844)年～？
江戸時代後期～末期の新撰組隊士。
¶新撰

中沢太郎右衛門 なかざわたろうえもん
？～慶安3(1650)年
江戸時代前期の武士。高山右近に仕えた。
¶姓氏石川

中沢親応 なかざわちかまさ
正徳4(1714)年～明和7(1770)年閏6月
江戸時代中期の会津藩士。
¶国書

中沢務 なかざわつとむ
弘化2(1845)年～大正4(1915)年8月23日
江戸時代後期～明治期の新撰組隊士。
¶新撰

長沢東海 ながさわとうかい
元禄10(1697)年～延享2(1745)年 [別]長沢不怨斎《ながさわふえんさい》
江戸時代中期の出雲松江藩士、儒学者。
¶江文，国書([生]元禄10(1697)年12月 [没]延享2(1745)年10月18日)，島根人，島根歴([没]元文3(1738)年)，人名，日人([生]1698年)，藩臣5(長沢不怨斎 ながさわふえんさい)

長沢藤左衛門 ながさわとうざえもん
～慶安2(1649)年
江戸時代前期の土佐藩士。
¶高知人

長沢伴雄 ながさわともお
文化5(1808)年～安政6(1859)年 [別]長沢伴雄《ながさわともかつ》
江戸時代末期の武士、国学者、歌人。号は絡石舎。
¶朝日([没]安政6年11月27日(1859年12月20日))，京都大，郷土和歌山([生]1806年)，国書([生]文化5(1808)年11月 [没]安政6(1859)年11月27日)，新潮([没]安政6(1859)年11月27日)，人名([生]1804年 [没]1855年)，姓氏京都([生]1804年 [没]1855年)，日人，幕末(ながさわともかつ [没]1859年12月20日)，和歌山人(ながさわともかつ)，和俳([没]安政6(1859)年11月27日)

長沢伴雄 ながさわともかつ
→長沢伴雄(ながさわともお)

長沢不怨斎 ながさわふえんさい
→長沢東海(ながさわとうかい)

中沢亦助 なかざわまたすけ,なかさわまたすけ
寛永13(1636)年～享保11(1726)年
江戸時代前期～中期の陸奥二本松藩士。
¶国書([没]享保11(1726)年8月1日)，藩臣5(なかさわまたすけ)

長沢楽浪 ながさわらくろう
元禄12(1699)年～安永8(1779)年
江戸時代中期の下野宇都宮藩士、儒学者、盲学者。
¶江文，国書([没]安永8(1779)年8月27日)，島根人，島根歴，日人，藩臣2

中沢良之助貞祇 なかざわりょうのすけさだまさ
*～明治32(1899)年 [別]中沢貞祇《なかざわさだまさ》
江戸時代後期～明治期の法神流剣士。
¶群馬人([生]天保8(1837)年)，姓氏群馬(中沢貞祇 なかざわさだまさ [生]1843年)

長塩甚太左衛門 ながしおじんたざえもん
？～元治1(1864)年
江戸時代末期の遠江掛川藩用人。
¶藩臣4

長塩平六 ながしおへいろく
？～天保14(1843)年
江戸時代後期の遠江掛川藩士。
¶国書([没]天保14(1843)年3月17日)，藩臣4

中路周防 なかじすおう
？～寛永14(1637)年
江戸時代前期の肥後熊本藩士。
¶藩臣7

中路正庵 なかじせいあん
江戸時代の勢州桑名藩士、儒学者。
¶三重続

中路延年 なかじのぶとし
文政6(1823)年～明治25(1892)年
江戸時代末期～明治期の志士。島津久光が公武合体を朝廷に申し入れるのを斡旋。
¶維新，コン5，人名，日人，幕末([没]1892年8月25日)

中島以政 なかじまいせい
天保14(1843)年～明治40(1907)年
江戸時代末期～明治期の志筑藩郷士。
¶日人，幕末([没]1908年12月23日)，藩臣2

中嶋一学 なかじまいちがく
？～
江戸時代の八戸藩士。
¶青森人

中島聿徳 なかじまいつのり
→中島治平(なかじまじへい)

中島采女 なかしまうねめ
安永3(1774)年～天保14(1843)年
江戸時代後期の筑後三池藩士。
¶藩臣7

中島円弥 なかじまえんや
生没年不詳
江戸時代末期の尾張藩士。
¶国書

中島芥舟 なかじまかいしゅう
文化8(1811)年～明治22(1889)年
江戸時代末期～明治期の越後村上藩士。
¶人名，新潟百，日人

中島嘉右衛門 なかじまかえもん
→中嶋元英(なかじまもとひで)

中島一孝 なかじまかずたか
江戸時代の勢州桑名藩士、新百人一首筆記者。
¶三重続

中島吉兵衛 なかじまきちべえ
生没年不詳

江戸時代末期の武士、勘定組頭。
¶和歌山人

中島宜門 なかしまぎもん
→中島宜門（なかじまよしかど）

中島久蔵 なかじまきゅうぞう
天保13（1842）年～文久2（1862）年
江戸時代末期の水戸藩士。
¶維新，幕末（[没]1862年2月6日）

中島清司 なかじまきよし
天明8（1788）年～元治1（1864）年
江戸時代後期～末期の浦賀奉行所与力。
¶姓氏神奈川

中島金左衛門 なかしまきんざえもん
生没年不詳
江戸時代中期の播磨小野藩士。
¶藩臣5

中島源蔵 なかじまげんぞう
文政12（1829）年～明治1（1868）年
江戸時代末期の志士、盛岡藩士。
¶維新，大阪人（[没]明治1（1868）年6月），人名，姓氏岩手，日人，幕末（[没]1868年7月27日）

中島衡平 なかじまこうへい
→中島操存斎（なかじまそうそんさい）

中島這棄 なかじまこのすて
→中島這棄（なかじまこれすて）

中島這季 なかじまこれすえ
寛政7（1795）年～元治1（1864）年
江戸時代末期の算学者、信濃松本藩士。
¶国書（[没]元治1（1864）年12月16日），人名（[生]1796年），長野百，長野歴，日人（[没]1865年）

中島這棄 なかじまこれすて
文政10（1827）年～大正1（1912）年　[別]中島這棄《なかじまこのすて》
江戸時代末期～明治期の信濃松本藩士、和算家。
¶人名，数学（[生]文政10（1827）年6月　[没]明治45（1912）年2月17日），姓氏長野（なかじまこのすて），長野歴，日人，藩臣3（なかじまこのすて）

長島五郎作 ながしまごろさく
嘉永5（1852）年～明治2（1869）年5月11日
江戸時代後期～明治期の新撰組隊士。
¶新撰

中島三郎助 なかじまさぶろうすけ
文政3（1820）年～明治2（1869）年　[別]中島木鶏《なかじまもくけい》
江戸時代末期の浦賀奉行所の幕臣。
¶朝日（[没]明治2年5月15日（1869年6月24日）），維新，神奈川人（[生]1821年），神奈川百，人名（中島木鶏　なかじまもくけい），姓氏神奈川（[生]1821年），日人，幕末（[生]1821年2月27日　[没]1869年6月25日）

中島左門 なかしまさもん
文政1（1818）年～明治27（1894）年
江戸時代末期～明治期の播磨赤穂藩用人。
¶藩臣5

中島子玉 なかしましぎょく
享和1（1801）年～天保5（1834）年
江戸時代後期の豊後佐伯藩士、教育家。
¶大分百，大分歴，藩臣7

中島重尚 なかじましげなお
天正17（1589）年～寛文2（1662）年
江戸時代前期の三河岡崎藩家老。
¶藩臣4

中島重房 なかじましげふさ
生没年不詳
安土桃山時代～江戸時代前期の武士。長宗我部氏家臣。
¶高知人，戦人

中島治平 なかじまじへい，なかしまじへい
文政6（1823）年～慶応2（1866）年　[別]中島聿徳《なかじまいつのり》
江戸時代末期の長州（萩）藩士。
¶維新，人名（中島聿徳　なかじまいつのり），日人（中島聿徳　なかじまいつのり　[没]1867年），幕末（なかしまじへい　[没]1867年2月2日），藩臣6（なかしまじへい），山口百，洋学

中島錫胤 なかじましゃくいん
→中島錫胤（なかじまますたね）

中島松堂 なかじましょうどう
文化1（1804）年～明治21（1888）年2月
江戸時代後期～明治期の長州萩藩士。
¶国書

中嶋在友 なかじますけとも
貞享2（1685）年～元文4（1739）年
江戸時代中期の家臣、幕臣。
¶和歌山人

中島錫胤 なかじますずたね
→中島錫胤（なかじまますたね）

中島雪楼 なかじませつろう
延享2（1745）年～文政8（1825）年
江戸時代中期～後期の丹波亀山藩士、儒学者。
¶京都府（[生]延享1（1744）年），国書（[没]文政8（1825）年3月8日），人名，日人，藩臣5（[生]延享1（1744）年），三重続

中島宗蔵〔1代〕 なかじまそうぞう
宝暦13（1763）年～文政12（1829）年
江戸時代中期～後期の剣術家。甲源一刀流。
¶剣豪（――〔代数なし〕），埼玉人（[生]宝暦13（1763）年4月），埼玉百（――〔代数なし〕）

中島宗蔵〔2代〕 なかじまそうぞう
？　～天保13（1842）年9月10日
江戸時代後期の剣術家、中島家剣2代。
¶埼玉人

中島操存斎 なかじまそうそんさい
文政5（1822）年～慶応4（1868）年　[別]中島衡平《なかじまこうへい》
江戸時代末期の筑前秋月藩士、儒学者。
¶国書（[没]慶応4（1868）年5月24日），人名，日人，藩臣7（中島衡平　なかじまこうへい）

中嶋隆功 なかじまたかこと
文化3（1806）年～安政5（1858）年3月10日
江戸時代後期～末期の幕臣。
¶国書

中島健彦 なかじまたけひこ，なかしまたけひこ
天保14（1843）年～明治10（1877）年
江戸時代末期～明治期の武士、鹿児島県士族。
¶鹿児島百（なかしまたけひこ），人名，姓氏鹿児島，日人，幕末（なかしまたけひこ [没]1877年9月24日）

中島太郎兵衛 なかじまたろうべえ
→中島太郎兵衛（なかじまたろべえ）

中島太郎兵衛 なかじまたろべえ
文政8（1825）年～文久3（1863）年 [別]中島太郎兵衛《なかじまたろうべえ》
江戸時代末期の志士。
¶維新，新潮（[没]文久3（1863）年10月14日），人名（なかじまたろうべえ），日人，幕末（なかじまたろうべえ [没]1863年10月14日），兵庫人（[生]文政8（1825）年11月10日 [没]文久3（1863）年10月14日），兵庫百

中島竹道 なかじまちくどう
安永8（1779）年～文政11（1828）年 [別]竹道《ちくどう》
江戸時代中期～後期の武士、俳人。
¶国書（竹道 ちくどう [没]文政11（1828）年4月24日），日人

中島忠右衛門 なかじまちゅうえもん
→中島竜橋（なかじまりゅうきょう）

中島常房 なかじまつねふさ
貞享3（1686）年～安永1（1772）年
江戸時代中期の家臣、幕臣。
¶和歌山人

中島貞 なかじまてい
天保10（1839）年～明治37（1904）年
江戸時代後期～明治期の盛岡藩士。
¶姓氏岩手

中島鼎蔵 なかじまていぞう
嘉永2（1849）年～明治7（1874）年
江戸時代末期～明治期の肥前佐賀藩士、征韓党志士。
¶人名，日人

中島虎之助 なかじまとらのすけ
文政1（1818）年～文久3（1863）年
江戸時代末期の陸奥仙台藩士。
¶維新，人名，姓氏宮城，日人，幕末（[没]1863年9月7日）

中島尚正 なかじまなおまさ
天和2（1682）年～安永2（1773）年
江戸時代中期の家臣、幕臣。
¶和歌山人

中島名左衛門 なかじまなざえもん，なかしまなざえもん
文化14（1817）年～文久3（1863）年 [別]中島喜勝《なかじまよしかつ》
江戸時代末期の洋式兵学者、長州（萩）藩士。
¶朝日（[没]文久3年5月29日（1863年7月14日）），維新，郷土長崎（なかしまなざえもん），国書（中島喜勝 なかじまよしかつ [没]文久3（1863）年5月29日），人書94，人名，長崎百（なかしまなざえもん），日人，洋学

長島仁左衛門 ながしまにざえもん
→長島尉信（ながしまやすのぶ）

中嶋信敬 なかじまのぶのり
明和4（1767）年～？
江戸時代中期～後期の幕臣。
¶国書

中島信行 なかじまのぶゆき
弘化3（1846）年～明治32（1899）年 [別]作太郎，長城
江戸時代末期～明治期の土佐藩の政治家。男爵、貴族院議員。大阪の立憲政党総理。衆議院議員初代議長。伊駐在の特命全権公使。
¶朝日（[生]弘化3年8月15日（1846年10月5日） [没]明治32（1899）年3月26日），維新，海越（[生]弘化3（1846）年8月 [没]明治32（1899）年3月26日），海越新（[生]弘化3（1846）年8月 [没]明治32（1899）年3月26日），角史，神奈川人，神奈川百，キリ（[生]弘化3（1846）年8月 [没]明治32（1899）年3月28日），近現，高知人，高知百，国際，国史，コン改，コン5，史人（[生]1846年8月15日 [没]1899年3月26日），社史，重要（[生]弘化3（1846）年8月 [没]明治32（1899）年3月），新潮（[生]弘化3（1846）年8月 [没]明治32（1899）年3月28日），人名，姓氏神奈川，世人（[没]明治32（1899）年3月28日），世百，全書，大百，多摩（[生]弘化1（1844）年），渡航（[生]1846年8月 [没]1899年3月26日），日史（[生]弘化3（1846）年8月15日 [没]明治32（1899）年3月26日），日人，日本，幕末（[没]1899年3月28日），藩臣6，百科，明治1，履歴（[生]弘化3（1846）年8月15日 [没]明治32（1899）年3月26日），歴大

中島登 なかじまのぼり
天保9（1838）年～明治20（1887）年 [別]中島登《なかじまのぼる》
江戸時代末期～明治期の新撰組隊士。
¶静岡歴，新撰（[生]天保9年2月2日 [没]明治20年4月2日），姓氏静岡，多摩（なかじまのぼる），幕末（[生]1838年2月25日 [没]1887年4月2日）

中島登 なかじまのぼる
→中島登（なかじまのぼり）

中島広足 なかじまひろたり，なかしまひろたり
寛政4（1792）年～元治1（1864）年
江戸時代末期の熊本藩士、国学者、歌人。号は橿園、田翁など。
¶朝日（[生]寛政4年3月5日（1792年4月25日） [没]元治1年1月21日（1864年2月28日）），維新，岩史（[生]寛政4（1792）年3月5日 [没]文久4（1864）年1月21日），角史，京都大，郷土長崎（なかしまひろたり），近世，熊本百（なかしまひろたり [没]元治1（1864）年1月21日），国史，国書（[生]寛政4（1792）年3月5日 [没]文久4（1864）年1月21日），コン改，コン4，詩歌，史人（[生]1792年3月5日 [没]1864年1月21日），人書94，神人（[生]寛政4（1792）年3月5日 [没]文久4（1864）年1月21日），新潮（[生]寛政4（1792）年3月5日 [没]元治1（1864）年1月22日），人名，世人（[没]元治1（1864）年1月21日），世百，全書，大百，長崎百（なかしまひろたり），長崎歴（なかしまひろたり），日史（[生]寛政4（1792）年3月

5日　[没]元治1（1864）年1月22日），日人，幕末（なかしまひろたり　[没]1864年1月21日），百科，歴大，和俳

中嶋昌隆　なかじままさたか
？　～明和6（1769）年12月1日
江戸時代中期の盛岡藩士。
¶国書

中島昌行　なかしままさゆき
？　～寛文2（1662）年
江戸時代前期の武士。
¶岡山人，岡山歴（[没]寛文2（1662）年7月19日）

中島錫胤　なかじまますたね
文政12（1829）年～明治38（1905）年　[別]中島錫胤《なかじましゃくいん，なかじますずたね》
江戸時代末期～明治期の徳島藩士。等持院事件に関与。
¶維新，郷土群馬，群馬人，神人（[生]文政12（1829）年12月8日　[没]明治38（1905）年10月4日），人名，姓氏群馬，徳島百（[生]文政12（1829）年12月8日　[没]明治38（1905）年10月4日），徳島歴（なかじますずたね　[生]文政12（1829）年12月8日　[没]明治38（1905）年10月4日），日人（[生]1830年），幕末（なかじますずたね　[没]1905年10月4日），兵庫人（[生]文政12（1829）年12月　[没]明治38（1905）年10月5日），兵庫百，山梨百（なかじましゃくいん　[生]天保1（1830）年　[没]明治39（1906）年10月6日）

中島木鶏　なかじまもくけい
→中島三郎助（なかじまさぶろうすけ）

長島元長　ながしまもとなが
寛政5（1793）年2月27日～明治4（1871）年2月16日
江戸時代後期～明治期の肥前平戸藩士。
¶国書

中嶋意徳　なかじまもとのり
天保9（1838）年～明治41（1908）年
江戸時代後期～明治期の仙台藩士上口内要害最後の領主。
¶姓氏岩手

中嶋元英　なかじまもとひで
寛政8（1796）年～嘉永6（1853）年　[別]中島嘉右衛門《なかじまかえもん》
江戸時代後期の幕臣。
¶国書（[没]嘉永6（1853）年12月2日），幕末（中島嘉右衛門　なかじまかえもん　[没]1853年12月31日）

長島尉信（長嶋尉信）　ながしまやすのぶ
天明1（1781）年～慶応3（1867）年　[別]長島仁左衛門《ながしまにざえもん》
江戸時代後期の常陸土浦藩の農政学者。
¶茨城百，郷土茨城（長嶋尉信），国書（[没]慶応3（1867）年7月16日），幕末（[没]1867年8月15日），藩臣2（長島仁左衛門　ながしまにざえもん）

中島幸元　なかしまゆきもと
江戸時代前期の武士。
¶岡山人

中島与一郎（中島与市郎）　なかじまよいちろう
天保13（1842）年～元治1（1864）年
江戸時代末期の志士。
¶維新，高知人（中島与市郎），人名，日人，幕末（中島与市郎　[没]1864年12月22日）

中島喜勝　なかじまよしかつ
→中島名左衛門（なかじまなざえもん）

中島宜門　なかじまよしかど
文化4（1807）年～明治27（1894）年　[別]中島宜門《なかしまぎもん》
江戸時代末期～明治期の因幡鳥取藩の歌人。
¶国書（[生]文化4（1807）年7月9日　[没]明治27（1894）年1月1日），人名，鳥取百（なかしまぎもん），日人，幕末（なかしまぎもん），藩臣5（なかしまぎもん）

中島竜橋　なかじまりゅうきょう
天明6（1786）年～安政4（1857）年　[別]中島忠右衛門《なかじまちゅうえもん》
江戸時代後期の近江彦根藩士、儒学者。
¶国書（[生]天明6（1786）年2月　[没]安政4（1857）年3月18日），日人，藩臣4（中島忠右衛門　なかじまちゅうえもん）

長嶋廉斎　なかじまれんさい
～文政5（1822）年6月
江戸時代中期～後期の留守居役。
¶大阪人

中島六太夫　なかじまろくだゆう
安永2（1773）年～天保11（1840）年5月3日
江戸時代中期～後期の安芸広島藩士。
¶国書

中条五兵衛　なかじょうごへえ
生没年不詳
江戸時代前期の剣豪。
¶山梨百

中条知資　なかじょうともすけ
元和8（1622）年～元禄7（1694）年
江戸時代前期の出羽米沢藩士。
¶藩臣1

中条政恒　なかじょうまさつね
天保12（1841）年～明治33（1900）年　[別]中条政恒《ちゅうじょうまさつね》
江戸時代末期～明治期の出羽米沢藩士。
¶日人，藩臣1，福島百（ちゅうじょうまさつね）

中瑞雲斎　なかずいうんさい
文化5（1808）年～明治4（1871）年12月3日
江戸時代末期の志士。
¶大阪墓

中清泉　なかせいせん
天明3（1783）年～弘化4（1847）年
江戸時代後期の讃岐丸亀藩士、儒学者。
¶国書（[没]弘化4（1847）年1月18日），人名，日人，藩臣6

中瀬柯庭　なかせかてい
元禄1（1688）年～明和5（1768）年
江戸時代前期～中期の武士。
¶日人

長瀬久左衛門　ながせきゅうざえもん
？　～寛永4（1627）年
江戸時代前期の丹波園部藩家老。

な

¶藩臣5

長瀬原兵衛　ながせげんべえ
享和1（1801）年～明治7（1874）年
江戸時代後期の宇都宮藩士、私塾。
¶栃木歴

中世古甚四郎　なかぜこじんしろう
文化5（1808）年～明治4（1871）年
江戸時代後期～明治期の郡代。
¶庄内

中世古仲蔵　なかぜこちゅうぞう
天保14（1843）年～慶応3（1867）年12月25日
江戸時代後期～末期の勇士。
¶庄内

長瀬清蔵　ながせせいぞう
江戸時代末期の新撰組隊士。
¶新撰

な

長瀬湍兵衛　ながせたんべえ
？　～宝永5（1708）年
江戸時代前期～中期の加賀藩士。
¶国書

長瀬真幸　ながせまさき
明和2（1765）年～天保6（1835）年
江戸時代中期～後期の肥後熊本藩士、国学者。
¶江文，熊本百（[没]天保6（1835）年5月28日），国書（[没]天保6（1835）年5月28日），詩歌，神史，神人，人名，世人（[没]天保6（1835）年5月28日），日人，藩臣7，百科（[没]文政6（1823）年），和俳

永瀬保治　ながせやすはる
文政11（1828）年～明治45（1912）年
江戸時代末期～明治期の播磨山崎藩士。
¶藩臣5

永瀬雄次　ながせゆうじ
嘉永6（1853）年～明治1（1868）年
江戸時代末期の陸奥会津藩の白虎隊士。
¶幕末（[没]1868年10月8日），藩臣2

那珂宗助　なかそうすけ
江戸時代中期の治水家、出羽秋田藩士。
¶人名

長曽又左衛門　ながそまたざえもん
生没年不詳
江戸時代中期の武芸家。
¶国書

中台惇　なかだいあつし
安永5（1776）年11月25日～嘉永7（1854）年1月27日　[別]中台惇《なかだいじゅん》
江戸時代中期～末期の出羽庄内藩士。
¶国書，庄内（なかだいじゅん）

中台式右衛門(1)　なかだいしきえもん
天正13（1585）年～慶安2（1649）年9月19日
安土桃山時代～江戸時代前期の功臣。
¶庄内

中台式右衛門(2)　なかだいしきえもん
寛永1（1624）年～元禄5（1692）年11月6日
江戸時代前期～中期の町奉行。
¶庄内

中台惇　なかだいじゅん
→中台惇（なかだいあつし）

中平竜之助　なかだいらりゅうのすけ
→中平竜之助（なかひらりゅうのすけ）

永田岩次郎　ながたいわじろう
生没年不詳
江戸時代後期の遠江浜松藩士。
¶藩臣4

長田牛助　ながたうしすけ
江戸時代前期の浪人。
¶姓氏石川

永田鎌三郎　ながたかまさぶろう
江戸時代末期の新撰組隊士。
¶新撰

永田勘三郎　ながたかんざぶろう
弘化2（1845）年11月8日～大正11（1922）年1月18日
江戸時代後期～大正期の弓道家、弓術精錬證。
¶弓道

中田錦江　なかたきんこう
寛政10（1798）年4月～明治2（1869）年2月8日
江戸時代後期～明治期の秋田藩士・漢学者。
¶国書

永田九郎兵衛　ながたくろべえ
生没年不詳
江戸時代前期の奉行。代官伊奈半左衛門忠治の家臣。
¶埼玉人

中田高寛　なかだこうかん
→中田高寛（なかだたかひろ）

永田重造　ながたじゅうぞう
天保5（1834）年～文久2（1862）年8月29日
江戸時代末期の旗本本堂家臣。
¶幕末

永田松窓　ながたしょうそう
天保4（1833）年～明治7（1874）年
江戸時代末期～明治期の筑前福岡藩士、志士。
¶人名，日人

永田祖武助　ながたそぶのすけ
生没年不詳
江戸時代末期の播磨姫路藩士。
¶藩臣5

長田高景　ながたたかかげ
慶長2（1597）年～寛文4（1664）年
安土桃山時代～江戸時代前期の浅野家臣。
¶和歌山人

中田高寛　なかだたかのり
→中田高寛（なかだたかひろ）

中田高寛　なかだたかひろ
元文4（1739）年～享和2（1802）年　[別]中田高寛《なかだこうかん，なかだたかのり》
江戸時代中期～後期の越中富山藩の和算家。
¶国書（[生]元文4（1739）年3月12日　[没]享和2（1802）年11月5日），人名（なかだこうかん），姓氏富山，富山百（[生]元文4（1739）年3月　[没]享和2（1802）年11月），日人，藩臣3，洋学（なか

だたかのり）

永田忠宜 ながたただよし
延享3（1746）年～文化2（1805）年12月14日
江戸時代中期～後期の尾張藩士。
¶国書

中田太郎左衛門 なかたたろうざえもん
文化10（1813）年～明治20（1887）年8月28日
[別]中田平山《なかだへいざん》
江戸時代末期～明治期の常陸土浦藩士。
¶国書（中田平山　なかだへいざん），幕末，藩臣2

中館衛門 なかだてえもん
江戸時代後期～末期の家士・教師。
¶国書（[生]文政2（1819）年　[没]？），姓氏岩手（[生]1820年　[没]1896年）

永田暉明 ながたてるあき
天保9（1838）年～大正12（1923）年
江戸時代末期～明治期の肥前蓮池藩士。
¶幕末，藩臣7

永田知章 ながたともあき
享保7（1722）年～文化8（1811）年　[別]永田道輝《ながたみちてる》
江戸時代中期～後期の三河挙母藩士。
¶国書，藩臣4（永田道輝　ながたみちてる）

永田伴正 ながたともまさ
天保10（1839）年～明治36（1903）年
江戸時代末期～明治期の播磨姫路藩士。
¶人名，日人，幕末（[没]1903年12月5日），藩臣5，兵庫人（[生]天保10（1839）年11月　[没]明治36（1903）年12月5日）

永田直時 ながたなおとき
～寛文7（1667）年
江戸時代前期の旗本。
¶神奈川人

中谷市左衛門 なかたにいちざえもん
天明5（1785）年～安政3（1856）年
江戸時代後期の長州（萩）藩士。
¶コン改，コン4，新潮（[没]安政3（1856）年7月），世人，日人

中谷正亮 なかたにしょうすけ
文政11（1828）年～文久2（1862）年　[別]中谷正亮《なかたにまさすけ》
江戸時代末期の長州（萩）藩士。
¶維新，コン改（[生]天保2（1831）年），コン4（[生]天保2（1831）年），新潮（[没]文久2（1862）年閏8月8日），人名（なかたにまさすけ），日人，幕末（[没]1862年10月1日），藩臣6

中谷正亮 なかたにまさすけ
→中谷正亮（なかたにしょうすけ）

永田広定 ながたひろさだ
元禄16（1703）年～安永7（1778）年
江戸時代中期の丹波柏原藩士。
¶藩臣5

中田平山 なかだへいざん
→中田太郎左衛門（なかたたろうざえもん）

永田政純 ながたまさずみ
寛文12（1672）年～宝暦4（1754）年
江戸時代中期の長州（萩）藩士。
¶国書（[没]宝暦4（1754）年5月8日），人名（[生]1671年　[没]1753年），姓氏山口，日人，藩臣6，山口百（[生]1671年　[没]1753年）

中田正路 なかだまさみち
生没年不詳
江戸時代後期の幕臣。
¶国書

永田正道 ながたまさみち
～文政2（1819）年
江戸時代後期の旗本。
¶神奈川人

永田道輝 ながたみちてる
→永田知章（ながたともあき）

永田茂右衛門（永田茂衛門，長田茂右衛門） ながたもえもん
？～万治2（1659）年
江戸時代前期の水戸藩の鉱業家、治水家。
¶茨城百（永田茂衛門），郷土茨城（永田茂衛門），近世，国史，コン改，コン4，史人（[没]1659年5月22日），新潮（永田茂衛門　[没]万治2（1659）年5月），人名，世人（長田茂右衛門），日人，藩臣2（永田茂衛門），歴大（永田茂衛門）

長田持重 ながたもちしげ
生没年不詳
安土桃山時代～江戸時代前期の武士。結城氏家臣。
¶戦辞，戦人，戦東

永田有功 ながたゆうこう
明和6（1769）年～天保7（1836）年4月25日
江戸時代中期～後期の尾張藩士・和算家。
¶国書

中田勇蔵 なかだゆうぞう，なかたゆうぞう
＊～天保5（1834）年
江戸時代中期～後期の弘前藩士・暦算家。
¶青森人（なかたゆうぞう　[生]？），国書（[生]明和1（1764）年）

永田可次 ながたよしつぐ
？～明暦4（1658）年2月14日
江戸時代前期の幕府代官頭伊奈忠治の家臣。
¶埼玉人

長田吉正 ながたよしまさ
天正15（1587）年～寛文10（1670）年
江戸時代前期の武士。
¶和歌山人

中田良吉 なかだりょうきち
～明治6（1873）年1月
江戸時代末期～明治期の新整隊士。
¶庄内

中津大四郎 なかつだいしろう
弘化1（1844）年～明治10（1877）年
江戸時代末期～明治期の滝口隊隊長。
¶熊本百（[没]明治10（1877）年8月16日），人名，日人，幕末（[没]1877年8月16日）

永戸貞著 ながとさだあき
？～安永7（1778）年　[別]永戸貞著《ながとていちょ》
江戸時代中期の丹波篠山藩士。

¶国書（[没]安永7（1778）年閏7月22日），藩臣5（ながとていちょ）

永戸貞著 ながとていちょ
→永戸貞著（ながとさだあき）

長戸得斎 ながととくさい
享和2（1802）年～嘉永7（1854）年
江戸時代末期の美濃加納藩士、儒学者。
¶江文（生没年不詳），国書（[生]享和2（1802）年6月3日　[没]嘉永7（1854）年10月21日），人名，日人，藩臣3

永富亀山 ながとみきざん
宝暦7（1757）年～享和1（1801）年
江戸時代中期～後期の肥前福江藩士、儒学者。
¶人名，日人，藩臣7

永富南涼 ながとみなんりょう
明和6（1769）年～享和2（1802）年
江戸時代中期～後期の肥前福江藩士。
¶藩臣7

永鳥三平 ながとりさんぺい
文政7（1824）年～慶応1（1865）年
江戸時代末期の勤王志士。
¶維新，熊本百（[没]慶応1（1865）年8月28日），人名（[生]1826年），日人，幕末（[没]1865年8月28日）

中新井糺 なかにいただす
文化13（1816）年～明治16（1883）年
江戸時代末期～明治期の播磨姫路藩士。
¶藩臣5

中西右兵衛 なかにしうへえ
生没年不詳
江戸時代中期の豊後臼杵藩士。
¶藩臣7

中西小六 なかにしころく
江戸時代末期の新撰組隊士。
¶新撰

中西茂樹 なかにししげき
嘉永2（1849）年～明治7（1874）年
江戸時代末期～明治期の土佐の志士。戊辰戦争に参加。
¶高知人，幕末（[没]1874年7月9日）

中西石樵 なかにしせきしょう
享保18（1733）年～文化4（1807）年
江戸時代中期～後期の尾張藩士。
¶大阪人（[没]文化4（1807）年1月），国書（[没]文化4（1807）年1月21日）

中西忠蔵(1) なかにしちゅうぞう
？　～天明5（1785）年
江戸時代中期の剣術家。中西派一刀流。
¶剣豪

中西忠蔵(2) なかにしちゅうぞう
寛政8（1796）年頃～？
江戸時代後期の武士。拙修斎叢書の刊行者。
¶朝日，日人

中西忠太 なかにしちゅうた
宝暦5（1755）年～享和1（1801）年
江戸時代中期～後期の剣術家。中西派一刀流。
¶剣豪

中西忠兵衛 なかにしちゅうべえ
安永9（1780）年～？
江戸時代中期～後期の剣術家。中西派一刀流。
¶剣豪

中西子正 なかにしつぐまさ
？　～文政7（1824）年7月20日
江戸時代中期～後期の武道家。
¶国書

中西融 なかにしとおる
生没年不詳
江戸時代後期の尾張藩士。
¶国書

中西登 なかにしのぼる
天保13（1842）年～？
江戸時代後期～末期の新撰組隊士。
¶新撰

中西衛 なかにしまもる
生没年不詳
江戸時代後期の尾張藩士。
¶国書

長沼禰郷 ながぬまいなさと
→長沼称郷（ながぬまみちさと）

永沼運暁 ながぬまうんぎょう
文化10（1813）年～明治19（1886）年
江戸時代末期～明治期の陸奥三春藩士。
¶藩臣2

長沼嘉兵衛 ながぬまかへえ
江戸時代末期の薩摩藩士。
¶維新，姓氏鹿児島

長沼国郷 ながぬまくにさと
元禄1（1688）年～明和4（1767）年　[別]長沼四郎左衛門《ながぬましろうざえもん》
江戸時代前期～中期の剣術家。
¶江戸東，剣豪（長沼四郎左衛門　ながぬましろうざえもん），日人

長沼采石 ながぬまさいせき
安永4（1775）年～天保5（1834）年
江戸時代後期の周防徳山藩士。
¶国書（[没]天保5（1834）年7月14日），藩臣6

長沼正兵衛 ながぬましょうべえ
元禄15（1702）年～安永1（1772）年　[別]長沼綱郷《ながぬまつなさと》
江戸時代中期の上野沼田藩士、剣術家。
¶剣豪，藩臣2（長沼綱郷　ながぬまつなさと）

長沼四郎左衛門 ながぬましろうざえもん
→長沼国郷（ながぬまくにさと）

長沼忠郷 ながぬまただcredit
寛保3（1743）年～文化4（1807）年
江戸時代中期～後期の上野沼田藩士、剣術師範。
¶藩臣2

長沼澹斎 ながぬまたんさい
→長沼宗敬（ながぬまむねよし）

長沼忠左衛門 ながぬまちゅうざえもん
安土桃山時代～江戸時代前期の武士。里見氏家臣。
¶戦人（生没年不詳），戦東

長沼綱郷 ながぬまつなさと
→長沼正兵衛（ながぬましょうべえ）

長沼直郷 ながぬまなおさと
天明1（1781）年～天保10（1839）年
江戸時代後期の上野沼田藩士、剣術師範。
¶藩臣2

長沼正勝 ながぬままさかつ
延宝2（1674）年～宝暦13（1763）年
江戸時代中期の長州（萩）藩士。
¶国書（[没]宝暦13（1763）年10月12日），藩臣6

長沼恂郷 ながぬままささと
文化5（1808）年～慶応1（1865）年
江戸時代末期の上野沼田藩士、剣術家。
¶藩臣2

長沼称郷 ながぬまみちさと
弘化1（1844）年～明治28（1895）年　[別]長沼禰郷《ながぬまいなさと》
江戸時代末期～明治期の上野沼田藩士、剣術家。
¶群馬人（長沼禰郷　ながぬまいなさと），藩臣2

長沼致貞 ながぬまむねさだ
寛永10（1633）年～宝永1（1704）年
江戸時代前期～中期の陸奥仙台藩士。
¶藩臣1

長沼宗敬 ながぬまむねよし
寛永12（1635）年～元禄3（1690）年　[別]長沼澹斎《ながぬまたんさい》
江戸時代前期の播磨明石藩の兵学者。長沼流兵学の流祖。
¶朝日（[生]寛永12年5月28日（1635年7月12日）[没]元禄3年11月21日（1690年12月21日）），近世，国史，国書（[生]寛永12（1635）年5月28日 [没]元禄3（1690）年11月21日），コン改，コン4，史人（[没]1690年11月21日），新潮（[没]元禄3（1690）年11月21日），人名，姓氏長野（長沼澹斎　ながぬまたんさい），世人，長野百（長沼澹斎　ながぬまたんさい），長野歴（長沼澹斎　ながぬまたんさい），日人，藩臣5（長沼澹斎　ながぬまたんさい）

中根市之丞 なかねいちのじょう
？　～文久3（1863）年
江戸時代末期の幕臣。
¶人名，日人（[生]1836年），幕末（[没]1862年9月12日）

中根覚太夫 なかねかくだゆう
→中根東平（なかねとうへい）

中根求馬 なかねきゅうま
生没年不詳
江戸時代末期の幕臣。
¶幕末

中根香亭 なかねきょうてい
天保10（1839）年～大正2（1913）年　[別]中根香亭《なかねこうてい》，中根淑《なかねきよし，なかねしゅく》
江戸時代末期～明治期の漢学者、幕臣。
¶朝日（なかねこうてい　[生]天保10年2月12日（1839年3月26日）　[没]大正2（1913）年1月20日），維新，コン5，詩歌，静岡歴（中根淑　なかねきよし），人書79（なかねこうてい），人名（中根淑　なかねしゅく），日人（なかねこうてい），俳文（なかねこうてい　[生]天保10（1839）年2月　[没]大正2（1913）年1月2日），幕末（[没]1913年1月20日），和俳

中根淑 なかねきよし
→中根香亭（なかねきょうてい）

中根君美 なかねくんび
→中根東平（なかねとうへい）

中根香亭 なかねこうてい
→中根香亭（なかねきょうてい）

中根小右衛門 なかねこえもん
～正保4（1647）年3月12日
江戸時代前期の庄内藩士。
¶庄内

永根伍石 ながねごせき
明和2（1765）年2月8日～天保9（1838）年7月20日
江戸時代後期の播磨姫路藩士、儒学者。
¶国書，藩臣5（生没年不詳）

中根貞和 なかねさだかず
江戸時代末期の越後高田藩家老。
¶維新

中根淑 なかねしゅく
→中根香亭（なかねきょうてい）

中根清語 なかねせいご
享保19（1734）年～寛政9（1797）年
江戸時代中期の出羽松山藩家老。
¶庄内（[没]寛政9（1797）年1月23日），藩臣1

中根雪江 なかねせっこう，なかねせつこう
→中根雪江（なかねゆきえ）

中根善次郎 なかねぜんじろう
天文18（1549）年～寛永12（1635）年
安土桃山時代～江戸時代前期の上野館林藩士。
¶藩臣2

中根忠容 なかねただかた
宝暦2（1752）年～文政12（1829）年
江戸時代中期～後期の三河岡崎藩家老。
¶姓氏愛知，藩臣4

中根忠素 なかねただもと
天明2（1782）年～天保6（1835）年
江戸時代後期の三河岡崎藩士。
¶藩臣4

中根長十郎 なかねちょうじゅうろう
寛政6（1794）年～文久3（1863）年
江戸時代末期の幕臣。
¶人名（[生]？），日人，幕末（[没]1863年12月3日）

中根東平 なかねとうへい
寛保1（1741）年～文化2（1805）年　[別]中根覚太夫《なかねかくだゆう》，中根君美《なかねくんび》
江戸時代中期～後期の信濃高遠藩士、儒学者。
¶江文，国書（[没]文化2（1805）年8月17日），人名（中根君美　なかねくんび），日人，藩臣3（中根覚太夫　なかねかくだゆう）

永根文峯 ながねぶんぽう
享和2（1802）年～天保4（1833）年
江戸時代後期の播磨姫路藩士、儒学者。

¶日人，藩臣5

中根正包 なかねまさかね
寛文1(1661)年〜享保1(1716)年
江戸時代前期〜中期の第7代京都西町奉行。
¶京都大，姓氏京都

中根正次 なかねまさつぐ
生没年不詳
江戸時代前期の旗本。
¶神奈川人

中根正長 なかねまさつね
宝暦4(1754)年〜享和2(1802)年7月9日
江戸時代中期〜後期の幕臣。
¶国書

中根正英 なかねまさてる
安永8(1779)年〜文化9(1812)年9月13日
江戸時代中期〜後期の幕臣。
¶国書

な

中根正朝 なかねまさとも
元和3(1617)年〜元禄9(1696)年
江戸時代前期〜中期の旗本。
¶姓氏神奈川

中根正成 なかねまさなり
〜寛文11(1671)年
江戸時代前期の旗本。
¶神奈川人

中根正盛 なかねまさもり
天正16(1588)年〜寛文5(1665)年12月2日
江戸時代前期の旗本、3代将軍家光の側近。
¶岩史，国書，コン4，姓氏神奈川([生]？)，日史

中根正章 なかねまさよし
〜元禄9(1696)年
江戸時代中期の旗本。
¶神奈川人

中根雪江(中根靱負) なかねゆきえ
文化4(1807)年〜明治10(1877)年　[別]中根雪江《なかねせっこう,なかねせつこう》，中根靱負《なかねゆきえ》
江戸時代末期〜明治期の越前福井藩士。衆諧の長男。
¶朝日([生]文化4年7月3日(1807年8月6日)　[没]明治10(1877)年10月3日)，維新，岩史(中根靱負　[生]文化4(1807)年7月1日　[没]明治10(1877)年10月3日)，角史，郷土福井(なかねせつこう)，近現(なかねせっこう)，近世(なかねせっこう)，国際，国史(なかねせっこう)，国書([生]文化4(1807)年7月3日　[没]明治10(1877)年10月3日)，コン改，コン4，コン5，史人(なかねせっこう　[生]1807年7月1日,(異説)7月3日　[没]1877年10月3日)，新潮(なかねせつこう　[生]文化4(1807)年7月3日　[没]明治10(1877)年10月3日)，人名，世人([生]文化4(1807)年7月　[没]明治10(1877)年10月3日)，全書(なかねせっこう)，日史([生]文化4(1807)年7月1日　[没]明治10(1877)年10月3日)，日人(なかねせっこう)，幕末(なかねせっこう　[没]1877年10月3日)，藩臣3(なかねせっこう)，百科，福井百(なかねせっこう)，歴大(なかねせっこう)

中根芳三郎 なかねよしさぶろう
文政8(1825)年〜？
江戸時代後期〜末期の剣術家。直心影流。
¶剣豪

中根米七 なかねよねしち
文政3(1820)年〜明治11(1878)年
江戸時代末期〜明治期の陸奥会津藩士。
¶会津([生]？)，人名([生]？)，日人，幕末([没]1878年8月23日)，藩臣2

中根理左衛門 なかねりざえもん
天保1(1830)年〜明治26(1893)年
江戸時代末期〜明治期の松岡藩士。
¶幕末，藩臣2

長野一郎 ながのいちろう
天保10(1839)年〜文久4(1864)年
江戸時代末期の志士。
¶大阪人，新潮([没]元治1(1864)年7月20日)，人名([生]1837年)，日人，幕末

中野斎 なかのいつき
天保1(1830)年〜？
江戸時代末期の丹波福知山藩士。
¶藩臣5

中内惣右衛門 なかのうちそうえもん
安土桃山時代〜江戸時代前期の武士。
¶戦人(生没年不詳)，戦西

長野衛介 ながのえいすけ
→長野熊之丞(ながのくまのじょう)

中野数馬 なかのかずま
文政1(1818)年〜明治14(1881)年
江戸時代末期〜明治期の肥前佐賀藩士。
¶幕末

中野君規 なかのきみのり
？　〜天保11(1840)年
江戸時代後期の近江彦根藩士。
¶国書([没]天保11(1840)年3月25日)，日人，藩臣4

中野清明 なかのきよあき
？　〜元和6(1620)年　[別]中野式部少輔清明《なかのしきぶのしょうきよあき》
戦国時代〜江戸時代前期の武士。
¶佐賀百，戦人(生没年不詳)，戦西(中野式部少輔清明　なかのしきぶのしょうきよあき)

長野清貞 ながのきよさだ
永禄6(1563)年〜寛永16(1639)年
江戸時代前期の武士。
¶和歌山人

長野熊之丞(長野熊之允) ながのくまのじょう
天保13(1842)年〜文久3(1863)年　[別]長野衛介《ながのえいすけ》
江戸時代末期の長州(萩)藩士。
¶維新，新潮([没]文久3(1863)年10月14日)，人名(長野衛介　ながのえいすけ　[生]1841年)，日人，幕末(長野熊之允　[没]1863年11月24日)

中野君観 なかのくんかん
江戸時代末期の近江彦根藩士、修史家。
¶人名

永野源作 ながのげんさく
承応2(1653)年～寛保3(1743)年　[別]永野政良《ながのまさよし》
江戸時代前期～中期の土佐藩士。剣術家。真心陰流。
¶剣豪，高知人(永野政良　ながのまさよし)

中野健明 なかのけんめい
→中野健明(なかのたけあき)

中野梧一 なかのごいち
天保13(1842)年～明治16(1883)年
江戸時代末期～明治期の幕臣、官僚、実業家。藤田組贋札事件、開拓使官有物払い下げ事件に関わり自殺。
¶朝日([生]天保13年1月8日(1842年2月17日)　[没]明治16(1883)年9月19日)，大阪人，大阪墓([没]明治16(1883)年9月19日)，角史，近現，国際，国史，コン改，コン5，史人([生]1842年1月8日　[没]1883年9月19日)，新潮([生]天保13(1842)年1月　[没]明治16(1883)年9月19日)，姓氏山口，世人，日人，幕末([生]？　[没]1883年9月19日)，山口百，履歴([生]天保13(1842)年1月8日　[没]明治16(1883)年9月19日)，歴大

長野囂斎 ながのごうさい
寛延2(1749)年～文政7(1824)年
江戸時代中期～後期の伊予今治藩士、儒学者。
¶藩臣6

中野幸生 なかのこうせい
生没年不詳
江戸時代中期の陸奥八戸藩士。
¶国書

仲子岐陽 なかのこきよう
→仲子岐陽(なかこきよう)

長野五郎右衛門 ながのごろうえもん
？～寛文11(1671)年
江戸時代前期の剣術家。洗心流祖。
¶剣豪

中野三郎兵衛 なかのさぶろべえ
？～享保10(1725)年
江戸時代前期～中期の剣術家。末流平法。
¶剣豪

中野式部少輔清明 なかのしきぶのしょうきよあき
→中野清明(なかのきよあき)

長野重富 ながのしげとみ
生没年不詳
江戸時代前期の尾張藩士。
¶国書

中野七蔵 なかのしちぞう
？～*
江戸時代前期の代官。
¶群馬人([没]元和9(1623)年)，姓氏群馬([没]1624年)，姓氏静岡

中野治平 なかのじへい
天保6(1835)年～慶応2(1866)年
江戸時代末期の因幡鳥取藩士。
¶維新，人名([生]1838年)，日人

長野主膳 ながのしゅぜん
文化12(1815)年～文久2(1862)年　[別]長野義言《ながのよしこと，ながのよしとき》
江戸時代末期の国学者、近江彦根藩士、号は桃廼舎。
¶朝日(長野義言　ながのよしこと　[没]文久2年8月27日(1862年9月20日))，維新，岩史(長野義言　ながのよしとき　[生]文化12(1815)年10月16日　[没]文久2(1862)年8月27日)，角史，郷土滋賀(長野義言　ながのよしとき　[生]1814年)，京都大，近世(長野義言　ながのよしとき)，国史(長野義言　ながのよしとき)，国書(長野義言　ながのよしとき　[生]文化12(1815)年10月16日　[没]文久2(1862)年8月27日)，コン改(長野義言　ながのよしこと)，コン4(長野義言　ながのよしこと)，滋賀百(長野義言　ながのよしとき)，史人([没]1862年8月27日)，新潮([生]文化12(1815)年10月16日　[没]文久2(1862)年8月27日)，人名，姓氏京都，世人(長野義言　ながのよしこと　[没]文久2(1862)年8月27日)，全書，日史([生]文化12(1815)年10月16日　[没]文久2(1862)年8月27日)，日人，藩臣4(長野義言　ながのよしとき　[没]文久3(1863)年)，百科，平史(長野義言　ながのよしこと)，三重，歴大(長野義言　ながのよしとき)

中野俊左衛門 なかのしゅんざえもん
天保3(1832)年～？
江戸時代後期～末期の剣術家。直心影流。
¶剣豪

中野庄兵衛 なかのしょうべえ
宝暦6(1756)年～天保3(1832)年4月
江戸時代中期～後期の加賀藩士・和算家。
¶国書

中野鍼的 なかのしんてき
江戸時代の武士。忍藩主阿部侯の家臣。
¶埼玉百

長野祐喬 ながのすけたか
生没年不詳
江戸時代後期の薩摩藩士。
¶国書

中野清渓 なかのせいけい
→中野南強(なかのなんきょう)

中野碩翁(中野磧翁) なかのせきおう
明和2(1765)年～天保13(1842)年
江戸時代中期～後期の幕臣。清備の子。
¶朝日([没]天保13年5月12日(1842年6月20日))，岩史([没]天保13(1842)年5月12日)，江戸東，近世，国史，コン4([没]天保12(1841)年)，史人([没]1842年5月12日)，人名([生]1768年　[没]1841年)，世百([生]1768年　[没]1841年)，全書(中野磧翁　[没]1841年)，大百([生]1768年　[没]1841年)，日史([没]天保13(1842)年5月12日)，日人，百科([没]天保12(1841)年)，歴大

中野惜我 なかのせきが
→中野義都(なかのよしくに)

中野健明 なかのたけあき
？～明治31(1898)年5月11日　[別]中野健明《なかのけんめい，なかのたけあきら，なかのたてあき》
江戸時代末期～明治期の佐賀藩士、官吏・判事。1871年岩倉使節団に随行しアメリカに渡る。

¶海越，海越新，神奈川人，姓氏神奈川（なかのたてあき），渡航（なかのけんめい），幕末（なかのたけあきら　[生]1844年），履歴（なかのけんめい　[生]弘化1（1844）年9月24日）

中野健明　なかのたけあきら
→中野健明（なかのたけあき）

中野健明　なかのたてあき
→中野健明（なかのたけあき）

中野藤太夫　なかのとうだゆう
元禄9（1696）年～明和5（1768）年
江戸時代中期の会津藩士。
¶会津

長野友秀　ながのともひで
？～元和4（1618）年
安土桃山時代～江戸時代前期の幕臣。
¶国書

な

長野業真　ながのなりまさ
？～慶安2（1649）年
江戸時代前期の近江彦根藩家老。
¶藩臣4

中野南強　なかのなんきょう
寛政11（1799）年～明治17（1884）年　[別]中野清渓《なかのせいけい》
江戸時代末期～明治期の筑後柳河藩士、詩人。
¶国書（中野清渓　なかのせいけい　[没]明治17（1884）年8月），人名，日人，藩臣7，和俳

中野晴虎　なかのはるとら
→中野方蔵（なかのほうぞう）

中野平内　なかのへいない
文化7（1810）年～明治11（1878）年9月13日
江戸時代末期～明治期の陸奥会津藩士。
¶幕末

長野芳斎　ながのほうさい
→長野誠（ながのまこと）

中野方蔵　なかのほうぞう
天保6（1835）年～文久2（1862）年　[別]中野晴虎《なかのはるとら》
江戸時代末期の肥前佐賀藩士。
¶維新，人名（中野晴虎　なかのはるとら），日人，幕末（[没]1862年7月27日）

中坊時祐　なかのぼうときすけ
天正18（1590）年～延宝5（1677）年
江戸時代前期の幕領代官、茶人。
¶茶道

長野誠　ながのまこと
文化5（1808）年～明治24（1891）年　[別]長野芳斎《ながのほうさい》
江戸時代後期の筑前福岡藩士。
¶国書（長野芳斎　ながのほうさい　[生]文化5（1808）年4月　[没]明治24（1891）年8月15日），人書79，人名（長野芳斎　ながのほうさい　[生]1788年），日人（長野芳斎　ながのほうさい），幕末（[生]1807年　[没]1891年8月15日），藩臣7，福岡百（[生]文化4（1807）年　[没]明治24（1891）年8月15日）

永野政良　ながのまさよし
→永野源作（ながのげんさく）

長野無楽斎　ながのむらくさい
生没年不詳
安土桃山時代～江戸時代前期の剣術家。
¶日人

長野弥八郎　ながのやはちろう
？～文政8（1825）年
江戸時代後期の上野高崎藩士。
¶藩臣2

中野義都　なかのよしくに
享保13（1728）年～寛政10（1798）年　[別]中野惜我《なかのせきが》
江戸時代中期の陸奥会津藩士、藤樹学者。
¶会津，国書（中野惜我　なかのせきが　[没]寛政10（1798）年5月6日），藩臣2，福島百

長野義言　ながのよしこと
→長野主膳（ながのしゅぜん）

長野義言　ながのよしとき
→長野主膳（ながのしゅぜん）

中野良助　なかのりょうすけ
寛政11（1799）年～元治1（1864）年
江戸時代後期～末期の鳥取藩士、国産方長役。
¶鳥取百

中橋久左衛門　なかはしきゅうざえもん
？～寛延3（1750）年
江戸時代中期の加賀藩士。十村役。浅田用水を開き、溜池造成に尽力。
¶朝日（生没年不詳），近世（生没年不詳），国史（生没年不詳），人名，姓氏石川，日人

永橋成文　ながはししげふみ
江戸時代の勢州桑名藩藩士、越後柏崎の学頭。
¶三重続

中浜万次郎　なかはままんじろう
文政10（1827）年～明治31（1898）年　[別]ジョン・万次郎《じょんまんじろう》，ジョン＝マン，ジョン万《じょんまん》，ジョン万治郎《じょんまんじろう》，万次郎
江戸時代末期～明治期の土佐藩の漁民、英語学者。1841年漂流しアメリカに渡る。
¶朝日（[生]文政10年1月1日（1827年1月27日）[没]明治31（1898）年11月12日），維新，岩史（ジョン万次郎　じょんまんじろう　[生]文政10（1827）年，（異説）文政11（1828）年　[没]明治31（1898）年11月12日），海越（ジョン万次郎　じょんまんじろう　[没]明治31（1898）年11月12日），海越新（ジョン万次郎　じょんまんじろう　[没]明治31（1898）年11月12日），江戸東，沖縄百（ジョン・万次郎　じょんまんじろう　[生]文政10（1827）年1月1日　[没]明治31（1898）年11月12日），鹿児島百（ジョン万次郎　じょんまんじろう（なかはままんじろう）），角史，近現（[生]1828年），近世（[生]1828年），高知人，高知百，国際（ジョン万次郎　じょんまんじろう），国史（[生]1828年），国書（[生]文政11（1828）年　[没]明治31（1898）年11月12日），コン改，コン4，コン5，史人（[生]1827年，（異説）1828年　[没]1898年11月12日），写家（[生]文政10年1月1日　[没]明治31年11月12日），人書94（[生]1828年），新潮（[生]文政10（1827）年1月1日　[没]明治31

(1898)年11月12日)，人名([没]明治31(1898)年11月15日)，姓氏沖縄(ジョン万次郎　じょんまんじろう)，世人([没]明治31(1898)年11月12日)，世百，先駆([没]明治31(1898)年11月12日)，全書，大百，伝記(ジョン万次郎　じょんまんじろう)，渡航([没]1898年11月12日)，日史([没]明治31(1898)年11月12日)，日人，日本([生]文政11(1828)年)，幕末([没]1898年11月12日)，藩臣6，百科，民学，洋学，履歴([生]文政10(1827)年1月1日　[没]明治31(1898)年11月12日)，歴大([生]1828年)

長浜吉延　ながはまよしのぶ
天文19(1550)年～元和3(1617)年
戦国時代～江戸時代前期の武士。
¶姓氏鹿児島

中林尚堅　なかばやしなおかた
万治2(1659)年～享保16(1731)年　[別]中林弥一右衛門《なかばやしやいちえもん》
江戸時代前期～中期の陸奥会津藩の剣術家。太子流祖。
¶会津，剣豪(中林弥一右衛門　なかばやしやいちえもん　[生]万治1(1658)年)，藩臣2

中林弥一右衛門　なかばやしやいちえもん
→中林尚堅(なかばやしなおかた)

中原維平　なかはらいへい
天保3(1832)年～明治41(1908)年
江戸時代後期～明治期の勤王の志士。
¶姓氏山口

永原越後守　ながはらえちごのかみ
生没年不詳
安土桃山時代～江戸時代前期の武士。浅野家の家臣。
¶和歌山人

永原甚七郎　ながはらじんしちろう
→永原孝知(ながはらたかとも)

永原孝知　ながはらたかとも
文化10(1813)年～明治6(1873)年　[別]永原甚七郎《ながはらじんしちろう》
江戸時代末期～明治期の加賀藩士。
¶石川百(永原甚七郎　ながはらじんしちろう)，国書([没]明治6(1873)年1月14日)，人名，姓氏石川(永原甚七郎　ながはらじんしちろう)，日人，幕末([没]1873年1月14日)，藩臣3(永原甚七郎　ながはらじんしちろう)

永原孝治　ながはらたかはる
？　～万治3(1660)年　[別]赤座孝治《あかざたかはる》
江戸時代前期の加賀藩士。
¶国書([没]万治3(1660)年10月)，藩臣3(赤座孝治　あかざたかはる)

永原孝政　ながはらたかまさ
？　～延宝6(1678)年7月3日
江戸時代前期の加賀藩士。
¶国書

中原太三郎　なかはらたさぶろう
天保6(1835)年～元治1(1864)年
江戸時代末期の長州(萩)藩士。
¶維新，人名([生]？)，日人，幕末([没]1864年8月20日)

中原尚雄　なかはらなおお
弘化2(1845)年～大正3(1914)年
江戸時代末期～明治期の武士、鹿児島県士族。
¶鹿児島百，姓氏鹿児島，幕末

中原猶介　なかはらなおすけ
天保3(1832)年～明治1(1868)年　[別]中原猶介《なかはらゆうすけ》
江戸時代末期の薩摩藩士、学者。
¶維新(なかはらゆうすけ)，鹿児島百，コン改，コン4，新潮(なかはらゆうすけ　[生]天保3(1832)年4月8日　[没]慶応4(1868)年8月7日)，人名，姓氏鹿児島，全書，大百，日人(なかはらゆうすけ)，幕末(なかはらゆうすけ　[没]1868年9月22日)，藩臣7(なかはらゆうすけ)，洋学(なかはらゆうすけ)

中原広通　なかはらひろみち
→石野広通(いしのひろみち)

中原猶介　なかはらゆうすけ
→中原猶介(なかはらなおすけ)

永原好知　ながはらよしとも
天保4(1833)年～元治1(1864)年
江戸時代末期の加賀藩士。
¶維新，人名，日人，幕末([没]1864年5月29日)

中平定雄　なかひらさだお
→中平竜之助(なかひらりゅうのすけ)

中平定純　なかひらさだずみ
弘化1(1844)年～大正2(1913)年
江戸時代末期の郷士、志士。土佐勤王党に参加。
¶高知人，幕末(生没年不詳)

中平定晴　なかひらさだはる
天保6(1835)年～明治22(1889)年
江戸時代末期～明治期の志士。土佐勤王党に参加。
¶高知人，幕末([没]1889年3月12日)

中平竜之助　なかひらたつのすけ
→中平竜之助(なかひらりゅうのすけ)

中平竜之助　なかひらりゅうのすけ
天保13(1842)年～元治1(1864)年　[別]中平定雄《なかひらさだお》，中平竜之助《なかだいらりゅうのすけ，なかひらたつのすけ，なかひらりょうのすけ》
江戸時代末期の土佐藩士。
¶維新(なかひらりょうのすけ)，高知人(中平定雄　なかひらさだお)，人名(なかだいらりゅうのすけ　[生]1844年)，日人，幕末(なかひらたつのすけ　[没]1864年8月20日)

中平竜之助　なかひらりょうのすけ
→中平竜之助(なかひらりゅうのすけ)

長町竹石　ながまちちくせき
宝暦7(1757)年～文化3(1806)年
江戸時代中期～後期の讃岐高松藩の南画家。
¶朝日([没]文化3年8月15日(1806年9月26日))，香川人，香川百，コン改，コン4，人名，日人，藩臣6，名画

長松幹　ながまつかん
→長松幹(ながまつみき)

長松幹 ながまつつかさ
→長松幹（ながまつみき）

長松幹 ながまつみき
天保5（1834）年〜明治36（1903）年　㊺長松幹《ながまつかん，ながまつつかさ》

江戸時代末期〜明治期の長州藩士、修史家。男爵、貴族院議員。木戸孝允の系統に属し、「復古記」の編纂を指揮したが未完成で史局を去る。

¶朝日（㊤天保5年1月1日（1834年2月9日）　㊦明治36（1903）年6月14日），維新，史研（ながまつつかさ　㊤天保5（1834）年1月1日　㊦明治36（1903）年7月16日），人名，日人，幕末（ながまつかん　㊦1903年7月16日）

永見重成 ながみしげなり
〜承応1（1652）年

江戸時代前期の旗本。

¶神奈川人

那珂通高 なかちたか
→那珂梧楼（なかごろう）

永見長頼 ながみながより
寛永7（1630）年〜寛文7（1667）年

江戸時代前期の武士。

¶日人

永峰秀樹 （永峯秀樹）ながみねひでき
嘉永1（1848）年〜昭和2（1927）年

江戸時代末期〜大正期の静岡藩士、翻訳家。維新後は海軍兵学校教官をつとめ、著訳書に「ウォーカー氏富国論」「物理問答」。

¶近文，静岡歴，数学（永峰秀樹　㊤嘉永1（1848）年6月1日　㊦昭和2（1927）年12月3日），世紀（㊤嘉永1（1848）年6月1日　㊦昭和2（1927）年12月3日），日児（永峯秀樹　㊤嘉永1（1848）年7月1日　㊦昭和2（1927）年12月3日），日人，山梨百（永峯秀樹　㊤嘉永1（1848）年6月1日　㊦昭和2（1927）年12月3日），洋学

中牟田倉之助 なかむたくらのすけ
天保8（1837）年〜大正5（1916）年

江戸時代末期〜明治期の肥前佐賀藩士、海軍軍人。

¶青森人，朝日（㊤天保8年2月24日（1837年3月30日）　㊦大正5（1916）年3月30日），維新，近現，国際，国史，コン改，コン4，コン5，佐賀百（㊤天保8（1837）年2月24日　㊦大正5（1916）年3月30日），史人（㊤1837年2月24日　㊦1916年3月30日），新潮（㊤天保8（1837）年2月24日　㊦大正5（1916）年3月30日），人名，先駆（㊤天保8（1837）年2月24日　㊦大正5（1916）年3月30日），渡航（㊤1837年2月24日　㊦1916年3月30日），日人，幕末（㊦1916年3月30日），陸海（㊤天保8年2月24日　㊦大正5年3月30日）

中牟田三次郎 なかむたさんじろう
寛永19（1642）年〜？

江戸時代前期の武士。

¶岡山人，岡山歴

中村市右衛門 なかむらいちえもん
天正5（1577）年〜承応1（1652）年　㊺中村尚政《なかむらなおまさ》

江戸時代前期の越前福井藩の槍術家。宝蔵院流中村派の祖。

¶近世，国史，日人，藩臣3（中村尚政　なかむらなおまさ），福井百（中村尚政　なかむらなおまさ）

中村一麟 なかむらいちりん
文政10（1827）年9月7日〜明治33（1900）年3月12日

江戸時代後期〜明治期の旧藩士。

¶庄内

中村一心斎 なかむらいっしんさい
天明2（1782）年〜安政1（1854）年

江戸時代中期〜末期の剣術家。不二心流祖。

¶剣豪

中村円太 なかむらえんた
天保6（1835）年〜慶応1（1865）年

江戸時代末期の筑前福岡藩士。

¶維新，人名，日人，幕末（㊦1865年2月21日），藩臣7

中村修 なかむらおさむ
天保14（1843）年〜大正4（1915）年

江戸時代末期〜明治期の尾張藩士。

¶姓氏愛知，日人（㊤1844年），藩臣4

中村織部 なかむらおりべ
安土桃山時代〜江戸時代前期の武士。里見氏家臣。

¶戦人（生没年不詳），戦東

中村覚左衛門 なかむらかくざえもん
？　〜元禄17（1704）年3月2日

江戸時代前期〜中期の尾張藩士。

¶国書

中村確堂 なかむらかくどう
天保3（1832）年〜明治30（1897）年　㊺中村鼎五《なかむらていご》

江戸時代末期〜明治期の水口藩士。

¶維新（中村鼎五　なかむらていご），国書（㊤天保3（1832）年10月8日　㊦明治30（1897）年3月3日），人名（㊤？），日人，幕末（中村鼎五　なかむらていご　㊦1897年3月3日）

中村主計 なかむらかずえ
？　〜文久2（1862）年

江戸時代末期の肥前島原藩士。

¶維新，人名（㊦1863年），日人（㊤1845年）

中村勝右衛門 なかむらかつうえもん
→中村勝右衛門（なかむらかつうえもん）

中村勝右衛門 なかむらかつえもん
＊〜慶応3（1867）年　㊺中村勝右衛門《なかむらかつうえもん，なかむらしょうえもん》

江戸時代末期の越後村松藩士。

¶維新（なかむらしょうえもん　㊤1818年），人名（㊤1817年），日人（㊤1818年），幕末（なかむらかつうえもん　㊤1816年　㊦1867年6月22日）

中村克正 なかむらかつまさ
延宝7（1679）年〜宝暦1（1751）年閏6月12日

江戸時代前期〜中期の加賀藩士。

¶国書

中村勧農衛 なかむらかのえ
享和2（1802）年〜安政5（1858）年

江戸時代末期の谷田部藩士。

¶国書（㊦安政5（1858）年8月12日），栃木百，栃

木歴，幕末（[没]1858年9月18日），藩臣2

中村貫一 なかむらかんいち
天保14（1843）年～明治12（1879）年
江戸時代末期～明治期の土佐藩士。西南の役で銃器購入中に逮捕され、獄死した。
¶高知人，高知百，国際（[生]天保13（1842）年），幕末（[没]1880年7月9日）

中村勘助 なかむらかんすけ
*～元禄16（1703）年　[別]正辰《せいせつ》
江戸時代前期の播磨赤穂藩士。赤穂義士の一人。
¶岡山人（[生]万治3（1660）年），新潮（[生]明暦1（1655）年　[没]元禄16（1703）年2月4日），人名（[生]1655年），日人（[生]1659年），俳句（正辰　せいせつ　[没]元禄16（1703）年2月4日）

中村寛亭 なかむらかんてい
→中村匡（なかむらただし）

中村吉六 なかむらきちろく
江戸時代末期の新撰組隊士。
¶新撰

中村公知 なかむらきみとも
天保12（1841）年～明治38（1905）年
江戸時代末期～明治期の肥前大村藩士。
¶維新，人名，日人

中村牛荘 なかむらぎゅうそう
天明3（1783）年～明治2（1869）年
江戸時代後期の長州藩の儒学者。
¶国書（[没]明治2（1869）年4月18日），人名（[生]1785年　[没]1870年），日人，幕末（[没]1869年5月29日），藩臣6

中村久兵衛 なかむらきゅうべえ
江戸時代前期の武将。里見氏家臣。
¶戦東

中村久馬 なかむらきゅうま
江戸時代末期の新撰組隊士。
¶新撰

中村清旭 なかむらきよあき
→中村九郎（なかむらくろう）

中村清行 なかむらきよゆき
文政5（1822）年～明治19（1886）年
江戸時代末期～明治期の三河吉田藩士。
¶維新，幕末（[没]1886年5月30日）

中村金吾 なかむらきんご
江戸時代末期の新撰組隊士。
¶新撰

中村内蔵丞 なかむらくらのじょう
安永3（1774）年～安政1（1854）年
江戸時代中期～末期の美祢郡赤村在郷武士。
¶姓氏山口

長村内蔵助 ながむらくらのすけ
→長村靖斎（ながむらせいさい）

中村九郎 なかむらくろう
文政11（1828）年～元治1（1864）年　[別]中村清旭《なかむらきよあき》
江戸時代末期の長州（萩）藩士、尊攘運動家。
¶朝日（[生]文政11年8月3日（1828年9月11日）　[没]元治1年11月12日（1864年12月10日）），維新，国書（中村清旭　なかむらきよあき　[生]文政11（1828）年8月3日　[没]元治1（1864）年11月12日），人名，日人，幕末（[没]1864年12月10日），藩臣6

中村九郎兵衛 なかむらくろべえ
生没年不詳
江戸時代末期の武士、勘定奉行。
¶和歌山人

中村敬宇 なかむらけいう
→中村正直（なかむらまさなお）

中村源助 なかむらげんすけ
？～明治1（1868）年8月15日
江戸時代末期の薩摩藩士。
¶幕末

中村源太郎 なかむらげんたろう
生没年不詳
江戸時代後期の武士。遠江国浜松藩士。
¶藩臣4

中村玄道 なかむらげんどう
文政3（1820）年～？
江戸時代後期～末期の新撰組隊士。
¶新撰

中村弘毅 なかむらこうき
→中村弘毅（なかむらひろたけ）

中村篁渓 なかむらこうけい
正保4（1647）年～正徳2（1712）年　[別]中村顧言《なかむらよしとき》
江戸時代前期～中期の儒学者、水戸藩士。
¶朝日（[没]正徳2年1月8日（1712年2月14日）），江文，国書（[没]正徳2（1712）年1月8日），コン改，コン4，新潮（[没]正徳2（1712）年2月8日），人名，世人，日人，藩臣2（中村顧言　なかむらよしとき）

中村興三 なかむらこうぞう
→中村尚輔（なかむらひさすけ）

中村黒水 なかむらこくすい
文政3（1820）年～明治17（1884）年　[別]中村元起《なかむらもとおき，なかむらもとき》，中村忠蔵《なかむらちゅうぞう》
江戸時代末期～明治期の信濃高遠藩の儒学者。
¶維新（中村元起　なかむらもとおき），国書（[生]文政3（1820）年6月2日　[没]明治17（1884）年4月30日），人名，姓氏長野（中村元起　なかむらもとき），長野百，長野歴，日人，幕末，藩臣3（中村忠蔵　なかむらちゅうぞう）

中村五松 なかむらごしょう
安永2（1773）年～天保8（1837）年　[別]中村春野《なかむらはるの》
江戸時代後期の国学者、高松藩士。
¶国書（中村春野　なかむらはるの　[没]天保8（1837）年7月27日），人名，日人

中村小次郎 なかむらこじろう
嘉永1（1848）年頃～？
江戸時代後期～末期の新撰組隊士。
¶新撰

中村五郎 なかむらごろう
嘉永2（1849）年～慶応3（1867）年6月14日

江戸時代後期～末期の新撰組隊士。
¶新撰

中村権内 なかむらごんない
？ ～享保16(1731)年
江戸時代中期の剣術家。無住心剣術。
¶剣豪

中村貞太郎 なかむらさだたろう
文政11(1828)年～文久2(1862)年　別北有馬太郎《きたありまたろう》
江戸時代末期の肥前筑後久留米藩浪士。
¶維新(北有馬太郎　きたありまたろう)，人名(生1827年　没1861年)，日人

中村実彦 なかむらさねひこ
→中村真彦(なかむらまさひこ)

中村三五衛門 なかむらさんごえもん
文化2(1805)年～＊
江戸時代末期の水戸藩士。
¶維新(没1864年)，幕末(没1865年1月17日)

中村三蕉 なかむらさんしょう
文化14(1817)年～明治27(1894)年
江戸時代末期～明治期の儒学者、丸亀藩士。
¶国書(没明治27(1894)年8月27日)，人名，日人，幕末(没1894年8月27日)

中村祇歓 なかむらしかん
→中村祇歓(なかむらまさよし)

中村茂右衛門 なかむらしげうえもん
生没年不詳
江戸時代後期の下総古河藩士。
¶藩臣3

中村重勝 なかむらしげかつ
安永4(1775)年～文政7(1824)年　別中村滄浪亭《なかむらそうろうてい》
江戸時代後期の近江彦根藩士。
¶国書(中村滄浪亭　なかむらそうろうてい　生安永4(1775)年4月21日　没文政7(1824)年9月21日)，人名，日人，藩臣4(没文政5(1822)年)

中村重遠 なかむらしげとう
天保11(1840)年～明治17(1884)年　別中村進一郎《なかむらしんいちろう》
江戸時代末期～明治期の土佐藩士。
¶高知人，高知百(中村進一郎　なかむらしんいちろう)，幕末(没1884年2月22日)

中村七友斎 なかむらしちゆうさい
→中村嘉種(なかむらよしたね)

中村七郎右衛門 なかむらしちろうえもん
天保13(1842)年～明治40(1907)年
江戸時代後期～明治期の剣術家。新九流。
¶剣豪，庄内(没明治40(1907)年1月5日)

中村十竹 なかむらじっちく
生没年不詳
江戸時代後期の讃岐高松藩士。
¶国書

中村重右衛門 なかむらじゅううえもん
江戸時代前期の武将。里見氏家臣。
¶戦東

中村習斎 なかむらしゅうさい
享保4(1719)年～寛政11(1799)年
江戸時代中期～後期の尾張藩の儒学者。
¶国書(没寛政11(1799)年4月2日)，コン改，コン4，新潮(没寛政11(1799)年4月2日)，人名，姓氏愛知，日人，藩臣4(生享保4(1719)年？)，和俳

中村鷲峰 なかむらしゅうほう
天保3(1832)年～大正7(1918)年
江戸時代末期～明治期の備中松山藩士。
¶岡山人，岡山歴(没大正7(1918)年2月4日)，藩臣6

中村主馬 なかむらしゅめ
文禄4(1595)年～正保2(1645)年
江戸時代前期の岡山藩士、水軍家。
¶岡山人，岡山歴(没正保2(1645)年5月13日)

中村順二郎 なかむらじゅんじろう
？ ～明治15(1882)年
江戸時代末期～明治期の加賀藩士。
¶姓氏石川，幕末(没1882年7月)

中村俊達 なかむらしゅんたつ
？ ～元治1(1864)年
江戸時代末期の上野高崎藩の医師、天狗党と戦い自刃。
¶群馬人，藩臣2

中村勝右衛門 なかむらしょうえもん
→中村勝右衛門(なかむらかつえもん)

中村恕斎 なかむらじょさい
文化1(1804)年～明治3(1870)年
江戸時代末期～明治期の肥後熊本藩士。
¶藩臣7

中村恕助 なかむらじょすけ
弘化1(1844)年～明治10(1877)年
江戸時代末期～明治期の出羽秋田藩士。
¶人名，日人，幕末(生1847年　没1877年4月20日)，藩臣1

中村治郎兵衛 なかむらじろうべえ
文政5(1822)年～明治27(1894)年1月22日
江戸時代後期～明治期の旧藩士。
¶庄内

中村次郎八 なかむらじろはち
天明2(1782)年～安政4(1857)年9月
江戸時代中期～末期の幕臣。
¶国書5

中村進一郎 なかむらしんいちろう
→中村重遠(なかむらしげとう)

中村新右衛門 なかむらしんえもん
延享4(1747)年～天明4(1784)年
江戸時代中期の出羽上山藩士。
¶藩臣1

中村親之介 なかむらしんのすけ
→中村親之介(なかむらちかのすけ)

中村図書 なかむらずしょ
生没年不詳
江戸時代末期の武士。
¶和歌山人

な

長村靖斎 **ながむらせいさい**
明和4(1767)年～文政3(1820)年　[別]長村内蔵助《ながむらくらのすけ》
江戸時代後期の肥前平戸藩老臣。
¶国書([没]文政3(1820)年5月21日)，人名([生]1770年)，日人，藩臣7(長村内蔵助　ながむらくらのすけ)

中村清七 **なかむらせいしち**
江戸時代末期の新撰組隊士。
¶新撰

中村西里 **なかむらせいり**
天明6(1786)年～慶応1(1865)年
江戸時代後期の武士、漢学者。
¶高知人，国書(生没年不詳)

中村雪樹 **なかむらせつじゅ**
→中村雪樹(なかむらゆきき)

中村善五郎 **なかむらぜんごろう**
～正保2(1645)年3月
江戸時代前期の庄内藩士。
¶庄内

中村宗見 **なかむらそうけん**
天保14(1843)年～明治35(1902)年　[別]中村宗見・中村博愛《なかむらそうけん・なかむらひろよし》，中村博愛《なかむらはくあい，なかむらひろなり，なかむらひろやす》，吉野清左衛門《よしのせいざえもん》
江戸時代末期～明治期の薩摩藩留学生、外交官。1865年イギリスに渡る。
¶海越([没]明治35(1902)年10月30日)，海越新([生]天保14(1843)年11月　[没]明治35(1902)年10月30日)，国際(中村博愛　なかむらはくあい)，姓氏鹿児島(中村博愛　なかむらはくあい)，渡航(中村宗見・中村博愛　なかむらそうけん・なかむらひろよし　[生]1843年11月)，日人(中村博愛　なかむらひろなり)，幕末(中村博愛　なかむらひろやす　[没]1902年10月30日)

中村左右馬 **なかむらそうま**
天保14(1843)年～昭和3(1928)年12月
江戸時代末期～明治期の志士。土佐勤王党に参加。
¶幕末

中村宗珉(中村宗民)　**なかむらそうみん**
天保14(1843)年～大正13(1924)年
江戸時代末期～明治期の唐津藩士。
¶佐賀百([生]天保14(1843)年3月31日　[没]大正13(1924)年12月11日)，茶道(中村宗民)，幕末

中村滄浪亭 **なかむらそうろうてい**
→中村重勝(なかむらしげかつ)

中村丈右衛門 **なかむらたけえもん**
生没年不詳
江戸時代末期の武士、勘定吟味役。
¶和歌山人

中村匡 **なかむらただし**
*～明治24(1891)年　[別]中村寛亭《なかむらかんてい》
江戸時代末期～明治期の陸奥三春藩士、日本画家。
¶藩臣2([生]文化4(1807)年)，福島百(中村寛亭　なかむらかんてい　[生]文化3(1806)年)

中村太郎 **なかむらたろう**
弘化1(1844)年～元治1(1864)年
江戸時代末期の田中藩士。
¶維新，人名，日人，幕末([没]1864年11月3日)

中村親之介(中村親之助)　**なかむらちかのすけ**
弘化3(1846)年～慶応1(1865)年　[別]中村親之介《なかむらしんのすけ》，中村親之助《なかむらちかのすけ》
江戸時代末期の水戸藩士。
¶維新(なかむらしんのすけ)，人名(中村親之助)，日人，幕末(なかむらしんのすけ　[没]1865年3月13日)

中村主税 **なかむらちから**
生没年不詳
江戸時代後期の秋田藩士・和算家。
¶国書

中村竹香斎 **なかむらちくこうさい**
寛政9(1797)年～天保12(1841)年3月16日
江戸時代後期の漢学者・近江彦根藩士。
¶国書

中村竹汀 **なかむらちくてい**
～明治18(1885)年
江戸時代後期～明治期の津藩士。
¶三重

中村知元 **なかむらちげん**
江戸時代前期の上田宗箇の家臣、茶人。
¶茶道

中村忠左衛門 **なかむらちゅうざえもん**
？　～承応3(1654)年
江戸時代前期の武士。
¶岡山人，岡山歴([没]承応3(1654)年7月27日)

中村中倧 **なかむらちゅうそう**
安永7(1778)年～嘉永4(1851)年　[別]中村元恒《なかむらもとつね》
江戸時代後期の信濃高遠藩士、儒学者。
¶国書([生]安永7(1778)年11月11日　[没]嘉永4(1851)年9月3日)，コン改(中村元恒　なかむらもとつね)，コン4(中村元恒　なかむらもとつね)，人名(中村元恒　なかむらもとつね　[生]1782年)，姓氏長野，長野百，長野歴，日人，藩臣3(中村元恒　なかむらもとつね)

中村忠蔵 **なかむらちゅうぞう**
→中村黒水(なかむらこくすい)

中村直斎 **なかむらちょくさい**
宝暦7(1757)年～天保10(1839)年12月7日
江戸時代中期～後期の尾張藩士。
¶国書

中村常右衛門 **なかむらつねえもん**
天保2(1831)年～慶応1(1865)年12月26日
江戸時代後期～末期の新徴組士。
¶庄内

中村恒次郎 **なかむらつねじろう**
天保12(1841)年～元治1(1864)年
江戸時代末期の筑前福岡藩士。
¶維新，人名，日人，幕末([没]1864年8月20日)，藩臣7

中村鼎五 なかむらていご
→中村確堂(なかむらかくどう)

中村哲蔵 なかむらてつぞう
天保6(1835)年～慶応1(1865)年
江戸時代末期の筑前福岡藩士。
¶維新, 人名([生]?), 日人, 幕末([没]1865年12月10日), 藩臣7

中村時万 なかむらときかず
? ～明治14(1881)年10月24日
江戸時代末期～明治期の幕府官僚。ロシア使節プチャーチンとの交渉に参加。
¶朝日(生没年不詳), 維新, 国書, 数学, 日人, 幕末

中村徳寅 なかむらとくいん
文政1(1818)年～明治25(1892)年10月6日
江戸時代末期～明治期の長門長府藩士。
¶幕末

な

中村徳水 なかむらとくすい
寛政12(1800)年～安政3(1856)年4月3日
江戸時代末期の安芸広島藩士、心学者。
¶国書, 藩臣6, 広島百

中村俊夫 なかむらとしお
文化8(1811)年～明治6(1873)年
江戸時代末期～明治期の伊予大洲藩士。
¶維新, 人名, 日人, 幕末([没]1873年6月3日)

中村利信 なかむらとしのぶ
文化10(1813)年～明治13(1880)年
江戸時代末期～明治期の上野伊勢崎藩家老。
¶藩臣2

中村知至 なかむらともなり
→中村知至(なかむらともゆき)

中村知至 なかむらともゆき
生没年不詳 [別]中村知至《なかむらともなり》
江戸時代中期の歌人、庄内藩士。
¶国書(なかむらともなり), 庄内(なかむらともなり), 人名, 日人

中村尚政 なかむらなおまさ
→中村市右衛門(なかむらいちえもん)

中村徳勝 なかむらのりかつ
→中村鸞渓(なかむららんけい)

中村博愛 なかむらはくあい
→中村宗見(なかむらそうけん)

中村八太夫 なかむらはちだいう
～天保14(1843)年 [別]中村八太夫《なかむらはちだゆう》
江戸時代後期の幕領代官。
¶神奈川人(生没年不詳), 埼玉百(なかむらはちだゆう)

中村八太夫 なかむらはちだゆう
→中村八太夫(なかむらはちだいう)

中村春野 なかむらはるの
→中村五松(なかむらごしょう)

中村尚輔 なかむらひさすけ
文化6(1809)年～明治12(1879)年 [別]中村興三《なかむらこうぞう》
江戸時代末期～明治期の国学者、歌人、讃岐高松藩士。
¶国書([没]明治12(1879)年7月8日), 人名(中村興三 なかむらこうぞう), 日人, 和俳(中村興三 なかむらこうぞう)

中村秀人 なかむらひでと
天保3(1832)年～明治12(1879)年
江戸時代末期～明治期の備前岡山藩士。
¶岡山人, 岡山歴([生]文政11(1828)年 [没]?), 藩臣6

中村日向 なかむらひゅうが
*～天保4(1833)年
江戸時代中期～後期の陸奥仙台藩士。
¶日人([生]1756年), 藩臣1([生]宝暦5(1755)年)

中村弘毅 なかむらひろたけ
天保9(1838)年～明治20(1887)年 [別]中村弘毅《なかむらこうき》
江戸時代末期～明治期の土佐藩士。
¶維新, 高知人, 人名(なかむらこうき), 日人

中村博愛 なかむらひろなり
→中村宗見(なかむらそうけん)

中村博愛 なかむらひろやす
→中村宗見(なかむらそうけん)

中村博愛 なかむらひろよし
→中村宗見(なかむらそうけん)

中村房隆 なかむらふさたか
文化5(1808)年～慶応2(1866)年
江戸時代末期の牛久藩郷士、国学者。
¶幕末([没]1866年11月20日), 藩臣2

中村不能斎 なかむらふのうさい
天保5(1834)年～明治39(1906)年
江戸時代末期～明治期の近江彦根藩士。
¶郷土滋賀, 国書([生]天保5(1834)年2月20日 [没]明治39(1906)年2月25日), 滋賀百([生]1830年), 幕末([没]1906年2月25日), 藩臣4

中村武陵 なかむらぶりょう
→中村元儀(なかむらもとよし)

中村平八 なかむらへいはち
*～明治23(1890)年
江戸時代末期～明治期の肥前大村藩士。
¶人名([生]1839年), 日人([生]1827年)

中村昌勝 なかむらまさかつ
寛永3(1626)年～延宝2(1674)年
江戸時代前期の三河岡崎藩家老。
¶藩臣4

中村昌綱 なかむらまさつな
元禄7(1694)年～宝暦13(1763)年
江戸時代中期の三河岡崎藩家老。
¶藩臣4

中村正直 なかむらまさなお
天保3(1832)年～明治24(1891)年 [別]中村敬宇・中村正直《なかむらけいう・なかむらまさなお》, 中村敬宇《なかむらけいう》, 釧太郎, 敬宇《けいう》, 敬太郎, 敬輔, 無思散人, 無思陳人, 無所争斎
江戸時代末期～明治期の幕臣、啓蒙思想家。
¶朝日([生]天保3年5月26日(1832年6月24日) [没]明治24(1891)年6月7日), 維新(中村敬宇

なかむらけいう），岩史（[生]天保3（1832）年5月26日　[没]明治24（1891）年6月7日），海越（[生]天保3（1832）年5月26日　[没]明治24（1891）年6月7日），海越新（[生]天保3（1832）年5月26日　[没]明治24（1891）年6月7日），江文（中村敬宇　なかむらけいう），角史，教育，キリ（[生]天保3年5月26日（1832年6月24日）　[没]明治24（1891）年6月7日），近現，近文（中村敬宇　なかむらけいう），国際，国史，国書（中村敬宇　なかむらけいう　[生]天保3（1832）年5月26日　[没]明治24（1891）年6月7日），コン改，コン5，詩歌（中村敬宇　なかむらけいう），史人（[生]1832年5月26日　[没]1891年6月7日），静岡百，静岡歴，思想（[生]天保3（1832）年5月26日　[没]明治24（1891）年6月7日），児文（中村敬宇　なかむらけいう），重要（[生]天保3（1832）年5月26日　[没]明治24（1891）年6月7日），出版，人書79（中村敬宇　なかむらけいう），人書94，新潮（[生]天保3（1832）年5月26日　[没]明治24（1891）年6月7日），新文（中村敬宇　なかむらけいう　[生]天保3（1832）年5月26日　[没]明治24（1891）年6月1日），人名（中村敬宇　なかむらけいう），姓氏静岡，世人（[生]天保3（1832）年5月26日　[没]明治24（1891）年6月7日），世百，先駆（[生]天保3（1832）年5月26日　[没]明治24（1891）年6月7日），全書，大百，哲学（中村敬宇　なかむらけいう），渡航（中村敬宇・中村正直　なかむらけいう・なかむらまさなお　[生]1832年5月26日　[没]1891年6月7日），日史（[生]天保3（1832）年5月26日　[没]明治24（1891）年6月7日），日児（中村敬宇　なかむらけいう　[生]天保3（1832）年6月24日　[没]明治24（1891）年6月7日），日人，日本，幕末（中村敬宇　なかむらけいう　[没]1891年6月7日），百科，文学（中村敬宇　なかむらけいう），民学，山梨百（中村敬宇　なかむらけいう　[生]天保3（1832）年5月26日　[没]明治24（1891）年6月20日），洋学，履歴（中村敬宇　なかむらけいう　[生]天保3（1832）年5月25日　[没]明治24（1891）年6月7日），歴大

中村政徳　なかむらまさのり
生没年不詳
江戸時代中期の陸奥三春藩士。
¶藩臣2

中村政鋪　なかむらまさはる
弘化2（1845）年～元治1（1864）年
江戸時代末期の宇都宮藩士、志士。
¶人名，日人

中村真彦　なかむらまさひこ
天保12（1841）年～明治2（1869）年　[別]中村実彦《なかむらさねひこ》
江戸時代末期の伊予大洲藩士。
¶維新，人名（中村実彦　なかむらさねひこ），日人

中村祇歓　なかむらまさよし
文政6（1823）年～明治33（1900）年　[別]中村祇歓《なかむらしかん》
江戸時代末期～明治期の長州（萩）藩八組士。
¶維新，人名（中村祇歓　なかむらしかん），日人

中村万五郎　なかむらまんごろう
天明4（1784）年～万延1（1860）年
江戸時代中期～末期の剣術家。神道無念流。
¶剣豪，埼玉人（[生]天明4（1784）年11月26日　[没]万延1（1860）年3月26日）

中村道太　なかむらみちた
天保7（1836）年～大正10（1921）年　[別]中村道太郎《なかむらみちたろう》
江戸時代末期～明治大正期の三河吉田藩士、幕臣、実業家。横浜正金銀行頭取。横浜での貿易など新事業に挑戦、果敢な実業家として知られた。東京米商会所頭取を歴任。
¶朝日（[生]天保7年3月10日（1836年4月25日）　[没]大正10（1921）年1月3日），神奈川人，姓氏愛知，日人，藩臣4（中村道太郎　なかむらみちたろう）

中村道太郎　なかむらみちたろう
→中村道太（なかむらみちた）

中村光得　なかむらみつのり
？～享保13（1728）年9月16日
江戸時代前期～中期の秋田藩士。
¶国書

中村元起　なかむらもとおき
→中村黒水（なかむらこくすい）

中村元起　なかむらもとき
→中村黒水（なかむらこくすい）

中村元恒　なかむらもとつね
→中村中倧（なかむらちゅうそう）

中村元之進　なかむらもとのしん
天保12（1841）年～慶応2（1866）年7月28日
江戸時代末期の奇兵隊士。
¶幕末

中村元儀　なかむらもとよし
？～寛政3（1791）年　[別]中村武陵《なかむらぶりょう》
江戸時代中期の因幡鳥取藩士。
¶江文（中村武陵　なかむらぶりょう），鳥取百（[生]宝暦12（1762）年ごろ），藩臣5

中村門右衛門　なかむらもんえもん
？～元和2（1616）年
安土桃山時代～江戸時代前期の盛岡藩家臣。
¶姓氏岩手

中村弥右衛門　なかむらやうえもん
元和9（1623）年～？
江戸時代前期の備前岡山藩代官。
¶藩臣6

中村弥右衛門　なかむらやえもん
生没年不詳
江戸時代前期の幕臣。
¶和歌山人

中村弥次左衛門　なかむらやじざえもん
？～寛政7（1795）年
江戸時代中期の下総古河藩士。
¶剣豪，藩臣3

中村勇次郎　なかむらゆうじろう
？～

な

江戸時代末期の新撰組隊士。
¶アナ，社史，新撰

中村雪樹 なかむらゆきき
天保2(1831)年〜明治23(1890)年　[別]中村雪樹《なかむらせつじゅ》
江戸時代末期〜明治期の山口藩士。
¶維新，人名(なかむらせつじゅ)，姓氏山口，日人，幕末([没]1890年9月23日)

中村容介 なかむらようすけ
寛政6(1794)年〜嘉永1(1848)年
江戸時代後期の浦賀奉行所同心。
¶神奈川人

中村用六 なかむらようろく
文政8(1825)年〜明治6(1873)年
江戸時代末期〜明治期の筑前福岡藩士。
¶維新，人名([生]1829年)，日人，幕末([没]1873年6月22日)，藩臣7

中村嘉種 なかむらよしたね
延宝6(1678)年〜延享1(1744)年　[別]中村七友斎《なかむらしちゆうさい》
江戸時代中期の土佐藩儒。
¶高知人，国書(中村七友斎　なかむらしちゆうさい　[没]延享1(1744)年9月)，人名，日人

中村吉照 なかむらよしてる
弘治1(1555)年〜寛永1(1624)年
安土桃山時代〜江戸時代前期の武蔵岩槻藩士。
¶埼玉人([没]寛永1(1624)年2月13日)，藩臣5

中村顧言 なかむらよしとき
→中村篁渓(なかむらこうけい)

中村鸞渓 なかむららんけい
正徳2(1712)年〜寛政2(1790)年　[別]中村徳勝《なかむらのりかつ》
江戸時代中期の近江大溝藩士、儒学者。
¶国書([生]正徳2(1712)年10月20日　[没]寛政2(1790)年2月6日)，人名，日人，藩臣4(中村徳勝　なかむらのりかつ)

中村蘭林 なかむららんりん
元禄10(1697)年〜宝暦11(1761)年
江戸時代中期の幕臣、漢学者。
¶朝日([没]宝暦11年9月3日(1761年9月30日))，江文，近世，国史，国書([没]宝暦11(1761)年9月3日)，コン改，コン4，新潮([没]宝暦11(1761)年9月3日)，人名，日人

中村栗園 なかむらりつえん
文化3(1806)年〜明治14(1881)年
江戸時代末期〜明治期の近江水口藩儒、漢学者。
¶維新，大分百，大分歴，国書([生]文化3(1806)年8月　[没]明治14(1881)年12月20日)，詩歌，滋賀百，人名，日人，藩臣4，和俳

中村六三郎 なかむらろくさぶろう
天保12(1841)年〜明治40(1907)年
江戸時代末期〜明治期の幕臣、数学教師。広島師範学校長。維新後、三菱商船学校校長等を歴任。著書に「小学幾何用法」。
¶学校([生]天保12(1841)年2月　[没]明治40(1907)年1月9日)，郷土長崎，静岡歴，人名，数学([没]明治40(1907)年1月9日)，長崎百([生]天保13(1842)年　[没]明治41(1908)年)，日人，洋学

中村六蔵 なかむらろくぞう
弘化3(1846)年〜大正7(1918)年12月
江戸時代末期の志士。
¶熊本百

永持明徳 ながもちあきのり
弘化2(1845)年〜明治37(1904)年
江戸時代後期〜明治期の静岡藩士、陸軍軍人。
¶静岡歴

永持亨次郎 ながもちこうじろう
文政9(1826)年〜元治1(1864)年
江戸時代末期の幕臣。
¶維新，国書([生]文政9(1826)年3月15日　[没]元治1(1864)年10月1日)，幕末([生]1826年4月21日　[没]1864年10月31日)，洋学

長屋喜弥太 ながやきやた
天保9(1838)年〜明治30(1897)年
江戸時代末期〜明治期の紀伊和歌山藩士。
¶日人，幕末([没]1897年8月18日)，和歌山人

長屋七左衛門 ながやしちざえもん
？　〜享保16(1731)年
江戸時代中期の剣術家。民弥流。
¶剣豪

中安弦斎 なかやすげんさい
安永4(1775)年〜嘉永5(1852)年　[別]中安盛秉《なかやすせいへい》
江戸時代後期の出羽秋田藩家老。
¶国書([生]安永4(1775)年11月1日　[没]嘉永5(1852)年5月27日)，藩臣1(中安盛秉　なかやすせいへい)

中安盛秉 なかやすせいへい
→中安弦斎(なかやすげんさい)

中安泰治 なかやすたいじ
天保7(1836)年〜明治15(1882)年7月28日
江戸時代末期〜明治期の出羽秋田藩士。
¶幕末

長屋忠愛 ながやただちか
〜明治25(1892)年11月9日
江戸時代後期〜明治期の弓道家、名古屋藩士。
¶弓道

長屋忠貫 ながやただつら
〜明治14(1881)年6月16日
江戸時代後期〜明治期の弓道家、名古屋藩士。
¶弓道

長屋忠左衛門 ながやちゅうざえもん
天正14(1586)年〜延宝1(1673)年
安土桃山時代〜江戸時代前期の弓術家。
¶姓氏愛知

長屋藤兵衛 ながやとうべえ
天明8(1788)年〜天保13(1842)年
江戸時代後期の長州(萩)藩士。
¶コン改，コン4，新潮，日人

長屋就正 ながやなりまさ
生没年不詳
安土桃山時代〜江戸時代前期の武将。

¶国書

長屋八内　ながやはちない
文政6(1823)年～明治36(1903)年
江戸時代後期～明治期の高岡町奉行。
¶姓氏富山

中山家吉　なかやまいえよし
生没年不詳
江戸時代前期の槍術家。
¶日人

中山幾之進　なかやまいくのしん
文政8(1825)年～明治18(1885)年　[別]中山幾之進吉寿《なかやまいくのしんよしとし》
江戸時代後期～明治期の剣術家。柳剛流中山派。
¶剣豪，埼玉人([没]明治18(1885)年7月6日)，埼玉百(中山幾之進吉寿　なかやまいくのしんよしとし　[生]1820年)

中山幾之進吉寿　なかやまいくのしんよしとし
→中山幾之進(なかやまいくのしん)

永山右京　ながやまうきょう
天明8(1788)年～嘉永2(1849)年
江戸時代後期の上野前橋藩士。
¶藩臣2

中山宇仲太　なかやまうちゅうた
生没年不詳
江戸時代末期の下総結城藩士。
¶幕末，藩臣3

中山美石　なかやまうまし
安永4(1775)年～天保14(1843)年
江戸時代後期の三河吉田藩士、儒学者。
¶国書([生]安永4(1775)年10月10日　[没]天保14(1843)年8月6日)，人名([生]1779年)，姓氏愛知，日人，藩臣4，百科，和俳

永山亥軒　ながやまがいけん
→永山平太(ながやまへいた)

中山覚兵衛　なかやまかくべえ
天明8(1788)年～？
江戸時代後期の丹波園部藩士。
¶藩臣5

中山勘解由　なかやまかげゆ
寛永10(1633)年～貞享4(1687)年
江戸時代前期の江戸幕府の旗本。
¶江戸東，埼玉人([生]不詳　[没]貞享4(1687)年7月2日)，日史([没]貞享4(1687)年7月2日)，日人，百科

中山和清　なかやまかずきよ
明和2(1765)年1月24日～文政12(1829)年11月11日
江戸時代中期～後期の尾張藩士・兵学者。
¶国書

長山刑部　ながやまぎょうぶ
安土桃山時代～江戸時代前期の武士。里見氏家臣。
¶戦人(生没年不詳)，戦東

中山桑石　なかやまくわし
文化2(1805)年～安政3(1856)年
江戸時代末期の国学者、丹後宮津藩士。
¶江文，国書([没]安政3(1856)年1月24日)，人名，日人

中山外記　なかやまげき
？～正徳4(1714)年
江戸時代中期の備後福山藩家老。
¶藩臣6

永山外記　ながやまげき
文化13(1816)年～明治14(1881)年
江戸時代末期～明治期の上野前橋藩士。
¶国書([生]文化13(1816)年7月27日　[没]明治14(1881)年12月12日)，藩臣2

中山源兵衛　なかやまげんべえ
→中山吉成(なかやまよしなり)

長山五郎吉　ながやまごろうきち
生没年不詳
江戸時代の庄内藩士。
¶庄内

永山貞武　ながやまさだたけ
→永山二水(ながやまにすい)

中山三左衛門　なかやまさんざえもん
生没年不詳
江戸時代後期の駿河沼津藩士。
¶藩臣4

中山茂純　なかやましげずみ，なかやましげすみ
生没年不詳
江戸時代後期の阿波徳島藩士。
¶国書，徳島歴(なかやましげすみ)

永山二水　ながやまじすい
→永山二水(ながやまにすい)

長山重行　ながやまじゅうこう
？～宝永4(1707)年12月24日　[別]重行《じゅうこう》
江戸時代前期～中期の出羽庄内藩士、俳人。
¶国書(重行　じゅうこう)，庄内，藩臣1

中山修輔　なかやましゅうすけ
→中山信安(なかやまのぶやす)

中山重蔵　なかやまじゅうぞう
弘化3(1846)年～？
江戸時代後期～末期の新撰組隊士。
¶新撰

中山将監　なかやましょうげん
？～正保2(1645)年
江戸時代前期の備後福山藩家老。
¶戦辞(生没年不詳)，藩臣6

中山城山　なかやまじょうざん
宝暦13(1763)年～天保8(1837)年
江戸時代中期～後期の讃岐高松藩士、儒学者。
¶香川人，香川百，郷土香川([生]1764年)，国書([没]天保8(1837)年4月23日)，人名，日人，藩臣6

中山尚之介　なかやましょうのすけ
→中山中左衛門(なかやまちゅうざえもん)

中山昌礼　なかやましょうれい
→中山黙斎(なかやまもくさい)

中山次郎右衛門　なかやまじろうえもん
生没年不詳

江戸時代前期の最上氏遺臣。
¶庄内

中山真際 なかやましんさい
寛政11（1799）年～？ [別]中山業智《なかやまなりさと》
江戸時代末期の幕臣、系譜学者。
¶国書（中山業智 なかやまなりさと），人名，日人

長山甚平 ながやまじんぺい，ながやまじんへい
天保9（1838）年～明治27（1894）年
江戸時代末期～明治期の上野館林藩士。
¶維新（ながやまじんへい），幕末（[没]1894年11月21日），藩臣2

中山菁莪 なかやませいが
享保13（1728）年～文化2（1805）年
江戸時代中期～後期の出羽秋田藩士、漢学者。
¶秋田百，国書（[生]享保13（1728）年2月26日 [没]文化2（1805）年5月27日），人名，日人，藩臣1

中山清左衛門 なかやませいざえもん
江戸時代前期の代官。里見氏家臣。
¶戦東

長山瀬虎 ながやませこ
江戸時代後期の鳥羽藩臣。
¶三重

永山大学 ながやまだいがく
元和9（1623）年～元禄5（1692）年
江戸時代前期～中期の剣術家。信抜流。
¶剣豪

中山環 なかやまたまき
明和6（1769）年～嘉永3（1850）年
江戸時代中期～後期の上野七日市藩士。
¶姓氏群馬，藩臣2

中山中左衛門 なかやまちゅうざえもん
天保4（1833）年～明治11（1878）年 [別]中山尚之介《なかやましょうのすけ》
江戸時代末期～明治期の薩摩藩士。
¶維新，鹿児島百（中山尚之介 なかやましょうのすけ），姓氏鹿児島，幕末，藩臣7

長山樗園 ながやまちょえん
生没年不詳
江戸時代末期の幕臣。
¶国書

中山照守(1) なかやまてるもり
*～寛永11（1634）年
安土桃山時代～江戸時代前期の旗本。後北条氏家臣、徳川氏家臣。
¶埼玉人（[生]不詳 [没]寛永11（1634）年1月21日），諸系（[生]1570年），人名（[生]1570年），戦国（[生]1571年），戦人（[生]元亀1（1570）年？），日人（[生]1570年）

中山照守(2) なかやまてるもり
慶安2（1649）年～正徳4（1714）年
安土桃山時代～江戸時代前期の武将、幕臣。後北条氏家臣、徳川氏家臣。
¶多摩

長山伝兵衛 ながやまでんべえ
生没年不詳
安土桃山時代～江戸時代前期の武士。
¶庄内

永山徳夫 ながやまとくお
→永山二水（ながやまにすい）

中山利質 なかやまとしただ
文政2（1819）年～文久3（1863）年7月24日
江戸時代後期～末期の幕臣。
¶国書

長山直利 ながやまなおとし
～正徳4（1714）年
江戸時代中期の旗本。
¶神奈川人

中山直範 なかやまなおのり
？ ～元禄6（1693）年7月21日
江戸時代前期の旗本。中山照守の2男。
¶埼玉人

中山業智 なかやまなりさと
→中山真際（なかやましんさい）

中山南街 なかやまなんがい
寛延2（1749）年～文化7（1810）年7月30日
江戸時代中期～後期の備後福山藩士・漢学者。
¶国書

永山二水 ながやまにすい
享和2（1802）年～弘化2（1845）年 [別]永山貞武《ながやまさだたけ》，永山徳夫《ながやまとくお》，永山二水《ながやまじすい》
江戸時代後期の肥前佐賀藩士。
¶国書（ながやまじすい [没]弘化2（1845）年7月30日），人名（永山徳夫 ながやまとくお），日人，藩臣7（永山貞武 ながやまさだたけ）

中山信徴 なかやまのぶあき
弘化3（1846）年～大正6（1917）年
江戸時代末期～明治期の大名。水戸藩士、後に常陸松岡藩主。
¶維新，諸系，神人（[生]弘化3（1846）年4月 [没]大正6（1917）年1月29日），日人，幕末（[没]1917年1月29日），藩主2（[生]弘化3（1846）年4月 [没]大正6（1917）年1月29日），藩臣2

中山信敬 なかやまのぶたか
明和1（1764）年～文政3（1820）年
江戸時代中期～後期の水戸藩家老。
¶藩臣2

中山信宝 なかやまのぶとみ
弘化1（1844）年～文久1（1861）年
江戸時代末期の水戸藩付家老。
¶維新，幕末（[没]1861年3月1日）

中山信名 なかやまのぶな
天明7（1787）年～天保7（1836）年
江戸時代後期の幕臣、国学者。号は柳洲。
¶朝日（[没]天保7年11月10日（1836年12月17日）），茨城百，江文，郷土茨城，近世，考古（[没]天保7年（1836年11月10日）），国史，国書（[没]天保7（1836）年11月10日），コン改，コン4，史人（[没]1836年11月10日），神人（[没]天保7（1836）年11月10日），新潮（[没]天保7（1836）年11月10日），人名，世人（[没]天保7（1836）年11月10日），全書，日史（[没]天保7（1836）年11月10

日），日人，百科，歴大

中山信正 なかやまのぶまさ
文禄3（1594）年〜延宝5（1677）年
江戸時代前期の水戸藩家老。
¶国書（㊞延宝5（1677）年10月28日），諸系，日
人，藩臣2

中山信守 なかやまのぶもり
文化4（1807）年〜安政4（1857）年
江戸時代末期の水戸藩付家老。
¶維新，幕末（㊞1858年1月20日），藩臣2

中山信安 なかやまのぶやす
天保3（1832）年〜明治33（1900）年　㊟中山修輔
《なかやましゅうすけ》
江戸時代末期〜明治期の武士，行政官僚。
¶茨城百，人名，新潟百（中山修輔　なかやま
しゅうすけ），日人，幕末（中山修輔　なかやま
しゅうすけ　生没年不詳），幕末（㊞1900年6月
19日）

中山信吉 なかやまのぶよし
天正4（1576）年〜寛永19（1642）年　㊟中山備前
守信吉《なかやまびぜんのかみのぶよし》
安土桃山時代〜江戸時代前期の水戸藩家老。
¶埼玉人（㊐不詳　㊞寛永19（1642）年1月6日），
埼玉百（中山備前守信吉　なかやまびぜんのか
みのぶよし），諸系，人名，日人，藩臣2

中山則続 なかやまのりつぐ
？　〜宝暦12（1762）年
江戸時代中期の因幡鳥取藩士。
¶鳥取百（㊞宝暦12（1762）年ごろ），藩臣5（㊞宝
暦12（1762）年頃）

中山梅軒 なかやまばいけん
文化5（1808）年〜明治13（1880）年
江戸時代後期〜明治期の尾張藩士。藩校明倫堂
教授。
¶姓氏愛知

長山八郎 なかやまはちろう，ながやまはちろう
安土桃山時代〜江戸時代前期の武士。里見氏家臣。
¶戦人（生没年不詳），戦東（ながやまはちろう）

中山備前守信吉 なかやまびぜんのかみのぶよし
→中山信吉（なかやまのぶよし）

中山弘矩 なかやまひろつね
宝暦2（1752）年〜文化7（1810）年
江戸時代中期〜後期の土佐藩士，国学者。
¶高知人

中山広治 なかやまひろはる
寛永18（1641）年〜元禄10（1697）年
江戸時代前期の武蔵岩槻藩士。
¶藩臣5

永山平太 ながやまへいた
文化12（1815）年〜明治12（1879）年　㊟永山亥軒
《ながやまがいけん》
江戸時代末期〜明治期の加賀藩士。
¶国書（永山亥軒　ながやまがいけん　㊞明治12
（1879）年8月），人名（㊐1805年），姓氏石川
（㊐？），日人（永山亥軒　ながやまがいけん），
幕末（㊞1879年8月15日）

永山道修 ながやまみちのぶ
生没年不詳
江戸時代後期の越後新発田藩士。
¶国書

中山光忠 なかやまみつただ
？　〜宝永2（1705）年
江戸時代前期〜中期の武蔵岩槻藩士。
¶藩臣5

中山黙斎 なかやまもくさい
宝暦12（1762）年〜文化12（1815）年　㊟中山昌礼
《なかやましょうれい》
江戸時代中期〜後期の肥後熊本藩士。
¶教育（中山昌礼　なかやましょうれい），国書
（㊐宝暦12（1762）年1月11日　㊞文化12（1815）
年12月13日），人名，日人（㊞1816年），藩臣7
（中山昌礼　なかやましょうれい）

長山盛晃 ながやまもりあき
生没年不詳
江戸時代後期の秋田藩士。
¶国書

永山盛輝 ながやまもりてる
文政9（1826）年〜明治35（1902）年
江戸時代末期〜明治期の薩摩藩士，官僚。
¶朝日（㊐文政9年8月15日（1826年9月16日）
㊞明治35（1902）年1月18日），維新，鹿児島百，
郷土長野，コン改，コン4，コン5，新潮（㊐文
政9（1826）年8月5日　㊞明治35（1902）年1月17
日），人名，姓氏鹿児島，姓氏長野，長野百
（㊞1901年），長野歴，新潟百，日人，幕末
（㊞1902年1月17日）

永山弥一 ながやまやいち
→永山弥一郎（ながやまやいちろう）

永山弥一郎 ながやまやいちろう
天保9（1838）年〜明治10（1877）年　㊟永山弥一
《ながやまやいち》
江戸時代末期〜明治期の薩摩藩士。
¶朝日（㊞明治10（1877）年4月13日），維新，鹿
児島百，人名（永山弥一　ながやまやいち
㊐？），姓氏鹿児島，日人，幕末（㊞1877年4月
13日），藩臣7，陸海（㊐天保9年10月日　㊞明
治10年4月13日）

長山弥一郎 ながやまやいちろう
天保1（1830）年〜明治32（1899）年
江戸時代後期〜明治期の剣術家。気楽流。
¶剣豪

中山美武 なかやまよしたけ
承応3（1654）年〜享保14（1729）年
江戸時代前期〜中期の馬術家。
¶高知人

中山吉成 なかやまよしなり
？　〜貞享1（1684）年　㊟中山源兵衛《なかやまげ
んべえ》
江戸時代前期の播磨明石藩士，槍術家。越前大野
藩・近江彦根藩・美濃大垣藩などでも指南。
¶国書（㊐貞享1年7月14日（1684年8月24日）），
近世，国史，日人（㊞1621年），藩臣5（中山源
兵衛　なかやまげんべえ　㊐元和7（1621）年）

中山与三左衛門 なかやまよそうざえもん
江戸時代末期の水戸藩士。
¶維新，幕末(生没年不詳)

長山懶虎 ながやまらいこ
生没年不詳
江戸時代末期の志摩鳥羽藩士。
¶藩臣4

中矢行簡 なかやゆきひろ
寛政6(1794)年～天保12(1841)年
江戸時代後期の伊賀上野藩士。
¶国書(㊱天保12(1841)年4月12日)，三重

長屋六左衛門(1) ながやろくざえもん
慶長18(1613)年～貞享2(1685)年
江戸時代前期の尾張藩士。
¶姓氏愛知，日人(㊱1686年)，藩臣4

長屋六左衛門(2) ながやろくざえもん
天保3(1832)年1月11日～明治40(1907)年10月17日
江戸時代後期～明治期の弓道家、名古屋藩士。
¶弓道

半井梧庵(半井愛菴) なからいごあん
文化10(1813)年～明治22(1889)年
江戸時代末期～明治期の学者、医師。今治藩藩校「克明館」で医学等を教授。著書に「遠西写真全書」「刻医学心得序」。
¶愛媛百(半井愛菴　㊤文化10(1813)年6月23日㊦明治22(1889)年1月2日)，郷土愛媛，国書(㊤文化10(1813)年6月23日　㊦明治22(1889)年1月2日)，人名(㊤?)，日人，幕末(㊦1889年1月2日)，藩臣6，洋学

半井春軒 なからいしゅんけん
＊～明治39(1906)年
江戸時代末期～明治期の長州藩医、志士。
¶幕末(㊤1837年　㊦1906年6月6日)，藩臣6(㊤天保7(1836)年)

波切尚政 なきりなおまさ
？　～寛永14(1637)年
江戸時代前期の武士。
¶和歌山人

名倉予何人 なぐらあなと
→名倉松窓(なくらしょうそう)

名倉松窓 なくらしょうそう，なぐらしょうそう
文化5(1822)年～明治34(1901)年　㊟名倉予何人《なぐらあなと》
江戸時代末期～明治期の遠江浜松藩士、兵学者。
¶国書(㊦明治34(1901)年1月27日)，人名(㊤?)，日人(なぐらしょうそう)，藩臣4(名倉予何人　なぐらあなと)

名倉知文 なぐらともふみ
？　～明治31(1898)年
江戸時代末期～明治期の静岡藩士、陸軍軍医。
¶静岡歴

名倉永貞 なくらのぶさだ
元禄15(1702)年～宝暦1(1751)年
江戸時代中期の武士。
¶和歌山人

名倉信充 なくらのぶみつ
？　～寛文13(1673)年　㊟名倉半左衛門《なぐらはんざえもん》
江戸時代前期の陸奥会津藩士。
¶国書(㊦寛文13(1673)年4月22日)，藩臣2(名倉半左衛門　なぐらはんざえもん)

名倉半左衛門 なぐらはんざえもん
→名倉信充(なくらのぶみつ)

名越左源太 なごえさげんた
→名越左源太(なごやさげんた)

名越南渓 なごえなんけい
元禄12(1699)年～安永6(1777)年　㊟名越南渓《なごしなんけい，なごやなんけい》
江戸時代中期の水戸藩士、学者。
¶江文(なごしなんけい)，国書(なごやなんけい㊦安永6(1777)年5月16日)，人名(㊤1702年)，日人，藩臣2(なごやなんけい)

名越南渓 なごしなんけい
→名越南渓(なごえなんけい)

名越平馬 なごしへいま
弘化2(1845)年～？
江戸時代末期の武士、薩摩藩留学生。1865年イギリスに渡る。
¶海越，海越新，日人

那古屋一学 なごやいちがく
→那古屋良富(なごよしとみ)

奈古屋以忠 なごやいちゅう
→奈古屋大原(なごやたいげん)

奈古屋蔵人 なごやくらんど
→奈古屋豊敬(なごやとあたか)

名児耶軍兵衛 なごやぐんべえ
生没年不詳
江戸時代中期の越後長岡藩士。
¶藩臣4

名越左源太 なごやさげんた
文政2(1819)年～明治14(1881)年　㊟名越左源太《なごえさげんた》，名越時行《なごやときゆき》
江戸時代末期～明治期の薩摩藩士。
¶維新，沖縄百(㊤文政2(1819)年5月14日　㊦明治14(1881)年6月16日)，鹿児島百，国書(名越時行　なごやときゆき㊤文政2(1819)年12月28日　㊦明治14(1881)年6月16日)，姓氏鹿児島(なごえさげんた)，幕末(㊤1820年㊦1881年6月16日)，藩臣7(なごえさげんた)

奈古屋里人 なごやさとんど
寛文11(1671)年～寛保1(1741)年　㊟奈古屋里人《なごやりじん》
江戸時代中期の周防徳山藩士。
¶姓氏山口(なごやりじん　生没年不詳)，藩臣6

奈古屋大原 なごやたいげん
元禄15(1702)年～天明1(1781)年　㊟奈古屋以忠《なごやいちゅう》
江戸時代中期の儒者、長州藩士。
¶国書(奈古屋以忠　なごやいちゅう㊦天明1(1781)年10月13日)，日人

名越時成 なごやときなり
生没年不詳　[別]三笠政之助《みかさせいのすけ》
江戸時代末期の薩摩藩士。
¶幕末

名越時行 なごやときゆき
→名越左源太（なごやさげんた）

奈古屋豊敬 なごやとよたか
寛保3（1743）年～寛政5（1793）年　[別]奈古屋蔵人《なごやくらんど》
江戸時代中期の周防徳山藩士。
¶国書（[没]寛政5（1793）年9月17日），藩臣6（奈古屋蔵人　なごやくらんど）

名越南渓 なごやなんけい
→名越南渓（なごえなんけい）

奈古屋登 なごやのぼる
寛政7（1795）年～安政2（1855）年
江戸時代後期の武士。長州（萩）藩士。
¶近世，国史，コン改，コン4，新潮（[没]安政2（1855）年10月21日），日人

名越范斎 なごやはんさい
天明2（1782）年～天保14（1843）年
江戸時代中期～後期の水戸藩士。
¶国書

那古屋良富 なごやよしとみ
享保16（1731）年～明和7（1770）年　[別]那古屋一学《なごやいちがく》
江戸時代中期の加賀大聖寺藩士。
¶国書（[没]明和7（1770）年11月），藩臣3（那古屋一学　なごやいちがく）

奈古屋里人 なごやりじん
→奈古屋里人（なごやさとんど）

奈佐勝皐 なさかつかた
→奈佐勝皐（なさかつたか）

奈佐勝皐 なさかつたか
延享2（1745）年～寛政11（1799）年　[別]奈佐勝皐《なさかつかた》，日下部勝皐《くさかべかつしか》
江戸時代後期の幕臣、国学者。
¶江文（なさかつかた），群馬人（生没年不詳），考古（日下部勝皐　くさかべかつしか　[没]寛政11年（1799年2月18日）），国書（日下部勝皐　くさかべかつしか　[没]寛政11（1799）年3月18日），神人（なさかつかた），人名，日人

梨羽紹幽 なしはしょうゆう
天正5（1577）年～延宝3（1675）年
安土桃山時代～江戸時代前期の武将。
¶国書

梨羽直衛 なしばなおえ
江戸時代末期の長州（萩）藩八組士。
¶維新

梨羽就言 なしはなりとも
慶長19（1614）年～慶安4（1651）年
江戸時代前期の毛利秀就の小姓。
¶姓氏山口

名島好孝 なじまよしたか
生没年不詳
江戸時代後期の播磨山崎藩士。
¶藩臣5

梨本弥五郎 なしもとやごろう
文化11（1814）年～慶応3（1867）年
江戸時代後期～末期の武士。
¶日人，北海道百，北海道歴

奈須川半蔵 なすかわはんぞう
？～
江戸時代の八戸藩士。馬術師範役を務めた。
¶青森人

那須芝山 なすしざん
宝暦9（1759）年～天保3（1832）年
江戸時代中期～後期の弘前藩士。
¶青森人

那須俊平 なすしゅんぺい
文化4（1807）年～元治1（1864）年　[別]檮山源八郎《ゆずやまげんはちろう》
江戸時代末期の土佐藩の志士。
¶維新，高知人，高知百，人名，日人，幕末（[没]1864年8月20日），藩臣6

那須信吾（那須真吾） なすしんご
文政12（1829）年～文久3（1863）年
江戸時代末期の土佐藩の郷士、勤王運動家。
¶朝日（[没]文久3年9月24日（1863年11月5日）），維新（那須真吾），高知人，高知百，国書（[生]文政12（1829）年11月11日　[没]文久3（1863）年9月24日），コン改，コン4，新潮（[生]文政12（1829）年11月11日　[没]文久3（1863）年9月24日），人名，日人，幕末（[没]1863年11月5日），藩臣6

那須資景 なすすけかげ
天正14（1586）年～明暦2（1656）年
江戸時代前期の大名。下野福原藩主。
¶諸系，戦国（[生]1587年），戦人，栃木歴（[生]？），日人，藩主1（[没]明暦2（1656）年1月25日）

那須資重 なすすけしげ
慶長14（1609）年～寛永19（1642）年
江戸時代前期の大名。下野福原藩主。
¶諸系，日人，藩主1（[没]寛永19（1642）年7月25日）

那須資徳 なすすけのり
寛文12（1672）年～宝永5（1708）年
江戸時代中期の大名。下野烏山藩主。
¶青森人，諸系，人名，日人，藩主1（[没]宝永5（1708）年6月25日）

那須資礼 なすすけひろ
文化7（1810）年～文久1（1861）年9月8日
江戸時代後期～末期の幕臣。
¶国書

那須資祇 なすすけまさ
→那須資弥（なすすけみつ）

那須資弥 なすすけみつ
寛永5（1628）年～貞享4（1687）年　[別]那須資祇《なすすけまさ》，那須資弥《なすすけや》
江戸時代前期の大名。下野那須藩主、下野烏山藩主。
¶諸系，人名（なすすけや），栃木歴（那須資祇　なすすけまさ），日人，藩主1（[没]貞享4（1687）年6月25日）

那須資弥　なすすけや
→那須資弥（なすすけみつ）

那須拙速　なすせっそく，なすせつそく
文化3（1806）年～明治11（1878）年
江戸時代末期～明治期の肥後人吉藩士。
¶熊本百（[没]明治11（1878）年3月31日），人名，日人，幕末（なすせつそく　[没]1878年3月31日），藩臣7

那須唯一　なすただいち
天保12（1841）年～元治1（1864）年
江戸時代末期の下野壬生藩士、長州（萩）藩遊撃軍力士隊司令。
¶維新，人名，日人

那須忠清　なすただきよ
？～寛文4（1664）年　[別]那須忠左衛門《なすちゅうざえもん》
江戸時代前期の因幡鳥取藩士。
¶剣豪（那須忠左衛門　なすちゅうざえもん），鳥取百，藩臣5

那須武平　なすたつなり
安永2（1773）年～？
江戸時代後期の武士。
¶和歌山人

那須忠左衛門　なすちゅうざえもん
→那須忠清（なすただきよ）

那須義質　なすよしかた
生没年不詳
江戸時代後期の因幡鳥取藩士・馬術家。
¶国書

那須義澄　なすよしずみ
寛文10（1670）年～宝暦12（1762）年
江戸時代中期の因幡鳥取藩士。
¶藩臣5

夏秋又之助　なつあきまたのすけ
弘化3（1846）年～明治2（1869）年
江戸時代末期の肥前佐賀藩士。
¶幕末

夏間純一　なつまじゅんいち
江戸時代末期の肥後熊本藩士。
¶人名

夏見族之助　なつみぞくのすけ
？～寛政11（1799）年
江戸時代前期の剣術家、無滞体心流の開祖。
¶剣豪，人名，日人

夏目和泉守信政　なつめいずみのかみのぶまさ
→夏目信政（なつめのぶまさ）

夏目源二郎　なつめげんじろう
生没年不詳
江戸時代末期の武士、勘定吟味役。
¶和歌山人

夏目定次　なつめさだつぐ
生没年不詳
江戸時代前期の武士。
¶和歌山人

夏目定房　なつめさだふさ
寛永4（1627）年～？
江戸時代前期の武士。
¶国書

夏目次郎右衛門　なつめじろうえもん
宝永2（1705）年～宝暦2（1752）年
江戸時代中期の剣術家。溝口派一刀流。
¶剣豪

夏目荘次　なつめそうじ
天保2（1831）年～明治13（1880）年
江戸時代末期～明治期の豊後岡藩士。
¶人名，日人

夏目忠次　なつめただつぐ
？～万治2（1659）年
江戸時代前期の武士。
¶和歌山人

夏目忠正　なつめただまさ
寛永19（1642）年～天和3（1683）年
江戸時代前期の武士。
¶和歌山人

夏目長恒　なつめながつね
享保9（1724）年～宝暦12（1762）年
江戸時代中期の豊前中津藩家老。
¶藩臣7

夏目信政　なつめのぶまさ
正徳2（1712）年～安永2（1773）年　[別]夏目和泉守信政《なつめいずみのかみのぶまさ》
江戸時代中期の62代長崎奉行。
¶長崎歴（夏目和泉守信政　なつめいずみのかみのぶまさ）

夏目弥右衛門　なつめやえもん
生没年不詳
江戸時代末期の三河吉田藩士。
¶国書

夏目安信　なつめやすのぶ
～慶安1（1648）年
江戸時代前期の旗本。
¶神奈川人

夏目吉政　なつめよしまさ
寛永18（1641）年～享保7（1722）年
江戸時代前期の武士。
¶和歌山人

名取長知　なとりながとも
江戸時代前期の第4代美濃国代官。
¶岐阜百

名取正澄　なとりまさずみ
？～宝永5（1708）年
江戸時代前期～中期の兵法家。
¶国書（[没]宝永5（1708）年3月），和歌山人

七森数右衛門　ななもりかずえもん
生没年不詳
江戸時代中期の武芸者。
¶庄内

那波活所　なはかっしょ，なばかっしょ；なばかつしょ
→那波活所（なわかっしょ）

那波乗御　なはのりきみ
文政10（1827）年～文久3（1863）年
江戸時代末期の石見浜田藩士。

な

¶藩臣5

那波魯堂 なばろどう
享保12 (1727) 年～寛政1 (1789) 年　[別]那波魯堂《なわろどう》
江戸時代中期の阿波徳島藩の儒学者。
¶朝日 ([没]寛政1年9月11日 (1789年10月29日)), 岩史 ([没]寛政1 (1789) 年9月11日), 京都大, 近世 (なわろどう), 国史 (なわろどう), 国書 ([没]寛政1 (1789) 年9月11日), コン4 (なわろどう), 詩歌 (なわろどう), 史人 (なわろどう [没]1789年9月11日), 人名 (なわろどう), 姓氏京都, 全書 (なわろどう), 徳島百 ([没]寛政1 (1789) 年9月11日), 徳島歴, 日人, 藩臣6, 兵庫人 ([没]寛政1 (1789) 年9月11日), 歴大, 和俳 (なわろどう)

並河魯山 なびかろざん
→並河魯山 (なみかわろざん)

鍋島安房 なべしまあわ
→鍋島茂真 (なべしましげざね)

鍋島市佑 なべしまいちのすけ
江戸時代末期の肥前佐賀藩士。
¶維新

鍋島勝茂 なべしまかつしげ
天正8 (1580) 年～明暦3 (1657) 年
江戸時代前期の大名。肥前佐賀藩主。
¶朝日 ([生]天正8年10月28日 (1580年12月4日) [没]明暦3年3月24日 (1657年5月7日)), 黄檗 ([没]寛文1 (1657) 年9月6日), 角史, 近世, 国史, コン改 ([生]天正9 (1581) 年), コン4 ([生]天正9 (1581) 年), 佐賀百 ([生]天正8 (1580) 年3月 [没]明暦3 (1657) 年3月24日), 史人 ([生]1580年10月28日　[没]1657年3月24日), 諸系, 新潮 ([生]天正8 (1580) 年10月11日　[没]明暦3 (1657) 年3月24日), 人名, 世人 ([没]明暦3 (1657) 年3月24日), 戦合, 戦国 ([生]1581年), 全書, 大百, 日史 ([生]天正8 (1580) 年10月28日　[没]明暦3 (1657) 年3月24日), 日人, 藩主4 ([生]天正8 (1580) 年10月28日　[没]明暦3 (1657) 年3月24日), 百科, 歴大

鍋島閑叟 なべしまかんそう
→鍋島直正 (なべしまなおまさ)

鍋島茂精 なべしましげあき
天保5 (1834) 年～大正3 (1914) 年
江戸時代後期～明治期の武士。
¶日人

鍋島茂真 なべしましげざね
文化10 (1813) 年～慶応2 (1866) 年　[別]鍋島安房《なべしまあわ》
江戸時代末期の肥前佐賀藩士。
¶維新 (鍋島安房　なべしまあわ), 人名 ([生]1816年), 日人, 幕末 ([没]1866年5月19日), 藩臣7

鍋島茂延 なべしましげのぶ
寛政2 (1790) 年～嘉永4 (1851) 年
江戸時代後期の肥前佐賀藩家老。
¶国書

鍋島茂昌 なべしましげはる
→鍋島茂昌 (なべしましげまさ)

鍋島茂昌 なべしましげまさ
天保3 (1832) 年～明治43 (1910) 年　[別]鍋島茂昌《なべしましげはる》
江戸時代末期～明治期の肥前佐賀藩士。
¶維新, 佐賀百 ([生]天保2 (1831) 年11月18日 [没]明治43 (1910) 年3月15日), 人名, 日人 (なべしましげはる), 幕末 ([没]1910年3月15日)

鍋島重茂 なべしましげもち
享保18 (1733) 年～明和7 (1770) 年
江戸時代中期の大名。肥前佐賀藩主。
¶諸系, 日人, 藩主4 ([生]享保18 (1733) 年7月18日 [没]明和7 (1770) 年6月10日)

鍋島茂義 なべしましげよし
寛政12 (1800) 年～文久2 (1862) 年12月27日
[別]鍋島十左衛門《なべしまじゅうざえもん》
江戸時代末期の大名。洋式兵学者、肥前武雄藩主。
¶朝日 ([生]寛政12年10月25日 (1800年12月11日) [没]文久2年11月27日 (1863年1月16日)), 維新 (鍋島十左衛門　なべしまじゅうざえもん), 佐賀百 ([生]寛政12 (1800) 年10月25日), 日人 ([没]1863年), 幕末

鍋島十左衛門 なべしまじゅうざえもん
→鍋島茂義 (なべしましげよし)

鍋島但見 なべしまたじみ
寛政10 (1798) 年～慶応2 (1866) 年
江戸時代末期の肥前蓮池藩士。
¶藩臣7

鍋島忠茂 なべしまただしげ
天正12 (1584) 年～寛永1 (1624) 年
江戸時代前期の大名。肥前鹿島藩主。
¶諸系, 人名, 日人, 藩主4 ([生]天正12 (1584) 年11月28日　[没]寛永1 (1624) 年8月4日)

鍋島綱茂 なべしまつなしげ
慶安5 (1652) 年5月5日～宝永3 (1706) 年12月2日
江戸時代前期～中期の大名。肥前佐賀藩主。
¶国書, 佐賀百 ([没]宝永3 (1706) 年12月25日), 諸系 ([没]1707年), 日人 ([没]1707年), 藩主4

鍋島直条 (鍋島直條) なべしまなおえだ
明暦1 (1655) 年2月2日～宝永2 (1705) 年
江戸時代前期～中期の大名。肥前鹿島藩主。
¶黄檗 ([没]宝永2 (1705) 年4月30日), 国書 ([没]宝永2 (1705) 年4月29日), 佐賀百 (鍋島直條 [没]宝永2 (1705) 年4月30日), 諸系, 人名, 日人, 藩主4 ([没]宝永2 (1705) 年4月29日)

鍋島直興 なべしまなおおき
享保15 (1730) 年～宝暦7 (1757) 年
江戸時代中期の大名。肥前蓮池藩主。
¶諸系, 人名, 日人, 藩主4 ([生]享保15 (1730) 年6月18日　[没]宝暦7 (1757) 年5月29日)

鍋島直員 なべしまなおかず
享保11 (1726) 年～安永9 (1780) 年
江戸時代中期の大名。肥前小城藩主。
¶諸系, 日人, 藩主4 ([生]享保11 (1726) 年3月7日 [没]安永9 (1780) 年6月24日)

鍋島直堅 なべしまなおかた
元禄8 (1695) 年～*
江戸時代中期の大名。肥前鹿島藩主。

なへしま　　　　　　　　　　752　　　　　　　　日本人物レファレンス事典

¶諸系（㉕1728年），人名（㉕1727年），日人
（㉕1728年），藩主4（⊕元禄8（1695）年4月28日
㉕享保12（1727）年12月4日）

鍋島直賢　なべしまなおさが
天保5（1834）年〜安政6（1859）年
江戸時代末期の大名。肥前鹿島藩主。
¶日人，藩主4（⊕天保5（1834）年6月11日
㉕安政6（1859）年9月23日，（異説）9月24日）

鍋島直郷　なべしまなおさと
享保3（1718）年〜明和7（1770）年
江戸時代中期の大名。肥前鹿島藩主。
¶国書（⊕享保3（1718）年3月23日　㉕明和7
（1770）年10月5日），諸系，日人，藩主4（⊕享
保3（1718）年3月23日　㉕明和7（1770）年10月5
日）

鍋島直茂　なべしまなおしげ
天文7（1538）年〜元和4（1618）年
安土桃山時代〜江戸時代前期の大名。
¶朝日（⊕天文7年3月13日（1538年4月12日）
㉕元和4年6月3日（1618年7月24日）），岩史
（⊕天文7（1538）年3月13日　㉕元和4（1618）年
6月3日），角史，近世，国史，国書（⊕天文7
（1538）年3月13日　㉕元和4（1618）年6月3
日），古中，コン改，コン4，佐賀百（⊕天文7
（1538）年3月13日　㉕元和4（1618）年6月3
日），茶道，史人（㉕1538年3月13日　㉕1618年
6月3日），諸系，新潮（⊕天文7（1538）年3月13
日　㉕元和4（1618）年6月3日），人名，世人，
世百，戦合，戦国，全書，戦人，大百，長崎百，
長崎歴，日史（⊕天文7（1538）年3月13日　㉕元
和4（1618）年6月3日），日人，百科，歴大

鍋島直亮　なべしまなおすけ
文政12（1829）年〜元治1（1864）年
江戸時代末期の大名。肥前小城藩主。
¶諸系，日人，藩主4（⊕文政12（1829）年1月9日
㉕元治1（1864）年2月27日）

鍋島直澄　なべしまなおずみ
元和1（1615）年〜寛文9（1669）年
江戸時代前期の大名。肥前蓮池藩主。
¶黄檗（㉕寛文9（1669）年3月5日），佐賀百（⊕元
和1（1615）年11月12日　㉕寛文9（1669）年3月5
日），諸系（⊕1616年），人名，日人（⊕1616
年），藩主4（⊕元和1（1615）年11月12日　㉕寛
文9（1669）年3月5日）

鍋島直孝　なべしまなおたか
？　〜万延1（1860）年7月12日
江戸時代後期〜末期の幕臣。
¶国書

鍋島直堯　なべしまなおたか
寛政12（1800）年〜明治6（1873）年
江戸時代末期〜明治期の大名。肥前小城藩主。
¶日人，藩主4（⊕寛政12（1800）年7月28日
㉕明治6（1873）年8月17日）

鍋島直紀　なべしまなおただ
文政9（1826）年〜明治24（1891）年
江戸時代末期〜明治期の大名。肥前蓮池藩主。
¶諸系，日人，藩主4（⊕文政9（1826）年5月25日
㉕明治24（1891）年2月23日）

鍋島直恒　なべしまなおつね
元禄15（1702）年〜寛延2（1749）年
江戸時代中期の大名。肥前蓮池藩主。
¶諸系，日人，藩主4（⊕元禄14（1701）年12月5日
㉕寛延2（1749）年10月16日）

鍋島直昌　なべしまなおてる
天保3（1832）年〜明治16（1883）年
江戸時代後期〜明治期の武士，士族。
¶日人

鍋島直知　なべしまなおとも
天明4（1784）年〜文化1（1804）年
江戸時代後期の大名。肥前小城藩主。
¶諸系，日人，藩主4（⊕天明4（1784）年5月4日
㉕文化1（1804）年3月12日）

鍋島直朝　なべしまなおとも
元和8（1622）年〜宝永6（1709）年
江戸時代前期の大名。肥前蓮池藩主。
¶黄檗（㉕宝永6（1709）年11月19日），近世，国
史，国書（⊕元和8（1622）年1月21日　㉕宝永6
（1709）年11月19日），佐賀百（⊕元和8（1622）
年1月21日　㉕宝永6（1709）年11月19日），諸
系，人名，日人，藩主4（⊕元和8（1622）年1月
21日　㉕宝永6（1709）年11月19日）

鍋島直与　なべしまなおとも
寛政10（1798）年〜元治1（1864）年
江戸時代末期の大名。肥前蓮池藩主。
¶維新，国書（⊕寛政10（1798）年5月3日　㉕元治
1（1864）年11月9日），佐賀百（⊕寛政10
（1798）年5月3日　㉕文久4（1864）年9月9日），
諸系，日人，幕末（㉕1864年2月16日），
藩主4（⊕寛政10（1798）年5月3日　㉕元治1
（1864）年11月9日）

鍋島直虎　なべしまなおとら
安政3（1856）年〜大正14（1925）年
江戸時代末期〜明治期の大名。肥前小城藩主。
¶維新，海越新（⊕安政3（1856）年3月5日　㉕大
正14（1925）年10月30日），諸系，人名，渡航，
日人，幕末（㉕1925年10月30日），藩主4（⊕安
政3（1856）年2月9日　㉕大正14（1925）年10月
30日）

鍋島直永　なべしまなおなが
文化10（1813）年〜安政2（1855）年
江戸時代末期の大名。肥前鹿島藩主。
¶諸系，日人，藩主4（⊕文化10（1813）年9月29日
㉕安政1（1854）年12月23日）

鍋島直称　なべしまなおのり
寛文7（1667）年〜元文1（1736）年
江戸時代中期の大名。肥前蓮池藩主。
¶諸系，日人，藩主4（⊕寛文7（1667）年5月3日
㉕元文1（1736）年5月28日）

鍋島直彝（鍋島直彝）　なべしまなおのり
寛政5（1793）年〜文政9（1826）年
江戸時代後期の大名。肥前鹿島藩主。
¶諸系，日人，藩主4（鍋島直彝　㉕寛政5（1793）
年2月21日　㉕文政9（1826）年11月19日）

鍋島直温　なべしまなおはる
明和3（1766）年〜文政8（1825）年
江戸時代中期〜後期の大名。肥前蓮池藩主。

¶諸系，人名（㊥1763年　㊡？），日人，藩主4（㊥明和3（1766）年5月7日　㊡文政8（1825）年11月1日）

鍋島直晴　なべしまなおはる
文政4（1821）年～天保10（1839）年
江戸時代後期の大名。肥前鹿島藩主。
¶諸系，日人，藩主4（㊥文政4（1821）年6月26日　㊡天保10（1839）年8月21日）

鍋島直英　なべしまなおひで
元禄12（1699）年～延享1（1744）年
江戸時代中期の大名。肥前小城藩主。
¶諸系，人名（㊥1697年），日人，藩主4（㊥元禄12（1699）年3月17日　㊡延享1（1744）年9月12日）

鍋島直凞　なべしまなおひろ
→鍋島治茂（なべしまはるしげ）

鍋島直寛　なべしまなおひろ
延享3（1746）年～安永2（1773）年
江戸時代中期の大名。肥前蓮池藩主。
¶諸系，日人，藩主4（㊥延享3（1746）年3月18日　㊡安永2（1773）年7月26日）

鍋島直大　なべしまなおひろ
弘化3（1846）年～大正10（1921）年　㊧淳一郎，直縄，茂実
江戸時代末期～明治期の大名，官吏。肥前佐賀藩主。
¶朝日（㊥弘化3年8月27日（1846年10月17日）　㊡大正10（1921）年6月19日），維新，海越（㊥弘化3（1846）年8月27日　㊡大正10（1921）年6月19日），海越新（㊥弘化3（1846）年8月27日　㊡大正10（1921）年6月19日），近現，近世，国際，国史，コン改，コン4，コン5，佐賀百（㊥弘化3（1846）年8月27日　㊡大正10（1921）年6月7日），史人（㊥1846年8月27日　㊡1921年6月7日），諸系，神人，新潮（㊥弘化3（1846）年8月27日　㊡大正10（1921）年6月19日），人名，世紀（㊥弘化3（1846）年8月27日　㊡大正10（1921）年6月19日），世人（㊥弘化3（1846）年8月　㊡大正10（1921）年6月18日），先駆（㊥弘化3（1846）年8月27日　㊡大正10（1921）年6月19日），渡航（㊥1846年3月　㊡1921年3月），日史（㊥弘化3（1846）年8月27日　㊡大正10（1921）年6月7日），日人，幕末（㊡1921年6月19日），藩主4（㊥弘化3（1846）年8月27日　㊡大正10（1921）年6月17日），百科，履歴（㊥弘化3（1846）年8月27日　㊡大正10（1921）年6月19日），歴大

鍋島直正　なべしまなおまさ
文化11（1814）年～明治4（1871）年　㊧鍋島閑叟《なべしまかんそう》
江戸時代末期～明治期の大名。肥前佐賀藩主。
¶朝日（鍋島閑叟　なべしまかんそう　㊥文化11年12月7日（1815年1月16日）　㊡明治4年1月18日（1871年3月8日）），維新，岩史（㊥文化11（1814）年12月7日　㊡明治4年1月18日），角史，京都大（鍋島閑叟　なべしまかんそう），郷土長崎（鍋島閑叟　なべしまかんそう），近現，近世，国史，国書（㊥文化11（1814）年11月7日　㊡明治4（1871）年1月18日），コン改

（鍋島閑叟　なべしまかんそう），コン4（鍋島閑叟　なべしまかんそう），コン5（鍋島閑叟　なべしまかんそう），佐賀百（㊥文化11（1814）年11月7日　㊡明治4（1871）年1月18日），史人（㊥1814年12月7日　㊡1871年1月18日），重要，諸系（鍋島閑叟　なべしまかんそう　㊥1815年），新潮（㊥文化11（1814）年11月　㊡明治4（1871）年1月18日），人名（鍋島閑叟　なべしまかんそう），姓氏京都（鍋島閑叟　なべしまかんそう）㊥文化11（1814）年11月7日　㊡明治4（1871）年1月18日），世百（鍋島閑叟　なべしまかんそう），全書，大百，伝記，長崎歴（鍋島閑叟　なべしまかんそう），日史（㊥文化11（1814）年12月7日　㊡明治4（1871）年1月18日），日人（鍋島閑叟　なべしまかんそう　㊥1815年），日本（鍋島閑叟　なべしまかんそう），幕末（㊥1815年1月16日　㊡1871年3月8日），藩主4（㊥文化11（1814）年12月7日　㊡明治4（1871）年1月18日），百科，北海道百，北海道歴，歴大

鍋島直愈　なべしまなおます
宝暦6（1756）年～享和1（1801）年
江戸時代中期～後期の大名。肥前小城藩主。
¶国書（㊥宝暦6（1756）年3月15日　㊡享和1（1801）年7月2日），諸系，人名（㊡？），日人，藩主4（㊥宝暦6（1756）年3月15日　㊡享和1（1801）年7月2日）

鍋島直之　なべしまなおゆき
寛永20（1643）年～享保10（1725）年
江戸時代前期～中期の大名。肥前蓮池藩主。
¶黄檗（㊥寛永20（1643）年1月18日　㊡享保10（1725）年4月28日），諸系，人名，日人，藩主4（㊥寛永20（1643）年1月18日　㊡享保10（1725）年4月28日）

鍋島直宜　なべしまなおよし
江戸時代中期～後期の大名。肥前鹿島藩主。
¶諸系（㊥1762年　㊡1820年），人名（㊥1763年　㊡1819年），日人（㊥1762年　㊡1820年），藩主4（㊥宝暦13（1763）年2月21日　㊡文政2（1819）年12月23日）

鍋島直能　なべしまなおよし
元和8（1622）年12月17日～元禄2（1689）年8月26日
江戸時代前期の大名。肥前小城藩主。
¶黄檗，国書，佐賀百，諸系（㊥1623年），人名（㊥1612年　㊡1679年），日人（㊥1623年），藩主4

鍋島直彬　なべしまなおよし
天保14（1843）年～大正4（1915）年　㊧熊次郎，備前守，備中守
江戸時代末期～明治期の大名，官吏。肥前鹿島藩主。
¶維新，海越（㊥天保14（1844）年12月11日　㊡大正4（1915）年6月14日），海越新（㊥天保14（1844）年12月11日　㊡大正4（1915）年6月14日），沖縄百（㊥天保14（1843）年12月11日　㊡大正4（1915）年6月14日），近現，近世，国史，コン改，コン4，コン5，佐賀百（㊥天保14（1843）年12月11日　㊡大正4（1915）年6月12

な

日），史人（[生]1843年12月11日　[没]1915年6月14日），諸系（[生]1844年），新潮（[生]天保14（1843）年12月11日　[没]大正4（1915）年6月14日），人名，姓氏沖縄，渡航（[生]1843年12月　[没]1915年6月14日），日史（[生]天保14（1843）年12月11日　[没]大正4（1915）年6月14日），日人（[生]1844年），幕末（[生]1844年1月30日　[没]1915年6月14日），藩主4（[生]天保14（1843）年12月11日　[没]大正4（1915）年6月13日）

鍋島斉直　なべしまなりなお
安永9（1780）年～天保10（1839）年
江戸時代後期の大名。肥前佐賀藩主。
¶佐賀百（[生]安永9（1780）年9月23日　[没]天保10（1839）年1月28日），諸系，日人，藩主4（[生]安永9（1780）年9月23日　[没]天保10（1839）年1月28日）

鍋島信房　なべしまのぶふさ
[別]鍋島豊前守信房《なべしまぶぜんのかみのぶふさ》
安土桃山時代～江戸時代前期の武士。
¶戦人（生没年不詳），戦西（鍋島豊前守信房　なべしまぶぜんのかみのぶふさ）

鍋島隼人　なべしまはやと
江戸時代末期の肥前佐賀藩士。
¶維新

鍋島治茂　なべしまはるしげ
延享2（1745）年8月4日～文化2（1805）年　[別]鍋島直凞《なべしまなおひろ》
江戸時代中期～後期の大名。肥前鹿島藩主、肥前佐賀藩主。
¶国書（[没]文化2（1805）年1月10日），佐賀百（[没]文化2（1805）年1月10日），諸系，人名，日人，藩主4（[没]文化2（1805）年1月10日），藩主4（鍋島直凞　なべしまなおひろ　[没]文化2（1805）年1月12日）

鍋島豊前守信房　なべしまぶぜんのかみのぶふさ
→鍋島信房（なべしまのぶふさ）

鍋島正茂　なべしままさしげ
慶長11（1606）年～＊
江戸時代前期の大名。肥前鹿島藩主。
¶諸系（[没]1687年），人名（[生]1605年　[没]1686年），日人（[没]1687年），藩主4（[没]貞享3（1686）年12月18日）

鍋島幹　なべしまみき
弘化1（1844）年～大正2（1913）年
江戸時代末期～明治期の肥前佐賀藩家老、子爵。
¶青森人，青森百，維新，国際，佐賀百（[生]天保15（1844）年9月12日　[没]大正2（1913）年9月1日），人名，栃木歴，日人，明治1

鍋島光茂　なべしまみつしげ
寛永9（1632）年～元禄13（1700）年
江戸時代前期～中期の大名。肥前佐賀藩主。
¶江戸東，国書（[生]寛永9（1632）年5月23日　[没]元禄13（1700）年5月16日），佐賀百（[生]寛永9（1632）年5月23日　[没]元禄13（1700）年11月29日），諸系，人名，日人，藩主4（[生]寛永9（1632）年5月23日　[没]元禄13（1700）年5月16日）

鍋島宗茂　なべしまむねしげ
江戸時代中期の大名。肥前佐賀藩主。
¶諸系（[生]1687年　[没]1755年），人名（[生]1686年　[没]1754年），日人（[生]1687年　[没]1755年），藩主4（[生]貞享3（1686）年12月21日　[没]宝暦4（1754）年11月25日）

鍋島宗教　なべしまむねのり
享保3（1718）年～安永9（1780）年
江戸時代中期の大名。肥前佐賀藩主。
¶諸系，日人，藩主4（[生]享保3（1718）年4月20日　[没]安永9（1780）年2月2日）

鍋島元茂　なべしまもとしげ
慶長7（1602）年～承応3（1654）年
江戸時代前期の大名。肥前小城藩主。
¶国書（[生]慶長7（1602）年10月11日　[没]承応3（1654）年11月11日），佐賀百（[生]慶長7（1602）年10月11日　[没]承応3（1654）年11月11日），諸系，人名，日人，藩主4（[生]慶長7（1602）年10月11日　[没]承応3（1654）年11月11日）

鍋島元武　なべしまもとたけ
寛文2（1662）年～正徳3（1713）年
江戸時代中期の大名。肥前小城藩主。
¶黄檗（[没]正徳3（1713）年8月20日），諸系，人名，日人，藩主4（[生]寛文2（1662）年4月26日　[没]正徳3（1713）年8月20日）

鍋島元延　なべしまもとのぶ
元禄8（1695）年～正徳4（1714）年
江戸時代中期の大名。肥前小城藩主。
¶諸系，日人，藩主4（[生]元禄8（1695）年6月6日　[没]正徳4（1714）年5月晦日）

鍋島吉茂　なべしまよししげ
寛文4（1664）年～享保15（1730）年
江戸時代中期の大名。肥前佐賀藩主。
¶諸系，人名（[生]1666年），日人，藩主4（[生]寛文4（1664）年4月19日　[没]享保15（1730）年3月18日）

鍋島米之助　なべしまよねのすけ
天保11（1840）年～文久3（1863）年
江戸時代末期の志士。
¶高知人，人名，日人，幕末（[没]1863年11月6日）

鍋田三郎右衛門　なべたさぶろうえもん
生没年不詳
江戸時代末期の石見銀山領最後の代官。
¶島根百，島根歴

鍋田晶山　なべたしょうざん
＊～安政5（1858）年　[別]鍋田三善《なべたみつよし》
江戸時代後期の儒学者、磐城平藩士。
¶国書（鍋田三善　なべたみつよし　[生]安永7（1778）年　[没]安政5（1858）年3月11日），全書（[生]1788年），日人（[生]1778年），幕末（[生]1777年　[没]1858年3月11日）

鍋田三善　なべたみつよし
→鍋田晶山（なべたしょうざん）

生江市左衛門　なまえいちざえもん
天明3（1783）年～？
江戸時代後期の下総古河藩士。

¶藩臣3

並河多作 なみかわたさく
＊～宝暦11（1761）年
江戸時代中期の陸奥会津藩士。
¶会津（㊥？），藩臣2（㊥延宝5（1677）年）

並河宗照 なみかわむねてる
～寛文8（1668）年
江戸時代前期の山内家家老。
¶高知人

並河魯山 なみかわろざん
寛永6（1629）年～宝永7（1710）年　㊞並河魯山《なびかろざん》
江戸時代前期の尾張藩の儒学者、医師。
¶国書（㊥宝永7（1710）年11月29日），コン改，コン4，新潮（㊥宝永7（1710）年11月29日），人名，日人（㊥1711年），藩臣4（なびかろざん）

行貝平右衛門 なめかいへいうえもん
江戸時代前期の武将。里見氏家臣。
¶戦東

行方勝義 なめかたかつよし
安土桃山時代～江戸時代前期の武士。里見氏家臣。
¶戦人（生没年不詳），戦東

行方久兵衛 なめかたきゅうべえ
元和2（1616）年～貞享3（1686）年　㊞行方正成《なめかたまさなり》
江戸時代前期の若狭小浜藩士。
¶朝日，郷土福井，近世，コン改，コン4，史人，新潮（㊥貞享3（1686）年8月），日人，藩臣3（行方正成　なめかたまさなり）

行方正言 なめかたまさこと
天保5（1834）年～明治44（1911）年
江戸時代末期～明治期の小浜藩士、機業家。養蚕製糸業に着手し、小浜製糸会社の基礎を作った。
¶郷土福井，人名，日人

行方正成 なめかたまさなり
→行方久兵衛（なめかたきゅうべえ）

滑川通則 なめかわみちのり
宝暦5（1755）年～天明7（1787）年
江戸時代中期の出羽秋田藩士。
¶国書（㊥宝暦5（1755）年9月12日　㊥天明7（1787）年6月14日），藩臣1

行田善左衛門 なめだぜんざえもん
？～明和1（1764）年
江戸時代中期の上野前橋藩士。
¶藩臣2

楢崎景海 ならさきかげうみ
文政4（1821）年～明治30（1897）年12月29日
江戸時代後期～明治期の長州萩藩士・歌人。
¶国書

楢崎剛十郎 ならさきごうじゅうろう，ならさきごうじゅうろう
天保9（1838）年～慶応2（1866）年
江戸時代末期の長州藩の第二奇兵隊書記。
¶維新，新潮（㊥慶応2（1866）年4月4日），人名（㊥1865年），姓氏山口（ならさきごうじゅうろう），日人，幕末（ならさきごうじゅうろう　㊥1866年5月18日），藩臣3（ならさきごうじゅ

うろう），山口百（㊥1865年）

楢崎碧渓 ならさきへきけい
天保13（1842）年～明治34（1901）年8月27日
江戸時代末期～明治期の周防徳山藩士、書家。
¶幕末

楢崎弥八郎 ならさきやちろう，ならさきやはちろう
天保8（1837）年～元治1（1864）年
江戸時代末期の長州（萩）藩士。尊攘運動に参加。
¶朝日（㊥天保8年7月12日（1837年8月12日）　㊥元治1年12月19日（1865年1月16日）），維新，人名，日人（㊥1865年），幕末（ならさきやはちろう　㊥1865年1月16日），藩臣6（ならさきやはちろう），山口百

楢崎頼三 ならさきらいぞう，ならさきらいぞう
弘化2（1845）年～明治8（1875）年　㊞景福，修，林竹次郎《はやしたけじろう》，林竹之助
江戸時代末期の長州（萩）藩士。
¶維新，海越（㊥弘化2（1845）年5月15日　㊥明治8（1875）年2月17日，海越新（㊥弘化2（1845）年5月15日　㊥明治8（1875）年2月17日），コン改，コン5，新潮（㊥弘化2（1845）年5月15日　㊥明治8（1875）年2月17日），人名（㊥1846年），渡航1846年　㊥1875年2月17日，日人，幕末（ならさきらいぞう　㊥1875年2月17日）

奈良荘司 ならしょうじ
寛政7（1795）年～天保4（1833）年
江戸時代後期の陸奥弘前藩士。
¶藩臣1

奈良虎太郎 ならとらたろう
天保13（1842）年～明治1（1868）年10月12日
江戸時代末期の陸奥盛岡藩士。
¶幕末

楢橋杢左衛門 ならはしもくざえもん
文政3（1820）年頃～明治20（1887）年
江戸時代末期の筑後久留米藩庄屋。
¶藩臣7

奈良原喜左衛門 ならはらきざえもん
天保2（1831）年～慶応1（1865）年　㊞奈良原清《ならはらきよし》
江戸時代末期の薩摩藩士。父は助左衛門。繁の兄。
¶朝日（㊥天保2年6月23日（1831年7月31日）　㊥慶応1年5月18日（1865年6月11日）），維新，鹿児島百（ならはらきざえもん（きよし）），新潮（㊥天保2（1831）年6月23日　㊥慶応1（1865）年5月18日），姓氏鹿児島，日人，幕末（㊥1865年6月11日），藩臣7

奈良原喜八郎 ならはらきはちろう
→奈良原繁（ならはらしげる）

奈良原繁 ならはらしげる
天保5（1834）年～大正7（1918）年　㊞奈良原喜八郎《ならはらきはちろう》
江戸時代末期～明治期の薩摩藩の地方行政官僚、政治家。明治の「琉球王」。
¶朝日（㊥天保5年5月23日（1834年6月29日）　㊥大正7（1918）年8月13日），維新，沖縄百（㊥天保5（1834）年5月23日　㊥大正7（1918）年8月13日），鹿児島百（奈良原喜八郎　ならはら

きはちろう（しげる）），角史，京都大（奈良原喜八郎　ならはらきはちろう），近現，国史，コン改，コン4，コン5，史人（[生]1834年5月23日　[没]1918年8月13日），新潮（[生]天保5（1834）年5月23日　[没]大正7（1918）年8月13日），人名，姓氏沖縄，姓氏鹿児島，姓氏京都（奈良原喜八郎　ならはらきはちろう），全書，渡航（[生]1834年5月23日　[没]1918年8月13日），土木（[生]1834年5月23日　[没]1918年8月14日），日史（[生]天保5（1834）年5月23日　[没]大正7（1918）年8月13日），日人，幕末（奈良原喜八郎　ならはらきはちろう　[没]1918年8月13日），藩臣7，百科，明治1，履歴（[生]天保5（1834）年5月23日　[没]大正7（1918）年8月14日），歴大

奈良宮司 ならみやじ
享和3（1803）年～明治5（1872）年　[別]奈良養斎《ならようさい》
江戸時代末期～明治期の陸奥盛岡藩財政家・勘定奉行。
¶秋田百（奈良養斎　ならようさい），維新，国書（奈良養斎　ならようさい　[没]明治5（1872）年11月6日），人名，姓氏岩手（奈良養斎　ならようさい），日人，幕末（[没]1872年12月6日），藩臣1（奈良養斎　ならようさい）

楢村惟明 ならむらこれあき
生没年不詳
江戸時代後期の因幡若桜藩士。
¶国書

楢山佐渡 ならやまさど
天保2（1831）年～明治2（1869）年
江戸時代末期の陸奥南部藩家老。
¶朝日（[生]天保2（1831）年5月　[没]明治2年6月22日（1869年7月30日）），維新，岩手百，人書94，人名，姓氏岩手，日人，幕末（[没]1869年7月31日），藩臣1

奈良由繹 ならゆうたく
→奈良由繹（ならよしつぐ）

奈良養斎 ならようさい
→奈良宮司（ならみやじ）

奈良由繹 ならよしつぐ
生没年不詳　[別]奈良由繹《ならゆうたく》
江戸時代中期の丹波篠山藩士、歴史家。
¶国書，藩臣5（ならゆうたく）

成合清 なりあいきよし
弘化5（1848）年2月2日～明治10（1877）年9月27日
江戸時代後期～明治期の新撰組隊士。
¶新撰

成川宇兵衛 なりかわうへえ
江戸時代前期の武将。里見氏家臣。
¶戦東

成川五郎右衛門 なりかわごろううえもん
→成川五郎右衛門（なりかわごろうえもん）

成川五郎右衛門 なりかわごろうえもん
[別]成川五郎右衛門《なりかわごろううえもん》
安土桃山時代～江戸時代前期の武士。里見氏家臣。
¶戦人（生没年不詳），戦東（なりかわごろううえもん）

成沢道忠 なりさわみちただ
安土桃山時代～江戸時代前期の武将。最上氏家臣。
¶戦人（生没年不詳），戦東

成田氏宗 なりたうじむね
？～元和8（1622）年
江戸時代前期の大名。下野烏山藩主。
¶人名，日人，藩主1（[没]元和8（1622）年11月7日）

成田長忠 なりたおさただ
→成田長忠（なりたながただ）

成田求馬 なりたきゅうま
天保10（1839）年～明治1（1868）年　[別]成田求馬《なりたもとま，なりたもとめ》
江戸時代末期の陸奥弘前藩士。
¶維新（なりたもとま），人名，日人，幕末（なりたもとめ　[没]1868年9月20日）

成田重成 なりたしげなり
生没年不詳
安土桃山時代～江戸時代前期の剣術家。
¶日人

成田秋佩 なりたしゅうはい
→成田太郎（なりたたろう）

成田正右衛門 なりたしょううえもん
→成田正右衛門（なりたしょうえもん）

成田正右衛門 なりたしょうえもん
享和3（1803）年～元治1（1864）年　[別]成田正右衛門《なりたしょううえもん，なりたまさえもん》，鳥居平七《とりいへいしち》
江戸時代末期の洋式砲術家、薩摩藩士。
¶朝日（[生]享和2（1802）年　[没]元治1年12月8日（1865年1月5日）），維新（なりたまさえもん），鹿児島百（なりたしょううえもん），人名，姓氏鹿児島，日人（[没]1865年），幕末（[没]1865年1月5日），藩臣7（なりたまさえもん）

成田清兵衛 なりたせいべえ
＊～享保3（1718）年
江戸時代前期～中期の剣術家。
¶剣豪（[生]寛永14（1637）年），日人（[生]1638年）

成田太郎 なりたたろう
天保2（1831）年～明治16（1883）年　[別]成田元美《なりたもとみ，なりたもとよし》，成田秋佩《なりたしゅうはい》
江戸時代末期～明治期の勤王家、備前岡山藩士。
¶維新，岡山人（成田秋佩　なりたしゅうはい　[生]文政12（1829）年），岡山百（成田元美　なりたもとよし　[没]明治16（1883）年3月20日），岡山歴（成田元美　なりたもとよし　[生]文政12（1829）年2月15日　[没]明治16（1883）年3月20日），国書（成田秋佩　なりたしゅうはい　[没]明治16（1883）年3月20日），新潮（[没]明治16（1883）年3月20日），人名（成田秋佩　なりたしゅうはい），日人（[生]1829年），幕末（成田元美　なりたもとよし　[没]1883年3月20日），藩臣6（成田元美　なりたもとみ）

成田次充 なりたつぐみつ
？～宝永2（1705）年8月12日
江戸時代前期～中期の尾張藩士。
¶国書

成田直証 なりたなおあき
生没年不詳
江戸時代前期の武士。
¶和歌山人

成田長忠 なりたながただ
？ ～元和2(1616)年　[別]成田泰喬《なりたやすたか》,成田泰親《なりたやすちか》,成田長忠《なりたおさただ》
安土桃山時代～江戸時代前期の武将、大名。下野烏山藩主。
¶埼玉人(成田泰親　なりたやすちか　[没]元和2(1616)年12月18日)，戦国，戦辞(成田泰喬　なりたやすたか　[没]元和2年12月18日(1617年1月25日))，戦人(なりたおさただ)，栃木歴，日人([没]1617年)，藩主1(なりたおさただ　[没]元和2(1616)年12月18日)

成田孫之丞(1) なりたまごのじょう
？ ～文政3(1820)年
江戸時代後期の駿河沼津藩士。
¶藩臣4

成田孫之丞(2) なりたまごのじょう
？ ～天保8(1837)年
江戸時代後期の駿河沼津藩士。
¶藩臣4

成田正右衛門 なりたまさえもん
→成田正右衛門(なりたしょうえもん)

成田求馬 なりたもとま
→成田求馬(なりたきゅうま)

成田元美 なりたもとみ
→成田太郎(なりたたろう)

成田求馬 なりたもとめ
→成田求馬(なりたきゅうま)

成田元美 なりたもとよし
→成田太郎(なりたたろう)

成田守行 なりたもりゆき
宝永2(1705)年～天明5(1785)年
江戸時代中期の武士。
¶和歌山人

成田紋左衛門 なりたもんざえもん
正徳5(1715)年～享和2(1802)年
江戸時代中期～後期の肥前平戸藩士。
¶剣豪，藩臣7

成田泰喬 なりたやすたか
→成田長忠(なりたながただ)

成田泰親 なりたやすちか
→成田長忠(なりたながただ)

成田頼直 なりたよりなお
*～天保4(1833)年
江戸時代後期の陸奥二本松藩士。
¶国書([生]宝暦10(1760)年　[没]天保4(1833)年4月27日)，藩臣5([生]明和9(1772)年)

成田頼裕 なりたよりひろ
天明4(1784)年～文政8(1825)年5月21日
江戸時代中期～後期の二本松藩士。
¶国書

成田頼元 なりたよりもと
文政11(1828)年～明治1(1868)年9月15日
江戸時代末期の陸奥二本松藩軍事奉行。
¶幕末

成富椿屋 なりどみちんおく
文化12(1815)年～明治40(1907)年
江戸時代末期～明治期の肥前蓮池藩士。
¶佐賀百，幕末

成富信中 なりどみのぶなか
文化14(1817)年～明治5(1872)年
江戸時代末期～明治期の肥前蓮池藩士。
¶藩臣7

成富兵庫 なりとみひょうご,なりどみひょうご
→成富兵庫(なるとみひょうご)

成富兵庫茂安 なりとみひょうごしげやす
→成富兵庫(なるとみひょうご)

成富兵庫助茂安 なりとみひょうごのすけしげやす
→成富兵庫(なるとみひょうご)

成石修 なるいしおさむ
文政1(1818)年～明治3(1870)年
江戸時代後期～明治期の関宿藩士。
¶千葉百

成島錦江 なるしまきんこう
元禄2(1689)年～宝暦10(1760)年
江戸時代中期の幕臣、歌人、儒学者。
¶朝日([生]元禄2年1月15日(1689年2月4日)　[没]宝暦10年9月19日(1760年10月27日))，江文，国書([生]元禄2(1689)年1月15日　[没]宝暦10(1760)年9月19日)，コン改，コン4，詩歌，人書94，新潮([没]宝暦10(1760)年9月19日)，人名，世人([没]宝暦10(1760)年9月19日)，日人，和俳([没]宝暦10(1760)年9月19日)

成島衡山 なるしまこうざん
寛延1(1748)年～文化12(1815)年
江戸時代後期の幕臣、儒者。
¶江文，国書([没]文化12(1815)年7月6日)，人名([生]1758年)，日人

成島筑山 なるしまちくざん
享和3(1803)年～安政1(1854)年
江戸時代後期の儒学者。幕府奥儒者。
¶江文，近世([生]1802年　[没]1853年)，国史([生]1802年　[没]1853年)，国書([生]享和2(1802)年　[没]嘉永6(1853)年11月11日)，コン改，コン4，新潮([没]安政1(1854)年3月7日)，人名，日人，和俳

成島東岳 なるしまとうがく
→成島司直(なるしまもとなお)

成島司直 なるしまもとなお
安永7(1778)年～文久2(1862)年　[別]成島東岳《なるしまとうがく》
江戸時代後期の幕臣、儒学者、歌人。
¶朝日([生]安永7年2月15日(1778年3月13日)　[没]文久2年8月13日(1862年9月6日))，江文(成島東岳　なるしまとうがく)，近世，国史，国書(成島東岳　なるしまとうがく　[没]文久2(1862)年8月13日)，コン改，コン4，史人([没]1862年8月13日)，新潮([没]文久2(1862)年8

月13日)，人名，世人，世百，全書，日史([没]文久2(1862)年8月13日)，日人，百科，歴大

成島竜洲 なるしまりゅうしゅう
享保5(1720)年～文化5(1808)年
江戸時代中期～後期の幕臣、儒官。
¶江文，国書([没]文化5(1808)年5月4日)，人名([生]？)，日人

成瀬因幡守正定 なるせいなばのかみまささだ
→成瀬正定(なるせまささだ)

成瀬勝也 なるせかつなり
～寛文10(1670)年
江戸時代前期の旗本。
¶神奈川人

成瀬金兵衛 なるせきんべえ
生没年不詳
江戸時代前期の武士。成瀬家重臣。
¶姓氏愛知

な

成瀬昨淵 なるせさくえん
万治2(1659)年～元文2(1737)年　[別]成瀬久敬《なるせひさたか》
江戸時代前期～中期の肥後熊本藩士。
¶国書(成瀬久敬　なるせひさたか　[没]元文2(1737)年4月17日)，人名，日人，藩臣7

成瀬重次 なるせしげつぐ
？ ～延宝1(1673)年
江戸時代前期の陸奥会津藩家老。
¶藩臣2

成瀬重治 なるせしげはる
生没年不詳
江戸時代前期の代官。
¶神奈川人，姓氏神奈川

成瀬重正 なるせしげまさ
永禄10(1567)年～寛永14(1637)年
江戸時代前期の旗本。
¶神奈川人

成瀬重能 なるせしげよし
永禄12(1569)年～寛永6(1629)年
江戸時代前期の代官。
¶神奈川人

成瀬種徳 なるせたねのり
宝暦11(1761)年～享和4(1804)年1月16日
江戸時代中期～後期の加賀藩士、藩若年寄。
¶国書

成瀬彦太郎 なるせひこたろう
元文1(1736)年～天明4(1784)年11月29日
江戸時代中期の旗本。
¶埼玉人

成瀬久敬 なるせひさたか
→成瀬昨淵(なるせさくえん)

成瀬文吾 なるせぶんご
？ ～慶応2(1866)年
江戸時代後期～末期の剣術家。石巻心行流祖。
¶剣豪

成瀬平三 なるせへいぞう
？ ～万延1(1860)年
江戸時代末期の幕臣、近江彦根藩士。
¶維新

成瀬正敦 なるせまさあつ
生没年不詳
江戸時代後期の加賀藩士、奉行。
¶国書

成瀬正居 なるせまさい
文政11(1828)年4月23日～明治35(1902)年10月4日
江戸時代後期～明治期の加賀藩士。
¶国書

成瀬正起 なるせまさおき
延宝3(1675)年～享保6(1721)年
江戸時代前期～中期の武士。
¶日人

成瀬正景 なるせまさかげ
寛永9(1632)年～宝永1(1704)年
江戸時代前期～中期の尾張徳川家初代義直・2代光友に仕えた老中。
¶姓氏愛知

成瀬正一 なるせまさかず
天文7(1538)年～元和6(1620)年
安土桃山時代～江戸時代前期の武士。徳川氏家臣。
¶埼玉人，諸系，人名，姓氏山梨([生]？)，戦人(生没年不詳)，日人

成瀬正定 なるせまささだ
宝暦2(1752)年～文化3(1806)年　[別]成瀬因幡守正定《なるせいなばのかみまささだ》
江戸時代中期～後期の79代長崎奉行。
¶長崎歴(成瀬因幡守正定　なるせいなばのかみまささだ)

成瀬正成 なるせまさしげ
→成瀬正成(なるせまさなり)

成瀬正住 なるせまさずみ
文化9(1812)年～安政4(1857)年
江戸時代末期の尾張藩家老。
¶藩臣4

成瀬正親 なるせまさちか
寛永16(1639)年～元禄16(1703)年
江戸時代前期～中期の尾張藩家老。
¶国書([生]寛永16(1639)年3月11日　[没]元禄16(1703)年9月20日)，諸系，人名，日人，藩臣4

成瀬正肥 なるせまさとも
→成瀬正肥(なるせまさみつ)

成瀬正虎 なるせまさとら
文禄3(1594)年～寛文3(1663)年
江戸時代前期の尾張藩家老。
¶諸系，人名，日人，藩臣4

成瀬正寿 なるせまさなが
天明2(1782)年～天保9(1838)年
江戸時代後期の尾張藩家老。
¶姓氏愛知，藩臣4

成瀬正成 なるせまさなり
永禄10(1567)年～寛永2(1625)年　[別]成瀬正成《なるせまさしげ》，成瀬隼人正《なるせはやとのしょう》
安土桃山時代～江戸時代前期の大名。下総栗原藩

主、尾張藩主。
¶愛知百（[没]1625年1月17日），朝日（[生]永禄11（1568）年頃　[没]寛永2年1月17日（1625年2月23日）），岐阜百（なるせまさしげ），近世，国史，国書（[没]寛永2（1625）年1月17日），コン改（[生]永禄11（1568）年，（異説）1567年），コン4（[生]永禄11（1568）年，（異説）1567年），茶道（[生]1566年），史人（[生]1567年，（異説）1568年[没]1625年1月17日），諸系（[生]1567年，（異説）1568年），新潮（[没]寛永2（1625）年1月17日），人名，戦合，戦人（[生]永禄11（1568）年），大百，日史（[生]永禄11（1568）年　[没]寛永2（1625）年1月17日），日人（[生]1567年，（異説）1568年），藩主2，藩臣4（[生]永禄11（1568）年），百科（[生]永禄11（1568）年），歴大

成瀬正信　なるせまさのぶ
生没年不詳
江戸時代末期の田辺与力。
¶和歌山人

成瀬正典(1)　なるせまさのり
寛保2（1742）年～文政3（1820）年
江戸時代中期～後期の尾張藩家老。
¶藩臣4

成瀬正典(2)　なるせまさのり
文政5（1822）年～？　[別]成瀬善四郎《なるせぜんしろう》
江戸時代末期の幕臣。1860年遣米使節随員としてアメリカに渡る。
¶海越，海越新

成瀬当栄　なるせまさひで
寛文7（1667）年～享保18（1733）年12月3日
江戸時代前期～中期の加賀藩士、奉行。
¶国書

成瀬正観　なるせまさみ
天保9（1838）年～明治33（1900）年2月
江戸時代後期～明治期の伊予今治藩士・漢学者。
¶国書

成瀬正肥　なるせまさみつ
天保6（1835）年～明治36（1903）年　[別]成瀬正肥《なるせまさとも》
江戸時代末期～明治期の大名。尾張犬山藩主。
¶朝日（[生]天保6年12月12日（1836年1月29日）[没]明治36（1903）年2月4日），維新，近現，近世，国史，諸系（[生]1836年），新潮（[生]天保6（1835）年12月12日　[没]明治36（1903）年2月4日），人名（なるせまさとも），姓氏愛知，日人（[生]1836年），幕末（[没]1903年2月4日），藩主2（[生]天保6（1835）年12月12日　[没]明治36（1903）年2月4日），藩臣4

成瀬正泰（成瀬正太）　なるせまさもと
宝永6（1709）年～天明5（1785）年　[別]成瀬正泰《なるせまさやす》
江戸時代中期の尾張藩家老。
¶諸系，人名（なるせまさやす），日人，藩臣4（成瀬正太）

成瀬当職　なるせまさもと
寛政4（1792）年～慶応1（1865）年6月
江戸時代後期～末期の加賀藩士、奉行。
¶国書

成瀬正泰　なるせまさやす
→成瀬正泰（なるせまさもと）

成瀬正幸　なるせまさゆき
延宝8（1680）年～寛保3（1743）年
江戸時代中期の尾張藩家老。
¶諸系，日人，藩臣4

成瀬杢右衛門　なるせもくえもん
文政9（1826）年2月24日～明治35（1902）年9月11日
江戸時代後期～明治期の桑名藩士。のち新撰組隊士。
¶新撰

成瀬祐蔵（成瀬裕蔵）　なるせゆうぞう
文政2（1819）年～明治27（1894）年
江戸時代末期～明治期の三河西尾藩士。
¶姓氏愛知，幕末（成瀬裕蔵），藩臣4

成瀬之虎　なるせゆきとら
寛永11（1634）年～寛永16（1639）年
江戸時代前期の大名。下総栗原藩主。
¶諸系，日人，藩主2（[没]寛永15（1638）年12月2日）

成瀬之成　なるせゆきなり
慶長1（1596）年～寛永11（1634）年
江戸時代前期の大名。下総栗原藩主。
¶諸系，人名，日人，藩主2（[没]寛永11（1634）年10月28日）

成瀬吉政　なるせよしまさ
天正5（1577）年～正保1（1644）年
江戸時代前期の加賀藩士。
¶石川百，諸系，日人，藩臣3（[生]？）

成富茂安　なるとみしげやす
→成富兵庫（なるとみひょうご）

成富兵庫　なるとみひょうご
永禄3（1560）年～寛永11（1634）年　[別]成富兵庫《なりとみひょうご，なりどみひょうご》，成富兵庫助茂安《なりとみひょうごのすけしげやす》，成富兵庫茂安《なりとみひょうごしげやす》，成富茂安《しげとみしげやす，なるとみしげやす》
安土桃山時代～江戸時代前期の肥前佐賀藩の武士。
¶朝日（なりとみひょうご），近世（なりどみひょうご），国史（なりどみひょうご），コン改（[生]永禄2（1559）年），コン4（[生]永禄2（1559）年），佐賀百（成富兵庫茂安　なりとみひょうごしげやす），史人（[没]1634年9月18日），人書94（[生]1559年），新潮（なりどみひょうご　[没]寛永11（1634）年9月18日），人名（成富茂安　しげとみしげやす），世人（[生]永禄2（1559）年），戦合（なりどみひょうご），戦人（成富茂安　なるとみしげやす　[没]？），戦西（成富兵庫助茂安　なりとみひょうごのすけしげやす），日史（[没]寛永11（1634）年9月18日），日人，藩臣7（なりどみひょうご），百科，歴大

那波活所（那波括所）　なわかっしょ，なわかつしょ
文禄4（1595）年～慶安1（1648）年　[別]那波活所《なはかっしょ，なばかっしょ，なばかつしょ，なわかつしょ》，那波道円《なわどうえん》

な

江戸時代前期の紀伊和歌山藩の儒学者。
¶朝日(なばかっしょ [生]文禄4(1595)年3月 [没]慶安1年1月3日(1648年1月27日)), 岩史(なばかっしょ [生]文禄4(1595)年3月 [没]正保5(1648)年1月3日), 角史, 京都大(なばかつしょ), 郷土和歌山(なわかつしょ), 近世, 熊本百(那波道円 なわどうえん [没]正保5(1648)年1月3日), 国史, 国書(なばかっしょ [没]正保5(1648)年1月3日), コン改, コン4, 詩歌(那波括所), 史人([没]1648年1月3日), 新潮([没]慶安1(1648)年1月3日), 人名, 姓氏京都(なばかっしょ), 世人, 世百(なばかっしょ), 全書, 日史([没]慶安1(1648)年1月3日), 日人(なばかっしょ), 藩臣5(なはかっしょ), 百科, 兵庫人(なばかっしょ [没]慶安1(1648)年1月3日), 兵庫百(なばかっしょ), 歴大(なばかっしょ), 和歌山人(なわかつしょ), 和俳

名和謙次 なわけんじ
天保12(1841)年～明治24(1891)年
江戸時代後期～明治期の教育者、静岡藩士。
¶静岡歴, 姓氏静岡

縄田宝蔵 なわたほうぞう
弘化2(1845)年～慶応2(1866)年12月5日
江戸時代末期の奇兵隊士。
¶幕末

名和道一 なわどういち
天保9(1838)年～明治6(1873)年 [別]名和道一・服部哲二郎《なわどういち・はっとりてつじろう》, 緩, 哲二郎, 服部哲二郎《はっとりてつじろう》
江戸時代末期～明治期の長州(萩)藩老臣毛利出雲の家士、官吏。
¶維新, 海越([没]明治6(1873)年12月17日), 海越新([没]明治6(1873)年12月17日), 国際, 人名, 渡航(名和道一・服部哲二郎 なわどういち・はっとりてつじろう [没]1873年12月17日), 日人, 幕末([没]1873年12月17日)

那波道円 なわどうえん
→那波活所(なわかっしょ)

那波魯堂 なわろどう
→那波魯堂(なばろどう)

南合果堂 なんごうかどう
寛政11(1799)年3月～文久3(1863)年
江戸時代末期の伊勢桑名藩士。
¶国書([没]文久3(1863)年7月11日), 藩臣4, 三重

南合哲三郎 なんごうてつさぶろう
天保7(1836)年～明治1(1868)年
江戸時代末期の伊勢桑名藩士。
¶維新

南合蘭室 なんごうらんしつ
? ～文政8(1825)年
江戸時代後期の陸奥白河藩士。
¶国書([没]文政8(1825)年7月11日), 藩臣2, 三重(南合蘭堂)

南条角左衛門 なんじょうかくざえもん
安土桃山時代～江戸時代前期の武士。里見氏家臣。
¶戦人(生没年不詳), 戦東

南条金左衛門 なんじょうきんざえもん
生没年不詳
江戸時代前期の代官。
¶埼玉人

南条重長 なんじようしげなが
天文20(1551)年～元和9(1623)年
安土桃山時代～江戸時代前期の武士。
¶戦人

南条大膳 なんじょうだいぜん
生没年不詳
江戸時代前期の肥後熊本藩士。
¶藩臣7

南条為美 なんじょうためよし
天明3(1783)年～嘉永2(1849)年
江戸時代後期の武士。
¶和歌山人

南条常政 なんじょうつねまさ
? ～享保2(1717)年
江戸時代中期の武士。
¶和歌山人

南条信忠 なんじょうのぶただ
生没年不詳
江戸時代後期の蝦夷松前藩士。
¶国書

南条正修 なんじょうまさおみ
明暦1(1655)年～享保9(1724)年
江戸時代前期～中期の備前岡山藩士。
¶岡山人, 国書([没]享保9(1724)年8月19日)

南条宗経 なんじょうむねつね
寛政10(1798)年～弘化3(1846)年
江戸時代後期の伊勢桑名藩士。
¶国書([没]弘化3(1846)年8月14日), 三重続

南条与八郎 なんじょうよはちろう
? ～寛政11(1799)年
江戸時代中期の下総古河藩士、儒学者。
¶藩臣3

難波一刀斎 なんばいっとうさい
生没年不詳
江戸時代前期の剣術家。
¶日人

難波治郎左衛門 なんばじろうざえもん
安土桃山時代～江戸時代前期の武士。里見氏家臣。
¶戦人(生没年不詳), 戦東

難波覃庵 なんばたんあん
→難波伝兵衛(なんばでんべえ)

難波伝兵衛 なんばでんべえ
文化8(1811)年～明治21(1888)年 [別]難波覃庵《なんばたんあん》
江戸時代末期～明治期の長州(萩)藩寄組。
¶維新, 人名, 姓氏山口(難波覃庵 なんばたんあん), 日人, 幕末([没]1888年1月24日), 藩臣6, 山口百(難波覃庵 なんばたんあん)

難波正道 なんばまさみち
? ～明治35(1902)年
江戸時代末期～明治期の書家、足守藩士。
¶岡山人, 岡山歴

南部厳男 なんぶいつお
寛政11(1799)年～安政2(1855)年
江戸時代末期の土佐藩士。
¶高知人，幕末([没]1855年12月14日)

南部越後 なんぶえちご
江戸時代前期の武将。
¶岡山人

南部景春 なんぶかげはる
→南部景春(なんぶけいしゅん)

南部景衡 なんぶけいこう
万治2(1659)年～正徳3(1713)年
江戸時代前期～中期の越中富山藩士、儒学者。
¶藩臣3

南部景春 なんぶけいしゅん
元禄8(1695)年～享保2(1717)年　[別]南部景春《なんぶかげはる》
江戸時代中期の越中富山藩士、儒学者。
¶国書(なんぶかげはる　[没]享保2(1717)年4月22日)，日人，藩臣3

南部監物 なんぶけんもつ
→南部済揖(なんぶさいしゅう)

南部五竹 なんぶごちく
→南部俊三郎(なんぶしゅんざぶろう)

南部済揖 なんぶさいしゅう
天保9(1838)年～明治37(1904)年　[別]南部監物《なんぶけんもつ》
江戸時代末期～明治期の陸奥盛岡藩家老。
¶維新，幕末(南部監物　なんぶけんもつ　[没]1904年4月26日)

南部左門 なんぶさもん
江戸時代前期の武士。
¶戦国，戦人(生没年不詳)

南部重直 なんぶしげなお
慶長11(1606)年～寛文4(1664)年
江戸時代前期の大名。陸奥南部藩主。
¶青森人，青森百，朝日([生]慶長11年3月9日(1606年4月16日)　[没]寛文4年9月12日(1664年10月30日))，岩手百，諸系，姓氏岩手，日人，藩主1([生]慶長11(1606)年3月9日　[没]寛文4(1664)年9月12日)

南部重信 なんぶしげのぶ
元和2(1616)年～元禄15(1702)年
江戸時代前期～中期の大名。陸奥南部藩主。
¶青森百，国書([生]元和2(1616)年5月15日　[没]元禄15(1702)年6月18日)，諸系，姓氏岩手，日人，藩主1([生]天和2(1616)年5月15日　[没]元禄15(1702)年6月18日)

南部俊三郎 なんぶしゅんざぶろう
天保2(1831)年～慶応3(1867)年　[別]南部五竹《なんぶごちく》,南部俊三郎《なんぶとしさぶろう》
江戸時代末期の周防岩国藩の志士。
¶維新(なんぶとしさぶろう)，人名，日人，幕末(南部五竹　なんぶごちく　[没]1867年9月20日)，藩臣6(南部五竹　なんぶごちく)

南部次郎 なんぶじろう
→東次郎(ひがしじろう)

南部静斎 なんぶせいさい
文化12(1815)年～万延1(1860)年
江戸時代末期の土佐藩士。
¶高知人，高知百，国書([没]万延1(1860)年4月14日)，幕末([没]1860年6月3日)

南部草寿 なんぶそうじゅ
？　～元禄1(1688)年
江戸時代前期の儒学者。越中富山藩士。
¶国書([没]元禄1(1688)年11月2日)，新潮，人名，姓氏富山，長崎歴，日人，藩臣3

南部済賢 なんぶただかつ
文政2(1819)年～明治12(1879)年
江戸時代後期～明治期の遠野南部氏11代。
¶姓氏岩手

南部怡顔 なんぶときつら
宝暦1(1751)年～文化14(1817)年
江戸時代中期～後期の南部藩遠野領主。
¶国書([没]文化14(1817)年10月6日)，姓氏岩手

南部利雄 なんぶとしお
→南部利雄(なんぶとしかつ)

南部利雄 なんぶとしかつ
享保9(1724)年6月11日～安永8(1779)年12月5日
[別]南部利雄《なんぶとしお》
江戸時代中期の大名。陸奥南部藩主。
¶国書，諸系([生]1725年　[没]1780年)，姓氏岩手(なんぶとしお)，日人([生]1725年　[没]1780年)，藩主1

南部利戡 なんぶとしかつ
天和3(1683)年～正徳2(1712)年
江戸時代前期～中期の遠野南部氏4代。
¶姓氏岩手

南部俊三郎 なんぶとしさぶろう
→南部俊三郎(なんぶしゅんざぶろう)

南部利敬 なんぶとしたか
天明2(1782)年～文政3(1820)年　[別]南部利敬《なんぶとしのり,なんぶとしよし》
江戸時代後期の大名。陸奥南部藩主。
¶青森人，青森百(なんぶとしのり)，岩手百，国書(なんぶとしのり　[生]天明2(1782)年9月29日　[没]文政3(1820)年6月3日)，諸系，人名(なんぶとしよし　[生]1779年)，姓氏岩手，日人，藩主1([生]天明2(1782)年9月29日　[没]文政3(1820)年6月3日)

南部利済 なんぶとしただ
寛政9(1797)年～安政2(1855)年　[別]南部利済《なんぶとしなり》
江戸時代末期の大名。陸奥南部藩主。
¶青森百，岩手百，江戸(なんぶとしなり)，国書([生]寛政9(1797)年8月29日　[没]安政2(1855)年4月14日)，諸系，姓氏岩手，日人，藩主1([生]寛政9(1797)年8月29日　[没]安政2(1855)年4月14日)

南部利幹 なんぶとしとも
→南部利幹(なんぶとしもと)

南部利義 なんぶとしとも
文政6(1823)年～明治21(1888)年
江戸時代末期～明治期の大名。陸奥南部藩主。

¶維新，国書（[生]文政6（1823）年12月12日　[没]明治21（1888）年8月21日），諸系（[生]1824年），姓氏岩手，日人（[生]1824年），幕末（[没]1888年8月21日），藩主1（[生]文政6（1823）年12月12日　[没]明治21（1888）年8月21日）

南部利直 なんぶとしなお
天正4（1576）年～寛永9（1632）年
安土桃山時代～江戸時代前期の大名。陸奥南部藩主。
¶青森人，青森百，朝日（[生]天正4年3月15日（1576年4月13日）　[没]寛永9年8月18日（1632年10月1日）），岩手百，近世，系東（[生]1577年　[没]1633年），国史，史人（[生]1576年3月15日　[没]1632年8月18日），諸系，姓氏岩手，戦合，戦国，戦人，日人，藩主1（[生]天正4（1576）年3月15日　[没]寛永9（1632）年8月18日）

南部利済 なんぶとしなり
→南部利済（なんぶとしただ）

南部利謹 なんぶとしのり
延享3（1746）年～＊
江戸時代中期～後期の信濃守・俳諧師・有職家。藩主の長男。
¶国書（[没]文化11（1814）年11月19日），姓氏岩手（[没]？）

南部利敬 なんぶとしのり
→南部利敬（なんぶとしたか）

南部利剛 なんぶとしひさ
文政9（1826）年～明治29（1896）年
江戸時代末期～明治期の大名。陸奥南部藩主。
¶青森人，青森百，朝日（[生]文政9年12月28日（1827年1月25日）　[没]明治29（1896）年10月30日），維新，岩手百，諸系（[生]1827年），新潮（[生]文政9（1826）年12月28日　[没]明治29（1896）年11月2日），姓氏岩手，日人（[生]1827年），幕末（[生]1827年　[没]1896年10月3日），藩主1（[生]文政9（1826）年12月28日　[没]明治29（1896）年11月2日）

南部利正 なんぶとしまさ
宝暦1（1751）年～天明4（1784）年
江戸時代中期の大名。陸奥南部藩主。
¶青森百，国書（[生]寛延4（1751）年4月9日　[没]天明4（1784）年5月5日），諸系（[生]1752年），姓氏岩手，日人（[生]1752年），藩主1（[生]宝暦1（1751）年4月9日　[没]天明4（1784）年5月5日）

南部利視 なんぶとしみ
宝永5（1708）年～宝暦2（1752）年
江戸時代中期の大名。陸奥南部藩主。
¶青森百，国書（[生]宝永5（1708）年4月26日　[没]宝暦2（1752）年3月28日），諸系，姓氏岩手，日人，藩主1（[生]宝永5（1708）年4月26日　[没]宝暦2（1752）年3月28日）

南部利用 なんぶとしもち
享和3（1803）年～文政8（1825）年
江戸時代後期の大名。陸奥南部藩主。
¶青森百，諸系，姓氏岩手（[生]1807年　[没]1821年），日人，藩主1（[生]享和3（1803）年11月6日　[没]文政8（1825）年7月18日）

南部利幹 なんぶとしもと
元禄2（1689）年～享保10（1725）年　[別]南部利幹《なんぶとしとも》
江戸時代中期の大名。陸奥南部藩主。
¶青森百，諸系，姓氏岩手，日人，藩主1（なんぶとしとも　[生]元禄2（1689）年閏1月20日　[没]享保10（1725）年6月4日）

南部利康 なんぶとしやす
慶長13（1608）年～寛永8（1631）年
江戸時代前期の武士。三戸南部藩第27代藩主利直の4男。
¶青森百

南部利恭 なんぶとしゆき
安政2（1855）年～明治36（1903）年
江戸時代末期～明治期の大名。陸奥南部藩主、陸奥白石藩主。
¶維新，諸系，人名，姓氏岩手，日人，幕末（[没]1903年10月19日），藩主1（[生]安政2（1855）年10月9日　[没]明治36（1903）年10月19日）

南部利敬 なんぶとしよし
→南部利敬（なんぶとしたか）

南部義堯 なんぶとものり
寛政6（1794）年～天保1（1830）年
江戸時代後期の遠野南部氏9代。
¶姓氏岩手

南部直房 なんぶなおふさ
寛永5（1628）年～寛文8（1668）年
江戸時代前期の大名。陸奥八戸藩主。
¶青森人，青森百，諸系，姓氏岩手，日人，藩主1（[没]寛文8（1668）年6月24日）

南部直政 なんぶなおまさ
寛文1（1661）年～元禄12（1699）年
江戸時代前期～中期の大名。陸奥八戸藩主。
¶青森人，青森百，朝日（[生]寛文1年5月6日（1661年6月2日）　[没]元禄12年3月16日（1699年4月15日）），岩手百，近世，国史，諸系，人名，姓氏岩手，日人，藩主1（[生]寛文1（1661）年5月6日　[没]元禄12（1699）年3月16日）

南部直義（南部直栄） なんぶなおよし
慶長7（1602）年～延宝3（1675）年
安土桃山時代～江戸時代前期の根城南部家22代当主。
¶青森人，青森百（南部直栄），姓氏岩手

南部長恒 なんぶながつね
寛政3（1791）年～安政6（1859）年
江戸時代末期の肥前佐賀藩士。
¶国書5（[生]寛政3（1791）年8月5日），幕末

南部信有 なんぶのぶあり
元禄15（1702）年～享保20（1735）年
江戸時代中期の遠野南部氏5代。
¶姓氏岩手

南部信恩 なんぶのぶおき
延宝6（1678）年～宝永4（1707）年
江戸時代中期の大名。陸奥南部藩主。
¶諸系，姓氏岩手，日人，藩主1（[生]延宝6（1678）年9月22日　[没]宝永4（1707）年12月8日）

南部信興 なんぶのぶおき
享保10(1725)年～安永2(1773)年
江戸時代中期の大名。陸奥八戸藩主。
¶青森人，青森百，諸系，日人，藩主1([生]享保10(1725)年9月22日　[没]安永2(1773)年8月13日)

南部信方 なんぶのぶかた
安政5(1858)年～大正12(1923)年
江戸時代末期～明治期の大名。陸奥七戸藩(南部新田藩)主。
¶諸系，世紀([生]安政5(1858)年5月12日　[没]大正12(1923)年7月29日)，渡航([生]1858年5月12日　[没]1923年7月)，日人，藩主3([生]安政5(1858)年5月　[没]大正12(1923)年7月)

南部信民 なんぶのぶたみ
天保4(1833)年～明治33(1900)年
江戸時代末期～明治期の大名。陸奥七戸藩(南部新田藩)主。
¶維新，幕末([没]1900年3月15日)，藩主3([生]天保4(1833)年5月　[没]明治33(1900)年3月)

南部信鄰 なんぶのぶちか
安永5(1776)年11月～文政4(1821)年8月
江戸時代後期の大名。陸奥七戸藩(南部新田藩)主。
¶藩主3

南部信誉 なんぶのぶのり
文化2(1805)年11月～文久2(1862)年8月
江戸時代末期の大名。陸奥七戸藩(南部新田藩)主。
¶藩主3

南部信彦 なんぶのぶひこ
享保5(1720)年～安永3(1774)年
江戸時代中期の遠野南部氏6代。
¶姓氏岩手

南部信房 なんぶのぶふさ
明和2(1765)年～天保6(1835)年　[別]南部畔李《なんぶはんり》，畔季《はんき》，畔李《はんり》
江戸時代中期～後期の大名。陸奥八戸藩主。
¶青森人，青森百，国書([生]明和2(1765)年6月15日　[没]天保6(1835)年5月12日)，諸系，人名(南部畔李　なんぶはんり)，日人，俳諧(畔李　はんり)，俳句(畔季　はんき　[没]天保6(1835)年5月12日)，藩主1([生]明和2(1765)年6月15日　[没]天保6(1835)年5月12日)，和俳

南部信真 なんぶのぶまさ
安永9(1780)年～弘化4(1847)年
江戸時代後期の大名。陸奥八戸藩主。
¶青森人，青森百([没]弘化3(1846)年)，諸系([生]1778年)，日人([生]1778年)，藩主1([生]安永9(1780)年2月1日　[没]弘化3(1846)年12月29日)

南部信順 なんぶのぶゆき
文化10(1813)年～明治5(1872)年　[別]南部信順《なんぶのぶよし》
江戸時代末期～明治期の大名。陸奥八戸藩主。
¶青森人，青森百，維新(なんぶのぶよし　[生]1814年)，諸系，日人，幕末(なんぶのぶよし　[生]1814年　[没]1873年)，藩主1([生]文化10(1813)年1月11日　[没]明治5(1872)年2月20日)

南部信順 なんぶのぶよし
→南部信順(なんぶのぶゆき)

南部信依 なんぶのぶより
延享4(1747)年～天明1(1781)年
江戸時代中期の大名。陸奥八戸藩主。
¶青森人，諸系，日人，藩主1([生]延享4(1747)年2月10日　[没]天明1(1781)年6月7日)

南部畔李 なんぶはんり
→南部信房(なんぶのぶふさ)

南部広信 なんぶひろのぶ
宝永3(1706)年～寛保1(1741)年
江戸時代中期の大名。陸奥八戸藩主。
¶青森人，諸系，日人，藩主1([生]宝永6(1709)年3月7日　[没]寛保1(1741)年5月2日)

南部広矛 なんぶひろほこ
文政6(1823)年～大正1(1912)年8月6日
江戸時代末期～明治期の越前福井藩士。
¶幕末

南部政智 なんぶまさとも
?　～文政8(1825)年9月7日
江戸時代中期～後期の盛岡藩士。
¶国書

南部甕男 なんぶみかお，なんぶみかを
弘化2(1845)年～大正12(1923)年
江戸時代末期～明治期の土佐藩士。
¶朝日([生]弘化2年6月15日(1845年7月19日)　[没]大正12(1923)年9月19日)，高知人，高知百([生]1844年　[没]1922年)，国書([生]天保15(1844)年3月15日　[没]大正11(1922)年9月2日)，人名，世紀([生]弘化2(1845)年6月15日　[没]大正12(1923)年9月19日)，日人，幕末([生]1844年　[没]1922年9月2日)，藩臣6(なんぶみかを　[生]弘化1(1844)年　[没]大正11(1922)年)，履歴([生]弘化2(1845)年6月15日　[没]大正12(1923)年9月19日)

南部造酒助 なんぶみきすけ
文化8(1811)年～天保1(1830)年
江戸時代後期の八戸藩主の子。大砲の暴発で死んだ。
¶青森人

南部通信 なんぶみちのぶ
延宝1(1673)年～享保1(1716)年
江戸時代中期の大名。陸奥八戸藩主。
¶青森人，諸系，日人，藩主1([生]延宝1(1673)年2月11日　[没]享保1(1716)年8月24日)

南部弥六郎 なんぶやろくろう
*～明治12(1879)年
江戸時代末期～明治期の陸奥盛岡藩大老。
¶維新([生]?)，幕末([生]1819年　[没]1879年6月23日)

南部行信 なんぶゆきのぶ
寛永19(1642)年～元禄15(1702)年
江戸時代前期～中期の大名。陸奥南部藩主。
¶国書([生]寛永19(1642)年8月17日　[没]元禄15(1702)年10月11日)，諸系，姓氏岩手，日人，

藩主1（㊤寛永19（1642）年8月17日　㊦元禄15（1702）年10月11日）

南部義顔　なんぶよしつら
*～天明5（1785）年
江戸時代中期の南部藩家老・遠野領主。
¶国書（㊤享保11（1726）年　㊦天明5（1785）年1月11日），姓氏岩手（㊤1745年）

南部義論　なんぶよしとき
元和2（1616）年～元禄12（1699）年
江戸時代前期～中期の遠野領主。義長の子。
¶姓氏岩手

南部義長　なんぶよしなが
寛永18（1641）年～元禄1（1688）年
江戸時代前期の遠野領主。
¶姓氏岩手

南部義也　なんぶよしなり
？　～天和3（1683）年
江戸時代前期の附馬牛南部氏初代。
¶姓氏岩手

南畝　なんぽ
→大田南畝（おおたなんぽ）

南保一豊　なんぽかずとよ
→南保虎之助（なんぽとらのすけ）

南保虎之助　なんぽとらのすけ
文化7（1810）年～明治18（1885）年　㊙南保一豊《なんぽかずとよ》
江戸時代末期～明治期の加賀藩士。
¶剣豪，幕末（南保一豊　なんぽかずとよ　㊦1885年1月20日）

南摩羽峰（南摩羽峯）　なんまうほう
→南摩綱紀（なんまつなのり）

南摩綱紀　なんまこうき
→南摩綱紀（なんまつなのり）

南摩綱紀　なんまつなのり
文政6（1823）年～明治42（1909）年　㊙南摩羽峰《なんまうほう》，南摩羽峯《なんまうほう》，南摩綱紀《なんまこうき》
江戸時代末期～明治期の陸奥会津藩士。
¶会津，維新，江文（南摩羽峰　なんまうほう），国書（南摩羽峯　なんまうほう　㊤文政6（1823）年11月25日　㊦明治42（1909）年4月13日），詩歌，人名，栃木歴，日人，幕末（㊦1909年4月13日），藩臣2，福島百（なんまこうき），和俳

南里有隣　なんりありちか
→南里有鄰（なんりゆうりん）

南里有鄰（南里有隣）　なんりゆうりん
文化9（1812）年～元治1（1864）年　㊙南里有隣《なんりありちか》
江戸時代末期の国学者、肥前藩士。
¶朝日（㊤文化9年1月11日（1812年2月23日）㊦元治1年10月14日（1864年11月13日）），近世，国史，国書（南里有隣　なんりありちか　㊤文化9（1812）年1月11日　㊦元治1（1864）年10月14日），コン改，コン4，佐賀百（南里有隣　㊤文化8（1811）年　㊦元治1（1864）年10月16日），新潮，世人，日人，和俳

【に】

仁位右馬四郎　にいうましろう
天保14（1843）年～元治1（1864）年
江戸時代末期の対馬藩士。
¶維新

新岡佐五右衛門　にいおかさごえもん
慶長10（1605）年～延宝5（1677）年
江戸時代前期の陸奥黒石藩士。
¶藩臣1

二位景暢　にいかげのぶ
嘉永2（1849）年～大正10（1921）年
江戸時代末期～明治期の鍋島家士。
¶佐賀百（生没年不詳），幕末

新島襄　にいじまじょう，にいしまじょう
天保14（1843）年～明治23（1890）年　㊙ジョーゼフ，敬幹，七五三太《しめた》
江戸時代末期～明治期のキリスト教主義教育者、もと上野安中藩士。
¶朝日（㊤天保14年1月14日（1843年2月12日）㊦明治23（1890）年1月23日），維新，岩史（にいしまじょう　㊤天保14（1843）年1月14日　㊦明治23（1890）年1月23日），海越（㊤天保14（1843）年1月14日　㊦明治23（1890）年1月23日），海越新（㊤天保14（1843）年1月14日　㊦明治23（1890）年1月23日），角史，神奈川人，神奈川百，教育，京都，郷土群馬，京都大，キリ（㊤天保14年1月14日（1843年2月12日）㊦明治23（1890）年1月23日），近文，群馬人，群馬百，国史，コン改，コン4，詩歌，史人（㊤1843年1月14日　㊦1890年1月23日），社史，重要（㊤天保14（1843）年1月14日　㊦明治23（1890）年1月23日），人書79，人書94，新潮（㊤天保14（1843）年1月14日　㊦明治23（1890）年1月23日），新文（㊤天保14（1843）年1月14日　㊦明治23（1890）年1月23日），人名，姓氏京都，姓氏群馬，世人（㊤天保14（1843）年1月14日　㊦明治23（1890）年1月23日），世百，先駆（㊤天保14（1843）年1月14日　㊦明治23（1890）年1月23日），全書，大百，哲学，伝記，日史（にいしまじょう　㊤天保14（1843）年1月14日　㊦明治23（1890）年1月23日），日人，人情5，幕末（㊦1890年1月23日），藩臣2，百科（にいしまじょう），文学，北海道百，北海道歴，民学，歴大

仁位主膳　にいしゅぜん
文化9（1812）年～嘉永6（1853）年
江戸時代末期の対馬藩士。
¶維新

新居水竹　にいすいちく
文化10（1813）年～明治3（1870）年　㊙新居与一助《にいよいちすけ，にいよいちのすけ》
江戸時代末期～明治期の阿波徳島藩の儒学者。
¶維新（新居与一助　にいよいちすけ），国書（㊤文化10（1813）年4月15日　㊦明治3（1870）年9月15日），人名，徳島百（新居与一助　にい

よいちのすけ　[生]文化10（1813）年4月15日　[没]明治3（1870）年9月15日），徳島歴（[没]明治3（1870）年9月15日），日人，幕末（新居与一助　にいよいちのすけ　[没]1870年10月10日），藩臣6

新清元麿　にいすがもとまろ
？～元文4（1739）年
江戸時代中期の石見浜田藩士。
¶国書5，島根人，島根百（[没]元文4（1739）年11月12日），島根歴，藩臣5

新関因幡守　にいぜきいなばのかみ
～寛永1（1624）年7月28日
安土桃山時代～江戸時代前期の部将。
¶庄内

新関久正　にいぜきひさまさ，にいせきひさまさ
生没年不詳
江戸時代前期の下総古河藩の武士。最上氏家臣。
¶戦人，戦東（にいせきひさまさ），藩臣3

新井竹次郎　にいたけじろう
→新井竹次郎（あらいたけじろう）

仁井田源一郎　にいだげんいちろう
寛政11（1799）年～安政6（1859）年　[別]仁井田稚岡《にいだちこう》
江戸時代末期の紀伊和歌山藩の儒学者。
¶維新（[生]1798年），国書（仁井田稚岡　にいだちこう　[没]安政6（1859）年8月22日），幕末（[生]1798年　[没]1859年9月18日），藩臣5，和歌山人

仁井田好古　にいだこうこ
→仁井田南陽（にいだなんよう）

新田庄左衛門　にいだしょうざえもん
生没年不詳　[別]新田庄左衛門《にったしょうざえもん》
江戸時代末期の南部藩士。
¶国書，姓氏岩手（にったしょうざえもん）

仁井田稚岡　にいだちこう
→仁井田源一郎（にいだげんいちろう）

新田長晨　にいだながたつ
生没年不詳
江戸時代後期の遠野南部氏家老。
¶姓氏岩手

仁井田南陽　にいだなんよう
明和7（1770）年～嘉永1（1848）年　[別]仁井田好古《にいだこうこ》，仁井田模一郎《にいだもいちろう》
江戸時代後期の紀伊和歌山藩の漢学者。紀州の人。
¶朝日（[生]明和7年6月6日（1770年6月28日）[没]嘉永1年6月14日（1848年7月14日）），江文，郷土和歌山（仁井田好古　にいだこうこ），国書（[没]嘉永1（1848）年6月14日），コン改，コン4，人名（[生]1772年），世百（仁井田好古　にいだこうこ），日史（仁井田好古　にいだこうこ　[没]嘉永1（1848）年6月15日），日人，藩臣5（仁井田模一郎　にいだもいちろう），百科（仁井田好古　にいだこうこ），歴大（仁井田好古　にいだこうこ），和歌山人

新井田孫三郎　にいだまごさぶろう
？～文化4（1807）年
江戸時代中期～後期の蝦夷松前藩士。
¶国書（[没]文化4（1807）年2月4日），藩臣1

新田政固（新田政箇）　にいだまさこと
延享3（1746）年～？　[別]新田政箇《にったまさこと》
江戸時代中期の南部藩士。南部家伝記の「三翁昔語」の編著者。
¶青森人（新田政箇），国書，姓氏岩手（新田政箇　にったまさこと　生没年不詳）

仁井田道貫　にいだみちつら
生没年不詳
江戸時代中期の紀伊和歌山藩士。
¶国書

仁井田模一郎　にいだもいちろう
→仁井田南陽（にいだなんよう）

新妻藤伍　にいづまとうご
明和2（1765）年～？
江戸時代中期～後期の会津藩士。
¶会津

新妻道斎　にいづまどうさい
寛政1（1789）年～弘化4（1847）年4月12日
江戸時代後期の仙台藩士・漢学者。
¶国書

新納時升　にいのうときのり
→新納時升（にいろときます）

新家太郎兵衛　にいのみたろうべえ
～正保3（1646）年11月20日
江戸時代前期の庄内藩士。
¶庄内

新見錦　にいみにしき
天保7（1836）年～文久3（1863）年
江戸時代末期の新撰組隊士。
¶新撰，幕末（[没]1863年10月25日）

新見正功　にいみまさかつ
江戸時代末期の第25代飛騨国代官。
¶岐阜百

新見正信　にいみまさのぶ
生没年不詳
江戸時代前期の甲斐甲府藩城代家老。
¶藩臣3

新山左仲　にいやまさちゅう
享保14（1729）年～文化7（1810）年
江戸時代中期～後期の剣術家。影山流。
¶剣豪

新山忠　にいやまちゅう
文化7（1810）年～明治29（1896）年3月16日
江戸時代後期～明治期の長州萩藩士。
¶国書

新山孫右衛門　にいやままごうえもん
？～天保9（1838）年
江戸時代後期の常陸土浦藩士。
¶藩臣2

新居与一助　にいよいちすけ
→新居水竹（にいすいちく）

新居与一助　にいよいちのすけ
→新居水竹（にいすいちく）

に

新楽間叟　にいらかんそう
明和1(1764)年～文政10(1827)年6月22日
江戸時代中期～後期の幕臣。
¶国書

新納刑部　にいろぎょうぶ
→新納中三(にいろなかぞう)

新納駿河　にいろするが
→新納久仰(にいろひさのり)

新納武久　にいろたけひさ
江戸時代前期の武将。島津氏家臣。
¶姓氏鹿児島，戦西

新納立夫　にいろたつお
→新納立夫(にひろたてお)

新納中三　にいろちゅうぞう
→新納中三(にいろなかぞう)

新納時升　にいろときのり
→新納時升(にいろときます)

新納時升　にいろときます
安永7(1778)年～慶応1(1865)年　[別]新納時升《にいのうときのり,にいろときのり》
江戸時代後期の薩摩藩士。新納時意の子。
¶朝日([生]安永7(1778)年12月　[没]慶応1年1月22日(1865年2月17日))，維新(にいろときのり)，国書([生]安永7(1778)年12月　[没]慶応1(1865)年1月22日)，コン改([生]安永6(1777)年　[没]元治1(1864)年)，コン4([生]安永6(1777)年　[没]元治1(1864)年)，新潮([生]安永7(1778)年12月　[没]慶応1(1865)年1月22日)，人名([生]1777年　[没]1864年)，姓氏鹿児島(にいのうときのり)，日人([生]1779年)，幕末(にいろときのり　[没]1865年2月17日)，藩臣7

新納時行　にいろときゆき
天保12(1841)年～明治12(1879)年11月12日
江戸時代末期～明治期の薩摩藩士。
¶幕末

新納中三　にいろなかぞう
天保3(1832)年～明治22(1889)年　[別]新納中三・石垣鋭之助《にいろなかぞう・いしがきえいのすけ》,新納中三《にいろちゅうぞう》,新納刑部《にいろぎょうぶ》,久修,刑部,石垣鋭之助《いしがきえいのすけ》
江戸時代末期～明治期の薩摩藩士、司法官。1865年薩摩藩留学生監督としてイギリスに渡る。
¶朝日(にいろちゅうぞう　[生]天保3年4月15日(1832年5月15日)　[没]明治22(1889)年12月10日)，維新，海越([生]天保3(1832)年4月15日　[没]明治22(1889)年12月10日)，海越新([生]天保3(1832)年4月15日　[没]明治22(1889)年12月10日)，沖縄百(にいろちゅうぞう)，鹿児島百(新納刑部　にいろぎょうぶ)，鹿児島百(にいろちゅうぞう)，近現(にいろちゅうぞう)，近世(にいろちゅうぞう)，国史(にいろちゅうぞう)，コン改，コン4，コン5，史人([生]1832年4月15日　[没]1889年12月10日)，新潮([生]天保3(1832)年4月15日　[没]明治22(1889)年12月10日)，人名，姓氏鹿児島，渡航(新納中三・石垣鋭之助　にいろなかぞう・いしがきえいのすけ　[生]1832年4月15日　[没]1889年12月10日)，日人，幕末(新納刑部　にいろぎょうぶ　[没]1889年12月10日)，藩臣7

新納八郎二　にいろはちろうじ
天保12(1841)年～明治1(1868)年
江戸時代末期の日向佐土原藩北陸道進撃軍長官。
¶維新，人名，日人

新納久饒　にいろひさあき
→新納久饒(にいろひさあつ)

新納久饒　にいろひさあつ
？～寛永1(1624)年　[別]新納久饒《にいろひさあき》
安土桃山時代～江戸時代前期の武士。
¶姓氏鹿児島(にいろひさあき)，戦人(生没年不詳)，戦西

新納久仰　にいろひさのり
文化4(1807)年～明治6(1873)年　[別]新納駿河《にいろするが》
江戸時代末期～明治期の薩摩藩家老。
¶維新，国書([生]文化4(1807)年10月3日　[没]明治6(1873)年6月3日)，姓氏鹿児島，幕末(新納駿河　にいろするが　[没]1873年6月3日)，藩臣7

新納太　にいろふとし
生没年不詳
江戸時代末期の薩摩藩士。
¶幕末

贄正寿　にえまさとし
寛保1(1741)年～寛政7(1795)年
江戸時代中期～後期の幕臣。堺奉行。
¶近世，国史，コン改，コン4，日人，歴大

贄正直　にえまさなお
元禄4(1691)年～享保3(1718)年
江戸時代中期の家臣、幕臣。
¶和歌山人

仁尾定勝　におさだかつ
？～享保9(1724)年3月13日
江戸時代前期～中期の阿波徳島藩士。
¶徳島歴

仁尾定信　におさだのぶ
？～享保5(1720)年12月22日
江戸時代前期～中期の阿波徳島藩士。
¶徳島歴

二階堂三郎左衛門　にかいどうさぶろうざえもん
文禄1(1592)年～寛文1(1661)年
安土桃山時代～江戸時代前期の豪族。
¶姓氏宮城

二階堂新四郎　にかいどうしんしろう
天保4(1833)年～慶応1(1865)年
江戸時代後期～末期の剣術家。北辰一刀流。
¶剣豪

二階堂行信　にかいどうゆきのぶ
弘化3(1846)年～明治1(1868)年6月15日
江戸時代末期の薩摩藩士。
¶幕末

二階堂行憲　にかいどうゆきのり
生没年不詳
江戸時代前期の下野壬生藩士。

¶国書
仁賀保誠中 にかほしげなか,にがほしげなか
江戸時代末期の志士。
¶人名(にがほしげなか),日人(生没年不詳)
仁賀保誠成 にかほしげなり
弘化4(1847)年～明治34(1901)年 ㊗仁賀保誠成《にかほのぶしげ》,仁賀保誠政《にがほしげまさ》,仁賀保孫九郎《にがほまごくろう》
江戸時代末期～明治期の幕府旗本。
¶維新(仁賀保孫九郎 にがほまごくろう),人名(仁賀保誠政 にがほしげまさ),日人,幕末(㊤1901年11月21日)
仁賀保誠政 にがほしげまさ
→仁賀保誠成(にかほしげなり)
仁賀保挙誠(二賀保挙誠)にかほたかのぶ,にかほたかのぶ;にがほたかのぶ
安土桃山時代～江戸時代前期の武将。二賀保挙晴の養子。
¶朝日(㊤永禄4(1561)年 ㊦寛永1年2月14日(1624年4月1日)),近世(㊤1561年 ㊦1624年),国史(㊤1561年 ㊦1624年),新潮(㊤永禄5(1562)年 ㊦寛永2(1625)年2月24日),人名(二賀保挙誠 にかほたかのぶ ㊤1562年 ㊦1625年),世人(㊤永禄5(1562)年 ㊦寛永2(1625)年),戦合(㊤1561年 ㊦1624年),戦国(㊤永禄5(1562)年 ㊦1560年),戦人(にがほたかのぶ ㊤永禄3(1560)年 ㊦寛永2(1625)年),日人(㊤1561年 ㊦1624年)
仁賀保誠成 にかほのぶしげ
→仁賀保誠成(にかほしげなり)
仁賀保孫九郎 にがほまごくろう
→仁賀保誠成(にかほしげなり)
二上左仲 にかみさちゅう
生没年不詳
江戸時代末期の武士。
¶和歌山人
西周 にしあまね
文政12(1829)年～明治30(1897)年 ㊗甘寐舎(斎),魚人,経太郎,時懋,寿専,魯人
江戸時代末期～明治期の哲学者,もと石見津和野藩士。
¶朝日(㊤文政12年2月3日(1829年3月7日) ㊦明治30(1897)年1月31日),維新,岩史(㊤文政12(1829)年2月3日 ㊦明治30(1897)年1月31日),海越(㊤文政12(1829)年2月3日 ㊦明治30(1897)年1月31日),海越新(㊤文政12(1829)年2月3日 ㊦明治30(1897)年1月31日),江文,学校(㊤文政12(1829)年2月3日 ㊦明治30(1897)年1月31日),角史,教育,近現,近世,近文,国際,国史,国書(㊤文政12(1829)年2月3日 ㊦明治30(1897)年1月31日),コン改,コン5,史人(㊤1829年2月3日 ㊦1897年1月31日),静岡百,静岡歴,思想(㊤文政12(1829)年2月3日 ㊦明治30(1897)年1月31日),島根人,島根百(㊤文政12(1829)年2月3日 ㊦明治30(1897)年1月31日),島根歴,重要(㊤文政12(1829)年2月3日

㊦明治30(1897)年1月31日),人書79,人書94,新潮(㊤文政12(1829)年2月3日 ㊦明治30(1897)年1月31日),新文(㊤文政12(1829)年2月3日 ㊦明治30(1897)年1月31日),人名,心理(㊤文政12(1829)年2月3日 ㊦明治30(1897)年1月31日),世人(㊤文政12(1829)年2月3日 ㊦明治30(1897)年5月21日),世百,先駆(㊤文政12(1829)年2月3日 ㊦明治30(1897)年1月31日),全書,大百,哲学,伝記,渡航(㊤文政12(1829)年2月3日 ㊦明治30(1897)年1月31日),日史(㊤文政12(1829)年2月3日 ㊦明治30(1897)年1月31日),日人,日本,人情,幕末(㊤1829年1月31日),藩臣5,百科,文学,洋学,履歴(㊤文政12(1829)年2月3日 ㊦明治30(1897)年1月31日),歴大
西一峰 にしいっぽう
天文20(1551)年～寛永15(1638)年
戦国時代～江戸時代前期の島津義弘の家臣,通訳。
¶姓氏鹿児島
西内清蔵 にしうちせいぞう
文化14(1817)年～文久1(1861)年
江戸時代末期の郷士。
¶高知人,高知百,幕末(㊦1862年12月24日)
西運長 にしうんちょう
文政9(1826)年～明治8(1875)年
江戸時代末期～明治期の長門府藩家老。
¶維新,人名,日人,幕末(㊦1875年5月30日),藩臣6(㊤文政6(1823)年)
西岡翠園 にしおかすいえん
文化9(1812)年～慶応3(1867)年
江戸時代末期の三河吉田藩士,儒学者。
¶人名(㊤1803年),日人,藩臣4
西岡天津 にしおかてんしん
? ～文化14(1817)年
江戸時代後期の三河吉田藩士,儒学者。
¶国書(㊦文化14(1817)年3月6日),日人,藩臣4
西岡岑久 にしおかみねひさ
? ～宝暦7(1757)年7月6日
江戸時代中期の阿波徳島藩士。
¶国書,徳島百,徳島歴
西岡与兵衛 にしおかよへえ
生没年不詳
江戸時代中期の武士。
¶日人
西尾喜宣 にしおきせん
→西尾喜宣(にしおよしのぶ)
西尾定静 にしおさだやす
元文5(1740)年～享和1(1801)年5月27日
江戸時代中期～後期の武士,歌人。
¶徳島百,徳島歴,日人
西尾重長 にしおしげなが
? ～元禄6(1693)年
江戸時代前期～中期の弓術家。
¶日人
西尾忠篤 にしおただあつ
嘉永3(1850)年～明治43(1910)年
江戸時代末期～明治期の大名。遠江横須賀藩主、

安房花房藩主。
¶諸系，日人，藩主2（[生]嘉永3（1850）年5月7日 [没]明治43（1910）年11月5日），藩主2（[没]明治43（1910）年11月），藩主2（[生]嘉永3（1850）年5月7日 [没]明治43（1910）年11月5日），藩主2（[没]明治43（1910）年11月）

西尾忠固 にしおただかた
文化8（1811）年～安政4（1857）年
江戸時代末期の大名。遠江横須賀藩主。
¶諸系，日人，藩主2（[没]安政4（1857）年5月27日）

西尾忠受 にしおたださか
文政4（1821）年～文久1（1861）年
江戸時代末期の大名。遠江横須賀藩主。
¶諸系，日人，藩主2（[没]文久1（1861）年7月26日）

西尾忠照 にしおただてる
慶長18（1613）年～承応3（1654）年
江戸時代前期の大名。常陸土浦藩主、駿河田中藩主。
¶諸系，日人，藩主2，藩主2（[没]承応3（1654）年10月26日）

西尾忠尚 にしおただなお
元禄2（1689）年～宝暦10（1760）年 [別]西尾忠尚《にしおただひさ》
江戸時代中期の大名。遠江横須賀藩主。
¶近世，国史，コン改，コン4，静岡百（にしおただひさ），静岡歴，諸系，人名，姓氏静岡，日人，藩主2（[没]宝暦10（1760）年3月10日）

西尾忠永 にしおただなが
天正12（1584）年～元和6（1620）年
江戸時代前期の大名。武蔵原市藩主、上野白井藩主、常陸土浦藩主。
¶諸系，人名，日人，藩主1，藩主1（[没]元和6（1620）年1月14日），藩主2（[没]元和6（1620）年1月14日）

西尾忠成 にしおただなり
承応2（1653）年～正徳3（1713）年
江戸時代前期～中期の大名。駿河田中藩主、信濃小諸藩主、遠江横須賀藩主。
¶諸系，人名，長野歴，日人，藩主2，藩主2（[没]正徳3（1713）年10月13日）

西尾忠尚 にしおただひさ
→西尾忠尚（にしおただなお）

西尾忠需 にしおただみつ
享保1（1716）年～寛政1（1789）年
江戸時代中期の大名。遠江横須賀藩主。
¶諸系，日人，藩主2（[没]寛政1（1789）年6月30日）

西尾忠移 にしおただゆき
延享3（1746）年～享和1（1801）年
江戸時代中期～後期の大名。遠江横須賀藩主。
¶諸系，人名（[生]1763年），日人，藩主2（[没]享和1（1801）年3月27日）

西尾忠善 にしおただよし
明和5（1768）年～天保2（1831）年
江戸時代中期～後期の大名。遠江横須賀藩主。
¶諸系，日人，藩主2（[没]天保1（1830）年12月17日）

西尾為忠 にしおためただ
天保13（1842）年～明治33（1900）年
江戸時代後期～明治期の武士、官吏。
¶国書（[生]天保13（1842）年12月 [没]明治33（1900）年2月5日），日人

西尾長昌 にしおながまさ
？ ～万治1（1658）年
江戸時代前期の加賀藩士。
¶藩臣3

西尾隼人 にしおはやと
生没年不詳
江戸時代中期の加賀藩士。
¶国書

西尾正春 にしおまさとし
生没年不詳
江戸時代後期の旗本。
¶神奈川人

西尾正吉 にしおまさよし
？ ～元和3（1617）年5月25日
安土桃山時代～江戸時代前期の徳島藩家老。
¶徳島歴

西尾宗次 にしおむねつぐ
？ ～寛永12（1635）年
江戸時代前期の越前福井藩士。
¶藩臣3

西尾安実 にしおやすみ
？ ～文久1（1861）年9月
江戸時代後期～末期の阿波徳島藩士。
¶徳島歴

西尾可時 にしおよしとき
？ ～宝永3（1706）年9月19日
江戸時代前期～中期の阿波徳島藩士。
¶徳島歴

西尾喜宣 にしおよしのぶ
？ ～文化9（1812）年 [別]西尾喜宣《にしおきせん》
江戸時代後期の算学者、尾張藩士。
¶国書（[没]文化9（1812）年4月），人名（にしおきせん），日人

西尾嘉教 にしおよしのり
天正18（1590）年～元和9（1623）年
江戸時代前期の大名。美濃揖斐藩主。
¶岐阜百，日人，藩主2（[没]元和9（1623）年4月2日）

西覚之助 にしかくのすけ
弘化1（1844）年～？
江戸時代末期の上総飯野藩士。
¶藩臣3

西川右近 にしかわうこん
文政12（1829）年～明治11（1878）年
江戸時代末期～明治期の常陸土浦藩家老。
¶藩臣2

西川希水 にしかわきすい
文化1（1804）年～慶応3（1867）年
江戸時代末期の筑前秋月藩士。
¶藩臣7

西川邦治 にしかわくにじ
天保1(1830)年～明治4(1871)年
江戸時代末期～明治期の播磨赤穂藩士。
¶幕末([没]1871年2月29日)，藩臣5

西川升吉 にしかわしょうきち
→西川升吉(にしかわますきち)

西川勝太郎 にしかわしょうたろう
嘉永6(1853)年～明治1(1868)年
江戸時代末期の陸奥会津藩の白虎隊士。
¶幕末([没]1868年10月8日)，藩臣2

西川次郎兵衛 にしかわじろうひょうえ
？～文政8(1825)年
江戸時代後期の常陸土浦藩家老。
¶藩臣2

西川頼母 にしかわたのも
？～天保12(1841)年
江戸時代後期の常陸土浦藩士。
¶藩臣2

西川桃源 にしかわとうげん
生没年不詳
江戸時代後期の武士。
¶国書，日人

西河梅庵 にしかわばいあん
文化11(1814)年～明治17(1884)年
江戸時代末期～明治期の伊予宇和島藩士。
¶剣豪，国書([生]文化11(1814)年12月18日　[没]明治17(1884)年3月23日)，幕末([没]1884年3月23日)，藩臣6

西川升吉 にしかわますきち
天保9(1838)年～慶応1(1865)年　[別]西川升吉《にしかわしょうきち》
江戸時代末期の播磨赤穂藩士、尊攘派志士。
¶朝日([没]慶応1年2月28日(1865年3月25日))，維新，新潮([没]慶応1(1865)年2月27日)，日人，幕末([没]1865年2月28日)，藩臣5，兵庫百(にしかわしょうきち　生没年不詳)

西川理三郎 にしかわりさぶろう
文政5(1822)年～明治4(1871)年
江戸時代末期～明治期の安芸広島藩士。
¶維新，幕末([没]1871年12月21日)

西川練造 にしかわれんぞう
文化4(1807)年～文久1(1861)年
江戸時代末期の志士。
¶維新，埼玉百，人名([生]1806年)，日人([没]1862年)，幕末([生]1817年　[没]1862年1月13日)

西寛二郎(西寛治郎) にしかんじろう
弘化3(1846)年～明治45(1912)年
江戸時代末期～明治期の薩摩藩士、陸軍軍人。
¶朝日([生]弘化3年3月10日(1846年4月5日)　[没]明治45(1912)年2月28日)，鹿児島百，近現，国史，コン改，コン5，史人([生]1846年3月10日　[没]1912年1月27日)，人名，世紀([生]弘化3(1846)年3月10日　[没]明治45(1912)年2月28日)，姓氏鹿児島，日人，幕末([没]1912年2月27日)，藩臣7，宮城百(西寛治郎)，陸海([生]弘化3年3月10日　[没]明治45年1月27日)

西毅一 にしきいち
天保14(1843)年～明治37(1904)年　[別]久之助，伯毅，薇山
江戸時代末期～明治期の備前岡山藩士、教育家、政治家。女子教訓所設立。国会開設・自由民権運動を指導。
¶維新，大阪人([没]明治27(1894)年3月)，岡山人，岡山百([没]明治37(1904)年3月28日)，岡山歴([生]天保14(1843)年7月　[没]明治37(1904)年3月28日)，近現，国際([生]天保4(1833)年　[没]明治27(1894)年)，国史，コン改([生]1833年　[没]1894年)，コン5([生]天保4(1833)年　[没]明治27(1894)年)，史人([生]1843年7月　[没]1894年3月28日)，社史([生]天保14年(1843年7月)　[没]1904年7月28日)，新潮([生]天保14(1843)年7月16日　[没]明治27(1894)年3月28日)，人名([没]1894年)，渡航([生]1843年7月16日　[没]1894年3月28日)，日人，幕末([没]1904年3月28日)，藩臣6

錦織嘉平 にしきおりかへい
→錦織嘉平(にしごりかへい)

西吉十郎 にしきちじゅうろう
天保6(1835)年～明治24(1891)年
江戸時代末期の静岡藩士、通詞。1864年遣仏使節に随行しフランスに渡る。
¶海越新(生没年不詳)，静岡歴

西源六郎 にしげんろくろう
宝暦5(1755)年～文政11(1828)年
江戸時代中期～後期の剣術家。心形刀流。
¶剣豪

西郡刑部少輔 にしごおりぎょうぶしょうゆう
？～承応3(1654)年
江戸時代前期の肥後熊本藩士。
¶藩臣7

錦織嘉平 にしごりかへい
[別]錦織嘉平《にしきおりかへい》
安土桃山時代～江戸時代前期の武士。里見氏家臣。
¶戦人(生没年不詳)，戦東(にしきおりかへい)

西坂成庵 にしざかせいあん
文化2(1805)年～文久2(1862)年　[別]西坂錫《にしさかたまう，にしざかよう》，西坂衷《にしさかちゅう》
江戸時代末期の加賀藩士、儒学者。
¶国書([没]文久2(1862)年7月27日)，人名(西坂錫　にしざかよう　[生]？　[没]1863年)，姓氏石川(西坂衷　にしさかちゅう　[生]？)，日人，幕末(西坂錫　にしさかたまう　[没]1862年8月22日)

西坂錫 にしさかたまう
→西坂成庵(にしざかせいあん)

西坂衷 にしさかちゅう
→西坂成庵(にしざかせいあん)

西坂成一 にしさかなりかず
*～明治20(1887)年
江戸時代末期～明治期の儒学者、加賀藩士。
¶姓氏石川([生]？)，幕末([生]1831年　[没]1887年10月31日)

西坂錫 にしざかよう
→西坂成庵（にしざかせいあん）

西崎善純 にしざきよしずみ
天和3（1683）年〜宝暦3（1753）年
江戸時代中期の陸奥二本松藩士。
¶藩臣5

西崎善行 にしざきよしゆき
寛永12（1635）年〜宝永2（1705）年
江戸時代前期〜中期の陸奥二本松藩士。
¶藩臣5

西沢七右衛門 にしざわしちえもん
安永8（1779）年〜明治1（1868）年
江戸時代中期〜末期の剣術家。源海流。
¶剣豪

西沢武吉 にしざわぶきち
江戸時代末期の新撰組隊士。
¶新撰

西島亀太郎 にしじまかめたろう
天保4（1833）年〜元治1（1864）年
江戸時代末期の肥後熊本藩士。
¶維新，人名，日人

西嶋新兵衛 にしじましんべえ
？ 〜明治4（1871）年1月7日
江戸時代末期〜明治期の奇兵隊士。
¶幕末

西島八兵衛（西嶋八兵衛） にしじまはちべえ
慶長1（1596）年〜延宝8（1680）年　[別]西島之友《にしじまゆきとも》
江戸時代前期の伊勢津藩士、水利技術者。
¶朝日（[没]延宝8年3月20日（1680年4月19日）），香川人（西嶋八兵衛），香川百（西嶋八兵衛），郷土香川（西嶋八兵衛），京都府（西嶋八兵衛），近世（[没]1682年），国史（[没]1682年），国書（[没]延宝8（1680）年3月20日），コン改，コン4，史人（[没]1680年3月20日），新潮（[没]天和2（1682）年），人名，世人（[生]慶長6（1601）年），日人，藩臣5（西島之友　にしじまゆきとも），三重，歴大（[没]1682年）

西島之友 にしじまゆきとも
→西島八兵衛（にしじまはちべえ）

西善蔵 にしぜんぞう
天保3（1832）年〜元治1（1864）年12月3日
江戸時代末期の陸奥中村藩士。
¶幕末

西宗真 にしそうしん
→西類子（にしるいす）

西田可蔵 にしだかぞう
文政5（1822）年〜明治15（1882）年10月17日
江戸時代末期〜明治期の志士。土佐勤王党に参加。
¶幕末

西田新五右衛門(1) にしだしんごえもん
慶長16（1611）年〜延宝8（1680）年7月22日
江戸時代前期の庄内藩家老。
¶庄内

西田新五右衛門(2) にしだしんごえもん
→西田新五左衛門（にしだしんござえもん）

西田新五左衛門 にしだしんござえもん
明暦2（1656）年〜元文3（1738）年　[別]西田新五右衛門《にしだしんごえもん》
江戸時代前期〜中期の出羽松山藩家老。
¶庄内（西田新五右衛門　にしだしんごえもん　[没]元文3（1738）年4月1日），藩臣1

西田多兵衛 にしだたへえ
〜延享3（1746）年11月11日
江戸時代中期の庄内藩家老。
¶庄内

西館宇膳 にしだてうぜん
→西館融（にしだてとおる）

西館翫水 にしだてかんすい
→西館融（にしだてとおる）

西館刑部 にしだてぎょうぶ
？ 〜享保8（1723）年　[別]西館刑部建雄《にしだてぎょうぶたけたか》
江戸時代中期の陸奥弘前藩家老。
¶青森人（西館刑部建雄　にしだてぎょうぶたけたか），青森百，藩臣1

西館刑部建雄 にしだてぎょうぶたけたか
→西館刑部（にしだてぎょうぶ）

西館孤清 にしだてこせい
文政12（1829）年〜明治25（1892）年　[別]西館平馬《にしだてへいま》
江戸時代末期〜明治期の陸奥弘前藩用人。
¶青森人，維新，人名，日人，幕末（[没]1892年9月15日），藩臣1（西館平馬　にしだてへいま）

西館建哲 にしだてたけあき
→西館融（にしだてとおる）

西館融 にしだてとおる
＊〜明治13（1880）年　[別]西館宇膳《にしだてうぜん》，西館翫水《にしだてかんすい》，西館建哲《にしだてたけあき》
江戸時代末期〜明治期の陸奥弘前藩家老。
¶維新（西館建哲　にしだてたけあき　[生]1834年），日人（[生]1835年），幕末（西館翫水　にしだてかんすい　[生]1834年　[没]1880年10月29日），藩臣1（西館宇膳　にしだてうぜん　[生]天保6（1835）年）

西館登 にしだてのぼる
江戸時代末期の新撰組隊士。
¶新撰

西館平馬 にしだてへいま
→西館孤清（にしだてこせい）

西田辰正 にしだときまさ
天保11（1840）年〜明治32（1899）年
江戸時代末期〜明治期の越中富山藩士。
¶維新，富山百，幕末（[生]1840年8月4日　[没]1899年11月9日）

西田直養 にしだなおかい
寛政5（1793）年〜慶応1（1865）年
江戸時代末期の豊前小倉藩の国学者。
¶朝日（[生]寛政5年7月21日（1793年8月27日）　[没]慶応1年3月18日（1865年4月13日）），維新，大阪人，京都大，考古（[生]寛政5年（1793年7月）　[没]元治2年（1865年3月）），国書（[生]寛政5

(1793) 年7月21日 [没]元治2 (1865) 年3月18日), コン改, コン4, 神史, 神人, 新潮 ([生]寛政5 (1793) 年7月21日 [没]慶応1 (1865) 年3月18日), 人名, 姓氏京都, 世人, 日人, 幕末 ([没]1865年4月13日), 藩臣7, 福岡百 ([生]寛政5 (1793) 年7月21日 [没]元治2 (1865) 年3月18日), 和俳

西田直五郎 にしだなおごろう
天保9 (1838) 年～文久2 (1862) 年
江戸時代末期の薩摩藩士。
¶維新, 大阪人, 人名, 姓氏鹿児島, 日人, 幕末 ([没]1862年5月21日), 藩臣7

西出源蔵 にしでげんぞう
享和3 (1803) 年～明治15 (1882) 年
江戸時代末期～明治期の加賀大聖寺藩士。
¶姓氏石川, 藩臣3

西直道 にしなおみち
明和7 (1770) 年～文化6 (1809) 年
江戸時代中期～後期の清末藩家老。
¶姓氏山口

西永広林 にしながこうりん
→西永広林 (にしながひろしげ)

西永広林 にしながひろしげ
? ～明和1 (1764) 年 [別]西永広林《にしながこうりん》
江戸時代中期の算学者、加賀藩士。
¶国書 ([没]明和1 (1764) 年8月19日), 人名 (にしながこうりん), 姓氏石川 ([没]1725年), 日人

仁科匡平 にしなきょうへい
寛政6 (1794) 年～明治23 (1890) 年
江戸時代末期の代官役。
¶岡山人, 岡山歴 ([生]寛政6 (1794) 年3月 [没]明治23 (1890) 年8月19日)

仁科縫殿 にしなぬい
宝永2 (1705) 年～宝暦4 (1754) 年
江戸時代中期の上野館林藩士。
¶藩臣2

仁科平左衛門 にしなへいざえもん
生没年不詳
江戸時代中期の武士。
¶和歌山人

西成度 にしなりたき
→西成度 (にしなりのり)

西成度 にしなりのり
天保6 (1835) 年～明治24 (1891) 年 [別]西成度《にしなりたき》
江戸時代末期～明治期の府中藩士、幕臣、司法官。
¶朝日 (にしなりたき [生]天保6年6月22日 (1835年7月17日) [没]明治24 (1891) 年4月7日), 人名, 日人

西野孝次郎 にしのこうじろう
生没年不詳
江戸時代後期の水戸藩士。
¶国書

西野宗右衛門 にしのそうえもん
? ～明治30 (1897) 年6月16日
江戸時代末期～明治期の加賀藩士。
¶幕末

西野時敏 にしのときとし
明和5 (1768) 年～嘉永2 (1849) 年
江戸時代中期～後期の土佐藩士、歌人。
¶高知人

西野宣明 にしののぶあき
享和2 (1802) 年～明治16 (1883) 年 [別]西宮宣明《にしのみやのぶあき》
江戸時代末期～明治期の水戸藩士、弘道館訓導。
¶維新, 江文, 国書 (西宮宣明 にしのみやのぶあき), 神人, 日人, 幕末, 藩臣2

西宮宣明 にしのみやのぶあき
→西野宣明 (にしののぶあき)

西宮藤長 にしのみやふじなが
文政8 (1825) 年～明治28 (1895) 年
江戸時代末期～明治期の出羽秋田藩士。
¶秋田百, 日人, 幕末 ([没]1895年10月22日), 藩臣1

西野泰定 にしのやすさだ
? ～享保16 (1731) 年
江戸時代中期の水戸藩士。
¶国書

西野義威 にしのよしとし
天保2 (1831) 年～明治27 (1894) 年
江戸時代後期～明治期の武士、官吏。
¶日人

西原晁樹 にしはらあさき
→西原晁樹 (にしはらちょうじゅ)

西原一甫 にしはらいっぽ
宝暦11 (1761) 年～天保15 (1844) 年
江戸時代中期～後期の筑後柳河藩士。
¶国書 ([没]天保15 (1844) 年5月16日), 藩臣7

西原晁樹 にしはらちょうじゅ
天明1 (1781) 年～安政6 (1859) 年 [別]西原晁樹《にしはらあさき》
江戸時代後期の国学者、筑後柳川藩士、国学師範。
¶朝日 (にしはらあさき [生]天明1年2月15日 (1781年3月9日) [没]安政6年7月27日 (1859年8月25日)), 維新, 国書 ([生]安永10 (1781) 年2月15日 [没]安政6 (1859) 年7月27日), コン改, コン4, 新潮 ([生]天明1 (1781) 年2月15日 [没]安政6 (1859) 年7月20日), 人名, 日人 (にしはらあさき), 幕末 ([没]1859年8月25日), 藩臣7, 福岡百 ([生]安永10 (1781) 年2月15日 [没]安政6 (1859) 年7月20日), 和俳

西原湊 にしはらみなと
享和4 (1804) 年頃～明治22 (1889) 年
江戸時代末期～明治期の筑後久留米藩士。
¶藩臣7

西村熊 にしむらくま
嘉永2 (1849) 年～明治5 (1872) 年12月4日
江戸時代末期～明治期の加賀藩士。
¶幕末

西村栗右衛門 にしむらくりえもん
寛政2 (1790) 年～文久3 (1863) 年
江戸時代後期～末期の武士。
¶日人

西村源五郎 にしむらげんごろう
元和9(1623)年〜?
江戸時代前期の備前岡山藩士。
¶藩臣6

西村広蔵 にしむらこうぞう
*〜明治3(1870)年 [別]西村広蔵《にしむらひろぞう》
江戸時代末期〜明治期の志士。
¶高知人(にしむらひろぞう [生]1812年),幕末([生]1816年 [没]1870年5月24日)

西村左平次 にしむらさへいじ
弘化2(1845)年〜明治1(1868)年
江戸時代末期の土佐藩士。
¶高知人,幕末([没]1868年3月16日),藩臣6

西村次右衛門 にしむらじうえもん
? 〜明治7(1874)年
江戸時代末期〜明治期の三河吉田藩家老。
¶国書([没]明治7(1874)年9月8日),藩臣4

西村茂樹 にしむらしげき
文政11(1828)年〜明治35(1902)年
江戸時代末期〜明治期の肥前佐賀藩士、思想家。
¶朝日([生]文政11年3月13日(1828年4月26日) [没]明治35(1902)年8月18日),維新,岩史([生]文政11(1828)年3月13日 [没]明治35(1902)年8月18日),角史,教育,郷土千葉,近現,近世,近文,国際,国史,国書([生]文政11(1828)年3月13日 [没]明治35(1902)年8月18日),コン改,コン4,コン5,史研([生]文政11(1828)年3月13日 [没]明治35(1902)年8月18日),史人([生]1828年3月13日 [没]1902年8月18日),思想([生]文政11(1828)年3月13日 [没]明治35(1902)年8月18日),重要([生]文政11(1828)年3月13日 [没]明治35(1902)年8月18日),出版([生]文政11(1826)年),人書79,人書94,神人,新潮([生]文政11(1828)年3月13日 [没]明治35(1902)年8月18日),新文([生]文政11(1828)年3月12日 [没]明治35(1902)年8月18日),人名,心理([生]文政11(1828)年3月13日 [没]明治35(1902)年8月18日),世人([生]文政11(1828)年8月13日 [没]明治35(1902)年8月18日),世百,全書,大百,千葉百,哲学,伝記,栃木歴,日史([生]文政11(1828)年3月13日 [没]明治35(1902)年8月18日),日人,日本,幕末([没]1902年7月18日),百科,文学,民学,明治2,洋学,履歴([生]文政11(1828)年3月13日 [没]明治35(1902)年8月18日),歴大

西村子麟 にしむらしりん
寛保2(1742)年〜文化8(1811)年
江戸時代中期〜後期の美濃岩村藩士。
¶藩臣3

西村捨三 にしむらすてぞう
天保14(1843)年〜明治41(1908)年1月14日
江戸時代末期〜明治期の近江彦根藩士、官僚。
¶朝日([生]天保14年7月29日(1843年8月24日)),維新,海越新([生]天保14(1843)年7月29日),大阪人([生]安政1(1854)年 [没]明治41(1908)年1月),沖縄百([生]天保14(1843)年7月),郷土滋賀,滋賀百,世紀([生]天保14(1843)年7月29日),姓氏沖縄,渡航([生]1843年7月29日),土木([生]1843年7月29日),日人,幕末,履歴([生]天保14(1843)年7月29日)

西村清太郎 にしむらせいたろう
弘化3(1846)年〜文久3(1863)年
江戸時代末期の長州(萩)藩士。
¶維新,人名,日人,幕末([没]1863年11月24日)

西村善次 にしむらぜんじ
天保13(1842)年〜元治1(1864)年
江戸時代末期の長州(萩)藩士。
¶維新,幕末([没]1864年12月15日)

西村武正 にしむらたけまさ
文政1(1818)年〜明治11(1878)年
江戸時代末期〜明治期の播磨姫路藩士。
¶幕末([没]1878年7月),藩臣5

西村忠国 にしむらただくに
文政3(1820)年〜明治5(1872)年
江戸時代末期〜明治期の肥前蓮池藩士、儒学者。
¶藩臣7

西村哲二郎 にしむらてつじろう
弘化1(1844)年〜慶応2(1866)年 [別]太田二郎《おおたじろう》
江戸時代末期の志士。
¶維新,新潮([没]慶応2(1866)年7月27日),人名,日人,幕末([没]1866年7月27日),兵庫百

西村藤太右衛門 にしむらとうたえもん
正徳2(1712)年〜寛政10(1798)年
江戸時代中期の信濃松本藩士。
¶藩臣3

西村久清 にしむらひさきよ
? 〜寛永18(1641)年
江戸時代前期の武士。
¶和歌山人

西村広蔵 にしむらひろぞう
→西村広蔵(にしむらこうぞう)

西村文平 にしむらぶんぺい
? 〜延宝5(1677)年
江戸時代前期の武士。
¶和歌山人

西村亮吉 にしむらりょうきち
天保10(1839)年〜大正6(1917)年
江戸時代末期〜明治期の土佐藩士。
¶維新,大分百,大分歴,高知人,鳥取百,日人([生]1840年)

西本正道 にしもとまさみち
江戸時代末期の安芸広島藩士。
¶維新,幕末(生没年不詳)

西森三蔵 にしもりさんぞう
文政1(1818)年〜明治16(1883)年2月10日
江戸時代末期〜明治期の土佐藩士。
¶幕末

西谷網庵 にしやけいあん
天保3(1832)年〜明治27(1894)年 [別]西谷善慎《にしやよしかた》
江戸時代末期〜明治期の大和田原本藩家老・考証学者。下田原藩大目付、加判などを歴任。著書に「庸学稽古論」。

¶郷土奈良，幕末（西谷善慎　にしやよしかた　[没]1894年2月9日），藩臣4（[生]天保2（1831）年）

西安太郎 にしやすたろう
嘉永2（1849）年〜慶応2（1866）年9月5日
江戸時代末期の長州（萩）藩士、忠告隊士。
¶幕末

西山蔵造 にしやまくらぞう
天保9（1838）年〜明治26（1893）年
江戸時代後期〜明治期の剣術家。無外流。
¶剣豪

西山健助 にしやまけんすけ
→西山順泰（にしやまじゅんたい）

西山謙之助 にしやまけんのすけ
弘化2（1845）年〜＊
江戸時代末期の志士。
¶維新（[没]1867年），人名（[没]1867年），日人（[没]1868年），幕末（[没]1868年1月5日）

西山紅山 にしやまこうざん
→西山則休（にしやまのりやす）

西山左京 にしやまさきょう
生没年不詳
江戸時代中期の肥後熊本藩士。
¶藩臣7

西山志澄 にしやましちょう
天保13（1842）年〜明治44（1911）年　[別]西山志澄《にしやまゆきずみ》，植木志澄
江戸時代後期〜明治期の武士、政治家。
¶朝日（[生]天保13年6月6日（1842年7月13日）[没]明治44（1911）年5月26日），近現，高知人（にしやまゆきずみ），高知百（にしやまゆきずみ），国史，史人（[生]1842年6月6日　[没]1911年5月26日），社史（[生]天保13（1842）年6月6日　[没]1911年5月26日），人名，日人（にしやまゆきずみ），幕末（にしやまゆきずみ　[没]1911年5月27日）

西山順泰 にしやまじゅんたい
＊〜元禄1（1688）年　[別]西山健助《にしやまけんすけ》
江戸時代前期の儒学者、対馬藩士、木下順庵の弟子。
¶朝日（[生]明暦3（1657）年　[没]元禄1年10月3日（1688年10月26日）），藩臣7（西山健助　にしやまけんすけ　[生]万治3（1660）年）

西山退溟 にしやまたいめい
文政7（1824）年〜明治23（1890）年6月6日
江戸時代後期〜明治期の肥後熊本藩士。
¶国書

西山則休 にしやまのりやす
安永6（1777）年〜安政7（1860）年　[別]西山紅山《にしやまこうざん》
江戸時代後期の因幡鳥取藩士。
¶国書（[没]安政7（1860）年2月21日），藩臣5（西山紅山　にしやまこうざん）

西山昌春 にしやままさはる
寛永10（1633）年〜元禄15（1702）年10月5日
江戸時代前期〜中期の幕臣。
¶国書

西山志澄 にしやまゆきずみ
→西山志澄（にしやましちょう）

西山与七郎 にしやまよしちろう
天明4（1784）年〜嘉永5（1852）年
江戸時代末期の武士。
¶和歌山人

西谷善慎 にしやよしかた
→西谷網庵（にしやけいあん）

西義質 にしよしもと
天保8（1837）年〜明治7（1874）年
江戸時代後期〜明治期の武士、官吏。
¶日人

西依成斎 にしよりせいさい
元禄15（1702）年〜寛政9（1797）年
江戸時代中期の若狭小浜藩士、儒学者。
¶京都大，熊本百（[生]元禄15（1702）年8月12日　[没]寛政9（1797）年7月4日），国書（[生]元禄15（1702）年閏8月12日　[没]寛政9（1797）年閏7月4日），人名，姓氏京都，日人，藩臣3，兵庫百

西依墨山 にしよりぼくざん
享保11（1726）年〜寛政12（1800）年
江戸時代中期〜後期の若狭小浜藩士、儒学者。
¶国書（[生]享保11（1726）年7月13日　[没]寛政12（1800）年1月11日），日人，藩臣3

西類子（西ルイス） にしるいす
？〜正保3（1646）年　[別]西宗真《にしそうしん》
江戸時代前期の貿易家、肥前大村藩の家士。ルソンと朱印船貿易を行う。
¶朝日（西ルイス　[没]正保3年1月15日（1646年3月2日）），大阪墓（西宗真　にしそうしん　[没]正保3（1646）年1月15日），近世，国史，コン改（西ルイス），コン4（西ルイス），茶道（西宗真　にしそうしん），史人（[没]1646年1月15日），新潮（[没]正保3（1646）年1月15日），人名，世人（[没]正保3（1646）年1月15日），大百，長崎歴，日史（[没]正保3（1646）年1月15日），日人，歴大（西ルイス）

西脇勘左衛門 にしわきかんざえもん
正保4（1647）年〜享保7（1722）年　[別]西脇猛正《にしわきたけまさ》
江戸時代前期〜中期の紀伊和歌山藩士、剣術家。西脇流祖。
¶剣豪，和歌山人（西脇猛正　にしわきたけまさ）

西脇源六郎 にしわきげんろくろう
文政11（1828）年〜明治15（1882）年9月20日
江戸時代後期〜明治期の新撰組隊士。
¶新撰

西脇剛之助 にしわきごうのすけ
文政12（1829）年〜慶応3（1867）年
江戸時代末期の常陸土浦藩士。
¶幕末（[没]1867年3月3日），藩臣2

西脇作右衛門(1) にしわきさくうえもん
寛延3（1750）年〜文化3（1806）年
江戸時代中期〜後期の常陸土浦藩士。
¶藩臣2

西脇作右衛門(2) にしわきさくうえもん
文化11（1814）年〜明治22（1889）年

に

江戸時代末期〜明治期の常陸土浦藩士。
¶幕末（[没]1889年5月24日），藩臣2

西脇作右衛門　にしわきさくえうもん
天明8（1788）年〜安政3（1856）年
江戸時代後期の常陸土浦藩士。
¶藩臣2

西脇猛正　にしわきたけまさ
→西脇勘左衛門（にしわきかんざえもん）

西脇多仲　にしわきたちゅう
生没年不詳
江戸時代後期の肥前唐津藩家老。
¶藩臣7

日深　にちじん
＊〜寛永4（1627）年　[別]堀秀信《ほりひでのぶ》
江戸時代前期の武士。徳川氏家臣。
¶国書（[生]天正2（1574）年　[没]寛永4（1627）年12月28日），戦国（堀秀信　ほりひでのぶ　[生]1587年），戦人（堀秀信　ほりひでのぶ　[生]天正15（1587）年），仏教（[生]天正1（1573）年　[没]寛永4（1627）年12月28日）

新田角左衛門　にったかくざえもん
文政9（1826）年〜明治24（1891）年　[別]新田直興《にったただおき》
江戸時代末期〜明治期の三河西尾藩士。
¶剣豪，藩臣4（新田直興　にったただおき）

新田革左衛門　にったかくざえもん
？　〜元治1（1864）年7〜8月
江戸時代後期〜末期の新撰組隊士。
¶新撰

新田邦光　にったくにてる
文政12（1829）年〜明治35（1902）年　[別]竹沢寛三郎《たけざわかんざぶろう》
江戸時代末期〜明治期の神道家、阿波稲田家家臣。神道修成派の教祖。
¶朝日（[生]文政12年12月5日（1829年12月30日）　[没]明治35（1902）年11月25日），維新，岐阜百（竹沢寛三郎　たけざわかんざぶろう），近現，国史，国書（[生]文政12（1829）年12月5日　[没]明治35（1902）年11月25日），コン改，コン4，コン5，埼玉人（[生]文政12（1829）年12月5日　[没]明治35（1902）年11月25日），史人（[生]1829年12月5日　[没]1902年11月25日），神史，神人（[生]文政12（1829）年12月5日　[没]明治35（1902）年11月），新潮（[生]文政12（1829）年12月5日　[没]明治35（1902）年11月25日），人名，徳島百（[生]文政12（1829）年12月5日　[没]明治35（1902）年11月25日），徳島歴（竹沢寛三郎　たけざわかんざぶろう　[生]文政12（1829）年12月5日　[没]明治35（1902）年11月25日），日人，幕末（竹沢寛三郎　たけざわかんざぶろう　[没]1902年12月25日）

新田庄左衛門　にったしょうざえもん
→新田庄左衛門（にいだしょうざえもん）

新田直興　にったただおき
→新田角左衛門（にったかくざえもん）

新田千里　にったちさと
生没年不詳
江戸時代末期の蝦夷松前藩の儒学者。
¶幕末，藩臣1

新田寅之助　にったとらのすけ
江戸時代末期の新撰組隊士。
¶新撰

新田政箇　にったまさこと
→新田政固（にいだまさこと）

新田義信　にったよしのぶ
？　〜寛永16（1639）年
江戸時代前期の陸奥仙台藩士。
¶藩臣1

新田義徳　にったよしのり
文政5（1822）年〜明治16（1883）年
江戸時代後期〜明治期の邑主沼辺氏の家老。
¶姓氏岩手

新妻朗六　にっつまろうろく
生没年不詳
江戸時代末期の陸奥仙台藩士、槍術家。
¶藩臣1

新渡戸維民　にとべこれたみ
＊〜弘化2（1845）年　[別]新渡戸平六《にとべへいろく》
江戸時代中期〜後期の盛岡藩士。
¶青森人（新渡戸平六　にとべへいろく　[生]？），国書（[生]明和7（1770）年　[没]弘化2（1845）年9月7日），姓氏岩手（[生]1769年）

新渡戸十次郎　にとべじゅうじろう
文政3（1820）年〜慶応3（1867）年
江戸時代末期の開拓者、盛岡藩三本木新田御用掛。
¶青森人，維新，国書（[生]文政3（1820）年6月11日　[没]慶応3（1867）年12月29日），日人（[没]1868年），幕末（[没]1868年1月18日）

新渡戸伝　にとべつたう
→新渡戸伝（にとべつとう）

新渡戸伝　にとべつとう
寛政5（1793）年〜明治4（1871）年　[別]新渡戸伝《にとべつたう》
江戸時代末期〜明治期の陸奥七戸藩士、陸奥南部藩士。陸奥国三本木の開発者で、稲生川用水を完成。
¶青森人，青森百，朝日（[没]明治4年9月27日（1871年11月9日）），維新，岩手百，近現，近世，国史，国書（[没]明治4（1871）年9月27日），コン改（にとべつたう），コン4（にとべつたう），コン5（にとべつたう），新潮（[生]寛政5（1793）年11月7日　[没]明治4（1871）年9月27日），姓氏岩手，日人，幕末（[没]1871年11月9日），藩臣1，歴大

新渡戸平六　にとべへいろく
→新渡戸維民（にとべこれたみ）

新渡戸類右衛門　にとべるいえもん
？　〜
江戸時代の八戸藩目付格。
¶青森人

蜷川親和　にながわちかかず
寛文11（1671）年〜元文2（1737）年6月14日
江戸時代前期〜中期の幕臣。
¶国書

蜷川親房 にながわちかふさ
～元禄7(1694)年
江戸時代前期の旗本。
¶神奈川人

蜷川親文 にながわちかぶみ
生没年不詳
江戸時代後期の旗本。
¶神奈川人

二宮兼善 にのみやかねよし
？ ～文政8(1825)年
江戸時代後期の豊後日出藩士。
¶国書([没]文政8(1825)年10月29日)，藩臣7

二宮金次郎 にのみやきんじろう
→二宮尊徳(にのみやそんとく)

二宮錦水 にのみやきんすい
文化2(1805)年～明治7(1874)年
江戸時代末期～明治期の周防岩国藩士。
¶日人，幕末([没]1874年6月29日)，藩臣6

二宮元勲 にのみやげんくん
→二宮東郭(にのみやとうかく)

二宮小太郎 にのみやこたろう
天保2(1831)年～明治1(1868)年2月17日
江戸時代末期の周防岩国藩士。
¶幕末

二宮尊徳 にのみやそんとく
天明7(1787)年～安政3(1856)年 [別]二宮金次郎《にのみやきんじろう》，二宮尊徳《にのみやたかのり》
江戸時代後期の相模小田原藩の農政家。のち幕臣に登用された。報徳主義の創唱者。
¶朝日([生]天明7年7月23日(1787年9月4日) [没]安政3年10月20日(1856年11月17日))，維新，茨城百，岩史(二宮金次郎 にのみやきんじろう [生]天明7(1787)年7月23日 [没]安政3(1856)年10月20日)，江戸(にのみやたかのり)，角史，神奈川人，神奈川百，教育，郷土神奈川，郷土栃木，近世，国史，国書([生]天明7(1787)年7月23日 [没]安政3(1856)年10月20日)，コン改，コン4，詩歌，史人([生]1787年7月23日 [没]1856年10月20日)，静岡歴，重要([生]天明7(1787)年7月23日 [没]安政3(1856)年10月20日)，食文([生]天明7年7月23日(1787年9月4日) [没]安政3年10月20日(1856年11月27日))，神史，人書79，人書94，神人([生]天明7(1787)年7月 [没]安政3(1856)年10月)，新潮([没]安政3(1856)年10月20日)，人名，姓氏神奈川，姓氏静岡，世人([生]天明7(1787)年7月23日 [没]安政3(1856)年10月20日)，世百，全書，大百，伝記，栃木歴，日史([生]天明7(1787)年7月23日 [没]安政3(1856)年10月20日)，日人，幕末([生]1787年7月23日 [没]1856年10月20日)，藩臣3(二宮金次郎 にのみやきんじろう)，百科，歴大，和俳([没]安政3(1856)年10月20日)

二宮尊徳 にのみやたかのり
→二宮尊徳(にのみやそんとく)

二宮東郭 にのみやとうかく
寛政5(1793)年～明治1(1868)年 [別]二宮元勲《にのみやげんくん》，二宮杢之助《にのみやもくのすけ》
江戸時代末期の因幡鳥取藩士、儒学者。
¶剣豪(二宮杢之助 にのみやもくのすけ)，国書([生]寛政5(1793)年12月 [没]明治1(1868)年12月16日)，藩臣5(二宮元勲 にのみやげんくん)

二宮豊後 にのみやぶんご
？ ～万治2(1659)年
江戸時代前期の武士。2代仙台藩主伊達忠宗の家臣。
¶姓氏岩手

二宮杢之助 にのみやもくのすけ
→二宮東郭(にのみやとうかく)

新納立夫 にひろたてお
生没年不詳 [別]新納立夫《にいろたつお》
江戸時代末期の薩摩藩士。
¶神人，幕末(にいろたつお)

仁保元棟 にほもとむね
？ ～寛永8(1631)年
戦国時代～江戸時代前期の武将。
¶島根歴

日本左衛門 にほんざえもん
[別]浜島庄兵衛《はましましょうべえ》
江戸時代中期の尾張藩士。歌舞伎「白波五人男」のモデルの一人。
¶静岡歴([生]享保6(1721)年 [没]寛延2(1749)年)，姓氏静岡(浜島庄兵衛 はましましょうべえ [生]1719年？ [没]1747年)

二本松大炊 にほんまつおおい
宝暦8(1758)年～文化14(1817)年 [別]二本松七郎《にほんまつしちろう》
江戸時代中期～後期の肥前唐津藩家老。
¶佐賀百(二本松七郎 にほんまつしちろう)，藩臣7

二本松七郎 にほんまつしちろう
→二本松大炊(にほんまつおおい)

二本松義陳 にほんまつよしむね
承応3(1654)年～享保6(1721)年
江戸時代前期～中期の三河岡崎藩士。
¶藩臣4

乳井貢 にゅういこう
→乳井貢(にゅういみつぎ)

乳井貢 にゅういみつぎ
正徳2(1712)年～寛政4(1792)年 [別]乳井貢《にゅういこう》
江戸時代中期の陸奥津軽藩勘定奉行、元司。藩の行財政改革を断行。
¶青森人，朝日([没]寛政4年4月6日(1792年5月26日))，岩史([没]寛政4(1792)年4月6日)，近世([生]1711年)，国書([没]寛政4(1792)年4月6日)，コン改，コン4，人名(にゅういこう [生]1711年)，日人，藩臣1

乳井美作 にゅういみまさか
生没年不詳
江戸時代前期の陸奥弘前藩家老。
¶藩臣1

新川二郎右衛門　にゅうかわじろうえもん
生没年不詳
江戸時代前期の最上氏遺臣。
¶庄内

如儡子　にょらいし
*～延宝2(1674)年　[別]斎藤親盛《さいとうちかもり》,如儡子《じょらいし》
江戸時代前期の仮名草子作者。「可笑記」を執筆。もと山形藩主最上家臣の家だったが主家改易で浪人となった。
¶朝日([生]慶長8(1603)年？　[没]延宝2年3月8日(1674年4月13日)),岩史([生]慶長8(1603)年？　[没]延宝2(1674)年3月8日),京都大([生]慶長8(1603)年),近世([生]？),国史([生]？),国書([生]慶長8(1603)年頃　[没]延宝2(1674)年3月8日),コン改(じょらいし　生没年不詳),コン4(じょらいし　生没年不詳),史人([生]1603年？　[没]1674年3月8日),庄内(斎藤親盛　さいとうちかもり　[没]延宝2(1674)年3月8日),新潮([生]慶長8(1603)年？　[没]延宝2(1674)年3月8日),人名(じょらいし　[生]1591年　[没]1655年？),全書(じょらいし　[生]？),大百(じょらいし　[生]1591年　[没]1655年？),日史(じょらいし　[生]慶長8(1603)年？　[没]延宝2(1674)年3月8日),日人([生]1603年？),百科(じょらいし　[生]慶長8(1603)年頃),福島百(じょらいし　[生]慶長8(1603)年)

仁礼景範　にれいかげのり
→仁礼景範(にれかげのり)

仁礼景範(二礼景範)　**にれかげのり**
天保2(1831)年～明治33(1900)年　[別]仁礼景範《にれいかげのり》,源之丞,平輔
江戸時代末期～明治期の薩摩藩士、海軍軍人。1867年アメリカに留学。
¶朝日([生]天保2年2月24日(1831年4月6日)　[没]明治33(1900)年11月22日),維新,海越([生]天保2(1831)年2月24日　[没]明治33(1900)年11月22日),海越新([生]天保2(1831)年2月24日　[没]明治33(1900)年11月22日),鹿児島百([没]明治23(1890)年),近現,国際,国史,コン改,コン4,コン5,史人([生]1831年2月24日　[没]1900年11月22日),人名(にれいかげのり),姓氏鹿児島,渡航(二礼景範　[生]1831年2月24日　[没]1900年11月22日),日人,幕末([没]1900年11月22日),藩臣7,明治1,陸海([生]天保2年2月24日　[没]明治33年11月22日)

仁礼舎人　にれとねり
生没年不詳
江戸時代末期の薩摩藩士。
¶幕末

仁礼頼景　にれよりかげ
天正8(1580)年～正保3(1646)年
江戸時代前期の薩摩藩士。
¶藩臣7

丹羽一学　にわいちがく
文政6(1823)年～明治1(1868)年
江戸時代末期の陸奥二本松藩士。
¶維新,日人,幕末([没]1868年9月15日),藩臣5([生]文政5(1822)年)

丹羽氏昭　にわうじあき
→丹羽氏昭(にわうじてる)

丹羽氏明(1)　**にわうじあき**
？～宝暦3(1753)年
江戸時代中期の武士。紀伊和歌山藩士。
¶日人

丹羽氏明(2)　**にわうじあき**
→丹羽氏明(にわうじあきら)

丹羽氏曄　にわうじあき
？～嘉永5(1852)年
江戸時代末期の歌人、豊前小倉藩士。
¶国書([没]嘉永5(1852)年5月),人名,日人,和俳

丹羽氏明　にわうじあきら
寛文7(1667)年～貞享3(1686)年　[別]丹羽氏明《にわうじあき》
江戸時代前期の大名。美濃岩村藩主。
¶岐阜百(にわうじあき),諸系,日人,藩主2([没]貞享3(1686)年3月2日)

丹羽氏音　にわうじおと
延宝6(1678)年～宝永2(1705)年
江戸時代中期の大名。美濃岩村藩主、越後高柳藩主。
¶岐阜百([生]貞享3(1686)年　[没]元禄15(1702)年),諸系,人名,日人,藩主2([没]宝永2(1705)年閏4月7日),藩主3([没]宝永2(1705)年4月7日)

丹羽氏定　にわうじさだ
慶長11(1606)年～明暦3(1657)年
江戸時代前期の大名。美濃岩村藩主。
¶岐阜百([生]正保3(1646)年),諸系,日人,藩主2([没]明暦3(1657)年4月16日)

丹羽氏純　にわうじずみ
寛永14(1637)年～延宝2(1674)年
江戸時代前期の大名。美濃岩村藩主。
¶岐阜百([生]明暦3(1657)年),諸系,日人,藩主2([没]延宝2(1674)年9月27日)

丹羽氏昭　にわうじてる
天明3(1783)年～文政10(1827)年　[別]丹羽氏昭《にわうじあき》
江戸時代後期の大名。播磨三草藩主。
¶京都大(にわうじあき　生没年不詳),諸系,姓氏京都,日人,藩主3([没]文政10(1827)年9月2日)

丹羽氏信　にわうじのぶ
天正18(1590)年～正保3(1646)年
江戸時代前期の大名。三河伊保藩主、美濃岩村藩主。
¶岐阜百([生]寛永15(1638)年),諸系,人名,日人,藩主2,藩主2([没]正保3(1646)年5月11日)

丹羽氏中　にわうじのり
天保7(1836)年～明治17(1884)年
江戸時代末期の大名。播磨三草藩主。
¶諸系,日人,藩主3(生没年不詳)

丹羽氏張　にわうじはる
元禄12(1699)年～天明1(1781)年　[別]丹羽織江《にわおりえ》
江戸時代中期の剣術家。

¶剣豪（丹羽織江　にわおりえ），国書（[没]天明1（1781）年11月17日）

丹羽氏栄 にわうじひで
享保1（1716）年～明和8（1771）年
江戸時代中期の大名。播磨三草藩主。
¶諸系，人名，日人，藩主3（[没]明和8（1771）年7月9日）

丹羽氏広 にわうじひろ
天文17（1548）年～寛永5（1628）年　[別]丹羽久左衛門《にわきゅうざえもん》
安土桃山時代～江戸時代前期の武士、のち紀伊和歌山藩附家老。
¶人名（[生]1546年），日人，藩臣5（丹羽久左衛門　にわきゅうざえもん）

丹羽氏賢 にわうじまさ
文化9（1812）年～安政1（1854）年
江戸時代後期の大名。播磨三草藩主。
¶諸系，日人，藩主3（生没年不詳）

丹羽氏福 にわうじよし
宝暦12（1762）年～天保14（1843）年
江戸時代中期の大名。播磨三草藩主。
¶諸系，日人，藩主3（[没]？）

丹羽織江 にわおりえ
→丹羽氏張（にわうじはる）

丹羽勝重 にわかつしげ
？　～寛永20（1643）年
江戸時代前期の武士。
¶和歌山人

丹羽寛次郎 にわかんじろう
文政8（1825）年～元治1（1864）年1月3日
江戸時代末期の陸奥会津藩公用人。
¶幕末

丹羽久左衛門 にわきゅうざえもん
→丹羽氏広（にわうじひろ）

丹羽恵介 にわけいすけ
天保1（1830）年～元治1（1864）年
江戸時代末期の水戸藩士。
¶維新，人名，日人，幕末（[没]1864年11月15日）

丹羽賢 にわけん
→丹羽賢（にわまさる）

丹羽玄塘 にわげんとう
安永2（1773）年6月～天保2（1831）年11月
江戸時代中期～後期の尾張藩士・郷土史家。
¶国書

丹羽五平次 にわごへいじ
安土桃山時代～江戸時代前期の武士。豊臣氏家臣、浅野氏家臣。
¶戦国，戦人（生没年不詳）

丹羽佐吉 にわさきち
江戸時代の岡山藩家老日置氏の臣、丹羽家の祖。
¶岡山歴

丹羽薫氏（丹羽董氏） にわしげうじ
元禄8（1695）年～宝暦7（1757）年
江戸時代中期の大名。越後高柳藩主、播磨三草藩主。
¶岡山歴（丹羽董氏　[生]元禄8（1695）年12月18日　[没]宝暦7（1757）年5月22日），諸系，人名，日人，藩主3（[没]宝暦7（1757）年5月22日）

丹羽重勝 にわしげかつ
生没年不詳
安土桃山時代～江戸時代前期の武士。浅野家の家臣。
¶和歌山人

丹羽七五 にわしちご
＊～明治42（1909）年
江戸時代末期～明治期の志士。
¶人名（[生]1835年），日人（[生]1836年）

丹羽蔀 にわしとみ
天保4（1833）年～明治1（1868）年4月3日
江戸時代末期の忍藩士。
¶幕末

丹羽十郎右衛門(1) にわじゅうろうえもん
万治2（1659）年～寛保1（1741）年
江戸時代前期～中期の剣術家。流名不詳。
¶剣豪

丹羽十郎右衛門(2) にわじゅうろうえもん
？　～慶応4（1868）年
江戸時代末期の下総関宿藩用人。
¶藩臣3

丹羽庄右衛門 にわしょうえもん
天保4（1833）年～
江戸時代後期～明治期の庄内藩士。
¶庄内

丹羽嘯堂 にわしょうどう
寛保1（1741）年～寛政5（1793）年　[別]丹羽文虎《にわふみとら，にわぶんこ》
江戸時代中期の三河西尾藩士。
¶国書（[没]寛政5（1793）年11月20日），人名（丹羽文虎　にわぶんこ），姓氏愛知（丹羽文虎　にわぶんこ　[生]1740年），日人，藩臣4（丹羽文虎　にわふみとら　[生]元文5（1740）年）

丹羽四郎左衛門 にわしろうざえもん
生没年不詳
江戸時代中期の加賀藩士。
¶国書

丹羽四郎兵衛 にわしろべえ
天保10（1839）年～明治3（1870）年
江戸時代末期～明治期の播磨三草藩士。
¶藩臣5

丹羽精蔵 にわせいぞう
天保9（1838）年～慶応3（1867）年
江戸時代末期の志士。
¶維新，剣豪，人名，日人，幕末（[没]1867年4月17日）

丹羽瀬格庵 にわせかくあん
→丹羽瀬清左衛門（にわせせいざえもん）

丹羽瀬清左衛門 にわせせいざえもん
寛政1（1789）年～天保10（1839）年　[別]丹羽瀬格庵《にわせかくあん》
江戸時代後期の美濃岩村藩家老。
¶岐阜百，郷土岐阜（丹羽瀬格庵　にわせかくあん），人名，日人，藩臣3

に

にわたか　　　　　　　　　　　778　　　　　　　　日本人物レファレンス事典

丹羽貴明 にわたかあき
明和8（1771）年〜弘化2（1845）年
江戸時代後期の陸奥二本松藩家老。
¶近世，国史，国書（㊱弘化2（1845）年2月27日），
日人，藩臣5（㊥安永1（1772）年）

丹羽高庸 にわたかつね
享保15（1730）年〜明和2（1765）年
江戸時代中期の大名。陸奥二本松藩主。
¶諸系，人名（㊥1728年），日人，藩主1（㊥享保
15（1730）年2月9日　㊱明和3（1766）年12月14
日）

丹羽高寛 にわたかひろ
＊〜明和6（1769）年
江戸時代中期の大名。陸奥二本松藩主。
¶諸系（㊥1708年），人名（㊥1707年），日人
（㊥1708年），藩主1（㊥宝永4（1707）年　㊱明
和6（1769）年6月29日）

丹羽忠亮 にわただすけ
元禄8（1695）年〜享保17（1732）年
江戸時代中期の陸奥二本松藩家老。
¶藩臣5

丹羽頼母 にわたのも
天正15（1587）年〜延宝9（1681）年
江戸時代前期の筑後久留米藩士。
¶藩臣7（㊥天正15（1587）年頃），福岡百（㊱延宝
9（1681）年7月4日）

丹羽丹波 にわたんば
天保3（1832）年〜明治14（1881）年
江戸時代末期〜明治期の陸奥二本松藩家老。
¶藩臣5

庭月広綱 にわつきひろつな
安土桃山時代〜江戸時代前期の武士。最上氏家臣。
¶戦人（生没年不詳），戦東

庭月理右衛門 にわつきりうえもん
？ 〜慶安3（1650）年
江戸時代前期の下総古河藩士。
¶藩臣3

丹羽遠江守長守 にわとうとうみのかみながもり
→丹羽長守（にわながもり）

丹羽長祥 にわながあき
→丹羽長祥（にわながあきら）

丹羽長祥 にわながあきら
安永9（1780）年〜文化10（1813）年　㊙丹羽長祥
《にわながあき》
江戸時代後期の大名。陸奥二本松藩主。
¶茶道（にわながあき），諸系，日人，藩主1
（㊥安永9（1780）年10月22日　㊱文化10（1813）
年8月25日）

丹羽長国 にわながくに
天保5（1834）年〜明治37（1904）年1月15日
江戸時代末期〜明治期の大名。陸奥二本松藩主。
¶朝日（㊥天保5年4月14日（1834年5月22日）），
維新，諸系，新潮（㊥天保5（1834）年4月14
日），人名（㊱1903年），日人，幕末，藩主1
（㊥天保5（1834）年4月14日）

丹羽長重 にわながしげ
元亀2（1571）年〜寛永14（1637）年　㊙小松宰相

《こまつさいしょう》，松任侍従《まつとうじじゅ
う》
安土桃山時代〜江戸時代前期の大名。陸奥白河
藩主。
¶朝日（㊥寛永14年閏3月6日（1637年4月30日）），
石川百，近世，公卿（㊱寛永14（1637）年3月），
系東（㊥1572年），国史，コン改，コン4，史人
（㊱1637年閏3月4日），諸系，新潮（㊱寛永14
（1637）年閏3月6日），人名，戦合，戦国
（㊥1572年），戦辞（㊱寛永14年閏3月4日（1637
年4月28日）），戦人，日史（㊱寛永14（1637）年
閏3月6日），日人，藩主1（㊥元亀2（1571）年4
月18日　㊱寛永14（1637）年閏3月4日），藩主
1，藩主2，藩主3，百科，福島百

丹羽長次 にわながつぐ
寛永20（1643）年〜元禄11（1698）年
江戸時代前期の大名。陸奥二本松藩主。
¶諸系，人名，日人，藩主1

丹羽長富 にわながとみ
享和3（1803）年〜慶応2（1866）年
江戸時代末期の大名。陸奥二本松藩主。
¶維新，諸系，日人，幕末（㊱1866年8月12日），
藩主1（㊥享和3（1803）年8月27日　㊱慶応2
（1866）年7月3日）

丹羽長裕 にわながひろ
安政6（1859）年〜明治19（1886）年
江戸時代末期〜明治期の大名。陸奥二本松藩主。
¶諸系，日人，藩主1（㊥安政6（1859）年3月15日
㊱明治19（1886）年7月29日）

丹羽長守 にわながもり
寛永20（1643）年〜享保11（1726）年　㊙丹羽遠江
守長守《にわとうとうみのかみながもり》
江戸時代前期〜中期の31代長崎奉行。
¶長崎歴（丹羽遠江守長守　にわとうとうみのか
みながもり）

丹羽長之 にわながゆき
明暦2（1656）年〜＊
江戸時代前期〜中期の大名。陸奥二本松藩主。
¶諸系（㊱1701年），人名（㊱1700年），日人
（㊱1701年），藩主1（㊥元禄13（1700）年12月7
日）

丹羽長貴 にわながよし
宝暦1（1751）年〜寛政8（1796）年
江戸時代中期の大名。陸奥二本松藩主。
¶諸系，日人，藩主1（㊥宝暦1（1751）年5月18日
㊱寛政8（1796）年3月27日）

丹羽南荘 にわなんそう
享保15（1730）年3月9日〜天明5（1785）年8月1日
江戸時代中期の尾張藩士・漢学者。
¶国書

丹羽了道 にわのりみち
万治1（1658）年〜正徳5（1715）年
江戸時代中期の武士。
¶和歌山人

丹羽盤桓 にわばんかん
→丹羽盤桓子（にわばんかんし）

丹羽盤桓子 にわばんかんし
安永2(1773)年～天保12(1841)年　[別]丹羽盤桓《にわばんかん》
江戸時代後期の書家、儒者。尾張藩士。
¶愛知百，国書(丹羽盤桓　にわばんかん　[没]天保12(1841)年3月7日)，人名，姓氏愛知，日人(丹羽盤桓　にわばんかん)

丹羽万作 にわばんさく
天保1(1830)年～明治35(1902)年
江戸時代末期～明治期の播磨三草藩中老。
¶藩臣5

丹羽秀延 にわひでのぶ
元禄3(1690)年～享保13(1728)年
江戸時代中期の大名。陸奥二本松藩主。
¶諸系，日人，藩主1([没]享保13(1728)年5月5日)

丹羽武右衛門 にわぶうえもん
？～文化13(1816)年
江戸時代後期の下総古河藩士、砲術師範。
¶藩臣3

丹羽文虎 にわふみとら
→丹羽嘯堂(にわしょうどう)

丹羽文虎 にわぶんこ
→丹羽嘯堂(にわしょうどう)

丹羽正雄 にわまさお
天保5(1834)年～元治1(1864)年　[別]佐々成之《さっさなりゆき》
江戸時代末期の勤王志士、三条家に仕え、長州に赴く。
¶維新，国書([生]天保5(1834)年7月2日　[没]元治1(1864)年7月20日)，コン改，コン4，新潮([生]天保5(1834)年7月2日　[没]元治1(1864)年7月20日)，人名，世人，日人，幕末([没]1864年8月20日)

丹羽正済 にわまさとし
天保10(1839)年～明治13(1880)年
江戸時代末期～明治期の丹波篠山藩士。
¶藩臣5

丹羽正安 にわまさやす
永禄9(1566)年～寛永12(1635)年
安土桃山時代～江戸時代前期の武将。織田氏家臣、豊臣氏家臣、徳川氏家臣。
¶戦国，戦人

丹羽賢 にわまさる
弘化3(1846)年～明治11(1878)年　[別]丹羽賢《にわけん》
江戸時代末期～明治期の尾張藩士。
¶維新，人名(にわけん)，日人，幕末([没]1878年3月20日)，藩臣4，三重続([生]弘化3年5月)

丹羽光重 にわみつしげ
元和7(1621)年～元禄14(1701)年
江戸時代前期～中期の大名。陸奥白河藩主、陸奥二本松藩主。
¶黄檗([生]元和1(1615)年　[没]元禄14(1701)年4月11日)，国書([生]元和7(1621)年12月28日　[没]元禄14(1701)年4月11日)，諸系([生]1622年)，人名，日人([生]1622年)，藩主1，藩主1([生]元和7(1621)年12月28日　[没]元禄14(1701)年4月11日)，福島百

丹羽族 にわやから
文化12(1815)年～明治1(1868)年
江戸時代末期の陸奥会津藩士。
¶幕末([没]1868年9月21日)，藩臣2

庭山政勝 にわやままさかつ
文化5(1808)年～慶応3(1867)年
江戸時代末期の伊勢桑名藩士。
¶藩臣4

丹羽雄九郎 にわゆうくろう
江戸時代末期～明治期の小城藩士、造船技師、官吏。
¶佐賀百(生没年不詳)，渡航

丹羽能教 にわよしのり
明和3(1766)年～天保14(1843)年
江戸時代中期～後期の陸奥会津藩家老。
¶会津，日人([生]1767年　[没]1844年)，藩臣2

丹羽和左衛門 にわわざえもん
享和3(1803)年～明治1(1868)年9月15日
江戸時代末期の陸奥二本松藩軍事奉行。
¶幕末

【ぬ】

額田照通 ぬかだてるみち
？～寛永7(1630)年
江戸時代前期の武士。
¶戦人，日人

貫名筑後 ぬきなちくご
天保2(1831)年～明治35(1902)年　[別]貫名徹《ぬきなとおる》
江戸時代末期～明治期の近江彦根藩家老。
¶維新，藩臣4(貫名徹　ぬきなとおる)

貫名徹 ぬきなとおる
→貫名筑後(ぬきなちくご)

椺島高堅 ぬでじまこうけん
→椺島高堅(ぬでしまたかかた)

椺島高堅 ぬでしまたかかた，ぬでじまたかかた
宝暦13(1763)年～＊　[別]椺島高堅《ぬでじまこうけん》，椺島丹治《ぬでじまたんじ》
江戸時代中期～後期の上野吉井藩士。
¶群馬人(ぬでじまたかかた　[没]弘化3(1846)年)，国書([没]嘉永1(1848)年10月)，姓氏群馬(ぬでじまこうけん　[没]1846年)，藩臣2(椺島丹治　ぬでじまたんじ　[没]嘉永1(1848)年)

椺島高茂 ぬでじまたかしげ
寛政5(1793)年～明治2(1869)年　[別]椺島丹蔵《ぬでじまたんぞう》
江戸時代後期～明治期の剣術家。馬庭念流。
¶群馬人，剣豪(椺島丹蔵　ぬでじまたんぞう　[生]天明8(1788)年)，姓氏群馬

椺島高行 ぬでじまたかゆき
文政4(1821)年～明治32(1899)年
江戸時代後期～明治期の吉井藩士。
¶姓氏群馬

栂島丹治　ぬでじまたんじ
→栂島高堅(ぬでしまたかかた)

栂島丹蔵　ぬでじまたんぞう
→栂島高茂(ぬでじまたかしげ)

沼間清芳　ぬまきよよし
寛永17(1640)年～元禄12(1699)年
江戸時代前期～中期の旗本領主。
¶姓氏愛知

沼佐右衛門　ぬまさうえもん
→沼佐右衛門(ぬまそうえもん)

沼間左門次郎　ぬまさもんじろう
安土桃山時代～江戸時代前期の武士。里見氏家臣。
¶戦人(生没年不詳), 戦東

沼沢市郎左衛門　ぬまざわいちろうざえもん
享保14(1729)年～文化5(1808)年
江戸時代中期～後期の剣術家。真影山流。
¶剣豪

沼沢重通　ぬまざわしげみち
→沼沢忠通(ぬまざわただみち)

沼沢甚五左衛門　ぬまざわじんござえもん
天正5(1577)年～明暦1(1655)年
安土桃山時代～江戸時代前期の剣術家。神夢想流。
¶剣豪

沼沢忠通　ぬまざわただみち
*～正保4(1647)年　[別]沼沢重通《ぬまざわしげみち》
安土桃山時代～江戸時代前期の陸奥会津藩士、猪苗代城代。
¶会津(沼沢重通　ぬまざわしげみち　[生]?), 藩臣2([生]天正3(1575)年)

沼尻小文吾　ぬまじりこぶんご
天保6(1835)年～明治35(1902)年?
江戸時代後期～明治期の新撰組隊士。
¶新撰

沼佐右衛門　ぬまそうえもん
[別]沼佐右衛門《ぬまさうえもん》
安土桃山時代～江戸時代前期の武士。里見氏家臣。
¶戦人(生没年不詳), 戦東(ぬまさうえもん)

沼田含翠　ぬまたがんすい
天保6(1835)年～明治41(1908)年
江戸時代後期～明治期の武士。
¶日人

沼田久次郎　ぬまたきゅうじろう
文化8(1811)年～慶応1(1865)年
江戸時代末期の水戸藩士。
¶維新, 人名([生]1812年), 日人, 幕末([没]1865年4月29日)

沼田忠淑　ぬまたただよし
?　～弘化1(1844)年
江戸時代後期の丹波綾部藩士。
¶藩臣5

沼田竜　ぬまたたつ
→沼田竜(ぬまたりゅう)

沼田竹渓　ぬまたちくけい
文化12(1815)年～明治9(1876)年11月22日　[別]沼田竹渓《ぬまたちっけい》
江戸時代末期～明治期の安芸広島藩士。
¶国書([生]文化12(1815)年1月), 日人, 幕末(ぬまたちっけい)

沼田竹渓　ぬまたちっけい
→沼田竹渓(ぬまたちくけい)

沼田棠太夫　ぬまたとうだゆう
明和7(1770)年～文政11(1828)年
江戸時代中期～後期の剣術家。実用流。
¶剣豪

沼田虎三郎　ぬまたとらさぶろう
文政11(1828)年4月5日～明治24(1891)年5月12日
江戸時代後期～明治期の阿波徳島藩士。
¶徳島歴

沼田美備　ぬまたびび
生没年不詳
江戸時代後期の馬術家。
¶国書

沼田竜　ぬまたりゅう
文政10(1827)年～明治12(1879)年　[別]沼田竜《ぬまたたつ》
江戸時代末期～明治期の十津川郷士。
¶維新, 新潮([生]文政10(1827)年9月15日　[没]明治12(1879)年1月2日), 人名(ぬまたたつ), 日人, 幕末([没]1879年1月2日)

沼間広隆　ぬまひろたか
～享保9(1724)年
江戸時代中期の旗本。
¶神奈川人

沼辺梓之助　ぬまべあずさのすけ
文政11(1828)年～明治24(1891)年
江戸時代末期～明治期の陸奥仙台藩士。
¶藩臣1

沼辺重仲　ぬまべしげなか
元亀1(1570)年～寛永13(1636)年
安土桃山時代～江戸時代前期の仙台藩士。
¶姓氏岩手

沼間守一　ぬまもりかず
天保14(1843)年～明治23(1890)年　[別]慎次郎, 不二峰楼主人, 弄花生
江戸時代末期～明治期の幕臣、ジャーナリスト、政治家。東京横浜毎日新聞社長。維新後、英学教授を経て司法省判事。のち東京府議会議長。
¶朝日([生]天保14年12月2日(1844年1月21日)　[没]明治23(1890)年5月17日), 維新, 岩史([生]天保14(1843)年12月2日　[没]明治23(1890)年5月17日), 海越新([生]天保14(1845)年12月2日　[没]明治23(1890)年5月17日), 角史, 神奈川人, 近現, 近文, 国際, 国史, コン改, コン5, 史人([生]1843年12月2日　[没]1890年5月17日), 社史([生]天保14(1844)年12月2日　[没]1890年5月17日), 重要([生]天保14(1843)年12月2日　[没]明治23(1890)年5月17日), 庄内([生]天保14(1843)年12月2日　[没]明治23(1890)年5月17日), 新潮([生]天保14(1843)年12月2日　[没]明治23(1890)年5月17日), 人名, 世人([生]天保14(1843)年12月2日　[没]明治23(1890)年5月17日), 世百, 先駆([生]天保14(1843)年

12月2日　[没]明治23(1890)年5月17日)，全書，大百，哲学([生]1844年)，渡航([生]1843年12月2日　[没]1890年5月17日)，日史([生]天保14(1843)年12月2日　[没]明治23(1890)年5月17日)，日人([生]1844年)，日本，幕末([生]1844年1月21日　[没]1890年5月17日)，百科，明治1([生]1844年)，洋学，履歴([生]天保14(1843)年12月2日　[没]明治23(1890)年5月17日)，歴大

【ね】

根尾甚左衛門　ねおじんざえもん
宝永4(1707)年～宝暦8(1758)年
江戸時代中期の美濃郡上藩士。
¶藩臣3

根岸九郎兵衛　ねぎしくろうべえ
→根岸九郎兵衛(ねぎしくろべえ)

根岸九郎兵衛　ねぎしくろべえ
[別]根岸九郎兵衛《ねぎしくろうべえ》
安土桃山時代～江戸時代前期の武士。里見氏家臣。
¶戦人(生没年不詳)，戦東(ねぎしくろうべえ)

根岸重明　ねぎししげあき
慶長10(1605)年～天和2(1682)年　[別]根来重明《ねごろしげあき》，根来八九郎《ねごろはちくろう》
江戸時代前期の剣道家、天心濁名流の祖。
¶剣豪(根来八九郎　ねごろはちくろう)，コン改，コン4，人名，日人(根来重明　ねごろしげあき)

根岸主馬　ねぎししゅめ
文政9(1826)年～明治19(1886)年　[別]根岸主馬《ねぎしすめ》
江戸時代末期～明治期の肥前大村藩士。
¶維新，新潮(ねぎしすめ　[生]文政9(1826)年7月8日　[没]明治19(1886)年6月22日)，人名，日人

根岸勝左衛門　ねぎししょうざえもん
安土桃山時代～江戸時代前期の武士。里見氏家臣。
¶戦人(生没年不詳)，戦東

根岸松齢　ねぎししょうれい
天保4(1833)年～明治30(1897)年
江戸時代末期～明治期の剣術家、上野安中藩剣術指南役。根岸流手裏剣術を創流。
¶朝日([没]明治30(1897)年7月15日)，群馬人，姓氏群馬，日人，藩臣2

根岸信五郎　ねぎししんごろう
天保15(1844)年～大正2(1913)年
江戸時代末期～明治期の剣道家。道場有信館を創設。「撃剣指南」を刊行。憲兵本部、皇宮警察部で教授。
¶世紀([没]大正2(1913)年9月15日)，全書，日人

根岸主馬　ねぎしすめ
→根岸主馬(ねぎししゅめ)

根岸干夫　ねぎしたてお
嘉永2(1849)年～明治34(1901)年
江戸時代後期～明治期の松江藩士、郡長。
¶島根歴

根岸鉄次郎　ねぎしてつじろう
文政11(1828)年～明治26(1893)年
江戸時代末期～明治期の上野館林藩の馬術師範。
¶維新，幕末([没]1893年9月23日)，藩臣2

根岸兎角　ねぎしとかく
江戸時代前期の剣道家、微塵流の創始者。
¶人名，日人(生没年不詳)

根岸直利　ねぎしなおとし
寛永10(1633)年～正徳4(1714)年3月30日
江戸時代前期～中期の幕臣。
¶国書

根岸伴七　ねぎしばんしち
→根岸友山(ねぎしゆうざん)

根岸兵衛　ねぎしひょうえ
*～安永9(1780)年
江戸時代中期の剣術家。戸田流。
¶岡山歴([生]？　[没]安永9(1780)年8月2日)，剣豪([生]元禄15(1702)年)

根岸杢左衛門　ねぎしもくざえもん
元禄9(1696)年～延享2(1745)年10月14日
江戸時代中期の美作国土居代官・倉敷代官。
¶岡山歴

根岸衛奮　ねぎしもりいさむ
？　～明治9(1876)年
江戸時代末期～明治期の幕臣。
¶維新，国書([生]文政4(1821)年　[没]明治9(1876)年8月3日)，コン5，幕末([没]1876年8月3日)

根岸鎮衛　ねぎしやすもり
元文2(1737)年～文化12(1815)年
江戸時代中期～後期の幕臣、随筆家。
¶朝日([没]文化12(1815)年12月)，岩史([没]文化12(1815)年12月)，江戸東，角史，神奈川人，近世，国史，国書([没]文化12(1815)年11月9日)，コン改([生]？)，コン4([生]？)，埼玉人([没]文化12(1815)年12月)，史人([没]1815年11月)，新潮([没]文化12(1815)年11月，(異説)12月)，人名，姓氏神奈川，日史，日人，歴大

根岸友山　ねぎしゆうざん，ねぎしゆうさん
文化6(1809)年～明治23(1890)年　[別]根岸伴七《ねぎしばんしち》
江戸時代末期～明治期の志士。
¶維新，剣豪，国書([生]文化6(1809)年11月27日　[没]明治23(1890)年12月3日)，コン改，コン4，コン5，埼玉人([生]文化6(1809)年11月27日　[没]明治23(1890)年12月3日)，新撰([生]文化6年11月27日　[没]明治23年12月3日)，新潮([生]文化6(1809)年11月27日　[没]明治23(1890)年12月3日)，人名(根岸伴七　ねぎしばんしち)，全書(ねぎしゆうさん)，日人([生]1810年)，幕末([生]1810年　[没]1890年12月3日)，歴大

猫塚忠之進　ねこづかちゅうのしん
文化5(1808)年～明治2(1869)年
江戸時代後期～明治期の稗貫・和賀二郡の川除用水普請奉行、胆沢川渡船奉行。
¶姓氏岩手

根来上総 ねごろかずさ
文化13(1816)年～明治25(1892)年　[別]根来勢之祐《ねごろせいのすけ》
江戸時代末期～明治期の長州(萩)藩寄組。
¶維新(根来勢之祐　ねごろせいのすけ)，幕末([没]1892年2月7日)，藩臣6

根来喜内 ねごろきない
生没年不詳
江戸時代後期の幕臣。
¶国書

根来重明 ねごろしげあき
→根岸重明(ねぎししげあき)

根来勢之祐 ねごろせいのすけ
→根来上総(ねごろかずさ)

根来伝右衛門 ねごろでんえもん
明和2(1765)年～文政9(1826)年
江戸時代中期～後期の剣術家。天心独明流。
¶剣豪

根来八九郎 ねごろはちくろう
→根岸重明(ねぎししげあき)

根来万右衛門 ねごろまんえもん
？～延宝2(1674)年
江戸時代前期の武士。
¶和歌山人

禰寝清雄 ねじめきよお
正保3(1646)年～＊
江戸時代前期の薩摩藩家老。
¶姓氏鹿児島([没]1697年)，藩臣7([没]元禄12(1699)年)

禰寝重張 ねじめしげひら
永禄9(1566)年～寛永6(1629)年
安土桃山時代～江戸時代前期の武士。
¶姓氏鹿児島，戦人，戦西

米多比鎮久 ねたみしげひさ
永禄8(1565)年～寛永10(1633)年
安土桃山時代～江戸時代前期の筑後柳河藩家老。
¶藩臣7

根津信政(禰津信政) ねづのぶまさ
生没年不詳
江戸時代前期の大名。上野豊岡藩主。
¶戦人，戦補，藩主1(禰津信政)

根津文右衛門 ねづぶんえもん
生没年不詳
江戸時代の武士。川越藩主柳沢吉保の重臣。
¶埼玉人

祢津昌綱 ねづまさつな
？～元和4(1618)年1月29日
安土桃山時代～江戸時代前期の信濃国衆。
¶戦辞

根津六郎右衛門 ねづろくろうえもん
宝永2(1705)年～寛政5(1793)年8月8日
江戸時代中期～後期の幕臣。
¶国書

根井行雄 ねのいゆきお
文化8(1811)年～明治14(1881)年
江戸時代後期～明治期の剣術家・地方指導者。
¶群馬人，姓氏群馬

子松源八 ねまつげんぱち
元禄12(1699)年～天明3(1783)年
江戸時代中期の松江藩士、弓術家。
¶島根百([没]天明3(1783)年9月28日)，島根歴

根本貫三 ねもとかんぞう
天保15(1844)年7月13日～大正8(1919)年9月3日
江戸時代後期～大正期の弓道家、弓術精錬證。
¶弓道

根本熊次郎 ねもとくまじろう
天保13(1842)年～昭和8(1933)年3月23日
江戸時代末期～明治期の阿波徳島藩士。
¶徳島歴([生]天保13(1842)年7月15日)，幕末

根本古柳 ねもとこりゅう
明暦2(1656)年4月28日～元文1(1736)年8月7日
江戸時代前期～中期の秋田藩士。
¶国書

根本里行 ねもとさとゆき
生没年不詳
戦国時代～江戸時代前期の武士。佐竹氏家臣。
¶戦辞，戦人，戦東

根本新介 ねもとしんすけ
弘化2(1845)年～元治1(1864)年
江戸時代末期の水戸藩士。
¶維新，幕末([没]1864年12月2日)

根本新平 ねもとしんぺい
天保11(1840)年～慶応1(1865)年　[別]岸新蔵《きししんぞう》
江戸時代末期の水戸藩士。
¶維新，人名，日人，幕末([没]1865年3月11日)，藩臣2

根本遜志 ねもとそんし
→根本武夷(ねもとぶい)

根本通明 ねもとつうめい
→根本通明(ねもとみちあき)

根本舎人 ねもととねり
安土桃山時代～江戸時代前期の武士。里見氏家臣。
¶戦人(生没年不詳)，戦東

根本武夷 ねもとぶい
元禄12(1699)年～明和1(1764)年　[別]根本遜志《ねもとそんし》
江戸時代中期の漢学者、武芸家。荻生徂徠の門下。
¶朝日([没]明和1年11月2日(1764年11月24日))，江文，神奈川人，郷土神奈川，近世，国史，国書([没]明和1(1764)年11月2日)，コン改，コン4，詩歌，新潮([没]明和1(1764)年11月2日)，人名，世人([没]明和1(1764)年12月2日)，世百(根本遜志　ねもとそんし)，日人，和俳([没]明和1(1764)年11月2日)

根本通明(根本道明) ねもとみちあき
文政5(1822)年～明治39(1906)年　[別]根本通明《ねもとつうめい》
江戸時代末期～明治期の出羽秋田藩士。
¶維新，コン改，コン4，コン5，詩歌，史人(ねもとつうめい　[生]1822年2月15日　[没]1906年10月3日)，新潮([生]文政5(1822)年2月15日　[没]明治39(1906)年10月3日)，人名，世百(ね

ね

もとつうめい），全書（ねもとつうめい），大百（ねもとつうめい），日人，幕末（[没]1906年10月3日），藩臣1（ねもとつうめい），履歴（根本道明　[生]文政5（1822）年2月15日　[没]明治39（1906）年10月3日）

根本義知　ねもとよしとも
享和3（1803）年～文政5（1822）年
江戸時代後期の義士。
¶人名，日人

根本六三郎　ねもとろくさぶろう
天保14（1843）年～元治1（1864）年
江戸時代末期の水戸藩士。
¶維新，幕末（[没]1864年11月17日）

【の】

野秋弥一右衛門　のあきやいちえもん
文政11（1828）年～明治33（1900）年8月23日
江戸時代後期～明治期の新整隊士。
¶庄内

納所弥右衛門　のうそやえもん
天文22（1553）年～寛永14（1637）年12月2日
安土桃山時代～江戸時代前期の備前国の武将。
¶岡山歴

能美棋斎　のうみきさい
生没年不詳
江戸時代中期の長州萩藩士。
¶国書

能美平吾　のうみへいご
天保14（1843）年～明治1（1868）年　[別]能美平吾《のみへいご》
江戸時代末期の長州（萩）藩士。
¶維新，人名（のみへいご），日人，幕末（[没]1868年9月9日）

野上勘兵衛豊恒　のがみかんべえとよつね
天保5（1834）年～明治36（1903）年
江戸時代後期～明治期の剣術家。
¶埼玉百

野上国佐　のがみくにすけ
→野上陳令（のがみのぶはる）

野上鹿之助　のがみしかのすけ
文政6（1823）年～慶応3（1867）年
江戸時代末期の播磨赤穂藩士。
¶人名（[生]？），日人，幕末（[没]1867年4月30日），藩臣5

野上七兵衛　のかみしちべえ
生没年不詳
安土桃山時代～江戸時代前期の武士。浅野家の家臣。
¶和歌山人

野上陳令　のがみちんれい
→野上陳令（のがみのぶはる）

野上輝国　のがみてるくに
～明治25（1892）年9月16日
江戸時代後期～明治期の弓道家、熊本藩士。
¶弓道

野上陳令　のがみのぶはる
安永3（1774）年～弘化3（1846）年　[別]野上国佐《のがみくにすけ》，野上陳令《のがみちんれい》
江戸時代後期の出羽秋田藩士、漢学者。
¶剣豪（野上国佐　のがみくにすけ　[生]安永5（1776）年），国書（[生]安永3（1774）年10月8日　[没]弘化3（1846）年2月25日），人名（[没]1844年），日人，藩臣1（のがみちんれい　[生]安永5（1776）年）

乃木初太郎　のぎはつたろう
弘化4（1847）年～元治1（1864）年　[別]乃木初之進《のぎはつのしん》
江戸時代末期の長州（萩）藩士。
¶維新，人名（乃木初之進　のぎはつのしん），日人，幕末（[没]1864年8月20日）

乃木初之進　のぎはつのしん
→乃木初太郎（のぎはつたろう）

乃木希典　のぎまれすけ
嘉永2（1849）年～大正1（1912）年
江戸時代末期～明治期の長府藩（豊浦藩）士、陸軍軍人。大将、伯爵。精神主義と求道的人柄で明治天皇から信任。天皇大喪当日、夫人とともに自決。
¶朝日（[生]嘉永2年11月11日（1849年12月25日）[没]大正1（1912）年9月13日），岩史（[生]嘉永2（1849）年11月11日　[没]大正1（1912）年9月13日），海越（[生]嘉永2（1849）年11月11日　[没]大正1（1912）年9月13日），海越新（[生]嘉永2（1849）年11月11日　[没]大正1（1912）年9月13日），香川人，香川百，角史，郷土栃木，近現，現日（[生]1849年11月11日　[没]1912年9月13日），国際，国史，コン改，コン5，詩歌，史人（[生]1849年11月11日　[没]1912年9月13日），重要（[生]嘉永2（1849）年11月11日　[没]大正1（1912）年9月13日），神人，新潮（[生]嘉永2（1849）年11月11日　[没]大正1（1912）年9月13日），人名，世紀（[生]嘉永2（1849）年11月11日　[没]大正1（1912）年9月13日），姓氏山口，世人（[生]嘉永2（1849）年11月11日　[没]大正1（1912）年9月13日），世百，全書，大百，哲学，伝記，渡航（[生]1849年11月11日　[没]1912年9月13日），栃木百，栃木歴，日史（[生]嘉永2（1849）年11月11日　[没]大正1（1912）年9月13日），日人，日本，幕末（[没]1912年9月13日），藩臣6，百科，宮城百，明治1，山口百，陸海（[生]嘉永2年11月11日　[没]大正1年9月13日），歴大

乃木希次　のぎまれつぐ
＊～明治10（1877）年10月31日
江戸時代末期～明治期の長門長府藩士。
¶弓道（[生]享和3（1803）年9月4日），国書（[生]文化2（1805）年），幕末（[生]1803年），藩臣6（[生]文化2（1805）年）

野木要人　のぎようにん
生没年不詳
江戸時代前期～中期の信濃高遠藩家老。
¶藩臣3

野口愛之助章庸　のぐちあいのすけあきつね
文政9（1826）年～大正7（1918）年
江戸時代末期～大正期の剣術家。

¶埼玉百

野口清寿　のぐちきよとし
→野口清寿（のぐちせいじゅ）

野口九郎太夫　のぐちくろうだゆう
天保10（1839）年～明治42（1909）年12月21日
江戸時代末期～明治期の陸奥会津藩士。
¶幕末

野口健司　のぐちけんじ
天保14（1843）年～＊
江戸時代末期の志士。
¶新撰（[没]文久3年12月27日），幕末（[没]1864年2月4日）

野口源兵衛　のぐちげんべえ
生没年不詳
江戸時代末期の信濃須坂藩士。
¶姓氏長野，長野百，長野歴，藩臣3

野口左助　のぐちさすけ
→野口卜全（のぐちぼくぜん）

野口将監　のぐちしょうげん
生没年不詳
江戸時代末期の武士。
¶和歌山人

野口所左衛門　のぐちしょざえもん
天保6（1835）年～明治43（1910）年
江戸時代後期～明治期の地頭で尾張藩士千賀家最後の筆頭家老。
¶姓氏愛知

野口清寿　のぐちせいじゅ
文政1（1818）年～明治2（1869）年　[別]野口清寿《のぐちきよとし》
江戸時代末期の和算家、越後長岡藩士。
¶人名，数学（のぐちきよとし　[没]明治2（1869）年正月25日），日人

野口善兵衛　のぐちぜんべい
文政2（1819）年～明治10（1877）年　[別]野口善兵衛《のぐちぜんべえ》
江戸時代後期～明治期の普請方郡代。植樹とため池築造の殖産功労者。
¶大分百，大分歴（のぐちぜんべえ）

野口善兵衛　のぐちぜんべえ
→野口善兵衛（のぐちぜんべい）

野口喬樹　のぐちたかしげ
天明2（1782）年～弘化2（1845）年
江戸時代中期～後期の肥前佐賀藩士・歌人。
¶国書

野口辰之助　のぐちたつのすけ
江戸時代後期の備中倉敷代官。
¶岡山歴

野口哲太郎　のぐちてつたろう
天保4（1833）年～文久3（1863）年　[別]野口東溟《のぐちとうめい》
江戸時代末期の水戸藩郷校守。
¶維新，国書（野口東溟　のぐちとうめい），幕末，藩臣2

野口東溟　のぐちとうめい
→野口哲太郎（のぐちてつたろう）

野口利吉　のぐちとしよし
天正13（1585）年～寛文3（1663）年
江戸時代前期の武士。
¶和歌山人

野口富蔵　のぐちとみぞう
天保12（1841）年～＊　[別]成光
江戸時代末期～明治期の陸奥会津藩士の2男。英外交官アーネスト・サトウの秘書。
¶会津（[没]明治16（1883）年），海越（[没]明治15（1882）年），海越新（[没]明治15（1882）年），国際（[没]明治15（1882）年），渡航（[生]？　[没]1885年），幕末（[生]1842年　[没]1883年4月11日）

野口秀房　のぐちひでふさ
天文6（1537）年～寛永6（1629）年
戦国時代～江戸時代前期の武士。
¶多摩

野口兵部　のぐちひょうぶ
元禄9（1696）年～宝暦5（1755）年
江戸時代中期の加賀大聖寺藩家老。
¶石川百，姓氏石川，藩臣3

野口卜全　のぐちぼくぜん
永禄2（1559）年～寛政20（1643）年　[別]野口左助《のぐちさすけ》
安土桃山時代～江戸時代前期の筑前福岡藩士。
¶剣豪，藩臣7（野口左助　のぐちさすけ）

野口資昭　のぐちもとあき
天正19（1591）年～寛文3（1663）年
安土桃山時代～江戸時代前期の隅田組与力。
¶和歌山人

野口之布　のぐちゆきのぶ
＊～明治31（1898）年
江戸時代末期～明治期の加賀藩士。
¶維新（[生]1830年），人名（[生]1830年），姓氏石川（[生]？），日人（[生]1831年），幕末（[生]1831年1月29日　[没]1898年3月22日）

野崎主計　のざきかずえ
文政7（1824）年～文久3（1863）年
江戸時代末期の十津川藩士。
¶維新，新潮（[没]文久3（1863）年9月24日），人名，日人，幕末（[没]1863年11月5日）

野崎雅明　のざきがめい
→野崎雅明（のざきまさあき）

野崎原道　のざきげんどう
生没年不詳
江戸時代の常陸土浦藩士・武芸家。
¶国書

野崎貞澄　のざきさだずみ，のざきさだすみ
天保11（1840）年～明治39（1906）年
江戸時代末期～明治期の薩摩藩士。
¶人名，姓氏鹿児島（のざきさだずみ），日人，幕末（[没]1906年1月8日）

野崎習堂　のざきしゅうどう
文化14（1817）年～嘉永5（1852）年　[別]野崎教景《のざきのりかげ》
江戸時代末期の筑後久留米藩士。
¶江文，国書（[没]嘉永5（1852）年9月2日），藩臣7（野崎教景　のざきのりかげ　[生]文化14（1817）

年頃)，福岡百(野崎教景　のざきのりかげ　[没]嘉永5(1852)年9月2日)

野崎太郎 のざきたろう
弘化3(1846)年～？
江戸時代後期～末期の新撰組隊士。
¶新撰

野崎藤橋 のざきとうきょう
明和3(1766)年～文政11(1828)年
江戸時代中期～後期の因幡鳥取藩士、儒学者。
¶江文，国書([没]文政11(1828)年4月1日)，人名，鳥取百，日人，藩臣5

野崎教景 のざきのりかげ
→野崎習堂(のざきしゅうどう)

野崎雅明 のざきまさあき
宝暦7(1757)年～文化13(1816)年　[別]野崎雅明《のざきがめい》
江戸時代中期～後期の越中富山藩士、藩校学生。
¶国書([没]文化13(1816)年10月)，人名(のざきがめい)，姓氏富山，富山百([没]文化13(1816)年10月25日)，富山文，日人，藩臣3

野崎雅伯 のざきまさのり
生没年不詳
江戸時代中期の越中富山藩士。
¶国書

野沢伊久太(野沢郁大) のざわいくた
生没年不詳
江戸時代末期の武士・陪臣。遣欧使節従者。
¶近世，国史，国書(野沢郁大)，日人

野沢折右衛門 のざわおりえもん
江戸時代末期の沼田藩士。
¶岡山歴

野沢勝隼 のざわかつとし
生没年不詳
江戸時代後期の伊予松山藩士・兵法家。
¶国書

野沢弘道 のざわこうどう
→野沢象水(のざわしょうすい)

野沢才次郎 のざわさいじろう
→野沢象水(のざわしょうすい)

野沢象水 のざわしょうすい
延享4(1747)年～文化7(1810)年　[別]野沢弘道《のざわこうどう》，野沢才次郎《のざわさいじろう》
江戸時代中期～後期の伊予松山藩士。
¶愛媛百([生]延享4(1747)年7月17日　[没]文化7(1810)年9月1日)，郷土愛媛，剣豪(野沢才次郎　のざわさいじろう)，国書(野沢弘道　のざわこうどう)，藩臣6

野沢次郎兵衛 のざわじろべえ
生没年不詳
江戸時代末期の武士。
¶和歌山人

野沢武右衛門 のざわぶえもん
寛政2(1790)年～文久2(1862)年
江戸時代後期～末期の遠野南部家の家士・教師。
¶国書，姓氏岩手(生没年不詳)

野島佐三郎 のじまささぶろう
文化9(1812)年～元治1(1864)年　[別]野島佐三郎《のじますけさぶろう》
江戸時代末期の水戸藩士。
¶維新，人名(のじますけさぶろう)，日人，幕末([没]1864年11月22日)

野島左仲太 のじまさちゅうた
文化10(1813)年～明治20(1887)年
江戸時代末期～明治期の石見浜田藩士、儒学者。
¶藩臣5

野島佐三郎 のじますけさぶろう
→野島佐三郎(のじまささぶろう)

野尻一利 のじりかずとし
天正18(1590)年～延宝8(1680)年
江戸時代前期の武士。
¶岡山人，岡山歴([没]延宝8(1680)年8月23日)

野尻維則 のじりこれのり
天保10(1839)年～明治21(1888)年
江戸時代末期～明治期の肥後熊本藩郷士。
¶維新，人名([生]1838年)，日人

野尻栄滋 のじりひでしげ
明和3(1766)年～文政5(1822)年
江戸時代中期～後期の加賀大聖寺藩士。
¶国書([没]文政5(1822)年12月)，姓氏石川([没]1823年)，藩臣3

野津鎮雄 のずしずお
→野津鎮雄(のづしずお)

能勢大隅守頼之 のせおおすみのかみよりゆき
→能勢頼之(2)(のせよりゆき)

能勢三郎右衛門 のせさぶろうえもん
～宝暦3(1753)年10月10日
江戸時代中期の庄内藩士。
¶庄内

能勢二郎左衛門 のせじろうざえもん
→能勢直陳(のせなおのぶ)

能勢甚四郎 のせじんしろう
江戸時代中期の江戸北町奉行。
¶江戸東

能勢宗兵衛 のせそうべえ
江戸時代前期の武士。
¶戦人(生没年不詳)，戦西

能勢隆重 のせたかしげ
寛文1(1661)年～享保2(1717)年
江戸時代中期の武士。
¶和歌山人

能勢達太郎 のせたつたろう
天保14(1843)年～元治1(1864)年
江戸時代末期の土佐藩の志士。
¶維新([生]1842年)，高知人，コン改，コン4，新潮([生]天保13(1842)年4月14日　[没]元治1(1864)年7月21日)，人名，日人([生]1842年)，幕末([没]1864年8月22日)，藩臣6

能勢留三郎(能瀬留三郎) のせとめさぶろう
天保6(1835)年～元治1(1864)年
江戸時代末期の水戸藩士。
¶維新，幕末(能瀬留三郎　[没]1864年9月23日)

能勢直陳　のせなおのぶ
文政4 (1821) 年～明治27 (1894) 年　[別]能勢二郎左衛門《のせじろうざえもん》
江戸時代末期～明治期の日向佐土原藩の儒学者。
¶維新 (能勢二郎左衛門　のせじろうざえもん), 近現, 近世, 国史, 国書 ([生]文政4 (1821) 年10月　[没]明治27 (1894) 年8月12日), 神人 (生没年不詳), 人名, 日人, 幕末 ([没]1894年8月12日), 藩臣7, 宮崎百 ([生]文政4 (1821) 年10月　[没]明治27 (1894) 年8月)

能勢頼誼　のせのりよし
→能勢頼誼 (のせよりのぶ)

能勢八郎　のせはちろう
生没年不詳
江戸時代の庄内藩士。
¶庄内

能勢頼隆　のせよりたか
天正16 (1588) 年～明暦3 (1657) 年
江戸時代前期の旗本。
¶神奈川人

能勢頼次　のせよりつぐ
永禄5 (1562) 年～寛永3 (1626) 年
安土桃山時代～江戸時代前期の武士。
¶織田 ([没]寛永3 (1626) 年1月18日), 戦国 ([生]1563年), 戦人

能勢頼誼　のせよりのぶ
文政7 (1824) 年～明治36 (1903) 年　[別]能勢頼誼《のせのりよし》
江戸時代末期～明治期の信濃松本藩士。
¶剣豪 (のせのりよし), 人名 (のせのりよし), 日人, 藩臣3

能勢頼徳　のせよりのり
～文政10 (1827) 年
江戸時代後期の旗本。
¶神奈川人

能勢頼宗　のせよりむね
*～延宝6 (1678) 年
江戸時代前期の第2代京都西町奉行。
¶京都大 ([生]慶長19 (1614) 年), 姓氏京都 ([生]1619年)

能勢頼之(1)　のせよりゆき
文禄1 (1592) 年～寛文5 (1665) 年
江戸時代前期の武士。
¶戦人

能勢頼之(2)　のせよりゆき
生没年不詳　[別]能勢大隅守頼之《のせおおすみのかみよりゆき》
江戸時代末期の123代長崎奉行。
¶長崎歴 (能勢大隅守頼之　のせおおすみのかみよりゆき)

莅戸太華　のぞきたいか
享保20 (1735) 年～享和3 (1803) 年　[別]莅戸善政《のぞきよしまさ, のぞぎよしまさ》, 莅戸太華《のぞきどたいか》
江戸時代中期～後期の出羽米沢藩士。寛政改革で活躍。
¶朝日 ([没]享和3年12月25日 (1804年2月6日)), 近世, 国史, 国書 ([没]享和3 (1803) 年12月25日), コン改 (のぞきどたいか), コン4 (のぞきどたいか), 史人 ([没]1803年12月25日), 新潮 (のぞきどたいか　[没]享和3 (1803) 年12月25日), 人名 (のぞきどたいか), 世人 (のぞきどたいか　[没]文化6 (1809) 年), 全書, 日史 (莅戸善政　のぞきよしまさ　[没]享和3 (1803) 年12月25日), 日人 ([没]1804年), 藩臣1 (莅戸善政　のぞきよしまさ), 百科 (莅戸善政　のぞぎよしまさ), 山形百 (莅戸善政　のぞきよしまさ), 歴大

莅戸太華　のぞきどたいか
→莅戸太華 (のぞきたいか)

莅戸政以　のぞきまさもち
宝暦10 (1760) 年～文化13 (1816) 年
江戸時代中期～後期の出羽米沢藩士。
¶国書 ([没]文化13 (1816) 年閏8月29日), 藩臣1

莅戸善政　のぞきよしまさ, のぞぎよしまさ
→莅戸太華 (のぞきたいか)

野田新　のだあらた
天保2 (1831) 年～明治24 (1891) 年
江戸時代末期～明治期の丹後田辺藩士。
¶京都府, 藩臣5

野田斧吉　のだおのきち
江戸時代後期の第22代美濃国代官。
¶岐阜百

野田景範　のだかげのり
？　～寛永1 (1624) 年8月1日
安土桃山時代～江戸時代前期の古河公方の家臣。
¶戦辞

野田希一郎　のだきいちろう
→野田笛浦 (のだてきほ)

野田喜左衛門　のだきざえもん, のたきざえもん
*～元禄8 (1695) 年
江戸時代前期の信濃飯山藩士。
¶郷土長野 ([生]？), 姓氏長野 ([生]1638年), 長野百 (のたきざえもん　[生]？), 長野歴 ([生]寛永8 (1631) 年), 日人 ([生]1631年), 藩臣3 (のたきざえもん　[生]寛永8 (1631) 年)

野田玉造　のだぎょくぞう
天保7 (1836) 年～明治43 (1910) 年
江戸時代末期～明治期の陸奥盛岡藩家老。
¶維新, 幕末 ([没]1910年10月23日)

野田笛浦　のだこほ
→野田笛浦 (のだてきほ)

野田三郎左衛門　のださぶろうざえもん
江戸時代前期の本田陣屋代官。
¶岐阜百

野田三郎兵衛　のださぶろべえ
享保19 (1734) 年～享和2 (1802) 年
江戸時代中期～後期の剣術家。野田派二天一流祖。
¶剣豪

野田成勝　のだしげかつ
宝暦4 (1754) 年～文政5 (1822) 年
江戸時代中期～後期の幕臣、和学者。
¶江文, 国書 ([没]文政5 (1822) 年8月17日)

野田七左衛門 のだしちざえもん
生没年不詳
江戸時代前期の最上氏遺臣。
¶庄内

野田甚左衛門 のだじんざえもん
安土桃山時代～江戸時代前期の武士。
¶戦人（生没年不詳），戦西

野田信八 のだしんぱち
文政8（1825）年～大正4（1915）年
江戸時代末期～明治期の平藩士。
¶維新，幕末（[没]1915年4月11日）

野田酔翁 のだすいおう
承応1（1652）年～享保16（1731）年
江戸時代中期の幕府御蔵奉行、茶人。
¶国書（[没]享保16（1731）年7月12日），茶道

野田石陽 のだせきよう
安永5（1776）年～文政10（1827）年12月7日
江戸時代中期の儒者、松山藩士。
¶愛媛百（[生]安永5（1776）年10月28日），考古，国書，人名，日人（[没]1828年）

野田仲平 のだちゅうへい
→鮫島尚信（さめしまなおのぶ）

野田笛浦 のだてきほ
寛政11（1799）年～安政6（1859）年　[別]野田希一郎《のだきいちろう》，野田笛浦《のだこほ》
江戸時代末期の丹後田辺藩の漢学者。文章の四大家の一人。
¶朝日（[没]安政6年7月21日（1859年8月19日）），維新（のだこほ），江文，京都府，国書（[生]寛政11（1799）年6月21日　[没]安政6（1859）年7月21日），コン改，コン4，詩歌，新潮（[没]安政6（1859）年7月21日），人名，日人，幕末（野田希一郎　のだきいちろう　[没]1859年8月19日），藩臣5，和俳

野田道意 のだどうい
明和4（1767）年～天保12（1841）年
江戸時代中期～後期の武士、茶人。
¶日人

野田知影 のだともあき
享和3（1803）年～明治12（1879）年4月15日
江戸時代後期～明治期の伊勢津藩士・天文家。
¶国書

野田直旨 のだなおむね
？～元禄5（1692）年
江戸時代前期の森岡藩家臣。
¶青森人

野田久麿（野田久磨） のだひさまろ
文化11（1814）年～明治10（1877）年
江戸時代末期の岡山藩士、柔道家。
¶岡山人，岡山歴（野田久磨　[没]明治10（1877）年12月23日）

野田豁通 のだひろみち
弘化1（1844）年～大正2（1913）年
江戸時代末期～明治期の肥後熊本藩士。
¶青森人（[生]弘化3（1846）年），青森百（[生]弘化3（1846）年），維新，熊本百（[生]弘化1（1844）年7月　[没]大正2（1913）年1月6日），人名，世紀（[生]弘化1（1845）年12月　[没]大正2（1913）年1月6日），渡航（[生]1844年7月　[没]1913年1月6日），日人，陸海（[生]弘化1年7月24日　[没]大正2年1月6日）

野田政親 のだまさちか
生没年不詳
戦国時代～江戸時代前期の武士。
¶姓氏岩手

野田三清 のだみつきよ
寛文8（1668）年～延享4（1747）年
江戸時代中期の三河岡崎藩士。
¶藩臣4

野田和左衛門 のだわざえもん
天明6（1786）年～嘉永6（1853）年11月9日
江戸時代末期の岡山藩士、柔道家。
¶岡山人，岡山歴

野津鎮雄 のづしずお，のずしずお
天保6（1835）年～明治13（1880）年
江戸時代末期～明治期の薩摩藩士、陸軍軍人。
¶朝日（[生]天保6年9月5日（1835年10月26日）　[没]明治13（1880）年7月21日），維新，鹿児島百（のずしずお），近現，国際，国史，コン改，コン4，コン5，史人（[生]1835年9月5日　[没]1880年7月22日），新潮（[生]天保6（1835）年9月5日　[没]明治13（1880）年7月22日），人名，姓氏鹿児島，大百，日人，幕末（[没]1880年7月22日），藩臣7（のずしずお），明治1，陸海（[生]天保6年9月5日　[没]明治13年7月21日）

野津基明 のづもとあき
享和3（1803）年～明治9（1876）年
江戸時代末期～明治期の近江彦根藩士。
¶国書（[生]享和3（1803）年4月8日），人名，日人，藩臣4（[生]？）

野出蕉雨 のでしょうう
弘化4（1847）年～昭和17（1942）年
江戸時代末期～明治期の会津藩士、画家。
¶会津，幕末（[没]1942年6月24日），藩臣2，美家（[没]昭和17（1942）年6月27日），福島百（[生]寛政1（1789）年　[没]明治17（1884）年）

野中金右衛門 のなかきんうえもん
→野中金右衛門（のなかきんえもん）

野中金右衛門 のなかきんえもん
＊～弘化3（1846）年　[別]野中金右衛門《のなかきんうえもん》
江戸時代中期～後期の日向飫肥藩士、植木方。
¶朝日（[生]明和5（1768）年　[没]弘化3年閏5月6日（1846年6月29日）），近世（[生]1768年），国史（[生]1768年），コン改（[生]宝暦11（1761）年），コン4（[生]宝暦11（1761）年），新潮（[生]明和4（1767）年），人名（[生]1767年），全書（[生]1767年），日人（[生]1768年），藩臣7（のなかきんうえもん　[生]宝暦11（1761）年　[没]弘化2（1845）年），宮崎百（[生]宝暦11（1761）年），歴大（[生]1768年）

野中兼山 のなかけんざん
元和1（1615）年～寛文3（1663）年
江戸時代前期の土佐藩士、政治家、儒者。
¶朝日（[没]寛文3年12月15日（1664年1月13日）），

の

岩史([没]寛文3(1663)年12月15日), 角史, 教育, 近世, 高知人, 高知百, 国史, 国書([生]慶長20(1615)年1月21日 [没]寛文3(1663)年12月15日), コン改, コン4, 史人([没]1663年12月15日), 重要([生]元和1(1615)年1月21日 [没]寛文3(1663)年12月15日), 食文([没]寛文3年12月15日(1664年1月13日)), 人書94, 新潮([生]元和1(1615)年6月 [没]寛文3(1663)年12月15日), 人名, 世人([生]元和1(1615)年1月21日 [没]寛文3(1663)年12月15日), 世百, 全書, 大百([生]1613年), 伝記, 日史([生]元和1(1615)年1月21日 [没]寛文3(1663)年12月15日), 日人([没]1664年), 藩臣6, 百科, 歴大

野中助継 のなかすけつぐ
文政11(1828)年～明治1(1868)年 [別]野中太内《のなかたない》
江戸時代末期の土佐藩士。吉田東洋に訓育される。
¶朝日([没]明治1年5月28日(1868年7月17日)), 維新(野中太内 のなかたない), 近世, 高知人, 国史, コン改, コン4, 新潮([没]慶応4(1868)年5月27日), 人名, 日人, 幕末(野中太内 のなかたない [没]1868年7月16日), 藩臣6

野中太内 のなかたない
→野中助継(のなかすけつぐ)

野中頼母 のなかたのも
? ～弘化2(1845)年
江戸時代後期の八戸藩士。
¶青森人

野中親孝 のなかちかたか
生没年不詳
安土桃山時代～江戸時代前期の武士。長宗我部氏家臣。
¶戦人

野中彝継 のなかつねつぐ
慶安2(1649)年～延宝7(1679)年
江戸時代前期の野中氏最後の家老。
¶高知人

野中鉄与 のなかてつよ
? ～
江戸時代の八戸藩士。
¶青森人

野中直継 のなかなおつぐ
天正15(1587)年～寛永13(1636)年
安土桃山時代～江戸時代前期の土佐藩家老。
¶高知人

野中布高 のなかのぶたか
元文4(1739)年～文化13(1816)年
江戸時代後期の惣社の神官、剣術家。
¶栃木歴

野中益継 のなかますつぐ
永禄5(1562)年～元和9(1623)年
江戸時代前期の土佐藩重臣。
¶高知人

野中元右衛門 のなかもとえもん
文化9(1812)年～慶応3(1867)年5月12日
江戸時代末期の肥前佐賀藩士。1867年フランスに渡りパリ万国博覧会の出品を担当。
¶海越([生]?), 海越新, 佐賀百([没]慶応2(1866)年5月12日), 幕末

野中野丈 のなかやじょう
寛政7(1795)年～明治1(1868)年
江戸時代末期の備中松山藩士。
¶岡山人, 岡山歴([没]明治1(1868)年11月11日), 藩臣6

野中良明 のなかよしあき
天正1(1573)年～元和4(1618)年
安土桃山時代～江戸時代前期の土佐藩重臣。
¶高知人

野々垣源兵衛 ののがきげんべえ
江戸時代前期の円城寺奉行。
¶岐阜百

野々口隆正 ののぐちたかまさ
→大国隆正(おおくにたかまさ)

野々口立圃 ののぐちりゅうほ
文禄4(1595)年～寛文9(1669)年 [別]雛屋立圃《ひなやりっぽ, ひなやりゅうほ》, 立圃《りゅうほ》
江戸時代前期の備後福山藩の俳人。俳諧作法書「はなひ草」を刊行。
¶朝日, 角史, 京都大, 京都府, 近世, 国史, 国書(立圃 りゅうほ [没]寛文9(1669)年9月30日), コン改, コン4, 詩歌(立圃 りゅうほ), 史人(立圃 りゅうほ), 人書94, 新潮(立圃 りゅうほ), 新文, 人名, 姓氏京都, 世人([没]寛文9(1669)年9月30日), 全書(立圃 りゅうほ), 大百(立圃 りゅうほ [生]1594年), 日史(立圃 りゅうほ), 日人, 俳諧(立圃 りゅうほ), 俳句(立圃 りゅうほ [没]寛文9(1669)年9月30日), 藩臣6, 百科(立圃 りゅうほ), 広島百([没]寛文9(1669)年9月), 文学, 名画(雛屋立圃 ひなやりっぽ [生]1599年), 歴大(立圃 りゅうほ), 和俳

野々村真澄 ののむらますみ
文政7(1824)年～明治37(1904)年
江戸時代末期～明治期の陸奥盛岡藩士。
¶維新([生]?), 国書([没]明治37(1904)年9月3日), 姓氏岩手, 幕末([没]1904年9月30日), 藩臣1

野々山兼寛 ののやまかねひろ
江戸時代末期の幕臣。
¶維新, 幕末(生没年不詳)

野々山七左衛門 ののやましちざえもん
? ～享保2(1717)年
江戸時代前期の武士。
¶和歌山人

野々山義政 ののやまよしまさ
? ～寛永12(1635)年
江戸時代前期の武士。
¶和歌山人

野原正一郎 のはらしょういちろう
生没年不詳
江戸時代末期の壬生藩士、剣術家。
¶栃木歴

延塚卯右衛門 のぶづかううえもん
天明2(1782)年～天保7(1836)年 [別]延塚夘右衛門《のぶづかうえもん》
江戸時代後期の豊前小倉藩士。
¶藩臣7，福岡百(延塚夘右衛門 のぶづかうえもん)

延塚夘右衛門 のぶづかうえもん
→延塚卯右衛門(のぶづかううえもん)

信寿 のぶひさ
→津軽信寿(つがるのぶひさ)

野辺沢光昌 のべさわみつまさ
生没年不詳
安土桃山時代～江戸時代前期の武将。最上氏家臣。
¶戦人

延沢康満 のべさわやすみつ
安土桃山時代～江戸時代前期の武将。最上氏家臣。
¶戦東

野辺地三弥 のへじさんや
→野辺地三弥(のへぢさんや)

野辺地尚義 のへじたかよし
→野辺地尚義(のべちなおよし)

野辺小作 のべしょうさく
嘉永2(1849)年～明治43(1910)年9月24日
江戸時代後期～明治期の新撰組隊士。
¶新撰

野辺地三弥 のへぢさんや，のへじさんや
生没年不詳
江戸時代後期の大迫通の代官。
¶姓氏岩手(のへじさんや)

野辺地尚義 のべちなおよし，のへぢなおよし
文政8(1825)年～明治42(1909)年 [別]野辺地尚義《のへじたかよし》
江戸時代末期～明治期の盛岡藩士、蘭学者、実業家。
¶人名(のへぢなおよし)，姓氏岩手(のへじたかよし)，日人

野辺英輔 のべひですけ
文政8(1825)年～明治4(1871)年
江戸時代末期～明治期の肥前唐津藩士、儒学者。
¶藩臣7

野間久左衛門 のまきゅうざえもん
？ ～寛永20(1643)年 [別]野間乙長《のまくにのぶ》
江戸時代前期の紀伊和歌山藩の武将。秀吉馬廻。
¶戦国，戦人(生没年不詳)，藩臣5，和歌山人(野間乙長 のまくにのぶ)

野間銀次郎 のまぎんじろう
天保14(1843)年～明治1(1868)年
江戸時代末期の上総飯野藩士。
¶藩臣3

野間乙長 のまくにのぶ
→野間久左衛門(のまきゅうざえもん)

野間鹿蔵 のましかぞう
生没年不詳
江戸時代の鳥取藩士寄合組。
¶鳥取百

野間重次 のましげつぐ
天正18(1590)年～寛永15(1638)年
安土桃山時代～江戸時代前期の幕臣。
¶国書

野間乙正 のまたかまさ
正保2(1645)年～正徳2(1712)年
江戸時代前期の武士。
¶和歌山人

野間忠太夫 のまちゅうだゆう
*～明和9(1772)年
江戸時代中期の出雲松江藩士。
¶島根歴([生]元禄12(1699)年)，藩臣5([生]？)

野町義基 のまちよしもと
文化2(1805)年～嘉永4(1851)年1月28日
江戸時代末期の土佐藩士。
¶幕末

野間伝三 のまでんぞう
天保13(1842)年～明治43(1910)年
江戸時代末期～明治期の讃岐多度津藩士。
¶藩臣6

野間守正 のまもりまさ
寛文3(1663)年～享保11(1726)年
江戸時代前期～中期の武士。
¶岡山人，日人

乃美織江 のみおりえ
文政5(1822)年～明治39(1906)年 [別]乃美宣《のみとおる，のみのぶる》
江戸時代末期～明治期の長州(萩)藩士。
¶維新(乃美宣 のみのぶる)，神人(乃美宣 のみとおる 生没年不詳)，新潮([生]文政5(1822)年1月28日)，日人，幕末([没]1906年7月24日)，藩臣6

乃美織部 のみおりべ
生没年不詳
江戸時代後期の萩藩士。
¶神奈川人

野溝甚四郎 のみぞじんしろう
文政7(1824)年～明治38(1905)年
江戸時代末期～明治期の豊後岡藩士。
¶大分歴，藩臣7

野見鼎次郎(野見鍉次郎) のみていじろう
文政10(1827)年～明治41(1908)年
江戸時代末期～明治期の与力。
¶剣豪(野見鍉次郎)，人名，日人

乃美宣 のみとおる
→乃美織江(のみおりえ)

乃美宣 のみのぶる
→乃美織江(のみおりえ)

能美平吾 のみへいご
→能美平吾(のうみへいご)

乃美主水 のみもんど
？ ～寛永12(1635)年
江戸時代前期の肥後熊本藩士。
¶藩臣7

野村秋足 のむらあきたり
文政2(1819)年～明治35(1902)年

江戸時代末期～明治期の尾張藩士。
¶愛知百（[没]1902年12月22日），国書（[没]明治35（1902）年12月29日），人名，姓氏愛知，日人，藩臣4

野村市右衛門 のむらいちうえもん
天正9（1581）年～寛永8（1631）年
江戸時代前期の筑前福岡藩士。
¶藩臣7

野村一鳳 のむらいっぽう
文化1（1804）年～明治8（1875）年5月16日
江戸時代末期～明治期の周防岩国藩士。
¶幕末

野村彝之介 のむらいのすけ
→野村彝之介（のむらつねのすけ）

野村男也 のむらおなり
宝暦1（1751）年～文政8（1825）年
江戸時代中期～後期の八戸藩士。
¶青森人

野村勝明 のむらかつあき
生没年不詳
江戸時代末期の紀伊和歌山藩士、幕臣。
¶幕末，和歌山人

野村勝太郎 のむらかつたろう
文政12（1829）年～元治1（1864）年
江戸時代末期の長州（萩）藩士。
¶維新，幕末（[没]1864年8月20日）

野村寛 のむらかん
生没年不詳
江戸時代後期の加賀藩士。
¶国書

野村勘兵衛 のむらかんべえ
？～元治1（1864）年8月20日
江戸時代末期の薩摩藩士。
¶幕末

野村九郎 のむらくろう
→野村帯刀（のむらたてわき）

野村軍記 のむらぐんき
安永3（1774）年～天保5（1834）年
江戸時代後期の陸奥八戸藩士。
¶青森人，青森百，朝日（[没]天保5年10月20日（1834年11月20日）），近世，国史，コン改，コン4，新潮（[没]天保5（1834）年10月20日），人名，日人，藩臣1

野村公台 のむらこうだい
享保2（1717）年～天明4（1784）年　[別]野村東皐《のむらとうこう》
江戸時代中期の近江彦根藩の儒学者。
¶国書（野村東皐　のむらとうこう　[没]天明4（1784）年3月24日），コン改，コン4，新潮（[没]天明4（1784）年3月24日），人名，世人（野村東皐　のむらとうこう　[没]天明4（1784）年3月24日），日人（野村東皐　のむらとうこう），藩臣4，和俳

野村駒四郎 のむらこましろう
嘉永5（1852）年～明治1（1868）年
江戸時代末期の陸奥会津藩の白虎士中二番隊士。
¶幕末（[没]1868年10月8日），藩臣2

野村維章 のむらこれあき
→野村維章（のむらこれあきら）

野村維章 のむらこれあきら
弘化1（1844）年～明治36（1903）年　[別]野村維章《のむらこれあき》
江戸時代末期～明治期の武士、砲術家。亀山社中や海援隊に入り、国事に奔走。
¶維新（のむらこれあき），高知人，人名，日人（のむらこれあき），幕末（[没]1903年5月8日）

野村貞貫 のむらさだつら
寛政6（1794）年～安政6（1859）年7月28日
江戸時代後期～末期の筑前福岡藩士・歌人。
¶国書

野村左兵衛 のむらさへえ
文化12（1815）年～慶応3（1867）年
江戸時代末期の陸奥会津藩士。公用方の中心人物。
¶朝日，日人，幕末（[没]1867年6月21日），藩臣2

野村重威 のむらしげたけ
寛文7（1667）年～享保9（1724）年8月16日
江戸時代前期～中期の加賀藩士。
¶国書

野村順盛 のむらじゅんせい
江戸時代中期の勢州桑名藩藩士。
¶三重続

野村甚兵衛 のむらじんべえ
生没年不詳
江戸時代前期の土佐藩士。
¶高知人，藩臣6

野村助作 のむらすけさく
弘化1（1844）年～慶応3（1867）年
江戸時代末期の筑前福岡藩士。
¶維新，人名，日人，幕末（[没]1867年9月13日），藩臣7

野村正素 のむらせいそ
→野村素介（のむらもとすけ）

野村素介 のむらそすけ
→野村素介（のむらもとすけ）

野村帯刀 のむらたてわき
文化11（1814）年～明治9（1876）年　[別]野村九郎《のむらくろう》
江戸時代末期～明治期の安芸広島藩士。辻将曹らの藩政改革を支援。
¶朝日（[没]明治9（1876）年4月29日），維新，人名（野村九郎　のむらくろう），日人，幕末（[没]1876年4月29日）

野村竹軒 のむらちくけん
→野村必明（のむらひつめい）

野村彝之介（野村彜之介） のむらつねのすけ
文政7（1824）年～明治21（1888）年　[別]野村彝之介《のむらいのすけ》
江戸時代末期～明治期の水戸藩士。
¶維新，コン5（野村彜之介），人名（のむらいのすけ），日人，幕末（[没]1888年8月2日），藩臣2

野村藤陰（野村藤蔭） のむらとういん
文政10（1827）年～明治32（1899）年
江戸時代末期～明治期の美濃大垣藩士。

¶維新，岐阜百，郷土岐阜，国書（野村藤蔭　[生]文政10（1827）年10月　[没]明治32（1899）年3月25日），人名，日人，幕末（[没]1899年3月15日），藩臣3

野村東皐　のむらとうこう
→野村公台（のむらこうだい）

野村東馬　のむらとうま
天保11（1840）年～慶応4（1868）年
江戸時代末期の筑前福岡藩家老。
¶藩臣7

野村永重　のむらながしげ
正保1（1644）年～元禄15（1702）年
江戸時代前期～中期の加賀藩士。
¶国書

野村信由　のむらのぶよし
寛政6（1794）年～嘉永1（1848）年
江戸時代後期の加賀藩士。
¶国書

野村必明　のむらひつめい
元文4（1739）年～文政1（1818）年　[別]野村竹軒《のむらちくけん》
江戸時代中期～後期の備中松山藩士。
¶岡山人，岡山歴（[没]文政1（1818）年6月22日），藩臣6（野村竹軒　のむらちくけん）

野村武兵衛　のむらぶへえ
生没年不詳
江戸時代末期の武士。児玉親臣の家臣。
¶姓氏山口

野村文夫　のむらふみお
天保7（1836）年～明治24（1891）年
江戸時代末期～明治期の安芸広島藩士、官僚、記者。
¶朝日（[生]天保7年4月5日（1836年5月19日）　[没]明治24（1891）年10月27日），維新，海越新（[生]天保7（1836）年4月5日　[没]明治24（1891）年10月27日），近現，近文，国史，コン改（[生]天保4（1833）年），コン4，コン5，人名，全書（[生]1833年，（異説）1836年），渡航（[没]1891年10月27日），日人，幕末（[没]1896年10月27日），藩臣6，広島百（[生]天保7（1836）年4月5日　[没]明治24（1891）年10月27日），明治1，洋学

野村昌重　のむらまさしげ
嘉永1（1848）年3月27日～明治36（1903）年1月22日
江戸時代後期～明治期の弓道家、名古屋藩士。
¶弓道

野村増右衛門　のむらますえもん
正保3（1646）年～宝永7（1710）年
江戸時代前期～中期の伊勢桑名藩士。
¶藩臣4

野村元貞　のむらもとさだ
？　～寛永2（1625）年
江戸時代前期の武将。秀吉馬廻、徳川氏家臣。
¶戦国，戦人

野村素介　のむらもとすけ
天保13（1842）年～昭和2（1927）年　[別]野村素介・野村正素《のむらもとすけ・のむらせいそ》，野村素介《のむらそすけ》
江戸時代末期～明治期の長州（萩）藩士、官僚。
¶朝日（[生]天保13年5月18日（1842年6月26日）　[没]昭和2（1927）年12月23日），維新，海越新（[生]天保13（1842）年5月18日　[没]昭和2（1927）年12月23日），近現，国史，コン改，コン4，コン5，新潮（[生]天保13（1842）年5月　[没]昭和2（1927）年12月23日），人名，世紀（[生]天保13（1842）年5月18日　[没]昭和2（1927）年12月23日），姓氏山口，渡航（野村素介・野村正素　のむらもとすけ・のむらせいそ　[没]1927年12月23日），日人，幕末（のむらそすけ　[没]1927年12月23日），藩臣6（のむらそすけ），山口百，履歴（[生]天保13（1842）年5月18日　[没]昭和2（1927）年12月23日）

野村盛秀　のむらもりひで
天保2（1831）年～明治6（1873）年
江戸時代末期～明治期の薩摩藩士。
¶維新，大分歴，国書（[生]天保2（1831）年3月3日　[没]明治6（1873）年5月21日），埼玉人（[生]天保2（1831）年3月3日　[没]明治6（1873）年5月21日），埼玉百，姓氏鹿児島，日人，幕末（[没]1873年5月21日），藩臣7

野村靖　のむらやすし
天保13（1842）年～明治42（1909）年　[別]香夢庵主，靖之助，欲庵，和作
江戸時代末期～明治期の長州藩の政治家。子爵、内務大臣、逓信大臣。早くから尊攘運動に従事。外務大書記、神奈川県令などを歴任。
¶維新，海越（[生]天保13（1842）年8月6日　[没]明治42（1909）年1月25日），海越新（[生]天保13（1842）年8月6日　[没]明治42（1909）年1月25日），神奈川人，近現，国際，国史，コン改，コン5，史人（[生]1842年8月6日　[没]1909年1月24日），神人，新潮（[生]天保13（1842）年8月6日　[没]明治42（1909）年1月24日），人名，世紀（[生]天保13（1842）年8月6日　[没]明治42（1909）年1月24日），姓氏神奈川，姓氏山口，世人，渡航（[生]1842年8月6日　[没]1909年1月24日），日史（[生]天保13（1842）年8月6日　[没]明治42（1909）年1月24日），日人，幕末（[没]1909年1月24日），藩臣6，山口百，履歴（[生]天保13（1842）年8月6日　[没]明治42（1909）年1月24日）

野村遊喜　のむらゆうき
嘉永1（1848）年～？
江戸時代後期～末期の新撰組隊士。
¶新撰

野村与三兵衛　のむらよさべえ
生没年不詳
江戸時代中期の加賀藩士。
¶国書

野村義茂　のむらよししげ
明暦3（1657）年～享保9（1724）年
江戸時代中期の和歌山藩士、幕臣。
¶和歌山人

野村利三郎　のむらりさぶろう
弘化1（1844）年～明治2（1869）年
江戸時代末期の新撰組隊士。
¶新撰（[没]明治2年3月25日），幕末（[没]1869年5月6

日）

野元助八 のもとすけはち
? 〜明治1（1868）年7月29日
江戸時代末期の薩摩藩士。
¶幕末

野本雪巌 のもとせつがん
宝暦11（1761）年〜天保5（1834）年
江戸時代中期〜後期の豊前中津藩士、儒学者。
¶江文（㋐宝暦10（1760）年），大分歴，国書
（㋪天保5（1834）年12月3日），人名，日人
（㋪1835年），藩臣7

野本恒一 のもとつねかず
弘化4（1847）年〜大正9（1920）年
江戸時代末期〜明治期の武道家。
¶会津，幕末（㋪1920年7月16日）

野本友憲 のもととものり
→野本弥大夫（のもとやだゆう）

野本直純 のもとなおずみ
江戸時代末期〜明治期の弓道家、土佐藩士。
¶弓道

野本白巌（野本白岩） のもとはくがん
寛政9（1797）年〜安政3（1856）年
江戸時代末期の豊前中津藩士、儒学者。
¶大分百（野本白岩），大分歴，国書（㋐寛政9
（1797）年3月6日 ㋪安政3（1856）年7月3日），
コン改，コン4，人名，日人，藩臣7

野本弥太夫 のもとやだゆう
? 〜宝永2（1705）年
江戸時代中期の武士。
¶和歌山人

野本弥大夫 のもとやだゆう
＊〜正保4（1647）年 ㋞野本友憲《のもととものり》
江戸時代前期の紀伊和歌山藩士。
¶藩臣5（㋐慶長4（1599）年），和歌山人（野本友憲 のもととものり ㋓？）

野矢為政 のやためまさ
寛政6（1794）年〜明治5（1872）年
江戸時代末期〜明治期の家相家、美作津山藩士。
¶岡山人，岡山歴（㋪明治5（1872）年11月），人名（㋐1798年），日人

野矢常方 のやつねかた
享和2（1802）年〜明治1（1868）年
江戸時代末期の陸奥会津藩士。
¶会津（㋐享和1（1801）年），国書（㋪慶応4（1868）年8月23日），人名，日人，幕末（㋪1868年10月8日），藩臣2（㋐享和1（1801）年），福島百

野矢常行 のやつねゆき
延享4（1747）年〜享和1（1801）年5月27日
江戸時代中期〜後期の会津藩士・歌人。
¶国書

野山三十郎 のやまさんじゅうろう
天保4（1833）年〜明治28（1895）年
江戸時代後期〜明治期の剣術家。直心影流。
¶剣豪

則岡源内 のりおかげんない
生没年不詳
江戸時代末期の武士。
¶和歌山人

乗竹東谷 のりたけとうこく
享保18（1733）年〜寛政6（1794）年
江戸時代中期の但馬出石藩老。
¶国書（㋐享保15（1730）年6月8日 ㋪寛政6
（1794）年4月12日），コン改，コン4，新潮
（㋪寛政6（1794）年4月），人名，日人

野呂介宇 のろかいう
安永5（1776）年〜安政2（1855）年
江戸時代後期の紀伊和歌山藩士。
¶和歌山人

野呂久左衛門 のろきゅうざえもん
→野呂直貞（のろなおさだ）

野呂瀬秋風 のろせしゅうふう
文政12（1829）年〜安政2（1855）年7月4日
江戸時代後期〜末期の尾張藩士・歌人。
¶国書

野呂瀬与一郎 のろせよいちろう
宝暦12（1762）年〜文政4（1821）年10月26日
江戸時代中期〜後期の尾張藩士。
¶国書

野呂道庵 のろどうあん
文化10（1813）年〜明治22（1889）年
江戸時代末期〜明治期の安房勝山藩士。
¶江文，国書（㋐文化10（1813）年12月7日 ㋪明治22（1889）年2月2日），藩臣3

野呂直貞 のろなおさだ
文政12（1829）年〜明治16（1883）年 ㋞野呂久左衛門《のろきゅうざえもん》
江戸時代末期〜明治期の勤王家、備前岡山藩陪臣。
¶維新（野呂久左衛門 のろきゅうざえもん），
岡山人，岡山歴（㋪明治16（1883）年11月），国書（㋪明治16（1883）年11月），コン改，コン4，コン5，新潮（㋪明治16（1883）年11月），人名，日人，幕末（野呂久左衛門 のろきゅうざえもん ㋪1883年11月）

野呂登 のろのぼる
生没年不詳
江戸時代の弘前藩士。儒家。書家。
¶青森人

野呂正祥 のろまさなが
宝暦12（1762）年〜＊
江戸時代中期〜後期の弓術家。
¶日人（㋐1788年），和歌山人（㋪1787年）

野呂栗原 のろりつげん
生没年不詳
江戸時代後期の幕臣。
¶国書

【 は 】

俳諧堂真寿　はいかいどうしんじゅ
江戸時代前期の狂歌師、常陸麻生藩士・千賀幹幸。
¶人名，日人（生没年不詳）

梅花軒三休子　ばいかけんさんきゅうし
寛文12（1672）年～？
江戸時代前期～中期の磐城棚倉藩士。
¶国書

梅間　ばいかん
→岡田梅間（おかだばいかん）

俳狂　はいきょう
安永4（1775）年～文政2（1819）年
江戸時代中期～後期の俳人・上野高崎藩士・遠藤胤平。
¶国書

拝郷直員　はいごうなおかず
明暦2（1656）年～享保18（1733）年
江戸時代前期～中期の三河岡崎藩家老。
¶藩臣4

拝郷直規　はいごうなおのり
正徳1（1711）年～宝暦1（1751）年
江戸時代中期の三河岡崎藩家老。
¶藩臣4

拝郷直矢　はいごうなおや
延宝3（1675）年～元文2（1737）年
江戸時代中期の三河岡崎藩家老。
¶藩臣4

拝郷縫殿　はいごうぬいと
生没年不詳
江戸時代後期の遠江浜松藩家老。
¶藩臣4

拝郷可乗　はいごうよしのり
？　～慶安1（1648）年
江戸時代前期の三河岡崎藩家老。
¶藩臣4

拝崎琴台　はいざききんだい
生没年不詳
江戸時代中期の越後高田藩士・漢学者。
¶国書

梅人　ばいじん
→平山梅人（ひらやまばいじん）

早田甚助　はいだじんすけ
～嘉永4（1851）年9月14日
江戸時代後期の庄内藩士。
¶庄内

早田理右衛門　はいだりえもん
生没年不詳
江戸時代前期の最上氏遺臣。
¶庄内

梅亭金鵞（梅亭金鵝）　ばいていきんが
文政4（1821）年～明治26（1893）年　[別]金鵞《きんが》
江戸時代末期～明治期の剣客、滑稽本作者。明治文明開花期の滑稽雑誌の主筆。
¶朝日（[生]文政4年3月30日（1821年5月2日）　[没]明治26（1893）年6月30日），維新，江戸東（梅亭金鵝），近現，近世，近文，国史，国書（[生]文政4（1821）年3月30日　[没]明治26（1893）年6月30日），コン改（梅亭金鵝　[生]文政6（1823）年），コン4（梅亭金鵝　[生]文政6（1823）年），コン5（梅亭金鵝　[生]文政6（1823）年），史人（[生]1821年3月30日　[没]1893年6月30日），新潮（[生]文政4（1821）年3月30日　[没]明治26（1893）年6月30日），新文（[生]文政4（1821）年3月30日　[没]明治26（1893）年6月30日），人名，世百（[没]1890年），全書，大百，日人，俳句（金鵞　きんが），幕末（梅亭金鵝　[生]1821年4月　[没]1893年6月30日），百科，文学

パーヴェル沢辺　ぱーゔぇるさわべ
→沢辺琢磨（さわべたくま）

羽賀井一心斎　はがいいっしんさい
江戸時代前期の剣術家。
¶人名，日人（生没年不詳）

芳賀内蔵允　はがくらのすけ
天正5（1577）年～寛永19（1642）年
江戸時代前期の備前岡山藩士。
¶岡山人，岡山歴，日人，藩臣6（[生]？）

羽賀軍太郎　はがぐんたろう
＊～慶応1（1865）年
江戸時代末期の新徴組員。
¶庄内（[生]天保13（1842）年　[没]慶応1（1865）年12月26日），日人（[生]1841年　[没]1866年），幕末（[生]？　[没]1865年12月28日）

芳我小太郎　はがこたろう
天保12（1841）年11月5日～昭和2（1927）年2月4日
江戸時代末期～昭和期の弓道家、弓術精錬證。
¶弓道

垪和四郎太　はがしろうた
生没年不詳
江戸時代末期の剣術家。神道無念流。
¶剣豪

芳賀次郎兵衛　はがじろべえ
？　～万治2（1659）年
江戸時代前期の備前岡山藩士。
¶藩臣6

芳賀善兵衛(1)　はがぜんべえ
～延宝8（1680）年8月8日
江戸時代前期の庄内藩家老。
¶庄内

芳賀善兵衛(2)　はがぜんべえ
～享保3（1718）年10月
江戸時代前期～中期の武芸者。
¶庄内

芳賀高勝　はがたかかつ
天正8（1580）年～元和9（1623）年6月4日
江戸時代前期の庄内藩家老。
¶庄内

袴田得三　はかまだとくぞう
？　～大正12（1923）年

江戸時代末期～大正期の盛岡藩士・教育者。
¶姓氏岩手

芳賀光起 はがみつおき
生没年不詳
江戸時代後期の秋田藩士。
¶国書

羽木貞守 はぎさだもり
文政10(1827)年～明治15(1882)年6月3日
江戸時代末期～明治期の陸奥二本松藩士。
¶幕末

萩野喜内 はぎのきない
→萩野鳩谷(はぎのきゅうこく)

萩野鳩谷 はぎのきゅうこく
享保2(1717)年～文化14(1817)年　㊀萩野喜内《はぎのきない》，荻野鳩谷《おぎのきゅうこく》
江戸時代中期～後期の出雲松江藩の蘭学者。
¶江文，国書(㊐享保2(1717)年5月29日　㊍文化14(1817)年4月1日)，人名，日人(㊐1717年？)，藩臣5(萩野喜内　はぎのきない)，洋学

は

萩野信竜 はぎのしんりゅう
生没年不詳
江戸時代後期の出雲松江藩士・漢学者。
¶国書

萩野又一 はぎのまたいち
生没年不詳
安土桃山時代～江戸時代前期の武士。
¶日人

萩森蔀 はぎのもりしとみ
安永7(1778)年～文化10(1813)年
江戸時代後期の伊予宇和島藩士。
¶藩臣6

萩谷遷喬 はぎのやせんきょう
安永8(1779)年～安政4(1857)年
江戸時代後期の水戸藩士、画家。
¶幕末，藩臣2

萩原虎六 はぎはらころく
→萩原虎六(はぎわらころく)

萩原無重 はぎはらなししげ
*～寛永10(1633)年　㊀萩原無重《はぎわらなししげ》
安土桃山時代～江戸時代前期の武士。武田氏家臣、明智氏家臣、羽柴氏家臣、豊臣氏家臣、宇喜多氏家臣、徳川氏家臣。
¶戦国(㊐1568年)，戦人(はぎわらなししげ　㊐永禄10(1567)年)

萩谷金次郎 はぎやきんじろう
文政12(1829)年～慶応1(1865)年　㊀萩原金次郎《はぎわらきんじろう》
江戸時代末期の水戸藩士。
¶維新，人名，日人，幕末(萩原金次郎　はぎわらきんじろう　㊍1865年3月9日)

萩谷平八 はぎやへいはち
→荻谷平八(おぎやへいはち)

波響 はきょう
→松前波響(まつまえはきょう)

萩原嘉右衛門 はぎわらかうえもん
→萩原嘉右衛門(はぎわらかえもん)

萩原嘉右衛門 はぎわらかえもん
㊀萩原嘉右衛門《はぎわらかうえもん》
安土桃山時代～江戸時代前期の武士。里見氏家臣。
¶戦人(生没年不詳)，戦東(はぎわらかうえもん)

萩原金次郎 はぎわらきんじろう
→萩谷金次郎(はぎやきんじろう)

萩原虎六 はぎわらころく
天保12(1841)年～元治1(1864)年　㊀萩原虎六《はぎはらころく，はぎわらとらろく》
江戸時代末期の播磨姫路藩士。
¶維新，人名(はぎわらとらろく　㊐1843年)，日人(㊍1865年)，幕末(はぎはらころく　㊍1864年12月26日)，藩臣5

萩原宗固 はぎわらそうこ
元禄16(1703)年～天明4(1784)年
江戸時代中期の歌人。先手組に所属する幕臣。
¶朝日(㊍天明4年5月2日(1784年6月19日))，江戸，江文，国書(㊍天明4(1784)年5月2日)，新潮(㊍天明4(1784)年5月2日)，人名，日人，和俳(㊍天明4(1784)年5月2日)

萩原太郎 はぎわらたろう
文政11(1828)年～明治37(1904)年　㊀萩原行篤《はぎわらゆきとく》
江戸時代末期～明治期の旗本杉浦正尹の代官。
¶維新，神奈川人，郷土神奈川(萩原行篤　はぎわらゆきとく)，剣豪，日人(萩原行篤　はぎわらゆきとく)，幕末(㊍1904年2月12日)

萩原伝右衛門 はぎわらでんえもん
生没年不詳
江戸時代前期の肥後熊本藩士。
¶藩臣7

萩原虎六 はぎわらとらろく
→萩原虎六(はぎわらころく)

萩原無重 はぎわらなししげ
→萩原無重(はぎはらなししげ)

萩原広道 はぎわらひろみち
文化12(1815)年～文久3(1863)年
江戸時代末期の備前岡山藩士、国学者。
¶朝日(㊐文化12年2月19日(1815年3月29日)　㊍文久3年12月3日(1864年1月11日))，維新(㊐1813年)，大阪人(㊍文久3(1863)年12月)，大阪墓(㊐文化13(1816)年　㊍文久3(1863)年12月3日)，岡山人，岡山歴(㊐文化12(1815)年2月19日　㊍文久3(1863)年12月3日)，近世，国史，国書(㊐文化12(1815)年2月19日　㊍文久3(1863)年12月3日)，史人(㊐1815年2月19日　㊍1863年12月3日)，神史，人書94，神人，新潮(㊐文化12(1815)年2月19日　㊍文久3(1863)年12月3日)，人名(㊐1813年)，日人(㊍1864年)，幕末(㊐1813年　㊍1864年1月11日)，百科(㊐文化10(1813)年)，平史，和俳(㊐文化10(1813)年　㊍文久3(1863)年12月3日)

萩原伯耆守美雅 はぎわらほうきのかみよしまさ
→萩原美雅(はぎわらよしまさ)

萩原致伸　はぎわらみちのぶ
文化15(1818)年2月5日〜明治30(1897)年3月1日
江戸時代後期〜明治期の弓道家、印西派弓術十七代目。
¶弓道

萩原森延　はぎわらもりたか
?　〜寛永16(1639)年
江戸時代前期の武蔵岩槻藩士。
¶藩臣5

萩原森中　はぎわらもりなか
生没年不詳
江戸時代前期の武蔵岩槻藩士。
¶藩臣5

萩原行篤　はぎわらゆきとく
→萩原太郎(はぎわらたろう)

萩原美雅　はぎわらよしまさ
寛文9(1669)年〜延享2(1745)年　[別]萩原伯耆守美雅《はぎわらほうきのかみよしまさ》
江戸時代中期の幕臣。
¶長崎歴(萩原伯耆守美雅　はぎわらほうきのかみよしまさ), 日史([没]延享2(1745)年4月4日)

白雄　はくゆう
→加舎白雄(かやしらお)

羽倉簡堂　はぐらかんどう,はくらかんどう
寛政2(1790)年〜文久2(1862)年　[別]羽倉外記《はぐらげき》,羽倉簡堂《はねくらかんどう》,羽倉用九《はぐらようきゅう》
江戸時代末期の儒学者、代官。渡辺崋山らの尚歯会に参加。
¶朝日([生]寛政2年11月1日(1790年12月6日)　[没]文久2年7月3日(1862年7月29日)), 維新, 江戸, 江文, 大阪人(はくらかんどう　[没]文久2(1862)年7月), 角史(羽倉用九　はぐらようきゅう), 郷土群馬(羽倉外記　はぐらげき), 近世, 群馬人(はねくらかんどう), 国史, 国書(はくらかんどう　[生]寛政2(1790)年11月1日　[没]文久2(1862)年7月3日), コン改(はくらかんどう), コン4(はくらかんどう), 詩歌, 史人([生]1790年11月1日　[没]1862年7月3日), 静岡百(はくらかんどう), 静岡歴(はくらかんどう), 新潮([生]寛政2(1790)年11月1日　[没]文久2(1862)年閏8月21日), 人名, 姓氏群馬(羽倉外記　はぐらげき), 姓氏静岡, 世人([没]文久2(1862)年7月3日), 全書(はくらかんどう), 大百, 日史(羽倉外記　はぐらげき　[生]寛政2(1790)年11月1日　[没]文久2(1862)年7月3日), 日人, 百科(羽倉外記　はぐらげき), 歴大, 和俳([没]文久2(1862)年7月3日)

羽倉外記　はぐらげき
→羽倉簡堂(はぐらかんどう)

羽倉用九　はぐらようきゅう
→羽倉簡堂(はぐらかんどう)

白鯉館卯雲　はくりかんぼううん
→木室卯雲(きむろぼううん)

白鯉館卯雲〔2代〕　はくりかんぼううん
延享1(1744)年〜文政13(1830)年
江戸時代中期〜後期の狂歌師、幕臣。
¶国書([没]文政13(1830)年6月20日), 日人

白輅　はくろ
生没年不詳
江戸時代中期の俳人・遠江浜松藩士・永田岩次郎。
¶国書

羽黒成実　はぐろなりざね
→羽黒養潜(はぐろようせん)

羽黒養潜　はぐろようせん
寛永6(1629)年〜元禄15(1702)年　[別]羽黒成実《はぐろなりざね》
江戸時代前期〜中期の近江彦根藩士。
¶国書([没]元禄15(1702)年1月11日), 人名, 日人, 藩臣4(羽黒成実　はぐろなりざね)

箱石清左衛門　はこいしせいざえもん
享保14(1729)年9月18日〜文化10(1813)年9月20日
江戸時代中期〜後期の盛岡藩士。
¶国書

馬光　ばこう
→長谷川馬光(はせがわばこう)

間喜兵衛　はざまきへえ
寛永12(1635)年〜元禄16(1703)年　[別]間光延《はざまみつのぶ》
江戸時代前期〜中期の播磨赤穂藩士。赤穂義士の一人。
¶国書(間光延　はざまみつのぶ　[没]元禄16(1703)年2月4日), 人名, 日人

間小四郎　はざまこしろう
天明7(1787)年〜安政2(1855)年　[別]間小四郎《あいだこしろう》
江戸時代後期の秋月藩士。
¶幕末, 藩臣7(あいだこしろう), 福岡百([生]天明7(1787)年12月)

間十次郎(間重治郎)　はざまじゅうじろう
延宝6(1678)年〜元禄16(1703)年
江戸時代前期の播磨赤穂藩士。赤穂義士の一人。
¶江戸, コン改, コン4, 新潮(間重治郎　[没]元禄16(1703)年2月4日), 人名, 日人

間新六　はざましんろく
延宝8(1680)年〜元禄16(1703)年
江戸時代中期の播磨赤穂藩士。赤穂義士の一人。
¶人名, 日人

間直光　はざまなおみつ
寛延2(1749)年〜文政2(1819)年
江戸時代中期〜後期の土佐藩士、歌人。
¶高知人, 藩臣6

間光延　はざまみつのぶ
→間喜兵衛(はざまきへえ)

箸尾高春　はしおたかはる
安土桃山時代〜江戸時代前期の武士。豊臣氏家臣。
¶戦国, 戦人(生没年不詳)

初鹿野伝右衛門　はじかのでんうえもん
→初鹿野昌次(はじかのまさつぐ)

初鹿野信政　はじかののぶまさ
江戸時代末期の日光奉行。
¶栃木歴

初鹿野昌次 はじかのまさつぐ
*～寛永1（1624）年　別初鹿野昌久《はしかのまさひさ，はじかのまさひさ》，初鹿野伝右衛門《はじかのでんうえもん》
安土桃山時代～江戸時代前期の武士。武田氏家臣。
¶埼玉人（初鹿野昌久　はしかのまさひさ　⊕天文10（1541）年），人名（初鹿野昌久　はしかのまさひさ　⊕1541年），姓氏山梨（⊕？），戦人（⊕天文14（1545）年），戦東（⊕？），日人（⊕？），山梨百（初鹿野伝右衛門　はじかのでんうえもん　⊕天文13（1544）年　⊗寛永1（1624）年11月15日）

初鹿野昌久 はしかのまさひさ，はじかのまさひさ
→初鹿野昌次（はじかのまさつぐ）

橋口壮介（橋口壮助）はしぐちそうすけ
天保12（1841）年～文久2（1862）年
江戸時代末期の薩摩藩士、尊攘派志士。
¶朝日（⊗文久2年4月24日（1862年5月22日）），維新，鹿児島百（橋口壮助），京都大（橋口壮助），人名，姓氏鹿児島，姓氏京都（橋口壮助），日人，幕末（⊗1862年5月22日），藩臣7

橋口伝蔵 はしぐちでんぞう
天保2（1831）年～文久2（1862）年
江戸時代末期の薩摩藩士。
¶維新，鹿児島百，京都大（⊕天保1（1830）年），人名（⊕1833年），姓氏鹿児島，姓氏京都，日人，幕末（⊗1862年5月21日）

橋口彦二 はしぐちひこじ
生没年不詳
江戸時代末期～明治期の薩摩藩士。
¶維新，鹿児島百，姓氏鹿児島，幕末

橋口与一郎 はしぐちよいちろう
生没年不詳
江戸時代末期～明治期の薩摩藩士。
¶維新，姓氏鹿児島，幕末

蜂須賀至鎮 はしすかよししげ
→蜂須賀至鎮（はちすかよししげ）

橋爪幸求 はしづめこうきゅう
生没年不詳
江戸時代後期の会津藩士。
¶国書

橋爪維成 はしづめこれなり
→橋爪万右衛門（はしづめまんえもん）

橋瓜助次郎 はしづめすけじろう
文化1（1804）年～明治13（1880）年3月30日
江戸時代末期～明治期の陸奥会津藩士。
¶幕末

橋詰藤作 はしづめとうさく
寛政9（1797）年～明治5（1872）年
江戸時代末期～明治期の播磨姫路藩士。
¶藩臣5

橋詰八郎 はしづめはちろう
文政11（1828）年～明治32（1899）年5月6日
江戸時代末期～明治期の土佐藩士。
¶幕末

橋爪万右衛門 はしづめまんえもん
元和1（1615）年～天和3（1683）年　別橋爪維成

《はしづめこれなり》
江戸時代前期の紀伊和歌山藩士。
¶藩臣5，和歌山人（橋爪維成　はしづめこれなり）

橋詰明平 はしづめめいへい
江戸時代末期の土佐藩士。
¶維新

橋爪盛道 はしづめもりみち
文化2（1805）年～明治13（1880）年8月
江戸時代後期～明治期の会津藩士・漢学者。
¶国書

橋爪弥一右衛門 はしづめやいちうえもん
明和5（1768）年～天保7（1836）年
江戸時代中期～後期の遠江掛川藩士。
¶藩臣4

土師正庸 はじまさつね
？ ～元禄11（1698）年
江戸時代前期～中期のもと浪人で書家・加賀藩士。
¶国書

羽島弥太郎 はしまやたろう
延宝1（1673）年～宝暦6（1756）年
江戸時代前期～中期の剣術家。無楽流ほか。
¶剣豪

橋本皆助 はしもとかいすけ
天保6（1835）年～明治4（1871）年
江戸時代末期～明治期の郡山藩士。
¶新撰（⊗明治4年4月16日），幕末（⊗1871年6月3日）

橋本覚左衛門 はしもとかくざえもん
貞享4（1687）年～延享2（1745）年
江戸時代中期の家臣、幕臣。
¶和歌山人

橋本員清 はしもとかずきよ
生没年不詳
江戸時代前期の武士。
¶和歌山人

橋本九兵衛 はしもときゅうべえ
弘化2（1845）年～慶応2（1866）年6月17日
江戸時代末期の奇兵隊士。
¶幕末

橋本虚心斉 はしもときょしんさい
生没年不詳
江戸時代後期の武士。
¶和歌山人

橋本源兵衛 はしもとげんべえ
？ ～寛永3（1626）年
江戸時代前期の武士。
¶和歌山人

橋本香坡 はしもとこうは
文化6（1809）年～慶応1（1865）年
江戸時代末期の沼田藩士。
¶維新，大阪人（⊗慶応1（1865）年10月），郷土群馬（⊗1867年），群馬人，国書（⊕文化6（1809）年2月　⊗慶応1（1865）年10月10日），姓氏群馬，日人，幕末（⊗1865年11月27日），藩臣2，兵庫人（⊕文化6（1809）年2月　⊗慶応1（1865）年10月10日），兵庫百

橋本左内 はしもとさない
天保5（1834）年〜安政6（1859）年
江戸時代末期の越前福井藩士、改革論者。緒方洪庵に入門。藩主松平慶永を助けて将軍継嗣問題で活躍したが、安政の大獄で刑死。
¶朝日（⊕天保5年3月11日（1834年4月19日）⊗安政6年10月7日（1859年11月1日）），維新，岩史（⊕天保5（1834）年3月11日　⊗安政6（1859）年10月7日），角史，教育，京都大，郷土福井，近世，国史，国書（⊕天保5（1834）年3月11日　⊗安政6（1859）年10月7日），コン改，コン4，詩歌，史人（⊕1834年3月11日　⊗1859年10月7日），重要（⊕天保5（1834）年3月11日　⊗安政6（1859）年10月7日），人書79，人書94，新潮（⊕天保5（1834）年3月11日　⊗安政6（1859）年10月7日），人名，姓氏京都，世人（⊕天保5（1834）年3月　⊗安政6（1859）年10月7日），世在，全書，大百，伝記，日史（⊕天保5（1834）年3月11日　⊗安政6（1859）年10月7日），日人，幕末（⊗1859年11月1日），藩臣3，百科，福井百，洋学，歴大，和俳（⊗安政6（1859）年10月7日）

橋本作内 はしもとさない
江戸時代の富山藩士、西猪谷関所番。
¶姓氏富山

橋本三兵衛 はしもとさんべえ
安永7（1778）年〜天保7（1836）年
江戸時代後期の石見浜田藩士。
¶島根人（⊕文政・天保頃），島根歴，藩臣5

橋本秀峰 はしもとしゅうほう
寛政8（1796）年〜明治16（1883）年
江戸時代末期〜明治期の因幡鳥取藩士。
¶鳥取百，藩臣5

橋本小霞 はしもとしょうか
文化10（1813）年〜明治12（1879）年
江戸時代末期〜明治期の土佐藩の画家。
¶高知人，高知百，人名，日人，幕末（⊗1879年8月14日），藩臣6，美家（⊕文化10（1813）年11月11日　⊗明治12（1879）年8月14日）

橋本宗吉 はしもとそうきち
宝暦13（1763）年〜天保7（1836）年　別橋本曇斎《はしもとどんさい》
江戸時代中期〜後期の阿波徳島藩の蘭学者。大槻玄沢に入門。玄沢門下の四天王の一人。
¶朝日（⊗天保7年5月1日（1836年6月14日）），岩史（⊗天保7（1836）年5月1日），大阪人（⊗天保7（1836）年5月），大阪墓（⊗天保7（1836）年5月1日），角史，近世，国史，国書（⊗天保7（1836）年5月1日），コン改，コン4，史人（⊗1836年5月1日），重要（⊗天保7（1836）年5月1日），人書94，新潮（⊗天保7（1836）年5月1日），人名，世人（⊗天保7（1836）年5月1日），全書，大百，徳島百（⊗天保7（1836）年5月1日），徳島歴（⊗天保7（1836）年5月1日），日人，藩臣6，洋学，歴大

橋本正国 はしもとただくに
→橋本鳴堂（はしもとめいどう）

橋本親賢 はしもとちかかた
文化2（1819）年〜慶応1（1865）年
江戸時代後期〜末期の仙台藩士。
¶姓氏宮城

橋本悌蔵 はしもとていぞう
生没年不詳
江戸時代末期の幕臣。遣露使節随員として1866年ロシアに渡る。
¶海越，海越新，国書（⊕文政2（1819）年）

橋本藤一 はしもととういち
文化5（1822）年〜明治19（1886）年
江戸時代末期〜明治期の奈良奉行所与力。
¶人名，日人，幕末（⊗1886年11月5日）

橋本稲斎 はしもととうさい
天明4（1784）年1月11日〜？
江戸時代中期〜後期の秋田藩士。
¶国書

橋本虎吉 はしもととらきち
？〜慶応2（1866）年7月28日
江戸時代末期の奇兵隊士。
¶幕末

橋本延賢 はしもとのぶかた
寛延3（1750）年〜文化6（1809）年
江戸時代中期〜後期の仙台藩士。
¶姓氏宮城

橋本彦兵衛 はしもとひこべえ
生没年不詳
江戸時代末期の武士。
¶和歌山人

橋本英房 はしもとひでふさ
？〜享保11（1726）年
江戸時代中期の家臣、幕臣。
¶和歌山人

橋本広信 はしもとひろのぶ
生没年不詳
江戸時代前期の陸奥仙台藩士。
¶藩臣1

橋本平左衛門 はしもとへいざえもん
？〜元禄15（1702）年
江戸時代前期〜中期の播磨赤穂藩士。
¶大阪人（⊕貞享2（1685）年），人名（⊗1701年），日人

橋本政方 はしもとまさみち
寛政4（1792）年1月8日〜嘉永5（1852）年2月4日
江戸時代後期の奈良奉行所与力。
¶国書

橋本万太郎 はしもとまんたろう
天保7（1836）年〜明治9（1876）年
江戸時代末期〜明治期の相模小田原藩士。
¶神奈川人，姓氏神奈川，幕末（⊗1876年9月3日）

橋本鳴堂 はしもとめいどう
明和5（1768）年〜文化11（1814）年　別橋本正国《はしもとただくに》
江戸時代中期〜後期の三河挙母藩士。
¶剣豪，藩臣4（橋本正国　はしもとただくに）

橋本祐三郎 はしもとゆうざぶろう
？ ～文政12(1829)年
江戸時代後期の美濃岩村藩代官。
¶藩臣3

橋本敬簡 はしもとゆきやす
安永6(1777)年～？
江戸時代中期～後期の幕臣。
¶国書

橋本若狭 はしもとわかさ
文政5(1822)年～慶応1(1865)年　[別]大坂屋豊次郎《おおさかやとよじろう》
江戸時代末期の勤王の祠官。
¶維新，剣豪，新潮([生]文政5(1822)年12月10日　[没]元治1(1864)年7月7日，(異説)慶応1(1865)年6月4日)，人名([生]1821年　[没]1864年)，日人([生]1823年)，幕末([没]1865年7月，(異説)8月)

馬州 ばしゅう
→榎本馬州(えのもとばしゅう)

蓮田市五郎(蓮田一五郎) はすだいちごろう
天保4(1833)年～文久1(1861)年
江戸時代末期の水戸藩属吏。
¶維新，国書([没]文久1(1861)年7月26日)，コン改，コン4，史人([没]1861年7月26日)，人書94(蓮田一五郎　[生]1832年)，新潮([没]文久1(1861)年7月26日)，人名([生]1835年)，世人，日人，幕末([生]1844年　[没]1861年8月31日)，藩臣2

蓮沼景彜 はすぬまかげつね
明和1(1764)年～天保9(1838)年
江戸時代中期～後期の出羽秋田藩士、砲術家。
¶藩臣1

蓮沼景祥 はすぬまかげよし
元文1(1736)年～？
江戸時代中期の秋田藩士。
¶国書

蓮沼儀右衛門 はすぬまぎうえもん
→蓮沼由道(はすぬまよしみち)

蓮沼由道 はすぬまよしみち
寛永4(1627)年～宝永3(1706)年　[別]蓮沼儀右衛門《はすぬまぎうえもん》
江戸時代前期～中期の陸奥会津藩士、儒学者。
¶国書([没]宝永3(1706)年3月11日)，藩臣2(蓮沼儀右衛門　はすぬまぎうえもん)

長谷織部 はせおりべ
？ ～寛文12(1672)年
江戸時代前期の筑後久留米藩士。
¶藩臣7

長谷川昭道 はせがわあきみち
文化12(1815)年～明治30(1897)年　[別]長谷川昭道《はせがわしょうどう》，長谷川深美《はせがわしんび》
江戸時代末期～明治期の信濃松代藩の儒学者、政治家。
¶維新，近世(はせがわしょうどう)，国史，国書([生]文化12(1815)年12月29日　[没]明治30(1897)年1月30日)，コン改，コン4，コン5，史人([生]1815年12月29日　[没]1897年1月30日)，新潮([生]文化12(1815)年12月29日　[没]明治30(1897)年1月30日)，人名，姓氏長野(はせがわしょうどう　[生]1814年)，長野百(はせがわしょうどう　[生]1814年)，長野歴(はせがわしょうどう　[生]文化11(1814)年)，日史([生]文化12(1815)年12月29日　[没]明治30(1897)年1月30日)，日人([生]1816年)，幕末([没]1897年1月30日)，藩臣3(はせがわしょうどう)，百科

長谷川有文 はせがわありぶみ
宝暦13(1763)年～文化4(1807)年9月15日
江戸時代中期～後期の長州萩藩士。
¶国書

長谷川運八郎 はせがわうんぱちろう
？ ～明治15(1882)年
江戸時代後期～明治期の剣術家。無刀流。
¶剣豪

長谷川桜南 はせがわおうなん
文政12(1829)年～明治18(1885)年
江戸時代末期～明治期の安芸広島藩士。
¶人名，日人，幕末([没]1885年7月5日)

長谷川記兵衛 はせがわきへえ
生没年不詳
江戸時代後期の下総古河藩家老。
¶藩臣3

長谷川敬 はせがわけい
文化5(1808)年～明治19(1886)年　[別]長谷川敬《はせがわたかし》，長谷川惣蔵《はせがわそうぞう》
江戸時代末期～明治期の勤王家。尾張藩士。
¶愛知百(はせがわたかし　[生]1808年1月13日　[没]1886年1月30日)，維新(長谷川惣蔵　はせがわそうぞう)，近現，近世，国史，国書([生]文化5(1808)年1月13日　[没]明治19(1886)年1月30日)，コン改，コン4，コン5，新潮([生]文化5(1808)年1月13日　[没]明治19(1886)年1月30日)，人名，姓氏愛知(はせがわたかし)，日人，幕末(長谷川惣蔵　はせがわそうぞう　[没]1886年1月30日)，藩臣4(長谷川惣蔵　はせがわそうぞう)

長谷川昆渓 はせがわこんけい
＊～明治1(1868)年
江戸時代の高崎藩儒。
¶群馬人([生]文化9(1812)年)，国書([生]文化13(1816)年　[没]慶応4(1868)年5月)，人名，姓氏群馬([生]1810年)，日人([生]1816年)

長谷川権左衛門(1) はせがわごんざえもん
？ ～＊
江戸時代前期の出羽庄内藩家老。
¶庄内([没]万治1(1658)年9月13日)，藩臣1([没]万治2(1659)年)

長谷川権左衛門(2) はせがわごんざえもん
～延宝5(1677)年6月1日
江戸時代前期の出羽庄内藩家老。
¶庄内

長谷川権左衛門(3) はせがわごんざえもん
寛文10(1670)年～享保10(1725)年
江戸時代中期の出羽庄内藩家老。
¶庄内([没]享保10(1725)年1月23日)，藩臣1

長谷川権六　はせがわごんろく
？ ～寛永7(1630)年　[別]長谷川権六郎守直《はせがわごんろくろうもりなお》
江戸時代前期の4代長崎奉行。
¶朝日(生没年不詳)，近世(生没年不詳)，国史(生没年不詳)，コン改，コン4，史人，新潮(生没年不詳)，長崎歴(長谷川権六郎守直　はせがわごんろくろうもりなお　生没年不詳)，日史，日人，百科，歴大(生没年不詳)

長谷川権六郎守直　はせがわごんろくろうもりなお
→長谷川権六(はせがわごんろく)

長谷川作十郎　はせがわさくじゅうろう
天保2(1831)年～明治24(1891)年
江戸時代末期～明治期の水戸藩士。
¶維新，人名，日人，幕末([没]1891年12月8日)，藩臣2

長谷川貞篤　はせがわさだあつ
元禄11(1698)年～享保14(1729)年6月30日
江戸時代中期の徳島藩家老。
¶徳島歴

長谷川貞堅　はせがわさだかた
生没年不詳
江戸時代の阿波徳島藩士。
¶徳島歴

長谷川貞雄　はせがわさだたか
？ ～安永5(1776)年3月18日
江戸時代中期の徳島藩家老。
¶徳島歴

長谷川貞周　はせがわさだちか
？ ～寛文1(1661)年7月12日
江戸時代前期の徳島藩家老。
¶徳島歴

長谷川貞恒　はせがわさだつね
？ ～承応1(1652)年8月
江戸時代前期の徳島藩家老。
¶徳島歴

長谷川貞長　はせがわさだなが
承応3(1654)年～宝永5(1708)年
江戸時代前期～中期の阿波徳島藩家老。
¶徳島百([没]宝永5(1708)年3月2日)，徳島歴，藩臣6

長谷川貞栄　はせがわさだひで
？ ～寛保3(1743)年6月3日
江戸時代中期の徳島藩家老。
¶徳島歴

長谷川貞順　はせがわさだみち
生没年不詳
江戸時代の徳島藩藩士。
¶徳島歴

長谷川貞幹　はせがわさだもと
？ ～寛政3(1791)年5月29日
江戸時代中期～後期の徳島藩家老。
¶徳島歴

長谷川貞行　はせがわさだゆき
生没年不詳
江戸時代後期の徳島藩家老。
¶徳島歴

長谷川慎卿　はせがわさねあきら
元禄1(1688)年～宝暦13(1763)年
江戸時代中期の家臣、幕臣。
¶和歌山人

長谷川左兵衛藤広　はせがわさひょうえふじひろ
→長谷川藤広(はせがわふじひろ)

長谷川重次　はせがわしげつぐ
？ ～寛永8(1631)年
江戸時代前期の武士。織田氏家臣、豊臣氏家臣。
¶戦国，戦人

長谷川志摩守　はせがわしまのかみ
生没年不詳
安土桃山時代～江戸時代前期の武士。浅野家の家臣。
¶和歌山人

長谷川寿山　はせがわじゅざん
→長谷川保樹(はせがわやすき)

長谷川昭道　はせがわしょうどう
→長谷川昭道(はせがわあきみち)

長谷川宗右衛門　はせがわそううえもん
→長谷川宗右衛門(はせがわそうえもん)

長谷川宗右衛門　はせがわそうえもん
享和3(1803)年～明治3(1870)年　[別]長谷川宗右衛門《はせがわそううえもん》
江戸時代末期～明治期の讃岐高松藩士。
¶朝日([生]享和3年12月14日(1804年1月26日)　[没]明治3年9月25日(1870年10月19日))，維新，香川人(はせがわそううえもん)，香川百(はせがわそううえもん)，近現，近世，国史，国書([生]享和3(1803)年12月14日　[没]明治3(1870)年9月25日)，コン改([生]享和1(1801)年)，コン4，コン5([生]享和3(1804)年)，新潮([生]享和3(1803)年12月14日　[没]明治3(1870)年9月25日)，人名([生]1801年)，日人([生]1804年)，幕末([没]1870年10月19日)

長谷川惣蔵　はせがわそうぞう
→長谷川敬(はせがわけい)

長谷川宗兵衛　はせがわそうべえ
生没年不詳
江戸時代の庄内藩付家老。
¶庄内

長谷川敬　はせがわたかし
→長谷川敬(はせがわけい)

長谷川忠国　はせがわただくに
？ ～享保13(1728)年
江戸時代前期～中期の第6代飛騨国代官。
¶岐阜百

長谷川忠崇　はせがわただたか
[別]長谷川忠崇《はせがわただむね》
江戸時代中期の幕臣。
¶岐阜百(はせがわただむね　[生]？　[没]1776年)，国書([生]元禄7(1694)年　[没]安永6(1777)年5月20日)

長谷川忠崇　はせがわただむね
→長谷川忠崇(はせがわただたか)

は

長谷川丹右衛門　はせがわたんうえもん
宝永5(1708)年～明和8(1771)年
江戸時代中期の常陸土浦藩士。
¶藩臣2

長谷川誓　はせがわちか
生没年不詳
江戸時代後期の常陸土浦藩士。
¶藩臣2

長谷川忠兵衛　はせがわちゅうべえ
？～寛文5(1665)年　[別]長谷川藤継《はせがわふじつぐ》
江戸時代前期の徳川家康の側近代官。
¶朝日([没]寛文5年3月27日(1665年5月12日)), 近世, 国史, 国書(長谷川藤継　はせがわふじつぐ　[没]寛文5(1665)年3月27日), 日人

長谷川恒忠　はせがわつねただ
生没年不詳
江戸時代前期の播磨明石藩士・兵学者。
¶国書

長谷川鉄之進　はせがわてつのしん
文政5(1822)年～明治4(1871)年
江戸時代末期～明治期の志士。
¶維新, 新潮([没]明治4(1871)年11月3日), 人名([生]1821年), 新潟百, 日人, 幕末([没]1870年12月24日)

長谷川道可　はせがわどうか
～宝永1(1704)年
江戸時代中期の旗本。
¶神奈川人

長谷川藤次郎　はせがわとうじろう
文政1(1818)年～明治26(1893)年
江戸時代末期～明治期の周防岩国藩士。
¶剣豪, 幕末([没]1893年9月28日), 藩臣6

長谷川利次　はせがわとしつぐ
？～延宝6(1678)年
江戸時代前期の埴科郡坂木領5000石の代官。
¶長野百, 長野歴

長谷川長勝　はせがわながかつ
？～明暦1(1655)年
江戸時代前期の島田代官。
¶姓氏静岡

長谷川仁左衛門　はせがわにざえもん
？～承応2(1653)年
江戸時代前期の肥後熊本藩士。
¶藩臣7

長谷川宣雄　はせがわのぶお
享保4(1719)年～安永2(1773)年
江戸時代中期の第15代京都西町奉行。
¶京都大, 姓氏京都

長谷川宣昭　はせがわのりあき
生没年不詳
江戸時代後期の幕臣、国学者。
¶江文, 国書

長谷川馬光　はせがわばこう
*～寛延4(1751)年　[別]馬光《ばこう》
江戸時代中期の俳人、幕臣。
¶国書(馬光　ばこう　[生]貞享2(1685)年10月11日　[没]寛延4(1751)年5月1日), 人名([生]1687年), 日人([生]1685年), 俳諧(馬光　ばこう　[生]？), 俳句(馬光　ばこう　[没]宝暦1(1751)年5月1日), 和俳([生]貞享4(1687)年)

長谷川隼人　はせがわはやと
江戸時代前期の武将。里見氏家臣。
¶戦東

長谷川速水　はせがわはやみ
天保6(1835)年～万延1(1860)年
江戸時代末期の武士、勤王家。
¶維新, 新潮([生]天保6(1835)年1月5日　[没]万延1(1860)年8月9日), 人名, 日人

長谷川半右衛門　はせがわはんえもん
生没年不詳
江戸時代前期の六十人者与力。
¶和歌山人

長谷川英信　はせがわひでのぶ
生没年不詳
江戸時代前期の無双直伝英信流居合の祖。
¶朝日, 日人

長谷川広清　はせがわひろきよ
～正保2(1645)年
江戸時代前期の旗本。
¶神奈川人

長谷川藤継　はせがわふじつぐ
→長谷川忠兵衛(はせがわちゅうべえ)

長谷川藤広　はせがわふじひろ
永禄10(1567)年～元和3(1617)年　[別]長谷川左兵衛藤広《はせがわさひょうえふじひろ》
安土桃山時代～江戸時代前期の長崎奉行兼堺奉行。家康の側近の一人。
¶朝日([没]元和3年10月26日(1617年11月24日)), 岩史([没]元和3(1617)年10月26日), 近世, 国史, コン改, コン4, 史人([生]1568年　[没]1617年10月26日), 新潮([没]元和3(1617)年10月26日), 人名([生]1568年), 戦合, 戦国, 戦人([生]永禄9(1566)年), 長崎歴(長谷川左兵衛藤広　はせがわさひょうえふじひろ　[生]永禄9(1566)年), 日史([没]元和3(1617)年10月26日), 日人, 百科([生]？), 歴大([生]？)

長谷川平蔵　はせがわへいぞう
延享2(1745)年～寛政7(1795)年
江戸時代中期の旗本。火付盗賊改役。
¶朝日([没]寛政7年5月19日(1795年7月5日)), 岩史([没]寛政7(1795)年5月19日), 江戸, 角史, 近世, 国史, コン改, コン4, 史人([没]1795年5月19日), 新潮([没]寛政7(1795)年5月19日), 全書, 日史([没]寛政7(1795)年5月19日), 日人, 百科, 歴大

長谷川平兵衛　はせがわへいべえ
文化4(1807)年～慶応1(1865)年7月15日
江戸時代末期の幕臣。
¶幕末

長谷川正次　はせがわまさつぐ
～万治3(1660)年
江戸時代前期の旗本。

¶神奈川人

長谷川正成 はせがわまさなり
永禄7(1564)年～寛永15(1638)年
江戸時代前期の旗本。
¶神奈川人，姓氏神奈川

長谷川通之介(長谷川道之介) はせがわみちのすけ
天保9(1838)年～慶応1(1865)年
江戸時代末期の水戸藩士。
¶維新，人名(長谷川道之介)，日人，幕末(［生］1837年　［没］1865年3月1日)

長谷川守知 はせがわもりとも
永禄12(1569)年～寛永9(1632)年
安土桃山時代～江戸時代前期の武士。豊臣氏家臣。
¶戦国，戦人，日人(［没］1633年)

長谷川安卿 はせがわやすあきら
享保4(1719)年～安永8(1779)年
江戸時代中期の和学者、幕臣。
¶江文，国書(［没］安永8(1779)年11月16日)

長谷川保樹 はせがわやすき
文化6(1809)年～明治23(1890)年　[別]長谷川寿山《はせがわじゅざん》
江戸時代末期～明治期の周防岩国藩士。
¶人名，日人，幕末(長谷川寿山　はせがわじゅざん　［没］1890年1月9日)

長谷川安左衛門 はせがわやすざえもん
江戸時代前期の分地坂木5000石の代官(世襲名)。
¶姓氏長野

長谷川安辰 はせがわやすとき
宝暦3(1753)年～?
江戸時代中期～後期の幕臣。
¶国書

長谷川猷 はせがわゆう
?　～嘉永2(1849)年
江戸時代後期の加賀藩士。
¶国書，コン改，コン4，人名，姓氏石川，日人，幕末

長谷川与五左衛門 はせがわよござえもん
天文9(1540)年～寛永3(1626)年
戦国時代～江戸時代前期の武士。
¶日人

長谷川良之 はせがわよしゆき
天保13(1842)年～大正10(1921)年
江戸時代末期～明治期の肥前佐賀藩士。
¶幕末

支倉常長 はせくらつねなが，はぜくらつねなが
元亀2(1571)年～元和8(1622)年　[別]支倉六右衛門《はせくらろくえもん》，フィリッポ・フランシスコ，フィリポ＝フランシスコ
安土桃山時代～江戸時代前期の陸奥仙台藩の武士。伊達政宗の家臣、慶長遣欧使節の一人。
¶朝日(［没］元和8年7月1日(1622年8月7日))，岩史(［没］元和8(1622)年7月1日)，海越(［没］元和8(1622)年7月1日)，海越新(［没］元和8(1622)年7月1日)，角史，キリ(［没］元和8年7月1日(1622年8月7日))，近世(［没］1621年)，国史，古中(［没］1621年)，コン改，コン4，史人(［没］1622年7月1日)，重要(［没］元和8(1622)年7月1日)，人書94，新潮(［没］元和8(1622)年7月1日)，人名，姓氏宮城，世人(［没］元和8(1622)年7月7日)，世百，戦合(［没］1621年)，戦国(はぜくらつねなが)，全書(［生］1571年?)，戦人，大百，伝記(支倉六右衛門　はせくらろくえもん　［生］1571年頃)，日史(［没］元和8(1622)年7月1日)，日人，藩臣1，百科，宮城百，歴大

支倉六右衛門 はせくらろくえもん
→支倉常長(はせくらつねなが)

長谷場宗純 はせばそうじゅん
天文15(1546)年～元和9(1623)年10月7日
戦国時代～江戸時代前期の武将。
¶国書

長谷部恕連 はせべじょれん
→長谷部恕連(はせべよしつら)

長谷部甚平 はせべじんぺい
→長谷部恕連(はせべよしつら)

長谷部映門 はせべてるかど
天明2(1782)年～嘉永1(1848)年
江戸時代中期～後期の俳人。小松藩士・大目付。
¶愛媛百

長谷部恕連 はせべよしつら
文政1(1818)年～明治6(1873)年　[別]長谷部恕連《はせべじょれん》，長谷部甚平《はせべじんぺい》
江戸時代末期～明治期の志士。越前福井藩士。
¶維新(長谷部甚平　はせべじんぺい)，岐阜百(はせべじょれん　［生］1816年)，近現，近世，国史，コン改，コン4，コン5，新潮(［生］文政1(1818)年2月4日　［没］明治6(1873)年11月17日)，人名，日人，幕末(［没］1873年11月17日)，藩臣3

畑井多仲 はたいたちゅう
→畑井蟠竜(はたいばんりゅう)

畑井蟠竜 はたいばんりゅう
寛政11(1799)年～嘉永3(1850)年　[別]畑井多仲《はたいたちゅう》
江戸時代末期の陸奥黒石藩士、儒学者。
¶人名，日人，藩臣1(畑井多仲　はたいたちゅう)

秦勝三郎 はたかつさぶろう
享和2(1802)年～明治1(1868)年
江戸時代後期～末期の剣術家。三陰流祖。
¶剣豪

秦鼎 はたかなえ
→秦滄浪(はたそうろう)

波多兼虎 はたかねとら
→波多兼虎(はたけんこ)

幡鎌幸雄 はたかまさちお
→幡鎌幸雄(はたかまゆきお)

幡鎌幸雄 はたかまゆきお
文化5(1808)年～明治23(1890)年　[別]幡鎌幸雄《はたかまさちお》
江戸時代末期～明治期の志士、静岡県山梨村山名神社神官。
¶静岡歴(はたかまさちお)，人名，姓氏静岡(はたかまさちお)，日人

羽田閑峯　はたかんぼう
江戸時代後期～明治期の勢州菰野藩士。
¶三重続

羽田恭輔　はだきょうすけ
天保12(1841)年～大正3(1914)年
江戸時代末期～明治期の志士、土佐郷士。征韓論を主張、画策、奔走したが失敗。のち三人政党も組織。
¶朝日([没]大正3(1914)年3月30日)，近現，高知人，国史，コン改，コン5，新潮([没]大正3(1914)年3月30日)，人名，日人

畑駒岳　はたくがく
享保19(1734)年～明和7(1770)年
江戸時代中期の出羽秋田藩士、教育家。
¶藩臣1

畑中荷沢　はたけなかかたく
→畑中太冲(はたなかたちゅう)

畠中林右衛門　はたけなかりんえもん
寛政8(1796)年～慶応1(1865)年4月17日
江戸時代末期の郷士。
¶幕末

畠山休山　はたけやまきゅうざん
天正19(1591)年～延宝3(1675)年1月2日
安土桃山時代～江戸時代前期の幕臣。
¶国書

畠山貞政　はたけやまさだまさ
弘治3(1557)年～寛永18(1641)年
安土桃山時代～江戸時代前期の武将、紀伊守護。
¶諸系，人名，日人

畠山政信　はたけやままさのぶ
生没年不詳
江戸時代前期の武士。
¶日人

畠山芳次郎　はたけやまよしじろう
江戸時代末期の新撰組隊士。
¶新撰

畠山義成(畠山養成)　はたけやまよしなり
天保14(1843)年～明治9(1876)年10月20日
[別]畠山義成・杉浦弘蔵《はたけやまよしなり・すぎうらこうぞう》，杉浦弘蔵《すぎうらこうぞう》，良之助
江戸時代末期～明治期の薩摩藩士、文部省官吏。
¶朝日([生]天保13(1842)年9月)，維新，海越，海越新，国際，国書，姓氏鹿児島，先駆(畠山養成　[生]天保13(1842)年9月)，渡航(畠山義成・杉浦弘蔵　はたけやまよしなり・すぎうらこうぞう)，日人，幕末，藩臣7

畠山義信　はたけやまよしのぶ
天保12(1841)年～明治27(1894)年
江戸時代末期～明治期の和歌山藩士、織物技術開発者。軍服に紀州綿ネルを考案。
¶朝日，近現，国史，コン改，コン5，新潮，人名，日人，幕末，和歌山人

畠山義春　はたけやまよしはる
？～寛永20(1643)年　[別]上杉義春《うえすぎよしはる》，上条宜順斎《かみじょうぎじゅんさい，じょうじょうぎじゅんさい》
安土桃山時代～江戸時代前期の武士。上杉氏家臣、秀吉馬廻、徳川家康の臣。
¶コン改，コン4，諸系，新潮([没]寛永20(1643)年8月23日)，人名(上杉義春　うえすぎよしはる　[生]1527年　[没]1625年)，人名([生]1527年　[没]1625年)，戦国(上杉義春　うえすぎよしはる　[生]1517年)，戦人(上杉義春　うえすぎよしはる)，日人

波多兼虎　はたけんこ
享保20(1735)年～天明5(1785)年　[別]波多兼虎《はたかねとら》，波多嵩山《はたすうざん》
江戸時代中期の儒者、長州益田家家臣。
¶国書(波多嵩山　はたすうざん　[没]天明5(1785)年4月17日)，姓氏山口(はたかねとら　生没年不詳)，日人

秦貞八　はたさだはち
安永9(1780)年～弘化2(1845)年　[別]秦貞八《はたていはち》
江戸時代後期の武蔵岡部藩士、儒学者。
¶埼玉人([没]弘化2(1845)年8月23日)，埼玉百，藩臣5(はたていはち)

畑島晋十郎　はたしましんじゅうろう
天保11(1840)年～元治1(1864)年
江戸時代末期の対馬藩士。
¶維新

畑島恒右衛門　はたしまつねえもん
文化14(1817)年～元治1(1864)年
江戸時代末期の対馬藩士。
¶維新

秦将蔵　はたしょうぞう
文政11(1828)年～文久3(1863)年　[別]秦将蔵《はたまさぞう》，北辻将蔵《きたつじしょうぞう》
江戸時代末期の志士。
¶維新(はたまさぞう)，新潮([没]文久3(1863)年9月29日)，人名，人名(北辻将蔵　きたつじしょうぞう)，日人，幕末([生]1831年)

波多嵩山　はたすうざん
→波多兼虎(はたけんこ)

秦滄浪　はたそうろう
宝暦11(1761)年～天保2(1831)年　[別]秦鼎《はたかなえ》
江戸時代中期～後期の尾張藩士。
¶国書([生]宝暦11(1761)年4月8日　[没]天保2(1831)年7月1日)，詩歌(秦鼎　はたかなえ)，人名，日人，藩臣4，和俳

秦貞八　はたていはち
→秦貞八(はたさだはち)

畑中荷沢　はたなかかたく
→畑中太冲(はたなかたちゅう)

畑中青霞　はたなかせいか
明和1(1764)年～文化7(1810)年1月24日
江戸時代中期～後期の仙台藩士。
¶国書

畑中太冲　はたなかたちゅう
享保19(1734)年～寛政9(1797)年　[別]畑中荷沢《はたけなかかたく，はたなかかたく》
江戸時代中期の儒学者、仙台藩士。

¶岩史([没]寛政9(1797)年11月20日), 角史, 近世, 国史, 国書(畑中荷沢　はたなかかたく　[没]寛政9(1797)年11月20日), コン改, コン4, 詩歌(畑中荷沢　はたなかかたく), 人書94, 新潮, 人名, 姓氏宮城(畑中荷沢　はたけなかかたく), 世人, 全書, 日人(畑中荷沢　はたけなかかたく　[没]1798年), 藩臣1(畑中荷沢　はたけなかかたく), 宮城百(畑中荷沢　はたなかかたく)

畑野一刀司　はたのいっとうじ
文化4(1807)年～弘化2(1845)年
江戸時代後期の剣術家。直心影流。
¶剣豪

波多野才八　はたのさいはち
生没年不詳
江戸時代後期の常陸土浦藩士。
¶藩臣2

波多野十吉　はたのじゅうきち
？　～慶応2(1866)年6月11日
江戸時代末期の奇兵隊士。
¶幕末

波多野勝左衛門　はたのしょうざえもん
安土桃山時代～江戸時代前期の武士。里見氏家臣。
¶戦人(生没年不詳), 戦東

幡野忠孚　はたのただされ
明和5(1768)年～天保14(1843)年12月4日
江戸時代中期～後期の尾張藩士・国学者。
¶国書

波多野美根介　はたのみねすけ
天保4(1833)年～元治1(1864)年
江戸時代末期の対馬藩士。
¶維新

秦将蔵　はたまさぞう
→秦将蔵(はたしょうぞう)

畑弥平　はたやへい
文政3(1820)年～慶応1(1865)年　[別]小栗紋平《おぐりもんぺい》
江戸時代末期の水戸藩属吏。
¶維新, 人名, 日人, 幕末([没]1865年3月1日), 藩臣2([生]文政2(1819)年)

畠山基玄　はたやまもとはる
寛永12(1635)年～宝永7(1710)年
江戸時代前期～中期の旗本、都賀郡嘉右衛門新田の領主。
¶栃木歴

蜂須賀家政　はちすかいえまさ
永禄1(1558)年～寛永15(1638)年
安土桃山時代～江戸時代前期の大名。阿波徳島藩主。
¶朝日([没]寛永15年12月30日(1639年2月2日)), 岩史([没]寛永15(1638)年12月30日), 織田([没]寛永15(1638)年12月30日), 角史, 近世, 系西, 国史, コン改([生]永禄2(1559)年), コン4, 茶道, 史人([没]1638年12月30日), 諸系([没]1639年), 新潮([没]寛永15(1638)年12月30日), 人名, 姓氏愛知, 世人([没]寛永15(1638)年12月30日), 戦合, 戦国([生]1559年), 全書, 戦人([生]永禄2(1559)年), 徳島百([没]寛永15(1638)年12月晦日), 徳島歴([没]寛永15(1638)年12月晦日), 日史([没]寛永15(1638)年12月30日), 日人([没]1639年), 藩主4([没]寛永15(1638)年12月晦日), 百科

蜂須賀重喜　はちすかしげよし
元文3(1738)年～享和1(1801)年
江戸時代中期～後期の大名。阿波徳島藩主。
¶茶道([生]1736年), 諸系, 人名, 徳島百([生]元文3(1738)年2月27日　[没]享和1(1801)年10月20日), 徳島歴([生]元文3(1738)年2月27日　[没]享保1(1801)年10月20日), 日人, 藩主4([生]元文3(1738)年2月27日　[没]享和1(1801)年10月20日)

蜂須賀隆重　はちすかたかしげ
寛永11(1634)年～宝永4(1707)年
江戸時代前期～中期の大名。阿波富田藩主。
¶諸系, 徳島歴([生]寛永11(1634)年8月18日　[没]宝永4(1707)年8月24日), 日人, 藩主4([生]寛永11(1634)年8月18日　[没]宝永4(1707)年8月24日)

蜂須賀隆長　はちすかたかなが
延宝2(1674)年～正徳4(1714)年
江戸時代中期の大名。阿波富田藩主。
¶諸系, 日人, 藩主4([生]延宝2(1674)年4月13日　[没]正徳4(1714)年9月19日)

蜂須賀忠英　はちすかただてる
慶長16(1611)年～承応1(1652)年　[別]蜂須賀忠英《はちすかただひで》
江戸時代前期の大名。阿波徳島藩主。
¶朝日(はちすかただひで　[没]承応1年4月4日(1652年5月11日)), 近世, 国史, 諸系, 人名, 徳島百([生]慶長16(1611)年4月　[没]承応1(1652)年4月4日), 徳島歴([生]慶長16(1611)年4月　[没]承応1(1652)年4月), 日人, 藩主4([生]慶長16(1611)年4月　[没]承応1(1652)年4月)

蜂須賀忠英　はちすかただひで
→蜂須賀忠英(はちすかただてる)

蜂須賀綱矩　はちすかつなのり
寛文1(1661)年～享保15(1730)年
江戸時代中期の大名。阿波徳島藩主。
¶諸系, 人名, 徳島歴([生]寛文1(1661)年5月　[没]享保15(1730)年11月7日), 日人, 藩主4([生]寛文1(1661)年5月28日　[没]享保15(1730)年11月7日)

蜂須賀綱通　はちすかつなみち
明暦2(1656)年2月18日～延宝6(1678)年
江戸時代前期の大名。阿波徳島藩主。
¶国書([没]延宝6(1678)年7月30日), 諸系, 徳島百([没]延宝6(1678)年7月30日), 徳島歴([没]延宝6(1678)年7月晦日), 日人, 藩主4([没]延宝6(1678)年7月晦日)

蜂須賀直孝　はちすかなおたか
生没年不詳
江戸時代の阿波徳島藩士。
¶徳島歴

蜂須賀斉裕　はちすかなりひろ

文政4 (1821) 年～明治1 (1868) 年
江戸時代末期の大名。阿波徳島藩主。
¶朝日 (⊕文政4年9月19日 (1821年10月14日)
　⊗明治1年1月6日 (1868年1月30日))，維新，近
世，国史，国書 (⊕文政4 (1821) 年9月19日
　⊗慶応4 (1868) 年1月13日)，諸系，新潮 (⊕文
政4 (1821) 年9月19日　⊗慶応4 (1868) 年1月13
日)，徳島百 (⊕文政4 (1821) 年9月19日　⊗明
治1 (1868) 年1月6日)，徳島歴 (⊕文政4 (1821)
年9月19日　⊗慶応4 (1868) 年1月6日)，日人，
幕末 (⊗1868年2月6日)，藩主4 (⊕文政4
(1821) 年9月19日　⊗明治1 (1868) 年1月6日)

蜂須賀斉昌　はちすかなりまさ

寛政7 (1795) 年7月10日～安政6 (1859) 年9月13日
江戸時代末期の大名。阿波徳島藩主。
¶諸系，徳島百，徳島歴，日人，藩主4

蜂須賀治昭　はちすかはるあき

宝暦7 (1757) 年11月24日～文化11 (1814) 年3月
24日
江戸時代中期～後期の大名。阿波徳島藩主。
¶諸系 (⊕1758年)，徳島百，徳島歴，日人
(⊕1758年)，藩主4

蜂須賀正員　はちすかまさかず

→蜂須賀宗員 (はちすかむねかず)

蜂須賀光隆　はちすかみつたか

寛永7 (1630) 年～寛文6 (1666) 年
江戸時代前期の大名。阿波徳島藩主。
¶国書 (⊕寛永7 (1630) 年10月13日　⊗寛文6
(1666) 年5月27日)，諸系，人名，徳島歴 (⊕寛
永7 (1630) 年10月13日　⊗寛文6 (1666) 年5月
27日)，日人，藩主4 (⊕寛永7 (1630) 年10月13
日　⊗寛文6 (1666) 年5月27日)

蜂須賀宗員　はちすかむねかず

宝永6 (1709) 年～享保20 (1735) 年　別蜂須賀正
員《はちすかまさかず》
江戸時代中期の大名。阿波富田藩主，阿波徳島
藩主。
¶諸系，人名，徳島歴 (⊕宝永6 (1709) 年1月1日
　⊗享保20 (1735) 年6月7日)，日人，藩主4
(⊕宝永6 (1709) 年1月1日　⊗享保20 (1735) 年
6月7日)，藩主4 (蜂須賀正員　はちすかまさか
ず　⊕宝永6 (1709) 年1月1日　⊗享保20
(1735) 年6月7日)

蜂須賀宗鎮　はちすかむねしげ

享保6 (1721) 年～安永9 (1780) 年
江戸時代中期の大名。阿波徳島藩主。
¶諸系，人名，徳島歴 (⊕享保6 (1721) 年8月8日
　⊗安永9 (1780) 年8月27日)，日人，藩主4
(⊕享保6 (1721) 年8月8日　⊗安永9 (1780) 年8
月27日)

蜂須賀宗英　はちすかむねてる

貞享1 (1684) 年～寛保3 (1743) 年
江戸時代中期の大名。阿波徳島藩主。
¶諸系，人名，徳島歴 (⊕貞享1 (1684) 年4月9日
　⊗寛保3 (1743) 年2月晦日)，日人，藩主4 (⊕貞
享1 (1684) 年4月9日　⊗寛保3 (1743) 年2月晦
日)

蜂須賀茂韶　はちすかもちあき

弘化3 (1846) 年～大正7 (1918) 年2月10日　別氏
太郎，誠堂，千代松，霞笠
江戸時代末期～明治期の大名，政治家。阿波徳島
藩主。
¶朝日 (⊕弘化3年8月8日 (1846年9月28日))，維
新，海越 (⊕弘化3 (1846) 年8月8日)，海越新
(⊕弘化3 (1846) 年8月8日)，近現，国際，国
史，コン改，コン4，コン5，史人 (⊕1846年8月
8日)，諸系，新潮 (⊕弘化3 (1846) 年8月8日
　⊗大正7 (1918) 年2月11日)，人名，世紀 (⊕弘
化3 (1846) 年8月8日)，世人 (⊕嘉永2 (1849)
年8月)，先駆 (⊕弘化3 (1846) 年8月8日)，徳
島百 (⊕弘化3 (1846) 年8月8日)，徳島歴 (⊕弘
化3 (1846) 年8月8日)，渡航 (⊕1846年8月8
日)，日史 (⊕弘化3 (1846) 年8月8日)，日人，
幕末，藩主4 (⊕弘化3 (1846) 年8月8日)，百
科，明治1，履歴 (⊕弘化3 (1846) 年8月8日)

蜂須賀山城　はちすかやましろ

慶長11 (1606) 年～延宝1 (1673) 年
江戸時代前期の武士。
¶日人

蜂須賀至鎮　はちすかよししげ

天正14 (1586) 年～元和6 (1620) 年　別蜂須賀至
鎮《はしすかよししげ》
江戸時代前期の大名。阿波徳島藩主。
¶朝日 (⊗元和6年2月26日 (1620年3月29日))，
岩史 (⊗元和6 (1620) 年2月26日)，近世，国
史，国書 (⊕天正14 (1586) 年1月2日　⊗元和6
(1620) 年2月26日)，コン改，コン4，史人
(⊗1620年2月26日)，諸系，新潮 (⊕天正14
(1586) 年1月2日　⊗元和6 (1620) 年2月26
日)，人名，世人 (⊕天正14 (1586) 年1月2日
　⊗元和6 (1620) 年2月26日)，戦合 (はしすかよ
ししげ)，戦国 (1568年)，戦人，大百，徳島
百 (⊕天正14 (1586) 年1月2日　⊗元和6 (1620)
年2月26日)，徳島歴 (⊕天正14 (1586) 年1月2
日　⊗元和6 (1620) 年2月26日)，日人，藩主4
(⊕天正14 (1586) 年1月2日　⊗元和6 (1620) 年
2月26日)，歴大 (はしすかよししげ)

蜂須賀吉武　はちすかよしたけ

元禄5 (1692) 年6月22日～享保10 (1725) 年5月2日
江戸時代中期の歌人，徳島藩主の長子。
¶徳島百，徳島歴

蜂須賀至央　はちすかよしひさ

*～宝暦4 (1754) 年
江戸時代中期の大名。阿波徳島藩主。
¶諸系 (⊕1737年)，徳島歴 (⊕元文3 (1736) 年12
月15日　⊗宝暦4 (1754) 年7月7日)，日人
(⊕1737年)，藩主4 (⊕元文1 (1736) 年12月15
日　⊗宝暦4 (1754) 年7月12日)

八戸上総　はちのへかずさ

明和5 (1768) 年～天保11 (1840) 年
江戸時代中期～後期の盛岡南部氏の家老。
¶姓氏岩手

蜂屋定章　はちやさだあき

貞享3 (1686) 年～寛延2 (1749) 年
江戸時代中期の和算家，幕臣。
¶国書 (⊗寛延2 (1749) 年4月15日)，人名，日人

蜂谷定頼 はちやさだより
　〜寛永7（1630）年
　江戸時代前期の旗本。
　¶神奈川人

蜂谷恕平 はちやじょへい
　江戸時代末期〜明治期の備中新見藩用人。
　¶岡山歴，藩臣6（生没年不詳）

蜂屋新五郎 はちやしんごろう
　生没不詳
　江戸時代後期の幕臣。
　¶国書

蜂屋半之丞 はちやはんのじょう
　江戸時代の旗本。
　¶江戸東

蜂屋正次 はちやまさつぐ
　〜慶安2（1649）年
　江戸時代前期の旗本。
　¶神奈川人

蜂屋光世 はちやみつよ
　生没年不詳
　江戸時代後期の幕臣，歌人。
　¶国書，日人

蜂屋茂橘 はちやもきつ
　寛政7（1795）年〜明治6（1873）年
　江戸時代末期〜明治期の幕臣，国学者，随筆家。
　¶朝日（没明治6（1873）年12月23日），国書（没明
　治6（1873）年12月23日），コン改，コン4，コン
　5，新潮（没明治6（1873）年12月23日），人名，
　日人

蜂屋善成 はちやよしなり
　〜元和2（1616）年
　江戸時代前期の旗本。
　¶神奈川人

蜂屋可敬 はちやよしのり
　寛文1（1661）年〜享保12（1727）年
　江戸時代前期〜中期の仙台藩士・漢学者。
　¶国書（没享保12（1727）年3月8日），宮城百

蜂屋可広 はちやよしひろ
　慶長19（1614）年〜寛文11（1671）年　別蜂屋六左
　衛門《はちやろくざえもん》
　江戸時代前期の陸奥仙台藩士。
　¶国書（没寛文11（1671）年3月28日），人名
　（生？），日人，藩臣1（蜂屋六左衛門　はちや
　ろくざえもん）

蜂屋六左衛門 はちやろくざえもん
　→蜂屋可広（はちやよしひろ）

初岡敬治 はつおかけいじ
　文政12（1829）年〜明治4（1871）年
　江戸時代末期〜明治期の出羽秋田藩士。
　¶秋田百，維新，国書（生文政12（1829）年4月15
　日　没明治4（1871）年12月3日），人名，日人
　（没1872年），幕末（没1872年1月12日），藩臣1

八千房漁千 はっせんぼうぎょせん
　生没年不詳
　江戸時代の俳人，徳島藩士。
　¶徳島歴

八田篤則 はったあつのり
　寛文1（1661）年〜享保9（1724）年8月16日
　江戸時代前期〜中期の岡山藩士・兵学者。
　¶岡山歴

八田金十郎 はったきんじゅうろう
　天正14（1586）年〜明暦1（1655）年
　江戸時代前期の近江彦根藩士。
　¶藩臣4

八田九郎右衛門 はったくろうえもん
　寛永6（1629）年〜宝永5（1708）年
　江戸時代前期〜中期の剣術家。円明流。
　¶剣豪

八田伝左衛門 はったでんざえもん
　？　〜元禄8（1695）年
　江戸時代前期の備前岡山藩士。
　¶藩臣6

八田知紀 はったとものり，はつたとものり
　寛政11（1799）年〜明治6（1873）年
　江戸時代末期〜明治期の薩摩藩の歌人。香川景樹
　に入門。
　¶朝日（生寛政11年9月15日（1799年10月13日）
　没明治6（1873）年9月2日），維新，沖縄百（生寛
　政11（1799）年9月15日　没明治6（1873）年9月2
　日），鹿児島百，京都大，近現，近世，近文，幻
　想，国史，国書（生寛政11（1799）年9月15日
　没明治6（1873）年9月2日），コン改，コン4，コ
　ン5，詩歌，史人（生1799年9月15日　没1873年
　9月2日），神人（生寛政11（1799）年9月15日
　没明治6（1873）年9月2日），新潮（生寛政6
　（1873）年9月2日），新文（生寛政11（1799）年9
　月15日　没明治6（1873）年9月2日），人名，姓
　氏鹿児島（はつたとものり），姓氏京都，全書，
　大百，短歌普（生1799年9月15日　没1873年9月
　1日），日史（生寛政11（1799）年9月15日　没明
　治6（1873）年9月2日），日人，日本，幕末
　（没1873年9月2日），藩臣7，百科，文学，歴
　大，和俳（没明治6（1873）年9月2日）

八田憲章 はったのりあき
　→八田竜渓（はったりゅうけい）

八田正伸 はったまさのぶ
　寛永14（1637）年〜正徳3（1713）年
　江戸時代中期の岡山藩士，兵学者。
　¶岡山人，岡山歴

八田正吉 はったまさよし
　？　〜貞享4（1687）年
　江戸時代前期の因幡鳥取藩士。
　¶藩臣5

八田与介 はったよすけ
　承応2（1653）年〜？
　江戸時代中期の備前岡山藩士。
　¶藩臣6

八田竜渓 はったりゅうけい
　元禄5（1692）年〜宝暦5（1755）年　別八田憲章
　《はったのりあき》
　江戸時代中期の備前岡山藩士，儒学者。
　¶岡山人（八田憲章　はったのりあき），国書
　（没宝暦5（1755）年7月21日），人名，日人，
　藩臣6

服部綾雄　はっとりあやお
文化12(1815)年～明治12(1879)年　[別]服部常純《はっとりつねずみ》,服部長門守常純《はっとりながとのかみつねずみ》
江戸時代末期～明治期の幕臣。
¶維新，静岡歴(服部常純　はっとりつねずみ)，長崎歴(服部長門守常純　はっとりながとのかみつねずみ)，幕末([没]1879年3月24日)

服部安休　はっとりあんきゅう
元和5(1619)年～天和1(1681)年　[別]服部安休《はっとりやすよし》
江戸時代前期の陸奥会津藩の儒学者、神道家。
¶会津，朝日([没]天和1年5月29日(1681年7月14日))，江文(はっとりやすよし)，近世，国史，国書([生]元和5(1619)年4月8日　[没]延宝9(1681)年5月29日)，コン改，コン4，神史，神人，新潮，世人，日人，藩臣2

服部出雲守　はっとりいずものかみ
[別]村瀬平右衛門《むらせへいえもん》
安土桃山時代～江戸時代前期の武士。前田氏家臣。
¶戦国，戦人(生没年不詳)

服部五十二　はっとりいそじ
生没年不詳
江戸時代末期の紀伊和歌山藩士。
¶幕末

服部伊兵衛　はっとりいへえ
～安政5(1858)年8月10日
江戸時代後期～末期の庄内藩付家老。
¶庄内

服部宇内　はっとりうない
江戸時代中期の道具屋、旧赤穂藩士。
¶江戸東

服部英太郎　はっとりえいたろう
江戸時代末期の新撰組隊士。
¶新撰

服部円蔵　はっとりえんぞう
～文化8(1811)年6月4日
江戸時代中期～後期の庄内藩家老。
¶庄内

服部寛斎　はっとりかんさい
寛文7(1667)年～享保6(1721)年
江戸時代中期の儒者、幕臣。
¶江文，国書([生]延宝3(1675)年10月25日　[没]享保6(1721)年6月3日)，詩歌，人名，日人，和俳

服部久左衛門　はっとりきゅうざえもん
文化10(1813)年～明治1(1868)年9月15日
江戸時代末期の陸奥二本松藩士、勤皇論者。
¶幕末

服部源次右衛門　はっとりげんじえもん
生没年不詳
江戸時代中期の播磨明石藩士。
¶藩臣5

服部犀渓　はっとりさいけい
文政2(1819)年～明治20(1887)年
江戸時代末期の漢学者、備中松山藩士。
¶岡山人，岡山歴([没]明治20(1887)年4月15日)

服部左近衛門　はっとりさこんえもん
天文18(1549)年～寛永5(1628)年　[別]服部宗重《はっとりむねしげ》
安土桃山時代～江戸時代前期の薩摩藩煙草奉行。名産国分煙草の祖。
¶朝日(服部宗重　はっとりむねしげ　[没]寛永5年11月21日(1628年12月16日))，鹿児島百(服部宗重　はっとりむねしげ　生没年不詳)，近世(生没年不詳)，国史(生没年不詳)，コン4(服部宗重　はっとりむねしげ)，新潮(生没年不詳)，人名，姓氏鹿児島(服部宗重　はっとりむねしげ　[生]1594年)，日人，歴大(生没年不詳)

服部貞常　はっとりさだつね
慶長9(1604)年～延宝5(1677)年
江戸時代前期の旗本。
¶神奈川人

服部貞徳　はっとりさだのり
～宝永1(1704)年
江戸時代中期の旗本。
¶神奈川人

服部三郎兵衛　はっとりさぶろべえ
*～慶応3(1867)年　[別]服部武雄《はっとりたけお》
江戸時代末期の播磨赤穂藩士。
¶維新([生]？)，新撰(服部武雄　はっとりたけお　[生]天保3年　[没]慶応3年11月18日)，幕末([生]？　[没]1867年11月18日)，幕末(服部武雄　はっとりたけお　[生]1832年　[没]1867年12月13日)

服部茂左衛門　はっとりしげざえもん
慶長7(1602)年～天和3(1683)年
安土桃山時代～江戸時代前期の尾張藩家老成瀬家の侍臣。
¶姓氏愛知

服部十左衛門　はっとりじゅうざえもん
生没年不詳
江戸時代中期の武士。
¶日人

服部修蔵　はっとりしゅうぞう
？～弘化4(1847)年11月29日
江戸時代後期の因幡若桜藩士・漢学者。
¶国書

服部十郎左衛門　はっとりじゅうろうざえもん
明和5(1768)年～天保8(1837)年12月16日
江戸時代中期～後期の郡代。
¶庄内

服部純　はっとりじゅん
？～明治11(1878)年
江戸時代末期～明治期の沼津藩士。
¶静岡歴，姓氏愛知，姓氏静岡，幕末，藩臣3(生没年不詳)，藩臣4([生]天保5(1834)年)

服部潤次郎　はっとりじゅんじろう
生没年不詳
江戸時代末期の水戸藩士。1867年遣仏使節に随行しフランスに渡る。
¶海越新

服部純蔵　はっとりじゅんぞう
明和1(1764)年～文政7(1824)年

江戸時代中期～後期の庄内藩士。
¶庄内

服部純平(1) はっとりじゅんぺい
？ ～寛政12(1800)年
江戸時代中期～後期の駿河沼津藩士。
¶藩臣4

服部純平(2) はっとりじゅんぺい
生没年不詳
江戸時代後期の駿河沼津藩士。
¶藩臣4

服部純平(3) はっとりじゅんぺい
？ ～明治1(1868)年
江戸時代後期の駿河沼津藩士。
¶藩臣4

服部正蔵 はっとりしょうぞう
天保13(1842)年～慶応4(1868)年8月22日
江戸時代後期～末期の勇士。
¶庄内

服部図書 はっとりずしょ
寛永20(1643)年～享保6(1721)年
江戸時代前期～中期の備前岡山藩士。
¶岡山人，岡山歴([没]享保6(1721)年1月23日)，藩臣6

服部瀬兵衛(1) はっとりせへえ
正保1(1644)年～元禄10(1697)年
江戸時代前期の出羽庄内藩家老。
¶庄内([没]元禄10(1697)年11月22日)，藩臣1

服部瀬兵衛(2) はっとりせへえ
～安政5(1858)年7月15日
江戸時代前期の出羽庄内藩家老。
¶庄内

服部外右衛門 はっとりそとえもん
？ ～明和3(1766)年
江戸時代中期の出羽庄内藩士。
¶庄内(生没年不詳)，藩臣1

服部高保 はっとりたかやす
享保19(1734)年～寛政5(1793)年
江戸時代中期の国学者、幕臣。
¶江文，国書([没]寛政5(1793)年9月)，人名，日人

服部武雄 はっとりたけお
→服部三郎兵衛(はっとりさぶろべえ)

服部武喬 はっとりたけたか
享保20(1735)年～寛政7(1795)年　[別]服部武喬《はっとりぶきょう》
江戸時代中期～後期の盛岡藩士。
¶国書([没]寛政7(1795)年2月8日)，姓氏岩手(はっとりぶきょう)

服部毅之助 はっとりたけのすけ
文化7(1810)年～明治8(1875)年
江戸時代末期～明治期の出羽庄内藩士、儒学者。
¶庄内([没]明治8(1875)年5月16日)，藩臣1

服部竹影 はっとりちくえい
寛文8(1668)年～元文3(1738)年
江戸時代前期～中期の盛岡藩士・鎗術家。
¶姓氏岩手

服部常純 はっとりつねずみ
→服部綾雄(はっとりあやお)

服部哲二郎 はっとりてつじろう
→名和道一(なわどういち)

服部藤次兵衛 はっとりとうじべえ
生没年不詳
安土桃山時代～江戸時代前期の剣術家。
¶剣豪，日人

服部東陽 はっとりとうよう
文政10(1827)年～明治8(1875)年
江戸時代末期～明治期の吉敷毛利出雲臣。
¶幕末([没]1875年7月30日)，山口百

服部内膳 はっとりないぜん
生没年不詳
江戸時代中期の上野吉井藩家老。
¶藩臣2

服部直貞 はっとりなおさだ
寛永5(1628)年～貞享5(1688)年5月21日
江戸時代前期の尾張藩士・兵法家。
¶国書

服部直房 はっとりなおふさ
？ ～宝暦4(1754)年9月26日
江戸時代中期の尾張藩士・兵法家。
¶国書

服部直正 はっとりなおまさ
寛保3(1743)年～文化13(1816)年
江戸時代後期の武士。
¶和歌山人

服部直好 はっとりなおよし
寛文4(1664)年8月9日～元文3(1738)年7月11日
江戸時代前期～中期の尾張藩士・兵法家。
¶国書

服部中庸 はっとりなかつね
宝暦7(1757)年～文政7(1824)年
江戸時代中期～後期の国学者。もと紀伊和歌山藩士。本居宣長に入門。
¶朝日([生]宝暦7年7月16日(1757年8月30日)　[没]文政7年3月14日(1824年4月13日))，岩史([生]宝暦7(1757)年7月16日　[没]文政7(1824)年3月14日)，近世，国史，国書([生]宝暦7(1757)年7月16日　[没]文政7(1824)年3月14日)，コン改，コン4，史人([生]1756年7月16日　[没]1824年3月14日)，神史，神人，新潮([没]文政7(1824)年3月14日)，人名([生]1756年)，姓氏京都([生]1756年)，日史([生]宝暦6(1756)年　[没]文政7(1824)年3月14日)，日人，百科([生]宝暦6(1756)年)，三重続，歴大

服部長門守 はっとりながとのかみ
？ ～寛永12(1635)年　[別]服部康成《はっとりやすなり》,服部長門守康成《はっとりながとのかみやすなり》
江戸時代前期の陸奥弘前藩家老、藩祖津軽為信以来の家臣。
¶青森人(服部長門守康成　はっとりながとのかみやすなり)，青森百(服部康成　はっとりやすなり)，藩臣1

服部長門守常純　はっとりながとのかみつねずみ
→服部綾雄（はっとりあやお）

服部長門守康成　はっとりながとのかみやすなり
→服部長門守（はっとりながとのかみ）

服部日記　はっとりにっき
？〜文政7（1824）年
江戸時代後期の伊勢桑名藩士・月番職。
¶国書（[没]文政7（1824）年閏8月14日），三重続

服部梅圃　はっとりばいほ
貞享3（1686）年〜宝暦5（1755）年
江戸時代中期の上総飯野藩士。
¶大阪人（[没]宝暦5（1755）年11月），人名，日人，藩臣3

服部権　はっとりはかる
文政5（1822）年〜明治28（1895）年
江戸時代末期〜明治期の上野高崎藩用人。
¶藩臣2

服部八兵衛　はっとりはちべえ
元文2（1737）年〜文政2（1819）年11月12日
江戸時代中期〜後期の郡代。
¶庄内

服部半助　はっとりはんすけ
生没年不詳
江戸時代末期の武士。
¶和歌山人

服部半蔵　はっとりはんぞう
？〜文政7（1824）年
江戸時代後期の陸奥白河藩家老。
¶藩臣2

服部傅巌　はっとりふがん
明和8（1771）年〜嘉永4（1851）年
江戸時代中期〜後期の学者。吉敷毛利氏の家臣。
¶姓氏山口，山口百

服部武喬　はっとりぶきょう
→服部武喬（はっとりたけたか）

服部平右衛門　はっとりへいえもん
文政4（1821）年〜明治3（1870）年
江戸時代末期〜明治期の出羽本荘藩士。
¶維新，人名（[生]1820年），日人，幕末（[没]1870年11月27日），藩臣1

服部某　はっとりぼう
生没年不詳
江戸時代前期の旗本。
¶神奈川人

服部豊山　はっとりほうざん
明和2（1765）年〜天保4（1833）年
江戸時代中期〜後期の出羽米沢藩士。
¶国書（[没]天保4（1833）年3月22日），藩臣1

服部正樹（服部昌樹）　はっとりまさき
文化14（1817）年〜明治22（1889）年
江戸時代末期〜明治期の出羽庄内藩士、歌学者。
¶国書（[生]文化14（1817）年11月15日　[没]明治22（1889）年11月29日），庄内（[生]文化14（1817）年11月15日　[没]明治22（1889）年11月29日），日人，藩臣1（服部昌樹），和俳（服部昌樹）

服部政秀　はっとりまさひで
〜寛延1（1748）年
江戸時代中期の旗本。
¶神奈川人

服部正弘　はっとりまさひろ
文政4（1821）年〜明治29（1896）年2月
江戸時代末期〜明治期の今治藩家老、稲富流砲術皆伝。
¶国書（[生]文政4（1821）年10月26日），幕末

服部正之　はっとりまさゆき
生没年不詳
安土桃山時代〜江戸時代前期の武士。浅野家の家臣。
¶和歌山人

服部正義　はっとりまさよし
弘化2（1845）年〜明治19（1886）年
江戸時代末期〜明治期の桑名藩家老。
¶幕末（[没]1886年1月22日），藩臣4

服部貢　はっとりみつぐ
生没年不詳
江戸時代後期の上野吉井藩士。
¶藩臣2

服部宗重　はっとりむねしげ
→服部左近衛門（はっとりさこんえもん）

服部保高　はっとりやすたか
〜享保11（1726）年
江戸時代中期の旗本。
¶神奈川人

服部保紹　はっとりやすつぐ
明和8（1771）年〜嘉永1（1848）年11月
江戸時代中期〜後期の幕臣。
¶国書

服部康成　はっとりやすなり
→服部長門守（はっとりながとのかみ）

服部康信　はっとりやすのぶ
〜寛文4（1664）年
江戸時代前期の旗本。
¶神奈川人

服部保久　はっとりやすひさ
〜延宝3（1675）年
江戸時代前期の旗本。
¶神奈川人

服部保政　はっとりやすまさ
生没年不詳
江戸時代前期の武士。
¶国書

服部安休　はっとりやすよし
→服部安休（はっとりあんきゅう）

服部栗斎　はっとりりっさい，はっとりりつさい
元文1（1736）年〜寛政12（1800）年
江戸時代中期〜後期の儒学者。上総飯野藩士。麹町教授所の長。
¶朝日（[生]元文1年4月27日（1736年6月6日）[没]寛政12年5月11日（1800年7月2日）），江文，大阪人（[没]寛政12（1800）年5月），国書（[没]寛政12（1800）年5月11日），コン改，コン4，新潮

（はっとりりつさい　[没]寛政12（1800）年5月11日），人名，日人，藩臣3

花井一好　はないかずよし
生没年不詳
江戸時代後期の幕府与力。
¶国書

花井定連　はないさだつら
生没年不詳
江戸時代前期の旗本。
¶神奈川人

花岡正貞　はなおかまささだ
嘉永2（1849）年～明治27（1894）年
江戸時代末期～明治期の若狭小浜藩士。
¶維新，郷土福井，日人（[生]1850年）

花沢金八郎　はなざわきんぱちろう
嘉永2（1849）年～明治1（1868）年
江戸時代末期の上総飯野藩士。
¶藩臣3

花沢信貫　はなざわのぶつら
～明治39（1906）年6月29日
江戸時代末期～明治期の弓道家、二本松藩士。
¶弓道

花沢信発　はなざわのぶとき
～明治13（1880）年8月13日
江戸時代後期～明治期の弓道家、二本松藩士。
¶弓道

花房厳雄　はなぶさいつお，はなふさいつお
文化6（1809）年～安政2（1855）年
江戸時代末期の剣術家。
¶岡山人（はなふさいつお），剣豪（はなふさいつお），人名，日人

花房邦彦　はなぶさくにひこ
享保9（1724）年～寛政7（1795）年
江戸時代中期～後期の藩用人。
¶鳥取百

花房端連　はなふさたんれん，はなぶさたんれん
→花房端連（はなぶさまさつら）

花房政真　はなぶさまさちか
？～寛永4（1627）年
江戸時代前期の武士。
¶和歌山人

花房端連　はなぶさまさつら，はなふさまさつら
文政7（1824）年～明治32（1899）年　[別]花房端連《はなふさたんれん，はなぶさたんれん》
江戸時代末期～明治期の備前岡山藩士、実業家、政治家。
¶朝日（[生]文政7年8月3日（1824年8月26日）[没]明治32（1899）年4月7日），維新（はなふさまさつら），岡山人（はなふさたんれん），岡山百（はなふさたんれん　[生]文政7（1824）年8月3日　[没]明治32（1899）年4月7日），岡山歴（はなぶさたんれん　[生]文政7（1824）年8月3日　[没]明治32（1899）年4月7日），コン改，コン4，コン5，新潮（[生]文政7（1824）年8月3日　[没]明治32（1899）年4月7日），人名，日人，幕末（はなふさまさつら　[没]1899年4月7日），藩臣6（はなふさたんれん）

花房正成　はなふさまさなり，はなぶさまさなり
＊～元和9（1623）年　[別]花房志摩守《はなぶさしまのかみ》，華房志摩守《はなぶさしまのかみ》
安土桃山時代～江戸時代前期の武士。
¶岡山人，岡山歴（[生]弘治2（1556）年　[没]元和9（1623）年2月8日），戦国（はなぶさまさなり　[生]1537年　[没]1604年），戦人（はなぶさまさなり　[生]弘治1（1555）年），戦西（[生]？）

花房正矩　はなぶさまさのり
慶安2（1649）年～享保9（1724）年3月27日
江戸時代前期～中期の幕臣。
¶国書

花房職朝　はなぶさもとあさ
享保1（1716）年～明和2（1765）年11月5日
江戸時代中期の幕臣。
¶国書

花房職則　はなふさもとのり
天正8（1580）年～元和6（1620）年
安土桃山時代～江戸時代前期の武将。旗本。高松花房氏2代当主。
¶岡山人，岡山歴（[没]元和6（1620）年11月27日）

花房職秀　はなふさもとひで，はなぶさもとひで
→花房職之（はなぶさもとゆき）

花房職之　はなぶさもとゆき
天文18（1549）年～＊　[別]花房職秀《はなふさもとひで，はなぶさもとひで》，花房助兵衛《はなぶさすけべえ》
安土桃山時代～江戸時代前期の武士。
¶岡山人（花房職秀　はなふさもとひで　[生]天文17（1548）年　[没]元和2（1616）年），岡山歴（花房職秀　はなふさもとひで　[没]元和3（1617）年2月11日），人名，戦人（[没]元和2（1616）年），戦西（花房職秀　はなぶさもとひで　[生]？　[没]1616年），戦補（[没]1617年），日人（[没]1617年）

花房幸次　はなふさゆきつぐ
[別]花房幸次《はなふさよしつぐ》
安土桃山時代～江戸時代前期の旗本・猿掛花房氏2代当主。
¶岡山人（[生]弘治1（1555）年　[没]元和9（1623）年），岡山歴（はなふさよしつぐ　[生]天正9（1581）年　[没]寛永18（1641）年4月12日）

花房義質　はなふさよしただ，はなぶさよしただ
→花房義質（はなぶさよしもと）

花房幸次　はなふさよしつぐ
→花房幸次（はなふさゆきつぐ）

花房義質　はなぶさよしもと，はなふさよしもと
天保13（1842）年～大正6（1917）年　[別]花房義質《はなふさよしただ，はなぶさよしただ》，虎太郎，長嶺，眠雲
江戸時代末期～明治期の備前岡山藩士、外交官。1867年フランスに渡りパリ万国博覧会視察。
¶朝日（[生]天保13年1月1日（1842年2月10日）[没]大正6（1917）年7月9日），維新（はなふさよしもと），海越（[生]天保13（1842）年1月1日　[没]大正6（1917）年7月9日），海越新（[生]天保13（1842）年1月1日　[没]大正6（1917）年7月9日），岡山人（はなふさよしただ），岡山百（はなふさ

よしもと　[生]天保13(1842)年1月1日　[没]大正6(1917)年7月9日)，岡山歴([生]天保13(1842)年1月1日　[没]大正6(1917)年7月9日)，近現，国際，国史，コン改(はなぶさよしただ)，コン4，コン5，史人([生]1842年1月1日　[没]1917年7月9日)，植物([生]天保13(1842)年1月1日　[没]大正6(1917)年7月9日)，人書94，新潮([生]天保13(1842)年1月1日　[没]大正6(1917)年7月9日)，人名，世紀([生]天保13(1842)年1月1日　[没]大正6(1917)年7月9日)，世人，渡航([生]1842年1月1日　[没]1917年7月9日)，日史([生]天保13(1842)年1月1日　[没]大正6(1917)年7月9日)，日人，幕末(はなふさよしもと　[没]1917年7月9日)，百科，履歴([生]天保13(1842)年1月1日　[没]大正6(1917)年7月9日)

花房雷岳　はなぶさらいがく
宝暦2(1752)年～天保15(1844)年
江戸時代後期の儒者、筑前福岡藩士。
¶国書([没]天保15(1844)年9月)，人名，日人

花村環　はなむらたまき
寛政8(1796)年～慶応3(1867)年
江戸時代末期の旗本、理財家。
¶人名，日人

花山内記　はなやまないき
元亀1(1570)年～
安土桃山時代～江戸時代前期の武士。
¶庄内

花輪求馬　はなわきゅうま
生没年不詳
江戸時代末期の越後長岡藩士。
¶幕末，藩臣4

塙重義　はなわしげよし
→塙又三郎(はなわまたさぶろう)

塙次郎　はなわじろう
→塙忠宝(はなわただとみ)

塙忠宝　はなわただとみ
文化4(1807)年～文久2(1862)年　[別]塙次郎《はなわじろう》
江戸時代末期の幕臣、和学者。
¶朝日([生]文化4年12月8日(1808年1月5日)　[没]文久2年12月22日(1863年2月10日))，維新(塙次郎　はなわじろう)，江文，近世，国史，国書([生]文化4(1807)年12月8日　[没]文久2(1862)年12月22日)，神人([生]文化4(1807)年12月　[没]文久2(1862)年12月22日)，新潮([生]文化4(1807)年，(異説)文化11(1814)年　[没]文久2(1862)年12月21日)，人名，世人([生]文化12(1815)年　[没]文久3(1863)年12月22日)，日人([生]1808年　[没]1863年)，幕末([没]1863年2月9日)

塙伝右衛門　はなわでんえもん
寛永14(1637)年～享保2(1717)年5月26日
江戸時代前期～中期の庄内藩家老。
¶庄内

塙直隆　はなわなおたか
慶安1(1648)年～元禄6(1693)年6月8日
江戸時代前期～中期の仙台藩士。
¶国書

塙又三郎　はなわまたさぶろう
弘化3(1846)年～元治1(1864)年　[別]塙重義《はなわしげよし》
江戸時代末期の水戸藩士。
¶維新，国書(塙重義　はなわしげよし　[没]元治1(1864)年11月4日)，人名，日人，幕末([没]1864年12月2日)，藩臣2

塙弥左衛門　はなわやざえもん
文政6(1823)年～慶応1(1865)年
江戸時代末期の水戸藩士。
¶維新，幕末([没]1865年4月9日)

羽仁稼亭　はにかてい
？　～慶応1(1865)年
江戸時代後期～末期の美祢郡大田村在郷武士。
¶姓氏山口

羽生科山　はにゅうかざん
文政5(1822)年～明治28(1895)年
江戸時代末期～明治期の信濃飯田藩用人、教育家。
¶長野歴，藩臣3

羽生九根右衛門　はにゅうくねえもん
江戸時代の種子島の郷士。
¶姓氏鹿児島

羽生郷右衛門　はにゅうごうえもん
？　～貞享3(1686)年
江戸時代前期の剣術家。
¶人名

羽生道潔　はにゅうみちきよ
明和5(1768)年～弘化2(1845)年　[別]羽生道潔《はぶみちきよ》
江戸時代後期の種子島家の臣。
¶国書(生没年不詳)，姓氏鹿児島(はぶみちきよ)

羽倉簡堂　はねくらかんどう
→羽倉簡堂(はぐらかんどう)

羽根田永晴　はねだながはる
天保11(1840)年～明治16(1883)年2月12日
江戸時代末期～明治期の陸奥中村藩士、自由民権運動家。
¶幕末

羽田正見　はねだまさみ
文政9(1826)年～明治26(1893)年
江戸時代末期～明治期の幕臣。勘定奉行。
¶近現，近世，国史，国書([生]文政9(1826)年9月)，日人

羽田満佐美　はねだまさみ
文化5(1808)年～明治6(1873)年
江戸時代末期～明治期の勘定奉行、漢学者。
¶人名

馬場一梯　ばばいってい
明暦3(1657)年～享保12(1727)年
江戸時代前期～中期の土佐藩士、書家。
¶高知人，国書([没]享保12(1727)年8月)，人名([生]？)，日人，藩臣6

馬場氏高　ばばうじたか
寛政9(1797)年～文久3(1863)年
江戸時代末期の土佐藩士。
¶高知人，人名，日人，幕末([没]1863年10月3日)

波々伯部九兵衛 ははかべきゅうべえ
生没年不詳
江戸時代前期の上総姉崎藩士。
¶藩臣3

馬場錦江 ばばきんこう
享和1(1801)年〜万延1(1860)年　[別]錦江《きんこう》
江戸時代末期の幕臣・和算家・俳人。幕府に仕え小十人組番士。
¶朝日([没]万延1年7月27日(1860年9月12日)), 国書([没]万延1(1860)年7月27日), コン改, コン4, 新潮(錦江　きんこう　[没]万延1(1860)年7月27日), 人名, 日人, 俳諧(錦江　きんこう), 俳句(錦江　きんこう　[没]万延1(1860)年7月27日), 和俳([没]万延1(1860)年7月27日)

馬場源右衛門 ばばげんえもん
生没年不詳
江戸時代末期の武士。
¶和歌山人

馬場実職 ばばさねとも
→馬場実職(ばばさねもと)

馬場実職 ばばさねもと
?　〜正保2(1645)年　[別]馬場実職《ばばさねとも, ばばじっしょく》
江戸時代前期の武士。
¶岡山人(ばばじっしょく), 岡山歴(ばばさねとも　[没]正保2(1645)年6月), 戦人, 戦西

馬場三郎左衛門利重 ばばさぶろうざえもんとししげ
→馬場利重(ばばとししげ)

馬場杉羽 ばばさんう
享保10(1725)年〜?
江戸時代中期の信濃松代藩士・俳人。
¶国書

馬場実職 ばばじっしょく
→馬場実職(ばばさねもと)

馬場若水 ばばじゃくすい
生没年不詳
江戸時代後期の上野高崎藩士。
¶国書

馬場十郎右衛門 ばばじゅうろうえもん
明和2(1765)年〜天保2(1831)年
江戸時代中期〜後期の剣術家。東軍流。
¶剣豪

馬場正督 ばばせいとく
安永6(1777)年〜天保14(1843)年　[別]馬場正督《ばばまさすけ》
江戸時代後期の幕臣・和算家・俳人。
¶国書(ばばまさすけ　[生]安永6(1777)年9月　[没]天保14(1843)年閏9月13日), 人名, 日人

馬場大助 ばばだいすけ
→馬場仲達(ばばちゅうたつ)

馬場多喜助 ばばたきのすけ
?　〜明治2(1869)年
江戸時代末期の尾張藩御蔵奉行、茶人。
¶茶道

馬場唯政 ばばただまさ
→馬場弥五六(ばばやごろく)

馬場仲達 ばばちゅうたつ
天明5(1785)年〜明治1(1868)年　[別]馬場大助《ばばだいすけ》
江戸時代後期の旗本、本草家。
¶朝日(馬場大助　ばばだいすけ　[没]明治1年9月10日(1868年10月25日)), 江文(馬場大助　ばばだいすけ), 国書([没]明治1(1868)年9月10日), 日人, 洋学

馬場長右衛門 ばばちょうえもん
?　〜承応4(1655)年
江戸時代前期の備後福山藩士。
¶藩臣6

馬場藤左衛門 ばばとうざえもん
生没年不詳
江戸時代前期の武家。
¶国書

馬場利重 ばばとししげ
?　〜明暦3(1657)年　[別]馬場三郎左衛門利重《ばばさぶろうざえもんとししげ》
江戸時代前期の幕臣。長崎奉行。
¶近世, 国史, 史人([没]1657年9月10日), 長崎歴(馬場三郎左衛門利重　ばばさぶろうざえもんとししげ), 日人

馬場尚繁 ばばなおしげ
元禄10(1697)年〜寛延3(1750)年
江戸時代中期の第11代京都東町奉行。
¶京都大, 姓氏京都

馬場縫殿右衛門 ばばぬいえもん
→馬場不知姣斎(ばばふちこうさい)

馬場房清 ばばふさきよ
〜明暦2(1656)年
江戸時代前期の旗本。
¶神奈川人

馬場不知姣斎 ばばふちこうさい
文政12(1829)年〜明治35(1902)年　[別]馬場縫殿右衛門《ばばぬいえもん》
江戸時代末期〜明治期の美作津山藩の儒学者、漢詩人。
¶岡山人, 岡山歴([生]文政12(1829)年7月　[没]明治35(1902)年1月11日), 人名, 日人, 幕末(馬場縫殿右衛門　ばばぬいえもん　[没]1902年1月12日), 藩臣6(馬場縫殿右衛門　ばばぬいえもん)

馬場正督 ばばまさすけ
→馬場正督(ばばせいとく)

馬場正通(馬場正道)　ばばまさみち
安永9(1780)年〜文化2(1805)年
江戸時代後期の幕臣、経済学者、探検家。国後島アトイヤまで至る。
¶朝日([没]文化2年3月17日(1805年4月16日)), 近世, 国史, 国書([没]文化2(1805)年3月17日), コン改(馬場正道), コン4(馬場正道), 滋賀百, 新潮(馬場正道), 人名, 世人(馬場正道), 日人

は

馬場弥五六　ばばやごろく
？～寛保3（1743）年　[別]馬場唯政《ばばただまさ》
江戸時代中期の土佐藩士、経世家。
¶高知人，国書（馬場唯政　ばばただまさ），藩臣6

馬場頼綱　ばばよりつな
生没年不詳
江戸時代中期の米沢藩士。
¶国書

馬場楽山　ばばらくざん
享和3（1803）年～慶応4（1868）年
江戸時代末期の陸奥中村藩士。
¶国書（[没]慶応4（1868）年8月21日），幕末（[没]1868年10月6日）

羽太正養　はぶとまさかい
→羽太正養（はぶとまさやす）

羽太正養　はぶとまさやす
宝暦2（1752）年～文化11（1814）年　[別]羽太正養《はぶとまさかい》
江戸時代中期～後期の幕臣、安芸守。
¶朝日（[没]文化11年1月22日（1814年3月13日）），岩史（[没]文化11（1814）年1月22日），角史，近世，国史，国書（[没]文化11（1814）年1月22日），コン改（はぶとまさかい），コン4，史人（[没]1814年1月22日），日人，北海道百，北海道文，北海道歴，歴大

土生広右衛門　はぶひろえもん
生没年不詳
江戸時代末期の武士、勘定奉行。
¶和歌山人

羽生道潔　はぶみちきよ
→羽生道潔（はにゅうみちきよ）

羽部廉蔵　はぶれんぞう
文化5（1808）年～慶応1（1865）年
江戸時代末期の水戸藩郷士。
¶維新，幕末（[没]1865年9月10日）

浜口飛一　はまぐちひいち
江戸時代末期の新撰組隊士。
¶新撰

浜口英幹　はまぐちひでもと
文政12（1829）年～明治27（1894）年
江戸時代後期～明治期の浦賀奉行所同心。
¶姓氏神奈川

浜島猪兵衛　はまじまいへえ
？～文政11（1828）年
江戸時代後期の駿河沼津藩士。
¶藩臣4

浜島庄兵衛　はましましょうべえ
→日本左衛門（にほんざえもん）

浜島忠三郎　はましまちゅうざぶろう，はまじまちゅうざぶろう
生没年不詳
江戸時代末期の下総結城藩士。
¶幕末，藩臣3（はまじまちゅうざぶろう）

浜田市郎兵衛　はまだいちろべえ
享保14（1729）年～享和1（1801）年
江戸時代中期～後期の剣術家。新陰流。
¶剣豪

浜田謹吾　はまだきんご
安政1（1854）年～明治1（1868）年
江戸時代末期の肥前大村藩士。
¶人名，日人，藩臣7

浜田金四郎　はまだきんしろう
文政9（1826）年～？
江戸時代後期～末期の幕臣。
¶国書

浜田治部　はまだじぶ
生没年不詳
安土桃山時代～江戸時代前期の武将。
¶日人

浜田豊吉　はまだとよきち
天保8（1837）年～元治1（1864）年
江戸時代末期の播磨赤穂藩士。
¶維新，幕末（[没]1864年9月28日），藩臣5

浜田平右衛門　はまだへいえもん
江戸時代末期の薩摩藩士。
¶維新，姓氏鹿児島，幕末（生没年不詳）

浜田平治　はまだへいじ
江戸時代末期の薩摩藩士。
¶維新，姓氏鹿児島，幕末（生没年不詳）

浜田弥兵衛(1)（浜田弥平衛）　はまだやひょうえ
生没年不詳
江戸時代前期の長崎代官末次平蔵の朱印船船長。
¶朝日，岩史，角史，近世，国史，コン改，コン4，史人，新潮，人名，世人，世百，全書，大百，長崎百（浜田弥平衛），長崎歴，日史，日人，百科，歴大

浜田弥兵衛(2)　はまだやひょうえ
＊～明治20（1887）年　[別]浜田弥兵衛《はまだやへえ》
江戸時代末期～明治期の肥前大村藩士。
¶維新（[生]1825年），人名（[生]1808年　[没]1870年），日人（[生]1825年），幕末（はまだやへえ　[生]1826年　[没]1887年4月7日），藩臣7（[生]文政9（1826）年）

浜田弥兵衛　はまだやへえ
→浜田弥兵衛(2)（はまだやひょうえ）

浜田与四郎　はまだよしろう
文化9（1812）年～明治3（1870）年
江戸時代末期～明治期の三河刈谷藩家老。
¶姓氏愛知，幕末（[没]1870年2月18日），藩臣4

浜野覚蔵　はまのかくぞう
生没年不詳
江戸時代末期の豊前中津藩士。
¶人名，日人，藩臣7

浜野箕山　はまのきざん
文政8（1825）年～大正5（1916）年　[別]浜野章吉《はまのしょうきち》，浜野箕山《はまのみざん》
江戸時代末期～明治期の備後福山藩士。
¶人名，日人，幕末（浜野章吉　はまのしょうき

ち [没]1916年4月23日），藩臣6（はまのみざん [生]文政7（1824）年）

浜野章吉 はまのしょうきち
→浜野箕山（はまのきざん）

浜野松次郎 はまのまつじろう
天保14（1843）年～慶応1（1865）年
江戸時代末期の水戸藩士。
¶維新，人名，日人，幕末（[没]1865年3月13日）

浜野箕山 はまのみざん
→浜野箕山（はまのきざん）

浜本三郎 はまもとさぶろう
天保14（1843）年～？
江戸時代後期～末期の新撰組隊士。
¶新撰

羽室貞風 はむろさだかぜ
文化11（1814）年～弘化3（1846）年12月17日
江戸時代後期の肥前佐賀藩士・歌人。
¶国書

早川勇 はやかわいさみ
→早川勇（はやかわいさむ）

早川勇 はやかわいさむ
天保3（1832）年～明治32（1899）年 [別]早川勇《はやかわいさみ》
江戸時代末期～明治期の筑前福岡藩の志士。
¶維新（はやかわいさみ），人名（はやかわいさみ），日人，幕末（[没]1899年2月13日），藩臣7，福岡百（[生]天保3（1832）年7月23日 [没]明治32（1899）年2月11日）

早川清魚 はやかわきよな
文化8（1811）年～明治20（1887）年
江戸時代末期～明治期の阿波徳島藩士、国学者。
¶徳島歴（[没]明治20（1887）年7月14日），藩臣6

早川九右衛門 はやかわくえもん
安土桃山時代～江戸時代前期の武士。細川氏家臣。
¶戦国，戦人（生没年不詳）

早川沢之助 はやかわさわのすけ
天保9（1838）年～元治1（1864）年
江戸時代末期の対馬藩士。
¶維新

早川首馬 はやかわしゅま
→早川首馬（はやかわしゅめ）

早川首馬 はやかわしゅめ
文政8（1825）年～安政5（1858）年 [別]早川首馬《はやかわしゅま》
江戸時代末期の常陸土浦藩士、武術家。
¶剣豪，藩臣2（はやかわしゅま）

早川修理 はやかわしゅり
文化1（1804）年～明治5（1872）年
江戸時代末期～明治期の常陸土浦藩用人。
¶剣豪，藩臣2

早川省義 はやかわしょうぎ
？ ～明治36（1903）年
江戸時代末期～明治期の旧幕臣、静岡藩士、陸軍陸地測量部の功労者。
¶静岡歴

早川輔四郎 はやかわすけしろう
天保2（1831）年～明治1（1868）年
江戸時代末期の出羽秋田藩士。
¶幕末（[没]1868年11月4日），藩臣1

早川惣右衛門 はやかわそうえもん
明和8（1771）年～天保14（1843）年
江戸時代後期の下総古河藩家老。
¶藩臣3

早川卓之丞 はやかわたくのじょう
？ ～文久3（1863）年
江戸時代末期の因幡鳥取藩士。
¶維新

早川武英 はやかわたけひで
→早川弥五左衛門（はやかわやござえもん）

早川忠顕 はやかわただあき
宝暦3（1753）年～天保5（1834）年
江戸時代中期～後期の国学者、伊勢菰野藩士。
¶江文

早川辰人 はやかわたつと
文化5（1808）年～明治14（1881）年
江戸時代末期～明治期の常陸土浦藩士。
¶剣豪，幕末（[没]1881年1月17日），藩臣2

早川種徳 はやかわたねのり
？ ～文政9（1826）年
江戸時代中期～後期の備前岡山藩士・兵学者。
¶岡山人，国書（[没]文政9（1826）年6月2日）

早川対馬 はやかわつしま
江戸時代前期の武将。里見氏家臣。
¶戦東

早川直昌 はやかわなおまさ
文政8（1825）年～明治31（1898）年
江戸時代後期～明治期の剣術家。北辰一刀流。
¶剣豪

早川八郎左衛門正紀 はやかわはちろうざえもんまさのり
→早川正紀（はやかわまさとし）

早川彦四郎 はやかわひこしろう
江戸時代前期の武将。里見氏家臣。
¶戦東

早川正紀 はやかわまさとし
元文4（1739）年～文化5（1808）年 [別]早川正紀《はやかわまさのり》，早川八郎左衛門正紀《はやかわはちろうざえもんまさのり》
江戸時代中期～後期の代官。飢饉災害の復の道を「六本の教」によって論す。
¶朝日（[没]文化5年11月10日（1808年12月26日）），岩史（[没]文化5（1808）年11月10日），岡山人，岡山百（はやかわまさのり [没]文化5（1808）年11月10日），岡山歴（[没]文化5（1808）年11月10日），教育，近世，国史，国書（[没]文化5（1808）年11月10日），コン改，コン4，埼玉人（[生]元文3（1738）年），埼玉百（早川八郎左衛門正紀 はやかわはちろうざえもんまさのり），史人（[没]1808年11月10日），新潮（はやかわまさのり [没]文化5（1808）年11月10日），人名（はやかわまさのり），世人（はやかわまさのり [没]文化5（1808）年11月10日），世百，全書，日史（[没]文

化5(1808)年11月10日), 日人, 歴大

早川正紀 はやかわまさのり
→早川正紀(はやかわまさとし)

早川万千代 はやかわまんちよ
安土桃山時代～江戸時代前期の武士。里見氏家臣。
¶戦人(生没年不詳), 戦東

早川茂左衛門 はやかわもざえもん
? ～享保4(1719)年
江戸時代中期の陸奥白河藩士。
¶藩臣2

早川弥五左衛門 はやかわやござえもん
文政2(1819)年～明治16(1883)年 [別]早川武英《はやかわたけひで》
江戸時代末期～明治期の越前大野藩士。蝦夷地関係の事務を担当。
¶朝日([没]明治16(1883)年11月16日), 維新, 郷土福井, 国書(早川武英 はやかわたけひで [没]明治16(1883)年11月16日), コン改(生没年不詳), コン4, コン5, 新潮([没]明治16(1883)年11月16日), 人名, 日人, 幕末([没]1883年11月16日), 福井百

は

早川好勝 はやかわよしかつ
～万治2(1659)年
江戸時代前期の旗本。
¶神奈川人

早川義泰 はやかわよしやす
元和5(1619)年～貞享3(1686)年
江戸時代前期の武頭、給主奉行町奉行。
¶姓氏宮城

早川随勝 はやかわよりかつ
文政10(1827)年～?
江戸時代後期～末期の加賀藩士。
¶国書

早川与六郎 はやかわよろくろう
生没年不詳
江戸時代前期の郷士。
¶姓氏群馬

早川臨斎 はやかわりんさい
江戸時代前期の武将。里見氏家臣。
¶戦東

早川林平 はやかわりんぺい
江戸時代末期の新撰組隊士。
¶新撰

早雲高古 はやくもたかふる
享和2(1802)年～明治4(1871)年1月13日
江戸時代末期～明治期の阿波徳島藩士。
¶徳島百, 徳島歴, 藩臣6

早崎益 はやざきすすむ
文政3(1820)年～明治15(1882)年
江戸時代後期～明治期の土佐藩士・歌人。
¶高知人, 高知百, 国書([没]明治15(1882)年2月17日)

早崎益裕 はやざきますひろ
寛延1(1748)年～文化13(1816)年
江戸時代中期の土佐藩士・文人。
¶高知人

林韡 はやしあきら
→林復斎(はやしふくさい)

林厚徳 はやしあつのり
文政11(1828)年～明治23(1890)年3月2日
江戸時代後期～明治期の阿波徳島藩士。
¶国書, 徳島歴([生]文政11(1828)年5月5日)

林有通 はやしありみち
→林桜園(はやしおうえん)

林伊右衛門 はやしいえもん
～元禄15(1702)年8月12日
江戸時代前期～中期の庄内藩家老。
¶庄内

林市郎右衛門(1) はやしいちろうえもん
文禄1(1592)年～寛文9(1669)年
安土桃山時代～江戸時代前期の剣術家。円明流。尾張藩士。
¶剣豪

林市郎右衛門(2) はやしいちろうえもん
生没年不詳
江戸時代中期の庄内藩家老。
¶庄内

林悦四郎 はやしえつしろう
天保13(1842)年～元治1(1864)年
江戸時代末期の対馬藩士。
¶維新

林遠里 はやしえんり
→林遠里(はやしおんり)

林桜園 はやしおうえん
*～明治3(1870)年 [別]林有通《はやしありみち》
江戸時代末期～明治期の国学者、肥後熊本藩士。
¶朝日([生]寛政10(1798)年 [没]明治3年10月12日(1870年11月5日)), 維新([生]1797年), 近現([生]1797年), 近世([生]1797年), 熊本百([生]寛政10(1798)年 [没]明治3(1870)年閏10月12日), 国史([生]1797年), 国書(林有通 はやしありみち [生]寛政9(1797)年10月28日 [没]明治3(1870)年閏10月12日), コン改([生]寛政10(1798)年), コン4([生]寛政10(1798)年), コン5([生]寛政10(1798)年), 史人([生]1797年,(異説)1798年 [没]1870年10月12日), 神史([生]1797年), 神人([生]寛政9(1797)年 [没]明治3(1870)年閏10月12日), 新潮([生]寛政10(1798)年 [没]明治3(1870)年1月12日), 人名([生]1798年), 日人([生]1798年), 幕末([生]1797年 [没]1870年12月13日), 藩臣7([生]寛政10(1798)年)

林遠里 はやしおんり
天保2(1831)年～明治39(1906)年 [別]林遠里《はやしえんり》
江戸時代末期～明治期の筑前福岡藩士、農業改良家。
¶朝日([生]天保2年1月24日(1831年3月8日) [没]明治39(1906)年1月30日), 近現, 国史, コン改, コン4, コン5, 史人([生]1831年1月24日 [没]1906年1月30日), 食文([生]天保2年1月24日(1831年3月8日) [没]1906年1月30日), 新潮(はやしえんり [生]天保2(1831)年1月24日 [没]明治39(1906)年1月30日), 人名(はやしえ

んり)，世百(はやしえんり)，全書(はやしえんり)，日史(はやしえんり　[生]天保2(1831)年1月24日　[没]明治39(1906)年1月30日)，日人，百科(はやしえんり)，福岡百(はやしえんり　[生]天保2(1831)年1月24日　[没]明治39(1906)年1月31日)，民学(はやしえんり)

林芥蔵　**はやしかいぞう**
→林毛川(はやしもうせん)

林花翁　**はやしかおう**
？～延享1(1744)年
江戸時代中期の武芸家・地誌作者。
¶国書([没]延享1(1744)年4月6日)，姓氏愛知

林恪斎　**はやしかくさい**
文化10(1813)年～明治15(1882)年　[別]林恪斎《はやしらくさい》
江戸時代末期～明治期の上野館林藩中老。
¶群馬人，群馬百，藩臣2(はやしらくさい)

林鶴梁　**はやしかくりょう**
文化3(1806)年～明治11(1878)年
江戸時代末期～明治期の儒学者、幕臣。長野豊山に師事。代官文人。
¶朝日([生]文化3年8月13日(1806年9月24日)　[没]明治11(1878)年1月16日)，維新，江戸東，江文，郷土群馬，近現，近世，群馬人，群馬百，国史，国書([生]文化3(1806)年8月13日　[没]明治11(1878)年1月16日)，コン改，コン4，コン5，静岡百，静岡歴，新潮([生]文化3(1806)年8月13日　[没]明治11(1878)年1月16日)，人名，姓氏群馬，姓氏静岡，日人，幕末([没]1878年1月16日)，山梨百([没]明治11(1878)年1月16日)

林嘉蔵　**はやしかぞう**
延享4(1747)年～文化2(1805)年
江戸時代中期の小田原藩士。
¶神奈川人

林勝久　**はやしかつひさ**
天正9(1581)年～承応1(1652)年　[別]山内勝久《やまうちかつひさ》
江戸時代前期の土佐藩家老。
¶高知人(山内勝久　やまうちかつひさ)，藩臣6

林掃部　**はやしかもん**
永禄12(1569)年～寛永6(1629)年
安土桃山時代～江戸時代前期の筑前福岡藩士。
¶藩臣7

林喜八郎　**はやしきはちろう**
*～嘉永3(1850)年
江戸時代後期の長州(萩)藩士。
¶人名([生]1781年　[没]1853年)，日人([生]1778年)，藩臣6([生]安政7(1778)年？)

林郡平　**はやしぐんぺい**
文政3(1820)年～慶応1(1865)年4月20日
江戸時代末期の長門長府藩目付役。
¶幕末

林源吾　**はやしげんご**
生没年不詳
江戸時代中期の遠江掛川藩士。
¶藩臣4

林謙三　**はやしけんぞう**
→安保清康(あぼきよやす)

林源太兵衛　**はやしげんだべえ**
天保3(1832)年8月8日～明治41(1908)年9月16日
江戸時代後期～明治期の庄内藩士。
¶庄内

林賢徳　**はやしけんとく**
天保9(1838)年～大正3(1914)年
江戸時代末期～明治期の加賀藩士、実業家。農学舎設立。また日本鉄道を設立、東北線、高崎線を建設。
¶朝日([生]天保9年9月8日(1838年10月25日)　[没]大正3(1914)年6月13日)，コン改，コン5，新潮([生]天保9(1838)年8月6日　[没]大正3(1914)年6月13日)，人名，先駆([生]天保9(1838)年9月8日　[没]大正3(1914)年6月13日)，日人

林鋼三郎　**はやしこうざぶろう**
？～明治1(1868)年
江戸時代末期の水戸藩士。
¶維新，幕末([没]1868年11月17日)

林小五郎　**はやしこごろう**
天保15(1844)年～慶応4(1868)年1月5日
江戸時代後期～末期の新撰組隊士。
¶新撰

林五郎三郎　**はやしごろうさぶろう**
天保3(1832)年～元治1(1864)年　[別]林五郎三郎《はやしごろさぶろう》
江戸時代末期の水戸藩士。
¶維新(はやしごろさぶろう)，人名，日人，幕末(はやしごろさぶろう　[没]1864年10月19日)，藩臣2

林五郎三郎　**はやしごろさぶろう**
→林五郎三郎(はやしごろうさぶろう)

林権助　**はやしごんすけ**
文化3(1806)年～明治1(1868)年
江戸時代末期の陸奥会津藩士。
¶人名，日人，幕末([没]1868年2月1日)，藩臣2

林左太夫　**はやしさだゆう**
？～正徳4(1714)年
江戸時代前期の家臣、教泉の子。
¶和歌山人

林三郎兵衛　**はやしさぶろべえ**
江戸時代末期の足利の旗本六角家用人。
¶栃木歴

林左門　**はやしさもん**
文政8(1825)年～明治21(1888)年　[別]安孫子静逸《あびこせいいつ》
江戸時代末期～明治期の尾張藩士。
¶維新，岐阜百，人名([生]1818年　[没]1880年)，日人，幕末([没]1888年12月30日)，藩臣4(安孫子静逸　あびこせいいつ)

林重澄　**はやししげずみ**
承応3(1654)年～享保6(1721)年12月13日
江戸時代前期～中期の幕臣。
¶国書

林自弘　**はやしじこう**
明和6(1769)年～？　[別]林助右衛門《はやしすけ

うえもん》
江戸時代中期の河内狭山藩士。
¶国書，藩臣5（林助右衛門　はやしすけうえもん）

林芝友　はやししゆう
生没年不詳
江戸時代後期の藩士。紀行文作者。
¶国書

林純吉　はやしじゅんきち
江戸時代末期～明治期の佐倉藩士。藩知事に同行してアメリカに渡る。
¶海越（生没年不詳），海越新

林庄吉　はやししょうきち
弘化3（1846）年～？
江戸時代後期～末期の新撰組隊士。
¶新撰

林昌之助　はやししょうのすけ
→林忠崇（はやしただたか）

林信太郎　はやししんたろう
？～明治1（1868）年
江戸時代末期の新撰組隊士。
¶新撰（[没]明治1年10月7日），幕末（[没]1868年12月10日）

林甚兵衛　はやしじんべえ
？～天和2（1682）年
江戸時代前期の出羽庄内藩家老。
¶庄内（[没]天和2（1682）年8月18日），藩臣1

林助右衛門　はやしすけうえもん
→林自弘（はやしじこう）

林清兵衛　はやしせいべえ
貞享1（1684）年～明和1（1764）年
江戸時代中期の武士。
¶和歌山人

林善兵衛　はやしぜんべえ
天正15（1587）年～寛永20（1643）年
安土桃山時代～江戸時代前期の総社藩重臣。
¶姓氏群馬

林与　はやしたすく
天保14（1843）年～明治2（1869）年　[別]林与《はやしよ》
江戸時代末期の周防徳山藩士。
¶維新（はやしよ），人名，日人，幕末（[没]1869年6月17日），藩臣6

林忠旭　はやしただあきら
文化2（1805）年～慶応3（1867）年
江戸時代末期の大名。上総貝淵藩主、上総請西藩主。
¶日人，藩主2，藩主2（[生]文化2（1805）年2月 [没]慶応3（1867）年10月20日）

林忠朗　はやしただあきら
万治1（1658）年～宝永2（1705）年　[別]林土佐守忠朗《はやしとさのかみただあきら》
江戸時代前期～中期の34代長崎奉行。
¶長崎歴（林土佐守忠朗　はやしとさのかみただあきら）

林忠交　はやしただかた
弘化2（1845）年～慶応3（1867）年　[別]林忠交《はやしただよし》
江戸時代末期の大名。上総請西藩主。
¶京都大（はやしただよし　生没年不詳），姓氏京都（はやしただよし　[生]？），日人，藩主2（[没]慶応3（1867）年6月24日）

林忠崇　はやしただたか
嘉永1（1848）年～昭和16（1941）年1月22日　[別]林昌之助《はやししょうのすけ》
江戸時代末期～明治期の大名。上総請西藩主。
¶朝日（[生]嘉永1年7月28日（1848年8月26日）），維新，郷土千葉，新潮（[生]嘉永1（1848）年7月28日），世紀（[生]嘉永1（1848）年7月28日），千葉百（[没]昭和15（1940）年），日史（[生]嘉永1（1848）年7月28日），日人，幕末（[没]1940年1月22日），藩主2（[生]嘉永1（1848）年7月 [没]昭和16（1941）年1月），山梨百（林昌之助　はやししょうのすけ　[生]嘉永1（1848）年7月25日）

林忠英　はやしただひで
生没年不詳
江戸時代後期の越中富山藩士。
¶藩臣3

林忠英　はやしただふさ，はやしだだふさ
明和2（1765）年～弘化2（1845）年
江戸時代中期～後期の大名。上総貝淵藩主。
¶朝日（はやしだだふさ　[生]明和2（1765）年4月 [没]弘化2年5月8日（1845年6月12日）），岩史（[生]明和2（1765）年4月 [没]弘化2（1845）年5月8日），コン4，日史（[没]？），日人，藩主2（[生]明和2（1765）年4月 [没]弘化2（1845）年5月8日）

林忠交　はやしただよし
→林忠交（はやしただかた）

林品美　はやしただよし
文政10（1827）年？～？
江戸時代後期～末期の尾張藩士。
¶国書

林太仲　はやしたちゅう
天保10（1839）年～大正5（1916）年
江戸時代末期～明治期の越中富山藩士。
¶姓氏富山，富山百（[没]大正5（1916）年8月19日），幕末，藩臣3

林主税　はやしちから
→林良輔（はやしよしすけ）

林忠左衛門　はやしちゅうざえもん
天保11（1840）年～慶応1（1865）年　[別]吉野三平《よしのさんぺい》
江戸時代末期の水戸藩士。
¶維新，人名，日人，幕末（[没]1865年1月27日），藩臣2

林長左衛門　はやしちょうざえもん
生没年不詳
江戸時代末期の水戸藩士。
¶維新，幕末，藩臣2

林道感　はやしどうかん
→林能勝（はやしよしかつ）

林藤左衛門　はやしとうざえもん
元和7(1621)年～元禄10(1697)年　[別]林正盛《はやしまさもり》
江戸時代前期の珠磨川舟運の創始者、肥後人吉藩士。
¶朝日([没]元禄10年11月12日(1697年12月24日)), 熊本百(林正盛　はやしまさもり　[生]?　[没]元禄10(1697)年11月12日), 人名([生]1624年), 日人, 藩臣7(林正盛　はやしまさもり)

林戸右衛門　はやしとえもん
?　～承応5(1652)年9月21日
江戸時代前期の武士。
¶世人

林時万　はやしときかず
文政8(1825)年～明治26(1893)年6月20日
江戸時代末期～明治期の多度津藩家老。
¶幕末

林土佐守忠朗　はやしとさのかみただあきら
→林忠朗(はやしただあきら)

林知修　はやしともなが
生没年不詳
江戸時代後期の下野佐久山の旗本福原氏の家臣。
¶国書

林友幸　はやしともゆき
文政6(1823)年～明治40(1907)年
江戸時代末期～明治期の長州(萩)藩士、官僚。
¶朝日([生]文政6年2月6日(1823年3月18日)　[没]明治40(1907)年11月8日), 維新, 近現, 近世, 国史, コン改, コン4, コン5, 佐賀百([生]文政6(1823)年2月6日　[没]明治40(1907)年11月8日), 史人([生]1823年2月6日　[没]1907年11月8日), 新潮([生]文政6(1823)年2月6日　[没]明治40(1907)年11月8日), 人名, 日人, 幕末([没]1907年11月8日), 藩臣6, 山口百, 履歴([生]文政6(1823)年2月6日　[没]明治40(1907)年11月8日)

林外守　はやしともり
生没年不詳
江戸時代後期の河内狭山藩士。
¶藩臣5

林直秀　はやしなおひで
明暦1(1655)年～享保16(1731)年12月7日
江戸時代前期～中期の幕臣・歌人。
¶国書

林南涯　はやしなんがい
安永4(1775)年～天保12(1841)年
江戸時代後期の尾張藩の儒者。
¶国書([没]天保12(1841)年閏1月8日), 人名, 日人

林宣敬　はやしのぶたか
文政1(1818)年～明治17(1884)年3月24日
江戸時代後期～明治期の長州萩藩士・国学者。
¶国書

林宣義　はやしのぶよし
明和5(1768)年10月5日～天保14(1843)年1月8日
江戸時代中期～後期の因幡鳥取藩士・歌人。
¶国書

林教泉　はやしのりもと
生没年不詳
江戸時代前期の武士。
¶和歌山人

林半兵衛　はやしはんべえ
～正保1(1644)年
江戸時代前期の庄内藩士。
¶庄内

林久吉　はやしひさきち
江戸時代末期の新撰組隊士。
¶新撰

林百非　はやしひゃくひ
寛政8(1796)年～嘉永5(1852)年1月18日
江戸時代末期の長州(萩)藩士。
¶幕末

林豹吉郎　はやしひょうきちろう
文化14(1817)年～文久3(1863)年
江戸時代末期の製砲家。
¶維新, 大阪人([生]文政3(1820)年　[没]文久3(1863)年9月), 郷土奈良([生]1818年), 新潮([没]文久3(1863)年9月25日), 人名, 日人, 幕末([生]1818年　[没]1863年11月5日)

林孚一　はやしふいち
文化8(1811)年～明治25(1892)年
江戸時代末期～明治期の勤王家。
¶維新, 岡山人, 岡山百([生]文化8(1811)年5月28日　[没]明治25(1892)年9月13日), 岡山歴([生]文化8(1811)年1月28日　[没]明治25(1892)年9月13日), 人名, 日人, 幕末([没]1892年9月13日)

林復斎　はやしふくさい
寛政12(1800)年～安政6(1859)年　[別]林韑《はやしあきら》
江戸時代末期の幕府儒官、大学頭。日米和親条約締結の際の日本全権。
¶朝日([生]寛政12年12月27日(1801年2月10日)　[没]安政6年9月17日(1859年10月12日)), 維新, 岩史([生]寛政12(1800)年12月27日　[没]安政6(1859)年9月17日), 江文, 角史, 近世, 国史, 国書([生]寛政12(1800)年12月27日　[没]安政6(1859)年9月17日), コン改, コン4, 史人([生]1800年12月27日　[没]1859年9月17日), 重要(林韑　はやしあきら　[没]安政6(1859)年9月17日), 諸系([生]1801年), 新潮([没]安政6(1859)年9月17日), 人名, 姓氏神奈川(林韑　はやしあきら　[生]1801年), 世人([没]安政6(1859)年9月17日), 日史([没]安政6(1859)年9月17日), 日人([生]1801年), 幕末([没]1859年10月12日), 百科, 歴大

林政右衛門　はやしまさうえもん
文政10(1827)年～元治1(1864)年11月7日
江戸時代末期の長州(萩)藩士。
¶幕末

林政周　はやしまさちか
生没年不詳
江戸時代中期の播磨三日月藩家老。
¶藩臣5

林正盛　はやしまさもり
→林藤左衛門(はやしとうざえもん)

は

林政吉 はやしまさよし
　　生没年不詳
　　江戸時代後期の播磨三日月藩士。
　　¶藩臣5

林又蔵 はやしまたぞう
　　江戸時代末期の志摩鳥羽藩士。
　　¶藩臣4（生没年不詳），三重続

林真人 はやしまなと
　　寛政8（1796）年～嘉永4（1851）年
　　江戸時代末期の長州（萩）藩士。
　　¶藩臣6

林通明 はやしみちあき
　　寛政8（1796）年～嘉永3（1850）年8月14日
　　江戸時代後期の仙台藩士。
　　¶国書

林毛川 はやしもうせん
　　享和1（1801）年～安政5（1858）年　別林芥蔵《はやしかいぞう》
　　江戸時代末期の勝山藩家老。
　　¶維新（林芥蔵　はやしかいぞう），郷土福井，国書（没安政5（1858）年7月12日），人名，日人，幕末（林芥蔵　はやしかいぞう）（没1858年8月20日），藩臣3（林芥蔵　はやしかいぞう），福井百（没安政2（1855）年）

林杢太夫 はやしもくだゆう
　　？　～宝暦5（1755）年
　　江戸時代中期の出羽松山藩家老。
　　¶庄内，藩臣1

林守家 はやしもりいえ
　　永禄2（1559）年～元和7（1621）年
　　戦国時代～江戸時代前期の浅野家臣。
　　¶和歌山人

林安平 はやしやすひら
　　生没年不詳
　　江戸時代前期の武芸家。
　　¶国書

林八十治 はやしやそじ
　　嘉永6（1853）年～明治1（1868）年
　　江戸時代末期の陸奥会津藩の白虎士中二番隊士。
　　¶幕末（没1868年10月8日），藩臣2

林弥内 はやしやない
　　文化12（1815）年～天保10（1839）年
　　江戸時代後期の庄内藩士。
　　¶庄内

林以成 はやしゆきなり
　　享保5（1720）年～寛政7（1795）年8月27日
　　江戸時代中期～後期の長州萩藩士。
　　¶国書

林与 はやしよ
　　→林与（はやしたすく）

林庸 はやしよう
　　天保14（1843）年～元治1（1864）年
　　江戸時代末期の水戸支藩守山藩士。
　　¶人名，日人

林抑斎 はやしよくさい
　　文化10（1813）年～明治4（1871）年

　　江戸時代末期～明治期の備中松山藩士。
　　¶岡山人（没文化9（1812）年），人名，日人

林能勝 はやしよしかつ
　　天文3（1534）年～元和2（1616）年　別林道感《はやしどうかん》
　　安土桃山時代～江戸時代前期の阿波徳島藩家老。
　　¶徳島百（林道感　はやしどうかん）　没元和2（1616）年2月6日），徳島歴，藩臣6

林良材 はやしよしき
　　生没年不詳
　　江戸時代後期の会津藩士。
　　¶国書

林良輔 はやしよしすけ
　　文政2（1819）年～明治15（1882）年　別林主税《はやしちから》，林良輔《はやしりょうすけ》
　　江戸時代末期～明治期の長州（萩）藩士。
　　¶維新（林主税　はやしちから），人名，日人，幕末（林主税　はやしちから）（没1882年5月23日），藩臣6（林主税　はやしちから）

林良通 はやしよしみち
　　→林笠翁（はやしりゅうおう）

林良本 はやしよしもと
　　寛政6（1794）年～明治2（1869）年
　　江戸時代末期の信濃松本藩家老，国学者。
　　¶国書（没寛政6（1794）年1月10日　没明治2（1869）年2月21日），人名，姓氏長野，日人，藩臣3

林恪斎 はやしらくさい
　　→林恪斎（はやしかくさい）

林笠翁 はやしりゅうおう
　　元禄13（1700）年～明和4（1767）年　別林良通《はやしよしみち》
　　江戸時代中期の幕臣，儒者。
　　¶江文，国書（林良通　はやしよしみち）（没明和4（1767）年6月21日），日人，平文（林良通　はやしよしみち），宮城百

林良斎 はやしりょうさい
　　文化4（1807）年～嘉永2（1849）年
　　江戸時代末期の讃岐多度津藩の儒学者。
　　¶大阪人，国書（没文化5（1808）年　没嘉永2（1849）年5月4日），人書79，人書94，新潮（没嘉永2（1849）年5月4日），人名，世人（没嘉永2（1849）年5月4日），日人，藩臣6（没文化5（1808）年）

林良輔 はやしりょうすけ
　　→林良輔（はやしよしすけ）

林了蔵 はやしりょうぞう
　　文政12（1829）年～慶応1（1865）年
　　江戸時代末期の水戸藩士。
　　¶維新，人名，日人，幕末（没1865年5月），藩臣2

林六右衛門 はやしろくえもん
　　享和1（1801）年～弘化3（1846）年
　　江戸時代後期の近江彦根藩代官。
　　¶人名，日人，藩臣4（生没年不詳）

林六三郎 はやしろくさぶろう
　　？　～文政1（1818）年
　　江戸時代後期の丹後田辺藩士。

¶日人，藩臣5

林六太夫 はやしろくだゆう
寛文3（1663）年～享保17（1732）年
江戸時代前期～中期の剣術家。長谷川英信流。
¶剣豪

葉山鎧軒 はやまかいけん，はやまがいけん
→葉山高行（はやまたかゆき）

葉山勝綱 はやまかつつな
～寛永4（1627）年
江戸時代前期の旗本。
¶神奈川人

羽山喜右衛門 はやまきうえもん
江戸時代前期の武将。里見氏家臣。
¶戦東

葉山五郎右衛門 はやまごろうえもん
安土桃山時代～江戸時代前期の武士。
¶戦人（生没年不詳），戦西

葉山佐内（葉山左内）はやまさない
→葉山高行（はやまたかゆき）

葉山莘亭 はやましんてい
生没年不詳
江戸時代後期の豊前小倉藩家老。
¶国書

葉山高尚 はやまたかなお
？　～明治9（1876）年10月
江戸時代後期～明治期の肥前平戸藩士。
¶国書

葉山高行 はやまたかゆき
寛政8（1796）年～元治1（1864）年　㋙葉山鎧軒
《はやまかいけん，はやまがいけん》，葉山左内《は
やまさない》，葉山左内《はやまさない》
江戸時代末期の肥前平戸藩老。
¶郷土長崎（葉山佐内　はやまさない　㋭？），
国書（㋬元治1（1864）年5月26日），新潮（葉山
佐内　はやまさない　㋭？）　　㋬元治1（1864）
年4月21日），人名，長崎百（葉山鎧軒　はやま
かいけん），日人，幕末（葉山鎧軒　はやまがい
けん　㋬1864年5月26日），藩臣7（葉山左内
はやまさない　㋭？）

葉山平右衛門 はやまへいえもん
？　～明治1（1868）年
江戸時代末期の豊前小倉藩士。
¶維新，幕末（㋬1868年11月7日）

速水堅曹（速見堅曹）はやみけんそう，はやみけんそう
天保10（1839）年～大正2（1913）年
江戸時代末期～明治期の上野前橋藩士、製糸技
術者。
¶朝日（㋐天保10年6月13日（1839年7月23日）
㋬大正2（1913）年1月18日），郷土群馬，近現，
群馬人（はやみけんそう），群馬百（はやみけん
そう），国史，史人（㋐1839年6月13日　㋬1913
年1月18日），新潮（はやみけんそう　㋐天保10
（1839）年6月　㋬大正2（1913）年1月18日），人
名（速見堅曹　はやみけんそう），姓氏群馬（は
やみけんそう），日人（はやみけんそう），幕末
（㋬1913年1月7日），藩臣2

速水行道 はやみこうどう
→速水行道（はやみゆきみち）

速水小三郎 はやみこさぶろう
→速水行道（はやみゆきみち）

速水三郎 はやみさぶろう
生没年不詳
江戸時代末期の幕臣。
¶幕末

早水藤左衛門 はやみとうざえもん
寛文4（1664）年～元禄16（1703）年
江戸時代中期の播磨赤穂藩士。赤穂義士の一人。
¶岡山人（㋐寛文5（1665）年），岡山百（㋐寛文5
（1665）年　㋬元禄16（1703）年2月4日），岡山
歴（㋬元禄16（1703）年2月4日），人名，日人

速水八弥 はやみはちや
？　～明治11（1878）年8月
江戸時代末期～明治期の新発田藩士。
¶幕末

速水八郎兵衛 はやみはちろべえ
正徳3（1713）年～寛政12（1800）年
江戸時代中期～後期の剣術家。速水新陰流。
¶剣豪

速水湊 はやみみなと
天保13（1842）年～明治26（1893）年
江戸時代末期～明治期の水口藩士。
¶幕末，藩臣4

速水行道 はやみゆきみち
文政5（1822）年～明治29（1896）年　㋙速水行道
《はやみこうどう》，速水小三郎《はやみこさぶろ
う》
江戸時代末期の国学者、美濃八幡藩士。
¶岐阜百（はやみこうどう），国書（㋐文政5
（1822）年9月6日　㋬明治29（1896）年10月6
日），新潮（㋐文政5（1822）年9月6日　㋬明治29
（1896）年10月6日），人名（はやみこうどう），
日人，藩臣3（速水小三郎　はやみこさぶろう）

速水吉成 はやみよしなり
～寛永17（1640）年
江戸時代前期の旗本。
¶神奈川人

原市之進 はらいちのしん
天保1（1830）年～慶応3（1867）年　㋙原伍軒《は
らごけん》
江戸時代末期の水戸藩の武士、のち幕臣。菁莪塾
を経営し子弟の教育に当たる。
¶朝日（㋐天保1年1月6日（1830年1月30日）
㋬慶応3年8月14日（1867年9月11日）），維新，
茨城百，京都大，近世，国史，国書（原伍軒
はらごけん　㋬慶応3（1867）年8月14日），史人
（㋐1830年1月6日　㋬1867年8月14日），新潮
（㋬慶応3（1867）年8月14日），人名，姓氏京都，
世人（㋬慶応3（1867）年8月14日），日人，幕末
（㋬1867年9月），藩臣2

原覚蔵 はらかくぞう
天保6（1835）年～明治12（1879）年8月1日
江戸時代末期の阿波藩士。1862年遣欧使節に随行
しフランスに渡る。

¶海越新（生没年不詳），徳島歴

原勝之進 はらかつのしん
弘化3（1846）年～慶応2（1866）年10月16日
江戸時代末期の長州（萩）藩士、奇兵隊士。
¶幕末

原口兼済 はらぐちけんさい
弘化4（1847）年～大正8（1919）年
江戸時代末期～大正期の陸軍軍人。男爵、貴族院議員。教育総監部参謀長、第13師団長などを歴任。
¶朝日（[生]弘化4年2月17日（1847年4月2日）[没]大正8（1919）年6月18日），大分百，大分歴，人名，世紀（[生]弘化4（1847）年2月17日　[没]大正8（1919）年6月18日），渡航（[没]1919年6月18日），日人，陸海（[生]弘化4年2月17日　[没]大正8年6月18日）

原熊之介 はらくまのすけ
文政8（1825）年～慶応1（1865）年
江戸時代末期の水戸藩士。
¶維新，人名，日人，幕末，藩臣2

原伍軒 はらごけん
→原市之進（はらいちのしん）

原古処 はらこしょ
明和4（1767）年～文政10（1827）年
江戸時代中期～後期の筑前秋月藩の漢詩人。徂徠学、古文辞学を修める。
¶朝日（[生]明和4年9月29日（1767年10月21日）[没]文政10年1月22日（1827年2月17日）），国書（[生]明和4（1767）年9月29日　[没]文政10（1827）年1月22日），日人，藩臣7，福岡百（[生]明和4（1767）年9月29日　[没]文政10（1827）年1月22日），和俳

原惟久 はらこれひさ
生没年不詳
江戸時代中期の豊前中津藩家老。
¶藩臣7

原三右衛門 はらさんうえもん
？～明和4（1767）年
江戸時代中期の肥前唐津藩医、儒学者。
¶藩臣7

原三左衛門 はらさんざえもん
生没年不詳
江戸時代中期の武芸家。
¶国書

原思孝 はらしこう
→原弥十郎（はらやじゅうろう）

原司書 はらししょ
文化1（1804）年～？
江戸時代後期の但馬出石藩家老。
¶藩臣5

原島聴訓 はらしまとものり
弘化2（1845）年12月21日～明治25（1892）年12月23日
江戸時代後期～明治期の今治藩の江戸家老・農村指導者。
¶愛媛百

原十左衛門 はらじゅうざえもん
天明7（1787）年～慶応1（1865）年
江戸時代後期の水戸藩士。
¶維新

原松洲 はらしょうじゅ
→原松洲（はらしょうしゅう）

原松洲 はらしょうしゅう
安永5（1776）年～文政12（1829）年　[別]原松洲《はらしょうしゅう<しょうじゅ>，はらしょうじゅ》
江戸時代中期～後期の漢学者。桑名藩に仕えた。
¶江文，国書（[没]文政12（1829）年10月19日），新潟百（はらしょうしゅう<しょうじゅ>）

原尖庵 はらせんなん
天保4（1833）年～大正1（1912）年
江戸時代末期～明治期の水戸藩士、茶人。何陋会会長。
¶茶道

原惣右衛門（原総右衛門） はらそうえもん
慶安1（1648）年～元禄16（1703）年
江戸時代前期～中期の播磨赤穂藩士。
¶大阪墓（[没]元禄16（1703）年2月4日），人名（原総右衛門），日人，藩臣5

原双桂 はらそうけい
享保3（1718）年～明和4（1767）年
江戸時代中期の下総古河藩の儒学者。伊藤東涯に師事。
¶朝日（[生]享保3年10月13日（1718年11月5日）[没]明和4年9月4日（1767年9月26日）），国書（[生]享保3（1718）年10月13日　[没]明和4（1767）年閏9月4日），詩歌，新潮（[生]享保3（1718）年10月13日　[没]明和4（1767）年9月4日），人名，姓氏京都，世人（[生]享保3（1718）年10月13日　[没]明和4（1767）年9月4日），日人，藩臣3，和俳（[生]享保3（1718）年10月13日　[没]明和4（1767）年9月4日）

原田伊太夫 はらだいだゆう
享保6（1721）年～？
江戸時代中期の陸奥弘前藩右筆。
¶藩臣1

原田一作 はらだいっさく
→原田亀太郎（はらだかめたろう）

原田運四郎 はらだうんしろう
生没年不詳
江戸時代末期の常陸土浦藩士。
¶藩臣2

原田斧治 はらだおのじ
生没年不詳
江戸時代中期の三河吉田藩士、剣術師範。
¶剣豪，藩臣4

原田甲斐 はらだかい
元和5（1619）年～寛文11（1671）年　[別]原田宗輔《はらだむねすけ》
江戸時代前期の陸奥仙台藩の奉行職。評定役、奉行職に就任。
¶朝日（[没]寛文11年3月27日（1671年5月6日）），岩史（[没]寛文11（1671）年3月27日），江戸東，近世，国史，コン改，コン4，史人（[没]1671年3月27日），新潮（[没]寛文11（1671）年3月27日），人名（原田宗輔　はらだむねすけ　[生]？），姓

氏宮城（原田宗輔　はらだむねすけ），世人（[没]寛文11（1671）年3月27日），全書，大百（[生]1618年），日史（[没]寛文11（1671）年3月27日），日人，藩臣1，百科，宮城百，歴大

原田霞裳　はらだかしょう
寛政9（1797）年～天保2（1831）年
江戸時代後期の詩人。田辺領主安藤家の臣。
¶国書（[没]天保2（1831）年4月），詩歌，人名，日人，和俳

原田亀太郎　はらだかめたろう
天保9（1838）年～元治1（1864）年　[別]原田一作《はらだいっさく》
江戸時代末期の備中松山藩の勤王家。
¶維新（原田一作　はらだいっさく），岡山人，岡山百（[生]天保9（1838）年8月15日　[没]元治1（1864）年7月19日），岡山歴（[生]天保9（1838）年8月15日　[没]元治1（1864）年7月19日），新潮（[生]？　[没]元治1（1864）年7月20日），人名（[生]？），日人，幕末（[没]1864年8月20日），藩臣6

原琢左衛門　はらたくざえもん
宝永7（1710）年～天明1（1781）年
江戸時代中期の剣術家。二刀流。
¶剣豪

原田源左衛門　はらだげんざえもん
寛永13（1636）年～？
江戸時代前期の常陸土浦藩士。
¶藩臣2

原田吾一　はらだごいち
生没年不詳
江戸時代末期の幕臣。遣仏使節に随行。
¶海越新

原田小四郎　はらだこしろう
文化9（1812）年～明治12（1879）年
江戸時代末期～明治期の肥前佐賀藩士。
¶幕末

原田権左衛門　はらだごんざえもん
弘治2（1556）年～寛永5（1628）年
安土桃山時代～江戸時代前期の上野館林藩士。
¶日人（生没年不詳），藩臣2

原田左之助（原田佐之助）　はらださのすけ
天保11（1840）年～明治1（1868）年
江戸時代末期の新撰組隊士。
¶愛媛百（原田佐之助　[生]？），剣豪，新撰（[没]慶応4年5月17日），幕末（[没]1868年7月6日）

原田重方　はらだしげかた
文化3（1806）年～慶応2（1866）年　[別]原田七郎《はらだしちろう》，原田重方《はらだしげまさ》
江戸時代末期の豊前小倉藩の神職。
¶維新，国書（[生]文化3（1806）年5月5日　[没]慶応2（1866）年3月13日），人名（原田七郎　はらだしちろう　[生]1816年），日人（原田七郎　はらだしちろう），幕末（はらだしげまさ　[没]1866年4月27日），藩臣7，福岡百（はらだしげまさ　[生]文化3（1806）年5月5日　[没]慶応2（1866）年3月13日）

原田重方　はらだしげまさ
→原田重方（はらだしげかた）

原田茂嘉　はらだしげよし
元文5（1740）年～文化4（1807）年
江戸時代中期～後期の岡山藩士、天文算数家。
¶岡山人，岡山歴（[生]？　[没]文化4（1807）年11月），国書（[没]文化4（1807）年11月），人名，日人

原田七兵衛　はらだしちべえ
寛永13（1636）年～元禄16（1703）年
江戸時代前期～中期の馬術家。
¶日人

原田七郎　はらだしちろう
→原田重方（はらだしげかた）

原田子邁　はらだしまん
享保16（1731）年～天明7（1787）年
江戸時代中期の上野高崎藩士。
¶藩臣2

原田十次郎　はらだじゅうじろう
嘉永1（1848）年～大正5（1916）年
江戸時代末期～明治期の薩摩藩士。
¶コン改，コン5，新潮（[没]大正5（1916）年9月8日），人名，世紀（[没]大正5（1916）年9月8日），日人，幕末（[生]1847年）

原田紫陽　はらだしよう
天保10（1839）年～明治11（1878）年
江戸時代末期～明治期の肥前佐賀藩士。
¶幕末

原田武　はらだたけし
天保10（1839）年～明治39（1906）年
江戸時代末期～明治期の周防岩国藩士。
¶幕末

原田忠佐　はらだただすけ
？　～元和7（1621）年
江戸時代前期の武士。
¶岡山歴（[没]元和7（1621）年9月29日），戦人，戦西

原田忠政　はらだただまさ
？　～元和6（1620）年
江戸時代前期の尾張藩士。
¶藩臣4

原田種次　はらだたねつぐ
？　～万治3（1660）年
江戸時代前期の陸奥会津藩士。
¶藩臣2

原忠順　はらただゆき
天保5（1834）年～明治27（1894）年　[別]原忠順《はらちゅうじゅん》，弥太右衛門
江戸時代末期～明治期の肥前鹿島藩士、殖産家。
¶維新，海越（[生]天保5（1834）年8月21日　[没]明治27（1894）年10月28日），海越新（[生]天保5（1834）年8月21日　[没]明治27（1894）年10月28日），近世，国史，コン改，コン4，コン5，佐賀百（[生]天保5（1834）年8月21日　[没]明治27（1894）年11月28日），人名，渡航（[没]1894年10月），日人，幕末（[没]1894年10月28日），藩臣7（はらちゅうじゅん）

原田団兵衛　はらだだんべえ
生没年不詳
江戸時代後期の遠江浜松藩士、和算家。
¶藩臣4

原田東岳　はらだとうがく
宝永6（1709）年～天明3（1783）年
江戸時代中期の豊後日出藩士。
¶大分歴（[生]？），国書（[没]天明3（1783）年12月3日），人名（[生]1729年），日人，藩臣7

原田利重　はらだとししげ
生没年不詳
江戸時代前期～中期の剣術家。
¶日人

原胤列　はらたねつら
弘化2（1845）年～明治19（1886）年
江戸時代後期～明治期の幕臣、静岡藩士。
¶静岡歴

原胤信　はらたねのぶ
＊～元和9（1623）年
江戸時代前期の武士。徳川氏家臣。
¶戦人（[生]天正15（1587）年），戦補（[生]？）

原田能興　はらだのうこう
生没年不詳　[別]原田能興《はらだよしおき》
江戸時代末期の和算家、肥前唐津藩水野氏家臣。
¶国書（はらだよしおき），人名，日人

原田半之允　はらだはんのじょう
寛政7（1795）年～安政3（1856）年
江戸時代末期の常陸土浦藩士、教育家。
¶藩臣2

原田久通　はらだひさみち
生没年不詳
江戸時代後期の佐渡奉行所役人。
¶国書

原田兵介　はらだひょうすけ
→原田兵介（はらだへいすけ）

原田文嶺　はらだぶんれい
文化8（1811）年～明治2（1869）年
江戸時代末期の美濃岩村藩士、儒学者。
¶藩臣3

原田兵介　はらだへいすけ
寛政4（1792）年～文久3（1863）年　[別]原田兵介《はらだひょうすけ》
江戸時代末期の水戸藩士。
¶維新，人名（はらだひょうすけ），日人，幕末（[没]1863年3月10日）

原田平入〔1代〕　はらだへいにゅう
元禄1（1688）年～宝暦8（1758）年
江戸時代中期の幕府の御数寄屋方。
¶国書（[没]宝暦8（1758）年3月3日），茶道

原田平入〔2代〕　はらだへいにゅう
生没年不詳
江戸時代後期の幕臣・茶人。
¶国書

原田孫兵衛(1)　はらだまごべえ
？　～享和1（1801）年
江戸時代中期～後期の駿河沼津藩士。
¶藩臣4

原田孫兵衛(2)　はらだまごべえ
生没年不詳
江戸時代後期の駿河沼津藩士。
¶藩臣4

原田正種　はらだまさたね
～寛文7（1667）年
江戸時代前期の旗本。
¶神奈川人

原田政信　はらだまさのぶ
寛文11（1671）年～寛保1（1741）年
江戸時代中期の陸奥会津藩士、槍術家。
¶藩臣2

原田宗資　はらだむねすけ
生没年不詳
安土桃山時代～江戸時代前期の武士。伊達氏家臣。
¶戦人

原田宗輔　はらだむねすけ
→原田甲斐（はらだかい）

原田能興　はらだよしおき
→原田能興（はらだのうこう）

原忠順　はらちゅうじゅん
→原忠順（はらただゆき）

原道卿　はらどうきょう
天明2（1782）年～弘化1（1844）年　[別]原道卿《はらどうけい》，原平次《はらへいじ》
江戸時代後期の剣術家、安芸広島藩士。
¶剣豪（原平次　はらへいじ），人名（はらどうけい　[生]1772年　[没]1834年），日人

原道卿　はらどうけい
→原道卿（はらどうきょう）

原時行　はらときゆき
文政9（1826）年～明治32（1899）年
江戸時代末期～明治期の日向延岡藩士。
¶人名，日人（[生]1827年），幕末（[没]1899年7月7日），宮崎百（[生]文政9（1826）年12月12日　[没]明治32（1899）年7月7日）

原直記　はらなおき
天明5（1785）年～万延1（1860）年
江戸時代中期～末期の盛岡藩士。
¶姓氏岩手

原直鉄　はらなおてつ
嘉永1（1848）年～明治3（1870）年
江戸時代末期～明治期の陸奥会津藩士。
¶維新，幕末（[没]1870年1月29日），藩臣2

原八右衛門　はらはちえもん
安土桃山時代～江戸時代前期の武士。上杉氏家臣、最上氏家臣。
¶戦人（生没年不詳），戦東

原半右衛門　はらはんえもん
文政6（1823）年10月22日～元治1（1864）年9月15日
江戸時代後期～末期の出羽庄内藩士。
¶国書，庄内

原彦左衛門　はらひこざえもん
生没年不詳

江戸時代中期の土佐藩士。
¶国書

原平次　はらへいじ
→原道卿（はらどうきょう）

原平兵衛　はらへいべえ
宝永2（1705）年～寛政4（1792）年
江戸時代中期～後期の盛岡藩士。
¶姓氏岩手

原鵬雲　はらほううん
天保6（1835）年～明治12（1879）年8月1日
江戸時代末期～明治期の徳島藩士、官吏。
¶徳島百，徳島歴，幕末

原鳳山　はらほうざん
享保2（1717）年～天明7（1787）年
江戸時代中期の兵学家、土佐藩士。
¶高知人（[生]1710年　[没]1781年），高知百，国書（[没]天明7（1787）年10月8日），人名，日人

原真武　はらまさたけ
延享1（1744）年～文政9（1826）年
江戸時代中期～後期の槍術家。
¶高知人

原正胤　はらまさたね
～寛文2（1662）年
江戸時代前期の旗本。
¶神奈川人

原政時　はらまさとき
生没年不詳
安土桃山時代～江戸時代前期の武士。浅野家の家臣。
¶和歌山人

原正久　はらまさひさ
～慶安4（1651）年
江戸時代前期の旗本。
¶神奈川人

原昌綏　はらまさやす
寛政7（1795）年～元治1（1864）年
江戸時代末期の水戸藩士、茶人。
¶幕末，藩臣2

孕石元成　はらみいしもとなり
永禄6（1563）年～寛永9（1632）年
戦国時代～江戸時代前期の武将。
¶高知人，高知百

孕石元政　はらみいしもとまさ
寛永5（1628）年～元禄14（1701）年
江戸時代前期～中期の土佐藩中老、家老。
¶高知人，高知百，国書，コン改，コン4，日人，藩臣6

原三嘉喜　はらみかき
天保11（1840）年～大正4（1915）年
江戸時代末期～明治期の肥前大村藩士。
¶維新

原道太　はらみちた
天保9（1838）年～元治1（1864）年
江戸時代末期の筑後久留米藩士。
¶維新，人名（[生]1842年），日人，幕末（[没]1864年8月20日）

原元辰　はらもとたつ
正保4（1647）年～元禄16（1703）年2月4日
江戸時代前期～中期の赤穂浪士の一人。
¶大阪人

原元寅　はらもとのぶ
慶安4（1651）年～享保13（1728）年1月30日
江戸時代前期～中期の加賀藩士。
¶国書

原主水　はらもんど
天正15（1587）年～元和9（1623）年
江戸時代前期のキリシタン、武士。
¶朝日（[没]元和9年10月13日（1623年12月4日）），江戸東，キリ（[生]？），近世，国史，コン改，コン4，埼玉人（[生]天正15（1587）年12月4日　[没]元和9（1623）年10月13日），埼玉百（[没]1615年），史人（[没]1623年10月13日），静岡歴（[生]？），新潮（[没]元和9（1623）年10月13日），人名，姓氏静岡（[生]？），世人，戦合，日人，歴大

原弥十郎　はらやじゅうろう
？　～文久2（1862）年　[別]原思孝《はらしこう》
江戸時代後期～末期の第34代京都西町奉行。
¶京都大，姓氏京都（原思孝　はらしこう）

原可永　はらよしなが
生没年不詳
安土桃山時代～江戸時代前期の武士。浅野家の家臣。
¶和歌山人

原与三兵衛　はらよそべえ
元禄3（1690）年～安永5（1776）年
江戸時代中期の紀伊和歌山藩士。
¶藩臣5

原六郎　はらろくろう
天保13（1842）年～昭和8（1933）年　[別]進藤俊三郎《しんどうしゅんざぶろう》，長政
江戸時代末期～明治・大正期の因幡鳥取藩士、実業家。第百国立銀行・横浜正金銀行各頭取。
¶維新，海越（[生]天保13（1842）年11月9日　[没]昭和8（1933）年11月14日），海越新（[生]天保13（1842）年11月9日　[没]昭和8（1933）年11月14日），神奈川人，近現，現朝（[生]天保13年11月9日（1842年12月10日）　[没]1933年11月14日），国史，コン改，コン5，史人（[生]1842年11月9日　[没]1933年11月14日），実業（[生]天保13（1842）年11月9日　[没]昭和8（1933）年11月14日），新潮（[生]天保13（1842）年11月9日　[没]昭和8（1933）年11月14日），人名（[生]1844年），世紀（[生]天保13（1842）年11月9日　[没]昭和8（1933）年11月14日），姓氏神奈川，先駆（[生]天保13（1842）年11月9日　[没]昭和8（1933）年11月14日），全書，渡航（[生]1842年11月9日　[没]1933年11月14日），鳥取百，日史（[生]天保13（1842）年11月9日　[没]昭和8（1933）年11月14日），日人，幕末（[没]1933年11月14日），藩臣5，兵庫人（[生]天保13（1842）年11月9日　[没]昭和8（1933）年11月14日），兵庫百，履歴（[生]天保13（1842）年11月9日　[没]昭和8（1933）年11月14日）

原魯斎　はらろさい
江戸時代後期の水戸藩士。

¶茶道

針尾九左衛門　はりおきゅうざえもん
→針尾九左衛門(はりおくざえもん)

針尾九左衛門　はりおくざえもん
文政8(1825)年～明治38(1905)年　[別]針尾九左衛門《はりおきゅうざえもん》
江戸時代末期～明治期の肥前大村藩士。尊攘派を結集。
¶朝日([没]明治38(1905)年3月12日)，維新(はりおきゅうざえもん)，日人，幕末([没]1905年3月12日)，藩臣7(生没年不詳)

針尾半左衛門　はりおはんざえもん
生没年不詳
江戸時代中期の肥前大村藩家老。
¶藩臣7

針ケ谷夕雲(針谷夕雲)　はりがやせきうん
*～寛文2(1662)年　[別]針谷夕雲《はりやせきうん》
江戸時代前期の剣術家。無住心剣術の開祖。
¶朝日(針谷夕雲　[生]文禄2(1593)年？)，江戸，剣豪(針谷夕雲　[生]文禄2(1593)年)，国書(針谷夕雲　[生]文禄2(1593)年)，全書([生]？　[没]1663年)，体育(針谷夕雲　はりやせきうん　[生]1592年)，大百([生]1593年)，日人([生]1593年？)

針谷夕雲　はりやせきうん
→針ケ谷夕雲(はりがやせきうん)

春木繁則　はるきしげのり
正徳2(1712)年～安永8(1779)年
江戸時代中期の下級武士、記録文学者。
¶高知人

春木南湖　はるきなんこ
宝暦9(1759)年～天保10(1839)年
江戸時代中期～後期の伊勢長島藩士、画家。画家春木南溟の父。
¶朝日([没]天保10年4月25日(1839年6月6日))，国書([没]天保10(1839)年4月25日)，人名，日人，三重続，名画

春木義彰　はるきよしあき
弘化3(1846)年～明治37(1904)年
江戸時代末期～明治期の志士、司法官。
¶朝日([生]弘化3年1月1日(1846年1月27日)　[没]明治37(1904)年12月17日)，近現，国史，コン改，コン4，コン5，史人([生]1846年1月1日　[没]1904年12月17日)，新潮([生]弘化3(1846)年1月1日　[没]明治37(1904)年12月17日)，人名，世紀([生]弘化3(1846)年1月1日　[没]明治37(1904)年12月17日)，日人，幕末([没]1904年12月17日)

春沢弥兵衛　はるざわやへえ
天保10(1839)年～元治1(1864)年
江戸時代末期の対馬藩士。
¶維新

春田十兵衛　はるたじゅうべえ
寛永10(1633)年～元禄9(1696)年12月22日
江戸時代前期の岡山藩士。
¶岡山歴

春田久啓　はるたひさとお
宝暦12(1762)年～？
江戸時代中期～後期の幕臣。
¶国書

春山弟彦　はるやまおとひこ
天保2(1831)年～明治32(1899)年
江戸時代末期～明治期の播磨姫路藩士、国学者。
¶人名，日人，藩臣5，兵庫人([没]明治32(1899)年4月13日)，兵庫百

春山弁蔵　はるやまべんぞう
文化14(1817)年～明治1(1868)年
江戸時代後期～末期の浦賀奉行所同心。
¶姓氏神奈川

晴間星丸　はれまのほしまる
[別]晴間星丸《はれまほしまる》
江戸時代後期の狂歌師、信濃上田藩士。
¶人名(はれまほしまる)，日人(生没年不詳)

晴間星丸　はれまほしまる
→晴間星丸(はれまのほしまる)

伴家次　ばんいえつぐ
生没年不詳
安土桃山時代～江戸時代前期の武士。浅野家の家臣。
¶和歌山人

番和泉　ばんいずみ
慶長8(1603)年～明暦3(1657)年
江戸時代前期の武士。
¶岡山人

番氏明　ばんうじあき
生没年不詳
江戸時代前期の武士。
¶日人

番景次　ばんかげつぐ
安土桃山時代～江戸時代前期の武士。
¶人名

畔季　はんき
→南部信房(なんぶのぶふさ)

伴建尹　ばんけんいん
→伴建尹(ばんたけただ)

伴才助　ばんさいすけ
？　～享和3(1803)年
江戸時代中期～後期の弘前藩勘定奉行。
¶青森人

伴貞懿　ばんさだよし
天保10(1839)年～明治1(1868)年　[別]伴門五郎《ばんもんごろう》
江戸時代末期の幕臣。彰義隊頭取。
¶維新(伴門五郎　ばんもんごろう)，近世，国史，コン改，コン4，埼玉人([生]天保10(1839)年4月8日　[没]慶応4(1868)年4月15日)，新潮([生]天保10(1839)年4月8日　[没]慶応4(1868)年5月15日)，人名，日人，幕末(伴門五郎　ばんもんごろう　[没]1868年7月4日)

半沢成功　はんざわなりかつ
文政6(1823)年～明治19(1886)年
江戸時代後期～明治期の武士。登米伊達氏の家臣。

は

¶姓氏宮城

半沢成恒 **はんざわなりつね**
天保6(1835)年～大正4(1915)年
江戸時代後期～明治期の剣術家。立身流。
¶剣豪

繁沢規世 **はんざわのりよ**
享保17(1732)年～文化3(1806)年 [別]繁沢規世《しげさわのりよ》
江戸時代中期～後期の漢学者、長州(萩)藩士。
¶人名(しげさわのりよ), 日人

伴資長 **ばんすけなが**
生没年不詳
江戸時代中期の加賀藩士。
¶国書

伴資健 **ばんすけゆき**
天保6(1835)年～大正2(1913)年1月28日
江戸時代末期～明治期の安芸広島藩士。
¶幕末, 藩臣6, 広島百([生]天保6(1835)年11月12日)

伴霜山 **ばんそうざん**
天保8(1837)年～明治8(1875)年
江戸時代末期～明治期の播磨赤穂藩士。
¶藩臣5

万代十兵衛 **ばんだいじゅうべえ**
天保6(1835)年～慶応1(1865)年 [別]万代十兵衛《もずじゅうべえ》
江戸時代末期の筑前福岡藩士。
¶維新, 人名(もずじゅうべえ), 日人, 幕末([没]1865年12月13日), 藩臣7

番大膳 **ばんだいぜん, ばんたいぜん**
? ～寛永13(1636)年
江戸時代前期の備前岡山藩士。
¶岡山人(ばんたいぜん [生]永禄12(1569)年), 岡山歴([没]寛永13(1636)年7月6日), 藩臣6

半田門吉 **はんだかどきち**
天保5(1834)年～元治1(1864)年 [別]半田門吉《はんだもんきち》
江戸時代末期の筑後久留米藩士。
¶維新, 国書(はんだもんきち [没]元治1(1864)年7月19日), 新潮([没]元治1(1864)年7月19日), 人名(はんだもんきち), 日人, 幕末([没]1864年8月20日)

伴建尹 **ばんたけただ**
? ～享和3(1803)年 [別]伴建尹《ばんけんいん》
江戸時代中期の陸奥弘前藩儒。
¶国書([没]享和3(1803)年11月1日), 人名(ばんけんいん), 日人

半田左右兵衛 **はんだそうべえ**
寛政7(1795)年～明治3(1870)年
江戸時代後期～明治期の剣術家。柳剛流。
¶剣豪

伴只七 **ばんただしち**
→伴東山(ばんとうざん)

半田八兵衛 **はんだはちべえ**
文化6(1809)年～明治29(1896)年
江戸時代後期～明治期の剣士。
¶姓氏宮城

半田門吉 **はんだもんきち**
→半田門吉(はんだかどきち)

番忠左衛門 **ばんちゅうざえもん**
*～万治1(1658)年
江戸時代前期の対馬府中藩士。
¶人名([生]1628年), 日人([生]1623年)

伴鉄太郎 **ばんてつたろう**
? ～明治35(1902)年8月7日
江戸時代末期～明治期の幕臣。1860年咸臨丸測量方としてアメリカに渡る。
¶維新, 海越, 海越新, 静岡歴, 幕末

伴侗庵(伴洞庵) **ばんとうあん, ばんどうあん**
文化3(1806)年～明治6(1873)年
江戸時代末期～明治期の近江彦根藩の儒者。
¶国書([生]文化3(1806)年6月27日 [没]明治6(1873)年1月16日), 人名, 日人, 藩臣4(伴洞庵 ばんどうあん)

番藤左衛門 **ばんとうざえもん**
? ～元和8(1622)年
江戸時代前期の備前岡山藩士。
¶日人, 藩臣6

伴東山 **ばんとうざん**
安永2(1773)年～天保5(1834)年 [別]伴只七《ばんただしち》
江戸時代後期の近江彦根藩士、儒学者。
¶国書([没]天保5(1834)年7月29日), 人名, 日人, 藩臣4(伴只七 ばんただしち)

伴道雪 **ばんどうせつ**
? ～元和7(1621)年
江戸時代前期の弓術家。道雪派の開祖。吉田重勝に師事。
¶朝日, 近世, 国史, 国書, 史人, 戦合, 日人

坂東篤之輔(阪東篤之輔) **ばんどうとくのすけ, ばんとうとくのすけ**
文政3(1820)年～明治24(1891)年
江戸時代末期～明治期の篠山藩士。
¶維新(阪東篤之輔), 人名(阪東篤之輔), 日人, 幕末([没]1891年7月27日), 藩臣5, 兵庫人(ばんとうとくのすけ [生]文政3(1820)年1月2日 [没]明治24(1891)年7月27日)

晩得 **ばんとく**
→佐藤晩得(さとうばんとく)

伴直方 **ばんなおかた**
寛政2(1790)年～天保13(1842)年
江戸時代後期の幕臣、国学者。
¶国書([没]天保13(1842)年7月8日), 人名, 日人

伴長之 **ばんながゆき**
? ～明暦1(1655)年
江戸時代前期の加賀藩士。
¶藩臣3

伴信近 **ばんのぶちか**
寛政11(1799)年～安政5(1858)年
江戸時代後期～末期の若狭小浜藩士、国学者。
¶江文, 国書([生]寛政11(1799)年9月21日 [没]安政5(1858)年9月9日)

伴信友 ばんのぶとも
安永2（1773）年～弘化3（1846）年 [別]伴事負《ばんことひ》
江戸時代後期の若狭小浜藩の国学者。
¶朝日（[生]安永2年2月25日（1773年3月17日）[没]弘化3年10月14日（1846年12月2日）），岩史（[生]安永2（1773）年2月25日 [没]弘化3（1846）年10月14日），江文，角史，京都，京都大，郷土福井，近世，考古（[生]安永2年（1773年2月25日）[没]弘化3年（1846年10月10日）），国史，国書（[生]安永2（1773）年2月25日 [没]弘化3（1846）年10月14日），古史，コン改，コン4，詩歌（[生]1772年），史人（[生]1773年2月25日 [没]1846年10月14日），重要（[生]安永2（1773）年2月25日 [没]弘化3（1846）年10月15日），神史，人書79，人書94，神人，新潮（[生]安永2（1773）年2月25日 [没]弘化3（1846）年10月14日），新文（[生]安永2（1773）年2月25日 [没]弘化3（1846）年10月14日），人名，姓氏京都（[生]1772年），世人（[生]安永4（1775）年2月25日 [没]弘化3（1846）年10月15日），世百，全書，大百（[生]1772年），日史（[生]安永2（1773）年2月25日 [没]弘化3（1846）年10月14日），日人，藩臣3，百科，福井百，文学，平史，歴大，和俳（[生]安永2（1773）年2月25日 [没]弘化3（1846）年10月14日）

伴林光平 ばんばやしみつひら
→伴林光平（ともばやしみつひら）

伴百悦 ばんひゃくえつ
文政10（1827）年～明治3（1870）年
江戸時代末期～明治期の陸奥会津藩士。
¶会津（[生]？），幕末（[没]1870年7月20日），藩臣2

坂碧渓 ばんへきけい
～天保5（1834）年
江戸時代後期の伊勢桑名藩藩士。
¶三重続

伴門五郎 ばんもんごろう
→伴貞懿（ばんさだよし）

畔李 はんり
→南部信房（なんぶのぶふさ）

万李 ばんり
延宝6（1678）年～宝暦6（1756）年 [別]桑野万李《くわのばんり，くわのまんり》
江戸時代中期の筑前福岡藩士、俳人。
¶国書（[没]宝暦6（1756）年9月13日），人名（桑野万李 くわのまんり），日人（桑野万李 くわのばんり），俳譜（[生]？），俳句（[没]宝暦6（1756）年9月13日），和俳（桑野万李 くわのまんり）

【ひ】

日置源次郎 ひおきげんじろう
寛政5（1793）年～？ [別]日置源次郎《へきげんじろう》
江戸時代末期の碁客、水戸藩士。
¶人名（へきげんじろう），日人

檜垣新右衛門 ひがきしんうえもん
？ ～寛永7（1630）年
安土桃山時代～江戸時代前期の郡代役。
¶姓氏山口

檜垣直枝 ひがきなおえ
生没年不詳
江戸時代末期の土佐藩の志士。
¶藩臣6

東方芝山 ひがしかたしざん
文化10（1813）年～明治12（1879）年 [別]東方真平《ひがしかたしんぺい》
江戸時代末期～明治期の加賀大聖寺藩士。
¶石川百，国書（[没]明治12（1879）年1月12日），姓氏石川，日人，幕末（東方真平 ひがしかたしんぺい [生]1823年 [没]1879年1月22日），藩臣3

東方真平 ひがしかたしんぺい
→東方芝山（ひがしかたしざん）

東方潜 ひがしかたせん
寛政2（1790）年～文久1（1861）年 [別]東方蒙斎《ひがしかたもうさい》
江戸時代末期の加賀大聖寺藩士。
¶幕末（[没]1861年10月14日），藩臣3（東方蒙斎 ひがしかたもうさい）

東方祖山 ひがしかたそざん
寛延1（1748）年～文化10（1813）年 [別]東方祖山《とうほうそざん》
江戸時代中期～後期の加賀大聖寺藩士。
¶国書（[没]文化10（1813）年6月25日），人名（とうほうそざん），姓氏石川，日人，藩臣3

東方蒙斎 ひがしかたもうさい
→東方潜（ひがしかたせん）

東灌花園 ひがしかんかえん
天保12（1841）年～明治29（1896）年
江戸時代末期の漢学者、松山藩士。
¶岡山人，岡山歴（[没]明治29（1896）年7月）

東九郎次 ひがしくろうじ
天保8（1837）年～明治42（1909）年1月
江戸時代末期～明治期の肥後人吉藩士。
¶幕末

東次郎 ひがしじろう
天保6（1835）年～明治44（1911）年 [別]東政図《ひがしまさみち》，東中務《ひがしなかつかさ》，南部次郎《なんぶじろう》
江戸時代末期～明治期の陸奥南部藩士。藩政改革を進める。
¶青森人（[没]明治45（1912）年），朝日（東政図 ひがしまさみち [生]天保6年9月17日（1835年11月7日） [没]明治44（1911）年3月5日），維新，岩手百，人名（南部次郎 なんぶじろう [没]1912年），姓氏岩手，日人（東政図 ひがしまさみち），幕末（東中務 ひがしなかつかさ [没]1911年3月3日），藩臣1（東政図 ひがしまさみち [没]明治45（1912）年），履歴（南部次郎 なんぶじろう [生]天保6（1835）年9月17日 [没]明治45（1912）年3月3日）

東崇一 ひがしそういち
→東沢瀉（ひがしたくしゃ）

東沢瀉 ひがしたくししゃ
→東沢瀉（ひがしたくしゃ）

東沢瀉 ひがしたくしゃ
天保3（1832）年～明治24（1891）年　[別]東崇一《ひがしそういち》，東沢瀉《ひがしたくししゃ》
江戸時代末期～明治期の周防岩国藩士。
¶維新（東崇一　ひがしそういち），国書（[生]天保3（1832）年10月9日　[没]明治24（1891）年2月20日），思想（[生]天保3（1832）年10月9日　[没]明治24（1891）年2月20日），人書79，人書94，新潮（[生]天保3（1832）年10月9日　[没]明治24（1891）年2月20日），人名，姓氏山口（ひがしたくしゃ），哲学，日人，幕末（[没]1891年2月20日），藩臣6

東中務 ひがしなかつかさ
→東次郎（ひがしじろう）

東野幸政 ひがしのゆきまさ
～寛永17（1640）年
江戸時代前期の武将。
¶高知人

東白髪 ひがしはくはつ
寛延1（1748）年～文政12（1829）年
江戸時代中期～後期の肥後人吉藩士。
¶藩臣7

東政図 ひがしまさみち
→東次郎（ひがしじろう）

日置雲外 ひきうんがい
→日置帯刀（へきたてわき）

比企重員 ひきしげかず
～寛文11（1671）年
江戸時代前期の旗本。
¶神奈川人

疋田市右衛門(1) ひきだいちえもん
承応1（1652）年～正徳2（1712）年
江戸時代前期～中期の出羽庄内藩家老。
¶庄内（[没]正徳2（1712）年8月7日），藩臣1

疋田市右衛門(2) ひきだいちえもん
元和7（1621）年～寛文6（1666）年9月25日
江戸時代前期～中期の出羽庄内藩家老。
¶庄内

比喜田源次 ひきたげんじ
？～＊
江戸時代末期～明治期の愛宕家家士。
¶維新（[没]1871年），幕末（[没]1872年1月12日）

比企田源次郎 ひきたげんじろう
江戸時代末期の三条家家士。
¶維新，幕末（生没年不詳）

匹田定常 ひきたさだつね
→匹田柳塘（ひきたりゅうとう）

疋田佐内 ひきださない
～正保4（1647）年9月14日
江戸時代前期の庄内藩士。
¶庄内

疋田十右衛門 ひきだじゅうえもん
寛政3（1791）年12月～文久2（1862）年
江戸時代後期～末期の庄内藩付家老。
¶庄内

疋田庄太夫 ひきだしょうだゆう
～享保4（1719）年6月3日
江戸時代前期～中期の庄内藩士。
¶庄内

匹田松塘（疋田松塘） ひきたしょうとう
安永8（1779）年～天保4（1833）年
江戸時代後期の出羽秋田藩老。
¶国書（[没]天保4（1833）年7月17日），人名（疋田松塘），日人（[生]1780年）

疋田進修 ひきだしんしゅう
江戸時代中期の出羽庄内藩士、儒学者。
¶庄内（[生]宝永5（1708）年　[没]元文3（1738）年5月25日），藩臣1（[生]元禄13（1700）年　[没]元文2（1737）年）

日置忠明 ひきただあき
慶安1（1648）年～享保3（1718）年　[別]日置忠明《へきただあき》
江戸時代前期～中期の備前岡山藩家老。
¶岡山人，岡山歴（[生]正保5（1648）年閏1月13日　[没]享保3（1718）年11月29日），藩臣6（へきただあき）

疋田帯刀 ひきだたてわき
延宝3（1675）年～
江戸時代前期～中期の庄内藩家老。
¶庄内

日置忠俊 ひきただとし
元亀3（1572）年～寛永18（1641）年　[別]日置豊前《へきぶぜん》
安土桃山時代～江戸時代前期の備前岡山藩家老。
¶岡山人，岡山歴（[没]寛永18（1641）年5月19日），藩臣6（日置豊前　へきぶぜん）

日置忠治 ひきただはる
元和5（1619）年～元禄6（1693）年　[別]日置忠治《へきただはる》
江戸時代前期の備前岡山藩家老。
¶岡山人，岡山歴（[没]元禄6（1693）年4月14日），藩臣6（へきただはる）

日置忠尚 ひきただひさ
→日置帯刀（へきたてわき）

日置忠昌 ひきただまさ
貞享1（1684）年～元文4（1739）年
江戸時代中期の武士。
¶岡山人，岡山歴（[生]貞享1（1684）年9月24日　[没]元文4（1739）年8月10日）

日置帯刀 ひきたてわき
→日置帯刀（へきたてわき）

疋田棟隆 ひきたとうりゅう
→疋田棟隆（ひきたむねたか）

疋田弘右衛門 ひきだひろえもん
～明治6（1873）年9月10日
江戸時代後期～明治期の庄内藩付家老。
¶庄内

匹田厚綱 ひきたひろつな
安永8（1779）年～天保4（1833）年
江戸時代後期の出羽秋田藩家老。

¶藩臣1

疋田棟隆 ひきたむねたか
文化4(1807)年～明治17(1884)年　[別]疋田棟隆《ひきたとうりゅう》
江戸時代末期～明治期の国学者、水戸藩士。
¶京都大(ひきたとうりゅう)，国書([没]明治17(1884)年4月9日)，新潮([没]明治17(1884)年4月9日)，人名，姓氏京都，日人

疋田元治 ひきたもとじ
生没年不詳
江戸時代末期の播磨赤穂藩士。
¶幕末

疋田竜蔵 ひきだりゅうぞう
～明治33(1900)年7月23日
江戸時代末期～明治期の旧藩士。
¶庄内

匹田柳塘(疋田柳塘) ひきたりゅうとう
寛延3(1750)年～寛政12(1800)年　[別]匹田定常《ひきたさだつね》，疋田柳塘《ひきたりゅうとう》
江戸時代中期～後期の出羽秋田藩執政。
¶国書([生]寛延3(1750)年10月27日　[没]寛政12(1800)年12月13日)，人名(疋田柳塘)，日人([没]1801年)，藩臣1(匹田定常　ひきたさだつね)

ひ

比企長左衛門 ひきちょうざえもん
正保2(1645)年～正徳5(1715)年7月1日
江戸時代前期の幕府代官。
¶埼玉人

樋口織太 ひぐちおりた
文化5(1808)年～元治1(1864)年
江戸時代末期の対馬藩士。
¶維新

樋口邂庵 ひぐちかいあん
享和1(1801)年～安政3(1856)年
江戸時代末期の武士。岩国吉川家臣。
¶国書([生]享和1(1801)年2月15日　[没]安政3(1856)年3月10日)，幕末([没]1856年4月14日)

樋口閑斉 ひぐちかんさい
享和2(1802)年～文久3(1863)年
江戸時代後期～末期の前沢領主三沢氏家臣。
¶姓氏岩手

樋口喜作 ひぐちきさく
天保6(1835)年～明治39(1906)年1月7日
江戸時代末期～明治期の陸奥仙台藩士。
¶幕末

樋口鏸蔵 ひぐちけいぞう
嘉永2(1849)年～？
江戸時代末期の上総飯野藩士。
¶藩臣3

樋口兼完 ひぐちけんかん
～文久1(1861)年
江戸時代後期～末期の伊勢桑名藩藩士。
¶三重続

樋口謙之允(樋口謙之亮) ひぐちけんのじょう
→樋口謙之亮(ひぐちけんのすけ)

樋口謙之亮 ひぐちけんのすけ
文政8(1825)年～慶応2(1866)年　[別]樋口謙之允《ひぐちけんのじょう》，樋口謙之亮《ひぐちけんのじょう》
江戸時代末期の対馬藩士。
¶朝日([生]文政8年5月7日(1825年6月22日)　[没]慶応2年3月13日(1866年4月27日))，維新，人名(樋口謙之允　ひぐちけんのじょう)，日人，藩臣7(ひぐちけんのじょう)

樋口好古 ひぐちこうこ
→樋口知足斎(ひぐちちそくさい)

樋口五左衛門 ひぐちござえもん
寛永13(1636)年～万治1(1658)年
江戸時代前期の対馬府中藩士。
¶人名，日人

樋口定雄 ひぐちさだお
宝暦11(1761)年～天保7(1836)年　[別]樋口定雄《ひぐちさだかつ》
江戸時代中期～後期の剣術家。
¶剣豪(ひぐちさだかつ)，国書([生]宝暦9(1759)年　[没]天保7(1836)年4月18日)，日人

樋口定勝 ひぐちさだかつ
天正5(1577)年～明暦1(1655)年
安土桃山時代～江戸時代前期の馬庭念流剣士。
¶群馬人

樋口定雄 ひぐちさだかつ
→樋口定雄(ひぐちさだお)

樋口定伊 ひぐちさだこれ
文化4(1807)年～慶応3(1867)年
江戸時代後期～末期の武芸家。
¶剣豪，国書([没]慶応3(1867)年4月14日)，姓氏群馬([生]1806年)

樋口定暠 ひぐちさだたか
元禄16(1703)年～寛政8(1796)年
江戸時代中期～後期の剣術家。
¶江戸，群馬人，剣豪，日人

樋口定次 ひぐちさだつぐ
生没年不詳
安土桃山時代～江戸時代前期の武芸家。
¶群馬人，群馬百，国書，姓氏群馬

樋口定広 ひぐちさだひろ
*～明治45(1912)年
江戸時代後期～明治期の剣士。
¶群馬人([生]天保11(1840)年)，姓氏群馬([生]1839年)

樋口十三郎 ひぐちじゅうざぶろう
江戸時代前期の剣術家。
¶人名

樋口次郎右衛門 ひぐちじろうえもん
生没年不詳
江戸時代中期の町奉行与力。
¶埼玉人

樋口真吉 ひぐちしんきち
→樋口武(ひぐちたけし)

樋口甚蔵 ひぐちじんぞう
延享4(1747)年～寛政8(1796)年

江戸時代中期の儒者、久留米藩浪人(郷士)。
¶人名，日人，福岡百([生]延享4(1747)年1月29日 [没]寛政8(1796)年11月5日)

樋口甚内 ひぐちじんない
文政5(1822)年～明治2(1869)年
江戸時代末期の剣術家。
¶高知人，幕末([没]1869年7月10日)

樋口世禎 ひぐちせいてい
宝暦3(1753)年～文政1(1818)年 [別]樋口蘭畹《ひぐちらんえん》
江戸時代中期～後期の周防岩国藩士。
¶国書(樋口蘭畹 ひぐちらんえん [没]文政1(1818)年10月10日)，姓氏山口，山口百

樋口関大夫 ひぐちせきだゆう
～延宝2(1674)年
江戸時代前期の土佐藩士。
¶高知人

樋口赤陵 ひぐちせきりょう
？ ～明治11(1878)年8月
江戸時代後期～明治期の越後糸魚川藩士。
¶国書

樋口武 ひぐちたけし
文化12(1815)年～明治3(1870)年 [別]樋口真吉《ひぐちしんきち》
江戸時代末期～明治期の志士。土佐藩士。
¶維新(樋口真吉 ひぐちしんきち)，近現，近世，高知人(樋口真吉 ひぐちしんきち)，高知百(樋口真吉 ひぐちしんきち)，国史，国書([生]文化12(1815)年11月8日 [没]明治3(1870)年6月14日)，コン改，コン4，コン5，史人([生]1815年11月 [没]1870年6月14日)，新潮(樋口真吉 ひぐちしんきち [生]文化12(1815)年11月8日 [没]明治3(1870)年6月14日)，人名，日人(樋口真吉 ひぐちしんきち)，幕末(樋口真吉 ひぐちしんきち [没]1870年7月12日)，藩臣6(樋口真吉 ひぐちしんきち)

樋口建侯 ひぐちたけよし
？ ～天明4(1784)年 [別]樋口弥三郎《ひぐちやさぶろう》
江戸時代中期の陸奥弘前藩の興産家。
¶近世，国史，日人，藩臣1(樋口弥三郎 ひぐちやさぶろう)

樋口知足斎 ひぐちちそくさい
寛延3(1750)年～文政9(1826)年 [別]樋口好古《ひぐちこうこ,ひぐちよしふる》
江戸時代後期の尾張藩の農政家。
¶岐阜百(樋口好古 ひぐちこうこ)，近世(樋口好古 ひぐちよしふる)，国史(樋口好古 ひぐちよしふる)，国書(樋口好古 ひぐちよしふる [生]寛延3(1750)年10月25日 [没]文政9(1826)年6月1日)，コン改，コン4，人名，日人，藩臣4(樋口好古 ひぐちよしふる)

樋口鉄四郎 ひぐちてつしろう
文政10(1827)年～明治24(1891)年
江戸時代末期～明治期の対馬藩家老。
¶維新，幕末([没]1891年10月28日)

樋口良好 ひぐちながよし
天保12(1841)年～元治1(1864)年
江戸時代末期の肥後熊本藩士。
¶維新，日人

樋口信四郎 ひぐちのぶしろう
→樋口正虎(ひぐちまさとら)

樋口隼之助 ひぐちはやのすけ
？ ～明治14(1881)年
江戸時代後期～明治期の剣術家。一刀流溝口派。
¶剣豪

樋口正虎 ひぐちまさとら
安永5(1776)年～嘉永1(1848)年 [別]樋口信四郎《ひぐちのぶしろう》
江戸時代後期の剣道家。
¶高知人(樋口信四郎 ひぐちのぶしろう)，人名，日人

樋口正長 ひぐちまさなが
？ ～寛永6(1629)年5月22日
安土桃山時代～江戸時代前期の徳島藩家老。
¶徳島歴

樋口盛秀 ひぐちもりひで
文化5(1808)年～明治1(1868)年
江戸時代末期の上総飯野藩士。
¶藩臣3

樋口弥三郎 ひぐちやさぶろう
→樋口建侯(ひぐちたけよし)

樋口弥十郎 ひぐちやじゅうろう
宝暦12(1762)年～文政1(1818)年
江戸時代中期～後期の槍術家。
¶高知人

樋口好古 ひぐちよしふる
→樋口知足斎(ひぐちちそくさい)

樋口蘭畹 ひぐちらんえん
→樋口世禎(ひぐちせいてい)

日暮源五兵衛 ひぐらしげんごべえ
？ ～天明3(1783)年
江戸時代中期の下総古河藩用人。
¶藩臣3

彦坂九兵衛 ひこさかきゅうべえ
→彦坂光正(ひこさかみつまさ)

彦坂重定 ひこさかしげさだ
～寛永18(1641)年
江戸時代前期の旗本。
¶神奈川人

彦坂為一 ひこさかためかず
？ ～明治10(1877)年3月9日
江戸時代末期～明治期の紀伊和歌山藩士。
¶幕末

彦坂八兵衛 ひこさかはちべえ
寛永1(1624)年～正徳2(1712)年
江戸時代前期～中期の剣術家。円明流。
¶剣豪

彦坂春光 ひこさかはるみつ
？ ～慶安2(1649)年
江戸時代前期の武士。
¶和歌山人

彦坂平九郎　ひこさかへいくろう
江戸時代前期の備中倉敷代官。
¶岡山歴

彦坂光正（彦坂光政）　ひこさかみつまさ
永禄8（1565）年～寛永9（1632）年　[別]彦坂九兵衛《ひこさかきゅうべえ》
安土桃山時代～江戸時代前期の駿府町奉行、紀伊和歌山藩士。徳川家に仕えた。
¶朝日（[生]弘治1（1555）年　[没]元和9年2月29日（1623年3月29日）），神奈川人（[没]1623年），近世，国史，コン改，コン4，史人（[没]1632年2月29日），人名，姓氏静岡（彦坂光政　[没]1633年），戦合，戦辞，戦人，日人，藩臣5（彦坂九兵衛　ひこさかきゅうべえ），和歌山人（[生]1564年）

彦坂元正　ひこさかもとまさ
？～寛永11（1634）年
江戸時代前期の代官頭。三河国の検地奉行。
¶朝日（[没]寛永11年1月8日（1634年2月5日）），岩史（[没]寛永11（1634）年1月8日），神奈川人，近世，国史，コン改，コン4，史人（[没]1634年1月8日），姓氏神奈川，戦合，戦辞，戦人，日史（[没]寛永11（1634）年1月8日），日人，百科，歴大

肥後七左衛門　ひごしちざえもん
生没年不詳
江戸時代末期の薩摩藩士。
¶幕末

肥後直次郎　ひごなおじろう
生没年不詳
江戸時代末期の薩摩藩士。
¶幕末

久岡幸秀　ひさおかゆきひで
文政3（1820）年～明治26（1893）年5月28日
江戸時代後期～明治期の備前岡山藩士・歌人。
¶国書

久方定静　ひさかたさだきよ
寛政8（1796）年～嘉永5（1852）年
江戸時代後期の水戸藩士・武芸家。
¶国書

久方蘭渓　ひさかたらんけい
享保6（1721）年～天明5（1785）年
江戸時代中期の水戸藩士。
¶国書

久木直次郎　ひさきなおじろう
文政4（1821）年～明治28（1895）年
江戸時代末期～明治期の水戸藩士。
¶維新，幕末（[没]1895年12月），藩臣2

久木政寿　ひさきまさひさ
宝暦2（1752）年～文政1（1818）年
江戸時代後期の歌人、近江彦根藩士。
¶国書（[没]文政1（1818）年6月），人名，和俳

久佐将監　ひさしょうかん
生没年不詳
安土桃山時代～江戸時代前期の武士。尼子倫久の子。
¶姓氏山口

久田篤敬　ひさたあつのり
貞享1（1684）年～宝暦6（1756）年4月17日
江戸時代前期～中期の加賀藩士。
¶国書

久武親直　ひさたけちかなお
安土桃山時代～江戸時代前期の武士。
¶高知人（生没年不詳），高知百，戦人（生没年不詳），戦西

久田玄哲　ひさだげんてつ
生没年不詳
江戸時代前期の武士。
¶和歌山人

久田済時　ひさたなりとき
？～大正5（1916）年
江戸時代末期～大正期の加賀藩士。加賀藩校明倫堂助教・藩主侍読。
¶姓氏石川

膝付小膳　ひざつきこぜん
文政11（1828）年～明治33（1900）年2月24日
江戸時代末期～明治期の勝山藩士、砲術家。
¶岡山歴（[生]文政11（1828）年6月16日），幕末，藩臣6

久富豊　ひさとみゆたか，ひさどみゆたか
弘化1（1844）年～文久3（1863）年　[別]久富豊《くとみゆたか》
江戸時代末期の奇兵隊士。
¶維新，人名，日人（くとみゆたか），幕末（ひさどみゆたか　[没]1863年11月24日）

久永重勝　ひさながしげかつ
文禄4（1595）年～寛永6（1629）年
安土桃山時代～江戸時代前期の旗本。
¶姓氏群馬

久永松陵　ひさながしょうりょう
寛政10（1798）年～安政3（1856）年　[別]久永助三《ひさながすけぞう》
江戸時代末期の武蔵川越藩士、儒者。
¶国書（[没]安政3（1856）年12月），人名，日人，藩臣3（久永助三　ひさながすけぞう）

久永助三　ひさながすけぞう
→久永松陵（ひさながしょうりょう）

久永信豊　ひさながのぶとよ
寛文10（1670）年～元文1（1736）年
江戸時代前期～中期の旗本領主。
¶姓氏愛知

久永真事　ひさながまこと
宝暦8（1758）年～文政4（1821）年11月28日
江戸時代中期～後期の幕臣・歌人。
¶国書

久野外記　ひさのげき
安永5（1776）年～安政4（1857）年
江戸時代後期の筑前福岡藩家老。
¶藩臣7

久野将監　ひさのしょうげん
文化10（1813）年～慶応4（1868）年
江戸時代末期の筑前福岡藩士。
¶藩臣7

久林八太夫　ひさばやしはちだゆう
生没年不詳

江戸時代の庄内藩士。
¶庄内

久間有隣 ひさまありちか
弘化2(1845)年〜明治33(1900)年
江戸時代末期〜明治期の佐賀藩士、歌人。子弟の養成など、地方歌壇の振興に尽力、歌集「蝶園遺稿」一巻。
¶人名，日人

久松覚左衛門 ひさまつかくざえもん
生没年不詳
江戸時代末期の石見浜田藩士。
¶藩臣5

久松勝成 ひさまつかつしげ
→松平勝成(まつだいらかつしげ)

久松喜代馬 ひさまつきよま
天保5(1834)年〜慶応1(1865)年
江戸時代末期の土佐藩の志士。土佐勤王党に参加。
¶維新，剣豪，高知人，コン改([生]?　[没]慶応2(1866)年)，コン4([生]?　[没]慶応2(1866)年)，日人，幕末([没]1865年7月3日)，藩臣6([生]?)

久松源五郎 ひさまつげんごろう
文政10(1827)年〜明治27(1894)年
江戸時代末期〜明治期の肥前大村藩士。
¶維新([生]1829年)，人名，日人

久松監物 ひさまつけんもつ
文政12(1829)年〜明治3(1870)年
江戸時代末期〜明治期の今治藩家老。
¶幕末([没]1870年2月24日)，藩臣6

久松定昭 ひさまつさだあき
→松平定昭(まつだいらさだあき)

久松定静 ひさまつさだきよ
→松平定静(まつだいらさだきよ)

久松定愷 ひさまつさだたか
享保4(1719)年〜天明6(1786)年1月20日
江戸時代中期の幕臣。
¶国書

久松定喬 ひさまつさだたか
→松平定喬(まつだいらさだたか)

久松定直 ひさまつさだなお
→松平定直(まつだいらさだなお)

久松定功 ひさまつさだなり
→松平定功(まつだいらさだなり)

久松定法 ひさまつさだのり
→松平定法(まつだいらさだのり)

久松定房 ひさまつさだふさ
→松平定房(まつだいらさだふさ)

久松定通 ひさまつさだみち
→松平定通(まつだいらさだみち)

久松定持 ひさまつさだもち
万治2(1659)年〜延享2(1745)年　[別]久松備後守定持《ひさまつびんごのかみさだもち》
江戸時代中期の旗本。
¶神奈川人，長崎歴(久松備後守定持　ひさまつびんごのかみさだもち)

久松定行 ひさまつさだゆき
→松平定行(まつだいらさだゆき)

久松重和 ひさまつしげかず
天保7(1836)年〜慶応2(1866)年
江戸時代末期の高知藩士。
¶人名

久松粛山 ひさまつしゅくざん
承応1(1652)年〜宝永3(1706)年3月15日
江戸時代前期〜中期の俳人・松山藩士。
¶愛媛百

久松祐之 ひさまつすけゆき
?　〜安政3(1856)年頃
江戸時代末期の幕臣、国学者。
¶国書，人名，日人(生没年不詳)

久松長政 ひさまつながまさ
?　〜明暦3(1657)年
江戸時代前期の伊予今治藩家老。
¶藩臣6

久松南湖 ひさまつなんこ
〜文政12(1829)年
江戸時代後期の伊勢桑名藩藩士、書家。
¶三重続

久松備後守定持 ひさまつびんごのかみさだもち
→久松定持(ひさまつさだもち)

久松風陽 ひさまつふうよう
寛政3(1791)年?　〜明治4(1871)年?
江戸時代末期〜明治期の幕臣、琴古流尺八演奏者。琴古流中興の祖。
¶朝日，芸能([生]寛政3(1791)年　[没]明治4(1871)年)，国書([生]天明5(1785)年　[没]?)，人名，日音，日人

久村暁台 ひさむらぎょうだい
→暁台(きょうたい)

麋塒 ひじ,びじ
→高山繁文(たかやましげぶみ)

土方出雲守勝政 ひじかたいずものかみかつまさ
→土方勝政(ひじかたかつまさ)

土方翁右衛門(1) ひじかたおうえもん
延享3(1746)年〜享和3(1803)年閏1月14日
江戸時代中期〜後期の庄内藩家老。
¶庄内

土方翁右衛門(2) ひじかたおうえもん
文化6(1809)年〜明治2(1869)年
江戸時代末期の出羽松山藩家老。
¶庄内([没]明治2(1869)年7月7日)，藩臣1

土方嘉右衛門(1) ひじかたかえもん
?　〜寛文8(1668)年
江戸時代前期の出羽松山藩家老。
¶庄内([没]寛文8(1668)年11月)，藩臣1

土方嘉右衛門(2) ひじかたかえもん
〜元禄11(1698)年6月7日
江戸時代前期の出羽松山藩家老。
¶庄内

土方嘉右衛門(3) ひじかたかえもん
〜元禄16(1703)年6月24日

江戸時代前期～中期の庄内藩家老。
¶庄内

土方嘉右衛門(4)　**ひじかたかえもん**
～宝暦4(1754)年8月20日
江戸時代中期の庄内藩家老。
¶庄内

土方嘉右衛門(5)　**ひじかたかえもん**
～元治1(1864)年7月26日
江戸時代後期～末期の庄内藩家老。
¶庄内

土方雄氏　**ひじかたかつうじ**
天正11(1583)年～寛永15(1638)年
江戸時代前期の大名。伊勢菰野藩主。
¶国書([生]天正11(1583)年7月　[没]寛永15(1638)年6月28日)，諸系，人名，戦国，戦人，日人，藩主3([生]天正11(1583)年7月　[没]寛永15(1638)年6月28日)

土方雄興　**ひじかたかつおき**
寛政11(1799)年～天保9(1838)年
江戸時代後期の大名。伊勢菰野藩主。
¶諸系，日人，藩主3([生]寛政11(1799)年1月9日　[没]天保9(1838)年7月2日)，三重([生]寛政11年1月9日)

土方雄貞　**ひじかたかつさだ**
宝暦13(1763)年～天明2(1782)年
江戸時代中期の大名。伊勢菰野藩主。
¶諸系，日人，藩主3([生]宝暦13(1763)年9月18日　[没]天明2(1782)年11月4日)

土方雄重(土方勝重)　**ひじかたかつしげ**
文禄1(1592)年～寛永5(1628)年
江戸時代前期の大名。加賀野々市藩主、陸奥窪田藩主。
¶諸系([没]1629年)，人名，日人([没]1629年)，藩主1([没]寛永5(1628)年12月)，藩主3(土方勝重)

土方雄高　**ひじかたかつたか**
慶長17(1612)年～慶安4(1651)年
江戸時代前期の大名。伊勢菰野藩主。
¶諸系，日人，藩主3([没]慶安4(1651)年9月6日)

土方雄隆　**ひじかたかつたか**
寛永18(1641)年～元禄4(1691)年
江戸時代前期の大名。陸奥窪田藩主。
¶諸系，人名，日人，藩主1([生]寛永19(1642)年)

土方雄次　**ひじかたかつつぐ**
慶長16(1611)年～延宝8(1680)年
江戸時代前期の大名。陸奥窪田藩主。
¶諸系，日人，藩主1

土方雄豊　**ひじかたかつとよ**
寛永15(1638)年～宝永2(1705)年
江戸時代前期～中期の大名。伊勢菰野藩主。
¶諸系，人名，日人，藩主3([生]寛永15(1638)年11月19日　[没]宝永2(1705)年7月1日)

土方雄永　**ひじかたかつなが**
嘉永4(1851)年～明治17(1884)年
江戸時代末期～明治期の大名。伊勢菰野藩主。
¶諸系，日人，幕末([没]1884年5月10日)，藩主3([没]明治17(1884)年5月10日)

土方雄年　**ひじかたかつなが**
宝暦1(1751)年～寛政7(1795)年
江戸時代中期の大名。伊勢菰野藩主。
¶諸系，日人，藩主3([生]寛延4(1751)年9月4日　[没]寛政7(1795)年7月20日)

土方雄房　**ひじかたかつふさ**
正徳1(1711)年～宝暦8(1758)年
江戸時代中期の大名。伊勢菰野藩主。
¶諸系，人名([生]1707年)，日人，藩主3([生]宝永8(1711)年4月1日　[没]宝暦8(1758)年11月20日)

土方勝政　**ひじかたかつまさ**
安永2(1773)年～天保7(1836)年　[別]土方出雲守勝政《ひじかたいずものかみかつまさ》
江戸時代中期～後期の89代長崎奉行。
¶長崎歴(土方出雲守勝政　ひじかたいずものかみかつまさ)

土方雄端　**ひじかたかつまさ**
享保1(1716)年～宝暦8(1758)年
江戸時代中期の大名。伊勢菰野藩主。
¶諸系，人名([生]1712年)，日人，藩主3([生]享保1(1716)年7月7日　[没]宝暦8(1758)年9月17日)

土方雄志　**ひじかたかつゆき**
安政3(1856)年～昭和6(1931)年
江戸時代末期～明治期の大名。伊勢菰野藩主。
¶諸系，日人，藩主3([生]安政3(1856)年8月　[没]昭和6(1931)年4月24日)

土方雄嘉　**ひじかたかつよし**
文政12(1829)年～安政5(1858)年
江戸時代末期の大名。伊勢菰野藩主。
¶諸系，日人，藩主3([生]文政12(1829)年7月16日　[没]安政5(1858)年8月28日)

土方三之丞　**ひじかたさんのじょう**
元文1(1736)年～文化5(1808)年
江戸時代中期～後期の剣術家。無外流土方派。
¶剣豪

土方丹下　**ひじかたたんげ**
生没年不詳
江戸時代後期の駿河沼津藩士。
¶藩臣4

土方対馬　**ひじかたつしま**
江戸時代末期の新撰組隊士。
¶新撰

土方歳三(土方歳蔵)　**ひじかたとしぞう**
天保6(1835)年～明治2(1869)年　[別]内藤隼人《ないとうはやと》
江戸時代末期の新撰組副長、箱館五稜郭政権の陸軍奉行並。
¶朝日([生]天保6年5月5日(1835年5月31日)　[没]明治2年5月11日(1869年6月20日))，維新，岩史([没]明治2(1869)年5月11日)，京都，京都大，近現，近世，剣豪，国史，コン改，コン4，コン5，史人([没]1869年5月11日)，重要([没]明治2(1869)年5月11日)，人書79，人書94，新撰([生]天保6年5月5日　[没]明治2年5月11日)，新潮([没]明治2(1869)年5月11日)，人名，姓氏京都，世人(土方歳蔵　[没]明治2(1869)年5月6日)，全書，大百([生]1834年　[没]1866年)，多摩，日

土方豊義 ひじかたとよよし
元禄2（1689）年〜享保4（1719）年
江戸時代中期の大名。伊勢菰野藩主。
¶諸系，国史，人，藩主3（㊧元禄2（1689）年8月3日 ㊨享保4（1719）年7月1日）

土方縫殿助(1) ひじかたぬいのすけ
？　〜文政8（1825）年
江戸時代後期の駿河沼津藩家老。
¶近世，国史，静岡歴，姓氏静岡，日人，藩臣4

土方縫殿助(2) ひじかたぬいのすけ
？　〜天保5（1834）年
江戸時代後期の駿河沼津藩家老。
¶藩臣4

土方八十郎 ひじかたはちじゅうろう
生没年不詳
江戸時代末期の幕臣。
¶幕末

土方久元 ひじかたひさもと
天保4（1833）年〜大正7（1918）年
江戸時代末期〜明治期の志士。土佐藩士。
¶維新，海越新（㊧天保4（1833）年10月16日 ㊨大正7（1918）年11月4日），江戸東，神奈川人，近現，高知人，高知百，国際，国史，コン改，コン4，コン5，史人（㊧1833年10月6日 ㊨1918年11月4日），神人，新潮（㊧天保4（1833）年10月6日 ㊨大正7（1918）年11月4日），人名，渡航（㊧1833年10月6日 ㊨1918年11月4日），日史（㊧天保4（1833）年10月6日 ㊨大正7（1918）年11月4日），日人，幕末（㊨1918年11月4日），藩臣6，明治1，履歴（㊧天保4（1833）年10月6日　㊨大正7（1918）年11月4日），歴大

土方篷雨 ひじかたほうう
？　〜文久3（1863）年
江戸時代末期の老中水野出羽守忠成の江戸詰家老，茶人。
¶茶道

土方義苗 ひじかたよしたね
安永7（1778）年〜弘化2（1845）年
江戸時代後期の大名。伊勢菰野藩主。
¶近世，国史，諸系，人名，日人，藩主3（㊧安永7（1778）年5月7日　㊨弘化2（1845）年6月28日），三重（㊧安永7年5月7日）

肱黒友直 ひじくろともなお
天保2（1831）年〜明治20（1887）年
江戸時代後期〜明治期の出水郡出水郷籠の郷士。
¶姓氏鹿児島

比志島国貞 ひししまくにさだ
？　〜元和6（1620）年
江戸時代前期の武士。
¶姓氏鹿児島，戦人，戦西

菱海鷗（菱田海欧）ひしだいおう
天保7（1836）年〜明治28（1895）年
江戸時代末期〜明治期の美濃大垣藩士。

¶岐阜百（菱田海欧），国書（㊧天保7（1836）年6月14日　㊨明治28（1895）年3月9日），幕末（㊨1895年3月9日），藩臣3

菱田毅斎 ひしだきさい
天明4（1784）年〜安政4（1857）年
江戸時代後期の美濃大垣藩士。
¶郷土岐阜，国書（㊨安政4（1857）年2月13日），日人，藩臣3

菱田房明 ひしだふさあき
元禄10（1697）年〜明和3（1766）年
江戸時代中期の武士，幕府の能吏。
¶大阪人（㊨明和3（1766）年1月），人名，日人

菱山の佐太郎 ひしやまのさたろう
文政9（1826）年〜明治39（1906）年3月
江戸時代末期〜明治期の新徴組隊士。浪士隊に参加。
¶幕末，山梨百

美笑軒一鶯 びしょうけんいちおう
寛政7（1795）年〜明治21（1888）年
江戸時代末期〜明治期の華道師範，美笑流宗家9世，幕臣。
¶人名，日人

美笑軒一水〔1代〕（――〔美笑流別家1代〕）びしょうけんいっすい
寛政1（1789）年〜安政2（1855）年
江戸時代後期の華道師範，尾張藩士。
¶人名（――〔美笑流別家1代〕），日人

美笑軒一水〔2代〕（――〔美笑流別家2代〕）びしょうけんいっすい
江戸時代末期の華道師範，尾張藩士。
¶人名（――〔美笑流別家2代〕），日人（生没年不詳）

非吹 ひすい
生没年不詳
江戸時代中期の俳人，備前岡山藩士・池田長吉。
¶国書

日高明実 ひだかあきざね
→日高耳水（ひだかじすい）

日高九兵衛尉 ひだかきゅうべえのじょう
永禄11（1568）年？　〜寛永11（1634）年
安土桃山時代〜江戸時代前期の武士。
¶姓氏鹿児島

日高圭三郎 ひだかけいざぶろう
天保8（1837）年〜大正8（1919）年　㊋日高為善《ひだかためよし》
江戸時代末期〜明治期の幕臣。1860年遣米使節随員としてアメリカに渡る。
¶海越，海越新，国書（日高為善　ひだかためよし　㊧天保5（1834）年10月20日　㊨大正8（1919）年4月7日）

肥田景直 ひだかげなお，ひたかげなお
天保14（1843）年〜明治1（1868）年　㊋肥田雄太郎《ひだゆうたろう》
江戸時代末期の薩摩藩士，志士。
¶維新（肥田雄太郎　ひだゆうたろう），人名，姓氏鹿児島（肥田雄太郎　ひだゆうたろう），日人，幕末（ひたかげなお　㊨1868年1月29日）

ひ

肥田景正 ひだかげまさ，ひたかげまさ
文化14（1817）年〜明治22（1889）年
江戸時代末期〜明治期の薩摩藩士。
¶維新，人名，姓氏鹿児島，日人，幕末（ひたかげまさ 歿1889年3月30日）

日高重昌 ひだかしげまさ
文化14（1817）年〜明治10（1877）年
江戸時代末期〜明治期の測量技師、日向佐土原藩士。
¶国書（生文化14（1817）年12月），洋学

日高耳水 ひだかじすい
文化6（1809）年〜弘化4（1847）年2月27日　別日高明実《ひだかあきざね》
江戸時代後期の日向高鍋藩士、儒学者。
¶国書，藩臣7（日高明実　ひだかあきざね），宮崎百

日高次兵衛 ひだかじひょうえ
生没年不詳
江戸時代末期〜明治期の人。旧佐土原藩士、のち郡方役人。
¶宮崎百

日高誠実 ひたかせいじつ，ひだかせいじつ
→日高誠実（ひだかのぶざね）

日高為純 ひだかためずみ
？　〜寛延2（1749）年
江戸時代中期の薩摩藩士。
¶国書

日高為善 ひだかためよし
→日高圭三郎（ひだかけいざぶろう）

日高誠実 ひだかのぶざね
天保7（1836）年〜大正4（1915）年　別日高誠実《ひたかせいじつ，ひだかせいじつ》
江戸時代末期〜明治期の日向高鍋藩士。
¶郷土千葉，人書94（ひだかせいじつ），人名（ひたかせいじつ），千葉百，日人，幕末（歿1915年8月24日），藩臣7，宮崎百（ひだかせいじつ　生天保7（1836）年2月29日　歿大正4（1915）年8月24日）

肥田久五郎 ひだきゅうごろう
文政5（1822）年〜明治16（1883）年
江戸時代末期〜明治期の近江彦根藩士。
¶藩臣4

肥田金蔵 ひだきんぞう
天保11（1840）年〜慶応2（1866）年
江戸時代末期の水戸藩士。
¶維新，幕末（歿1866年8月19日）

肥田左衛門 ひださえもん
文政7（1824）年〜文久3（1863）年10月14日
江戸時代末期の志士。生野義挙に参加。
¶幕末

肥田大助 ひだだいすけ
天保8（1837）年〜文久2（1862）年
江戸時代末期の水戸藩士。
¶維新，幕末（歿1862年9月29日）

肥田忠重 ひただしげ
？　〜慶安2（1649）年
江戸時代前期の尾張藩士、城代。
¶国書（歿慶安2（1649）年6月），姓氏愛知

肥田忠乗 ひだただのり
文政3（1820）年〜明治11（1878）年
江戸時代後期〜明治期の尾張藩士。
¶姓氏愛知

肥田為良 ひだためよし
→肥田浜五郎（ひだはまごろう）

肥田浜五郎 ひだはまごろう，ひたはまごろう
天保1（1830）年〜明治22（1889）年　別肥田浜五郎・肥田為良《ひだはまごろう・ひだためよし》，肥田為良《ひだためよし》
江戸時代末期〜明治期の静岡藩海軍学校頭、造船技師、海軍軍人。1860年咸臨丸の機関士としてアメリカに渡る。
¶朝日（生天保1（1830）年1月　歿明治22（1889）年4月27日），維新，海越（生文政13（1830）年1月　歿明治22（1889）年4月27日），海越新（生文政13（1830）年1月　歿明治22（1889）年4月27日），神奈川人，国際，コン5，静岡百，静岡新，新潮（生天保1（1830）年1月　歿明治22（1889）年4月27日），人名，姓氏静岡，先駆（生文政13（1830）年1月　歿明治22（1889）年4月27日），渡航（肥田浜五郎・肥田為良　ひだはまごろう・ひだためよし　生1830年1月　歿1889年4月27日），日人，幕末，洋学（生文政12（1829）年），陸海（ひたはまごろう　生天保1年1月28日　歿明治2年4月28日）

肥田豊後守 ひだぶんごのかみ
→肥田頼常（ひだよりつね）

肥田豊後守頼常 ひだぶんごのかみよりつね
→肥田頼常（ひだよりつね）

肥田政業 ひだまさなり
延宝4（1676）年〜享保19（1734）年
江戸時代前期〜中期の武士。
¶日人

日田山左右 ひたやまさゆう
天明1（1781）年〜安政2（1855）年8月13日
江戸時代中期〜末期の肥後熊本藩士。
¶国書

肥田雄太郎 ひでゆうたろう
→肥田景直（ひだかげなお）

肥田頼常 ひだよりつね
元文4（1739）年〜？　別肥田豊後守《ひだぶんごのかみ》，肥田豊後守頼常《ひだぶんごのかみよりつね》
江戸時代後期の78代長崎奉行、亀山焼の指導者。
¶人名（肥田豊後守　ひだぶんごのかみ），長崎歴（肥田豊後守頼常　ひだぶんごのかみよりつね），日人（生没年不詳）

肥田頼房 ひだよりふさ
正保1（1644）年〜正徳4（1714）年3月21日
江戸時代前期〜中期の幕臣。
¶国書

秀島藤之助 ひでしまとうのすけ
→秀島藤之助（ひでしまふじのすけ）

秀島藤之助 ひでしまふじのすけ
生没年不詳 別秀島藤之助《ひでしまとうのすけ》
江戸時代末期の肥前佐賀藩士。1860年咸臨丸鼓手としてアメリカに渡る。
¶維新（ひでしまとうのすけ），海越，海越新

尾藤金左衛門 びとうきんざえもん
？～寛永15（1638）年
江戸時代前期の肥後熊本藩士。
¶藩臣7

尾藤水竹 びとうすいちく
＊～安政1（1854）年
江戸時代末期の漢学者・幕臣。
¶江文（⊕寛政12（1800）年），国書（⊕寛政7（1795）年 ⊗安政1（1854）年12月14日），人名（⊕？），日人（⊕1800年 ⊗1855年）

人首昌二郎 ひとかべしょうじろう
文化4（1807）年～明治18（1885）年
江戸時代後期～明治期の勘定奉行。
¶姓氏岩手

一橋斉敦 ひとつばしなりあつ
安永9（1780）年～文化13（1816）年
江戸時代中期～後期の三卿一橋家の3代。
¶国書（⊕安永9（1780）年11月21日 ⊗文化13（1816）年8月26日），諸系，日人

一橋斉位 ひとつばしなりくら
文政1（1818）年～天保8（1837）年
江戸時代後期の三卿一橋家の5代。
¶諸系，日人

一橋斉礼 ひとつばしなりのり
享和3（1803）年～文化13（1830）年
江戸時代後期の三卿一橋家の4代。
¶国書（⊕享和3（1803）年10月3日 ⊗文政13（1830）年6月14日），諸系，日人

一橋治済 ひとつばしはるさだ
宝暦1（1751）年～文政10（1827）年 別一橋治済《ひとつばしはるなり》，徳川治済《とくがわはるさだ》
江戸時代中期～後期の一橋家の第2代当主。
¶朝日（徳川治済　とくがわはるさだ ⊕宝暦1年11月6日（1751年12月23日） ⊗文政10年2月20日（1827年3月17日）），岩史（⊕宝暦1（1751）年11月6日 ⊗文政10（1827）年2月20日），角史，近世（徳川治済　とくがわはるさだ），公卿（徳川治済　とくがわはるさだ ⊕宝暦1（1751）年11月 ⊗文政10（1827）年2月20日），国史（徳川治済　とくがわはるさだ），国書（⊕宝暦1（1751）年11月6日 ⊗文政10（1827）年2月20日），コン4（徳川治済　とくがわはるさだ），史人（⊕宝暦1（1751）年11月6日 ⊗文政10（1827）年2月20日），諸系，人名（徳川治済　とくがわはるさだ），日史（⊕宝暦1（1751）年11月6日 ⊗文政10（1827）年2月20日），日人，百科（ひとつばしはるなり），歴大（徳川治済　とくがわはるさだ）

一橋治済 ひとつばしはるなり
→一橋治済（ひとつばしはるさだ）

一橋昌丸 ひとつばしまさまる
弘化3（1846）年～弘化4（1847）年
江戸時代後期の三卿一橋家の8代。

¶諸系，日人

一橋宗尹 ひとつばしむねただ
→徳川宗尹（とくがわむねただ）

一橋慶寿 ひとつばしよしとし
文化6（1823）年～弘化4（1847）年
江戸時代後期の三卿一橋家の7代。
¶諸系，日人

一橋慶昌 ひとつばしよしまさ
文化8（1825）年～天保9（1838）年
江戸時代後期の三卿一橋家の6代。
¶諸系，日人

一柳亀峰 ひとつやなぎきほう
文化1（1804）年～安政2（1855）年
江戸時代末期の伊予小松藩士、書家。
¶愛versc百（⊕文化1（1804）年6月18日 ⊗安政2（1855）2月7日），人名，日人，藩臣6

一柳末昭 ひとつやなぎすえあきら
寛政2（1790）年～文化9（1812）年
江戸時代後期の大名。播磨小野藩主。
¶諸系，日人，藩主3（⊕寛政2（1790）年5月7日 ⊗文化9（1812）年10月17日）

一柳末周 ひとつやなぎすえちか
寛政3（1791）年～嘉永6（1853）年
江戸時代後期の大名。播磨小野藩主。
¶諸系，日人，藩主3（⊕寛政3（1791）年8月8日 ⊗嘉永5（1852）年11月23日）

一柳末栄 ひとつやなぎすえなが
享保10（1725）年～寛政11（1799）年
江戸時代中期～後期の大名。播磨小野藩主。
¶諸系，人名，日人，藩主3（⊕寛政11（1799）年5月10日），兵庫人（⊗寛政11（1799）年5月10日）

一柳末延 ひとつやなぎすえのぶ
文化11（1814）年～安政2（1855）年
江戸時代後期の大名。播磨小野藩主。
¶諸系，日人，藩主3（⊕文化11（1814）年8月10日 ⊗安政2（1855）年3月27日）

一柳末徳 ひとつやなぎすえのり
嘉永3（1850）年～大正11（1922）年
江戸時代後期～明治期の大名。播磨小野藩主。
¶諸系，世紀（⊕嘉永3（1850）年7月19日 ⊗大正11（1922）年3月21日），日人，藩主3（⊕嘉永3（1850）年7月 ⊗大正11（1922）年3月），兵庫人（⊕嘉永3（1850）年7月 ⊗大正11（1922）年3月23日）

一柳末昆 ひとつやなぎすえひで
元禄12（1699）年～元文2（1737）年
江戸時代中期の大名。播磨小野藩主。
¶諸系，日人，藩主3（⊗元文2（1737）年8月12日）

一柳末礼 ひとつやなぎすえひろ
慶安2（1649）年～正徳2（1712）年
江戸時代前期～中期の大名。播磨小野藩主。
¶諸系，人名，日人，藩主3（⊗正徳2（1712）年2月13日）

一柳末英 ひとつやなぎすえふさ
宝暦8（1758）年～文化7（1810）年
江戸時代中期～後期の大名。播磨小野藩主。
¶諸系，日人，藩主3（⊕宝暦8（1758）年9月

[没]文化7(1810)年7月14日)

一柳末彦 ひとつやなぎすえよし
天保14(1843)年～明治14(1881)年
江戸時代末期～明治期の大名。播磨小野藩主。
¶諸系，日人，藩主3([生]天保14(1843)年3月15日 [没]明治14(1881)年6月28日)

一柳蝶庵 ひとつやなぎちょうあん
→一柳頼徳(ひとつやなぎよりのり)

一柳直卿 ひとつやなぎなおあきら
→一柳頼徳(ひとつやなぎよりのり)

一柳直家 ひとつやなぎなおいえ
慶長4(1599)年～寛永19(1642)年
江戸時代前期の大名。播磨小野藩主。
¶史人([没]1642年5月29日)，諸系，人名([生]?)，日人，藩主3([没]寛永19(1642)年5月29日)

一柳直興 ひとつやなぎなおおき
寛永1(1624)年～元禄15(1702)年
江戸時代前期～中期の大名。伊予西条藩主。
¶諸系，人名，日人，藩主4([没]元禄15(1702)年8月3日)

一柳直方 ひとつやなぎなおかた
江戸時代末期の幕臣。
¶維新，幕末(生没年不詳)

一柳直重 ひとつやなぎなおしげ
慶長3(1598)年～正保2(1645)年
江戸時代前期の大名。伊予西条藩主。
¶愛媛百([生]?)，諸系，日人，藩主4([没]正保2(1645)年6月24日)

一柳直次 ひとつやなぎなおつぐ
元和9(1623)年～*
江戸時代前期の大名。播磨小野藩主。
¶諸系([没]1659年)，人名([没]1658年)，姓氏京都(生没年不詳)，日人([没]1659年)，藩主3([没]万治1(1658)年12月27日)

一柳直治 ひとつやなぎなおはる
寛永19(1642)年～享保1(1716)年
江戸時代前期～中期の大名。伊予小松藩主。
¶諸系，人名，日人，藩主4([生]寛永19(1642)年5月4日 [没]享保1(1716)年3月15日)

一柳直陽 ひとつやなぎなおはる
宝暦3(1753)年～天保5(1834)年
江戸時代中期～後期の陸奥会津藩士。
¶会津，国書([生]宝暦3(1753)年7月 [没]天保5(1834)年5月2日)，藩臣2

一柳直盛 ひとつやなぎなおもり
永禄7(1564)年～寛永13(1636)年
安土桃山時代～江戸時代前期の大名。尾張黒田藩主、伊勢神戸藩主、伊予西条藩主。
¶朝日([没]寛永13年8月19日(1636年9月18日))，大阪人，大阪墓([没]寛永13(1636)年8月19日)，近世，国史，史人([没]1636年8月19日)，諸系，人名，戦合，戦国([生]1566年)，戦人，日史([没]寛永13(1636)年8月19日)，日人，藩主2([没]寛永13(1636)年8月19日，(異説)寛永11年8月19日)，藩主3，藩主4([没]寛永13(1636)年8月19日)

一柳直好 ひとつやなぎなおよし
元和4(1618)年～延宝7(1679)年
江戸時代前期の陸奥会津藩家老。
¶藩臣2

一柳直頼 ひとつやなぎなおより
慶長7(1602)年～正保2(1645)年
江戸時代前期の大名。伊予小松藩主。
¶愛媛百([生]慶長7(1602)年7月 [没]正保4(1647)年)，史人([没]1645年4月28日)，諸系，日人，藩主4([生]慶長7(1602)年7月23日 [没]正保2(1645)年4月28日)

一柳長直 ひとつやなぎながなお
? ～正保3(1646)年
江戸時代前期の浅野家臣。
¶和歌山人

一柳頼明 ひとつやなぎよりあき
安政5(1858)年～大正9(1920)年
江戸時代末期～明治期の大名。伊予小松藩主。
¶諸系，世紀([生]安政5(1858)年7月20日 [没]大正9(1920)年1月16日)，日人，藩主4([没]大正9(1920)年1月16日)

一柳頼寿 ひとつやなぎよりかず
享保18(1733)年～*
江戸時代中期の大名。伊予小松藩主。
¶諸系([没]1785年)，人名([没]1784年)，日人([没]1785年)，藩主4([生]享保18(1733)年5月26日 [没]天明4(1784)年12月13日)

一柳頼邦 ひとつやなぎよりくに
元禄9(1696)年～延享1(1744)年
江戸時代中期の大名。伊予小松藩主。
¶諸系，日人，藩主4([生]元禄8(1695)年12月8日 [没]延享1(1744)年7月8日)

一柳頼親 ひとつやなぎよりちか
寛政3(1791)年～天保3(1832)年
江戸時代後期の大名。伊予小松藩主。
¶諸系，日人，藩主4([生]寛政3(1792)年1月11日 [没]天保3(1832)年4月7日)

一柳頼紹 ひとつやなぎよりつぐ
文政5(1822)年～明治2(1869)年
江戸時代末期の大名。伊予小松藩主。
¶維新，諸系，日人，幕末([没]1869年8月21日)，藩主4([没]明治2(1869)年7月14日)

一柳頼徳 ひとつやなぎよりのり
寛文6(1666)年～享保9(1724)年 [別]一柳蝶庵《ひとつやなぎちょうあん》，一柳直卿《ひとつやなぎなおあきら》
江戸時代中期の大名。伊予小松藩主。
¶愛媛百(一柳直卿 ひとつやなぎなおあきら [生]寛文6(1666)年8月 [没]享保9(1724)年9月)，郷土愛媛(一柳蝶庵 ひとつやなぎちょうあん)，諸系，人名，日人，藩主4([生]寛文6(1666)年3月18日 [没]享保9(1724)年10月4日)

一柳頼欽 ひとつやなぎよりよし
宝暦3(1753)年～寛政8(1796)年
江戸時代中期の大名。伊予小松藩主。
¶諸系，日人，藩主4([生]宝暦3(1753)年7月27日 [没]寛政8(1796)年8月15日)

人見勝太郎 ひとみかつたろう
→人見寧(ひとみねい)

人見璣邑 ひとみきゆう
→人見弥右衛門(ひとみやえもん)

人見謹一郎 ひとみきんいちろう
天保8(1837)年3月17日～昭和40(1907)年2月6日
江戸時代後期～明治期の弓道家、弓術教士。
¶弓道

人見蕉雨 ひとみしょうう
→人見蕉雨斎(ひとみしょううさい)

人見蕉雨斎 ひとみしょううさい
宝暦11(1761)年～文化1(1804)年 [別]人見蕉雨《ひとみしょうう》
江戸時代後期の国学者、秋田藩士。
¶秋田百(人見蕉雨 ひとみしょうう),国書([生]宝暦11(1761)年10月3日 [没]文化1(1804)年5月22日),人書79(人見蕉雨 ひとみしょうう),日人

人見甚左衛門 ひとみじんざえもん
生没年不詳
江戸時代中期の伊予大洲藩士。
¶国書

人見雪江 ひとみせっこう
貞享4(1687)年～宝暦9(1759)年
江戸時代前期～中期の幕臣、漢学者。
¶江文,国書([生]貞享4(1687)年10月10日 [没]宝暦9(1759)年4月6日)

人見竹洞 ひとみちくどう
*～元禄9(1696)年
江戸時代前期の儒学者、漢詩人、幕臣。幕府儒官になる。
¶朝日([生]寛永14年12月8日(1638年1月22日) [没]元禄9年1月14日(1696年2月16日)),江文([生]寛永14(1637)年),国書([生]寛永14(1637)年12月8日 [没]元禄9(1696)年1月14日),人名([生]1628年),栃木歴([生]寛永14(1637)年),日人([生]1638年),和俳([生]寛永15(1638)年)

人見伝 ひとみでん
→人見懋斎(ひとみぼうさい)

人見桃原(人見桃源) ひとみとうげん
寛文10(1670)年～享保16(1731)年
江戸時代前期～中期の幕臣・漢学者。
¶江文(人見桃源),国書([没]享保16(1731)年9月9日)

人見藤寧 ひとみとうねい
文政1(1818)年～文久1(1861)年
江戸時代末期の国学者、出羽秋田藩士。
¶人名

人見寧 ひとみねい
天保14(1843)年～大正11(1922)年 [別]人見勝太郎《ひとみかつたろう》,人見寧《ひとみやすし》
江戸時代末期～明治期の幕臣。
¶静岡歴(ひとみやすし),日人,幕末(人見勝太郎 ひとみかつたろう [生]1843年10月9日 [没]1922年12月31日)

人見美至 ひとみのりゆき
享保8(1723)年4月8日～天明6(1786)年5月27日
江戸時代中期の幕臣・漢学者。
¶国書

人見弁斎 ひとみべんさい
生没年不詳
江戸時代前期の武芸家。
¶国書

人見懋斎 ひとみぼうさい
寛永15(1638)年～元禄9(1696)年 [別]人見伝《ひとみでん》
江戸時代前期の儒者。水戸藩に仕える。
¶江文,国書([没]元禄9(1696)年9月23日),人名(人見伝 ひとみでん),日人,藩臣2

人見卜幽 ひとみぼくゆう
→人見卜幽軒(ひとみぼくゆうけん)

人見卜幽軒 ひとみぼくゆうけん
慶長4(1599)年～寛文10(1670)年 [別]人見卜幽《ひとみぼくゆう》
江戸時代前期の水戸藩の儒学者。菅得庵、林羅山に師事。
¶朝日([生]慶長4(1599)年3月 [没]寛文10年7月8日(1670年8月23日)),江文,近世(人見卜幽 ひとみぼくゆう),国史(人見卜幽 ひとみぼくゆう),国書([生]慶長4(1599)年3月 [没]寛文10(1670)年7月26日),コン改,コン4,新潮([生]慶長4(1599)年1月3日 [没]寛文10(1670)年7月8日),人名,世人([生]慶長4(1599)年1月3日 [没]寛文10(1670)年7月8日),日人,藩臣2(人見卜幽 ひとみぼくゆう [生]慶長3(1598)年)

人見弥右衛門 ひとみやえもん
享保14(1729)年～寛政9(1797)年 [別]人見璣邑《ひとみきゆう》
江戸時代中期の尾張藩士。
¶愛知百(人見璣邑 ひとみきゆう [没]1787年),朝日([生]享保14年10月24日(1729年12月14日) [没]寛政9年2月2日(1797年2月28日)),近世(人見璣邑 ひとみきゆう),国史(人見璣邑 ひとみきゆう),国書(人見璣邑 ひとみきゆう [生]享保14(1729)年10月24日 [没]寛政9(1797)年2月2日),コン改,コン4,新潮([没]寛政9(1797)年2月2日),人名(人見璣邑 ひとみきゆう),姓氏愛知(人見璣邑 ひとみきゆう),日人,藩臣4

人見寧 ひとみやすし
→人見寧(ひとみねい)

日向左衛門 ひなたさえもん
*～明治1(1868)年
江戸時代末期の陸奥会津藩士。
¶幕末([生]1827年 [没]1868年10月8日),藩臣2([生]文政2(1819)年)

日向将監 ひなたしょうげん
天正14(1586)年～寛永17(1640)年1月1日
安土桃山時代～江戸時代前期の武士。
¶庄内

日向忠 ひなたただす
→日向梅山(ひなたばいざん)

日向次直 ひなたつぎなお
慶長18(1613)年～元禄9(1696)年
江戸時代前期の陸奥会津藩士、猪苗代城代。

¶藩臣2

日向内記　ひなたないき
文政9 (1826) 年〜明治18 (1885) 年
江戸時代末期〜明治期の陸奥会津藩士。
¶会津，幕末（[没]1885年11月14日），藩臣2

日向梅山　ひなたばいざん
元文2 (1737) 年〜文政1 (1818) 年　[別]日向忠《ひなたただす》
江戸時代中期〜後期の陸奥会津藩士、儒学者。
¶会津，日人，藩臣2（日向忠　ひなたただす）

日向某　ひなたぼう
生没年不詳
江戸時代前期の旗本。
¶神奈川人

日向政成　ひなたまさなり
？　〜寛永20 (1643) 年
安土桃山時代〜江戸時代前期の武田家臣。のち徳川家に仕える。
¶姓氏山梨

ひ

日向正英　ひなたまさひで
〜安永8 (1779) 年
江戸時代中期の旗本。
¶神奈川人

日当山侏儒どん　ひなたやましゅじゅどん
天正12 (1584) 年〜寛永11 (1634) 年
安土桃山時代〜江戸時代前期の島津家久の家臣。
¶姓氏鹿児島

日夏繁高　ひなつしげたか
万治3 (1660) 年〜享保16 (1731) 年　[別]日夏四郎左衛門《ひなつしろうざえもん》
江戸時代中期の武学者。「本朝武芸小伝」を著す。
¶近世，剣豪（日夏四郎左衛門　ひなつしろうざえもん），国史，国書（[没]享保16 (1731) 年5月9日），史人（[没]1731年5月9日），庄内（生没年不詳），日人

日夏重能　ひなつしげよし
文禄1 (1592) 年〜寛文3 (1663) 年
江戸時代前期の剣道家（天道流）。
¶人名，日人

日夏四郎左衛門　ひなつしろうざえもん
→日夏繁高（ひなつしげたか）

日夏孫兵衛　ひなつまごべえ
文政1 (1818) 年〜明治26 (1893) 年
江戸時代後期〜明治期の剣術家。小野派一刀流。
¶剣豪

日夏能忠　ひなつよしただ
寛永2 (1625) 年〜貞享3 (1686) 年
江戸時代前期の丹波篠山藩士、武術家。
¶人名，日人，藩臣5

雛屋立圃　ひなやりっぽ
→野々口立圃（ののぐちりゅうほ）

雛屋立圃　ひなやりゅうほ
→野々口立圃（ののぐちりゅうほ）

日根九郎兵衛　ひねくろべえ
？　〜寛文9 (1669) 年
江戸時代前期の幕臣。
¶国書

日根野鏡水　ひねのきょうすい
天明6 (1786) 年〜安政1 (1854) 年　[別]日根野弘享《ひねのひろあき》
江戸時代後期の土佐藩士、漢詩人。
¶高知人（[生]1785年　[没]1853年），高知百，国書，人名（日根野弘享　ひねのひろあき），日人，藩臣6，和俳

日根野弘享　ひねのひろあき
→日根野鏡水（ひねのきょうすい）

日根野弁治　ひねのべんじ
文化12 (1815) 年〜慶応3 (1867) 年
江戸時代末期の土佐藩の小栗流剣術家。
¶剣豪，高知人，幕末（[没]1867年9月20日），藩臣6（生没年不詳）

日根野吉明　ひねのよしあき
→日根野吉明（ひねのよしあきら）

日根野吉明　ひねのよしあきら
天正15 (1587) 年〜明暦2 (1656) 年　[別]日根野吉朋《ひねのよしとも》，日根野吉明《ひねのよしあき》
江戸時代前期の大名。信濃高島藩主、下野壬生藩主、豊後府内藩主。
¶大分百（ひねのよしあき），大分歴，史人（ひねのよしあき　[没]1656年3月26日），諸系，人名（日根野吉朋　ひねのよしとも　[生]1588年　[没]1658年），戦国（ひねのよしあき　[生]1588年），戦人（ひねのよしあき），栃木歴（ひねのよしあき），長野歴，日史（[没]明暦2 (1656) 年3月26日），日人，藩主1，藩主2（[没]明暦2 (1656) 年3月26日），藩主4（ひねのよしあき　[没]明暦2 (1656) 年3月26日），百科

日根野吉朋　ひねのよしとも
→日根野吉明（ひねのよしあきら）

日野将監　ひのしょうげん
安土桃山時代〜江戸時代前期の武士。最上氏家臣。
¶戦人（生没年不詳），戦東

日野醸泉　ひのじょうせん
天明5 (1785) 年〜安政5 (1858) 年　[別]日野和煦《ひのにこてる》
江戸時代末期の伊予西条藩士、儒学者。
¶愛媛百（日野和煦　ひのにこてる），郷土愛媛（日野和煦　ひのにこてる　[生]1786年），国書（[没]安政5 (1858) 年11月14日），人名（[生]？），日人，藩臣6（日野和煦　ひのにこてる）

日野資治　ひのすけじ
→日野資始（ひのすけもと）

日野資始　ひのすけもと
*〜明治3 (1870) 年　[別]日野資治《ひのすけじ》
江戸時代後期〜明治期の仙台藩士・歌人。
¶国書（[生]文政4 (1821) 年　[没]明治3 (1870) 年4月11日），姓氏宮城（日野資治　ひのすけじ　[生]？）

日野為次　ひのためつぐ
？　〜宝永2 (1705) 年
江戸時代前期〜中期の武蔵岩槻藩士。
¶藩臣5

日野尚茂 ひのなおしげ
　正保1(1644)年〜享保13(1728)年　別文車《ぶんしゃ》
　江戸時代前期〜中期の陸奥二本松藩家老。
　¶国書（文車　ぶんしゃ　没享保13(1728)年2月27日），藩臣5，福島百（⊕？）

日野和煕 ひのにこてる
　→日野醸泉（ひのじょうせん）

日野所介 ひののぶすけ
　生没年不詳
　江戸時代中期の備後福山藩士。
　¶国書

日野備中守 ひのびっちゅうのかみ
　生没年不詳
　江戸時代前期の武士。最上氏家臣。
　¶庄内，戦人，戦東

日野本之丞 ひのもとのじょう
　江戸時代末期の新撰組隊士。
　¶新撰

日原小源太(1) ひはらこげんた
　宝暦12(1762)年〜天保5(1834)年
　江戸時代中期〜後期の常陸土浦藩士。
　¶藩臣2

日原小源太(2) ひはらこげんた
　？〜嘉永5(1852)年
　江戸時代末期の常陸土浦藩側用人。
　¶藩臣2

日原小兵衛 ひはらこひょうえ
　？〜明和5(1768)年
　江戸時代中期の常陸土浦藩用人。
　¶藩臣2

日々野克巳 ひびのかつみ
　文政10(1827)年〜明治11(1878)年12月18日
　江戸時代末期〜明治期の阿波徳島藩士。
　¶幕末

日比野小兵衛 ひびのこへえ
　生没年不詳
　江戸時代前期〜中期の越中富山藩士、砲術家。
　¶藩臣3

日比野清作 ひびのせいさく
　生没年不詳
　江戸時代末期の幕臣・外国奉行支配調役。1867年遣仏使節に随行しフランスに渡る。
　¶海越新

氷見屋善徳 ひみやぜんとく
　安土桃山時代〜江戸時代前期の能登国鹿島郡所口村の人。前田利家の家臣。
　¶姓氏石川

姫井桃源 ひめいとうげん
　寛延3(1750)年〜文政1(1818)年
　江戸時代中期〜後期の備前岡山藩士、儒学者。
　¶岡山人，岡山百（没文政1(1818)年8月1日），岡山歴（没文政1(1818)年8月1日），国書（没文政1(1818)年8月1日），人名，日人，藩臣6

百武兼貞（百武兼員）ひゃくたけかねさだ
　文政4(1821)年〜明治25(1892)年
　江戸時代末期〜明治期の肥前佐賀藩士。
　¶人名（百武兼員），日人，幕末

百武丈右衛門 ひゃくたけじょうえもん
　生没年不詳
　江戸時代後期の武士。
　¶和歌山人

檜山三之介（檜山三之助）ひやまさんのすけ
　天保10(1839)年〜慶応1(1865)年
　江戸時代末期の水戸藩士。
　¶維新，人名，日人，幕末（檜山三之助　没1865年3月13日）

檜山誠之丞 ひやませいのじょう
　天保8(1837)年〜明治37(1904)年
　江戸時代末期〜明治期の常陸土浦藩士。
　¶藩臣2

檜山雅昭 ひやままさあき
　寛保3(1743)年〜文政7(1824)年
　江戸時代中期〜後期の水戸藩士。
　¶国書

日向内記 ひゅうがないき
　生没年不詳
　江戸時代中期の肥前福江藩士。
　¶藩臣7

日向半之丞 ひゅうがはんのじょう
　？〜明暦3(1657)年
　江戸時代前期の出羽山形藩士。
　¶藩臣1

日向兵左衛門 ひゅうがひょうざえもん
　？〜寛永17(1640)年
　江戸時代前期の出羽山形藩士。
　¶藩臣1

兵藤瀞（兵頭瀞）ひょうどうきよし
　寛政11(1799)年〜弘化4(1847)年　別兵頭瀞《ひょうどうせい》
　江戸時代後期の美濃大垣藩士。
　¶国書（⊕寛政11(1799)年3月13日　没弘化4(1847)年3月27日），人名（兵頭瀞　ひょうどうせい），日人（兵頭瀞），藩臣3

兵頭瀞 ひょうどうせい
　→兵藤瀞（ひょうどうきよし）

平藤仙右衛門 ひょうどうせんえもん
　生没年不詳
　江戸時代前期の最上氏遺臣。
　¶庄内

兵藤政一 ひょうどうまさかず
　天保5(1834)年〜明治38(1905)年
　江戸時代末期〜明治期の志筑郡奉行。
　¶幕末（没1905年2月24日），藩臣2

平井篤 ひらいあつし
　寛政11(1799)年〜弘化1(1844)年
　江戸時代後期の肥前蓮池藩士、儒学者。
　¶藩臣7

平井淳麿 ひらいあつまろ
　→平井淳麿（ひらいすみまろ）

平井温故 ひらいおんこ
　？〜享保19(1734)年

江戸時代中期の長門長府藩士、儒学者。
¶国書（[没]享保19（1734）年9月），藩臣6

平井克明 ひらいかつあき
宝暦13（1763）年～文化9（1812）年
江戸時代中期～後期の三河挙母藩士。
¶藩臣4

平井義十郎 ひらいぎじゅうろう
→平井希昌（ひらいきしょう）

平井希昌 ひらいきしょう
天保10（1839）年～明治29（1896）年　[別]平井義十郎《ひらいぎじゅうろう》，義十郎，東皐
江戸時代末期～明治期の通詞、外交官。長崎奉行所の通弁御用頭取。
¶朝日（[生]天保10年1月27日（1839年3月12日）　[没]明治29（1896）年2月12日），維新，海越（[生]天保10（1839）年1月27日　[没]明治29（1896）年2月12日），海越新（[生]天保10（1839）年1月27日　[没]明治29（1896）年2月12日），郷土長崎，近現，近世，国史，国書（平井義十郎　ひらいぎじゅうろう　[生]天保10（1839）年1月27日　[没]明治29（1896）年2月12日），コン改，コン4，コン5，史人（[生]1839年1月27日　[没]1896年2月12日），新潮（[生]天保10（1839）年1月27日　[没]明治29（1896）年2月12日），人名，日人，洋学

平井権八 ひらいごんぱち
明暦1（1655）年？～延宝7（1679）年　[別]白井権八《しらいごんはち，しらいごんぱち》
江戸時代前期の情話の主人公。モデルは平井権八（鳥取藩士）。
¶朝日（白井権八　しらいごんぱち），江戸，コン改（[生]？），コン4（[生]？），史人（[没]1679年11月3日），新潮（[没]延宝7（1679）年11月3日），世百（白井権八　しらいごんぱち），大百（白井権八　しらいごんはち），日人

平石一郎 ひらいしいちろう
文政7（1824）年～明治42（1909）年
江戸時代末期～明治期の上野吉井藩士。
¶藩臣2

平石久平治 ひらいしくへいじ
→平石時光（ひらいしときみつ）

平井重道 ひらいしげみち
天保2（1831）年～＊
江戸時代末期の武士。
¶岡山人（[没]明治1（1868）年），岡山歴（[没]明治2（1869）年5月15日）

平石石山 ひらいしせきざん
天保4（1833）年～明治29（1896）年
江戸時代末期～明治期の勤王の志士。芳賀郡祖母井村の医師、私塾経営者。
¶栃木歴

平石時光 ひらいしときみつ
元禄9（1696）年～明和8（1771）年　[別]平石久平治《ひらいしくへいじ》
江戸時代中期の近江彦根藩士。
¶国書（[没]明和8（1771）年8月12日），藩臣4（平石久平治　ひらいしくへいじ）

平井収二郎 ひらいしゅうじろう
＊～文久3（1863）年
江戸時代末期の土佐藩士、勤王運動家。
¶朝日（[生]天保7（1836）年　[没]文久3年6月8日（1863年7月23日）），維新（[生]1835年），近世（[生]1835年），高知人（[生]1835年），高知百（[生]1836年），国史（[生]1835年），国書（[生]天保6（1835）年7月14日　[没]文久3（1863）年6月8日），コン改（[生]天保7（1836）年），コン4（[生]天保7（1836）年），史人（[生]1835年　[没]1863年6月8日），新潮（[生]天保7（1836）年6月　[没]文久3（1863）年6月8日），人名（[生]1836年），世人（[生]天保6（1835）年），日人（[生]1835年），幕末（[生]1836年　[没]1863年7月18日），藩臣6（[生]天保7（1836）年）

平井助左衛門 ひらいすけざえもん
生没年不詳
江戸時代末期の武士、城代。
¶和歌山人

平井淳麿 ひらいすみまろ
天保8（1837）年～明治39（1906）年　[別]平井淳麿《ひらいあつまろ》
江戸時代末期～明治期の豊前小倉藩士。
¶維新，人名（ひらいあつまろ　[生]1835年），日人，幕末（[没]1906年6月29日），藩臣7

平井善之丞 ひらいぜんのじょう
享和3（1803）年～慶応1（1865）年
江戸時代末期の土佐藩士。
¶維新，高知人，コン改，コン4，新潮（[没]慶応1（1865）年5月11日），人名，日人，幕末（[没]1865年6月4日），藩臣6

平井澹所 ひらいたんしょ
宝暦12（1762）年～文政3（1820）年
江戸時代中期～後期の伊勢桑名藩儒。寛政の学制改革に尽力。
¶朝日（[生]宝暦10（1760）年　[没]文政3年8月19日（1820年9月25日）），江文，国書（[没]文政3（1820）年8月19日），コン改，コン4，埼玉百，新潮（[没]文政3（1820）年8月19日），人名，日人，藩臣4，三重

平井樗堂 ひらいちょどう
？～天保1（1830）年12月16日
江戸時代後期の秋田藩士・漢学者。
¶国書

平井東堂 ひらいとうどう
文化10（1813）年～明治5（1872）年
江戸時代後期の江戸詰めの弘前藩士、書家。
¶青森人

平井時善 ひらいときよし
文政8（1825）年～安政6（1859）年
江戸時代後期～末期の伊勢菰野藩士。
¶三重

平井長勝 ひらいながかつ
？～正保1（1644）年
江戸時代前期の武士。徳川氏家臣。
¶戦人

平井八郎兵衛 ひらいはちろべえ
生没年不詳

江戸時代中期の剣術家。鹿島神道流の祖。
¶剣豪

平井復斎 ひらいふくさい
文化1(1804)年～明治3(1870)年　[別]平井元直《ひらいもとなお》
江戸時代末期～明治期の加賀大聖寺藩士。
¶国書([没]明治3(1870)年12月25日)，姓氏石川，幕末(平井元直　ひらいもとなお　[没]1871年2月14日)，藩臣3(平井元直　ひらいもとなお)

平井正次 ひらいまさつぐ
天正8(1580)年～明暦3(1657)年
江戸時代前期の和歌山町方与力。
¶和歌山人

平井正基 ひらいまさもと
元禄7(1694)年～寛延3(1750)年
江戸時代中期の家臣、幕臣。
¶和歌山人

平井元直 ひらいもとなお
→平井復斎(ひらいふくさい)

平井与五六 ひらいよごろく
天明3(1783)年～文久3(1863)年
江戸時代後期の下総結城藩士。
¶幕末([没]1863年8月22日)，藩臣3

平井藍山 ひらいらんざん
？ ～*
江戸時代中期の伊勢久居藩士、儒学者。
¶藩臣4([没]宝暦8(1758)年)，三重([没]宝暦5年)

平岩桂 ひらいわけい
江戸時代前期の加賀藩士。
¶姓氏石川

平岩元珍 ひらいわげんちん
？ ～文政1(1818)年6月16日
江戸時代中期～後期の尾張藩士。
¶国書

平岩近吉 ひらいわちかよし
天正4(1576)年～寛永5(1628)年
江戸時代前期の武士。
¶和歌山人

平岩元重 ひらいわもとしげ
天文3(1534)年～元和5(1619)年8月13日
戦国時代～江戸時代前期の武将。
¶国書

平岡芋作 ひらおかうさく
？ ～明治36(1903)年
江戸時代末期～明治期の幕臣、静岡藩士。
¶静岡歴

平岡円四郎 ひらおかえんしろう
文政5(1822)年～元治1(1864)年
江戸時代末期の幕臣。一橋家小姓、徳川慶喜近従。
¶朝日([生]文政5年10月7日(1822年11月20日)　[没]元治1年6月16日(1864年7月19日))，コン4，新潮([没]元治1(1864)年6月16日)，日人，幕末([生]1822年11月20日　[没]1864年7月19日)

平岡勘三郎 ひらおかかんざぶろう
→平岡良辰(ひらおかよしたつ)

平岡準 ひらおかじゅん
江戸時代末期の幕臣。
¶維新，幕末(生没年不詳)

平岡次郎右衛門 ひらおかじろうえもん
天正12(1584)年～寛永20(1643)年
江戸時代前期の甲斐国の代官触頭。地域行政従事。
¶朝日([没]寛永20年9月17日(1643年10月29日))，近世，国史，コン改，コン4，新潮([没]寛永20(1643)年9月17日)，人名，日人

平岡資模 ひらおかすけのり
元禄11(1698)年～天明6(1786)年2月11日
江戸時代中期の幕臣。
¶国書

平尾数也〔1代〕 ひらおかずや
？ ～寛文4(1664)年
江戸時代前期の尾張藩士。
¶茶道，日人

平岡尚宣 ひらおかなおのぶ
～正徳1(1711)年
江戸時代中期の代官。
¶神奈川人

平岡直房 ひらおかなおふさ
生没年不詳
安土桃山時代～江戸時代前期の武士。
¶戦人

平岡子之次郎 ひらおかねのじろう
→広岡子之次郎(ひろおかねのじろう)

平岡彦兵衛 ひらおかひこべえ
正徳3(1713)年～寛政2(1790)年1月12日
江戸時代中期の美作国久世代官・美作国倉敷代官。
¶岡山歴

平岡孫市 ひらおかまごいち
江戸時代中期の美作国土居代官。
¶岡山歴

平岡道成 ひらおかみちなり
？ ～元和9(1623)年
安土桃山時代～江戸時代前期の武田家臣。蔵前衆の一人。
¶姓氏山梨

平岡道弘 ひらおかみちひろ
生没年不詳
江戸時代末期の大名。安房船形藩主。
¶日人，藩主2

平岡通義(平岡通養) ひらおかみちよし
天保2(1831)年～大正6(1917)年
江戸時代末期～明治期の長州(萩)藩士、建築家。
¶朝日([生]天保2年8月15日(1831年9月20日)　[没]大正6(1917)年4月2日)，コン改，コン4，コン5，新潮([生]天保2(1831)年8月15日　[没]大正6(1917)年4月2日)，人名，日人，幕末(平岡通養　[没]1917年4月2日)

平岡弥三右衛門 ひらおかやそうえもん
？ ～享保7(1722)年
江戸時代前期～中期の剣術家。新蔭柳生当流。
¶剣豪

平岡良辰 ひらおかよしたつ
*〜寛文3(1663)年　[別]平岡勘三郎《ひらおかかんざぶろう》
江戸時代前期の甲斐甲府藩代官。
¶藩臣3([生]?)，山梨百(平岡勘三郎　ひらおかかんざぶろう　[生]慶長6(1601)年　[没]寛文3(1663)年5月21日)

平岡吉道 ひらおかよしみち
?　〜慶安1(1648)年
江戸時代前期の駿府藩・江戸幕府代官。
¶神奈川人，姓氏神奈川

平岡頼資 ひらおかよりすけ
慶長10(1605)年〜承応2(1653)年
江戸時代前期の大名。美濃徳野藩主。
¶日人，藩主2([没]承応2(1653)年1月8日)

平尾鉎蔵 ひらおじゅうぞう
文政1(1818)年〜明治31(1898)年　[別]平尾鉎蔵《ひらおていぞう》，平尾信左衛門《ひらおしんざえもん》
江戸時代末期〜明治期の岩村藩士。
¶岐阜百，国書(平尾信左衛門　ひらおしんざえもん　[没]明治31(1898)年2月13日)，幕末，藩臣3(ひらおていぞう)

平尾信左衛門 ひらおしんざえもん
→平尾鉎蔵(ひらおじゅうぞう)

平尾水月 ひらおすいげつ
寛文6(1666)年〜宝暦7(1757)年
江戸時代中期の肥前鹿島藩士。
¶藩臣7

平尾他山 ひらおたざん
明和3(1766)年〜天保11(1840)年
江戸時代中期〜後期の美濃岩村藩士。
¶国書，藩臣3

平生忠辰 ひらおただたつ
天保10(1839)年〜大正8(1919)年
江戸時代末期〜明治期の和泉岸和田藩士。
¶藩臣5

平尾鉎蔵 ひらおていぞう
→平尾鉎蔵(ひらおじゅうぞう)

平尾守芳 ひらおもりよし
天文8(1539)年〜寛永14(1637)年
戦国時代〜江戸時代前期の平尾氏5代の武将、平尾氏中興の祖。
¶長野歴

平尾喜寿 ひらおよしとし
弘化4(1847)年〜大正1(1912)年
江戸時代末期〜明治期の土佐藩士、製茶業者。日本紅茶商会創立者で本邦産業組合が組織化され頭取に就任、製茶の海外輸出に功績があった。
¶高知人，高知百，人名([生]1848年)，日人

平賀勝足 ひらがかつたり
?　〜明治4(1871)年　[別]平賀信濃守勝足《ひらがしなののかみかつたり》
江戸時代後期〜明治期の100代長崎奉行。
¶長崎歴(平賀信濃守勝足　ひらがしなののかみかつたり)

平賀源内 ひらがげんない
享保13(1728)年〜安永8(1779)年　[別]福内鬼外《ふくうちきがい》，森羅万象〔1代〕《しんらまんぞう》，風来山人《ふうらいさんじん》
江戸時代中期の讃岐高松藩の物産学者、戯作者、浄瑠璃作者。
¶秋田百，朝日([没]安永8年12月18日(1780年1月24日))，岩史([没]安永8(1779)年12月18日)，江文，香川人，香川百，角史，郷土香川([生]1732年)，近世，芸能(福内鬼外　ふくうちきがい　[没]安永8(1779)年12月18日)，考古([没]安永8年(1779年11月18日))，国史，国書([没]安永8(1779)年12月18日)，コン改，コン4，埼玉人，埼玉百([生]1729年)，史人([没]1779年12月18日)，重要([生]享保14(1729)年　[没]安永8(1779)年12月18日)，食文([没]安永8年12月18日(1780年1月24日))，人書79([生]1728年，(異説)1729年)，人書94，新潮([没]安永8(1779)年12月18日)，新文([没]安永8(1779)年12月18日)，人名([生]1726年)，世人([生]享保14(1729)年　[没]安永8(1779)年12月18日)，世百([生]1728年?)，全書，大百，伝記，長崎百，日史([没]安永8(1779)年12月18日)，日人([没]1780年)，人情3，藩臣6，美術，百科，文学，名画([生]1726年)，洋学，歴大

平賀貞愛 ひらがさだえ
宝暦9(1759)年〜文化14(1817)年　[別]平賀式部少輔貞愛《ひらがしきぶしょうゆうさだえ》
江戸時代中期〜後期の73代長崎奉行。
¶長崎歴(平賀式部少輔貞愛　ひらがしきぶしょうゆうさだえ)

平賀式部少輔貞愛 ひらがしきぶしょうゆうさだえ
→平賀貞愛(ひらがさだえ)

平賀信濃守勝足 ひらがしなののかみかつたり
→平賀勝足(ひらがかつたり)

平賀常伴子 ひらがじょうばんし
享保3(1718)年〜寛政1(1789)年
江戸時代中期の剣道家。
¶剣豪，人名

平方金五郎 ひらかたきんごろう
天保5(1834)年〜慶応3(1867)年
江戸時代末期の水戸藩士。
¶維新，幕末([没]1867年11月5日)

平賀忠勝 ひらがただかつ
〜寛永17(1640)年
江戸時代前期の旗本。
¶神奈川人

平賀元相 ひらがもとすけ
*〜正保2(1645)年
安土桃山時代〜江戸時代前期の武士。毛利氏家臣。
¶戦国([生]1548年)，戦人([生]天文16(1547)年)

平賀元忠 ひらがもとただ
生没年不詳
江戸時代前期の武士。安芸国高屋の頭崎城主平賀元相の子。
¶姓氏山口

平賀鷹峰 ひらがようほう
元禄3(1690)年〜寛延4(1751)年

江戸時代中期の儒者、長州(萩)藩士。
¶国書([没]寛延4(1751)年8月12日), 人名, 日人

平賀義質 ひらがよしただ
文政9(1826)年8月1日～明治15(1882)年4月4日
[別]磯三郎
江戸時代末期～明治期の筑前福岡藩士、裁判官。
¶海越, 海越新, 渡航

平賀義雅 ひらがよしまさ
享保10(1725)年～享和2(1802)年
江戸時代中期～後期の陸奥仙台藩士。
¶藩臣1

平川要 ひらかわかなめ
天保9(1838)年～明治18(1885)年
江戸時代末期～明治期の長州(萩)藩寄組。
¶姓氏山口, 幕末([没]1885年1月4日)

平川光伸 ひらかわみつのぶ
天保6(1835)年～明治24(1891)年
江戸時代末期の志士。
¶高知人

平川和太郎 ひらかわわたろう
江戸時代末期の土佐藩士。
¶維新

平木宗助 ひらきそうすけ
江戸時代末期の新撰組隊士。
¶新撰

平沢九朗(平沢九郎) ひらさわくろう
安永1(1772)年～天保11(1840)年 [別]平沢清九郎《ひらざわせいくろう》, 九朗《くろう》
江戸時代後期の尾張藩士。
¶茶道(平沢九郎 [生]1777年 [没]1844年), 人名(平沢清九郎 ひらざわせいくろう), 日人

平沢三右衛門 ひらさわさんえもん, ひらざわさんえもん
寛延1(1748)年～文政7(1824)年
江戸時代中期～後期の陸奥弘前藩士。
¶青森人, 人名(ひらざわさんえもん [生]1752年), 日人, 藩臣1

平沢正達 ひらさわしょうたつ
生没年不詳
江戸時代中期の盛岡藩士。
¶姓氏岩手

平沢松柏 ひらさわしょうはく
? ～慶応1(1865)年
江戸時代末期の尾張藩士、茶人。
¶茶道, 日人

平沢清九郎 ひらざわせいくろう
→平沢九朗(ひらさわくろう)

平沢常福 ひらさわつねとみ
享保20(1735)年～文化10(1813)年
江戸時代中期～後期の出羽秋田藩士。
¶藩臣1

平沢常房 ひらさわつねふさ
明和6(1769)年～天保13(1842)年6月17日
江戸時代中期～後期の秋田藩士・俳人。
¶国書

足利(平島)義次 ひらしま
→足利(平島)義次(あしかがよしつぐ)

足利(平島)義量 ひらしま
→足利(平島)義量(あしかがよしかず)

平島武次郎 ひらしまたけじろう
生没年不詳
江戸時代末期の武士。
¶日人

平島藤馬 ひらしまとうま
文政6(1823)年～大正7(1918)年3月5日
江戸時代末期～明治期の陸奥二本松藩士、勘定奉行。
¶幕末

平島武太郎 ひらしまぶたろう
江戸時代末期の志士、備中の浪人。
¶人名

平島武八郎 ひらじまぶはちろう
江戸時代末期の志士。
¶岡山人

平清水下野 ひらしみずしもつけ
江戸時代前期の武将。最上氏家臣。
¶戦東

平瀬所兵衛 ひらせところべえ
文政6(1823)年～明治3(1870)年12月18日
江戸時代後期～明治期の阿波徳島藩士。
¶徳島歴

平瀬光雄 ひらせみつお
生没年不詳
江戸時代後期の弓術家。
¶国書5

平田篤胤 ひらたあつたね
安永5(1776)年～天保14(1843)年
江戸時代後期の出羽久保田藩士、備中松山藩士、国学者。国粋主義的な復古神道を大成した。
¶秋田百, 朝日([生]安永5年8月24日(1776年10月6日) [没]天保14年閏9月11日(1843年11月2日)), 岩史([生]安永5(1776)年8月24日 [没]天保14(1843)年閏9月11日), 江戸東, 江文, 岡山人, 岡山歴([生]安永5(1776)年8月24日 [没]天保14(1843)年閏9月11日), 角史, 教育([生]1766年), キリ([生]安永5(1776)年8月24日 [没]天保14(1843)年9月11日), 近世, 考古([生]安永5年(1776年8月24日) [没]天保14年(1843年9月11日)), 国史, 国書([生]安永5(1776)年8月24日 [没]天保14(1843)年閏9月11日), 古史, コン改, コン4, 埼玉人([没]天保14(1843)年閏9月11日), 埼玉百, 詩歌, 史人([生]1776年8月24日 [没]1843年閏9月11日), 重要([生]安永5(1776)年8月24日 [没]天保14(1843)年閏9月11日), 神史, 人書79, 人書94, 神人, 新潮([生]安永5(1776)年8月24日 [没]天保14(1843)年閏9月11日), 新文([生]安永5(1776)年8月24日 [没]天保14(1843)年閏9月11日), 人名, 世人([生]安永5(1776)年8月24日 [没]天保14(1843)年閏9月11日), 世百, 全書, 大百, 千葉百, 伝記, 日史([生]安永5(1776)年8月24日 [没]天保14(1843)年閏9月11日), 日人, 藩臣1, 藩臣6, 百科, 文学, 平史, 三重続([生]安永5年8月24

ひらたお　　　　　　　　　　　　844　　　　　　　　　日本人物レファレンス事典

日），歴大，和俳（⊕安永5（1776）年8月24日
⊗天保14（1843）年閏9月11日）

平田大江 ひらたおおえ
文化10（1813）年～慶応1（1865）年
江戸時代末期の対馬藩家老。
¶維新，佐賀百（⊕文化10（1813）年12月1日
⊗慶応1（1865）年11月），幕末（⊗1865年12月
28日），藩臣7

平田可竹 ひらたかちく
寛文5（1665）年～享保13（1728）年8月1日
江戸時代前期～中期の薩摩藩士・兵法家。
¶国書

平田銕胤（平田鉄胤）　ひらたかねたね
寛政11（1799）年～明治13（1880）年
江戸時代末期～明治期の出羽久保田藩士、伊予新
谷藩士、国学者。
¶秋田百，朝日（⊕明治13（1880）年10月5日），
維新，岩史（平田鉄胤　⊗明治13（1880）年10月
25日），愛媛百，江文（平田鉄胤　⊕寛政13
（1801）年　⊗明治15（1882）年），教育（⊕1801
年　⊗1882年），郷土愛媛（平田鉄胤　京都大
（平田鉄胤），近現（平田鉄胤），近世（平田鉄
胤），国史（平田鉄胤），国書（⊕寛政11（1799）
年11月6日　⊗明治13（1880）年10月25日），コ
ン改，コン4，埼玉人（平田鉄胤），史人（平田
鉄胤　⊗1880年10月25日），神史（平田鉄胤），
神人（平田鉄胤　⊕享和1（1801）年　⊗明治15
（1882）年10月），新潮（⊗明治13（1880）年10
月5日），人名，姓氏京都（平田鉄胤），世百
（⊕1801年　⊗1882年），千葉百，哲学，日史
（⊗明治13（1880）年10月5日），日人，幕末
（⊗1880年10月25日），藩臣4（⊕寛政9（1797）
年），藩臣6，百科，履歴（平田鉄胤　⊗明治13
（1880）年10月15日），歴大（平田鉄胤）

平田観之輔 ひらたかんのすけ
天保13（1842）年～元治1（1864）年
江戸時代末期の対馬藩士。
¶維新

平田琴石 ひらたきんせき
安永7（1778）年～天保4（1833）年
江戸時代後期の肥前福江藩士。
¶藩臣7

平田邦彦 ひらたくにひこ
天保10（1839）年～元治1（1864）年
江戸時代末期の長州（萩）藩士。
¶維新，人名，日人，幕末（⊗1864年8月20日）

平田左中 ひらたさちゅう
享保11（1726）年～寛政7（1795）年
江戸時代中期～後期の剣術家。東軍流。
¶剣豪

平田左仲（平田左中）　ひらたさちゅう
江戸時代中期の対馬府中藩士。
¶人名（平田左中　⊕1666年　⊗1742年），日人
（⊕？　⊗1743年）

平田真賢 ひらたさねかた
江戸時代中期の対馬府中藩士。
¶人名，日人（生没年不詳）

平田修齢 ひらたしゅうれい
文化7（1810）年～文久1（1861）年
江戸時代末期の肥前福江藩士。
¶藩臣7

平田四郎 ひらたしろう
天保10（1839）年～明治1（1868）年10月20日
江戸時代末期の長州（萩）藩士。
¶幕末

平田新左衛門 ひらたしんざえもん
→平田涪渓（ひらたふけい）

枚田水石 ひらたすいせき
寛政8（1796）年～文久3（1863）年
江戸時代末期の古河藩用人。
¶幕末（⊗1863年9月26日），藩臣3

平田純正 ひらたすみまさ
？　～寛文2（1662）年
江戸時代前期の薩摩藩士。
¶姓氏鹿児島

平田宗質 ひらたそうしつ
弘化4（1847）年～明治16（1883）年2月24日
江戸時代末期～明治期の薩摩藩士。
¶幕末

平田大監物 ひらただいけんもつ
慶長19（1614）年～貞享3（1686）年
江戸時代前期の剣術家。水野流。
¶剣豪

平田喬信 ひらたたかのぶ
承応2（1653）年～正徳5（1715）年　別平田類右衛
門《ひらたるいえもん》
江戸時代前期～中期の対馬藩士。
¶人名，日人，藩臣7（平田類右衛門　ひらたるい
えもん）

平田胤富 ひらたたねとみ
天明6（1786）年～？　別平田望春《ひらたぼう
しゅん》
江戸時代後期の筑前秋月藩士。
¶国書，藩臣7（平田望春　ひらたぼうしゅん）

平田為之丞 ひらたためのじょう
江戸時代末期の対馬藩家老。
¶維新

平田弾右衛門 ひらただんえもん
江戸時代前期の陸奥棚倉藩家老。
¶人名，藩臣2（生没年不詳）

平田兎游 ひらたとゆう
明和2（1765）年～天保3（1832）年
江戸時代中期～後期の肥前福江藩士。
¶藩臣7

平田延胤 ひらたのぶたね
文政11（1828）年～明治5（1872）年
江戸時代末期～明治期の出羽秋田藩士。
¶秋田百，維新，江文，国書（⊕文政11（1828）年
9月13日　⊗明治5（1872）年1月24日），神人
（⊕文政11（1828）年9月13日　⊗明治5（1872）
年1月24日），人名，日人，幕末（⊕1836年
⊗1872年3月3日）

平田涪渓 ひらたばいけい
→平田涪渓（ひらたふけい）

平田隼人允 ひらたはやとのじょう
→平田隼之允（ひらたはやのすけ）

平田隼之允 ひらたはやのすけ
元和4（1618）年〜元禄16（1703）年　[別]平田隼人允《ひらたはやとのじょう》
江戸時代前期〜中期の対馬藩家老。
¶人名，日人，藩臣7（平田隼人允　ひらたはやとのじょう）

平田百曲 ひらたひゃくきょく
寛政1（1789）年〜慶応1（1865）年
江戸時代後期の尾張藩士、愛陶家。
¶人名

平田涪渓 ひらたふけい
寛政8（1796）年〜明治12（1879）年　[別]平田涪渓《ひらたばいけい》，平田新左衛門《ひらたしんざえもん》
江戸時代末期〜明治期の長州藩の儒学者。私塾稀翠疎香書屋を開く。
¶人名（ひらたばいけい），姓氏山口，日人，幕末（[没]1879年5月7日），藩臣6（平田新左衛門　ひらたしんざえもん）

平田文右衛門 ひらたぶんうえもん
→平田文右衛門（ひらたぶんえもん）

平田文右衛門 ひらたぶんえもん
天保6（1835）年〜明治33（1900）年　[別]平田文右衛門《ひらたぶんうえもん》
江戸時代末期〜明治期の棚倉藩家老。
¶維新，人名，日人（[生]1836年），幕末（ひらたぶんうえもん　[没]1900年8月14日）

平田平六 ひらたへいろく
生没年不詳
江戸時代末期の薩摩藩士。
¶幕末

平田望春 ひらたぼうしゅん
→平田胤富（ひらたたねとみ）

平田主水 ひらたもんど
天保9（1838）年〜慶応1（1865）年
江戸時代末期の対馬藩士。
¶維新

平田靱負（平田靭負）　ひらたゆきえ
宝永1（1704）年〜宝暦5（1755）年
江戸時代中期の薩摩藩勝手方家老、木曽川治水工事の総奉行。
¶朝日（[没]宝暦5年5月25日（1755年7月4日）），岐阜百，郷土岐阜，神史，人名，姓氏鹿児島，日史（[没]宝暦5（1755）年5月25日），日人，藩臣7（平田靭負），百科，三重続，歴大（平田靭負　[生]1703年）

平田領之輔 ひらたりょうのすけ
天保10（1839）年〜元治1（1864）年
江戸時代末期の対馬藩士。
¶維新

平田亮平 ひらたりょうへい
天保4（1833）年〜明治25（1892）年
江戸時代末期〜明治期の肥前福江藩士。
¶幕末（[没]1892年2月4日），藩臣7

平田類右衛門 ひらたるいえもん
→平田喬信（ひらたたかのぶ）

牧田歴山 ひらたれきざん
安永7（1778）年〜文政10（1827）年
江戸時代中期〜後期の盛岡藩士・牧田家第6世。
¶姓氏岩手

平塚勘兵衛 ひらつかかんべえ
慶長2（1597）年〜延宝7（1679）年　[別]平塚重近《ひらつかしげちか》
江戸時代前期の紀伊和歌山藩士。
¶藩臣5，和歌山人（平塚重近　ひらつかしげちか）

平塚茂喬 ひらつかしげたか
→平塚瓢斎（ひらつかひょうさい）

平塚重近 ひらつかしげちか
→平塚勘兵衛（ひらつかかんべえ）

平塚重次 ひらつかしげつぐ
→平塚籾右衛門（ひらつかもみえもん）

平塚盛歆 ひらつかせいきん
文政7（1824）年〜明治27（1894）年
江戸時代末期〜明治期の出羽秋田藩士、漢学者。
¶藩臣1

平塚為景 ひらつかためかげ
？　〜寛永4（1627）年
江戸時代前期の武士。
¶和歌山人

平塚近秀 ひらつかちかひで
寛文8（1668）年〜享保11（1726）年
江戸時代中期の家臣、幕臣。
¶和歌山人

平塚信昌 ひらつかのぶまさ
慶長9（1604）年〜天和2（1682）年
江戸時代前期の筑後三池藩代官。
¶藩臣7

平塚飄斎（平塚瓢斎）　ひらつかひょうさい
寛政6（1794）年〜明治8（1875）年　[別]平塚茂喬《ひらつかしげたか》
江戸時代末期〜明治期の幕臣、儒者、山陵研究家。山陵会を創設。
¶朝日（[生]寛政6年閏11月7日（1794年12月28日）　[没]明治8（1875）年2月13日），京都大（[生]寛政4（1792）年），考古（平塚瓢斎　[生]寛政6年（1794年11月7日）　[没]明治8年（1875年2月13日）），国書（平塚茂喬　ひらつかしげたか　[生]寛政6（1794）年閏11月7日　[没]明治8（1875）年2月13日），コン改，コン4，コン5，史人（[生]1794年閏11月7日　[没]1875年2月13日），新潮（平塚瓢斎　[生]寛政6（1794）年閏11月7日　[没]明治8（1875）年2月13日），人名（平塚瓢斎），姓氏京都（[生]1792年），日人

平塚増次 ひらつかますつぐ
？　〜寛永7（1630）年
江戸時代前期の筑後三池藩士。
¶藩臣7

平塚籾右衛門 ひらつかもみえもん
慶安2（1649）年〜元禄16（1703）年　[別]平塚重次

《ひらつかしげつぐ》
江戸時代前期〜中期の陸奥仙台藩士、弓術家。
¶姓氏宮城（平塚重次　ひらつかしげつぐ），藩臣1，宮城百（⊕正保4(1647)年）

平手言辰　ひらてときたつ
寛永20(1643)年〜享保8(1723)年
江戸時代前期〜中期の武士。飯田氏家臣。
¶人名，日人

平手造酒　ひらてみき
？　〜弘化1(1844)年
江戸時代後期の博徒の用心棒、無宿浪人。
¶朝日（㊨弘化1年8月7日(1844年9月18日)），江戸，コン改（⊕文化6(1809)年？），コン4（⊕文化6(1809)年？），新潮（㊨弘化1(1844)年8月7日），人名，日史，日人，百科，歴大（⊕1807年ころ）

平沼晋　ひらぬますすむ
天保3(1832)年〜大正3(1914)年
江戸時代後期〜明治期の美作津山藩士。
¶岡山人，国書

平沼雪山　ひらぬませつざん
安永4(1775)年〜天保14(1843)年
江戸時代後期の蝦夷松前藩士、儒学者。
¶藩臣1

平野喜房　ひらのきぼう
生没年不詳　㊞平野喜房《ひらのよしふさ》
江戸時代末期の和算家、尾張藩士。
¶国書（ひらのよしふさ），人名，日人

平野金華　ひらのきんか
元禄1(1688)年〜享保17(1732)年　㊞平野玄仲《ひらのもとなか》
江戸時代中期の陸奥三春藩の漢学者。荻生徂徠に師事。
¶朝日（㊨享保17年7月23日(1732年9月11日)），江戸，江文，近世，国史，国書（㊨享保17(1732)年7月23日），コン改，コン4，詩歌，史人（㊨1732年7月23日），新潮（㊨享保17(1732)年7月23日），人名，世人（㊨享保17(1732)年7月23日），世百（㊨1731年），日人，藩臣2（平野玄仲　ひらのもとなか），宮城百，歴大，和俳（㊨享保17(1732)年7月23日）

平野国臣　ひらのくにおみ
文政11(1828)年〜元治1(1864)年
江戸時代末期の筑前福岡藩士、尊攘派志士。
¶朝日（㊨文政11年3月29日(1828年5月12日)㊨元治1年7月20日(1864年8月21日)），維新，岩史（㊨文政11(1828)年3月29日　㊨元治1(1864)年7月20日），江戸，角史，京都，京都大，近世，国史，国書（㊨文政11(1828)年3月29日　㊨元治1(1864)年7月20日），コン改，コン4，詩歌，史人（㊨1828年3月29日㊨1864年7月20日），重要（㊨文政11(1828)年3月29日㊨元治1(1864)年7月20日），新潮（㊨文政11(1828)年3月29日　㊨元治1(1864)年7月20日），人名，姓氏京都，世人（⊕文政11(1828)年3月29日　㊨元治1(1864)年7月20日），世百，全書，大百，日史（㊨文政11(1828)年3月29日　㊨元治1(1864)年7月20日），日人，幕末

（㊨1864年8月21日），藩臣7，百科，兵庫百，福岡百（⊕文政11(1828)年3月29日　㊨元治1(1864)年7月20日），歴大，和俳（⊕文政11(1828)年3月29日　㊨元治1(1864)年7月20日）

平野玄佐　ひらのげんすけ
慶長19(1614)年〜延宝5(1677)年
江戸時代前期の長門清末藩家老。
¶藩臣6

平野権作　ひらのごんさく
生没年不詳
江戸時代前期の武士。
¶和歌山人

平野貞則　ひらのさだのり
生没年不詳
江戸時代後期の武蔵忍藩士。
¶国書

比良野貞彦　ひらのさだひこ
？　〜寛政10(1798)年
江戸時代中期の江戸詰めの弘前藩士、画人。
¶青森人

平野重定　ひらのしげさだ
？　〜寛永1(1624)年
江戸時代前期の遠州代官。
¶静岡百，静岡歴，姓氏静岡

平野重久　ひらのしげひさ
文化11(1814)年〜明治16(1883)年　㊞平野縫殿《ひらのぬい》
江戸時代末期〜明治期の佐倉藩士。
¶維新，人名，日人，幕末（㊨1883年12月3日），藩臣3（平野縫殿　ひらのぬい）

平野重左衛門　ひらのじゅうざえもん
文政10(1827)年〜明治10(1877)年
江戸時代後期〜明治期の黒羽藩下の庄の山方奉行、私塾「平野塾」経営。
¶栃木歴

平野深淵　ひらのしんえん
＊〜宝暦7(1757)年6月17日
江戸時代中期の肥後熊本藩士。
¶熊本百（⊕宝永2(1705)年），国書（⊕宝永3(1706)年）

平野仙右衛門　ひらのせんえもん
生没年不詳
江戸時代前期の肥後熊本藩士。
¶藩臣7

平野藤次郎　ひらのとうじろう
？　〜寛永15(1638)年
江戸時代前期の銀座頭役、朱印船貿易家、幕府代官。
¶朝日（㊨寛永15年6月10日(1638年7月21日)），京都大，近世，国史，コン4，史人（㊨1638年6月10日），新潮（㊨寛永15(1638)年6月10日），世人，日史（㊨寛永15(1638)年6月10日），日人，百科，歴大

平野長重　ひらのながしげ
永禄3(1560)年〜慶安3(1650)年
安土桃山時代〜江戸時代前期の武士。織田氏家

臣、豊臣氏家臣。
¶戦国，戦人

平野長裕　ひらのながひろ
弘化2(1845)年～明治5(1872)年
江戸時代末期～明治期の大名。大和田原本藩主。
¶日人，藩主3([生]弘化2(1845)年11月2日　[没]明治5(1872)年6月24日)

平野長泰　ひらのながやす
永禄2(1559)年～寛永5(1628)年
安土桃山時代～江戸時代前期の武士。
¶史人([没]1628年5月7日)，人名，戦国，戦人，戦西，日史([没]寛永5(1628)年5月7日)，日人，百科，歴大

平野苗盛　ひらのなりもり
宝暦7(1757)年～天保4(1833)年
江戸時代中期～後期の長門清末藩家老。
¶藩臣6

平野縫殿(1)　ひらのぬい
生没年不詳
江戸時代の庄内藩士。
¶庄内

平野縫殿(2)　ひらのぬい
→平野重久(ひらのしげひさ)

平野広臣　ひらのひろおみ
安永2(1773)年～嘉永6(1853)年
江戸時代後期の尾張藩医、国学者。
¶江文，藩臣4

平野又右衛門　ひらのまたうえもん
→平野又右衛門(ひらのまたえもん)

平野又右衛門　ひらのまたえもん
[別]平野又右衛門《ひらのまたうえもん》
安土桃山時代～江戸時代前期の武士。里見氏家臣。
¶戦人(生没年不詳)，戦東(ひらのまたうえもん)

平野光次郎　ひらのみつじろう
弘化2(1845)年～明治1(1868)年
江戸時代末期の長州(萩)藩士。
¶維新，人名，日人，幕末([没]1868年4月6日)

平野玄仲　ひらのもとなか
→平野金華(ひらのきんか)

平野喜房　ひらのよしふさ
→平野喜房(ひらのきぼう)

平林丈右衛門　ひらばやしじょうえもん
生没年不詳
江戸時代中期～後期の上総久留里藩士。
¶藩臣3

平林兵左衛門　ひらばやしひょうざえもん
享和2(1802)年～明治17(1884)年
江戸時代末期～明治期の本草学者、武芸家。
¶姓氏長野，長野歴，幕末([没]1884年4月3日)

平林正恒　ひらばやしまさつね
生没年不詳
安土桃山時代～江戸時代前期の出羽米沢藩の地侍。
¶戦人，長野歴，藩臣1([生]天文19(1550)年　[没]元和8(1622)年)

平部嶠南　ひらべきょうなん
文化12(1815)年～明治23(1890)年
江戸時代末期～明治期の日向飫肥藩士。
¶維新，考古，国書([生]文化12(1815)年9月28日　[没]明治23(1890)年10月26日)，史研([生]文化12(1815)年9月28日　[没]明治23(1890)年10月26日)，人名，日人，幕末([没]1890年10月26日)，藩臣7，宮崎百([生]文化12(1815)年9月28日　[没]明治23(1890)年10月26日)

平間重助　ひらまじゅうすけ
文政7(1824)年～＊
江戸時代末期の新撰組隊士。
¶新撰([没]明治7年8月22日)，幕末([没]？)

平松楽斎　ひらまつがくさい
寛政4(1792)年～嘉永5(1852)年　[別]平松楽斎《ひらまつらくさい》，平松正愨《ひらまつまさよし》
江戸時代末期の伊勢津藩士。
¶国書(ひらまつらくさい　[生]寛政4(1792)年4月6日　[没]嘉永5(1852)年1月26日)，コン改，コン4，全書，日人(ひらまつらくさい)，藩臣5(平松正愨　ひらまつまさよし)，三重([生]寛政4年4月6日)，歴大(ひらまつらくさい)

平松金次郎　ひらまつきんじろう
→平松正篤(ひらまつまさあつ)

平松正篤　ひらまつまさあつ
＊～嘉永1(1848)年　[別]平松金次郎《ひらまつきんじろう》
江戸時代後期の剣術家。神明流。
¶剣豪(平松金次郎　ひらまつきんじろう　[生]文化13(1816)年)，人名([生]1815年)，日人([生]1817年)，三重([生]文化13年11月14日)

平松正愨　ひらまつまさよし
→平松楽斎(ひらまつがくさい)

平松楽斎　ひらまつらくさい
→平松楽斎(ひらまつがくさい)

平元謹斎　ひらもときんさい
文化7(1810)年～明治9(1876)年　[別]平元重徳《ひらもとしげのり》
江戸時代末期～明治期の出羽秋田藩士、儒者。著書は「周易考」「儀礼考」など六十巻にのぼる。
¶秋田百，維新(平元重徳　ひらもとしげのり　[生]1804年)，国書([生]文化7(1810)年1月25日　[没]明治9(1876)年4月2日)，人名，日人，幕末([生]1804年　[没]1876年4月2日)，藩臣1

平元重徳　ひらもとしげのり
→平元謹斎(ひらもときんさい)

平元正信　ひらもとまさのぶ
正徳3(1713)年～宝暦5(1755)年9月15日
江戸時代中期の秋田藩士、勘定奉行。
¶国書

平元茂助　ひらもとともすけ
生没年不詳
江戸時代中期の能代奉行。
¶秋田百

平本良充　ひらもとよしみつ
享保8(1723)年～天明6(1786)年
江戸時代中期の越前福井藩士。
¶人名，日人，藩臣3

平山行蔵 ひらやまぎょうぞう
→平山子竜（ひらやましりょう）

平山源太夫 ひらやまげんだゆう
？ ～文政7（1824）年
江戸時代後期の筑後久留米藩士。
¶藩臣7

平山行蔵 ひらやまこうぞう
→平山子竜（ひらやましりょう）

平山五郎 ひらやまごろう
文政12（1829）年～文久3（1863）年
江戸時代末期の新撰組隊士。
¶新撰（[没]文久3年9月16日），幕末（[没]1863年10月30日）

平山子竜 ひらやましりゅう
→平山子竜（ひらやましりょう）

平山子竜 ひらやましりょう
宝暦9（1759）年～文政11（1828）年　[別]平山行蔵《ひらやまぎょうぞう，ひらやまこうぞう》，平山子竜《ひらやましりゅう》，平山兵原《ひらやまへいげん》
江戸時代中期～後期の兵学者。幕臣伊賀組の家に生まれる。
¶朝日（[没]文政11年12月14日（1829年1月19日）），江戸，江文（ひらやましりゅう），教育（平山行蔵　ひらやまこうぞう　[生]1737年　[没]1806年），近世，剣豪（平山行蔵　ひらやまこうぞう），国史，国書（平山兵原　ひらやまへいげん　[生]宝暦9（1759）年12月8日　[没]文政11（1828）年12月24日），コン改，コン4，史人（平山行蔵　ひらやまこうぞう　[生]1759年12月8日　[没]1828年12月24日），新潮（[没]文政11（1828）年12月24日），人名（[生]1737年　[没]1806年），世人（ひらやましりゅう），全書（平山行蔵　ひらやまぎょうぞう），日人（[生]1760年　[没]1829年），洋学（平山行蔵　ひらやまこうぞう）

平山次郎右衛門 ひらやまじろうえもん
→平山東山（ひらやまとうさん）

平山省斎 ひらやませいさい
文化12（1815）年～明治23（1890）年　[別]平山敬忠《ひらやまよしただ》
江戸時代末期～明治期の陸奥三春藩士、幕臣、外国奉行。
¶朝日（平山敬忠　ひらやまよしただ　[生]文化12年2月19日（1815年3月29日）　[没]明治23（1890）年5月22日），朝日（[生]文化12年2月19日（1815年3月29日）　[没]明治23（1890）年5月22日），維新（平山敬忠　ひらやまよしただ），近現，近世，国際，国史，コン改，コン4（平山敬忠　ひらやまよしただ），コン4，コン5（平山敬忠　ひらやまよしただ），コン5，埼玉人，史人（[生]1815年2月19日　[没]1890年5月23日），静岡歴，神史，神人（[生]文化12（1815）年2月19日　[没]明治23（1890）年5月22日），新潮（[生]文化12（1815）年2月19日　[没]明治23（1890）年5月22日），人名，日人，幕末（[没]1890年5月22日），藩臣2（平山敬忠　ひらやまよしただ），履歴（[生]文化12（1815）年2月19日　[没]明治23（1890）年5月22日）

平山武世 ひらやまたけよし
安永3（1774）年～弘化4（1847）年
江戸時代中期～後期の種子島西之表村の物奉行・家老。
¶姓氏鹿児島

平山棐 ひらやまたすけ
→平山東山（ひらやまとうさん）

平山弾右衛門 ひらやまだんうえもん
寛保1（1741）年～明和3（1766）年
江戸時代中期の出雲母里藩士。
¶藩臣5

平山東山 ひらやまとうさん
宝暦12（1762）年～文化13（1816）年　[別]平山棐《ひらやまたすけ》，平山次郎右衛門《ひらやまじろうえもん》
江戸時代中期～後期の対馬藩士。
¶国書（平山棐　ひらやまたすけ　[生]宝暦12（1762）年4月12日　[没]文化13（1816）年2月26日），コン改，コン4，日人，藩臣7（平山次郎右衛門　ひらやまじろうえもん）

平山藤次郎 ひらやまとうじろう
＊～明治43（1910）年
江戸時代末期～明治期の徳島藩士、海軍軍人。藩命で海軍兵学寮に入り、日清戦争の際には八重山の艦長を務める。
¶人名（[生]1851年），徳島歴（[生]弘化4（1847）年　[没]明治43（1910）年4月11日），日人（[生]1851年），幕末（[生]1847年　[没]1910年4月11日）

平山尚住 ひらやまなおずみ
？ ～明和5（1768）年
江戸時代中期の安芸広島藩士。尾道築港の功労者。
¶近世（[没]1745年），国史（[没]1745年），コン改，コン4，新潮（[没]明和5（1768）年12月），人名，日人（[没]1745年）

平山梅人 ひらやまばいじん
延享1（1744）年～享和1（1801）年　[別]梅人《ばいじん》
江戸時代中期～後期の俳人、田原藩士。
¶愛知百（[没]1801年1月14日），国書（梅人　ばいじん　[没]享和1（1801）年10月14日），人名，姓氏愛知，日人，俳諧（梅人　ばいじん　[生]？），俳句（梅人　ばいじん　[没]享和1（1801）年1月14日），和俳

平山兵介 ひらやまひょうすけ
天保12（1841）年～文久2（1862）年　[別]平山兵介《ひらやまへいすけ》，細谷忠斎《ほそやちゅうさい》
江戸時代末期の水戸藩士。
¶維新（ひらやまへいすけ），新潮（[没]文久2（1862）年1月25日），人名，日人，幕末（ひらやまへいすけ　[没]1862年2月13日），藩臣2（ひらやまへいすけ）

平山兵原 ひらやまへいげん
→平山子竜（ひらやましりょう）

平山兵介 ひらやまへいすけ
→平山兵介（ひらやまひょうすけ）

平山康吉 ひらやまやすよし
生没年不詳
江戸時代中期の剣術家。
¶日人

平山敬忠 ひらやまよしただ
→平山省斎（ひらやませいさい）

比留田権藤太 ひるたごんとうた
？ ～明治15（1882）年　[別]比留田権藤太《ひるたごんのとうた》
江戸時代末期～明治期の郷士。蛤御門の変で活躍。天皇の東京遷幸の際には守衛隊取締として供奉。
¶維新，姓氏京都（ひるたごんのとうた），幕末（[没]1882年3月9日）

比留田権藤太 ひるたごんのとうた
→比留田権藤太（ひるたごんとうた）

比留間国造 ひるまくにぞう
弘化1（1844）年～明治38（1905）年
江戸時代末期～明治期の甲源一刀流剣術家。
¶埼玉人

比留間半造 ひるまはんぞう
文化1（1804）年～明治20（1887）年　[別]比留間半造利充《ひるまはんぞうとしみつ》
江戸時代末期～明治期の剣術家。
¶埼玉人，埼玉百（比留間半造利充　ひるまはんぞうとしみつ），幕末（[没]1887年9月28日）

比留間半造利充 ひるまはんぞうとしみつ
→比留間半造（ひるまはんぞう）

比留間与八 ひるまよはち
明和5（1768）年～天保11（1840）年　[別]比留間与八利恭《ひるまよはちとしひろ》
江戸時代後期の剣術家。
¶剣豪，埼玉人（[没]天保11（1840）年7月24日），埼玉百（比留間与八利恭　ひるまよはちとしひろ），人名，大百（[生]1769年），日人（[生]1772年 [没]1843年）

比留間与八利恭 ひるまよはちとしひろ
→比留間与八（ひるまよはち）

比留間良八 ひるまりょうはち
天保11（1840）年～大正1（1912）年　[別]比留間良八利衆《ひるまりょうはちりしゅう》
江戸時代末期～明治期の剣術家。
¶埼玉人（[没]大正1（1912）年10月21日），埼玉百（比留間良八利衆　ひるまりょうはちりしゅう），幕末（[生]1841年　[没]1912年10月29日）

比留間良八利衆 ひるまりょうはちりしゅう
→比留間良八（ひるまりょうはち）

広井磐之助 ひろいいわのすけ
天保11（1840）年～慶応2（1866）年10月15日
江戸時代末期の土佐藩士。
¶高知人，高知百（[生]1838年　[没]1864年），国書，幕末

広井鴻 ひろいこう
明和7（1770）年～嘉永6（1853）年　[別]広井遊冥《ひろいゆうめい》
江戸時代後期の土佐藩士。
¶高知人，国書（広井遊冥　ひろいゆうめい　[生]明和7（1770）年10月15日　[没]嘉永6（1853）年9月11日），人名，日人（広井遊冥　ひろいゆうめい），幕末（[没]1853年10月13日）

広井遊冥 ひろいゆうめい
→広井鴻（ひろいこう）

広井良図 ひろいりょうと
文政10（1827）年～明治36（1903）年
江戸時代末期～明治期の長門清末藩の儒学者。
¶幕末（[没]1903年8月2日），藩臣6

広岡子之次郎 ひろおかねのじろう
天保11（1840）年～万延1（1860）年　[別]平岡子之次郎《ひらおかねのじろう》
江戸時代末期の水戸藩士。
¶維新，人名（[生]1842年），日人，幕末（平岡子之次郎　ひらおかねのじろう　[没]1860年3月24日），藩臣2

弘勝之助 ひろかつのすけ
天保8（1837）年～元治1（1864）年　[別]弘忠貞《ひろただささだ》
江戸時代末期の長州（萩）藩士。
¶維新，人名，日人，幕末（弘忠貞　ひろただささだ　[没]1864年8月20日），藩臣6（弘忠貞　ひろただささだ）

広川喜右衛門 ひろかわきえもん
生没年不詳
江戸時代前期の最上氏遺臣。
¶庄内

広木重右衛門 ひろきじゅううえもん
？ ～嘉永3（1850）年
江戸時代後期の幕府勘定方役人。
¶姓氏群馬

広木松之介（広木松之助） ひろきまつのすけ
天保9（1838）年～文久2（1862）年
江戸時代末期の水戸藩属吏。
¶維新，鎌倉（広木松之助　[生]天保10（1839）年 [没]文久3（1863）年），新潮（広木松之助　[没]文久2（1862）年3月3日），人名，日人，幕末（[没]1862年4月1日），藩臣2

広沢真臣 ひろさわさねおみ
天保4（1833）年～明治4（1871）年　[別]広沢真臣《ひろさわまさおみ》，波多野金吾《はたのきんご》，兵助
江戸時代末期～明治期の長州藩の志士、政治家。
¶朝日（[生]天保4年12月29日（1834年2月7日） [没]明治4年1月9日（1871年2月27日）），維新，岩史（[生]天保4（1833）年12月29日　[没]明治4（1871）年1月9日），角史，京都大，近現，近世，国際，国史，国書（[生]天保4（1833）年12月29日 [没]明治4（1871）年1月9日），コン改，コン4，コン5，史人（[生]1833年12月29日　[没]1871年1月9日），重要（[生]天保4（1833）年12月29日　[没]明治4（1871）年1月9日），新潮（[生]天保4（1833）年12月29日　[没]明治4（1871）年1月9日），人名，姓氏京都，姓氏山口，世人（[生]天保4（1833）年12月29日　[没]明治4（1871）年1月9日），世百，先駆（ひろさわまさおみ　[生]天保4（1834）年12月29日　[没]明治4（1871）年1月9日），全書，大百，日史（[生]天保4（1833）年12月29日　[没]明治4（1871）年1月9日），日人（[生]1834年），日本，

幕末（[生]1834年　[没]1871年2月27日），藩臣6，百科，山口百，履歴（[生]天保4（1833）年12月29日　[没]明治4（1871）年1月8日），歴大

広沢晋一 ひろさわしんいち
生没年不詳
江戸時代末期の幕臣。
¶国書

広沢俊徳 ひろさわとしのり
文政10（1827）年～明治18（1885）年
江戸時代末期～明治期の上総久留里藩士。
¶維新

広沢真臣 ひろさわまさおみ
→広沢真臣（ひろさわさねおみ）

広沢安任 ひろさわやすとう
天保1（1830）年～明治24（1891）年
江戸時代末期～明治期の陸奥会津藩士。
¶青森人，青森百，維新，国書（[生]文政13（1830）年2月2日　[没]明治24（1891）年2月5日），食文（[生]文政13年2月2日（1830年2月24日）　[没]1891年2月5日），人名，先駆（[生]天保1（1829）年2月2日　[没]明治24（1891）年2月5日），全書，日人，幕末（[没]1891年2月5日），藩臣1，藩臣2，福島百

弘新次郎 ひろしんじろう
嘉永1（1848）年～慶応2（1866）年
江戸時代末期の長州（萩）藩士。
¶維新，幕末（[没]1866年9月10日）

広瀬曲巷 ひろせきょっこう
文政7（1824）年～明治31（1898）年
江戸時代末期～明治期の筑後久留米藩士。
¶人名，日人

広瀬源左衛門 ひろせげんざえもん
？　～宝永7（1710）年
江戸時代中期の加賀大聖寺藩士。
¶藩臣3

弘瀬健太（広瀬健太） ひろせけんた
天保7（1836）年～文久3（1863）年
江戸時代末期の土佐藩士。土佐勤王党に参加。
¶朝日（[没]文久3年6月8日（1863年7月23日）），維新，高知人，コン改（広瀬健太　[生]？），コン4（広瀬健太　[生]？），新潮（[没]文久3（1863）年6月8日），人名，日人，幕末（[没]1863年7月18日），藩臣6

広瀬郷右衛門 ひろせごううえもん
？　～文政5（1822）年
江戸時代後期の上野吉井藩士。
¶藩臣2

広瀬克斎 ひろせこくさい
？　～文化8（1811）年　[別]広瀬繁蔵《ひろせしげぞう》
江戸時代後期の常陸土浦藩士。
¶国書（[没]文化8（1811）年4月4日），藩臣2（広瀬繁蔵　ひろせしげぞう）

広瀬繁蔵 ひろせしげぞう
→広瀬克斎（ひろせこくさい）

広瀬重武 ひろせしげたけ
天保7（1836）年～明治34（1901）年
江戸時代末期～明治期の豊後岡藩士。
¶維新，大分歴，人名，日人，幕末（[没]1901年4月7日），藩臣7（[生]天保8（1837）年）

広瀬周伯 ひろせしゅうはく
？　～文政1（1818）年
江戸時代後期の蘭学者、常陸谷田部藩医。杉田玄白の門人。
¶朝日（生没年不詳），茨城百，郷土茨城，近世（生没年不詳），国史（生没年不詳），国書，日人，藩臣2

広瀬台山 ひろせたいざん，ひろせだいざん
宝暦1（1751）年～文化10（1813）年
江戸時代中期～後期の美作津山藩士、南画家。南宗山水画を描く。
¶朝日（[没]文化10年10月13日（1813年11月5日）），岡山人，岡山百（[生]寛延4（1751）年1月28日　[没]文化10（1813）年10月13日），岡山歴（[生]寛延4（1751）年1月28日　[没]文化10（1813）年10月13日），国書（[生]寛延4（1751）年1月15日　[没]文化10（1813）年10月13日），人書94（ひろせだいざん），人名（ひろせだいざん），日人，藩臣6，名画

広瀬親門 ひろせちかかど
生没年不詳
江戸時代前期の武芸家。
¶国書

広瀬親英 ひろせちかひで
生没年不詳
江戸時代前期の武芸家。
¶国書

広瀬典 ひろせてん
→広瀬蒙斎（ひろせもうさい）

広瀬政敏 ひろせまさとし
天保7（1836）年～元治1（1864）年
江戸時代末期の加賀藩士。
¶維新，人名（[生]1837年），日人，幕末（[没]1864年10月3日）

広瀬宗栄 ひろせむねよし
安永3（1774）年～嘉永6（1853）年
江戸時代後期の丹後田辺藩士。
¶国書（[没]嘉永6（1853）年1月），藩臣5

広瀬蒙斎 ひろせもうさい
明和5（1768）年～文政12（1829）年　[別]広瀬典《ひろせてん》
江戸時代中期～後期の陸奥白河藩士、儒学者。
¶江文，国書（[没]文政12（1829）年2月10日），人名，日人，藩臣2（広瀬典　ひろせてん），福島百（広瀬典　ひろせてん　[生]明和5（1768）年？），三重

広田亥一郎 ひろたいいちろう
天保13（1842）年～明治12（1879）年
江戸時代末期～明治期の加賀大聖寺藩の教育者。算術、測量学を教授。著書に「洋算階梯」がある。
¶数学（[没]明治12（1879）年2月24日），姓氏石川，幕末（[生]1842年11月　[没]1879年2月24日），藩臣3

広田嘉三郎 ひろたかさぶろう
嘉永2（1849）年～明治5（1872）年12月4日

江戸時代末期〜明治期の加賀藩士。
¶幕末

広田憲令 ひろたけんれい
　？〜？
　江戸時代後期の奥州白川藩士、立教館創設者。
¶三重続

広田図書 ひろたずしょ
　？〜寛永17(1640)年
　江戸時代前期の備後福山藩家老。
¶藩臣6

広田精一 ひろたせいいち
　天保11(1840)年〜元治1(1864)年　別広田執中《ひろたもりなか》、太田民吉《おおたみんきち》
　江戸時代末期の下野宇都宮藩士。
¶維新、神人(㊤天保11(1840)年6月28日)　㊦元治1(1864)年7月22日)、人名(㊤1837年)、栃木歴(広田執中(ひろたもりなか)、日人

弘忠貞 ひろただただ
　→弘勝之助(ひろかつのすけ)

広田太郎右衛門 ひろたたろうえもん
　生没年不詳
　江戸時代前期の遠野南部氏家老。
¶姓氏岩手

広田太郎兵衛 ひろたたろべえ
　？〜寛文2(1662)年
　江戸時代前期の備後福山藩用人。
¶藩臣6

広田尚 ひろたひさし
　天保14(1843)年〜明治28(1895)年5月6日
　江戸時代末期〜明治期の熊本藩郷士、政治家。
¶熊本百(㊤天保14(1843)年12月8日)、幕末

広田杢右衛門 ひろたもくえもん
　生没年不詳
　江戸時代末期の武士、城代。
¶和歌山人

広田執中 ひろたもりなか
　→広田精一(ひろたせいいち)

弘田良助 ひろたりょうすけ
　生没年不詳
　江戸時代中期の土佐藩の郷士。
¶国書

広津藍渓 ひろつらんけい
　宝永6(1709)年〜寛政6(1794)年
　江戸時代中期の筑後久留米藩士。
¶国書(㊤宝永6(1709)年5月5日　㊦寛政6(1794)年11月13日)、人名(㊤1719年)、日人、藩臣7、福岡百(㊤宝永6(1709)年5月5日　㊦寛政6(1794)年11月13日)

弘中重義 ひろなかしげよし
　？〜文政11(1828)年
　江戸時代中期の歌人、富山藩士。
¶人名、富山文(㊦文政11(1828)年6月)、日人、和俳(生没年不詳)

広仲太次馬 ひろなかたじま
　宝暦10(1760)年〜文化10(1813)年
　江戸時代中期の小田原藩士。

¶神奈川人

弘中与三右衛門 ひろなかよさうえもん
　文政8(1825)年〜元治1(1864)年　別弘中与三右衛門《ひろなかよさえもん》
　江戸時代末期の長州(萩)藩寄組。
¶維新(ひろなかよさえもん)、人名(㊤1826年)、日人、幕末(㊦1864年8月20日)

弘中与三右衛門 ひろなかよさえもん
　→弘中与三右衛門(ひろなかよさうえもん)

広橋太助 ひろはしたすけ
　？〜文政13(1830)年
　江戸時代後期の伊予松山藩の民政家。
¶愛媛百(㊦文政13(1830)年4月16日)、近世国史、日人、藩臣6

広部周助 ひろべしゅうすけ
　文政4(1821)年〜明治19(1886)年
　江戸時代末期〜明治期の上総請西藩士。
¶藩臣3

広部鳥道 ひろべちょうどう
　文政5(1822)年〜明治14(1881)年
　江戸時代末期〜明治期の越前福井藩士。
¶維新、国書(㊦明治14(1881)年10月1日)、人名(㊤?)、日人、幕末(㊦1881年10月1日)

弘正方 ひろまさかた
　文化7(1810)年〜万延1(1860)年
　江戸時代の国学者、長州藩士。
¶国書(㊦万延1(1860)年7月)、人名、日人

弘光明之助 ひろみつあきのすけ
　天保11(1840)年〜明治22(1889)年12月8日
　江戸時代末期〜明治期の志士。土佐勤王党に参加。
¶幕末

【ふ】

風圭 ふうけい
　宝暦7(1757)年〜天保2(1831)年11月
　江戸時代中期〜後期の俳人。紀伊和歌山藩士・吉田半左衛門。
¶国書

風虎 ふうこ
　→内藤風虎(ないとうふうこ)

風悟 ふうご
　享保17(1732)年〜文化12(1815)年7月14日
　江戸時代中期〜後期の俳人、紀伊和歌山藩士・松尾隆弘。
¶国書

風香 ふうこう
　文化11(1814)年〜明治15(1882)年
　江戸時代後期〜明治期の俳人、紀伊和歌山藩士・田中幸之丞。
¶国書

風石 ふうせき
　享保8(1723)年〜天明5(1785)年6月22日
　江戸時代中期の俳人、尾張藩士・宮地氏。
¶国書

ふ

深井景周 ふかいかげちか
宝暦10(1760)年～天保3(1832)年6月19日
江戸時代中期～後期の武道家。
¶国書

深井賢之助 ふかいけんのすけ
天保2(1831)年～？
江戸時代後期～末期の新撰組隊士。
¶新撰

深井静馬 ふかいしずま
文政10(1827)年～明治21(1888)年
江戸時代末期～明治期の三河吉田藩家老。
¶幕末([没]1888年9月23日)，藩臣4

深井秋水 ふかいしゅうすい
寛永19(1642)年～享保8(1723)年
江戸時代前期～中期の槍術家。
¶高知人，人名，日人

深井善蔵 ふかいぜんぞう
文政3(1820)年～明治17(1884)年
江戸時代後期～明治期の武士。駿河沼津藩水野家に仕えた。
¶姓氏静岡

深井半左衛門 ふかいはんざえもん
文政9(1826)年～明治13(1880)年　[別]長尾連《ながおむらじ》
江戸時代末期～明治期の伊勢津藩士。
¶維新

深井吉親 ふかいよしちか
天正14(1586)年～慶安3(1650)年
安土桃山時代～江戸時代前期の武将。
¶日人

深江遠広 ふかえとおひろ
天保14(1843)年～明治29(1896)年
江戸時代末期～明治期の肥前平戸藩士。
¶維新，神人(生没年不詳)，人名，日人，幕末([没]1896年6月15日)

深尾角馬 ふかおかくま
寛永8(1631)年～天和2(1682)年　[別]深尾重義《ふかおしげよし》
江戸時代前期の剣術家、因幡鳥取藩士。雖井蛙流兵法を開く。
¶朝日([没]天和2年10月27日(1682年11月26日))，剣豪，人名(深尾重義　ふかおしげよし　[生]？)，鳥取百，日人，藩臣5

深尾鼎 ふかおかなえ
→深尾重先(ふかおしげもと)

深尾重照 ふかおしげあき
元和4(1618)年～元禄2(1689)年
江戸時代前期～中期の第3代佐川土居付き家老。
¶高知人

深尾蕃顕 ふかおしげあき
→深尾弘人(ふかおひろめ)

深尾重方 ふかおしげかた
寛文12(1672)年～享保16(1731)年
江戸時代中期の土佐藩家老。
¶高知人，藩臣6

深尾重忠 ふかおしげただ
永禄12(1569)年～万治1(1658)年
江戸時代前期の土佐藩老臣。
¶高知人

深尾重教 ふかおしげのり
文化1(1804)年～嘉永6(1853)年
江戸時代後期の第9代佐川土居付き家老。
¶高知人

深尾重昌 ふかおしげまさ
慶長3(1598)年～寛文12(1672)年
江戸時代前期の土佐藩家老。
¶高知人，藩臣6

深尾重先 ふかおしげもと
文政10(1827)年～明治23(1890)年　[別]深尾鼎《ふかおかなえ》
江戸時代末期～明治期の土佐藩家老。
¶維新(深尾鼎　ふかおかなえ)，高知人，国書([生]文政10(1827)年5月13日　[没]明治23(1890)年1月21日)，幕末([没]1890年1月31日)

深尾重義 ふかおしげよし
→深尾角馬(ふかおかくま)

深尾重良 ふかおしげよし
弘治3(1557)年～寛永9(1632)年
安土桃山時代～江戸時代前期の土佐藩家老。
¶高知人，高知百，藩臣6

深尾成質 ふかおなるただ
天保12(1841)年～
江戸時代末期の土佐藩家老。
¶高知人

深尾弘人 ふかおひろめ
文化7(1810)年～明治20(1887)年　[別]深尾蕃顕《ふかおしげあき》
江戸時代末期～明治期の土佐藩士。
¶高知人(深尾蕃顕　ふかおしげあき)，幕末([没]1887年5月21日)

深沢儀太夫 ふかさわぎだゆう
天正12(1584)年～寛文3(1663)年
江戸時代前期の肥前大村藩士。
¶藩臣7

深沢喬山 ふかざわきょうざん
生没年不詳
江戸時代後期の播磨三日月藩士。
¶国書，藩臣5

深沢君山 ふかざわくんざん
寛保1(1741)年～文化6(1809)年
江戸時代中期～後期の播磨三日月藩家老。
¶国書([生]寛保1(1741)年4月5日　[没]文化6(1809)年6月26日)，人名，日人，藩臣5，兵庫人([生]寛保1(1741)年4月5日　[没]文化6(1809)年6月26日)，兵庫百

深沢景山 ふかざわけいざん
生没年不詳
江戸時代後期の播磨三日月藩家老。
¶藩臣5

深沢茂邦 ふかざわしげくに
生没年不詳
江戸時代後期の播磨三日月藩家老。

深沢弥三郎　ふかざわやさぶろう
　天保13(1842)年～?
　江戸時代末期の上総飯野藩士。
　¶藩臣3

深沢雄象　ふかざわゆうぞう
　天保4(1833)年～明治40(1907)年
　江戸時代末期～明治期の前橋藩士。
　¶群馬人(㊞明治34(1901)年)，群馬百，姓氏群馬，日人，幕末(㊞1907年8月5日)，藩臣2

深沢楽山　ふかざわらくさん
　安永8(1779)年～天保5(1834)年
　江戸時代後期の播磨三日月藩家老。
　¶藩臣5

深栖幾太郎　ふかすきたろう
　天保12(1841)年～慶応1(1865)年　㊼深栖俊助《ふかすしゅんすけ》
　江戸時代末期の近江膳所藩士。
　¶維新，人名(深栖俊助　ふかすしゅんすけ)，日人(㊞1842年)，幕末(㊞1865年12月8日)

深栖俊助　ふかすしゅんすけ
　→深栖幾太郎(ふかすきたろう)

深栖多門　ふかすたもん
　?～明治1(1868)年
　江戸時代末期の長州(萩)藩士。
　¶維新(㊞1841年)，人名(㊞1841年)，日人，幕末(㊞1868年10月20日)，藩臣6

深瀬堅吾　ふかせけんご
　享和1(1801)年～明治5(1872)年2月16日
　江戸時代末期～明治期の土佐藩郷士。
　¶幕末

深瀬繁理　ふかせしげさと
　→深瀬繁理(ふかせしげり)

深瀬繁理　ふかせしげり
　文政10(1827)年～文久3(1863)年　㊼深瀬繁理《ふかせしげさと》
　江戸時代末期の十津川郷士。
　¶維新(ふかせしげさと)，新潮(㊞文久3(1863)年9月25日)，人名，日人，幕末(ふかせしげさと　㊞1863年11月6日)

深瀬清三郎　ふかせせいざぶろう
　文化2(1805)年～慶応3(1867)年9月11日
　江戸時代後期～末期の志士。
　¶庄内

深瀬忠良　ふかせただよし
　生没年不詳
　江戸時代前期の長州萩藩士。
　¶国書

深瀬仲麿　ふかせなかまろ
　天保12(1841)年～明治7(1874)年　㊼野崎仲麿《のざきなかまろ》
　江戸時代末期～明治期の十戸津川郷士。
　¶維新，新潮(㊞明治7(1874)年1月14日)，人名，日人，幕末(㊞1874年1月14日)

深田円空　ふかだえんくう
　→深田正室(ふかだまさむろ)

深田九皐　ふかだきゅうこう
　元文1(1736)年～享和2(1802)年
　江戸時代中期～後期の儒者，尾張藩士。
　¶国書(㊞元文1(1736)年10月15日　㊞享和2(1802)年7月13日)，人名，日人

深田香実　ふかだこうじつ
　安永2(1773)年～嘉永3(1850)年　㊼深田正韶《ふかだまさあき》
　江戸時代後期の尾張藩士，儒学者。
　¶国書(㊞嘉永3(1850)年6月19日)，茶道，人名(深田正韶　ふかだまさあき)，日人，藩臣4

深田左兵衛　ふかださへえ
　宝暦7(1757)年～文政11(1828)年
　江戸時代中期～後期の剣術家。石巻我心流祖。
　¶剣豪

深田精一　ふかだせいいち
　享和2(1802)年～安政2(1855)年
　江戸時代末期の尾張藩士。
　¶国書(㊞安政2(1855)年12月27日)，人名(㊞1856年)，藩臣4(㊞享和2(1802)年?)

深谷市郎右衛門　ふかたにいちろううえもん
　→深谷公幹(ふかやきんもと)

深谷平三郎　ふかたにへいざぶろう
　元和2(1616)年～延宝4(1676)年
　江戸時代前期の筑後久留米藩士。
　¶藩臣7

深田正韶　ふかだまさあき
　→深田香実(ふかだこうじつ)

深田正室　ふかだまさむろ
　?～寛文3(1663)年　㊼深田円空《ふかだえんくう》
　江戸時代前期の尾張藩士，儒学者。
　¶コン改，コン4，人名(深田円空　ふかだえんくう)，全書，大百，日人(深田円空　ふかだえんくう)，藩臣4(深田円空　ふかだえんくう)

深津作兵衛　ふかつさくべえ
　?～寛永5(1628)年
　江戸時代前期の陸奥弘前藩士。
　¶藩臣1

武津高勝　ふかつたかかつ
　生没年不詳
　江戸時代前期の武士。
　¶和歌山人

深野新兵衛　ふかのしんべえ
　寛政6(1794)年～?
　江戸時代後期の長州萩藩士。
　¶国書

深野孫兵衛　ふかのまごべえ
　天保2(1831)年～文久3(1863)年
　江戸時代末期の筑後久留米藩士。
　¶維新，人名，日人，幕末(㊞1863年6月23日)

深堀純賢　ふかぼりすみまさ，ふかほりすみまさ
　天文16(1547)年～元和5(1619)年　㊼西郷純賢《さいごうすみまさ》
　戦国時代～江戸時代前期の武士。
　¶戦人(生没年不詳)，戦西，長崎百(ふかほりす

みまさ)

深堀仲慮 ふかぼりちゅうりょ
正徳4(1714)年～寛政6(1794)年2月13日
江戸時代中期～後期の上野安中藩士・農家・歌人。
¶国書

深町景仰 ふかまちかげすけ
生没年不詳
江戸時代後期の加賀大聖寺藩士。
¶国書

深町景知 ふかまちかげとも
文政10(1827)年～明治14(1881)年
江戸時代末期～明治期の加賀大聖寺藩士。
¶藩臣3

深町十蔵 ふかまちじゅうぞう
生没年不詳
江戸時代末期の加賀大聖寺藩士。
¶国書

深見有隣 ふかみありちか
元禄4(1691)年～安永2(1773)年　[別]深見有隣《ふかみゆうりん》
江戸時代中期の幕臣。
¶朝日([生]元禄4年11月5日(1691年12月24日)　[没]安永2年2月15日(1773年3月7日)), 江文(ふかみゆうりん　[生]正徳5(1715)年), 近世, 国史, 国書([生]元禄4(1691)年11月5日　[没]安永2(1773)年2月15日), 日史([没]安永2(1773)年2月15日), 日人, 歴大

深見休蔵 ふかみきゅうぞう
生没年不詳
江戸時代末期の薩摩藩士。
¶幕末

深美秀剰 ふかみひでのり
*～寛文12(1672)年
江戸時代前期の加賀藩士。
¶日人([生]1598年), 藩臣3([生]?)

深見有隣 ふかみゆうりん
→深見有隣(ふかみありちか)

深谷右馬允 ふかやうまのじょう
安土桃山時代～江戸時代前期の茶人。佐竹氏家臣。
¶戦人(生没年不詳), 戦東

深谷公幹 ふかやきんもと
寛保1(1741)年～?　[別]深谷市郎右衛門《ふかたにいちろううえもん》
江戸時代中期の遠江相良藩家老。
¶国書, 藩臣4(深谷市郎右衛門　ふかたにいちろううえもん)

深谷周三 ふかやしゅうぞう
天保7(1836)年～大正5(1916)年
江戸時代末期～大正期の静岡藩士、陸軍獣医部門の創立者。
¶静岡歴

深谷甚右衛門 ふかやじんえもん
?　～承応2(1653)年
江戸時代前期の武士。
¶岡山人, 岡山歴

深谷忠兵衛 ふかやちゅうべい
江戸時代前期の小野陣屋代官。
¶岐阜百

深谷盛重 ふかやもりしげ
～寛保3(1743)年
江戸時代中期の旗本。
¶神奈川人

深谷盛房 ふかやもりふさ
生没年不詳
江戸時代後期の幕臣。第28代京都東町奉行。
¶京都大, 姓氏京都

不川顕賢 ふかわあきかた
生没年不詳　[別]不川顕賢《ふかわあきたか》
江戸時代末期の伊予宇和島藩士。
¶愛媛百(ふかわあきたか　[生]文政2(1819)年　[没]明治40(1907)年12月), 幕末, 藩臣6

不川顕賢 ふかわあきたか
→不川顕賢(ふかわあきかた)

福井某 ふくい
江戸時代末期の新撰組隊士。
¶新撰

福井敬斎 ふくいけいさい
?　～寛政12(1800)年
江戸時代中期～後期の学者、丹波篠山藩医。
¶国書([没]寛政12(1800)年12月24日), 日人([没]1801年), 藩臣5

福井重次郎 ふくいじゅうじろう
享保18(1733)年～享和2(1802)年
江戸時代中期～後期の宇都宮の武術家。
¶栃木歴

福井太郎 ふくいたろう
天保11(1840)年～明治1(1868)年
江戸時代末期の長州(萩)藩士。
¶維新, 人名, 日人, 幕末([没]1868年8月10日)

福井忠次郎 ふくいちゅうじろう
天保4(1833)年～明治39(1906)年
江戸時代後期～明治期の毛利家家臣。
¶姓氏山口

福井儀靖 ふくいのりやす
天保13(1842)年～慶応4(1868)年
江戸時代末期の安房勝山藩士。
¶藩臣3

福井兵右衛門 ふくいひょうえもん
→福井嘉平(ふくいよしひら)

福井兵右衛門 ふくいへいうえもん
→福井嘉平(ふくいよしひら)

福井嘉平 ふくいよしひら
元禄15(1702)年～天明2(1782)年　[別]福井兵右衛門《ふくいひょうえもん,ふくいへいうえもん》
江戸時代中期の剣術家。神道無念流祖。
¶剣豪(福井兵右衛門　ふくいひょうえもん), 栃木歴(福井兵右衛門　ふくいへいうえもん), 日人([生]1700年)

福居芳麿 ふくいよしまろ
生没年不詳
江戸時代後期の幕臣、国学者。

¶国書，日人

福内鬼外 ふくうちきがい
→平賀源内（ひらがげんない）

福王忠篤 ふくおうただあつ
江戸時代末期の第22代飛騨国代官。
¶岐阜百

福王信近 ふくおうのぶちか
元禄6（1693）年～安永7（1778）年12月24日
江戸時代中期の幕臣。
¶国書

福岡宮内 ふくおかくない
→福岡孝茂（ふくおかたかしげ）

福岡孝弟 ふくおかこうてい
→福岡孝弟（ふくおかたかちか）

福岡左源太 ふくおかさげんた
天保4（1833）年～明治29（1896）年7月16日
江戸時代末期～明治期の笠間藩士。
¶幕末

福岡世徳 ふくおかせいとく
嘉永1（1848）年～昭和2（1927）年 [別]福岡世徳《ふくおかつぐのり》
江戸時代末期～明治期の出雲松江藩士。
¶島根人，島根百（[生]嘉永1（1848）年10月15日 [没]昭和2（1927）年1月30日），島根歴（[生]嘉永2（1849）年），世紀（[生]嘉永1（1848）年10月15日 [没]昭和2（1927）年1月30日），日人（ふくおかつぐのり），幕末（[没]1927年1月30日）

福岡精馬 ふくおかせいま
天保1（1830）年～明治9（1876）年
江戸時代末期～明治期の小路藩士。
¶高知人，幕末（[没]1876年1月31日）

福岡惣助 ふくおかそうすけ
天保2（1831）年～元治1（1864）年 [別]福岡義比《ふくおかよしつら》，日下部惣助《くさかべそうすけ》
江戸時代末期の加賀藩与力。
¶維新，人名（福岡義比 ふくおかよしつら），姓氏石川，日人，幕末（[生]1831年7月2日 [没]1864年11月25日），藩臣3

福岡孝茂 ふくおかたかしげ
文政10（1827）年～明治39（1906）年 [別]福岡宮内《ふくおかくない》
江戸時代末期～明治期の土佐藩家老。
¶維新（福岡宮内 ふくおかくない），高知人，人名，日人，幕末（[没]1906年12月23日）

福岡孝弟（福岡孝悌） ふくおかたかちか
天保6（1835）年～大正8（1919）年 [別]福岡孝弟《ふくおかこうてい》
江戸時代末期～明治期の土佐藩士、明治政府官僚、政治家。
¶朝日（[生]天保6年2月5日（1835年3月3日） [没]大正8（1919）年3月7日），維新，岩史（[生]天保6（1835）年2月5日 [没]大正8（1919）年3月7日），角史，教育，京都大（福岡孝悌），近現，高知人，高知百，国史，国書（[生]天保6（1835）年2月5日 [没]大正8（1919）年3月7日），コン改，コン4，コン5，史人（[生]1835年2月6日 [没]1919年3月7日），重要（[生]天保6（1835）年2月6日 [没]大正8（1919）年3月5日），新潮（[生]天保6（1835）年2月5日 [没]大正8（1919）年3月5日），人名，姓氏京都（福岡孝悌），世人（[生]天保6（1835）年2月6日 [没]大正8（1919）年3月5日），世百（ふくおかこうてい），全書，大百，日史（[生]天保6（1835）年2月5日 [没]大正8（1919）年3月6日），日人，日本，幕末（[没]1919年3月5日），藩臣6，百科，履歴（[生]天保6（1835）年2月6日 [没]大正8（1919）年3月7日），歴大

福岡太郎八 ふくおかたろはち
生没年不詳
江戸時代前期の武士。
¶和歌山人

福岡世徳 ふくおかつぐのり
→福岡世徳（ふくおかせいとく）

福岡光忠 ふくおかみつただ
？ ～寛文6（1666）年
江戸時代前期の武士。
¶和歌山人

福岡干孝 ふくおかもとたか
弘治3（1557）年～寛永9（1632）年
安土桃山時代～江戸時代前期の土佐藩中老。
¶高知人，藩臣6

福岡義比 ふくおかよしつら
→福岡惣助（ふくおかそうすけ）

福川清 ふくかわきよし，ふくがわきよし
弘化3（1846）年～明治21（1888）年
江戸時代末期～明治期の土佐藩士。
¶高知人（ふくがわきよし），幕末（[没]1888年2月4日）

福川犀之助 ふくがわさいのすけ
天保5（1834）年～明治18（1885）年
江戸時代末期～明治期の長州（萩）藩士。
¶幕末（[没]1885年9月8日），藩臣6

福崎季連 ふくざききれん
→福崎季連（ふくざきすえつら）

福崎七之丞 ふくざきしちのじょう
？ ～嘉永6（1853）年
江戸時代後期の薩摩藩士。
¶姓氏鹿児島

福崎季連 ふくざきすえつら
生没年不詳 [別]福崎季連《ふくざききれん》
江戸時代末期の薩摩藩士。
¶沖縄百（ふくざききれん），神人（[生]天保4（1833）年 [没]明治43（1910）年），幕末

福崎助八 ふくざきすけはち
江戸時代末期の薩摩藩士。
¶維新，姓氏鹿児島，幕末（生没年不詳）

福沢諭吉 ふくざわゆきち
天保5（1834）年～明治34（1901）年
江戸時代末期～明治期の啓蒙思想家、教育者、もと中津藩士。咸臨丸に同乗してアメリカに渡り、文久の遣外使節にも随行して「西洋事情」を著す。のち慶応義塾を創立。
¶朝日（[生]天保5年12月12日（1835年1月10日） [没]明治34（1901）年2月3日），維新，岩史（[生]天

ふ

保5(1834)年12月12日　(没)明治34(1901)年2月3日)，海越((生)天保5(1835)年12月12日　(没)明治34(1901)年2月3日)，海越新((生)天保5(1835)年12月12日　(没)明治34(1901)年2月3日)，江文，大分百((生)1835年)，大分歴，大阪人((生)天保5(1834)年12月　(没)明治34(1901)年1月)，大阪文((生)天保6(1835)年1月10日　(没)明治34(1901)年2月3日)，学校((生)天保5(1834)年12月12日　(没)明治34(1901)年2月3日)，角史，教育，近現，近文，国際((生)天保5(1835)年)，国史，国書((生)天保5(1834)年12月12日　(没)明治34(1901)年2月3日)，コン改((生)天保6(1835)年)，コン4((生)天保5(1835)年)，コン5((生)天保5(1835)年)，詩歌，史学，史研((生)天保5(1834)年12月12日　(没)明治34(1901)年2月3日)，史人((生)1834年12月12日　(没)1901年2月3日)，思想((生)天保5(1835)年12月12日　(没)明治34(1901)年2月3日)，児文，重要((生)天保5(1834)年12月12日　(没)明治34(1901)年2月3日)，出版，小説((生)天保5年12月12日(1835年1月10日)　(没)明治34(1901)年2月3日)，食文((生)天保5年12月12日(1835年1月10日)　(没)1901年2月3日)，人書79，人書94，新潮((生)天保5(1834)年12月12日　(没)明治34(1901)年2月3日)，新文((生)天保5(1834)年12月12日　(没)明治34(1901)年2月3日)，人名，世人((生)天保5(1834)年12月12日　(没)明治34(1901)年2月3日)，世百((生)1835年)，先駆((生)天保5(1834)年12月12日　(没)明治34(1901)年2月3日)，全書，大百((生)1835年)，哲学((生)1835年)，伝記((生)1835年)，渡航((生)1834年12月12日　(没)1901年2月3日)，長崎百，長崎歴((生)天保6(1835)年)，日史((生)天保5(1834)年12月12日　(没)明治34(1901)年2月3日)，日児((生)天保5(1835)年1月10日　(没)明治34(1901)年2月3日)，日人((生)1835年)，日本，人情((生)1835年)，人情3((生)1835年)，幕末((生)1835年　(没)1901年2月3日)，藩臣7，百科，文学，平和((生)天保5(1835)年)，民学((生)天保5(1835)年)，明治2((生)1835年)，洋学，履歴((生)天保5(1834)年12月12日　(没)明治34(1901)年2月3日)，歴大

福士秀純　ふくしひでずみ
？　～元和3(1617)年
江戸時代前期の盛岡藩家臣。
¶青森人

福島高晴　ふくしまかたはる
→福島高晴(ふくしまたかはる)

福島軍平　ふくしまぐんぺい
生没年不詳
江戸時代中期の播磨小野藩士。
¶藩臣5

福島献吉　ふくしまけんきち
明和5(1768)年～天保7(1836)年
江戸時代中期～後期の三河吉田藩士。
¶藩臣4

福島松江　ふくしましょうこう
享保7(1722)年～明和9(1772)年
江戸時代中期の美濃岩村藩士、儒学者。
¶江文((生)正徳2(1712)年)，国書((没)明和9(1772)年6月10日)，人名((生)1712年)，日人，藩臣3

福島資英　ふくしますけひで
天保11(1840)年12月4日～
江戸時代後期～明治期の勢州長島藩士、南牟婁郡長。
¶三重続

福島千之助　ふくしませんのすけ
文政12(1829)年～文久1(1861)年
江戸時代末期の陸奥弘前藩士。
¶藩臣1

福島高晴　ふくしまたかはる
天正1(1573)年～寛永10(1633)年　(別)福島高晴《ふくしまかたはる》
安土桃山時代～江戸時代前期の武将、大名。伊勢長島城主、大和松山藩主。
¶姓氏愛知，戦国(ふくしまかたはる)，戦人，日人，藩主3，藩主3((没)寛永10(1633)年9月25日)

福島忠勝　ふくしまただかつ
慶長4(1599)年～元和6(1620)年
江戸時代前期の大名。信濃高井野藩主。
¶日人，藩主2((没)元和6(1620)年9月14日)

福島治重　ふくしまはるしげ
安土桃山時代～江戸時代前期の福島正則の家老。
¶人名，日人(生没年不詳)

福島平作　ふくしまへいさく
生没年不詳
江戸時代後期の遠江掛川藩士。
¶藩臣4

福島正利　ふくしままさとし
慶長6(1601)年～＊
江戸時代前期の大名。信濃高井野藩主。
¶日人((没)1638年)，藩主2((没)寛永14(1637)年12月8日)

福島正則　ふくしままさのり
永禄4(1561)年～寛永1(1624)年　(別)羽柴左衛門大夫《はしばさえもんだいぶ》，清洲侍従《きよすじじゅう》
安土桃山時代～江戸時代前期の武将。関ヶ原の戦いで東軍につき安芸広島藩主に。しかし後に改易された。
¶愛知百((没)1624年7月13日)，朝日((没)寛永1年7月13日(1624年8月26日))，岩史((没)寛永1(1624)年7月13日)，角史，郷土長野，近世，公卿((没)寛永1(1624)年7月)，国史，国書((没)寛永1(1624)年7月13日)，古中，コン改，コン4，茶道，史人((没)1624年7月13日)，重要((没)寛永1(1624)年7月13日)，人書94，新潮((没)寛永1(1624)年7月13日)，人名，姓氏愛知，姓氏長野，世人((没)寛永1(1624)年7月13日)，世百，戦合，戦国((生)1562年)，全書，戦人，戦西((生)1562年)，大百，長野百((生)？)，長野歴，新潟百，日史((没)寛永1(1624)年7月13日)，日人，藩主2，藩主2((没)寛永1(1624)年7月13日)，藩主4((没)寛永1(1624)年7月13日)，百科，広島百((没)寛永1(1624)年7月)，歴大

福島満政　ふくしまみつまさ
生没年不詳
江戸時代中期の加賀藩士。
¶国書

福島敬典　ふくしまよしのり
天保10(1839)年～明治29(1896)年
江戸時代末期～明治期の越前福井藩士。
¶維新，国際，日人，幕末([没]1896年12月3日)

武久庄兵衛　ぶくしょうべえ
→武久庄兵衛(たけひさしょうべえ)

福瀬甚七　ふくせじんしち
江戸時代前期の代官。里見氏家臣。
¶戦東

福田峨山　ふくだがざん，ふくたがさん;ふくたがざん
宝暦8(1758)年～天保14(1843)年9月14日
江戸時代中期～後期の阿波徳島藩士、国学者、儒学者。
¶国書，徳島百(ふくたがざん)，徳島歴(ふくたがさん)，日人，藩臣6(ふくたがざん　[没]天保14(1842)年)

福田勝之進　ふくだかつのしん
天保14(1843)年～？
江戸時代後期～末期の新撰組隊士。
¶新撰

福田久右衛門　ふくだきゅうえもん
生没年不詳
江戸時代前期の関東郡代伊奈忠治の家臣。
¶埼玉人

福田侠平　ふくだきょうへい
文政12(1829)年～明治1(1868)年
江戸時代末期の長州(萩)藩士。
¶維新，新潮([没]明治1(1868)年11月14日)，人名，日人，幕末([没]1868年12月27日)，藩臣6

福田蔵人　ふくだくろうど
生没年不詳
江戸時代前期の遠野南部氏家老。
¶姓氏岩手

福田作太郎　ふくださくたろう
天保4(1833)年～明治43(1910)年　[別]福田重固《ふくだしげかた》
江戸時代末期～明治期の幕臣。1862年遣欧使節随員としてフランスに渡る。
¶海越，海越新，国書([生]天保4(1833)年5月　[没]明治43(1910)年11月2日)，静岡歴(福田重固　ふくだしげかた)

福田重固　ふくだしげかた
→福田作太郎(ふくださくたろう)

福田秀一　ふくだしゅういち
→福田秀一(ふくだひでいち)

福田少室　ふくだしょうしつ，ふくたしょうしつ
？　～文政2(1819)年
江戸時代後期の美濃大垣藩士。
¶国書([没]文政2(1819)年8月12日)，藩臣3(ふくたしょうしつ)

福田諸領　ふくだしょりょう
文化9(1812)年～明治2(1869)年
江戸時代後期～明治期の遠野南部氏家老。
¶姓氏岩手

福田助左衛門　ふくだすけざえもん
？　～安永5(1776)年
江戸時代中期の尾張藩士。
¶剣豪，藩臣4

福田善三郎　ふくだぜんざぶろう
文政11(1828)年～大正6(1917)年
江戸時代末期～大正期の剣道家。
¶岡山人，岡山歴([没]大正6(1917)年12月18日)

福田大華(福田太華)　ふくだたいか
寛政8(1796)年～安政1(1854)年
江戸時代末期の肥後熊本藩士。画家、国学者。
¶熊本百(福田太華　[生]寛政7(1795)年　[没]安政1(1854)年8月)，国書(福田太華　[没]嘉永7(1854)年8月21日)，人名，日人

福田敬業　ふくだたかのり
文化14(1817)年～明治27(1894)年　[別]万屋兵四郎《よろずやへいしろう》，福田敬業《ふくだけいぎょう》
江戸時代末期～明治期の書肆、加賀藩士。主に洋書の漢訳本の翻刻を取り扱う。
¶朝日(万屋兵四郎　よろずやへいしろう　[生]文政1(1818)年頃　[没]明治27(1894)年8月23日)，維新(万屋兵四郎　よろずやへいしろう)，コン5(万屋兵四郎　よろずやへいしろう)，人名([生]1818年)，姓氏長野，世人([生]文化15(1818)年3月28日　[没]明治27(1894)年8月23日)，長野歴，日人，幕末(万屋兵四郎　よろずやへいしろう　[没]1894年8月23日)，洋学(万屋兵四郎　よろずやへいしろう)

福田為之進　ふくだためのしん
文化10(1813)年～明治19(1886)年8月20日
江戸時代末期～明治期の陸奥会津藩士。
¶幕末

福田秀一　ふくだひでいち
天保10(1839)年～明治3(1870)年　[別]福田秀一《ふくだしゅういち》，東田行蔵《ひがしだぎょうぞう》
江戸時代末期～明治期の尾張藩士。
¶維新(ふくだしゅういち)，コン改，コン4，コン5，新潮([生]天保10(1839)年7月　[没]明治3(1870)年7月10日)，人名，日人

福田弘人　ふくだひろと
→福田弘人(ふくだひろんど)

福田弘人　ふくだひろんど
文政11(1828)年～明治5(1872)年　[別]福田弘人《ふくだひろと》
江戸時代末期～明治期の肥前大村藩士。
¶維新(ふくだひろと)，人名，日人

福田正勝　ふくだまさかつ
生没年不詳
江戸時代後期の武士。
¶和歌山人

福田道昌　ふくだみちまさ
江戸時代末期の幕臣。
¶維新，幕末(生没年不詳)

ふ

福田義方　ふくだよしかた
生没年不詳
江戸時代の郷士。
¶国書

福田六郎　ふくだろくろう
享保3(1718)年～安永6(1777)年
江戸時代中期の八戸藩士。安藤昌益の門弟。
¶青森人

福地勝衛門（福地勝右衛門）　ふくちかつえもん
天保1(1830)年～慶応1(1865)年
江戸時代末期の水戸藩士。
¶維新，人名(福地勝右衛門)，日人，幕末([没]1865年4月29日)

福地吉五郎　ふくちきちごろう
天保11(1840)年～慶応3(1867)年
江戸時代末期の志士。
¶維新

福地常彰　ふくちつねあき
天保4(1833)年～明治7(1874)年
江戸時代末期～明治期の肥前佐賀藩士。
¶維新，人名，日人

福地政次郎　ふくちまさじろう
文化7(1810)年～慶応1(1865)年
江戸時代末期の水戸藩士。
¶維新，国書([没]元治2(1865)年4月5日)，人名([生]1809年)，日人，幕末([没]1865年4月29日)，藩臣2

福地守重　ふくちもりしげ
生没年不詳
安土桃山時代～江戸時代前期の武士。浅野家の家臣。
¶和歌山人

福富称　ふくとみかのう
文化9(1812)年～明治24(1891)年4月27日
江戸時代末期～明治期の土佐藩士。
¶幕末

福富三郎右衛門　ふくとみさぶろうえもん
寛永11(1634)年～享保1(1716)年
江戸時代前期～中期の剣術家。円明流。
¶剣豪

福富親政　ふくとみちかまさ
天正4(1576)年～明暦2(1656)年3月28日
安土桃山時代～江戸時代前期の尾張藩士。もと長曽我部家臣、伊予加藤氏・彦根井伊氏にも仕えた。
¶国書

福留団蔵　ふくどめだんぞう
天明5(1785)年～明治3(1870)年9月29日
江戸時代後期の槍術指南。
¶幕末

福永庸孝　ふくながつねたか
生没年不詳
江戸時代末期の歌人、徳島藩士。
¶徳島歴

福野正勝　ふくのまさかつ
江戸時代前期の武術家、良移心当和の開祖。
¶大阪人，人名，全書，大百

福羽美静　ふくばびせい
天保2(1831)年～明治40(1907)年　[別]福羽美静《ふくばよししず,ふくわよししず》
江戸時代末期～明治期の石見津和野藩の国学者。明治天皇に「古事記」を進講。
¶朝日([生]天保2年7月17日(1831年8月24日)　[没]明治40(1907)年8月14日)，維新，角史，京都大，近現，近世，近文(ふくわよししず)，国際，国史，国書([生]天保2(1831)年7月17日　[没]明治40(1907)年8月14日)，コン改，コン4，コン5，史人([生]1831年7月17日　[没]1907年8月14日)，島根人，島根百(ふくばよししず)，島根歴(ふくばよししず)，神史，神人([生]天保2(1831)年7月17日　[没]明治40(1907)年8月14日)，新潮([生]天保2(1831)年7月17日　[没]明治40(1907)年8月14日)，人名，姓氏京都(ふくばよししず)，世人([生]天保2(1831)年7月17日　[没]明治40(1907)年8月14日)，全書，日史(ふくばよししず　[生]天保2(1831)年7月17日　[没]明治40(1907)年8月14日)，日人，幕末([没]1907年8月14日)，藩臣5(ふくばよししず)，履歴(ふくばよししず　[生]天保2(1831)年7月17日　[没]明治40(1907)年8月14日)，歴大

福羽美静　ふくばよししず
→福羽美静(ふくばびせい)

福原越後　ふくはらえちご,ふくばらえちご
文化12(1815)年～元治1(1864)年　[別]福原元僴《ふくはらもとたけ》,福原元僴《ふくはらもとたけ》,僴《ふくはらもとたけ》
江戸時代末期の長州(萩)藩家老。
¶朝日(ふくばらえちご　[生]文化12年8月28日(1815年9月30日)　[没]元治1年11月12日(1864年12月10日))，維新，角史，京都大，近世，国史，国書(福原元僴　ふくはらもとたけ　[生]文化12(1815)年8月28日　[没]元治1(1864)年11月12日)，コン改，コン4，史人([生]1815年8月28日　[没]1864年11月12日)，重要([生]文化12(1815)年8月28日　[没]元治1(1864)年11月12日)，新潮([生]文化12(1815)年8月28日　[没]元治1(1864)年1月12日)，人名，姓氏京都，姓氏山口(福原元僴　ふくはらもとたけ)，世人，全書，日史([生]文化12(1815)年8月28日　[没]元治1(1864)年11月12日)，日人，幕末(ふくばらえちご　[没]1864年12月10日)，藩臣6，百科，山口百，歴大(ふくばらえちご)

福原往弥　ふくはらおうや
→福原和勝(ふくはらかずかつ)

福原乙之進　ふくはらおとのしん,ふくばらおとのしん
天保8(1837)年～*
江戸時代末期の長州(萩)藩士。
¶維新([没]1863年)，人名([没]1863年)，日人([没]1864年)，幕末(ふくばらおとのしん　[没]1864年1月4日)

福原和勝　ふくはらかずかつ,ふくばらかずかつ
弘化3(1846)年～明治10(1877)年　[別]福原和勝・福原往弥《ふくはらかずかつ・ふくはらおうや》,大江俊行,八州,百合勝
江戸時代末期～明治期の長門長府藩の陸軍軍人。藩命によりイギリスに渡り、欧州の情勢・兵制・

文化を学ぶ。
¶海越（[没]明治10（1877）年3月23日），海越新（[没]明治10（1877）年3月23日），国際，渡航（福原和勝・福原往弥　ふくはらかずかつ・ふくはらおうや　[没]1877年3月23日），日人，幕末（ふくばらかずかつ　[生]1847年　[没]1877年3月22日），藩臣6，陸海（[生]弘化3年5月11日　[没]明治10年3月23日）

福原謙七　ふくはらけんしち
天保12（1841）年～大正13（1924）年　[別]横尾謙七《よこおけんしち》
江戸時代末期～明治期の播磨山崎藩士。故郷で靖獻学舎をおこし子弟の教育に尽力。
¶人名（[没]1923年），世紀（[生]天保12（1841）年8月2日　[没]大正13（1924）年2月6日），日人，藩臣5（横尾謙七　よこおけんしち），兵庫人（[生]天保12（1841）年8月2日　[没]大正13（1924）年2月6日）

福原五郎　ふくばらごろう
→福原芳山（ふくはらほうざん）

福原俊章　ふくばらしゅんしょう
文化3（1806）年～明治21（1888）年
江戸時代後期～明治期の毛利家家臣。
¶姓氏山口

福原勝三郎　ふくばらしょうさぶろう
天保4（1833）年～安政5（1858）年
江戸時代後期～末期の毛利家家老福原23代当主。
¶姓氏山口

福原資氏　ふくはらすけうじ
安永6（1777）年～天保12（1841）年　[別]福原縫殿《ふくわらぬい》
江戸時代後期の陸奥仙台藩士。
¶国書（[没]天保12（1841）年10月18日），藩臣1（福原縫殿　ふくわらぬい）

福原資保　ふくはらすけやす
＊～寛永10（1633）年
安土桃山時代～江戸時代前期の地方豪族・土豪。
¶戦国（[生]1572年），戦人（[生]元亀2（1571）年）

福原清介　ふくはらせいすけ，ふくばらせいすけ
文政10（1827）年～大正2（1913）年
江戸時代末期～明治期の長州（萩）藩士。
¶日人，幕末（ふくばらせいすけ　[没]1913年7月18日），藩臣6

福原善七　ふくはらぜんしち
安土桃山時代～江戸時代前期の武士。里見氏家臣。
¶戦人（生没年不詳），戦東

福原冬嶺　ふくばらとうれい
文化11（1814）年～慶応2（1866）年3月31日
江戸時代末期の長州（萩）藩士。
¶幕末

福原範輔　ふくはらはんすけ，ふくばらはんすけ
文政9（1826）年～明治26（1893）年
江戸時代末期～明治期の周防岩国藩士。
¶剣豪，幕末（ふくばらはんすけ　[没]1893年9月2日），藩臣6

福原広俊　ふくはらひろとし
永禄10（1567）年～元和9（1623）年
安土桃山時代～江戸時代前期の長州藩の武士。
¶姓氏山口，戦人（生没年不詳），戦西，藩臣6

福原芳山　ふくはらほうざん
弘化4（1847）年～明治15（1882）年8月17日　[別]福原芳山・鈴尾五郎《ふくはらほうざん・すずおごろう》，福原五郎《ふくばらごろう》，駒之進，親徳，良通，鈴尾五郎《すずおごろう》，鈴尾駒之進《すずおこまのしん》
江戸時代末期～明治期の長州（萩）藩家老、裁判官。1867年イギリスに留学。
¶維新，海越（[生]弘化4（1847）年6月23日），海越新（[生]弘化4（1847）年6月23日），姓氏山口，渡航（福原芳山・鈴尾五郎　ふくはらほうざん・すずおごろう），幕末（福原五郎　ふくばらごろう）

福原又四郎　ふくばらまたしろう，ふくはらまたしろう
天保12（1841）年～？
江戸時代末期の長州（萩）藩士。
¶幕末，藩臣6（ふくはらまたしろう）

福原三省　ふくはらみつぎ
天保14（1843）年～大正6（1917）年
江戸時代末期～明治期の丹波篠山藩士。
¶藩臣5

福原元僴（福原元僩）　ふくはらもとたけ
→福原越後（ふくはらえちご）

福原資央　ふくはらもとなか
延宝6（1678）年4月1日～享保16（1731）年1月13日
江戸時代前期～中期の秋田藩士・兵法家。
¶国書

福間五郎兵衛　ふくまごろべえ
→福間寿昭（ふくまじゅしょう）

福間寿昭　ふくまじゅしょう
＊～明治18（1885）年　[別]福間五郎兵衛《ふくまごろべえ》，山名五郎兵衛《やまなごろべえ》
江戸時代末期～明治期の周防徳山藩家老。
¶維新（[生]1807年），幕末（福間五郎兵衛　ふくまごろべえ　[生]1808年　[没]1885年3月19日）

福間彦右衛門　ふくまひこえもん
文禄1（1592）年～延宝5（1677）年
安土桃山時代～江戸時代前期の長州藩士。
¶岩史（[没]延宝5（1677）年1月2日），コン4

福村磯吉　ふくむらいそきち
生没年不詳
江戸時代末期の三河吉田藩士。1860年遣米使節に随行しアメリカに渡る。
¶海越新

福村周義　ふくむらちかよし
天保7（1836）年～明治10（1877）年　[別]繁次郎，平井
江戸時代末期～明治期の陸奥棚倉藩士、砲術家、海軍軍人。1855年オランダに留学。
¶維新，海越（[生]天保7（1836）年5月8日　[没]明治10（1877）年8月16日），海越新（[生]天保7（1836）年5月8日　[没]明治10（1877）年8月16日），近現，近世，国際，国史，人名，日人，幕末（[没]1877年8月16日）

福山鉄牛 ふくやまてつぎゅう
江戸時代後期の伊勢津藩士。
¶三重

福山鳳洲（福山鳳州） ふくやまほうしゅう
享保9（1724）年～天明5（1785）年
江戸時代中期の安芸広島藩士。
¶国書（[没]天明5（1785）年12月13日），人名，日人（[没]1786年），藩臣6（福山鳳州）

福羽美静 ふくわよししず
→福羽美静（ふくばびせい）

福原縫殿 ふくわらぬい
→福原資氏（ふくはらすけうじ）

普賢寺武平 ふげんじぶへい
文政12（1829）年～明治3（1870）年
江戸時代末期～明治期の上野館林藩士。
¶維新

無事庵三休 ぶじあんさんきゅう
→志村三休（しむらさんきゅう）

藤井市郎 ふじいいちろう
嘉永3（1850）年～明治1（1868）年9月18日
江戸時代末期の奇兵隊士。
¶幕末

藤井右門 ふじいうもん
享保5（1720）年～明和4（1767）年
江戸時代中期の武士。皇女八十宮に仕える、山県大弐の塾に入門。
¶朝日（[没]明和4年8月22日（1767年9月14日）），岩史（[没]明和4（1767）年8月22日），角史，京都大，近世，国史，コン改，コン4，史人（[没]1767年8月22日），重要（[没]明和4（1767）年8月21日），新潮（[没]明和4（1767）年8月21日），人名，姓氏京都，姓氏富山，世人（[没]明和4（1767）年8月21日），世百，全書，富山百（[没]明和4（1767）年8月），日史（[没]明和4（1767）年8月21日），日人，百科，歴大

藤井織之助 ふじいおりのすけ
文政10（1827）年～明治1（1868）年 [別]千葉成信《ちばしげのぶ》
江戸時代末期の十津川郷士、尊攘派志士。剣を桃井春蔵に学ぶ。
¶朝日（[生]文政10（1828）年 [没]明治1年7月29日（1868年9月15日）），維新，新潮（[生]文政10（1827）年12月30日 [没]慶応4（1868）年7月29日），人名，日人（[生]1828年），幕末（[没]1888年9月15日）

藤井介石 ふじいかいせき
天保4（1833）年～明治29（1896）年
江戸時代末期～明治期の幕府撤兵隊士。
¶人名，日人

藤井希璞（藤井希瑛，藤井希璞） ふじいきぼく
文政7（1824）年～明治26（1893）年 [別]神崎少進《かんざきしょうしん》
江戸時代末期～明治期の宮家家士、勤王家。
¶維新，神人（藤井希瑛 [生]文化7（1824）年7月 [没]明治26（1893）年6月23日），人名，日人，幕末（藤井希璞 [没]1893年6月27日）

藤井九左衛門 ふじいきゅうざえもん
江戸時代中期の美作国倉敷代官。
¶岡山歴

藤井九成 ふじいきゅうせい
天保8（1837）年～明治43（1910）年
江戸時代末期～明治期の志士。
¶維新，人名，日人，幕末（[没]1910年7月13日）

藤井三郎 ふじいさぶろう
文政2（1819）年～嘉永1（1848）年
江戸時代後期の加賀藩士、蘭学者。
¶国書（[没]嘉永1（1848）年8月28日），洋学

藤居重啓 ふじいしげひろ
生没年不詳
江戸時代後期の近江彦根藩士・本草家。
¶国書

藤井収之丞 ふじいしゅうのじょう
文化10（1813）年～明治11（1878）年10月4日
江戸時代後期～明治期の津山松平藩士。
¶岡山歴

藤井竹外 ふじいちくがい
文化4（1807）年～慶応2（1866）年
江戸時代末期の摂津高槻藩の漢詩人。頼山陽に師事。
¶朝日（[生]文化4年4月20日（1807年5月27日） [没]慶応2年7月21日（1866年8月30日）），維新，大阪墓（[没]慶応2（1866）年7月21日），大阪墓，京都大，近世，国史，国書（[生]文化4（1807）年4月20日 [没]慶応2（1866）年7月21日），コン改，コン4，詩歌，史人（[生]1807年4月20日 [没]1866年7月21日），新潮（[生]文化4（1807）年4月20日 [没]慶応2（1866）年7月21日），人名，姓氏京都，世人（[没]慶応2（1866）年7月21日），世百，全書，大百，日人，藩臣5，百科，和俳

藤井鼎左 ふじいていさ
享和2（1802）年～明治2（1869）年 [別]花屋庵鼎左《かやあんていさ》，鼎左《ていさ》
江戸時代末期の備後福山藩士。
¶大阪人（[生]享和1（1801）年 [没]明治2（1869）年10月），近文，国書（鼎左 ていさ [没]明治2（1869）年10月4日），人名，日人，俳諧（鼎左 ていさ [生]？），俳句（鼎左 ていさ），俳文（鼎左 ていさ [没]明治2（1869）年10月4日），幕末（花屋庵鼎左 かやあんていさ [生]1801年 [没]1869年11月6日），和俳（[生]享和1（1801）年）

藤井尚弼 ふじいなおすけ
文政8（1825）年～安政6（1859）年 [別]藤井尚弼《ふじいひさすけ》
江戸時代末期の西園寺家諸太夫。
¶維新，人名（ふじいひさすけ），日人，幕末（[没]1859年9月26日）

藤井徳昭 ふじいのりあき
？ ～元禄7（1694）年
江戸時代前期の水戸藩士。
¶藩臣2

藤井尚弼 ふじいひさすけ
→藤井尚弼（ふじいなおすけ）

藤井楓室 ふじいふうしつ
寛政4(1792)年～明治4(1871)年
江戸時代末期～明治期の信濃松本藩士。
¶藩臣3

藤井縫右衛門 ふじいほううえもん
宝暦8(1758)年～文政13(1830)年
江戸時代中期～後期の常陸土浦藩士。
¶藩臣2

藤井紋太夫 ふじいもんだゆう
？ ～元禄8(1695)年
江戸時代前期～中期の武士。
¶江戸東，日人

藤井安八 ふじいやすはち
天保11(1840)年～？
江戸時代後期～末期の新撰組隊士。
¶新撰

藤井八十五郎 ふじいやそごろう
生没年不詳
江戸時代末期の弓術家。
¶庄内

藤井良節 ふじいりょうせつ
文化14(1817)年～明治9(1876)年　[別]藤井良蔵《ふじいりょうぞう》，井上経徳《いのうえつねのり》
江戸時代末期～明治期の薩摩藩士。
¶朝日([没]明治9(1876)年2月2日)，鹿児島百(藤井良蔵　ふじいりょうぞう)，国書([没]明治9(1876)年2月2日)，姓氏鹿児島(藤井良蔵　ふじいりょうぞう)，日人，幕末

藤井良蔵 ふじいりょうぞう
→藤井良節(ふじいりょうせつ)

藤江監物 ふじえけんもつ
貞享4(1687)年～享保16(1731)年
江戸時代中期の日向延岡藩の公益家。
¶近世，国史，人名([生]？)，日人，藩臣7([没]享保17(1732)年)，宮崎百([没]享保17(1732)年3月26日)

藤江岱山 ふじえたいざん
→藤江梅軒(ふじえばいけん)

藤江卓三 ふじえたくぞう
弘化2(1845)年～明治20(1887)年
江戸時代末期～明治期の播磨竜野藩士、儒学者。
¶日人，藩臣5

藤枝外記 ふじえだげき
宝暦8(1758)年～天明5(1785)年
江戸時代中期の旗本。旗本徳山貞明の8男。
¶朝日([没]天明5年7月9日(1785年8月13日))，江戸，近世，国史，コン改，コン4，新潮([没]天明5(1785)年8月13日)，日人，歴大

藤枝方教 ふじえだまさのり
～享保10(1725)年
江戸時代中期の旗本。
¶神奈川人

藤江梅軒 ふじえばいけん
宝暦8(1758)年～文政6(1823)年　[別]藤江岱山《ふじえたいざん》
江戸時代中期～後期の播磨竜野藩士、儒学者。
¶国書([没]文政6(1823)年8月17日)，人名(藤江岱山　ふじえたいざん)，日人，藩臣5

藤江松三郎 ふじえまつさぶろう
*～明治5(1872)年
江戸時代末期～明治期の加賀藩士。
¶姓氏石川([生]？)，幕末([生]1845年　[没]1872年12月4日)

藤江熊陽 ふじえゆうよう
天和3(1683)年～寛延4(1751)年
江戸時代前期～中期の播磨竜野藩士、儒学者。
¶国書([生]天和3(1683)年10月8日　[没]寛延4(1751)年10月2日)，人名，日人，藩臣5

藤江竜山 ふじえりゅうざん
享保13(1728)年～寛政10(1798)年
江戸時代中期の播磨竜野藩士、儒学者。
¶人名，日人，藩臣5([生]享保12(1727)年)

藤岡有貞 ふじおかありさだ
文政3(1820)年～嘉永2(1849)年　[別]藤岡雄市《ふじおかゆういち》
江戸時代後期の和算家、出雲松江藩士。内田五観に師事。
¶朝日([没]嘉永2年12月7日(1850年1月19日))，国書([没]嘉永2(1849)年12月5日)，コン改，コン4，島根人(藤岡雄市　ふじおかゆういち)，島根歴(藤岡雄市　ふじおかゆういち)，人名，日人([没]1850年)，藩臣5(藤岡雄市　ふじおかゆういち)，洋学

藤岡伝左衛門 ふじおかでんざえもん
寛永5(1628)年～？
江戸時代前期の武士。
¶岡山人，岡山歴

藤岡雄市 ふじおかゆういち
→藤岡有貞(ふじおかありさだ)

藤岡六左衛門(1) ふじおかろくざえもん
天正7(1579)年～寛永10(1633)年
安土桃山時代～江戸時代前期の武士。
¶岡山人

藤岡六左衛門(2) ふじおかろくざえもん
寛文9(1669)年～享保17(1732)年12月5日
江戸時代中期の岡山藩士、鉄砲・砲術家。
¶岡山歴

藤懸五郎左衛門(1) ふじかけごろうざえもん
元文3(1738)年～寛政11(1799)年
江戸時代中期の下総古河藩士。
¶藩臣3

藤懸五郎左衛門(2) ふじかけごろうざえもん
文政6(1823)年～明治26(1893)年
江戸時代末期～明治期の古河藩士。
¶幕末([没]1893年6月21日)，藩臣3

藤懸永勝(藤掛永勝) ふじかけながかつ，ふじかけながかつ
弘治3(1557)年～元和3(1617)年
安土桃山時代～江戸時代前期の武将。
¶朝日([没]元和3年6月5日(1617年7月7日))，織田(ふじかけながかつ　[没]元和3(1617)年6月5日)，京都府([生]？)，近世，国史，新潮([没]元和3(1617)年6月5日)，人名，戦合，戦国(藤掛

永勝），戦人（藤掛永勝），日人，歴大

藤懸則定 ふじかけのりさだ
生没年不詳
江戸時代中期の加賀藩士。
¶国書

藤懸頼善 ふじかけよりよし
生没年不詳
江戸時代末期の加賀藩聞番役。
¶国書，幕末

藤方安正 ふじかたやすまさ
元亀2（1571）年～元和8（1622）年
安土桃山時代～江戸時代前期の武士。織田氏家臣、豊臣氏家臣、徳川氏家臣。
¶戦国，戦人

藤川貞賢 ふじかわさだかた
？　～文政3（1820）年1月
江戸時代中期～後期の讃岐高松藩士・国学者。
¶国書

藤川貞近 ふじかわさだちか
→藤川整斎（ふじかわせいさい）

藤川三渓 ふじかわさんけい
＊～明治22（1889）年　㊗藤川将監《ふじかわしょうげん》
江戸時代末期～明治期の水産界先覚者、讃岐高松藩士。
¶朝日（㊀文化13年11月24日（1817年1月11日）㊁明治22（1889）年10月22日），維新（藤川将監　ふじかわしょうげん　㊀1818年　㊁1891年），香川人（㊀文化13（1816）年），香川百（㊀文化13（1816）年），郷土香川（㊀1818年　㊁1891年），国書（㊀文化13（1816）年11月24日　㊁明治22（1889）年10月22日），コン5（㊀文化13（1816）年），食文（㊀文化13年11月24日（1816年1月11日）　㊁1889年10月22日），人書94（㊀1818年　㊁1891年），新潮（㊀文政1（1818）年　㊁明治24（1891）年7月22日），人名（㊀1818年　㊁1891年），日人（㊀1817年），幕末（㊀1816年　㊁1889年10月22日），藩臣6（㊀文化13（1816）年）

藤川重勝 ふじかわしげかつ
天正7（1579）年～寛永10（1633）年
安土桃山時代～江戸時代前期の武士。
¶日人

藤川重安 ふじかわしげやす
天文9（1540）年～＊
江戸時代前期の旗本。
¶神奈川人（㊁1626年），姓氏神奈川（㊁1627年）

藤川将監 ふじかわしょうげん
→藤川三渓（ふじかわさんけい）

藤川昌太郎 ふじかわしょうたろう
文政3（1820）年～？
江戸時代末期の丹波園部藩士。
¶藩臣5

藤川整斎 ふじかわせいさい
寛政3（1791）年～文久2（1862）年　㊗藤川貞近《ふじかわさだちか》
江戸時代末期の上野沼田藩士、剣術家。
¶剣豪，国書（㊁？），藩臣2（藤川貞近　ふじかわさだちか）

藤川近義 ふじかわちかよし
享保12（1727）年～寛政10（1798）年　㊗藤川弥司郎右衛門《ふじかわやじろうえもん》
江戸時代中期の上野沼田藩士、剣術家。
¶群馬人，剣豪（藤川弥司郎右衛門　ふじかわやじろうえもん），人名，日人，藩臣2

藤川冬斎 ふじかわとうさい
寛政8（1796）年～明治2（1869）年
江戸時代末期の大和郡山藩の儒学者。
¶維新，郷土奈良，国書（㊁明治2（1869）年2月10日），人名，日人，幕末（㊁1869年3月22日），藩臣4

藤川弥司郎右衛門 ふじかわやじろうえもん
→藤川近義（ふじかわちかよし）

藤川義智 ふじかわよしとも
生没年不詳
江戸時代後期の肥前佐賀藩士・和算家。
¶国書

藤木兵助 ふじきへいすけ
生没年不詳
江戸時代後期の剣豪。
¶姓氏岩手

藤崎猪之右衛門 ふじさきいのえもん
？　～元治1（1864）年7月9日
江戸時代末期の桑名藩士。
¶幕末

藤崎吉五郎 ふじさききちごろう
弘化2（1845）年～慶応2（1866）年
江戸時代末期の土佐藩士。
¶維新，高知人，人名（㊀1846年），日人，幕末（㊁1866年10月20日），藩臣6

藤崎熊太郎 ふじさきくまたろう
文化10（1813）年～明治4（1871）年
江戸時代末期～明治期の肥前佐賀藩士。
¶幕末

藤崎重左衛門 ふじさきじゅうざえもん
天明2（1782）年～嘉永5（1852）年
江戸時代後期の捕鯨家、対馬府中藩士。
¶人名，日人

藤咲僊潭（藤咲仙潭） ふじさきせんたん
元禄1（1688）年～宝暦12（1762）年
江戸時代中期の水戸藩儒。
¶国書（㊀元禄1（1688）年10月16日　㊁宝暦12（1762）年8月12日），人名（藤咲仙潭　㊀1689年），日人（㊁1761年）

藤崎惣介 ふじさきそうすけ
生没年不詳
江戸時代末期～明治期の武士、陶業家。
¶日人

藤崎八郎 ふじさきはちろう
天保14（1843）年～元治1（1864）年
江戸時代末期の土佐藩士。
¶維新，高知人，人名，日人，幕末（㊁1864年7月8日）

藤沢権右衛門　ふじさわごんうえもん
生没年不詳
江戸時代中期の遠江相良藩士。
¶藩臣4

藤沢次興　ふじさわつぐおき
元禄16(1703)年～享保11(1726)年
江戸時代中期の旗本。
¶神奈川人

藤沢次謙　ふじさわつぐかね
天保6(1835)年～明治14(1881)年　[別]藤沢次謙《ふじさわつぐよし》
江戸時代末期～明治期の幕臣。
¶維新, 神奈川百(ふじさわつぐよし), 静岡歴(ふじさわつぐよし), 姓氏神奈川, 幕末([生]1835年5月8日　[没]1881年5月2日)

藤沢次政　ふじさわつぐまさ
寛文12(1672)年～宝永1(1704)年
江戸時代中期の旗本。
¶神奈川人

藤沢次謙　ふじさわつぐよし
→藤沢次謙(ふじさわつぐかね)

藤沢東畡　ふじさわとうがい
寛政6(1794)年～元治1(1864)年
江戸時代末期の讃岐高松藩の儒学者。泊園書院を開く。
¶朝日([没]元治1年12月16日(1865年1月13日)), 維新, 大阪人([没]元治1(1864)年12月), 大阪墓([没]元治1(1864)年12月16日), 香川人, 香川百, 教育, 郷土香川, 国書([生]寛政6(1794)年12月13日　[没]元治1(1864)年12月16日), コン改, コン4, 新潮([生]寛政6(1794)年12月13日　[没]元治1(1864)年12月16日), 人名, 日人([生]1795年　[没]1865年), 藩臣6, 兵庫百

藤沢彦次郎　ふじさわひこじろう
江戸時代末期の新撰組隊士。
¶新撰

藤重源九郎　ふじしげげんくろう
天保12(1841)年～明治1(1868)年10月7日
江戸時代末期の奇兵隊士。
¶幕末

藤重槌太郎　ふじしげつちたろう
生没年不詳
江戸時代後期の武芸家。
¶国書

藤島常興　ふじしまつねおき
文政11(1828)年～明治31(1898)年
江戸時代末期～明治期の長門長府藩士。
¶海越新([生]文政12(1829)年　[没]明治31(1898)年1月), 先駆(生没年不詳), 渡航, 日人, 幕末([生]1829年　[没]1898年1月7日), 藩臣6, 山口百

藤四郎　ふじしろう
文政11(1828)年～明治7(1874)年
江戸時代末期～明治期の筑前福岡藩士。
¶維新, 人書94([生]1827年), 人名([生]1827年), 日人, 幕末([没]1874年11月3日), 藩臣7

藤田猪右衛門　ふじたいえもん
生没年不詳
江戸時代前期の肥前平戸藩士・兵法家。
¶国書

藤田育太郎　ふじたいくたろう
弘化2(1845)年～明治1(1868)年9月11日
江戸時代末期の長州(萩)藩士、奇兵隊士。
¶幕末

藤田畏斎　ふじたいさい
天明1(1781)年～嘉永1(1848)年　[別]藤田源之允《ふじたげんのじょう》
江戸時代後期の常陸土浦藩士、儒学者。
¶国書([没]嘉永1(1848)年6月15日), 人名, 日人, 藩臣2(藤田源之允　ふじたげんのじょう)

藤田宇兵衛　ふじたうへえ
？～延宝6(1678)年
江戸時代前期の仙台藩士。
¶姓氏岩手

藤田周敏　ふじたかねとし
天保4(1833)年～明治23(1890)年
江戸時代末期～明治期の肥前大村藩士。
¶人名, 日人

藤田敬所　ふじたけいしょ
元禄11(1698)年～安永5(1776)年
江戸時代中期の豊前中津藩士、儒学者。
¶大分百, 大分歴, 人名, 日人, 藩臣7

藤田源之允　ふじたげんのじょう
→藤田畏斎(ふじたいさい)

藤田呉江　ふじたごこう
文政10(1827)年～明治18(1885)年
江戸時代末期～明治期の富士藩士。
¶江文([生]文政11(1828)年), コン改, コン4, コン5, 人名, 富山百([生]文政11(1828)年11月21日　[没]明治18(1885)年5月18日), 日人([生]1828年), 幕末([生]1828年1月7日　[没]1885年5月22日), 名画

藤田小四郎　ふじたこしろう
天保13(1842)年～慶応1(1865)年
江戸時代末期の尊攘派水戸藩士。
¶朝日([没]慶応1年2月4日(1865年3月1日)), 維新, 茨城百, 岩史([没]元治2(1865)年2月4日), 角史, 郷土茨城, 近世, 国史, コン改, コン4, 史人([没]1865年2月4日), 重要([没]慶応1(1865)年2月4日), 新潮([没]慶応1(1865)年2月4日), 人名, 世人([没]慶応1(1865)年2月4日), 世百, 全書, 大百, 日史([没]慶応1(1865)年2月4日), 日人, 幕末([没]1865年3月1日), 藩臣2, 百科, 歴大

藤田維正　ふじたこれまさ
文政8(1825)年～明治25(1892)年8月18日　[別]藤田容斎《ふじたようさい》
江戸時代末期～明治期の加賀藩士。
¶国書(藤田容斎　ふじたようさい), 姓氏石川([生]？), 幕末

藤田権兵衛　ふじたごんべえ
文化11(1814)年～明治10(1877)年
江戸時代末期～明治期の若狭小浜藩士。
¶維新, 人名, 日人

藤田貞資（藤田定資）　ふじたさだすけ
享保19（1734）年～文化4（1807）年
江戸時代中期～後期の筑後久留米藩の和算家。関流の普及に貢献。
¶朝日（[生]享保19年9月16日（1734年10月12日）[没]文化4年8月6日（1807年9月7日）），江文，近世，国史，国書（[生]享保19（1734）年9月16日　[没]文化4（1807）年8月6日），コン改，コン4，埼玉人，史人（[生]1734年9月16日　[没]1807年8月6日），新潮（[生]享保19（1734）年9月16日　[没]文化4（1807）年8月6日），人名，世人（[没]文化4（1807）年8月6日），全書，大百，日史（[生]享保19（1734）年9月16日　[没]文化4（1807）年8月6日），日人，藩臣7（藤田定資），百科，洋学，歴大

藤田貞升　ふじたさだます
寛政9（1797）年～天保11（1840）年
江戸時代後期の和算家、筑後久留米藩士。
¶国書（[没]天保11（1840）年8月16日），人名，日人

藤田三郎兵衛　ふじたさぶろべえ
明和5（1768）年～天保12（1841）年
江戸時代中期～後期の剣術家。小野派一刀流。
¶剣豪

藤田重明　ふじたしげあき
文政12（1829）年～明治29（1896）年
江戸時代後期～明治期の旧斗南藩士。
¶青森人

藤田重信　ふじたしげのぶ
→藤田信吉（ふじたのぶよし）

藤田葆　ふじたしげる
天保1（1830）年～大正10（1921）年4月19日
江戸時代末期～明治期の周防岩国藩士。
¶神人（[生]天保1（1830）年8月8日），幕末（[生]1829年），山口百

藤田主膳　ふじたしゅぜん
正徳5（1715）年～安永6（1777）年
江戸時代中期の水戸藩士。
¶藩臣2

藤田将監　ふじたしょうげん
慶長12（1607）年～寛文12（1672）年
江戸時代前期の水戸藩士。
¶藩臣2

藤田祐詮　ふじたすけあき
生没年不詳
江戸時代中期の会津藩士。
¶国書

藤田高綱　ふじたたかつな
天保14（1843）年～大正2（1913）年
江戸時代末期～明治期の剣術家。旧制栃木中学校剣術教授。
¶栃木歴

藤田高之　ふじたたかゆき
弘化4（1847）年～大正10（1921）年
江戸時代末期～明治期の安芸広島藩士。
¶維新，人名，世紀（[生]弘化4（1847）年7月18日　[没]大正10（1921）年5月28日），日人，幕末（[没]1921年5月28日），藩臣6

藤田太兵衛　ふじたたへえ
生没年不詳
江戸時代中期の越前勝山藩士。
¶藩臣3

藤田丹波　ふじたたんば
生没年不詳
江戸時代前期の最上氏遺臣。
¶庄内

藤田天洋　ふじたてんよう
天明8（1788）年～明治12（1879）年9月26日
江戸時代末期～明治期の医師、越前丸岡藩士。
¶国書，人名

藤田東湖　ふじたとうこ
文化3（1806）年～安政2（1855）年
江戸時代末期の水戸藩士、天保改革派の中心人物、後期水戸学の大成者。
¶朝日（[生]文化3年3月16日（1806年5月4日）[没]安政2年10月2日（1855年11月11日）），維新，茨城百，岩史（[生]文化3（1806）年3月16日　[没]安政2（1855）年10月2日），江戸，江文，角史，教育，郷土茨城，近世，国史，国書（[生]文化3（1806）年3月16日　[没]安政2（1855）年10月2日），コン改，コン4，詩歌，史人（[生]1806年3月16日　[没]1855年10月2日），重要（[生]文化3（1806）年3月16日　[没]安政2（1855）年10月2日），神史，人書94，新潮（[生]文化3（1806）年3月16日　[没]安政2（1855）年10月2日），人名，世人（[生]文化3（1806）年3月16日　[没]安政2（1855）年10月2日），世百，全書，大百，伝記，日史（[生]文化3（1806）年3月16日　[没]安政2（1855）年10月2日），日人，幕末（[没]1855年11月11日），藩臣2，百科，歴大，和俳（[生]文化3（1806）年3月16日　[没]安政2（1855）年10月2日）

藤田利貞　ふじたとしさだ
文政9（1826）年8月～明治22（1889）年11月12日
江戸時代後期～明治期の弓道家、水戸藩士。
¶弓道

藤田智規　ふじたとものり
→藤田仲（ふじたなかし）

藤田直正　ふじたなおまさ
文化2（1805）年～慶応1（1865）年
江戸時代後期～末期の剣術家。小野派一刀流。
¶剣豪

藤田仲　ふじたなかし
明和8（1771）年～安政1（1854）年　[別]藤田智規《ふじたとものり》
江戸時代後期の筑前秋月藩士。
¶剣豪，藩臣7（藤田智規　ふじたとものり）

藤田長鎮　ふじたながしず
文政1（1818）年～明治1（1868）年
江戸時代後期～末期の武士。
¶日人

藤田浪緒　ふじたなみお
文化1（1804）年～嘉永2（1849）年9月13日
江戸時代後期の米沢藩士・歌人。
¶国書

伏谷又左衛門 ふしたにまたざえもん
　生没年不詳
　江戸時代末期の遠江浜松藩中老。
　¶藩臣4

藤田信吉 ふじたのぶよし
　*～元和2(1616)年　𒀭藤田重信《ふじたしげのぶ》、藤田源心《ふじたげんしん》
　安土桃山時代～江戸時代前期の武将、大名。下野西方藩主。
　　¶群馬人(㊥?)　㊗元和1(1615)年, 埼玉人(藤田重信　ふじたしげのぶ　㊥不詳　㊗元和2(1616)年7月14日), 人名(藤田重信　ふじたしげのぶ　㊥?　㊗1615年), 戦国(1559年), 戦辞(㊥永禄1(1558)年?　㊗元和2年7月14日(1616年8月26日)?), 戦人(㊥永禄2(1559)年), 日人(㊥1560年), 藩主1(㊥永禄3(1560)年　㊗元和2(1616)年7月14日)

藤田憲貞 ふじたのりさだ
　?～天保10(1839)年
　江戸時代後期の柔術家、自得天真流の祖。
　¶国書(㊗天保10(1839)年5月), 人名, 日人

藤田帛川 ふじたはくせん
　*～天保1(1830)年　𒀭藤田安正《ふじたやすまさ》
　江戸時代後期の漢詩人・宇都宮藩士。
　¶国書(㊥?), 栃木歴(藤田安正　ふじたやすまさ　㊥天明4(1784)年)

藤田平次左衛門 ふじたへいじざえもん
　宝暦9(1759)年～天保13(1842)年
　江戸時代中期～後期の信濃高遠藩士、槍術家。
　¶藩臣3

藤田北郭 ふじたほくかく
　*～弘化3(1846)年　𒀭藤田北郭《ふじたほっかく》
　江戸時代後期の水戸藩士。
　¶国書(ふじたほっかく　㊥安永2(1773)年　㊗弘化3(1846)年閏5月21日), 人名(ふじたほっかく　㊥1774年), 日人(㊥1774年), 藩臣2(㊥安永2(1773)年)

藤田北郭 ふじたほっかく
　→藤田北郭(ふじたほくかく)

藤田安勝 ふじたやすかつ
　*～享保9(1724)年
　江戸時代中期の加賀藩士。
　¶国書(㊥寛永17(1640)年　㊗享保9(1724)年11月8日), 藩臣3(㊥?)

藤田安貞 ふじたやすさだ
　?～文政1(1818)年
　江戸時代中期～後期の加賀藩士。
　¶国書

藤田安定 ふじたやすさだ
　?～明治2(1869)年
　江戸時代後期～明治期の加賀藩士・藩若年寄。
　¶国書

藤田安処 ふじたやすずみ
　?～天保5(1834)年
　江戸時代後期の加賀藩士・藩若年寄。

藤田安正 ふじたやすまさ
　→藤田帛川(ふじたはくせん)

藤田安義 ふじたやすよし
　天保4(1833)年～明治39(1906)年
　江戸時代後期～明治期の宇都宮藩家老、歌人。
　¶栃木歴

藤田祐右衛門 ふじたゆうえもん
　文化1(1804)年～安政4(1857)年
　江戸時代末期の播磨姫路藩士。
　¶藩臣5, 兵庫人(㊗安政4(1857)年5月17日)

藤田幽谷 ふじたゆうこく
　安永3(1774)年～文政9(1826)年
　江戸時代後期の儒学者、水戸藩士、彰考館総裁立原翠軒門下。
　¶朝日(㊥安永3年2月18日(1774年3月29日)　㊗文政9年12月1日(1826年12月29日)), 茨城百, 岩史(㊥安永3(1774)年2月18日　㊗文政9(1826)年12月1日), 角史, 教育, 郷士茨城, 近世, 国史, 国書(㊥安永3(1774)年2月18日　㊗文政9(1826)年12月1日), コン改, コン4, 詩favor(㊥1772年), 史人(㊥1774年2月18日　㊗1826年12月1日), 重要(㊥文政9(1826)年12月1日), 人書94, 新潮(㊥安永3(1774)年2月18日　㊗文政9(1826)年12月1日), 人名, 世人(㊥文政9(1826)年12月1日), 世百, 全書, 大百, 日史(㊥安永3(1774)年2月18日　㊗文政9(1826)年12月1日), 日人, 藩臣2, 百科, 平史, 歴大(㊥1828年), 和俳(㊗文政9(1826)年12月1日)

藤田容斎 ふじたようさい
　→藤田維正(ふじたこれまさ)

藤田吉亨 ふじたよしはる
　天保10(1839)年～大正12(1923)年
　江戸時代末期～大正期の大田原藩士、のち政治家。
　¶栃木歴

藤田柳軒 ふじたりゅうけん
　慶安2(1649)年～享保15(1730)年
　江戸時代前期～中期の剣術家。一刀流。
　¶剣豪

藤沼源左衛門 ふじぬまげんざえもん
　正徳2(1712)年～安永6(1777)年12月6日
　江戸時代中期の美作国倉敷代官。
　¶岡山歴

藤根清右衛門 ふじねせいえもん
　生没年不詳
　江戸時代中期の盛岡藩士。
　¶国書

藤野斎 ふじのいつき
　天保2(1831)年～明治36(1903)年
　江戸時代末期の京都府の郷士。
　¶維新, 京都府, コン改, コン4, コン5, 新潮(㊥天保2(1831)年3月15日　㊗明治36(1903)年5月11日), 人名, 日人, 幕末(㊗1903年5月11日)

藤野海南 ふじのかいなん
　文政9(1826)年～明治21(1888)年　𒀭藤野正啓

《ふじのまさひら》, 藤野南海《ふじのなんかい》
江戸時代末期～明治期の漢学者、史家、松山藩士。
¶朝日（藤野正啓　ふじのまさひら　[生]文政9年5月9日（1826年6月14日）　[没]明治21（1888）年3月18日）, 維新（藤野正啓　ふじのまさひら）, 愛媛百（[没]明治21（1888）年3月）, 江文, 国書（[没]明治21（1888）年3月18日）, コン改, コン4, コン5, 史研（[没]明治21（1888）年3月18日）, 人名, 日人, 幕末（藤野正啓　ふじのまさひら　[没]1888年3月18日）, 幕末（藤野南海　ふじのなんかい　[没]1888年3月18日）

藤野南海 ふじのなんかい
→藤野海南（ふじのかいなん）

富士信重 ふじのぶしげ
～正保3（1646）年
江戸時代前期の旗本。
¶神奈川人

富士信通 ふじのぶみち
？～元和5（1619）年10月27日
戦国時代～江戸時代前期の神主・神官。今川氏家臣、武田氏家臣。
¶姓氏静岡, 戦辞, 戦人（生没年不詳）, 戦東, 戦補

藤野正啓 ふじのまさひら
→藤野海南（ふじのかいなん）

藤橋隆重 ふじはしたかしげ
生没年不詳
江戸時代中期の相馬藩士。
¶国書

藤林惟真 ふじばやしこれざね
？～元禄1（1688）年
江戸時代前期の山城国幕府領の代官。
¶京都府

藤林宗源 ふじばやしそうげん
慶長13（1608）年～元禄8（1695）年
江戸時代前期の武士、大和小泉藩家老。茶道石州流宗源派の祖。
¶朝日（[没]元禄8年3月8日（1695年4月20日））, 岩史（[没]元禄8（1695）年3月8日）, 近世, 国史, 国書（[没]元禄8（1695）年3月8日）, コン4, 茶道（[生]1606年）, 日人, 藩臣4

藤林保武 ふじばやしやすたけ
生没年不詳
江戸時代前期の武芸家。
¶国書

藤平彦八郎 ふじひらひこはちろう
安土桃山時代～江戸時代前期の武士。里見氏家臣。
¶戦人（生没年不詳）, 戦東

伏見為則 ふしみためのり
慶長4（1599）年～延宝1（1673）年
江戸時代前期の旗本。
¶神奈川人

藤村英次郎 ふじむらえいじろう
嘉永1（1848）年～明治1（1868）年
江戸時代末期の長州（萩）藩士。
¶維新, 人名, 日人, 幕末（[没]1868年1月30日）

藤村紫朗 ふじむらしろう
弘化2（1845）年～明治42（1909）年
江戸時代末期～明治期の肥後熊本藩士、行政官、政治家。愛知県知事、男爵。教育、勧業、土木事業など多方面で急進的な文明開化政策を進める。
¶朝日（[生]弘化2年3月1日（1845年4月7日）　[没]明治42（1909）年1月5日）, 維新, 愛媛百（[生]弘化2（1845）年3月1日　[没]明治42（1909）年1月4日）, 熊本百（[生]弘化2（1845）年3月1日　[没]明治42（1909）年1月4日）, 食文（[生]弘化2年3月1日（1845年4月7日）　[没]1909年1月5日）, 人名, 日人, 幕末（[没]1908年1月4日）, 山梨百（[生]弘化2（1845）年3月1日　[没]明治41（1908）年1月4日）

藤村積 ふじむらせき
弘化4（1847）年～大正8（1919）年11月25日
江戸時代末期～明治期の鶴田藩士。
¶岡山歴（[生]弘化4（1847）年11月26日）, 幕末, 藩臣6

藤村太郎 ふじむらたろう
＊～慶応1（1865）年
江戸時代末期の長州（萩）藩士、奇兵隊士。
¶維新（[生]1838年）, 人名（[生]1838年）, 日人（[生]1839年）, 幕末（[生]1839年　[没]1865年2月1日）

藤本吉之介 ふじもときちのすけ
江戸時代末期の新撰組隊士。
¶新撰

藤本敬 ふじもとけい
享保9（1724）年～寛政10（1798）年8月2日
江戸時代中期～後期の郷士。
¶国書

藤本稠賀 ふじもとしげよし
～元文3（1738）年
江戸時代中期の旗本。
¶神奈川人

藤本周三 ふじもとしゅうぞう
嘉永1（1848）年～大正4（1915）年
江戸時代末期～明治期の志士、官吏。内閣属となり、詔勅及び高官の辞令を書く業務につく。
¶人名, 日人

藤本十兵衛 ふじもとじゅうべい
文政4（1821）年～明治19（1886）年10月23日
[別]藤本十兵衛《ふじもとじゅうべえ》
江戸時代末期～明治期の勤王家、津山藩士。
¶岡山歴（ふじもとじゅうべえ　[生]文政4（1821）年5月26日）, 幕末

藤本十兵衛 ふじもとじゅうべえ
→藤本十兵衛（ふじもとじゅうべい）

藤本淳七 ふじもとじゅんしち
文政10（1827）年～明治1（1868）年
江戸時代末期の志士。
¶高知人

藤本甚助 ふじもとじんすけ
宝永7（1710）年～安永6（1777）年11月4日
江戸時代中期の美作国倉敷代官・久世代官。
¶岡山歴

藤本鉄石 ふじもとてっせき
文化13(1816)年～文久3(1863)年
江戸時代末期の尊攘派志士。
¶朝日([生]文化13年3月17日(1816年4月14日) [没]文久3年9月25日(1863年11月6日)), 維新, 岡山人, 岡山百([生]文化13(1816)年3月17日 [没]文久3(1863)年9月25日), 岡山歴([生]文化13(1816)年3月17日 [没]文久3(1863)年9月25日), 角史, 近世, 国史, 国書([生]文化13(1816)年3月17日 [没]文久3(1863)年9月25日), コン改([生]文化14(1817)年), コン4([生]文化14(1817)年), 史人([生]1816年3月17日 [没]1863年9月25日), 重要([生]文化13(1816)年3月17日 [没]文久3(1863)年9月), 人書94, 新潮([生]文化13(1816)年3月17日 [没]文久3(1863)年9月25日), 人名, 世人([生]文化13(1816)年3月 [没]文久3(1863)年9月15日), 全書, 日史([生]文化13(1816)年3月17日 [没]文久3(1863)年9月25日), 日人, 幕末([没]1863年11月6日), 百科, 兵庫百, 名画([生]1817年), 歴大

藤本盤蔵(藤本磐造) ふじもとばんぞう
生没年不詳 [別]盤造
江戸時代末期～明治期の長州(萩)藩留学生。1867年イギリスに渡る。
¶海越, 海越新, 渡航(藤本磐造 [没]1877年5月18日)

藤本彦之助 ふじもとひこのすけ
江戸時代末期の新撰組隊士。
¶新撰

藤森恭助 ふじもりきょうすけ
→藤森弘庵(ふじもりこうあん)

藤森圭一郎 ふじもりけいいちろう
→藤森図高(ふじもりとこう)

藤森弘庵 ふじもりこうあん
寛政11(1799)年～文久2(1862)年 [別]藤森恭助《ふじもりきょうすけ》, 藤森天山《ふじもりてんざん》
江戸時代末期の常陸土浦藩の儒学者。
¶朝日([生]寛政11年3月11日(1799年4月15日) [没]文久2年10月8日(1862年11月29日)), 維新, 茨城百, 江文, 郷土茨城, 近世, 国史, 国書([生]寛政11(1799)年3月11日 [没]文久2(1862)年10月8日), コン改, コン4, 詩歌, 史人([生]1799年3月11日 [没]1862年10月8日), 新潮([生]寛政11(1799)年3月11日 [没]文久2(1862)年10月8日), 人名, 世人([生]寛政11(1799)年3月11日 [没]文久2(1862)年10月8日), 長野歴, 日史([生]寛政11(1799)年3月11日 [没]文久2(1862)年10月8日), 日人, 幕末([没]1862年10月8日), 藩臣2(藤森恭助 ふじもりきょうすけ), 百科, 兵庫人([生]寛政11(1799)年3月11日 [没]文久2(1862)年10月8日), 和俳([生]寛政11(1799)年3月11日 [没]文久2(1862)年10月8日)

藤森図高 ふじもりとこう
弘化3(1846)年～明治14(1881)年 [別]藤森圭一郎《ふじもりけいいちろう》, 藤森図高・藤森圭一郎《ふじもりとこう・ふじもりけいいちろう》
江戸時代末期～明治期の官吏。旧盛岡藩士。小笠原島に赴き判事補を務め、東京府一等属となり島事を管轄。
¶海越(藤森圭一郎 ふじもりけいいちろう 生没年不詳), 海越新(藤森圭一郎 ふじもりけいいちろう [没]明治14(1881)年6月18日), 人名, 渡航(藤森図高・藤森圭一郎 ふじもりとこう・ふじもりけいいちろう [没]1881年6月18日), 日人

普勝伊十郎 ふしょういじゅうろう
文化11(1814)年～明治9(1876)年
江戸時代末期～明治期の志士。
¶人名

藤好南阜 ふじよしなんぷ
享保5(1720)年～寛政5(1793)年
江戸時代中期の伊予宇和島藩士。
¶藩臣6

藤原斉延 ふじわらただのぶ
→藤斉延(とうまさのぶ)

藤原友衛 ふじわらともえ
生没年不詳
江戸時代後期の肥前福江藩士。
¶国書, 藩臣7

藤原政都 ふじわらまさくに
享和3(1803)年～？
江戸時代後期の越後村松藩士。
¶国書

藤原和三郎 ふじわらわさぶろう
文政13(1830)年～明治33(1900)年？
江戸時代後期～明治期の新撰組隊士。
¶新撰

布施景盛 ふせかげもり
生没年不詳
江戸時代前期の旗本。
¶神奈川人

布施左京亮 ふせさきょうのすけ
[別]布施右京亮《ふせうきょうのすけ》
安土桃山時代～江戸時代前期の地侍。豊臣氏家臣。
¶戦国, 戦人(生没年不詳)

布施定安 ふせさだやす
正保4(1647)年～享保2(1717)年6月18日
江戸時代前期～中期の仙台藩士。
¶国書

布施重紹 ふせしげつぐ
？～寛永12(1635)年
江戸時代前期の武士。
¶和歌山人

布施胤毅 ふせたねたけ
安永6(1777)年～文政8(1825)年2月22日
江戸時代中期～後期の幕臣。
¶国書

布施胤将 ふせたねまさ
江戸時代中期の第11代飛騨国代官。
¶岐阜百

布施胤致 ふせたねよし
元文2(1737)年～天明7(1787)年8月9日
江戸時代中期の幕臣。

¶国書

布施御牆　ふせみかき
寛政11（1799）年～安政3（1856）年
江戸時代後期～末期の長州藩士。
¶国書（[没]安政3（1856）年2月19日），姓氏山口

布施守之　ふせもりゆき
生没年不詳
江戸時代前期の播磨明石藩士・出雲松江藩士。兵法家。
¶国書

伏谷如水　ふせやじょすい
文政1（1818）年～？
江戸時代後期の上総鶴舞藩士。
¶藩臣3

伏屋為貞　ふせやためさだ
～宝暦3（1753）年
江戸時代中期の旗本。
¶神奈川人

布施芳陳　ふせよしむね
天明7（1787）年～安政3（1856）年
江戸時代後期の豊前小倉藩士、儒学者。
¶藩臣7

二川松陰　ふたがわしょういん
→二川相近（ふたがわすけちか）

二川相近　ふたがわすけちか，ふたかわすけちか
明和4（1767）年～天保7（1836）年　[別]二川松陰《ふたがわしょういん》
江戸時代後期の福岡藩士、書家、儒学者、歌人。
¶国書（[生]明和4（1767）年11月24日　[没]天保7（1836）年9月27日），コン改（二川松陰　ふたがわしょういん），コン4（二川松陰　ふたがわしょういん），新潮（二川松陰　ふたがわしょういん　[没]天保7（1836）年9月27日），人名（ふたかわすけちか），日人，藩臣7，福岡百（[生]明和4（1767）年11月　[没]天保7（1836）年9月27日），和俳（二川松陰　ふたがわしょういん）

二木幹　ふたきみき
天保14（1843）年～？
江戸時代末期の駿河沼津藩士。
¶藩臣4

二木勘左衛門　ふたつぎかんざえもん
？～貞享2（1685）年
江戸時代前期の信濃松本藩士。
¶長野歴（生没年不詳），藩臣3

二木重吉　ふたつぎしげよし
[別]二木豊後守重吉《ふたつぎぶんごのかみしげよし》
戦国時代～江戸時代前期の武士。小笠原氏家臣。
¶戦人（生没年不詳），戦東（二木豊後守重吉　ふたつぎぶんごのかみしげよし）

二木豊後守重吉　ふたつぎぶんごのかみしげよし
→二木重吉（ふたつぎしげよし）

淵上郁太郎　ふちがみいくたろう，ふちかみいくたろう
天保8（1837）年～慶応3（1867）年
江戸時代末期の筑後久留米藩尊攘派志士。
¶朝日（[生]天保8年10月20日（1837年11月17日）[没]慶応3年2月18日（1867年3月23日）），維新，人名（ふちかみいくたろう），日人，幕末（[没]1867年3月23日）

淵沢源四郎　ふちさわげんしろう
？～
江戸時代の八戸藩士。
¶青森人

淵辺高照　ふちべたかてる
天保11（1840）年～明治10（1877）年
江戸時代末期～明治期の武士、鹿児島県士族。
¶人名，日人，幕末

淵辺徳蔵　ふちべとくぞう
生没年不詳
江戸時代末期の幕臣。遣欧使節随員。
¶海越新，近現，近世，国史，国書，日人

淵本久五左衛門　ふちもときゅうござえもん
元和6（1620）年～元禄5（1692）年9月18日
江戸時代前期の武士。
¶岡山人，岡山歴

仏牛　ぶつぎゅう
生没年不詳
江戸時代後期の俳人・阿波徳島藩士天羽光久。
¶国書

武藤東四郎　ぶとうとうしろう
→武藤東四郎（むとうとうしろう）

武藤平左衛門　ぶとうへいざえもん
？～寛永5（1628）年　[別]武藤平左衛門《むとうへいざえもん》
江戸時代前期の紀伊和歌山藩士。
¶藩臣5，和歌山人（むとうへいざえもん）

船尾義綱　ふなおよしつな
天正1（1573）年～寛永7（1630）年9月4日
安土桃山時代～江戸時代前期の武士。佐竹氏家臣。
¶戦辞，戦人（生没年不詳），戦東

舟木外記　ふなきげき
文化2（1805）年～嘉永1（1848）年
江戸時代後期の但馬豊岡藩家老。
¶藩臣5

舟木真　ふなきしん
弘化4（1847）年～大正5（1916）年　[別]舟木真《ふなきただし，ふなきまこと》
江戸時代末期～明治期の常陸下館藩士。
¶海越新（[生]弘化4（1847）年7月15日　[没]大正5（1916）年2月5日），渡航（ふなきまこと），日人，幕末（ふなきただし　[没]1916年2月5日），藩臣2（ふなきただし）

舟木真　ふなきただし
→舟木真（ふなきしん）

舟喜鉄外　ふなきてつがい
天保12（1841）年～明治5（1872）年12月4日
江戸時代末期～明治期の加賀藩士。
¶幕末

舟木真　ふなきまこと
→舟木真（ふなきしん）

船木靱負　ふなきゆきえ，ふなきゆぎえ
生没年不詳
江戸時代前期の軍船総支配、土崎湊代官。久保田

ふ

を開いた開拓者。
¶秋田百（ふなきゆぎえ），人名，日人

船越伊予 ふなこしいよ
慶長2（1597）年～寛文10（1670）年 [別]船越永景《ふなこしながかげ》，船越宗舟《ふなこしそうしゅう》
江戸時代前期の武士、茶人。将軍家茶道師範。
¶近世，国史，茶道（船越永景 ふなこしながかげ），日人（船越宗舟 ふなこしそうしゅう）

舟越外記 ふなごしげき
生没年不詳
江戸時代後期の河内狭山藩家老。
¶藩臣5

船越三蔵 ふなこしさんぞう
正徳3（1713）年～安永7（1778）年
江戸時代中期の八戸藩士。
¶青森人

船越治助 ふなこしじすけ
江戸時代中期の陸奥八戸藩家老。
¶青森人（[生]？ [没]正徳6（1716）年），青森百（[生]元禄1（1688）年 [没]正徳5（1715）年），藩臣1（生没年不詳）

船越清蔵 ふなこしせいぞう
文化2（1805）年～文久2（1862）年 [別]船越豊浦《ふなこしほうほ》
江戸時代末期の長門清末藩士。
¶維新，国書（[生]文化2（1805）年8月23日 [没]文久2（1862）年8月8日），人書79，新潮（[生]文化2（1805）年8月23日 [没]文久2（1862）年8月8日），人名（船越豊浦 ふなこしほうほ [生]？），日人，幕末（[没]1862年9月1日），藩臣6

船越宗舟 ふなこしそうしゅう
→船越伊予（ふなこしいよ）

船越孟正 ふなこしたけまさ
安永2（1773）年～天保10（1839）年
江戸時代中期～後期の豊浦郡上岡枝村在住の清末藩士。
¶姓氏山口

船越永景 ふなこしながかげ
→船越伊予（ふなこしいよ）

船越寛 ふなこしひろし
？ ～
江戸時代の八戸藩士。
¶青森人

船越豊浦 ふなこしほうほ
→船越清蔵（ふなこしせいぞう）

船越衛 ふなこしまもる
天保11（1840）年～大正2（1913）年 [別]船越洋之助《ふなこしようのすけ》
江戸時代末期～明治期の安芸広島藩士、官僚、政治家。
¶朝日（[生]天保11（1840）年11月 [没]大正2（1913）年12月23日），維新，コン改，コン4，コン5，庄内（船越洋之助 ふなこしようのすけ [没]大正2（1913）年12月23日），新潮（[没]大正2（1913）年12月），人名，世紀（[生]天保11（1840）年6月 [没]大正2（1913）年12月23日），千葉百，日史（[生]天保11（1840）年11月 [没]大正2（1913）年12月23日），日人，幕末（[没]1913年12月23日），藩臣6，宮城百，履歴（[生]天保11（1840）年6月15日 [没]大正2（1913）年12月23日）

船越八百十郎 ふなこしやおじゅうろう
文化9（1812）年～明治19（1886）年
江戸時代末期～明治期の安芸広島藩士。
¶維新，幕末（[没]1886年8月1日）

船越洋之助 ふなこしようのすけ
→船越衛（ふなこしまもる）

船越与兵衛 ふなこしよへえ
生没年不詳
江戸時代前期の盛岡藩家臣。
¶姓氏岩手

舟津釜太郎 ふなつかまたろう
？ ～慶応3（1867）年12月7日？
江戸時代後期～末期の新撰組隊士。
¶新撰

舟津九郎右衛門（船津九郎右衛門） ふなつくろうえもん
安土桃山時代～江戸時代前期の武将。秀吉馬廻。
¶戦国，戦人（船津九郎右衛門 生没年不詳）

船津八郎兵衛 ふなづはちろべえ
生没年不詳
安土桃山時代～江戸時代前期の武術家。
¶日人

船津初右衛門 ふなつはつうえもん
明和1（1764）年～天保9（1838）年
江戸時代中期～後期の筑後三池藩士。
¶藩臣7

船橋慤信 ふなばしかくしん
→船橋随庵（ふなばしずいあん）

船橋随庵（船橋随菴） ふなばしずいあん
寛政7（1795）年～明治5（1872）年 [別]船橋慤信《ふなばしかくしん》
江戸時代末期～明治期の下総関宿藩士、土木巧者。「農兵論」を唱える。
¶朝日（[没]明治5年4月9日（1872年5月15日）），国書（船橋慤信 ふなばしかくしん [没]明治5（1872）年4月9日），コン改（船橋随菴），コン4（船橋随菴），コン5（船橋随菴），全書，千葉百，日人，幕末（[没]1872年5月15日），藩臣3

船橋玄恂 ふなばしはるのり
正保4（1647）年～＊
江戸時代中期の旗本。
¶神奈川人（[没]1702年），姓氏神奈川（[没]1706年）

船橋半左衛門 ふなはしはんざえもん，ふなばしはんざえもん
？ ～＊
江戸時代前期の陸奥弘前藩家老。
¶青森人（ふなばしはんざえもん [没]承応1（1652）年），藩臣1（[没]承応3（1654）年）

船曳磐主 ふなびきいわぬし
→船曳鉄門（ふなびきかねと）

船曳大滋 ふなびきおおしげ
→船曳大滋（ふなびきだいじ）

ふ

船曳鉄門 ふなびきかねと
文政6(1823)年～明治28(1895)年 [別]船曳鉄門《ふなびきてつもん》,船曳磐主《ふなびきいわぬし》
江戸時代末期～明治期の筑後久留米藩士、神官、国学者。
¶国書(船曳磐主 ふなびきいわぬし [生]文政6(1823)年12月4日 [没]明治28(1895)年2月10日), 神人, 人名, 日人([生]1824年), 幕末(ふなびきてつもん [没]1895年2月10日), 藩臣7(ふなびきてつもん)

船曳大滋 ふなびきだいじ
文政2(1819)年～弘化4(1847)年 [別]船曳大滋《ふなびきおおしげ》
江戸時代後期の筑後久留米藩士、国学者。
¶国書([没]弘化4(1847)年10月4日), 長崎歴(ふなびきおおしげ [生]?), 藩臣7([生]文政2(1819)年頃)

船曳鉄門 ふなびきてつもん
→船曳鉄門(ふなびきかねと)

ふ

船山輔之 ふなやますけゆき
→船山輔之(ふなやまほし)

船山輔之 ふなやまほし
元文3(1738)年～文化1(1804)年 [別]船山輔之《ふなやますけゆき》
江戸時代中期～後期の暦算家、陸奥仙台藩士。
¶国書(ふなやますけゆき [没]文化1(1804)年9月12日), 人名, 日人

船脇新年 ふなわきしんねん
? ～明治11(1878)年
江戸時代末期～明治期の播磨明石藩士。
¶藩臣5

武間柏山 ぶまはくざん
文化13(1816)年～明治21(1888)年
江戸時代末期～明治期の播磨山崎藩士。
¶藩臣5

武陽隠士(武陽陰士) ぶよういんし
生没年不詳
江戸時代後期の武士、浪人。随筆「世事見聞録」の著者。
¶朝日, コン4, 新潮(武陽陰士), 日人

古市剛 ふるいちごう
慶安2(1649)年～享保7(1722)年 [別]古市南軒《ふるいちなんけん》
江戸時代前期～中期の上野前橋藩儒学者。
¶郷土群馬, 群馬人, 群馬百, 国書(古市南軒 ふるいちなんけん [没]享保7(1722)年8月6日), 姓氏群馬, 日人(古市南軒 ふるいちなんけん [生]1661年), 藩臣2

古市四郎右衛門 ふるいちしろうえもん
生没年不詳
江戸時代後期の遠江浜松藩士。
¶藩臣4

古市胤重 ふるいちたねしげ
? ～万治1(1658)年
江戸時代前期の武士。前田利常に仕えた。
¶姓氏石川

古市南軒 ふるいちなんけん
→古市剛(ふるいちごう)

古内重広 ふるうちしげひろ
*～万治1(1658)年
江戸時代前期の陸奥仙台藩士。
¶姓氏宮城([生]1588年), 日人([生]1589年), 藩臣1([生]天正17(1589)年), 宮城百([生]天正16(1588)年)

古内志摩 ふるうちしま
? ～延宝1(1673)年
江戸時代前期の奉行職。
¶姓氏宮城

古内義貞 ふるうちよしさだ
天文23(1553)年～寛永11(1634)年11月10日
安土桃山時代～江戸時代前期の武将。佐竹氏家臣。
¶戦辞, 戦東

古内義周 ふるうちよしちか
生没年不詳
江戸時代の仙台藩士。
¶姓氏宮城

古内義如 ふるうちよしゆき
寛永8(1631)年～延宝1(1673)年
江戸時代前期の陸奥仙台藩士。
¶人名, 日人, 藩臣1

古川氏清 ふるかわうじきよ
宝暦8(1758)年～文政3(1820)年
江戸時代中期～後期の幕臣、和算家。誠賛化流。
¶朝日([没]文政3年6月13日(1820年7月22日)), 神奈川人(生没年不詳), 近世, 国史, 国書([生]宝暦3(1753)年 [没]文政3(1820)年6月11日), 史人([没]1820年6月11日), 新潮([没]文政3(1820)年6月11日), 人名([生]1760年), 世人([没]文政3(1820)年6月11日), 日人

古川小二郎 ふるかわこじろう
嘉永1(1848)年～慶応4(1868)年1月5日
江戸時代後期～末期の新撰組隊士。
¶新撰

古川茂正 ふるかわしげまさ
? ～天明2(1782)年8月
江戸時代中期の丹波福地山藩士・地誌家。
¶国書

古河重吉 ふるかわしげよし
→古河善兵衛(ふるかわぜんべえ)

古川順蔵 ふるかわじゅんぞう
天保11(1840)年～慶応2(1866)年9月9日
江戸時代末期の奇兵隊士。
¶幕末

古川図書 ふるかわずしょ
*～寛政1(1789)年 [別]古川図書《ふるかわとしょ》
江戸時代中期の対馬藩家老。
¶国書([生]寛延2(1749)年 [没]寛政1(1789)年12月25日), 人名(ふるかわとしょ [生]1750年), 日人([生]1750年 [没]1790年), 藩臣7([生]寛延2(1749)年)

古河善兵衛(古川善兵衛) ふるかわぜんべえ
天正4(1576)年～寛永14(1637)年 [別]古河重吉

《ふるかわしげよし》
安土桃山時代～江戸時代前期の出羽米沢藩士、福島奉行兼群代。
¶朝日，近世，国史，コン改（[生]天正5（1577）年），コン4（[生]天正5（1577）年），史人，新潮（[生]天正5（1577）年　[没]寛永14（1637）年12月12日），人名（[生]1577年），世人（古川善兵衛　[生]天正5（1577）年），戦合，日人，藩臣1，福島百（古河重吉　ふるかわしげよし）

古川図書　ふるかわとしょ
→古川図書（ふるかわずしょ）

古川正雄　ふるかわまさお
天保8（1837）年3月4日～明治10（1877）年4月2日
江戸時代末期～明治期の幕臣、教育者。
¶海越新，江文，教育（[生]？　[没]1887年），渡航，広島百，洋学

古川松根　ふるかわまつね
文化10（1813）年～明治4（1871）年
江戸時代末期～明治期の肥前佐賀藩士。
¶江文，国書（[生]文化10（1813）年10月　[没]明治4（1871）年1月21日），佐賀百（[生]文化10（1813）年10月　[没]明治4（1871）年1月21日），人名，日人，幕末，藩臣7

古郡重政　ふるごおりしげまさ
→古郡孫太夫（ふるごおりまごだゆう）

古郡文右衛門　ふるこおりぶんえもん
慶安4（1651）年～享保15（1730）年
江戸時代中期の備中倉敷代官。
¶岡山歴

古郡孫太夫（古郡孫大夫）　ふるごおりまごだゆう，ふるこおりまごだゆう
慶長4（1599）年～寛文4（1664）年　[別]古郡重政《ふるごおりしげまさ》
江戸時代前期の幕府代官。駿河代官の一人。
¶朝日（古郡孫大夫　ふるこおりまごだゆう　[没]寛文4年閏5月22日（1664年7月15日）），近世（古郡孫大夫　ふるこおりまごだゆう），国史（古郡孫大夫　ふるこおりまごだゆう），コン改，コン4，史人（古郡孫大夫　ふるこおりまごだゆう　[没]1664年閏5月22日），静岡百（古郡重政　ふるごおりしげまさ），静岡歴（古郡重政　ふるごおりしげまさ），新潮（[没]寛文4（1664）年5月22日），人名，姓氏静岡，世人，日人（古郡重政　ふるごおりしげまさ）

古沢滋　ふるさわうるお
→古沢滋（ふるさわしげる）

古沢迂郎（古沢滋）　ふるさわうろう，ふるさわうろう
→古沢滋（ふるさわしげる）

古沢温斎　ふるさわおんさい
文化10（1813）年～明治10（1877）年12月30日
江戸時代末期～明治期の儒学者。勘定奉行。山奉行、代官頭取などを歴任。幕政末期の文学の振興に尽力。
¶幕末

古沢誠道　ふるさわしげみち
天明3（1783）年～安政5（1858）年
江戸時代後期の剣術家。
¶高知人，幕末（[没]1858年9月22日）

古沢誠之　ふるさわしげゆき
元文4（1739）年～文政4（1821）年
江戸時代中期～後期の剣術家。
¶高知人

古沢滋　ふるさわしげる
弘化4（1847）年～明治44（1911）年　[別]古沢滋《ふるさわうるお，ふるさわうろう，ふるさわしげる・ふるさわうろう》，古沢迂郎《ふるさわうろう》，迂郎
江戸時代末期～明治期の土佐藩士、民権論者。大阪日報社長。愛国公党を結成、民権運動の先駆け。のち官界に入り、貴族院議員。
¶朝日（[生]弘化4年1月11日（1847年2月25日）　[没]明治44（1911）年12月22日），海越（[生]弘化4（1847）年1月11日　[没]明治44（1911）年12月22日），海越新（[生]弘化4（1847）年1月11日　[没]明治44（1911）年12月22日），角史，近現（ふるさわうろう），高知人（古沢迂郎　ふるさわうろう），高知百（ふるさわうろう），国際（ふるさわうるお），国史（ふるさわうろう），コン改（ふるさわうるお），コン5（ふるさわうるお），史人（[生]1847年1月11日　[没]1911年12月22日），社史（ふるさわうろう　[生]？），重要（[生]弘化4（1847）年1月11日　[没]明治44（1911）年12月22日），新潮（ふるさわうるお　[生]弘化4（1847）年1月1日　[没]明治44（1911）年12月22日），人名，世紀（[生]弘化4（1847）年1月11日　[没]明治44（1911）年12月24日），姓氏山口，世人，先駆（[生]弘化4（1842）年1月11日　[没]明治44（1911）年12月22日），全書，大百，渡航（ふるさわしげる・ふるさわうろう　[生]1847年1月11日　[没]1911年12月24日），日史（[生]弘化4（1847）年1月11日　[没]明治44（1911）年12月22日），日人，幕末（[没]1911年12月24日），百科，履歴（[生]弘化4（1847）年1月11日　[没]明治44（1911）年12月22日），歴大

古沢康伯　ふるさわやすのり
？～寛政4（1792）年8月24日
江戸時代中期～後期の盛岡藩士・槍術家。
¶国書

古田左京　ふるたさきょう
？～正保3（1646）年
江戸時代前期の石見浜田藩家老。
¶藩臣5

古田重恒　ふるたしげつね
慶長8（1603）年～慶安1（1648）年　[別]古田兵部少輔重恒《ふるたひょうぶしょうゆうしげつね》
江戸時代前期の大名。石見浜田藩主。
¶島根人，島根百（古田兵部少輔重恒　ふるたひょうぶしょうゆうしげつね　[没]慶安1（1648）年6月16日），島根歴（[生]慶長10（1605）年），諸系，人名（[生]？），日人，藩主4（[没]慶安1（1648）年6月16日）

古田重直　ふるたしげなお
*～元和2（1616）年
安土桃山時代～江戸時代前期の陸奥仙台藩士。
¶姓氏宮城（[生]1559年），藩臣1（[生]？）

ふ

古田重治 ふるたしげはる
天正6 (1578) 年～寛永2 (1625) 年　[別]古田大膳大夫重治《ふるただいぜんたゆうしげはる》
安土桃山時代～江戸時代前期の武将、大名。伊勢松坂藩主、石見浜田藩主。
¶島根人，島根百 (古田大膳大夫重治　ふるただいぜんたゆうしげはる　[没]寛永2 (1625) 年11月25日)，島根歴，諸系，人名，日人，藩主3 ([没]寛永2 (1625) 年11月25日)，藩主4 ([没]寛永2 (1625) 年11月25日)

古田新兵衛 ふるたしんべえ
→古田直次 (ふるたなおつぐ)

古田大膳大夫重治 ふるただいぜんたゆうしげはる
→古田重治 (ふるたしげはる)

古田舎人 ふるたとねり
*～享和2 (1802) 年　[別]古田良智《ふるたよしとも》
江戸時代中期～後期の陸奥仙台藩の剣術家。新陰流。
¶剣豪 ([生]享保14 (1729) 年)，藩臣1 (古田良智　ふるたよしとも　[生]享保18 (1733) 年)

古田直三郎 ふるたなおざぶろう
生没年不詳
江戸時代末期の武士。
¶和歌山人

古田直次 ふるたなおじ
→古田直次 (ふるたなおつぐ)

古田直次 ふるたなおつぐ
？～寛文5 (1665) 年　[別]古田新兵衛《ふるたしんべえ》，古田直次《ふるたなおじ》
江戸時代前期の砲術家、心極流の祖。
¶岡山人 (ふるたなおじ)，剣豪 (古田新兵衛　ふるたしんべえ)，人名，日人

古田兵部少輔重恒 ふるたひょうぶしょうゆうしげつね
→古田重恒 (ふるたしげつね)

古田広計 (古田弘計) ふるたひろかず
生没年不詳
江戸時代後期の豊後岡藩の老職、国学者。
¶国書，人名 (古田弘計)，日人

古田真章 ふるたまさあき
安永1 (1772) 年～天保5 (1834) 年12月16日
江戸時代後期の岡山藩士・砲術家。
¶岡山歴

古田良智 ふるたよしとも
→古田舎人 (ふるたとねり)

古田麗蔵 ふるたれいぞう
？～明治24 (1891) 年
江戸時代末期～明治期の信濃高遠藩祐筆。
¶藩臣3

古年米蔵 ふるとしよねぞう
？～慶応1 (1865) 年
江戸時代末期の志士。
¶人名

古橋新左衛門 ふるはししんざえもん
安永8 (1779) 年～天保5 (1834) 年
江戸時代末期の備中倉敷代官。
¶岡山歴 ([生]安永8 (1779) 年ころ)

古橋惣左衛門 ふるはしそうざえもん
生没年不詳
江戸時代前期の剣術家。二天一流。
¶剣豪

古橋又玄 ふるはしゆうげん
生没年不詳
江戸時代前期の武将。
¶国書

古松簡二 ふるまつかんじ
天保6 (1835) 年～明治15 (1882) 年
江戸時代末期～明治期の筑後久留米藩郷士。
¶維新，人名 ([生]1836年)，日人

古谷簡一 ふるやかんいち
天保11 (1840) 年8月28日～明治8 (1875) 年7月26日
江戸時代末期～明治期の官吏。箱館奉行定役出役。遣露使節に随行する。
¶海越，海越新，国際

古屋佐久左衛門 (古屋作左衛門) ふるやさくざえもん
天保4 (1833) 年～明治2 (1869) 年
江戸時代末期の幕臣。
¶国書 (古屋作左衛門　[没]明治2 (1869) 年6月14日)，新潮 ([生]？　[没]明治2 (1869) 年5月14日)，人名 (古屋作左衛門)，新潟百別 (古屋作左衛門　生没年不詳)，日人，幕末

古谷定吉 ふるやさだきち
→古谷道生 (ふるやどうせい)

古屋治左衛門 ふるやじざえもん
？～嘉永1 (1848) 年
江戸時代後期の遠江掛川藩士。
¶藩臣4

古谷新作 ふるやしんさく
天保14 (1843) 年～大正10 (1921) 年5月1日
江戸時代末期～明治期の長州 (萩) 藩士。
¶幕末

降屋宗兵衛 ふるやそうべえ
文政11 (1828) 年～？
江戸時代末期の和泉岸和田藩士。
¶藩臣5

古谷道生 ふるやどうせい
文化12 (1815) 年～明治21 (1888) 年　[別]古谷道生《ふるやみちお》，古谷定吉《ふるやさだきち》
江戸時代末期～明治期の駿河田中藩の算学者。
¶維新，国書 ([生]文化12 (1815) 年4月3日　[没]明治21 (1888) 年8月1日)，静岡歴，人名，数学 (ふるやみちお　[生]文化12 (1815) 年4月3日　[没]明治21 (1888) 年8月1日)，姓氏静岡，日人，幕末，藩臣4，洋学 (古谷定吉　ふるやさだきち)

古屋直彦 ふるやなおひこ
文政6 (1823) 年～大正1 (1912) 年
江戸時代末期～明治期の上野館林藩士。
¶藩臣2

古谷信知 ふるやのぶとも
生没年不詳
江戸時代前期の武芸家。

¶国書

古山則満　ふるやまのりみつ
享保1(1716)年～明和2(1765)年7月3日
江戸時代中期の仙台藩士。
¶国書

古谷道生　ふるやみちお
→古谷道生(ふるやどうせい)

不破有親　ふわありちか
寛政10(1798)年～安政5(1858)年8月
江戸時代後期～末期の加賀藩士。
¶国書

不破数右衛門　ふわかずえもん
寛文10(1670)年～元禄16(1703)年
江戸時代前期の播磨赤穂藩士。赤穂義士の一人。
¶コン改，コン4，史人([没]1703年2月4日)，新潮([没]元禄16(1703)年2月4日)，人名，日人

不破弘平　ふわこうへい
？　～天保10(1839)年
江戸時代後期の伊予宇和島藩士。
¶藩臣6

不破左門　ふわさもん
→不破美作(ふわみまさか)

不破順助　ふわじゅんすけ
？　～文化6(1808)年
江戸時代中期～後期の下総古河藩士。
¶藩臣3

不破関蔵　ふわせきぞう
？　～慶応4(1868)年
江戸時代末期の陸奥三春藩用人。
¶藩臣2

不破頼母　ふわたのも
？　～明和2(1765)年
江戸時代中期の越中富山藩士。
¶藩臣3

不破為章　ふわためあきら
延享2(1745)年～享和3(1803)年11月
江戸時代中期～後期の加賀藩士。
¶国書

不破為貞　ふわためさだ
寛永18(1641)年～正徳2(1712)年
江戸時代前期～中期の加賀藩士。
¶国書

不破富太郎　ふわとみたろう
文政6(1823)年～元治1(1864)年
江戸時代末期の加賀藩士。
¶石川百，維新，人名，姓氏石川，日人，幕末([生]1823年4月24日　[没]1864年11月17日)，藩臣3

不破直温　ふわなおはる
→不破梅仙(ふわばいせん)

不破梅仙　ふわばいせん
安永5(1776)年～天保4(1833)年　[別]不破直温《ふわなおはる》
江戸時代後期の陸奥白河藩士。
¶国書(不破直温　ふわなおはる　[没]天保4(1833)年8月8日)，藩臣2([生]安永4(1775)年)，藩臣4，三重続

不破浚明　ふわふかあきら
生没年不詳
江戸時代後期の加賀藩士・漢学者。
¶国書

不破孫市　ふわまごいち
文政1(1818)年～安政2(1855)年
江戸時代末期の筑後久留米藩士。
¶藩臣7

不破正寛　ふわまさひろ
→不破美作(ふわみまさか)

不破方好　ふわまさよし
寛永20(1643)年～享保12(1727)年11月5日
江戸時代前期～中期の加賀藩士。
¶国書

不破美作　ふわみまさか
文政5(1822)年～明治1(1868)年　[別]不破左門《ふわさもん》，不破正寛《ふわまさひろ》
江戸時代末期の筑後久留米藩士。参政として藩政を指導。
¶朝日(不破左門　ふわさもん　[没]明治1年1月26日(1868年2月19日))，維新(不破左門　ふわさもん　[生]？)，国書(不破正寛　ふわまさひろ　[没]慶応4(1868)年1月26日)，日人，幕末(不破左門　ふわさもん　[生]1822年頃　[没]1868年2月19日)，藩臣7([生]文政5(1822)年頃)，福岡百([生]？　[没]慶応4(1868)年1月26日)

文器　ぶんき
文化14(1817)年～明治26(1893)年　[別]小島文器《こじまぶんき》
江戸時代後期～明治期の俳人、加賀藩士。
¶国書([没]明治26(1893)年4月19日)，姓氏石川(小島文器　こじまぶんき)，日人(小島文器　こじまぶんき)，俳句，俳文([没]明治26(1893)年4月19日)

文車　ぶんしゃ
→日野尚茂(ひのなおしげ)

汶村　ぶんそん
？　～＊　[別]松井汶村《まついぶんそん》
江戸時代中期の近江彦根藩士、俳人(蕉門)。
¶人名(松井汶村　まついぶんそん)，日人([没]1712年)，俳諧，俳句([没]正徳3(1713)年)，和俳(松井汶村　まついぶんそん　生没年不詳)

【へ】

米翁　べいおう
→柳沢信鴻(やなぎさわのぶとき)

平寿王　へいじゅおう
生没年不詳
江戸時代の播州明石藩士。
¶大阪人

平内廷臣　へいのうちまさおみ
生没年不詳
江戸時代後期の幕臣・工匠・和算家。

¶国書

日置源次郎 へきげんじろう
→日置源次郎(ひおきげんじろう)

日置忠明 へきただあき
→日置忠明(ひきただあき)

日置忠治 へきただはる
→日置忠治(ひきただはる)

日置忠尚 へきただひさ
→日置帯刀(へきたてわき)

日置帯刀 へきたてわき
文政12(1829)年～大正7(1918)年 [別]日置雲外《ひきうんがい》,日置帯刀《ひきたてわき》,日置忠尚《ひきただひさ,へきただひさ》
江戸時代末期～明治期の備前岡山藩老臣。
¶朝日([生]文政12年2月8日(1829年3月12日) [没]大正7(1918)年8月),維新,岡山人(日置雲外　ひきうんがい),岡山歴(日置忠尚　ひきただひさ　[生]文政12(1829)年2月8日　[没]大正7(1918)年8月9日),人名(日置忠尚　へきただひさ),日人,幕末(ひきたてわき　[没]1918年8月9日),美家([生]文政12(1829)年2月8日　[没]大正7(1918)年8月9日)

日置貫 へきとおる
？ ～明治21(1888)年
江戸時代末期～明治期の安芸広島藩士。
¶幕末([没]1888年8月25日),藩臣6

日置豊前 へきぶぜん
→日置忠俊(ひきただとし)

戸次庄左衛門(別次庄左衛門,別木庄左衛門) へつぎしょうざえもん,べっきしょうざえもん;べつきしょうざえもん
？ ～承応1(1652)年
江戸時代前期の武士、元越前大野藩士。
¶朝日([没]承応1年9月21日(1652年10月23日)),岩史(別木庄左衛門　べっきしょうざえもん　[没]承応1(1652)年9月21日),角史(別木庄左衛門　べつきしょうざえもん),近世(別木庄左衛門　べつきしょうざえもん),国史(別木庄左衛門　べつきしょうざえもん),コン改,コン4,史人(別木庄左衛門　べつきしょうざえもん　[没]1652年9月21日),重要([没]承応1(1652)年9月21日),新潮([没]承応1(1652)年9月21日),人名(べつきしょうざえもん),世人(別木庄左衛門　べつきしょうざえもん　[没]承応1(1652)年9月21日),世百(べつきしょうざえもん),全書(別木庄左衛門　べつきしょうざえもん),日史(べっきしょうざえもん　[没]承応1(1652)年9月21日),日人,百科(べっきしょうざえもん),歴大(別次庄左衛門　べっきしょうざえもん)

戸次彦之助 べっきひこのすけ,へつぎひこのすけ
弘化2(1845)年～慶応2(1866)年 [別]戸次彦之助《へつぎひこのすけ,へつぐひこのすけ》
江戸時代末期の筑前福岡藩士。
¶維新(へつぐひこのすけ),人名(へつぎひこのすけ),日人

戸次統虎 べっきむねとら
永禄12(1569)年～寛永19(1642)年
戦国時代～江戸時代前期の武将。
¶大分歴

戸次求馬 べっきもとめ
生没年不詳
江戸時代中期の筑後柳河藩士。
¶国書,藩臣7

戸次彦之助 へつぐひこのすけ
→戸次彦之助(べっきひこのすけ)

別所孝治 べっしょたかはる
～元禄10(1697)年
江戸時代中期の旗本。
¶神奈川人

別所常治 べっしょつねはる
正保2(1645)年～正徳1(1711)年 [別]別所播磨守常治《べっしょはりまのかみつねはる》
江戸時代前期～中期の36代長崎奉行。
¶長崎歴(別所播磨守常治　べっしょはりまのかみつねはる)

別所範治 べっしょのりはる
生没年不詳
江戸時代中期の剣術家。
¶日人

別所播磨守常治 べっしょはりまのかみつねはる
→別所常治(べっしょつねはる)

別所某 べっしょぼう
～享保6(1721)年
江戸時代中期の旗本。
¶神奈川人

別所吉治 べっしょよしはる
？ ～*
江戸時代前期の大名。但馬八木藩主。
¶系西(生没年不詳),戦国,戦人(生没年不詳),日人([没]1652年,(異説)1654年),藩主3([没]承応3(1654)年7月13日,(異説)承応1年7月13日？)

別府晋介 べっぷしんすけ
弘化4(1847)年～明治10(1877)年
江戸時代末期～明治期の薩摩藩士、西南戦争時の西郷軍先鋒隊長。
¶朝日([没]明治10(1877)年9月24日),維新,鹿児島百,近現,近世,国史,コン改,コン4,コン5,史人([没]1877年9月24日),新潮([没]明治10(1877)年9月24日),人名,姓氏鹿児島,日人,幕末([没]1877年9月24日),陸海([没]明治10年9月24日)

別府安宣 べっぷやすのぶ
→別府安宣(べふやすのぶ)

蛇口安太郎 へびぐちやすたろう
天保11(1840)年～元治1(1864)年 [別]蛇口義明《へびぐちよしあき》
江戸時代末期の武士。天狗党参加者。
¶維新(蛇口義明　へびぐちよしあき　[生]1839年),人名,姓氏岩手,日人([生]1839年),幕末([没]1864年10月30日)

蛇口義明 へびぐちよしあき
→蛇口安太郎（へびぐちやすたろう）

別府安宣 べふやすのぶ
寛政3（1791）年～文久3（1863）年　[別]別府安宣《べっぷやすのぶ》
江戸時代末期の土佐藩士。
¶高知人，高知百，人名（べっぷやすのぶ），日人，幕末（[没]1863年10月6日），和俳

戸来官左衛門 へらいかんざえもん
文化4（1807）年～明治4（1871）年11月9日
江戸時代末期～明治期の馬術・剣術師範。
¶幕末

戸来惣右衛門 へらいそうえもん
？～
江戸時代の八戸藩士。藩境確定に努力した。
¶青森人

戸波右衛門尉 へわうえもんのじょう
安土桃山時代～江戸時代前期の武将。長宗我部氏家臣。
¶戦西

片石 へんせき
貞享2（1685）年～宝暦7（1757）年12月10日
江戸時代前期～中期の俳人。出羽庄内藩士・上野安載。
¶国書

便々館湖鯉鮒（便便館湖鯉鮒） べんべんかんこりふ
→便便館湖鯉鮒（べんべんかんこりゅう）

便便館湖鯉鮒（便々館湖鯉鮒） べんべんかんこりゅう
寛延2（1749）年～文化15（1818）年　[別]便々館湖鯉鮒《べんべんかんこりふ》，便便館湖鯉鮒《べんべんかんこりふ》
江戸時代後期の狂歌師・幕臣。
¶江戸東（べんべんかんこりふ），国書（便々館湖鯉鮒　[生]延享3（1746）年　[没]文化15（1818）年4月5日），人名，日人（便々館湖鯉鮒　べんべんかんこりふ），和俳

便々館琵琶麿（便便館琵琶麿） べんべんかんびわまろ
？～天保15（1844）年
江戸時代後期の狂歌師・幕臣。
¶国書（[没]天保15（1844）年7月13日），人名（便便館琵琶麿），日人

逸見在綱 へんみありつな
→逸見又一（へんみまたいち）

逸見興長 へんみおきなが
文政11（1828）年～？
江戸時代後期～末期の八戸藩士。
¶青森人

逸見熊治郎福演 へんみくまじろうふくえん
文化10（1813）年～明治40（1907）年
江戸時代後期～明治期の剣術家。
¶埼玉百

逸見蔵人(1) へんみくろうど
？～
江戸時代の藩主一族出身の八戸藩士。
¶青森人

逸見蔵人(2) へんみくろうど
生没年不詳
江戸時代前期の北条氏邦の旧臣。
¶埼玉人

辺見十郎太（逸見十郎太） へんみじゅうろうた
嘉永2（1849）年～明治10（1877）年
江戸時代末期～明治期の陸軍軍人、鹿児島藩士。近衛陸軍大尉。私学校運営に参加。西南戦争で小隊長、官軍包囲網を突破した。
¶朝日（[生]嘉永2年11月7日（1849年12月21日）　[没]明治10（1877）年9月24日），維新（逸見十郎太），鹿児島百，近現，国史，コン改（逸見十郎太），コン5（逸見十郎太），史人（[生]1849年11月7日　[没]1877年9月24日），新潮（逸見十郎太　[生]嘉永2（1849）年11月7日　[没]明治10（1877）年9月24日），人名（逸見十郎太），姓氏鹿児島，日人，幕末（[生]1847年　[没]1877年9月24日），陸海（[生]嘉永2年11月7日　[没]明治10年9月24日）

逸見将監 へんみしょうげん
元文5（1740）年～寛政4（1792）年
江戸時代中期～後期の剣術家。別伝流。
¶剣豪

逸見宗助 へんみそうすけ
天保14（1843）年～明治26（1893）年
江戸時代末期～明治期の撃剣家、警察官。警部。警視庁剣術確立期のリーダーとして活躍。
¶全書，日人

逸見太四郎(1) へんみたいしろう
→逸見太四郎(1)（へんみたしろう）

逸見太四郎(2) へんみたいしろう
→逸見長英（へんみながひで）

逸見太四郎(1)（逸見多四郎） へんみたしろう
延享4（1747）年～文政11（1828）年　[別]逸見太四郎《へんみたいしろう》，逸見太四郎義年《へんみたしろうよしとし》
江戸時代末期の剣術家。
¶剣豪，埼玉人（へんみたいしろう　[没]文政11（1828）年9月9日），埼玉百（逸見太四郎義年　へんみたしろうよしとし），人名（逸見多四郎），日人，幕末（逸見多四郎　生没年不詳）

逸見太四郎(2) へんみたしろう
→逸見長英（へんみながひで）

逸見太四郎源長英 へんみたしろうみなもとのちょうえい
→逸見長英（へんみながひで）

逸見太四郎義年 へんみたしろうよしとし
→逸見太四郎(1)（へんみたしろう）

逸見忠助 へんみただすけ
～明暦3（1657）年
江戸時代前期の旗本。
¶神奈川人

逸見為庸 へんみためつね
文政1（1818）年～明治26（1893）年
江戸時代後期～明治期の喜連川藩士・家老、開墾、用水路開削。
¶栃木歴

逸見弾右衛門 へんみだんえもん
？～文政1(1818)年
江戸時代中期～後期の八戸藩の上級藩士。
¶青森人

逸見直治 へんみなおはる
天正18(1590)年～寛文2(1662)年
安土桃山時代～江戸時代前期の武術家。
¶日人

逸見長英 へんみながひで
文政1(1818)年～明治14(1881)年　[別]逸見太四郎《へんみたいしろう，へんみたしろう》，逸見太四郎源長英《へんみたしろうみなもとのちょうえい》
江戸時代後期～明治期の剣術家。甲源一刀流。
¶剣豪，埼玉人(逸見太四郎　へんみたいしろう　[生]文化15(1818)年1月15日　[没]明治14(1881)年2月11日)，埼玉百(逸見太四郎源長英　へんみたしろうみなもとのちょうえい)，幕末(逸見太四郎　へんみたしろう　[没]1881年2月11日)

逸見彦九郎 へんみひこくろう
？～＊　[別]逸見彦九郎義苗《へんみひこくろうよしみつ》
江戸時代後期の甲源一刀流剣術家・宗家2代。
¶埼玉人([没]文政7(1824)年9月25日)，埼玉百(逸見彦九郎義苗　へんみひこくろうよしみつ　[没]1834年)

逸見彦九郎義苗 へんみひこくろうよしみつ
→逸見彦九郎(へんみひこくろう)

逸見久年 へんみひさとし
文政1(1818)年～？
江戸時代後期の豊前中津藩家老。
¶藩臣7

逸見又一 へんみまたいち
文政8(1825)年～明治8(1875)年　[別]逸見在綱《へんみありつな》
江戸時代末期～明治期の高岡の町役人、勤王家。
¶維新，国書(逸見在綱　へんみありつな　[生]文政8(1825)年8月1日　[没]明治8(1875)年8月31日)，人名([生]1824年)，姓氏富山，日人，幕末([生]1825年9月13日　[没]1875年8月31日)

逸見義助 へんみよしすけ
元亀2(1571)年～寛永1(1624)年
江戸時代前期の旗本。
¶神奈川人

【ほ】

帆足親次 ほあしちかつぐ
？～元文2(1737)年
江戸時代中期の剣術家。帆足流。
¶姓氏鹿児島

帆足長秋 ほあしちょうしゅう
→帆足長秋(ほあしながあき)

帆足長秋 ほあしながあき
宝暦7(1757)年～文政5(1822)年　[別]帆足長秋《ほあしちょうしゅう》
江戸時代中期～後期の肥後熊本藩の国学者、神社神職。
¶熊本百(ほあしちょうしゅう　[生]宝暦7(1757)年12月8日　[没]文政5(1822)年1月14日)，国書([生]宝暦7(1757)年12月8日　[没]文政5(1822)年1月14日)，人名，日人([生]1758年)，藩臣7(ほあしちょうしゅう)

帆足万里 ほあしばんり
安永7(1778)年～嘉永5(1852)年
江戸時代後期の儒学者。豊後日出藩主木下家の家臣。
¶朝日([生]安永7年1月15日(1778年2月11日)　[没]嘉永5年6月14日(1852年7月30日))，岩史([生]安永7(1778)年1月15日　[没]嘉永5(1852)年6月14日)，大分百([没]1853年)，大分歴，教育，近世，国史，国書([生]安永7(1778)年1月15日　[没]嘉永5(1852)年6月14日)，コン改，コン4，史人([生]1778年1月15日　[没]1852年6月14日)，人書79([没]1853年)，人書94，新潮([生]安永7(1778)年1月15日　[没]嘉永5(1852)年6月14日)，人名，世人([没]嘉永5(1852)年6月14日)，世百，全書，大百，伝記，日史([生]安永7(1778)年1月15日　[没]嘉永5(1852)年6月14日)，日人，藩臣7，百科，洋学，歴大，和俳

帆足通文 ほあしみちふみ
？～文化8(1811)年
江戸時代後期の豊後日出藩家老。
¶藩臣7

帆足庸斎 ほあしようさい
文化4(1807)年～明治5(1872)年
江戸時代末期～明治期の豊後日出藩家老。
¶藩臣7

帆足亮吉 ほあしりょうきち
天保6(1835)年～＊
江戸時代末期～明治期の豊後日出藩士。
¶大分歴([没]明治18(1885)年)，藩臣7([没]明治16(1883)年)

抱一 ほういつ
→酒井抱一(さかいほういつ)

伯耆郷右衛門 ほうきごううえもん
→伯耆郷右衛門(ほうきごうえもん)

伯耆郷右衛門 ほうきごうえもん
[別]伯耆郷右衛門《ほうきごううえもん》
安土桃山時代～江戸時代前期の武士。里見氏家臣。
¶戦人(生没年不詳)，戦東(ほうきごううえもん)

伯耆四郎左衛門 ほうきしろうざえもん
安土桃山時代～江戸時代前期の武士。里見氏家臣。
¶戦人(生没年不詳)，戦東

法木出羽 ほうきでわ
安土桃山時代～江戸時代前期の武士。里見氏家臣。
¶戦人(生没年不詳)，戦東

法貴発 ほうきはつ
弘化3(1846)年～明治23(1890)年
江戸時代末期～明治期の丹波篠山藩士。
¶日人，藩臣5，兵庫人([生]弘化3(1846)年8月　[没]明治23(1890)年12月23日)

北条氏昉 ほうじょううじあきら
宝暦10(1760)年～文化8(1811)年

江戸時代中期～後期の大名。河内狭山藩主。
¶諸系，日人，藩主3（[没]文化8（1811）年1月16日）

北条氏貞 ほうじょううじさだ
元禄16（1703）年～宝暦8（1758）年
江戸時代中期の大名。河内狭山藩主。
¶国書（[没]宝暦8（1758）年4月27日），諸系，人名，日人，藩主3（[没]宝暦8（1758）年4月27日）

北条氏重 ほうじょううじしげ
文禄4（1595）年～万治1（1658）年
江戸時代前期の大名。下総岩富藩主、下野富田藩主、遠江久野藩主、下総関宿藩主、駿河田中藩主、遠江掛川藩主。
¶静岡歴，諸系，姓氏静岡，日人，藩主1，藩主2，藩主2（[没]万治1（1658）年10月1日），藩主2

北条氏如 ほうじょううじすけ
寛文6（1666）年～享保12（1727）年
江戸時代中期の徳川幕臣。
¶人名，日人

北条氏輔 ほうじょううじすけ
天明1（1781）年～文政12（1829）年
江戸時代中期～後期の武士。毛利家家臣北条氏8代目。大組士、世帯方。
¶姓氏山口

北条氏喬 ほうじょううじたか
天明5（1785）年～弘化3（1846）年
江戸時代後期の大名。河内狭山藩主。
¶諸系，日人，藩主3（[没]弘化3（1846）年7月8日）

北条氏朝 ほうじょううじとも
寛文9（1669）年～享保20（1735）年
江戸時代中期の大名。河内狭山藩主。
¶京都大，国書（[生]寛文9（1669）年3月28日　[没]享保20（1735）年9月30日），コン改，コン4，諸系，人名，姓氏京都，日人，藩主3（[生]寛文9（1669）年3月28日　[没]享保20（1735）年9月晦日）

北条氏長 ほうじょううじなが
慶長14（1609）年～寛文10（1670）年
江戸時代前期の幕府旗本、兵学者。北条流兵学の創始者。
¶朝日（[没]寛文10年5月29日（1670年7月16日）），岩史（[没]寛文10（1670）年5月29日），角史，近世，国史，国書（[没]寛文10（1670）年5月29日），コン改，コン4，史人（[没]1670年5月29日），新潮（[没]寛文10（1670）年5月29日），人名，世人，全書，大百，日人，歴大

北条氏信 ほうじょううじのぶ
慶長6（1601）年～寛永2（1625）年
江戸時代前期の大名。河内狭山藩主。
¶諸系，日人，藩主3（[没]寛永2（1625）年10月24日）

北条氏治 ほうじょううじはる
寛永16（1639）年～元禄9（1696）年
江戸時代前期の大名。河内狭山藩主。
¶諸系，人名，日人，藩主3（[没]元禄9（1696）年5月29日）

北条氏久 ほうじょううじひさ
文政6（1823）年～嘉永5（1852）年
江戸時代末期の大名。河内狭山藩主。
¶諸系，日人，藩主3（[生]文化13（1816）年　[没]嘉永5（1852）年5月10日）

北条氏宗 ほうじょううじむね
元和5（1619）年～貞享2（1685）年
江戸時代前期の大名。河内狭山藩主。
¶諸系，日人，藩主3（[没]貞享2（1685）年5月18日）

北条氏恭 ほうじょううじゆき
弘化2（1845）年～大正8（1919）年
江戸時代末期～明治期の大名。河内狭山藩主。
¶諸系，人名，日人，藩主3（[没]大正8（1919）年10月16日）

北条氏燕 ほうじょううじよし
天保1（1830）年～明治24（1891）年
江戸時代末期～明治期の大名。河内狭山藩主。
¶諸系，日人，藩主3（[没]明治24（1891）年12月3日）

北条氏彦 ほうじょううじよし
寛保2（1742）年～明和6（1769）年
江戸時代中期の大名。河内狭山藩主。
¶諸系，日人，藩主3（[没]明和6（1769）年4月27日）

北条悔堂 ほうじょうかいどう
文化5（1808）年～元治2（1865）年
江戸時代末期の備後福山藩の儒学者。
¶国書（[没]元治2（1865）年1月16日），幕末（[没]1865年2月11日），藩臣6

北条角磨 ほうじょうかくま
→北条角磨（ほうじょうすみまろ）

北条霞亭 ほうじょうかてい
安永9（1780）年～文政6（1823）年
江戸時代後期の備後福山藩の漢詩人。
¶朝日（[生]安永9年9月5日（1780年10月2日）　[没]文政6年8月17日（1823年9月21日）），江文，近世，国史，国書（[没]文政6（1823）年8月17日），コン改，コン4，詩歌，史人（[生]1780年9月5日　[没]1823年8月17日），人書94，新潮（[生]安永9（1780）年9月5日　[没]文政6（1823）年8月17日），人名，姓氏京都，世人，全書，日史（[生]安永9（1780）年9月5日　[没]文政6（1823）年8月17日），日人，藩臣6，百科，広島百（[生]安永9（1780）年9月5日　[没]文政6（1823）年8月17日），三重，歴大，和俳

北条源蔵 ほうじょうげんぞう
→伊勢煥（いせあきら）

北条小淞 ほうじょうしょうすう
文政5（1822）年～明治19（1886）年2月1日
江戸時代後期～明治期の長州藩士。
¶国書

北条角磨 ほうじょうすみまろ
文政1（1818）年～明治35（1902）年　[別]北条角磨《ほうじょうかくま》
江戸時代末期～明治期の新庄藩士。
¶維新，人名，日人，幕末（北条角磨　ほうじょうかくま　[生]1818年5月　[没]1902年7月20日），藩臣1（北条角磨　ほうじょうかくま），山形百新（北条角磨　ほうじょうかくま）

北条宗四郎 ほうじょうそうしろう
生没年不詳

江戸時代末期の武士。
¶和歌山人

北条竹潭　ほうじょうちくたん
→伊勢煥（いせあきら）

北条文太夫　ほうじょうぶんだいゆう
→北条文太夫（ほうじょうぶんだゆう）

北条文太夫　ほうじょうぶんだゆう
正徳4（1714）年～寛政11（1799）年　[別]北条文太夫《ほうじょうぶんだいゆう》
江戸時代中期～後期の剣術家。当流。
¶剣豪，栃木百，栃木歴（ほうじょうぶんだいゆう）

北条正房　ほうじょうまさふさ
～寛文10（1670）年
江戸時代前期の旗本。
¶神奈川人

北条弓削介　ほうじょうゆげのすけ
生没年不詳
江戸時代中期の河内狭山藩家老。
¶藩臣5

北条六右衛門　ほうじょうろくうえもん
元文2（1737）年～天明3（1783）年
江戸時代中期の出羽新庄藩家老。
¶藩臣1

鳳棲　ほうせい
生没年不詳
江戸時代後期～末期の俳人、阿波徳島藩中老・稲田長方。
¶国書

鳳声　ほうせい
生没年不詳
江戸時代中期～後期の俳人、尾張藩士・川瀬信周。
¶国書

朋誠堂喜三二　ほうせいどうきさんじ
享保20（1735）年～文化10（1813）年　[別]手柄岡持《てがらのおかもち》，喜三二《きさんじ》，浅黄裏成《あさぎのうらなり》
江戸時代中期～後期の黄表紙・洒落本・狂歌師。秋田藩の江戸留守居役。
¶秋田百，朝日（[生]享保20年閏3月21日（1735年5月13日）　[没]文化10年5月20日（1813年6月18日）），岩史（[生]享保20（1735）年閏3月21日　[没]文化10（1813）年5月20日），角史，近世，国史，国書（[生]享保20（1735）年閏3月21日　[没]文化10（1813）年5月20日），コン改，コン4，史人（[生]1735年閏3月21日　[没]1813年5月20日），人書94（[没]1815年），新潮（[生]享保20（1735）年閏3月21日　[没]文化10（1813）年5月20日），新文（[没]文化10（1813）年5月20日），人名（手柄岡持　てがらのおかもち），世百，全書，大百，日史（[生]享保20（1735）年閏3月21日　[没]文化10（1813）年5月20日），日人，百科，文学，歴大，和俳（[没]文化10（1813）年5月20日）

宝蔵院胤舜　ほうぞういんいんしゅん
天正17（1589）年～慶安1（1648）年　[別]胤舜《いんしゅん》
江戸時代前期の槍術家。宝蔵院第2世。
¶近世，国史，国書（[没]正保5（1648）年1月12日），史人（[没]1648年1月12日），人名，戦合，日人，仏教（胤舜　いんしゅん　[没]正保5（1648）年1月12日）

保木左太郎　ほぎさたろう
貞享4（1687）年～元文3（1738）年3月6日
江戸時代中期の美作国土居代官。
¶岡山歴

保坂金右衛門　ほさかきんえもん
生没年不詳
江戸時代後期の武士。
¶和歌山人

保坂正堂　ほさかしょうどう
文政9（1826）年～明治24（1891）年
江戸時代後期～末期の七日市藩家老。
¶群馬人

保坂正方　ほさかまさかた
？　～嘉永2（1849）年
江戸時代後期の七日市藩家老。
¶姓氏群馬

保坂正義　ほさかまさよし
天保5（1834）年～明治24（1891）年　[別]保坂杢《ほさかもく》
江戸時代末期～明治期の上野七日市藩家老。
¶剣豪（保坂杢　ほさかもく），姓氏群馬，藩臣2

保坂杢　ほさかもく
→保坂正義（ほさかまさよし）

星合顕行　ほしあいあきゆき
～享保20（1735）年
江戸時代中期の旗本。
¶神奈川人

星合具泰　ほしあいともひろ
→星合具泰（ほしあいともやす）

星合具泰　ほしあいともやす
永禄10（1567）年～寛永16（1639）年　[別]星合具泰《ほしあいともひろ》
安土桃山時代～江戸時代前期の武将、伊勢星合城主。織田氏家臣。
¶人名，戦国（[生]1568年），日人（ほしあいともひろ）

星合利尚　ほしあいりしょう
宝暦5（1755）年～文政2（1819）年
江戸時代中期～後期の丹波柏原藩士。
¶藩臣5

星川清晃　ほしかわきよあきら
文政13（1830）年～明治27（1894）年
江戸時代末期～明治期の国学者、神職。出羽山形藩士。
¶国書（[生]文政13（1830）年2月18日　[没]明治27（1894）年11月11日），庄内（[生]天保1（1830）年2月18日　[没]明治27（1894）年11月11日），神人，人名，日人，山形百

星川正甫　ほしかわせいほ
＊～明治13（1880）年　[別]星川正甫《ほしかわまさとし》
江戸時代末期～明治期の陸奥南部藩の著述家。
¶国書（ほしかわまさとし　[生]文化3（1806）年3月

7日　[没]明治13(1880)年7月16日), 姓氏岩手([生]1805年), 幕末([生]1805年　[没]1880年7月16日), 藩臣1([生]文化3(1806)年)

星川正甫 ほしかわまさとし
→星川正甫(ほしかわせいほ)

星恂太郎 ほしじゅんたろう
天保11(1840)年～明治9(1876)年
江戸時代末期～明治期の陸奥仙台藩洋式軍隊額兵隊の司令。
¶維新, 近現, 近世, 国史, コン改, コン4, コン5, 新潮([生]天保11(1840)年10月4日　[没]明治9(1876)年7月27日), 人名, 姓氏宮城, 日人, 幕末([没]1876年7月27日), 藩臣1

星新兵衛 ほししんべえ
生没年不詳
江戸時代後期の一関藩家老佐瀬主計の臣。
¶姓氏岩手

保科俊太郎 ほしなしゅんたろう
？～明治16(1883)年　[別]保科俊太郎・保科正敬《ほしなしゅんたろう・ほしなまさたか》, 正敬
江戸時代末期～明治期の幕臣。1867年パリ万国博覧会の通訳としてフランスに渡る。
¶維新, 海越, 海越新([没]明治16(1883)年6月29日), コン5, 渡航(保科俊太郎・保科正敬　ほしなしゅんたろう・ほしなまさたか　[没]1883年6月29日), 日人, 幕末([没]1883年6月29日)

保科近悳 ほしなちかのり
文政13(1830)年～明治36(1903)年
江戸時代後期～明治期の会津藩家老・神職。
¶国書([生]文政13(1830)年閏3月24日　[没]明治36(1903)年4月28日), 栃木歴

保科正益 ほしなまさあり
天保4(1833)年～明治21(1888)年
江戸時代末期～明治期の大名。上総飯野藩主。
¶諸系, 日人, 藩主2([生]天保4(1833)年2月2日　[没]明治21(1888)年1月23日)

保科正興 ほしなまさおき
慶安2(1649)年～元禄3(1690)年
江戸時代前期の陸奥会津藩家老。
¶国書([没]元禄3(1690)年8月7日), 藩臣2

保科正景 ほしなまさかげ
元和2(1616)年～元禄13(1700)年
江戸時代前期～中期の大名。上総飯野藩主。
¶諸系, 人名, 日人, 藩主2([生]元和2(1616)年9月5日　[没]元禄13(1700)年5月16日)

保科正賢 ほしなまさかた
寛文5(1665)年～正徳5(1715)年
江戸時代中期の大名。上総飯野藩主。
¶諸系, 日人, 藩主2([生]寛文5(1665)年10月8日　[没]正徳4(1714)年12月22日)

保科正貞 ほしなまささだ
天正16(1588)年～寛文1(1661)年
江戸時代前期の大名。上総飯野藩主。
¶近世, 国史, コン改, コン4, 諸系, 新潮([没]寛文1(1661)年11月1日), 人名, 戦合, 日人, 藩主2([生]天正16(1588)年5月21日　[没]寛文1(1661)年11月1日)

保科正敬 ほしなまさたか
→保科俊太郎(ほしなしゅんたろう)

保科正殷 ほしなまさたか
元禄7(1694)年～元文3(1738)年
江戸時代中期の大名。上総飯野藩主。
¶諸系, 日人, 藩主2([没]元文3(1738)年3月21日)

保科正経 ほしなまさつね
*～天和1(1681)年　[別]松平正経《まつだいらまさつね》
江戸時代前期の大名。陸奥会津藩主。
¶国書([生]正保3(1646)年12月27日　[没]天和1(1681)年10月3日), 諸系([生]1647年), 人名(松平正経　まつだいらまさつね　[生]1646年), 日人([生]1647年), 藩主1([生]正保3(1646)年12月27日　[没]天和1(1681)年10月3日)

保科正富 ほしなまさとみ
享保17(1732)年～寛政10(1798)年
江戸時代中期の大名。上総飯野藩主。
¶諸系, 日人, 藩主2([生]享保17(1732)年5月15日　[没]寛政9(1797)年12月10日)

保科正脩 ほしなまさなが
弘化3(1846)年～明治12(1879)年9月22日　[別]保科正脩《ほしなまさのぶ》
江戸時代末期～明治期の阿波徳島藩士。
¶徳島歴(ほしなまさのぶ), 幕末

保科正脩 ほしなまさのぶ
→保科正脩(ほしなまさなが)

保科正率 ほしなまさのり
宝暦2(1752)年～文化12(1815)年
江戸時代中期～後期の大名。上総飯野藩主。
¶諸系, 日人, 藩主2([生]宝暦2(1752)年2月11日　[没]文化12(1815)年10月4日)

保科正寿 ほしなまさひさ
宝永1(1704)年～元文4(1739)年
江戸時代中期の大名。上総飯野藩主。
¶諸系, 日人, 藩主2([没]元文4(1739)年5月29日)

保科正光 ほしなまさみつ
永禄4(1561)年～寛永8(1631)年
安土桃山時代～江戸時代前期の大名。下総多古藩主、信濃高遠藩主。
¶郷土長野, 近世, 国史, コン改, コン4, 史人([没]1631年10月7日), 諸系, 新潮([没]寛永8(1631)年10月7日), 人名, 姓氏長野, 戦合, 戦国([生]1562年), 戦辞([没]寛永8年10月7日(1631年10月31日)), 戦人, 長野百, 長野歴, 日史([没]寛永8(1631)年10月7日), 日人, 藩主2, 藩主2([没]寛永8(1631)年10月7日), 百科

保科正丕 ほしなまさもと
享和1(1801)年～嘉永1(1848)年
江戸時代後期の大名。上総飯野藩主。
¶諸系, 日人, 藩主2([生]享和1(1801)年6月13日　[没]嘉永1(1848)年3月17日)

保科正静 ほしなまさやす
承応2(1653)年～正徳2(1712)年6月15日
江戸時代前期～中期の幕臣。
¶国書

保科正之 ほしなまさゆき

慶長16(1611)年～寛文12(1672)年 ㊙会津中将《あいづちゅうじょう》，松平正之《まつだいらまさゆき》

江戸時代前期の大名。陸奥会津藩主、出羽山形藩主。藩政改革を行い、また4代将軍家綱を補佐。

¶会津，朝日(㊐慶長16年5月7日(1611年6月17日) ㊏寛文12年12月18日(1673年2月4日))，岩史(㊐慶長16(1611)年5月7日 ㊏寛文12(1672)年12月18日)，江戸東，江文，角史，近世，国史，国書(㊐慶長16(1611)年5月7日 ㊏寛文12(1672)年12月18日)，コン改，コン4，茶道，史人(㊐1611年5月7日 ㊏1672年12月18日)，重要(㊐慶長16(1611)年5月 ㊏寛文12(1672)年12月18日)，諸系(㊏1673年)，神史，人書94，神人(㊏寛文12(1672)年12月18日)，新潮(㊐慶長16(1611)年5月 ㊏寛文12(1672)年12月18日)，人名，姓氏石川，姓氏長野，世人(㊐慶長16(1611)年5月 ㊏寛文12(1672)年12月18日)，世百，全書，大百，栃木歴，長野歴，日史(㊐慶長16(1611)年5月 ㊏寛文12(1672)年12月18日)，人名(㊏1673年)，藩主1(㊐慶長16(1611)年5月7日 ㊏寛文12(1672)年12月18日)，藩主1，藩主2，百科，福島百，山形百，歴大

保科正徳 ほしなまさよし

安永4(1775)年～弘化1(1844)年

江戸時代後期の大名。上総飯野藩主。

¶諸系，日人，藩主2(㊐安永4(1775)年8月28日 ㊏天保15(1844)年6月22日)

星野宇右衛門(1) ほしのうえもん

万治3(1660)年～享保18(1733)年

江戸時代中期の信濃高遠藩家老。

¶藩臣3

星野宇右衛門(2) ほしのうえもん

延享3(1746)年～文化5(1808)年

江戸時代中期～後期の信濃高遠藩家老。

¶藩臣3

星野近江 ほしのおうみ

生没年不詳

江戸時代末期の武士。

¶和歌山人

星野織部 ほしのおりべ

？～寛延3(1750)年

江戸時代中期の尾張藩士。

¶藩臣4

星野角右衛門 ほしのかくえもん

？～寛政3(1791)年

江戸時代中期～後期の剣術家。伯耆流ほか。

¶剣豪

星野廓庭 ほしのかくてい

→星野実宣(ほしのさねのぶ)

星野葛山 ほしのかっさん，ほしのかつさん；ほしのかつざん

安永2(1773)年～文化9(1812)年 ㊙星野郚《ほしのしとみ》

江戸時代後期の信濃高遠藩士。

¶国書(ほしのかつさん ㊏文化9(1812)年12月4日)，人名(ほしのかつさん)，姓氏長野，長野百(ほしのかつざん)，長野歴，日人(㊐1774年 ㊏1813年)，藩臣3(星野郚 ほしのしとみ)

星野兼則 ほしのかねのり

弘化4(1847)年2月20日～大正12(1923)年7月1日

江戸時代後期～大正期の弓道家、尾張藩士。

¶弓道

星野勘左衛門 ほしのかんざえもん

寛永19(1642)年～元禄9(1696)年

江戸時代前期の弓術家、尾張藩士。

¶朝日(㊐寛永18(1641)年 ㊏元禄9年5月6日(1696年6月5日))，近世，国史，新潮，人名，姓氏愛知，全書，大百，日人，藩臣4

星野菁山 ほしのきざん

→星野文平(ほしのぶんぺい)

星野九門 ほしのくもん

天保9(1838)年～大正5(1916)年3月3日

江戸時代末期～明治期の肥後熊本藩士。

¶熊本百(㊐天保9(1838)年11月13日)，幕末

星野実宣 ほしのさねのぶ

寛永15(1638)年～元禄12(1699)年3月7日 ㊙星野廓庭《ほしのかくてい》

江戸時代前期の筑前福岡藩士、和算家。

¶国書，藩臣7(星野廓庭 ほしのかくてい)，福岡百

星野郚(1) ほしのしとみ

寛政6(1794)年～天保6(1835)年

江戸時代後期の信濃高遠藩用人。

¶藩臣3

星野郚(2) ほしのしとみ

天保7(1836)年～大正3(1914)年

江戸時代末期～明治期の信濃高遠藩用人。

¶藩臣3

星野郚(3) ほしのしとみ

→星野葛山(ほしのかっさん)

星野志摩 ほしのしま

生没年不詳

江戸時代末期の武士。

¶和歌山人

星野閏四郎 ほしのじゅんしろう

文政2(1819)年～明治8(1875)年

江戸時代末期～明治期の上野安中藩士。

¶藩臣2

星野清次郎 ほしのせいじろう

天保13(1842)年～元治1(1864)年

江戸時代後期～末期の志士。天狗党参加のため宇都宮から脱藩。

¶栃木歴

星野正淡 ほしのせいたん

天保12(1841)年～明治24(1891)年

江戸時代末期～明治期の北辰隊士。

¶維新，幕末(㊏1891年10月7日)

星野輝文 ほしのてるふみ

→星野藤兵衛(ほしのとうべえ)

星野藤兵衛 ほしのとうべい

→星野藤兵衛(ほしのとうべえ)

星野藤兵衛 ほしのとうべえ
文政11(1828)年～明治9(1876)年　[別]星野輝文《ほしのてるふみ》,星野藤兵衛《ほしのとうべい》
江戸時代末期～明治期の桑名藩郷士。
¶維新，国書(星野輝文　ほしのてるふみ　[没]明治9(1876)年6月7日)，人名，新潟百(ほしのとうべい　[生]1827年)，日人，幕末(ほしのとうべい　[生]1827年　[没]1876年6月7日)

星野縫殿 ほしのぬいどの
元禄11(1698)年～明和7(1770)年
江戸時代中期の信濃高遠藩家老。
¶藩臣3

星野則臣 ほしののりおみ
？～天明3(1783)年9月20日
江戸時代中期の尾張藩士。
¶国書

星野久則 ほしのひさのり
～明治39(1906)年10月13日
江戸時代末期～明治期の弓道家、名古屋藩士。
¶弓道

星野浩忠 ほしのひろただ
延宝8(1680)年～延享4(1747)年
江戸時代前期～中期の肥前佐賀藩士・歌人。
¶国書

星野房吉 ほしのふさきち
寛政1(1789)年～天保2(1831)年
江戸時代後期の法神流剣士。
¶姓氏群馬

星野文平 ほしのぶんぺい
天保6(1835)年～文久3(1863)年　[別]星野蓍山《ほしのきざん》
江戸時代末期の志士、安芸広島藩士。
¶維新，国書(星野蓍山　ほしのきざん　[没]文久3(1863)年2月10日)，人名([生]1838年　[没]1864年)，人名(星野蓍山　ほしのきざん　[生]？)，日人，幕末([没]1863年3月28日)

星野昌則 ほしのまさのり
～明治10(1877)年7月1日
江戸時代後期～明治期の弓道家、名古屋藩士。
¶弓道

星野勇馬 ほしのゆうま
天保9(1838)年～？
江戸時代末期の信濃高遠藩士。
¶藩臣3

穂積清軒 ほずみせいけん
→穂積清軒(ほづみせいけん)

細井因幡守安明 ほそいいなばのかみやすあきら
→細井安明(ほそいやすあきら)

細井勝茂 ほそいかつしげ
～貞享4(1687)年
江戸時代前期の旗本。
¶神奈川人

細井勝長 ほそいかつなが
～享保17(1732)年
江戸時代中期の旗本。
¶神奈川人

細井勝務 ほそいかつもと
～正徳3(1713)年
江戸時代中期の旗本。
¶神奈川人

細井広沢 ほそいこうたく
万治1(1658)年～享保20(1735)年
江戸時代前期～中期の儒者、書家、遠江掛川藩士。「万葉集」注釈に携わる。
¶朝日([生]万治1年10月8日(1658年11月3日)　[没]享保20年12月23日(1736年2月4日))，江戸，江文，角史，教育，近世，考古([生]万治1年(1658年10月)　[没]享保20年(1735年12月22日))，国史，国書([生]万治1(1658)年10月8日　[没]享保20(1735)年12月23日)，コン改，コン4，詩歌，史人([生]1658年10月8日　[没]1735年12月23日)，静岡百，静岡歴，人書79，人書94，新潮([生]万治1(1658)年10月8日　[没]享保20(1735)年12月23日)，人名，姓氏静岡，世人([没]享保20(1735)年12月23日)，世百，全書，大百，日史([生]万治1(1658)年10月　[没]享保20(1735)年12月23日)，日人([没]1736年)，美術，百科，洋学，歴大，和俳

細井芝山 ほそいしざん
明暦2(1656)年～元禄10(1697)年
江戸時代中期の勤王志士。
¶人名，日人

細井修 ほそいしゅう
天明5(1785)年～嘉永6(1853)年
江戸時代後期の暦算家、土佐藩士。
¶人名，日人

細井隆音 ほそいたかね
正徳4(1714)年～明和9(1772)年6月4日
江戸時代中期の幕臣・歌人。
¶国書

細井藤兵衛 ほそいとうべえ
江戸時代中期の与力、茶人。
¶茶道

細井平洲 ほそいへいしゅう
享保13(1728)年～享和1(1801)年　[別]紀徳民《きのとくみん》,紀平洲《きのへいしゅう》
江戸時代中期～後期の尾張藩儒。折衷学派。藩校興譲館の創設に尽力。
¶愛知百([生]1728年6月28日　[没]1801年6月29日)，朝日([生]享保13年6月28日(1728年8月3日)　[没]享和1年6月29日(1801年8月8日))，岩史([生]享保13(1728)年6月28日　[没]享和1(1801)年6月29日)，江文，角史，教育，近世，国史，国書([生]享保13(1728)年6月28日　[没]享和1(1801)年6月29日)，コン改，コン4，詩歌，史人([生]1728年6月28日　[没]1801年6月29日)，人書94，新潮([生]享保13(1728)年6月28日　[没]享和1(1801)年6月29日)，人名，姓氏愛知，世人([生]享保13(1728)年6月28日　[没]享和1(1801)年6月29日)，世百，全書，大百，日史([生]享保13(1728)年6月　[没]享和1(1801)年6月29日)，日人，藩臣4，百科，山形百，歴大，和俳([没]享和1(1801)年6月29日)

ほそいや　　　　　　　　　　882　　　　　　　　　日本人物レファレンス事典

細井安明 ほそいやすあきら
　寛文10（1670）年～元文1（1736）年　　劒細井因幡
　守安明《ほそいいなばのかみやすあきら》
　江戸時代前期～中期の46代長崎奉行。
　¶長崎歴（細井因幡守安明　ほそいいなばのかみ
　やすあきら）

細谷十太夫 ほそがやじゅうだゆう
　→細谷十太夫（ほそやじゅうだゆう）

細川有孝 ほそかわありたか
　延宝4（1676）年～享保18（1733）年
　江戸時代中期の大名。肥後宇土藩主。
　¶諸系，人名，藩主4（⊕延宝4（1676）年5
　月23日　㊦享保18（1733）年6月19日）

細川興里 ほそかわおきさと
　享保7（1722）年～延享2（1745）年
　江戸時代中期の大名。肥後宇土藩主。
　¶国書（⊕享保7（1722）年1月29日　㊦延享2
　（1745）年10月5日），諸系，日人，藩主4（⊕享
　保7（1722）年1月29日　㊦延享2（1745）年10月5
　日）

細川興隆 ほそかわおきたか
　寛永9（1632）年～元禄3（1690）年
　江戸時代前期の大名。常陸谷田部藩主。
　¶諸系，人名，日人，藩主2（㊦元禄3（1690）年1
　月21日）

細川興建 ほそかわおきたつ
　寛政10（1798）年～安政3（1856）年
　江戸時代末期の大名。常陸谷田部藩主。
　¶諸系，日人，幕末（㊦1856年1月23日），藩主2
　（⊕寛政10（1798）年11月　㊦安政2（1855）年12月
　16日）

細川興貫 ほそかわおきつら
　天保3（1832）年～明治40（1907）年9月11日
　江戸時代末期～明治期の大名。下野茂木藩主、常
　陸谷田部藩主。
　¶諸系（㊦1833年），日人（⊕1833年），幕末，藩
　主1（⊕天保3（1832）年12月），藩主2（⊕天保3
　（1832）年12月8日）

細川興虎 ほそかわおきとら
　宝永7（1710）年～＊
　江戸時代中期の大名。常陸谷田部藩主。
　¶諸系（㊦1738年），人名（㊦1737年），日人
　（㊦1738年），藩主2（⊕元文2（1737）年12月21
　日）

細川興栄 ほそかわおきなが
　万治1（1658）年～元文2（1737）年
　江戸時代前期～中期の大名。常陸谷田部藩主。
　¶諸系，人名，日人，藩主2（㊦元文2（1737）年7
　月19日）

細川興増 ほそかわおきなが
　弘化2（1845）年～昭和8（1933）年
　江戸時代末期～大正期の熊本藩藩主。男爵。西南
　の役で熊本藩の鎮撫に尽力。維新史料編纂会委
　員、熊本城史編纂会副会長等を歴任。
　¶人名，世紀（⊕弘化2（1845）年11月25日　㊦昭
　和8（1933）年3月3日），日人

細川興生 ほそかわおきなり
　＊～元文2（1737）年
　江戸時代中期の大名。肥後宇土藩主。
　¶諸系（㊦1700年），人名（㊦1699年），日人
　（㊦1700年），藩主4（⊕元禄12（1699）年12月
　㊦元文2（1737）年1月7日）

細川興徳 ほそかわおきのり
　宝暦9（1759）年～天保8（1837）年
　江戸時代中期～後期の大名。常陸谷田部藩主。
　¶諸系，日人，藩主2（㊦天保8（1837）年9月16日）

細川興文 ほそかわおきのり
　享保8（1723）年～天保5（1785）年　　劒月翁《げつ
　おう》
　江戸時代中期の大名。肥後宇土藩主。
　¶朝日（⊕享保8年9月13日（1723年10月11日）　㊦近世
　㊦天明5年7月5日（1785年8月9日）），近世
　（⊕1725年），熊本百（⊕享保10（1725）年9月13
　日　㊦天明5（1785）年7月5日），国史（⊕1725
　年），国書（⊕享保8（1723）年9月13日　㊦天明
　5（1785）年7月5日），コン改，コン4，諸系，人
　名（㊦1725年），日人，俳句（月翁　げつおう），
　藩主4（⊕享保8（1723）年9月13日　㊦天明5
　（1785）年7月5日），歴大，和俳（⊕享保8
　（1723）年9月13日　㊦天明5（1785）年7月5日）

細川興晴 ほそかわおきはる
　元文1（1736）年～寛政6（1794）年
　江戸時代中期の大名。常陸谷田部藩主。
　¶諸系，日人，藩主2（㊦寛政6（1794）年8月17日）

細川興昌 ほそかわおきまさ
　慶長9（1604）年～寛永20（1643）年
　江戸時代前期の大名。常陸谷田部藩主。
　¶諸系，日人，藩主2（㊦寛永20（1643）年3月22
　日）

細川興元 ほそかわおきもと
　＊～元和5（1619）年
　安土桃山時代～江戸時代前期の大名。下野茂木藩
　主、常陸谷田部藩主。
　¶近世（⊕1562年），国史（⊕1562年），コン改
　（⊕永禄6（1563）年　㊦元和4（1618）年），コン
　4（⊕永禄6（1563）年　㊦元和4（1618）年），史
　人（⊕1566年　㊦1619年3月18日），諸系
　（⊕1564年），新潮（⊕永禄7（1564）年　㊦元和
　5（1619）年3月18日），人名（⊕1563年），世人
　（⊕永禄7（1564）年），戦合（⊕1562年），栃木
　歴（⊕永禄5（1562）年），日人（⊕1564年），藩
　主1（⊕1562年），藩主2（⊕永禄7（1564）年
　㊦元和5（1619）年3月18日），藩臣7（⊕永禄7
　（1564）年）

細川銀台 ほそかわぎんだい
　→細川重賢（ほそかわしげかた）

細川三斎 ほそかわさんさい
　→細川忠興（ほそかわただおき）

細川重賢 ほそかわしげかた
　享保5（1720）年～天明5（1785）年　　劒細川銀台
　《ほそかわぎんだい》
　江戸時代中期の大名。肥後熊本藩主。
　¶朝日（⊕享保5年12月26日（1721年1月23日）
　㊦天明5年10月22日（1785年11月23日）），岩史

（[生]享保5（1720）年12月26日　[没]天明5（1785）年10月22日），江戸東（細川銀台　ほそかわぎんだい），角史，教育，近世，熊本百（[生]享保5（1720）年12月26日　[没]天明5（1785）年10月26日），国史，国書（[生]享保5（1720）年12月26日　[没]天明5（1785）年10月26日），コン改，コン4，史人（[生]1720年12月26日　[没]1785年10月22日），重要（[没]天明5（1785）年10月26日），諸系（[生]1721年），新潮（[没]天明5（1785）年10月26日），人名，世人（[没]天明5（1785）年10月26日），世百（[生]1718年），全書（[生]1720年，（異説）1718年），大百（[生]1718年），日史（[没]天明5（1785）年10月26日），日人（[生]1721年），藩主4（[生]享保3（1718）年12月26日　[没]天明5（1785）年10月26日），百科，歴大

細川千太郎 ほそかわせんたろう
江戸時代末期の新撰組隊士。
¶新撰

細川内匠 ほそかわたくみ
江戸時代末期の新撰組隊士。
¶新撰

細川忠顕 ほそかわただあき
文化13（1816）年～明治11（1878）年
江戸時代末期～明治期の肥後熊本藩士。
¶コン改，コン4，コン5，新潮，人名，日人

細川忠興 ほそかわただおき
永禄6（1563）年～正保2（1645）年　[別]細川三斎《ほそかわさんさい》，三斉《さんさい》，羽柴越中守《はしばえっちゅうのかみ》，細川越中守《ほそかわえっちゅうのかみ》，丹後侍従《たんごじじゅう》，丹後少将《たんごしょうしょう》，長岡越中守《ながおかえっちゅうのかみ》
安土桃山時代～江戸時代前期の武将、歌人。幽斎の長男。豊前小倉藩主。
¶朝日（[生]永禄6年11月13日（1563年11月28日）[没]正保2年12月2日（1646年1月18日）），岩史（[生]永禄6（1563）年11月13日　[没]正保2（1645）年12月2日），江戸東，大分百，大分歴，織田（[没]正保2（1645）年12月2日），角史，京都（細川三斎　ほそかわさんさい），京都大（細川三斎　ほそかわさんさい），京都府（細川三斎　ほそかわさんさい），近世，公卿（[没]正保2（1645）年12月2日），熊本百（[没]正保2（1645）年12月2日），国史，国書（[生]永禄6（1563）年11月13日　[没]正保2（1645）年12月2日），古中，コン改，コン4，茶道（細川三斎　ほそかわさんさい），史人（[生]1563年11月13日　[没]1645年12月2日），重要（[没]正保2（1645）年12月2日），諸系（[没]1646年），新潮（[生]永禄6（1563）年11月　[没]正保2（1645）年12月2日），人名，姓氏京都（細川三斎　ほそかわさんさい），世人（[没]正保2（1645）年12月2日），世百，戦合，戦国（[生]1564年），戦辞（[没]正保2年12月2日（1646年1月18日）），全書，戦人，戦西，大百，伝記（細川三斎　ほそかわさんさい），日史（[生]永禄6（1563）年11月13日　[没]正保2（1645）年12月2日），日人（[没]1646年），俳句（三斉　さんさい），藩主3，藩主4（[生]永禄6（1563）年11月13日　[没]正保2（1645）年12月2日），藩主4（[生]永禄6（1563）年1月13日　[没]正保2（1645）年12月2日），百科，福岡百，歴大，和俳（[没]正保2（1645）年12月2日）

細川忠隆 ほそかわただたか
天正9（1581）年～正保3（1646）年
江戸時代前期の豊前中津藩の武士。
¶諸系，人名，戦国，戦人（[生]天正8（1580）年），日人，藩臣7（[生]天正8（1580）年）

細川忠利 ほそかわただとし
天正14（1586）年～寛永18（1641）年
江戸時代前期の大名。豊前小倉藩主、肥後熊本藩主。
¶朝日（[生]天正14年10月11日（1586年11月21日）[没]寛永18年3月17日（1641年4月26日）），大分百，近世，熊本百（[没]寛永18（1641）年3月17日），国史，国書（[生]天正14（1586）年10月11日　[没]寛永18（1641）年3月17日），コン改，コン4，茶道，史人（[生]1586年10月11日　[没]1641年3月17日），諸系，人名，世人，戦合，戦国，戦人，日人，藩主4，藩主4（[生]天正14（1586）年11月11日　[没]寛永18（1641）年3月17日），福岡百

細川立孝 ほそかわたつたか
元和1（1615）年～正保2（1645）年閏5月11日
江戸時代前期の武将。
¶国書

細川立則 ほそかわたつのり
天保3（1832）年～明治21（1888）年
江戸時代末期～明治期の大名。肥後宇土藩主。
¶諸系，日人，藩主4（[生]天保3（1832）年9月29日　[没]明治21（1888）年8月17日）

細川立礼 ほそかわたつひろ
→細川斉茲（ほそかわなりしげ）

細川立政 ほそかわたつまさ
→細川斉護（ほそかわなりもり）

細川立之 ほそかわたつゆき
天明4（1784）年～文政1（1818）年
江戸時代後期の大名。肥後宇土藩主。
¶国書（[生]天明4（1784）年5月14日　[没]文政1（1818）年6月18日），諸系，日人，藩主4（[生]天明4（1784）年5月14日　[没]文政1（1818）年6月18日）

細川綱利 ほそかわつなとし
寛永20（1643）年～正徳4（1714）年
江戸時代前期～中期の大名。肥後熊本藩主。
¶朝日（[没]正徳4年11月12日（1714年12月18日）），熊本百，国書（[生]寛永20（1643）年1月8日　[没]正徳4（1714）年11月12日），コン改（[生]寛永18（1641）年　[没]正徳2（1712）年），コン4（[生]寛永18（1641）年　[没]正徳2（1712）年），諸系，人名，日人，藩主4（[生]寛永20（1643）年1月8日　[没]正徳4（1714）年11月12日）

細川利国 ほそかわとしくに
天明4（1784）年～文化7（1810）年
江戸時代後期の大名。肥後熊本新田藩主。
¶諸系，日人，藩主4（[生]天明4（1784）年3月29日　[没]文化7（1810）年1月22日）

細川利重 ほそかわとししげ
*～貞享4（1687）年
江戸時代前期の大名。肥後熊本新田藩主。

ほそかわ

¶諸系(㊤1647年)，人名(㊤1646年)，日人(㊤1647年)，藩主4(㊤正保3(1646)年12月15日　㊦貞享4(1687)年8月15日

細川利愛　ほそかわとしちか
天明8(1788)年～天保12(1841)年
江戸時代後期の大名。肥後熊本新田藩主。
¶諸系，日人，藩主4(㊤天明8(1788)年7月8日　㊦天保12(1841)年7月4日

細川利庸　ほそかわとしつね
宝暦4(1754)年～文化3(1806)年
江戸時代中期～後期の大名。肥後熊本新田藩主。
¶諸系，日人，藩主4(㊤宝暦4(1754)年7月28日　㊦文化2(1805)年2月17日

細川利永　ほそかわとしなが
文政12(1829)年～明治34(1901)年
江戸時代末期～明治期の大名。肥後熊本新田藩主。
¶国書(㊤文政12(1829)年1月24日　㊦明治34(1901)年4月19日)，諸系，日人，藩主4(㊤文政12(1829)年1月24日　㊦明治34(1901)年4月19日)

ほ

細川利寛　ほそかわとしひろ
正徳4(1714)年～明和4(1767)年
江戸時代中期の大名。肥後熊本新田藩主。
¶諸系，人名，日人，藩主4(㊤享保1(1716)年8月17日　㊦明和4(1767)年9月24日)

細川利昌　ほそかわとしまさ
寛文12(1672)年～正徳5(1715)年
江戸時代中期の大名。肥後熊本新田藩主。
¶諸系，日人，藩主4(㊤寛文12(1672)年6月4日　㊦正徳5(1715)年6月3日)

細川利用　ほそかわとしもち
文化5(1808)年～元治1(1864)年
江戸時代末期の大名。肥後熊本新田藩主。
¶諸系，日人，藩主4(㊤文化5(1808)年2月12日，(異説)文化7年5月27日　㊦元治1(1864)年5月16日)

細川利恭　ほそかわとしやす
元禄15(1702)年～寛延2(1749)年
江戸時代中期の大名。肥後熊本新田藩主。
¶諸系，人名，日人，藩主4(㊤元禄14(1701)年5月1日　㊦寛延2(1749)年6月3日)

細川利致　ほそかわとしゆき
寛延3(1750)年～天明1(1781)年
江戸時代中期の大名。肥後熊本新田藩主。
¶諸系，人名(㊤1741年)，日人，藩主4(㊤寛延3(1750)年9月22日　㊦天明1(1781)年5月25日)

細川斉茲　ほそかわなりしげ
宝暦5(1755)年～天保6(1835)年　㊥細川立礼
《ほそかわたつひろ》
江戸時代中期～後期の大名。肥後宇土藩主，肥後熊本藩主。
¶諸系，日人，藩主4(㊤宝暦5(1755)年4月26日　㊦天保6(1835)年10月23日)，藩主4(細川立礼　ほそかわたつひろ　㊤宝暦5(1755)年4月26日　㊦天保6(1835)年10月23日)

細川斉樹　ほそかわなりたつ
寛政9(1797)年～文政9(1826)年
江戸時代後期の大名。肥後熊本藩主。
¶諸系，日人，藩主4(㊤寛政9(1797)年1月13日　㊦文政9(1826)年2月12日)

細川斉護　ほそかわなりもり
文化1(1804)年～万延1(1860)年　㊥細川立政
《ほそかわたつまさ》
江戸時代末期の大名。肥後宇土藩主，肥後熊本藩主。
¶維新，国書(㊤文化1(1804)年9月16日　㊦万延1(1860)年4月17日)，諸系，人名，日人，幕末(㊤1860年4月17日)，藩主4(㊤文化1(1804)年9月16日　㊦万延1(1860)年4月17日)，藩主4(細川立政　ほそかわたつまさ　㊤文化1(1804)年9月16日　㊦万延1(1860)年4月17日)

細川宣紀　ほそかわのぶのり
延宝4(1676)年～享保17(1732)年
江戸時代中期の大名。肥後熊本藩主。
¶国書(㊤延宝4(1676)年11月20日　㊦享保17(1732)年6月26日)，諸系，人名，日人，藩主4(㊤延宝4(1676)年11月20日　㊦享保17(1733)年6月26日)

細川宣元　ほそかわのぶもと
生没年不詳
江戸時代中期の陸奥三春藩士。
¶藩臣2

細川慶順　ほそかわのぶより
→細川韶邦(ほそかわよしくに)

細川治年　ほそかわはるとし
宝暦8(1758)年～天明7(1787)年
江戸時代中期の大名。肥後熊本藩主。
¶国書(㊤宝暦8(1758)年4月25日　㊦天明7(1787)年9月16日)，諸系，日人，藩主4(㊤宝暦8(1758)年4月25日　㊦天明7(1787)年9月16日)

細川春流　ほそかわはるな
文政2(1819)年～明治14(1881)年5月21日
江戸時代末期～明治期の陸奥会津藩士，歌人。
¶幕末

細川半蔵　ほそかわはんぞう
→細川頼直(ほそかわよりなお)

細川昌興　ほそかわまさおき
*～元和4(1618)年
安土桃山時代～江戸時代前期の武士。
¶織田(㊤永禄8(1565)年？　㊦元和4(1618)年3月18日)，戦国，戦人(㊤永禄5(1562)年　㊦元和4(1618)年，(異説)元和5(1619)年)

細川全隆　ほそかわまたたか
→細川全隆(ほそかわまたたか)

細川全隆　ほそかわまたたか
元亀1(1570)年～万治1(1658)年　㊥細川全隆
《ほそかわまさたか》
安土桃山時代～江戸時代前期の武士。豊臣氏家臣，徳川氏家臣。
¶戦国，戦人(ほそかわまさたか)

細川光尚 ほそかわみつなお
元和5(1619)年〜＊
江戸時代前期の大名。肥後熊本藩主。
¶熊本百（慶安2(1649)年12月），諸系（慶1650
年），日人（慶1650年），藩主4（元元和5(1619)
年9月19日　慶安2(1649)年12月26日）

細川宗孝 ほそかわむねたか
享保1(1716)年〜延享4(1747)年
江戸時代中期の大名。肥後熊本藩主。
¶江戸東，諸系，人名，日人，藩主4（享保1
(1716)年4月27日　延延享4(1747)年8月16
日）

細川護久 ほそかわもりひさ
天保10(1839)年〜明治26(1893)年　別長岡澄之
助《ながおかすみのすけ》
江戸時代末期〜明治期の政治家。肥後熊本藩主。
¶朝日（生天保10年3月1日（1839年4月14日）
　慶明治26(1893)年9月1日），維新，近現，近
世，熊本百（生天保10(1839)年3月1日　慶明治
26(1893)年9月1日），国際，国史，コン5，諸
系，新潮（生天保10(1839)年3月1日　慶明治26
(1893)年8月30日），日人，幕末（慶1893年8月
30日），藩主4（生天保10(1839)年3月1日
慶明治26(1893)年9月1日）

細川護美 ほそかわもりよし
→長岡護美（ながおかもりよし）

細川行芬 ほそかわゆきか
文化8(1811)年〜明治9(1876)年
江戸時代末期〜明治期の大名。肥後宇土藩主。
¶諸系，日人，藩主4（生文化7(1810)年12月14日
　慶明治9(1876)年5月10日）

細川行真 ほそかわゆきざね
天保13(1842)年〜明治35(1902)年
江戸時代末期〜明治期の大名。肥後宇土藩主。
¶諸系，日人，藩主4（生天保13(1842)年9月2日
　慶明治35(1902)年4月9日）

細川行孝 ほそかわゆきたか
寛永14(1637)年〜元禄3(1690)年
江戸時代前期の大名。肥後宇土藩主。
¶国書（生寛永14(1637)年6月4日），諸系，人名，日人，藩主4
（生寛永14(1637)年3月4日　元禄3(1690)年
6月4日）

細川韶邦 ほそかわよしくに
天保6(1835)年〜明治9(1876)年　別細川慶順
《ほそかわのぶより》
江戸時代末期〜明治期の大名。肥後熊本藩主。
¶維新，神奈川人（細川慶順　ほそかわのぶよ
り），諸系，日人，幕末（慶1876年10月23日），
藩主4（生天保6(1835)年6月28日　慶明治9
(1876)年10月23日）

細川義元 ほそかわよしもと
生没年不詳
江戸時代中期の陸奥三春藩士。
¶藩臣2

細川頼直 ほそかわよりなお
？　〜寛政8(1796)年　別細川半蔵《ほそかわはん
ぞう》，篠野玉涌《ささのたまわく》

江戸時代中期の土佐藩の郷士、暦学者。「機巧図
彙」の著者。
¶朝日，高知人（細川半蔵　ほそかわはんぞう
（生1748年），高知百（細川半蔵　ほそかわはん
ぞう），国書，コン改（細川半蔵　ほそかわはん
ぞう），コン4（細川半蔵　ほそかわはんぞう），
新潮（細川半蔵　ほそかわはんぞう），人名，人
名（篠野玉涌　ささのたまわく　（慶1799年），
全書，大百（慶1799年），日人，藩臣6（細川半
蔵　ほそかわはんぞう）

細川頼範 ほそかわよりのり
＊〜寛永5(1628)年
安土桃山時代〜江戸時代前期の武士。豊臣氏家臣。
¶戦人（生永禄4(1561)年），戦補（生1581年）

細川林谷 ほそかわりんこく
＊〜天保13(1842)年
江戸時代後期の讃岐高松藩の篆刻家。「帰去来印
譜」の著者。
¶朝日（生天明2(1782)年　慶天保13年6月19日
(1842年7月26日），香川人（生安永9(1780)
年），国書（生天明2(1782)年　慶天保13
(1842)年6月19日），人名（生1779年　慶1843
年），日人（生1782年），藩臣6（生安永9(1780)
年　慶天保14(1843)年）

細木核太郎（細木元太郎）ほそぎもとたろう，ほそきも
とたろう
天保9(1838)年〜明治37(1904)年　別細木元太
郎《ほそぎもとたろう》
江戸時代末期〜明治期の土佐藩の志士。土佐勤王
党に参加。
¶維新，高知人（細木元太郎），コン改（ほそきも
とたろう），コン4（ほそきもとたろう），コン
5，人名（ほそきもとたろう），日人，幕末（細
木元太郎　慶1904年4月6日），藩臣6

細宗閑 ほそそうかん
→細義知（ほそよしとも）

細田彦兵衛 ほそだひこべえ
生没年不詳
江戸時代の広瀬藩士、麦作技術を開発。
¶島根歴

細鉄腸斎 ほそてっちょうさい
文政2(1819)年〜明治4(1871)年
江戸時代末期〜明治期の安芸広島藩の剣術家。
¶人名，幕末（慶1871年9月21日），藩臣6

細野勘助 ほそのかんすけ
生没年不詳
江戸時代後期の武芸家。
¶剣豪，国書

細野次雲 ほそのじうん
寛永5(1628)年〜正徳3(1713)年
江戸時代前期〜中期の尾張藩士。
¶藩臣4

細野修理 ほそのしゅり
安土桃山時代〜江戸時代前期の武士。里見氏家臣。
¶戦人（生没年不詳），戦東

細野弥三太 ほそのやそうた
？　〜天保2(1831)年

江戸時代後期の剣術家。山口流。
¶剣豪

細野要斎 ほそのようさい
文化8(1811)年～明治11(1878)年
江戸時代末期～明治期の尾張藩士。
¶国書([生]文化8(1811)年3月15日　[没]明治11(1878)年12月23日)，人書94，人名，姓氏愛知，日人，幕末([没]1878年12月23日)，藩臣4

細野亘 ほそのわたる
天明2(1782)年～安政2(1855)年
江戸時代後期の水口藩士。
¶維新，幕末([没]1855年3月23日)，藩臣4

細谷十太夫 ほそやじゅうだゆう
弘化2(1845)年～明治40(1907)年　[別]細谷十太夫《ほそがやじゅうだゆう》，細谷直英《ほそやなおひで》
江戸時代末期～明治期の陸奥仙台藩士。からす組の首領。
¶朝日(ほそがやじゅうだゆう　[没]明治40(1907)年5月6日)，維新，新潮([没]明治40(1907)年5月6日)，姓氏宮城，日人，幕末([没]1907年5月6日)，藩臣1(細谷直英　ほそやなおひで)，北海道百([生]天保11(1840)年)，北海道歴([生]天保11(1840)年)，宮城百

細谷直英 ほそやなおひで
→細谷十太夫(ほそやじゅうだゆう)

細義知 ほそよしとも
？～文政5(1822)年　[別]細宗閑《ほそそうかん》，細六郎《ほそろくろう》
江戸時代後期の安芸広島藩士、剣術家。
¶剣豪(細六郎　ほそろくろう)，国書([没]文政5(1822)年6月9日)，藩臣6(細宗閑　ほそそうかん)

細六郎(1) ほそろくろう
文政3(1820)年～明治4(1871)年
江戸時代後期～明治期の剣術家。
¶日人

細六郎(2) ほそろくろう
→細義知(ほそよしとも)

堀田右馬允 ほったうまのすけ
文化6(1809)年～明治6(1873)年　[別]堀田遜《ほったゆずる》
江戸時代末期～明治期の紀伊和歌山藩士。田中善蔵を殺害。
¶朝日([没]明治6(1873)年1月24日)，日人，幕末(堀田遜　ほったゆずる　[没]1873年3月15日)，和歌山人(堀田遜　ほったゆずる)

堀田加賀守正盛 ほったかがのかみまさもり
→堀田正盛(ほったまさもり)

堀田一継 ほったかずつぐ
天文19(1550)年～寛永7(1630)年
安土桃山時代～江戸時代前期の武士。織田氏家臣、豊臣氏家臣、徳川氏家臣。
¶織田([没]寛永7(1630)年6月25日)，戦国，戦人

堀田一輝 ほったかずてる
天文18(1549)年～寛永2(1625)年
安土桃山時代～江戸時代前期の武士。
¶茶道

堀田勘平 ほったかんべい
？～寛永12(1635)年
江戸時代前期の紀伊和歌山藩士。
¶藩臣5

堀田恒山 ほったこうざん
宝永7(1710)年～寛政3(1791)年　[別]堀田六林《ほったろくりん》，六林《ろくりん》，堀田方旧《ほったまさひさ》
江戸時代中期の俳人、尾張藩士。
¶国書([没]寛政3(1791)年7月20日)，人名(堀田六林　ほったろくりん　[没]1792年)，日人([生]1709年)，俳諧(六林　ろくりん　[生]？)，俳句(六林　ろくりん　[没]寛政3(1791)年7月22日)，和俳(堀田六林　ほったろくりん)

堀田古香 ほったここう
江戸時代後期の伊勢桑名藩士。
¶三重続

堀田左兵衛 ほったさへえ
元禄10(1697)年～享保20(1735)年
江戸時代中期の越中富山藩士。
¶藩臣3

堀田自諾 ほったじだく
万治1(1658)年～享保9(1724)年
江戸時代中期の柔道家。
¶大阪人([没]享保9(1724)年3月)，大阪墓([没]享保9(1724)年3月22日)，人名，姓氏京都，日人

堀田省軒 ほったしょうけん
→堀田省軒(ほったせいけん)

堀田省軒 ほったせいけん
文化5(1808)年～明治12(1879)年　[別]堀田省軒《ほったしょうけん》
江戸時代末期～明治期の出石藩儒。
¶国書([没]明治12(1879)年6月15日)，人名，日人，兵庫人(ほったしょうけん　[生]文化5(1808)年10月　[没]明治12(1879)年6月26日)，兵庫百(ほったしょうけん)

堀田仁助 ほったにすけ
延享4(1747)年～文政12(1829)年
江戸時代中期～後期の石見津和野藩士。
¶国書([生]延享4(1747)年1月　[没]文政12(1829)年9月5日)，島根人([生]延享2(1745)年)，島根歴([生]延享2(1745)年)，人名，日人，藩臣5

堀田文左衛門 ほったぶんざえもん
生没年不詳
江戸時代中期の上総勝浦藩家老。
¶藩臣3

堀田正亮 ほったまさあき
→堀田正亮(ほったまさすけ)

堀田正敦 ほったまさあつ
宝暦8(1758)年～天保3(1832)年
江戸時代中期～後期の大名。下野佐野藩主、近江高田藩主。
¶朝日([没]天保3年6月16日(1832年7月13日))，岩史([没]天保3(1832)年6月17日)，岩手百([生]1755年　[没]1833年)，近世，国史，国書([没]天保3(1832)年6月16日)，コン改，コン4，

茶道([生]1783年), 史人([没]1832年6月17日), 諸系([生]1755年), 新潮([没]天保3(1832)年6月16日), 人名([生]1755年), 姓氏岩手([生]1755年 [没]1833年), 世人([没]天保3(1832)年6月19日), 栃木歴, 日史([没]天保3(1832)年6月17日), 日人([生]1755年), 藩主1([生]宝暦8(1758)年,(異説)宝暦5年 [没]天保3(1832)年6月16日), 藩主3, 洋学

堀田正順 ほったまさあり
*～文化2(1805)年 [別]堀田正順《ほったまさなり》
江戸時代中期～後期の大名。下総佐倉藩主。
¶京都大(ほったまさなり [生]延享2(1745)年), 国書([生]延享2(1745)年 [没]文化2(1805)年7月5日), 諸系([生]1749年), 姓氏京都([生]1745年), 日人([生]1749年), 藩主2([生]寛永2(1749)年9月29日 [没]文化2(1805)年7月5日)

堀田政一 ほったまさかず
弘化1(1844)年～明治10(1877)年
江戸時代末期～明治期の豊後岡藩士。西南戦争の西郷党における志士で、報国隊を編成し采配をふるう。
¶人名, 日人

堀田正国 ほったまさくに
→堀田正休(ほったまさやす)

堀田正邦 ほったまさくに
享保19(1734)年～安永1(1772)年
江戸時代中期の大名。近江宮川藩主。
¶諸系, 日人, 藩主3([没]安永1(1772)年6月2日)

堀田正穀 ほったまさざね
宝暦12(1762)年～文政2(1819)年
江戸時代中期～後期の大名。近江宮川藩主。
¶国書([没]文政2(1819)年閏4月25日), 諸系, 日人, 藩主3

堀田正実 ほったまさざね
享保1(1716)年～宝暦8(1758)年
江戸時代中期の大名。近江堅田藩主。
¶諸系, 日人, 藩主3([没]宝暦8(1758)年10月18日)

堀田正甫 ほったまさすけ
→堀田正朝(ほったまさとも)

堀田正亮 ほったまさすけ
正徳2(1712)年～宝暦11(1761)年 [別]堀田正亮《ほったまさあき》
江戸時代中期の老中。出羽山形藩主、下総佐倉藩主。
¶近世, 国史, 国書([生]正徳2(1712)年1月6日 [没]宝暦11(1761)年2月8日), コン改, コン4, 埼玉人([没]宝暦11(1761)年2月8日), 茶道(ほったまさあき), 史人([生]1712年1月6日 [没]1761年2月8日), 諸系, 新潮([生]正徳2(1712)年1月6日 [没]宝暦11(1761)年2月8日), 人名, 姓氏神奈川, 世人, 千葉百([没]宝暦2(1752)年), 日人, 藩主1, 藩主2([生]正徳2(1712)年1月6日 [没]宝暦11(1761)年2月8日)

堀田正高 ほったまさたか
寛文7(1667)年～享保13(1728)年
江戸時代中期の大名。下野佐野藩主、近江堅田藩主。
¶国書([没]享保13(1728)年5月29日), 茶道([生]1657年 [没]1718年), 諸系, 人名, 栃木歴, 日人, 藩主1([没]享保13(1728)年5月29日), 藩主3([没]享保13(1728)年5月29日)

堀田正民 ほったまさたみ
天明1(1781)年～天保9(1838)年
江戸時代後期の大名。近江宮川藩主。
¶京都大(生没年不詳), 国書([没]天保9(1838)年8月19日), 諸系, 姓氏京都([生]?), 日人, 藩主3([没]天保9(1838)年8月19日)

堀田正愛 ほったまさちか
寛政11(1799)年～文政8(1825)年
江戸時代後期の大名。下総佐倉藩主。
¶諸系, 日人, 藩主2([生]寛政11(1799)年1月13日 [没]文政7(1824)年12月28日)

堀田正頌 ほったまさつぐ
天保13(1842)年～明治29(1896)年
江戸時代末期～明治期の大名。下野佐野藩主。
¶諸系, 日人, 藩主1([生]天保13(1842)年11月 [没]明治29(1896)年5月)

堀田正時 ほったまさとき
宝暦11(1761)年～文化8(1811)年
江戸時代中期～後期の大名。下総佐倉藩主。
¶諸系, 日人, 藩主2([生]宝暦11(1761)年9月2日 [没]文化8(1811)年4月4日)

堀田正俊 ほったまさとし
寛永11(1634)年～貞享1(1684)年
江戸時代前期の大名、大老。上野安中藩主、下総安中藩主。5代綱吉初期の幕政を主導したが、若年寄稲葉正休に江戸城内で殺された。
¶朝日([没]貞享1年8月28日(1684年10月7日)), 岩史([没]貞享1(1684)年8月28日), 角史, 神奈川人, 近世, 群馬人, 国史, 国書([没]貞享1(1684)年8月28日), コン改, コン4, 史人([没]1684年8月28日), 重要([没]貞享1(1684)年8月28日), 諸系, 新潮([没]貞享1(1684)年8月28日), 人名, 姓氏神奈川, 姓氏群馬, 世人([没]貞享1(1684)年8月28日), 世百, 全書, 大百, 日史([没]貞享1(1684)年8月28日), 日人, 藩主1([生]寛永10(1633)年 [没]貞享1(1684)年8月28日), 藩主2([没]貞享1(1684)年8月28日), 百科, 歴大

堀田正利 ほったまさとし
天正2(1574)年～寛永9(1632)年2月17日
安土桃山時代～江戸時代前期の武将。堀田正盛の父。
¶岡山歴

堀田正富 ほったまさとみ
寛延3(1750)年～寛政3(1791)年
江戸時代中期の大名。近江堅田藩主。
¶諸系, 日人, 藩主3([没]寛政3(1791)年11月3日)

堀田正朝 ほったまさとも
延宝8(1680)年～享保4(1719)年 [別]堀田正甫《ほったまさすけ》
江戸時代中期の大名。近江宮川藩主。
¶茶道(堀田正甫 ほったまさすけ), 諸系, 日人, 藩主3([没]享保4(1719)年8月20日)

ほ

ほつたま　　　　　　　　　　888　　　　　　　　日本人物レファレンス事典

堀田正倫 ほったまさとも
嘉永4（1851）年〜明治44（1911）年　　劉鴻之丞
江戸時代末期〜明治期の大名、伯爵。下総佐倉藩主。
　¶維新，海越（⊕嘉永4（1851）年12月6日　㉟明治44（1911）年1月11日），海越新（⊕嘉永4（1851）年12月6日　㉟明治44（1911）年1月11日），神奈川人，郷土千葉，国際，コン5，諸系，人名，千葉百，日人，幕末（㉟1911年1月11日），藩主2（⊕嘉永4（1851）年12月6日　㉟明治44（1911）年1月11日）

堀田正虎 ほったまさとら
寛文2（1662）年〜享保14（1729）年
江戸時代中期の大名。下野大宮藩主、陸奥福島藩主、出羽山形藩主。
　¶国書（㉟享保14（1729）年1月22日），諸系，人名，栃木歴，日人，藩主1，藩主1（㉟享保14（1729）年1月22日），福島百（⊕寛文4（1664）年）

堀田正仲 ほったまさなか
寛文2（1662）年〜元禄7（1694）年
江戸時代前期〜中期の大名。下総古河藩主、出羽山形藩主、陸奥福島藩主。
　¶国書（㉟元禄7（1694）年7月6日），諸系，人名，日人，藩主1（㉟元禄7（1694）年7月6日），藩主1，藩主2，福島百（⊕寛文4（1664）年）

堀田正永 ほったまさなが
宝永6（1709）年〜享保20（1735）年
江戸時代中期の大名。近江堅田藩主。
　¶諸系，人名，日人，藩主3（㉟享保20（1735）年8月29日）

堀田正順 ほったまさなり
→堀田正順（ほったまさあり）

堀田正信 ほったまさのぶ
寛永8（1631）年〜延宝8（1680）年
江戸時代前期の大名。下総佐倉藩主。
　¶朝日（⊕延宝8年5月20日（1680年6月16日）），岩史（㉟延宝8（1680）年5月20日），角史，近世，国史，国書（⊕寛永8（1631）年6月27日　㉟延宝8（1680）年5月20日），コン改（⊕寛永9（1632）年），コン4，史人（㉟1680年5月20日），諸系，新潮（㉟延宝8（1680）年5月20日），人名，世人（⊕寛永9（1632）年），全書，大百，千葉百，徳島歴（㉟延宝8（1680）年5月20日），長野歴，日史（㉟延宝8（1680）年5月20日），日人，藩主2（⊕寛永8（1631）年6月27日　㉟延宝8（1680）年5月20日），百科，歴大

堀田正陳 ほったまさのぶ
宝永6（1709）年〜宝暦3（1753）年
江戸時代中期の大名。近江宮川藩主。
　¶国書（㉟宝暦3（1753）年10月4日），茶道，諸系，人名，日人，藩主3（㉟宝暦3（1753）年10月4日）

堀田正春 ほったまさはる
正徳5（1715）年〜享保16（1731）年
江戸時代中期の大名。出羽山形藩主。
　¶諸系，人名，藩主1（㉟享保16（1731）年2月9日）

堀田正英 ほったまさひで
寛永15（1638）年〜元禄1（1688）年

江戸時代前期の大名。常陸北条藩主。
　¶諸系，人名，日人，藩主2（㉟元禄1（1688）年7月3日）

堀田正衡 ほったまさひら
寛政7（1795）年〜嘉永7（1854）年
江戸時代末期の大名。下野佐野藩主。
　¶国書（㉟嘉永7（1854）年10月12日），諸系，栃木歴，日人，藩主1（㉟安政1（1854）年10月12日）

堀田正誠 ほったまさみ
文政7（1824）年〜文久3（1863）年
江戸時代末期の大名。近江宮川藩主。
　¶諸系，人名，日人，藩主3（㉟文久3（1863）年5月12日）

堀田正峯 ほったまさみね
宝永1（1704）年〜享保11（1726）年
江戸時代中期の大名。近江堅田藩主。
　¶諸系，人名，日人，藩主3（㉟享保11（1726）年4月14日）

堀田正盛 ほったまさもり
慶長13（1608）年〜慶安4（1651）年　　劉堀田加賀守正盛《ほったかがのかみまさもり》
江戸時代前期の大名。武蔵川越藩主、下総佐倉藩主、信濃松本藩主。
　¶朝日（⊕慶安4年4月20日（1651年6月8日）），岩史（㉟慶安4（1651）年4月20日），角史，神奈川人，近世，国史，コン改，コン4，埼玉人（㉟慶安4（1651）年4月20日），埼玉百（堀田加賀守正盛　ほったかがのかみまさもり），茶道，史人（㉟1651年4月20日），諸系（⊕1609年），新潮（㉟慶安4（1651）年4月20日），姓氏神奈川，姓氏長野，世人，全書，千葉百（⊕慶長8（1603）年），長野歴，日史（㉟慶安4（1651）年4月20日），日人（⊕1609年），藩主1，藩主2（⊕慶長13（1608）年12月11日　㉟慶安4（1651）年4月20日），藩主2，百科，歴大

堀田正休 ほったまさやす
明暦1（1655）年〜享保16（1731）年　　劉堀田正国《ほったまさくに》
江戸時代前期〜中期の大名。上野吉井藩主、近江宮川藩主。
　¶群馬人，諸系，人名，日人，藩主1（㉟享保16（1731）年7月12日），藩主3（堀田正国　ほったまさくに　㉟享保16（1731）年7月12日）

堀田正養 ほったまさやす
嘉永1（1848）年〜明治44（1911）年
江戸時代末期〜明治期の大名、政治家。近江宮川藩主。
　¶朝日（⊕嘉永1（1848）年2月　㉟明治44（1911）年5月10日），コン改，コン4，コン5，滋賀百，諸系，新潮（⊕嘉永1（1848）年2月28日　㉟明治44（1911）年5月9日），人名，世紀（⊕嘉永1（1848）年2月28日　㉟明治44（1911）年5月10日），世人（⊕嘉永1（1848）年2月28日　㉟明治44（1911）年5月9日），日史（⊕嘉永1（1848）年2月28日　㉟明治44（1911）年5月9日），日人，藩主3，明治1

堀田正義 ほったまさよし
文化13（1816）年〜天保12（1841）年
江戸時代後期の大名。近江宮川藩主。

¶諸系，日人，藩主3（[没]天保12（1841）年8月3日）

堀田正吉 ほったまさよし
元亀2（1571）年～寛永6（1629）年
安土桃山時代～江戸時代前期の武将。
¶諸系，日人

堀田正睦 ほったまさよし
文化7（1810）年～元治1（1864）年
江戸時代末期の大名、老中。下総佐倉藩主。日米修好通商条約の勅許を得られず、井伊直弼が大老になると老中を罷免された。
¶朝日（[生]文化7年8月1日（1810年8月30日）[没]元治1年3月21日（1864年4月26日）），維新，岩史（[生]文化7（1810）年8月1日　[没]元治1（1864）年3月21日），角史，神奈川人，京都大，郷土千葉，近世，国史，国書（[生]文化7（1810）年8月1日　[没]元治1（1864）年3月21日），コン改，コン4，史人（[生]1810年8月1日　[没]1864年3月21日），重要（[生]文化7（1810）年8月1日　[没]元治1（1864）年3月21日），諸系，新潮（[没]元治1（1864）年3月21日），人名，姓氏京都，世人（[没]元治1（1864）年3月21日），世百，全書，大百，千葉百，伝記，日史（[生]文化7（1810）年8月1日　[没]元治1（1864）年3月21日），日人，幕末（[没]1864年4月26日），藩主2（[生]文化7（1810）年8月1日　[没]元治1（1864）年3月21日），百科，洋学，歴大

堀田光長 ほったみつなが
生没年不詳
江戸時代後期の上野沼田藩士・和算家。
¶国書

堀田遜 ほったゆずる
→堀田右馬允（ほったうまのすけ）

堀田六林 ほったろくりん
→堀田恒山（ほったこうざん）

穂積重磨 ほづみしげまろ
安永3（1774）年～天保8（1837）年　[別]鈴木重磨《すずきしげまろ》
江戸時代後期の伊予宇和島藩士。
¶愛媛百（[生]安永3（1774）年8月22日　[没]天保8（1837）年9月8日），国書（[生]安永3（1774）年8月22日　[没]天保8（1837）年9月8日），人名（鈴木重磨　すずきしげまろ），日人，藩臣6

穂積清軒 ほづみせいけん，ほずみせいけん
天保7（1836）年～明治7（1874）年
江戸時代末期～明治期の三河吉田藩士、洋学者。英学塾好問社を開く。
¶朝日（[没]明治7（1874）年8月29日），コン改，コン4，コン5，人名（[生]1837年），姓氏愛知，日人，幕末（[生]1836年1月　[没]1874年8月29日），藩臣4（ほずみせいけん）

保土原江南斎 ほどはらこうなんさい
天文7（1538）年～元和6（1620）年　[別]保土原行藤《ほどわらゆきふじ》
安土桃山時代～江戸時代前期の陸奥仙台藩士。
¶姓氏宮城（保土原行藤　ほどわらゆきふじ），藩臣1

保土原行藤 ほどわらゆきふじ
→保土原江南斎（ほどはらこうなんさい）

保々貞忠 ほぼさだただ
～享保8（1723）年
江戸時代中期の旗本。
¶神奈川人

保々貞広 ほぼさだひろ
～承応3（1654）年
江戸時代前期の旗本。
¶神奈川人

保母建（保母健） ほぼたけし
天保13（1842）年～元治1（1864）年　[別]保母景光《ぼもかげみつ》，保母建《ほもたてる》，保母健《ほぼたけし》
江戸時代末期の肥前島原藩士。
¶新潮（保母健　[没]元治1（1864）年7月20日），人名（ほもたてる），日人，幕末（保母景光　ぼもかげみつ　[生]1843年　[没]1864年8月22日），藩臣7（保母景光　ぼもかげみつ　[生]天保14（1843）年）

保々弥一郎 ほぼやいちろう
文政12（1829）年～明治19（1886）年
江戸時代後期～明治期の剣術家。直心影流。
¶剣豪

保母景光 ぼもかげみつ
→保母建（ほぼたけし）

保母建 ほもたてる
→保母建（ほぼたけし）

堀著朝 ほりあきとも
明和1（1764）年～文化12（1815）年
江戸時代中期～後期の大名。越後椎谷藩主。
¶諸系，新潟百，日人，藩主3（[没]文化12（1815）年12月24日）

堀池衡山 ほりいけこうざん
＊～弘化2（1845）年　[別]堀池敬久《ほりいけたかひさ》
江戸時代中期～後期の伊勢亀山藩士・和算家。
¶国書（堀池敬久　ほりいけたかひさ　[生]安永2（1773）年　[没]弘化2（1845）年8月24日），藩臣4（[生]宝暦7（1757）年），三重

堀池敬久 ほりいけたかひさ
→堀池衡山（ほりいけこうざん）

堀池久道 ほりいけひさみち
享和3（1803）年～明治11（1878）年8月21日
江戸時代後期～明治期の伊勢亀山藩士・和算家。
¶国書，数学

堀斎 ほりいつき
→蒲生済助（がもうさいすけ）

母里雅楽之助 ぼりうたのすけ
天文19（1550）年～寛永3（1626）年
安土桃山時代～江戸時代前期の筑前福岡藩士。
¶藩臣7

堀内氏久 ほりうちうじひさ
生没年不詳
安土桃山時代～江戸時代前期の武将。
¶日人

堀内氏弘 ほりうちうじひろ
生没年不詳　[別]堀内氏弘《ほりのうちうじひろ》，

新宮左馬助《しんぐうさまのすけ》
江戸時代前期の武士。
¶戦国，戦人（ほりのうちうじひろ），日人

堀内嘉須美　ほりうちかずみ
享保8（1723）年～文化4（1807）年
江戸時代中期～後期の剣道家。
¶姓氏長野

堀内勝重　ほりうちかつしげ
生没年不詳
江戸時代前期の肥後熊本藩士。
¶国書

堀内河内　ほりうちかわち
江戸時代前期の武将。里見氏家臣。
¶戦東

堀内匡平　ほりうちきょうへい
→堀内匡平（ほりうちまさひら）

堀内塩八　ほりうちしおはち
寛政7（1795）年～明治7（1874）年
江戸時代末期～明治期の射術家。
¶人名，日人

ほ

堀内誠之進　ほりうちせいのしん
天保13（1842）年～明治12（1879）年　[別]島村安範《しまむらやすのり》
江戸時代末期～明治期の土佐郷士。
¶高知人，人名（生没年不詳），日人，幕末（[没]1879年10月）

堀内清八郎　ほりうちせいはちろう
→堀内清八郎（ほりのうちきよはちろう）

堀内惣佐衛門　ほりうちそうざえもん
？～寛文11（1671）年
江戸時代前期の柴田郡船岡要害の主原田氏の家老。
¶姓氏宮城

堀内大学　ほりうちだいがく
生没年不詳
江戸時代前期の土豪。北山一揆の中心人物。
¶和歌山人

堀内伝右衛門　ほりうちでんえもん
生没年不詳
江戸時代中期の肥後熊本藩士。
¶藩臣7

堀内匡平　ほりうちまさひら
文政7（1824）年～明治16（1883）年1月10日　[別]堀内匡平《ほりうちきょうへい》
江戸時代末期～明治期の勤王家。松山藩政改革建白書の罪で入獄。
¶維新（ほりうちきょうへい），愛媛百，国書，幕末

堀内六郎兵衛　ほりうちろくろべえ
生没年不詳
江戸時代末期の武士。
¶和歌山人

堀江荒四郎　ほりえあらしろう
→堀江芳極（ほりえただとう）

堀江有忠　ほりえありただ
文化6（1809）年～明治17（1884）年
江戸時代末期～明治期の信濃松本藩士。
¶人名，日人，藩臣3

堀江三蔵　ほりえさんぞう
生没年不詳
江戸時代前期の武士。
¶和歌山人

堀江四郎左衛門　ほりえしろうざえもん
安土桃山時代～江戸時代前期の武士。里見氏家臣。
¶戦人（生没年不詳），戦東

堀江惺斎　ほりえせいさい
江戸時代後期の陸奥二本松藩士、儒学者。
¶国書（[生]安永1（1772）年　[没]天保13（1842）年8月27日），藩臣5（[生]安永2（1773）年　[没]天保14（1843）年）

堀江芳極　ほりえただとう
元禄14（1701）年～宝暦9（1759）年　[別]堀江荒四郎《ほりえあらしろう》
江戸時代中期の旗本、勘定吟味役。享保改革期後半年貢増徴政策の実務担当者。
¶朝日（[没]宝暦9年9月17日（1759年11月6日）），埼玉人（堀江荒四郎　ほりえあらしろう　[生]不詳），日人

堀江典膳　ほりえてんぜん
宝暦1（1751）年～文化11（1814）年9月26日
江戸時代中期～後期の安芸広島藩士。
¶国書，藩臣6，広島百（[生]寛延3（1750）年）

堀江直介　ほりえなおすけ
文政1（1818）年～元治1（1864）年
江戸時代末期の対馬藩士。
¶維新

堀江平右衛門　ほりえへいえもん
生没年不詳
江戸時代前期の六十人者与力。
¶和歌山人

堀江平蔵　ほりえへいぞう
*～文化3（1806）年
江戸時代中期～後期の紀伊和歌山藩士。
¶藩臣5（[生]寛延3（1750）年），和歌山人（[生]？）

堀江茂七郎　ほりえもしちろう
？～万延1（1860）年
江戸時代末期の筑後久留米藩士。
¶藩臣7

堀江芳之助　ほりえよしのすけ
文化7（1810）年～明治4（1871）年　[別]久保善助《くぼぜんすけ》
江戸時代末期～明治期の水戸藩郷士。
¶維新，新潮（[生]文化7（1810）年9月　[没]明治4（1871）年2月15日），人名（[生]1807年），日人，幕末（[没]1871年4月4日）

堀江頼忠　ほりえよりただ
？～元和3（1617）年
安土桃山時代～江戸時代前期の武将。里見氏家臣。
¶戦辞（[没]元和3年9月12日（1617年10月11日）），戦人，戦東

堀江六五郎　ほりえろくごろう
生没年不詳
江戸時代末期の幕臣・小人頭役・小人目付。1864年遣仏使節に随行しフランスに渡る。

¶海越新

堀尾重興 ほりおしげおき
文政6(1823)年〜明治24(1891)年
江戸時代後期〜明治期の上杉斉憲に仕え、勘定頭。
¶山形百

堀尾但馬 ほりおたじま
？〜正保1(1644)年
江戸時代前期の出雲松江藩家老。
¶島根歴，藩臣5

堀尾忠晴 ほりおただはる
慶長4(1599)年〜寛永10(1633)年
江戸時代前期の大名。出雲松江藩主。
¶朝日([没]寛永10年9月20日(1633年10月22日))，近世，国史，国書([没]寛永10(1633)年9月20日)，コン改，コン4，茶道，史人([没]1633年9月20日)，島根人，島根百([没]寛永10(1633)年9月20日)，島根歴，諸系，新潮([没]寛永10(1633)年9月20日)，人名([生]1595年)，戦合，戦国，戦人，日人，藩主4([没]寛永10(1633)年9月20日)，歴大

堀主計 ほりかずえ
延宝1(1673)年〜享保4(1719)年
江戸時代中期の陸奥弘前藩家老。
¶藩臣1

堀勝右衛門 ほりかつえもん
江戸時代中期の与力、茶人。
¶茶道

堀勝名 ほりかつな
→堀平太左衛門(ほりへいたざえもん)

堀勝政 ほりかつまさ
慶長3(1598)年〜寛文9(1669)年
江戸時代前期の武士。
¶人名，日人

堀川幸七 ほりかわこうしち
文政1(1818)年〜明治20(1887)年
江戸時代末期〜明治期の遠江浜松藩士。
¶藩臣4

堀北観太左衛門 ほりきたかんたざえもん
？〜天明1(1781)年
江戸時代中期の剣術家。浅山一伝流。
¶剣豪

堀杏庵 ほりきょうあん
天正13(1585)年〜寛永19(1642)年
江戸時代前期の尾張藩士、安芸広島藩士、儒学者。
¶愛知百([生]1585年5月28日　[没]1642年11月20日)，朝日([生]天正13年5月28日(1585年6月25日)　[没]寛永19年11月20日(1643年1月10日))，岩史([生]天正13(1585)年5月28日　[没]寛永19(1642)年11月20日)，角史，近世，国史，国書([生]天正13(1585)年5月28日　[没]寛永19(1642)年11月20日)，コン改，コン4，詩歌，史人([生]1585年5月28日　[没]1642年11月20日)，新潮([没]寛永19(1642)年11月20日)，人名，姓氏京都，世人([生]天正13(1585)年5月23日　[没]寛永19(1642)年11月20日)，世百，全書，日人([没]1643年)，藩臣4，藩臣6，広島百([生]天正13(1585)年5月28日　[没]寛永19(1642)年11月20日)，歴大，和歌山人，和俳

堀口貞勝 ほりぐちさだかつ
慶安2(1649)年〜享保19(1734)年　[別]堀口停山《ほりぐちていざん》
江戸時代前期〜中期の剣術家。
¶剣豪(堀口停山　ほりぐちていざん)，日人

堀口宗也 ほりぐちそうや
？〜寛文8(1668)年
江戸時代前期の加賀大聖寺藩士。
¶藩臣3

堀口停山 ほりぐちていざん
→堀口貞勝(ほりぐちさだかつ)

堀口森蔵 ほりぐちもりぞう
天保7(1836)年〜明治35(1902)年
江戸時代後期〜明治期の弓術家。
¶埼玉人，埼玉百，日人

堀粂之助 ほりくめのすけ
天保9(1838)年〜明治1(1868)年
江戸時代末期の陸奥会津藩士。
¶会津，国書([生]天保9(1838)年4月14日　[没]慶応4(1868)年9月4日)，人名，日人，幕末([没]1868年10月19日)，藩臣2

堀景山 ほりけいざん
元禄1(1688)年〜宝暦7(1757)年
江戸時代中期の安芸広島藩の儒医。本居宣長の師。
¶朝日([没]宝暦7年9月19日(1757年10月31日))，岩史([没]宝暦7(1757)年9月19日)，角史，京都大，近世，国史，国書([没]宝暦7(1757)年9月19日)，コン改，コン4，詩歌，史人([没]1757年9月19日)，神史，神人([没]宝暦7(1757)年9月19日)，新潮([没]宝暦7(1757)年9月19日)，人名，姓氏京都，世人，全書，日史([没]宝暦7(1757)年9月19日)，日人，藩臣6，百科，広島百([生]元禄1(1688)年10月　[没]宝暦7(1757)年9月17日)，歴大，和俳

堀越公粛 ほりこしこうしゅく
江戸時代の伊勢津藩士、蘭学者。
¶三重続

堀越左源次 ほりこしさげんじ
？〜文化7(1810)年
江戸時代後期の加賀藩士。
¶姓氏石川，藩臣3

堀越宣治 ほりこしのぶはる
宝永6(1709)年〜寛政12(1800)年1月
江戸時代中期〜後期の仙台藩士・俳人。
¶国書

堀越久治 ほりごしひさはる
生没年不詳
江戸時代前期の陸奥仙台藩士。
¶藩臣1

堀五郎左衛門利広 ほりごろうざえもんとしひろ
？〜享保4(1719)年
江戸時代前期〜中期の弘前藩家老。
¶青森人

堀貞儀 ほりさだのり
？〜元文2(1737)年9月3日
江戸時代中期の尾張藩士。

¶国書

堀貞則　ほりさだのり
生没年不詳
江戸時代前期の武術家。
¶日人

堀貞道　ほりさだみち
弘化1(1844)年～元治1(1864)年
江戸時代末期の下野宇都宮藩士。
¶維新，人名，日人(㊀1865年)

堀三郎左衛門　ほりさぶろうざえもん
生没年不詳
江戸時代中期の剣術家。日下部流ほか。
¶剣豪

堀治太夫　ほりじだゆう
生没年不詳
江戸時代後期の陸奥二本松藩士。
¶藩臣5

堀秀成　ほりしゅうせい
→堀秀成(ほりひでなり)

ほ

堀十郎太夫　ほりじゅうろうだゆう
？～寛政5(1793)年
江戸時代中期の下総古河藩士。
¶藩臣3

堀主膳　ほりしゅぜん
生没年不詳
江戸時代前期の村上藩家老役。
¶新潟百

堀省斎　ほりしょうさい
宝暦11(1761)年～文化3(1806)年
江戸時代中期～後期の因幡鳥取藩士、儒学者。
¶人名，鳥取百，日人，藩臣5

堀庄次郎　ほりしょうじろう
天保1(1830)年～元治1(1864)年　㊥堀敦斎《ほりとんさい》,堀熙明《ほりひろあき》
江戸時代末期の因幡鳥取藩士。
¶維新，国書(堀熙明　ほりひろあき　㊐文政13(1830)年8月6日　㊀元治1(1864)年9月5日)，人名，鳥取百(堀敦斎　ほりとんさい)，日人，幕末(㊀1864年10月5日)，藩臣5(堀敦斎　ほりとんさい)

堀四郎　ほりしろう
文政2(1819)年～明治29(1896)年　㊥堀政材《ほりまさき,ほりまさたね》
江戸時代末期～明治期の加賀藩士。
¶石川百(堀政材　ほりまさたね　㊐1820年？　㊀1897年)，維新，人名，姓氏石川(堀政材　ほりまさき　㊐？)，日人，幕末(堀政材　ほりまさたね　㊀1896年3月17日)

堀新九郎　ほりしんくろう
寛政4(1792)年～文久2(1862)年
江戸時代末期の但馬出石藩家老。
¶藩臣5

堀真五郎　ほりしんごろう
天保9(1838)年～大正2(1913)年
江戸時代末期～明治期の長州(萩)藩士、志士、八幡隊総管。
¶朝日(㊐天保9年閏4月11日(1838年6月3日)　㊀大正2(1913)年10月25日)，維新，近現，国史，新潮(㊐天保9(1838)年4月11日　㊀大正2(1913)年10月25日)，姓氏山口，日人，幕末(㊀1913年10月25日)，藩臣6

堀助之丞　ほりすけのじょう
江戸時代中期の立花飛騨守の家臣、茶人。
¶茶道

堀静軒　ほりせいけん
天明3(1783)年～嘉永4(1851)年
江戸時代後期の因幡鳥取藩士、儒学者。
¶人名，日人，藩臣5

堀潜太郎　ほりせんたろう
天保13(1842)年～明治1(1868)年
江戸時代末期の長州(萩)藩足軽。
¶維新，人名，日人，幕末(㊀1868年8月19日)

堀惣右衛門　ほりそうえもん
明暦1(1655)年～享保15(1730)年9月28日
江戸時代前期の岡山藩士・武術家。
¶岡山歴

堀慥甫　ほりぞうじ
→堀秀成(ほりひでなり)

堀慥甫　ほりぞうほ
→堀秀成(ほりひでなり)

堀貴光　ほりたかみつ
生没年不詳
江戸時代末期～明治期の摂津高槻藩士・歌人。
¶国書

堀孝善　ほりたかよし
生没年不詳
江戸時代後期の加賀藩士。
¶国書

堀滝太郎　ほりたきたろう
弘化1(1844)年～慶応2(1866)年
江戸時代末期の長州(萩)藩士。
¶維新，人名，日人，幕末(㊀1866年9月7日)

堀宅政　ほりたくまさ
承応3(1654)年～享保16(1731)年
江戸時代中期の武術者。
¶岡山人

堀忠俊　ほりただとし
慶長1(1596)年～元和7(1621)年
江戸時代前期の大名。越後福島藩主。
¶朝日(㊀元和7年12月22日(1622年2月2日))，近世，国史，コン改，コン4，諸系(㊀1622年)，新潮(㊀元和7(1621)年12月22日)，人名，戦合，戦国，戦人，新潟百，日人(㊀1622年)，藩主3(㊀元和7(1621)年12月22日)

堀丹波守　ほりたんばのかみ
正徳5(1715)年～天明5(1785)年
江戸時代中期の越後村松藩士、茶人。
¶茶道

堀親賢　ほりちかかた
貞享1(1684)年～正徳5(1715)年
江戸時代中期の大名。信濃飯田藩主。
¶諸系，人名，長野歴，日人，藩主2(㊐貞享1(1684)年8月12日　㊀正徳5(1715)年11月28

日）

堀親貞 ほりちかさだ
寛永17(1640)年～貞享2(1685)年
江戸時代前期の大名。信濃飯田藩主。
¶諸系，長野歴，日人，藩主2([生]寛永17(1640)年9月23日　[没]貞享2(1685)年11月18日)

堀親寚 ほりちかしげ
天明6(1786)年～嘉永1(1848)年
江戸時代後期の大名。信濃飯田藩主。
¶朝日([生]天明6年8月5日(1786年8月28日)　[没]嘉永1年12月10日(1849年1月4日))，維新，岩史([生]天明6(1786)年8月5日　[没]嘉永1(1848)年12月10日)，近世，国史，国書([生]天明6(1786)年8月5日　[没]嘉永1(1848)年12月10日)，コン4，諸系([没]1849年)，姓氏長野，長野歴，日人([没]1849年)，藩主2([生]天明6(1786)年8月5日　[没]嘉永1(1848)年12月10日)

堀親蔵 ほりちかただ
*～延享3(1746)年
江戸時代中期の大名。信濃飯田藩主。
¶諸系([生]1713年)，人名([生]1719年)，長野歴([生]正徳2(1712)年)，日人([生]1713年)，藩主2([生]正徳5(1715)年12月18日　[没]延享3(1746)年2月13日)

堀親忠 ほりちかただ
宝暦12(1762)年～天明4(1784)年
江戸時代中期の大名。信濃飯田藩主。
¶諸系，長野歴([生]宝暦10(1760)年)，日人，藩主2([生]宝暦12(1762)年7月15日　[没]天明4(1784)年6月29日，(異説)7月8日)

堀親民 ほりちかたみ
安永6(1777)年～寛政8(1796)年
江戸時代中期～後期の大名。信濃飯田藩主。
¶諸系，長野歴([生]安永3(1774)年)，日人，藩主2([生]安永6(1777)年10月17日　[没]寛政8(1796)年4月22日)

堀親常 ほりちかつね
延宝2(1674)年～元禄10(1697)年
江戸時代前期～中期の大名。信濃飯田藩主。
¶諸系，人名，長野歴，日人，藩主2([生]延宝2(1674)年11月10日　[没]元禄10(1697)年3月27日)

堀親長 ほりちかなが
元文4(1739)年～文化5(1808)年
江戸時代中期～後期の大名。信濃飯田藩主。
¶諸系，長野歴([生]享保20(1735)年)，日人，藩主2([生]元文4(1739)年11月17日　[没]文化5(1808)年6月3日)

堀親庸 ほりちかのぶ
宝永4(1707)年～享保13(1728)年
江戸時代中期の大名。信濃飯田藩主。
¶諸系，長野歴([生]宝永2(1705)年)，日人，藩主2([生]宝永4(1707)年11月8日　[没]享保13(1728)年7月12日)

堀親義 ほりちかのり
→堀親義(ほりちかよし)

堀親広 ほりちかひろ
嘉永2(1849)年～明治32(1899)年
江戸時代末期～明治期の大名。信濃飯田藩主。
¶諸系，長野歴，日人，藩主2([生]嘉永2(1849)年3月14日　[没]明治32(1899)年7月30日)

堀親昌 ほりちかまさ
慶長11(1606)年～寛文13(1673)年
江戸時代前期の大名。下野烏山藩主、信濃飯田藩主。
¶国書([生]慶長11(1606)年4月8日　[没]寛文13(1673)年7月16日)，諸系，姓氏長野，長野歴，日人，藩主1，藩主2([生]慶長11(1606)年4月8日　[没]延宝1(1673)年7月16日)

堀親義 ほりちかよし
文化11(1814)年～明治13(1880)年　[別]堀親義《ほりちかのり》
江戸時代末期～明治期の大名。信濃飯田藩主。
¶国書(ほりちかのり　[生]文化11(1814)年1月28日　[没]明治13(1880)年9月20日)，諸系，長野歴(ほりちかのり)，日人，藩主2([生]文化11(1814)年1月28日　[没]明治13(1880)年9月20日)

堀親良 ほりちかよし
天正8(1580)年～寛永14(1637)年　[別]羽柴美作守《はしばみまさかのかみ》
江戸時代前期の大名。下野烏山藩主、下野真岡藩主、越後蔵王藩主。
¶朝日([没]寛永14年5月13日(1637年7月5日))，近世，国史，コン改，コン4，茶道，史人([没]1637年5月13日)，諸系，新潮([没]寛永14(1637)年5月13日)，人名，世人，戦合，戦国，戦人，栃木歴，日人，藩主1([没]寛永14(1637)年5月13日)，藩主3([没]寛永14(1637)年5月13日)

堀悌助 ほりていすけ
天保7(1836)年～明治16(1883)年7月16日　[別]羽山光和《はやまみつかず》
江戸時代末期～明治期の陸奥会津藩士。
¶幕末

堀典膳 ほりてんぜん
？～寛政6(1794)年
江戸時代中期の下総古河藩家老。
¶藩臣3

堀季雄 ほりときかつ
享保19(1734)年10月3日～天明6(1786)年10月10日
江戸時代中期の出羽庄内藩士、史家。
¶国書，庄内，藩臣1

堀利雄 ほりとしお
寛文4(1664)年～享保14(1729)年
江戸時代中期の旗本。
¶神奈川人

堀利堅 ほりとしかた
生没年不詳
江戸時代末期の幕臣。
¶維新，国書，幕末

堀利重 ほりとししげ
天正9(1581)年～寛永15(1638)年
江戸時代前期の大名。常陸玉取藩主。

¶近世，国史，コン改，コン4，諸系，新潮（[没]寛永15（1638）年4月24日），人名，世人，戦合，日人，藩主2（[没]寛永15（1638）年4月24日）

堀利孟 ほりとしたけ
江戸時代末期の幕臣。
¶維新，幕末（生没年不詳）

堀利庸 ほりとしつね
元禄12（1699）年～明和4（1767）年7月23日
江戸時代中期の幕臣。
¶国書

堀利和 ほりとしとも
生没年不詳
江戸時代後期の旗本。
¶神奈川人

堀利長 ほりとしなが
慶長6（1601）年～万治1（1658）年
江戸時代前期の大名。常陸玉取藩主。
¶諸系，日人，藩主2（[没]万治1（1658）年10月12日）

堀利熙（堀利煕，堀利熈） ほりとしひろ
文政1（1818）年～万延1（1860）年
江戸時代末期の幕臣。ペリー来航時の海防掛。
¶朝日（[生]文政1年6月19日（1818年7月21日）[没]万延1年11月6日（1860年12月17日）），維新（堀利煕），近世，国史，国書（[生]文政1（1818）年6月19日　[没]万延1（1860）年11月6日），コン改，コン4，史人（[生]1818年6月19日　[没]1860年11月6日），新潮（[没]万延1（1860）年11月6日），人名，世人（[没]万延1（1860）年11月5日），日人，幕末（[没]1860年12月17日），北海道百（堀利煕），北海道歴（堀利煕）

堀利正 ほりとしまさ
享保20（1735）年～寛政8（1796）年12月18日
江戸時代中期～後期の幕臣。
¶国書

堀友明 ほりともあき
文化7（1810）年～明治9（1876）年1月12日
江戸時代後期～明治期の仙台藩士。
¶国書

堀敦斎 ほりとんさい
→堀庄次郎（ほりしょうじろう）

堀直昭 ほりなおあき
～承応1（1652）年
江戸時代前期の旗本。
¶神奈川人

堀直著 ほりなおあき
*～明和5（1768）年
江戸時代中期の大名。越後椎谷藩主。
¶諸系（[生]1731年），新潟百（[生]1728年），日人（[生]1731年），藩主3（[生]享保13（1728）年5月5日　[没]明和5（1768）年4月21日）

堀直明 ほりなおあき
天保10（1839）年～明治18（1885）年　[別]堀直登《ほりなおなる》，堀直明《ほりなおあきら》
江戸時代末期～明治期の大名。信濃須坂藩主。
¶江戸東，国書（堀直登　ほりなおなる　[生]天保10（1839）年9月3日　[没]明治18（1885）年9月18日），諸系（ほりなおあきら），日人，藩主2（[生]天保10（1839）年9月3日　[没]明治19（1886）年9月18日）

堀直皓 ほりなおあき
→堀直皓（ほりなおてる）

堀直明 ほりなおあきら
→堀直明（ほりなおあき）

堀直氏 ほりなおうじ
～元禄11（1698）年
江戸時代前期の旗本。
¶神奈川人

堀直興(1) ほりなおおき
寛政5（1793）年～文政4（1821）年
江戸時代後期の大名。信濃須坂藩主。
¶諸系，長野歴，日人，藩主2（[生]寛政5（1793）年8月13日　[没]文政4（1821）年6月10日）

堀直興(2) ほりなおおき
～文政9（1826）年
江戸時代後期の村松藩年寄役・寛政～文化期の藩政改革の指導者。
¶新潟百

堀直景 ほりなおかげ
慶長9（1604）年～延宝3（1675）年
江戸時代前期の大名。上総苅谷藩主、越後椎谷藩主。
¶神奈川人，諸系，新潟百，日人，藩主2（[没]延宝3（1675）年2月18日），藩主3（[没]延宝3（1675）年2月16日）

堀直堅 ほりなおかた
*～安永8（1779）年
江戸時代中期の大名。信濃須坂藩主。
¶諸系（[生]1739年），長野歴（[生]寛保3（1743）年），日人（[生]1739年），藩主2（[生]寛保3（1743）年6月20日　[没]安永8（1779）年10月26日）

堀直方 ほりなおかた
明和4（1767）年～文化2（1805）年
江戸時代中期～後期の大名。越後村松藩主。
¶諸系，新潟百，日人，藩主3（[生]明和4（1767）年1月13日　[没]文化2（1805）年7月23日）

堀直清 ほりなおきよ
→堀直次（ほりなおつぐ）

堀直定 ほりなおさだ
寛永13（1636）年～寛永19（1642）年
江戸時代前期の大名。越後村上藩主。
¶諸系，日人，藩主3（[没]寛永19（1642）年3月22日）

堀直宥 ほりなおさだ
寛文5（1665）年～正徳1（1711）年
江戸時代中期の大名。越後椎谷藩主、上総八幡藩主。
¶諸系，新潟百，日人，藩主2，藩主3（[生]寛文5（1665）年11月17日　[没]正徳1（1711）年6月8日）

堀直郷 ほりなおさと
宝暦8（1758）年～天明4（1784）年
江戸時代中期の大名。信濃須坂藩主。
¶諸系，長野歴，日人，藩主2（[生]宝暦8（1758）年

2月12日　[没]天明4 (1784) 年2月3日)

堀直重 ほりなおしげ
天正13 (1585) 年～元和2 (1616) 年
安土桃山時代～江戸時代前期の武将、大名。信濃須坂藩主。
¶諸系 ([生]1584年), 人名, 姓氏長野, 長野歴, 日人 ([生]1584年), 藩主2 ([没]元和3 (1617) 年6月13日)

堀直佑 (堀直祐) ほりなおすけ
明暦1 (1655) 年～享保6 (1721) 年
江戸時代前期～中期の大名。信濃須坂藩主。
¶諸系, 人名 (堀直祐), 長野歴, 日人, 藩主2 ([没]享保6 (1721) 年6月20日)

堀直堯 ほりなおたか
正徳5 (1715) 年～天明5 (1785) 年
江戸時代中期の大名。越後村松藩主。
¶諸系, 新潟百, 日人, 藩主3 ([生]享保2 (1717) 年9月23日　[没]天明5 (1785) 年10月29日)

堀直武 ほりなおたけ
天保1 (1830) 年～文久2 (1862) 年
江戸時代末期の大名。信濃須坂藩主。
¶諸系, 長野歴, 日人, 藩主2 ([生]天保1 (1830) 年4月8日　[没]文久2 (1862) 年8月7日)

堀直格 ほりなおただ
文化3 (1806) 年～明治13 (1880) 年
江戸時代末期～明治期の大名。信濃須坂藩主。
¶国書 ([生]文化3 (1806) 年11月14日　[没]明治13 (1880) 年8月13日), 諸系, 姓氏長野 ([没]1882年), 長野歴 ([没]明治15 (1882) 年), 日人, 幕末 ([生]1805年　[没]1882年8月), 藩主2 ([生]文化3 (1806) 年11月14日　[没]明治13 (1880) 年8月13日)

堀直為 ほりなおため
→堀直為 (ほりなおゆき)

堀直太郎 ほりなおたろう
天保1 (1830) 年～明治2 (1869) 年
江戸時代末期の薩摩藩士。
¶維新, 人名, 姓氏鹿児島, 日人, 幕末 ([没]1869年11月11日)

堀直哉 ほりなおちか
寛政10 (1798) 年～天保1 (1830) 年
江戸時代後期の大名。越後椎谷藩主。
¶諸系, 新潟百, 日人, 藩主3 ([生]寛政10 (1798) 年3月16日　[没]文政13 (1830) 年9月3日)

堀直次 ほりなおつぐ
天正1 (1573) 年～？　[別]堀直清《ほりなおきよ》
安土桃山時代～江戸時代前期の武将、大名。越後三条藩主。
¶諸系, 人名 (堀直清　ほりなおきよ), 戦国, 戦人 (生没年不詳), 新潟百 (堀直清　ほりなおきよ　[生]1577年　[没]1634年), 日人, 藩主3

堀直恒 ほりなおつね
江戸時代中期の大名。越後椎谷藩主。
¶諸系 ([生]1700年　[没]1731年), 新潟百 ([生]1701年　[没]1730年), 日人 ([生]1700年　[没]1731年), 藩主3 ([生]元禄14 (1701) 年11月10日　[没]享保15 (1730) 年12月10日)

堀直庸 ほりなおつね
寛政3 (1791) 年～文政2 (1819) 年
江戸時代後期の大名。越後村松藩主。
¶諸系, 新潟百, 日人, 藩主3 ([生]寛政3 (1791) 年11月10日　[没]文政2 (1819) 年10月10日)

堀直輝 ほりなおてる
寛永8 (1631) 年～寛文9 (1669) 年
江戸時代前期の大名。信濃須坂藩主。
¶諸系, 長野歴, 日人, 藩主2 ([没]寛文9 (1669) 年7月8日)

堀直晧 ほりなおてる
*～文化11 (1814) 年　[別]堀直晧《ほりなおあき》
江戸時代中期～後期の大名。信濃須坂藩主。
¶諸系 ([生]1759年), 長野歴 ([生]宝暦5 (1755) 年), 日人 ([生]1759年), 藩主2 (ほりなおあき　[生]宝暦5 (1755) 年9月7日　[没]文化11 (1814) 年7月13日)

堀直時 ほりなおとき
元和2 (1616) 年～寛永20 (1643) 年
江戸時代前期の大名。越後安田藩主。
¶諸系, 新潟百, 日人, 藩主3 ([没]寛永20 (1643) 年2月29日)

堀直利 ほりなおとし
万治1 (1658) 年～享保1 (1716) 年
江戸時代前期～中期の大名。越後村松藩主。
¶諸系, 人名, 新潟百, 日人, 藩主3 ([生]万治1 (1658) 年1月1日　[没]享保1 (1716) 年7月10日)

堀直虎 ほりなおとら
天保7 (1836) 年～明治1 (1868) 年
江戸時代末期の大名。信濃須坂藩主。
¶朝日 ([生]天保7年8月16日 (1836年9月26日)　[没]明治1年1月17日 (1868年2月10日)), 維新, 郷土長野, 近世, 国史, 国書 ([生]天保7 (1836) 年8月16日　[没]慶応4 (1868) 年1月17日), コン改, コン4, 史人 ([生]1836年8月16日　[没]1868年1月17日), 諸系, 新潮 ([生]天保7 (1836) 年8月16日　[没]慶応4 (1868) 年1月17日), 人名, 姓氏長野, 長野百, 長野歴, 日人, 幕末 ([没]1868年2月10日), 藩主2 ([生]天保7 (1836) 年8月16日　[没]慶応4 (1868) 年1月17日)

堀直央(1) ほりなおなか
元禄1 (1688) 年～寛保2 (1742) 年
江戸時代中期の大名。越後椎谷藩主。
¶諸系, 新潟百, 日人, 藩主3 ([生]元禄1 (1688) 年9月18日　[没]寛保2 (1742) 年6月20日)

堀直央(2) ほりなおなか
→堀直央 (ほりなおひさ)

堀直登 ほりなおなる
→堀直明 (ほりなおあき)

堀直宣 ほりなおのぶ
宝暦12 (1762) 年～天明1 (1781) 年
江戸時代中期の大名。越後椎谷藩主。
¶諸系, 新潟百, 日人, 藩主3 ([生]宝暦12 (1762) 年1月6日　[没]天明1 (1781) 年8月10日)

堀直起 ほりなおのり
明和3 (1766) 年～*
江戸時代中期～後期の大名。越後椎谷藩主。

ほ

¶諸系（[没]1808年），新潟百（[没]1807年），日人（[没]1808年），藩主3（[生]明和3（1766）年1月26日 [没]文化4（1807）年12月23日）

堀直教 ほりなおのり
宝暦11（1761）年～文化9（1812）年
江戸時代中期～後期の大名。越後村松藩主。
¶諸系，新潟百，日人，藩主3（[生]宝暦11（1761）年7月6日 [没]文化9（1812）年9月17日）

堀直温 ほりなおはる
天明1（1781）年～文化9（1812）年
江戸時代後期の大名。越後椎谷藩主。
¶諸系，新潟百，日人，藩主3（[生]天明1（1781）年11月8日 [没]文化9（1812）年5月18日）

堀直央 ほりなおひさ
寛政9（1797）年～＊ [別]堀直央《ほりなおなか》
江戸時代末期の大名。越後村松藩主。
¶維新（[生]？ [没]1861年），諸系（[没]1860年），人名（ほりなおなか [没]1861年），新潟百（[没]1860年），日人（[没]1860年），藩主3（[生]寛政9（1797）年7月7日 [没]文久1（1861）年3月6日）

堀直旧 ほりなおひさ
享保4（1719）年～寛延1（1748）年 [別]堀直旧《ほりなおもと》
江戸時代中期の大名。越後椎谷藩主。
¶諸系（[生]1720年），人名（ほりなおもと），新潟百，日人（[生]1720年），藩主3（[没]延享5（1748）年6月20日）

堀直英 ほりなおひで
元禄12（1699）年～明和4（1767）年
江戸時代中期の大名。信濃須坂藩主。
¶諸系，人名，長野歴（[生]元禄13（1700）年），日人，藩主2（[生]元禄13（1700）年1月 [没]明和4（1767）年8月27日）

堀直寛 ほりなおひろ
享保3（1718）年～安永6（1777）年
江戸時代中期の大名。信濃須坂藩主。
¶京都大，諸系，人名，姓氏京都，長野歴（[生]享保4（1719）年），日人，藩主2（[生]享保4（1719）年6月15日 [没]安永6（1777）年9月20日）

堀直弘 ほりなおひろ
文久1（1861）年～大正8（1919）年
江戸時代末期～明治期の村松藩主、村松藩知事、子爵。
¶維新，諸系，新潟百，日人，藩主3（[生]万延2（1861）年2月14日 [没]大正8（1919）年12月6日）

堀直升 ほりなおます
慶長12（1607）年～寛永14（1637）年
江戸時代前期の大名。信濃須坂藩主。
¶諸系，長野歴，日人，藩主2（[生]慶長13（1608）年 [没]寛永14（1637）年3月17日）

堀直旧 ほりなおもと
→堀直旧（ほりなおひさ）

堀直元 ほりなおもと
～元禄15（1702）年
江戸時代中期の旗本。
¶神奈川人

堀直休 ほりなおやす
天保7（1836）年～万延1（1860）年
江戸時代末期の大名。越後村松藩主。
¶諸系，新潟百，日人，藩主3（[生]天保7（1836）年11月3日 [没]万延1（1860）年7月12日）

堀直為 ほりなおゆき
元禄11（1698）年～寛保3（1743）年 [別]堀直為《ほりなおため》
江戸時代中期の大名。越後村松藩主。
¶国書（[生]元禄11（1698）年10月13日 [没]寛保3（1743）年3月23日），諸系，人名（ほりなおため），新潟百，日人，藩主3（[生]元禄11（1698）年10月13日 [没]寛保3（1743）年3月23日）

堀直之 ほりなおゆき
天正13（1585）年～寛永19（1642）年
江戸時代前期の武将。寺社奉行、越後国椎谷藩主。
¶近世，国史，コン改，コン4，諸系，人名，戦合，長野歴（[生]？），新潟百，日人

堀直賀 ほりなおよし
天保14（1843）年～明治36（1903）年
江戸時代末期～明治期の大名。越後村松藩主。
¶維新，諸系，新潟百，日人，藩主3（[生]天保14（1843）年9月24日 [没]明治36（1903）年1月6日）

堀直喜 ほりなおよし
享保15（1730）年～宝暦1（1751）年
江戸時代中期の大名。越後椎谷藩主。
¶諸系，新潟百，日人，藩主3（[生]享保15（1730）年1月6日 [没]寛延4（1751）年6月22日）

堀直吉(1) ほりなおよし
寛永14（1637）年～延宝4（1676）年
江戸時代前期の大名。越後安田藩主、越後村松藩主。
¶諸系，新潟百，日人，藩主3（[生]寛永14（1637）年4月16日 [没]延宝4（1676）年10月29日）

堀直吉(2) ほりなおよし
？ ～寛永17（1640）年
江戸時代前期の武蔵岩槻藩士。
¶藩臣5

堀直良 ほりなおよし
寛永20（1643）年～元禄4（1691）年
江戸時代前期の大名。越後椎谷藩主、上総八幡藩主。
¶諸系，新潟百（[生]1642年），日人，藩主2（[没]元禄4（1691）年2月15日），藩主3（[生]寛永20（1643）年9月29日 [没]元禄4（1691）年2月15日）

堀直寄（堀直竒） ほりなおより
天正5（1577）年～寛永16（1639）年
安土桃山時代～江戸時代前期の大名。信濃飯山藩主、愛知後越後村上藩主、越後坂戸藩主。
¶朝日（[没]寛永16年6月29日（1639年7月29日）），近世，国史，国書（[生]天正5（1577）年12月 [没]寛永16（1639）年6月29日），コン改，コン4，諸系，新潮（[没]寛永16（1639）年6月29日），人名，姓氏長野，戦合，戦国，戦人，長野百，長野歴，新潟百（堀直竒），日人，藩主2，藩主3（[没]寛永16（1639）年6月29日），藩主3（堀直竒）

堀長勝 ほりながかつ
享和1(1801)年～*
江戸時代末期の陸奥会津藩士、教育者。
¶会津([没]安政5(1858)年)，幕末([没]1857年6月28日)

堀長照 ほりながてる
享保6(1721)年～天明4(1784)年
江戸時代中期の陸奥会津藩士、弓術師範。
¶藩臣2

堀南湖 ほりなんこ
貞享1(1684)年～宝暦3(1753)年
江戸時代中期の安芸広島藩の儒学者。
¶国書([生]貞享1(1684)年10月9日　[没]宝暦3(1753)年7月11日)，コン改，コン4，新潮([没]宝暦3(1753)年3月7日)，人名，世人，日人，藩臣6，広島百([生]貞享1(1684)年10月9日　[没]宝暦3(1753)年7月11日)

堀内氏弘 ほりのうちうじひろ
→堀内氏弘(ほりうちうじひろ)

堀内清八郎 ほりのうちきよはちろう
寛政4(1792)年～明治6(1873)年　[別]堀内清八郎《ほりうちせいはちろう》
江戸時代末期～明治期の紀伊和歌山藩士。
¶藩臣5，和歌山人(ほりうちせいはちろう　生没年不詳)

堀内庄左衛門 ほりのうちしょうざえもん
安土桃山時代～江戸時代前期の武士。里見氏家臣。
¶戦人(生没年不詳)，戦東

堀内庸徳 ほりのうちつねのり
→堀内彦大夫(ほりのうちひこだゆう)

堀内彦大夫 ほりのうちひこだゆう
延享2(1745)年～寛政2(1790)年　[別]堀内庸徳《ほりのうちつねのり》
江戸時代中期の紀伊和歌山藩士。
¶藩臣5，和歌山人(堀内庸徳　ほりのうちつねのり)

堀内信 ほりのうちまこと
天保4(1833)年～大正9(1920)年
江戸時代末期～明治期の紀伊和歌山藩士。
¶幕末([没]1920年7月)，和歌山人

堀之内良眼 ほりのうちりょうげん
生没年不詳
江戸時代中期の薩摩藩の宮司。
¶藩臣7

堀内六郎兵衛 ほりのうちろくろべえ
承応3(1654)年～寛保2(1742)年11月20日
江戸時代中期の美作国倉敷代官。
¶岡山歴

堀帕陰 ほりはくいん
文政9(1826)年～明治16(1883)年
江戸時代後期～明治期の越後村松藩士。
¶国書([没]明治16(1883)年8月27日)，新潟百

堀場忠右衛門 ほりばちゅうえもん
生没年不詳
江戸時代末期の武士。
¶和歌山人

堀彦太夫 ほりひこだゆう
元禄16(1703)年～宝暦10(1760)年
江戸時代中期の出羽庄内藩中老。
¶庄内([没]宝暦10(1760)年9月4日)，藩臣1

堀秀成 ほりひでなり
文政2(1819)年～明治20(1887)年　[別]堀秀成《ほりしゅうせい》，堀慥甫《ほりぞうじ，ほりぞうほ》
江戸時代末期～明治期の古河藩士。
¶維新，江文，香川人，香川百，国書([生]文政2(1819)年12月6日　[没]明治20(1887)年10月3日)，コン5，神史，人書94，神人([生]文政2(1819)年12月6日　[没]明治20(1887)年10月3日)，人名，日人([生]1820年)，幕末([没]1887年10月3日)，幕末(堀慥甫　ほりぞうほ　[没]1887年7月)，藩臣3(堀慥甫　ほりぞうじ)，平史，山梨百(ほりしゅうせい　[没]明治20(1887)年12月)

堀秀信 ほりひでのぶ
→日深(にちじん)

堀煕明 ほりひろあき
→堀庄次郎(ほりしょうじろう)

堀平右衛門 ほりへいえもん
？　～正保2(1645)年
江戸時代前期の筑前秋月藩家老。
¶藩臣7

堀平助 ほりへいすけ
生没年不詳
安土桃山時代～江戸時代前期の武士。浅野家の家臣。
¶和歌山人

堀平太左衛門 ほりへいたざえもん
享保1(1716)年～寛政5(1793)年　[別]堀勝名《ほりかつな》
江戸時代中期の肥後熊本藩大奉行、家老。奉行分職制を確立。
¶朝日([没]寛政5年4月23日(1793年6月1日))，角史，近世(堀勝名　ほりかつな)，熊本百([没]寛政5(1793)年4月23日)，国史(堀勝名　ほりかつな)，国書(堀勝名　ほりかつな　[生]享保1(1716)年12月3日　[没]寛政5(1793)年4月23日)，新潮([没]寛政5(1793)年4月24日)，人名，世人，世百(堀勝名　ほりかつな)，日史(堀勝名　ほりかつな　[没]寛政5(1793)年4月24日)，日人([生]1717年)，藩臣7，百科(堀勝名　ほりかつな)

堀平太夫 ほりへいだゆう
～慶応4(1868)年8月18日
江戸時代後期～末期の勇士。
¶庄内

堀部金丸 ほりべかなまる
→堀部弥兵衛(ほりべやへえ)

堀部三郎尉 ほりべさぶろうのじょう
生没年不詳
江戸時代中期の遠江相良藩家老。
¶藩臣4

堀部武庸 ほりべたけつね
→堀部安兵衛(ほりべやすべえ)

堀部安兵衛　ほりべやすべえ
寛文10(1670)年〜元禄16(1703)年　[別]堀部武庸《ほりべたけつね》
江戸時代中期の播磨赤穂藩士。四十七士。
¶朝日([没]元禄16年2月4日(1703年3月20日)),岩史([没]元禄16(1703)年2月4日),江戸,大阪人([生]寛文9(1669)年　[没]元禄14(1701)年),大阪墓([没]元禄16(1703)年2月4日),角史,近世,剣豪,国史,国書(堀部武庸　ほりべたけつね　[没]元禄16(1703)年2月4日),コン改,コン4,史人([没]1703年2月4日),新潮([没]元禄16(1703)年2月4日),人名,世人,大百,日史([没]元禄16(1703)年2月4日),日人,藩臣5,百科

堀部弥兵衛　ほりべやひょうえ
→堀部弥兵衛(ほりべやへえ)

堀部弥兵衛　ほりべやへえ
寛永4(1627)年〜元禄16(1703)年　[別]堀部金丸《ほりべかなまる》,堀部弥兵衛《ほりべやひょうえ》
江戸時代前期〜中期の播磨赤穂藩士。赤穂義士中の最長老。
¶朝日([没]元禄16年2月4日(1703年3月20日)),大阪墓(ほりべやひょうえ　[没]元禄16(1703)年2月4日),国書(堀部金丸　ほりべかなまる　[没]元禄16(1703)年2月4日),コン改,コン4,史人([没]1703年2月4日),新潮([没]元禄16(1703)年2月4日),人名,日人

堀忘斎　ほりぼうさい
寛永1(1624)年〜元禄8(1695)年
江戸時代前期の尾張藩士。
¶国書([生]寛永1(1624)年5月29日　[没]元禄8(1695)年7月25日),藩臣4

堀正勝　ほりまさかつ
〜享保2(1717)年
江戸時代中期の旗本。
¶神奈川人

堀政材　ほりまさき
→堀四郎(ほりしろう)

堀政材　ほりまさたね
→堀四郎(ほりしろう)

堀将俊　ほりまさとし
慶長17(1612)年〜延宝7(1679)年
江戸時代前期の播磨明石藩士。
¶藩臣5

堀政長　ほりまさなが
天和1(1681)年〜延享3(1746)年
江戸時代前期〜中期の武士。
¶日人

堀正礼　ほりまさのり
?　〜天明4(1784)年
江戸時代中期の武士。
¶日人

堀松弥　ほりまつや
文政10(1827)年〜明治7(1874)年10月30日
江戸時代後期〜明治期の庄内藩士。
¶庄内

堀真名井　ほりまない
寛政9(1797)年〜明治13(1880)年
江戸時代末期〜明治期の播磨明石藩士。
¶藩臣5

堀見久庵　ほりみきゅうあん
天保8(1837)年〜明治44(1911)年
江戸時代末期〜明治期の志士。土佐勤王党に参加。
¶高知人,幕末([没]1911年1月6日)

堀通周　ほりみちちか
慶安3(1650)年〜元禄7(1694)年
江戸時代前期〜中期の大名。常陸玉取藩主。
¶諸系,日人,藩主2([没]元禄7(1694)年5月11日)

堀基　ほりもとい
弘化1(1844)年〜大正1(1912)年
江戸時代末期〜明治期の薩摩藩の官吏、実業家。開拓大書記官などを経て北海道運輸会社を興す。
¶維新,近現,国史,札幌([生]天保15年6月15日),人名,姓氏鹿児島,日人,幕末([没]1912年4月8日),藩臣7,北海道百,北海道歴

堀主水　ほりもんど
慶長5(1600)年〜寛永18(1641)年
江戸時代前期の陸奥会津藩家老。「会津騒動」の中心人物。藩主加藤明成の命で処刑された。
¶会津,藩臣2([生]天正12(1584)年),福島百

堀弥市　ほりやいち
生没年不詳
江戸時代末期の武士。
¶和歌山人

堀弥四郎　ほりやしろう
弘化3(1846)年〜元治1(1864)年
江戸時代末期の長州(萩)藩士。
¶維新,人名,日人,幕末([没]1864年8月20日)

堀之敏　ほりゆきとし
文政3(1820)年〜*
江戸時代末期の大名。越後椎谷藩主。
¶諸系([没]1863年),新潟百([没]1862年),日人([没]1863年),藩主3([生]文政3(1820)年4月18日　[没]文久2(1862)年12月8日)

堀之美　ほりゆきよし
弘化3(1846)年〜明治15(1882)年
江戸時代末期〜明治期の大名。越後椎谷藩主。
¶諸系,新潟百,日人,藩主3([生]弘化3(1846)年12月12日　[没]明治15(1882)年8月27日)

堀烈斎　ほりれっさい
江戸時代の与力、篆刻家。
¶人名,日人(生没年不詳)

堀六郎　ほりろくろう
天保5(1834)年〜慶応2(1866)年
江戸時代末期の筑前福岡藩士。
¶維新,人名,日人,幕末([没]1866年8月18日),藩臣7

堀亘理　ほりわたり
生没年不詳
江戸時代の庄内藩士。
¶庄内

本郷閑欧　ほんごうかんおう
文化14(1817)年〜明治33(1900)年

江戸時代末期〜明治期の岡山藩士、官吏。
¶岡山人，岡山歴（㊉文化14（1817）年10月10日　㊱明治33（1900）年10月21日）

本郷弘斎　ほんごうこうさい
承応2（1653）年〜享保11（1726）年12月2日
江戸時代前期〜中期の仙台藩士。
¶国書

本郷重泰　ほんごうしげやす
〜明暦1（1655）年
江戸時代前期の旗本。
¶神奈川人

北郷資常　ほんごうすけつね
文政7（1824）年〜明治23（1890）年　㊀北郷資常《きたざとすけつね，ほくごうすけつね》
江戸時代末期〜明治期の薩摩藩士の息子。
¶維新，人名，姓氏鹿児島，日人（㊉1825年），幕末（㊱1890年3月19日）

北郷資知　ほんごうすけとも
天保6（1835）年〜＊
江戸時代末期〜明治期の都城島津家家士。
¶維新（㊱？），姓氏鹿児島（㊱？），幕末（㊱1909年5月2日），宮崎百（㊱明治42（1909）年）

北郷忠能　ほんごうただよし
天正18（1590）年〜寛永8（1631）年
安土桃山時代〜江戸時代前期の武将。都城島津家12代。
¶宮崎百

本郷登　ほんごうのぼる
江戸時代中期の砲術家、因幡鳥取藩士。
¶人名，日人（生没年不詳）

北郷久直　ほんごうひさなお
元和3（1617）年〜寛永18（1641）年
江戸時代前期の薩摩藩士。
¶藩臣7

北郷久信　ほんごうひさのぶ
天保2（1831）年〜明治20（1887）年　㊀北郷久信《ほくごうひさのぶ》
江戸時代末期〜明治期の薩摩藩士。
¶人名（㊉1832年），姓氏鹿児島，日人，幕末（㊱？）

北郷久陣　ほんごうひさのぶ
享保20（1735）年〜寛政5（1793）年
江戸時代中期〜後期の薩摩郡平佐郷領主。
¶姓氏鹿児島

北郷久加　ほんごうひさます
慶長9（1604）年〜延宝8（1680）年
江戸時代前期の薩摩藩士。
¶藩臣7

本郷三尺　ほんごうみさか
生没年不詳
江戸時代中期の剣術家。初実剣理方一流。
¶剣豪

北郷三久　ほんごうみつひさ
天正1（1573）年〜元和6（1620）年
安土桃山時代〜江戸時代前期の武将。
¶姓氏鹿児島

本郷泰固　ほんごうやすかた
生没年不詳
江戸時代末期の大名。駿河川成島藩主。
¶維新，日人，幕末，藩主2

本郷可一　ほんごうよしかず
元亀3（1572）年〜寛永9（1632）年
安土桃山時代〜江戸時代前期の武将。
¶戦国，戦人

凡十　ぼんじゅう
寛延1（1748）年〜天保2（1831）年10月25日
江戸時代中期〜後期の俳人、安芸広島藩士・串田定頼。
¶国書

本庄一郎　ほんじょういちろう
→本荘星川（ほんじょうせいせん）

本荘一行　ほんじょうかずゆき
？　〜明治39（1906）年
江戸時代末期〜明治期の筑後久留米藩士、実業家。大阪商業会議所創立で理事を務め、代言人として数々の訴訟事件を取扱い名声を博す。
¶人名，日人

本城清　ほんじょうきよし
文政8（1825）年〜慶応1（1865）年　㊀本城素堂《ほんじょうそどう》
江戸時代末期の周防徳山藩士。
¶維新，国書（本城素堂　ほんじょうそどう　㊉文政8（1825）年11月1日　㊱元治2（1865）年1月14日），人名，日人，幕末（㊱1865年2月9日），藩臣6

本城紫巌　ほんじょうしがん
元文2（1737）年〜享和3（1803）年　㊀本城紫巌《ほんじょうしげん》
江戸時代中期〜後期の周防徳山藩士。
¶国書（㊱享和3（1803）年10月4日），姓氏山口（ほんじょうしげん　㊉？），藩臣6

本庄重政（本荘重政）　ほんじょうしげまさ
慶長11（1606）年〜延宝4（1676）年　㊀本庄杢左衛門《ほんじょうもくざえもん》
江戸時代前期の備後福山藩の兵法家、土木事業家。神村・柳津沖の干拓に着手。
¶朝日（㊱延宝4年2月15日（1676年3月29日）），近世，国史，国書（㊱延宝4（1676）年2月15日），コン改（本荘重政　㊉？），コン4（本荘重政　㊉？），史人（㊱1676年2月15日），新潮（本荘重政　㊉？），人名（本荘重政　㊉？），全書，日人，藩臣6（本庄杢左衛門　ほんじょうもくざえもん），広島百（㊱延宝4（1676）年2月15日）

本城紫巌　ほんじょうしげん
→本城紫巌（ほんじょうしがん）

本庄資尹　ほんじょうすけただ
延享3（1746）年〜明和2（1765）年　㊀松平資尹《まつだいらすけただ》
江戸時代中期の大名。丹後宮津藩主。
¶庄内（松平資尹　まつだいらすけただ　㊱明和2（1765）年7月21日），諸系，日人，藩主3（㊉延享3（1746）年3月21日　㊱明和2（1765）年7月23日）

ほ

本庄資承 ほんじょうすけつぐ
寛延2(1749)年～寛政12(1800)年
江戸時代中期～後期の大名。丹後宮津藩主。
¶諸系，人名，日人，藩主3([生]寛延2(1749)年10月29日　[没]寛政12(1800)年8月18日)

本庄資俊 ほんじょうすけとし
万治3(1660)年～享保8(1723)年　[別]松平資俊《まつだいらすけとし》
江戸時代中期の大名。常陸笠間藩主、遠江浜松藩主。
¶諸系，人名，日人，藩主2(松平資俊　まつだいらすけとし)，藩主2(松平資俊　まつだいらすけとし　[没]享保8(1723)年7月14日)

本庄資訓 ほんじょうすけのり
→松平資訓(まつだいらすけのり)

本庄資昌 ほんじょうすけまさ
延享1(1744)年～宝暦12(1762)年　[別]松平資昌《まつだいらすけまさ》
江戸時代中期の大名。丹後宮津藩主。
¶京都府，諸系，日人，藩主2(松平資昌　まつだいらすけまさ)，藩主3([生]延享1(1744)年9月29日　[没]宝暦12(1762)年1月18日)

本荘星川(本庄星川) ほんじょうせいせん
天明6(1786)年～安政5(1858)年　[別]本庄一郎《ほんじょういちろう》，本庄星川《ほんじょうせいせん》
江戸時代後期の筑後久留米藩士、明善堂教官。
¶江文，国書(本庄星川　[生]天明6(1786)年10月24日　[没]安政5(1858)年2月15日)，日人，藩臣7(本庄一郎　ほんじょういちろう)，福岡百([生]天明6(1786)年10月24日　[没]安政5(1858)年2月15日)

本庄宗尹 ほんじょうそういん
明和2(1765)年～文政3(1820)年
江戸時代後期の茶人、大坂の先手鉄砲組与力。
¶大阪人([没]文政3(1820)年12月)，茶道，人名，日人([没]1821年)

本庄宗云(本荘宗云) ほんじょうそううん
文化6(1809)年～安政4(1857)年
江戸時代末期の与力、茶人。
¶大阪人([没]安政4(1857)年4月)，茶道(本荘宗云)，人名，日人

本庄宗敬(本荘宗敬) ほんじょうそうけい
享保14(1729)年～文化2(1805)年
江戸時代中期～後期の茶人、与力。
¶大阪人([没]文化2(1805)年8月)，大阪墓([没]文化2(1805)年8月13日)，国書([没]文化2(1805)年閏8月12日)，茶道(本荘宗敬)，人名，日人

本城素堂 ほんじょうそどう
→本城清(ほんじょうきよし)

本城団右衛門 ほんじょうだんえもん
生没年不詳
江戸時代後期の播磨姫路藩士。
¶藩臣5

本荘仲太 ほんじょうちゅうた
文政2(1819)年～明治2(1869)年1月25日
江戸時代後期～明治期の久留米藩士。
¶福岡百

本庄適所 ほんじょうてきしょ
文政2(1819)年～明治2(1869)年
江戸時代末期の筑後久留米藩士。
¶国書([没]明治2(1869)年1月25日)，藩臣7([生]文政2(1819)年頃)

本城豊前 ほんじょうぶぜん
生没年不詳
江戸時代中期の上野前橋藩士。
¶藩臣2

本庄道章 ほんじょうみちあき
→本庄道章(ほんじょうみちあきら)

本庄道揚 ほんじょうみちあき
宝暦3(1753)年～明和8(1771)年
江戸時代中期の大名。美濃高富藩主。
¶諸系，日人，藩主2([生]宝暦3(1753)年3月11日　[没]明和8(1771)年10月18日)

本庄道章 ほんじょうみちあきら
天和3(1683)年～享保10(1725)年　[別]本庄道章《ほんじょうみちあき》
江戸時代中期の大名。美濃高富藩主。
¶岐阜百(ほんじょうみちあき)，諸系，日人，藩主2([生]天和3(1683)年4月28日　[没]享保10(1725)年7月27日)

本庄道芳 ほんじょうみちか
慶長9(1604)年～寛文8(1668)年
江戸時代前期の武士。館林藩家老。
¶諸系，人名，日人

本庄道堅 ほんじょうみちかた
享保18(1733)年～宝暦10(1760)年
江戸時代中期の大名。美濃高富藩主。
¶諸系，日人，藩主2([生]享保18(1733)年4月9日　[没]宝暦10(1760)年4月26日)

本庄道貫 ほんじょうみちつら
寛政9(1797)年～安政5(1858)年
江戸時代末期の大名。美濃高富藩主。
¶岐阜百，京都大(生没年不詳)，国書([生]寛政9(1797)年11月5日　[没]安政5(1858)年8月26日)，諸系，姓氏京都(生没年不詳)，日人，藩主2([生]寛政9(1797)年11月5日　[没]安政5(1858)年8月26日)

本庄道利 ほんじょうみちとし
宝暦4(1754)年～文化2(1805)年
江戸時代中期～後期の大名。美濃高富藩主。
¶岐阜百，京都大，諸系，姓氏京都，日人，藩主2([生]宝暦4(1754)年6月11日　[没]文化2(1805)年5月23日)

本庄道倫 ほんじょうみちとも
享保5(1720)年～宝暦6(1756)年
江戸時代中期の大名。美濃高富藩主。
¶岐阜百，諸系，人名，日人，藩主2([生]享保5(1720)年5月27日　[没]宝暦6(1756)年5月20日)

本庄道信 ほんじょうみちのぶ
寛延1(1748)年～明和4(1767)年
江戸時代中期の大名。美濃高富藩主。
¶諸系，日人，藩主2([生]寛延1(1748)年6月6日

㊱明和3（1766）年12月18日）

本庄道矩　ほんじょうみちのり
宝永6（1709）年～延享2（1745）年
江戸時代中期の大名。美濃高富藩主。
¶岐阜百，諸系，日人，藩主2（㊐宝永6（1709）年1月25日　㊱延享2（1745）年9月8日）

本庄道昌　ほんじょうみちまさ
明和8（1771）年～文政6（1823）年
江戸時代後期の大名。美濃高富藩主。
¶岐阜百，諸系，日人，藩主2（㊐明和8（1771）年4月24日　㊱文政6（1823）年1月25日）

本庄道美　ほんじょうみちよし
文政3（1820）年～明治9（1876）年
江戸時代末期～明治期の大名。美濃高富藩主。
¶岐阜百，諸系，日人，藩主2（㊐文政3（1820）年2月17日　㊱明治9（1876）年7月17日）

本城満茂　ほんじょうみつしげ
弘治2（1556）年～寛永16（1639）年
戦国時代～江戸時代前期の最上義光の老臣のち廐橋城代。
¶姓氏群馬

本庄宗発　ほんじょうむねあきら
*～天保11（1840）年
江戸時代後期の大名。丹後宮津藩主。
¶京都大（㊐？），京都府（㊐天明2（1782）年），諸系（㊐1781年），姓氏京都（㊐1784年），日人（㊐1781年），藩主3（㊐天明2（1784）年7月2日　㊱天保11（1840）年8月25日）

本庄宗資　ほんじょうむねすけ
寛永6（1629）年～元禄12（1699）年　㊙松平宗資《まつだいらむねすけ》
江戸時代前期の大名。常陸笠間藩主、下野足利藩主。
¶朝日（㊱元禄12年8月16日（1699年9月9日）），近世，国史，コン改，コン4，史人（㊱1699年8月16日），諸系，新潮（㊱元禄12（1699）年8月16日），人名，世人，日史（㊱元禄12（1699）年8月16日），日人，藩主1（㊱元禄12（1699）年8月16日），藩主2（松平宗資　まつだいらむねすけ　㊱元禄12（1699）年8月16日），百科，歴大

本庄宗武（本荘宗武）　ほんじょうむねたけ
弘化3（1846）年～明治26（1893）年
江戸時代末期～明治期の大名。丹後宮津藩主。
¶維新（本荘宗武），諸系，新潮（㊐弘化3（1846）年6月10日　㊱明治26（1893）年4月28日），日人，幕末（本荘宗武　㊱1893年4月28日），藩主3（㊐弘化3（1846）年6月9日　㊱明治26（1893）年4月28日）

本庄宗允　ほんじょうむねただ
安永9（1780）年～文化13（1816）年
江戸時代後期の大名。丹後宮津藩主。
¶諸系，日人，藩主3（㊐安永9（1780）年6月晦日，（異説）天明2年5月3日　㊱文化13（1816）年6月14日）

本庄宗長　ほんじょうむねなが
貞享4（1687）年～宝永6（1709）年
江戸時代中期の大名。越前高森藩主。
¶諸系，人名，日人，藩主3（㊱宝永6（1709）年11月20日）

本庄宗胡　ほんじょうむねひさ
宝永1（1704）年～正徳2（1712）年
江戸時代中期の大名。越前高森藩主。
¶諸系，日人，藩主3（㊱正徳1（1711）年11月25日）

本庄宗秀（本荘宗秀）　ほんじょうむねひで
文化6（1809）年～明治6（1873）年
江戸時代末期～明治期の大名。丹後宮津藩主。
¶朝日（㊐文化6年9月13日（1809年10月21日）㊱明治6（1873）年11月20日），維新（本荘宗秀），京都大，京都府，近現（本荘宗秀），近世（本荘宗秀），国史（本荘宗秀），コン改，コン4，史人（㊐1809年9月13日　㊱1873年11月20日），諸系，神人（本荘宗秀　㊐文化8（1811）年㊱明治6（1873）年11月），新潮（㊐文化6（1809）年9月13日　㊱明治6（1873）年11月20日），人名，姓氏京都，日史（本荘宗秀　㊐文化6（1809）年9月13日　㊱明治6（1873）年11月20日），日人，幕末（本荘宗秀　㊱1873年11月20日），藩主3（㊐文化6（1809）年9月13日　㊱明治6（1873）年11月20日），百科（本荘宗秀）

本庄宗正　ほんじょうむねまさ
天正8（1580）年～寛永16（1639）年
江戸時代前期の武士。本庄氏の祖。
¶諸系，人名，日人

本庄杢左衛門　ほんじょうもくざえもん
→本庄重政（ほんじょうしげまさ）

本多意気揚　ほんだいきよう
文政7（1824）年～明治12（1879）年
江戸時代末期～明治期の播磨姫路藩家老。
¶幕末，藩臣5

本多出雲守　ほんだいずものかみ
→本多政利（ほんだまさとし）

本多犬千代　ほんだいぬちよ
寛永13（1636）年～寛永17（1640）年
江戸時代前期の大名。下野皆川藩主。
¶諸系，日人，藩主1（㊱寛永17（1640）年5月13日）

本多猗蘭　ほんだいらん
→本多忠統（ほんだただむね）

本多岩吉　ほんだいわきち
江戸時代末期の新撰組隊士。
¶新撰

本多勝行　ほんだかつゆき
寛永12（1635）年～慶安3（1650）年
江戸時代前期の大名。播磨姫路分封藩主。
¶諸系，日人，藩主3（㊱慶安3（1650）年6月11日）

本多康伴　ほんだこうはん
→本多康伴（ほんだやすとも）

本多壺山　ほんだこざん
→本多忠如（ほんだただゆき）

本多小太郎　ほんだこたろう
文政3（1820）年～元治1（1864）年
江戸時代末期の尊攘派志士、近江膳所藩士。
¶朝日（㊱元治1年7月19日（1864年8月20日）），維新，人名，日人

ほ

本多左京　ほんださきょう
？　～明治1（1868）年
江戸時代末期の石州流の茶道家、幕臣先手組頭。
¶人名，日人

本田左五平　ほんださごへい
？　～元禄11（1698）年
江戸時代前期～中期の剣術家。流名不詳。
¶剣豪

本多貞尚　ほんださだなお
天和1（1681）年～延享2（1745）年
江戸時代中期の家臣、幕臣。
¶和歌山人

本多学澄　ほんださとずみ
～寛文1（1661）年
江戸時代前期の旗本。
¶神奈川人

本多佐渡守正収　ほんださどのかみまさとき
→本多正収（ほんだまさとき）

本多重昭　ほんだしげあき
寛永11（1634）年～延宝4（1676）年
江戸時代前期の大名。越前丸岡藩主。
¶諸系，日人，藩主3（[没]延宝4（1676）年1月14日）

本多重益　ほんだしげます
寛文3（1663）年～享保18（1733）年
江戸時代中期の大名。越前丸岡藩主。
¶諸系，日人，藩主3（[没]享保18（1733）年2月25日）

本多重世　ほんだしげよ
慶長8（1603）年～寛永20（1643）年
江戸時代前期の幕臣。
¶諸系，人名（[没]1642年），日人

本多重能　ほんだしげよし
天正18（1590）年～承応1（1652）年
江戸時代前期の大名。越前丸岡藩主。
¶諸系，日人，藩主3（[没]慶安4（1651）年12月7日）

本多修理　ほんだしゅうり
→本多修理（ほんだしゅり）

本多修理　ほんだしゅり
文化12（1815）年～明治39（1906）年　[別]本多修理《ほんだしゅうり》
江戸時代末期～明治期の越前福井藩士。
¶維新，郷土福井，幕末（ほんだしゅうり　[没]1906年5月25日），藩臣3（ほんだしゅうり）

本多甚左衛門　ほんだじんざえもん
元和6（1620）年～元禄1（1688）年
江戸時代前期の上野館林藩城代。
¶藩臣2

本多新八郎　ほんだしんぱちろう
江戸時代中期の志士、陸前気仙郡大舟渡村の郷士。
¶人名，日人（生没年不詳）

本多新平　ほんだしんぺい
生没年不詳
江戸時代末期の上総鶴牧藩士。
¶藩臣3

本多助実　ほんだすけざね
文政2（1819）年～明治10（1877）年
江戸時代末期～明治期の大名。信濃飯山藩主。
¶諸系，長野歴，日人，藩主2（[生]文政2（1819）年3月　[没]明治10（1877）年2月30日）

本多助成　ほんだすけしげ
弘化3（1846）年～明治1（1868）年
江戸時代末期の大名。信濃飯山藩主。
¶諸系，長野歴，日人，藩主2（[生]弘化3（1846）年6月15日　[没]明治1（1868）年6月14日）

本多助寵　ほんだすけたか
安政1（1854）年～明治2（1869）年
江戸時代末期の大名。信濃飯山藩主。
¶諸系，長野歴，日人，藩主2（[生]安政1（1854）年5月　[没]明治2（1869）年8月14日）

本多助受　ほんだすけつぐ
明和1（1764）年～文政8（1825）年
江戸時代中期～後期の大名。信濃飯山藩主。
¶諸系，長野歴，日人，藩主2（[没]文政7（1824）年6月13日）

本多助賢　ほんだすけとし
寛政3（1791）年～安政5（1858）年
江戸時代末期の大名。信濃飯山藩主。
¶国書（[生]寛政3（1791）年1月4日　[没]安政5（1858）年9月17日），諸系，長野歴，日人，藩主2（[生]寛政3（1791）年1月4日　[没]安政5（1858）年9月）

本多助盈　ほんだすけみつ
享保3（1718）年～安永3（1774）年
江戸時代中期の大名。信濃飯山藩主。
¶諸系，長野歴，日人，藩主2（[生]享保3（1718）年5月　[没]安永3（1774）年2月5日）

本多助有　ほんだすけもち
正徳4（1714）年～元文2（1737）年
江戸時代中期の大名。信濃飯山藩主。
¶諸系，長野歴（[生]正徳5（1715）年），日人，藩主2（[生]正徳4（1714）年6月　[没]元文2（1737）年9月20日）

本多助芳　ほんだすけよし
寛文3（1663）年～享保10（1725）年
江戸時代中期の大名。出羽本多領主、越後糸魚川藩主、信濃飯山藩主。
¶諸系，姓氏長野，長野歴，新潟百（生没年不詳），日人，藩主1，藩主2（[生]寛文3（1663）年5月　[没]享保10（1725）年4月14日），藩主3

本多清秋　ほんだせいしゅう
→本多忠永（ほんだただなが）

本多雪堂　ほんだせつどう
文政8（1825）年～明治17（1884）年
江戸時代末期～明治期の犬山藩権大参事。
¶維新，コン5，人名，日人，幕末（[没]1884年8月9日），藩臣4

本多太一郎　ほんだたいちろう
江戸時代末期の新撰組隊士。
¶新撰

本多忠顕　ほんだただあき
安永5（1776）年～天保9（1838）年
江戸時代後期の大名。三河岡崎藩主。
¶諸系，日人，藩主2（[生]安永5（1776）年4月16日

[没]天保9(1838)年3月4日)

本多忠明 ほんだただあき
→本多忠明(ほんだただあきら)

本多忠明 ほんだただあきら
天保4(1833)年〜明治34(1901)年　[別]本多忠明《ほんだただあき》
江戸時代末期〜明治期の大名。播磨山崎藩主。
¶諸系,日人,藩主3(ほんだただあき　[生]天保4(1833)年4月23日　[没]明治34(1901)年12月17日)

本多忠居 ほんだただおき
明和8(1771)年〜文政2(1819)年
江戸時代後期の大名。播磨山崎藩主。
¶諸系,日人,藩主3([没]文政2(1819)年2月14日)

本多忠興 ほんだただおき
寛保2(1742)年〜明和3(1766)年
江戸時代中期の大名。伊勢神戸藩主。
¶諸系,日人,藩主3([生]寛保2(1742)年11月25日　[没]明和3(1766)年7月15日)

本多忠籌 ほんだただかず
元文4(1739)年〜文化9(1812)年
江戸時代中期〜後期の大名。陸奥泉藩主。
¶朝日([生]元文4年12月8日(1740年1月6日)　[没]文化9年12月15日(1813年1月17日)),岩史([生]元文4(1739)年12月8日　[没]文化9(1812)年12月15日),角史,教育,近世,国史,国書([生]元文4(1739)年12月8日　[没]文化9(1812)年12月15日),コン改,コン4,史人([生]1739年12月8日　[没]1812年12月15日),諸系([生]1740年　[没]1813年),人名,世人([生]元文4(1739)年12月8日　[没]文化9(1812)年12月15日),世百,全書,日史([没]文化9(1812)年12月15日),日人([生]1740年　[没]1813年),藩主1([生]元文4(1739)年12月8日　[没]文化9(1812)年2月15日),百科,福島百

本多忠清 ほんだただきよ
〜正徳2(1712)年
江戸時代中期の旗本。
¶神奈川人

本多忠国 ほんだただくに
寛文6(1666)年〜宝永1(1704)年
江戸時代前期〜中期の大名。大和郡山藩主、陸奥福島藩主、播磨姫路藩主。
¶国書([没]宝永1(1704)年3月21日),諸系,日人,藩主1,藩主3([没]宝永1(1704)年3月21日),藩主3,福島百

本多忠誠 ほんだただしげ
宝暦11(1761)年〜天保3(1832)年
江戸時代中期〜後期の大名。陸奥泉藩主。
¶諸系,日人,藩主1

本多忠純 ほんだただずみ,ほんだただすみ
天正14(1586)年〜寛永8(1631)年　[別]本多忠継《ほんだただつぐ》
江戸時代前期の大名。下野榎本藩主。
¶茶道(ほんだただすみ),諸系([没]1632年),人名(本多忠継　ほんだただつぐ),栃木歴,日人([没]1632年),藩主1([没]寛永8(1631)年12月13日)

本多忠敬 ほんだただたか
寛政5(1793)年〜嘉永3(1850)年
江戸時代末期の大名。播磨山崎藩主。
¶国書([没]嘉永3(1850)年5月30日),諸系,日人,藩主3([没]嘉永3(1850)年5月晦日)

本多忠孝 ほんだただたか
元禄11(1698)年〜宝永6(1709)年
江戸時代中期の大名。播磨姫路藩主、越後村上藩主。
¶諸系,新潟百,日人,藩主3([没]宝永6(1709)年9月13日)

本多忠粛 ほんだただたか
→本多忠粛(ほんだただとし)

本多忠升 ほんだただたか
寛政3(1791)年10月9日〜安政6(1859)年
江戸時代末期の大名。伊勢神戸藩主。
¶国書([没]安政6(1859)年8月22日),諸系,日人,藩主3([没]安政6(1859)年8月22日),三重

本多忠周 ほんだただちか
寛永18(1641)年〜正徳2(1712)年　[別]本多忠当《ほんだただまさ》
江戸時代前期〜中期の大名。三河足助藩主。
¶諸系,人名(本多忠当　ほんだただまさ　[生]?　[没]1709年),姓氏愛知([生]1642年),日人,藩主2([没]正徳2(1712)年7月5日)

本多忠鄰 ほんだただちか
*〜明治7(1874)年
江戸時代末期〜明治期の大名。播磨山崎藩主。
¶国書([生]文化9(1812)年　[没]明治7(1874)年1月12日),諸系([生]1811年),日人([生]1811年),藩主3([生]文化9(1812)年?　[没]明治7(1874)年1月12日)

本多忠継 ほんだただつぐ
→本多忠純(ほんだただずみ)

本多忠次(1) ほんだただつぐ
慶長15(1610)年〜寛永3(1626)年
江戸時代前期の武士。本多忠純の長男で下野榎本・皆川の世子。
¶世人

本多忠次(2) ほんだただつぐ
延宝7(1679)年〜正徳1(1711)年
江戸時代中期の大名。三河挙母藩主。
¶近世,国史,史人([生]1679年10月21日　[没]1711年11月20日),諸系,新潮([没]正徳1(1711)年11月20日),世人,日人,藩主2([生]延宝7(1679)年10月21日　[没]正徳1(1711)年11月20日)

本多忠常 ほんだただつね
寛文1(1661)年〜宝永6(1709)年
江戸時代前期〜中期の大名。大和郡山藩主。
¶諸系,日人,藩主3([没]宝永6(1709)年4月17日)

本多忠典 ほんだただつね
明和1(1764)年〜寛政2(1790)年
江戸時代中期の大名。三河岡崎藩主。
¶諸系,日人,藩主2([生]明和1(1764)年1月24日　[没]寛政2(1790)年8月26日)

本多忠貫 ほんだただつら
天保4(1833)年11月28日〜明治31(1898)年6月

ほ

24日
江戸時代末期～明治期の大名。伊勢神戸藩主。
¶国書，諸系（[生]1834年），日人（[生]1834年），幕末，藩主3

本多忠烈 ほんだただつら
宝永7（1710）年～享保8（1723）年
江戸時代中期の大名。大和郡山藩主。
¶諸系，日人，藩主3（[没]享保8（1723）年11月27日）

本多忠堯 ほんだただとう
→本多忠堯（ほんだただとお）

本多忠堯 ほんだただとお
元文2（1737）年～宝暦11（1761）年　[別]本多忠堯《ほんだただとう》
江戸時代中期の大名。播磨山崎藩主。
¶諸系，日人，藩主3（ほんだただとう　[没]宝暦11（1761）年2月25日）

本多忠刻 ほんだただとき
慶長1（1596）年～寛永3（1626）年
江戸時代前期の大名。播磨姫路分封藩主。
¶諸系，日人，藩主3（[没]寛永3（1626）年5月7日），兵庫百

本多忠辰 ほんだただとき
正徳1（1711）年～寛延3（1750）年
江戸時代中期の大名。播磨山崎藩主。
¶諸系，日人，藩主3（[没]寛延3（1750）年11月24日）

本多忠紀 ほんだただとし
文政2（1819）年～明治16（1883）年
江戸時代末期～明治期の大名。陸奥泉藩主。
¶維新，諸系（[生]1820年），新潮（[生]文政2（1819）年11月27日　[没]明治16（1883）年2月16日），日人（[生]1820年），幕末（[没]1883年2月16日），藩主1（[生]文政2（1819）年11月27日　[没]明治16（1883）年2月16日）

本多忠粛 ほんだただとし
宝暦9（1759）年～安永6（1777）年　[別]本多忠粛《ほんだただたか》
江戸時代中期の大名。石見浜田藩主、三河岡崎藩主。
¶島根人（ほんだただたか），島根歴，諸系，日人，藩主2（[没]安永6（1777）年5月8日），藩主4

本多忠利(1) ほんだただとし
慶長5（1600）年～正保2（1645）年
江戸時代前期の大名。三河岡崎藩主。
¶諸系，新潮（[没]正保2（1645）年2月10日），日人，藩主2（[没]正保2（1645）年2月10日）

本多忠利(2) ほんだただとし
寛永12（1635）年～元禄13（1700）年
江戸時代前期～中期の大名。陸奥石川藩主、三河挙母藩主。
¶コン改，コン4，諸系，人名，日人，藩主1，藩主2（[没]元禄13（1700）年5月8日）

本多忠利(3) ほんだただとし
～享保11（1726）年
江戸時代中期の旗本。
¶神奈川人

本多忠知 ほんだただとも
天明7（1787）年～天保10（1839）年
江戸時代後期の大名。陸奥泉藩主。
¶諸系，日人，藩主1

本多忠直(1) ほんだただなお
寛文10（1670）年～享保2（1717）年
江戸時代中期の大名。大和郡山藩主。
¶諸系，日人，藩主3（[没]享保2（1717）年5月8日）

本多忠直(2) ほんだただなお
弘化1（1844）年～明治13（1880）年
江戸時代末期～明治期の大名。三河岡崎藩主。
¶諸系，渡航（[生]1844年5月　[没]1880年4月），日人，藩主2（[没]明治13（1880）年4月29日）

本多忠央 ほんだただなか
宝永5（1708）年～天明8（1788）年
江戸時代中期～後期の大名、若年寄。遠江相良藩主、三河挙母藩主。
¶朝日（[没]天明8年6月24日（1788年7月27日）），諸系，姓氏静岡，日人，藩主2（[没]享和2（1802）年），藩主2（[没]1802年）

本多忠考 ほんだただなか
文化2（1805）年～明治12（1879）年
江戸時代末期～明治期の大名。三河岡崎藩主。
¶諸系，日人，藩主2（[没]明治12（1879）年11月21日）

本多忠栄 ほんだただなが
享保8（1723）年～安永7（1778）年　[別]本多忠栄《ほんだただひで》
江戸時代中期の第13代伏見奉行。
¶京都大，姓氏愛知（ほんだただひで　[生]1721年），姓氏京都

本多忠永 ほんだただなが
享保9（1724）年～文化14（1817）年　[別]清秋《せいしゅう》，本多清秋《ほんだせいしゅう》
江戸時代中期～後期の大名。伊勢神戸藩主。
¶国書（[生]享保9（1724）年5月17日　[没]文化14（1817）年5月17日），茶道（[没]？），諸系，人名（本多清秋　ほんだせいしゅう），日人，俳諧（清秋　せいしゅう　[生]？），俳句（清秋　せいしゅう　[没]文化14（1817）年5月17日），藩主3（[生]享保9（1724）年5月17日　[没]文化14（1817）年5月17日），三重（[生]享保9年5月17日），和俳（本多清秋　ほんだせいしゅう）

本多忠伸 ほんだただのぶ
嘉永5（1852）年～明治36（1903）年
江戸時代末期～明治期の大名。陸奥泉藩主。
¶諸系，日人，藩主1

本多忠恕 ほんだただのり
→本多忠如（ほんだただゆき）

本多忠徳 ほんだただのり
文政1（1818）年～万延1（1860）年
江戸時代末期の大名。陸奥泉藩主。
¶維新，国書（[生]文政1（1818）年9月18日　[没]万延1（1860）年6月12日），諸系，日人，幕末（[没]1860年7月28日），藩主1（[生]文政1（1818）年9月18日　[没]万延1（1860）年6月12日）

本多忠晴　ほんだただはる
寛永18(1641)年～正徳5(1715)年
江戸時代前期～中期の大名。陸奥浅川藩主、三河伊保藩主、遠江相良藩主。
¶黄檗([没]正徳5(1715)年4月12日)，近世，国史，静岡歴，諸系，人名([生]?)，姓氏愛知，姓氏静岡，日人，藩主1，藩主2([没]正徳5(1715)年4月12日)，藩主2

本多忠敞　ほんだただひさ
享保12(1727)年～宝暦9(1759)年　[別]本多忠敞《ほんだただひろ》
江戸時代中期の大名。下総古河藩主、石見浜田藩主。
¶島根人(ほんだただひろ)，島根歴，諸系，日人，藩主2，藩主4([没]宝暦9(1759)年7月10日)

本多忠栄　ほんだただひで
→本多忠栄(ほんだただなが)

本多忠英(1)　ほんだただひで
正保4(1647)年～享保3(1718)年
江戸時代前期～中期の大名。大和郡山分封藩主、播磨山崎藩主。
¶茶道，諸系，日人，藩主3([没]享保3(1718)年6月24日)，藩主3

本多忠英(2)　ほんだただひで
寛文8(1668)年～元文4(1739)年
江戸時代前期～中期の第9代京都西町奉行。
¶京都大，姓氏京都

本多忠平　ほんだただひら
寛永9(1632)年～元禄8(1695)年
江戸時代前期の大名。陸奥白河藩主、下野宇都宮藩主、大和郡山藩主。
¶黄檗([没]元禄8(1695)年10月15日)，諸系，日人，藩主1([生]1631年)，藩主1，藩主3([没]元禄8(1695)年10月15日)

本多忠脩　ほんだただひろ
宝暦5(1755)年～享和3(1803)年
江戸時代中期～後期の大名。伊勢神戸藩主。
¶国書([生]宝暦5(1755)年9月11日　[没]享和3(1803)年1月22日)，諸系，日人，藩主3([生]宝暦5(1755)年9月11日　[没]享和3(1803)年1月22日)

本多忠寛(1)　ほんだただひろ
?　～文化8(1811)年3月
江戸時代中期～後期の三河岡崎藩士・俳人。下総古河藩主本多忠良の三男。
¶国書

本多忠寛(2)　ほんだただひろ
天保3(1832)年～慶応3(1867)年
江戸時代末期の大名。三河西端藩主。
¶諸系，日人，藩主2([没]慶応3(1867)年5月20日)

本多忠寛(3)　ほんだただひろ
文政10(1827)年～明治18(1885)年
江戸時代末期～明治期の大名。伊勢神戸藩主。
¶国書([生]文政10(1827)年1月20日　[没]明治18(1885)年12月20日)，諸系，日人，藩主3([生]文政10(1827)年1月20日　[没]明治18(1885)年12月20日)

本多忠敞　ほんだただひろ
→本多忠敞(ほんだただひさ)

本多忠政　ほんだただまさ
天正3(1575)年～寛永8(1631)年
安土桃山時代～江戸時代前期の大名。伊勢桑名藩主、播磨姫路藩主。
¶朝日([没]寛永8年8月10日(1631年9月6日))，近世，国史，コン改，コン4，史人([没]1631年8月10日)，諸系，新潮([没]寛永8(1631)年8月10日)，人名，戦合，戦国，戦人，日人，藩主3，藩主3([没]寛永8(1631)年8月10日)，兵庫百

本多忠当　ほんだただまさ
→本多忠周(ほんだただちか)

本多忠通　ほんだただみち
宝永2(1705)年～享保6(1721)年
江戸時代中期の大名。遠江相良藩主。
¶諸系，日人，藩主2([没]享保6(1721)年7月2日)

本多忠方　ほんだただみち
宝永4(1707)年～享保16(1731)年
江戸時代中期の大名。播磨山崎藩主。
¶諸系，日人，藩主3([生]宝永5(1708)年　[没]享保16(1731)年5月16日)

本多忠盈　ほんだただみつ
享保17(1732)年～明和4(1767)年
江戸時代中期の大名。石見浜田藩主。
¶島根人，島根歴，諸系，日人，藩主4([没]明和4(1767)年閏9月16日)

本多忠統　ほんだただむね
元禄4(1691)年～宝暦7(1757)年　[別]本多猗蘭《ほんだいらん》
江戸時代中期の大名。河内西代藩主、伊勢神戸藩主。
¶江文(本多猗蘭　ほんだいらん)，国書([生]元禄4(1691)年6月18日　[没]宝暦7(1757)年2月29日)，茶道，詩歌(本多猗蘭　ほんだいらん)，諸系，人名(本多猗蘭　ほんだいらん)，日人，藩主3([生]元禄4(1691)年6月18日　[没]宝暦7(1757)年2月29日)，藩主3，三重(本多猗蘭　[生]元禄4年6月)，和俳

本多忠村　ほんだただむら
宝永7(1710)年～享保7(1722)年
江戸時代中期の大名。大和郡山藩主。
¶諸系，日人，藩主3([没]享保7(1722)年9月晦日)

本多忠以　ほんだただもち
寛永17(1640)年～寛文4(1664)年
江戸時代前期の大名。陸奥浅川藩主。
¶諸系，日人，藩主1([没]寛文4(1664)年5月14日)

本多忠民　ほんだただもと
文化14(1817)年～明治16(1883)年
江戸時代末期～明治期の大名。三河岡崎藩主。
¶維新，京都大，国書([生]文化14(1817)年2月26日　[没]明治16(1883)年1月29日)，諸系，姓氏愛知，姓氏京都，日人，幕末([没]1883年1月29日)，藩主2([生]文化14(1817)年2月26日　[没]明治16(1883)年1月29日)

本多忠如　ほんだただゆき
正徳2(1712)年～安永2(1773)年　[別]本多忠恕

《ほんだただのり》, 本多壺山《ほんだこざん》
江戸時代中期の大名。遠江相良藩主、陸奥泉藩主。
¶江文（本多壺山　ほんだこざん），国書（[生]正徳4（1714）年9月18日　[没]安永2（1773）年10月15日），静岡歴，諸系，人名（本多忠恕　ほんだただのり　[生]1714年），姓氏静岡，日人，藩主1（[生]正徳4（1714）年9月　[没]安永2（1773）年10月15日），藩主2（[生]1711年），福島百

本多忠鵬　ほんだただゆき
安政4（1857）年～明治29（1896）年
江戸時代末期～明治期の大名。三河西端藩主。
¶諸系，日人，幕末（[没]1896年3月24日），藩主2（[没]明治29（1896）年3月24日）

本多忠可　ほんだただよし
寛保1（1741）年～寛政7（1795）年
江戸時代中期の大名。播磨山崎藩主。
¶諸系，日人，藩主3（[没]寛政6（1794）年閏11月晦日）

本多忠義（本田忠義）　**ほんだただよし**
慶長7（1602）年～延宝4（1676）年
江戸時代前期の大名。播磨姫路分封藩主、遠江掛川藩主、越後村上藩主、陸奥白河藩主。
¶諸系，人名（本田忠義），新潟百，日人，藩主1（[没]延宝4（1676）年9月），藩主2，藩主3，藩主3（[没]延宝4（1676）年9月26日），福島百（[生]天正18（1590）年）

本多忠良　ほんだただよし
元禄3（1690）年～宝暦1（1751）年
江戸時代中期の大名。越後村上藩主、三河刈谷藩主、下総古河藩主。
¶諸系，世人（[生]元禄2（1689）年　[没]宝暦1（1751）年7月12日），新潟百，日人，藩主2（[没]宝暦1（1751）年7月15日），藩主2，藩主3

本田親雄　ほんだちかお
文政12（1829）年～明治42（1909）年
江戸時代末期～明治期の薩摩藩士。
¶維新，人名，姓氏鹿児島，日人，幕末（[没]1909年3月1日），藩臣7

本田親孚　ほんだちかさね
宝暦13（1763）年～文化13（1816）年　[別]本田孫九郎親孚《ほんだまごくろうちかざね》
江戸時代中期～後期の薩摩藩士。
¶沖縄百（本田孫九郎親孚　ほんだまごくろうちかざね　[生]宝暦13（1763）年11月　[没]文化13（1816）年11月12日），鹿児島百，国書（[生]宝暦13（1763）年11月　[没]文化13（1816）年11月12日），藩臣7

本田親正(1)（本田親政）　**ほんだちかまさ**
？　～寛永16（1639）年
安土桃山時代～江戸時代前期の島津家臣。琉球在番奉行の嚆矢。
¶沖縄百（[没]寛永16（1639）年7月20日），姓氏沖縄，姓氏鹿児島（本田親政）

本田親正(2)　ほんだちかまさ
天保14（1843）年～明治1（1868）年
江戸時代後期～末期の島津家臣。島津忠義上洛の先鋒外城3番隊員。
¶姓氏鹿児島

本多鼎介　ほんだていすけ
天保10（1839）年～明治31（1898）年
江戸時代後期～明治期の武士、政治家。
¶日人，福井百

本多藤左衛門　ほんだとうざえもん
安土桃山時代～江戸時代前期の武士。里見氏家臣。
¶戦人（生没年不詳），戦東

本田東陵　ほんだとうりょう
寛延2（1749）年～寛政8（1796）年
江戸時代中期の陸奥白河藩士、藩校教授。
¶国書（[没]寛政8（1796）年3月16日），人名，日人，藩臣2（[生]享保10（1725）年），福島百，三重

本多徳蔵　ほんだとくぞう
→本多庸一（ほんだよういつ）

本多利実　ほんだとしざね
天保7（1836）年～大正6（1917）年
江戸時代末期～大正期の竹林派の弓術家。自宅に弓学館を開いて子弟を養成。
¶弓道（[生]天保7（1836）年3月28日　[没]大正6（1917）年10月13日），人名，日人

本多利重　ほんだとししげ
～明治18（1885）年12月3日
江戸時代後期～明治期の弓道家、旗本。
¶弓道

本多俊民　ほんだとしたみ
文政7（1824）年～明治20（1887）年
江戸時代末期～明治期の尾張藩士。
¶藩臣4

本多俊次　ほんだとしつぐ
文禄4（1595）年～寛文8（1668）年
江戸時代前期の大名。近江膳所藩主、三河西尾藩主、伊勢亀山藩主。
¶郷土滋賀，諸系，日人，藩主2，藩主3（[没]寛文8（1668）年8月11日）

本多利長(1)　ほんだとしなが
寛永12（1635）年～元禄5（1692）年
江戸時代前期の大名。出羽本多領主、遠江本多領主、遠江横須賀藩主、三河岡崎藩主。
¶朝日（[没]元禄5年12月16日（1693年1月21日）），近世，国史，国書（[没]元禄5（1692）年12月16日），コン改，コン4，静岡百，静岡歴，諸系（[没]1693年），人名，姓氏静岡，日人（[没]1693年），藩主1（[没]元禄5（1692）年12月16日），藩主2

本多利長(2)　ほんだとしなが
→本多政武（ほんだまさたけ）

本多富正　ほんだとみまさ
元亀3（1572）年～慶安2（1649）年
安土桃山時代～江戸時代前期の越前福井藩の武将。大坂の陣に参戦。
¶朝日（[没]慶安2年8月12日（1649年9月18日）），郷土福井，近世，国史，コン4，諸系，人名，戦合，日人，藩臣3，福井百

本多成重　ほんだなりしげ
元亀3（1572）年～正保4（1647）年
安土桃山時代～江戸時代前期の大名。越前丸岡藩主。

¶朝日（[没]正保4年6月23日（1647年7月25日）），郷土福井，近世，国史，コン4，諸系，人名，戦合，戦国（[生]1571年　[没]1645年），戦人，日人，藩主3（[没]正保4（1647）年6月23日），福井百

本多信勝　ほんだのぶかつ
～正保3（1646）年
江戸時代前期の旗本。
¶神奈川人

本多紀貞　ほんだのりさだ
天正8（1580）年～元和9（1623）年
江戸時代前期の大名。上野白井藩主。
¶諸系，日人，藩主1（[没]元和9（1623）年4月26日）

本多紀品　ほんだのりただ
～天明6（1786）年
江戸時代中期の旗本。
¶神奈川人

本多紀意　ほんだのりむね
生没年不詳
江戸時代後期の幕臣。第31代京都東町奉行。
¶京都大，姓氏京都

本田半兵衛　ほんだはんべえ
天正9（1581）年～万治2（1659）年
安土桃山時代～江戸時代前期の剣術家。示現流。
¶剣豪

本多久貞　ほんだひささだ
寛政12（1800）年～*
江戸時代末期の武士、洋砲術家。
¶人名（[没]1864年），日人（[没]1865年）

本田孫九郎親孚　ほんだまごくろうちかざね
→本田親孚（ほんだちかさね）

本田正家　ほんだまさいえ
永禄1（1558）年～元和4（1619）年12月18日
戦国時代～江戸時代前期の北条氏の家臣。
¶戦辞

本多正意　ほんだまさおき
天明4（1784）年～文政12（1829）年
江戸時代後期の大名。駿河田中藩主。
¶諸系，日人，藩主2（[生]天明4（1784）年9月16日　[没]文政12（1829）年5月27日）

本多政和　ほんだまさかず
文化10（1813）年8月26日～弘化4（1847）年9月5日
江戸時代後期の加賀藩士。
¶国書

本多政勝　ほんだまさかつ
慶長19（1614）年～寛文11（1671）年
江戸時代前期の大名。播磨姫路分封藩主、播磨姫路藩主、大和郡山藩主。
¶諸系，日人，藩主3（[没]寛文11（1671）年10月30日），藩主3（[没]寛文11（1671）年10月晦日）

本多政重　ほんだまさしげ
天正8（1580）年～正保4（1647）年　[別]正木左兵衛《まさきさへえ》，直江大和守《なおえやまとのかみ》
江戸時代前期の加賀藩の武将。「百戦百勝伝」の著者。
¶朝日（[没]正保4年6月3日（1647年7月5日）），石川百，近世，国史，国書（[没]正保4（1647）年6月3日），コン4，茶道，諸系，人名，姓氏石川，戦合，戦国（[生]1582年），戦人，日人，藩臣3

本多正重　ほんだまさしげ
天文14（1545）年～元和3（1617）年
安土桃山時代～江戸時代前期の大名。下総相馬藩主。
¶近世，国史，諸系，新潮（[没]元和3（1617）年7月3日），人名，世人，戦合，戦国（[生]1546年），戦人，日人，藩主2（[没]元和3（1617）年7月3日）

本多正純　ほんだまさずみ
永禄8（1565）年～寛永14（1637）年　[別]本多上野介《ほんだこうずけのすけ》
安土桃山時代～江戸時代前期の大名。下野宇都宮藩主、下野小山藩主。
¶朝日（[没]寛永14年3月10日（1637年4月5日）），岩史（[没]寛永14（1637）年3月10日），江戸東，角史，郷土栃木（[生]1562年　[没]1628年），近世，国史，コン改，コン4，史人（[没]1637年3月10日），静岡歴，重要（[没]寛永14（1637）年3月10日），諸系，新潮（[没]寛永14（1637）年3月10日），人名，世人（[没]寛永14（1637）年3月10日），世百，戦合，戦国，全書，戦人，大百，栃木百，栃木歴，日史（[没]寛永14（1637）年3月10日），日人，藩主1（[没]寛永14（1637）年3月10日），百科，歴大

本多政武　ほんだまさたけ
慶長3（1598）年～寛永14（1637）年　[別]本多利長《ほんだとしなが》
江戸時代前期の大名。大和高取藩主。
¶戦国（本多利長　ほんだとしなが），戦人（本多利長　ほんだとしなが），日人，藩主3（[没]寛永14（1637）年7月13日）

本多正武　ほんだまさたけ
寛文5（1665）年～享保6（1721）年
江戸時代中期の大名。上野沼田藩主。
¶諸系，日人，藩主1（[生]寛文5（1665）年1月20日　[没]享保6（1721）年2月21日）

本多政均　ほんだまさちか
天保9（1838）年～明治2（1869）年　[別]本多政均《ほんだまさひら》
江戸時代末期の加賀藩士。明治維新後の藩政改革を指導。
¶朝日（[生]天保9年5月8日（1838年6月29日）　[没]明治2年8月7日（1869年9月12日）），石川百，維新，人名（ほんだまさひら　[生]1837年　[没]1868年），姓氏石川，日人，幕末（[生]1838年6月29日　[没]1869年9月12日），藩臣3

本多政恒　ほんだまさつね
宝永2（1705）年～宝暦10（1760）年10月6日
江戸時代中期の加賀藩家老。
¶国書

本多正貫　ほんだまさつら
文禄2（1593）年～寛文12（1672）年
江戸時代前期の大名。下総相馬藩主。
¶諸系，日人，藩主2（[没]寛文12（1672）年2月1日）

本多正収　ほんだまさとき
天明5（1785）年～嘉永2（1849）年　[別]本多佐渡守正収《ほんださどのかみまさとき》
江戸時代中期～後期の91代長崎奉行。

¶長崎歴（本多佐渡守正収　ほんださどのかみまさとき）

本多政利（本多正利）　ほんだまさとし
寛永18（1641）年～宝永4（1707）年　[別]本多出雲守《ほんだいずものかみ》
江戸時代前期～中期の大名。大和郡山分封藩主、播磨明石藩主、陸奥大久保藩主。
¶庄内（本多出雲守　ほんだいずものかみ），諸系，人名（本多正利），日人，藩主1（[没]宝永4（1707）年12月8日），藩主3，福島百（本多正利）

本多政朝　ほんだまさとも
慶長4（1599）年～寛永15（1638）年
江戸時代前期の大名。上総大多喜藩主、播磨竜野藩主、播磨姫路藩主。
¶諸系，人名（[生]1597年），日人，藩主2（[没]1671年），藩主3（[生]慶長5（1600）年　[没]寛永15（1638）年11月20日），藩主3（[没]1671年），兵庫百

本多正供　ほんだまさとも
延享3（1746）年～安永6（1777）年
江戸時代中期の大名。駿河田中藩主。
¶諸系，日人，藩主2（[生]延享3（1746）年9月13日　[没]安永6（1777）年6月10日）

本多政長(1)　ほんだまさなが
寛永10（1633）年～延宝7（1679）年
江戸時代前期の大名。大和郡山藩主。
¶諸系，日人，藩主3（[没]延宝7（1679）年4月24日）

本多政長(2)　ほんだまさなが
＊～宝永5（1708）年
江戸時代前期～中期の加賀藩士。
¶国書（[生]寛永8（1631）年　[没]宝永5（1708）年8月9日），茶道，藩臣3（[生]？）

本多正永　ほんだまさなが
正保2（1645）年～正徳1（1711）年
江戸時代中期の大名、老中。上野沼田藩主、下総舟戸藩主。
¶近世，群馬人，国史，諸系，人名，姓氏群馬，日人，藩主1（[生]正保2（1645）年11月11日　[没]正徳1（1711）年5月19日），藩主2

本多政信　ほんだまさのぶ
寛永11（1634）年～寛文2（1662）年
江戸時代前期の大名。大和郡山分封藩主。
¶諸系，日人，藩主3（[没]寛文2（1662）年4月20日）

本多正信　ほんだまさのぶ
天文7（1538）年～元和2（1616）年　[別]本多佐渡守《ほんださどのかみ》
安土桃山時代～江戸時代前期の武将。家康に仕えた。「本佐録」著者。
¶愛知百（[生]1539年　[没]1616年6月7日），朝日（[没]元和2年6月7日（1616年7月20日）），岩史（[没]元和2（1616）年6月7日），角史，近世，国史，国書（[没]元和2（1616）年6月7日），コン改，コン4，史人（[没]1616年6月7日），諸系，新潮（[没]元和2（1616）年6月7日），人名，世人，世百，戦合，戦国（[生]1539年），戦辞（[没]元和2年6月7日（1616年7月20日）），全書，戦人，戦東（[没]？），大百，日史（[没]元和2（1616）年6月7日），日人，百科，歴大

本多政礼　ほんだまさのり
寛政1（1789）年12月31日～文政3（1820）年7月13日
江戸時代後期の加賀藩士。
¶国書

本多正矩　ほんだまさのり
天和1（1681）年～享保20（1735）年
江戸時代中期の大名。上野沼田藩主、駿河田中藩主。
¶諸系，姓氏静岡，日人，藩主1（[生]天和1（1681）年9月4日　[没]享保20（1735）年8月17日），藩主2（[生]天和1（1681）年9月4日　[没]享保20（1735）年8月17日）

本多正憲　ほんだまさのり
嘉永2（1849）年～昭和12（1937）年
江戸時代末期～明治期の大名。安房長尾藩主。
¶諸系，神人（生没年不詳），世紀（[生]嘉永2（1849）年6月11日　[没]昭和12（1937）年5月3日），日人，藩主2（[生]嘉永2（1849）年6月21日　[没]昭和12（1937）年5月）

本多正温　ほんだまさはる
明和4（1767）年～天保9（1838）年
江戸時代中期～後期の大名。駿河田中藩主。
¶諸系，日人，藩主2（[生]明和3（1766）年12月29日　[没]天保9（1838）年閏4月10日）

本多政均　ほんだまさひら
→本多政均（ほんだまさちか）

本多正寛　ほんだまさひろ
文化5（1808）年～万延1（1860）年
江戸時代末期の大名。駿河田中藩主。
¶諸系，日人，藩主2（[生]文化5（1808）年5月9日　[没]万延1（1860）年2月17日）

本多政房　ほんだまさふさ
？　～文化11（1814）年
江戸時代中期～後期の第19代伏見奉行。
¶京都大，姓氏京都

本多政敏　ほんだまさみち
承応2（1653）年～正徳5（1715）年
江戸時代前期～中期の加賀藩士。
¶藩臣3

本多政元　ほんだまさもと
永禄11（1568）年～慶安2（1649）年
安土桃山時代～江戸時代前期の三河岡崎藩家老。
¶藩臣4

本多正訥　ほんだまさもり
文政10（1827）年～明治18（1885）年
江戸時代末期～明治期の大名。駿河田中藩主、安房長尾藩主。
¶維新，コン5，静岡歴，諸系，姓氏静岡，日人，幕末，藩主2（[生]文政10（1827）年2月10日　[没]明治18（1885）年11月1日），藩主2，藩主2（[生]文政10（1827）年2月10日　[没]明治18（1885）年11月1日），藩主2

本多政遂　ほんだまさもろ
慶長18（1613）年～寛永15（1638）年
江戸時代前期の大名。下野皆川藩主。
¶諸系，日人，藩主1（[没]寛永15（1638）年7月29

日）

本多政養 ほんだまさやす
＊〜天保9（1838）年
江戸時代後期の加賀藩士。
¶石川百（㊇1764年），藩臣3（㊇？）

本多政行 ほんだまさゆき
享保13（1728）年11月14日〜寛政9（1797）年11月23日
江戸時代中期〜後期の加賀藩士。
¶国書

本多政昌 ほんだまさよし
元禄2（1689）年4月〜延享5（1748）年3月18日
江戸時代中期の加賀藩士。
¶国書

本多正珍 ほんだまさよし
宝永7（1710）年〜天明6（1786）年
江戸時代中期の大名。駿河田中藩主。
¶朝日（㊇宝永7年7月8日（1710年8月2日）　㊇天明6年8月27日（1786年9月19日）），諸系，姓氏静岡，日人，藩主2（宝永7（1710）年7月8日㊇天明6（1786）年8月25日）

本多光平 ほんだみつひら
〜元和8（1622）年
江戸時代前期の旗本。
¶神奈川人

本多弥一 ほんだやいち
弘化3（1846）年〜明治5（1872）年12月4日
江戸時代末期〜明治期の加賀藩士。
¶幕末

本多康融 ほんだやすあき
文化9（1812）年〜安政5（1858）年
江戸時代末期の大名。近江膳所藩主。
¶諸系，日人，藩主3（㊇安政5（1858）年3月）

本多康明 ほんだやすあきら
宝永6（1709）年〜享保15（1730）年
江戸時代中期の大名。信濃飯山藩主。
¶諸系，長野歴，日人，藩主2（㊇宝永6（1709）年1月　㊇享保15（1730）年8月10日）

本多康完 ほんだやすさだ
明和6（1769）年〜文化3（1806）年
江戸時代中期〜後期の大名。近江膳所藩主。
¶諸系，日人，藩主3

本多康穣 ほんだやすしげ
天保6（1835）年〜大正1（1912）年
江戸時代末期〜明治期の大名。近江膳所藩主。
¶維新，諸系（㊇1836年），姓氏京都，日人（㊇1836年），幕末（㊇1912年2月28日），藩主3（㊇天保6（1835）年12月　㊇明治45（1912）年2月28日）

本多康桓 ほんだやすたけ
正徳4（1714）年〜明和6（1769）年
江戸時代中期の大名。近江膳所藩主。
¶諸系，日人，藩主3（㊇明和6（1769）年6月18日）

本多康匡 ほんだやすただ
宝暦7（1757）年〜天明2（1782）年
江戸時代中期の大名。近江膳所藩主。
¶諸系，日人，藩主3（㊇天明1（1781）年12月20

日）

本多康禎 ほんだやすつぐ
天明7（1787）年〜嘉永1（1848）年
江戸時代後期の大名。近江膳所藩主。
¶諸系，日人，藩主3（㊇嘉永1（1848）年10月）

本多康紀 ほんだやすとし
→本多康紀（ほんだやすのり）

本多康俊 ほんだやすとし
永禄12（1569）年〜元和7（1621）年
安土桃山時代〜江戸時代前期の大名。三河西尾藩主，近江膳所藩主。
¶近世，国史，諸系，新潮（㊇元和7（1621）年2月7日），人名，姓氏愛知，戦合，戦人，戦補，千葉百，日人，藩主2，藩主3（㊇元和7（1621）年2月7日）

本多康敏 ほんだやすとし
元禄6（1693）年〜延享4（1747）年
江戸時代中期の大名。近江膳所藩主。
¶諸系，日人，藩主3（㊇延享4（1747）年8月24日）

本多康伴 ほんだやすとも
元文5（1740）年〜明和8（1771）年8月29日　㊇本多康伴《ほんだこうはん》
江戸時代中期の大名。近江膳所藩主。
¶国書，庄内（ほんだこうはん　㊇元文3（1738）年3月6日），諸系，日人，藩主3

本多康命 ほんだやすのぶ
寛文12（1672）年〜享保5（1720）年
江戸時代中期の大名。近江膳所藩主。
¶諸系，日人，藩主3（㊇享保4（1719）年11月晦日）

本多康紀 ほんだやすのり
天江7（1579）年〜元和9（1623）年　㊇本多康紀《ほんだやすとし》
安土桃山時代〜江戸時代前期の武将，大名。三河岡崎藩主。
¶諸系，人名（ほんだやすとし），日人，藩主2（㊇元和9（1623）年9月25日）

本多康将 ほんだやすまさ
元和8（1622）年〜元禄4（1691）年
江戸時代前期の大名。近江膳所藩主。
¶諸系，日人，藩主3（㊇元禄4（1691）年1月7日）

本多康政 ほんだやすまさ
延享2（1745）年〜明和2（1765）年
江戸時代中期の大名。近江膳所藩主。
¶諸系，日人，藩主3（㊇明和2（1765）年10月晦日）

本多康慶 ほんだやすよし
正保4（1647）年〜享保3（1718）年
江戸時代前期〜中期の大名。近江膳所藩主。
¶諸系，日人，藩主3（㊇享保3（1718）年11月10日）

本多庸一 ほんだよういち
→本多庸一（ほんだよういつ）

本多庸一（本田庸一） ほんだよういつ
嘉永1（1848）年〜明治45（1912）年　㊇本多庸一《ほんだよういち》，本多徳蔵《ほんだとくぞう》
江戸時代末期〜明治期の弘前藩士，キリスト教指

導者。日本メソヂスト教会初代監督。
¶青森人（ほんだよういち），青森百（ほんだよういち），朝日（[生]嘉永1年12月13日（1849年1月7日）　[没]明治45（1912）年3月26日），維新（ほんだよういち），海越新（[生]嘉永1（1850）年12月13日　[没]明治45（1912）年3月26日），学校（[生]嘉永1（1848）年12月13日　[没]明治45（1912）年3月26日），教育（ほんだよういち），キリ（[生]嘉永1（1849）年12月13日　[没]明治45（1912）年3月26日），近現，国史，コン改（ほんだよういち），コン4，コン5，史人（[生]1848年12月13日　[没]1912年3月26日），社史（[生]1848年12月13日　[没]1912年3月26日），人書79（ほんだよういち），新潮（[生]嘉永1（1848）年12月13日　[没]明治45（1912）年3月26日），人名（ほんだよういち），世紀（[生]嘉永1（1849）年12月13日　[没]明治45（1912）年3月26日），世人（ほんだよういち），世百（ほんだよういち），全書，哲学（ほんだよういち），渡航（[生]1848年12月13日　[没]1912年3月26日），日史（[生]嘉永1（1848）年12月13日　[没]明治45（1912）年3月26日），日人（[生]1849年），日本（本田庸一），幕末（ほんだよういち　[没]1912年3月26日），藩臣1（本多徳蔵　ほんだとくぞう），百科，履歴（ほんだよういち　[生]嘉永1（1848）年11月18日　[没]明治45（1912）年3月26日），歴大

本多吉里　ほんだよしさと
～慶安4（1651）年
江戸時代前期の旗本。
¶神奈川人

本多良之助　ほんだよしのすけ
→本多良之助（ほんだりょうのすけ）

本多良之助　ほんだりょうのすけ
文政7（1824）年～明治30（1897）年　[別]本多良之助《ほんだよしのすけ》
江戸時代末期～明治期の下野宇都宮藩士。
¶栃木歴（ほんだよしのすけ），日人，藩臣2

本多六郎　ほんだろくろう
～享和2（1802）年9月14日
江戸時代中期～後期の庄内藩士。
¶庄内

凡兆　ぼんちょう
→酒井忠徳（さかいただあり）

本調子満糸　ほんちょうしみついと
→柳園満糸（やなぎぞのみついと）

本堂親知　ほんどうちかとも
文政7（1824）年～明治42（1909）年4月6日
江戸時代後期～明治期の盛岡藩士・国学者。
¶国書

本堂親久　ほんどうちかひさ
文政12（1829）年～明治28（1895）年3月5日
江戸時代末期～明治期の大名。常陸志筑藩主。
¶日人（[生]1830年），幕末，藩主2（[生]文政12（1829）年12月18日）

本保雅楽助　ほんぼうたのすけ
江戸時代の加賀藩士。
¶姓氏石川

本保全昌　ほんぼぜんしょう
生没年不詳
江戸時代後期の加賀藩士。
¶国書

本保長益　ほんぼながます
？　～享保13（1728）年
江戸時代前期～中期の加賀藩士。
¶国書

本保以守　ほんぼゆきざね，ほんぽゆきざね
*～寛政6（1794）年
江戸時代中期～後期の加賀藩士・天文学。
¶国書（[生]享保10（1725）年　[没]寛政6（1794）年2月15日），姓氏石川（ほんぽゆきざね　[生]？）

本間外衛　ほんまがいえ
天保7（1836）年～大正2（1913）年　[別]本間外衛《ほんまとのえ》
江戸時代末期～明治期の庄内藩士。
¶維新，幕末（ほんまとのえ　[生]1836年2月21日　[没]1913年12月30日）

本間久太夫　ほんまきゅうだゆう
？　～元治1（1864）年7月8日
江戸時代末期の桑名藩士。
¶幕末

本間虚舟　ほんまきょしゅう
嘉永1（1848）年～大正9（1920）年
江戸時代末期～明治期の播磨竜野藩士。
¶藩臣5，兵庫人（[生]嘉永1（1848）年11月25日　[没]大正9（1920）年11月14日）

本間宮内　ほんまくない
安土桃山時代～江戸時代前期の武士。里見氏家臣。
¶戦人（生没年不詳），戦東

本間光暉　ほんまこうき
享和3（1803）年～明治2（1869）年
江戸時代末期の出羽庄内藩大地主。
¶庄内（[生]享和3（1803）年4月6日　[没]明治2（1869）年8月21日），藩臣1

本間貞文　ほんまさだふみ
文化3（1806）年～明治6（1873）年12月19日
江戸時代末期～明治期の備後福山藩士。
¶幕末

本間三右衛門　ほんまさんうえもん
→本間三右衛門（ほんまさんえもん）

本間三右衛門　ほんまさんえもん
[別]本間三右衛門《ほんまさんうえもん》
安土桃山時代～江戸時代前期の武士。里見氏家臣。
¶戦人（生没年不詳），戦東（ほんまさんうえもん）

本間式部　ほんましきぶ
安土桃山時代～江戸時代前期の武士。里見氏家臣。
¶戦人（生没年不詳），戦東

本間季重　ほんますえしげ
～万治3（1660）年
江戸時代前期の旗本。
¶神奈川人

本間精一郎　ほんませいいちろう
天保5（1834）年～文久2（1862）年
江戸時代末期の尊攘派志士。

¶朝日（[没]文久2年閏8月20日（1862年10月13日）），維新，京都大，コン改，コン4，新潮（[没]文久2（1862）年閏8月21日），人名，姓氏京都，全書，新潟百別，日史（[没]文久2（1862）年閏8月21日），日人，幕末（[没]1862年10月14日），百科，歴大

本間仙五郎　ほんませんごろう
延享1（1744）年～文化12（1815）年
江戸時代中期～後期の剣術家。本間念流祖。
¶郷土群馬（[生]1756年　[没]1827年），群馬人，群馬百，剣豪

本間千五郎　ほんませんごろう
天明4（1784）年～明治7（1874）年
江戸時代後期～明治期の武芸者。
¶姓氏群馬

本間素当　ほんまそとう
→本間素当（ほんまもとまさ）

本間東　ほんまつか
寛政10（1798）年～安政2（1855）年
江戸時代末期の常陸土浦藩士。
¶藩臣2

本間外衛　ほんまとのえ
→本間外衛（ほんまがいえ）

本間八郎　ほんまはちろう
安土桃山時代～江戸時代前期の武士。里見氏家臣。
¶戦人（生没年不詳），戦東

本間百里　ほんまひゃくり
天明4（1784）年～嘉永7（1854）年
江戸時代後期の有職故実家。一関藩の江戸屋敷に勤める。
¶朝日（[没]嘉永7年4月27日（1854年5月23日）），江文，近世，国史，国書（[没]嘉永7（1854）年4月27日），姓氏岩手（[生]1783年），日人，幕末（[生]1783年　[没]1854年5月23日）

本間弘武　ほんまひろたけ
天保6（1835）年～慶応4（1868）年3月27日
江戸時代後期～末期の武術家。
¶国書

本間素当　ほんまもとまさ
天明6（1786）年～天保12（1841）年　[別]本間素当《ほんまそとう》
江戸時代後期の歌人、熊本藩士。
¶国書（[生]天明6（1786）年11月1日　[没]天保12（1841）年1月8日），人名（ほんまそとう），日人，和俳（ほんまそとう）

本間弥次郎　ほんまやじろう
安土桃山時代～江戸時代前期の武士。里見氏家臣。
¶戦人（生没年不詳），戦東

本間安兵衛　ほんまやすべえ
？　～嘉永2（1849）年
江戸時代後期の常陸土浦藩士。
¶藩臣2

本間可近　ほんまよしちか
慶長4（1599）年～明暦1（1655）年
江戸時代前期の武士。
¶和歌山人

本間可英　ほんまよしひで
？　～元禄12（1699）年
江戸時代前期の武士。
¶和歌山人

本間六郎右衛門　ほんまろくろううえもん
安土桃山時代～江戸時代前期の武将。里見氏家臣。
¶戦東

【ま】

蒔田喜右衛門　まいたきえもん
天正19（1591）年～延宝1（1673）年
安土桃山時代～江戸時代前期の剣術家。一哲流祖。
¶剣豪

蒔田定則　まいたさだのり
～元禄6（1693）年
江戸時代前期の旗本。
¶神奈川人

蒔田定正　まいたさだまさ
天正19（1591）年～寛永17（1640）年12月29日
江戸時代前期の大名。備中浅尾藩主。
¶岡山歴，神奈川人，日人（[没]1641年），藩主4

蒔田広定　まいたひろさだ
元亀2（1571）年～寛永13（1636）年8月23日　[別]蒔田広定《まきたひろさだ》
安土桃山時代～江戸時代前期の武将、大名。伊勢雲出領主、備中浅尾藩主。
¶岡山人（まきたひろさだ），岡山歴，国書，史人，人名（まきたひろさだ　[生]1576年），戦国（まきたひろさだ　[生]1576年），戦人（[生]？），日人，藩主3（まきたひろさだ　[生]天正3（1575）年），藩主4（[生]元亀2（1571）年，（異説）天正3年）

蒔田広孝　まいたひろたか
嘉永2（1849）年2月4日～大正7（1918）年3月24日
江戸時代末期～明治期の大名。備中浅尾藩主。
¶岡山歴，世紀，日人，藩主4

米田武右衛門　まいたぶえもん
？　～
江戸時代末期の三戸代官所与力。
¶青森人

蒔田政行　まいたまさゆき
→蒔田政行（まきたまさゆき）

蒔田六毛　まいたろくもう
宝暦9（1759）年～？
江戸時代中期の茶人、松平不昧の弟。
¶茶道

米谷喜右衛門　まいやきえもん
生没年不詳
江戸時代前期の葛西氏の家臣。
¶姓氏宮城

米谷吉郎右衛門　まいやきちろうえもん
＊～明治2（1869）年
江戸時代末期の陸奥仙台藩の志士。
¶国書（[生]文政7（1824）年9月　[没]明治2（1869）年5月3日），藩臣1（[生]文政8（1825）年）

曲垣平九郎　まえがきへいくろう
→曲垣平九郎（まがきへいくろう）

前川正遠　まえかわまさとお
江戸時代末期の国学者、讃岐丸亀藩士。
¶国書（生没年不詳），人名

前木新八郎　まえきしんぱちろう
文政7（1824）年～文久1（1861）年
江戸時代末期の水戸藩士。
¶維新，人名（[生]1804年），日人，幕末（[没]1861年9月30日）

前木六三郎　まえきろくさぶろう
文政12（1829）年～慶応1（1865）年
江戸時代末期の水戸藩士。
¶維新，人名，日人，幕末（[没]1865年3月1日）

前倉温理　まえくらおんり
文政11（1828）年～明治19（1886）年
江戸時代末期～明治期の十津川郷士。
¶維新，新潮（[生]文政11（1828）年4月5日　[没]明治19（1886）年12月2日），人名，日人，幕末（[生]1838年　[没]1886年12月2日）

前嶋源蔵　まえじまげんぞう
宝永6（1709）年～天明8（1788）年
江戸時代中期～後期の剣術家。東軍流。
¶剣豪

前島小左衛門　まえしまこざえもん
寛文8（1668）年～宝暦4（1754）年5月14日
江戸時代中期の美作国古町代官。
¶岡山歴

前島密　まえじまひそか，まえしまひそか
天保6（1835）年～大正8（1919）年　[別]巻退蔵，鴻爪，房五郎，来輔
江戸時代末期～明治期の幕臣、官吏、実業家。東京専門学校校長、男爵。近代郵便制度の確立に尽力。駅逓局長、逓信次官などを歴任。のち貴族院議員。
¶朝日（[生]天保6年1月7日（1835年2月4日）　[没]大正8（1919）年4月27日），維新，岩史（[生]天保6（1835）年1月7日　[没]大正8（1919）年4月27日），海越（[生]天保6（1835）年1月7日　[没]大正8（1919）年4月27日），海越新（[生]天保6（1835）年1月7日　[没]大正8（1919）年4月27日），角史，神奈川人，近現，近文，国際，国史，コン改，コン5，史人（[生]1835年1月7日　[没]1919年4月27日），静岡百，静岡歴，重要（[生]天保6（1835）年1月7日　[没]大正8（1919）年4月），新潮（[生]天保6（1835）年1月7日　[没]大正8（1919）年4月28日），人名，世人（[没]大正8（1919）年4月27日），世百，先駆（[生]天保6（1835）年1月7日　[没]大正8（1919）年4月27日），全書，大百，伝記，渡航（まえしまひそか　[生]1835年1月7日　[没]1919年4月28日），長崎歴，新潟百別，日史（[生]天保6（1835）年1月7日　[没]大正8（1919）年4月27日），日人，日本，幕末（[没]1919年4月27日），百科，北海道百，北海道歴，明治1，履歴（[生]天保6（1835）年1月7日　[没]大正8（1919）年4月27日），歴大

前田岩太郎　まえだいわたろう
弘化2（1845）年～？
江戸時代後期～末期の新撰組隊士。
¶新撰

前田采女　まえだうねめ
→前田利昌（まえだとしまさ）

前田雲洞　まえだうんどう
延享3（1746）年～天保3（1832）年
江戸時代中期～後期の儒者、越前福井藩士。
¶郷土福井，国書（[没]天保3（1832）年閏11月20日），日人（[没]1833年）

前田案山子　まえだかかし，まえだかがし
文政11（1828）年～明治37（1904）年7月20日
江戸時代末期～明治期の肥後熊本藩御中小姓。
¶熊本百（まえだかがし　[生]文政11（1828）年4月7日），幕末

前田和明　まえだかずあき
享和2（1802）年～？
江戸時代後期の加賀藩士。
¶国書

前田勘介　まえだかんすけ
文化5（1808）年～明治17（1884）年
江戸時代後期～明治期の揖宿郡指宿郷の郷士。
¶姓氏鹿児島

前田菊叢　まえだきくそう
→前田東渓（まえだとうけい）

前田国規　まえだくにのり
文化14（1817）年～？
江戸時代後期～末期の加賀藩士。
¶国書

前田蔵人　まえだくらんど
江戸時代末期の新撰組隊士。
¶新撰

前田源三郎　まえだげんざぶろう
江戸時代末期～明治期の安芸広島藩士。
¶茶道

前田采真斎　まえださいしんさい
生没年不詳
江戸時代後期の加賀藩士。
¶国書

前田貞一　まえださだかつ
生没年不詳
江戸時代後期の加賀藩家老。
¶国書

前田貞里　まえださださと
元和3（1617）年～明暦3（1657）年
江戸時代前期の加賀藩士。
¶国書（[生]元和3（1617）年5月　[没]明暦3（1657）年7月29日），姓氏石川（[生]？），藩臣3

前田貞親　まえださだちか
承応2（1653）年～宝永2（1705）年10月15日
江戸時代前期～中期の加賀藩士。
¶国書

前田貞直　まえださだなお
貞享3（1686）年～延享1（1744）年5月21日
江戸時代前期～中期の加賀藩士。
¶国書

前田貞発 まえださだなり
天保13(1842)年～？
江戸時代後期～末期の加賀藩士。
¶国書

前田貞道 まえださだみち
？ ～文政6(1823)年3月4日
江戸時代中期～後期の加賀藩士。
¶国書

前田貞幹 まえださだもと
享保6(1721)年～寛延2(1749)年6月24日
江戸時代中期の加賀藩士。
¶国書

前田貞事 まえださだわざ
寛政7(1795)年～？
江戸時代後期の加賀藩家老。
¶国書

前田茂勝 まえだしげかつ
天正7(1579)年～？　[別]前田主膳《まえだしゅぜん》, コンスタンチノ, コンスタンチン
安土桃山時代～江戸時代前期の大名、キリシタン。丹波国八上城主。
¶京都府([生]天正10(1582)年　[没]元和7(1621)年), 近世(前田主膳　まえだしゅぜん), 国史(前田主膳　まえだしゅぜん), コン改(前田主膳　まえだしゅぜん), コン4(前田主膳　まえだしゅぜん), 新潮(前田主膳　まえだしゅぜん), 戦合(前田主膳　まえだしゅぜん), 戦国, 戦人(生没年不詳), 日人, 藩主3([生]1582年　[没]1621年), 藩主3([生]天正10(1582)年　[没]元和7(1621)年)

前田重靖 まえだしげのぶ
享保20(1735)年～宝暦3(1753)年
江戸時代中期の大名。加賀藩主。
¶石川百, 国書([生]享保20(1735)年11月8日　[没]宝暦3(1753)年9月29日), 諸系, 姓氏石川, 日人, 藩主3([生]享保20(1735)年11月8日　[没]宝暦3(1753)年9月29日)

前田重煕 まえだしげひろ
享保14(1729)年～宝暦3(1753)年
江戸時代中期の大名。加賀藩主。
¶石川百, 国書([生]享保14(1729)年7月24日　[没]宝暦3(1753)年4月8日), 諸系, 姓氏石川, 日人, 藩主3([生]享保14(1729)年7月24日　[没]宝暦3(1753)年4月8日)

前田繁馬 まえだしげま
天保9(1838)年～文久3(1863)年　[別]前田正種《まえだまさたね》
江戸時代末期の土佐藩の志士。天誅組挙兵に参加。
¶維新(前田正種　まえだまさたね), 高知人(前田正種　まえだまさたね), 人名, 日人, 幕末([生]1835年　[没]1863年10月8日), 藩臣6(前田正種　まえだまさたね　[生]天保6(1835)年)

前田重教 まえだしげみち
寛保1(1741)年～天明6(1786)年
江戸時代中期の大名。加賀藩主。
¶石川百, 国書([生]寛保1(1741)年10月23日　[没]天明6(1786)年6月12日), 諸系, 人名, 姓氏石川, 日人, 藩主3([生]寛保1(1741)年10月23日　[没]天明6(1786)年6月12日)

前田十郎左衛門 まえだじゅうろうざえもん
？ ～明治3(1870)年10月7日
江戸時代末期～明治期の薩摩藩士。英国留学を命じられ、太平洋を横断中、英国士官と口論、艦上で割腹自殺。
¶海越, 海越新, 姓氏鹿児島, 渡航, 幕末([没]1870年10月31日)

前田主膳 まえだしゅぜん
→前田茂勝(まえだしげかつ)

前田伸右衛門 まえだしんえもん
→前田伸右衛門(まえだのぶえもん)

前田翠崖(前田翠厓) まえだすいがい
文政7(1824)年9月27日～明治28(1895)年
江戸時代後期～明治期の津藩壮士組頭。
¶三重, 三重続(前田翠厓)

前田純孝 まえだすみたか
生没年不詳
江戸時代後期の加賀藩士・藩若年寄。
¶国書

前田孝和 まえだたかかず
元禄5(1692)年～寛延2(1749)年7月20日
江戸時代中期の加賀藩士。
¶国書

前田孝弟 まえだたかくに
生没年不詳
江戸時代後期の加賀藩士。
¶国書

前田孝貞 まえだたかさだ
寛永5(1628)年～宝永4(1707)年
江戸時代前期～中期の武士。加賀藩家老。
¶近世, 国史, 人名, 姓氏石川, 日人, 藩臣3

前田孝資 まえだたかすけ
天和3(1683)年～宝暦3(1753)年
江戸時代前期～中期の加賀藩士。加賀藩老臣前田長種系6代。
¶姓氏石川

前田孝連 まえだたかつら
生没年不詳
江戸時代後期の加賀藩士。
¶国書

前田孝錫 まえだたかてる
天保2(1831)年～？
江戸時代末期の加賀藩臣。
¶国書, 幕末(生没年不詳)

前田孝友(1) まえだたかとも
宝暦9(1759)年～天保3(1832)年
江戸時代中期～後期の加賀藩年寄。
¶国書([生]宝暦9(1759)年7月8日　[没]天保3(1832)年5月25日), 姓氏石川

前田孝友(2) まえだたかとも
天保13(1842)年～？
江戸時代後期～末期の加賀藩士。
¶国書

前田孝中 まえだたかなか
天保10(1839)年～安政4(1857)年

ま

江戸時代後期～末期の加賀藩士。加賀藩老臣前田長種系10代。
¶姓氏石川

前田孝成 まえだたかなり
文化5(1808)年～？
江戸時代後期の幕臣。
¶国書

前田孝信 まえだたかのぶ
天保4(1833)年～？
江戸時代後期～末期の加賀藩士。
¶国書

前田孝矩 まえだたかのり
延宝4(1676)年～正徳2(1712)年9月15日
江戸時代前期～中期の加賀藩士。
¶国書

前田孝敬 まえだたかのり
弘化4(1847)年～明治21(1888)年
江戸時代末期～明治期の加賀藩士。
¶姓氏石川，幕末([生]1847年12月21日　[没]1888年1月5日)

前田孝昌 まえだたかまさ
享保8(1723)年～安永6(1777)年
江戸時代中期の加賀藩士。加賀藩老臣前田長種系7代。
¶姓氏石川

前田孝始 まえだたかもと
生没年不詳
江戸時代後期の加賀藩士・藩若年寄。
¶国書

前田孝本 まえだたかもと
文化5(1808)年～安政3(1856)年
江戸時代末期の加賀藩士。
¶国書([生]文化5(1808)年4月8日　[没]安政3(1856)年9月12日)，姓氏石川，幕末([生]1808年5月3日　[没]1856年10月10日)

前田孝行 まえだたかゆき
寛文3(1663)年～享保6(1721)年
江戸時代前期～中期の加賀藩士。加賀藩老臣前田長種系5代。
¶姓氏石川

前田孝備 まえだたかよし
生没年不詳
江戸時代後期の加賀藩士・藩若年寄。
¶国書

前田孝事 まえだたかわざ
生没年不詳
江戸時代後期の加賀藩家老。
¶国書

前田忠知 まえだただとも
生没年不詳
江戸時代中期の剣士。
¶国書

前田綱紀 まえだつなのり
寛永20(1643)年～享保9(1724)年
江戸時代前期～中期の大名。加賀藩主。
¶朝日([生]寛永20年11月16日(1643年12月26日)　[没]享保9年5月9日(1724年6月29日))，石川百，岩史([生]寛永20(1643)年11月16日　[没]享保9(1724)年5月9日)，江文，角史，教育，近世，国史，国書([生]寛永20(1643)年11月16日　[没]享保9(1724)年5月9日)，コン改，コン4，茶道，史人([生]1643年11月16日　[没]1724年5月9日)，重要([生]寛永20(1643)年11月16日　[没]享保9(1724)年5月9日)，諸系，新潮([没]享保9(1724)年5月9日)，人名，姓氏石川，世人([没]享保9(1724)年5月9日)，世百，全書，大百，伝記，富山百([生]寛永20(1643)年11月16日　[没]享保9(1724)年5月9日)，日史([没]享保9(1724)年5月9日)，日人，藩主3([生]寛永20(1643)年11月16日　[没]享保9(1724)年5月9日)，百科，歴大

前田恒固 まえだつねかた
？　～文政13(1830)年8月14日
江戸時代後期の加賀藩士。
¶国書

前田恒敬 まえだつねのり
文政12(1829)年～？
江戸時代後期～末期の加賀藩士・藩若年寄。
¶国書

前田東渠 まえだとうきょ
→前田利与(まえだとしとも)

前田藤九郎 まえだとうくろう
生没年不詳
江戸時代末期の備後福山藩士、砲術家。
¶幕末，藩臣6

前田東渓 まえだとうけい
延宝1(1673)年～延享1(1744)年　[別]前田菊叢《まえだきくそう》，一色時棟《いっしきときむね》
江戸時代中期の伊勢亀山藩士、儒学者。
¶国書(前田菊叢　まえだきくそう　[生]延宝1(1673)年10月13日　[没]延享1(1744)年6月19日)，人名([生]1656年　[没]1725年)，日人，藩臣4(前田菊叢　まえだきくそう)，三重続([生]延宝1年10月13日)

前田利昭 まえだとしあき
嘉永3(1850)年～明治29(1896)年
江戸時代末期～明治期の大名。上野七日市藩主。
¶群馬人，諸系，日人，藩主1([生]嘉永3(1850)年9月　[没]明治29(1896)年1月)

前田利精 まえだとしあき
宝暦8(1758)年～寛政3(1791)年
江戸時代中期の大名。加賀大聖寺藩主。
¶諸系，姓氏石川，日人，藩主3([生]宝暦8(1758)年11月15日　[没]寛政3(1791)年9月15日)

前田利明 まえだとしあき
寛永14(1637)年～元禄5(1692)年
江戸時代前期の大名。加賀大聖寺藩主。
¶国書([生]寛永14(1637)年12月14日　[没]元禄5(1692)年5月13日)，諸系([生]1638年)，人名，姓氏石川，日人([生]1638年)，藩主3([生]寛永14(1637)年12月14日　[没]元禄5(1692)年5月13日)

前田利見 まえだとしあきら
明和1(1764)年～天明6(1786)年
江戸時代中期の大名。上野七日市藩主。

¶諸系，日人，藩主1（[没]天明6（1786）年9月17日）

前田利章 まえだとしあきら
元禄4（1691）年～元文2（1737）年
江戸時代中期の大名。加賀大聖寺藩主。
¶諸系，人名，姓氏石川，日人，藩主3（[生]元禄4（1691）年3月16日　[没]元文2（1737）年9月6日）

前田利豁 まえだとしあきら
文政6（1823）年～明治10（1877）年
江戸時代末期～明治期の大名。上野七日市藩主。
¶諸系，日人，藩主1（[生]文政6（1823）年1月9日　[没]明治10（1877）年8月）

前田利同 まえだとしあつ
安政3（1856）年～大正10（1921）年
江戸時代末期～明治期の大名。越中富山藩主。
¶維新，海越新（[生]安政3（1856）年6月27日　[没]大正10（1921）年12月23日），諸系，姓氏石川，姓氏富山，渡航（[生]1856年6月27日　[没]1921年12月23日），富山百（[生]安政3（1856）年6月27日　[没]大正10（1921）年12月23日），日人，幕末（[生]1856年7月28日　[没]1921年12月23日），藩主3（[生]安政3（1856）年6月27日　[没]大正10（1921）年12月23日）

前田利興 まえだとしおき
延宝6（1678）年～享保18（1733）年
江戸時代中期の大名。越中富山藩主。
¶諸系，人名，姓氏富山，富山百（[生]延宝6（1678）年5月27日　[没]享保18（1733）年5月19日），日人，藩主3（[生]延宝6（1678）年5月27日　[没]享保18（1733）年5月19日）

前田利大 まえだとしおき
安土桃山時代～江戸時代前期の武士。織田氏家臣、前田氏家臣、上杉氏家臣。
¶戦国，戦人（生没年不詳）

前田利鬯 まえだとしか
天保12（1841）年～大正9（1920）年
江戸時代末期～明治期の大名。加賀大聖寺藩主。
¶維新，茶道，諸系，人名，姓氏石川，日人，幕末（[生]1841年7月29日　[没]1920年7月27日），藩主3（[生]天保12（1841）年6月12日　[没]大正9（1920）年7月27日）

前田利器 まえだとしかた
生没年不詳
江戸時代末期～明治期の幕臣。
¶国書

前田利声 まえだとしかた
天保6（1835）年～明治37（1904）年
江戸時代末期～明治期の大名。越中富山藩主。
¶諸系，姓氏富山，富山百（[生]天保6（1835）年2月17日　[没]明治37（1904）年2月16日），日人，幕末（[生]1835年3月15日　[没]1904年2月16日），藩主3（[生]天保6（1835）年2月17日　[没]明治37（1904）年2月16日）

前田利之 まえだとしこれ
天明5（1785）年～天保7（1836）年
江戸時代後期の大名。加賀大聖寺藩主。
¶石川百，諸系（[没]1837年），姓氏石川，日人（[没]1837年），藩主3（[生]天明5（1785）年10月17日　[没]天保7（1836）年12月10日）

前田利貞 まえだとしさだ
慶長3（1598）年～元和6（1620）年
江戸時代前期の加賀藩士。
¶藩臣3

前田利郷 まえだとしさと
元禄16（1703）年～延享3（1746）年
江戸時代中期の越中富山藩主一門。
¶姓氏富山，富山文（[生]元禄16（1703）年2月4日　[没]延享3（1746）年2月18日），藩臣3

前田利孝 まえだとしたか
文禄3（1594）年～寛永14（1637）年
江戸時代前期の大名。上野七日市藩主。
¶近世，国史，コン改，コン4，諸系，新潮（[没]寛永14（1637）年6月4日），人名，姓氏石川，戦合，日人，藩主1（[没]寛永14（1637）年6月4日）

前田利太 まえだとしたか
生没年不詳　[別]前田利太《まえだとします》
安土桃山時代～江戸時代前期の武将。前田利家の兄利久の子。
¶近世，国史，国書，人名（まえだとします），戦合，日人

前田利隆 まえだとしたか
元禄3（1690）年～延享1（1744）年12月20日
江戸時代中期の大名。越中富山藩主。
¶諸系（[没]1745年），姓氏富山，富山百（[生]元禄3（1690）年11月11日），日人（[没]1745年），藩主3（[生]元禄3（1690）年11月11日）

前田利理 まえだとしただ
元禄13（1700）年～宝暦6（1756）年
江戸時代中期の大名。上野七日市藩主。
¶諸系，人名，日人，藩主1（[生]元禄12（1699）年　[没]宝暦6（1756）年11月7日）

前田利物 まえだとしたね
宝暦10（1760）年～天明8（1788）年
江戸時代中期の大名。加賀大聖寺藩主。
¶国書（[生]宝暦10（1760）年1月17日　[没]天明8（1788）年9月27日），諸系，姓氏石川，日人，藩主3（[生]宝暦10（1760）年1月17日　[没]天明8（1788）年9月27日）

前田利民 まえだとしたみ
文化3（1806）年～明治4（1871）年　[別]前田利民《まえだとしもと》
江戸時代末期～明治期の越中富山藩主一門。
¶国書（まえだとしもと　[生]文化3（1806）年9月3日　[没]明治4（1871）年1月20日），姓氏富山，富山百（[生]文化3（1806）年9月3日　[没]明治4（1871）年1月20日），藩臣3

前田利次 まえだとしつぐ
元和3（1617）年～延宝2（1674）年
江戸時代前期の大名。越中富山藩主。
¶朝日（[生]元和3年4月29日（1617年6月2日）　[没]延宝2年7月7日（1674年8月8日）），近世，国史，コン改，コン4，茶道，史人（[生]1617年4月29日　[没]1674年7月7日），諸系，新潮（[生]元和3（1617）年4月29日　[没]延宝2（1674）年7月7日），人名，姓氏石川，姓氏富山，世人，富山百（[生]元和3（1617）年4月29日　[没]延宝2（1674）年7月7日），日人，藩主3（[生]元和3（1617）年4

月29日　[没]延宝2（1674）年7月7日）

前田利幹　まえだとしつね
→前田利幹（まえだとしつよ）

前田利常　まえだとしつね
文禄2（1593）年～万治1（1658）年　[別]前田利光《まえだとしみつ》
江戸時代前期の大名。前田利家の4男。加賀藩主。
¶朝日（[生]文禄2年11月25日（1594年1月16日）[没]万治1年10月12日（1658年11月7日）），石川百，近世，公卿（前田利光　まえだとしみつ　生没年不詳），国史，国書（[生]文禄2（1593）年11月25日　[没]万治1（1658）年10月12日），コン改，コン4，茶道，史人（[生]1593年11月25日　[没]1658年10月12日），諸系（[生]1594年），人書94，新潮（[没]万治1（1658）年10月12日），人名，姓氏石川，姓氏富山，世人，戦合，戦人，富山百（[生]文禄2（1593）年11月25日　[没]万治1（1658）年10月12日），日史（[没]万治1（1658）年10月12日），日人（[生]1594年），藩主3（[生]文禄2（1593）年11月25日　[没]万治1（1658）年10月12日），百科，歴大

前田利幹　まえだとしつよ
明和8（1771）年～天保7（1836）年　[別]前田利幹《まえだとしつね》
江戸時代後期の大名。越中富山藩主。
¶諸系（[生]1772年），人名（まえだとしつね），姓氏富山，富山百（[生]明和8（1771）年11月28日　[没]天保7（1836）年7月20日），日人（[生]1772年），藩主3（[生]明和8（1771）年11月28日　[没]天保7（1836）年7月20日）

前田利友　まえだとしとも
天保5（1834）年～嘉永6（1853）年12月20日
江戸時代末期の大名。越中富山藩主。
¶諸系（[没]1854年），姓氏富山，富山百（[生]天保5（1834）年2月1日），日人（[没]1854年），藩主3（[生]天保5（1834）年2月1日）

前田利与　まえだとしとも
元文2（1737）年～寛政6（1794）年　[別]前田東渠《まえだとうきょ》
江戸時代中期の大名。越中富山藩主。
¶国書（[生]元文2（1737）年10月19日　[没]寛政6（1794）年8月29日），諸系，姓氏富山，富山百（[生]元文2（1737）年10月19日　[没]寛政6（1794）年8月22日），富山文（前田東渠　まえだとうきょ　[没]寛政6（1794）年8月22日），日人，藩主3（[生]元文2（1737）年10月19日　[没]寛政6（1794）年8月22日）

前田利直　まえだとしなお
寛文12（1672）年～宝永7（1710）年
江戸時代中期の大名。加賀大聖寺藩主。
¶石川百，諸系（[没]1711年），人名，姓氏石川，日人（[没]1711年），藩主3（[生]寛文12（1672）年6月25日　[没]宝永7（1710）年12月13日）

前田利極　まえだとしなか
文化9（1812）年～天保9（1838）年
江戸時代後期の大名。加賀大聖寺藩主。
¶諸系，姓氏石川，日人，藩主3（[生]文化9（1812）年10月21日　[没]天保9（1838）年9月12日）

前田利義　まえだとしのり
天保4（1833）年～安政2（1855）年
江戸時代末期の大名。加賀大聖寺藩主。
¶諸系，姓氏石川，日人，藩主3（[生]天保4（1833）年2月18日　[没]安政2（1855）年4月20日）

前田利謙　まえだとしのり
明和4（1767）年12月22日～享和1（1801）年
江戸時代中期～後期の大名。越中富山藩主。
¶諸系（[生]1768年），姓氏富山，富山百（[没]享和1（1801）年8月26日），日人（[生]1768年），藩主3（[没]享和1（1801）年8月26日）

前田利治　まえだとしはる
元和4（1618）年～万治3（1660）年
江戸時代前期の大名。加賀大聖寺藩主。
¶朝日（[生]元和4（1618）年8月　[没]万治3年4月21日（1660年5月29日）），石川百，近世，国史，コン改，コン4，茶道，史人（[生]1618年8月　[没]1660年4月21日），諸系，新潮（[没]万治3（1660）年4月21日），人名，姓氏石川，日人，藩主3（[生]元和4（1618）年8月　[没]万治3（1660）年4月21日）

前田利久　まえだとしひさ
宝暦11（1761）年～天明7（1787）年
江戸時代中期の大名。越中富山藩主。
¶諸系，姓氏富山，富山百（[生]宝暦11（1761）年3月16日　[没]天明7（1787）年8月7日），日人，藩主3（[生]宝暦11（1762）年3月16日　[没]天明7（1787）年8月7日）

前田利尚　まえだとしひさ
元文2（1737）年～寛政4（1792）年
江戸時代中期の大名。上野七日市藩主。
¶諸系，日人，藩主1（[生]享保17（1732）年　[没]寛政4（1792）年6月26日）

前田利平　まえだとしひら
*～嘉永2（1849）年
江戸時代後期の大名。加賀大聖寺藩主。
¶諸系（[生]1824年），姓氏石川（[生]1823年），日人（[生]1824年），藩主3（[生]文政6（1823）年12月22日　[没]嘉永2（1849）年7月7日）

前田利寛　まえだとしひろ
宝永1（1704）年～安永5（1776）年
江戸時代中期の越中富山藩主一門。
¶姓氏富山，富山百（[生]宝永1（1704）年10月26日　[没]安永5（1776）年4月16日），藩臣3

前田利広　まえだとしひろ
正保2（1645）年～元禄6（1693）年
江戸時代前期の大名。上野七日市藩主。
¶諸系，日人，藩主1（[生]正保2（1645）年9月　[没]元禄6（1693）年7月9日）

前田利英　まえだとしふさ
元禄2（1689）年～宝永5（1708）年
江戸時代中期の大名。上野七日市藩主。
¶諸系，日人，藩主1（[没]宝永5（1708）年2月15日）

前田利昌　まえだとしまさ
貞享1（1684）年～宝永6（1709）年　[別]前田采女《まえだうねめ》
江戸時代中期の大名。加賀支藩主。
¶石川百（前田采女　まえだうねめ），江戸東，近世，国史，コン改，コン4，諸系，新潮（[生]貞享

1(1684)年11月15日　[没]宝永6(1709)年2月18日)，人名，姓氏石川，日人，歴大

前田利政 まえだとしまさ
天正6(1578)年～寛永10(1633)年　[別]能登侍従《のとじじゅう》
安土桃山時代～江戸時代前期の武将、大名。能登七尾藩主。
¶石川百，コン改([没]寛永9(1632)年)，コン4，諸系，新潮([没]寛永9(1632)年)，人名，姓氏石川，戦国，戦人，日人，藩主3([没]寛永10(1633)年7月14日)

前田利太 まえだとします
→前田利太(まえだとしたか)

前田利行 まえだとしみち
天保6(1835)年～安政2(1855)年
江戸時代末期の大名。加賀大聖寺藩主。
¶諸系，姓氏石川，日人，藩主3([生]天保6(1835)年7月26日　[没]安政2(1855)年5月18日)

前田利道 まえだとしみち
享保18(1733)年～天明1(1781)年
江戸時代中期の大名。加賀大聖寺藩主。
¶諸系，姓氏石川([没]1782年)，日人，藩主3([生]享保18(1733)年4月24日　[没]安永10(1781)年1月14日)

前田利光 まえだとしみつ
→前田利常(まえだとしつね)

前田利以 まえだとしもち
明和5(1768)年～文政11(1828)年
江戸時代中期～後期の大名。上野七日市藩主。
¶茶道，諸系，日人，藩主1([生]明和5(1768)年2月　[没]文政11(1828)年5月4日)

前田利意 まえだとしもと
寛永2(1625)年～貞享2(1685)年
江戸時代前期の大名。上野七日市藩主。
¶諸系，人名，日人，藩主1([没]貞享2(1685)年4月27日)

前田利民 まえだとしもと
→前田利民(まえだとしたみ)

前田利考 まえだとしやす
安永8(1779)年～*
江戸時代中期～後期の大名。加賀大聖寺藩主。
¶諸系([没]1806年)，姓氏石川([没]1805年)，日人([没]1806年)，藩主3([生]安永8(1779)年1月10日　[没]文化2(1805)年12月25日)

前田利保 まえだとしやす
寛政12(1800)年～安政6(1859)年
江戸時代末期の大名。越中富山藩主。
¶朝日([生]寛政12年2月28日(1800年3月23日)　[没]安政6年8月18日(1859年9月14日))，維新，江文，近世，国史，国書([生]寛政12(1800)年3月1日　[没]安政6(1859)年8月18日)，コン改([生]寛政11(1799)年)，コン4，史人([生]1800年3月1日　[没]1859年8月18日)，諸系，新潮([生]寛政12(1800)年3月1日　[没]安政6(1859)年8月18日)，人名，姓氏富山，富山百([生]寛政12(1800)年2月28日　[没]安政6(1859)年8月18日)，富山文([生]寛政12(1800)年3月1日　[没]安政6(1859)年8月18日)，日人，幕末([生]1800年3月25日　[没]1859年9月14日)，藩主3([生]寛政12(1800)年2月28日　[没]安政6(1859)年8月18日)，和俳([生]寛政12(1800)年2月28日　[没]安政6(1859)年8月18日)

前田利幸 まえだとしゆき
享保14(1729)年～宝暦12(1762)年
江戸時代中期の大名。越中富山藩主。
¶諸系([生]1730年)，人名，姓氏富山，富山百([生]享保14(1729)年12月11日　[没]宝暦12(1762)年9月4日)，日人([生]1730年)，藩主3([生]享保14(1729)年12月11日　[没]宝暦12(1762)年9月4日)

前田利慶 まえだとしよし
寛文10(1670)年～元禄8(1695)年
江戸時代前期～中期の大名。上野七日市藩主。
¶諸系，日人，藩主1([没]元禄8(1695)年9月7日)

前田利和 まえだとしよし
寛政3(1791)年～天保10(1839)年
江戸時代後期の大名。上野七日市藩主。
¶諸系，日人，藩主1([生]寛政3(1791)年1月　[没]天保10(1839)年11月12日)

前田知足 まえだともたり
生没年不詳
江戸時代末期の加賀藩士。
¶国書

前田知周 まえだともちか
生没年不詳
江戸時代後期の加賀藩家老。
¶国書

前田知好 まえだともよし
天正18(1590)年～寛永5(1628)年
江戸時代前期の加賀藩士。
¶国書([生]天正18(1590)年12月8日　[没]寛永5(1628)年6月23日)，藩臣3

前田知頼 まえだともより
寛文2(1662)年～寛保2(1742)年3月19日
江戸時代前期～中期の加賀藩家老。
¶国書

前田直会 まえだなおあい
弘化4(1847)年～安政3(1856)年
江戸時代後期～末期の加賀藩士。加賀藩老臣前田直行系8代。
¶姓氏石川

前田直諒 まえだなおあき
天保1(1830)年～？
江戸時代後期～末期の加賀藩士。
¶国書

前田直堅 まえだなおかた
天和3(1683)年～享保14(1729)年
江戸時代前期～中期の加賀藩士。加賀藩老臣前田直之系3代。
¶姓氏石川

前田直方 まえだなおかた
→前田直方(まえだなおただ)

前田直勝 まえだなおかつ
寛永7(1630)年～宝永2(1705)年
江戸時代前期～中期の第2代京都東町奉行。

¶京都大，姓氏京都

前田直定 まえだなおさだ
生没年不詳
江戸時代後期の加賀藩士。
¶国書

前田直方 まえだなおただ
寛延1（1748）年～文政6（1823）年　劉前田直方
《まえだなおかた》
江戸時代中期～後期の加賀藩士。
¶国書（⊕寛延1（1748）年閏10月27日　㊤文政6
（1823）年11月17日），姓氏石川（まえだなおか
た），藩臣3

前田直時 まえだなおとき
寛政6（1794）年～文政11（1828）年
江戸時代後期の加賀藩士。
¶国書（⊕寛政6（1794）年4月　㊤文政11（1828）
年8月7日），姓氏石川

前田直知 まえだなおとも
天正16（1588）年～寛永7（1630）年
安土桃山時代～江戸時代前期の加賀藩士。加賀藩
老臣前田長種系2代。
¶姓氏石川

前田直作 まえだなおなり
寛永19（1642）年～元禄2（1689）年
江戸時代前期～中期の加賀藩士。加賀藩老臣前田
直之系2代。
¶姓氏石川

前田直成 まえだなおなり
慶長17（1612）年～元禄6（1693）年
江戸時代前期の加賀藩士。
¶姓氏石川，藩臣3

前田直信 まえだなおのぶ
天保12（1841）年～明治12（1879）年
江戸時代末期～明治期の加賀藩士。
¶姓氏石川，幕末（⊕1841年2月25日　㊤1879年9
月15日），藩臣3

前田直玄 まえだなおはる
元和4（1618）年～寛文9（1669）年8月
江戸時代前期の加賀藩士・藩大目付。
¶国書

前田直正 まえだなおまさ
慶長10（1605）年～寛永8（1631）年
江戸時代前期の加賀藩士。加賀藩老臣前田長種
系3代。
¶姓氏石川

前田直躬 まえだなおみ
正徳4（1714）年～安永3（1774）年
江戸時代中期の加賀藩士。
¶石川百，国書（⊕正徳4（1714）年3月　㊤安永3
（1774）年4月3日），姓氏石川，藩臣3

前田直養 まえだなおやす
安永1（1772）年12月～文化2（1805）年5月29日
江戸時代中期～後期の加賀藩年寄。
¶国書

前田直之 まえだなおゆき
慶長9（1604）年～延宝2（1674）年
江戸時代前期の加賀藩士。

¶石川百，姓氏石川，藩臣3

前田直良 まえだなおよし
文政3（1820）年～嘉永4（1851）年
江戸時代末期の加賀藩士。
¶姓氏石川，幕末（⊕1820年11月　㊤1851年5月6
日）

前田長畝 まえだながうね
天明3（1783）年～安政5（1858）年　劉前田梅園
《まえだばいえん》
江戸時代後期の近江大溝藩士。
¶国書（㊤安政5（1858）年12月4日），藩臣4（前田
梅園　まえだばいえん）

前田長種 まえだながたね
＊～寛永8（1631）年
江戸時代前期の加賀藩士。
¶石川百（⊕1550年），姓氏石川（⊕1550年），富
山百（⊕？　㊤寛永8（1631）年3月11日），藩
臣3（⊕？）

前田長時 まえだながとき
文禄1（1592）年～延宝4（1676）年
江戸時代前期の加賀藩士。
¶藩臣3

前田夏蔭 まえだなつかげ
寛政5（1793）年～元治1（1864）年
江戸時代末期の幕臣、歌人、国学者。清水浜臣
門下。
¶朝日（㊤元治1年8月26日（1864年9月26日）），
維新，江文，角史，近世，国史，国書（㊤元治1
（1864）年8月26日），コン改，コン4，茶道，詩
歌，史人（㊤1864年8月26日），神史，神人，新
潮（㊤元治1（1864）年8月26日），人名，世人
（㊤元治1（1864）年9月26日），全書，日人，幕
末（㊤1864年9月26日），平史，北海道百，北海
道歴，和俳（㊤元治1（1864）年8月26日）

前田夏繁 まえだなつしげ
天保12（1841）年1月6日～大正5（1916）年12月
12日
江戸時代後期～明治期の幕臣。
¶国書

前田斉広 まえだなりなが
天明2（1782）年～文政7（1824）年
江戸時代後期の大名。加賀藩主。
¶石川百，国書（⊕天明2（1782）年7月28日　㊤文
政7（1824）年7月10日），諸系，姓氏石川，日
人，藩主3（⊕天明2（1782）年7月28日　㊤文政7
（1824）年7月10日）

前田斉泰 まえだなりやす
文化8（1811）年～明治17（1884）年
江戸時代末期～明治期の大名。加賀藩主。
¶朝日（⊕文化8年7月10日（1811年8月28日）
㊤明治17（1884）年1月16日），石川百，維新，近
現，近世，国史，国書（⊕文化8（1811）年7月10
日　㊤明治17（1884）年1月16日），コン改，コ
ン4，コン5，史人（㊤1811年7月10日　㊤1884
年1月16日），諸系，新潮（⊕文化8（1811）年7
月10日　㊤明治17（1884）年1月16日），人名，
姓氏石川，日人，幕末（⊕1811年8月28日
㊤1884年1月16日），藩主3（⊕文化8（1811）年7

月10日　[没]明治17(1884)年1月16日)

前田伸右衛門 まえだのぶえもん
享保17(1732)年～文化8(1811)年　[別]前田伸右衛門《まえだしんえもん》
江戸時代中期～後期の肥前蓮池藩士。
¶佐賀百，日人，藩臣7(まえだしんえもん)

前田信片 まえだのぶかた
生没年不詳
江戸時代中期の加賀大聖寺藩士。
¶国書

前田信成 まえだのぶなり
享保19(1734)年～安永5(1776)年
江戸時代中期の加賀大聖寺藩家老。
¶国書([生]享保19(1734)年1月23日　[没]安永5(1776)年10月1日)，藩臣3

前田信道 まえだのぶみち
生没年不詳
江戸時代末期の加賀大聖寺藩士。
¶国書

前田則邦 まえだのりくに
弘化4(1847)年～大正4(1915)年
江戸時代末期～明治期の越中富山藩主一門。
¶富山百([生]弘化4(1847)年5月22日　[没]大正4(1915)年8月23日)，藩臣3

前田矩貫 まえだのりつら
寛延1(1748)年～？
江戸時代中期～後期の幕臣。
¶国書

前田矩豊 まえだのりとよ
？　～明和8(1771)年5月20日
江戸時代中期の加賀藩士。
¶国書

前田矩正 まえだのりまさ
生没年不詳
江戸時代後期の加賀藩士・藩若年寄。
¶国書

前田梅園 まえだばいえん
→前田長畝(まえだながうね)

前田梅洞 まえだばいどう
天明5(1785)年～安政3(1856)年
江戸時代後期の越前福井藩士、儒学者。
¶国書([生]天明5(1785)年2月11日　[没]安政3(1856)年7月19日)，人名，日人，藩臣3

前田玄長 まえだはるなが
～宝暦2(1752)年
江戸時代中期の旗本。
¶神奈川人

前田治脩 まえだはるなが
延享2(1745)年～文化7(1810)年
江戸時代中期～後期の大名。加賀藩主。
¶朝日([生]延享2年1月4日(1745年2月1日)　[没]文化7年1月7日(1810年2月10日))，石川百，近世，国史，国書([生]延享2(1745)年1月4日　[没]文化7(1810)年1月7日)，史人([生]1745年1月4日　[没]1810年1月7日)，諸系，人名，姓氏石川，富山百([生]延享2(1745)年1月4日　[没]文化7(1810)年1月7日)，日人，藩主3([生]延享2(1745)年1月4日　[没]文化7(1810)年1月7日)

前田秀信 まえだひでのぶ
天保13(1842)年～明治35(1902)年　[別]前田要蔵《まえだようぞう》
江戸時代末期～明治期の土佐藩士。
¶高知人(前田要蔵　まえだようぞう)，幕末([没]1902年5月3日)

前田豊前 まえだぶぜん
江戸時代前期の揖宿郡指宿郷の郷士。
¶姓氏鹿児島

前田孫右衛門 まえだまごうえもん
→前田孫右衛門(まえだまごえもん)

前田孫右衛門 まえだまごえもん
文政1(1818)年～元治1(1864)年　[別]前田孫右衛門《まえだまごうえもん》
江戸時代末期の長州(萩)藩士。益田右衛門介の手元役。
¶朝日([生]文政1年7月28日(1818年8月29日)　[没]元治1年12月19日(1865年1月16日))，維新，コン改，コン4，新潮([生]文政1(1818)年7月28日　[没]元治1(1864)年12月19日)，人名，姓氏山口，日人([没]1865年)，幕末(まえだまごうえもん　[没]1865年1月16日)，藩臣6(まえだまごうえもん)

前田正種 まえだまさたね
→前田繁馬(まえだしげま)

前田正甫 まえだまさとし
慶安2(1649)年～宝永3(1706)年
江戸時代前期～中期の大名。越中富山藩主。
¶江戸，国書([生]慶安2(1649)年8月2日　[没]宝永3(1706)年4月19日)，諸系，人名，姓氏富山，富山百([生]慶安2(1649)年8月2日　[没]宝永3(1706)年4月19日)，富山文([生]慶安2(1649)年8月2日　[没]宝永3(1706)年4月19日)，日人，藩主3([生]慶安2(1649)年8月2日　[没]宝永3(1706)年4月19日)

前田正虎 まえだまさとら
生没年不詳
江戸時代前期の加賀藩士のち致仕。
¶国書

前田正房 まえだまさふさ
生没年不詳
江戸時代後期の加賀藩士。
¶国書

前田正之 まえだまさゆき
天保13(1842)年～明治25(1892)年
江戸時代末期～明治期の志士。十津川郷士。
¶近現，近世，国史，コン改，コン4，コン5，新潮([没]明治25(1892)年7月23日)，人名，日人，幕末([没]1892年7月23日)

前田又久 まえだまたひさ
生没年不詳
江戸時代の播磨姫路藩士。
¶国書

前田道済 まえだみちなり
？　～文政13(1830)年10月13日
江戸時代後期の加賀藩士。

¶国書

前田光高 まえだみつたか
元和1(1615)年～正保2(1645)年
江戸時代前期の大名。加賀藩主。
¶石川百，国書([生]元和1(1615)年11月20日 [没]正保2(1645)年4月5日)，諸系([生]1616年)，姓氏石川，日人([生]1616年)，藩主3([生]元和1(1615)年11月20日 [没]正保2(1645)年4月5日)

前田宗辰 まえだむねとき
享保10(1725)年～延享3(1746)年
江戸時代中期の大名。加賀藩主。
¶石川百，諸系([没]1747年)，人名，姓氏石川，日人([没]1747年)，藩主3([生]享保10(1725)年4月25日 [没]延享3(1746)年12月8日)

前田幹 まえだもとき
天保13(1842)年～明治33(1900)年
江戸時代末期～明治期の加賀大聖寺藩家老。
¶姓氏石川，藩臣3

前田弥次右衛門 まえだやじえもん
生没年不詳
江戸時代前期の最上氏遺臣。
¶庄内

前田要蔵 まえだようぞう
→前田秀信(まえだひでのぶ)

前田吉徳 まえだよしのり
元禄3(1690)年～延享2(1745)年
江戸時代中期の大名。加賀藩主。
¶朝日([生]元禄3年8月8日(1690年9月10日) [没]延享2年6月12日(1745年7月11日))，石川百，近世，国史，国書([生]元禄3(1690)年8月8日 [没]延享2(1745)年6月12日)，コン改，コン4，諸系，人名，姓氏石川，日人，藩主3([生]元禄3(1690)年8月8日 [没]延享2(1745)年6月12日)

前田慶寧 まえだよしやす
天保1(1830)年～明治7(1874)年
江戸時代末期～明治期の大名。加賀藩主。
¶朝日([生]天保1年5月4日(1830年6月24日) [没]明治7(1874)年5月22日)，石川百，維新，近現，近世，国史，国書([生]文政13(1830)年5月4日 [没]明治7(1874)年5月18日)，諸系，新潮([生]天保1(1830)年5月4日 [没]明治7(1874)年5月18日)，人名，姓氏石川，富山百([生]文政13(1830)年5月4日 [没]明治7(1874)年5月18日)，日人，幕末([生]1830年6月24日 [没]1874年5月18日)，藩主3([生]天保1(1830)年5月4日 [没]明治7(1874)年5月18日)

前波景秀 まえなみかげひで
天明5(1785)年～弘化2(1845)年5月12日
江戸時代後期の加賀藩士。
¶幕末

前波宗右衛門 まえなみそうえもん
生没年不詳
江戸時代後期の加賀小松藩士。
¶国書

前波正因 まえなみまさより
延宝7(1679)年～寛延3(1750)年8月4日
江戸時代前期～中期の加賀藩士。
¶国書

前野五郎 まえのごろう
弘化2(1845)年～明治25(1892)年4月19日
江戸時代末期～明治期の新撰組隊士。
¶札幌，新撰，幕末

前野長世 まえのながよ
江戸時代末期～明治期の弓道家、土佐藩士。
¶弓道

前野長順 まえのながより
江戸時代末期～明治期の弓道家、土佐藩士。
¶弓道

前野真門 まえのまかど
文化8(1811)年～明治9(1876)年
江戸時代末期～明治期の播磨山崎藩士。
¶国書([生]文化8(1811)年6月24日 [没]明治9(1876)年4月28日)，人名，日人，藩臣5，和俳

前波勝秀 まえばかつひで
？ ～元和6(1620)年
江戸時代前期の武士。朝倉氏家臣、豊臣氏家臣、徳川氏家臣。
¶織田([没]元和6(1620)年3月2日)，戦国，戦人

前場勝政 まえばかつまさ
～正保1(1644)年
江戸時代前期の旗本。
¶神奈川人

前場喜司馬 まえばきじま
弘化3(1846)年7月15日～大正4(1915)年4月2日
江戸時代後期～明治期の新撰組隊士。
¶新撰

前場小五郎 まえばこごろう
天保12(1841)年7月9日～明治38(1905)年11月24日
江戸時代後期～明治期の新撰組隊士。
¶新撰

前原伊助 まえばらいすけ，まえはらいすけ
寛文4(1664)年～元禄16(1703)年
江戸時代中期の播磨赤穂藩士。赤穂義士の一人。
¶江戸，国書(まえはらいすけ [没]元禄16(1703)年2月4日)，人名，日人

前原一誠 まえばらいっせい，まえはらいっせい；まえばらいつせい
天保5(1834)年～明治9(1876)年 [別]佐世八十郎《させやじゅうろう，させやそろう》
江戸時代末期～明治期の長州藩の志士、政治家。吉田松陰の松下村塾に入る。
¶朝日([生]天保5年3月24日(1834年5月2日) [没]明治9(1876)年12月3日)，維新，岩史(まえはらいっせい [生]天保5(1834)年3月20日 [没]明治9(1876)年12月3日)，角史([生]天保1(1830)年)，近現([生]1830年)，近世([生]1830年)，国際，国史([生]1830年)，コン改，コン4，コン5(まえはらいっせい)，詩歌([没]1877年)，史人([生]1834年3月20日 [没]1876年12月3日)，島根歴，重要([生]天保5(1834)年3月30日 [没]明治9(1876)年12月3日)，新潮([生]天保5(1834)年3月20日 [没]明治9(1876)年12月3日)，人

名，姓氏山口（まえばらいつせい），世人（[生]天保5（1834）年3月20日　[没]明治9（1876）年12月3日），世百，全書，大百，伝記，日史（[生]天保5（1834）年3月20日　[没]明治9（1876）年12月3日），日人，日本，幕末（[没]1876年12月3日），藩臣6，百科，明治1（[生]1830年），山口百，歴大（まえはらいっせい）

前原巧山　まえばらこうざん
文化9（1812）年～明治25（1892）年
江戸時代末期～明治期の伊予宇和島藩士。
¶維新，愛媛百（[生]文化9（1812）年9月4日　[没]明治25（1892）年9月18日），日人，幕末（[没]1892年9月18日），藩臣6

前部重厚　まえべじゅうこう
文政11（1828）年～明治41（1908）年
江戸時代末期～明治期の大和芝村藩の政治家。
¶郷土奈良，日人，幕末（[没]1908年3月30日），藩臣4

前山清一郎（前山精一郎）　まえやませいいちろう
文政6（1823）年～明治29（1896）年
江戸時代末期～明治期の肥前佐賀藩士。
¶維新，佐賀百（[生]文政6（1823）年2月　[没]明治29（1896）年3月27日），人名，日人，幕末（前山精一郎　[没]1896年3月27日）

万尾時春　まおときはる
天和3（1683）年～宝暦5（1755）年12月28日　[別]万尾時春《まんびときはる》
江戸時代中期の丹波篠山藩の測量術家、和算家。
¶国書，新潮，人名（[生]？），世人（生没年不詳），日人（[没]1756年），藩臣5，兵庫人（まんびときはる），兵庫百（生没年不詳）

曲垣平九郎　まがきへいくろう
生没年不詳　[別]曲垣平九郎《まえがきへいくろう》
江戸時代前期の馬術家。丸亀城主生駒氏に仕える。
¶朝日，江戸，コン4，新潮，人名，世人（まえがきへいくろう），全書，大百，日人，歴大

真壁氏幹　まかべうじもと
天文19（1550）年～元和8（1622）年
安土桃山時代～江戸時代前期の武将。
¶人名，戦国（[生]？　[没]1589年），戦辞（[生]天文19年8月2日（1550年9月12日）　[没]元和8年3月7日（1622年4月17日）），戦人，日人

真壁佐左衛門　まかべさざえもん
？～天保14（1843）年
江戸時代後期の遠江掛川藩士。
¶藩臣4

真壁平左衛門　まかべへいざえもん
＊～安政6（1859）年
江戸時代後期の剣道師範。
¶神奈川人（[生]1775年），姓氏神奈川（[生]1774年）

真壁義幹　まかべよしもと
天文21（1552）年～寛永7（1630）年
安土桃山時代～江戸時代前期の武将。佐竹氏家臣。
¶戦辞（[生]天文21年5月18日（1552年6月10日）　[没]寛永7年6月21日（1630年8月29日）），戦人，戦東（[生]？）

真柄英寧　まがらひでやす
元文1（1736）年～寛政9（1797）年
江戸時代中期の上野沼田藩士。
¶藩臣2

曲淵景漸　まがりぶちかげつぐ
享保10（1725）年～寛政12（1800）年
江戸時代中期～後期の江戸町奉行。大坂での朝鮮通信使従者殺害事件の処理に当たる。
¶朝日（[没]寛政12年4月30日（1800年5月23日）），岩史（[没]寛政12（1800）年4月30日），コン4，日人

曲淵景衡　まがりぶちかげひら
延宝3（1675）年～享保18（1733）年
江戸時代前期～中期の武士。
¶日人

曲淵景露　まがりふちかげみち
宝暦8（1758）年～？　[別]曲淵甲斐守景露《まがりぶちかひのかみかげみち》
江戸時代中期～後期の第21代京都西町奉行。
¶京都大，姓氏京都，長崎歴（曲淵甲斐守景露　まがりぶちかひのかみかげみち　[没]天保6（1835）年）

曲淵甲斐守景露　まがりぶちかひのかみかげみち
→曲淵景露（まがりふちかげみち）

曲淵直義　まがりぶちなおとき
安永2（1773）年～？
江戸時代中期～後期の幕臣。
¶国書

曲淵信次　まがりぶちのぶつぐ
～寛永4（1627）年
江戸時代前期の旗本。
¶神奈川人

曲淵吉門　まがりぶちよしかど
～明暦2（1656）年
江戸時代前期の旗本。
¶神奈川人

曲淵吉清　まがりぶちよしきよ
～元和5（1619）年
江戸時代前期の旗本。
¶神奈川人

曲淵吉資　まがりぶちよしすけ
生没年不詳
江戸時代前期の旗本。
¶神奈川人

曲淵吉房　まがりぶちよしふさ
～寛永1（1624）年
江戸時代前期の旗本。
¶神奈川人

真木和泉　まきいずみ
文化10（1813）年～元治1（1864）年　[別]真木保臣《まきやすおみ》，真木和泉守《まきいずみのかみ》
江戸時代末期の筑後久留米藩の尊攘派志士。
¶朝日（[生]文化10年3月7日（1813年4月7日）　[没]元治1年7月21日（1864年8月22日）），維新，岩史（真木保臣　まきやすおみ　[生]文化10（1813）年3月7日　[没]元治1（1864）年7月21日），角史，京都大，近世（真木保臣　まきやす

おみ)，国史(真木保臣　まきやすおみ)，国書(真木保臣　まきやすおみ　[生]文化10(1813)年3月7日　[没]元治1(1864)年7月21日)，コン改(真木保臣　まきやすおみ)，コン4(真木保臣　まきやすおみ)，詩歌(真木保臣　まきやすおみ)，史人([生]1813年3月7日　[没]1864年7月21日)，重要([生]文化10(1813)年3月7日　[没]元治1(1864)年7月21日)，神史(真木保臣　まきやすおみ)，人書79，人書94，神人(真木保臣　まきやすおみ)，新潮([生]文化10(1813)年3月7日　[没]元治1(1864)年7月21日)，人名(真木保臣　まきやすおみ)，姓氏京都，世人(真木保臣　まきやすおみ　[生]文化10(1813)年2月7日　[没]元治1(1864)年7月21日)，世人([没]元治1(1864)年7月21日)，世百(真木保臣　まきやすおみ)，全書，大百，日史([生]文化10(1813)年3月7日　[没]元治1(1864)年7月21日)，日人，幕末([没]1864年8月22日)，藩臣7(真木保臣　まきやすおみ)，百科，福岡百([生]文化10(1813)年3月7日　[没]元治1(1864)年7月21日)，歴大，和俳([没]元治1(1864)年7月21日)

馬来可也 まきかなり
文政12(1829)年～明治25(1892)年
江戸時代後期～明治期の美祢郡嘉万村在郷武士。
¶姓氏山口

真木菊四郎 まききくしろう
天保14(1843)年～慶応1(1865)年
江戸時代末期の志士。
¶維新，神人([生]天保13(1842)年)，新潮([生]天保14(1843)年9月19日　[没]慶応1(1865)年2月14日)，人名，日人，幕末([没]1865年3月11日)

槙吉之丞 まききちのじょう
?　～明暦3(1657)年
江戸時代前期の槍術家、越後長岡藩士。
¶国書，人名，日人

真木外記 まきげき
→真木直人(まきなおと)

槙元真 まきげんしん
?　～元禄4(1691)年
江戸時代前期の美濃加納藩士。
¶藩臣3

牧香松 まきこうしょう
文化10(1813)年～元治2(1865)年2月8日
江戸時代後期～末期の周防徳山藩士。
¶国書

牧五郎左衛門 まきごろうざえもん
生没年不詳
江戸時代前期の最上氏遺臣。
¶庄内

真木定前 まきさだちか
寛政9(1797)年～弘化1(1844)年
江戸時代後期の三河田原藩用人。
¶姓氏愛知，藩臣4

牧左馬助 まきさまのすけ
?　～元和4(1618)年　[別]牧左馬助《まきさめのすけ》
安土桃山時代～江戸時代前期の武士。
¶岡山人，岡山歴(まきさめのすけ　[没]元和4(1618)年5月18日)，戦人，戦西(まきさめのすけ)

牧左馬助 まきさめのすけ
→牧左馬助(まきさまのすけ)

槇島錠之助 まきしまじょうのすけ
天保12(1841)年～慶応1(1865)年　[別]槇島光明《まきしまみつあき》
江戸時代末期の近江膳所藩士。
¶維新，人名(槇島光明　まきしまみつあき)，日人

牧志摩守義制 まきしまのかみよしさだ
→牧義制(まきよしまさ)

槇島半之允 まきしまはんのじょう
生没年不詳
江戸時代中期の肥後熊本藩士。
¶藩臣7

槇島光明 まきしまみつあき
→槇島錠之助(まきしまじょうのすけ)

真木水竹 まきすいちく
文政12(1829)年～明治26(1893)年
江戸時代末期～明治期の漢学者、磐城平藩士。
¶人名，日人

牧園進士 まきぞののぶこと
→牧園茅山(まきぞのぼうざん)

牧園茅山 まきぞのぼうざん
明和4(1767)年～天保7(1836)年　[別]牧園進士《まきぞののぶこと》
江戸時代中期～後期の筑後柳河藩士、儒学者。
¶国書([生]明和4(1767)年1月10日　[没]天保7(1836)年5月15日)，人名(牧園進士　まきぞののぶこと)，日人，藩臣7

牧嵩振 まきたかふる
明和1(1764)年9月25日～天保10(1839)年3月9日
江戸時代中期～後期の豊後岡藩士。
¶国書

牧武次 まきたけつぐ
天正13(1585)年～寛文11(1671)年
安土桃山時代～江戸時代前期の細川忠興家臣。肥後熊本藩士。
¶国書

牧田貞右衛門 まきたさだうえもん
→牧田貞節(まきたさだとき)

牧田貞節 まきたさだとき
文化8(1811)年～文久2(1862)年　[別]牧田貞右衛門《まきたさだうえもん》
江戸時代末期の遠江掛川藩士。
¶維新，人名，日人，藩臣4(牧田貞右衛門　まきたさだうえもん　[生]?)

蒔田助太夫 まきたすけだゆう
生没年不詳
江戸時代中期の上総勝浦藩士。
¶藩臣3

牧只右衛門 まきただえもん
生没年不詳
江戸時代前期の弘前藩物頭。
¶青森人

牧忠輔　まきただすけ
？　～文化10（1813）年4月22日
江戸時代中期～後期の加賀藩士。
¶国書

真喜田東渠　まきたとうきょ
？　～明治4（1871）年
江戸時代末期～明治期の播磨林田藩士。
¶藩臣5

牧田唐九郎　まきたとうくろう
生没年不詳
江戸時代中期の蝦夷松前藩士。
¶国書

蒔田広定　まきたひろさだ
→蒔田広定（まいたひろさだ）

牧田方穀　まきたほうこく
生没年不詳
江戸時代中期の大和郡山藩士。
¶国書

蒔田政行　まきたまさゆき
慶長5（1600）年～？　㊀蒔田政行《まいたまさゆき》
江戸時代前期の武士。豊臣氏家臣。
¶戦国，戦人（まいたまさゆき）

真木伝衛門　まきでんえもん
寛政2（1790）年～慶応3（1867）年
江戸時代末期の水戸藩士。
¶維新，幕末（㊁1867年3月17日）

牧東海　まきとうかい
宝暦7（1757）年12月5日～天保6（1835）年1月23日
江戸時代中期～後期の出羽庄内藩士。のち脱藩。
¶国書

真木直人　まきなおと
文政4（1821）年～明治34（1901）年5月13日　㊀真木外記《まきげき》
江戸時代末期～明治期の志士。真木和泉の弟。
¶維新（真木外記　まきげき），国書（㊀文政4（1821）年2月11日），島根歴，神人（㊀文政4（1821）年2月11日），幕末（真木外記　まきげき）

牧長重　まきながしげ
～万治2（1659）年
江戸時代前期の旗本。
¶神奈川人

牧長高　まきながたか
～元禄8（1695）年
江戸時代前期の旗本。
¶神奈川人

真木長義　まきながよし
天保7（1836）年～大正6（1917）年
江戸時代末期～明治期の肥前佐賀藩士、海軍軍人。
¶朝日（㊀天保7年5月15日（1836年6月28日）㊁大正6（1917）年3月3日），維新，人名，日人，幕末（㊀1836年6月28日　㊁1917年3月3日），陸海（㊀天保7年5月15日　㊁大正6年3月3日）

牧野明成　まきのあきしげ
＊～寛延3（1750）年　㊀牧野明成《まきのあきなり》
江戸時代中期の大名。丹後田辺藩主。
¶諸系（㊀1705年），人名（まきのあきなり㊀1704年），日人（㊀1705年），藩主3（㊀宝永1（1704）年4月6日　㊁寛延3（1750）年10月7日）

牧野明成　まきのあきなり
→牧野明成（まきのあきしげ）

牧野円泰　まきのえんたい
慶安3（1650）年～享保14（1729）年
江戸時代中期の惣社の神官、剣術家。
¶栃木歴

牧野織部　まきのおりべ
生没年不詳
江戸時代前期の武士。
¶日人

牧野和高　まきのかずたか
生没年不詳
江戸時代前期の水戸藩士。
¶国書

牧野幹　まきのかん
文政8（1825）年～明治27（1894）年　㊀牧野幹《まきのこわし》
江戸時代末期～明治期の越前福井藩士。
¶人名，日人（㊀1826年），幕末（まきのこわし㊁1894年3月9日），藩臣3（まきのこわし）

牧野源七郎　まきのげんしちろう
江戸時代末期の新撰組隊士。
¶新撰

牧野惟成　まきのこれしげ
享保13（1728）年～天明3（1783）年
江戸時代中期の大名。丹後田辺藩主。
¶諸系，日人，藩主3（㊀享保13（1728）年11月28日　㊁天明3（1783）年7月23日）

牧野幹　まきのこわし
→牧野幹（まきのかん）

牧野権六郎　まきのごんろくろう
文政2（1819）年～明治2（1869）年　㊀牧野成憲《まきのなりのり》
江戸時代末期の備前岡山藩士。
¶朝日（㊀文政2年8月2日（1819年9月20日）㊁明治2年6月28日（1869年8月5日）），維新，岡山人，岡山百（㊀文政2（1819）年8月2日　㊁明治2（1869）年6月28日），岡山歴（㊀文政2（1819）年8月2日　㊁明治2（1869）年6月28日），近現，近世，国史，国書（牧野成憲　まきのなりのり　㊀文政2（1819）年8月2日　㊁明治2（1869）年6月28日），コン改，コン4，コン5，新潮（㊀文政2（1819）年8月2日　㊁明治2（1869）年6月28日），人名，日人，幕末（㊁1869年8月5日），藩臣6

牧野作左衛門　まきのさくざえもん
？　～嘉永5（1852）年
江戸時代末期の遠江掛川藩用人。
¶藩臣4

牧野作兵衛　まきのさくべえ
～嘉永2（1849）年
江戸時代後期の小田原藩士。
¶神奈川人

ま

牧野左次郎 まきのさじろう
？ ～享和3（1803）年　[別]牧野恒貞《まきのつねさだ》
江戸時代中期～後期の陸奥弘前藩家老。
¶青森人（牧野恒貞　まきのつねさだ），藩臣1

牧野貞明 まきのさだあき
→牧野貞直（まきのさだなお）

牧野貞一 まきのさだかつ
文化12（1815）年～天保11（1840）年
江戸時代後期の大名。常陸笠間藩主。
¶諸系，日人，藩主2（[生]文化12（1815）年5月21日　[没]天保11（1840）年11月27日）

牧野貞直 まきのさだなお
天保1（1830）年～明治20（1887）年　[別]牧野貞明《まきのさだあき》
江戸時代末期～明治期の大名。常陸笠間藩主。
¶維新（牧野貞明　まきのさだあき），大阪人（牧野貞明　まきのさだあき　[没]明治20（1887）年1月），諸系（[生]1831年），日人（[生]1831年），幕末（[没]1887年1月13日），幕末（牧野貞明　まきのさだあき　[没]1887年1月13日），藩主2（[生]天保1（1830）年11月27日　[没]明治20（1887）年1月13日）

牧野貞長 まきのさだなが
享保18（1733）年～寛政8（1796）年
江戸時代中期の大名。常陸笠間藩主。
¶京都大（[生]享保16（1731）年），国書（[生]享保18（1733）年11月21日　[没]寛政8（1796）年9月30日），諸系，人名，姓氏京都（[生]1731年），日人，藩主2（[生]享保18（1733）年11月21日　[没]寛政8（1796）年9月30日）

牧野貞勝 まきのさだのり
文政7（1824）年～天保12（1841）年
江戸時代後期の大名。常陸笠間藩主。
¶諸系，日人，藩主2（[生]文政7（1824）年1月18日　[没]天保12（1841）年6月20日）

牧野貞喜 まきのさだはる
宝暦8（1758）年～文政5（1822）年　[別]牧野貞喜《まきのさだよし》
江戸時代後期の大名。常陸笠間藩主。
¶郷土茨城，近世，国史，国書（[生]宝暦8（1758）年8月6日　[没]文政5（1822）年10月17日），諸系，人名（まきのさだよし），日人，藩主2（[生]宝暦8（1758）年8月6日　[没]文政5（1822）年10月17日）

牧野貞久 まきのさだひさ
天保7（1836）年～嘉永3（1850）年
江戸時代末期の大名。常陸笠間藩主。
¶諸系，日人，藩主2（[生]天保6（1835）年12月5日　[没]嘉永3（1850）年3月29日）

牧野貞通 まきのさだみち
宝永4（1707）年～寛延2（1749）年
江戸時代中期の大名。日向延岡藩主、常陸笠間藩主。
¶京都大，諸系，人名，姓氏京都，日人，藩主2（[生]宝永7（1710）年閏8月24日　[没]寛延2（1749）年9月13日），藩主4（[生]宝永4（1707）年8月24日　[没]寛延2（1749）年9月13日），宮崎百（[生]宝永4（1707）年8月24日　[没]寛延2（1749）年9月13日）

牧野貞幹 まきのさだもと
天明7（1787）年～文政11（1828）年
江戸時代後期の大名。常陸笠間藩主。
¶国書（[生]天明7（1787）年1月16日　[没]文政11（1828）年8月18日），諸系，日人，藩主2（[生]天明7（1787）年1月16日　[没]文政11（1828）年8月18日）

牧野貞寧 まきのさだやす
安政4（1857）年～大正5（1916）年
江戸時代末期～明治期の大名。常陸笠間藩主。
¶諸系，日人，幕末（[没]1916年12月24日），藩主2（[生]安政4（1857）年6月10日　[没]大正5（1916）年12月24日）

牧野貞喜 まきのさだよし
→牧野貞喜（まきのさだはる）

牧野成著 まきのしげあきら
？ ～嘉永2（1849）年9月14日
江戸時代後期の幕臣。
¶国書

牧野成賢 まきのしげかた
正徳4（1714）年～寛政4（1792）年
江戸時代中期の町奉行。無宿養育所を江戸深川に設置。
¶朝日（[没]寛政4年4月25日（1792年6月14日）），日人

牧野成傑 まきのしげたけ
明和6（1769）年～文政6（1823）年　[別]牧野大和守成傑《まきのやまとのかみしげたけ》
江戸時代中期～後期の第22代京都西町奉行。
¶京都大，姓氏京都，長崎歴（牧野大和守成傑　まきのやまとのかみしげたけ）

牧野成春 まきのしげはる
→牧野成春（まきのなりはる）

牧野茂敬 まきのしげゆき
→小笠原只八（おがさわらただはち）

牧野弼成 まきのすけしげ
安政1（1854）年～大正13（1924）年
江戸時代末期～明治期の大名。丹後田辺藩主。
¶諸系，世紀（[生]嘉永7（1854）年8月23日　[没]大正13（1924）年6月23日），日人，藩主3（[生]安政1（1854）年8月23日　[没]大正13（1924）年6月）

牧野成信 まきのせいしん
→牧野成信（まきのなりのぶ）

牧野誠成 まきのたかしげ
天保3（1832）年～明治2（1869）年
江戸時代末期の大名。丹後田辺藩主。
¶維新，諸系，日人，幕末（[没]1869年4月16日），藩主3（[生]天保3（1832）年5月19日　[没]明治2（1869）年3月5日）

牧野忠寿 まきのただかず
元禄8（1695）年～享保20（1735）年　[別]牧野忠寿《まきのただちか》
江戸時代中期の大名。越後長岡藩主。
¶諸系，人名（まきのただちか），新潟百，日人，藩主3（[没]享保20（1735）年10月2日）

牧野忠毅 まきのただかつ
安政6(1859)年～大正7(1918)年
江戸時代末期～明治期の大名。越後長岡藩主。
¶維新([没]1917年), 諸系, 新潟百, 日人, 藩主3([生]安政6(1859)年3月10日　[没]大正7(1918)年2月3日)

牧野忠精 まきのただきよ
宝暦10(1760)年～天保2(1831)年
江戸時代後期の老中。越後長岡藩主。
¶京都大([没]文政11(1828)年), 近世, 国史, 国書([生]宝暦10(1760)年10月19日　[没]天保2(1831)年7月14日), コン改([没]文政11(1828)年), コン4, 茶道([没]1828年), 史人([生]1760年10月19日　[没]1831年7月14日), 諸系, 新潮([生]宝暦10(1760)年10月19日　[没]天保2(1831)年7月10日), 人名([没]1828年), 姓氏京都, 世人([没]文政11(1828)年), 新潟百, 日人, 藩主3([生]宝暦10(1760)年10月19日　[没]天保2(1831)年7月)

牧野忠訓 まきのただくに
弘化1(1844)年～明治8(1875)年
江戸時代末期～明治期の大名。越後長岡藩主。
¶朝日([生]弘化1年8月15日(1844年9月26日)　[没]明治8(1875)年6月16日), 維新, 諸系, 新潮([生]弘化1(1844)年8月15日　[没]明治8(1875)年6月16日), 新潟百, 日人, 藩主3([生]天保15(1844)年8月15日　[没]明治8(1875)年6月16日)

牧野忠敬 まきのただたか
享保14(1729)年～寛延1(1748)年
江戸時代中期の大名。越後長岡藩主。
¶諸系, 新潟百, 日人, 藩主3([生]享保14(1729)年6月　[没]延享5(1748)年6月29日)

牧野忠寿 まきのただちか
→牧野忠寿(まきのただかず)

牧野忠周 まきのただちか
享保6(1721)年～安永1(1772)年
江戸時代中期の大名。越後長岡藩主。
¶諸系, 人名([生]1719年), 新潟百, 日人, 藩主3([生]享保6(1721)年9月21日　[没]明和9(1772)年6月28日)

牧野忠辰 まきのただとき
寛文5(1665)年～享保7(1722)年
江戸時代中期の大名。越後長岡藩主。
¶諸系, 人名, 新潟百, 日人, 藩主3([生]寛文5(1665)年1月4日　[没]享保7(1722)年8月6日)

牧野忠利 まきのただとし
享保19(1734)年～宝暦5(1755)年
江戸時代中期の大名。越後長岡藩主。
¶国書([生]享保19(1734)年9月21日　[没]宝暦5(1755)年7月24日), 諸系, 人名([生]1732年), 新潟百([生]1732年), 日人, 藩主3([生]享保19(1734)年9月21日　[没]宝暦5(1755)年7月24日)

牧野忠成(1) まきのただなり
天正9(1581)年～承応3(1654)年
江戸時代前期の大名。上野大胡藩主、越後長峯藩主、越後長岡藩主。
¶近世, 国史, コン改, コン4, 史人([没]1654年12月16日), 諸系([没]1655年), 新潮([没]承応3(1654)年12月16日), 人名([生]?), 世人, 戦合, 新潟百, 日人([没]1655年), 藩主1([没]承応3(1654)年12月16日), 藩主3([没]承応3(1654)年12月16日), 藩主3

牧野忠成(2) まきのただなり
寛永12(1635)年～延宝2(1674)年
江戸時代前期の大名。越後長岡藩主。
¶諸系, 新潟百, 日人, 藩主3([没]延宝2(1674)年5月27日)

牧野忠寛 まきのただひろ
元文1(1736)年～明和3(1766)年
江戸時代中期の大名。越後長岡藩主。
¶諸系, 新潟百, 日人, 藩主3([生]寛保1(1741)年8月29日　[没]明和3(1766)年6月30日)

牧野忠泰 まきのただひろ
弘化2(1845)年～明治15(1882)年
江戸時代末期～明治期の大名。越後三根山藩主。
¶維新([生]1835年), 諸系, 新潮([生]天保6(1835)年　[没]明治15(1882)年8月1日), 日人, 藩主3([生]弘化2(1845)年9月16日　[没]明治15(1882)年8月1日)

牧野忠雅 まきのただまさ
寛政11(1799)年～安政5(1858)年
江戸時代末期の大名。越後長岡藩主。
¶維新, 京都大, 諸系, 姓氏京都, 新潟百, 日人, 藩主3([生]寛政11(1799)年11月6日　[没]安政5(1858)年8月23日)

牧野忠恭 まきのただゆき
文政7(1824)年～明治11(1878)年
江戸時代末期～明治期の大名。越後長岡藩主。
¶維新, 京都大, 諸系, 新潮([生]文政7(1824)年9月1日　[没]明治11(1878)年9月1日), 姓氏京都, 新潟百, 日人, 藩主3([生]文政7(1824)年9月1日　[没]明治11(1878)年9月1日)

牧野親成 まきのちかしげ
慶長12(1607)年～延宝5(1677)年　[別]牧野親成《まきのちかなり》
江戸時代前期の大名。下総関宿藩主、丹後田辺藩主。
¶岩史([没]延宝5(1677)年9月23日), 黄檗(まきのちかなり　[没]延宝5(1677)年9月23日), 京都大, 京都府, 近世, 国史, コン改, コン4, 埼玉人([没]延宝5(1677)年9月23日), 茶道, 諸系, 新潮([没]延宝5(1677)年9月23日), 人名, 姓氏京都, 日人, 藩主2, 藩主3([没]延宝5(1677)年9月23日), 歴大

牧野親成 まきのちかなり
→牧野親成(まきのちかしげ)

牧野竹所 まきのちくしょ
?～天保8(1837)年　[別]牧野長門守成文《まきのながとのかみしげふみ》
江戸時代後期の幕臣・長崎奉行、漢詩人。
¶国書([没]天保8(1837)年5月27日), 長崎歴(牧野長門守成文　まきのながとのかみしげふみ)

牧野恒貞 まきのつねさだ
→牧野左次郎(まきのさじろう)

牧野節成 まきのときしげ
文化7(1810)年～文久1(1861)年
江戸時代末期の大名。丹後田辺藩主。
¶諸系，日人，藩主3([生]文化7(1810)年3月27日 [没]文久1(1861)年8月29日)

牧野富成 まきのとみしげ
寛永5(1628)年～元禄6(1693)年
江戸時代前期の大名。丹後田辺藩主。
¶国書([没]元禄6(1693)年8月6日)，諸系，人名([生]1634年)，日人，藩主3([没]元禄6(1693)年8月6日)

牧野長門守成文 まきのながとのかみしげふみ
→牧野竹所(まきのちくしょ)

牧野長虎 まきのながとら
？ ～承応1(1652)年
江戸時代前期の紀伊和歌山藩家老。
¶藩臣5，和歌山人

牧野成貞 まきのなりさだ
寛永11(1634)年～正徳2(1712)年
江戸時代前期～中期の大名。下総関宿藩主。
¶朝日([没]正徳2年6月5日(1712年7月8日))，岩史([没]正徳2(1712)年6月5日)，近世，国史，コン4，史人([没]1712年6月5日)，諸系，新潮([没]正徳2(1712)年6月5日)，人名，世人，千葉百，日史([没]正徳2(1712)年6月5日)，日人，藩主2([没]正徳2(1712)年6月5日)，百科，歴大

牧野成常 まきのなりつね
慶長2(1597)年～寛文9(1669)年2月23日
江戸時代前期の武士。
¶黄檗

牧野成央 まきのなりなか
元禄12(1699)年～享保4(1719)年
江戸時代中期の大名。三河吉田藩主、日向延岡藩主。
¶諸系，日人，藩主2([没]1727年)，藩主4([没]享保4(1719)年5月16日)

牧野成信 まきのなりのぶ
[別]牧野成信《まきのせいしん》
江戸時代前期の備前岡山藩士、槍術家。
¶岡山人(まきのせいしん)，国書(生没年不詳)

牧野成憲 まきのなりのり
→牧野権六郎(まきのごんろくろう)

牧野成春 まきのなりはる
天和2(1682)年～宝永4(1707)年　[別]牧野成春《まきのしげはる》
江戸時代中期の大名。下総関宿藩主、三河吉田藩主。
¶神奈川人，諸系，人名(まきのしげはる [生]1652年)，姓氏神奈川，日人，藩主2，藩主2([生]天和2(1682)年10月23日 [没]宝永4(1707)年3月26日)

牧野信成 まきののぶしげ
天正6(1578)年～慶安3(1650)年4月11日　[別]牧野豊前守信成《まきのぶぜんのかみのぶなり》
安土桃山時代～江戸時代前期の武将、大名。武蔵石戸藩主、下総関宿藩主。
¶埼玉人，埼玉百(牧野豊前守信成　まきのぶぜんのかみのぶなり)，諸系，日人，藩主1，藩主2

牧野儀成 まきののりなり
～万治3(1660)年
江戸時代前期の旗本。
¶神奈川人

牧野英成 まきのひでしげ
寛文11(1671)年～寛保1(1741)年　[別]牧野英成《まきのひでなり》
江戸時代中期の大名。丹後田辺藩主。
¶京都大(まきのひでなり)，京都府(まきのひでなり)，諸系，人名(まきのひでなり)，姓氏京都，日人，藩主3([生]寛文11(1671)年9月11日 [没]寛保1(1741)年9月19日)

牧野英成 まきのひでなり
→牧野英成(まきのひでしげ)

牧野英正 まきのひでまさ
万治1(1658)年～享保14(1729)年
江戸時代前期～中期の安芸広島藩士。
¶藩臣6

牧野宣成 まきのふさしげ
明和2(1765)年～文化8(1811)年
江戸時代中期～後期の大名。丹後田辺藩主。
¶諸系，日人，藩主3([生]明和2(1765)年7月8日 [没]文化8(1811)年3月29日)

牧野豊前守信成 まきのぶぜんのかみのぶなり
→牧野信成(まきののぶしげ)

牧野正之進 まきのまさのしん
天保1(1830)年～明治1(1868)年
江戸時代末期の薩摩藩士。
¶維新，人名，姓氏鹿児島，日人，幕末([没]1868年9月11日)

牧野以成 まきのもちしげ
天明8(1788)年～天保4(1833)年
江戸時代後期の大名。丹後田辺藩主。
¶諸系，日人，藩主3([生]天明8(1788)年6月14日 [没]天保4(1833)年8月24日)

牧野盛仲 まきのもりなか
生没年不詳
江戸時代前期の陸奥仙台藩士。
¶藩臣1

牧野康明 まきのやすあき
寛政12(1800)年～文政10(1827)年　[別]牧野康明《まきのやすあきら》
江戸時代後期の大名。信濃小諸藩主。
¶諸系，長野歴(まきのやすあきら)，日人，藩主2(まきのやすあきら [生]寛政12(1800)年2月 [没]文政10(1827)年7月25日)

牧野康明 まきのやすあきら
→牧野康明(まきのやすあき)

牧野安右衛門 まきのやすえもん
生没年不詳
江戸時代前期の肥後熊本藩士。
¶国書，藩臣7

牧野康重 まきのやすしげ
延宝5(1677)年～享保7(1722)年
江戸時代中期の大名。越後与板藩主、信濃小諸

藩主。
¶諸系（[没]1723年），人名，姓氏長野，長野歴，日人（[没]1723年），藩主2（[没]享保7（1722）年11月28日），藩主3

牧野康周　まきのやすちか
宝永4（1707）年～宝暦8（1758）年
江戸時代中期の大名。信濃小諸藩主。
¶諸系，長野歴，日人，藩主2（[没]宝暦8（1758）年1月8日）

牧野康哉　まきのやすとし
文政1（1818）年～文久3（1863）年
江戸時代末期の大名、若年寄。信濃小諸藩主。
¶維新，郷土長野，近世，国史，国書（[生]文政1（1818）年10月17日　[没]文久3（1863）年6月13日），諸系，新潮（[生]文政1（1818）年10月17日　[没]文久3（1863）年6月13日），人名，姓氏長野，世人，長野百，長野歴，日人，幕末（[没]1863年7月28日），藩主2（[生]文政1（1818）年10月17日　[没]文久3（1863）年6月13日）

牧野康儔　まきのやすとも
安永2（1773）年～寛政12（1800）年
江戸時代中期～後期の大名。信濃小諸藩主。
¶諸系，長野歴，日人，藩主2（[生]安永2（1773）年3月　[没]寛政12（1800）年6月26日）

牧野康長　まきのやすなが
寛政10（1798）年～明治1（1868）年
江戸時代末期の大名。信濃小諸藩主。
¶諸系，長野歴，日人，藩主2（[生]寛政8（1796）年　[没]慶応4（1868）年1月4日）

牧野康成　まきのやすなり
元和3（1617）年～明暦3（1657）年
江戸時代前期の大名。越後与板藩主。
¶近世，国史，史人（[没]1657年12月30日），諸系（[没]1658年），人名，世人，日人（[没]1658年），藩主3（[没]明暦3（1657）年12月晦日）

牧野康命　まきのやすのぶ
文化6（1809）年～天保3（1832）年　[別]牧野康命《まきのやすのり》
江戸時代後期の大名。信濃小諸藩主。
¶諸系，長野歴（まきのやすのり），日人，藩主2（まきのやすのり　[生]文化6（1809）年12月　[没]天保3（1832）年7月18日）

牧野康命　まきのやすのり
→牧野康命（まきのやすのぶ）

牧野康済　まきのやすまさ
天保12（1841）年～明治15（1882）年
江戸時代末期～明治期の大名。信濃小諸藩主。
¶国書（[生]天保12（1841）年1月9日　[没]明治15（1882）年11月25日），諸系，長野歴，日人，藩主2（[生]天保12（1841）年1月9日　[没]明治15（1882）年11月25日）

牧野康道　まきのやすみち
慶安3（1650）年～享保5（1720）年
江戸時代前期～中期の大名。越後与板藩主。
¶諸系，日人，藩主3（[没]享保5（1720）年5月26日）

牧野康満　まきのやすみつ
享保17（1732）年～享和1（1801）年
江戸時代中期～後期の大名。信濃小諸藩主。
¶諸系，人名，長野歴，日人，藩主2（[没]享和1（1801）年7月18日）

牧野康陛　まきのやすより
*～寛政6（1794）年
江戸時代中期の大名。信濃小諸藩主。
¶諸系（[生]1754年），長野歴（[生]宝暦3（1753）年），日人（[生]1754年），藩主2（[生]寛永3（1750）年　[没]寛政6（1794）年11月16日）

牧野大和守成傑　まきのやまとのかみしげたけ
→牧野成傑（まきのしげたけ）

牧野嘉成　まきのよししげ
～享保9（1724）年
江戸時代中期の旗本。
¶神奈川人

牧原半陶　まきはらはんとう，まきばらはんとう
天明6（1786）年～天保13（1842）年
江戸時代中期の陸奥会津藩儒。
¶会津（まきばらはんとう），江文（[生]？），国書（[生]天明6（1786）年1月），人名，日人

真木彦之進　まきひこのしん
文政7（1824）年～慶応1（1865）年
江戸時代末期の水戸藩士。
¶維新，人名，日人，幕末（[没]1865年4月29日），藩臣2（[生]文政6（1823）年）

牧正実　まきまさみ
元禄3（1690）年～寛保1（1741）年
江戸時代中期の常陸下館藩城代家老。
¶藩臣2

牧正道　まきまさみち
天保9（1838）年～大正2（1913）年
江戸時代末期～明治期の下館藩士。
¶幕末（[没]1913年5月23日），藩臣2

牧政盛　まきまさもり
？　～宝永2（1705）年
江戸時代前期～中期の丹波福知山藩士。
¶藩臣5

牧村斎兵衛　まきむらさいべえ
～正保3（1646）年9月27日
江戸時代前期の郡奉行。
¶庄内

槇村刀斎　まきむらとうさい
文化5（1808）年～天保12（1841）年
江戸時代後期の剣術家。鹿島新当流槇村派。
¶剣豪

槇村正直　まきむらまさなお
天保5（1834）年～明治29（1896）年
江戸時代末期～明治期の長州（萩）藩士、政治家。
¶朝日（[生]天保5年5月23日（1834年6月29日）　[没]明治29（1896）年4月21日），維新，角史，教育，京都，京都大，京都府，近現，国際，国史，コン改，コン4，コン5，史人（[生]1834年5月23日　[没]1896年4月21日），新潮（[生]天保5（1834）年5月23日　[没]明治29（1896）年4月21日），姓氏京都，姓氏山口，伝記，日史（[生]天保5（1834）年5月23日　[没]明治29（1896）年4月21日），日人，幕末（[没]1896年4月21日），藩臣6，山口百，履

歴（[生]天保5（1834）年5月23日　[没]明治29（1896）年4月21日），歴大

牧村光香　まきむらみつか
文政11（1828）年～元治1（1864）年
江戸時代末期の津和野藩士。
¶国書（[生]文政11（1828）年8月5日　[没]元治1（1864）年10月17日），幕末（[没]1864年12月5日），藩臣5

牧村光重　まきむらみつしげ
生没年不詳
安土桃山時代～江戸時代前期の武士。浅野家の家臣。
¶和歌山人

牧弥七郎　まきやしちろう
～寛永11（1634）年閏7月11日
安土桃山時代～江戸時代前期の庄内藩士。
¶庄内

真木保臣　まきやすおみ
→真木和泉（まきいずみ）

牧山忠平　まきやまちゅうへい
寛政1（1789）年～明治3（1870）年
江戸時代後期の砲術家。
¶姓氏鹿児島，幕末（[没]1870年10月4日），歴大

牧義珍　まきよしたか
明和4（1767）年～？
江戸時代中期～後期の第25代京都東町奉行。
¶京都大，姓氏京都

牧義制　まきよしのり
→牧義制（まきよしまさ）

牧義制　まきよしまさ
享和1（1801）年～嘉永6（1853）年　[別]牧義制《まきよしのり》，牧志摩守義制《まきしまのかみよしさだ》
江戸時代末期の幕臣。105代長崎奉行。
¶国書（[没]嘉永6（1853）年8月7日），長崎歴（牧志摩守義制　まきしまのかみよしさだ），幕末（まきよしのり　[没]1853年9月9日）

牧義道　まきよしみち
文政11（1828）年～明治13（1880）年2月20日
江戸時代後期～明治期の幕臣。
¶国書

幕屋大休　まくやたいきゅう
慶長14（1609）年～元禄2（1689）年
江戸時代前期～中期の剣術家。松田派新陰流。
¶剣豪

馬越大太郎　まごしだいたろう
江戸時代末期の新撰組隊士。
¶新撰

正木伊織　まさきいおり
文政10（1827）年～明治12（1879）年
江戸時代の尾張藩士、愛陶家。
¶人名，日人

正木織之助　まさきおりのすけ
天保14（1843）年～？
江戸時代後期～末期の新撰組隊士。
¶新撰

正木久太郎　まさききゅうたろう
安土桃山時代～江戸時代前期の武士。里見氏家臣。
¶戦人（生没年不詳），戦東

正木金太郎　まさききんたろう
安土桃山時代～江戸時代前期の武士。里見氏家臣。
¶戦人（生没年不詳），戦東

正木蔵人　まさきくらんど
[別]正木蔵人《まさきくろうど》
安土桃山時代～江戸時代前期の武士。里見氏家臣。
¶戦人（生没年不詳），戦東（まさきくろうど）

正木蔵人　まさきくろうど
→正木蔵人（まさきくらんど）

正木源七郎　まさきげんしちろう
安土桃山時代～江戸時代前期の武士。里見氏家臣。
¶戦人（生没年不詳），戦東

正木五郎左衛門　まさきごろうざえもん
安土桃山時代～江戸時代前期の武士。里見氏家臣。
¶戦人（生没年不詳），戦東

正木佐市右衛門　まさきさいちうえもん
→正木佐市右衛門（まさきさいちえもん）

正木佐市右衛門　まさきさいちえもん
[別]正木佐市右衛門《まさきさいちうえもん》
安土桃山時代～江戸時代前期の武士。里見氏家臣。
¶戦人（生没年不詳），戦東（まさきさいちうえもん）

正木信濃守　まさきしなののかみ
安土桃山時代～江戸時代前期の武士。里見氏家臣。
¶戦人（生没年不詳），戦東

正木志摩守康恒　まさきしまのかみやすつね
→正木康恒（まさきやすつね）

正木善九郎　まさきぜんくろう
安土桃山時代～江戸時代前期の武士。里見氏家臣。
¶戦人（生没年不詳），戦東

正木宗三郎　まさきそうざぶろう
享和1（1801）年～嘉永3（1850）年
江戸時代末期の尾張藩士、作陶家。
¶人名，日人

間崎滄浪　まざきそうろう，まさきそうろう
天保5（1834）年～文久3（1863）年　[別]間崎哲馬《まさきてつま》
江戸時代末期の土佐藩郷士。安積艮斎に入門、塾頭に抜擢。
¶朝日（[没]文久3年6月8日（1863年7月23日）），維新（間崎哲馬　まさきてつま），高知人（まさきそうろう），高知百，国書（まさきそうろう　[没]文久3（1863）年6月8日），コン改，コン4，新潮（[没]文久3（1863）年6月8日），人名（間崎哲馬　まさきてつま），日人（まさきそうろう），幕末（[没]1863年7月18日），藩臣6，和俳

正木退蔵　まさきたいぞう
＊～明治29（1896）年
江戸時代末期～明治期の長州藩の教育者、外交官。東京職工学校長、公使館領事。工業教育に尽力。
¶海越（[生]？　[没]明治29（1896）年4月5日），海越新（[生]弘化2（1845）年　[没]明治29（1896）年4月5日），国際（[生]？），渡航（[生]1845年），日人

(生1846年)，幕末(生1846年　没1896年12月1日)，藩臣6(生弘化3(1846)年)

真崎宅太郎 まさきたくたろう
天保11(1840)年～？
江戸時代後期～末期の新撰組隊士。
¶新撰

正木太郎太夫 まさきたろうだゆう
→正木段之進(まさきだんのしん)

正木段之進 まさきだんのしん
元禄2(1689)年～安永5(1776)年　[別]正木俊光《まさきとしみつ》,正木太郎太夫《まさきたろうだゆう》,正木利充《まさきとしみつ》
江戸時代中期の美濃大垣藩の武術家。万力鎖術を創始。
¶朝日(生元禄2年閏1月3日(1689年2月22日)　没安永5年4月5日(1776年5月22日))，近世，剣豪(正木太郎太夫　まさきたろうだゆう)，国史，人名(正木俊光　まさきとしみつ)，日人，藩臣3(正木利充　まさきとしみつ)

正木丹波 まさきたんば
安土桃山時代～江戸時代前期の武士。里見氏家臣。
¶戦人(生没年不詳)，戦東

間崎哲馬 まさきてつま
→間崎滄浪(まざきそうろう)

正木輝雄 まさきてるお
？～文政6(1823)年12月9日　[別]正木兵馬《まさきひょうま》
江戸時代後期の美作津山藩士。
¶岡山人，岡山百(正木兵馬　まさきひょうま)，岡山歴，国書，日人(没1824年)，藩臣6

間崎道琢 まざきどうたく
*～明治23(1890)年　[別]間崎道琢《まさきみちたく》
江戸時代末期～明治期の土佐藩士。
¶高知人(まさきみちたく　生1826年)，幕末(生1825年　没1890年4月24日)

正木時茂 まさきときしげ
？～寛永7(1630)年　[別]正木時堯《まさきときたか》
安土桃山時代～江戸時代前期の武将。房総の里見氏重臣。
¶近世(正木時堯　まさきときたか)，系東(没1632年)，国史(正木時堯　まさきときたか)，新潮(正木時堯　まさきときたか　生没年不詳)，人名(正木時堯　まさきときたか)，戦合(正木時堯　まさきときたか)，戦辞，戦人(没寛永9(1632)年)，戦東，日人

正木時副 まさぎときそえ
？～延享3(1746)年
江戸時代中期の上野沼田藩士。
¶藩臣2

正木時堯 まさきときたか
→正木時茂(まさきときしげ)

正木俊光(正木利充) まさきとしみつ
→正木段之進(まさきだんのしん)

真崎宣広 まざきのぶひろ,まさきのぶひろ
天正9(1581)年～慶安1(1648)年4月27日
安土桃山時代～江戸時代前期の武士。佐竹氏家臣。
¶戦辞(まさきのぶひろ)，戦人(生没年不詳)，戦東

正木梅谷 まさきばいこく
天明1(1781)年～慶応1(1865)年9月4日
江戸時代中期～末期の尾張藩士・漢学者。
¶国書

昌木晴雄 まさきはるお
文政4(1821)年～元治1(1864)年
江戸時代末期の志士。
¶神人(生文政3(1820)年　没元治1(1864)年9月17日)，人名，日人

真崎兵庫 まさきひょうご
→真崎宗翰(まさきむねふみ)

正木兵庫 まさきひょうご
安土桃山時代～江戸時代前期の武士。里見氏家臣。
¶戦人(生没年不詳)，戦東

正木兵馬 まさきひょうま
→正木輝雄(まさきてるお)

正木孫市 まさきまごいち
江戸時代前期の武将。里見氏家臣。
¶戦東

正木孫作 まさきまごさく
安土桃山時代～江戸時代前期の武士。里見氏家臣。
¶戦人(生没年不詳)，戦東

正木通堯 まさきみちたか
寛政12(1800)年～天保14(1843)年2月5日
江戸時代後期の近江彦根藩士・歌人。
¶国書

間崎道琢 まさきみちたく
→間崎道琢(まざきどうたく)

正木美濃守 まさきみののかみ
安土桃山時代～江戸時代前期の武士。里見氏家臣。
¶戦人(生没年不詳)，戦東

真崎宗翰 まさきむねふみ
文政11(1828)年～明治13(1880)年　[別]真崎兵庫《まさきひょうご》
江戸時代末期～明治期の出羽秋田藩士。大番頭兼砲術支配。
¶秋田百(真崎兵庫　まさきひょうご)，幕末(生1838年　没1880年7月27日)，藩臣1

正木弥市 まさきやいち
江戸時代前期の武将。里見氏家臣。
¶戦東

正木康恒 まさきやすつね
宝永7(1710)年～天明7(1787)年　[別]正木志摩守康恒《まさきしまのかみやすつね》
江戸時代中期の57代長崎奉行。
¶長崎歴(正木志摩守康恒　まさきしまのかみやすつね)

正木頼定 まさきよりさだ
安土桃山時代～江戸時代前期の武士。里見氏家臣。
¶戦人(生没年不詳)，戦東

正木頼忠 まさきよりただ
？～元和8(1622)年
安土桃山時代～江戸時代前期の武士。里見氏家臣。

ま

まさきよ　　　　　　　　　　　　930　　　　　　　日本人物レファレンス事典

¶系東（㊺1551年），戦辞（㊺元和8年8月19日
（1622年9月24日）），戦人，戦東，千葉百（㊺天
文20（1551）年）

正木頼時　まさきよりとき
　安土桃山時代〜江戸時代前期の武将。里見氏家臣。
　　¶戦人（生没年不詳），戦東

政二　まさじ
　寛政4（1792）年1月1日〜＊　　㉟政二《せいじ》
　江戸時代の俳人、川越藩士。
　　¶国書（㉟？），俳諧，俳句（せいじ　生没年不
　　詳），俳句（㉟安政2（1855）年），和俳（生没年
　　不詳）

正式　まさのり
　→池田正式（いけだまさのり）

正秀　まさひで
　寛延3（1750）年〜文政8（1825）年　㉟水心子正秀
　《すいしんしまさひで》，川部正秀《かわべまさひ
　で》
　江戸時代中期〜後期の出羽山形藩士。
　　¶朝日（㉟文政8年9月27日（1825年11月7日）），
　　近世，群馬人（水心子正秀　すいしんしまさひ
　　で），国史，国書（川部正秀　かわべまさひで
　　㉟文政8（1825）年9月27日），史人，人物94（水
　　心子正秀　すいしんしまさひで），全書（水心
　　子正秀　すいしんしまさひで），日人，藩臣1
　　（水心子正秀　すいしんしまさひで），山形百
　　（水心子正秀　すいしんしまさひで）

増子毅斎　ましこきさい
　宝暦11（1761）年〜文政13（1830）年2月2日
　江戸時代中期〜後期の水戸藩士。
　　¶国書

増子金八　ましこきんぱち
　文政6（1823）年〜明治14（1881）年　㉟落合誠三
　郎《おちあいせいざぶろう》
　江戸時代末期〜明治期の水戸藩浪人。
　　¶維新，日人，幕末（㉟1881年10月12日）

猿子惟常　ましここれつね
　生没年不詳
　江戸時代後期の越後新発田藩士。
　　¶国書

益子重綱　ましこしげつな
　生没年不詳
　安土桃山時代〜江戸時代前期の武将。
　　¶戦辞（㉟寛永12年3月25日（1635年5月11日）），
　　戦人，日人

増子永図　ましこながのり
　天保9（1838）年〜明治31（1898）年3月1日
　江戸時代後期〜明治期の二本松藩士、槍術家。
　　¶国書

益頭駿次郎　ましずしゅんじろう
　＊〜明治33（1900）年　㉟益頭尚俊《ましずひさと
　し》，尚俊
　江戸時代末期〜明治期の幕臣、幕府勘定組頭普請
　役、外交使節随行員。
　　¶海越（㊺文政12（1829）年），海越新（㊺文政12
　　（1829）年），国書（益頭尚俊　ましずひさとし
　　㊺文政3（1820）年　㉟明治33（1900）年11月26

日），姓氏静岡（㊺1829年），日人（㊺1820年，
（異説）1829年），洋学（㊺文政3（1820）年）

益頭尚俊　ましずひさとし
　→益頭駿次郎（ましずしゅんじろう）

増田鑰太郎　ましだしょうたろう
　天保14（1843）年〜明治44（1911）年
　江戸時代後期〜明治期の壬生藩士、壬生藩の尊皇
　攘夷派。横浜市初代市長。
　　¶栃木歴

益田長行　ましだながゆき
　天正8（1580）年〜正保3（1646）年　㉟益田豊後
　《ますだぶんご》
　江戸時代前期の阿波徳島藩家老。
　　¶徳島百（益田豊後　ますだぶんご　㉟正保3
　　（1646）年3月9日），徳島歴，藩臣6

真下晩菘　ましたばんしょう
　→真下晩菘（ましもばんすう）

真下晩菘　ましたばんすう
　→真下晩菘（ましもばんすう）

増野徳民　ましのとくみん
　天保12（1841）年〜明治10（1877）年
　江戸時代末期の志士。吉田松陰最初期の門下生。
　　¶近現，近世，国史，姓氏山口，日人，幕末
　　（㊺1842年　㉟1877年5月20日），山口百
　　（㊺1842年）

馬島健吉　まじまけんきち
　天保13（1842）年〜明治43（1910）年
　江戸時代末期〜明治期の加賀大聖寺藩士。
　　¶海越新（㊺天保13（1842）年10月　㉟明治43
　　（1910）年6月22日），姓氏石川，渡航（㊺1842
　　年10月　㉟1910年6月22日），日人，藩臣3

真島佐一郎　ましまさいちろう
　？〜慶応1（1865）年
　江戸時代末期の肥前蓮池藩士。
　　¶藩臣7

馬島春海　まじましゅんかい
　天保12（1841）年〜明治38（1905）年11月16日
　江戸時代末期〜明治期の奇兵隊士。
　　¶幕末

馬島瑞園　まじまずいえん
　文政8（1825）年〜大正9（1920）年
　江戸時代末期〜明治期の陸奥会津藩士。
　　¶会津，幕末（㉟1920年1月5日）

間島冬道　まじまふゆみち
　文政10（1827）年〜明治23（1890）年
　江戸時代末期〜明治期の尾張藩士。
　　¶愛知百（㊺1827年10月18日　㉟1890年9月30
　　日），維新，近文，国書（㊺文政10（1827）年10
　　月8日　㉟明治23（1890）年9月29日），埼玉人
　　（㊺文政10（1827）年10月8日　㉟明治23（1890）
　　年9月29日），神人（㊺文政10（1827）年10月8日
　　㉟明治23（1890）年9月29日），人名，姓氏愛知，
　　日人，幕末（㉟1890年9月29日），和俳

馬島甫仙　まじまほせん
　弘化1（1844）年〜＊
　江戸時代末期〜明治期の長州藩の奇兵隊士。
　　¶幕末（㉟1872年1月10日），藩臣6（㉟明治4

(1871)年)

間島正盈 まじままさみち
寛政12(1800)年〜天保3(1832)年9月28日
江戸時代後期の尾張藩士。
¶国書

間島美作 まじまみまさか
生没年不詳
江戸時代前期の安芸広島藩士。
¶藩臣6

真下晩菘 ましもばんすう
寛政11(1799)年〜明治8(1875)年10月17日
[別]真下晩菘《ましたばんしょう,ましたばんすう》
江戸時代末期〜明治期の幕臣。
¶維新，国書，人名(ましたばんしょう)，多摩(ましたばんすう)，日人，幕末(ましたばんしょう)，幕末，幕末(ましたばんしょう)，幕末，山梨百

増山雪斎 ましやませっさい
→増山雪斎(ますやませっさい)

増山正賢 ましやままさかた
→増山雪斎(ますやませっさい)

増山正武 ましやままさたけ
宝永2(1705)年〜延享4(1747)年
江戸時代中期の大名。伊勢長島藩主。
¶諸系，日人，藩主3([生]宝永2(1705)年7月5日　[没]延享4(1747)年6月11日)

増山正任 ましやままさとう
延宝7(1679)年〜延享1(1744)年　[別]増山正任《ますやままさとう》
江戸時代中期の大名。伊勢長島藩主。
¶諸系，人名(ますやままさとう)，日人，藩主3([没]延享1(1744)年7月3日)，三重

増山正利 ましやままさとし
元和9(1623)年〜寛文2(1662)年　[別]増山正利《ますやままさとし》
江戸時代前期の大名。三河西尾藩主。
¶諸系，人名(ますやままさとし　[生]?)，日人，藩主2([没]寛文2(1662)年7月28日)

増山正同 ましやままさとも
天保14(1843)年〜明治20(1887)年　[別]増山正同《ますやままさと》
江戸時代末期〜明治期の大名。伊勢長島藩主。
¶諸系，神人(ますやままさと　生没年不詳)，日人，藩主3([生]天保14(1843)年2月29日　[没]明治20(1887)年4月22日)

増山正修 ましやままさなお
文政2(1819)年〜明治2(1869)年　[別]増山正修《ますやままさなが》
江戸時代末期の大名。伊勢長島藩主。
¶庄内(ますやままさなが　[生]文政2(1819)年12月6日　[没]明治2(1869)年3月)，諸系([生]1820年)，日人([生]1820年)，幕末([没]1869年2月28日)，藩主3([生]文政2(1819)年12月7日　[没]明治2(1869)年1月18日)

増山正弥 ましやままさみつ
承応2(1653)年〜宝永1(1704)年　[別]増山正弥《ますやままさみつ》
江戸時代前期〜中期の大名。三河西尾藩主、常陸下館藩主、伊勢長島藩主。
¶コン改(ますやままさみつ)，コン4(ますやままさみつ)，諸系，人名(ますやままさみつ)，日人，藩主2([没]1705年)，藩主3([生]承応2(1653)年1月22日　[没]宝永1(1704)年5月20日)，藩主3(ますやままさみつ)

増山正寧 ましやままさやす
天明5(1785)年〜天保13(1842)年
江戸時代後期の大名。伊勢長島藩主。
¶諸系，日人，藩主3([生]天明5(1785)年10月1日　[没]天保13(1842)年11月26日)

増山正贇 ましやままさよし
享保11(1726)年12月26日〜安永5(1776)年
[別]増山正贇《ますやままさよし》
江戸時代中期の大名。伊勢長島藩主。
¶国書([没]安永5(1776)年4月5日)，諸系([生]1727年)，人名(ますやままさよし)，日人([生]1727年)，藩主3([没]安永5(1776)年4月5日)

増井勝之 ますいかつゆき
→増井玄覧(ますいげんらん)

増井熊太 ますいくまた
天保14(1843)年〜元治1(1864)年　[別]増井北洋《ますいほくよう》
江戸時代末期の因幡鳥取藩士。
¶維新，剣豪，人名(増井北洋　ますいほくよう　[生]1842年)，日人

増井玄覧 ますいげんらん
享保6(1721)年〜安永2(1773)年　[別]増井勝之《ますいかつゆき》
江戸時代中期の豊前小倉藩士、儒学者。
¶国書([没]安永2(1773)年8月8日)，人名，日人，藩臣7(増井勝之　ますいかつゆき)

増井清蔵 ますいせいぞう
文化2(1805)年〜明治14(1881)年
江戸時代末期〜明治期の因幡鳥取藩の新田方手伝。
¶鳥取百，幕末，藩臣5

増井北洋 ますいほくよう
→増井熊太(ますいくまた)

増井弥五左衛門 ますいやござえもん
生没年不詳
江戸時代中期の旗本。
¶姓氏京都

増尾三右衛門 ますおさんうえもん
安永8(1779)年〜安政6(1859)年
江戸時代後期の上野吉井藩士。
¶藩臣2

増尾新兵衛 ますおしんべえ
享保13(1728)年〜天明8(1788)年
江戸時代中期の上野吉井藩士。
¶藩臣2

益戸滄洲 ますこそうしゅう
享保11(1726)年〜安永6(1777)年　[別]益戸巴丁《ますどはちょう》,益戸滄洲《ますどそうしゅう》
江戸時代中期の出羽秋田藩用人。
¶秋田百(ますどそうしゅう)，国書([生]享保11(1726)年2月26日　[没]安永6(1777)年7月29

日），人名（益戸巴丁　ますどはちょう），日人（ますどそうしゅう），藩臣1，和俳

増島蘭園 ますじまらんえん
明和6（1769）年～天保10（1839）年
江戸時代中期～後期の漢学者・幕臣。昌平黌に学ぶ。
¶朝日（[生]明和6年10月13日（1769年11月10日）[没]天保10年9月4日（1839年10月10日）），江文，近世，国史，国書（[生]明和6（1769）年10月13日 [没]天保10（1839）年9月4日），新潮（[生]明和6（1769）年10月13日　[没]天保10（1839）年9月4日），人名，日人，洋学

増島澧水 ますじまれいすい
寛保3（1743）年～文化9（1812）年
江戸時代中期～後期の幕府書物奉行。
¶江文，国書（[生]寛保3（1743）年5月9日　[没]文化9（1812）年10月17日），人名，日人（[生]1745年）

益田伊豆 ますだいず
文化8（1811）年～明治8（1875）年
江戸時代末期～明治期の長州（萩）藩寄組。
¶維新

益田右衛門介 ますだうえもんすけ
→益田右衛門介（ますだうえもんのすけ）

益田右衛門介 ますだうえもんのすけ
天保4（1833）年～元治1（1864）年　[別]益田右衛門介《ますだうえもんすけ，ますだえもんのすけ》，益田越中《ますだえっちゅう》，益田親施《ますだちかのぶ》
江戸時代末期の長州（萩）藩家老。尊攘の藩是決定に参画。
¶朝日（ますだうえもんすけ　[生]天保4年9月2日（1833年10月14日）　[没]元治1年11月11日（1864年12月9日）），維新（ますだうえもんすけ），角史，神奈川人（益田越中　ますだえっちゅう），近世（ますだうえもんすけ），国史（ますだうえもんすけ），コン4，重要（[生]天保4（1833）年9月2日　[没]元治1（1864）年11月12日），新潮（[生]天保4（1833）年9月2日　[没]元治1（1864）年11月12日），人名（ますだえもんのすけ），姓氏京都（ますだうえもんすけ），姓氏山口（益田親施　ますだちかのぶ），世人（[生]天保4（1833）年9月 [没]元治1（1864）年11月12日），日史（[生]天保4（1833）年9月2日　[没]元治1（1864）年11月12日），日人，幕末（[没]1864年12月9日），藩臣6，百科，山口百（益田親施　ますだちかのぶ）

益田越中 ますだえっちゅう
→益田右衛門介（ますだうえもんのすけ）

益田右衛門介 ますだえもんのすけ
→益田右衛門介（ますだうえもんのすけ）

増田岳陽 ますだがくよう
文政8（1825）年～明治32（1899）年
江戸時代末期～明治期の田中藩士。
¶静岡歴，姓氏静岡，幕末

増田主計 ますだかずえ
寛政3（1791）年～天保9（1838）年
江戸時代後期の陸奥仙台藩士。
¶藩臣1

益田牛庵 ますだぎゅうあん
弘治2（1556）年～寛永15（1638）年
安土桃山時代～江戸時代前期の長州（萩）藩家老。
¶藩臣6

益田元祥 ますだげんしょう
→益田元祥（ますだもとよし）

増田甲斎 ますだこうさい
→橘耕斎（たちばなこうさい）

増田耕蔵 ますだこうぞう
享和3（1803）年～明治20（1887）年
江戸時代後期～明治期の大垣藩士。地方行政の大家。
¶岐阜百

増田作右衛門 ますださくうえもん
文化3（1806）年～慶応2（1866）年
江戸時代後期～末期の幕府の飛驒国高山陣屋代官、造船廠製鉄所委員。
¶姓氏群馬

増田繁徒 ますだしげかつ
享和2（1802）年～天保6（1835）年閏7月16日
江戸時代後期の仙台藩士。
¶国書

増田繁幸 ますだしげゆき
文政9（1826）年～明治29（1896）年　[別]増田繁幸《ますだはんこう》，増田歴治《ますだれきじ》
江戸時代末期～明治期の陸奥仙台藩士、政治家。
¶朝日（[生]文政8（1825）年6月　[没]明治29（1896）年3月14日），維新（増田歴治　ますだれきじ），岩手百（[生]1825年），姓氏岩手，姓氏宮城（ますだはんこう），日人（[生]1825年），宮城百（ますだはんこう）

益田甚兵衛 ますだじんひょうえ
→益田好次（ますだよしつぐ）

増田宋太郎（増田宗太郎） ますだそうたろう
嘉永2（1849）年～明治10（1877）年
江戸時代末期～明治期の豊前中津藩士。
¶朝日（増田宗太郎　[生]嘉永2年3月23日（1849年4月15日）　[没]明治10（1877）年9月3日），大分百，大分歴，神人（[生]嘉永2（1849）年3月23日 [没]明治10（1877）年9月3日），人名，日人，幕末（[没]1877年9月3日），藩臣7

増田蔵六 ますだぞうろく
天明6（1786）年～明治4（1871）年
江戸時代中期～明治期の剣術家。
¶剣豪，日人

益田孝 ますだたかし
嘉永1（1848）年～昭和13（1938）年　[別]益田鈍翁《ますだどんおう》，進，徳之進
江戸時代末期～明治期の幕臣・三井財閥大番頭。1864年遣仏使節随員としてフランスに渡る。
¶朝日（[生]嘉永1年10月17日（1848年11月12日）[没]昭和13（1938）年12月28日），維新（[生]1847年），岩史（[生]嘉永1（1848）年10月17日　[没]昭和13（1938）年12月28日），海越（[生]嘉永1（1848）年11月　[没]昭和13（1938）年12月28日），海越新（[生]嘉永1（1848）年11月　[没]昭和13（1938）年12月28日），角史，神奈川人，近

現，現朝（㊥嘉永1年11月6日（1848年12月1日）㊋1938年12月28日），現在（㊥1848年10月17日㊋1938年12月28日），国際，国史，コン改（㊋昭和12（1937）年），コン4，コン5，茶道（㊥1847年），史人（㊥1848年10月17日㊋1938年12月28日），実業（㊥嘉永1（1848）年10月17日㊋昭和13（1938）年12月28日），重要（㊥弘化4（1847）年11月㊋昭和13（1938）年12月28日），食文（㊥嘉永1年10月17日（1848年11月12日）㊋1938年12月28日），新潮（㊥嘉永1（1848）年10月17日㊋昭和13（1938）年12月28日），人名，人名7，世紀（㊥嘉永1（1848）年10月17日㊋昭和13（1938）年12月28日），姓氏神奈川，世人（㊥弘化4（1847）年11月㊋昭和13（1938）年12月28日），世百，先駆（㊥嘉永1（1848）年10月17日㊋昭和13（1938）年12月28日），全書，大百，伝記，陶工（益田鈍翁　ますだどんおう），渡航（㊥1848年11月㊋1938年12月28日），新潟百，日史（㊥嘉永1（1848）年11月6日㊋昭和13（1938）年12月28日），日人，人情（㊥1937年），人情2（㊋1937年），百科，平史，民学，明治2，履歴（㊥弘化4（1847）年11月17日㊋昭和13（1938）年12月28日），歴大

益田鷹之助　ますだたかのすけ
生没年不詳
江戸時代末期の幕臣・佐渡奉行属役。1864年遣仏使節に随行しフランスに渡る。
¶海越新

益田親孚　ますだちかさね
文化10（1813）年〜明治32（1899）年
江戸時代末期〜明治期の長州（萩）藩士、教育者。
¶人名

益田親施　ますだちかのぶ
→益田右衛門介（ますだうえもんのすけ）

益田親祥　ますだちかよし
天保13（1842）年〜明治19（1886）年
江戸時代末期〜明治期の長州（萩）藩家老。
¶維新，幕末（㊋1886年10月26日）

益田鈍翁　ますだどんおう
→益田孝（ますだたかし）

増田永政　ますだながまさ
？　〜寛保3（1743）年
江戸時代中期の日田代官。
¶大分歴

益田就之　ますだなりゆき
生没年不詳
江戸時代前期の寄組士。
¶姓氏山口

増田仁右衛門　ますだにえもん
天保11（1840）年〜慶応1（1865）年　㉕菅井秀助《すがいしゅうすけ》
江戸時代末期の武士。近江膳所藩士。
¶維新，人名，日人

増田繁幸　ますだはんこう
→増田繁幸（ますだしげゆき）

増田広長　ますだひろなが
生没年不詳
江戸時代後期の肥前佐賀藩士。

¶国書

益田豊後　ますだぶんご
→益田長行（ましだながゆき）

増田平太夫　ますだへいだゆう
文化3（1806）年〜安政4（1857）年
江戸時代末期の安芸広島藩士。
¶藩臣6

益田元堯　ますだもとたか
文禄4（1595）年〜万治1（1658）年
江戸時代前期の長州（萩）藩家老。
¶国書（㊋万治1（1658）年10月17日），藩臣6

益田元祥（増田元祥）　ますだもとなが
→益田元祥（ますだもとよし）

益田元道　ますだもとみち
元禄15（1702）年〜寛保2（1742）年
江戸時代中期の毛利藩永代家老。郷校育英館を開設。
¶姓氏山口

益田元祥　ますだもとよし
永禄4（1558）年〜寛永17（1640）年　㉕益田元祥《ますだげんしょう，ますだもとなが》，増田元祥《ますだもとなが》
安土桃山時代〜江戸時代前期の長州（萩）藩永代家老。先収貢祖返還の方途の立案者。
¶朝日（㊋寛永17年9月22日（1640年11月5日）），近世（ますだげんしょう），系西（㊥？），国史（ますだげんしょう），国書（㊋寛永17（1640）年9月22日），史人（ますだげんしょう）㊋1640年9月22日），島根人，島根百（㊋寛永17（1640）年9月22日），島根歴，諸系，人名（ますだもとなが），姓氏山口，戦合（ますだげんしょう），戦国（ますだげんしょう），戦人（増田元祥　ますだもとなが），日人（ますだげんしょう），山口百，歴大（ますだげんしょう）

益田好次　ますだよしつぐ
？　〜寛永15（1638）年　㉕益田甚兵衛《ますだじんひょうえ》
江戸時代前期の島原・天草一揆の指導者。益田時貞の父。
¶朝日（益田甚兵衛　ますだじんひょうえ　㊋寛永15年2月28日（1638年4月12日）），近世，国史，コン改，コン4，新潮（㊋寛永15（1638）年2月），世人，戦合，日人

増田良富　ますだよしとみ
〜享保4（1719）年
江戸時代中期の旗本。
¶神奈川人

増田頼興　ますだよりおき
文化2（1805）年〜慶応2（1866）年
江戸時代後期〜末期の第23代飛騨郡代。
¶岐阜百

増田順行　ますだよりゆき
生没年不詳
江戸時代後期の駿河田中藩士。
¶国書

増田来次　ますだらいじ
？　〜寛政7（1795）年

江戸時代中期の安芸広島藩士、儒学者。
¶藩臣6

増田立軒 ますだりっけん
延宝1（1673）年〜寛保3（1743）年8月14日
江戸時代中期の阿波徳島藩士、儒学者。
¶国書（㊥寛文4（1664）年），徳島百，徳島歴，日人（㊕1664年），藩臣6

増田竜瀬 ますだりゅうひん
文政11（1828）年〜慶応2（1866）年1月24日
江戸時代後期〜末期の儒者、阿波徳島藩士。
¶徳島百，徳島歴

増田歴治 ますだれきじ
→増田繁幸（ますだしげゆき）

益戸滄洲 ますどそうしゅう
→益戸滄洲（ますこそうしゅう）

益戸巴丁 ますどはちょう
→益戸滄洲（ますこそうしゅう）

増永三左衛門 ますながさんざえもん
享和3（1803）年〜慶応3（1867）年8月25日
江戸時代末期の砲術家、肥後熊本藩郷士。
¶熊本百（㊗享和3（1803）年2月8日），幕末

益満休之助 ますみつきゅうのすけ
天保12（1841）年〜明治1（1868）年
江戸時代末期の薩摩藩士。
¶維新，新潮（㊗慶応4（1868）年5月22日），姓氏，鹿児島，日人，幕末（㊗1868年7月11日），藩臣7

増山雪斎 ますやませっさい
宝暦4（1754）年〜文政2（1819）年　㊞増山正賢《ましやままさかた，ますやままさかた》，増山雪斎《ましやませっさい》
江戸時代中期〜後期の大名。伊勢長島藩主。
¶朝日（ましやませっさい）　㊛宝暦4年10月14日（1754年11月27日）　㊗文政2年1月29日（1819年2月23日）），江戸東，近世（ましやませっさい）　㊕1745年），国史（ましやませっさい），国書（増山正賢　ましやままさかた　㊛宝暦4（1754）年10月14日　㊗文政2（1819）年1月29日），コン改，コン4，茶道（増山正賢　ますやままさかた），史人（ましやませっさい㊛1754年10月14日　㊗1819年1月29日），諸系（増山正賢　ましやままさかた），新潮（㊗文政2（1819）年1月29日），人名，日史（ましやませっさい　㊗文政2（1819）年1月29日），日人（増山正賢　ましやままさかた），藩主3（増山正賢　ましやままさかた　㊛宝暦4（1754）年10月14日　㊗文政2（1819）年1月29日），美術，百科，三重（増山正賢），名画，和俳（㊗文政2（1819）年1月29日）

増山正賢 ますやままさかた
→増山雪斎（ますやませっさい）

増山正同 ますやままさとも
→増山正同（ましやままさとも）

増山正任 ますやままさとう
→増山正任（ましやままさとう）

増山正利 ますやままさとし
→増山正利（ましやままさとし）

増山正修 ますやままさなが
→増山正修（ましやままさなお）

増山正弥 ますやままさみつ
→増山正弥（ましやままさみつ）

増山正賛 ますやままさよし
→増山正賛（ましやままさよし）

間瀬久太夫 まぜきゅうだゆう
寛永18（1641）年〜元禄16（1703）年
江戸時代中期の播磨赤穂藩士。赤穂義士の一人。
¶人名，日人

間瀬源七郎 まぜげんしちろう，ませげんしちろう
嘉永5（1852）年〜明治1（1868）年
江戸時代末期の陸奥会津藩の白虎隊士。
¶幕末（㊗1868年10月8日），藩臣2（ませげんしちろう）

間瀬孫九郎 まぜまごくろう
天和1（1681）年〜元禄16（1703）年
江戸時代中期の播磨赤穂藩士。赤穂義士の一人。
¶人名，日人

俣野市郎右衛門 またのいちろうえもん
→俣野景明（またのかげあき）

俣野景明 またのかげあき
天保9（1838）年3月21日〜明治16（1883）年8月6日
㊞俣野市郎右衛門《またのいちろうえもん》
江戸時代末期〜明治期の庄内藩士。
¶国書，庄内（俣野市郎右衛門　またのいちろうえもん）

股野玉川 またのぎょくせん
享保15（1730）年〜文化3（1806）年
江戸時代中期〜後期の播磨竜野藩士、儒学者。
¶国書（㊛享保15（1730）年2月19日　㊗文化3（1806）年7月2日），人名，日人，藩臣5，兵庫人（㊛享保15（1730）年2月19日　㊗文化3（1806）年7月2日），兵庫百

又野静馬 またのしずま
文化13（1816）年〜明治16（1883）年
江戸時代末期〜明治期の肥前福江藩の砲術家。
¶幕末（㊗1883年9月28日），藩臣7

股野順軒 またのじゅんけん
宝暦9（1759）年〜文政5（1822）年
江戸時代中期〜後期の播磨竜野藩士、儒学者。
¶国書（㊗文政5（1822）年9月19日），藩臣5

股野達軒 またのたっけん，またのたつけん
文化13（1816）年〜明治27（1894）年
江戸時代末期〜明治期の播磨竜野藩士。
¶国書（㊛文化13（1816）年8月11日　㊗明治27（1894）年2月19日），人名（㊕1815年），日人，藩臣5（またのたつけん）

町井台水 まちいだいすい
天保7（1836）年〜明治39（1906）年
江戸時代末期〜明治期の伊勢津藩士。
¶維新，人名（㊕1837年），日人，三重

町井利左衛門 まちいりざえもん
？　〜安政1（1854）年
江戸時代末期の遠江掛川藩士。
¶藩臣4

町定静　まちさだやす
生没年不詳
江戸時代前期の土佐藩士、南学者。
¶高知人，藩臣6

町田梅之進　まちだうめのしん
嘉永1(1848)年～明治10(1877)年
江戸時代末期～明治期の長州(萩)藩士。
¶人名，姓氏山口，日人，幕末([没]1877年6月1日)，藩臣6

町田久甫　まちだきゅうほ
？　～天明7(1787)年
江戸時代中期の日置郡伊集院石谷領主。
¶姓氏鹿児島

町田後凋　まちだこうちょう
～明治21(1888)年
江戸時代後期～明治期の桑名藩士。
¶三重

町田申四郎　まちだしんしろう
弘化4(1847)年～？　[別]塩田権之丞《しおたごんのじょう,無》,実績
江戸時代末期～明治期の薩摩藩留学生。1865年イギリスに渡る。
¶維新，海越，海越新，姓氏鹿児島，幕末

町田土佐守　まちだとさのかみ
？　～元和3(1617)年　[別]町田祐慶《まちだゆうけい》
安土桃山時代～江戸時代前期の武将。武蔵鉢形城主北条氏邦の旧臣。
¶埼玉人(町田祐慶　まちだゆうけい　[没]元和3(1617)年3月5日)，戦辞([没]元和3年3月5日(1617年4月10日))

町田久成　まちだひさすみ
→町田久成(まちだひさなり)

町田久成　まちだひさなり
天保9(1838)年～明治30(1897)年　[別]町田久成・上野良太郎《まちだひさなり・うえのりょうたろう》,町田久成《まちだひさすみ》,上野良太郎《うえのりょうたろう》,石谷道人,町田民部《まちだみんぶ》
江戸時代末期～明治期の薩摩藩士。1865年留学生監督としてイギリスに渡る。
¶朝日([生]天保9年1月2日(1838年1月27日)　[没]明治30(1897)年9月15日)，維新，海越([生]天保9(1838)年1月　[没]明治30(1897)年9月13日,(異説)9月15日)，海越新([生]天保9(1838)年1月　[没]明治30(1897)年9月15日)，鹿児島百，近現，近世，考古([没]明治39(1906)年9月15日)，国際，国史，コン改，コン4，コン5，史人(まちだひさすみ　[生]1838年1月　[没]1897年9月15日)，新潮([没]明治30(1897)年9月15日)，人名，姓氏鹿児島，渡航(町田久成・上野良太郎　まちだひさなり・うえのりょうたろう　[生]1838年1月　[没]1897年9月13日)，日人，幕末([没]1897年9月13日)，藩臣7，履歴([生]天保9(1838)年1月2日　[没]明治30(1897)年9月15日)

町田房造　まちだふさぞう
生没年不詳
江戸時代末期～明治期の武士。日本で最初の氷水店を開業。
¶先駆

町田武須計　まちだぶすけ
天保9(1838)年～明治28(1895)年
江戸時代末期～明治期の桑名藩士。
¶維新，日人，幕末([没]1895年7月19日)，藩臣4

町田孫七　まちだまごしち
江戸時代の薩摩藩士。
¶姓氏鹿児島

町田政紀(町田正紀)　まちだまさのり
文政11(1828)年～明治21(1888)年
江戸時代末期～明治期の三春藩士砲術師範。
¶維新，幕末(町田正紀　[没]1888年8月10日)，藩臣2

町田正記　まちだまさのり
天明5(1785)年～安政4(1857)年
江戸時代中期～末期の信濃松代藩士・和算家。
¶国書([没]安政4(1857)年5月17日)，長野歴

町田光忠　まちだみつただ
享保14(1729)年～文化2(1805)年5月
江戸時代中期～後期の会津藩士。
¶国書

町田祐慶　まちだゆうけい
→町田土佐守(まちだとさのかみ)

馬乳久左衛門　まちちきゅうざえもん
安土桃山時代～江戸時代前期の武士。里見氏家臣。
¶戦人(生没年不詳)，戦東

町野氏吉　まちのうじよし
生没年不詳
安土桃山時代～江戸時代前期の武士。
¶戦人

町野宇兵衛　まちのうへえ
生没年不詳
江戸時代の庄内藩付家老。
¶庄内

町野加右衛門　まちのかえもん
？　～元禄6(1693)年
江戸時代前期の美作津山藩士。
¶岡山人，藩臣6

町野可名生　まちのかなお
安永8(1779)年～？
江戸時代後期の筑後柳河藩士。
¶国書，幕末，藩臣7

町野源之助　まちのげんのすけ
→町野主水(まちのもんど)

町野隆次　まちのたかつぐ
江戸時代後期の遠江横須賀藩士。
¶茶道

町野忠左衛門　まちのちゅうざえもん
寛政9(1797)年～元治1(1864)年
江戸時代後期～末期の剣術家。一刀流溝口派。
¶剣豪

町野忠助　まちのちゅうすけ
寛保1(1741)年～天保2(1831)年
江戸時代中期～後期の剣術家。一刀流溝口派。

¶剣豪

町野忠之進 まちのちゅうのしん
文化13（1816）年〜文久2（1862）年
江戸時代後期〜末期の剣術家。一刀流溝口派。
¶剣豪

町野久吉 まちのひさきち
嘉永5（1852）年〜慶応4（1868）年
江戸時代末期の白虎隊士。
¶会津，幕末（㉓1868年6月16日）

町野三安 まちのみつやす
〜享保3（1718）年
江戸時代中期の旗本。
¶神奈川人

町野主水 まちのもんど
天保8（1837）年〜大正12（1923）年 ㊞町野源之
助《まちのげんのすけ》
江戸時代末期〜明治期の陸奥会津藩士。
¶会津（町野源之助　まちのげんのすけ），幕末
（㉓1923年6月），藩臣2（㊤天保10（1839）年）

町野幸和 まちのゆきかず
？　〜正保4（1647）年
安土桃山時代〜江戸時代前期の陸奥会津藩の武
士。徳川家家臣。
¶戦国，戦人，藩臣2（㊤天正2（1574）年）

町野幸次 まちのよしつぐ
〜享保10（1725）年
江戸時代中期の旗本。
¶神奈川人

町野幸長 まちのよしなが
〜元禄14（1701）年
江戸時代前期の旗本。
¶神奈川人

松井晟時 まついあきとき
？　〜宝永4（1707）年1月3日
江戸時代前期〜中期の尾張藩士・兵学家。
¶国書

松井雨白 まついうはく
文化10（1813）年〜明治17（1884）年8月24日
江戸時代末期〜明治期の尾張藩士。
¶幕末

松井興長 まついおきなが
天正8（1580）年〜寛文1（1661）年
江戸時代前期の肥後熊本藩家老。
¶藩臣7

松井木俣 まついきまた
生没年不詳
江戸時代後期の下総結城藩用人。
¶藩臣3

松井九郎左衛門 まついくろうざえもん
？　〜
江戸時代の八戸藩士。志和米を積み出した。
¶青森人

松井郷左衛門 まついごうざえもん
天保10（1839）年〜明治44（1911）年
江戸時代末期〜明治期の三河吉田藩家老。
¶幕末（㊤1839年12月10日　㉓1911年11月8日），

藩臣4

松井秀簡 まついしゅうかん
文政9（1826）年〜明治1（1868）年 ㊞松井秀簡
《まついひでこと，まついひでふみ》
江戸時代末期の泉藩士。
¶維新（まついひでふみ），人名（まついひでこ
と），日人，幕末（㉓1868年8月10日）

松井周助 まついしゅうすけ
天保12（1841）年〜
江戸時代後期〜明治期の土佐藩士，軍艦士官，知
行120石御馬廻。
¶高知人

松井新五兵衛 まついしんごべえ
生没年不詳
江戸時代前期の武士。
¶日人

松井斌二 まついたけじ
天保2（1831）年〜大正5（1916）年
江戸時代末期〜明治期の豊前小倉藩士。
¶藩臣7

松井徳太郎 まついとくたろう
天保11（1840）年〜？
江戸時代後期〜末期の新撰組隊士。
¶新撰

松井儀長 まついのりなが
元亀1（1570）年〜明暦3（1657）年 ㊞松井儀長
《まついよしなが》
安土桃山時代〜江戸時代前期の日向飫肥藩士。松
井疏水の開削者。
¶朝日（まついよしなが　㊤永禄12（1569）年頃
㉓明暦3年11月22日（1657年12月26日）），近
世，国史，コン改，コン4，史人，人名，日人，
藩臣7（まついよしなが）

松井秀簡 まついひでこと
→松井秀簡（まついしゅうかん）

松井秀房 まついひでふさ
江戸時代末期〜明治期の新庄藩士。
¶幕末（㊤1832年4月25日　㉓1899年），藩臣1
（㊤文政7（1824）年　㉓明治31（1898）年），山
形百（㊤文政6（1823）年　㉓？）

松井秀簡 まついひでふみ
→松井秀簡（まついしゅうかん）

松井武兵衛 まついぶへえ
？　〜元和9（1623）年
安土桃山時代〜江戸時代前期の普請奉行。
¶姓氏愛知

松井汶村 まついぶんそん
→汶村（ぶんそん）

松井康載 まついやすとし
安政1（1854）年〜明治13（1880）年 ㊞松平康載
《まつだいらやすとし》
江戸時代末期〜明治期の大名，華族。武蔵川越
藩主。
¶埼玉人（松平康載　まつだいらやすとし　㊤安
政1（1854）年10月　㉓大正12（1923）年9月），
埼玉百（松平康載　まつだいらやすとし），諸
系，日人

松井康直　まついやすなお
→松平康英(2)（まつだいらやすひで）

松井義彰　まついよしあき
生没年不詳
江戸時代中期～後期の儒者、飫肥藩士。
¶日人，宮崎百

松井儀長　まついよしなが
→松井儀長（まついのりなが）

松井寄之　まついよりゆき
元和2（1616）年4月3日～寛文6（1666）年1月6日
江戸時代前期の武士。
¶熊本百

松井竜二郎　まついりゅうじろう
江戸時代末期の新撰組隊士。
¶新撰

松浦詮　まつうらあきら
→松浦詮（まつらあきら）

松浦篤信　まつうらあつのぶ
→松浦篤信（まつらあつのぶ）

松浦和泉守信程　まつうらいずみのかみのぶきよ
→松浦信程（まつうらのぶきよ）

松浦致　まつうらいたる
→松浦致（まつらいたる）

松浦右近　まつうらうこん
江戸時代末期～明治期の大村藩士。欧米に渡航する。
¶海越（生没年不詳），海越新

松浦右膳　まつうらうぜん
文政12（1829）年～明治22（1889）年　[別]松浦右膳《まつらうぜん》
江戸時代末期～明治期の肥前平戸藩家老。
¶維新，幕末（まつらうぜん　[没]1889年12月26日）

松浦亀太郎　まつうらかめたろう
→松浦松洞（まつうらしょうどう）

松浦河内守信正　まつうらかわちのかみのぶまさ
→松浦信正（まつらのぶまさ）

松浦儀右衛門　まつうらぎえもん
延宝4（1676）年～享保13（1728）年
江戸時代中期の対馬藩士。
¶藩臣7

松浦清　まつうらきよし
→松浦静山（まつらせいざん）

松浦桂川　まつうらけいせん
元文2（1737）年～寛政4（1792）年　[別]松浦弾正《まつうらだんじょう》
江戸時代中期の対馬藩家老。
¶国書（[没]寛政4（1792）年10月19日），人名（松浦弾正　まつうらだんじょう），日人，藩臣7（[生]元文4（1739）年）

松浦誠信　まつうらさねのぶ
→松浦誠信（まつらさねのぶ）

松浦鎮信　まつうらしげのぶ
→松浦鎮信（まつらしげのぶ）

松浦松洞　まつうらしょうどう
天保8（1837）年～文久2（1862）年　[別]松浦亀太郎《まつうらかめたろう》
江戸時代末期の長州藩の絵師。
¶維新（松浦亀太郎　まつうらかめたろう），コン改，コン4，新潮（[没]文久2（1862）年4月13日），人名（松浦亀太郎　まつうらかめたろう），姓氏山口，世人，日人，幕末（[没]1862年5月11日），藩臣6，山口百

松浦新吉郎　まつうらしんきちろう
天保11（1840）年～明治10（1877）年
江戸時代末期～明治期の肥後熊本藩士。
¶熊本百（[生]天保11（1840）年9月　[没]明治10（1877）年10月31日），人名，日人，幕末（[没]1877年10月31日）

松浦静山　まつうらせいざん
→松浦静山（まつらせいざん）

松浦棟　まつうらたかし
→松浦棟（まつらたかし）

松浦隆信　まつうらたかのぶ
→松浦隆信（まつらたかのぶ）

松浦忠　まつうらただし
明和5（1768）年～天保2（1831）年
江戸時代中期～後期の第24代京都西町奉行。
¶京都大，姓氏京都

松浦多門　まつうらたもん
天保14（1843）年頃～？
江戸時代後期～末期の新撰組隊士。
¶新撰

松浦弾正　まつうらだんじょう
→松浦桂川（まつうらけいせん）

松浦鄰　まつうらちかし
→松浦鄰（まつらちかし）

松浦棠陰　まつうらとういん
天保13（1842）年～明治43（1910）年
江戸時代末期～明治期の備中足守藩士。
¶岡山人，藩臣6

松浦虎吉　まつうらとらきち
天保14（1843）年10月10日～明治20（1887）年8月9日
江戸時代後期～明治期の維新の志士。
¶島根百

松浦内膳　まつうらないぜん
文政11（1828）年～＊　[別]松浦内膳《まつらないぜん》
江戸時代末期～明治期の肥前平戸藩家老。
¶維新（[没]1892年），幕末（まつらないぜん　[没]1896年4月10日）

松浦信程　まつうらのぶきよ
元文1（1736）年～文化10（1813）年　[別]松浦和泉守信程《まつうらいずみのかみのぶきよ》
江戸時代中期～後期の69代長崎奉行。
¶長崎歴（松浦和泉守信程　まつうらいずみのかみのぶきよ）

松浦信辰　まつうらのぶたつ
→松浦信辰（まつらのぶたつ）

松浦信英　まつうらのぶひで
～享保9（1724）年

江戸時代中期の旗本。
¶神奈川人

松浦八郎 まつうらはちろう
天保7（1836）年～元治1（1864）年
江戸時代末期の筑後久留米藩郷士。
¶維新，人名，日人，幕末（㊥1864年7月21日）

松浦正明 まつうらまさあき
文政12（1829）年～明治39（1906）年
江戸時代末期～明治期の桑名藩士。
¶幕末（㊥1906年4月10日），藩臣4，三重統（㊹文政12年12月25日）

松浦昌 まつうらまさし
→松浦昌（まつらまさし）

松浦元近 まつうらもとちか
享保16（1731）年～文化10（1813）年
江戸時代中期～後期の小幡藩士。
¶姓氏群馬

松浦元寛 まつうらもとひろ
寛政8（1796）年～明治6（1873）年
江戸時代末期～明治期の上野小幡藩中老。
¶姓氏群馬，藩臣2

松江氏貫 まつえうじつら
文政12（1829）年～慶応4（1868）年
江戸時代末期の加賀大聖寺藩士。
¶国書（㊥慶応4（1868）年閏4月5日），藩臣3

松枝久左衛門 まつえだきゅうざえもん
正保4（1647）年～享保8（1723）年　㊙松枝久左衛門《まつがえきゅうざえもん》
江戸時代前期～中期の剣術家。前鬼流。
¶江戸東（まつがえきゅうざえもん），剣豪

松枝千兵衛 まつえだせんべえ
？　～寛政4（1792）年
江戸時代中期の肥前蓮池藩家老。
¶藩臣7

松岡明義 まつおかあきよし
文政9（1826）年～明治23（1890）年
江戸時代末期～明治期の久留米藩士、有職故実家。有馬家江戸屋敷に仕える。
¶朝日（㊹文政9（1826）年5月　㊥明治23（1890）年6月22日），江文，弓道（㊹文政9（1826）年5月　㊥明治23（1890）年6月22日），近現，近世，国史，国書（㊹文政9（1826）年5月　㊥明治23（1890）年6月22日），神史，神人（㊥明治23（1890）年6月22日），人名，日人

松尾塊亭 まつおかいてい
享保17（1732）年～文化12（1815）年
江戸時代後期の武士、俳人。
¶郷土和歌山，和歌山人

松岡盤吉（松岡磐吉）　まつおかいわきち
→松岡磐吉（まつおかばんきち）

松岡梅太郎 まつおかうめたろう
弘化4（1847）年～明治1（1868）年
江戸時代末期の長州（萩）藩士。
¶維新，人名，姓氏山口，日人，幕末（㊥1868年8月2日）

松岡毅軒 まつおかきけん
文化11（1814）年～明治10（1877）年　㊙松岡時敏《まつおかときとし》
江戸時代末期～明治期の土佐藩士。
¶維新（松岡時敏　まつおかときとし），高知人，高知百，国書（㊹文化11（1814）年12月26日㊥明治10（1877）年11月6日），コン5（松岡時敏まつおかときとし），人名（松岡時敏　まつおかときとし），日人（㊹1815年），幕末（㊥1877年11月6日），藩臣6

松岡儀之進 まつおかぎのしん
？　～寛政10（1798）年
江戸時代中期の播磨姫路藩士。
¶藩臣5

松尾角左衛門 まつおかくざえもん
生没年不詳
江戸時代末期の武士。
¶和歌山人

松岡次郎 まつおかじろう
文化11（1814）年～安政5（1858）年
江戸時代末期の田原藩家老。
¶国書（㊥安政5（1858）年1月7日），姓氏愛知，幕末，藩臣4

松岡進士 まつおかしんじ
天保5（1834）年～大正4（1915）年
江戸時代末期～明治期の筑後柳河藩士。
¶藩臣7

松岡青蘿（松岡青羅）　まつおかせいら
元文5（1740）年～寛政3（1791）年　㊙青蘿《せいら》
江戸時代中期の播磨姫路藩の俳諧師。
¶朝日（㊥寛政3年6月17日（1791年7月17日）），国書（青蘿　せいら　㊥寛政3（1791）年6月17日），コン改，コン4，詩歌（青蘿　せいら　㊥1791年6月17日），新潮（青蘿　せいら　㊥寛政3（1791）年6月17日），人名，世人，全書（青蘿　せいら），日人，俳諧（青蘿　せいら？），俳句（青蘿　せいら　㊥寛政3（1791）年6月17日），藩臣5，百科（青蘿せいら），兵庫人（松岡青羅　㊥寛政3（1791）年6月17日），兵庫百（青蘿　せいら），和俳

松岡大蟻 まつおかたいぎ
→大蟻（たいぎ）

松岡万 まつおかつもる
→松岡万（まつおかよろず）

松尾勝慶 まつおかつよし
天正18（1590）年？　～寛永8（1631）年
江戸時代前期の肥前福江藩家老。
¶藩臣7

松岡伝十郎 まつおかでんじゅうろう
天保9（1838）年頃～明治2（1869）年
江戸時代末期の筑後久留米藩士。
¶藩臣7

松岡辰方 まつおかときかた
明和1（1764）年～天保11（1840）年
江戸時代中期～後期の久留米藩士、有職故実家。松岡流の創始者。

¶朝日（[生]明和1年2月12日（1764年3月14日）[没]天保11年5月1日（1840年5月31日）），江文，近世，国史，国書（[生]宝暦14（1764）年2月12日　[没]天保11（1840）年5月1日），史人（[生]1764年2月12日　[没]1840年5月1日），神人（[生]明和4（1767）年　[没]天保14（1843）年5月1日），人名，日人，平史

松岡時敏　まつおかときとし
→松岡毅軒（まつおかきけん）

松岡長時　まつおかながとき
永禄7（1564）年～正保1（1644）年
安土桃山時代～江戸時代前期の陸奥仙台藩士。
¶藩臣1

松岡布政　まつおかのぶまさ
？　～寛延3（1750）年
江戸時代中期の因幡鳥取藩士。
¶国書，人名，鳥取百，日人，藩臣5

松岡八左衛門　まつおかはちざえもん
→松岡好忠（まつおかよしただ）

松岡磐吉　まつおかばんきち
？　～明治4（1871）年　[別]松岡盤吉《まつおかいわきち》，松岡磐吉《まつおかいわきち》
江戸時代末期～明治期の幕臣。咸臨丸渡米の際の測量方。
¶朝日，維新，海越新（松岡盤吉　まつおかいわきち），近現，近世，国史，コン5，史人，新潮（まつおかいわきち），人名，日人，幕末

松岡政人　まつおかまさと
生没年不詳
江戸時代末期の薩摩藩士。
¶幕末

松岡調（松岡御調）　まつおかみつぎ，まつおかみつき
天保1（1830）年～明治37（1904）年　[別]松岡調《まつおかみつぐ》
江戸時代末期～明治期の讃岐高松藩の多和神社祠官。
¶維新，香川人（まつおかみつぐ），香川百（まつおかみつぐ），近現，国書（松岡御調　まつおかみつき　[没]明治37（1904）年12月），神史，神人（[没]明治37（1904）年12月），人名，日人，幕末（まつおかみつぐ　[没]1904年12月），藩臣6（まつおかみつぐ）

松岡調　まつおかみつぐ
→松岡調（まつおかみつぎ）

松岡万　まつおかむつみ
→松岡万（まつおかよろず）

松岡行義　まつおかゆきよし
寛政6（1794）年～嘉永1（1848）年
江戸時代後期の久留米藩士、有職故実家。「後松日記」の著者。
¶朝日（[生]寛政6年11月14日（1794年12月6日）[没]嘉永1年7月30日（1848年8月28日）），江文，近世，国史，国書（[生]寛政6（1794）年11月14日　[没]嘉永1（1848）年7月30日），神人（[生]寛政1（1789）年　[没]嘉永6（1853）年7月31日），人名，日人

松岡好忠　まつおかよしただ
慶長17（1612）年～元禄7（1694）年　[別]松岡八左衛門《まつおかはちざえもん》
江戸時代前期の陸奥南部藩士。
¶人名（松岡八左衛門　まつおかはちざえもん），日人，藩臣1

松岡万　まつおかよろず
天保9（1838）年～明治24（1891）年　[別]松岡万《まつおかつもる，まつおかむつみ》
江戸時代末期～明治期の幕臣。
¶維新，コン5，静岡百，静岡歴（まつおかむつみ），人名（まつおかつもる），姓氏静岡（まつおかむつみ），日人，幕末（[没]1891年3月15日），藩臣4

松岡隣　まつおかりん
文政3（1820）年～明治31（1898）年
江戸時代末期～明治期の蘭学者、備前岡山藩士。
¶維新，岡山人，岡山百（[生]文政3（1820）年1月7日　[没]明治31（1898）年1月19日），岡山歴（[没]明治31（1898）年1月19日），人名，日人，幕末（[没]1898年1月19日）

松尾臣善　まつおしげよし
天保14（1843）年～大正5（1916）年　[別]松尾臣善《まつおしんぜん，まつおとみよし》
江戸時代末期～大正期の武士、官僚。日本銀行総裁、男爵。
¶朝日（[生]天保14年2月6日（1843年3月6日）[没]大正5（1916）年4月7日），愛媛百（[生]天保14（1843）年2月6日　[没]大正5（1916）年4月8日），近現，国史，コン改，コン5，史人（[生]1843年2月6日　[没]1916年4月8日），人名（まつおしんぜん），世紀（[生]天保14（1843）年2月6日　[没]大正5（1916）年4月7日），先駆（まつおしんぜん　[生]天保14（1843）年2月6日　[没]大正5（1916）年4月7日），日人，兵庫人（まつおとみよし　[生]天保14（1843）年2月6日　[没]大正5（1916）年4月8日），履歴（[生]天保14（1843）年2月6日　[没]大正5（1916）年4月8日）

松尾駿淵　まつおしゅんえん
宝暦10（1760）年～文化12（1815）年　[別]松尾紋左衛門《まつおもんざえもん》
江戸時代後期の陸奥八戸藩士、野馬奉行、算数暦学家。
¶青森人（松尾紋左衛門　まつおもんざえもん），国書（[没]文化12（1815）年8月25日），人名，日人

松尾臣善　まつおしんぜん
→松尾臣善（まつおしげよし）

松尾臣善　まつおとみよし
→松尾臣善（まつおしげよし）

松尾万吉　まつおまんきち
天保1（1830）年～安政1（1854）年
江戸時代末期の肥前蓮池藩士。
¶藩臣7

松尾紋左衛門　まつおもんざえもん
→松尾駿淵（まつおしゅんえん）

松枝久左衛門　まつがえきゅうざえもん
→松枝久左衛門（まつえだきゅうざえもん）

松風彦五郎　まつかぜひこごろう
貞享2 (1685) 年～延享4 (1747) 年2月19日
江戸時代中期の美作国倉敷代官。
¶岡山歴

松風正勝　まつかぜまさかつ
～享保11 (1726) 年
江戸時代中期の旗本。
¶神奈川人

松方正義　まつかたまさよし
天保6 (1835) 年～大正13 (1924) 年
江戸時代末期～明治期の薩摩藩士、政治家。
¶朝日 ([生]天保6年2月25日 (1835年3月23日) [没]大正13 (1924) 年7月2日), 維新, 岩史 ([生]天保6 (1835) 年2月25日　[没]大正13 (1924) 年7月2日), 海越新 ([生]天保6 (1835) 年2月25日　[没]大正13 (1924) 年7月2日), 大分百, 大分歴, 沖縄百 ([生]天保6 (1835) 年2月25日　[没]大正13 (1924) 年7月2日), 鹿児島百, 角史, 郷土長崎, 近現, 現日 ([生]1835年2月25日　[没]1924年7月2日), 国際, 国史, コン改, コン4, コン5, 茶道, 史人 ([生]1835年2月25日　[没]1924年7月2日), 重要 ([生]天保6 (1835) 年2月25日　[没]大正13 (1924) 年7月2日), 新潮 ([生]天保6 (1835) 年2月25日　[没]大正13 (1924) 年7月2日), 人名, 世紀 ([生]天保6 (1835) 年2月25日　[没]大正13 (1924) 年7月2日), 姓氏鹿児島, 世人 ([生]天保6 (1835) 年2月25日　[没]大正13 (1924) 年7月2日), 世百, 先駆 ([生]天保6 (1835) 年2月25日 [没]大正13 (1924) 年7月2日), 全書, 大百, 伝記, 渡航 ([生]1835年2月15日　[没]1924年7月2日), 栃木歴, 長崎歴, 日史 ([生]天保6 (1835) 年2月25日　[没]大正13 (1924) 年7月2日), 日人, 日本, 幕末 ([没]1924年7月2日), 藩臣7, 百科, 明治1, 履歴 ([生]天保6 (1835) 年2月25日　[没]大正13 (1924) 年7月2日), 歴大

松木弘安　まつきこうあん
→寺島宗則 (てらしまむねのり)

松木魯堂　まつきろどう
→松本魯堂 (まつもとろどう)

松倉勝家　まつくらかついえ
慶長2 (1597) 年～寛永15 (1638) 年
江戸時代前期の大名。肥前島原藩主。
¶朝日 ([没]寛永15年7月19日 (1638年8月28日)), 近世, 国史, コン改 ([生]?), コン4 ([生]?), 重要 ([没]寛永15 (1638) 年7月19日), 新潮 ([生]? [没]寛永15 (1638) 年7月19日), 人名, 世人 ([生]?　[没]寛永15 (1638) 年7月19日), 戦合, 戦国 ([生]?), 全書, 戦人, 日人, 藩主4 ([没]寛永15 (1638) 年7月19日), 歴大

松倉重政　まつくらしげまさ
？～寛永7 (1630) 年
安土桃山時代～江戸時代前期の大名。肥前島原藩主、大和五条藩主。
¶朝日 ([没]寛永7年11月16日 (1630年12月19日)), 岩史 ([没]寛永7 (1630) 年11月16日), 角史, 郷土長崎, 郷土奈良 ([生]1579年), 近世, 国史, コン改, コン4, 史人 ([没]1630年11月16日), 重要 ([没]寛永7 (1630) 年12月), 新潮 ([没]寛永7 (1630) 年11月16日), 人名, 世人 ([没]寛永8 (1631) 年11月16日), 世百 ([生]1574年), 戦合, 戦国, 全書, 戦人, 大百, 長崎百 ([生]天正1 (1573) 年), 長崎歴, 日史 ([没]寛永8 (1631) 年11月16日), 日人, 藩主3 ([生]1578年), 藩主4 ([没]寛永7 (1630) 年12月26日, (異説) 11月16日), 百科 ([没]寛永8 (1631) 年), 歴大

松倉恂　まつくらじゅん
文政10 (1827) 年～明治37 (1904) 年　[別]松倉恂《まつくらまこと》
江戸時代末期～明治期の仙台藩士。
¶維新, 国書 ([生]文政10 (1827) 年1月3日　[没]明治37 (1904) 年5月3日), 人名 (まつくらまこと), 姓氏宮城, 日人 (まつくらまこと), 幕末 ([没]1904年5月2日), 宮城百

松倉恂　まつくらまこと
→松倉恂 (まつくらじゅん)

松倉正挙　まつくらまさきよ
延享1 (1744) 年～享和3 (1803) 年
江戸時代中期～後期の上野館林藩士。
¶藩臣2

松倉正供　まつくらまさとも
文化4 (1807) 年～万延1 (1860) 年
江戸時代末期の石見浜田藩家老。
¶藩臣5

松倉正道　まつくらまさより
生没年不詳
江戸時代後期の石見浜田藩家老。
¶藩臣5

松坂臣久　まつざかしんきゅう
弘化4 (1847) 年～昭和5 (1930) 年
江戸時代末期～明治期の出羽新庄藩士。
¶藩臣1

松崎観海　まつざきかんかい
享保10 (1725) 年～安永4 (1775) 年
江戸時代中期の漢学者、丹波篠山藩士。
¶朝日 ([生]享保10年5月4日 (1725年6月14日) [没]安永4年12月23日 (1776年1月14日)), 江文, 近世, 国史, 国書 ([生]享保10 (1725) 年5月4日 [没]安永4 (1775) 年12月23日), コン4, 詩歌, 史人 ([生]1725年5月4日　[没]1775年12月23日), 新潮 ([生]享保10 (1725) 年5月4日　[没]安永4 (1775) 年12月23日), 人名, 世人 ([生]享保10 (1725) 年5月4日　[没]安永4 (1775) 年12月23日), 日人 ([没]1776年), 和俳 ([生]享保10 (1725) 年5月4日 [没]安永4 (1775) 年12月23日)

松崎観瀾　まつざきかんらん
天和2 (1682) 年～宝暦3 (1753) 年　[別]松崎白圭《まつざきはくけい》
江戸時代中期の丹波篠山藩の儒者。
¶江文, 国書 ([生]天和2 (1682) 年5月15日　[没]宝暦3 (1753) 年5月12日), 人名 (松崎白圭　まつざきはくけい), 日人 (松崎白圭　まつざきはくけい), 藩臣5 ([生]天和1 (1681) 年)

松崎慊堂　まつざきこうどう
明和8 (1771) 年～弘化1 (1844) 年
江戸時代後期の儒学者、遠江掛川藩儒。
¶朝日 ([生]明和8年9月27日 (1771年11月3日) [没]弘化1年4月21日 (1844年6月6日)), 岩史

（㊀明和8（1771）年9月27日　㊀天保15（1844）年4月21日），江戸，江文，角史，近世，熊本百（㊀明和8（1771）年9月27日　㊀弘化1（1844）年4月21日），国史，国書（㊀明和8（1771）年9月27日　㊀天保15（1844）年4月21日），コン改，コン4，詩歌，史人（㊀1771年9月27日　㊀1844年4月21日），静岡歴，重要（㊀明和8（1771）年9月27日　㊀弘化1（1844）年4月21日），人書94，新潮（㊀明和8（1771）年9月28日　㊀弘化1（1844）年4月21日），人名，姓氏静岡，世人（㊀明和8（1771）年9月27日　㊀弘化1（1844）年4月21日），世百，全書，大百，日史（㊀明和8（1771）年9月27日　㊀弘化1（1844）年4月21日），日人，藩臣4，百科，歴大，和俳（㊀明和8（1771）年9月27日　㊀弘化1（1844）年4月21日）

松崎静馬　まつざきしずま
江戸時代末期の新撰組隊士。
¶新撰

松崎渋右衛門　まつざきしぶうえもん
→松崎渋右衛門（まつざきじゅうえもん）

松崎渋右衛門　まつざきしぶえもん
→松崎渋右衛門（まつざきじゅうえもん）

松崎渋右衛門　まつざきじゅうえもん
文政10（1827）年～明治2（1869）年　㊀松崎渋右衛門《まつざきしぶうえもん，まつざきしぶえもん》
江戸時代末期の讃岐高松藩士。宗家水戸徳川家との和解に尽力。
¶朝日（まつざきしぶえもん　㊀明治2年9月8日（1869年10月12日）），維新（まつざきしぶえもん），香川人（まつざきしぶうえもん），香川百（まつざきしぶうえもん），郷土香川（まつざきしぶうえもん），近現，近世，国史，コン改，コン4，コン5，新潮（まつざきしぶえもん　㊀明治2（1869）年9月8日），人名，日人（まつざきしぶえもん），幕末（まつざきしぶうえもん　㊀1869年10月12日），藩臣6（まつざきしぶえもん）

松崎誠蔵　まつざきせいぞう
天保1（1830）年頃～明治2（1869）年
江戸時代末期の筑後久留米藩士。
¶藩臣7

松崎太郎左衛門　まつざきたろうざえもん
生没年不詳
江戸時代前期の陸奥白河藩士。
¶藩臣2

松崎登一郎　まつざきといちろう
文化4（1807）年～明治11（1878）年
江戸時代末期～明治期の上総久留里藩士。
¶藩臣3

松崎浪四郎　まつざきなみしろう
天保4（1833）年～明治29（1896）年
江戸時代後期～明治期の剣術家。神陰流。
¶剣豪，福岡百（㊀明治29（1896）年6月17日）

松崎白圭　まつざきはくけい
→松崎観瀾（まつざきかんらん）

松崎之信　まつざきゆきのぶ
生没年不詳
江戸時代後期の播磨三日月藩用人。
¶藩臣5

松崎蘭谷　まつざきらんこく
延宝2（1674）年～享保20（1735）年
江戸時代中期の丹波篠山藩の儒学者。
¶国書（㊀享保20（1735）年7月9日），コン改，コン4，詩歌，新潮（㊀享保20（1735）年7月9日），人名，世人，日人，藩臣5，兵庫人（㊀延宝1（1673）年　㊀享保20（1735）年7月9日），兵庫百，和俳

松崎和多五郎　まつざきわたごろう
文化13（1816）年～明治22（1889）年
江戸時代後期～明治期の剣術家。
¶日人

松沢氏守　まつざわうじもり
天明6（1786）年～？
江戸時代中期～後期の会津藩士。
¶国書

松沢乙造　まつざわおとぞう
江戸時代末期の新撰組隊士。
¶新撰

松下市之進　まつしたいちのしん
生没年不詳
江戸時代中期の肥後熊本藩士。
¶藩臣7

松下氏綱　まつしたうじつな
？　～寛永17（1640）年
江戸時代前期の武士。
¶和歌山人

松下鳩台　まつしたきゅうだい
明和8（1771）年～嘉永2（1849）年
江戸時代後期の三河岡崎藩士、儒学者。
¶国書（㊀明和8（1771）年7月10日　㊀嘉永2（1849）年9月29日），姓氏愛知，藩臣4

松下定朝　まつしたさだとも
安永2（1773）年～？
江戸時代中期～後期の第27代京都西町奉行。
¶京都大

松下三十郎　まつしたさんじゅうろう
生没年不詳
江戸時代中期の岩代福島藩士。
¶国書

松下重綱　まつしたしげつな
天正7（1579）年～寛永4（1627）年
安土桃山時代～江戸時代前期の大名。陸奥二本松藩主、下野烏山藩主、常陸小張藩主。
¶朝日（㊀寛永4年10月2日（1627年11月9日）），近世，国史，コン改，コン4，史人（㊀1627年10月2日），新潮（㊀寛永4（1627）年10月2日），人名，戦合，戦国，戦人，栃木歴，日人，藩主1（㊀寛永4（1627）年10月2日），藩主1，藩主2（㊀寛永4（1627）年10月2日），藩主2，福島百

松下重長　まつしたしげなが
天和3（1683）年～享保3（1718）年10月7日
江戸時代前期～中期の幕臣。
¶国書

松下祐信　まつしたすけのぶ
天保14(1843)年～？
江戸時代末期の相模荻野山中藩士。
¶藩臣3

松下内匠　まつしたたくみ
江戸時代後期の第21代美濃国代官。
¶岐阜百

松下筑陰　まつしたちくいん
明和1(1764)年～文化7(1810)年
江戸時代中期～後期の豊後佐伯藩士、教育家。
¶大分歴，国書([没]文化7(1810)年8月24日)，日人，藩臣7

松下綱澄　まつしたつなずみ
宝永5(1708)年～安永7(1778)年
江戸時代中期の三河岡崎藩家老。
¶藩臣4

松下綱平　まつしたつなへい
寛保1(1741)年～寛政2(1790)年
江戸時代中期の三河岡崎藩家老。
¶藩臣4

松下鉄馬　まつしたてつま
天保6(1835)年～元治1(1864)年
江戸時代末期の播磨姫路藩の志士。
¶維新，人名，日人([没]1865年)，幕末([没]1864年12月26日)，藩臣5

松下直美　まつしたなおみ
→松下直美(まつしたなおよし)

松下直美　まつしたなおよし
嘉永1(1848)年11月1日～昭和2(1927)年5月18日
[別]松下直美《まつしたなおみ》
江戸時代末期～明治期の筑前福岡藩留学生。1867年アメリカに渡る。
¶海越(まつしたなおみ　生没年不詳)，海越新，世紀，渡航，日人，藩臣7，福岡百

松下長勝　まつしたながかつ
～寛永4(1627)年
江戸時代前期の旗本。
¶神奈川人

松下長綱　まつしたながつな
慶長15(1610)年～万治1(1658)年
江戸時代前期の大名。陸奥二本松藩主、陸奥三春藩主。
¶人名，日人，藩主1，藩主1([没]万治1(1658)年9月10日)

松下安綱　まつしたやすつな
～寛永1(1624)年
江戸時代前期の旗本。
¶神奈川人

松下保綱　まつしたやすつな
宝暦5(1755)年～天保9(1838)年
江戸時代中期～後期の第21代京都東町奉行。
¶京都大，姓氏京都

松島欽左衛門　まつしまきんざえもん
生没年不詳
江戸時代末期の武士。
¶和歌山人

松島郡平　まつしまぐんぺい
安永8(1779)年9月1日～天保13(1842)年9月30日
江戸時代中期～後期の津山松平藩士。
¶岡山歴

松島剛蔵　まつしまごうぞう
文政8(1825)年～元治1(1864)年
江戸時代末期の長州(萩)藩士。同藩水軍の担い手。
¶朝日([生]文政8年3月6日(1825年4月23日)　[没]元治1年12月19日(1865年1月16日))，維新，近世，国史，コン改，コン4，新潮([生]文政8(1825)年3月6日　[没]元治1(1864)年12月19日)，人名，姓氏山口，世人([生]文政7(1824)年)，日人([没]1865年)，幕末([没]1865年1月16日)，藩臣6，洋学

松島省弥　まつしましょうや
*～文政9(1826)年
江戸時代後期の備前岡山藩士、心学者。
¶岡山人，岡山歴([生]明和3(1766)年　[没]文政9(1826)年4月12日)，藩臣6([生]？)

松島杢之助　まつしまもくのすけ
享和2(1802)年～？
江戸時代末期の武士。
¶和歌山人

松田市太夫　まつだいちだゆう
文政7(1824)年～文久3(1863)年
江戸時代末期の志士。
¶維新，人名，日人，幕末([没]1863年3月20日)

松平昭訓　まつだいらあきくに
嘉永1(1848)年～*
江戸時代末期の水戸藩公子。
¶維新([没]1863年)，人名([没]1863年)，日人([生]1849年　[没]1864年)，幕末([没]1864年1月2日)

松平明矩　まつだいらあきのり
正徳3(1713)年～寛延1(1748)年　[別]松平義知《まつだいらよしちか》
江戸時代中期の大名。陸奥白河新田藩主、陸奥白河藩主、播磨姫路藩主。
¶神奈川人([生]1709年)，国書([生]正徳3(1713)年8月1日　[没]寛延1(1748)年11月17日)，諸系([没]1749年)，人名([生]1704年)，日人([没]1749年)，藩主1(松平義知　まつだいらよしちか)，藩主3([生]正徳3(1713)年8月1日　[没]寛延1(1748)年11月17日)

松平浅五郎　まつだいらあさごろう
享保1(1716)年～享保11(1726)年
江戸時代中期の大名。美作津山藩主。
¶岡山歴([生]享保1(1716)年9月1日　[没]享保11(1726)年11月11日)，諸系，日人，藩主4([生]享保1(1716)年9月1日　[没]享保11(1726)年11月11日)

松平惇典　まつだいらあつのり
→松平孫三郎(まつだいらまごさぶろう)

松平家信　まつだいらいえのぶ
永禄8(1565)年～寛永15(1638)年
安土桃山時代～江戸時代前期の大名。下総佐倉藩主、三河形原藩主、摂津高槻藩主。

¶朝日（[没]寛永15年1月14日（1638年2月27日）），近世，国史，コン改，コン4，諸系，新潮（[没]寛永15（1638）年1月14日），人名，世人，戦合，戦国（[生]1566年），戦辞（[没]寛永15年1月14日（1638年2月27日）），戦人，日人，藩主2（[没]寛永15（1638）年1月14日），藩主2，藩主3

松平家康　まつだいらいえやす
→徳川家康（とくがわいえやす）

松平伊賀守忠周　まつだいらいがのかみただちか
→松平忠周(1)（まつだいらただちか）

松平伊豆守信綱　まつだいらいずのかみのぶつな
→松平信綱（まつだいらのぶつな）

松平伊豆守信輝　まつだいらいずのかみのぶてる
→松平信輝（まつだいらのぶてる）

松平市之丞　まつだいらいちのじょう
〜天明2（1782）年12月3日
江戸時代中期の庄内藩士。
¶庄内

松平一伯　まつだいらいっぱく
→松平忠直（まつだいらただなお）

松平石見守貴強　まつだいらいわみのかみたかます
→松平貴強（まつだいらたかます）

松平栄助　まつだいらえいすけ
嘉永2（1849）年〜？
江戸時代後期〜末期の新撰組隊士。
¶新撰

松平大炊頭頼徳　まつだいらおおいのかみらいとく
→松平頼徳（まつだいらよりのり）

松平織部　まつだいらおりべ
生没年不詳
江戸時代末期の武士。
¶和歌山人

松平甲斐守輝綱　まつだいらかいのかみてるつな
→松平輝綱（まつだいらてるつな）

松平霍山　まつだいらかくざん
享保4（1719）年〜天明6（1786）年
江戸時代中期の尾張藩儒。
¶国書（[没]天明6（1786）年3月10日），人名，日人

松平確堂　まつだいらかくどう
→松平斉民（まつだいらなりたみ）

松平上総介　まつだいらかずさのすけ
→松平忠敏（まつだいらただとし）

松平容住　まつだいらかたおき
安永8（1779）年〜文化3（1806）年
江戸時代中期〜後期の大名。陸奥会津藩主。
¶諸系，日人，藩主1（[生]安永7（1778）年11月20日　[没]文化2（1805）年12月27日）

松平容貞　まつだいらかたさだ
享保9（1724）年〜寛延3（1750）年
江戸時代中期の大名。陸奥会津藩主。
¶諸系，人名（[生]1719年），日人，藩主1（[生]享保9（1724）年8月16日　[没]寛延3（1750）年9月27日）

松平容敬　まつだいらかたたか
*〜嘉永5（1852）年
江戸時代末期の大名。陸奥会津藩主。
¶維新（[生]1806年），国書（[生]享和3（1803）年12月23日　[没]嘉永5（1852）年閏2月10日），諸系（[生]1804年），日人（[生]1804年），藩主1（[生]享和3（1803）年12月23日，（異説）文化3年4月28日　[没]嘉永5（1852）年閏2月10日）

松平容頌　まつだいらかたのぶ
延享1（1744）年〜文化2（1805）年
江戸時代中期〜後期の大名。陸奥会津藩主。
¶会津，近世（[生]1742年），国史（[生]1742年），国書（[生]寛保4（1744）年1月9日　[没]文化2（1805）年7月29日），コン改，コン4，史人（[生]1744年1月9日　[没]1805年7月29日），諸系，新潮（[没]文化2（1805）年7月29日），人名，世人，日人，藩主1（[生]延享1（1744）年1月9日　[没]文化2（1805）年7月29日），福島百（[生]寛保2（1742）年）

松平容衆　まつだいらかたひろ
享和3（1803）年〜文政5（1822）年
江戸時代後期の大名。陸奥会津藩主。
¶神奈川人，国書（[生]享和3（1803）年9月15日　[没]文政5（1822）年2月29日），諸系，日人，藩主1（[生]享和3（1803）年9月15日　[没]文政5（1822）年2月29日）

松平堅房（松平賢房）　まつだいらかたふさ
享保19（1734）年〜安永2（1773）年
江戸時代中期の大名。越後糸魚川藩主。
¶諸系，新潟百，日人，藩主3（松平賢房　[生]享保19（1734）年9月26日　[没]安永2（1773）年2月16日）

松平容保　まつだいらかたもり
天保6（1835）年〜明治26（1893）年
江戸時代末期〜明治期の大名。陸奥会津藩主。
¶会津，朝日（[生]天保6年12月29日（1836年2月15日）　[没]明治26（1893）年12月5日），維新，岩史（[生]天保6（1835）年12月29日　[没]明治26（1893）年12月5日），角史，京都，京都大，近現，近世，国史，コン改，コン4，コン5，史人（[生]1835年12月29日　[没]1893年12月5日），重要（[生]天保6（1835）年12月29日　[没]明治26（1893）年12月5日），諸系（[生]1836年），人書94，神人，新潮（[生]天保6（1835）年12月29日　[没]明治26（1893）年12月5日），人名，姓氏京都，世人（[没]明治26（1893）年12月5日），世百，全書，大百，伝記，栃木歴，日史（[生]天保6（1835）年12月29日　[没]明治26（1893）年12月5日），日人（[生]1836年），日本，幕末，藩主1（[生]天保6（1835）年12月29日　[没]明治26（1893）年12月5日），百科，福島百，歴大

松平勝定　まつだいらかつさだ
生没年不詳
江戸時代末期の幕臣。
¶国書

松平勝成　まつだいらかつしげ
天保3（1832）年〜大正1（1912）年　[別]久松勝成《ひさまつかつしげ》
江戸時代末期〜明治期の大名。伊予松山藩主。
¶維新（久松勝成　ひさまつかつしげ），茶道（久松勝成　ひさまつかつしげ），諸系，人名（久松勝成　ひさまつかつしげ），日人，幕末

（㉛1912年2月8日），藩主4（㊤天保3（1832）年6月24日　㉛明治45（1912）年2月8日）

松平勝隆　まつだいらかつたか
天正17（1589）年〜寛文6（1666）年
江戸時代前期の大名。上総佐貫藩主。
¶近世，国史，コン改，コン4，諸系，新潮（㉛寛文6（1666）年2月3日），人名，戦合，日人，藩主2（㊤寛文6（1666）年2月3日）

松平勝全　まつだいらかつたけ
寛延3（1750）年〜寛政8（1796）年
江戸時代中期の大名。下総多古藩主。
¶諸系，日人，藩主2（㊤寛政8（1796）年2月3日）

松平勝尹　まつだいらかつただ
正徳3（1713）年〜明和5（1768）年
江戸時代中期の大名。下総多古藩主。
¶諸系，日人，藩主2（㊤明和5（1768）年3月26日）

松平勝道　まつだいらかつみち
文化10（1813）年〜慶応2（1866）年　別松平勝道
《まつだいらかつみち》
江戸時代末期の大名。伊予今治藩主。
¶諸系，日人，幕末（まつだいらかつみち　㉛1866年10月20日），藩主4（まつだいらかつみち　㊤文化10（1813）年1月13日　慶応2（1866）年8月6日）

松平勝長　まつだいらかつなが
元文2（1737）年〜文化8（1811）年
江戸時代中期〜後期の武士。尾張藩主徳川宗勝の子。
¶日人

松平勝慈　まつだいらかつなり
安政2（1855）年〜明治37（1904）年
江戸時代末期〜明治期の大名。下総多古藩主。
¶諸系，日人，藩主2（㊤安政2（1855）年4月　㉛明治37（1904）年11月）

松平勝権　まつだいらかつのり
文化4（1807）年〜明治1（1868）年
江戸時代末期の大名。下総多古藩主。
¶諸系，日人，藩主2（㊤文化4（1807）年5月　㉛慶応4（1868）年閏4月23日）

松平勝房　まつだいらかつふさ
元禄15（1702）年〜延享4（1747）年
江戸時代中期の大名。下総多古藩主。
¶諸系，日人，藩主2（㊤延享3（1746）年12月晦日）

松平勝政　まつだいらかつまさ
？〜寛永13（1636）年
江戸時代前期の武将。
¶静岡歴

松平勝当　まつだいらかつまさ
＊〜享和1（1801）年
江戸時代中〜後期の大名。美濃高須藩主。
¶岐阜百（㊤？），国書（㊤元文2（1737）年12月1日　㉛享和1（1801）年9月12日），諸系（㊤1738年），日人（㊤1738年），藩主2（㊤元文2（1737）年12月1日　㉛享和1（1801）年10月16日）

松平勝道　まつだいらかつみち
→松平勝道（まつだいらかつつね）

松平勝以　まつだいらかつゆき
寛文1（1661）年〜享保13（1728）年
江戸時代中期の大名。下総多古藩主。
¶諸系，日人，藩主2（㊤享保13（1728）年2月14日）

松平勝行　まつだいらかつゆき
天保3（1832）年〜明治2（1869）年
江戸時代末期の大名。下総多古藩主。
¶諸系，日人，藩主2（㊤天保3（1832）年3月　㉛明治2（1869）年8月5日）

松平勝升　まつだいらかつゆき
安永7（1778）年〜文政1（1818）年
江戸時代後期の大名。下総多古藩主。
¶諸系，日人，藩主2（㊤安永7（1778）年5月　㉛文政1（1818）年9月5日）

松平勝義　まつだいらかつよし
慶長7（1602）年〜享保13（1670）年2月14日
江戸時代前期の武士。
¶黄檗

松平勝善　まつだいらかつよし
文化14（1817）年〜安政3（1856）年
江戸時代後期の大名。伊予松山藩主。
¶諸系，日人，藩主4（㊤文化14（1817）年6月29日　㉛安政3（1856）年8月11日）

松平冠山　まつだいらかんざん
→池田定常（いけださだつね）

松平寒松　まつだいらかんしょう
延享3（1746）年〜文化10（1813）年　別松平康純
《まつだいらやすずみ》
江戸時代後期の漢学者、近江彦根藩家老。
¶国書（㊤文化10（1813）年2月6日），人名（松平康純　まつだいらやすずみ），日人

松平玉峯　まつだいらぎょくほう
→松平直諒（まつだいらなおあき）

松平清武　まつだいらきよたけ
寛文3（1663）年〜享保9（1724）年　別越智清武
《おちきよたけ》
江戸時代中期の大名。上野館林藩主。
¶朝日（㊤享保9年9月16日（1724年11月1日）），神奈川人，群馬人，国書（㊤寛文3（1663）年10月20日　㉛享保9（1724）年9月16日），コン改，コン4，諸系，人名，姓氏群馬，日人，藩主1（㊤寛文4（1664）年　㉛享保9（1724）年9月16日）

松平清直　まつだいらきよなお
天正12（1584）年〜慶安4（1651）年
安土桃山時代〜江戸時代前期の松平・徳川氏の一支族長沢松平の分家。
¶新潟百

松平清昌　まつだいらきよまさ
文禄2（1593）年〜明暦1（1655）年
安土桃山時代〜江戸時代前期の西郡竹谷松平家初代領主。
¶姓氏愛知

松平清道　まつだいらきよみち
寛永11（1634）年〜正保2（1645）年
江戸時代前期の大名。播磨姫路新田藩主。
¶諸系，日人，藩主3（㊤正保1（1644）年12月26

日）

松平内蔵允 まつだいらくらのじょう
？ 〜明暦1（1655）年　[別]松平宣助《まつだいらのぶすけ》
江戸時代前期の紀伊和歌山藩士。
¶日人，藩臣5，和歌山人（松平宣助　まつだいらのぶすけ）

松平九郎右衛門 まつだいらくろうえもん
生没年不詳
江戸時代末期の武士。
¶和歌山人

松平九郎兵衛 まつだいらくろうべえ
元和6（1620）年〜万治1（1658）年9月6日
江戸時代前期の城代。
¶庄内

松平君山 まつだいらくんざん
元禄10（1697）年〜天明3（1783）年　[別]松平秀雲《まつだいらしゅううん》
江戸時代中期の尾張藩の漢学者。尾張の人。君山学派。
¶愛知百，朝日（[生]元禄10年3月27日（1697年5月17日）　[没]天明3年4月18日（1783年5月18日）），近世，国史，国書（[生]元禄10（1697）年3月27日　[没]天明3（1783）年4月18日），コン改，コン4，詩歌，新潮（[生]元禄10（1697）年3月27日　[没]天明3（1783）年4月18日），人名，姓氏愛知，世人（[没]天明3（1783）年4月18日），長野歴（松平秀雲　まつだいらしゅううん　[生]元禄8（1695）年　[没]天明1（1781）年），日人，藩臣4，洋学，和俳

松平外記 まつだいらげき
？ 〜文政6（1823）年
江戸時代中期〜後期の武士。
¶江戸東，日人

松平玄駭 まつだいらげんき
元禄16（1703）年〜明和3（1766）年
江戸時代中期の越前福井藩家老、俳人。
¶藩臣3，和俳

松平源左衛門 まつだいらげんざえもん
延宝7（1679）年〜享保4（1719）年12月18日
江戸時代前期〜中期の庄内藩家老。
¶庄内

松平公偃 まつだいらこうく
元文2（1737）年〜？
江戸時代中期の松平甚助家の分家で3000石旗本土呂陣屋山口氏の初代地方代官。
¶姓氏愛知

松平権右衛門(1) まつだいらごんえもん
延宝6（1678）年〜元文5（1740）年7月17日
江戸時代前期〜中期の庄内藩家老。
¶庄内

松平権右衛門(2) まつだいらごんえもん
文化12（1815）年5月〜安政6（1859）年8月11日
江戸時代後期〜末期の庄内藩中老。
¶庄内

松平権十郎 まつだいらごんじゅうろう
→松平親懐（まつだいらちかひろ）

松平左近 まつだいらさこん
文化6（1809）年〜明治1（1868）年　[別]松平頼該《まつだいらよりかね》
江戸時代末期の讃岐高松藩士。
¶朝日（[生]文化6年3月14日（1809年4月28日）　[没]明治1年8月10日（1868年9月25日）），維新，香川人，香川百，郷土香川，近世，国史，国書（松平頼該　まつだいらよりかね　[生]文化6（1809）年3月14日　[没]慶応4（1868）年8月7日），コン改，コン4，諸系，人名，日人，幕末（[没]1868年9月21日），藩臣6

松平定敬 まつだいらさだあき
弘化3（1846）年〜明治41（1908）年
江戸時代末期〜明治期の大名。伊勢桑名藩主。
¶朝日（[生]弘化3年12月2日（1847年1月18日）　[没]明治41（1908）年7月21日），維新，海越新（[生]弘化3（1848）年12月2日　[没]明治41（1908）年7月21日），京都大，近現，近世，国史，コン4，コン5，史人（[生]1848年12月2日　[没]1908年7月21日），諸系（[生]1847年），神人，新潮（[生]弘化3（1846）年12月2日　[没]明治41（1908）年7月21日），人名，姓氏京都，渡航（[生]1846年12月2日　[没]1908年7月20日），日人（[生]1847年），幕末（[没]1908年7月21日），藩主3（[生]弘化3（1846）年12月2日　[没]明治41（1908）年7月21日）

松平定昭 まつだいらさだあき
弘化2（1845）年〜明治5（1872）年　[別]久松定昭《ひさまつさだあき》
江戸時代末期〜明治期の大名。伊予松山藩主。
¶朝日（久松定昭　ひさまつさだあき　[生]弘化2年11月9日（1845年12月7日）　[没]明治5年7月19日（1872年8月22日）），維新（久松定昭　ひさまつさだあき），諸系，新潮（久松定昭　ひさまつさだあき　[生]弘化2（1845）年11月9日　[没]明治5（1872）年7月19日），日人，幕末（[没]1872年8月21日），藩主4（[生]弘化2（1845）年11月9日　[没]明治5（1872）年7月18日）

松平定章 まつだいらさだあき
→松平定章（まつだいらさだあきら）

松平定章 まつだいらさだあきら
元禄13（1700）年〜延享4（1747）年　[別]松平定章《まつだいらさだあき》
江戸時代中期の大名。伊予松山新田藩主。
¶諸系，日人，藩主4（まつだいらさだあき　[生]元禄13（1700）年2月22日　[没]延享4（1747）年8月3日）

松平定謐 まつだいらさだあつ
生没年不詳
江戸時代後期の旗本。
¶神奈川人

松平定和 まつだいらさだかず
文化9（1812）年〜天保12（1841）年
江戸時代後期の大名。伊勢桑名藩主。
¶諸系，日人，藩主3（[生]文化9（1812）年8月18日　[没]天保12（1841）年6月22日）

松平定勝 まつだいらさだかつ
永禄3（1560）年〜寛永1（1624）年　[別]久松定勝《ひさまつさだかつ》

ま

安土桃山時代〜江戸時代前期の大名。遠江掛川藩主、伊勢桑名藩主、山城伏見藩主。
¶朝日（[没]寛永1年3月14日（1624年5月1日）），近世，国史，コン改，コン4，史人（[没]1624年3月14日），静岡百，静岡歴，諸系，新潮（[没]寛永1（1624）年3月14日），人名，姓氏静岡，世人，戦合，戦人，戦補，千葉百，日史（[没]寛永1（1624）年3月14日），日人，藩主2，藩主3（[没]寛永1（1624）年3月14日），藩主3，百科

松平定静 まつだいらさだきよ
享保14（1729）年〜安永8（1779）年　[別]久松定静《ひさまつさだきよ》
江戸時代中期の大名。伊予松山新田藩主、伊予松山藩主。
¶国書（[生]享保14（1729）年閏9月23日　[没]安永8（1779）年7月14日），諸系，人名（久松定静　ひさまつさだきよ），日人，藩主4（[生]享保14（1729）年閏9月23日　[没]安永8（1779）年7月14日）

松平定国 まつだいらさだくに
宝暦7（1757）年〜文化1（1804）年
江戸時代中期〜後期の大名。伊予松山藩主。
¶諸系，日人，藩主4（[生]宝暦7（1757）年6月13日　[没]文化1（1804）年6月16日）

松平定邦 まつだいらさだくに
享保13（1728）年〜寛政2（1790）年
江戸時代中期の大名。陸奥白河藩主。
¶諸系，日人，藩主1

松平定郷 まつだいらさださと
元禄15（1702）年〜宝暦13（1763）年
江戸時代中期の大名。伊予今治藩主。
¶諸系，日人，藩主4（[生]元禄15（1698）年4月29日　[没]宝暦13（1763）年4月19日）

松平定芝 まつだいらさだしげ
寛政3（1791）年〜天保8（1837）年
江戸時代後期の大名。伊予今治藩主。
¶諸系，日人，藩主4（[生]寛政3（1791）年9月22日　[没]天保8（1837）年7月16日）

松平定重 まつだいらさだしげ
寛永21（1644）年〜享保2（1717）年
江戸時代前期〜中期の大名。伊勢桑名藩主、越後高田藩主。
¶国書（[生]寛永21（1644）年11月16日　[没]享保2（1717）年10月27日），諸系，人名，新潟百，日人，藩主3（[没]享保2（1717）年10月27日），藩主3

松平定喬 まつだいらさだたか
享保1（1716）年〜宝暦13（1763）年　[別]久松定喬《ひさまつさだたか》
江戸時代中期の大名。伊予松山藩主。
¶愛媛百（[生]享保1（1716）年6月9日　[没]宝暦13（1763）年3月21日），諸系，人名（久松定喬　ひさまつさだたか），日人，藩主4（[生]享保1（1716）年6月9日　[没]宝暦13（1763）年3月21日）

松平定綱 まつだいらさだつな
文禄1（1592）年〜慶安4（1651）年
江戸時代前期の大名。常陸下妻藩主、下総山川藩主、遠江掛川藩主、美濃大垣藩主、伊勢桑名藩主、山城淀藩主。
¶朝日（[没]慶安4年12月25日（1652年2月4日）），岐阜百，近世，国史，国書（[生]天正20（1592）年1月25日　[没]慶安4（1651）年12月25日），コン改，コン4，諸系（[没]1652年），人名，姓氏京都，戦合，日人（[没]1652年），藩主2，藩主3（[生]文禄1（1592）年1月25日　[没]慶安4（1651）年12月25日），藩主3，三重

松平定輝 まつだいらさだてる
宝永1（1704）年〜享保10（1725）年
江戸時代中期の大名。越後高田藩主。
¶諸系，新潟百，日人，藩主3（[没]享保10（1725）年10月1日）

松平定時 まつだいらさだとき
寛永12（1635）年〜延宝4（1676）年
江戸時代前期の大名。伊予今治藩主。
¶諸系，日人，藩主4（[生]寛永12（1635）年11月1日　[没]延宝4（1676）年8月19日）

松平定基 まつだいらさだとも
→松平定基（まつだいらさだもと）

松平定朝 まつだいらさだとも
安永2（1773）年〜安政3（1856）年
江戸時代中期〜末期の武士、園芸家。
¶愛媛百，国書（[没]安政3（1856）年7月8日），姓氏京都（[没]？），日人

松平定寅 まつだいらさだとら
寛保2（1742）年〜寛政8（1796）年9月14日
江戸時代中期〜後期の幕臣。
¶国書

松平定直 まつだいらさだなお
万治3（1660）年〜享保5（1720）年　[別]久松定直《ひさまつさだなお》
江戸時代中期の大名。伊予松山藩主。
¶愛媛百（[生]万治3（1660）年1月19日　[没]享保5（1720）年10月25日），郷土愛媛，茶道（久松定直　ひさまつさだなお　[没]1710年），諸系，人名，日人，藩主4（[生]万治3（1660）年1月19日　[没]享保5（1720）年10月25日）

松平定永 まつだいらさだなが
寛政3（1791）年〜天保9（1838）年
江戸時代後期の大名。陸奥白河藩主、伊勢桑名藩主。
¶諸系，日人，藩主1，藩主3（[生]寛政3（1791）年9月13日　[没]天保9（1838）年10月18日），三重続

松平定長 まつだいらさだなが
寛永17（1640）年〜延宝2（1674）年
江戸時代前期の大名。伊予松山藩主。
¶諸系，日人，藩主4（[生]寛永17（1640）年6月17日　[没]延宝2（1674）年2月12日）

松平定功 まつだいらさだなり
享保18（1733）年〜明和2（1765）年　[別]久松定功《ひさまつさだなり》
江戸時代中期の大名。伊予松山藩主。
¶諸系，人名（久松定功　ひさまつさだなり），日人，藩主4（[生]享保18（1733）年7月6日　[没]明和2（1765）年2月11日）

松平定信 まつだいらさだのぶ
宝暦8（1758）年～文政12（1829）年　[別]白河楽翁《しらかわらくおう》，松平楽翁《まつだいららくおう》
江戸時代中期～後期の大名、老中。陸奥白河藩主。11代将軍家斉のもとで寛政の改革を指導。しかし尊号事件・朝鮮通信使問題で家斉と合わず辞職。引退後は学問に精進した。
¶朝日（[生]宝暦8年12月27日（1759年1月15日）　[没]文政12年5月13日（1829年6月14日）），岩史（[生]宝暦8（1758）年12月27日　[没]文政12（1829）年5月13日），江戸（白河楽翁　しらかわらくおう），江文，角史，鎌倉，京都，京都大，近世，考古（[生]宝暦8年（1756年12月27日）　[没]文政12年（1829年5月13日）），国史，国書（[生]宝暦8（1758）年12月27日　[没]文政12（1829）年5月13日），コン改，コン4，茶道，詩歌，史人（[生]1758年12月27日　[没]1829年5月13日），重要（[生]宝暦8（1758）年12月27日　[没]文政12（1829）年5月13日），諸系（[生]1759年），人書94，新潮（[生]宝暦8（1758）年12月27日　[没]文政12（1829）年5月13日），新文（[没]文政12（1829）年5月13日），人名，姓氏京都，世人（[生]宝暦8（1758）年12月26日　[没]文政12（1829）年5月13日），世百，全書，大百，多摩，伝記，日史（[生]宝暦8（1758）年12月27日　[没]文政12（1829）年5月13日），日人（[生]1759年），藩主1（[生]宝暦8（1758）年12月27日　[没]文政12（1829）年5月13日），百科，福島百，文学，三重（[生]宝暦8年12月28日），歴大，和俳（[生]宝暦8（1758）年12月27日　[没]文政12（1829）年5月13日）

松平定陳 まつだいらさだのぶ
寛文7（1667）年～元禄15（1702）年
江戸時代前期～中期の大名。伊予今治藩主。
¶諸系，人名，日人，藩主4（[生]寛文7（1667）年2月18日　[没]元禄15（1702）年9月6日）

松平定儀 まつだいらさだのり
延宝8（1680）年～享保12（1727）年
江戸時代中期の大名。越後高田藩主。
¶諸系，新潟百，日人，藩主3（[没]享保12（1727）年9月25日）

松平定教 まつだいらさだのり
安政4（1857）年～明治32（1899）年5月21日　[別]万之助
江戸時代末期～明治期の桑名藩世子。伊勢桑名藩主。
¶維新，海越（[生]安政4（1857）年4月23日），海越新（[生]安政4（1857）年4月23日），国際，諸系，渡航（[生]1857年4月23日），日人，幕末，藩主3（[生]安政4（1857）年4月23日）

松平定則 まつだいらさだのり
寛政5（1793）年～文化6（1809）年
江戸時代後期の大名。伊予松山藩主。
¶諸系，日人，藩主4（[生]寛政5（1793）年7月27日　[没]文化6（1809）年7月5日）

松平定法 まつだいらさだのり
天保5（1834）年～明治34（1901）年　[別]久松定法《ひさまつさだのり》
江戸時代末期～明治期の大名。伊予今治藩主。
¶維新（久松定法　ひさまつさだのり），諸系（[生]1835年），日人（[生]1835年），幕末（[没]1901年9月），藩主4（[生]天保5（1834）年12月29日　[没]明治34（1901）年9月）

松平定英 まつだいらさだひで
元禄9（1696）年～享保18（1733）年
江戸時代中期の大名。伊予松山藩主。
¶愛媛百（[生]元禄9（1696）年9月6日　[没]享保18（1733）年5月21日），諸系，人名，日人，藩主4（[生]元禄9（1696）年9月6日　[没]享保18（1733）年5月20日）

松平定広 まつだいらさだひろ
天文17（1548）年～寛永16（1639）年
安土桃山時代～江戸時代前期の三河深溝藩家老。
¶藩臣4

松平定房 まつだいらさだふさ
慶長9（1604）年～延宝4（1676）年　[別]久松定房《ひさまつさだふさ》
江戸時代前期の大名。伊勢長島藩主、伊予今治藩主。
¶愛媛百（[生]慶長9（1604）年8月12日　[没]延宝4（1676）年6月28日），諸系，人名（久松定房　ひさまつさだふさ），日人，藩主3，藩主4（[生]慶長9（1604）年8月12日　[没]延宝4（1676）年6月28日）

松平定政 まつだいらさだまさ
慶長15（1610）年～寛文12（1672）年
江戸時代前期の大名。三河刈谷藩主、伊勢長島藩主。
¶朝日（[没]寛文12年11月24日（1673年1月11日）），愛媛百（[没]延宝1（1673）年12月24日），近世，国史，コン4，史人（[没]1672年11月24日），諸系（[没]1673年），新潮（[没]寛文12（1672）年11月24日），人名，日史（[没]寛文12（1672）年11月24日），日人（[没]1673年），藩主2（[没]寛文12（1672）年11月24日），藩主3，百科，歴大

松平定能 まつだいらさだまさ
宝暦8（1758）年～天保2（1831）年7月27日
江戸時代中期～後期の幕臣。
¶国書（[生]宝暦8（1758）年6月30日），山梨百

松平定通 まつだいらさだみち
文化1（1804）年12月9日～天保6（1835）年　[別]久松定通《ひさまつさだみち》
江戸時代後期の大名。伊予松山藩主。
¶愛媛百（[没]天保6（1835）年6月19日），郷土愛媛，国書（[没]天保6（1835）年6月20日），諸系（[生]1805年），人名（久松定通　ひさまつさだみち），日人（[生]1805年），藩主4（[没]天保6（1835）年6月20日）

松平定猷 まつだいらさだみち
→松平猷（まつだいらみち）

松平定達（松平定達） まつだいらさだみち
延宝5（1677）年～享保3（1718）年
江戸時代中期の大名。越後高田藩主。
¶諸系，新潟百，日人，藩主3（松平定達　[没]享保3（1718）年9月10日）

松平定基 まつだいらさだもと
*～宝暦9（1759）年　[別]松平定基《まつだいらさだ

とも》
江戸時代中期の大名。伊予今治藩主。
¶諸系([生]1686年)，人名(まつだいらさだとも [生]1678年 [没]1751年)，日人([生]1686年)，藩主4([生]貞享3(1687)年2月17日 [没]宝暦9(1759)年7月13日)

松平定安 まつだいらさだやす
天保6(1835)年～明治15(1882)年
江戸時代末期～明治期の大名。出雲松江藩主。
¶維新，近現，近世，国史，コン改，コン4，コン5，島根人，島根歴，諸系，新潮([生]天保6(1835)年4月8日 [没]明治15(1882)年12月1日)，人名，日人，幕末([没]1882年12月1日)，藩主4([生]天保6(1835)年4月8日 [没]明治15(1882)年12月1日)

松平定休 まつだいらさだやす
宝暦2(1752)年～文政3(1820)年
江戸時代中期～後期の大名。伊予今治藩主。
¶諸系，日人，藩主4([生]宝暦2(1752)年7月25日 [没]文政3(1820)年7月7日)

松平定以 まつだいらさだゆき
享和2(1802)年～？
江戸時代後期の幕臣。
¶国書

ま

松平定行 まつだいらさだゆき
天正15(1587)年～寛文8(1668)年 [別]久松定行《ひさまつさだゆき》
江戸時代前期の大名。遠江掛川藩主、伊勢桑名藩主、伊予松山藩主。
¶愛媛百([没]寛文8(1668)年10月19日)，郷土愛媛，諸系，人名(久松定行 ひさまつさだゆき)，日人，藩主2，藩主3，藩主4([没]寛文8(1668)年10月19日)

松平定賢 まつだいらさだよし
宝永6(1709)年～明和7(1770)年
江戸時代中期の大名。越後高田藩主、陸奥白河藩主。
¶国書([没]明和7(1770)年7月12日)，諸系，人名，新潟百，日人，藩主1([没]明和7(1770)年7月12日)，藩主3([没]明和7(1770)年7月12日)

松平定剛 まつだいらさだよし
明和8(1771)年～天保14(1843)年
江戸時代後期の大名。伊予今治藩主。
¶諸系，日人，藩主4([生]明和8(1771)年6月30日 [没]天保14(1843)年1月16日)

松平定良 まつだいらさだよし
寛永9(1632)年～明暦3(1657)年
江戸時代前期の大名。伊勢桑名藩主。
¶諸系，日人，藩主3([没]明暦3(1657)年7月18日)

松平定頼 まつだいらさだより
慶長12(1607)年～寛文2(1662)年
江戸時代前期の大名。伊予松山藩主。
¶諸系，日人，藩主4([没]寛文2(1662)年1月22日)

松平左忠 まつだいらさちゅう
生没年不詳
江戸時代中期の上野前橋藩家老。
¶藩臣2

松平真次 まつだいらさねつぐ
天正5(1577)年～正保3(1646)年
安土桃山時代～江戸時代前期の幕臣。
¶諸系，人名，日人

松平三郎大夫 まつだいらさぶろうだゆう
？ ～寛文11(1671)年
江戸時代前期の紀伊和歌山藩士。
¶藩臣5

松平三郎兵衛 まつだいらさぶろうべえ
？ ～寛永2(1625)年 [別]松平忠重《まつだいらただしげ》
江戸時代前期の紀伊和歌山藩士。
¶日人，藩臣5，和歌山人(松平忠重 まつだいらただしげ)

松平重勝 まつだいらしげかつ
天文18(1549)年～元和6(1620)年
安土桃山時代～江戸時代前期の大名。下総関宿藩主、越後三条藩主、遠江横須賀藩主。
¶近世，国史，コン4，諸系([没]1621年)，新潮([没]元和6(1620)年12月14日)，人名，世人，戦合，日人([没]1621年)，藩主2，藩主2([没]元和6(1620)年12月14日)，藩主3

松平重忠 まつだいらしげただ
元亀1(1570)年～寛永3(1626)年
安土桃山時代～江戸時代前期の武将、大名。遠江横須賀藩主、出羽上山藩主。
¶諸系，日人，藩主1([没]寛永3(1626)年7月1日)，藩主2

松平重次(松平重継) まつだいらしげつぐ
慶長12(1607)年～寛文11(1671)年
江戸時代前期の旗本。
¶神奈川人，姓氏神奈川(松平重継)

松平重利 まつだいらしげとし
万治2(1659)年～寛文5(1665)年
江戸時代前期の大名。下野皆川藩主。
¶諸系，日人，藩主1([没]寛文5(1665)年3月24日)

松平重富 まつだいらしげとみ
寛延2(1749)年～文化6(1809)年
江戸時代中期～後期の大名。越前福井藩主。
¶諸系，人名([生]？)，日人，藩主3([生]寛延1(1748)年11月6日 [没]文化6(1809)年6月18日)

松平重直 まつだいらしげなお
慶長6(1601)年～寛永19(1642)年
江戸時代前期の大名。摂津三田藩主、豊前竜王藩主、豊後高田藩主。
¶諸系([没]1643年)，人名，日人([没]1643年)，藩主3，藩主4([没]寛永19(1642)年11月28日)

松平重信 まつだいらしげのぶ
慶長5(1600)年～延宝1(1673)年
安土桃山時代～江戸時代前期の武士。
¶諸系，日人

松平昌信 まつだいらしげのぶ
享保13(1728)年～明和8(1771)年
江戸時代中期の大名。駿河小島藩主。
¶諸系，日人，藩主2([没]明和8(1771)年6月27日)

松平重則 まつだいらしげのり
天正8(1580)年～寛永18(1641)年
江戸時代前期の大名。上総百首藩主、下野皆川藩主。
¶諸系([没]1642年), 栃木歴, 日人([没]1642年), 藩主1([没]寛永18(1641)年12月27日), 藩主2

松平重治 まつだいらしげはる
寛永19(1642)年～貞享2(1685)年　[別]松平忠勝《まつだいらただかつ》
江戸時代前期の大名。上総佐貫藩主。
¶諸系, 人名(松平忠勝　まつだいらただかつ), 日人, 藩主2([没]貞享2(1685)年8月2日)

松平重昌 まつだいらしげまさ
寛保3(1743)年～宝暦8(1758)年
江戸時代中期の大名。越前福井藩主。
¶諸系, 人名, 日人, 藩主3([生]寛保3(1743)年8月22日　[没]宝暦8(1758)年3月18日)

松平重正 まつだいらしげまさ
元和9(1623)年～寛文2(1662)年
江戸時代前期の大名。下野皆川藩主。
¶諸系, 日人, 藩主1([没]寛文2(1662)年9月2日)

松平重休 まつだいらしげやす
元禄4(1691)年～正徳5(1715)年
江戸時代中期の大名。豊後杵築藩主。
¶大分百, 大分歴, 諸系, 人名, 日人, 藩主4([生]元禄4(1691)年6月24日　[没]正徳5(1715)年8月10日)

松平重栄 まつだいらしげよし
正保3(1646)年～享保5(1720)年
江戸時代前期～中期の大名。豊後杵築藩主。
¶諸系, 人名, 日人, 藩主4([生]正保3(1645)年[没]享保5(1720)年2月18日)

松平四山 まつだいらしざん
→松平直興(まつだいらなおおき)

松平康安 まつだいらしずやす
→松平康安(まつだいらやすやす)

松平下総守忠国 まつだいらしもふさのかみただくに
→松平忠国(2)(まつだいらただくに)

松平下総守忠誠 まつだいらしもふさのかみただざね
→松平忠誠(まつだいらただざね)

松平下総守忠堯 まつだいらしもふさのかみただたか
→松平忠堯(まつだいらただたか)

松平下総守忠彦 まつだいらしもふさのかみただひこ
→松平忠彦(まつだいらたださと)

松平秀雲 まつだいらしゅううん
→松平君山(まつだいらくんざん)

松平十郎右衛門 まつだいらじゅうろうえもん
～寛文2(1662)年7月11日
江戸時代前期の庄内藩組頭。
¶庄内

松平春岳 まつだいらしゅんがく
→松平慶永(まつだいらよしなが)

松平甚三郎(1) まつだいらじんざぶろう
天正12(1584)年～承応1(1652)年
江戸時代前期の出羽庄内藩家老。
¶庄内([没]承応1(1652)年9月22日), 日人, 藩臣1

松平甚三郎(2) まつだいらじんざぶろう
貞享4(1687)年～元文4(1739)年6月4日
江戸時代前期～中期の庄内藩城代。
¶庄内

松平甚三郎(3) まつだいらじんざぶろう
享保7(1722)年～寛政7(1795)年9月
江戸時代中期～後期の庄内藩家老。
¶庄内

松平甚三郎(4) まつだいらじんざぶろう
～文化14(1817)年10月6日
江戸時代中期～後期の城代。
¶庄内

松平甚三郎(5) まつだいらじんざぶろう
天明4(1784)年～慶応1(1865)年6月26日
江戸時代中期～末期の庄内藩家老。
¶庄内

松平甚三郎(6) まつだいらじんざぶろう
文化2(1805)年～文久3(1863)年10月17日
江戸時代後期～末期の庄内藩家老。
¶庄内

松平甚三郎(7) まつだいらじんざぶろう
弘化2(1845)年4月4日～大正10(1921)年4月2日
江戸時代後期～大正期の庄内藩家老。
¶庄内

松平甚三郎隆見 まつだいらじんざぶろうたかみ
→松平隆見(まつだいらたかみ)

松平新祐 まつだいらしんすけ
→松平敏(まつだいらびん)

松平周防守康重 まつだいらすおうのかみやすしげ
→松平康重(まつだいらやすしげ)

松平周防守康英 まつだいらすおうのかみやすひで
→松平康英(2)(まつだいらやすひで)

松平資尹 まつだいらすけただ
→本庄資尹(ほんじょうすけただ)

松平資俊 まつだいらすけとし
→本庄資俊(ほんじょうすけとし)

松平典信 まつだいらすけのぶ
寛永6(1629)年～延宝1(1673)年　[別]松平典信《まつだいらのりのぶ》
江戸時代前期の大名。丹波篠山藩主。
¶諸系, 日人, 藩主3(まつだいらのりのぶ　[生]寛永6(1629)年2月24日　[没]寛文12(1672)年11月20日)

松平資訓 まつだいらすけのり
元禄13(1700)年～宝暦2(1752)年　[別]本庄資訓《ほんじょうすけのり》
江戸時代中期の大名。遠江浜松藩主、三河吉田藩主。京都所司代。
¶京都大, 諸系(本庄資訓　ほんじょうすけのり), 人名(本庄資訓　ほんじょうすけのり　[生]1701年), 姓氏京都, 日人(本庄資訓　ほんじょうすけのり), 藩主2, 藩主2([没]宝暦2(1752)年3月26日), 藩主2

松平資昌 まつだいらすけまさ
→本庄資昌(ほんじょうすけまさ)

松平図書頭康平　まつだいらずしょのかみやすひら
→松平康英(1)（まつだいらやすひで）

松平世軌　まつだいらせいき
安永3（1774）年～文政2（1819）年
江戸時代後期の幕臣、大坂城奉行。
¶大阪人（[没]文政2（1819）年6月），大阪墓

松平静寿斎典則　まつだいらせいじゅさいつねのり
→松平典則（まつだいらつねのり）

松平大膳　まつだいらだいぜん
文化4（1807）年～慶応3（1867）年
江戸時代末期の尊皇家。讃岐高松藩の執政。
¶維新（[生]1808年），近世，国史，コン改（[生]文化5（1808）年），コン4，人名（[生]1808年），日人

松平大弐　まつだいらだいに
文政6（1823）年～元治1（1864）年　[別]松平康正《まつだいらやすまさ》
江戸時代末期の加賀藩家老。
¶石川百，維新，国書（松平康正　まつだいらやすまさ　[没]元治1（1864）年8月11日），新潮（[没]元治1（1864）年8月11日），人名，姓氏石川，日人，幕末（[没]1864年9月11日），藩臣3（[生]？）

松平忠興　まつだいらだおき
→桜井忠興（さくらいただおき）

松平隆政　まつだいらたかまさ
慶安1（1648）年～延宝1（1673）年
江戸時代前期の大名。出雲母里藩主。
¶島根人，島根歴，諸系，人名（[生]1658年），日人，藩主4（[生]慶安1（1648）年7月8日　[没]延宝1（1673）年2月4日）

松平貴強　まつだいらたかます
寛保2（1742）年～寛政11（1799）年　[別]松平石見守貴強《まつだいらいわみのかみたかます》
江戸時代中期～後期の幕臣、長崎奉行。
¶国書（[没]寛政11（1799）年11月26日），長崎歴（松平石見守貴強　まつだいらいわみのかみたかます）

松平隆見　まつだいらたかみ
？～天和2（1682）年　[別]松平甚三郎隆見《まつだいらじんざぶろうたかみ》
江戸時代前期の21代長崎奉行。
¶長崎歴（松平甚三郎隆見　まつだいらじんざぶろうたかみ）

松平武揚　まつだいらたけあき
→松平武揚（まつだいらたけおき）

松平武聡　まつだいらたけあきら
天保13（1842）年～明治15（1882）年11月7日
[別]松平武聡《まつだいらたけふさ》
江戸時代末期～明治期の大名。石見浜田藩主、美作鶴田藩主。
¶岡山人（まつだいらたけふさ），岡山歴，島根人（まつだいらたけふさ），島根歴，諸系，日人，幕末，藩主4（[生]天保13（1842）年1月26日）

松平武厚　まつだいらたけあつ
→松平斉厚（まつだいらなりあつ）

松平武揚　まつだいらたけおき
文政10（1827）年～天保13（1842）年　[別]松平武揚《まつだいらたけあき》
江戸時代後期の大名。石見浜田藩主。
¶島根人（まつだいらたけあき），島根歴，諸系，日人，藩主4（[生]文政10（1827）年6月14日　[没]天保13（1842）年7月28日）

松平武成　まつだいらたけしげ
文政8（1825）年～弘化4（1847）年　[別]松平武成《まつだいらたけなり》
江戸時代後期の大名。石見浜田藩主。
¶島根人（まつだいらたけなり），島根歴，諸系，日人，藩主4（[生]文政8（1825）年7月3日　[没]弘化4（1847）年9月20日）

松平武元　まつだいらたけちか
正徳3（1713）年～安永8（1779）年　[別]松平武元《まつだいらたけもと》
江戸時代中期の大名、老中。陸奥棚倉藩主、上野館林藩主。
¶朝日（[没]安永8年7月25日（1779年9月5日）），近世，国史，国書（[生]正徳3（1713）年12月28日　[没]安永8（1779）年7月25日），コン4，史人（[生]1713年12月28日　[没]1779年7月25日），諸系（[生]1717年），人名（まつだいらたけもと　[生]1716年），姓氏群馬，日史（[生]正徳3（1713）年12月28日　[没]安永8（1779）年7月25日），日人（[生]1717年），藩主1（[生]1716年），藩主1（[生]享保1（1716）年12月28日　[没]安永8（1779）年7月20日）

松平武成　まつだいらたけなり
→松平武成（まつだいらたけしげ）

松平武寛　まつだいらたけひろ
宝暦4（1754）年～天明4（1784）年
江戸時代中期の大名。上野館林藩主。
¶諸系，姓氏群馬，日人，藩主1（[没]天明4（1784）年3月26日）

松平武聡　まつだいらたけふさ
→松平武聡（まつだいらたけあきら）

松平武雅　まつだいらたけまさ
元禄16（1703）年～享保13（1728）年
江戸時代中期の大名。上野館林藩主。
¶諸系，姓氏群馬（[生]1705年），日人，藩主1（[生]元禄15（1702）年　[没]享保13（1728）年7月28日）

松平武元　まつだいらたけもと
→松平武元（まつだいらたけちか）

松平忠昭(1)　まつだいらただあき
正保1（1644）年～天和3（1683）年
江戸時代前期の大名。丹波亀山藩主。
¶京都府，諸系，日人，藩主3（[没]天和3（1683）年閏5月4日）

松平忠昭(2)　まつだいらただあき
元和3（1617）年～元禄6（1693）年　[別]松平忠昭《まつだいらただてる（あき），まつだいらただてる》
江戸時代前期の大名。丹波亀山藩主、豊後亀川藩主、豊後中津留藩主、豊後讃岐高松藩主、豊後府内藩主。
¶大分百（まつだいらただてる（あき）），大分歴，京都府，諸系，日人，藩主3，藩主4，藩主4（[没]元禄6（1693）年9月12日）

松平忠明(1) まつだいらただあき
＊～文化2（1805）年
江戸時代中期～後期の武士。
¶静岡歴（[生]明和3（1766）年），諸系（[生]1765年），長野歴（[生]明和1（1764）年），日人（[生]1765年）

松平忠明(2) まつだいらただあき
→松平忠明(1)（まつだいらただあきら）

松平忠堯 まつだいらただあき
→松平忠堯（まつだいらただたか）

松平忠暁 まつだいらただあきら
元禄4（1691）年～元文1（1736）年
江戸時代中期の大名。陸奥桑折藩主。
¶諸系，日人，藩主1（[没]元文1（1736）年2月14日）

松平忠名 まつだいらただあきら
正徳5（1715）年～明和4（1767）年
江戸時代中期の大名。摂津尼ケ崎藩主。
¶諸系，日人，藩主3（[生]正徳4（1714）年　[没]明和3（1766）年12月24日）

松平忠明(1) まつだいらただあきら
天正11（1583）年～正保1（1644）年　[別]松平忠明《まつだいらただあき》，奥平忠明《おくだいらただあき》
江戸時代前期の大名。三河作手藩主、伊勢亀山藩主、播磨姫路藩主、摂津大坂藩主、大和郡山藩主。
¶朝日（[没]正保1年3月23日（1644年4月29日）），大阪人（[生]天正10（1582）年），近世，国史，国書（[没]寛永21（1644）年3月25日），コン4，茶道，史人（[没]1644年3月25日），諸系，姓氏愛知（まつだいらただあき），戦合，戦国（[生]1584年），戦人（まつだいらただあき），日史（[没]正保1（1644）年3月25日），日人，藩主2，藩主3（[没]正保1（1644）年3月25日），藩主3，百科（まつだいらただあき），歴大

松平忠明(2) まつだいらただあきら
～享保1（1716）年
江戸時代中期の旗本。
¶神奈川人

松平忠淳 まつだいらただあつ，まつだいらだたあつ
天保12（1841）年～万延1（1860）年
江戸時代末期の大名。肥前島原藩主。
¶諸系，日人，藩主4（まつだいらだたあつ　[生]天保12（1841）年7月20日　[没]万延1（1860）年6月2日）

松平忠雄 まつだいらただお
延宝1（1673）年～元文1（1736）年
江戸時代中期の大名。肥前島原藩主。
¶諸系，人名，日人，藩主4（[生]延宝1（1673）年10月20日　[没]元文1（1736）年2月7日）

松平忠興 まつだいらただおき
→桜井忠興（さくらいただおき）

松平忠和(1) まつだいらただかず
寛文2（1662）年～宝永7（1710）年
江戸時代中期の旗本。
¶神奈川人

松平忠和(2) まつだいらただかず
嘉永4（1851）年～大正6（1917）年
江戸時代末期～明治期の大名。肥前島原藩主。
¶維新，諸系，渡航（[生]1851年2月12日　[没]1917年6月8日），日人，幕末（[生]1852年，（異説）1851年　[没]1917年6月7日，（異説）6月8日），藩主4（[生]嘉永4（1851）年2月12日　[没]大正6（1917）年6月8日）

松平忠和(3) まつだいらただかず
→桜井忠興（さくらいただおき）

松平忠固 まつだいらただかた
＊～安政6（1859）年　[別]松平忠優《まつだいらただます》
江戸時代末期の大名。信濃上田藩主。
¶朝日（松平忠優　まつだいらただます　[生]文化8（1811）年　[没]安政6年9月14日（1859年10月9日）），維新（[生]1811年），コン改（松平忠優　まつだいらただます　[生]享和3（1803）年），コン4（松平忠優　まつだいらただます　[生]享和3（1803）年），諸系（[生]1812年），姓氏長野（松平忠優　まつだいらただます　[生]1812年），長野歴（[生]文化9（1812）年），日人（[生]1812年），幕末（[生]1811年　[没]1859年10月9日），藩主2（松平忠優　まつだいらただます　[生]文化9（1812）年7月11日　[没]安政6（1859）年9月12日）

松平忠質(1) まつだいらただかた
生没年不詳
江戸時代後期の幕臣。
¶国書

松平忠質(2) まつだいらただかた
？　～万延1（1860）年5月
江戸時代後期～末期の幕臣。
¶国書

松平忠功 まつだいらただかつ
宝暦6（1756）年～天保1（1830）年
江戸時代中期～後期の大名。伊勢桑名藩主。
¶諸系，日人，藩主3（[生]宝暦6（1756）年5月21日　[没]天保1（1830）年8月6日）

松平忠勝(1) まつだいらただかつ
？　～寛文4（1664）年
江戸時代前期の武士。
¶和歌山人

松平忠勝(2) まつだいらただかつ
～宝永4（1707）年
江戸時代中期の旗本。
¶神奈川人

松平忠勝(3) まつだいらただかつ
→松平重治（まつだいらしげはる）

松平忠精 まつだいらただきよ
天保3（1832）年～安政6（1859）年
江戸時代末期の大名。肥前島原藩主。
¶諸系，日人，藩主4（[生]天保3（1832）年6月17日　[没]安政6（1859）年6月28日）

松平忠国(1) まつだいらただくに
慶長2（1597）年～万治2（1659）年
江戸時代前期の大名。丹波篠山藩主、播磨明石藩主。
¶諸系，人名，日人，藩主3（[生]慶長2（1597）年8月17日　[没]万治2（1659）年2月20日），藩主3（[没]万治2（1659）年2月20日），兵庫百

松平忠国(2)　まつだいらただくに
文化12(1815)年～明治1(1868)年　[別]松平下総守忠国《まつだいらしもふさのかみただくに》
江戸時代末期の大名。武蔵忍藩主。
¶維新，埼玉人([生]文化12(1815)年9月17日　[没]慶応4(1868)年7月10日)，埼玉百(松平下総守忠国　まつだいらしもふさのかみただくに)，諸系，日人，藩主1([生]文化12(1815)年9月17日　[没]慶応4(1868)年7月10日)

松平忠侯　まつだいらただこれ,まつだいらだたこれ
寛政11(1799)年～天保11(1840)年
江戸時代後期の大名。肥前島原藩主。
¶国書([生]寛政11(1799)年11月22日　[没]天保11(1840)年4月9日)，諸系，日人，藩主4(まつだいらだたこれ　[生]寛政11(1799)年11月22日　[没]天保11(1840)年4月9日)

松平忠学　まつだいらただざと
天明8(1788)年～嘉永4(1851)年
江戸時代後期の大名。信濃上田藩主。
¶諸系，長野歴，日人，藩主2([生]天明8(1788)年7月19日　[没]嘉永4(1851)年7月10日)

松平忠彦　まつだいらただざと
文化2(1805)年～天保12(1841)年　[別]松平下総守忠彦《まつだいらしもふさのかみただひこ》
江戸時代後期の大名。武蔵忍藩主。
¶埼玉人([生]文化2(1805)年9月9日　[没]天保12(1841)年4月27日)，埼玉百(松平下総守忠彦　まつだいらしもふさのかみただひこ)，諸系，日人，藩主1([生]文化2(1805)年9月9日　[没]天保12(1841)年4月27日)

松平忠愛　まつだいらただざね
元禄14(1701)年～宝暦8(1758)年
江戸時代中期の大名。信濃上田藩主。
¶諸系，長野歴，日人，藩主2([生]元禄14(1701)年9月13日　[没]宝暦8(1758)年3月6日)

松平忠誠　まつだいらただざね
天保11(1840)年～明治2(1869)年　[別]松平下総守忠誠《まつだいらしもふさのかみただざね》
江戸時代末期の大名。武蔵忍藩主。
¶維新，埼玉人([生]天保11(1840)年1月15日　[没]明治2(1869)年6月5日)，埼玉百(松平下総守忠誠　まつだいらしもふさのかみただざね)，諸系，日人，藩主1([生]天保11(1840)年1月15日　[没]明治2(1869)年6月5日)

松平忠恵　まつだいらただしげ
天明4(1784)年～文久2(1862)年
江戸時代後期の大名。上野小幡藩主。
¶諸系，日人，藩主1([生]天明4(1784)年8月　[没]文久2(1862)年2月2日)

松平忠重(1)　まつだいらただしげ
慶長6(1601)年～寛永16(1639)年
江戸時代前期の大名。上総佐貫藩主、駿河田中藩主、遠江掛川藩主。
¶諸系，日人，藩主2，藩主2([没]寛永16(1639)年2月12日)

松平忠重(2)　まつだいらただしげ
→松平三郎兵衛(まつだいらさぶろうべえ)

ま

松平忠翼　まつだいらただすけ
安永9(1780)年～文政4(1821)年
江戸時代後期の大名。伊勢桑名藩主。
¶諸系，日人，藩主3([没]文政4(1821)年3月20日)

松平忠喬　まつだいらただたか
天和2(1682)年～宝暦6(1756)年
江戸時代中期の大名。信濃飯山藩主、遠江掛川藩主、摂津尼ケ崎藩主。
¶諸系([生]1683年)，人名([生]1683年)，長野歴，日人([生]1683年)，藩主2，藩主3([没]宝暦6(1756)年2月5日)

松平忠隆(1)　まつだいらただたか
慶長13(1608)年～寛永9(1632)年　[別]奥平忠隆《おくだいらただたか》
江戸時代前期の大名。美濃加納藩主。
¶岐阜百(奥平忠隆　おくだいらただたか)，諸系，日人，藩主2([没]寛永9(1632)年1月5日)

松平忠隆(2)　まつだいらただたか
寛文5(1665)年～元文3(1738)年6月10日
江戸時代前期～中期の幕臣。
¶国書

松平忠堯　まつだいらただたか
享和1(1801)年～元治1(1864)年　[別]松平下総守忠堯《まつだいらしもふさのかみただたか》,松平忠堯《まつだいらただあき》
江戸時代末期の大名。伊勢桑名藩主、武蔵忍藩主。
¶埼玉人([生]享和2(1802)年6月9日　[没]元治1(1864)年8月14日)，埼玉百(松平下総守忠堯　まつだいらしもふさのかみただたか)，諸系，日人，藩主1([生]享和2(1802)年6月9日　[没]元治1(1864)年8月14日)，藩主3(まつだいらただあき)

松平忠愛　まつだいらただちか
弘化2(1845)年～文久2(1862)年
江戸時代末期の大名。肥前島原藩主。
¶諸系，日人，幕末([没]1862年8月2日)，藩主4([生]弘化2(1845)年8月15日　[没]文久2(1862)年7月21日)

松平忠周(1)　まつだいらただちか
寛文1(1661)年～享保13(1728)年　[別]松平伊賀守忠周《まつだいらいがのかみただちか》
江戸時代中期の大名、老中。武蔵岩槻藩主、丹波亀山藩主、但馬出石藩主、信濃上田藩主。
¶京都大，京都府，近世，国史，埼玉人([生]寛文1(1661)年4月19日　[没]享保13(1728)年4月30日)，埼玉百(松平伊賀守忠周　まつだいらいがのかみただちか　[没]1700年)，史人([没]1728年4月30日)，諸系，人名，姓氏京都，姓氏長野，長野百([生]1638年　[没]1727年)，長野歴，日人，藩主1，藩主2([生]万治4(1661)年4月19日　[没]享保13(1728)年4月30日)，藩主3

松平忠周(2)　まつだいらただちか
正保2(1645)年～正徳1(1711)年
江戸時代中期の幕臣。大坂東町奉行。
¶近世，国史，史人([没]1711年6月20日)

松平忠告　まつだいらただつぐ
寛保2(1742)年～文化2(1805)年　[別]一桜井亀文《いちおうせいきぶん》,亀文《きぶん》,桜井亀文

《さくらいきぶん》
江戸時代中期～後期の大名。摂津尼ケ崎藩主。
¶国書（[生]寛保2（1742）年5月26日　[没]文化2（1805）年12月10日），諸系（[生]1743年　[没]1806年），人名（桜井亀文　さくらいきぶん），日人（[生]1743年　[没]1806年），俳諧（亀文　きぶん　[生]？），俳句（亀文　きぶん　[没]文化2（1805）年12月10日），藩主3（[没]文化2（1805）年12月10日），兵庫百（一桜井亀文　いちおうせいきぶん），和俳（桜井亀文　さくらいきぶん）

松平忠次 まつだいらただつぐ
慶長10（1605）年～寛文5（1665）年　[別]榊原忠次《さかきはらただつぐ，さかきばらただつぐ》
江戸時代前期の大名。陸奥白河藩主、上野館林藩主、遠江横須賀藩主、播磨姫路藩主。
¶朝日（[没]寛文5年3月29日（1665年5月14日）），近世，国史，国書（榊原忠次　さかきばらただつぐ　[没]寛文5（1665）年3月29日），コン改（[生]慶長12（1607）年），コン4（[生]慶長12（1607）年），諸系，新潮（[生]慶長12（1607）年　[没]寛文5（1665）年3月29日），人名（榊原忠次　さかきばらただつぐ　[生]1732年　[没]1792年），人名（[生]1607年），姓氏群馬（榊原忠次　さかきばらただつぐ），新潟百（榊原忠次　さかきばらただつぐ），日人，藩主1（榊原忠次　さかきばらただつぐ），藩主2，藩主3（[没]寛文5（1665）年3月29日），兵庫人（榊原忠次　さかきはらただつぐ　[没]寛文5（1665）年3月29日），福島百（榊原忠次　さかきばらただつぐ），歴大，和俳（[没]寛文5（1665）年3月29日）

松平忠恒 まつだいらただつね
享保5（1720）年～明和5（1768）年
江戸時代中期の大名。陸奥桑折藩主、上野小幡藩主、上野上里見藩主、上野篠塚藩主。
¶朝日（[没]明和5年11月9日（1768年12月17日）），諸系，姓氏群馬，日人，藩主1，藩主1（[没]明和5（1768）年11月8日），藩主1，藩主1（[没]明和5（1768）年11月8日）

松平忠輝 まつだいらただてる
文禄1（1592）年～天和3（1683）年　[別]川中島少将《かわなかじましょうしょう》，徳川上総介忠輝《とくがわかずさのすけただてる》，徳川忠輝《とくがわただてる》
江戸時代前期の大名。武蔵深谷藩主、下総佐倉藩主、信濃松代藩主、越後福島販推、越後高田藩主。
¶朝日（[生]文禄1年1月4日（1592年2月16日）[没]天和3年7月3日（1683年8月24日）），岩史（[生]天正20（1592）年1月4日　[没]天和3（1683）年7月3日），江戸東（川中島少将　かわなかじましょうしょう），角史，近世，国史，国書（[生]天正20（1592）年1月4日　[没]天和3（1683）年7月3日），コン改，コン4，埼玉人（[没]天和3（1683）年2月22日），埼玉百（徳川上総介忠輝　とくがわかずさのすけただてる），史人（[生]1592年1月4日　[没]1683年7月3日），諸系，新潮（[生]文禄1（1592）年1月4日　[没]天和3（1683）年7月3日），人名，姓氏長野，世人（[生]文禄1（1592）年1月4日　[没]天和3（1683）年閏7月3日），戦合，戦国，全書，戦人，大百，長野百，長野歴，新潟百，日史（[生]文禄1（1592）年1月4日　[没]天和3（1683）年7月3日），日人，藩主1（[没]天和3（1683）年2月22日），藩主2，藩主3（[生]文禄1（1592）年8月9日　[没]天和3（1683）年7月3日），百科，歴大

松平忠昭 まつだいらただてる
→松平忠昭(2)（まつだいらただあき）

松平忠刻(1) まつだいらただとき
享保1（1716）年～寛延2（1749）年
江戸時代中期の大名。肥前島原藩主。
¶諸系，日人，藩主4（[生]享保1（1716）年7月19日　[没]寛延2（1749）年5月10日）

松平忠刻(2) まつだいらただとき
享保3（1718）年～天明3（1783）年
江戸時代中期の大名。伊勢桑名藩主。
¶諸系，日人，藩主3（[生]享保3（1718）年9月11日　[没]天明2（1782）年12月27日）

松平忠節 まつだいらただとき
慶長10（1605）年～元禄1（1688）年
江戸時代前期の旗本、祢津知行所の領主。
¶姓氏長野，長野歴

松平忠敏 まつだいらただとし
文政1（1818）年～明治15（1882）年　[別]松平上総介《まつだいらかずさのすけ》
江戸時代後期～明治期の幕臣。
¶剣豪（松平上総介　まつだいらかずさのすけ），国書（[生]文化15（1818）年1月6日　[没]明治15（1882）年4月5日），姓氏愛知

松平忠利(1) まつだいらただとし
天正10（1582）年～慶安2（1649）年
安土桃山時代～江戸時代前期の武士。
¶日人

松平忠利(2) まつだいらただとし
天正10（1582）年～寛永9（1632）年
江戸時代前期の大名。下総小見川藩主、三河深溝藩主、三河吉田藩主。
¶国書（[生]天正10（1582）年1月16日　[没]寛永9（1632）年6月5日），諸系，人名，日人，藩主2，藩主2（[生]天正10（1582）年1月16日　[没]寛永9（1632）年6月5日）

松平忠宝 まつだいらただとみ
明和7（1770）年～文政12（1829）年
江戸時代後期の大名。摂津尼ケ崎藩主。
¶国書（[生]明和7（1770）年2月22日　[没]文政12（1829）年4月14日），諸系，日人，藩主3（[生]明和7（1770）年2月　[没]文政12（1829）年4月14日）

松平忠倶 まつだいらただとも
寛永11（1634）年～元禄9（1696）年
江戸時代前期の大名。遠江掛川藩主、信濃飯山藩主。
¶諸系，人名（[生]1633年），姓氏長野，長野歴，日人，藩主2，藩主2（[没]元禄9（1696）年5月26日）

松平忠和 まつだいらただとも
宝暦9（1759）年～享和2（1802）年
江戸時代中期～後期の大名。伊勢桑名藩主。
¶国書（[生]宝暦9（1759）年8月27日　[没]享和2（1802）年5月10日），諸系，日人，藩主3（[生]宝暦9（1759）年8月27日　[没]享和2（1802）年4月22

ま

松平忠尚 まつだいらただなお

慶安4(1651)年～享保11(1726)年 劉奥平忠尚
《おくだいらただひさ》

江戸時代前期～中期の大名。陸奥白河新田藩主、
陸奥桑折藩主。

¶諸系, 人名(奥平忠尚 おくだいらただひさ),
日人, 藩主1(逾享保11(1726)年1月29日), 藩
主1, 福島百(逾?)

松平忠直 まつだいらただなお

文禄4(1595)年～慶安3(1650)年 劉越前忠直
《えちぜんただなお》, 松平一伯《まつだいらいっ
ぱく》

江戸時代前期の大名。越前北庄藩主。

¶朝日(逾文禄4年6月10日(1595年7月16日)
逾慶安3年9月10日(1650年10月5日)), 岩史
(逾文禄4(1595)年6月10日 逾慶安3(1650)年
9月10日), 江戸(越前忠直 えちぜんただな
お), 大分百, 大分歴(まつだいらただなお
(いっぱく)), 角史, 郷土福井, 近世, 公卿
(逾天正4(1576) 逾慶安3(1650)年9月),
国史, 国書(逾文禄4(1595)年6月10日 逾慶安
3(1650)年9月10日), コン改, コン4, 茶道
(松平一伯 まつだいらいっぱく), 史人
(逾1650年9月10日), 重要(逾慶安3(1650)年9
月10日), 諸系, 新潮(逾慶安3(1650)年9月10
日), 人名, 世人, 戦合, 全書, 大百(逾1607
年), 日史(逾慶安3(1650)年9月10日), 日人,
藩主3(逾文禄4(1595)年6月10日 逾慶安3
(1650)年9月10日), 百科, 福井百, 歴大

松平忠栄 まつだいらただなか, まつだいらただなが

＊～明治2(1869)年

江戸時代末期の大名。摂津尼ケ崎藩主。

¶国書(逾文化1(1804)年12月13日 逾明治2
(1869)年9月7日), 諸系(逾1805年), 日人
(逾1805年), 藩主3(まつだいらただなが
逾文化1(1804)年12月 逾明治2(1869)年9月7
日)

松平忠良 まつだいらただなが

→松平忠良(まつだいらただよし)

松平忠誠 まつだいらただなり

文政7(1824)年～弘化4(1847)年

江戸時代後期の大名。肥前島原藩主。

¶諸系, 日人, 藩主4(逾文政7(1824)年1月17日
逾弘化4(1847)年4月16日)

松平忠礼 まつだいらただなり

嘉永3(1850)年～明治28(1895)年 劉恭斎

江戸時代末期～明治期の上田藩主、上田藩知事、
子爵。アメリカに理学科を学ぶため渡航。

¶維新, 海越(逾嘉永3(1850)年6月14日 逾明治
28(1895)年3月14日), 海越新(逾嘉永3(1850)
年6月14日 逾明治28(1895)年3月14日), 国
際, 諸系, 渡航(逾1850年6月14日 逾1895年3
月14日), 長野歴, 日人, 幕末(逾1895年3月14
日), 藩主2(逾嘉永3(1850)年6月14日, (異
説)6月23日 逾明治28(1895)年3月14日)

松平忠敬 まつだいらただのり

安政2(1855)年～大正8(1919)年11月15日 劉上
杉, 篤之助

江戸時代末期～明治期の忍藩主、藩知事。子爵。
イギリスに留学。

¶海越(逾安政2(1855)年7月), 海越新(逾安政2
(1855)年7月), 埼玉人(逾安政2(1855)年7月
14日), 埼玉百, 諸系, 渡航(逾1855年7月14
日), 日人, 藩主1(逾安政2(1855)年7月14日)

松平忠憲 まつだいらただのり

元和6(1620)年～正保4(1647)年 劉松平憲良
《まつだいらのりよし》

江戸時代前期の大名。美濃大垣藩主、信濃小諸
藩主。

¶岐阜百(松平憲良 まつだいらのりよし
逾?), 諸系, 長野歴, 日人, 藩主2(松平憲良
まつだいらのりよし), 藩主2(逾正保4(1647)
年8月13日)

松平忠順 まつだいらただのり

→松平忠順(まつだいらただより)

松平忠誨 まつだいらただのり

享和3(1803)年～文政12(1829)年

江戸時代後期の大名。摂津尼ケ崎藩主。

¶諸系, 日人, 藩主3(逾享和3(1803)年7月
逾文政12(1829)年8月27日)

松平忠晴 まつだいらただはる

慶長3(1598)年～寛文9(1669)年

江戸時代前期の大名。駿河田中藩主、遠江掛川藩
主、丹波亀山藩主。

¶京都府, 国書(逾寛文9(1669)年3月23日), 諸
系, 人名, 日人, 藩主2, 藩主3(逾寛文9
(1669)年3月23日)

松平忠啓 まつだいらただひら

延享4(1747)年～天明7(1787)年

江戸時代中期の大名。伊勢桑名藩主。

¶諸系, 日人, 藩主3(逾延享3(1746)年12月15日
逾天明6(1786)年12月10日)

松平忠弘 まつだいらただひろ

寛永8(1631)年～元禄13(1700)年 劉奥平忠弘
《おくだいらただひろ》

江戸時代前期～中期の大名。陸奥白河藩主、出羽
山形藩主、下総宇都宮藩主、播磨姫路藩主。

¶朝日(奥平忠弘 おくだいらただひろ 逾元禄
13年5月16日(1700年7月2日)), 近世(奥平忠
弘 おくだいらただひろ), 国史(奥平忠弘
おくだいらただひろ), 国書(逾元禄13(1700)
年5月16日), 諸系, 人名(奥平忠弘 おくだ
いらただひろ), 日人, 藩主1, 藩主1(逾元禄13
(1700)年5月16日), 藩主1, 藩主3(逾元禄13
(1700)年5月16日), 福島百

松平忠恕 まつだいらただひろ

元文5(1740)年～寛政4(1792)年

江戸時代中期の大名。下野宇都宮藩主、肥前島原
藩主。

¶国書(逾寛政4(1792)年4月27日), 諸系, 日人,
藩主1, 藩主4(逾元文5(1740)年, (異説)寛保2
年7月4日 逾寛政4(1792)年4月27日)

松平忠房 まつだいらただふさ

元和5(1619)年～元禄13(1700)年

江戸時代前期～中期の大名。三河吉田藩主、三河
刈谷藩主、丹波福知山藩主、肥前島原藩主。

¶江文，京都府，国書（[生]元和5（1619）年2月13日 [没]元禄13（1700）年10月1日），諸系，人名，長崎百，長崎歴，日人，藩主2，藩主3，藩主4（[生]元和5（1619）年2月12日 [没]元禄13（1700）年10月1日）

松平忠冬 まつだいらただふゆ
寛永1（1624）年～元禄15（1702）年
江戸時代前期～中期の幕臣。「家忠日記増補追加」を編纂。
¶朝日（[没]元禄15年5月1日（1702年5月27日）），近世，国史，国書（[没]元禄15（1702）年5月1日），コン4，日人

松平忠雅 まつだいらただまさ
天和3（1683）年～延享3（1746）年
江戸時代中期の大名。出羽山形藩主、備後福山藩主、伊勢桑名藩主。
¶国書（[生]天和3（1683）年9月24日 [没]延享3（1746）年6月20日），諸系，日人，藩主1，藩主3（[生]天和3（1683）年9月24日 [没]延享3（1746）年6月20日），藩主4

松平忠済 まつだいらただまさ
宝暦1（1751）年～文政11（1828）年
江戸時代中期～後期の大名。信濃上田藩主。
¶諸系，長野歴，日人，藩主2（[生]宝暦1（1751）年8月24日 [没]文政11（1828）年7月26日）

松平忠昌 まつだいらただまさ
慶長2（1597）年～正保2（1645）年
江戸時代前期の大名。常陸下妻藩主、下総姉崎藩主、信濃松代藩主、越後高田藩主、越前福井藩主。
¶朝日（[生]慶長2年12月14日（1598年1月21日） [没]正保2年8月1日（1645年9月20日）），近世，国史，コン改，コン4，史人（[生]1597年12月14日 [没]1645年8月1日），諸系（[生]1598年），人名，戦合，長野歴，新潟百，日人（[生]1598年），藩主2，藩主3（[生]慶長2（1597）年12月 [没]正保2（1645）年8月），藩主3（[生]慶長2（1597）年12月14日 [没]正保2（1645）年8月1日），福井百

松平忠政 まつだいらただまさ
～元和5（1619）年
江戸時代前期の旗本。
¶神奈川人

松平忠祇（松平忠袛） **まつだいらただまさ**
＊～享和1（1801）年
江戸時代中期～後期の大名。肥前島原藩主、下野宇都宮藩主。
¶諸系（[生]1738年），人名（松平忠袛），日人（[生]1738年），藩主1（[生]享保20（1737）年 [没]享和1（1801）年9月14日），藩主4（[生]1735年）

松平忠優 まつだいらただます
→松平忠固（まつだいらただかた）

松平忠俔 まつだいらただみ
正徳2（1712）年～元文3（1738）年
江戸時代中期の大名。肥前島原藩主。
¶諸系，日人，藩主4（[生]正徳1（1711）年12月1日，（異説）宝永4年 [没]元文3（1738）年3月21日）

松平忠充 まつだいらただみつ
慶安4（1651）年～享保15（1730）年
江戸時代前期～中期の大名。伊勢長島藩主。
¶諸系，日人，藩主3（[没]享保14（1729）年12月4日）

松平忠容 まつだいらただやす
享保7（1722）年～天明1（1781）年
江戸時代中期の小姓番頭。
¶諸系，人名，日人

松平忠恕 まつだいらただゆき
文政8（1825）年～明治35（1902）年
江戸時代末期～明治期の大名。上野小幡藩主。
¶群馬人，群馬百，諸系，姓氏群馬，日人，藩主1（[生]文政8（1825）年8月7日 [没]明治35（1902）年5月21日）

松平忠之 まつだいらただゆき
延宝2（1674）年～元禄8（1695）年
江戸時代前期～中期の大名。下総古河藩主。
¶諸系，日人，藩主2（[没]元禄8（1695）年4月19日）

松平忠福 まつだいらただよし
＊～寛政11（1799）年
江戸時代中期の大名。上野小幡藩主。
¶国書（[生]寛保2（1742）年12月26日 [没]寛政11（1799）年5月22日），諸系（[生]1743年），日人（[生]1743年），藩主1（[生]寛保2（1742）年12月26日 [没]寛政11（1799）年5月22日）

松平忠良 まつだいらただよし
天正10（1582）年～寛永1（1624）年 [別]松平忠良《まつだいらただなが》
江戸時代前期の大名。下総関宿藩主、美濃大垣藩主。
¶岐阜百（[生]？），諸系，人名（まつだいらただなが），日人，藩主2，藩主2（[没]寛永1（1624）年5月18日）

松平忠順 まつだいらただより
享保11（1726）年～天明3（1783）年 [別]松平忠順《まつだいらただのり》
江戸時代中期の大名。信濃上田藩主。
¶諸系，人名（まつだいらただのり），長野歴，日人，藩主2（[生]享保11（1726）年11月22日 [没]天明3（1783）年2月8日）

松平忠馮（松平忠憑） **まつだいらただより**
明和8（1771）年～文政2（1819）年
江戸時代後期の大名。肥前島原藩主。
¶諸系，長崎百（松平忠憑 [生]明和7（1770）年），日人，藩主4（[生]明和8（1771）年5月6日 [没]文政2（1819）年1月28日）

松平太郎 まつだいらたろう
天保10（1839）年～明治42（1909）年
江戸時代末期～明治期の幕臣、陸軍奉行並。
¶朝日（[没]明治42（1909）年5月24日），維新，近現，近世，国際，国史，コン4，コン5，史人（[没]1909年5月24日），新潮（[没]明治42（1909）年5月24日），人名，日人，幕末（[没]1909年5月29日）

松平近明 まつだいらちかあき
→松平近明（まつだいらちかあきら）

松平近明 まつだいらちかあきら
元禄15（1702）年～宝暦5（1755）年 [別]松平近明《まつだいらちかあき》

ま

江戸時代中期の大名。出雲広瀬藩主。
¶島根人，諸系，人名（まつだいらちかあき），日人，藩主4（㊓元禄15（1702）年8月12日　㊛宝暦5（1755）年4月21日）

松平親明　まつだいらちかあきら
安永8（1779）年～文政8（1825）年
江戸時代後期の大名。豊後杵築藩主。
¶諸系，日人，藩主4（㊓天明5（1785）年5月11日　㊛文政8（1825）年11月12日）

松平親賢　まつだいらちかかた
宝暦3（1753）年～享和2（1802）年
江戸時代中期～後期の大名。豊後杵築藩主。
¶諸系，日人，藩主4（㊓宝暦3（1753）年6月10日　㊛享和2（1802）年9月28日）

松平知清　まつだいらちかきよ
天和2（1682）年～享保6（1721）年
江戸時代中期の大名。陸奥白河新田藩主。
¶諸系，日人，藩主1（㊛享保6（1721）年閏7月10日）

松平近訓　まつだいらちかくに
寛政11（1799）年～嘉永5（1852）年
江戸時代末期の大名。豊後府内藩主。
¶諸系，日人，藩主4（㊛嘉永5（1852）年3月20日）

ま

松平近貞(1)　まつだいらちかさだ
元禄2（1689）年～宝暦7（1757）年
江戸時代中期の大名。豊後府内藩主。
¶諸系，日人，藩主4（㊛宝暦7（1757）年5月13日）

松平近貞(2)　まつだいらちかさだ
享保18（1733）年～天明5（1785）年
江戸時代中期の大名。出雲広瀬藩主。
¶島根人，諸系，人名（㊓1730年　㊛1782年），日人，藩主4（㊓享保18（1733）年9月16日　㊛天明5（1785）年9月7日）

松平親貞　まつだいらちかさだ
宝暦1（1751）年～寛政11（1799）年
江戸時代中期～後期の大名。豊後杵築藩主。
¶諸系，戦辞（生没年不詳），日人，藩主4（㊓宝暦1（1751）年11月12日　㊛寛政12（1800）年7月29日）

松平近陳　まつだいらちかさと
→松平近陣（まつだいらちかのぶ）

松平親純　まつだいらちかずみ
元禄16（1703）年～元文4（1739）年
江戸時代中期の大名。豊後杵築藩主。
¶諸系，日人，藩主4（㊓元禄16（1703）年10月25日　㊛元文4（1739）年2月16日）

松平親貴　まつだいらちかたか
→松平親貴（まつだいらちかとう）

松平近禎　まつだいらちかただ
→松平近禎（まつだいらちかよし）

松平近韶　まつだいらちかつぐ
江戸時代末期の幕臣。
¶維新，幕末（生没年不詳）

松平近輝　まつだいらちかてる
享保15（1730）年～宝暦7（1757）年
江戸時代中期の大名。出雲広瀬藩主。
¶島根人，諸系，日人，藩主4（㊓享保15（1730）年7月9日　㊛宝暦7（1757）年5月9日）

松平親貴　まつだいらちかとう
天保9（1838）年～明治15（1882）年　㊚松平親貴《まつだいらちかたか》
江戸時代末期～明治期の大名。豊後杵築藩主。
¶大分歴，諸系，日人，藩主4（まつだいらちかたか　㊓天保9（1838）年5月15日　㊛明治15（1882）年8月）

松平近時　まつだいらちかとき
万治2（1659）年～元禄15（1702）年
江戸時代前期～中期の大名。出雲広瀬藩主。
¶島根人，諸系，人名，日人，藩主4（㊓万治2（1659）年4月7日　㊛元禄15（1702）年閏8月18日）

松平近朝　まつだいらちかとも
天和1（1681）年～享保13（1728）年
江戸時代中期の大名。出雲広瀬藩主。
¶島根人，諸系，日人，藩主4（㊓天和1（1681）年6月22日　㊛享保13（1728）年11月15日）

松平近儔　まつだいらちかとも
宝暦5（1755）年～天保11（1840）年　㊚松平不騫《まつだいらふけん》
江戸時代中期～後期の大名。豊後府内藩主。
¶大分百（松平不騫　まつだいらふけん），国書（㊓宝暦4（1754）年　㊛天保11（1840）年2月16日），諸系，日人，藩主4（㊓宝暦4（1754）年　㊛天保11（1840）年2月16日）

松平近直　まつだいらちかなお
生没年不詳
江戸時代末期の幕臣。
¶維新，日人，幕末

松平近信　まつだいらちかのぶ
文化1（1804）年～天保12（1841）年
江戸時代後期の大名。豊後府内藩主。
¶諸系，日人，藩主4（㊛天保12（1841）年3月28日）

松平近陣　まつだいらちかのぶ
寛永15（1638）年～＊　㊚松平近陳《まつだいらちかさと》
江戸時代前期～中期の大名。豊後府内藩主。
¶諸系（㊛1720年），人名（松平近陳　まつだいらちかさと　㊛1719年），日人（㊛1720年），藩主4（㊛享保4（1719）年12月10日）

松平近形　まつだいらちかのり
享保8（1723）年～安永2（1773）年　㊚松平信形《まつだいらのぶかた》
江戸時代中期の大名。豊後府内藩主。
¶諸系，人名（松平信形　まつだいらのぶかた），日人，藩主4（㊛安永2（1773）年6月10日）

松平近憲　まつだいらちかのり
→松平吉透（まつだいらよしとお）

松平親懐　まつだいらちかひろ
天保9（1838）年～大正3（1914）年　㊚松平権十郎《まつだいらごんじゅうろう》
江戸時代末期～明治期の庄内藩家老。
¶維新（松平権十郎　まつだいらごんじゅうろう

[生]？），コン5，庄内（[生]天保9（1838）年4月27日　[没]大正3（1914）年9月30日），日人，幕末（[生]1838年5月20日　[没]1914年9月30日），藩臣1，山形百（松平権十郎　まつだいらごんじゅうろう　[生]天保8（1837）年）

松平親盈 まつだいらちかみつ
享保11（1726）年～享和1（1801）年
江戸時代中期～後期の大名。豊後杵築藩主。
¶諸系，人名，日人，藩主4（[生]享保11（1726）年9月15日　[没]寛政12（1800）年12月26日）

松平近栄 まつだいらちかよし
寛永9（1632）年～享保2（1717）年
江戸時代前期～中期の大名。出雲広瀬藩主。
¶島根人，島根歴，諸系，人名，日人，藩主4（[生]寛永9（1632）年9月28日　[没]享保2（1717）年9月19日）

松平近義 まつだいらちかよし
明和7（1770）年～文化4（1807）年
江戸時代中期～後期の大名。豊後府内藩主。
¶諸系，日人，藩主4（[没]文化4（1807）年8月27日）

松平近説 まつだいらちかよし
文政11（1828）年～明治19（1886）年
江戸時代末期～明治期の大名。豊後府内藩主。
¶大分歴，諸系，日人，藩主4

松平近禎 まつだいらちかよし
寛文5（1665）年～享保10（1725）年　[別]松平近禎《まつだいらちかただ》
江戸時代中期の大名。豊後府内藩主。
¶諸系，人名（まつだいらちかただ），日人，藩主4（[没]享保10（1725）年8月24日）

松平親良 まつだいらちかよし
文化7（1810）年～明治24（1891）年
江戸時代末期～明治期の大名。豊後杵築藩主。
¶諸系，日人，藩主4（[生]文化7（1810）年2月23日　[没]明治24（1891）年2月3日）

松平竹所 まつだいらちくしょ
～文化10（1813）年
江戸時代中期～後期の桑名藩松平定忠の次男。
¶三重

松平長七郎 まつだいらちょうしちろう
慶長19（1614）年～寛文1（1661）年
江戸時代前期の浪人。駿河大納言徳川忠長の遺児といわれる。
¶コン改，コン4，史人（生没年不詳），新潮，人名，世人，長崎歴，日史，日人，百科（[生]慶長19（1614）年？　[没]寛文1（1661）年？）

松平図書頭康平 まつだいらづしょのかみやすひら
→松平康英[1]（まつだいらやすひで）

松平綱賢 まつだいらつなかた
寛永10（1633）年～延宝2（1674）年
江戸時代前期の高田藩主松平光長の長男。
¶新潟百

松平綱国 まつだいらつなくに
寛文2（1662）年12月9日～享保20（1735）年3月5日
江戸時代前期～中期の津山藩主一族。
¶岡山歴

松平綱隆 まつだいらつなたか
寛永8（1631）年～延宝3（1675）年
江戸時代前期の大名。出雲松江藩主。
¶島根人，島根歴，諸系，人名，日人，藩主4（[生]寛永8（1631）年2月23日　[没]延宝3（1675）年閏4月1日）

松平綱近 まつだいらつなちか
万治2（1659）年～宝永6（1709）年
江戸時代前期～中期の大名。出雲松江藩主。
¶島根人，島根百（[生]万治2（1659）年9月29日　[没]宝永6（1709）年11月15日），島根歴，諸系，人名，日人，藩主4（[生]万治2（1659）年9月29日　[没]宝永6（1709）年11月15日）

松平綱昌 まつだいらつなまさ
寛文1（1661）年～元禄12（1699）年
江戸時代前期～中期の大名。越前福井藩主。
¶茶道，諸系，人名，日人，藩主3（[生]寛文1（1661）年5月8日　[没]元禄12（1699）年2月11日）

松平経隆 まつだいらつねたか
→柳沢経隆（やなぎさわつねたか）

松平典則 まつだいらつねのり
天保7（1836）年～明治16（1883）年　[別]松平静寿斎典則《まつだいらせいじゅさいつねのり》
江戸時代末期～明治期の大名。武蔵川越藩主。
¶維新，埼玉人（[生]天保7（1836）年1月23日　[没]明治16（1883）年7月24日），埼玉百（松平静寿斎典則　まつだいらせいじゅさいつねのり），諸系，日人，幕末（[没]1883年7月24日），藩主1（[生]天保7（1836）年1月23日　[没]明治16（1883）年7月24日）

松平輝貞 まつだいらてるさだ
寛文5（1665）年～延享4（1747）年　[別]大河内輝貞《おおこうちてるさだ》
江戸時代中期の大名。下野壬生藩主、越後村上藩主、上野高崎藩主。
¶朝日（[没]延享4年9月14日（1747年10月17日）），郷土群馬（[生]1663年　[没]1745年），近世，群馬人（大河内輝貞　おおこうちてるさだ　[生]寛文3（1663）年　[没]延享2（1745）年），国史，国書（大河内輝貞　おおこうちてるさだ　[没]延享4（1747）年9月14日），コン4，諸系（大河内輝貞　おおこうちてるさだ），人名（[生]1666年），姓氏群馬（大河内輝貞　おおこうちてるさだ　[生]1663年　[没]1745年），栃木歴，新潟百（[没]1746年），日人（大河内輝貞　おおこうちてるさだ），藩主1，藩主1（大河内輝貞　おおこうちてるさだ　[没]延享4（1747）年9月14日），藩主3

松平輝高 まつだいらてるたか
享保10（1725）年～天明1（1781）年　[別]大河内輝高《おおこうちてるたか》
江戸時代中期の大名、老中。上野高崎藩主。
¶朝日（[生]享保10年8月29日（1725年10月5日）[没]天明1年9月25日（1781年11月10日）），岩史（[没]天明1（1781）年9月23日），京都大，コン4，諸系（大河内輝高　おおこうちてるたか），人名（大河内輝高　おおこうちてるたか），姓氏京都，日人（大河内輝高　おおこうちてるたか），藩主1（大河内輝高　おおこうちてるたか　[生]享保10（1725）年8月29日　[没]天明1（1781）年

9月25日)

松平輝親 まつだいらてるちか
寛文7(1667)年～延享4(1747)年9月28日
江戸時代前期～中期の庄内藩家老。
¶庄内

松平輝綱 まつだいらてるつな
元和6(1620)年～寛文11(1671)年 [別]松平甲斐守輝綱《まつだいらかいのかみてるつな》
江戸時代前期の大名。武蔵川越藩主。
¶近世, 国史, 国書([生]元和6(1620)年8月 [没]寛文11(1671)年12月12日), コン改, コン4, 埼玉人([没]寛文11(1671)年12月12日), 埼玉百(松平甲斐守輝綱 まつだいらかいのかみてるつな), 茶道, 諸系([没]1672年), 新潮([没]寛文11(1671)年12月12日), 人名, 世人, 日人([没]1672年), 藩主1([生]元和6(1620)年8月5日 [没]寛文11(1671)年12月12日)

松平藤兵衛 まつだいらとうべえ
寛永11(1634)年～享保5(1720)年5月22日
江戸時代前期～中期の庄内藩家老。
¶庄内

松平時睦 まつだいらときちか
→柳沢時睦(やなぎさわときちか)

松平徳松 まつだいらとくまつ
元和1(1615)年～寛永9(1632)年
江戸時代前期の人。松平忠輝の庶子。
¶新潟百

松平舎人(1) まつだいらとねり
～文化11(1814)年1月
江戸時代中期～後期の出羽庄内藩家老。
¶庄内

松平舎人(2) まつだいらとねり
明和6(1769)年～文政2(1819)年10月14日
江戸時代中期～後期の出羽庄内藩家老。
¶庄内

松平舎人(3) まつだいらとねり
文化9(1812)年～慶応3(1867)年
江戸時代末期の出羽庄内藩家老。
¶庄内([没]慶応3(1867)年2月5日), 日人, 藩臣1

松平朝矩 まつだいらとものり
元文3(1738)年～明和5(1768)年 [別]松平大和守朝矩《まつだいらやまとのかみとものり》
江戸時代中期の大名。播磨姫路藩主、上野前橋藩主、武蔵川越藩主。
¶神奈川人([生]1735年), 郷土群馬, 埼玉人([生]元文3(1738)年3月14日 [没]明和5(1768)年6月10日), 埼玉百(松平大和守朝矩 まつだいらやまとのかみとものり), 諸系, 人名([生]1735年), 姓氏群馬, 日人, 藩主1([生]元文3(1738)年3月16日 [没]明和5(1768)年6月10日), 藩主1([生]元文3(1738)年3月14日 [没]明和5(1768)年6月10日), 藩主3([生]元文3(1738)年3月14日 [没]明和5(1768)年6月13日)

松平内膳 まつだいらないぜん
～明和4(1767)年2月30日
江戸時代中期の庄内藩家老。
¶庄内

松平直明 まつだいらなおあき
→松平直明(まつだいらなおあきら)

松平直諒 まつだいらなおあき
文化14(1817)年～文久1(1861)年 [別]松平玉峯《まつだいらぎょくほう》, 松平直諒《まつだいらなおあきら, まつだいらなおよし》
江戸時代末期の大名。出雲広瀬藩主。
¶島根人(松平玉峯 まつだいらぎょくほう), 島根人(まつだいらなおあきら), 島根百([生]文化14(1817)年10月 [没]文久1(1861)年7月19日), 島根歴, 諸系(まつだいらなおよし), 日人(まつだいらなおよし), 幕末(まつだいらなおあきら [没]1861年10月8日), 藩主4([生]文化14(1817)年10月5日 [没]文久1(1861)年9月5日, (異説)7月19日)

松平直明 まつだいらなおあきら
明暦2(1656)年～享保6(1721)年 [別]松平直明《まつだいらなおあき》
江戸時代前期～中期の大名。越前大野藩主、播磨明石藩主。
¶諸系, 人名(まつだいらなおあき), 日人, 藩主3(まつだいらなおあき [生]明暦2(1656)年1月5日 [没]享保6(1721)年4月21日), 藩主3([生]明暦2(1656)年1月5日 [没]享保6(1721)年4月21日)

松平直諒 まつだいらなおあきら
→松平直諒(まつだいらなおあき)

松平直丘 まつだいらなおおか
→松平直丘(まつだいらなおたか)

松平直興 まつだいらなおおき
*～安政1(1854)年 [別]四山《しざん》, 松平四山《まつだいらしざん》
江戸時代末期の大名。出雲母里藩主。
¶江戸東(松平四山 まつだいらしざん), 島根人(松平四山 まつだいらしざん [生]天明1(1781)年), 島根人, 島根歴([生]天明1(1781)年), 諸系([生]1800年), 人名(松平四山 まつだいらしざん [生]?), 日人([生]1800年), 俳諧(四山 しざん [生]?), 俳句(四山 しざん [没]安政1(1854)年7月24日), 藩主4([生]寛政12(1800)年9月25日 [没]安政1(1854)年閏7月24日), 和俳(松平四山 まつだいらしざん [生]?)

松平直巳(松平直己) まつだいらなおおき
天保3(1832)年～大正6(1917)年
江戸時代末期～明治期の大名。出雲広瀬藩主。
¶島根人(松平直己), 島根百([生]天保3(1832)年2月 [没]大正6(1917)年3月23日), 島根歴(松平直己), 諸系, 日人, 幕末(松平直己 [没]1917年3月23日), 藩主4([生]天保3(1832)年2月23日 [没]大正6(1917)年3月23日)

松平直員 まつだいらなおかず
元禄8(1695)年～明和5(1768)年
江戸時代中期の大名。出雲母里藩主。
¶島根人, 島根歴([生]元禄7(1694)年), 諸系, 人名([生]1694年), 日人, 藩主4([生]元禄8(1695)年4月21日 [没]明和5(1768)年4月14日)

松平直堅 まつだいらなおかた
明暦2(1656)年～元禄10(1697)年
江戸時代中期の大名。越後糸魚川藩祖。
¶諸系，人名，新潟百(㊤1651年)，日人

松平直方(1) まつだいらなおかた
安永8(1779)年～天保13(1842)年
江戸時代後期の大名。出雲母里藩主。
¶島根人，諸系，日人，藩主4(㊤安永8(1779)年11月6日 ㊦天保13(1842)年7月21日)

松平直方(2) まつだいらなおかた
安政5(1858)年～明治40(1907)年
江戸時代末期～明治期の大名。上野前橋藩主。
¶諸系，日人，藩主1(㊤安政5(1858)年8月28日 ㊦明治40(1907)年4月)

松平直克 まつだいらなおかつ
天保11(1840)年～明治30(1897)年 ㊞松平大和守直克《まつだいらやまとのかみなおかつ》
江戸時代末期～明治期の大名。武蔵川越藩主、上野前橋藩主。
¶朝日(㊤天保11年2月26日(1840年3月29日) ㊦明治30(1897)年1月25日)，維新(㊤1839年)，群馬人，埼玉人(㊤天保11(1840)年2月26日 ㊦明治30(1897)年1月25日)，埼玉百(松平大和守直克 まつだいらやまとのかみなおかつ)，諸系，新潮(㊤天保10(1839)年2月26日 ㊦明治30(1897)年1月25日)，姓氏群馬，日人，幕末(㊤1839年 ㊦1897年1月25日)，藩主1(㊤1839年)，藩主1(㊤天保11(1840)年2月26日 ㊦明治30(1897)年1月25日)，藩主1(㊤天保10(1839)年2月26日 ㊦明治30(1897)年1月25日)，藩主1(㊤天保11(1840)年2月26日 ㊦明治30(1897)年1月25日)

松平直廉 まつだいらなおかど
→松平茂昭(まつだいらもちあき)

松平直暠 まつだいらなおきよ
安永6(1777)年～寛政8(1796)年
江戸時代中期～後期の大名。出雲母里藩主。
¶島根人，諸系，日人，藩主4(㊤安永5(1776)年12月12日 ㊦寛政8(1796)年7月27日)

松平直廉 まつだいらなおきよ
→松平茂昭(まつだいらもちあき)

松平直純 まつだいらなおずみ，まつだいらなおすみ
享保12(1727)年～明和1(1764)年
江戸時代中期の大名。播磨明石藩主。
¶諸系，人名(㊤1748年 ㊦1784年)，日人，藩主3(まつだいらなおすみ ㊤享保12(1727)年11月8日 ㊦明和1(1764)年3月23日)

松平直丘 まつだいらなおたか
寛文5(1665)年～正徳2(1712)年 ㊞松平直丘《まつだいらなおおか》
江戸時代中期の大名。出雲母里藩主。
¶島根人(まつだいらなおおか)，島根歴(まつだいらなおおか)，諸系(㊦1713年)，人名(まつだいらなおおか)，日人(㊦1713年)，藩主4(㊤寛文5(1665)年6月26日 ㊦正徳2(1712)年12月27日)

松平直義 まつだいらなおただ
→松平直義(まつだいらなおよし)

松平直哉 まつだいらなおちか
→松平直哉(まつだいらなおとし)

松平直周 まつだいらなおちか
安永2(1773)年～文政11(1828)年
江戸時代後期の大名。播磨明石藩主。
¶諸系，日人，藩主3(㊤安永2(1773)年6月28日 ㊦文政11(1828)年4月2日)

松平直次 まつだいらなおつぐ
～慶安2(1649)年
江戸時代前期の旗本。
¶神奈川人

松平直紹 まつだいらなおつぐ
宝暦9(1759)年～文化11(1814)年
江戸時代中期～後期の大名。越後糸魚川藩主。
¶諸系，新潟百(㊤1760年)，日人，藩主3(㊤宝暦9(1759)年11月12日 ㊦文化11(1814)年8月26日)

松平直恒 まつだいらなおつね
宝暦12(1762)年～文化7(1810)年 ㊞松平大和守直恒《まつだいらやまとのかみなおつね》
江戸時代中期～後期の大名。武蔵川越藩主。
¶埼玉人(㊤宝暦12(1762)年5月1日 ㊦文化7(1810)年1月18日)，埼玉百(松平大和守直恒 まつだいらやまとのかみなおつね)，諸系，日人，藩主1(㊤宝暦12(1762)年5月1日 ㊦文化7(1810)年1月18日)

松平直常 まつだいらなおつね
延宝7(1679)年～延享1(1744)年
江戸時代中期の大名。播磨明石藩主。
¶国書(㊤延宝7(1679)年10月13日 ㊦延享1(1744)年5月10日)，諸系，人名(㊤1677年)，日人，藩主3(㊤延宝7(1679)年10月13日 ㊦延享1(1744)年5月10日)

松平直哉 まつだいらなおとし
嘉永1(1848)年～明治30(1897)年 ㊞松平直哉《まつだいらなおちか》
江戸時代末期～明治期の大名。出雲母里藩主。
¶近現，国史，島根人(まつだいらなおちか)，島根歴(まつだいらなおちか ㊤天保6(1835)年)，諸系，日人，幕末(㊦1897年12月31日)，藩主4(㊤嘉永1(1848)年2月29日)

松平直知 まつだいらなおとも
貞享2(1685)年～宝永1(1704)年
江戸時代前期～中期の福井松平家分家第2代当主。
¶新潟百

松平直温 まつだいらなおのぶ
寛政7(1795)年～文化13(1816)年 ㊞松平大和守直温《まつだいらやまとのかみなおのぶ》
江戸時代後期の大名。武蔵川越藩主。
¶埼玉人(㊤寛政7(1795)年2月14日 ㊦文化13(1816)年7月28日)，埼玉百(松平大和守直温 まつだいらやまとのかみなおのぶ)，諸系，日人，藩主1(㊤寛政7(1795)年2月14日 ㊦文化13(1816)年7月28日)

松平直矩 まつだいらなおのり
寛永19(1642)年～元禄8(1695)年 ㊞松平大和守《まつだいらやまとのかみ》
江戸時代前期の大名。豊後日田藩主、豊後日田藩

主、陸奥白河藩主、出羽山形藩主、越後村上藩主、播磨姫路藩主。
¶朝日（[生]寛永19年10月28日（1642年12月19日）　[没]元禄8年4月15日（1695年5月27日）），大分歴（[生]寛永18（1641）年　[没]元禄9（1696）年），国書（[生]寛永19（1642）年10月28日　[没]元禄8（1695）年4月15日），コン改，コン4，諸系，新潮（[生]寛永19（1642）年10月28日　[没]元禄8（1695）年4月15日），人名，世人，新潟百，日音（松平大和守　まつだいらやまとのかみ　[生]寛永19（1642）年10月28日　[没]元禄8（1695）年4月15日），日人，藩主1（[生]寛永19（1642）年10月28日　[没]元禄8（1695）年4月15日），藩主1，藩主3（[生]寛永19（1642）年10月28日　[没]元禄8（1695）年4月15日），藩主4（[生]寛永18（1641）年　[没]元禄9（1696）年4月15日），福島百，山形百

松平直温　まつだいらなおはる
→松平直温（まつだいらなおより）

松平直春　まつだいらなおはる
文化7（1810）年～明治11（1878）年
江戸時代末期～明治期の大名。越後糸魚川藩主。
¶諸系，新潟百（生没年不詳），日人，藩主3

松平直寛　まつだいらなおひろ
天明3（1783）年～嘉永3（1850）年
江戸時代後期の大名。出雲広瀬藩主。
¶島根人，諸系，日人，藩主4（[生]天明3（1783）年6月27日　[没]嘉永3（1850）年10月21日）

松平直泰　まつだいらなおひろ
寛延2（1749）年～文化1（1804）年
江戸時代中期～後期の大名。播磨明石藩主。
¶諸系，日人，藩主3（[生]寛延1（1748）年11月28日　[没]享和3（1803）年12月29日）

松平直政　まつだいらなおまさ
慶長6（1601）年～寛文6（1666）年
江戸時代前期の大名。上総姉崎藩主、信濃松本藩主、越前大野藩主、出雲松江藩主。
¶朝日（[生]慶長6年8月5日（1601年9月1日）　[没]寛文6年2月3日（1666年3月8日）），近世，国史，国書（[生]慶長6（1601）年8月5日　[没]寛文6（1666）年2月3日），コン改，コン4，島根人，島根人，島根百（[生]慶長6（1601）年8月5日　[没]寛文6（1666）年2月3日），島根歴，諸系，新潮（[生]慶長6（1601）年8月5日　[没]寛文6（1666）年2月3日），人名，姓氏長野，戦合，長野歴，日人，藩主2，藩主3（[生]慶長6（1601）年8月5日　[没]寛文6（1666）年2月3日），藩主4（[生]慶長6（1601）年8月5日　[没]寛文6（1666）年2月3日），福井百

松平直益　まつだいらなおます
寛政1（1789）年～天保4（1833）年
江戸時代後期の大名。越後糸魚川藩主。
¶諸系，新潟百，日人，藩主3

松平直道　まつだいらなおみち
享保9（1724）年～安永5（1776）年
江戸時代中期の大名。出雲母里藩主。
¶島根人，島根歴（[生]享保8（1723）年），諸系，人名，日人，藩主4（[生]享保9（1724）年8月26日，（異説）8月20日　[没]安永5（1776）年11月16日）

松平直致　まつだいらなおむね
嘉永2（1849）年～明治17（1884）年
江戸時代末期～明治期の大名。播磨明石藩主。
¶諸系，日人，藩主3（[生]嘉永2（1849）年8月4日　[没]明治17（1884）年6月28日）

松平直基　まつだいらなおもと
慶長9（1604）年～慶安1（1648）年
江戸時代前期の大名。越前勝山藩主、越前大野藩主、出羽山形藩主、播磨姫路藩主。
¶国書（[生]慶長9（1604）年3月25日　[没]慶安1（1648）年8月15日），諸系，人名，日人，藩主1，藩主3（[生]慶長9（1604）年3月25日　[没]慶安1（1648）年8月15日），福井百

松平直静　まつだいらなおやす
嘉永1（1848）年～大正2（1913）年
江戸時代末期～明治期の大名。越後糸魚川藩主。
¶諸系，新潟百（生没年不詳），日人，藩主3（[生]嘉永1（1848）年1月　[没]大正2（1913）年12月13日）

松平直行　まつだいらなおゆき
宝暦4（1754）年～文政12（1829）年
江戸時代中期～後期の大名。出雲母里藩主。
¶島根人，諸系，日人，藩主4（[生]宝暦4（1754）年10月2日　[没]文政12（1829）年1月5日）

松平直之(1)　まつだいらなおゆき
天和2（1682）年～享保3（1718）年
江戸時代中期の大名。越後糸魚川藩主。
¶諸系，人名（[生]1711年　[没]1739年），新潟百，日人，藩主3（[生]天和2（1682）年4月26日　[没]享保3（1718）年10月6日）

松平直之(2)　まつだいらなおゆき
明和5（1768）年～天明6（1786）年
江戸時代中期の大名。播磨明石藩主。
¶諸系，日人，藩主3（[生]明和4（1767）年11月19日　[没]天明6（1786）年4月14日）

松平直義　まつだいらなおよし
宝暦4（1754）年～享和3（1803）年　[別]松平直義《まつだいらなおただ》
江戸時代中期～後期の大名。出雲広瀬藩主。
¶島根人（まつだいらなおただ），諸系，日人，藩主4（[生]宝暦4（1754）年4月28日　[没]享和3（1803）年10月22日）

松平直侯（松平直候）　まつだいらなおよし
天保10（1839）年～文久1（1861）年　[別]松平大和守直侯《まつだいらやまとのかみなおよし》
江戸時代末期の大名。武蔵川越藩主。
¶維新，埼玉人（松平直候　[生]天保10（1839）年1月9日　[没]文久1（1861）年12月10日），埼玉百（松平大和守直侯　まつだいらやまとのかみなおよし），諸系（[没]1862年），日人（[没]1862年），幕末（[没]1862年1月9日），藩主1（[生]天保10（1839）年1月9日　[没]文久1（1861）年12月10日）

松平直好　まつだいらなおよし
元禄14（1701）年～元文4（1739）年
江戸時代中期の大名。越後糸魚川藩主。
¶諸系，新潟百，日人，藩主3（[生]元禄14（1701）年9月25日　[没]元文4（1739）年2月16日）

松平直良 まつだいらなおよし
慶長9（1604）年11月24日～延宝6（1678）年
江戸時代前期の大名。越前木本藩主、越前勝山藩主、越前大野藩主。
¶諸系（[生]1605年），日人（[生]1605年），藩主3（[没]延宝6（1678）年6月26日），福井百

松平直諒 まつだいらなおよし
→松平直諒（まつだいらなおあき）

松平直温 まつだいらなおより
天保1（1830）年～安政3（1856）年 [別]松平直温《まつだいらなおはる》
江戸時代末期の大名。出雲母里藩主。
¶島根人（まつだいらなおはる），諸系，日人，藩主4（[生]天保1（1830）年3月24日 [没]安政3（1856）年9月21日）

松平長孝 まつだいらながたか
享保10（1725）年～宝暦12（1762）年
江戸時代中期の大名。美作津山藩主。
¶岡山人，岡山歴（[生]享保10（1725）年7月30日 [没]宝暦12（1762）年閏4月29日），諸系，人名（[生]1724年），日人，藩主4（[生]享保10（1725）年7月30日 [没]宝暦12（1762）年閏4月29日）

松平長恒 まつだいらながつね
享保1（1716）年～安永8（1779）年
江戸時代中期の大名。出羽上山藩主。
¶諸系，日人，藩主1（[生]享保1（1716）年3月2日 [没]安永8（1779）年3月20日）

松平長照 まつだいらながてる
→松平長熙（まつだいらながひろ）

松平長熙（松平長凞） まつだいらながひろ
享保5（1720）年～享保20（1735）年 [別]松平長照《まつだいらながてる》
江戸時代中期の大名。美作津山藩主。
¶岡山人（松平長凞），岡山歴（[生]享保5（1720）年2月29日 [没]享保20（1735）年10月13日），諸系，人名（松平長照 まつだいらながてる），日人，藩主4（松平長凞 [生]享保5（1720）年2月29日 [没]享保20（1735）年10月13日）

松平長吉 まつだいらながよし
～寛永18（1641）年
江戸時代前期の旗本。
¶神奈川人

松平斉厚（松平斎厚） まつだいらなりあつ
天明3（1783）年～天保10（1839）年 [別]松平武厚《まつだいらたけあつ》
江戸時代後期の大名。上野館林藩主、石見浜田藩主。
¶島根人（松平斎厚），島根百（[生]天明3（1783）年9月26日 [没]天保10（1839）年11月5日），島根歴，諸系，姓氏群馬，日人，藩主1（松平武厚 まつだいらたけあつ），藩主4（[生]天明3（1783）年9月26日 [没]天保10（1839）年11月5日）

松平斉宜 まつだいらなりこと
→松平斉宜（まつだいらなりのぶ）

松平斎省 まつだいらなりさだ
江戸時代末期の人。将軍徳川家斉の第24子。
¶埼玉百

松平斉善 まつだいらなりさわ
文政3（1820）年～天保9（1838）年
江戸時代後期の大名。越前福井藩主。
¶諸系，日人，藩主3（[生]文政3（1820）年9月25日 [没]天保9（1838）年7月27日）

松平成重 まつだいらなりしげ
文禄3（1594）年～寛永10（1633）年
江戸時代前期の大名。下野板橋藩主、三河西尾藩主、丹波亀山藩主。
¶京都府，諸系，日人，藩主1，藩主2，藩主3（[没]寛永10（1633）年9月16日）

松平斉孝 まつだいらなりたか
天明8（1788）年～天保9（1838）年
江戸時代後期の大名。美作津山藩主。
¶岡山人，岡山歴（[生]天明8（1788）年1月3日 [没]天保9（1838）年2月3日），諸系，日人，藩主4（[生]天明8（1788）年1月3日 [没]天保9（1838）年2月3日）

松平斉貴（松平斎貴） まつだいらなりたけ
文化12（1815）年～文久3（1863）年 [別]松平斉貴《まつだいらなりたか》
江戸時代後期の大名。出雲松江藩主。
¶維新，江戸，近世，国史，国書（[生]文化12（1815）年3月18日 [没]文久3（1863）年3月14日），コン改，コン4，島根人（松平斎貴），島根百（[没]文久3（1863）年3月14日），島根歴，諸系，新潮（[生]文化12（1815）年3月18日 [没]文久3（1863）年3月14日），人名，日人，幕末（[没]1863年5月1日），藩主4（[生]文化12（1815）年3月18日 [没]文久3（1863）年3月14日）

松平斉民 まつだいらなりたみ
文化11（1814）年～明治24（1891）年 [別]松平確堂《まつだいらかくどう》
江戸時代末期～明治期の大名。美作津山藩主。
¶朝日（[生]文化11年7月29日（1814年9月12日） [没]明治24（1891）年3月23日），維新，江戸東（松平確堂 まつだいらかくどう），岡山人，岡山歴（[生]文化11（1814）年7月29日 [没]明治24（1891）年3月23日），近現，近世，国史，国書（[生]文化11（1814）年7月29日 [没]明治24（1891）年3月24日），コン改，コン4，コン5，諸系，新潮（[生]文化11（1814）年7月 [没]明治24（1891）年3月24日），人名，日人，幕末（[没]1891年3月24日），藩主4（[生]文化11（1814）年7月29日 [没]明治24（1891）年3月23日）

松平斉承 まつだいらなりつぐ
文化8（1811）年～天保6（1835）年
江戸時代後期の大名。越前福井藩主。
¶諸系，日人，藩主3（[生]文化8（1811）年2月11日 [没]天保6（1835）年閏7月2日）

松平斉韶 まつだいらなりつぐ
享和3（1803）年～明治1（1868）年
江戸時代末期の大名。播磨明石藩主。
¶諸系，日人，藩主3（[生]享和3（1803）年5月5日 [没]明治1（1868）年9月8日）

松平斉恒（松平斎恒） まつだいらなりつね
寛政3（1791）年～文政5（1822）年 [別]松平露滴斎《まつだいらろてきさい》

ま

江戸時代後期の大名。出雲松江藩主。
¶国書（[生]寛政3（1791）年9月6日　[没]文政5（1822）年3月21日），島根人（松平斎恒　[生]宝暦13（1763）年），島根人（松平斎恒），島根百（[生]寛政3（1791）年9月6日　[没]文政5（1822）年3月21日），島根歴，諸系，人名，日人，俳諧（露滴斎　ろてきさい），俳句（露滴斎，露滴斉　ろてきさい　[没]文政5（1822）年3月21日），藩主4（[生]寛政3（1791）年9月6日　[没]文政5（1822）年3月21日），和俳（露滴斎　ろてきさい）

松平斉典　まつだいらなりつね
寛政9（1797）年〜嘉永3（1850）年1月20日　[別]松平大和守斉典《まつだいらやまとのかみなりつね》
江戸時代末期の大名。武蔵川越藩主。
¶朝日（[生]寛政9年11月2日（1797年12月19日）　[没]嘉永3年1月20日（1850年3月3日）），神奈川人（[没]1849年），近世，群馬人（[没]弘化3（1846）年），国史，国書（[生]寛政9（1797）年11月2日），埼玉人（[生]寛政9（1797）年11月2日），埼玉百（松平大和守斉典　まつだいらやまとのかみなりつね　[没]1849年），史人（[生]1797年11月2日），諸系（[没]1849年），人名（[没]1849年），日人（[没]1849年），藩主1（[生]寛政9（1797）年11月2日）

松平斉宣　まつだいらなりのぶ
文政8（1825）年〜弘化1（1844）年　[別]松平斉宜《まつだいらなりこと》
江戸時代後期の大名。播磨明石藩主。
¶諸系，日人，藩主3（松平斉宜　まつだいらなりこと　[生]文政8（1825）年3月9日　[没]天保15（1844）年5月10日）

松平南海　まつだいらなんかい
→松平宗衍（まつだいらむねのぶ）

松平信明　まつだいらのぶあき
→松平信明(2)（まつだいらのぶあきら）

松平信璋　まつだいらのぶあき
文政10（1827）年〜嘉永2（1849）年
江戸時代後期の大名。三河吉田藩主。
¶諸系，日人，藩主2（[生]文政10（1827）年8月9日　[没]嘉永2（1849）年7月27日）

松平信明(1)　まつだいらのぶあきら
延享2（1745）年〜安永4（1775）年
江戸時代中期の大名。上野吉井藩主。
¶諸系，日人，藩主1（[没]安永4（1775）年9月19日）

松平信明(2)　まつだいらのぶあきら
宝暦13（1763）年〜文化14（1817）年　[別]松平信明《まつだいらのぶあき》
江戸時代中期〜後期の大名。三河吉田藩主。
¶朝日（[生]宝暦10（1760）年　[没]文化14年8月29日（1817年10月9日）），岩史（[生]宝暦13（1763）年2月10日　[没]文化14（1817）年9月29日），角史（[生]宝暦10（1760）年），近世（[生]1760年），国史（[生]1760年），国書（[没]文化14（1817）年8月16日），コン改，コン4，史人（[生]1760年　[没]1817年8月29日），諸系，人名，姓氏愛知，世百，全書，日史（[没]文化14（1817）年8月28日），日人，藩主2（まつだいらのぶあき　[生]宝暦13（1763）年2月10日　[没]文化14（1817）年9月29日），百科，歴大（[生]1760年）

松平信有　まつだいらのぶあり
享保16（1731）年〜寛政5（1793）年
江戸時代中期の大名。上野吉井藩主。
¶諸系，日人，藩主1（[没]寛政5（1793）年6月19日）

松平信礼　まつだいらのぶいや
→松平信礼（まつだいらのぶうや）

松平信礼　まつだいらのぶうや
元文2（1737）年〜明和7（1770）年　[別]松平信礼《まつだいらのぶいや》
江戸時代中期の大名。三河吉田藩主。
¶諸系，日人，藩主2（まつだいらのぶいや　[生]元文2（1737）年8月11日　[没]明和7（1770）年6月20日）

松平信興　まつだいらのぶおき
寛永7（1630）年〜元禄4（1691）年　[別]大河内信興《おおこうちのぶおき》
江戸時代前期の大名。常陸土浦藩主。
¶京都大，国書（[没]元禄4（1691）年閏8月12日），諸系（大河内信興　おおこうちのぶおき），人名（[生]1629年），姓氏京都，日人（大河内信興　おおこうちのぶおき），藩主2

松平信発　まつだいらのぶおき
文政7（1824）年〜明治23（1890）年　[別]吉井信発《よしいのぶおき》，松平信和《まつだいらのぶかず》
江戸時代末期〜明治期の大名。上野吉井藩主。
¶維新（吉井信発　よしいのぶおき），群馬人，国書（[生]文政7（1824）年5月20日　[没]明治23（1890）年9月2日），諸系，人名（吉井信発　よしいのぶおき　[生]？），日人，幕末（吉井信発　よしいのぶおき　[没]1890年9月2日），藩主1（[生]文政7（1824）年5月20日　[没]明治23（1890）年9月2日）

松平信一　まつだいらのぶかず
天文8（1539）年〜寛永1（1624）年
安土桃山時代〜江戸時代前期の武将、大名。常陸土浦藩主。
¶諸系，人名（[生]1537年），戦国（[生]1540年），戦辞（[没]寛永1年7月16日（1624年8月29日）），戦人，戦東（[没]？），日人，藩主2（[没]寛永1（1624）年7月16日）

松平信形　まつだいらのぶかた
→松平近形（まつだいらちかのり）

松平信彰　まつだいらのぶかた
天明2（1782）年〜享和2（1802）年　[別]松平信彰《まつだいらのぶたか》
江戸時代後期の大名。丹波亀山藩主。
¶京都府，諸系，日人，藩主3（まつだいらのぶたか　[没]享和2（1802）年9月21日）

松平信圭　まつだいらのぶかど
安永5（1776）年〜文政3（1820）年
江戸時代後期の大名。駿河小島藩主。
¶諸系，日人，藩主2

松平信清　まつだいらのぶきよ
元禄2（1689）年〜享保9（1724）年
江戸時代中期の大名。上野吉井藩主。

¶諸系，日人，藩主1（[没]享保9（1724）年5月19日）

松平信愛 まつだいらのぶざね
安永8（1779）年～文化2（1805）年
江戸時代中期～後期の大名。出羽上山藩主。
¶諸系，日人，藩主1（[生]安永8（1779）年3月4日　[没]文化2（1805）年3月27日）

松平信重 まつだいらのぶしげ
寛永9（1632）年～正徳4（1714）年
江戸時代前期～中期の武士。
¶諸系，日人

松平信成 まつだいらのぶしげ
明和4（1767）年～寛政12（1800）年
江戸時代中期～後期の大名。上野吉井藩主。
¶諸系，日人，藩主1（[没]寛政12（1800）年4月19日）

松平宣助 まつだいらのぶすけ
→松平内蔵允（まつだいらくらのじょう）

松平宣維 まつだいらのぶずみ，まつだいらのぶすみ
元禄11（1698）年～享保16（1731）年
江戸時代中期の大名。出雲松江藩主。
¶島根人，島根百（[生]元禄11（1698）年5月18日　[没]享保16（1731）年4月4日），島根歴，諸系（まつだいらのぶすみ），人名（まつだいらのぶすみ），日人（まつだいらのぶすみ），藩主4（[生]元禄11（1698）年5月18日　[没]享保16（1731）年8月27日）

松平信彰 まつだいらのぶたか
→松平信彰（まつだいらのぶかた）

松平信嵩 まつだいらのぶたか
宝永7（1710）年～享保16（1731）年
江戸時代中期の大名。駿河小島藩主。
¶諸系，日人，藩主2（[没]享保16（1731）年7月27日）

松平信宝(1) まつだいらのぶたか
文政9（1826）年～弘化1（1844）年
江戸時代後期の大名。三河吉田藩主。
¶諸系，日人，藩主2（[生]文政9（1826）年9月10日　[没]天保15（1844）年10月17日）

松平信宝(2) まつだいらのぶたか
文化14（1817）年～明治5（1872）年　[別]松平信宝《まつだいらのぶみち》
江戸時代末期～明治期の大名。出羽上山藩主。
¶諸系，日人，藩主1（まつだいらのぶみち　[生]文化14（1817）年5月19日　[没]明治5（1872）年3月7日）

松平信任 まつだいらのぶただ
文政9（1826）年～弘化4（1847）年
江戸時代後期の大名。上野吉井藩主。
¶諸系，日人，藩主1（[没]弘化4（1847）年5月10日）

松平信謹 まつだいらのぶちか
弘化（1846）年9月5日～明治37（1904）年5月2日
江戸時代後期～明治期の弓道家、水戸藩士。
¶弓道

松平信綱 まつだいらのぶつな
慶長1（1596）年～寛文2（1662）年　[別]松平伊豆守信綱《まつだいらいずのかみのぶつな》
江戸時代前期の大名、幕府老中。武蔵忍藩主、武蔵川越藩主。
¶朝日（[生]慶長1年10月30日（1596年12月19日）　[没]寛文2年3月16日（1662年5月4日）），岩史（[生]慶長1（1596）年10月30日　[没]寛文2（1662）年3月16日），江戸東，角史，郷土長崎，近世，国史，国書（[生]慶長1（1596）年10月30日　[没]寛文2（1662）年3月16日），コン改，コン4，埼玉人（[没]寛文2（1662）年3月16日），埼玉百（松平伊豆守信綱　まつだいらいずのかみのぶつな），茶道，史人（[生]1596年10月30日　[没]1662年3月16日），重要（[没]寛文2（1662）年3月16日），諸系，新潮（[没]寛文2（1662）年2月16日），人名，世人（[生]慶長1（1596）年10月30日　[没]寛文2（1662）年3月16日），世百，戦合，全書，大百，多摩，伝記，日史（[没]寛文2（1662）年3月16日），日人，藩主1，藩主1（[生]慶長1（1596）年10月晦日　[没]寛文2（1662）年3月16日），百科，歴大

松平信庸(1) まつだいらのぶつね
寛文6（1666）年～享保2（1717）年
江戸時代中期の老中。丹波篠山藩主。
¶京都大，近世，国史，国書（[生]寛文6（1666）年6月1日　[没]享保2（1717）年5月10日），諸系，人名，姓氏京都，日人，藩主3（[生]寛文6（1666）年6月1日　[没]享保2（1717）年5月10日）

松平信庸(2) まつだいらのぶつね
弘化1（1844）年～大正7（1918）年
江戸時代末期～明治期の大名。出羽上山藩主。
¶近現，近世，国史，諸系，日人，藩主1（[生]弘化1（1844）年8月11日　[没]大正7（1918）年3月5日）

松平信亨 まつだいらのぶつら
延享3（1746）年～寛政8（1796）年
江戸時代中期の大名。出羽上山藩主。
¶国書（[生]延享3（1746）年1月28日　[没]寛政8（1796）年9月12日），諸系，日人，藩主1（[生]延享3（1746）年1月28日　[没]寛政8（1796）年9月12日）

松平信輝 まつだいらのぶてる
万治3（1660）年～享保10（1725）年　[別]松平伊豆守信輝《まつだいらいずのかみのぶてる》
江戸時代中期の大名。武蔵川越藩主、下総古河藩主。
¶国書（[生]万治3（1660）年4月8日　[没]享保10（1725）年6月18日），埼玉人（[没]享保10（1725）年6月18日），埼玉百（松平伊豆守信輝　まつだいらいずのかみのぶてる），諸系，日人，藩主1，藩主2（[没]享保10（1725）年6月18日）

松平信祝 まつだいらのぶとき
天和3（1683）年～延享1（1744）年　[別]松平信祝《まつだいらのぶよし》
江戸時代中期の大名。下総古河藩主、三河吉田藩主、遠江浜松藩主。
¶諸系，人名（まつだいらのぶよし），日人，藩主2，藩主2（[没]延享1（1744）年4月18日），藩主2

松平信敏(1) まつだいらのぶとし
？～嘉永2（1849）年
江戸時代末期の幕臣。
¶維新，京都大，姓氏京都，日人（生没年不詳），幕末（生没年不詳）

松平信敏(2) まつだいらのぶとし

嘉永4(1851)年〜明治20(1887)年　別滝脇信敏
《たきわきのぶとし》
江戸時代末期〜明治期の大名。駿河小島藩主、上総金ヶ崎藩主、上総桜井藩主。
¶維新(滝脇信敏　たきわきのぶとし)，諸系，人名(滝脇信敏　たきわきのぶとし　生?)，日人，藩主2，藩主2(生嘉永4(1851)年5月　没明治20(1887)年8月10日)，藩主2

松平信利 まつだいらのぶとし

万治2(1659)年〜延宝5(1677)年
江戸時代前期の大名。丹波篠山藩主。
¶諸系，日人，藩主3(生万治2(1659)年4月24日　没延宝4(1676)年11月28日)

松平宣富 まつだいらのぶとみ

延宝8(1680)年〜享保6(1721)年
江戸時代中期の大名。美作津山藩主。
¶岡山人，岡山歴(生延宝8(1680)年10月9日　没享保6(1721)年2月7日)，コン改(生延宝6(1678)年)，コン4(生延宝6(1678)年)，諸系，人名(生1678年)，藩主4(生延宝8(1680)年10月9日　没享保6(1721)年2月7日)

松平信友(1) まつだいらのぶとも

正徳2(1712)年〜宝暦10(1760)年
江戸時代中期の大名。上野吉井藩主。
¶諸系，日人，藩主1(没宝暦10(1760)年3月7日)

松平信友(2) まつだいらのぶとも

寛政9(1797)年〜嘉永1(1848)年
江戸時代後期の大名。駿河小島藩主。
¶諸系，日人，藩主2(没嘉永1(1848)年3月)

松平信直 まつだいらのぶなお

享保17(1732)年〜天明6(1786)年
江戸時代中期の大名。丹波亀山藩主。
¶京都府(生享保20(1735)年)，諸系，日人，藩主3(没天明6(1786)年10月10日)

松平信復 まつだいらのぶなお

享保4(1719)年〜明和5(1768)年
江戸時代中期の大名。遠江浜松藩主、三河吉田藩主。
¶国書(生享保4(1719)年4月4日　没明和5(1768)年9月19日)，諸系，日人，藩主2，藩主2(没明和5(1768)年9月19日)

松平信孝 まつだいらのぶなり

明暦1(1655)年〜元禄3(1690)年
江戸時代前期〜中期の大名。駿河小島藩主。
¶諸系，日人，藩主2(没元禄3(1690)年10月)

松平信義 まつだいらのぶのり

寛保2(1742)年〜享和1(1801)年
江戸時代中期〜後期の大名。駿河小島藩主。
¶諸系，日人，藩主2

松平信謹 まつだいらのぶのり

嘉永6(1853)年〜明治41(1908)年
江戸時代末期〜明治期の大名。上野吉井藩主。
¶諸系，日人，藩主1(生嘉永6(1853)年1月　没明治23(1890)年10月)

松平信順 まつだいらのぶのり

寛政5(1793)年〜弘化1(1844)年　別松平信順

《まつだいらのぶより》

江戸時代後期の大名。三河吉田藩主。
¶京都大(まつだいらのぶより)，国書(生寛政5(1793)年6月7日　没天保15(1844)年3月2日)，諸系，姓氏京都，日人，藩主2(生寛政5(1793)年6月7日　没天保15(1844)年3月2日)

松平信治 まつだいらのぶはる

延宝1(1673)年〜享保9(1724)年
江戸時代中期の大名。駿河小島藩主。
¶諸系，人名，日人，藩主2(没享保9(1724)年3月29日)

松平信古 まつだいらのぶひさ

文政12(1829)年〜明治21(1888)年　別大河内信古《おおこうちのぶひさ》
江戸時代末期〜明治期の大名。三河吉田藩主。
¶維新(大河内信古　おおこうちのぶひさ)，国書(生文政12(1829)年4月23日　没明治21(1888)年11月27日)，諸系，姓氏愛知，日人，幕末(没1878年11月)，藩主2(生文政12(1829)年4月23日　没明治11(1878)年)

松平信豪 まつだいらのぶひで

文化10(1813)年〜慶応1(1865)年
江戸時代末期の大名。丹波亀山藩主。
¶京都府，諸系，日人，藩主3(生文化11(1800)年　没慶応1(1865)年10月19日)

松平信平 まつだいらのぶひら

→鷹司信平(たかつかさのぶひら)

松平信書 まつだいらのぶふみ

弘化3(1846)年〜元治1(1864)年
江戸時代末期の大名。駿河小島藩主。
¶諸系，日人，藩主2(没元治1(1864)年6月27日)

松平信古 まつだいらのぶふる

明和7(1770)年〜寛政8(1796)年
江戸時代中期の大名。出羽上山藩主。
¶諸系，日人，藩主1(生明和6(1769)年1月9日，(異説)明和7年1月9日　没寛政8(1796)年10月4日，(異説)10月14日)

松平信将 まつだいらのぶまさ

享保2(1717)年〜宝暦11(1761)年
江戸時代中期の大名。出羽上山藩主。
¶諸系，日人，藩主1(没宝暦11(1761)年11月14日)

松平信正 まつだいらのぶまさ

嘉永5(1852)年〜明治42(1909)年
江戸時代末期〜明治期の大名。丹波亀山藩主。
¶維新，京都大(生没年不詳)，京都府，諸系，姓氏京都，日人，藩主3(生嘉永5(1852)年4月　没明治42(1909)年10月28日)

松平信賢 まつだいらのぶます

文化5(1808)年〜明治6(1873)年
江戸時代末期〜明治期の大名。駿河小島藩主。
¶諸系，日人，藩主2(没明治6(1873)年9月)

松平信通 まつだいらのぶみち

延宝4(1676)年〜享保7(1722)年
江戸時代中期の大名。大和桜井藩主、備中庭瀬藩主、出羽上山藩主。
¶諸系，日人，藩主1(生延宝4(1676)年9月24日

[没]享保7(1722)年9月22日,(異説)9月20日),藩主3,藩主4

松平信道 まつだいらのぶみち
宝暦12(1762)年～寛政3(1791)年
江戸時代中期の大名。丹波亀山藩主。
¶京都府,国書([没]寛政3(1791)年8月18日),諸系,日人,藩主3([没]寛政3(1791)年8月18日)

松平信宝 まつだいらのぶみち
→松平信宝(2)(まつだいらのぶたか)

松平信充 まつだいらのぶみつ
安永4(1775)年～享和3(1803)年
江戸時代中期～後期の大名。上野吉井藩主。
¶諸系,日人,藩主1([没]享和3(1803)年2月9日)

松平信岑 まつだいらのぶみね
元禄9(1696)年～宝暦13(1763)年
江戸時代中期の大名。丹波篠山藩主、丹波亀山藩主。
¶京都府,諸系,人名([生]1686年　[没]1753年),日人,藩主3([没]宝暦13(1763)年11月20日)

松平信安 まつだいらのぶやす
元治1(1864)年～大正7(1918)年
江戸時代末期～明治期の上山藩主、上山藩知事。
¶諸系,世紀([生]元治1(1864)年4月24日　[没]大正7(1918)年10月23日),日人,藩主1([生]元治1(1864)年4月24日　[没]大正7(1918)年10月23日)

松平信行 まつだいらのぶゆき
寛政2(1790)年～明治6(1873)年
江戸時代末期～明治期の大名。出羽上山藩主。
¶諸系,日人,藩主1([生]寛政2(1790)年9月15日　[没]明治6(1873)年12月13日),山形百

松平信志 まつだいらのぶゆき
天明5(1785)年～文化13(1816)年
江戸時代後期の大名。丹波亀山藩主。
¶京都府,諸系,日人,藩主3([没]文化13(1816)年4月15日)

松平信進 まつだいらのぶゆき
文化10(1813)年～文久3(1863)年
江戸時代末期の大名。駿河小島藩主。
¶諸系,諸系([没]1873年),日人,藩主2([生]文化10(1813)年8月　[没]文久3(1863)年1月24日)

松平信之 まつだいらのぶゆき
寛永8(1631)年～貞享3(1686)年
江戸時代前期の大名。播磨明石藩主、大和郡山藩主、下総古河藩主。
¶諸系,人名,日人,藩主2([没]貞享3(1686)年7月22日),藩主3

松平信義 まつだいらのぶよし
文政5(1822)年～慶応2(1866)年
江戸時代末期の大名。丹波亀山藩主。
¶維新([生]?),京都府,諸系,日人,藩主3([生]文政7(1824)年　[没]慶応2(1866)年1月29日)

松平信吉 まつだいらのぶよし
天正3(1575)年～元和6(1620)年
安土桃山時代～江戸時代前期の武将、大名。常陸土浦藩主、上野高崎藩主、丹波篠山藩主。
¶諸系,日人,藩主1,藩主2,藩主3([生]天正3(1575)年,(異説)天正8年　[没]元和6(1620)年8月1日)

松平信敬 まつだいらのぶよし
寛政10(1798)年～天保12(1841)年
江戸時代後期の大名。上野吉井藩主。
¶諸系,日人,藩主1([生]寛政11(1799)年　[没]天保12(1841)年5月9日)

松平信祝 まつだいらのぶよし
→松平信祝(まつだいらのぶとき)

松平信順 まつだいらのぶより
→松平信順(まつだいらのぶのり)

松平乗賢 まつだいらのりかた
元禄6(1693)年～延享3(1746)年
江戸時代中期の大名。美濃岩村藩主。
¶岐阜百,諸系,人名,日人,藩主2([没]延享3(1746)年5月8日)

松平乗謨 まつだいらのりかた
→大給恒(おぎゅうゆずる)

松平乗完 まつだいらのりさだ
宝暦2(1752)年～寛政5(1793)年
江戸時代中期の大名。三河西尾藩主。
¶京都大,国書([生]宝暦2(1752)年3月21日　[没]寛政5(1793)年8月19日),諸系,人名,姓氏京都,日人,藩主2([生]宝暦2(1752)年3月21日　[没]寛政5(1793)年8月19日)

松平乗邑 まつだいらのりさと
貞享3(1686)年～延享3(1746)年　[別]松平乗邑《まつだいらのりむら》
江戸時代中期の大名。下総佐倉藩主、伊勢亀山藩主、島鳥羽藩主、山城淀藩主、肥前唐津藩主。
¶朝日([没]延享3年4月16日(1746年6月4日)),岩史([生]貞享3(1686)年1月8日　[没]延享3(1746)年4月16日),角史,近世,国史,国書([生]貞享3(1686)年1月8日　[没]延享3(1746)年4月16日),コン改(まつだいらのりむら),コン4,佐賀百(生没年不詳),茶道,史人([生]1686年1月8日　[没]1746年4月16日),重要(まつだいらのりむら　[没]延享3(1746)年4月16日),諸系,新潮([没]延享3(1746)年4月16日),人名(まつだいらのりむら),姓氏京都,世人(まつだいらのりむら　[没]延享3(1746)年4月16日),全書,大百(まつだいらのりむら),日史([没]延享3(1746)年4月16日),日人,藩主2([生]貞享3(1686)年1月8日　[没]延享3(1746)年4月16日),藩主3([没]延享3(1746)年4月16日),藩主3,藩主4(まつだいらのりむら　[生]貞享3(1686)年1月8日　[没]延享3(1746)年4月16日),百科,歴大

松平乗真 まつだいらのりざね,まつだいらのりさね
貞享3(1686)年～享保1(1716)年
江戸時代中期の大名。三河大給藩主、三河奥殿藩主。
¶諸系,姓氏愛知,日人,藩主2,藩主2(まつだいらのりさね　[生]貞享3(1686)年5月23日　[没]享保1(1716)年7月5日)

松平乗成 まつだいらのりしげ
万治1(1658)年～元禄16(1703)年
江戸時代前期～中期の大名。三河大給藩主。
¶諸系,日人,藩主2([没]元禄16(1703)年10月11

日）

松平乗佑（松平乗祐）まつだいらのりすけ
正徳5（1715）年～明和6（1769）年
江戸時代中期の大名。下総佐倉藩主、出羽山形藩
主、三河西尾藩主。
¶国書（⊕正徳5（1715）年9月29日　②明和6
（1769）年9月4日）、諸系、人名（松平乗祐
⊕1710年　②1764年）、日人、藩主1、藩主2、
藩主2（⊕正徳5（1715）年9月29日　②明和6
（1769）年9月4日）

松平乗喬 まつだいらのりたか
文政9（1826）年～安政2（1855）年
江戸時代末期の大名。美濃岩村藩主。
¶岐阜百、諸系、日人、藩主2（⊕文政4（1821）年
②安政2（1855）年7月26日）

松平乗紀 まつだいらのりただ
延宝2（1674）年～享保1（1716）年　石川乗紀
《いしかわのりただ》
江戸時代中期の大名。信濃小諸藩主、美濃岩村
藩主。
¶岐阜百、諸系（②1717年）、人名、長野歴（石川
乗紀　いしかわのりただ）、日人（②1717年）、
藩主2（②享保1（1716）年12月25日）、藩主2（石
川乗紀　いしかわのりただ　②享保1（1716）年
12月25日）

松平乗尹 まつだいらのりただ
安永6（1777）年～文政1（1818）年
江戸時代後期の大名。三河奥殿藩主。
¶諸系、日人、藩主2（⊕安永6（1777）年7月4日
②文政1（1818）年5月23日）

松平乗次 まつだいらのりつぐ
寛永9（1632）年～貞享4（1687）年
江戸時代前期の大名。三河大給藩主。
¶諸系、日人、藩主2（⊕寛永9（1632）年3月20日
②貞享4（1687）年8月30日）

松平乗秩 まつだいらのりつね
天保10（1839）年～明治6（1873）年
江戸時代末期～明治期の大名。三河西尾藩主。
¶諸系、日人、藩主2（⊕天保10（1839）年5月13日
②明治6（1873）年6月3日）

松平乗命 まつだいらのりとし
嘉永1（1848）年～明治38（1905）年
江戸時代末期～明治期の大名。美濃岩村藩主。
¶維新、岐阜百（⊕1855年　②1869年）、諸系、
日人、藩主2（②明治38（1905）年11月）

松平乗利 まつだいらのりとし
文化8（1811）年～安政1（1854）年
江戸時代末期の大名。三河奥殿藩主。
¶諸系、日人、藩主2（⊕文化8（1811）年3月18日
②安政1（1854）年8月27日）

松平乗富 まつだいらのりとみ
享保3（1718）年～安永3（1774）年
江戸時代中期の国学者。
¶日人

松平乗友 まつだいらのりとも
宝暦10（1760）年～文政7（1824）年
江戸時代中期～後期の大名。三河奥殿藩主。

¶諸系、日人、藩主2（⊕宝暦10（1760）年10月22
日　②文政7（1824）年10月4日）

松平乗寿 まつだいらのりなが
慶長5（1600）年～承応3（1654）年
江戸時代前期の大名。美濃岩村藩主、遠江浜松藩
主、上野館林藩主。
¶岐阜百、コン改（⊕慶長9（1604）年）、コン4
（⊕慶長9（1604）年）、諸系、人名（⊕1604年）、
姓氏群馬、日人、藩主1（⊕慶長5（1600）年1月
12日　②承応3（1654）年1月26日）、藩主2、藩
主2（②承応3（1654）年1月26日）

松平乗延 まつだいらのりのぶ
～元禄7（1694）年
江戸時代前期の旗本。
¶神奈川人

松平典信 まつだいらのりのぶ
→松平典信（まつだいらすけのぶ）

松平乗春 まつだいらのりはる
承応3（1654）年～元禄3（1690）年
江戸時代前期～中期の大名。肥前唐津藩主。
¶佐賀百、諸系、日人、藩主4（②元禄3（1690）年
9月5日）

松平乗久 まつだいらのりひさ
寛永10（1633）年～貞享3（1686）年
江戸時代前期の大名。上野館林藩主、下総佐倉藩
主、肥前唐津藩主。
¶佐賀百、諸系、人名、姓氏群馬、日人、藩主1、
藩主2、藩主4（②貞享3（1686）年7月17日）

松平乗寛 まつだいらのりひろ
安永6（1777）年12月27日～天保10（1839）年
江戸時代後期の大名。三河西尾藩主。
¶京都大、国書（②天保10（1839）年11月11日）、
諸系（⊕1778年）、日人（⊕1778年）、藩主2
（②天保10（1839）年11月11日）

松平乗政 まつだいらのりまさ
寛永14（1637）年～貞享1（1684）年　石川乗政
《いしかわのりまさ》
江戸時代前期の大名。常陸小張藩主、信濃小諸
藩主。
¶諸系、人名、長野歴（石川乗政　いしかわのり
まさ　⊕寛永15（1638）年）、日人、藩主2（②貞
享1（1684）年10月17日）、藩主2（石川乗政　い
しかわのりまさ　②貞享1（1684）年10月16日）

松平乗邑 まつだいらのりむら
→松平乗邑（まつだいらのりさと）

松平乗蘊（松平乗灌、松平乗蘊）まつだいらのりもり
享保1（1716）年～天明3（1783）年
江戸時代中期の大名。美濃岩村藩主。
¶岐阜百（松平乗灌）、諸系、人名（松平乗蘊）、
日人、藩主2（②天明3（1783）年7月6日）

松平乗穏 まつだいらのりやす
元文4（1739）年～天明3（1783）年
江戸時代中期の大名。三河奥殿藩主。
¶諸系、日人、藩主2（⊕元文4（1739）年3月22日
②天明3（1783）年4月9日）

松平乗全 まつだいらのりやす
寛政6（1794）年～明治3（1870）年

江戸時代末期～明治期の大名。三河西尾藩主。
¶維新，国書（[生]寛政6（1794）年12月9日　[没]明治3（1870）年7月6日），コン5，諸系（[生]1795年），新潮（[生]寛政6（1794）年12月9日　[没]明治3（1870）年7月6日），姓氏愛知，日人（[生]1795年），幕末（[没]1870年7月6日），藩主2（[生]寛政6（1794）年12月9日　[没]明治3（1870）年7月6日）

松平乗保　まつだいらのりやす
寛延3（1750）年～文政9（1826）年
江戸時代中期～後期の大名。美濃岩村藩主。
¶岐阜百，諸系，日人，藩主2（[生]寛延2（1749）年　[没]文政9（1826）年6月26日）

松平憲良　まつだいらのりよし
→松平忠憲（まつだいらただのり）

松平乗羨　まつだいらのりよし
寛政2（1790）年～文政10（1827）年
江戸時代後期の大名。三河奥殿藩主。
¶諸系，日人，藩主2（[生]寛政2（1790）年12月23日　[没]文政10（1827）年8月23日）

松平乗美　まつだいらのりよし
寛政4（1792）年～弘化2（1845）年
江戸時代後期の大名。美濃岩村藩主。
¶岐阜百，諸系，日人，藩主2（[生]寛政3（1791）年　[没]弘化2（1845）年8月20日）

松平治郷　まつだいらはるさと
宝暦1（1751）年～文政1（1818）年　[別]松平不昧《まつだいらふまい》
江戸時代中期～後期の大名。出雲松江藩主。
¶朝日（松平不昧　まつだいらふまい　[生]宝暦1年2月14日（1751年3月11日）　[没]文政1年4月24日（1818年5月28日）），岩史（[生]寛延4（1751）年2月14日　[没]文政1（1818）年4月24日），江戸東（松平不昧　まつだいらふまい），角史，近世，国史，国書（[生]寛延4（1751）年2月14日　[没]文政1（1818）年4月24日），コン改，コン4，茶道（松平不昧　まつだいらふまい），史人（[生]1751年2月14日　[没]1818年4月24日），島根人，島根人（松平不昧　まつだいらふまい），島根百（まつだいらはるさと（ふまい）　[生]寛延4（1751）年2月14日　[没]文政1（1818）年4月24日），島根歴，食文（[生]寛延4年2月14日（1751年3月11日）　[没]文政1年4月24日（1818年5月28日）），諸系，人書94，新潮（松平不昧　まつだいらふまい　[没]文政1（1818）年4月24日），人名，世人（[没]文政1（1818）年4月24日），世百（松平不昧　まつだいらふまい），全書，大百（松平不昧　まつだいらふまい），日史（[没]文政1（1818）年4月27日），日人，藩主4（[生]寛延4（1751）年2月14日　[没]文政1（1818）年4月24日），美術（松平不昧　まつだいらふまい），百科，歴大

松平治好　まつだいらはるよし
明和5（1768）年～文政9（1826）年
江戸時代中期～後期の大名。越前福井藩主。
¶諸系，日人，藩主3（[生]明和5（1768）年3月25日　[没]文政8（1825）年12月1日）

松平久豊　まつだいらひさとよ
→松平武右衛門(1)（まつだいらぶえもん）

松平久長　まつだいらひさなが
生没年不詳
江戸時代中期の出羽庄内藩士。
¶国書

松平久映　まつだいらひさひで
正徳1（1711）年～宝暦10（1760）年7月24日　[別]松平武右衛門《まつだいらぶえもん》
江戸時代中期の庄内藩家老。
¶国書，庄内（松平武右衛門　まつだいらぶえもん）

松平久徴　まつだいらひさよし
？～慶応3（1867）年10月3日　[別]松平武右衛門《まつだいらぶえもん》
江戸時代後期～末期の出羽庄内藩士、史家。
¶国書，庄内（松平武右衛門　まつだいらぶえもん）

松平備前守正信　まつだいらびぜんのかみまさのぶ
→大河内正信（おおこうちまさのぶ）

松平英親　まつだいらひでちか
寛永2（1625）年～宝永3（1706）年
江戸時代前期～中期の大名。豊後高田藩主、豊後杵築藩主。
¶大分百，大分歴，諸系，人名（[生]1545年　[没]1626年），日人，藩主4（[没]宝永3（1706）年3月10日）

松平敏　まつだいらびん
延享1（1744）年～寛政2（1790）年　[別]松平新祐《まつだいらしんすけ》
江戸時代中期の丹波亀山藩家老。
¶京都府（松平新祐　まつだいらしんすけ），国書（[没]寛政2（1790）年10月21日）

松平武右衛門(1)　まつだいらぶえもん
承応1（1652）年～享保5（1720）年　[別]松平久豊《まつだいらひさとよ》
江戸時代前期～中期の出羽庄内藩家老。
¶国書（松平久豊　まつだいらひさとよ　[没]享保5（1720）年11月1日），庄内（[没]享保5（1720）年11月1日），日人，藩臣1

松平武右衛門(2)　まつだいらぶえもん
安永2（1773）年～天保10（1839）年1月3日
江戸時代中期～後期の庄内藩家老。
¶庄内

松平武右衛門(3)　まつだいらぶえもん
→松平久徴（まつだいらひさよし）

松平武右衛門(4)　まつだいらぶえもん
→松平久映（まつだいらひさひで）

松平不騫　まつだいらふけん
→松平近儔（まつだいらちかとも）

松平不昧　まつだいらふまい
→松平治郷（まつだいらはるさと）

松平孫三郎　まつだいらまごさぶろう
文政8（1825）年～明治21（1888）年　[別]松平惇典《まつだいらあつのり》
江戸時代末期～明治期の播磨姫路藩家老。
¶国書（松平惇典　まつだいらあつのり　[没]明治21（1888）年3月31日），日人，幕末（[没]1888年3月31日），藩臣5

松平正敬 まつだいらまさかた
→大河内正敬（おおこうちまさかた）

松平正容 まつだいらまさかた
寛文9（1669）年～享保16（1731）年
江戸時代中期の大名。陸奥会津藩主。
¶会津，国書（[生]寛文9（1669）年1月29日　[没]享保16（1731）年9月10日），諸系，人名（[生]1670年），日人，藩主1（[生]寛文9（1669）年1月29日　[没]享保16（1731）年9月10日）

松平昌勝 まつだいらまさかつ
寛永13（1636）年～元禄6（1693）年
江戸時代前期の大名。越前松岡藩主。
¶諸系，人名，日人，藩主3（[生]寛永13（1636）年3月11日　[没]元禄6（1693）年7月27日）

松平正貞 まつだいらまささだ
→大河内正貞（おおこうちまささだ）

松平正質 まつだいらまさただ
→大河内正質（おおこうちまさただ）

松平昌親 まつだいらまさちか
→松平吉品（まつだいらよしのり）

松平正綱 まつだいらまさつな
天正4（1576）年～慶安1（1648）年　[別]大河内金兵衛正綱《おおこうちきんべえまさつな》，大河内正綱《おおこうちまさつな》
安土桃山時代～江戸時代前期の大名。相模玉縄藩主。
¶朝日（[没]慶安1年6月22日（1648年8月10日）），岩史（[没]慶安1（1648）年6月22日），神奈川人（大河内正綱　おおこうちまさつな），郷土栃木（[生]1573年），近世，国史，コン4，埼玉百（大河内金兵衛正綱　おおこうちきんべえまさつな），史人（[没]1648年6月22日），諸系（大河内正綱　おおこうちまさつな），新潮（[没]慶安1（1648）年6月22日），人名，姓氏愛知，姓氏神奈川，戦合，戦国（[生]1577年），戦人，栃木歴，日史（[没]慶安1（1648）年6月22日），日人（大河内正綱　おおこうちまさつな），藩主1（[没]慶安1（1648）年6月22日），百科，歴大

松平正経 まつだいらまさつね
→保科正経（ほしなまさつね）

松平政周 まつだいらまさとき
文化2（1805）年～嘉永1（1848）年
江戸時代後期の保母陣屋600石の旗本。
¶姓氏愛知

松平正朝 まつだいらまさとも
寛永6（1629）年～天和2（1682）年
江戸時代前期の相模甘縄藩主松平正綱の五男。幡豆町域など3000石の領主。
¶姓氏愛知

松平正和 まつだいらまさとも
→大河内正和（おおこうちまさとも）

松平正直 まつだいらまさなお
弘化1（1844）年～大正4（1915）年
江戸時代末期～明治期の越前福井藩士、官僚。
¶朝日（[生]弘化1年2月26日（1844年4月13日）[没]大正4（1915）年4月20日），維新，近現，国史，コン改，コン4，コン5，神人，新潮（[生]弘化1（1844）年2月26日　[没]大正4（1915）年4月20日），人名，世紀（[生]天保15（1844）年2月26日　[没]大正4（1915）年4月20日），姓氏宮城，日人，幕末（[没]1915年4月20日），藩臣3，宮城百

松平正信 まつだいらまさのぶ
→大河内正信（おおこうちまさのぶ）

松平正升 まつだいらまさのり
寛保2（1742）年10月～享和3（1803）年11月晦日
江戸時代中期～後期の大名。上総大多喜藩主。
¶藩主2（[生]寛保2（1742）年10月，(異説）元文5年）

松平正温 まつだいらまさはる
→大河内正温（おおこうちまさはる）

松平正久 まつだいらまさひさ
→大河内正久（おおこうちまさひさ）

松平昌平 まつだいらまさひら
→松平宗昌（まつだいらむねまさ）

松平正路 まつだいらまさみち
→大河内正路（おおこうちまさみち）

松平正之 まつだいらまさゆき
江戸時代末期の幕臣。
¶維新，幕末（生没年不詳）

松平昌吉 まつだいらまさよし
天正18（1590）年～万治2（1659）年
江戸時代前期の旗本。
¶神奈川人，姓氏神奈川

松平正義 まつだいらまさよし
→大河内正義（おおこうちまさよし）

松平猷 まつだいらみち
天保5（1834）年～安政6（1859）年　[別]松平定猷《まつだいらさだみち》
江戸時代末期の大名。伊勢桑名藩主。
¶維新，諸系，日人，藩主3（松平定猷　まつだいらさだみち　[生]天保5（1834）年5月28日　[没]安政6（1859）年8月21日）

松平通春 まつだいらみちはる
→徳川宗春（とくがわむねはる）

松平通温 まつだいらみちまさ
元禄9（1696）年～享保15（1730）年
江戸時代中期の武士。3代尾張藩主徳川綱誠の第19子。
¶姓氏愛知

松平光雄 まつだいらみつお
→戸田光雄（とだみつお）

松平光重 まつだいらみつしげ
→戸田光重（とだみつしげ）

松平光慈 まつだいらみつちか
→戸田光慈（とだみつちか）

松平光庸 まつだいらみつつね
→戸田光庸（とだみつつね）

松平光年 まつだいらみつつら
→戸田光年（とだみつつら）

松平光永 まつだいらみつなが
→戸田光永（とだみつなが）

松平光長 まつだいらみつなが
元和1（1615）年～宝永4（1707）年

江戸時代前期～中期の大名。越後高田藩主。
¶朝日（[生]元和1年11月29日（1616年1月18日）[没]宝永4年11月17日（1707年12月10日）），近世，国史，コン改，コン4，史人（[生]1615年11月29日 [没]1707年11月17日），諸系（[生]1616年），新潮（[没]宝永4（1707）年11月13日），人名，世人，新潟百，日史（[没]宝永4（1707）年11月13日），日人（[生]1616年），藩主3（[生]元和1（1615）年11月29日　[没]宝永4（1707）年11月17日），百科，歴大

松平盈乗　まつだいらみつのり
享保1（1716）年～寛保2（1742）年
江戸時代中期の大名。三河奥殿藩主。
¶諸系，日人，藩主2（[生]享保1（1716）年4月11日 [没]寛保2（1742）年5月21日）

松平光則　まつだいらみつひさ
→戸田光則（とだみつひさ）

松平光凞（松平光熙）　まつだいらみつひろ
→戸田光熙（とだみつひろ）

松平光和　まつだいらみつまさ
→戸田光和（とだみつまさ）

松平光通　まつだいらみつみち
寛永13（1636）年～延宝2（1674）年
江戸時代前期の大名。越前福井藩主。
¶諸系，人名（[生]1641年），日人，藩主3（[生]寛永13（1636）年5月7日　[没]延宝2（1674）年3月24日），福井百

松平光徳　まつだいらみつやす
→戸田光徳（とだみつやす）

松平光行　まつだいらみつゆき
→戸田光行（とだみつゆき）

松平光悌　まつだいらみつよし
→戸田光悌（とだみつよし）

松平宗資　まつだいらむねすけ
→本庄宗資（ほんじょうむねすけ）

松平宗衍　まつだいらむねのぶ
享保14（1729）年～天明2（1782）年　[別]松平南海《まつだいらなんかい》
江戸時代中期の大名。出雲松江藩主。
¶朝日（[生]享保14年5月28日（1729年6月24日）[没]天明2年10月4日（1782年11月8日）），江戸東（松平南海　まつだいらなんかい），近世，国史，コン改，コン4，史人（[生]1729年5月28日 [没]1782年10月4日），島根人，島根歴，諸系，新潮（[没]天明2（1782）年10月4日），人名，世人，日人，藩主4（[生]享保14（1729）年5月28日　[没]天明2（1782）年10月4日）

松平宗矩　まつだいらむねのり
正徳5（1715）年～寛延2（1749）年
江戸時代中期の大名。越前福井藩主。
¶国書（[生]正徳5（1715）年3月26日　[没]寛延2（1749）年10月21日），諸系，日人，藩主3（[生]正徳5（1715）年3月26日　[没]寛延2（1749）年10月21日）

松平宗昌　まつだいらむねまさ
延宝3（1675）年～享保9（1724）年　[別]松平昌平《まつだいらまさひら》
江戸時代中期の大名。越前松岡藩主、越前福井藩主。
¶諸系，人名，日人，藩主3（[生]延宝3（1675）年6月23日　[没]享保9（1724）年4月27日），藩主3（松平昌平　まつだいらまさひら　[生]延宝3（1675）年6月23日　[没]享保9（1724）年4月27日）

松平茂昭　まつだいらもちあき
天保7（1836）年～明治23（1890）年　[別]松平直廉《まつだいらなおかど，まつだいらなおきよ》
江戸時代末期～明治期の大名。越後糸魚川藩主、越前福井藩主。
¶朝日（[生]天保7年8月7日（1836年9月17日）[没]明治23（1890）年7月25日），維新，近現，近世，国史，コン改，コン4，コン5，史人（[生]1836年8月7日　[没]1890年7月25日），諸系，新潮（[生]天保7（1836）年8月7日　[没]明治23（1890）年7月25日），人名，新潟百（松平直廉　まつだいらなおかど），日人，幕末（[没]1890年7月25日），藩主3（松平直廉　まつだいらなおきよ　[生]天保7（1836）年8月7日　[没]明治23（1890）年7月25日），藩主3（[生]天保7（1836）年8月7日　[没]明治23（1890）年7月25日）

徳川茂承　まつだいらもちつぐ
→徳川茂承（とくがわもちつぐ）

松平基知　まつだいらもとちか
延宝7（1679）年～享保14（1729）年　[別]松平基知《まつだいらもととも》
江戸時代中期の大名。陸奥白河藩主。
¶諸系，人名（まつだいらもととも），日人，藩主1（[没]享保14（1729）年8月14日），福島百

松平元暉　まつだいらもとてる
？～元禄11（1698）年
江戸時代前期の武士。
¶和歌山人

松平基知　まつだいらもととも
→松平基知（まつだいらもとちか）

松平康明　まつだいらやすあき
？～貞享2（1685）年4月
江戸時代前期の邑智郡八色石2000石の領主。
¶島根百

松平康員　まつだいらやすかず
延宝7（1679）年～正徳3（1713）年
江戸時代中期の大名。石見浜田藩主。
¶島根人，島根歴，諸系，日人，藩主4（[没]正徳3（1713）年3月22日）

松平康圭　まつだいらやすかど
文政4（1821）年～文久2（1862）年
江戸時代末期の大名。陸奥棚倉藩主。
¶国書（[生]文政4（1821）年10月22日　[没]文久2（1862）年8月22日），諸系，日人，藩主1（[没]文久2（1862）年8月22日）

松平八輔　まつだいらやすけ
生没年不詳
江戸時代末期の武士、大寄合。
¶和歌山人

松平康定(1)　まつだいらやすさだ
？～元和6（1620）年
江戸時代前期の武将、加賀藩士。

ま

¶姓氏石川，戦国，藩臣3

松平康定(2)　まつだいらやすさだ
延享4（1747）年～文化4（1807）年
江戸時代後期の大名。石見浜田藩主。
¶江文，近世，国史，国書（[生]延享4（1747）年12月1日　[没]文化4（1807）年3月11日），島根人，島根人，島根百（[没]文化4（1807）年3月22日），島根歴，諸系（[生]1748年），人名，日人（[生]1748年），藩主4（[没]文化4（1807）年3月23日）

松平康真　まつだいらやすざね
→依田康勝（よだやすかつ）

松平康重　まつだいらやすしげ
永禄11（1568）年～寛永17（1640）年　[別]松平康次《まつだいらやすつぐ》，松平周防守康重《まつだいらすおうのかみやすしげ》，松井康重《まついやすしげ》
安土桃山時代～江戸時代前期の大名。武蔵私市藩主、常陸笠間藩主、丹波篠山藩主、丹波八上藩主、和泉岸和田藩主。
¶朝日，大阪墓（[没]寛永17（1640）年6月27日），コン改，コン4，埼玉人（[没]寛永17（1640）年6月27日），埼玉百（松平周防守康重　まつだいらすおうのかみやすしげ），諸系，新潮（[没]寛永17（1640）年6月27日），人名，戦辞（松平康次　まつだいらやすつぐ　[没]寛永17年6月27日（1640年8月14日）），戦人，戦補（[生]1540年　[没]1612年），日人，藩主1（[没]寛永17（1640）年6月27日），藩主2，藩主3（[没]寛永17（1640）年6月27日），兵庫百

松平康純　まつだいらやすずみ
→松平寒松（まつだいらかんしょう）

松平康高　まつだいらやすたか
天文3（1534）年～元和4（1618）年
安土桃山時代～江戸時代前期の武士。徳川家康の臣。
¶人名

松平康爵　まつだいらやすたか
文化7（1810）年～慶応4（1868）年　[別]松平康爵《まつだいらやすなが》
江戸時代末期の大名。石見浜田藩主、陸奥棚倉藩主。
¶国書（[生]文化7（1810）年6月6日　[没]慶応4（1868）年5月3日），島根人（まつだいらやすなが），島根百（[没]慶応4（1868）年5月8日），島根歴，諸系，日人，藩主1，藩主4

松平康棟　まつだいらやすたか
元禄9（1696）年～宝暦2（1752）年3月26日
江戸時代中期の幕臣。
¶国書

松平康忠　まつだいらやすただ
*～元和4（1618）年
安土桃山時代～江戸時代前期の武士。徳川氏家臣。
¶戦辞（[生]天文15（1546）年　[没]元和4年8月10日（1618年9月28日）），戦人（[生]天文14（1545）年），戦東（[生]？　[没]1603年），日人（[生]1546年）

松平康哉　まつだいらやすちか
宝暦2（1752）年～寛政6（1794）年　[別]松平康成《まつだいらやすなり》
江戸時代中期の大名。美作津山藩主。
¶岡山人（[没]寛政2（1790）年），岡山歴（[生]宝暦2（1752）年4月19日　[没]寛政6（1794）年8月19日），諸系，新潮（[没]寛政6（1794）年8月26日），人名（[生]1754年），人名（松平康成　まつだいらやすなり），世人，日人，藩主4（[生]宝暦2（1752）年4月19日　[没]寛政6（1794）年8月19日）

松平康親　まつだいらやすちか
永禄10（1567）年～元和3（1617）年
安土桃山時代～江戸時代前期の武将。伏見城番。
¶近世，国史，戦合

松平康次　まつだいらやすつぐ
→松平康重（まつだいらやすしげ）

松平保経　まつだいらやすつね
→柳沢保経（やなぎさわやすつね）

松平康映　まつだいらやすてる
元和1（1615）年～*
江戸時代前期の大名。和泉岸和田藩主、播磨山崎藩主、石見浜田藩主。
¶江戸東，島根人，島根歴（[没]延宝3（1675）年），諸系（[没]1675年），日人（[没]1675年），藩主3（[没]1674年），藩主4（[没]延宝2（1674）年12月晦日）

松平康任　まつだいらやすとう
安永9（1780）年～天保12（1841）年　[別]松平康任《まつだいらやすとお》
江戸時代後期の大名。石見浜田藩主。
¶朝日（[没]天保12年7月22日（1841年9月7日）），京都大（[没]？），国書（[生]安永9（1780）年5月18日　[没]天保12（1841）年7月22日），島根人（まつだいらやすとお），島根百（[生]安永8（1779）年　[没]天保12（1841）年7月22日），島根歴，諸系，姓氏京都，日人，藩主4（[没]天保12（1841）年7月22日）

松平康任　まつだいらやすとお
→松平康任（まつだいらやすとう）

松平康載(1)　まつだいらやすとし
安政1（1854）年10月～？
江戸時代末期の大名。武蔵川越藩主。
¶藩主1

松平康載(2)　まつだいらやすとし
→松井康載（まついやすとし）

松平康福　まつだいらやすとみ
→松平康福（まつだいらやすよし）

松平康豊　まつだいらやすとよ
貞享2（1685）年～享保20（1735）年12月5日
江戸時代中期の大名。石見浜田藩主。
¶島根人，島根百（[生]天和2（1682）年2月9日），島根歴（[生]天和2（1682）年），諸系（[没]1736年），日人（[没]1736年），藩主4

松平康直(1)　まつだいらやすなお
→戸田康直（とだやすなお）

松平康直(2)　まつだいらやすなお
→松平康英(2)（まつだいらやすひで）

松平康爵 まつだいらやすなが
→松平康爵（まつだいらやすたか）

松平康長 まつだいらやすなが
→戸田康長（とだやすなが）

松平（松井）康命 まつだいらやすなが
？ 〜慶安2（1649）年
江戸時代前期の佐用郡長谷領3000石の領主。宍粟山崎藩主松平（松井）康映の異母弟。
¶兵庫百（松平康命）

松平康済 まつだいらやすなり
正徳3（1713）年〜天明3（1783）年3月22日
江戸時代中期の加賀藩家老。
¶国書

松平康成(1) まつだいらやすなり
安永2（1773）年〜天保10（1839）年9月2日
江戸時代中期〜後期の近江彦根藩家老・漢学者・歌人。
¶国書

松平康成(2) まつだいらやすなり
→松平康哉（まつだいらやすちか）

松平康信 まつだいらやすのぶ
慶長5（1600）年〜天和2（1682）年
江戸時代前期の大名。下総佐倉藩主、摂津高槻藩主、丹波篠山藩主。
¶諸系，人名，日人，藩主2，藩主3（[生]慶長5（1600）年2月9日　[没]天和2（1682）年6月13日），藩主3

松平康官（松平康宦） まつだいらやすのり
明暦3（1657）年〜享保12（1727）年
江戸時代前期〜中期の大名。石見浜田藩主。
¶島根人（松平康宦），島根歴，諸系，日人，藩主4（[没]享保12（1727）年4月9日）

松平康乂（松平康爻） まつだいらやすはる
天明6（1786）年〜文化2（1805）年　[別]松平康又《まつだいらやすまた》
江戸時代後期の大名。美作津山藩主。
¶岡山人（松平康又　まつだいらやすまた），岡山歴（松平康爻　[生]天明6（1786）年9月8日　[没]文化2（1805）年7月13日），諸系，日人，藩主4（[生]天明6（1786）年9月8日　[没]文化2（1805）年7月13日）

松平康尚 まつだいらやすひさ
元和9（1623）年〜元禄9（1696）年
江戸時代前期の大名。下野那須藩主、伊勢長島藩主。
¶諸系，人名（[生]1622年），日人，藩主1，藩主3（[生]元和9（1623）年6月3日　[没]元禄9（1696）年2月7日）

松平康英(1) まつだいらやすひで
*〜文化5（1808）年　[別]松平康平《まつだいらやすひら》，松平図書頭康平《まつだいらずしょのかみやすひら，まつだいらづしょのかみやすひら》
江戸時代中期〜後期の長崎奉行。対外防備を固めた。
¶朝日（[生]明和5（1768）年　[没]文化5年8月17日（1808年10月6日）），岩史（[生]明和5（1768）年　[没]文化5（1808）年8月17日），角史（[生]明和5（1768）年），近世（[生]1768年），国史（[生]1768年），コン改（[生]？），コン4（[生]？），史人（[生]1768年　[没]1808年8月17日），重要（[生]？　[没]文化5（1808）年8月17日），新潮（[生]明和5（1768）年　[没]文化5（1808）年8月17日），人名（松平康平　まつだいらやすひら　[生]？），世人（[生]？　[没]文化5（1808）年8月17日），全書（[生]？），大百（[生]？），長崎百（松平図書頭康平　まつだいらずしょのかみやすひら　[生]宝暦11（1761）年），長崎歴（松平図書頭康平　まつだいらづしょのかみやすひら　[生]宝暦11（1761）年），日史（[生]宝暦10（1760）年　[没]文化5（1808）年8月17日），日人（[生]1768年），百科（[生]宝暦10（1760）年），歴大（[生]1768年）

松平康英(2) まつだいらやすひで
天保1（1830）年〜明治37（1904）年　[別]松井康直《まついやすなお》，松平康直《まつだいらやすなお》，松平周防守康英《まつだいらすおうのかみやすひで》
江戸時代末期〜明治期の大名、老中。陸奥棚倉藩主、武蔵川越藩主。
¶維新，岩史（[生]天保1（1830）年5月26日　[没]明治37（1904）年7月5日），海越（松平康直　まつだいらやすなお　[生]天保2（1831）年），海越新（松平康直　まつだいらやすなお　[生]天保2（1831）年），近現（松井康直　まついやすなお），近世（松井康直　まついやすなお），国史（松井康直　まついやすなお），コン4，コン5，埼玉人（[生]天保1（1830）年5月　[没]明治37（1904）年7月5日），埼玉百（松平周防守康英　まつだいらすおうのかみやすひで），史人（松井康直　まついやすなお　[生]1830年5月26日　[没]1904年7月5日），島根百（松平康直　まつだいらやすなお　[生]文政13（1830）年5月　[没]明治37（1904）年7月5日），島根歴（松平康直　まつだいらやすなお），諸系，新潮（松井康直　まついやすなお　[生]天保1（1830）年5月26日　[没]明治37（1904）年7月5日），人名（松井康直　まついやすなお），日人，藩主1，藩主1（[生]天保1（1830）年5月　[没]明治37（1904）年7月），福島百

松平康平 まつだいらやすひら
→松平康英(1)（まつだいらやすひで）

松平康泰 まつだいらやすひろ
嘉永3（1850）年〜元治1（1864）年
江戸時代末期の大名。陸奥棚倉藩主。
¶諸系，日人，藩主1（[生]嘉永2（1849）年　[没]元治1（1864）年11月18日）

松平康正 まつだいらやすまさ
→松平大弐（まつだいらだいに）

松平甫昌 まつだいらやすまさ
〜元禄15（1702）年
江戸時代前期の旗本。
¶神奈川人

松平康又 まつだいらやすまた
→松平康乂（まつだいらやすはる）

松平康保 まつだいらやすもち
天明2（1782）年〜文久1（1861）年5月12日
江戸時代中期〜末期の幕臣・歌人。
¶国書

ま

松平康盛　まつだいらやすもり
慶長6(1601)年～寛文11(1671)年7月5日
安土桃山時代～江戸時代前期の幕臣。
¶国書

松平康安　まつだいらやすやす
弘治1(1555)年～元和9(1623)年　[別]松平康安《まつだいらしずやす》
安土桃山時代～江戸時代前期の武士。徳川氏家臣。
¶人名(まつだいらしずやす)，戦辞([没]元和9年5月2日(1623年5月30日))，戦人，戦東，日人

松平康兆　まつだいらやすよし
明暦3(1657)年～元禄8(1695)年8月1日
江戸時代前期～中期の幕臣。
¶国書

松平康福　まつだいらやすよし
享保4(1719)年～寛政1(1789)年　[別]松平康福《まつだいらやすとみ》
江戸時代中期の大名。下総古河藩主、三河岡崎藩主、石見浜田藩主。
¶朝日([没]寛政1年2月8日(1789年3月4日))，近世，国史，国書([没]寛政1(1789)年2月8日)，コン4，史人([没]1789年2月8日)，島根人(まつだいらやすとみ)，島根百(まつだいらやすとみ　[生]享保6(1721)年　[没]寛政1(1789)年2月8日)，島根歴([生]享保7(1722)年)，諸系，日人，藩主2，藩主4([没]寛政1(1789)年2月8日)

松平大和守　まつだいらやまとのかみ
→松平直矩(まつだいらなおのり)

松平大和守朝矩　まつだいらやまとのかみとものり
→松平朝矩(まつだいらとものり)

松平大和守直克　まつだいらやまとのかみなおかつ
→松平直克(まつだいらなおかつ)

松平大和守直恒　まつだいらやまとのかみなおつね
→松平直恒(まつだいらなおつね)

松平大和守直温　まつだいらやまとのかみなおのぶ
→松平直温(まつだいらなおのぶ)

松平大和守直侯　まつだいらやまとのかみなおよし
→松平直侯(まつだいらなおよし)

松平大和守斎典　まつだいらやまとのかみなりつね
→松平斉典(まつだいらなりつね)

松平義淳　まつだいらよしあつ
→徳川宗勝(とくがわむねかつ)

松平義柄　まつだいらよしえ
→徳川治行(とくがわはるゆき)

松平義方　まつだいらよしかた
貞享3(1686)年～享保6(1721)年
江戸時代中期の大名。陸奥梁川藩主。
¶諸系，人名，日人，藩主1([没]享保6(1721)年3月18日)

松平義国　まつだいらよしくに
文政3(1820)年～明治2(1869)年　[別]行山康左衛門《ゆきやまこうざえもん》
江戸時代末期の加賀藩士。
¶維新，幕末

松平吉邦　まつだいらよしくに
天和1(1681)年～＊
江戸時代中期の大名。越前福井藩主。
¶諸系([没]1722年)，人名([生]1682年　[没]1721年)，日人([没]1722年)，藩主3([生]天和1(1681)年1月12日　[没]享保6(1721)年12月4日)

松平義貞　まつだいらよしさだ
→松平義真(まつだいらよしざね)

松平義真　まつだいらよしざね
正徳4(1714)年～享保14(1729)年　[別]松平義貞《まつだいらよしさだ》
江戸時代中期の大名。陸奥梁川藩主。
¶諸系，日人，藩主1(松平義貞　まつだいらよしさだ　[没]享保14(1729)年5月10日)

松平吉品　まつだいらよししな
→松平吉品(まつだいらよしのり)

松平義居　まつだいらよしすえ
天明5(1785)年～文化1(1804)年
江戸時代後期の大名。美濃高須藩主。
¶岐阜百([生]？)，諸系，日人，藩主2([生]天明5(1785)年10月15日　[没]文化1(1804)年10月16日)

松平義孝　まつだいらよしたか
元禄7(1694)年～享保17(1732)年
江戸時代中期の大名。美濃高須藩主。
¶岐阜百([生]？)，諸系，人名，日人，藩主2([生]元禄7(1694)年9月17日　[没]享保17(1732)年5月21日)

松平義堯　まつだいらよしたか
享保2(1717)年～安永8(1779)年10月20日
江戸時代中期の幕臣。
¶国書

松平義勇　まつだいらよしたけ
安政6(1859)年～明治24(1891)年
江戸時代末期～明治期の大名。美濃高須藩主。
¶岐阜百([生]1860年)，諸系，日人，藩主2

松平義建　まつだいらよしたつ
＊～文久2(1862)年
江戸時代末期の大名。美濃高須藩主。
¶岐阜百([生]？　[没]1863年)，郷土岐阜([生]1799年)，諸系([生]1800年)，日人([生]1800年)，藩主2([生]寛政11(1799)年12月13日　[没]文久2(1862)年8月20日)

松平義知　まつだいらよしちか
→松平明矩(まつだいらあきのり)

松平義比　まつだいらよしちか
→徳川茂徳(とくがわもちなが)

松平慶倫　まつだいらよしつね
→松平慶倫(まつだいらよしとも)

松平吉透　まつだいらよしとお
寛文8(1668)年～宝永2(1705)年　[別]松平近憲《まつだいらちかのり》
江戸時代前期～中期の大名。出雲松江新田藩主、出雲松江藩主。
¶島根人，島根百([生]寛文8(1668)年7月16日　[没]宝永2(1705)年9月6日)，島根歴，諸系，人名，日人，藩主4([生]寛文8(1668)年7月16日　[没]宝永2(1705)年9月6日)，藩主4(松平近憲　まつだいらちかのり　[生]寛文8(1668)年7月16

日　[没]宝永2（1705）年9月6日）

松平義敏　まつだいらよしとし
＊～明和8（1771）年
江戸時代中期の大名。美濃高須藩主。
¶岐阜百（[生]？），諸系（[生]1734年），人名（[生]1732年），日人（[生]1734年），藩主2（[生]？　[没]明和8（1771）年4月28日）

松平慶倫　まつだいらよしとも
文政10（1827）年～明治4（1871）年　[別]松平慶倫《まつだいらよしつね》
江戸時代末期～明治期の大名。美作津山藩主。
¶維新，岡山人（まつだいらよしつね），岡山歴（[生]文政10（1827）年閏6月5日　[没]明治4（1871）年7月26日），コン5，諸系，新潮（[生]文政10（1827）年閏6月　[没]明治4（1871）年7月26日），日人，幕末（[没]1871年9月10日），藩主4（[生]文政10（1827）年閏6月5日　[没]明治4（1871）年7月26日）

松平慶永　まつだいらよしなが
文政11（1828）年～明治23（1890）年　[別]松平春岳《まつだいらしゅんがく》，徳川慶永《とくがわよしなが》
江戸時代末期～明治期の大名。越前福井藩主。将軍継嗣問題では一橋派の中心。安政の大獄では謹慎を命じられたが、文久の改革では政事総裁職に任じられ公武合体に力を尽くした。
¶朝日（[生]文政11年9月2日（1828年10月10日）　[没]明治23（1890）年6月2日），維新，岩史（[生]文政11（1828）年9月2日　[没]明治23（1890）年6月2日），江戸東（松平春岳　まつだいらしゅんがく），角史，京都大，郷土福井，近現，近世，国際，国史，国書（[生]文政11（1828）年9月2日　[没]明治23（1890）年6月2日），コン改，コン4，コン5，詩歌（徳川慶永　とくがわよしなが），史人（[生]1828年9月2日　[没]1890年6月2日），重要（[生]文政11（1828）年9月2日　[没]明治23（1890）年6月2日），諸系，人書79（松平春岳　まつだいらしゅんがく　[没]1880年），人書94（松平春岳　まつだいらしゅんがく），新潮（[生]文政11（1828）年9月2日　[没]明治23（1890）年6月2日），人名，姓氏京都，世人（[生]文政11（1828）年9月2日　[没]明治23（1890）年6月2日），世百，先駆（[生]文政11（1828）年9月2日　[没]明治23（1890）年6月2日），全書，大百，伝記，日史（[生]文政11（1828）年9月2日　[没]明治23（1890）年6月2日），日人，日本，幕末（[没]1890年6月2日），藩主3（[生]文政11（1828）年9月2日　[没]明治23（1890）年6月2日），百科，福井百，履歴（[生]文政11（1828）年9月2日　[没]明治23（1890）年6月2日），歴大

松平喜生　まつだいらよしなり
生没年不詳
江戸時代中期の旗本。第17代伏見奉行。
¶京都大，姓氏京都

松平義生　まつだいらよしなり
安政2（1855）年～大正9（1920）年
江戸時代末期～明治期の大名。美濃高須藩主。
¶諸系，世紀（[生]安政2（1855）年5月29日　[没]大正9（1920）年1月27日），日人，藩主2（[生]安政2（1855）年5月　[没]大正9（1920）年1月27日）

松平吉品　まつだいらよしのり
寛永17（1640）年～正徳1（1711）年　[別]松平吉品《まつだいらよししな》，松平昌親《まつだいらまさちか》
江戸時代前期～中期の大名。越前福井藩主。
¶諸系，人名（まつだいらよししな），日人，藩主3（[生]寛永17（1640）年4月11日　[没]正徳1（1711）年9月12日），藩主3（松平昌親　まつだいらまさちか）

松平慶憲　まつだいらよしのり
文政9（1826）年～明治30（1897）年
江戸時代末期～明治期の大名。播磨明石藩主。
¶維新，諸系，新潮（[生]文政9（1826）年9月7日　[没]明治30（1897）年11月8日），日人，幕末（[没]1897年1月8日），藩主3（[生]文政9（1826）年9月7日　[没]明治30（1897）年11月）

松平義裕　まつだいらよしひろ
宝暦12（1762）年～寛政7（1795）年
江戸時代中期の大名。美濃高須藩主。
¶岐阜百（[生]？），諸系，日人，藩主2（[生]宝暦12（1762）年9月27日　[没]寛政7（1795）年9月22日）

松平可正　まつだいらよしまさ
？　～寛文9（1669）年
江戸時代前期の讃岐高松藩士。
¶国書（[没]寛文9（1669）年8月15日），人名，日人

松平義昌　まつだいらよしまさ
慶安4（1651）年～正徳3（1713）年
江戸時代前期～中期の大名。陸奥梁川藩主。
¶諸系，人名，日人，藩主1（[没]正徳3（1713）年閏5月20日）

松平義端　まつだいらよしまさ
安政5（1858）年～万延1（1860）年
江戸時代末期の大名。美濃高須藩主。
¶岐阜百（[生]？），諸系，日人，藩主2（[没]万延1（1860）年5月18日）

松平義行　まつだいらよしゆき
明暦2（1656）年～正徳5（1715）年　[別]徳川義行《とくがわよしゆき》
江戸時代前期～中期の大名。美濃高須藩主。
¶岐阜百（[生]？），国書（[生]明暦2（1656）年11月9日　[没]正徳5（1715）年8月3日），諸系，人名，日人，藩主2（[生]？　[没]正徳5（1715）年8月2日）

松平義和　まつだいらよしより
安永5（1776）年～天保3（1832）年　[別]松平義和《まつだいらよしなり》
江戸時代後期の大名。美濃高須藩主。
¶岐阜百（[生]？），国書（[生]安永5（1776）年8月14日　[没]天保3（1832）年1月15日），諸系，日人，藩主2（[生]安永5（1776）年8月14日　[没]天保3（1832）年1月15日）

松平頼明　まつだいらよりあき
→松平頼明（まつだいらよりあきら）

松平頼明　まつだいらよりあきら
元禄4（1691）年～享保18（1733）年　[別]松平頼明《まつだいらよりあき》

江戸時代中期の大名。常陸府中藩主。
¶諸系，人名（まつだいらよりあき），日人，藩主
2（まつだいらよりあき）（⊕元禄4（1691）年5月
11日　⊗享保18（1733）年9月6日）

松平頼亮 まつだいらよりあきら
延享1（1744）年～享和1（1801）年
江戸時代中期～後期の大名。陸奥守山藩主。
¶国書（⊕延享1（1744）年4月7日　⊗享和11
（1801）年9月8日），諸系，日人，藩主1（⊗享和
1（1801）年9月8日）

松平頼淳 まつだいらよりあつ
→徳川治貞（とくがわはるさだ）

松平頼雄 まつだいらよりお
寛永7（1630）年～元禄10（1697）年　別松平頼雄
《まつだいらよりかつ》
江戸時代前期の大名。常陸宍戸藩主。
¶諸系，人名（まつだいらよりかつ），日人，藩主
2（⊕寛永7（1630）年9月11日　⊗元禄10（1697）
年5月14日）

松平頼起 まつだいらよりおき
延享4（1747）年～寛政4（1792）年
江戸時代後期の大名。讃岐高松藩主。
¶香川人，香川百，諸系，日人，藩主4（⊕延享4
（1747）年6月23日　⊗寛政4（1792）年7月28
日）

松平頼筠 まつだいらよりかた
享和11（1801）年～天保10（1839）年
江戸時代後期の大名。常陸宍戸藩主。
¶諸系，日人，藩主2（⊕享和11（1801）年6月13日
⊗天保10（1839）年5月17日）

松平頼謙 まつだいらよりかた
宝暦5（1755）年～文化3（1806）年
江戸時代中期～後期の大名。伊予西条藩主。
¶諸系，人名（⊕？　⊗1795年），日人，藩主4
（⊕宝暦5（1755）年3月7日　⊗文化3（1806）年9
月2日）

松平頼方 まつだいらよりかた
→徳川吉宗（とくがわよしむね）

松平頼雄(1) まつだいらよりかつ
寛文8（1668）年～享保3（1718）年
江戸時代前期～中期の武士。西条藩初代藩主頼純
の世子。
¶和歌山人

松平頼雄(2) まつだいらよりかつ
→松平頼雄（まつだいらよりお）

松平頼該 まつだいらよりかね
→松平左近（まつだいらさこん）

松平頼前 まつだいらよりさき
寛保3（1743）年～文政7（1824）年
江戸時代中期～後期の大名。常陸府中藩主。
¶諸系，日人，藩主2（⊕寛保3（1743）年1月15日
⊗文政7（1824）年5月10日）

松平頼貞 まつだいらよりさだ
寛文4（1664）年～延享1（1744）年
江戸時代中期の大名。陸奥守山藩主。
¶国書（⊕寛文4（1664）年1月25日　⊗延享1
（1744）年8月3日），諸系，人名，日人，藩主1

（⊗延享1（1744）年8月3日），福島百

松平頼学 まつだいらよりさと
*～慶応1（1865）年
江戸時代末期の大名。伊予西条藩主。
¶維新（⊕1808年），諸系（⊕1809年），日人
（⊕1809年），藩主4（⊗文化5（1808）年12月3日
⊗慶応1（1865）年8月14日）

松平頼邑 まつだいらよりさと
享保17（1732）年～天明1（1781）年　別松平頼邑
《まつだいらよりむら》
江戸時代中期の大名。伊予西条藩主。
¶諸系，人名（まつだいらよりむら），日人，藩主
4（⊕享保17（1732）年8月19日　⊗天明1（1781）
年閏5月7日）

松平頼真 まつだいらよりざね，まつだいらよりさね
寛保3（1743）年～安永9（1780）年
江戸時代中期の大名。讃岐高松藩主。
¶香川人，香川百，諸系，人名，日人，藩主4（ま
つだいらよりさね）（⊕寛保3（1743）年1月23日
⊗安永9（1780）年3月5日）

松平頼重 まつだいらよりしげ
元和8（1622）年～元禄8（1695）年
江戸時代前期の大名。常陸下館藩主、讃岐高松
藩主。
¶朝日（⊕元和8年7月1日（1622年8月7日）　⊗元
禄8年4月12日（1695年5月24日）），香川人，香
川百，郷土香川，近世，国史，国書（⊕元和8
（1622）年7月1日　⊗元禄8（1695）年4月12
日），コン改，コン4，茶道（⊕1616年），史人
（⊕1622年7月1日　⊗1695年4月12日），諸系，
新潮（⊗元禄8（1695）年4月12日），人名，日
人，藩主3（⊗1697年），藩主4（⊕元和8（1622）
年7月1日　⊗元禄8（1695）年4月12日）

松平頼救 まつだいらよりすけ
宝暦6（1756）年～文政13（1830）年
江戸時代中期～後期の大名。常陸宍戸藩主。
¶国書（⊕宝暦6（1756）年2月15日　⊗文政13
（1830）年5月4日），諸系，日人，藩主2（⊕宝暦
6（1756）年2月15日　⊗文政13（1830）年5月4
日）

松平頼済 まつだいらよりずみ，まつだいらよりすみ
享保5（1720）年～天明4（1784）年
江戸時代中期の大名。常陸府中藩主。
¶諸系，人名，日人，藩主2（まつだいらよりすみ）
（⊕享保5（1720）年11月29日　⊗天明4（1784）年
5月29日）

松平頼純 まつだいらよりずみ
寛永18（1641）年～正徳1（1711）年
江戸時代前期～中期の大名。伊予西条藩主。
¶諸系，人名，日人，藩主4（⊕寛永18（1641）年1
月4日　⊗正徳1（1711）年10月7日），和歌山人
（⊕1622年）

松平頼多 まつだいらよりた
*～明和3（1766）年　別松平頼多《まつだいらより
な》
江戸時代中期の大名。常陸宍戸藩主。
¶諸系（⊕1723年），人名（まつだいらよりな
⊕1722年），日人（⊕1723年），藩主2（⊕享保7

(1722)年12月15日　[没]明和3(1766)年11月20日)

松平頼位　まつだいらよりたか
文化7(1810)年〜明治19(1886)年
江戸時代末期〜明治期の大名。常陸宍戸藩主。
¶維新([生]1807年)，諸系，日人，幕末([生]1807年 [没]1879年12月)，藩主2([生]文化7(1810)年2月13日　[没]明治19(1886)年11月)

松平頼恭　まつだいらよりたか
正徳1(1711)年〜明和8(1771)年
江戸時代中期の大名。讃岐高松藩主。
¶朝日([生]正徳1年5月20日(1711年7月5日)　[没]明和8年7月18日(1771年8月28日))，香川人，香川百，近世，国史，国書([生]正徳1(1711)年5月20日　[没]明和8(1771)年7月18日)，諸系，新潮([生]正徳1(1711)年5月20日　[没]明和8(1771)年7月18日)，人名，日人，藩主4([生]正徳1(1711)年5月20日　[没]明和8(1771)年7月18日)

松平頼隆　まつだいらよりたか
*〜宝永4(1707)年
江戸時代前期〜中期の大名。常陸府中藩主。
¶諸系([生]1630年)，人名([生]1629年)，日人([生]1630年)，藩主2([生]寛永6(1629)年11月29日　[没]宝永4(1707)年11月30日)，福島百([生]寛永6(1629)年)

松平頼桓　まつだいらよりたけ
享保5(1720)年〜元文4(1739)年
江戸時代中期の大名。讃岐高松藩主。
¶香川人，香川百，諸系，日人，藩主4([生]享保5(1720)年6月18日　[没]元文4(1739)年9月16日)

松平頼渡　まつだいらよりただ
宝永3(1706)年〜元文3(1738)年
江戸時代中期の大名。伊予西条藩主。
¶諸系，日人，藩主4([生]宝永3(1706)年11月14日　[没]元文3(1738)年3月16日)

松平頼胤　まつだいらよりたね
文化7(1810)年〜明治10(1877)年
江戸時代末期〜明治期の大名。讃岐高松藩主。
¶維新([没]1879年)，香川人，香川百，諸系([生]1811年)，日人([生]1811年)，幕末([没]1877年12月30日)，藩主4([生]文化7(1810)年12月22日　[没]明治10(1877)年12月30日)

松平頼縄　まつだいらよりつぐ
文化2(1805)年〜明治17(1884)年
江戸時代末期〜明治期の大名。常陸府中藩主。
¶諸系，日人，幕末([没]1884年1月24日)，藩主2([生]文化2(1805)年3月29日　[没]明治17(1884)年1月24日)

松平頼常　まつだいらよりつね
承応1(1652)年〜宝永1(1704)年
江戸時代前期〜中期の大名。讃岐高松藩主。
¶朝日([生]承応1年11月21日(1652年12月21日)　[没]宝永1年4月3日(1704年5月6日))，香川人，香川百，近世，国史，国書([生]承応1(1652)年11月21日　[没]宝永1(1704)年4月3日)，コン4，諸系，人名，日人，藩主4([生]承応1(1652)年11月21日　[没]宝永1(1704)年4月3日)

松平頼聡　まつだいらよりとし
天保5(1834)年〜明治36(1903)年
江戸時代末期〜明治期の大名。讃岐高松藩主。
¶維新，香川人，香川百，近現，近世，国際，国史，諸系，新潮([生]天保5(1834)年8月4日　[没]明治36(1903)年10月17日)，人名，日人，幕末([没]1903年10月17日)，藩主4([生]寛政10(1834)年6月22日　[没]天保13(1903)年4月16日)，藩主4([生]天保5(1834)年8月4日　[没]明治36(1903)年10月17日)

松平頼幸　まつだいらよりとみ
→松平頼幸(まつだいらよりゆき)

松平頼豊　まつだいらよりとよ
延宝8(1680)年〜享保20(1735)年
江戸時代中期の大名。讃岐高松藩主。
¶香川人，香川百，諸系，人名，日人，藩主4([生]延宝8(1680)年8月20日　[没]享保20(1735)年10月20日)

松平頼多　まつだいらよりな
→松平頼多(まつだいらよりた)

松平頼永　まつだいらよりなが
正徳4(1714)年〜享保20(1735)年
江戸時代中期の大名。常陸府中藩主。
¶諸系，日人，藩主2([生]正徳3(1713)年11月27日　[没]享保20(1735)年8月25日)

松平頼誠　まつだいらよりのぶ
享和3(1803)年〜文久2(1862)年
江戸時代末期の大名。陸奥守山藩主。
¶諸系，日人，藩主1([没]文久2(1862)年8月13日)

松平頼紀　まつだいらよりのり
寛延4(1751)年6月11日〜文化8(1811)年7月17日
江戸時代中期〜後期の守山藩士。
¶国書

松平頼儀　まつだいらよりのり
安永4(1775)年〜文政12(1829)年
江戸時代後期の大名。讃岐高松藩主。
¶香川人，香川百，諸系，日人，藩主4([生]安永4(1775)年11月12日　[没]文政12(1829)年8月25日)

松平頼慶　まつだいらよりのり
延宝7(1679)年〜寛保2(1742)年
江戸時代中期の大名。常陸宍戸藩主。
¶諸系，日人，藩主2([生]延宝7(1679)年7月29日　[没]寛保2(1742)年1月6日)

松平頼升　まつだいらよりのり
天保1(1830)年〜明治5(1872)年
江戸時代末期〜明治期の大名。陸奥守山藩主。
¶維新，諸系([生]1832年)，新潮([生]天保1(1830)年7月3日　[没]明治5(1872)年9月23日)，人名，日人([生]1832年)，幕末([没]1872年10月25日)，藩主1([生]天保3(1832)年7月3日　[没]明治5(1872)年9月23日)

松平頼徳　まつだいらよりのり
文政12(1829)年〜元治1(1864)年　[別]松平大炊頭頼徳《まつだいらおおいのかみらいとく》
江戸時代末期の大名。常陸宍戸藩主。

¶朝日（[生]天保2年4月3日（1831年5月14日）[没]元治1年10月5日（1864年11月4日）），維新，茨城百，郷土茨城（松平大炊頭頼徳　まつだいらおおいのかみらいとく），諸系（[生]1831年），新潮（[生]文政12（1829）年4月3日　[没]元治1（1864）年10月5日），人名，日人（[生]1831年），幕末（[没]1864年11月4日），藩主2（[生]天保2（1831）年4月3日　[没]元治1（1864）年10月5日）

松平頼説　まつだいらよりひさ
安永7（1778）年～天保4（1833）年
江戸時代後期の大名。常陸府中藩主。
¶諸系，日人，藩主2（[生]安永7（1778）年2月27日　[没]天保4（1833）年9月13日）

松平頼英　まつだいらよりひで
天保14（1843）年～明治38（1905）年
江戸時代末期～明治期の大名。伊予西条藩主。
¶諸系，日人，幕末（[没]1905年12月3日），藩主4（[生]天保14（1843）年9月22日　[没]明治38（1905）年12月3日）

松平頼寛　まつだいらよりひろ
元禄16（1703）年～宝暦13（1763）年
江戸時代中期の大名。陸奥守山藩主。
¶江文（[生]元禄15（1702）年　[没]宝暦12（1762）年），国書（[生]元禄16（1703）年2月7日　[没]宝暦13（1763）年10月28日），諸系，人名（[生]1702年　[没]1762年），日人，藩主1（[没]宝暦13（1763）年10月28日），福島百

松平頼恕　まつだいらよりひろ
寛政10（1798）年～天保13（1842）年
江戸時代後期の大名。讃岐高松藩主。
¶朝日（[生]寛政10年6月22日（1798年8月4日）[没]天保13年4月16日（1842年5月25日）），香川人，香川百，近世，国史，国書（[生]寛政10（1798）年6月22日　[没]天保13（1842）年4月16日），コン改，コン4，諸系，新潮（[没]天保13（1842）年4月16日），人名，世人，日人，藩主4（[生]寛政10（1798）年6月22日　[没]天保13（1842）年4月16日）

松平頼策　まつだいらよりふみ
嘉永1（1848）年～＊
江戸時代末期～明治期の大名。常陸府中藩主。
¶諸系（[没]1886年），日人（[没]1886年），幕末（[没]1887年9月10日），藩主2（[生]嘉永1（1848）年9月3日　[没]明治19（1887）年9月10日）

松平頼看　まつだいらよりみ
安永3（1774）年～寛政9（1797）年
江戸時代中期～後期の大名。伊予西条藩主。
¶諸系，日人，藩主4（[生]安永2（1773）年12月11日　[没]寛政9（1797）年1月20日）

松平頼道　まつだいらよりみち
明暦3（1657）年～享保6（1721）年
江戸時代前期～中期の大名。常陸宍戸藩主。
¶諸系，人名，日人，藩主2（[生]明暦3（1657）年3月20日　[没]享保6（1721）年6月3日）

松平頼邑　まつだいらよりむら
→松平頼邑（まつだいらよりさと）

松平頼元　まつだいらよりもと
寛永6（1629）年～元禄6（1693）年
江戸時代前期の大名。常陸額田藩主。
¶国書（[生]寛永6（1629）年7月14日　[没]元禄6（1693）年4月28日），茶道（[生]1627年），諸系，人名，日人

松平頼職　まつだいらよりもと
→徳川頼職（とくがわよりもと）

松平頼啓　まつだいらよりゆき
天明5（1785）年～嘉永1（1848）年
江戸時代後期の大名。伊予西条藩主。
¶諸系，日人，藩主4（[生]天明4（1784）年12月23日　[没]嘉永1（1848）年7月9日）

松平頼敬　まつだいらよりゆき
安永7（1778）年～文化4（1807）年
江戸時代後期の大名。常陸宍戸藩主。
¶諸系，日人，藩主2（[生]天明7（1787）年1月14日　[没]文化4（1807）年11月8日）

松平頼幸　まつだいらよりゆき
享保4（1719）年～寛保2（1742）年　[別]松平頼幸《まつだいらよりとみ》
江戸時代中期の大名。常陸府中藩主。
¶諸系，日人，藩主2（まつだいらよりとみ　[生]享保4（1719）年9月29日　[没]寛保2（1742）年6月27日）

松平頼如　まつだいらよりゆき
延宝1（1673）年～宝永4（1707）年
江戸時代中期の大名。常陸府中藩主。
¶諸系，日人，藩主2（[生]延宝1（1673）年10月14日　[没]宝永4（1707）年12月7日）

松平頼之　まつだいらよりゆき
安政5（1858）年～明治6（1873）年
江戸時代末期～明治期の大名。陸奥守山藩主。
¶諸系，日人，藩主1

松平頼慎　まつだいらよりよし
明和7（1770）年～文政13（1830）年
江戸時代後期の大名。陸奥守山藩主。
¶国書（[生]明和7（1770）年閏6月28日　[没]文政13（1830）年7月13日），諸系，日人，藩主1（[生]明和7（1770）年6月28日　[没]天保1（1830）年7月13日）

松高三右衛門　まつたかさんうえもん
寛政1（1789）年～？
江戸時代後期の下総古河藩家老。
¶藩臣3

松田和孝　まつだかずたか
天保8（1837）年～安政6（1859）年　[別]松田東吉郎《まつだとうきちろう》，松田蓼水《まつだりょうすい》
江戸時代末期の越前福井藩士。
¶維新（松田東吉郎　まつだとうきちろう），国書（松田蓼水　まつだりょうすい　[没]安政6（1859）年6月20日），人名，日人，幕末（松田東吉郎　まつだとうきちろう　[没]1859年7月19日）

松田駒水　まつだくすい
宝暦7（1757）年～天保1（1830）年
江戸時代中期～後期の儒者。
¶国書，日人

松田源吾 まつだげんご
？～嘉永5(1852)年　[別]松田源吾義教《まつだげんごよしのり》
江戸時代後期の剣術家。柳剛流松田派祖。
¶剣豪，埼玉人，埼玉百(松田源吾義教　まつだげんごよしのり)

松田源吾義教 まつだげんごよしのり
→松田源吾(まつだげんご)

松田謙三 まつだけんぞう
天保2(1831)年～明治24(1891)年　[別]小倉健作《おぐらけんさく》
江戸時代末期～明治期の長州(萩)藩士。
¶岡山人([生]天保3(1832)年)，幕末([没]1891年1月14日)，藩臣6

松田五六郎 まつだごろくろう
文政10(1827)年～元治1(1864)年
江戸時代末期の筑前福岡藩士。
¶維新，神人([生]文政9(1826)年　[没]元治1(1864)年7月21日)，人名，日人，幕末([没]1864年8月22日)，藩臣7

松田思斎 まつだしさい
安永5(1776)年～文政3(1820)年
江戸時代後期の土佐藩士。
¶高知人，高知百，藩臣6

松田十一郎 まつだじゅういちろう
文政9(1826)年～？
江戸時代後期～末期の幕臣。
¶国書

松田十五郎 まつだじゅうごろう
天保6(1835)年～大正3(1914)年
江戸時代後期～明治期の剣術家。小野派一刀流。
¶剣豪

松田周修 まつだしゅうしゅう
？～享保15(1730)年
江戸時代中期の豊後日出藩士。
¶藩臣7

松田秋水 まつだしゅうすい
文政2(1819)年～明治35(1902)年
江戸時代末期～明治期の詩人、出雲松江藩士。
¶人名，日人

松田重助 まつだじゅうすけ
天保1(1830)年～元治1(1864)年　[別]松田範義《まつだのりよし》
江戸時代末期の肥後熊本藩士。
¶維新，新潮([没]元治1(1864)年6月5日)，人名(松田範義　まつだのりよし)，日人，幕末([没]1864年6月5日)

松田菘廬(松田菘盧)　まつだすうろ
天明3(1783)年～嘉永5(1852)年　[別]松田菘蘆《まつだすろう》
江戸時代後期の上野高崎藩士、儒学者。
¶江文(松田菘蘆　まつだすろう)，国書([没]嘉永5(1852)年6月1日)，人名(松田菘盧)，日人，藩臣2(松田菘盧)

松田菘蘆 まつだすろう
→松田菘廬(まつだすうろ)

松田青渓 まつだせいけい
文政5(1822)年～明治36(1903)年
江戸時代末期～明治期の豊後日出藩家老。
¶藩臣7

松田司 まつだつかさ
文政7(1824)年～明治34(1901)年
江戸時代後期～明治期の涌谷伊達氏家中。
¶姓氏宮城

松田伝十郎 まつだでんじゅうろう
明和6(1769)年～？
江戸時代中期～後期の幕臣、蝦夷地探検家。樺太経営の責任者。
¶朝日，岩史，角史，近世，国史，国書([没]天保14(1843)年9月10日)，コン改，コン4，史人，人書94，新潮，人名，世人，新潟百([没]1843年)，日人([没]1843年)，北海道百，北海道歴，洋学([没]天保14(1843)年)，歴大

松田東吉郎 まつだとうきちろう
→松田和孝(まつだかずたか)

松田直長 まつだなおなが
永禄5(1562)年～明暦3(1657)年
安土桃山時代～江戸時代前期の旗本。北条氏旧臣。
¶神奈川人，姓氏神奈川，戦辞([没]明暦3年8月30日(1657年10月7日)？)

松田長徳 まつだながのり
文政5(1822)年～明治25(1892)年
江戸時代末期～明治期の丹波綾部藩家老。
¶藩臣5

松田範義 まつだのりよし
→松田重助(まつだじゅうすけ)

松田正雄 まつだまさお
嘉永3(1850)年～*
江戸時代末期の志士、上野小幡藩士。
¶維新([没]1867年)，人名([没]1867年)，日人([没]1868年)，幕末([没]1868年1月20日)

松田政名 まつだまさな
生没年不詳
江戸時代前期の馬術家・甲斐府中藩士。
¶国書

松田道之 まつだみちゆき
天保10(1839)年～明治15(1882)年
江戸時代末期～明治期の因幡鳥取藩士、官僚。
¶朝日([生]天保10年5月12日(1839年6月22日)　[没]明治15(1882)年7月6日)，維新，沖縄百([生]天保10(1839)年5月12日　[没]明治15(1882)年7月6日)，角史，近現，国際，国史，コン改，コン4，コン5，滋賀百，史人([生]1839年5月12日　[没]1882年7月6日)，新潮([生]天保10(1839)年5月12日　[没]明治15(1882)年7月6日)，人名，姓氏沖縄，姓氏京都，世人，先駆([生]天保10(1839)年5月12日　[没]明治15(1882)年7月6日)，全書，伝記，鳥取百，土木([生]1839年5月12日　[没]1882年7月6日)，日史([生]天保10(1839)年5月12日　[没]明治15(1882)年7月6日)，日人，幕末([没]1882年7月6日)，藩臣5，明治1，歴大

ま

松田盛明　まつだもりあき
？～元和2(1616)年2月3日
安土桃山時代～江戸時代前期の武士。
¶岡山人，岡山歴

松田与右衛門　まつだよえもん
寛保3(1743)年～文政4(1821)年
江戸時代中期～後期の剣術家。東軍流。
¶剣豪

松田与八郎　まつだよはちろう
？～明治20(1887)年2月
江戸時代末期～明治期の加賀藩士、製陶業。
¶幕末

松田蓼水　まつだりょうすい
→松田和孝(まつだかずたか)

松田六郎　まつだろくろう
？～明治2(1869)年
江戸時代後期～明治期の新撰組隊士。
¶新撰

松永主計　まつながかずえ
江戸時代末期の新撰組隊士。
¶新撰

松永貞辰　まつながさだたつ
宝暦1(1751)年～寛政7(1795)年　[別]松永貞辰《まつながさだとき，まつながていしん》
江戸時代中期の出羽新庄藩士、数学者。
¶江文，国書(まつながさだとき　[没]寛政7(1795)年11月)，藩臣1(まつながていしん)，山形百

松永貞辰　まつながさだとき
→松永貞辰(まつながさだたつ)

松長長三郎　まつながちょうざぶろう
？～明治1(1868)年
江戸時代末期の幕臣。
¶人名，日人

松永貞辰　まつながていしん
→松永貞辰(まつながさだたつ)

松永直恒　まつながなおつね
？～明治2(1869)年
江戸時代後期～明治期の和算家・新庄藩士。
¶国書，数学

松永直英　まつながなおひで
安永6(1777)年～嘉永3(1850)年
江戸時代中期～後期の和算家・新庄藩士。
¶国書

松波延蔵　まつなみえんぞう
文化1(1804)年～慶応1(1865)年9月
江戸時代後期～末期の津山松平藩士。
¶岡山歴

松波勘十郎　まつなみかんじゅうろう
？～宝永7(1710)年
江戸時代前期～中期の浪人、財政家。水戸藩・備後三次藩などで藩政改革に従事。水戸藩宝永一揆の張本。
¶朝日([没]宝永7年11月19日(1711年1月7日))，茨城百，岩史([没]宝永7(1710)年11月19日)，角史，近世，国史([没]1711年)，コン改，コン4，史人([没]1710年11月19日)，新潮([没]宝永7(1710)年11月19日)，全書([生]1638年？　[没]1709年)，栃木歴，日史([没]宝永7(1710)年11月19日)，日人([没]1711年)，藩臣2，藩臣6([生]正保1(1644)年頃)，百科，福島百，歴大

松濤権之丞　まつなみごんのじょう
生没年不詳
江戸時代末期の幕臣・定役格同心。1864年遣仏使節に随行しフランスに渡る。
¶海越新

松波重宗　まつなみしげむね
～万治2(1659)年
江戸時代前期の旗本。
¶神奈川人

松南徹翁(松波徹翁)　まつなみてつおう
→松南六郎兵衛(まつなみろくろべえ)

松波備前守正房　まつなみびぜんのかみまさふさ
→松波正房(まつなみまさふさ)

松波正春　まつなみまさはる
寛文5(1665)年～延享1(1744)年6月2日
江戸時代中期の幕臣。
¶日史

松波正房　まつなみまさふさ
天和3(1683)年～延享3(1746)年　[別]松波備前守正房《まつなみびぜんのかみまさふさ》
江戸時代前期～中期の51代長崎奉行。
¶長崎歴(松波備前守正房　まつなみびぜんのかみまさふさ)

松南六郎兵衛(松波六郎兵衛)　まつなみろくろべえ
文化12(1815)年～明治17(1884)年　[別]松南徹翁《まつなみてつおう》，松波徹翁《まつなみてつおう》
江戸時代末期～明治期の因幡鳥取藩の郷士。松波農兵隊創設者。
¶維新(松波六郎兵衛)，新潮([没]明治17(1884)年11月26日)，人名，鳥取百(松南徹翁　まつなみてつおう)，日人，幕末(松波徹翁　まつなみてつおう　[没]1884年11月26日)，藩臣5(松南徹翁　まつなみてつおう　[生]文化11(1814)年)

松根市郎右衛門　まつねいちろううえもん
生没年不詳
江戸時代前期の伊予宇和島藩家老。
¶藩臣6

松根図書　まつねずしょ
文政3(1820)年～明治27(1894)年　[別]松根図書《まつねとしょ》
江戸時代末期～明治期の伊予宇和島藩家老。
¶朝日([生]文政3年12月7日(1821年1月10日)　[没]明治27(1894)年3月4日)，維新，愛媛百([生]文政3(1820)年12月7日　[没]明治27(1894)年3月4日)，郷土愛媛，コン4，コン5([生]文政3(1821)年)，人名(まつねとしょ)，日人([生]1821年)，幕末([没]1894年3月4日)，藩臣6

松根図書　まつねとしょ
→松根図書(まつねずしょ)

松根備前守　まつねびぜんのかみ
天正16(1588)年～寛文12(1672)年9月11日
安土桃山時代～江戸時代前期の白岩城主、松根

城主。
¶庄内

松根光広 まつねみつひろ
生没年不詳
江戸時代前期の出羽山形藩の武将。最上氏家臣。
¶戦人，戦東，藩臣1，山形百

松野右京 まつのうきょう
？ ～万治2（1659）年
江戸時代前期の肥後熊本藩士。
¶藩臣7

松野尾勝家 まつのおかついえ
慶長18（1613）年～寛文12（1672）年
江戸時代前期の三河岡崎藩士。
¶藩臣4

松野尾勝成 まつのおかつなり
寛永20（1643）年～元禄16（1703）年
江戸時代前期～中期の三河岡崎藩士。
¶藩臣4

松野亀右衛門 まつのかめえもん
生没年不詳
江戸時代前期の肥後熊本藩士。
¶藩臣7

松野清邦 まつのきよくに
明和5（1768）年～文政4（1821）年
江戸時代中期～後期の伊勢神戸藩家老。
¶国書（[没]文政4（1821）年7月24日），人名，日人，藩臣4，三重

松野重元 まつのしげもと
→松野正重（まつのまさしげ）

松野主馬助 まつのしゅめのすけ
生没年不詳
安土桃山時代～江戸時代前期の武士。浅野家の家臣。
¶和歌山人

松野惣太郎 まつのそうたろう
？ ～寛文4（1664）年
江戸時代前期の馬術家。
¶人名

松野太郎右衛門 まつのたろうえもん
？ ～安政6（1859）年
江戸時代末期の肥前平戸藩家老。
¶藩臣7

松野登十郎 まつのとうじゅうろう
安永6（1777）年～文政8（1825）年3月17日　[別]松野登十郎《まつのとじゅうろう》
江戸時代後期の代官。
¶大阪人，大阪墓（まつのとじゅうろう）

松野登十郎 まつのとじゅうろう
→松野登十郎（まつのとうじゅうろう）

松野八郎左衛門 まつのはちろうざえもん
？ ～貞享4（1687）年
江戸時代前期の肥後熊本藩士。
¶藩臣7

松野正重 まつのまさしげ
？ ～明暦1（1655）年　[別]松野重元《まつのしげもと》
江戸時代前期の武将、小早川秀秋の重臣。
¶岡山人，人名，戦国（松野重元　まつのしげもと），戦人（松野重元　まつのしげもと），日人

松のや露八 まつのやつゆはち
→松廼家露八（まつのやろはち）

松廼家露八（松のや露八，松迺家露八） まつのやろはち
天保4（1833）年～明治36（1903）年　[別]松のや露八《まつのやつゆはち》，土肥庄次郎《どひしょうじろう》
江戸時代末期～明治期の幕臣。
¶維新，江戸，コン5，静岡百（松のや露八），静岡歴（松のや露八），新潮（生没年不詳），新潮（松迺家露八　生没年不詳），人名（土肥庄次郎　どひしょうじろう），姓氏静岡（松のや露八　まつのやつゆはち），日人（[生]1834年），幕末（[没]1903年11月23日）

松林源蔵 まつばやしげんぞう
生没年不詳
江戸時代末期の佐賀藩士。
¶長崎歴

松林左馬助 まつばやしさまのすけ
文禄2（1593）年～寛文7（1667）年　[別]松林永吉《まつばやしながよし》，松林無雲《まつばやしむうん》
江戸時代前期の剣術家、陸奥仙台藩剣術指南役。
¶朝日（松林無雲　まつばやしむうん　[没]寛文7年閏2月1日（1667年3月25日）），剣豪，人名，姓氏宮城（松林永吉　まつばやしながよし），日人，藩臣1

松林永敬 まつばやしながのり
生没年不詳
江戸時代末期の剣術家。
¶姓氏宮城

松林永吉 まつばやしながよし
→松林左馬助（まつばやしさまのすけ）

松林飯山 まつばやしはんざん
天保10（1839）年～慶応3（1867）年　[別]松林廉之助《まつばやしれんのすけ》
江戸時代末期の肥前大村藩士、藩校五教館教授。
¶朝日（松林廉之助　まつばやしれんのすけ　[生]天保10（1839）年2月　[没]慶応3年1月3日（1867年2月7日）），維新（松林廉之助　まつばやしれんのすけ），江文，郷土長崎，国書（[生]天保10（1839）年2月16日　[没]慶応3（1867）年1月3日），人名，長崎百，日人，幕末（松林廉之助　まつばやしれんのすけ　[没]1867年1月3日），藩臣7（松林廉之助　まつばやしれんのすけ）

松林無雲 まつばやしむうん
→松林左馬助（まつばやしさまのすけ）

松林廉之助 まつばやしれんのすけ
→松林飯山（まつばやしはんざん）

松原幾太郎 まつばらいくたろう
弘化4（1847）年～大正12（1923）年4月3日
江戸時代末期～明治期の新撰組隊士。
¶新撰（[生]弘化4年10月10日），幕末

松原音三 まつばらおとぞう
天保2（1831）年～明治43（1910）年　[別]山形九右

衛門《やまがたくうえもん》
江戸時代末期～明治期の長州（萩）藩士。
¶幕末（[没]1910年8月15日），藩臣6

松原自休　まつばらじきゅう
天正15（1587）年～？
安土桃山時代～江戸時代前期の藤堂高虎の家臣・軍記作家。
¶国書

松原十郎右衛門　まつばらじゅうろうえもん
？～享保13（1728）年
江戸時代中期の陸奥福島藩家老。
¶藩臣2

松原佐久　まつばらすけひさ
天保6（1835）年～明治43（1910）年
江戸時代末期～明治期の羽後矢島藩士、故実家。
¶近現，近世，近美（[生]天保6（1835）年12月28日　[没]明治43（1910）年5月30日），国史，人名，日画（[生]天保6（1835）年12月28日　[没]明治43（1910）年5月30日），日人（[生]1836年），幕末（[没]1910年5月31日），藩臣1，美家（[生]天保6（1835）年12月28日　[没]明治43（1910）年5月30日）

松原忠司　まつばらちゅうじ
＊～慶応1（1865）年
江戸時代末期の新撰組隊士。
¶新撰（[生]天保8年頃？　[没]慶応1年9月1日），幕末（[生]？　[没]1865年10月20日）

松原葆斎　まつばらほうさい，まつばらぼうさい
文政8（1825）年～明治31（1898）年
江戸時代末期～明治期の儒学者、信濃松本藩医。
¶人名（[生]1824年　[没]1897年），姓氏長野，長野百，長野歴，日人，藩臣3（まつばらぼうさい）

松原正種　まつばらまさたね
天正18（1590）年～承応2（1653）年
江戸時代前期の三河深溝藩家老。
¶藩臣4

松原正名　まつばらまさな
文化5（1808）年2月15日～明治3（1870）年閏10月22日
江戸時代後期～明治期の盛岡藩士。
¶国書

松原基　まつばらもとい
？～文政3（1820）年
江戸時代中期～後期の出雲松江藩士。
¶国書（[没]文政3（1820）年2月14日），島根人，島根百，島根歴，藩臣5（[生]寛延2（1749）年？）

松原安清　まつばらやすきよ
生没年不詳
安土桃山時代～江戸時代前期の武士。浅野家の家臣。
¶和歌山人

松原与兵衛　まつばらよへえ
天保11（1840）年～慶応2（1866）年9月16日
江戸時代末期の奇兵隊士。
¶幕末

松平三郎左衛門　まつひらさぶろうざえもん
享保14（1729）年～？
江戸時代中期の黒部奥山廻役。
¶姓氏富山

松前章広　まつまえあきひろ
安永4（1775）年～天保4（1833）年
江戸時代後期の大名。蝦夷松前藩主、陸奥梁川藩主。
¶朝日（[生]安永4年7月30日（1775年8月25日）　[没]天保4年7月25日（1833年9月8日）），角史（[没]天保5（1834）年），国書（[生]安永4（1775）年7月30日　[没]天保4（1833）年7月25日），諸系，日人，藩主1（[生]安永4（1775）年7月30日　[没]天保4（1833）年7月25日，（異説）天保5年9月25日），藩主1，福島百（[没]天保5（1834）年），北海道百（[没]天保5（1834）年），北海道歴（[没]天保5（1834）年）

松前右京　まつまえうきょう
天保5（1834）年～？
江戸時代末期の蝦夷松前藩の松前家別家家老。
¶幕末，藩臣1

松前氏広　まつまえうじひろ
元和8（1622）年～慶安1（1648）年
江戸時代前期の大名。蝦夷松前藩主。
¶諸系，日人，藩主1（[没]慶安1（1648）年8月25日）

松前景広　まつまえかげひろ
慶長5（1600）年～明暦4（1658）年
江戸時代前期の蝦夷松前藩主一族。
¶国書（[没]明暦4（1658）年1月18日），藩臣1

松前勘解由　まつまえかげゆ
？～明治1（1868）年　[別]松前勘解由《まつまえかげゆう》
江戸時代末期の蝦夷松前藩士。
¶朝日（[没]明治1年8月3日（1868年9月18日）），人名，日人，幕末（まつまえかげゆう），藩臣1，北海道百，北海道歴

松前勘解由　まつまえかげゆう
→松前勘解由（まつまえかげゆ）

松前公広　まつまえきみひろ
→松前公広（まつまえきんひろ）

松前公広　まつまえきんひろ
慶長3（1598）年～寛永18（1641）年　[別]松前公広《まつまえきみひろ》
江戸時代前期の大名。蝦夷松前藩主。
¶朝日（まつまえきみひろ　[没]寛永18年7月8日（1641年8月14日）），近世，国史，国書（[没]寛永18（1641）年7月8日），コン改（まつまえきみひろ），コン4（まつまえきみひろ），諸系，新潮（[没]寛永18（1641）年7月8日），人名（まつまえきみひろ），世人（まつまえきみひろ），日人，藩主1（[没]寛永18（1641）年7月8日），歴大

松前邦広　まつまえくにひろ
宝永2（1705）年～寛保3（1743）年
江戸時代中期の大名。蝦夷松前藩主。
¶朝日（[没]寛保3年閏4月8日（1743年5月31日）），近世，国史，コン改，コン4，史人（[没]1743年閏4月8日），諸系，新潮（[没]寛保3（1743）年閏4月8日），人名，日人，藩主1（[没]寛保3（1743）年閏4月8日），北海道百，北海道歴

松前内蔵　まつまえくら
天明5（1785）年～嘉永5（1852）年

江戸時代後期の蝦夷松前藩士。
¶幕末，藩臣1

松前左膳　まつまえさぜん
宝暦10（1760）年～文政5（1822）年
江戸時代中期～後期の蝦夷松前藩家老。
¶藩臣1

松前資清　まつまえすけきよ
宝暦8（1758）年～天保8（1837）年
江戸時代中期～後期の蝦夷松前藩主一族。
¶藩臣1

松前資広　まつまえすけひろ
享保11（1726）年～明和2（1765）年
江戸時代中期の大名。蝦夷松前藩主。
¶諸系，人名，日人，藩主1（[生]享保11（1726）年9月29日　[没]明和2（1765）年3月19日）

松前高広　まつまえたかひろ
寛永20（1643）年～寛文5（1665）年
江戸時代前期の大名。蝦夷松前藩主。
¶諸系，日人，藩主1（[没]寛文5（1665）年7月5日）

松前崇広　まつまえたかひろ
文政12（1829）年～慶応2（1866）年
江戸時代末期の大名。蝦夷松前藩主。
¶朝日（[生]文政12年11月15日（1829年12月10日）　[没]慶応2年4月25日（1866年6月8日）），維新，近世，国史，国書（[生]文政12（1829）年11月15日　[没]慶応2（1866）年4月25日），コン4，史人（[生]1829年11月15日　[没]1866年4月25日），諸系，新潮（[生]文政12（1829）年11月15日　[没]慶応2（1866）年4月25日），全書，日史（[生]文政12（1829）年11月15日　[没]慶応2（1866）年4月25日），日人，幕末，藩主1（[生]文政12（1829）年11月15日　[没]慶応2（1866）年4月25日），百科，北海道百，北海道歴，歴大

松前武広　まつまえたけひろ
宝暦10（1760）年～天保4（1833）年
江戸時代中期～後期の蝦夷松前藩主一族。
¶藩臣1

松前忠広　まつまえただひろ
天正8（1580）年～元和3（1617）年
安土桃山時代～江戸時代前期の蝦夷松前藩主一族。
¶藩臣1

松前見広　まつまえちかひろ
文化2（1805）年～文政10（1827）年
江戸時代後期の蝦夷松前藩主一族。
¶藩臣1

松前徳広　まつまえとくひろ
→松前徳広（まつまえのりひろ）

松前俊則　まつまえとしのり
享保17（1732）年～文化13（1816）年
江戸時代中期～後期の蝦夷松前藩主一族。
¶藩臣1

松前順広　まつまえとしひろ
正徳4（1714）年～寛政4（1792）年
江戸時代中期～後期の第13代京都西町奉行。
¶京都大，姓氏京都

松前利広　まつまえとしひろ
生没年不詳
江戸時代前期の蝦夷松前藩家老。
¶藩臣1

松前修広　まつまえながひろ
慶応1（1865）年～明治38（1905）年
江戸時代末期～明治期の松前藩（館藩）主、松前藩（館藩）知事。
¶諸系，日人，幕末，藩主1（[生]慶応1（1865）年9月　[没]明治38（1905）年3月26日）

松前矩広　まつまえのりひろ
万治2（1659）年～享保5（1720）年
江戸時代前期～中期の大名。蝦夷松前藩主。
¶江戸東，国書（[生]万治2（1659）年11月24日　[没]享保5（1720）年12月21日），諸系（[生]1660年　[没]1721年），人名，日人（[生]1660年　[没]1721年），藩主1（[生]万治2（1659）年11月24日　[没]享保5（1720）年12月21日），北海道百，北海道歴

松前徳広　まつまえのりひろ
弘化1（1844）年～明治1（1868）年　[別]松前徳広《まつまえとくひろ》
江戸時代末期の大名。蝦夷松前藩主。
¶維新，近世，国史，国書（[生]天保15（1844）年3月14日　[没]明治1（1868）年11月29日），諸系（[没]1869年），新潮（[生]弘化1（1844）年3月14日　[没]明治1（1868）年11月29日），人名（まつまえとくひろ　[生]1845年），日人（[没]1869年），幕末（[生]1846年　[没]1869年），藩主1（[生]弘化1（1844）年3月14日　[没]明治1（1868）年11月29日），北海道百，北海道歴

松前波響　まつまえはきょう
明和1（1764）年～？　[別]波響《はきょう》
江戸時代中期の蝦夷松前藩家老、画家。
¶人書94，人情（波響　はきょう）

松前八之助　まつまえはちのすけ
？～天和2（1682）年
江戸時代前期の陸奥仙台藩士。
¶藩臣1

松前広茂　まつまえひろしげ
生没年不詳
江戸時代後期の幕臣、蝦夷松前藩主後裔。
¶藩臣1

松前広諶　まつまえひろただ
寛永6（1629）年～延宝6（1678）年
江戸時代前期の蝦夷松前藩主一族・家老。
¶藩臣1

松前広長　まつまえひろなが
元文2（1737）年～享和1（1801）年
江戸時代中期～後期の蝦夷松前藩家老、学者。地理書「松前志」を編纂。
¶朝日（[生]元文2年12月25日（1738年2月13日）　[没]享和1年5月14日（1801年6月24日）），国書（[没]享和1（1801）年5月14日），コン改，コン4，諸系（[生]1738年），日人（[生]1738年），藩臣1，北海道文（[生]元文2（1737）年12月25日　[没]享和1（1801）年5月10日），北海道歴（[没]？）

松前広休　まつまえひろやす
文化4（1807）年～明治5（1872）年
江戸時代末期～明治期の蝦夷松前藩家老。
¶藩臣1

松前広行　まつまえひろゆき
？　～元文3（1738）年
江戸時代中期の蝦夷松前藩家老。
¶藩臣1

松前昌広　まつまえまさひろ
文政10（1827）年～嘉永6（1853）年
江戸時代末期の大名。蝦夷松前藩主。
¶諸系，日人，藩主1（[生]文政8（1825）年8月27日　[没]嘉永6（1853）年8月8日）

松前当広　まつまえまさひろ
～享保3（1718）年
江戸時代中期の旗本。
¶神奈川人

松前道広　まつまえみちひろ
宝暦4（1754）年～天保3（1832）年
江戸時代中期～後期の大名。蝦夷松前藩主。
¶諸系，日人，藩主1（[生]宝暦4（1754）年1月17日　[没]天保3（1832）年6月20日），北海道百，北海道歴

松前元広　まつまえもとひろ
？　～天和1（1681）年
江戸時代前期の蝦夷松前藩家老。
¶藩臣1

松前屋五郎兵衛　まつまえやごろべえ
江戸時代前期の任侠の士。
¶江戸東，人名，日人（生没年不詳）

松前安広　まつまえやすひろ
慶長11（1606）年～寛文8（1668）年
江戸時代前期の蝦夷松前藩主一族。
¶藩臣1

松前泰広　まつまえやすひろ
寛永4（1627）年～延宝8（1680）年
江戸時代前期の蝦夷松前藩主一族。
¶国書（[没]延宝8（1680）年9月24日），史人（[生]1625年　[没]1680年9月24日），藩臣1（[生]寛永2（1625）年，（異説）寛永4（1627）年，寛永5（1628）年），北海道百，北海道歴

松前幸広　まつまえゆきひろ
寛永8（1631）年～延宝6（1678）年
江戸時代前期の蝦夷松前藩主一族。
¶藩臣1

松前嘉広　まつまえよしひろ
承応1（1652）年～享保16（1731）年
江戸時代前期～中期の第3代京都東町奉行。
¶京都大，姓氏京都

松前慶広　まつまえよしひろ
天文17（1548）年～元和2（1616）年　[別]蠣崎義広《かきざきよしひろ》，蠣崎慶広《かきざきよしひろ》
安土桃山時代～江戸時代前期の大名。蝦夷松前藩主。
¶朝日（[生]天文17年9月3日（1548年10月4日）　[没]元和2年10月12日（1616年11月20日）），岩史（[生]天文17（1548）年9月3日　[没]元和2（1616）年10月12日），近世，国史，国書（[生]天文17（1548）年9月3日　[没]元和2（1616）年10月12日），コン4，史人（[生]1548年9月3日　[没]1616年10月12日），重要（[生]天文18（1549）年　[没]元和2（1616）年10月12日），諸系，人名（[生]1549年　[没]1617年），戦合，戦国（[生]1549年），全書，戦人（[生]天文18（1549）年），日史（[生]天文17（1548）年9月3日　[没]元和2（1616）年10月12日），日人，藩主1（[生]天文17（1548）年9月3日　[没]元和2（1616）年10月12日），百科，北海道百，北海道歴，歴大

松前良広　まつまえよしひろ
文政9（1826）年～天保10（1839）年
江戸時代後期の大名。蝦夷松前藩主。
¶諸系，日人，藩主1（[生]文政6（1823）年5月23日　[没]天保10（1839）年8月24日）

松宮翁助　まつみやおうすけ
生没年不詳
江戸時代前期の勇士。
¶庄内

松宮儀八郎　まつみやぎはちろう
寛延3（1750）年～天保11（1840）年1月21日
江戸時代中期～後期の庄内藩付家老。
¶庄内

松宮相良　まつみやさがら
→井手孫太郎（いでまごたろう）

松村源六郎　まつむらげんろくろう
寛保1（1741）年～文化14（1817）年
江戸時代中期～後期の剣術家。神道無念流。
¶剣豪

松村宰輔　まつむらさいすけ
天保1（1830）年～万延1（1860）年
江戸時代末期の剣士。
¶剣豪，幕末（[没]1860年9月22日）

松村淳蔵　まつむらじゅんぞう
天保13（1842）年～大正8（1919）年　[別]市来勘十郎・松村淳蔵《いちきかんじゅうろう・まつむらじゅんぞう》，市来勘十郎《いちきかんじゅうろう》
江戸時代末期～明治期の薩摩藩士、海軍軍人。1865年イギリスに渡る。
¶朝日（[生]天保13年5月18日（1842年6月26日）　[没]大正8（1919）年1月7日），維新（市来勘十郎　いちきかんじゅうろう），海越（[生]天保13（1842）年5月　[没]大正8（1919）年1月7日），海越新（[生]天保13（1842）年5月　[没]大正8（1919）年1月7日），鹿児島百，国際，新潮（市来勘十郎　いちきかんじゅうろう　[生]天保13（1842）年1月5日　[没]大正8（1919）年1月），人名，姓氏鹿児島（市来勘十郎　いちきかんじゅうろう），渡航（市来勘十郎・松村淳蔵　いちきかんじゅうろう・まつむらじゅんぞう　[生]1842年5月　[没]1919年1月），日人，幕末（[没]1919年1月7日），藩臣7（市来勘十郎　いちきかんじゅうろう　[没]大正9（1920）年），陸海（[生]天保13年5月18日　[没]大正8年1月7日）

松村深蔵　まつむらしんぞう
天保8（1837）年～明治23（1890）年
江戸時代末期～明治期の肥後熊本藩郷士。
¶維新，幕末（[没]1890年5月1日）

松村善蔵　まつむらぜんぞう
天明1（1781）年～天保4（1833）年

江戸時代中期～後期の剣術家。真心陰流。
¶剣豪

松村大成 まつむらたいせい
文化5 (1808) 年～慶応3 (1867) 年
江戸時代末期の志士、肥後熊本藩士。
¶朝日 ([没]慶応3年1月12日 (1867年2月16日)), 維新, 熊本百 ([生]文化5 (1808) 年5月　[没]慶応3 (1867) 年1月13日), 人名, 日人, 幕末 ([没]1867年1月12日), 藩臣7

松村太仲 まつむらたちゅう
？ ～嘉永4 (1851) 年
江戸時代後期の長州藩士。
¶国書

松村長太夫 まつむらちょうだゆう
寛政6 (1794) 年～慶応2 (1866) 年
江戸時代末期の筑前秋月藩士。
¶剣豪, 藩臣7

松村長為 まつむらながため
江戸時代後期～明治期の幕府代官。のち武蔵知県事をつとめる。
¶神奈川人 (生没年不詳), 埼玉百

松村白道 まつむらはくどう
天保5 (1834) 年～明治35 (1902) 年
江戸時代末期～明治期の筑前秋月藩士。
¶藩臣7

松村文祥 まつむらぶんしょう
文政6 (1823) 年～明治25 (1892) 年9月17日
江戸時代末期～明治期の長州 (萩) 藩士。
¶幕末

松村芳洲 まつむらほうしゅう
元禄13 (1700) 年～宝暦7 (1757) 年
江戸時代中期の漢学者・水戸藩士。
¶国書

松村昌直 まつむらまさなお
明和2 (1765) 年12月22日～天保5 (1834) 年11月13日
江戸時代中期～後期の肥後熊本藩士。
¶国書

松村茂平 まつむらもへい
文政5 (1822) 年～明治1 (1868) 年
江戸時代末期の播磨赤穂藩士。
¶幕末, 藩臣5

松村里郷 まつむらりきょう
正徳5 (1715) 年～寛政1 (1789) 年　[別]松村里郷《まつむらりごう》
江戸時代中期の俳諧作者・剣術家。
¶埼玉人 ([没]寛政1 (1789) 年11月13日), 埼玉百 (まつむらりごう)

松村里郷 まつむらりごう
→松村里郷 (まつむらりきょう)

馬詰勘助 まづめかんすけ
江戸時代末期の新撰組隊士。
¶新撰

馬詰信十郎 まづめしんじゅうろう
江戸時代末期の新撰組隊士。
¶新撰

馬詰親音 まづめもとね
→馬詰親音 (うまづめもとね)

馬詰柳太郎 まづめりゅうたろう
江戸時代末期の新撰組隊士。
¶新撰

松本聡通 まつもとあきみち
？ ～安永4 (1775) 年
江戸時代中期の陸奥三春藩士。
¶藩臣2

松本一指 まつもといっし
天正14 (1586) 年～万治3 (1660) 年　[別]松本定好《まつもとさだよし》
江戸時代前期の槍術家。一指流を創始。
¶朝日 ([没]万治3年9月5日 (1660年10月9日)), 近世, 国史, 国書 (松本定好　まつもとさだよし　[没]万治3 (1660) 年9月5日), 史人 ([没]1660年9月5日), 戦合, 日人

松本烏涯 まつもとうがい
天明5 (1785) 年～文化7 (1810) 年
江戸時代後期の高崎藩儒。
¶江文, 国書 ([没]文化7 (1810) 年1月19日), 人名, 日人

松本鼎 まつもとかなえ
天保10 (1839) 年～明治40 (1907) 年
江戸時代末期～明治期の長州藩の志士。
¶人名, 日人, 幕末 ([没]1907年10月20日), 藩臣6, 山口百, 和歌山人

松本要人 まつもとかなめ
文化14 (1817) 年～明治26 (1893) 年
江戸時代末期～明治期の陸奥仙台藩士。
¶維新, 姓氏宮城, 日人, 幕末, 藩臣1

松本勘兵衛 まつもとかんべえ
寛文9 (1669) 年～寛延3 (1750) 年
江戸時代前期～中期の剣術家。柳生当流。
¶剣豪

松本寒緑 まつもとかんりょく
→松本寒緑 (まつもとかんろく)

松本寒緑 (松本寒録) まつもとかんろく
寛政1 (1789) 年～天保9 (1838) 年　[別]松本寒緑《まつもとかんりょく》, 松本来蔵《まつもとらいぞう》
江戸時代後期の陸奥会津藩の儒学者。
¶会津 (松本寒録), 江文 (まつもとかんりょく), 国書 ([没]天保9 (1838) 年閏4月4日), 人名, 日人, 幕末 (松本来蔵　まつもとらいぞう　[没]1838年5月27日), 藩臣2

松本喜次郎 まつもときじろう
*～慶応4 (1868) 年
江戸時代末期の新撰組隊士。
¶新撰 ([生]弘化3年　[没]慶応4年8月17日), 幕末 ([生]1847年　[没]1868年10月2日)

松本奎堂 まつもとけいどう
天保2 (1831) 年～文久3 (1863) 年　[別]松本謙三郎《まつもとけんざぶろう》
江戸時代末期の三河刈谷藩士、尊攘派志士。天誅組総裁。
¶愛知百 ([生]1831年12月7日　[没]1863年9月25

ま

日），朝日（㋑天保2年12月7日（1832年1月9日）㋜文久3年9月25日（1863年11月6日）），維新，角史，近世，国史，国書（㋑天保2（1831）年12月7日　㋜文久3（1863）年9月25日），コン改，コン4，詩歌（㋑1830年），史人（㋑1831年12月7日　㋜1863年9月25日），重要（㋑天保2（1831）年12月7日　㋜文久3（1863）年9月24日），新潮（㋑天保2（1831）年12月7日　㋜文久3（1863）年9月25日），人名（松本謙三郎　まつもとけんざぶろう），姓氏愛知，世人（㋜文久3（1863）年9月24日），全書，大百，日史（㋑天保2（1831）年12月7日　㋜文久3（1863）年9月25日），日人（㋑1832年），幕末（㋜1863年9月25日），百科，兵庫百，歴大（㋑1832年），和俳（㋑天保2（1831）年12月7日　㋜文久3（1863）年9月25日）

松本源五郎 まつもとげんごろう
天保11（1840）年〜明治27（1894）年
江戸時代後期〜明治期の前橋藩士・製糸改良者。
¶姓氏群馬

松本謙三郎 まつもとけんざぶろう
→松本奎堂（まつもとけいどう）

松本源次兵衛 まつもとげんじべえ
元禄1（1688）年〜延享4（1747）年
江戸時代前期〜中期の備中足守藩士・書家。
¶岡山歴

松本賢正 まつもとけんせい
寛政12（1800）年〜明治8（1875）年
江戸時代末期〜明治期の豊後日出藩士。
¶藩臣7

松本定好 まつもとさだよし
→松本一指（まつもといっし）

松本定良 まつもとさだよし
生没年不詳
江戸時代中期の出雲松江藩士・槍術家。
¶国書

松本佐拡 まつもとさぶん
享保16（1731）年〜文化1（1804）年
江戸時代中期〜後期の会津藩士。十郎兵衛佐高の子。
¶会津

松本三之丞 まつもとさんのじょう
生没年不詳
江戸時代末期の幕臣・外国奉行支配定役。1860年遣米使節に随行しアメリカに渡る。
¶海越新

松本重文 まつもとしげふみ，まつもとしげぶみ
延宝7（1679）年〜宝暦8（1758）年
江戸時代中期の陸奥会津藩士。
¶会津，国書（㋜宝暦8（1758）年4月），藩臣2（まつもとしげぶみ）

松本茂 まつもとしげる
㋞三内，新六郎，輔誠，六之助
江戸時代末期〜明治期の三春藩士、自由民権家。
¶社史（㋑弘化4（1847）年4月20日　㋜1901年10月22日），幕末（㋑1848年　㋜1902年）

松本十郎 まつもとじゅうろう
天保10（1839）年〜大正5（1916）年
江戸時代末期〜明治期の庄内藩士。
¶札幌（㋑天保10年8月18日），社史（㋑文化10年（1839年）），庄内（㋑天保10（1839）年8月18日　㋜大正5（1916）年11月27日），人書94，日人，幕末（㋑天保10（1839）年8月18日　㋜大正5（1916）年11月27日），藩臣1，北海道百，北海道歴，山形百

松本俊造 まつもとしゅんぞう
江戸時代末期の新撰組隊士。
¶新撰

松本甚五左衛門 まつもとじんござえもん
？〜明和6（1769）年
江戸時代後期の武士。
¶和歌山人

松本助持 まつもとすけもち
永禄9（1566）年〜寛永14（1637）年
安土桃山時代〜江戸時代前期の武士。
¶人名，日人

松本捨助 まつもとすてすけ
弘化2（1845）年4月24日〜大正7（1918）年4月6日
江戸時代末期〜明治期の新撰組隊士。
¶新撰，幕末

松本善次 まつもとぜんじ
？〜元治1（1864）年9月
江戸時代末期の播磨赤穂藩士。
¶幕末

松本忠英 まつもとただひで
生没年不詳
江戸時代後期の播磨竜野藩士・和算家。
¶国書

松本辰輔 まつもとたつすけ
生没年不詳
江戸時代中期の陸奥三春藩士。
¶国書，藩臣2

松本胤親 まつもとたねちか
→松本斗機蔵（まつもととときぞう）

松本種良 まつもとたねよし
生没年不詳
江戸時代末期の筑後久留米藩士。
¶国書

松本主税 まつもとちから
江戸時代末期の新撰組隊士。
¶新撰

松本暢 まつもとちょう
天保3（1832）年〜明治22（1889）年
江戸時代末期の壬生藩士、東京株式取引所理事長。
¶栃木歴

松本調平 まつもとちょうへい
文政1（1818）年〜明治22（1889）年
江戸時代後期〜明治期の黒羽藩士、勧農方の役人、『勧農教諭書』の著者。
¶栃木歴

松本斗機蔵 まつもととときぞう
＊〜天保12（1841）年　㋞松本胤親《まつもとたねちか》

江戸時代後期の幕臣、地理学者。
¶国書(松本胤親　まつもとたねちか　[生]寛政5(1793)年　[没]天保12(1841)年9月12日)，コン改(生没年不詳)，コン4(生没年不詳)，多摩([生]寛政7(1795)年)，日人([生]？)，洋学([生]寛政5(1793)年)

松本錤太郎 まつもとときたろう
天保6(1835)年～明治10(1877)年
江戸時代後期～明治期の宇都宮藩士、坂下門外の変に関係。
¶栃木歴

松本利直 まつもととしなお
江戸時代前期の槍術家、一旨流槍術の開祖。
¶人名

松本友三郎 まつもとともさぶろう
文政7(1824)年～文久2(1862)年
江戸時代末期の陸奥会津藩士。
¶幕末，藩臣2

松本尚絅 まつもとなおあや
延宝7(1679)年～延享2(1745)年
江戸時代中期の三河岡崎藩士。
¶国書([没]延享2(1745)年4月7日)，藩臣4

松本直一郎 まつもとなおいちろう
生没年不詳
江戸時代末期の信濃代官。
¶長野歴

松本尚張 まつもとなおひろ
正徳4(1714)年～寛政5(1793)年
江戸時代中期の三河岡崎藩士。
¶藩臣4

松本昇 まつもとのぼる
文化1(1804)年～明治8(1875)年
江戸時代後期の壬生藩剣術師範、剣術家。
¶栃木歴

松本晩翠 まつもとばんすい
天保3(1832)年～明治21(1888)年
江戸時代末期～明治期の越前福井藩士。
¶人名，日人([生]1833年)，幕末([没]1888年3月24日)，藩臣3

松本秀持 まつもとひでもち
享保15(1730)年～寛政9(1797)年
江戸時代中期の勘定奉行。天明期田沼政権の経済政策の中心。
¶朝日([没]寛政9年6月5日(1797年6月29日))，岩史([没]寛政9(1797)年6月5日)，近世，国史，コン4，史人([没]1797年6月5日)，日史([没]寛政9(1797)年6月5日)，日人

松本豊右衛門 まつもとぶうえもん
→松本豊右衛門(まつもとぶえもん)

松本豊右衛門 まつもとぶえもん
[別]松本豊右衛門《まつもとぶうえもん》
安土桃山時代～江戸時代前期の武士。里見氏家臣。
¶戦人(生没年不詳)，戦東(まつもとぶうえもん)

松本福旧 まつもとふくひさ
生没年不詳
江戸時代中期の越前福井藩士・馬術家。
¶国書

松本平内 まつもとへいない
天明8(1788)年～安政5(1858)年
江戸時代後期の筑前福岡藩士。
¶藩臣7，福岡百([没]安政5(1858)年7月27日)

松本正忠 まつもとまさただ
天保4(1833)年～明治24(1891)年
江戸時代末期～明治期の備前岡山藩士、司法官。大審院評定官。京都・長崎の裁判所の大解部判事を歴任。
¶岡山人，岡山百，岡山歴([没]明治24(1891)年5月7日)，人名，日人，幕末([没]1891年5月7日)

松本備供 まつもとまさとも
？　～宝暦6(1756)年
江戸時代中期の陸奥三春藩士。
¶藩臣2

松本又左衛門 まつもとまたざえもん
寛政4(1792)年～慶応1(1865)年12月13日
江戸時代後期～末期の筑後久留米藩士。
¶国書

松本来蔵 まつもとらいぞう
→松本寒緑(まつもとかんろく)

松本了一郎 まつもとりょういちろう
文政5(1822)年～慶応1(1865)年
江戸時代末期の肥後人吉藩士。
¶朝日([没]慶応1年9月26日(1865年11月14日))，日人，幕末([生]？　[没]1865年9月26日)，藩臣7

松本良遠 まつもとりょうえん
文化11(1814)年～明治12(1879)年2月
江戸時代末期～明治期の備後福山藩士。
¶幕末

松本亮之介 まつもとりょうのすけ
江戸時代後期の備前岡山藩士。
¶岡山人，国書(生没年不詳)

松本錬次郎 まつもとれんじろう
弘化4(1847)年～文久2(1862)年
江戸時代末期の磐城平藩士。
¶維新

松本魯堂 まつもとろどう
天明5(1785)年～天保9(1838)年　[別]松木魯堂《まつきろどう》
江戸時代後期の出羽米沢藩士。
¶国書([没]天保9(1838)年10月24日)，日人，藩臣1(松木魯堂　まつきろどう)

松森胤保 まつもりたねやす
文政8(1825)年～明治25(1892)年
江戸時代末期～明治期の武士、博物家。
¶朝日([生]文政8年6月21日(1825年8月5日)　[没]明治25(1892)年4月3日)，近現，考古([生]文政8(1825)年6月21日　[没]明治25(1892)年4月3日)，国史，国書([生]文政8(1825)年6月21日　[没]明治25(1892)年4月3日)，コン改，コン4，コン5，庄内([生]文政8(1825)年6月21日　[没]明治25(1892)年4月3日)，植物([生]文政8(1825)年6月21日　[没]明治25(1892)年4月3日)，人書94，新潮([生]文政8(1825)年6月21日　[没]明治25(1892)年4月3日)，先駆([生]文政8(1825)年6月21日　[没]明治25(1892)年4月3日)，日人，

幕末（[生]1825年8月5日　[没]1892年4月3日），山形百，洋学

松山幾之助 まつやまいくのすけ
？～元治1（1864）年7月6日
江戸時代後期～末期の新撰組隊士。
¶新撰

松山伊予守直義 まつやまいよのかみなおよし
→松山直義（まつやまなおよし）

松山吉治良好徳 まつやまきちじろうよしのり
→松山好徳（まつやまよしのり）

松山久米太郎 まつやまくめたろう
生没年不詳
江戸時代後期の幕臣。
¶庄内

松山源五郎 まつやまげんごろう
享和3（1803）年～
江戸時代後期の与力。
¶神奈川人

松山権兵衛 まつやまごんべえ
天正15（1587）年～明暦2（1656）年
江戸時代前期の肥後熊本藩士。
¶藩臣7

ま

松山守善 まつやましゅぜん
→松山守善（まつやまもりよし）

松山深蔵 まつやましんぞう
→松山正夫（まつやままさお）

松山長左衛門 まつやまちょうざえもん
生没年不詳
江戸時代前期～中期の上総姉崎藩士。
¶藩臣3

松山定申 まつやまていしん
生没年不詳
江戸時代前期の山崎淀藩家老・兵法家。
¶国書

松山直義 まつやまなおよし
元文2（1737）年～文政4（1821）年　[別]松山伊予守直義《まつやまいよのかみなおよし》
江戸時代中期～後期の85代長崎奉行。
¶長崎歴（松山伊予守直義　まつやまいよのかみなおよし）

松山正夫 まつやままさお
天保8（1837）年～元治1（1864）年　[別]松山深蔵《まつやましんぞう》
江戸時代末期の土佐藩の志士。
¶維新（松山深蔵　まつやましんぞう），高知人（松山深蔵　まつやましんぞう），コン改，コン4，新潮（松山深蔵　まつやましんぞう　[生]天保8（1837）年2月11日　[没]元治1（1864）年7月21日），人名，日人，幕末（松山深蔵　まつやましんぞう　[没]1864年7月22日），藩臣6

松山守善 まつやまもりよし
嘉永2（1849）年～昭和20（1945）年7月21日　[別]松山守善《まつやましゅぜん》
江戸時代末期～昭和期の肥後熊本藩士、官吏、弁護士。
¶朝日（[生]嘉永2年10月15日（1849年11月29日）），熊本百（[生]嘉永2（1849）年10月15日），重要（生没年不詳），人書94（[没]？），世紀（[生]嘉永1（1848）年　[没]昭和20（1945）年7月22日），日人，幕末（まつやましゅぜん）

松山好徳 まつやまよしのり
*～明治2（1869）年　[別]松山吉治良好徳《まつやまきちじろうよしのり》
江戸時代末期の剣士。
¶千葉百（松山吉治良好徳　まつやまきちじろうよしのり　[生]享和2（1802）年），幕末（[生]1803年）

松山隆阿弥 まつやまりゅうあみ
江戸時代末期の薩摩藩士。
¶維新，茶道，姓氏鹿児島，幕末（生没年不詳）

松浦詮 まつらあきら
天保11（1840）年～明治41（1908）年　[別]松浦詮《まつうらあきら》，心月《しんげつ》
江戸時代末期～明治期の大名。肥前平戸藩主。
¶朝日（[生]天保11年10月18日（1840年11月13日）　[没]明治41（1908）年4月13日），維新（まつうらあきら），学校（[生]天保11（1840）年10月18日　[没]明治41（1908）年4月13日），弓道（[生]天保11（1840）年10月18日　[没]明治41（1908）年4月11日），近現，近世，国史，コン改（まつうらあきら），コン4（まつうらあきら），コン5（まつうらあきら），史人（まつうらあきら　[生]1840年10月18日　[没]1908年4月13日），諸系，新潮（[生]天保11（1840）年10月18日　[没]明治41（1908）年4月11日），人名（まつうらあきら），世紀（まつうらあきら　[生]天保11（1840）年10月18日　[没]明治41（1908）年4月13日），日人，俳句（心月　しんげつ），幕末（[没]1908年4月13日），藩主4（[生]天保11（1840）年10月18日　[没]明治41（1908）年4月13日），履歴（まつうらあきら　[生]天保11（1840）年10月18日　[没]明治41（1908）年4月13日）

松浦篤信 まつらあつのぶ
貞享1（1684）年～*　[別]松浦篤信《まつうらあつのぶ》
江戸時代中期の大名。肥前平戸藩主。
¶諸系（[没]1757年），人名（まつうらあつのぶ　[没]1756年），日人（[没]1757年），藩主4（[生]貞享1（1684）年7月16日　[没]宝暦6（1756）年12月3日）

松浦有信 まつらありのぶ
宝永7（1710）年～享保13（1728）年
江戸時代中期の大名。肥前平戸藩主。
¶諸系，日人，藩主4（[生]宝永7（1710）年5月8日　[没]享保13（1728）年8月25日）

松浦致 まつらいたる
享保1（1716）年～天明3（1783）年　[別]松浦致《まつうらいたる》
江戸時代中期の大名。肥前平戸新田藩主。
¶諸系，人名（まつうらいたる），日人，藩主3（[没]天明3（1783）年8月8日）

松浦右膳(1) まつらうぜん
？～安永7（1778）年
江戸時代中期の肥前平戸藩家老。

¶藩臣7

松浦右膳(2) まつらうぜん
→松浦右膳(まつうらうぜん)

松浦大内蔵 まつらおおくら
文政10(1827)年～明治37(1904)年
江戸時代末期～明治期の肥前平戸藩家老。
¶幕末([没]1904年5月23日),藩臣7

松浦清 まつらきよし
→松浦静山(まつらせいざん)

松浦邑 まつらさとし
寛文10(1670)年～宝永5(1708)年
江戸時代中期の大名。肥前平戸新田藩主。
¶諸系,日人,藩主3([没]宝永5(1708)年10月29日)

松浦誠信 まつらさねのぶ
正徳2(1712)年～安永8(1779)年 [別]松浦誠信《まつうらさねのぶ》
江戸時代中期の大名。肥前平戸藩主。
¶諸系,人名(まつうらさねのぶ [生]1711年),日人,藩主4([生]正徳2(1712)年3月11日 [没]安永8(1779)年4月29日)

松浦鎮信 まつらしげのぶ
元和8(1622)年～元禄16(1703)年 [別]松浦鎮信《まつうらしげのぶ》,松浦天祥《まつらてんしょう》
江戸時代前期～中期の大名。肥前平戸藩主。
¶朝日([生]元和8年3月13日(1622年4月23日) [没]元禄16年10月6日(1703年11月14日)),角史,近世,国史,国書([生]元和8(1622)年3月13日 [没]元禄16(1703)年10月6日),コン改,コン4,茶道(まつうらしげのぶ),史人(まつうらしげのぶ [生]1622年3月13日 [没]1703年10月6日),諸系,新潮([没]元禄16(1703)年10月6日),人名(まつうらしげのぶ),世人([没]元禄16(1703)年10月6日),世百(まつうらしげのぶ),長崎百(まつらしげのぶ(てんしょう)),日人,藩主4([生]元和8(1622)年3月13日 [没]元禄16(1703)年10月6日),歴大

松浦将監 まつらしょうげん
? ～元禄7(1694)年
江戸時代前期の肥前平戸藩家老。
¶藩臣7

松浦静山 まつらせいざん
宝暦10(1760)年～天保12(1841)年 [別]松浦清《まつうらきよし,まつらきよし》,松浦静山《まつうらせいざん》
江戸時代中期～後期の大名。肥前平戸藩主。
¶朝日([生]宝暦10年1月20日(1760年3月7日) [没]天保12年6月29日(1841年8月15日)),岩史([生]宝暦10(1760)年1月20日 [没]天保12(1841)年6月29日),江戸東,角史,近世,剣豪(まつうらせいざん),考古(まつうらせいざん [没]天保12年(1841年6月25日)),国史,国書([生]宝暦10(1760)年1月20日 [没]天保12(1841)年6月29日),コン改,コン4,詩歌(まつうらせいざん),史人(まつうらせいざん [生]1760年1月20日 [没]1841年6月29日),諸系,人書94,新潮([生]宝暦10(1760)年1月20日 [没]天保12(1841)年6月29日),人名(まつうらせいざん),世人(まつうらせいざん),全書,大百,長崎百(松浦清 まつらきよし(せいざん)),日史([没]天保12(1841)年6月29日),日人,藩主4(松浦清 まつらきよし [生]宝暦10(1760)年1月20日 [没]天保12(1841)年6月29日),百科,歴大(松浦清 まつうらきよし)

松浦大学 まつらだいがく
? ～明暦2(1656)年
江戸時代前期の肥前平戸藩家老。
¶藩臣7

松浦棟 まつらたかし
正保3(1646)年～正徳3(1713)年 [別]松浦棟《まつうらたかし》
江戸時代前期～中期の大名。肥前平戸藩主。
¶国書([生]正保3(1646)年9月24日 [没]正徳3(1713)年9月22日),諸系,人名(まつうらたかし),日人,藩主4([生]正保3(1646)年9月24日 [没]正徳3(1713)年9月22日)

松浦宝 まつらたかし
寛延2(1749)年～天明3(1783)年
江戸時代中期の大名。肥前平戸新田藩主。
¶諸系,日人,藩主3([没]天明3(1783)年5月7日)

松浦隆信 まつらたかのぶ
天正19(1591)年～寛永14(1637)年 [別]松浦隆信《まつうらたかのぶ》,松浦宗陽《まつらそうよう》
江戸時代前期の大名。肥前平戸藩主。
¶近世,国史,コン改,コン4,諸系([生]1592年),新潮([没]寛永14(1637)年5月24日),人名(まつうらたかのぶ),世人,戦合,戦国,長崎百(まつらたかのぶ(そうよう)),日人([生]1592年),藩主4([生]天正19(1591)年11月29日 [没]寛永14(1637)年5月24日)

松浦矩 まつらただし
明和6(1769)年～享和3(1803)年
江戸時代中期～後期の大名。肥前平戸新田藩主。
¶諸系,日人,藩主3([生]明和5(1768)年12月 [没]享和3(1803)年4月)

松浦良 まつらちかし
寛政2(1790)年～文化12(1815)年
江戸時代後期の大名。肥前平戸新田藩主。
¶諸系,日人,藩主3([没]文化11(1814)年12月5日)

松浦鄰 まつらちかし
宝永2(1705)年～享保13(1728)年 [別]松浦鄰《まつうらちかし》
江戸時代中期の大名。肥前平戸新田藩主。
¶諸系,人名(まつうらちかし),日人,藩主3([没]享保13(1728)年9月24日)

松浦曜 まつらてらす
文化9(1812)年～安政5(1858)年
江戸時代末期の大名。肥前平戸藩主。
¶諸系,日人,幕末([没]1858年7月30日),藩主4([生]文化9(1812)年8月21日 [没]安政5(1858)年6月20日)

松浦典膳 まつらてんぜん
享保10(1725)年～明和7(1770)年
江戸時代中期の肥前平戸藩家老。

¶藩臣7

松浦内膳(1)　まつらないぜん
貞享4(1687)年〜安永2(1773)年
江戸時代中期の肥前平戸藩家老。
¶藩臣7

松浦内膳(2)　まつらないぜん
→松浦内膳(まつうらないぜん)

松浦脩　まつらながし
天保3(1832)年〜明治39(1906)年
江戸時代末期〜明治期の大名。肥前平戸新田藩主。
¶諸系，日人，藩主3([生]天保3(1832)年1月 [没]明治39(1906)年4月)

松浦信辰　まつらのぶたつ
慶長2(1597)年〜寛永15(1638)年　[別]松浦信辰《まつうらのぶたつ,まつらのぶとき》
江戸時代前期のキリシタン武士。平戸藩主松浦久信の子。
¶コン改，コン4，諸系(まつらのぶとき)，新潮([没]寛永15(1638)年9月2日)，日人(まつらのぶとき)

松浦信辰　まつらのぶとき
→松浦信辰(まつらのぶたつ)

ま

松浦信正　まつらのぶまさ
元禄9(1696)年〜明和6(1769)年　[別]松浦河内守信正《まつうらかわちのかみのぶまさ》
江戸時代中期の53代長崎奉行。
¶江戸，長崎歴(松浦河内守信正　まつうらかわちのかみのぶまさ)

松浦皓　まつらひかる
文化1(1804)年〜安政3(1856)年
江戸時代末期の大名。肥前平戸新田藩主。
¶諸系，日人，藩主3([生]文化1(1804)年10月 [没]安政3(1856)年7月3日)

松浦熈(松浦凞，松浦煕)　まつらひろむ
寛政3(1791)年〜慶応3(1867)年
江戸時代末期の大名。肥前平戸藩主。
¶国書([生]寛政3(1791)年4月10日　[没]慶応3(1867)年6月27日)，諸系，日人，幕末(松浦凞 [没]1867年7月28日)，藩主4(松浦煕　[生]寛政3(1791)年4月11日　[没]慶応3(1867)年6月27日)

松浦豊後守　まつらぶんごのかみ
江戸時代の肥前平戸新田藩主。
¶江戸東

松浦昌　まつらまさし
慶安4(1651)年〜元文1(1736)年　[別]松浦昌《まつうらまさし》
江戸時代前期〜中期の大名。肥前平戸新田藩主。
¶諸系，人名(まつうらまさし)，日人，藩主3([没]元文1(1736)年1月10日)

松浦雅信　まつらまさのぶ
享保9(1724)年〜天明3(1783)年
江戸時代中期の肥前平戸藩家老。
¶藩臣7

松脇五左衛門　まつわきござえもん,まつわきございもん
天保11(1840)年〜元治1(1864)年　[別]松脇五郎左衛門《まつわきごろうざえもん》，新宮半次郎《しんぐうはんじろう》
江戸時代末期の薩摩藩士。
¶維新，人名，姓氏鹿児島(まつわきござえもん)，日人，幕末(松脇五郎左衛門　まつわきごろうざえもん　[没]1864年12月3日)

松脇五郎左衛門　まつわきごろうざえもん
→松脇五左衛門(まつわきござえもん)

的場勝政　まとばかつまさ
？　〜元禄12(1699)年
江戸時代前期の武士。
¶和歌山人

的場勝吉　まとばかつよし
生没年不詳
江戸時代前期の武士。
¶和歌山人

的場勝美　まとばかつよし
寛政10(1798)年〜明治10(1877)年1月5日
江戸時代後期〜明治期の山城淀藩士・国学者。
¶国書

的場喜一郎　まとばきいちろう
弘化3(1846)年〜文久3(1863)年11月6日
江戸時代末期の紀伊和歌山藩士。
¶幕末

的場九左衛門　まとばきゅうざえもん
？　〜貞享1(1684)年　[別]的場正勝《まとばまさかつ》
江戸時代前期の紀伊和歌山藩士。
¶藩臣5，和歌山人(的場正勝　まとばまさかつ)

的場源八　まとばげんはち
生没年不詳
安土桃山時代〜江戸時代前期の武士。浅野家の家臣。
¶和歌山人

的場源八郎　まとばげんはちろう
生没年不詳
安土桃山時代〜江戸時代前期の武士。浅野家の家臣。
¶和歌山人

的場尹胤　まとばただつぐ
生没年不詳
江戸時代末期の武士。
¶和歌山人

的場友寿　まとばともとし
生没年不詳
江戸時代末期の武士。
¶和歌山人

的場正勝　まとばまさかつ
→的場九左衛門(まとばきゅうざえもん)

的場万兵衛　まとばまんべえ
？　〜宝永2(1705)年
江戸時代前期の武士。
¶和歌山人

間部詮勝　まなべあきかつ
文化1(1804)年〜明治17(1884)年
江戸時代末期〜明治期の大名。越前鯖江藩主。

¶朝日（[生]文化1年2月19日（1804年3月30日）[没]明治17（1884）年11月28日），維新，角史，京都大（[生]享和2（1802）年），郷土福井（[生]1802年），近現，近世，国史，国書（[生]文化1（1804）年2月19日　[没]明治17（1884）年11月28日），コン改（[生]享和2（1802）年），コン4，コン5，史人（[生]1804年2月19日　[没]1884年11月28日），重要（[生]文化1（1804）年2月19日　[没]明治17（1884）年11月28日），諸系，新潮（[生]享和2（1802）年　[没]明治17（1884）年11月28日），人名（[生]1802年），姓氏京都，世人（[生]享和2（1802）年2月19日　[没]明治17（1884）年11月28日），日史（[生]享和2（1802）年2月　[没]明治17（1884）年11月28日），日人，幕末（[生]1802年　[没]1884年11月28日），藩主3（[生]文化1（1804）年2月19日　[没]明治17（1884）年11月28日），百科（[生]享和2（1802）年），福井百，歴大

間部詮允　まなべあきさね
寛政2（1790）年～文化11（1814）年
江戸時代後期の大名。越前鯖江藩主。
¶諸系，日人，藩主3（[生]寛政2（1790）年1月6日　[没]文化11（1814）年7月17日）

間部詮実　まなべあきざね
文政10（1827）年～元治1（1864）年
江戸時代末期の大名。越前鯖江藩主。
¶諸系，日人，幕末（[没]1864年1月6日），藩主3（[生]文政10（1827）年4月28日　[没]文久3（1863）年11月27日）

間部詮茂　まなべあきとお
元文4（1739）年～天明6（1786）年
江戸時代中期の大名。越前鯖江藩主。
¶諸系，人名，日人，藩主3（[生]元文4（1739）年5月16日　[没]天明6（1786）年6月7日）

間部詮言　まなべあきとき
元禄3（1690）年～享保9（1724）年　[別]間部詮言《まなべあきゆき》
江戸時代中期の大名。越後村上藩主、越前鯖江藩主。
¶諸系，人名（まなべあきゆき），新潟百，日人，藩主3，藩主3（[生]元禄3（1690）年5月2日　[没]享保9（1724）年8月18日）

間部詮央　まなべあきなか
元文3（1738）年～明和8（1771）年
江戸時代中期の大名。越前鯖江藩主。
¶諸系，日人，藩主3（[生]元文3（1738）年11月2日　[没]明和8（1771）年5月29日）

間部詮熙（間部詮煕）　まなべあきひろ
明和3（1766）年～文化9（1812）年
江戸時代後期の大名。越前鯖江藩主。
¶諸系，日人，藩主3（間部詮煕　[生]明和7（1770）年6月20日　[没]文化8（1811）年12月21日）

間部詮房　まなべあきふさ
寛文6（1666）年～享保5（1720）年
江戸時代中期の大名。上野高崎藩主、越後村上藩主。甲府綱豊の用人から出世し、綱豊が6代将軍家宣になると側用人として幕政を担う。新井白石と協力して「正徳の治」を主導した。
¶朝日（[生]寛文6年5月16日（1666年6月18日）[没]享保5年7月16日（1720年8月19日）），岩史（[生]寛文6（1666）年5月16日　[没]享保5（1720）年7月16日），角史，神奈川人，近世，群馬人（[生]寛文7（1667）年），群馬百（[没]1715年），芸能（[没]享保5（1720）年7月16日），国史，国書（[没]享保5（1720）年7月16日），コン改，コン4，史人（[生]1666年5月16日　[没]1720年7月16日），重要（[没]享保5（1720）年7月16日），諸系，新潮（[生]寛文7（1667）年　[没]享保5（1720）年7月16日），人名（[生]1667年），世人（[生]寛文7（1667）年　[没]享保5（1720）年7月16日），世百，全書（[生]1666年，（異説）1667年），大百（[生]1667年），新潟百，日史（[生]寛文7（1667）年　[没]享保5（1720）年7月16日），日人，藩主1（[没]享保5（1720）年7月16日），藩主3（[没]享保5（1720）年7月16日），百科（[生]寛文7（1667）年），歴大（[生]1666年，（異説）1667年）

間部詮道　まなべあきみち
嘉永6（1853）年～明治25（1892）年
江戸時代末期～明治期の大名。越前鯖江藩主。
¶諸系，日人，藩主3（[生]嘉永6（1853）年9月6日　[没]明治25（1892）年4月6日）

間部詮方　まなべあきみち
宝永6（1709）年～天明5（1785）年
江戸時代中期の大名。越前鯖江藩主。
¶諸系，人名，日人，藩主3（[生]宝永6（1709）年1月6日　[没]天明5（1785）年8月20日）

間部詮言　まなべあきゆき
→間部詮言（まなべあきとき）

間部詮之　まなべあきゆき
？　～享保15（1730）年
江戸時代中期の旗本。
¶神奈川人，姓氏静岡

真辺栄三郎　まなべえいざぶろう
＊～明治12（1879）年
江戸時代末期～明治期の土佐藩士。
¶維新（[生]1821年），高知人（[生]1822年）

真鍋五郎右衛門　まなべごろうえもん
→真鍋貞成（まなべさだなり）

真鍋貞成　まなべさだなり
永禄11（1568）年～明暦2（1656）年　[別]真鍋五郎右衛門《まなべごろうえもん》
安土桃山時代～江戸時代前期の地方豪族・土豪、紀伊和歌山藩士。
¶戦国，戦人（生没年不詳），藩臣5（真鍋五郎右衛門　まなべごろうえもん），和歌山人

真鍋茂太夫　まなべしげたゆう
生没年不詳
江戸時代の尾張藩士。
¶国書

真辺光祐　まなべみつすけ
～宝永6（1709）年
江戸時代前期～中期の槍術家。
¶高知人

真鍋祐雄　まなべゆうゆう
生没年不詳
江戸時代中期の下総古河藩士。

ま

¶国書

真野有春 まのありはる
天正19(1591)年～寛永6(1629)年
江戸時代前期の武将。秀吉馬廻、豊臣氏家臣、徳川氏家臣。
¶戦国，戦人

真野竹亭 まのちくてい
→真野頼恭(まのよりたか)

真野正次 まのまさつぐ
*～元和8(1622)年
安土桃山時代～江戸時代前期の武士。織田氏家臣、豊臣氏家臣、徳川氏家臣。
¶戦国([生]1563年)，戦人([生]永禄5(1562)年)

真野安代 まのやすのり
？ ～明和1(1764)年9月10日
江戸時代中期の尾張藩士・故実家。
¶国書

真野頼包 まのよりかね
江戸時代前期の武士。豊臣氏家臣。
¶戦国，戦人(生没年不詳)

真野頼恭 まのよりたか
元文4(1739)年～文化14(1817)年 [別]真野竹亭《まのちくてい》
江戸時代中期～後期の備後福山藩士。
¶国書([没]文化14(1817)年4月11日)，藩臣6(真野竹亭 まのちくてい)

馬淵嘉平 まぶちかへい
寛政5(1793)年～嘉永4(1851)年
江戸時代末期の土佐藩士。藩主山内豊熙の藩政改革に参加。
¶朝日([没]嘉永4年11月11日(1851年12月3日))，近世，高知人，高知百，国史，コン改，コン4，新潮([没]嘉永4(1851)年11月11日)，人名([没]1839年)，日人，幕末([没]1851年12月3日)，藩臣6

馬淵高定 まぶちたかさだ
明暦3(1657)年～享保7(1722)年
江戸時代中期の故実家、加賀藩士。
¶国書([没]享保7(1722)年5月26日)，人名，姓氏石川([生]？ [没]1710年)，日人

馬淵仲暢 まぶちなかのぶ
生没年不詳
江戸時代前期～中期の加賀藩士。
¶国書

真見塚源七 まみづかげんしち
？ ～享和2(1802)年
江戸時代中期～後期の肥前平戸藩士。
¶藩臣7

間宮勝守 まみやかつもり
→間宮求馬(まみやもとめ)

間宮士信 まみやことのぶ
安永6(1777)年～天保12(1841)年
江戸時代後期の旗本、地誌学者。
¶朝日，江文，神奈川人，近世，国史，国書([没]天保12(1841)年7月13日)，史人([没]1841年7月13日)，千葉百，日人

間宮五郎兵衛 まみやごろべえ
？ ～延宝6(1678)年 [別]間宮久也《まみやひさなり》
江戸時代前期の安芸広島藩士。
¶剣豪，日人，藩臣6(間宮久也 まみやひさなり)

真宮定広 まみやさだひろ
宝暦5(1755)年3月26日～享和4(1804)年1月6日
江戸時代中期～後期の秋田藩士。
¶国書

間宮重郡 まみやしげくに
明暦2(1656)年～享保4(1719)年
江戸時代中期の旗本。
¶神奈川人

間宮重信 まみやしげのぶ
天正19(1591)年～寛文3(1663)年
江戸時代前期の旗本。
¶神奈川人

間宮筑前守信興 まみやちくぜんのかみのぶおき
→間宮信興(まみやのぶおき)

間宮鉄次郎[1] まみやてつじろう
天保2(1831)年～大正4(1915)年
江戸時代後期～大正期の小野派一刀流剣士、三方原入植武士。
¶静岡歴，姓氏静岡

間宮鉄次郎[2] まみやてつじろう
天保2(1831)年～明治24(1891)年6月10日
江戸時代末期～明治期の幕臣。
¶維新，国書，幕末

間宮俊信 まみやとしのぶ
寛永4(1627)年～元禄16(1703)年
江戸時代中期の旗本。
¶神奈川人

間宮永好 まみやながよし
文化2(1805)年～明治5(1872)年
江戸時代末期～明治期の水戸藩士、歌人、国学者。
¶維新，江文，国書([没]明治5(1872)年1月3日)，神人([生]文化2(1831)年8月8日 [没]明治5(1872)年1月3日)，人名，日人，幕末([没]1872年2月11日，(異説)2月19日)，平史，和俳

間宮信明 まみやのぶあき
～元文5(1740)年
江戸時代中期の旗本。
¶神奈川人

間宮信明 まみやのぶあきら
寛文1(1661)年～正徳4(1714)年
江戸時代中期の幕臣。小普請奉行。
¶近世，国史，日人

間宮信興 まみやのぶおき
明和6(1769)年～文政6(1823)年 [別]間宮筑前守信興《まみやちくぜんのかみのぶおき》
江戸時代中期～後期の88代長崎奉行。
¶長崎歴(間宮筑前守信興 まみやちくぜんのかみのぶおき)

間宮信重 まみやのぶしげ
～貞享2(1685)年
江戸時代前期の旗本。

¶神奈川人

間宮信繁　まみやのぶしげ
永禄2(1559)年〜元和3(1617)年
江戸時代前期の旗本。
¶神奈川人，姓氏神奈川

間宮信正　まみやのぶまさ
〜寛永18(1641)年
江戸時代前期の旗本。
¶神奈川人

間宮信行　まみやのぶゆき
天保5(1834)年〜？
江戸時代後期〜明治期の静岡藩士、陸軍軍人。
¶静岡歴

間宮信好　まみやのぶよし
延享3(1746)年〜寛政9(1797)年9月10日
江戸時代中期〜後期の幕臣。
¶国書

間宮久忠　まみやひさただ
？　〜明和6(1769)年
江戸時代中期の剣術家。
¶人名，日人

間宮久也　まみやひさなり
→間宮五郎兵衛(まみやごろべえ)

間宮正方(間宮正万)　まみやまさかず
→間宮六郎(まみやろくろう)

間宮正重　まみやまさしげ
生没年不詳
江戸時代前期の旗本。
¶神奈川人

間宮求馬　まみやもとめ
？　〜　[別]間宮勝守《まみやかつもり》
江戸時代前期〜中期の陸奥弘前藩用人。
¶青森人，青森百(間宮勝守　まみやかつもり)，藩臣1(生没年不詳)

間宮盛忠　まみやもりただ
慶長10(1605)年〜万治2(1659)年
江戸時代前期の武士。
¶和歌山人

間宮林蔵　まみやりんぞう
安永4(1775)年〜弘化1(1844)年
江戸時代後期の幕府御庭番、北地探検家。蝦夷地沿岸を測量。樺太西岸の間宮海峡にその名を残す。
¶朝日([没]弘化1年2月26日(1844年4月13日))，茨城百([生]1780年　[没]1844年？)，岩史([生]安永9(1780)年　[没]天保15(1844)年2月26日)，江戸，角史，郷土茨城([生]1780年)，近世，国史，国書([没]天保15(1844)年2月26日)，コン改([生]安永4(1775)年，(異説)1780年)，コン4([生]安永4(1775)年，(異説)1780年)，史人([没]1844年2月26日)，重要([生]安永4(1775)年？　[没]弘化1(1844)年2月26日)，人書94([生]1775年，(異説)1780年)，新潮([生]安永4(1775)年，(異説)安永9(1780)年　[没]弘化1(1844)年2月26日)，人名([生]1780年)，世人([生]安永9(1780)年　[没]弘化1(1844)年2月26日)，世百，全書([生]1780年)，大百([生]1780年)，伝記，長崎歴([生]安永9(1780)年)，日史([没]弘化1(1844)年2月26日)，日人，百科，北海道百，北海道文([没]弘化1(1844)年2月26日)，北海道歴，洋学([生]安永9(1780)年)，歴大

間宮六郎　まみやろくろう
天保2(1831)年〜明治35(1902)年　[別]間宮正方《まみやまさかず》，間宮正万《まみやまさかず》
江戸時代末期〜明治期の尾張藩士。
¶愛知百(間宮正万　まみやまさかず　[生]1831年8月8日　[没]1902年12月26日)，維新，人名，姓氏愛知(間宮正万　まみやまさかず)，日人，幕末([没]1902年12月26日)，藩臣4(間宮正方　まみやまさかず)

馬屋原彰　まやはらあきら
→馬屋原彰(うまやばらあきら)

真山正兵衛　まやましょうべえ
生没年不詳
江戸時代前期の陸奥仙台藩士。
¶藩臣1

間山祐真　まやますけまさ
宝暦13(1763)年〜文政8(1825)年
江戸時代後期の国学者、陸奥弘前藩士。
¶国書([没]文政8(1825)年6月26日)，人名，日人

間山鉄五郎　まやまてつごろう
*〜天保4(1833)年
江戸時代後期の陸奥弘前藩士。
¶青森人([生]天保ころ)，藩臣1([生]寛政1(1789)年)

真山俊重　まやまとししげ
天正14(1586)年〜寛文3(1663)年7月10日
安土桃山時代〜江戸時代前期の仙台藩士。
¶国書

真山元輔　まやまもとすけ
生没年不詳
江戸時代前期の陸奥仙台藩士。
¶藩臣1

黛治邦　まゆずみはるくに
天保11(1840)年〜明治28(1895)年
江戸時代後期〜明治期の七日市藩剣術教授、社寺奉行、実業家、群馬県議会議員。
¶群馬人，姓氏群馬

真里谷円四郎　まりやえんしろう
寛文1(1661)年〜寛保2(1742)年　[別]真里谷義旭《まりやつぎきょく》
江戸時代中期の筑後久留米藩士、武術家。
¶剣豪，藩臣7(真里谷義旭　まりやつぎきょく　[生]寛文1(1661)年頃)

真理谷源太郎　まりやげんたろう
[別]真里谷源太郎《まりやつげんたろう》
安土桃山時代〜江戸時代前期の武士。里見氏家臣。
¶戦人(生没年不詳)，戦東(真里谷源太郎　まりやつげんたろう)

真理谷佐右衛門　まりやさえもん
[別]真里谷佐右衛門《まりやつさうえもん》
安土桃山時代〜江戸時代前期の武士。里見氏家臣。
¶戦人(生没年不詳)，戦東(真里谷佐右衛門　まりやつさうえもん)

真里谷義旭　まりやつぎきょく
→真里谷円四郎（まりやえんしろう）

真里谷源太郎　まりやつげんたろう
→真理谷源太郎（まりやげんたろう）

真里谷佐右衛門　まりやつさうえもん
→真理谷佐右衛門（まりやさえもん）

丸岡正孝　まるおかまさたか
文化3（1806）年12月5日～
江戸時代後期の白川藩藩士。
¶三重続

円尾啓二郎　まるおけいじろう
江戸時代末期の新撰組隊士。
¶新撰

丸川義三　まるかわぎぞう
→丸川義三（まるかわよしぞう）

丸川松隠　まるかわしょういん
宝暦8（1758）年～天保2（1831）年
江戸時代中期～後期の備中新見藩士、儒学者。
¶大阪人（[没]天保2（1831）年8月），岡山人，岡山百（[生]宝暦8（1758）年6月21日　[没]天保2（1831）年8月4日），岡山歴（[生]宝暦8（1758）年6月21日　[没]天保2（1831）年8月4日），国書（[生]宝暦8（1758）年6月21日　[没]天保2（1831）年8月4日），人名，日人，藩臣6

丸川義三　まるかわよしぞう
天保1（1830）年～*　[別]丸川義三《まるかわぎぞう》
江戸時代末期～明治期の新見藩士。
¶岡山人（[没]明治3（1870）年），岡山百（[没]慶応4（1868）年1月19日），人名（まるかわぎぞう　[生]？　[没]1870年），日人（[没]1868年），幕末（[没]1868年2月12日），藩臣6（まるかわぎぞう　[生]？　[没]明治3（1870）年）

丸川廉斎　まるかわれんさい
寛政9（1797）年～弘化4（1847）年
江戸時代後期の備中新見藩士。
¶岡山人，岡山百（[没]弘化4（1847）年1月8日），岡山歴（[没]弘化4（1847）年1月8日），人名，日人，藩臣6

丸毛親吉　まるげちかよし
→丸毛兼利（まるもかねとし）

丸子三右衛門　まるこさんえもん
？～元和4（1618）年
安土桃山時代～江戸時代前期の武田家臣。信濃先方衆。
¶姓氏長野，姓氏山梨

丸作右衛門　まるさくうえもん
江戸時代前期の武将。里見氏家臣。
¶戦東

丸田監物（丸田堅物）　まるたけんもつ
文化2（1805）年～明治2（1869）年
江戸時代末期の十津川藩士。
¶維新，新潮（丸田堅物　[生]文化2（1805）年10月10日　[没]明治2（1869）年4月29日），人名，日人，幕末（[没]1869年6月9日）

丸谷源之助　まるたにげんのすけ
天保12（1841）年～文久3（1863）年
江戸時代末期の志士。十津川郷士。
¶維新

丸谷志津馬　まるたにしづま
江戸時代末期の志士。十津川郷士。
¶維新

丸田正通　まるたまさみち
生没年不詳
江戸時代後期の越後新発田藩士・和算家。
¶国書

丸田盛次　まるたもりつぐ
？～寛永5（1628）年
江戸時代前期の出羽米沢藩士、砲術家。
¶国書（[没]寛永5（1628）年12月），人名，日人，藩臣1

丸橋忠弥　まるばしちゅうや，まるはしちゅうや
？～慶安4（1651）年
江戸時代前期の浪士。慶安事件の指導者の一人。
¶朝日（[没]慶安4年8月10日（1651年9月24日）），岩史（[没]慶安4（1651）年8月10日），江戸，角史，近世，国史，コン改，コン4，史人（[没]1651年8月10日），重要（[没]慶安4（1651）年8月23日），新潮（[没]慶安4（1651）年8月10日），人名，世人（[没]慶安4（1651）年8月23日），世百，全書，大百，日史（[没]慶安4（1651）年8月10日），日人，百科，歴大（まるはしちゅうや）

丸目蔵人　まるめくらんど
天文9（1540）年～寛永6（1629）年　[別]丸目蔵人佐《まるめくらんどのすけ》，丸目長恵《まるめちょうえ，まるめながよし》，丸目徹斎《まるめてっさい》
安土桃山時代～江戸時代前期の肥後人吉藩の武士。
¶朝日（[没]寛永6年2月7日（1629年3月1日）），近世，熊本百（[没]寛永6（1629）年2月7日），剣豪，国史，史人（[没]1629年5月7日），新潮（[没]寛永6（1629）年2月7日），人名，戦合，全書（丸目蔵人佐　まるめくらんどのすけ），戦人（丸目長恵　まるめながよし），戦西（丸目長恵　まるめながよし　[生]？），戦補（丸目長恵　まるめちょうえ　[生]？），大百（丸目蔵人佐　まるめくらんどのすけ），日人，藩臣7（丸目徹斎　まるめてっさい），歴大（丸目蔵人佐　まるめくらんどのすけ）

丸目蔵人佐　まるめくらんどのすけ
→丸目蔵人（まるめくらんど）

丸目長恵　まるめちょうえ
→丸目蔵人（まるめくらんど）

丸目徹斎　まるめてっさい
→丸目蔵人（まるめくらんど）

丸目長恵　まるめながよし
→丸目蔵人（まるめくらんど）

丸目主水　まるめもんど
→丸目主水正（まるめもんどのしょう）

丸目主水正　まるめもんどのしょう
[別]丸目主水《まるめもんど》
江戸時代の剣術家、一伝流抜刀術の開祖。
¶人名（丸目主水　まるめもんど），日人（生没年

不詳）

丸毛兼利 まるもかねとし
？ ～正保4（1647）年 [別]丸毛親吉《まるげちかよし》
江戸時代前期の大名。美濃福東藩主。
¶織田（[没]正保4（1647）年1月28日），岐阜百，戦国，戦人，日人，藩主2（[没]正保4（1647）年1月28日？），歴大（丸毛親吉 まるげちかよし）

丸毛重成 まるもしげなり
天正1（1573）年～寛永5（1628）年
江戸時代前期の旗本。
¶神奈川人

丸毛利久 まるもとしひさ
～寛永9（1632）年
江戸時代前期の旗本。
¶神奈川人

丸毛利恭 まるもとしゆき
生没年不詳
江戸時代後期の旗本。
¶神奈川人

丸毛政良 まるもまさかた
元文3（1738）年～＊
江戸時代中期～後期の第18代京都東町奉行。
¶京都大（[没]文化4（1807）年），姓氏京都（[没]1788年）

丸毛元右衛門 まるももとえもん
正保2（1645）年～正徳5（1715）年12月14日
江戸時代前期の武士。
¶岡山人，岡山歴

丸山嘉右衛門 まるやまかえもん
？ ～安政2（1855）年
江戸時代後期～末期の剣術家。直心影流。
¶剣豪

丸山活堂 まるやまかつどう
→丸山可澄（まるやまよしずみ）

丸山閑山 まるやまかんざん
文化7（1810）年～明治5（1872）年1月20日
江戸時代後期～明治期の松山藩士。
¶愛媛百

丸山駒之助 まるやまこまのすけ
江戸時代末期の新撰組隊士。
¶新撰

丸山作楽 まるやまさくら
天保11（1840）年～明治32（1899）年 [別]安宅,一郎,神習処,正虎,正路,素行,太郎,東華,東海,般之屋,麻毘古,勇太郎
江戸時代末期～明治期の肥前島原藩士、政治家、歌人。貴族院議員。立憲帝政党を組織し保守的政治思想を宣伝。著書に「磐之屋歌集」など。
¶朝日（[生]天保11年10月3日（1840年10月27日） [没]明治32（1899）年8月18日），維新，海越（[生]天保11（1840）年10月3日 [没]明治32（1899）年8月19日），海越新（[生]天保11（1840）年10月3日 [没]明治32（1899）年8月19日），江戸東，郷土長崎，近現，近文，国際，国史，コン改，コン5，史人（[生]1840年10月3日 [没]1899年8月19日），重要（[生]天保11（1840）年10月3日 [没]明治32（1899）年8月18日），神史，神人（[生]天保11（1840）年10月 [没]明治32（1899）年8月），新潮（[生]天保11（1840）年10月3日 [没]明治32（1899）年8月18日），新文（[生]天保11（1840）年10月3日 [没]明治32（1899）年8月19日），人名，世人，渡航（[生]1840年10月3日 [没]1899年8月19日），長崎百，日史（[生]天保11（1840）年10月3日 [没]明治32（1899）年8月19日），日人，幕末（[没]1899年8月19日），藩臣7，百科，文学，履歴（[生]天保11（1840）年10月3日 [没]明治32（1899）年8月19日），歴大

丸山武雄 まるやまたけお
→丸山舎人（まるやまとねり）

丸山士美 まるやまただよし
宝暦12（1762）年～文化12（1815）年
江戸時代後期の武士。
¶和歌山人

丸山舎人 まるやまとねり
？ ～安政6（1859）年 [別]丸山武雄《まるやまたけお》
江戸時代末期の信濃須坂藩家老。
¶国書（丸山武雄 まるやまたけお），姓氏長野，長野歴，藩臣3

丸山友貞 まるやまともさだ
～宝永7（1710）年
江戸時代前期の旗本。
¶神奈川人

丸山内記 まるやまないき
生没年不詳
江戸時代末期の武士。
¶和歌山人

丸山直温 まるやまなおあつ
文化7（1810）年～明治20（1887）年1月
江戸時代後期～明治期の紀伊和歌山藩士・医者。
¶国書

丸山直政 まるやまなおまさ
生没年不詳
江戸時代中期の豊前中津藩家老。
¶藩臣7

丸山久成 まるやまひさなり
天保10（1839）年～明治35（1902）年
江戸時代末期～明治期の志士。
¶長野歴，幕末（[没]1902年8月3日）

丸山抱石 まるやまほうせき
文化14（1817）年～明治31（1898）年1月27日
江戸時代末期～明治期の陸奥会津藩士、画人。
¶幕末

丸山茂介 まるやまもすけ
生没年不詳
江戸時代中期の武士。
¶岡山人，国書，日人

丸山蔚明 まるやまもちあき
？ ～文化13（1816）年8月17日
江戸時代中期～後期の米沢藩士。
¶国書

丸山可澄 まるやまよしずみ
明暦3（1657）年～享保16（1731）年 [別]丸山活堂

ま

《まるやまかつどう》
江戸時代前期〜中期の水戸藩の国学者、神道学者。
¶朝日(㊦享保16年5月11日(1731年6月15日))、
近世、国史、国書(丸山活堂　まるやまかつど
う　㊦享保16(1731)年5月11日)、人名(丸山
活堂　まるやまかつどう)、日人(丸山活堂
まるやまかつどう)、藩臣2、平史

馬渡俊継 まわたりとしつぐ
生没年不詳
江戸時代中期の佐賀藩士。『九州治乱記』を著し
たとされる。
¶佐賀百

万子 まんし
→生駒万子(いこままんし)

万田河三 まんたこうぞう
江戸時代末期の新撰組隊士。
¶新撰

万波槐里 まんなみかいり
天保12(1841)年〜明治35(1902)年
江戸時代末期〜明治期の岡山藩士、教育家。廃藩
後、県の学官として学制改革に力を尽くす。
¶岡山人(㊦天保15(1844)年)、人名、日人

万波醒廬(万波醒盧) まんなみせいろ
宝暦12(1762)年〜天保14(1843)年
江戸時代中期〜後期の備前岡山藩士、漢学者。
¶岡山人、岡山百(万波醒廬　㊦天保14(1843)年
11月26日)、岡山歴(万波醒廬　㊦天保14
(1843)年11月26日)、国書(㊦天保14(1843)
年11月26日)、人名、日人(㊦1844年)、藩臣6

万波俊諒 まんなみとしあき
生没年不詳
江戸時代後期の備前岡山藩士・漢学者。
¶国書

万年喜太夫 まんねんきだゆう
〜元禄15(1702)年6月7日
江戸時代前期〜中期の庄内藩士。
¶庄内

万年久右衛門 まんねんきゅうえもん
生没年不詳
安土桃山時代〜江戸時代前期の武士。最上氏遺臣。
¶庄内

万年七郎右衛門 まんねんしちろうえもん
享保16(1731)年〜天明6(1786)年12月23日
江戸時代後期の備中倉敷代官。
¶岡山歴

万年高頼 まんねんたかより
生没年不詳
江戸時代前期の旗本。
¶神奈川人、姓氏神奈川

万年千秋 まんねんちあき
天保4(1833)年〜明治40(1907)年
江戸時代後期〜明治期の静岡藩士、陸軍軍人。
¶静岡歴

万年長十郎 まんねんちょうじゅうろう
元禄9(1696)年〜享保18(1733)年9月17日
江戸時代中期の美作国倉敷代官。
¶岡山歴

万尾時春 まんびときはる
→万尾時春(まおときはる)

【 み 】

三井熊吉 みいくまきち
弘化4(1847)年〜明治1(1868)年7月17日
江戸時代末期の奇兵隊士。
¶幕末

三井絃二郎 みいげんじろう
弘化1(1844)年〜明治1(1868)年8月17日
江戸時代末期の長州(萩)藩士。
¶幕末

三井茂之助 みいしげのすけ
天保13(1842)年〜慶応2(1866)年
江戸時代末期の長州(萩)藩士、義勇隊隊長。
¶維新

三井元信 みいもとのぶ
生没年不詳
江戸時代の萩藩士。
¶姓氏山口

三浦明喬 みうらあきたか
元禄2(1689)年〜享保11(1726)年
江戸時代中期の大名。三河刈谷藩主。
¶諸系、日人、藩主2(㊦元禄2(1689)年10月13日
㊦享保11(1726)年4月6日)

三浦顕次 みうらあきつぐ
→三浦顕次(みうらたかつぐ)

三浦昆次 みうらあきつぐ
→三浦昆次(みうらてるつぐ)

三浦明次 みうらあきつぐ
享保11(1726)年〜寛政9(1797)年12月5日
江戸時代中期の大名。三河西尾藩主、美作勝山
藩主。
¶岡山人、岡山百(㊦享保11(1726)年3月2日)、
岡山歴(㊦享保11(1726)年3月2日)、諸系
(㊦1798年)、日人(㊦1798年)、藩主2、藩主4
(㊦享保11(1726)年3月2日)

三浦朗次 みうらあきつぐ
＊〜安政7(1860)年
江戸時代末期の大名。美作勝山藩主。
¶岡山歴(㊦天保5(1834)年8月13日　㊦安政7
(1860)年2月21日)、諸系(㊦1830年)、日人
(㊦1830年)、藩主4(㊦天保5(1834)年8月13日
㊦安政7(1860)年2月21日)

三浦明敬 みうらあきひろ
万治1(1658)年〜享保10(1725)年
江戸時代前期〜中期の大名。下野壬生藩主、日向
延岡藩主、三河刈谷藩主。
¶諸系、人名、日人、藩主1、藩主2(㊦万治3
(1658)年3月22日　㊦享保10(1725)年3月10
日)、藩主4(㊦享保10(1725)年3月10日)、宮
崎百(㊦万治2(1659)年　㊦享保10(1725)年3
月10日)

三浦市右衛門 みうらいちえもん
慶長12(1607)年〜寛文9(1669)年
江戸時代前期の常陸水戸藩士、讃岐高松藩士。
¶国書

三浦一竿 みうらいっかん
天保5(1834)年〜明治33(1900)年
江戸時代末期〜明治期の土佐藩士。
¶高知人，人名，日人，幕末([没]1900年5月19日)

三浦一舟 みうらいっしゅう
寛政2(1790)年〜万延1(1860)年5月14日
江戸時代後期〜末期の二本松藩士。
¶国書

三浦景充 みうらかげみつ
元禄12(1699)年〜天明4(1784)年
江戸時代中期の上野沼田藩士。
¶藩臣2

三浦勘解由左衛門 みうらかげゆざえもん
宝暦7(1757)年〜文政4(1821)年
江戸時代中期〜後期の若狭小浜藩士。
¶藩臣3

三浦葛山 みうらかつざん
寛政6(1794)年〜嘉永7(1854)年10月5日
江戸時代後期〜末期の漢学者・新庄藩士。
¶国書

三浦休太郎(1) みうらきゅうたろう
生没年不詳
江戸時代末期の武士。
¶和歌山人

三浦休太郎(2) みうらきゅうたろう
→三浦安(みうらやすし)

三浦啓之助 みうらけいのすけ
嘉永1(1848)年〜明治10(1877)年2月26日
江戸時代末期〜明治期の松城藩士。
¶新撰([生]嘉永1年11月11日)，幕末([生]1848年12月6日)

三浦謙吉 みうらけんきち
天保1(1830)年〜元治1(1864)年
江戸時代末期の水戸藩士。
¶維新，幕末([没]1864年8月29日)

三浦源太郎 みうらげんたろう
文政7(1824)年〜元治1(1864)年
江戸時代末期の対馬藩士。
¶維新

三浦黄鶴 みうらこうかく
明和1(1764)年〜文政2(1819)年　[別]三浦修齢《みうらしゅうれい》,三浦坦斎《みうらたんさい》
江戸時代中期〜後期の豊後杵築藩士。
¶大分百，大分歴(三浦修齢　みうらしゅうれい)，国書(三浦坦斎　みうらたんさい　[没]文政2(1819)年1月10日)，人名，日人，藩臣7

三浦小次郎 みうらこじろう
生没年不詳
江戸時代前期の武士。
¶日人

三浦小平太 みうらこへいた
生没年不詳
江戸時代後期の駿河沼津藩士。
¶藩臣4

三浦梧楼(三浦悟楼) みうらごろう
弘化3(1846)年〜大正15(1926)年　[別]一貫,観樹,五十部,五郎,梧楼
江戸時代末期〜明治期の陸軍軍人、政治家、長州藩士。中将、子爵。駐朝鮮公使となり乙未政変を起こし逮捕される。のち政界の黒幕として活動。
¶朝日([生]弘化3年11月15日(1847年1月1日)　[没]大正15(1926)年1月28日)，維新，海越([生]弘化3(1847)年11月15日　[没]大正15(1926)年1月28日)，海越新([生]弘化3(1847)年11月15日　[没]大正15(1926)年1月28日)，角史，近現，国際([生]弘化3(1847)年)，国史，コン改，コン5，史人([生]1846年11月15日　[没]1926年1月28日)，重要([生]弘化3(1846)年11月15日　[没]大正15(1926)年1月28日)，新潮([生]弘化3(1846)年11月15日　[没]大正15(1926)年1月28日)，人名，世紀([生]弘化3(1847)年11月15日　[没]大正15(1926)年1月28日)，姓氏山口，世人([生]弘化3(1846)年11月15日　[没]大正15(1926)年1月28日)，世百，先駆([生]弘化3(1847)年11月15日　[没]大正15(1926)年1月28日)，全書，渡航([生]1846年11月15日　[没]1926年1月28日)，日史([生]弘化4(1847)年1月1日　[没]大正15(1926)年1月28日)，日人([生]1847年)，日本(三浦悟楼)，幕末([生]1847年　[没]1926年1月28日)，藩臣6，百科，明治1([生]1847年)，山口百，陸海([生]弘化3年11月15日　[没]大正15年1月28日)，歴大

三浦権七郎 みうらごんしちろう
文禄2(1593)年〜寛永11(1634)年　[別]三浦義雄《みうらよしかつ》
江戸時代前期の紀伊和歌山藩士。
¶藩臣5，和歌山人(三浦義雄　みうらよしかつ)

三浦権太夫 みうらごんだゆう
天保8(1837)年〜明治1(1868)年　[別]三浦義彰《みうらよしあき》
江戸時代末期の陸奥二本松藩士。
¶維新，人名，日人([生]1838年)，幕末(三浦義彰　みうらよしあき　[没]1868年9月15日)

三浦繁太郎 みうらしげたろう
江戸時代末期の新撰組隊士。
¶新撰

三浦重成 みうらしげなり
[別]佐原作十郎《さわらさくじゅうろう》,佐原重成《さわらしげなり》
安土桃山時代〜江戸時代前期の武士。徳川氏家臣。
¶戦国，戦人(生没年不詳)

三浦茂正 みうらしげまさ
→三浦浄心(みうらじょうしん)

三浦下野守 みうらしもつけのかみ
安土桃山時代〜江戸時代前期の武士。里見氏家臣。
¶戦人(生没年不詳)，戦東

三浦修齢 みうらしゅうれい
→三浦黄鶴(みうらこうかく)

三浦十郎 みうらじゅうろう
弘化3(1847)年〜大正3(1914)年
江戸時代後期〜明治期の武士、官僚。1871年岩倉

使節団に同行しアメリカに渡る。
¶海越（生没年不詳），海越新（[生]弘化3（1847）年11月24日　[没]大正3（1914）年8月），国際，先駆（生没年不詳），渡航，日人

三浦庄二（三浦庄司）　**みうらしょうじ**
享保9（1724）年～？
江戸時代中期の遠江相良藩士。
¶朝日（三浦庄司），日人，藩臣4

三浦浄心　**みうらじょうしん**
永禄8（1565）年～正保1（1644）年　[別]三浦茂正《みうらしげまさ》
安土桃山時代～江戸時代前期の仮名草子作者。北条氏政に仕えた武士。
¶朝日（[没]正保1年3月12日（1644年4月18日）），神奈川人（[没]1645年），京都大，近世，国史，国書（[没]寛永21（1644）年3月12日），コン改，コン4，史人（[没]1644年3月12日），新潮（[没]正保1（1644）年3月12日），人名，世人，戦辞（三浦茂正　みうらしげまさ　[没]正保1年3月12日（1644年4月18日）），戦人，日史（[没]正保1（1644）年3月12日），日人，百科

三浦次郎右衛門　**みうらじろううえもん**
→三浦次郎右衛門（みうらじろうえもん）

三浦次郎右衛門　**みうらじろうえもん**
？～文政12（1829）年　[別]三浦次郎右衛門《みうらじろううえもん》
江戸時代後期の下総古河藩士、剣術師範。
¶剣豪，藩臣3（みうらじろううえもん）

三浦清風　**みうらせいふう**
？～明治22（1889）年9月
江戸時代末期～明治期の新発田藩郡奉行。
¶幕末

三浦顕次　**みうらたかつぐ**
弘化4（1847）年～明治28（1895）年　[別]三浦顕次《みうらあきつぐ》
江戸時代末期～明治期の大名。美作勝山藩主。
¶岡山歴（みうらあきつぐ　[生]弘化4（1847）年1月3日　[没]明治28（1895）年9月11日），諸系，日人，藩主4（[生]弘化4（1847）年1月3日　[没]明治28（1895）年9月11日）

三浦辰次郎　**みうらたつじろう**
弘化1（1844）年～元治1（1864）年
江戸時代末期の対馬藩士。
¶維新

三浦帯刀　**みうらたてわき**
*～元治1（1864）年
江戸時代末期の浪人、真忠組の副将格。
¶維新（[生]1817年），千葉百（[生]文化13（1816）年）

三浦為隆　**みうらためたか**
万治2（1659）年～享保17（1732）年
江戸時代前期～中期の紀伊和歌山藩家老。
¶藩臣5，和歌山人

三浦為時　**みうらためとき**
慶長14（1609）年～延宝4（1676）年
江戸時代前期の紀伊和歌山藩家老。
¶藩臣5

三浦為春　**みうらためはる**
天正1（1573）年～承応1（1652）年
安土桃山時代～江戸時代前期の紀伊和歌山藩の仮名草子作者。「あだ物語」などの著者。
¶朝日（[没]承応1年7月2日（1652年8月5日）），国書（[没]慶安5（1652）年7月2日），コン改，コン4，史人（[没]1652年7月2日），新潮（[没]承応1（1652）年7月2日），戦人，日人，藩臣5，百科，和歌山人，和俳

三浦為質　**みうらためもと**
天保4（1833）年～明治36（1903）年11月17日
江戸時代末期～明治期の紀伊和歌山藩士。
¶幕末

三浦多門　**みうらたもん**
→三浦義質（みうらよしかた）

三浦太郎　**みうらたろう**
？～慶応2（1866）年
江戸時代末期の長州（萩）藩口羽熊之丞陪臣。
¶維新，日人

三浦坦斎　**みうらたんさい**
→三浦黄鶴（みうらこうかく）

三浦親馨　**みうらちかか**
享和3（1803）年～明治14（1881）年2月9日　[別]三浦友八《みうらともはち》
江戸時代末期～明治期の会津藩士、米沢街道間道口留番所役。
¶国書（[生]享和3（1803）年1月16日），幕末（三浦友八　みうらともはち）

三浦前次　**みうらちかつぐ**
宝暦7（1757）年4月1日～文化14（1817）年11月21日
江戸時代中期～後期の大名。美作勝山藩主。
¶岡山歴，国書，諸系，日人，藩主4

三浦千春　**みうらちはる**
文政11（1828）年～明治36（1903）年
江戸時代末期～明治期の国学者、尾張藩士。
¶国書（[生]文政11（1828）年1月17日　[没]明治36（1903）年11月29日），人名，日人

三浦千尋　**みうらちひろ**
文政7（1824）年～明治27（1894）年
江戸時代後期～明治期の沼津藩士、砲術家。
¶静岡歴，姓氏静岡

三浦恒次郎　**みうらつねじろう**
？～慶応4（1868）年1月
江戸時代後期～末期の新撰組隊士。
¶新撰

三浦昵　**みうらでい**
享和2（1802）年～？　[別]三浦昵《みうらみくま》
江戸時代末期の津山藩士、水泳家。
¶岡山人，岡山歴（三浦昵　みうらみくま）

三浦昆次　**みうらてるつぐ**
安永8（1779）年5月23日～嘉永2（1849）年11月17日　[別]三浦昆次《みうらあきつぐ》
江戸時代後期の大名。美作勝山藩主。
¶岡山歴（三浦昆次　みうらあきつぐ），藩主4

三浦藤兵衛　**みうらとうべえ**
天和1（1681）年～宝暦4（1754）年

江戸時代前期〜中期の剣術家。林崎夢想流。
¶剣豪

三浦峻次　みうらとしつぐ
文政4(1821)年〜天保10(1839)年
江戸時代後期の大名。美作勝山藩主。
¶岡山歴([生]文政4(1821)年1月26日　[没]天保10(1839)年6月18日)，諸系，日人，藩主4([生]文政4(1821)年1月26日　[没]天保10(1839)年6月18日)

三浦舎人　みうらとねり
？　〜明治1(1868)年
江戸時代後期〜末期の下総関宿藩士。
¶日人

三浦友八　みうらともはち
→三浦親馨(みうらちかか)

三浦誠次　みうらのぶつぐ
天明2(1782)年〜天保2(1831)年
江戸時代後期の大名。美作勝山藩主。
¶岡山歴([生]天明2(1782)年5月15日　[没]天保2(1831)年2月2日)，諸系，日人，藩主4([生]天明2(1782)年5月15日　[没]天保2(1831)年2月2日)

三浦矩次　みうらのりつぐ
延享4(1747)年〜安永9(1780)年
江戸時代中期の大名。美作勝山藩主。
¶岡山人，岡山歴([生]延享4(1747)年4月25日　[没]安永9(1780)年3月21日)，諸系，人名([生]1746年)，日人，藩主4([生]延享4(1747)年4月25日　[没]安永9(1780)年3月21日)

三浦八郎左衛門　みうらはちろうざえもん
文化14(1817)年〜明治3(1870)年
江戸時代後期〜明治期の加賀藩士。
¶国書

三浦半右衛門　みうらはんうえもん
→三浦半右衛門(みうらはんえもん)

三浦半右衛門　みうらはんえもん
[別]三浦半右衛門《みうらはんうえもん》
安土桃山時代〜江戸時代前期の武士。里見氏家臣。
¶戦人(生没年不詳)，戦東(みうらはんうえもん)

三浦弘次　みうらひろつぐ
＊〜明治19(1886)年
江戸時代末期〜明治期の大名。美作勝山藩主。
¶岡山歴([生]文政5(1822)年8月22日　[没]明治19(1886)年2月14日)，諸系([生]1827年)，日人([生]1827年)，藩主4([生]文政5(1822)年8月22日　[没]明治19(1886)年2月14日)

三浦仏巌(三浦仏厳)　みうらぶつがん
文政12(1829)年〜明治43(1910)年
江戸時代末期〜明治期の備中松山藩士。
¶岡山人(三浦仏厳)，岡山歴([没]明治43(1910)年12月16日)，藩臣6

三浦文左衛門　みうらぶんざえもん
明和2(1765)年〜弘化1(1844)年
江戸時代中期〜後期の紀伊和歌山藩士。
¶藩臣5

三浦平右衛門　みうらへいえもん
？　〜慶応2(1866)年
江戸時代末期の武士。
¶和歌山人

三浦平三郎　みうらへいさぶろう
→三浦瓶山(みうらへいざん)

三浦瓶山　みうらへいざん
享保8(1723)年〜寛政7(1795)年　[別]三浦平三郎《みうらへいさぶろう》
江戸時代中期の越中富山藩士、儒学者。
¶江文([生]享保10(1725)年)，国書([生]享保10(1725)年　[没]寛政7(1795)年9月10日)，姓氏富山，日人，藩臣3(三浦平三郎　みうらへいさぶろう)

三浦正包　みうらまさかね
？　〜享保6(1721)年
江戸時代中期の武士。
¶和歌山人

三浦正子　みうらまさつぐ
→三浦正子(みうらまさつね)

三浦正次(1)　みうらまさつぐ
慶長4(1599)年〜寛永18(1641)年
江戸時代前期の大名。下野壬生藩主、下総矢作藩主。
¶朝日，近世，国史，諸系，日史([没]寛永18(1641)年10月27日)，日人，藩主1([没]寛永18(1641)年10月27日)，藩主2，百科，歴大

三浦正次(2)　みうらまさつぐ
〜寛永5(1628)年
江戸時代前期の旗本。
¶神奈川人

三浦正子　みうらまさつね
元文5(1740)年〜寛政11(1799)年　[別]三浦正子《みうらまさつぐ》
江戸時代中期〜後期の幕臣。
¶京都大，国書(みうらまさつぐ　[没]寛政11(1799)年11月18日)，姓氏京都

三浦政矩　みうらまさのり
〜享保12(1727)年
江戸時代前期〜中期の弓術家。
¶三重続

三浦政春　みうらまさはる
？　〜宝永2(1705)年
江戸時代前期の武士。
¶和歌山人

三浦益徳　みうらますのり
天明4(1784)年11月6日〜文久1(1861)年7月7日
江戸時代中期〜末期の尾張藩士。
¶国書

三浦昵　みうらみくま
→三浦昵(みうらでい)

三浦元清　みうらもときよ
天正14(1586)年〜慶安4(1651)年
江戸時代前期の近江彦根藩士。
¶藩臣4

三浦元貞　みうらもとさだ
天文15(1546)年〜元和4(1618)年
安土桃山時代〜江戸時代前期の近江彦根藩士。

¶藩臣4

三浦元澄 みうらもとずみ
生没年不詳
安土桃山時代～江戸時代前期の武士。萩築城にあたって普請奉行をつとめた。
¶姓氏山口

三浦元苗 みうらもとたね
安永3(1774)年4月19日～文化3(1806)年3月28日
江戸時代中期～後期の近江彦根藩士・国学者。
¶国書

三浦元簡 みうらもとのり
安永7(1778)年11月21日～天保9(1838)年12月26日
江戸時代中期～後期の信濃飯田藩士・歌人。
¶国書

三浦安 みうらやすし
文政12(1829)年～明治43(1910)年　[別]三浦休太郎《みうらきゅうたろう》
江戸時代末期～明治期の紀伊和歌山藩士、伊予西条藩士。
¶朝日([生]文政12年8月18日(1829年9月15日)　[没]明治43(1910)年12月11日), 維新, 新潮(三浦休太郎　みうらきゅうたろう　[生]文政11(1828)年8月18日　[没]明治43(1910)年12月11日), 人名([生]1828年), 日人, 幕末([没]1910年12月11日), 藩臣5, 藩臣6, 明治1

三浦安次 みうらやすつぐ
寛永10(1633)年～天和2(1682)年
江戸時代前期の大名。下野壬生藩主。
¶諸系, 栃木歴, 日人, 藩主1([没]天和2(1682)年9月6日)

三浦勇次郎 みうらゆうじろう
生没年不詳
江戸時代末期の遠江浜松藩代官。
¶藩臣4

三浦陽次郎 みうらようじろう
天保12(1841)年～大正4(1915)年
江戸時代末期～明治期の三河吉田藩士。
¶藩臣4

三浦義彰 みうらよしあき
→三浦権太夫(みうらごんだゆう)

三浦贇男(三浦贇雄) みうらよしお
文化3(1806)年～慶応1(1865)年
江戸時代末期の水戸藩士。
¶維新, 人名, 日人, 幕末(三浦贇雄　[没]1865年10月25日)

三浦義質 みうらよしかた
文化10(1813)年～明治11(1878)年　[別]三浦義質《みうらよしただ》, 三浦多門《みうらたもん》
江戸時代末期～明治期の守山藩士。
¶維新(三浦多門　みうらたもん), 人名, 日人, 幕末(みうらよしただ　[生]1813年8月26日　[没]1878年6月15日), 幕末(三浦多門　みうらたもん　[没]1878年6月15日), 藩臣2

三浦義方 みうらよしかた
～延宝4(1676)年
江戸時代前期の旗本。
¶神奈川人

三浦義雄 みうらよしかつ
→三浦権七郎(みうらごんしちろう)

三浦義皮 みうらよしかわ
？～万治3(1660)年
江戸時代前期の武蔵岩槻藩士。
¶藩臣5

三浦義国 みうらよしくに
弘化2(1845)年4月14日～明治36(1903)年11月5日
江戸時代後期～明治期の弓道家、名古屋藩士、弓術精錬證。
¶弓道

三浦義理 みうらよしさと
元禄9(1696)年～宝暦6(1756)年　[別]三浦義理《みうらよしとし》
江戸時代中期の大名。三河刈谷藩主、三河西尾藩主。
¶諸系, 人名(みうらよしとし), 日人, 藩主2, 藩主2([没]宝暦6(1756)年7月3日)

三浦義質 みうらよしただ
→三浦義質(みうらよしかた)

三浦義民 みうらよしたみ
～明治25(1892)年11月17日
江戸時代後期～明治期の弓道家、名古屋藩士。
¶弓道

三浦義次 みうらよしつぐ
文政9(1826)年～明治16(1883)年
江戸時代末期～明治期の大名。美作勝山藩主。
¶岡山歴([生]文政9(1826)年1月20日　[没]明治16(1883)年6月23日), 諸系, 日人, 藩主4([生]文政9(1826)年1月20日　[没]明治16(1883)年6月23日)

三浦儀俊 みうらよしとし
～元和4(1618)年
江戸時代前期の旗本。
¶神奈川人

三浦義理 みうらよしとし
→三浦義理(みうらよしさと)

三浦義成 みうらよしなり
慶安4(1651)年～元禄5(1692)年
江戸時代前期の武士。
¶和歌山人

三浦吉信 みうらよしのぶ
→三浦柳斎(みうらりゅうさい)

三浦柳斎 みうらりゅうさい
*～明治30(1897)年　[別]三浦吉信《みうらよしのぶ》
江戸時代末期～明治期の若狭小浜藩士。
¶維新([生]1821年), 人名([生]1821年), 日人([生]1822年), 幕末(三浦吉信　みうらよしのぶ　[生]1820年　[没]1897年12月15日), 藩臣3(三浦吉信　みうらよしのぶ　[生]文政3(1820)年), 歴大([生]1821年)

三浦竜山 みうらりゅうざん
宝暦5(1755)年～天保8(1837)年

江戸時代中期～後期の出羽新庄藩士、学者。
¶国書（[没]天保8（1837）年8月1日），藩臣1

三ケ尻恒逢 みかじりつねとよ
生没年不詳
安土桃山時代～江戸時代前期の武将。
¶戦人

三上鋭助 みかみえいすけ
宝暦11（1761）年～寛政9（1797）年
江戸時代中期の陸奥弘前藩士、武道家。
¶藩臣1

三上淵蔵 みかみえんぞう
文政10（1827）年～明治13（1880）年
江戸時代末期～明治期の肥前島原藩士。
¶幕末（[没]1880年3月19日），藩臣7

三上元竜 みかみげんりゅう
？ ～寛政6（1794）年
江戸時代中期～後期の備前岡山藩士・奇人。
¶岡山人，国書（[没]寛政6（1794）年2月10日）

三上三郎太夫 みかみさぶろうだゆう
天明4（1784）年～安政5（1858）年
江戸時代中期～末期の剣術家。東軍流。
¶剣豪

三上季寛 みかみすえひろ
寛保1（1741）年～文化3（1806）年1月24日
江戸時代中期～後期の幕臣。
¶国書

三上是庵 みかみぜあん
文政1（1818）年～明治9（1876）年
江戸時代末期～明治期の松山藩士。
¶維新，郷土愛媛，国書（[生]文政1（1818）年6月4日　[没]明治9（1876）年12月4日），人名，日人，幕末（[没]1876年12月5日），藩臣6，三重続

三上超順 みかみちょうじゅん
天保6（1835）年～明治1（1868）年
江戸時代末期の蝦夷松前藩の参謀役。もと僧侶。
¶人名（[生]？），日人，幕末，藩臣1

三上兵之右衛門 みかみひょうえもん
万治2（1659）年～享保2（1717）年
江戸時代中期の武士。
¶和歌山人

三上致之 みかみむねゆき
生没年不詳
江戸時代中期の筑後久留米藩士・兵法家。
¶国書

三上蘭斎 みかみらんさい
文化5（1808）年～明治19（1886）年
江戸時代後期～明治期の儒医・一関藩士。
¶姓氏岩手

三河口輝昌 みかわぐちてるまさ
寛保2（1742）年～？
江戸時代中期の幕臣。
¶国書

三木与 みきあたう
天保8（1837）年～明治34（1901）年
江戸時代末期～明治期の大和郡山藩家老。
¶藩臣4

三木屈斎 みきくっさい
生没年不詳
江戸時代後期の秋田藩士・漢詩人。
¶国書

三木源八 みきげんぱち
文政7（1824）年～慶応1（1865）年
江戸時代末期の水戸藩士。
¶維新，幕末（[没]1865年3月31日）

三木三郎 みきさぶろう
天保8（1837）年7月12日～大正8（1919）年7月11日
[別]鈴木三樹三郎《すずきみきさぶろう》，鈴木忠良《すずきちゅうりょう》
江戸時代後期～明治期の新撰組隊士。
¶庄内（鈴木忠良　すずきちゅうりょう），新撰，幕末（鈴木三樹三郎　すずきみきさぶろう）

三木直 みきただし
天保1（1830）年～明治39（1906）年
江戸時代末期～明治期の水戸藩士。
¶人名，日人

右田常信 みぎたつねのぶ
天保12（1841）年11月4日～大正8（1919）年9月18日
江戸時代後期～大正期の弓道家、弓術精錬證。
¶弓道

三木孫太夫 みきまごだゆう
文政5（1822）年～慶応1（1865）年
江戸時代末期の水戸藩士。
¶維新，幕末（[没]1865年4月29日）

三木之次 みきゆきつぐ
天正3（1575）年～正保3（1646）年
安土桃山時代～江戸時代前期の水戸藩士。
¶藩臣2

三木之幹 みきゆきもと
万治3（1660）年～享保19（1734）年
江戸時代前期～中期の水戸藩士。
¶国書

三雲九左衛門 みくもきゅうざえもん
？ ～寛文12（1672）年
江戸時代前期の武士。
¶和歌山人

三雲種方 みくもたねかた
天保10（1839）年～明治1（1868）年　[別]三雲為一郎《みくもためいちろう》
江戸時代末期の日向佐土原藩士。
¶維新（三雲為一郎　みくもためいちろう），人名，日人

三雲為一郎 みくもためいちろう
→三雲種方（みくもたねかた）

御倉伊勢武 みくらいせたけ
天保7（1836）年頃？ 頃？ ～文久3（1863）年10月
江戸時代後期～末期の新撰組隊士。
¶新撰

三倉宗正 みくらむねまさ
？ ～寛永18（1641）年？
安土桃山時代～江戸時代前期の武士。今川氏の被官矢部正時の子。

¶姓氏静岡

三河口大忠 みこうぐちだいちゅう
江戸時代後期の第19代美濃国代官。
¶岐阜百

御子神大蔵丞 みこがみおおくらのじょう
安土桃山時代～江戸時代前期の武士。里見氏家臣。
¶戦人（生没年不詳），戦東

神子上忠明 みこがみただあき
→小野忠明（おのただあき）

御子神彦作 みこがみひこさく
安土桃山時代～江戸時代前期の武士。里見氏家臣。
¶戦人（生没年不詳），戦東

三沢喜右衛門 みさわきえもん
？ ～文化13（1816）年
江戸時代後期の信濃高遠藩士。
¶藩臣3

三沢信濃 みさわしなの
正保1（1644）年～元禄10（1697）年
江戸時代前期の陸奥仙台藩門閥。
¶藩臣1

三沢毅 みさわたけし
→三沢与八（みさわよはち）

三沢為虎 みざわためとら
元亀2（1571）年～寛永2（1625）年
安土桃山時代～江戸時代前期の武士。
¶島根歴

三沢千賀良（三沢主税） みさわちから
*～大正6（1917）年
江戸時代末期～明治期の陸奥会津藩士。
¶幕末（[生]？　[没]1917年4月24日），藩臣2（三沢主税　[生]嘉永3（1850）年）

三沢与八 みさわよはち
弘化1（1844）年～明治24（1891）年　[別]三沢毅《みさわたけし》
江戸時代末期～明治期の陸奥会津藩士。
¶札幌（三沢毅　みさわたけし　[生]弘化1年5月18日），幕末（[没]1891年12月20日）

三品一郎 みしないちろう
天保12（1841）年頃？ 頃？ ～慶応4（1868）年1月5日
江戸時代後期～末期の新撰組隊士。
¶新撰

三品二郎 みしなじろう
嘉永1（1848）年～？
江戸時代後期～末期の新撰組隊士。
¶新撰

三品容斎 みしなようさい
明和6（1769）年～弘化4（1847）年
江戸時代中期～後期の伊予西条藩士、儒学者。
¶愛媛百（[没]弘化4（1847）年8月20日），郷土愛媛，人名，日人，藩臣6

三島億二郎 みしまおくじろう
文政8（1825）年～明治25（1892）年　[別]川島億次郎《かわしまおくじろう》
江戸時代末期～明治期の越後長岡藩士。
¶維新，新潟百（[没]1890年），日人，幕末（[没]1892年3月25日），藩臣4（川島億次郎　かわしまおくじろう）

三島忠時 みしまただとき
？ ～寛永9（1632）年
江戸時代前期の武士。
¶和歌山人

三島中洲（三嶋中洲） みしまちゅうしゅう
天保1（1830）年～大正8（1919）年　[別]三島中洲《みしまちゅうしょう》
江戸時代末期～明治期の備中松山藩の漢学者、法律家。
¶朝日（[生]天保1年12月9日（1831年1月22日）[没]大正8（1919）年5月12日），維新，岡山人，岡山歴（[生]文政13（1830）年12月9日　[没]大正8（1919）年5月12日），学校（[生]天保1（1830）年12月9日　[没]大正8（1919）年5月12日），近現，近文，国史，国書（[生]文政13（1830）年12月9日　[没]大正8（1919）年5月12日），コン改（三嶋中洲），コン4（三嶋中洲），詩歌，史人（[生]1830年12月9日　[没]1919年5月12日），思想（[生]天保1（1831）年12月9日　[没]大正8（1919）年5月12日），人書94，新潮（[生]天保1（1830）年12月9日　[没]大正8（1919）年5月12日），人名，先駆（[生]天保1（1831）年12月9日　[没]大正8（1919）年5月12日），全書，大百，日史（[生]天保1（1830）年12月9日　[没]大正8（1919）年5月12日），日人（[生]1831年），幕末（[没]1919年5月12日），藩臣6，百科，三重，履歴（みしまちゅうしょう　[生]天保1（1830）年12月9日　[没]大正8（1919）年5月12日）

三島中洲 みしまちゅうしょう
→三島中洲（みしまちゅうしゅう）

三島時正 みしまときまさ
嘉永2（1849）年～慶応2（1866）年
江戸時代末期の備中窪屋郡（今の都窪郡）中島村の勇士。
¶岡山人，人名，日人

三島政行 みしままさゆき
安永9（1780）年6月4日～安政3（1856）年9月29日
江戸時代中期～末期の幕臣。
¶国書

三島通庸 みしまみちつね
天保6（1835）年～明治21（1888）年
江戸時代末期～明治期の薩摩藩士、福島県令、警視総監。
¶会津，朝日（[生]天保6年6月1日（1835年6月26日）[没]明治21（1888）年10月23日），維新，岩史（[生]天保6（1835）年6月1日　[没]明治21（1888）年10月23日），鹿児島百，角史，郷土栃木，近現，国史，コン改，コン4，コン5，史人（[生]1835年6月1日　[没]1888年10月23日），重要（[生]天保6（1835）年6月　[没]明治21（1888）年10月23日），庄内（[生]天保6（1835）年6月1日　[没]明治21（1888）年10月23日），人書94，神人（[生]天保6（1835）年6月　[没]明治21（1888）年10月21日），新潮（[生]天保6（1835）年6月　[没]明治21（1888）年10月23日），人名，姓氏鹿児島，世人（[生]天保7（1836）年6月　[没]明治21（1888）年10月23日），世百，全書，大百，伝記，栃木歴，土木

(生1835年6月1日　没1888年10月23日)，日史(生天保6(1835)年6月1日　没明治21(1888)年10月23日)，日人，日本，幕末(没1888年10月21日)，藩臣7，百科，福島百，宮崎百(生天保6(1835)年6月　没明治21(1888)年10月)，明治1，山形百，履歴(生天保6(1835)年6月1日　没明治21(1888)年10月23日)，歴大

三島元信 みしまもとのぶ
？～貞享1(1684)年
江戸時代前期の武士。
¶和歌山人

美正貫一郎 みしょうかんいちろう
弘化1(1844)年～明治1(1868)年
江戸時代末期の土佐藩士。
¶維新，高知人，幕末(没1868年9月13日)

水井精一 みずいせいいち
天保11(1840)年～元治1(1864)年
江戸時代末期の長州(萩)藩士。
¶維新，大阪人，人名(生1839年)，日人，幕末(没1864年4月2日)

水上北萊 みずかみほくらい
江戸時代の金沢藩士。
¶姓氏富山

水上征房 みずかみまさふさ
→水上征房(みなかみまさふさ)

水筑竜 みずきりゅう
→秋月橘門(あきづききつもん)

水口市松 みずぐちいちまつ
文政7(1824)年頃～慶応4(1868)年1月5日
江戸時代後期～末期の新撰組隊士。
¶新撰

水越八郎左衛門 みずこしはちろうざえもん
正徳1(1711)年～安永3(1774)年10月1日
江戸時代中期の加賀藩士。
¶国書

水崎佐次兵衛 みずさきさじへえ
江戸時代後期の楽焼家、信濃松本藩士。
¶人名，日人(生没年不詳)

水崎義平 みずさきよしたか
正徳1(1711)年～安永5(1776)年
江戸時代中期の武士。
¶和歌山人

水品楽太郎 みずしならくたろう
生没年不詳
江戸時代末期の幕臣・外国奉行支配調役並(書翰係)。1862年遣欧使節に随行しフランスに渡る。
¶海越新

水島貫之 みずしまかんし
天保10(1839)年～明治31(1898)年12月11日
江戸時代末期～明治期の印刷・出版業、肥後熊本藩士。
¶熊本百(生天保10(1839)年10月)，幕末

水島純 みずしまじゅん
弘化1(1844)年～昭和6(1931)年9月7日
江戸時代末期～明治期の陸奥会津藩士。
¶幕末

水島苗雅 みずしまたねまさ
*～宝暦5(1755)年
江戸時代前期～中期の加賀藩士。
¶国書(生貞享1(1684)年)，姓氏石川(生？)

水島言之 みずしまときゆき
天正19(1591)年～慶安4(1651)年　[別]水島言之《みずしまのぶゆき》
江戸時代前期の建孝流の槍術家。
¶人名(生？)，日人，和歌山人(みずしまのぶゆき)

水島言之 みずしまのぶゆき
→水島言之(みずしまときゆき)

三須成懋 みすせいぼう
→三須成懋(みすせいも)

三須成懋 みすせいも
天保9(1838)年～明治36(1903)年　[別]三須成懋《みすせいぼう，みすなりしげ》
江戸時代末期～明治期の周防岩国藩士、実業家。
¶朝日(没明治36(1903)年4月17日)，人名(みすせいぼう)，姓氏山口，日人，幕末(みすなりしげ　没1903年4月17日)，山口百

水谷権大夫 みずたにごんだゆう
元禄7(1694)年～宝暦10(1760)年
江戸時代中期の剣術家。心形刀流甲州派祖。
¶剣豪

水谷竹荘 みずたにちくそう
文政7(1824)年～明治28(1895)年
江戸時代末期～明治期の大和郡山藩士、儒学者。
¶藩臣4

水谷藤七 みずたにとうしち
天保2(1831)年～？
江戸時代後期～末期の新撰組隊士。
¶新撰

水谷風外 みずたにふうがい
文政6(1823)年～明治30(1897)年
江戸時代末期～明治期の播磨竜野藩士。
¶藩臣5

水谷孫平治 みずたにまごへいじ
文化13(1816)年～？
江戸時代後期の越後村上藩士。
¶藩臣4

水谷親固 みずたによしたか
宝暦4(1754)年～天保6(1835)年
江戸時代後期の武士。
¶和歌山人

水足博泉 みずたりはくせん
宝永4(1707)年～享保17(1732)年
江戸時代中期の肥後熊本藩士、儒学者。
¶熊本百(生？　没享保17(1732)年10月14日)，国書(生宝永4(1707)年2月4日　没享保17(1732)年10月14日)，人名，日人，藩臣7

水田録三 みずたろくぞう
天保14(1843)年～元治1(1864)年
江戸時代後期～末期の宇都宮藩士、志士。脱藩して天狗党参加。
¶栃木歴

三須蝀水　みすとうすい
宝暦1（1751）年～文化4（1807）年9月13日
江戸時代中期～後期の周防岩国藩士。
¶国書

三須成懋　みすなりしげ
→三須成懋（みすせいも）

水野伊織(1)　みずのいおり
天正14（1586）年～明暦3（1657）年
江戸時代前期の武士。
¶岡山人

水野伊織(2)　みずのいおり
天保9（1838）年～明治27（1894）年
江戸時代末期～明治期の駿河沼津藩用人。
¶藩臣4

水野采女　みずのうねめ
生没年不詳
江戸時代末期の幕臣。
¶幕末

水野小河三郎　みずのおがさぶろう
生没年不詳
江戸時代後期の遠江浜松藩士。
¶藩臣4

水野嘉右衛門　みずのかえもん
宝永2（1705）年～寛政5（1793）年
江戸時代中期の美濃郡上藩用人。
¶藩臣3

水野勝起　みずのかつおき
延享2（1745）年～天明3（1783）年
江戸時代中期の大名。下総結城藩主。
¶諸系，日人，藩主2（[生]延享2（1745）年11月29日　[没]天明3（1783）年4月12日）

水野勝剛　みずのかつかた
宝暦10（1760）年～天保5（1834）年
江戸時代中期～後期の大名。下総結城藩主。
¶諸系，日人，藩主2（[生]宝暦10（1760）年4月1日　[没]天保5（1834）年3月12日）

水野勝貞　みずのかつさだ
寛永2（1625）年～寛文2（1662）年
江戸時代前期の大名。備後福山藩主。
¶諸系，日人，藩主4（[生]寛永2（1625）年6月28日　[没]寛文2（1662）年10月29日）

水野勝愛　みずのかつざね
→水野勝愛（みずのかつちか）

水野勝成　みずのかつしげ
→水野勝成（みずのかつなり）

水野勝種　みずのかつたね
寛文1（1661）年～元禄10（1697）年
江戸時代前期～中期の大名。備後福山藩主。
¶諸系，人名（[没]1698年），日人，藩主4（[生]寛文1（1661）年5月9日　[没]元禄10（1697）年8月23日）

水野勝愛　みずのかつちか
安永9（1780）年～天保9（1838）年　[別]水野勝愛《みずのかつざね》
江戸時代後期の大名。下総結城藩主。
¶諸系，日人，藩主2（みずのかつざね　[生]安永9（1780）年8月26日　[没]天保8（1837）年12月12日）

水野勝前　みずのかつちか
享保9（1724）年～宝暦13（1763）年
江戸時代中期の大名。下総結城藩主。
¶諸系，人名，日人，藩主2（[生]享保9（1724）年2月23日　[没]宝暦13（1763）年9月2日）

水野勝任　みずのかつとう
天保11（1840）年～文久2（1862）年
江戸時代末期の大名。下総結城藩主。
¶諸系，日人，藩主2（[生]天保11（1840）年11月　[没]文久2（1862）年10月）

水野勝俊　みずのかつとし
慶長3（1598）年～明暦1（1655）年
江戸時代前期の大名。備後福山藩主。
¶諸系，日人，藩主4（[生]慶長3（1598）年7月25日　[没]承応4（1655）年2月21日），広島百（[生]慶長3（1598）年7月25日　[没]承応4（1655）年2月22日）

水野勝知　みずのかつとも
天保9（1838）年～大正8（1919）年
江戸時代末期～明治期の大名。下総結城藩主。
¶朝日（[生]天保9年2月26日（1838年3月21日）　[没]大正8（1919）年4月22日），維新，茨城百，諸系，日人，幕末（[没]1919年4月22日），藩主2（[生]天保9（1838）年2月26日　[没]大正8（1919）年4月22日）

水野勝直　みずのかつなお
*～宝永3（1706）年
江戸時代前期～中期の第5代京都西町奉行。
¶京都大（[生]慶安4（1651）年），姓氏京都（[生]1649年）

水野勝長(1)　みずのかつなが
～寛文6（1666）年
江戸時代前期の旗本。
¶神奈川人

水野勝長(2)　みずのかつなが
延宝7（1679）年～元禄16（1703）年
江戸時代中期の大名。能登西谷藩主、下総結城藩主。
¶茨城百，諸系（[没]1704年），日人（[没]1704年），藩主2（[生]延宝7（1679）年6月4日　[没]元禄16（1703）年12月22日），藩主3

水野勝成　みずのかつなり
永禄7（1564）年～慶安4（1651）年　[別]水野勝成《みずのかつしげ》
安土桃山時代～江戸時代前期の大名。三河刈谷藩主、備後福山藩主、大和郡山藩主。
¶朝日（[没]慶安4年3月15日（1651年5月4日）），近世，国史，国書（[生]永禄7（1564）年8月15日　[没]慶安4（1651）年3月15日），コン改，コン4，史人（[没]1651年3月15日），諸系，人書94，新潮（[没]慶安4（1651）年3月15日），人名，姓氏神奈川，世人，戦合，戦国（みずのかつしげ　[生]1565年），戦人，日人，藩主2，藩主3（みずのかつしげ），藩主4（[生]永禄7（1564）年8月15日　[没]慶安4（1651）年3月15日），広島百（[没]慶安4（1651）年3月15日），歴大

水野勝庸 みずのかつのぶ
享保3(1718)年〜寛延2(1749)年
江戸時代中期の大名。下総結城藩主。
¶諸系，日人，藩主2(㊤享保3(1718)年5月4日 ㊦寛延2(1749)年10月10日)

水野勝義 みずのかつのり
生没年不詳
江戸時代中期の武芸家。
¶国書

水野勝寛 みずのかつひろ
安政3(1856)年〜明治6(1873)年
江戸時代末期〜明治期の大名。下総結城藩主。
¶諸系，日人，幕末(㊦1873年12月)，藩主2 (㊦明治6(1873)年12月)

水野勝政 みずのかつまさ
貞享2(1685)年〜延享2(1745)年
江戸時代中期の大名。下総結城藩主。
¶諸系，人名，藩主2(㊤貞享2(1685)年1月13日 ㊦延享2(1745)年7月26日)

水野勝岑 みずのかつみね
元禄10(1697)年〜元禄11(1698)年
江戸時代中期の大名。備後福山藩主。
¶諸系，藩主4(㊤元禄10(1697)年2月10日 ㊦元禄11(1698)年5月5日)

水野勝進 みずのかつゆき
文政1(1818)年〜明治6(1873)年
江戸時代末期〜明治期の大名。下総結城藩主。
¶諸系，日人，藩主2(㊤文化14(1817)年11月28日 ㊦明治6(1873)年12月)

水野勝善 みずのかつよし
→水野主馬(みずのしゅめ)

水野鼎 みずのかなえ
文化3(1806)年〜明治2(1869)年
江戸時代末期の下総結城藩家老。
¶幕末(㊦1869年3月20日)，藩臣3

水野河内守守信 みずのかわちのかみもりのぶ
→水野守信(みずのもりのぶ)

水野刑部 みずのぎょうぶ
生没年不詳
江戸時代末期の武士。
¶和歌山人

水野清雄 みずのきよお
生没年不詳
江戸時代末期の会津藩士・国学者。
¶国書

水野元朗 みずのげんろう
→水野元朗(みずのもとあきら)

水野行蔵 みずのこうぞう
文政2(1819)年〜慶応4(1868)年1月4日
江戸時代後期〜末期の志士。
¶庄内

水野小左衛門 みずのこざえもん
生没年不詳
江戸時代前期の幕臣。
¶国書

水野権平 みずのごんべい
江戸時代後期の尾張春日井郡水野村陣屋の代官。
¶人名，姓氏愛知，日人(生没年不詳)

水野作右衛門 みずのさくえもん
元和8(1622)年〜貞享3(1686)年
江戸時代前期の備前岡山藩士。
¶藩臣6

水野作兵衛 みずのさくべえ
？〜正徳3(1713)年
江戸時代前期〜中期の剣術家。柔新心流居合術の祖。
¶剣豪

水野左近大夫 みずのさこんだゆう
天文14(1545)年〜元和7(1621)年
安土桃山時代〜江戸時代前期の紀伊和歌山藩士。
¶藩臣5

水野三郎右衛門 みずのさぶろうえもん
→水野元宣(みずのもとのぶ)

水野三郎右衛門元宣 みずのさぶろうえもんもとのぶ
→水野元宣(みずのもとのぶ)

水野三郎兵衛 みずのさぶろべえ
？〜貞享4(1687)年
江戸時代前期の備前岡山藩士。
¶岡山人，藩臣6

水野重明 みずのしげあき
？〜嘉永5(1852)年
江戸時代後期の幕臣。
¶京都大，国書(㊦嘉永5(1852)年2月20日)，姓氏京都

水野重明 みずのしげあきら
寛政9(1797)年2月1日〜安政5(1858)年11月17日
江戸時代後期の家老。
¶庄内

水野重勝 みずのしげかつ
〜承応3(1654)年9月17日
江戸時代前期の郡代。
¶庄内

水野重邦 みずのしげくに
正徳5(1715)年〜安永4(1775)年1月26日
江戸時代中期の庄内藩家老。
¶庄内

水野重孝 みずのしげたか
享保14(1729)年10月28日〜天明5(1785)年11月15日
江戸時代中期の庄内藩家老。
¶庄内

水野重孟 みずのしげたけ
＊〜享保1(1716)年
江戸時代前期〜中期の紀伊和歌山藩士。
¶国書(㊤正保2(1645)年 ㊦享保1(1716)年9月)，和歌山人(㊤？)

水野重次 みずのしげつぐ
天正11(1583)年〜明暦1(1655)年
江戸時代前期の出羽庄内藩家老。
¶庄内(㊦明暦1(1655)年5月10日)，藩臣1

み

水野重仲（水野重央）　**みずのしげなか**
元亀1（1570）年～元和7（1621）年
安土桃山時代～江戸時代前期の武将、大名。紀伊和歌山藩士、遠江浜松藩主。
¶郷土和歌山，諸系，日人，藩主2（水野重央），藩臣5，和歌山人

水野重誠　**みずのしげのぶ**
宝永4（1707）年～明和7（1770）年
江戸時代中期の出羽庄内藩家老。
¶庄内（[没]明和7（1770）年7月13日），藩臣1

水野重治　**みずのしげはる**
万治1（1658）年～享保17（1732）年5月24日
江戸時代前期～中期の庄内藩家老。
¶庄内

水野重元　**みずのしげもと**
寛文1（1661）年～元文3（1738）年
江戸時代前期の武士。
¶和歌山人

水野重幸　**みずのしげゆき**
延享2（1745）年～文化4（1807）年4月15日
江戸時代中期～後期の庄内藩家老。
¶庄内

水野重栄　**みずのしげよし**
安永6（1777）年～天保8（1837）年
江戸時代後期の出羽庄内藩家老。
¶庄内（[没]天保8（1837）年7月3日），藩臣1

水野重良　**みずのしげよし**
慶長1（1596）年～寛文8（1668）年
江戸時代前期の紀伊和歌山藩家老。
¶姓氏神奈川，藩臣5，和歌山人

水野治兵衛　**みずのじへえ**
～天和3（1683）年
江戸時代前期の武士。
¶岡山人

水野十郎左衛門　**みずのじゅうろうざえもん**
？～寛文4（1664）年　[別]水野成之《みずのなりゆき》
江戸時代前期の旗本奴。徳川譜代の名門旗本。
¶朝日（[没]寛文4年3月27日（1664年4月23日）），岩史（[没]寛文4（1664）年3月27日），江戸，角史，近世，国史，コン改（水野成之　みずのなりゆき），コン4（水野成之　みずのなりゆき），史人（水野成之　みずのなりゆき　[没]1664年3月27日），諸系，新潮（[没]寛文4（1664）年3月27日），人名，世人，世百，全書，大百，日史（[没]寛文4（1664）年3月27日），日人，百科，歴大

水野主馬　**みずのしゅめ**
天保11（1840）年～元治1（1864）年　[別]水野勝善《みずのかつよし》
江戸時代末期の下総結城藩士。
¶維新（水野勝善　みずのかつよし），人名，日人，幕末（[没]1864年12月7日），幕末（水野勝善　みずのかつよし　[没]1864年12月7日），藩臣3

水野正太夫　**みずのしょうだゆう**
生没年不詳
江戸時代末期の幕臣。
¶国書

水野正連　**みずのしょうれん**
天保13（1842）年～明治21（1888）年
江戸時代末期～明治期の小田原藩士、水産行政家。
¶神奈川人，姓氏神奈川

水野甚四郎　**みずのじんしろう**
？～明治2（1869）年
江戸時代末期の下総結城藩家老。
¶幕末（[没]1869年5月18日），藩臣3

水野助左衛門　**みずのすけざえもん**
生没年不詳
江戸時代後期の駿河沼津藩士。
¶藩臣4

水野清吾　**みずのせいご**
安永4（1775）年～嘉永2（1849）年　[別]水野清吾年賀《みずのせいごとしよし》
江戸時代中期～後期の甲源一刀流剣術家。
¶埼玉人（[没]嘉永2（1849）年11月13日），埼玉百（水野清吾年賀　みずのせいごとしよし）

水野清吾年賀　**みずのせいごとしよし**
→水野清吾（みずのせいご）

水野善左衛門　**みずのぜんざえもん**
江戸時代前期の武士。
¶岡山人，岡山歴

水野千之右衛門　**みずのせんのうえもん**
→水野岷山（みずのみんざん）

水野忠暁　**みずのただあき**
明和4（1767）年～天保5（1834）年　[別]水野忠暁《みずのただとし》，水野忠敬《みずのただのり》
江戸時代中期～後期の旗本園芸家。「草木錦葉集」を刊行。
¶朝日（みずのただとし　[没]天保5年9月24日（1834年10月26日）），国書（水野忠敬　みずのただのり　[没]天保5（1834）年9月24日），新潮（[没]天保5（1834）年9月24日），日人

水野忠光　**みずのただあきら**
明和8（1771）年～文化11（1814）年　[別]水野忠光《みずのただみつ》
江戸時代後期の大名。肥前唐津藩主。
¶佐賀百（みずのただみつ　[生]明和8（1771）年8月20日　[没]文化11（1814）年4月4日），諸系，日人，藩主4（[生]明和8（1771）年8月20日　[没]文化11（1814）年4月4日）

水野忠成　**みずのただあきら**
宝暦12（1762）年～天保5（1834）年
江戸時代中期～後期の大名。駿河沼津藩主。
¶朝日（[生]宝暦12年12月1日（1763年1月14日）　[没]天保5年2月28日（1834年4月6日）），岩史（[生]宝暦12（1762）年12月1日　[没]天保5（1834）年2月28日），角史，近世，国史，国書（[生]宝暦12（1762）年12月1日　[没]天保5（1834）年2月28日），コン改，コン4，史人（[生]1762年12月1日　[没]1834年2月28日），静岡歴，諸系（[生]1763年），新潮（[没]天保5（1834）年2月28日），人名，姓氏静岡，世人，世百，全書，大百，日人（[生]1763年），藩主2（[生]宝暦12（1762）年12月1日　[没]天保5（1834）年2月28日），歴大

水野忠篤 みずのただあつ
生没年不詳
江戸時代後期の将軍側衆。将軍徳川家斉の側近。
¶朝日，神奈川人，日史，日人

水野忠鼎 みずのただかね
延享1（1744）年～文政1（1818）年
江戸時代中期～後期の大名。肥前唐津藩主。
¶佐賀百（生没年不詳），諸系，日人，藩主4

水野忠清(1) みずのただきよ
天正10（1582）年～正保4（1647）年
江戸時代前期の大名。上野小幡藩主、三河刈谷藩主、三河吉田藩主、信濃松本藩主。
¶郷土群馬，近世，群馬人，国史，コン改，コン4，諸系，新潮（[没]正保4（1647）年5月28日），人名，姓氏長野，世人（[没]寛永20（1643）年），戦合，長野歴，日人，藩主1（[生]1581年），藩主2，藩主2（[没]正保4（1647）年5月28日）

水野忠清(2) みずのただきよ
寛文10（1670）年～貞享3（1686）年
江戸時代中期の武士。
¶世人

水野忠精 みずのただきよ
天保3（1832）年～明治17（1884）年
江戸時代末期～明治期の大名。遠江浜松藩主、出羽山形藩主。
¶維新，コン5，諸系，日人，幕末（[生]1832年12月16日　[没]1884年5月8日），藩主1，藩主2

水野忠邦 みずのただくに
寛政6（1794）年～嘉永4（1851）年
江戸時代末期の大名、老中。遠江浜松藩主、肥前唐津藩主。11代将軍家斉の死後、天保の改革を断行したが、緊縮政策・風紀取締・上知令が不評で失脚。改革は頓挫した。
¶朝日（[生]寛政6年6月23日（1794年7月19日）　[没]嘉永4年2月10日（1851年3月12日）），岩史（[生]寛政6（1794）年6月23日　[没]嘉永4（1851）年2月10日），江戸東，江文，角史，教育，京都大，近世，国史，国書（[生]寛政6（1794）年6月23日　[没]嘉永4（1851）年2月10日），コン改，コン4，佐賀百，史人（[生]1794年6月23日　[没]1851年2月10日），静岡百，静岡歴，重要（[生]寛政6（1794）年6月23日　[没]嘉永4（1851）年2月10日），諸系，人書79，人書94，新潮（[生]寛政6（1794）年6月23日　[没]嘉永4（1851）年2月10日），人名，姓氏京都，姓氏静岡，世人（[生]寛政6（1794）年6月23日　[没]嘉永4（1851）年2月16日），世百，全書，大百，伝記，日史（[生]寛政6（1794）年6月23日　[没]嘉永4（1851）年2月16日），日人，藩主2（[生]寛政6（1794）年6月23日　[没]嘉永4（1851）年2月10日），藩主4，百科，歴大

水野忠貞 みずのたださだ
慶長2（1597）年～寛文10（1670）年
安土桃山時代～江戸時代前期の第2代伏見代官奉行、初代伏見奉行。
¶京都大，姓氏京都

水野忠定 みずのたださだ
元禄4（1691）年～寛延1（1748）年
江戸時代中期の大名。安房北条藩主。
¶諸系，人名（[生]1679年　[没]1736年），日人，藩主2（[没]寛延1（1748）年6月26日）

水野正 みずのただし
天保3（1832）年～？
江戸時代末期の紀伊和歌山藩士。
¶幕末，和歌山人

水野忠実 みずのただしつ
寛政4（1792）年～天保13（1842）年　[別]水野忠実《みずのただみつ》
江戸時代後期の大名。上総鶴牧藩主。
¶庄内（みずのただみつ　[生]寛政4（1792）年6月26日　[没]天保13（1842）年1月19日），諸系，日人，藩主2（みずのただみつ　[生]寛政4（1792）年6月　[没]天保13（1842）年1月19日）

水野忠位 みずのただたか
明暦1（1655）年～正徳3（1713）年
江戸時代前期～中期の大名。
¶諸系，日人

水野忠敬 みずのただたか
→水野忠敬(1)（みずのただのり）

水野忠武 みずのただたけ
文政7（1824）年～弘化1（1844）年
江戸時代後期の大名。駿河沼津藩主。
¶諸系，日人，藩主2（[生]文政7（1824）年7月12日　[没]弘化1（1844）年7月10日）

水野忠見 みずのただちか
享保15（1730）年～安永4（1775）年
江戸時代中期の大名。安房北条藩主。
¶諸系，日人，藩主2（[没]安永4（1775）年8月19日）

水野忠周 みずのただちか
延宝1（1673）年～享保3（1718）年
江戸時代中期の大名。信濃松本藩主。
¶近世，国史，コン改，コン4，諸系，新潮（[没]享保3（1718）年10月28日），人名，長野歴，日人，藩主2（[生]延宝1（1673）年1月25日　[没]享保3（1718）年10月28日）

水野忠恒 みずのただつね
天禄14（1701）年～元文4（1739）年
江戸時代中期の大名。信濃松本藩主。
¶朝日（[没]元文4年6月28日（1739年8月2日）），近世，国史，コン改，コン4，諸系，新潮（[没]元文4（1739）年6月28日），人名，姓氏長野，長野歴，日人，藩主2（[生]元禄14（1701）年8月6日　[没]元文4（1739）年6月28日）

水野忠輝 みずのただてる
元禄4（1691）年～元文2（1737）年
江戸時代中期の大名。三河岡崎藩主。
¶諸系，日人，藩主2（[生]元禄4（1691）年5月22日　[没]元文2（1737）年7月2日）

水野忠韶 みずのただてる
宝暦11（1761）年～文政11（1828）年
江戸時代中期～後期の大名。安房北条藩主、上総鶴牧藩主。
¶国書（[没]文政11（1828）年5月26日），諸系，日人，藩主2，藩主2（[没]文政11（1828）年5月26日）

水野忠任 みずのただとう
元文1（1736）年～＊

み

江戸時代中期～後期の大名。肥前唐津藩主、三河岡崎藩主。
¶朝日（[没]文化8年12月27日（1812年2月9日）），近世（[没]1811年），国史（[没]1811年），国書（[没]文化8（1811）年12月27日），コン改（[生]享保19（1734）年　[没]？），コン4（[没]文化8（1811）年），佐賀百（[生]享保19（1734）年　[没]？），諸系（[没]1812年），人名（[生]1734年　[没]？），日人（[没]1812年），藩主2（[没]1811年），藩主4（[生]享保19（1734）年　[没]文化8（1811）年12月30日）

水野忠辰 みずのただとき
享保7（1722）年～宝暦2（1752）年
江戸時代中期の大名。三河岡崎藩主。
¶朝日（[没]宝暦2年8月18日（1752年9月25日）），近世，国史，コン改，コン4，諸系，日史（[生]享保9（1724）年　[没]宝暦2（1752）年8月18日），日人，藩主2（[生]享保9（1724）年閏4月22日　[没]宝暦2（1752）年8月16日）

水野忠暁 みずのただとし
→水野忠暁（みずのただあき）

水野忠友 みずのただとも
享保16（1731）年～享和2（1802）年
江戸時代中期～後期の大名。駿河沼津藩主、三河大浜藩主。
¶朝日（[没]享和2年9月19日（1802年10月15日）），近世，国史，国書（[生]享保16（1731）年2月3日　[没]享和2（1802）年9月19日），コン改（[没]享和1（1801）年），コン4，史人（[没]1802年9月19日），静岡歴，諸系，新潮（[没]享和2（1802）年9月19日），人名，姓氏静岡，世人（[没]享和1（1801）年9月19日），日人，藩主2（[没]1796年），藩主2（[生]享保16（1731）年2月3日　[没]享和2（1802）年9月19日）

水野忠直 みずのただなお
承応1（1652）年～正徳3（1713）年
江戸時代中期の大名。信濃松本藩主。
¶近世，国史，国書（[生]慶安5（1652）年9月12日　[没]正徳3（1713）年5月28日），諸系，人名，長野歴，日人，藩主2（[生]承応1（1652）年9月12日　[没]正徳3（1713）年5月28日）

水野忠央 みずのただなか
文化11（1814）年～慶応1（1865）年
江戸時代末期の紀伊和歌山藩士、新宮城主、江戸家老。
¶朝日（[生]文化11年10月1日（1814年11月12日）　[没]慶応1年2月25日（1865年3月22日）），維新，江文，郷土和歌山，近世，考古（[没]元治2年（1865年2月25日）），国史，国書（[生]文化11（1814）年10月1日　[没]元治2（1865）年2月25日），コン改，コン4，史人（[生]1814年10月1日　[没]1865年2月25日），新潮（[没]慶応1（1865）年2月25日），人名，世人，日史（[没]慶応1（1865）年2月25日），日人，幕末（[没]1865年3月22日），藩臣5，和歌山人

水野忠良 みずのただなが
天保5（1834）年～安政5（1858）年
江戸時代末期の大名。駿河沼津藩主。
¶諸系，日人，藩主2（[生]天保5（1834）年8月5日　[没]安政5（1858）年5月3日）

水野忠伸 みずのただのぶ
元禄3（1690）年～宝暦8（1758）年
江戸時代中期の幕臣。勘定奉行、「公事方御定書」を編纂。
¶近世，国史，日人

水野忠誠 みずのただのぶ
天保5（1834）年～慶応2（1866）年
江戸時代末期の大名、老中。駿河沼津藩主。
¶維新（[生]？），近世，国史，静岡歴，諸系，姓氏静岡，日人，幕末，藩主2（[生]天保5（1834）年7月25日　[没]慶応2（1866）年10月28日）

水野忠敬(1) みずのただのり
嘉永4（1851）年～明治40（1907）年　[別]水野忠敬《みずのただたか》
江戸時代末期～明治期の大名。上総菊間藩主、駿河沼津藩主。
¶維新（みずのただたか），近現，国史，静岡歴，諸系，人名，姓氏静岡，日人，幕末，藩主2（[生]嘉永4（1851）年7月　[没]明治40（1907）年8月17日），藩主2，藩主2（[生]嘉永4（1851）年7月　[没]明治40（1907）年8月17日），藩主2

水野忠敬(2) みずのただのり
→水野忠暁（みずのただあき）

水野忠徳 みずのただのり
*～明治1（1868）年　[別]水野筑後守忠徳《みづのちくごのかみただのり》
江戸時代末期の幕府官僚、長崎奉行。尊攘運動の抑制を計画。
¶朝日（[生]文化12（1815）年　[没]明治1年7月9日（1868年8月26日）），維新（[生]1810年），岩史（[生]文化12（1815）年　[没]慶応4（1868）年7月9日），近世（[生]1815年），国史（[生]1815年），国書（[生]文化12（1815）年　[没]慶応4（1868）年7月9日），コン改（[生]文化7（1810）年），コン4（[生]文化7（1810）年），史人（[生]1810年　[没]1868年7月9日），新潮（[生]文化7（1810）年　[没]慶応4（1869）年7月9日），人名（[生]1810年），世人（[生]文化7（1810）年），長崎歴（水野筑後守忠徳 みづのちくごのかみただのり　[生]文化12（1815）年），日史（[生]文化12（1815）年4月9日　[没]明治1（1868）年7月9日），日人（[生]1815年），幕末（[生]1810年　[没]1868年8月26日）

水野忠春 みずのただはる
寛永18（1641）年～元禄5（1692）年
江戸時代前期の大名。三河岡崎藩主。
¶諸系，人名，日人，藩主2（[生]寛永18（1641）年5月13日　[没]元禄5（1692）年10月15日）

水野忠寛 みずのただひろ
文化4（1807）年～明治7（1874）年
江戸時代末期～明治期の大名。駿河沼津藩主。
¶維新（[生]？），諸系，日人，藩主2（[生]文化4（1807）年11月4日　[没]明治7（1874）年1月5日）

水野忠弘 みずのただひろ
安政3（1856）年～明治38（1905）年
江戸時代末期～明治期の大名。出羽山形藩主、近江朝日山藩主。
¶維新，諸系，新潮（[生]安政3（1856）年6月18日　[没]明治38（1905）年12月7日），日人，幕末

（[生]1856年7月19日　[没]1905年12月7日），藩主1，藩主3，山形百（[没]？）

水野忠全 みずのただまさ
生没年不詳
江戸時代後期の幕臣。第38代京都東町奉行。
¶京都大，姓氏京都

水野忠盈 みずのただみつ
寛文3（1663）年～元禄12（1699）年
江戸時代前期～中期の大名。三河岡崎藩主。
¶諸系，日人，藩主2（[生]寛文2（1662）年12月6日　[没]元禄12（1699）年8月4日）

水野忠光 みずのただみつ
→水野忠光（みずのただあきら）

水野忠実 みずのただみつ
→水野忠実（みずのただしつ）

水野三元 みずのただもと
？～寛永17（1640）年
江戸時代前期の武士。
¶和歌山人

水野忠幹(1) みずのただもと
元禄12（1699）年～享保8（1723）年
江戸時代中期の大名。信濃松本藩主。
¶国書（[生]元禄12（1699）年5月5日　[没]享保8（1723）年5月10日），諸系，人名，長野歴，日人，藩主2（[生]元禄12（1699）年5月5日　[没]享保8（1723）年5月10日）

水野忠幹(2) みずのただもと
天保6（1835）年～明治35（1902）年
江戸時代末期～明治期の大名。紀伊和歌山藩士、紀伊新宮藩主。
¶維新（[生]1838年），江戸東，諸系，日人，幕末（[生]1838年　[没]1902年4月20日），藩主3（[没]明治35（1902）年4月30日），藩臣5，和歌山人

水野忠元 みずのただもと
天正4（1576）年～元和6（1620）年
安土桃山時代～江戸時代前期の武将、大名。下総山川藩主。
¶諸系，日人，藩主2（[没]元和6（1620）年10月6日）

水野忠職 みずのただもと
慶長18（1613）年～寛文8（1668）年
江戸時代前期の大名。信濃松本藩主。
¶近世，国史，諸系，長野歴，日人，藩主2（[生]慶長18（1613）年9月13日　[没]寛文8（1668）年6月26日）

水野忠体 みずのただもと
～文化3（1806）年12月23日
江戸時代中期～後期の旗本。
¶庄内

水野忠通 みずのただゆき
延享4（1747）年～文政6（1823）年　[別]水野若狭守忠通《みずのわかさのかみただゆき》
江戸時代中期～後期の70代長崎奉行。
¶長崎歴（水野若狭守忠通　みずのわかさのかみただゆき）

水野忠之 みずのただゆき
寛文9（1669）年～享保16（1731）年
江戸時代中期の大名。三河岡崎藩主。
¶朝日（[没]享保16年3月18日（1731年4月24日）），岩史（[生]寛文9（1669）年6月7日　[没]享保16（1731）年3月18日），京都大，近世，国史，国書（[生]寛文9（1669）年6月7日　[没]享保16（1731）年3月18日），コン改，コン4，史人（[生]1669年6月7日　[没]1731年3月18日），諸系，新潮（[没]享保16（1731）年3月18日），人名，姓氏京都，日史（[没]享保16（1731）年3月18日），日人，藩主2（[生]寛文9（1669）年6月7日　[没]享保16（1731）年3月18日），百科

水野忠義 みずのただよし
寛政4（1792）年～天保13（1842）年
江戸時代後期の大名。駿河沼津藩主。
¶諸系，日人，藩主2（[生]寛政4（1792）年9月26日　[没]天保13（1842）年1月19日）

水野忠善 みずのただよし
慶長17（1612）年～延宝4（1676）年
江戸時代前期の大名。下総山川藩主、駿河田中藩主、三河吉田藩主、三河岡崎藩主。
¶愛知百（[没]1676年8月29日），諸系，人名（[生]？），姓氏愛知，日人，藩主2，藩主2（[没]延宝4（1676）年8月29日），藩主2

水野忠福 みずのただよし
元禄10（1697）年～明和1（1764）年7月17日
江戸時代中期の幕臣。
¶国書

水野忠順 みずのただより
文政7（1824）年～明治17（1884）年
江戸時代末期～明治期の大名。上総鶴牧藩主。
¶諸系，日人，藩主2（[生]文政7（1824）年9月　[没]明治17（1884）年12月9日）

水野為長（水野為永） みずのためなが
宝暦1（1751）年～＊
江戸時代中期の陸奥白河藩士。
¶国書（[没]文政7（1824）年9月24日），藩臣2（水野為永　[没]？）

水野多門 みずのたもん
生没年不詳
江戸時代末期の紀伊和歌山藩家老。
¶幕末，和歌山人

水野哲太郎 みずのてつたろう
＊～元治1（1864）年　[別]島田小源太《しまだこげんた》
江戸時代末期の水戸藩属吏。
¶維新（[生]1804年　[没]1865年），人名（[生]1803年），日人（[生]1803年），幕末（[生]1804年　[没]1864年12月12日）

水野東岳 みずのとうがく
文化13（1816）年～明治32（1899）年
江戸時代末期～明治期の加賀大聖寺藩士。
¶藩臣3

水野徳三郎 みずのとくさぶろう
天保2（1831）年～明治1（1868）年　[別]水野寛友《みずのひろとも》
江戸時代末期の加賀藩士。
¶人名，日人，幕末（水野寛友　みずのひろとも　[没]1868年8月12日）

水野直縄 みずのなおつな
寛政11(1799)年～?
江戸時代末期の武士。
¶和歌山人

水野成之 みずのなりゆき
→水野十郎左衛門(みずのじゅうろうざえもん)

水野信英 みずののぶひで
慶長15(1610)年～延宝2(1674)年
江戸時代前期の三河岡崎藩家老。
¶藩臣4

水野梅径 みずのばいけい
承応1(1652)年～正徳4(1714)年 [別]水野福富《みずのふくとみ》,水野平内《みずのへいない》
江戸時代前期～中期の備後福山藩士。
¶国書(水野福富 みずのふくとみ),人名(水野福富 みずのふくとみ),日人,藩臣6(水野平内 みずのへいない),広島百

水野八郎 みずのはちろう
天保6(1835)年～明治4(1871)年
江戸時代末期～明治期の大和郡山藩士。
¶藩臣4

水野八郎右衛門 みずのはちろうえもん
生没年不詳
江戸時代中期の越中富山藩士。
¶国書

水野万空 みずのばんくう
? ～安永9(1780)年
江戸時代中期の豊前小倉藩士。
¶藩臣7,福岡百

水野彦四郎 みずのひこしろう
元禄8(1695)年～明和4(1767)年2月16日
江戸時代中期の美作国土居代官。
¶岡山歴

水野寛友 みずのひろとも
→水野徳三郎(みずのとくさぶろう)

水野福富 みずのふくとみ
→水野梅径(みずのばいけい)

水野平右衛門 みずのへいえもん
天正17(1589)年～承応3(1654)年 [別]水野義重《みずのよししげ》
安土桃山時代～江戸時代前期の紀伊和歌山藩士。
¶国書([没]承応3(1654)年6月7日),和歌山人(水野義重 みずのよししげ)

水野平内 みずのへいない
→水野梅径(みずのばいけい)

水野正辰 みずのまさたつ
寛永18(1641)年～享保8(1723)年
江戸時代前期～中期の三河岡崎藩家老。
¶藩臣4

水野正知 みずのまさとも
文化13(1816)年～明治25(1892)年
江戸時代末期～明治期の勤王家、備前岡山藩士。
¶維新,幕末([没]1892年1月8日)

水野正名 みずのまさな
文政6(1823)年～明治5(1872)年
江戸時代末期～明治期の筑後久留米藩士。天保学連に参加、藩政改革意見を建白。
¶朝日([生]文政6(1823)年5月 [没]明治5年11月9日(1872年12月9日)),維新,国書([生]文政6(1823)年5月 [没]明治5(1872)年11月9日),日人,幕末([没]1872年12月9日),藩臣7([生]文政6(1823)年頃),福岡百([没]明治5(1872)年11月9日)

水野正義 みずのまさよし
元禄16(1703)年～安永8(1779)年
江戸時代中期の三河岡崎藩士。
¶藩臣4

水野正芳 みずのまさよし
寛政5(1793)年～明治2(1869)年
江戸時代末期の筑後久留米藩士。
¶藩臣7

水野又蔵 みずのまたぞう
享保13(1728)年頃～文化1(1804)年
江戸時代中期～後期の筑後久留米藩士。
¶藩臣7

水野又兵衛 みずのまたべえ
? ～明治2(1869)年
江戸時代末期の下総結城藩士。
¶幕末([没]1869年6月24日),藩臣3

水野光康 みずのみつやす
? ～寛文6(1666)年
江戸時代前期の河和村地頭。
¶姓氏愛知

水野岷山 みずのみんざん
*～文政5(1822)年 [別]水野千之右衛門《みずのせんのうえもん》
江戸時代前期～中期の尾張藩士、土木家。
¶人名([生]1646年 [没]1734年),姓氏愛知(水野千之右衛門 みずのせんのうえもん [生]1734年),日人([生]1734年),藩臣4(水野千之右衛門 みずのせんのうえもん [生]享保19(1734)年?)

水野元朝 みずのもとあきら
～元文2(1737)年
江戸時代中期の旗本。
¶神奈川人

水野元朗 みずのもとあきら
元禄5(1692)年～寛延1(1748)年 [別]水野元朗《みずのげんろう》
江戸時代中期の出羽庄内藩士。藩校致道館に徂徠学をもたらした先駆者。
¶朝日([没]寛延1年7月9日(1748年8月2日)),近世,国史,国書([生]元禄5(1692)年10月26日 [没]延享5(1748)年7月9日),コン改,コン4,庄内(みずのげんろう [生]元禄5(1692)年10月26日 [没]延享5(1748)年7月9日),新潮([没]寛延1(1748)年7月9日),人名([生]1693年),日人,藩臣1(みずのげんろう),山形百(みずのげんろう),歴大(みずのげんろう)

水野元貞 みずのもとさだ
寛永12(1635)年～元禄4(1691)年
江戸時代前期の三河岡崎藩家老。
¶藩臣4

み

水野元亮 みずのもとすけ
宝永2(1705)年～宝暦11(1761)年
江戸時代中期の三河岡崎藩家老。
¶藩臣4

水野元綱 みずのもとつな
文禄3(1594)年～寛文5(1665)年
江戸時代前期の大名。三河新城藩主、上野安中藩主。
¶群馬人、諸系、姓氏群馬、日人、藩主1(㊧慶長6(1601)年　㊨寛文5(1665)年5月16日)、藩主2

水野元知 みずのもととも
寛永20(1643)年～延宝8(1680)年
江戸時代前期の大名。上野安中藩主。
¶諸系、日人、藩主1(㊧正保1(1644)年)

水野元宣 みずのもとのぶ
天保14(1843)年～明治2(1869)年　㊹水野三郎右衛門《みずのさぶろうえもん》、水野三郎右衛門元宣《みずのさぶろうえもんもとのぶ》
江戸時代末期の山形藩家老。
¶維新(水野三郎右衛門　みずのさぶろうえもん)、コン改(㊧？)、コン4(㊧？)、コン5(㊧？)、日人、幕末(水野三郎右衛門　みずのさぶろうえもん　㊧1843年10月15日　㊨1869年6月29日)、藩臣1、山形百(水野三郎右衛門元宣　みずのさぶろうえもんもとのぶ)

水野元英 みずのもとひで
天和1(1681)年～寛保3(1743)年
江戸時代中期の三河岡崎藩家老。
¶藩臣4

水野守俊 みずのもりとし
宝暦4(1754)年～？
江戸時代中期～後期の尾張藩士。
¶国書

水野守信 みずのもりのぶ
天正5(1577)年～寛永13(1636)年　㊹水野河内守守信《みずのかわちのかみもりのぶ》
安土桃山時代～江戸時代前期の5代長崎奉行。
¶長崎歴(水野河内守守信　みずのかわちのかみもりのぶ)

水野主水 みずのもんど
？～文久3(1863)年
江戸時代末期の下総結城藩家老。
¶幕末(㊨1863年7月30日)、藩臣3

水谷勝阜 みずのやかつおか
万治3(1660)年～享保18(1733)年
江戸時代前期の第6代京都西町奉行。
¶京都大、姓氏京都

水谷勝隆 みずのやかつたか
慶長2(1597)年～寛文4(1664)年
江戸時代前期の大名。常陸下館藩主、備中成羽藩主、備中松山藩主。
¶岡山人、岡山百(㊧寛文4(1664)年閏5月3日)、岡山歴(㊨寛文4(1664)年閏5月3日)、日人、藩主3、藩主4、藩主4(㊨寛文4(1664)年閏5月3日)

水谷勝時 みずのやかつとき
寛文3(1663)年～正徳4(1714)年8月10日
江戸時代前期の武士。
¶岡山人、岡山歴

水谷勝宗 みずのやかつむね
元和9(1623)年～元禄2(1689)年2月19日
江戸時代前期の大名。備中松山藩主。
¶岡山人、岡山百、岡山歴、人名、日人、藩主4

水谷勝能 みずのやかつよし
寛文3(1626)年～延宝8(1680)年8月5日
江戸時代前期の旗本・小坂部水谷氏初代当主。
¶岡山歴

水谷勝美 みずのやかつよし
寛文3(1663)年～元禄6(1693)年10月6日
江戸時代中期の大名。備中松山藩主。
¶岡山人(㊨元禄5(1692)年)、岡山百、岡山歴、日人、藩主4

水野連成 みずのやすしげ
永禄11(1568)年～寛永15(1638)年
江戸時代前期の武士。
¶和歌山人

水野義風 みずのよしかぜ
元禄15(1702)年～天明3(1783)年2月19日
江戸時代中期の備前岡山藩士・歌人。
¶岡山人、岡山歴、国書

水野義重 みずのよししげ
→水野平右衛門(みずのへいえもん)

水野吉次 みずのよしつぐ
～延宝5(1677)年
江戸時代前期の槍術家。
¶岡山人

水野吉信 みずのよしのぶ
江戸時代前期の槍術家。
¶岡山人

水野陸沈 みずのりくちん
天明3(1783)年～嘉永7(1854)年3月16日
江戸時代中期～末期の美濃大垣藩士・漢学者。
¶国書

水野柳滴斎 みずのりゅうてきさい
？～万治2(1659)年
江戸時代前期の剣術家。水野流祖。
¶剣豪

水野竜門 みずのりゅうもん
文政9(1826)年～明治16(1883)年10月15日
江戸時代後期～明治期の今治藩士・教育家。
¶愛媛百

水野倭一郎 みずのわいちろう
文政5(1822)年～明治36(1903)年　㊹水野倭一郎年次《みずのわいちろうとしつぐ》
江戸時代末期～明治期の剣術家。
¶埼玉人、埼玉百(水野倭一郎年次　みずのわいちろうとしつぐ　㊨1901年)、幕末(㊧1820年　㊨1903年4月29日)

水野倭一郎年次 みずのわいちろうとしつぐ
→水野倭一郎(みずのわいちろう)

水野若狭守忠通 みずのわかさのかみただゆき
→水野忠通(みずのただゆき)

水野分長 みずのわけなが
永禄5（1562）年〜元和9（1623）年
安土桃山時代〜江戸時代前期の武将、大名。三河新城藩主。
¶諸系，日人，藩主2（[没]元和9（1623）年3月1日）

水原保明 みずはらやすあきら
享保7（1722）年〜寛政4（1792）年9月13日
江戸時代中期〜後期の幕臣。
¶国書

水原保延 みずはらやすのぶ
生没年不詳
江戸時代末期の加賀藩士。
¶石川百，姓氏石川，幕末，藩臣3

水間良実 みずまりょうじつ
？　〜寛政7（1795）年
江戸時代中期〜後期の薩摩藩士。暦学者。
¶姓氏鹿児島

三隅柳園 みすみりゅうえん
文化12（1815）年〜明治16（1883）年
江戸時代末期〜明治期の筑前秋月藩士、書家。
¶藩臣7

水本成美 みずもとなりよし
天保2（1831）年5月15日〜明治17（1884）年7月28日
江戸時代後期〜明治期の薩摩藩士・漢学者。
¶国書

三瀬周三 みせしゅうぞう
天保10（1839）年〜明治10（1877）年　[別]三瀬諸淵《みせもろふち，みせもろぶち》
江戸時代末期〜明治期の伊予宇和島藩の蘭学者、医師。シーボルトに師事。
¶朝日（[生]天保10年7月1日（1839年8月9日）[没]明治10（1877）年10月19日），維新（三瀬諸淵　みせもろふち　[没]1876年），愛媛百（三瀬諸淵　みせもろぶち　[生]天保10（1839）年10月1日　[没]明治11（1878）年10月19日），郷土愛媛（三瀬諸淵　みせもろぶち），郷土長崎，近現，近世，国史，国書（[生]天保10（1839）年7月1日　[没]明治10（1877）年10月19日），コン5（三瀬諸淵　みせもろふち），史人（[生]1839年10月1日　[没]1877年10月19日），新潮（[生]天保10（1839）年10月1日　[没]明治11（1876）年10月19日），人名，先駆（三瀬諸淵　みせもろふち　[生]天保10（1839）年10月1日　[没]明治9（1876）年10月19日），長崎歴，日人，幕末（[没]1876年10月19日），藩臣6，洋学

三瀬諸淵 みせもろふち，みせもろぶち
→三瀬周三（みせしゅうぞう）

溝江半左衛門 みぞえはんざえもん
？　〜元禄4（1691）年
江戸時代前期〜中期の弘前4代藩主津軽信政に仕えた弓の名人。
¶青森人

溝江彦三郎 みぞえひこさぶろう
安土桃山時代〜江戸時代前期の武士。豊臣氏家臣。
¶戦国，戦人（生没年不詳）

溝口因幡守 みぞぐちいなばのかみ
生没年不詳
安土桃山時代〜江戸時代前期の武士。浅野家の家臣。
¶和歌山人

溝口勝如 みぞぐちかつゆき
江戸時代末期の幕臣。
¶維新，幕末（生没年不詳）

溝口景三 みぞぐちけいざん
→溝口直諒（みぞぐちなおあき）

溝口源三郎 みぞぐちげんざぶろう
？　〜寛文3（1663）年
江戸時代前期の剣術家。一刀流。
¶剣豪

溝口孤雲 みぞぐちこうん
文化6（1809）年〜明治5（1872）年
江戸時代末期〜明治期の肥後熊本藩家老。
¶維新，熊本百（[生]文化5（1808）年　[没]明治5（1872）年3月12日），人名，日人，幕末（[没]1872年3月13日），藩臣7

溝口貞泰 みぞぐちさだやす
[別]溝口美作守貞泰《みぞぐちみまさかのかみさだやす》
安土桃山時代〜江戸時代前期の武士。小笠原氏家臣。
¶戦人（生没年不詳），戦東（溝口美作守貞泰　みぞぐちみまさかのかみさだやす）

溝口重雄 みぞぐちしげかつ，みぞくちしげかつ
寛永10（1633）年〜宝永5（1708）年　[別]溝口悠山《みぞくちゆうざん，みぞぐちゆうざん》
江戸時代前期〜中期の大名。越後新発田藩主。
¶近世（溝口悠山　みぞくちゆうざん），国史（溝口悠山　みぞくちゆうざん），茶道（溝口悠山　みぞぐちゆうざん），諸系，人名（[生]1602年　[没]1677年），新潟百（みぞくちしげかつ），日人，藩主3（[生]寛永9（1632）年7月10日　[没]宝永5（1708）年9月4日）

溝口重元 みぞぐちしげもと，みぞくちしげもと
延宝8（1680）年〜*
江戸時代中期の大名。越後新発田藩主。
¶諸系（[没]1719年），新潟百（みぞくちしげもと　[没]1718年），日人（[没]1719年），藩主3（[生]延宝8（1680）年閏8月23日　[没]享保3（1718）年11月21日）

溝口周太 みぞぐちしゅうた
文政5（1822）年〜明治25（1892）年
江戸時代後期〜明治期の剣術家。直心影流。
¶剣豪

溝口素丸 みぞぐちそがん
→溝口素丸（みぞぐちそまる）

溝口素丸 みぞぐちそまる
正徳3（1713）年〜寛政7（1795）年　[別]溝口素丸《みぞぐちそがん》，素丸〔2世〕《そまる》，素丸《そまる》
江戸時代中期の俳人・幕臣。
¶江戸東，国書（素丸〔2世〕　そまる　[生]正徳3（1713）年8月26日　[没]寛政7（1795）年7月20

日），人名（みぞぐちそがん），日人，俳諧（素丸　そまる），俳句（素丸　そまる　[没]寛政7（1795）年7月20日），和俳（みぞぐちそがん）

溝口内匠　みぞぐちたくみ
江戸時代後期の武士。越後新発田藩。
¶茶道

溝口直諒　みぞぐちなおあき，みぞくちなおあき
寛政11（1799）年～安政5（1858）年　[別]溝口景三《みぞぐちけいざん》
江戸時代末期の大名。越後新発田藩主。
¶近世（みぞくちなおあき），国史（みぞくちなおあき），国書（[生]寛政11（1799）年1月8日　[没]安政5（1858）年6月18日），コン改，コン4，茶道（溝口景三　みぞぐちけいざん），史人（[生]1799年1月8日　[没]1858年6月18日），諸系，新潮（[生]寛政11（1799）年1月8日　[没]安政5（1858）年6月18日），人名，世人，新潟百（みぞくちなおあき），日人，藩主3（[生]寛政11（1799）年1月8日　[没]安政5（1858）年6月18日）

溝口直温　みぞぐちなおあつ，みぞくちなおあつ
*～安永9（1780）年
江戸時代中期の大名。越後新発田藩主。
¶諸系（[生]1716年），人名（[生]1712年），新潟百（みぞくちなおあつ　[生]1714年），日人（[生]1716年），藩主3（[生]正徳4（1714）年4月21日　[没]安永9（1780）年9月4日）

溝口直清　みぞぐちなおきよ
江戸時代末期の幕臣。
¶維新，幕末（生没年不詳）

溝口直侯　みぞぐちなおとき
→溝口直侯（みぞぐちなおよし）

溝口直治　みぞぐちなおはる，みぞくちなおはる
宝永4（1707）年～享保17（1732）年
江戸時代中期の大名。越後新発田藩主。
¶諸系，人名（[生]1705年），新潟百（みぞくちなおはる　[生]1705年），日人，藩主3（[生]宝永4（1707）年7月26日　[没]享保17（1732）年閏5月11日）

溝口直溥　みぞぐちなおひろ，みぞくちなおひろ
文政2（1819）年～明治7（1874）年
江戸時代末期～明治期の大名。越後新発田藩主。
¶維新，国書（[生]文政2（1819）年1月2日　[没]明治7（1874）年4月26日），諸系，新潟百（みぞくちなおひろ），日人，藩主3（[生]文政2（1819）年1月2日　[没]明治7（1874）年4月26日）

溝口直正　みぞぐちなおまさ，みぞくちなおまさ
安政2（1855）年～大正8（1919）年
江戸時代末期～明治期の大名。越後新発田藩主。
¶維新，諸系，新潮（[生]安政2（1855）年2月25日　[没]大正8（1919）年10月17日），人名，新潟百（みぞくちなおまさ），日人，藩主3（[生]安政2（1855）年2月25日）

溝口直養　みぞぐちなおやす，みぞくちなおやす
元文1（1736）年～寛政9（1797）年
江戸時代中期の大名。越後新発田藩主。
¶近世（みぞくちなおやす），国史（みぞくちなおやす），国書（[生]元文1（1736）年11月23日　[没]寛政9（1797）年7月26日），諸系，新潮（[生]元文1（1736）年11月28日　[没]寛政9（1797）年7月26日），人名，世人（[没]寛政9（1797）年閏7月1日），新潟百（みぞくちなおやす），日人，藩主3（[生]享保20（1735）年　[没]寛政9（1797）年閏7月1日）

溝口直侯　みぞぐちなおよし，みぞくちなおよし
安永7（1778）年～享和2（1802）年　[別]溝口直侯《みぞぐちなおとき》
江戸時代中期～後期の大名。越後新発田藩主。
¶国書（[生]安永7（1778）年5月17日　[没]享和2（1802）年8月29日），諸系，新潟百（みぞくちなおよし），日人，藩主3（みぞぐちなおとき　[生]安永7（1778）年5月17日　[没]享和2（1802）年8月29日）

溝口長裕　みぞぐちながひろ，みぞくちながひろ
宝暦6（1756）年～文政2（1819）年　[別]溝口半兵衛《みぞぐちはんべえ》
江戸時代中期の越後新発田藩家老。
¶国書（生没年不詳），新潟百（みぞくちながひろ），日人（溝口半兵衛　みぞぐちはんべえ）

溝口宣勝　みぞぐちのぶかつ，みぞくちのぶかつ
天正10（1582）年～寛永5（1628）年
江戸時代前期の大名。越後新発田藩主。
¶諸系，新潟百（みぞくちのぶかつ），日人，藩主3（[没]寛永5（1628）年10月29日）

溝口宣直　みぞぐちのぶなお，みぞくちのぶなお
慶長10（1605）年～延宝4（1676）年
江戸時代前期の大名。越後新発田藩主。
¶諸系，新潟百（みぞくちのぶなお），日人，藩主3（[没]延宝4（1676）年11月22日）

溝口徳成　みぞぐちのりなり
安永4（1775）年～天保15（1844）年8月
江戸時代中期～後期の因幡鳥取藩士。
¶国書

溝口半左衛門　みぞぐちはんざえもん
？～万治3（1660）年
江戸時代前期の剣術家。小野派一刀流。
¶剣豪

溝口半平　みぞぐちはんべい，みぞぐちはんぺい
生没年不詳
江戸時代末期の下総結城藩士。
¶幕末，藩臣3（みぞぐちはんぺい）

溝口半兵衛(1)　みぞぐちはんべえ
天保3（1832）年～明治15（1882）年7月
江戸時代末期～明治期の新発田藩家老。
¶人名，幕末

溝口半兵衛(2)　みぞぐちはんべえ
→溝口長裕（みぞぐちながひろ）

溝口政勝　みぞぐちまさかつ
慶長13（1608）年～寛文10（1670）年
江戸時代前期の大名。越後沢海藩主。
¶諸系，日人，藩主3（[没]寛文10（1670）年1月28日）

溝口政親　みぞぐちまさちか
承応2（1653）年～元禄6（1693）年
江戸時代中期の大名。越後沢海藩主。
¶諸系，日人，藩主3（生没年不詳）

溝口政則 みぞぐちまさのり
生没年不詳
江戸時代中期の豊前中津藩家老。
¶藩臣7

溝口政良（溝口改良） みぞぐちまさよし
？ ～天和3（1683）年
江戸時代前期の大名。越後沢海藩主。
¶諸系，日人，藩主3（溝口改良　[没]天和3（1683）年6月1日）

溝口美作守貞泰 みぞぐちみまさかのかみさだやす
→溝口貞泰（みぞぐちさだやす）

溝口幽軒 みぞぐちゆうけん
享保17（1732）年～安永6（1777）年
江戸時代中期の越後新発田藩中老・漢学者。
¶国書

溝口悠山 みぞくちゆうざん，みぞぐちゆうざん
→溝口重雄（みぞぐちしげかつ）

溝口善勝 みぞぐちよしかつ，みぞくちよしかつ
天正12（1584）年～寛永11（1634）年
江戸時代前期の大名。越後沢海藩主。
¶諸系，戦国，戦人，新潟百（みぞくちよしかつ），日人，藩主3（[没]寛永11（1634）年5月2日）

溝口理兵衛 みぞぐちりへえ
生没年不詳
安土桃山時代～江戸時代前期の武士。浅野家の家臣。
¶和歌山人

御園紹元 みそのあきもと
→御園紹元（みそのつぐもと）

御園紹元 みそのつぐもと
天保7（1836）年～慶応3（1867）年　[別]御園紹元《みそのあきもと》，瀬尾余一《せおよいち》
江戸時代末期の加賀藩士。
¶維新，人名（みそのあきもと　[生]1837年），日人，幕末（[没]1867年4月30日）

溝淵広之丞 みぞぶちひろのじょう
文政11（1828）年～明治42（1909）年
江戸時代末期～明治期の土佐藩士。
¶高知人，幕末（[没]1909年7月4日），藩臣6

三田官兵衛 みたかんべえ
文化4（1807）年～明治19（1886）年
江戸時代末期～明治期の美濃岩村藩士。
¶藩臣3

箕田憙貞 みたきてい
生没年不詳
江戸時代中期の武士。
¶国書

三田昂馬（三田昻馬） みたこうま
天保7（1836）年3月15日～明治34（1901）年
江戸時代末期～明治期の阿波徳島藩士。
¶徳島百（三田昻馬　[没]明治34（1901）年5月20日），徳島歴（[没]明治34（1901）年5月20日），幕末（[没]1901年5月21日），兵庫人（[没]明治34（1901）年5月21日），兵庫百

三田三五郎 みたさんごろう
宝暦2（1752）年～文政7（1824）年　[別]三田三五郎暉房《みたさんごろうてるふさ》
江戸時代中期～後期の剣術家。神道無念流。
¶剣豪，埼玉人（[没]文政7（1824）年7月28日），埼玉百（三田三五郎暉房　みたさんごろうてるふさ）

三田三五郎暉房 みたさんごろうてるふさ
→三田三五郎（みたさんごろう）

三田称平 みたしょうへい
文化9（1812）年～明治26（1893）年　[別]三田地山《みたちざん》
江戸時代末期～明治期の下野黒羽藩士、地下。
¶維新，郷土栃木（三田地山　みたちざん　[生]1811年），人名，栃木百，栃木歴，日人（[生]1813年），藩臣2

箕田宗範 みたそうはん
？ ～明治1（1868）年
江戸時代末期の尾張藩士、茶匠。
¶茶道

三田地山 みたちざん
→三田称平（みたしょうへい）

三谷権太夫 みたにごんだゆう
→三谷権太夫長玄（みたにごんだゆうながはる）

三谷権太夫長玄 みたにごんだゆうながはる
慶長7（1602）年～寛文5（1665）年　[別]三谷権太夫《みたにごんだゆう》
江戸時代前期の出雲松江藩家老。
¶島根百（生没年不詳），島根歴，藩臣5（三谷権太夫　みたにごんだゆう）

三谷半太夫 みたにはんだゆう
慶長2（1597）年～寛文6（1666）年
江戸時代前期の出雲松江藩家老。
¶藩臣5

三谷三雄 みたにみつお
→狩野三雄（かのうさんゆう）

三田原清左衛門 みたはらせいざえもん
宝永7（1710）年～宝暦5（1755）年
江戸時代中期の美濃加納藩士。
¶藩臣3

美玉三平 みたまさんぺい，みだまさんぺい
文政5（1822）年～文久3（1863）年　[別]高橋祐次郎《たかはしゆうじろう》
江戸時代末期の薩摩藩の尊王攘夷家。但馬生野の変の指導者の一人。
¶維新，近世，国史，国書（[没]文久3（1863）年10月14日），コン改，コン4，史人（[没]1863年10月14日），新潮（[没]文久3（1863）年10月14日），人名（みだまさんぺい），姓氏鹿児島，世人，日人，幕末（[没]1863年11月24日），藩臣7，歴大

三田村定虎 みたむらさだとら
元禄13（1700）年～明和4（1767）年
江戸時代中期の弓術家。
¶国書（[没]明和4（1767）年1月27日），人名，日人

三田村定長 みたむらさだなが
？ ～享保2（1717）年
江戸時代中期の加賀藩士。
¶藩臣3

御手洗定重 みたらいさだしげ
～寛文2（1662）年
江戸時代前期の旗本。
¶神奈川人

道島五郎兵衛 みちしまごろうべえ
→道島五郎兵衛（みちじまごろべえ）

道島五郎兵衛 みちじまごろべえ，みちしまごろべえ
？ ～文久2（1862）年 [別]道島五郎兵衛《みちしまごろうべえ》
江戸時代末期の薩摩藩士。
¶維新，鹿児島百（みちしまごろべえ），京都大，新潮（みちしまごろべえ [没]文久2（1862）年4月23日），姓氏鹿児島（みちしまごろうべえ），姓氏京都，日人，幕末（みちしまごろべえ [没]1862年5月21日）

三井氏栄 みついうじしげ
生没年不詳
江戸時代末期の武士。
¶和歌山人

三井丑之助 みついうしのすけ
天保12（1841）年～？
江戸時代後期～末期の新撰組隊士。
¶新撰

三井之孝 みついしこう
→三井之孝（みついゆきたか）

三井親和 みついしんな，みついじんな
元禄13（1700）年～天明2（1782）年
江戸時代中期の書家、武術家。
¶朝日（[没]天明2年3月7日（1782年4月19日）），江戸（みついじんな），国書（[没]天明2（1782）年3月7日），コン改，コン4，史人（[没]1782年3月7日），新潮（[没]天明2（1782）年3月7日），人名，姓氏長野（[生]1699年），長野百，長野歴（[生]元禄12（1699）年），日人

三井高清 みついたかきよ
寛文11（1671）年～寛保3（1743）年
江戸時代中期の武士。
¶和歌山人

三井高栄 みついたかしげ
生没年不詳
江戸時代前期の武士。
¶和歌山人

三井弘篤 みついひろあつ
生没年不詳
江戸時代中期の信濃松本藩士。
¶国書

三居満貞 みついみつさだ
寛政1（1789）年～万延1（1860）年
江戸時代後期の近江彦根藩士。
¶藩臣4

三井光親 みついみつちか
？ ～寛文2（1662）年
江戸時代前期の武士。
¶和歌山人

三井光正 みついみつまさ
天正4（1576）年～寛永8（1631）年
江戸時代前期の武士。
¶和歌山人

三井幸明 みついゆきあき
？ ～元禄9（1696）年
江戸時代前期の武士。
¶和歌山人

三井之孝 みついゆきたか
延享2（1745）年～文化7（1810）年 [別]三井之孝《みついしこう》
江戸時代後期の書家、三井之孝。
¶国書（[没]文化7（1810）年12月2日），人名，日人（みついしこう）

三井良竜 みついよしたつ
元禄11（1698）年～宝暦1（1751）年
江戸時代中期の第11代京都西町奉行。
¶京都大，姓氏京都

三井吉直 みついよしなお
～元禄1（1688）年
江戸時代前期の旗本。
¶神奈川人

三井吉久 みついよしひさ
～慶安2（1649）年
江戸時代前期の旗本。
¶神奈川人

三井吉正 みついよしまさ
～寛永2（1625）年
江戸時代前期の旗本。
¶神奈川人

三井令輔 みついれいすけ
文化11（1814）年～明治1（1868）年
江戸時代末期の肥前唐津藩代官。
¶藩臣7

三ツ枝土左衛門 みつえだどざえもん
生没年不詳
江戸時代前期の大和郡山藩士、摂津尼崎藩士。
¶国書

三岡左次馬 みつおかさじま
文政1（1818）年～明治30（1897）年
江戸時代末期～明治期の谷田部藩士。
¶幕末（[没]1897年10月29日），藩臣2

光岡多治見 みつおかたじみ
文政12（1829）年～？
江戸時代末期の下総結城藩士。
¶幕末，藩臣3

三木甚左衛門 みつぎじんざえもん
？ ～安永7（1778）年2月22日
江戸時代中期の美作津山藩士。
¶岡山歴，藩臣6（生没年不詳）

箕作秋坪 みつくりしゅうへい
文政8（1825）年～明治19（1886）年 [別]菊池，宣信斎，文蔵
江戸時代末期～明治期の津山藩医、幕臣、洋学者。1863年遣欧使節の翻訳方としてフランスに渡る。
¶朝日（[生]文政8年12月8日（1826年1月15日） [没]明治19（1886）年12月3日），維新，海越（[生]文政8（1826）年12月8日 [没]明治19（1886）年12月

み

3日），海越新（[生]文政8（1826）年12月8日　[没]明治19（1886）年12月3日），江文，岡山人，岡山百（[生]文政8（1825）年12月8日　[没]明治19（1886）年12月3日），岡山歴（[生]文政8（1825）年12月8日　[没]明治19（1886）年12月3日），近現，近世，近文，国際，国史，国書（[生]文政8（1825）年12月8日　[没]明治19（1886）年12月3日），コン改，コン4，コン5，史人（[生]1825年12月8日　[没]1886年12月3日），重要（[生]文政8（1825）年12月8日　[没]明治19（1886）年12月3日），新潮（[生]文政8（1825）年12月8日　[没]明治19（1886）年12月3日），人名，全書（[生]1826年），大百，哲学，日史（[生]文政8（1825）年12月8日　[没]明治19（1886）年12月3日），日人（[生]1826年），幕末（[没]1886年12月3日），藩臣6，百科，民学，洋学

満田出雲守　みつたいずものかみ
生没年不詳
江戸時代前期の蒲生氏家臣。
¶国書

満野荷洲　みつのかしゅう
安永8（1779）年～弘化3（1846）年　[別]満野順《みつのしたごう》
江戸時代後期の肥前蓮池藩士、儒学者。
¶国書，藩臣7（満野順　みつのしたごう）

満野順　みつのしたごう
→満野荷洲（みつのかしゅう）

水野筑後守忠徳　みづのちくごのかみただのり
→水野忠徳（みずのただのり）

三橋金助　みつはしきんすけ
弘化1（1844）年～慶応1（1865）年　[別]三橋金六《みつはしきんろく》，三橋弘光《みつはしひろみつ》，山形半六《やまがたはんろく》
江戸時代末期の水戸藩士。
¶維新，国書（三橋弘光　みつはしひろみつ　[没]元治2（1865）年2月4日），人名（三橋金六　みつはしきんろく　[生]1847年），日人，幕末（[没]1865年3月3日）

三橋金六　みつはしきんろく
→三橋金助（みつはしきんすけ）

三橋健次郎　みつはしけんじろう
天保14（1843）年8月31日～明治37（1904）年4月17日
江戸時代末期～明治期の幕臣。
¶幕末

三橋新右衛門　みつはししんうえもん
→三橋新右衛門（みつはししんえもん）

三橋新右衛門　みつはししんえもん
[別]三橋新右衛門《みつはししんうえもん》
安土桃山時代～江戸時代前期の武士。里見氏家臣。
¶戦人（生没年不詳），戦東（みつはししんうえもん）

三橋夕流　みつはしせきりゅう
貞享1（1684）年～明和4（1767）年
江戸時代前期～中期の水戸藩士。
¶国書

三橋虎蔵　みつはしとらぞう
生没年不詳
江戸時代末期の幕臣。
¶幕末

三橋成烈　みつはしなりてる
享保11（1726）年～寛政3（1791）年11月7日
江戸時代中期～後期の幕臣。
¶国書

三橋成方　みつはしなりみち
宝暦1（1751）年～？
江戸時代中期～後期の第23代京都西町奉行。
¶京都大，姓氏京都

三橋弘光　みつはしひろみつ
→三橋金助（みつはしきんすけ）

三橋六衛門　みつはしろくえもん
文政1（1818）年～元治1（1864）年
江戸時代末期の水戸藩士。
¶維新，幕末（[没]1864年10月9日）

三渕重政　みつぶちしげまさ
？～明暦3（1657）年
江戸時代前期の肥後熊本藩士。
¶藩臣7

三渕八郎左衛門　みつぶちはちろうざえもん
慶長19（1614）年～寛文12（1672）年
江戸時代前期の肥後熊本藩士。
¶藩臣7

三渕光行　みつぶちみつゆき
元亀2（1571）年～元和9（1623）年
安土桃山時代～江戸時代前期の武士。
¶日人

三間市之進　みつまいちのしん
江戸時代末期～明治期の越後長岡藩士。
¶幕末（[生]1836年　[没]1892年4月），藩臣4（[生]天保6（1835）年　[没]明治30（1897）年）

三間半二　みつまはんじ
→三間半二（みまはんじ）

三間与一左衛門　みつまよいちざえもん
天正5（1577）年～寛文5（1665）年
安土桃山時代～江戸時代前期の剣術家。水鷗流祖。
¶剣豪

三矢喜太郎　みつやきたろう
永禄11（1568）年～寛文3（1663）年
安土桃山時代～江戸時代前期の武士。徳川家康に仕えた。
¶姓氏愛知

満山右内　みつやまうない
元文1（1736）年～寛政2（1790）年
江戸時代中期の対馬藩士。
¶藩臣7

満山俊蔵　みつやましゅんぞう
文政11（1828）年10月1日～明治45（1912）年1月23日
江戸時代末期～明治期の対馬藩士。満山針の創始者。
¶朝日

水戸黄門　みとこうもん
→徳川光圀（とくがわみつくに）

三戸四兵衛 みとしへえ
?～安永5(1776)年
江戸時代中期の萩藩士。
¶姓氏山口

三戸駿河守 みとするがのかみ
天文7(1538)年～元和3(1617)年3月7日
戦国時代～江戸時代前期の武士。扇谷上杉氏家臣、ついで岩村大田氏家臣。
¶戦辞

水戸光圀 みとみつくに
→徳川光圀(とくがわみつくに)

三刀谷監物 みとやけんもつ
→三刀屋孝和(みとやたかかず)

三刀谷扶明 みとやすけあき
生没年不詳
江戸時代前期の紀伊和歌山藩士。
¶国書

三刀屋孝和(三刀谷孝和) みとやたかかず
元亀1(1570)年～明暦3(1657)年 ㊊三刀谷監物《みとやけんもつ》
安土桃山時代～江戸時代前期の紀伊和歌山藩士。
¶人名, 日人, 藩臣5(三刀谷監物 みとやけんもつ), 和歌山人(三刀谷孝和)

薬袋重暉 みないしげあき
?～万延1(1860)年 ㊊薬袋主計《みないしゅけい》
江戸時代末期の近江彦根藩士。
¶維新(薬袋主計 みないしゅけい), 国書(㉝万延1(1860)年6月25日)

薬袋主計 みないしゅけい
→薬袋重暉(みないしげあき)

水上征房 みなかみまさふさ
宝暦2(1752)年～天保2(1831)年 ㊊水上征房《みずかみまさふさ》
江戸時代中期～後期の紀伊和歌山藩士・歌人。
¶国書(㉝天保2(1831)年3月1日), 和歌山人(みずかみまさふさ)

皆川織之助 みながわおりのすけ
文政8(1825)年～明治29(1896)年
江戸時代後期～明治期の剣術家。神道無念流。
¶剣豪

皆川淇園 みながわきえん, みなかわきえん
享保19(1734)年～文化4(1807)年
江戸時代中期～後期の丹波亀山藩の儒学者。開物学に到達。
¶朝日(㊐享保19年12月8(1735年1月1日) ㉝文化4年5月16日(1807年6月21日)), 岩史(㊐享保19(1734)年12月8日 ㉝文化4(1807)年5月16日), 角史(みなかわきえん), 教育, 京都, 京都大, 京都府, 近世, 国史, 国書(㊐享保19(1734)年12月8日 ㉝文化4(1807)年5月16日), コン改, 詩歌, 史人(㊐1734年12月8日 ㉝1807年5月16日), 人書94, 新潮(㉝文化4(1807)年5月16日), 人名, 姓氏京都, 世人(㊐享保19(1734)年12月8日 ㉝文化4(1807)年5月16日), 世百, 全書, 大百, 日史(㉝文化4(1807)年5月16日), 日人

(㊐1735年), 藩臣5, 百科, 名画, 歴大, 和俳
(㉝文化4(1807)年5月16日)

皆川源吾 みながわげんご
生没年不詳
江戸時代の水戸藩士。1867年遣仏使節随員としてフランスに渡る。
¶海越, 海越新

皆川謙蔵 みなかわけんぞう
天保11(1840)年～慶応2(1866)年7月28日
江戸時代末期の長門清末藩士。
¶幕末

皆川隆庸 みながわたかつね, みなかわたかつね
天正9(1581)年～正保2(1645)年
江戸時代前期の大名。常陸府中藩主。
¶諸系, 栃木歴, 日人, 藩主2(みなかわたかつね ㉝正保2(1645)年2月5日)

皆川登一郎 みながわといちろう
天保13(1842)年～大正8(1919)年
江戸時代末期～大正期の旗本新城菅沼家臣。
¶姓氏愛知

皆川遠江守 みながわとおとうみのかみ
江戸時代末期の旗本。
¶江戸

皆川成郷 みながわなりさと, みなかわなりさと
寛永1(1624)年～正保2(1645)年
江戸時代前期の大名。常陸府中藩主。
¶諸系, 日人, 藩主2(みなかわなりさと ㉝正保2(1645)年6月4日)

皆川教純 みながわのりずみ
享保1(1716)年～享和2(1802)年
江戸時代中期～後期の水戸藩士。
¶国書

皆川秀道 みながわひでみち
生没年不詳
江戸時代中期の幕臣。
¶国書

皆川広照 みながわひろてる, みなかわひろてる
天文17(1548)年～寛永4(1627)年
安土桃山時代～江戸時代前期の大名。下野皆川藩主、信濃飯山藩主、常陸府中藩主。
¶近世, 国史, 国書(㉝寛永4(1627)年12月22日), 史人(㉝1627年12月22日), 諸系(㉝1628年), 戦合, 戦国(㊐1549年), 戦辞(㉝寛永4年12月22日(1628年1月28日)), 戦人, 栃木百, 栃木歴, 長野歴(㊐天文16(1547)年), 日史(㉝寛永4(1627)年12月22日), 日人(㉝1628年), 藩主1(みなかわひろてる ㉝寛永4(1627)年12月22日), 藩主2(みなかわひろてる ㉝寛永4(1627)年12月22日), 百科

皆川広達 みながわひろみち
寛文5(1665)年～享保3(1718)年6月29日
江戸時代前期～中期の幕臣。
¶国書

皆川宗富 みながわむねとみ
慶長8(1603)年～正保4(1647)年
江戸時代前期の旗本。
¶神奈川人

皆川盛貞 みなかわもりさだ
寛政6(1794)年～明治8(1875)年
江戸時代末期～明治期の出羽本荘藩士、漢学者、教育者。
¶藩臣1

水口市之進 みなくちいちのしん
？ ～明治5(1872)年
江戸時代末期～明治期の郷士。
¶維新，幕末([没]1872年1月13日)

湊市郎右衛門 みなといちろうえもん
？ ～寛文8(1668)年
江戸時代前期の八戸藩の初代家老。
¶青森人

湊九郎兵衛 みなとくろべえ
生没年不詳
江戸時代中期の八戸藩家老。
¶青森人

湊源左衛門 みなとげんざえもん
生没年不詳
江戸時代中期の蝦夷松前藩士。
¶藩臣1

湊宗左衛門 みなとそうざえもん
生没年不詳
江戸時代末期の陸奥三春藩士。
¶藩臣2

湊親正 みなとちかまさ
生没年不詳
安土桃山時代～江戸時代前期の武士。浅野家の家臣。
¶和歌山人

南方一枝 みなみがたいっし
天保7(1836)年～大正1(1912)年1月
江戸時代末期～明治期の周防岩国藩士。
¶幕末

南刑部左衛門 みなみぎょうぶざえもん
貞享4(1687)年～正徳1(1711)年
江戸時代前期～中期の出水郡出水郷の郷士。
¶姓氏鹿児島

南薫風 みなみくんぷう
天保7(1836)年～明治12(1879)年
江戸時代末期～明治期の武士、勤王家。
¶維新，人名，徳島歴([生]天保7(1836)年1月10日 [没]明治12(1879)年3月4日)，日人，幕末([没]1880年5月14日)

南新三郎 みなみしんざぶろう
天保7(1836)年～慶応1(1865)年8月9日
江戸時代末期の長州(萩)藩士。
¶幕末

南堅夫 みなみたてお
嘉永2(1849)年1月10日～明治3(1870)年9月3日
江戸時代後期～明治期の阿波徳島藩士。
¶徳島歴

南出平左衛門 みなみでへいざえもん
生没年不詳
江戸時代末期の武士。
¶和歌山人

南知勝 みなみともかつ
？ ～正保4(1647)年
江戸時代前期の浅野家臣。
¶和歌山人

南直義 みなみなおよし
？ ～寛永3(1626)年
安土桃山時代～江戸時代前期の南康義の3男。九戸政実の乱に信直方として奮戦。
¶青森百

三根伊右衛門 みねいえもん
生没年不詳
安土桃山時代～江戸時代前期の肥前大村藩士。
¶藩臣7

峯潔 みねきよし
文政7(1824)年～明治24(1891)年
江戸時代後期～明治期の肥前大村藩士。
¶国書

峯源助 みねげんすけ
文政8(1825)年～明治24(1891)年
江戸時代末期～明治期の肥前大村藩士。
¶幕末，藩臣7

峰甚五左衛門 みねじんござえもん
？ ～弘化2(1845)年
江戸時代後期の肥前平戸藩士。
¶藩臣7

峯晋助 みねしんすけ
？ ～天保6(1835)年
江戸時代後期の下総古河藩士、儒学者。
¶藩臣3

嶺田楓江 みねたふうこう，みねだふうこう
文化14(1817)年～明治16(1883)年
江戸時代末期～明治期の紀伊田辺藩士、民間教育家。
¶朝日([没]明治16(1883)年12月28日)，維新(みねだふうこう)，江文，京都府(みねだふうこう)，近現，近世，国史，国書([没]明治16(1883)年12月28日)，新潮([没]明治16(1883)年12月28日)，人名，千葉百([生]文政1(1818)年)，日人，幕末(みねだふうこう [没]1883年12月28日)，藩臣5，洋学([生]文政1(1818)年)，歴大([生]1818年)

箕浦猪之吉 みのうらいのきち
弘化1(1844)年～明治1(1868)年 [別]箕浦元章《みのうらもとあき》
江戸時代末期の土佐藩士。堺事件当事者。
¶朝日(箕浦元章 みのうらもとあき [生]弘化1(1844)年11月 [没]慶応3年2月23日(1867年3月28日))，維新，近世(箕浦元章 みのうらもとあき)，高知人，高知百，国史(箕浦元章 みのうらもとあき)，国書(箕浦元章 みのうらもとあき [生]天保15(1844)年11月 [没]慶応4(1868)年2月23日)，コン改，コン4，新潮(箕浦元章 みのうらもとあき [生]弘化1(1844)年1月1日 [没]慶応4(1868)年2月23日)，人名(箕浦元章 みのうらもとあき)，日人，幕末([没]1868年3月16日)，藩臣6，歴大(箕浦元章 みのうらもとあき [没]1867年)

箕浦耕雨 みのうらこうう
天明4(1784)年〜天保13(1842)年
江戸時代後期の漢学者、土佐藩教授役。
¶高知人([生]1782年　[没]1840年)，国書([没]天保13(1842)年11月)，人名，日人

箕浦秦川 みのうらじんせん
享保11(1726)年〜文化10(1813)年
江戸時代中期〜後期の土佐藩士、儒学者。
¶高知人，国書([没]文化10(1813)年11月)，藩臣6

箕浦靖山 みのうらせいざん
享保4(1719)年〜享和3(1803)年　[別]箕浦世亮《みのうらせいりょう》
江戸時代中期〜後期の儒学者。因幡鳥取藩の学館奉行。
¶国書([没]享和3(1803)年8月1日)，コン改，コン4，新潮([没]享和3(1803)年8月1日)，人名，鳥取百(箕浦世亮　みのうらせいりょう)，日人，藩臣5(箕浦世亮　みのうらせいりょう)

箕浦世亮 みのうらせいりょう
→箕浦靖山(みのうらせいざん)

箕浦節山 みのうらせつざん
寛延3(1750)年〜天保7(1836)年
江戸時代後期の儒者、因幡鳥取藩士。
¶国書([没]天保7(1836)年2月7日)，人名，日人

箕浦高良 みのうらたかよし
*〜延宝1(1673)年
安土桃山時代〜江戸時代前期の加賀藩士。
¶国書([生]慶長5(1600)年　[没]延宝1(1673)年10月)，姓氏石川([生]?)

箕浦直彝(箕浦直彜) みのうらなおつね
享保15(1730)年〜文化13(1816)年　[別]箕浦立斎《みのうらりっさい》
江戸時代後期の土佐藩の儒学者。
¶高知人(箕浦直彜)，高知百，国書(箕浦立斎　みのうらりっさい　[没]文化13(1816)年閏8月27日)，コン改([生]?)，コン4([生]?)，日人，藩臣6([生]?)

箕浦北江 みのうらほっこう
延享2(1745)年6月24日〜文政2(1819)年6月7日
江戸時代中期〜後期の漢学者・土佐藩士。
¶国書

箕浦元章 みのうらもとあき
→箕浦猪之吉(みのうらいのきち)

箕浦立斎 みのうらりっさい
→箕浦直彝(みのうらなおつね)

三野謙谷 みのけんこく
天明3(1783)年〜嘉永5(1852)年
江戸時代後期の儒者、讃岐高松藩士。
¶国書([没]嘉永5(1852)年7月7日)，人名，日人

箕島 みのしま
→箕島十太左衛門(みのしまじゅうたざえもん)

箕島十太左衛門(箕島重太左衛門) みのしまじゅうたざえもん
*〜延宝7(1679)年　[別]箕島《みのしま》
江戸時代前期の出雲松江藩士、力士。
¶島根人([生]正保寛文頃)，島根歴(箕島重太左衛門　[生]慶長16(1611)年)，藩臣5(箕島　みのしま　[生]慶長17(1612)年)

三野象麓 みのしょうろく
寛延2(1749)年〜天保11(1840)年
江戸時代後期の儒者、讃岐高松藩士。
¶国書([没]天保11(1840)年1月27日)，人名([生]?)，日人

簑田新平 みのだしんぺい
?〜明治33(1900)年
江戸時代末期〜明治期の薩摩藩士。
¶幕末

蓑田伝兵衛 みのだでんべえ
文化9(1812)年〜明治3(1870)年　[別]蓑田長胤《みのだながたね》
江戸時代末期〜明治期の薩摩藩士。
¶維新，国書(蓑田長胤　みのだながたね　[没]明治3(1870)年7月12日)，人名，姓氏鹿児島，日人，幕末([没]1870年8月8日)

蓑田長胤 みのだながたね
→蓑田伝兵衛(みのだでんべえ)

美濃部勘右衛門 みのべかんえもん
?〜享保16(1731)年
江戸時代中期の美作国古町代官。
¶岡山歴

美濃部茂清 みのべしげきよ
?〜享保12(1727)年1月19日
江戸時代前期〜中期の盛岡藩士。
¶国書

美濃部茂雅 みのべしげまさ
生没年不詳
江戸時代中期の土佐藩士・武芸家。
¶高知人，国書

美濃部団四郎 みのべだんしろう
文化8(1811)年〜明治7(1874)年
江戸時代後期〜明治期の剣術家。真心陰流。
¶剣豪

美濃部某 みのべぼう
〜寛永8(1631)年
江戸時代前期の旗本。
¶神奈川人

美濃部又五郎 みのべまたごろう
文政2(1819)年〜慶応1(1865)年
江戸時代末期の水戸藩士。
¶維新，人名，日人，幕末([没]1865年12月12日)，藩臣2

美濃部茂育 みのべもちなる
宝暦9(1759)年〜?
江戸時代後期の幕臣。
¶日史

蓑正高 みのまさたか
貞享4(1687)年〜明和8(1771)年　[別]蓑笠之助《みのりゅうのすけ》
江戸時代中期の幕府代官。農政、治水に通じる。
¶朝日([没]明和8年8月7日(1771年9月15日))，神奈川人([生]1693年)，近世，国史，国書(蓑笠之助　みのりゅうのすけ　[没]明和8(1771)年8月7日)，史人([生]?　[没]1771年8月7日)，姓氏神奈川([生]1693年)，日人，歴大

蓑正寅　みのまさとら
享保6(1721)年～安永4(1775)年
江戸時代中期の代官。
¶神奈川人

蓑笠之助　みのりゅうのすけ
→蓑正高(みのまさたか)

三原金平　みはらきんぺい
生没年不詳
江戸時代末期の薩摩藩士。
¶幕末

三原甚五左衛門　みはらじんござえもん
生没年不詳
江戸時代末期の薩摩藩士。
¶幕末

三原藤五郎　みはらとうごろう
江戸時代末期の薩摩藩士、学者。
¶維新，姓氏鹿児島，幕末(生没年不詳)，藩臣7(生没年不詳)

三原兎弥太　みはらとやた
弘化1(1844)年～明治1(1868)年
江戸時代末期の撃剣師範、志士。土佐勤王党に参加。
¶高知人，幕末([没]1868年10月10日)

御堀耕助　みほりこうすけ
天保12(1841)年～明治4(1871)年　[別]太田市之進《おおたいちのしん》，大田市之進《おおたいちのしん》
江戸時代末期～明治期の長州(萩)藩士、志士、御楯隊総督。
¶朝日([生]天保12年7月7日(1841年8月23日)　[没]明治4年5月13日(1871年6月30日))，維新，海越新([生]天保12(1841)年7月7日　[没]明治4(1871)年5月13日)，近現，近世，剣豪(太田市之進　おおたいちのしん)，国史，コン改，コン4，コン5，新潮([生]天保12(1841)年7月7日　[没]明治4(1871)年5月13日)，人名，渡航([生]1841年7月7日　[没]1871年5月13日)，日人，幕末([没]1871年6月30日)，藩臣6

御牧篤好　みまきあつよし
*～天保4(1833)年
江戸時代後期の日向佐土原藩士、儒学者。
¶藩臣7([生]安永1(1772)年)，宮崎百([生]?　[没]天保4(1833)年9月11日)

御牧重太郎　みまきじゅうたろう
嘉永3(1850)年～明治1(1868)年
江戸時代末期の佐土原藩士。
¶人名，日人

御牧信景　みまきのぶかげ
[別]四手井清庵《しでいせいあん》
安土桃山時代～江戸時代前期の武士。
¶戦国，戦人(生没年不詳)

御牧信重　みまきのぶしげ
?　～寛文3(1663)年
江戸時代前期の浅野家臣。
¶和歌山人

美馬順三　みまじゅんぞう
寛政7(1795)年～文政8(1825)年
江戸時代後期の阿波徳島藩の蘭学者。鳴滝塾の塾頭。
¶朝日([没]文政8年6月11日(1825年7月26日))，近世，国史，国書([没]文政8(1825)年6月11日)，コン改([生]文化4(1807)年　[没]天保8(1837)年)，コン4([生]文化4(1807)年　[没]天保8(1837)年)，史人([没]1825年6月11日)，新潮([没]文政8(1825)年6月11日)，人名，世人，全書，大百，徳島百([没]文政8(1825)年6月11日)，徳島歴([没]文政8(1825)年6月11日)，長崎百，長崎歴，日人，藩臣6，洋学

三松俊明　みまつとしあき
文化14(1817)年～明治10(1877)年8月26日
江戸時代末期の武士。
¶大阪墓

三間半二　みまはんじ
文化12(1815)年～明治9(1876)年　[別]三間半二《みつまはんじ》
江戸時代末期～明治期の播磨姫路藩士。
¶維新([没]1875年)，人名(みつまはんじ　[没]1875年)，日人，幕末([没]1876年8月23日)，藩臣5，兵庫人([没]明治9(1876)年8月23日)

三村伊織　みむらいおり
?　～宝永4(1707)年
江戸時代前期～中期の美作津山藩用人。
¶藩臣6

三村挙賢　みむらきょけん
宝暦5(1755)年～文化11(1814)年
江戸時代中期～後期の水戸藩士。
¶国書

三村五郎兵衛　みむらごろべえ
?　～寛文12(1672)年
江戸時代前期の備後福山藩家老。
¶藩臣6

三村三郎　みむらさぶろう
天保14(1843)年～明治1(1868)年
江戸時代末期の武士。
¶岡山人

三村次郎左衛門　みむらじろざえもん
寛文7(1667)年～元禄16(1703)年
江戸時代中期の播磨赤穂藩士。赤穂義士の一人。
¶人名，日人

三村永忠　みむらながただ
生没年不詳
江戸時代中期の備前岡山藩士。
¶国書

三村陳富　みむらのぶとみ
元禄4(1691)年～宝暦12(1762)年
江戸時代中期の尾張藩士、本草学者。
¶姓氏愛知

三村弥五左衛門　みむらやござえもん
生没年不詳
江戸時代中期の美作津山藩士。
¶藩臣6

三村安臣　みむらやすおみ
天保8(1837)年～明治25(1892)年
江戸時代末期～明治期の国学者、笠間藩士。権大

参事から文部省及び宮内省に主仕。著書に「言葉のにほひ鏡」。
¶人名

宮井安泰 みやいあんたい
→宮井安泰（みやいやすひろ）

宮井安泰 みやいやすひろ
宝暦10（1760）年～文化12（1815）年 [別]宮井安泰《みやいあんたい》
江戸時代後期の加賀藩士、和算家。
¶国書（[没]文化12（1815）年8月22日），人名（みやいあんたい [生]？），姓氏石川（[生]？），世人，日人

宮内清定 みやうちきよさだ
生没年不詳
江戸時代前期の和泉岸和田藩士。
¶藩臣5

宮内内蔵丞 みやうちくらのじょう
生没年不詳
安土桃山時代～江戸時代前期の武士。最上氏家臣。
¶戦人

宮浦松五郎 みやうらまつごろう
天保6（1835）年～明治4（1871）年
江戸時代末期～明治期の安芸広島藩の鉄砲技師。
¶幕末（[没]1871年7月3日），藩臣6

宮川数馬 みやがわかずま
？ ～慶応4（1868）年1月3日
江戸時代後期～末期の新撰組隊士。
¶新撰

宮川久左衛門 みやかわきゅうざえもん
生没年不詳
江戸時代の弘前藩士。
¶青森人（[生]幕末 [没]明治）

宮川助五郎 みやがわすけごろう
弘化2（1845）年～明治3（1870）年
江戸時代末期～明治期の土佐藩の志士。土佐勤王党に参加。
¶維新（[生]1844年），高知人，人名，日人（[生]1844年），幕末（[没]1870年4月6日），藩臣6

宮川度右衛門 みやがわたくえもん
文化3（1806）年～明治13（1880）年
江戸時代末期～明治期の肥前島原藩の砲術家。
¶幕末（[没]1880年11月8日），藩臣7

宮川忠故 みやがわただもと
文化13（1816）年～明治25（1892）年
江戸時代末期～明治期の志士、無外流武芸者。勤王運動に奔走。
¶高知人，幕末（[没]1892年7月20日）

宮川胆斎 みやがわたんさい
文政2（1819）年～明治15（1882）年
江戸時代末期～明治期の儒者、高田藩士。
¶剣豪，人名，新潟百，日人

宮川親良 みやがわちかよし
？ ～宝暦13（1763）年
江戸時代中期の近江小室藩家老。
¶藩臣4

宮川仁右衛門 みやがわにえもん
→宮川忍斎（みやがわにんさい）

宮川忍斎 みやがわにんさい
正保4（1647）年～享保1（1716）年 [別]宮川仁右衛門《みやがわにえもん》
江戸時代中期の筑前福岡藩儒。
¶剣豪（宮川仁右衛門 みやがわにえもん），国書（[没]享保1（1716）年11月27日），人名（[生]？），日人（[没]1717年）

宮川信吉 みやがわのぶきち
天保14（1843）年～＊ [別]宮川信吉《みやがわのぶよし》
江戸時代末期の新撰組隊士。
¶新撰（[没]慶応3年12月7日），幕末（みやがわのぶよし [没]1868年1月1日）

宮川信吉 みやがわのぶよし
→宮川信吉（みやがわのぶきち）

宮川保全 みやがわほぜん
嘉永5（1852）年2月17日～大正11（1922）年11月26日 [別]宮川保全《みやかわやすとも，みやがわやすのり》
江戸時代後期～大正期の数学者、静岡藩士。
¶学校，静岡歴（みやがわやすのり [生]嘉永2（1849）年），数学（みやかわやすとも）

宮川正光 みやがわまさみつ
？ ～文久3（1863）年4月
江戸時代後期～末期の幕臣。
¶国書

宮川保全 みやかわやすとも
→宮川保全（みやがわほぜん）

宮川保全 みやがわやすのり
→宮川保全（みやがわほぜん）

宮城越前守和澄 みやぎえちぜんのかみまさずみ
→宮城和澄（みやぎまさずみ）

宮城監物和充 みやぎけんもつまさみつ
→宮城和充（みやぎまさみつ）

宮城孝庸 みやぎたかつね
？ ～寛文7（1667）年
江戸時代前期の因幡鳥取藩士。
¶鳥取百

宮城多仲 みやぎたちゅう
生没年不詳
江戸時代中期の播磨小野藩士、元締役。
¶藩臣5

宮城筑後 みやぎちくご
～元和8（1622）年
江戸時代前期の武士。
¶岡山人

宮木長次 みやぎちょうじ
天文23（1554）年～元和6（1620）年
戦国時代～江戸時代前期の豊臣秀吉の家臣、のち幕臣。
¶大分歴

宮城豊盛 みやぎとよもり
＊～元和6（1620）年
安土桃山時代～江戸時代前期の武将。豊臣氏家

み

臣、徳川氏家臣。
¶戦国 ([生]1555年), 戦人 ([生]天文23 (1554) 年)

宮城彦助 みやぎひこすけ
文化10 (1813) 年～文久3 (1863) 年
江戸時代末期の長州 (萩) 藩士、奇兵隊士。
¶朝日 ([没]文久3年8月27日 (1863年10月9日)), 維新, 新潮 ([没]文久3 (1863) 年8月27日), 人名, 日人, 幕末 ([没]1863年10月9日), 藩臣6

宮城和澄 みやぎまさずみ
寛永14 (1637) 年～元禄9 (1696) 年 [別]宮城越前守和澄《みやぎえちぜんのかみまさずみ》
江戸時代前期～中期の29代長崎奉行。
¶長崎歴 (宮城越前守和澄 みやぎえちぜんのかみまさずみ)

宮城和充 みやぎまさみつ
寛永11 (1634) 年～元禄4 (1691) 年 [別]宮城監物和充《みやぎけんもつまさみつ》
江戸時代前期～中期の26代長崎奉行。
¶長崎歴 (宮城監物和充 みやぎけんもつまさみつ)

み

三宅興道 みやけおきみち
生没年不詳
江戸時代中期の阿波徳島藩士。
¶国書

三宅織部尉 みやけおりべのじょう
? ～延宝2 (1674) 年
江戸時代前期の相去百人町の軽臣の組頭。
¶姓氏岩手

三宅賢隆 みやけかたたか
寛文3 (1663) 年～延享3 (1746) 年
江戸時代中期の陸奥二本松藩士。
¶国書 ([没]延享3 (1746) 年10月23日), 藩臣5

三宅観瀾 みやけかんらん
延宝2 (1674) 年～享保3 (1718) 年
江戸時代中期の水戸藩の儒学者。「大日本史」編纂に従事。
¶朝日 ([没]享保3年8月21日 (1718年9月15日)), 茨城百, 岩史 ([没]享保3 (1718) 年8月21日), 江文 ([没]享保3 (1713) 年), 角史, 近世, 国史, 国書 ([没]享保3 (1718) 年8月26日), コン改, コン4, 史人 ([没]1718年8月21日), 人書94, 神人 ([生]延宝1 (1673) 年 [没]享保3 (1718) 年8月26日), 新潮 ([没]享保3 (1718) 年8月26日), 人名, 姓氏京都, 世人 ([没]享保3 (1718) 年8月26日), 世百, 全書, 大百 ([生]1675年), 日史 ([没]享保3 (1718) 年8月26日), 日人, 藩臣2, 百科, 歴大

三宅鞏革 みやけきょうかく
慶長19 (1614) 年～延宝3 (1675) 年 [別]三宅道乙《みやけどういつ》,三宅鞏革斎《みやけきょうかくさい》
江戸時代前期の儒者、岡山藩士。
¶岡山人 (三宅道乙 みやけどういつ), 岡山歴 (三宅道乙 みやけどういつ [没]延宝3 (1675) 年8月21日), 国書 (三宅鞏革斎 みやけきょうかくさい [生]慶長19 (1614) 年11月12日 [没]延宝3 (1675) 年8月21日), 人名, 姓氏京都, 日人 (三宅鞏革斎 みやけきょうかくさい), 三重続

三宅鞏革斎 みやけきょうかくさい
→三宅鞏革 (みやけきょうかく)

三宅九内 みやけくない
寛政10 (1798) 年～文久3 (1863) 年
江戸時代後期～末期の粟屋氏の家臣。
¶姓氏山口

三宅源五左衛門 みやけげんござえもん
生没年不詳
江戸時代末期の武士。
¶和歌山人

三宅玄章 みやけげんしょう
宝暦3 (1753) 年～文政4 (1821) 年
江戸時代中期～後期の近江大溝藩士。
¶藩臣4

三宅謙四郎 みやけけんしろう
弘化1 (1844) 年～昭和8 (1933) 年
江戸時代末期～明治期の志士。土佐勤王党に参加。
¶高知人, 幕末 ([没]1933年1月7日)

三宅重直 みやけしげなお
文禄3 (1594) 年～承応1 (1652) 年
江戸時代前期の陸奥会津藩士。
¶藩臣2

三宅尚斎 みやけしょうさい
寛文2 (1662) 年～寛保1 (1741) 年
江戸時代中期の武蔵忍藩士、播磨明石藩士、儒学者。
¶朝日 ([生]寛文2年1月4日 (1662年2月22日) [没]寛保1年1月29日 (1741年3月16日)), 岩史 ([生]寛文2 (1662) 年1月4日 [没]元文6 (1741) 年1月29日), 角史, 京都大, 近世, 高知人, 国史, 国書 ([生]寛文2 (1662) 年1月4日 [没]元文6 (1741) 年1月29日), コン改, コン4, 埼玉人 ([没]元文6 (1741) 年1月29日), 埼玉百, 史人 ([生]1662年1月4日 [没]1741年1月29日), 神史, 人書94, 新潮 ([没]寛保1 (1741) 年1月29日), 人名, 姓氏京都, 世人 ([生]寛文2 (1662) 年1月4日 [没]寛保1 (1741) 年1月29日), 全書, 日史 ([生]寛文2 (1662) 年1月4日 [没]寛保1 (1741) 年1月29日), 日人, 藩臣3, 藩臣5, 百科, 兵庫人 ([生]寛文2 (1662) 年1月4日 [没]寛保1 (1741) 年1月29日), 三重, 歴大

三宅周防守康敬 みやけすおうのかみやすよし
→三宅康敬 (みやけやすよし)

三宅高雅 みやけたかまさ
明和7 (1770) 年～天保10 (1839) 年4月3日
江戸時代末期の武士。
¶岡山人, 岡山歴

三宅道乙 みやけどういつ
→三宅鞏革 (みやけきょうかく)

三宅藤右衛門 みやけとうえもん
生没年不詳
江戸時代中期の肥後熊本藩士。
¶藩臣7

三宅藤兵衛 みやけとうべえ
*～寛永14 (1637) 年
江戸時代前期の肥前唐津藩家老。
¶熊本百 ([生]天正9 (1581) 年 [没]寛永14 (1637) 年

11月14日），藩臣7（㊌？）

三宅武兵衛 みやけぶへい
生没年不詳　㊋三宅武兵衛《みやけぶへえ》
江戸時代末期の下総結城藩士。
¶幕末，藩臣3（みやけぶへえ）

三宅武兵衛(1) みやけぶへえ
天正9（1581）年～寛文1（1661）年
江戸時代前期の備後福山藩士。
¶藩臣6

三宅武兵衛(2) みやけぶへえ
→三宅武兵衛（みやけぶへい）

三宅瓶斎 みやけへいさい
享和1（1801）年～万延1（1860）年
江戸時代後期の理財家、越後村上藩士。
¶近世，国史，国書（㊍安政7（1860）年2月16日），コン改，コン4，新潮（㊍万延1（1860）年2月），人名，世人，新潟百，日人

三宅孫兵衛 みやけまごべえ
？～承応1（1652）年
江戸時代前期の出羽山形藩士。
¶藩臣1

三宅正勝 みやけまさかつ
～寛文4（1664）年
江戸時代前期の旗本。
¶神奈川人

三宅正直 みやけまさなお
生没年不詳
江戸時代中期の加賀藩士。
¶国書

三宅又右衛門 みやけまたえもん
生没年不詳
江戸時代末期の足軽組頭。
¶姓氏岩手

三宅済美 みやけみちよし
元禄15（1702）年～天明2（1782）年8月10日
江戸時代中期の幕臣。
¶国書

三宅康雄 みやけやすお
万治2（1659）年～享保11（1726）年
江戸時代前期～中期の大名。三河田原藩主。
¶諸系，日人，藩主2（㊌万治2（1659）年10月29日 ㊍享保11（1726）年10月4日）

三宅康和 みやけやすかず
寛政10（1798）年～文政6（1823）年
江戸時代後期の大名。三河田原藩主。
¶諸系，日人，藩主2（㊌寛政10（1798）年8月9日 ㊍文政6（1823）年2月8日）

三宅康勝 みやけやすかつ
寛永5（1628）年～貞享4（1687）年
江戸時代前期の大名。三河衣藩主、三河田原藩主。
¶諸系，人名，日人，藩主2，藩主2（㊍貞享4（1687）年8月9日）

三宅康邦 みやけやすくに
明和1（1764）年～寛政4（1792）年
江戸時代中期の大名。三河田原藩主。
¶諸系，日人，藩主2（㊌明和1（1764）年11月5日 ㊍寛政4（1792）年2月29日）

三宅康高 みやけやすたか
宝永7（1710）年～寛政3（1791）年　㊋三宅了閑《みやけりょうかん》
江戸時代中期の大名。三河田原藩主。
¶茶道（三宅了閑　みやけりょうかん　㊌1709年），諸系，人名（㊌？），日人，藩主2（㊌宝永7（1710）年4月4日 ㊍寛政3（1791）年3月14日）

三宅康武 みやけやすたけ
宝暦13（1763）年～天明5（1785）年
江戸時代中期の大名。三河田原藩主。
¶諸系，日人，藩主2（㊌宝暦13（1763）年5月14日 ㊍天明5（1785）年9月12日）

三宅康明 みやけやすてる
寛政12（1800）年～文政10（1827）年
江戸時代後期の大名。三河田原藩主。
¶諸系，日人，藩主2（㊌寛政12（1800）年7月3日 ㊍文政10（1827）年7月10日）

三宅康友 みやけやすとも
明和1（1764）年～文化6（1809）年
江戸時代中期～後期の大名。三河田原藩主。
¶諸系，日人，藩主2（㊌宝暦14（1764）年4月5日 ㊍文化6（1809）年3月20日）

三宅康直 みやけやすなお
文化8（1811）年～明治26（1893）年
江戸時代末期～明治期の大名。三河田原藩主。
¶愛知百（㊌1811年7月24日 ㊍1893年8月9日），国書（㊌文化8（1811）年7月24日 ㊍明治26（1893）年8月9日），諸系，日人，藩主2（㊌文化8（1811）年7月24日 ㊍明治26（1893）年8月9日）

三宅康信 みやけやすのぶ
永禄6（1563）年～寛永9（1632）年
安土桃山時代～江戸時代前期の武将、大名。三河衣藩主、伊勢亀山藩主。
¶諸系，日人，藩主2，藩主3（㊍寛永9（1632）年9月27日）

三宅康徳 みやけやすのり
天和3（1683）年～宝暦3（1753）年
江戸時代中期の大名。三河田原藩主。
¶諸系，人名，日人，藩主2（㊌天和3（1683）年10月24日 ㊍宝暦3（1753）年12月1日）

三宅康盛 みやけやすもり
慶長5（1600）年～*
江戸時代前期の大名。伊勢亀山藩主、三河衣藩主。
¶諸系（㊍1658年），日人（㊍1658年），藩主2（㊍明暦3（1657）年12月29日），藩主3（㊍明暦3（1657）年12月29日）

三宅康之 みやけやすゆき
享保14（1729）年～享和3（1803）年
江戸時代中期～後期の大名。三河田原藩主。
¶諸系，人名（㊍？），日人，藩主2（㊌享保14（1729）年4月26日 ㊍享和3（1803）年8月9日）

三宅康敬 みやけやすよし
延宝7（1679）年～寛延3（1750）年　㊋三宅周防守康敬《みやけすおうのかみやすよし》
江戸時代前期～中期の44代長崎奉行。

み

¶長崎歴（三宅周防守康敬　みやけすおうのかみやすよし）

三宅康保　みやけやすよし
天保2（1831）年～明治28（1895）年
江戸時代末期～明治期の大名。三河田原藩主。
¶諸系，日人，幕末（[没]1895年1月23日），藩主2（[生]天保2（1831）年2月1日　[没]明治28（1895）年1月23日）

三宅行名　みやけゆきかた
慶長4（1599）年～万治3（1660）年
安土桃山時代～江戸時代前期の茂木藩祖細川興元の臣。
¶栃木歴

三宅与三左衛門　みやけよそうざえもん
慶長19（1614）年～寛文6（1666）年
江戸時代前期の備後福山藩士。
¶藩臣6

三宅了閑　みやけりょうかん
→三宅康高（みやけやすたか）

三宅若狭　みやけわかさ
天文20（1551）年～元和8（1622）年
安土桃山時代～江戸時代前期の筑前福岡藩士。
¶藩臣7

み

都沢徹　みやこざわとおる
天明5（1785）年～安政5（1858）年11月5日
江戸時代中期～末期の一関藩士・奥家老・漢学者。
¶国書

都鳥重昌　みやこどりしげまさ
享保6（1721）年～寛政5（1793）年
江戸時代中期～後期の馬術家。
¶日人

宮坂敬蔵　みやさかけいぞう
→宮坂信近（みやさかのぶちか）

宮坂顕蔵　みやさかけんぞう
天保13（1842）年3月3日～慶応4（1868）年8月22日
江戸時代後期～末期の庄内藩士。
¶庄内

宮坂信近　みやさかのぶちか
享和1（1801）年～明治5（1872）年4月22日　[別]宮坂敬蔵《みやさかけいぞう》
江戸時代後期～明治期の出羽庄内藩士。
¶国書，庄内（宮坂敬蔵　みやさかけいぞう）

宮崎伊六　みやざきいろく
嘉永1（1848）年～明治9（1876）年
江戸時代末期～明治期の筑前秋月藩士。
¶藩臣7

宮崎栄五郎　みやざきえいごろう
→宮崎義比（みやざきよしちか）

宮崎織之助　みやざきおりのすけ
天保11（1840）年～明治42（1909）年
江戸時代末期～明治期の筑前秋月藩士。
¶藩臣7

宮崎織部　みやざきおりべ
明和2（1765）年～天保6（1835）年
江戸時代中期～後期の筑前秋月藩家老。
¶藩臣7

宮崎官次郎　みやざきかんじろう
生没年不詳
江戸時代末期の播磨明石藩士。
¶藩臣5

宮崎車之助　みやざきくるまのすけ
→宮崎車之助（みやざきしゃのすけ）

宮崎荊口　みやざきけいこう
？～享保10（1725）年　[別]荊口《けいこう》
江戸時代中期の美濃大垣藩士、俳人。
¶岐阜百，人名，日人，俳諧（荊口　けいこう），俳句（荊口　けいこう），藩臣3，和俳

宮崎言周　みやざきことのぶ
延宝7（1679）年～延享3（1746）年
江戸時代中期の信濃飯田藩の著述家。
¶国書（[生]延宝7（1679）年2月9日　[没]延享3（1746）年11月11日），姓氏長野，長野歴，藩臣3

宮崎此筋　みやざきしきん
？～享保20（1735）年　[別]此筋《しきん》
江戸時代中期の美濃大垣藩士、俳人（蕉門）。
¶人名，日人（[生]1673年），俳諧（此筋　しきん），俳句（此筋　しきん），和俳

宮崎重成　みやざきしげなり
*～延宝8（1680）年
江戸時代前期の第3代京都代官奉行、初代京都東町奉行。
¶京都大（[生]元和4（1618）年），姓氏京都（[生]1620年）

宮崎七弥　みやざきしちや
～正保2（1645）年11月19日
江戸時代前期の勇士。
¶庄内

宮崎車之助　みやざきしゃのすけ
天保10（1839）年～明治9（1876）年　[別]宮崎車之助《みやざきくるまのすけ》
江戸時代末期～明治期の筑前秋月藩の反乱指導者。
¶朝日（みやざきくるまのすけ　[生]天保6（1835）年　[没]明治9（1876）年10月28日），維新（みやざきくるまのすけ　[生]1835年），近現，近世，国史，コン改，コン4，コン5，史人（[没]1876年10月28日），新潮（みやざきくるまのすけ　[生]天保6（1835）年　[没]明治9（1876）年10月28日），人名，世人，日人，幕末（みやざきくるまのすけ　[生]1835年　[没]1876年10月28日），藩臣7（みやざきくるまのすけ　[生]天保6（1835）年）

宮崎成身　みやざきじょうしん
→宮崎成身（みやざきせいしん）

宮崎睡鷗　みやざきすいおう
元禄9（1696）年3月2日～明和2（1765）年6月13日
江戸時代中期の武芸家。
¶国書

宮崎青谷　みやざきせいこく
文化8（1811）年～慶応2（1866）年
江戸時代末期の伊勢津藩士、画人。
¶維新，国書（[没]慶応2（1866）年10月9日），人名，日人，三重，三重続

宮崎成身　みやざきせいしん
生没年不詳　[別]宮崎成身《みやざきじょうしん》

江戸時代後期の武士。
¶江文（みやざきじょうしん），日人

宮崎槌太郎 みやざきつちたろう
天保12（1841）年～大正2（1913）年
江戸時代末期～明治期の筑後久留米藩士。
¶維新，幕末（[没]1913年12月27日）

宮崎時重 みやざきときしげ
天正18（1590）年～明暦2（1656）年　[別]宮崎備前守時重《みやざきびぜんのかみときしげ》
安土桃山時代～江戸時代前期の旗本。
¶埼玉百（宮崎備前守時重　みやざきびぜんのかみときしげ）

宮崎信敦 みやざきのぶあつ
安永5（1776）年～文久1（1861）年
江戸時代後期の筑後久留米藩の神官、国学者。
¶幕末（[没]1861年9月9日），藩臣7，福岡百（[生]安永5（1776）年3月　[没]文久1（1861）年8月5日）

宮崎信友 みやざきのぶとも
嘉永1（1848）年～明治19（1886）年
江戸時代末期～明治期の信濃須坂藩士。
¶姓氏長野，藩臣3

宮崎八郎兵衛 みやざきはちろべえ
？　～万治1（1658）年
江戸時代前期の伊予三河吉田藩家老。
¶藩臣6

宮崎半右衛門 みやざきはんえもん
生没年不詳
江戸時代末期の武士。
¶和歌山人

宮崎繁之丞 みやざきはんのすけ
江戸時代末期の新撰組隊士。
¶新撰

宮崎備前守時重 みやざきびぜんのかみときしげ
→宮崎時重（みやざきときしげ）

宮崎道次 みやざきみちつぐ
慶長9（1604）年～寛文8（1668）年
江戸時代前期の幕領代官。
¶静岡歴

宮崎貢 みやざきみつぐ
天明4（1784）年～嘉永5（1852）年
江戸時代後期の肥前福江藩家老。
¶藩臣7

宮崎安貞 みやざきやすさだ
元和9（1623）年～元禄10（1697）年
江戸時代前期の筑前福岡藩の農学者。著書に「農業全書」がある。
¶朝日（[没]元禄10年7月23日（1697年9月8日）），岩史（[没]元禄10（1697）年7月23日），角史，近世，考古（[没]元禄10年（1697年7月23日）），国史，国書（[没]元禄10（1697）年7月23日），コン改，コン4，史人（[没]1697年7月23日），重要（[没]元禄10（1697）年7月23日），食文（[没]元禄10年7月23日（1697年9月8日）），新潮（[没]元禄10（1697）年7月23日），人名，世人（[没]元禄10（1697）年7月23日），世百，全書，大百，伝記，日史（[没]元禄10（1697）年7月23日），日人，藩臣7，百科，広島百（[没]元禄10（1697）年7月23日），福岡百（[没]元禄10（1697）年7月23日），歴大

宮崎泰春 みやざきやすはる
？　～慶安3（1650）年
江戸時代前期の武士。
¶和歌山人

宮崎義比 みやざきよしちか
天保6（1835）年～明治20（1887）年　[別]宮崎栄五郎《みやざきえいごろう》
江戸時代末期～明治期の加賀藩校教師。
¶剣豪（宮崎栄五郎　みやざきえいごろう），姓氏石川（[生]？），幕末（[没]1887年7月5日）

宮崎柳泉 みやざきりゅうせん
寛政8（1796）年～明治8（1875）年
江戸時代末期～明治期の柔道家（楊心流）、肥前平戸藩年寄方書役。
¶人名，日人

宮沢喜左衛門 みやざわきざえもん
？　～天保4（1833）年
江戸時代後期の剣術家。一刀流。
¶剣豪

宮地畏山 みやじいざん
→宮地貞枝（みやぢさだえ）

宮地厳夫 みやじいずお
→宮地厳夫（みやぢいずお）

宮地宜蔵 みやじぎぞう
→宮地宜蔵（みやぢぎぞう）

宮重忍斎 みやしげにんさい
→宮重信義（みやしげのぶよし）

宮重信義 みやしげのぶよし
正徳3（1713）年～安永6（1777）年　[別]宮重忍斎《みやしげにんさい》
江戸時代中期の幕臣、国学者。
¶江文，国書（[没]安永6（1777）年8月8日），日人（宮重忍斎　みやしげにんさい）

宮地貞枝 みやじさだえ
→宮地貞枝（みやぢさだえ）

宮地水渓 みやじすいけい
→宮地仲枝（みやぢなかえ）

宮地静軒 みやじせいけん
→宮地静軒（みやぢせいけん）

宮地仲枝 みやじなかえ
→宮地仲枝（みやぢなかえ）

宮地春樹 みやじはるき
→宮地春樹（みやぢはるき）

宮地彦三郎 みやじひこさぶろう
→宮地彦三郎（みやぢひこさぶろう）

宮地孫市 みやじまごいち
→宮地孫市（みやぢまごいち）

宮島誠一郎 みやじませいいちろう
天保9（1838）年～明治44（1911）年
江戸時代末期～明治期の出羽米沢藩士、政治家。
¶朝日（[生]天保9年7月6日（1838年8月25日）　[没]明治44（1911）年3月15日），維新，コン5，人書94，新潮（[生]天保9（1838）年7月20日　[没]明治44（1911）年3月15日），人名，日人，幕末

（[没]1911年3月15日），藩臣1，山形百

宮庄親輔　みやしょうちかすけ
元禄16（1703）年～*
江戸時代中期の周防岩国藩家老。
¶国書（[没]天明6（1786）年3月16日），藩臣6（[没]天明6（1768）年）

宮庄主水　みやしょうもんど
天保5（1834）年～明治28（1895）年
江戸時代末期～明治期の周防岩国藩家老。
¶幕末

宮田右吉　みやたうきち
生没年不詳
江戸時代後期の駿河沼津藩士。
¶藩臣4

宮田円陵　みやたえんりょう
文化7（1810）年～明治3（1870）年　[別]宮田敏《みやたびん》
江戸時代末期～明治期の尾張藩士。
¶国書（[没]明治3（1870）年閏10月16日），人名（[生]？　[没]1869年），姓氏愛知，姓氏長野（宮田敏　みやたびん　[没]1869年），長野歴（[没]明治2（1869）年），日人，幕末，藩臣4

宮田清貞　みやたきよさだ
生没年不詳
江戸時代前期の水戸藩士。
¶国書

宮武織蔵　みやたけおりぞう
天保8（1837）年～？
江戸時代後期～末期の新撰組隊士。
¶新撰

宮田権三郎　みやたごんざぶろう
→宮田真津根（みやたまつね）

宮田十郎左衛門　みやたじゅうろうざえもん
生没年不詳
江戸時代の庄内藩士。
¶庄内

宮田伝右衛門　みやたでんうえもん
延宝6（1678）年～元文5（1740）年
江戸時代中期の常陸土浦藩士。
¶藩臣2

宮田半四郎　みやたはんしろう，みやだはんしろう
天保2（1831）年～明治1（1868）年　[別]小川佐吉《おがわさきち》
江戸時代末期の筑後久留米藩士。
¶維新，人名（みやだはんしろう），人名（小川佐吉　おがわさきち　[生]1832年），日人，幕末（[没]1868年4月3日）

宮田敏　みやたびん
→宮田円陵（みやたえんりょう）

宮田真津根　みやたまつね
文化11（1814）年～明治4（1871）年　[別]宮田権三郎《みやたごんざぶろう》
江戸時代末期～明治期の安芸広島藩士。
¶維新（宮田権三郎　みやたごんざぶろう　[生]？），人名，日人，幕末（宮田権三郎　みやたごんざぶろう　[没]1871年3月20日）

宮田頼吉　みやたらいきち
天保6（1835）年～元治1（1864）年
江戸時代末期の志士。土佐勤王党に参加。
¶維新，高知人，人名，日人，幕末（[没]1864年10月5日）

宮地厳夫　みやぢいずお，みやじいずお
弘化4（1847）年～大正7（1918）年　[別]宮地厳夫《みやじいずお》
江戸時代末期～明治期の志士。勤王運動に加わり国事に奔走。維新後は神道界に入り中央で活躍。
¶高知人（みやじいずお　[生]1846年），神史（みやじいずお），神人（みやじいずお），人名，世紀（みやじいずお　[生]弘化4（1847）年9月3日　[没]大正7（1918）年6月15日），日人（みやじいずお　[生]1846年），幕末（みやじいずお　[生]1846年　[没]1918年6月15日）

宮地宜蔵　みやぢぎぞう，みやじぎぞう
天保9（1838）年～文久3（1863）年
江戸時代末期の土佐藩の志士。土佐勤王党に参加。
¶維新，高知人（みやじぎぞう），人名，日人（みやじぎぞう），幕末（みやじぎぞう　[没]1863年9月10日），藩臣6（みやじぎぞう）

宮地貞枝　みやぢさだえ，みやじさだえ
天明4（1784）年～嘉永3（1850）年　[別]宮地畏山《みやじいざん》
江戸時代後期の土佐藩士、文人。
¶高知人（みやじさだえ），高知百（みやじさだえ），国書（宮地畏山　みやじいざん　[生]天明4（1784）年7月16日　[没]嘉永3（1850）年3月16日），藩臣6（みやじさだえ）

宮地水渓　みやぢすいけい
→宮地仲枝（みやぢなかえ）

宮地静軒　みやぢせいけん，みやじせいけん
延宝2（1674）年～宝暦3（1753）年
江戸時代中期の土佐藩士、儒学者。
¶高知人（みやじせいけん），高知百（みやじせいけん），国書（みやじせいけん　[没]宝暦3（1753）年9月1日），人名，日人（みやじせいけん），藩臣6（みやじせいけん）

宮地楚水　みやぢそすい，みやちそすい
江戸時代中期の漢学者、木曽山村領家老。
¶人名，長野歴（みやちそすい　生没年不詳）

宮地仲枝　みやぢなかえ，みやじなかえ
明和5（1768）年～天保12（1841）年　[別]宮地水渓《みやじすいけい，みやぢすいけい》
江戸時代中期～後期の土佐藩士、儒学者、国学者。
¶高知人（みやじなかえ），高知百（みやじなかえ），国書（みやじなかえ　[没]天保12（1841）年3月13日），人名（宮地水渓　みやぢすいけい），日人（宮地水渓　みやじすいけい），藩臣6（みやじなかえ）

宮地春樹　みやぢはるき，みやじはるき
享保13（1728）年～天明5（1785）年
江戸時代中期の土佐藩士・国学者。
¶高知人（みやじはるき），高知百（みやじはるき），国書（みやじはるき　[生]享保13（1728）年11月3日　[没]天明5（1785）年4月11日）

宮地彦三郎 みやぢひこさぶろう，みやじひこさぶろう
＊〜大正5（1916）年　㉟八木彦三郎《やぎひこさぶろう》
江戸時代末期〜明治期の海援隊士。塩飽本島事件を解決。讃州琴平鎮撫所頭取、倉敷県大属を歴任。
¶高知人（みやじひこさぶろう　㊌1839年），幕末（みやじひこさぶろう　㊌1840年）㉟1916年11月25日）

宮地孫市 みやぢまごいち，みやじまごいち
弘化3（1846）年〜元治1（1864）年
江戸時代末期の志士。土佐高岡郡須崎下分の郷士。
¶維新，高知人（みやじまごいち），人名，日人（みやじまごいち），幕末（みやじまごいち　㉟1864年10月5日）

宮寺一貞 みやでらかずさだ
寛政3（1791）年〜？
江戸時代後期の幕臣・和算家。
¶国書

宮寺直記 みやでらなおき
？〜
江戸時代の八戸藩士。
¶青森人

宮永正好 みやながまさよし
生没年不詳
江戸時代後期の加賀金沢藩士・漢詩人。
¶国書

宮永嘉告 みやながよしつぐ
安永8（1779）年〜安政6（1859）年
江戸時代後期の加賀大聖寺藩士。
¶国書，幕末（㉟1859年4月），藩臣3

宮之原源之丞 みやのはらげんのじょう
生没年不詳
江戸時代後期の薩摩藩士・大島代官。
¶国書

宮原成太 みやはらせいた
文化3（1806）年〜明治9（1876）年
江戸時代末期〜明治期の三河半原藩士、儒学者。
¶藩臣4，藩臣5

宮原積 みやはらつもる
文政6（1823）年〜明治17（1884）年
江戸時代末期〜明治期の因幡鳥取藩士、歌人。
¶岐阜百，鳥取百，藩臣5

宮原直倒 みやはらなおゆき
元禄15（1702）年〜安永5（1776）年10月6日
江戸時代中期の備後福山藩士。
¶国書，藩臣6，広島百

宮原南陸 みやはらなんりく
享保1（1716）年〜寛政4（1792）年　㉟宮原半左衛門《みやはらはんざえもん》
江戸時代中期の筑後久留米藩士。
¶人名，日人，藩臣7（宮原半左衛門　みやはらはんざえもん）

宮原半左衛門 みやはらはんざえもん
→宮原南陸（みやはらなんりく）

宮原義潔 みやはらよしきよ
延享4（1747）年10月1日〜文化6（1809）年10月19日
江戸時代中期〜後期の幕臣。
¶国書

宮原義周 みやはらよしちか
？〜安政5（1858）年
江戸時代後期〜末期の幕臣。
¶国書

宮原義直 みやはらよしなお
文化6（1809）年〜明治14（1881）年
江戸時代後期〜明治期の武士。
¶日人

宮部一跳 みやべいっちょう
寛文1（1661）年〜元禄5（1692）年
江戸時代中期の信濃松本藩士。
¶人名，姓氏長野，長野百（㊌？　㉟？），長野歴，日人（生没年不詳）

宮部源兵衛 みやべげんべえ
生没年不詳
江戸時代前期の信濃松本藩士。
¶国書

宮部三左衛門 みやべさんざえもん
生没年不詳
江戸時代後期の筑後久留米藩士。
¶藩臣7

宮部春蔵 みやべしゅんぞう
→宮部春蔵（みやべはるぞう）

宮部鼎蔵 みやべていぞう
文政3（1820）年〜元治1（1864）年
江戸時代末期の肥後熊本藩士、兵法師範職。
¶朝日（㊌文政3（1820）年4月　㉟元治1年6月5日（1864年7月8日）），維新，角史，京都，京都大，近世，熊本百（㊌文政3（1820）年4月　㉟元治1（1864）年6月5日），史人，国書（㊌文政3（1820）年4月　㉟元治1（1864）年6月5日），コン改，コン4，史人（㊌1820年4月　㉟1864年6月5日），重要（㊌文政3（1820）年4月　㉟元治1（1864）年6月5日），新潮（㊌文政3（1820）年4月　㉟元治1（1864）年6月5日），人名，姓氏京都，世人，日史（㊌文政3（1820）年4月　㉟元治1（1864）年6月5日），日人，幕末（㉟1864年6月5日），藩臣7，百科，歴大

宮部長次 みやべながつぐ
→宮部長熙（みやべながひろ）

宮部長熙 みやべながひろ
？〜寛永11（1634）年　㉟宮部長次《みやべながつぐ》
江戸時代前期の大名。因幡鳥取藩主、関ヶ原ののちは南部家預かり人。
¶朝日（㊌天正9（1581）年　㉟寛永11年11月18日（1635年1月6日）），近世，国史，国書（㊌1581年），姓氏岩手（宮部長次　みやべながつぐ），戦合，戦国，戦人（㊌天正9（1581）年？），鳥取百（㊌天正9（1581）年），日史（㊌寛永11（1634）年11月18日），日人（㊌1581年　㉟1635年），藩主4（㊌天正9（1581）年　㉟寛永11（1634）年11月18日），百科

宮部襄 みやべのぼる
弘化4(1847)年～大正12(1923)年
江戸時代末期～大正期の上野高崎藩士、官僚、政治家。群馬県立師範学校長。
¶朝日([生]弘化4年4月8日(1847年5月22日) [没]大正12(1923)年9月5日), 郷土群馬, 近現, 群馬人, 群馬百, 国史, 史人([生]1847年4月8日 [没]1923年9月5日), 世紀([生]弘化4(1847)年4月8日 [没]大正12(1923)年9月5日), 姓氏群馬, 日人, 藩臣2, 歴大

宮部春蔵 みやべはるぞう
天保10(1839)年～元治1(1864)年 [別]宮部春蔵《みやべしゅんぞう》
江戸時代末期の肥後熊本藩士。
¶維新([生]1838年), コン改, コン4, 新潮(みやべしゅんぞう [没]元治1(1864)年7月21日), 人名, 日人

宮部義旭 みやべよしあきら
宝暦5(1755)年～?
江戸時代中期の上野高崎藩老職。
¶群馬人, 国書, 藩臣2

宮部義淳 みやべよしあつ
生没年不詳
江戸時代中期の上野高崎藩士。
¶国書

宮部義直 みやべよしなお
宝暦9(1759)年～寛政6(1794)年4月3日
江戸時代中期～後期の上野高崎藩士・歌人。
¶国書

宮部義正 みやべよしまさ
享保14(1729)年～寛政4(1792)年
江戸時代中期の上野高崎藩士、歌人。
¶群馬人, 国書([没]寛政4(1792)年1月21日), 庄内([生]享保18(1733)年 [没]寛政4(1792)年1月21日), 人名, 姓氏群馬, 日人, 藩臣2, 和俳

宮部林平 みやべりんぺい
生没年不詳
江戸時代後期の白河藩士、伊勢桑名藩士。
¶国書

深山宇平太 みやまうへいた
生没年不詳
江戸時代の幕臣。
¶北海道百, 北海道歴

深山安良 みやまやすよし
? ～宝暦4(1754)年
江戸時代中期の与力、文人。
¶姓氏石川

宮村利貞 みやむらとしさだ
弘化3(1846)年12月8日～大正15(1926)年5月31日
江戸時代末期～大正期の剣道家。
¶庄内

宮本伊織 みやもといおり
慶長17(1612)年～延宝6(1678)年3月28日
江戸時代前期の豊前小倉藩家老。
¶藩臣7, 兵庫人, 福岡百([生]慶長17(1612)年10月21日)

宮本小一 みやもとおかず
→宮本小一(みやもとこいち)

宮本愚翁 みやもとぐおう
天保10(1839)年～明治36(1903)年
江戸時代末期～明治期の安芸広島藩士、心学者。
¶国書([生]天保10(1839)年3月 [没]明治36(1903)年3月22日), 幕末, 藩臣6, 広島百([生]天保10(1839)年3月2日 [没]明治36(1903)年3月22日)

宮本元甫 みやもとげんぽ
寛政8(1796)年～慶応2(1866)年
江戸時代末期の蘭方医、摂津高槻藩医。
¶朝日, 近世, 国史, 国書, 人名([生]?), 姓氏京都, 日人, 藩臣5([生]寛政9(1797)年), 洋学

宮本小一 みやもとこいち
天保7(1836)年～大正5(1916)年 [別]宮本小一《みやもとおかず》
江戸時代末期～明治期の幕臣、外交官。
¶朝日(みやもとおかず [生]天保7年2月30日(1836年4月15日) [没]大正5(1916)年10月16日), 近現(みやもとおかず), 国史(みやもとおかず), 国書(みやもとおかず [生]天保7(1836)年2月30日 [没]大正5(1916)年10月16日), 人名, 世紀([生]天保7(1836)年2月30日 [没]大正5(1916)年10月16日), 日人, 履歴([生]天保7(1836)年2月30日 [没]大正5(1916)年10月18日)

宮本上野 みやもとこうずけ
安土桃山時代～江戸時代前期の武士。里見氏家臣。
¶戦人(生没年不詳), 戦東

宮本左一郎 みやもとさいちろう
安永7(1778)年～天保9(1838)年
江戸時代中期～後期の剣術家。神道無念流。
¶剣豪

宮本重利 みやもとしげとし
生没年不詳
江戸時代前期の筑前福岡藩士。
¶国書

宮本尚一郎 みやもとしょういちろう
→宮本茶村(みやもとちゃそん)

宮本水雲 みやもとすいうん
→宮本茶村(みやもとちゃそん)

宮本辰之介(宮本辰之助) みやもとたつのすけ
天保3(1832)年～慶応1(1865)年
江戸時代末期の水戸藩士。
¶維新, 人名(宮本辰之助 [生]1833年), 日人, 幕末([没]1865年4月29日)

宮本茶村 みやもとちゃそん
寛政5(1793)年～文久2(1862)年 [別]宮本尚一郎《みやもとしょういちろう》, 宮本水雲《みやもとすいうん》
江戸時代末期の水戸藩郷士、学者。
¶維新(宮本尚一郎 みやもとしょういちろう), 茨城百, 郷土茨城, 国書([生]寛政5(1793)年3月15日 [没]文久2(1862)年6月25日), 新潮(宮本尚一郎 みやもとしょういちろう [生]寛政5(1793)年5月15日 [没]文久2(1862)年6月25

日)，人名(宮本水雲　みやもとすいうん)，日人，幕末([没]1862年7月21日)，藩臣2

宮本出羽 **みやもとでわ**
安土桃山時代〜江戸時代前期の武士。里見氏家臣。
¶戦人(生没年不詳)，戦東

宮本騰太 **みやもととうた**
江戸時代末期の新撰組隊士。
¶新撰

宮本二天 **みやもとにてん**
→宮本武蔵(みやもとむさし)

宮本正武 **みやもとまさたけ**
寛政4(1792)年〜天保5(1834)年3月
江戸時代後期の信濃松代藩士・和算家。
¶国書

宮本武蔵 **みやもとむさし**
天正12(1584)年〜正保2(1645)年　[別]宮本二天《みやもとにてん》，新免武蔵《しんめんむさし》
江戸時代前期の播磨姫路藩士、肥後熊本藩士、剣術家。二刀流の開祖。
¶朝日([没]正保2年5月19日(1645年6月13日))，岩史([没]正保2(1645)年5月19日)，江戸，岡山人，岡山百([没]正保2(1645)年5月19日)，岡山歴([没]正保2(1645)年5月19日)，角史，京都大，近世，熊本百([生]天正12(1584)年3月　[没]正保2(1645)年5月19日)，剣豪，国史，国書([没]正保2(1645)年5月19日)，コン改，コン4，史人([没]1645年5月19日)，人書94，新潮([没]正保2(1645)年5月19日)，人名，姓氏京都，世人([没]正保2(1645)年5月19日)，世百([生]1584年？)，戦合，戦国([生]1585年)，全書([生]1584年？)，戦人，体育，大百([生]1584年？)，伝記，日史([生]天正12(1584)年3月　[没]正保2(1645)年5月19日)，日人，藩臣5，藩臣7，美術，百科，兵庫人([生]天正12(1584)年3月　[没]正保2(1645)年5月19日)，兵庫百，仏教([生]天正12(1584)年3月　[没]正保2(1645)年5月19日)，名画(宮本二天　みやもとにてん)，歴大([生]1584年？)

宮良永祝 **みやらえいしゅく**
享保8(1723)年〜明和8(1771)年
江戸時代中期の武道家。
¶姓氏沖縄

宮脇睡仙 **みやわきすいせん**
文化12(1815)年〜明治15(1882)年
江戸時代末期〜明治期の三河吉田藩士、郡代、地方開発者。
¶人名，日人

宮和田又左衛門 **みやわだまたざえもん**
→宮和田光胤(みやわだみつたね)

宮和田光胤 **みやわだみつたね**
文化13(1816)年〜明治21(1888)年　[別]宮和田又左衛門《みやわだまたざえもん》
江戸時代末期〜明治期の国学者。
¶剣豪(宮和田又左衛門　みやわだまたざえもん)，人名，日人

三好為三 **みよしいさん**
→三好政勝(みよしまさかつ)

見義市蔵 **みよしいちぞう**
天保14(1843)年〜慶応2(1866)年12月21日
江戸時代末期の好義隊士。
¶幕末

三好角和 **みよしかくわ**
〜安永3(1774)年2月6日
江戸時代中期の庄内藩士。
¶庄内

三吉周亮 **みよしかねすけ**
→三吉周亮(みよししゅうすけ)

三好清明 **みよしきよあき**
天保1(1830)年〜明治35(1902)年
江戸時代後期〜明治期の海援隊士。
¶高知人

三好清房 **みよしきよふさ**
→三好監物(みよしけんもつ)

三好軍太郎 **みよしぐんたろう**
→三好重臣(みよししげおみ)

三好監物 **みよしけんもつ**
文化12(1815)年〜明治1(1868)年　[別]三好清房《みよしきよふさ》
江戸時代末期の陸奥仙台藩士。
¶朝日([没]明治1年8月15日(1868年9月30日))，維新，岩手百(三好清房　みよしきよふさ　[生]1814年)，近世，国史，新潮([没]慶応4(1868)年8月15日)，人名([生]1814年)，姓氏岩手(三好清房　みよしきよふさ　[生]1814年)，日人，幕末([没]1868年9月30日)，藩臣1，宮城百

三好維堅 **みよしこれかた**
弘化4(1847)年〜大正8(1919)年
江戸時代末期〜大正期の勤王志士、駿州赤心隊副隊長。
¶静岡歴，姓氏静岡

三好重臣 **みよししげおみ**
天保11(1840)年〜明治33(1900)年　[別]三好軍太郎《みよしぐんたろう》
江戸時代末期〜明治期の長州(萩)藩士、陸軍軍人。
¶朝日([生]天保11年10月21日(1840年11月14日)　[没]明治33(1900)年11月29日)，維新，新潮([生]天保11(1840)年10月21日　[没]明治33(1900)年11月29日)，人名，日人，幕末(三好軍太郎　みよしぐんたろう　[没]1900年11月29日)，藩臣6(三好軍太郎　みよしぐんたろう)，明治1，陸海([生]天保11年10月21日　[没]明治33年11月28日)

三好成行 **みよししげゆき**
→三好成行(みよしなりゆき)

三吉周亮 **みよししゅうすけ**
？　〜明治36(1903)年6月1日　[別]三吉周亮《みよしかねすけ》
江戸時代末期〜明治期の長門府中藩士。
¶国書，鳥取百(みよしかねすけ)

三好想山 **みよししょうざん**
？　〜嘉永3(1850)年　[別]三好想山《みよしそうざん》
江戸時代末期の書家、随筆作者、尾張藩士、「想山

著聞奇集」の著者。
¶朝日(生没年不詳), 国書([没]嘉永3(1850)年3月6日), コン改, コン4, 人名(みよしそうざん), 日人

三好四郎兵衛 みよししろべえ
享保20(1735)年〜?
江戸時代中期の遠江相良藩家老。
¶藩臣4

三吉慎蔵 みよししんぞう
天保2(1831)年〜明治34(1901)年
江戸時代末期〜明治期の長門長府藩士。
¶維新, 国書([生]天保2(1831)年10月11日　[没]明治34(1901)年2月16日), 幕末([没]1901年2月16日), 藩臣6

三好想山 みよしそうざん
→三好想山(みよししょうざん)

三好退蔵 みよしたいぞう
弘化2(1845)年〜明治41(1908)年
江戸時代末期〜明治期の日向高鍋藩士、官僚、弁護士。貴族院議員。
¶朝日([生]弘化2年5月7日(1845年6月11日)　[没]明治41(1908)年8月20日), 海越([生]弘化2(1845)年5月7日　[没]明治41(1908)年8月18日), 海越新([生]弘化2(1845)年5月7日　[没]明治41(1908)年8月18日), キリ([生]弘化2年5月12日(1845年6月16日)　[没]明治41(1908)年8月20日), 近現, 国史, コン改, コン5, 史人([生]1845年5月12日　[没]1908年8月18日), 新潮([生]弘化2(1845)年5月7日　[没]明治41(1908)年8月18日), 人名, 渡航([生]1845年5月7日　[没]1908年8月18日), 日人, 幕末([没]1908年8月20日), 宮崎百([生]弘化2(1845)年5月12日　[没]明治41(1908)年8月20日), 履歴([生]弘化2(1845)年5月12日　[没]明治41(1908)年8月18日)

三好琢磨 みよしたくま
天保13(1842)年〜大正8(1919)年
江戸時代末期〜明治期の麻生藩用人。
¶日人, 幕末([没]1919年10月23日), 藩臣2

三好長貞 みよしながさだ
文政6(1823)年〜?
江戸時代後期〜末期の幕臣。
¶国書

三好長直 みよしながなお
生没年不詳
江戸時代前期の武士、旗本。
¶神奈川人

三好成行 みよしなりゆき
弘化2(1845)年〜大正8(1919)年　[別]三好成行《みよししげゆき》
江戸時代末期〜明治期の長州(萩)藩士。
¶人名(みよししげゆき), 姓氏京都, 日人, 幕末(みよししげゆき　[没]1919年10月17日)

三吉広高 みよしひろたか
?〜寛永11(1634)年
江戸時代前期の地方豪族・土豪。
¶戦人

三好武右衛門 みよしぶえもん
寛永12(1635)年〜元禄7(1694)年
江戸時代前期の武蔵岩槻藩士。
¶藩臣5

三好政勝 みよしまさかつ
天文5(1536)年〜寛永8(1631)年　[別]三好為三《みよしいさん》
安土桃山時代〜江戸時代前期の武士。
¶織田([没]寛永8(1631)年12月10日), 茶道(三好為三　みよしいさん　[生]1537年), 戦国, 戦人, 戦西

三好保淑 みよしやすよし
〜明治29(1896)年
江戸時代末期〜明治期の弓道家、徳山藩士、弓術精錬證。
¶弓道

三好胖 みよしゆたか
嘉永5(1852)年〜明治1(1868)年12月7日
江戸時代末期の新撰組隊士。
¶幕末

三善庸礼 みよしようれい
安永8(1779)年〜?
江戸時代後期の筑後柳河藩の儒者。江戸留守居役。
¶朝日, 日人

三輪希賢 みわきけん
→三輪執斎(みわしっさい)

三輪執斎 みわしっさい
寛文9(1669)年〜延享1(1744)年　[別]三輪希賢《みわきけん》, 三輪善蔵《みわぜんぞう》
江戸時代中期の上野前橋藩の儒学者。日本に陽明学を普及。
¶朝日([没]延享1年1月25日(1744年3月9日)), 岩史([没]寛保4(1744)年1月25日), 江文, 角史, 教育, 京都大, 近世, 国史, 国書([没]寛保4(1744)年1月25日), コン改, コン4, 史人([没]1744年1月25日), 神人(三輪希賢　みわきけん), 新潮([没]延享1(1744)年1月25日), 人名, 姓氏京都, 姓氏群馬(三輪善蔵　みわぜんぞう), 世人([没]延享1(1744)年4月29日), 世百, 全書, 大百, 日人, 藩臣2(三輪善蔵　みわぜんぞう), 歴大

三輪善蔵 みわぜんぞう
→三輪執斎(みわしっさい)

三輪田綱一郎 みわたつないちろう
→三輪田元綱(みわだもとつな)

三輪田元綱 みわだもとつな, みわたもとつな
文政11(1828)年〜明治12(1879)年　[別]三輪田綱一郎《みわたつないちろう》
江戸時代末期〜明治期の尊攘派志士、伊予松山藩士、官吏。足利三代木造梟首事件に連座、幽閉となる。
¶朝日([生]文政11年6月21日(1828年8月1日)　[没]明治12(1879)年1月14日), 維新, 愛媛百([没]明治12(1879)年1月14日), 角史, 郷土愛媛(みわたもとつな), 近現(みわたもとつな), 近世(みわたもとつな), 国史(みわたもとつな), 国書(みわたもとつな　[生]文政11(1828)年6月21日　[没]明治12(1879)年1月14日), コ

ン改，コン4，神人（[生]文政11（1828）年6月21日　[没]明治12（1879）年1月14日），新潮（みわたもとつな　[生]文政11（1828）年6月21日　[没]明治12（1879）年1月14日），人名（三輪田綱一郎　みわたつないちろう　[生]1830年），日人

三輪端蔵　みわたんぞう
生没年不詳
江戸時代末期の水戸藩士。1867年遣仏使節に随行しフランスに渡る。
¶海越新

三輪照寛　みわてるひろ
文化6（1809）年～明治4（1871）年
江戸時代末期～明治期の国学者、加賀藩士。
¶国書（[没]明治4（1871）年10月），姓氏石川（[生]？），幕末（[没]1871年11月）

三輪藤兵衛　みわとうべえ
生没年不詳
江戸時代中期の加賀藩士。
¶国書

三輪友衛門　みわともえもん
？～慶応3（1867）年　[別]三輪信善《みわのぶよし》
江戸時代末期の水戸藩士。
¶維新，国書（三輪信善　みわのぶよし　[没]慶応3（1867）年12月30日），人名，日人（[没]1868年），幕末（[没]1868年1月24日）

三輪長好　みわながよし
？～寛永7（1630）年
江戸時代前期の加賀藩士。
¶藩臣3

三輪信善　みわのぶよし
→三輪友衛門（みわともえもん）

三輪秀寿　みわひでとし
→三輪秀寿（みわひでひさ）

三輪秀福　みわひでとみ
宝暦12（1762）年～天保7（1836）年3月10日
江戸時代中期～後期の盛岡藩士・歌人。
¶国書

三輪秀奏　みわひでのり
正徳2（1712）年～天明4（1784）年6月30日
江戸時代中期の盛岡藩士・歌人。
¶国書

三輪秀寿　みわひでひさ
貞享3（1686）年～明和1（1764）年　[別]三輪秀寿《みわひでとし》
江戸時代前期～中期の盛岡藩士・歌人。
¶国書（[没]明和1（1764）年12月23日），姓氏岩手（みわひでとし）

三輪元門　みわもとかど
享保7（1722）年～享和2（1802）年6月6日
江戸時代中期～後期の磐城白河藩士。
¶国書

三輪吉宗　みわよしむね
？～元和4（1618）年
安土桃山時代～江戸時代前期の所口町奉行。
¶石川百，姓氏石川

【む】

無一坊海円　むいちぼうかいえん
生没年不詳
江戸時代中期の剣術家。
¶剣豪，日人

迎一味　むかいいちみ
江戸時代中期の武士。
¶茶道

向井元仲　むかいげんちゅう
生没年不詳
江戸時代後期の幕臣。
¶国書

向井三鶴　むかいさんかく
？～明和6（1769）年9月
江戸時代中期の伊予松山藩士・兵法家。
¶国書

向井将監　むかいしょうげん
→向井忠勝（むかいただかつ）

向井甚之助　むかいじんのすけ
安土桃山時代～江戸時代前期の武士。里見氏家臣。
¶戦人（生没年不詳），戦東

向井滄浪　むかいそうろう
宝暦9（1759）年～文化9（1812）年　[別]向井友章《むかいゆうしょう》
江戸時代中期～後期の薩摩藩士・漢学者。
¶国書（[没]文化9（1812）年10月4日），姓氏鹿児島（向井友章　むかいゆうしょう）

向井忠勝　むかいただかつ
天正10（1582）年～寛永18（1641）年　[別]向井将監《むかいしょうげん》
江戸時代前期の旗本。幕府の船手頭。
¶朝日（向井将監　むかいしょうげん　[没]寛永18年10月14日（1641年11月16日）），神奈川人（[生]1581年），史人（向井将監　むかいしょうげん　[没]1641年10月14日），新潮（向井将監　むかいしょうげん　[没]寛永18（1641）年10月14日），人名，日人

向館登　むかいだてのぼる
？～慶応4（1868）年1月6日
江戸時代後期～末期の新撰組隊士。
¶新撰

向藤左衛門　むかいとうざえもん
安永9（1780）年～文政9（1826）年　[別]向藤左衛門《むこうとうざえもん》
江戸時代後期の下総佐倉藩士。
¶日人，藩臣3（むこうとうざえもん）

向井長樹　むかいながき
生没年不詳
江戸時代後期の盛岡藩士。
¶国書

向井長昇　むかいながのり
寛保3（1743）年～寛政8（1796）年7月24日
江戸時代中期～後期の盛岡藩士。

¶国書

向井政香　むかいまさか
元文5(1740)年～？
江戸時代中期の船手組旗本。
¶姓氏神奈川

向井正方　むかいまさかた
元和6(1620)年～延宝2(1674)年
江戸時代前期の旗本。
¶神奈川人，姓氏神奈川

向井正綱(向井政綱)　むかいまさつな
*～寛永2(1625)年
戦国時代～江戸時代前期の武士、船手組旗本。
¶神奈川人，姓氏神奈川(向井政綱　[生]？)，日人([生]1557年)

向井政暉　むかいまさてる
貞享1(1684)年～元文4(1739)年
江戸時代前期～中期の第10代京都東町奉行。
¶京都大，姓氏京都

向井友章　むかいゆうしょう
→向井滄浪(むかいそうろう)

向之益　むかいゆきます
安永9(1780)年～文政9(1826)年
江戸時代後期の佐倉藩の老臣。
¶人名

向井吉重　むかいよししげ
寛永1(1624)年～元禄7(1694)年
江戸時代前期の陸奥会津藩士、史学者、軍学者。
¶会津，国書([没]元禄7(1694)年4月28日)，藩臣2，福島百

武笠宣予　むかさのりやす
寛政2(1790)年～明治8(1875)年
江戸時代末期～明治期の近江彦根藩士。
¶藩臣4

武川信臣　むかわのぶおみ
弘化2(1845)年～明治1(1868)年　[別]武川信臣《むかわのぶとみ》
江戸時代末期の陸奥会津藩士。
¶会津(むかわのぶとみ　[生]弘化3(1846)年)，幕末([没]1868年11月22日)，藩臣2

武川信臣　むかわのぶとみ
→武川信臣(むかわのぶおみ)

椋梨俊平　むくなししゅんぺい
慶安4(1651)年～享保3(1718)年
江戸時代前期～中期の長州(萩)藩士。
¶姓氏山口，日人，藩臣6，山口百

椋梨藤太　むくなしとうた
文化2(1805)年～慶応1(1865)年
江戸時代末期の長州(萩)藩士、右筆明倫館用掛。
¶朝日([没]慶応1年閏5月28日(1865年7月20日))，維新，近世，国史，コン改，コン4，史人([没]1865年潤5月28日)，新潮([没]慶応1(1865)年5月28日)，人名，姓氏山口，世人，日史([没]慶応1(1865)年5月28日)，日人，幕末([没]1865年7月20日)，藩臣6，百科，山口百([生]1806年)，歴大

椋木潜　むくのきひそむ
文政11(1828)年～大正1(1912)年
江戸時代末期～明治期の志士。石見津和野藩士。
¶維新，近現，近世，国史，コン改，コン4，コン5，島根人，島根百([生]文政11(1828)年11月10日　[没]明治45(1912)年1月31日)，島根歴，新潮([生]文政11(1828)年11月10日　[没]明治45(1912)年1月31日)，人名，日人，幕末([没]1912年1月25日)，藩臣5

向藤左衛門　むこうとうざえもん
→向藤左衛門(むかいとうざえもん)

向山覚兵衛　むこうやまかくべえ
元禄6(1693)年～安永5(1776)年
江戸時代中期の剣術家。太子流。
¶剣豪

向山一履　むこうやまかずふみ
→向山黄村(むこうやまこうそん)

向山黄村　むこうやまきそん
→向山黄村(むこうやまこうそん)

向山源太夫　むこうやまげんだゆう
→向山誠斎(むこうやませいさい)

向山黄村　むこうやまこうそん
文政9(1826)年～明治30(1897)年8月12日　[別]向山一履《むこうやまかずふみ》，向山黄村《むこうやまきそん》
江戸時代末期～明治期の幕臣、漢詩人。
¶朝日([生]文政9年1月13日(1826年2月19日))，維新，海越(向山一履　むこうやまかずふみ　[生]文政9(1826)年1月13日)，海越新(向山一履　むこうやまかずふみ　[生]文政9(1826)年1月13日)，江文，近文，国書(むこうやまきそん　[生]文政9(1826)年1月13日)，コン5，静岡百([没]明治38(1905)年)，静岡歴([没]明治38(1905)年)，新潮([生]文政9(1826)年1月13日)，人名([没]1905年)，姓氏静岡([没]1905年)，日人，幕末([没]1905年8月12日)，藩臣4([生]天保5(1834)年　[没]明治38(1905)年)，和俳([生]文政9(1826)年1月13日)

向山誠斎　むこうやませいさい
享和1(1801)年～安政3(1856)年　[別]向山源太夫《むこうやまげんだゆう》
江戸時代末期の考証学者、幕臣。史料集「誠斎雑記及雑綴」を編纂。
¶朝日([没]安政3(1856)年10月)，岩史([没]安政3(1856)年10月)，江文([生]享保1(1716)年)，国書([生]文化7(1810)年　[没]安政3(1856)年12月20日)，コン4，史人([没]1856年10月)，日人，歴大(向山源太夫　むこうやまげんだゆう)

武蔵石寿　むさしせきじゅ
*～万延1(1860)年
江戸時代中期～後期の幕臣、貝類研究家。「目八譜」の著者。
¶朝日([生]明和3(1766)年　[没]万延1年11月25日(1861年1月5日))，江文([生]明和3(1766)年)，国書([生]明和3(1766)年　[没]万延1(1860)年11月25日)，コン改([生]明和5(1768)年)，コン4([生]明和3(1766)年)，新潮([生]明和5(1768)年　[没]万延1(1860)年11月25日)，人名([生]1768

年），世人（生没年不詳），大百（[生]1770年？），日人（[生]1766年　[没]1861年），洋学（[生]明和2（1765）年）

武節貫治 むせつかんじ
天保14（1843）年～明治38（1905）年
江戸時代末期～明治期の近江彦根藩家老。
¶藩臣4

牟田文之助 むたぶんのすけ
天保1（1830）年～明治23（1890）年
江戸時代後期～明治期の剣術家。鉄人流。
¶剣豪

陸奥宗光 むつむねみつ
弘化1（1844）年～明治30（1897）年　[別]伊達小次郎《だてこじろう》，牛磨，源二郎，士峰，小次郎，小二郎，福堂，陽之助，六石
江戸時代末期～明治期の紀伊和歌山藩士、外交官。衆議院議員、伯爵。清国との開戦外交を推進、日清戦争を導いた。
¶朝日（[生]弘化1年7月7日（1844年8月20日）　[没]明治30（1897）年8月24日），維新，海越（[生]弘化1（1844）年7月7日　[没]明治30（1897）年8月24日），江戸東，大阪人（[没]明治30（1897）年8月），神奈川人，鎌倉，郷土和歌山，国史，コン改，社史（[生]弘化1（1844）年7月7日　[没]1897年8月24日），重要（[生]弘化1（1844）年7月7日　[没]明治30（1897）年8月24日），新潮（[生]弘化1（1844）年7月7日　[没]明治30（1897）年8月24日），人名，姓氏神奈川，世人（[生]弘化1（1844）年7月7日　[没]明治30（1897）年8月24日），世百，全書，大百，伝記，日史（[生]弘化1（1844）年7月7日　[没]明治30（1897）年8月24日），幕末（[没]1897年8月24日），藩臣5，百科，兵庫人（[生]弘化1（1844）年7月7日　[没]明治30（1897）年8月24日），兵庫百，山形百，和歌山人

武藤恪弥 むとうかくや
天保10（1839）年～大正9（1920）年10月9日
江戸時代末期～明治期の陸奥会津藩士。
¶幕末

武藤小藤太 むとうことうた
→武藤好春（むとうよしはる）

武藤小兵衛 むとうこへえ
生没年不詳
江戸時代前期の武士。
¶日人

武藤左京亮 むとうさきょうのすけ
？　～＊
江戸時代前期の武士。豊臣氏家臣。
¶戦国（[没]1641年），戦人（[没]寛永18（1641）年？）

武藤手束 むとうしゅそく
[別]武藤手束《むとうたつか》
江戸時代末期の岡山藩士、歌人。
¶岡山人，岡山歴（むとうたつか）

武藤善吉 むとうぜんきち
文化13（1816）年～慶応1（1865）年
江戸時代末期の水戸藩士。
¶維新，幕末（[没]1865年12月12日）

武藤忠信 むとうただのぶ
文化11（1814）年～明治22（1889）年
江戸時代末期～明治期の笠間藩士。
¶幕末（[没]1889年4月24日），藩臣2

武藤手束 むとうたつか
→武藤手束（むとうしゅそく）

武藤弾介 むとうだんすけ
→武藤陳亮（むとうのぶすけ）

武藤徹山 むとうてつざん
江戸時代前期の武術家。
¶岡山人，日人（生没年不詳）

武藤東四郎 むとうとうしろう
天保1（1830）年～明治38（1905）年　[別]武藤東四郎《ぶとうとうしろう》
江戸時代末期～明治期の日向高鍋藩士。
¶人名（[没]？），日人，幕末（ぶとうとうしろう　[没]1905年8月24日），藩臣7

武藤陳亮 むとうのぶすけ
寛政4（1792）年～天保11（1840）年　[別]武藤弾介《むとうだんすけ》
江戸時代後期の筑後柳河藩士。
¶国書（[没]天保11（1840）年11月27日），藩臣7（武藤弾介　むとうだんすけ）

武藤平左衛門 むとうへいざえもん
→武藤平左衛門（ぶとうへいざえもん）

武藤又三郎 むとうまたさぶろう
江戸時代末期の新撰組隊士。
¶新撰

武藤万休 むとうまんきゅう
？　～元和7（1621）年
江戸時代前期の武士。
¶和歌山人

武藤元良 むとうもとよし
天明8（1788）年～安政5（1858）年1月
江戸時代後期の加賀藩士。
¶幕末

武藤義勝 むとうよしかつ
天正1（1573）年～元和9（1623）年　[別]大宝寺義勝《だいほうじよしかつ》
安土桃山時代～江戸時代前期の武将。上杉氏家臣。
¶国書（[没]元和9（1623）年8月18日），庄内（[没]元和9（1623）年8月18日），人名，戦国（大宝寺義勝　だいほうじよしかつ），戦人（大宝寺義勝　だいほうじよしかつ　生没年不詳），日人，山形百

武藤義忠 むとうよしただ
天正19（1591）年～寛文12（1672）年12月11日
安土桃山時代～江戸時代前期の武士。
¶庄内

武藤好春 むとうよしはる
文化14（1817）年～文久3（1863）年　[別]武藤小藤太《むとうことうた》
江戸時代末期の土佐藩士。
¶維新（武藤小藤太　むとうことうた），高知人（武藤小藤太　むとうことうた　[没]1862年），高知百，国書（[没]文久3（1863）年7月7日）

む

武藤四方作 むとうよもさく
享保1(1716)年～寛政11(1799)年10月18日
江戸時代中期～後期の出羽庄内松山藩士・武芸家。
¶国書，庄内

棟方月海 むなかたげっかい
天保7(1836)年～明治37(1904)年
江戸時代後期～明治期の弘前藩士、画人。
¶青森人

棟方小左衛門 むなかたこざえもん
文化8(1811)年～安政3(1856)年
江戸時代末期の陸奥黒石藩士。
¶藩臣1

棟方作右衛門 むなかたさくえもん
＊～寛延3(1750)年
江戸時代前期～中期の剣術家。卜伝流。
¶青森百(㊗？)，剣豪(㊗延宝3(1675)年)

棟方晴吉 むなかたはるきち
文政1(1818)年～明治6(1873)年
江戸時代末期～明治期の陸奥弘前藩士。
¶藩臣1

棟方安左衛門 むなかたやすざえもん
元禄10(1697)年～？
江戸時代中期の陸奥黒石藩士。
¶藩臣1

む

宗川茂弘 むねかわしげひろ
寛政9(1797)年～明治15(1882)年
江戸時代末期～明治期の陸奥会津藩の儒学者。
¶会津，幕末(㊀1882年6月6日)，藩臣2

宗川茂 むねかわしげる
文化3(1806)年～文久2(1862)年
江戸時代末期の儒学者、会津藩士。
¶国書(㊀文久2(1862)年8月14日)，幕末(㊀1862年9月7日)

村井量令 むらいかずのり
生没年不詳
江戸時代後期の幕臣。
¶国書

村井源次郎 むらいげんじろう
天保8(1837)年～慶応1(1865)年1月31日
江戸時代末期の長門長府藩士。
¶幕末

村井左近 むらいさこん
生没年不詳
江戸時代末期の武士。
¶和歌山人

村井多治満 むらいたじま
明和6(1769)年3月7日～天保9(1838)年2月2日
江戸時代中期～後期の肥後熊本藩士・砲術家。
¶国書

村井親長 むらいちかなが
承応1(1652)年～宝永8(1711)年4月4日
江戸時代前期～中期の加賀藩士。
¶国書

村井主殿 むらいとのも
？～宝永7(1710)年
江戸時代中期の加賀大聖寺藩家老。
¶石川百，姓氏石川，藩臣3

村井知衡 むらいともひら
明和5(1768)年9月29日～安政4(1857)年4月19日
江戸時代中期～末期の伊予松山藩士・兵法家。
¶国書

村井長明 むらいながあき
天正10(1582)年～正保1(1644)年
安土桃山時代～江戸時代前期の加賀藩士。
¶国書

村井長在 むらいながあきら
天保7(1836)年～明治26(1893)年7月21日
江戸時代末期～明治期の加賀藩士。
¶国書，姓氏石川，幕末

村井長家 むらいながいえ
慶長9(1604)年～延宝3(1675)年
江戸時代前期の加賀藩士。
¶藩臣3

村井長堅 むらいながかた
元禄14(1701)年～宝暦6(1756)年12月29日
江戸時代中期の加賀藩士。
¶国書

村井長貞 むらいながさだ
文化9(1812)年2月13日～天保13(1842)年6月3日
江戸時代後期の加賀藩士、城代。
¶国書

村井長穹 むらいながたか
元文4(1739)年～寛政2(1790)年
江戸時代中期～後期の加賀藩士。
¶石川百，国書(㊀寛政2(1790)年2月12日)，姓氏石川(㊗1738年)

村井長時 むらいながとき
元和2(1616)年～元禄4(1691)年
江戸時代前期～中期の加賀大聖寺藩士。
¶国書

村井長央 むらいながなか
？～慶応4(1868)年
江戸時代後期～末期の伊勢菰野藩士。
¶国書(㊀慶応4(1868)年8月20日)，三重続

村井長道 むらいながみち
寛政8(1796)年～天保7(1836)年5月10日
江戸時代後期の加賀藩士。
¶国書

村井長世 むらいながよ
安永5(1776)年～文政10(1827)年
江戸時代中期～後期の加賀藩士。
¶石川百，国書(㊀文政10(1827)年10月26日)，姓氏石川

村岡吉太夫 むらおかきちだゆう
生没年不詳
江戸時代の庄内藩士。
¶庄内

村尾覚助 むらおかくすけ
文化11(1814)年～明治18(1885)年
江戸時代末期～明治期の肥前平戸藩士。
¶幕末，藩臣7

村岡重文 むらおかしげふみ
生没年不詳
江戸時代後期の長崎奉行所役人。
¶国書

村岡滝三郎 むらおかたきさぶろう
？ ～明治1（1868）年
江戸時代末期の陸奥会津藩士。
¶幕末

村岡登馬雄 むらおかとまお
天保13（1842）年～大正6（1917）年8月
江戸時代末期～明治期の馬術師範。
¶岡山人，岡山百（[生]天保13（1842）年8月1日），岡山歴（[生]天保13（1842）年8月1日），幕末

村岡八蔵 むらおかはちぞう
享保8（1723）年～享和2（1802）年　[別]村岡良長《むらおかよしなが》
江戸時代中期～後期の紀伊和歌山藩士。
¶藩臣5，和歌山人（村岡良長　むらおかよしなが）

村岡良賢 むらおかよしかた
生没年不詳　[別]村岡良賢《むらおかよしたか》
江戸時代末期の紀伊和歌山藩士。
¶幕末，和歌山人（むらおかよしたか）

村岡良賢 むらおかよしたか
→村岡良賢（むらおかよしかた）

村岡良毅 むらおかよしたけ
→村岡良毅（むらおかりょうき）

村岡良長 むらおかよしなが
→村岡八蔵（むらおかはちぞう）

村尾嘉陵 むらおかりょう
宝暦10（1760）年～天保12（1841）年5月29日
江戸時代中期～後期の幕臣。
¶国書

村岡良毅 むらおかりょうき
生没年不詳　[別]村岡良毅《むらおかよしたけ》
江戸時代後期の紀伊和歌山藩士。
¶国書，和歌山人（むらおかよしたけ）

村尾松清 むらおまつきよ
生没年不詳
安土桃山時代～江戸時代前期の武将。島津氏家臣。
¶戦人

村垣定行 むらがきさだゆき
＊～天保3（1832）年
江戸時代中期～後期の松前奉行、勘定奉行。
¶朝日（[生]宝暦12（1762）年　[没]天保3年3月10日（1832年4月10日）），岩史（[生]？　[没]天保3（1832）年3月10日），国書（[生]？　[没]天保3（1832）年3月10日），コン4（[生]宝暦12（1762）年？），日人（[生]1762年）

村垣淡叟 むらがきたんそう
→村垣範正（むらがきのりまさ）

村垣範正 むらがきのりまさ
文化10（1813）年～明治13（1880）年　[別]村垣淡叟《むらがきたんそう》
江戸時代末期～明治期の幕臣。渡米。
¶朝日（[生]文化10年9月24日（1813年10月17日）　[没]明治13（1880）年3月15日），維新，岩史（[生]文化10（1813）年9月24日　[没]明治13（1880）年3月15日），海越（[生]文化10（1813）年9月24日　[没]明治13（1880）年3月15日），海越新（[生]文化10（1813）年9月24日　[没]明治13（1880）年3月15日），角史，近現，近世，国際，国史，国書（[生]文化10（1813）年9月24日　[没]明治13（1880）年3月15日），コン改，コン4，コン5，史人（[生]1813年9月24日　[没]1880年3月15日），新潮（[生]文化10（1813）年9月24日　[没]明治13（1880）年3月15日），人名（村垣淡叟　むらがきたんそう），世人（[生]文化10（1813）年9月24日　[没]明治13（1880）年3月15日），全書，大百，日史（[生]文化10（1813）年9月24日　[没]明治13（1880）年3月15日），日人，日本，幕末（[没]1880年3月15日），百科，北海道百，北海道歴，歴大

村上明司 むらかみあきもり
→村上忠明（むらかみただあき）

村上市兵衛 むらかみいちべえ
宝永1（1704）年～寛政4（1792）年
江戸時代中期～後期の剣術家。円明流。
¶剣豪

村上越中 むらかみえっちゅう
？ ～寛永8（1631）年11月28日
江戸時代前期の岡山藩士、金沢藩士、備中松山藩士。
¶岡山歴

村上影面 むらかみかげとも
→村上影面（むらかみかげも）

村上影面 むらかみかげも
＊～文化4（1807）年　[別]村上影面《むらかみかげとも》
江戸時代中期～後期の土佐藩士、国学者。
¶江文（[生]元文5（1740）年），高知人（むらかみかげとも　[生]1718年ごろ），国書（[生]享保15（1730）年　[没]文化4（1807）年12月18日），藩臣6（[生]享保15（1730）年）

村上量弘 むらかみかずひろ
文政2（1819）年～嘉永3（1850）年　[別]村上守太郎《むらかみもりたろう》
江戸時代末期の筑後久留米藩士。
¶国書（[生]文政2（1819）年7月　[没]嘉永3（1850）年6月14日），人名（[生]1810年），日人，藩臣7，福岡百（村上守太郎　むらかみもりたろう　[没]嘉永3（1850）年6月14日）

村上喜一郎 むらかみきいちろう
享保3（1718）年～安永3（1774）年
江戸時代中期の出雲松江藩士。
¶藩臣5

村上義明 むらかみぎめい
→村上義明(2)（むらかみよしあきら）

村上清 むらかみきよし
？ ～慶応4（1868）年1月7日
江戸時代後期～末期の新撰組隊士。
¶新撰

村上金之助 むらかみきんのすけ
天保13（1842）年～？

む

江戸時代後期～末期の新撰組隊士。
¶新撰

村上財右衛門 むらかみざいえもん
→村上範致（むらかみのりむね）

村上三郎 むらかみさぶろう
江戸時代末期の新撰組隊士。
¶新撰

村上治兵衛 むらかみじへえ
江戸時代前期の岡山藩士。
¶岡山歴

村上舎喜 むらかみしゃき
＊～安永6（1777）年
江戸時代中期の松江藩士、理財家。
¶島根百（⊕享保3（1718）年　㊥安永6（1777）年
11月12日）、島根歴（⊕享保3（1718）年）、人名
（⊕1721年）、日人（⊕1721年）

村上俊平 むらかみしゅんぺい
天保9（1838）年～元治1（1864）年　㋙村上清節
《むらかみせいせつ》
江戸時代末期の志士。
¶維新、郷土群馬、群馬人、群馬百（㊥1865年）、
国書（村上清節　むらかみせいせつ　⊕天保9
（1838）年9月4日　㊥元治1（1864）年7月20
日）、人名、姓氏群馬、日人、幕末（㊥1864年8
月21日）

村上庄太夫 むらかみしょうだいふ
享保3（1718）年～宝暦10（1760）年
江戸時代中期の河内狭山藩士。
¶藩臣5

村上真輔 むらかみしんすけ
寛政10（1798）年～文久2（1862）年
江戸時代末期の播磨赤穂藩士。
¶維新、人名、日人（㊥1863年）、幕末（㊥1862年
12月9日）、藩臣5、兵庫百

村上助左衛門 むらかみすけざえもん
江戸時代前期の武将。里見氏家臣。
¶戦東

村上助三郎 むらかみすけさぶろう
生没年不詳
安土桃山時代～江戸時代前期の武士。里見氏家臣。
¶戦辞、戦人、戦東

村上助之丞 むらかみすけのじょう
生没年不詳
江戸時代中期の上総久留里藩士。
¶藩臣3

村上清節 むらかみせいせつ
→村上俊平（むらかみしゅんぺい）

村上忠明 むらかみただあき
弘化1（1844）年～慶応1（1865）年　㋙村上明司
《むらかみあきもり》
江戸時代末期の志士。
¶維新、国書（⊕天保15（1844）年5月23日　㊥慶
応1（1865）年閏5月16日）、人名（村上明司　む
らかみあきもり）、日人

村上忠勝 むらかみただかつ
→村上義明⑵（むらかみよしあきら）

村上団蔵 むらかみだんぞう
宝暦8（1758）年～天保13（1842）年
江戸時代中期～後期の武道家。
¶姓氏群馬

村上忠次 むらかみちゅうじ
生没年不詳
江戸時代中期の土佐藩士。
¶高知人、藩臣6

村上貞助 むらかみていすけ
安永9（1780）年～弘化3（1846）年5月15日
江戸時代後期の幕臣。
¶岡山歴、国書（生没年不詳）

村上道慶 むらかみどうけい
永禄2（1559）年～正保1（1644）年　㋙村上道浄
《むらかみみちきよ》
安土桃山時代～江戸時代前期の東奥気仙郡高田村
の郷士・義人。
¶岩手百、国書（㊥寛永21（1644）年10月20日）、
人名（村上道浄　むらかみみちきよ）、姓氏岩
手、日人（村上道浄　むらかみみちきよ）

村上信清 むらかみのぶきよ
～寛永3（1626）年
江戸時代前期の旗本。
¶神奈川人

村上範致 むらかみのりむね
文化5（1808）年～明治5（1872）年　㋙村上財右衛
門《むらかみざいえもん》
江戸時代末期～明治期の三河田原藩の洋式兵学
者、造船家。
¶愛知百（⊕1808年7月11日　㊥1872年4月16
日）、朝日（⊕文化5年7月11日（1808年9月1日）
㊥明治5年4月16日（1872年5月22日））、維新、
剣豪（村上財右衛門　むらかみざいえもん）、国
書（⊕文化5（1808）年7月11日　㊥明治5（1872）
年4月16日）、新潮（⊕文化5（1808）年7月11日
㊥明治5（1872）年4月16日）、人名、姓氏愛知、
日人、幕末（㊥1872年4月16日）、藩臣4、洋学

村上八兵衛 むらかみはちべえ
～寛永9（1632）年
江戸時代前期の土佐藩士。
¶高知人、高知百、藩臣6（生没年不詳）

村上八郎右衛門 むらかみはちろうえもん
正徳2（1712）年～安永5（1776）年
江戸時代中期の剣術家。二天一流。
¶剣豪

村上彦右衛門 むらかみひこえもん
→村上吉清（むらかみよしきよ）

村上平内 むらかみへいない
？ ～元文4（1739）年
江戸時代中期の剣術家。二天一流。
¶剣豪

村上正邦 むらかみまさくに
～享保15（1730）年
江戸時代中期の旗本。
¶神奈川人

村上正直 むらかみまさなお
～延享2（1745）年

江戸時代中期の旗本。
¶神奈川人

村上真澄　むらかみますみ
生没年不詳
江戸時代後期の石見浜田藩士。
¶国書

村上万次郎　むらかみまんじろう
弘化3(1846)年～？
江戸時代後期～末期の新撰組隊士。
¶新撰

村上道浄　むらかみみちきよ
→村上道慶(むらかみどうけい)

村上通重　むらかみみちしげ
？～明暦2(1656)年
江戸時代前期の武士。
¶和歌山人

村上通同　むらかみみちとも
寛永8(1631)年～宝永7(1710)年
江戸時代中期の武士。
¶和歌山人

村上元武　むらかみもとたけ
文禄4(1595)年～慶安2(1649)年
安土桃山時代～江戸時代前期の萩藩御船手組頭。
¶姓氏山口

村上守太郎　むらかみもりたろう
→村上量弘(むらかみかずひろ)

村上与右衛門　むらかみよえもん
→村山与右衛門(むらやまよえもん)

村上義明(1)　むらかみよしあき
→村上義明(2)(むらかみよしあきら)

村上義明(2)　むらかみよしあき
→村上義明(1)(むらかみよしあきら)

村上義明(1)　むらかみよしあきら
生没年不詳　[別]村上義明《むらかみよしあき》,村上頼勝《むらかみよりかつ》
安土桃山時代～江戸時代前期の武将。
¶朝日，近世，国史，史人，姓氏石川(むらかみよしあき)，戦合，日人(村上頼勝　むらかみよりかつ)

村上義明(2)　むらかみよしあきら
？～元和9(1623)年　[別]村上義明《むらかみぎめい,むらかみよしあき》,村上忠勝《むらかみただかつ》
江戸時代前期の大名。越後村上藩主。
¶朝日([没]元和9年9月26日(1623年11月18日))，近世，国史，史人([没]1623年9月26日)，人名，戦合(むらかみよしあき)，戦国(むらかみよしあき)，戦人，新潟百(むらかみぎめい　[生]1597年)，日人(村上忠勝　むらかみただかつ)，藩主3(むらかみぎめい　[没]元和8(1622)年5月28日)

村上義礼　むらかみよしあや
延享4(1747)年～寛政10(1798)年
江戸時代中期の武士、外交官。ロシアと公的に接触した。
¶朝日([没]寛政10年10月22日(1798年11月30日))，コン4，日人

村上吉清(村上義清)　むらかみよしきよ
永禄6(1563)年～寛永15(1638)年　[別]村上彦右衛門《むらかみひこえもん》
安土桃山時代～江戸時代前期の紀伊和歌山藩士。
¶日人，藩臣5(村上彦右衛門　むらかみひこえもん)，和歌山人(村上義清)

村上与兵衛　むらかみよへい
生没年不詳
江戸時代末期の武士。
¶和歌山人

村上頼勝　むらかみよりかつ
→村上義明(1)(むらかみよしあきら)

村上蘭皐　むらかみらんこう
寛政4(1792)年～嘉永4(1851)年
江戸時代末期の書家、陸奥仙台藩士。
¶人名，日人

村上倫　むらかみりん
天保12(1841)年～明治22(1889)年
江戸時代末期～明治期の長門清末藩士。
¶維新，人名，日人([生]1840年)，幕末([没]1889年1月20日)，藩臣6([生]天保11(1840)年)

村上亘　むらかみわたり
→村上亘(むらかみわたる)

村上亘　むらかみわたる
文化3(1806)年～明治13(1880)年　[別]村上亘《むらかみわたり》
江戸時代末期～明治期の笠間藩士。
¶剣豪(むらかみわたり)，幕末([没]1880年7月31日)，藩臣2

村河軍兵衛　むらかわぐんべえ
寛永9(1632)年～宝永2(1705)年
江戸時代前期～中期の紀伊和歌山藩士。
¶藩臣5

村川伝右衛門　むらかわでんえもん
天正18(1590)年～？
安土桃山時代～江戸時代前期の剣術家。新陰流。
¶剣豪

村河直方　むらかわなおかた
文政7(1824)年～慶応3(1867)年
江戸時代末期の因幡鳥取藩士。
¶維新，鳥取百，日人，幕末([生]1828年　[没]1867年9月)，藩臣5

村川与一右衛門　むらかわよいちえもん
文政5(1822)年～慶応1(1865)年
江戸時代末期の志士、因幡鳥取藩家老荒尾但馬の家宰。
¶人名

村越三造　むらこしさんぞう
生没年不詳
江戸時代末期の剣術家。一刀流。
¶剣豪

村越忠勝　むらこしただかつ
江戸時代前期の武士。徳川家康の臣。
¶人名

む

村越道伴 むらこしどうはん
→村越吉勝（むらこしよしかつ）

村越直成 むらこしなおしげ
〜元禄16（1703）年
江戸時代前期の旗本。
¶神奈川人

村越正重 むらこしまさしげ
天正16（1588）年〜承応3（1654）年
江戸時代前期の旗本。
¶神奈川人

村越吉勝 むらこしよしかつ
慶長6（1601）年〜延宝9（1681）年　[別]村越道伴《むらこしどうはん》
安土桃山時代〜江戸時代前期の武士。
¶国書（村越道伴　むらこしどうはん　[没]延宝9（1681）年6月13日），日人

村左兵衛 むらさへえ
生没年不詳
江戸時代前期の越中富山藩家老。
¶藩臣3

村雨案山子 むらさめあんざんし
嘉永2（1849）年〜大正8（1919）年
江戸時代末期の吉田藩士。
¶姓氏愛知

村雨政陽 むらさめせいよう
＊〜明治21（1888）年
江戸時代末期〜明治期の武蔵岩槻藩士。
¶埼玉人（[生]文政1（1818）年），藩臣5（[生]文政2（1819）年）

村沢徳風 むらさわのりかぜ
安永1（1772）年〜天保13（1842）年
江戸時代後期の信濃飯田藩用人、歌人。
¶藩臣3，和俳

村士玉水 むらしぎょくすい，むらじぎょくすい
→村士玉水（すぐりぎょくすい）

村島万次郎 むらしままんじろう
天保11（1840）年〜慶応1（1865）年
江戸時代末期の水戸藩士。
¶維新，人名，日人，幕末（[没]1865年3月3日）

村瀬孝紹 むらせこうじょう
江戸時代中期の旗本。
¶茶道

村瀬栲亭 むらせこうてい
＊〜文政1（1818）年
江戸時代中期〜後期の出羽秋田藩の漢学者。
¶朝日（[生]延享1年5月21日（1744年7月1日）[没]文政1年12月6日（1819年1月1日）），京都（[生]延享1（1744）年），京都大（[生]延享1（1744）年），近世（[生]1744年），国史（[生]1744年），国書（[生]延享1（1744）年5月21日　[没]文政1（1818）年12月6日），コン改（[生]延享4（1747）年），コン4（[生]延享4（1747）年），詩歌（[生]1746年），新潮（[生]延享4（1747）年　[没]文政1（1818）年12月6日），人名（[生]1746年），姓氏京都（[生]1746年），世人（[生]延享3（1746）年　[没]文政1（1818）年12月6日），全書（[生]1746年），徳島百（[生]延享3（1746）年　[没]文政1（1818）年12月6日），徳島歴（[生]延享3（1746）年　[没]文政1（1818）年12月6日），日人（[生]1744年　[没]1819年），藩臣1（[生]延享1（1744）年），和俳（[生]延享1（1744）年　[没]文政1（1818）年12月6日）

村瀬幸衛 むらせこうへい
生没年不詳
江戸時代の尾張国岩倉藩士。
¶姓氏愛知

村瀬佐助 むらせさすけ
江戸時代前期の近江小室藩士。
¶茶道

村瀬重治 むらせしげはる
？　〜寛永10（1633）年　[別]磯貝重治《いそがいしげはる》，磯貝小三郎《いそがいこざぶろう》
江戸時代前期の武将。織田氏家臣、徳川氏家臣。
¶戦人，戦補

村瀬庄兵衛 むらせしょうべい
→村瀬通吉（むらせみちよし）

村瀬庄兵衛 むらせしょうべえ
→村瀬通吉（むらせみちよし）

村瀬太乙 むらせたいいつ
享和3（1803）年〜明治14（1881）年　[別]村瀬太乙《むらせたいおつ》
江戸時代末期〜明治期の尾張犬山藩の儒学者。
¶愛知百（むらせたいおつ　[生]1803年7月7日　[没]1881年7月27日），維新（[生]1804年），岐阜百（むらせたいおつ　[生]1804年），国書（[生]享和3（1803）年7月7日　[没]明治14（1881）年7月3日），思想，人名，姓氏愛知（むらせたいおつ），日人，幕末（むらせたいおつ　[生]1804年[没]1881年7月3日），藩臣4（むらせたいおつ）

村瀬太乙 むらせたいおつ
→村瀬太乙（むらせたいいつ）

村瀬主税 むらせちから
生没年不詳
江戸時代後期の陸奥三春藩士、藩校教授。
¶藩臣2

村瀬轟 むらせとどろき
文政9（1826）年〜明治27（1894）年
江戸時代末期〜明治期の唐津藩士。
¶佐賀百，幕末，藩臣7

村瀬美香 むらせびこう
文政12（1829）年〜明治29（1896）年
江戸時代末期〜明治期の名古屋不二見焼の祖、尾張藩士。
¶人名，日人

村瀬平四郎 むらせへいしろう
？　〜天保11（1840）年5月
江戸時代後期の幕臣。
¶国書

村瀬通吉 むらせみちよし
天明4（1784）年〜文久2（1862）年　[別]村瀬庄兵衛《むらせしょうべい，むらせしょうべえ》
江戸時代後期の臼杵藩士。
¶維新（[生]1783年），大分百（村瀬庄兵衛　むらせしょうべい　[生]1783年），大分歴（村瀬庄兵衛　むらせしょうべえ　[没]文久3（1863）年），人名，

日人，幕末（村瀬庄兵衛　むらせしょうべえ　[生]1783年　[没]1862年4月14日），藩臣7（村瀬庄兵衛　むらせしょうべえ）

村田斎院 むらたいつき
生没年不詳
江戸時代の武士。川越藩主柳沢吉保の重臣。
¶埼玉人

村田氏章 むらたうじあき
宝暦7（1757）年～天保1（1830）年12月16日
江戸時代中期～後期の越前福井藩士。
¶国書

村田氏純 むらたうじずみ
正徳3（1713）年～天明8（1788）年3月23日
江戸時代中期～後期の越前福井藩士。
¶国書

村田氏暢 むらたうじのぶ
寛保1（1741）年～安永6（1777）年3月5日
江戸時代中期の越前福井藩士。
¶国書

村田氏寿 むらたうじひさ
文政4（1821）年～明治32（1899）年
江戸時代末期～明治期の越前福井藩士。松平慶永の側近。
¶朝日（[生]文政4年2月14日（1821年3月17日）　[没]明治32（1899）年5月8日），維新，岐阜百，郷土福井，近現，近世，国史，コン改，コン4，コン5，史人（[生]1821年2月14日　[没]1899年5月8日），新潮（[生]文政4（1821）年2月24日　[没]明治32（1899）年5月8日），人名，全書，日人，幕末（[没]1899年5月8日），藩臣3，福井百

村田氏英 むらたうじひで
生没年不詳
江戸時代後期の越前福井藩士。
¶国書

村田馬太郎 むらたうまたろう
天保9（1838）年～明治6（1873）年
江戸時代末期～明治期の志士。土佐勤王党に参加。
¶高知人，幕末（[没]1873年10月31日）

村田蠖堂 むらたかくどう
→村田精一（むらたせいいち）

村田清風 むらたきよかぜ
→村田清風（むらたせいふう）

村田源右衛門 むらたげんうえもん
生没年不詳
江戸時代前期の加賀大聖寺藩士。
¶藩臣3

村田恒光 むらたこうこう
→村田恒光（むらたつねみつ）

村田小藤太 むらたことうた
文政6（1823）年～明治38（1905）年
江戸時代末期～明治期の蝦夷松前藩士。
¶藩臣1

村田茂穂 むらたしげほ
文政3（1820）年～明治24（1891）年9月25日
江戸時代末期～明治期の志士。山内容堂の衛士となり、江戸で武具方下役、砲術方製薬方を兼任。
¶幕末

村田新八 むらたしんぱち
天保7（1836）年～明治10（1877）年　[別]村田新八・村田経満《むらたしんぱち・むらたつねよし》，経満
江戸時代末期～明治期の鹿児島藩士、軍人。宮内大丞。西南戦争で二番大隊長、城山で戦死。
¶朝日（[生]天保7年11月3日（1836年12月10日）　[没]明治10（1877）年9月24日），維新，海越（[生]天保7（1836）年11月3日　[没]明治10（1877）年9月24日），海越新（[生]天保7（1836）年11月3日　[没]明治10（1877）年9月24日），鹿児島百，近現，国際，国史，コン改，コン5，史人（[生]1836年11月3日　[没]1877年9月24日），新潮（[生]天保7（1836）年11月3日　[没]明治10（1877）年9月24日），人名，姓氏鹿児島，渡航（村田新八・村田経満　むらたしんぱち・むらたつねよし　[生]1836年11月3日　[没]1877年9月24日），日史（[生]天保7（1836）年11月3日　[没]明治10（1877）年9月24日），日人，幕末（[没]1877年9月24日），藩臣7，明治1，陸海（[生]天保7年11月3日　[没]明治10年9月24日）

村田精一 むらたせいいち
天保14（1843）年～慶応3（1867）年　[別]村田蠖堂《むらたかくどう》
江戸時代末期の近江膳所藩士。
¶維新，新潮（村田蠖堂　むらたかくどう　[生]天保14（1843）年7月10日　[没]慶応3（1867）年6月），人名（[生]1841年　[没]1866年），日人（[没]1866年），幕末（[没]1867年7月）

村田清風 むらたせいふう
天明3（1783）年～安政2（1855）年　[別]村田清風《むらたきよかぜ》
江戸時代後期の長州（萩）藩士、藩政改革の指導者。
¶朝日（[生]天明3年4月26日（1783年5月26日）　[没]安政2年5月26日（1855年7月9日）），維新，岩史（[生]天明3（1783）年4月26日　[没]安政2（1855）年5月26日），角史，近世，国史，国書（[生]天明3（1783）年4月26日　[没]安政2（1855）年5月26日），コン改，コン4，史人（むらたきよかぜ　[生]1783年4月26日　[没]1855年5月26日），重要（[生]天明3（1783）年4月26日　[没]安政2（1855）年5月26日），人書94，新潮（[生]天明3（1783）年4月26日　[没]安政2（1855）年5月26日），人名（むらたきよかぜ），姓氏山口，世人（[没]安政2（1855）年5月25日），世百，全書，大百，伝記，日史（[生]天明3（1783）年4月26日　[没]安政2（1855）年5月26日），日人，幕末（[没]1855年7月9日），藩臣6，百科，山口百，歴大

村田蔵六 むらたぞうろく
→大村益次郎（おおむらますじろう）

村田為行 むらためゆき
享保16（1731）年～寛政1（1789）年
江戸時代中期～後期の萩藩士。
¶姓氏山口

村田保 むらたたもつ
天保13（1842）年～大正14（1925）年
江戸時代末期～大正期の唐津藩士、官吏、政治

む

家。大日本塩業協会会長、貴族院議員。大日本水
産会、水産伝習所の設立に指導的役割を果たす。
水産翁と呼ばれた。
¶朝日（㋭天保13年12月29日（1843年1月29日）
　㋬大正14（1925）年1月7日），海越（㋬大正14
　（1925）年1月6日），海越新（㋬大正14（1925）
　年1月6日），国際，佐賀百（㋭天保13（1842）年
　12月28日　㋬大正14（1925）年1月7日），食文
　（㋭天保13年12月28日（1843年1月28日）
　㋬1925年1月6日），人名，世紀（㋭天保13
　（1843）年12月28日　㋬大正14（1925）年1月6
　日），渡航（㋬1925年1月6日），日人（㋭1843年）

村田忠三郎 むらたちゅうざぶろう，むらたちゅうさぶ
ろう
天保11（1840）年～慶応1（1865）年
江戸時代末期の土佐藩の志士。土佐勤王党に参加。
¶維新，高知人，人名，日人，幕末（㋬1865年7月
　3日），藩臣6（むらたちゅうさぶろう）

村田恒光 むらたつねみつ
？　　～明治3（1870）年　　㋲村田恒光《むらたこうこ
う》
江戸時代末期～明治期の伊勢津藩の算学者。日食
を観測。
¶朝日（㋬明治3年9月14日（1870年10月8日）），
　国書（㋬明治3（1870）年9月14日），新潮，人名
　（むらたこうこう），数学（㋬明治3（1870）年9
　月14日），世人（生没年不詳），日人，藩臣5

村田経芳 むらたつねよし
天保9（1838）年～大正10（1921）年　　㋲勇右衛門
江戸時代末期～明治期の薩摩藩士、村田銃の創
製者。
¶朝日（㋭天保9年6月10日（1838年7月30日）
　㋬大正10（1921）年2月9日），維新，海越（㋭天
　保9（1838）年6月10日　㋬大正10（1921）年2月
　10日），海越新（㋭天保9（1838）年6月10日
　㋬大正10（1921）年2月10日），鹿児島百，近現，
　国際，国史，コン改，コン4，コン5，史人
　（㋭1838年6月10日　㋬1921年2月9日），新潮
　（㋭天保9（1838）年6月10日　㋬大正10（1921）
　年2月10日），人名，姓氏鹿児島，世百，先駆
　（㋭天保9（1838）年6月10日　㋬大正10（1921）
　年2月9日），全書，渡航（㋭1838年6月10日
　㋬1921年2月），日史（㋭天保9（1838）年6月10
　日　㋬大正10（1921）年2月9日），日人，幕末，
　藩臣7，百科，陸海（㋭天保9年6月10日　㋬大正
　10年2月9日）

村田経満 むらたつねよし
→村田新八（むらたしんぱち）

村田出羽 むらたでわ
永禄8（1565）年～元和7（1621）年
安土桃山時代～江戸時代前期の筑前福岡藩士。
¶藩臣7

村田柏堂 むらたはくどう
江戸時代の伊勢津藩士。数学者。
¶三重続

村田春生 むらたはるお
弘化2（1845）年～明治40（1907）年
江戸時代末期～明治期の津和野藩士。

¶幕末（㋬1907年5月11日），藩臣5

村田久辰 むらたひさとき
明暦3（1657）年～享保9（1724）年
江戸時代前期～中期の剣術家。
¶日人

村田正宣 むらたまさのぶ
天保13（1842）年～明治10（1877）年
江戸時代末期～明治期の佐土原藩士。
¶人名，日人

村田政矩 むらたまさのり
→村田若狭（むらたわかさ）

村田明哲 むらためいてつ
文化13（1816）年～明治11（1878）年
江戸時代末期～明治期の測量家、仙台藩士。
¶国書（㋬明治11（1878）年11月26日），人名，姓
　氏宮城，日人

村田泰足 むらたやすたり
寛延2（1749）年～文政6（1823）年
江戸時代中期～後期の近江彦根藩士。
¶国書（㋬文政6（1823）年11月5日），人名，日人，
　藩臣4

村田良穂 むらたよしほ
文政11（1828）年～明治17（1884）年　　㋲村田良穂
《むらたりょうほ》
江戸時代末期～明治期の安芸広島藩士。
¶国書（㋬明治17（1884）年11月8日），人名，日
　人，幕末（㋬1884年11月8日），藩臣6（むらた
　りょうほ）

村田与三 むらたよぞう
生没年不詳
江戸時代前期の剣術家。
¶日人

村田理右衛門 むらたりえもん
江戸時代末期の越前福井藩士。
¶維新，幕末（生没年不詳）

村田理介 むらたりすけ
文化5（1808）年～慶応1（1865）年
江戸時代末期の水戸藩士。
¶維新，国書（㋬元治2（1865）年4月3日），人名，
　日人，幕末（㋬1865年4月27日），藩臣2

村田良穂 むらたりょうほ
→村田良穂（むらたよしほ）

村田若狭 むらたわかさ
㋲村田政矩《むらたまさのり》
江戸時代末期～明治期の肥前佐賀藩家老。プロテ
スタント最初の受洗者の一人。
¶維新（㋑1812年　㋬1872年），維新（村田政矩
　むらたまさのり　㋑1814年　㋬1873年），キリ
　（㋑1812年頃　㋬明治5（1872）年），近現（㋑？
　㋬1874年），近世（㋑？　㋬1874年），国史
　（㋑？　㋬1874年），コン改（㋑文化9（1812）
　年　㋬明治5（1872）年），コン4（㋑文化9
　（1812）年　㋬明治5（1872）年），コン5（㋑文化
　9（1812）年　㋬明治5（1872）年），史人
　（㋑1812年　㋬1874年），新潮（㋑文化11
　（1814）年　㋬明治6（1873）年5月10日），人名
　（㋑1814年　㋬1873年），日人（㋑1812年

（㉛1872年），幕末（�生1813年　㉛1873年）

村次常真 むらつぐじょうしん
　　生没年不詳
　　江戸時代後期の肥後熊本藩士。
　　¶国書

村野山人 むらのさんじん
　　嘉永1（1848）年～大正10（1921）年
　　江戸時代末期～大正期の島津家奥小姓、実業家。
　　神戸電気鉄道会社社長、豊川鉄道会社社長。
　　¶鹿児島百，学校（�生嘉永1（1848）年7月8日
　　㉛大正11（1922）年1月13日），人名（㉛1922
　　年），日人，兵庫人（�生嘉永1（1848）年7月8日
　　㉛大正10（1921）年1月13日），兵庫百

村野伝之丞 むらのでんのじょう
　　文化13（1816）年～安政2（1855）年
　　江戸時代末期の薩摩藩士。
　　¶維新，姓名鹿児島，幕末（㉛1855年6月11日），
　　藩臣7

村野盛政 むらのもりまさ
　　明和1（1764）年～文政2（1819）年
　　江戸時代中期～後期の茶業改良家。剣術家、俳
　　諧師。
　　¶朝日（㉛文政2年4月20日（1819年5月13日）），
　　埼玉人，埼玉百，日人

村橋久成 むらはしきゅうせい
　　→村橋久成（むらはしひさなり）

村橋直衛 むらはしなおえ
　　→村橋久成（むらはしひさなり）

村橋久成 むらはしひさなり
　　天保11（1840）年～明治25（1892）年　㉞村橋直
　　衛・村橋久成《むらはしなおえ・むらはしきゅう
　　せい》，村橋直衛《むらはしなおえ》，橋直助《は
　　しなおすけ》
　　江戸時代末期～明治期の薩摩藩士。1865年イギリ
　　スに留学。
　　¶維新（村橋直衛　むらはしなおえ），海越（村橋
　　直衛　むらはしなおえ　㉛明治25（1892）年9月
　　28日），海越新（村橋直衛　むらはしなおえ
　　㉛明治25（1892）年9月28日），札幌（�生天保13
　　年10月），食文（�生天保13（1842）年？
　　㉛1892年9月28日），姓氏鹿児島（村橋直衛　む
　　らはしなおえ），渡航（村橋直衛・村橋久成　む
　　らはしなおえ・むらはしきゅうせい　㉛1892年
　　9月28日），日人，幕末（村橋直衛　むらはしな
　　おえ　㉛1892年9月28日），藩臣7，北海道歴
　　（�生天保13（1842）年），履歴（㊺天保13（1842）
　　年10月　㉛明治25（1892）年9月28日）

村部貞幹 むらべさだもと
　　生没年不詳
　　江戸時代後期の伊勢久居藩士。
　　¶国書

村松喜兵衛 むらまつきへい
　　→村松喜兵衛（むらまつきへえ）

村松喜兵衛 むらまつきへえ
　　寛永19（1642）年～元禄16（1703）年　㉞村松喜兵
　　衛《むらまつきへい》
　　江戸時代中期の播磨赤穂藩士。赤穂義士の一人。
　　¶大阪墓（むらまつきへい　㉛元禄16（1703）年2

月4日），人名，日人

村松郷右衛門 むらまつごうえもん
　　生没年不詳
　　江戸時代末期の江戸詰年寄・幕臣。
　　¶和歌山人

村松三太夫 むらまつさんだゆう
　　延宝5（1677）年～元禄16（1703）年
　　江戸時代中期の播磨赤穂藩士。赤穂義士の一人。
　　¶人名，日人

村松茂清 むらまつしげきよ
　　慶長13（1608）年～元禄8（1695）年　㉞村松茂清
　　《むらまつもせい》
　　江戸時代前期の播磨赤穂藩の和算家。平賀保秀の
　　門人。
　　¶朝日，江文，国書，史人，新潮，人名（むらま
　　つもせい），世人（生没年不詳），日人，藩臣5
　　（㊺慶長13（1608）年？　㉛元禄8（1695）
　　年？），百科，兵庫百（生没年不詳）

村松重国 むらまつしげくに
　　？　～寛永11（1634）年
　　江戸時代前期の武士。
　　¶和歌山人

村松将監 むらまつしょうげん
　　生没年不詳
　　江戸時代前期の出雲松江藩士。
　　¶藩臣5

村松忠治右衛門 むらまつちゅうじうえもん
　　文政1（1818）年～？
　　江戸時代後期の越後長岡藩士。
　　¶幕末，藩臣4

村松文三 むらまつぶんぞう
　　文政11（1828）年～明治7（1874）年　㉞村松文三
　　《むらまつぶんぞん》，青井幹三郎《あおいかんざ
　　ぶろう》
　　江戸時代末期～明治期の志士。
　　¶維新，近現，詩歌（むらまつぶんぞん），静岡
　　歴，人名，姓氏静岡，日人，幕末，三重続
　　（㊺文政11年5月25日），和俳

村松文三 むらまつぶんぞん
　　→村松文三（むらまつぶんぞう）

村松茂清 むらまつもせい
　　→村松茂清（むらまつしげきよ）

村本武矩 むらもとたけのり
　　寛延1（1748）年～文政1（1818）年
　　江戸時代中期～後期の鳥取藩士、山奉行、俳人。
　　¶鳥取百

村山越中 むらやまえっちゅう
　　江戸時代前期の武士。
　　¶岡山人

村山空谷 むらやまくうこく
　　→村山空谷（むらやまくうや）

村山空谷 むらやまくうや
　　天保7（1836）年～慶応3（1867）年　㉞村山空谷
　　《むらやまくうこく》
　　江戸時代末期の武士。越後勤王志士に影響を与
　　えた。

¶新潟百(むらやまくうこく), 幕末([没]1867年2月)

村山謙吉 むらやまけんきち
? ～慶応4(1868)年
江戸時代後期～末期の新撰組隊士。
¶新撰

村山七左衛門 むらやましちざえもん
? ～慶安1(1648)年
江戸時代前期の陸奥弘前藩士。
¶青森人, 藩臣1

村山定右衛門 むらやまじょううえもん
元和2(1616)年～天和3(1683)年
江戸時代前期の美濃郡上藩士。
¶藩臣3

村山庄左衛門 むらやましょうざえもん
生没年不詳
江戸時代中期の長崎会所目付。
¶長崎歴

村山等安(村山東安, 村山東庵, 村山当安) むらやまとうあん
*～元和5(1619)年 [別]アントニオ
安土桃山時代～江戸時代前期の長崎代官。キリシタンの保護者。
¶朝日([生]永禄5(1562)年頃 [没]元和5年10月26日(1619年12月1日)), 岩史([生]永禄5(1562)年頃 [没]元和5(1619)年10月26日), 郷土長崎([生]1569年), 近世([生]?), 国史([生]?), 古中([生]?), コン改([生]永禄12(1569)年?), コン4([生]永禄12(1569)年?), 史人([生]1561年? [没]1619年10月26日), 新潮([生]永禄12(1569)年?), 人名(村山東庵 [生]1565年 [没]1615年), 世人([生]永禄12(1569)年), 世百(村山東庵 [生]? [没]1616年), 全書(村山当安 [生]1562年?), 戦人([生]永禄9(1566)年), 戦補(村山東安 [生]1566年), 大百([生]1569年?), 長崎百([生]永禄9(1566)年), 長崎歴([生]永禄9(1566)年), 日史([生]永禄9(1566)年 [没]元和5(1619)年10月26日), 日人([生]?), 百科([生]永禄9(1566)年), 歴大([生]1562年)

村山具瞻 むらやまともみ
嘉永1(1848)年～明治25(1892)年
江戸時代末期～明治期の上野館林藩士。
¶維新, 人名([没]1894年), 日人, 幕末([没]1892年7月9日), 藩臣2

村山長栄 むらやまながしげ
弘化1(1844)年～明治7(1874)年
江戸時代末期～明治期の佐賀の乱の戦士、肥前佐賀藩士。
¶人名, 日人

村山正亮 むらやままさすけ
生没年不詳
江戸時代中期の武芸家。
¶国書

村山正知 むらやままさとも
生没年不詳
江戸時代前期の武芸家。
¶国書

村山松根 むらやままつね
文政5(1822)年～明治15(1882)年 [別]木村仲之丞《きむらなかのじょう》
江戸時代末期～明治期の薩摩藩士。
¶維新, 鹿児島百, 新潮([生]文政5(1822)年9月 [没]明治15(1882)年1月4日), 人名, 姓氏鹿児島, 日人, 幕末([生]1821年 [没]1882年1月4日), 藩臣7, 和俳

村山八百左衛門 むらやまやおざえもん
生没年不詳
江戸時代末期の紀伊和歌山藩士。
¶藩臣5

村山与右衛門 むらやまよえもん
天保2(1831)年～明治14(1881)年 [別]村上与右衛門《むらかみよえもん》
江戸時代末期～明治期の肥前大村藩士。
¶維新, 人名, 人名(村上与右衛門 むらかみよえもん), 日人

牟礼勝成 むれいかつなり
～寛永12(1635)年
江戸時代前期の旗本。
¶神奈川人

室賀兵庫 むろがひょうご
江戸時代末期の旗本。
¶江戸東

室賀満俊 むろがみつとし
永禄3(1560)年～寛永3(1626)年
安土桃山時代～江戸時代前期の信濃国衆、旗本。
¶神奈川人, 戦辞([没]寛永3年3月24日(1626年4月20日))

室宅之助 むろたくのすけ
江戸時代末期の新撰組隊士。
¶新撰

室田政良 むろたまさよし
享保14(1729)年～?
江戸時代中期の幕臣・兵法家。
¶国書

室田良太 むろたりょうた
天保12(1841)年～明治45(1912)年
江戸時代末期～明治期の加賀大聖寺藩士。
¶藩臣3

室貞蔵 むろていぞう
弘化1(1844)年～明治7(1874)年
江戸時代末期～明治期の志士。
¶人名, 日人

室内膳 むろないぜん
生没年不詳
江戸時代末期の武士。
¶和歌山人

【め】

明拙呦 めいせつごう
文政6(1823)年～明治9(1876)年
江戸時代後期～明治期の薩摩藩士。

¶姓氏山口

女鹿勇 めがいさむ
文政9(1826)年7月17日～明治41(1908)年11月16日
江戸時代後期～明治期の故実家・盛岡藩士。
¶国書

目賀田守蔭 めがたもりかげ
文化4(1807)年～?
江戸時代後期の幕臣。
¶国書

目賀田守咸 めがたもりとう
元禄8(1695)年～明和5(1768)年
江戸時代中期の武士、幕臣。
¶和歌山人

女鹿信宗 めがのぶむね
生没年不詳
江戸時代前期の陸奥南部藩士。
¶藩臣1

目瀬永基 めせながもと
→目瀬平吉(めせへいきち)

目瀬平吉 めせへいきち
? ～元和2(1616)年 [別]目瀬永基《めせながもと》
安土桃山時代～江戸時代前期の武将。宇喜多氏家臣。
¶岡山歴([没]元和2(1616)年11月24日),戦人(目瀬永基 めせながもと),戦西

目時隆之進 めときたかのしん
→目時隆之進(めときりゅうのしん)

目時貞次郎 めときていじろう
天保11(1840)年～大正3(1914)年
江戸時代末期～明治期の盛岡藩士、勤王家。盛岡藩権少参事となり、藩治に尽力。
¶維新,姓氏岩手([没]?),幕末([没]1914年4月3日)

目時政勝 めときまさかつ
? ～貞享4(1687)年
江戸時代前期の盛岡藩士。
¶姓氏岩手

目時隆之進 めときりゅうのしん
文政6(1823)年～明治2(1869)年 [別]目時隆之進《めときたかのしん》
江戸時代末期の陸奥南部藩の志士。
¶維新,岩手百(めときたかのしん [生]1822年),人名(めときたかのしん),姓氏岩手(めときたかのしん [生]1822年),日人,幕末([没]1869年3月21日),藩臣1([生]文政6(1828)年)

目々沢鉅鹿 めめざわきょろく,めめざわきよろく
明和5(1768)年～弘化5(1848)年
江戸時代中期～後期の陸奥仙台藩士、儒学者。
¶国書([没]弘化5(1848)年1月3日),姓氏宮城(めめざわきよろく),藩臣1,宮城百

米良悔堂 めらかいどう
*～明治9(1876)年
江戸時代末期～明治期の豊後日出藩士。
¶大分歴([生]天保),藩臣7([生]天保9(1838)年)

米良石操 めらせきそう
文化13(1816)年～明治21(1888)年
江戸時代末期～明治期の豊後日出藩士。
¶藩臣7

米良東嶠 めらとうきょう
文化8(1811)年～明治4(1871)年
江戸時代末期～明治期の豊後日出藩家老、藩儒。
¶維新,大分百,大分歴,国書([生]文化8(1811)年9月4日 [没]明治4(1871)年3月2日),コン5,人名,日人,藩臣7

毛受洪 めんじゅこう
→毛受洪(めんじゅひろし)

毛受洪 めんじゅひろし
文政8(1825)年～明治33(1900)年 [別]毛受洪《めんじゅこう》
江戸時代末期～明治期の越前福井藩士。
¶維新,郷土福井,人名(めんじゅこう),日人,幕末([没]1900年4月15日),藩臣3

毛受家照 めんじょういえてる
安土桃山時代～江戸時代前期の武将。
¶姓氏愛知([没]1853年)

毛受茂左衛門 めんじょうしげざえもん
安土桃山時代～江戸時代前期の武将。
¶姓氏愛知([没]1853年)

【も】

孟遠 もうえん
→山本孟遠(やまもともうえん)

毛内有右衛門 もうないありえもん
享保3(1718)年～明和9(1772)年 [別]毛内有右衛門茂巧《もうないありえもんしげよし》
江戸時代中期の陸奥弘前藩用人。
¶青森人(毛内有右衛門茂巧 もうないありえもんしげよし),青森百,藩臣1

毛内有右衛門茂巧 もうないありえもんしげよし
→毛内有右衛門(もうないありえもん)

毛内有之助 もうないありのすけ
→毛内監物(もうないけんもつ)

毛内雲林 もうないうんりん
? ～天保8(1837)年
江戸時代後期の陸奥弘前藩用人。
¶青森人,青森百,藩臣1

毛内宜応 もうないぎおう
*～文化1(1804)年
江戸時代中期～後期の陸奥弘前藩士。
¶青森人([生]?),藩臣1([生]元文1(1736)年)

毛内監物 もうないけんもつ
*～慶応3(1867)年 [別]毛内有之助《もうないありのすけ》,毛内有之介《もうないありのすけ》
江戸時代末期の陸奥弘前藩士。
¶青森人([生]天保1(1830)年),維新([生]1836年),新撰(毛内有之助 もうないありのすけ [生]天保6年2月28日 [没]慶応3年11月18日),幕末([生]1836年 [没]1867年12月13日)

も

毛利詮益 もうりあきます
寛永6(1629)年～貞享4(1687)年12月8日
江戸時代前期の加賀藩士。
¶国書

毛利伊織 もうりいおり
天保3(1832)年～明治12(1879)年
江戸時代末期～明治期の長門長府藩家老。
¶維新，幕末([没]1879年7月6日)

毛利伊賀 もうりいが
→毛利将監(もうりしょうけん)

毛利出雲 もうりいずも
文化13(1816)年～明治22(1889)年
江戸時代末期～明治期の山口藩士。
¶維新，幕末([没]1889年2月26日)，藩臣6

毛利伊勢 もうりいせ
天保1(1830)年～明治6(1873)年 [別]毛利主計《もうりかずえ》，毛利親彦《もうりちかひこ》
江戸時代末期～明治期の長州(萩)藩士。
¶維新，神奈川人(毛利主計 もうりかずえ [生]1828年)，姓氏山口(毛利親彦 もうりちかひこ)，幕末([没]1873年1月6日)

も

毛利隠岐 もうりおき
享和3(1803)年～明治4(1871)年 [別]毛利熙頼《もうりひろより》
江戸時代末期～明治期の長州(萩)藩士。
¶維新，神奈川人，国書(毛利熙頼 もうりひろより [没]明治4(1871)年5月12日)，幕末([没]1871年6月29日)

毛利主計 もうりかずえ
→毛利伊勢(もうりいせ)

毛利恭助 もうりきょうすけ
天保5(1834)年～？
江戸時代末期の土佐藩士。
¶維新，高知人，人名，日人

毛利壺丘(毛利壺邱) もうりこきゅう
→毛利扶揺(もうりふよう)

毛利重輔 もうりしげすけ
→山本重輔(やまもとしげすけ)

毛利重就 もうりしげたか
→毛利重就(もうりしげなり)

毛利重次 もうりしげつぐ
文禄3(1594)年～寛永17(1640)年
江戸時代前期の武士。豊臣氏家臣。
¶戦国，戦人

毛利重就 もうりしげなり
享保10(1725)年～寛政1(1789)年 [別]毛利匡敬《もうりまさたか》，毛利重就《もうりしげたか》
江戸時代中期の大名。長門長府藩主、長州(萩)藩主。
¶近世，国史，国書(もうりしげたか [生]享保10(1725)年9月10日 [没]寛政1(1789)年10月7日)，史人(もうりしげたか [生]1725年9月10日 [没]1789年10月7日)，諸系，人名，姓氏山口，日人，藩主4(毛利匡敬 もうりまさたか)，藩主4([生]享保10(1725)年9月10日 [没]寛政1(1789)年10月7日)，山口百(もうりしげたか)

毛利重輔 もうりじゅうすけ
→山本重輔(やまもとしげすけ)

毛利譲翁 もうりじょうおう
元禄6(1693)年～寛保2(1742)年
江戸時代中期の長州(萩)藩家老。
¶人名，日人

毛利将監 もうりしょうけん
*～明治26(1893)年 [別]毛利伊賀《もうりいが》
江戸時代末期～明治期の人。四堺の役に活躍。
¶維新([生]1832年)，幕末(毛利伊賀 もうりいが [生]1833年 [没]1893年4月18日)

毛利宣次郎 もうりせんじろう
天保8(1837)年～明治16(1883)年
江戸時代末期～明治期の諸隊鎮撫総奉行。
¶維新，幕末([没]1883年1月24日)

毛利高謙 もうりたかあき
天保11(1840)年～明治9(1876)年 [別]毛利高謙《もうりたかかね》
江戸時代末期～明治期の大名。豊後佐伯藩主。
¶大分百(もうりたかかね [没]1877年)，諸系，日人，藩主4([生]天保11(1840)年5月)

毛利高丘 もうりたかおか
享保13(1728)年～宝暦10(1760)年
江戸時代中期の大名。豊後佐伯藩主。
¶諸系，日人，藩主4([没]宝暦10(1760)年6月16日)

毛利高謙 もうりたかかね
→毛利高謙(もうりたかあき)

毛利高重 もうりたかしげ
寛文2(1662)年～天和2(1682)年
江戸時代前期の大名。豊後佐伯藩主。
¶諸系，日人，藩主4([没]天和2(1682)年4月7日)

毛利高標 もうりたかしな
→毛利高標(もうりたかすえ)

毛利高標 もうりたかすえ
宝暦5(1755)年～享和1(1801)年 [別]毛利高標《もうりたかしな》
江戸時代中期～後期の大名。豊後佐伯藩主。
¶朝日([没]享和1年8月7日(1801年9月14日))，江文，大分百，大分歴，近世，国史，国書([生]宝暦5(1755)年11月9日 [没]享和1(1801)年8月2日)，諸系，人書94(もうりたかしな)，人名(もうりたかしな)，日人，藩主4([生]宝暦5(1755)年11月 [没]享和1(1801)年8月7日)

毛利敬親 もうりたかちか
文政2(1819)年～明治4(1871)年 [別]毛利慶親《もうりよしちか》，松平大膳大夫《まつだいらだいぜんのだいぶ》
江戸時代末期～明治期の大名。周防山口藩主、長州(萩)藩主。
¶朝日([生]文政2年2月10日(1819年3月5日) [没]明治4年3月28日(1871年5月17日))，維新，岩史([生]文政2(1819)年2月10日 [没]明治4(1871)年3月28日)，角史，神奈川人(毛利慶親 もうりよしちか)，近現，近世，国史，国書([生]文政2(1819)年2月10日 [没]明治4(1871)年3月28日)，コン改，コン4，コン5，史人

(㊤1819年2月10日　㊦1871年3月28日)，重要
(㊤文政2(1819)年2月10日　㊦明治4(1871)年3月28日)，諸系，人書94，新潮(㊤文政2(1819)年2月10日　㊦明治4(1871)年3月28日)，人名，姓氏山口，世人(㊤文政2(1819)年2月10日　㊦明治4(1871)年3月28日)，全書，大百(㊤1817年)，日史(㊤文政2(1819)年2月10日　㊦明治4(1871)年3月28日)，日人，日本，幕末(㊦1871年5月17日)，藩主4(㊤文政2(1819)年2月10日　㊦明治4(1871)年3月28日)，藩主4，藩主4(㊤文政2(1819)年2月10日　㊦明治4(1871)年3月28日)，藩主4，百科，山百，歴大

毛利高直 もうりたかなお
　寛永7(1630)年～寛文4(1664)年
　江戸時代前期の大名。豊後佐伯藩主。
　¶諸系，日人，藩主4(㊦寛文4(1664)年8月3日)

毛利高翰 もうりたかなか
　寛永7(1795)年～嘉永5(1852)年
　江戸時代末期の大名。豊後佐伯藩主。
　¶諸系，日人，藩主4(㊦嘉永5(1852)年4月)

毛利高成 もうりたかなり
　慶長8(1603)年～寛永9(1632)年
　江戸時代前期の大名。豊後佐伯藩主。
　¶諸系，日人，藩主4(㊦寛永9(1632)年11月7日)

毛利高誠 もうりたかのぶ
　安永5(1776)年～文政12(1829)年
　江戸時代後期の大名。豊後佐伯藩主。
　¶諸系，日人，藩主4

毛利高久 もうりたかひさ
　寛文7(1667)年～享保1(1716)年
　江戸時代中期の大名。豊後佐伯藩主。
　¶諸系，人名，日人，藩主4(㊦享保1(1716)年4月16日)

毛利高政 もうりたかまさ
　永禄2(1559)年～寛永5(1628)年　㊙森勘八《もりかんぱち》
　安土桃山時代～江戸時代前期の大名。豊後佐伯藩主、豊後隈府藩主。
　¶朝日(㊤寛永5年11月16日(1628年12月11日))，大分百，大分歴，近世，国史，諸系，新潮(㊦寛永5(1628)年11月16日)，人名(㊤1556年)，戦国，戦国(㊦寛永5(1628)年11月16日)，歴大

毛利高慶 もうりたかやす
　延宝3(1675)年～寛保3(1743)年
　江戸時代中期の大名。豊後佐伯藩主。
　¶国書(㊤延宝3(1675)年4月　㊦寛保3(1743)年9月13日)，諸系，人名，日人，藩主4(㊤延宝3(1675)年4月　㊦寛保3(1743)年9月13日)

毛利高泰 もうりたかやす
　文化12(1815)年～明治2(1869)年
　江戸時代末期の大名。豊後佐伯藩主。
　¶維新，諸系，日人，幕末(㊦1869年9月)，藩主4(㊤文化12(1815)年1月)

毛利親直 もうりちかなお
　→毛利藤四郎(もうりとうしろう)

毛利親彦 もうりちかひこ
　→毛利伊勢(もうりいせ)

毛利親頼 もうりちかより
　安永4(1775)年～天保6(1835)年10月14日
　江戸時代中期～後期の長州萩藩士。
　¶国書

毛利筑前 もうりちくぜん
　文化1(1818)年～明治20(1887)年
　江戸時代末期～明治期の山口藩士。
　¶維新，神奈川人(㊤1816年)，幕末(㊦1887年3月21日)，藩臣6

毛利長兵衛 もうりちょうべえ
　生没年不詳
　江戸時代の庄内藩士。
　¶庄内

毛利綱広 もうりつなひろ
　寛永16(1639)年～元禄2(1689)年
　江戸時代前期の大名。長州(萩)藩主。
　¶黄檗(㊦元禄2(1689)年4月17日)，国書(㊤寛永16(1639)年11月20日　㊦元禄2(1689)年4月17日)，諸系，人名，日人，藩主4(㊤寛永16(1639)年11月20日　㊦元禄2(1689)年4月17日)，山口百

毛利綱元 もうりつなもと
　慶安3(1650)年～宝永6(1709)年
　江戸時代前期～中期の大名。長門長府藩主。
　¶国書(㊤慶安3(1650)年12月23日　㊦宝永6(1709)年3月1日)，諸系(㊤1651年)，人書94，人名，姓氏山口，日人(㊤1651年)，藩主4(㊤慶安3(1650)年12月23日　㊦宝永6(1709)年3月1日)

毛利輝元 もうりてるもと
　天文22(1553)年～寛永2(1625)年　㊙安芸宰相《あきさいしょう》，安芸中納言《あきちゅうなごん》，幻庵宗瑞《げんあんそうずい》，毛利宗瑞《もうりそうずい》
　安土桃山時代～江戸時代前期の大名、五大老。安芸広島の大大名だったが関ヶ原の戦いで西軍の主将に推され、戦後周防・長門のみに減封された。
　¶朝日(㊤天文22年1月22日(1553年2月4日)　㊦寛永2年4月27日(1625年6月2日))，岩史(㊤天文22(1553)年1月22日　㊦寛永2(1625)年4月27日)，角ழ，近世，公卿(㊦寛永2(1625)年4月)，系図，国史，国書(㊤天文22(1553)年1月22日　㊦寛永2(1625)年4月27日)，古中，コン改，コン4，茶道，史人(㊤1553年1月22日　㊦1625年4月27日)，島根歴，重要(㊦寛永2(1625)年4月27日)，諸系，新潮(㊤天文22(1553)年1月22日　㊦寛永2(1625)年4月27日)，人名，姓氏山口，世人(㊦寛永2(1625)年4月27日)，戦国(㊤1554年)，戦辞(㊤天文22年1月22日(1553年2月4日)　㊦寛永2年4月27日(1625年6月2日))，全書，戦人，大百，鳥取百，日史(㊤天文22(1553)年1月22日　㊦寛永2(1625)年4月27日)，日人，藩主4(㊤天文22(1553)年1月22日　㊦寛永2(1625)年4月27日)，百科，広島百，山口百，歴大

毛利藤四郎 もうりとうしろう
*～明治10(1877)年 [別]毛利親直・土肥又一《もうりちかなお・といまたいち》, 土肥又一, 土肥又七《どひまたしち》
江戸時代末期の長州(萩)藩留学生、家老。1867年イギリスに留学。
¶海越(生没年不詳), 海越新(生没年不詳), 渡航(毛利親直・土肥又一　もうりちかなお・といまたいち [生]1851年 [没]1877年5月18日), 日人([生]1852年)

毛利藤内 もうりとうない
嘉永2(1849)年～明治18(1885)年 [別]常太郎, 親信, 内匠
江戸時代後期～明治期の武士、銀行家。1870年法律学、普通学を学ぶためフランスに渡る。
¶維新, 海越([生]嘉永2(1849)年1月10日 [没]明治18(1885)年5月23日), 海越新([生]嘉永2(1849)年1月10日 [没]明治18(1885)年5月23日), コン改([生]1851年), コン5, 人名, 渡航([生]1849年1月10日 [没]1885年5月23日), 日人

毛利就隆 もうりなりたか
慶長7(1602)年～延宝7(1679)年
江戸時代前期の大名。周防下松藩主、周防徳山藩主。
¶朝日([没]延宝7年8月8日(1679年9月12日)), 諸系, 人名, 姓氏山口, 日人, 藩主4, 藩主4([生]慶長7(1602)年9月3日 [没]延宝7(1679)年8月8日), 山口百

毛利斉広 もうりなりとう
→毛利斉広(もうりなりとお)

毛利斉広 もうりなりとお
文化11(1814)年～天保7(1836)年12月29日
[別]毛利斉広《もうりなりとう》
江戸時代後期の大名。長州(萩)藩主。
¶国書([生]文化11(1814)年5月17日), 諸系([没]1837年), 人名, 日人([没]1837年), 藩主4(もうりなりとう [生]文化11(1814)年5月16日)

毛利斉熙(毛利斉凞) もうりなりひろ
天明3(1783)年～天保7(1836)年
江戸時代後期の大名。長州(萩)藩主。
¶近世, 国史, 国書([生]天明3(1783)年12月9日 [没]天保7(1836)年5月14日), 史人([生]1783年12月9日 [没]1836年5月14日), 諸系([生]1784年), 人名, 日人([生]1784年), 藩主4(毛利斉凞 [生]天明3(1783)年12月9日 [没]天保7(1836)年5月14日)

毛利斉房 もうりなりふさ
天明2(1782)年～文化6(1809)年
江戸時代後期の大名。長州(萩)藩主。
¶諸系, 日人, 藩主4([生]天明2(1782)年11月20日 [没]文化6(1809)年2月14日)

毛利斉元 もうりなりもと
寛政6(1794)年～天保7(1836)年
江戸時代後期の大名。長州(萩)藩主。
¶国書([生]寛政6(1794)年3月24日 [没]天保7(1836)年9月8日), 諸系, 日人, 藩主4([生]寛政6(1794)年3月24日 [没]天保7(1836)年9月8日)

毛利就泰 もうりなりやす
寛永4(1627)年～元禄2(1689)年1月17日
江戸時代前期～中期の長州藩士。
¶国書

毛利就馴 もうりなりよし
寛延3(1750)年～文政11(1828)年 [別]毛利就馴《もうりたかよし》
江戸時代中期～後期の大名。周防徳山藩主。
¶諸系, 日人, 藩主4([生]寛延3(1750)年11月6日 [没]文政11(1828)年3月20日)

毛利就頼 もうりなりより
慶長12(1607)年～延宝4(1676)年
江戸時代前期の長州(萩)藩士。
¶姓氏山口, 藩臣6

毛利能登 もうりのと
文化8(1811)年～明治18(1885)年
江戸時代末期～明治期の長州藩の四堺の役で活躍。
¶維新, 幕末([没]1885年3月23日), 藩臣6

毛利登人 もうりのぼる
文政4(1821)年～元治1(1864)年 [別]毛利登人《もうりのりと》
江戸時代末期の長州(萩)藩士。
¶朝日([生]文政4年7月6日(1821年8月3日) [没]元治1年12月19日(1865年1月16日)), 維新, 人名(もうりのりと), 姓氏山口, 日人([没]1865年), 幕末([生]1820年 [没]1865年1月16日), 藩臣6

毛利登人 もうりのりと
→毛利登人(もうりのぼる)

毛利治親 もうりはるちか
宝暦4(1754)年～寛政3(1791)年
江戸時代中期の大名。長州(萩)藩主。
¶諸系, 日人, 藩主4([生]宝暦4(1754)年6月15日 [没]寛政3(1791)年6月12日)

毛利秀就 もうりひでなり
文禄4(1595)年～慶安4(1651)年
江戸時代前期の大名。安芸広島藩主、長州(萩)藩主。
¶朝日([生]文禄4年10月18日(1595年11月19日) [没]慶安4年1月5日(1651年2月24日)), 近世, 国史, 国書([生]文禄4(1595)年10月18日 [没]慶安4(1651)年1月5日), コン改, コン4, 史人([生]1595年10月18日 [没]1651年1月5日), 諸系, 新潮([生]文禄4(1595)年10月18日 [没]慶安4(1651)年1月5日), 人名, 姓氏山口, 戦合, 戦国, 戦人, 日人, 藩主4, 藩主4([生]文禄4(1595)年10月18日 [没]慶安4(1651)年1月5日)

毛利秀元 もうりひでもと
天正7(1579)年～慶安3(1650)年 [別]安芸侍従《あきじじゅう》
安土桃山時代～江戸時代前期の大名。長門長府藩主。
¶朝日([生]天正7年11月7日(1579年11月25日) [没]慶安3年閏10月3日(1650年11月26日)), 近世, 公卿([没]慶安3(1650)年閏10月), 国史, 国書([生]天正7(1579)年11月7日 [没]慶安3(1650)年閏10月3日), コン改, コン4, 茶道, 史人([生]1579年11月7日 [没]1650年閏10月3日), 諸

系，新潮（[生]天正7（1579）年11月7日　[没]慶安3（1650）年閏10月3日），人名，姓氏山口，世人，戦合，戦国（[生]1581年），戦人，日人，藩主4（[生]天正7（1579）年11月7日　[没]慶安3（1650）年閏10月3日），山口百

毛利広漢　もうりひろくに
＊～宝暦9（1759）年
江戸時代中期の長州萩藩士。
¶国書（[生]享保8（1723）年　[没]宝暦9（1759）年11月13日），姓氏山口（[生]1727年）

毛利広定　もうりひろさだ
享保4（1719）年～明和6（1769）年
江戸時代中期の長州（萩）藩士。
¶姓氏山口，藩臣6

毛利広鎮　もうりひろしげ
安永6（1777）年～＊
江戸時代後期の大名。周防徳山藩主。
¶国書（[生]安永6（1777）年9月21日　[没]慶応1（1865）年12月16日），諸系（[没]1866年），日人（[没]1866年），藩主4（[生]安永6（1777）年9月21日　[没]慶応1（1865）年12月16日）

毛利広寛　もうりひろとも
享保18（1733）年～明和1（1764）年　[別]毛利広寛《もうりひろのり》
江戸時代中期の大名。周防徳山藩主。
¶諸系，人名（[生]1735年），日人，藩主4（もうりひろのり　[生]享保20（1733）年11月12日　[没]明和1（1764）年2月26日）

毛利広豊　もうりひろとよ
宝永6（1709）年～安永2（1773）年
江戸時代中期の大名。周防徳山藩主。
¶諸系，姓氏山口，日人，藩主4（[生]宝永6（1709）年4月4日，（異説）宝永2年4月4日　[没]安永2（1773）年10月29日）

毛利広寛　もうりひろのり
→毛利広寛（もうりひろとも）

毛利広政　もうりひろまさ
貞享4（1687）年～享保18（1733）年
江戸時代中期の長州（萩）藩士。
¶人名（[生]1684年　[没]1730年），日人，藩臣6

毛利広盛　もうりひろもり
？　～元和2（1616）年
安土桃山時代～江戸時代前期の武士。織田氏家臣、豊臣氏家臣。
¶織田，戦国，戦人

毛利熙頼　もうりひろより
→毛利隠岐（もうりおき）

毛利扶揺　もうりふよう
享保15（1730）年～天明6（1786）年　[別]毛利壺丘《もうりこきゅう》，毛利壺邱《もうりこきゅう》
江戸時代中期の漢学者、佐伯藩主の子。
¶江文（毛利壺丘　もうりこきゅう），国書（毛利壺邱　もうりこきゅう　[没]天明6（1786）年7月11日），人名，日人

毛利政明　もうりまさあき
寛政2（1790）年～文政1（1818）年
江戸時代後期の大名。長門清末藩主。
¶諸系，日人，藩主4（[生]寛政1（1789）年12月1日　[没]文政1（1818）年3月26日，（異説）6月24日）

毛利匡邦　もうりまさくに
宝暦11（1761）年～天保3（1832）年
江戸時代中期～後期の大名。長門清末藩主。
¶諸系，日人，藩主4（[生]宝暦11（1761）年10月2日　[没]天保3（1832）年10月7日）

毛利匡敬　もうりまさたか
→毛利重就（もうりしげなり）

毛利政苗　もうりまさなり
享保3（1718）年～天明1（1781）年　[別]毛利政苗《もうりまさみつ》
江戸時代中期の大名。長門清末藩主。
¶諸系，人名（もうりまさみつ　[生]1716年），日人，藩主4（[生]享保3（1718）年2月21日　[没]天明1（1781）年7月23日）

毛利匡広　もうりまさひろ
→毛利元平（もうりもとひら）

毛利匡満　もうりまさみつ
寛延1（1748）年～明和6（1769）年
江戸時代中期の大名。長門長府藩主。
¶諸系，日人，藩主4（[生]寛延1（1748）年3月12日　[没]明和6（1769）年8月13日）

毛利政苗　もうりまさみつ
→毛利政苗（もうりまさなり）

毛利匡芳　もうりまさよし
＊～寛政4（1792）年
江戸時代中期の大名。長門長府藩主。
¶諸系（[生]1761年），人名（[生]？），日人（[生]1761年），藩主4（[生]宝暦8（1758）年1月15日　[没]寛政4（1792）年6月18日）

毛利光広　もうりみつひろ
元和2（1616）年～承応2（1653）年
江戸時代前期の大名。長門長府藩主。
¶諸系，日人，藩主4（[生]元和2（1616）年8月1日　[没]承応2（1653）年7月2日）

毛利宗広　もうりむねひろ
享保2（1717）年～宝暦1（1751）年
江戸時代中期の大名。長州（萩）藩主。
¶諸系，人名（[生]1714年），日人，藩主4（[生]享保2（1717）年7月6日　[没]宝暦1（1751）年2月4日）

毛利元朝　もうりもとあさ
元禄16（1703）年～享保6（1721）年　[別]毛利元朝《もうりもととも》
江戸時代中期の大名。長門長府藩主。
¶諸系，日人，藩主4（もうりもととも　[生]元禄16（1703）年1月19日　[没]享保6（1721）年4月19日）

毛利元氏　もうりもとうじ
安土桃山時代～江戸時代前期の長州（萩）藩士。
¶姓氏山口（[生]1556年　[没]1631年），藩臣6（[生]天文19（1550）年　[没]寛永2（1625）年）

毛利元賢　もうりもとかた
寛文10（1670）年～元禄3（1690）年　[別]毛利元賢《もうりもとたか》
江戸時代前期～中期の大名。周防徳山藩主。
¶諸系，日人，藩主4（もうりもとたか　[生]寛文10

もうりも　　　　　　　　　　　　*1046*　　　　　　　　　日本人物レファレンス事典

(1670) 年6月14日　㉗元禄3 (1690) 年5月21
日)

毛利元包 もうりもとかね
慶長12 (1607) 年～延宝4 (1676) 年
江戸時代前期の武士。吉敷入りした最初の当主。
¶姓氏山口

毛利元鎮 もうりもとしげ
天正17 (1589) 年～寛文10 (1670) 年
安土桃山時代～江戸時代前期の武将。吉敷毛利氏
の祖。
¶姓氏山口

毛利元純 もうりもとずみ, もうりもとすみ
天保3 (1832) 年～明治8 (1875) 年
江戸時代末期～明治期の大名。長門清末藩主。
¶維新, 諸系, 新潮 (⊕天保3 (1832) 年11月6日
㉗明治8 (1875) 年3月12日), 人名 (もうりもと
すみ), 日人, 藩主4 (⊕天保3 (1832) 年11月6
日　㉗明治8 (1875) 年3月12日)

毛利元賢 もうりもとたか
→毛利元賢 (もうりもとかた)

毛利元堯 もうりもとたか
元禄15 (1702) 年～享保6 (1721) 年
江戸時代中期の大名。周防徳山藩主。
¶諸系, 姓氏山口, 日人, 藩主4 (⊕元禄15 (1702)
年8月16日　㉗享保6 (1721) 年2月11日)

毛利元周 もうりもとちか
文政10 (1827) 年～明治1 (1868) 年
江戸時代末期の大名。長門長府藩主。
¶維新, 諸系, 人名 (⊕1828年), 日人, 幕末
(㉗1868年6月26日), 藩主4 (⊕文政10 (1827)
年11月9日　㉗明治1 (1868) 年5月7日)

毛利元次 もうりもとつぐ
＊～享保4 (1719) 年
江戸時代中期の大名。周防徳山藩主。
¶国書 (⊕寛文7 (1667) 年11月18日　㉗享保4
(1719) 年11月19日), 諸系 (⊕1668年), 人書
94 (⊕1667年), 人名 (⊕1671年), 姓氏山口
(⊕1671年), 日人 (⊕1668年), 藩主4 (⊕寛文
7 (1667) 年11月18日, (異説)寛文11年11月18日
㉗享保4 (1719) 年11月19日)

毛利元承 もうりもとつぐ
天保4 (1833) 年～嘉永2 (1849) 年
江戸時代後期の大名。長門清末藩主。
¶諸系, 日人, 藩主4 (⊕天保4 (1833) 年2月晦日
㉗嘉永2 (1849) 年7月11日)

毛利元敏 もうりもととし
嘉永2 (1849) 年～明治41 (1908) 年　㋙元懋, 宗
五郎
江戸時代末期～明治期の大名, 子爵。長門長府
藩主。
¶維新, 海越 (⊕嘉永2 (1849) 年5月3日　㉗明治
41 (1908) 年4月25日), 海越新 (⊕嘉永2
(1849) 年5月3日　㉗明治41 (1908) 年4月25
日), 諸系, 人名, 渡航 (⊕1849年5月3日
㉗1908年4月25日), 幕末 (㉗1908年4月
25日), 藩主4 (⊕嘉永2 (1849) 年5月3日　㉗明
治41 (1908) 年4月2日)

毛利元俱 もうりもととも
天正13 (1585) 年～正保2 (1645) 年
安土桃山時代～江戸時代前期の武将。
¶姓氏山口

毛利元知 もうりもととも
寛永8 (1631) 年～天和3 (1683) 年
江戸時代前期の大名。長門清末藩主。
¶諸系, 人名, 姓氏山口, 日人, 藩主4 (⊕寛永8
(1631) 年6月22日　㉗天和3 (1683) 年閏5月14
日)

毛利元朝 もうりもととも
→毛利元朝 (もうりもとあさ)

毛利元矩 もうりもとのり
宝永1 (1704) 年～享保3 (1718) 年
江戸時代中期の大名。長門長府藩主。
¶諸系, 日人, 藩主4 (⊕宝永1 (1704) 年1月23日
㉗享保3 (1718) 年3月20日)

毛利元徳 もうりもとのり
天保10 (1839) 年～明治29 (1896) 年
江戸時代末期～明治期の大名。周防山口藩主。
¶朝日 (⊕天保10年9月22日 (1839年10月28日)
㉗明治29 (1896) 年12月23日), 維新, 近現, 近
世, 国史, コン改, コン4, コン5, 史人
(⊕1839年9月22日　㉗1896年12月23日), 諸
系, 人書94, 新潮 (⊕天保10 (1839) 年9月22日
㉗明治29 (1896) 年12月23日), 人名, 姓氏山
口, 日史 (⊕天保10 (1839) 年9月22日　㉗明治
29 (1896) 年12月23日), 日人, 幕末 (㉗1896年
12月23日), 藩主4 (⊕天保10 (1839) 年9月22日
㉗明治29 (1896) 年12月23日), 百科, 山口百

毛利元苗 もうりもとひで
明和2 (1765) 年～？
江戸時代中期～後期の幕臣。
¶国書

毛利元平 もうりもとひら
延宝3 (1675) 年～享保14 (1729) 年　㋙毛利匡広
《もうりまさひろ》
江戸時代中期の大名。長門清末藩主, 長門長府
藩主。
¶諸系, 日人, 藩主4 (毛利匡広　もうりまさひろ
⊕延宝3 (1675) 年11月11日　㉗享保14 (1729)
年9月19日), 藩主4

毛利元蕃 もうりもとみつ
文化13 (1816) 年～明治17 (1884) 年
江戸時代末期～明治期の大名。周防徳山藩主。
¶維新, 国書 (⊕文化10 (1813) 年7月25日　㉗明
治17 (1884) 年7月22日), 諸系, 日人, 幕末
(㉗1884年7月22日), 藩主4 (⊕文化13 (1816)
年7月25日　㉗明治17 (1884) 年7月22日)

毛利元運 もうりもとゆき
文政1 (1818) 年～嘉永5 (1852) 年
江戸時代末期の大名。長門長府藩主。
¶諸系, 日人, 藩主4 (⊕文化14 (1817) 年12月9日
㉗嘉永5 (1852) 年閏2月27日)

毛利元世 もうりもとよ
寛政8 (1796) 年～弘化2 (1845) 年
江戸時代後期の大名。長門清末藩主。
¶諸系, 日人, 藩主4 (⊕寛政8 (1796) 年9月29日

[没]弘化2（1845）年7月27日）

毛利元義 もうりもとよし
天明5（1785）年～天保14（1843）年
江戸時代後期の大名。長門長府藩主。
¶江戸，国書（[生]天明5（1785）年11月9日　[没]天保14（1843）年4月5日），諸系，姓氏山口，日人，藩主4（[生]天明5（1785）年11月9日　[没]天保14（1843）年4月5日）

毛利師就 もうりもろたか
→毛利師就（もうりもろなり）

毛利師就 もうりもろなり
宝永3（1706）年～享保20（1735）年　[別]毛利師就《もうりもろたか》
江戸時代中期の大名。長門長府藩主。
¶諸系，人名，日人，藩主4（もうりもろたか　[生]宝永3（1706）年8月26日　[没]享保20（1735）年4月22日）

毛利慶親 もうりよしちか
→毛利敬親（もうりたかちか）

毛利吉就 もうりよしなり
寛文8（1668）年～元禄7（1694）年　[別]毛利吉就《もうりよしもと》
江戸時代前期～中期の大名。長州（萩）藩主。
¶黄檗（もうりよしもと　[没]元禄7（1694）年2月7日），諸系，日人，藩主4（[生]寛文8（1668）年1月21日　[没]元禄7（1694）年2月7日）

毛利吉広 もうりよしひろ
延宝1（1673）年～宝永4（1707）年
江戸時代中期の大名。長州（萩）藩主。
¶黄檗（[没]宝永4（1707）年10月13日），諸系，人名，日人，藩主4（[生]延宝1（1673）年1月13日　[没]宝永4（1707）年10月13日）

毛利吉元 もうりよしもと
延宝5（1677）年～享保16（1731）年
江戸時代中期の大名。長州（萩）藩主。
¶諸系，人名，姓氏山口，日人，藩主4（[生]延宝5（1677）年8月24日　[没]享保16（1731）年9月13日），山口百

毛利吉就 もうりよしもと
→毛利吉就（もうりよしなり）

最上家親 もがみいえちか
天正10（1582）年～元和3（1617）年
安土桃山時代～江戸時代前期の武将、大名。出羽山形藩主。
¶系東，庄内（[没]元和3（1617）年3月6日），諸系，戦国，戦人，日人，藩主1（[没]元和3（1617）年3月6日），山形百

最上徳内 もがみとくない
宝暦5（1755）年～天保7（1836）年
江戸時代中期～後期の幕臣、北方探検家。アイヌ交易の改善に尽力。
¶朝日（[没]天保7年9月5日（1836年10月14日）），岩史（[没]天保7（1836）年9月5日），角史，神奈川人，近世，国史，国書（[没]天保7（1836）年9月5日），コン改（[生]宝暦4（1754）年），コン4（[生]宝暦4（1754）年），札幌，史人（[没]1836年9月5日），重要（[生]宝暦4（1754）年　[没]天保7（1836）年9月5日），人書79（[生]1754年，（異説）1755年），人書94（[生]1754年），新潮（[生]宝暦4（1754）年　[没]天保7（1836）年9月5日），人名（[生]1754年），世人（[生]宝暦4（1754）年　[没]天保7（1836）年9月5日），世百，全書，大百（[生]1754年），伝記（[生]1754年），日史（[没]天保7（1836）年9月5日），日人，百科，北海道百，北海道文（[没]天保7（1836）年9月5日），北海道歴，山形百，洋学，歴大

最上義連 もがみよしつら
？　～明治22（1889）年
江戸時代末期～明治期の幕臣。
¶コン改，コン4，コン5，新潮（[没]明治22（1889）年4月），人名，日人

最上義俊 もがみよしとし
慶長11（1606）年～寛永8（1631）年11月22日
江戸時代前期の大名。出羽山形藩主、近江大森藩主。
¶朝日（[没]寛永8年11月22日（1632年1月13日）），庄内，諸系（[没]1632年），日人（[没]1632年），藩主1，藩主3，山形百（[生]慶長10（1605）年）

最上義智 もがみよしとも
寛永8（1631）年～元禄10（1697）年
江戸時代前期の大名。近江大森藩主。
¶諸系，日人，藩主3（[生]寛永7（1630）年　[没]元禄10（1697）年3月9日）

茂木善次 もぎぜんじ
→茂木久周（もぎひさちか）

茂木隆春 もぎたかはる
生没年不詳
江戸時代中期の磐城白河藩士。
¶国書

茂木久周 もぎひさちか
寛政2（1790）年～明治8（1875）年　[別]茂木久周《もてぎひさちか》，茂木善次《もぎぜんじ》
江戸時代末期～明治期の足利学校代官。
¶国書（もてぎひさちか　[没]明治8（1875）年6月16日），人名，栃木歴（茂木善次　もぎぜんじ），日人

茂木好文 もぎよしぶみ
宝永6（1709）年～天明2（1782）年
江戸時代中期の足利学校代官。
¶人名，日人

木導 もくどう
→直江木導（なおえもくどう）

万代十兵衛 もずじゅうべえ
→万代十兵衛（ばんだいじゅうべえ）

森内繁富 もちうちしげとみ
→森内繁富（もりうちしげとみ）

望月亀弥太 もちずきかめやた
→望月亀弥太（もちづきかめやた）

持田治右衛門 もちだじえもん
生没年不詳
江戸時代前期の武士。
¶日人

望月亀弥太 もちづきかめやた，もちずきかめやた；もち

づきかめやだ
天保9(1838)年～元治1(1864)年
江戸時代末期の土佐藩士。
¶維新，高知人([生]1836年)，コン改，コン4，新潮([生]天保9(1838)年10月7日 [没]元治1(1864)年6月5日)，人名(もちづきかめやだ)，日人，幕末([没]1864年7月9日)，藩臣6(もちずきかめやた)

望月五郎左衛門 もちづきごろざえもん
→恒隆五郎左衛門(つねたかごろうざえもん)

望月周助 もちづきしゅうすけ
？ ～文政9(1826)年
江戸時代後期の駿河沼津藩士。
¶国書([没]文政9(1826)年5月)，藩臣4

望月四郎太夫 もちづきしろうだいふ
江戸時代末期の鷹司家政所付用人。
¶維新

望月新兵衛 もちづきしんべえ
慶長16(1611)年～貞享3(1686)年 [別]望月安勝《もちづきやすかつ》
江戸時代前期の剣術家。安光流祖。
¶会津(望月安勝 もちづきやすかつ)，剣豪

も

望月大象 もちづきだいぞう
文政11(1828)年～明治10(1877)年
江戸時代後期～明治期の幕臣。
¶静岡歴，姓氏静岡

望月恒隆 もちづきつねたか
*～延宝1(1673)年
江戸時代前期の水戸藩士。
¶郷土茨城([生]1595年)，国書([生]慶長1(1596)年 [没]寛文13(1673)年4月8日)，日人([生]1596年)，藩臣2([生]文禄4(1595)年)

望月経済 もちづきつねなり
元和9(1623)年～延宝8(1680)年
江戸時代前期の水戸藩の執政。
¶人名，日人

望月番五 もちづきばんご
生没年不詳
江戸時代中期の備後三次藩士。
¶藩臣6

望月武四郎 もちづきぶしろう
弘化4(1847)年～明治1(1868)年6月22日
江戸時代末期の陸奥会津藩士。
¶幕末

望月元次 もちづきもとつぐ
？ ～寛永20(1643)年
江戸時代前期の武士。
¶和歌山人

望月安勝 もちづきやすかつ
→望月新兵衛(もちづきしんべえ)

木谷庵橘童 もっこくあんきつどう
天明1(1781)年～天保5(1834)年
江戸時代後期の俳人・家臣。
¶和歌山人

茂木知賢 もてぎともかた
生没年不詳
江戸時代中期の秋田藩士。
¶国書

茂木知亮 もてぎともすけ
貞享3(1686)年～宝暦3(1753)年
江戸時代前期～中期の秋田藩士。
¶国書

茂木知端 もてぎともただ
嘉永2(1849)年～明治34(1901)年8月31日
江戸時代末期～明治期の出羽秋田藩十二所城代。
¶幕末

茂木知教 もてぎとものり
？ ～文化7(1810)年
江戸時代中期～後期の秋田藩士。
¶国書

茂木治具 もてぎはるとも
元禄14(1701)年～天明5(1785)年5月8日
江戸時代中期の秋田藩士。
¶国書

茂木治良 もてぎはるなが
*～寛永11(1634)年
安土桃山時代～江戸時代前期の武将。佐竹氏家臣。
¶戦辞([生]永禄5(1562)年 [没]寛永11年3月14日(1634年4月11日))，戦人(生没年不詳)，栃木歴([生]永禄4(1561)年)

茂木久周 もてぎひさちか
→茂木久周(もぎひさちか)

茂木義明 もてきよしあき
享保14(1729)年～文化5(1808)年2月6日
江戸時代中期～後期の仙台藩士。
¶国書

茂木義知 もてきよしとも
？ ～延享3(1746)年8月
江戸時代中期の仙台藩士。
¶国書

元井和一郎 もといわいちろう
天保14(1843)年～？
江戸時代後期～末期の新撰組隊士。
¶新撰

本居内遠 もとおりうちとう
→本居内遠(もとおりうちとお)

本居内遠 もとおりうちとお
寛政4(1792)年～安政2(1855)年 [別]本居内遠《もとおりうちとう》
江戸時代末期の国学者、紀伊和歌山藩士。江戸藩邸内の古学館教授。
¶朝日([生]寛政4年2月23日(1792年3月15日) [没]安政2年10月4日(1855年11月13日))，維新，岩史([生]寛政4(1792)年2月23日 [没]安政2(1855)年10月4日)，郷土和歌山(もとおりうちとう)，近世，国史，国書([生]寛政4(1792)年2月23日 [没]安政2(1855)年10月4日)，コン改，コン4，史人([生]1792年2月23日 [没]1855年10月4日)，神人，新潮([生]寛政4(1792)年2月23日 [没]安政2(1855)年10月4日)，人名，姓氏愛知，世人([生]寛政4(1792)年2月23日 [没]安政2(1855)年10月4日)，日史([生]寛政4(1792)年2月23日 [没]安政2(1855)年10月4日)，日人，

百科，三重続，歴大，和歌山人（もとおりうちとう）

本居大平 もとおりおおひら
宝暦6（1756）年～天保4（1833）年　[別]稲垣大平《いながきおおひら》，稲懸大平《いながけおおひら》
江戸時代中期～後期の紀伊和歌山藩の国学者。本居宣長の養子。
¶朝日（[生]宝暦6年2月17日（1756年3月17日）[没]天保4年9月11日（1833年10月23日）），岩史（[生]宝暦6（1756）年2月17日　[没]天保4（1833）年9月11日），角史，郷土和歌山，近世，群馬人，国史，国書（[生]宝暦6（1756）年2月17日　[没]天保4（1833）年9月11日），コン改，コン4，史人（[生]1756年2月17日　[没]1833年9月11日），神史，人書94，神人，新潮（[生]宝暦6（1756）年2月17日　[没]天保4（1833）年9月11日），人名，世人（[生]宝暦6（1756）年2月17日　[没]天保4（1833）年9月11日），世百，全書，大百，日史（[生]宝暦6（1756）年2月17日　[没]天保4（1833）年9月11日），日人，藩臣5，百科，三重（[生]宝暦6年2月17日），歴大，和歌山人

本居宣長 もとおりのりなが
享保15（1730）年～享和1（1801）年　[別]鈴廼屋《すずのや》
江戸時代中期～後期の紀伊和歌山藩の国学者。「古事記伝」の著者。
¶朝日（[生]享保15年5月7日（1730年6月21日）[没]享和1年9月29日（1801年11月5日）），岩史（[生]享保15（1730）年5月7日　[没]享和1（1801）年9月29日），角史，教育，京都，京都大，郷土和歌山，近世，考古（[生]享保15年（1730年5月7日）[没]享和1年（1801年9月29日）），国史，国書（[生]享保15（1730）年5月7日　[没]享和1（1801）年9月29日），古史，コン改，コン4，詩歌，史人（[生]1730年5月7日　[没]1801年9月29日），重要（[生]享保15（1730）年5月7日　[没]享和1（1801）年9月29日），神史，人書79，人書94，神人，新潮（[生]享保15（1730）年5月7日　[没]享和1（1801）年9月29日），新文（[生]享保15（1730）年5月7日　[没]享和1（1801）年9月29日），人名，姓氏京都，世人（[生]享保15（1730）年5月7日　[没]享和1（1801）年9月29日），世百，全書，大百，伝記，日史（[生]享保15（1730）年5月7日　[没]享和1（1801）年9月29日），日人，人情3，藩臣5，百科，文学，平史，三重（[生]享保15年5月7日），歴大，和歌山人，和俳（[生]享保15（1730）年5月7日　[没]享和1（1801）年9月29日）

本崎善八 もとざきぜんはち
生没年不詳
江戸時代末期の武士。
¶和歌山人

本沢斧之助 もとざわおののすけ
？～天保13（1842）年　[別]本沢斧之助《もとざわきんのすけ》
江戸時代後期の肥前平戸藩士。
¶国書（[没]天保13（1842）年11月30日），藩臣7（もとざわきんのすけ）

本沢斧之助 もとざわきんのすけ
→本沢斧之助（もとざわおののすけ）

本沢平太夫 もとざわへいだゆう
天保10（1839）年～慶応1（1865）年
江戸時代末期の水戸藩士。
¶維新，幕末（[没]1865年5月25日）

本島松陰 もとじましょういん
→本島藤太夫（もとじまとうだゆう）

本島藤太夫 もとじまとうだいう
→本島藤太夫（もとじまとうだゆう）

本島藤太夫（本島藤大夫）もとじまとうだゆう
文化9（1812）年～明治21（1888）年　[別]本島松陰《もとじましょういん》，本島藤太夫《もとじまとうだいう》
江戸時代末期～明治期の造兵家、肥前佐賀藩士。大砲製造の先駆。
¶朝日（[没]明治21（1888）年9月5日），維新，国書（本島松陰　もとじましょういん　[生]文化8（1811）年　[没]明治21（1888）年9月5日），人書94（[生]1810年），新潮，日人，幕末（もとじまとうだいう　[没]1888年9月5日），藩臣7（[生]文化7（1810）年），洋学（本島藤大夫）

元田永孚 もとだえいふ
→元田永孚（もとだながざね）

本武権平 もとたけごんぺい
文政9（1826）年～？
江戸時代後期～末期の新撰組隊士。
¶新撰

元田直 もとだすなお
→元田直（もとだなおし）

元田竹渓 もとだちくけい
寛政12（1800）年～明治13（1880）年　[別]元田竹渓《もとだちっけい》
江戸時代末期～明治期の儒学者。杵築藩藩校学習館教授となり攘夷論を主張。著書に「大学標注」など。
¶維新，大分百（もとだちっけい），大分歴（もとだちっけい），国書（[生]寛政12（1800）年11月4日　[没]明治13（1880）年12月30日），コン改（[生]享和1（1801）年），コン4，コン5，新潮（[生]享和1（1801）年　[没]明治13（1880）年12月30日），人名（[生]1801年），日人，幕末（[没]1880年12月30日），藩臣7

元田竹渓 もとだちっけい
→元田竹渓（もとだちくけい）

元田東野 もとだとうや
→元田永孚（もとだながざね）

元田直 もとだなおし
天保6（1835）年～大正5（1916）年　[別]元田直《もとだすなお》
江戸時代末期～明治期の豊後杵築藩士、法律家。
¶維新，大分歴（もとだすなお　[生]天保5（1834）年），学校（[没]大正5（1916）年2月4日），神人（[没]大正5（1916）年4月4日），人名（[生]1834年），日人

元田永孚 もとだながざね
文政1（1818）年～明治24（1891）年　[別]元田永孚

《もとだえいふ》, 元田東野《もとだとうや》
江戸時代末期〜明治期の熊本藩士、儒学者、明治天皇の側近。
¶朝日（[生]文政1年10月1日（1818年10月30日）[没]明治24（1891）年1月22日），維新，岩史（[生]文政1（1818）年10月1日　[没]明治24（1891）年1月22日），角史，教育（もとだえいふ），キリ（もとだえいふ　[生]文政1年10月1日（1818年10月31日）　[没]明治24（1891）年1月21日），近現，熊本百（[生]文政1（1818）年10月1日　[没]明治24（1891）年1月22日），国史，国書（元田東野　もとだとうや　[生]文政1（1818）年10月1日　[没]明治24（1891）年1月22日），コン改，コン4，コン5，詩歌（もとだえいふ），史人（[生]1818年10月1日　[没]1891年1月22日），思想（[生]文政1（1818）年10月1日　[没]明治24（1891）年1月21日），児文，重要（もとだえいふ　[生]文政1（1818）年10月1日　[没]明治24（1891）年1月22日），神史，人書94，神人（[生]文政1（1818）年10月　[没]明治24（1891）年1月），新潮（[生]文政1（1818）年10月1日　[没]明治24（1891）年1月22日），人名（もとだえいふ），世人（もとだえいふ　[生]文政1（1818）年10月1日　[没]明治24（1891）年1月22日），世百，先駆（[生]文政1（1818）年10月1日　[没]明治24（1891）年1月22日），全書（元田東野　もとだとうや），大百（元田東野　もとだとうや），哲学，日史（[生]文政1（1818）年10月1日　[没]明治24（1891）年1月21日），日人，日本，幕末（[没]1891年1月21日），百科，明治1，履歴（[生]文政1（1818）年10月1日　[没]明治24（1891）年1月22日），歴大

本野盛亨　もとのもりみち
天保7（1836）年〜明治42（1909）年　[別]本野盛亨《もとのもりゆき》
江戸時代末期〜明治期の肥前佐賀藩士、外交官、新聞人。
¶朝日（[生]天保7年8月15日（1836年9月25日）[没]明治42（1909）年12月10日），維新（もとのもりゆき），近現，近文，国際，国史，史人（[生]1836年8月15日　[没]1909年12月10日），人名（もとのもりゆき），渡航（もとのもりゆき　[没]1909年12月10日），日人，幕末（もとのもりゆき　[没]1909年12月10日），履歴（[生]天保7（1836）年8月15日　[没]明治42（1909）年12月10日）

本野盛亨　もとのもりゆき
→本野盛亨（もとのもりみち）

本部泰　もとべゆたか
天保14（1843）年〜大正4（1915）年
江戸時代末期〜明治期の因幡鳥取藩士。
¶鳥取百，藩臣5

元水直三　もとみずなおぞう
江戸時代末期の新撰組隊士。
¶新撰

元森熊次郎　もともりくまじろう
弘化2（1845）年〜明治1（1868）年
江戸時代末期の長州（萩）藩士。
¶維新，人名（[生]1844年），日人，幕末（[没]1868年6月26日）

本山茂任　もとやましげとう
文政9（1826）年〜明治20（1887）年　[別]本山只一郎《もとやまただいちろう》, 本山茂伍《もとやまもご》
江戸時代末期〜明治期の土佐藩士、地方官、宮司。海防のための練兵や砲台構築に尽力。
¶朝日（本山只一郎　もとやまただいちろう　[没]明治20（1887）年8月28日），維新（本山只一郎　もとやまただいちろう），高知人，神人（本山茂伍　もとやまもご　[生]？），人名，日人，幕末（[生]1825年　[没]1887年8月28日）

本山新八　もとやましんぱち
天保11（1840）年〜明治4（1871）年
江戸時代末期〜明治期の加賀大聖寺藩士。
¶藩臣3

本山漸　もとやまぜん
天保13（1842）年〜大正9（1920）年
江戸時代末期〜明治期の上総菊間藩の兵学家。
¶藩臣3（生没年不詳），洋学

本山只一郎　もとやまただいちろう
→本山茂任（もとやましげとう）

本山団蔵　もとやまだんぞう
生没年不詳
江戸時代末期の馬術家。
¶高知人

本山茂伍　もとやまもご
→本山茂任（もとやましげとう）

本山安政　もとやまやすまさ
？　〜寛永3（1626）年　[別]加藤清兵衛《かとうせいべえ》, 桑原平八郎《くわばらへいはちろう》
江戸時代前期の武将。
¶戦国，戦人（生没年不詳）

元吉忠八　もとよしちゅうはち
生没年不詳
江戸時代後期の土佐藩士。
¶国書

茂庭滝之介　もにわたきのすけ
文化5（1808）年〜慶応1（1865）年
江戸時代後期〜末期の剣術家。当剣流祖。
¶剣豪

茂庭延元　もにわのぶもと
*〜寛永17（1640）年
安土桃山時代〜江戸時代前期の陸奥仙台藩士。
¶姓氏宮城（[生]1549年），藩臣1（[生]天文19（1550）年）

茂庭良元　もにわよしもと
天正7（1579）年〜寛文3（1663）年
安土桃山時代〜江戸時代前期の仙台藩奉行、家格一族。
¶姓氏宮城，宮城百

物部醒満　ものべすがまろ
天保11（1840）年〜明治33（1900）年
江戸時代末期〜明治期の伊予宇和島藩士。
¶幕末（[没]1900年6月11日），藩臣6

桃井春蔵　もいしゅんぞう
→桃井春蔵$_{(1)}$（もものいしゅんぞう）

桃井素忠 もものいそちゅう
　寛文11(1671)年～享保6(1721)年
　江戸時代前期～中期の播州赤穂の浪士。明石藩松平家の家臣とも伝える。
　¶姓氏岩手

桃井由一 もものいよしかず
　→桃井直一(もものいなおかず)

百川学庵 ももかわがくあん
　寛政12(1800)年～嘉永2(1849)年
　江戸時代後期の画家、陸奥弘前藩士。
　¶青森人(㊕寛政11(1799)年)、人名、日人

桃西河 ももせいか
　寛延1(1748)年～文化7(1810)年
　江戸時代中期～後期の出雲松江藩士、儒学者。
　¶国書(㊣文化7(1810)年8月19日)、島根人(㊕宝暦8(1758)年　㊣文政4(1821)年)、島根歴(㊕宝暦1(1751)年)、人名、日人、藩臣5

桃節山 ももせつざん、ももせつさん
　天保3(1832)年～明治8(1875)年　㊚桃好裕《ももよしひろ》
　江戸時代末期～明治期の出雲松江藩の儒学者。
　¶維新(桃好裕　ももよしひろ)、国書(㊕天保3(1832)年11月1日　㊣明治8(1875)年11月18日)、コン改、コン4、コン5、島根人(ももせつさん)、島根歴、人名、日人、幕末(㊣1875年11月13日)、藩臣5

桃井春蔵(1) もものいしゅんぞう
　文政8(1825)年～明治18(1885)年　㊚桃井春蔵《もものいしゅんぞう》、桃井直正《もものいなおまさ》
　江戸時代末期～明治期の剣道家。鏡新明智流4代。
　¶朝日(㊣明治18(1885)年12月8日)、維新、江戸、大阪人(もものいしゅんぞう)　㊕文政7(1824)年)、大阪墓(桃井直正　もものいなおまさ　㊣明治18(1885)年12月8日)、近現、近文、剣豪、国史、新潮(㊣明治18(1885)年12月8日)、人名、全書、日人、幕末(㊕1824年　㊣1885年12月8日)、歴大

桃井春蔵(2) もものいしゅんぞう
　→桃井直一(もものいなおかず)

桃井友直 もものいともなお
　生没年不詳
　江戸時代中期の信濃松代藩士。
　¶国書

桃井直一 もものいなおかず
　寛延3(1750)年～文政3(1820)年　㊚桃井春蔵《もものいしゅんぞう》、桃井由一《もものいよしかず》
　江戸時代中期～後期の大和郡山藩士。
　¶大百(桃井春蔵　もものいしゅんぞう)、日人、藩臣4(桃井由一　もものいよしかず)

桃井直正 もものいなおまさ
　→桃井春蔵(1)(もものいしゅんぞう)

桃井直由 もものいなおよし
　享保9(1724)年～安永3(1774)年
　江戸時代中期の剣術家、鏡新明知流剣法の祖。
　¶人名、日人

桃白鹿 ももはくろく
　享保7(1722)年～享和1(1801)年
　江戸時代中期～後期の出雲松江藩士、儒学者。
　¶江文、国書(㊕享保7(1722)年11月　㊣享和1(1801)年8月19日)、島根人(㊕享保8(1723)年　㊣享和2(1802)年)、島根百(㊕享保8(1723)年　㊣享和2(1802)年)、島根歴、人名、日人、藩臣5

桃好裕 ももよしひろ
　→桃節山(ももせつざん)

森篤恒 もりあつつね
　→森士行(もりしこう)

森有礼 もりありのり
　弘化4(1847)年～明治22(1889)年　㊚金之丞、助五郎、沢井数馬《さわいかずま》、沢井鉄馬《さわいてつま》
　江戸時代末期～明治期の薩摩藩士、教育者、啓蒙思想家。
　¶朝日(㊕弘化4年7月13日(1847年8月23日)　㊣明治22(1889)年2月12日)、維新、岩史(㊕弘化4(1847)年7月13日　㊣明治22(1889)年2月12日)、海越(㊕弘化4(1847)年7月13日　㊣明治22(1889)年2月12日)、海越新(㊕弘化4(1847)年7月13日　㊣明治22(1889)年2月12日)、江戸東、沖縄百(㊕弘化4(1847)年7月13日　㊣明治22(1889)年2月12日)、鹿児百、角史、キリ(㊕弘化4(1847)年7月13日　㊣明治22(1889)年2月12日)、近現、近文、国際、国史、コン改、コン5、文化(㊕1847年7月13日　㊣1889年2月12日)、思想(㊕弘化4(1847)年7月13日　㊣明治22(1889)年2月12日)、重要(㊕弘化4(1847)年7月13日　㊣明治22(1889)年2月12日)、出版、人書79、人書94、新潮(㊕弘化4(1847)年7月13日　㊣明治22(1889)年2月12日)、人名、姓氏鹿児島、世人(㊕弘化4(1847)年7月　㊣明治22(1889)年2月11日)、世百、先駆(㊕弘化4(1847)年7月13日　㊣明治22(1889)年2月12日)、全書、体育(㊕1841年)、大百、哲学、伝記、渡航(㊕1847年8月　㊣1889年2月12日)、日史(㊕弘化4(1847)年7月13日　㊣明治22(1889)年2月12日)、日人、日本、幕末(㊣1889年2月12日)、藩臣7、百科、明治1、履歴(㊕弘化4(1847)年7月13日　㊣明治22(1889)年2月12日)、歴大

森安平 もりあんぺい
　→森安平(もりやすへい)

森庵六之介 もりあんろくのすけ
　江戸時代末期の新撰組隊士。
　¶新撰

森逸平 もりいっぺい
　文政7(1824)年～安政6(1859)年
　江戸時代末期の紀伊和歌山藩士。
　¶藩臣5

森井彦助 もりいひこすけ
　寛政8(1796)年？～天保13(1842)年
　江戸時代後期の但馬出石藩士。
　¶藩臣5

も

森宇左衛門 もりうさえもん
文化2(1805)年～文久3(1863)年
江戸時代末期の儒者、三河挙母藩家老。
¶人名，日人

森内其章 もりうちきしょう
～享和1(1801)年
江戸時代中期～後期の伊勢津藩士。
¶三重続

森内左兵衛 もりうちさへえ
→森内繁富(もりうちしげとみ)

森内繁富 もりうちしげとみ
宝暦8(1758)年～天保4(1833)年　[別]森内左兵衛《もりうちさへえ》,森内繁富《もちうちしげとみ》
江戸時代後期の陸奥弘前藩士、算数家。
¶国書(もちうちしげとみ　[没]天保4(1833)年5月)，人名([生]?)，日人，藩臣1(森内左兵衛　もりうちさへえ)

森横谷 もりおうこく
文化2(1805)年～明治6(1873)年
江戸時代末期～明治期の土佐藩士。
¶維新，高知人，高知百，国書([没]明治6(1873)年2月9日)，コン改([没]明治5(1872)年)，コン4([没]明治5(1872)年)，コン5([没]明治5(1872)年)，新潮([没]明治6(1873)年2月9日)，人名，日人，幕末([没]1873年2月9日)

森岡主膳 もりおかしゅぜん
→森岡主膳元徳(もりおかしゅぜんもとのり)

森岡主膳元徳 もりおかしゅぜんもとのり
享保20(1735)年～天明5(1785)年　[別]森岡主膳《もりおかしゅぜん》
江戸時代中期の陸奥弘前藩家老。7代藩主津軽信寧に仕えた。
¶青森人，青森百，藩臣1(森岡主膳　もりおかしゅぜん)

守岡守馬 もりおかしゅめ
?　～寛永20(1643)年
安土桃山時代～江戸時代前期の加藤氏の家臣。
¶会津

森岡昌純 もりおかしょうじゅん
→森岡昌純(もりおかまさずみ)

森岡武雅 もりおかたけまさ
?　～文化13(1816)年3月2日
江戸時代中期～後期の備中庭瀬藩士。
¶国書

森岡昌純 もりおかまさずみ
天保4(1833)年～明治31(1898)年　[別]森岡昌純《もりおかしょうじゅん》
江戸時代末期～明治期の薩摩藩士、官僚、実業家。
¶朝日([生]天保4年12月1日(1834年1月10日)　[没]明治31(1898)年3月26日)，近現，国史，コン改，コン4，コン5，茶道，史人([生]1833年12月1日　[没]1898年3月26日)，新潮(もりおかしょうじゅん　[生]天保4(1833)年12月　[没]明治31(1898)年3月27日)，人名，姓氏鹿児島(もりおかしょうじゅん)，先駆([生]天保4(1833)年12月1日　[没]明治31(1898)年3月26日)，日人([生]1834年)，幕末([生]1834年)，兵庫人([生]天保5(1834)年2月　[没]明治30(1897)年3月26日)

森岡民部 もりおかみんぶ
*～正徳2(1712)年　[別]森岡民部元隆《もりおかみんぶもとたか》
江戸時代中期の陸奥弘前藩家老。
¶青森百(森岡民部元隆　もりおかみんぶもとたか　[生]?)，藩臣1([生]延宝8(1680)年)

森岡民部元隆 もりおかみんぶもとたか
→森岡民部(もりおかみんぶ)

森岡幸夫 もりおかゆきお
?　～明治11(1878)年
江戸時代末期～明治期の津和野藩士、神祇官吏。
¶コン改，コン4，コン5，人名，日人

森格左衛門 もりかくざえもん
生没年不詳
江戸時代末期の上総久留里藩家老。
¶藩臣3

森景鎮 もりかげちか
→森要蔵(もりようぞう)

森夏水 もりかすい
弘化1(1844)年～明治31(1898)年　[別]森閑山《もりかんざん》,森夏水《もりなつみ》
江戸時代末期～明治期の国学者、豊後岡藩士、南画家。
¶大分歴，人名，日人(もりなつみ)，幕末(森閑山　もりかんざん　[没]1898年7月3日)，美家([没]明治31(1898)年6月13日)，美家(森閑山　もりかんざん　[没]明治31(1898)年7月3日)

森勝也 もりかつなり
→森可政(もりよしまさ)

森勝也 もりかつや
→森可政(もりよしまさ)

森鼎 もりかなえ
寛政3(1791)年～嘉永3(1850)年2月8日
江戸時代後期の近江膳所藩士・漢学者。
¶国書

森川許六 もりかわきょりく
明暦2(1656)年～正徳5(1715)年　[別]許六《きょりく,きょろく》,森川許六《もりかわきょろく》
江戸時代前期～中期の俳人、近江彦根藩士、彦根俳壇の指導者。
¶朝日([生]明暦2年8月14日(1656年10月1日)　[没]正徳5年8月26日(1715年9月23日))，岩史([生]明暦2(1656)年8月14日　[没]正徳5(1715)年8月26日)，江戸東(もりかわきょろく)，角史，郷土滋賀，近世，国史，国書(許六　きょりく　[生]明暦2(1656)年8月14日　[没]正徳5(1715)年8月26日)，コン改(もりかわきょろく)，コン4(もりかわきょろく)，詩歌(許六　きょろく　[生]?)，滋賀百([生]1655年)，史人(許六　きょりく　[生]1656年8月14日　[没]1715年8月26日)，静岡歴，重要(もりかわきょろく　[没]正徳5(1715)年8月26日)，新潮(許六　きょりく　[生]明暦2(1656)年8月14日　[没]正徳5(1715)年8月26日)，新文([没]正徳5(1715)年9月26日)，人名(もりかわきょろく)，世人(もりかわきょろく　[没]正徳5(1715)年8月26日)，世百(許六

きょろく)，全書(許六 きょりく)，大百(許六 きょりく)，日史(許六 きょりく [没]正徳5(1715)年8月26日)，日人，俳諧(許六 きょりく [生]?)，俳句(許六 きょろく [没]正徳5(1715)年8月26日)，藩臣4，百科(許六 きょりく)，文学(もりかわきょろく)，三重続，歴大(許六 きょりく)，和俳(許六 きょりく [没]正徳5(1715)年8月26日)

森川許六 もりかわきょろく
→森川許六(もりかわきょりく)

森川香山 もりかわこうざん
→森川秀一(もりかわひでかず)

森川重俊 もりかわしげとし
天正12(1584)年～寛永9(1632)年
江戸時代前期の大名。下総生実藩主。
¶朝日([没]寛永9年1月24日(1632年3月14日))，近世，国史，史人([没]1632年1月24日)，諸系，人名，戦合，千葉百，日人，藩主2([没]寛永9(1632)年1月24日)

森川重信 もりかわしげのぶ
正保2(1645)年～宝永3(1706)年
江戸時代前期～中期の大名。下総生実藩主。
¶諸系，日人，藩主2([没]宝永3(1706)年6月7日)

森川重政 もりかわしげまさ
慶長13(1608)年～寛文3(1663)年
江戸時代前期の大名。下総生実藩主。
¶諸系，日人，藩主2([没]寛文3(1663)年1月23日)

森川重良 もりかわしげよし
～享保6(1721)年
江戸時代中期の旗本。
¶神奈川人

森川政一 もりかわせいいち
寛政10(1798)年～嘉永2(1849)年
江戸時代後期の川越藩士。
¶神奈川人

森川藤左衛門 もりかわとうざえもん
安土桃山時代～江戸時代前期の武士。里見氏家臣。
¶戦人(生没年不詳)，戦東

森川俊方 もりかわとしかた
嘉永3(1850)年～明治10(1877)年
江戸時代末期～明治期の大名。下総生実藩主。
¶庄内([生]嘉永3(1850)年11月6日 [没]明治10(1877)年11月7日)，諸系，日人，藩主2([生]嘉永3(1850)年1月 [没]明治10(1877)年11月)

森川俊孝 もりかわとしたか
延享1(1744)年～天明8(1788)年
江戸時代中期の大名。下総生実藩主。
¶茶道，諸系，日人，藩主2([生]延享1(1744)年11月27日 [没]天明8(1788)年6月28日)

森川俊尹 もりかわとしただ
延享2(1745)年～文化7(1810)年
江戸時代中期～後期の第22代京都東町奉行。
¶京都大，姓氏京都

森川俊胤 もりかわとしたね
寛文10(1670)年～延享3(1746)年
江戸時代中期の大名。下総生実藩主。
¶諸系，人名，日人，藩主2([生]寛文10(1670)年4月12日 [没]延享3(1746)年1月24日)

森川俊民 もりかわとしたみ
文化1(1804)年～安政2(1855)年
江戸時代末期の大名。下総生実藩主。
¶諸系，日人，藩主2([没]安政2(1855)年11月5日)

森川俊常 もりかわとしつね
元禄11(1698)年～享保19(1734)年
江戸時代中期の大名。下総生実藩主。
¶諸系，日人，藩主2([生]元禄10(1697)年12月8日 [没]享保19(1734)年7月1日)

森川俊知 もりかわとしとも
安永8(1779)年～天保9(1838)年
江戸時代後期の大名。下総生実藩主。
¶諸系，日人，藩主2([生]安永8(1779)年3月8日 [没]天保9(1838)年8月9日)

森川俊徳 もりかわとしのり
弘化1(1844)年～文久2(1862)年
江戸時代末期の大名。下総生実藩主。
¶諸系，日人，藩主2([没]文久2(1862)年10月24日)

森川俊令 もりかわとしのり
享保3(1718)年～天明7(1787)年
江戸時代中期の大名。下総生実藩主。
¶諸系，人名，日人，藩主2([生]享保3(1718)年1月18日 [没]天明7(1787)年5月16日)

森川俊位 もりかわとしひら
天保12(1841)年～安政5(1858)年
江戸時代末期の大名。下総生実藩主。
¶諸系，日人，藩主2([没]安政5(1858)年7月26日)

森川長次 もりかわながつぐ
～寛永10(1633)年
江戸時代前期の旗本。
¶神奈川人

森川秀一 もりかわひでかず
寛永8(1631)年～元禄14(1701)年 [別]森川香山《もりかわこうざん》
江戸時代前期～中期の肥前島原藩の大和流弓術・柔術の始祖。
¶朝日(森川香山 もりかわこうざん)，国書(森川香山 もりかわこうざん [没]元禄14(1701)年5月14日)，日人，藩臣7([生]?)

森川秀実 もりかわひでざね
～明治36(1903)年5月29日
江戸時代末期～明治期の弓道家、島原藩士、大和流八代目。
¶弓道

森川弥五兵衛 もりかわやごべえ
安永3(1774)年～天保12(1841)年
江戸時代後期の下総古河藩用人。
¶藩臣3

森観斎 もりかんさい
天明4(1784)年～文久1(1861)年 [別]森忠義《もりただよし》
江戸時代後期の水戸藩士。
¶国書(森忠義 もりただよし)，人名，日人

森閑山 もりかんざん
→森夏水(もりかすい)

も

森喜右衛門 もりきえもん
文政12(1829)年～慶応1(1865)年 [別]森祐信《もりすけのぶ》
江戸時代末期の近江膳所藩士。
¶維新，国書(森祐信 もりすけのぶ [生]文政12(1829)年9月15日 [没]慶応1(1865)年10月21日)，人名，日人，幕末([没]1865年12月8日)

森義左衛門 もりぎざえもん
生没年不詳
江戸時代中期の播磨小野藩士。
¶藩臣5

森暁助 もりぎょうすけ
文政8(1825)年～明治31(1898)年
江戸時代末期～明治期の三河吉田藩士、剣術師範。
¶剣豪，藩臣4

森勤作 もりきんさく
天保2(1831)年～慶応1(1865)年 [別]森通寧《もりみちやす》
江戸時代末期の筑前福岡藩士。
¶維新，人名(森通寧 もりみちやす)，日人(森通寧 もりみちやす)，幕末([没]1865年12月10日)，藩臣7

も

森儼塾 もりげんじゅく
承応2(1653)年～享保6(1721)年 [別]森尚謙《もりしょうけん》
江戸時代前期～中期の儒学者、水戸藩士。「大日本史」の編纂に参画。
¶朝日(森尚謙 もりしょうけん [生]承応2年閏6月19日(1653年8月12日) [没]享保6年3月13日(1721年4月9日))，茨城百，近世(森尚謙 もりしょうけん)，剣豪，国史(森尚謙 もりしょうけん)，国書([生]承応2(1653)年閏6月19日 [没]享保6(1721)年3月13日)，新潮(森尚謙 もりしょうけん [生]承応2(1653)年閏6月19日 [没]享保6(1721)年3月13日)，人名，世人(森尚謙 もりしょうけん [生]承応2(1653)年閏6月19日 [没]享保6(1721)年3月13日)，日人，藩臣2

森源三 もりげんぞう
*～明治43(1910)年
江戸時代末期～明治期の越後長岡藩士。
¶札幌([生]天保7年7月)，人名([生]1837年)，新潟百別([生]1837年)，日人([生]1835年)，幕末([生]1837年 [没]1910年6月)，北海道百([生]天保6(1835)年)，北海道歴([生]天保6(1835)年)

森玄蕃 もりげんば
生没年不詳
江戸時代後期の武士。
¶和歌山人

森光新 もりこうしん
文政7(1824)年～明治9(1876)年
江戸時代末期～明治期の上総久留里藩士。
¶維新，幕末([没]1876年2月11日)

森五介 もりごすけ
生没年不詳
安土桃山時代～江戸時代前期の武士。浅野家の家臣。
¶和歌山人

森五六郎 もりごろくろう
→森直長(もりなおなが)

森権十郎 もりごんじゅうろう
天保7(1836)年～明治10(1877)年
江戸時代末期～明治期の佐土原藩士。
¶人名，日人

森権二郎 もりごんじろう
江戸時代末期の新撰組隊士。
¶新撰

森重菊次郎(森重菊治郎) もりしげきくじろう
天保14(1843)年～元治1(1864)年
江戸時代末期の膺懲隊小頭。
¶維新，人名，日人，幕末(森重菊治郎 [没]1864年9月6日)

森重正芳 もりしげまさよし
明和6(1769)年～*
江戸時代後期の武術家。
¶人名([没]1837年)，日人([没]1838年)

森士行 もりしこう
寛延3(1750)年～文政1(1818)年 [別]森篤恒《もりあつつね》
江戸時代中期～後期の水戸藩士、天文暦学者。
¶国書(森篤恒 もりあつつね)，人名，日人，藩臣2(森篤恒 もりあつつね)

森下幾馬 もりしたいくま
天保5(1834)年～文久3(1863)年
江戸時代末期の志士。土佐勤王党に参加。
¶維新，高知人([生]1836年)，人名，日人，幕末([没]1863年11月9日)

森下景端 もりしたかげなお
→森下景端(もりしたけいたん)

森下儀之助 もりしたぎのすけ
天保2(1831)年～元治1(1864)年
江戸時代末期の土佐藩の志士。
¶維新，高知人，人名，日人，幕末([没]1864年3月23日)，藩臣6

森下景端 もりしたけいたん
文政7(1824)年～明治24(1891)年 [別]森下景端《もりしたかげなお》
江戸時代末期～明治期の備前岡山藩士、黒住教副管長。
¶維新，大分百(もりしたかげなお)，大分歴(もりしたかげなお)，岡山人([生]文政8(1825)年)，岡山百，岡山歴([没]明治24(1891)年1月1日)，神人([生]文政7(1824)年4月 [没]明治24(1891)年1月1日)，人名([生]1825年)，日人，幕末([没]1891年1月1日)，藩臣6

森下権平 もりしたごんぺい
貞享3(1686)年～明和4(1767)年
江戸時代中期の土佐藩士。
¶剣豪，高知人，藩臣6

森下丹波 もりしたたんば
安土桃山時代～江戸時代前期の武士。里見氏家臣。
¶戦人(生没年不詳)，戦東

森下伝兵衛 もりしたでんべえ
→森本伝兵衛(もりもとでんべえ)

森下平作 もりしたへいさく
天保10(1839)年～?
江戸時代後期～末期の新撰組隊士。
¶新撰

森下弥平次 もりしたやへいじ
安土桃山時代～江戸時代前期の武士。里見氏家臣。
¶戦人(生没年不詳)，戦東

森下理右衛門 もりしたりえもん
生没年不詳
江戸時代後期の武道家。棒の手直師夢想東軍流の創始者。
¶姓氏愛知

森下竜三 もりしたりゅうぞう
嘉永3(1850)年4月23日～*
江戸時代後期～明治期の岡山藩士。1871年岡山藩参事に同行しヨーロッパに渡る。
¶海越(㊕)，海越13(明治13(1880)年)，海越新(明治7(1875)年2月19日)，渡航(㊋1874年2月19日)

森尚謙 もりしょうけん
→森儼塾(もりげんじゅく)

森鐘太郎 (森鍾太郎) もりしょうたろう
天保12(1841)年～明治42(1909)年
江戸時代末期～明治期の浜田藩士。
¶島根人，島根百，幕末(森鍾太郎 ㊋1909年10月9日)，藩臣5

森樅堂 もりしょうどう
寛政10(1798)年～明治3(1870)年
江戸時代末期～明治期の桑名藩士。
¶維新，国書(㊋明治3(1870)年9月21日)，幕末(1870年10月15日)，三重

森甚五兵衛 もりじんごべえ
永禄9(1566)年～寛永14(1637)年7月29日
安土桃山時代～江戸時代前期の徳島藩士。
¶徳島百

森新太郎 もりしんたろう
文化12(1829)年～明治42(1909)年
江戸時代末期～明治期の土佐藩の志士。土佐勤王党に参加。
¶維新(㊕1828年)，高知人，コン5，人名(㊕1828年)，日人，幕末(㊋1909年11月30日)，藩臣6

森末虎太郎 もりすえとらたろう
嘉永1(1848)年～大正8(1919)年
江戸時代末期～大正期の剣道家。
¶岡山人，岡山歴(㊕嘉永1(1848)年3月21日 ㊋大正8(1919)年2月2日)

森祐知 もりすけとも
慶長4(1599)年～寛文9(1669)年
安土桃山時代～江戸時代前期の武士。
¶日人

森祐信 もりすけのぶ
→森喜右衛門(もりきえもん)

森精斎 もりせいさい
文化2(1805)年～文久3(1863)年
江戸時代末期の三河挙母藩家老。
¶藩臣4

森清蔵 もりせいぞう
天保9(1838)年～明治41(1908)年
江戸時代末期～明治期の長州(萩)藩士。
¶姓氏山口，幕末(㊋1908年12月10日)

森清太夫 もりせいだゆう
延享1(1744)年～文政2(1819)年
江戸時代中期～後期の上総久留里藩家老。
¶藩臣3

森雪翁 もりせつおう
?～宝永8(1711)年
江戸時代前期～中期の会津藩士。
¶会津(生没年不詳)，国書

森宗意軒 もりそういけん
?～寛永15(1638)年
江戸時代前期の島原の乱の指導者、小西行長の臣。
¶近世，国史，コン改，コン4，新潮(㊋寛永15(1638)年2月)，人名，世人(㊋寛永15(1638)年2月28日)，戦合，日人

森惣兵衛 もりそうべえ
?～寛文6(1666)年
江戸時代前期の陸奥会津藩士。
¶会津，藩臣2

森大学助 もりだいがくのすけ
天正3(1575)年～寛永18(1641)年
安土桃山時代～江戸時代前期の弓術家。
¶人名，日人

森退堂 もりたいどう
?～文政4(1821)年
江戸時代後期の伊予三河吉田藩士。
¶国書(㊋文政4(1821)年10月29日)，藩臣6

森田桜園 もりたおうえん
寛政9(1797)年～文久3(1863)年
江戸時代末期の笠間藩士。
¶人書94(㊕?)，幕末(㊋1863年3月30日)，藩臣2

森田岡太郎 もりたおかたろう
文化9(1812)年～文久1(1861)年 ㊚森田桂園《もりたけいえん》、森田清行《もりたきよゆき》
江戸時代末期の幕臣。幕府遣米使節随員として渡米。
¶維新(森田桂園 もりたけいえん)，海越(森田清行 もりたきよゆき ㊕?)，海越新(森田清行 もりたきよゆき)，国書(森田桂園 もりたけいえん ㊕文化9(1812)年2月13日 ㊋文久1(1861)年5月22日)，日人，幕末(㊋1861年7月3日)，人名(森田桂園 もりたけいえん ㊕1812年3月25日 ㊋1861年7月3日)，山梨百(㊕文化9(1812)年2月13日 ㊋文久1(1861)年5月26日)

森鷹之助 もりたかのすけ
江戸時代末期の新撰組隊士。
¶新撰

森田久右衛門 もりたきゅうえもん
寛永18(1641)年～正徳5(1715)年
江戸時代前期～中期の土佐藩士、土佐尾戸焼の陶工。尾戸焼の基礎を築いた。
¶朝日(㊕寛永17(1640)年)，高知人，高知百，

国書（[没]正徳5（1715）年3月），コン改，コン4，茶道，新潮（[没]正徳5（1715）年3月9日），人名，世人，日人，藩臣6

森田清行 もりたきよゆき
→森田岡太郎（もりたおかたろう）

森田金三郎 もりたきんざぶろう，もりたきんさぶろう
天保6（1835）年～明治8（1875）年
江戸時代末期～明治期の土佐藩の志士。土佐勤王党に参加。
¶高知人，幕末（[没]1875年3月7日），藩臣6（もりたきんさぶろう）

森田桂園 もりたけいえん
→森田岡太郎（もりたおかたろう）

森田三郎 もりたさぶろう
天保12（1841）年～明治1（1868）年
江戸時代末期の越中富山藩士。
¶人名，日人，幕末（[没]1868年8月10日），藩臣3

森田晋三 もりたしんぞう
*～明治20（1887）年
江戸時代末期～明治期の坂村藩士。
¶高知人（[生]1832年），幕末（[生]1831年　[没]1887年6月8日）

も

森田資剛 もりたすけたけ
寛政4（1792）年～慶応2（1866）年
江戸時代末期の弓術家。
¶人名，日人

森忠哲 もりただあきら
天明8（1788）年～文化4（1807）年
江戸時代後期の大名。播磨赤穂藩主。
¶諸系，日人，藩主3（[没]文化4（1807）年5月25日）

森忠興 もりただおき
宝暦2（1752）年～天明4（1784）年
江戸時代中期の大名。播磨赤穂藩主。
¶諸系，日人，藩主3（[没]天明4（1784）年1月30日）

森忠賛 もりただすけ
宝暦10（1760）年～天保8（1837）年
江戸時代中期～後期の大名。播磨赤穂藩主。
¶諸系，日人，藩主3（[生]宝暦8（1758）年　[没]天保8（1837）年7月19日）

森忠典 もりただつね
嘉永1（1848）年～明治15（1882）年
江戸時代末期～明治期の大名。播磨赤穂藩主。
¶諸系，日人，藩主3（[生]弘化4（1847）年　[没]明治15（1883）年7月8日）

森忠儀 もりただのり
→森忠儀（もりただよし）

森忠徳 もりただのり
文政1（1818）年～明治14（1881）年
江戸時代末期～明治期の大名。播磨赤穂藩主。
¶諸系，日人，藩主3（[没]明治14（1881）年12月27日）

森忠洪 もりただひろ
享保16（1731）年～安永5（1776）年
江戸時代中期の大名。播磨赤穂藩主。
¶国書（[生]享保13（1728）年　[没]安永5（1776）年6月2日），諸系，人名，日人，藩主3（[生]享保13（1728）年　[没]安永5（1776）年6月2日）

森忠政 もりただまさ
元亀1（1570）年～寛永11（1634）年　[別]金山侍従《かねやまじじゅう》，川中島侍従《かわなかじまじじゅう》
安土桃山時代～江戸時代前期の大名。美濃金山藩主、信濃松代藩主、美作津山藩主。
¶朝日（[没]寛永11年7月7日（1634年7月31日）），岡山人，岡山百（[没]寛永11（1634）年7月7日），岡山歴（[没]寛永11（1634）年7月7日），岐阜百（[没]1624年），近世，国史，コン改，コン4，茶道，史人（[没]1634年7月7日），諸系，新潮（[没]寛永11（1634）年7月7日），人名，姓氏長野，戦合，戦国（[生]1571年），戦辞（[没]寛永11年7月7日（1634年7月31日）），戦人，長野歴，日史（[没]寛永11（1634）年7月7日），日人，藩主2，藩主4（[没]寛永11（1634）年7月7日），百科，歴大

森忠儀 もりただよし
嘉永3（1850）年～明治18（1885）年　[別]森忠儀《もりただのり》
江戸時代末期～明治期の大名。播磨赤穂藩主。
¶諸系，日人，藩主3（もりただのり　[生]嘉永3（1850）年4月24日　[没]明治18（1885）年10月15日）

森忠義 もりただよし
→森観斎（もりかんさい）

森忠敬 もりただよし
寛政6（1794）年～文政7（1824）年
江戸時代後期の大名。播磨赤穂藩主。
¶諸系，日人，藩主3（[没]文政7（1824）年6月8日）

森田団八郎 もりただんぱちろう
天保5（1834）年～明治36（1903）年9月11日
江戸時代末期～明治期の迅衝隊士。戊辰戦争に参加。
¶幕末

森田梅礀 もりたばいかん
文政2（1819）年～慶応1（1865）年
江戸時代末期の土佐藩の詩人。
¶維新，高知人，高知百，国書（[没]元治2（1865）年4月2日），日人，幕末（[生]1822年　[没]1865年4月28日），藩臣6，和俳

森田平次 もりたへいじ
→森田良見（もりたよしみ）

森田幹 もりたみき
弘化2（1845）年～大正6（1917）年
江戸時代末期～大正期の郡長、旧鳥取藩士。
¶鳥取百

守田通敏 もりたみちとし
文政5（1822）年～明治27（1894）年3月23日
江戸時代後期～明治期の長州萩藩士。
¶国書

森田元載 もりたもとのり
天保4（1833）年～明治1（1868）年8月12日
江戸時代末期の領主、大番士。
¶幕末

森田盛昌 もりたもりまさ
寛文7（1667）年～享保17（1732）年

江戸時代前期～中期の加賀藩士。
¶国書（[没]享保17（1732）年11月28日），姓氏石川

森田良郷 もりたよしさと
寛政3（1791）年～安政4（1857）年6月6日
江戸時代末期の加賀藩士。
¶国書，姓氏石川（[生]1790年），幕末

森田良見 もりたよしみ
文政6（1823）年～明治41（1908）年 [別]森田平次《もりたへいじ》
江戸時代末期～明治期の加賀藩士。
¶維新（森田平次 もりたへいじ），国書（[生]文政6（1823）年3月27日 [没]明治41（1908）年10月1日），人名，日人，幕末（森田平次 もりたへいじ [生]1823年3月27日 [没]1908年12月1日）

森主税 もりちから
天保7（1836）年～文久2（1862）年
江戸時代末期の播磨赤穂藩家老。藩主森家の一門。
¶朝日（[没]文久2年12月9日（1863年1月28日）），維新（[生]？），日人（[没]1863年），幕末（[生]？ [没]1862年12月9日），藩臣5

森中和 もりちゅうか
→森包荒（もりほうこう）

森続之丞 もりつぐのじょう
文政12（1829）年～明治19（1886）年
江戸時代末期～明治期の播磨赤穂藩士。
¶幕末，藩臣5

森陳明 もりつらあき
文政9（1826）年～明治2（1869）年
江戸時代末期の桑名藩士。
¶維新，幕末（[没]1869年12月15日），藩臣4，三重続（[生]文化9年6月12日）

森寺常邦 もりでらつねくに
天保3（1832）年～慶応3（1867）年
江戸時代末期の三条家諸大夫。
¶維新，人名（[生]1834年 [没]1859年），日人，幕末

森寺常安 もりでらつねやす，もりてらつねやす
寛政3（1791）年～明治1（1868）年
江戸時代末期の三条家諸大夫。
¶維新，国書（[生]寛政3（1791）年12月13日 [没]明治1（1868）年9月22日），人名，姓氏京都（もりてらつねやす），日人（[生]1792年），幕末（[没]1868年11月6日）

森戸定旹 もりとさだとき
生没年不詳
江戸時代中期～後期の豊前小倉藩士、歌人。
¶藩臣7

森戸三休 もりとさんきゅう
貞享3（1686）年～宝暦13（1763）年 [別]森戸三太夫《もりとさんだゆう》
江戸時代中期の剣術家。
¶剣豪，人名（[生]1697年 [没]1764年），姓氏長野，長野歴（森戸三太夫 もりとさんだゆう），日人

森戸三太夫 もりとさんだゆう
→森戸三休（もりとさんきゅう）

森俊滋 もりとししげ
天保4（1833）年～明治12（1879）年
江戸時代末期～明治期の大名。播磨三日月藩主。
¶諸系，日人，藩主3（[没]明治12（1879）年6月9日）

森俊韶 もりとしつぐ
寛延3（1750）年～寛政9（1797）年
江戸時代中期の大名。播磨三日月藩主。
¶諸系，日人，藩主3（[生]寛延3（1750）年7月18日 [没]寛政9（1797）年2月4日）

森俊春 もりとしはる
享保11（1726）年～文化3（1806）年
江戸時代中期～後期の大名。播磨三日月藩主。
¶諸系，日人，藩主3（[生]享保11（1726）年2月5日 [没]文化3（1806）年6月4日）

森直長 もりなおなが
天保9（1838）年～文久1（1861）年 [別]森五六郎《もりごろくろう》
江戸時代末期の水戸藩士。
¶維新（森五六郎 もりごろくろう），コン改（[生]天保10（1839）年），コン4（[生]天保10（1839）年），新潮（[没]文久1（1861）年7月27日），人名（[生]1839年），日人（森五六郎 もりごろくろう），幕末（森五六郎 もりごろくろう [没]1861年9月1日）

森直義 もりなおよし
生没年不詳
安土桃山時代～江戸時代前期の弓術家。
¶日人

森長篤 もりながあつ
寛政7（1795）年～文化13（1816）年
江戸時代後期の大名。播磨三日月藩主。
¶諸系，日人，藩主3（[没]文化13（1816）年8月23日）

森中和 もりなかかず
→森包荒（もりほうこう）

森長国 もりながくに
文化7（1810）年～安政4（1857）年
江戸時代末期の大名。播磨三日月藩主。
¶諸系，日人，藩主3

森長成 もりながしげ
→森長成（もりながなり）

森長孝 もりながたか
元禄7（1694）年～享保8（1723）年
江戸時代中期の大名。播磨赤穂藩主。
¶諸系，日人，藩主3（[没]享保8（1723）年10月30日）

森長武 もりながたけ
正保2（1645）年～元禄9（1696）年
江戸時代前期の大名。美作津山藩主。
¶岡山人，岡山歴（[生]正保2（1645）年1月23日 [没]元禄9（1696）年5月18日），諸系，日人，藩主4（[生]正保2（1645）年1月23日 [没]元禄9（1696）年5月18日）

森長継 もりながつぐ
慶長15（1610）年～元禄11（1698）年
江戸時代前期の大名。美作津山藩主、備中西江原藩主。
¶岡山人，岡山百（[没]元禄11（1698）年7月11日），岡山歴（[没]元禄11（1698）年7月11日），諸系，人名，日人，藩主4（[没]元禄11（1698）年7月11日）

森長俊 もりながとし
慶安2(1649)年～享保20(1735)年
江戸時代前期～中期の大名。美作津山新田藩主、播磨三日月藩主。
¶諸系，人名，日人，藩主3([生]慶安2(1649)年9月8日　[没]享保20(1735)年6月4日)，藩主4([生]慶安2(1649)年9月8日　[没]享保20(1735)年6月4日)

森長直 もりながなお
寛文12(1672)年～享保7(1722)年
江戸時代中期の大名。備中西江原藩主、播磨赤穂藩主。
¶諸系([生]1673年)，人名，日人([生]1673年)，藩主3([没]享保7(1722)年8月24日)，藩主4

森長記 もりながなり
→森長記(もりながのり)

森長成 もりながなり
寛文11(1671)年～元禄10(1697)年　[別]森長成《もりながしげ》
江戸時代前期～中期の大名。美作津山藩主。
¶岡山人(もりながしげ)，岡山歴([生]寛文11(1671)年4月5日　[没]元禄10(1697)年6月20日)，諸系，日人，藩主4([生]寛文11(1671)年4月5日　[没]元禄10(1697)年6月20日)

森長生 もりながなり
元禄11(1698)年～享保16(1731)年
江戸時代中期の大名。播磨赤穂藩主。
¶諸系，日人，藩主3([没]享保16(1731)年6月26日)

森長記 もりながのり
貞享4(1687)年～明和4(1767)年　[別]森長記《もりながなり》
江戸時代中期の大名。播磨三日月藩主。
¶諸系，人名(もりながなり)，日人，藩主3([生]貞享4(1687)年6月16日　[没]明和4(1767)年5月4日)

森長見 もりながみ
寛保2(1742)年～寛政6(1794)年
江戸時代中期の讃岐多度津藩士、国学者。
¶国書([没]寛政6(1794)年11月26日)，人名，日人，藩臣6

森長基 もりながもと
？～宝永7(1710)年12月3日
江戸時代前期～中期の津山森藩主一族。
¶岡山歴

守永弥右衛門 もりながやうえもん
？～明治13(1880)年6月2日
江戸時代末期～明治期の長州(萩)藩士。
¶幕末

森長義 もりながよし
天明7(1787)年～天保8(1837)年
江戸時代後期の大名。播磨三日月藩主。
¶諸系，日人，藩主3([生]天明7(1787)年8月20日　[没]天保8(1837)年8月20日)

森夏水 もりなつみ
→森夏水(もりかすい)

森信処 もりのぶさだ
寛政3(1791)年～文久2(1862)年8月
江戸時代後期～末期の筑前福岡藩士・国学者。
¶国書

森八左衛門 もりはちざえもん
？～嘉永6(1853)年
江戸時代後期の大森代官。
¶島根百([没]嘉永6(1853)年2月13日)，島根歴

森鉢太郎 もりはちたろう
生没年不詳
江戸時代末期の幕臣・定役。1862年遣欧使節に随行しフランスに渡る。
¶海越新

森快温 もりはやあつ
明和6(1769)年～享和1(1801)年
江戸時代中期～後期の大名。播磨三日月藩主。
¶国書([生]明和6(1769)年10月1日　[没]享和1(1801)年9月27日)，諸系，日人，藩主3([生]明和6(1769)年10月18日　[没]享和1(1801)年9月27日)

森春成 もりはるなり
生没年不詳
江戸時代後期の越後長岡藩士。
¶国書

森半蔵 もりはんぞう
文政9(1826)年～文久1(1861)年
江戸時代末期の水戸藩浪人。
¶維新，人名，日人，幕末([没]1861年9月30日)

森兵右衛門 もりひょうえもん
生没年不詳
江戸時代中期の播磨小野藩中老。
¶藩臣5

森文四郎 もりぶんしろう
？～天明8(1788)年
江戸時代中期の出雲松江藩士。
¶国書([没]天明8(1788)年7月13日)，藩臣5

森平右衛門 もりへいえもん
正徳1(1711)年～宝暦13(1763)年
江戸時代中期の出羽米沢藩士。
¶藩臣1，山形百

森部好謙 もりべよしかね
生没年不詳
江戸時代末期の武士。
¶和歌山人

森伯耆 もりほうき
安土桃山時代～江戸時代前期の武士。里見氏家臣。
¶戦人(生没年不詳)，戦東

森包荒 もりほうこう
文政11(1828)年～明治32(1899)年　[別]森中和《もりちゅうか,もりなかかず》
江戸時代末期～明治期の陸奥一関藩の教育者。
¶岩手百，姓氏岩手(森中和　もりちゅうか)，姓氏岩手，幕末([没]1899年8月29日)，藩臣1(森中和　もりなかかず)

森正俊 もりまさとし
生没年不詳

安土桃山時代～江戸時代前期の武士。浅野家の家臣。
¶和歌山人

森政房 もりまさふさ
正徳4(1714)年～延享4(1747)年
江戸時代中期の大名。播磨赤穂藩主。
¶諸系，日人，藩主3([生]宝永7(1710)年　[没]延享3(1746)年12月8日)

森正幸 もりまさゆき
天明2(1782)年～？
江戸時代中期～後期の幕臣・鷹匠。
¶国書

森正慶 もりまさよし
～享保6(1721)年
江戸時代中期の旗本。
¶神奈川人

森尹祥 もりまさよし
元文5(1740)年～寛政10(1798)年
江戸時代中期～後期の幕臣、和学者。
¶江文，国書([没]寛政10(1798)年3月14日)

森通寧 もりみちやす
→森勤作(もりきんさく)

森村官十郎 もりむらかんじゅうろう
文化10(1813)年～明治15(1882)年
江戸時代末期～明治期の武術家。
¶剣豪([生]文化9(1812)年　[没]明治19(1886)年)，人名，日人

森村重 もりむらしげ
永禄9(1566)年～寛永14(1637)年
安土桃山時代～江戸時代前期の阿波徳島藩中老。
¶徳島歴，藩臣6

森村隣兵衛 もりむらりんべえ
文化6(1809)年～明治25(1892)年
江戸時代後期～明治期の剣術家。直心影流。
¶剣豪

森杢之助 もりもくのすけ
安土桃山時代～江戸時代前期の武士。里見氏家臣。
¶戦人(生没年不詳)，戦東

森本一瑞 もりもといちずい
宝永2(1705)年～天明4(1784)年
江戸時代中期の肥後熊本藩士。
¶国書([没]天明4(1784)年11月1日)，人名，日人，藩臣7

森本賀篤 もりもとがとく
？　～明治10(1877)年
江戸時代末期～明治期の摂津麻田藩士。
¶藩臣5

森元高見 もりもとこうけん
正徳2(1712)年～寛政3(1791)年
江戸時代中期～後期の薩摩藩士。
¶姓氏鹿児島

森本貞長 もりもとさだなが
生没年不詳
江戸時代中期の旗本。
¶神奈川人

森本甎里 もりもとせんり
寛保3(1743)年～天保4(1833)年
江戸時代中期～後期の土佐藩士、漢学者。
¶高知人([生]1753年)，国書([生]寛保3(1743)年7月　[没]天保4(1833)年1月11日)，人名，日人，藩臣6

森本伝兵衛 もりもとでんべえ
天保6(1835)年～元治1(1864)年　[別]森下伝兵衛《もりしたでんべえ》
江戸時代末期の志士。天誅組河内勢鉄砲組。
¶維新，新潮([没]元治1(1864)年7月20日)，人名(森下伝兵衛　もりしたでんべえ)，人名，日人，幕末([生]1834年)

森本知正 もりもとともまさ
元文1(1736)年～天明1(1781)年
江戸時代後期の武士。
¶和歌山人

森本平八 もりもとへいはち
江戸時代末期の新撰組隊士。
¶新撰

森本平馬 もりもとへいま
文政3(1820)年～明治1(1868)年10月14日
江戸時代末期の志士。
¶幕末

森本茂吉 もりもとももきち
天保1(1830)年～明治1(1868)年
江戸時代後期～末期の堺事件烈士。
¶高知人

森弥一左衛門 もりやいちざえもん
文政9(1826)年6月12日～明治2(1869)年11月13日
江戸時代後期～明治期の新撰組隊士。
¶新撰

守屋峨眉 もりやがび
元禄6(1693)年～宝暦4(1754)年
江戸時代中期の美濃大垣藩士。
¶国書([没]宝暦4(1754)年3月25日)，人名，日人，藩臣3

守屋勘兵衛(1) もりやかんべえ
慶安2(1649)年～享保15(1730)年9月18日
江戸時代中期の岡田藩士、土木家。
¶岡山歴

守屋勘兵衛(2) もりやかんべえ
宝永5(1708)年～寛政8(1796)年1月3日　[別]守屋信寛《もりやきかん》
江戸時代中期～後期の岡田藩士・土木家。
¶岡山人，岡山百，岡山歴(守屋信寛　もりやきかん)

守屋信寛 もりやきかん
→守屋勘兵衛(2)(もりやかんべえ)

守屋助次郎 もりやすけじろう
江戸時代前期の美作国倉敷代官。
¶岡山歴

森安左衛門 もりやすざえもん
享保13(1728)年～天明4(1784)年
江戸時代中期の遠江相良藩士。

¶藩臣4

森泰 もりやすし
天保2(1831)年～明治13(1880)年
江戸時代末期～明治期の筑後三池藩士。
¶藩臣7

森安平 もりやすへい
文政11(1828)年～慶応1(1865)年 [別]森安平《もりあんぺい》
江戸時代末期の筑前福岡藩士。
¶維新(もりあんぺい), 人名, 日人, 藩臣7

守屋中洲 もりやちゅうしゅう
文化5(1808)年～明治17(1884)年9月26日
江戸時代後期～明治期の漢学者・仙台藩士。
¶国書

守屋東陽 もりやとうよう
享保17(1732)年～天明2(1782)年
江戸時代中期の美濃大垣藩士。
¶国書([没]天明2(1782)年4月10日), 藩臣3

森山内蔵之助 もりやまくらのすけ
→森山弥七郎(もりやまやしちろう)

森山源五郎 もりやまげんごろう
→森山孝盛(もりやまたかもり)

森山定志 もりやまさだし
→森山定志(もりやまさだゆき)

森山定志 もりやまさだゆき
? ～ [別]森山定志《もりやまさだし》
江戸時代末期の兵学者、広瀬藩士。
¶島根人(もりやまさだし), 人名

森山実道 もりやまさねみち
? ～享保6(1721)年
江戸時代前期～中期の第4代飛騨国代官。
¶岐阜百

森山繁之介(森山繁之助) もりやましげのすけ
天保6(1835)年～文久1(1861)年 [別]森山政徳《もりやままさのり》
江戸時代末期の水戸藩属吏。
¶維新, 人名(森山政徳 もりやままさのり [生]1836年), 日人, 幕末(森山繁之助 [没]1861年8月30日)

森山新五左衛門 もりやましんござえもん
天保14(1843)年～文久2(1862)年 [別]森山新蔵・新五左衛門《もりやましんぞうしんござえもん》
江戸時代末期の薩摩藩士。
¶維新, 鹿児島百(森山新蔵・新五左衛門 もりやましんぞうしんござえもん [生]文政4(1821)年), 京都大, 新潮([没]文久2(1862)年4月24日), 人名, 姓氏鹿児島, 姓氏京都, 日人, 幕末([没]1862年5月22日)

森山新蔵 もりやましんぞう
文政4(1821)年～文久2(1862)年 [別]森山新蔵・新五左衛門《もりやましんぞうしんござえもん》
江戸時代末期の薩摩藩士。
¶維新, 鹿児島百(森山新蔵・新五左衛門 もりやましんぞうしんござえもん), 新潮([没]文久2(1862)年6月), 人名, 姓氏鹿児島, 日人, 幕末, 藩臣7

守山祐順 もりやますけのぶ
元禄6(1693)年～享保16(1731)年
江戸時代中期の武士、幕臣。
¶和歌山人

森山孝盛 もりやまたかもり
元文3(1738)年～文化12(1815)年 [別]森山源五郎《もりやまげんごろう》
江戸時代中期～後期の幕臣、文人。「蜑の焼藻」「賤のをだ巻」などの著者。
¶朝日([没]文化12年5月14日(1815年6月21日)), 岩史([没]文化12(1815)年5月14日), 江戸東, 江文, 角史, 近世, 剣豪(森山源五郎 もりやまげんごろう), 国史, 国書([没]文化12(1815)年5月14日), コン改, コン4, 新潮([没]文化12(1815)年5月14日), 人名, 日史([没]文化12(1815)年5月14日), 日人, 和俳([没]文化12(1815)年5月14日)

森山富涯 もりやまふうがい
→森山富涯(もりやまふがい)

森山富涯 もりやまふがい
[別]森山富涯《もりやまふうがい》
江戸時代後期の兵法家、出雲広瀬藩士。
¶岡山人(もりやまふうがい), 岡山歴, 国書(生没年不詳), 日人(生没年不詳)

森山政徳 もりやままさのり
→森山繁之介(もりやましげのすけ)

森山弥七郎 もりやまやしちろう
天正1(1573)年～寛文6(1666)年 [別]阿保内蔵之助《あほくらのすけ》, 森山内蔵之助《もりやまくらのすけ》
安土桃山時代～江戸時代前期の陸奥弘前藩士。土木建設に従事。
¶青森人, 青森百, 朝日, 人名(阿保内蔵之助 あほくらのすけ), 日人, 藩臣1(森山内蔵之助 もりやまくらのすけ)

森山安智 もりやまやすとも
寛政12(1800)年頃～明治1(1868)年
江戸時代末期の筑後久留米藩士、砲術家。
¶藩臣7

守屋杢右衛門(守谷杢右衛門) もりやもくえもん
文化12(1815)年～明治10(1877)年
江戸時代末期～明治期の出羽本荘藩士。
¶維新(守谷杢右衛門 [生]1816年), 人名, 日人, 幕末([没]1877年7月7日), 藩臣1

守屋弥惣右衛門 もりややそえもん
享保10(1725)年～?
江戸時代中期の備中国倉敷代官・美作国久世代官。
¶岡山歴

守屋行広 もりやゆきひろ
元亀1(1570)年～寛永4(1627)年
江戸時代前期の代官。
¶神奈川人, 姓氏神奈川

守屋行吉 もりやゆきよし
生没年不詳
江戸時代前期の代官。
¶神奈川人, 姓氏神奈川

森要蔵 もりようぞう
文化7(1810)年～明治1(1868)年 ㊔森景鎮《もりかげちか》
江戸時代末期の上総飯野藩の剣術師範。
¶剣豪，国書(森景鎮 もりかげちか ㊀慶応4(1868)年7月1日)，幕末，藩臣3

森余山 もりよざん
文政1(1818)年～明治10(1877)年
江戸時代末期～明治期の三河吉田藩士。
¶幕末(㊀1877年9月25日)，藩臣6，三重続

森芳材 もりよしき
＊～文化4(1807)年
江戸時代中期～後期の土佐藩士。
¶高知人(㊓1768年)，国書(㊓？)

森義高 もりよしたか
天保9(1838)年～大正2(1913)年
江戸時代末期～大正期の剣術家。
¶高知人

森義豊 もりよしとよ
江戸時代中期の宝蔵院流の槍術家。
¶人名，日人(生没年不詳)

守能直政 もりよしなおまさ
生没年不詳
江戸時代前期の加賀藩士・馬術家。
¶国書

森義徳 もりよしのり
天保6(1835)年～明治7(1874)年
江戸時代末期～明治期の土佐藩士。
¶高知人，幕末(㊀1874年8月8日)

森可政 もりよしまさ
＊～元和9(1623)年 ㊔森勝也《もりかつなり，もりかつや》
安土桃山時代～江戸時代前期の武士。
¶岡山人(㊓天文20(1551)年 ㊀元和1(1615)年)，岡山歴(㊓永禄3(1560)年 ㊀元和9(1623)年5月)，戦国(森勝也 もりかつなり ㊓1561年)，戦人(㊓永禄3(1560)年)，戦西(森勝也 もりかつなり ㊓1561年)

森嘉基 もりよしもと
？ ～文政7(1824)年10月
江戸時代中期～後期の尾張藩士・国学者。
¶国書

森六郎 もりろくろう
江戸時代末期の新撰組隊士。
¶新撰

森脇春方 もりわきはるかた
天文2(1533)年～元和7(1621)年6月
戦国時代～江戸時代前期の武将。
¶国書，戦人(生没年不詳)

森脇孫太郎 もりわきまごたろう
嘉永1(1848)年～明治1(1868)年9月14日
江戸時代末期の周防岩国藩士。
¶幕末

諸岡景久 もろおかかげひさ
生没年不詳
江戸時代前期の武芸家。
¶国書

諸葛信澄 もろくずしんちょう
→諸葛信澄(もろくずのぶずみ)

諸葛信澄 もろくずのぶずみ
嘉永2(1849)年～明治13(1880)年 ㊔諸葛信澄《もろくずしんちょう》
江戸時代末期～明治期の長門長府藩士。
¶教育(もろくずしんちょう)，日人，幕末(㊀1880年12月21日)，山口百

両角大三郎 もろずみだいざぶろう
天保7(1836)年～慶応4(1868)年8月24日
江戸時代後期～末期の新撰組隊士。
¶新撰

毛呂太郎太夫 もろたろうだゆう
＊～明治1(1868)年
江戸時代末期の出羽松山藩士、剣術家。
¶庄内(㊓文政11(1828)年12月4日 ㊀明治1(1868)年9月12日)，藩臣1(㊓文政10(1827)年)

毛呂八郎兵衛 もろはちろうべえ
→毛呂八郎兵衛(もろはちろべえ)

毛呂八郎兵衛 もろはちろべえ
＊～安永5(1776)年 ㊔毛呂八郎兵衛《もろはちろうべえ》
江戸時代中期の剣術家。円輝流の祖。
¶剣豪(㊓？)，庄内(もろはちろうべえ ㊓正徳2(1712)年8月21日 ㊀安永5(1776)年10月6日)

門註所康重 もんちゅうじょやすしげ
寛政5(1793)年～明治7(1874)年
江戸時代末期～明治期の筑後柳河藩中老。
¶藩臣7

門田杉東 もんでんさんとう
天保2(1831)年～大正4(1915)年9月20日
江戸時代末期～明治期の備後福山藩士。
¶幕末

門田樸斎(門田朴斎) もんでんぼくさい
寛政9(1797)年～明治6(1873)年
江戸時代末期～明治期の漢詩人、備後福山藩儒。
¶朝日(㊓寛政9年2月18日(1797年3月16日) ㊀明治6(1873)年1月11日)，維新，江文，国書(門田朴斎 ㊓寛政9(1797)年2月18日 ㊀明治6(1873)年1月11日)，コン改，コン4，コン5，新潮(㊓寛政9(1797)年2月18日 ㊀明治6(1873)年1月11日)，人名，日人，幕末(門田朴斎 ㊀1873年1月11日)，藩臣6(門田朴斎)，広島百(門田朴斎 ㊓寛政9(1797)年2月18日 ㊀明治6(1873)年1月10日)，和俳

門奈三衛門 もんなさんえもん
？ ～慶応1(1865)年
江戸時代末期の水戸藩士。
¶維新，幕末(㊀1865年6月14日)

門奈直勝 もんななおかつ
～寛永10(1633)年
江戸時代前期の旗本。
¶神奈川人

門奈弥右衛門 もんなやえもん
？　～享保2（1717）年
江戸時代前期の武士。
¶和歌山人

門馬九左衛門 もんまきゅうざえもん
生没年不詳
江戸時代中期の上総久留里藩家老。
¶藩臣3

門馬経貞 もんまつねさだ
天保11（1840）年9月11日～明治38（1905）年6月7日
江戸時代末期～明治期の相馬藩士。
¶幕末

【や】

野逸 やいつ
→加藤野逸（かとうやいつ）

矢尾板梅雪 やおいたばいせつ
生没年不詳
江戸時代後期の米沢藩士。
¶国書

谷頭溟南 やがしらめいなん
→谷頭有寿（たにずありとし）

矢金繁三 やがねはんぞう
江戸時代末期の新撰組隊士。
¶新撰

八木雕 やぎあきら
文政11（1828）年～明治43（1910）年　[別]八木銀次郎《やぎぎんじろう》
江戸時代末期～明治期の犬山藩士。
¶維新（八木銀次郎　やぎぎんじろう），姓氏愛知，幕末（[没]1910年4月30日），藩臣4

八木銀次郎 やぎぎんじろう
→八木雕（やぎあきら）

八木源左衛門 やぎげんざえもん
文政1（1818）年～明治4（1871）年
江戸時代末期～明治期の尊攘派志士、播磨赤穂藩士。藩の改革派と対立。
¶朝日（[没]明治4年2月29日（1871年4月18日）），維新，日人，幕末（[没]1871年2月29日），藩臣5

八木剛助 やぎごうすけ
享和1（1801）年～明治4（1871）年　[別]八木籟洞《やぎらいどう》
江戸時代末期～明治期の信濃上田藩士、砲術家。
¶国書（八木籟洞　やぎらいどう　[没]明治4（1871）年10月23日），姓氏長野，長野歴，藩臣3

八木沢俊秀 やぎさわとしひで
宝暦2（1752）年～文政9（1826）年
江戸時代後期の鹿沼出身の刀工、宇都宮藩士。
¶栃木歴

八木称平 やぎしょうへい
天保4（1833）年～慶応1（1865）年
江戸時代末期の薩摩藩士、蘭学者。
¶維新，国書（[没]慶応1（1865）年8月19日），姓氏鹿児島，幕末（[生]1832年　[没]1865年10月8日），藩臣7

八木甚右衛門 やぎじんえもん
安永1（1772）年～天保14（1843）年
江戸時代中期～後期の組頭、30俵一人扶持。
¶姓氏神奈川

八木田桃水 やぎたとうすい
安永8（1779）年～弘化4（1847）年
江戸時代後期の肥後熊本藩士。
¶国書（[没]弘化4（1847）年10月5日），藩臣7

八木為茂 やぎためしげ
寛文12（1672）年～延享4（1747）年
江戸時代中期の出羽秋田藩士、有職家。
¶藩臣1

八木朋直 やぎともなお
天保12（1841）年～昭和4（1929）年
江戸時代末期～明治期の出羽米沢藩士。
¶新潟百，幕末（[没]1929年6月7日），山形百（[生]天保13（1842）年）

八木博章 やぎひろあき
元禄1（1688）年～宝暦4（1754）年
江戸時代前期～中期の武道家。直心我流棒の手を印場村の農民に伝えた。
¶姓氏愛知

八木文琳 やぎぶんりん
？　～文化12（1815）年6月20日
江戸時代中期～後期の二本松藩士。
¶国書

八木正重 やぎまさしげ
生没年不詳
江戸時代前期の武蔵国金沢代官。
¶姓氏神奈川

八木正周 やぎまさちか
～延享4（1747）年
江戸時代中期の旗本。
¶神奈川人

八木光政 やぎみつまさ
～元和7（1621）年
江戸時代前期の旗本。
¶神奈川人

八木宗直 やぎむねなお
慶長8（1603）年～寛文5（1665）年7月8日
安土桃山時代～江戸時代前期の幕臣。
¶国書

八木元信 やぎもとのぶ
江戸時代前期の薩摩藩士。
¶姓氏鹿児島

柳生伊勢守久包 やぎゅういせのかみひさかね
→柳生久包（やぎゅうひさかね）

柳生十兵衛 やぎゅうじゅうべえ
→柳生三厳（やぎゅうみつよし）

柳生俊章 やぎゅうとしあきら
文化6（1809）年～文久2（1862）年
江戸時代末期の大名。大和柳生藩主。
¶諸系，日人，藩主3（[没]文久2（1862）年閏8月17日）

柳生俊方 やぎゅうとしかた
延宝1(1673)年～享保15(1730)年
江戸時代中期の大名。大和柳生藩主。
¶諸系，日人，藩主3([没]享保15(1730)年4月4日)

柳生厳包 やぎゅうとしかね
→柳生連也(やぎゅうれんや)

柳生利厳 やぎゅうとしとし
天正7(1579)年～慶安3(1650)年　[別]柳生兵庫助《やぎゅうひょうごのすけ》，柳生利厳《やぎゅうとしよし》
江戸時代前期の剣術家。尾張柳生氏の祖。
¶愛知百([没]1650年1月16日)，近世(柳生兵庫助　やぎゅうひょうごのすけ)，剣豪(柳生兵庫助　やぎゅうひょうごのすけ　[生]天正6(1578)年)，国史(柳生兵庫助　やぎゅうひょうごのすけ)，コン改，コン4，諸系，姓氏愛知(やぎゅうとしよし)，戦合(柳生兵庫助　やぎゅうひょうごのすけ)，全書(柳生兵庫助　やぎゅうひょうごのすけ)，大百，日人

柳生俊則 やぎゅうとしのり
享保15(1730)年～文化13(1816)年
江戸時代中期～後期の大名。大和柳生藩主。
¶諸系，日人，藩主3([没]文化13(1816)年6月5日)

柳生俊平 やぎゅうとしひら
元禄12(1699)年～明和5(1768)年
江戸時代中期の大名。大和柳生藩主。
¶諸系，日人，藩主3([没]明和5(1768)年3月18日)

柳生俊峯 やぎゅうとしみね
享保4(1719)年～宝暦13(1763)年
江戸時代中期の大名。大和柳生藩主。
¶諸系，日人，藩主3([没]宝暦13(1763)年8月29日)

柳生俊順 やぎゅうとしむね
天保7(1836)年～文久2(1862)年
江戸時代末期の大名。大和柳生藩主。
¶諸系，日人，藩主3([没]文久2(1862)年閏8月)

柳生俊豊 やぎゅうとしもり
寛政2(1790)年～文政3(1820)年
江戸時代後期の大名。大和柳生藩主。
¶諸系，日人，藩主3([没]文政3(1820)年9月17日)

柳生俊能 やぎゅうとしよし
天保1(1830)年～嘉永3(1850)年
江戸時代末期の大名。大和柳生藩主。
¶諸系，日人，藩主3([没]嘉永3(1850)年9月13日)

柳生利厳 やぎゅうとしよし
→柳生利厳(やぎゅうとしとし)

柳生俊郎 やぎゅうとしろう
嘉永4(1851)年～昭和2(1927)年
江戸時代末期～明治期の大名。大和柳生藩主。
¶諸系，世紀([生]嘉永4(1851)年2月16日　[没]昭和2(1927)年9月2日)，日人，藩主3([生]嘉永4(1851)年2月　[没]昭和2(1927)年9月)

柳生久包 やぎゅうひさかね
寛政7(1795)年～安政3(1856)年　[別]柳生伊勢守久包《やぎゅういせのかみひさかね》
江戸時代後期～末期の97代長崎奉行。
¶長崎歴(柳生伊勢守久包　やぎゅういせのかみひさかね)

柳生久通 やぎゅうひさみち
延享2(1745)年～文政11(1828)年8月24日
江戸時代中期～後期の幕臣。
¶国書

柳生兵庫助 やぎゅうひょうごのすけ
→柳生利厳(やぎゅうとしとし)

柳生三厳 やぎゅうみつとし
→柳生三厳(やぎゅうみつよし)

柳生三厳 やぎゅうみつよし
慶長12(1607)年～慶安3(1650)年　[別]柳生三厳《やぎゅうみつとし》，柳生十兵衛《やぎゅうじゅうべえ》
江戸時代前期の大名。大和柳生藩主。
¶朝日(やぎゅうみつとし　[没]慶安3年3月21日(1650年4月21日))，角史(柳生十兵衛　やぎゅうじゅうべえ)，郷土奈良(柳生十兵衛　やぎゅうじゅうべえ)，近世，剣豪(柳生十兵衛　やぎゅうじゅうべえ)，国史，国書([没]慶安3(1650)年3月21日)，コン改，コン4，史人(柳生十兵衛　やぎゅうじゅうべえ　[没]1650年3月21日)，諸系，新潮([没]慶安3(1650)年3月)，人名，全書，大百，日史(柳生十兵衛　やぎゅうじゅうべえ　[没]慶安3(1650)年3月21日)，日人，藩主3([没]慶安3(1650)年3月21日)，百科(柳生十兵衛　やぎゅうじゅうべえ)，歴大

柳生宗在 やぎゅうむねあり
承応3(1654)年～元禄2(1689)年
江戸時代前期の大名。大和柳生藩主。
¶諸系，人名([生]?)，日人，藩主3([没]元禄2(1689)年4月13日)

柳生宗矩 やぎゅうむねのり
元亀2(1571)年～正保3(1646)年　[別]柳生但馬守《やぎゅうたじまのかみ》
安土桃山時代～江戸時代前期の大名。大和柳生藩主。
¶朝日([没]正保3年3月26日(1646年5月11日))，岩史([没]正保3(1646)年3月26日)，江戸東，角史，郷土奈良，近世，剣豪，国史，国書([没]正保3(1646)年3月26日)，コン改，コン4，茶道，史人([没]1646年3月26日)，重要([没]正保3(1646)年4月26日)，諸系，人書79，新潮([没]正保3(1646)年3月26日)，人名，世人([没]正保3(1646)年3月26日)，戦合，戦国([生]1572年)，全書，戦人，大百，伝記，日史([没]正保3(1646)年3月26日)，日人，藩主3([没]正保3(1646)年3月26日)，百科，歴大

柳生宗冬 やぎゅうむねふゆ
慶長18(1613)年～延宝3(1675)年
江戸時代前期の大名、剣術家。大和柳生藩主。
¶近世，剣豪，国史，コン改，コン4，史人([没]1675年9月29日)，諸系，新潮([没]延宝3(1675)年9月23日)，人名，世人，全書，大百([生]1615年)，日人，藩主3([没]延宝3(1675)年9月29日)

柳生流々 やぎゅうりゅうりゅう
文政9(1826)年～明治38(1905)年
江戸時代末期～明治期の尾張藩士。
¶剣豪，人名

柳生連也（柳生蓮也）　やぎゅうれんや
寛永2（1625）年～元禄7（1694）年　[別]浦連也《うられんや》，柳生厳包《やぎゅうとしかね》，柳生連也斎《やぎゅうれんやさい》
江戸時代前期の尾張藩の剣術家。
¶愛知百（[没]1694年10月11日），近世，剣豪，国史，コン改（柳生厳包　やぎゅうとしかね），コン4（柳生厳包　やぎゅうとしかね），諸系（柳生厳包　やぎゅうとしかね），人名（柳生蓮也），姓氏愛知，全書，大百（柳生厳包　やぎゅうとしかね），日人（柳生厳包　やぎゅうとしかね），藩臣4（浦連也　うられんや），歴大

八木与市　やぎよいち
？～天明4（1784）年4月14日
江戸時代中期の尾張藩士。
¶国書

八木籟洞　やぎらいどう
→八木剛助（やぎごうすけ）

薬師寺七左衛門　やくしじしちざえもん
？～寛永12（1635）年
安土桃山時代～江戸時代前期の浅野家臣。
¶和歌山人

薬師寺元真　やくしじもとざね
江戸時代末期の幕臣。
¶維新

や

矢口健一郎　やぐちけんいちろう
？～慶応3（1867）年4月29日
江戸時代後期～末期の新撰組隊士。
¶新撰

矢口作之丞　やぐちさくのじょう
天正3（1575）年～正保2（1645）年1月21日
安土桃山時代～江戸時代前期の武士。
¶庄内

谷口重昌　やぐちしげまさ
天正12（1584）年～天和3（1683）年
安土桃山時代～江戸時代前期の始羅郡蒲生郷地頭阿多長寿院の家臣。
¶姓氏鹿児島

矢口惣四郎　やぐちそうしろう
天保7（1836）年～明治10（1877）年2月13日
江戸時代後期～明治期の旧藩士。
¶庄内

矢口弥兵衛　やぐちやへえ
生没年不詳
江戸時代後期～末期の側用人。
¶庄内

矢口来応　やぐちらいおう
天明2（1782）年～安政5（1858）年
江戸時代後期の安芸広島藩の心学者。
¶教育，コン改，コン4，新潮（[生]天明2（1782）年2月1日　[没]安政5（1858）年6月27日），世人（[生]天明2（1782）年2月1日　[没]安政5（1858）年6月27日），日人，藩臣6

薬丸刑部左衛門　やくまぎょうぶざえもん
慶長12（1607）年～元禄2（1689）年
江戸時代前期～中期の剣術家。薬丸流祖。
¶剣豪

薬丸半左衛門　やくまはんざえもん
→薬丸半左衛門（やくまるはんざえもん）

薬丸半左衛門　やくまるはんざえもん
文化2（1805）年～明治11（1878）年　[別]薬丸半左衛門《やくまはんざえもん》
江戸時代末期～明治期の薩摩藩士。
¶維新，剣豪（やくまはんざえもん），姓氏鹿児島，幕末（[生]1806年　[没]1878年12月1日），藩臣7

矢頭長助　やこうべちょうすけ
～元禄15（1702）年10月26日
江戸時代前期～中期の赤穂浪士。
¶大阪墓

矢頭右衛門七　やこうべよもしち
→矢頭右衛門七（やとうえもしち）

矢崎鉀八郎　やざきこうはちろう
天保11（1840）年～明治9（1876）年
江戸時代末期～明治期の下総関宿藩士の子。
¶藩臣3

矢崎豊宣（矢崎豊宜）　やさきとよのり，やざきとよのり
？～元禄10（1697）年
江戸時代前期の弓術家。
¶史人，人名（矢崎豊宜　やざきとよのり）

屋崎隼人　やさきはやと，やざきはやと
？～元禄10（1697）年
江戸時代前期～中期の弓術家。
¶剣豪（やざきはやと），日人（[没]1698年），宮城百

矢沢頼堯　やざわよりたか
＊～天保12（1841）年
江戸時代後期の信濃松代藩士。
¶朝日（[生]寛政7（1795）年　[没]天保12年1月10日（1841年2月1日）），近世（[生]1796年），国史（[生]1796年），コン改（[生]寛政9（1797）年），コン4（[生]寛政9（1797）年），新潮（[生]寛政9（1797）年　[没]天保12（1841）年1月10日），人名（[生]1795年），日人（[生]1796年）

矢島焞辰　やじまあきたつ
→矢島伊浜（やじまいひん）

八嶋出雲守　やじまいずものかみ
生没年不詳
安土桃山時代～江戸時代前期の武士。浅野家の家臣。
¶和歌山人

矢島伊浜　やじまいひん
寛政8（1796）年～嘉永2（1849）年　[別]矢島焞辰《やじまあきたつ》
江戸時代後期の豊前小倉藩士、儒学者。
¶国書（[没]嘉永2（1849）年8月27日），人名，日人，藩臣7（矢島焞辰　やじまあきたつ）

矢島金鱗（矢島金麟）　やじまきんりん，やしまきんりん
？～文化7（1810）年　[別]矢島半兵衛《やじまはんべえ》
江戸時代後期の出雲松江藩士。
¶茶道（やしまきんりん），島根人，島根百（矢島金麟　[没]文化7（1810）年1月29日），島根歴，藩臣5（矢島半兵衛　やじまはんべえ）

矢島群芳 やじまぐんぽう，やじまぐんほう
＊～明治2(1869)年
江戸時代末期の上野高崎藩士、画家。
¶郷土群馬([生]1799年)，群馬人([生]寛政10(1798)年)，群馬百([生]？)，人名(やじまぐんほう [生]1799年)，日人([生]1798年)，藩臣2([生]寛政10(1798)年)

矢島作郎(矢嶋作郎) やじまさくろう
天保10(1839)年～明治44(1911)年11月7日
[別]伊藤湊《いとうたい，いとうみなと》，佐久郎，佐九郎
江戸時代末期～明治期の周防徳山藩士。
¶海越(伊藤湊 いとうみなと 生没年不詳)，海越(生没年不詳)，海越新(伊藤湊 いとうみなと 生没年不詳)，海越新，姓氏山口(矢嶋作郎)，渡航(伊藤湊 いとうたい)，渡航，幕末(矢嶋作郎)，山口百

八島為次 やしまためつぐ
元禄1(1688)年～宝暦13(1763)年 [別]八島半蔵《やしまはんぞう》
江戸時代前期～中期の藩士・武芸家。
¶剣豪(八島半蔵 やしまはんぞう)，国書([没]宝暦13(1763)年4月26日)

矢島竹厓 やしまちくがい
文政9(1826)年～明治25(1892)年4月
江戸時代末期～明治期の備後福山藩士。
¶幕末

矢島耻堂 やじまちどう
弘化2(1845)年～大正1(1912)年
江戸時代末期～明治期の三河西尾藩士。
¶幕末，藩臣4

矢島直之 やじまなおゆき
？ ～享保12(1727)年
江戸時代前期～中期の武士。
¶日人

八島半蔵 やしまはんぞう
→八島為次(やしまためつぐ)

矢島半兵衛 やじまはんべえ
→矢島金鱗(やじまきんりん)

矢島正名 やじままさな
生没年不詳
江戸時代後期の出雲松江藩士・国学者。
¶国書

矢島立軒 やじまりっけん
文政9(1826)年～明治4(1871)年 [別]矢島立軒《やじまりゅうけん》
江戸時代末期～明治期の越前福井藩の儒学者。
¶維新(やじまりゅうけん)，郷土福井，国書([生]文政9(1826)年3月23日 [没]明治4(1871)年10月23日)，人名，日人，幕末([没]1871年12月6日)，藩臣3

矢島立軒 やじまりゅうけん
→矢島立軒(やじまりっけん)

八島若狭 やしまわかさ
生没年不詳
江戸時代中期の備後三次藩家老。
¶藩臣6

屋代勝永 やしろかつなが
→屋代秀正(やしろひでまさ)

屋代勝政 やしろかつまさ
嘉永5(1852)年～明治1(1868)年 [別]屋代由平《やしろよしへい》
江戸時代末期の上野前橋藩士、志士。
¶人名，日人，藩臣2(屋代由平 やしろよしへい [生]？)

屋代弘賢 やしろこうけん
→屋代弘賢(やしろひろかた)

屋代師道 やしろしどう
宝永7(1710)年～天明6(1786)年
江戸時代中期の幕臣、書家。
¶国書([生]宝永7(1710)年5月11日 [没]天明6(1786)年8月27日)，人名，日人

屋代大軒 やしろたいけん
寛永7(1630)年～元禄7(1694)年
江戸時代前期の書家、高知藩士。
¶高知人，国書([没]元禄7(1694)年1月16日)，人名，日人

屋代忠興 やしろただおき
元和5(1619)年～寛文3(1663)年
江戸時代前期の大名。安房北条藩主。
¶諸系，日人，藩主2([没]寛文3(1663)年1月6日)

屋代忠良 やしろただかた
延享4(1747)年～？
江戸時代中期の幕臣。
¶国書

屋代忠位 やしろただたか
正保4(1647)年～正徳4(1714)年
江戸時代前期～中期の大名。安房北条藩主。
¶諸系，人名，千葉百，日人，藩主2([没]正徳4(1714)年2月20日)

屋代忠正 やしろただまさ
文禄3(1594)年～寛文2(1662)年
江戸時代前期の大名。安房北条藩主。
¶諸系，人名([生]？)，日人，藩主2([没]寛文2(1662)年4月24日)

屋代得右衛門 やしろとくえもん
～天保10(1839)年8月26日
江戸時代後期の庄内藩家老。
¶庄内

八代利征 やしろとしゆき
天保3(1832)年～明治6(1873)年 [別]吉田主馬《よしだしゅめ》
江戸時代末期～明治期の筑前福岡藩家老。
¶維新，人名，日人，幕末([没]1873年6月21日)，藩臣7

屋代秀正 やしろひでまさ
永禄1(1558)年～元和9(1623)年 [別]屋代勝永《やしろかつなが》
江戸時代前期の武将。
¶諸系，人名(屋代勝永 やしろかつなが)，姓氏長野([生]？)，姓氏山梨(屋代勝永 やしろかつなが)，戦国(屋代勝永 やしろかつなが [生]1559年)，戦辞([没]元和9年閏8月3日(1623年9月27日))，戦人([生]？)，戦人(屋代勝永 や

しろかつなが)，長野歴([生]？)，日人

屋代弘賢　やしろひろかた
宝暦8(1758)年～天保12(1841)年　[別]屋代弘賢《やしろこうけん》
江戸時代中期～後期の阿波徳島藩の考証学者。幕府右筆。「群書類従」編纂校訂に従事。
¶朝日([没]天保12年閏1月18日(1841年3月10日))，岩史([没]天保12(1841)年閏1月18日)，江戸(やしろこうけん)，江文，角史，近世，考古([生]宝暦8(1759)年　[没]天保12年(1841年1月18日))，国史，国書([没]天保12(1841)年閏1月18日)，コン改，コン4，詩歌，史人([没]1841年閏1月18日)，人書94，神人，新潮([没]天保12(1841)年閏1月18日)，新文([没]天保12(1841)年閏1月18日)，人名，世人([没]天保12(1841)年5月18日)，世百，全書，大百，徳島百([没]天保12(1841)年5月19日)，徳島歴，日史([没]天保12(1841)年閏1月18日)，日人，人情3，藩臣6，百科，文学，平史，歴大，和俳([没]天保12(1841)年閏1月18日)

屋代増之助　やしろますのすけ
江戸時代末期の第25代美濃国代官。
¶岐阜百

屋代通賢　やしろみちかた
宝暦7(1757)年～？
江戸時代中期～後期の幕臣、園芸家。
¶国書(生没年不詳)，日人

屋代由平　やしろよしへい
→屋代勝政(やしろかつまさ)

安井顕比　やすいあきちか
天保1(1830)年～明治26(1893)年
江戸時代末期～明治期の加賀藩士。
¶維新，国書([生]文政13(1830)年6月12日　[没]明治26(1893)年9月7日)，姓氏石川，幕末([生]1830年7月31日　[没]1893年9月7日)

安井喜内　やすいきない
安土桃山時代～江戸時代前期の武士。豊臣氏家臣、浅野氏家臣。
¶戦国，戦人(生没年不詳)

安井滄洲　やすいそうしゅう
明和4(1767)年～天保6(1835)年
江戸時代中期～後期の日向飫肥藩士。
¶国書([生]明和4(1767)年閏9月3日　[没]天保6(1835)年閏7月21日)，人名([生]1762年)，日人，藩臣7，宮崎百([生]明和4(1767)年9月3日　[没]天保6(1835)年7月21日)

安井息軒　やすいそくけん
→安井息軒(やすいそっけん)

安井息軒　やすいそっけん
寛政11(1799)年～明治9(1876)年　[別]安井息軒《やすいそくけん》
江戸時代末期～明治期の日向飫肥藩の儒学者。三計塾を開いた。
¶朝日([生]寛政11年1月1日(1799年2月5日)　[没]明治9(1876)年9月23日)，維新，岩史([生]寛政11(1799)年1月1日　[没]明治9(1876)年9月23日)，江戸東，江文(やすいそくけん)，角史，キリ([生]寛政11年1月1日(1799年2月5日)　[没]明治9(1876)年9月23日)，近現，近世，国史，国書([生]寛政11(1799)年1月1日　[没]明治9(1876)年9月23日)，コン改，コン4，コン5，埼玉百(やすいそくけん)，詩歌(やすいそくけん)，史人([生]1799年1月1日　[没]1876年9月23日)，思想([生]寛政11(1799)年1月1日　[没]明治9(1876)年9月23日)，重要([生]寛政11(1799)年1月1日　[没]明治9(1876)年9月23日)，人書79，人書94，新潮([生]寛政11(1799)年1月1日　[没]明治9(1876)年9月23日)，人名，世人([生]寛政11(1799)年1月1日　[没]明治9(1876)年9月23日)，世百，全書(やすいそくけん)，大百，哲学，日史([生]寛政11(1799)年1月1日　[没]明治9(1876)年9月23日)，日人，日本，幕末(やすいそくけん　[没]1876年9月23日)，藩臣7(やすいそくけん)，百科，北海道百，北海道歴，宮崎百([生]寛政11(1799)年1月1日　[没]明治9(1876)年9月23日)，歴大，和俳([生]寛政11(1799)年1月1日　[没]明治9(1876)年9月23日)

安井武兵衛　やすいたけべえ
天明1(1781)年～？
江戸時代後期の下総古河藩用人。
¶藩臣3

安井政章　やすいまさあき
→安井与左衛門(やすいよざえもん)

安井正忠　やすいまさただ
生没年不詳
安土桃山時代～江戸時代前期の武士。浅野家の家臣。
¶和歌山人

安井保次郎　やすいやすじろう
天保7(1836)年5月22日～大正7(1918)年12月18日
江戸時代後期～大正期の弓道家、弓術精錬證。
¶弓道

安井与左衛門　やすいよざえもん
天明7(1787)年～嘉永6(1853)年　[別]安井政章《やすいまさあき》，安井与左衛門政章《やすいよざえもんまさあき》
江戸時代後期の武蔵川越藩の治水家。
¶近世，群馬人(安井与左衛門政章　やすいよざえもんまさあき　[生]天明6(1786)年)，群馬百，国史，国書(安井政章　やすいまさあき　[没]嘉永6(1853)年6月19日)，埼玉人(安井政章　やすいまさあき)，埼玉百(安井政章　やすいまさあき)，人名，姓氏群馬([生]1786年)，日人，藩臣3

安井与左衛門政章　やすいよざえもんまさあき
→安井与左衛門(やすいよざえもん)

安岡斧太郎　やすおかおのたろう
天保10(1839)年～元治1(1864)年
江戸時代末期の土佐藩の志士。土佐勤王党に参加。
¶維新，高知人，人名，日人，幕末([没]1864年3月23日)，藩臣6

安岡覚之助　やすおかかくのすけ
天保6(1835)年～明治1(1868)年
江戸時代末期の土佐藩の志士。土佐勤王党に参加。
¶維新，高知人，国書([生]天保6(1835)年6月

[没]慶応4(1868)年8月25日), 人名, 日人, 幕末([没]1868年10月10日), 藩臣6

安岡嘉助 やすおかかすけ
天保7(1836)年〜元治1(1864)年
江戸時代末期の土佐藩の志士。土佐勤王党に参加。
¶維新, 高知人, 人名, 日人, 幕末([没]1864年3月23日), 藩臣6

安岡勘馬 やすおかかんま
天保14(1843)年〜元治1(1864)年
江戸時代末期の土佐藩の志士。
¶維新, 高知人, 人名([生]1844年), 日人, 幕末([没]1864年4月15日), 藩臣6

安岡故五郎 やすおかこごろう
享和1(1801)年〜明治5(1872)年
江戸時代後期〜明治期の弓術家。
¶高知人

安岡権馬 やすおかごんま
天保10(1839)年〜明治11(1878)年
江戸時代末期〜明治期の勤王家、志士。
¶高知人, 幕末([没]1878年9月16日)

安岡鉄馬 やすおかてつま
弘化3(1846)年〜元治1(1864)年
江戸時代末期の志士。土佐藩安芸郡奉行所の学館教授役。野根山屯集事件に参加。
¶維新, 高知人([生]1847年), 人名, 日人([生]1847年), 幕末([没]1864年10月5日)

安岡良亮 やすおかよしすけ
→安岡良亮(やすおかりょうすけ)

安岡良哲 やすおかよしやす
天保6(1835)年〜明治30(1897)年
江戸時代末期〜明治期の土佐藩士。
¶高知人, 幕末([没]1897年2月4日)

安岡良亮 やすおかりょうすけ
文政8(1825)年〜明治9(1876)年 [別]安岡良亮《やすおかよしすけ》
江戸時代末期〜明治期の土佐藩の志士。
¶維新(やすおかよしすけ), 熊本百([没]明治9(1876)年10月27日), 高知人, 高知百, 国書(やすおかよしすけ [生]文政8(1825)年4月 [没]明治9(1876)年10月24日), 人名([生]?), 日人, 幕末([没]1876年10月24日), 藩臣6, 履歴([生]文政8(1825)年4月 [没]明治9(1876)年10月24日)

保岡嶺南(安岡嶺南) やすおかれいなん
享和3(1803)年〜明治1(1868)年
江戸時代末期の武蔵川越藩士、儒学者。
¶江文, 郷土群馬([生]1801年), 群馬人, 群馬百, 国書([没]慶応4(1868)年6月23日), 埼玉人(安岡嶺南 [生]享和1(1801)年), 埼玉百([生]1801年), 人名, 姓氏群馬([生]1801年), 日人, 藩臣3

安木田頼方 やすきだよりかた
*〜明治44(1911)年
江戸時代末期〜明治期の国学者、加賀藩士。
¶姓氏石川([生]?), 幕末([生]1833年 [没]1911年10月16日)

安田一学(1) やすだいちがく
生没年不詳
江戸時代中期の備中岡田藩士。一学の初代。
¶藩臣6

安田一学(2) やすだいちがく
生没年不詳
江戸時代中期の備中岡田藩士。一学の3代。
¶藩臣6

安田市正 やすだいちのかみ
安土桃山時代〜江戸時代前期の武士。里見氏家臣。
¶戦人(生没年不詳), 戦東

安田確斎 やすだかくさい
江戸時代末期の備中岡田藩士。
¶岡山人, 藩臣6(生没年不詳)

安田上総介 やすだかずさのすけ
→安田能元(やすだよしもと)

安田喜助 やすだきすけ
天保11(1840)年〜元治1(1864)年
江戸時代末期の肥後熊本藩江戸藩邸詰足軽。
¶維新, 人名, 日人

安田喜八郎 やすだきはちろう
天保6(1835)年〜慶応1(1865)年
江戸時代末期の筑前福岡藩士。
¶維新, 人名([生]1834年), 日人, 幕末([没]1865年12月10日), 藩臣7

安武厳丸 やすたけいずまる
文化14(1817)年〜明治10(1877)年
江戸時代末期〜明治期の筑後柳河藩士、国学者。
¶維新, 国書([没]明治10(1877)年4月), 人名, 日人([生]1818年 [没]1878年), 幕末([没]1877年4月)

安田景福 やすだけいふく
文化9(1812)年〜明治18(1885)年3月1日
江戸時代末期〜明治期の周防岩国藩士。
¶幕末

安武茂庵 やすたけもあん
生没年不詳
安土桃山時代〜江戸時代前期の筑後柳河藩士。
¶藩臣7

安田成信 やすだしげのぶ
→安田成信(やすだなりのぶ)

安田信解 やすだしんかい
天保9(1838)年〜慶応1(1865)年
江戸時代末期の近江膳所藩士。
¶人名

保田信六郎 やすだしんろくろう
天保9(1838)年〜慶応1(1865)年 [別]保田正経《やすだまさつね》
江戸時代末期の近江膳所藩士。
¶維新, 日人, 幕末([没]1865年12月8日), 藩臣4(保田正経 やすだまさつね)

安田拙造 やすだせつぞう
? 〜明治1(1868)年
江戸時代末期の蝦夷松前藩士。
¶藩臣1

安田竹之輔 やすだたけのすけ
文政10(1827)年〜明治2(1869)年
江戸時代末期の陸奥仙台藩士。

や

¶姓氏宮城，幕末（[没]1869年5月19日）

安田太左衛門 やすだたざえもん
貞享1（1684）年～享保7（1722）年
江戸時代中期の美濃苗木藩士。
¶藩臣3

安田鉄吉 やすだてつきち
*～文久3（1863）年　[別]安田鉄造《やすだてつぞう》
江戸時代後期～末期の大和高取藩士。天誅組の挙兵で戦死。
¶人名（安田鉄造　やすだてつぞう　[生]1840年），日人（[生]1830年）

安田轍蔵 やすだてつぞう
江戸時代末期の薩摩藩士。
¶姓氏鹿児島

安田鉄造 やすだてつぞう
→安田鉄吉（やすだてつきち）

安田成信 やすだなりのぶ
正徳5（1715）年～明和6（1769）年　[別]安田成信《やすだしげのぶ》
江戸時代中期の因幡鳥取藩士。宝暦の改革の中心人物。
¶近世，国史，コン改，コン4，新潮，人名，鳥取百（やすだしげのぶ），日人，藩臣5（やすだしげのぶ　[生]宝永2（1705）年）

や

安田布旧 やすだのぶもと
生没年不詳
江戸時代後期の加賀藩士。
¶国書

安田彦右衛門 やすだひこうえもん
→安田彦右衛門（やすだひこえもん）

安田彦右衛門 やすだひこえもん
[別]安田彦右衛門《やすだひこうえもん》
安土桃山時代～江戸時代前期の武士。里見氏家臣。
¶戦人（生没年不詳），戦東（やすだひこうえもん）

安田彦九郎 やすだひこくろう
江戸時代前期の武将。里見氏家臣。
¶戦東

保田正経 やすだまさつね
→保田信六郎（やすだしんろくろう）

保田光則 やすだみつのり
寛政9（1797）年～明治3（1870）年
江戸時代末期～明治期の陸奥仙台藩士、国学者。
¶国書（[生]寛政9（1797）年3月　[没]明治3（1870）年3月17日），人名，姓氏宮城，日人，藩臣1

保田元施 やすだもとはる
→藤堂采女（とうどううねめ）

保田安政 やすだやすまさ
→佐久間安政（さくまやすまさ）

安田能元 やすだよしもと
弘治3（1557）年～元和8（1622）年　[別]安田上総介《やすだかずさのすけ》
安土桃山時代～江戸時代前期の出羽米沢藩士。
¶庄内（安田上総介　やすだかずさのすけ　[没]元和8（1622）年6月25日），戦辞（生没年不詳），藩臣1

安田李仲 やすだりちゅう
生没年不詳
江戸時代前期～中期の武士。
¶黄檗

安田六左衛門 やすだろくざえもん
生没年不詳
江戸時代中期の三河吉田藩士、弓術師範。
¶藩臣4

安富才介 やすとみさいすけ
天保10（1839）年～？
江戸時代末期の新撰組隊士。
¶新撰，幕末

安富季記 やすとみすえのり
安永1（1772）年～天保12（1841）年
江戸時代後期の信濃飯田藩家老。
¶藩臣3

安並雅景 やすなみまさかげ
安永9（1780）年～嘉永4（1851）年
江戸時代後期の土佐藩士、国学者。
¶高知人，高知百，国書（[没]嘉永4（1851）年12月），人名，日人，藩臣6，和俳

安野藤次郎 やすのとうじろう
文政4（1821）年～明治18（1885）年
江戸時代末期～明治期の豊後岡藩士。
¶人名，日人

安場保和 やすばやすかず
天保6（1835）年～明治32（1899）年　[別]一平，咬菜軒
江戸時代末期～明治期の熊本藩士、官僚、政治家。男爵、貴族院議員。諸産業の振興に努め、地方官会議幹事として活躍。北海道長官を歴任。
¶朝日（[生]天保6年4月17日（1835年5月14日）　[没]明治32（1899）年5月23日），維新，海越（[生]天保6（1835）年4月17日　[没]明治32（1899）年5月23日），海越新（[生]天保6（1835）年4月17日　[没]明治32（1899）年5月23日），熊本百（[生]天保6（1835）年4月15日　[没]明治32（1899）年5月23日），国際，コン5，人名，姓氏愛知，渡航（[生]1835年4月），富山百，日人，幕末（[没]1899年5月23日），福岡百（[生]天保6（1835）年5月14日　[没]明治32（1899）年5月23日），履歴（[生]天保6（1835）年4月17日　[没]明治32（1899）年5月23日）

安場敬明 やすばよしあき
生没年不詳
江戸時代後期の因幡鳥取藩士。
¶国書

安原昭之 やすはらあきゆき
弘化2（1845）年～明治38（1905）年
江戸時代末期～明治期の播磨山崎藩士。
¶藩臣5

安原角兵衛 やすはらかくべえ
生没年不詳
江戸時代末期の下総結城藩士。
¶幕末，藩臣3

安原貞平 やすはらさだひら
元禄11（1698）年～安永9（1780）年　[別]安原省所

《やすはらしょうしょ》,安原霖寰《やすはらりんかん》
江戸時代中期の信濃上田藩士、儒学者。
¶江文（安原省所　やすはらしょうしょ），国書（安原霖寰　やすはらりんかん　[没]安永9（1780）年10月27日），人名，姓氏長野，長野歴，日人，藩臣3

安原松斎　やすはらしょうさい
生没年不詳
江戸時代後期の播磨山崎藩士、儒学者。
¶藩臣5

安原省所　やすはらしょうしょ
→安原貞平（やすはらさだひら）

安原霖寰　やすはらりんかん
→安原貞平（やすはらさだひら）

安福要人　やすふくようじん
文化8（1811）年～？
江戸時代後期の武蔵川越藩士。
¶藩臣3

安松金右衛門　やすまつきんうえもん
→安松金右衛門（やすまつきんえもん）

安松金右衛門吉実　やすまつきんうえもんよしざね
→安松金右衛門（やすまつきんえもん）

安松金右衛門　やすまつきんえもん
？～貞享3（1686）年　[別]安松金右衛門《やすまつきんうえもん》,安松金右衛門吉実《やすまつきんうえもんよしざね》
江戸時代前期の武蔵川越藩士。野火止用水の開削者。
¶朝日（[生]慶長6（1601）年），江戸，近世，国史，コン改，コン4，埼玉人（[生]慶長6（1601）年），埼玉百（安松金右衛門吉実　やすまつきんうえもんよしざね），史人（[没]1686年10月27日），新潮，人名，世人，全書，日人（[生]1601年），藩臣3（やすまつきんうえもん　[生]慶長16（1611）年），歴大（[生]1611年）

安見隠岐　やすみおき
→安見元勝（やすみもとかつ）

安光徳太郎　やすみつとくたろう
天保10（1839）年～大正2（1913）年
江戸時代末期～明治期の土佐郷士。迅衝隊士として戊辰戦役に参加。新留守居組に昇進。
¶高知人，幕末（[没]1913年7月22日）

八隅正名　やすみまさな
文政9（1826）年～明治27（1894）年
江戸時代末期～明治期の豊前小倉藩士。
¶人名，日人，藩臣7

安見元勝　やすみもとかつ
生没年不詳　[別]安見隠岐《やすみおき》
江戸時代前期の加賀藩の銃術家。
¶石川百，日人，藩臣3（安見隠岐　やすみおき）

安元杜預蔵（安元杜預荘）　やすもととよぞう，やすもとどよぞう
文政11（1828）年～安政1（1854）年
江戸時代末期の大和郡山藩士。
¶人名（安元杜預荘），日人，藩臣4（やすもとどよぞう）

安山松巌　やすやましょうげん
明和8（1771）年～嘉永1（1848）年
江戸時代後期の薩摩藩の藩政家。
¶コン改，コン4，日人

八十島中　やそじまあたる
文化2（1805）年～明治7（1874）年
江戸時代末期～明治期の伊予宇和島藩士。
¶幕末（[没]1874年12月17日），藩臣6

八十島治右衛門　やそじまじうえもん
*～元禄2（1689）年　[別]八十島治右衛門《やそじまじえもん》
江戸時代前期の伊予宇和島藩士。
¶郷土愛媛（やそじまじえもん　[生]？），藩臣6（[生]寛永1（1624）年）

八十島治右衛門　やそじまじえもん
→八十島治右衛門（やそじまじうえもん）

八谷梅顚　やたがいばいてん
文化3（1806）年～明治5（1872）年　[別]八谷梅顚《やつだにばいてん》
江戸時代末期～明治期の長州（萩）藩士。
¶国書（[没]明治5（1872）年8月16日），人名（やつだにばいてん），日人，幕末（[没]1872年9月18日）

矢田賢之助（矢田賢之介）　やたけんのすけ
？～慶応4（1868）年
江戸時代末期の新撰組隊士。
¶新撰（矢田賢之介　[没]慶応4年5月6日），幕末（[没]1868年6月25日），和歌山人

矢田五郎右衛門　やだごろうえもん
延宝3（1675）年～元禄16（1703）年
江戸時代前期～中期の武士。
¶日人

矢田宏　やだひろし
弘化1（1844）年～大正2（1913）年
江戸時代末期～大正期の勤王家。
¶大分百，大分歴

谷田部藤七郎　やたべとうしちろう
文化11（1814）年～安政4（1857）年
江戸時代末期の水戸藩士。
¶幕末（[没]1857年9月27日），藩臣2

矢田堀景蔵　やたぼりけいぞう
→矢田堀鴻（やたぼりこう）

矢田堀鴻　やたぼりこう
文政12（1829）年～明治20（1887）年　[別]矢田堀景蔵《やたぼりけいぞう》
江戸時代末期～明治期の幕府海軍軍人。
¶朝日（矢田堀景蔵　やたぼりけいぞう　[没]明治20（1887）年12月18日），維新，江文（矢田堀景蔵　やたぼりけいぞう），静岡歴，新潮（矢田堀景蔵　やたぼりけいぞう　[没]明治20（1887）年11月17日），人名，全書，大百，長崎歴（矢田堀景蔵　やたぼりけいぞう　生没年不詳），日史（[没]明治20（1887）年12月18日），日人，幕末（[没]1887年11月17日），山梨百（矢田堀景蔵　やたぼりけいぞう　[没]明治20（1887）年11月17日），洋学（矢田堀景蔵　やたぼりけいぞう）

谷津勘四郎　やつかんしろう
生没年不詳

江戸時代末期の幕臣・小人目付。1864年遣仏使節に随行しフランスに渡る。
¶海越新

八谷梅顛　やつだにばいてん
→八谷梅顛（やたがいばいてん）

八柳極人　やつやなぎきめと
？　～文化11（1814）年
江戸時代後期の出羽新庄藩中老。
¶藩臣1

矢頭右衛門七　やとうえもしち
貞享3（1686）年～元禄16（1703）年　[別]矢頭右衛門七《やこうべよもしち》，矢頭教兼《やとうのりかね》
江戸時代中期の播磨赤穂藩士。四十七士。
¶朝日（[没]元禄16年2月4日（1703年3月20日）），大阪人（矢頭教兼　やとうのりかね　[没]元禄16（1703）年2月4日），大阪墓（やこうべよもしち　[没]元禄16（1703）年2月4日），コン改，コン4，史人（[没]1703年2月4日），新潮（[没]元禄16（1703）年2月4日），人名，日人

矢頭藤助　やとうとうすけ
江戸時代前期の旗本奴、幕臣。
¶人名，日人（生没年不詳）

矢頭教兼　やとうのりかね
→矢頭右衛門七（やとうえもしち）

宿屋空々　やどやくうくう
→児玉空々（こだまくうくう）

柳井亀山（楊井亀山）　やないきざん
明和1（1764）年～弘化1（1844）年　[別]柳井平次郎《やないへいじろう》，楊井亀山《やないきざん》
江戸時代中期～後期の上総久留里藩用人。
¶江文（楊井亀山），国書（[没]天保15（1844）年9月3日），藩臣3（柳井平次郎　やないへいじろう）

柳井健次　やないけんじ
天保13（1842）年～元治1（1864）年
江戸時代末期の土佐藩の志士。土佐勤王党に参加。
¶維新，高知人，人名，日人，幕末（[没]1864年8月20日），藩臣6

楊井三之允　やないさんのじょう
元和6（1620）年～元禄15（1702）年
江戸時代前期の土木家、長州（萩）藩士。
¶人名（[没]？），姓氏山口，日人

谷内昇助　やないのぼりのすけ
生没年不詳
江戸時代後期の遠江掛川藩用人。
¶藩臣4

矢内武平次　やないぶへいじ
江戸時代中期の浪人。弟とともに父の敵討ちをした。
¶江戸

柳井平次郎　やないへいじろう
→柳井亀山（やないきざん）

楊井盛良　やないもりよし
寛政9（1797）年～万延1（1860）年5月14日
江戸時代後期～末期の長州萩藩士。
¶国書

弥永健吾　やながけんご
生没年不詳
江戸時代末期の筑後久留米藩士。
¶藩臣7

柳川調興　やながわしげおき
慶長8（1603）年～貞享1（1684）年
江戸時代前期の対馬藩家老。
¶青森人，朝日（[没]貞享1年10月1日（1684年11月7日）），岩史（[没]貞享1（1684）年10月1日），近世，国史，国書（[没]貞享1（1684）年10月1日），コン4，史人（[没]1684年10月1日），日人，藩臣7，歴大

梁川播磨　やながわはりま
→梁川頼親（やながわよりちか）

柳川正国　やながわまさくに
江戸時代前期の陸奥仙台藩士。
¶人名

梁川頼親　やながわよりちか
天保3（1832）年～明治1（1868）年　[別]梁川播磨《やながわはりま》
江戸時代末期の陸奥仙台藩士。栗原郡鶯沢村邑主。
¶姓氏宮城，幕末（[没]1868年8月28日），山形百（梁川播磨　やながわはりま）

柳沢淇園　やなぎさわきえん
宝永1（1704）年～宝暦8（1758）年　[別]柳沢貞貴《やなぎさわさだたか》，柳沢里恭《やなぎさわさととも，やなぎさわさとやす》，柳里恭《りゅうりきょう》，淇園《きえん》
江戸時代中期の甲斐甲府藩・大和郡山藩の武士。南画の先駆者。
¶朝日（[没]宝暦8年9月5日（1758年10月6日）），岩史（[没]宝暦8（1758）年9月5日），黄檗（[没]宝暦8（1758）年9月5日），角史，郷土奈良（[生]1703年），近世，国史，国書（[没]宝暦8（1758）年9月5日），コン改，コン4，茶道（柳沢里恭　やなぎさわさとやす　[生]1699年），詩歌（[生]1706年），史人（[没]1758年9月5日），新潮（[没]宝暦8（1758）年9月5日），人名（[生]1706年），世人（[生]元禄16（1703）年　[没]宝暦8（1758）年9月5日），世百（[生]1706年），全書，大百，日音（[没]宝暦8（1758）年9月5日），日史（[没]宝暦8（1758）年9月5日），日人，藩臣3（柳沢貞貴　やなぎさわさだたか），藩臣4（柳沢里恭　やなぎさわさとやす　[生]元禄16（1703）年），美術，百科，名画（[生]1706年），山梨百（柳沢里恭　やなぎさわさとやす　[没]宝暦8（1758）年9月1日），歴大，和俳（[没]宝暦8（1758）年9月5日）

柳沢堯山　やなぎさわぎょうざん
→柳沢保光（やなぎさわやすみつ）

柳沢吾一　やなぎさわごいち
→柳沢維賢（やなぎさわこれたか）

柳沢維賢　やなぎさわこれかた
→柳沢維賢（やなぎさわこれたか）

柳沢維賢　やなぎさわこれたか
明和6（1769）年～嘉永3（1850）年　[別]柳沢維賢《やなぎさわこれかた》，柳沢吾一《やなぎさわごいち》
江戸時代中期の書家、尾張藩士。

¶愛知百，人名（やなぎさわこれかた　[没]？），姓氏愛知（柳沢吾一　やなぎさわごいち），日人

柳沢貞貴　やなぎさわさだたか
→柳沢淇園（やなぎさわきえん）

柳沢里顕　やなぎさわさとあき
文化6（1809）年～＊
江戸時代後期の大名。越後三日市藩主。
¶諸系（[没]1843年），新潟百（[没]1842年），日人（[没]1843年），藩主3（[生]文化6（1809）年10月28日　[没]天保13（1842）年12月24日）

柳沢里旭　やなぎさわさとあきら
享保7（1722）年～元文1（1736）年
江戸時代中期の大名。越後黒川藩主。
¶諸系，新潟百，日人，藩主3（[生]享保7（1722）年5月27日　[没]元文1（1736）年6月3日）

柳沢里済　やなぎさわさとずみ
宝永6（1709）年～享保20（1735）年
江戸時代中期の大名。越後黒川藩主。
¶諸系，新潟百，日人，藩主3（[没]享保20（1735）年11月2日）

柳沢里恭　やなぎさわさととも
→柳沢淇園（やなぎさわきえん）

柳沢里恭　やなぎさわさとやす
→柳沢淇園（やなぎさわきえん）

柳沢里之　やなぎさわさとゆき
宝暦8（1758）年～文化1（1804）年
江戸時代中期～後期の大名。越後三日市藩主。
¶国書（[生]宝暦8（1758）年1月13日　[没]文化1（1804）年7月24日），諸系，新潟百，日人，藩主3（[生]宝暦8（1758）年1月13日　[没]文化1（1804）年7月24日）

柳沢里世　やなぎさわさとよ
寛政1（1789）年～文政10（1827）年
江戸時代後期の大名。越後三日市藩主。
¶諸系，新潟百，日人，藩主3（[生]寛政1（1789）年10月19日　[没]文政10（1827）年4月30日）

柳沢経隆　やなぎさわつねたか
元禄7（1694）年～享保10（1725）年　[別]松平経隆《まつだいらつねたか》
江戸時代中期の大名。甲斐甲府新田藩主、越後黒川藩主。
¶諸系（[生]1695年），人名，新潟百（松平経隆　まつだいらつねたか），日人（[生]1695年），藩主2（[没]1724年），藩主3（[生]元禄7（1694）年11月16日　[没]享保10（1725）年8月23日）

柳沢出羽守吉保　やなぎさわでわのかみよしやす
→柳沢吉保（やなぎさわよしやす）

柳沢騰馬　やなぎさわとうま
江戸時代末期の新撰組隊士。
¶新撰

柳沢時睦　やなぎさわときちか
元禄9（1696）年～寛延3（1750）年　[別]松平時睦《まつだいらときちか》，柳沢時睦《やなぎさわときよし》
江戸時代中期の大名。甲斐甲府新田藩主、越後三日市藩主。
¶諸系，人名（やなぎさわときよし），新潟百（松平時睦　まつだいらときちか），日人，藩主2，藩主3（[生]元禄9（1696）年6月12日　[没]寛延3（1750）年4月24日）

柳沢時睦　やなぎさわときよし
→柳沢時睦（やなぎさわときちか）

柳沢信著　やなぎさわのぶあき
延享4（1747）年～天明2（1782）年　[別]柳沢信著《やなぎさわのぶつぐ》
江戸時代中期の大名。越後三日市藩主。
¶諸系，人名（やなぎさわのぶつぐ），新潟百，日人，藩主3（[生]延享4（1747）年11月11日　[没]天明2（1782）年3月10日）

柳沢信尹　やなぎさわのぶただ
～享保9（1724）年
江戸時代中期の旗本。
¶神奈川人

柳沢信著　やなぎさわのぶつぐ
→柳沢信著（やなぎさわのぶあき）

柳沢信有　やなぎさわのぶとう
→柳沢信有（やなぎさわのぶとお）

柳沢信有　やなぎさわのぶとお
宝暦2（1752）年～寛政9（1797）年　[別]柳沢信有《やなぎさわのぶとう》
江戸時代中期の大名。越後黒川藩主。
¶諸系，新潟百（やなぎさわのぶとう），日人，藩主3（やなぎさわのぶとう　[生]宝暦2（1752）年2月23日　[没]寛政9（1797）年3月23日）

柳沢信鴻　やなぎさわのぶとき
享保9（1724）年～寛政4（1792）年　[別]米翁《べいおう》，柳沢米翁《やなぎさわべいおう》，信鴻《のぶとき》
江戸時代中期の大名。大和郡山藩主。
¶朝日（[没]寛政4年3月3日（1792年4月23日）），国書（[生]享保9（1724）年10月29日　[没]寛政4（1792）年3月3日），諸系，新潮（[没]寛政4（1792）年3月3日），人名（柳沢米翁　やなぎさわべいおう　[生]1725年），日人，俳諧（米翁　べいおう　[生]？），俳句（米翁　べいおう），藩主3（[生]享保9（1724）年10月29日　[没]寛政4（1792）年3月3日），和俳（[没]寛政4（1792）年3月3日）

柳沢徳忠　やなぎさわのりただ
安政1（1854）年～昭和11（1936）年
江戸時代末期～明治期の大名。越後三日市藩主。
¶維新（[没]？），諸系，新潟百，日人，藩主3（[生]嘉永7（1854）年7月11日）

柳沢泰孝　やなぎさわひろたか
→柳沢泰孝（やなぎさわやすたか）

柳沢米翁　やなぎさわべいおう
→柳沢信鴻（やなぎさわのぶとき）

柳沢光昭　やなぎさわみつあき
→柳沢光昭（やなぎさわみつてる）

柳沢光邦　やなぎさわみつくに
安政1（1854）年～大正12（1923）年
江戸時代末期～明治期の大名。越後黒川藩主。
¶諸系，世紀（[生]嘉永7（1854）年3月15日　[没]大正12（1923）年10月22日），新潟百，日人，藩主3（[生]嘉永7（1854）年3月15日　[没]大正12（1923）

年10月22日）

柳沢光昭 やなぎさわみつてる
文政6（1823）年〜明治33（1900）年　別柳沢光昭
《やなぎさわみつあき》
江戸時代末期〜明治期の大名。越後黒川藩主。
¶維新（やなぎさわみつあき），諸系，新潟百（や
なぎさわみつあき），日人，藩主3（⊕文政6
（1823）年6月14日　⊗明治33（1900）年4月4
日）

柳沢光被 やなぎさわみつひ
天明4（1784）年〜天保7（1836）年
江戸時代後期の大名。越後黒川藩主。
¶諸系，新潟百，日人，藩主3（⊕天明4（1784）年
7月12日　⊗天保7（1836）年9月24日）

柳沢元吉 やなぎさわもとよし
〜正保3（1646）年
江戸時代前期の旗本。
¶神奈川人

柳沢保興 やなぎさわやすおき
文化12（1815）年〜嘉永1（1848）年
江戸時代後期の大名。大和郡山藩主。
¶諸系，日人，藩主3（⊕文化12（1815）年6月17日
⊗嘉永1（1848）年8月21日）

柳沢保格 やなぎさわやすさだ
慶安1（1648）年〜享保5（1720）年　別柳沢保格
《やなぎさわやすただ》
江戸時代前期〜中期の甲斐甲府藩家老。
¶藩臣3，山梨百（やなぎさわやすただ　⊗享保5
（1720）年7月1日）

柳沢泰孝 やなぎさわやすたか
天保4（1833）年〜安政3（1856）年　別柳沢泰孝
《やなぎさわひろたか》
江戸時代末期の大名。越後三日市藩主。
¶諸系，新潟百（やなぎさわひろたか），日人，藩
主3（⊕天保4（1833）年10月15日　⊗安政3
（1856）年2月12日）

柳沢保卓 やなぎさわやすたか
享保12（1727）年〜安永3（1774）年　別柳沢保卓
《やなぎさわやすたつ》
江戸時代中期の大名。越後黒川藩主。
¶諸系，人名（やなぎさわやすたか　⊕1718年），
新潟百，日人，藩主3（⊕享保12（1727）年4月27
日　⊗安永3（1774）年3月22日）

柳沢安忠 やなぎさわやすただ
慶長7（1602）年〜貞享4（1687）年
安土桃山時代〜江戸時代前期の武士。
¶諸系，日人

柳沢保格 やなぎさわやすただ
→柳沢保格（やなぎさわやすさだ）

柳沢保卓 やなぎさわやすたつ
→柳沢保卓（やなぎさわやすたか）

柳沢保経 やなぎさわやすつね
*〜宝暦10（1760）年　別松平保経《まつだいらや
すつね》
江戸時代中期の大名。越後三日市藩主。
¶諸系（⊕1710年），新潟百（松平保経　まつだい
らやすつね　⊕1706年），日人（⊕1710年），藩

主3（⊕宝永3（1706）年7月26日　⊗宝暦10
（1760）年6月6日）

柳沢保申 やなぎさわやすのぶ，やなぎさわやすのぶ
弘化3（1846）年〜明治26（1893）年
江戸時代末期〜明治期の大名。大和郡山藩主。
¶維新，近現，近世，国史，コン改，コン4，コン
5，諸系，神人，新潮《⊕弘化3（1846）年3月26
日 ⊗明治26（1893）年10月2日），人名，日人，
幕末（やなぎさわやすのぶ　⊗1893年10月2
日），藩主3（⊕弘化3（1846）年3月25日　⊗明
治26（1893）年10月2日）

柳沢保泰 やなぎさわやすひろ
*〜天保9（1838）年
江戸時代後期の大名。大和郡山藩主。
¶国書（⊕天明2（1782）年12月23日　⊗天保9
（1838）年5月25日），諸系（⊕1783年），日人
（⊕1783年），藩主3（⊕天明2（1782）年12月23
日　⊗天保9（1838）年5月25日）

柳沢保光 やなぎさわやすみつ
宝暦3（1753）年〜文化14（1817）年　別柳沢堯山
《やなぎさわぎょうざん》
江戸時代中期〜後期の大名。大和郡山藩主。
¶国書（⊕宝暦3（1753）年4月4日　⊗文化14
（1817）年1月20日），茶道（柳沢堯山　やなぎ
さわぎょうざん），諸系，人名，日人，藩主3
（⊕宝暦3（1753）年4月4日　⊗文化14（1817）年
1月20日）

柳沢吉里 やなぎさわよしさと
貞享4（1687）年〜延享2（1745）年
江戸時代中期の大名。甲斐甲府藩主，大和郡山
藩主。
¶郷土奈良，国書（⊕貞享4（1687）年9月3日
⊗延享2（1745）年9月6日），諸系，人名，日人，
藩主2，藩主3（⊕貞享4（1687）年9月3日　⊗延
享2（1745）年9月5日），山梨百（⊗延享2
（1745）年9月6日）

柳沢吉保 やなぎさわよしやす
万治1（1658）年〜正徳4（1714）年　別柳沢出羽守
吉保《やなぎさわでわのかみよしやす》
江戸時代前期〜中期の大名，老中上座（大老格）。
甲斐甲府藩主，武蔵川越藩主。5代将軍綱吉の側
用人として権勢を振るう。6代家宣就任とともに
失脚。
¶朝日（⊗正徳4年11月2日（1714年12月8日）），
岩史（⊗正徳4（1714）年11月2日），江戸東，黄
檗（⊗正徳4（1714）年11月2日），角史，近世，
国史，国書（⊕万治1（1658）年12月18日　⊗正
徳4（1714）年11月2日），コン改，コン4，埼玉
人（⊗正徳4（1714）年11月2日），埼玉百（柳沢
出羽守吉保　やなぎさわでわのかみよしやす），
茶道，史人（⊗1714年11月2日），重要（⊗正徳4
（1714）年11月2日），食文（⊕万治1年12月18日
（1659年1月10日）　⊗正徳4年11月2日（1714年
12月8日）），諸系（⊕1659年），新潮《⊕正徳4
（1714）年11月2日），人名，世人《⊕正徳4
（1714）年11月2日），世百，全書，大百，伝記，
日史（⊗正徳4（1714）年11月2日），日人
（⊕1659年），藩主1，藩主2（⊕万治1（1658）年
12月8日　⊗正徳4（1714）年11月2日），百科，

山梨百（[生]万治1（1658）年12月8日　[没]正徳4（1714）年11月2日），歴大

柳園満糸　やなぎぞのみついと
天保3（1832）年～明治25（1892）年　[別]本調子満糸《ほんちょうしみついと》
江戸時代後期～明治期の武士、狂歌師。
¶人名（本調子満糸　ほんちょうしみついと），日人

柳田懿春　やなぎたえしゅん
享和3（1803）年～明治18（1885）年
江戸時代後期～明治期の上三川村の私塾玉柳軒塾主、権少講議（神官）、槍術家。
¶栃木歴

柳田四郎兵衛弌道　やなぎだしろうべえかずみち
生没年不詳
江戸時代の松江藩家老。
¶島根百

柳多四郎兵衛(1)　やなぎたしろべえ
文禄2（1593）年～寛永10（1633）年
江戸時代前期の上総姉崎藩士。
¶藩臣3

柳多四郎兵衛(2)　やなぎだしろべえ
？　～天和3（1683）年
江戸時代前期の出雲松江藩家老。
¶藩臣5

柳田甚之進　やなぎたじんのしん
江戸時代後期の足軽。種子島島主種子島氏の家臣。
¶姓氏鹿児島

柳田為貞　やなぎだためさだ
安永7（1778）年～文化8（1811）年
江戸時代後期の信濃飯田藩士、歌人。
¶国書（[没]文化8（1811）年11月21日），長野歴（[生]安永8（1779）年），藩臣3，和俳

柳田為美　やなぎだためよし
享保14（1729）年～明和8（1771）年
江戸時代中期の信濃飯田藩家老。
¶藩臣3

柳田半介　やなぎだはんすけ
江戸時代前期の槍術家。
¶岡山人

柳田光行　やなぎだみつゆき
天保1（1830）年～？
江戸時代末期の三条家家士。
¶維新，幕末

柳田光善　やなぎだみつよし
寛政9（1797）年～？
江戸時代後期の三条家家士。
¶維新，幕末

柳直雄　やなぎなおお
江戸時代末期の狂歌師、高崎藩士。
¶人名，日人（生没年不詳）

柳楢悦　やなぎならよし
天保3（1832）年～明治24（1891）年
江戸時代末期～明治期の水路事業者、数学者、伊勢津藩士。
¶朝日（[生]天保3年9月15日（1832年10月8日）　[没]明治24（1891）年1月14日），維新，海越新（[生]天保3（1832）年9月15日　[没]明治24（1891）年1月15日），近現，国際，国史，国書（[生]天保3（1832）年9月15日　[没]明治24（1891）年1月15日），コン4，コン5，新潮（[没]明治24（1891）年1月15日），人名，数学（[生]天保3（1832）年9月15日　[没]明治24（1891）年1月14日），先駆（[生]天保3（1832）年9月15日　[没]明治24（1891）年1月14日），全書，大百，渡航（[没]1891年1月15日），日史（[生]天保3（1832）年9月15日　[没]明治24（1891）年1月15日），日人，幕末（[没]1891年1月15日），百科，三重（[生]天保3年9月），民学，洋学，陸海（[生]天保3年9月15日　[没]明治24年1月14日）

柳本直太郎　やなぎもとなおたろう
嘉永1（1848）年3月7日～大正2（1913）年
江戸時代末期～明治期の越前福井藩士。1867年アメリカに渡る。
¶維新，海越（[没]大正2（1913）年3月16日），海越新（[没]大正2（1913）年3月16日），渡航（[没]1913年3月13日），幕末（[没]1913年3月13日）

柳瀬右兵衛　やなせうひょうえ
→柳瀬孝重（やなせたかしげ）

簗瀬克吉　やなせかつきち
？　～明治3（1870）年
江戸時代末期～明治期の会津藩士。雲井竜雄事件に連座。
¶幕末

簗瀬勝三郎　やなせかつさぶろう，やなせかつざぶろう
嘉永5（1852）年～明治1（1868）年
江戸時代末期の陸奥会津藩の白虎士中二番隊士。
¶幕末（[没]1868年10月8日），藩臣2（やなせかつざぶろう）

簗瀬広記（梁瀬広記）　やなせこうき
天保10（1839）年～明治24（1891）年1月9日
江戸時代末期～明治期の肥前福江藩士。
¶国書，幕末（梁瀬広記），藩臣7

柳瀬三左衛門　やなせさんざえもん
元和7（1621）年～宝永7（1710）年
江戸時代前期～中期の陸奥会津藩家老。
¶藩臣2

柳瀬孝重　やなせたかしげ
[別]柳瀬右兵衛《やなせうひょうえ》
安土桃山時代～江戸時代前期の武士。
¶戦人（生没年不詳），戦西（柳瀬右兵衛　やなせうひょうえ）

簗瀬武治　やなせたけじ
嘉永6（1853）年～明治1（1868）年
江戸時代末期の陸奥会津藩の白虎士中二番隊士。
¶幕末（[没]1868年10月8日），藩臣2

簗瀬友八　やなせともはち
？　～天保4（1833）年？
江戸時代後期の肥前福江藩殖産家。
¶藩臣7

簗瀬昌向　やなせまさひさ
生没年不詳
江戸時代中期の下野黒羽藩士。

¶国書

簗田秀詮 やなだしゅうせん
→簗田秀詮（やなだひであき）

梁田象水 やなだしょうすい
＊～寛政7（1795）年
江戸時代中期の播磨明石藩士、儒学者。
　¶国書（㊀享保4（1719）年　㊁寛政7（1795）年1月29日），人名（㊀1719年），日人（㊀1720年），藩臣5（㊀享保5（1720）年）

梁田蛻巌（簗田蛻巌）　やなだぜいがん
寛文12（1672）年～宝暦7（1757）年
江戸時代中期の播磨明石藩の漢学者、漢詩人。
　¶朝日（㊀寛文12年1月24日（1672年2月22日）㊁宝暦7年7月17日（1757年8月31日），江文，近世，国史，国書（㊀寛文12（1672）年1月24日㊁宝暦7（1757）年7月17日），コン改，コン4，詩歌，史人（㊀1672年1月24日㊁1757年7月17日），新潮（㊁宝暦7（1757）年7月17日），人名，世人（㊀寛文12（1672）年1月24日㊁宝暦7（1757）年7月17日），世百，全書，大百，日史（㊀寛文12（1672）年1月24日　㊁宝暦7（1757）年7月17日），日人，藩臣5，百科，兵庫人（簗田蛻巌　㊀寛文12（1672）年1月24日　㊁宝暦7（1757）年7月17日），兵庫百，和俳

簗田秀詮　やなだひであき
㊙簗田秀詮《やなだしゅうせん》
江戸時代中期～後期の盛岡藩士・参政。
　¶国書（㊀？　㊁天明8（1788）年7月1日），姓氏岩手（やなだしゅうせん　㊀1718年　㊁1795年）

梁田正勝　やなだまさかつ
～承応1（1652）年
江戸時代前期の旗本。
　¶神奈川人

簗田義重（梁田義重）　やなだよししげ
元禄9（1696）年～寛延3（1750）年
江戸時代中期の陸奥南部藩家老。
　¶国書（㊁寛延3（1750）年12月9日），姓氏岩手（梁田義重），藩臣1

柳瀬常七　やなのせつねしち
天保14（1843）年～明治1（1868）年
江戸時代後期～末期の堺事件烈士。
　¶高知人

簗又七　やなまたしち
宝暦1（1751）年～文政12（1829）年　㊙一簗又七《いちやなぎまたしち》
江戸時代中期～後期の豊前中津藩士。
　¶剣豪，人名（一簗又七　いちやなぎまたしち㊀1752年），人名（㊀1752年），日人，藩臣7

矢野一貞　やのかずさだ
寛政6（1794）年～明治12（1879）年8月20日
江戸時代末期～明治の筑後久留米藩の国学者。
　¶考古（㊀寛政6（1794）年6月14日），国書（㊀寛政6（1794）年6月14日），幕末，藩臣7，福岡百

矢野廉俊　やのかどとし
安土桃山時代～江戸時代前期の武将。佐竹氏家臣。
　¶戦辞（生没年不詳），戦東

矢野川良晴　やのがわよしはる
文政4（1821）年～明治25（1892）年4月15日
江戸時代末期～明治期の土佐藩志士。武術に励み、足軽となる。志士と交流し、国事に奔走。
　¶幕末

矢野川竜右衛門　やのがわりゅううえもん
→矢野川竜右衛門（やのがわりゅうえもん）

矢野川竜右衛門　やのがわりゅうえもん
文政1（1818）年～明治1（1868）年　㊙矢野川竜右衛門《やのがわりゅううえもん》
江戸時代末期の志士。土佐勤王党に参加。
　¶高知人（やのがわりゅううえもん），幕末（㊁1868年10月11日）

矢野勘三郎　やのかんざぶろう
文政4（1821）年～明治27（1894）年
江戸時代末期～明治期の豊後岡藩士。
　¶朝日（㊀文政4（1821）年12月　㊁明治27（1894）年6月4日），大分歴，近現，近世，国史，コン改，コン4，コン5，新潮（㊀文政4（1821）年12月　㊁明治27（1894）年6月4日），人名，日人，藩臣7

矢野毅卿　やのきけい
安永2（1773）年～文化13（1816）年　㊙矢野蕉園《やのしょうえん》
江戸時代後期の豊後杵築藩士。
　¶大分百，国書（矢野蕉園　やのしょうえん㊁文化13（1816）年4月17日），詩歌，人名，日人，和俳

矢野策平　やのさくへい
文政10（1827）年～明治5（1872）年12月4日
江戸時代末期～明治期の加賀藩士。
　¶幕末

矢野重玄　やのしげはる
？　～寛永8（1631）年
安土桃山時代～江戸時代前期の武士。佐竹氏家臣。
　¶戦辞（㊁寛永8（1631）年12月），戦人（㊀天文17（1548）年），戦東

矢野主膳　やのしゅぜん
江戸時代前期の馬術家。
　¶姓氏鹿児島

矢野蕉園　やのしょうえん
→矢野毅卿（やのきけい）

矢野庄左衛門　やのしょうざえもん
元文2（1737）年～文化8（1811）年
江戸時代中期～後期の紀伊和歌山藩士。
　¶藩臣5

矢野庄兵衛　やのしょうべえ
生没年不詳
江戸時代中期の陸奥守山藩士。
　¶藩臣2

矢野翠竹　やのすいちく
寛政10（1798）年～安政6（1859）年
江戸時代末期の伊予西条藩士、儒学者。
　¶国書（㊁安政6（1859）年8月21日），藩臣6（㊀寛政10（1798）年頃）

矢野静廬　やのせいろ
文化13（1816）年～明治33（1900）年

江戸時代末期～明治期の播磨竜野藩士。
¶藩臣5

矢野拙斎　やのせっさい
寛文2（1662）年～享保17（1732）年　[別]天野拙斎《あまのせっさい》
江戸時代中期の上野高崎藩の儒学者。
¶江文，国書（[没]享保17（1732）年1月12日），コン改，コン4，新潮（[没]享保17（1732）年1月12日），人名（天野拙斎　あまのせっさい），人名，姓氏京都，日人，藩臣2（天野拙斎　あまのせっさい　[生]？）

矢野長九郎　やのちょうくろう
文政7（1824）年～文久2（1862）年
江戸時代末期の水戸藩士。
¶維新，人名（[生]1825年　[没]1863年），日人，幕末（[没]1862年8月30日）

矢野斯重　やのつなしげ
？　～寛永12（1635）年
安土桃山時代～江戸時代前期の武士。佐竹氏家臣。
¶戦辞（[没]寛永10（1633）年2月），戦人（[生]天文20（1551）年），戦東

矢野藤左衛門　やのとうざえもん
？　～文化6（1809）年
江戸時代中期～後期の信濃高遠藩士。
¶藩臣3

矢野信厚　やののぶあつ
？　～文政5（1822）年1月
江戸時代中期～後期の讃岐高松藩士。
¶国書

矢野原与七　やのはらよしち
天保2（1831）年～明治34（1901）年
江戸時代末期～明治期の美濃郡上藩士。
¶藩臣3

矢野久重　やのひさしげ
生没年不詳
安土桃山時代～江戸時代前期の武士。佐竹氏家臣。
¶戦辞，戦人，戦東

矢延平六　やのべへいろく
慶長15（1610）年～貞享2（1685）年
江戸時代前期の武士、治水家。
¶香川人，郷土香川，日人

矢野政弘（矢野正弘）　やのまさひろ
文政10（1827）年～明治34（1901）年
江戸時代末期～明治期の三河西尾藩士、歌人。
¶人名（矢野正弘），日人，藩臣4，和俳

矢野光儀　やのみつのり
→矢野光儀（やのみつよし）

矢野光儀　やのみつよし
文政5（1822）年～明治13（1880）年　[別]矢野光儀《やのみつのり》
江戸時代末期～明治期の佐伯藩士。
¶維新，大分歴，岡山百（[没]明治13（1880）年9月13日），岡山歴（やのみつのり　[没]明治13（1880）年9月13日），日人，幕末（[没]1880年9月13日）

矢野守信　やのもりのぶ
寛政7（1795）年～明治11（1878）年
江戸時代末期～明治期の肥前蓮池藩士。
¶藩臣7

矢野安雄　やのやすお
？　～明治4（1871）年
江戸時代末期～明治期の筑前福岡藩士。
¶藩臣7

矢野幸賢　やのゆきかた
→矢野幸賢（やのゆきやす）

矢野幸賢　やのゆきやす
文化11（1814）年～明治29（1896）年　[別]矢野幸賢《やのゆきかた》
江戸時代末期～明治期の筑前福岡藩家老。
¶維新，人名（やのゆきかた），日人，幕末（[没]1896年6月15日），藩臣7

矢野敬勝　やのよしかつ
文政10（1827）年～明治19（1886）年6月26日
江戸時代末期～明治期の剣士。
¶幕末

矢野好裕　やのよしひろ
文化5（1808）年～明治19（1886）年
江戸時代末期～明治期の上野小幡藩士。
¶藩臣2

矢野儀之　やのよしゆき
生没年不詳
江戸時代の飫肥藩士。
¶宮崎百

矢作喜兵衛　やはぎきへえ
？　～安永7（1778）年
江戸時代中期の下総古河藩士。
¶藩臣3

矢場繁勝　やばしげかつ
？　～元和9（1623）年
安土桃山時代～江戸時代前期の上野国衆由良氏の一族。
¶戦辞

薮勝信　やぶかつのぶ
寛文11（1671）年～享保6（1721）年
江戸時代中期の武士、幕臣。
¶和歌山人

矢吹兼山　やぶきけんざん
江戸時代末期の漢学者。
¶岡山人，岡山歴

矢吹秀一　やぶきしゅういち
嘉永6（1853）年～明治42（1909）年　[別]矢吹秀一《やぶきひでかず》
江戸時代末期～明治期の静岡藩士、陸軍軍人。中将、男爵。
¶海越（[生]嘉永6（1853）年10月　[没]明治42（1909）年12月16日），海越新（[生]嘉永6（1853）年10月　[没]明治42（1909）年12月16日），静岡歴（やぶきひでかず　[生]嘉永1（1848）年），人名，渡航（[生]1853年10月26日　[没]1909年12月16日），日人（やぶきひでかず　[生]1848年）

矢吹秀一　やぶきひでかず
→矢吹秀一（やぶきしゅういち）

矢吹正則　やぶきまさのり
天保4（1833）年～明治39（1906）年

江戸時代末期～明治期の勤王家、美作津山藩士。
¶岡山人，岡山百（[生]天保4（1833）年11月22日 [没]明治39（1906）年10月9日），岡山歴（[没]明治38（1905）年10月7日），郷土（[生]天保4（1833）年11月22日 [没]明治38（1905）年10月7日），人名，日人（[生]1834年），幕末（[没]1906年10月9日），藩臣6

藪九郎太郎 やぶくろうたろう
正保1（1644）年～享保7（1722）年
江戸時代前期～中期の紀伊和歌山藩士。
¶藩臣5

藪孤山 やぶこざん，やぶこさん
享保20（1735）年～享和2（1802）年
江戸時代中期～後期の肥後熊本藩の儒学者。朱子学への学風統一に苦心。
¶朝日（[没]享和2年4月20日（1802年5月21日）），近世，熊本百（やぶこさん [生]享保20（1735）年3月27日 [没]享和2（1802）年4月20日），国史，国書（[生]享保20（1735）年閏3月27日 [没]享和2（1802）年4月20日），コン改，コン4，詩歌，新潮（[没]享和2（1802）年4月20日），人名（やぶこさん），日人，藩臣7，和俳

藪三左衛門 やぶさんざえもん
文禄4（1595）年～慶安2（1649）年
江戸時代前期の紀伊和歌山藩士。
¶藩臣5

藪慎庵 やぶしんあん
元禄2（1689）年～延享1（1744）年
江戸時代中期の儒学者、肥後熊本藩士。肥後実学者の指導者。
¶朝日（[没]延享1年3月29日（1744年5月11日）），国書（[生]元禄2（1689）年2月25日 [没]延享1（1744）年3月29日），コン改，コン4，新潮（[没]延享1（1744）年3月29日），人名，日人，藩臣7

藪図書 やぶずしょ
？ ～承応1（1652）年
江戸時代前期の肥後熊本藩士。
¶藩臣7

藪田重久 やぶたしげひさ
生没年不詳
江戸時代の川越藩城代。
¶埼玉人

藪忠通 やぶただみち
延宝7（1679）年～宝暦4（1754）年
江戸時代中期の武士、幕臣。
¶和歌山人

養田安忠 やぶたやすただ
天保6（1835）年～明治27（1894）年
江戸時代末期～明治期の下館藩士。
¶幕末，藩臣2

矢部定謙 やぶていけん
→矢部定謙（やべさだのり）

藪正利 やぶまさとし
慶長1（1596）年～慶安2（1649）年
江戸時代前期の武士。
¶和歌山人

藪将泰 やぶまさやす
生没年不詳
江戸時代中期～後期の肥後熊本藩士。
¶国書

矢部阜茂 やべあつしげ
文化11（1814）年～明治7（1874）年10月11日
江戸時代末期～明治期の加賀藩士。
¶幕末

矢部温叟 やべおんそう
生没年不詳
江戸時代末期～明治期の漢学者・上総柴山藩士。
¶国書

矢部定謙 やべさだのり
寛政1（1789）年～天保13（1842）年 [別]矢部駿河守《やべするがのかみ》，矢部定謙《やぶていけん，やべさだよし，やべていけん》
江戸時代後期の幕臣。左近将監、駿河守。老中水野忠邦と対立。
¶朝日（[没]天保13年7月24日（1842年8月29日）），岩史（[没]天保13（1842）年7月24日），江戸東（やべさだよし），大阪人（やぶていけん [没]天保12（1841）年8月），角史（[生]寛政6（1794）年），近世，国史，コン改（[生]寛政6（1794）年 [没]？），コン4（[生]寛政6（1794）年 [没]？），史人（[没]1842年7月24日），庄内（矢部駿河守 やべするがのかみ [没]天保13（1842）年7月24日），新潮（[生]寛政6（1794）年 [没]天保13（1842）年8月），人名（やべていけん [没]1843年），日史（[生]寛政6（1794）年 [没]天保13（1842）年7月24日），日人，百科（[生]寛政6（1794）年），歴大

矢部定謙 やべさだよし
→矢部定謙（やべさだのり）

矢部駿河守 やべするがのかみ
→矢部定謙（やべさだのり）

矢部定謙 やべていけん
→矢部定謙（やべさだのり）

矢部藤九郎忠政 やべとうくろうただまさ
～寛文5（1665）年
江戸時代前期の武士。
¶多摩

矢部朴斎 やべぼくさい
安永1（1772）年～嘉永3（1850）年 [別]矢部致知《やべむねとも》
江戸時代後期の丹波亀山藩士。
¶京都府，国書（矢部致知 やべむねとも [没]嘉永3（1850）年3月18日），藩臣5

矢部正春 やべまさはる
天和3（1683）年～寛延2（1749）年
江戸時代中期の武士、幕臣。
¶和歌山人

矢部致知 やべむねとも
→矢部朴斎（やべぼくさい）

山井甚右衛門 やまいじんうえもん
享保19（1734）年～寛政4（1792）年
江戸時代中期の加賀大聖寺藩士。
¶藩臣3

山内氏理 やまうちうじただ
文化14（1817）年〜明治21（1888）年
江戸時代末期の宿毛土居付き家老。
¶高知人

山内一唯 やまうちかずただ
慶長5（1600）年〜寛文3（1663）年　[別]山内豊前守一唯《やまのうちぶぜんのかみかずただ》
江戸時代前期の旗本。
¶埼玉人（[没]寛文3（1663）年6月27日），埼玉百（山内豊前守一唯　やまのうちぶぜんのかみかずただ）

山内和成 やまうちかずなり
慶長15（1610）年〜寛文10（1670）年
江戸時代前期の土佐藩家老。
¶高知人

山内和三 やまうちかずみつ
永禄6（1563）年〜寛永10（1633）年
安土桃山時代〜江戸時代前期の土佐藩家老。
¶高知人

山内一安 やまうちかずやす
寛永13（1636）年〜万治3（1660）年　[別]山内一安《やまのうちかずやす》
江戸時代前期の武士。高知新田藩祖。
¶高知人，諸系，人名（やまのうちかずやす），日人

山内一照 やまうちかつあき
〜元和6（1620）年
安土桃山時代〜江戸時代前期の初代本山城付き家老。
¶高知人

山内勝明 やまうちかつあき
→山内文次郎（やまうちぶんじろう）

山内勝興 やまうちかつおき
正徳1（1711）年〜享保1（1716）年
江戸時代中期の窪川土居付き家老。
¶高知人

山内勝久 やまうちかつひさ
→林勝久（はやしかつひさ）

山内玄齢 やまうちげんれい
天明8（1788）年〜安政1（1854）年
江戸時代後期の陸奥会津藩の儒学者、天文学者。
¶会津，幕末（[没]1854年7月23日），藩臣2

山内香渓 やまうちこうけい
天保12（1841）年〜大正12（1923）年
江戸時代末期〜明治期の陸奥会津藩士。
¶幕末（[没]1923年10月28日），藩臣2

山内香雪 やまうちこうせつ
寛政11（1799）年〜万延1（1860）年　[別]山内香雪《やまのうちこうせつ》
江戸時代末期の陸奥会津藩の書家。
¶会津，国書（[没]安政7（1860）年2月3日），人名（やまのうちこうせつ），日人，幕末（[没]1860年2月24日），藩臣2

山内小左衛門 やまうちこざえもん
生没年不詳
江戸時代中期の地方役人。
¶国書

山内五左衛門 やまうちござえもん
明和5（1768）年〜文政10（1827）年
江戸時代中期〜後期の遠江掛川藩用人。
¶藩臣4

山内甚五郎 やまうちじんごろう
文政11（1828）年〜明治36（1903）年
江戸時代後期〜明治期の武士、神職。
¶姓氏鹿児島，日人

山内井川 やまうちせいせん
寛政3（1791）年〜文久2（1862）年
江戸時代末期の播磨明石藩士。
¶藩臣5

山内総左衛門 やまうちそうざえもん
→山内董正（やまのうちただまさ）

山内但馬 やまうちたじま
〜寛永17（1640）年
安土桃山時代〜江戸時代前期の本山城付き家老。
¶高知人

山内忠豊 やまうちただとよ
慶長14（1609）年〜寛文9（1669）年　[別]山内忠豊《やまのうちただとよ》
江戸時代前期の大名。土佐藩主。
¶朝日（[生]慶長14年10月29日（1609年11月25日）[没]寛文9年8月5日（1669年8月31日）），近世，高知人，国史，コン改（やまのうちただとよ），コン4（やまのうちただとよ），史人（[生]1609年10月29日　[没]1669年8月5日），諸系，新潮（[生]慶長14（1609）年10月29日　[没]寛文9（1669）年8月5日），人名（やまのうちただとよ），日人，藩主4（[生]慶長14（1609）年10月29日　[没]寛文9（1669）年8月5日）

山内忠直 やまうちただなお
慶長18（1613）年〜寛文7（1667）年
江戸時代前期の大名。土佐中村藩主。
¶高知人，諸系，日人，藩主4（[生]慶長18（1613）年9月11日　[没]寛文7（1667）年6月9日）

山内忠義 やまうちただよし
文禄1（1592）年〜寛文4（1664）年　[別]山内忠義《やまのうちただよし》
江戸時代前期の大名。土佐藩主。
¶朝日（[没]寛文4年11月24日（1665年1月10日）），角史，近世，高知人，高知百，国史，国書（やまのうちただよし　[没]寛文4（1664）年11月24日），コン改（やまのうちただよし），コン4（やまのうちただよし），茶道（やまのうちただよし），史人（[没]1664年11月24日），諸系（[没]1665年），人書94（やまのうちただよし），新潮（[没]寛文4（1664）年11月24日），人名（やまのうちただよし），戦合，日史（[没]寛文4（1664）年11月24日），日人（[没]1665年），藩主4（[没]寛文4（1664）年11月24日），百科

山内致亭 やまうちちてい
江戸時代末期の漢学者・伊勢桑名藩士。
¶国書（生没年不詳），三重

山内知真 やまうちともざね
寛永6（1629）年〜元禄7（1694）年
江戸時代前期の尾張藩用人。
¶藩臣4

山内豊明　やまうちとよあきら
寛永19(1642)年～宝永1(1704)年　[別]山内直久《やまうちなおひさ》,山内豊明《やまのうちとよあき》
江戸時代前期～中期の大名。土佐中村藩主。
¶高知人，諸系，人名（やまのうちとよあき），日人，藩主4（山内直久　やまうちなおひさ　[没]宝永1(1704)年1月17日）

山内豊惇　やまうちとよあつ
文政7(1824)年～嘉永1(1848)年
江戸時代後期の大名。土佐藩主。
¶高知人（[没]1849年），諸系，日人，藩主4（[生]文政7(1824)年6月6日　[没]嘉永1(1848)年9月18日）

山内豊興　やまうちとよおき
寛政5(1793)年～文化6(1809)年
江戸時代後期の大名。土佐藩主。
¶高知人，諸系，日人，藩主4（[生]寛政5(1793)年5月16日　[没]文化6(1809)年3月19日）

山内豊策　やまうちとよかず
安永2(1773)年～文政8(1825)年　[別]山内豊策《やまのうちとよかず》
江戸時代後期の大名。土佐藩主。
¶高知人，国書（やまのうちとよかず　[生]安永2(1773)年4月16日　[没]文政8(1825)年8月5日），諸系，日人，藩主4（[生]安永2(1773)年4月16日　[没]文政8(1825)年8月3日）

山内豊賢　やまうちとよかた
文化4(1807)年～文久3(1863)年
江戸時代末期の大名。土佐高知新田藩主。
¶諸系，日人，藩主4（[生]文化4(1807)年2月7日　[没]文久3(1863)年2月25日）

山内豊定　やまうちとよさだ
*～延宝5(1677)年　[別]山内豊直《やまうちとよなお》
江戸時代前期の大名。
¶高知人（[生]1637年），諸系（[生]1638年），日人（[生]1638年），藩主4（山内豊直　やまうちとよなお　[生]寛永14(1637)年12月2日　[没]延宝5(1677)年10月13日）

山内豊信　やまうちとよしげ
文政10(1827)年～明治5(1872)年　[別]山内豊信《やまのうちとよしげ》,山内容堂《やまうちようどう,やまのうちようどう》
江戸時代末期～明治期の大名。土佐藩主。将軍慶喜に大政奉還を進言した。
¶朝日（[生]文政10年10月9日(1827年11月27日)　[没]明治5年6月21日(1872年7月26日)），維新（山内容堂　やまのうちようどう），岩史（やまのうちとよしげ　[生]文政10(1827)年10月9日　[没]明治5(1872)年6月21日），江戸（山内容堂　やまのうちようどう），角史，京都大（山内容堂　やまのうちようどう），近現，近世，高知人（山内容堂　やまうちようどう），高知百（山内容堂　やまうちようどう），国際（やまのうちとよしげ），国史，国書（やまのうちとよしげ　[生]文政10(1827)年10月9日　[没]明治5(1872)年6月21日），コン改（やまのうちとよしげ），コン4（やまのうちとよしげ），コン5（やまのうちとよしげ），詩歌（山内容堂　やまうちようどう），史人（[生]1827年10月9日　[没]1872年6月21日），重要（やまのうちとよしげ　[生]文政10(1827)年10月9日　[没]明治5(1872)年6月21日），諸系，人書94（山内容堂　やまのうちようどう），新潮（[生]文政10(1827)年10月9日　[没]明治5(1872)年6月21日），人名（山内容堂　やまのうちようどう），姓氏京都（山内容堂　やまのうちようどう），世人（やまのうちとよしげ　[没]明治5(1872)年6月21日），世百（やまのうちとよしげ），全書，大百（やまのうちとよしげ），伝記，日史（山内容堂　やまうちようどう　[生]文政10(1827)年10月9日　[没]明治5(1872)年6月21日），日人，日本（やまのうちとよしげ），幕末（山内容堂　やまうちようどう　[没]1872年7月26日），藩主4（[生]文政10(1827)年10月9日　[没]明治5(1872)年6月21日），百科（山内容堂　やまうちようどう），歴大

山内豊誠　やまうちとよしげ
天保13(1842)年～明治41(1908)年　[別]山内豊誠《やまのうちとよのぶ》
江戸時代末期～明治期の大名。土佐高知新田藩主。
¶高知人，諸系，人名（やまのうちとよのぶ），日人，藩主4（[生]天保13(1842)年2月　[没]明治41(1908)年2月19日）

山内豊資　やまうちとよすけ
寛政6(1794)年～明治5(1872)年　[別]山内豊資《やまのうちとよすけ》
江戸時代末期～明治期の大名。土佐藩主。
¶維新（やまのうちとよすけ），高知人，国書（やまのうちとよすけ　[生]寛政6(1794)年10月17日　[没]明治5(1872)年1月4日），諸系，人名（やまのうちとよすけ），日人，藩主4（[生]寛政6(1794)年10月17日　[没]明治5(1872)年1月4日）

山内豊誉　やまうちとよたか
天保12(1841)年～慶応3(1867)年　[別]山内兵庫《やまのうちひょうご》,山内豊誉《やまうちとよなり》
江戸時代末期の土佐藩士。
¶維新（山内兵庫　やまのうちひょうご），高知人，諸系，人名（山内兵庫　やまのうちひょうご），日人，幕末（[生]？　[没]1867年3月25日），藩臣6（やまうちとよなり）

山内豊隆　やまうちとよたか
延宝1(1673)年～享保5(1720)年　[別]山内豊隆《やまのうちとよたか》
江戸時代中期の大名。土佐藩主。
¶高知人，諸系，人名（やまのうちとよたか），日人，藩主4（[生]延宝1(1673)年11月16日　[没]享保5(1720)年4月14日）

山内豊武　やまうちとよたけ
天明6(1786)年～文政8(1825)年
江戸時代後期の大名。土佐高知新田藩主。
¶諸系，日人，藩主4（[生]天明6(1786)年6月25日　[没]文政8(1825)年7月29日）

山内豊産　やまうちとよただ
享保7(1722)年～寛政3(1791)年　[別]山内豊産《やまのうちとよただ》
江戸時代中期の大名。土佐高知新田藩主。

¶高知人，諸系，人名（やまのうちとよただ），日人，藩主4（㊞享保7（1722）年11月13日　㊥寛政3（1791）年11月26日

山内豊雍　やまうちとよちか
寛延3（1750）年～寛政1（1789）年　㊥山内豊雍
《やまのうちとよちか》
江戸時代中期の大名。土佐高知藩主。
¶近世，高知人，国史，国書（やまのうちとよちか　㊞寛延3（1750）年1月6日　㊥寛政1（1789）年8月24日），諸系，人名（やまのうちとよちか），日人，藩主4（㊞寛延3（1750）年1月6日　㊥寛政1（1789）年8月24日）

山内豊次　やまうちとよつぐ
延宝5（1677）年～元禄2（1689）年
江戸時代前期～中期の中村山内氏。
¶高知人

山内豊常　やまうちとよつね
正徳1（1711）年～享保10（1725）年
江戸時代中期の大名。土佐藩主。
¶高知人，諸系，日人，藩主4（㊞正徳1（1711）年8月2日　㊥享保10（1725）年9月2日）

山内豊積　やまうちとよつむ
→山内豊積（やまのうちとよつむ）

山内豊熙（山内豊熈）　やまうちとよてる
文化12（1815）年～嘉永1（1848）年　㊥山内豊熙
《やまのうちとよてる，やまのうちとよひろ》
江戸時代後期の大名。土佐高知藩主。
¶江戸（やまのうちとよひろ），近世，高知人，国史，国書（やまのうちとよてる　㊞文化12（1815）年2月29日　㊥嘉永1（1848）年7月10日），諸系，人名（やまのうちとよひろ），日人，幕末（山内豊熈　㊥1848年7月16日），藩主4（山内豊熈　㊞文化12（1815）年2月29日　㊥嘉永1（1848）年7月10日）

山内豊直　やまうちとよなお
→山内豊定（やまのうちとよさだ）

山内豊章　やまうちとよなり
天保14（1843）年～大正4（1915）年
江戸時代後期～大正期の山内氏分家追手邸第2代。
¶高知人

山内豊誉　やまうちとよなり
→山内豊誉（やまのうちとよたか）

山内豊敷　やまうちとよのぶ
正徳2（1712）年～明和4（1767）年　㊥山内豊敷
《やまのうちとよのぶ》
江戸時代中期の大名。土佐藩主。
¶高知人，国書（やまのうちとよのぶ　㊞正徳2（1712）年6月8日　㊥明和4（1767）年11月19日），諸系（㊥1768年），人名（やまのうちとよのぶ　㊞1709年），日人，藩主4（㊞正徳2（1712）年6月8日　㊥明和4（1767）年11月19日）

山内豊範　やまうちとよのり
弘化3（1846）年～明治19（1886）年　㊥山内豊範
《やまのうちとよのり》
江戸時代末期～明治期の大名。土佐藩主。
¶朝日（㊞弘化3年4月17日（1846年5月12日）　㊥明治19（1886）年7月11日），維新（やまのうちとよのり），学校（㊞弘化3（1846）年4月17日　㊥明治19（1886）年7月13日），近現，近世，高知人，高知百，国史，コン5（やまのうちとよのり），諸系，人書94（やまのうちとよのり），日人（㊞1886年7月11日），藩主4（㊞弘化3（1846）年4月17日　㊥明治19（1886）年7月13日）

山内豊房　やまうちとよふさ
寛文12（1672）年～宝永3（1706）年　㊥山内豊房
《やまのうちとよふさ》
江戸時代中期の大名。土佐藩主。
¶高知人，国書（やまのうちとよふさ　㊞寛文12（1672）年2月2日　㊥宝永3（1706）年6月7日），諸系，人名（やまのうちとよふさ），日人，藩主4（㊞寛文12（1672）年2月2日　㊥宝永3（1706）年6月7日）

山内豊昌　やまうちとよまさ
寛永18（1641）年～元禄13（1700）年　㊥山内豊昌
《やまのうちとよまさ》
江戸時代前期～中期の大名。土佐藩主。
¶高知人，国書（やまのうちとよまさ　㊞寛永18（1641）年8月29日　㊥元禄13（1700）年9月14日），諸系，人名（やまのうちとよまさ），日人，藩主4（㊞寛永18（1641）年8月29日　㊥元禄13（1700）年9月14日）

山内豊道　やまうちとよみち
→山内豊道（やまのうちとよみち）

山内豊泰　やまうちとよやす
明和2（1765）年～享和3（1803）年
江戸時代中期～後期の大名。土佐高知新田藩主。
¶諸系，日人，藩主4（㊞明和2（1765）年5月8日　㊥享和3（1803）年7月6日）

山内豊栄　やまうちとよよし
→山内豊栄（やまのうちとよよし）

山内豊吉　やまうちとよよし
慶長15（1610）年～寛文6（1666）年
江戸時代前期の土佐藩重臣。
¶高知人

山内豊福　やまうちとよよし
天保7（1836）年～明治1（1868）年　㊥山内豊福
《やまのうちとよとみ，やまのうちとよよし》
江戸時代末期の大名。土佐高知新田藩主。
¶維新（やまのうちとよよし），高知人，諸系，新潮（㊞天保7（1836）年5月10日　㊥慶応4（1868）年1月14日），人名（やまのうちとよとみ），日人，幕末（㊥1868年2月7日），藩主4（㊞天保7（1836）年5月10日　㊥明治1（1868）年1月14日，（異説）1月13日）

山内直久　やまうちなおひさ
→山内豊明（やまのうちとよあきら）

山内規重　やまうちのりしげ
天和2（1682）年～享保6（1721）年　㊥山内規重
《やまのうちのりしげ》
江戸時代中期の土佐藩士。
¶高知人，国書（やまのうちのりしげ　㊞天和2（1682）年7月　㊥享保6（1721）年8月29日），諸系，日人，藩臣6

山内文次郎 やまうちぶんじろう
嘉永1 (1848) 年～大正1 (1912) 年　[別]山内勝明《やまうちかつあき》, 勝明
江戸時代末期～明治期の幕臣、官吏。1867年フランスに渡りパリ万国博覧会に参列。
¶海越 ([没]大正1 (1912) 年12月27日), 海越新 ([没]大正1 (1912) 年12月27日), 静岡歴 (山内勝明　やまうちかつあき), 日人

山内政豊 やまうちまさとよ
慶長3 (1598) 年～寛永6 (1629) 年
江戸時代前期の大名。土佐中村藩主。
¶高知人, 諸系, 日人, 藩主4 ([没]寛永6 (1629) 年4月8日)

山内通喜 やまうちみちよし
→山内賢之允 (やまのうちけんのじょう)

山内茂延 やまうちものぶ
天保11 (1840) 年～
江戸時代後期～明治期の土佐藩家老。
¶高知人

山内康豊 やまうちやすとよ
天文18 (1549) 年～寛永2 (1625) 年　[別]山内康豊《やまのうちやすとよ》
安土桃山時代～江戸時代前期の武将、大名。土佐中村藩主。
¶織田 (やまのうちやすとよ　[没]寛永2 (1625) 年8月29日), 高知人, 諸系, 日人, 藩主4 ([没]寛永2 (1625) 年8月29日)

山内容堂 やまうちようどう
→山内豊信 (やまうちとよしげ)

山内与五郎 やまうちよごろう
？～寛延3 (1750) 年
江戸時代中期の武士、新田開拓者。
¶静岡歴, 姓氏静岡

山内六三郎 やまうちろくさぶろう
→山内提雲 (やまのうちていうん)

山浦玄蕃 やまうらげんば
？～承応2 (1653) 年　[別]山浦光則《やまうらみつのり》
江戸時代前期の出羽米沢藩の近習。キリシタンであることが発覚し死罪。
¶近世, 国史, コン改 ([没]承応3 (1654) 年), コン4 ([没]承応3 (1654) 年), 史人 ([没]1653年12月2日), 新潮 ([没]承応2 (1653) 年12月2日), 世人 ([没]承応3 (1654) 年), 日人 ([没]1654年), 藩臣1 (山浦光則　やまうらみつのり), 山形百

山浦鉄四郎 やまうらてつしろう
弘化1 (1844) 年～明治12 (1879) 年11月8日　[別]蒲生誠一郎《がもうせいいちろう》
江戸時代末期～明治期の陸奥会津藩士。
¶新撰, 幕末 (蒲生誠一郎　がもうせいいちろう)

山浦光則 やまうらみつのり
→山浦玄蕃 (やまうらげんば)

山岡伊織 やまおかいおり
？～安政4 (1857) 年
江戸時代後期～末期の幕臣。
¶国書

山岡景助 やまおかかげすけ
寛永1 (1624) 年～宝永2 (1705) 年　[別]山岡対馬守景助《やまおかつしまのかみかげすけ》
江戸時代前期～中期の28代長崎奉行。
¶長崎歴 (山岡対馬守景助　やまおかつしまのかみかげすけ)

山岡景忠 やまおかかげただ
寛永15 (1638) 年～元禄11 (1698) 年
江戸時代前期の旗本。
¶神奈川人

山岡景以 やまおかかげもち
天正2 (1574) 年～寛永19 (1642) 年
安土桃山時代～江戸時代前期の武将。豊臣氏家臣、徳川氏家臣。
¶戦国, 戦人, 日人

山岡景恭 やまおかかげやす
生没年不詳
江戸時代末期の幕臣。
¶国書

山岡源左衛門 やまおかげんざえもん
→山岡次隆 (やまおかつぎたか)

山岡源八 やまおかげんぱち
江戸時代の武士、幕臣。
¶人名, 日人 (生没年不詳)

山岡尹方 やまおかこれかた
天保11 (1840) 年～大正4 (1915) 年
江戸時代末期～明治期の和泉岸和田藩士。
¶藩臣5

山岡権右衛門 やまおかごんうえもん
？～寛文9 (1669) 年
江戸時代前期の陸奥二本松藩士。
¶藩臣5

山岡重長 やまおかしげなが
天文13 (1544) 年～寛永3 (1626) 年
安土桃山時代～江戸時代前期の陸奥仙台藩士。
¶人名, 日人, 藩臣1

山岡治左衛門 やまおかじざえもん
生没年不詳
江戸時代末期の備後福山藩文武総裁。
¶幕末, 藩臣6

山岡俊明 (山岡浚明) やまおかしゅんめい
→山岡浚明 (やまおかまつあけ)

山岡静山 やまおかせいざん
文政12 (1829) 年～安政2 (1855) 年
江戸時代後期～末期の武士、槍術家。
¶日人

山岡次隆 やまおかつぎたか
天明1 (1781) 年～弘化4 (1847) 年　[別]山岡源左衛門《やまおかげんざえもん》
江戸時代後期の備後福山藩士。
¶国書 ([生]天明1 (1781) 年9月9日　[没]弘化4 (1847) 年8月10日), 人名, 日人, 藩臣6 (山岡源左衛門　やまおかげんざえもん)

山岡対馬守景助 やまおかつしまのかみかげすけ
→山岡景助 (やまおかかげすけ)

山岡鉄舟 (山岡鉄州) やまおかてっしゅう, やまおかて

江戸時代の武士篇

つしゅう
天保7(1836)年～明治21(1888)年 ㊼山岡鉄太郎《やまおかてつたろう》
江戸時代末期～明治期の剣術家、政治家、書家。徳川家救済、江戸開城に尽力。
¶朝日(㊤天保7年6月10日(1836年7月23日)㊦明治21(1888)年7月19日)、維新、岩史(㊤天保7(1836)年6月10日 ㊦明治21(1888)年7月19日)、江戸、角史、京都大、近現、近世、剣豪、国際、国史、国書(㊤天保7(1836)年6月10日 ㊦明治21(1888)年7月19日)、コン改、コン4、コン5、佐賀百(山岡鉄太郎 やまおかてつたろう) ㊤天保7(1836)年6月10日 ㊦明治21(1888)年7月19日)、史人(㊤1836年6月10日 ㊦1888年7月19日)、静岡百、静岡歴、思想(㊤天保7(1836)年6月10日 ㊦明治21(1888)年7月19日)、重要(山岡鉄州 ㊤天保7(1836)年6月10日 ㊦明治21(1888)年7月19日)、人書79、人書94、新潮(㊤天保7(1836)年6月10日 ㊦明治21(1888)年7月19日)、人名、姓氏京都、姓氏静岡(やまおかてつしゅう)、世人(㊤天保7(1836)年6月10日 ㊦明治21(1888)年7月19日)、世百、全書、体育(山岡鉄太郎 やまおかてつたろう)、大百、哲学、日史(㊤天保7(1836)年6月10日 ㊦明治21(1888)年7月19日)、日人、日本、人情1、幕末(㊤1836年7月23日 ㊦1888年7月19日)、藩臣4(山岡鉄太郎 やまおかてつたろう)、百科、仏教(㊦明治21(1888)年7月18日)、仏人、明治1、履歴(山岡鉄太郎 やまおかてつたろう ㊤天保7(1836)年6月10日 ㊦明治21(1888)年7月19日)、歴大

山岡鉄太郎 やまおかてつたろう
→山岡鉄舟(やまおかてっしゅう)

山岡俊明 やまおかとしあき
→山岡浚明(やまおかまつあき)

山岡八十郎 やまおかはちじゅうろう
文化13(1816)年～安政1(1854)年 ㊼山岡八十郎《やまおかやじゅうろう、やまおかやそお》
江戸時代末期の備後福山藩士。
¶維新、人名(やまおかやそお)、日人、幕末(㊦1854年10月15日)、藩臣6(やまおかやじゅうろう)

山岡浚明 やまおかまつあき
→山岡浚明(やまおかまつあき)

山岡浚明(山岡俊明) やまおかまつあけ
享保11(1726)年～安永9(1780)年 ㊼山岡俊明《やまおかしゅんめい、やまおかとしあき》、山岡明阿《やまおかめいあ》、山岡浚明《やまおかしゅんめい、やまおかまつあき》
江戸時代中期の国学者、幕臣。日本古典校勘研究家。
¶朝日(㊦安永9年10月15日(1780年11月11日))、江文、近世(やまおかまつあき ㊤1712年)、考古(山岡俊明 ㊤安永9年10月15日 ㊦1712年)、国史(やまおかまつあき ㊤1712年)、国書(㊦安永9(1780)年10月15日)、人書79(やまおかしゅんめい)、人書94(山岡明阿 やまおかめいあ ㊤1712年)、神人(㊦安政9(1780)年10月15日)、新潮(㊦安永9(1780)年

10月15日)、人名(山岡俊明 やまおかしゅんめい ㊤1712年)、世人(山岡俊明 やまおかとしあき ㊤正徳2(1712)年 ㊦安永9(1780)年10月15日)、全書、日史(㊦安永9(1780)年10月15日)、日人、百科

山岡明阿 やまおかめいあ
→山岡浚明(やまおかまつあき)

山岡八十郎 やまおかやじゅうろう
→山岡八十郎(やまおかはちじゅうろう)

山岡八十郎 やまおかやそお
→山岡八十郎(やまおかはちじゅうろう)

山尾庸三 やまおようぞう
天保8(1837)年～大正6(1917)年 ㊼山尾要蔵
江戸時代末期～明治期の長州(萩)藩士、官吏。
¶朝日(㊤天保8年10月8日(1837年11月5日) ㊦大正6(1917)年12月21日)、維新、岩史(㊤天保8(1837)年10月8日 ㊦大正6(1917)年12月21日)、海越(㊤天保8(1837)年10月8日 ㊦大正6(1917)年12月22日)、海越新(㊤天保8(1837)年10月8日 ㊦大正6(1917)年12月22日)、教育、近現、国際、国史、コン5、視覚(㊤天保8(1837)年10月8日 ㊦1917年12月21日)、史人(㊤1837年10月8日 ㊦1917年12月21日)、新潮(㊤天保8(1837)年10月8日 ㊦大正6(1917)年12月22日)、人名、姓氏山口、大百(㊤1837年10月8日 ㊦1917年12月22日)、渡航(㊤1837年10月8日 ㊦1917年12月21日)、土木(㊤1837年10月8日 ㊦1917年12月21日)、日人、幕末(㊦1917年12月22日)、藩臣6、山口、洋学、履歴(㊤天保8(1837)年10月8日 ㊦大正6(1917)年12月21日)

山香愛之助 やまかあいのすけ
天保5(1834)年～文久3(1863)年
江戸時代末期の志士。
¶維新

山角定吉 やまかくさだよし
～寛永15(1638)年 ㊼山角定吉《やまかどさだよし》
安土桃山時代～江戸時代前期の武士・旗本。後北条氏家臣。
¶神奈川人(やまかどさだよし)、戦人(生没年不詳)、戦東

山角政定 やまかくまささだ
天文21(1552)年～元和4(1618)年
安土桃山時代～江戸時代前期の武士。後北条氏家臣。
¶戦人、戦東

山香貞高 やまがさだたか
生没年不詳
安土桃山時代～江戸時代前期の武士。浅野家の家臣。
¶和歌山人

山鹿貞行 やまがさだゆき
生没年不詳
江戸時代中期の肥前平戸藩士・兵学者。
¶国書

山鹿重親 やまがしげちか
寛政7(1795)年頃～慶応2(1866)年
江戸時代末期の筑後久留米藩士。

や

¶藩臣7

山鹿将監 やまかしょうげん
→山鹿高恒（やまがたかつね）

山鹿次郎作 やまがじろさく
→山鹿高厚（やまがたかあつ）

山鹿素行 やまがそこう
元和8（1622）年～貞享2（1685）年
江戸時代前期の播磨赤穂藩の儒学者、兵学者。古学派の代表的儒者で主な著作に「聖教要録」「武家事紀」などがある。
¶会津，青森百，朝日（[生]元和8年8月16日（1622年9月21日）　[没]貞享2年9月26日（1685年10月23日）），岩史（[生]元和8（1622）年8月16日　[没]貞享2（1685）年9月26日），江戸東，江文，角史，教育，近世，国史，国書（[生]元和8（1622）年8月16日　[没]貞享2（1685）年9月26日），コン改，コン4，詩歌，史人（[生]1622年8月16日　[没]1685年9月26日），重要（[生]元和8（1622）年8月26日　[没]貞享2（1685）年9月26日），神史，人書79，人書94，神人，新潮（[生]元和8（1622）年8月26日　[没]貞享2（1685）年9月26日），新文（[生]元和8（1622）年8月16日　[没]貞享2（1685）年9月26日），人名，世人（[生]元和8（1622）年8月26日　[没]貞享2（1685）年9月26日），世百，全書，体育，大百，伝記，長崎百，日史（[生]元和8（1622）年8月16日　[没]貞享2（1685）年9月26日），日人，藩臣5，百科，兵庫人（[没]貞享2（1685）年9月26日），兵庫百，福島百，文学，歴大

や

山県有朋 やまがたありとも
天保9（1838）年～大正11（1922）年　[別]狂介，小助，小輔，辰之助
江戸時代末期～明治期の軍人、政治家、もと長州（萩）藩士。
¶朝日（[生]天保9年閏4月22日（1838年6月14日）　[没]大正11（1922）年2月1日），維新，岩史（[生]天保9（1838）年閏4月22日　[没]大正11（1922）年2月1日），海越（[生]天保9（1838）年4月22日　[没]大正11（1922）年2月1日），海越新（[生]天保9（1838）年閏4月22日　[没]大正11（1922）年2月1日），江戸，角史，近現，近文，現日（[生]1838年4月22日　[没]1922年2月1日），国際，国史，国書（[生]天保9（1838）年閏4月22日　[没]大正11（1922）年2月1日），コン改，コン4，コン5，詩歌，史人（[生]1838年閏4月22日　[没]1922年2月1日），重要（[生]天保9（1838）年4月22日　[没]大正11（1922）年2月1日），人書94，新潮（[生]天保9（1838）年6月14日　[没]大正11（1922）年2月1日），人名，世紀（[生]天保9（1838）年閏4月22日　[没]大正11（1922）年2月1日），姓氏神奈川，姓氏京都，姓氏山口，世人（[生]天保9（1838）年4月22日　[没]大正11（1922）年2月1日），世百，先駆（[生]天保9（1838）年4月22日　[没]大正11（1922）年2月1日），全書，大百，伝記，渡航（[没]1922年2月1日），栃木歴，新潟百，日史（[生]天保9（1838）年閏4月22日　[没]大正11（1922）年2月1日），日人，日本，人情，人情1，幕末（[没]1922年2月1日），藩臣6，百科，明治1，山口百，陸海（[生]天保9年閏4月22日　[没]大正11年2月1日），歴大

山鹿高厚 やまがたかあつ
安永4（1775）年～天保14（1843）年　[別]山鹿次郎作《やまがじろさく》
江戸時代中期～後期の藩士・武道家。
¶剣豪（山鹿次郎作　やまがじろさく），国書（[没]天保14（1843）年9月21日）

山鹿高忠 やまがたかただ
？　～文政4（1821）年
江戸時代中期～後期の肥前平戸藩士・兵学者。
¶国書

山鹿高恒 やまがたかつね
慶安3（1650）年～正徳3（1713）年　[別]山鹿将監《やまかしょうげん》
江戸時代前期～中期の陸奥弘前藩家老。
¶国書（[没]正徳3（1713）年5月23日），藩臣1（山鹿将監　やまかしょうげん）

山鹿高通 やまがたかみち
弘化2（1845）年～明治43（1910）年
江戸時代後期～明治期の肥前平戸藩士・兵学者。
¶国書

山鹿高道 やまがたかみち
元禄4（1691）年～明和1（1764）年
江戸時代中期の肥前平戸藩士・兵学者。
¶国書

山鹿高基 やまがたかもと
寛文6（1666）年9月21日～元文2（1737）年3月19日
江戸時代前期～中期の肥前平戸藩士・兵学者。
¶国書

山鹿高元 やまがたかもと
？　～文政10（1827）年
江戸時代中期～後期の肥前平戸藩士・兵学者。
¶国書

山鹿高賀 やまがたかよし
？　～明和8（1771）年
江戸時代中期の肥前平戸藩士・兵学者。
¶国書

山鹿高美 やまがたかよし
？　～文化7（1810）年
江戸時代中期～後期の弘前藩士・兵学者。
¶国書

山県久太郎 やまがたきゅうたろう
天保10（1839）年～明治23（1890）年12月11日
江戸時代末期～明治期の長州（萩）藩士。
¶幕末

山県源右衛門 やまがたげんえもん
生没年不詳
安土桃山時代～江戸時代前期の吉川家家臣、周防岩国藩士。
¶国書

山県小太郎 やまがたこたろう
天保7（1836）年～明治28（1895）年　[別]河野勝太郎，通政
江戸時代末期～明治期の海軍軍人。豊後岡藩士、大宮県判事、海軍主船大属。官軍軍曹として戊辰戦争に参加、若松城攻防で武功をたてる。
¶維新，海越（[生]天保7（1836）年4月　[没]明治28（1895）年2月1日），海越新（[生]天保7（1836）年

4月 [没]明治28(1895)年2月1日), 大分歴([生]天保1(1830)年), 人名([生]1837年), 日人, 幕末([生]1830年 [没]1895年2月1日)

山方重泰 やまがたしげやす
? ～寛永19(1642)年
江戸時代前期の武士。佐竹氏家臣。
¶戦辞([生]永禄2(1559)年 [没]寛永19年5月19日(1642年6月16日)), 戦人, 戦東

山県周南 やまがたしゅうなん
貞享4(1687)年～宝暦2(1752)年
江戸時代中期の長州藩の儒者(古文辞学派)。徂徠学を長州に広めた。
¶朝日([没]宝暦2年8月12日(1752年9月19日)), 岩史([没]宝暦2(1752)年8月12日), 角史, 近世, 国史, 国書([生]貞享4(1687)年5月3日 [没]宝暦2(1752)年8月12日), コン改, コン4, 詩歌, 史人([生]1687年? [没]1752年8月12日), 人書94, 新潮([没]宝暦2(1752)年8月12日), 人名, 姓氏山口, 世人([没]宝暦2(1752)年8月12日), 世百, 全書, 日史([没]宝暦2(1752)年8月12日), 日人, 藩臣6([生]貞享3(1686)年 [没]宝暦1(1751)年), 百科, 山口百, 歴大, 和俳([没]宝暦2(1752)年8月12日)

山県守雌斎 やまがたしゅしさい
寛政3(1791)年～文政13(1830)年 [別]山県頼賢《やまがたよりかた》
江戸時代後期の儒者、秋田藩校明道館教授。
¶国書([生]寛政5(1793)年3月5日 [没]文政13(1830)年7月19日), 人名(山県頼賢 やまがたよりかた), 日人

山県洙川 やまがたしゅせん
生没年不詳
江戸時代中期の儒者、長州藩士。
¶国書, 日人

山県順 やまがたじゅん
文政1(1818)年～明治26(1893)年
江戸時代末期～明治期の水口藩士、漢学者。
¶人名, 日人, 幕末

山県少太郎 やまがたしょうたろう
*～大正13(1924)年6月3日
江戸時代末期～明治期の長州藩士、海軍。造船学を究め、造船大佐となる。
¶渡航([生]?), 幕末([生]1849年)

山県之纜 やまがたしらん
寛永6(1629)年～貞享3(1686)年
江戸時代前期の水戸藩士。
¶国書

山県太華(山県大華) やまがたたいか
天明1(1781)年～慶応2(1866)年
江戸時代後期の儒学者、長州(萩)藩士、明倫館学頭。
¶朝日([没]慶応2(1866)年8月), 岩史([没]慶応2(1866)年8月26日), 角史, 近世, 国史, 国書([没]慶応2(1866)年8月16日), コン改(山県大華), コン4(山県大華), 史人([没]1866年8月), 新潮(山県大華 [没]慶応2(1866)年8月26日), 人名(山県大華), 姓氏山口, 世人(山県大華), 日史([没]慶応2(1866)年8月26日), 日人, 幕末([没]1866年9月24日), 藩臣6, 百科, 山口百, 歴大

山方泰護 やまがたたいご
→山方泰護(やまがたやすもり)

山県大弐 やまがただいじ
→山県大弐(やまがただいに)

山方泰純 やまがたたいじゅん
→山方泰純(やまがたやすずみ)

山県大弐 やまがただいに
享保10(1725)年～明和4(1767)年 [別]山県大弐《やまがただいじ》
江戸時代中期の武蔵岩槻藩の儒学者、尊王家。大岡忠光に仕えたが、のち「柳子新論」で幕政を批判。明和事件により死罪となった。
¶朝日([没]明和4年8月22日(1767年9月14日)), 岩史([没]明和4(1767)年8月22日), 江戸, 江文([没]明和5(1768)年), 角史, 教育, 近世, 群馬人, 国史, 国書([没]明和4(1767)年8月22日), コン改, コン4, 埼玉人([没]明和4(1767)年8月22日), 埼玉百, 詩歌(やまがただいじ), 史人([没]1767年8月22日), 重要([没]明和4(1767)年8月21日), 神史, 新潮([没]明和4(1767)年8月21日), 人名, 姓氏群馬, 世人([没]明和4(1767)年8月21日), 世百, 全書, 大百, 伝記, 日史([没]明和4(1767)年8月22日), 日人, 藩臣5, 百科, 三重続, 山梨百([没]明和4(1767)年8月21日), 歴大

山県璣 やまがたたまき
文政12(1829)年3月15日～明治34(1901)年10月1日
江戸時代後期～明治期の長州萩藩士。
¶国書

山県適処 やまがたてきしょ
→山県篤蔵(やまがたとくぞう)

山形時太郎 やまがたときたろう
弘化3(1846)年～?
江戸時代後期～末期の新撰組隊士。
¶新撰

山県時敏 やまがたときとし
～明治35(1902)年12月12日
江戸時代末期～明治期の弓道家、萩毛利藩士。
¶弓道

山県篤蔵 やまがたとくぞう
天保8(1837)年～明治39(1906)年 [別]山県適処《やまがたてきしょ》
江戸時代末期～明治期の長州(萩)藩士。
¶人名(山県適処 やまがたてきしょ), 日人, 幕末([没]1906年6月23日)

山形長年 やまがたながとし
宝暦13(1763)年頃～嘉永6(1853)年
江戸時代中期～後期の陸奥弘前藩士。
¶国書

山県墨僊(山県墨僊) やまがたぼくせん
天明6(1786)年～明治6(1873)年
江戸時代後期の書道家、長州藩士。
¶国書([没]明治6(1873)年3月3日), 人名, 日人(山県墨僊), 幕末([没]1873年3月3日)

やまかた　　　　　　　　　　　　　　　　　　　　　*1084*　　　　　　　　　　　　　　　　　　日本人物レファレンス事典

山県昌貞 やまがたまささだ
延宝3（1675）年〜宝暦5（1755）年
江戸時代中期の長州（萩）藩士。
¶藩臣6

山県真幸 やまがたまさゆき
弘化4（1847）年〜明治41（1908）年
江戸時代末期〜明治期の石見津和野藩士。
¶藩臣5

山県保介 やまがたやすすけ
天保9（1838）年〜明治2（1869）年3月22日
江戸時代末期の奇兵隊士。
¶幕末

山方泰純 やまがたやすずみ
明和3（1766）年〜弘化4（1847）年　㋠山方泰純
《やまがたたいじゅん》
江戸時代後期の秋田藩士。
¶秋田百（やまがたたいじゅん），国書（生没年不
詳）

山方泰通 やまがたやすみち
生没年不詳
江戸時代後期の秋田藩士。
¶国書

山方泰護 やまがたやすもり
寛文2（1662）年〜享保5（1720）年　㋠山方泰護
《やまがたたいご》
江戸時代中期の出羽秋田藩家老。
¶秋田百（やまがたたいご），国書（㋰寛文2
（1662）年1月29日　㋬享保5（1720）年11月4
日），人名，日人，藩臣1

山県与一兵衛 やまがたよいちべえ
文化1（1804）年〜慶応1（1865）年
江戸時代末期の長州（萩）藩士。
¶国書（㋰慶応1（1865）年閏5月29日），幕末
（㋬1865年7月21日）

山県頼賢 やまがたよりかた
→山県守雌斎（やまがたしゅしさい）

山角勝繁 やまかどかつしげ
延宝1（1673）年〜享保15（1730）年6月8日
江戸時代前期〜中期の幕臣。
¶国書

山角勝直 やまかどかつなお
〜元禄14（1701）年
江戸時代前期の旗本。
¶神奈川人

山角定勝 やまかどさだかつ
〜延宝4（1676）年
江戸時代前期の武士。旗本。
¶神奈川人

山角定吉 やまかどさだよし
→山角定吉（やまかくさだよし）

山角直昌 やまかどなおまさ
慶長12（1607）年〜寛永14（1637）年
江戸時代前期の旗本。
¶神奈川人

山角長定 やまかどながさだ
天正17（1589）年〜寛永12（1635）年

江戸時代前期の旗本。
¶神奈川人

山角武太夫 やまかどぶだゆう
生没年不詳
江戸時代後期の遠江掛川藩士。
¶国書

山角正勝 やまかどまさかつ
天正1（1573）年〜慶安2（1649）年
江戸時代前期の旗本。
¶神奈川人

山鹿平馬 やまがへいま
？　〜安政2（1855）年
江戸時代末期の肥前平戸藩家老。
¶藩臣7

山鹿万助 やまがまんすけ
文政2（1819）年〜安政3（1856）年
江戸時代末期の肥前平戸藩家老。
¶幕末（㋰1856年11月1日），藩臣7

山上郷助 やまがみごうすけ
享保2（1717）年〜宝暦10（1760）年
江戸時代中期の河内狭山藩士。
¶藩臣5

山上弥四郎 やまがみやしろう
生没年不詳
江戸時代前期の旗本。
¶神奈川人

山鹿義一 やまがよしかず
生没年不詳
江戸時代中期の伊勢久居藩士・兵学者。
¶国書

山鹿義都 やまがよしくに
生没年不詳
江戸時代中期の肥前平戸藩士・兵学者。
¶国書

山鹿義甫 やまがよしすけ
？　〜明和6（1769）年
江戸時代中期の肥前平戸藩士・兵学者。
¶国書

山川市内 やまかわいちない
江戸時代中期の弓術家。
¶岡山人

山川大蔵 やまかわおおくら
→山川浩（やまかわひろし）

山川賢隆 やまかわけんりゅう
生没年不詳
江戸時代中期〜後期の会津藩士。
¶国書

山川前耀（山川前耀） やまかわさきてる
天保3（1832）年〜明治17（1884）年　㋠山川前耀
《やまかわぜんよう》，山川前耀《やまかわさきて
る》
江戸時代末期〜明治期の肥前大村藩士。
¶維新（やまかわぜんよう），人名（山川前耀），
日人

山川貞清 やまかわさだきよ
延宝5（1677）年〜正徳2（1712）年

江戸時代中期の代官。
¶神奈川人

山川貞尚 やまかわさだなお
延宝5(1677)年～寛延2(1749)年
江戸時代中期の三河岡崎藩士。
¶藩臣4

山川重英 やまかわしげふさ
天明3(1783)年～明治2(1869)年 [別]山川兵衛《やまかわひょうえ》
江戸時代後期の陸奥会津藩家老。
¶幕末，藩臣2(山川兵衛 やまかわひょうえ)

山川重郎左衛門 やまかわじゅうろうざえもん
江戸時代前期の武士。
¶岡山人

山川青山 やまかわせいざん
寛延1(1748)年～寛政9(1797)年5月
江戸時代中期～後期の肥後宇土藩士・漢学者。
¶国書

山川前耀 やまかわぜんよう
→山川前耀(やまかわさきてる)

山川東林 やまかわとうりん
天明4(1784)年～天保14(1843)年
江戸時代後期の豊前中津藩士、儒学者。
¶大分百([生]1783年)，大分歴，国書([没]天保14(1843)年11月18日)，人名，日人([没]1844年)，藩臣7([生]天明5(1785)年)

山川兵衛 やまかわひょうえ
→山川重英(やまかわしげふさ)

山川浩 やまかわひろし
弘化2(1845)年～明治31(1898)年 [別]山川大蔵《やまかわおおくら》
江戸時代末期～明治期の陸奥津軽藩士、陸奥会津藩士。
¶会津，青森人，朝日([生]弘化2年11月6日(1845年12月4日) [没]明治31(1898)年2月4日)，維新，国際，コン5，新潮([生]弘化2(1845)年11月6日 [没]明治31(1898)年2月4日)，人名，全書，体育，日人，幕末([没]1898年2月4日)，藩臣1，藩臣2(山川大蔵 やまかわおおくら)，福島百，明治1，陸海([生]弘化2年11月6日 [没]明治31年2月4日)

山川良水 やまかわよしみ
→山川良水(やまかわりょうすい)

山川良水 やまかわりょうすい
天保7(1836)年～明治38(1905)年 [別]山川良水《やまかわよしみ》
江戸時代末期～明治期の土佐藩中老。勤王運動に協力。
¶高知人(やまかわよしみ)，幕末([没]1905年7月3日)

山岸一之助 やまぎしいちのすけ
生没年不詳
江戸時代末期の陸奥福島藩代官。
¶藩臣2

山岸嘉右衛門 やまぎしかえもん
～元治1(1864)年12月22日
江戸時代後期～末期の庄内藩付家老。
¶庄内

山岸弘 やまぎしこう
? ～明治37(1904)年
江戸時代末期～明治期の加賀藩士。
¶姓氏石川

山岸左馬之助 やまぎしさまのすけ
慶長2(1597)年～寛文6(1666)年
安土桃山時代～江戸時代前期の小奉行。
¶姓氏宮城

山岸貞文 やまぎしていぶん
文政11(1828)年3月6日～明治19(1886)年2月16日
江戸時代後期～明治期の出羽庄内藩士。
¶国書，庄内

山木善太 やまきぜんた
→山木眉山(やまきびざん)

山木眉山 やまきびざん
寛政12(1800)年～天保8(1837)年 [別]山本子善《やまもとしぜん》，山木善太《やまきぜんた》
江戸時代後期の伊勢亀山藩士、儒学者。
¶国書([没]天保8(1837)年7月7日)，人名(山本子善 やまもとしぜん)，人名，徳島百([没]天保8(1837)年7月7日)，徳島歴([生]?)，日人，藩臣4(山木善太 やまきぜんた [生]寛政2(1790)年)，三重

山際平三郎 やまぎわへいざぶろう
弘化3(1846)年2月15日～明治27(1894)年6月18日
江戸時代後期～明治期の新撰組隊士。
¶新撰

山口伊豆守 やまぐちいずのかみ
→山口弘務(やまぐちひろちか)

山口菅山 やまぐちかんざん
安永1(1772)年～安政1(1854)年
江戸時代後期の若狭小浜藩の儒学者。
¶維新，江文，郷土福井，国書([没]嘉永7(1854)年8月5日)，日人，幕末([没]1854年8月5日)，藩臣3

山口関助 やまぐちかんすけ
生没年不詳
江戸時代前期の園部藩士。
¶京都府

山口喜蔵 やまぐちきぞう
生没年不詳
江戸時代中期の上総勝浦藩士。
¶藩臣3

山口休庵 やまぐちきゅうあん
生没年不詳
江戸時代前期の武将。
¶国書

山口軍兵衛 やまぐちぐんべえ
生没年不詳
江戸時代前期の弓術家。
¶日人

山口広江 やまぐちこうこう
文政7(1824)年～明治32(1899)年 [別]山口広江

《やまぐちひろえ》
江戸時代末期～明治期の豊前中津藩士、殖産家。
¶大分歴（やまぐちひろえ），人名，日人

山口剛斎　やまぐちごうさい
享保19（1734）年～享和1（1801）年
江戸時代中期～後期の石見津和野藩士、儒学者。
¶大阪人（[没]没年不明），国書（[没]享和1（1801）年6月11日），島根人，島根百（[没]享和1（1801）年6月11日），島根歴，人名，日人，藩臣5

山口西園　やまぐちさいえん
？～嘉永5（1852）年　[別]山口西園《やまぐちせいえん》
江戸時代末期の安芸広島藩士、儒学者。
¶国書（やまぐちせいえん　[生]安永8（1779）年　[没]嘉永5（1852）年1月23日），人名（やまぐちせいえん），日人（[生]1779年），藩臣6，広島百（[没]嘉永5（1852）年1月23日）

山口西郭　やまぐちさいかく
文化10（1813）年～安政4（1857）年
江戸時代末期の安芸広島藩士、儒学者。
¶藩臣6

山口西里　やまぐちさいり
元文4（1739）年～寛政11（1799）年　[別]山口西里《やまぐちせいり》
江戸時代中期の安芸広島藩士、儒学者。
¶人名（やまぐちせいり　[生]？），日人，藩臣6

山口三郎　やまぐちさぶろう
天保5（1834）年～
江戸時代後期～明治期の新徴組士。
¶庄内

山口三斎　やまぐちさんさい
天保7（1836）年～明治10（1877）年
江戸時代末期～明治期の薩摩藩士。
¶維新，姓氏鹿児島，幕末（[没]1877年3月），藩臣7

山口重貞　やまぐちしげさだ
寛永18（1641）年～元禄11（1698）年
江戸時代前期の大名。常陸牛久藩主。
¶諸系，日人，藩主2（[没]元禄11（1698）年4月4日）

山口重成　やまぐちしげなり
天正14（1586）年～承応3（1654）年
江戸時代前期の近江水口藩士。
¶日人，藩臣4

山口重政　やまぐちしげまさ
永禄7（1564）年～寛永12（1635）年
安土桃山時代～江戸時代前期の大名。常陸牛久藩主。
¶近世，国史，史人（[没]1635年9月19日），諸系，人名，戦合，戦国（[生]1565年），戦人，日人，藩主2（[生]永禄7（1564）年2月25日　[没]寛永12（1635）年9月19日）

山口修斎　やまぐちしゅうさい
？～明治4（1871）年
江戸時代末期～明治期の安芸広島藩の儒学者。
¶人名，日人（[没]1872年），幕末（[没]1871年12月21日），藩臣6

山口重山　やまぐちじゅうざん
天明1（1781）年～嘉永6（1853）年
江戸時代後期の石見津和野藩士、儒学者。
¶国書（[生]天明1（1781）年閏5月2日　[没]嘉永6（1853）年6月29日），藩臣5

山口春水　やまぐちしゅんすい
元禄5（1692）年～明和8（1771）年
江戸時代中期の若狭小浜藩士、儒学者。
¶国書（[没]明和8（1771）年3月10日），人名，日人，藩臣3，福井百

山口将順　やまぐちしょうじゅん
*～明治14（1881）年
江戸時代後期～明治期の荘内藩士、松ケ岡開墾事業を統轄。
¶庄内（[生]文化11（1814）年　[没]明治14（1881）年2月8日），山形百（[生]文化10（1813）年）

山口慎斎　やまぐちしんさい
享和1（1801）年～文久1（1861）年
江戸時代末期の石見津和野藩士、儒学者。
¶日人，藩臣5

山口新左衛門　やまぐちしんざえもん
→山中新左衛門（やまなかしんざえもん）

山口翠巌　やまぐちすいがん
寛永20（1643）年～享保13（1728）年7月6日
江戸時代前期～中期の若狭小浜藩士。
¶国書

山口西園　やまぐちせいえん
→山口西園（やまぐちさいえん）

山口西里　やまぐちせいり
→山口西里（やまぐちさいり）

山口瀬兵衛　やまぐちせひょうえ
？～寛永5（1628）年
江戸時代前期の陸奥弘前藩家老。
¶藩臣1

山口泉処　やまぐちせんしょ
→山口直毅（やまぐちなおき）

山口泰款　やまぐちたいかん
生没年不詳
江戸時代後期の盛岡藩士。
¶国書

山口高品　やまぐちたかただ
？～天保9（1838）年
江戸時代後期の幕臣。
¶国書

山口高直　やまぐちたかなお
生没年不詳
江戸時代の佐土原藩家老。
¶宮崎百

山口辰之介（山口辰之助）**　やまぐちたつのすけ**
天保3（1832）年～万延1（1860）年
江戸時代末期の水戸藩士。
¶維新，人名（山口辰之助），日人，幕末（[没]1860年3月24日），藩臣2

山口太藤平　やまぐちたとうへい
生没年不詳
江戸時代末期の播磨姫路藩士。
¶藩臣5

山口鉄五郎 やまぐちてつごろう
? 〜文化4（1821）年
江戸時代後期の幕府代官、吹上村などに陣屋設置。
¶栃木歴

山口鉄之助 やまぐちてつのすけ
天保2（1831）年〜明治1（1868）年
江戸時代末期の薩摩藩士。
¶維新、人名（㊤1837年）、日人、幕末（㊦1868年8月2日）

山口藤十郎 やまぐちとうじゅうろう
文政11（1828）年〜明治19（1886）年
江戸時代後期〜明治期の剣術家。
¶姓氏群馬

山口徳之進 やまぐちとくのしん
→山口正定（やまぐちまささだ）

山口知貞 やまぐちともさだ
寛政2（1790）年〜明治3（1870）年
江戸時代末期〜明治期の加賀大聖寺藩士。
¶国書（㊤明治3（1870）年4月11日）、数学（㊦明治3（1870）年4月11日）、幕末（㊦1870年5月11日）、藩臣3

山口直義 やまぐちなおかい
? 〜安政5（1858）年9月
江戸時代後期〜末期の幕臣。
¶国書

山口直毅 やまぐちなおき
天保1（1830）年〜明治28（1895）年　㊥山口泉処《やまぐちせんしょ》
江戸時代末期〜明治期の幕臣、儒学者。
¶江文（山口泉処　やまぐちせんしょ）、国書（㊤明治28（1895）年12月10日）、人名（山口泉処　やまぐちせんしょ）、日人、幕末（㊤1828年　㊦1895年12月10日）

山口直清 やまぐちなおきよ
宝暦10（1760）年〜寛政10（1798）年
江戸時代後期の大坂町奉行。
¶大阪人（㊦寛政10（1798）年2月）、大阪墓（㊦寛政10（1798）年2月8日）

山口直重 やまぐちなおしげ
慶安3（1650）年〜享保12（1727）年
江戸時代前期〜中期の第6代京都東町奉行。
¶京都人、姓氏京都

山口直友 やまぐちなおとも
天文15（1546）年〜元和8（1622）年
安土桃山時代〜江戸時代前期の武士。徳川氏家臣。
¶姓氏（㊤1545年）、戦人、戦補、日史（㊦元和8（1622）年9月27日）、日人、百科

山口直信 やまぐちなおのぶ
文政2（1819）年〜文久3（1863）年
江戸時代後期〜末期の3,000石土呂陣屋の旗本。
¶姓氏愛知

山口尚芳 やまぐちなおよし
天保10（1839）年〜明治27（1894）年　㊥山口尚芳《やまぐちますか》、範蔵
江戸時代末期〜明治期の肥前佐賀藩士、官史。
¶維新（㊤1842年）、海越（㊦天保13（1842）年5月11日　㊦明治27（1894）年6月12日）、海越新

（㊦天保13（1842）年5月11日　㊦明治27（1894）年6月12日）、近現、国史、コン5、佐賀百（やまぐちますか　㊦天保13（1842）年5月11日　㊦明治27（1894）年6月12日）、史人（㊤1839年5月11日　㊦1894年6月12日）、人名、渡航（㊤1842年5月11日　㊦1894年6月12日）、日人、幕末（㊤1842年　㊦1894年6月12日）、明治1、洋学、履歴（㊤天保10（1839）年5月11日　㊦明治27（1894）年6月12日）

山口梅園 やまぐちばいえん
文化8（1811）年頃〜明治12（1879）年頃
江戸時代末期〜明治期の加賀大聖寺藩士。
¶藩臣3

山口治易 やまぐちはるやす
? 〜宝永3（1706）年1月7日
江戸時代前期〜中期の薩摩藩士。
¶国書

山口兵馬 やまぐちひょうま
生没年不詳
江戸時代末期の武士。
¶和歌山人

山口弘敵 やまぐちひろあきら
文化9（1812）年〜文久2（1862）年
江戸時代末期の大名。常陸牛久藩主。
¶諸系、日人、幕末（㊤1862年7月10日）、藩主2（㊦文久2（1862）年6月14日）

山口広江 やまぐちひろえ
→山口広江（やまぐちこうこう）

山口弘封 やまぐちひろくに
文化5（1808）年〜明治2（1869）年
江戸時代末期〜明治期の大名。常陸牛久藩主。
¶諸系、日人、藩主2（㊦明治2（1869）年7月14日）

山口弘毅 やまぐちひろたか
文化7（1810）年〜嘉永3（1850）年
江戸時代後期の大名。常陸牛久藩主。
¶諸系、日人、藩主2（㊦嘉永2（1849）年11月19日）

山口弘隆 やまぐちひろたか
慶長8（1603）年〜延宝5（1677）年
江戸時代前期の大名。常陸牛久藩主。
¶諸系、日人、藩主2（㊤慶長8（1603）年6月11日　㊦延宝5（1677）年9月5日）

山口弘務 やまぐちひろちか
宝暦13（1763）年〜天明7（1787）年　㊥山口伊豆守《やまぐちいずのかみ》
江戸時代中期の大名。常陸牛久藩主。
¶茶道（山口伊豆守　やまぐちいずのかみ）、諸系、日人、藩主2（㊦天明7（1787）年10月20日）

山口弘豊 やまぐちひろとよ
貞享1（1684）年〜宝暦5（1755）年
江戸時代中期の大名。常陸牛久藩主。
¶諸系、人名（㊤1683年）、日人、藩主2（㊦宝暦5（1755）年11月23日）

山口弘長 やまぐちひろなが
宝永4（1707）年〜明和5（1768）年
江戸時代中期の大名。常陸牛久藩主。
¶諸系、人名、日人、藩主2（㊦明和5（1768）年11

月12日)

山口弘道 やまぐちひろみち
元文5(1740)年〜天明3(1783)年
江戸時代中期の大名。常陸牛久藩主。
¶諸系,日人,藩主2([没]天明3(1783)年9月12日)

山口弘致 やまぐちひろむね
天明1(1781)年〜文政12(1829)年
江戸時代後期の大名。常陸牛久藩主。
¶諸系,日人,藩主2([没]文政12(1829)年8月12日)

山口弘達 やまぐちひろよし
万延1(1860)年〜昭和7(1932)年
江戸時代末期〜明治期の牛久藩主、牛久藩(県)知事。
¶諸系,人名,世紀([生]万延1(1860)年3月23日 [没]昭和7(1932)年7月11日),日人,幕末([没]1932年7月13日),藩主2([生]万延1(1860)年3月23日 [没]昭和7(1932)年7月18日)

山口風簷 やまぐちふうえん
寛保1(1741)年〜文化3(1806)年 [別]山口風簷《やまぐちふうたん》
江戸時代中期〜後期の若狭小浜藩士、儒学者。
¶江文,国書([没]文化3(1806)年6月2日),藩臣3(やまぐちふうたん)

山口風簷 やまぐちふうたん
→山口風簷(やまぐちふうえん)

や

山久知文次郎 やまくちぶんじろう
? 〜明治18(1885)年1月18日
江戸時代後期〜明治期の新撰組隊士。
¶新撰

山口正定 やまぐちまささだ
天保14(1843)年〜明治35(1902)年 [別]山口徳之進《やまぐちとくのしん》
江戸時代末期〜明治期の水戸藩士。明治天皇側近。
¶朝日([生]天保14年9月25日(1843年10月18日) [没]明治35(1902)年3月21日),維新(山口徳之進 やまぐちとくのしん),日人,幕末(山口徳之進 やまぐちとくのしん [没]1902年3月21日)

山口尚芳 やまぐちますか
→山口尚芳(やまぐちなおよし)

山口光広 やまぐちみつひろ
永禄6(1563)年〜正保4(1647)年
安土桃山時代〜江戸時代前期の武将。
¶京都府,戦国,戦人

山口守人 やまぐちもりと
天保9(1838)年〜明治33(1900)年
江戸時代末期〜明治期の因幡鳥取藩士。
¶維新

山口履斎 やまぐちりさい
享保11(1726)年〜寛政9(1797)年閏7月27日
江戸時代中期〜後期の漢学者・若狭小浜藩士。
¶国書

山国喜八郎 やまぐにきはちろう
→山国兵部(やまぐにひょうぶ)

山国淳一郎 やまぐにじゅんいちろう,やまくにじゅんいちろう
文化11(1814)年〜元治2(1865)年 [別]山国共惟《やまぐにともこれ,やまぐにともただ》
江戸時代末期の水戸藩士。
¶国書(山国共惟 やまぐにともこれ [没]元治2(1865)年2月4日),人名(山国共惟 やまぐにともただ),日人,幕末(やまくにじゅんいちろう [生]?),藩臣2([生]?)

山国共惟 やまぐにともこれ
→山国淳一郎(やまぐにじゅんいちろう)

山国共惟 やまぐにともただ
→山国淳一郎(やまぐにじゅんいちろう)

山国共昌 やまぐにともまさ
→山国兵部(やまぐにひょうぶ)

山国兵部 やまぐにひょうぶ,やまくにひょうぶ
寛政5(1793)年〜慶応1(1865)年 [別]山国喜八郎《やまぐにきはちろう》,山国共昌《やまぐにともまさ》
江戸時代末期の水戸藩の志士。
¶維新(山国喜八郎 やまぐにきはちろう),近世,国史,国書(山国共昌 やまぐにともまさ [没]元治2(1865)年2月4日),コン改,コン4,新潮([没]慶応1(1865)年2月4日),人名(やまくにひょうぶ),日人,幕末(山国喜八郎 やまぐにきはちろう [没]1865年3月1日),藩臣2(山国喜八郎 やまぐにきはちろう)

山郡宇右衛門 やまごおりううえもん
→山郡宇右衛門(やまごおりうえもん)

山郡宇右衛門 やまごおりうえもん
文化9(1812)年〜慶応4(1868)年 [別]山郡宇右衛門《やまごおりううえもん》
江戸時代末期の出雲松江藩士。
¶島根歴,幕末(やまごおりううえもん [没]1868年7月6日),藩臣5

山崎闇斎 やまざきあんさい,やまさきあんさい
元和4(1618)年〜天和2(1682)年
江戸時代前期の陸奥会津藩の儒学者、神道家。垂加神道を創始して崎門学派をつくる。「文会筆録」の著者でもある。
¶会津,朝日([生]元和4年12月9日(1619年1月24日) [没]天和2年9月16日(1682年10月16日)),岩史([生]元和4(1618)年12月9日 [没]天和2(1682)年9月16日),角史,教育,京都,京都大,近世,高知人,高知百,国史,国書([生]元和4(1618)年12月9日 [没]天和2(1682)年9月16日),コン改,コン4,詩歌,史人([生]1618年12月9日 [没]1682年9月16日),重要([生]元和4(1618)年12月9日 [没]天和2(1682)年9月16日),神史,人書94,神人,新潮([生]元和4(1618)年12月9日 [没]天和2(1682)年9月16日),人名,姓氏京都,世人([生]元和4(1618)年12月9日 [没]天和2(1682)年9月16日),世百,全書,大百,伝記,日史([生]元和4(1618)年12月9日 [没]天和2(1682)年9月16日),日人([生]1619年),藩臣2,百科,兵庫人(やまさきあんさい [没]天和2(1682)年9月16日),兵庫百,福島百,歴大,和俳([生]元和4(1618)年12月9日 [没]天和2(1682)年9月16日)

山崎家治 やまさきいえはる,やまざきいえはる
文禄3(1594)年～慶安1(1648)年
江戸時代前期の大名。因幡若桜藩主、備中成羽藩主、肥後富岡藩主、讃岐丸亀藩主。
¶岡山人([生]慶長7(1602)年　[没]慶安3(1650)年),岡山百,岡山歴([没]慶安1(1648)年3月17日),香川人,香川百(やまざきいえはる),郷土香川,諸系(やまざきいえはる),日人(やまざきいえはる),藩主4(やまざきいえはる　[没]慶安1(1648)年3月17日),藩主4,藩主4([没]慶安1(1648)年3月17日)

山崎右膳 やまざきうぜん
明和8(1771)年～嘉永2(1849)年　[別]山崎右膳《やまざきゆうぜん》
江戸時代後期の常陸土浦藩士。
¶剣豪,藩臣2(やまざきゆうぜん)

山崎桜斎 やまざきおうさい
寛政9(1797)年～天保14(1843)年
江戸時代後期の幕臣、狂歌師。
¶人名,日人

山崎鶴浦 やまざきかくほ
～明治9(1876)年
江戸時代後期～明治期の伊勢桑名藩士、文学館教授。
¶三重続

山崎景憲 やまざきかげのり
生没年不詳
江戸時代末期の仙台藩士・兵法家。
¶国書

山崎勘兵衛 やまざきかんべえ
？～享保4(1719)年
江戸時代前期～中期の八戸藩士。
¶青森人

山崎清良 やまざききよなが
文化10(1813)年～明治24(1891)年　[別]山崎所左衛門《やまざきしょざえもん,やまざきところざえもん》,山崎清良《やまざきせいりょう》
江戸時代末期～明治期の陸奥弘前藩士。
¶維新(山崎所左衛門　やまざきところざえもん),人名,日人,幕末(やまざきせいりょう　[没]1891年7月4日),藩臣1(山崎所左衛門　やまざきしょざえもん)

山崎郷義 やまざきくによし
→山崎源太左衛門(やまざきげんたざえもん)

山崎源太左衛門 やまざきげんたざえもん
安永2(1773)年～弘化3(1846)年　[別]山崎郷義《やまざきくによし,やまざきさとよし》
江戸時代後期の陸奥仙台藩の武術家。
¶剣豪,国書(山崎郷義　やまざきさとよし　[生]安永2(1773)年10月11日　[没]弘化3(1846)年2月6日),人名(山崎郷義　やまざきくによし),日人,藩臣1(生没年不詳)

山崎衡山 やまざきこうざん
天保2(1831)年～明治27(1894)年
江戸時代末期～明治期の幕臣。
¶人名,日人

山崎権丞 やまざきごんのじょう
延享3(1746)年～文化1(1804)年
江戸時代中期～後期の加賀大聖寺藩家老。
¶藩臣3

山崎権八郎正信 やまざきごんぱちろうまさのぶ
→山崎正信(やまざきまさのぶ)

山崎坂之助 やまざきさかのすけ
？～宝暦8(1758)年
江戸時代中期の剣術家。真景流。
¶剣豪,庄内([没]宝暦8(1758)年4月)

山崎左近 やまざきさこん
？～寛永18(1641)年
安土桃山時代～江戸時代前期の宇都宮藩奥平家家老。
¶栃木歴

山崎郷孝 やまざきさとたか
生没年不詳
江戸時代末期の武芸家。
¶国書

山崎郷義 やまざきさとよし
→山崎源太左衛門(やまざきげんたざえもん)

山崎郷美 やまざきさとよし
生没年不詳
江戸時代末期～明治期の仙台藩士・和算家。
¶国書

山崎茂樹 やまざきしげき
生没年不詳
江戸時代後期の越中富山藩士。
¶国書

山崎茂承 やまざきしげつぐ
生没年不詳
江戸時代後期の越中富山藩士。
¶国書

山崎司馬之允 やまざきしばのじょう
弘化1(1844)年～明治30(1897)年
江戸時代末期～明治期の近江膳所藩士。
¶維新,幕末([没]1897年11月3日)

山崎将監 やまさきしょうげん
生没年不詳
江戸時代前期の剣術家。
¶日人

山崎定平 やまさきじょうへい
天保7(1836)年2月25日～明治10(1877)年8月22日
江戸時代後期～明治期の西南戦争の熊本隊志士。
¶熊本百

山崎所左衛門 やまざきしょざえもん
→山崎清良(やまざききよなが)

山崎子列 やまざきしれつ
→山崎忠央(やまざきただなか)

山崎新兵衛 やまざきしんべえ
天保1(1830)年9月30日～明治44(1911)年1月29日
江戸時代後期～明治期の新整隊士。
¶庄内

や

山崎慎六郎　やまさきしんろくろう
天保2（1831）年～明治11（1878）年
江戸時代末期～明治期の砲術家、郷士。中村文武館や自宅道場で子弟に砲術や洋学を教育。
¶高知人，幕末（[没]1878年2月21日）

山崎清良　やまざきせいりょう
→山崎清良（やまざきききよなが）

山崎雪柳軒　やまざきせつりゅうけん
→山崎利右衛門（やまざきりえもん）

山崎壮助　やまさきそうすけ
江戸時代末期の新撰組隊士。
¶新撰

山崎惣六　やまざきそうろく
天保14（1843）年～明治26（1893）年6月28日
江戸時代末期～明治期の伊予宇和島藩士。
¶愛媛百（[生]天保14（1843）年12月10日），幕末（[生]1842年），藩臣6

山崎孝之　やまざきたかゆき
天保11（1840）年～明治6（1873）年12月
江戸時代末期～明治期の加賀藩士。
¶幕末

山崎忠央　やまざきただなか
万治3（1660）年～享保19（1734）年　[別]山崎子列《やまざきしれつ》
江戸時代中期の陸奥会津藩士、道学者。
¶会津，国書（[生]万治3（1660）年1月　[没]享保19（1734）年10月），人名（山崎子列　やまざきしれつ），日人（山崎子列　やまざきしれつ），藩臣2

山崎主税之助　やまざきちからのすけ
江戸時代の旗本。
¶江戸

山崎継述　やまざきつぐのぶ
文政7（1824）年～明治14（1881）年
江戸時代後期～明治期の駿河沼津藩士、祐筆。
¶静岡歴，姓氏静岡

山崎所左衛門　やまざきところざえもん
→山崎清良（やまざきききよなが）

山崎俊家　やまざきとしいえ，やまさきとしいえ
元和3（1617）年～慶安4（1651）年
江戸時代前期の大名。讃岐丸亀藩主。
¶香川人（やまさきとしいえ），香川百，諸系，日人，藩主4（やまさきとしいえ　[没]慶安4（1651）年10月26日）

山崎豊治　やまさきとよはる
元和5（1619）年～元禄13（1700）年12月24日
江戸時代前期の武将。旗本・成羽山崎氏初代当主。
¶岡山人，岡山百，岡山歴

山崎長有　やまさきながあり
天正17（1589）年～寛文7（1667）年
安土桃山時代～江戸時代前期の武士。
¶日人

山崎長質　やまざきながかた
寛文8（1668）年～享保12（1727）年4月
江戸時代前期～中期の加賀藩士。
¶国書

山崎長徳　やまざきながのり
天文21（1552）年～元和6（1620）年
安土桃山時代～江戸時代前期の武将。加賀藩重臣。
¶石川百，近世，国史，人名，姓氏石川（[生]？），戦合，戦国（[生]1553年），戦人，日人，藩臣3（[生]？）

山崎長政　やまざきながまさ
慶長6（1601）年～＊
江戸時代前期の加賀藩士。
¶人名（[没]1662年），日人（[没]1663年）

山崎長考　やまざきながやす
享保2（1717）年～寛政1（1789）年
江戸時代中期の加賀大聖寺藩士。
¶藩臣3

山崎範古　やまざきのりひさ
天明6（1786）年～慶応3（1867）年
江戸時代後期の加賀藩家老。
¶維新，国書（[没]慶応3（1867）年9月23日），幕末（[没]1867年10月20日），藩臣3（[生]？）

山崎治敏　やまざきはるとし，やまさきはるとし
安政5（1858）年～昭和14（1939）年
江戸時代末期～明治期の大名。備中成羽藩主。
¶諸系，世紀（[生]安政5（1858）年2月14日　[没]昭和14（1939）年6月27日），日人，藩主4（やまさきはるとし　[生]安政5（1858）年12月　[没]昭和14（1939）年6月27日）

山崎治正　やまざきはるまさ，やまさきはるまさ
文政4（1821）年～明治9（1876）年
江戸時代末期～明治期の大名。備中成羽藩主。
¶岡山歴（やまさきはるまさ　[生]文政4（1821）年10月1日　[没]明治9（1876）年3月6日），諸系，日人，藩主4（やまさきはるまさ　[生]文政4（1821）年10月1日　[没]明治9（1876）年3月6日）

山崎治祇　やまざきはるよし，やまさきはるよし
安政2（1855）年～明治42（1909）年
江戸時代末期～明治期の大名。備中成羽藩主。
¶諸系，日人，藩主4（やまさきはるよし　[生]安政2（1855）年4月12日　[没]明治42（1909）年12月5日）

山崎治頼　やまざきはるより，やまさきはるより
慶安3（1650）年～明暦3（1657）年
江戸時代前期の大名。讃岐丸亀藩主。
¶香川人（やまさきはるより），香川百，諸系，日人，藩主4（やまさきはるより　[没]明暦3（1657）年3月6日）

山崎半蔵　やまざきはんぞう
？　～嘉永4（1851）年
江戸時代後期の陸奥弘前藩士。
¶国書

山崎久重　やまざきひさしげ
文政8（1825）年～明治19（1886）年
江戸時代末期～明治期の豊前中津藩家老。
¶藩臣7

山崎英常　やまざきひでつね
生没年不詳
江戸時代後期の越前福井藩士。
¶国書

山崎兵左衛門 やまさきひょうざえもん
生没年不詳
江戸時代前期の剣術家。
¶日人

山崎広馬 やまさきひろま
天保6(1835)年～明治40(1907)年12月10日
江戸時代末期～明治期の志士。土佐勤王党に参加。
¶幕末

山崎平太 やまさきへいた
寛延1(1748)年～文化5(1808)年
江戸時代中期～後期の剣術家。影山流。
¶剣豪

山崎正信 やまさきまさのぶ
文禄2(1593)年～慶安3(1650)年　㊙山崎権八郎正信《やまざきごんぱちろうまさのぶ》
安土桃山時代～江戸時代前期の15代長崎奉行。
¶長崎歴(山崎権八郎正信　やまざきごんぱちろうまさのぶ)

山崎正導 やまさきまさみち, やまさきまさみち
享保6(1721)年～寛政5(1793)年
江戸時代中期～後期の第18代京都西町奉行。
¶京都大, 姓氏京都(やまさきまさみち)

山崎無ぜ やまさきむぜん
寛文9(1669)年～寛保3(1743)年
江戸時代前期～中期の剣術家。景之流。
¶剣豪

山崎弥平 やまさきやへい
文化13(1816)年～慶応3(1867)年
江戸時代末期の越後村松藩士。
¶維新, 人名, 日人, 幕末(㊤1818年　㊦1867年6月21日)

山崎右膳 やまさきゆうぜん
→山崎右膳(やまざきうぜん)

山崎好昭 やまさきよしあき
天保10(1839)年～大正7(1918)年
江戸時代末期～明治期の勤王家。勤王運動に参加。土佐藩兵分隊長。
¶高知人, 幕末(㊦1918年7月3日)

山崎頼汎 やまさきよしひろ
延宝6(1678)年～延享2(1745)年
江戸時代中期の武士。
¶和歌山人

山崎義故 やまさきよしもと
宝暦6(1756)年～天保12(1841)年12月28日
江戸時代中期～後期の伊勢津藩士・書家。
¶国書

山崎籍侃 やまさきよりただ
生没年不詳
江戸時代後期の加賀藩士。
¶国書

山崎蘭洲 やまさきらんしゅう
享保18(1733)年～寛政11(1799)年
江戸時代中期の陸奥弘前藩士。
¶青森百, 国書(㊤享保18(1733)年8月25日　㊦寛政11(1799)年2月4日), 人名, 日人, 藩臣1

山崎利右衛門 やまさきりえもん
文政11(1828)年～明治26(1893)年　㊙山崎雪柳軒《やまざきせつりゅうけん》
江戸時代末期～明治期の亀山藩士。
¶維新, 剣豪, 幕末(㊦1893年9月5日), 藩臣4(山崎雪柳軒　やまざきせつりゅうけん), 三重続(山崎雪柳軒)

山崎猟蔵 やまさきりょうぞう
文政11(1828)年～万延1(1860)年　㊙丹波屋英介《たんばやえいすけ》
江戸時代末期の水戸藩属吏。
¶維新, 大阪人(㊦万延1(1860)年4月9日), 人名, 日人, 幕末(㊦1860年5月29日), 藩臣2

山崎盧然 やまさきろねん
→蘆然(ろねん)

山沢静吾 やまさわせいご, やまざわせいご
＊～明治30(1897)年
江戸時代末期～明治期の薩摩藩士、陸軍軍人。中将、男爵。陸軍軍事研修のためアメリカに渡る。
¶海越(㊤弘化4(1847)年　㊦明治30(1897)年3月30日), 海越新(㊤弘化4(1847)年　㊦明治30(1897)年3月30日), 国際(㊤弘化2(1845)年), 人名(㊤1847年), 姓氏鹿児島(㊤1845年), 渡航(やまざわせいご)㊤1847年㊦1897年3月30日), 日人(やまざわせいご㊤1845年), 陸海(やまざわせいご　㊤弘化2年12月15日　㊦明治30年3月30日)

山沢与四郎 やまざわよしろう
嘉永2(1849)年～明治1(1868)年
江戸時代末期の上野館林藩士。
¶維新

山路彰常 やまじあきつね
？～明治14(1881)年
江戸時代後期～明治期の幕臣、天文暦学者。
¶江文, 国書(生没年不詳)

山路諧孝 やまじかいこう
→山路諧孝(やまじゆきたか)

山路重固 やまじしげかた
文化9(1812)年～明治17(1884)年12月14日
江戸時代後期～明治期の筑前福岡藩士。
¶国書

山路主住 やまじしゅじゅう
→山路主住(やまじぬしずみ)

山地介寿 やまじすけかず
→山地介寿(やまぢすけとし)

山地介寿 やまじすけとし
→山地介寿(やまぢすけとし)

山下市左衛門 やましたいちざえもん
安土桃山時代～江戸時代前期の武士。里見氏家臣。
¶戦人(生没年不詳), 戦東

山下氏勝 やましたうじかつ
永禄11(1568)年～承応2(1653)年
安土桃山時代～江戸時代前期の尾張藩士。
¶姓氏愛知, 藩臣4

山下鋭三郎 やましたえいざぶろう
？～明治4(1871)年2月29日

江戸時代末期～明治期の播磨赤穂藩士。

¶幕末

山地高忠 やまじたかただ

→山地高忠（やまぢたかただ）

山下勝右衛門 やましたかつえもん

宝暦12（1762）年～天保12（1841）年

江戸時代中期～後期の信濃高遠藩士、書家。

¶藩臣3

山下勝忠 やましたかつただ

生没年不詳

江戸時代前期の旗本。

¶神奈川人

山下仁里 やましたきみさと

→山下直温（やましたなおはる）

山下幸内 やましたこうない

生没年不詳

江戸時代中期の武士。上杉謙信流の軍学を講じた。

¶朝日，岩史，コン改，コン4，日人，和歌山人

山下作次 やましたさくじ

？ ～明治13（1880）年

江戸時代末期～明治期の信濃高遠藩士、儒学者。

¶藩臣3

山下山笑 やましたさんしょう

？ ～正徳1（1711）年

江戸時代中期の三河挙母藩士。

¶藩臣4

山下次助 やましたじすけ

？ ～文化8（1811）年

江戸時代中期～後期の田安代官所の手代で、勘定方。

¶山梨百

山下篠右衛門 やましたしょうえもん

生没年不詳

江戸時代後期の信濃高遠藩士。

¶藩臣3

山下新一 やましたしんいち

文化14（1817）年～明治3（1870）年

江戸時代末期～明治期の播磨赤穂藩士。

¶幕末（㉓1870年9月27日），藩臣5

山下仁里 やましたじんり

→山下直温（やましたなおはる）

山下雪山 やましたせつざん

→山下虎五郎（やましたとらごろう）

山下周勝 やましたちかかつ

～承応2（1653）年

江戸時代前期の旗本。

¶神奈川人

山下忠吉 やましたちゅうきち

天保6（1835）年～明治40（1907）年

江戸時代末期～明治期の剣道家。長州征伐、伏見戦争に従軍し、戦功をたてた。

¶岡山人，岡山歴（㉓明治40（1907）年2月27日），人名，日人

山地立固 やまじたつかた

→山地立固（やまぢたつかた）

山下藤兵衛 やましたとうべえ

？ ～享和1（1801）年

江戸時代中期～後期の下総古河藩家老。

¶藩臣3

山下利章 やましたとしあき

生没年不詳

江戸時代後期の信濃高遠藩士。

¶国書

山下虎五郎 やましたとらごろう

＊～明治28（1895）年 ㊸山下雪山《やましたせつざん》

江戸時代末期～明治期の信濃高遠藩代官。

¶姓氏長野（山下雪山 やましたせつざん ㊸1817年），藩臣3（㊸文政1（1818）年）

山下直温 やましたなおはる

寛政8（1796）年～明治12（1879）年 ㊸山下仁里《やましたきみさと，やましたじんり》

江戸時代末期～明治期の陸奥白河藩士、儒学者。

¶国書（㉓明治12（1879）年8月），藩臣2（山下仁里 やましたきみさと），福島百（山下仁里 やましたじんり）

山路種清 やまじたねきよ

？ ～元和5（1619）年

安土桃山時代～江戸時代前期の武将。

¶姓氏鹿児島

山下政愛 やましたまさたか

→山下政愛（やましたまさよし）

山下正彦 やましたまさひこ

明和3（1766）年～天保11（1840）年4月18日

江戸時代中期～後期の安芸広島藩士。

¶国書

山下政愛 やましたまさよし

天保3（1832）年～大正13（1924）年 ㊸山下政愛《やましたまさたか》

江戸時代末期～明治期の大和柴村藩士。

¶維新，神人（やましたまさたか）

山下雄城 やましたゆうき

＊～明治1（1868）年

江戸時代末期の蝦夷松前藩士。

¶幕末（㊸1825年），藩臣1（㊸文政9（1826）年）

山下鷭斎 やましたりょうさい

～明治3（1870）年

江戸時代後期～明治期の伊勢津藩士。

¶三重

山路親時 やまじちかとき

生没年不詳

江戸時代末期～明治期の仙台藩士。

¶姓氏宮城

山路徳風 やまじとくふう

→山路徳風（やまじよしつぐ）

山路主住（山路主任） やまじぬしずみ

宝永1（1704）年～安永1（1772）年 ㊸山路主住《やまじしゅじゅう》

江戸時代中期の幕府、暦学者、数学者。

¶朝日（㉓安永1年12月11日（1773年1月3日）），江文，近世，国史，国書（㉓安永1（1772）年12

月11日), コン改 ([生]?), コン4 ([生]?), 史人 ([没]1772年12月11日), 新潮 ([没]安永1 (1772) 年12月11日), 人名 (やまじしゅじゅう), 世人 ([没]安永1 (1772) 年12月11日), 全書, 大百, 日史 ([没]安永1 (1772) 年12月11日), 日人 ([没]1773年), 百科, 洋学 (山路主任), 歴大

山島久光 やましまひさみつ
天保3 (1832) 年～大正1 (1912) 年
江戸時代末期～明治期の馬術家。天覧馬術をなし、有栖川、北白川、閑院、伏見、梨本の各宮家につかえた。
¶人名, 日人

山地元治 やまじもとはる
→山地元治 (やまぢもとはる)

山路諧孝 やまじゆきたか
安永6 (1777) 年～文久1 (1861) 年　[別]山路諧孝《やまじかいこう》
江戸時代後期の江戸幕府天文方。「西暦新編」「新法暦書」。
¶朝日 ([没]文久1年5月30日 (1861年7月7日)), 江文, 近世 (やまじかいこう), 国史 (やまじかいこう), 国書 ([没]文久1 (1861) 年5月30日), 史人 (やまじかいこう　[没]1861年5月1日), 新潮 ([没]文久1 (1861) 年5月1日), 人名 (やまじかいこう　[生]?), 全書 ([生]1794年), 日人, 洋学

山路之徽 やまじゆきよし
享保14 (1729) 年～安永7 (1778) 年
江戸時代中期の幕臣、暦学・天文学者。
¶江文, 国書 ([没]安永7 (1778) 年1月30日), 洋学

山路徳風 やまじよしつぐ
宝暦11 (1761) 年～文化7 (1810) 年　[別]山路徳風《やまじとくふう》
江戸時代後期の暦術家。幕府天文方。
¶近世, 国史, 国書 ([没]文化7 (1810) 年1月27日), 世人 (やまじとくふう　[生]?), 日人

山代忠久 やましろただひさ
?　～元和3 (1617) 年
安土桃山時代～江戸時代前期の武士。豊臣氏家臣。
¶戦国, 戦人

山澄右近 やまずみうこん
文化8 (1811) 年～慶応1 (1865) 年
江戸時代後期～末期の尾張藩士。山澄氏7代目。
¶姓氏愛知

山澄英貞 やまずみひでさだ
元禄1 (1688) 年10月29日～安永2 (1773) 年12月24日
江戸時代前期～中期の尾張藩士。
¶国書

山澄英重 やまずみひでしげ
正保4 (1647) 年～享保18 (1733) 年
江戸時代前期～中期の尾張藩家老。
¶藩臣4

山澄英竜 やまずみひでたつ
寛永2 (1625) 年～元禄16 (1703) 年
江戸時代前期～中期の尾張藩家老。
¶国書 ([生]寛永2 (1625) 年1月10日　[没]元禄16 (1703) 年7月17日), 藩臣4

山住有峰 やまずみゆうほう
天保6 (1835) 年～明治11 (1878) 年
江戸時代末期～明治期の紀伊和歌山藩士。
¶藩臣5, 三重

山瀬佐蔵 やませさぞう
天明6 (1786) 年～?　[別]山瀬佐蔵《やませすけぞう》
江戸時代後期の阿波徳島藩の測量家。
¶人名 (やませすけぞう), 世人 (やませすけぞう), 徳島百 ([生]天明6 (1786) 年2月), 徳島歴 ([生]天明6 (1786) 年2月), 日人, 藩臣6

山瀬佐蔵 やませすけぞう
→山瀬佐蔵 (やませさぞう)

山瀬遊圃 やませゆうほ
文化3 (1806) 年～明治26 (1893) 年
江戸時代末期～明治期の出羽山形藩士。
¶国書, 藩臣1

山田愛之助 やまだあいのすけ
文化13 (1816) 年～明治29 (1896) 年
江戸時代末期～明治期の越後長岡藩校崇徳館都講。
¶幕末 ([没]1896年2月), 藩臣4

山田顕義 やまだあきよし
弘化1 (1844) 年～明治25 (1892) 年　[別]山田顕義《やまだけんぎ》, 韓峯山人, 空斎, 市之允, 不抜, 養浩斎
江戸時代末期～明治期の軍人、政治家、もと長州(萩)藩士。
¶朝日 ([生]弘化1年10月9日 (1844年11月18日)　[没]明治25 (1892) 年11月11日), 維新, 岩史 ([生]天保15 (1844) 年10月9日　[没]明治25 (1892) 年11月11日), 海越 ([生]天保15 (1844) 年10月9日　[没]明治25 (1892) 年11月11日), 海越新 ([生]天保15 (1844) 年10月9日　[没]明治25 (1892) 年11月11日), 学校 ([生]天保15 (1844) 年10月9日　[没]明治25 (1892) 年11月11日), 角史, 近現, 国際, 国史, コン改, コン4, コン5, 史人 ([生]1844年10月9日　[没]1892年11月11日), 重要 ([生]弘化1 (1844) 年9月　[没]明治25 (1892) 年11月14日), 神史, 神人 ([生]弘化1 (1884) 年10月), 新潮 ([生]弘化1 (1844) 年9月　[没]明治25 (1892) 年11月14日), 人名, 姓氏山口, 世人 ([生]天保15 (1844) 年9月　[没]明治25 (1892) 年11月14日), 先駆 ([生]天保15 (1844) 年10月9日　[没]明治25 (1892) 年11月11日), 全書, 体育 (やまだけんぎ), 大百, 哲学, 渡航 ([生]1844年9月　[没]1892年11月14日), 日史 ([生]弘化1 (1844) 年10月9日　[没]明治25 (1892) 年11月14日), 日人, 日本, 幕末 ([没]1892年11月14日), 藩臣6, 百科, 明治1, 山口百, 陸海 ([生]弘化1年10月9日　[没]明治25年11月14日), 歴大

山田浅右衛門 やまだあさえもん
文化10 (1813) 年～明治17 (1884) 年
江戸時代末期～明治期の幕臣。
¶維新, 岩史, 史人, 日人, 歴大

山田朝右衛門 (山田浅右衛門)　やまだあさえもん
[別]首斬浅右衛門《くびきりあさうえもん, くびきりあさえもん》, 首斬り浅右衛門《くびきりあさえもん》

江戸時代の武士(世襲名)。公儀御様御用を務めた浪人。
¶朝日(山田浅右衛門),角史,新潮(山田浅右衛門),全書(首斬浅右衛門　くびきりあさえもん),大百(首斬浅右衛門　くびきりあさうえもん),日史,百科

山田有栄 やまだありなが
→山田昌巌(やまだしょうがん)

山田一太夫政則 やまだいちだゆうまさのり
→山田政則(やまだまさのり)

山田一郎 やまだいちろう
天保8(1837)年～元治1(1864)年
江戸時代末期の陸奥南部藩の新徴組士。
¶新撰,姓氏岩手,幕末([没]1864年11月13日),藩臣1

山田宇右衛門 やまだううえもん
→山田宇右衛門(やまだうえもん)

山田右衛門作 やまだうえもさく
→山田右衛門作(やまだえもさく)

山田宇右衛門 やまだうえもん
文化10(1813)年～慶応3(1867)年　[別]山田宇右衛門《やまだううえもん》
江戸時代末期の長州(萩)藩士。尊王攘夷運動に参画。
¶朝日([生]文化10年9月9日(1813年10月2日)[没]慶応3年11月11日(1867年12月6日)),維新,近世,国史,コン改,コン4,新潮([生]文化10(1813)年9月9日　[没]慶応3(1867)年11月11日),人名,姓氏山口,日人,幕末(やまだううえもん　[没]1867年12月6日),藩臣6(やまだううえもん)

山田右衛門作 やまだうえもんさく
→山田右衛門作(やまだえもさく)

山田馬次郎 やまだうまじろう
天保3(1832)年～文久3(1863)年11月30日
江戸時代末期の土佐藩士。1860年件米使節随員としてアメリカに渡る。
¶維新,海越,海越新

山田梅吉 やまだうめきち
弘化2(1845)年～明治1(1868)年6月30日
江戸時代末期の奇兵隊士。
¶幕末

山田右衛門作 やまだえもさく
生没年不詳　[別]山田右衛門作《やまだうえもさく,やまだうえもんさく,やまだよもさく》
江戸時代前期の肥前島原藩の南蛮絵師。島原の乱に参加。
¶朝日(やまだうえもんさく),郷土長崎,近世,国史,コン改(やまだうえもんさく),コン4(やまだうえもんさく),史人,新潮(やまだうえもんさく　[生]天正18(1590)年?　[没]明暦1(1655)年?),世人(やまだうえもんさく),長崎百(やまだよもさく),日史,日人([没]1655年?),藩臣7,百科,名画(やまだうえもさく),歴大

山田翁助 やまだおうすけ
?　～文政10(1827)年
江戸時代後期の駿河沼津藩士。
¶藩臣4

山田脩 やまだおさむ
天保12(1841)年～大正10(1921)年
江戸時代末期～明治期の陸奥二本松藩の実業家。二本松製糸会社を創立。二本松町長として町発展に多くの治績をのこす。
¶日人,幕末([没]1921年5月20日),藩臣5

山田織部 やまだおりべ
*～宝暦12(1762)年5月23日　[別]山田真胤《やまだまさたね》
江戸時代中期の徳島藩家老。
¶徳島百([生]享保11(1726)年),徳島歴(山田真胤　やまだまさたね　[生]?)

山高瑛三郎 やまたかえいざぶろう
弘化1(1844)年11月6日～大正8(1919)年12月29日
江戸時代末期～大正期の旧幕臣。
¶庄内

山田蠖堂 やまだかくどう
享和3(1803)年～文久1(1861)年
江戸時代末期の出羽米沢藩士、儒学者。
¶国書([没]文久1(1861)年5月29日),詩歌,人名,日人,藩臣1,和俳

山田勘解由 やまだかげゆ
天保5(1834)年～明治31(1898)年
江戸時代末期～明治期の青蓮院宮家家士。
¶維新,国書([没]明治31(1898)年10月1日),姓氏京都,幕末([没]1898年10月1日)

山高左近 やまたかさこん
生没年不詳
江戸時代末期の紀伊和歌山藩士。
¶幕末,和歌山人

山田嘉膳 やまだかぜん
文化2(1805)年～元治1(1864)年
江戸時代末期の越中富山藩家老。
¶姓氏富山,富山百([生]文化3(1806)年　[没]元治1(1864)年8月1日),藩臣3

山高信篤 やまたかのぶあつ
明和3(1766)年～文政1(1818)年5月29日
江戸時代中期～後期の尾張藩士・武道家。
¶国書

山高信離 やまたかのぶつら
天保13(1842)年～明治40(1907)年　[別]左太夫,紫山,慎八郎,蘭之助
江戸時代末期～明治期の幕臣、静岡藩士、横須賀製鉄所技術伝習生、官吏。1867年フランスに渡りパリ万国博覧会に参列。
¶維新,海越([生]天保13(1842)年2月12日　[没]明治40(1907)年3月19日),海越新([生]天保13(1842)年2月12日　[没]明治40(1907)年3月19日),静岡歴,人名,渡航([没]1907年3月19日),日人,幕末([生]1842年3月23日　[没]1907年3月19日)

山高信順 やまたかのぶより
元文1(1736)年～文化10(1813)年2月26日
江戸時代中期～後期の尾張藩士・武道家。

¶国書

山田官司 やまだかんじ
文政8(1825)年〜明治2(1869)年5月1日
江戸時代後期〜明治期の武芸家。
¶国書，庄内

山田貫兵衛 やまだかんべえ
文化10(1813)年〜明治5(1872)年
江戸時代末期〜明治期の信濃上田藩士、砲術家。
¶藩臣3

山田儀右衛門 やまだぎえもん
寛政2(1790)年〜天保14(1843)年
江戸時代後期の剣術家。影山流。
¶剣豪

山田喜四郎 やまだきしろう
安土桃山時代〜江戸時代前期の武将。もと秀吉馬廻。
¶戦国

山田公章 やまだきみあき
→山田亦介(やまだまたすけ)

山田清安 やまだきよやす
寛政6(1794)年〜嘉永2(1849)年　[別]山田清安《やまだせいあん》
江戸時代後期の国学者、薩摩藩士。
¶鹿児島百，国書([没]嘉永2(1849)年12月3日)，人名，姓氏鹿児島(やまだせいあん)，日人([没]1850年)

山田金平 やまだきんぺい
寛政2(1790)年2月25日〜文政8(1825)年
江戸時代後期の伊勢津藩士。
¶三重続

山田君豹 やまだくんぴょう，やまだくんひょう
正徳5(1715)年〜明和5(1768)年　[別]山田月洲《やまだげっしゅう》
江戸時代中期の漢学者・薩摩藩士。
¶国書(山田月洲　やまだげっしゅう　[没]明和5(1768)年9月23日)，姓氏鹿児島(やまだくんひょう)，藩臣7([生]正徳4(1714)年)

山田桂翁 やまだけいおう
宝暦10(1760)年2月〜？
江戸時代中期〜後期の幕臣。
¶国書

山田月洲 やまだげっしゅう
→山田君豹(やまだくんぴょう)

山田顕義 やまだけんぎ
→山田顕義(やまだあきよし)

山田原欽 やまだげんきん
寛文6(1666)年〜元禄6(1693)年　[別]山田復軒《やまだふくけん》
江戸時代前期〜中期の長州藩の儒学者。
¶国書(山田復軒　やまだふくけん　[没]元禄6(1693)年7月14日)，人名，姓氏山口，日人，藩臣6，山口百

山田監物 やまだけんもつ
？〜万治3(1660)年
江戸時代前期の備後三次藩家老。
¶藩臣6

山田耕三 やまだこうぞう
→山田知足斎(やまだちそくさい)

山田剛太郎 やまだごうたろう
＊〜文化2(1805)年
江戸時代中期〜後期の陸奥弘前藩士。
¶青森人([生]？)，藩臣1([生]安永1(1772)年)

山田国禎 やまだこくてい
→山田兵左衛門(やまだへいざえもん)

山田維則 やまだこれのり
安永4(1775)年〜文久1(1861)年
江戸時代中期〜末期の信濃上田藩士・漢学者。
¶国書，姓氏長野，長野歴

山田左九郎 やまださくろう
？〜天保1(1830)年
江戸時代後期の陸奥弘前藩士。
¶藩臣1

山田貞吉 やまださだよし
→山田貞吉(やまだていきち)

山田三川 やまださんせん
文化1(1804)年〜文久2(1862)年
江戸時代末期の蝦夷松前藩・上野安中藩の学者、文人。
¶江文，群馬人，群馬百，国書([生]文化1(1804)年2月　[没]文久2(1862)年8月)，人書94，姓氏群馬，日人，幕末([没]1863年9月8日)，藩臣1(生没年不詳)，藩臣2

山田成高 やまだしげたか
生没年不詳
江戸時代前期の石見浜田藩士。
¶藩臣5

山田重次 やまだしげつぐ
？〜寛永5(1628)年
江戸時代前期の旗本。
¶姓氏京都

山田重利 やまだしげとし
永禄9(1566)年〜寛永13(1636)年
安土桃山時代〜江戸時代前期の武士。徳川家康の臣。
¶人名，日人

山田十竹 やまだじっちく
＊〜明治34(1901)年
江戸時代末期〜明治期の安芸広島藩の漢学者、教育家。
¶維新([生]1837年　[没]1905年)，人名([生]1837年　[没]1905年)，日人([生]1837年)，幕末([生]1833年　[没]1901年8月26日)，藩臣6([生]天保4(1833)年)，広島百([生]天保4(1833)年12月9日　[没]明治34(1901)年8月26日)

山田信濃守 やまだしなののかみ
安土桃山時代〜江戸時代前期の武将。秀吉馬廻、豊臣氏家臣。
¶戦国，戦人(生没年不詳)

山田治部左衛門(1) やまだじぶざえもん
？〜文化3(1806)年
江戸時代中期〜後期の肥前平戸藩士。
¶藩臣7

や

山田治部左衛門(2)　やまだじぶざえもん
？ ～嘉永2 (1849) 年
江戸時代後期の遠江掛川藩用人。
¶藩臣4

山田重作　やまだじゅうさく
→山田昌之 (やまだまさゆき)

山田昌巌　やまだしょうがん
天正6 (1578) 年～寛文8 (1668) 年　[別]山田有栄《やまだありなが》
安土桃山時代～江戸時代前期の武士。
¶鹿児島百，国書 ([没]寛文8 (1668) 年9月2日)，姓氏鹿児島，戦人 (山田有栄　やまだありなが)，戦西 (山田有栄　やまだありなが)

山田松斎　やまだしょうさい
文化6 (1809) 年～明治29 (1896) 年
江戸時代末期～明治期の桑名藩士、伊勢津藩士。
¶維新，幕末 ([没]1896年10月6日)，三重

山田庄七郎　やまだしょうしちろう
生没年不詳
江戸時代後期の上総久留里藩士。
¶藩臣3

山田省助　やまだしょうすけ
→山田直温 (やまだなおはる)

山田城太郎　やまだじょうたろう
文化12 (1815) 年～慶応3 (1867) 年　[別]山田青門《やまだせいもん》
江戸時代末期の岩田藩士。
¶国書 (山田青門　やまだせいもん　[没]慶応3 (1867) 年7月5日)，幕末 ([没]1867年8月4日)，藩臣6

山田常典　やまだじょうてん
→山田常典 (やまだつねのり)

山田四郎右衛門　やまだしろうえもん
生没年不詳
江戸時代前期の加賀藩士。
¶国書，人名，日人

山田次郎八　やまだじろはち
文化15 (1818) 年～明治5 (1872) 年
江戸時代後期～明治期の二本松藩士。
¶福島百

山田仁右衛門　やまだじんえもん
→山田仁右衛門 (やまだにえもん)

山田甚五右衛門　やまだじんごえもん
寛延1 (1748) 年～文政2 (1819) 年　[別]山田喬利《やまだたかとし》
江戸時代中期～後期の近江彦根藩士。
¶剣豪，藩臣4 (山田喬利　やまだたかとし)

山田新蔵　やまだしんぞう
生没年不詳
江戸時代後期の武蔵川越藩士。
¶藩臣3

山田信道　やまだしんどう
→山田信道 (やまだのぶみち)

山田真竜軒　やまだしんりゅうけん
天正9 (1581) 年～寛永11 (1634) 年
江戸時代前期の武術家。
¶史人，新潮，人名 ([生]？)，世人，日人

山田図書　やまだずしょ
延享4 (1747) 年～文化7 (1810) 年
江戸時代中期～後期の安芸広島藩士。
¶戦辞 (生没年不詳)，藩臣6

山田清安　やまだせいあん
→山田清安 (やまだきよやす)

山田清左衛門　やまだせいざえもん
宝暦2 (1752) 年～天保3 (1832) 年
江戸時代中期～後期の陸奥黒石藩士。
¶藩臣1

山田青門　やまだせいもん
→山田城太郎 (やまだじょうたろう)

山田千吉　やまだせんきち
天保11 (1840) 年～元治1 (1864) 年8月20日
江戸時代末期の長州 (萩) 藩士。
¶幕末

山田宗因　やまだそういん
江戸時代前期の吉良上野介義央の家臣。のち出羽米沢藩上杉家に仕えた。
¶茶道

山田宗引　やまだそういん
*～享保9 (1724) 年
江戸時代中期の遠江掛川藩小笠原家家臣。
¶茶道 ([生]1667年)，静岡歴 ([生]寛文1 (1661) 年)，姓氏静岡 ([生]1661年)，日人 ([生]1668年)

山田壮右衛門　やまだそううえもん
文化10 (1813) 年～明治16 (1883) 年
江戸時代後期～明治期の薩摩藩士。
¶姓氏鹿児島

山田宗屋　やまだそうおく
*～享保19 (1734) 年
江戸時代中期の武士、三河小笠原家近習頭。
¶茶道 ([生]1647年)，日人 ([生]1648年)

山田蘇作　やまだそさく
→山田蘇作 (やまだもとさく)

山田喬利　やまだたかとし
→山田甚五右衛門 (やまだじんごえもん)

山田敬元　やまだたかもと
～享保13 (1728) 年
江戸時代中期の旗本。
¶神奈川人

山田武甫　やまだたけとし
天保2 (1831) 年～明治26 (1893) 年
江戸時代末期～明治期の肥後熊本藩士、政治家。
¶朝日 ([生]天保2 (1831) 年12月　[没]明治26 (1893) 年2月25日)，近現，熊本百 ([生]天保2 (1831) 年2月　[没]明治26 (1893) 年2月23日)，国史，コン改，コン4，史人 ([生]1831年12月　[没]1893年2月23日)，新潮 ([没]明治26 (1893) 年2月25日)，人名，日人 ([生]1832年)，幕末 ([没]1893年2月23日)，福井百

山田楽　やまだたのし
天保11 (1840) 年～明治37 (1904) 年5月28日
江戸時代末期～明治期の静岡藩士、実業家。第八十九国立銀行頭取。

¶静岡歴，徳島百（[生]天保11（1840）年12月24日），徳島歴（[生]天保11（1840）年12月24日），幕末

山田頼母　やまだたのも
生没年不詳
江戸時代中期の備後三次藩家老。
¶藩臣6

山田民之助　やまだたみのすけ
文政5（1822）年～明治22（1889）年
江戸時代後期～明治期の剣術家。影山流。
¶剣豪

山田千疇　やまだちうね
文化9（1812）年～明治9（1876）年
江戸時代末期～明治期の尾張藩の国学者。
¶国書（[生]文化9（1812）年2月11日　[没]明治9（1876）年7月12日），姓氏愛知，幕末（[没]1876年7月12日），藩臣4

山田近房　やまだちかふさ
明暦3（1657）年～元文5（1740）年
江戸時代前期～中期の出羽米沢藩士。
¶国書，藩臣1

山田知足斎　やまだちそくさい
天保10（1839）年～明治14（1881）年　[別]山田耕三《やまだこうぞう》
江戸時代末期～明治期の松山藩士。
¶岡山人，岡山百（山田耕三　やまだこうぞう　[没]明治14（1881）年11月6日），岡山歴（[生]天保10（1839）年1月　[没]明治14（1881）年10月6日），幕末（山田耕三　やまだこうぞう　[没]1881年11月6日），藩臣6

山田仲左衛門　やまだちゅうざえもん
生没年不詳
江戸時代前期の伊予三河吉田藩家老。
¶藩臣6

山田長五郎　やまだちょうごろう
生没年不詳
江戸時代中期の西条藩家臣。
¶和歌山人

山田司　やまだつかさ
弘化1（1844）年～明治1（1868）年12月24日
江戸時代末期の薩摩藩士。
¶幕末

山田常右衛門　やまだつねえもん
安永8（1779）年～？
江戸時代後期の備中国笠岡代官・美作国久世代官。
¶岡山歴

山田常典　やまだつねすけ
→山田常典（やまだつねのり）

山田常典　やまだつねのり
文化5（1808）年～文久3（1863）年　[別]山田常典《やまだじょうてん，やまだつねすけ》
江戸時代末期の三河吉田藩士。
¶愛媛百（やまだじょうてん　[生]文化4（1807）年8月　[没]文久3（1863）年7月7日），江文，郷土和歌山（[生]1807年），国書（[生]文化5（1808）年8月　[没]文久3（1863）年7月7日），人名，日人，幕末（やまだつねすけ　[没]1863年7月7日），藩臣6（やまだつねすけ），和歌山人（[生]1807年）

山田募　やまだつのる
生没年不詳
江戸時代後期の盛岡藩士。
¶国書

山田貞吉　やまだていきち
天保4（1833）年～万延1（1860）年　[別]山田貞吉《やまださだよし》
江戸時代末期の志士。水戸藩家老に仕えた。
¶人名，日人，幕末（やまださだよし）

山田遠江　やまだとおとうみ
安土桃山時代～江戸時代前期の武士。里見氏家臣。
¶戦人（生没年不詳），戦東

山田利信　やまだとしのぶ
生没年不詳
江戸時代前期の日田代官。
¶大分歴

山田利教　やまだとしのり
生没年不詳
江戸時代末期の幕臣。
¶国書

山田舎人　やまだとねり
？～嘉永6（1853）年
江戸時代末期の遠江掛川藩用人。
¶藩臣4

山田虎之助　やまだとらのすけ
天保13（1842）年～元治1（1864）年
江戸時代末期の長州（萩）藩足軽。
¶維新，人名，日人，幕末（[没]1864年9月20日），藩臣6

山田尚忠　やまだなおただ
→山田尚忠（やまだひさただ）

山田直温　やまだなおはる
天保7（1836）年～明治41（1908）年　[別]山田省助《やまだしょうすけ》
江戸時代末期～明治期の伊勢津藩士。
¶国書（生没年不詳），日人（山田省助　やまだしょうすけ），藩臣5，三重（山田省助）

山田直衡　やまだなおひら
貞享2（1685）年～宝暦7（1757）年
江戸時代中期の三河岡崎藩士。
¶藩臣4

山田直棟　やまだなおむね
享保14（1729）年～寛政4（1792）年
江戸時代中期の三河岡崎藩士。
¶藩臣4

山田長宣　やまだながのぶ
？～明治38（1905）年
江戸時代末期～明治期の加賀藩士。
¶姓氏石川

山田仁右衛門　やまだにえもん
？～　[別]山田仁右衛門《やまだじんえもん》
江戸時代中期の剣術家。梶派一刀流。
¶青森人（やまだじんえもん），剣豪（生没年不詳）

山田信道　やまだのぶみち
天保4（1833）年～明治33（1900）年　[別]山田信道《やまだしんどう》，井原十郎《いはらじゅうろう》

江戸時代末期～明治期の志士。肥後勤王党に属した。
¶朝日（[生]天保4年11月3日（1833年12月13日）　[没]明治33（1900）年3月11日），維新，京都大，京都府，熊本百（やまだしんどう　[生]天保4（1833）年11月3日　[没]明治33（1900）年3月11日），人名，姓氏京都，鳥取百（[生]天保10（1839）年），鳥取百，日人，幕末（[没]1900年3月12日）

山田登 やまだのぼる
文政4（1821）年～明治9（1876）年
江戸時代末期の開墾家、陸奥弘前藩士。
¶人名，日人

山田八郎 やまだはちろう
？　～明治14（1881）年5月15日
江戸時代後期～明治期の幕臣・小人目付。1862年遣欧使節に同行しフランスに渡る。
¶海越新

山田春隆 やまだはるたか
江戸時代末期の新撰組隊士。
¶新撰

山田伴山 やまだばんざん
江戸時代前期の剣道家、佐竹右京太夫の家臣。
¶人名，日人（生没年不詳）

山田胖蔵 やまだはんぞう
文化12（1815）年～明治23（1890）年
江戸時代後期～明治期の剣術家。小野派一刀流。
¶剣豪

山田彦八 やまだひこはち
天保6（1835）年～明治13（1880）年4月17日
江戸時代末期～明治期の平藩士。
¶幕末

山田彦兵衛 やまだひこべえ
？　～天明6（1786）年
江戸時代中期の陸奥弘前藩用人。
¶青森百，藩臣1

山田尚忠 やまだひさただ
享和2（1802）年～明治12（1879）年　[別]山田尚忠《やまだなおただ》
江戸時代後期～明治期の紀伊和歌山藩士・歌人。
¶国書（[没]明治12（1879）年8月12日），和歌山人（やまだなおただ）

山田復軒 やまだふくけん
→山田原欽（やまだげんきん）

山田浮月斎 やまだふげつさい
生没年不詳
安土桃山時代～江戸時代前期の剣術家。
¶日人

山田武兵衛 やまだぶへえ
？　～貞享2（1685）年
江戸時代前期の陸奥会津藩士。
¶藩臣2

山田文啓 やまだぶんけい
*～慶応2（1866）年
江戸時代末期の志摩鳥羽藩士。
¶国書（[生]文化9（1812）年　[没]慶応2（1866）年2月15日），藩臣4（[生]？），三重

山田兵左衛門 やまだへいざえもん
正徳3（1713）年～寛政3（1791）年　[別]山田国禎《やまだこくてい》
江戸時代中期の因幡鳥取藩士。
¶国書（[没]寛政3（1791）年7月11日），藩臣5（山田国禎　やまだこくてい）

山田平左衛門(1) やまだへいざえもん
弘化2（1845）年～明治39（1906）年　[別]土居平左衛門《どいへいざえもん》
江戸時代末期～明治期の土佐藩士。
¶高知人，高知百，幕末（[没]1906年1月26日）

山田平左衛門(2) やまだへいざえもん
→山田光徳（やまだみつのり）

山田平蔵 やまだへいぞう
弘化1（1844）年～明治7（1874）年
江戸時代末期～明治期の佐賀の乱江藤党、肥前佐賀藩士。
¶人名，日人

山田方谷 やまだほうこく
文化2（1805）年～明治10（1877）年
江戸時代末期～明治期の儒学者。備中松山藩財政の立て直しを行う。
¶朝日（[生]文化2年2月21日（1805年3月21日）　[没]明治10（1877）年6月26日），維新，岩史（[生]文化2（1805）年2月21日　[没]明治10（1877）年6月26日），岡山人，岡山百（[生]文化2（1805）年2月21日　[没]明治10（1877）年6月26日），岡山歴（[生]文化2（1805）年2月21日　[没]明治10（1877）年6月26日），近現，近世，国史，国書（[生]文化2（1805）年2月21日　[没]明治10（1877）年6月26日），コン改，コン4，コン5，詩歌，史人（[生]1805年2月21日　[没]1877年6月26日），思想（[生]文化2（1805）年2月21日　[没]明治10（1877）年6月26日），人書94，新潮（[生]文化2（1805）年2月21日　[没]明治10（1877）年6月26日），人名，姓氏京都，哲学，日史（[生]文化2（1805）年2月21日　[没]明治10（1877）年6月26日），日人，幕末（[没]1877年6月26日），藩臣6，百科，歴大

山田鵬輔 やまだほうすけ
？　～慶応2（1866）年
江戸時代末期の奇兵隊小隊司令。
¶維新，人名，日人，幕末（[没]1866年9月5日）

山田方雄 やまだまさお
天保3（1832）年？　～大正7（1918）年9月25日
江戸時代末期～大正期の富山藩士。
¶富山文

山田昌邦 やまだまさくに
嘉永1（1848）年～大正15（1926）年
江戸時代後期～大正期の静岡藩士、実業家。
¶静岡歴，数学

山田真胤 やまだまさたね
→山田織部（やまだおりべ）

山田政則 やまだまさのり
天保5（1834）年～？　[別]山田一太夫政則《やまだいちだゆうまさのり》
江戸時代後期～末期の武士、官吏。
¶埼玉人，埼玉百（山田一太夫政則　やまだいちだゆうまさのり），日人

山田正泰 やまだまさやす
? ～正徳6(1716)年
江戸時代中期の播磨三日月藩用人。
¶藩臣5

山田昌之 やまだまさゆき
文化13(1816)年～明治11(1878)年 [別]山田重作《やまだじゅうさく》
江戸時代後期～明治期の長州(萩)藩士・歌人。
¶維新(山田重作 やまだじゅうさく), 国書([没]明治11(1878)年7月5日)

山田亦介(山田亦助) やまだまたすけ
*～元治1(1864)年 [別]山田公章《やまだきみあき》
江戸時代末期の長州(萩)藩士。長沼流兵学を吉田松陰に教授。
¶朝日([生]文化7(1810)年 [没]元治1年12月19日(1865年1月16日)), 維新([生]1810年), 近世([生]1808年), 国史([生]1808年), 国書(山田公章 やまだきみあき [生]文化5(1808)年12月18日 [没]元治1(1864)年12月19日), コン改([生]文化6(1809)年), コン4([生]文化6(1809)年), 新潮([生]文化7(1810)年 [没]元治1(1864)年12月19日), 人名([生]1809年), 姓氏山口(山田亦助 [生]1810年), 日人([生]1809年 [没]1865年), 幕末([生]1810年 [没]1865年1月16日), 藩臣6([生]文化7(1810)年)

山田光徳 やまだみつのり
寛永16(1639)年～享保1(1716)年 [別]山田平左衛門《やまだへいざえもん》
江戸時代中期の剣術家。直心影流の祖。
¶近世, 剣豪(山田平左衛門 やまだへいざえもん), 国史, 日人

山田宗明 やまだむねあき
? ～享保2(1717)年3月27日
江戸時代前期～中期の徳島藩家老。
¶徳島歴

山田宗重 やまだむねしげ
*～元和4(1618)年2月20日
戦国時代～江戸時代前期の徳島藩和食城代。
¶徳島百([生]?), 徳島歴([生]天文7(1538)年)

山田宗登 やまだむねと
? ～天和1(1681)年3月17日
江戸時代前期の徳島藩家老。
¶徳島歴

山田宗名 やまだむねな
? ～元禄13(1700)年1月23日
江戸時代前期～中期の徳島藩家老。
¶徳島歴

山田宗春 やまだむねはる
? ～貞享1(1684)年1月2日
江戸時代前期の徳島藩家老。
¶徳島歴

山田宗賀 やまだむねよし
? ～宝暦1(1751)年1月14日
江戸時代中期の徳島藩家老。
¶徳島歴

山田明遠 やまだめいえん
元文2(1737)年～享和2(1802)年
江戸時代中期～後期の薩摩藩士。
¶姓氏鹿児島

山田茂左衛門 やまだもざえもん
～天保10(1839)年
江戸時代後期の関東代官。
¶埼玉百

山田蘇作 やまだもとさく
寛政6(1794)年～元治1(1864)年 [別]山田蘇作《やまだそさく》
江戸時代末期の肥前福江藩士。
¶人名(やまだそさく), 日人, 幕末([没]1864年12月20日), 藩臣7

山田陽次郎 やまだようじろう
天保12(1841)年～明治6(1873)年
江戸時代末期～明治期の陸奥会津藩士。
¶会津, 幕末([没]1873年5月5日), 藩臣2

山田吉近 やまだよしちか
寛永13(1636)年～正徳2(1712)年
江戸時代前期の武士。
¶和歌山人

山田吉時 やまだよしとき
? ～延享1(1744)年4月19日
江戸時代中期の幕臣。
¶国書

山田右衛門作 やまだよもさく
→山田右衛門作(やまだえもさく)

山地介寿 やまぢすけとし, やまじすけとし
明和5(1768)年～文化10(1813)年 [別]山地介寿《やまじすけかず》
江戸時代中期～後期の土佐藩士・国学者。
¶高知人(やまじすけかず), 国書(やまじすけとし [没]文化10(1813)年9月2日)

山地高忠 やまぢたかただ, やまじたかただ
承応1(1652)年～天和3(1683)年
江戸時代前期の武芸家。
¶大分歴(やまじたかただ)

山地立固 やまぢたつかた, やまじたつかた
生没年不詳
江戸時代後期の陸奥三春藩士、藩校学長。
¶藩臣2(やまじたつかた)

山地元治 やまぢもとはる, やまじもとはる;やまちもとはる
天保12(1841)年～明治30(1897)年 [別]山地元治《やまじもとはる》
江戸時代後期～明治期の武士、軍人。
¶朝日([生]天保13年7月25日(1842年8月30日) [没]明治30(1897)年10月3日), 維新([生]1842年), 近現(やまちもとはる), 高知人(やまじもとはる), 高知百(やまじもとはる), 国史(やまちもとはる), 人名, 日人(やまじもとはる), 幕末(やまじもとはる [没]1897年10月3日), 明治1(やまちもとはる), 陸海([生]天保12年7月25日 [没]明治30年10月3日)

山手白人 やまてのしろひと
→山手白人(やまのてしろひと)

山寺常山　やまでらじょうざん
文化4（1807）年～明治11（1878）年
江戸時代末期～明治期の松代藩士。
¶維新，国書（[没]明治11（1878）年7月3日），人名，姓氏長野，長野百，長野歴，日人，幕末（[没]1878年7月3日），藩臣3（[生]文化5（1808）年）

山徳権之允　やまとくごんのじょう
天保4（1833）年～元治1（1864）年
江戸時代末期の長州（萩）藩士。
¶維新，人名，日人，幕末（[没]1864年8月20日）

大和国之助　やまとくにのすけ
天保6（1835）年～元治1（1864）年
江戸時代末期の長州（萩）藩士。横浜居留地の焼き打ちを計画。
¶朝日（[生]天保6年11月3日（1835年12月22日）　[没]元治1年12月19日（1865年1月16日）），維新，新潮（[生]天保6（1835）年11月3日　[没]元治1（1864）年12月19日），人名，日人（[没]1865年），幕末（[没]1864年1月16日），藩臣6

山寅之助　やまとらのすけ
弘化3（1846）年～？
江戸時代後期～末期の新撰組隊士。
¶新撰

山中一郎　やまなかいちろう
嘉永1（1848）年～明治7（1874）年4月13日
江戸時代末期～明治期の肥前佐賀藩士、佐賀士族。佐賀の乱の主謀者の一人で、捕らえられ、斬刑となった。
¶朝日，海越，海越新，渡航，日人

山中逸郎　やまなかいつろう
文化10（1813）年～明治11（1878）年　[別]山中兵部《やまなかひょうぶ》
江戸時代末期～明治期の陸奥弘前藩家老。
¶幕末，藩臣1（山中兵部　やまなかひょうぶ）

山中逸郎泰靖　やまなかいつろうたいせい
文政10（1827）年～明治21（1888）年
江戸時代末期の弘前藩家老。
¶青森人

山中金左衛門　やまなかきんざえもん
？　～寛政10（1798）年
江戸時代中期の下総古河藩用人。
¶藩臣3

山中源左衛門　やまなかげんざえもん
？　～正保2（1645）年
江戸時代前期の旗本奴。
¶朝日（生没年不詳），日人

山中作右衛門(1)　やまなかさくえもん
慶長4（1599）年～寛文12（1672）年　[別]山中友俊《やまなかともとし》
江戸時代前期の紀伊和歌山藩士。
¶藩臣5，和歌山人（山中友俊　やまなかともとし）

山中作右衛門(2)　やまなかさくえもん
？　～嘉永5（1852）年
江戸時代末期の紀伊和歌山藩家老。
¶藩臣5

山中新左衛門　やまなかしんざえもん
文政1（1818）年～元治1（1864）年　[別]山口新左衛門《やまぐちしんざえもん》
江戸時代末期の水戸藩士。
¶維新，人名（山口新左衛門　やまぐちしんざえもん），人名，日人，幕末（[没]1864年11月15日）

山中大輔　やまなかだいすけ
生没年不詳
江戸時代末期の武士。
¶和歌山人

山中為綱　やまなかためつな
慶長18（1613）年～天和2（1682）年
江戸時代前期の伊勢津藩士。
¶国書（[没]天和2（1682）年11月6日），コン改（[生]？　[没]天和1（1681）年），コン4，日人，藩臣5，三重

山中篤之助　やまなかとくのすけ
生没年不詳
江戸時代後期の紀伊和歌山藩士。
¶藩臣5

山中俊徳　やまなかとしのり
生没年不詳
江戸時代末期の武士。
¶和歌山人

山中友俊　やまなかともとし
→山中作右衛門(1)（やまなかさくえもん）

山中信古　やまなかのぶひさ
文化12（1815）年～明治8（1875）年　[別]山中信古《やまなかのぶふる》
江戸時代末期～明治期の紀伊和歌山藩士。
¶国書（やまなかのぶふる　[没]明治8（1875）年10月），幕末（[没]1875年10月17日），和歌山人

山中信古　やまなかのぶふる
→山中信古（やまなかのぶひさ）

山中通道　やまなかのぶみち
？　～正徳2（1712）年　[別]山中通道《やまなかゆきみち》
江戸時代中期の出雲松江藩士。
¶島根人（やまなかゆきみち），藩臣5

山中兵部　やまなかひょうぶ
→山中逸郎（やまなかいつろう）

山中弘庸　やまなかひろのぶ
江戸時代末期の志士。
¶維新，幕末（生没年不詳）

山中盛美　やまなかもりよし
生没年不詳
江戸時代後期の幕臣。
¶国書

山中幸俊　やまなかゆきとし
安土桃山時代～江戸時代前期の武士。豊臣氏家臣。
¶戦国，戦人（生没年不詳）

山中通道　やまなかゆきみち
→山中通道（やまなかのぶみち）

山名玉山　やまなぎょくざん
元和9（1623）年～元禄7（1694）年　[別]山名義豊《やまなよしとよ》

江戸時代前期の歌人、幕府御書院番。
¶国書(山名義豊　やまなよしとよ　[没]元禄7(1694)年11月25日)，詩歌，人名，日人，和俳

山梨孫九郎　やまなしまごくろう
安土桃山時代～江戸時代前期の武士。里見氏家臣。
¶戦人(生没年不詳)，戦東

山名禅高　やまなぜんこう
→山名豊国(やまなとよくに)

山名友太夫　やまなともだゆう
？～宝暦12(1762)年
江戸時代中期の常陸土浦藩代官。
¶藩臣2

山名豊国　やまなとよくに
天文17(1548)年～寛永3(1626)年　[別]山名禅高《やまなぜんこう》
安土桃山時代～江戸時代前期の武将。因幡守護。
¶織田([没]寛永3(1626)年10月7日)，近世，系西，国史，国書(山名禅高　やまなぜんこう　[没]寛永3(1626)年10月7日)，史人([没]1626年10月7日)，諸系，新潮([没]寛永3(1626)年10月7日)，人名，戦合，戦国([生]1549年)，戦人([生]？)，鳥取百，日人，兵庫百，歴大

山名豊孝　やまなとよたか
生没年不詳
江戸時代後期の旗本。
¶神奈川人

山南敬助(山南敬介)　やまなみけいすけ
天保4(1833)年～慶応1(1865)年
江戸時代末期の新撰組隊士。
¶剣豪，新撰(山南敬介　[没]元治2年2月23日)，幕末([没]1865年3月20日)

山名義済　やまなよしずみ
天保7(1836)年～明治4(1871)年　[別]山名義済《やまなよしなり》
江戸時代末期～明治期の大名。但馬村岡藩主。
¶維新(やまなよしなり)，諸系，日人，幕末(やまなよしなり　[没]1871年5月)，藩主3(やまなよしなり　[生]天保7(1836)年2月21日　[没]明治4(1871)年2月20日)，兵庫百

山名義豊　やまなよしとよ
→山名玉山(やまなぎょくざん)

山名義済　やまなよしなり
→山名義済(やまなよしずみ)

山名義路　やまなよしみち
万延1(1860)年～昭和15(1940)年
江戸時代末期～明治期の村岡藩主、村岡藩知事。
¶諸系，世紀([生]万延1(1860)年11月4日　[没]昭和15(1940)年11月22日)，日人，藩主3([生]万延1(1860)年11月4日　[没]昭和15(1940)年11月22日)，兵庫人([生]万延1(1860)年11月　[没]昭和15(1940)年11月21日)

山名与兵衛　やまなよひょうえ
寛政1(1789)年～元治1(1864)年
江戸時代後期の常陸土浦藩士。
¶幕末([没]1864年4月5日)，藩臣2

山西敏弥　やまにしとしや
天保14(1843)年～大正5(1916)年
江戸時代末期～明治期の志士。
¶新潟百

山根華陽　やまねかよう
元禄10(1697)年～明和8(1771)年
江戸時代中期の長州(萩)藩士。
¶国書([没]明和8(1771)年12月28日)，人名，姓氏山口，日人([没]1772年)，藩臣6

山根信満　やまねさねまろ
宝暦13(1763)年～？
江戸時代中期の石見浜田藩士、儒学者。
¶国書，藩臣5

山根済洲　やまねせいしゅう
享保11(1726)年～宝暦5(1755)年9月25日
江戸時代中期の漢学者・長州萩藩士。
¶国書

山根忠成　やまねただしげ
？～万延1(1860)年9月27日
江戸時代後期～末期の長州萩藩士・俳人。
¶国書

山根温知　やまねはるとも
文政5(1822)年～明治29(1896)年3月26日
江戸時代末期～明治期の長州(萩)藩士。
¶幕末

山根武兵衛　やまねぶへえ
江戸時代前期の剣術家。
¶日人(生没年不詳)，三重続

山井鼎　やまのいかなえ
→山井崑崙(やまのいこんろん)

山井崑崙(山井昆侖)　やまのいこんろん
＊～享保13(1728)年　[別]山井鼎《やまのいかなえ，やまのいてい》
江戸時代中期の伊予西条藩の漢学者。「七経孟子考文補遺」の著者。
¶朝日([生]？　[没]享保13年1月28日(1728年3月8日))，江文([生]延宝8(1680)年)，郷土和歌山([生]1690年)，近世([生]1690年)，国史([生]1690年)，国書([生]元禄3(1690)年　[没]享保13(1728)年1月28日)，コン改([生]天和1(1681)年)，コン4([生]天和1(1681)年)，詩歌(山井昆侖　[生]1690年)，人書94([生]1681年)，新潮([生]元禄3(1690)年？　[没]享保13(1728)年1月28日)，人名(山井昆侖　[生]？)，世人(山井鼎　やまのいてい　[生]天和1(1681)年　[没]享保13(1728)年1月28日)，世百([生]1690年？)，全書([生]1681年)，大百(山井昆侖　[生]？)，日人([生]1690年)，藩臣6([生]？)，和歌山人([生]1690年)

山井鼎　やまのいてい
→山井崑崙(やまのいこんろん)

山野井彦六郎　やまのいひころくろう
安土桃山時代～江戸時代前期の武士。里見氏家臣。
¶戦人(生没年不詳)，戦東

山之内一郎　やまのうちいちろう
江戸時代末期の薩摩藩士。
¶維新，姓氏鹿児島，幕末(生没年不詳)

山内逸郎　やまのうちいつろう
文政6(1823)年～明治21(1888)年

や

江戸時代末期〜明治期の陸奥弘前藩士。
¶維新

山内梅三郎 やまのうちうめさぶろう
嘉永2(1849)年〜明治12(1879)年　㊀通恂
江戸時代末期〜明治期の長州(萩)藩奇兵隊総管、官吏。
¶維新，海越(㊄嘉永2(1849)年2月7日　㊆明治12(1879)年11月11日)，海越新(㊄嘉永2(1849)年2月7日　㊆明治12(1879)年11月11日)，近現，国史，姓氏山口(㊄1848年)，渡航(㊄1848年　㊆1879年10月11日)，日人，幕末(㊆1879年11月11日)，藩臣6

山内一安 やまのうちかずやす
→山内一安(やまうちかずやす)

山内寛之助 やまのうちかんのすけ
〜慶応4(1868)年8月18日
江戸時代後期〜末期の勇士。
¶庄内

山内琴台 やまのうちきんだい
享保9(1724)年〜延享3(1746)年
江戸時代中期の儒者、長州藩士。
¶国書，人名

山内源七郎 やまのうちげんしちろう
文政9(1826)年〜慶応4(1868)年
江戸時代後期〜末期の真岡代官。
¶栃木歴

山内賢之允 やまのうちけんのじょう
天保13(1842)年〜＊　㊀山内通喜《やまうちみちよし》
江戸時代末期の長州(萩)藩士。
¶姓氏山口(山内通喜　やまうちみちよし　㊆1864年)，幕末(㊆1863年7月20日)

山内香雪 やまのうちこうせつ
→山内香雪(やまうちこうせつ)

山内小藤太 やまのうちことうた
→山内致信(やまのうちむねのぶ)

山之内作次郎 やまのうちさくじろう
→山之内貞奇(やまのうちさだよし)

山之内貞奇 やまのうちさだよし
寛政10(1798)年〜明治7(1874)年　㊀山内貞奇《やまのうちていき》，山之内作次郎《やまのうちさくじろう》
江戸時代末期〜明治期の薩摩藩士。
¶維新，鹿児島百(山之内作次郎　やまのうちさくじろう)，国書(㊆明治7(1874)年1月17日)，人名(山内貞奇　やまのうちていき)，姓氏鹿児島，日人，幕末(山之内作次郎　やまのうちさくじろう)，藩臣7

山之内時習 やまのうちじしゅう
生没年不詳
江戸時代末期の薩摩藩士。
¶神人

山内四郎左衛門 やまのうちしろうざえもん
生没年不詳　㊀山内四郎左衛門《やまのうちしろざえもん》
江戸時代前期の薩摩藩士、国分衆中。煙草の選種・栽培法を研究。
¶朝日，近世，国史，コン改，コン4，史人，新潮，人名(やまのうちしろざえもん)，世人，日人

山内四郎左衛門 やまのうちしろざえもん
→山内四郎左衛門(やまのうちしろうざえもん)

山内甚五左衛門 やまのうちじんござえもん
→山内董正(やまのうちただまさ)

山内忠豊 やまのうちただとよ
→山内忠豊(やまうちただとよ)

山内董正 やまのうちただまさ
寛政1(1789)年〜万延1(1860)年　㊀山内甚五左衛門《やまのうちじんござえもん》，山内総左衛門《やまうちそうざえもん》
江戸時代後期の幕府代官。
¶維新(山内甚五左衛門　やまのうちじんござえもん)，国書(㊆万延1(1860)年7月15日)，人名，栃木歴(山内総左衛門　やまうちそうざえもん)，日人，幕末(山内甚五左衛門　やまのうちじんござえもん　㊆1860年8月31日)

山内忠義 やまのうちただよし
→山内忠義(やまうちただよし)

山内提雲(山内堤雲) やまのうちていうん
天保9(1838)年〜大正12(1923)年　㊀山内提雲・山内六三郎《やまのうちていうん・やまのうちろくさぶろう》，山内六三郎《やまうちろくさぶろう，やまのうちろくさぶろう》，提雲
江戸時代末期〜明治期の幕臣、官吏。1863年遣仏使節通訳としてフランスに渡る。
¶海越(山内六三郎　やまのうちろくさぶろう　㊄文政9(1826)年　㊆大正11(1922)年)，海越新(山内六三郎　やまのうちろくさぶろう　㊄文政9(1826)年　㊆大正11(1922)年)，渡航(山内提雲・山内六三郎　やまのうちていうん・やまのうちろくさぶろう　㊄1838年9月17日　㊆1923年2月5日)，日人，洋学(山内六三郎　やまうちろくさぶろう)，履歴(山内堤雲　㊄天保9(1838)年9月17日　㊆大正12(1923)年2月5日)

山内貞奇 やまのうちていき
→山之内貞奇(やまのうちさだよし)

山内貞之助 やまのうちていのすけ
生没年不詳
江戸時代の庄内藩付家老。
¶庄内

山内俊温 やまのうちとしあつ
安永7(1778)年〜弘化1(1844)年　㊀山内俊温《やまのうちとしなが》
江戸時代後期の陸奥会津藩士。
¶会津(やまのうちとしなが)，国書(㊆天保15(1844)年8月9日)，藩臣2

山内俊温 やまのうちとしなが
→山内俊温(やまのうちとしあつ)

山内豊明 やまのうちとよあき
→山内豊明(やまうちとよあきら)

山内豊策 やまのうちとよかず
→山内豊策(やまうちとよかず)

山内豊信 やまのうちとよしげ
→山内豊信(やまうちとよしげ)

や

山内豊資　やまのうちとよすけ
→山内豊資（やまうちとよすけ）

山内豊隆　やまのうちとよたか
→山内豊隆（やまうちとよたか）

山内豊産　やまのうちとよただ
→山内豊産（やまうちとよただ）

山内豊雍　やまのうちとよちか
→山内豊雍（やまうちとよちか）

山内豊矩　やまのうちとよつね
文政8（1825）年2月26日～嘉永2（1849）年6月8日
江戸時代後期の土佐藩士。藩主豊資の子。
¶国書

山内豊積　やまのうちとよつむ
天保5（1834）年～明治27（1894）年　[別]山内豊積《やまうちとよつむ》
江戸時代末期～明治期の土佐藩主山内氏分家。
¶維新，高知人（やまうちとよつむ）

山内豊熙　やまのうちとよてる
→山内豊熙（やまうちとよてる）

山内豊福　やまのうちとよとみ
→山内豊福（やまうちとよよし）

山内豊誠　やまのうちとよのぶ
→山内豊誠（やまうちとよしげ）

山内豊敷　やまのうちとよのぶ
→山内豊敷（やまうちとよのぶ）

山内豊範　やまのうちとよのり
→山内豊範（やまうちとよのり）

山内豊熙　やまのうちとよひろ
→山内豊熙（やまうちとよてる）

山内豊房　やまのうちとよふさ
→山内豊房（やまうちとよふさ）

山内豊昌　やまのうちとよまさ
→山内豊昌（やまうちとよまさ）

山内豊道　やまのうちとよみち
寛政7（1795）年～文久2（1862）年　[別]山内豊道《やまうちとよみち》
江戸時代後期～末期の土佐藩士。
¶高知人（やまうちとよみち），国書（[生]寛政7（1795）年3月9日　[没]文久2（1862）年8月12日）

山内豊栄　やまのうちとよよし
文化12（1815）年～文久3（1863）年　[別]山内豊栄《やまうちとよよし》
江戸時代末期の土佐藩主山内氏一門。
¶維新，高知人（やまうちとよよし），国書（[生]文化12（1815）年6月16日　[没]文久3（1863）年4月16日）

山内豊福　やまのうちとよよし
→山内豊福（やまうちとよよし）

山内規重　やまのうちのりしげ
→山内規重（やまうちのりしげ）

山内兵庫　やまのうちひょうご
→山内豊誉（やまうちとよたか）

山内広通　やまのうちひろみち
元禄1（1688）年～延享4（1747）年
江戸時代中期の長州（萩）藩士。
¶国書（[没]延享4（1747）年11月5日），人名，日人，藩臣6

山内豊前守一唯　やまのうちぶぜんのかみかずただ
→山内一唯（やまうちかずただ）

山内致信　やまのうちむねのぶ
元文3（1738）年～寛政4（1792）年　[別]山内小藤太《やまのうちことうた》
江戸時代中期の陸奥仙台藩士、弓術家。
¶人名，日人，藩臣1（山内小藤太　やまのうちことうた）

山内康豊　やまのうちやすとよ
→山内康豊（やまうちやすとよ）

山内容堂　やまのうちようどう
→山内豊信（やまうちとよしげ）

山内六三郎　やまのうちろくさぶろう
→山内提雲（やまのうちていうん）

山野茂樹　やまのしげき
文政6（1823）年～明治15（1882）年
江戸時代末期～明治期の陸奥弘前藩士。対外折衝に活躍。
¶青森人，朝日，日人

山野田一輔　やまのだいっぽ，やまのたいっぽ
弘化1（1844）年～明治10（1877）年
江戸時代末期～明治期の薩摩藩士、鹿児島県士族。
¶姓氏鹿児島（やまのたいっぽ），幕末（[没]1877年9月24日）

山手白人　やまのてしろひと
元文2（1737）年～天明7（1787）年　[別]山手白人《やまてのしろひと，やまのてのしろうと》
江戸時代中期の旗本、狂歌師。
¶江戸（やまのてのしろうと），人名，日人（やまてのしろひと），和俳

山手白人　やまのてのしろうと
→山手白人（やまのてしろひと）

山野辺兵庫　やまのべひょうご
享和1（1801）年～安政6（1859）年　[別]山野辺義観《やまのべよしみ》
江戸時代末期の水戸藩家老。
¶維新，茨城百（山野辺義観　やまのべよしみ），幕末（[没]1859年2月8日），藩臣2

山野辺光茂　やまのべみつしげ
江戸時代前期の武将。最上氏家臣。
¶戦東

山野辺主水　やまのべもんど
天保3（1832）年～明治19（1886）年　[別]山野辺義芸《やまのべよしつね》
江戸時代末期～明治期の水戸藩家老。
¶維新，郷土茨城（山野辺義芸　やまのべよしつね　[生]1831年），幕末（[没]1886年12月6日），藩臣2

山野辺義方　やまのべよしかた
？　～宝永1（1704）年8月25日
江戸時代前期～中期の水戸藩士。
¶国書

山野辺義忠　やまのべよしただ
天正16（1588）年～寛文4（1664）年
江戸時代前期の水戸藩士。

や

やまのへ　　　　　　　　　　　　*1104*　　　　　　　日本人物レファレンス事典

¶藩臣1，藩臣2

山野辺義芸 やまのべよしつね
→山野辺主水（やまのべもんど）

山野辺義観 やまのべよしみ
→山野辺兵庫（やまのべひょうご）

山野八十八 やまのやそはち
天保14（1843）年頃～？
江戸時代末期の新撰組隊士。
¶新撰，幕末

山辺沖太郎 やまべおきたろう
弘化1（1844）年～明治4（1871）年4月3日
江戸時代末期～明治期の加賀藩士。
¶幕末

山家公頼 やまべきみより
→山家清兵衛（やんべせいべえ）

山部隼太 やまべはやた
？　～明治21（1888）年
江戸時代末期～明治期の因幡鳥取藩士。
¶維新，幕末（⊗1888年11月13日）

山家頼道 やまべよりみち
→山家豊三郎（やんべとよさぶろう）

山道高彦 やまみちたかひこ
→山道高彦（やまみちのたかひこ）

山道高彦 やまみちのたかひこ
？　～文化13（1816）年　⊕山道高彦《やまみちた
かひこ》
江戸時代後期の狂歌師、田安家家臣。
¶国書（⊗文化13（1816）年9月10日），日人（やま
みちたかひこ），日人

山村才助 やまむらさいすけ
明和7（1770）年～文化4（1807）年　⊕山村昌永
《やまむらしょうえい，やまむらまさなが》
江戸時代中期～後期の常陸土浦藩の蘭学者、世界
地理学者。伯父は市河寛斎。
¶朝日（⊗文化4年9月19日（1807年10月20日）），
茨城百，岩史（⊗文化4（1807）年9月19日），江
文，郷土茨城，近世，国史，国書（山村昌永
やまむらまさなが　⊗文化4（1807）年9月19
日），コン改，コン4，世人，新潮（⊗文化4（1807）年9月19
日），人書94，新潮（⊗文化4（1807）年9月19
日），人名，世人（山村昌永　やまむらしょうえ
い），全書，大百，日史（⊗文化4（1807）年9月
19日），日人，藩臣2，百科，洋学，歴大

山村昌永 やまむらしょうえい
→山村才助（やまむらさいすけ）

山村松現 やまむらしょうげん
？　～天明2（1782）年
江戸時代中期の八戸藩士。
¶青森人

山村勝次郎 やまむらしょうじろう
生没年不詳
江戸時代後期の常陸土浦藩士。
¶藩臣2

山村甚兵衛 やまむらじんべえ
→山村甚兵衛（やまむらじんべえ）

山村甚兵衛 やまむらじんべえ
⊕山村甚兵衛《やまむらじんべい》
江戸時代の木曽代官（世襲名）。
¶岐阜百（やまむらじんべい），近世，国史，日
史，百科，歴大

山村瀬兵衛 やまむらせへえ
生没年不詳
江戸時代中期の美濃岩村藩用人。
¶藩臣3

山村蘇門 やまむらそもん
寛保2（1742）年～文政6（1823）年　⊕山村良由
《やまむらたかよし》
江戸時代中期～後期の尾張藩の漢学者。
¶郷土長野，国書（山村良由　やまむらたかよし
⊕寛保2（1742）年3月6日　⊗文政6（1823）年1
月16日），詩歌（⊗1822年），人書94，人名，姓
氏長野（山村良由　やまむらたかよし），長野
百，長野歴，日人，藩臣4（山村良由　やまむら
たかよし），和俳

山村良旺 やまむらたかあきら
享保14（1729）年～寛政9（1797）年
江戸時代中期～後期の第16代京都西町奉行。
¶京都大，姓氏京都

山村良景 やまむらたかかげ
天和3（1683）年～宝永7（1710）年
江戸時代前期～中期の尾張藩士、木曽代官。
¶国書（⊕天和3（1683）年4月27日　⊗宝永7
（1710）年7月13日），長野歴

山村良勝 やまむらたかかつ
永禄6（1563）年～寛永11（1634）年　⊕山村良勝
《やまむらながかつ，やまむらよしかつ》
安土桃山時代～江戸時代前期の尾張藩の木曽代
官。徳川家康の木曽攻略に参加。
¶朝日（やまむらよしかつ　⊗寛永11年8月3日
（1634年9月24日）），人名（やまむらながか
つ），姓氏長野，戦国（やまむらよしかつ
⊕1564年），戦人（やまむらよしかつ），長野
歴，日人，藩臣4

山村良及 やまむらたかちか
貞享3（1686）年～宝暦2（1752）年
江戸時代中期の尾張藩士。
¶藩臣4

山村良喬 やまむらたかてる
宝暦9（1759）年～嘉永3（1850）年
江戸時代中期～後期の尾張藩士、木曽代官。
¶国書（⊕宝暦9（1759）年8月23日　⊗嘉永3
（1850）年12月10日），姓氏長野，長野歴

山村良豊 やまむらたかとよ
慶長11（1606）年～天和1（1681）年
江戸時代前期の尾張藩士。
¶長野歴，藩臣4

山村良祺 やまむらたかのり
寛政10（1798）年～慶応2（1866）年　⊕山村良祺
《やまむらよしやす》
江戸時代末期の尾張藩士。
¶国書（⊕寛政10（1798）年11月13日　⊗慶応2
（1866）年4月7日），人名（やまむらよしやす），

姓氏長野，長野歴，日人，藩臣4

山村良啓 やまむらたかひら
正徳1(1711)年～天明6(1786)年　[別]山村鮀山《やまむらたざん》
江戸時代中期の木曽山村領第8代の代官。
¶人名(山村鮀山　やまむらたざん)，長野歴，日人

山村良安 やまむらたかやす
文禄1(1592)年～元和4(1618)年
江戸時代前期の尾張藩士。
¶藩臣4

山村良由 やまむらたかよし
→山村蘇門(やまむらそもん)

山村鮀山 やまむらたざん
→山村良啓(やまむらたかひら)

山村良勝 やまむらながかつ
→山村良勝(やまむらたかかつ)

山村勉斎 やまむらべんさい
天保7(1836)年～明治40(1907)年
江戸時代末期～明治期の出雲広瀬藩の儒学者。
¶島根人，島根百([生]天保7(1836)年8月28日 [没]明治40(1907)年4月30日)，島根歴，人書94，人名，日人，幕末，藩臣5

山村昌永 やまむらまさなが
→山村才助(やまむらさいすけ)

山村貢 やまむらみつぐ
？ ～天保5(1834)年
江戸時代後期の但馬出石藩家老。
¶藩臣5

山村良勝 やまむらよしかつ
→山村良勝(やまむらたかかつ)

山村良祺 やまむらよしやす
→山村良祺(やまむらたかのり)

山村狼渓 やまむらろうけい
文化11(1814)年～明治3(1870)年
江戸時代末期～明治期の大和郡山藩士、儒学者。
¶藩臣4

山室汲古 やまむろきゅうこ
寛政10(1798)年～明治5(1872)年
江戸時代末期～明治期の備後福山藩士。
¶幕末([没]1872年1月)，藩臣6

山室箕陽 やまむろきよう
元文4(1739)年～天明7(1787)年　[別]山室箕陽《やまむろみよう》
江戸時代中期の備後福山藩医、儒学者。
¶国書([没]天明7(1787)年8月)，藩臣6(やまむろみよう)

山室箕陽 やまむろみよう
→山室箕陽(やまむろきよう)

山本鯔蔵 やまもといなぞう
文政3(1820)年～明治29(1896)年
江戸時代末期～明治期の出羽松山藩士、砲術家。
¶庄内([没]明治29(1896)年6月28日)，藩臣1

山本右兵衛 やまもとうひょうえ
天明4(1784)年～弘化2(1845)年
江戸時代後期の筑後三池藩士。
¶藩臣7

山本宇兵太 やまもとうへいた
寛政10(1798)年～慶応3(1867)年
江戸時代末期の長州(萩)藩八組士。
¶維新

山本覚馬 やまもとかくま
文政11(1828)年～明治25(1892)年
江戸時代末期～明治期の陸奥会津藩士、京都府議会議長。
¶会津，朝日([生]文政11年1月11日(1828年2月25日) [没]明治25(1892)年12月28日)，維新，京都，京都大，キリ([生]文政11年1月11日(1828年2月25日) [没]明治25(1892)年12月28日)，近現，近世，国際，国史，コン改，コン4，コン5，史人([生]1828年1月11日 [没]1892年12月28日)，人書94，新潮([生]文政11(1828)年1月 [没]明治25(1892)年12月28日)，人名，姓氏京都，日史([生]文政11(1828)年1月11日 [没]明治25(1892)年12月28日)，日人，幕末([生]1828年2月25日 [没]1892年12月28日)，藩臣2，福島百，洋学，履歴([生]文政11(1828)年1月11日 [没]明治25(1892)年12月28日)，歴大

山本景興 やまもとかげおき
天明4(1784)年～安政3(1856)年　[別]山本甚左衛門《やまもとじんざえもん》
江戸時代後期の肥前平戸藩家老。
¶国書([生]天明4(1784)年11月15日 [没]安政3(1856)年9月17日)，藩臣7(山本甚左衛門　やまもとじんざえもん)

山本勘右衛門 やまもとかんえもん
？ ～寛文2(1662)年
江戸時代前期の上野大胡藩家老。
¶藩臣2

山本儀右衛門 やまもとぎえもん
明暦3(1657)年～寛保2(1742)年
江戸時代前期の槍術家。
¶岡山人，岡山歴

山本喜三之進 やまもときさのしん
→山本喜三之進(やまもときみのしん)

山本喜三之進 やまもときそのしん
→山本喜三之進(やまもときみのしん)

山本喜三之進 やまもときみのしん
天保8(1837)年～明治16(1883)年　[別]山本喜三之進《やまもときさのしん,やまもときそのしん》
江戸時代末期～明治期の土佐藩の志士。土佐勤王党に参加。
¶高知人(やまもときそのしん)，幕末([没]1883年12月27日)，藩臣6(やまもときさのしん)

山本金次郎 やまもときんじろう
＊～元治1(1864)年
江戸時代末期の浦賀奉行所同心。1860年咸臨丸の蒸汽方としてアメリカに渡る。
¶海越新(生没年不詳)，神奈川人([生]1826年)，姓氏神奈川([生]1827年)

山本宮内大夫 やまもとくないたいふ
[別]山本宮内大夫《やまもとくないだゆう》
安土桃山時代～江戸時代前期の武士。里見氏家臣。

や

¶戦人（生没年不詳），戦東（やまもとくないだゆう）

山本宮内大夫 やまもとくないだゆう
→山本宮内大夫（やまもとくないたいふ）

山本謙斎 やまもとけんさい
文政5（1822）年〜明治8（1875）年　別山本忠佐《やまもとちゅうすけ》
江戸時代後期の三河吉田藩士、儒学者。
¶国書（㊎文政5（1822）年8月6日　㊋明治8（1875）年7月18日），藩臣4（山本忠佐　やまもとちゅうすけ）

山本耕兵衛 やまもとこうべえ
寛政10（1798）年〜？
江戸時代後期の但馬出石藩士。
¶藩臣5

山本惟命 やまもとこれなが
寛文11（1671）年〜延享1（1744）年　別山本惟命《やまもとただのぶ》
江戸時代中期の書家、紀伊和歌山藩士。
¶人名，日人，和歌山人（やまもとただのぶ）

山本権之助 やまもとごんのすけ
安土桃山時代〜江戸時代前期の武士。里見氏家臣。
¶戦人（生没年不詳），戦東

山本三郎左衛門 やまもとさぶろうざえもん
？　〜文政7（1824）年
江戸時代後期の陸奥弘前藩用人。
¶藩臣1

山本三治 やまもとさんじ
天保8（1837）年〜明治39（1906）年4月8日　別桑津一兵衛《くわずいちひょうえ》
江戸時代末期〜明治期の志士。土佐勤王党に参加。
¶幕末

山本茂明 やまもとしげあきら
延宝8（1680）年〜寛保1（1741）年
江戸時代中期の武士、幕臣。
¶和歌山人

山本自敬軒 やまもとじけいけん
？　〜寛延3（1750）年
江戸時代中期の尾張藩士、御馬廻小頭。
¶茶道

山本重輔 やまもとしげすけ
弘化4（1847）年〜明治34（1901）年7月13日　別毛利重輔・山本重輔《もうりしげすけ・やまもとしげすけ》，毛利重輔《もうりしげすけ，もうりじゅうすけ》，山本重助
江戸時代末期〜明治期の長州藩士。岩倉使節団に従い英米に渡航。帰国後日本鉄道会社に入社。
¶海越，海越新，姓氏岩手（毛利重輔　もうりじゅうすけ），渡航（毛利重輔・山本重輔　もうりしげすけ・やまもとしげすけ），幕末（毛利重輔　もうりしげすけ）

山本重純 やまもとしげずみ
？　〜元禄7（1694）年
江戸時代前期〜中期の加賀藩士。
¶国書

山本重澄 やまもとしげずみ
天正18（1590）年〜寛文9（1669）年　別山本神右

衛門《やまもとしんえもん》，山本神右衛門重澄《やまもとじんえもんじゅうちょう》
江戸時代前期の肥前佐賀藩士。
¶佐賀百（山本神右衛門重澄　やまもとじんえもんじゅうちょう），人名（山本神右衛門　やまもとしんえもん　㊎1589年　㊋1668年），日人，藩臣7

山本重成 やまもとしげなり
天文23（1554）年〜元和2（1616）年
安土桃山時代〜江戸時代前期の武士。徳川氏家臣。
¶戦人，戦補

山本時憲 やまもとじけん
？　〜弘化4（1847）年　別山本時憲《やまもととときのり》，山本文之進《やまもとぶんのしん》
江戸時代後期の幕臣、暦学・天文学者。
¶国書（やまもととときのり　生没年不詳），人名，世人（山本文之進　やまもとぶんのしん　生没年不詳），日人

山本子善 やまもとしぜん
→山木眉山（やまきびざん）

山本治十六 やまもとじしろく
江戸時代末期の新撰組隊士。
¶新撰

山本七太夫 やまもとしちだゆう
寛文5（1665）年〜？
江戸時代前期〜中期の越後高田藩士、大和柳生藩士、羽後亀田藩士。
¶国書

山本七兵衛 やまもとしちべえ
文政5（1822）年〜明治16（1883）年
江戸時代末期〜明治期の長州（萩）藩士具方用達。
¶人名，日人，幕末（㊋1883年3月2日），藩臣6

山本丈右衛門 やまもとじょうえもん
？　〜天保4（1833）年
江戸時代後期の出羽松山藩用人、砲術家。
¶庄内（㊋天保4（1833）年7月），藩臣1

山本庄左衛門 やまもとしょうざえもん
生没年不詳
江戸時代後期の足柄下郡谷津村住の浪士。
¶神奈川人

山本常朝 やまもとじょうちょう
→山本常朝（やまもとつねとも）

山元荘兵衛 やまもとしょうべえ
→山元荘兵衛（やまもとそうべえ）

山本如水 やまもとじょすい
弘化3（1846）年〜？
江戸時代末期の鳥羽藩士。
¶日人（㊋1902年），幕末，藩臣4，三重続（㊎弘化3年3月5日）

山本四郎 やまもとしろう
天保10（1839）年〜文久2（1862）年　別神田直助《かんだなおすけ》
江戸時代末期の薩摩藩士。
¶維新（㊎1823年），人名，姓氏鹿児島（㊎1823

年），日人，幕末（[没]1862年4月27日）

山元次郎兵衛 やまもとじろべえ
？ ～明治1（1868）年10月8日
江戸時代末期の薩摩藩士。
¶幕末

山本神右衛門 やまもとしんえもん
→山本重澄（やまもとしげずみ）

山本神右衛門重澄 やまもとじんえもんじゅうちょう
→山本重澄（やまもとしげずみ）

山本甚左衛門(1) やまもとじんざえもん
？ ～天明6（1786）年
江戸時代中期の肥前平戸藩家老。
¶藩臣7

山本甚左衛門(2) やまもとじんざえもん
→山本景興（やまもとかげおき）

山本新八郎 やまもとしんぱちろう
生没年不詳
江戸時代後期の三河西大平藩家老。
¶藩臣4

山本随鷗 やまもとずいおう
文化7（1810）年～明治19（1886）年
江戸時代末期～明治期の播磨竜野藩士、兵学者。
¶藩臣5

山本図書 やまもとずしょ
？ ～万治2（1659）年 [別]山本正春《やまもとまさはる》
江戸時代前期の紀伊和歌山藩士。
¶藩臣5，和歌山人（山本正春 やまもとまさはる）

山本誠一郎 やまもとせいいちろう
天保4（1833）年～元治1（1864）年
江戸時代末期の長州（萩）藩士。
¶維新，大阪人，人名，日人，幕末（[没]1864年4月2日）

山本清三郎 やまもとせいざぶろう
元和8（1622）年～？
江戸時代前期の新川郡奉行。
¶姓氏富山

山本清七 やまもとせいしち
安土桃山時代～江戸時代前期の武士。里見氏家臣。
¶戦人（生没年不詳），戦東

山本青城 やまもとせいじょう
→山本老迂斎（やまもとろううさい）

山本仙之助 やまもとせんのすけ
文政7（1824）年～文久3（1863）年10月16日
江戸時代後期～末期の新徴組士。
¶庄内

山本宗庵 やまもとそうあん
生没年不詳
江戸時代前期の武士。
¶和歌山人

山元荘兵衛 やまもとそうべい
→山元荘兵衛（やまもとそうべえ）

山元荘兵衛 やまもとそうべえ
寛政7（1795）年～安政3（1856）年 [別]山元荘兵衛《やまもとしょうべえ，やまもとそうべい》
江戸時代後期の薩摩藩の林政家。
¶維新，鹿児島百，近世，国史，国書（[生]寛政7（1795）年6月4日 [没]安政3（1856）年4月29日），コン改，コン4，新潮（[生]寛政7（1795）年6月4日 [没]安政3（1856）年4月27日），人名（やまもとしょうべえ），姓氏鹿児島（[没]1850年），日人，幕末（やまもとそうべい [没]1856年5月30日）

山本大膳 やまもとたいぜん，やまもとだいぜん
明和5（1768）年～？
江戸時代の代官。由学館（石和教諭所）の説立者。
¶教育，埼玉人（やまもとだいぜん），山梨百

山本隆也 やまもとたかや
文政6（1823）年～明治4（1871）年 [別]山本隆也《やまもとりゅうや》
江戸時代末期～明治期の播磨赤穂藩士。
¶幕末（[没]1871年2月29日），藩臣5（やまもとりゅうや）

山本忠亮 やまもとただすけ
天保13（1842）年～慶応2（1866）年
江戸時代末期の土佐藩の志士。土佐勤王党に参加。
¶維新，高知人，人名，日人，幕末（[没]1866年6月20日），藩臣6

山本惟命 やまもとただのぶ
→山本惟命（やまもとこれなが）

山本忠英 やまもとただひで
安永5（1776）年～文政9（1826）年 [別]山本忠英《やまもとただふさ》
江戸時代後期の遠江掛川藩士。
¶国書（生没年不詳），姓氏静岡（やまもとただふさ）

山本忠英 やまもとただふさ
→山本忠英（やまもとただひで）

山本忠吉 やまもとただよし
～寛永19（1642）年
江戸時代前期の旗本。
¶神奈川人

山本帯刀 やまもとたてわき
弘化2（1845）年～明治1（1868）年
江戸時代末期の越後長岡藩士。
¶国書（[没]明治1（1868）年9月8日），新潮（[没]明治1（1868）年9月8日），人名，日人，幕末（[没]1868年10月24日），藩臣4

山本為之進 やまもとためのしん
→山本東籬（やまもととうり）

山本忠佐 やまもとちゅうすけ
→山本謙斎（やまもとけんさい）

山本常朝 やまもとつねとも
万治2（1659）年～享保4（1719）年 [別]山本常朝《やまもとじょうちょう》
江戸時代前期～中期の肥前佐賀藩の思想家。「葉隠」主要部の口述者。
¶朝日（[生]万治2年6月11日（1659年7月30日） [没]享保4年10月10日（1719年11月21日）），岩史（[生]万治2（1659）年6月11日 [没]享保4（1719）年10月10日），近世，国史，国書（[生]万治2（1659）

年6月11日　[没]享保4(1719)年10月10日)，コン改，コン4，佐賀百(やまもとじょうちょう　[生]万治2(1659)年6月11日　[没]享保4(1719)年10月10日)，史人([生]1659年6月11日　[没]1719年10月10日)，人書94，新潮([生]万治2(1659)年6月11日　[没]享保4(1719)年10月10日)，全書，日史([生]万治2(1659)年6月11日　[没]享保6(1721)年10月10日)，日人，藩臣7(やまもとじょうちょう)，百科([没]享保6(1721)年)，歴大

山本貞一郎　やまもとていいちろう
享和3(1803)年〜安政5(1858)年
江戸時代末期の尊攘派志士。
¶朝日([没]安政5年8月29日(1858年10月5日))，維新，人名，姓氏長野，長野歴，日人，幕末([没]1858年10月5日)

山本哲助　やまもとてつすけ
天保12(1841)年〜明治1(1868)年
江戸時代後期〜末期の堺事件烈士。
¶高知人

山本鉄之丞　やまもとてつのじょう
文化9(1812)年〜嘉永3(1850)年
江戸時代末期の常陸笠間藩士、剣術師範。
¶剣豪，藩臣2

山本伝兵衛　やまもとでんべえ
文政9(1826)年〜明治22(1889)年12月22日
江戸時代末期〜明治期の長州(萩)藩士。
¶幕末

山本東籬　やまもととうり
延享2(1745)年〜文化3(1806)年　[別]山本為之進《やまもとためのしん》
江戸時代中期の儒者、紀伊和歌山藩士。
¶国書([没]文化3(1806)年12月21日)，人名，日人([没]1807年)，藩臣5(山本為之進　やまもとためのしん)，和歌山人

山本時憲　やまもとときのり
→山本時憲(やまもとじけん)

山本富八　やまもととみはち
文政9(1826)年〜明治1(1868)年
江戸時代末期の上野館林藩士。
¶維新，幕末([没]1868年5月8日)

山本尚徳　やまもとなおのり
→山本尚徳(やまもとひさのり)

山本延年　やまもとのぶとし
元文5(1740)年〜文化8(1811)年
江戸時代後期の武士。
¶和歌山人

山本信行　やまもとのぶゆき
?　〜明治37(1904)年
江戸時代末期〜明治期の武士、軍人。
¶日人

山本梅園　やまもとばいえん
江戸時代の津山松平藩士・画家。
¶岡山歴

山本速夫　やまもとはやお
文政8(1825)年〜明治7(1874)年
江戸時代末期〜明治期の三河吉田藩士。
¶維新，剣豪，幕末([没]1874年11月1日)，藩臣4

山本半弥　やまもとはんや
文政9(1826)年〜慶応2(1866)年
江戸時代末期の石見浜田藩士。
¶藩臣5

山本彦十郎　やまもとひこじゅうろう
生没年不詳
江戸時代末期の武士。
¶和歌山人

山本尚徳　やまもとひさのり
文政9(1826)年〜明治4(1871)年　[別]山本尚徳《やまもとなおのり》
江戸時代末期〜明治期の大洲藩家老。
¶維新(やまもとなおのり)，愛媛百([生]文政9(1826)年12月6日　[没]明治4(1871)年8月15日)，人名([生]1824年)，日人([生]1827年)，幕末([没]1871年8月15日)，藩臣6

山本久頼　やまもとひさより
生没年不詳
江戸時代後期の幕臣・武芸家。
¶国書

山本英早　やまもとひではや
享保1(1716)年〜寛政10(1798)年
江戸時代中期の柔道家、真神道流の祖。
¶人名，日人

山本文之進　やまもとぶんのしん
→山本時憲(やまもとじけん)

山本文之助　やまもとぶんのすけ
?　〜元治1(1864)年
江戸時代末期の長州(萩)藩足軽。
¶維新，幕末([生]1836年　[没]1864年8月20日)，兵庫人([没]元治1(1864)年8月19日)

山本弁蔵　やまもとべんぞう
弘化4(1847)年〜明治1(1868)年11月2日
江戸時代末期の奇兵隊士。
¶幕末

山本孫三郎　やまもとまごさぶろう
*〜天保9(1838)年
江戸時代後期の加賀藩士、藩校の読師。
¶石川百([生]1803年)，藩臣3([生]?)

山本正国　やまもとまさくに
天文19(1550)年〜寛永6(1629)年
江戸時代前期の武士。
¶和歌山人

山本昌孝　やまもとまさたか
宝永3(1706)年〜天明4(1784)年
江戸時代中期の武士。
¶和歌山人

山本正堅　やまもとまさたか
寛文3(1663)年〜元文2(1737)年
江戸時代中期の武士。
¶和歌山人

山本正次　やまもとまさつぐ
〜寛文9(1669)年
江戸時代前期の旗本。
¶神奈川人

山本正春 やまもとまさはる
→山本図書（やまもとずしょ）

山本正巳 やまもとまさみ
弘化3（1846）年～明治44（1911）年2月14日
江戸時代後期～明治期の徳島藩士、司法官。
¶徳島歴，渡航

山本正心 やまもとまさもと
文化14（1817）年～？
江戸時代末期の田辺与力。
¶和歌山人

山本正誼 やまもとまさよし
享保19（1734）年～文化5（1808）年 [別]山本秋水《やまもとしゅうすい》
江戸時代中期～後期の薩摩藩士。
¶国書（山本秋水 やまもとしゅうすい [没]文化5（1808）年10月16日），姓氏鹿児島，藩臣7

山本満次郎 やまもとみつじろう
？ ～明治4（1871）年
江戸時代後期～明治期の剣術家。天然理心流。
¶剣豪

山本宗久 やまもとむねひさ
生没年不詳
江戸時代前期の武術家。
¶日人

山本孟遠 やまもともうえん
寛文9（1669）年～享保14（1729）年 [別]孟遠《もうえん》
江戸時代中期の俳人、近江彦根藩士。
¶国書（孟遠 もうえん [没]享保14（1729）年閏9月30日），人名，日人，俳諧（孟遠 もうえん [生]？），俳句（孟遠 もうえん [没]享保14（1729）年9月29日），和俳

山本元国 やまもともとくに
江戸時代前期の山本流の剣道家。
¶人名，日人（生没年不詳）

山本基庸 やまもともとつね
＊～享保10（1725）年
江戸時代前期～中期の加賀藩士、書家。
¶国書（[生]明暦3（1657）年 [没]享保10（1725）年7月15日），人名（[生]1656年 [没]1724年），日人（[生]1657年），藩臣3（[生]？）

山本基房 やまもともとふさ
？ ～天明4（1784）年
江戸時代中期の加賀藩士。
¶国書

山本茂兵衛 やまもともへえ
生没年不詳
江戸時代中期の武士。
¶和歌山人

山本良倶 やまもとよしとも
天保6（1835）年～明治26（1893）年
江戸時代末期～明治期の播磨林田藩士。
¶藩臣5

山本義安 やまもとよしやす
慶長2（1597）年～＊
江戸時代前期の武士。伊予松山藩に仕えた。
¶人名（[没]1661年），日人（[没]1662年）

山本頼蔵 やまもとよりぞう
文政11（1828）年～明治20（1887）年3月1日
江戸時代末期～明治期の志士。
¶幕末

山本竜之進 やまもとりゅうのしん
？ ～慶応2（1866）年6月11日
江戸時代末期の奇兵隊士。
¶幕末

山本隆也 やまもとりゅうや
→山本隆也（やまもとたかや）

山本老迂斎 やまもとろううさい
享保3（1718）年～寛政4（1792）年 [別]山本青城《やまもとせいじょう》
江戸時代中期の越後長岡藩家老。
¶国書（山本青城 やまもとせいじょう [没]寛政4（1792）年1月17日），新潟百別，藩臣4

山森俊重 やまもりとししげ
？ ～宝永2（1705）年
江戸時代前期～中期の加賀藩士。
¶国書

山屋勝秀 やまやかつひで
？ ～宝暦13（1763）年2月17日
江戸時代中期の盛岡藩士。
¶国書

山吉盛典 やまよしもりのり
天保6（1835）年～明治35（1902）年
江戸時代末期～明治期の出羽米沢藩士。
¶維新

山領主馬 やまりょうしゅめ
→山領梅山（やまりょうばいざん）

山領梅山 やまりょうばいざん
宝暦6（1756）年～文政6（1823）年 [別]山領主馬《やまりょうしゅめ》
江戸時代中期～後期の肥前佐賀藩士。
¶国書（[没]文政6（1823）年1月），藩臣7（山領主馬 やまりょうしゅめ）

山領兵衛 やまりょうひょうえ
生没年不詳
江戸時代後期の剣術家。タイ捨流。
¶剣豪

山脇十左衛門 やまわきじゅうざえもん
文政3（1820）年～明治11（1878）年
江戸時代末期～明治期の桑名藩士。
¶幕末（[没]1878年8月26日），藩臣4，三重続（山脇正軌）

山脇隼太郎 やまわきしゅんたろう
嘉永2（1849）年～明治38（1905）年5月6日
江戸時代後期～明治期の新撰組隊士。
¶新撰

山脇正準 やまわきせいじゅん
→山脇正準（やまわきまさのり）

山脇正準 やまわきまさのり
文化6（1809）年～明治4（1871）年 [別]山脇正準《やまわきせいじゅん》
江戸時代末期～明治期の美濃郡上藩士。
¶国書（[没]明治4（1871）年2月14日），藩臣3（やま

わきせいじゅん）

矢村小四郎 やむらこしろう
生没年不詳
江戸時代末期～明治期の駿河駿府藩士。
¶藩臣4

野明 やめい
～正徳3（1713）年3月12日
江戸時代の俳人、筑前黒田藩士（蕉門）。
¶俳諧，俳句，和俳（生没年不詳）

屋山外記 ややまげき
天保2（1831）年～明治14（1881）年 [別]屋山継篤《ややまつぐあつ》
江戸時代末期～明治期の陸奥下手渡藩家老。
¶藩臣2，藩臣7（屋山継篤　ややまつぐあつ）

屋山継篤 ややまつぐあつ
→屋山外記（ややまげき）

屋山弥左衛門 ややまやざえもん
生没年不詳
江戸時代前期の筑後三池藩家老。
¶藩臣7

也有 やゆう
→横井也有（よこいやゆう）

弥生庵雛丸 やよいあんひなまる
生没年不詳
江戸時代後期の武士、狂歌師。
¶国書，日人

野楊 やよう
？ ～天保10（1839）年6月27日
江戸時代後期の俳人、丹波亀山藩士・軽森代右衛門。
¶国書

山家公頼 やんべきんより
→山家清兵衛（やんべせいべえ）

山家河内守 やんべこうちのかみ
江戸時代前期の武将。最上氏家臣。
¶戦東

山家清兵衛 やんべせいべい
→山家清兵衛（やんべせいべえ）

山家清兵衛 やんべせいべえ
天正7（1579）年～元和6（1620）年 [別]山家公頼《やまべきみより，やんべきんより》，山家清兵衛《やんべせいべい》
安土桃山時代～江戸時代前期の陸奥仙台藩・伊予宇和島藩の武士。
¶愛媛百（[生]？ [没]元和6（1620）年6月30日），郷土愛媛（[生]1579年，（異説）1561年），人名（山家公頼　やまべきみより），日史（[没]元和6（1620）年6月30日），日人（山家公頼　やんべきんより），藩臣1（山家公頼　やんべきんより [生]？），藩臣6（やんべせいべい [生]？），百科

山家豊三郎 やんべとよさぶろう
天保3（1832）年～明治29（1896）年 [別]山家頼道《やまべよりみち，やんべよりみち》
江戸時代末期～明治期の陸奥仙台藩士。
¶人名（山家頼道　やまべよりみち），姓氏宮城，日人（山家頼道　やんべよりみち），幕末（[没]1896年11月5日），宮城百

山家頼道 やんべよりみち
→山家豊三郎（やんべとよさぶろう）

【ゆ】

湯浅明信 ゆあさあきのぶ
？ ～文政5（1822）年6月20日
江戸時代中期～後期の長州萩藩士。
¶国書

湯浅明善 ゆあさあきよし
→湯浅明善（ゆあさめいぜん）

湯浅五郎兵衛 ゆあさごろうべえ
→湯浅征一郎（ゆあさせいいちろう）

湯浅五郎兵衛 ゆあさごろべえ
→湯浅征一郎（ゆあさせいいちろう）

湯浅子傑 ゆあさしけつ
明暦1（1655）年～元文1（1736）年 [別]湯浅又右衛門《ゆあさまたえもん》
江戸時代前期～中期の備前岡山藩の武士。
¶岡山人，岡山百（[没]元文1（1736）年12月7日），岡山歴（[没]元文1（1736）年12月17日），日人（[没]1737年），藩臣6（湯浅又右衛門　ゆあさまたえもん）

湯浅常山 ゆあさじょうざん
宝永5（1708）年～天明1（1781）年 [別]常山《じょうざん》
江戸時代中期の儒者、備前岡山藩士。古文辞学派。
¶朝日（[生]宝永5年3月12日（1708年5月2日） [没]天明1年1月9日（1781年2月1日）），岩史（[生]宝永5（1708）年3月12日 [没]安永10（1781）年1月9日），岡山人，岡山百（[生]宝永5（1708）年3月12日 [没]天明1（1781）年4月9日），岡山歴（[生]宝永5（1708）年3月12日 [没]安永10（1781）年1月9日），角史，近世，国史，国書（[生]宝永5（1708）年3月12日 [没]安永10（1781）年1月9日），コン改，コン4，詩歌，史人（[生]1708年3月12日 [没]1781年1月9日），人書94，新潮（[没]天明1（1781）年1月9日），人名，世人（[没]天明1（1781）年4月9日），世百，全書，大百，日史（[没]天明1（1781）年1月9日），日人，俳句（常山　じょうざん），藩臣6，歴大，和俳（[没]天明1（1781）年1月9日）

湯浅次郎左衛門 ゆあさじろうざえもん
生没年不詳
江戸時代末期～明治期の美濃今尾藩士。
¶藩臣3

湯浅新兵衛 ゆあさしんべえ
→湯浅明善（ゆあさめいぜん）

湯浅征一郎 ゆあさせいいちろう
天保6（1835）年～明治26（1893）年 [別]湯浅五郎兵衛《ゆあさごろうべえ，ゆあさごろべえ》
江戸時代末期～明治期の丹波園部藩の郷士。
¶維新（湯浅五郎兵衛　ゆあさごろべえ），京都府（[生]天保5（1834）年 [没]明治42（1909）年），新潮，人名，日人，幕末（湯浅五郎兵衛　ゆあさご

ろうべえ)，藩臣5(湯浅五郎兵衛　ゆあさごろべえ　[生]天保5(1834)年　[没]明治37(1904)年)

湯浅進良 ゆあさのぶよし
宝暦11(1761)年～文政7(1824)年7月23日
江戸時代中期～後期の加賀藩士。
¶国書

湯浅又右衛門 ゆあさまたえもん
→湯浅子傑(ゆあさしけつ)

湯浅明善 ゆあさめいぜん
寛延2(1749)年～寛政11(1799)年　[別]湯浅新兵衛《ゆあさしんべえ》,湯浅明善《ゆあさあきよし》
江戸時代中期の備前岡山藩士、儒者。
¶岡山人([生]寛延1(1748)年)，岡山歴([没]寛政11(1799)年8月20日)，国書(ゆあさあきよし　[生]寛延1(1748)年　[没]寛政11(1799)年8月20日)，コン改(生没年不詳)，コン4(生没年不詳)，人名，日人(ゆあさあきよし)，藩臣6(湯浅新兵衛　ゆあさしんべえ)

湯浅祗庸 ゆあさやすつね
天明5(1785)年～万延1(1860)年
江戸時代後期の加賀藩士。
¶国書([没]万延1(1860)年6月3日)，姓氏石川，幕末([没]1860年7月20日)

由比猪内 ゆいいない
[別]由比猪内《ゆひいない》
江戸時代後期の土佐藩士。
¶維新([生]1818年　[没]？)，高知人(ゆひいない　[生]1819年　[没]1891年)

由比勝生 ゆいかつなり
*～享保4(1719)年
江戸時代前期～中期の加賀藩士。
¶国書([生]寛永13(1636)年)，姓氏石川([生]？)

由比楠左衛門 ゆいくすざえもん
生没年不詳
江戸時代末期の武士。
¶和歌山人

由比定興 ゆいさだおき
？～寛永17(1640)年
江戸時代前期の武士。
¶和歌山人

由比定清 ゆいさだきよ
？～延宝5(1677)年
江戸時代前期の加賀藩士。
¶国書

唯武連 ゆいたけつら
天保15(1844)年～明治41(1908)年　[別]唯武連《ただたけつら》
江戸時代末期～明治期の因幡鳥取藩士。
¶鳥取百(ただたけつら)，藩臣5

由比演徴 ゆいのぶあきら
寛延1(1748)年～文化9(1812)年4月4日
江戸時代中期～後期の下総佐倉藩士・歌人。
¶国書

由比正吉 ゆいまさよし
？～元和8(1622)年
江戸時代前期の武士。
¶和歌山人

由比光勝 ゆいみつかつ
～寛永5(1628)年
江戸時代前期の旗本。
¶神奈川人

由比安儀 ゆいやすのり
天正4(1576)年～寛文10(1670)年
江戸時代前期の武士。
¶和歌山人

由比与太夫 ゆいよだゆう
？～享保4(1719)年
江戸時代前期の武士。
¶和歌山人

由宇勘平 ゆうかんぺい
？～延宝6(1678)年　[別]由守勘平《よしもりかんぺい》
江戸時代前期の因幡鳥取藩郡代。
¶岡山人(由守勘平　よしもりかんぺい)，岡山歴，人名，鳥取百，日人

結城有無之助 ゆうきうむのすけ
→結城無二三(ゆうきむにぞう)

結城幸安 ゆうきこうあん
生没年不詳
江戸時代末期の土佐藩留学生。1866年イギリスに渡る。
¶海越，海越新

結城香崖 ゆうきこうがい
*～明治13(1880)年
江戸時代末期～明治期の長門長府藩の儒学者。
¶国書([生]文政1(1818)年　[没]明治13(1880)年10月26日)，人名([生]1818年　[没]1879年)，日人([生]1817年)，幕末([生]1816年　[没]1880年10月26日)，藩臣6([生]文化14(1817)年)

結城秀伴 ゆうきしゅうはん
→結城秀伴(ゆうきひでとも)

結城朝勝 ゆうきともかつ
永禄12(1569)年～寛永5(1628)年
安土桃山時代～江戸時代前期の武士。
¶系東，戦辞(生没年不詳)，戦人，栃木歴

結城寅寿 ゆうきとらかず
→結城寅寿(ゆうきとらじゅ)

結城寅寿 ゆうきとらじゅ
文政1(1818)年～安政3(1856)年　[別]結城寅寿《ゆうきとらかず》
江戸時代末期の水戸藩士。藩主徳川斉昭の執政。
¶朝日([没]安政3年4月25日(1856年5月28日))，維新，茨城百，郷土茨城，近世，国史，コン改(ゆうきとらかず)，コン4(ゆうきとらかず)，史人([没]1856年4月25日)，新潮([没]安政3(1856)年4月25日)，世人(ゆうきとらかず)，日史([没]安政3(1856)年4月25日)，日人，幕末([没]1856年5月28日)，藩臣2，百科

結城秀伴 ゆうきひでとも
文政7(1824)年～明治30(1897)年　[別]結城秀伴《ゆうきしゅうはん》
江戸時代末期～明治期の武士、京都曇華院家令、神職。
¶維新([生]1820年)，岡山人，岡山百([没]明治30

(1897) 年9月7日), 神人 (ゆうきしゅうはん [生]文政6 (1823) 年), 人名, 日人, 幕末 ([生]1820年 [没]1897年9月)

結城無二三 ゆうきむにぞう
弘化2 (1845) 年～大正1 (1912) 年5月17日 [別]結城有無之助《ゆうきうむのすけ》
江戸時代末期～明治期の京都見廻組組員。クリスチャン。
¶朝日 ([生]弘化2年4月17日 (1845年5月22日)), 維新, 新撰 (結城有無之助 ゆうきうむのすけ [生]弘化2年4月17日), 日人, 幕末, 山梨百 ([生]弘化2 (1845) 年4月17日)

結城義親 ゆうきよしちか
天文10 (1541) 年～寛永3 (1626) 年 [別]白河義親《しらかわよしちか》, 白川義親《しらかわよしちか》
安土桃山時代～江戸時代前期の陸奥仙台藩の武将。白河城主。
¶朝日, 近世 (白川義親 しらかわよしちか), 国史, コン改 (生没年不詳), コン4 (生没年不詳), 諸系, 新潮 (生没年不詳), 人名, 世人 (生没年不詳), 戦合 (白川義親 しらかわよしちか), 戦国 (白川義親 しらかわよしちか), 戦人 (生没年不詳), 日人, 藩臣1 (白河義親 しらかわよしちか), 福島百 (白川義親 しらかわよしちか)

悠々 ゆうゆう
安永5 (1776) 年～安政3 (1856) 年11月27日
江戸時代中期～末期の俳人、肥前大村藩士・川原元治。
¶国書

有隣 ゆうりん
寛保2 (1742) 年～文政4 (1821) 年1月29日
江戸時代中期～後期の俳人・小田原藩家老。
¶国書

油上覚兵衛 ゆがみかくべえ
天保6 (1835) 年～文久3 (1863) 年
江戸時代末期の志士。
¶維新

湯川勝春 ゆかわかつはる
元亀3 (1572) 年～寛永9 (1632) 年
安土桃山時代～江戸時代前期の戦国末の士豪・浅野家臣。
¶和歌山人

湯川庄蔵 ゆかわしょうぞう, ゆがわしょうぞう
？ ～元治1 (1864) 年
江戸時代末期の長州 (萩) 藩士、遊撃隊参謀。
¶維新, 日人, 幕末 (ゆがわしょうぞう [生]1833年 [没]1864年8月20日)

湯川東軒 ゆかわとうけん
延宝6 (1678) 年～宝暦8 (1758) 年
江戸時代中期の筑後久留米藩士、儒学者。
¶国書 ([生]天和2 (1682) 年12月6日 [没]宝暦8 (1758) 年10月), 人名, 日人, 藩臣7 ([没]宝暦8 (1758) 年頃)

油川信近 ゆかわのぶちか
→油川錬三郎 (ゆかわれんざぶろう)

湯川春種 ゆかわはるたね
生没年不詳
安土桃山時代～江戸時代前期の武士。浅野家の家臣。
¶和歌山人

湯川正上 ゆかわまさたか
貞享1 (1684) 年～明和1 (1764) 年
江戸時代中期の武士。
¶和歌山人

湯川頼次郎 ゆかわよりじろう
→湯川類次郎 (ゆかわるいじろう)

湯川類次郎 ゆかわるいじろう
[別]湯川頼次郎《ゆかわよりじろう》
江戸時代末期～明治期の大村藩士。私費で欧米に留学する。
¶海越 (生没年不詳), 海越新, 渡航 (湯川頼次郎 ゆかわよりじろう)

油川錬三郎 ゆかわれんざぶろう
天保13 (1842) 年～明治41 (1908) 年 [別]油川信近《あぶらがわのぶちか, ゆかわのぶちか》
江戸時代末期～明治期の水口藩士。
¶維新, 人名 (油川信近 あぶらがわのぶちか), 日人 (油川信近 ゆかわのぶちか), 幕末 ([没]1908年1月30日)

雪廼屋森蔭 ゆきのやもりかげ
→田口森蔭 (たぐちもりかげ)

行山伝左衛門 ゆきやまでんざえもん
生没年不詳
江戸時代中期の加賀藩士。
¶国書

湯口藤九郎 ゆくちとうくろう
天保13 (1842) 年～明治5 (1872) 年12月4日
江戸時代末期～明治期の加賀藩士。
¶幕末

湯口竜淵 ゆぐちりゅうえん, ゆくちりゅうえん
宝暦13 (1763) 年～天保4 (1833) 年
江戸時代中期の儒者、出羽秋田藩士。
¶国書 (ゆくちりゅうえん [没]天保4 (1833) 年3月19日), 人名, 日人

弓削新右衛門 ゆげしんえもん
～文政12 (1829) 年
江戸時代後期の与力。
¶大阪人

弓削清左衛門 ゆげせいざえもん
？ ～寛永18 (1641) 年
江戸時代前期の肥後熊本藩士。
¶藩臣7

弓気多昌勝 ゆけたまさかつ
～延宝4 (1676) 年
江戸時代前期の旗本。
¶神奈川人

弓削丹後守 ゆげたんごのかみ
生没年不詳
安土桃山時代～江戸時代前期の武士。浅野家の家臣。
¶和歌山人

遊佐木斎　ゆさぼくさい
万治1(1658)年～享保19(1734)年　[別]遊佐木斎《ゆさもくさい》
江戸時代前期～中期の陸奥仙台藩儒。
¶朝日([生]万治1年閏12月16日(1659年2月7日)　[没]享保19年10月16日(1734年11月11日))，近世，国史，国書([生]万治1(1658)年12月26日　[没]享保19(1734)年10月16日)，コン改，コン4，史人([生]1658年閏12月16日　[没]1734年10月16日)，神史，神人，新潮([生]万治1(1658)年12月16日　[没]享保19(1734)年10月16日)，人名，姓氏宮城(ゆさもくさい)，世人([生]万治1(1658)年12月16日　[没]享保19(1734)年10月16日)，日人([生]1659年)，藩臣1

遊佐木斎　ゆさもくさい
→遊佐木斎(ゆさぼくさい)

湯沢寿平　ゆざわじゅへい
寛政12(1800)年～明治9(1876)年
江戸時代後期～明治期の武士。
¶日人

湯地定基　ゆじさだもと
→湯地定基(ゆちさだもと)

湯地治右衛門　ゆじじえもん
→湯地定基(ゆちさだもと)

湯地定基　ゆちさだもと，ゆぢさだもと
天保14(1843)年～昭和3(1928)年　[別]湯地治右衛門《ゆじじえもん，ゆぢじえもん》，湯地治左衛門・湯地定基《ゆちじざえもん・ゆちさだもと》，湯地治左衛門《ゆちじさえもん，ゆちじざえもん，ゆぢじざえもん》，湯地定基《ゆじさだもと，ゆぢさだもと》，工藤十郎《くどうじゅうろう》
江戸時代末期～昭和期の薩摩藩士、開拓使官吏、知事。貴族院議員、根室県令。
¶維新(湯地治左衛門　ゆちじざえもん)，海越(湯地治右衛門　ゆじじえもん　[生]天保14(1843)年9月4日　[没]昭和3(1928)年2月10日)，海越(ゆじさだもと　[生]天保14(1843)年9月4日　[没]昭和3(1928)年2月10日)，海越新(ゆじさだもと　[生]天保14(1843)年9月4日　[没]昭和3(1928)年2月10日)，姓氏鹿児島(湯地治左衛門　ゆちじさえもん)，渡航(湯地治左衛門・湯地定基　ゆちじざえもん・ゆちさだもと　[生]1843年9月4日　[没]1928年2月10日)，日人，幕末(湯地治左衛門　ゆぢじざえもん　[没]1928年2月10日)，北海道百，北海道歴

湯地治右衛門　ゆぢじえもん
→湯地定基(ゆちさだもと)

湯地治左衛門　ゆちじさえもん，ゆちじざえもん；ゆぢじざえもん
→湯地定基(ゆちさだもと)

湯永経　ゆながつね
享保3(1718)年～寛政11(1799)年　[別]湯永経《ゆのながつね》
江戸時代中期の石見津和野藩士。
¶島根人(ゆのながつね)，島根歴，藩臣5

柚木玉嶼　ゆのきぎょくしょ
享和1(1801)年～嘉永4(1851)年6月10日
江戸時代末期の書家、備中松山藩士。
¶岡山人，岡山百，岡山歴

湯永経　ゆのながつね
→湯永経(ゆながつね)

柚原具致　ゆはらともむね
弘化1(1844)年～明治36(1903)年
江戸時代後期～明治期の武士、政治家。
¶日人

由比猪内　ゆひいない
→由比猪内(ゆいいない)

由布市之丞　ゆふいちのじょう
文化2(1805)年～明治17(1884)年
江戸時代後期～明治期の剣術家。家川念流。
¶剣豪

弓場重正　ゆみばしげまさ
？　～寛保3(1743)年8月18日
江戸時代中期の馬術家・尾張藩士。
¶国書

夢廼屋直路　ゆめのやなおじ
江戸時代の狂歌師、上野館林藩士。
¶人名

湯本幸綱　ゆもとゆきつな
？　～寛永3(1626)年
安土桃山時代～江戸時代前期の草津の領主。
¶姓氏群馬

湯本幸宗　ゆもとゆきむね
元和4(1618)年～寛文5(1665)年
江戸時代前期の沼田藩家老。
¶姓氏群馬

湯本幸吉　ゆもとゆきよし
天正10(1582)年～延宝1(1673)年
安土桃山時代～江戸時代前期の沼田藩士。
¶姓氏群馬

由良貞繁　ゆらさだしげ
天正2(1574)年～元和7(1621)年3月22日
安土桃山時代～江戸時代前期の上野国衆。
¶戦辞

由良親繁　ゆらちかしげ
寛永3(1626)年～延宝2(1674)年
江戸時代前期の武士、徳川幕府高家。
¶国書([没]延宝2(1674)年1月4日)，諸系，人名，日人

由良親昌　ゆらちかまさ
天明3(1783)年～天保11(1840)年
江戸時代後期の武士。
¶和歌山人

由良時誼　ゆらときざね
明和4(1767)年～天保1(1830)年　[別]由良時湛《ゆらときただ》
江戸時代中期～後期の伊勢亀山藩士、暦学者。
¶京都府(由良時湛　ゆらときただ)，国書([生]明和4(1767)年12月21日　[没]天保1(1830)年12月17日)，藩臣4

由良時湛　ゆらときただ
→由良時誼(ゆらときざね)

由良政秀　ゆらまさひで
天保3(1832)年～明治25(1892)年

ゆ

江戸時代末期～明治期の丹波綾部藩医、勤皇の志士。
¶藩臣5

由良守応　ゆらもりまさ
文政10(1827)年～明治27(1894)年
江戸時代末期～明治期の実業家。官界を去った後、乗合馬車経営に成功。発動機会社は時流に先んじすぎ失敗。
¶郷土和歌山，渡航，日人，幕末([没]1894年2月17日)，和歌山人

由利公正　ゆりきみまさ
文政12(1829)年～明治42(1909)年　[別]由利公正《ゆりこうせい》，雲軒，義由，好々庵，三岡八郎《みつおかはちろう》，石五郎，方外，銕牛
江戸時代末期～明治期の越前福井藩士、財政家。
¶朝日([生]文政12年11月11日(1829年12月6日)　[没]明治42(1909)年4月28日)，維新，岩史([生]文政12(1829)年11月11日　[没]明治42(1909)年4月28日)，海越([生]文政12(1829)年11月11日　[没]明治42(1909)年4月28日)，海越新([生]文政12(1829)年11月11日　[没]明治42(1909)年4月28日)，角史，京都大，郷土福井，近現，近世，国際，国史，コン改，コン4，コン5，史人([生]1829年11月11日　[没]1909年4月28日)，重要([生]文政12(1829)年11月11日　[没]明治42(1909)年4月28日)，神人([没]明治40(1907)年)，新潮([生]文政12(1829)年11月11日　[没]明治42(1909)年4月28日)，人名，姓氏京都，世人([生]文政12(1829)年11月11日　[没]明治42(1909)年4月28日)，世百，先駆([生]文政12(1829)年11月11日　[没]明治42(1909)年4月28日)，全書，大百，伝記，渡航([生]1829年11月11日　[没]1909年4月28日)，日史([生]文政12(1829)年10月11日　[没]明治42(1909)年4月28日)，日人，日本，幕末([没]1909年4月28日)，藩臣3，百科，福井百(ゆりこうせい)，明治1，履歴([生]文政12(1829)年11月11日　[没]明治42(1909)年4月28日)，歴大

由利公正　ゆりこうせい
→由利公正(ゆりきみまさ)

百合元昇三　ゆりもとしょうぞう
文政2(1819)年～明治37(1904)年9月18日
江戸時代末期～明治期の剣術家。
¶幕末

【よ】

与儀守包　よぎしゅほう
尚質16(1663)年～尚敬28(1740)年
江戸時代前期～中期の玉城朝薫以前の著名な踊奉行。
¶沖縄百([生]尚質16(1663)年6月12日　[没]尚敬28(1740)年9月5日)，姓氏沖縄

横井琴流　よこいきんりゅう
→横井時成(よこいときなり)

横井左平太　よこいさへいた
弘化2(1845)年～明治8(1875)年10月　[別]横井佐平太・伊勢佐太郎《よこいさへいた・いせさたろう》，伊勢佐太郎《いせさたろう》，時治
江戸時代末期～明治期の肥後熊本藩士、官吏。1865年アメリカに留学。
¶維新，海越，海越新，渡航(横井佐平太・伊勢佐太郎　よこいさへいた・いせさたろう)，幕末([没]1875年10月3日)

横井小楠　よこいしょうなん
文化6(1809)年～明治2(1869)年
江戸時代末期の肥後熊本藩の儒学者。幕政改革を推進。
¶朝日([生]文化6年8月13日(1809年9月22日)　[没]明治2年1月5日(1869年2月15日))，維新，岩史([生]文化6(1809)年8月13日　[没]明治2(1869)年1月5日)，角史，教育([生]1810年)，京都，京都大，郷土福井，キリ([生]文化6(1809)年8月13日　[没]明治2(1869)年1月5日)，近現，近世，近文，熊本百([生]文化6(1809)年8月13日　[没]明治2(1869)年1月5日)，国史，国書([生]文化6(1809)年8月13日　[没]明治2(1869)年1月5日)，コン改，コン4，コン5，詩歌，史人([生]1809年8月13日　[没]1869年1月5日)，思想([生]文化6(1809)年8月13日　[没]明治2(1869)年1月5日)，重要([没]明治2(1869)年1月5日)，人書79，人書94，新潮([生]文化6(1809)年8月13日　[没]明治2(1869)年1月5日)，人名，姓氏京都，世人([生]文化7(1810)年8月13日　[没]明治2(1869)年1月5日)，世百，全書，大百，哲学，日史([生]文化6(1809)年8月13日　[没]明治2(1869)年1月5日)，日人，日本，幕末([没]1869年1月5日)，藩臣7，百科，福井百，平和，民学，歴大，和俳([没]明治2(1869)年1月5日)

横井千秋　よこいちあき
元文3(1738)年～享和1(1801)年
江戸時代中期～後期の尾張藩の国学者。本居学の後援者。
¶近世，国史，国書([生]元文3(1738)年3月1日　[没]享和1(1801)年7月24日)，神人，人名，姓氏愛知，日人，藩臣4，百科

横井時良　よこいちかよし
→横井孫九郎(よこいまごくろう)

横井次太夫(横井次大夫)　**よこいつぐだゆう**
文政10(1827)年～明治40(1907)年9月　[別]横井鉄叟《よこいてっそう》
江戸時代末期～明治期の紀伊和歌山藩士。
¶国書(横井鉄叟　よこいてっそう)，幕末，和歌山人(横井次大夫　生没年不詳)

横井鉄叟　よこいてっそう
→横井次太夫(よこいつぐだゆう)

横井時敏　よこいときとし
宝永7(1710)年～宝暦11(1761)年2月18日
江戸時代中期の尾張藩士。
¶国書

横井時成　よこいときなり
元禄15(1702)年～安永7(1778)年　[別]横井琴流《よこいきんりゅう》
江戸時代中期の尾張犬山藩士。
¶国書，姓氏愛知，藩臣4(横井琴流　よこいきん

りゅう)

横井時久　よこいときひさ
安土桃山時代〜江戸時代前期の徳川家康家臣、のち尾張藩士。
¶国書([生]元亀1(1570)年　[没]寛永20(1643)年11月29日)，姓氏愛知([生]1569年　[没]1643年?)

横井時英　よこいときひで
寛永14(1637)年〜享保1(1716)年
江戸時代前期〜中期の尾張藩士・俳人。
¶国書([没]享保1(1716)年8月4日)，姓氏愛知

横井時衡　よこいときひら
?　〜享保14(1729)年
江戸時代中期の用人、大番頭。
¶姓氏愛知

横井時文　よこいときふみ
生没年不詳
江戸時代中期の尾張藩士。
¶国書

横井時庸　よこいときもち
*〜宝永5(1708)年
江戸時代前期〜中期の尾張藩士。
¶国書([生]寛文2(1662)年　[没]宝永5(1708)年3月2日)，姓氏愛知([生]?)

横井時安　よこいときやす
?　〜正保4(1647)年3月20日
江戸時代前期の尾張藩士。
¶国書

横井彦九郎　よこいひこくろう
?　〜天保3(1832)年
江戸時代後期の下総古河藩用人。
¶藩臣3

横井瓢翁　よこいひょうおう
文化7(1810)年〜明治28(1895)年
江戸時代末期〜明治期の尾張藩士、茶人。
¶茶道

横井孫九郎　よこいまごくろう
安永9(1780)年〜文化9(1812)年　[別]横井時良《よこいちかよし》
江戸時代後期の紀伊和歌山藩士、彫刻家。
¶人名，日人，和歌山人(横井時良　よこいちかよし)

横井也有　よこいやゆう
元禄15(1702)年〜天明3(1783)年　[別]也有《やゆう》
江戸時代中期の尾張藩の俳人。俳文集「鶉衣」の作者。
¶愛知百([没]1783年6月16日)，朝日([生]元禄15年9月4日(1702年10月24日)　[没]天明3年6月16日(1783年7月15日))，岩史([生]元禄15(1702)年9月4日　[没]天明3(1783)年6月16日)，角史，近世，国史，国書(也有　やゆう　[生]元禄15(1702)年9月4日　[没]天明3(1783)年6月16日)，コン改，コン4，詩歌，史人(也有　やゆう　[生]1702年9月4日　[没]1783年6月16日)，重要([生]元禄15(1702)年9月4日　[没]天明3(1783)年6月16日)，人書94，新潮(也有　やゆう　[生]元禄15(1702)年9月4日　[没]天明3(1783)年6月16日)，新文([生]元禄15(1702)年9月4日　[没]天明3(1783)年6月16日)，人名，姓氏愛知，世人([生]元禄15(1702)年9月4日　[没]天明3(1783)年6月16日)，世百(也有　やゆう)，全書(也有　やゆう)，大百(也有　やゆう)，日史(也有　やゆう　[生]元禄15(1702)年9月4日　[没]天明3(1783)年6月16日)，日人，俳諧(也有　やゆう)，俳句(也有　やゆう　[没]天明3(1783)年6月16日)，藩臣4，百科(也有　やゆう)，文学，歴大(也有　やゆう)，和俳([生]元禄15(1702)年9月4日　[没]天明3(1783)年6月16日)

横尾鬼角　よこおきかく
→横尾恒正(よこおつねまさ)

横尾敬　よこおけい
寛政8(1796)年〜明治9(1876)年
江戸時代後期〜明治期の高鍋藩士・明倫堂教授。
¶宮崎百

横尾謙七　よこおけんしち
→福原謙七(ふくはらけんしち)

横尾純喬　よこおすみたか
弘化4(1847)年〜明治42(1909)年
江戸時代後期〜明治期の武士、官吏。
¶日人

横尾静安　よこおせいあん
天明1(1781)年〜文化1(1804)年
江戸時代中期〜後期の儒者、肥前佐賀藩士。
¶江文，日人

横尾恒正　よこおつねまさ
天保8(1837)年〜明治19(1886)年　[別]横尾鬼角《よこおきかく》
江戸時代末期〜明治期の上野七日市藩士、前橋警察署主任警部。
¶人名([生]1835年)，姓氏群馬(横尾鬼角　よこおきかく)，日人，藩臣2(横尾鬼角　よこおきかく)

横尾東作　よこおとうさく
天保10(1839)年〜明治36(1903)年
江戸時代末期〜明治期の英語教授、仙台藩士。藩校などの教授を経て、警視庁に勤務。「南洋公海」を設立し南進論を主張。
¶維新，姓氏宮城([没]1902年)，日人，幕末([生]1839年2月18日　[没]1903年7月22日)，宮城百([没]明治35(1902)年)，洋学

横川勘平　よこがわかんぺい, よこかわかんぺい
寛文7(1667)年〜元禄16(1703)年
江戸時代前期の播磨赤穂藩士。赤穂義士の1人。
¶岡山人(よこかわかんぺい)，コン改，コン4，史人([没]1703年2月4日)，新潮([没]元禄16(1703)年2月4日)，人名，日人

横河重陳　よこがわしげのぶ, よこかわしげのぶ
天正14(1586)年〜慶安2(1649)年
江戸時代前期の因幡鳥取藩士。
¶藩臣5，藩臣5(よこかわしげのぶ　生没年不詳)

横川七郎　よこかわしちろう
生没年不詳
江戸時代後期の剣術家。直心影流。
¶剣豪

横倉喜三次 よこくらきそうじ
文政7(1824)年～明治27(1894)年
江戸時代後期～明治期の剣術家。神道無念流。
¶剣豪

横倉甚五郎 よこくらじんごろう
*～明治3(1870)年
江戸時代末期～明治期の新撰組隊士。
¶新撰([生]天保5年 [没]明治3年8月15日), 幕末([生]1843年 [没]1870年3月23日)

横小路将監 よここうじしょうげん
安土桃山時代～江戸時代前期の武士。里見氏家臣。
¶戦人(生没年不詳), 戦東

横沢将監 よこさわしょうげん, よこざわしょうげん
生没年不詳
安土桃山時代～江戸時代前期の切支丹武士。
¶姓氏宮城, 宮城百(よこざわしょうげん)

横沢丹波 よこざわたんば
? ～寛永12(1635)年
安土桃山時代～江戸時代前期の殉教した会津藩士。
¶福島百

横沢兵庫 よこざわひょうご, よこさわひょうご
*～文久2(1862)年
江戸時代末期の陸奥盛岡藩家老。
¶維新([生]?), 国書([生]享和3(1803)年 [没]文久2(1862)年4月17日), 姓氏岩手(よこさわひょうご [生]?), 日人([生]1803年), 幕末(よこさわひょうご [生]1799年 [没]1862年5月15日), 藩臣1(よこさわひょうご [生]享和3(1803)年)

横瀬貞臣 よこせさだおみ
享保8(1723)年～寛政12(1800)年10月18日
江戸時代中期～後期の幕臣・歌人。
¶国書

横瀬貞固 よこせさだかた
文化12(1815)年? ～?
江戸時代後期の幕臣。
¶維新, 幕末

横田何求 よこたかきゅう
元和6(1620)年～元禄15(1702)年 [別]横田俊益《よこたしゅんえき, よこたとします》
江戸時代前期～中期の陸奥会津藩士、儒学者。
¶会津(横田俊益 よこたとします), 国書([生]元和6(1620)年1月16日 [没]元禄15(1702)年1月6日), 人名, 日人, 藩臣2(横田俊益 よこたとします), 福島百(横田俊益 よこたしゅんえき)

横田勘左衛門 よこたかんざえもん
*～天明7(1787)年
江戸時代中期の肥後熊本藩士。
¶国書([生]享保7(1722)年 [没]天明7(1787)年6月29日), 藩臣7([生]?)

横田俊益 よこたしゅんえき
→横田何求(よこたかきゅう)

横田笙嶹 よこたしょうとう
文化3(1806)年～明治21(1888)年 [別]横田樗園《よこたちょえん》
江戸時代末期～明治期の近江大溝藩士。
¶国書(横田樗園 よこたちょえん [生]文化3(1806)年5月25日 [没]明治21(1888)年1月), 人名, 日人, 藩臣4

横田新之丞 よこたしんのじょう
江戸時代末期の生野代官。
¶維新

横田袋翁 よこたたいおう
寛延2(1749)年～天保6(1835)年5月18日
江戸時代中期～後期の幕臣・歌人。
¶国書

横田尹松 よこたただとし
→横田尹松(よこたただまつ)

横田尹松 よこたただまつ
*～寛永12(1635)年 [別]横田光胤《よこたみつたね》, 横田尹松《よこたただとし》
安土桃山時代～江戸時代前期の武士。
¶人名([生]1556年), 姓氏山梨(横田光胤 よこたみつたね [生]?), 戦辞(よこたただとし [生]天文23(1554)年 [没]寛永12年7月5日(1635年8月17日)), 日人([生]1554年)

横田智巌 よこたちがん
? ～明和3(1766)年2月29日
江戸時代中期の武士。
¶黄檗

横田樗園 よこたちょえん
→横田笙嶹(よこたしょうとう)

横田俊孚 よこたとしざね
宝永1(1704)年10月24日～明和9(1772)年11月9日
江戸時代中期の会津藩士・医者。
¶国書

横田俊益 よこたとします
→横田何求(よこたかきゅう)

横田友次郎 よこたともじろう
天保5(1834)年～元治1(1864)年
江戸時代末期の志士、因幡鳥取藩士。
¶維新, 人名, 日人

横田準松 よこたのりとし
享保19(1734)年～寛政2(1790)年
江戸時代中期の側衆御用取次。田沼意次の政治を支えた。
¶朝日([没]寛政2年3月7日(1790年4月20日)), 日人

横田半渓 よこたはんけい
江戸時代後期の津藩士。
¶三重

横田光胤 よこたみつたね
→横田尹松(よこたただまつ)

横田勇助 よこたゆうすけ
文政3(1820)年～明治37(1904)年
江戸時代末期～明治期の上野吉井藩士。
¶藩臣2

横地春斎(横池春斎) よこちしゅんさい
寛政8(1796)年～明治8(1875)年6月30日
江戸時代末期～明治期の筑後柳河藩の儒学者。
¶国書(横池春斎), 幕末, 藩臣7, 福岡百

横地縫殿助 よこちぬいのすけ
宝永4(1707)年～宝暦6(1756)年

江戸時代中期の剣術家。随変流。
¶剣豪

横地秀次 よこちひでつぐ
？～元和2（1616）年
安土桃山時代～江戸時代前期の武将。
¶姓氏愛知，戦人（生没年不詳）

横地義晴 よこちよしはる
？～元和2（1616）年
安土桃山時代～江戸時代前期の近江彦根藩士。
¶藩臣4

横地米十郎 よこちよねじゅうろう
生没年不詳
江戸時代中期の武士。猪子石村に屋敷を構えた。
¶姓氏愛知

横手近義 よこてちかよし
文政8（1825）年～明治27（1894）年8月2日
江戸時代末期～明治期の志筑藩士。
¶幕末

横手信義 よこてのぶよし
天保6（1835）年～明治12（1879）年
江戸時代末期～明治期の志筑藩家老。
¶幕末，藩臣2

横手義崇 よこてよしたか
文化3（1806）年～明治19（1886）年
江戸時代末期～明治期の常陸志筑藩の本堂家家老。
¶幕末（㊱1886年3月），藩臣2

横浜有仲 よこはまありなか
文政10（1827）年11月～明治41（1908）年11月13日
江戸時代後期～明治期の弓道家、弓道範士、豊橋（吉田）藩士。
¶弓道

横浜競 よこはまきそう
生没年不詳
江戸時代中期の三河吉田藩士、弓術師範。
¶藩臣4

横浜左次右衛門 よこはまさじえもん
寛永2（1625）年～？
江戸時代前期の武士。
¶岡山人，岡山歴

横浜善左衛門 よこはまぜんざえもん
生没年不詳
江戸時代中期の加賀藩士。
¶国書

横浜正倫 よこはままさやす
？～天明5（1785）年
江戸時代中期の上野高崎藩士。
¶国書

横浜慶頼 よこはまやすより
文化14（1817）年4月～明治12（1879）年11月8日
江戸時代後期～明治期の弓道家、盛岡藩士、弓術師範。
¶弓道

横幕長衛 よこまくながえ
？～文久3（1863）年10月12日
江戸時代末期の紀伊和歌山藩士。
¶幕末

横道忠右衛門 よこみちちゅうえもん
？～延宝4（1676）年
江戸時代前期の大野毛利氏の平生開作の普請奉行。
¶姓氏山口

横山幾太 よこやまいくた
＊～明治39（1906）年
江戸時代末期～明治期の長州（萩）藩士。
¶姓氏山口（㊱？），幕末（㊤1841年 ㊦1906年5月29日）

横山氏従 よこやまうじより
寛永14（1637）年～宝永3（1706）年10月27日
江戸時代前期～中期の加賀藩士。
¶国書

横山英吉 よこやまえいきち
天保12（1841）年～元治1（1864）年
江戸時代末期の土佐藩士。
¶維新，高知人，人名，日人，幕末（㊤1815年 ㊦1864年10月5日）

横山刑部左衛門 よこやまぎょうぶざえもん
承応1（1652）年～元禄10（1697）年
江戸時代前期～中期の美作津山藩用人。
¶藩臣6

横山敬一 よこやまけいいち
文政10（1827）年～元治1（1864）年3月21日
江戸時代末期の幕臣。1864年遣仏使節随員としてフランスに渡る。
¶海越，海越新，幕末（㊦1864年4月26日）

横山七郎太夫 よこやましちろうだゆう
生没年不詳
江戸時代前期の加賀藩士。
¶国書

横山春方（横山春芳） よこやましゅんぽう，よこやましゅんほう
→横山春芳（よこやまはるよし）

横山正太郎 よこやましょうたろう
→横山安武（よこやまやすたけ）

横山如雲 よこやまじょうん
生没年不詳
江戸時代前期の加賀藩士。
¶国書

横山甚左衛門 よこやまじんざえもん
文化11（1814）年～＊
江戸時代末期の水戸藩士。
¶維新（㊦1861年），幕末（㊦1862年1月19日）

横山甚助 よこやまじんすけ
生没年不詳
江戸時代後期の豊後岡藩士。
¶大分百，大分歴，藩臣7

横山隆章 よこやまたかあきら
文化2（1805）年～万延1（1860）年
江戸時代末期の加賀藩士。
¶国書（㊤文化2（1805）年6月10日　㊦万延1（1860）年11月12日），幕末（㊤1805年7月　㊦1860年12月23日）

横山隆貴 よこやまたかおき
文政10（1827）年12月30日～安政5（1858）年6月1

日
江戸時代末期の加賀藩士。
¶幕末

横山隆誨 よこやまたかこと
明和1(1764)年〜文政2(1819)年12月19日
江戸時代中期〜後期の加賀藩士。
¶国書

横山貴林 よこやまたかもと
元禄8(1695)年〜寛延1(1748)年
江戸時代中期の加賀藩士。
¶藩臣3

横山隆従 よこやまたかより
宝暦8(1758)年4月1日〜寛政4(1792)年7月18日
江戸時代中期〜後期の加賀藩士。
¶国書

横山忠知 よこやまただちか
天和3(1683)年〜享保21(1736)年2月16日
江戸時代前期〜中期の幕臣。
¶国書

横山知哲 よこやまちかあき
生没年不詳
江戸時代後期の幕臣。
¶国書

横山主税 よこやまちから
弘化4(1847)年〜明治1(1868)年 [別]横山常守《よこやまつねもり》
江戸時代末期の陸奥会津藩士。1867年フランスに渡りパリ万国博覧会に列席。
¶海越(生没年不詳),海越新(生没年不詳),日人,幕末(横山常守 よこやまつねもり [没]1868年6月20日),藩臣2(横山常守 よこやまつねもり)

横山致堂 よこやまちどう
→横山政孝(よこやままさたか)

横山常徳 よこやまつねのり
*〜元治1(1864)年
江戸時代末期の陸奥会津藩家老。
¶幕末([生]1798年 [没]1864年9月7日),藩臣2([生]享和1(1801)年)

横山常守 よこやまつねもり
→横山主税(よこやまちから)

横山藤八郎 よこやまとうはちろう
? 〜正徳1(1711)年
江戸時代前期〜中期の剣術家。新影松田方幕屋流。
¶剣豪

横山直方 よこやまなおかた
文化14(1817)年〜明治5(1872)年
江戸時代末期〜明治期の土佐藩士。
¶高知人([没]1873年),国書([生]文化14(1817)年10月29日 [没]明治5(1872)年1月13日),幕末([没]1872年3月20日)

横山猶蔵 よこやまなおぞう
→横山猶蔵(よこやまゆうぞう)

横山長知 よこやまながちか
永禄11(1568)年〜正保3(1646)年
安土桃山時代〜江戸時代前期の武士。加賀藩重臣。
¶石川百,近世,国史,国書([没]正保3(1646)年1月21日),コン改,コン4,新潮([没]正保3(1646)年1月),人名,姓氏石川,世人([没]慶安1(1648)年),戦合,日人,藩臣3

横山永福 よこやまながとみ
生没年不詳
江戸時代後期の出雲松江藩士・国学者。
¶国書

横山鍋二郎 よこやまなべじろう
? 〜慶応4(1868)年閏4月25日
江戸時代後期〜末期の新撰組隊士。
¶新撰

横山春方 よこやまはるかた
→横山春芳(よこやまはるよし)

横山春芳 よこやまはるよし
*〜享保18(1733)年 [別]横山春方《よこやましゅんぽう,よこやまはるかた》,横山春芳《よこやましゅんほう》
江戸時代前期〜中期の和算家、丹波柏原藩士。
¶国書(横山春方 よこやましゅんぽう [生]承応3(1654)年 [没]享保18(1733)年7月26日),人名(横山春方 よこやまはるかた [生]?),日人([生]1651年),藩臣5(よこやましゅんほう [生]慶安4(1651)年),兵庫百([生]寛文3(1663)年)

横山政和 よこやままさかず
天保5(1834)年〜明治26(1893)年
江戸時代末期〜明治期の加賀藩士。
¶石川百,国書([没]明治26(1893)年8月25日),姓氏石川,幕末([没]1893年8月25日)

横山政賢 よこやままさかた
元文3(1738)年〜文化6(1809)年9月9日
江戸時代中期〜後期の加賀藩家老。
¶国書

横山政孝 よこやままさたか
寛政1(1789)年〜天保7(1836)年 [別]横山致堂《よこやまちどう》
江戸時代後期の加賀藩士、詩家。
¶国書([没]天保7(1836)年1月25日),人名(横山致堂 よこやまちどう),日人,藩臣3

横山政礼 よこやままさのり
寛保2(1742)年〜天明3(1783)年1月3日
江戸時代中期の加賀藩士。
¶国書

横山政寛 よこやままさひろ
明和7(1770)年〜寛政13(1801)年1月25日
江戸時代中期〜後期の加賀藩家老。
¶国書

横山正房 よこやままさふさ
? 〜元禄6(1693)年6月30日
江戸時代前期〜中期の加賀藩家老。
¶国書

横山正従 よこやままさより
生没年不詳
江戸時代中期の加賀藩家老。
¶国書

横山丸三 よこやままるみつ
安永9(1780)年～嘉永7(1854)年
江戸時代後期の幕臣、神道家。
¶国書([生]安永9(1780)年4月2日 [没]嘉永7(1854)年8月13日), 人名, 日人

横山元儀 よこやまもとのり
生没年不詳
江戸時代後期の加賀藩士。
¶国書5

横山安武 よこやまやすたけ
天保14(1843)年～明治3(1870)年 [別]横山正太郎《よこやましょうたろう》
江戸時代末期～明治期の薩摩藩の儒学者。森有礼の兄。
¶朝日([生]天保14年1月1日(1843年1月30日) [没]明治3年7月27日(1870年8月23日)), 維新, 江戸東, 鹿児島百, 近現(横山正太郎 よこやましょうたろう), 近世(横山正太郎 よこやましょうたろう), 国史(横山正太郎 よこやましょうたろう), 姓氏鹿児島, 日人, 幕末([没]1870年8月23日), 藩臣7

横山康玄 よこやまやすはる
天正18(1590)年～正保2(1645)年
江戸時代前期の武士。加賀藩士。
¶石川百, 近世, 国史, コン改, コン4, 人名, 姓氏石川, 戦合, 日人, 藩臣3

横山猶蔵 よこやまゆうぞう
天保6(1835)年～安政5(1858)年 [別]横山猶蔵《よこやまなおぞう》
江戸時代末期の越前福井藩士。
¶維新, 人名(よこやまなおぞう), 日人, 幕末([没]1858年9月19日)

横山義門 よこやまよしかど
生没年不詳
江戸時代末期の加賀藩士。
¶国書

横屋幸喬 よこやゆきたか
天保2(1831)年～明治29(1896)年
江戸時代末期の武士。
¶岡山人, 岡山歴([没]明治29(1896)年10月)

吉井猪之助 よしいいのすけ
文化3(1806)年～天保12(1841)年4月24日
江戸時代後期の弓術家。
¶庄内

吉井幸輔 よしいこうすけ
→吉井友実(よしいともざね)

吉井助之丞 よしいすけのじょう
～寛文4(1664)年10月
江戸時代前期の弓術家。
¶庄内

吉井千熊 よしいちくま
文化14(1817)年～慶応1(1865)年2月1日
江戸時代末期の長州(萩)藩士。
¶幕末

吉井千代熊 よしいちよくま
天保10(1839)年～元治1(1864)年12月1日
江戸時代末期の長州(萩)藩士。
¶幕末

吉井友実 よしいともざね
文政11(1828)年～明治24(1891)年 [別]吉井幸輔《よしいこうすけ》, 山科兵部《やましなひょうぶ》, 仁左衛門, 仲助, 徳春
江戸時代末期～明治期の鹿児島藩士、政治家。枢密顧問官、日本鉄道社長。戊辰戦争の功労者。宮内輔、元老院議官などを歴任。
¶朝日([生]文政11年2月26日(1828年4月10日) [没]明治24(1891)年4月22日), 海越([生]文政11(1828)年2月26日 [没]明治24(1891)年4月22日), 海越新([生]文政11(1828)年2月26日 [没]明治24(1891)年4月22日), 鹿児島百, 京都大(吉井幸輔 よしいこうすけ), 近現([生]1827年), 国際, 国史([生]1827年), コン改, コン5, 史人([生]1827年2月26日 [没]1891年4月22日), 新潮([生]文政11(1828)年2月 [没]明治24(1891)年4月22日), 姓氏鹿児島, 姓氏京都, 日史([生]文政11(1828)年2月26日 [没]明治24(1891)年4月22日), 日人, 幕末([没]1891年4月23日), 藩臣7([没]明治34(1901)年), 百科, 履歴([生]文政10(1827)年2月26日 [没]明治24(1891)年4月22日)

吉井直道 よしいなおみち
安永1(1772)年～安政4(1857)年9月22日
江戸時代中期～末期の阿波徳島藩士。
¶国書

吉井信発 よしいのぶおき
→松平信発(まつだいらのぶおき)

吉井之光 よしいゆきみつ
天保6(1835)年～×
江戸時代末期の志士。土佐勤王党に参加。
¶高知人([没]1868年), 幕末([没]1866年6月21日)

吉井義之 よしいよしゆき
文政9(1826)年～明治25(1892)年 [別]三宅弥右衛門《みやけやえもん》, 志賀屋定七《しがやさだしち》
江戸時代末期～明治期の尊攘派志士。禁門の変で負傷。
¶朝日([生]文政9(1826)年1月 [没]明治25(1892)年9月), 維新, 人名, 日人, 幕末([生]1836年 [没]1892年9月), 兵庫人([生]文政9(1826)年1月 [没]明治25(1892)年9月)

吉海良作 よしうみりょうさく
天保8(1837)年～明治9(1876)年
江戸時代末期～明治期の肥後熊本藩士、敬神党の士。
¶人名, 日人

吉江長忠 よしえながただ
永禄9(1566)年～正保4(1647)年4月26日
安土桃山時代～江戸時代前期の上杉景勝の家臣。
¶戦辞

吉岡源八郎 よしおかげんぱちろう
～宝永2(1705)年
江戸時代前期～中期の槍術家。
¶高知人

吉岡庄助 よしおかしょうすけ
天保2(1831)年～元治1(1864)年 [別]吉田庄助

よ

《よしだしょうすけ》
江戸時代末期の長州(萩)藩士。
¶維新，人名(吉田庄助　よしだしょうすけ)，日人，幕末([没]1864年7月8日)

吉岡信之 よしおかのぶゆき
文化10(1813)年～明治7(1874)年
江戸時代末期～明治期の相模小田原藩士、国学者。
¶維新([生]1814年)，神奈川人，国書([生]文化10(1813)年11月　[没]明治7(1874)年6月2日)，人名，姓氏神奈川，日人，幕末([没]1874年6月2日)，藩臣3

吉岡又三郎 よしおかまたさぶろう
生没年不詳
安土桃山時代～江戸時代前期の剣術家。
¶日人

吉岡安致 よしおかやすむね
生没年不詳
江戸時代後期の加賀藩士。
¶国書

吉岡勇平 よしおかゆうへい
文政13(1830)年2月26日～明治3(1870)年11月18日
江戸時代後期～明治期の幕臣、操練所勤番公用方。1860年咸臨丸の操練所勤番公用方としてアメリカに渡る。
¶海越新(生没年不詳)，国書

よ

吉海純玄 よしかいすみはる
天保5(1834)年7月15日～大正2(1913)年2月8日
江戸時代後期～大正期の弓道家、熊本藩士、弓術教士。
¶弓道

芳川顕正(吉川顕正) よしかわあきまさ
天保12(1841)年～大正9(1920)年　[別]芳川顕正《よしかわけんしょう》，越山，賢吉
江戸時代末期～明治大正期の阿波徳島藩士、官僚、政治家。伯爵、枢密顧問官。文部大臣、法務大臣などを歴任。
¶朝日([生]天保12年12月10日(1842年1月21日)　[没]大正9(1920)年1月10日)，維新，海越([生]天保12(1842)年12月10日　[没]大正9(1920)年1月10日)，海越新([生]天保12(1842)年12月10日　[没]大正9(1920)年1月10日)，角史，教育，近現，国際([生]天保12(1842)年)，国史，コン改，コン5，史人([生]1841年12月10日　[没]1920年1月10日)，神人([生]天保12(1841)年12月10日　[没]大正9(1920)年1月10日)，新潮([生]天保12(1841)年12月10日　[没]大正9(1920)年1月)，人名，世紀([生]天保12(1842)年12月10日　[没]大正9(1920)年1月10日)，体育，徳島百([生]天保12(1841)年12月10日　[没]大正9(1920)年1月9日)，徳島歴，渡航([生]1841年12月10日　[没]1920年1月9日)，日史([生]天保12(1841)年12月10日　[没]大正9(1920)年1月10日)，日人([生]1842年)，日本(吉川顕正)，幕末(よしかわけんしょう　[没]1920年1月10日)，藩臣6，百科，明治1([生]1842年)，履歴([生]天保12(1841)年12月10日　[没]大正9(1920)年1月10日)，歴大

吉川尹哲 よしかわいんてつ
文政9(1826)年～明治42(1909)年
江戸時代末期～明治期の幕臣、淘宮術家。
¶人名，日人

吉川栄左衛門 よしかわえいざえもん
寛保2(1742)年～文政7(1824)年
江戸時代中期～後期の岩鼻陣屋初代の代官。
¶群馬人，姓氏群馬

吉川揮雲 よしかわきうん
？～寛政10(1798)年　[別]吉川禎蔵《よしかわていぞう》
江戸時代中期の安芸広島藩士、能書家。
¶人名，日人，藩臣6(吉川禎蔵　よしかわていぞう)

吉川蔵人 よしかわくらんど
？～元和3(1617)年
安土桃山時代～江戸時代前期の武士。
¶日人

芳川顕正 よしかわけんしょう
→芳川顕正(よしかわあきまさ)

吉川小右衛門 よしかわこうえもん
？～享保8(1723)年
江戸時代中期の越中富山藩士、礼法家。
¶藩臣3

吉川広居 よしかわこうきょ
～慶応2(1866)年
江戸時代後期～末期の伊勢桑名藩士。
¶三重

吉川惟足 よしかわこれたり
元和2(1616)年～元禄7(1694)年　[別]吉川惟足《きっかわこれたり，きっかわこれたる，きつかわこれたり，きつかわこれたる，よしかわこれたる》
江戸時代前期の陸奥会津藩の神道学者。吉川神道を創唱。幕府にも仕えた。
¶会津，朝日([没]元禄7年11月16日(1695年1月1日))，岩史([生]元和2(1616)年2月28日　[没]元禄7(1694)年11月16日)，江文，角史，神奈川人(きっかわこれたり)，鎌倉(きつかわこれたり)，教育(きっかわこれたる)，京都大，近世(よしかわこれたる)，国史(よしかわこれたる)，国書(よしかわこれたる　[生]元和2(1616)年2月28日　[没]元禄7(1694)年11月16日)，コン改，コン4，茶道(きっかわこれたり　[生]1615年)，史人([生]1616年2月28日　[没]1694年11月16日)，重要([没]元禄7(1694)年11月16日)，神史(よしかわこれたる)，神人(よしかわこれたる　[生]元和2(1616)年2月28日　[没]元禄7(1694)年11月16日)，新潮([生]元和2(1616)年1月28日　[没]元禄7(1694)年11月16日)，人名(きっかわこれたる　[生]1615年)，姓氏神奈川(きつかわこれたる)，姓氏京都(よしかわこれたる　[没]1695年)，世人(きっかわこれたり　[没]元禄7(1694)年11月16日)，世百(よしかわこれたる)，全書，大百(よしかわこれたる)，日史([生]元和2(1616)年1月28日　[没]元禄7(1694)年11月16日)，日人([没]1695年)，藩臣2，百科，福島百，歴大(よしかわこれたる)

吉川惟足　よしかわこれたる
→吉川惟足(よしかわこれたり)

吉川左衛門　よしかわさえもん
文化4(1807)年～＊
江戸時代末期の対馬藩家老。
¶維新([没]1864年), 幕末([没]1865年1月3日)

吉川茂周　よしかわしげちか
宝暦3(1753)年～文政5(1822)年
江戸時代中期～後期の大和高取藩士。
¶国書([生]宝暦3(1753)年9月1日　[没]文政5(1822)年10月18日), 藩臣4

吉川治太夫　よしかわじだゆう
文化6(1809)年～文久3(1863)年
江戸時代末期の神戸藩士。
¶維新, 新潮([生]文化6(1809)年12月25日　[没]文久3(1863)年9月3日), 人名, 日人([生]1810年), 幕末([没]1863年10月15日), 藩臣4, 三重([生]文化6年10月25日)

吉川十郎右衛門　よしかわじゅうろううえもん
→吉川長能(よしかわながよし)

吉川十郎右衛門　よしかわじゅうろうえもん
→吉川長能(よしかわながよし)

芳川春濤　よしかわしゅんとう
弘化1(1844)年～大正13(1924)年　[別]芳川俊雄《よしかわとしお》
江戸時代後期～明治期の武蔵忍藩の藩士・洋学者。
¶国書(芳川俊雄　よしかわとしお　[生]弘化1(1844)年12月17日　[没]大正13(1924)年12月24日), 埼玉人([生]弘化1(1844)年12月7日　[没]大正13(1924)年12月24日), 埼玉百, 藩臣3, 洋学

吉川次郎兵衛　よしかわじろべえ
天保10(1839)年～元治1(1864)年
江戸時代末期の対馬藩士。
¶維新

吉川敬明　よしかわたかあき
生没年不詳
江戸時代中期の越中富山藩士。藩若年寄・用人。
¶国書

吉川禎蔵　よしかわていぞう
→吉川揮雲(よしかわきうん)

芳川俊雄　よしかわとしお
→芳川春濤(よしかわしゅんとう)

吉川長能　よしかわながよし
寛永20(1643)年～宝永6(1709)年　[別]吉川十郎右衛門《よしかわじゅうろううえもん, よしかわじゅうろうえもん》
江戸時代前期～中期の越中富山藩士。
¶国書([没]宝永6(1709)年7月23日), 姓氏富山(吉川十郎右衛門　よしかわじゅうろうえもん), 藩臣3(吉川十郎右衛門　よしかわじゅうろううえもん)

吉川信就　よしかわのぶなり
生没年不詳
江戸時代前期の越中富山藩士。
¶国書

芳川波山　よしかわはざん
寛政6(1794)年～弘化3(1846)年
江戸時代後期の武蔵忍藩士、儒学者。
¶江文, 国書([没]弘化3(1846)年12月), 埼玉人([没]弘化3(1846)年12月23日), 埼玉百, 静岡歴([生]寛政5(1793)年), 姓氏静岡([生]1793年), 藩臣3

吉崎満清　よしざきみつきよ
寛政9(1797)年～？
江戸時代後期の母里藩士、理財家。
¶島根歴

吉里呑敵斎　よしざとどんてきさい
明和7(1770)年～？
江戸時代中期～後期の剣術家。呑敵流祖。
¶剣豪

吉沢平造　よしざわへいぞう
天保6(1835)年～？
江戸時代後期～末期の新撰組隊士。
¶新撰

吉田暖茂　よしだあつもち
元文4(1739)年～天明7(1787)年5月3日
江戸時代中期の加賀藩士・弓術家。
¶国書

吉田為閑　よしだいかん
江戸時代前期の水戸藩士。
¶人名

吉田壱岐　よしだいき
天文16(1547)年～元和9(1623)年
安土桃山時代～江戸時代前期の筑前福岡藩士。
¶藩臣7

吉田一閑　よしだいっかん
天明4(1784)年～弘化5(1848)年1月
江戸時代中期の剣術家。タイ捨流。
¶大阪人, 剣豪(生没年不詳)

吉田一調　よしだいっちょう
文化9(1812)年～明治14(1881)年
江戸時代末期～明治期の琴古流尺八演奏者。
¶朝日([没]明治14(1881)年8月9日), 音楽, 芸能([没]明治14(1881)年8月9日), コン改, コン4, コン5, 人名, 世百, 日音([没]明治14(1881)年8月9日), 日人, 百科

吉田一帆斎　よしだいっぱんさい
寛保2(1742)年～文化8(1811)年
江戸時代中期～後期の剣術家。忠也派一刀流。
¶剣豪

吉田印西　よしだいんさい
→吉田重氏(よしだしげうじ)

吉田雨岡　よしだうこう
江戸時代後期の町方与力、文人。
¶江戸東

吉田大蔵　よしだおおくら
→吉田茂氏(よしだしげうじ)

吉田大蔵茂氏　よしだおおくらしげうじ
→吉田茂氏(よしだしげうじ)

吉田興勝　よしだおきかつ
慶長18(1613)年～元禄10(1697)年

よ

江戸時代前期の筑前秋月藩家老。
¶藩臣7

吉田奥之丞　よしだおくのじょう
寛政3（1791）年～？
江戸時代後期の剣術家。天真白井流。
¶剣豪

吉高勘解由　よしたかかげゆ
文化4（1807）年～明治1（1868）年
江戸時代末期の新庄藩家老。
¶幕末（[没]1868年10月18日），藩臣1，山形百

吉田角之丞　よしだかくのじょう
？～延宝2（1674）年　[別]吉田資意《よしだすけおき》
江戸時代前期の紀伊和歌山藩士。
¶藩臣5，和歌山人（吉田資意　よしだすけおき）

吉田活堂　よしだかつどう
→吉田令世（よしだのりよ）

吉田勝之丞　よしだかつのじょう
文化10（1813）年～明治1（1868）年
江戸時代後期～末期の剣術家。柳剛流。
¶剣豪

吉田兼亮　よしだかねすけ
→吉田忠左衛門（よしだちゅうざえもん）

吉田兼儔　よしだかねとも
生没年不詳
江戸時代後期の筑後柳河藩士。
¶藩臣7

吉高謙邦　よしたかのりくに
天保4（1833）年～明治20（1887）年
江戸時代末期～明治期の出羽新庄藩士。
¶維新，人名，日人

吉田臥竜　よしだがりゅう
慶安2（1649）年～享保10（1725）年　[別]吉田臥竜《よしだがりょう》
江戸時代前期～中期の豊後臼杵藩士。
¶大分歴，国書（よしだがりょう　[没]享保10（1725）年8月8日），藩臣7

吉田臥竜　よしだがりょう
→吉田臥竜（よしだがりゅう）

吉田九左衛門　よしだきゅうざえもん
生没年不詳
江戸時代中期～後期の信濃高遠藩士。
¶剣豪，藩臣3

吉田清純　よしだきよすみ
？～安永9（1780）年2月29日
江戸時代中期の薩摩藩士。
¶国書

吉田清成　よしだきよなり
弘化2（1845）年～明治24（1891）年　[別]吉田清成・吉田巳之次《よしだきよなり・よしだみのじ》，永井五百介《ながいいおすけ》，太郎，巳之次
江戸時代末期～明治期の薩摩藩の留学生、外交官。1865年イギリスに渡る。
¶朝日（[生]弘化2年2月14日（1845年3月21日）　[没]明治24（1891）年8月3日），維新，海越（[生]弘化2（1845）年3月　[没]明治24（1891）年8月3日），海越新（[生]弘化2（1845）年2月14日　[没]明治24（1891）年8月3日），鹿児島百，角史，近現，国際，国史，コン改，コン4，コン5，史人（[生]1845年2月14日　[没]1891年8月3日），新潮（[生]弘化2（1845）年2月24日　[没]明治24（1891）年8月3日），人名，姓氏鹿児島，世人，全書，渡航（吉田清成・吉田巳之次　よしだきよなり・よしだみのじ　[生]1845年3月　[没]1891年8月3日），日史（[生]弘化2（1845）年2月14日　[没]明治24（1891）年8月3日），日人，幕末（[没]1891年8月3日），藩臣7，明治1，履歴（[生]弘化2（1845）年2月14日　[没]明治24（1891）年8月3日），歴大

吉田清基　よしだきよもと
天保2（1831）年～慶応3（1867）年　[別]吉田清右衛門《よしだせいえもん》
江戸時代末期の薩摩藩士。
¶維新，人名（吉田清右衛門　よしだせいえもん），姓氏鹿児島，日人，幕末（[没]1867年9月16日）

吉田金平　よしだきんぺい
正保1（1644）年～正徳3（1713）年
江戸時代前期～中期の紀伊和歌山藩士。
¶藩臣5

吉武九助　よしたけきゅうすけ
？～寛政4（1792）年
江戸時代中期の下総古河藩士、弓術師範。
¶藩臣3

吉武助左衛門　よしたけすけざえもん
文政7（1824）年～明治39（1906）年　[別]山口嘉兵衛《やまぐちかへえ》
江戸時代末期～明治期の久留米郷士。
¶維新，幕末（[没]1906年12月26日）

吉武法命　よしたけほうめい
天和3（1683）年～宝暦9（1759）年12月3日
江戸時代中期の肥前唐津藩代官、儒学者。
¶国書，佐賀百，藩臣7（[生]貞享2（1685）年）

吉田謙斎　よしだけんさい
延享1（1744）年～寛政7（1795）年
江戸時代中期の儒者、秋田藩士。
¶国書（[生]延享1（1744）年5月8日　[没]寛政7（1795）年12月23日），人名，日人（[没]1796年）

吉田玄蕃(1)　よしだげんば
江戸時代中期の上野小幡藩家老。
¶群馬人（生没年不詳），群馬百（[生]？　[没]1767年），姓氏群馬（[生]1732年　[没]？），日人（生没年不詳），藩臣2（生没年不詳）

吉田玄蕃(2)　よしだげんば
文政5（1822）年～明治31（1898）年　[別]吉田黙《よしだしずか》
江戸時代末期～明治期の曇華院侍。
¶維新，神人（[生]文政5（1831）年11月28日　[没]明治31（1898）年10月28日），人名（吉田黙　よしだしずか），日人（吉田黙　よしだしずか　[生]1823年），幕末（[没]1898年10月28日）

吉田源兵衛　よしだげんべえ
*～明暦4（1658）年
江戸時代前期の武士。
¶岡山人（[生]慶長10（1605）年），岡山歴（[生]？

[没]明暦4(1658)年4月18日)

吉田彦兵衛 よしだげんべえ
→吉田秀元(よしだひでもと)

吉田鰲岐 よしだごうき
元文2(1737)年～享和2(1802)年 [別]吉田桃樹《よしだももき》
江戸時代中期～後期の幕吏。
¶江文(吉田桃樹 よしだももき), 国書([没]享和2(1802)年11月9日), 人名, 日人

吉田五左衛門 よしだござえもん
生没年不詳
安土桃山時代～江戸時代前期の武士。浅野家の家臣。
¶和歌山人

吉田権蔵 よしだごんぞう
文政4(1821)年～明治20(1887)年
江戸時代末期～明治期の出羽亀田藩士。
¶幕末([没]1887年12月1日), 藩臣1

吉田作兵衛 よしださくべえ
明暦2(1656)年～元文1(1736)年
江戸時代前期～中期の剣術家。新心関口流祖。
¶剣豪

吉田佐五右衛門 よしださごえもん
生没年不詳
江戸時代末期の幕臣・外国奉行支配定役。1860年遣米使節に随行しアメリカに渡る。
¶海越新

吉田沢右衛門 よしださわえもん
延宝3(1675)年～元禄16(1703)年
江戸時代中期の播磨赤穂藩士。赤穂義士の一人。
¶人名, 日人

吉田鹿助 よしだしかすけ
[別]五朗《ごろう》
江戸時代後期の尾張藩士。
¶人名, 日人(生没年不詳)

吉田重氏 よしだしげうじ
永禄5(1562)年～寛永15(1638)年 [別]吉田印西《よしだいんさい》
安土桃山時代～江戸時代前期の弓術家。日置流印西派の祖。
¶近世(吉田印西 よしだいんさい), 国史(吉田印西 よしだいんさい), 国書([没]寛永15(1638)年3月4日), 新潮([没]寛永15(1638)年3月4日), 人名, 世人, 戦合(吉田印西 よしだいんさい), 大百, 日人

吉田茂氏 よしだしげうじ
天正16(1588)年～正保1(1644)年 [別]吉田大蔵《よしだおおくら》,吉田大蔵茂氏《よしだおおくらしげうじ》
江戸時代前期の加賀藩士、弓術家。日置吉田流大蔵派弓術の始祖。
¶朝日([没]正保1年1月21日(1644年2月28日)), 石川百(吉田大蔵茂氏 よしだおおくらしげうじ), 近世(吉田大蔵 よしだおおくら [生]1578年), 国史(吉田大蔵 よしだおおくら [生]1578年), 国書(吉田大蔵 よしだおおくら [没]寛永21(1644)年1月21日), 史人(吉田大蔵 よしだおおくら [生]1578年), 新潮([没]正保1(1644)年1月21日), 人名, 世人, 戦合(吉田大蔵 よしだおおくら [生]1578年), 日人

吉田茂貞 よしだしげさだ
慶長14(1609)年～延宝9(1681)年9月27日
江戸時代前期の越中富山藩士・弓術家。
¶国書, 藩臣3(生没年不詳)

吉田茂武 よしだしげたけ
*～寛永6(1629)年
江戸時代前期の吉田流の射術家。
¶人名([生]?), 日人([生]1575年)

吉田茂直 よしだしげなお
? ～延宝6(1678)年
江戸時代前期の吉田流の射術家、加賀藩士。
¶人名, 日人

吉田重成 よしだしげなり
元亀2(1571)年～寛永15(1638)年
安土桃山時代～江戸時代前期の筑前直方藩家老。
¶藩臣7

吉田茂育 よしだしげなる
生没年不詳
江戸時代中期の弓術家。
¶国書

吉田重信 よしだしげのぶ
? ～寛文2(1662)年
江戸時代前期の弓術家。
¶国書([没]寛文2(1662)年5月15日), 日人

吉田重儀 よしだしげのり
? ～正保1(1644)年
江戸時代前期の吉田流の射術家。
¶人名, 日人

吉田重昌 よしだしげまさ
生没年不詳
江戸時代前期～中期の筑前福岡藩士。
¶国書

吉田茂雅 よしだしげまさ
享保17(1732)年～安永5(1776)年
江戸時代中期の吉田流の射術家。加賀藩士。
¶人名, 日人

吉田茂陸 よしだしげみち
寛文7(1667)年～享保8(1723)年9月27日
江戸時代前期～中期の加賀藩士・弓術家。
¶国書

吉田次左衛門 よしだじざえもん
宝永1(1704)年～天明2(1782)年
江戸時代中期の剣術家。阿字一刀流。
¶剣豪

吉田黙 よしだしずか
→吉田玄蕃(2)(よしだげんば)

吉田重蔵(1) よしだじゅうぞう
生没年不詳
江戸時代中期の上野安中藩士。
¶藩臣2

吉田重蔵(2) よしだじゅうぞう
天保2(1831)年～元治1(1864)年 [別]田中重吉《たなかじゅうきち》

よ

江戸時代末期の郷士。
¶維新，新潮（[没]元治1（1864）年7月20日），人名，日人，幕末（[没]1864年8月21日）

吉田主膳　よしだしゅぜん
安土桃山時代〜江戸時代前期の武士。里見氏家臣。
¶戦人（生没年不詳），戦東

吉田俊太郎　よしだしゅんたろう
嘉永2（1849）年〜？
江戸時代後期〜末期の新撰組隊士。
¶新撰

吉田松陰　よしだしょういん
天保1（1830）年〜安政6（1859）年
江戸時代末期の長州（萩）藩士。佐久間象山に師事し、ペリー来航時に密航を企てたが失敗。のち許されて松下村塾を開き、高杉晋作・久坂玄瑞・伊藤博文・山県有朋ら尊王攘夷派の人材を輩出する。安政の大獄で再び獄に入り刑死。
¶朝日（[生]天保1年8月4日（1830年9月20日）[没]安政6年10月27日（1859年11月21日）），維新，岩史（[生]文政13（1830）年8月4日　[没]安政6（1859）年10月27日），岩手百，江戸，角史，鎌倉，教育，郷土長崎，近世，群馬人，国史，国書（[生]文政13（1830）年8月4日　[没]安政6（1859）年10月27日），コン改，コン4，詩歌，史人（[生]1830年8月4日　[没]1859年10月27日），静岡百，静岡歴，重要（[生]天保1（1830）年8月4日　[没]安政6（1859）年10月27日），人書79，人書94，新潮（[生]天保1（1830）年8月4日　[没]安政6（1859）年10月27日），人名，姓氏岩手，姓氏山口，世人（[生]天保1（1830）年8月4日　[没]安政6（1859）年10月27日），世百，全書，大百，伝記，長崎百，長崎歴，新潟百別，日史（[生]天保1（1830）年8月4日　[没]安政6（1859）年10月27日），日人，人情，人情3，幕末（[没]1859年11月21日），藩臣6，百科，山口百，歴大，和俳（[生]天保1（1830）年8月4日　[没]安政6（1859）年10月27日）

吉田庄助　よしだしょうすけ
→吉岡庄助（よしおかしょうすけ）

吉田庄大夫（吉田庄太夫）　よしだしょうだゆう
享和3（1803）年〜安政5（1858）年
江戸時代末期の紀伊和歌山藩士。
¶幕末（[没]1858年10月5日），和歌山人（吉田庄太夫）

吉田如雲　よしだじょうん
文政11（1828）年〜明治36（1903）年
江戸時代末期〜明治期の歌人、安芸広島藩士。
¶大阪人（[没]明治36（1903）年2月），人名，日人

吉田自楽軒　よしだじらくけん
安永5（1776）年〜安政2（1855）年　[別]吉田新兵衛《よしだしんべえ》
江戸時代後期の備中足守藩士、弓術家。
¶岡山人，岡山歴（[没]明治18（1885）年11月28日），藩臣6（吉田新兵衛　よしだしんべえ）

吉田新右衛門　よしだしんうえもん
→吉田新右衛門（よしだしんえもん）

吉田新右衛門　よしだしんえもん
[別]吉田新右衛門《よしだしんうえもん》
安土桃山時代〜江戸時代前期の武士。里見氏家臣。
¶戦人（生没年不詳），戦東（よしだしんうえもん）

吉田甚五兵衛　よしだじんごべえ
？　〜寛政2（1790）年
江戸時代中期の駿河沼津藩士。
¶藩臣4

吉田新四郎　よしだしんしろう
安土桃山時代〜江戸時代前期の武士。里見氏家臣。
¶戦人（生没年不詳），戦東

吉田新兵衛　よしだしんべえ
→吉田自楽軒（よしだじらくけん）

吉田瑞雪　よしだずいせつ
江戸時代後期の水戸藩士、茶人。
¶茶道

吉田助右衛門　よしだすけうえもん
→吉田助右衛門（よしだすけえもん）

吉田助右衛門　よしだすけえもん
文政7（1824）年〜明治27（1894）年　[別]吉田豊辰《よしだとよとき》，吉田助右衛門《よしだすけうえもん》
江戸時代末期〜明治期の備後福山藩家老。
¶弓道（吉田豊辰　よしだとよとき　[没]明治27（1894）年7月23日），人名（吉田豊辰　よしだとよとき），日人，幕末（[生]1823年　[没]1894年7月23日），藩臣6（よしだすけうえもん　[生]文政6（1823）年）

吉田資意　よしだすけおき
→吉田角之丞（よしだかくのじょう）

吉田清右衛門　よしだせいえもん
→吉田清基（よしだきよもと）

吉田拙蔵　よしだせつぞう
文政9（1826）年〜明治20（1887）年
江戸時代末期〜明治期の大野藩士。
¶維新，郷土福井，国書（[生]文政9（1826）年7月10日　[没]明治20（1887）年11月20日），人名，日人，幕末（[没]1887年11月20日），福井百，洋学

吉田雪坡　よしだせつは
〜文政7（1824）年
江戸時代中期〜後期の勢州津藩士。
¶三重続

吉田専左衛門　よしだせんざえもん
寛政7（1795）年〜安政1（1854）年
江戸時代末期の出羽天童藩士。
¶藩臣1

吉田宗意　よしだそうい
＊〜嘉永1（1848）年
江戸時代後期の茶道家、田村左京太夫の家臣。陸奥一関藩士。
¶人名（[生]？），日人（[生]1787年）

吉田蔵沢　よしだぞうたく
享保7（1722）年〜享和2（1802）年
江戸時代中期〜後期の伊予松山藩士。
¶愛媛百（[没]享和2（1802）年2月27日），郷土愛媛，藩臣6

吉田宗平　よしだそうへい
天保7（1836）年〜＊

江戸時代末期～明治期の播磨赤穂藩士。
¶幕末([没]1868年2月29日)，藩臣5([没]明治4(1871)年)

吉田大八 よしだだいはち
天保2(1831)年～明治1(1868)年
江戸時代末期の天童藩家老。
¶維新([生]1832年)，庄内([生]天保3(1832)年1月15日　[没]慶応4(1868)年6月18日)，人名([没]1867年)，日人，幕末([生]1832年2月16日　[没]1868年8月7日)，藩臣1，山形百

吉田孝継 よしだたかつぐ
文政9(1826)年～明治12(1879)年
江戸時代後期～明治期の歌人、土佐藩士。
¶高知人

吉田高憲 よしだたかのり
文化2(1805)年～安政6(1859)年
江戸時代末期の本草学者、尾張藩士。
¶国書([没]安政6(1859)年8月24日)，洋学

吉田孝世 よしだたかよ
正保2(1645)年～正徳3(1713)年
江戸時代前期～中期の戦記文学作者、土佐藩士。
¶高知人

吉田為蔵 よしだためぞう
天保13(1842)年～明治18(1885)年
江戸時代末期～明治期の下総結城藩家老。
¶幕末，藩臣3

吉田為之助 よしだためのすけ
弘化1(1844)年～明治11(1878)年9月19日
江戸時代末期～明治期の長州(萩)藩士。
¶幕末

吉田為幸 よしだためゆき
文政2(1819)年～明治25(1892)年
江戸時代末期～明治期の和算家、尾張藩士。
¶国書([没]明治25(1892)年11月4日)，人名，数学([没]明治25(1892)年11月4日)，日人

吉田太郎 よしだたろう
天保2(1831)年～慶応3(1867)年
江戸時代末期の筑前福岡藩士。
¶維新，人名，日人，幕末([没]1867年7月13日)，藩臣7

吉田澹軒 よしだたんけん
明和1(1764)年～天保5(1834)年
江戸時代中期～後期の筑前秋月藩家老。
¶国書([没]天保5(1834)年7月5日)，藩臣7

吉田竹陰 よしだちくいん
宝暦1(1751)年～天保2(1831)年
江戸時代中期～後期の備中足守藩士。
¶岡山人，岡山百([没]天保2(1831)年11月8日)，岡山歴，藩臣6

吉田竹窓 よしだちくそう
寛政6(1794)年～嘉永2(1849)年　[別]吉田禎蔵《よしだていぞう》
江戸時代後期の上総久留里藩用人。
¶国書([生]寛政6(1794)年5月1日　[没]嘉永2(1849)年11月9日)，藩臣3(吉田禎蔵　よしだていぞう)

吉田忠左衛門 よしだちゅうざえもん
寛永17(1640)年～元禄16(1703)年　[別]吉田兼亮《よしだかねすけ》
江戸時代中期の播磨赤穂藩士。赤穂義士の一人。
¶人名([生]1641年)，日人，藩臣5(吉田兼亮　よしだかねすけ)

吉田経年 よしだつねとし
明和3(1766)年～文化14(1817)年
江戸時代中期～後期の筑前福岡藩家老。
¶藩臣7

吉田禎蔵 よしだていぞう
→吉田竹窓(よしだちくそう)

吉田東篁 よしだとうこう
文化5(1808)年～明治8(1875)年
江戸時代末期～明治期の越前福井藩の儒学者。
¶維新，郷土福井，詩歌，人名，日人，幕末([没]1875年5月2日)，藩臣3，福井百，和俳

吉田東堂 よしだとうどう
寛政9(1797)年～安政5(1858)年
江戸時代末期の美濃加納藩士。
¶藩臣3

吉田東洋 よしだとうよう
文化13(1816)年～文久2(1862)年　[別]吉田正秋《よしだまさあき》
江戸時代末期の土佐藩士、学塾少林塾長。
¶朝日([没]文久2年4月8日(1862年5月6日))，維新，岩史([没]文久2(1862)年4月8日)，角史，近世，高知人([生]1815年)，高知百，国史，国書([没]文久2(1862)年4月8日)，コン改，コン4，史人([没]1862年4月8日)，人書94，新潮([生]文化13(1816)年6月　[没]文久2(1862)年4月8日)，人名(吉田正秋　よしだまさあき)，世人([没]文久2(1862)年4月8日)，世百，全書，大百，日史([没]文久2(1862)年4月8日)，日人，幕末([没]1862年5月6日)，藩臣6([生]文化12(1815)年)，百科，歴大

吉田東里 よしだとうり
文化10(1813)年～明治24(1891)年
江戸時代末期～明治期の備後福山藩士。
¶幕末([没]1891年1月3日)，藩臣6

吉田時太 よしだときた
文化6(1809)年～明治19(1886)年
江戸時代末期～明治期の上野館林藩士、儒学者。
¶藩臣2

吉田利国 よしだとしくに
生没年不詳
江戸時代中期の備後福山藩士。
¶国書

吉田稔麿 よしだとしまろ
天保12(1841)年～元治1(1864)年
江戸時代末期の長州(萩)藩士。吉田松陰に師事、松門四天王の一人。
¶朝日([生]天保12年閏1月24日(1841年3月16日)　[没]元治1年6月5日(1864年7月8日))，維新，京都大，近世，国史，コン改，コン4，新潮([生]天保12(1841)年閏1月24日　[没]元治1(1864)年6月5日)，人名，姓氏京都，世人，全書，日人，幕末([没]1864年7月8日)，藩臣6

よ

吉田知紀 よしだとものり
文化5(1808)年～明治5(1872)年
江戸時代後期～明治期の尾張藩士、岩作村に給知高156石9升を持った地頭。
¶姓氏愛知

吉田豊太夫 よしだとよだいゆう
→吉田豊太夫(よしだとよだゆう)

吉田豊隆 よしだとよたか
生没年不詳
江戸時代前期の弓術家。
¶日人

吉田豊太夫 よしだとよだゆう
文化5(1808)年～＊　[別]吉田豊太夫《よしだとよだいゆう》
江戸時代末期の下総結城藩家老。
¶幕末([没]1861年1月6日)，藩臣3(よしだとよだいゆう　[没]万延1(1860)年)

吉田豊綱 よしだとよつな
生没年不詳
江戸時代前期の弓術家。
¶国書

吉田豊辰 よしだとよとき
→吉田助右衛門(よしだすけえもん)

吉田直樹 よしだなおき
文政3(1820)年～明治42(1909)年3月29日
江戸時代末期～明治期の土佐藩士。
¶幕末

吉田直蔵 よしだなおぞう
文政11(1828)年～明治21(1888)年
江戸時代末期～明治期の岡山藩の柔術家・外交方。
¶岡山人，岡山百，岡山歴([没]明治21(1888)年3月)，人名，日人

吉田直年 よしだなおとし
元文2(1737)年～？
江戸時代中期の筑前福岡藩家老。
¶藩臣7

吉田直義 よしだなおよし
文政4(1821)年～明治21(1888)年
江戸時代末期～明治期の越中富山藩士、柔術家。
¶人名，日人，藩臣3

吉田直人 よしだなおんど
天保5(1834)年～慶応2(1866)年
江戸時代末期の因幡鳥取藩士。
¶維新，人名([生]1835年)，日人

吉田信綱 よしだのぶつな
？　～明暦1(1655)年
江戸時代前期の武蔵岩槻藩士。
¶藩臣5

吉田矩重 よしだのりしげ
寛政12(1800)年～安政2(1855)年
江戸時代末期の讃岐丸亀藩士。
¶藩臣6

吉田軌中 よしだのりなか
寛文10(1670)年～元文6(1741)年1月18日
江戸時代前期～中期の加賀藩士。
¶国書

吉田令世 よしだのりよ
寛政3(1791)年～弘化1(1844)年　[別]吉田活堂《よしだかつどう》
江戸時代後期の国学者、水戸藩士、藩校弘道館助教。
¶朝日([没]弘化1年5月23日(1844年7月8日))，江文，国書([没]天保15(1844)年5月23日)，人書94(吉田活堂　よしだかつどう)，神人，人名(吉田活堂　よしだかつどう)，日人，藩臣2(吉田活堂　よしだかつどう)，百科

吉田能芳 よしだのりよし
？　～万延2(1861)年
江戸時代後期の武士。
¶岡山人，岡山歴([没]万延2(1861)年2月13日)

吉田薄洲 よしだはくしゅう
元禄15(1702)年～明和9(1772)年
江戸時代中期の儒者、出羽秋田藩士。
¶国書([没]明和9(1772)年3月14日)，人名，日人

吉田初右衛門 よしだはつえもん
生没年不詳
江戸時代前期の浪人。
¶日人

吉田治年 よしだはるとし
万治3(1660)年～元文4(1739)年
江戸時代中期の筑前福岡藩家老。
¶藩臣7，福岡百([生]万治3(1660)年6月1日　[没]元文4(1739)年3月11日)

吉田半十郎 よしだはんじゅうろう
安土桃山時代～江戸時代前期の武士。里見氏家臣。
¶戦人(生没年不詳)，戦東

吉田栄賢 よしだひでかた
元禄10(1697)年～明和7(1770)年4月6日
江戸時代中期の豊後臼杵藩士・漢学者。
¶国書

吉田秀升 よしだひでのり
延享2(1745)年～享和2(1802)年　[別]吉田秀升《よしだひでます》
江戸時代後期の幕臣、暦学者。天文方。
¶近世，国史，国書([没]享和2(1802)年6月)，世人(よしだひでます　[生]？)，日人，洋学

吉田秀民 よしだひでひと
生没年不詳
江戸時代後期の幕臣。
¶国書

吉田秀升 よしだひでます
→吉田秀升(よしだひでのり)

吉田秀元 よしだひでもと
承応2(1653)年～享保18(1733)年　[別]吉田彦兵衛《よしだげんべえ》
江戸時代前期～中期の備後福山藩士。
¶国書，藩臣6(吉田彦兵衛　よしだげんべえ)

吉田博文 よしだひろふみ
文政9(1826)年～明治5(1872)年
江戸時代末期～明治期の筑後久留米藩士。
¶藩臣7

吉田房五郎 よしだふさごろう
天保6(1835)年～元治1(1864)年

江戸時代末期の麻生藩士。
¶幕末（[没]1864年10月7日），藩臣2

吉田武兵衛 よしだぶへえ
生没年不詳
江戸時代前期の土方河内守雄次の家臣。
¶国書

吉田平陽 よしだへいよう
寛政2（1790）年～文久3（1863）年
江戸時代末期の秋月藩士。
¶国書（[没]文久2（1862）年2月29日），人名（[生]1791年　[没]1864年），日人，幕末（[没]1863年4月16日），藩臣7

吉田孫兵衛 よしだまごべえ
生没年不詳
江戸時代中期の備後三次藩士。
¶藩臣6

吉田正秋 よしだまさあき
→吉田東洋（よしだとうよう）

吉田政右衛門 よしだまさえもん
生没年不詳
江戸時代中期の町奉行与力。
¶埼玉人

吉田政重 よしだまさしげ
生没年不詳
安土桃山時代～江戸時代前期の武士。
¶高知人，埼玉人，戦辞，戦人，戦西

吉田栄年 よしだまさとし
貞享2（1685）年～宝暦11（1761）年
江戸時代中期の筑前福岡藩家老。
¶藩臣7

吉田正準 よしだまさとし
寛政2（1790）年～弘化3（1846）年　[別]吉田正準《よしだまさのり》
江戸時代後期の国学者、土佐藩士。
¶高知人（よしだまさのり），高知百（よしだまさのり），国書（[没]弘化3（1846）年5月14日），人名，日人

吉田正準 よしだまさのり
→吉田正準（よしだまさとし）

吉田方本 よしだまさもと
江戸時代前期の吉田流の射術家。
¶人名，日人（生没年不詳）

吉田正義(1) よしだまさよし
天正9（1581）年～万治2（1659）年
江戸時代末期～明治期の志士。西郷隆盛らの指導のもと、十津川郷士に洋式調練を課した。
¶姓氏岩手

吉田正義(2) よしだまさよし
天保8（1837）年～明治41（1908）年
江戸時代末期～明治期の十津川郷士。
¶新潮（[没]明治41（1908）年3月20日），人名，日人，幕末（[没]1908年3月20日）

吉田又内 よしだまたない
文化9（1812）年～明治1（1868）年　[別]吉田又内《よしだゆうない》
江戸時代末期の越後村松藩士。
¶維新，人名（よしだゆうない），日人，幕末（[没]1868年7月21日）

吉田万吉 よしだまんきち
江戸時代末期の新撰組隊士。
¶新撰

吉田道専 よしだみちたか
？～正徳3（1713）年
江戸時代中期の紀伊和歌山藩士。
¶和歌山人

吉田巳之次 よしだみのじ
→吉田清成（よしだきよなり）

吉田以忠 よしだもちただ
元文4（1739）年～安永8（1779）年
江戸時代中期の書家、長州（萩）藩士。
¶人名，日人

吉田元確 よしだもとかく
文政11（1828）年1月15日～明治43（1910）年11月20日
江戸時代後期～明治期の弓道家、雪荷派弓術、13代目。
¶弓道

吉田桃樹 よしだももき
→吉田鰲岐（よしだごうき）

吉田守方 よしだもりかた
天保12（1841）年～明治35（1902）年6月6日
江戸時代後期～明治期の弓道家、岡山藩士。
¶弓道

吉田盛重 よしだもりしげ
安永2（1773）年～天保11（1840）年
江戸時代後期の讃岐丸亀藩士。
¶藩臣6

吉田守武 よしだもりたけ
？～元禄6（1693）年
江戸時代前期の加賀藩士。
¶藩臣3

吉田守尚 よしだもりなお
生没年不詳
江戸時代中期の加賀藩士。
¶国書

吉田守舒 よしたもりのぶ
元禄4（1691）年～延享1（1744）年
江戸時代中期の陸奥二本松藩士。
¶藩臣5

吉田康俊 よしだやすとし
永禄8（1565）年～寛永11（1634）年
安土桃山時代～江戸時代前期の武士。
¶高知人（[没]1634年？），高知百，戦人，戦西（[生]？）

吉田保年 よしだやすとし
宝永6（1709）年～安永8（1779）年
江戸時代中期の筑前福岡藩家老。
¶藩臣7

吉田又内 よしだゆうない
→吉田又内（よしだまたない）

吉田与市 よしだよいち
安土桃山時代～江戸時代前期の武士。里見氏家臣。

よ

¶戦人（生没年不詳），戦東

吉田要輔 よしだようすけ
弘化2（1845）年～明治1（1868）年10月29日
江戸時代末期の長州（萩）藩士。
¶幕末

吉田藍関 よしだらんかん
天保9（1838）年～明治20（1887）年
江戸時代末期～明治期の備中松山藩士。
¶江文，岡山人，岡山歴（[没]明治20（1887）年11月1日），藩臣6

吉田柳助 よしだりゅうすけ
文政2（1819）年～慶応4（1868）年
江戸時代末期の上総請西藩士。
¶藩臣3

吉田禄在 よしだろくざい
天保9（1838）年～大正5（1916）年
江戸時代末期～明治期の尾張藩の行政官、財界人。
¶愛知百（[生]1838年9月23日　[没]1916年3月3日），姓氏愛知，幕末（[没]1916年3月3日），藩臣4

木曽義利 よしとし
→木曽義利（きそよしとし）

吉利群吉 よしとしぐんきち
生没年不詳
江戸時代末期の薩摩藩士。
¶幕末

吉留幸太夫 よしどめこうだゆう
→吉留渉（よしどめわたる）

吉留渉 よしどめわたる
安永1（1772）年～天保5（1834）年　[別]吉留幸太夫《よしどめこうだゆう》
江戸時代後期の剣道師範、書道家。
¶剣豪（吉留幸太夫　よしどめこうだゆう），人名，日人

芳名豊重 よしなとよしげ
→若名豊重（わかなとよしげ）

吉成慎亭 よしなりしんてい
→吉成又右衛門（よしなりまたえもん）

吉成恒次郎 よしなりつねじろう
文政7（1824）年～明治10（1877）年　[別]鈴木鉄之助《すずきてつのすけ》
江戸時代末期～明治期の水戸藩士。
¶維新，人名，日人，幕末（[没]1877年5月1日），藩臣2

吉成藤兵衛 よしなりとうべえ
→吉成充輝（よしなりみちてる）

吉成信貞 よしなりのぶさだ
→吉成又右衛門（よしなりまたえもん）

吉成兵太夫 よしなりひょうだいゆう
文化5（1808）年～文政13（1830）年
江戸時代後期の出羽秋田藩士。
¶藩臣1

吉成豊後守 よしなりぶんごのかみ
安土桃山時代～江戸時代前期の武士。佐竹氏家臣。
¶戦人（生没年不詳），戦東

吉成又右衛門（吉成又衛門） よしなりまたえもん
寛政9（1797）年～嘉永3（1850）年　[別]吉成信貞《よしなりのぶさだ》，吉成慎亭《よしなりしんてい》
江戸時代末期の水戸藩士。
¶維新，茨城百（吉成又衛門　[生]1798年　[没]1851年），郷土茨城（吉成又衛門　[生]1796年），国書（吉成信貞　よしなりのぶさだ　[没]嘉永3（1850）年9月4日），人名（吉成慎亭　よしなりしんてい　[生]1798年　[没]1851年），日人，幕末（[没]1850年10月9日），藩臣2

吉成充輝 よしなりみちてる
寛文3（1663）年～寛保2（1742）年　[別]吉成藤兵衛《よしなりとうべえ》
江戸時代中期の出羽秋田藩士。
¶剣豪（吉成藤兵衛　よしなりとうべえ），国書（[生]寛文3（1663）年1月10日　[没]寛保2（1742）年5月26日），藩臣1

吉野数之助（吉野数之介） よしのかずのすけ
？～文久1（1861）年
江戸時代末期の対馬藩関吏。
¶維新，藩臣7（吉野数之介）

吉野官兵衛 よしのかんべえ
文化8（1811）年～元治1（1864）年
江戸時代末期の対馬藩士。
¶維新

芳野金陵 よしのきんりょう
享和2（1802）年～明治11（1878）年
江戸時代末期～明治期の駿河田中藩儒。
¶朝日（[生]享和2年12月20日（1803年1月13日）[没]明治11（1878）年8月5日），維新，江戸東，江文，近現，近世，国史，国書（[生]享和2（1802）年12月20日　[没]明治11（1878）年8月5日），コン改，コン4，コン5，詩歌，静岡歴，新潮（[生]享和2（1802）年12月20日　[没]明治11（1878）年8月5日），人名，世百，千葉百（[生]享和1（1801）年），日人（[生]1803年），幕末（[生]1801年　[没]1878年8月5日），藩臣4，和俳

吉野直正 よしのなおまさ
？～承応2（1653）年
江戸時代前期の武士。
¶人名

吉野遊平 よしのゆうへい
文化8（1811）年2月16日～明治18（1885）年9月13日
江戸時代後期～明治期の旧藩士。
¶庄内

吉橋和泉守 よしはしいずみのかみ
？～元和4（1619）年11月28日
安土桃山時代～江戸時代前期の武蔵鉢形城主北条氏邦の家臣。
¶戦辞

吉橋大膳亮 よしはしだいぜんのすけ
？～元和4（1618）年11月28日
安土桃山時代～江戸時代前期の武蔵鉢形城主北条氏邦の家臣。
¶埼玉人，戦辞（生没年不詳）

吉羽図書 よしばずしょ
→吉羽図書（よしばねずしょ）

吉羽図書 よしばねずしょ
？～寛永10（1633）年　[別]吉羽図書《よしばずしょ》
戦国時代～江戸時代前期の武士。忍城主成田氏長の家臣。
¶埼玉人，埼玉百（よしばずしょ）

吉原重俊 よしはらしげとし
弘化2（1845）年～明治20（1887）年　[別]吉原重俊・大原令之助《よしわらしげとし・おおはられいのすけ》，弥次郎
江戸時代末期～明治期の薩摩藩留学生、銀行家。1866年アメリカに留学。
¶維新，海越（[生]弘化2（1845）年4月　[没]明治20（1887）年12月19日），海越新（[生]弘化2（1845）年4月　[没]明治20（1887）年12月19日），鹿児島百，近現，国際，国史，人名（[生]1846年），姓氏鹿児島，渡航（吉原重俊・大原令之助　よしわらしげとし・おおはられいのすけ　[生]1846年4月　[没]1887年12月19日），日人，幕末（[没]1887年12月19日），履歴（[生]弘化2（1845）年4月　[没]明治20（1887）年12月19日）

吉原利恒 よしはらとしつね
？～明治6（1873）年　[別]吉原利恒《よしわらとしつね》
江戸時代末期～明治期の丹波篠山藩士。
¶藩臣5，兵庫人（よしわらとしつね　生没年不詳）

吉弘菊潭 よしひろきくたん
→吉弘元常（よしひろもとつね）

吉弘元常 よしひろもとつね
寛永20（1643）年～元禄7（1694）年　[別]吉弘菊潭《よしひろきくたん》
江戸時代前期～中期の水戸藩の修史家。
¶国書（吉弘菊潭　よしひろきくたん　[没]元禄7（1694）年6月30日），コン改，コン4，新潮（[没]元禄7（1694）年6月30日），人名（[生]1642年），姓氏山口（[生]1642年），世人，日人，藩臣2

吉益匡明 よしますただあき
生没年不詳
安土桃山時代～江戸時代前期の武士。浅野家の家臣。
¶和歌山人

吉松万齢 よしまつかずなが
文化7（1810）年～明治4（1871）年
江戸時代末期～明治期の土佐藩士。
¶高知人，幕末（[没]1871年12月28日）

吉松儀一郎 よしまつぎいちろう
宝暦5（1755）年～天明7（1787）年　[別]吉松文山《よしまつぶんざん》
江戸時代中期の石見津和野藩士。
¶国書（吉松文山　よしまつぶんざん　[没]天明7（1787）年4月2日），島根歴（[生]宝暦6（1756）年），藩臣5

吉松速之助 よしまつはやのすけ
弘化2（1845）年～明治10（1877）年
江戸時代末期～明治期の土佐藩士。
¶高知人，幕末（[没]1877年3月23日）

吉松彦次郎 よしまつひこじろう
享保7（1722）年～安永6（1777）年
江戸時代中期の石見津和野藩士。
¶藩臣5

吉松不二心斎 よしまつふじしんさい
寛政1（1789）年～嘉永2（1849）年
江戸時代後期の儒者、教育者、飯山藩士。
¶姓氏長野，長野歴

吉松文山 よしまつぶんざん
→吉松儀一郎（よしまつぎいちろう）

吉松増春 よしまつますはる
安永6（1777）年～文化12（1815）年
江戸時代中期～後期の土佐藩士、国学者。
¶高知人

吉松執冬 よしまつもりふゆ
延享3（1746）年～文政1（1818）年
江戸時代中期～後期の土佐藩士、歌人。
¶高知人

吉見定右衛門 よしみさだえもん
元文5（1740）年～？
江戸時代中期の幕臣。
¶国書

吉見治右衛門 よしみじえもん
安永8（1779）年～安政4（1857）年
江戸時代後期の下総佐倉藩士。
¶藩臣3

吉見惣太郎 よしみそうたろう
文化9（1812）年～慶応2（1866）年
江戸時代末期の水戸藩士。
¶維新，幕末（[没]1866年12月3日）

吉見台右衛門 よしみだいえもん
→吉見経武（よしみつねたけ）

吉見経武 よしみつねたけ
寛永1（1624）年～宝永3（1706）年　[別]吉見台右衛門《よしみだいえもん》
江戸時代前期～中期の武士、弓術家。
¶国書（[没]宝永3（1706）年2月1日），日人（吉見台右衛門　よしみだいえもん），和歌山人

吉見広長 よしみひろなが
*～元和4（1618）年　[別]吉見広行《よしみひろゆき》
安土桃山時代～江戸時代前期の長州藩の武士。
¶系西（[生]1582年），島根歴（吉見広行　よしみひろゆき　[生]？），姓氏山口（[生]1581年），戦人（[生]天正10（1582）年），藩臣6（[生]天正9（1581）年）

吉見広行 よしみひろゆき
→吉見広長（よしみひろなが）

吉見幸勝 よしみゆきかつ
元和1（1615）年～延宝4（1676）年　[別]吉見幸勝《よしみよしかつ》
江戸時代前期の尾張藩士・神職。
¶国書（[没]延宝4（1676）年5月4日），姓氏愛知（よしみよしかつ）

吉見幸勝 よしみよしかつ
→吉見幸勝（よしみゆきかつ）

吉見義次 よしみよしつぐ
弘化2(1845)年～大正5(1916)年
江戸時代末期～大正期の静岡藩士、書店主。
¶静岡歴, 姓氏静岡

吉見連蔵 よしみれんぞう
文政4(1821)年～明治40(1907)年
江戸時代末期～明治期の陸奥三春藩士。
¶藩臣2

吉村貫一郎 よしむらかんいちろう
江戸時代末期の新撰組隊士。
¶新撰([生]天保11年　[没]明治3年1月15日), 幕末([生]1841年　[没]1868年)

吉村小輔 よしむらこすけ
天保10(1839)年～慶応1(1865)年
江戸時代末期の対馬藩士。
¶維新

吉村権左衛門 よしむらごんざえもん
→吉村宣範(よしむらのぶのり)

吉村治左衛門 よしむらじざえもん
天明1(1781)年～嘉永4(1851)年
江戸時代後期の陸奥黒石藩士。
¶藩臣1

吉村秋陽 よしむらしゅうよう
寛政9(1797)年～慶応2(1866)年
江戸時代末期の安芸広島藩の儒学者。
¶国書([生]寛政9(1797)年2月4日　[没]慶応2(1866)年11月15日), 詩歌, 人書79, 人書94, 人名, 日人, 幕末([没]1866年11月15日), 藩臣6, 和俳

吉村真右衛門 よしむらしんえもん
文化6(1809)年～明治27(1894)年
江戸時代末期～明治期の陸奥黒石藩家老。
¶藩臣1

吉村甚五右衛門 よしむらじんごえもん
？～天保12(1841)年
江戸時代後期の駿河沼津藩士、俳人。
¶藩臣4

吉村慎助 よしむらしんすけ
？～慶応1(1865)年
江戸時代末期の志士。
¶維新, 人名, 日人

吉村新太郎 よしむらしんたろう
江戸時代末期の新撰組隊士。
¶新撰

吉村新八 よしむらしんぱち, よしむらしんはち
江戸時代中期の越中富山藩士。
¶食文, 姓氏富山, 藩臣3(よしむらしんはち　生没年不詳)

吉村新兵衛 よしむらしんべえ
慶長8(1603)年～明暦3(1657)年
安土桃山時代～江戸時代前期の肥前佐賀藩士。嬉野茶の始祖。
¶食文

吉村長兵衛 よしむらちょうべえ
文政5(1822)年～明治21(1888)年
江戸時代末期～明治期の伊勢津藩士。
¶維新, 幕末([没]1888年10月30日)

吉村道確 よしむらどうかく
江戸時代後期の伊勢桑名藩老臣。
¶三重

吉村朝良 よしむらともよし
生没年不詳
江戸時代前期の会津藩士。
¶国書

吉村寅太郎(吉村虎太郎) よしむらとらたろう
天保8(1837)年～文久3(1863)年
江戸時代末期の土佐藩士、天誅組幹部。土佐勤王党結成に参画。
¶朝日(吉村虎太郎　[生]天保8年4月18日(1837年5月22日)　[没]文久3年9月27日(1863年11月8日)), 維新, 岩史(吉村虎太郎　[生]天保8(1837)年4月18日　[没]文久3(1863)年9月27日), 角史, 京都, 京都大, 近世(吉村虎太郎), 高知人(吉村虎太郎), 高知百(吉村虎太郎), 国史(吉村虎太郎), コン改, コン4, 詩歌, 史人([生]1837年4月18日　[没]1863年9月27日), 重要([生]天保8(1837)年4月18日　[没]文久3(1863)年9月27日), 人書94, 新潮([生]天保8(1837)年4月18日　[没]文久3(1863)年9月27日), 人名, 姓氏京都, 世人([没]文久3(1863)年9月27日), 全書(吉村虎太郎), 日史(吉村虎太郎　[生]天保8(1837)年4月18日　[没]文久3(1863)年9月27日), 日人(吉村虎太郎), 幕末(吉村虎太郎　[没]1863年11月8日), 藩臣6(吉村虎太郎), 百科, 歴大(吉村虎太郎), 和俳([没]文久3(1863)年9月27日)

吉村信夫 よしむらのぶお
？～慶応1(1865)年
江戸時代末期の対馬藩士。
¶維新

吉村宣徳 よしむらのぶのり
宝暦6(1756)年8月14日～天保7(1836)年2月23日
江戸時代中期～後期の磐城白河藩家老。
¶国書

吉村宣範 よしむらのぶのり
文政3(1820)年～明治1(1868)年　[別]吉村権左衛門《よしむらごんざえもん》
江戸時代末期の桑名藩家老。
¶幕末([没]1868年5月24日), 藩臣4(吉村権左衛門　よしむらごんざえもん)

吉村宣充(吉村宣光) よしむらのぶみつ
天正4(1576)年～慶安3(1650)年
安土桃山時代～江戸時代前期の武士。福島正則の家臣。
¶人名(吉村宣光), 日人

吉村場左衛門 よしむらばざえもん
？～元禄10(1697)年
江戸時代前期～中期の弘前藩士。小畑流兵学師範。
¶青森人

吉村春明 よしむらはるあき
文政10(1827)年～明治25(1892)年
江戸時代末期～明治期の筑後三池藩士。
¶藩臣2(生没年不詳), 藩臣7

吉村斐山　よしむらひざん
文政5(1822)年～明治15(1882)年
江戸時代末期～明治期の安芸広島藩の漢学者。
¶国書([没]明治15(1882)年9月11日)，人名，哲学，日人，幕末([没]1882年9月11日)，藩臣6([生]文政6(1823)年)

吉村寛泰　よしむらひろやす
明和6(1769)年～嘉永4(1851)年
江戸時代中期～後期の陸奥会津藩士。
¶会津([没]?)，国書([生]明和6(1769)年6月16日)，藩臣2

吉村武平　よしむらぶへい
?　～元禄10(1697)年
江戸時代前期の武蔵岩槻藩士。
¶藩臣5

吉村武兵衛　よしむらぶへえ
文政5(1822)年～明治1(1868)年
江戸時代末期の筑後久留米藩士。
¶藩臣7

吉村文右衛門　よしむらぶんえもん
?　～寛政6(1794)年
江戸時代中期の肥後熊本藩士。
¶藩臣7

吉村遍宜　よしむらへんぎ
?　～天明5(1785)年
江戸時代中期の医師、薩摩藩士。
¶国書，人名，日人

吉村又右衛門　よしむらまたえもん
宝永5(1708)年～寛政3(1791)年
江戸時代中期の陸奥白河藩家老。
¶藩臣2

吉村光高　よしむらみつたか
?　～享和1(1801)年
江戸時代中期～後期の筑後久留米藩士。
¶国書

吉村弥平次　よしむらやへいじ
生没年不詳
江戸時代中期の上総久留里藩士。
¶藩臣3

吉村芳太郎　よしむらよしたろう
天保10(1839)年4月1日～大正6(1917)年2月23日
江戸時代後期～明治期の新撰組隊士。
¶新撰

吉村柳亭　よしむらりゅうてい
寛政6(1794)年～慶応1(1865)年
江戸時代末期の大和田原本藩士。
¶日人，藩臣4

吉目木集徳　よしめきためのり
生没年不詳
江戸時代後期の武芸家。
¶国書

吉本任　よしもとたもつ
文化13(1816)年～明治14(1881)年4月24日
江戸時代末期～明治期の紀伊和歌山藩士。
¶幕末

吉本培助　よしもとばいすけ
弘化1(1844)年～元治1(1864)年
江戸時代末期の土佐志士。
¶維新，高知人，人名，日人，幕末([没]1864年10月5日)

吉本虫雄　よしもとむしお
正徳5(1715)年～文化2(1805)年
江戸時代中期～後期の国学者。
¶剣豪，高知人，国書([没]文化2(1805)年4月6日)，人名，日人

由守勘平　よしもりかんぺい
→由宇勘平(ゆうかんぺい)

吉分大魯　よしわけたいろ，よしわけだいろ
?　～安永7(1778)年　[別]大魯《たいろ》
江戸時代中期の俳人。阿波徳島藩士。与謝蕪村の門人。
¶朝日([没]安永7年11月13日(1778年12月31日))，大阪人([没]安永7(1778)年11月)，国書(大魯　たいろ　[没]安永7(1778)年11月13日)，コン改(よしわけだいろ)，コン4(よしわけだいろ)，史人(大魯　たいろ　[生]1730年　[没]1778年11月13日)，新潮(大魯　たいろ　[生]享保15(1730)年?　[没]安永7(1778)年11月13日)，人名(よしわけだいろ)，世人，徳島百([生]享保15(1730)年　[没]安永7(1778)年11月13日)，徳島歴([生]享保15(1730)年　[没]安永7(1778)年11月13日)，日人，俳諧(大魯　たいろ)，俳句(大魯　たいろ　[没]安永7(1778)年11月13日)，百科(大魯　たいろ　[生]享保15(1730)年?)，兵庫百(大魯　たいろ)，和俳(大魯　たいろ)

吉原重俊　よしわらしげとし
→吉原重俊(よしはらしげとし)

吉原利恒　よしわらとしつね
→吉原利恒(よしはらとしつね)

依田織衛　よだおりえ
天保7(1836)年～?
江戸時代後期～末期の新撰組隊士。
¶新撰

依田源太左衛門　よだげんたざえもん
?　～嘉永4(1851)年
江戸時代後期の幕臣。
¶国書

依田新七　よだしんしち
[別]依田新七《いだしんしち》
安土桃山時代～江戸時代前期の武士。里見氏家臣。
¶戦人(生没年不詳)，戦東(いだしんしち)

依田新八郎　よだしんぱちろう，よだしんはちろう
元文5(1740)年～享和2(1802)年　[別]依田秀復《よだひでまた》
江戸時代中期の剣道家、機迅流の祖、出羽米沢藩士。
¶大阪人([没]享和2(1802)年5月)，大阪墓(よだしんはちろう　[没]享和2(1802)年5月21日)，剣豪，人名(依田秀復　よだひでまた)，日人(依田秀復　よだひでまた)

依田直恒　よだなおつね
→依田伴蔵(よだばんぞう)

依田信重 よだのぶしげ
～延宝6（1678）年
江戸時代前期の旗本。
¶神奈川人

依田伴蔵 よだばんぞう
文政6（1823）年～慶応2（1866）年　[別]依田直恒《よだなおつね》
江戸時代末期の宮津藩士。
¶維新，人名（依田直恒　よだなおつね），日人，幕末（[没]1866年8月）

依田秀復 よだひでまた
→依田新八郎（よだしんぱちろう）

依田正純 よだまさずみ
天和1（1681）年～寛延2（1749）年
江戸時代前期～中期の国学者、高遠藩士。
¶江文

依田政次 よだまさつぐ
生没年不詳
江戸時代中期の武士。
¶日人

依田政恒 よだまさつね
天保12（1841）年～明治39（1906）年2月26日
江戸時代末期～明治期の幕臣。
¶幕末

よ

依田万蔵 よだまんぞう
明和4（1767）年～文化6（1809）年
江戸時代中期～後期の剣術家。長谷川英信流。
¶剣豪

依田康勝 よだやすかつ
天正2（1574）年～承応2（1653）年　[別]依田康真《よだやすざね》，依田康貞《よだやすさだ》，加藤宗月《かとうそうげつ》，松平康真《まつだいらやすざね》，松平康勝《まつだいらやすかつ》，蘆田康勝《あしだやすかつ》
安土桃山時代～江戸時代前期の武士、藤岡城主。のち越前福井藩に仕えた。
¶郷土群馬（生没年不詳），国書（加藤宗月　かとうそうげつ　[没]承応2（1653）年8月18日），人名（依田康真　よだやすざね　[没]？），姓氏群馬（依田康貞　よだやすさだ），戦国，戦辞（松平康真　まつだいらやすざね　[没]承応2年8月18日（1653年10月9日）），戦人（[没]？），日人（依田康真　よだやすざね）

依田康貞 よだやすさだ
→依田康勝（よだやすかつ）

依田康真 よだやすざね
→依田康勝（よだやすかつ）

依田吉正 よだよしまさ
～延宝4（1676）年
江戸時代前期の旗本。
¶神奈川人

四谷穂峰（四屋穂峰） よつやすいほう
天保2（1831）年～明治39（1906）年
江戸時代末期～明治期の漢学者、日向延岡藩士。
¶国書（四屋穂峰），人名，日人

淀川盛品 よどがわもりただ
宝暦10（1760）年～文政1（1818）年
江戸時代中期～後期の秋田藩士。
¶国書

米川米吉 よねかわよねきち
弘化2（1845）年～慶応1（1865）年
江戸時代末期の水戸藩士。
¶維新，人名（[生]1839年），日人，幕末（[没]1865年3月1日）

米津田政 よねきつたまさ，よねきづたまさ
永禄6（1563）年～寛永1（1624）年
安土桃山時代～江戸時代前期の武士。徳川氏家臣。
¶神奈川人，諸系，戦国（よねきづたまさ　[生]1564年），戦人，日史（[没]寛永1（1624）年11月22日）

米津田盛 よねきつたもり
元和2（1616）年～貞享1（1684）年　[別]米津田盛《よねつたもり，よねつでんじょう，よねづみちもり》
江戸時代前期の幕臣、大坂城番。
¶大阪人（よねつでんじょう　[没]貞享1（1684）年1月），大阪墓（よねつたもり　[没]貞享1（1684）年1月25日），諸系，人名（よねづみちもり），多摩（よねつたもり），日人

米津政明 よねきつまさあき
天保1（1830）年～明治32（1899）年　[別]米津政明《よねつまさあき》
江戸時代末期～明治期の大名。出羽長瀞藩主。
¶諸系，日人，藩主1（よねつまさあき　[生]天保1（1830）年7月　[没]明治32（1899）年9月）

米津政崇 よねきつまさたか
享保9（1724）年～天明4（1784）年　[別]米津越中守政崇《よねづえっちゅうのかみまさたか》，米津政崇《よねづまさたか》
江戸時代中期の大名。武蔵久喜藩主。
¶埼玉百（米津越中守政崇　よねづえっちゅうのかみまさたか），諸系，人名（よねづまさたか），日人，藩主1（[没]天明4（1784）年5月21日）

米津政武 よねきつまさたけ
寛永15（1638）年～宝永5（1708）年　[別]米津出羽守政武《よねづでわのかみまさたけ》，米津政武《よねづまさたけ》
江戸時代前期～中期の大名。武蔵久喜藩主。
¶埼玉人（[没]宝永5（1708）年6月26日），埼玉百（米津出羽守政武　よねづでわのかみまさたけ），諸系，人名（よねづまさたけ），日人，藩主1（[没]宝永5（1708）年6月26日）

米津政敏 よねきつまさとし，よねきづまさとし
嘉永4（1851）年～明治28（1895）年　[別]米津政敏《よねきづまさとし，よねずまさとし，よねつまさとし，よねづまさとし》
江戸時代末期～明治期の大名。出羽長瀞藩主、上総大網藩主、常陸竜ヶ崎藩主。
¶維新（よねづまさとし），諸系，日人，幕末（よねずまさとし　[生]1851年4月30日　[没]1895年10月），藩主1（よねつまさとし　[生]嘉永4（1851）年3月　[没]明治28（1895）年10月），藩主2（よねきづまさとし　[生]嘉永4（1851）年3月29日　[没]明治28（1895）年10月），藩主2，藩主2（よねきづまさとし　[生]嘉永4（1851）年3月29日　[没]明治28（1895）年10月），藩主2

米津政矩　**よねきつまさのり**
延宝3(1675)年〜元禄16(1703)年　[別]米津小太夫政矩《よねづしょうだゆうまさのり》
江戸時代中期の大名。武蔵久喜藩主。
¶埼玉人([没]元禄16(1703)年1月15日)，埼玉百(米津小太夫政矩　よねづしょうだゆうまさのり)，諸系，日人，藩主1([没]元禄16(1703)年1月15日)

米津政易　**よねきつまさやす**
文政12(1829)年〜明治6(1873)年　[別]米津政易《よねつまさやす》
江戸時代末期〜明治期の大名。出羽長瀞藩主。
¶庄内([生]文政12(1829)年8月23日　[没]明治6(1873)年5月)，諸系，日人，藩主1(よねつまさやす　[生]文政12(1829)年8月23日　[没]明治6(1873)年5月)

米津政容　**よねきつまさよし**
天和2(1682)年〜元文4(1739)年　[別]米津出羽守政容《よねづでわのかみまさよし》，米津政容《よねづまさよし》
江戸時代中期の大名。武蔵久喜藩主。
¶埼玉百(米津出羽守政容　よねづでわのかみまさよし)，諸系，人名(よねづまさよし)，日人，藩主1([没]元文4(1739)年7月27日)

米津政懿　**よねきつまさよし**
天明8(1788)年〜嘉永6(1853)年　[別]米津政懿《よねつまさよし》
江戸時代後期の大名。出羽長瀞藩主。
¶諸系，日人，藩主1(よねつまさよし　[没]嘉永6(1853)年11月25日)

米津田賢　**よねきつみちかた**
正保3(1646)年〜享保14(1729)年　[別]米津田賢《よねづでんけん，よねづみちかた》
江戸時代中期の茶道家、幕臣。
¶茶道(よねづでんけん)，諸系，人名(よねづみちかた)，日人

米津通政　**よねきつみちまさ**
寛延3(1750)年〜文政2(1819)年　[別]米津出羽守通政《よねづでわのかみみちまさ》，米津通政《よねつみちまさ》
江戸時代中期〜後期の大名。武蔵久喜藩主、出羽長瀞藩主。
¶埼玉人([没]文政2(1819)年6月13日)，埼玉百(米津出羽守通政　よねづでわのかみみちまさ)，諸系，日人，藩主1(よねつみちまさ　[没]文政2(1819)年6月13日)，藩主1

米倉里矩　**よねくらさとのり**
享保18(1733)年〜寛延2(1749)年
江戸時代中期の大名。武蔵金沢藩主。
¶神奈川人，諸系，日人，藩主1([生]享保18(1733)年8月6日　[没]寛延2(1749)年3月6日)

米倉重種　**よねくらしげたね**
生没年不詳
江戸時代前期の旗本。
¶神奈川人

米倉忠仰　**よねくらただすけ**
宝永3(1706)年〜享保20(1735)年　[別]米倉忠仰《よねくらただたか》
江戸時代中期の大名。下野皆川藩主、武蔵金沢藩主。
¶神奈川人，諸系，人名(よねくらただたか)，姓氏神奈川，日人，藩主1，藩主1([生]宝永5(1708)年2月1日　[没]享保20(1735)年4月8日)

米倉忠仰　**よねくらただたか**
→米倉忠仰(よねくらただすけ)

米倉永時　**よねくらながとき**
永禄12(1569)年〜寛永1(1624)年
江戸時代前期の旗本。
¶神奈川人，姓氏神奈川

米倉信継　**よねくらのぶつぐ**
〜寛永13(1636)年
江戸時代前期の旗本。
¶大阪墓([没]寛永13(1636)年4月8日)，神奈川人

米倉昌明　**よねくらまさあき**
→米倉昌明(よねくらまさあきら)

米倉昌明　**よねくらまさあきら**
延宝1(1673)年〜元禄15(1702)年　[別]米倉昌明《よねくらまさあき》
江戸時代中期の大名。下野皆川藩主。
¶神奈川人，諸系，人名(よねくらまさあき　[生]1660年)，日人，藩主1([没]元禄15(1702)年4月25日)

米倉昌賢　**よねくらまさかた**
宝暦9(1759)年〜寛政10(1798)年
江戸時代中期の大名。武蔵金沢藩主。
¶神奈川人，諸系，日人，藩主1([生]宝暦9(1759)年6月27日　[没]寛政10(1798)年6月23日)

米倉昌言　**よねくらまさこと**
天保8(1837)年〜明治42(1909)年
江戸時代末期〜明治期の大名。武蔵金沢藩主。
¶諸系，日人，幕末([没]1909年2月27日)，藩主1([生]天保8(1837)年3月9日　[没]明治42(1909)年2月27日)

米倉昌尹(米倉昌伊)　**よねくらまさただ**
寛永14(1637)年〜元禄12(1699)年
江戸時代中期の大名、若年寄。下野皆川藩主。
¶大阪墓(米倉昌伊　[没]元禄12(1699)年7月12日)，神奈川人，神奈川百，近世，国史，諸系，人名，栃木歴，日人，藩主1([没]元禄12(1699)年7月12日)

米倉昌照　**よねくらまさてる**
天和3(1683)年〜正徳2(1712)年
江戸時代中期の大名。下野皆川藩主。
¶大阪人([没]正徳2(1712)年5月)，大阪墓([没]正徳2(1712)年5月23日)，神奈川人，諸系，日人，藩主1([没]正徳2(1712)年5月23日)

米倉昌俊　**よねくらまさとし**
→米倉昌後(よねくらまさのち)

米倉昌仲　**よねくらまさなか**
〜元禄16(1703)年
江戸時代前期の旗本。
¶神奈川人

米倉昌寿　**よねくらまさなが，よねくらまさなか**
寛政5(1793)年〜文久3(1863)年
江戸時代末期の大名。武蔵金沢藩主。

¶神奈川人（よねくらまさなか），諸系，日人，藩主1（[生]寛政5（1793）年1月11日 [没]文久3（1863）年3月20日）

米倉昌後 よねくらまさのち
天明4（1784）年〜文化9（1812）年 [別]米倉昌俊《よねくらまさとし》
江戸時代後期の大名。武蔵金沢（六浦）藩主。
¶神奈川人（米倉昌俊 よねくらまさとし），諸系，日人，藩主1（[生]天明4（1784）年9月2日 [没]文化9（1812）年4月18日）

米倉昌晴 よねくらまさはる
享保13（1728）年〜天明5（1785）年
江戸時代中期の大名。武蔵金沢藩主。
¶神奈川人，諸系（[没]1786年），人名，日人（[没]1786年），藩主1（[生]享保13（1728）年4月22日 [没]天明5（1785）年12月20日）

米倉昌由 よねくらまさよし
安永6（1777）年〜*
江戸時代後期の大名。武蔵金沢藩主。
¶神奈川人（[没]1816年），諸系（[没]1817年），日人（[没]1817年），藩主1（[生]安永6（1777）年11月9日 [没]文化13（1816）年12月23日）

米沢昌平 よねざわしょうへい
天保11（1840）年〜明治1（1868）年5月15日
江戸時代末期の陸奥会津藩士。
¶幕末

米津政敏 よねずまさとし
→米津政敏（よねきつまさとし）

米田助左衛門 よねだすけざえもん
？ 〜寛永3（1626）年
安土桃山時代〜江戸時代前期の浅野家臣。
¶和歌山人

米津越中守政崇 よねづえっちゅうのかみまさたか
→米津政崇（よねきつまさたか）

米津小太夫政矩 よねづしょうだゆうまさのり
→米津政矩（よねきつまさのり）

米津田盛 よねつたもり
→米津田盛（よねきつたもり）

米津出羽守政武 よねづでわのかみまさたけ
→米津政武（よねきつまさたけ）

米津出羽守政容 よねづでわのかみまさよし
→米津政容（よねきつまさよし）

米津出羽守通政 よねづでわのかみみちまさ
→米津通政（よねきつみちまさ）

米津田賢 よねづでんけん
→米津田賢（よねきつみちかた）

米津田盛 よねつでんじょう
→米津田盛（よねきつたもり）

米津政明 よねつまさあき
→米津政明（よねきつまさあき）

米津政崇 よねづまさたか
→米津政崇（よねきつまさたか）

米津政武 よねづまさたけ
→米津政武（よねきつまさたけ）

米津政敏 よねつまさとし，よねづまさとし
→米津政敏（よねきつまさとし）

米津政易 よねつまさやす
→米津政易（よねきつまさやす）

米津政懿 よねつまさよし
→米津政懿（よねきつまさよし）

米津政容 よねづまさよし
→米津政容（よねきつまさよし）

米津田賢 よねづみちかた
→米津田賢（よねきつみちかた）

米津通政 よねつみちまさ
→米津通政（よねきつみちまさ）

米津田盛 よねづみちもり
→米津田盛（よねきつたもり）

米村広治 よねむらこうじ
→米村広治（よねむらひろはる）

米村権右衛門 よねむらごんえもん
生没年不詳
安土桃山時代〜江戸時代前期の武士。
¶日人

米村広治 よねむらひろはる
寛永20（1643）年〜享保12（1727）年 [別]米村広治《よねむらこうじ》
江戸時代中期の因幡鳥取藩の民政家。
¶近世，国史，コン改（よねむらこうじ），コン4（よねむらこうじ），新潮（よねむらこうじ），人名，日人（[没]1728年），藩臣5（よねむらこうじ）

米村広当 よねむらひろまさ
？ 〜宝暦2（1752）年
江戸時代中期の因幡鳥取藩士。
¶鳥取百，藩臣5

余熊耳 よゆうじ
→大内熊耳（おおうちゆうじ）

与里 より
天明2（1782）年〜慶応3（1867）年
江戸時代中期〜末期の武士。加藤図書介に仕えた。
¶姓氏愛知

寄木嘉祥 よりきかしょう
元禄8（1695）年〜明和1（1764）年
江戸時代中期の陸奥南部藩士。
¶姓氏岩手，藩臣1

依藤長守 よりふじながもり
？ 〜明暦3（1657）年
江戸時代前期の中村氏家臣、のち鳥取藩士。
¶鳥取百

万屋兵四郎 よろずやへいしろう
→福田敬業（ふくだたかのり）

【ら】

頼聿庵 らいいつあん
享和1（1801）年〜安政3（1856）年
江戸時代末期の安芸広島藩士、儒学者。
¶大阪人（[没]安政3（1856）年8月），人名，日人，

藩臣6，広島百（[生]享和1（1801）年2月10日 [没]安政3（1856）年8月30日）

頼鴨涯 らいおうがい
→頼三樹三郎（らいみきさぶろう）

頼杏坪 らいきょうへい
宝暦6（1756）年～天保5（1834）年 [別]頼杏坪《らんきょうへい》
江戸時代中期～後期の安芸広島藩の儒学者。服部栗斎の弟子。
¶朝日（[没]天保5年7月23日（1834年8月27日）），江戸，江文，近世，国史，国書（[生]宝暦6（1756）年7月 [没]天保5（1834）年7月23日），コン改，コン4，詩歌，史人（[没]1834年7月23日），島根歴，新潮（[没]天保5（1834）年7月23日），人名，世人（[生]宝暦6（1756）年7月 [没]天保5（1834）年5月1日），世百，全書，日史（[生]宝暦6（1756）年7月 [没]天保5（1834）年7月23日），日人，藩臣6，百科，広島百（[生]宝暦6（1756）年7月 [没]天保5（1834）年7月23日），歴大（らんきょうへい），和俳

頼采真 らいさいしん
寛政3（1791）年～嘉永3（1850）年
江戸時代末期の安芸広島藩士。
¶大阪人（[没]嘉永3（1850）年5月），人名，日人，藩臣6

頼山陽 らいさんよう
安永9（1780）年～天保3（1832）年
江戸時代後期の安芸広島藩の儒学者。「日本外史」「日本政記」の著者。
¶朝日（[生]安永9年12月27日（1781年1月21日） [没]天保3年9月23日（1832年10月16日）），岩史（[生]安永9（1780）年12月27日 [没]天保3（1832）年9月23日），大分歴，角史，教育（[生]1772年），京都，京都大，郷土長崎，近世，国史，国書（[生]安永9（1780）年12月27日 [没]天保3（1832）年9月23日），コン改，コン4，詩歌，史人（[生]1780年12月27日 [没]1832年9月23日），重要（[生]安永9（1780）年12月27日 [没]天保3（1832）年9月23日），人書79，人書94，新潮（[生]安永9（1780）年12月27日 [没]天保3（1832）年9月23日），新文（[生]安永9（1780）年12月27日 [没]天保3（1832）年9月23日），人名，姓氏京都，世人（[生]安永9（1780）年12月27日 [没]天保3（1832）年9月23日），世百，全書，大百，伝記，日史（[生]安永9（1780）年12月27日 [没]天保3（1832）年9月23日），日人（[生]1781年），人情，藩臣6，百科，兵庫百，広島百（[生]安永9（1780）年12月27日 [没]天保3（1832）年9月23日），文学，三重続，歴大，和俳（[生]安永9（1780）年12月27日 [没]天保3（1832）年9月23日）

頼春水 らいしゅんすい
延享3（1746）年～文化13（1816）年
江戸時代中期～後期の安芸広島藩儒。頼山陽の父。
¶朝日（[生]延享3年6月30日（1746年8月16日） [没]文化13年2月19日（1816年3月17日）），岩史（[生]延享3（1746）年6月30日 [没]文化13（1816）年2月19日），江文，角史，近世，国史，国書（[生]延享3（1746）年6月30日 [没]文化13（1816）年2月19日），コン改，コン4，詩歌，史人（[生]1746年6月30日 [没]1816年2月19日），新潮（[生]延享3（1746）年6月30日 [没]文化13（1816）年2月19日），人名，世人（[生]延享3（1746）年6月30日 [没]文化13（1816）年2月19日），世百，全書，日史（[生]延享3（1746）年8月 [没]文化13（1816）年2月18日），日人，藩臣6，百科，広島百（[生]延享3（1746）年6月30日 [没]文化13（1816）年2月19日），歴大，和俳

頼誠軒 らいせいけん
文政12（1829）年～明治27（1894）年
江戸時代末期～明治期の安芸広島藩の儒学者。
¶幕末（[没]1894年5月30日），藩臣6

頼三樹 らいみき
→頼三樹三郎（らいみきさぶろう）

頼三樹三郎 らいみきさぶろう
文政8（1825）年～安政6（1859）年 [別]頼鴨涯《らいおうがい》，頼三樹《らいみき》
江戸時代末期の儒学者、志士。頼山陽の3男。尊王攘夷論を唱える。
¶朝日（[生]文政8年5月26日（1825年7月11日） [没]安政6年10月7日（1859年11月1日）），維新，岩史（[生]文政8（1825）年5月26日 [没]安政6（1859）年10月7日），江文（頼鴨涯 らいおうがい），角史，京都，京都大，近世，国史，国書（[生]文政8（1825）年5月26日 [没]安政6（1859）年10月7日），コン改，コン4，詩歌，史人（[生]1825年5月26日 [没]1859年10月7日），重要（[生]文政8（1825）年5月26日 [没]安政6（1859）年10月7日），新潮（[生]文政8（1825）年5月26日 [没]安政6（1859）年10月7日），人名，姓氏岩手（[没]1858年），姓氏京都，世人（[没]安政6（1859）年10月7日），世百，全書，大百，新潟百別（頼三樹 らいみき），日史（[生]文政8（1825）年5月26日 [没]安政6（1859）年10月6日），日人，幕末（[没]1859年11月19日），百科，歴大，和俳（[生]文政8（1825）年5月26日 [没]安政6（1859）年10月7日）

楽魚亭水哉 らくぎょていすいさい
→楽魚亭水哉（らくぎょていみずかな）

楽魚亭水哉 らくぎょていみずかな
安永3（1774）年～天保1（1830）年 [別]楽魚亭水哉《らくぎょていすいさい》
江戸時代後期の狂歌師、祢津陣屋奉行。
¶人名（らくぎょていすいさい），姓氏長野，長野歴

頼杏坪 らんきょうへい
→頼杏坪（らいきょうへい）

蘭薫亭薫 らんくんていかおる
寛政2（1790）年～明治3（1870）年
江戸時代末期～明治期の狂歌師、松代藩士。
¶国書（[生]寛政2（1790）年10月18日 [没]明治3（1870）年3月22日），人名，姓氏長野，長野歴，日人，和俳

嵐枝 らんし
延宝4（1676）年～寛延4（1751）年4月22日
江戸時代前期～中期の俳人。越前福井藩士・上坂平左衛門。
¶国書

ら

嵐窓 らんそう
安永6(1777)年〜天保9(1838)年　[別]円城寺嵐窓《えんじょうじらんそう》
江戸時代後期の相模小田原藩士。
¶神奈川人(円城寺嵐窓　えんじょうじらんそう), 神奈川百, 国書([没]天保9(1838)年12月14日), 俳諧([生]?), 藩臣3(円城寺嵐窓　えんじょうじらんそう), 和俳(円城寺嵐窓　えんじょうじらんそう)

蘭台 らんだい
→大村純庸(おおむらすみつね)

【り】

梨一 りいち
→高橋梨一(たかはしりいち)

力丸五左衛門 りきまるござえもん
? 〜明治1(1868)年
江戸時代末期の播磨姫路藩老職。
¶人名, 日人

力丸東山 りきまるとうざん
宝暦7(1757)年〜文化12(1815)年10月24日
江戸時代中期〜後期の漢学者・武芸家。
¶国書

力丸半右衛門 りきまるはんえもん
? 〜天保12(1841)年
江戸時代後期の剣術家。直心影流。
¶剣豪

り

里渓 りけい
明和5(1768)年6月20日〜弘化2(1845)年6月21日
江戸時代中期〜後期の俳人、肥前佐賀藩士・水町敬貞。
¶国書

履視 りし
宝暦3(1753)年〜文政10(1827)年9月23日
江戸時代中期〜後期の俳人、讃岐高松藩士・向井由予。
¶国書

李紫溟 りしめい
→高本紫溟(たかもとしめい)

栗晴亭花窓 りっせいていはなまど
江戸時代後期の狂歌師、尼ケ崎藩士。
¶人名, 日人(生没年不詳)

栗梁亭竹窓 りつりょうていたけまど
江戸時代後期の狂歌師、摂津尼崎藩士・津久井与惣治。
¶人名, 日人(生没年不詳)

李梅渓 りばいけい
元和3(1617)年〜天和2(1682)年
江戸時代前期の紀伊和歌山藩士。
¶郷土和歌山, 国書([没]天和2(1682)年10月22日), 日人, 藩臣5, 和歌山人

柳居 りゅうきょ
→佐久間柳居(さくまりゅうきょ)

竜玉淵 りゅうぎょくえん
寛延4(1751)年〜文政4(1821)年　[別]竜玉淵《たつぎょくえん》
江戸時代中期〜後期の近江彦根藩士、儒学者。
¶国書([生]寛延4(1751)年2月6日　[没]文政4(1821)年2月24日), 日人, 藩臣4(たつぎょくえん)

竜崎兵庫 りゅうざきひょうご
安土桃山時代〜江戸時代前期の武士。里見氏家臣。
¶戦人(生没年不詳), 戦東

竜崎弥七郎 りゅうざきやしちろう
安土桃山時代〜江戸時代前期の武士。里見氏家臣。
¶戦人(生没年不詳), 戦東

竜崎泰守 りゅうさきやすもり
元禄2(1689)年〜宝暦12(1762)年
江戸時代中期の伊勢菰野藩用人。
¶藩臣4

竜崎六郎 りゅうざきろくろう
安土桃山時代〜江戸時代前期の武士。里見氏家臣。
¶戦人(生没年不詳), 戦東

劉三吉 りゅうさんきち
→劉石秋(りゅうせきしゅう)

柳糸園綾風 りゅうしえんあやかぜ
江戸時代末期の狂歌師。美濃苗木藩士。
¶人名, 日人(生没年不詳)

竜神甚太夫 りゅうじんじんだゆう
生没年不詳
江戸時代中期の安芸広島藩士。
¶藩臣6

竜神頼春 りゅうじんよりはる
生没年不詳
安土桃山時代〜江戸時代前期の武士。浅野家の家臣。
¶和歌山人

竜神六助 りゅうじんろくすけ
? 〜延宝3(1675)年
江戸時代前期の浅野家臣。
¶和歌山人

劉石秋 りゅうせきしゅう
寛政8(1796)年〜明治2(1869)年　[別]劉三吉《りゅうさんきち》
江戸時代末期〜明治期の丹波園部藩の儒学者。
¶京都府, 国書([没]明治2(1869)年5月29日), コン改([生]天明6(1786)年), コン4([生]天明6(1786)年), コン5([生]天明6(1786)年), 詩歌, 新潮([生]天明6(1786)年　[没]明治2(1869)年5月29日), 人名, 姓氏京都(劉三吉　りゅうさんきち), 日人, 藩臣5, 三重, 和俳

柳荘 りゅうそう
→今井柳荘(いまいりゅうそう)

竜造寺五郎次郎晴明 りゅうぞうじごろうじろうはるあき
→竜造寺晴明(りゅうぞうじはるあき)

竜造寺晴明 りゅうぞうじはるあき
? 〜元和9(1623)年　[別]竜造寺五郎次郎晴明《りゅうぞうじごろうじろうはるあき》

江戸時代前期の武士。
¶戦人，戦西(竜造寺五郎次郎晴明　りゅうぞうじごろうじろうはるあき)

竜草廬(竜草廬)　りゅうそうろ
正徳4(1714)年〜寛政4(1792)年　㊔竜草廬《たつそうりょ，たつそうろ》，竜草廬《たつそうろ》
江戸時代中期の近江彦根藩の漢詩人。
¶朝日(㊤正徳4年1月19日(1714年3月5日)㊥寛政4年2月2日(1792年2月23日))，郷土滋賀，京都大，近世(竜草廬　たつそうろ)㊥1715年)，国史(たつそうろ)㊥1715年，国書(竜草廬)㊤正徳5(1715)年　㊥寛政4(1792)年2月2日)，コン改，コン4，詩歌(たつそうろ)，史人(㊤1714年1月19日　㊥1792年2月2日)，新潮(㊤正徳4(1714)年1月19日　㊥寛政4(1792)年2月2日)，人名，姓氏京都，世人(㊥寛政4(1792)年2月1日)，日人，藩臣4(たつそうろ)㊤正徳5(1715)年，百科，和俳

柳亭種彦　りゅうていたねひこ
天明3(1783)年〜天保13(1842)年　㊔高屋種彦《たかやたねひこ》，種彦《たねひこ》
江戸時代後期の幕臣，合巻作者。「正本製」で作者の地位を確立。
¶朝日(㊤天明3年5月12日(1783年6月11日)㊥天保13年7月19日(1842年8月24日))，岩史(㊤天明3(1783)年5月12日　㊥天保13(1842)年7月19日)，江戸，角史，近世，国史，国書(㊤天明3(1783)年5月12日　㊥天保13(1842)年7月19日)，コン改，コン4，史人(㊤1783年5月12日　㊥1842年7月19日)，重要(㊥天保13(1842)年7月18日)，人書79，人書94，新潮(㊤天明3(1783)年5月12日　㊥天保13(1842)年7月19日)，新文(㊤天明3(1783)年5月12日㊥天保13(1842)年7月19日)，人名，世人(㊥天保13(1842)年7月18日)，世百，全書，大百，伝記(㊥1843年)，日史㊤天明3(1783)年5月12日　㊥天保13(1842)年7月19日)，日人，百科，文学，歴大

立圃　りゅうほ
→野々口立圃(ののぐちりゅうほ)

竜峰　りゅうほう
〜？
江戸時代前期〜中期の越後高田藩士。主家改易で浪人。
¶国書(生没年不詳)，庄内

蓼花　りょうか
明和7(1770)年3月28日〜天保11(1840)年9月6日
江戸時代中期〜後期の俳人，阿波徳島藩士・郡代，太田信孝。
¶国書

鶏鼠　りょうそ
元禄13(1700)年〜宝暦14(1764)年2月24日
江戸時代中期の俳人・幕臣。
¶国書

良品　りょうぼん，りょうほん
？　〜享保15(1730)年
江戸時代中期の俳人，伊賀上野藩士(蕉門)。
¶俳諧，俳句(りょうほん　㊥享保15(1730)年6月26日)，和俳

竜眠　りょうみん
生没年不詳
江戸時代後期の武士。
¶日人

涼葉　りょうよう
江戸時代中期の大垣藩士・俳人。
¶俳句

林恒一　りんこういち
永禄6(1563)年〜万治3(1660)年
安土桃山時代〜江戸時代前期の陸奥仙台藩学士，明よりの帰化人。
¶藩臣1

【る】

留守宗利　るすむねとし
天正17(1589)年〜寛永15(1638)年
安土桃山時代〜江戸時代前期の宮城郡利府城城主。
¶姓氏岩手

【れ】

冷泉五郎　れいぜいごろう
天保12(1841)年〜慶応1(1865)年　㊔冷泉五郎《れいぜんごろう》
江戸時代末期の長州(萩)藩士。
¶維新，人名，日人，幕末(れいぜんごろう㊥1865年3月8日)，藩臣6(れいぜんごろう)

冷泉雅二郎　れいぜいまさじろう
天保12(1841)年〜明治35(1902)年
江戸時代末期〜明治期の長州藩士。奇兵隊，御楯隊で活躍。維新後は刑部権大録，判事などを歴任。
¶近現，近世，国史，新潮(㊥明治36(1903)年)，日人

冷泉満成　れいぜいみつなり
生没年不詳
江戸時代中期の都濃宰判代官。
¶姓氏山口

冷泉五郎　れいぜんごろう
→冷泉五郎(れいぜいごろう)

冷泉太郎兵衛　れいぜんたろべえ
文政6(1823)年〜慶応1(1865)年8月9日
江戸時代末期の長州(萩)藩士。
¶幕末

冷泉増太郎　れいぜんますたろう
嘉永1(1848)年〜？
江戸時代末期の長州(萩)藩士。
¶幕末

【ろ】

老梅 ろうばい
元禄14（1701）年～明和5（1768）年7月21日
江戸時代中期の俳人・幕臣。
¶国書

六郷阿波守 ろくごうあわのかみ
→六郷政晴（ろくごうまさはる）

六郷伊賀守 ろくごういがのかみ
→六郷政長（ろくごうまさなが）

六郷政鑑 ろくごうまさあきら
嘉永1（1848）年～明治40（1907）年 [別]六郷政鑑《ろくごうまさかね》
江戸時代末期～明治期の大名。出羽本荘藩主。
¶秋田百（ろくごうまさかね），維新，諸系，新潮（[生]嘉永1（1848）年10月3日 [没]明治40（1907）年7月23日），人名，日人，幕末（ろくごうまさかね [没]1907年7月23日），藩主1（ろくごうまさかね [生]嘉永1（1848）年10月3日 [没]明治40（1907）年7月23日）

六郷政勝 ろくごうまさかつ
慶長14（1609）年～延宝5（1677）年
江戸時代前期の大名。出羽本荘藩主。
¶秋田百，諸系，日人，藩主1（[没]延宝5（1677）年1月12日）

六郷政鑑 ろくごうまさかね
→六郷政鑑（ろくごうまさあきら）

六郷政林 ろくごうまさしげ
元文2（1737）年～寛政9（1797）年
江戸時代中期の大名。出羽本荘藩主。
¶諸系，人名（[生]1738年 [没]？），日人，藩主1（[没]寛政9（1797）年9月10日）

六郷政純 ろくごうまさずみ
享和1（1801）年～文政5（1822）年
江戸時代後期の大名。出羽本荘藩主。
¶諸系，日人，藩主1（[没]文政5（1822）年8月22日）

六郷政殷 ろくごうまさただ
文政11（1828）年～文久1（1861）年
江戸時代末期の大名。出羽本荘藩主。
¶諸系，日人，藩主1（[没]文久1（1861）年3月14日）

六郷政速 ろくごうまさちか
明和1（1764）年～文化9（1812）年
江戸時代中期～後期の大名。出羽本荘藩主。
¶諸系，日人，藩主1（[没]文化9（1812）年10月26日）

六郷政恒 ろくごうまさつね
文化8（1811）年～嘉永3（1850）年
江戸時代末期の大名。出羽本荘藩主。
¶諸系，日人，藩主1（[没]嘉永3（1850）年10月16日）

六郷政長 ろくごうまさなが
宝永3（1706）年～宝暦4（1754）年 [別]六郷伊賀守《ろくごういがのかみ》
江戸時代中期の大名。出羽本荘藩主。
¶茶道（六郷伊賀守 ろくごういがのかみ），諸系，日人，藩主1（[没]宝暦4（1754）年8月5日）

六郷政信 ろくごうまさのぶ
寛永12（1635）年～貞享2（1685）年
江戸時代前期の大名。出羽本荘藩主。
¶諸系，人名，日人，藩主1（[没]貞享2（1685）年7月21日）

六郷政乗 ろくごうまさのり
永禄10（1567）年～寛永11（1634）年 [別]二階堂長五郎《にかいどうちょうごろう》
安土桃山時代～江戸時代前期の大名。出羽本荘藩主、常陸府中藩主。
¶秋田百，朝日（[没]寛永11年4月28日（1634年5月25日）），諸系，人名，戦国（[生]1568年），戦人，日人，藩主1（[没]寛永11（1634）年4月28日），藩主2（[没]寛永11（1634）年4月28日）

六郷政晴 ろくごうまさはる
延宝3（1675）年～寛保1（1741）年 [別]六郷阿波守《ろくごうあわのかみ》
江戸時代中期の大名。出羽本荘藩主。
¶茶道（六郷阿波守 ろくごうあわのかみ），諸系，人名，日人，藩主1（[没]寛保1（1741）年3月27日）

六物空満 ろくぶつくうまん
享和1（1801）年～安政6（1859）年
江戸時代末期の武士。大覚寺門跡家臣。
¶維新，コン改，コン4，新潮（[没]安政6（1859）年11月），人名，姓氏京都，世人，日人

鹿野 ろくや
生没年不詳
江戸時代後期の俳人、尾張藩士・熊沢意暉。
¶国書

六林 ろくりん
→堀田恒山（ほったこうざん）

露沾 ろせん
→内藤露沾（ないとうろせん）

蘆然 ろねん
宝暦2（1752）年～文政2（1819）年 [別]山崎蘆然《やまさきろねん》
江戸時代中期～後期の俳人、浜田藩士、代官。
¶島根人，島根百，島根歴（山崎蘆然 やまさきろねん）

【わ】

若井重斉 わかいしげなり
→若井成章（わかいなりあき）

若井重斎 わかいじゅうさい
→若井成章（わかいなりあき）

若泉法水 わかいずみほうすい
江戸時代中期～後期の与力、茶人。
¶茶道

若井成章 わかいなりあき
文政6（1823）年～明治23（1890）年 [別]若井重斎《わかいじゅうさい》，若井重斉《わかいしげなり》

江戸時代末期～明治期の尾張藩士。
¶維新（若井重斎　わかいじゅうさい），国書（[生]文政5（1822）年4月15日　[没]明治23（1890）年10月31日），人名（若井重斉　わかいしげなり），日人，幕末（若井重斎　わかいじゅうさい　[没]1890年10月31日），藩臣4（[生]文政5（1822）年）

若生景祐　わかおかげすけ
→若生文十郎（わこうぶんじゅうろう）

若生保治　わかおやすじ
天保8（1837）年～明治2（1869）年
江戸時代末期の陸奥一関藩士、学者。
¶藩臣1

若尾安親　わかおやすちか
慶長6（1601）年～延宝3（1675）年
江戸時代前期の武士。
¶和歌山人

若月大野　わかつきたいや，わかつきだいや
享保6（1721）年～寛政2（1790）年
江戸時代中期の儒者、長州藩士。
¶国書（わかつきだいや　[没]寛政2（1790）年7月2日），人名，日人

若月元輔　わかつきもとすけ
文政8（1825）年～慶応3（1867）年10月4日
江戸時代末期の新発田藩士。
¶幕末

若菜真鏡斎　わかなしんきょうさい
享保13（1728）年～文政2（1819）年
江戸時代中期～後期の剣術家。大平真鏡流祖。
¶剣豪

若名豊重　わかなとよしげ
[別]芳名豊重《よしなとよしげ》
江戸時代中期の剣術家、太平真鏡流剣法の祖。
¶人名（芳名豊重　よしなとよしげ），日人（生没年不詳）

若菜三男三郎　わかなみなさぶろう
文化12（1815）年～？
江戸時代後期の幕臣。
¶維新，幕末

若林包盛　わかばやしかねもり
～正保2（1645）年
江戸時代前期の旗本。
¶神奈川人

若林源次郎　わかばやしげんじろう
文化12（1815）年～明治24（1891）年5月15日
江戸時代末期～明治期の常陸土浦藩士。
¶幕末，藩臣2（生没年不詳）

若林三平　わかばやしさんぺい
生没年不詳
江戸時代前期の旗本。
¶神奈川人

若林新兵衛　わかばやししんべえ
？　～万延1（1860）年
江戸時代末期の常陸土浦藩士。
¶藩臣2

若林靖亭　わかばやしせいてい
→若林友輔（わかばやしともすけ）

若林善九郎　わかばやしぜんくろう
文禄3（1594）年～正保1（1644）年
江戸時代前期の武士。
¶和歌山人

若林友輔　わかばやしともすけ
寛政11（1799）年～慶応3（1867）年　[別]若林靖亭《わかばやしせいてい》，若林柳村《わかばやしりゅうそん》
江戸時代末期の陸奥仙台藩士、漢学者。
¶国書（若林柳村　わかばやしりゅうそん　[生]寛政11（1799）年5月12日　[没]慶応3（1867）年1月24日），人名，姓氏宮城，日人，藩臣1，宮城百（若林靖亭　わかばやしせいてい）

若林友之　わかばやしともゆき
天保11（1840）年～慶応2（1866）年10月20日
江戸時代後期～末期の仙台藩士・砲術家。
¶国書

若林直記　わかばやしなおき
？　～天保9（1838）年
江戸時代後期の遠江掛川藩用人。
¶藩臣4

若林直則　わかばやしなおのり
～寛永3（1626）年
江戸時代前期の旗本。
¶神奈川人

若林直正　わかばやしなおまさ
～貞享1（1684）年
江戸時代前期の旗本。
¶神奈川人

若林正宣　わかばやしまさのぶ
江戸時代末期～明治期の弓道家、高槻藩士。
¶弓道

若林統昌　わかばやしむねまさ
永禄11（1568）年～寛永14（1637）年
安土桃山時代～江戸時代前期の武士。
¶戦人，戦西

若林杢左衛門　わかばやしもくざえもん
享保10（1725）年～享和3（1803）年
江戸時代中期～後期の下総佐倉藩家老。
¶藩臣3

若林立斎　わかばやしりっさい
文政11（1828）年～明治25（1892）年
江戸時代末期～明治期の三河挙母藩士、儒学者。
¶藩臣4

若林柳村　わかばやしりゅうそん
→若林友輔（わかばやしともすけ）

若原監物〔1代〕　わかはらけんもつ
天正14（1586）年～正保3（1646）年
江戸時代前期の備前岡山藩士。
¶岡山人（――〔代数なし〕），岡山歴（[没]正保3（1646）年5月17日），藩臣6（――〔代数なし〕）

若原監物〔2代〕　わかはらけんもつ
慶長17（1612）年～元禄7（1694）年
江戸時代前期の備前岡山藩士。

¶岡山歴，藩臣6（――〔代数なし〕）

若原監物〔3代〕 わかはらけんもつ
寛永20（1643）年～？
江戸時代前期の備前岡山藩士。
¶岡山歴，藩臣6（――〔代数なし〕）

若原良長 わかはらよしなが
生没年不詳
江戸時代前期の播磨姫路藩士。
¶藩臣5，兵庫百

若松総兵衛（若松惣兵衛） わかまつそうべえ
*～明治7（1874）年 [別]若松常齢《わかまつつねとし》
江戸時代末期～明治期の伊予宇和島藩士。
¶維新（若松常齢 わかまつつねとし [生]1814年），愛媛百（生没年不詳），国書（若松常齢 わかまつつねとし [生]文化11（1814）年 [没]明治7（1874）年12月6日），幕末（若松惣兵衛 [生]1813年 [没]1874年12月6日），藩臣6（[生]文化10（1813）年）

若松常齢 わかまつつねとし
→若松総兵衛（わかまつそうべえ）

和賀義弘 わがよしひろ
天正17（1589）年～正保3（1646）年
安土桃山時代～江戸時代前期の仙台藩士。
¶姓氏宮城

脇儀一郎 わきぎいちろう
宝暦13（1763）年～文化11（1814）年
江戸時代中期～後期の肥後熊本藩士。
¶藩臣7

脇吉右衛門 わききちうえもん
？ ～明治16（1883）年
江戸時代末期～明治期の下総小見川藩士。
¶藩臣3

脇坂十郎兵衛 わきざかじゅうろべえ
？ ～安永7（1778）年
江戸時代中期の出雲松江藩士。
¶藩臣5

脇坂苔衣 わきざかたいい
寛政7（1795）年～明治2（1869）年
江戸時代末期の播磨竜野藩士、槍術者。
¶藩臣5

脇坂安斐 わきざかやすあや，わきさかやすあや
天保10（1839）年～明治41（1908）年 [別]脇坂安斐《わきざかやすよし》
江戸時代末期～明治期の大名。播磨竜野藩主。
¶維新（わきさかやすあや），茶道（わきざかやすよし），諸系（[生]1840年），日人（[生]1840年），藩主3（[没]明治41（1908）年2月27日），兵庫人（[生]天保10（1839）年11月27日 [没]明治41（1908）年2月27日），兵庫百

脇坂安興 わきざかやすおき
享保2（1717）年～延享4（1747）年
江戸時代中期の大名。播磨竜野藩主。
¶諸系，日人，藩主3（[生]享保2（1717）年5月11日 [没]延享4（1747）年8月10日）

脇坂安宅 わきさかやすおり，わきざかやすおり
文化6（1809）年～明治7（1874）年 [別]脇坂安宅《わきさかやすなり，わきざかやすたけ》
江戸時代末期～明治期の大名。播磨竜野藩主。
¶朝日（[生]文化6年2月15日（1809年3月30日） [没]明治7（1874）年1月10日），維新，角史，弓道（[没]明治7（1874）年1月10日），京都大，近現，近世，国史，国書（[生]文化6（1809）年2月15日 [没]明治7（1874）年1月10日），コン改（わきさかやすなり），コン4，コン5，茶道（わきざかやすおり），史人（わきざかやすおり [生]1809年2月15日 [没]1874年1月10日），諸系（わきざかやすおり），新潮（わきざかやすおり [生]文化6（1809）年2月15日 [没]明治7（1874）年1月10日），人名（わきざかやすおり），姓氏京都，日史（わきざかやすおり [生]文化6（1809）年2月15日 [没]明治7（1874）年1月10日），日人（わきざかやすおり），幕末（[没]1874年1月10日），藩主3（わきざかやすおり [生]文化6（1809）年2月15日 [没]明治7（1874）年1月10日），兵庫人（わきざかやすたけ [生]文化6（1809）年2月15日 [没]明治7（1874）年1月10日）

脇坂安清 わきざかやすきよ
貞享2（1685）年～享保7（1722）年
江戸時代中期の大名。播磨竜野藩主。
¶諸系，人名，日人，藩主3（[生]貞享2（1685）年8月6日 [没]享保7（1722）年2月9日）

脇坂安実 わきざかやすざね
延享2（1745）年～宝暦9（1759）年
江戸時代中期の大名。播磨竜野藩主。
¶諸系，日人，藩主3（[生]延享2（1745）年6月3日 [没]宝暦9（1759）年7月21日）

脇坂安宅 わきざかやすたけ
→脇坂安宅（わきさかやすおり）

脇坂安董 わきざかやすただ，わきさかやすただ
明和5（1768）年～天保12（1841）年 [別]汐止亭丸丸《しおどめていまるまる》
江戸時代中期～後期の大名。播磨竜野藩主。
¶朝日（わきさかやすただ [生]明和5年6月5日（1768年7月18日） [没]天保12年閏1月23日（1841年3月15日）），岩史（わきさかやすただ [生]明和5（1768）年6月5日 [没]天保12（1841）年閏1月23日），江戸，近世（わきさかやすただ），国史（わきさかやすただ），国書（わきさかやすただ [生]明和5（1768）年6月5日 [没]天保12（1841）年閏1月23日），コン改（わきさかやすただ [生]宝暦6（1756）年），コン4（わきさかやすただ [生]宝暦6（1756）年），史人（[生]1768年6月5日 [没]1841年閏1月23日），諸系，新潮（[生]宝暦6（1756）年 [没]天保12（1841）年2月24日），人名（汐止亭丸丸 しおどめていまるまる [生]1782年），人名（[生]1782年），日史（[生]明和5（1768）年6月5日 [没]天保12（1841）年2月24日），日人，藩主3（[生]明和5（1768）年6月5日 [没]天保12（1841）年2月24日），兵庫人（[生]天明1（1781）年 [没]天保12（1841）年2月5日），兵庫百

脇坂安親 わきざかやすちか
元文4（1739）年～文化7（1810）年
江戸時代中期～後期の大名。播磨竜野藩主。
¶諸系，人名（[生]1737年 [没]？），日人，藩主3

([生]元文3(1738)年12月19日　[没]文化7(1810)年5月14日)

脇坂安照 わきざかやすてる, わきさかやすてる
明暦4(1658)年～享保7(1722)年
江戸時代前期～中期の大名。播磨竜野藩主。
¶国書(わきさかやすてる　[生]明暦4(1658)年3月20日　[没]享保7(1722)年9月19日), 茶道, 諸系, 人名, 日人, 藩主3([生]万治1(1658)年3月20日　[没]享保7(1722)年9月19日)

脇坂安宅 わきさかやすなり
→脇坂安宅(わきさかやすおり)

脇坂安信 わきざかやすのぶ
？～寛永14(1637)年　[別]脇坂安信《さきさかやすのぶ》
安土桃山時代～江戸時代前期の大名。
¶国書(さきさかやすのぶ　[没]寛永14(1637)年4月1日), 諸系, 日人

脇坂安治 わきざかやすはる, わきさかやすはる
天文23(1554)年～寛永3(1626)年　[別]脇坂甚内《わきざかじんない》
安土桃山時代～江戸時代前期の武将、大名。
¶朝日(わきさかやすはる　[没]寛永3年8月6日(1626年9月26日)), 愛媛百(わきさかやすはる), 角史(わきさかやすはる), 近世(わきさかやすはる), 国史(わきさかやすはる), コン改(わきさかやすはる), コン4(わきさかやすはる), 史人([没]1626年8月6日), 諸系, 新潮([没]寛永3(1626)年8月6日), 人名, 世人([没]寛永3(1626)年8月6日), 戦合(わきさかやすはる), 戦国([生]1555年), 戦辞(わきさかやすはる　[没]寛永3年8月6日(1626年9月26日)), 全書, 戦人, 戦西([生]1555年), 大百, 日史([没]寛永3(1626)年8月6日), 日人, 藩主3, 藩主4([没]寛永3(1626)年8月6日), 百科, 兵庫百, 歴大(わきさかやすはる)

脇坂安弘 わきざかやすひろ
元文3(1738)年～宝暦7(1757)年
江戸時代中期の大名。播磨竜野藩主。
¶諸系, 日人, 藩主3([生]元文3(1738)年1月21日　[没]宝暦7(1757)年7月17日)

脇坂安政 わきざかやすまさ
寛永10(1633)年～元禄7(1694)年
江戸時代前期の大名。信濃飯田藩主、播磨竜野藩主。
¶諸系, 人名, 長野歴, 日人, 藩主2, 藩主3([生]寛永10(1633)年2月19日　[没]元禄7(1694)年4月20日)

脇坂安元 わきざかやすもと, わきさかやすもと
天正12(1584)年～承応2(1653)年
江戸時代前期の大名。信濃飯田藩主、伊予大洲藩主。
¶朝日(わきさかやすもと　[生]天正12年3月4日(1584年4月14日)　[没]承応2年12月3日(1654年1月21日)), 近世(わきさかやすもと), 国史(わきさかやすもと), 国書(わきさかやすもと　[生]天正12(1584)年3月4日　[没]承応2(1653)年12月3日), コン改(わきさかやすもと), コン4(わきさかやすもと), 茶道, 諸系([没]1654年), 新潮([没]承応2(1653)年12月3日), 人名, 姓氏長野, 戦合(わきさかやすもと), 長野百, 長野歴, 日人([没]1654年), 藩主2([生]天正12(1584)年3月4日　[没]承応2(1653)年12月3日), 藩主4

脇坂安斐 わきざかやすよし
→脇坂安斐(わきざかやすあや)

脇田如鉄 わきだじょてつ
→脇田直賢(わきだなおかた)

脇田琢所 わきたたくしょ
文化12(1815)年～安政5(1858)年
江戸時代後期～末期の漢学者・備中松山藩儒・学頭。
¶岡山人, 岡山歴([没]安政5(1858)年5月31日), 国書([没]安政5(1858)年5月30日)

脇田尚方 わきだなおかた
生没年不詳
江戸時代後期の加賀藩士。
¶国書

脇田直賢 わきだなおかた
天正14(1586)年～万治3(1660)年　[別]脇田如鉄《わきだじょてつ》
江戸時代前期の加賀藩士。
¶国書(脇田如鉄　わきだじょてつ　[没]万治3(1660)年7月), 日人, 藩臣3([生]？)

脇田直能 わきだなおよし
？～延宝3(1675)年
江戸時代前期の加賀藩士。
¶藩臣3

脇山武左衛門 わきやまぶざえもん
生没年不詳
江戸時代後期の書家、遠野南部氏家臣。
¶姓氏岩手

脇屋嶺忠 わきやみねただ
生没年不詳
江戸時代中期の越前勝山藩士。
¶藩臣3

和久是安 わくこれやす
→和久是安(わくぜあん)

和久是安 わくぜあん
天正6(1578)年～寛永15(1638)年　[別]和久宗友《わくそうゆう》, 和久是安《わくこれやす》, 和久半左衛門《わくはんざえもん》
安土桃山時代～江戸時代前期の書家、武士。豊臣秀頼の右筆、伊達政宗の臣。
¶朝日([没]寛永15(1638)年8月), 大阪人(わくこれやす　[没]寛永15(1638)年8月), 近世, 国史, 国書(和久半左衛門　わくはんざえもん　[没]寛永15(1638)年8月21日), コン改, コン4, 新潮([没]寛永15(1638)年8月21日), 人名, 姓氏宮城(わくこれやす), 世人, 戦国(和久宗友　わくそうゆう　[生]？), 戦人([生]？), 日人, 名画

和久宗友 わくそうゆう
→和久是安(わくぜあん)

和久半左衛門 わくはんざえもん
→和久是安(わくぜあん)

和栗吉次郎 わくりきちじろう
江戸時代末期の剣士。

わ

¶岡山歴

和気寛 わけひろし
？ ～安政5（1858）年
江戸時代後期～末期の越後新発田藩士。
¶国書

分部惟信 わけべこれのぶ
生没年不詳
江戸時代中期の本草家、近江大溝藩士。
¶国書，人名，日人

分部信政 わけべのぶまさ
承応2（1653）年～＊
江戸時代前期～中期の大名。近江大溝藩主。
¶諸系（[没]1715年），人名（[没]1714年），日人（[没]1715年），藩主3（[生]承応1（1652）年　[没]正徳4（1714）年12月18日）

分部光邦 わけべみつくに
天明6（1786）年～文化7（1810）年
江戸時代後期の大名。近江大溝藩主。
¶諸系，日人，藩主3（[没]文化7（1810）年9月22日）

分部光貞 わけべみつさだ
文化13（1816）年～明治3（1870）年
江戸時代末期～明治期の大名。近江大溝藩主。
¶維新，諸系，日人，藩主3（[没]明治3（1870）年4月12日）

分部光実 わけべみつざね
宝暦6（1756）年～文化5（1808）年
江戸時代中期～後期の大名。近江大溝藩主。
¶諸系，日人，藩主3（[生]宝暦6（1756）年5月22日　[没]文化5（1808）年4月14日）

分部光忠 わけべみつただ
元禄11（1698）年～享保16（1731）年
江戸時代中期の大名。近江大溝藩主。
¶諸系，日人，藩主3（[没]享保16（1731）年3月14日）

分部光庸 わけべみつつね
＊～寛政2（1790）年
江戸時代中期の大名。近江大溝藩主。
¶諸系（[生]1737年），人名（[生]1731年　[没]？），日人（[生]1737年），藩主3（[生]享保19（1734）年　[没]寛政2（1790）年8月26日）

分部光命 わけべみつなが
正徳4（1714）年～天明3（1783）年
江戸時代中期の大名。近江大溝藩主。
¶諸系，人名（[生]1707年），日人，藩主3（[没]天明3（1783）年11月22日）

分部光信 わけべみつのぶ
天正19（1591）年～寛永20（1643）年
江戸時代前期の大名。近江大溝藩主、伊勢上野藩主。
¶諸系，日人，藩主3（[没]寛永20（1643）年2月22日）

分部光謙 わけべみつのり
文久2（1862）年～明治43（1910）年
江戸時代末期～明治期の大溝藩主、大溝藩知事、子爵。
¶諸系，日人，藩主3（[没]昭和19（1944）年11月29日）

分部光寧 わけべみつやす
文化6（1809）年～安政5（1858）年
江戸時代末期の大名。近江大溝藩主。
¶諸系，日人，藩主3（[生]文化6（1809）年8月　[没]安政5（1858）年7月21日）

分部嘉高 わけべよしたか
慶安1（1648）年～寛文7（1667）年　[別]分部嘉高《わけべよしたけ》
江戸時代前期の大名。近江大溝藩主。
¶諸系，日人，藩主3（わけべよしたけ　[没]寛文7（1667）年6月12日）

分部嘉高 わけべよしたけ
→分部嘉高（わけべよしたか）

分部嘉治 わけべよしはる
寛永4（1627）年～万治1（1658）年
江戸時代前期の大名。近江大溝藩主。
¶諸系，日人，藩主3（[没]明暦4（1658）年7月10日）

和気与左衛門 わけよざえもん
文禄4（1595）年～明暦3（1657）年
江戸時代前期の備前藩の新田開拓者。
¶朝日（[没]明暦3年11月6日（1657年12月10日）），岡山人，岡山歴（[没]明暦3（1657）年11月6日），日人

若生文十郎 わこうぶんじゅうろう
天保13（1842）年～明治2（1869）年　[別]若生景祐《わかおかげすけ》
江戸時代末期の陸奥仙台藩士。
¶維新，人名（若生景祐　わかおかげすけ），姓氏宮城，日人，幕末（[没]1869年5月25日），藩臣1，宮城百

和佐大八 わさだいはち
→和佐大八郎（わさだいはちろう）

和佐大八郎 わさだいはちろう
寛文3（1663）年～正徳3（1713）年　[別]和佐大八《わさだいはち》，和佐大八郎範遠《わさだいはちろうのりとお》
江戸時代中期の紀伊和歌山藩の紀州竹林派弓術の名手。
¶郷土和歌山（和佐大八郎範遠　わさだいはちろうのりとお），近世（[生]1661年），国史（[生]1661年），新潮（[没]正徳3（1713）年3月24日），人名，世人，全書，大百，日人，藩臣5（和佐大八　わさだいはち），和歌山人

和佐大八郎範遠 わさだいはちろうのりとお
→和佐大八郎（わさだいはちろう）

和佐範一 わさのりかず
天保9（1838）年7月2日～明治11（1878）年7月13日
江戸時代後期～明治期の弓道家、和歌山藩士。
¶弓道

和佐範義 わさのりよし
文化3（1806）年10月6日～明治10（1877）年12月9日
江戸時代後期～明治期の弓道家、和歌山藩士。
¶弓道

鷲津毅堂 わしずきどう
→鷲津毅堂（わしづきどう）

鷲巣東馬 わしずとうま
　生没年不詳
　江戸時代後期の遠江相良藩家老。
　¶藩臣4

鷲津毅堂 わしづきどう, わしずきどう
　文政8(1825)年〜明治15(1882)年　㊙鷲津宣光
　《わしづのぶみつ》
　江戸時代末期〜明治期の尾張藩の儒学者、政治家。「聖武記採要」を出版。
　¶朝日(㊤文政8年11月8日(1825年12月17日)　㊦明治15(1882)年10月5日)，維新，江文，近現(鷲津宣光　わしづのぶみつ)，近世(鷲津宣光　わしづのぶみつ)，近文，国際(鷲津宣光　わしづのぶみつ)，国史(鷲津宣光　わしづのぶみつ)，国書(㊤文政8(1825)年11月8日　㊦明治15(1882)年10月5日)，コン改(鷲津宣光　わしづのぶみつ)，コン4, コン5, 詩歌，新潮(㊤文政8(1825)年11月8日　㊦明治15(1882)年10月5日)，人名，姓氏愛知，日人，幕末(㊦1882年10月5日)，藩臣4(鷲津宣光　わしづのぶみつ)，三重(㊤文政8年11月8日)，歴大，和俳(わしずきどう)

鷲津貞助 わしづていすけ
　文政8(1825)年〜?
　江戸時代末期の上総久留里藩士。
　¶藩臣3

鷲津宣光 わしづのぶみつ
　→鷲津毅堂(わしづきどう)

鷲尾益敬 わしのおますたか
　正保4(1647)年〜享保3(1718)年
　江戸時代前期〜中期の水戸藩士、郡奉行。
　¶国書

鷲巣清典 わしのすきよのり
　生没年不詳
　江戸時代後期の旗本。
　¶神奈川人

和字真名富 わじまなぶ
　江戸時代後期の狂歌師、出羽天童藩士。
　¶人名，日人(生没年不詳)

和田秋清 わだあききよ
　天保5(1834)年〜明治2(1869)年　㊙和田彦兵衛
　《わだひこべえ》
　江戸時代末期の薩摩藩士。
　¶維新，人名(和田彦兵衛　わだひこべえ)，姓氏鹿児島，日人，幕末(㊦1869年6月17日)

和田昭為 わだあきため
　天文1(1532)年〜元和4(1618)年8月6日
　安土桃山時代〜江戸時代前期の武士。佐竹氏家臣。
　¶戦辞，戦人(生没年不詳)，戦東

渡井浅衛門 わたいあさえもん
　生没年不詳
　江戸時代の剣術家。東軍流。
　¶剣豪

和田厳足 わだいずたり
　天明7(1787)年〜安政6(1859)年4月27日
　江戸時代後期の歌人、肥後熊本藩士。
　¶朝日(㊦安政6年4月27日(1859年5月29日))，熊本百，国書，新潮，日人，和俳

和田厳足 わだいつたり
　天明7(1787)年〜嘉永6(1853)年
　江戸時代中期〜後期の熊本藩士。
　¶鎌倉

和田烏江 わだうこう
　生没年不詳
　江戸時代中期の書家・下総関宿藩士。
　¶国書

和田氏武 わだうじたけ
　生没年不詳
　江戸時代後期の盛岡藩士。
　¶国書

和田越中 わだえっちゅう
　江戸時代前期の武将。最上氏家臣。
　¶戦東

和田織部 わだおりべ
　→和田為泰(わだためやす)

和高小刀太 わだかことうた
　江戸時代末期の新撰組隊士。
　¶新撰

和高虎之助 わだかとらのすけ
　江戸時代末期の新撰組隊士。
　¶新撰

和田邦之助 わだくにのすけ
　→和田信旦(わだのぶあき)

和田郡司 わだぐんじ
　延享4(1747)年〜文政4(1821)年
　江戸時代中期〜後期の蝦夷松前藩士。
　¶藩臣1

和田光観 わだこうかん
　天保8(1837)年4月22日〜明治31(1898)年12月24日
　江戸時代後期〜明治期の旧藩士。
　¶庄内

和田耕蔵 わだこうぞう
　生没年不詳
　江戸時代中期の和算家・加賀藩士。
　¶国書

和田小伝次 わだこでんじ
　天保6(1835)年〜文久3(1863)年
　江戸時代末期の長州(萩)藩足軽。
　¶維新，人名，日人，幕末(㊦1863年11月24日)

和田維長 わだこれなが
　＊〜寛永5(1628)年
　安土桃山時代〜江戸時代前期の武将。
　¶戦国(㊤1551年)，戦人(㊤?)

和田佐市 わださいち
　天保3(1832)年〜文久3(1863)年
　江戸時代末期の志士。天誅組に参加。
　¶新潮(㊦文久3(1863)年8月)，人名，日人，幕末

和田三兵衛 わださんべえ
　嘉永1(1848)年〜明治1(1868)年
　江戸時代後期〜末期の武士。
　¶日人

和田重雄 わだしげお
生没年不詳
江戸時代末期の幕臣・国学者。
¶国書

和田重善 わだしげよし
文政7(1824)年6月～明治33(1900)年1月12日
江戸時代後期～明治期の尾張藩士。
¶国書

和田十郎 わだじゅうろう
? ～慶応4(1868)年1月3日
江戸時代後期～末期の新撰組隊士。
¶新撰

和田十郎左衛門 わだじゅうろうざえもん
→和田正重(わだまさしげ)

和田勝右衛門 わだしょううえもん
→和田勝右衛門(わだしょうえもん)

和田勝右衛門 わだしょうえもん
? ～寛永13(1636)年 [別]和田勝右衛門《わだしょううえもん》
江戸時代前期の武士。
¶戦人，戦西(わだしょううえもん)

和田甚右衛門 わだじんうえもん
江戸時代前期の武将。里見氏家臣。
¶戦東

和田甚九郎 わだじんくろう
江戸時代前期の武将。里見氏家臣。
¶戦東

和田甚左衛門 わだじんざえもん
生没年不詳
安土桃山時代～江戸時代前期の武士。里見氏家臣。
¶戦人

和田僊嶺 わだせんりょう
寛政6(1794)年～文久3(1863)年
江戸時代末期の三河西尾藩士、画家。
¶姓氏愛知，幕末，藩臣4

和田仙六 わだせんろく
天保9(1838)年～明治1(1868)年2月20日
江戸時代末期の陸奥会津藩士。
¶幕末

和田宗允 わだそういん
江戸時代前期の信濃飯田藩士、儒学者。
¶神人(生没年不詳)，長野歴([生]慶長7(1602)年 [没]延宝5(1677)年)，藩臣3([生]? [没]寛文12(1672)年)

和田為泰 わだためやす
天保3(1832)年～明治2(1869)年 [別]和田織部《わだおりべ》
江戸時代末期の陸奥仙台藩士。
¶維新(和田織部 わだおりべ)，人名，姓氏宮城，日人，幕末([生]1831年 [没]1869年4月14日)，藩臣1

和田伝 わだつとう
天保14(1843)年～大正5(1916)年4月15日
江戸時代末期～明治期の剣道師範役。
¶熊本百([生]天保14(1843)年1月26日)，幕末

和田伝兵衛 わだでんべえ
? ～安永9(1780)年
江戸時代中期の剣術家。新陰流。
¶剣豪

和田東蔵 わだとうぞう
*～明治38(1905)年
江戸時代末期～明治期の出羽庄内藩士、史家。
¶庄内([生]文政4(1821)年6月1日 [没]明治38(1905)年2月20日)，藩臣1([生]文政9(1826)年)

和田富直 わだとみなお
生没年不詳
江戸時代後期の和算家・越後新発田藩士。
¶国書

和田中彦 わだなかひこ
? ～明治28(1895)年
江戸時代末期～明治期の儒者。
¶庄内([生]天保3(1832)年 [没]明治28(1895)年3月29日)，人名，日人

渡辺章綱 わたなべあきつな
天保4(1833)年～明治27(1894)年
江戸時代末期～明治期の大名。和泉伯太藩主。
¶諸系，日人，藩主3

渡辺在綱 わたなべありつな
→渡辺新左衛門(わたなべしんざえもん)

渡辺重石丸 わたなべいかりまる
→渡辺重石丸(わたなべいかりまろ)

渡辺重石丸 わたなべいかりまろ
天保8(1837)年～大正4(1915)年 [別]渡辺重石丸《わたなべいかりまる》
江戸時代末期～明治期の豊前中津藩の国学者。私塾道生館を開く。
¶朝日([生]天保8年11月15日(1837年12月12日) [没]大正4(1915)年10月19日)，維新(わたなべいかりまる)，大分百([生]1836年 [没]1917年)，近現，近世，国史，コン改，コン4，コン5，神史，神人([生]天保7(1836)年11月 [没]大正4(1915)年10月)，人名，全書，日人，幕末(わたなべいかりまる [没]1917年3月)，藩臣7(わたなべいかりまる [生]天保7(1836)年)，歴大([生]1836年)

渡辺出雲守永倫 わたなべいずものかみながとも
→渡辺永倫(わたなべながとも)

渡辺一 わたなべいち
→渡辺一(わたなべかず)

渡辺一渓 わたなべいっけい
安永9(1780)年～?
江戸時代中期～後期の幕臣・歌人。
¶国書

渡辺巌 わたなべいわお
文化3(1806)年～明治19(1886)年
江戸時代末期～明治期の肥前大村藩士。
¶人名，日人

渡辺越中 わたなべえっちゅう
江戸時代前期の武士。
¶岡山人

渡辺荻右衛門　わたなべおぎえもん
安永7(1778)年～天保9(1838)年4月5日
江戸時代中期～後期の二本松藩士。
¶国書

渡辺崋山　わたなべかざん
寛政5(1793)年～天保12(1841)年　別崋山《かざん》
江戸時代後期の三河田原藩の武士、画家、経世家。洋風画を研究していたのが洋学研究へと進み、高野長英らと交わる。幕政を批判した「慎機論」を執筆し蛮社の獄で牢に入り、蟄居中自刃。
¶愛知百(㊐1793年9月16日)　㊦1841年10月11日)、朝日(㊐寛政5年9月16日(1793年10月20日)、㊦天保12年10月11日(1841年11月23日)、維新、岩史(㊐寛政5(1793)年9月16日　㊦天保12(1841)年10月11日)、江戸、江文、角史、神奈川百、近世、群馬人、群馬百、考古(㊐寛政5年(1793年9月16日)　㊦天保12年(1841年10月11日))、国史、国書(㊐寛政5(1793)年9月16日　㊦天保12(1841)年10月11日)、コン改、コン4、埼玉人(㊐寛政5(1793)年9月11日　㊦天保12(1841)年10月11日)、埼玉百、茶道、詩က、史人(㊐1793年9月16日　㊦1841年10月11日)、静岡百、静岡歴、重要(㊐寛政5(1793)年9月16日　㊦天保12(1841)年10月11日)、人書79、人書94、新潮(㊐寛政5(1793)年9月16日　㊦天保12(1841)年10月11日)、人名、姓氏愛知、姓氏群馬、世人(㊦天保12(1841)年10月11日)、世百、全書、大百、多摩(㊐寛政4(1792)年)、伝記、栃木歴、日史(㊐寛政5(1793)年9月16日　㊦天保12(1841)年10月11日)、日人、人情4、幕末(㊦1841年10月11日)、藩臣4、美術、百科、名画、洋学、歴大、和俳

渡辺一　わたなべかず
明和4(1767)年～天保10(1839)年　別渡辺一《わたなべいち、わたなべはじめ》
江戸時代中期～後期の和算家、二本松藩士。最上流和算を広めた。
¶朝日(㊦天保10年10月7日(1839年11月12日))、江文、国書(㊐明和4(1767)年7月27日　㊦天保10(1839)年10月7日)、新潮(わたなべいち　㊦天保10(1839)年10月7日)、人名、世人(わたなべはじめ　㊐?)、日人

渡辺数馬　わたなべかずま
慶長13(1608)年～寛永19(1642)年
江戸時代前期の因幡鳥取藩士。
¶岡山人、岡山歴(㊦寛永19(1642)年12月2日)、日人(㊦1643年)、藩臣5

渡辺勝(1)　わたなべかつ
*～寛永3(1626)年　別速水庄兵衛《はやみしょうべえ》
安土桃山時代～江戸時代前期の武将。秀吉馬廻。
¶戦国(㊐1562年)、戦人(㊐永禄4(1561)年)

渡辺勝(2)　わたなべかつ
～元和5(1619)年
江戸時代前期の旗本。
¶神奈川人

渡辺要人　わたなべかなめ
文化4(1807)年～嘉永7(1854)年
江戸時代中期の但馬出石藩士。
¶藩臣5

渡辺勘兵衛　わたなべかんべえ
→渡辺吉光(わたなべよしみつ)

渡辺驥　わたなべき
天保7(1836)年～明治29(1896)年　別渡辺驥《わたなべすすむ》
江戸時代末期～明治期の信濃松代藩士、司法官。
¶朝日(わたなべすすむ　㊐天保7年9月9日(1836年10月18日)　㊦明治29(1896)年6月24日)、維新、近現、国史、コン改(㊐天保1(1830)年)、コン4(㊐天保1(1830)年)、コン5(㊐天保1(1830)年)、茶道(㊐1830年)、新潮(㊐天保7(1836)年9月　㊦明治29(1896)年6月24日)、人名(㊐1830年)、姓氏長野(わたなべすすむ)、長野歴(わたなべすすむ)、日人(わたなべすすむ)、幕末(わたなべすすむ　㊦1896年6月21日)

渡辺義助　わたなべぎすけ
天保9(1838)年～明治3(1870)年
江戸時代末期～明治期の長州(萩)藩士、奇兵隊小隊長。
¶維新、人名、日人

渡辺喜内　わたなべきない
生没年不詳
江戸時代後期の加賀藩士。
¶国書

渡辺儀平次　わたなべぎへいじ
生没年不詳
江戸時代末期の武士。
¶和歌山人

渡辺公綱　わたなべきみつな
→渡辺又右衛門(1)(わたなべまたえもん)

渡辺牛塋　わたなべぎゅうがく
江戸時代末期の漢学者、備前松山藩士。
¶岡山人、岡山歴(わたなべぎゅうかく)

渡辺杏林　わたなべきょうりん
寛政3(1791)年～文久3(1863)年
江戸時代末期の讃岐丸亀藩士。
¶藩臣6

渡辺珪　わたなべきよし
→渡辺竜門(わたなべりゅうもん)

渡辺澄　わたなべきよし
寛政3(1791)年～天保9(1838)年
江戸時代後期の長門清末藩士。
¶藩臣6

渡辺清　わたなべきよし
天保6(1835)年～明治37(1904)年
江戸時代末期～明治期の肥前大村藩士、官僚政治家。
¶朝日(㊐天保6(1835)年3月　㊦明治37(1904)年12月30日)、維新、郷土長崎(㊦1905年)、茶道、新潮(㊐天保6(1835)年3月15日　㊦明治37(1904)年12月30日)、人名、日人、幕末(㊦1904年12月30日)、藩臣7

渡辺潔綱 わたなべきよつな
文化11（1814）年～明治9（1876）年
江戸時代末期～明治期の大名。和泉伯太藩主。
¶諸系，日人，藩主3

渡辺邦数 わたなべくにかず
明和1（1764）年～寛政12（1800）年
江戸時代中期～後期の清末藩家老。
¶姓氏山口

渡辺邦蔵 わたなべくにぞう
*～安政1（1854）年　[別]渡辺邦伸《わたなべくにのぶ》，渡辺邦蔵邦伸《わたなべくにぞうくにのぶ》
江戸時代後期～末期の剣術家。神道無念流。
¶剣豪（[生]文化5（1808）年），埼玉人（[生]文化4（1807）年　[没]安政1（1854）年12月4日），埼玉百（渡辺邦蔵邦伸　わたなべくにぞうくにのぶ　[生]1807年），日人（渡辺邦伸　わたなべくにのぶ　[生]1808年　[没]1855年）

渡辺邦蔵邦伸 わたなべくにぞうくにのぶ
→渡辺邦蔵（わたなべくにぞう）

渡辺国武 わたなべくにたけ
弘化3（1846）年～大正8（1919）年
江戸時代末期～明治期の信濃高島藩士、官僚、政治家。子爵。大蔵大臣就任中緊縮政策を主張、内閣瓦解を導いた。
¶朝日（[生]弘化3年3月3日（1846年3月29日）[没]大正8（1919）年5月11日），江戸東，近現，高知人，高知百，国史，コン改，コン5，史人（[生]1846年5月5日　[没]1919年5月11日），新潮（[没]大正8（1919）年5月11日），人名，姓氏長野，世人，哲学，徳島百（[生]弘化3（1846）年5月5日　[没]大正8（1919）年5月11日），徳島歴（[生]弘化3（1846）年5月5日　[没]大正8（1919）年5月11日），長野百，長野歴，日史（[生]弘化3（1846）年5月5日　[没]大正8（1919）年5月11日），日人，藩臣3，百科，明治1，履歴（[生]弘化3（1846）年5月5日　[没]大正8（1919）年5月11日），歴大

渡辺邦伸 わたなべくにのぶ
→渡辺邦蔵（わたなべくにぞう）

渡辺内蔵太 わたなべくらた
天保7（1836）年～元治1（1864）年
江戸時代末期の長州（萩）藩士。英国公使館焼打ちに参加。
¶朝日（[生]天保7年2月3日（1836年3月19日）[没]元治1年12月19日（1865年1月16日）），維新，国書（[生]天保7（1836）年2月3日　[没]元治1（1864）年12月19日），コン改，コン4，新潮（[生]天保7（1836）年2月3日　[没]元治1（1864）年12月19日），人名，姓氏山口，日人（[没]1865年），幕末（[没]1865年1月16日），藩臣6

渡辺恵舟 わたなべけいしゅう
承応1（1652）年～正徳2（1712）年　[別]渡辺武《わたなべたけし》
江戸時代中期の水戸藩士。
¶国書（渡辺武　わたなべたけし），人名，日人

渡辺外記 わたなべげき
延宝7（1679）年～宝暦8（1758）年
江戸時代中期の美濃郡上藩家老。
¶藩臣3

渡辺源右衛門 わたなべげんうえもん
？～明治9（1876）年11月
江戸時代末期～明治期の長州（萩）藩士。
¶幕末

渡辺源五郎 わたなべげんごろう
？～文政10（1827）年4月30日
江戸時代中期～後期の加賀藩士。
¶国書

渡辺源太夫 わたなべげんだゆう
～寛永7（1630）年
江戸時代前期の武士。渡辺数馬の兄。
¶岡山人

渡辺源兵衛 わたなべげんべえ
生没年不詳
江戸時代中期の磐城中村藩士。
¶国書

渡辺玄包 わたなべげんぽう，わたなべげんほう
天保4（1833）年～明治38（1905）年　[別]渡辺新三郎《わたなべしんざぶろう》
江戸時代末期～明治期の志士、徳山藩士。
¶維新（渡辺新三郎　わたなべしんざぶろう），姓氏山口，幕末（わたなべげんほう　[没]1905年1月29日），山口百

渡辺幸庵 わたなべこうあん
江戸時代前期の武功者。徳川家康・秀忠の臣。
¶朝日（生没年不詳），新潮（[生]天正10（1582）年？　[没]正徳1（1711）年？），戦国（[生]1583年　[没]1711年），日人（生没年不詳）

渡辺蒿蔵 わたなべこうぞう
天保14（1843）年～昭和14（1939）年9月7日　[別]天野清三郎《あまのせいざぶろう》，渡辺蒿蔵・天野清三郎《わたなべこうぞう・あまのせいざぶろう》
江戸時代末期～明治期の長州藩の実業家。イギリスで造船学を学び、帰国後、長崎造船所所長、工部省技師をつとめた。
¶海越（天野清三郎　あまのせいざぶろう　生没年不詳），海越新（天野清三郎　あまのせいざぶろう），世紀（[生]天保14（1843）年4月3日），渡航（渡辺蒿蔵・天野清三郎　わたなべこうぞう・あまのせいざぶろう），日人，幕末，藩臣6，山口百

渡部郷兵衛 わたなべごうべえ
～享保19（1734）年5月25日
江戸時代中期の庄内藩士。
¶庄内

渡辺小右衛門 わたなべこえもん
江戸時代後期の南町奉行所の与力。
¶江戸

渡辺伊綱 わたなべこれつな
宝暦7（1757）年～文政8（1825）年
江戸時代中期の大名。和泉伯太藩主。
¶諸系，人名，日人，藩主3（[没]天明3（1783）年）

渡辺之道 わたなべこれみち
？～天保13（1842）年7月7日
江戸時代後期の尾張藩士。
¶国書

渡辺権兵衛 わたなべごんべえ
? ～享和1(1801)年
江戸時代中期～後期の常陸土浦藩士。
¶藩臣2

渡辺崎右衛門(1) わたなべさきうえもん
? ～嘉永2(1849)年
江戸時代後期の遠江掛川藩用人。
¶藩臣4

渡辺崎右衛門(2) わたなべさきうえもん
生没年不詳
江戸時代末期の遠江掛川藩用人。
¶藩臣4

渡辺作之丞 わたなべさくのじょう
生没年不詳
江戸時代中期の肥後熊本藩士。
¶藩臣7

渡辺定俊 わたなべさだとし
? ～寛永9(1632)年
江戸時代前期の甲斐甲府藩士。
¶藩臣3

渡辺佐太夫 わたなべさだゆう
生没年不詳
江戸時代後期の加賀藩士。
¶国書

渡辺了 わたなべさとる
→渡辺吉光(わたなべよしみつ)

渡辺真綱 わたなべさねつな
～元和6(1620)年
江戸時代前期の旗本。
¶神奈川人

渡辺三郎 わたなべさぶろう
嘉永1(1848)年～昭和9(1934)年
江戸時代末期～明治期の土佐藩の志士。
¶高知人，人名，日人，幕末([没]1934年11月21日)

渡辺治右衛門 わたなべじうえもん
→渡辺治右衛門(わたなべじえもん)

渡辺治右衛門 わたなべじえもん
? ～文久2(1862)年 [別]渡辺治右衛門《わたなべじうえもん》
江戸時代中期～後期の陸奥二本松藩の算学教授。
¶維新，幕末([没]1862年3月)，藩臣5(わたなべじうえもん [生]明和4(1767)年 [没]天保10(1839)年)

渡辺茂 わたなべしげ
天文20(1551)年～寛永15(1638)年
安土桃山時代～江戸時代前期の武士。徳川氏家臣。
¶戦人

渡辺重 わたなべしげし
天正8(1580)年～寛永7(1630)年
江戸時代前期の旗本。
¶神奈川人

渡辺成従 わたなべしげつぐ
*～寛保1(1741)年 [別]渡辺成従《わたなべせいじゅう》
江戸時代前期～中期の会津藩士・書家。
¶会津(わたなべせいじゅう [生]延宝6(1678)年)，国書([生]延宝2(1674)年 [没]寛保1(1741)年4月)

渡辺重綱 わたなべしげつな
天正2(1574)年～慶安1(1648)年
安土桃山時代～江戸時代前期の尾張藩家老。
¶諸系，日人，藩臣4

渡辺重名 わたなべしげな
宝暦9(1759)年～天保1(1830)年
江戸時代中期～後期の国学者、豊前中津藩校進脩館教授。
¶朝日([生]宝暦9年3月16日(1759年4月13日) [没]天保1年12月23日(1831年2月5日))，大分百，大分歴，近世，国史，国書([生]宝暦9(1759)年3月16日 [没]天保1(1830)年12月23日)，コン改，コン4，神史，神人([生]宝暦9(1759)年3月16日 [没]天保1(1830)年12月23日)，新潮([生]宝暦9(1759)年3月5日，(異説)3月16日 [没]天保1(1830)年12月23日)，人名([生]1758年)，日人([没]1831年)，藩臣7，百科，和俳

渡辺重春 わたなべしげはる
天保2(1831)年～明治23(1890)年
江戸時代末期～明治期の豊前中津藩の国学者。
¶維新，大分百([没]1891年)，郷土奈良，国書([生]天保2(1831)年3月10日 [没]明治23(1890)年5月9日)，神史，神人，人名，日人，藩臣7

渡辺重通 わたなべしげみち
天正10(1582)年～承応1(1652)年
安土桃山時代～江戸時代前期の伊勢津藩士。
¶日人

渡辺成以 わたなべしげもち
享保4(1719)年～明和5(1768)年12月
江戸時代中期の会津藩士・書家。
¶国書

渡辺慈斎 わたなべじさい
安永1(1772)年～嘉永1(1848)年
江戸時代後期の堺奉行付与力。
¶茶道

渡辺治太夫 わたなべじだゆう
慶長17(1612)年～貞享2(1685)年
江戸時代前期の陸奥弘前藩家老。
¶藩臣1

渡辺正蔭 わたなべしょういん
→渡辺正蔭(わたなべまさかげ)

渡辺小華(渡辺小崋) わたなべしょうか
天保6(1835)年～明治20(1887)年
江戸時代末期～明治期の三河田原藩の画家。渡辺崋山の次男。
¶朝日([没]明治20(1887)年12月29日)，近美([生]天保6(1835)年1月 [没]明治20(1887)年12月29日)，国際，新潮([没]明治20(1887)年12月29日)，人名(渡辺小崋)，日人，幕末，藩臣4，美家([生]天保6(1835)年1月 [没]明治20(1887)年12月29日)，名画

渡辺松窩 わたなべしょうか
寛政1(1789)年～慶応1(1865)年 [別]渡辺直《わたなべなおし》
江戸時代後期の儒者、新見藩家老。

¶岡山人，岡山歴（㊐寛政1（1789）年3月9日
㊧慶応1（1865）年9月20日），国書（渡辺直　わ
たなべなおし　㊧慶応1（1865）年9月20日），人
名，日人

渡辺定斎　わたなべじょうさい
安永1（1772）年〜天保13（1842）年
江戸時代後期の三河挙母藩士。
¶剣豪，国書（㊐明和9（1772）年9月6日　㊧天保
13（1842）年12月3日），藩臣4

渡辺樵山　わたなべしょうざん
文政4（1821）年〜明治6（1873）年
江戸時代末期〜明治の儒者、紀伊和歌山藩士。
¶江文，国書（㊧明治6（1873）年12月18日），人
名，日人，和歌山人

渡辺所左衛門　わたなべしょざえもん
生没年不詳
江戸時代前期の加賀藩士。
¶国書

渡辺新左衛門　わたなべしんざえもん
文政3（1820）年〜明治1（1868）年　㊞渡辺在綱
《わたなべありつな》
江戸時代末期の尾張藩士。佐幕派の指導者の一人。
¶愛知百（㊧1868年1月20日），朝日（㊧明治1年1
月20日（1868年2月13日）），姓氏愛知，日人，
藩臣4（渡辺在綱　わたなべありつな）

渡辺甚左衛門　わたなべじんざえもん
生没年不詳
江戸時代前期の加賀藩士。
¶国書

渡辺新三郎　わたなべしんざぶろう
→渡辺玄包（わたなべげんぽう）

渡辺新兵衛　わたなべしんべえ
〜明暦1（1655）年
江戸時代前期の郡代。
¶庄内

渡辺驥　わたなべすすむ
→渡辺驥（わたなべき）

渡辺清右衛門利容　わたなべせいえもんとしひろ
？　〜享保3（1718）年
江戸時代前期〜中期の弘前藩士。
¶青森人

渡辺清左衛門　わたなべせいざえもん
文政3（1820）年〜慶応1（1865）年
江戸時代後期〜末期の剣術家。北辰一刀流。
¶剣豪

渡辺成従　わたなべせいじゅう
→渡辺成従（わたなべしげつぐ）

渡辺清太夫　わたなべせいだゆう
正保1（1644）年〜正徳3（1713）年
江戸時代前期〜中期の剣術家。小栗流。
¶剣豪

渡辺善右衛門　わたなべぜんうえもん
→渡辺守由（わたなべもりよし）

渡辺宗覚　わたなべそうかく
生没年不詳
安土桃山時代〜江戸時代前期の武士。

大分歴，戦人，戦西，日人

渡辺宗助　わたなべそうすけ
天保8（1837）年〜慶応1（1865）年
江戸時代末期の近江膳所藩士。
¶維新，人名，日人，幕末（㊧1865年12月8日）

渡辺素餐　わたなべそさん
弘化2（1845）年〜明治34（1901）年
江戸時代末期〜明治期の志摩鳥羽藩士。
¶藩臣4，三重続（㊐弘化2年2月）

渡辺岱青　わたなべたいせい
？　〜寛政11（1799）年　㊞岱青《たいせい》
江戸時代中期の尾張藩士。
¶国書（岱青　たいせい　㊧寛政11（1799）年8月
2日），日人，俳句（岱青　たいせい），藩臣4

渡辺高　わたなべたかし
天明5（1785）年〜天保14（1843）年
江戸時代中期〜後期の剣術家。
¶剣豪，日人

渡辺孝綱　わたなべたかつな
文化14（1817）年〜？
江戸時代後期の幕臣。
¶維新，幕末

渡辺武　わたなべたけし
→渡辺恵舟（わたなべけいしゅう）

渡辺弸　わたなべたすく
生没年不詳
江戸時代後期の加賀藩士。
¶国書

渡辺忠　わたなべただ
〜慶安1（1648）年
江戸時代前期の旗本。
¶神奈川人

渡辺忠綱　わたなべただつな
〜承応1（1652）年
江戸時代前期の旗本。
¶神奈川人

渡辺帯刀　わたなべたてわき
明和5（1768）年〜天保4（1833）年
江戸時代中期〜後期の筑前秋月藩家老。
¶藩臣7

渡辺多門　わたなべたもん
文政9（1826）年〜明治40（1907）年3月17日
江戸時代末期〜明治期の陸奥会津藩士。
¶幕末

渡辺千秋　わたなべちあき
天保14（1843）年〜大正10（1921）年
江戸時代末期〜明治期の信濃高島藩士、官僚。伯
爵、貴族院議員。内務次官、京都府知事などを
歴任。
¶朝日（㊐天保14年5月20日（1843年6月17日）
㊧大正10（1921）年8月27日），維新，鹿児島百，
京都大，京都府，近現，国史，コン改，コン5，
史人（㊐1843年5月20日　㊧1921年8月27日），
新潮（㊐天保14（1843）年5月　㊧大正10（1921）
年8月27日），人名，世紀（㊐天保14（1843）年5
月20日　㊧大正10（1921）年8月27日），姓氏鹿
児島，姓氏京都，姓氏長野，長野百，長野歴，

日人，幕末（[没]1921年8月27日），藩臣3，北海道百，北海道歴，宮崎百，履歴（[生]天保14（1843）年5月20日　[没]大正10（1921）年8月27日）

渡辺親綱　わたなべちかつな
享保12（1727）年～寛政1（1789）年
江戸時代後期の武士。
¶和歌山人

渡辺綱貞　わたなべつなさだ
生没年不詳
江戸時代前期の旗本。
¶神奈川人

渡辺綱治　わたなべつなはる
～寛文9（1669）年
江戸時代前期の旗本。
¶神奈川人

渡辺陶治　わたなべとうじ
享和2（1802）年～安政2（1855）年
江戸時代末期の志摩鳥羽藩士。
¶藩臣4，三重続

渡辺利容　わたなべとしかた
生没年不詳
江戸時代前期の陸奥弘前藩士。
¶国書

渡辺敏郎　わたなべとしろう
江戸時代末期の新撰組隊士。
¶新撰

渡部共一　わたなべともかつ
寛政6（1794）年～明治1（1868）年11月21日
江戸時代末期の加賀藩士。
¶幕末

渡辺直　わたなべなおし
→渡辺松窩（わたなべしょうか）

渡辺直綱　わたなべなおつな
*～寛文8（1668）年
江戸時代前期の紀伊和歌山藩士。
¶藩臣5（[生]慶長6（1601）年），和歌山人（[生]？）

渡辺尚義　わたなべなおよし
文政4（1821）年～？　[別]渡辺尚義《わたなべひさよし》
江戸時代末期の越中富山藩士、砲術家。
¶人名（わたなべひさよし），日人，藩臣3

渡辺永倫　わたなべながとも
寛文8（1668）年～享保14（1729）年　[別]渡辺出雲守永倫《わたなべいずものかみながとも》
江戸時代前期～中期の幕臣、長崎奉行。
¶国書（[没]享保14（1729）年5月13日），長崎歴（渡辺出雲守永倫　わたなべいずものかみながとも）

渡辺寧軒　わたなべねいけん
→渡辺弥一兵衛（わたなべやいちべえ）

渡辺信綱　わたなべのぶつな
享保12（1727）年～安永1（1772）年
江戸時代中期の大名。和泉伯太藩主。
¶諸系，日人，藩主3（[没]安永1（1772）年1月22日）

渡辺宣綱　わたなべのぶつな
正保2（1645）年～元禄2（1689）年
江戸時代前期の尾張藩士。
¶藩臣4

渡辺昇　わたなべのぼる
天保9（1838）年～大正2（1913）年
江戸時代末期～明治期の肥前大村藩士。尊攘派三十七士同盟に参加。
¶朝日（[生]天保9年4月8日（1838年5月1日）　[没]大正2（1913）年11月10日），維新，海越新（[生]天保9（1838）年4月8日　[没]大正2（1913）年11月10日），大阪人（[没]大正2（1913）年11月），郷土長崎，近現，国際，国史，コン改，コン4，コン5，新潮（[生]天保9（1838）年4月8日　[没]大正2（1913）年11月9日），人名，姓氏京都，多摩，渡航（[生]1838年4月9日　[没]1913年11月9日），長崎百，日人，幕末（[没]1913年11月9日），藩臣7，履歴（[生]天保9（1838）年4月9日　[没]大正2（1913）年11月10日）

渡辺規綱　わたなべのりつな
寛政4（1792）年～明治4（1871）年　[別]渡辺又日庵《わたなべゆうじつあん》
江戸時代末期～明治期の尾張藩の文人。
¶国書（[生]寛政4（1792）年1月9日　[没]明治4（1871）年1月18日），新潮（渡辺又日庵　わたなべゆうじつあん　[没]明治4（1871）年1月18日），姓氏愛知，日人，藩臣4

渡辺則綱　わたなべのりつな
天明8（1788）年～天保3（1832）年
江戸時代後期の大名。和泉伯太藩主。
¶諸系，日人，藩主3（[没]天保3（1832）年4月10日）

渡辺登綱　わたなべのりつな
元禄7（1694）年～明和4（1767）年
江戸時代中期の大名。和泉伯太藩主。
¶諸系，人名，日人，藩主3（[没]明和4（1767）年10月21日）

渡辺令綱　わたなべのりつな
？～正徳1（1711）年
江戸時代中期の紀伊和歌山藩士。
¶藩臣5

渡辺一　わたなべはじめ
→渡辺一（わたなべかず）

渡辺治綱　わたなべはるつな
慶長11（1606）年～明暦3（1657）年
江戸時代前期の尾張藩家老。
¶藩臣4

渡辺春綱　わたなべはるつな
安永7（1778）年～文化7（1810）年
江戸時代後期の大名。和泉伯太藩主。
¶諸系，日人，藩主3（[没]文化7（1810）年3月26日）

渡辺半助　わたなべはんすけ
？～慶応2（1866）年
江戸時代末期の水戸藩士。
¶維新，幕末（[没]1866年8月7日）

渡辺半蔵　わたなべはんぞう
江戸時代の尾張藩の年寄職（世襲名）。
¶姓氏愛知

渡辺半太夫　わたなべはんだゆう
生没年不詳

江戸時代中期の筑前秋月藩家老。
¶藩臣7

渡辺彦九郎 わたなべひこくろう
文化1(1804)年～明治7(1874)年
江戸時代末期～明治期の豊後岡藩士。
¶大分歴, 人名, 日人, 藩臣7

渡辺尚義 わたなべひさよし
→渡辺尚義(わたなべなおよし)

渡辺豪綱 わたなべひでつな
宝暦9(1759)年～寛政5(1793)年
江戸時代中期の大名。和泉伯太藩主。
¶諸系, 日人, 藩主3([没]寛政5(1793)年3月22日)

渡辺兵庫頭 わたなべひょうごのかみ
江戸時代後期の尾張藩の年寄、茶人。
¶茶道

渡辺弘人 わたなべひろと
天保13(1842)年～明治35(1902)年
江戸時代末期～明治期の近江彦根藩士。
¶藩臣4

渡辺弗措 わたなべふっそ
文政1(1818)年～明治18(1885)年
江戸時代末期～明治期の丹波篠山藩士、学者。
¶人名, 日人, 藩臣5, 兵庫人([生]文政3(1820)年10月8日　[没]明治18(1885)年3月6日), 兵庫百

渡辺不徹 わたなべふてつ
寛政4(1792)年～安政3(1856)年
江戸時代末期の信濃松本藩士。
¶人名, 長野歴, 日人, 藩臣3

渡辺平吉 わたなべへいきち
宝暦13(1763)年～天保4(1833)年8月18日
江戸時代中期～後期の長州藩士。
¶国書

わ

渡辺伯耆 わたなべほうき
安土桃山時代～江戸時代前期の武士。里見氏家臣。
¶戦人(生没年不詳), 戦東

渡辺真楫 わたなべまかじ
文政13(1830)年～明治24(1891)年
江戸時代末期～明治期の幕臣、国学者。
¶江文, 国書([生]文政13(1830)年4月　[没]明治24(1891)年3月5日), 人名, 日人

渡辺正蔭 わたなべまさかげ
天保5(1834)年～明治8(1875)年　[別]渡辺正蔭《わたなべしょういん》
江戸時代末期～明治期の尾張藩士。
¶姓氏愛知(わたなべしょういん), 幕末([没]1875年8月14日), 藩臣4

渡辺方綱 わたなべまさつな
寛永17(1640)年～延宝8(1680)年
江戸時代前期の大名。武蔵野本藩主。
¶諸系, 人名, 日人, 藩主1([没]延宝8(1680)年2月1日)

渡辺政敏(1) わたなべまさとし
？～貞享1(1684)年
江戸時代前期の弘前藩家老。
¶青森人

渡辺政敏(2) わたなべまさとし
天保13(1842)年～明治41(1908)年
江戸時代末期～明治期の桑名藩士。
¶幕末([没]1908年5月10日), 藩臣4

渡辺正朝 わたなべまさとも
？～元禄14(1701)年
江戸時代前期の武士。
¶和歌山人

渡部政通 わたなべまさみち
天明5(1785)年～嘉永1(1848)年3月7日
江戸時代中期～後期の伊勢桑名藩士。
¶国書

渡辺正義 わたなべまさよし
天明7(1787)年～天保9(1838)年
江戸時代後期の丹波柏原藩士。
¶藩臣5

渡辺又右衛門(1) わたなべまたえもん
*～万治2(1659)年　[別]渡辺公綱《わたなべきみつな》
江戸時代前期の紀伊和歌山藩士。
¶藩臣5([生]天正19(1591)年), 和歌山人(渡辺公綱　わたなべきみつな　[生]1590年)

渡辺又右衛門(2) わたなべまたえもん
文化1(1804)年～明治10(1877)年
江戸時代後期～明治期の剣術家。家川念流。
¶剣豪

渡辺松之丞 わたなべまつのじょう
天保6(1835)年～明治21(1888)年
江戸時代末期～明治期の武芸家、手裏剣の名手。探索方として長州に赴いた。
¶高知人, 高知百, 幕末([没]1888年6月27日)

渡部光豊 わたなべみつとよ
宝暦11(1761)年～文化1(1804)年
江戸時代中期～後期の陸奥会津藩士、柔術家。
¶藩臣2

渡辺宗綱 わたなべむねつな
～寛文5(1665)年
江戸時代前期の旗本。
¶神奈川人

渡辺蒙庵 わたなべもうあん
貞享4(1687)年～安永4(1775)年
江戸時代中期の遠江浜松藩の漢学者。
¶朝日([没]安永4年2月27日(1775年3月28日)), 近世, 国史, 国書([没]安永4(1775)年2月27日), コン改, コン4, 静岡百, 静岡歴, 人名([没]?), 姓氏静岡, 日人, 藩臣4, 和俳

渡辺茂右衛門 わたなべもうえもん
宝暦11(1761)年～弘化1(1844)年
江戸時代中期～後期の遠江掛川藩用人。
¶藩臣4

渡辺基綱 わたなべもとつな
寛文5(1665)年～享保13(1728)年
江戸時代中期の大名。武蔵野本藩主、和泉大庭寺藩主、和泉伯太藩主。
¶埼玉人([没]享保13(1728)年7月19日), 諸系, 人名, 日人, 藩主1, 藩主3, 藩主3([没]享保13(1728)年7月19日)

渡辺守綱　わたなべもりつな
天文11（1542）年～元和6（1620）年　[別]渡辺半蔵《わたなべはんぞう》
安土桃山時代～江戸時代前期の尾張藩の武将。徳川家康の十六将の一人。
¶近世，国史，国書（[生]天文11（1542）年3月8日　[没]元和6（1620）年4月9日），コン改（[生]天文14（1545）年），コン4（[生]天文14（1545）年），埼玉人（[没]元和6（1620）年4月9日），史人（[没]1620年4月9日），諸系，新潮（[没]元和6（1620）年4月9日），人名（[生]1545年），戦合，戦国（[生]1543年），戦辞（[没]元和6年4月9日（1620年5月31日）），戦人，戦東（[生]1545年），日人，藩臣4

渡辺守由　わたなべもりよし
元禄14（1701）年～宝暦12（1762）年　[別]渡辺善右衛門《わたなべぜんうえもん》
江戸時代中期の下総佐倉藩士。
¶国書，藩臣3（渡辺善右衛門　わたなべぜんうえもん）

渡辺主水　わたなべもんど
万治1（1658）年～元和2（1737）年　[別]渡辺恭綱《わたなべゆきつな》
江戸時代前期～中期の紀伊和歌山藩士。
¶藩臣5，和歌山人（渡辺恭綱　わたなべゆきつな）

渡辺弥一兵衛　わたなべやいちべえ
寛政8（1796）年～嘉永2（1849）年　[別]渡辺寧軒《わたなべねいけん》
江戸時代後期の下総佐倉藩城代。
¶人名（渡辺寧軒　わたなべねいけん），日人（[没]1850年），藩臣3

渡辺弥久馬　わたなべやくま
→斎藤利行（さいとうとしゆき）

渡辺弥五左衛門　わたなべやござえもん
？　～明暦1（1655）年
江戸時代前期の近江彦根藩士。
¶藩臣4

渡辺又日庵　わたなべゆうじつあん
→渡辺規綱（わたなべのりつな）

渡辺祐次郎　わたなべゆうじろう
文政1（1818）年～明治1（1868）年
江戸時代末期の西大路藩士。
¶人名，日人，幕末（[生]1819年　[没]1869年8月20日）

渡辺友水　わたなべゆうすい
寛政4（1792）年～元治1（1864）年
江戸時代後期～末期の武術家・俳人。
¶国書（[生]寛政4（1792）年6月4日　[没]元治1（1864）年6月16日），新潟百

渡辺恭綱　わたなべゆきつな
→渡辺主水（わたなべもんど）

渡辺与一　わたなべよいち
天保10（1839）年～慶応3（1867）年2月28日
江戸時代末期の長門清末藩士。
¶幕末

渡辺吉重　わたなべよししげ
～寛永1（1624）年
江戸時代前期の旗本。
¶神奈川人

渡辺吉綱　わたなべよしつな
慶長16（1611）年～寛文8（1668）年
江戸時代前期の大名。武蔵野本藩主。
¶埼玉人（[没]寛文8（1668）年6月19日），諸系，日人，藩主1（[没]寛文8（1668）年6月19日）

渡辺義治　わたなべよしはる
生没年不詳
江戸時代末期の下総佐倉藩士・和算家。
¶国書

渡辺吉光　わたなべよしみつ
永禄5（1562）年～寛永17（1640）年　[別]渡辺勘兵衛《わたなべかんべえ》，渡辺了《わたなべさとる》，渡辺官兵衛《わたなべかんべえ》
江戸時代前期の勇将。
¶国書（[没]寛永17（1640）年7月24日），人名（[生]？），戦国（渡辺了　わたなべさとる　[生]1563年），戦人（渡辺了　わたなべさとる），日人（渡辺勘兵衛　わたなべかんべえ）

渡辺与八　わたなべよはち
→渡辺与八郎（わたなべよはちろう）

渡辺与八郎　わたなべよはちろう
天保12（1841）年～明治2（1869）年　[別]渡辺与八《わたなべよはち》
江戸時代末期の長州（萩）藩士。
¶維新，日人（渡辺与八　わたなべよはち），幕末（[没]1869年5月28日）

渡辺沿綱　わたなべよりつな
寛政8（1796）年～？
江戸時代末期の紀州藩家臣。
¶和歌山人

渡辺立庵　わたなべりつあん
？　～明和5（1768）年
江戸時代中期の与力、茶人。
¶国書，茶道，日人

渡辺柳斎(1)　わたなべりゅうさい
宝暦12（1762）年～文政7（1824）年
江戸時代中期～後期の讃岐丸亀藩士、儒学者。
¶国書（[没]文政7（1824）年11月6日），人名（[生]1749年　[没]1810年），日人，藩臣6

渡辺柳斎(2)　わたなべりゅうさい
明和4（1767）年～天保4（1833）年　[別]渡辺柳斎《わたなべりゅうせい》
江戸時代後期の飯田藩儒者。
¶長野百，長野歴（わたなべりゅうせい）

渡辺柳斎　わたなべりゅうせい
→渡辺柳斎(2)（わたなべりゅうさい）

渡辺竜門　わたなべりゅうもん
明和1（1764）年～天保2（1831）年　[別]渡辺珪《わたなべきよし》
江戸時代中期～後期の紀伊和歌山藩士。
¶国書（[没]天保2（1831）年7月4日），和歌山人（渡辺珪　わたなべきよし）

渡辺了叟　わたなべりょうそう
？　～明治1（1868）年
江戸時代後期～末期の小田原藩家老。

¶神奈川百

渡辺量兵衛 わたなべりょうへえ
文政1(1818)年～明治35(1902)年
江戸時代末期～明治期の剣術家、宇都宮藩剣術師範。
¶栃木歴

渡辺劣斎 わたなべれっさい
文化9(1812)年～明治14(1881)年
江戸時代末期～明治期の播磨姫路藩士。
¶藩臣5

渡辺六左衛門 わたなべろくざえもん
生没年不詳
江戸時代中期の下総古河藩士。
¶藩臣3

渡辺六蔵 わたなべろくぞう
→飯泉喜内(いいずみきない)

渡辺六郎左衛門 わたなべろくろうざえもん
永禄7(1564)年～寛永12(1635)年
安土桃山時代～江戸時代前期の紀伊和歌山藩士。
¶藩臣5

和田縫殿 わだぬい
？～文化12(1815)年
江戸時代中期～後期の剣術家。中条流。
¶剣豪

綿貫次郎助 わたぬきじろすけ
天保7(1836)年～元治1(1864)年
江戸時代末期の長州(萩)藩足軽。
¶維新，日人，幕末([没]1864年8月27日)

和田信旦 わだのぶあき
天保10(1839)年～明治33(1900)年　[別]和田邦之助《わだくにのすけ》
江戸時代末期～明治期の因幡鳥取藩家老。
¶維新([生]1838年)，人名(和田邦之助　わだくにのすけ)，日人，幕末([生]1838年　[没]1900年6月2日)，藩臣5

和田信業 わだのぶなり
？～元和3(1617)年　[別]和田信業《わだのぶのり》
安土桃山時代～江戸時代前期の武将。
¶郷土群馬(生没年不詳)，群馬人([没]慶長19(1614)年)，人名(わだのぶのり)，姓氏群馬([没]1614年)，姓氏山梨，戦辞([生]永禄2(1559)年　[没]元和3年9月27日(1617年10月26日))，戦人(生没年不詳)，戦補，日人([生]1560年)

和田信業 わだのぶのり
→和田信業(わだのぶなり)

和田信美 わだのぶみ
→和田信美(わだのぶよし)

和田信美 わだのぶよし
弘化1(1844)年～明治32(1899)年　[別]和田信美《わだのぶみ》
江戸時代末期～明治期の因幡鳥取藩家老。
¶維新，人名，日人，幕末([没]1899年10月28日)，藩臣5(わだのぶみ)

和田肇 わだはじめ
寛政12(1800)年～慶応2(1866)年
江戸時代末期の三河吉田藩家老。
¶藩臣4

和田隼人 わだはやと
江戸時代末期の新撰組隊士。
¶新撰

和田伴兵衛 わだばんべえ
享保13(1728)年～文化11(1814)年10月16日
[別]和田廉《わだれん》
江戸時代中期～後期の出羽庄内藩士、儒学者。
¶国書(和田廉　わだれん)，庄内，藩臣1

和田彦兵衛 わだひこべえ
→和田秋清(わだあきよ)

和田兵斎 わだひょうさい
生没年不詳
安土桃山時代～江戸時代前期の剣術家。
¶日人

和田藤好 わだふじよし
寛永5(1628)年～万治2(1659)年
江戸時代前期の近江大溝藩士。
¶藩臣4

和田平助 わだへいすけ
？～天和3(1683)年　[別]和田正勝《わだまさかつ》
江戸時代前期の居合術家。
¶剣豪([生]寛永2(1625)年)，国書(和田正勝　わだまさかつ　[没]天和3(1683)年9月11日)，大百

渡部勝之助 わたべかつのすけ
享和2(1802)年～元治1(1864)年
江戸時代末期の志士、桑名藩士(桑名藩士)。
¶人書94

和田正勝 わだまさかつ
→和田平助(わだへいすけ)

和田正重 わだまさしげ
？～延宝8(1680)年　[別]和田十郎左衛門《わだじゅうろうざえもん》
江戸時代前期の剣術家。
¶剣豪(和田十郎左衛門　わだじゅうろうざえもん)，日人

和田正英 わだまさひで
？～明治10(1877)年3月25日
江戸時代末期～明治期の紀伊和歌山藩士。
¶幕末

和田三信 わだみつのぶ
元和7(1621)年～元禄7(1694)年
江戸時代前期の因幡鳥取藩家老。
¶藩臣5

和田安清 わだやすきよ
*～宝永4(1707)年
江戸時代前期～中期の陸奥二本松藩家老。
¶国書([生]寛永4(1627)年　[没]宝永4(1707)年7月17日)，藩臣5([生]寛永3(1626)年)

和田義生 わだよしお
生没年不詳
江戸時代の安中藩士。
¶姓氏群馬

わ

和田義亮 わだよしすけ
文化5（1808）年～明治12（1879）年
江戸時代末期の志士。
¶新潮（[没]明治12（1879）年11月8日），人名，日人

度会雪山 わたらいせつざん
文政8（1825）年～明治29（1896）年
江戸時代末期～明治期の大和芝村藩中老。
¶藩臣4

亘理石見 わたりいわみ
天和3（1683）年～寛保2（1742）年
江戸時代前期～中期の剣術家。四兼流ほか。
¶剣豪

亘理重宗 わたりしげむね
*～元和6（1620）年
安土桃山時代～江戸時代前期の武士。伊達氏家臣。
¶姓氏宮城（[生]1552年），戦人（生没年不詳），宮城百（[生]天文20（1551）年）

亘理宗根 わたりむねもと
慶長5（1600）年～寛文9（1669）年
江戸時代前期の陸奥仙台藩門閥。
¶姓氏宮城，藩臣1

和田廉 わだれん
→和田伴兵衛（わだばんべえ）

和田六郎 わだろくろう
江戸時代末期の新撰組隊士。
¶新撰

和智東郊 わちとうこう
元禄16（1703）年～明和2（1765）年
江戸時代中期の長州（萩）藩士、儒学者。
¶国書（[没]明和2（1765）年6月23日），人名，藩臣6

曰人 わつじん
→曰人（あつじん）

輪堂貞造 わどうていぞう
江戸時代末期の新撰組隊士。
¶新撰

鰐淵三郎兵衛 わにぶちさぶろべえ
文政6（1823）年～明治22（1889）年
江戸時代後期～明治期の剣術家。田宮流。
¶剣豪

藁谷英孝 わらがいひでたか
天保3（1832）年～明治41（1908）年
江戸時代末期～明治期の日向延岡藩士。西南の役西郷党の勇士。
¶人名，日人

藁科松伯 わらしなしょうはく
元文2（1737）年～明和6（1769）年
江戸時代中期の出羽米沢藩医、儒学者。
¶国書（[没]明和6（1769）年8月24日），藩臣1，山形百

藁科立遠 わらしなりゅうえん
？ ～享和1（1801）年
江戸時代中期～後期の出羽米沢藩士。
¶国書（[没]享和1（1801）年8月4日），藩臣1

日本人物レファレンス事典
江戸時代の武士篇

2016年11月25日 第1刷発行

発 行 者／大高利夫
編集・発行／日外アソシエーツ株式会社
　　　　　　〒140-0013 東京都品川区南大井6-16-16鈴中ビル大森アネックス
　　　　　　電話 (03)3763-5241(代表)　FAX(03)3764-0845
　　　　　　URL　http://www.nichigai.co.jp/
発 売 元／株式会社紀伊國屋書店
　　　　　　〒163-8636 東京都新宿区新宿 3-17-7
　　　　　　電話 (03)3354-0131(代表)
　　　　　　ホールセール部(営業)　電話 (03)6910-0519

電算漢字処理／日外アソシエーツ株式会社
印刷・製本／光写真印刷株式会社

不許複製・禁無断転載　　　　　　　　《中性紙三菱クリームエレガ使用》
〈落丁・乱丁本はお取り替えいたします〉
ISBN978-4-8169-2632-7　　　**Printed in Japan, 2016**

本書はディジタルデータでご利用いただくことが
できます。詳細はお問い合わせください。

日本人物レファレンス事典 武将篇

A5・910頁　定価（本体18,500円＋税）　2016.2刊

日本の武将がどの事典にどんな見出しで掲載されているかがわかる事典索引。飛鳥・奈良時代の軍事力を背景にした豪族、平安時代の武官・将軍や軍事貴族、中世の武将・守護大名・戦国大名やその主要家臣などを、190種315冊の事典から18,000人を収録。

日本人物レファレンス事典 軍事篇（近現代）

A5・460頁　定価（本体15,000円＋税）　2015.4刊

日本近現代の軍事分野の人物がどの事典にどんな見出しで掲載されているかがわかる事典索引。幕末以降の主な兵乱指導者・従軍藩士、旧陸海軍の主要軍人・軍属、自衛隊・防衛庁・防衛省のトップ、兵学者・砲術家・軍事技術者・軍事評論家など、275種393冊の事典から5,600人を収録。

日本人物レファレンス事典 政治・外交篇（近現代）

A5・2分冊　定価（本体27,000円＋税）　2014.10刊

日本近現代の政治・外交分野の人物がどの事典にどんな見出しで掲載されているかがわかる事典索引。幕末以降の天皇、将軍、老中、奉行、大臣、首長、議員、使節、大使、民権運動家など、306種481冊の事典から2万人を収録。

日本人物レファレンス事典 皇族・貴族篇

A5・650頁　定価（本体18,000円＋税）　2015.8刊

日本の皇族・貴族がどの事典にどんな見出しで掲載されているかがわかる事典索引。皇族（神武以来）・貴族（飛鳥時代以降の大豪族、主要官人、公卿・公家、明治以降の公家華族の当主など）を、222種383冊の事典から8,200人を収録。

日本人物レファレンス事典 女性篇

A5・600頁　定価（本体13,500円＋税）　2015.10刊

明治・大正期までの日本の女性たちが、どの事典にどんな見出しで掲載されているかがわかる事典索引。古代の女神・皇女、王朝女流歌人、戦国の女傑・烈女から、近世の孝女・節婦、明治・大正期に社会進出のさきがけとなった女性たちまで、300種466冊の事典から9,000人を収録。

データベースカンパニー
日外アソシエーツ

〒140-0013　東京都品川区南大井6-16-16
TEL.(03)3763-5241　FAX.(03)3764-0845　http://www.nichigai.co.jp/